YEARBOOK OF CHANGJIANG DELTA DEVELOPMENT (2009)

长三角年鉴

2009年

长三角联合研究中心 / 主编

孙克强 / 执行主编

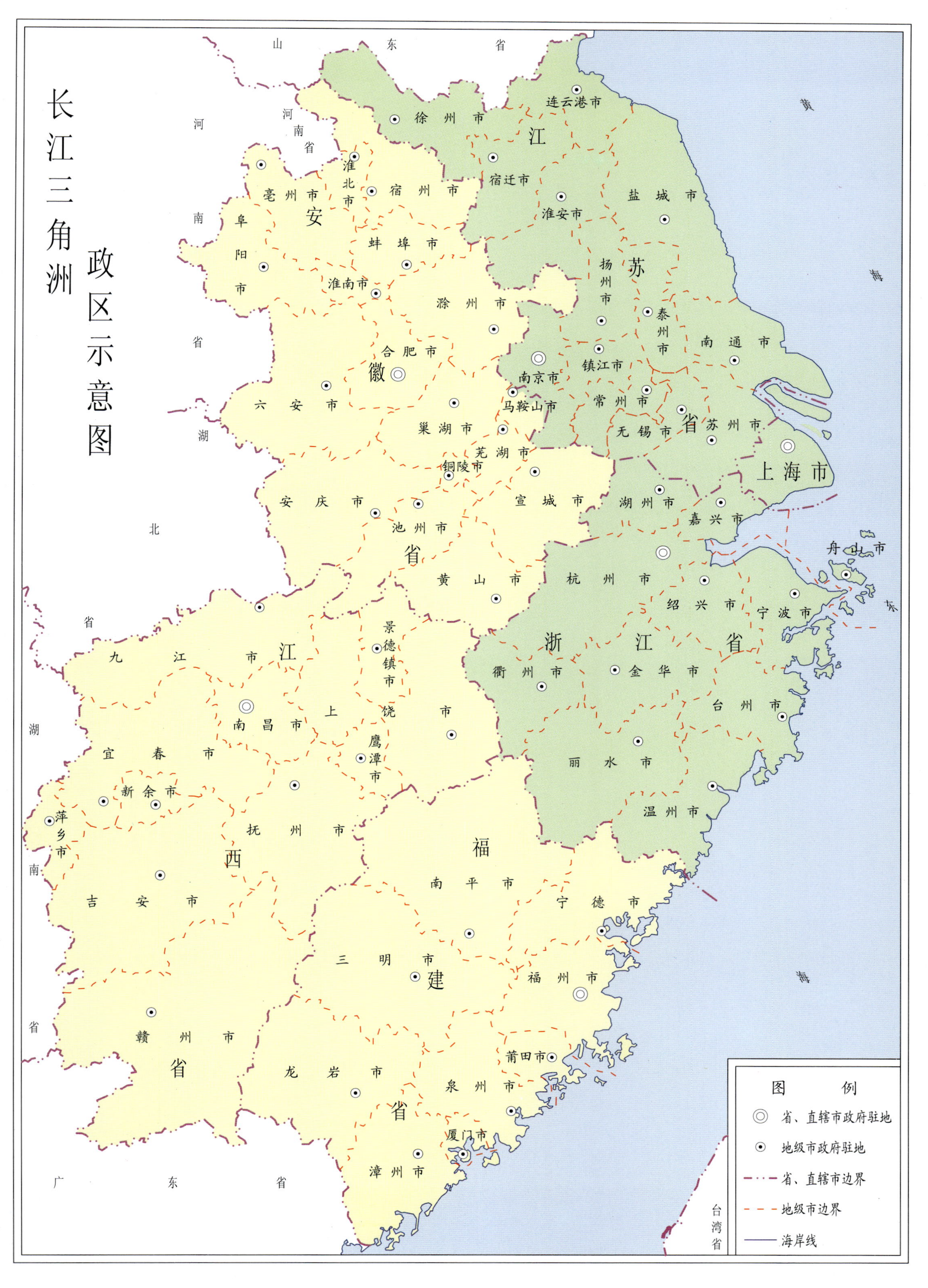
长江三角洲政区示意图
山东省
河南省
河南省
湖北省
湖南省
广东省
台湾省
黄海
东海
江苏省
安徽省
浙江省
江西省
福建省
上海市
连云港市
徐州市
宿迁市
盐城市
淮安市
扬州市
泰州市
南通市
镇江市
南京市
常州市
无锡市
苏州市
亳州市
淮北市
宿州市
阜阳市
蚌埠市
淮南市
滁州市
合肥市
六安市
马鞍山市
巢湖市
芜湖市
铜陵市
安庆市
池州市
宣城市
黄山市
湖州市
嘉兴市
杭州市
舟山市
绍兴市
宁波市
衢州市
金华市
台州市
丽水市
温州市
九江市
景德镇市
南昌市
上饶市
鹰潭市
宜春市
新余市
萍乡市
抚州市
吉安市
赣州市
南平市
宁德市
三明市
福州市
莆田市
龙岩市
泉州市
厦门市
漳州市
图例
省、直辖市政府驻地
地级市政府驻地
省、直辖市边界
地级市边界
海岸线

编 写 说 明

近年来， 长江三角洲地区的发展引起了人们的广泛关注， 以长江三角洲的发展为对象的研究活动正在迅速兴起。为组织和协调区域内的重要学术研究力量，进一步加强对长江三角洲地区的跟踪报道与深入研究，2005 年 12 月，上海社会科学院、江苏省社会科学院、浙江省社会科学院共同发起和成立了“长三角联合研究中心”，以期发挥三院雄厚的专业研究力量，共同关注和研究长三角的发展问题。《长三角年鉴》的编写和出版即为该中心的年度工作内容之一。

目前，对“长江三角洲地区”有三种不同的解释：第一种是“小长三角”的概念，是指包括上海市，江苏省的苏州、无锡、常州、镇江、南京、南通、泰州、扬州，浙江的嘉兴、湖州、杭州、绍兴、宁波、舟山和台州，共 16 个城市及其周边地区。第二种是“大长三角”的概念，是指包括上海市、江苏省和浙江省全部行政区。第三种是“泛长三角”的概念，是指包括上海市、江苏省、浙江省与安徽省等邻近省份。本年鉴中使用的“长江三角洲地区”是“大长三角”的概念，主要是指上海、江苏和浙江两省一市的全部。

《长三角年鉴》重点分析长三角地区年度经济社会发展的基本情况与基本成就。但在年鉴的部分内容中也使用了前几年的发展数据，主要用于说明事情发展变化的过程，便于使用者从历史变化的角度对长三角地区的发展有一个整体认识。部分数据使用了相关地区的政府工作报告和年度统计公报中的材料。

《长三角年鉴》主要开设以下栏目：1、长三角区域概况，重点介绍和分析本区域的自然条件与自然状况、人口情况、行政区划及文化和旅游资源等；2、长三角地区经济社会发展，重点介绍和分析一年中上海市、江苏省和浙江省及各省辖市经济社会发展的主要进展与主要成就；3、长三角地区专项经济社会发展，重点是从长三角整体的角度对区域内年度经济社会发展的主要方面进行分析和总结；4、重要文献，主要介绍一年中上海市、江苏省和浙江省政府制定和实施的重要文件；5、经济社会发展重要指标；6、大事记。

《长三角年鉴》采用篇章编辑法编写，篇下设章，篇和章的标题分别使用不同字体和字号以示区别，篇目标明于页眉，以便于检索。

从2009年起，《长三角年鉴》增加泛长三角地区（安徽省、江西省和福建省）的发展内容，主要是考虑一方面扩大长三角地区的发展影响，让更多的地区共享长三角地区发展成果，另一方面也积极反映经济社会发展的客观规律，尊重长三角地区与周边地区在发展进程中不可缺少的各种联系。泛长三角地区的编写体例和内容与本年鉴的原有编写思路相同。

Introduction

长三角联合研究中心

网址：www.yangtze.org.cn

发展宗旨

长三角联合研究中心是由上海社会科学院、江苏省社会科学院、浙江省社会科学院共同创办的合作研究平台。

长三角联合研究中心整合江浙沪三地社会科学院的专业研究力量，着重研究长三角地区城市、产业发展和区域合作问题，并为政府和社会提供决策咨询服务。

长三角联合研究中心将为江浙沪三地的学者和政府部门搭建一个共同探讨长三角区域发展与合作的学术平台、交流平台和信息平台。

组织领导

长三角联合研究中心由江浙沪三地社会科学院院长担任主任，副院长担任副主任，科研处处长担任秘书长。由秘书长全面负责中心的日常运行与管理工作。

长三角联合研究中心设立学术咨询委员会，指导各项科研工作和年鉴、蓝皮书的编撰工作。

长三角联合研究中心在江浙沪三地社会科学院科研处同时挂牌，在上海社会科学院科研处设立联络办公室。

组织构架

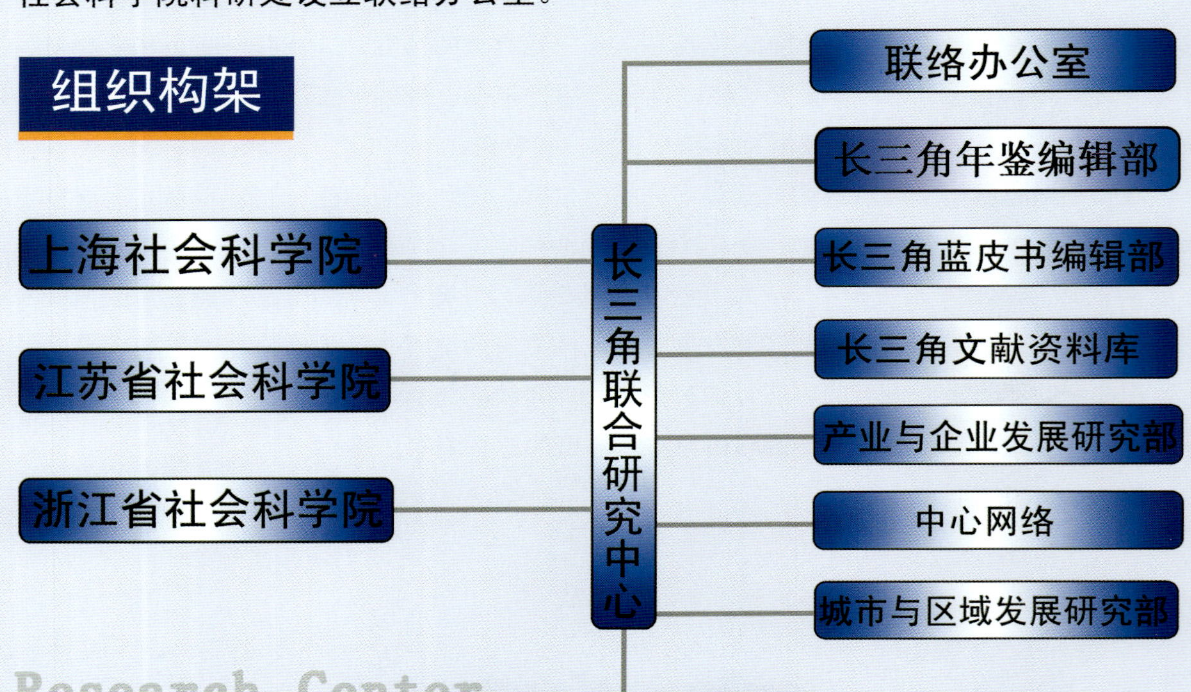

Joint Research Center for Yangtze Delta Regional Development

《长三角年鉴-2009》编辑部

特载

中国国务院总理温家宝2008年8月6日主持召开国务院常务会议，审议并原则通过《进一步推进长江三角洲地区改革开放和经济社会发展的指导意见》。

会议指出，长江三角洲地区是中国综合实力最强的区域，在社会主义现代化建设全局中具有重要战略地位和带动作用。在新形势下，加快提升长江三角洲地区经济整体素质和国际竞争力，促进这一地区科学发展、和谐发展、率先发展、一体化发展，对全国改革开放和经济社会发展具有重大意义。

会议指出，推进长江三角洲地区改革开放和经济社会发展，必须坚持走科学发展之路，加快经济发展方式转变和经济结构调整，显著增强区域综合实力、创新能力和可持续发展能力；全面深化改革开放，推进体制机制创新，增强发展的动力；加快推进区域一体化进程，促进区域协调和城乡统筹发展；强化服务和辐射功能，充分发挥对周边地区、长江流域及其他地区的带动作用；加强政治、经济、文化、社会建设，推动物质文明、精神文明、政治文明、生态文明共同进步。

会议要求，要重点抓好以下工作：一是加快调整产业结构，努力形成以现代服务业为主的产业结构。二是全面推进工业结构优化升级，努力建设国际先进制造业基地。三是统筹城乡发展，全面深化农村改革，大力发展现代农业。四是坚持走新型城市化道路，构建完备的城镇体系，完善和提升城市功能。五是大力推进自主创新，营造鼓励自主创新的政策环境，加强创新人才的培养和引进，构建具有国际竞争力的区域创新体系。六是积极推进重大基础设施一体化建设，增强区域发展支撑能力。七是提高土地节约和集约利用水平，大力推进节能降耗和环境保护，全面提高可持续发展能力。八是推进教育、卫生、文化、体育等社会事业发展，加快完善就业和社会保障体系，促进经济社会协调发展。九是继续推进重大改革试验，加快建设统一开放的市场体系，率先建立完善的社会主义市场经济体制。十是全面提升对外开放水平，加快转变外贸增长方式，提高利用外资质量。

会议强调，推进长江三角洲地区改革开放和经济社会发展是一项系统工程，上海、江苏、浙江和中央有关部门要加强统筹协调，完善合作机制，创造性地开展工作，促进长江三角洲地区在高起点上争创新优势，实现新跨越。

2008 年 12 月 14 ～ 16 日，由长三角地区主要领导人参加的座谈会在浙江省宁波市举行。中共中央政治局委员、上海市委书记俞正声，上海市市长韩正，江苏省委书记梁保华、省长罗志军，浙江省委书记赵洪祝、省长吕祖善，安徽省委书记王金山、省长王三运出席会议，四地党委、政府相关领导和有关部门负责人列席。会议围绕落实中央扩大内需促进经济平稳较快增长的决策部署以及国务院《关于进一步推进长江三角洲地区改革开放和经济社会发展的指导意见》，交流三省一市应对当前经济形势的政策措施，讨论通过《长三角地区贯彻国务院〈指导意见〉共同推进若干重要事项的意见》，商议区域合作机制框架和新一轮重点合作专题。

会议强调，要共同推进重大基础设施网络化建设，统筹交通、水运、航空、能源、信息等综合基础设施的无缝对接，形成长三角地区的“同城效应”。要从区域整体出发，推进统筹规划、重大改革、社会保障、“大通关”建设等方面的协调一致。要深化区域合作，坚持以政府为引导、多方参与，以市场为基础、以企业为主体，建立和完善“三级运作、统分结合、务实高效”的区域合作长效机制。要以交通、能源、信息、科技、环保、信用、社保、金融、涉外服务、工商管理为重点，深化合作课题研究。要引导和构筑一批区域合作交流平台，增强长三角地区的活力与影响。会议确定安徽省参加长三角区域合作有关活动，并积极探索泛长三角区域合作的机制和内容。

上海世博会

世博村

主题馆

世博轴

网上世博会

世界博览会是由一个国家政府主办、有多个国家和国际组织参加的超大型国际性展会。其特点是举办时间长，展出规模大，参展国家和国际组织多，影响大。上海世博会是第一届以“城市”为主题的世博会。世界各国政府和人民将围绕城市主题充分展示城市文明成果，交流城市发展经验，共同探讨环境与发展相协调、人与自然和谐共处的未来城市发展模式。展示、活动和论坛一起构成诠释和表达世博会主题的三大核心内容。

展示是指组织者、各参展国家和国际组织在园区建立国家馆、主题馆及企业馆等，展出各自在科技、文化、社会发展等方面所做的努力。

活动是指在世博会开幕后在园区内举办各类文化演艺娱乐活动，上海世博会整个会期184天，将举行2万多场活动。

论坛是探讨世博会主题、承载世博会精神遗产最直接的手段之一

上海世博会论坛将交流和推广可持续发展城市的理念、成功实践和技术；讨论发展中国家的城市化进程、农村地区的教育、卫生等问题的实践和创新；预测城市发展面临的挑战并提供可能的解决方案。

上海世博会将有两个创新亮点：网上世博会和城市最佳实践区。城市最佳实践区将集中展示全球有代表性城市为提高生活质量所做的公认的、创新的和有价值的各种实践方案和实物。另一大创新亮点是网上世博会，将通过互联网、虚拟现实等多种技术，建设一个虚拟的三维的网上世博园区，将实体世博会的精彩内容呈现在网上，方便世界各地的网友随时上网参观。

园区分区图

名称

中国2010年上海世界博览会（简称上海世博会）

主题

城市，让生活更美好。

会徽

中国2010年上海世博会会徽，以中国汉字“世”字书法创意为形，“世”字图形意寓三人合臂相拥，状似美满幸福、相携同乐的家庭，也可抽象为“你、我、他”广义的人类、对美好和谐生活的追求，表达上海世博会“理解、沟通、欢聚、合作”的理念和对“以人为本”宗旨的积极追求。

吉祥物

上海世博会吉祥物海宝（HAIBAO），寓意“四海之宝”，以“人”为创意核心。“人”既是美好生活的创造者，也是美好生活的体验者。

目标

邀请200个国家和国际组织参展，吸引7000万人次观众参观。

时间

2010年5月1日至10月31日（184天）

地点

上海世博会场地主要位于南浦大桥和卢浦大桥之间，沿上海城区黄浦江两岸进行布局。世博园区规划用地范围5.28平方公里，其中浦东部分为3.93平方公里，浦西部分为1.35平方公里。围栏区域（收取门票区域）范围约为3.28平方公里。

世博热线：+86 21 962010

上海世博会官方网站：www.expo2010.cn

演艺中心

城市最佳实践区

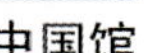

中国馆

园区平面图

浙江省杭州市

西溪湿地

西溪湿地

“江山与风月，最忆是杭州”。唐代大诗人白居易曾这样描写他所任职的城市——杭州．杭州是国际风景旅游城市和历史文化名城，有“天然图画，全国精华，都归眼底”的赞誉。近几年来，杭州大力实施城市有机更新，新西湖、西溪湿地、运河水上黄金线精彩亮相，一水穿城，步步是景，被联合国授予“最佳人居奖”，荣获“国际花园城市”、“东方休闲之都”等多项称号，成为中国最佳旅游城市、“中国最具幸福感城市”。杭州又是一座极具经济活力的现代城市，连续 18 年实现两位数快速增长，成为长三角特大城市和民营经济第一大市，经济总量位居全国大中城市第八位。2008 年全市实现生产总值 4781.16 亿元，增长 11%，按户籍人口人均 GDP 突破 1 万美元；三次产业比重为 3.7∶50.0∶46.3；财政总收入 910.55 亿元，增长 15.5%，其中地方财政收入 455.35 亿元，增长 16.3%；全社会固定资产投 1961.72 亿元，增长 16.5%；社会消费品零售总额 1558.38 亿元，增长 20.2%；市区城镇居民人均可支配收入 24104 元，农村居民人均纯收入 10692 元，分别增长 11.1% 和 12%。杭州更有一流的投资环境，全市金融存贷款双超万亿元，位居全国第五，资本市场蓬勃发展，在杭创投机构近 40 家，风投资本达 30 多亿元；在杭大学生达 40 万，毕业留杭和来杭的大学生每年以约 8 万人递增，为杭州发展提供充沛的智力支持；商业模式创新层出不穷，推动新经济业态发展迅猛；推行投资项目审批代办制，企业与政府打交道每年只需 8.1 天，行政效率不断提高。

西博会杭州国际马拉松比赛项目

崛起中的钱江新城

2008年杭州又获得多项殊荣，连续第5年被评为中国大陆最佳商业城市第1名，被评为中国最具幸福感城市金奖，社会发展总指数位居全国副省级城市首位，荣登最值得向世界介绍的中国名城、中国十佳和谐发展城市、中国十佳宜居城市榜首，获建设创新型国家十强市荣誉称号。

钱塘江时代（烟花大会）

“楼观沧海日，门对浙江潮”。2009年是杭州新一轮发展的关键之年，杭州将以学习实践科学发展观为指导，贯彻党的十七大、十七届三中全会和中央、全省经济工作会议精神，弘扬改革开放30年经验，深化新一轮解放思想大行动，实施“城市国际化”、“工业兴市”、“服务业优先”、“软实力提升”、“环境立市”、“民主民生”六大战略，应对挑战、保稳促调、拉高标杆、创新发展，保增长、扩内需、调结构、增活力、重民生、抓稳定，推进服务型政府建设，努力保持全市经济平稳较快发展，加快共建共享与世界名城相媲美的生活品质之城的步伐。

杭州之夜

杨堤景行

三台云水

江苏省南京市

中华门

南京大学

第四届世界城市论坛

南京是江苏的省会，地处长江下游中部，是长江三角洲地区的重要一极，是我国东西水运大动脉——长江与南北陆运大动脉——京沪铁路的交会点，素有“东南门户，南北咽喉”之称。现辖11个区、2个县，辖区总面积6598平方公里，市区面积4730平方公里，常住人口758.89万。

明孝陵

南京是融山水城林为一体的生态型历史文化名城。南京有近2500年的建城史，先后有十个朝代和政权在此建都立国。最有影响的是明朝开国皇帝朱元璋在此登基和1912年孙中山在这里就任中华民国临时大总统。拥有明城墙、中山陵、民国总统府等市级以上文物保护单位近400个，其中600年前建成的377公里长的明城墙是世界上现有保存最好的古皇城墙。1982年南京就被列为首批全国历史文化名城之一。南京四季分明，景色秀丽，城东有钟山屏障，城南有十里秦淮。城市绿化覆盖率、人均绿地拥有率在全国位居前列，是山水城林融为一体的著名景观城市。2008年，南京市获得了联合国最佳人居奖特别荣誉奖、全国文明城市、中国人居环境奖等称号。

南京是综合功能不断增强的区域中心城市。南京是长江流域的四大中心城市之一，也是长江三角洲城市群中的副中心，铁路、公路、航空，水运、管道等五种运输方式齐备。南京港是中国内河第一大港，禄口国际机场是华东地区重要的现代化航空港。2008年，京沪高速铁路和沪宁城际铁路等高速快速铁路线开工建设，正在建设中的铁路南站将成为中国东部世界水平的高速快速铁路枢纽中心。近年来，作为南京经济区域的核心城市，南京与镇江、扬州、马鞍山、芜湖等6个周边城市的联系日益紧密。拥有2000多万人口、总面积3.5万平方公里的“一小时都市圈”，正在逐步形成，南京对周边城市的辐射和带动能力日益增强。

南京是产业特色较为突出的开放型滨江城市。南京临江近海，区位条件良好，是沿海经济带和长江经济走廊的重要节点，也是国家重点对外开放城市。南京对外开放平台种类齐全、规格较高，现有4个国家级开发区、9个省级开发区、2个国家级出口加工区、1个国家级保税物流中心。截至2008年底，南京已累计实际利用外资超过200亿美元。其中，有89家世界500强企业在南京投资了157个项目。南京工业经济实力雄厚，门类齐全，以科技含量较高的电子信息、汽车、石化、钢铁产业为支柱产业，着重打造平板显示、集成电路、通信、光伏、石化、汽车、钢铁、风力发电设备、轨道交通设备、电力设备十大产业链。作为长江中下游的商贸、物流、金融监管中心城市，南京服务业较发达，在"2008年福布斯中国大陆最佳商业城市100强"中排名第四。

徐庄软件园

南京是人才知识密集的科教型城市。在全国大城市中，南京的科教综合实力仅次于北京、上海，连续5次荣获"全国科技进步先进城市"称号。南京科教人才优势明显，现有中国科学院和工程院院士78人，并拥有48所各类普通高等学校。其中，"211工程"高校达8所，名列同类城市第一位。目前，在校大学生72.5万多人，高等教育毛入学率达65%，每万人拥有大学生数全国第一。

龙潭港区

除此而外，南京还拥有数量众多的高水平研究机构，现有国家级重点实验室18家，国家级工程技术中心12家，摩托罗拉、朗讯、甲骨文等跨国公司独立研发机构30余家。

夫子庙夜景

上海市浦东新区

上海市浦东新区位于长江三角洲的东缘、上海的母亲河—黄浦江的东岸，面积 1210 平方公里，户籍人口 412 万。1990 年 4 月 18 日，党中央国务院宣布开发开放浦东。19 年来，浦东开发始终作为国家战略，整体功能得到显著提升。作为 2010 年上海世博会主场馆的所在地，浦东在城市建设、城市管理、人文精神提升方面具有前所未有的机遇和广阔的发展空间。

浦东是上海经济发展的重要增长极。浦东开发 19 年来始终保持年均经济增长 18% 左右。2008 年生产总值达到 3675 亿元，占上海市的 26.8%。全年完成全社会固定资产投资 1252 亿元。累计签订外商直接投资项目 16967 个，合同外资 456.53 亿美元；外贸进出口总额完成 7607.52 亿美元，市外在沪企业约为 13209 家，注册资本 904.85 亿元

加快建设以服务经济为主导、二三产业融合发展的产业体系。现代服务业发展势头良好，初步形成以高新技术产业、金融业、现代服务业为主的新型产业体系，新能源、新材料、文化创意产业等作为新的支柱产业异军突起。2008 年，第三产业增加值达到 1700 亿元，占生产总值比重达到 55%；新增中外资金融机构 50 家，总数达到 544 家；新认定跨国公司地区总部 18 家，累计达到 114 家，总量占全市 50% 以上。大力推进自主创新，全社会研发投入占生产总值比重达到 3%。高新技术产业产值同比增长 14.9%，发明专利授权量同比增长 1 倍多。高新技术成果转化项目 115 个，技术交易合同金额达到 90 亿元。证券、期货、金融期货、石油、钻石、外汇、产权、土地、房产等一批重要市场先后汇聚浦东。

洋山深水港

围绕国务院提出的“着力转变政府职能，着力转变经济运行方式，着力改变城乡经济社会二元结构”的要求。4 年来，浦东按照“全国能借鉴、上海能推广、浦东能突破”的要求，立足“三着力”，探索建立适应大区域特点、体现扁平化特征的新型行政管理体制；营造有利于市场经济、服务经济、创新经济、开放经济发展的运行环境；率先形成城乡一体化发展的新格局。

浦东陆家嘴金融贸易区

外高桥岗区

金融区

陆家嘴夜景

浦东首批开展个人本外币兑换特许业务试点。设立中小企业创业投资基金和科技金融服务公司。新华社金融信息平台上海总部落户浦东。成立陆家嘴金融审判法庭。出台并实施行政审批和行政事业性收费、市场准入审批、基本建设程序审批、投资项目审批等专项改革方案以及人才、金融、自主创新、服务业发展等政策。取消或停缓征210项行政事业性收费。

银行一条街

2008年，浦东城市和农村居民家庭人均可支配收入分别是27797元、13778元。率先在全市实行农保区级统筹，基本建立覆盖城乡的社会保障体系。率先在全市建立居委会公共财力保障制度和居委会工作人员收入待遇适度增长机制。全区教育、医疗卫生、社会保障和就业、文化体育与传媒等支出预计达到80亿元，公共文化设施加快建设。率先推进公交体制改革，优化公交线网，新辟、延伸和调整公交线路53条。开展丰富多彩、形式多样的文明礼仪主题实践活动，推进文明示范区域、路口（路段）的创建。

江西省南昌市

2009年4月28日市委书记余欣荣（右一）市长胡宪（右二）做客南昌新闻网在线会网友

2007年8月18日余欣荣察看市场供应

南昌洪都飞机制造

南昌简称"洪"，寓意"南方昌盛，昌大南疆"，自古就有"吴头楚尾，粤户闽庭"之称，是唯一一个与长三角、珠三角和闽东南三角区共邻的省会城市。现辖四县五区、两个国家级开发区和一个红谷滩新区。全市总面积7402平方公里，总人口490万，其中市区人口220万。先后获得"世界十大动感都会"、"国家卫生城市"、"中国特色魅力城市"、"五年来全球经济增长最快的20个城市"、"中国十佳和谐可持续发展城市"等荣誉称号。

近年来，南昌市以科学发展观统领经济发展全局，围绕做好建设现代区域经济中心城市和现代文明花园英雄城市"两篇文章"、实现富民强市目标，坚持"六个走在全省前列"要求，按照"快速发展是前提、协调发展是关键、持续发展是目的"的发展原则和"打基础、蓄势能、上水平、强后劲"的发展思路，从尚处于欠发达内陆省会城市的基本市情出发，紧紧抓住经济全球化和我国改革开放优势，不断加快工业化、城市化、国际化、市场化、信息化"五化"进程，初步走出了一条起点高、势头好、后劲强的科学发展之路。

新世纪以来，全市生产总值实现了四年翻一番，规模以上工业增加值和财政总收入实现了三年翻一番，全社会固定资产投资实现了两年翻一番。在全国省会城市中，经济增长速度的排位由"九五"期末的第23位跃进到"十五"期末的第4位，城市综合竞争力跃升到全国城市第20位。

2008年以来，面对国内外复杂多变的严峻形势，全市上下以开展深入学习实践科学发展观活动为动力，按照胡锦涛总书记视察江西时作出的"全力以赴保增长、千方百计保民生、加大力度保稳定、大力弘扬井冈山精神"的重要指示，围绕省委提出的变压力为动力、变危机为生机、变经济波动期为发展机遇期的"三变"要求，全力推进新一轮经济大发展、城乡大变样、文明大提升"三大"工程。

深化农村改革，推进社会主义新农村建设

2008年全市经济走势稳健，呈现出好中有快、稳中有势、后发有力的特点，实现地区生产总值1660亿元，增长15%；城镇以上固定资产投资首次跨过千亿大关；财政总收入首次跨过二百亿元大关；一般预算收入首次跨过百亿大关；规模以上工业增加值543亿元，增长21.3%；社会消费品零售总额525亿元，增长23%；城镇居民家庭人均可支配收入15116元，增长15.6%；农村居民家庭人均纯收入5780元，增长14.8%。地区生产总值、地方财政收入、固定资产投资、规模以上工业增加值、城镇居民可支配收入的增速，在全国省会城市排名中都继续保持前列。经济质量不断提高。产业结构继续优化，房地产市场震幅不明显，节能减排取得新进展，高新技术产业增加值占工业增加值比重继续上升。

通过近几年的不懈努力，南昌"历史文化名城 、山水绿色都城、现代动感新城"三张城市名片日益唱响，"城以民为本，民以城为家"的局面日益巩固，南昌正在由内陆型城市向开放型城市、由消费型城市向产业型城市、由传统型城市向现代型城市转变。当前，南昌正牢牢抓住2011年举办第七届全国城市运动会的历史机遇，奋战三年，实现经济大发展、城乡大变样、文明大提升，基本建成现代区域经济中心城市和现代文明花园英雄城市。

南昌光电产业

江铃全顺生产车间

南昌海铁联运启动

浙江省金华市

中央政治局常委、全国政协主席贾庆林考察金华市今飞机械集团。市委书记徐止平（左三），市委副书记、市长陈昆忠（左四）陪同考察

市委书记徐止平（右二），市委副书记、市长陈昆忠（右一）考察新农村建设

热烈欢迎各位领导和贵宾莅临指导!

金华青年集团生产的新型汽车

青年集团生产的豪华超长城市公车

一、金华经济社会发展特色鲜明

金华地处长三角经济圈南翼，是浙江中西部中心城市和省域重要交通、信息枢纽。总面积1.09万平方公里，下设2区（婺城、金东）、4市（兰溪、东阳、义乌、永康）和3县（浦江、武义、磐安），总人口461万人，2008年，全市地区生产总值1682亿元，人均GDP 5260美元，财政总收入219亿元，完成外贸出口89.7亿美元，社会消费品零售总额676亿元，市区城镇居民人均可支配收入21408元，全市农民人均纯收入8264元。

（一）交通区位优势明显。金华是我国沿海地区通往西南内陆腹地的交通要冲，是国家级陆路交通主枢纽和浙江第二大信息枢纽、第四大现代物流枢纽。杭金衢、金丽温、甬金、台金高速公路已建成通车，浙赣铁路、金温铁路和金千铁路交汇于市区，多趟动车组列车开通，金华与上海、杭州基本形成“同城效应”。国际物流中心、公共型保税仓库等贸易平台一应俱全，客货运输十分方便快捷。

（二）商品市场繁荣发达。浙江是市场大省，金华则是名副其实的市场大市。全市有各类商品交易市场408个，2008年总成交额1145亿元。义乌小商品城交易额达382亿元，连续18年居全国专业市场榜首，被誉为“世界超市”，是全球最大的日用小商品流通中心、展示中心和中国重要的商品出口基地。永康中国科技五金城交易额达330亿元，是世界第三大的五金产品集散中心。市区致力于打造浙中商业购物中心。

（三）浙中城市群组团发展。浙中城市群是金华的一大特色和优势，近年来，金华市紧紧围绕“发展城市群、共建大金华”战略主线，大力统筹城乡、区域发展，加快工业化、城市化、城乡一体化和经济国际化步伐，区域综合实力和竞争力不断增强，内外交通和城市配套设施逐步完善，特色产业带集聚发展，城市群协调发展机制加快形成，各城市活力竞相迸发，一个崭新的浙中城市群正在加速崛起。

（四）生态环境宜居优美。金华山川秀美，森林覆盖率超过60%，拥有3个国家级风景名胜区、5个国家4A级风景旅游区，文化古城、“浙中凉都”、购物旅游、影视文化、温泉养生、生态休闲等旅游品牌异彩纷呈。金华人文底蕴深厚，人文历史十分悠久，素有“小邹鲁”之称，崇文重教的风气沿袭至今，是国家历史文化名城、中国优秀旅游城市、省级园林城市和省绿化模范城市。市区以“三江六岸”为中心，山水在城中，城在山水中，人居环境优良，连续三次荣获中国十佳宜居城市殊荣。

二、金华拥有良好的投资比较优势

改革开放 30 年来，金华完成了从传统农业大市向工业强市和市场大市的蜕变，形成了“市场群 + 产业群 + 城市群”的独特发展模式，正在成为浙江经济新的增长点和投资新热点，拥有良好的投资优势。

（一）良好的产业基础。金华制造业基础较好，获得“中国汽车摩托车配件产业基地”、“中国五金工具生产出口基地”、“中国磁性材料生产基地”等 21 项国家级产业基地称号。特别是汽车产业发展态势良好，关联企业达 2000 多家，从业人员近 20 万，年实现产值 500 亿元，涌现出“青年”、“今飞”、“万里扬”、“康迪”、“众泰”等一大批行业骨干企业。

（二）强劲的市场带动力。目前，来自全球 100 多个国家和地区的 2300 多家境外企业常驻机构、1 万多名外商常驻义乌采购商品，平均每天出口商品 2000 多个货柜。依托商品市场，每年举办中国国际小商品博览会、中国五金博览会等规模较大的商品交易会和展览会，吸引大批客商前来参展采购。

（三）较大的发展空间和良好的资源保障能力。金华拥有 12 个省级开发区、50 个重点工业功能区，园区基础设施配套完善、交通便捷、服务优良，是企业孵化、成长、壮大的理想平台。金华土地资源比较丰富，基础设施配套完善，承接产业转移的空间很大。同时，还具有劳动力素质较高与劳动力成本相对较低的双重优势。

（四）优良的政府服务。近几年来，金华市积极致力于建设阳光政府、诚信政府和服务型政府，创建“办事最快、服务最优、费用最省”的行政服务体系，营造公平、公开、公正的投资环境，相继获得“中国城市十佳诚信政府”、“全国政府公开示范点”以及“十大科学发展优秀城市”等荣誉，政务公开工作被中央媒体誉为“金华新政”。

金华旅游形象图

兰溪诸葛八卦村

双龙风景区

清明上河图景区

《方岩风光》王子庭

江苏省常州市

大剧院夜景

常州科教城

快速公交

常州，史有“龙城”之称，是一座仅文字记载就有 2500 多年历史的文化古城，又是一座充满现代气息、经济较发达的新兴工业城市。常州现辖金坛、溧阳两个县级市和武进、新北、天宁、钟楼、戚墅堰五个行政区，全市总面积 4385 平方公里，全市户籍人口 358.74 万；其中市区面积 1872 平方公里，人口 225.86 万。2008 年，全市地区生产总值达 2202.23 亿元，按常住人口计算人均 GDP 达 50,283 元，全市财政总收入达 542.68 亿元，地方一般预算收入 185.19 亿元。

天宁宝塔

常州历史悠久，新石器时代的马家浜文化、菘泽文化和良渚文化在常州都留有遗址。自公元前 547 年季札受封于延陵起，代代薪火相传，以“中吴要辅、八邑之都”的独特风韵，在江南诸城中风姿卓然。常州还是近代中国民族工商业的发祥地之一，以经济发达、工商比翼著称。上个世纪 80 年代初，常州成为闻名中国的工业明星城市，并和其他城市共同创造了著名的“苏南模式”。

中华恐龙园

常州处于美丽富饶的长江金三角地区，与上海、南京两大都市等距相望，与苏州、无锡联袂成片，构成了苏锡常都市圈。常州有着十分优越的区位条件和便捷的水陆空交通条件，市区北临长江，南濒太湖，京沪铁路、沪宁高速、宁杭高速、沿江高速、312 国道、京杭运河穿境而过；长江常州港作为国家类开放口岸，年货物吞吐量超过两千万吨；民航常州站有通达北京、广州、哈尔滨、重庆、大连、厦门、深圳、海口等国内 20 多个大中城市的航线。

西瀛里河畔

改革开放 30 年以来，常州人民锐意进取，加快发展，经济建设不断取得新的成就，常州已经成为长三角地区富有竞争实力的现代制造业城市和经济中心城市。目前常州已经拥有中国创新环境十优城市、中国投资环境百佳城市、全国创建文明城市工作先进城市、中国优秀旅游城市、国家卫生城市、国家园林城市、国家环境保护模范城市、“中国人居环境范例奖”城市等诸多荣誉称号。

浙江省宁波市

宁波市位于东海之滨，中国大陆海岸线中段，长江三角洲南翼，浙江省东部，东经 120° 55′ 122° 16′，北纬 28° 51′ ~30° 33′。隔杭州湾与上海市、嘉兴市毗邻，与绍兴市、台州市接壤，隔海与舟山群岛相望。是国务院确定的长江三角洲南翼经济中心、中国综合交通枢纽节点城市和物流节点城市。土地总面积 9816 平方公里，其中市区面积 2634 平方公里，海域面积约 8232.92 平方公里，大陆岸线长 835.80 公里，岛屿岸线长 758.60 公里。2008 年底户籍人口 568.09 万人，其中市区人口 220.12 万人，登记暂住人口（年中数）359.62 万人；建成区面积 241.57 平方公里。2008 年底，全市辖 6 个区、3 个市、2 个县，下设 63 个街道，78 个镇，11 个乡，548 个居民委员会，2558 个村民委员会。

宁波历史悠久，河姆渡文化遗址的发现昭示着长江流域和黄河流域同是中华民族文明的摇篮。宁波的港口历史上是海上丝绸之路起锚地之一，精美越窑青瓷从这里运往海外；中国古代四大水利工程之一——它山堰，至今仍在发挥引水、泄洪的作用；镇海口海防遗址记录了从 14 世纪明洪武年间至 20 世纪中叶抗倭、抗英、抗法和抗日战争宁波人民不惧强敌、抵御外侮的精神风貌；有“南国书城”之称的天一阁是我国现存历史最早的民间藏书楼；诞生于宁波的“浙东史学”学术影响深长久远；“红帮裁缝”是我国现代服装业的开拓者；宁波帮是中国近代最大、最有代表性的商帮。

改革开放宁波重新焕发勃勃生机，位于长三角的优势地位也赋予宁波特殊的发展机遇。1992 年，包括宁波在内的长江三角洲 15 个城市协作办主任联席会议制度建立，1996 年发展为“长江三角洲城市经济协调会”，宁波为会员城市，并成立宁波市接轨上海工作领导小组；2004 年，更名为接轨上海参与“长三角”合作领导小组，由市长出任组长。作为长三角地区重要成员之一，宁波积极参与协调会各项活动，通过高层互访，举办项目推介会、合作研讨会、人才招聘会等各种方式致力于与长三角地区各城市各方面的联合与合作，仅 2004 年一年就引进合作项目 181 项，总投资额 149 亿元。

宁波保税区　宁波港　宁波港

2008 年，宁波市抓住杭州湾跨海大桥通车的机遇，进一步推进长三角经济协调会“区域性行业协会”、“世博主题体验之旅”、“生态补偿机制”、“港口”、“旅游标识”、“交通卡”、“视频会议系统建设”等合作专题，促进长三角区域一体化。12 月 14～16 日，长三角地区主要领导座谈会在宁波市举行，讨论通过《长三角地区贯彻国务院〈指导意见〉共同推进若干重要事项的意见》，商议区域合作机制框架和新一轮重点合作专题。会议强调，要建立和完善区域合作长效机制，增强长三角地区的活力和影响，形成长三角地区的同城效应。2008 年完成接轨上海参与长三角合作项目 61 个，总投资 42.09 亿元。。

姚江岸

今天的宁波，经济建设突飞猛进，综合实力不断迈上新的台阶，1990 年进入中国综合城市实力 50 强，以全省不到 10% 的面积，创造了超过 20% 的国内生产总值。“东方大港”宁波港全港货物吞吐量仅次于上海港，成为全国大陆沿海港口第二位；先后获得“国家历史文化名城”、“中国优秀旅游城市”、“全国园林绿化先进城市”、“全国卫生先进城市”、“国家环保模范城市”、“国家级电子商务试点城市”、“全国园林绿化先进城市”、“全国双拥模范城市”、“全国卫生先进城市”、“国家环保模范城市”、“国家园林城市”、“国家卫生城市”、“全国文明城市”、“中国品牌之都”、“公众首选宜居城市”、“中国优秀会展城市”、“中国最具幸福感城市”、“全国学习型家庭创建示范城市”等称号。宁波人民的无私大爱在全国也有广泛影响，还被冠以“爱心城市”的美誉。

月湖芙蓉州

江苏省淮安市

刘永忠书记、高雪坤市长参加两岸三地电视媒体“精彩淮安”大型外宣活动

周恩来故居

淮安地处江苏北部，是全国历史文化名城、国家卫生城市、国家园林城市、中国优秀旅游城市、中国运河之都和中国淮扬菜之乡、江苏省文明城市，现辖涟水、洪泽、金湖、盱眙4县，清河、清浦、楚州、淮阴4区，总面积1.01万平方公里，总人口538万。其中市区面积95平方公里，城区人口95万，城市化率40.1%。

从历史文化和自然环境看，淮安拥有“文化名城、伟人故里、运河之都、美食之乡、生态家园”五张名片，是一座历史古城、文化名城、生态水城。秦时置县，至今已有2200多年历史，新中国开国总理周恩来、大军事家韩信、汉赋大家枚乘、《西游记》作者吴承恩都诞生在这里。淮安也是我国四大传统名菜系之一淮扬菜的主要发源地，现存淮扬菜名点1300余种。

从基础条件和发展环境看，淮安具备“交通区位、配套设施、产业基础、资源要素、投资环境”五大优势，是一座极具发展潜力的工业新城。一是交通区位优势，淮安是江苏重要的区域性交通枢纽和苏北重要中心城市，公路、铁路、水路四通八达，京沪、宁宿徐、宁连、宿淮盐等4条高速公路在境内交汇，淮安与上海有多条高速连通，4小时内可以到达，非常便捷。

淮安市委书记刘永忠、市长高雪坤在经济开发区调研

二是配套设施优势，全市现有8个省级开发区，规划面积300平方公里，园区内生产生活设施配套齐全，全部实现“九通一平”。其中，市经济开发区面积132平方公里，正在申报国家高新技术开发区和国家级开发区。围绕把淮安建成苏北商贸商务、商品集散、区域物流、区域要素供给“四大中心”。此外，淮安的土地资源、劳动力资源以及其他生产要素资源相对充裕，全市电力总装机容量达248万千瓦，市区日供水能力达50万吨，污水处理能力达30万吨，每小时可供应蒸汽900多吨，这些都为外来投资提供了良好的发展平台。

大运河广场

淮河安澜塔

三是产业基础优势，全市拥有各类工业企业1万多家，形成了化工、机械、纺织、冶金、烟草等支柱产业，正在全力推进、重点培育IT、盐化工新材料和特钢三大千亿元主导产业，确保到2015年销售全部突破千亿元。目前，全市上下围绕这三大主导产业发展，积极开展专题招商，进一步延伸产业链条。其中，IT产业重点发展计算机接插件、精密模具、印刷电路板、新型电子元器件等设备；盐化工新材料产业主要以氯碱和纯碱为基础，大力发展精细化工和化工新材料，有序发展橡胶制品和日用化工；特钢产业主要立足基础优势，重点发展制造业用钢、管材钢、特种管材及铸锻产品、金属制品等。淮安是全国著名的优质农产品生产基地。淮安良好的产业发展基础和较强的产业配套能力，为中外客商来淮投资兴办企业或参与资产重组提供了广阔的空间。

四是资源要素优势，淮安地下蕴藏着岩盐、芒硝、凹凸棒土、石油、天然气等非金属矿产资源，其中已经探明的岩盐储量达1300亿吨，居世界首位，芒硝储量1亿吨，是化学化工等日化用品的主要原料；长期以来，淮安市牢固树立"为企业服务、为纳税人服务"作为的理念，建立健全了"一站式"审批、保姆式帮办、外商投资企业服务月、投诉受理督办和软环境建设评议等制度，着力打造开明开放的政策环境、优质高效的政务环境、严明规范的法治环境、诚实守信的市场环境、治安良好的社会环境和健康文明的人文环境，用一流的政策、一流的秩序、一流的服务吸引国内外客商。

从发展潜力和发展空间看，淮安正在全力推进"五大建设"，潜力巨大，空间广阔。目前，全市上下正围绕江苏省委省政府提出的"把淮安建成苏北重要中心城市"的战略目标，加快推进构筑大交通、培育大产业、发展大流通、繁荣大文化、开发大旅游"五大建设"。这为广大客商来淮投资兴业提供了巨大的合作空间和无限商机。

洪泽湖

江苏省盐城市

盐城地处黄海之滨，下辖 2 市 5 县 2 区，面积 1.69 万平方公里，人口 810 万。区位独特，位于长三角北翼，在上海两个半小时经济圈内。资源丰富，海岸线长 582 公里，滩涂面积 683 万亩，且每年以 3 万亩的速度向大海延伸，建有丹顶鹤、麋鹿两个国家级自然保护区，同时拥有大丰港和盐城南洋机场两个国家一类开放口岸。产业基础深厚，目前已经形成汽车、纺织、能源、机械、化工等支柱产业，环保、新能源等新兴产业初具规模。

新四军纪念馆

东风悦达起亚第二工厂

大丰麋鹿国家级自然保护区

近几年，盐城经济社会发展呈现加速态势。2008 年，全市地区生产总值突破 1600 亿元，人均首次超过 3000 美元。财政总收入达到 216.1 亿元，实现两年翻一番；地方一般预算收入 90.3 亿元。实际利用外资在连续三年实现倍增的基础上，突破 10 亿美元，总量列苏北第一。外贸出口总额 21.7 亿美元，增长 53%，增幅列江苏省第二。市区居民人均可支配收入 15862 元，农民人均纯收入 6790 元，均居苏北前列。先后荣获江苏省文明城市、中国优秀旅游城市、全国科教兴市先进市、中国投资环境百佳城市、中国魅力中小城市、中国创业之城等荣誉称号，并连续三次被评为全国双拥模范城。

随着国务院正式批准《江苏沿海地区发展规划》，江苏沿海地区发展已成为具有全局意义的国家战略，盐城处于实施江苏沿海地区发展规划和加快推进长三角区域经济一体化两大政策措施相叠加的新起点，未来，盐城将充分发挥空间大的优势，利用岸线长的特点，做活滩涂多的文章，挖掘“风光好”的潜力，积极打造中国东部沿海新兴工商业城市、新型工业基地和能源基地、生态湿地旅游目的地。

射阳国家级珍禽自然保护区

  CATALOGUE

长三角年鉴(2009)长三角联合研究中心编

List written by research center of CJD

第一篇
长三角区域概况

第一章 长三角区域概况

一 自然地理

(一)位置

长三角区域包括上海、江苏、浙江两省一市,位于我国华东地区东部,介于东经116°18′~123°,北纬27°12′~35°20′之间。东岸濒临黄海和东海,西部与安徽、江西接壤,北部毗邻山东,南部紧邻福建。淮河、长江、钱塘江等大型河流穿越长三角地区入海。区域总面积21.07万平方公里,其中陆域面积19.33万平方公里。

上海,简称沪。位于北纬31°18′,东经121°29′。它北界长江入海口,东濒东海,南临杭州湾,西接江苏、浙江两省。全市面积6 340.5平方公里,占全国总面积的0.06%,其中陆地面积6 218.65平方公里,水面面积121.85平方公里,南北长约120公里,东西宽约100公里。上海地处长江三角洲东缘,位于我国南北海岸线中部,长江由此入海,交通便利,腹地广阔,地理位置优越,是一个良好的江海港口。

江苏,简称苏,位于我国大陆东部沿海中心,介于东经116°18′~121°57′,北纬30°45′~35°20′之间。东濒黄海,西连安徽,北接山东,东南与浙江和上海毗邻。全省面积10.26万平方公里,占全国总面积的1.1%。其中平原面积7.06万平方公里,水面面积1.73万平方公里。海岸线长954公里,耕地面积472万公顷。

浙江,简称浙,位于中国东南沿海,介于北纬27°12′~31°31′和东经118°~123°之间,东濒东海,南界福建,西与江西、安徽相连,北与上海,江苏为邻。东西与南北的直线距离均为450公里,陆域面积10.18万平方公里,其中丘陵山地占70.4%。海岸线总长6 486.24公里,占全国海岸线总长的20.3%,居全国首位。

(二)地貌

长三角区域地貌以平原和丘陵为主,其中长江以北(江苏北部地区)多为平原地形,长江两岸和长江以南多为丘陵,其中浙江省地形复杂,山地和丘陵地形占70%以上,上海则全为长江三角洲冲积平原。

上海全境除西南部有少数残丘外,全为坦荡低平的长江三角洲冲积平原的一部分,平均高度海拔4米左右。上海的崇明岛是我国的第三大岛,由长江挟带下来的泥沙冲积而成,面积为1 041.21平方公里。此外,上海所属的长兴岛面积为74.14平方公里,横沙岛面积为45.92平方公里。

江苏地形地势低平,河湖众多,平原、水面所占比例之大,在全国居首位。地面高程在45米以下的平原低地占总面积的85%,其中半数以上在5米以下,主要有苏南平原、江淮平原、黄淮平原和东部滨海平原;低山丘陵和岗地合占15%,主要分布在盱眙-响水一线以北和省境西南部。

浙江地形复杂,山地和丘陵占70.4%,平原和盆地占23.2%,河流和湖泊占6.4%,有“七山一水两分田”之说。地势由西南向东北呈阶梯状倾斜。大致可分为浙北平原、浙西丘陵、浙东丘陵、中部金衢盆地、浙南山地、东南沿海平原及滨海岛屿等六个地形区。位于龙泉市境内的黄茅尖,海拔1 929米,为全省最高峰。

(三)水系

长三角区域内河湖交错,水系众多,由北向南主要有淮河、长江、钱塘江等三大天然水系,东西方向有京杭大运河贯穿江苏省和浙江省北部。洪泽湖、太湖是区域内的主要湖泊,杭州湾、温州湾等是区域内的主要港湾。

上海地区天然河港密布,多属太湖流域,主要河流有黄浦江及其支流吴淞江(苏州河)。黄浦江深约7~9米,宽400米左右,全长80公里,苏州河宽70~80米,全长125公里,其中在上海市境内的长度为53.1公里。

江苏境内河川交错,水网密布,水面面积约占总面积的17%,共有大小河流和人工河道2900余条(不包括田间渠道),湖泊290多个,分属长江、淮河和泗、沂、沭等水系,构成完整的水道系统,富航运、灌溉和水产养殖之利。长江横穿东西418公里,大运河纵贯南北690公里,西南部有秦淮河,北部有苏北灌溉总渠、新沭河、通扬运河等。全国五大淡水湖,江苏得其二,太湖和洪泽湖像两面大明镜,分别镶嵌在水乡江南和苏北平原。海岸线南起长江口北岸启东市连兴港东侧蓼家嘴角,北止赣榆县绣针河口,长953.9公里。

浙江全省海域广阔,海岸曲折,形成了众多的港湾,如杭州湾、象山港、三门湾、台州湾、温州湾、乐清湾等。杭州湾是浙江省最大的港湾,钱塘江河口呈喇叭形,由于潮汐的作用,在海宁附近形成举世闻名的钱江潮。全省河流众多,主要有钱塘江、瓯江、灵江、苕溪、甬江、飞云江、鳌江、曹娥江、京杭运河(浙江段)等水系。钱塘江全长约605公里,是省内第一大江,京杭运河贯穿杭嘉湖平原中部,在浙江境内长129公里。杭州西湖、绍兴东湖、嘉兴南湖、宁波东钱湖为浙江四大名湖,此外还有人工湖泊千岛湖(即新安江水库)。

二 气 候

长三角区域为亚热带和暖温带的季风气候,大致以淮河-灌溉总渠一线为界,该线以北(苏北地区)属暖温带湿润季风气候,该线以南(江苏省中南部、上海市、浙江省)属亚热带湿润季风气候。区域内气候温和湿润、四季分明,除淮河-灌溉总渠一线以北的地区外,受梅雨和台风的影响较大,雨季较长,降水较多,均为雨热同步变化的区域,多数地区年降雨量在1000毫米以上。2008年初的低温雨雪冰冻天气影响之大,为历史罕见。

(一)上海市

上海属北亚热带季风气候,四季分明,日照充分,雨量充沛。上海气候温和湿润,春秋较短,冬夏较长。2008年40%以上的雨量集中在7至9月的汛期,汛期有春雨、梅雨、秋雨三个雨期。2008年全市年平均气温17.5℃,比2007年下降1℃,但仍然比常年平均气温偏高1℃。在全球气候变暖的背景下,上海年平均气温已连续第15年高于常年平均值。极端最高气温38.8℃,极端最低气温-

3. 3℃,日照时间1 534. 7小时。

全市2008年受气象灾害影响较大。1月中下旬至2月上旬,遭受低温雨雪冰冻天气袭击,持续时间为1964年以后最长,累积雨雪量114mm,为1901年以后历史同期最多,平均气温较常年同期偏低2. 1℃ ~2. 9℃,平均最高气温偏低3. 4℃ ~4. 6℃,为30年来最低值。使春运高峰公路、铁路、民航等交通部门的运营受严重影响,上海长途客运取消3 000多个班次,近10万旅客受阻,铁路上海站近9万旅客滞留,机场延误航班6 000余次,受影响旅客近8万人次。全市共2人死亡,紧急转移安置1 658人,农作物受灾面积700公顷,倒塌居民房屋82间,直接经济损失1. 56亿元,对经济社会和人民生活的影响之大为上海历史罕见。6月7日入梅至7月4日出梅,梅雨期间降水过程频繁、降水强度大;8月共出现13天雷暴日,是1976年以来出现连续雷暴天数最长的年份;10月下旬至11月上旬多阴雨天气,徐家汇测站雨量达113. 8mm,较常年同期偏多2. 2倍,创1991年(122. 3mm)以来同期历史记录,对农业“三秋”造成较大影响。

(二)江苏省

江苏气候具有明显的季风特征,处于亚热带季风气候向暖温带季风气候的过渡地带,大致以淮河－灌溉总渠一线为界,以南属亚热带湿润季风气候,以北属暖温带湿润季风气候。全省气候温和,雨量适中,四季分明,气温由北而南递增。

2008年全省各站年平均气温13. 9℃(赣榆) ~16. 9℃(昆山),较常年偏高0. 1℃(泗洪) ~1. 3℃(昆山)。全省年平均气温15. 5℃,较常年偏高0. 6℃,为2000年来第二低值,仅高于2003年(15. 3℃),异常度值为0. 78,属正常年份。春季、秋季气温偏高,冬季、夏季气温持平。全省降水量1 026. 3mm,接近常年同期值。降水量时空分布不均,变化起伏大。淮北和苏南南部地区降水量较常年偏多1 ~4成,其它地区偏少1 ~3成。冬季全省平均降水量124. 2mm,较常年偏多3成,1月底到2月初淮河以南地区遭受了历史罕见的区域性暴雪天气。汛期暴雨频发,降水强度大,主要降雨带在江淮之间北部和淮北地区,局部出现较严重积涝。全省各站日照时数为1 602. 6(高淳) ~2 263. 4(丰县)小时,与常年同期相比,除常州、镇江、高邮、宜兴、溧阳等站点较常年偏多0. 1 ~1成外,大部分地区年日照时数较常年略偏少。

2008年江苏省气象灾害较多,据不完全统计,全年因气象灾害死亡85人,伤458人,农田损失面积132万公顷,直接经济损失35. 66亿元。主要灾害性天气有暴雪、雷电、寒潮、大雾、台风、暴雨、冰雹、龙卷风、干旱等。2008年1月11日至2月初,江苏大部分地区遭遇了严重的低温雨雪冰冻天气,暴雪持续时间之长、积雪深度之深为1961年来之最,范围之广仅次于1984年,造成30人死亡,305人受伤,受灾人口242. 13万人,农作物受灾面积14. 5万公顷,因灾倒塌房屋6 405间,损坏房屋14 528间,造成直接经济损失20. 3亿元,其中农业直接经济损失10. 9亿元。影响较大的大雾日有10天,发生雷灾778起,较2007年均有减少。共有4个热带气旋影响江苏,分别出现在7月和9月,其中受第7号热带气旋“海鸥”和第8号台风“凤凰”影响,江苏大部地区普降大到暴雨,局部大暴雨,全省普遍出现了7－8级大风,最大风力19米/秒。据不完全统计,第7号热带气旋“海鸥”和第8号台风“凤凰”影响,全省约15 382人受灾,农田受灾面积约3 941公顷,直接经济损失8 680. 2万元。2008年对农业生产为较好的气候年景,对海盐、林业等行业气候年景较差,对人民生活、旅游而言,有利有弊。

(三)浙江省

浙江属于亚热带季风气候,四季分明,气温适中,光照较多,雨量丰沛,雨热季节变化同步,气候资源配置多样,气象灾害繁多。

2008 年全省年平均气温 17.7℃,较常年偏高 0.8℃,是 1997 年以来的连续第 12 个偏暖年。年高温日数全省平均31 天,较常年偏多13 天年,低温日数全省平均23 天,较常年偏多1 天。全省年平均降水量1 347.4毫米,比常年偏少约一成,降水连续 6 年偏少。降水地区分布不均,中部地区降水少,周边降水多。日照时数全省平均1 786小时,接近常年平均值。

全年气候异常多变。年初遭受持续低温雨雪冰冻灾害,降雪强度强并出现冻雨。1 月 13 日至 2 月 16 日全省平均气温 2.7℃,比常年同期偏低 2.9℃,为历史同期低第三位;全省雨雪日数普遍在 15 –19 天,除浙南外其他地区基本为历史第 1 位,其中 2 月 1 –2 日暴雪强度之强、范围之广达 50 年一遇。因灾死亡 9 人,被困人口 69.18 万人,转移灾民 13.6 万人,累计安置滞留旅客 42.0 万人,农作物受灾 61.3 万公顷,绝收 4.1 万公顷,倒塌房屋11 661间,8 749 个村停电,造成全省直接经济损失 174.3 亿元。6 月 8 日入梅至 7 月 4 日出梅,梅雨期达 26 天,期间经历了 4 次暴雨到大暴雨过程,全省降水量在 129 –500 毫米之间,是 1999 年后范围最广、强度最强、持续时间最长的梅汛过程。7 月到 9 月底受到 0807 号“海鸥”、0808 号“凤凰”、0813 号“森拉克”和 0815 号“蔷薇”4 个热带气旋影响,造成直接经济损失 18.5 亿元,农作物受灾面积 13.9 万公顷,受灾人口 403.5 万人。此外年内强对流、雷电、大雾,高温热害等对交通、农林业、电力等都造成一定影响,并造成人员伤亡。全年气象灾害造成农作物受灾面积 107.5 万公顷,绝收 6.2 万公顷,受灾人口3 148.7万人,死亡 34 人,直接经济损失 240.5 亿元。

三 自然资源

长三角区域自然资源较为丰富,因平原、水面面积所占比例较大,水产资源充裕,江苏的吕四、海洲湾等四大渔场盛产黄鱼、带鱼、昌鱼、虾类、蟹类及贝藻类水产品,同时也是全国河蟹、鳗鱼苗的主要产地;浙江海域历来是全国最大的渔场,舟山渔场是我国最大的渔场,是世界四大渔场之一,东海大黄鱼誉满全球。长三角区域的矿产资源以非金属矿产为主,用于建筑、化工、冶金辅助等多种用途。上海市面积较小,资源相对贫乏。

(一)土地资源

长三角区域总面积占全国国土面积的 2.1%,总耕地面积为 692.7 万公顷,江南地区历史上是我国的鱼米之乡,但受工业化进程和自然原因影响,耕地流失的情况较为严重,且耕地质量不断下降。

上海共有耕地面积 20.5 万公顷,其中水田 17.51 万公顷,旱田 2.99 万公顷。农村人口人均占有耕地 550 平方米,农村从业人员人均占有耕地 884 平方米,分别比 2007 年减少 30 平方米和 58 平方米。区域土地总面积根据上海市土地利用现状调查结果为7 945.58平方公里。其中,长江水面面积1 106.98平方公里,占 13.93%。扣除沿海滩涂等未利用土地和长江水面面积的全市陆域土地总面积为6 377.10平方公里。

江苏耕地面积 471.8 万公顷,较 2007 年减少 27.19 万公顷,其中水田 294.2 万公顷,旱地 177.6

万公顷，耕地后备资源集中于海岸带。人口密度748人/平方公里，人均耕地0.064公顷，农村人口人均占有耕地943.74平方米，土地人口负荷量仅次于沪、津、京三市，列第四位。随着经济高速发展，江苏省土地利用结构变化快，耕地流失强度大，非农占用耕地不断增加。1996年至2008年间，耕地面积净减少514.56万亩，平均每年减少42.88万亩。耕地面积大幅度减少的同时，耕地质量不断下降。每年大面积的耕地受三废污染、沙化、盐碱化、土壤侵蚀或由于利用不当等原因而使生产力下降。因此，采取切实可行的措施，保护耕地，已成当务之急。

浙江全省陆域10.18万平方公里，其中平原占23.2%，耕地面积仅约200万公顷，有“七山一水二分田”之说。2008年总播种面积248.24万公顷，较2002年减少58.2万公顷，较2007年减少16.1万公顷，“十五”期间年均下降4.4%。其中粮食作物播种面积127.2万公顷，较2002年减少44.7万公顷，较2007年减少15.7万公顷，“十五”期间年均下降7.5%。降幅较大，且耕地质量继续恶化，2008年水土流失总面积达283万公顷，较2002年增加11.2万公顷，较2007年增加2.4万公顷。

（二）水资源

长三角区域内河湖众多，水网密布，主要有江苏的洪泽湖、太湖、骆马湖、高邮湖、邵伯湖和浙江的杭州西湖、绍兴东湖、嘉兴南湖、鄞县东钱湖等著名湖泊，除淮河、长江、钱塘江、京杭大运河等重要河流以外，还有江苏的秦淮河、苏北灌溉总渠、新沭河、通扬运河，浙江的瓯江、灵江、苕溪、南江、飞云江、鳌江、曹娥江等水系。

上海地区河湖众多，水网密布，水资源丰富，水面积占全市总面积的11%。上海河网大多属黄浦江水系，黄浦江源自太湖，全长80公里，流经市区，江道宽度300－770米，平均400米左右，深7－9米。黄浦江江宽水深，终年不冻，是上海的水上要道。2008年，上海年平均降水量为1 238.2mm，比多年平均值多13.7%，属偏丰水年。取(用)水总量为119.77亿立方米，比上年减少0.4%，其中地表水取水量为119.45亿立方米，比上年减少0.3%，地下水取水量为0.32亿立方米，比上年减少20.0%。

江苏省境内地势平坦，水系发达，湖泊水面占16.9%，主要有洪泽湖、太湖、骆马湖、高邮湖、邵伯湖等。江苏省水系分属长江、淮河两大流域。淮河流域又按习惯分为淮河和沂沭泗两个水系。南部属长江流域。长江是我国最大的河流，其长度及水量均列世界第三位。江苏境内长江干流全长418公里，岸线960公里，是全省沿江地区引排水的动脉。太湖属长江水系，涉及江浙沪两省一市，流域面积3.65万平方公里，耕地2 600多万亩，其中江苏约各占一半。中部为淮河水系。南以通扬运河与长江水系分界，北以废黄河与沂沭泗水系分开。淮河西起河南桐柏山，经安徽流入洪泽湖。洪泽湖以下分别由入江水道至三江营入长江，由灌溉总渠直接入海。淮河干流全长1 000公里，流域面积18.7万平方公里，其中江苏为3.94万平方公里。洪泽湖是一座调蓄淮河上中游来水的平原水库，总库容135亿立方米，湖堤长67.25公里，是下游地区防洪的第一道屏障，关系到下游近3 000万亩耕地、2 200多万人口的安全。北部为沂沭泗水系。总面积7.8万平方公里，横跨苏鲁两省，境内面积2.56万平方公里。

浙江省多年平均水资源总量为855.23亿立方米，按单位面积计算居全国第4位，但人均水资源拥有量仅1 824立方米，低于全国人均水平。浙江海域面积26万平方公里。面积大于500平方米的海岛有3 061个，是全国岛屿最多的省份，其中面积495.4平方公里的舟山岛为我国第四大岛。海岸线总长6 486.24公里，居全国首位，其中大陆海岸线2 200公里，居全国第5位。岸长水深，可建万吨级以上泊位的深水岸线290.4公里，占全国的1/3以上，10万吨级以上泊位的深水岸线105.8公里。

(三)矿产资源

长三角的矿产资源主要分布于江苏、浙江两省,其中江苏的矿产资源相对丰富,有煤炭、石油、天然气等能源矿产和大量的非金属矿产,另有一定数量的金属矿产。浙江的矿产资源以非金属矿产为主,多用于建筑材料的生产等用途。

上海基本无一次常规能源,煤、石油、水力的储藏和生产,所需的能源都要靠其他省市的支援。但是,上海具有一定数量和较高质量的二次能源生产,产品主要是电力、石油油品、焦煤和煤气(包括液化石油气)。其他可以利用开发的能源还有沼气、风能、潮汐及太阳能。据初步估算,东海大陆架油气资源储量约有 60 亿吨,是我国近海海域最大的含油气盆地;附近的南黄海,经过调查和勘探,也发现油气资源,估算有 2.9 亿吨储量。长江口浅海底下,还发现有锆石、钛铁砂、石榴石、金红石等重要矿物。

江苏省矿产资源分布广泛,品种较多,已发现的有 133 种。能源矿产主要有煤炭、石油和天然气。非金属矿产有硫、磷、钠盐、水晶、蓝晶石、蓝宝石、金刚石、高岭土、石灰石、石英砂、大理石、陶瓷黏土;金属矿产有铁、铜、铅、锌、银、金、锶、锰等。黏土类矿产、建材类矿产、化工原料矿产、冶金辅助原料矿产、特种用途矿产和有色金属矿产,是江苏矿产资源的优势。其中方解石、泥灰石、凹凸棒石黏土、保温材料黏土、水泥用辉绿岩、水泥混合材料用闪长玢岩等 6 种矿产的保有储藏量列全国第一位。

浙江矿产资源以非金属矿产为主,已发现非金属矿产 72 种。石煤、明矾石、叶蜡石、水泥用灰岩、建筑用灰岩等储量居全国首位,萤石居全国第二位,硅藻土居第三位。东海大陆架盆地有着良好的石油和天然气开发前景。2008 年,沸石(矿石)、叶蜡石(矿石)、普通萤石、明矾石、水泥用灰岩保有储量分别为12 704万吨、3 355万吨、1 886万吨、9 798万吨和272 212万吨。

(四)生物资源

长三角地区生物资源较为丰富,其中江苏、浙江两省的野生植物资源品种繁多,上海位于东海、黄海、长江三水交汇处,海淡水交汇,水产资源丰富。

上海濒临东海,有丰富的水产资源,据统计,东海、黄海的水产资源有 700 多种。此外,上海地处长江口,这里江面宽阔,海淡水交汇,是鱼类索饵、繁殖、栖息的场所,有各种鱼类 108 种,其中经济鱼类有 20 多种。上海有众多的天然湖泊,螺蚬蚌等底栖生物资源比较丰富。稠密的水网,为淡水养殖提供了良好的条件。2008 年城市园林绿地面积34 256公顷,绿化覆盖率达 38%,比 2007 年增加了 0.4 个百分点。

江苏共有维管束植物2 400多种;野生动物资源有脊椎动物(除鱼类)584 种、约占全国的 23.5%,有鸟类 448 种、占全国总数的 36%,还有鱼类 500 多种等。有关研究表明,江苏境内有可开发利用的野生植物 600 多种,其中具利用价值的野生蔬菜种类就有 192 种之多。江苏水产资源丰富,有广阔的海涂、浅海,东部沿海渔场面积达 15.4 万平方公里,其中包括著名的吕四、海州湾等四大渔场,盛产黄鱼、带鱼、昌鱼、虾类、蟹类及贝藻类等。江苏也是全国河蟹、鳗鱼苗的主要产地。内陆水面2 600多万亩,养殖面积近 815 万亩,有淡水鱼类 140 余种,已利用的有 40 多种。

浙江 2008 年林地面积达 668.86 万公顷,林木蓄积量20 500万立方米,森林覆盖率达 60.65%,居全国前列。经济林以茶园、桑园、油茶林、果园为主,其中,茶、桑、柑橘等中外闻名。树种资源丰富,素有"东南植物宝库"之称。野生动物种类繁多,有 123 种动物被列入国家重点保护野生动物名录。浙江海域历来是全国最大的渔场,渔业资源的蕴藏量在 205 万吨以上,年可捕量在 105 万吨以上。

四　人口与经济

(一)人口规模

2008年末长三角两省一市人口总量继续保持低速增长。年末区域内常住人口14 684.96万人，比上年末增加0.98%，142.38万人。全年出生人口133.03万人，人口出生率9.15‰；死亡93.17万人，死亡率6.41‰；户籍人口增长39.86万人，人口自然增长率2.74‰。受人口老龄化和经济形势等影响，户籍人口和常住人口增长速度均较上年放缓。上海人口的户籍人口继续保持负增长，江苏的增速低于长三角整体水平，浙江人口的增速最高。人口出生率由高到低依次是浙江、江苏、上海，死亡率由高到低依次是上海、江苏、浙江。

表1-1　2008年长三角人口规模变化

单位：万人，‰

	上海	江苏	浙江	长三角
常住人口数	1 888.46	7 676.50	5 120	14 684.96
常住人口增加数	30.38	52	60	142.38
户籍人口数	1 391.04	7 388.63	4 687.85	13 467.52
出生人口数	9.67	71.44	51.92	133.03
人口出生率	6.98	9.34	10.2	9.15
死亡人口数	10.70	53.86	28.61	93.17
人口死亡率	7.73	7.04	5.62	6.41
人口增长数	-1.03	17.58	23.31	39.86
人口自然增长率	-0.75	2.3	4.58	2.74

数据来源：2009年上海市、江苏省、浙江省统计年鉴

2008年末，上海全市户籍人口1 391.04万人，较上年减少32.18万人。全年户籍出生人口9.67万人，出生率为6.98‰；死亡人口10.70万人，死亡率为7.73‰；人口自然增长率为-0.75‰，较2007年下降0.65‰。至年末，全市常住人口达到1 888.46万人，外来人口642.27万人，其中半年及以上常住人口517.42万人。

2008年末，江苏户籍人口总量继续增长，年末户籍人口达7 388.63万人。全年人口出生率9.34‰，下降0.03个千分点；人口死亡率7.04‰，下降0.03个千分点；人口自然增长率2.30‰，与2007年持平。年末全省常住人口7 676.50万人，比上年末增加52万人。

2008年末，浙江全省常住人口5 120万人，比上年增长1.19%。年末户籍人口达4 687.85万人，其中男性人口2 388.98万人，女性人口2 298.87万人，分别占总人口的50.96%和49.04%。全年出生人口51.92万人，出生率10.2‰；死亡人口28.61万人，死亡率为5.62‰；全年自然增长人口23.31万人，自然增长率为4.58‰，较上年下降0.23个千分点。

(二)人口自然变动

长三角区域的人口自然变动情况与全国的情况趋于一致,部分地区略有不同。经过建国后的两次人口生育高峰,长三角两省一市的人口再生产类型已经由高出生、低死亡、高增长逐渐过渡到了低出生、低死亡、低增长的状况,其中,江苏、浙江两省的人口自然增长率近年来一直维持在较低的水平,上海市的人口自然变动继续维持负增长。

上海是全国除港澳台地区外的31个省、自治区、直辖市中第一个出现人口自然变动负增长的地区,人口自然增长率自1993年开始出现负增长。2003年,全市户籍人口出生率为4.3‰,死亡率为7.5‰,自然增长率为-3.2‰,为改革开放以来的最低人口自然增长率。上海市人口增长原因主要是人口净迁入,而外来流动人口是上海人口总量增长的主要来源。上海外来流动人口1988年仅为106万,2000年第五次人口普查时已经升至387.11万人。上海已经成为全国三大省际人口流动中心之一。

表1-2 上海市历年人口自然变动情况

单位:万人,‰

年份	出生		死亡		自然增长	
	人数	出生率	人数	死亡率	人数	自然增长率
1978	12.36	11.3	6.82	6.2	5.54	5.1
1980	14.31	12.6	7.39	6.5	6.92	6.1
1985	15.43	12.7	8.1	6.7	7.33	6
1990	13.12	10.2	8.63	6.7	4.49	3.5
1991	10.08	7.8	8.56	6.7	1.52	1.1
1992	9.37	7.3	9.1	7.1	0.27	0.2
1993	8.4	6.5	9.4	7.3	-1	-0.8
1994	7.63	5.9	9.42	7.3	-1.79	-1.4
1995	7.11	5.5	9.79	7.5	-2.68	-2
1996	6.79	5.2	9.77	7.5	-2.98	-2.3
1997	6.42	4.9	9.57	7.3	-3.15	-2.4
1998	6.17	4.7	10.13	7.8	-3.96	-3.1
1999	6.56	5	9.54	7.3	-2.98	-2.3
2000	6.95	5.3	9.45	7.2	-2.5	-1.9
2001	5.76	4.4	9.34	7.1	-3.58	-2.7
2002	6.2	4.7	9.67	7.3	-3.47	-2.6
2003	5.73	4.3	10.07	7.5	-4.34	-3.2
2004	8.09	6	9.65	7.2	-1.56	-1.2
2005	8.24	6.1	10.23	7.54	-2.01	-1.5
2006	8.12	5.95	9.8	7.18	-1.68	-1.23
2007	10.08	7.34	10.22	7.44	-0.14	-0.1
2008	9.67	6.98	10.70	7.73	-1.03	-0.75

数据来源:2009年上海市统计年鉴

2000年以来，江苏省人口增长始终保持“低出生、低死亡、低自然增长”的现代人口再生产模式。“九五”期间，全省人口出生率由12.32‰下降到9.08‰，自然增长率由5.76‰下降到2.56‰。“十五”期间，尽管出现小幅波动，但全省人口出生率和自然增长率仍稳定在10‰和3‰以内。2002年，是全省人口出生率自90年代持续下降以来首次出现上升，与2001年相比上升了0.14个千分点。2004年，人口出生率第二次上升的幅度较前次增加了0.26个千分点，自然增长率为2.25‰，与上年相比增加了0.24个千分点，成为近20年来的首次回升。但与“九五”期末的2000年相比，仍然低0.31个千分点，比第三次生育高峰最低点的1984年4.52‰低2.27个千分点。稳定的现代人口再生产类型，主要得益于全省经济快速发展、社会进步、政策引导，以及人们在思想观念上、经济上、生活方式上发生的深刻变化，从而直接影响到全民婚育观的转变。

表1-3　江苏省人口自然变动

单位:万人,‰

年份	出生		死亡		自然增长	
	人数	出生率	人数	死亡率	人数	自然增长率
1978	90.62	15.63	35.32	6.09	55.30	9.54
1980	86.90	14.69	38.87	6.57	48.03	8.12
1985	67.11	10.84	36.35	5.87	30.76	4.97
1989	111.27	17.15	36.31	5.60	74.96	11.55
1990	137.96	20.54	43.86	6.53	94.10	14.01
1991	116.03	17.05	44.23	6.50	71.80	10.55
1992	108.04	15.71	46.49	6.76	61.55	8.95
1993	96.94	13.97	45.87	6.61	51.07	7.36
1994	96.38	13.78	47.98	6.86	48.40	6.92
1995	86.77	12.32	46.20	6.56	40.57	5.76
1996	85.84	12.11	46.64	6.58	39.20	5.53
1997	81.47	11.43	48.76	6.84	32.71	4.59
1998	78.60	10.97	49.01	6.84	29.59	4.13
1999	75.58	10.50	49.95	6.94	25.63	3.56
2000	66.01	9.08	47.40	6.52	18.61	2.56
2001	66.28	9.03	48.60	6.62	17.68	2.41
2002	67.56	9.17	51.50	6.99	16.06	2.18
2003	66.83	9.04	51.98	7.03	14.85	2.01
2004	70.11	9.45	53.42	7.20	16.69	2.25
2005	68.68	9.24	52.25	7.03	16.43	2.21
2006	69.96	9.36	52.92	7.08	17.04	2.28
2007	71.08	9.37	53.64	7.07	17.44	2.30
2008	71.44	9.34	53.86	7.04	17.58	2.30

数据来源:2009年江苏省统计年鉴

中华人民共和国成立以来,浙江人口的发展变化起伏较大。根据增长率高低,可分为五个时期,即两个高峰,一个低谷和一个稳定下降期。第一阶段(1949 - 1958),是浙江省人口增长的第一个高峰期,年均增长率高达 2.43%,第二阶段(1959 - 1961),是人口增长低谷期,年均增长率只有 1.21%,第三阶段(1962 - 1966),是人口增长的第二个高峰期,年均增长率高达 2.66%,第四阶段(1967 - 1979),是增长率稳定下降时期,年均增长率为 1.79%,第五阶段(1980 至今)迈向低速增长时期,1980 - 1990 年年均增长 1.03%,到 1997 年人口自然增长率已降至 4.93‰。浙江人口再生产类型已完成由高出生、低死亡、高增长向低出生、低死亡、低增长的转变。进入 90 年代,浙江省人口生育水平有以下特点:总出生水平较低,但总出生量较大,地区间生育水平差异显著,其影响因素主要是经济、社会、政策以及人口再生产内部规律。2008 年人口出生率为 10.20‰,自然增长率为 4.58‰。

表 1 - 4 浙江省历年人口自然变动情况

单位:万人,‰

年份	出生		死亡		自然增长	
	人数	出生率	人数	死亡率	人数	自然增长率
1970	85.93	26.16	19.57	5.96	66.36	20.2
1971	86.16	25.7	20.45	6.1	65.71	19.6
1972	83.72	24.48	20.6	6.02	63.12	18.46
1973	80.92	23.24	21.16	6.08	59.76	17.16
1974	74	20.92	21.78	6.16	52.22	14.76
1975	69.92	19.49	22.64	6.31	47.28	13.18
1976	68.99	18.96	22	6.05	46.99	12.91
1977	69.78	18.94	24.13	6.55	45.65	12.39
1978	67.75	18.17	21.75	5.83	46	12.34
1979	67.82	17.98	22.23	5.89	45.59	12.09
1980	59.4	15.59	23.97	6.29	35.43	9.3
1981	69	17.93	24.12	6.27	44.89	11.66
1982	71.38	18.31	23.17	5.94	48.21	12.37
1983	62.66	15.89	25.13	6.37	37.53	9.52
1984	49.8	12.52	23.82	5.99	25.97	6.53
1985	50.59	12.61	24.25	6.05	26.34	6.56
1986	64.64	15.96	24.06	5.94	40.58	10.02
1987	69.67	17.01	28.34	6.92	41.33	10.09
1988	64.42	15.54	26.32	6.35	38.1	9.19
1989	63.68	15.2	26.85	6.41	36.83	8.79
1990	64.75	15.33	26.65	6.31	38.1	9.02
1991	61.59	14.48	27.18	6.39	34.41	8.09

（续表）

年份	出生		死亡		自然增长	
	人数	出生率	人数	死亡率	人数	自然增长率
1992	63.1	14.72	28.17	6.57	34.93	8.15
1993	58.79	13.61	28.42	6.58	30.37	7.03
1994	56.67	13.24	28.25	6.64	28.42	6.6
1995	54.52	12.66	29.07	6.75	25.45	5.91
1996	53.21	12.09	28.96	6.58	24.25	5.51
1997	50.47	11.41	28.66	6.48	21.81	4.93
1998	49.57	11.15	28.14	6.33	21.43	4.82
1999	47.51	10.64	28.36	6.35	19.15	4.29
2000	48.09	10.3	28.63	6.13	19.46	4.17
2001	46.14	10.02	28.78	6.25	17.39	3.77
2002	46.2	9.98	28.7	6.19	33.5	3.79
2003	45	9.66	29.7	6.38	15.3	3.28
2004	50.12	10.71	26.95	5.76	40.02	4.95
2005	54.37	11.1	29.78	6.08	24.59	5.02
2006	50.78	10.29	26.75	5.42	24.03	4.87
2007	52.11	10.38	27.96	5.57	24.15	4.81
2008	51.92	10.20	28.61	5.62	23.31	4.58

数据来源:2009 年浙江省统计年鉴

（三）人口构成

长三角区域内的人口构成变化的最明显趋势是人口老龄化，由于计划生育政策的严格执行，以及生活水平的提高和医疗条件的改善，少儿人口的比重呈下降趋势，老年人口的比重上升较快，老龄化社会的形成有加快的趋势。

2008 年上海户籍人口年龄构成中，17 岁及以下人口为 147.15 万人，占总人口的 10.58%；18－59 岁的人口为 943.32 万人，占总人口的 68%；60 岁及以上的人口为 300.57 万人，占总人口的 21.60%。与第五次人口普查相比，60 岁及以上人口的比重明显上升。60 岁及以上人口中，60－64 岁人口占 28.64%，65－79 岁人口占 53.59%，80 岁及以上人口达 17.78%，人口平均寿命达 81.28 岁，较上年增加 0.2 岁，老龄人口高龄化趋势明显。性别构成，男性为 695.57 万人，女性为 695.47 万人，男女性别比为 100.014。农业人口 174.48 万人，非农业人口 1216.56 万人，非农业人口占总人口比重为 87.5%，较上年增 0.7 个百分点，保持缓慢增长。

从 1982 年开始，江苏省人口年龄结构发生了较大的变化，少儿人口比重持续下降，老年人口比重上升较快，在进入成年型人口的同时，开始向年老型人口过渡，并于 1986 年在全国率先进入老年型。2000 年人口普查时，全省 0－14 岁人口占总人口的 19.64%，65 岁及以上人口占 8.84%，分别比 1990 年人口普查时下降 4.11 个百分点、上升 2.05 个百分点。进入新世纪，全省人口老年化速度明显加快。根据 2008 年人口变动情况抽样调查样本数据（抽样比为5.128 5‰），总抽样人口393 687

人,其中0－14岁人口53 456人,占13.58%;15－64岁人口294 903人,占74.91%;65岁及以上人口45 328人,占11.51%。与2000年相比,0－14岁少儿人口的比重下降6.07个百分点,65岁及以上老年人口的比重上升2.75个百分点。老龄人口比重不断上升,其原因一方面是由于近年来全省人口出生率一直稳定在较低水平,0－14少儿比重逐年减少,另一方面,随着生活水平的提高,医疗条件改善,人均预期寿命不断提高。

浙江人口中,男性为2 388.98万人,女性为2 298.87万人,性别比为103.91。城镇人口比重57.6%,较上年提高0.4个百分点。年龄结构,18岁以下人口831.24万人,占17.73%;18－60岁的人口3 123.84万人,占66.64%;60岁以上人口732.76万人,占15.63%。老年人口比重较高。

(四)经济

2008年,由美国次贷危机诱发的国际金融海啸使世界经济进入低迷发展阶段,并且通过贸易、金融市场多种途径对我国经济形成全面冲击,涉及面之广、影响程度之深远远超过1998年的亚洲金融危机。长江三角洲因为经济国际化程度高,受到的冲击要大于我国其他地区。国际金融危机对长三角经济的影响主要表现在两个方面,一是直接影响,即出口急剧下滑,外汇资产缩水,海外投资出现亏损;二是间接影响,即通过产业的联动效应和市场预期的变化对长三角的实体经济造成巨大冲击,房地产市场不景气、股市暴跌,库存危机、企业倒闭,外国投资资本停滞等。2008年长三角两省一市GDP总量65 497.68亿元,同比增长15.49%,增速较上年回落3.91个百分点,比全国平均水平低6.42个百分点,占全国GDP总量的21.78%,较上年降低1.22个百分点。经济仍以较高速度增长,但是受国际经济危机和出口下降等原因影响,增速较往年放缓。长三角地区社会消费品零售总额为21 640.29亿元,增长20.9%,较上年增加3.97个百分点,反映经济增长模式由出口拉动向内需推动的转变,是应对国际金融危机所取得的显著成绩。在外贸进出口方面,2008年,长三角外贸进出口总额9 255.15亿美元,同比增长14.33%,较上年下降10.09个百分点,降幅较大,增长速度比全国平均低3.50个百分点。其中,实现出口总额5 616.53亿美元,同比增长18%,较上年回落8.95个百分点;实现进口总额3 638.62亿美元,同比增长9.08%,较上年回落11.66个百分点。在利用外资方面,2008年长三角实际利用外资总额476.4亿美元,同比增长18.21%,低于全国增速5.32个百分点,但仍占全国实际利用外资总额的51.56%。在固定资产投资方面,2008年长三角固定资产投资总额29 212.9亿元,增速为16.17%,低于全国增速9.37个百分点,占全国固定资产投资总额的16.96%。

表1－5 长三角主要经济指标与全国对比

单位:亿元,亿美元,%,百分点

	长三角		全国		占全国比重	增速高于全国
	总量	增速	总量	增速		
地区生产总值	65 497.68	15.49	300 670	21.92	21.78	－6.42
社会消费品零售总额	21 640.29	20.90	108 488	21.61	19.95	－0.71
外贸进出口总额	9 255.15	14.33	25 616	17.84	36.13	－3.51
出口	5 616.53	18.01	14 285	17.28	39.32	0.73
进口	3 638.62	9.08	11 331	18.55	32.11	－9.47
固定资产投资	29 212.9	16.17	172 291	25.54	16.96	－9.37
实际利用外资	476.4	18.21	924	23.53	51.56	－5.32

数据来源:2009年上海市、江苏省、浙江省统计年鉴,2008年全国国民经济与社会发展统计公报

2008 年长三角三次产业结构调整为 5. 05∶52. 64∶42. 31。在区域内部，上海市第三产业占比继续提高，三次产业比例关系为 0. 82∶45. 52∶53. 66，产业结构呈现“三、二、一”格局。江苏省三产比例关系为 6. 93∶54. 97∶38. 10；浙江省三产比例关系为 5. 1∶53. 89∶41. 01。长三角“两翼”的经济结构都呈现“二、三、一”的格局。数据显示，长三角地区的工业比重显著高于全国整体水平，这与长三角地区的工业化程度高于全国水平是一致的，长三角地区的工业化发展阶段也领先于全国。其中上海市的第三产业比例高于第二产业比例，表明其已处于工业化阶段后期，江苏省和浙江省目前都处于工业化高速冲刺、从工业化中期向后期过渡的阶段。

表 1－6　长三角经济圈及两省一市产业结构与全国对比

单位：%

	上海	江苏	浙江	长三角	全国
第一产业	0. 82	6. 93	5. 10	5. 05	11. 31
第二产业	45. 52	54. 97	53. 89	52. 64	48. 62
第三产业	53. 66	38. 10	41. 01	42. 31	40. 07

数据来源：2009 年上海市、江苏省、浙江省统计年鉴，2008 年全国国民经济与社会发展统计公报

上海市

上海市 2008 年全年实现生产总值（GDP）13 698. 15亿元，比上年增长 9. 7%，增速下降 4. 6 个百分点，是 1992 年以来增速首次低于两位数，受国际经济危机影响显著。其中，第一产业生产总值 111. 8 亿元，增加值 9. 96 亿元，增长 0. 7%，较上年下降 1. 3 个百分点；第二产业生产总值6 235. 92亿元，增加值 557. 41 亿元，增长 8. 2%，较上年下降 3. 3 个百分点；第三产业生产总值7 350. 43亿元，增加值 941. 93 亿元，增长 11. 3%，较上年下降 5. 8 个百分点，降幅较大。第三产业生产总值占全市生产总值的比重为 53. 7%，比上年提高 1. 1 个百分点，三次产业生产总值构成为 0. 82∶45. 52∶53. 66，在世界经济形势不景气的情况下，产业结构继续优化。

江苏省

江苏省 2008 年全年实现地区生产总值30 312. 61亿元，比上年增长 17. 75%，受 2008 下半年由美国次贷危机引发的全球经济危机的影响，增速较 2007 年略有放缓（18. 92%）。其中，第一产业生产总值2 100亿元，增加值 283. 76 亿元，增长 15. 62%；第二产业生产总值16 663. 81 亿元，增加值 2 357. 41亿元，增长 16. 48%；第三产业生产总值11 548. 8亿元，增加值1 930. 29亿元，增长 20. 07%。第三产业中，金融业增加值 281. 13 亿元，比 2007 年下降 197. 2 亿元，房地产业增加值 88. 66 亿元，比 2007 年下降 128. 88 亿元。经济结构继续调整优化，三次产业生产总值构成调整为 6. 93∶54. 97∶38. 1。

浙江省

浙江省 2008 年全省实现地区生产总值为21 486. 92亿元，比上年增长 10. 1%，增速较上年下降 4. 6 个百分点，受国际金融危机对出口贸易的影响，增速下降较大。其中第一产业生产总值1 095. 43 亿元，第二产业生产总值11 580. 33亿元，第三产业生产总值8 811. 16亿元，分别增长 3. 9%、9. 4% 和 11. 8%，第一产业增速较上年上升 1. 6 个百分点，第二产业和第三产业增速则分别较上年下降 6. 1 个百分点和 3. 6 个百分点，其中工业生产总值增速下降 6. 3 个百分点，受冲击较大。三次产业生产总值构成调整为 5. 1∶53. 89∶41. 01，第二产业比重较高。

(五)劳动、收入与社会保障

1. 上海市

上海市实施积极的就业政策,不断加强创业扶持、就业援助和就业培训,就业规模在国际金融危机的背景下仍不断扩大。至2008年年末,全市从业人员945万人,比上年末增加35.92万人。全年新增就业岗位59.5万个,其中,农村富余劳动力实现非农就业11.8万个。就业援助机制进一步完善,新安置就业困难、家庭困难人员2.8万人。公共就业服务进一步加强。全年完成职业培训43.47万人,共发放职业资格证书35.69万张。至年末,全市城镇登记失业人员26.6万人,登记失业率4.2%,为近年来最低水平。

城乡居民收入水平继续提高。2008年城市居民家庭人均年可支配收入26 675元,比上年增长12.9%,增幅较上年回落1.4个百分点;农村居民家庭人均年可支配收入突破达到11 385元,增长11.4%,增幅提高0.4个百分点。全年城市居民人均消费支出19 398元,比上年增长12.4%,增幅较上年回落4.5个百分点。其中,服务性消费支出6 287元,增长12.4%。农村居民人均生活消费支出9 115元,比上年增长3.1%,增幅较上年下降7.4个百分点。其中,服务性消费支出3 002元,增长6.9%,增幅较上年提高1个百分点。

社会保障体系进一步完善。至2008年年末,全市共有819.68万人(包括离退休人员)参加城镇基本养老保险;有511.83万人参加失业保险,全年领取失业保险金的人数25.39万人,居民医保登记参保人数达203万人。小城镇社会保险、外来从业人员综合保险和城镇高龄无保障老人养老保障政策覆盖面继续扩大。至年末,小城镇社会保险参保人数达到148.02万人。其中,被征用土地农民参保人数92.95万人。外来从业人员综合保险参保人数达383.8万人。有5.71万人纳入城镇高龄无保障养老政策。农村社会养老保险制度和老年农民政府托底养老补贴政策进一步完善,年内纳入养老保障体系的农民新增15.9万人。乡最低生活保障、最低工资、公益性岗位从业人员收入标准提高,城镇低保标准从350元/月提高到400元/月;农村低保标准从2 800元/年提高到3 200元/年;职工最低工资标准从840元/月提高到960元/月;小时最低工资标准从7.5元提高到8元;老年农民托底养老补贴从85元/月提高到100元/月。社会福利事业取得长足发展。至2008年年末,全市共有养老机构582家,床位8.06万张。其中,年内新增养老机构22家,新增养老床位10 030张。廉租住房保障对象准入标准放宽,住房保障覆盖面继续扩大。年内新增廉租房受益家庭1.4万户,累计达到4.4万户。

2. 江苏省

江苏省人民生活水平持续提高。2008年全年城镇居民人均可支配收入18 680元,比上年增加2 302元,增长14.06%,增长速度比上年降低2.2个百分点,考虑物价因素,实际增长仅8.5%,比上年降低3.2个百分点。人均生活消费支出11 978元,增长11.8%,其中食品支出占人均消费性支出的比重为37.9%,比上年增加1.2个百分点。全年农村居民人均纯收入7 357元,比上年增长12.1%,较上年下降0.8个百分点,考虑物价因素,实际增长仅6.2%,较上年下降1.5个百分点;人均生活消费支出5 328元,增长11.2%,其中食品支出占人均生活消费支出的比重为41.3%。城乡居民收入比达2.54:1,城乡居民收入差距进一步扩大。城乡居民居住条件进一步改善,城镇居民人均住房建筑面积为32.41平方米,农村居民人均住房使用面积为44.05平方米。以廉租房制度为重点、多渠道解决城市低收入家庭住房困难的政策体系全面建立,并取得一定成效。

社会保障体系建设进一步完善。城镇企业职工基本养老保险、失业保险、城镇职工基本医疗保险参保人数分别达到1 290.9万人、1 052.24万人和1 213.9万人,分别比上年增加123.5万人、83.76

万人、143. 56 万人。年末全省企业职工养老保险、城镇职工基本医疗保险覆盖面分别达 98. 1%、95. 2%。城镇居民基本医疗保险参保人数达1 233. 3万人,参保率超过 90%。在实现城乡“低保”全覆盖的基础上,建立了“低保”标准随物价上涨和城乡居民收入水平提高相应增长的机制。城镇居民基本医疗保险制度全面启动实施。年末全省享受企业职工基本养老保险离退休人员达 350. 3 万人,享受城镇职工基本医疗保险退休人员达 390. 4 万人。启动脱贫攻坚工程,年收入2 500元以下的 100 万贫困人口实现脱贫。

3. 浙江省

2008 年浙江省城镇居民人均可支配收入22 727元,农村居民人均纯收入9 258元,分别比上年增长 5. 4% 和 6. 2%,城镇居民人均可支配收入连续八年、农村居民人均纯收入连续 24 年列全国各省区第一位,但增速分别较上年放缓 4 个百分点和 2 个百分点。城镇居民收入的基尼系数为 0. 331,农村居民的基尼系数为0. 361 4,收入差距相对合理。城镇居民人均消费支出15 158元,比上年实际增长 2. 7%,增速较上年提升 1. 1 个百分点;农村居民人均生活消费支出7 072元,实际增长 9. 8%,较上年增速提升 2. 3 个百分点。城镇居民家庭恩格尔系数为 36. 4%,比上年提高了 1. 7 个百分点;农村居民家庭恩格尔系数为 38%,比上年提高了 1. 6 个百分点。城镇居民人均住房建筑面积 34. 33 平方米,比上年减少 0. 39 平方米;农村居民人均居住面积 58. 5 平方米,比上年末增加 1. 44 平方米。城乡居民家庭耐用消费品拥有量变化明显,其中,每百户城镇居民和农村居民家用汽车拥有量分别增长 41. 8% 和 19. 9%,家用电脑拥有量分别增长 7. 7% 和 20. 6%。

2008 年全年全省参加养老保险人数1 386. 91万人,比上年末增加 219. 81 万人,增长 18. 83%;企业养老保险基金收入 457 亿元,支出 281 亿元,累计结余 781 亿元,比上年末增加 176 亿元,基金支付能力稳定上升,支付能力达 32 个月。参加失业保险人数 731. 1 万人,比上年末增加 146. 35 万人,增长 25. 03%;基本医疗保险参保人数1 053. 92万人,比上年末增加 198. 95 万人,增长 23. 3%;工伤保险参保人数1 261. 84万人,增加 258. 94 万人,增长 25. 82%;生育保险参保人数 689. 98 万人,比上年末增加 185. 02 万人,增长 36. 64%。

新型农村合作医疗制度不断完善,基金监管力度进一步加大,保障能力逐步增强。全省参合人数3 094万人,参合率为 90%,人均筹资水平 135. 9 元,住院补偿率为 31. 2%,门诊结报率为 120%。全省 86 个有农业人口的县(市、区)人均筹资均在 100 元以上,并全面建立了住院兼顾门诊补偿制度。

新型社会救助体系进一步深化完善。据初步统计,全省在册低保对象 68. 74 万人,其中城镇 9. 39 万人,月均补助 202. 12 元/人,较上年增加 36. 257 元/人;农村 59. 35 万人,月均补助 112. 3 元/人,较上年增加 15. 86 元/人。全年支出保障金近 9. 5 亿元,较上年增加 4. 01 亿元。年末全省各种收养性社会福利单位拥有床位 15. 5 万张,收养人员 9. 66 万人。农村五保集中供养率 95%,城镇“三无”集中供养率 98. 99%。所有乡镇(街道)和 2. 75 万个社区(村)基本建立了社会救助综合管理服务机构。

五 行政区划

(一)概况

长三角的行政区划由江苏、浙江、上海两省一市构成,其中江苏、浙江两省共设 24 个省辖市,下辖196个县、市、区,共有2 232个乡镇;上海共有18个区、1个县,共109个镇,3个乡,101个街道办事处,居民委员会3 579个,村民委员会1 781个。

2008年末,上海共有18个区、1个县,共109个镇,3个乡,101个街道办事处。全市有居民委员会3 579个,村民委员会1 781个。

表1-7 上海市行政区划

单位:个

行政区	面积(km^2)	人口(万人)	街道(个)	镇(个)	乡(个)
全 市	**6 340.50**	**1 888.46**	**101**	**109**	**3**
浦东新区	532.75	305.70	12	11	—
黄浦区	12.41	53.89	6	—	—
卢湾区	8.05	27.45	4	—	—
徐汇区	54.76	98.22	12	1	—
长宁区	38.30	66.83	9	1	—
静安区	7.62	25.78	5	—	—
普陀区	54.83	108.71	6	3	—
闸北区	29.26	74.50	8	1	—
虹口区	23.48	78.11	10		—
杨浦区	60.73	119.48	11	1	—
闵行区	370.75	180.47	3	9	—
宝山区	270.99	140.63	3	9	—
嘉定区	464.20	103.42	3	8	—
金山区	586.05	64.56	1	9	—
松江区	605.64	107.42	4	11	—
青浦区	670.14	78.98	3	8	—
南汇区	677.66	106.21	1	14	—
奉贤区	687.39	80.84	—	8	—
崇明县	1 185.49	67.26	—	15	3

数据来源:2009年上海市统计年鉴

至2008年底,江苏省辖13个地级市,省辖市下辖106个县、市、区,其中54个市辖区、27个县级市、25个县。共有1 039个乡镇,其中109个乡、930个镇。

浙江现设杭州、宁波2个副省级城市(其中宁波市为全国计划单列市),温州、湖州、嘉兴、绍兴、金华、衢州、舟山、台州、丽水9个地级市,2008年底全省共有11个地级市,32个市辖区,22个县级市,36个县(其中自治县1个),446个乡,747个镇,318个街道。

表1-8 江苏省行政区划

单位:个

市名	各级市单位数	县级单位数	县级单位		
			县	县级市	市辖区
江苏全省	**40**	**106**	**25**	**27**	**54**
南京市	1	13	2	—	11
无锡市	3	8	—	2	6
徐州市	3	11	4	2	5
常州市	3	7	—	2	5
苏州市	6	11	—	5	6
南通市	5	8	2	4	2
连云港市	1	7	4	—	3
淮安市	1	8	4	—	4
盐城市	3	9	5	2	2
扬州市	4	7	1	3	3
镇江市	4	6	—	3	3
泰州市	5	6	—	4	2
宿迁市	1	5	3	—	2

数据来源:2009 年江苏省统计年鉴

表1-9 浙江省行政区划

单位:个

市名	各级市单位数	县级单位数	县级单位		
			县	县级市	市辖区
浙江全省	**33**	**90**	**36**	**22**	**32**
杭州市	4	13	2	3	8
宁波市	4	11	2	3	6
温州市	3	11	6	2	3
嘉兴市	4	7	2	3	2
湖州市	1	5	3	—	2
绍兴市	4	6	2	3	1
金华市	5	9	3	4	2
衢州市	2	6	3	1	2
舟山市	1	4	2	—	2
台州市	3	9	4	2	3
丽水市	2	9	7	1	1

数据来源:浙江省民政厅

(二)行政区划变更

建国以来,长三角两省一市范围内的行政区划变更一直存在,但近年来变更的主要内容是"撤县设市"、"撤县设区"和"撤乡并镇"。经过撤并,基层政府的组织机构得以精简,冗员得以分流,地方政府的财政负担明显降低,政府的办事效率显著提高。

1. 上海市

2008 年,上海市崇明县新增新海、东平 2 个镇。

2. 江苏省

2008 年,全省共撤并乡镇 16 个,设立街道 3 个。

2008 年 3 月 19 日,苏政复[2008]16 号批复同意淮安市区部分行政区划调整:同意将楚州区席桥镇的李席居委会和东邱村委会划入南马厂乡,并将调整后的南马厂乡划归清河区管辖。行政区划调整后,清河区行政区域面积 153 平方公里,人口 43.9 万人,辖 6 个街道办事处、3 个乡;楚州区行政区域面积1 517.6平方公里,人口 119.3 万人,辖 21 个镇、5 个乡。

2008 年 5 月 18 日,苏政复[2008]24 号批复同意扬州市邗江与维扬区、邗江与广陵区行政区划调整:同意撤销扬州市邗江区甘泉镇,以所辖杨寿居委会和永和、爱国、宝女、新龙、东兴、方集、墩留 7 个村委会区域设立邗江区杨寿镇,镇政府驻杨寿;以所辖甘泉居委会和长塘、公路集、双山、老山、焦巷、五湖、双塘、姚湾、香巷 9 个村委会区域设立甘泉街道办事处,划归维扬区管辖。同意将邗江区沙头镇的大众村委会、高桥村委会和中兴村委会的项一、项二组及霍桥居委会迎春河以北区域划归广陵区汤汪乡管辖。行政区划调整后,邗江区行政区域面积 776 平方公里,人口 58.11 万人,辖 5 个街道办事处、13 个镇;维扬区行政区域面积 126.5 平方公里,人口 29.83 万人,辖 3 个街道办事处、1 个镇、3 个乡;广陵区行政区域面积 77.5 平方公里,人口 30.95 万人,辖 4 个街道办事处、1 个镇、1 个乡。

2008 年 5 月 24 日,苏政复[2008]27 号批复同意苏州市相城区部分行政区划调整:同意将苏州市相城区黄埭镇的倪汇、汤浜、湖林、永昌、卫星、上浜、下堡 7 个村委会和青龙、斜桥 2 个村委会太东公路以北区域划归北桥街道办事处管理。行政区划调整后,黄埭镇行政区域面积 53.16 平方公里,人口 5.18 万人,辖 3 个居委会、14 个村委会;北桥街道办事处面积 76.07 平方公里,人口 5.73 万人,管理 2 个居委会、16 个村委会。

2008 年 6 月 23 日,苏政复[2008]34 号批复同意如皋市部分镇行政区划调整:同意将如皋市九华镇的长江村委会划归长江镇管辖。行政区划调整后,九华镇行政区域面积 71.35 平方公里,人口 6.77 万人,辖 5 个居委会、14 个村委会;长江镇行政区域面积 66.87 平方公里,人口 6.65 万人,辖 12 个居委会、6 个村委会。

3. 浙江省

2008 年 1 月 15 日,浙政函[2008]8 号批复同意泰顺县部分行政区划调整:将雅阳镇青竹垟村划归柳峰乡管辖。调整后,柳峰乡辖 7 个行政村,乡政府驻地不变(墩头村);雅阳镇辖 15 个行政村,镇政府驻地不变(中村)。将新浦乡南山后村划归筱村镇管辖。调整后,筱村镇辖 14 个行政村,镇政府驻地不变(徐岙村);新浦乡辖 9 个行政村,乡政府驻地不变(库村)。

2008 年 1 月 15 日,浙政函[2008]9 号批复同意绍兴市越城区部分行政区划调整:将皋埠镇五和村、后堡村、大皋埠村、小皋埠村、高平村、杨浜村、岑前村、仁渎村等 8 个行政村划归东湖镇管辖;将东湖镇坝口村、坝内村、独树村、东湖村、东龙山村、凤鸣村、箬山村、薛家埭村、香山村、白莲岙村、塘下赵村、大湖头村等 12 个行政村和东湖居民区划归皋埠镇管辖。调整后,皋埠镇辖 38 个行政村、2

个居民区,镇政府驻地不变(集体村);东湖镇辖18个行政村、3个居民区,镇政府驻地不变(则水牌村)。

2008年1月29日,浙政函[2008]15号批复同意缙云县部分行政区划调整:撤销新碧镇、城北乡建制,其行政区域并入五云镇。将新建镇的岩沿、西岩、梅溪3个行政村划归五云镇管辖。调整后,五云镇辖6个社区、79个行政村,镇政府驻地不变(复兴街154号)。撤销新川乡、双川乡建制,其行政区域并入新建镇。调整后,新建镇辖81个行政村,镇政府驻地不变(新溪路238号)。撤销雁岭乡、白竹乡建制,其行政区域并入壶镇镇。调整后,壶镇镇辖130个行政村,镇政府驻地不变(溪东北路108号)。撤销南溪乡、木栗乡建制,其行政区域并入大洋镇。调整后,大洋镇辖27个行政村,镇政府驻地不变(箬川西路58号)。

2008年1月29日,浙政函[2008]16号批复同意奉化市部分行政区划调整:将萧王庙街道钟甘家村划归溪口镇管辖。调整后,溪口镇辖4个居民区、55个行政村,镇政府驻地不变(中山路8号);萧王庙街道辖1个居民区、21个行政村,办事处驻地不变(长寿路6号)。将西坞街道童赵村划归岳林街道管辖。调整后,岳林街道辖5个社区、23个行政村,街道办事处驻地不变(岳林东路111号);西坞街道辖2个居民区、23个行政村,街道办事处驻地不变(西坞南路18号)。

2008年1月31日,浙政函[2008]23号批复同意临安市部分行政区划调整:将青山湖街道民主村、太湖源镇泥川村、横畈镇大罗村划归锦城街道管理;将锦城街道崇阳村划归高虹镇管辖;将锦城街道市坞村、兰锦村、玲珑街道卦畈村划归上甘街道管理,并将上甘街道更名为锦南街道,街道办事处驻地迁至杨岱村。调整后,青山湖街道管理1个居民区、9个行政村,办事处驻地不变(天柱街552号);太湖源镇辖20个行政村,镇政府驻地不变(青溪街251号);横畈镇辖10个行政村,镇政府驻地不变(庆林街111号);高虹镇辖9个行政村,镇政府驻地不变(德新街108号);锦南街道管理9个行政村,街道办事处驻杨岱村;玲珑街道管理16个行政村,办事处驻地不变(夏禹桥29号);锦城街道管理11个社区、11个居民区、17个行政村,办事处驻地不变(临水路223号)。将于潜镇交口村划归西天目乡管辖。调整后,西天目乡辖11个行政村,乡政府驻地不变(白鹤村);于潜镇辖26个行政村,1个居民区,镇政府驻地不变(人民街132号)。将龙岗镇上营村划归昌化镇管辖。调整后,昌化镇辖14个行政村,1个居民区、镇政府驻地不变(西街58号);龙岗镇辖8个行政村,政府驻地不变(龙岗街127号)。

2008年2月4日,浙政函[2008]25号批复同意云和县石塘镇人民政府驻地迁移:云和县石塘镇政府驻地由石塘村迁至石塘坑村。

2008年3月10日,浙政函[2008]33号批复同意湖州市吴兴区部分行政区划调整:将织里镇东乔村、沈溇村、大溇村等3个行政村划归八里店镇管辖。调整后,八里店镇辖38个行政村、1个社区,镇政府驻地不变(乌山村);织里镇辖43个行政村、11个社区,镇政府驻地不变(吴兴大道8号)。

2008年4月22日,浙政函[2008]48号批复同意岱山县部分乡镇行政区划调整:将长涂镇交杯山岛、小交杯山岛划归秀山乡管辖。调整后,秀山乡陆地面积24.288平方公里,辖3个行政村,乡政府驻地不变(秀北村兰秀路105号);长涂镇陆地面积58.862平方公里,辖6个行政村,镇政府驻地不变(倭井潭村群建路228号)。

2008年5月6日,浙政函[2008]56号批复同意富阳市部分行政区划调整:将渔山乡五丰村划归东洲街道管辖。调整后,东洲街道辖15个行政村,街道办事处驻地不变(鸡笼山村);渔山乡辖4个行政村,乡政府驻地不变(渔山村)。将灵桥镇杨元坎村划归大源镇管辖。调整后,大源镇辖15个行政村、1个居民区,镇政府驻地不变(大源村);灵桥镇辖13个行政村,镇政府驻地不变(灵桥村)。将高桥镇宋家塘村划归受降镇管辖。调整后,受降镇辖7个行政村,镇政府驻地不变(受降村);高桥镇辖16个行政村,镇政府驻地不变(高桥村)。

2008 年 6 月 5 日,浙政函[2008]73 号批复同意海盐县部分行政区划调整:将西塘桥镇盐东村、黄家埝村划归武原镇管辖。调整后,武原镇辖 14 个社区、21 个行政村,镇政府驻地不变(枣园中路 128 号);西塘桥镇辖 1 个居民区、17 个行政村,镇政府驻地从西场路 101 号迁至府前路 9 号。将百步镇万胜村划归沈荡镇管辖。调整后,沈荡镇辖 1 个社区、11 个行政村,镇政府驻地不变(永庆西路 118 号);百步镇辖 1 个居民区、10 个行政村,镇政府驻地不变(百步东路 1 号)。

2008 年 7 月 1 日,浙政函[2008]89 号批复同意慈溪市部分行政区划调整:撤销三北镇、范市镇建制,其行政区域连同龙山、淡水泓围垦区 38.67 平方公里划归龙山镇管辖。调整后,龙山镇辖 3 个居民区、28 个行政村,镇政府驻地迁至湖滨路 58 号(原范市镇政府驻地)。调整浒山街道行政区划,缩小其管理范围,在其余区域增设白沙路街道、古塘街道。调整后,浒山街道管理光辉、孙塘、楼家、东门、古塘、三碰桥、鸣山、眉山、新江路、浒西、水南、东海、湾底、施山、阳明、寺山路、剑山、虞家路、金山、上叶家、金东、金南、东山、南孙塘、虞波等 25 个社区和天香桥行政村,办事处迁至寺山路 65 号;白沙路街道管理白河、白果树、群丰等 3 个社区、白沙居民区和河角、三洞桥、西华头、墙里、高河塘、轻纺、上周塘、后油车、赖王、白沙路、八字桥、长春、潘余、武陵桥、二房、新横江、宏坚、隆兴等 18 个行政村,办事处驻三北大街 2358 号;古塘街道管理开发、上傅家、西洋寺、旦苑、担山跟、舒苑、团圈、城北、园丁、青少年宫路等 10 个社区和新潮塘、界牌、太屺、石桥头等 4 个行政村,办事处驻三北大街 518 号(浒山街道原驻地)。此次行政区划调整后,慈溪市辖掌起、道林、新浦、横河、附海、庵东、天元、长河、周巷、桥头、匡堰、胜山、龙山、崇寿、观海卫 15 个镇,市区设浒山、白沙路、古塘、坎墩、宗汉 5 个街道。

2008 年 7 月 1 日,浙政函[2008]90 号批复同意云和县部分行政区划调整:将云和县云坛乡霞晓桥村划归云和镇管辖。调整后,云和镇辖 6 个社区、37 个行政村,镇政府驻地不变(中山路 376 号);云坛乡辖 12 个行政村,乡政府驻地不变(云坛村)。

2008 年 8 月 29 日,浙江省政府(浙政函[2008]126 号)批复同意常山县部分乡镇行政区划调整:将天马镇塘底、童家、南土弄、久泰土弄等 4 个行政村划归辉埠镇管辖。调整后,辉埠镇辖 17 个行政村,镇政府驻地不变(灰山底 133 号);天马镇辖 55 个行政村,镇政府驻地不变(胜利街 40 号)。将东案乡井河村划归芳村镇管辖。调整后,芳村镇辖 25 个行政村,镇政府驻地不变(芳鑫北路 2 号);东案乡辖 18 个行政村,乡政府驻地不变(东安街 9 号)。

六　文化和旅游

(一)文化

今长三角区域在春秋时期是吴、越文化的所在地,自春秋以来,长三角区域的人们依托长江和钱塘江两大流域繁衍生息。现在"长三角"经济协作区的形成,是有着源远流长的历史文化互动基础为前提的。新石器时代文化遗址的大量发现与发掘,揭示了长三角文化发展的历史源头。新中国建立后,长三角地区继续在文化上蓬勃发展,迎来前所未有的历史发展契机。长三角的文化精神,是长三角在区域竞争中借以制胜争优的"软实力"的核心所在,支撑着长三角创造出一个又一个的经济社会发展奇迹。

上海位于长江三角洲冲积平原,因吴淞江支流上海浦而得名。春秋时属吴,战国时先后属越、楚。古时当地渔民创造了捕鱼工具"扈",又因为当时江流入海处称"渎",因此,松江下游一带被称

为“扈渎”，以后又改“扈”为“沪”，故上海简称“沪”。上海是中国的历史文化名城，被誉为“江海之通津，东南之都会”。“两千年历史看西安，一千年历史看北京，一百年历史看上海”，上海是近现代中国的“缩影”，拥有厚重的历史底蕴。作为党的诞生地，更为这座城市增添了一份独特的光彩。

江苏是中国古代吴越文化、长江文化的发祥地。南京汤山直立人化石将这块富饶土地的文明史追溯到距今35万年前的远古时期。在苏北东海、太湖中的三山岛、金坛市青龙山均发现有旧石器时代晚期的遗址，新石器时代的文化遗址中较为重要的有徐淮地区的青莲岗文化和大汶口文化，南京地区的北阴阳营文化，太湖地区的马家浜文化、崧泽文化和良渚文化。隋唐以降，随着中国的经济、文化中心南移，江淮之地更是人才荟萃，有“金陵会稽，文士成林”之称。2008年，江苏共有文化艺术和文物事业机构22 930个，从业人员100 064人。其中，艺术业机构274个，图书馆业106个，群众文化服务业机构1 411个，博物馆165个。

位于今浙江省境内的距今6 000－7 000年的河姆渡文化和距今4 000－5 000年的良渚文化是浙江悠久灿烂的史前文化的杰出代表。在浙江余姚河姆渡遗址出土的大量文物中，有种类齐全的骨、石、陶、木制成的生产工具和生活用具，大量保存完好的古代稻谷，榫卯结构清楚的木构件，以及色彩鲜艳的漆碗，依然能吹出动听音响的陶埙、骨哨等。良渚文化以发达的黑陶制作和精美绝伦的玉器制作闻名，曾经存在世界上早期的大规模犁耕稻作农业、大型营建工程及社会组织形态。河姆渡文化、良渚文化的发现，证明了长江流域也是中华民族的发祥地之一。浙江文化历史悠久，手工业发达，如春秋、战国时(前770－前221年)越国的铸剑，东汉时(25－220年)的制瓷技术和铜镜制作工艺，唐代(618－907年)以后的丝绸、雕版印刷、造塔、寺院建筑、佛像雕塑技艺。始镌于南齐建武年间(494－497年)的新昌大佛寺弥勒像，被称为“江南第一大佛”。北宋开宝三年(970年)建的杭州六和塔、唐中和四年(884年建内塔)和北宋开宝年间(968－975年建外塔)建的湖州飞英塔等，被誉为全国造塔工艺的典范。

(二)旅游

长江三角洲是一个异常活跃、极富生命力的区域，将跻身于世界第六大都市圈，长江三角洲除了她雄厚的经济实力外，得天独厚的地理位置和气候条件及快捷便利的三小时交通圈，提升了区域旅游经济。长三角区域山水秀丽，景色宜人，旅游资源丰富。

1. 上海市

上海旅游资源丰富，作为历史文化名城，中国近代历史上的许多重大历史事件都发生在这里，130余处国家级和市级文物保护单位、众多的园林、博物馆、宗教寺院及有世界建筑博览会之称的城市建筑群，吸引了大量的中外游客。

上海是我国最大的经济中心和世界著名的港口城市，也是一座历史悠久的文化城市。古代这里为海滨村镇，唐天宝十年(751)设华亭县，宋设上海镇，元置上海县。上海具有光荣的革命历史，是中国共产党的诞生地，近、现代许多重要历史事件和历史人物的活动都发生在这里，如小刀会起义、五卅运动、上海工人三次武装起义、淞沪抗战等。现存革命遗址有中共一大会址、孙中山故居、鲁迅墓、宋庆龄墓、龙华革命烈士纪念地等。文物古迹有龙华塔、松江方塔、豫园、秋霞浦、唐经幢等。上海近代的各式外国风格建筑在建筑史上也具有重要价值。至2003年末，上海被列入全国重点文物保护单位有16处，市级文物保护单位14处，纪念地点29处，保护地点14处。20世纪90年代以来，上海相继建成了一批享誉国内外的功能性建筑，构成了迷人的都市风景线，同时也成为上海的旅游新景观，向世人展示了上海的新风貌。有象征上海的外滩；有被誉为“城市绿肺”的人民广场；有创造了十个“世界第一”的东方明珠广播电视塔；有中国第一摩天大楼金茂大厦；以及南京路步行街、上海博物馆、上海大剧院、上海城市规划展示馆等。上海除了港口城市的特点外,还是中国的重要工业城市,其工业生产已有一个半世纪的历史。上海素有购物天堂之美称,也是全国少数几个会展业发达的中心城市之一,新型的全球采购交易平台已初步形成并呈高速发展之势。

上海号称万国建筑博览会,名不虚传。横空出世的南浦、杨浦大桥,地铁,高架内环线,处处让人感受到上海城市交通的现代化。南京路、淮海路,以及上海西面的徐家汇商城,北面新客站的不夜城,一起展现着现代化城市的面貌,或者你可去位于上海南市区的老城隍庙,那里有一座规模巨大的新豫园商场,一个由古园林、古街坊、古楼宇组成的综合旅游胜地。

2. 江苏省

江苏是全国七大重点旅游省份之一,旅游资源丰富,自然景观与人文景观交相辉映,名山、名湖、名泉、名园、名寺遍布各地,南京、苏州、扬州、镇江、徐州、淮安、常熟、无锡、南通均是中国的历史文化名城。南京的六朝胜迹,苏州的古典园林,无锡的太湖风光,扬州的汉唐文化,徐州的秦汉遗址,连云港的海域仙境,镇江的山林寺院,以及陶都宜兴的洞天竹海等,令人流连忘返。截至2008年底,全省共有世界文化遗产2项10处,分别是苏州古典园林(沧浪亭、狮子林、留园、拙政园、网师园、环秀山庄、退思园、艺圃、耦园)和南京明孝陵("明清皇家陵寝"的扩展项目),世界人类口述和非物质遗产代表作2项(昆曲、古琴),全国历史文化名城9座,全国历史文化名镇12个,国家级旅游度假区2个,国家级风景名胜区5处,全国5A级旅游景区4家,国家级自然保护区3个,全国重点文物保护单位120处。

太湖烟波浩渺,景色之佳居全国五大淡水湖之首,南京玄武湖、莫愁湖、扬州瘦西湖、苏州阳澄湖、徐州云龙湖、溧阳天目湖皆独具风情。镇江中泠泉称"天下第一泉",无锡惠山泉称"天下第二泉",苏州虎丘憨泉称"天下第三泉",南京汤山温泉、东海汤庙温泉等也颇具盛名。南京钟山、清凉山(石头山)、镇江三山(北固山、金山、焦山)苍翠雄秀。句容和金坛交界处的茅山是我国东南道教中心、全国重点道观之一,有道教"第一福地"、"第八洞天"之称。南通狼山是全国佛教八小名山之一。陶都宜兴号称"洞天世界"。连云港花果山因结缘《西游记》而闻名海内外。古典园林举世闻名,苏州拙政园、留园跻身全国四大名园,苏州9家古典园林被列为世界文化遗产。南京栖霞寺、镇江金山寺、扬州大明寺、苏州寒山寺、常熟兴福寺、常州天宁寺、句容隆昌寺等都是著名古刹。连云港锦屏山将军崖岩画被称为"我国最早的一部天书";孔望山东汉摩崖造像是迄今为止我国发现的最早的佛教摩崖造像,比敦煌石窟还早一二百年,有"九州第一窟"之誉。武进春秋淹城是我国目前保存的最古老、最为完整的地面城池建筑遗址。徐州汉画像石,南京、丹阳帝王墓前留下的六朝石刻,是中国古代雕刻艺术的瑰宝。徐州狮子山发现的西汉兵马俑被考古学界称为第三大奇迹。南京明城墙不仅仅是我国城墙之最长者,也是世界上最大的砖城之一。近现代历史纪念地众多,如南京静海寺、太平天国天王府、总统府、中山陵、淮安周恩来纪念馆、南京梅园新村、雨花台烈士陵园、渡江胜利纪念碑、侵华日军南京大屠杀纪念馆、徐州淮海战役烈士纪念塔、盐城新四军纪念馆等。

3. 浙江省

浙江旅游资源数量众多,类型丰富,特色明显,知名度较高。有重要地貌景观资源800余处,水域景观资源200余处,生物景观资源100余处,人文景观资源100余处。至1999年底,有国家级风景名胜区11处,省级风景名胜区35处;国家级文物保护单位28处,省级文物保护单位323处;国家级森林公园12处,省级森林公园42处;国家级旅游度假区1处,省级旅游度假区10处;国家级和省级自然保护区11处。旅游资源总量名列全国前茅,是全国有名的旅游资源大省。主要的旅游景点有杭州西湖、普陀山、钱塘观潮、千岛湖、莫干山、奉化溪口等。开辟了浙东风情游、浙西名山名水游、浙北运河古镇游、浙南奇山奇水游等旅游路线。建立了以杭州为中心江南水乡特色的杭绍旅游区;以佛教、文化为主的宁舟台旅游区;以奇山奇水、民俗文化为主要内容的温丽台旅游区;以本地历史文化、山水风情为基础的金衢旅游区;以运河古镇为基础的杭嘉湖旅游区。

全省现有西湖、两江一湖(富春江－新安江－千岛湖)、雁荡山、楠溪江、普陀山、嵊泗列岛、天台山、莫干山、雪窦山、双龙、仙都等11个国家级风景名胜区,数量列中国首位。此外还有省级风景名胜区35个,杭州之江国家旅游度假区和萧山湘湖、温州瓯江、绍兴会稽山等省级旅游度假区10个,旅游资源十分丰富。浙江的特色旅游比较发达。钱江观潮、书法、垂钓、气功保健、古民居观赏、佛教朝拜、道教养生、生态考察、"农家乐"、"渔家乐"之旅等多项具有浓郁浙江特色的旅游项目,深受国内外游客的青睐。中国国际钱江观潮节、西湖博览会、宁波国际服装节、绍兴国际书法节、舟山国际沙雕节等旅游节庆活动丰富多彩。

省会杭州是我国七大古都之一,也是中国著名的风景旅游城市,以秀丽迷人的西湖自然风光闻名于世。多年来,浙江省在重点开发杭州风景名胜区的同时,致力于开发全省各地的旅游资源,逐步建立了以杭州为中心的全省旅游网络,形成了浙东水乡佛国游、浙南奇山秀水游、浙西名山名水游、浙北丝绸古镇游四条精品旅游线路。西湖三面环山一面临城,面积4.65平方公里。千岛湖位于浙江省西北的淳安县,东距杭州180公里左右,西距黄山160公里左右。千岛湖由一千多个岛屿组成,森林覆盖率达80%以上,已经开放了二十多个旅游景点。西塘、南浔、乌镇是浙江的著名古镇。

第二章 泛长三角区域概况(皖、赣、闽)

一 自然地理

(一)位置

安徽,简称皖。位居华东腹地,介于东经114°54′ ~ 119°37′,北纬29°41′ ~ 34°38′之间。它东连江苏省 、浙江省,南邻江西省,西接湖北省、河南省,北靠山东省,地处长江、淮河中下游,距东海160 ~600公里,是沿海与内陆腹地的过渡带。东西宽约450公里,南北长约570公里,面积13.97万平方公里,其中淮河流域6.7万平方公里,长江流域6.6万平方公里,新安江流域0.65万平方公里。

江西省,简称赣。江西省地处中国东南偏中部长江中下游南岸,位于北纬24°29′~30°04′,东经113°34′~118°28′之间。东邻浙江、福建,南连广东,西靠湖南,北毗湖北、安徽而共接长江;上通武汉三镇,下贯南京、上海,南仰梅关、俯岭南而达广州。江西与东南沿海各港口和江北重镇的直线距离,大多在六百至七百公里之间。古称江西为“吴头楚尾,粤户闽庭”,乃“形胜之区”。全省南北长约620公里,东西宽约490公里。土地总面积166 947平方公里,占全国土地总面积的1.74%,居华东各省市之首。

福建,简称闽,地处祖国东南部、东海之滨,陆域介于北纬23°30′~28°22′,东经115°50′~120°40′之间,东隔台湾海峡与台湾省隔海相望,东北与浙江省毗邻,西北横贯武夷山脉与江西省交界,西南与广东省相连。全省东西最大宽度约480公里,南北最大长度约530公里,土地面积12.14万平方公里。就海上交通而言,福建连东海、南海而通太平洋,是中国距离东南亚、西亚、东非和大洋洲较近的省份之一,历来是中国与世界交往的重要门户。

(二)地貌

安徽地貌类型复杂多样,地势西南高、东北低,是一个以丘陵、山地为主的省份。长江和淮河自西向东横贯全境,全省大致可分为五个自然区域:淮北平原是华北平原的一部分,面积3.8万平方公里,平均海拔20~40米,平原面积占95%;江淮丘陵横亘于江淮地区中部,是大别山脉向东北延伸的丘陵,面积3.64万平方公里,一般海拔为40~100米;皖西大别山区蜿蜒于鄂豫皖边境,核心部位以中山为主,四周多低山、丘陵,面积1.19万平方公里,主峰天柱山海拔1 488米,是长江、淮河的分水岭;皖南山区是我国南方丘陵山地的组成部分,面积2.66万平方公里,以黄山、九华山脉为主,黄山莲花峰海拔1 873米,为省内最高峰;沿江平原属长江中下游平原,土壤肥沃,河湖星罗棋布,面积2.61万平方公里,一般海拔10~20米。

江西版图轮廓略呈长方形。东西省界明显长于南北,而北之宽又数倍于南,恰如一头昂首直立的海豹。省境除北部较为平坦外,东西南部三面环山,中部丘陵起伏,全省成为一个整体向鄱阳湖倾斜而往北开口的巨大盆地。江西地貌类型较为齐全,分布大致成不规则环状结构,常态地貌类型则

以山地和丘陵为主。其中山地 60 101平方公里(包括中山和低山),占全省总面积的 36%;丘陵70 117平方公里(包括高丘和低丘),占 42%;岗地和平原20 022平方公里,占 12%;水面16 667平方公里,占 10%。除常态地貌类型外,还有岩溶、丹霞和冰川等特殊地貌类型。

福建境内峰岭耸峙,丘陵连绵,河谷、盆地穿插其间,山地、丘陵占全省总面积的 80% 以上,素有“八山一水一分田”之称。地势总体上西北高东南低,横断面略呈马鞍形。因受新华夏构造的控制,在西部和中部形成北东向斜贯全省的闽西大山带和闽中大山带。闽西大山带以武夷山脉为主体,长约 530 公里,最宽处达百余公里。闽中大山带由鹫峰山、戴云山、博平岭等山脉构成,长约 550 公里,以中低山为主。两大山带之间为互不贯通的河谷、盆地,东部沿海为丘陵、台地和滨海平原。东部沿海海拔一般在 500 米以下,岛屿星罗棋布,共有岛屿1 500多个,海坛岛现为全省第一大岛。福建海域广阔,面积 13. 6 万多平方公里,超过陆地面积。海岸线长达3 324公里,仅次于广东省,海岸线曲折程度名列全国之冠。曲折的海岸形成了众多的港湾,全省有大小港湾 125 个。

(三)水系

安徽江河密布,共有河流2 000多条,湖泊 110 多个,著名的有长江、淮河、新安江和全国五大淡水湖之一的巢湖。淮河干流自洪河口进入安徽省,经淮南、蚌埠至嘉山县洪山头入江苏洪泽湖,长 430 公里。北岸支流长、流势缓,南岸支流河短流急,在皖流域面积 6. 69 万平方公里。长江干流自江西湖口进入安徽省,经安庆、铜陵、芜湖至和县乌江进入江苏境内,长 416 公里,在皖流域面积 6. 6 万平方公里,号称“八百里皖江”。新安江源于休宁、祁门境内的率水、横江,在屯溪合流后称新安江,经歙县街口注入浙江新安江水库,总长 194. 3 公里,流域面积6 500平方公里。

江西全境有大小河流2 400余条,河流总长约 1. 84 万公里,其中 10 平方公里以上河流有3 771条。全省各主要河流均汇注鄱阳湖后经湖口入长江,瑞昌、彭泽等地部分河流直接入长江,萍乡、寻乌和定南部分河流则分属湘水和珠江流域。赣江、抚河、信江、饶河和修水为江西五大水系。赣江是长江第二大支流,由南往北流贯全省,为江西最大河流,全长 751 公里,流域面积 8. 35 万平方公里,占全省总土地面积的 50%,水量仅次于四川省的岷江。境内鄱阳湖是长江流域最大的通江湖泊,也是中国最大的淡水湖泊,总面积 224 平方公里。

福建河流众多,共有 24 个水系、663 条河流,总长度达12 850公里,河网密度之大全国少见。全省较大的河流有闽江、九龙江、汀江、晋江和木兰溪,其中闽江长 541 公里,流域面积 6. 09 万平方公里,约占福建省总面积的一半,是中国东南沿海地区流域面积最大的河流。九龙江是福建省第二大河,主流长 258 公里,流域面积 1. 36 万平方公里。汀江是闽西最大的河流,在广东大埔附近注入韩江,全长 285 公里,流域面积 1. 47 万平方公里。

二　气　候

(一)安徽省

安徽地处中纬度地带,属于暖温带向亚热带过渡型气候,其中淮河以北属温带半湿润季风气候,淮河以南属亚热带湿润季风气候。安徽气候温和湿润,四季分明,日照充足,雨量适中。全省年平均气温在 14℃ ~ 17℃ 之间,平均日照1 800 ~ 2 500小时,无霜期约为 200 ~ 250 天,平均降水量 800

~1 800mm。

2008 年全省平均气温为 16.0℃,较常年偏高 0.5℃,为 1997 年以来连续第 12 年偏高。年内气温起伏大,冬季气温显著偏低,春季气温异常偏高,出现 1951 年以来第二暖春年;夏季气温为 2000 年以来首次偏低,也是近 9 年来最低值,其中沿江江南大部正常或偏高,其它地区偏低,淮北偏低 0.5℃ ~1.4℃不等;秋季气温为 2001 年以来连续第 8 年偏高。气温的逐月变化趋势各区域大体相同,1 月、2 月、6 月和 8 月偏低;3 -5 月和 9 -12 月偏高,7 月江淮和沿江江南偏高,沿淮淮北和大别山区略偏低。

2008 年安徽省平均年降水量1 144mm,较常年略偏少。合肥以北大部 725 ~1 000mm,其它地区 1 000 ~1 910mm。与历年同期相比,沿淮淮北中东部、大别山区、江淮之间东南部和皖南南部正常略偏多,其它地区偏少。年内降水分布不均,冬季雨雪偏多,主要集中在 1 月份,较常年异常偏多 1.5 倍;春季降水较常年同期偏少 67.9mm,是 2004 年以来连续第 5 年少于常年同期;夏季降水量,较常年同期偏多 93mm,为近 5 年来最多年;秋季沿江江南降水基本正常,其它大部地区偏少,年末降水偏少。

2008 年安徽省平均年日照时数1 817小时,较常年偏少 153 小时,是 2005 年以来连续第 4 年偏少。淮北中东部和沿淮一带1 900 ~2 180小时,其它地区1 480 ~1 900小时。与常年相比,沿淮中西部和皖南山区日照时数接近常年,其它大部地区偏少,其中淮北西北部、江淮之间东部和中部局部偏少 300 ~450 小时不等。年内日照分布不均,春季充足,夏秋持续偏少,但各区日照逐月变化趋势基本相同,除 2 月、3 月、5 月日照较常年显著偏多、11 ~12 月基本正常外,其它 7 个月日照均比历年显著偏少,其中 6 -10 月连续 5 个月偏少。

2008 年年初安徽出现历史罕见的低温雨雪冰冻灾害;夏季“凤凰”台风造成滁河流域发生仅次于 1991 年的大洪水;淮河干流出现近 40 年来最大春汛,夏季王家坝三次超警戒水位;全省各地多次出现强降水,黄山宣城等地内涝严重;强对流天气频发,灵璧龙卷风造成人员伤亡;大雾频繁出现,严重影响交通运输。

(二)江西省

由于江西地势狭长,南北气候差异较大,总体来说春秋季短而夏冬季长。全省气候温暖,日照充足,雨量充沛,无霜期长,为亚热带湿润气候。江西省年平均气温 18℃左右,年均日照时数为1 473.3 ~2 077.5小时,年均降水量1 341 ~1 940mm,降水季节分配不均,全年降水 50% 以上集中在 4 -7 月,该时期为江西的雨季。

2008 年全省气温平均为 18.5℃,与历年同期相比,全省偏高 0.2℃ ~1.2℃。从季节分布情况看,冬季(2007 年 12 月 ~2008 年 2 月)平均气温 3.5℃ ~9.3℃,全省普遍偏低 0.2℃ ~1.2℃。春季(2008 年 3 月 ~5 月)平均气温 17.6℃ ~20.9℃,创历年同期新高。其中 3 月份全省平均气温为 14.7℃,较历年同期偏高 3.1℃。夏季(2008 年 6 月 ~8 月)平均气温 26℃ ~29℃,除局部地区正常外,全省大部偏高 0.2℃ ~1℃。秋季(2008 年 9 月 ~11 月)平均气温 13.5℃ ~22.6℃,全省偏高 0.8℃ ~2.4℃。

2008 年全省降水量平均为1 598mm,其中赣州、抚州、上饶三市部分地区、景德镇市及樟树、进贤等地为1 700mm以上,吉安、九江两市大部及南昌县、铜鼓等地为1 500mm以下,其余为 1 500 ~1 700 mm。与历年同期相比,赣州市大部、吉安与上饶两市局部、樟树、进贤等偏多 1 ~2 成或略偏多,其余偏少 1 -2 成或略偏少。从季节分布情况看,冬季降水量 161 ~276mm,除赣州、九江两市部分地区偏多 0.5 ~2 成、局部略偏多外,其余大部偏少 0.5 -3 成;春季降水量 235 ~765mm,除个别站正常外，一般偏少1～6成；夏季降水量343～1 015mm，赣北赣中部分地区偏少1～3成，其余偏多1～8成；秋季降水量为125～428mm，赣南大部、赣中部分地区及赣北局部偏少1～4成，其余偏多1～9成。

2008年全省日照时数平均为1 638小时，其中赣北大部、赣州市北部及广昌等为1 700小时以上，宜春、吉安、赣州三市西部边缘山区及资溪等为1 500小时以下，其余为1 500～1 700小时。与历年同期相比，全省平均偏少28小时。从季节分布情况看，冬季日照时数148～332小时，大部地区偏少18～110小时；春季日照时数249～519小时，偏多20～168小时；夏季日照时数400～660小时，全省平均偏少64小时；秋季日照时数342～588小时，赣州、吉安、九江三市大部及南城、余干、高安等地偏多3～74小时，其余偏少4～90小时。

2008年年初低温雨雪冰冻天气持续时间长、影响范围广、灾害损失重；雷击灾害发生时间早，但死亡人数明显下降；汛期降水偏少，但具有历时短、强度大、局地危害重的特点；台风影响次数偏多，"凤凰"、"浣熊"台风带来大范围大风和强降水天气；秋冬降水明显偏少，出现阶段性干旱。12月15～17日连续出现大雾天气，给交通造成明显影响，是2008年江西省范围最广、强度最强的大雾天气。

(三)福建省

2008年福建省年平均气温19.7℃，偏高0.4℃，比上年同期偏低0.5℃，属偏高。全省年降水量为1 504.2mm，偏少107.5mm，约1成，比上年偏多51.3mm，属正常略偏少。全省年平均日照时数1 745.5小时，偏多13.6小时，比上年偏多85.8小时，属正常。

1月下旬~2月上旬，出现了大范围持续阴冷天气，西部、北部的部分县(市)先后出现低温雨雪冰冻天气，给农业生产、交通运输、电力输送和通讯等行业造成较严重的灾害；春季局部地区出现冰雹等强对流天气；6月12～13日，中南部地区先后出现暴雨到大暴雨，闽南部分县(市)出现特大暴雨，遭受了一定的经济损失；7月23～27日和8月13～21日，两次出现最高气温超过38℃的较大范围持续性高温天气；9月气温异常偏高，创1961年以来的历史记录。全年有10个热带气旋登陆或影响福建省，其特点是影响台风偏多、初台时间偏早，但造成灾害偏轻，其中有2个热带气旋登陆福建省，强热带风暴"海鸥"和台风"凤凰"分别于7月18日和7月28日在霞浦县长春镇和福清市东瀚镇登陆，给福建造成重大经济损失。2008年全省因气象灾害共有406.3万人受灾，雷电灾害死亡20人，直接经济损失81.1亿元，气象灾害较常年偏轻。

三　自然资源

(一)土地资源

安徽省南北长约570公里，东西宽约450公里，总面积13.94万平方公里，约占中国国土面积的1.45%。其中山区面积占29.52%，平原面积占24.82%，丘陵面积占29%，圩区面积占8.68%，湖泊洼地面积占7.98%，耕地面积为414.5万公顷，土地肥沃，适宜各种农作物生长。其中水田190.5万公顷，旱田224万公顷。2008年全年粮食种植面积656.11万公顷，比上年扩大8.33万公顷，有效灌溉面积345.4万公顷，新增3.54万公顷；新增节水灌溉面积2.46万公顷。

江西省土地总面积166 947平方公里，占全国土地总面积的1.74%，居华东各省市之首。2008年末全省耕地面积282.72万公顷,粮食种植面积357.81万公顷,比上年增长1.5%;农田有效灌溉面积达1 841.2千公顷,新增有效灌溉面积1.2千公顷。

福建是全国土地面积较小的省份之一,土地总面积12.40万平方公里,占全国土地面积的1.3%,居全国第23位。福建多山,素有“八山一水一分田”之称,山地多、平地少,全省海拔80米以上的丘陵和山地占全省土地面积的89.3%,海拔80米以下的平原台地占总面积的10%。平原主要分布在沿海地区,较大的有福州、漳州、泉州和兴化等四大平原。福建全省耕地面积为133.01万公顷。耕地中高产田少,中低产田多,根据农业部门的调查,全省高、中、低产田占现有耕地的比例分别为17%、38%和45%。2008年农作物播种面积222.07万公顷,比上年扩大2.87万公顷。福建海域宽阔,滩涂广阔,开发利用潜力大。目前在理论基准面以上的滩涂资源有20.67万公顷,主要分布在三都澳、兴化湾、罗源湾等港湾,其中可围垦滩涂资源约有4.27万公顷。

(二)水资源

安徽省内的主要河道水系,淮北有颍河、茨淮新河、涡河、漴潼河、新汴河、濉河;淮南有史河、淠河、东淝河、池河;江北有皖河、巢湖、滁河;江南有青弋江、水阳江及新安江。全省重要的水利工程为淠史杭灌溉工程,驷马山引江灌溉工程。2008年安徽省水资源总量约699.29亿立方米,其中淮河流域水资源总量为253.27亿立方米,长江流域水资源总量为376.77亿立方米,东南诸河69.25亿立方米。人均水资源量1 139立方米。

2008年江西省水资源总量为1 356.16亿立方米。人均拥有水资源量约2 953立方米,比上年增长15.9%。全省有大小河流2 400多条,总长约18 400公里,大部分河流汇向鄱阳湖,再注入长江。主要河流有5条,即赣江、抚河、信江、修河、饶河。赣江全长751公里,为江西第一大川,水量为长江第二大支流,它自南而北流贯全省,从赣州至湖口而入长江,通航里程5 000余公里。鄱阳湖是全国最大的淡水湖,它是江西最大的聚水盆、长江水量的巨大调节器,也是沟通省内外各地航道的中转站。江西水能理论蕴藏量682万千瓦以上,与主要负荷中心的华东、东北、华北地区各省相比处于较为丰富的地位,在华东地区六省区中位居第二。

福建境内河流密布,全省拥有29个水系,663条河流,内河长度达13 569公里,河网密度之大全国少见,且大多数流程短、水量大、水流湍急。福建地处丰水带,年总降水量为2 011亿立方米,河水径流总量平均每年为1.2万立方米,加之山地坡度大,所以水力资源颇为丰富。福建全年水资源总量为1 623.48亿立方米,人均拥有水资源量4 563立方米。

(三)矿产资源

安徽省是矿产资源大省,矿产种类较全,储量丰富。2008年全省已发现的矿种138种(含亚矿种)。查明有资源储量的矿种105种(含普通建筑用石料矿种),其中能源矿产5种,金属矿产19种,非金属矿产79种,水气矿产2种。全年地质勘查部门开展各类地质(科研)项目204项,新增查明资源储量的大中型矿产地20处,新增查明煤炭资源储量16.2亿吨,新增查明资源储量矿种1种(镓)。其中煤、铁、铜、硫、明矾石为五大优势矿产。

江西为环西太平洋成矿带的组成部分。区内地层出露齐全,岩浆活动频繁,地质构造复杂,成矿条件优越,矿产资源丰富,是我国主要的有色、稀有、稀土矿产基地之一,也是我国矿产资源配套程度较高的省份之一。在目前已知的150多种矿产中,江西已发现各类固体矿产资源140多种,其中探明工业储量的89种;矿产地700余处,其中大型矿床80余处,中型矿床100余处。储量居全国前三位

的矿物有铜、钨、银、钽、钪、铀、铷、铯、金、伴生硫、滑石、粉石英、硅灰石等。铜、钨、铀、钽、稀土、金、银被誉为江西的“七朵金花”。江西铜业位居世界前三,旗下的德兴铜矿为亚洲最大的露天铜矿。其他还有不少金属、非金属矿产也在全国占有重要地位。黑色金属类除铁矿储量可观外,尚有大型锰矿产地,质量优良;赣北地区钒矿规模大,资源前景好。江西还发现有特大型银矿、特大型铅锌矿以及中型以上金矿铅锌矿、锑矿等,有色金属矿产资源开发前景十分广阔。非金属矿产有70余种,大中型矿床20多处,其中瓷土、熔剂灰岩等量大质优。还有粉石英、硅灰石、膨润土、滑石、花岗石、大理石、珍珠岩等多种矿产,其中赣西粉石英矿面积大、储量丰、埋藏浅,矿体裸露,适宜于工业规模露天开采。江西地处粤闽高、中温热水带边缘,现有温泉百余处、热水钻孔20多处,最高温度达82℃(温泉)及88℃(钻孔),以60℃以下的多,约占总数的86%左右。

福建省已发现矿产118种,占全国已发现矿产总数的70.2%;已探明储量并列入储量表的矿产106种(含亚矿种),其中能源矿产3种,金属矿产34种,非金属矿产67种,水气矿产2种。已探明矿产资源的特点可归纳为“三多、三少、一集中”,即非金属矿产多,金属矿产伴(共)生组分多,贫矿多;金属矿产规模达大型、特大型的矿床少,富矿少,能源矿种少;主要矿产相对集中分布。年末全省主要矿种保有储量:煤11.86亿吨,铁6.43亿吨,锰504.37万吨,铜204.46万吨,金193.87吨,铅185.45万吨,锌306.08万吨,钨30.33万吨,钼23.92万吨,水泥用灰岩18.22亿吨。

(四)生物资源

安徽省森林面积3 600.7千公顷,活立木总蓄积量16 258.4万立方米,森林蓄积量13 755.4万立方米。全省植物种类丰富,共有木本植物300余种,草本植物约2 100余种,动物约500余种,其中国家重点保护动物54种,以扬子鳄、白鳍豚最为珍贵。

江西全省种子植物约有4 000余种,蕨类植物约有470种,苔藓类植物约有100种以上。低等植物中的大型真菌可达五百余种,有标本依据的就有300余种,其中可食用者有100多种。植物系统演化中各个阶段的代表植物江西均有分布,同时发现不少原始性状的古老植物,还有“活化石”银杏等。这些丰富的植物资源充分表明,包括江西省在内的中国亚热带地区是近代植物区系的起源中心之一。江西生态环境较为优越,特别是近年来环保措施的不断加强,丰富的动物和竹林资源日益得到有效保护。全省现有脊椎动物600余种,其中鱼类170余种,约占全国的21.4%(淡水鱼);两栖类40余种,约占全国的20.4%;爬行类70余种,约占全国的23.5%;鸟类270余种,约占全国的23.2%;兽类50多种,约占全国的13.3%。鱼类和鸟类种类较多,经济价值较大,成为开发利用和资源保护的重点。

福建野生动植物资源丰富,种类繁多。野生动物多数属于东洋界的种类,一些古北界的动物也有在福建栖存。据不完全统计,脊椎动物已记录1 600多种(包括亚种,下同),无脊椎动物已记录到3 541种,昆虫1万多种。在各种野生动物中,国家重点保护野生动物达159种,其中国家一级保护野生动物22种,国家二级保护野生动物137种。植物种类以亚热带区系成分为主,区系成分较复杂。据调查统计,高等植物共有4 703种,占全国高等植物种类的15.7%;木本植物共有1 943种(含变种153种)。其中,裸子植物以我国特有的马尾松为主,海拔1 000米以上出现黄山松;杉木广布全省,还有柳杉、福建柏、油杉等,是构成常绿针叶林的主要成分。国家重点保护野生植物中,福建有25科42属55种,其中一级保护的7种、二级保护的48种;蕨类植物9种,裸子植物14种,被子植物32种。省重点保护珍贵树木有25种。全省森林面积906.7万公顷,森林覆盖率为62.96%,活立木总蓄积量4.967亿立方米。

四 人口与经济

(一)人口规模

2008 年安徽人口出生率为 13.05‰,比上年上升 0.3 个千分点;死亡率为 6.6‰,上升 0.2 个千分点;自然增长率 6.45‰,上升 0.1 个千分点。年末全省户籍人口6 740.8万人,比上年增加 65.1 万人;常住人口6 135万人,增加 17 万人。

2008 年末江西省总人口为4 400.10万人,比上年末增加 31.69 万人。65 岁及以上老年人口为 370.05 万人,占总人口的比重为 8.41%,比上年提高 0.06 个百分点。全年出生人口 61.03 万人,出生率为 13.92‰;死亡人口 26.35 万人,死亡率为 6.01‰;自然增长率为 7.91‰。

福建省 2008 年总人口3 604万人,全年净增人口 23 万人。全年全省出生人口 44 万人,出生率 12.2‰;死亡人口 21 万人,死亡率 5.9‰;自然增长率 6.3‰。城镇化水平为 49.9%。

(二)人口自然变动

建国以来,安徽人口增长迅猛,但历年人口增长数量很不稳定,各年度出生人口数差异较大。1954 - 1958 年安徽出现建国后第一次生育高峰,五年净增 328 万人,年递增率为 2.05%。1959 - 1961 年是安徽人口增长变动的低谷,由于正处于三年经济困难时期,总人口出现负增长,三年净减 406 万人,形成总人口增长变动最低点。1962 - 1972 年是建国后安徽人口增长最快的时期,十一年间总人口净增1 211万人,平均每年增加 110 万人,年均递增率 3.14%,形成第二次生育高峰。70 年代由于加强实行计划生育,人口增长速度受到一定的控制,自然增长率从 1972 年的 28.59‰下降到 1985 年的 10.24‰,但由于人口基数大,平均每年净增量仍有 73.5 万人之多。1992 年是安徽第三次生育高峰的峰顶,由于有针对性地采取了一系列有效措施,到 1995 年底,人口出生率由 1990 年的 24.47‰降至 16.07‰,下降 8.4 个千分点,有效地平抑了第三次出生高峰,实现了生育水平的稳步下降。1996 - 2000 年,安徽省人口增幅继续减缓,年均出生率为 15.13‰,自然增长率为 9.1‰,期末全省总人口为6 276万人,比计划指标少 124 万人。进入新世纪以来,安徽人口进入了一个更低的增长期,2001 - 2005 年安徽省人口增加了 238 万,年平均增加 47.6 万人,比“九五”时期的 278 万人减少了 40 万人,人口发展却处于较为稳定的状态,人口再生产类型已逐步从“高出生、低死亡、高增长”成功地向“低出生、低死亡、低增长”转变。

1950 年以来,江西人口的发展过程大致经历五个阶段。第一阶段(1950 - 1952 年)国民经济迅速增长,人口大幅度上升,年均增长率 8.01%;第二阶段(1953 - 1959 年)为第一个生育高峰,年均递增 2.56%;第三阶段(1960 - 1962)受到自然灾害影响,人口增长速度下降,年均递增 1.01%;第四阶段(1963 - 1978 年)为第二个生育高峰,从 1962 年至 1976 年,江西人口出生率连续 15 年保持 30‰以上的高水平;第五阶段(1979 至今),江西省根据国家的计划生育政策采取了有效的措施,成功缓解了由于人口增长周期性带来的第三个生育高峰。进入 90 年代以来,由于人口基数不断增加,江西人口规模逐年扩大,对社会经济发展造成极大压力,在严峻人口形式下,江西省各级政府加大人口控制的力度,取得了显著的成效:人口出生率稳中有降,人口受教育程度提高,育龄妇女生育水平下降,

表 1 - 10 安徽历年人口自然变动情况

单位:万人,‰

年份	出生		死亡		自然增长	
	人数	出生率	人数	死亡率	人数	自然增长率
1991	121.57	21.19	34.77	6.06	86.80	15.13
1992	108.70	18.76	35.58	6.14	73.12	12.62
1993	100.07	17.18	37.92	6.51	62.15	10.67
1994	98.35	16.70	40.40	6.86	57.95	9.84
1995	95.18	16.07	37.97	6.41	57.22	9.66
1996	95.31	16.00	38.72	6.50	56.59	9.50
1997	94.67	15.80	38.95	6.50	55.73	9.30
1998	94.69	15.74	39.34	6.54	55.35	9.20
1999	91.37	15.10	39.33	6.50	52.04	8.60
2000	81.65	13.40	35.10	5.76	46.55	7.64
2001	76.35	12.46	35.85	5.85	40.51	6.61
2002	68.81	11.20	31.76	5.17	37.05	6.03
2003	68.72	11.15	32.05	5.20	36.67	5.95
2004	72.37	11.62	34.25	5.50	38.12	6.12
2005	76.07	12.43	38.13	6.23	37.94	6.20
2006	76.99	12.60	38.49	6.30	38.49	6.30
2007	78.00	12.75	39.16	6.40	38.85	6.35
2008	80.06	13.05	40.49	6.60	39.57	6.45

多孩率下降。江西省 50 多年来从“地多人少,人口要大发展”转变到“人口要有计划控制”,经历了一个艰巨曲折的过程。建国以来,江西省的妇女生育水平在全国一直处于较高的状态,但是 90 年代以来,由于采取了有效的措施,出生率、总和生育率和多孩率保持下降的趋势。1994 年人口出生率降至 16.7‰,人口自然增长率开始降至 10‰以下。

按照全省总人口增长速度的不同,福建人口发展大体上分为五个阶段:1949 - 1959 年为人口出生的第一个高峰期,年平均增长率达 2.63%;1960 - 1961 为低谷期,年平均增长 6.8%;1962 - 1973 年,是人口增长的第二个高峰期,也是人口增长最快的阶段,平均每年净增 53 万人,年平均增长 28.94%;1974 - 1981,是人口增长的相对低谷期,年平均增长 19.62%;1982 - 1990,人口增长的第三个高峰期,平均每年增加 52.7 万,年平均增长 19.03%;进入 90 年代以来,人口增长大幅度下降。福建 1950 年至今,人口生育经历了由高而低的转变过程,这一过程大致以福建开始全面推行计划生育的 1972 年为界,分为前后两个时期,前期基本处于无控制的自然状态,22 年的平均总和生育率为 5.99%,后期生育逐渐由自然状态向计划控制转轨,生育控制成效显著。1997 年,福建总和生育率为 1.3%,人口出生率为 12.41‰,人口自然增长率为 6.32‰。根据高、中、低三方案对福建省未来总人口变动趋势进行预测,综合三方案预测结果可知,目前的出生高峰将持续到本世纪末。

表 1－11　江西省历年人口自然变动情况

单位:万人,‰

年份	出生		死亡		自然增长	
	人数	出生率	人数	死亡率	人数	自然增长率
1978	85.97	27.01	23.52	7.39	62.45	19.62
1979	67.71	20.97	23.35	7.23	44.37	13.74
1980	60.73	18.57	20.86	6.38	39.86	12.19
1981	67.47	20.42	21.61	6.54	45.86	13.88
1982	64.22	19.18	20.32	6.07	43.90	13.11
1983	74.41	21.92	27.94	8.23	46.47	13.69
1984	87.48	25.30	23.51	6.80	63.97	18.50
1985	71.21	20.29	18.92	5.39	52.30	14.90
1986	86.35	24.15	19.77	5.53	66.58	18.62
1987	83.25	22.92	26.26	7.23	56.99	15.69
1988	73.31	19.90	21.37	5.80	51.94	14.10
1989	86.31	23.04	23.45	6.26	62.86	16.78
1990	93.70	24.59	28.73	7.54	64.97	17.05
1991	81.93	21.20	27.55	7.13	54.38	14.07
1992	76.42	19.53	27.67	7.07	48.76	12.46
1993	80.63	20.33	27.33	6.89	53.30	13.44
1994	77.82	19.38	28.11	7.00	49.71	12.38
1995	76.94	18.94	29.58	7.28	47.37	11.66
1996	71.97	17.53	28.82	7.02	43.15	10.51
1997	72.34	17.43	27.23	6.56	45.11	10.87
1998	70.62	16.85	29.55	7.05	41.07	9.80
1999	69.86	16.51	29.70	7.02	40.15	9.49
2000	64.51	15.55	25.18	6.07	39.33	9.48
2001	64.63	15.44	25.37	6.06	39.26	9.38
2002	62.24	14.74	25.42	6.02	36.82	8.72
2003	59.86	14.07	25.44	5.98	34.42	8.09
2004	58.30	13.61	25.66	5.99	32.64	7.62
2005	59.45	13.79	25.70	5.96	33.76	7.83
2006	59.88	13.80	26.08	6.01	33.80	7.79
2007	60.55	13.86	26.17	5.99	34.38	7.87
2008	61.25	13.92	26.44	6.01	34.80	7.91

表 1－12　福建省历年人口自然变动情况

单位：万人，‰

年份	出生		死亡		自然增长	
	人数	出生率	人数	死亡率	人数	自然增长率
1978	62.01	25.35	15.43	6.31	46.57	19.04
1979	56.98	22.91	15.62	6.28	41.36	16.63
1980	47.05	18.68	15.79	6.27	31.26	12.41
1981	59.97	23.40	16.02	6.25	43.96	17.15
1982	73.12	27.91	16.64	6.35	56.49	21.56
1983	65.45	24.53	16.84	6.31	48.61	18.22
1984	69.85	25.68	17.00	6.25	52.85	19.43
1985	66.12	23.88	17.11	6.18	49.01	17.70
1986	67.74	24.02	16.50	5.85	51.24	18.17
1987	71.62	24.91	16.65	5.79	55.23	19.21
1988	71.29	24.34	17.02	5.81	54.27	18.53
1989	73.62	24.67	18.20	6.10	55.41	18.57
1990	74.22	24.44	20.38	6.71	53.85	17.73
1991	61.67	20.03	19.27	6.26	42.40	13.77
1992	56.65	18.18	18.76	6.02	37.89	12.16
1993	52.67	16.72	17.70	5.62	34.97	11.10
1994	51.69	16.24	18.94	5.95	32.75	10.29
1995	49.05	15.20	19.04	5.9	30.01	9.30
1996	43.11	13.22	19.37	5.94	23.74	7.28
1997	40.73	12.41	19.99	6.09	20.74	6.32
1998	38.04	11.53	20.45	6.20	17.58	5.33
1999	36.67	11.06	19.40	5.85	17.28	5.21
2000	39.56	11.60	19.95	5.85	19.61	5.75
2001	39.77	11.56	18.99	5.52	20.78	6.04
2002	39.34	11.35	19.31	5.57	20.03	5.78
2003	39.87	11.43	19.46	5.58	20.40	5.85
2004	40.66	11.58	19.73	5.62	20.93	5.96
2005	41.01	11.60	19.87	5.62	21.14	5.98
2006	42.70	12.00	20.46	5.75	22.24	6.25
2007	42.97	12.00	21.13	5.90	21.84	6.10
2008	43.97	12.20	21.26	5.90	22.71	6.30

数据来源：2009 年安徽省、江西省、福建省统计年鉴

(三)人口构成

2008年安徽省常住人口6 135万人,其中男性为3 093.27万人,占50.42%;女性为3 041.73万人,占49.58%。性别比为101.68(以女性为100,男性对女性的比例)。在全省人口中,0~14岁人口为1 214.73万人,占19.8%;15~64岁人口为4 234.99万人,占69.03%;65岁及以上人口684.05万人,占11.15%。全省人口中,具有大专以上学历的人口占4.58%,高中程度的人口占10.66%,初中程度的人口占40.7%,小学程度的人口占32.19%。与第五次人口普查的数据相比较,大专以上学历的人口的比重提高了2.27%,高中程度的人口比重提高了3.01%,初中比重减少了7.87%,小学比重减少了5.67%。

2008年江西总人口为4 400.10万人,男性为2 258万人,占51.33%;女性为2 142万人,占48.67%,性别比为105.34。在全省人口中,0~14岁人口为926.22万人,占21.05%;15~64岁人口为3 103.83万人,占70.54%;65岁及以上人口332万人,占8.41%。全省人口中,具有大专以上学历的人口占5.29%,高中程度的人口占16.78%,初中程度的人口占37.38%,小学程度的人口占34.62%。

2008年福建总人口为3 604万人,男性为1 813万人,占50.3%;女性为1 791万人,占49.7%,性别比为101.21。在全省人口中,0~14岁人口为656万人,占18.2%;15~64岁人口为2 616万人,占72.6%;65岁及以上人口332万人,占9.2%。与2000年第五次人口普查相比较,0~14岁人口的比重下降了13.2%,15~64岁人口的比重上升了9.1%,65岁及以上人口的比重上升了占4.1%。全省人口中,具有大专以上学历的人口占5%,高中程度的人口占12.1%,初中程度的人口占31.9%,小学程度的人口占34.4%。

(四)经济

1. 安徽省

安徽省2008年全年实现生产总值(GDP)8 874.2亿元,按可比价格计算,比上年增长12.7%。分产业看,第一产业增加值1 418.1亿元,增长6.2%;第二产业增加值4 137.4亿元,增长16.4%;第三产业增加值3 318.7亿元,增长11%。三次产业结构为16:46.6:37.4。

2. 江西省

江西省2008年全年实现生产总值6 480.3亿元,比上年增长12.6%,连续六年实现12%以上增长。其中,第一产业增加值1 060.4亿元,增长4.8%;第二产业增加值3 414.9亿元,增长16.6%;第三产业增加值2 005.0亿元,增长10.1%。三次产业结构调整为16.4:52.7:30.9,“二三一”结构进一步强化和巩固。非公有制经济快速发展,实现增加值3 434.4亿元,增长15.5%,占GDP的比重达53.0%。

3. 福建省

福建省全年实现地区生产总值10 823.11亿元,比上年增长13.0%。其中,第一产业增加值1 157.75亿元,增长4.8%;第二产业增加值5 415.77亿元,增长15.2%;第三产业增加值4 249.59亿元,增长12.1%。人均地区生产总值30 123元,比上年增长12.2%。产业结构继续调整,第一产业比重与上年比略减,第二产业继续保持增势,第三产业稳定发展。三次产业比例由上年的10.8:49.2:40.0调整为10.7:50.0:39.3。

（五）劳动、收入与社会保障

1. 安徽省

2008 年全省城镇居民人均可支配收入12 990. 4元，比上年增长 13. 2%，扣除价格因素，实际增长 6. 8%。人均消费性支出 9524 元，增长 11. 6%，其中食品支出增长 15. 4%，交通通讯支出增长 3. 3%，衣着支出增长 11. 5%，娱乐教育文化支出下降 0. 8%。城镇居民家庭恩格尔系数为 41%，比上年上升 1. 3 个百分点。城镇居民人均住房建筑面积 29. 9 平方米，比上年减少 0. 9 平方米。农村居民人均纯收入 4202. 5 元，比上年增长 18. 1%，扣除价格因素，实际增长 11. 7%。人均生活消费支出 3284. 1 元，增长 19. 2%，其中食品支出增长 21. 9%，交通通讯支出增长 8. 6%，居住支出增长 35. 7%。农村居民家庭恩格尔系数为 44. 3%，比上年上升 1 个百分点。农村居民人均住房面积 29. 9 平方米，比上年增加 1 平方米。

2008 年全省参加城镇基本养老、医疗保险人数分别为 578 万人和1 322万人。参加失业保险的人数为 373 万人，全年为 28. 2 万名失业人员发放了不同期限的失业保险金。全省参加工伤、生育保险人数分别为 292. 9 万人和 237. 5 万人。年末全省各市、县、区均出台了被征地农民就业和社会保障制度，被征地农民养老保险参保人数为 131 万人。建立健全城乡最低生活保障制度，全年保障农村低保对象 186. 2 万人，城市低保人数 99. 2 万人。

2008 年全省有各类收养性社会福利院床位 9. 6 万张，收养各类人员 7. 5 万人。城镇建立各种社区服务设施2 853个，其中综合性社区服务中心 289 个。全年销售社会福利彩票 15. 7 亿元，筹集社会福利资金 5. 2 亿元。

2. 江西省

2008 年全省人民生活水平进一步提高。全年农民人均纯收入4 697元，比上年增长 14. 6%；城镇居民人均可支配收入12 866元，增长 14. 7%。城镇在岗职工平均工资21 000元，增长 14. 1%。农村居民恩格尔系数为 49. 4%，比上年下降 0. 5 个百分点，城镇居民恩格尔系数为 41. 7%。年末农村居民人均住房面积 37. 56 平方米，城镇居民人均住房建筑面积 37. 24 平方米，比上年末分别增加 0. 78 平方米和 0. 65 平方米。

2008 年下岗失业人员实现再就业 22. 6 万人，其中“4050”人员 4. 4 万人。零就业家庭就业安置率达 100%。共发放小额担保贷款 26. 7 亿元，增长 55. 7%，累计总额继续保持全国领先地位，直接扶持下岗失业人员自主创业 4. 8 万人，带动就业人数 15. 1 万人。年末参加城镇基本养老保险人数为 550. 3 万人，比上年末增加 75. 3 万人，其中，参保职工 421. 9 万人，参保离退休人员 128. 5 万人。行政事业单位离退休费和企业单位养老金月平均水平为1 120元。向城市低保户发放低保金 16. 8 亿元，月人均补差 140 元，提高 55 元；向 150 万农村低保户发放低保金 9. 9 亿元，月人均补差 55 元，提高 30 元。参加城镇职工基本医疗保险的人数为 503. 2 万人，比上年末增加 99. 7 万人；参加城镇居民基本医疗保险的人数为 704. 0 万人。参加新型农村合作医疗的农民达到2 930. 2万人，参合率 91. 3%，统筹基金使用率 86. 2%。向城市居民发放社区公共卫生服务券 514. 0 万元。在全国率先为全省城乡 586. 4 万名义务教育阶段公办学校学生全面免除学杂费和免费提供教科书，34. 6 万名家庭生活困难学生得到政府资助。新开工建设经济适用住房 150 万平方米，廉租住房 133. 2 万平方米，受益户数分别新增 2. 14 万户和 2. 66 万户，基本实现全省社区市中心城区廉租住房保障对象和所有县城低保家庭保障对象应保尽保；同时为农村低保对象维修改造危旧住房6 500套，完成移民扶贫搬迁 5. 43 万人。至 2008 年底，累计解决了3 234. 2万人饮水安全问题。群众的生产生活条件进一步改善。

社会福利事业稳步发展。2008 年共有各类收养性社会福利单位1 973个,提供床位 24 万张,收养人数 22.5 万人。全年通过销售社会福利彩票筹集社会福利资金 8.1 亿元,接收社会捐赠款 4.7 亿元。

3. 福建省

2008 年福建省农民人均纯收入 6 196 元,扣除价格因素,实际增长 8.3%,增幅比上年提高 1.0 个百分点;城镇居民人均可支配收入17 961.45元,扣除价格因素,实际增长 10.8%,增幅比上年提高 0.7 个百分点。农村居民家庭恩格尔系数为 46.4%,城镇居民家庭恩格尔系数为 40.6%。

2008 年参加基本养老保险人数 557.06 万人,比上年增加 44.22 万人。其中参保职工 454.48 万人,参保的离退休人员 102.58 万人。全省参加失业保险人数 338.69 万人,增加 20.54 万人。全省参加基本医疗保险人数 435.73 万人,增加 29.61 万人。其中参保职工 334.13 万人,参保退休人员 101.59 万人。年末全省企业参加基本养老保险离退休人员 84.1 万人,全部实现了养老金按时足额发放。2008 年末全省领取失业保险金人数 4.64 万人,减少 1.07 万人;全省纳入城市最低生活保障的居民 19.25 万人,比上年减少 0.74 万人;纳入农村最低生活保障的居民 77.94 万人,增加 0.36 万人,其中"五保"供养对象 9.82 万人。

2008 年各类收养性社会福利单位床位45 155张。城镇建立各种社区服务设施4 986个,其中综合性社区服务中心(站)1 081个。全年销售社会福利彩票 12.54 亿元,筹集社会福利资金 4.05 亿元,直接接收社会捐赠款 14.06 亿元。

五　行政区划

(一)概况

1. 安徽省

安徽省会合肥市,共有 17 个地级市,44 市个辖区,5 个县级市,56 个县,908 个镇,361 个乡,254 个街道。

2. 江西省

江西省共设南昌、赣州、上饶、新余、景德镇、萍乡、吉安、鹰潭、宜春、抚州、九江等 11 个省辖市、10 个县级市、70 个县、19 个市辖区和 1 个地方管理局。南昌市为江西省会和最大城市。

3. 福建省

福建省省会福州市,现辖 9 个地级市,26 个市辖区、14 个县级市、45 个县。

(二)行政区划变更

1. 安徽省

经合肥市批准,蜀山区新的区划版图正式开始执行,6 个街道的管辖范围做适当调整,该区涉及管辖范围调整的街道都位居老城区,分别是琥珀山庄街道、西园新村街道、稻香村街道、五里墩街道、三里庵街道和南七里站街道。

表 1－13 安徽省行政区划（2008 年末）

单位：个

市名称	市级区划数	县级区划数	县级市	县	市辖区	乡镇级区划数	镇	乡	街道办事处
总计	17	105	5	56	44	1 523	908	361	254
合肥市	1	7	0	3	4	94	35	20	39
淮北市	1	4	0	1	3	33	17	1	15
亳州市	1	4	0	3	1	91	75	10	6
宿州市	1	5	0	4	1	106	71	23	12
蚌埠市	1	7	0	3	4	74	36	19	19
阜阳市	1	8	1	4	3	170	119	38	13
淮南市	1	6	0	1	5	65	25	21	19
滁州市	1	8	2	4	2	109	82	12	15
六安市	1	7	0	5	2	169	104	55	10
马鞍山市	1	4	0	1	3	31	12	6	13
巢湖市	1	5	0	4	1	76	65	5	6
芜湖市	1	7	0	3	4	52	22	0	30
宣城市	1	7	1	5	1	98	56	29	13
铜陵市	1	4	0	1	3	25	7	5	13
池州市	1	4	0	3	1	53	36	9	8
安庆市	1	11	1	7	3	170	96	57	17
黄山市	1	7	0	4	3	107	50	51	6

数据来源：安徽省统计年鉴—2009

表 1－14 江西省行政区划（2008 年末）

单位：个

地区	设区市	县级市	县	市辖区	市、县、区名称
全省	11	10	70	19	
南昌市	1		4	5	东湖区、西湖区、青云谱区、湾里区、青山湖区、南昌县、新建县、安义县、进贤县
景德镇市	1	1	1	2	昌江区、珠山区、浮梁县、乐平市
萍乡市	1		3	2	安源区、湘东区、莲花县、上栗县、芦溪县
九江市	1	1	9	2	庐山区、浔阳区、九江县、武宁县、修水县、永修县、德安县、星子县、都昌县、湖口县、彭泽县、瑞昌市
新余市	1		1	1	渝水区、分宜县
鹰潭市	1	1	1	1	月湖区、余江县、贵溪市
赣州市	1	2	15	1	章贡区、赣 县、信丰县、大余县、上犹县、崇义县、安远县、龙南县、定南县、全南县、宁都县、于都县、兴国县、会昌县、寻乌县、石城县、瑞金市、南康市
吉安市	1	1	10	2	吉州区、青原区、吉安县、吉水县、峡江县、新干县、永丰县、泰和县、遂川县、万安县、安福县、永新县、井冈山市
宜春市	1	3	6	1	袁州区、奉新县、万载县、上高县、宜丰县、靖安县、铜鼓县、丰城市、樟树市、高安市
抚州市	1		10	1	临川区、南城县、黎川县、南丰县、崇仁县、乐安县、宜黄县、金溪县、资溪县、东乡县、广昌县
上饶市	1	1	10	1	信州区、上饶县、广丰县、玉山县、铅山县、横峰县、弋阳县、余干县、鄱阳县、万年县、婺源县、德兴市

数据来源：江西省统计年鉴—2009

表1-15　福建省行政区划(2008年底)

单位:个

设区市名称	县级行政单位				县级行政单位名称
	合计	县	县级市	市辖区	
总计	85	45	14	26	
福州市	13	6	2	5	鼓楼区 仓山区 台江区 马尾区 晋安区 福清市 长乐市 闽侯县 连江县 罗源县 闽清县 永泰县 平潭县
厦门市	6			6	思明区 海沧区 湖里区 集美区 同安区 翔安区
莆田市	5	1		4	城厢区 涵江区 荔城区 秀屿区 仙游县
三明市	12	9	1	2	三元区 梅列区 永安市 明溪县 清流县 宁化县 大田县 尤溪县 沙县 将乐县 泰宁县 建宁县
泉州市	12	5	3	4	鲤城区 丰泽区 洛江区 泉港区 石狮市 晋江市 南安市 惠安县 安溪县 永春县 德化县 金门县
漳州市	11	8	1	2	芗城区 龙文区 龙海市 云霄县 诏安县 漳浦县 长泰县 东山县 南靖县 平和县 华安县
南平市	10	5	4	1	延平区 邵武市 武夷山市 建瓯市 建阳市 顺昌县 浦城县 光泽县 松溪县 政和县
龙岩市	7	5	1	1	新罗区 漳平市 长汀县 永定县 上杭县 武平县 连城县
宁德市	9	6	2	1	蕉城区 福安市 福鼎市 霞浦县 古田县 屏南县 寿宁县 周宁县 柘荣县

数据来源:福建省统计年鉴—2009

将琥珀山庄街道更名为琥珀街道。将三里庵街道安农社区、飞虹社区、蜀山新村社区划归琥珀街道管辖。面积3.138平方公里,人口53 152人。辖8个社区,即:琥珀潭、北苑村、花园村、翠竹园、奥林花园、蜀山新村、飞虹、安农社区。琥珀街道办事处驻清溪东路翠竹园中心区。

将三里庵街道安农社区、飞虹社区、蜀山新村社区划归琥珀街道管辖;将原西园新村街道梅源里、松涛里、竹荫里、龙河路社区划归三里庵街道管辖,将稻香村街道梅山路社区、绩溪路社区以及朝阳社区黄山路以北区域、黄山路社区黄山路以北区域划归三里庵街道管辖,面积3.330平方公里,人口85 209人,辖8个社区,即:二里街、杏林、梅源里、松涛里、竹荫里、龙河路、梅山路、绩溪路社区。三里庵街道办事处暂驻官亭路7号。

将稻香村街道梅山路社区、绩溪路社区以及朝阳社区黄山路以北区域、黄山路社区黄山路以北区域划归三里庵街道管辖;将原南七里站街道合作化南路社区(不包括合作化南路以西区域)、望江西路社区、金寨南路社区划归稻香村街道管辖,将原西园新村街道光明社区合作化南路以东、黄山路以南区域划归稻香村街道管辖,面积2.918平方公里,人口52 070人,辖5个社区,即朝阳、黄山路、望江西路、金寨南路、合作化南路社区。稻香村街道办事处暂驻肥西中路。

将五里墩街道安居苑社区、七里塘社区(不包括长江西路以北区域)、汉嘉社区以及青阳路社区长江西路以南区域划归西园街道管辖,面积5.422平方公里,人口41 057人,辖5个社区,即:青阳路、清溪路、团安村、陈村路、家家景园社区。五里墩街道办事处驻史河路18号。

将西园新村街道更名为西园街道。将原西园新村街道梅源里、松涛里、竹荫里、龙河路社区划归三里庵街道管辖,将原西园新村街道光明社区合作化南路以东、黄山路以南区域划归稻香村街道管辖,将原西园新村街道科企社区以及光明社区合作化南路以西、黄山路以南区域划归南七街道管辖;将五里墩街道安居苑社区、七里塘社区(不包括长江西路以北区域)、汉嘉社区以及青阳路社区长江西路以南区域划归西园街道管辖，将原南七里站街道洪岗社区黄山路以北区域划归西园街道管辖。将井岗镇岳西新村社区划归西园街道代管，面积2.981平方公里，人口35 440人，辖4个社区，即：安居苑、七里塘、汉嘉、光明社区。西园街道办事处暂驻西园新村松涛里。

将南七里站街道更名为南七街道。将原南七里站街道合作化南路社区（不包括合作化南路以西区域）、望江西路社区、金寨南路社区划归稻香村街道管辖，将原南七里站街道洪岗社区黄山路以北区域划归西园街道管辖；将原西园新村街道科企社区以及光明社区合作化南路以西、黄山路以南区域划归南七街道管辖，面积4.508平方公里，人口41 450人，辖4个社区，即：洪岗、丁岗、新华、科企社区。南七街道办事处驻石台路66号

2. 江西省

2004年，国务院同意江西省调整南昌市部分行政区划（国函[2004]70号）。将西湖区朝阳洲街道的西船居委会，青山湖区塘山镇的永和、公园、贤湖、永溪、长巷、七里6个村划归东湖区管辖。将青山湖区的桃花镇和湖坊镇的同盟村划归西湖区管辖。将西湖区十字街街道的谷市街、洪城路、南关口、九四、新丰5个居委会，上海路街道的草珊瑚集团、南昌肠衣厂、电子计算机厂、江西涤纶厂、江地基础公司、曙光、商标彩印厂、南昌市染整厂、江南蓄电池厂、四机床厂、二进、国乐新村12个居委会，南站街道的解放西路东居委会，青山湖区湖坊镇的楞上、太和、热心3个村划归青云谱区管辖。将东湖区彭家桥街道的187、高新、南大北院、青山湖、谢家村、星光、上坊路、江大南路、南大南院、南昌水专、北京东路11个居委会，青山路街道的潘坊、电化、塘山北、塘山南、纺园一、纺园二、纺园三7个居委会，西湖区上海路街道的轻化所、洪钢、省人民检察院、电信城东分局、安康、省机械施工公司、省水利设计院、省安装公司、南方电动工具厂、江西橡胶厂、上海路北、南昌电池厂、东华计量所、南昌搪瓷厂、上海路新村、华安针织总厂、江西五金厂、三波电机厂、水文地质大队、二六〇厂、省卫生学校、新世纪、上海路住宅区北、塔子桥北、南航、上海路住宅区南、沿河、南昌阀门厂28个居委会，西湖区丁公路街道的新魏路、半边街、师大南路、顺化门、岔道口东路、师大、广电厅、手表厂、鸿顺9个居委会，南站街道的工人新村北、工人新村南、商苑、洪都中大道、铁路第三、铁路第四、铁路第六7个居委会划归青山湖区管辖。

调整后，东湖区辖董家窑、大院、公园、百花洲、墩子塘、豫章、八一桥、滕王阁、沙井、青山路、彭家桥11个街道，区人民政府驻叠山路；西湖区辖绳金塔、桃源、朝阳洲、广润门、南浦、西湖、系马桩、十字街、丁公路、南站10个街道和桃花镇，区人民政府驻孺子路；青云谱区辖三家店、洪都、京山、徐家坊、岱山5个街道和青云谱镇，区人民政府驻井冈山大道；青山湖区辖湖坊、京东、罗家、塘山、蛟桥5个镇和上海路街道、扬子洲乡，区人民政府驻南京东路。

3. 福建省

2005年，撤销福州市音西、阳下、宏路等3个镇和融城街道办事处建制，析出海口镇的祥丰、塘头、北店、柏渡、隆中、坊里、南宅、先强等8个村委会，整合设立玉屏、龙山、龙江、音西、宏路、石竹、阳下等7个街道办事处。

六　文化和旅游

（一）文化

安徽于清康熙六年（公元1667年）始建省，取安庆府与徽州府名第一字为安徽，因历史上有古皖国和境内的皖山、皖河而简称“皖”。安徽省是中国史前文明的重要发祥地，在繁昌县人字洞发现距

今约250万年前人类活动遗址。在和县龙潭洞发掘的三、四十万年前旧石器时代的“和县猿人”遗址,表明远古时期已有人类生息繁衍在安徽这块土地上。亳州在商代曾为成汤之部,古寿春(今寿县)在春秋战国时曾为楚国首都。徽州文化是中华民族优秀传统文化百花园中的一朵奇葩,无论是器物文化层、制度文化,还是在精神文化,都有深厚的底蕴和杰出的创造。东汉、西晋、唐末、北宋四次北方强宗大族的南迁,带来了先进的生产技术和中原文化,使这块土地逐渐成了华夏名区。南宋以降,这里更是文风昌盛,人文荟萃,成了“东南邹鲁”、“礼仪之邦”。徽州文化内涵丰富,各个领域都形成了独特的流派和风格。如新安理学、徽派朴学、新安医学、新安画派、徽派版画、徽派篆刻、徽剧、徽商、徽派建筑、徽州“四雕”、徽菜、徽州茶道、徽州方言,等等。

江西因公元733年唐玄宗设江南西道而为省名,又因为江西省最大河流为赣江而得简称“赣”。自古以来江西人文荟萃、物产富饶,有“文章节义之邦,白鹤鱼米之国”的美誉。江西古文明光辉灿烂。瑞昌铜岭商代铜矿遗址是我国和世界上最早的矿业遗迹。江西景德镇是以盛产瓷器而闻名于世的,有着“瓷都”的美誉。“新平冶陶,始于汉世”,从汉代起,景德镇就开始了制瓷历史,据文献记载已有近1 700多年的历史。在这漫长的制瓷历史进程中,它集各地名窑之大成,汇聚制瓷技艺之精华,形成了独具特色的景德镇瓷器,并以品种繁多,装饰丰富,造型优美,制作精良而著称于世。唐宋时期,景德镇瓷器号称假玉而闻名中外。在中华文明的历史长河中,江西人才辈出,陶渊明、欧阳修、曾巩、王安石、朱熹、文天祥、宋应星、汤显祖、詹天佑等文学家、政治家、科学家若群星灿烂,光耀史册。江西是中国革命的摇篮。八一南昌起义向国民党反动派打响了第一枪,毛泽东、朱德在井冈山创建了第一个农村革命根据地,中央苏区的中心就在赣南的瑞金。江西为中国革命牺牲的有名有姓的烈士达25万人之多。

福建历史源远流长,科学文化曾盛极一时。5000年前,先民们就在此生息繁衍,创造了可与仰韶文化、河姆渡文化相媲美的昙石山文化。三国时因造船业和航海技术发达,福建成为孙吴的一个水军基地和对外通商口岸。南宋和元代,泉州成为世界上最大商港之一,与100多个国家和地区有通商关系,形成了著名的“海上丝绸之路”。明代郑和七下西洋多次在福建驻泊,招募水手,修造船舶,从福建扬帆出海。清同治五年间,在马尾创办福州船政局和中国第一所海军学校,成为中国近代海军和造船工业的摇篮。福建历史上人才荟萃,涌现出一批在中国历史上有影响的杰出人物,如天文学家苏颂,世界法医学鼻祖宋慈,思想家、文学家李贽,音韵学家陈第,学者、书法家黄道周、蔡襄,文人严羽、杨亿、柳永,史学家郑樵、袁枢,民族英雄郑成功、林则徐,思想家、翻译家严复、林纾,铁路建设专家詹天佑等。他们以自己的胆识和献身精神,为中华民族的发展和繁荣作出了不可磨灭的贡献。历史上福建人民为反压迫、反侵略进行了无数可歌可泣的英勇斗争,有着光荣的革命传统。福建是全国重点老区省份之一,老区分布遍及的62个县(市);其中有46个老区县(市)、518个老区乡(镇)、7 772个老区行政村、2 919个革命老区基点村。

(二)旅游

优越的自然条件、悠久的历史和丰富的文化遗存,使得安徽旅游资源十分丰富,自然景观与人文景观交相辉映,品位高,类型多,山岳、洞府、江湖、墓葬、遗址、庙宇、民居、牌坊、温泉、森林公园、自然保护区等,应有尽有。全省有国家重点风景名胜区5个,省级风景名胜区19处;全国重点文物保护单位9处,省级历史文化名城4座,省级历史文化保护区6处;国家自然保护区3处,省级自然保护区12处,国家森林公园22处,省级森林公园12处。

名山胜水是安徽旅游资源的重要组成部分。安徽境内多山,5处国家重点风景区均为名山。黄山1985年以唯一的山岳风景区入选中国十大风景名胜,1990年被评为“中国旅游胜地40佳”之一,

1990 年 12 月被联合国教科文组织确认为世界文化和自然遗产，列入《世界遗产名录》，被誉为“天下第一奇山”。九华山气势雄伟，古刹林立，是全国四大佛教名山之一，素有“莲花佛国”之誉。天柱山本是古南岳，以其主峰如柱擎天而得名。琅琊山蔚然深秀，林壑幽美。齐云山古称“白岳”，为中国道教圣地之一。全国 5 大淡水湖之一的巢湖、被称为“皖南明珠”的太平湖、花亭湖、万佛湖、安丰塘、如诗如画的新安江、如临仙境的秋浦河、桃花潭、半汤温泉、汤池温泉等等，均属安徽名水之列。

皖南明清古民居在全国独树一帜。黟县西递和宏村古民居群、歙县斗山街民居群、徽州区呈坎民居群、泾县查济民居群等，均属于古民居建筑艺术的瑰宝，被中外建筑专家誉之为“明清民居建筑博物馆”。安徽有多处具有很高游览观光价值的遗址墓葬，如“和县猿人”遗址、凤阳明皇陵、明中都皇故城、寿县古城墙，国内外游人赞不绝口，亳州、寿县、歙县三座国家级历史文化名城也独具特色。

江西历史悠久，山川秀丽，人文荟萃，名胜古迹众多。现拥有庐山、井冈山、龙虎山、三清山、三百山、龟峰点、武功山、仙女湖、瑶里等 9 个国家级风景名胜区，其中庐山作为“世界文化景观”列入“世界遗产名录”，三清山作为“世界自然景观”列入“世界遗产名录”；有南昌、景德镇、赣州 3 座国家级历史文化名城；还有中国第一大淡水湖鄱阳湖及鄱阳湖国家级候鸟自然保护区；36 处国家级森林公园；5 个国家重点保护寺观；52 处国家重点文物保护单位，全省各类风景名胜区（点）多达2 400余处。

江西是著名的红色革命老区，有着很多独具特色的红色旅游景点：如“中国革命的摇篮”——井冈山；享誉中外的“红色故都”、中华苏维埃共和国临时中央政府的诞生地、中央红军长征出发地——瑞金；皖南事变之后国民党设立的规模庞大的法西斯式人间地狱——上饶集中营；南昌武装起义的总指挥部——八一起义纪念馆等等，它们均是进行爱国主义、革命传统教育的理想之地。

位于赣江与抚河的汇合处的滕王阁，与黄鹤楼、岳阳楼并称为江南三大名楼，王勃为其所作的《滕王阁序》更加使它名满天下。赣东北的婺源是全国著名的文化与生态旅游县，被外界誉为“中国最美的乡村”，以山、水、竹、石、树、木、桥、亭、涧、滩、岩洞、飞瀑、舟渡、古民居为组合的自然景观，有着世外桃源般的意境，给人们一种回归自然和超凡脱俗的感觉。

全省旅游格局大致可划为三片，分别为：赣北区（南昌至九江庐山）、赣东北区（景德镇古瓷都、婺源、龙虎山、三清山等）、赣西南区（井冈山等）。京九铁路营运后，形成了一轴带两环的旅游发展格局。一轴，指南昌——九江庐山。两环分别为：赣北环线（指南昌——九江——景德镇——三清山——龙虎山）、赣南环线（瑞金——赣州——大余——龙南）。

福建全省人文荟萃，拥有十分丰富的旅游资源，拥有一大批影响日益扩大的旅游品牌，包括山与水完美结合、人与自然和谐统一的武夷山世界文化与自然遗产，素有海上花园、音乐岛美誉的鼓浪屿，情系海峡西岸、凝聚世界华人的湄州妈祖朝圣文化，多元文化相互融合、民俗风情独具特色的泉州海上丝绸之路，世界独一无二的山村民居建筑福建土楼，著名的革命圣地上杭古田会址，福建古文化和海洋文化的摇篮昙石山文化遗址，天下绝景、宇宙之谜的白水洋奇观，泰宁世界地质公园，漳州火山公园等旅游品牌和一大批风景名胜区。福建又是著名的老区、苏区，闽西、闽东等是重要的革命根据地，当年中央苏区有 10 个县在福建，老区分布在 62 个县（市）。全省有 4 座国家历史文化名城、7 座中国优秀旅游城市、13 个国家重点风景名胜区、10 个国家级自然保护区、19 个国家森林公园、8 个国家地质公园、2 个国家旅游度假区、85 个全国重点文物保护单位。自然保护区、森林公园、风景名胜区的面积占全省土地面积的 8%，形成了人与自然和谐共处的良好环境。

福建旅游业是海峡西岸经济区建设的一大支撑产业，是新世纪福建经济社会发展的一大优势、一大亮点。2008 年全省旅游产业迅猛发展，全年接待国内旅游人数8 562.19万人次，增长 6.5%，国内旅游收入 851.62 亿元，增长 1.6%；入境旅游、商务、探亲等人数 293.19 万人次，比上年增长 9.1%，国际旅游外汇收入 23.93 亿美元，增长 10.3%。旅游总收入1 014.55亿元，增长 1.1%。旅游经济成为全省国民经济的重要组成部分，在产业结构调整中发挥了重要作用。

第二篇
长三角地区经济社会发展

第一章　上海市2008年经济社会发展

2008年，面对外部严峻复杂经济环境的不利影响和上海自身发展转型的严峻考验，全市人民在党中央、国务院和中共上海市委的坚强领导下，高举中国特色社会主义伟大旗帜，以邓小平理论和"三个代表"重要思想为指导，深入贯彻落实科学发展观，全面贯彻党的十七大精神，坚定信心，振奋精神，团结奋斗，克难前行，国民经济保持了平稳较快发展，各项社会事业全面进步，人民生活继续改善，完成了年初确定的经济社会发展目标和任务。

一、2008年上海市经济发展概况

（一）综合经济

1. 国民经济保持平稳较快发展

2008年全年实现上海市生产总值（GDP）13 698.15亿元，按可比价格计算，比上年增长9.7%。其中，第一产业增加值111.8亿元，增长0.7%；第二产业增加值6 235.92亿元，增长8.2%；第三产业增加值7 350.43亿元，增长11.3%。第三产业增加值占全市生产总值的比重为53.7%，比上年提高1.1个百分点。

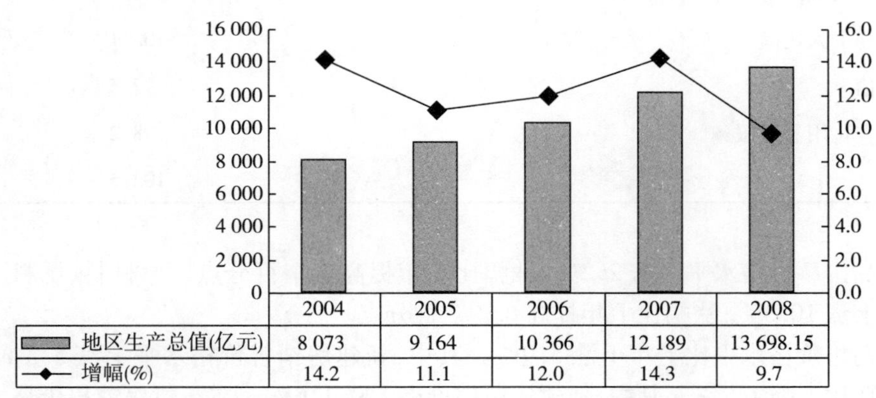

	2004	2005	2006	2007	2008
地区生产总值(亿元)	8 073	9 164	10 366	12 189	13 698.15
增幅(%)	14.2	11.1	12.0	14.3	9.7

图2-1　2004-2008年上海市地区生产总值及增长速度

2. 财政收入平稳增长

全年地方财政收入2 382.34亿元，比上年增长13.3%。其中，地方级税收收入2 223.43亿元，增长12.6%。在地方级税收收入中，增值税334.89亿元，增长6.9%；营业税763.38亿元，增长6.8%；个人所得税204.89亿元，增长20.9%；企业所得税548.37亿元，增长28.7%。全年地方财政支出2 617.68亿元，比上年增长18.9%。其中，一般公共服务支出198.71亿元，增长8.8%；公共安

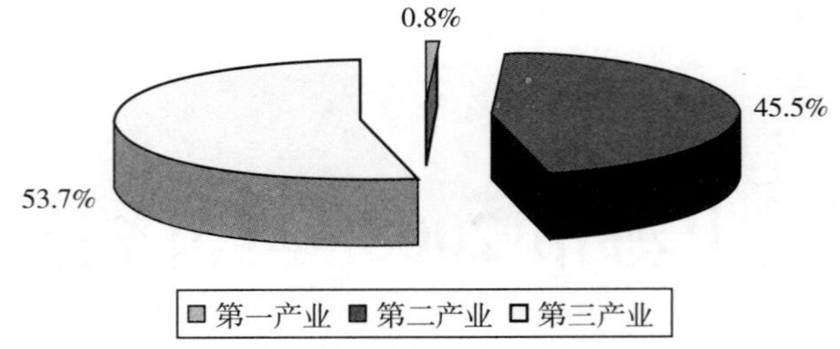

图 2－2　2008 年上海市三次产业结构图

全支出 149.57 亿元，增长 11.3%；社会保障和就业支出 334.97 亿元，增长 22.2%；工业商业金融等事务支出 359.86 亿元，增长 23.8%。

3. 全年物价水平有所上涨

全年居民消费价格总水平比上年上涨 5.8%。八大类价格同比涨幅呈现"六涨二跌"格局。其中，食品类价格上涨 15.3%，影响总水平上升 5 个百分点；家庭设备用品及维修服务类价格上涨 8.3%；医疗保健和个人用品类价格上涨 3.1%；居住类价格上涨 2.5%。

表 2－1　2008 年居民消费价格指数

指　标	指 数(上年＝100)
居民消费价格指数	**105.8**
食　品	115.3
烟酒及用品	101.7
衣　着	101.6
家庭设备用品及维修服务	108.3
医疗保健和个人用品	103.1
交通和通信	97.5
娱乐教育文化用品及服务	98.2
居　住	102.5

全年工业品出厂价格水平上涨 2.2%，涨幅比上年提高 1 个百分点。原材料、燃料、动力购进价格水平比上年上涨 10.3%，涨幅比上年提高 6.2 个百分点。

全年房屋销售价格水平比上年上涨 5.9%。其中，新建房销售价格水平上涨 5.3%。全年房屋销售价格累计环比下降 1.7%。其中，新建房销售价格下降 1.6%。在新建房销售价格中，新建住宅销售价格水平比上年上涨 5.7%；新建住宅销售价格累计环比下降 1.9%。全年房屋租赁价格水平比上年上涨 4.6%。

4. 固定资产投资结构继续优化

全年完成全社会固定资产投资总额4 829.45亿元，比上年增长 8.3%。其中，城市基础设施投资1 733.18亿元，增长 18.2%。从产业投向看，第一产业投资 8.4 亿元，比上年增长 0.4%，占全社会固定资产投资总额的比重为 0.2%；第二产业投资1 420.82亿元，增长 1.7%，所占比重为 29.4%；第三产业投资3 400.24亿元，增长 11.4%，所占比重为 70.4%。从投资主体看，国有经济投资2 295.75亿

元，比上年增长 29%，占全社会固定资产投资总额的比重为 47.5%；集体经济投资 104.86 亿元，下降 13.7%，所占比重为 2.2%；股份制经济投资1 026.67亿元，下降 12.2%，所占比重为 21.3%；外商及港澳台投资 748.13 亿元，增长 5.2%，所占比重为 15.5%。

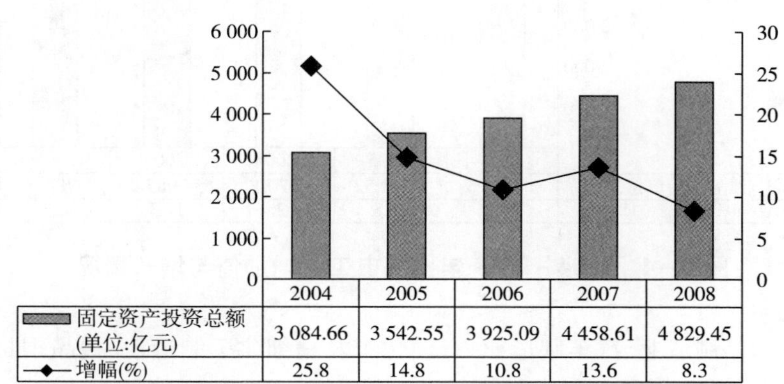

	2004	2005	2006	2007	2008
固定资产投资总额(单位:亿元)	3 084.66	3 542.55	3 925.09	4 458.61	4 829.45
增幅(%)	25.8	14.8	10.8	13.6	8.3

图 2－3　2004－2008 年上海市全社会固定资产投资及增长幅度

（二）农业

1. 农业生产稳定发展

2008 年完成农业总产值 280.7 亿元。其中，种植业产值 135.73 亿元，比上年增长 1.5%；畜牧业产值 66.12 亿元，增长 0.9%；渔业产值 60.11 亿元，下降 4.5%。

2. 农产品结构调整加快

郊区奶牛良种率达到 100%，生猪良种率超过 95%，水稻、蔬菜良种覆盖率均超过 95%。全年粮食种植面积达到 17.45 万公顷；粮食产量达到 115.67 万吨，比上年增长 5.9%。主要农副产品生产保持稳定。

3. 品牌农业大力发展

至 2008 年末，已认证各类安全优质农产品 571 个。其中，无公害农产品 380 个，绿色食品 37 个，有机食品 154 个。

4. 现代农业发展势头良好

至年末，全市农机总动力达到 89.64 万千瓦。全年建成 0.53 万公顷设施粮田，0.27 万公顷设施菜田。积极组织实施农业科技入户，至年末，共培养科技示范场 507 个、科技示范户2 754户。农业组织化加快发展。至年末，全市建成农业标准化示范区（场）210 个；全市有 12 个市级现代农业园区；农业产业化龙头企业 448 家，比上年增加 13 家，带动农户 49.97 万户。

（三）工业和建筑业

1. 工业生产保持平稳增长

2008 年实现工业增加值5 784.99亿元，比上年增长 8.4%。其中，规模以上工业增加值5 649.6亿元，增长 8.3%。在规模以上工业增加值中，轻工业增加值1 539.7亿元，增长 7.7%；重工业增加值4 109.9亿元，增长 8.5%。全年工业总产值25 638.97亿元，比上年增长 8.1%。其中，规模以上工业总产值24 404.97亿元，增长 8%。

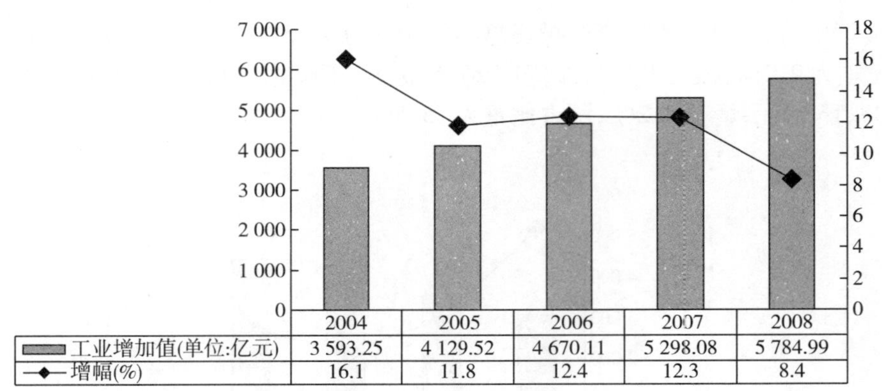

图 2 -4　2004 -2008 年上海市工业增加值与增长情况

全年电子信息产品制造业、汽车制造业、石油化工及精细化工制造业、精品钢材制造业、成套设备制造业、生物医药制造业等六个重点发展工业行业完成工业总产值15 664.26亿元,比上年增长7.9%,占全市规模以上工业总产值的比重达到64.2%。

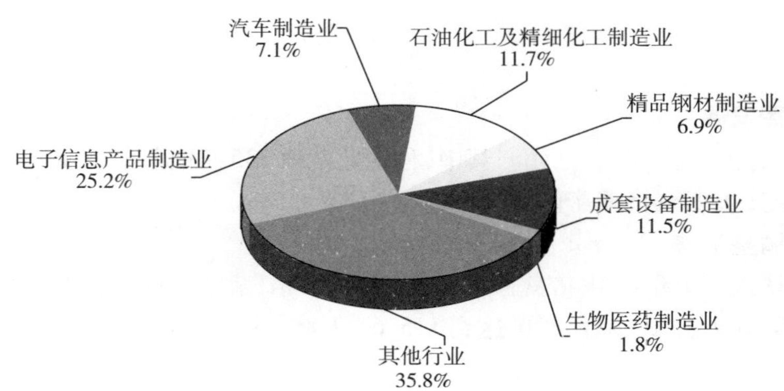

图 2 -5　2008 年上海市六个重点发展工业行业占工业总产值的比重

表 2 -2　2008 年上海市各区工业总产值

单位:亿元

市	工业总产值
总　计	**25 121.19**
浦东新区	5 118.17
黄浦区	90.34
卢湾区	60.56
徐汇区	543.86
长宁区	91.14
静安区	31.19
普陀区	229.89
闸北区	137.71

（续表）

市	工业总产值
虹口区	67
杨浦区	617.54
闵行区	3 473.9
宝山区	2 342.08
嘉定区	2 366.84
金山区	1 180.75
南汇区	3 671.29
奉贤区	1 115.58
松江区	1 182.33
青浦区	1 055.03
崇明县	267.15
其　他	1 478.84

2. 高技术产业快速增长

全年高技术产业完成工业总产值6 041.98亿元，比上年增长 11.6%，增幅高出全市规模以上工业总产值 3.6 个百分点，所占比重为 24.8%。

工业产销率保持较高水平。全年规模以上工业企业产品销售率达到 98.7%。

表 2－3　2008 年主要工业产品产量

产品名称	单 位	产 量	比上年增长（%）
微型电子计算机	万部	5 767.97	31.8
程控交换机	万线	456.00	2.2
成品钢材	万吨	2 074.95	－2.8
汽车	万辆	80.65	－1.8
# 轿车	万辆	80.00	－1.4
家用电冰箱	万台	123.21	12.2
电力电缆	万公里	11.69	0.3
民用钢质船舶	万总吨	416.35	38.1
发电量	亿千瓦小时	773.54	4.8
起重设备	万吨	130.84	3.7
乙烯	万吨	182.03	－2.8
化学原料药	万吨	1.74	21.7

3. 工业企业经济效益下降

全年规模以上工业企业实现主营业务收入25 359.69亿元，比上年增长 8.3%；实现利润总额 949.77

亿元,下降28.9%;实现税金总额802.92亿元,下降2.4%。其中,国有及国有控股工业企业实现利润326.34亿元,下降51.5%;实现税金524.85亿元,下降4.8%,占全市工业税金总额的比重为65.4%。全市工业企业亏损面为25.9%。全年工业企业经济效益综合指数为223.11,比上年下降4个点。

4. 建筑业平稳发展

全年实现建筑业增加值450.93亿元,比上年增长5.7%。全年建筑业总产值3 071.76亿元,比上年增长21.7%;房屋建筑施工面积16 838.03万平方米,增长5%;竣工面积5 121.17万平方米,下降15.9%。建筑企业按总产值计算的全员劳动生产率达到人均28.23万元,比上年提高23.4%。

(四)服务业

1. 批发和零售业

商品市场流通规模进一步扩大。全年批发和零售业实现增加值1 266.37亿元,比上年增长11.6%。

市场销售增长加快。全年实现社会消费品零售总额4 537.14亿元,比上年增长17.9%。其中,吃的商品零售额1 800.16亿元,增长18.1%;穿的商品零售额556.17亿元,增长16.7%;用的商品零售额2 114.16亿元,增长17.7%。分行业看,批发零售贸易业实现零售额3853.14亿元,比上年增长17.5%;餐饮业实现零售额669.54亿元,增长20.3%。分类别看,家居类商品实现零售额569.67亿元,比上年增长21.7%;通讯类商品实现零售额118.94亿元,增长19.9%;轿车类商品实现零售额287.84亿元,增长25.1%。主要耐用消费品销售稳步增长。全年汽车零售量13.15万辆,比上年增长19.1%。其中,轿车12.08万辆,增长18.4%;移动电话276万部,增长9.9%;摄像机7.7万台,增长8.8%;脱排油烟机47.85万台,增长10.6%。

各类连锁商业规模效应进一步显现。至年末,全市连锁商业网点达到12 608家。其中,连锁超市门店3 078家,便利店4 135家。全年连锁商业销售额1 556.48亿元,比上年增长14.3%。至年末,全市共有商品交易市场970个。全年成交额4 400亿元,比上年增长12.5%。

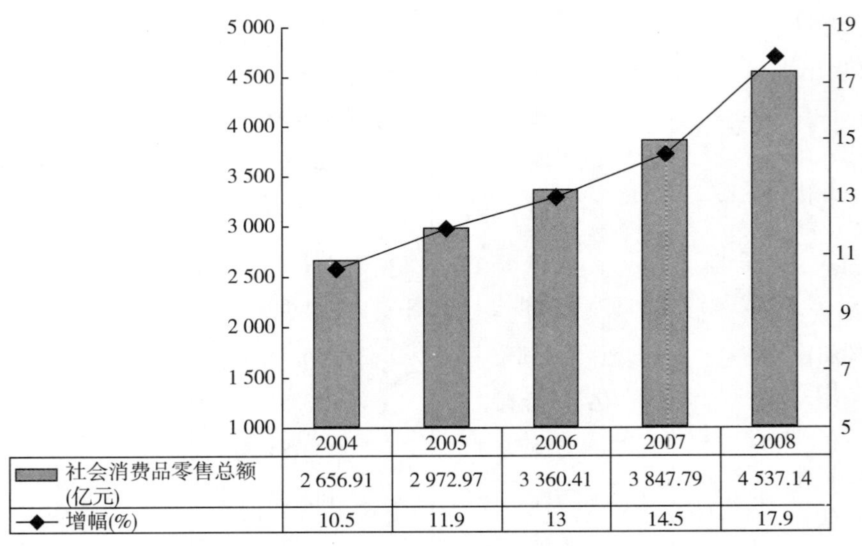

	2004	2005	2006	2007	2008
社会消费品零售总额(亿元)	2 656.91	2 972.97	3 360.41	3 847.79	4 537.14
增幅(%)	10.5	11.9	13	14.5	17.9

图2-6 上海市社会消费品零售总额与增长情况

2. 交通、邮电业

交通运输、仓储和邮政业稳步发展。全年实现交通运输、仓储和邮政业增加值769.64亿元,比

上年增长 1.8%。

(1)客货运输保持稳定增长

全年各种运输方式完成货物运输总量81 449万吨，比上年增长 3.6%。旅客发送总量10 834.22万人次，比上年增长 4.5%。

表 2-4　2008 年货物运输量与旅客发送量

指　标	单　位	绝对值	比上年增长(%)
货物运输量	**万吨**	**81 449.00**	**3.6**
铁路	万吨	985.00	-13.8
水运	万吨	42 729.00	2.9
公路	万吨	37 430.00	5.0
民用航空	万吨	305.00	5.0
旅客发送量	**万人次**	**10 834.22**	**4.5**
铁路	万人次	5 338.95	11.3
水运	万人次	88.90	-6.1
公路	万人次	2 841.00	-1.1
民用航空	万人次	2 565.37	-1.7

(2)国际航运中心建设取得新进展

全年货物周转量15 866.76亿吨公里，比上年下降 1.4%。上海港货物吞吐量达到 5.82 亿吨，增长3.6%，连续第四年保持全球第一。全年港口集装箱吞吐量达到2 800.6万国际标准箱，增长7.1%，继续名列全球第二位。其中，洋山深水港区完成 822.7 万国际标准箱。洋山深水港国际标准集装箱水水中转比例达到49.8%。上海浦东、虹桥两大国际机场全年共起降航班 45.1 万架次，比上年增长 2.3%；进出港旅客达到5 103.85万人次，下降 1%。其中，国内航线进出港旅客3 456.35万人次，增长 0.8%；国际及地区航线进出港旅客1 647.5万人次，下降 4.5%。

(3)公交优先战略加快实施

至年末，全市轨道交通线路达到 9 条，运营线路长度达到 264.3 公里(含磁浮线路 29.1 公里)。年内新辟和调整公交线路 244 条。至年末，全市公交线路达到1 058条，公交运营车辆 1.7 万辆，运营出租车 4.81 万辆。全年市内公共交通客运量 49.04 亿人次，比上年增长 8.6%。其中，轨道交通客运量 11.28 亿人次，增长 38.6%；公共汽电车客运量 26.63 亿人次，增长 0.4%。公交换乘优惠范围进一步扩大，年末日均受惠人次达到 153 万。

(4)各类民用车辆拥有量平稳增长

至 2008 年末，全市拥有各类民用车辆 268.15 万辆，比上年增长 5.7%。其中，汽车拥有量 132.12 万辆，增长 10.4%。在汽车拥有量中，私人汽车拥有量 72.04 万辆，比上年增长 17.5%。

(5)邮政电信业务增长较快

全年完成邮政电信业务总量 833.82 亿元，比上年增长 17.6%。其中，邮政业务总量 57.7 亿元，增长 21.5%；电信业务总量 776.12 亿元，增长 17.3%。至年末，全市固定电话用户1 015.4万户。其中，住宅电话 660 万户。移动电话用户1 880.9万户，比上年末增加 104.4 万户。

3. 旅游业

旅游业发展水平不断提升。全年实现旅游产业增加值958.5亿元,比上年增长7.1%。至年末,全市已有星级宾馆310家。其中,五星级宾馆37家。旅行社901家。其中,国际旅行社55家,国内旅行社846家。A级旅游景点24家。其中,5A级景点2家,4A级景点21家。红色旅游基地26个。其中,全国红色旅游基地4个。工业旅游示范点15个,农业旅游示范点16个。旅游咨询服务中心27个,旅游集散中心站点5个。全年接待国际旅游入境人数640.37万人次,比上年下降3.8%。其中,入境外国人507.4万人次,下降5.5%;港、澳、台同胞132.97万人次,增长3.2%。在国际旅游入境人数中,过夜旅游人数526.47万人次,比上年增长1.2%。全年接待国内旅游者11 005.67万人次,比上年增长7.8%。其中,外省市来沪旅游者7 842.05万人次,增长1%。全年国际旅游外汇收入50.27亿美元,比上年增长6.1%;国内旅游收入1 612.41亿元,增长0.1%。

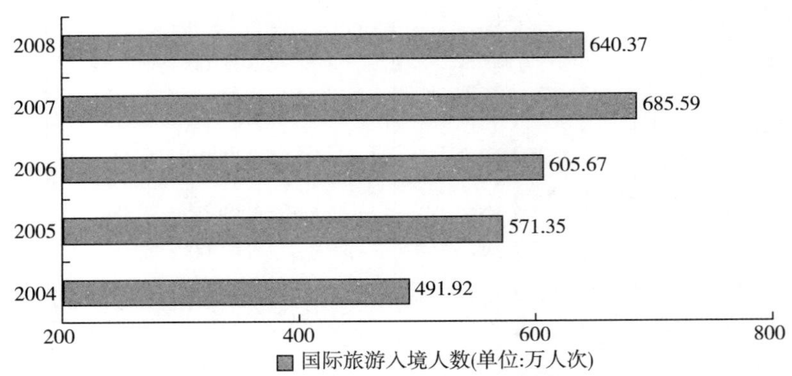

图2-7　2004-2008年上海市国际旅游入境人数

4. 金融和保险

上海市国际金融中心建设加快推进。全年实现金融业增加值1 442.6亿元,比上年增长15%。

金融机构加快集聚。全年新增各类金融机构82家。其中,银行业机构12家,保险业机构30家。至年末,全市有各类金融机构689家。其中,银行业机构124家,保险业机构291家,证券业机构94家。在沪经营性外资金融机构达到165家。其中,年内新增14家。在沪经营的外资银行及财务公司(不含外资银行同城支行)93家。其中,获准经营人民币业务的57家。外资银行及财务公司资产总计7 606.98亿元。其中,人民币资产总计3 970.6亿元。

存贷款规模继续扩大。至年末,全市中外资金融机构本外币各项存款余额35 589.07亿元,贷款余额24 166.12亿元。全年金融机构现金收入27 410.94亿元,现金支出28 263.65亿元,收支相抵现金净投放852.71亿元。

全年通过资本市场筹资3 294.91亿元,比上年下降53.5%。其中,发行新股筹资733.54亿元,下降83.3%;再次发行(增发、配股和配售)筹资1 504.62亿元,下降38%;发行可转换债券61亿元,增长16%。至年末,证券市场上市证券数1 184只。其中,股票908只,比上年增加4只。全年上海证券交易所各类有价证券成交金额27.18万亿元,比上年下降28.5%。其中,股票成交金额18.04万亿元,下降40.9%。期货市场成交金额28.87万亿元,比上年增长24.8%。银行间同业拆借市场成交金额110.79万亿元,比上年增长55.4%。上海黄金交易所成交金额8 995.48亿元,比上年增长1.7倍。上海钻石交易所成交金额13.07亿美元,比上年增长30.5%。

表2－5　2008年中外资金融机构本外币存贷款

指　标	绝对值(亿元)	比年初增减额(亿元)
各项存款余额	**35 589.07**	**5 255.66**
#企业存款	17 899.74	2 066.98
居民储蓄存款	12 083.66	2 744.46
各项贷款余额	**24 166.12**	**2 562.79**
#短期贷款	8 788.06	897.62
中长期贷款	13 712.53	1 514.82
#中资个人消费贷款	3 146.95	77.28
#个人住房贷款	2 915.49	57.23
汽车消费贷款	50.71	24.44

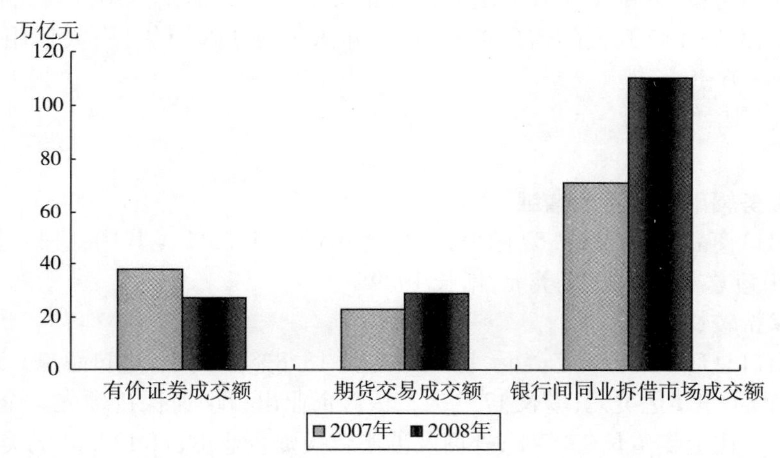

图2－8　2007－2008年上海市证券、期货、银行间同业拆借市场成交额

全年保费收入600.06亿元，比上年增长24.3%。其中，财产险保费收入131.79亿元，增长10.3%；人身险保费收入468.27亿元，增长28.9%。在全年保费收入中，中资保险公司保费收入500.35亿元，比上年增长38.6%；外资保险公司保费收入99.71亿元，下降18.1%。全年支付各类保险赔款及给付184.09亿元，比上年增长31.7%。其中，财产险79.52亿元，增长50%；人身险104.57亿元，增长20.5%。

5. 房地产业

全年完成房地产开发投资1 366.87亿元，比上年增长4.5%；商品房施工面积10 390.67万平方米，下降3.5%；竣工面积2 475.04万平方米，下降26.8%；销售面积2 296.12万平方米，下降37.9%。其中，商品住宅销售面积1 965.86万平方米，下降40.1%。全年商品房销售额1 895.45亿元，比上年下降38.6%。其中，商品住宅销售额1 608.47亿元，下降40.6%。全年存量房成交过户面积1 413.41万平方米，比上年下降29.1%。

6. 信息产业

信息产业继续保持较快发展。2008年实现信息产业增加值1 670.52亿元，比上年增长14.2%。

其中,信息产品制造业增加值944.61亿元,增长11.2%;信息产品销售业增加值35.27亿元,增长21%;信息服务业增加值690.64亿元,增长18.4%。全市用于信息化建设的固定资产投资278.69亿元,占全社会固定资产投资总额的比重为5.8%。

信息基础设施服务能级进一步提升。至2008年末,集约化信息管线累计敷设4 007.14沟公里,比上年末增加876.14沟公里;互联网用户达到1 160万人,增加80万人;宽带接入用户418.6万户,增加54.6万户;IPTV用户达到74.6万户,增加52.6万户;有线电视用户达到527.2万户,增加28万户,其中有线数字电视用户70.9万户。

信息技术应用水平继续提升。全年"中国上海"门户网站主页访问量达1 725.23万人次,实现网上办事事项1 677项。全年政府部门主动公开信息4.99万条,可依申请公开信息目录1.49万条,受理政府信息公开申请7 270件,同意公开和部分公开率达到68.5%。全年完成电子商务交易额2 758.17亿元,比上年增长13.7%。口岸税费电子支付系统入网企业累计3 500家,全年实现电子支付金额1 004亿元,比上年增长14.1%。社会公共服务领域信息化建设不断深化。

信息化发展环境不断完善。至年末,数字证书累计发放138.65万张。全市累计有417万人次参加计算机应用能力考试,其中195万人次取得合格证书。社会信用体系持续完善。至年末,个人信用联合征信系统覆盖1 047万人的信用信息,比上年末增加118万人;个人信用产品提供量达到1 008万份,增加100万份。

(五)对外经济

1. 上海口岸服务辐射功能不断增强

全年关区进出口商品总额6 065.57亿美元,比上年增长16.3%。其中,进口总额2 129.07亿美元,增长10.3%;出口总额3 936.5亿美元,增长19.9%。

2. 外贸出口保持较快增长

全年外贸进出口总额3 221.38亿美元,比上年增长13.8%。其中,进口总额1 527.88亿美元,增长9.9%;出口总额1 693.5亿美元,增长17.7%。私营企业出口增速保持领先。全年私营企业完成出口207.86亿美元,比上年增长27.7%;外商及港澳台投资企业出口1 137.35亿美元,增长16.3%;国有企业出口335.71亿美元,增长17.4%;集体企业出口12.53亿美元,增长1.1%。

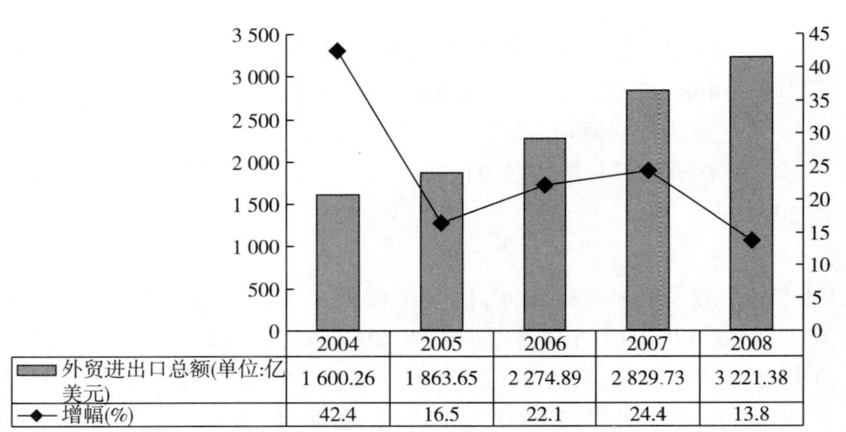

	2004	2005	2006	2007	2008
外贸进出口总额(单位:亿美元)	1 600.26	1 863.65	2 274.89	2 829.73	3 221.38
增幅(%)	42.4	16.5	22.1	24.4	13.8

图2-9 2004-2008年上海市外贸进出口总额与增长情况

外贸出口商品结构进一步优化。高新技术产品和机电产品出口快速增长。全年高新技术产品

出口713.08亿美元,比上年增长19.8%,占全市外贸出口总额的比重达到42.1%;机电产品出口1 185.15亿美元,增长20.3%,所占比重达到70%。一般贸易出口642.16亿美元,比上年增长19.1%;加工贸易出口917.99亿美元,增长15.2%。出口市场多元化战略成效显现。

表2-6　2008年外贸出口市场结构

类　别	绝对值(亿美元)	比上年增长(%)
外贸出口商品总额	**1 693.50**	**17.7**
#亚洲	668.67	15.5
#日本	200.39	17.5
中国香港	125.72	0.5
欧洲	467.67	24.7
北美洲	402.70	8.0
#美国	372.10	7.5
拉丁美洲	74.56	47.5
大洋洲	46.27	21.5

3. 利用外资增长态势良好

全年批准外商直接投资合同项目3 748项,比上年下降10.9%;吸收外资合同金额171.12亿美元,增长15.1%;实际到位金额首次突破百亿美元,达到100.84亿美元,增长27.3%。第三产业利用外资加快增长。全年第三产业吸收外商直接投资实际到位金额68.35亿美元,比上年增长28.6%,占全市实际利用外资的比重达到67.8%。全年外商投资企业增资107.59亿美元,比上年增长17.8%,占全市外商直接投资合同金额的比重达到62.9%。全年批准总投资在1 000万美元以上的外商直接投资项目225项;合同金额135.86亿美元,增长23.4%。至年末,在上海投资的国家和地区已达138个。总部经济不断扩大。年内新增跨国公司地区总部40家、投资性公司13家、外资研发中心30家。至年末,在上海落户的跨国公司地区总部达到224家,投资性公司178家,外资研发中心274家。

4."走出去"战略加快实施

全年新批对外投资项目104项,投资总额7.08亿美元。签订对外承包工程和劳务合作合同5 815项;合同金额111.4亿美元,比上年增长51.6%;实际完成营业额55.96亿美元,增长11.4%;派出劳务人员1.62万人次,下降13%。至年末,上海对外承包工程和劳务合作涉及的国家和地区已达177个。

5. 世博会筹办工作进展显著

至2008年末,已有229个国家和国际组织正式确认参展,其中176个国家和国际组织已签署参展合同。世博中心、中国馆、主题馆实现结构封顶,道路、通信、绿化等项目建设正在加快推进。

6. 非公有制经济加快发展

在全市生产总值中,公有制经济增加值7 431.48亿元,比上年增长8.1%;非公有制经济增加值6 266.67亿元,增长11.7%,占全市生产总值的比重由上年的45.1%提高到45.7%。其中私营及个体经济增加值3 116.49亿元,增长13.2%,占全市生产总值的比重达到22.8%。

全年经工商登记新设立的各类市场主体12.9万户,比上年增长4.4%。其中,企业8.21万户,增长5.4%;个体工商户4.61万户,增长0.7%;农民专业合作社846户。在新设立企业中,内资企业(不含私营企业)3 928户,比上年增长1.9%;外商投资企业6 374户,下降15.7%;私营企业71 787户,增长8%。

7.浦东改革开放

浦东综合配套改革试点稳步推进,浦东新区继续在体制机制改革、扩大开放等方面发挥示范带头作用。新区全年实现增加值3 150.99亿元,比上年增长11.6%。陆家嘴功能区域金融机构加速集聚,至年末,已有504家中外资金融机构进驻。外高桥功能区域产业功能实现新拓展,全年保税区完成出口总额158.1亿美元,比上年增长2.5%。外高桥港口货物吞吐量达到13 122.8万吨,比上年增长0.4%;集装箱吞吐量达到1 538.7万国际标准箱,下降1.2%。物流企业实现营业收入2 356亿元,比上年增长13.6%。张江功能区域创新要素加快集聚,全年专利授权数1 825件,比上年增长84%。电子信息产品制造业完成工业总产值258.3亿元,比上年增长14.8%;生物医药制造业完成工业总产值78.06亿元,增长13.2%。金桥功能区域主导产业引领作用凸显,全年完成工业总产值2 501.04亿元,比上年增长5.6%。金桥出口加工区生产性服务业单位已达99家,实现经营收入148.19亿元。

表2-7 2008年浦东新区主要经济指标

指　标	单位	绝对值	比上年增长(%)
增加值	亿元	3 150.99	11.6
工业总产值	亿元	5 649.22	9.4
固定资产投资总额	亿元	872.68	11.3
社会消费品零售总额	亿元	526.89	15.6
外贸出口总额	亿美元	604.23	14.4
外商直接投资合同金额	亿美元	49.93	0.9
外商直接投资实际到位金额	亿美元	34.35	3.9

二、2008年上海市社会发展概况

(一)人口、人民生活

至2008年末,全市常住人口总数为1 888.46万人。其中,户籍常住人口1 371.04万人。常住出生人口16.66万人。其中,户籍出生9.67万人。常住人口出生率为8.89‰。其中,户籍人口出生率为6.98‰。常住死亡人口11.55万人。其中,户籍死亡10.7万人。常住人口死亡率为6.17‰。其中,户籍人口死亡率为7.73‰。常住人口自然增长率为2.72‰。其中,户籍人口自然增长率为-0.75‰。

城乡居民收入保持平稳较快增长。据抽样调查,城市居民家庭人均年可支配收入26 675元,比上年增长12.9%;农村居民家庭人均年可支配收入11 385元,增长11.4%。全年城市居民人均消费支出19 398元,比上年增长12.4%。其中,服务性消费支出6 287元,增长12.4%。农村居民人均生活消费支出9 115元,比上年增长3.1%。其中,服务性消费支出3 002元,增长6.9%。

城乡家庭耐用消费品拥有量继续增加。据抽样调查,至年末,平均每百户城市居民家庭耐用消费品拥有量:家用轿车11辆,家用空调191台,移动电话219部,家用电脑109台。平均每百户农村

居民家庭耐用消费品拥有量：彩电 186 台，洗衣机 93 台，热水淋浴器 90 台，移动电话 156 部，家用空调 129 台，家用电脑 47 台。居民储蓄继续增加。至年末，全市居民储蓄存款余额12 083.66亿元，当年新增2 744.46亿元。其中，定期储蓄存款余额8 555.64亿元，新增2 369.78亿元；活期储蓄存款余额3 528.02亿元，新增 374.68 亿元。

居民居住条件和居住环境进一步改善。全年竣工新建居住区配套公建设施 265.6 万平方米。旧区改造继续推进。全年拆除住宅建筑面积 753.7 万平方米，动迁居民 5.13 万户；完成旧住房综合改造1 220万平方米。至年末，城镇居民人均住房建筑面积 33.4 平方米；人均住房居住面积 16.9 平方米。居民住房成套率达到 95.2%。

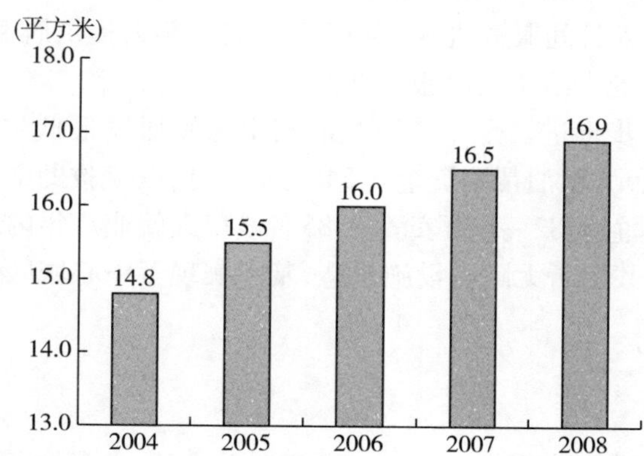

图 2－10　2004－2008 年上海市城镇居民人均住房居住面积增长情况

（二）就业与社会保障

1. 就业规模继续扩大

深化积极的就业政策，扶持创业政策和就业援助机制进一步完善，至 2008 年末，全市从业人员 945 万人，比上年末增加 35.92 万人。全年新增就业岗位 59.5 万个。其中，农村富余劳动力实现非农就业 11.8 万个。全年新安置就业困难、家庭困难人员 2.8 万人。公共就业服务进一步加强。全年公共职业介绍机构为 467.7 万人次的求职者提供求职服务，公共就业服务机构为 12.3 万人次提供专门职业指导。全年完成职业培训 43.47 万人，共发放职业资格证书 35.69 万张。至年末，全市城镇登记失业人员 26.6 万人，登记失业率为 4.2%。

2. 社会保障体系不断完善

至年末，全市共有 819.68 万人（包括离退休人员）参加城镇基本养老保险；有 511.83 万人参加失业保险，全年领取失业保险金的人数 25.39 万人。小城镇社会保险、外来从业人员综合保险和城镇高龄无保障老人养老保障政策覆盖面继续扩大。至年末，小城镇社会保险参保人数达到 148.02 万人。其中，被征用土地农民参保人数 92.95 万人。外来从业人员综合保险参保人数达到 383.8 万人。有 5.71 万人纳入城镇高龄无保障养老政策。农村社会养老保险制度和老年农民政府托底养老补贴政策进一步完善，年内纳入养老保障体系的农民新增 15.9 万人。提高城乡最低生活保障、最低工资、公益性岗位从业人员收入标准，对城乡“低保”对象发放临时补贴，低收入群众生活得到进一步改善。城镇低保标准从 350 元/月提高到 400 元/月；农村低保标准从2 800元/年提高到3 200元/年；职工最低工资标准从 840 元/月提高到 960 元/月；小时最低工资标准从 7.5 元提高到 8 元；老年农民托底养老补贴从 85 元/月提高到 100 元/月。廉租住房保障对象准入标准放宽，住房保障覆盖面进一步扩大。年内新增廉租房受益家庭1.4万户,累计达到4.4万户。

医保改革进一步深化。至年末,全市共有24.1万家城镇企业、机关事业单位,共773.98万人(包括离退休人员)参加城镇职工基本医疗保险,有16.67万个体工商户、自由职业人员参加从事自由职业人员和个体经济组织业主及其从业人员基本医疗保险。全面实施城镇居民基本医疗保险制度。至年末,居民医保登记参保人数达203万人。完善大学生基本医疗保障制度和医保综合减负政策。全年有58.87万本市普通高等院校学生纳入基本医疗保障覆盖人群范围;医保综合减负45 725人,减负总金额21 933万元。

养老服务加快发展。至年末,全市共有养老机构582家,床位8.06万张。其中,年内新增养老机构22家,新增养老床位10 030张。在全市养老机构中,由社会投资开办的295家,床位4.21万张。年内新建100家示范性老年人日间服务机构,为17.7万名老年人提供居家养老服务,对其中10.3万名生活困难且需照料服务的老人给予政府服务补贴。

社会救助体系建设进一步推进。全年各级政府支出城镇居民最低生活保障金10.4亿元,农村居民最低生活保障金1.3亿元,粮油帮困资金0.54亿元,支出医疗救助金1.77亿元。残疾人救助力度不断加大。年内新办福利企业82家,新安置1 385名残疾人就业。年内新建盲道72.49公里,铺筑坡道1 209处,完成628处公共场所无障碍设施改造,基本实现了中心城区公共建筑改建的全覆盖。

(三)教育和科学技术

1. 教育事业加快发展

至2008年末,全市共有普通高等学校61所;独立学院5所;普通中等学校903所;普通小学672所;特殊教育学校29所。普通高校在校生和毕业生数持续扩大,中等学校在校生和毕业生数继续下降。至年末,全市共有53家机构培养研究生。全年研究生教育共招生3.21万人,在学研究生9.55万人,毕业生2.58万人。推进义务教育均衡发展,全面免除全市义务教育阶段学生的课本费和作业本费,直接拨给小学、初中的义务教育生均公用经费基本标准分别从上年的520元、720元提高到1 400元、1 600元。全市九年义务教育入学率保持在99.9%以上。为解决郊区适龄儿童入园难问题,在郊区新建52所幼儿园。继续加大对来沪从业人员子女学校办学经费、师资培训等方面的扶持力度,来沪从业人员子女在公办学校就读比例达到60%。年内有32所中等职业学校试行招收来沪从业人员同住子女。

表2-8　2008年上海市各级各类学校学生情况

类　别	在校学生数(万人)	比上年增长(%)	毕业学生数(万人)	比上年增长(%)
普通高等学校	50.29	3.7	12.21	3.0
普通中等学校	79.97	-6.1	26.03	-5.0
中等专业学校	12.08	-5.7	3.71	-3.9
职业学校	4.80	-7.7	1.66	9.2
技工学校	1.32	-15.4	0.57	-27.8
普通中学	61.77	-5.8	20.09	-5.4
高　中	19.26	-15.9	9.51	-7.1
初　中	42.51	-0.4	10.58	-3.7
普通小学	59.06	10.7	10.44	-1.0
特殊教育学校	0.51	1.7	0.08	-6.5

各类教育发展稳定。至年末,全市共有16所民办普通高校,在校学生9.25万人;119所民办普通中学,在校学生8.69万人;87所民办小学,在校学生8.22万人。全市共有独立设置的成人高校18所,在校学生(含网络本专科)37.52万人;成人中等学校45所,在校学生3.45万人;职业技术培训机构781所,注册生193.08万人次;老年教育机构276所,在校学员49.55万人。

2. 自主创新推进力度不断加大

全年用于研究与试验发展(R&D)经费支出350亿元,相当于全市生产总值的比例为2.55%。年内大型飞机、极大规模集成电路制造装备及成套工艺、"核高基"等国家重大专项任务落户上海,神舟七号部分子系统研制任务成功完成,上海光源工程基本建成,生物医药、新材料、重大装备制造等领域一批产业关键技术取得突破。

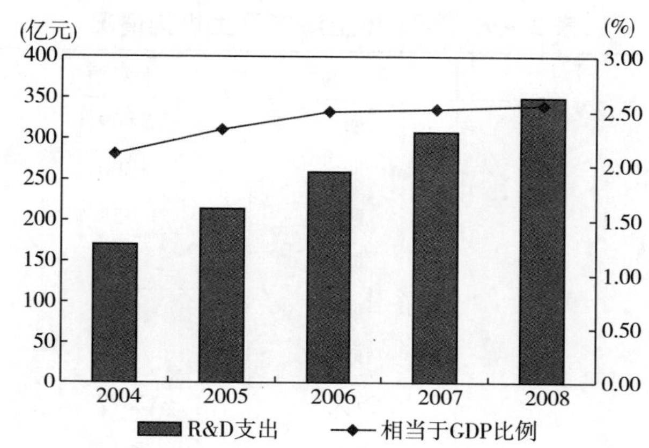

图2－11　上海市R&D支出及其相当于生产总值的比例

全年共取得科技成果1 866项。其中,属于国际领先的有125项,达到国际先进水平的有664项。科技创新成果不断涌现。全年受理专利申请量5.28万件,比上年增长11.9%。其中,发明专利1.78万件,增长17.2%。全年专利授权量2.45万件,与上年基本持平。其中,发明专利4 258件,增长30.7%。至年末,全市共有37家国家级企业技术中心和分中心;253家市级企业技术中心。高技术成果产业化步伐加快。全年新认定高新技术成果转化项目760项。其中,电子信息、生物医药、新材料等重点领域的项目占81.3%;拥有自主知识产权的项目占100%。至年末,全市共认定高新技术成果转化项目5 790项。其中,71.9%的项目已实现产业转化,累计实现销售收入4 664亿元。技术交易稳步发展。全年共签订各类技术交易合同2.87万项,比上年增长3.5%;合同金额485.75亿元,增长12.3%。

(四)文化、卫生和体育

1. 文化事业取得新发展

2008年成功地举办了第十届中国上海国际艺术节、第十一届上海国际电影节、2008年上海国际服装文化节等一系列国内外大型文化交流活动。在全国和国际性重要文艺评奖中,上海共获奖41项。其中,杂技《玉兰初蕊》获第二十一届摩纳哥"初登舞台"国际杂技节金K奖;京剧《成败萧何》获第五届中国京剧艺术节一等奖(榜首)。至年末,全市有市、区(县)级文化馆、群众艺术馆29个,艺术表演团体105个,市、区(县)级公共图书馆29个,档案馆41个,博物馆110个。全市共有公共广播节目21套,公共电视节目25套。广播、电视综合覆盖率均达到100%。新闻出版事业繁荣发展。

全年共出版报纸17.26亿份,各类期刊1.9亿册,图书2.64亿册。群众精神文化生活更加丰富。全年共组织开展各类群众文化活动和各级各类群众性业余团队活动35余万场次,3 000余万人次参加。年内建成28家社区文化活动中心和774个村级信息服务站,完成农村电影放映数字化转换和有线电视村村通工程。

2. 医疗卫生改革继续深化

至2008年末,全市共有卫生机构2 809所,卫生技术人员12.77万人。加大社区卫生投入力度,转化社区卫生服务中心运行机制。年内郊区村卫生室普遍实行基本药品零差率政策,鼓励和组织三级、二级医院医生深入社区,完成郊区300所村卫生室标准化建设。医疗急救网络建设进一步加强。年内新增120辆救护车,新建15个急救分站。

表2-9 2008年上海市卫生机构情况

指 标	单 位	绝对值	比上年增长(%)
卫生机构数	**所**	**2 809**	**6.2**
#医院	所	300	4.2
门诊部	所	358	17.0
社区卫生服务中心	所	266	14.7
疾病预防控制中心	所	22	平
卫生监督所	所	20	平
卫生技术人员数	**万人**	**12.77**	**4.3**
#执业医生	万人	5.12	4.9
#医院执业医生	万人	3.05	1.3
注册护士	万人	4.88	6.6

3. 竞技体育取得新进展

2008年上海市成功地举办了北京奥运会足球比赛上海赛区赛事、F1世界一级方程式上海站锦标赛、ATP网球大师杯赛等49项98次国际体育重大赛事和52项248次国内重要体育赛事。成功地举办了奥运会、残奥会火炬接力上海传递活动。在2008北京奥运会上,上海共有66名运动员、20名教练员入选中国代表团,共获得4.5枚金牌、3枚银牌、10枚铜牌,打破了3项世界记录、2项奥运会记录、5项亚洲记录。群众性体育活动广泛开展。年内成功主办和承办了东方明珠市民元旦登高等110项大型群众性体育活动。体育健身设施继续增加。至2008年末,全市共建成社区公共运动场220处。

(五)城乡建设

1. 城乡建设和管理有力推进

全年重大基础设施投资规模大、项目多、施工面广。洋山深水港区三期工程竣工投入运营,北港区主体工程全面建成,上海港集装箱吞吐量达到2 800万标准箱,位居世界第二位。浦东国际机场第二航站楼投入运营,上海空港旅客、货邮吞吐量分别达到5 100万人次、300万吨。轨道交通9个在建项目进入施工高峰,4条线路基本实现结构贯通。长江隧桥工程实现双线结构贯通。沪宁高速公路上海段拓宽改建工程完成。五号沟液化天然气事故备用站建成。新建改建农村公路413公里,改造农村危桥185座,完成3 062公里镇村级河道整治,郊区新开公交线路50条左右,行政村公交通达率达到 80%。在 108 个村开展自然村落综合整治试点。城市网格化管理全面覆盖到郊区城市化地区。

2. 重大城市基础设施体系加快建设

全年完成城市基础设施建设投资1 733. 18亿元，比上年增长 18. 2%，占全社会固定资产投资总额的比重为 35. 9%。其中，交通运输邮电通信投资 947. 5 亿元，市政建设投资 543. 34 亿元，公用事业投资 112. 81 亿元。年内洋山深水港区三期二阶段工程、浦东国际机场第二航站楼、A11 沪宁高速公路拓宽改建等重大城市基础设施项目基本建成并投入运营。轨道交通基本网络建设加快推进，7 号线、8 号线二期、9 号线二期、11 号线北段一期实现结构贯通。全市高速公路网通车里程达到 637. 4 公里。

表 2 –10　2008 年上海市城市基础设施建设投资

指　标	绝对值(亿元)	比上年增长(%)
城市基础设施建设投资	**1 733. 18**	**18. 2**
电力建设	129. 53	–20. 7
交通运输	838. 91	–0. 2
邮电通信	108. 59	6. 9
公用事业	112. 81	85. 2
市政建设	543. 34	81. 0

3. 公用事业服务水平不断提升

全市自来水日供水能力达到1 069万立方米。全年全市用电量1 138. 22亿千瓦小时，比上年增长 6. 1%。至年末，全市家庭人工煤气用户 185. 6 万户；家庭液化气用户 291. 6 万户；家庭天然气用户达到 307. 9 万户。

表 2 –11　2008 年上海市公用事业概况

指　标	单　位	绝对值	比上年增长(%)
自来水日供水能力	万立方米	1 069. 00	–1. 0
自来水售水总量	亿立方米	24. 28	1. 6
#生活用水	亿立方米	17. 98	5. 0
工业用水	亿立方米	6. 30	–7. 0
用电量	亿千瓦小时	1 138. 22	6. 1
#城市居民生活用电	亿千瓦小时	135. 83	11. 7
煤气销售总量	亿立方米	17. 70	–4. 3
液化气销售总量	万吨	48. 60	–4. 0
天然气销售总量	亿立方米	28. 40	6. 8

(六)环境保护与生态建设

环境保护和建设成效显著。全年用于环境保护的资金投入 422. 37 亿元，相当于全市生产总值的比例达到3.08%。环境质量持续改善。全市河道水质总体保持稳定;全年环境空气质量优良率达到89.6%。加强扬尘和烟尘污染控制。全年建成114平方公里扬尘污染控制区和69平方公里烟尘控制区。全市区域月降尘平均值为7.8吨/平方公里,比上年下降2.5%。主要污染减排取得成效。污水处理能力达到673.25万立方米/日,比上年增加116.7万立方米/日;城市污水集中处理率达到75.5%。年内建成了白龙港污水处理厂升级扩容工程和9座郊区污水处理厂;完成总计装机容量622.5万千瓦的燃煤机组烟气脱硫改造。

城市生态环境明显改善。全年新建绿地1 190公顷。其中,公共绿地568公顷。至年末,城市绿化覆盖率达到38%,人均公共绿地面积达到12.51平方米。林业建设稳步推进。全年造林1 915公顷。其中,防护林328公顷。森林覆盖率达到11.6%。

(七)安全生产

安全生产管理不断强化。全年共发生道路交通、工矿商贸、火灾、铁路交通、农业机械生产安全事故6 991起,比上年下降22.8%;造成死亡1 532人,下降5.1%。其中,工矿商贸生产安全事故711起,下降14.1%;造成死亡376人,下降1.8%。道路交通事故2 745起,比上年下降30.5%;造成1 100人死亡,下降6.1%;2 554人受伤,下降32.3%;直接财产损失1 469万元,下降24.4%。火灾事故3 511起,比上年下降17.1%;造成50人死亡,与上年持平;57人受伤,增长26.7%;直接财产损失1.45亿元,增长4.5倍。铁路交通事故6起,比上年下降60%;造成5人死亡,下降44.4%。农业机械事故18起,比上年下降21.7%;造成1人死亡,下降50%。全年亿元GDP生产安全事故死亡率为0.114,比上年下降19.7%。

三、挑战与目标

在看到成绩的同时,应清醒地认识到,前进中还有很多困难和问题,特别是面对2008年难以预料、历史罕见的重大挑战和考验,上海市在发展中存在的深层次体制性、结构性矛盾进一步凸显。比较突出的是:现代服务业发展相对滞后,自主创新的动力不足、能力不强,土地、能源和环境约束日益突出,加快转变经济发展方式更加紧迫;影响科学发展的体制机制瓶颈尚未突破,改革攻坚任务还很繁重;城乡一体化发展的任务依然艰巨,统筹城乡发展的力度亟待加大;部分群众生活还比较困难,就业、社会保障、住房等关系群众切身利益的民生工作需要进一步加强,教育、卫生等社会事业还要加快发展;城市管理中还存在一些急需解决的顽症,社会管理还有不少薄弱环节。对这些问题,必须高度重视,认真加以解决。

2009年上海经济社会发展主要预期目标是:全市生产总值(GDP)增长9%左右;全市地方财政收入增长6%;全社会研究与开发经费支出相当于市生产总值的比例继续提高;万元生产总值综合能耗进一步下降,环保投入相当于市生产总值的比例继续保持在3%左右;城镇登记失业率力争控制在4.5%左右;城市和农村居民家庭人均可支配收入持续稳定增长;居民消费价格指数与国家价格调控目标保持衔接。

四、上海市在长三角地区经济发展中的地位

2008年,上海市全年实现生产总值13 698.15亿元,按可比价格计算,比上年增长9.7%。这是上海市在连续16年保持生产总值两位数增长之后,首年度生产总值增长速度低于10%。

从长三角地区来看,2004－2008年上海市地区生产总值所占比重分别为:23.18%、22.46%、21.79%、21.55%、20.91%,呈现逐年减少的态势。5年间,占比累计减少了2.27个百分点,减少趋势明显。

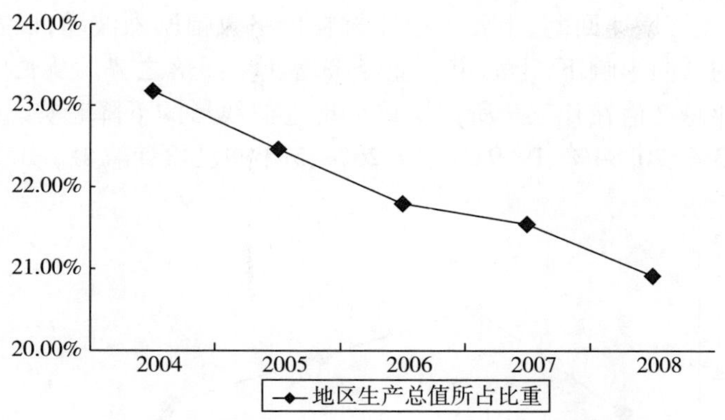

图 2－12　2004－2008 年上海市地区生产总值在长三角所占比重的变化趋势

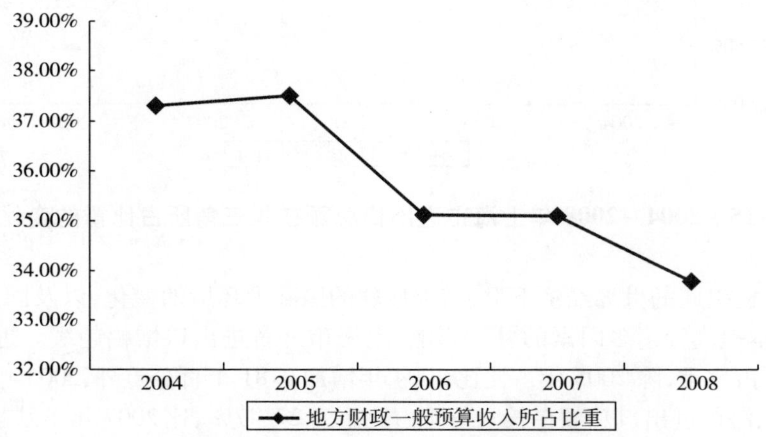

图 2－13　2004－2008 年上海市地方财政一般预算收入在长三角所占比重的变化趋势

2004－2008 年上海市地方财政一般预算收入在长三角所占比重的减少趋势也很显著。除 2005 年占比比 2004 年略增 0.2 个百分点外，2005 年后已连续三年持续下跌。2008 年上海市地方财政一般预算收入在长三角所占比重为 33.81%，比 2005 年已累计下降了 3.7 个百分点，降幅十分明显。

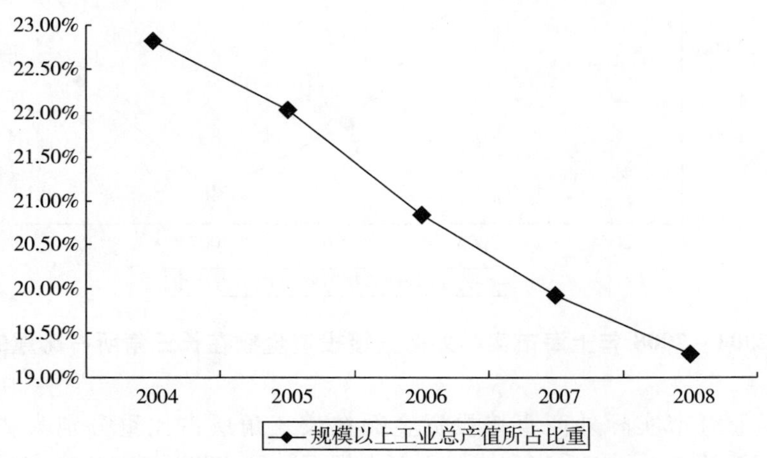

图 2－14　2004－2008 年上海市规模以上工业总产值在长三角所占比重的变化趋势

在自然灾害、国内经济增速回落、主要工业原材料价格大幅剧烈波动,以及国际金融动荡、全球经济放缓等不利因素的共同影响下,上海市工业经济增速呈回落之势。从长三角地区来看,近5年来上海市规模以上工业总产值在长三角所占比重呈现近似线形的下降趋势。2004－2008年的占比分别为:22.83%、22.03%、20.84%、19.94%、19.26%,5年间已累计减少了3.57个百分点。

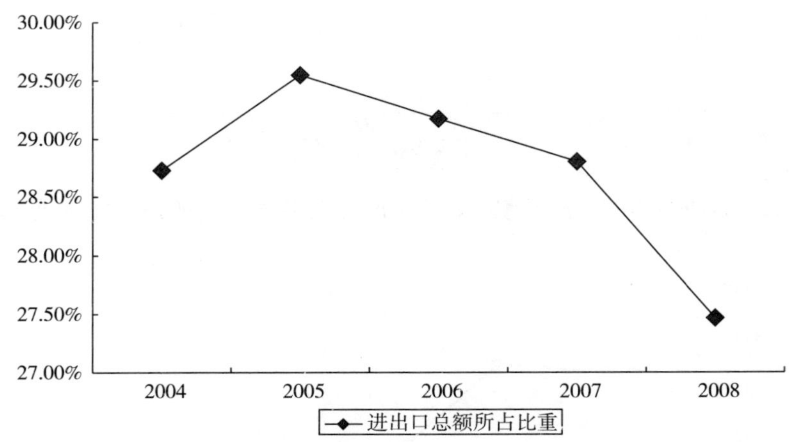

图2－15　2004－2008年上海市进出口总额在长三角所占比重的变化趋势

受全球金融危机引起的世界经济下滑、需求疲软的国际大环境的变化,以及国内银根紧缩、人民币升值、劳动力成本提高等诸多因素的叠加影响,上海市外贸进出口增幅趋缓。近5年上海市进出口总额在长三角所占比重,除2005年占比比2004年增加0.81个百分点外,2005年后已连续三年持续下跌。2008年上海市进出口总额在长三角所占比重为27.47%,比2007年下跌了1.34个百分点,占到近3年累计跌幅的65%。

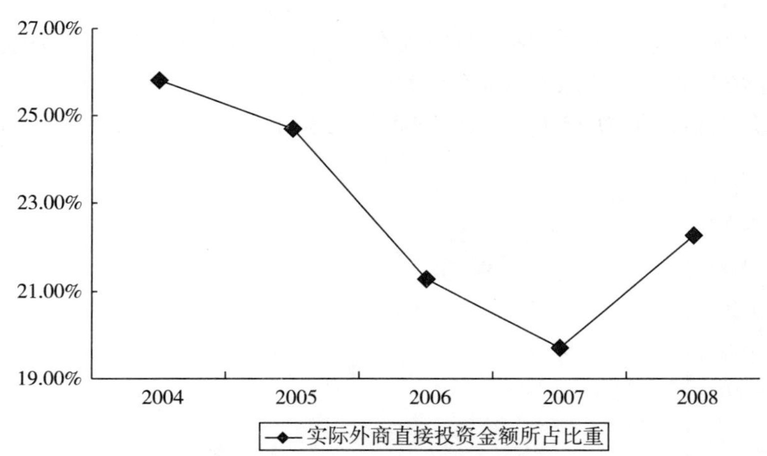

图2－16　2004－2008年上海市实际外商直接投资金额在长三角所占比重的变化趋势

2004－2008年上海市实际外商直接投资金额在长三角所占比重分别为25.79%、24.68%、21.26%、19.71%、22.27%。可以看出在连续3年大幅下跌后,2008年上海市实际外商直接投资金额在长三角所占比重出现了较大幅度的反弹,2008年占比比2007年提高了2.56个百分点。

第二章　江苏省2008年经济社会发展

2008年，江苏全省人民全面贯彻党的十七大和十七届三中全会精神，深入贯彻落实科学发展观，积极应对严峻挑战，坚定不移地推进“两个率先”，全省经济总体呈现“增长较快、价格回稳、结构优化、质量提升、民生改善”的良好格局，转变经济发展方式取得重要进展，改革开放深入推进，各项社会事业全面进步，较好地完成了年初确定的各项目标任务。

一、2008年江苏省经济发展概况

（一）综合经济

1. 经济保持平稳增长

2008年，江苏省地区生产总值突破30 000亿元，比上年增长12.5%左右。其中，第一、第二、第三产业增加值分别增长4.0%、12.9%和12.7%。人均地区生产总值近4万元，按当年汇率折算超过5 700美元。经济结构进一步优化。三次产业增加值比例调整为6.9∶55.0∶38.1。

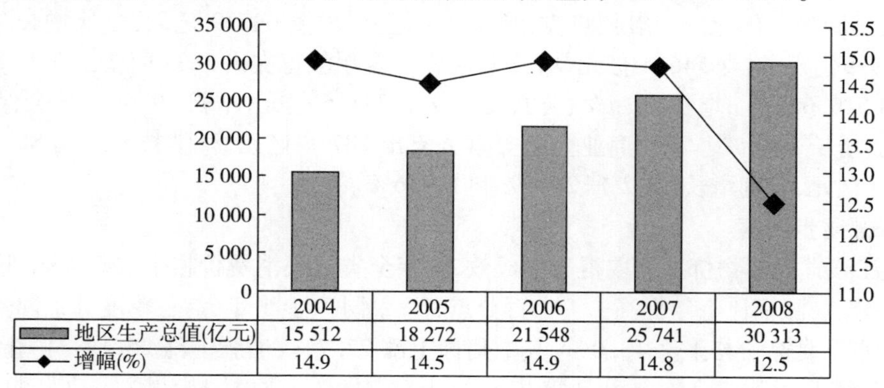

	2004	2005	2006	2007	2008
地区生产总值(亿元)	15 512	18 272	21 548	25 741	30 313
增幅(%)	14.9	14.5	14.9	14.8	12.5

图2-17　2004-2008年江苏省地区生产总值及增长速度

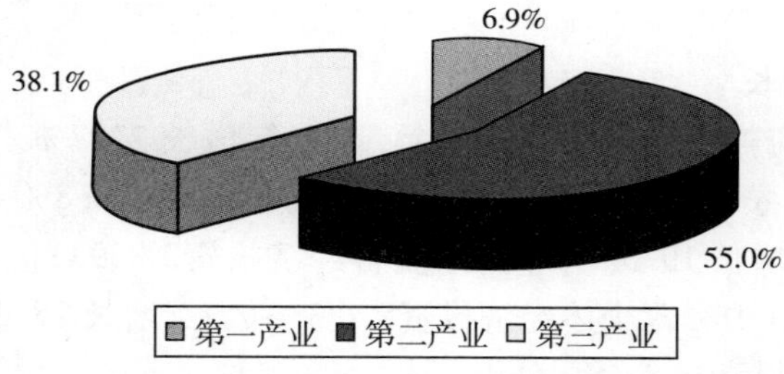

图2-18　2008年江苏省三次产业结构图

2. 财政收入再上新水平

2008 年,江苏省财政总收入达到7 109.7亿元(不含海关代征两税和关税等),比上年增长27.2%。其中,地方财政一般预算收入2 731.4亿元,增收493.7 亿元,增长22.1%;基金收入1 315.3亿元,增长61.8%。税务部门征收的税收中,外商及港澳台投资企业、私营企业分别完成1 641.2亿元和988.8 亿元,增长20.4%和23.9%。

表 2-12　2008 年财政收入分项情况

指　标	绝对数(亿元)	比上年增长(%)
一般预算收入	2 731.4	22.1
#增值税(25%)	483.0	16.7
营业税	663.9	15.7
企业所得税(40%)	398.9	26.2
个人所得税(40%)	129.2	16.5
契税	179.1	12.4
上划中央四税	2 401.8	19.7
#国内消费税	173.3	27.1
增值税(75%)	1 449.1	16.7
基金预算收入	1 315.3	61.8

财政支出结构调整优化。一般预算支出3 201.6亿元,增支647.9 亿元,可比增长20.3%;基金预算支出1 289.9亿元,增支546.4 亿元,增长73.5%。全年教育支出583.9 亿元,增长27.9%;一般公共服务支出510.6 亿元,增长16.5%;公共安全支出251.5 亿元,增长19.4%;社会保障和就业支出231.7 亿元,增长17.3%。工业商业金融等事务支出287.8 亿元,科学技术支出88.2 亿元,环境保护支出91.9 亿元,分别增长55.2%、28.4%和102.6%。

3. 物价涨幅逐步回落

2008 年,江苏省控制物价上涨取得明显成效,全年全省居民消费价格上涨5.4%,低于全国平均水平0.5 个百分点,涨幅比上年提高1.1 个百分点,比一季度、上半年、前三季度分别回落1.8 个、1.8 个和1 个百分点。食品价格上涨13.0%,其中猪肉上涨22.7%、油脂上涨25.1%、鲜蛋上涨3.1%、禽上涨7.9%、鲜菜上涨7.1%。商品零售价格上涨4.9%。原材料、燃料、动力购进价格上涨15.0%,其中燃料动力类上涨23.3%、黑色金属材料类上涨26.9%、有色金属和电线类下降3.7%、化工原料类上涨4.0%、建筑材料及非金属类上涨9.2%。工业品出厂价格上涨4.6%。农业生产资料价格上涨17.3%。

4. 固定资产投资较快增长

全年完成全社会固定资产投资15 061.5亿元,比上年增长22.7%。其中,城镇固定资产投资11 370.8亿元,增长24.1%;农村固定资产投资3 690.7亿元,增长18.8%。在全社会投资中,国有及国有控股投资2 965.4亿元,增长19.5%;外商港澳台经济投资2 839.3亿元,增长24.5%;民间投资9 256.9亿元,增长23.3%,其中私营个体经济投资5 273.4亿元,增长28.3%。民间投资占全社会投资的比重达61.5%,比上年提高0.3 个百分点。

表2-13 2008年江苏省居民消费价格比上年上涨情况(%)

指 标	全省	城市	农村
居民消费价格	5.4	5.2	5.6
食品	13.0	13.5	12.0
#粮食	6.1	8.5	4.2
烟酒及用品	2.9	3.2	2.3
衣着	0.5	1.3	-1.6
家庭设备用品及服务	4.1	5.1	1.8
医疗保健及个人用品	2.5	2.7	2.1
交通和通信	-1.4	-2.3	0.6
娱乐教育文化用品及服务	-1.0	-1.3	-0.4
居住	4.2	3.0	7.1

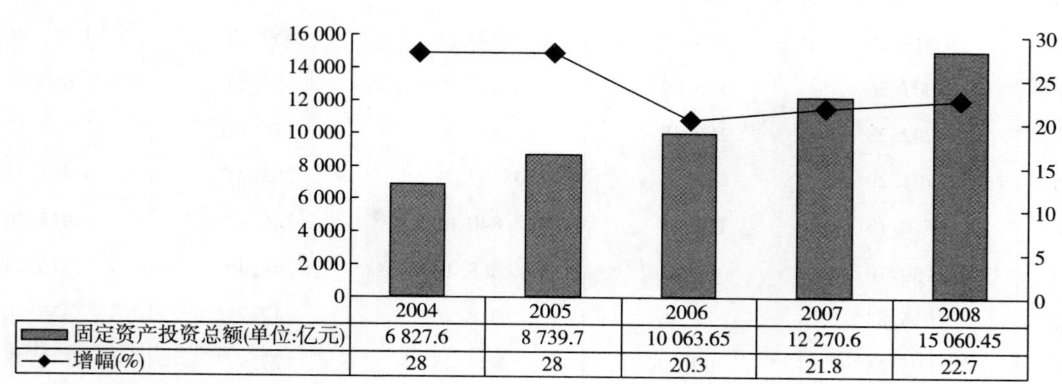

图2-19 2004-2008年江苏省全社会固定资产投资及增长幅度

投资结构有所调整。在城镇固定资产投资中,第一产业投资24.4亿元,比上年增长18.3%;第二产业投资5 504.3亿元,增长27.6%;第三产业投资5 842.1亿元,增长21.0%。工业投资5 439.6亿元,增长27.9%。其中,制造业投资4 919.1亿元,增长26.7%;高新技术产业投资1 375.4亿元,增长23.7%,占工业投资的比重达25.3%。主要工业行业投资中,通信设备、计算机及其他电子设备制造业676.3亿元,化学原料及化学制品制造业568.7亿元,专用设备制造业287.4亿元,通用设备制造业469.8亿元,交通运输设备制造业438.8亿元,电气机械及器材制造业384.9亿元,分别增长11.7%、32.6%、29.6%、47.3%、46.9%和51.6%。第三产业投资中,房地产开发投资3 064.5亿元,增长21.8%;交通运输仓储和邮政业投资632.3亿元,增长11.2%;水利、环境和公共设施管理业投资746.4亿元,增长8.2%;科学研究、技术服务和地质勘察业投资58.3亿元,增长40.3%;文化、体育和娱乐业投资79.9亿元,增长14.0%。

重大项目建设加快推进。积极贯彻落实扩大内需的政策,交通、能源、水利等一批重大基础设施项目建设得到加强。新增高速公路通车里程167公里,总里程达到3 725公里。京沪高速铁路江苏段、沪宁城际铁路、南京南站、淮安民用机场、泰州长江大桥、南京长江四桥开工建设,无锡硕放机场、徐州观音机场、盐城南洋机场对外开放,连云港25万吨级矿石码头建设进程加快,苏通大桥、沪苏浙高速公路江苏段等相继建成通车,南水北调东线一期、沂沭泗洪水东调南下二期、通榆河北延工程进展顺利。年末发电装机容量达5 442.0万千瓦,新增349.1万千瓦。无锡海力士三期、淮安富士康二期、泰州医药城一期等一批重大产业项目顺利实施。全省新增万吨级以上泊位28个。

5.区域发展更趋协调

2008年,江苏省抓住长三角区域经济一体化和江苏省沿海开发上升为国家战略的重大机遇,配合国家有关部委编制江苏沿海地区发展规划,积极编制省级主体功能区规划和土地利用总体规划。制定支持苏北加快发展的10条政策措施,出台加快振兴徐州老工业基地的指导意见和相关政策,大力推进南北产业转移和共建开发区,苏北主要经济指标增幅继续高于全省平均水平。支持苏中大力发展优势特色产业,形成江海联动、跨江联动新格局。引导苏南加快转变发展方式,推进产业转型升级。

表2-14　2008年江苏省各市主要经济指标

	地区生产总值（亿元）	地方财政一般预算收入（亿元）	城镇固定资产投资（亿元）	出口总额（亿美元）	社会消费品零售总额（亿元）
南京市	3 775.00	386.56	1 736.48	405.92	1 651.82
无锡市	4 419.50	365.43	1 370.38	559.30	1 391.48
徐州市	2 007.36	125.85	1 015.04	34.53	680.23
常州市	2 202.23	185.19	951.41	176.17	758.16
苏州市	6 701.29	668.91	1 937.79	2 285.25	1 551.45
南通市	2 510.13	159.59	840.00	166.82	915.10
连云港市	750.10	66.21	568.17	44.48	310.44
淮安市	915.83	71.36	518.20	17.71	335.90
盐城市	1 603.26	90.30	649.45	27.92	542.78
扬州市	1 573.29	104.83	547.51	61.80	521.30
镇江市	1 408.14	85.66	456.22	74.61	410.21
泰州市	1 394.20	101.08	437.66	63.42	395.73
宿迁市	655.06	46.52	341.99	4.76	196.80

(二)农林牧渔业

1.农业发展良好

粮食连续五年增产,全年总产量达3 175.5万吨,比上年增加43.3万吨,增长1.4%,总产量创九年来最好水平。其中夏粮1 094.5万吨,增长2.2%;秋粮2 081.0万吨,增长0.9%。农作物种植结构有所调整。全年粮食面积为526.7万公顷,比上年增加5.2万公顷;棉花面积为30.0万公顷,减少2.6万公顷;油料面积56.7万公顷,增加2.7万公顷;蔬菜面积108.6万公顷,增长4.2%。农产品优质化水平提升,优质小麦、水稻比重继续提高,油菜全部实现优质化。高效农业加快发展,新增高效农业面积17.1万公顷。

2.林牧渔业发展稳定

全年造林面积10.9万公顷。全年肉类总产量325.7万吨,比上年增长6.6%,其中猪牛羊肉产

量207.9万吨，增长7.4%；禽肉产量112.8万吨，增长5.1%。禽蛋总产量172.1万吨，增长3.6%。牛奶总产量63.0万吨，增长4.6%。全年水产品总产量425.0万吨，增长3.9%，其中淡水产品299.8万吨，海水产品125.3万吨，分别增长3.7%和4.4%。

表2-15　2008年主要农产品产量情况

产品名称	产量(万吨)	比上年增长(%)
粮食	3 175.5	1.4
棉花	32.6	-6.2
油料	150.3	3.6
#油菜籽	112.8	3.1
花生	35.6	5.1
蚕茧	9.7	-13.4
茶叶	1.6	4.9
水果(含瓜果类)	677.4	5.7
肉类	325.7	6.6
水产品	425.0	3.9

全面落实强农惠农政策，加大支农投入力度。全省农田有效灌溉面积达383.7万公顷，新增节水灌溉面积4.2万公顷；年末全省农业机械总动力3 630.0万千瓦，比上年末增长7.0%。

(三)工业和建筑业

1.工业生产保持增长，增速回落

2008年，全省规模以上工业企业完成增加值14 759.0亿元，比上年增长14.2%，增幅比上年回落4.7个百分点。在规模以上工业中，轻、重工业增加值4 245.7亿元、10 513.3亿元，分别增长10.9%和15.6%。国有工业增加值878.0亿元，增长9.2%；集体工业增加值488.5亿元，增长8.2%；股份制工业增加值6 521.9亿元，增长14.1%；外商港澳台投资工业增加值5 926.7亿元，增长15.7%。规模以上工业中，国有控股工业增加值1 959.1亿元，增长7.9%；私营工业增加值4 374.1亿元，增长16.8%。规模以上工业企业实现产品销售收入62 941.8亿元，比上年增长19.6%；实现利税5 088.6亿元，增长10.5%，其中利润2 953.0亿元，增长3.8%。企业亏损面13.4%，比上年上升2.5个百分点；亏损企业亏损额414.8亿元，增长116.9%。工业经济效益综合指数为213.1，提高6.7个百分点。

2.先进制造业发展水平继续提升

全省通讯设备、计算机及其他电子设备制造业产值9 679.4亿元，比上年增长21.7%，占规模以上工业产值的比重达15.0%；通用设备制造业产值4 145.4亿元，增长26.8%；交通运输设备制造业产值3 416.7亿元，增长37.2%；电气机械及器材制造业产值5 225.9亿元，增长24.4%；专用设备制造业产值1 808.7亿元，增长26.3%；医药制造业产值829.0亿元，增长28.8%。产品结构继续优化，实现工业新产品产值4 496.5亿元，比上年增长12.1%；在列入统计的75种主要工业产品中，保持增长的有47种，下降的有28种。

表 2-16 2008 年江苏省各市工业总产值

单位:亿元

市	工业总产值
江 苏 省	**64 497.1**
南 京 市	6 472.23
无 锡 市	10 281.67
徐 州 市	2 846.68
常 州 市	5 166.49
苏 州 市	18 630.13
南 通 市	5 162.42
连云港市	973.98
淮 安 市	1 254.88
盐 城 市	2 515.04
扬 州 市	3 517.56
镇 江 市	2 780.32
泰 州 市	2 949.82
宿 迁 市	581.82

表 2-17 2008 年主要工业产品产量情况

产品名称	单位	产量	比上年增长(%)
纱	万吨	378.9	-0.6
布	亿米	74.6	8.4
化纤	万吨	790.7	1.1
卷烟	亿支	894.5	-0.3
彩色电视机	万部	826.2	23.3
家用电冰箱	万台	602.9	22.6
房间空调器	万台	702.2	0.1
原煤	万吨	2 428.1	-2.1
原油	万吨	184.0	-6.0
发电量	亿度	2 776.9	2.9
钢	万吨	4 864.0	0.03
钢材	万吨	7 364.1	0.2
十种有色金属	万吨	41.0	1.2
水泥	万吨	12 683.2	4.3
硫酸	万吨	366.7	-7.4
纯碱	万吨	300.0	3.6
乙烯	万吨	134.8	-7.4
化肥(折 100%)	万吨	255.8	-4.8
汽车	万辆	33.0	24.6
#轿车	万辆	18.7	48.9
发电设备	万千瓦	660.4	34.4
集成电路	万块	1 451 533.0	11.7
程控交换机	万线	13.6	39.3
微型电子计算机	万部	6 038.2	2.6
移动通讯设备	信道	714 606.0	25.7
光通信设备	万部	3.0	6.0

纺织行业受利好政策带动,企业生产逐渐趋稳,利润有所回升。2008 年,纺织行业实现产值4 777.5亿元,同比增长 9.6%;实现销售收入4 658.0亿元,同比增长 9.3%;其中,实现利润总额144.3 亿元,同比增长 6.3%,高于全省平均水平 2.6 个百分点。

3. 工业盈利能力减弱,效益增幅走低

2008 年,全省规模以上工业企业实现销售收入62 941.8亿元,同比增长 19.6%,增幅同比下降6.3 个百分点。实现利税5 088.6亿元,同比增长 10.5%,其中,实现利润2 953.0亿元,同比增长3.8%;增幅同比分别下降25.9 个、39.5 个百分点。全年全省工业企业销售利润率 4.7%、成本费用利润率 5.0%,分别比去年同期水平下降 0.5 个、0.5 个百分点。2008 年,利润增幅总体呈回落走势,1~2 月、1~5 月、1~8 月、1~11 月利润增幅分别为 11.9%、17.5%、15.1%、7.1%。

4. 建筑业稳定发展

全省建筑企业实现利税总额 553.5 亿元,比上年增长 23.0%。全年共完成建筑业总产值8 308.5亿元,增长 18.5%;竣工产值6 053.8亿元,增长 10.6%,竣工率达 72.9%;建筑业劳动生产率为 16.8 万元/人,增长 4.8%。建筑业企业房屋建筑施工面积92 882.9万平方米,增长 16.3%;房屋建筑竣工面积37 329.0万平方米,增长 6.7%,其中住宅竣工面积23 931.8万平方米,增长 18.1%。

(四)服务业

服务业特别是现代服务业加快发展,服务业实现增加值11 656亿元,比上年增长 12.6%,占地区生产总值的比重为 38.5%,比上年提高 0.8 个百分点。

1. 国内贸易

市场销售保持较快增长。全年实现社会消费品零售总额9 661.4亿元,比上年增长 23.3%。分行业看,批发和零售业实现零售额8 360.2亿元,同比增长 21.6%;住宿和餐饮业实现零售额1 212.3亿元,同比增长 35.7%;其他行业实现零售额 88.9 亿元,同比增长 28.2%。城乡市场均保持良好增长。城市消费品市场实现零售额7 117.3亿元,同比增长 23.8%;县及县以下消费品市场实现零售额2 544.1亿元,同比增长 21.9%,分别比上年加快了 4.6 个和 6.0 个百分点。限额以上批发和零售企业经营状况较好,全年实现商品销售32 976.3亿元,比上年增长 27.8%,其中批发业20 513.9亿元,零售业 12462.5 亿元,分别增长 24.5% 和 33.6%。

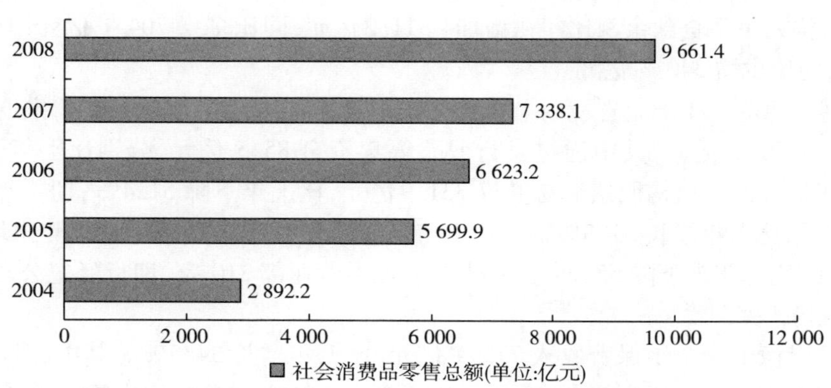

图 2－20　2004－2008 年江苏省社会消费品零售总额

2. 交通、邮电业

交通运输业稳定发展。全年完成旅客运输量、货物运输量分别比上年增长 11.2% 和 13.0%,旅客周转量、货物周转量增长10.6%和6.4%。完成港口货物吞吐量11.5亿吨,增长9.0%,其中外贸货物吞吐量1.6亿吨,增长2.5%。港口货物吞吐量中,集装箱吞吐量达850万标箱,增长36.1%。年末全省公路里程14.1万公里,新增6 300.1公里;铁路营业里程1 642.9公里,铁路正线延展长度2 380.1公里。年末民用汽车保有量373.1万辆,净增43.0万辆,分别增长13.0%、下降18.1%。年末私人汽车保有量263.3万辆,净增36.4万辆,分别增长16.0%、下降14.4%。其中私人轿车保有量160.2万辆,净增35.3万辆,分别增长28.3%、1.8%。

邮电通信业较快增长。全年邮电业务总量1 537.3亿元,比上年增长20.1%。其中邮政业务总量83.5亿元,电信业务总量1 453.9亿元,分别增长16.7%和20.0%。邮电业务收入669.3亿元,比上年增长9.1%。其中邮政业务收入62.7亿元,电信业务收入606.6亿元,增长9.2%和9.1%。年末局用交换机总容量5 508.2万门。年末固定电话用户2 968.3万户,减少255.8万户,其中:城市电话用户1 974.5万户,乡村电话用户993.8万户。住宅电话用户2 158.3万户,减少218.1万户。年末移动电话用户3 957.0万户,净增643.8万户。全省电话普及率达90.8部/百人,比上年增加5.1部/百人。长途光缆线路总长度3.1万公里,新增0.2万公里。年末互联网用户771.6万户,新增99.7万户。

3. 旅游业稳定发展

全年国内旅游人数26 121.6万人次,比上年增长12.6%;国内旅游收入2 933.2亿元,增长16.9%。全年境外入境旅游人数544.3万人次,比上年增长6.2%。其中外国人396.1万人次,增长7.3%;港澳台同胞148.2万人次,增长3.4%。国际旅游外汇收入38.8亿美元,增长11.9%。旅行社组织公民自费出境旅游35.6万人次,增长7.3%。

4. 金融、证券和保险业

金融运行总体较为平稳。2008年,江苏省大力推动银企合作,组织开展“百企千亿”银企对接等活动,全年新增人民币贷款4 311亿元,比上年多增加704亿元。积极构建全省信用担保体系,省财政投入10亿元组建省级信用再担保公司。支持企业在资本市场直接融资,新增境内外上市公司11家,企业发行各类债券286亿元。完善财税支持政策,建立扶持科技型中小企业发展专项引导资金,大幅度增加省级外经贸发展引导资金。

年末全省金融机构人民币存款余额比年初增加6 567.5亿元,同比多增1 976.6亿元;其中,居民储蓄存款增加3 706.3亿元,同比多增2 872.8亿元;企业存款增加1 368.4亿元,同比少增1 200.2亿元。年末金融机构人民币贷款余额比年初增加4 311.2亿元,同比多增704.1亿元;其中短期贷款增加1 422.8亿元,同比少增340.3亿元。

证券市场高位回落。年末全省境内上市公司由上年末的110家增加到117家,在上海、深圳证券交易所筹集资金97.2亿元,其中通过发行股票筹集资金85.5亿元,分别比上年下降92亿元和28.5亿元。全年证券经营机构股票交易量37 331.9亿元,比上年下降51.4%;期货经营机构代理交易量54 109.5亿元,比上年增长51.5%。境内上市公司总股本563.6亿股,比上年末增长21%;市价总值3 419.8亿元,比上年末下降55.9%。年末共有证券营业部210家,期货经纪公司营业部53家,证券投资咨询机构3家。

保险事业发展稳步。全年保费收入775.4亿元,比上年增长34.5%。其中,财产险收入181.1亿元,寿险收入528.2亿元,分别增长15.3%、40.6%,健康险和意外伤害险收入66.1亿元,增长50.5%。赔付额267.0亿元,比上年增长42.4%。其中财产险赔付121.0亿元,增长40.9%;寿险赔付129.5亿元,增长45.3%;健康险和意外伤害险赔付16.5亿元,增长32.4%。

表 2－18　2008 年金融机构人民币存贷款情况

指　标	绝对数(亿元)	比年初增加(亿元)	比上年末增长(%)
年末各项存款余额	37 017.5	6 567.5	21.6
# 企业存款	12 895.3	1 368.4	11.9
居民储蓄存款	16 721.2	3 706.3	28.5
年末各项贷款余额	26 160.7	4 311.2	19.5
# 短期贷款	12 245.5	1 422.8	12.9
# 工业贷款	4 144.0	304.2	7.7
商业贷款	1 164.2	21.0	1.8
农业贷款	1 009.7	179.4	21.2
私营企业及个体贷款	360.1	40.8	12.8
中长期贷款	11 628.9	2 036.2	21.1
# 消费贷款	3 173.8	383.5	13.7
# 个人住房贷款	2 712.2	337.0	14.2

(五)开放型经济

1. 进出口总额继续增长

全年进出口总额3 922.7亿美元,比上年增长 12.2%。其中出口2 380.4亿美元,增长 16.9%;进口1 542.3亿美元,增长 5.7%。

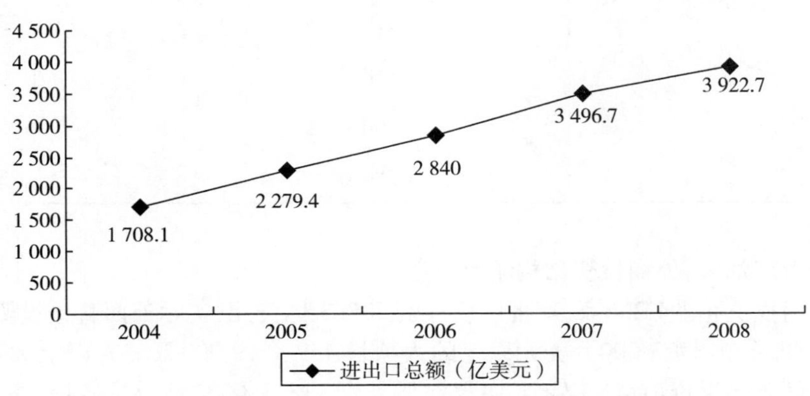

图 2－21　2004－2008 年江苏省外贸进出口总额

出口商品结构进一步优化,高技术含量产品出口增加。机电产品、高新技术产品出口额为1 613.5亿美元和1 040.5亿美元,分别占出口总额的 67.8% 和 43.7%。其中计算机与通信技术出口 686.8 亿美元,增长 6.4%,占高新技术产品出口额的 66.0%。农产品出口额 19.8 亿美元,增长 20.8%。外商投资企业出口1 749.6亿美元,增长 12.5%,占出口总额的 73.5%。私营企业出口较快增长,出口额为 350.6 亿美元,增长 38.0%。对欧盟、美国、日本、香港特别行政区出口保持平稳增长,出口额分别为 615.7 亿美元、493.7 亿美元、212.1 亿美元和 171.5 亿美元,增长 15.1%、10.5%、

7.2%和1.8%;对东盟、韩国、台湾省等新兴市场出口加快,出口额分别为206.0亿美元、142.5亿美元和65.9亿美元,增长22.8%、35.3%和9.1%;对俄罗斯、拉丁美洲、非洲出口额27.7亿美元、109.6亿美元和50.1亿美元,分别增长46.5%、44.7%和35.3%。

表2-19　2008年江苏省进出口贸易主要分类情况

指　标	绝对数(亿美元)	比上年增长(%)
出口总额	2 380.4	16.9
# 一般贸易	920.1	30.6
加工贸易	1 419.7	8.7
# 工业制成品	2 348.0	16.7
初级产品	32.4	26.2
# 机电产品	1 613.5	14.1
# 高新技术产品	1 040.5	25.2
# 外商投资企业	1 749.6	12.5
国有企业	207.9	17.0
进口总额	1 542.3	5.7
# 一般贸易	431.4	19.7
加工贸易	840.3	-0.7
# 工业制成品	1 343.0	2.6
初级产品	199.3	33.5
# 机电产品	988.8	0.8
# 高新技术产品	706.0	23.4
# 外商投资企业	1 286.0	3.3

2. 招商引资力度加大,外商投资结构不断改善

全年新批外商投资企业4 236家,新批协议外资507.3亿美元;实际外商直接投资251.2亿美元,增长14.7%。新批及净增资3 000万美元以上的大项目459个,9 000万美元以上大项目168个。全年服务业新批外商直接投资项目1 174个,协议注册外资118.3亿美元,实际到账外资61.8亿美元,增长16.3%。开发区建设取得新进展。全省开发区完成进出口总额2 774.2亿美元,其中出口总额1 575.6亿美元,分别占全省总量的70.7%和66.2%;实际到账注册外资额193.3亿美元,占全省总量的77.0%。

3. "走出去"步伐加快,境外投资较快增长

全年新签对外承包工程和劳务合作合同额49.5亿美元,增长9.3%;完成营业额46.1亿美元,增长10.7%;期末在外人数10.2万人,下降12.8%。全年新批境外投资项目232个,下降7.9%,中方协议投资6.3亿美元,增长35.6%。

表 2－20　2008 年江苏省各市实际外商直接投资

单位:亿美元

市	实际外商直接投资
江 苏 省	**251.20**
南 京 市	22.61
无 锡 市	31.67
徐 州 市	5.83
常 州 市	20.40
苏 州 市	81.33
南 通 市	29.37
连云港市	9.35
淮 安 市	3.60
盐 城 市	9.44
扬 州 市	15.10
镇 江 市	12.02
泰 州 市	10.50
宿 迁 市	0.95

4. 非公有制经济进一步发展

2008 年,非公经济实现增加值在地区生产总值中的份额达 63.2%,其中私营个体经济比重为 37.1%,分别提高 0.4 个和 1.1 个百分点。民营经济发展加快,年末全省工商部门登记的私营企业达 81.6 万户,比上年增长 9.7%,注册资本15 722.7亿元,增长 24.0%;工商部门登记的个体户 228.0 万户。

民营工业稳步发展,私营企业表现活跃。2008 年,全省规模以上民营工业实现增加值6 806.9亿元,同比增长 14.7%,高于全省平均水平 0.5 个百分点,对全省工业增长贡献率超五成,拉动全省工业增长 7.2 个百分点;实现利税总额2 419.9亿元,同比增长 21.5%,其中实现利润总额1 375.6亿元,同比增长 17.3%,增幅分别高于全省平均水平 11.0 个、13.5 个百分点。其中,私营工业企业全年实现增加值4 374.1亿元,同比增长 16.8%,高于全省平均水平 2.6 个百分点;实现利税1 372.4亿元,同比增长 30.7%,高于全省平均水平 20.2 个百分点;实现利润 749.7 亿元,同比增长 30.5%,高于全省平均水平 26.7 个百分点。

5. 开发区建设

2008 年江苏省以完善载体功能为平台,创新开发区发展模式,积极应对各种不利因素带来的影响。

一是完善海关特殊监管区功能和布局。淮安出口加工区和张家港保税港区获得国家批准,江阴、太仓保税物流中心获海关总署批准,苏州工业园综合保税区与太仓港开展"区港联动",昆山出口加工区叠加保税物流功能试点工作加快推进。目前,江苏已有 1 个综合保税区和 1 个保税港区、13 个出口加工区和 4 个保税物流中心,是全国海关特殊监管区数量最多、功能最全、建设水平最高的省份。

二是加快生态园区和特色产业园区建设。按照建设和谐生态园区的要求,成立了省生态工业园区建设协调领导小组,明确创建生态工业园的要求及程序。全省25家开发区创建生态工业示范园区工作取得快速进展,苏州工业园区和苏州高新区率先通过国家三部委验收,成为全省首批国家级生态工业示范园区,南京经济技术开发区生态工业园区建设规划已通过国家三部委评审并获得批复。目前,全国共批准3家生态工业园区,而江苏省就有2家。同时,武进高新区等6家开发区已获准创建省级生态工业园区。特色产业园区建设加快启动。2008年批准建设20家特色产业园区,目前全省特色产业园区总数已达33家,形成了信息技术、生物医药、船舶制造、太阳能光伏等特色产业集群。

三是推动科技创新载体建设。根据国家加快自主创新和结构调整,支持高新技术产业化建设和产业技术进步要求,积极增强开发区科技创新孵化功能,建设科技创新载体,鼓励以多种形式设立创投资金,加大研发机构的引进力度。目前,全省开发区内已有高新技术企业3 500家,研发中心2 600家,高新技术创业服务中心(孵化器)4 600家。苏州工业园区、苏州高新区、昆山经济技术开发区相继获批成为国家知识产权试点园区,苏州高新区被科技部授予"国际科技合作基地",无锡高新区开展科技企业加速器试点工作得到积极支持。

四是加强南北共建园区建设。2008年,江苏省积极探索建立有利于南北共建园区快速发展的体制机制,鼓励苏南开发区加大对共建园区人才、项目和技术管理的支持力度,推动苏南苏北开发区形成更紧密的合作关系。目前,全省共设立了15家南北共建园区,苏南地区已派出108名各级各类干部及管理人员到共建园区工作。苏南地区投入注册资本9.5亿元,占总注册资本的3/4。南北共建园区承接功能明显提升,已列入统计的13家共建园区共引进注册项目222个,其中外资项目63个,开工在建项目128个,已建成项目62个,进区项目总投资206亿元,实际到账注册资金45.2亿元。

据江苏省外贸厅统计,2008年1~11月全省开发区运行呈现六个特点:一是经济总量保持高位运行。1~11月,全省开发区共完成业务总收入51 285亿元,同比增长30.9%。二是地方一般预算收入保持高速增长。1~11月,完成一般预算收入845.9亿元,同比增长24.0%。三是实际到账外资集聚度进一步提高。1~11月,实际到账外资183.9亿美元,同比增长18.4%,占全省比重由年初的63%增至75%。四是进出口增速低于全省水平。1~11月,完成进出口2 592.8亿美元,其中出口1 460亿美元,同比分别增长13.4%和14.5%,分别低于全省水平1.7个和4.9个百分点。11月份,全省开发区完成出口125.3亿美元,同比增长-9.6%。五是地方一般预算收入增幅逐月走低。全省开发区地方一般预算收入呈现高开低走、同比增幅逐月走低态势,从年初的46%降至24.0%,其中泰州、宿迁市出现负增长。六是出口加工区进出口稳定增长。1~11月,13家出口加工区完成进出口总额556亿美元,其中出口368亿美元,同比分别增长18%和30%,高于全省平均水平。11月份,出口加工区完成进出口总额48亿美元,同比增长11%,出口30亿美元,与去年同期基本持平。

二、2008年江苏省社会发展概况

(一)人口、人民生活

1.人口总量继续增长

年末全省常住人口7 676.5万人,比上年末增加52万人。全年人口出生率9.34‰,比上年下降0.03个千分点;人口死亡率7.04‰,下降0.03个千分点;人口自然增长率2.30‰,与上年持平。

2.人民生活水平持续提高

根据对5 100户城镇住户的抽样调查,全年城镇居民人均可支配收入18 680元,比上年增长14.1%,考虑物价因素,实际增长8.5%;人均消费性支出11 978元,增长11.8%,其中食品支出占人均消费性支出的比重为 37.9%。根据对3 400户农村住户的抽样调查，全年农村居民人均纯收入7 357元，比上年增长 12.1%，考虑物价因素，实际增长 6.2%；人均生活消费支出5 328元，增长 11.2%，其中食品支出占人均生活消费支出的比重为 41.3%。城乡居民居住条件进一步改善。城镇居民人均住房建筑面积为 32.4 平方米，农村居民人均住房使用面积为 44.1 平方米。以廉租房制度为重点、多渠道解决城市低收入家庭住房困难的政策体系全面建立，取得一定成效。

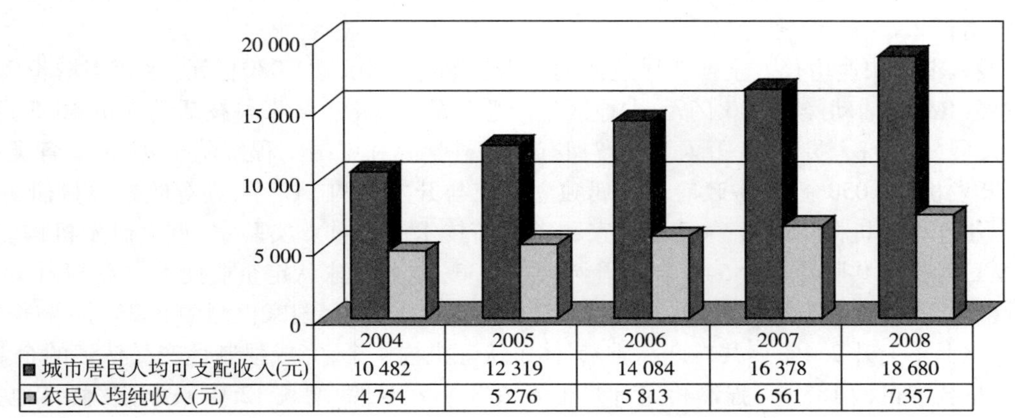

	2004	2005	2006	2007	2008
■城市居民人均可支配收入(元)	10 482	12 319	14 084	16 378	18 680
□农民人均纯收入(元)	4 754	5 276	5 813	6 561	7 357

图 2－22　2004－2008 年江苏城乡居民收入对比一览

（二）就业和社会保障

1. 就业形势基本稳定

实行积极的就业政策，继续加强就业再就业工作，多形式促进充分就业，积极推进城乡统筹就业，着力解决困难群众就业问题。年末全省城乡从业人员4 648.9万人，比上年末增加 30.8 万人。促进下岗失业人员再就业 54.1 万人，其中就业困难人员再就业 14.4 万人，城镇登记失业率为 3.25%。新增转移农村劳动力 36.9 万人。

2. 社会保障体系进一步完善

年末全省企业职工基本养老保险、城镇基本医疗保险、失业保险参保人数分别达到1 290.9万人、1 604.2万人和1 052.2万人，分别比上年末增加 123.5 万人、168.4 万人和 83.7 万人。年末享受企业职工基本养老保险离退休人员达 350.3 万人，享受城镇职工基本医疗保险退休人员达 390.4 万人。年末全省企业职工养老保险、城镇职工基本医疗保险覆盖面分别达 98.1%、95.2%。城镇居民基本医疗保险参保人数达1 233.3万人，参保率超过 90%。启动脱贫攻坚工程，年收入2 500元以下的 100 万贫困人口实现脱贫。

（三）科学技术和教育

1. 科技事业健康发展

科技创新产出大幅度提升。全省科技进步贡献率为 50.6%。全年申请专利128 002件，比上年增长 43.9%。其中发明专利22 601件；授权专利44 595件，增长 40.4%，其中发明专利 3508 件，增长 58.0%。企业成为专利申请主体，全省企业共申请专利59 718项，占专利总数的 46.7%。全省有 47 项成果获国家科技奖，其中自然科学奖 2 项、发明奖 6 项、科技进步奖 39 项；180 项成果获省科技进步奖。全年共签订各类技术合同 1.41 万项，技术合同成交额 94.0 亿元，比上年增长 20.5%。

高新技术产业快速发展。全年实现高新技术产业产值18 402亿元,比上年增长25.2%。新兴产业加快发展,新型光电显示产业产值2 613亿元,新能源产业产值889亿元,新医药产业产值812亿元,新型环保装备产业产值414亿元。组织实施省重大科技成果转化专项资金项目109项,项目总投入96.4亿元。全省高新技术企业达4 452家,其中当年按国家新标准认定1 368家。当年认定省级高新技术产品2 521项,国家重点新产品247项,自主创新产品77项。已建国家级高新技术特色产业基地59个,其中当年新建5个。全省国家和省级高新技术产业开发区实现技工贸总收入18 000亿元,比上年增长22.4%。

科技投入继续快速增长。全社会科技活动经费突破千亿元,达1 080亿元,比上年增长20.0%,研究与发展(R&D)活动经费540亿元,占地区生产总值的1.8%。从事科技活动人员46.5万人,其中研究与发展(R&D)人员17.4万人。全省拥有中国科学院和中国工程院院士89人。各类科学研究与技术开发机构4 050个,其中政府部门属独立研究与开发机构147个,高等院校属科研机构332个,工业企业办科研机构3 396个。已建国家和省级高技术研究重点实验室、重大研发机构、工程技术研究中心、科技公共服务平台541个,比上年增加233个,经国家认定企业技术中心37个。

质量检验工作得到提升。全省共有产品质量检验机构177个,国家检测中心23个;监督抽查产品210种,比上年上升2.4%。共有产品质量、体系认证机构4个,完成强制性产品认证的企业6 239个;法定计量技术机构185个,强制检定计量器具678.8万台件,增长12.0%;制定、修订地方标准316项。

2. 教育事业取得新进展

全省共有普通高校120所,普通高等教育招生44.61万人,在校生167.74万人,毕业生40.69万人。研究生教育招生3.50万人,在校研究生10.47万人,毕业生2.60万人。高等教育毛入学率达38%。全省中等职业教育在校生达到113.53万人(不含技工学校)。小学在校生巩固率达到100%,初中在校生巩固率达到98.5%,高中阶段教育毛入学率达到90%,基本普及高中阶段教育。初中毕业生升学率96%。小学学龄儿童入学率99.9%。特殊教育招生0.48万人,在校生3.01万人。幼儿园在园幼儿177.64万人。城乡免费义务教育全面实行,各类学校生均财政经费拨款标准得到提高,农村留守少年儿童食宿条件改善工程和农村合格幼儿园建设工程启动实施。

表2-21　2008年各类教育招生和在校生情况

单位:万人

指　标	招生数		在校生数		毕业生数	
	绝对数	比上年增长(%)	绝对数	比上年增长(%)	绝对数	比上年增长(%)
研究生教育	3.50	4.17	10.47	8.50	2.60	8.33
普通高等教育	44.61	-1.89	167.74	6.99	40.69	2.20
中等职业教育(不含技校)	38.68	-2.15	113.53	-5.49	30.55	7.57
普通高中教育	48.29	-5.09	149.87	-2.12	49.91	4.90
普通初中教育	86.58	-8.54	278.28	-6.67	102.43	-8.15
小学教育	64.23	-1.47	408.07	-4.92	85.91	-8.22

（四）文化、卫生和体育

1. 文化建设步伐加快

公共文化服务体系、文化市场体系建设取得新进展，文艺创作、广播影视、新闻出版和哲学社会科学事业取得新成绩。年末全省共有艺术表演团体 127 个，文化馆、群众艺术馆 117 个，公共图书馆 106 个，博物馆 156 个，档案馆 169 个，向社会开放档案 305 万卷（件）；共有广播电台 14 座，中短波广播发射台和转播台 21 座，电视台 14 座，广播综合人口覆盖率和电视综合人口覆盖率分别达 99.86% 和 99.88%。有线电视用户1 510.5万户，比上年增长 10.5%。生产故事影剧片 3 部。全年报纸出版 27.95 亿份，比上年增长 2.68%；杂志出版9 768万册，增长 13.95%；图书出版49 976万册，增长 1%。

2. 卫生事业进一步发展

全省城市社区卫生机构覆盖率达到98%，农村三级卫生服务网络基本形成。新型农村合作医疗人口覆盖率达到95%，培训乡村卫生人员19 755人。年末共有各类卫生机构17 163个，其中医院、卫生院2 537个，卫生防疫和防治机构 215 个，妇幼卫生保健机构 107 个。各类卫生机构拥有病床 224 122张，其中医院、卫生院病床208 971张。共有卫生技术人员294 691人，其中执业医师、执业助理医师122 767人，注册护士97 126人，卫生防疫和防治机构卫生技术人员7 823人，妇幼卫生机构卫生技术人员4 687人。乡镇卫生院1 558个，床位55 126张，卫生技术人员65 505人，乡村医生和卫生员 70 555人。

3. 体育强省建设顺利推进

全省运动员在北京奥运会和残奥会上获得金牌数均居全国首位。在重大国际国内比赛中，获 39 枚金牌，35 枚银牌，47 枚铜牌。

（五）城乡建设

2008 年，江苏省城市化和城市现代化水平稳步提高，年末城市化水平达 54.3%，比上年提高 1.1 个百分点，城乡区域统筹发展呈现良好局面。

2008 年，江苏城市建设牢固树立以人为本、安全第一的理念，扎实推进民生工程、和谐社会建设。全力保障城市饮用水安全，加强城市饮用水水源地保护，提高客水污染水源的预警能力；加快城市供水备用水源和应急水源建设，城市供水水源易受污染的市、县加快完成备用水源或多个取水口建设任务。大力实施公交优先发展战略，贯彻落实全省公交优先大会精神，指导各地加大公交优先实施力度。特大城市、大城市和有条件的地方推进快速公共交通和轨道交通的规划和建设工作，稳步推进南京地铁、苏州轨道交通工程建设。积极保障市政设施运行安全。加强监督检查，督促指导各地加强对城市供水、供气、桥梁等市政设施安全隐患排查和整改工作，强化实施运行的安全监督管理工作。提高市政公用养护作业水平，确保基础设施正常运行。着力改善老城区和小街巷等城市薄弱区域基础设施条件，加大对城市小街小巷和没有实施物业管理的老小区道路、绿化、路灯、公厕、排水等设施改造，积极推进城郊结合部和城中村基础设施的配套建设。深化市政公用行业改革，不断提高市政公用行业服务水平。继续推进数字化城市管理，指导各地根据当地实际，制定数字化城管系统建设方案。以开展创建“人居环境奖”、“畅通工程”和“城管创优”等活动为抓手，进一步提升城市人居环境质量。精心组织开展“人居环境奖”评选活动，推动在城乡规划、基础设施建设与生态改善、城市管理等各个方面全面开展。

社会主义新农村建设步伐加快。创新农业组织形式和生产经营方式，农业专业合作、土地股份合作、社区股份合作扎实推进。2008 年农村合作经济组织新增5 700多家，为农服务社新增2 354家。积极引导土地承包经营权流转，加快发展适度规模经营。农产品市场体系、粮食物流体系和农资连锁经营服务网络加快建设。继续推进农村新五件实事,农村生产生活条件进一步改善,全省行政村基本实现通电、通公路、通公交、通自来水、通电话、通有线电视、通宽带网。

(六)环境保护与生态建设

1. 环境保护取得新进展

加快城镇生活污水处理设施建设步伐。以长江、太湖、淮河三大流域和南水北调沿线为重点,加快城镇污水处理厂和配套管网建设,启动淮河流域"十一五"城镇污水处理工程建设任务。强力推进《太湖水污染防治工作方案》实施工作,开展已建城镇污水处理厂除磷脱氮改造和新建污水处理厂工艺流程的技术攻关。2008 年底前基本完成太湖流域 169 个已建、在建污水处理厂除磷脱氮技术改造工作。积极推进城市生活垃圾无害化处理设施建设。按照生活垃圾减量化、资源化和无害化的原则,规范基本建设程序,加快垃圾无害化处理设施、压缩式中转站等环卫工程和环卫公共设施建设。完成无锡桃花山、苏州七子山生活垃圾填埋场技改扩容一期工程;建成常州、江阴、武进等 3 座垃圾焚烧发电厂;开工建设苏州垃圾焚烧发电厂二期工程(1 000t/d)以及常州夹山生活垃圾填埋场技改扩容。至 2008 年末城市污水集中处理率 64.8%,比上年提高 1.6 个百分点。工业废水排放总量 26.3 亿吨,工业废气排放总量22 870.4亿标立方,工业粉尘排放量 24.4 万吨,空气质量监测达到二级标准的城市 9 个。至年末全省设立自然保护区 30 个,其中国家级自然保护区 3 个,自然保护区面积 61.15 万公顷。推进生态文明创建活动,已建成国家卫生城市 22 个、国家环保模范城市 18 个、国家园林城市 16 个、绿化模范城市(县)18 个,均居全国前列;国家生态市 5 个。

2. 节能减排取得明显进展

江苏省坚持环保优先、节约优先,大力推进资源节约型、环境友好型社会建设。2008 年完成 1 340个重点减排项目,提前一年完成小化工三年整治目标。扎实推进太湖、淮河、长江等重点流域水污染防治,全面实施太湖流域水环境综合治理总体方案,太湖流域水质总体上好于上年。排污权有偿分配、环境资源区域补偿工作取得实质性进展。积极开展循环经济试点。单位地区生产总值能耗下降 4.6% 左右,超额完成单位地区生产总值能耗降低率的年度目标。全省主要污染物排放强度明显下降,化学需氧量和二氧化硫排放量分别比上年削减 4.48% 和 7.20%,完成国家主要污染物年度减排计划。

环境资源区域补偿工作取得实质性进展。新增城市污水日处理能力 116.5 万吨,78 个建制镇建成污水处理设施,城乡人居环境稳步改善。强化土地资源保护监管,土地节约集约利用水平得到提高。植树造林 163 万亩,森林覆盖率提高 1 个百分点。国家生态市增加到 5 个。

(七)安全生产

安全生产形势总体平稳。事故起数和死亡人数实现较大幅度"双下降",全年发生各类事故 22 921起,死亡5 916人,同比事故起数下降 16.0%,死亡人数下降 11.0%。亿元 GDP 生产安全事故死亡人数为 0.20 人,下降 23.1%。

三、挑战与目标

在充分肯定成绩的同时,也应清醒地看到,江苏省经济社会发展中还存在许多困难和问题。2008 年以来,国际金融危机的影响逐步加深,世界经济增长明显减速,外部需求明显减弱,经济发展不确定因素明显增多,保持经济平稳较快增长面临严峻挑战。经济下行压力加大,工业生产和对外贸易增速持续下滑,部分企业经营困难,就业形势严峻,财政减收增支因素增多。与此同时,经济结构性矛盾依然存在,产业结构层次和技术水平还不够高,科教优势有待进一步转化为创新优势和竞争优势。农业稳定发展和农民持续增收难度加大，部分低收入群众生活比较困难。社会事业发展相对滞后，社会公共管理存在薄弱环节。政府职能需要进一步转变，少数政府工作人员特别是领导干部忧患意识和创新精神不强，形式主义、官僚主义还不同程度地存在，极少数人甚至以权谋私、贪污腐败。这些问题有待在今后的工作中加以解决。

2009 年江苏省经济社会发展主要预期目标是：地区生产总值增长 10%，地方一般预算收入增长 10%，全社会固定资产投资增长 17%，社会消费品零售总额增长 16%，外贸进出口总额力争有所增长，单位地区生产总值能耗下降 4.6%，化学需氧量、二氧化硫排放量分别削减 3%、2.2%，城镇居民人均可支配收入增长 10%，农村居民人均纯收入增长 9% 左右，居民消费价格涨幅控制在 4% 左右，城镇登记失业率控制在 4% 以内，人口自然增长率控制在 4‰以内。

四、江苏省在长三角地区经济发展中的地位

2008 年，面对国际金融危机影响日益加深、国内大事难事较多的复杂局面，江苏省积极应对、多方施策，及时出台了加大财税金融支持力度、扶持中小企业、促进外经贸和房地产市场稳定健康发展等政策文件，加快结构优化升级，经济继续保持平稳较快发展。

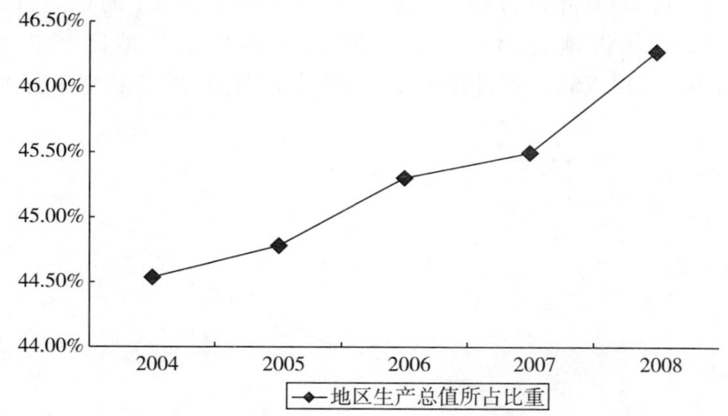

图 2-23　2004-2008 年江苏省地区生产总值在长三角所占比重的变化趋势

近年来，江苏省地区生产总值在长三角地区稳居第一位，所占比重呈现明显的逐年增加趋势。2004-2008 年，江苏省地区生产总值在长三角所占比重分别为 44.54%、44.78%、45.30%、45.50%、46.28%，五年累计增加 1.74 个百分点。其中，2008 年比 2007 年增加了 0.78 个百分点，为 5 年来最大增幅。

2008 年，全省完成财政总收入7 109.7亿元，比上年增长 27.2%。其中财政一般预算收入2 731.41亿元，增长 22.1%，比上年回落 13 个百分点。从年内情况看，全年增幅呈前高后低、趋于回落态势。由于上半年经济增长较快，企业效益较好，同时受汇算清缴 2007 年企业所得税入库较多、税收政策调整翘尾增收等特殊因素影响，财政一般预算收入较快增长，累计增幅保持在 28% 以上。下半年，受国际金融危机影响，经济增幅下降，企业利润缩减，并且企业所得税税率总体大幅下调，财政一般预算收入累计增幅逐月回落，12 月份降到年内最低的 22.1%。

尽管江苏省财税收入增长呈现回落态势，从全国范围看，江苏财政一般预算收入总量及增幅均维持较好水平。江苏财政一般预算收入总量仅次于广东，位列全国第二，一般预算收入同比增速在粤、苏、沪、浙、鲁四省一市中一直居首位，增幅分别高于广东、浙江、山东和上海 3.3 个、4.9 个、5.3

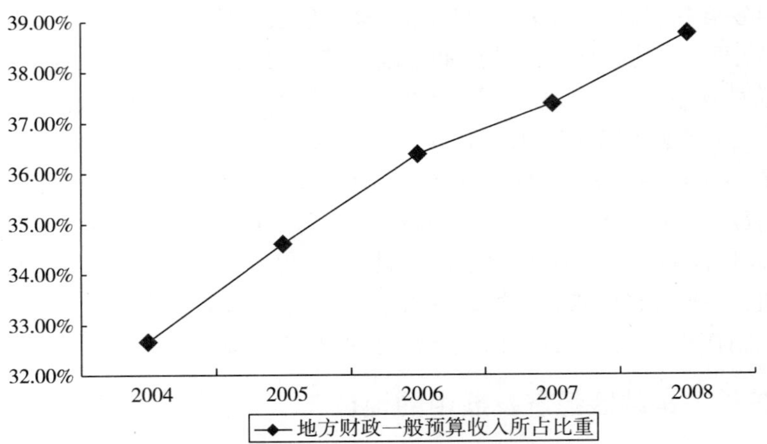

图 2-24　2004-2008 年江苏省地方财政一般预算收入在长三角所占比重的变化趋势

个和 8.4 个百分点。

从长三角地区来看,自 2006 年江苏地方财政一般预算收入超越上海以来,已连续三年保持着该位次。2004-2008 年,江苏省地方财政一般预算收入在长三角地区的占比分别是 32.67%、34.60%、36.37%、37.36%、38.76%,累计增幅达 6.09 个百分点,增长趋势十分明显。

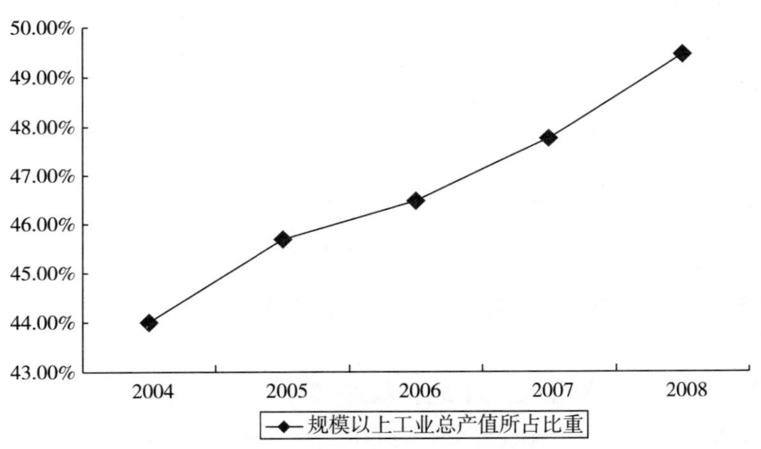

图 2-25　2004-2008 年江苏省规模以上工业总产值在长三角所占比重的变化趋势

2008 年,受国内国际大环境的影响,江苏工业经济受到的冲击日益显现,全年工业经济呈现增速放缓、效益回落的态势,下行压力明显增加。全年规模以上工业增加值累计增速以 7 月份为分水岭,上下半年发展态势迥异。1~6 月份,工业经济稳步增长,增加值总量和增速均处于上升态势。从 7 月份开始,随着国内外经济形势的变化,累计增速逐月回落,10 月份起回落幅度有所加大。尽管如此,江苏省规模以上工业总产值在长三角所占比重继续保持增长的态势,从 2007 年的 47.75% 增加到 2008 年的 49.44%,增加了 1.69 个百分点。2004-2008 年,已累计增加了 5.44 个百分点,增幅十分明显。

2008 年,江苏对外贸易受国际金融危机等多种因素影响,自 11 月始,全省进出口总额一改快速增长的势头,首度出现下降趋势。全年共实现进出口总额3 922.7亿美元、出口额2 380.4亿美元、进

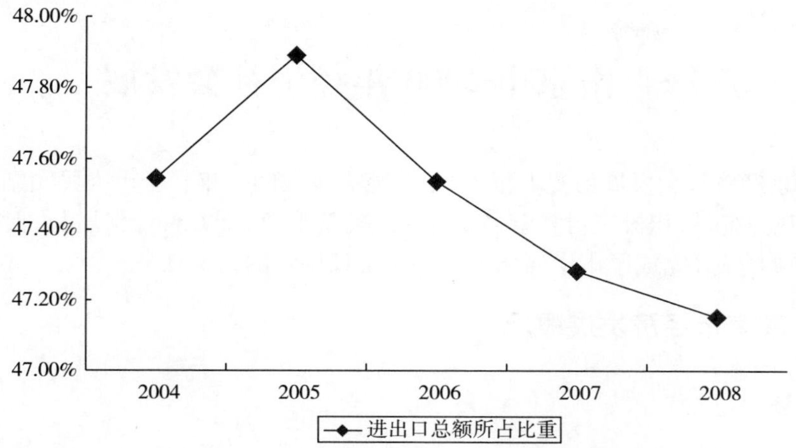

图 2－26　2004－2008 年江苏省进出口总额在长三角所占比重的变化趋势

口额1 542. 3亿美元，同比分别增长 12. 2%、16. 9%、5. 7%，增幅分别低于上年 10. 9 个、10. 1 个、12. 3 个百分点。江苏省进出口总额在长三角所占比重自 2005 年比 2004 年略有增加后，已连续三年持续小幅减少，5 年的占比分别为：47. 55%、47. 89%、47. 54%、47. 28%、47. 15%。

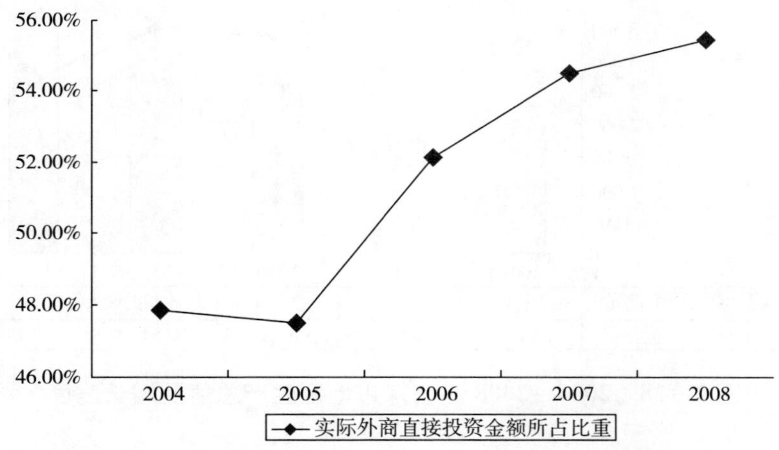

图 2－27　2004－2008 年江苏省实际外商直接投资金额在长三角所占比重的变化趋势

2008 年，江苏招商引资力度加大，全年实际外商直接投资金额 251. 2 亿美元，比上年增长 14. 7%。从长三角地区来看，近年来江苏实际外商直接投资金额在区域占比优势明显，2006 年以来就超过了长三角总和的一半。2006 年、2007 年和 2008 年所占的比重连续三年实现了较大幅度的增加，分别比上年增加 4. 65、2. 34 和 0. 99 个百分点。2008 年，江苏实际外商直接投资金额在长三角所占比重已达到 55. 48%。

一　南京市2008年经济社会发展

2008年是南京经济社会发展历史上很不平凡、充满挑战的一年。全市人民团结一致,努力拼搏,坚持以科学发展观为统领,积极应对复杂多变的宏观经济形势,千方百计保增长、促转型,着力调高、调轻、调优产业结构,较好完成了市十四届人大一次会议确定的目标任务。

一、2008年南京市经济发展概况

(一)综合经济

1. 国民经济持续发展

2008年全市实现地区生产总值3 775亿元,按可比价格计算,比上年增长12.1%。其中,第一产业增加值为93亿元,增长1.3%;第二产业增加值为1 795亿元,增长9.6%;第三产业增加值为1 887亿元,增长15.3%。按常住人口计算的人均地区生产总值达到50 327元,按可比价格计算,比上年增长9.1%。三次产业结构由2007年的2.6∶49.0∶48.4调整为2.5∶47.5∶50。

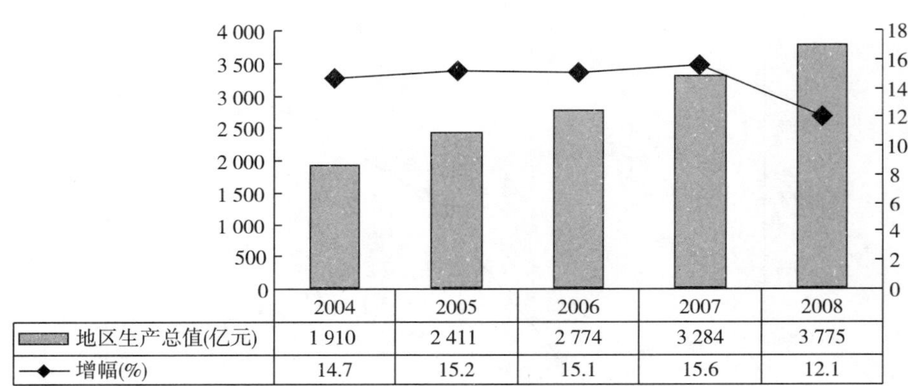

	2004	2005	2006	2007	2008
地区生产总值(亿元)	1 910	2 411	2 774	3 284	3 775
增幅(%)	14.7	15.2	15.1	15.6	12.1

图2－28　2004－2008年南京市地区生产总值及增长速度

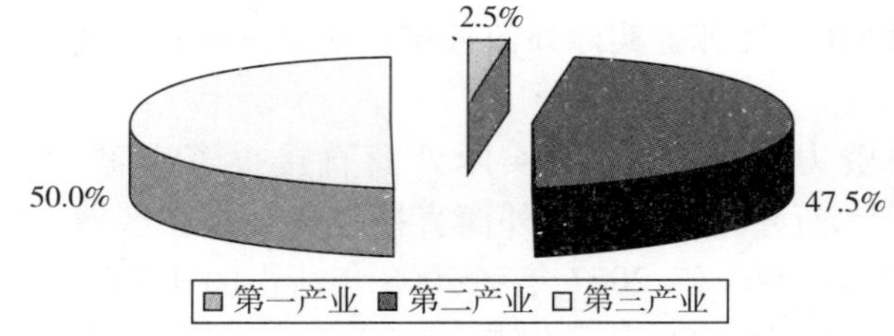

图2－29　2008年南京市三次产业结构图

2. 财政收入增长平缓

全年财政总收入达742.40亿元,比上年同口径增长18.1%。其中,地方财政一般预算收入386.56亿元,同口径增长17.1%。

全年地方财政一般预算支出404.92亿元,比上年增长18.1%。其中,教育支出58.07亿元,增长 27.5%；科学技术支出 9.46 亿元，增长 42.9%；社会保障和就业支出 31.09 亿元，增长 14.1%；城乡社区事务支出 69.83 亿元，增长 10.3%；交通运输支出 16.67 亿元，增长 24.7%。

3. 价格水平维持在高位

全年居民消费价格指数为 106.2，比上年上升 6.2%。其中，食品类、烟酒及用品类、衣着类、家庭设备用品及维修服务类、医疗保健及个人用品类、居住类六项分别上升 15.1%、4.0%、8.5%、8.7%、3.1% 和 2.1%；娱乐教育文化用品及服务类、交通和通讯类二项分别下降 1.6% 和 3.8%。

全年工业品出厂价格指数为 105.5，比上年上升 5.5%。其中，轻工业下降 0.9%，重工业上升 9.9%；生产资料上升 6.1%，生活资料上升 2.3%。

4. 固定资产投资增幅平缓

2008 年全市完成全社会固定资产投资额2 154.17亿元，比上年增长 15.3%。从产业结构看，第一产业实现投资 12.43 亿元，比上年增长 15.0%；第二产业实现投资1 088.93亿元，增长 16.2%，其中完成工业投资1 081.09亿元，增长 16.2%；第三产业实现投资1 052.81亿元，增长 14.4%，其中完成房地产开发投资额 508.17 亿元，增长 13.9%。从所有制结构看，国有经济完成投资 781.26 亿元，比上年增长 14.2%；非国有经济完成投资1 372.91亿元，增长 16.0%，民间投资活跃。

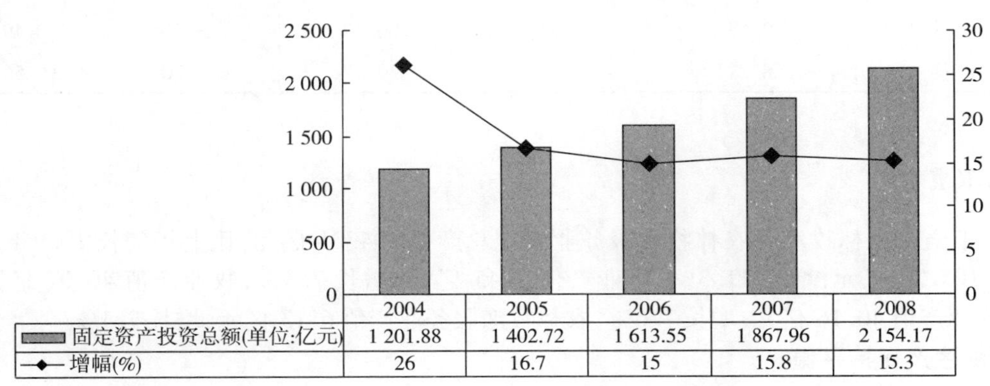

	2004	2005	2006	2007	2008
固定资产投资总额(单位:亿元)	1 201.88	1 402.72	1 613.55	1 867.96	2 154.17
增幅(%)	26	16.7	15	15.8	15.3

图 2－30　2004－2008 年南京市全社会固定资产投资及增长幅度

投资增长方式改善，效益型投资比重上升。2008 年全市投资中，以新建、扩建为主的外延扩张型投资分别完成 682.51 亿元和1 193.74亿元，比 2007 年分别增长 7.3% 和 15.4%，以改建和技术改造为主的内涵效益型投资 217.07 亿元，增长 57.5%。新建和扩建占全市投资总量的比重 87.1%，比 2007 年回落 2.3 个百分点，改建和技术改造投资占比 10.1%，比 2007 年上升 2.7 个百分点。

优势产业投资弱化。南京素以钢铁、石化、电子、汽车作为自己的支柱产业，2008 年四大产业经济总量占到全市工业总量（工业总产值）的 66.8%，前几年其每年的固定资产投入接近全市工业投资的 50%。但近两年四大产业投资出现持续下降的局面，2006 年和 2007 年四大产业投资的增长速度分别是 12.9% 和 12.2%，低于当年工业投资增速 13 个和 14.8 个百分点，2008 年四大产业投资首次出现负增长 1.1%，除钢铁工业投资比上年增长 34.3%、电子增长 0.2% 外，石化、汽车产业投资分别比上年下降 6% 和 11.8%。2008 年四大产业投资占全部工业投资比重 34.6%，比 2007 年降低 1.7 个百分点，比 2006 年降低 11.5 个百分点。

5. 区县经济协同发展

2008 年，七个郊区县共计实现生产总值达1 452.28亿元，比上年净增 222.99 亿元，占全市 GDP 比重的 38.5%，比上年提高 1 个百分点；对全市经济增长的贡献率达 44.6%。2008 年，七个郊区县总体增长速度在上年较高的平台上继续保持了两位数的增长为12.2%，其中第一、二、三产业分别累计增长2.1%、10.7%及16.6%，年度增速高于全市水平0.1个百分点。分三次产业看，郊区县第三产业领跑在先，增幅达16.6%，比上年同期低3.4个百分点；第二产业增幅10.7%，比上年同期低8.5个百分点。

表2－22　2008年南京市县区主要经济指标

区县	地区生产总值（亿元）	地方财政一般预算收入（亿元）	城镇固定资产投资（亿元）	出口总额（亿美元）	社会消费品零售总额（亿元）
市辖区					
浦口区	196.50	23.78	158.35	2.79	74.23
栖霞区	156.72	17.81	135.30	1.99	74.20
雨花区	125.08	14.93	96.63	1.90	80.63
江宁区	411.10	55.03	313.72	28.17	132.41
六合区	235.05	20.54	100.29	3.44	111.44
郊县					
溧水县	159.63	10.02	66.17	3.70	49.24
高淳县	168.21	9.02	29.17	1.70	56.69

（二）农业

2008年全市农林牧渔及农林牧渔服务业实现总产值194.01亿元，比上年增长10.9%。其中，农业产值105.20亿元，增长11.3%，林业产值2.45亿元，增长7.5%，牧业产值40.07亿元，增长14.2%，渔业产值40.16亿元，增长7.6%，农林牧渔服务业产值6.13亿元，增长7.1%。

1. 农业生产保持平稳

全市粮食总产量114.43万吨，比上年增长0.2%；其中稻谷产量82.31万吨，增长3.1%。油料总产量13.34万吨，增长2.93%。蔬菜总产量269.49万吨，下降2.7%。

肉类总产量13.21万吨，比上年下降15.3%。禽蛋总产量8.34万吨，下降2.9%。全年牛奶总产量9.98万吨，下降12.7%。全年水产品产量20.55万吨，增长3.2%。

年末全市累计通过省级认定的无公害农产品达251个，累计通过认证的绿色食品198个，有机食品基地61个，累计通过省级认定的无公害农产品生产基地总面积达188万亩。设施农业面积为26.8万亩。

2. 农业旅游成新亮点

2008年全市农业旅游共接待游客367.9万人次，实现旅游收入13.8亿元，分别增长10.5%和10.2%。2008年我市不断推出新的休闲农业游品牌，精心开展休闲农业"家家游"活动，全年分赏花、采摘、美食、垂钓、购物和农庄体验等六个专题。各区县先后组织推出江心洲"江上人家新春乐"和"江心洲葡萄节"、"溧水梅花节"、"高淳民俗游"、"汤山温泉文化节"，以及"春牛首踏青节"等多个节庆活动，吸引城市居民到乡村休闲旅游。

（三）工业

1. 工业生产增幅趋缓

2008年全市完成工业增加值1 555亿元，按可比价格计算，比上年增长9.9%。全市规模以上工业(指年销售收入1 000万元及以上企业,下同)完成总产值6 472.23亿元,比上年增长12.1%;其中,股份制企业完成2 718.25亿元,增长21.6%;外商及港澳台投资企业完成2 505.30亿元,增长5.0%;私营企业完成819.56亿元,增长33.0%,国有企业完成485.24亿元,增长13.0%,集体企业完成120.30亿元,增长5.0%。全年工业四大支柱产业(电子、石化、钢铁、汽车)实现总产值4 325.06亿元,增长8.5%,占全市规模以上工业总产值的66.8%。

2008年规模以上工业企业实现主营业务收入6 466.85亿元,比上年增长10.1%;工业产品产销率达到97.95%,比上年减少0.35个百分点;实现利税371.74亿元,下降38.5%;实现利润125.51亿元,下降65.1%。全年完成新产品产值827.68亿元,增长7.4%,新产品产值率达12.8%。工业产品出口交货值1 155.18亿元,下降0.5%,占工业销售产值的比重为18.2%。全市有出口交货值的规模以上工业企业达到460家,超过亿元的有105家。

表2－23　2008年南京市县区工业总产值

单位:亿元

区县	工业总产值
南京市	**6 472.23**
浦口区	309.68
栖霞区	303.16
雨花区	208.92
江宁区	686.06
六合区	384.15
溧水县	284.72
高淳县	228.06

2. 严峻的宏观环境对工业经济产生较大影响

纵观全年,南京工业虽保持了自1998年以来的两位数增长,但运行的稳定性和增长的速度均逊于近几年。呈现出上半年平稳发展,从七月份当月开始回落,十月份继续下滑,出现了自2003年以来首次月度负增长。十一月再次下跌至历史同期最低点,十二月跌幅有所减小。全市规模以上工业生产增速从本年最高的1～7月增长21.9%回落到全年的12.1%,仅用5个月时间就回落了9.8个百分点。与此同时,企业经济效益大幅下滑,全年实现工业利税371.73亿元,比上年下降38.5%;实现利润125.51亿元,下降65.1%。

(四)服务业

1. 国内贸易

零售市场继续扩张。2008年社会消费品零售总额达到1 651.82亿元,比上年增长19.7%。其中,批发和零售业完成零售额1 434.78亿元,增长19.1%;住宿和餐饮业实现零售额195.08亿元,增长23.4%。在社会消费品零售总额中,私营经济、个体经济和股份制经济实现的零售额分别达到378.68亿元、555.59亿元和217.48亿元,分别增长19.5%、26.9%和19.3%。年成交额亿元以上的商品交易市场有60家,成交额达828.46亿元,增长9.9%。

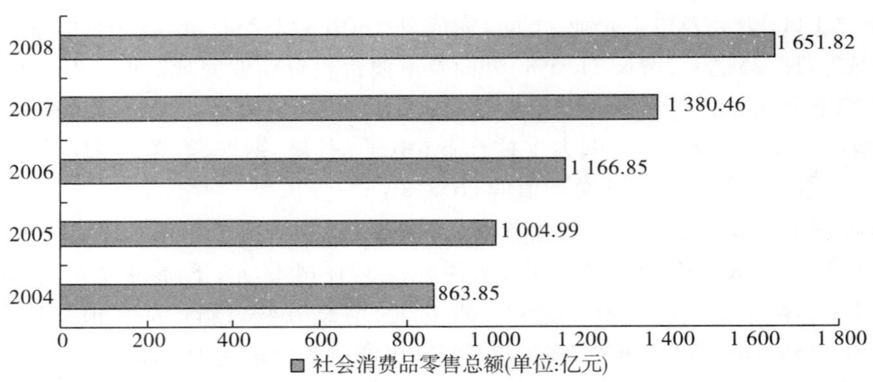

图 2-31 2004-2008 年南京市社会消费品零售总额

郊县消费品市场成长迅速。2008 年七个郊县实现的社会消费品零售总额 578.85 亿元,同比增长 23.9%,高出全市平均水平 4.2 个百分点,比六个城区的平均增幅高 6.4 个百分点。由于发展较快,一年之中占全市的比重从 33.8% 上升到 35.0%。促进郊县消费品零售额快速增长的原因主要来自于四个方面,一是关系农民收入的新农村建设进程加快,投资项目投向主要为农业休闲观光、基础设施及农业服务等领域,特别是农村道路和商业网点建设,方便了农民出行和就近购买生活消费用品。二是农村居民人均收入普遍提高,购买力显著增强。2008 年农村居民人均纯收入达到8 950元,增幅也达到 11.6%。农民用于生活消费的支出达到7 033元,同比增长 13.8%。三是"万村千乡"市场工程的持续推进。新建连锁农家店 261 个,连锁农家店的总数已达1 312家。四是大型商贸连锁企业入驻郊县主要商业区,增强了这些新兴市场商业功能,实现了消费潜力的当地释放。以市属连锁企业为例:2008 年全市全部门店销售额平均增长 7.5%,而郊县门店的业绩实现了 30% 的高增长,而同期城区门店业绩同比下降了 4.6%。

2. 交通运输

2008 年全市交通运输仓储业完成增加值 197.59 亿元,按可比价格计算,比上年增长 6.1%。2008 年各种运输方式共完成客运周转量 330.63 亿人公里,比上年增长 7.1%;完成货运周转量 1 838.15亿吨公里,增长 2.9%。年末民用汽车保有量 54.24 万辆,增长 17.4%,其中当年新注册汽车 9.18 万辆,下降 1.3%。年末私人汽车保有量 38.5 万辆,增长 22.9%,其中当年新注册汽车 6.98 万辆。年末私人轿车保有量 27.02 万辆,增长 27.4%,其中当年新注册轿车 5.53 万辆。

3. 邮电通讯

2008 年完成邮电通信业务总量 104.60 亿元,比上年增长 10.5%。其中,电信业务总量 95.43 亿元,邮政业务总量 9.17 亿元,分别增长 11.2% 和 6.6%。邮电业务收入 88.15 亿元,增长 11.4%。其中,电信业务收入 80.88 亿元,邮政业务收入 7.27 亿元,分别增长 13.6% 和下降 8.2%。年末移动通讯用户达 631.01 万户。年末固定电话用户 319.05 万户;其中住宅电话用户 203.14 万户。全市电话交换机总容量达 608.94 万门。计算机互联网用户达 107.08 万户,增长 25.6%,其中宽带用户达 102.13 万户,增长 25.4%。国际国内特快专递共完成 504 万件,增长 19.1%。

4. 旅游业

2008 年度,全市实现旅游总收入 714.3 亿元人民币,同口径增长 22%,实现旅游创汇 8.73 亿美元,同比增长 8.1%。接待入境旅游者 119.52 万人次,较去年增长 2.9%,接待国内旅游者4 970万人次,较上年同期增长 10.7%。全市旅游总收入占全市 GDP 比重达 18.92%,较上年提高了 0.14 个百分点,占第三产业增加值的比重达 37.85%,较上年提高了 1.89 个百分点。全年经批准因私出国出

境人数达18.4万人次，增长8.3%。“两岸周末包机”在宁首航。

旅游企业接待规模日益扩大。截止2008年底，南京市共有旅行社435家，其中国际社26家，国内社409家。全市共有旅游星级饭店131家，其中五星级饭店12家，四星级饭店20家，三星级饭店64家，二星级饭店35家。全市现有旅游A级景区43个，其中5A级景区1个，4A级景区9个（当年新增2个），3A级景区11个，2A级景区22个。工农业旅游示范点14个，其中农业旅游示范点9个，工业旅游示范点5个。各类旅行社435家，比上年减少1家。其中从事国际旅游业务的旅行社26家，比上年减少1家。

5. 金融和保险业

2008年末金融机构本外币各项存款余额达8 562.27亿元，比年初增长20.0%，其中居民储蓄存款余额达2 565.83亿元，比年初增长27.6%。金融机构本外币贷款余额7 483.10亿元，比年初增长18.8%。

全年商业性保险保费收入124.6亿元，比上年增长26.7%。其中，人身险保费收入93.5亿元，增长33.3%；非人身险保费收入31.1亿元，增长10.4%。非人身险全年赔款支出16.7亿元，增长34.6%。

6. 房地产业

房地产开发投资急速下降，商品房竣工多、新开工少。受全球性金融风暴的影响，2008年南京市房地产开发投资走出了一条急速“下划线”，一季度增速高达46.6%，十月份最低仅为8.6%，最高点与最低点之间差距高达38个百分点。在此基础上，房地产开发竣工面积1 058.58万平方米，比上年增长55%，其中住宅面积达891.17万平方米，比上年增长54%。而同期房地产开发新开工面积937.04万平方米，比上年下降13.8%，尤其是新开工住宅面积751.59万平方米，比上年下降20.2%。

（五）开放型经济

1. 对外贸易

外贸出口形势空前严峻。2008年下半年以来国际金融风暴越演越烈，对欧美国家实体经济的影响显现，外部需求急剧放缓，企业出口订单数骤减，11、12月份出口出现少有的负增长。受此影响，全市全年进出口总值达405.92亿美元，比上年增长12.1%；其中，出口总值235.97亿美元，增长14.2%，比上年回落4.7个百分点。三资企业全年出口额达88.22亿美元，增长2.3%，占全市出口额的比重为37.4%。对亚洲、欧洲、北美洲三大主体市场的出口全面增长，全年出口203.84亿美元，增长12.2%，占全市出口额的86.4%。全年对非洲和拉丁美洲出口分别增长29.5%和38.6%。全市出口额超千万美元的企业有260家，出口额达205亿美元，增长15%，占全市出口总量的86%。

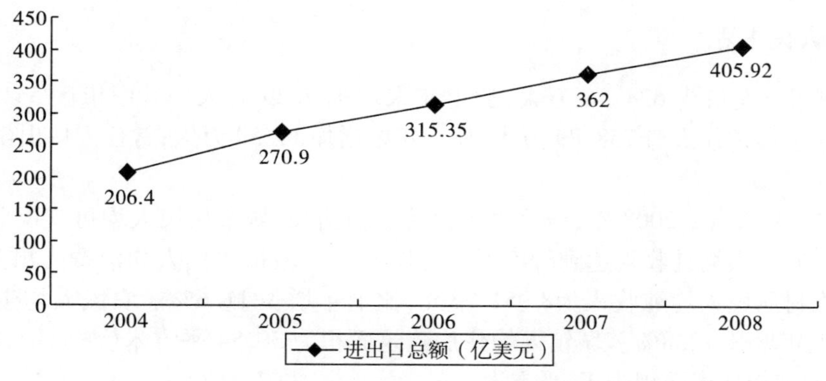

图2-32　2004-2008年南京市外贸进出口总额

2. 利用外资

全市新批注册合同外资额44.60亿美元,比上年增长20.5%;实际外商直接投资22.61亿美元,增长15.1%。全市12个省级以上开发区新批注册合同外资24.71亿美元,下降13.9%;实际使用外资14.89亿美元,增长1.7%。大项目实际利用外资占全市88%,实现服务外包执行额5.1亿美元。

表2-24 2008年南京市县区实际外商直接投资

单位:亿美元

区县	实际外商直接投资
南京市	**22.61**
浦口区	1.32
栖霞区	0.86
雨花区	0.99
江宁区	6.05
六合区	1.01
溧水县	0.75
高淳县	0.16

3. 对外劳务

对外新签对外承包劳务合作合同金额达10.37亿美元,比上年增长36.4%;实际完成承包劳务营业额10.26亿美元,增长37.8%。期末在外劳务人数达6 053人,下降25.5%

4. 民营经济

民营经济发展质量进一步提升。在全市地区生产总值中,民营经济实现增加值1 381.7亿元,比上年增长17.6%;占全市经济的比重为36.6%,比上年提高1.1个百分点。非公有制经济占全市经济的比重为46.1%,比上年提高3.8个百分点。放宽市场准入条件,取消了个体工商管理费和市场管理费,大幅降低了创业成本。

二、2008年南京市社会发展概况

(一)人口、人民生活

年末全市户籍总人口为624.46万人,比上年末增加7.29万人。其中市区541.24万人,增加6.85万人。年末全市常住人口758.89万人,比上年末增加17.59万人;常住人口出生率和死亡率分别为8.75‰和6.27‰。

人民生活进一步改善。2008年,居民收入保持平稳增长,城市居民人均可支配收入达到23 123元,增长13.8%;农民人均纯收入达到8 950元,增长11%。城市居民人均消费支出为15 132.73元,增长14.0%。农村居民人均纯收入为8 951.23元,比上年增长11.6%。农民人均生活消费支出为7 033.44元,比上年增长13.8%。城镇人均住房建筑面积为30.84平方米(含偶尔居住房面积);农村人均钢筋、砖木结构住房面积为47平方米。

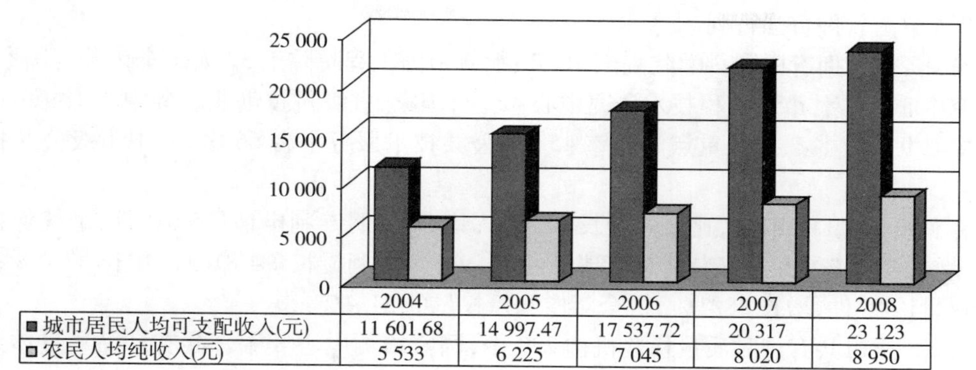

	2004	2005	2006	2007	2008
城市居民人均可支配收入(元)	11 601.68	14 997.47	17 537.72	20 317	23 123
农民人均纯收入(元)	5 533	6 225	7 045	8 020	8 950

图 2 - 33　2004 - 2008 年南京市城乡居民收入对比一览

(二)就业与社会保障

1. 就业状况

以扶持创业带动就业,全市新增就业岗位 18.4 万个,实现再就业 6.1 万人、大学生就业 6.8 万人,援助就业困难人员 1.2 万人,城镇登记失业率为 3.16%,比上年下降 0.1 个百分点。转移农村劳动力 5.7 万人,开展各类培训 21.5 万人次。

2. 社会保障状况

强化社会保险费征缴,全市社会保险五项险种累计参保人数达 897 万人次,净增 125 万人次。实施新型农村社会养老保险和城镇居民养老补贴办法,54.5 万农村居民纳入新农保,40 万农村老年居民领取养老补贴,实现社会养老保障制度全覆盖。大力帮扶农村困难家庭,到 2008 年全市低于 2 500元以下的农村绝对贫困户已经全部脱贫。截至 2008 年底,全市城镇低保对象为40 554户、76 216人,农村低保对象为36 242户、68 504人。提高社会保险待遇水平,养老、失业保险金发放标准分别提高到1 386元、574 元。落实低保标准自然增长机制,促进医疗救助、住房救助工作制度化。竣工经济适用房 201 万平方米、中低价商品房 31.4 万平方米,储备廉租房1 000套。虽然居民消费价格指数未完成预期控制目标,但及时采取了临时价格干预措施,建立物价上涨与困难家庭临时生活补贴联动机制,缓解了物价上涨给市民生活带来的负面影响。

年末全市 214 个福利类收养性单位拥有床位20 640张,收养16 385人。其中,12 个社会福利院拥有床位2 552张,收养2 074人。城镇社区服务设施1 937处,社区服务中心 53 个。享受国家抚恤、补助各类优抚的对象 1.09 万人。

(三)科学技术和教育

1. 科学与技术

2008 年全市研究与发展活动经费支出占全市地区生产总值的 2.65%。全年技术市场合同成交额达到59.92 亿元。在宁主要高校、科研院所应用技术成果就地转化率为40.23%,比上年增长3.63 个百分点。

大力实施创新驱动战略,出台了一系列促进企业创新及加快软件产业发展的政策措施,与中科院、北大、清华等国内一流院校的人才及科研战略合作取得进展。成功举办国际软件博览会和服务外包大会,软件产业实现软件销售收入 471 亿元,同比增长 30%。软件"两园多基地"建设进一步完善,新增建筑面积 100 多万平方米,总投资超过 30 亿元,全市经市级以上认定的软件企业达 643 家,

8家企业进入中国软件百强行列。

2008年末,全市拥有中国科学院院士46人;拥有中国工程院院士32人。全市共有国家、省级工程技术研究中心65家,市级工程技术研究中心42家;国家、省级科技创业服务中心18家,市级科技创业服务中心9家;国家、省级重点实验室45个;公共技术服务平台66家,其中市级公共技术服务平台5家。

全年专利申请量11 692件,比上年增长45.6%;其中,发明专利申请量5 019件,继续保持全省第一的水平,增长47.2%,占全年专利总申请量的42.9%。专利授权量4 816件,增长37.2%;其中,发明专利授权量1 497件,增长48.1%,占全年专利授权量的31.1%。

2008年末,全市共有产品质量检验机构229个,国家检测中心8个。共有产品质量体系认证机构2个。依法设立的计量技术机构1个,依法授权的计量技术机构2个。监督抽查产品3 486批次。制定、修订地方标准27项。全市共有国家名牌产品24个;省名牌产品141个,其中当年认定44个;市名牌产品412个,其中当年认定124个。

2. 教育事业

2008年末,南京市拥有普通高校(不含部队院校)41所,在校学生72.5万人,比上年增加4.71万人。拥有普通中学216所,在校学生27.27万人,比上年减少1.26万人。拥有小学355所,在校学生28.56万人,比上年减少0.51万人。坚持实施高质量素质教育,出台小班化教育示范小学基本标准。全市已有小班化教育的中小学127所。拥有幼儿园443所,在园儿童13.18万人。推动普通教育和职业教育统筹发展,全面完成农村中小学合格学校达标任务。中等职业学校在校学生10.26万人(不含技工学校)。初中毕业生升学率达98.65%。优质教育资源不断扩大,拥有三星级高中20所,四星级高中22所,三星以上普通高中和省级以上重点职业类学校招生比例占招生总数的92%。

2008年全市有31 461人被各类高校录取,录取率为84.95%,比上年提高3.6个百分点。全市高等教育自学考试报名19.28万人次;国家非学历证书考试报名67.85万人;成人高考报名3.09万人,其中2.4万人被各类成人高校录取。

全市各类市属学校共有教职工6.97万人,其中专任教师5.58万人。

全市义务教育阶段人口覆盖率保持在100%,小学学龄儿童入学率、小学年巩固率均为100%。在南京市接受义务教育的农民工子女6.24万人,义务教育就学率达99.8%。进入公办学校就读的人数占全市农民工子女就读总数的85%。

实施农村幼儿教育"助学券"制度,政府扶困助学从幼儿园到大学实现全覆盖。全年为义务教育阶段的46.94万学生(含民办校)减免杂费1.13亿元,课本费6 935万元;为2 866名城乡低保家庭及低收入纯农户家庭学生发放"普通高中助学券"439.91万元;为28 781人次城乡低保家庭、低收入纯农户和特困职工家庭义务教育阶段子女发放"义务教育助学券"358.57万元;为903名家庭经济困难幼儿发放"幼儿助学券"69.52万元。向4.55万名中等职业学校在校一、二年级学生发放每人每年1500元职业教育助学金,总金额达69.52万元。

(四)文化、卫生与体育

1. 文化事业

2008年末,全市共有文化馆16个,博物馆30个,公共图书馆18个。全市公共图书馆总藏量12 525.9千册。14个综合档案馆向社会开放档案27.5万卷。共有广播电台2座,中、短波广播发射台和转播台2座,电视台2座,一千瓦以上电视发射台和转播台14座,电视节目28套,广播人口覆盖率和电视人口覆盖率均达到100%。共印刷报纸17.34亿份,出版杂志6 168万册。

2008年末,拥有艺术表演团体22个。组织开展了第八届南京文化艺术节;开展了周恩来诞辰

110 周年纪念活动；成功组织举办了“两岸城市艺术节”活动。组织对外文化交流 36 批次，涉及 20 个国家和地区，出访的批次和人次均创南京之最。开展广场文化活动 738 场。组织开展“送书、送戏、送电影”下乡活动。全年共送图书 7.68 万册、电影4 357场、戏 503 场。

开展了非物质文化遗产普查工作，有 16 个项目被评定为省级保护名录，有 87 个项目被确定为市级保护名录，有 12 个项目被确定为国家保护项目。成功举办第三届“名城会”及第四届“世界城市论坛”。南京国际博览中心一期工程建成开馆。完成历史文化资源普查建库工作，实施了大报恩寺遗址和一批重点历史文化街区的建设保护工程。文化产业快速发展，在建或开园开街的文化创意产业园区 41 个。

2. 卫生事业

2008 年末，全市拥有医疗卫生机构1 769个。各类卫生机构拥有病床 2.82 万张。现有卫生技术人员 4.23 万人。按户籍人口计算，全市每千人拥有卫生技术人员 6.78 人，每千人拥有床位 4.52 张。全市现有 13 所惠民医院，2008 年接诊病人 8.31 万人次，收治住院病人1 428人次，减免费用 393.3 万元。全市社区卫生服务普及率为 100%。农村已基本建立以大病统筹为主的新型农村合作医疗制度，新型农村合作医疗行政村覆盖率达 100%，新型农村合作医疗农民参保率达到 100%。

南京市作为江苏省唯一实施“中盖艾滋病项目”的城市，加强艾滋病防治工作，强化疫情监测和检测，共检测 49.3 万人次。

推进社区卫生服务运行机制和医药购销模式改革，医药费用明显降低。2008 年完成市第一医院南扩和妇幼保健院妇儿保健大楼主体工程，鼓楼医院南扩及六合、浦口、溧水等区县人民医院建设顺利推进。

2008 年居民平均期望寿命为 76.72 岁，其中男 74.44 岁，女 79.12 岁。人口和计划生育政策落实到位，“世代服务”体系建设得到国家和省的充分肯定。

3. 体育事业

全民健身深入开展，竞技体育水平得到进一步提升。全市举办各级各类群众性体育活动1 200多项次，直接参与人数达到 150 万人次。全市全民健身工程（点）建设达到1 180个，实测南京市市区人均体育场地面积为 1.78 平方米，大于全国文明城市人均体育场地面积 1.08 平方米的 A 级测评标准。成功承办了奥运会、残奥会火炬接力南京传递起跑仪式活动。2008 年全市先后产生 4 位世界冠军，使南京籍的世界冠军运动员总人数累计达到 23 名。南京籍体育健儿在奥运会和残奥会上分别获得 2 金 2 铜、3 金 1 银奖牌。2008 年先后承办了 9 项次国际比赛，11 项次全国比赛，10 项次全省比赛。

（五）城乡建设

1.“双迎双创”成效显著

2008 年，南京市积极开展“迎接奥运会、迎接第四届世界城市论坛，创建全国文明城市、争创联合国人居环境奖”工作，圆满完成奥运圣火和残奥圣火传递任务，成功举办第四届“世界城市论坛”和第三届“历史文化名城博览会”；入选全国文明城市候选公示名单，城市面貌、文明程度和市民素质有了新提升，荣获联合国人居奖特别荣誉奖。开通了法兰克福—南京国际航线和宁台直航包机。马来西亚马六甲市成为南京第 13 个国际友好城市。

扎实推进城市环境“三项”整治，实施背街小巷和城郊接合部市容市貌等专项整治行动，改造危旧房 112 万平方米，出新小区 80 个，整治房屋 900 幢，市容环境和公共秩序有了明显改观。认真做好支援四川地震灾区抗震救灾工作，社会各界捐款捐物近 8 亿元，对口援建工作全面启动。奋力抗击雨雪冰冻和洪涝灾害，有力保障了全市交通畅通和城市正常运转。

2. 城市服务功能逐步完善

启动新一轮城市总体规划、土地利用总体规划、历史文化名城保护规划修编工作。仙林、江宁和江北新市区功能继续完善。宁杭高速公路二期建成通车,开工建设长江四桥及沿江高等级公路,绕越高速东南段、南京铁路南站、沪宁城际铁路等重点工程有序推进。内环北线二期工程建成通车,井字形快速内环全线贯通。地铁一号线南延、二号线及其东延线进展顺利。

建成仙林、城南污水处理厂,基本完成城东污水处理厂二期主体工程,开工新建5个城镇和21个乡镇污水处理厂。全年新建和改建公厕63座,新建和改建垃圾中转站13座。更新公交车1 400辆,升级改造农贸市场68家。完成北京东路等16条景观路和主次干道整治出新任务。沿江及钟山风景区环境综合整治工程有序推进。建成江宁织造府,完成中华门至中山南路城墙修复,以及七桥瓮生态湿地公园景观工程。南京国际博览中心一期竣工使用,河西中央公园建成并免费开放。

2008年全市出租车总数达到10 151辆。公共交通运营车辆总数达到5 911辆,其中地铁120辆;标准运营车辆数达到7 352标台,其中地铁300标台。全年增加公交运营线路12条。全市日供水能力达到613万吨,人工煤气置换天然气工程全部完成,天然气居民用户达到79.2万户。

3. 城乡统筹发展实现新跨越

2008年,开展了新一轮为期3年的帮促活动,引导和发展各类农村经济合作组织。“万村千乡市场工程”向纵深推进,初步构建起以区县连锁企业为龙头,联结城乡、双向流通的现代流通网络。农村新八件实事总投入18.6亿元,城乡基本公共服务均等化取得新进展。郊县有线电视数字化工程全面展开,实施“20户以上自然村”通达有线电视联网工程,无线广播电视覆盖任务圆满完成。增加22条过江公交线路运力,跨江交通条件进一步改善。7个街镇创成“亿万农民健康促进行动”示范街镇,新农村建设改建户厕4.72万座。实施农村二次改水,管网延伸371公里,新增农村自来水受益人口14.25万人。

(六)节能减排和环境保护

2008年规模以上工业能源消费总量6 931.23万吨标准煤,比上年下降1.8%;综合能源消费量2 677.58万吨,比上年下降6.8%。经初步测算,规模以上工业企业万元产值能耗比上年下降16.8%,其中,年耗能5 000吨标煤以上的重点项目工业企业万元产值能耗比上年下降13.8%左右。节能减排成效显著,关停淘汰小化工企业141家,万元地区生产总值综合能耗下降4.5%。成功创建国家节水型城市。

2008年末,全市拥有各级环境监测站14个。当年投产的建设项目同时建设防治污染设施的达100%。全市拥有16个烟尘控制区,面积达736.5平方公里,比上年增加3.7%;拥有24个环境噪声达标区,面积达544.1平方公里,比上年增加5.1%。拥有自然保护区33个,其中国家级自然保护区5个;自然保护区面积达7.59万公顷,其中国家级自然保护区面积2.04万公顷。全年植树造林10.2万亩,城市新增绿地1 000多万平方米,人均公共绿地达13.3平方米,建成区绿地覆盖率达到46.1%。城市空气质量良好以上天数比例达88%,比上年增加10天。

工业废水排放量3.77亿吨,比上年下降6.5%;工业粉尘排放量4.31万吨,比上年下降10.9%;工业废气排放量4 383亿标立方米,比上年上升8.6%。全市工业废水排放达标率、工业重复用水率、工业固体废物综合利用率分别达到95.3%、87.0%和90.9%。环境质量综合指数达到84.4分,超过小康标准值4.4分。

三、挑战与目标

2008年见证了南京改革开放走过的三十年历程。三十年来,全市人民坚持不断解放思想,坚持

以经济建设为中心，坚持以人为本和科学发展，城市面貌发生了巨大变化，城市化率突破75%；经济发展实现了质的飞跃，地区生产总值现价增长108倍；人民生活得到了极大改善，城市居民人均可支配收入年均增长14.8%，农民人均纯收入年均增长12.9%。南京已经实现了从工业化初期向中期的历史性跨越，并正步入后工业化时代；已经完成了由温饱向全面小康的历史性跨越，并正向更高水平小康社会和现代化迈进。

在肯定成绩的同时，也必须清醒地看到，按照科学发展观的要求，在新的困难和压力下，政府工作还存在一些矛盾和问题：一是城乡统筹发展一体化格局尚未形成，郊县发展有待进一步加快。二是重大产业发展项目引进相对较慢，科教资源优势尚未得到充分发挥，区域发展面临较大的挑战，城市整体竞争能力有待进一步加强。三是环境保护及资源节约型城市建设任重道远，生态建设仍然面临较大压力。四是少数行政部门的效率和服务水平有待提高，投资环境仍需进一步改善。这些矛盾和问题，将在今后的工作中努力加以克服和解决。

2009年经济社会发展主要调控预期指标是：地区生产总值增长11%；地方财政一般预算收入增长11%；社会消费品零售总额增长16%；全社会固定资产投资增长17%；实际利用外资和地方外贸出口与上年持平；城市居民人均可支配收入增长10%；农民人均纯收入增长9%；居民消费价格总水平涨幅不高于全省平均水平；城镇登记失业率控制在4%左右。

四、南京市在长三角地区经济发展中的地位

受美国次贷危机引发的国际金融危机对实体经济的影响，2008年南京市经济在发展过程中遭遇了一系列严峻挑战。在严峻的宏观环境下，南京市在调整中求发展，地区生产总值依然保持两位数的增长速度，经济整体上呈现出平稳增长的态势。

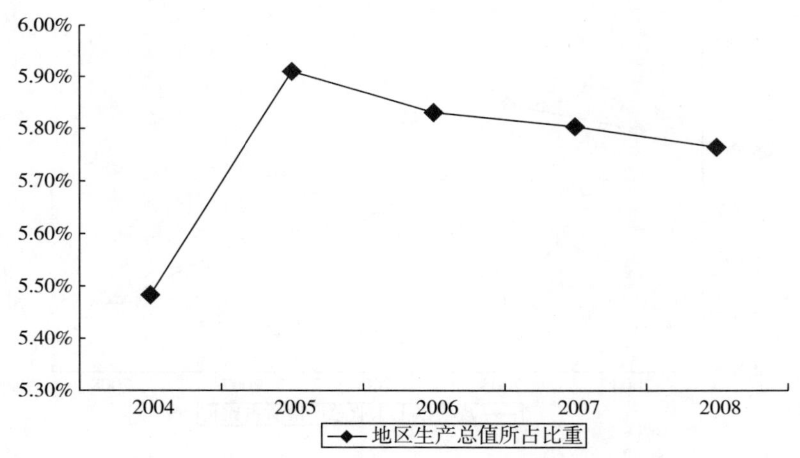

图2－34　2004－2008年南京市地区生产总值在长三角所占比重的变化趋势

从长三角地区整体来看，南京市地区生产总值在整个长三角地区生产总值的比重总体平稳，2008年比2007年略降了0.04个百分点。但从近5年的变化趋势来看，自从2005年南京市地区生产总值占比增长0.43个百分点以来，已连续3年进入下行阶段，累计下降0.15个百分点。

南京市地方财政一般预算收入在长三角地区的占比在2005年有较大幅度的下跌，从2004年的7.93%下降到2005年的5.52%，降幅高达2.41个百分点。但自2005年以来，南京市地方财政一般预算收入的占比就保持相对稳定，基本维持在5.5%左右。

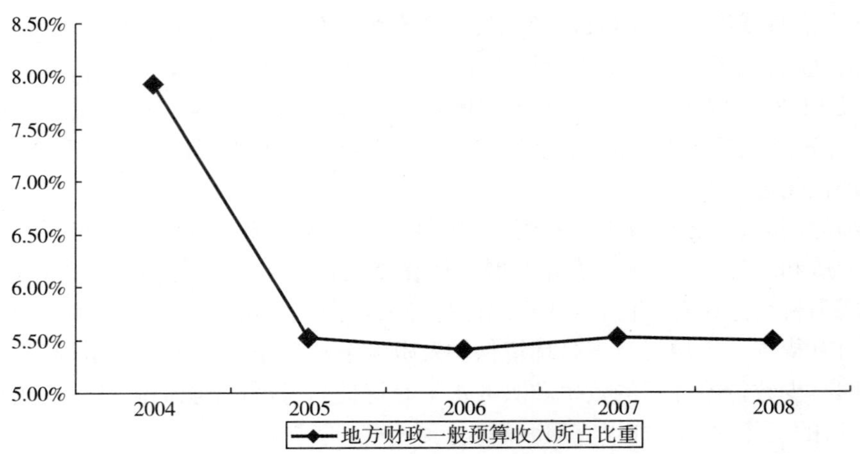

图 2-35　2004-2008 年南京市地方财政一般预算收入在长三角所占比重的变化趋势

南京市工业虽保持了自 1998 年以来的两位数增长,但运行的稳定性和增长的速度均逊于近几年。2008 年工业企业面临的困难前所未有,发展缓慢的原因多样:年初的低温冰雪造成部分生产原材料运输紧张,出厂困难;人民币持续升值与出口退税率的调整挤压了企业出口产品的利润空间;人工成本激增等诸多的不利因素导致工业企业生产和销售的不确定性增加。尤其是年内原油购进价格和化工产品、钢材等出厂价格的暴涨、暴跌,使南京以重化工业为主的工业生产体系饱受打击。工业发展趋缓导致工业总产值在长三角的占比持续下降,已由 2005 年高峰时的 5.68% 下降到 2008 年的 4.96%,累计下跌 0.72 个百分点。

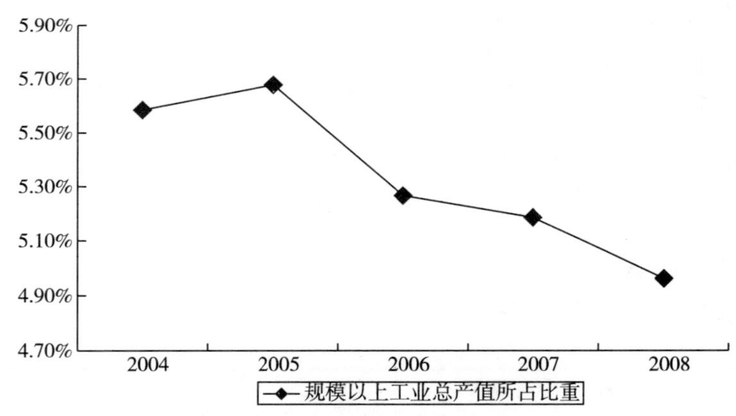

图 2-36　2004-2008 年南京市规模以上工业总产值在长三角所占比重的变化趋势

南京市外贸出口形势空前严峻。特别是 2008 年下半年以来国际金融风暴越演越烈,对欧美国家实体经济的影响显现,外部需求急剧放缓,企业出口订单数骤减,11、12 月份出口出现少有的负增长。受此影响,南京市的进出口总额在长三角的占比已连续 4 年下跌,已由 2004 年时的 5.75% 下降到 2008 年的 4.88%,累计下跌 0.87 个百分点。

南京市实际外商投资金额在长三角所占的比重在 2005 年比 2004 年下跌了 0.85 个百分点,2005 至 2007 年基本保持稳定并有微幅的增长,但 2008 年又有较明显的下跌,跌幅为 0.14 个百分点。

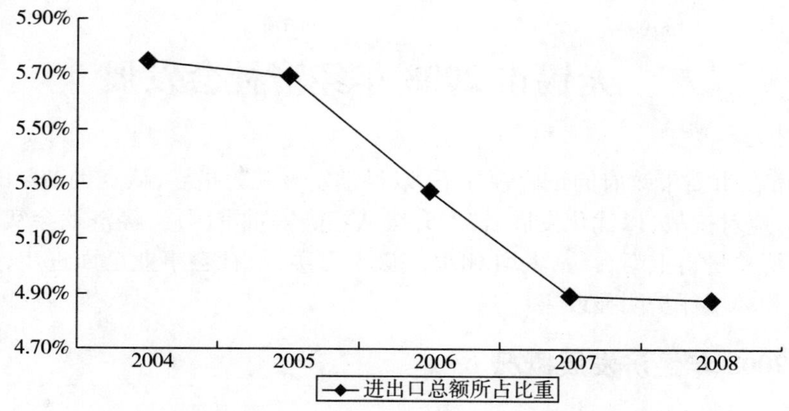

图 2-37 2004-2008 年南京市进出口总额在长三角所占比重的变化趋势

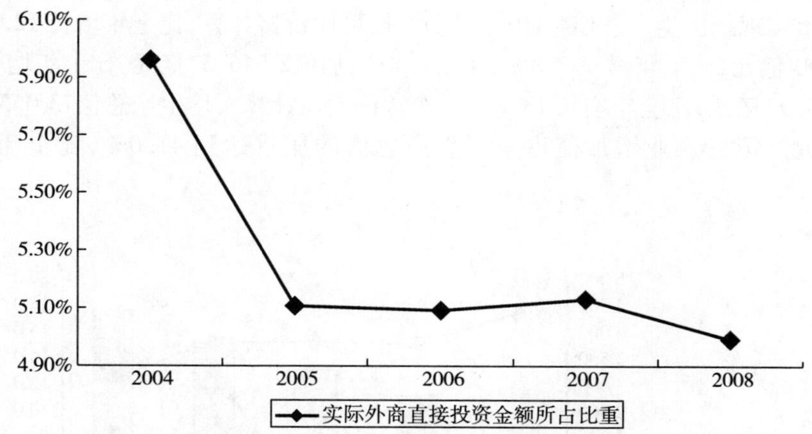

图 2-38 2004-2008 年南京市实际外商直接投资金额在长三角所占比重的变化趋势

二　无锡市2008年经济社会发展

2008年无锡市在市委市政府的正确领导下,以科学发展观为指导,认真贯彻党的十七大精神,万众一心,奋力拼搏,应对挑战,以优化发展、转型升级从容破解重重困局,经济社会实现了平稳较快发展的良好态势,经济总量再上新台阶,人均GDP突破1万美元,社会事业全面进步,人民生活水平不断提高,生态建设和环境保护明显改善。

一、无锡市2008年经济发展概况

(一)综合经济

1. 国民经济持续平稳发展

2008年,全市实现地区生产总值4 419.50亿元,按可比价格计算,比上年增长12.4%。其中第一产业增加值63.00亿元,比上年增长3.8%;第二产业增加值2 546.57亿元,比上年增长11.7%;第三产业增加值1 809.93亿元,比上年增长13.8%。按常住人口计算人均生产总值73 053元,按现行汇率折算达10 689美元。第三产业增加值占全市生产总值的比重达到41.0%,比上年提高0.9个百分点。

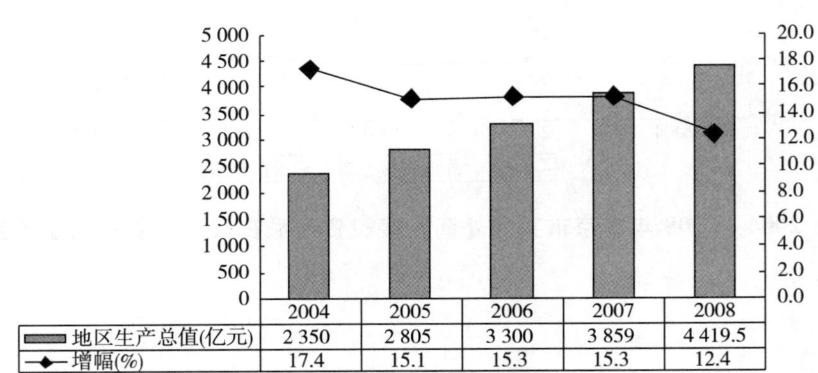

	2004	2005	2006	2007	2008
地区生产总值(亿元)	2 350	2 805	3 300	3 859	4 419.5
增幅(%)	17.4	15.1	15.3	15.3	12.4

图2-39　2004-2008年无锡市地区生产总值及增长速度

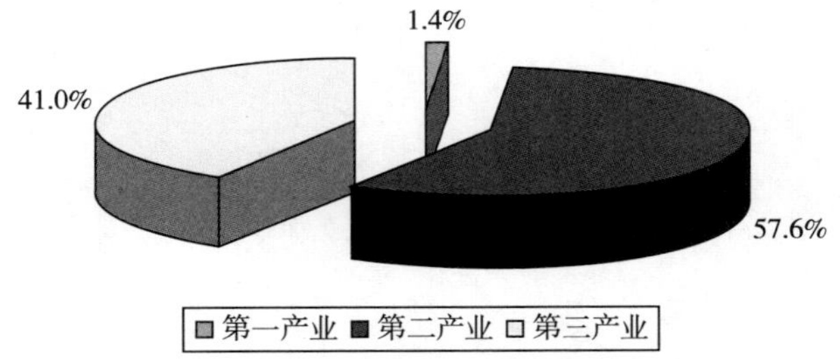

图2-40　2008年无锡市三次产业结构图

2. 财政收入快速增加

全市完成财政总收入909.16亿元,比上年增长28.6%。财政总收入占地区生产总值的比重为20.6%,比上年提高2.3个百分点。其中地方一般预算收入365.43亿元,比上年增长21.6%,基金收入185.75亿元,比上年增长66.6%,上划中央四税357.98亿元,比上年增长21.4%。财政支出结构继续调整。一般预算支出341.38亿元,比上年增长26.1%;基金预算支出184.38亿元,比上年增长63.8%。

3. 市场物价增长较快

全年居民消费价格总水平比上年上涨5.1%,分类别看,八大类价格呈现"六升二降"的格局。其中,食品类价格上涨13.5%;家庭设备用品及维修服务类价格上涨5.5%,居住类价格上涨2.8%,医疗保健和个人用品类价格上涨2.7%。

全年市区居民消费价格上涨5.1%,涨幅比上年提高了1.3个百分点。其中服务项目价格上升0.6%,消费品价格上涨6.9%。商品零售价格上涨5.2%。

4. 固定资产投资增速趋于平稳

全年全社会固定资产投资完成1 877.02亿元,比上年增长12.1%。从项目构成看:建筑工程完成投资918.33亿元,增长12.1%,安装工程投资110.12亿元,增长37.1%,设备工器具购置完成投资583.84亿元,增长14.3%,其他费用264.73亿元,增长0.3%。分产业投向:第一产业投资6.37亿元,比上年增长198.6%,第二产业投资945.66亿元,比上年增长6.8%,第三产业投资924.99亿元,比上年增长17.6%。全年城镇固定资产投资建成投产项目1 480个,项目建成投产率为74.8%;新增固定资产1 028.25亿元,固定资产交付使用率为73.6%。

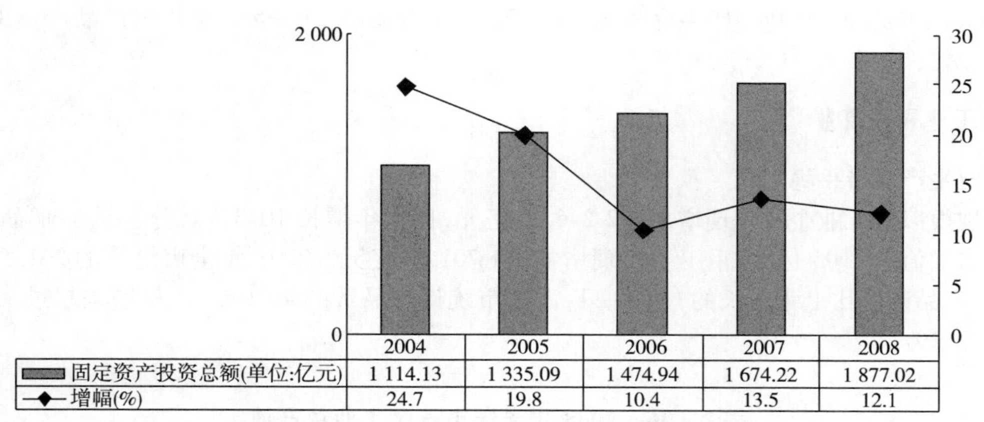

	2004	2005	2006	2007	2008
固定资产投资总额(单位:亿元)	1 114.13	1 335.09	1 474.94	1 674.22	1 877.02
增幅(%)	24.7	19.8	10.4	13.5	12.1

图2-41　2004-2008年无锡市全社会固定资产投资及增长幅度

5. 市县经济

据全国县域经济研究专门机构——中郡县域经济研究所编制发布了第九届全国县域经济基本竞争力十强县(市)名单显示:在全国十强县中,江阴市排名第一,宜兴市排名第九。

(二)农业

1. 农业生产稳定发展

无锡市认真落实一系列支农惠农政策,加上有利的气候条件,粮食产量有所增加。全年粮食总产量79.94万吨,比上年增长9.6%。油料总产量1.70万吨,其中油菜籽1.60万吨,分别下降4.0%

表 2－25　2008 年无锡市县区主要经济指标

区县	地区生产总值(亿元)	地方财政一般预算收入(亿元)	城镇固定资产投资(亿元)	出口总额(亿美元)	社会消费品零售总额(亿元)
市辖区					
锡 山 区	291.05	24.76	109.48	19.57	88.48
惠 山 区	348.42	33.42	138.56	15.43	68.00
滨 湖 区	386	33.72	141.33	11.23	112.60
郊县					
江 阴 市	1 530.00	102.19	183.00	87.91	293.34
宜 兴 市	600.02	38.12	121.87	19.99	210.12

和 7.1%；蚕茧总产量 235 吨，比上年下降 32.3%；茶叶总产量6 798吨，比上年增长 0.1%；水果总产量129 345吨，比上年增长 5.7%。全市现代高效农业面积达到 97.5 万亩，占耕地面积的比重达到 46.2%。产业园区集群效应不断显现，建成规模以上现代农业园区 118 个。

2. 种植业结构发生变化

全年粮食种植面积为 121.34 千公顷，比上年增加 3.66 千公顷；油料种植面积为 8.16 千公顷，比上年减少 1.99 千公顷。蔬菜面积 37.71 千公顷，比上年增加 4.72 千公顷。

3. 林牧渔业生产稳步发展

主要畜产品中，肉类总产量116 022吨，比上年增长 10.8%，其中猪牛羊肉67 538吨，比上年增长 4.2%；禽蛋总产量29 965吨。奶牛存栏 1.86 万头，比上年减少 21.8%。全年水产品产量 12.42 万吨，比上年增长 1.1%。

(三)工业和建筑业

1. 工业生产保持平稳增长

全市规模以上工业企业实现增加值2 246.21亿元，比上年增长 10.3%。分轻重工业看，全年轻工业实现增加值 545.05 亿元；重工业实现增加值1 701.16亿元。2008 年全市统计的 261 只主要工业产品中，产品产量比上年增长的有 106 只，占全市统计产品数的 40.6%，产量增幅超过 15% 的有 45 只，占 17.2%。

表 2－26　2008 年无锡市县区工业总产值

单位：亿元

区县	工业总产值
无 锡 市	**10 281.67**
锡 山 区	869.44
惠 山 区	868.25
滨 湖 区	434.24
江 阴 市	4 011.65
宜 兴 市	1 437.85

2. 工业经济运行质量继续提高

全市规模以上工业实现产品销售收入9 922. 35亿元，比上年增长 13. 8%；产品销售率 97. 57%，比上年下降 0. 23 个百分点；工业企业实现利税 755. 19 亿元，比上年增长 9. 8%。其中利润 520. 33 亿元，比上年增长 8. 2%；亏损企业亏损面 14. 5%，亏损额 42. 03 亿元，比上年增长 59. 1%。工业经济综合效益指数达到 227%，创历史最好水平，比上年提高 6 个百分点。

3. 高新技术产业快速提升

高新技术产业发展明显快于其他行业。全市高新技术产业增加值占全市规模以上工业增加值的比重为 41. 5%，比上年提高 2. 9 个百分点。集成电路产业实现主营业务收入 254. 56 亿元，比上年增长 10. 8%，光伏产业实现主营业务收入 278. 47 亿元，比上年增长 101. 6%。产业竞争力明显增强。大规模集成电路产业制造技术和能力达到国内城市第一。

4. 建筑业保持稳定发展

全年全社会建筑业完成增加值 147. 67 亿元，比上年增长 4. 3%；实现建筑业总产值 344. 22 亿元，比上年增长 13. 7%。施工房屋建筑面积3 333. 96万平方米。1 个建设工程项目获国家优质工程“鲁班奖”，19 个建设工程项目获江苏省优质工程“扬子杯奖”，63 个建设工程项目获无锡市优质工程“太湖杯奖”。

(四) 服务业

1. 国内贸易

消费品市场繁荣活跃。全年实现社会消费品零售总额1 391. 48亿元，比上年增长 22. 6%。其中，城市消费品零售额1 173. 03亿元，比上年增长 22. 6%；农村消费品零售额 218. 45 亿元，比上年增长 22. 5%。批发零售贸易业零售额1 219. 37亿元，比上年增长 21. 0%；住宿和餐饮业零售额 138. 51 亿元，比上年增长 27. 5%；其他行业零售额 33. 60 亿元，比上年增长 81. 7%。在限额以上批发和零售业零售额中，汽车类零售额比上年增长 5. 4%，家用电器和音像器材类增长 15. 8%，建筑及装潢材料类增长 17. 8%，食品饮料烟酒类增长 15. 6%，服装鞋帽针纺织品类增长 13. 4%，金银珠宝类增长 31. 7%。

市场建设稳步推进。年末拥有各类亿元以上商品交易市场 68 个，市场摊位总量39 843个，实现成交额2 444. 47亿元，比上年增长 20. 6%。其中综合市场 15 个，专业市场 41 个，其他市场 7 个。专业市场实现成交额1 919. 39亿元，比上年增长 19. 5%。新型流通业态以及现代经营方式均有较快发展。

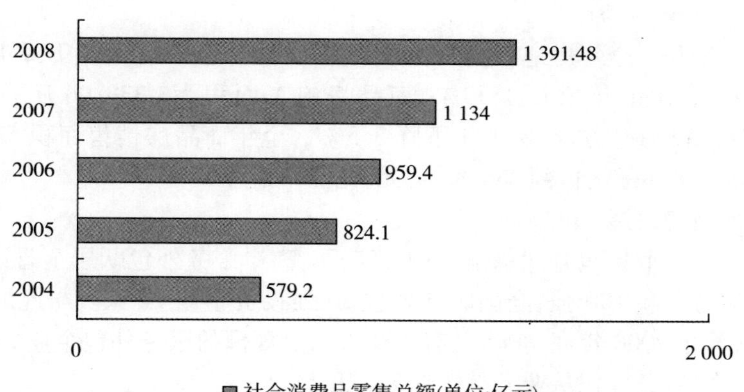

图 2－42 2004－2008 年无锡市社会消费品零售总额

2. 交通、邮电业

社会运输能力继续提高。全市年末全社会拥有车辆99.82万辆,比上年下降9.5%。其中汽车49.94万辆,比上年增长15.5%。私人汽车又有大的发展,年末达到31.79万辆,比上年增加6.11万辆。

全社会客货运量全面增长。全年完成客运量24 248万人次,比上年增长3.8%;完成货运量11 451万吨,比上年增长6.3%。全市港口货物吞吐量16 401万吨,比上年增长12.1%。全年空港旅客吞吐量164.2万人次,比上年增长20.8%。

邮电通讯持续较快发展。全年邮电业务总量78.84亿元,比上年增长0.6%。邮政服务门类增多,投递速度加快。全年发送函件11 892万件。邮政特快专递522.79万件,比上年增长17.9%。年末固定电话交换机总容量达448.65万门,增加30万门。城乡本地固定电话用户267.93万户,其中移动市话67.89万户。移动电话用户达到587.59万户,增加83.59万户。计算机互联网用户达到85.06万户。

3. 旅游业

国内国际旅游业稳定发展。全年共接待旅游、参观、访问及从事各项活动的入境游客64.96万人次,比上年下降14.7%;接待国内游客3 682.44万人次,比上年增长9.9%。旅游总收入达520.30亿元,比上年增长16.7%。全市拥有年接待游客10万人以上的景区35个,国家5A级景区1家,国家4A级景区13家,3A级景区8家,2A级景区12家。年末全市星级宾馆已达63家,其中五星级宾馆6家,四星级宾馆18家。全市拥有国际旅行社16家,国内旅行社102家,全国工农业旅游示范点12家。

4. 金融和保险业

2008年,新韩银行、民生银行等4家境内外银行落户无锡,农村小额贷款公司正式运营。金融存贷款规模扩大。年末金融机构各项本外币存款余额达5 483.85亿元,比上年增长24.3%;各项本外币贷款余额3 842.86亿元,比上年增长19.7%。存款中,企业存款余额1 946.20亿元,比上年增长9.5%;城乡居民储蓄存款余额2 285.12亿元,比上年增长32.1%。贷款中,短期贷款2 026.41亿元,比上年增长8.6%;中长期贷款1 325.07亿元,比上年增长31.1%。全年银行现金收入10 063.04亿元,比上年下降3.1%;现金支出10 320.93亿元,比上年下降2.4%;全年现金净投放257.88亿元。

保险业发展势头良好。全年实现保费收入94.72亿元,比上年增长26.7%。其中财产险收入25.62亿元,比上年增长17.2%;人寿险收入69.10亿元,比上年增长30.6%。保险赔款支出18.05亿元,比上年增长37.4%。保险给付支出21.94亿元,比上年增长59.0%。

5. 房地产业

房地产开发继续增长。全年房地产业实现增加值140.94亿元,比上年下降4.1%。完成房地产开发投资449.72亿元,比上年增长18.9%,商品房施工面积为3 333.96万平方米,比上年增长23.0%,竣工面积711.39万平方米,比上年下降3.5%。全年商品房销售面积537.35万平方米,比上年下降30.0%,商品房实际销售额288.85亿元,比上年下降17.7%。

6. 服务外包产业迅速发展

全年全市服务外包产业接包合同总额9.41亿美元,离岸服务外包跃居全省第一、全国前列。全市目前已拥有全球服务外包100强、全国服务外包50强投资企业17家。与此同时,服务外包企业规模也是日益壮大,截止2008年底,全市已有300人以上规模的服务外包企业21家,获得CMMI国际资质认证企业31家,服务外包从业人员达到3.7万人。

(五)开放型经济

1. 对外贸易保持平稳增长

全年实现外贸进出口总额560.28亿美元,比上年增长9.6%。其中,进口总额202.43亿美元,比上年下降7.3%;出口总额357.85亿美元,比上年增长22.0%。有进出口实绩的企业累计已达5 683家,其中内资企业3102家。生产企业、外商投资企业出口快速增长。全市生产企业出口83.46亿美元,比上年增长31.9%,占全市出口额的23.3%。外商投资企业的出口256.62亿美元,比上年增长19.7%,占全市出口额的71.7%。外贸公司出口17.77亿美元,比上年增长14.4%,占全市出口额的5%。民营企业出口势头迅猛,全年共完成出口74.95亿美元,比上年增长31.7%,占全市比重的20.9%。

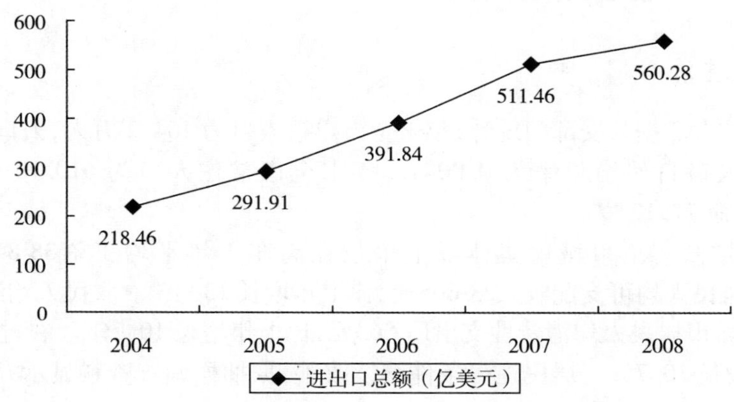

图2－43　2004－2008年无锡市外贸进出口总额

2. 利用外资结构持续优化

全年新批外资项目282个,新增工商登记协议注册外资51.35亿美元,到位注册外资31.67亿美元,比上年增长14.2%。全市完成协议注册资本超3 000万美元重大外资项目32个,比上年增加4个。至2008年底全球财富500强企业中有74家在我市投资兴办了143家外资企业。

表2－27　2008年无锡市县区实际外商直接投资

单位:亿美元

区县	实际外商直接投资
无锡市	**31.67**
锡山区	2.48
惠山区	1.82
滨湖区	1.40
江阴市	6.28
宜兴市	4.55

3. 对外经济合作稳步推进

全年新签外经合同金额2.82亿美元,比上年下降15.0%;实际完成营业额1.87亿美元,比上年下降23.9%;期末在外劳务人数1 546人,比上年下降12.1%。年末全市外经获权企业数达15家,其中对外劳务合作企业7家。全年完成境外投资项目67个,中方投资额达1.46亿美元。

4. 民营经济继续稳步壮大

全市民营经济延续上年的良好发展态势,总量继续扩张,规模继续壮大,活力增强。全市民营经济从业人员182.15万人,注册资金2 700.62亿元,比上年增长19.5%。民营经济实现增加值2 685.77亿元,比上年增长13.0%,占经济总量的比重为60.8%,比上年提高2.3个百分点,完成工业总产值7 410.41亿元,比上年增长16.0%,上缴税金327.54亿元,比上年增长22.6%。民营经济固定资产投入893.12亿元,比上年增长7.9%。

二、无锡市2008年社会发展概况

(一)人口、人民生活

人口规模有序扩大。据公安部门统计,年末全市户籍人口为464.2万人,人口出生率7.05‰,人口死亡率7.05‰,人口自然增长率为0.00‰。年末全市常住人口为610.73万人,比上年增长1.9%。人均期望寿命77.12岁。

居民收入稳步增长。全市城镇集体以上单位在岗职工年平均工资38 843元,比上年增长13.0%。市区城市居民人均可支配收入23 605元,比上年增长13.0%。农民人均纯收入11 280元,比上年增长12.5%。城市居民人均消费性支出13 563元,比上年增长10.7%。农村居民人均消费性支出7 943元,比上年增长10.7%。居民住房条件继续改善,据抽样调查资料显示,城市居民人均住房面积33.4平方米,农村居民人均住房面积57.7平方米。

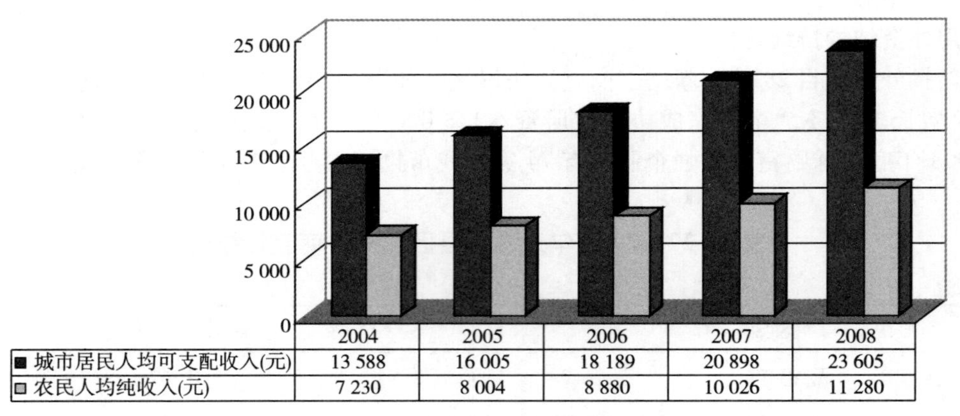

	2004	2005	2006	2007	2008
■ 城市居民人均可支配收入(元)	13 588	16 005	18 189	20 898	23 605
□ 农民人均纯收入(元)	7 230	8 004	8 880	10 026	11 280

图2-44　2004-2008年无锡市城乡居民收入对比一览

(二)就业和社会保障

1. 就业和再就业扎实推进

全市城镇新增就业11.8万人,净增就业8.9万人,各类城镇下岗失业人员实现就业再就业7.39万人,帮助持《再就业优惠证》的下岗失业人员再就业18 035人。全市城镇登记失业率为3.12%。

2. 社会保障覆盖面扩大

2008 年,无锡市五大保险参保人数均超过百万。其中全市企业职工养老保险参保人数达到 191.99 万人,比上年增加 18.95 万人。全市参加城镇职工基本医疗保险人数达到 214.01 万人,比上年增加 21.86 万人。全市参加失业保险职工人数为 137.28 万人,比上年增加 19.11 万人。全市参加城镇企业职工工伤和生育保险人数分别为 142.87 万人和 128.6 万人。年末在领失业保险金人数为 2.42 万人。企业离退休人员养老金社会化发放率达 100%。

3. 社会福利事业稳步推进

全市各类福利机构拥有床位16 813张,供养、代养10 839人。建立城镇各种社区服务设施9 007处。城乡居民最低生活保障对象80 737人。全年发放城乡低保资金 1.49 亿元。全市各类优抚对象 19 万人。全年全市慈善组织累计募集善款(含冠名基金)14.05 亿元。

(三)科学技术和教育

1. 科技力量增强

全市共有国家、省级工程技术研究中心 36 家,市级工程技术研究中心 85 家,国家、省级科技创业服务中心 22 家,市级科技创业服务中心 4 家,国家、省级重点实验室、公共技术服务平台 23 家,市级重点实验室、公共技术服务平台 15 家。

科技创新成绩显著。全市专利申请量达10 899件,比上年增长 51.7%,其中发明专利申请量达到2 640件,比上年增长 52.3%,专利授权量达5 028件,比上年增长 11.0%。获国家、省科技计划项目 234 项,获国家和省科技计划到位经费 2.5 亿元。省级孵化器数量;中科院与地方科技合作项目;争取科技部国际合作项目数、经费数;省“双创”人才资助项目数、经费数;第四届新世纪巾帼发明家评选获奖数;省创新基金项目数和经费数等 6 项科技指标列全省第一。

“质量与知识产权立市”战略全面实施,建成全国首个省级卓越绩效管理孵化基地,一汽锡柴荣获首个“市长质量奖”,无锡拥有的“全国标准化专业技术委员会”数量列国内城市之首,新增中国驰名商标 19 件。无锡高新区成为全国首批海外高层次人才创新创业基地之一。全社会研发费用占地区生产总值比重达 2.1%。全市按新标准认定高新技术企业 246 家。

2. 各级各类教育优质发展

2008 年末,无锡市拥有各级各类学校 482 所,在校学生 80.37 万人。其中,普通高校 11 万人,增加 0.7 万人。小学和初中的普及率均达 100%,巩固率分别为 100% 和 98.36%;盲聋弱智儿童入学率为 98% 以上;初中毕业生升学率达 99.5%,高中阶段毛入学率达 113.14%,高考万人本科进线人数 26.53 人/万,高考录取率达 92.1%。无锡市成为首批“江苏省规范教育收费示范市”。深化中小学办学体制改革取得决定性进展。加快学前教育优质均衡发展。优质高中教育资源进一步扩大,全市三星级以上普通高中和省级以上重点职校就读的新生达到高中阶段招生总数的 90%。藕塘职教园区建设取得阶段性重大成果,首批 6 所院校入驻,在园学生近 6 万人。深入推进双语教育实验,年内新增双语实验学校 30 所,实验学校累计达到 80 所。

各类教育统筹发展。落实义务教育免收学杂费政策,各级财政共投入9 737万元,免费发放教科书1 476万余册,惠及学生 48 万多人。实施中等职业学校国家助学金制度,市级发放助学金9 055万元,惠及职业学校学生近 6 万人。全市 26 所“公有民办”学校全部依法依规改制到位。105 所村办幼儿园完成达标改造,各级财政投入资金5 155万元。藕塘职教园区启动区基本建成,6 所院校入驻。北大软件与微电子学院无锡产学研合作教育基地投用。

(四)文化、卫生、体育

1. 文化事业和文化产业加快发展

文化事业精彩纷呈。成功举办了"2008 中国(无锡)吴文化节",精心组织惠山文化庙会等文化活动,年内举办"激情周末"等广场文艺演出 76 场。无锡道教音乐、锡剧、吴歌等 5 个项目被国务院列入第二批国家级非物质文化遗产名录。文艺表演团体和文化设施建设平稳发展。年末共有艺术表演团体 10 个,文化馆 9 个,公共图书馆 9 个,文化站 80 个,博物(纪念)馆 15 个。市博物院建成并对外开放。全市人民广播电台节目 9 套,平均每天播出 180.45 小时;电视台节目 9 套,平均每周播出1 166.26小时;无锡有线电视总用户已达 238.7 万户(包括企事业集团用户)。全市基本完成有线电视数字化整体转换工作。电视人口总覆盖率和广播人口覆盖率均达 100%。

文化名城活力焕发。阖闾城遗址保护性考古发掘圆满完成,惠山古街核心区一期完成修复,清名桥街区一期主体工程基本竣工。无锡博物院、鸿山遗址博物馆、灵山胜境三期、何振梁与奥林匹克陈列馆等建成开放。宜兴成为省级历史文化名城。无锡市成为全省首个历史文化名城群。鸿山遗址被国家批准列为大遗址保护工程。

2. 卫生事业不断进步

医疗条件进一步改善。全市拥有卫生医疗机构2 111个,其中综合医院 33 家,专科医院 21 家,中医院、中西医结合医院 7 家,城市社区卫生服务中心 23 家,社区卫生服务站 95 家,农村社区卫生服务中心(乡镇卫生院)114 家、社区卫生服务站 720 家,疗养院 5 家。年末全市共有卫生技术人员 2.6 万人,其中医生 1.2 万人;拥有医疗床位 2.3 万张,其中医院、社区卫生服务中心(卫生院)床位 2.2 万张。新型农村合作医疗人口覆盖率达到 99.8%,卫生服务体系健全率达到 100%。医疗水平进一步提高。全市各级医疗机构全年完成诊疗总次数2 502万人次,比上年增长 2%。医疗科研取得新成果,获省卫生厅新技术引进奖 74 项,确立局级立项科研项目 59 项,其中二等奖 4 项,三等奖 16 项。获省卫生厅医学新技术引进奖 46 项,其中一等奖 6 项,二等奖 40 项。授予 30 个项目无锡市卫生系统新技术引进奖。

优化医疗卫生资源配置,完善社区卫生服务体系,市级财政安排专项资金 1 亿元,全面完成了城区 23 个社区卫生服务中心规范化建设。开展社区卫生惠民服务,减免社区就诊费用2 684.4万元。资助 6.8 万名农村困难人员免费参加新型农村合作医疗,农村居民参保率提高到 99.8%,人均筹资 256 元。市残疾人康复中心正式投用。新增国家卫生镇 9 个、省卫生镇 3 个。

3. 体育事业蓬勃发展

全民健身服务体系进一步健全。全市所辖市(县、区)100% 创建成体育强镇。全民健身工程(点)的建设覆盖全市各行政村(居委),体育中心足球场、篮球场、门球场、溜冰场等各种全民健身设施免费对外开放,实现了群众体育生活化的目标。具有国际影响力的何振梁与奥林匹克陈列馆建成并免费对外开放。竞技水平不断提升。在第十一届全国冬运会上,无锡籍运动员共取得了 3 银 1 铜的好成绩。2008 年北京奥运会、残奥会上,无锡体育健儿获得了 2 枚金牌,实现了历史性的突破。

(五)城乡建设

太湖新城建设全面展开,太湖国际科技园、科教产业园等重点园区初显雏形,老城区重点片区改造加快推进。全面启动第三轮"城市建设三年行动纲要"建设任务,积极提升中心城市综合功能。继续加快市区重点道桥建设,全长 29.3 公里的快速内环全线贯通,市区新增城市道路 73 公里。城市快速轨道交通近期建设规划获批,京沪高速铁路和沪宁城际铁路无锡段全面开工建设。229 省道江阴段等 85 公里国省干线完成高标准改造,沪宁高速公路无锡机场互通、锡苏高速公路无锡段相继建成,苏南运河航道升级改造工程全面开工。全市港口完成货物吞吐量1.5亿吨,集装箱运量52万标箱,江阴港被列为大陆首批两岸直航港口之一。无锡机场被批准为国家一类口岸并正式对外开放,全年进出港旅客超过164万人次,货邮吞吐量近4万吨。加强电网建设与改造,建成35千伏及以上变电容量519万千伏安。总投资30亿元的市区长江引水工程竣工投用,双水源供水格局基本形成,自来水水质提前达到国家生活饮用水新标准。

社会主义新农村建设进程良好。加快实施农村"三个集中",并入城镇和农村新型社区的自然村929个。加强农村"三大合作"组织建设,累计建成"四有"示范合作经济组织361个。推进现代都市农业和产业化发展,全市新增农业旅游点18个,新增农业旅游特色村5个,新增农业旅游特色镇4个。建立健全农村社会保障体系,全市农村养老保障综合覆盖率90.5%。着力造就现代新型农民,全市青壮年农民接受职业技能培训比例达到80%。大力推进农村造林绿化,全市完成乡村道路建成林阴道比例达79.8%。大力帮扶农村困难家庭。推进现代化新农村示范镇村争创活动,全市新增现代化新农村建设示范镇7个,新增现代化新农村建设示范村142个。农村五件实事全面完成。新建农村道路131公里,修缮农村危桥265座;建成村级"为农服务社"171个,其中农村社区服务中心54家;建成村(居)委健身点620个,6个乡镇文化站实现达标建设;完成村庄环境整治365个,15个镇成为现代化新农村示范镇,农村面貌显著改善。

(六)环境保护与生态建设

城市环境质量进一步改善。全年全市环境空气质量良好以上天数占总天数的比例达到93.4%,集中式饮用水源地水质达标率99.5%。全市建成烟尘控制区9个,面积509.26平方公里;环境噪声达标区9个,面积509.26平方公里。环境质量综合指数达到83.6。

太湖水污染防治强力推进。围绕"十一五"太湖治理目标,落实控源截污、蓝藻打捞、调水清淤、生态修复等各项措施,太湖无锡水域水质得到改善。23条入湖河道的170个排污口全部封堵。市区4 568家单位全面截污,全市开发开放园区所有工业和生活污水全部接管处理,市区新增污水管网1 362.4公里。列入省目标考核的54家污水处理厂提标改造工作基本完成,市区城镇生活污水处理率达到85%以上。贡湖水源地完成清淤111万立方米,县乡河道疏浚清淤993万立方米,村庄河塘疏浚清淤1 310万立方米,打捞蓝藻50万吨。

节能减排成效明显。严格落实重点地区、重点行业、重点企业能耗管理和污染治理措施,严格落实工程减排、结构减排、监管减排措施,累计关停"五小"、"三高两低"企业1 421家,关停并转沿湖企业53家。加大执法力度,共有80家违法企业作出公开道歉和承诺。无锡成为国家节水型城市。

生态建设稳步开展。全市植树造林6 900公顷,森林覆盖率提高到22.3%;市区新增城市绿地712万平方米,建成区绿化覆盖率达43%,全长38公里蠡湖环湖绿带全面建成。江阴建成区绿化覆盖率为44%。宜兴建成区绿化覆盖率为45.6%。完成土地复垦整理5 546公顷,新增耕地1 264公顷,完成矿山坡面复绿40万平方米。

(七)安全生产

全年发生各类事故2 605起,死亡558人,比上年事故起数下降13.8%,死亡人数下降14.9%。亿元GDP生产安全事故死亡人数为0.13人,比上年下降23.5%。

三、挑战与目标

在迈向现代化的道路上,无锡取得了新的进步。但是,面对未来,无锡的发展还面临许多亟须克服的困难和解决的矛盾:经济结构战略性调整任务依然艰巨,先进制造业和高端服务业发展需要进一步加快;城市现代化建设和城乡一体化发展面临许多新的课题,城市规划、建设和管理需要进一步加强;资源节约和环境保护是一项长期而艰巨的系统工程,节能减排工作需要进一步推进;社会事业发展相对滞后,政府公共服务能力需要进一步增强,等等。此外,政府工作中还存在一些不足和薄弱环节,政风建设还要不断加强。这些问题必须高度重视,在今后工作中切实加以解决。

综合考虑各方面因素,2009 年经济社会发展的主要预期目标是:地区生产总值增长 11%;地方财政一般预算收入同口径增长 11%;社会消费品零售总额增长 16%;全社会固定资产投资增长 20%;万元地区生产总值能耗降低 4.5%,主要污染物排放量在 2005 年基础上累计削减 16%,环境质量综合指数稳定达到 85;城市居民人均可支配收入增长 10%,农民人均纯收入增长 10%;城镇登记失业率控制在 3.8% 以内;居民消费价格指数控制在省定范围以内。

四、无锡市在长三角地区经济发展中的地位

在历史罕见的挑战和风险面前,无锡市深入贯彻科学发展观,全面推进“一当好,三争创”的伟大实践。积极应对经济运行中出现的各种矛盾和问题,克服雨雪冰冻等自然灾害影响,坚定信心,振奋精神,克难前行,经济运行总体仍处于较快增长区间,结构调整和发展方式转变取得积极进展,民生继续改善,社会保持稳定。

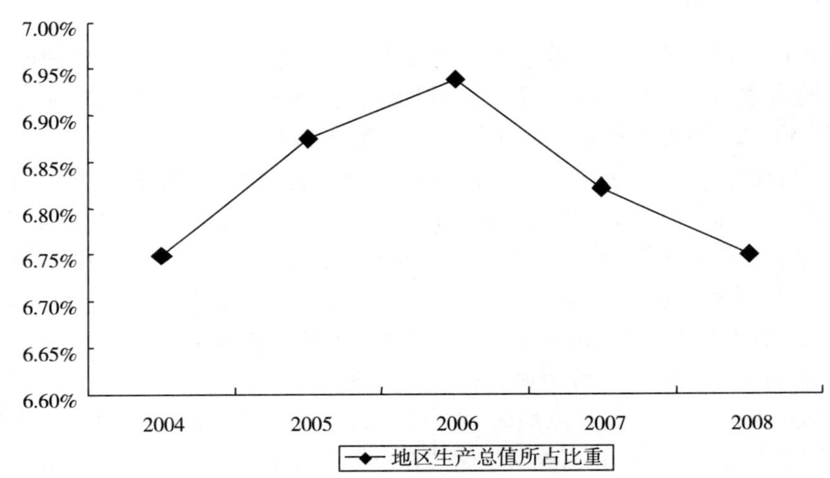

图 2-45　2004-2008 年无锡市地区生产总值在长三角所占比重的变化趋势

2008 年无锡市地区生产总值相对上年继续保持了两位数的增长速度,经济总量再上新台阶。但在长三角地区的占比中,已连续两年下跌。2008 年无锡市地区生产总值在长三角所占比重为 6.75%,比近期的高峰 2006 年下跌了 0.19 个百分点,与 2004 年的占比十分接近。

2004-2008 年无锡市地方财政一般预算收入在长三角所占比重呈持续上升的态势,各年的占比分别为 4.51%、4.75%、4.85%、5.02%、5.19%,五年间累计增长了 0.86 个百分点。

2008 年无锡工业生产继续保持两位数的高速增长,但其在长三角地区的占比却继续保持着逐年小幅下跌的趋势。2004-2008 年无锡市规模以上工业总产值在长三角所占比重分别为 8.10%、7.99%、7.98%、8.01%、7.88%,累计下跌 0.22 个百分点。

自 2008 年下半年以来,国际金融危机对无锡市外贸的影响日益显现。进出口大幅下降,跌幅有加深趋势;加工贸易继续回落,一般贸易出口跌幅骤然加大。面对空前严峻的外贸形势,无锡市按照

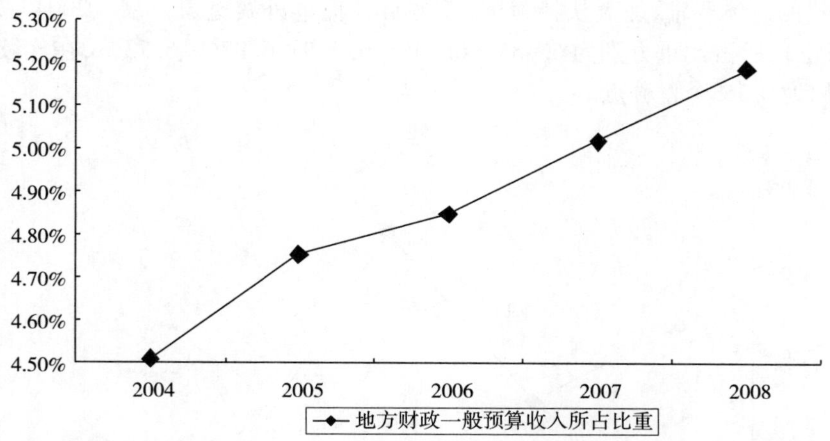

图 2－46　2004－2008 年无锡市地方财政一般预算收入在长三角所占比重的变化趋势

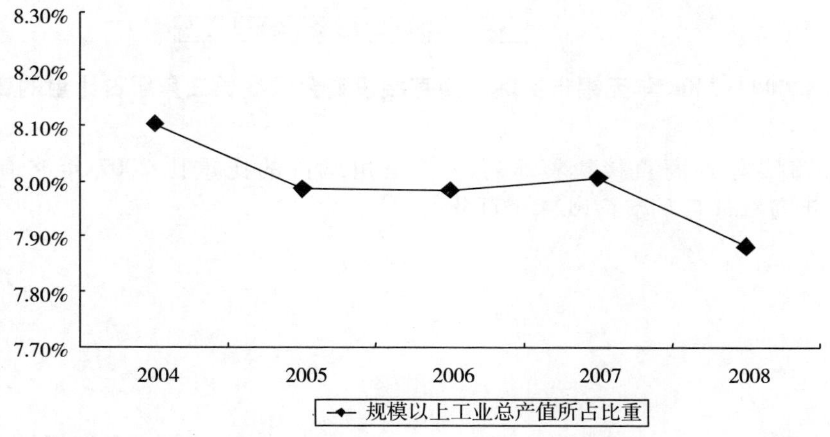

图 2－47　2004－2008 年无锡市规模以上工业总产值在长三角所占比重的变化趋势

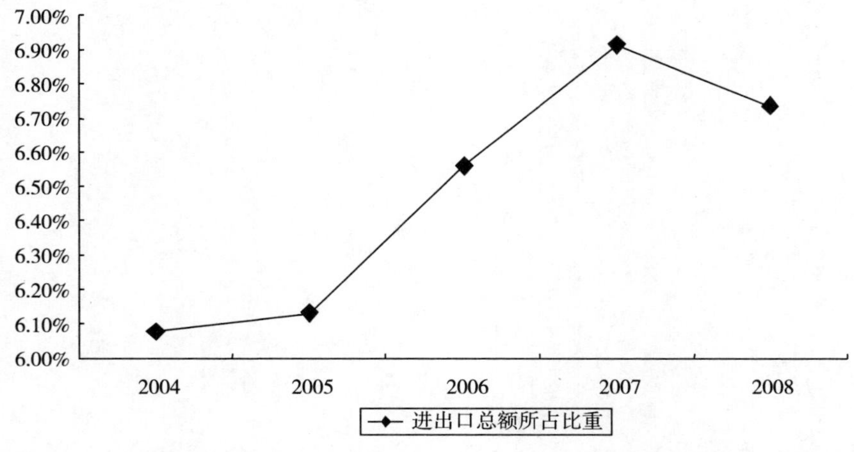

图 2－48　2004－2008 年无锡市进出口总额在长三角所占比重的变化趋势

“保增长、促转型”的总体要求,加大扶持力度,千方百计促进外贸健康发展。2004 - 2008 年无锡市进出口总额在长三角所占比重分别为 6. 08% 、6. 13% 、6. 56% 、6. 92% 、6. 73% ,在连续三年增长后首次出现下跌,跌幅为 0. 19 个百分点。

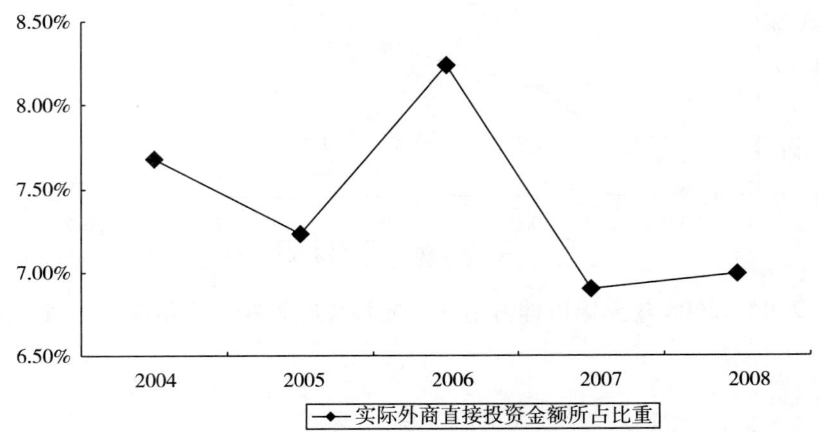

图 2 - 49　2004 - 2008 年无锡市实际外商直接投资金额在长三角所占比重的变化趋势

2008 年无锡市实际外商直接投资金额在长三角所占的比重比 2007 年略有增长,占比为 6. 99% ,比 2006 年高峰时期下降了 1. 24 个百分点。

三 徐州市 2008 年经济社会发展

2008 年,徐州市人民在市委、市政府的正确领导下,突出发展重点,创新发展思路,努力克服和化解不利影响,经济社会实现了平稳较快发展,经济总量再上新台阶,较好地完成了年初确定的各项目标任务。

一、徐州市 2008 年经济发展概况

(一)综合经济

1. 经济保持平稳较快发展

全年地区生产总值突破两千亿元,达到2 007. 36亿元,比上年增长 13. 5%。其中,第一产业增加值 210. 02 亿元,增长 5. 2%;第二产业增加值 1061. 78 亿元,增长 14. 0%;第三产业增加值 735. 56 亿元,增长 15. 5%。人均地区生产总值23 069元(按常住人口计算),按当年汇率折算人均 GDP 超过 3 000美元,达到3 378美元。三次产业结构由上年的 11. 5∶52. 5∶36. 0 调整为 10. 5∶52. 9∶36. 6。第二、三产业增加值占地区生产总值的比重分别比上年提高 0. 4 和 0. 6 个百分点。

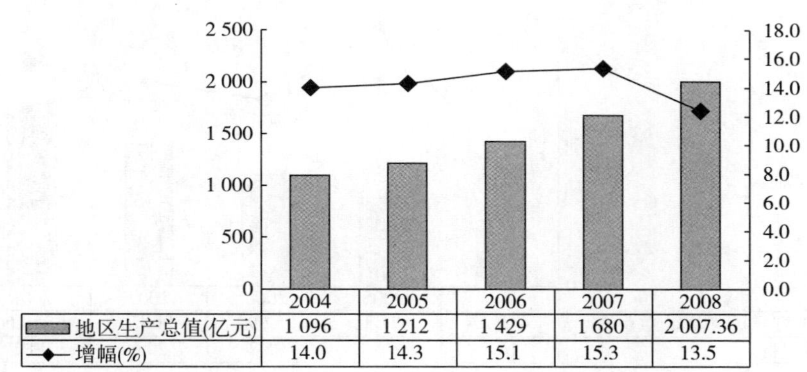

	2004	2005	2006	2007	2008
地区生产总值(亿元)	1 096	1 212	1 429	1 680	2 007.36
增幅(%)	14.0	14.3	15.1	15.3	13.5

图 2 -50 2004 -2008 年徐州市地区生产总值及增长速度

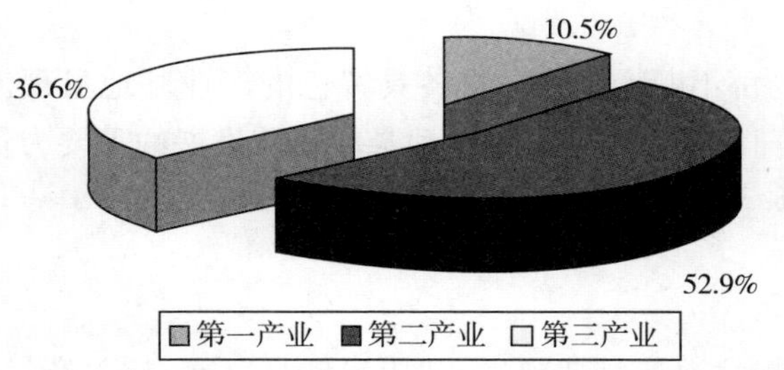

图 2 -51 2008 年徐州市三次产业结构图

2. 财政收支较快增长

全年财政总收入 268. 60 亿元(不含基金),增长 21. 7%;一般预算收入 125. 85 亿元,增长

25.4%。财政总收入占GDP的比重为13.4%,比上年提高0.2个百分点。全年地方财政支出287.05亿元,增长28.8%;一般预算支出196.03亿元,增长33.0%,其中教育、社会保障和就业、医疗卫生支出分别增长23.2%、16.7%、49.4%。

3. 物价涨幅逐步回落

全年城市居民消费价格比上年上涨4.9%。分类看,消费价格总体呈现“六升两降”,其中食品上涨12.4%,交通和通信、娱乐教育文化用品及服务分别下降1.7%和1.6%。商品零售价格上涨5.3%。

4. 固定资产投资稳定增长

全年完成全社会固定资产投资1 250.66亿元,比上年增长30.2%。规模以上投资1 161.75亿元,增长33.2%,其中,城镇投资1 015.04亿元,增长31.9%;农村投资146.70亿元,增长42.8%。在城镇投资中,房地产开发投资130.81亿元,增长30.7%。

投资结构逐步优化。规模以上投资中,一二三产业比重由上年的0.84∶60.39∶38.76调整为0.66∶59.19∶40.15。工业投资逐步强化,完成投资660.90亿元,比上年增长30.6%。第三产业投资466.43亿元,增长32.0%。高新技术产业投资快速增长,全年高新技术产业投资项目比上年增长191.8%,高新技术在建项目143个,增加48个,完成投资90.36亿元,增长78.6%,占工业投资的比重为13.7%,提高3.7个百分点。

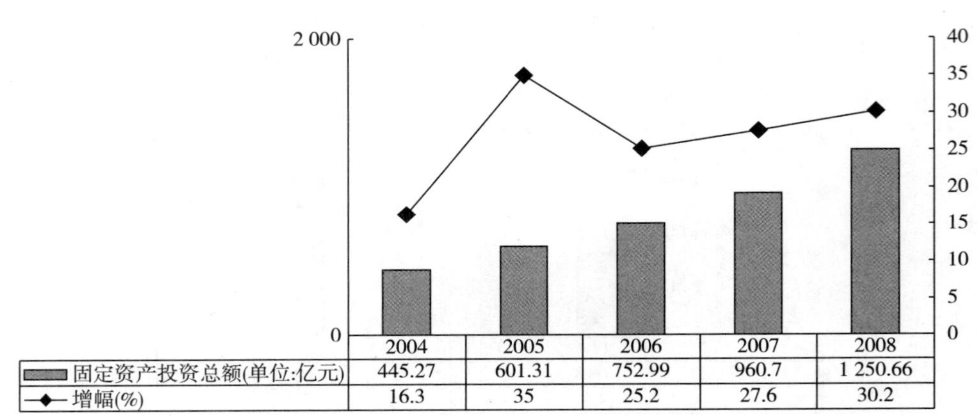

	2004	2005	2006	2007	2008
固定资产投资总额(单位:亿元)	445.27	601.31	752.99	960.7	1 250.66
增幅(%)	16.3	35	25.2	27.6	30.2

图2-52 2004-2008年徐州市全社会固定资产投资及增长幅度

5. 区县经济

2008年,徐州市县域经济不断增强。一批各具特色的产业基地显现出集聚效应。邳州板材、铜山食品、新沂化工等产业集群发展迅速,成为带动县域经济发展的重要力量。2008年,徐州所辖6县(市)完成工业总产值1 486.3亿元,占全市52.2%,增长34.4%。

(二)农业

农业生产发展良好。粮食总产创2000年来历史新高,全年粮食产量389.34万吨,增长3.9%。粮食连续五年大幅增产。

林牧渔业协调发展。全年林牧渔业增加值57.02亿元。全年造林面积12.90千公顷,完成荒山造林1.62千公顷,分别增长17.5%和58.7%。肉类总产量58.85万吨,比上年增长34.9%;禽蛋产量38.23万吨;奶类制品产量13.36万吨;水产品产量15.10万吨。

表 2 – 28　2008 年徐州市县区主要经济指标

区县	地区生产总值(亿元)	地方财政一般预算收入(亿元)	城镇固定资产投资(亿元)	出口总额(亿美元)	社会消费品零售总额(亿元)
市辖区					
贾汪区	92.98	4.1	47.86	0.25	23.52
郊县					
丰　县	100.02	5.27	40.17	0.38	36.31
沛　县	208.01	10.81	91.35	0.35	68.61
铜山县	250.5	13.30	135.05	1.05	55.33
睢宁县	108.12	5.22	45.38	0.14	44.64
新沂市	128.41	7.01	82.13	1.31	44.06
邳州市	218.85	13.07	102.38	3.75	59.80

高效农业规模不断壮大。不断夯实粮食生产基础,强化高效农业规模壮大和层次提升,高效农业总面积、新增面积、占耕地面积比重三项指标,以及以县为单位的 8 个单项高效农业产业规模位居全省第一。2008 年,高效农业面积达到 289.8 千公顷,新增 33.3 千公顷,占耕地面积比重达到 48.4%。农业生产条件继续改善,年末农业机械总动力 525.9 万千瓦,增长 10.1%,机耕、机播、机收作业面积分别达到 65.06 万公顷、34.45 万公顷、49.28 万公顷。农用排灌动力机械 61.6 万千瓦,有效灌溉面积 48.16 万公顷

(三)工业和建筑业

1. 工业生产较快增长

全年全部工业增加值 910.04 亿元,增长 15.0%。规模以上工业企业实现增加值 812.61 亿元,增长 18.6%,其中,轻、重工业分别完成增加值 259.29 亿元和 553.08 亿元,增长 14.0% 和 21.0%。全年全社会用电量 172.00 亿千瓦时,增长 7.3%,其中,工业用电量 132.69 亿千瓦时,增长 5.0%。2008 年全市列入统计的 137 种主要工业产品产量中,保持增长的有 80 种,占 58.4%;其中 24 种产品增幅在 30% 以上,占 17.5%。

表 2 – 29　2008 年徐州市县区工业总产值

单位:亿元

区县	工业总产值
徐州市	**2 846.68**
贾汪区	180.44
丰　县	75.22
沛　县	208.63
铜山县	634.72
睢宁县	86.84
新沂市	172.31
邳州市	308.79

完成工业投资660.9亿元,徐工专用车技改、中能多晶硅三期、睢宁星星冰箱冰柜、新沂恒盛化肥20万吨低压甲醇、沛县丰源铝箔等63个亿元以上项目竣工投产;徐工筑路旋挖钻孔机、徐矿集团综合利用电厂等58个亿元以上项目开工建设;丰县建滔煤化工、铜山爱斯科耐磨件二期、邳州恒鑫化工二期、贾汪海通特钢等项目扎实推进。

2. 工业结构继续优化

工业经济结构调新、调高、调优工作取得重要进展。以中能硅业等企业为代表的光伏光电产业发展迅猛,徐州市一跃成为全国最大的多晶硅生产基地;以罗特艾德、维斯塔斯等企业为代表的风电产业蓬勃兴起,形成了新能源新兴产业。以工程机械和专用车辆为代表的装备制造业、以食品和农副产品加工为代表的食品产业、以煤盐化工和精细化工为代表的化工产业进一步发展壮大。优势产业快速发展,重点培育的千亿元产业进一步发展壮大,装备制造业、食品和农副产品加工业、能源产业产值分别达到801.74亿元、428.75亿元、395.14亿元,同比增长37.9%、19.3%和40.4%。

3. 高新技术产业迅速扩张

年末规模以上高新技术产业单位221家,比上年末增加33家,全年实现高新技术产业产值292.22亿元,占规模以上工业的10.3%,同比提高2.4个百分点。

4. 工业经济效益稳步提高

全年规模以上工业企业实现产品销售收入2 776.46亿元,增长34.2%;实现利税451.54亿元,增长38.6%;实现利润215.66亿元,增长48.3%。亏损企业79家,亏损面为3.5%,亏损总额18.08亿元。全年规模以上工业企业经济效益综合指数为261.83,比上年提高19.9个百分点。工业产品销售率97.8%。

5. 建筑业平稳发展

全年全社会建筑业完成增加值151.74亿元,比上年增长7.7%;实现建筑业总产值351.24亿元,增长13.2%;施工房屋建筑面积2 657.66万平方米。

(四)服务业

进一步加大以生产性服务业为主的现代服务业发展力度,全市服务业呈现加快发展态势。服务业增加值增长14.5%。

1. 国内贸易

消费品市场持续繁荣。全年实现社会消费品零售总额680.23亿元,增长25.3%,增速比上年提高7.3个百分点。分行业看,批发业零售额72.74亿元,增长22.0%;零售业零售额497.34亿元,增长22.8%;住宿业零售额10.27亿元,增长65.7%;餐饮业零售额94.43亿元,增长38.2%。分城乡看,城市消费品零售额509.30亿元,增长26.0%;农村消费品零售额170.93亿元,增长23.2%。在限额以上批发和零售业零售额中,金银珠宝类、汽车类、服装类、家具类等消费领域分别增长34.9%、14.8%、13.7%、13.5%。

商品市场较快发展。各类专业市场加快发展。年成交额在亿元以上的商品交易市场26家,成交额414.72亿元,比上年增长5.0%;年成交额在10亿元以上的有8家,其中年成交额在100亿元以上的有2家。中心商圈加速集聚,印尼力宝、苏宁综合商务广场、彭城北路商业广场等重大项目相继启动,核心区集聚企业达1 060家,对淮海经济区的辐射带动力显著增强。

2. 交通、邮电

交通运输业稳定发展。全年各种运输方式(不含铁路运输)完成旅客运输量10 291.10万人,货物运输量1.90亿吨,分别比上年增长15.2%和14.5%。全市拥有等级公路13 602.40公里,增长12.0%,其中一级公路878.72公里,增长7.8%。观音机场已开辟国内航线20条,航空线里程达到

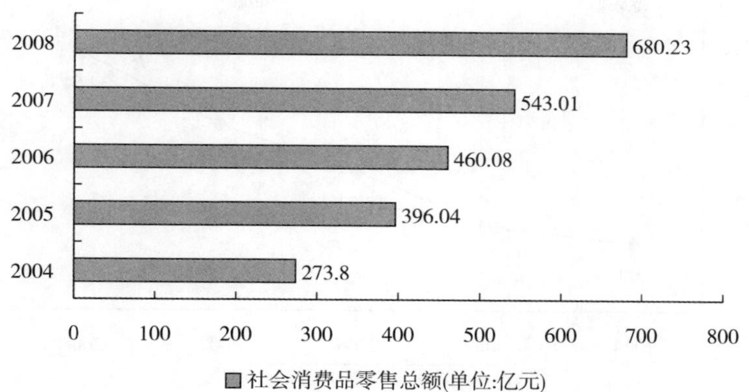

图 2 -53 2004 -2008 年徐州市社会消费品零售总额

2.0 万公里。年末全市民用汽车拥有量 21.12 万辆,增长 21.5%,其中私人汽车 15.63 万辆,增长 27.2%。

邮政、通信业较快增长。全年邮电业务总量 51.62 亿元,增长 12.7%;邮电业务收入 36.97 亿元,增长 12.7%,其中邮政业务收入 3.53 亿元。固定电话(含大、小灵通、移动市话)用户 238.88 万户;移动电话用户 368.80 万户;国际互联网用户 41.06 万户,增加 4.55 万户。

3. 旅游业

旅游业持续发展。全年接待境外游客 13.21 万人次,增长 9.3%,其中外国游客 10.27 万人次,港澳台同胞 2.94 万人次。国际旅游外汇收入 1.23 亿美元,增长 17.7%。全年接待国内游客 1 538.29万人次,增长 14.4%,旅游收入 151.99 亿元,增长 22.6%。

4. 金融和保险

金融运行平稳。年末金融机构各项存款余额1 719.14亿元,比年初增加 315.32 亿元,比年初增长 22.5%,其中,城乡居民储蓄存款余额 974.51 亿元,增长 23.6%。金融机构各项贷款余额 796.58 亿元,比年初增长 22.8%,其中,短期贷款余额 474.53 亿元,增长 23.1%,中长期贷款余额 265.04 亿元,增长 26.9%。私营企业及个体年末贷款余额 8.80 亿元。

保险事业发展较快。年末全市拥有保险机构 41 家,新增 14 家,承保额 5275.98 亿元。全年保费收入 54.47 亿元,比上年增长 48.9%,其中财产险收入 10.09 亿元,增长 20.1%,寿险收入 44.38 亿元,增长 57.4%。赔付额 6.78 亿元,增长 27.4%,其中财产险赔付 5.71 亿元,增长 31.9%,寿险赔付 1.07 亿元,增长 12.6%。

(五)开放型经济

1. 对外贸易加快发展

全年进出口总额 34.54 亿美元,增长 38.4%,增速比上年提高 3.7 个百分点。其中,出口 22.45 亿美元,增长 35.5%;进口 12.09 亿美元,增长 44.1%。出口商品结构不断优化,机电产品、高新技术产品出口额分别为 13.41 亿美元、2.18 亿美元,占出口总额的 59.7% 和 9.7%。

2. 对外开放水平不断提升

全年新批外商投资项目 122 个,年末三资企业1 208家,新增 378 家;协议注册外资 16.77 亿美元,增长 27.0%;实际到账注册外资 5.83 亿美元,增长 31.6%。新签对外承包工程劳务合同额 5.91 亿美元,增长 22.0%,完成营业额 5.75 亿美元,增长 23.0%。期末在外人员 1.82 万人。

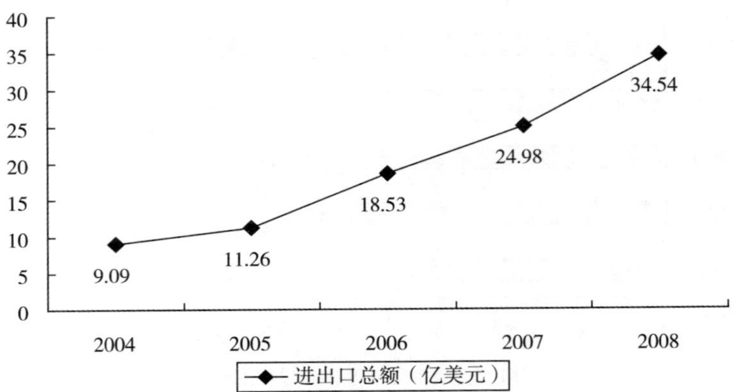

图 2-54　2004-2008 年徐州市外贸进出口总额

表 2-30　2008 年徐州市县区实际外商直接投资

单位:亿美元

区县	实际外商直接投资
徐 州 市	**5.83**
贾 汪 区	0.03
丰　县	0.05
沛　县	0.24
铜 山 县	0.61
睢 宁 县	0.11
新 沂 市	0.13
邳 州 市	0.30

3. 开发区建设步伐加快

徐州经济开发区强力推动"二次创业",狠抓载体功能完善、体制机制创新和服务环境优化,在招大引强、产业集聚上取得重大突破,成功引进了凯迪环保等一批科技含量高、产业带动力强、综合效益好的大项目,实际到账注册外资和自营出口在全市占比分别达 65.7% 和 50%。

全市 8 家省级开发区共完成进出口总额 25.88 亿美元,增长 53.1%,占全市的 74.9%,其中出口 11.56 亿美元,增长 69.3%,占全市的 51.5%。新批外商投资项目 54 个,占全市的 44.3%;实际到账注册外资 5.10 亿美元,增长 80.3%,占全市的 87.5%。其中徐州经济开发区进出口总额 21.53 亿美元,增长 67.7%;出口 11.42 亿美元,增长 49.9%;实际到账注册外资 3.85 亿美元,增长 114.0%;新批外商投资项目 20 个。

4. 民营经济发展加快

全市民营经济实现增加值1 221.40亿元,比上年增长 14.9%,高于 GDP 增幅 1.4 个百分点;总量占全市 GDP 的 60.8%,比上年提高 0.6 个百分点;其中私营个体经济实现增加值1 008.98亿元,增长 14.3%。年末工商部门登记私营企业 4.88 万户,增长 31.0%,注册资本达 606.37 亿元,增长 29.2%;个体户 18.24 万户,增长 15.9%,注册资金 42.29 亿元,增长 21.4%。

二、徐州市2008年社会发展概况

(一)人口、人民生活

人口总量均衡增长。全市年末户籍总数277.76万户,户籍人口946.86万人,比上年末增加5.91万人,增长0.6%。全年登记结婚7.88万对,比上年增加1.08万对。年末常住人口869.21万人,比上年末下降0.2%。

人民生活水平持续提高。全年城镇单位在岗职工工资总额152.03亿元,年平均工资26 655元,分别比上年增长11.2%和12.4%。城市居民人均可支配收入16 955元,增长14.0%;人均消费性支出10 717元,增长9.3%,其中食品支出占人均消费性支出的比重为37.7%。农村居民人均纯收入6 240元,增长12.8%;人均生活消费支出4 319元,增长13.5%,其中食品支出占人均生活消费支出的比重为39.2%。城乡百户家庭电话拥有量244.7部,百户家庭电脑拥有量36.1台。

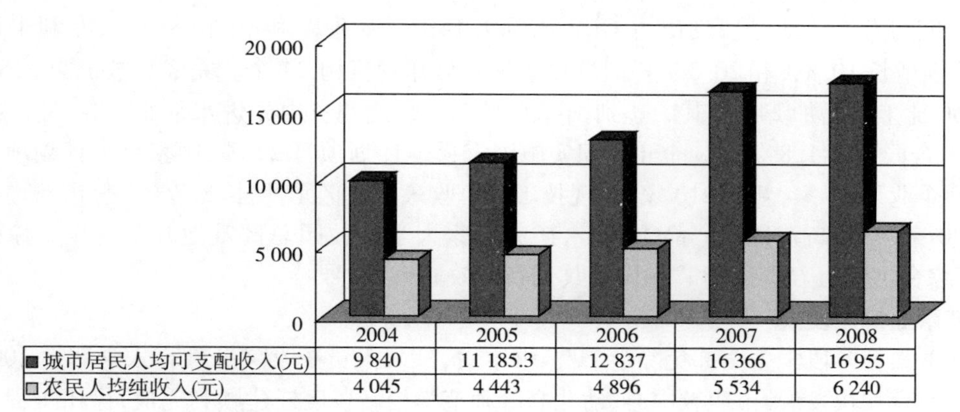

	2004	2005	2006	2007	2008
■城市居民人均可支配收入(元)	9 840	11 185.3	12 837	16 366	16 955
□农民人均纯收入(元)	4 045	4 443	4 896	5 534	6 240

图2-55　2004-2008年徐州市城乡居民收入对比一览

居住条件进一步改善。年末全市实有房屋建筑面积6 584.24万平方米,其中住宅建筑面积4 615.10万平方米,增长5.1%。年末实有住宅使用面积4 733.46万平方米。年末城市居民人均住房建筑面积(含偶尔居住)26.2平方米;农村人均年末住房面积35.14平方米。

(二)就业与社会保障

1.就业工作扎实推进

年末全市从业人员483.49万人,比上年增加6.28万人。其中城镇单位在岗职工58.57万人;城镇私营个体从业人员58.77万人;乡村劳动者354.38万人。城镇下岗失业人员实现再就业5.46万人。全年实现农村劳动力转移198.4万人,其中劳务输出128.1万人;新增农村劳动力转移10.6万人,其中劳务输出6.6万人。坚持实施积极主动的创业和就业政策,大力推进"创业促就业、培训促就业、政策促就业"工程,市财政专门安排6 000万元资金设立创业贷款担保基金,有力激发了全民创业的热情。城镇登记失业率控制在4%以内。

2.社会保障体系逐步完善

徐州市政府始终把保障群众基本生活作为政府义不容辞的责任,不断完善社会保障体系,全年财政安排养老金兜底、离退休人员医疗费、城镇居民医疗保险等社会保障支出37.68亿元,社会保险覆盖面进一步拓展,保障水平稳步提高。年末城镇职工基本养老保险参保102.44万人,覆盖面为95.7%;城镇失业保险参保69.84万人,覆盖面为97.3%;城镇职工基本医疗保险参保109.41万人,覆盖面为89.9%;新型农村合作医疗覆盖面达98.9%,比上年提高3.9个百分点。年末全市各类福利机构412个,拥有床位2.95万张,在院2.36万人。城乡居民享受最低生活保障27.30万人,其中城镇低保居民5.21万人,农村低保居民22.09万人。年末全市福利彩票销售网点624个,全年筹集社会福利资金1.93亿元。建立了针对城乡困难群众的三项救助制度,25万困难群众的看病、就医等基本生活困难得到缓解。在财力并不宽裕的情况下实施了一系列住房保障工程,群众居住环境明显改善。投资1.9亿元对全市78个老居民小区进行了综合整治,近30万群众受益。完成20万平方米第三期经济适用房和100套廉租房建设任务,启动建设了第四期经济适用房、廉租房和120万平方米定销商品房,实现了对市区符合条件、申请廉租房租赁补贴低收入家庭的应保尽保。

(三)科学技术和教育

1. 科技事业取得新进展

全年研究与发展活动经费支出占GDP比重1.14%。受理专利申请6 839项,专利申请授权量1 742项,分别增长10.8%和20.3%。国有独立研究与开发机构24个。完成科技成果218项,通过鉴定152项,比上年增加24项,其中达到国际水平12项;达到省内先进水平82项。签订技术合同589项,技术合同金额1.8亿元。全年组织实施国家火炬计划项目22项、国家星火计划项目34项。民办科技型企业1196家,新增210家,实现技工贸总收入310亿元,增长8.7%。全市新增省级高新技术企业20家、省级高新技术产品126个,矿大国家大学科技园总部基地开工建设。徐州市荣获“中国城市综合创新力五十强”和“中国最具创新绩效城市”称号。

2. 教育事业健康发展

城乡义务教育阶段学生全部免除学杂费、书本费,外来人员子女义务教育入学率达100%,职业教育和高等教育加快发展,市职教中心、幼儿高等师范学校新校区迁建顺利完成,徐州工程学院新校区开工建设。

年末全市普通高校在校学生15.04万人,增长32.2%,其中在校研究生7 376人,增长12.0%;普通中学和小学在校学生67.05万人。小学及初中在校生巩固率均达到99.5%。初中毕业生升学率95.1%,比上年提高2.3个百分点。高中阶段教育毛入学率82.9%,比上年提高12.8个百分点。

(四)文化、卫生和体育

1. 文化事业繁荣发展

年末全市文化系统拥有艺术表演团体8个;公办文化馆(站)126个;公共图书馆7个,总藏书量1 626千册;博物馆14个,文物藏品49 552件(套);全年出版报纸9 022万份,期刊18.89万册,图书400万册。市级广播电视台1座,县(区)级广播电视台7座,广播、电视人口综合覆盖率均达到100%。有线电视用户167.17万户,入户率为59.1%。文化产业园列入第二批江苏省文化产业示范基地,镇标准文化站建设全部达标,徐州琴书等8个项目列入国家级非物质文化遗产名录。

2. 公共卫生体系日趋完善

各类卫生机构1 116个,其中医院108个,乡(镇)卫生院143个,妇幼卫生机构13个;各类卫生机构拥有病床床位2.44万张,增长13.7%,其中医院、卫生院床位2.32万张;共有卫生技术人员3.04万人,增长3.9%。80%的城市社区卫生服务机构建设实现标准化,70%以上的农民医疗问题能够在村镇解决。

3. 体育事业成果斐然

在省级各项比赛中，获得金牌 119.5 枚、银牌 95 枚、铜牌 120 枚。年末全市体彩销售网点 834 个，全年销售额 3.34 亿元，增长 30.8%。市县两级国民体质监测中心全部建成，105 个乡镇和 41 个街道办事处建成“体育健身中心”，徐州市运动员荣获 1 枚奥运银牌、7 枚残奥金牌。

（五）城乡建设

城市综合功能明显提升，城市规划建设和管理水平跃上新台阶。徐州市把构建现代化大交通格局作为强化中心城市地位的首要任务，基本完成京沪高铁徐州段征地拆迁任务，全面启动了各项建设工作；丰沛铁路和宿新高速公路奠基开工，徐济高速公路、京杭运河主通道建设、淮西客运枢纽站改扩建、火车站综合改造等工程加快实施，观音机场被国务院正式批准为一类口岸；国内跨铁路最多的大桥——和平大桥建成通车，市区 49 条道路综合整治全面完成，环城路贯通、机场路改造等工程基本完工，奔腾大道西延、天齐路南延、黄河北路西延等工程进展顺利。突出抓好功能性项目建设，努力克服资金、土地、拆迁等诸多困难，保持了老城改造和新城开发的强劲势头。老城区以音乐厅、美术馆等为代表的一批重大功能性项目相继建设，填补了中心城市的功能空白；新城区科技馆、档案馆、规划馆等功能性项目主体基本完工，学校、医院等配套设施项目陆续开工建设；高铁国际商务区建设的前期工作扎实推进。

城市建设取得新进展。年末建成区绿化覆盖面积7 563公顷，覆盖率 40.5%。省级可游览风景名胜区面积 43 平方公里；人均公园绿地 13.38 平方米。年末城市人均拥有道路面积 13.89 平方米，每万人拥有公交车辆 17.21 标台，全年运送乘客28 614万人次；出租车营运车辆3 594辆。水厂综合生产能力 54.91 万立方米/日；人工煤气、液化气、天然气等家庭户数为 42.93 万户；集中供热面积 894.7 万平方米。

农村各项基础设施建设加快推进，积极开展现代化新农村示范村争创活动，全市建成市级新农村示范村 150 个。投资 2.9 亿元解决了 73 万农村人口的饮水安全问题。

全面小康社会建设顺利推进。根据《江苏省全面建设小康社会统计指标体系》中 25 个指标的初步监测结果，已经达标或超过指标值的指标 14 个，比上年增加 3 个，总体指标达标率为 56%，比上年提高 12 个百分点。未达指标值的 11 个指标实现程度均在 70% 以上，其中实现程度 90% 以上的指标 5 个，实现程度 80% ~90% 的指标 3 个。

（六）环境保护和生态建设

1. 环境保护工作进一步加强

全市设立国家生态示范区 4 个、自然保护区 13 个，总面积达 102.54 千公顷。年末全市森林面积 31.15 万公顷，森林蓄积量1 171万平方米，森林覆盖率 27.7%。年末全市各级环境监测站 13 个。全市环境质量综合指数达到 80.5%；集中式饮用水水源地水质达标率 100%。市区全年空气优良天数达 320 天，再创历史新高，比上年增加 8 天。

2. 生态建设常抓不懈

精心规划建设了云龙公园、云龙山东坡运动广场、大龙湖西部近 30 万平方米生态湿地等一批精品园林和绿地。尤其是云龙公园改造建设工程开创徐州市大型综合性公园全敞开管理先河；云龙山东坡运动广场为广大群众开辟了融入自然、运动休闲的新场所；新城区市民广场和大龙湖绿化获得国家优秀园林绿化工程金奖，小南湖景观工程获江苏省人居环境范例奖。九里湖西湖、和平路绿化、白云山公园一期等工程全面完成，截污导流工程开工建设，全市森林覆盖率和市区建成区绿化覆盖率分别达 27% 和 40.5%。

三、挑战与目标

在充分肯定成绩的同时,也要清醒地认识到,当前经济社会发展中还存在不少矛盾和问题。主要是:受国际金融危机的影响,徐州市工业经济增长速度呈现回落趋势,部分企业生产经营较为困难;房地产市场低迷对主城区财政收入的影响较大;资金、土地等要素制约依然紧张,部分项目推进较慢,大项目、好项目、龙头带动型项目偏少。加强节能减排的长效机制尚未根本形成,环境保护压力依然较大。城市就业形势趋紧,农民增收难度加大,一些事关群众切身利益的问题还没有得到根本解决。农村基础设施建设任务还相当艰巨,城市管理还存在着薄弱环节。机关作风和效率效能建设仍需进一步强化,一些干部不求精细、缺乏创新的工作作风还未彻底转变,少数部门的服务意识和工作效率还有待进一步提高。对这些问题,今后将高度重视,认真加以解决。

2009 年国民经济和社会发展的主要预期目标是:(1)地区生产总值增长 13%。(2)财政一般预算收入增长 16%。(3)全社会固定资产投资增长 25%。(4)实际到账注册外资和自营出口总额分别增长 18%和 15%。(5)社会消费品零售总额增长 18%。(6)城市居民人均可支配收入增长 11%,农民人均纯收入增长 10%。(7)城镇登记失业率控制在 4%以内。(8)万元 GDP 能耗下降 5%,化学需氧量削减 1.73%,二氧化硫排放量削减 10.72%。(9)人口自然增长率控制在 6‰以内。

四、徐州市在长三角地区经济发展中的地位

2008 年,徐州市上下坚持以科学发展观为指导,抢抓省委、省政府振兴徐州老工业基地的战略机遇,积极应对经济运行中出现的各种矛盾和问题,加快推进经济转型升级,总体经济保持平稳较快发展,主要经济指标增幅高于全国、全省平均水平。

2004 - 2008 年徐州市地区生产总值在长三角所占比重分别为 3.15%、2.97%、3.00%、2.97%、3.06%,变化幅度不大。在前几年出现小幅下降的情况下,2008 年徐州市地区生产总值占比出现明显的增长态势,比 2007 年增加了 0.09 个百分点。

2004 - 2008 年徐州市地方财政一般预算收入、规模以上工业总产值和进出口总额在长三角所占比重三项指标均呈逐年增加的趋势。其中,地方财政一般预算收入占比从 2004 年的 1.42%增加到 2008 年的 1.79%,累计增长 0.37 个百分点;规模以上工业总产值占比从 2004 年的 1.69%增加到 2008 年的 2.18%,累计增长 0.49 个百分点;进出口总额占比从 2004 年的 0.25%增加到 2008 年的 0.42%,累计增长 0.17 个百分点。

2004 - 2008 年徐州市实际外商直接投资金额在长三角所占比重分别为 1.20%、0.94%、0.73%、1.10%、1.29%,以 2006 年为分界线,前两年呈明显的减少趋势,后两年则明显增加。

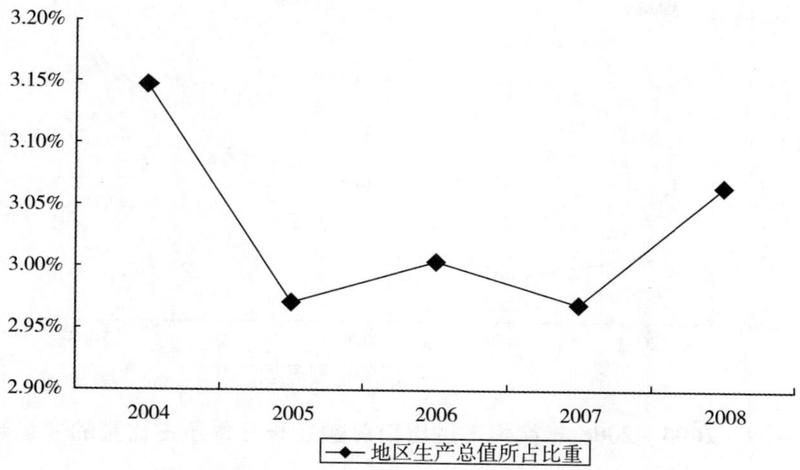

图 2－56　2004－2008 年徐州市地区生产总值在长三角所占比重的变化趋势

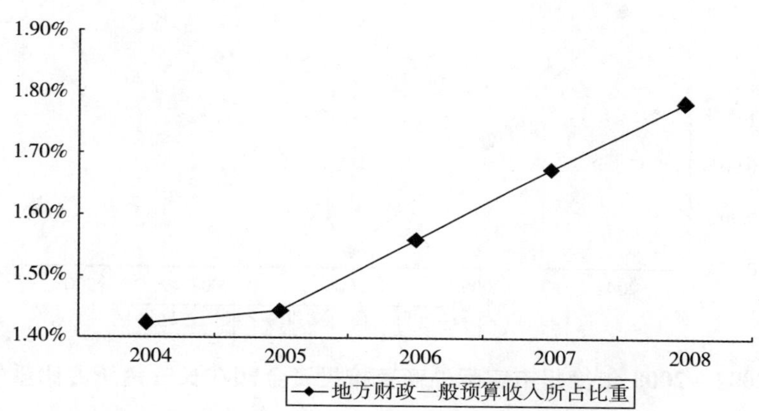

图 2－57　2004－2008 年徐州市地方财政一般预算收入在长三角所占比重的变化趋势

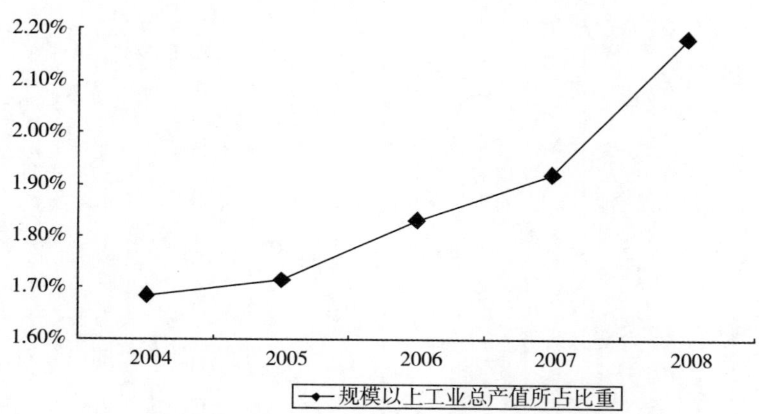

图 2－58　2004－2008 年徐州市规模以上工业总产值在长三角所占比重的变化趋势

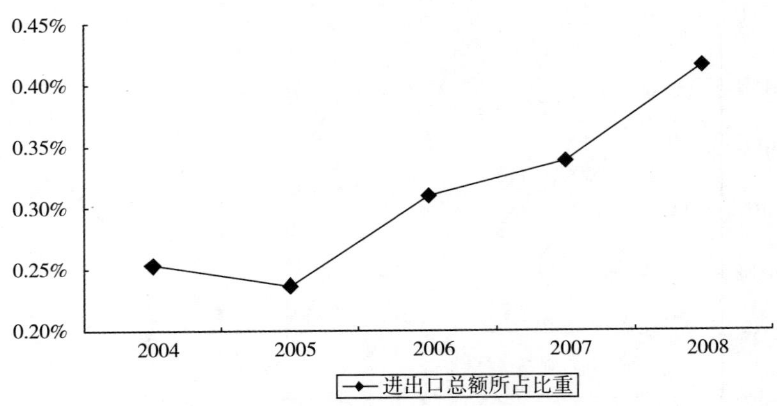

图 2－59　2004－2008 年徐州市进出口总额在长三角所占比重的变化趋势

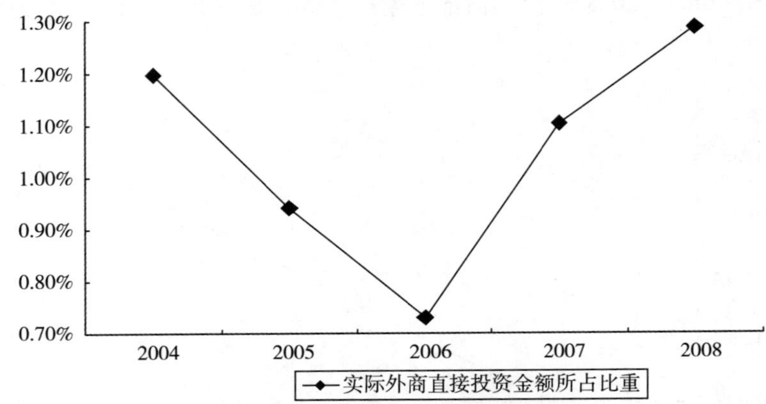

图 2－60　2004－2008 年徐州市实际外商直接投资金额在长三角所占比重的变化趋势

四　常州市 2008 年经济社会发展

2008 年常州市认真贯彻“又好又快推进年”各项工作部署，着力化解国际金融危机和经济周期回调等不利因素，坚持以科学发展观为统领，以新一轮思想解放为动力，攻坚克难，负重前行，趋利避害，积极作为，创新思路，较好地完成了市十四届人大一次会议确定的目标任务。

一、常州市 2008 年经济发展概况

（一）综合经济

1. 经济保持平稳较快发展

2008 年，常州市实现地区生产总值（GDP）2 202.2亿元，按可比价格计算增长 12.4%，其中第一产业增加值 68.3 亿元，增长 3.8%；第二产业增加值1 297.5亿元，增长 12.1%；第三产业增加值 836.4 亿元，增长 13.7%。产业结构继续优化，三次产业比重结构为 3.1∶58.9∶38.0，其中第一、第二产业比重分别比上年下降 0.3 个、0.7 个百分点，第三产业比重比上年提高 1 个百分点。全市按常住人口计算人均生产总值达50 283元，按现行汇率折算超过7 000美元。

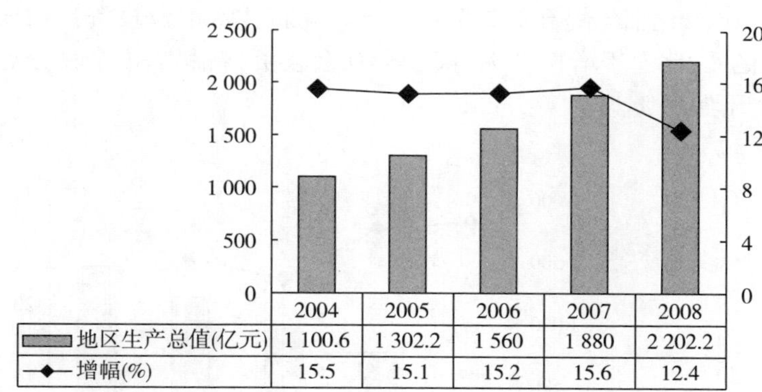

	2004	2005	2006	2007	2008
地区生产总值(亿元)	1 100.6	1 302.2	1 560	1 880	2 202.2
增幅(%)	15.5	15.1	15.2	15.6	12.4

图 2－61　2004－2008 年常州市地区生产总值及增长速度

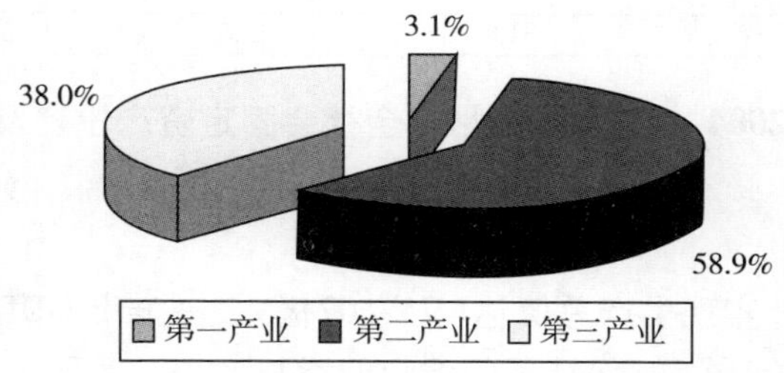

图 2－62　2008 年常州市三次产业结构图

2. 财政收入稳步增长

全年实现地方一般预算收入 185.2 亿元，比上年增长 17.2%；地方一般预算收入占 GDP 的比重

为8.4%。财政公共服务和保障能力不断提高,财政支出结构进一步优化,对新农村建设、科技、教育、文化、卫生、环境保护和社会保障等领域的资金投入力度稳步加大,全年一般预算财政支出183.8亿元,比上年增长18.8%,其中环境保护支出增长72.8%,科技支出增长10.1%,教育支出增长15%,社会保障和就业支出增长8.5%。

3. 物价涨幅逐步回落

受国际初级产品价格大幅振荡、国内经济速度明显回调、工业和农副产品供求关系变化以及宏观调控政策措施等多种因素的影响,常州市居民消费价格指数呈现年初高位攀升、年中逐月回落、年末低位运行的态势,全年居民消费价格指数为105.2,涨幅比上年上升1.9个百分点。八大类商品价格"六升二降",其中食品类价格上涨12.3%,居住类价格上涨6.5%,两大类商品拉动居民消费价格上升4.9个百分点。其他类别商品价格运行态势较为平稳,其中烟酒及用品类价格上涨4.5%,家庭设备用品及维修服务价格上涨3.8%,衣着类价格上涨2.4%,医疗保健和个人用品类价格上涨2.0%。交通和通信类、娱乐教育文化用品及服务价格呈现下跌趋势,平均价格水平分别比上年下降0.8%和2.1%。

4. 固定资产投资规模稳步扩大

常州市坚持扩大投资规模和优化投资结构并举,着力加大现代制造、基础设施、公共服务等重点领域的大项目建设力度。全年完成全社会固定资产投资1 448.2亿元,比上年增长20.3%,其中工业投资831.5亿元,增长22.1%;服务业投资606亿元,增长17.4%。五大产业投入力度明显加大,全年共完成投资532.4亿元,比上年增长36%,占全部工业投资的比重由上年的57.5%提升至64.0%。重点基础设施建设稳步推进,全年完成基础设施投资606.7亿元,比上年增长23.4%,占全社会投资的比重达42.0%,比上年提高1.2个百分点。高新技术产业投资强劲增长,全年完成高新技术产业投资231.7亿元,比上年增长48%,高于全社会投资增幅27.7个百分点,占全社会投资的份额由上年的13%上升至16%。

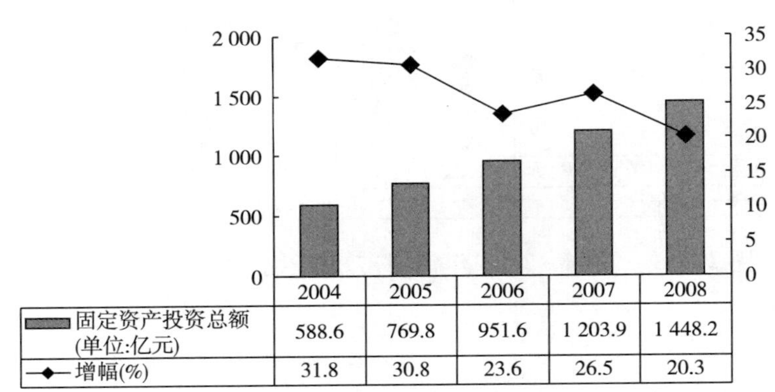

	2004	2005	2006	2007	2008
固定资产投资总额(单位:亿元)	588.6	769.8	951.6	1 203.9	1 448.2
增幅(%)	31.8	30.8	23.6	26.5	20.3

图2-63　2004-2008年常州市全社会固定资产投资及增长幅度

5. 区域经济

2008年,四个郊区县共计实现生产总值达1 757.07亿元,占全市GDP比重的44.37%,郊区县总体增长速度在上年较高的平台上继续保持了两位数的增长。

(二)农业

1. 粮食生产形势稳定

全市实现农林牧渔业总产值124.8亿元,比上年增长13.8%。粮食生产能力稳步提高,全市粮食

表 2－31　2008 年常州市县区主要经济指标

区县	地区生产总值(亿元)	地方财政一般预算收入(亿元)	城镇固定资产投资(亿元)	出口总额(亿美元)	社会消费品零售总额(亿元)
市辖区					
新北区	324.2	34.16	149.46	42.17	99.44
武进区	849.87	57.51	223.69	38.23	185.98
郊县					
溧阳市	320.00	19.62	93.07	5.49	106.44
金坛市	263.00	12.78	103.64	10.45	82.06

播种面积达 160.4 千公顷，比上年增加 21.9 千公顷，增长 15.8%；粮食总产量达到 113.4 万吨，比上年增加 18.5 万吨，增长 19.5%；粮食亩产为 471.1 公斤，比上年增长 3.1%，其中水稻亩产 599 公斤，比上年增长 5%，再次位列全省之冠。

2. 高效农业加快发展

2008 年新增高效农业种植面积 11.29 万亩，水稻单产和机械化种植率继续保持全省领先。全市高效种植面积达 80.2 万亩，高效渔业面积 26 万亩，规模养殖水平保持全省领先。全年新增无公害农产品生产基地 42 个，累计达 299 个；新增省级以上认证无公害农产品 56 只，绿色标志农产品 31 只，有机食品 16 只，累计分别达 383 只、251 只、117 只。

表 2－32　2008 年主要农副产品产量

产品名称	单位	2008 年	比上年增长%
粮食总产量	万吨	113.35	19.5
油料总产量	万吨	5.26	2.1
肉类产量	万吨	12.07	5.1
#禽肉产量	万吨	5.46	2.8
水产品产量	万吨	14.20	平
禽蛋产量	万吨	2.88	38.5
茶叶产量	吨	3 817	15.1
水果产量	万吨	9.74	31.8
牛奶产量	万吨	1.27	－20.9

(三)工　业

1. 经济总量稳步扩大

2008 年全市工业不断化解原材料价格上涨、成本费用上升、外部需求减弱等不利影响，努力保持平稳较快的运行态势。规模以上工业全年完成现价产值5 200.1亿元，比上年增长 22.2%，其中重工业产值3 991.8亿元，增长 23.9%；轻工业产值1 206.9亿元，增长 17%。规模以上工业中，民营企业完成产值3 093亿元，增长 25.1%；外资及港澳台资企业完成产值1 766.3亿元，增长 24.4%。按省统一口径计算，规模以上工业完成增加值1 159.8亿元，可比价增长 14%。规模以上工业全年实现产品销售收入5 089.9亿元,利税371.1亿元,利润221.4亿元,分别比上年增长22%、23%、17.3%。

表2-33 2008年常州市县区工业总产值

单位:亿元

区县	工业总产值
常州市	**5 166.49**
新北区	876.57
武进区	2 051.09
溧阳市	628.87
金坛市	438.27

2. 产业结构得到改善

装备制造、电子信息、新能源及环保、新材料和生物医药等五大产业整体呈现增速快、效益优、质量高的发展格局,规模优势、产业优势和技术优势得到进一步显现。五大产业规模以上企业完成现价产值2 973.5亿元,实现销售收入2 924.9亿元,分别比上年增长22.8%和22.9%,其中新能源及环保产业完成产值174.5亿元,增长101.1%;装备制造业完成产值1 570亿元,增长25.2%。冶金、化工等"双高"行业过快发展势头得到有效控制,冶金行业产值增幅较上年回落12.1个百分点,化工行业产值增幅较上年回落21.9个百分点,回落幅度大于全市平均水平。规模以上高新技术企业完成产值2 330亿元,增长24.4%,占规模以上工业的比重上升至44.8%。

3. 规模经济成效明显

2008年,常州市产出规模居前的工业百强企业全年完成工业总产值2 138.2亿元,实现产品销售收入2 103.8亿元,分别比上年增长28.4%、27.8%,高于全市平均增幅6.2个、5.8个百分点;百强企业占规模以上工业总产值的比重由上年的39.1%提高到41.1%,拉动全市规模以上工业增长12.6个百分点。全市有65家企业年销售收入超过10亿元,601家企业实现利税总额超过千万元,分别比上年增加9家、114家。

4. 建筑行业稳步发展

建筑企业劳动效率和综合竞争力不断提升,全年实现建筑业增加值106.5亿元,按可比价计算增长5.8%。建筑施工企业完成施工产值608亿元,比上年增长23.3%;施工面积5 259万平方米,增长6.2%;竣工面积2 391万平方米,增长2.6%。建筑企业按施工产值计算的全员劳动生产率达20.6万元/人,比上年提高8.4%。建筑企业着力打造精品工程,承建的省内外多个项目获得国家级质量大奖,其中常州市九洲广厦工程荣获国家优质工程银奖,江苏伟业建设集团开发并承建的西宁市香格里拉城市花苑一期获国家建筑工程鲁班奖。

(四)服务业

2008年,全市实现服务业增加值836.4亿元,按可比价增长13.7%,占三次产业的比重提高到38%;成交额超50亿元的大市场达到7家,超百亿元的3家;软件、动漫产业销售收入分别达到55亿元、9.6亿元。

1. 国内贸易

城乡市场繁荣活跃。全年实现社会消费品零售总额758.2亿元,比上年增长24.1%,其中城市市场实现零售额694.5亿元,比上年增长24.7%;农村市场实现零售额63.7亿元,比上年增

长 18.2%。

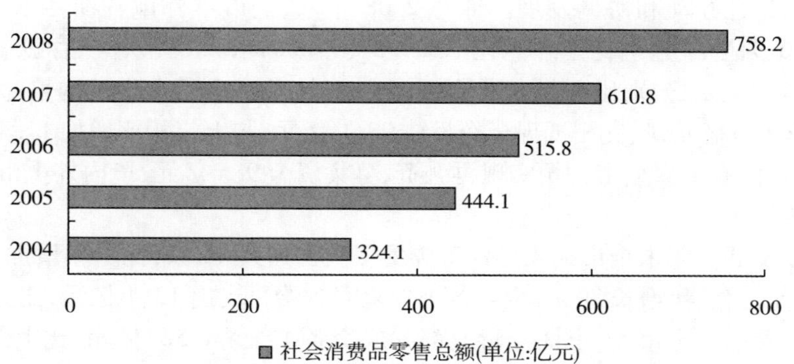

图 2－64　2004－2008 年常州市社会消费品零售总额

热点商品销售畅旺。以提高家庭生活质量为代表的家居用品、休闲娱乐类商品销售呈现较快增长态势，高档服装、精品珠宝、进口化妆品等日益成为消费热点。据限额以上批发零售企业商品销售类值统计，25 大类商品中有 14 类商品销售比上年有不同程度的增长，其中煤炭及制品类、家俱类零售额分别比上年增长 82.2%、80.4%，文化办公用品类、金银珠宝类、中西药品类、日用品类零售额增长幅度都在 20% 以上。

多种业态竞相发展。超级市场、精品店、专卖店、便利店等多种零售业态迅速发展，业态种类逐渐丰富，经营网点不断扩展。截止年末，全市限额以上综合零售贸易企业达 141 家，其中综合百货商店 10 家，实现销售额 28.3 亿元，占限额以上企业销售总额的 13.2%；超级市场 23 家，专业和专卖店 107 家，分别实现销售额 39.4 亿元、145.5 亿元，占限额以上企业销售总额的比重分别为 18.5%、68.2%。

市场建设步伐加快。集购物、休闲、餐饮、娱乐等多功能为一体的莱蒙都会国际商业街区建成投运。至年末全市拥有年成交额超亿元的大型骨干市场 55 家，成交额达 820.7 亿元，比上年增长 38%，其中长江塑料化工交易市场有限公司、凌家塘农副产品批发市场和江苏湖塘纺织城投资发展有限公司年成交额突破百亿元，成为引领常州市商品交易市场快速发展的龙头骨干。

2. 交通运输和邮电通讯

交通基础设施建设力度持续加大，交通运输体系日臻完善，运能运量得到新的提升。全年完成货物运输量8 729万吨，货物周转量 50.6 亿吨公里，分别比上年增长 8.0%、9.5%；完成公路客运量20 166万人，铁路客运量 816.1 万人，分别比上年增长 10%、11.7%；完成旅客周转量 99.2 亿人公里，增长 11.7%。完成港口吞吐量6 877万吨，比上年增长 4.8%。民航常州机场全年进出港旅客 55.1 万人次，航空运输货物6 393吨，分别比上年增长 8.1% 和 17.2%。机动车拥有量保持较快上升势头，年末全市民用汽车拥有量 29.1 万辆，比上年末增长 15.8%，其中私人汽车 19.4 万辆，增长 22.3%。

通信业务快速发展。全年完成邮政业务总收入 4.4 亿元，比上年增长 12.8%；发送各类函件10 494万件，特快专递 246.7 万件，分别增长 15.4%、17.5%。完成通信业务收入 44.8 亿元，比上年增长 12.3%。邮电通讯基础设施日趋完善，通信能力持续提高，年末本地网电话交换机容量 297.5 万门，移动电话交换机容量 525.4 万门，分别比上年末增长 1.9% 和 16.2%；本地网电话用户数达 198.2 万户，无线市话用户 61.8 万户，移动电话用户 348.3 万户。网络信息化步伐进一步加快，年末全市互联网用户数达 58.3 万户，比上年末增长 37.1%，其中宽带网用户 53.7 万户，增长 38.4%。

3. 金融保险业

金融运行平稳有序。各级金融机构认真贯彻落实金融宏观调控措施,不断提升金融服务水平,促进金融与经济的良性互动和协调发展。截止 2008 年末,全市本外币各项存款、贷款余额分别为2 873.3亿元、1 876.9亿元,分别比上年末增长 24.6%、16.6%;人民币各项存款、贷款余额分别为2 819.4亿元、1 851.7亿元,分别比上年末增长 24.5%、17.6%。全年金融机构累计现金收入6 138.2亿元,现金支出6 236.3亿元,收支相抵现金净投放 98.1 亿元,与上年相比增加 11.4 亿元。企业融资渠道进一步拓宽,年内有 1 家上市公司实现再融资,募集资金 9.5 亿元,境内外上市企业累计达到 15 家,募集资金 82.7 亿元。

保险市场多元发展。年末全市纳入统计范围的保险公司共 40 家,比上年增加 12 家。全年实现保费收入 61.6 亿元,比上年增长 30%;全年各类保险赔款给付支出 12.4 亿元,比上年增长 33.3%。

证券市场成交萎缩。全市 13 个证券营业部共成交各类证券2 529亿元,比上年下降 57.6%,其中股票成交额2 466亿元,比上年下降 57.9%;基金成交额 56.1 亿元,比上年下降 43.2%;债券成交额 6.6 亿元,比上年增长 4.3 倍。

4. 旅游经济

2008 年,常州市大力实施旅游"品质提升年"计划,积极推进旅游经济增长方式的转变,常州旅游的知名度和美誉度持续提升。全年实现旅游总收入 234 亿元,接待海外旅游者 29.4 万人次,接待国内旅游者2 037万人次,分别比上年增长 17.4%、14.2%、16.6%。旅游基础设施日益完善,接待能力显著增强,年末全市涉外、星级饭店(宾馆)共计 57 家,其中五星级 3 家,四星级 18 家;旅行社共计 91 家,其中国内百强旅行社 3 家。恐龙谷温泉一期、恐龙园综合设施改造、环球数字狂欢谷、中欧论坛天目湖会址等项目顺利推进,旅游景区(点)建设水平得到新的提升,年末共有国家 4A 级旅游区(点)8 个,2A 级以上景区 23 个,恐龙园创建国家 5A 级景区通过省级初评。

5. 房地产业

全年完成房地产开发投资 308.9 亿元,比上年增长 37.3%,占全社会固定资产投资的比重为18.3%,其中住宅完成投资 210.9 亿元,办公楼完成投资 8.2 亿元,商业营业用房完成投资 50.1 亿元,分别比上年增长 30.2%、20.6%、48.2%。全年新开工面积 838 万平方米,比上年增长 3%,其中住宅新开工面积 551.2 万平方米,比上年下降 10.5%;房屋竣工面积 685.1 万平方米,比上年增长11.2%。年底在建商品房屋施工面积达2 577.3万平方米,比上年末增长 17.7%。

(五)开放型经济

1. 对外贸易逆势增长

全市外贸进出口企业积极化解各种不利因素影响,努力拓展对外开放的广度和深度,对外贸易呈现总量规模扩大、增长速度攀高、发展质态提升的良好运行态势。全市完成进出口总额 176.3 亿美元,比上年增长 33.3%,增幅比上年提高 6.6 个百分点,其中出口 132.4 亿美元,增长 34.5%,进口43.9 亿美元,增长 29.7%。出口商品结构调整步伐进一步加快,全年机电产品完成出口 72.2 亿美元,光学、医疗等仪器出口 2.3 亿美元,分别比上年增长 46.8%、37.8%,增幅比全市出口平均水平分别高出 12.3 个和 3.3 个百分点;纺织服装产品出口额为 25.4 亿美元,比上年增长 13.1%,在全市出口额中所占比重由上年的 22.8% 下降至 19.2%。全年高新技术产品完成出口 19.9 亿美元,比上年增长 119%,在全市出口总额中所占份额达 15%,比上年提高 5.8 个百分点。新兴外贸市场得到大力拓展,"常州制造"足迹遍布全球 6 大洲 201 个国家和地区,全年对非洲、俄罗斯、巴西的出口增幅分别达 41.6%、46.9% 和 93.8%,高出全市出口增幅 7.1 个、12.4 个和 59.3 个百分点;对欧盟市场出口额达到 35.3 亿美元,比上年增长 75%,占全市出口总额的 26.6%,跃居各大市场之首。

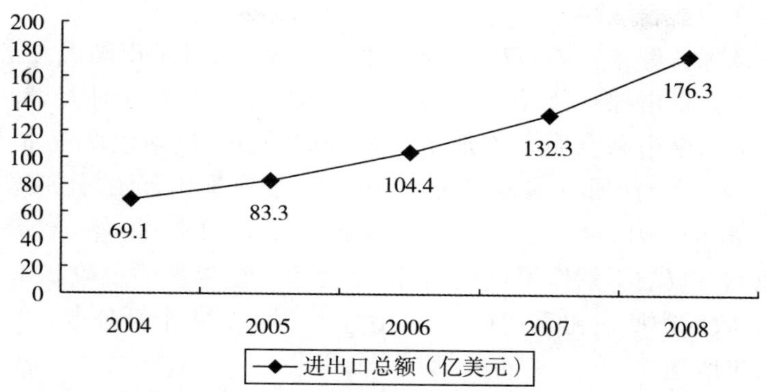

图2－65　2004－2008年常州市外贸进出口总额

2. 利用外资增势平稳

全市各级着力优化投资环境，积极组织招商活动，全年新签外资项目245个，协议注册外资34.1亿美元，平均每个单体项目协议注册外资1 392万美元，比上年增加295万美元。全市新签总投资1 000万美元及以上的项目达97个，协议注册外资23.9亿美元，占全市协议注册外资的比重达70%，比上年提高3个百分点，其中总投资3 000万美元及以上的项目18个，协议注册外资占比由上年的24.4%提高到30.9%。外资企业增资扩股稳步上升，全年先后有175家外资企业以追加投资或股权转让形式增加投资，增资扩股项目达到190个，协议注册外资13.6亿美元，占全市协议注册外资总额的40%，比上年高出6个百分点。全年实际到账注册外资20.4亿美元，比上年增长11.2%。

表2－34　2008年常州市县区实际外商直接投资

单位：亿美元

区县	实际外商直接投资
常 州 市	**20.40**
新 北 区	
武 进 区	5.35
溧 阳 市	2.61
金 坛 市	2.61

3. 外经合作领域扩展

全年新签外经合同额5.2亿美元，比上年增长1%；完成外经营业额3.7亿美元，比上年增长14%。全年新派劳务人数1 863人，比上年增长59%；期末在外劳务人数为3 087人，比上年末下降21.5%。一些外经企业的研发实力得到国外客商的认同，成套设备的输出明显增加，常州轨道车辆研发中心新签成套设备输出项目10个，合同额达1.7亿美元。企业“走出去”步伐有所加快，境外投资逐步进入以市场为导向、以效益为目的的良性发展时期，全年新核准20家境外投资企业，中方协议投资额达到3 625万美元，相当于上年的2.5倍；单个项目平均投资规模达180万美元，相当于上年的3.3倍，其中投资额超100万美元的项目12个，超500万美元的项目2个，均比上年有较大幅度的增加。

4. 民营企业综合实力显著增强

全市民营经济持续保持健康发展态势,总量规模稳步攀升,对全市国民经济发展的支撑作用日益凸显。截止2008年末,全市拥有私营企业(含分支机构)5.7万户,个体经营户12.8万户,分别比上年增长5.6%、3.2%。全市私营企业注册资本1 000.3亿元,户均注册资本176万元,分别增长17.3%和11.9%;个体经营户注册资本38.1亿元,户均注册资本3万元,分别增长7%和3.4%。全市民营经济增加值总量达1 301.4亿元,按可比价计算增长13.2%,在全市经济总量中所占比重达59%。民营经济对地方财政的贡献作用日益提升,民营经济全年上缴税收224.9亿元,比上年增长24.8%,在全市税收总收入中所占比重达65.5%,比上年提高2.4个百分点。

5. 开发区集聚效应增强

各级各类开发区发挥技术、人才、资源集聚优势,进一步完善基础设施和配套条件,着力打造招商引资的主阵地、先进制造业和现代服务业的集聚区、集约发展和科学发展的示范区,对地方经济发展的贡献作用持续提升。2008年全市10个省级以上开发区全年新批协议外资26.4亿美元,实际到账注册外资17.0亿美元,完成自营出口65.4亿美元,地方一般预算收入93.2亿元,分别占全市总量的77%、83.3%、49.4%和50.7%。当年投入基础设施建设资金128.4亿元,比上年增长26.4%。国家级高新技术开发区全年引进总投资(包括增资)超1 000万美元外资项目28个,其中总投资超3 000万美元项目6个,注册外资实际到账7.5亿元,比上年增长40.1%。

二、常州市2008年社会发展概况

(一)人口、人民生活

人口总量低速增长。年末全市户籍人口358.7万人,比上年末增长0.4%;常住人口440.7万人,比上年末增长1.3%。全市暂住人口152.3万人,比上年末增长2%,其中暂住一年以上人口52.3万人,增长0.7%。自然增长率为0.15‰。

居民收入稳定增长。全年城市居民家庭人均可支配收入21 592元,人均消费支出14 967元,分别比上年增长13.1%、8.6%;农村居民人均纯收入10 171元,人均生活消费支出8 128元,分别比上年增长12.6%、9.8%。居民储蓄存款保持较快增长,定期化特征较为明显,全市年末居民储蓄存款余额达到1 431.2亿元,当年新增339亿元,其中定期储蓄存款余额1 090.3亿元,新增285.7亿元;活期储蓄存款余额340.9亿元,新增53.3亿元。

居住质量得到改善。年末城镇居民人均住房建筑面积32.5平方米,比上年末增加3.4平方米;农村居民人均住房面积58.7平方米,比上年末增加1平方米。住房保障工作扎实推进,困难群体受益面明显扩大,全市新增廉租房家庭1 621户,廉租房实物配租完成453户,提供经济适用房3 510套,开工建设景秀华庭等经济适用房小区,完成经济适用房建筑面积54万平方米。完成16个共计47.2万平方米老住宅小区综合整治,总投资达1 020万元,整治面积较上年增长91.8%。

(二)就业与社会保障

1. 就业形势基本稳定

2008年全市新增城镇就业7.9万人,失业人员实现再就业3.8万人;完成各类再就业培训5.8万人次,援助困难群体实现再就业1.1万人。全市全年筹集就业再就业资金1.7亿元,31万人次享受各类补贴1.9亿元,其中税费减免4 481万元,社保补贴1.3亿元。全市就业形势保持基本稳定,城镇登记失业率为3.2%。

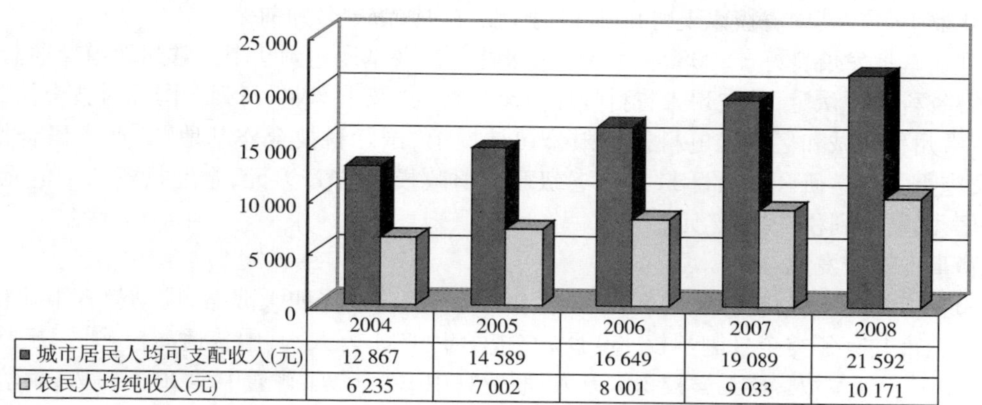

	2004	2005	2006	2007	2008
■ 城市居民人均可支配收入(元)	12 867	14 589	16 649	19 089	21 592
□ 农民人均纯收入(元)	6 235	7 002	8 001	9 033	10 171

图 2－66　2004－2008 年常州市城乡居民收入对比一览

2. 社会保障与救助力度加大

年末全市企业职工基本养老、失业、医疗、工伤和生育五大保险参保人数分别达 95. 3 万人、112. 9 万人、71. 1 万人、65. 1 万人和 56. 2 万人，企业养老保险、职工基本医疗保险、失业保险覆盖面均超过 97%。全面启动新型农村社会养老保险制度。2008 年底前的企业退休人员月均基本养老金增加到1 430元。

卫生惠民工程全面展开。社区卫生门诊实行“六免两减”，基本药品实行零差率销售；城镇职工医保住院个人自付比例降低到 40% 以下，农村新型合作医疗覆盖率达到 100%。

住房保障工作力度加大。增加廉租房家庭1 621户，提供经济适用房3 510套。完成 120 条背街小巷、49. 1 万平方米老小区整治和 2. 7 万平方米平屋盖修缮，对老小区近 400 个单元楼道进行整修。

救助水平稳步提高。年末拥有各类养老机构 102 个，床位总数达12 844张，收养人数达8 191人。全面完成城乡低保提标工作，保障标准均达到或超过国际公认的“一美元”贫困标准。全年共发放保障金12 099万元。正式启动价格上涨动态补贴机制，对市区低保对象按季发放物价补贴，四城区城市低保对象发放物价补贴 638 万元。

慈善事业健康发展。慈善募捐活动得到社会各界的积极响应，“助医、助学、助老、助孤、助残、助灾”六助活动广泛开展，全市慈善基金总量达 14. 3 亿元，全年发放慈善救助金5 957. 4万元，惠及困难群众 10 万人次。慈善超市覆盖所有街道，募集款物 510. 4 万元，救助特殊困难群众 1. 3 万户、3. 2 万人次。全年发行福利彩票 2. 6 亿元，增长 21%。

（三）科技与教育

1. 科技事业步伐加快

全市综合科技实力和自主创新能力稳步增强。2008 年共实施省级以上科技计划项目 298 项，重大产学研合作项目 114 项，按照国家新的标准通过认定的高新技术企业有 198 家，15 项重大科技成果获得省科技成果转化专项资金支持。企业知识产权保护意识有所增强，全年专利申请量和授权量分别达9 146件和2 536件，比上年增加3 125件、334 件，其中发明专利申请量和授权量分别为1 390件和 232 件，比上年增加 281 件、114 件。

创新平台建设成效显著。全市新增企业博士后科研工作站 4 个，市级工程技术研究中心 23 家，市级高技术研究重点实验室 6 家，年末市级以上“一站两中心”达到 232 家。新增溧阳市高新技术创业服务中心等 9 家省级孵化器，常州市天宁高新技术创业服务中心等市级孵化器 3 家，全市已有市级以上孵化器17家,其中省级以上孵化器14家,在省内城市中名列前茅。

特色产业基地发展良好。2008年全市国家级特色产业基地达到9个。常州轨道交通、太阳能产业基地获得省科技厅认定,并被列入省科技厅重点扶持的"双十产业"行列。国际科技合作载体建设着力推进,常州科教城和亿晶光电科技有限公司被授予"国际科技合作基地"。产学研合作成效显著,全年实施重大产学研合作项目114项,各级政府财政投入9 615万元,企业投资8.4亿元,实现总产值101亿元,新增利税13.4亿元。

2. 教育事业健康发展

常州市全力实施现代化发展、均衡发展、内涵发展、主动发展四大战略,推动教育事业优质均衡发展。年末全市共有各类全日制学校430所,在校学生63.1万人,其中普通高校12.3万人,普通中专(含职业中专)3.6万人,技工学校3.1万人,职业高中1.0万人,普通中学20.6万人,小学22.4万人,特殊教育660人;教职工达4.3万人。教育现代化步伐加快。常州高职园区成为全省唯一示范高职教育园区,武进、金坛、溧阳通过省教育现代化验收。义务教育经费得到有力保障,"蓝天计划"深入推进,外来务工人员子女接受义务教育普及率100%,79%以上进入公办学校就读。"春晖工程"取得明显进展,100所项目学校挂牌建立,网上服务平台开通运行,100G的资源包实现城乡共享。

素质教育深入实施。由常州市青少年组成的中国机器人代表队在VEX机器人世界锦标赛中荣获铜奖,参加WRO国际奥林匹克机器人竞赛获得小学组常规赛一等奖,参加世界第21届头脑奥林匹克创新大赛获小学组单项冠军。全市中小学省级以上优质学校比例52%以上、就读学生比例65%以上。教育质量高位攀升,高考创历史新高,全市二本以上达线率达44.4%,较2007年提高4.6个百分点,位居全省第一;初中毕业生升学率达99.4%,18~21周岁适龄人口高等教育毛入学率60.8%,新增劳动力人均受教育年限达14.4年。职业学校提档升位取得较大突破,金坛市、溧阳市、武进区职教中心通过省四星级职业学校评估,艺术高等职业学校升格为五年制高职校。单招本科录取人数和本专科录取率连续9年全省第一。

(四)文化、卫生、体育

1. 文化事业繁荣发展

2008年,市级纪念馆、博物馆、图书馆等公共文化设施全部免费开放;38个乡镇文化体育工作站、60%的村文化室达到省级标准;工人文化宫等场馆改造提升后向社会开放,大剧院主体工程完工,文化传媒中心开工建设;非物质文化遗产保护得到加强,国家级非遗项目达到9项,省级12项。

群众文艺更加繁荣。在全省率先实现所有公益文化单位(文、图、博等)免费向公众开放,受益总人数达150万。组织开展大规模的送戏、送书、送电影"三下乡"活动,歌舞团、锡剧团、评弹团、滑稽剧团共演出2 105场。大力开展常州农民读书节活动,建成农家书屋300家。年度文化惠民工程各项任务圆满完成,金秋书场、戏曲会馆、青果巷百家论坛等群众文化品牌受到市民欢迎。新增11家周末广场数字电影放映点,被列为全省试点。

精品创作有所突破。第二届"常州戏剧文学奖"共征集戏剧剧本类16个、曲艺小品类19个,获2007-2008年度江苏戏剧文学奖评奖第一名;方言剧本《五月端阳》改编的话剧首次入选中国剧本研讨会;原创舞剧《格桑花与茉莉花》入选"2007-2008年度江苏省舞台艺术精品工程"初选剧目,弥补了常州无原创舞剧的空白。年末全市共有各类艺术表演团体10个,文化馆及群艺馆(站)8个;拥有公共图书馆4个、博物馆及纪念馆13个。图书馆全年接待读者91万人次,流通图书86万册次。常州博物馆全年接待参观者达67万人次。

广电事业有序发展。全市拥有对内无线自办广播节目11套,无线自办电视节目8套,有线(广播)电视传输节目41套,广播电视节目综合覆盖率均达到100%。数字电视整体转换全面完成,城区

有线数字电视整体转换率达98%，农村入户率达85%。全年完成19.2万户有线电视网络双向传输改造，有线电视用户数达97万户，其中数字电视用户达73万户。全年出版发行《常州日报》2 592万份、《常州晚报》2 281万份、《常州广播电视报》400万份。

2. 卫生事业

医疗体系逐步健全。2008年，完成市区医院布局总体规划，二院武进阳湖医院、四院新北医院建设进展顺利，戚区医院和广化医院提升为市级医院。至年末，全市共有各类医疗卫生机构1 261个；卫生技术人员1.98万人。全市每千人拥有卫生技术人员5.52人、医生2.43人、床位4.21张。社区卫生服务改革扎实推进，建成城市社区卫生服务机构72个，其中社区卫生服务中心20个，社区卫生服务站52个，社区卫生服务中心街道覆盖率达100%，基本形成15分钟社区卫生服务圈。农村医疗卫生条件明显改善。全市新型农村合作医疗参保人数达201.6万人，参保率为100%，人均筹资标准达135元，筹资总额达2.7亿元。建成10家市级农村示范社区卫生服务中心、100个市级农村示范社区卫生服务站，农村社区卫生服务中心(站)全部达到省农村社区卫生服务中心(站)建设新标准。全市爱国卫生工作成效显著，到2008年底，全市共有国家卫生镇3个，省卫生镇30个，农村行政村有572个创建成省、市卫生村，占总数的53%。

3. 体育事业跨越式发展

竞技体育取得丰硕成果。奥体中心建成开放，成功举办中国羽毛球大师赛、江苏省青少年摔跤、柔道、个人射击冠军赛等4项国际比赛、10项国家级和21项省级赛事，成为全省首批体育强市。常州籍运动员在国际、国内重大比赛中获得2项世界冠军、8项亚洲冠军和7项全国冠军，陆春龙在北京奥运会男子蹦床网上个人决赛中成功夺冠，成为全市第一个奥运会冠军。

全民健身蓬勃开展。2008年成功举办第十三届运动会暨第六届全民健身节，全年新增社区全民健身工程20个，对城区177个健身工程进行全面整新、调整和器材添置，开工建设东经120公园青少年户外营地、圩墩公园羽毛球基地、西林公园篮球基地、飞龙公园体育主题公园，学校体育场馆面向社会开放。全市体育人口(指每周进行体育活动3次，每次锻炼半小时以上人群)比重达50.8%，比上年提高4.5个百分点。全年销售体育彩票4.3亿元，比上年增长15.8%。

(五)城乡建设

1. 基础设施建设成效显著

全市交通基础设施布局和结构得到优化，工程质量水平不断提高，城市高架路建成通车，西绕城高速公路、泰州长江公路大桥南接线开工建设。截止年末，全市公路总里程达7 185公里，国省干线公路中一级以上公路比例达82.9%；公路密度达163.9公里/每百平方公里。在全线率先完成京沪高速铁路、沪宁城际铁路常州段的用地提供和房屋拆迁任务，沪宁城际铁路常州站综合交通枢纽、京沪高速铁路常州站站区的规划和设计工作全面展开，戚墅堰车站货场搬迁工程开工建设。京杭运河船民服务区和垂直绿化工程全面完成，运河东、西港区一期工程、星港路人行桥、水上垃圾和废油水回收站建成投用，三级航道网整治工程全面启动。录安洲港区码头一期工程实现口岸开放，石化码头水工结构和堆场工程全面完工。

2. 公交事业发展迅速

快速公交建设运营成效显著，BRT一号线日均客运量达12万人次，占公交日客运量的13.8%以上。"村村通公交"目标基本实现，全市644个行政村公交通达率达95.7%。全年新增空调公交车800台，空调公交车总量达1 349台，比例达57.8%，135条公交线路中62条实现空调化运营，主城区36条公交线路全部实现空调化运营，公交出行的舒适度明显提升，市民出行条件得到极大改善，公交出行比例超过25%。

3. 公共服务水平提升

2008 年对 28 个菜市场进行了提升改造,其中内部提升 14 个,原址改造 3 个,搬迁移建 11 个。完成 120 条背街小巷综合整治工程,提升改造中心城区公厕 131 座,新建 39 座。新岗增压站、魏村水厂一期挖潜改造全面完成,城区供水总量 3.5 亿立方米,其中居民生活用水 1 亿立方米,供水普及率达 100%。全社会用电量 237.3 亿千瓦时,比上年增长 2.9%,其中城乡居民生活用电 21.4 亿千瓦时,增长 14.5%。开工建设"川气东送"工程,建成高压管网 15 公里,年末市区管道燃气用户达 26.6 万户,比上年增长 15.5%;城市供气气化率达 98.5%。年底城市路灯总数达 12.3 万盏,比上年增长 19.7%。建立了数字城管新模式,13 项长效管理实现数字化。完成市区 13 条道路和城市高架路两侧环境整治。城市交通管理上升为全国畅通工程 A 类一等水平。

4. 新农村建设力度加大

全年新建、改建农村公路 405.7 公里,改造农危桥 420 座。农村合作医疗参保人口 201.6 万人,参保率 100%,覆盖面全省第一,人均筹资标准 135 元,农民住院补偿率达到 35%。组织开展以"三清一绿"、"五化三有"为主要内容的"整治村庄环境、共建小康家园"专项行动,农村水环境治理成效明显,疏浚县乡河道 98 条 360 公里,清淤河塘4 676个。农民专业合作经济组织发展到 448 家,入社会员 9.6 万户,符合改革条件的村组基本完成社区集体经济股份合作制改革。组建农村土地股份合作社 30 家,入社农户4 851户,入股土地面积 1.5 万亩。新建和改建农村公路 298 公里,疏浚县乡河道 92 条,完成4 676个河塘清淤。

(六)环境保护与生态建设

1. 环境整治力度加大

常州市全力推进太湖治水、城区清水、净化空气、污染减排、生态建设等各项工作,主要污染物排放总量削幅明显,环境质量得到改善。全年空气质量优良以上天数达到 324 天,占全年总天数的 88.8%,集中式饮用水水源地水质达标率为 100%。环境质量综合指数达到 88.1 分。全年退批、否决建设项目 120 个,关闭小化工 397 家,24 家污染企业实施搬迁,完成 148 家企业的清洁生产审核、10 家单位的循环经济试点,完成 206 个重点减排项目,规模以上万元工业增加值综合能耗估算下降 6.2%,化学需氧量和二氧化硫排放总量分别削减 6.72%、8.78%,节能减排任务如期完成。污水厂提标改造工程进展顺利,新增生活污水处理能力 15.5 万吨/日,全市 37 个乡镇生活污水全部实现集中处理。太湖治水、城区清水和净化空气三大战役取得明显成效,三条入湖河流水质保持稳定,46 条市区河道实现清水目标。环境监管能力进一步加强,建成了污染源监控中心和 30 个水质自动监测站。

2. 生态市建设取得突破性进展

城乡绿化"十大工程"全面完成,新增绿地面积4 233.8公顷。建成开放了假日公园、汽车城绿地、金源绿地 3 个公园,东坡公园、圩墩遗址公园、西林公园、飞龙公园、恐龙谷温泉公园、华山公园、紫荆公园等 7 个公园已进入现场施工阶段。年末建成区绿地面积达4 596.2公顷,其中公园绿地1 430.7公顷,分别比上年末增长 9.8% 和 3.3%;建成区绿地率为 38.1%,上升 0.9 个百分点;城区人均公园绿地达到 12.1 平方米,比上年增加 0.8 平方米;常州被评为国家园林城市,拥有省级园林式居住小区 46 个,省级园林式单位 118 个。2008 年新建成省、市级生态村 86 家、各级绿色社区 38 个、绿色学校 65 所和绿色宾馆 8 家。全市 27 个镇通过全国环境优美镇省级考核,其中 2 个已获国家环保部命名。

三、挑战与目标

在肯定成绩的同时,也要清醒地看到工作中存在的问题。由于受宏观经济形势的影响,年初确

定的地方一般预算收入增长18%的目标没有完成，缺了0.8个百分点；科技创新能力还不强，科技含量高、附加值高的大项目不多，产业结构优化任重道远；环境保护中还存在一些问题，环境污染引发的社会矛盾时有发生；行政机关的效能还不尽如人意。这些问题都有待在今后的工作中加以改进。

2009年常州市主要预期目标是：地区生产总值增长10%；地方一般预算收入增长10%；全社会固定资产投资增长17%，其中工业投资增长20%；社会消费品零售总额增长18%；注册外资实际到账增长10%；全社会研究与开发经费支出占地区生产总值的比重达到1.9%；城镇居民人均可支配收入增长10%，农民人均纯收入增长10%；城镇登记失业率控制在4%左右；万元地区生产总值综合能耗下降4.5%，化学需氧量和二氧化硫排放量均削减2%；环境质量综合指数达到83分以上。

四、常州市在长三角地区经济发展中的地位

2008年，宏观经济环境复杂多变，国际金融危机和国内经济周期回调使常州市工业经济发展遭遇多年来少有的困难和挑战，发展速度逐月回落，保持可持续较快增长的难度和压力明显加大。面对严峻的经济形势，常州市突出“调整、提升、优化”这一主线，采取一系列有针对性的保增长措施，努力保持工业经济平稳较快增长的运行格局，特别是进入四季度以后，在中央频繁出台扩大内需、促进经济增长的政策措施刺激下，全市工业增速回落的势头有所缓解，经济运行中出现了一些积极的变化。

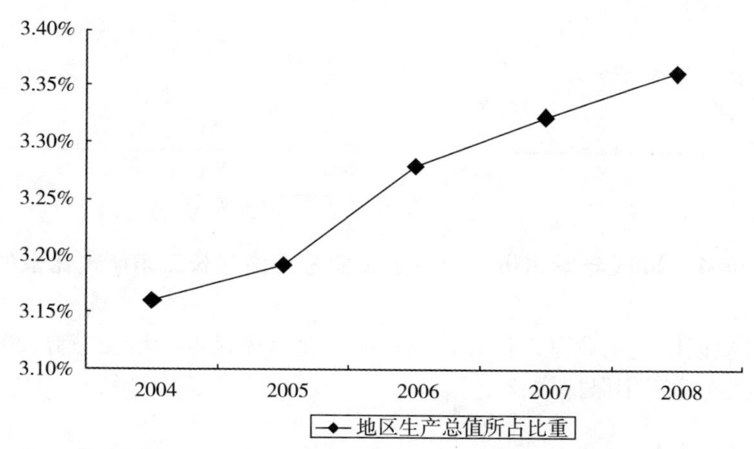

图2-67　2004-2008年常州市地区生产总值在长三角所占比重的变化趋势

2008年常州市地区生产总值在长三角地区所占比重为3.36%，连续五年保持增长态势，比2004年占比增加了0.2个百分点。

常州市地方财政一般预算收入从2004年-2007年连续三年增长，2008年基本上与2007年持平，在长三角地区所占比重为2.63%，累计比2004年占比增加了0.39个百分点。

2008年，常州市工业经济总体呈现低开后略有回升、之后持续下滑的运行态势，尤其是进入下半年以后，企业生产经营面临的困难和不确定因素明显增多，工业生产增长速度持续下滑，且幅度呈逐月扩大的趋势。到12月份为止，全市规模以上工业产值增速已经连续8个月回落，月度增长速度由4月份的最高点31.7%回落至11月份的最低点9.4%，下降幅度超过20个百分点。从横向城市比较看，常州市增加值可比价增速在省内13个辖市中相对靠后，在苏南五市中较为领先，全年增幅低于全省平均水平0.2个百分点，列省内城市第10位、苏南五市第2位。由于苏南五市工业都面临着

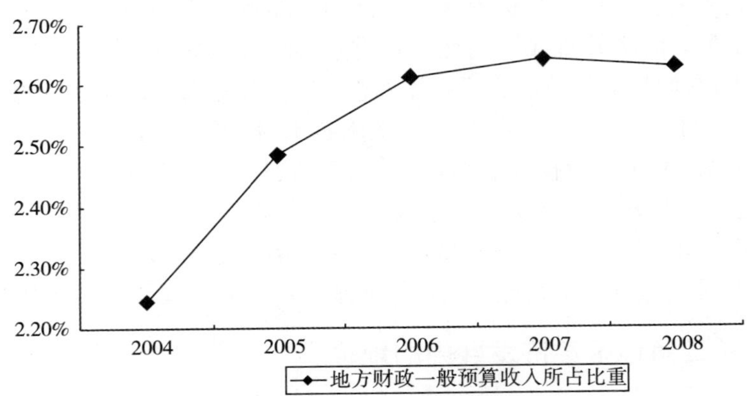

图 2-68　2004-2008 年常州市地方财政一般预算收入在长三角所占比重的变化趋势

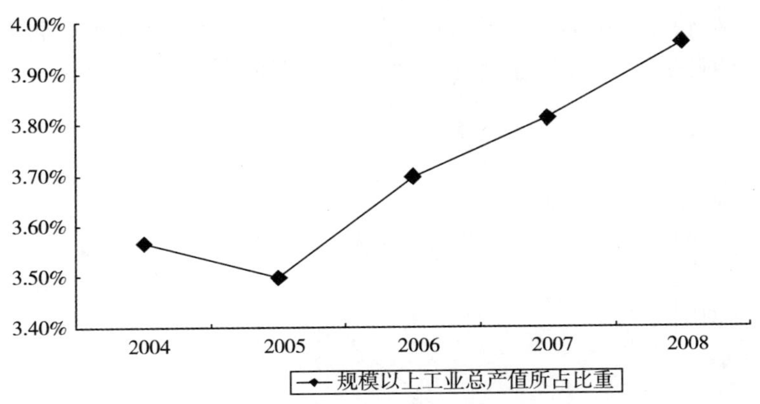

图 2-69　2004-2008 年常州市规模以上工业总产值在长三角所占比重的变化趋势

严峻的形势,常州市规模以上工业总产值在长三角所占比重还是保持增长态势,2008 年比 2007 年增加 0.15 个百分点,已连续三年保持增长。

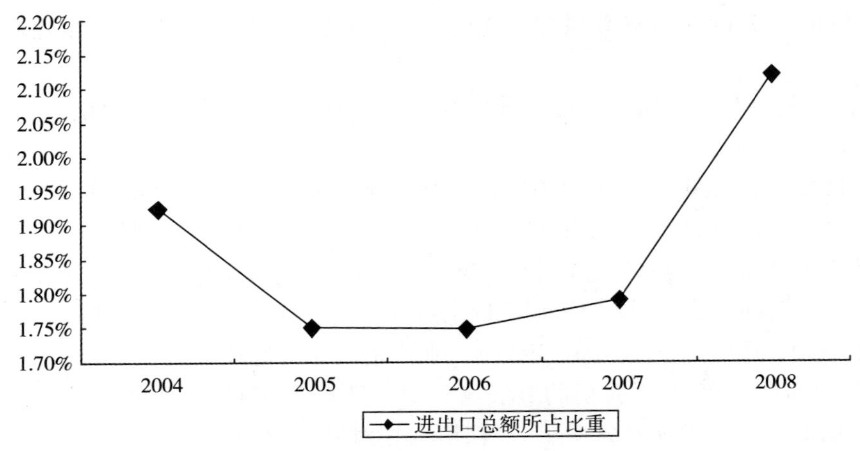

图 2-70　2004-2008 年常州市进出口总额在长三角所占比重的变化趋势

常州市外贸生产和经营企业克服外需萎缩、出口退税率调整、人民币升值、汇率动荡等不利因素，着力加大东欧、拉美等新兴市场的开拓力度，保持和促进对外贸易的平稳较快增长。2008 年常州市进出口总额在长三角所占比重保持快速增长势头，比 2007 年提高 0.33 个百分点。

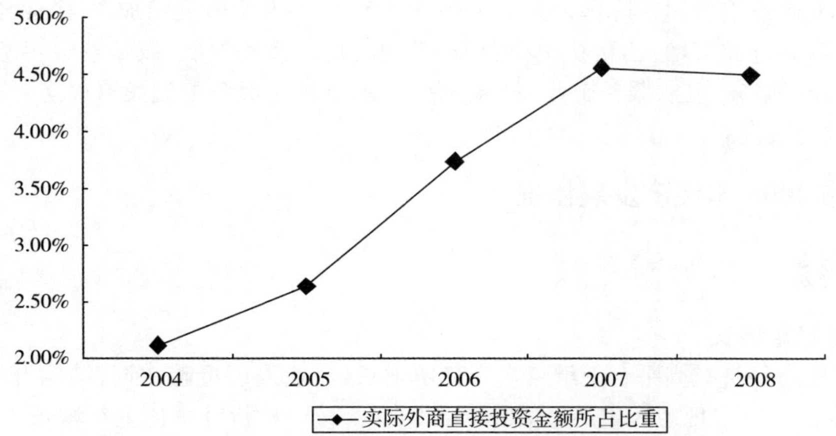

图 2－71　2004－2008 年常州市实际外商直接投资金额在长三角所占比重的变化趋势

常州市实际外商直接投资金额在经历了 2004－2007 年连续三年较大幅度的增长之后，2008 年比 2007 年略有回调，在长三角地区所占比重为 4.51%，累计比 2004 年占比增加了 2.4 个百分点。

五　苏州市2008年经济社会发展

2008年,苏州市政府针对国际国内经济形势复杂多变、不利影响逐步加深、企业经营困难加剧的情况,制定和采取促进经济增长、帮扶中小企业、推动房地产市场发展、鼓励外贸转型升级等一系列政策措施,大力开展服务基层、服务企业、服务发展活动,保证了经济的健康有序运行,统筹协调推进了经济社会持续健康发展。

一、苏州市2008年经济发展概况

(一)综合经济

1. 经济总量稳定增长

2008年,苏州市经济在高平台上继续实现稳定增长,产业发展更趋协调,结构升级调整优化,发展方式有效转变。全市实现地区生产总值6 701.29亿元,按可比价计算比上年增长13%。其中第三产业增加值2 436.89亿元,比上年增长15.5%。三次产业的比例为1.6∶62.0∶36.4,第三产业比重比上年提高1.8个百分点。按现行汇率计算人均GDP超过1万美元。

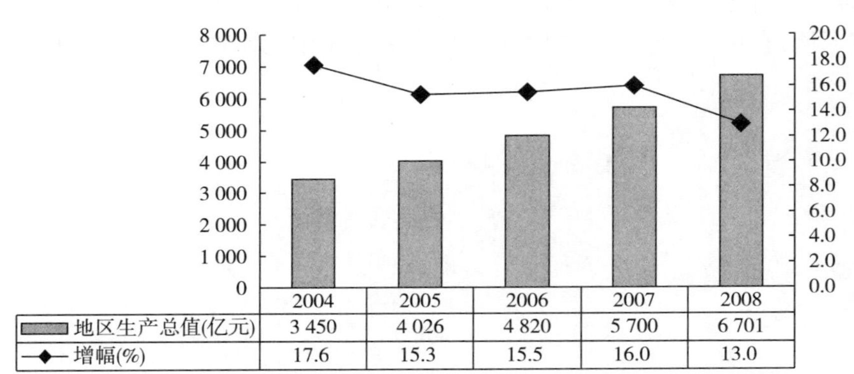

	2004	2005	2006	2007	2008
地区生产总值(亿元)	3 450	4 026	4 820	5 700	6 701
增幅(%)	17.6	15.3	15.5	16.0	13.0

图2－72　2004－2008年苏州市地区生产总值及增长速度

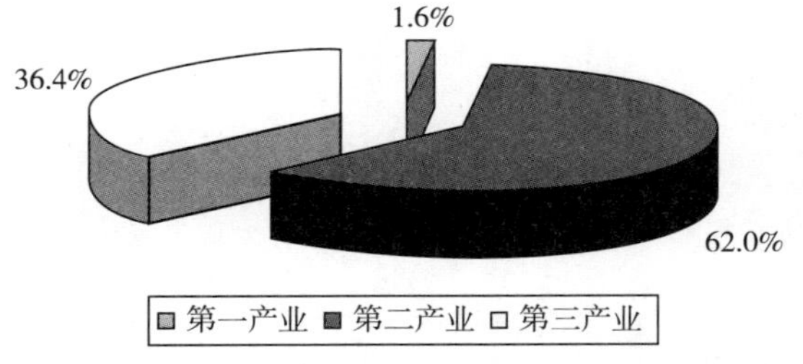

图2－73　2008年苏州市三次产业结构图

2. 财政收支保持平稳

苏州市加强税收征管,优化财政支出结构,各级财政用于民生的投入继续增加。2008年,全市实

现地方一般预算收入668.91亿元,比上年增长23.5%。地方一般预算收入占GDP比重为10%。各项主体税种保持平稳增长,营业税、增值税、企业所得税分别增长7.9%、16%和22.3%。公共财政保障能力增强,财政支出结构进一步优化。全年地方一般预算支出622.37亿元,比上年增长24.7%。其中用于社会保障与就业、科技教育、医疗卫生、环境保护方面的财政投入增长29.1%。

3. 市场物价有所回落

受多种因素的叠加影响,2008年居民消费价格涨幅总体高于上年,随着各项调控物价政策措施的出台以及粮油肉菜等主要食品价格的逐步回落,下半年居民消费价格指数顺势回落。全年居民消费价格总水平比上年上升5.3%,其中服务项目价格上涨0.7%,消费品价格上涨7.1%。八大类消费价格"六升两降",食品类、烟酒及用品类、衣着类、家庭设备用品及维修服务类、医疗保健和个人用品、居住类价格分别比上年上升14.9%、2.8%、2.0%、5.2%、5.6%和2.5%,交通及通信类、娱乐教育文化用品及服务类价格分别比上年下降3.5%和3.1%。

4. 固定资产投资效益提升

苏州市固定资产投资坚持以增量投入带动存量调整,加快由规模扩张型向效益提升型转变。投资重点向公共基础设施、先进制造业、现代服务业、民生保障工程等领域倾斜。2008年,全社会固定资产投资2 611.16亿元,比上年增长10.3%。其中国有经济投资401.97亿元,比上年增长15.1%;三资企业投资918.1亿元,增长13.2%;私营个体投资789.81亿元,增长5.1%。投资结构继续优化,第一产业完成投资4.8亿元,增长31.6%;第二产业完成投资1 277.58亿元,增长4.8%;第三产业完成投资1 328.78亿元,增长16.1%,占全社会投资的比重达到50.9%,比上年提高2.6个百分点。

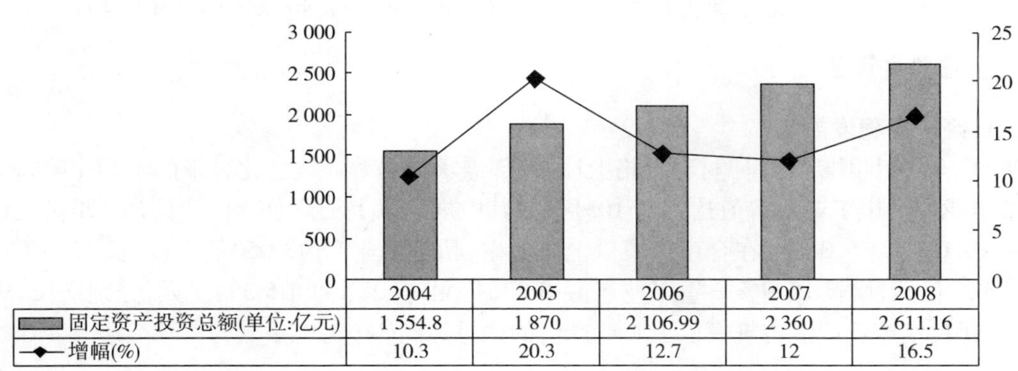

	2004	2005	2006	2007	2008
固定资产投资总额(单位:亿元)	1 554.8	1 870	2 106.99	2 360	2 611.16
增幅(%)	10.3	20.3	12.7	12	16.5

图2-74 2004-2008年苏州市全社会固定资产投资及增长幅度

5. 区县经济协调发展

苏州市下辖的八个郊区县,经济基础都比较好。2008年,八个郊区县共计实现生产总值达6 511.11亿元,在上年较高的平台上继续保持了14%以上的增长速度。

(二)农业

围绕现代农业建设,促进农业的组织方式、形态布局、综合效益不断优化,结构调整成效显著,农业综合生产能力进一步提高。2008年,全市实现农林牧渔业总产值199.55亿元,比上年增长10.2%。出台水稻价外补贴政策,扶持粮食生产,水稻总产量稳步增长,小麦、油菜单产创历史新高。建成一批上规模、高效益、多功能的现代农业示范园区,农业适度规模经营比重超过35%。新增高效农业(含渔业)面积1.45万公顷,累计达到10.69万公顷。推行农业标准化,全市新增39只无公害农

表 2－35　2008 年苏州市县区主要经济指标

区县	地区生产总值(亿元)	地方财政一般预算收入(亿元)	城镇固定资产投资(亿元)	出口总额(亿美元)	社会消费品零售总额(亿元)
市辖区					
虎丘区	588	46.19	191.83	224.18	56.45
吴中区	468.01	44.80	112.90	37.77	144.09
相城区	276.38	24.50	65.54	18.40	85.48
郊县					
常熟市	1 150.03	70.15	211.89	86.58	263.68
张家港市	1 250.31	103.98	183.10	102.80	167.15
昆山市	1 500.26	115.69	286.09	386.64	201.87
吴江市	750.10	60.16	212.40	88.94	125.05
太仓市	528.02	50.18	189.73	38.83	81.95

产品、89 只绿色食品和 9 只有机食品,年末"三品"总数达1 295只。新增一批国家级、省级农业龙头企业,市级以上农业龙头企业销售收入增长 15.1%。全市省级以上农业龙头企业实现销售收入 280.3 亿元,比上年增长 18.3%。

农田水利和农业基础设施建设进一步加强。全市完成农田水利总土方2 828万立方米,疏浚整治各级河道1 713公里,加高加固圩堤 124 公里,增砌护岸 199 公里。提高农业装备水平,水稻种植机械化率比上年翻一番,张家港市成为江苏省率先基本实现水稻种植机械化示范县(市)。

(三)工业和建筑业

1. 工业经济平稳发展

2008 年,苏州市不断化解原材料价格上涨、外部需求减弱等环境变化带来的不利影响,积极加快结构调整步伐。全市工业总产值达到22 103亿元,其中规模以上工业总产值达到18 630亿元,分别比上年增长 16.0% 和 15.3%。在全市规模以上工业中,私营工业产值3 050亿元,增长 12.3%;外资工业产值12 497亿元,增长 15.9%。重工业产值13 236亿元,轻工业产值5 394亿元,分别增长 19.1% 和 6.9%。高新技术产业产值占规模以上工业产值的比重达到 34%。

表 2－36　2008 年苏州市县区工业总产值

单位:亿元

区县	工业总产值
苏州市	**18 630.13**
虎丘区	1 600.38
吴中区	825.66
相城区	474.26
常熟市	2 290.71
张家港市	3 153.78
昆山市	4 554.86
吴江市	2 178.47
太仓市	996.44

2. 工业经济效益保持稳定

面对增本减利的现实压力，工业企业在挖潜改造、强化管理、调整结构、提高市场适应性和竞争力方面采取了一系列应对措施。工业经济效益总体保持稳定，规模以上工业经济效益综合指数为187%。规模以上工业企业实现主营业务收入18 331亿元，增长14%；实现利税总额1204亿元，增长3.2%；实现利润总额836亿元，增长1.1%。规模以上工业产品销售率达到98.6%。百强企业销售收入占到规模以上工业企业销售收入的41%。

3. 工业经济结构调整优化

2008年，苏州市规模型企业领跑发展，全市工业百强企业实现工业总产值7 639亿元，比上年增长23.4%，占全市规模以上工业总产值的41%，拉动规模以上工业增长9个百分点。先进制造业保持较快增长。高新技术产业完成产值6 300亿元，占规模以上工业总产值的比重达34%。主导产业稳定发展。机电行业实现工业总产值9 746亿元，比上年增长18.9%，高于全市规模以上工业增幅3.6个百分点；通信设备、计算机及其他电子设备制造业实现工业总产值5 987亿元，增长20.2%，高于全市规模以上工业增幅4.9个百分点，占全市规模以上工业总量的32.1%。切实压缩落后产能，关闭小化工企业308家，淘汰水泥年生产能力190万吨，基本完成苏钢集团大型落后设备淘汰任务。

4. 建筑业

建筑业企业综合竞争力不断提升。全市建筑施工企业实现施工产值790.43亿元，比上年增长20.1%，施工面积7 272.49万平方米，竣工面积3 534.39万平方米，分别比上年增长3.2%和5.2%。2项建设工程项目获国家优质工程“鲁班奖”，3项工程获“国优”工程奖。

（四）服务业

1. 国内贸易

消费市场持续繁荣，现代流通业态不断壮大，消费环境日益优化，消费结构调整升级，商业网点规划布局加快推进。全市实现社会消费品零售总额1 551.75亿元，比上年增长24.1%。分行业看，批发零售贸易业零售额1 332.92亿元，增长22.6%；餐饮业零售额195.01亿元，增长39.5%。城乡消费同步增长。城市消费品零售额1 168.44亿元，农村消费品零售额383.31亿元，分别比上年增长24.2%和23.9%。居民消费结构调整升级。限额以上批发零售业实现吃、穿、用商品零售额分别为80.34亿元、60.49亿元、447.51亿元，分别增长21.7%、12.7%和14%。主要消费热点比较集中，石油及制品类零售额增长34.3%，黄金珠宝类零售额增长29.9%、家具类零售额增长23.2%，家电类零售额增长21.4%。

年末全市共有商品交易市场582个，其中亿元以上市场76个，商品成交额2 555.54亿元，增长25%。注重提升市场能级，中国东方丝绸交易市场、中国常熟服装城、中国珍珠宝石城交易额保持全国领先。

2. 运输邮电业

交通运输业围绕统筹城乡一体化发展、提升中心城市首位度、构建现代综合交通运输体系，全力推进交通基础设施建设，不断提升运输服务能力。全年完成公路、水运客运量达4.54亿人次，客运周转量285.5亿人公里，分别比上年增长13%和14.3%；完成货运量1.26亿吨，货运周转量89.46亿吨公里，分别比上年增长6.5%和9.1%。物流业迅速发展，现代港口物流规模优势显现。新增国家A级物流企业7家；苏州港货物吞吐量达2.01亿吨，增长9.4%，集装箱运量达到255万标箱，增长34.5%，其中太仓港集装箱运量达到145.3万标箱，增长42.6%。太仓港、张家港港、常熟港三个港口成为首批对台直航港口。全市年末拥有机动车177.11万辆，其中汽车82.67万辆，分别比上年增长5.9%和18.5%。其中私人汽车保有量达到61.75万辆，比上年增长21.5%。

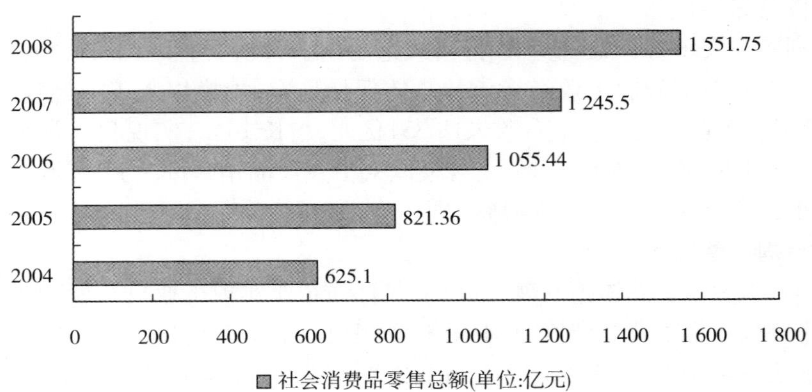

图 2－75　2004－2008 年苏州市社会消费品零售总额

邮电通信持续快速发展。全市实现邮政业务收入 10.7 亿元,比上年增长 6.7%。年末邮政储蓄余额 236.5 亿元,比上年增长 30.1%。全市电信业务总收入 132.04 亿元,增长 9.0%。年末固定电话用户 291.71 万户,小灵通用户 137 万户;移动电话用户1 027万户,比上年增长 12.1%。互联网宽带用户达到 106.53 万户。

3. 旅游业

积极实施“北京看奥运、苏州品水韵”和“世博在上海、旅游到苏州”营销计划,开发旅游项目,发展乡村旅游,环太湖旅游产业带品牌效应逐步凸显。进一步强化规划引领,整合资源,创新服务,主动融入长三角旅游城市圈,努力推动旅游业转型升级,着力打造“天堂苏州、东方水城”品牌。2008 年,全市实现旅游总收入 724 亿元,比上年增长 13.5%;接待境外游客 219 万人次,比上年增长 6.5%;旅游外汇收入 9.78 亿美元,增长 10%;接待国内游客5 270万人次,增长 10%。全市旅行社接待人数 550 万人次,增长 20%。年末拥有星级饭店 148 家,其中四星级及以上饭店 56 家。全市 4A 级景区点增加到 22 家,5A 级景区点 2 家。全市景区接待游客比上年增长 12%。成功举办第十一届中国苏州国际旅游节等重大旅游节庆活动。

4. 金融、证券、保险业

2008 年,完成一批国有投资主体和地方金融机构增资扩股工作,融资能力得到增强。出台促进金融业改革与发展的指导意见及配套措施,金融业发展环境更加优化。4 家企业首发上市,全市在境内外上市的企业累计达到 34 家,募集资金 190 亿元。全市担保、典当行业为中小企业担保、融资分别达到 245 亿元和 50 亿元,分别比上年增长 22% 和 20%。苏高新集团成功发行 10 亿元企业债券。

金融运行稳健有序。储蓄存款稳定性增强,有效信贷投放平稳增长,信贷结构继续优化。年末金融机构本外币存、贷款余额分别为8 800亿元和6 580亿元,分别比年初增加1 328亿元和 770 亿元。全年银行现金收入11 777亿元,现金支出12 157亿元,分别比上年下降 7.7% 和 7.2%,货币净投放 380 亿元。银行机构当年实现结益超过 200 亿元,比上年增长 15%。

全年股票交易总体低迷。年末全市有证券营业部 43 家,当年新增 1 家。全市证券交易开户总数 85 万户,全年股票成交金额9 300亿元,比上年下降 33.8%。

保险业务稳定增长。全市新增保险机构 11 家,年末保险机构总数达 48 家。全年实现保费收入 123.04 亿元,比上年增长 28%。其中财产险收入 42.19 亿元,比上年增长 15.1%;人寿险收入 80.85 亿元,比上年增长 45%。全年已决赔款及给付 67 亿元,比上年增长 74.1%。

5. 房地产业

进一步加强和完善对房地产市场的宏观调控，合理引导住房消费与住房开发建设，房地产市场发展总体平稳。2008 年，全市完成房地产开发投资 718.08 亿元，比上年增长 19.3%，占全社会固定资产投资的比重为 27.5%。商品房施工面积为7 036.91万平方米，增长 15.4%；竣工面积为 1481.24 万平方米，比上年下降 20.9%。商品房屋销售面积1 007.36万平方米，比上年下降 47.4%，其中住宅销售面积 830.26 万平方米，下降 49.8%。全年实现商品房销售额 573.42 亿元，下降 41.8%，其中住宅销售额为 459.38 亿元，下降 44.5%。市区二手房交易成交面积 187.21 万平方米，其中住宅 100.19 万平方米。全市拍卖、招标和挂牌交易用地3 200.13公顷。

（五）开放型经济

面对全球经济增长放缓、外部需求萎缩等不利影响，苏州市加快推进产业转型升级，开放型经济发展水平不断提高。2008 年，苏州市与新西兰陶波市结为友好城市，友城总数达到 38 个，居全国地级市首位，苏州获得中国国际友好城市交流合作奖。与台湾地区的交往与合作更加深入，太仓、张家港、常熟三个港口成为首批对台直航港口。侨务工作成效明显，6 家企业被评为全国明星侨资企业。对口支援和南北挂钩合作力度加大，苏州宿迁工业园等共建园区初见成效。

1. 对外贸易平稳增长

2008 年，苏州市对外贸易保持平稳增长，出口结构进一步优化，全市实现进出口总额2 285亿美元，比上年增长 8%，其中出口总额1 317亿美元，比上年增长 10.7%。在出口总额中，机电产品出口1 066亿美元，比上年增长 10%，占出口总额的比重为 81%；高新技术产品出口 795 亿美元，比上年增长 5.5%，占出口总额的比重为 60.4%。传统出口市场份额保持稳定，新兴市场开拓取得进展。对欧盟、美国、日本三大市场的出口额占出口总额的比重达 60.1%，其中对欧盟出口额 352 亿美元，增长 3.5%；对美国出口额 325 亿美元，增长 9.4%；对日本出口额 108 亿美元，增长 3.4%。东盟、拉美、非洲等新兴市场出口发展迅速，出口增幅超过 30%。7 个省级出口基地获得批准。

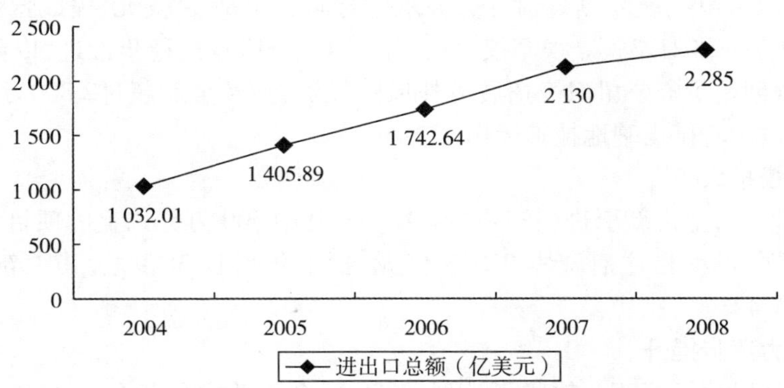

图 2－76　2004－2008 年苏州市外贸进出口总额

2. 利用外资保持平稳

2008 年，苏州市择商选资力度加大，引资结构调整优化，全市新增注册外资 163.4 亿美元，比上年下降 11%；实际利用外资 81.3 亿美元，比上年增长 13.5%，其中服务业实际利用外资 19.8 亿美元，增长 107.6%，占全市实际利用外资的比重达到 24.3%，比上年提高 11 个百分点。利用外资项目规模扩大。新批准外商投资项目（不含增资）平均注册外资超过 790 万美元，比上年增长 13%。新批准(不含增资)超千万美元以上的项目590个,注册外资109亿美元,占全市注册外资的比重为68%,其中4个项目超亿美元(不含增资)。1 300多家外商投资企业先后增资,增资项目注册外资63亿美元,增长5%。太仓市被国家商务部和德国经济部命名为国内唯一的中德企业合作基地。世界500强企业中有128家落户苏州。年末全市服务外包企业达到970家,全年离岸接包合同金额5.2亿美元。

表2-37　2008年苏州市县区实际外商直接投资

单位:亿美元

区县	实际外商直接投资
苏州市	**81.33**
虎丘区	8.50
吴中区	4.81
相城区	2.54
常熟市	8.52
张家港市	5.97
昆山市	16.03
吴江市	8.52
太仓市	7.35

3. 对外合作稳步发展

对外工程承包和劳务合作健康发展,“走出去”领域不断扩展,初步形成了境外资源开发、境外高科技风险投资、境外传统产业投资三足鼎立新格局。2008年新批境外投资项目63个,中方境外投资额2.1亿美元,增长58.4%;全年新签对外劳务承包合同额3.89亿美元,完成营业额3.73亿美元,分别比上年增长12.7%和21.3%。埃塞俄比亚“东方工业园”建设稳步推进,以苏州创投集团为代表的一批国有、民营创业投资公司积极拓展境外风险投资,涉及金额超过2 800万美元,国家商务部确定的产业转移促进中心昆山基地挂牌运作。

4. 利用内资规模扩大

引进内资稳定发展,全市新引进内资项目4 927个,其中500万元以上的项目达1 037个,比上年增长25.2%。引进内资项目注册资本329.3亿元,比上年增长35.9%,其中新增外地注册资本309.6亿元,增长33.4%。

5. 民营经济实力逐步提升

苏州市积极实施民营经济新一轮腾飞计划,2008年全市新增私营企业2.01万家,年末累计达14.13万家;新增私营企业注册资本615.63亿元,年末累计注册资本3 418.02亿元。新增个体工商户2.74万户,年末累计达到29.21万户;新增个体工商户注册资本19.71亿元,年末累计注册资本138.87亿元。2008年末全市共有规模以上民营工业企业5 386家,占规模以上工业企业数的54.1%,实现工业总产值5 754亿元,比上年增长14%,占规模以上工业总产值的比重达到30.9%。规模以上民营工业户均产值超亿元,达到10 683万元。私营个体经济完成投资占全社会固定资产投资的比重达到30.2%。私营个体经济税收占全市税收总额的比重达到29.7%。全省百强民营企业中苏州企业总数位居首位。

6. 开发区建设结构优化

2008 年，苏州市开发区发挥高新技术产业、现代服务业和高素质人才集聚的优势，进一步完善基础设施和配套条件，注重功能升级、结构优化，并努力向特色化、专业化、生态化方向发展。全市国家级开发区和省级开发区全年新增注册外资 120 亿美元，实际利用外资 72 亿美元，实现地方一般预算收入 340 亿元，出口总额1 080亿美元，占全市的比重分别为 73.4%、88.5%、50.8%和 82%。新增 5 个省级国际服务外包示范区和一批服务外包企业，全国首个国际电子产品交易基地获批建设。苏州工业园区中新联合协调理事会第十次会议成功召开，中新生态科技城、生物纳米园等创新亮点加速涌现。苏州高新区建立报关报检中心，苏州科技城功能形态逐步完善。张家港保税港区获国务院批准，昆山出口加工区叠加保税物流功能试点进展顺利，吴中出口加工区启动区运作良好，太仓港区港联动、虚拟口岸新型快速通关和直通放行模式成效明显。

二、苏州市 2008 年社会发展概况

(一)人口与人民生活

低生育水平保持稳定，出生人口素质稳步提高，出生人口性别比保持正常。2008 年全市出生 47 772人，出生率为 7.62‰，人口自然增长率为 0.96‰，户籍人口出生婴儿性别比为 104.1。年末全市户籍总人口 629.75 万人，比上年增加 5.32 万人，其中市区户籍人口 238.21 万人，比上年增加 2.91 万人。

经济发展成果惠及城乡，人民生活水平不断提高。市区居民人均可支配收入23 867元，比上年增长 12.3%；农村居民人均纯收入11 680元，比上年增长 11.5%。收入结构逐步优化，非工资性收入继续保持较快增长，市区居民人均经营性收入、转移性收入比上年分别增长 28.3%和 17.7%。年末城乡居民人民币储蓄存款余额3 337.31亿元，比上年增长 28.7%。创建消费放心城市成绩突出，苏州市被省政府命名为全省唯一的放心消费创建工作先进市，张家港市通过国家食品安全示范县(市)验收。

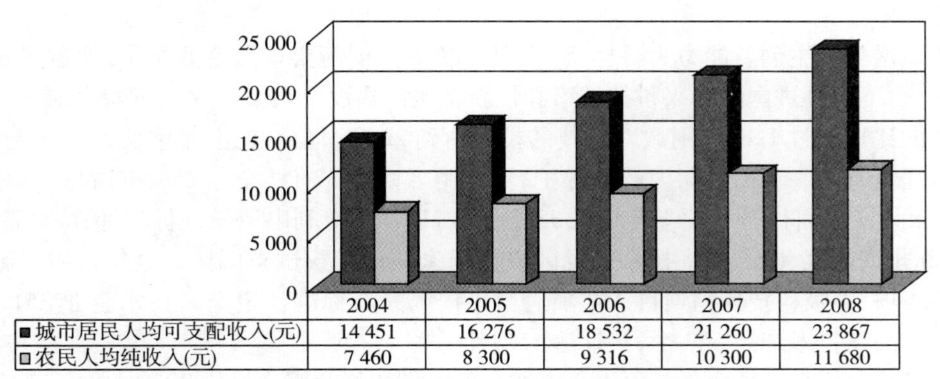

	2004	2005	2006	2007	2008
■城市居民人均可支配收入(元)	14 451	16 276	18 532	21 260	23 867
□农民人均纯收入(元)	7 460	8 300	9 316	10 300	11 680

图 2-77　2004-2008 年苏州市城乡居民收入对比一览

(二)就业和社会保障

1. 扎实推进统筹城乡就业

全市就业总量稳步增长，就业结构进一步优化，就业形势保持基本稳定，困难群体得到有效帮

扶。全市新增劳动力就业岗位26.7万个,其中面向本市城镇劳动力12.87万个,开发社区公益性岗位8 250个。全市失业人员实现再就业11.78万人。对零就业家庭实行动态清零。帮助3万名失业人员实现就业,城镇居民登记失业率控制在3%以内。积极倡导鼓励创业、引导创业、扶持创业、促进创业的良好氛围,市区评估认定16家市民创业孵化基地。大力推进职业培训工作。全年免费培训城乡劳动者40万人,其中技能培训6.9万人,创业培训0.8万人。

2. 积极推进社会保障和救助事业

社会保险覆盖面进一步扩大。年末全市城镇职工养老、失业、医疗、工伤和生育五大保险参保人数均超过230万人,均比上年净增30万人,覆盖面均达到98%以上,基金征缴率超过99%。全市农村劳动力基本养老保险覆盖率达96.5%,农村老年居民享受社会养老待遇或养老补贴的覆盖率达到98%,年末全市有100万名被征地农民纳入基本生活保障。发展新型农村合作医疗,人均筹资278元,比上年增加60元,人口覆盖率达到97.2%。建立工资支付保证金制度,职工工资稳步增加。企业退休人员月均基本养老金由1 132元增加到1 262元。住房保障受益面扩大。全市新建经济适用房4 658套,新增廉租住房1 226套。解危修缮危旧住房16.4万平方米。

完善困难人群医疗救助办法,发放医疗救助金1.2亿元。城乡居民最低生活保障覆盖面和最低生活保障标准继续提高。城镇居民最低生活保障标准由320元提高到350元,农村居民最低生活保障指导标准由200元提高到230元。建立生活困难群众物价上涨动态补贴机制,全市发放物价补贴4 000万元。积极采取临时救助措施,发放困难对象临时生活救助金2 593万元。

新建街道(镇)居家养老服务中心24个,社区(村)居家养老服务站546个,新增养老床位2 134张,沧浪区"虚拟养老院"等多种养老模式得到推广。0~6岁残疾儿童抢救性康复实现全覆盖,残疾人康复中心如期建成,为无固定收入和固定收入低于当地城乡最低生活保障标准的重度残疾人员发放生活救助金2 700万元。

全力以赴支援汶川地区抗震救灾,积极开展对口援建,已有36个项目开工建设;募集救灾款物10.3亿元,居全国地级市之首,苏州市红十字会被中国红十字会评为抗震救灾先进集体。

(三)科技与教育

1. 科学技术

苏州市以增强自主创新能力为目标,积极引导和支持创新要素向企业集聚,促进科技成果向现实生产力转化,不断推进国际新兴科技城市和创新型城市建设。全市研究与试验发展经费支出占地区生产总值的比重超过1.8%,财政对科技的投入达到22.86亿元,比上年增长57%,科技进步综合评价得分跃居全省第一。加强知识产权保护,新增驰名商标37件,全年专利申请量、专利授权量达到4.5万件和1.75万件,分别比上年增长33.3%和91.1%,专利申请量、授权量保持全省第一,苏州工业园区、苏州高新区、昆山经济技术开发区成为国家知识产权试点园区。全年组织实施国家科技计划项目144项、省级科技计划项目238项。当年按国家新标准认定高新技术企业361家,全市新认定省级以上高新技术产品669个,累计达3 521个。

科技研发平台体系日臻完善。年末全市拥有各类科技创业孵化机构32个,建成17个省级以上公共技术服务平台。年末拥有省级以上企业技术中心53个、工程技术研究中心37个、工程中心5个。年末省级外资研发机构达到114个。中科院苏州纳米技术与纳米仿生研究所正式成立、中科院苏州生物医学工程研究所、江苏(沙钢)钢铁研究院、江苏省新型平板显示技术研究院等四家机构列入省"十一五"重点科技基础设施建设计划,苏州高新区被国家科技部确定为国际科技合作基地,全市新增一批国家级、省级研发、检测和科技服务机构。

苏州市创业投资企业数量和注册资本居全省首位,集聚效应逐步显现。高层次人才加速集聚,一大批带技术、带项目、带资金的高层次人才和团队来苏州创新创业。引进国外智力项目25个、海外留学回国人员659名，获省资助的高层次创新创业人才数量位居全省第一，新成立企业博士后科研工作站9个。年末全市人才总量超过76万人，其中高层次人才总量达到4.3万人。

2. 教育事业

努力构建优质教育体系，全面实施素质教育，不断提升教育品质，教育现代化稳步推进。全市小学、初中全部达到现代化学校办学标准，公办高中全部达到三星级以上办学标准。苏州市被列为全国教育管理信息化标准应用示范区，并成为全省师资队伍建设先进市和规范教育收费示范市。苏州国际教育园南区全面建成并实行属地化管理，进驻独墅湖高等教育区的知名高校达到10所。评估通过四星级职业学校7所，三星级职业学校10所。注重社区教育，金阊区被评为全国社区教育示范区。

义务教育、基础教育、特殊教育均衡发展。全市拥有各级各类学校679所，在校学生100.06万人，教职工总数7.37万人。在苏州的高等院校18所，二级学院5所。普通高等学校在校学生16.68万人，毕业生3.97万人；成人高等学校在校学生3.99万人，毕业生1.46万人。学前三年幼儿入学率达99.6%。义务教育阶段学生入学率、巩固率继续保持在100%；全市初中毕业生升学率为99.5%。苏州市特殊教育学校现代化建设任务全面完成，义务教育阶段教育现代化学校实现全覆盖。高考录取率为94.33%，高等教育毛入学率达61.19%。新增劳动力人均受教育年限达15.04年。

（四）文化、卫生与体育事业

1. 文化事业

2008年末，全市共有艺术表演团体15个，文化馆10个，博物馆28个，公共图书馆10个。全市公共图书馆总藏量500万册（件）。全市公益性文化设施总面积70.58万平方米。9座综合档案馆分别晋升国家一级、二级标准，苏州市建成全国首个工商档案管理中心，苏州美术馆新馆、文化馆新馆、名人馆和评弹学校新校如期开工，太湖文化论坛主会场加快建设，市工人文化宫改造完成并投入使用，市青少年活动中心建成主体工程。新建市图书馆社区分馆5座、“农家书屋”495家、“职工书屋”80家。

文化保护和传承加强。加强文化遗产保护，完成了一批世界文化遗产整治和维修工程，亚太地区世界遗产培训与研究苏州分中心成立并开展工作，列入国家级非物质文化遗产名录的项目达到24个，国家级非物质文化遗产代表性传承人总数达到18名。通过第三次全国文物普查，全市共普查文物点4 217处，新发现1 920处。省级历史文化名镇达到7个。山塘历史文化保护区获得中国民族建筑事业杰出贡献奖。常熟市获得中国曲艺之乡称号。

精品新作连创佳绩。青春版《牡丹亭》成功参演首届中国世界戏剧节，出访欧洲引起轰动。评弹新作《风雨黄昏》和《田阿桐》分获第五届中国曲艺牡丹节目奖和牡丹表演奖。重大文化活动形成新亮点。“纪念改革开放30周年——首届中国农民文艺汇演”取得圆满成功。新吴门画派作品展取得成功。《红蜻蜓》获全国少儿广播精品栏目一等奖。

新闻出版、广播电视事业加快发展。全年出版新书648种、出版电子音像制品26套，公开出版报纸13种，期刊28种。出版物经营网点总数为1 561个，实现销售收入13.47亿元。年末全市有线电视用户208.32万户，其中数字电视用户194.69万户。农村有线电视入户率达96.4%，城区有线数字电视整体转换率为98%。。新一轮《苏州市志》抓紧编纂。《吴中年鉴》获得全国年鉴编纂一等奖。

2. 卫生事业

努力构建覆盖城乡居民的基本卫生保健制度，公共卫生服务能力和医疗卫生服务水平不断提高。年末全市共有各类卫生机构2 400个,其中医院、卫生院和社区卫生服务中心309个,卫生防疫、防治机构32个,妇幼保健机构7个。年末卫生机构拥有床位3.23万张,拥有卫生技术人员4.16万人,其中医生1.71万人,分别比上年增长3.3%、9.2%和10.1%。城乡社区卫生服务机构覆盖率达100%。全市农村新型合作医疗保险参保率达到97.2%,农村合作医疗保险人均筹资额278元。苏州成为全国地级市中第一个在全市范围实现农民刷卡看病的城市。市中医医院迁建工程进展顺利,城区新建6个公立社区卫生服务中心。全面实施社区居民常用药品政府补贴,减轻市民药费负担2亿元,受惠群众1 500万人次。新一轮市属医院管办分离改革开始实施。健康城市建设成效显著,苏州市获得世界卫生组织颁发的杰出健康城市奖,常熟市、太仓市获得世界卫生组织颁发的健康城市优秀实践奖,张家港被世界卫生组织评为国际卫生港口。低生育水平保持稳定,人口出生缺陷社会化干预工程成效明显,吴江市建成首个国家人口文化基地。

3. 体育事业

全民健身活动广泛开展。以"全民健身与奥运同行"为主题市县区联动开展了1 163项次各类体育活动。奥运火炬传递活动圆满成功。竞技体育取得丰硕成果。在北京奥运会上,苏州健儿共获得2金1银1铜的优异成绩,实现了"参赛人数、参赛项目、参赛成绩"三项历史性突破。成功举行市第十二届体育运动会,承办了国际男子手球精英赛、轮滑世界杯马拉松赛、全国羽毛球锦标赛、全国游泳锦标赛、全国艺术体操集体锦标赛等多项国际、国内重要体育赛事。体育设施进一步完善。全市城乡新建全民健身工程(点)280个。启动建设市体育运动学校新校。全市体育彩票销售额达9.47亿元,居全省第一。

(五)城乡建设

1. 着力完善基础设施,城市现代化水平继续提升

以《苏州城市总体规划(2007－2020)》为统领,认真编制各类规划,做到了控制性详细规划、专项规划、市政交通规划、村镇规划和城市设计、规划研究"六位一体"。城市化率达到66%。大力推进工程建设,增强城市承载能力。苏州火车站北站屋和高架匝道的地下结构全部完工,道路北延、河道整治、绿化景观等配套工程相继竣工。城市轨道交通一号线进入车站基坑开挖和区间盾构掘进阶段;二号线完成工程可行性研究,2个站点提前建成。京沪高速铁路苏州段和沪宁城际铁路苏州段征地拆迁任务全部完成,工程施工全面展开。沪苏浙高速公路苏州段、苏通大桥南连接线、318国道苏州段改建和苏虞张公路快速化改造等项目竣工通车,常熟至昆山高速公路建设进展顺利,204国道苏州段改造有序推进。市区东南环立交完善、太湖东路东延等工程按期建成,北环快速路西延开工建设。平江、沧浪、金阊新城45项道路、河道工程全面完工。港口建设加快实施,建成8个码头泊位,太仓港三期工程4个万吨级集装箱码头如期开工。完成了吴江市与吴中区自来水管网互联互通工程、西塘河自来水应急保供水源工程和7座城市中心区防洪枢纽工程。500千伏苏州西变电站至吴江输电工程投入运行。储油规模14万立方米的苏州通桥油库建成启用。昆山市"数字城管"通过国家住房和城乡建设部验收。

2. 公用事业投入加大,服务功能有效提升

大力发展公交事业,努力优化公交服务。市区新辟公交线路31条,新增公交车432辆,年末营运车辆达到2 791辆,营运线路216条,线路总长达到4 560公里,月票适用范围扩大到全部线路。全年公交客运总量4.81亿人次,比上年增长13.7%。市区年末营运出租汽车3 203辆。城乡客运一体化加速推进,符合通班车条件行政村通达率达到100%。新建、改建市区公共厕所33座,新建、改建垃圾中转站4座,城镇生活污水集中处理率达到80%,比上年提高4.6个百分点。市区家庭燃气普及率达到98%。市区自来水日供水量118.83万立方米。全社会用电量848.42亿千瓦时,比上年增长5.1%。

3. 落实城乡统筹措施，新农村建设扎实推进

贯彻工业反哺农业、城市支持农村和多予少取放活的方针，努力推动城乡经济社会一体化发展，新农村建设取得明显成效。全市累计确定市级新农村建设示范村358个，苏州成为全省城乡一体化发展综合配套改革试点区。乡镇机构改革全面完成。大力发展农村社区股份合作、土地股份合作和农业专业合作组织，农民从"三大合作"组织获得直接收益24亿元，增长28%；农民收入中财产性收入占到30%。农村集体经济得到较快发展，行政村年均集体收入达到339万元，增长12.3%。全面完成农村集体资产产权登记工作，全市农村集体资产达到636亿元。创新农村金融服务，政策性农业保险领域和规模不断扩大，农业担保金额持续增加，挂牌开业农村小额贷款公司3家。加大支农惠农力度，全市投入新农村建设资金60.8亿元，发放农业补贴3亿元。新增市级新农村建设示范村126个，农村集中居住点规划基本编制完成。加快建设农村社区服务中心，覆盖面达到85.9%。农村区域供水入户率、卫生户厕普及率、行政村班车通达率、互联网接入率进一步提高。

（六）环境保护与生态建设

全面推进节能降耗。狠抓节能减排工作，坚持把节约资源落实到生产、建设、流通、消费各个环节，对全市重点耗能企业加强监测，实行节能项目评估审查，完成240家重点耗能企业能源审计，淘汰落后用能设备1 000台（套）。单位地区生产总值能源消耗下降4.5%，苏州市被确定为国家可持续发展实验区。实行最严格的土地保护制度。推行节约用水，吴江市建成国家级节水型城市，市区建成省级节水型城市。推广合同能源管理，实施重点节能技术改造项目，实现节能150万吨标准煤。新增通过IS014000认证的企业200家、通过清洁生产审核验收的企业200家、通过资源综合利用认定的企业108家、循环经济试点企业100家。苏州高新区、苏州工业园区先后成为全国循环经济试点园区，苏州市与清华大学合作的循环经济项目取得进展。苏州市被确定为国家可持续发展实验区。

生态环境质量继续改善。实施污染减排项目237个，关闭淘汰污染企业365家，实施提标改造工程580项，削减化学需氧量2.5万吨，二氧化硫减排量3.8万吨。实施"蓝天工程"，市区新增公交车尾气排放全部达到欧Ⅲ标准，禁止燃用高污染燃料区由130平方公里扩大到180平方公里，空气质量优良以上天数达到328天，比上年增加2天。苏州七子山垃圾填埋场扩建一期主体工程和垃圾焚烧发电厂二期主体工程顺利建成。农村生活垃圾户集、村收、镇运、县处理处置方式积极推行。健全水源地水质监测预警机制，完成金墅港水源地生态清淤任务，积极打捞蓝藻，防控蓝藻暴发，保障了饮用水安全。新建城镇污水处理厂10座，敷设管网1 057公里，新增污水日处理能力60万吨，城镇生活污水集中处理率达到80%，对一批规划保留村庄的生活污水进行了有效治理。苏州福星、娄江污水处理厂二期工程建成投运，除磷脱氮工艺改造工程抓紧建设。西太湖养殖围网全部拆除，东太湖、阳澄湖围网养殖面积一次性压缩到3 000公顷和2 133公顷。加大城区河道调水引流和清淤力度，疏浚整治村庄河道，水环境得到改善。全市环境质量综合指数达到89.68，集中式饮用水源地水质达标率为99.95%。

生态市建设取得积极成效。重点建设环太湖生态林、太湖湿地公园、三角咀生态公园、尹山湖环湖景观和山体复绿、道路绿化工程。农村新增林地绿地8 707公顷，全市陆地森林覆盖率达到20.3%；市区新增绿地485公顷，人均公共绿地面积14.3平方米，比上年增加0.3平方米；建成区绿化覆盖率达44.5%，比上年提高0.3个百分点。各项指标达到国家生态园林城市标准。张家港市获得联合国人居奖，太仓市进入国家生态市行列，吴江市创建国家生态市通过验收，苏州工业园区、苏州高新区成为首批国家生态工业示范园区，新增全国环境优美镇8个、省级生态村72个，常熟市蒋巷村、昆山市大唐村被评为首批国家级生态村。

三、挑战与目标

回顾过去的一年,也应看到经济社会发展还面临不少问题,政府工作与人民期待相比仍有差距:受国际经济环境急剧变化的影响,一些经济指标增速放缓,外贸进出口增速出现较大回落,部分企业生产经营困难、经济效益下滑,财政减收因素明显增多;自主创新能力和产业竞争力不够强,经济发展方式尚未实现根本转变,节能减排形势不容乐观;社会管理相对薄弱,改善民生任务艰巨;政府工作的预见性、前瞻性有待提高,公务员为人民服务、为企业服务、为社会服务的意识和能力需要进一步增强,等等。对此,今后将采取有效措施,努力加以解决。

2009 年苏州市经济社会发展的主要预期目标是:地区生产总值增长 11%,地方一般预算收入增长 11%,社会消费品零售总额增长 16%,进出口总额和出口总额保持增长,全社会固定资产投资保持增长,实际利用外资保持全国、全省领先,城镇居民人均可支配收入和农民人均纯收入均增长 10%,城镇登记失业率控制在 4% 以内,居民消费价格总水平涨幅不高于上年水平,全社会研究与试验发展经费支出占地区生产总值的比重力争达到 2%,单位地区生产总值能源消耗下降 4.5% 以上,化学需氧量、二氧化硫排放总量分别削减 4% 和 5%,环境质量综合指数超过 86。

四、苏州市在长三角地区经济发展中的地位

2000 年以来长三角地区一直处于经济发展的黄金期,2008 年受美国次贷危机引发的全球金融危机影响,长三角经济增速放缓。经济总量居长三角第 2 位的苏州,受外部经济环境的影响,加之自身经济发展周期性调整以及产业升级过程中优胜劣汰等,虽然总量在长三角的位次依旧,但苏州主要经济指标的增速呈现明显趋缓势头,以往一些传统优势产业的发展也受到一定挑战。面对当前严峻的形势,苏州正在大力发展高新技术产业和现代服务业,调高调优调轻产业结构;促进外贸增长方式的转变,努力保持出口优势;不断提高城乡居民收入水平,以确保消费市场的持续繁荣;在高起点上、新形势下努力争创新优势,实现新跨越。

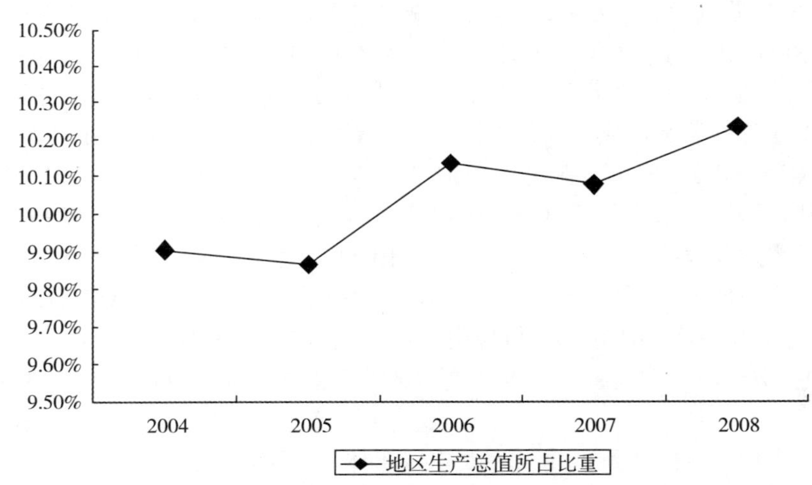

图 2-78　2004-2008 年苏州市地区生产总值在长三角所占比重的变化趋势

近 5 年来苏州地区生产总值在长三角所占比重基本保持了波动上升的态势。2008 年苏州实现地区生产总值6 701.29亿元,占长三角的比重为 10.23%,比上年提高 0.15 个百分点,继续保持第 2 位。

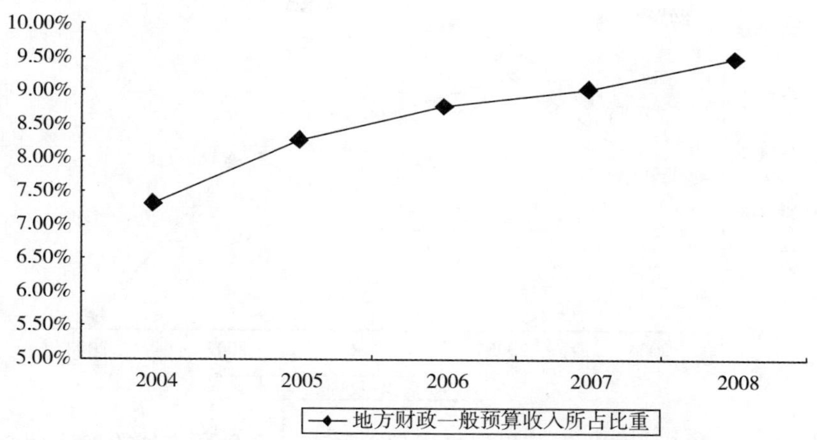

图 2-79 2004-2008 年苏州市地方财政一般预算收入在长三角所占比重的变化趋势

5 年来，苏州市地方财政一般预算收入在长三角所占比重保持稳步增长的趋势。受出口增幅下降，企业利润减少等因素影响，苏州市的财政收入增幅出现明显回落，但在长三角的占比依然比 2007 年增长了 0.44 个百分点，累计比 2004 年增长了 2.17 个百分点，增幅显著。

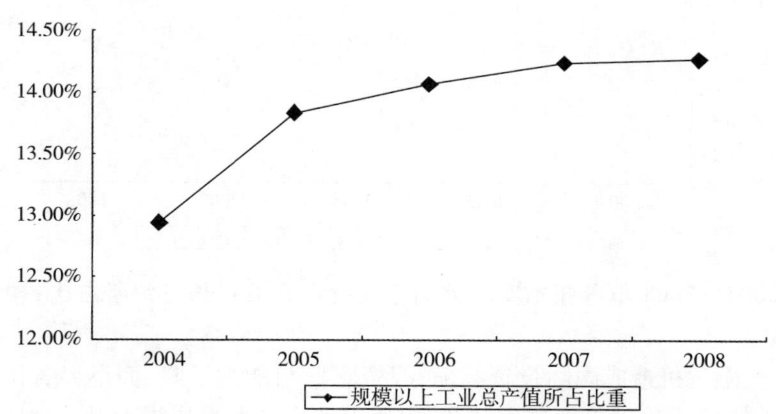

图 2-80 2004-2008 年苏州市规模以上工业总产值在长三角所占比重的变化趋势

2008 年，苏州市工业经济发展遭遇了近年来少有的困难和挑战，工业发展速度明显回落。从各月累计增速看，工业经济效益上半年呈现稳中有升的态势，下半年伴随着国际金融危机的持续影响和国内外市场需求的持续减弱，工业实体经济受到拖累，累计增速逐月回落。但 2008 年，全市规模以上工业销售总量再上新台阶，在长三角地区排名稳定。苏州市规模以上工业总产值在长三角所占比重也已保持了 5 年的增长，累计增幅达 1.23 个百分点。

多年来，苏州市对外贸易持续高速发展，不断跨越新的台阶，使苏州出口依存度达到 133%，与世界经济相关度极高。因此，在全球金融危机和经济衰退的情况下，苏州不可能独善其身。而以加工贸易为主的外贸结构和以电子信息类产品为主的产品结构也使苏州进出口更易受到外部经济体的影响。2000 年至 2007 年，苏州市进出口总额年均递增 40%，但是进入 2008 年，在国际金融危机持续蔓延以及国内经济运行调整周期的叠加影响下，外贸发展减速。2008 年苏州市进出口总额在长三角所占比重比 2007 年有明显的下降，降幅达 1.26 个百分点。

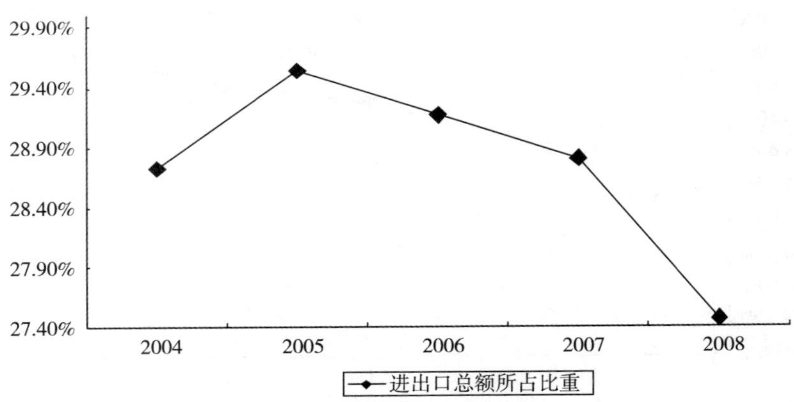

图 2-81　2004-2008 年苏州市进出口总额在长三角所占比重的变化趋势

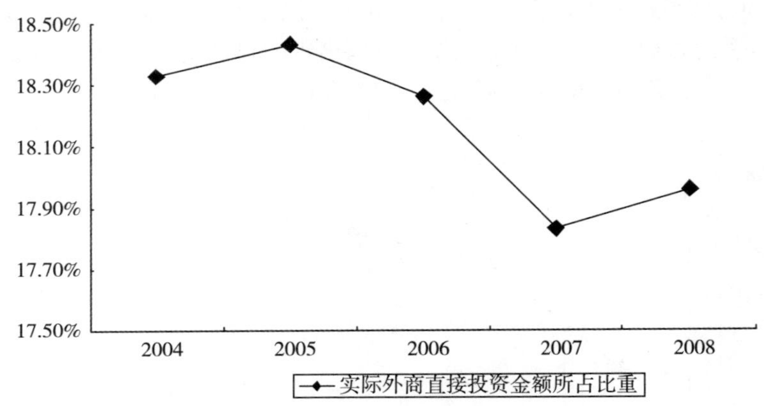

图 2-82　2004-2008 年苏州市实际外商直接投资金额在长三角所占比重的变化趋势

由于全球性的金融危机造成国际投资萎缩,投资意愿与能力下降,而世界各国纷纷放开对外来投资的限制,利用外资的竞争也更加激烈;同时由于本地生产要素成本上升,土地等资源极其紧张,加剧了苏州吸收利用外资的难度。2008 年,苏州坚持提高利用外资质量,积极承接国际先进制造业和现代服务业转移,大力引进科技含量高、土地需求少,经济贡献大、符合环保要求的项目。重点引进研究开发、总部经济、现代物流项目,注重引进有自主知识产权、自主品牌和核心技术的项目。利用外资结构优化,引进外资的质量有了进一步提高,出现高科技制造业和现代服务业齐头并进的可喜现象。2008 年苏州市实际外商直接投资金额在长三角所占比重比 2007 年增加了 0.13 个百分点,实现了近年来的首次反弹。

六　南通市2008年经济社会发展

2008年，面对国际金融危机的严重冲击，面对大事难事较多的复杂局面，南通市全市上下在省委、省政府和市委的坚强领导下，深入贯彻落实科学发展观，按照市委“紧环境下抓机遇，好中求快争一流”的总体要求，同心同德，攻坚克难，在“全面达小康、建设新南通”的征程中迈出坚实步伐。

一、南通市2008年经济发展概况

（一）综合经济

1. 经济总量

2008年，南通市实现地区生产总值2 510.13亿元，比上年增长13.3%。其中，第一产业增加值199.18亿元，增长4.1%；第二产业增加值1 430.93亿元，增长13.7%；第三产业增加值880.02亿元，增长15.0%。人均地区生产总值35 040元，按当年平均汇率折算超过5 000美元。三次产业增加值比例为7.9∶57.0∶35.1。

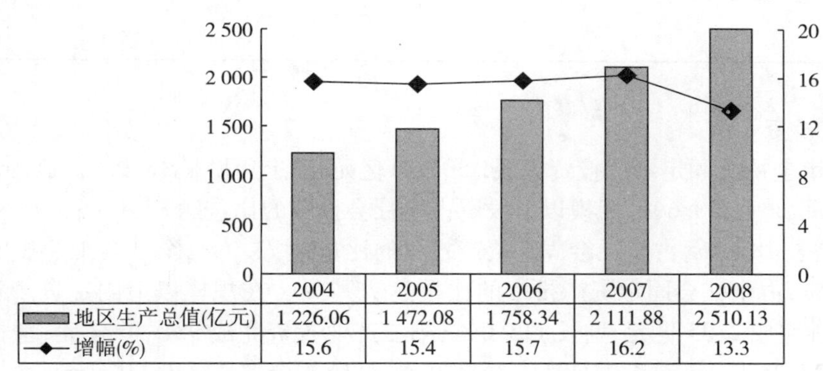

	2004	2005	2006	2007	2008
地区生产总值(亿元)	1 226.06	1 472.08	1 758.34	2 111.88	2 510.13
增幅(%)	15.6	15.4	15.7	16.2	13.3

图2－83　2004－2008年南通市地区生产总值及增长速度

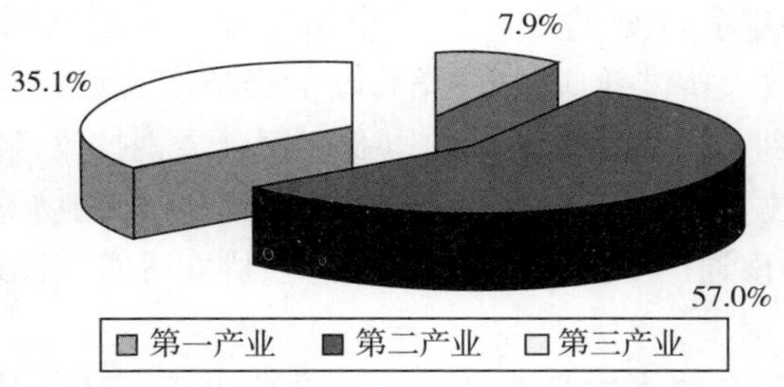

图2－84　2008年南通市三次产业结构图

2. 财政收入

全年实现财政总收入390.21亿元，比上年增长29.8%，其中，一般预算收入159.59亿元，增长25.0%。财政总收入占GDP的比重为15.5%，比上年提高了1.3个百分点。全市财政总支出

290.56 亿元,比上年增长 40.4%。

3. 物价水平

2008 年市区居民消费价格总水平比上年上涨 4.8%。

表 2-38　2008 年居民消费价格比上年涨跌幅度

单位:%

指标名称	市区
食品类	12.6
其中:粮食类	4.2
水产品类	7.4
烟酒及用品类	2.6
衣着类	-0.1
家庭设备用品及维修服务类	4.3
医疗保健和个人用品类	1.6
交通和通讯类	-2.7
娱乐教育文化用品及服务类	0.5
居住类	1.6

4. 固定资产投资

2008 年,全市全社会固定资产投资完成1 505.41亿元,比上年增长 18.9%。其中,规模以上投资完成1 310.75亿元,增长 28.6%,规模以上投资占全社会投资的比重达 87.1%;全社会民间投资完成1 112.84亿元,增长 18.0%,占全社会固定资产投资的比重达 73.9%;全社会工业投资完成1 145.68亿元,增长 18.0%,占全社会固定资产投资的比重达 76.1%。在规模以上固定资产投资中,分产业看,第一产业投资完成 2.05 亿元,增长 113.0%;第二产业投资完成 981.46 亿元,增长 29.8%;第三产业投资完成 327.24 亿元,增长 24.8%。分区域看,城镇投资完成 840.00 亿元,增长 32.5%;农村投资完成 470.75 亿元,增长 22.2%。

加强固定资产的有效投入,强力推进一批事关全局和长远发展的重大项目,120 个市级重点建设项目完成投资 417 亿元,为年度计划的 114.7%;全市工业投入总量破千亿,达1 145.7亿元、增长18%,继续保持全省第二。放大桥港效应,加快培育新的经济增长点。一批龙头型、基地型产业项目快速推进,王子制纸、LNG 接收站、熔盛海工基地以及宝钢合金钢技改、通能精机、综艺光伏太阳能等项目开工建设,中远川崎扩建、熔盛造船、晓星超高压变压器、联海生物等项目竣工投产,中远船务海工基地、蓝星化工二期、振华南通产业基地、醋纤五期等项目取得实质性进展。

5. 市县经济

各县(市)竞相发展,财政总收入均突破 30 亿元,通州、海门、启东、如皋四市一般预算收入均突破 16 亿元、进入全省 15 强,如东、海安二县一般预算收入增幅均超过 30%。

(二)农业

全年实现现价农林牧渔业总产值 371.46 亿元,比上年增长 4.2%(按可比价计算,下同)。其中,农业产值 153.89 亿元,增长 2.2%;牧业产值 107.13 亿元,增长 10.0%;渔业产值 92.75 亿元,增长 4.0%。

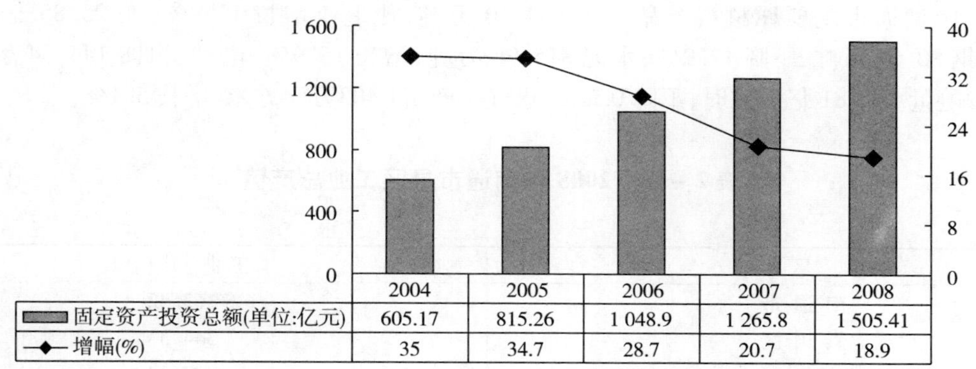

	2004	2005	2006	2007	2008
固定资产投资总额(单位:亿元)	605.17	815.26	1 048.9	1 265.8	1 505.41
增幅(%)	35	34.7	28.7	20.7	18.9

图 2－85　2004－2008 年南通市全社会固定资产投资及增长幅度

表 2－39　2008 年南通市县区主要经济指标

区县	地区生产总值(亿元)	地方财政一般预算收入(亿元)	城镇固定资产投资(亿元)	出口总额(亿美元)	社会消费品零售总额(亿元)
市辖区					
崇川区	283.6391	28.46	131.45	28.22	153.59
港闸区	146.2159	11.11	64.48	15.19	45.32
郊县					
海安县	264.60	12.57	107.68	7.29	96.38
如东县	263.40	12.12	63.91	7.42	107.51
启东市	327.00	16.22	85.03	11.79	122.89
如皋市	280.00	16.43	85.83	8.22	123.73
通州市	391.00	16.58	93.58	14.60	129.42
海门市	376.10	16.51	87.02	7.14	126.81

全年粮食种植面积 535.88 千公顷，比上年减少 5.69 千公顷；棉花种植面积 48.52 千公顷，比上年减少 9.68 千公顷；油料种植面积 127.34 千公顷，比上年增加 12.78 千公顷；蔬菜种植面积 101.97 千公顷，比上年增加 2.49 千公顷。

全年粮食产量 319.12 万吨，比上年增长 7.3%；棉花产量 6.76 万吨，下降 13.8%；油料产量 38.07 万吨，增长 9.7%。全年肉类总产量 44 万吨，比上年增长 2.6%。其中，猪肉增长 3.2%，羊肉增长 9.6%，禽肉增长 1.1%。全年水产品产量 75.92 万吨，比上年增长 5.4%。

大力发展现代高效农业。粮食单产创历史新高，高效农业面积和占比继续保持全省领先，“三资”开发农业投入增长 30.6%，新建高效农业规模化示范区 8 个，新增省级以上龙头企业 5 家。新增无公害农产品 48 个、绿色食品 25 个、有机农产品 9 个，改造中低产田 17.75 万亩，农业综合开发和农机装备水平进一步提高。

(三)工业、建筑业

全年规模以上工业实现增加值1 312.80亿元，比上年增长 17.0%；工业产品销售率 99.3%，比上年下降 0.2 个百分点。

2008 年,南通市主要原材料产品中,纱 54.10 万吨,比上年增长 12.9%;布 25.85 亿米,增长 2.0%;粗钢 80.09 万吨,下降 12.2%;水泥 815.96 万吨,增长 15.9%;电动工具8 144.34万台,增长 12.6%;发电量 161.81 亿千瓦时,下降 0.2%;煤气生产量4 403万立方米,增长 5.1%。

表 2-40　2008 年南通市县区工业总产值

单位:亿元

区县	工业总产值
南 通 市	**5 162.42**
崇 川 区	344.33
港 闸 区	407.93
海 安 县	569.86
如 东 县	530.81
启 东 市	550.21
如 皋 市	605.08
通 州 市	900.13
海 门 市	800.03

突出江海联动开发,推动产业优化升级。促进沿江沿海优势产业布局。编制完成《南通市沿海开发规划》。进一步推动船舶修造及配套、海洋工程、港口机械、精细化工、新能源、粮油食品等临港临海型产业在沿江沿海集聚。船舶修造及配套产业实现产值 629.2 亿元、增长 54.2%,规模以上造船完工量 307 万载重吨、增长 37.1%;沿海新能源产业发展强劲,已建、在建 6 个风电项目总装机容量 61.2 万千瓦。

全年建筑业增加值 229.81 亿元,比上年增长 6.0%。全市拥有建筑队伍人数 83.67 万人,建筑队伍遍及 74 个国家和地区,年末出国人数 2.6 万人。全年建筑企业承建施工面积 2.57 亿平方米,比上年增长 13.2%,承建高层建筑6 214栋。年末全市拥有特级资质建筑企业 15 家,拥有一级建造师3 486人。

(四)服务业

1. 国内贸易

全年实现社会消费品零售总额 915.10 亿元,比上年增长 24.2%。分城乡看,城镇(市区和县城关镇)消费品零售额 518.87 亿元,增长 24.4%;农村(县以下)消费品零售额 396.23 亿元,增长 24.0%。分行业看,批发和零售业零售额 815.69 亿元,增长 22.5%;住宿和餐饮业零售额 96.93 亿元,增长 40.6%;其他行业零售额 2.48 亿元,增长 31.9%。

2. 交通、邮电

2008 年,南通人民百年期盼的苏通长江公路大桥正式通车、洋口深水海港初步通航、吕四港综合海运码头建成,结束了南通"有江无桥"、"有海无深水海港"的历史,南通迈入桥港新时代。全年交通运输、仓储及邮政业实现增加值 70.88 亿元,比上年增长 17.6%。苏通大桥建成通车。南通机场有 5 条航线,全年飞机起降2 054架次(航班),比上年下降 1.1%;民航完成货邮吞吐量2 653吨,下降 2.9%;旅客吞吐量 16.14 万人次,下降 4.1%。年末铁路南通站始发列车 8 对,全年铁路货运量 109.50 万吨,比上年增长 68.1%;客运量 267.00 万人次,增长 28.4%。全年新增"公车公营"市际客运班车 62 辆、县际客运班车 56 辆。全年公路、水路货运量 1.34 亿吨,比上年增长 11.8%;公路客运

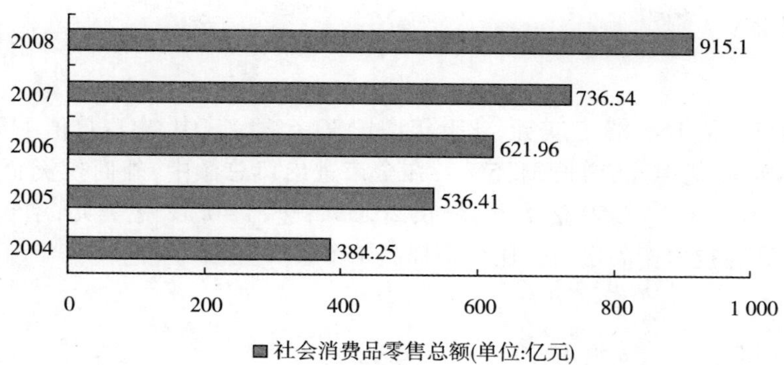

图2－86　2004－2008年南通市社会消费品零售总额

量1.15亿人次,增长9.4%。全年建成农村公路959公里,危桥改造200座。

南通港全年货物吞吐量13 214万吨,比上年增长7.1%。其中,进港7 889万吨,增长7.7%;出港5 325万吨,增长6.2%;外贸吞吐量2 440万吨,增长29.6%;集装箱吞吐量44.33万标准箱,增长3.4%,其中国际航线1.20万标准箱,下降30.1%。全年新增生产性万吨级以上码头4座,全部为五万吨级码头。

年末全市电话用户289.14万户。其中,城市用户141.02万户(含小灵通用户73.66万户),乡村用户139.98万户。年末全市互联网用户48.60万户,移动电话用户381.49万户(不含小灵通)。全年邮政业务收入6.04亿元,比上年增长1.3%;函件业务量完成1 163万件,下降80.6%;邮政特快专递和包件业务量完成298.89万件,增长34.2%。

3. 旅游业

年末全市有旅游星级饭店61家,旅行社97家,国家等级旅游景区28处,全国农业旅游示范点2个,全国工业旅游示范点2个。全年接待海内外旅游者1 303.31万人次,比上年增长19.1%。接待海外旅游者28万人次,增长25.1%,其中,外国人24.80万人次,增长24.2%,港澳台同胞3.20万人次,增长32.5%;接待国内旅游者1 275.31万人次,增长19.0%。全年实现旅游总收入150.48亿元,增长24.7%,其中,外汇收入2.84亿美元,增长14.7%;国内旅游收入130.62亿元,增长28.2%。市区改建、新建高星级酒店8家,获"中国最佳生态旅游城市"称号。

4. 金融业

2008年,南通市引进更多金融机构落户南通,招商银行、中信银行在通设立分行,上海浦发银行南通支行升格为分行。积极推动企业上市,1家企业成功上市,2家企业通过首发或重组审核,33家企业进入上市轨道。

年末全市金融机构本外币各项存款余额3 039.56亿元,比年初增加571.02亿元,其中,居民储蓄存款余额1 890.68亿元,比年初增加413.86亿元。年末本外币各项贷款余额1 750.60亿元,比年初增加266.61亿元。其中,短期贷款余额1 034.91亿元,比年初增加78.89亿元;中长期贷款余额558.08亿元,比年初增加122.65亿元。

5. 房地产业

全年房地产开发投资完成172.68亿元,比上年增长25.7%;商品房屋施工面积1 860.76万平方米,增长31.3%,其中,施工住宅1 462.56万平方米,增长27.7%;商品房屋销售面积419.35万平方米,下降19.1%,其中,销售住宅376.62万平方米,下降19.7%;空置房面积154.12万平方米,增长122.1%,其中,空置住宅98.83万平方米,增长141.7%。

(五)开放型经济

1.对外贸易

全年实现进出口总值166.88亿美元,比上年增长30.6%。其中,出口总值117.52亿美元,增长30.3%;进口总值49.36亿美元,增长31.5%。在全市进出口总额中,外商投资企业为117.71亿美元,增长29.2%。其中,出口77.59亿美元,增长26.5%;进口40.12亿美元,增长34.9%。转变外贸增长方式,机电、高新技术产品出口占比分别提高4个、3.2个百分点。

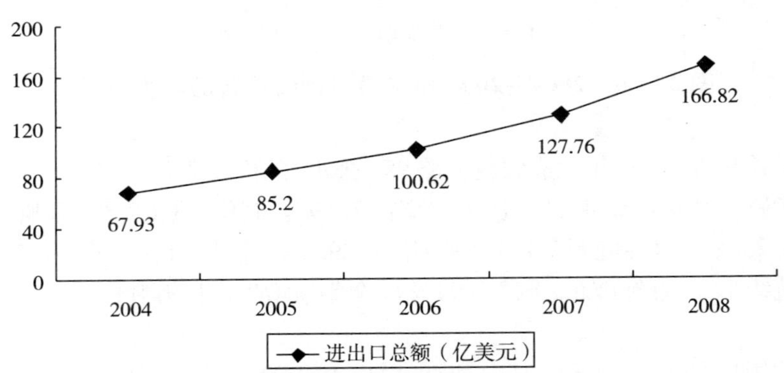

图2-87　2004-2008年南通市外贸进出口总额

2.利用外资

全年新签外资协议项目416个,比上年下降44.1%,其中总投资1 000万美元以上的项目190个,下降5.8%。强力推进外资重点项目,总投资17.5亿美元的35个项目竣工投产,总投资50.1亿美元的102个项目建设进展顺利,现有外资企业累计增资10.3亿美元。加大招商引资力度,先后举办港洽会和深圳、北京、上海、日韩系列招商活动,全市新增工商登记注册外资55.6亿美元,注册外资实际到账29.4亿美元,分别列全省第二、第三;新批项目平均单体规模提高21.5%,新批装备制造和电子信息类项目占比提高2.2个百分点。

表2-41　2008年南通市县区实际外商直接投资

单位:亿美元

区县	实际外商直接投资
南通市	**29.37**
崇川区	0.96
港闸区	0.49
海安县	3.76
如东县	2.38
启东市	3.83
如皋市	6.47
通州市	2.58
海门市	2.98

3. 对外合作

拓展外经合作领域,完善外派劳务管理机制,新外派劳务1.43万人,新批境外投资项目14个,对外劳务承包营业额等主要指标连续13年保持全省第一。全年新签对外承包劳务合同额9.57亿美元,比上年增长19.0%;对外承包劳务完成营业额10.55亿美元,增长24.3%。

4. 开发区建设

推动跨江联动、接轨上海,南通市与新加坡、苏州签订合作意向,在苏通大桥北侧联合开发建设中新·苏通生态产业园。与上海在产业发展、人才引进、产学研合作等方面签订11项战略合作协议,上海外高桥启东产业园开工建设。

2008年南通经济技术开发区实现地区生产总值146.00亿元,比上年增长16.2%。全区实现地方一般预算收入15.08亿元,增长8.9%。全区新批外商投资项目30个,其中,总投资额1 000万美元以上的项目18个。全区实现进出口贸易总值33.28亿美元(含出口加工区),比上年增长18.9%,其中,进口总值15.63亿美元,增长22.0%,出口总值17.65亿美元,增长16.3%。

5. 民营经济

2008年,南通市继续争创江苏民营经济第一大市。2008年个体工商户总数突破30万户,私营企业注册资本突破2 500亿元、保持全省第二,民营经济入库税金占全市比重突破60%。做强优势板块,新增销售收入超100亿元特色板块3个,总数达8个;建筑业施工产值突破1 500亿元,新增"鲁班奖"4项。做大单体规模,新增营业收入亿元以上民营工业企业134家。做多优势品牌,继续推进"名企名品名人"工程,申报中国名牌产品14个、新增驰名商标8件。

二、南通市2008年社会发展概况

(一)人口、人民生活

年末全市户籍人口763.72万人,其中,市区人口87.52万人。全市人口出生率5.99‰,人口死亡率7.59‰,人口自然增长率-1.60‰。

全年市区城镇居民人均可支配收入18 903元,比上年增长14.9%,人均消费性支出11 613元,增长14.0%。市区居民人均住房建筑面积32.0平方米,比上年增长1.0%。全年农村居民人均纯收入7 811元,比上年增长13.1%;人均生活消费支出5 653元,增长15.1%。农村居民人均住房面积52.50平方米,比上年增长1.8%。

全市在岗职工年平均工资30 845元,比上年增长18.9%。其中,国有单位44 622元,增长21.8%;集体单位25 596元,增长27.7%;其它单位23 952元,增长16.4%。

(二)就业和社会保障

进一步强化城乡就业,实施更加积极的就业政策。全年提供就业岗位33.10万个,其中,市区为3.2%。全市新增农村劳动力转移3.32万人,其中,劳务输出1.03万人。城镇登记失业率为3.1%,连续10年低于全国、全省水平,90.2%的城镇社区建成充分就业社区;农村劳动力转移新增4.5万人,总数继续保持全省领先。

全市城镇基本养老、基本医疗、失业保险覆盖率均稳定在97%以上,新型农村合作医疗参保率达98.3%,市区城镇居民医疗保险基本实现全覆盖。住房保障体系进一步健全,拆迁安置房开工、竣工面积均为历年最多。城乡低保标准继续提高,并为全部城乡低保对象发放物价补贴,农村五保户集中供养率提高4个百分点,农村大病医疗救助全面实施。市区失地农民基本生活保障标准再次提高。

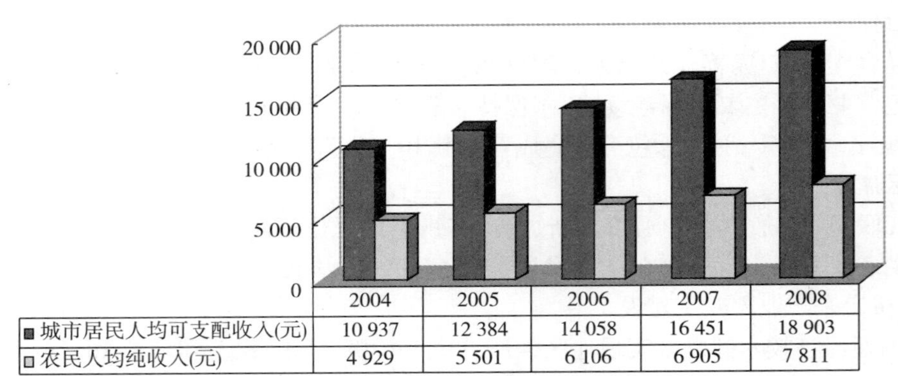

	2004	2005	2006	2007	2008
■城市居民人均可支配收入(元)	10 937	12 384	14 058	16 451	18 903
□农民人均纯收入(元)	4 929	5 501	6 106	6 905	7 811

图 2－88　2004－2008 年南通市城乡居民收入对比一览

年末全市参加城镇基本医疗保险的人数为 126.09 万人，比上年末增加 11.91 万人。年末全市参加失业保险的人数为 71.91 万人，比上年末增加 2.41 万人。年末全市参加工伤保险的人数为 86.15 万人，比上年末增加 6.06 万人。年末全市企业参加基本养老保险的人员 96.22 万人，比上年末增加 9.20 万人；年末全市领取失业保险金人数为16 652人，比上年末减少 308 人；年末享受低保的城乡居民 13.69 万人，其中，城镇居民 1.78 万人，农村居民 11.90 万人。

全市共有社会福利企业 393 家，安排残疾人就业9 501人。全市有各类养老机构 168 家，总床位数20 472张，占老年人总数的 1.3%。市区有养老机构 13 家，床位数1 472张，占老年人总数的 1.3%。全市农村有敬老院 147 家，床位16 531张。在全市农村20 301名五保对象中，有14 230人实行了集中供养，集中供养率达到 70.1%。

(三)教育、科学技术

1. 教育事业

加大财政对教育的支持力度，城乡免费义务教育全面实施，义务教育债务化解任务全面完成，全市教育财政投入 41.27 亿元、增长 22.7%，增幅高于全市财政经常性收入 1.9 个百分点。大力推进区域教育现代化建设，积极推动义务教育均衡发展，5 个县(市)区达到省教育现代化建设标准。

年末全市有普通高等学校 6 所，在校学生 8.46 万人；成人高校 2 所，在校学生 2.50 万人；中等职业教育学校 33 所，在校学生 9.34 万人；普通高中 62 所，在校学生 13.96 万人；普通初中 226 所，在校学生 25.71 万人；小学 424 所，在校学生 34.36 万人；特殊教育学校 9 所，在校学生 0.10 万人；各级各类幼儿园 387 所，在园儿童 13.91 万人。全市小学学龄儿童入学率 100%；初中入学率 100.0%，毕业生升学率 98.8%；高中阶段教育毛入学率 92.2%；高等教育毛入学率为 46.3%，高考本一、本二上线率等多项指标列全省第一。南通大学本科教学被教育部评为优秀。中等职业教育基础能力建设进一步加强，南通商贸高等职业学校新校区扩建工程开工。

2. 科技事业

2008 年，全社会科技投入 86.7 亿元，其中研发投入 36.4 亿元。高新技术产业实现产值1 438亿元、增长 47.2%，占规模以上工业比重提高 3.7 个百分点。新认定省级高新技术企业 88 家，新增省级企业工程技术研究中心 18 家、市级工程技术研究中心 23 家。全年新增省级高新技术产品 199 项；全年新建公共技术服务平台 6 家。全市有 11 项科技成果获江苏省科技进步奖。新增科技软件园区和孵化器面积 21 万 m^2、增长 168%。实施重大产学研合作项目 230 项，培育产学研示范企业

556家。获得省科技进步一等奖2项。专利申请量1.41万件,比上年增长55.6%,居全省第二。专利授权量为4 102件,增长9.2%。南通家纺市场荣获“世界知识产权组织版权创意金奖”。“人才特区”建设深入推进,新增博士后科研工作站7家、省级引智示范基地2家。

(四)文化、卫生和体育

1. 进一步推进文化建设

2008年末全市共有文化经营单位2 551家,比上年末增加15家。年末全市登记在册的民营演出团体172个。全市新建农村乡镇文化站19家,年末累计已建成106家,乡镇文化站、村文化室普及达标率分别达94%和79%;继续实施“农家书香”工程,全市新建769家“农家书香”,年末累计已建成1 343家。全市拥有各类博物馆、纪念馆25家。全市拥有各级文物保护单位82处,其中,全国重点文物保护单位6处,省级文物保护单位24处。全市拥有国家级非物质文化遗产名录6项,省级非物质文化遗产名录12项。全市共有各级各类档案馆19个,其中,专门档案馆9个。至年末馆藏档案1 857个全宗、181.20万卷、21.20件,馆藏资料15.28万册。新增国家一级博物馆1家、一级文化馆5家、国家级非物质文化遗产保护项目4个、中国民间文化艺术之乡6个,环濠河文博馆群增加3个新馆。

全市广播人口综合覆盖率和电视人口综合覆盖率均达到100%。全年新增有线电视用户17.31万户,年末有线电视门檻入户率93.0%。农村有线广播、有线电视光缆传输“双入户”累计87.51万户。市区“有线通”个人用户达到1.99万户,市区有线电视实现数字化整体转换。

2. 加快完善城乡卫生医疗体系

2008年,南通市市区社区卫生服务中心实现全覆盖,农村三级卫生服务网络基本形成,传染病发病率稳定下降。加大“无红包医院”创建力度,挂牌成立市区医疗纠纷调处中心,医患关系进一步改善。

年末全市共有卫生机构1 783个(不含农村社区卫生服务站)。全市拥有卫生机构床位数2.42万张,卫生技术人员2.80万人。全市共有疾病预防控制中心(防疫站)9个,卫生技术人员413人;卫生监督所7个,卫生技术人员216人;乡镇卫生院277个,床位1.07万张,卫生技术人员9 758人。市区及县级市城区共建成27个社区卫生服务中心,以街道(镇)为单位建成率为96.4%。累计建成农村社区卫生服务站1 763个,行政村覆盖率达100.0%,全市新型农村合作医疗参合率98.3%。

3. 深入开展体育健身活动

北京奥运火炬在南通激情传递。奥运会上,全市有10名健儿参加了7个项目的比赛,获得了4金1银1铜6枚奖牌的优异成绩,创造了历届奥运最好成绩。8月12日南通健儿在北京奥运会上创造了“一日三金”的历史辉煌,南通市设立为“南通体育日”。成功举办了南通市第九届运动会。2008年南通市承办了“安踏全国男子排球大奖赛”;通州市承办了全国首届百强县乒乓球比赛;市体育会展中心承接了美国队和塞尔维亚篮球邀请赛;海门市和海安县分别承办了省级青少年自行车、县组篮球比赛;老年体协承办了省级老年门球比赛等大型体育赛事。

(五)城乡建设

突出重大基础设施建设,不断提升城市功能。加快构建现代基础设施体系。崇启大桥和海洋铁路开工建设,沪通铁路通过国家立项,兴东机场改造升级规划获批,崇海大桥、宁启铁路宁通段复线电气化改造等前期工作取得重要进展。江海高速、204国道改扩建、334省道改造等工程快速推进,221省道启东和海安段、225省道如东段开工建设。洋口港陆岛通道、太阳岛二期、万吨级重件码头等工程全面完成,吕四港进港航道一期工程竣工,冷家沙海域综合开发前期研究工作启动。西北片引江区域供水工程基本完成,新增受益人口100万人。不断提高城市建设和管理水平。统筹推进中心城市与县(市)城、中心镇建设,修编形成《南通市城市总体规划(2008－2030)》,市区和六县(市)城分别完成城建投入53亿元、46.8亿元。

继续拉开市区道路框架,滨江大桥等18项重点工程竣工。加快重点区域建设和改造,新区核心区开工面积超过110万 m^2,能达商务区建设启动;老城区污水管网改造加快实施,“名品濠河”建设深入推进;北翼新城建设步伐加快,唐闸、天生港地区保护性改造工程启动。大力发展城市公用事业,实施狼山水厂扩建和居民二次供水设施改造,新增公交车100辆。优化城市环境,市区新增绿地260公顷。全面加强城市管理,市级数字化城管平台基本建成。强力推进文明城市创建,城市形象进一步提升。2008年南通市成功获得全国文明城市、国家历史文化名城、国家园林城市荣誉称号,“五城同创”目标圆满实现。

突出农民增收,着力推进“民富、村美、风气好”的新农村建设。深入推进农民收入倍增工程,农民人均纯收入连续五年保持两位数增长。大力推动农村综合改革。土地适度规模经营有序推进,新增流转土地6.51万亩。农村三大合作组织新增630家、增长63.5%。组建农村合作银行1家、小额贷款公司2家,农业政策性保险领域和规模不断扩大。大力改善农民生产生活条件。农村新五件实事工程实施情况良好。新增安全饮水人口25万人,农村自来水受益人口529.91万人,自来水普及率为98.0%。新增造林面积34.3万亩、森林覆盖率提高1.4个百分点。农村垃圾集中处理率提高到73%,农村改厕年度任务超额完成。农民集居区规划建设有序推进,新增建筑面积560万 m^2,入住农户3.5万户。村级公共服务中心实现全覆盖,新办为农服务社168家。农村文明创建活动深入开展,基层组织建设进一步加强。

(六)环境保护与生态建设

加大节能减排力度,大力推进重点行业、重点区域环境整治,提前完成省定关闭150家小化工企业目标,化工、印染、钢丝绳等行业环境整治取得显著成效。SO_2 排放量分别削减3.86%和11.41%,万元GDP综合能耗下降幅度超额完成省下达目标。连续17年保持耕地占补平衡。成为国家级节水型社会建设试点市。全市规模以上工业企业综合能源消费量为965.17万吨标煤,比上年增长4.2%,万元产值综合能耗为0.19吨标煤,比上年下降18.4%。

大力推进环境基础设施建设,建成污水处理厂20座,新增日处理能力30.95万吨,年末全市共拥有36家污水处理厂,日设计处理能力累计达79.75万吨;以实施电力行业脱硫工程为重点,全市完成274.30万千瓦机组的脱硫工程,占总机组容量的90.0%,新增脱硫能力2万吨;日处理能力全省第一的如皋垃圾热电联产项目建成投运。

全年市区新增绿地260公顷,城市绿化覆盖率42.0%,比上年增长0.2%;日供水能力达到90万立方米,水质综合指标合格率100.0%;新增日污水处理能力2.5万吨/日,达到28万吨/日;市区燃气普及率达到99.9%,用水普及率、生活垃圾无害化处理率均达到100%。全年市区新增路灯、景光灯8 598盏,城市道路亮灯率达到99.7%。

全年市区及六县(市)政府所在地城镇烟尘控制区覆盖率均达100%。全市固体废物综合利用率为98.8%。市区环境质量保持稳定,环境空气主要污染物年平均值:二氧化硫为0.032毫克/立方米,二氧化氮为0.030毫克/立方米,可吸入颗粒物为0.089毫克/立方米,符合国家空气质量二级标准;全年空气污染指数达到良好以上的天数为326天,占全年天数的89.1%。长江南通段主流水质符合国家地面水质环境质量Ⅱ类水质标准,饮用水源地水质达标率为100%。区域环境噪声平均值为55.4分贝,交通干线噪声平均值为67.5分贝。“城市环境综合整治定量考核”连续5年位居全省第一。

（七）安全生产

全年共发生各类安全生产事故2 032起，死亡 540 人，分别比上年下降 33.8% 和 16.5%。其中，工矿商贸企业（含建筑业）发生生产安全亡人事故 31 起，死亡 33 人，分别下降 8.8% 和 8.3%；消防火灾事故 395 起，死亡 3 人，分别下降 48.7% 和 25.0%；道路交通事故1 560起，死亡 493 人，分别下降 30.8% 和 13.8%。全年未发生一次死亡 3 人（含 3 人）以上安全生产事故。

三、挑战与目标

面对取得的成绩，还应清醒地看到，自主创新能力和产业竞争力还不强，转变经济发展方式的任务还很重；经济发展面临的深层次矛盾还比较多，制约南通市经济发展的体制性、结构性矛盾依然存在，经济增长的要素、资源瓶颈制约仍较突出；经济下行压力加大，工业增速回落，部分企业生产经营困难、经济效益下滑，财政减收增支因素明显增多；就业形势趋紧，城乡居民增收难度加大，部分居民生活比较困难，保障民生、维护社会稳定的任务更加繁重。对此，南通市政府将始终保持清醒头脑，时刻忧患在心，充分准备，积极作为，尽最大的努力，争取最好的结果。

综合考虑各种因素，2009 年全市经济社会发展的主要预期目标是：GDP 增长 11%、力争 12%；完成或超额完成省下达节能减排工作指标；地方一般预算收入增长 12% 以上；全社会固定资产投资增长 17% 以上；外贸进出口总额增长 10% 以上；社会消费品零售总额增长 16%；城镇居民人均可支配收入、农民人均纯收入分别增长 10% 和 9%；居民消费价格指数涨幅控制在 4% 左右；城镇登记失业率控制在 4% 以内；人口自然增长率控制在零左右。

四、南通市在长三角地区经济发展中的地位

2008 年，南通市国民经济继续保持平稳较快增长，社会事业全面进步，民生状况进一步改善。但经济发展面临的深层次矛盾还比较多，制约经济发展的体制性、结构性矛盾依然存在，经济下行压力加大。

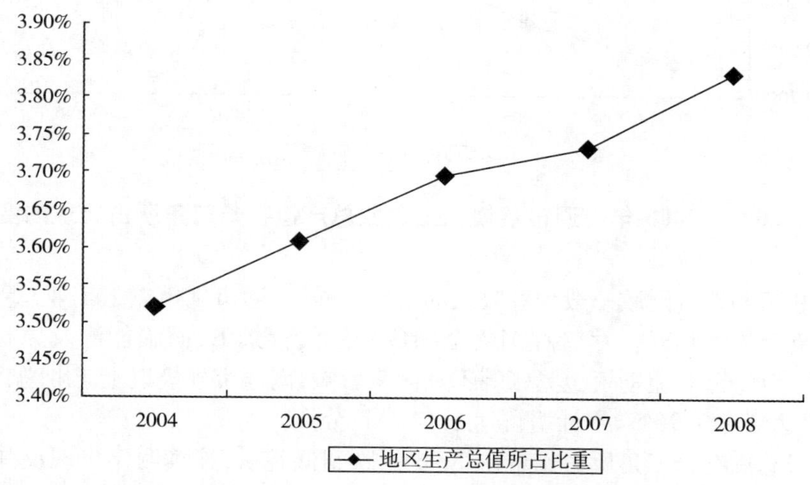

图 2－89　2004－2008 年南通市地区生产总值在长三角所占比重的变化趋势

南通市地区生产总值在长三角所占比重近 5 年来呈现稳步增长的态势，每年登上一个新台阶，

到2008年在长三角地区所占比重已达3.83%,比2004年增加0.31个百分点。

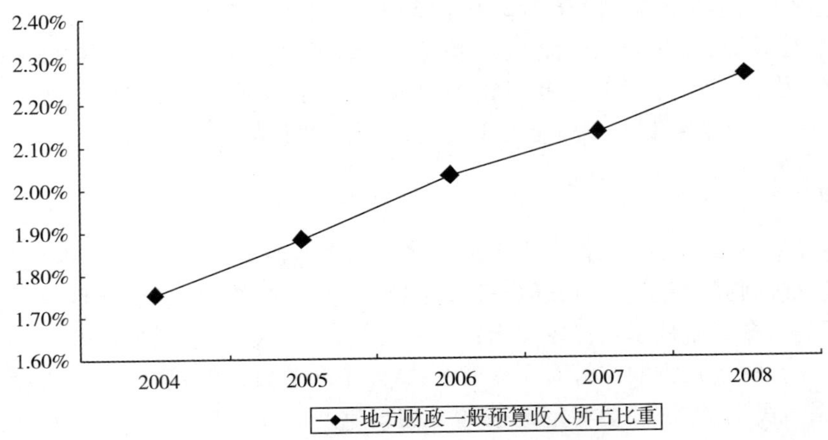

图2-90　2004-2008年南通市地方财政一般预算收入在长三角所占比重的变化趋势

南通市地方财政一般预算收入在长三角所占比重也实现了五年连续增长,2004年至2008年所占的比重分别为:1.75%、1.88%、2.03%、2.13%、2.26%,累计增幅达0.51个百分点。

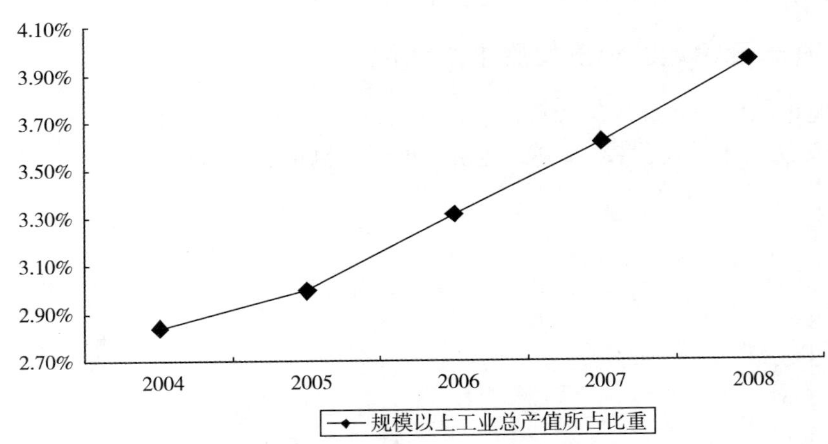

图2-91　2004-2008年南通市规模以上工业总产值在长三角所占比重的变化趋势

同地区生产总值和地方财政一般预算收入的占比一样,南通市规模以上工业总产值在长三角所占比重也实现了五年连续增长。尽管在国际金融危机的大背景下,面临能源及原材料价格大幅波动、工业产品销售市场萎缩、流动资金紧张等不利因素影响,南通市规模以上工业总产值在长三角所占比重在2008年达到了3.96%,累计增幅达1.12个百分点。

南通市进出口总额在长三角所占比重在2006年跌到低谷后,连续两年出现反弹。2008年南通市进出口贸易总值增速下行趋势较为明显,但进出口总额在长三角所占的比重依然有较大的增长,达到了2.01%,比2007年增加0.28个百分点。

2008年,南通市利用外资难中求进,全市吸引了一批投资水平和技术含量较高的外资项目,提升了利用外资的档次和规模。2008年南通市实际到账注册外资总量在江苏省排第三位,仅次于苏州市

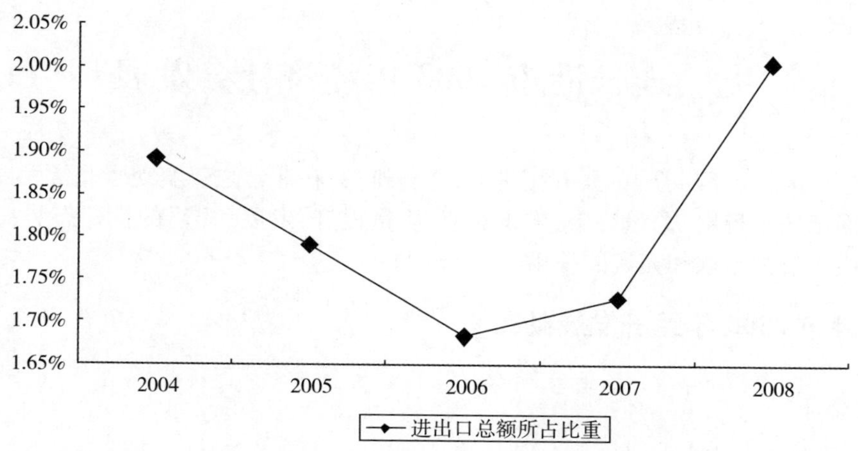

图2－92　2004－2008年南通市进出口总额在长三角所占比重的变化趋势

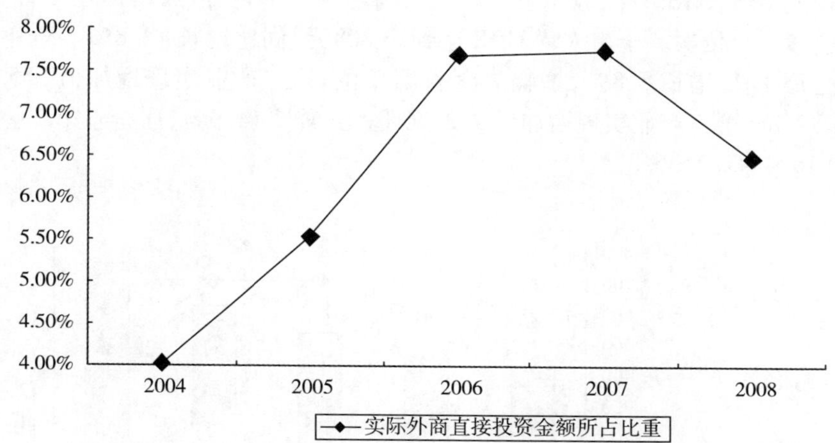

图2－93　2004－2008年南通市实际外商直接投资金额在长三角所占比重的变化趋势

和无锡市。南通市实际外商直接投资金额在长三角所占的比重在连续三年较大幅度的增长之后，2008年出现了明显下滑，2008年占比为6.49%，比2007年下降0.27个百分点。

七　连云港市2008年经济社会发展

2008年,连云港市上下万众一心,开拓进取,逆势拼搏,在非常之年实现了非常发展,全年宏观经济运行的基本面依然呈现出“总量突破、增长加速、质量提升、发展和谐”的良好态势,总体发展仍是多年以来取得成果较为丰硕和充实的一年。

一、连云港市2008年经济发展概况

(一)综合经济

1. 经济总量实现历史突破

2008年,全市地区生产总值再次创造历史,全年实现GDP750.10亿元,较上年增加131.92亿元,按可比价格较上年增长13.1%,较全省平均增长高出0.8个百分点;增幅在全省13个市中位居第8位,较上年前移4个位次。全市人均GDP达到16 808元,同比增长13.8%。全年第一产业实现增加值122.78亿元,同比增长5.8%,增幅居全省第2位;第二产业实现增加值355.06亿元,增长14.5%,居全省第4位;第三产业实现增加值272.26亿元,增长14.9%,居全省第7位。全市三次产业的结构调整为16.4∶47.3∶36.3。

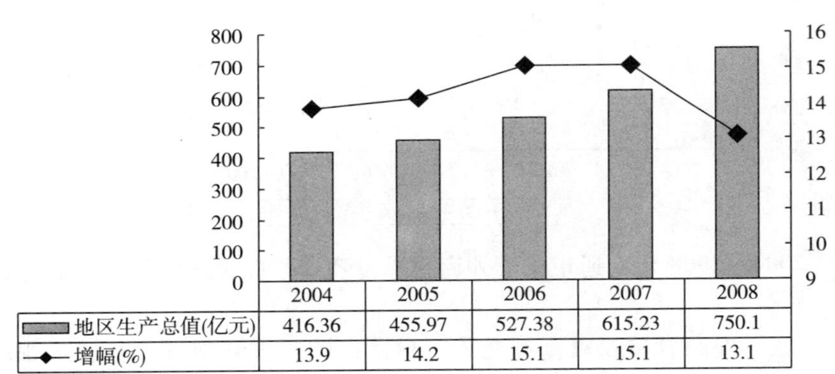

	2004	2005	2006	2007	2008
地区生产总值(亿元)	416.36	455.97	527.38	615.23	750.1
增幅(%)	13.9	14.2	15.1	15.1	13.1

图2-94　2004-2008年连云港市地区生产总值及增长速度

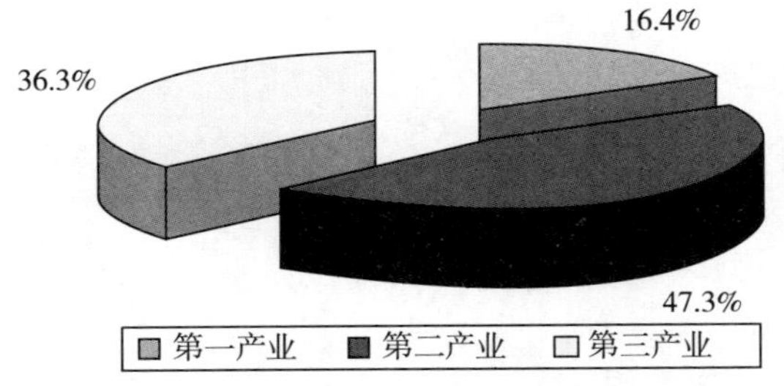

图2-95　2008年连云港市三次产业结构图

2. 地方财力显著增强

全年完成财政总收入 180.6 亿元,同比增长 47.0%:其中财政一般预算收入实现 66.21 亿元,增长 35.7%;一般预算收入占地区生产总值比重为 8.8%,同比提高近 1.0 个百分点。全年一般预算支出 106.43 亿元,增长 28.8%。其中一般公共服务、教育、农林水、城乡社区事务、社会保障和就业支出占一般预算支出的比重达 70%。税收贡献明显突出。全年财政税收收入完成 53.38 亿元,同比增长 33.4%。其中国税部门完成 13.76 亿元,占全市一般预算收入的 20.8%,增长 39.8%。地税部门完成 33.50 亿元,占全市一般预算收入的 50.6%,增长 34.4%。

3. 市场价格高位震荡

消费价格总体平稳。全年居民消费价格总指数同比上涨 4.8%。从内部情况看,消费品价格上涨 5.2%,服务项目价格上涨 3.7%;其中食品类价格涨幅最高,同比上涨 11.8%。工业品价格呈现起伏。工业品出厂价格指数为 108.5,其中轻工业产品为 104.0,重工业产品为 117.5。从全市监控的 155 个工业产品来看,上半年涨价的产品比较多,从七月份开始,涨价的产品开始大幅下降,到十二月份涨价的产品只占年初的五分之一。而跌价产品达到 102 个,比重高达 65.8%。

4. 固定资产投资持续增长

投资力度持续加强。全年全社会固定资产投资总量达 777.68 亿元,同比增长 33.0%;规模以上投资 692.5 亿元,增长 36.5%,增速列全省前列。其中第一产业投资增长 28.7%,第二产业投资增长 36.9%,第三产业投资增长 35.8%。三次产业投资比例为 0.45∶64.7∶34.9,"扩内需、促增长、调结构"的目标初步实现。

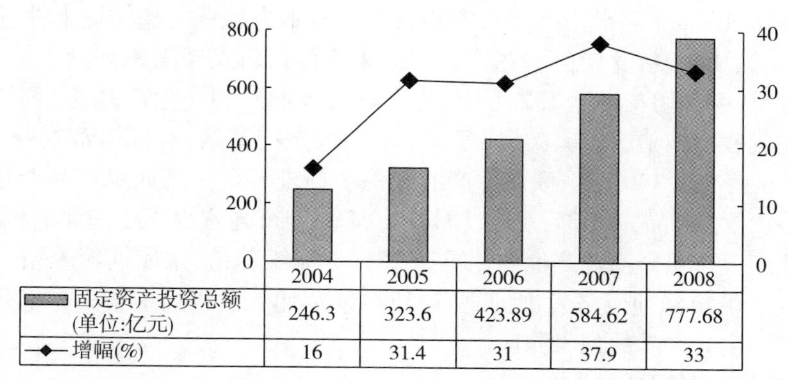

	2004	2005	2006	2007	2008
固定资产投资总额(单位:亿元)	246.3	323.6	423.89	584.62	777.68
增幅(%)	16	31.4	31	37.9	33

图 2-96　2004-2008 年连云港市全社会固定资产投资及增长幅度

5. 县域经济继续全面加速

县域 GDP 共实现 441.43 亿元,占全市比重 59.0%,同比提高 0.8 个百分点;县域 GDP 增长 15.2%,增速较全市高 2.1 个百分点。从全省来看,尽管在经济总量上仍存在一定差距,但从发展速度上看,全市县域经济加速态势明显,赣榆、东海、灌云、灌南四县 GDP 增幅在全省 52 个县(市)中分别居第 6 位、4 位、4 位、3 位。

(二)农林牧渔业

1. 粮食生产连续六年丰收

2008 年,全市粮食播种面积 709 万亩,亩产达到 451 公斤,同比增长 9.5%;粮食总产量达到 320 万吨,连续六年实现丰产丰收,达到历史最高水平。灌南县获全国粮食生产先进县称号。

表 2-42　2008 年连云港市县区主要经济指标

区县	地区生产总值(亿元)	地方财政一般预算收入(亿元)	城镇固定资产投资(亿元)	出口总额(亿美元)	社会消费品零售总额(亿元)
市辖区					
连 云 区	41.173	5.33	48.21	3.35	23.51
郊县					
赣 榆 县	140.71	8.02	79.74	0.73	59.50
东 海 县	124.75	7.50	55.46	1.23	54.97
灌 云 县	96.72	7.01	86.59	1.24	43.98
灌 南 县	79.25	7.48	85.51	0.54	26.86

2. 高效农业步入全省前列

全市高效农业面积新增 25 万亩，累计达到 140 万亩，占耕地面积的 23%；设施农业新增 10 万亩，累计达 50 万亩，占耕地面积的 8.3%，居全省领先水平。东海、赣榆进入全省前十名，其中赣榆设施农业面积占耕地比重在全省名列第六位。畜禽规模化养殖比重提高 6 个百分点。新批农业外资项目 22 个，实际利用外资 1.3 亿美元，完成农产品出口 2.9 亿美元。

3. 畜牧林果渔业齐发展

林果生产实现新的突破。全年共完成造林面积 20.4 万亩，建设农田林网 79 万亩，森林覆盖率为 18.05%，同比提高 1.42 个百分点。全市重点发展具有地方特色的杨树速丰林、优质果品基地 48 个，打造林业特色乡镇 9 个，新发展苗木花卉面积 5.44 万亩，新发展面积列全省第一。苗木花卉总面积达 12.64 万亩，其中鲜切花类达 1.2 万亩，为全省最大的鲜切花生产基地。畜牧业规模化进程加快。全市初步建成瘦肉型猪、蛋鸡、肉禽、食草家畜四大生产基地，有规模畜牧业养殖场(户)已经达到8 500个，各类养殖小区 140 个。渔业生产继续稳步推进。全年完成水产品产量 54.42 万吨，同比增长 3.02%；其中海水产品完成 35 万吨，增长 4.0%。全市高效规模化渔业面积已经达 17 万亩，全年高效外向渔业产值占整个渔业产值的比重达 25%。泥鳅养殖、水库网箱养殖、观赏鱼养殖等特色养殖逐渐成为连云港市渔业经济发展的亮点，板桥紫菜加工园年加工紫菜 3 亿张，现已成为全省最大的以紫菜加工为主导产品的加工园区。

4. 生态农业建设全面加强

突出农业品牌建设，建成平明稻米、欢墩芦笋、黄川草莓、陡沟芦蒿、灌南淮山药等 36 个市级以上农业标准化示范区，无公害、绿色、有机食品品牌增加到 230 个。加强农产品质量建设，新增无公害品牌 78 个、绿色食品品牌 6 个，3 个标准化示范区通过国家或省验收。东海大米通过国家地理标志保护产品认定。在苏北率先创建“新坝”、“四季田园”农副产品集体商标。强化农贸市场、超市、畜产品生产企业的监督检测工作，蔬菜合格率达 96% 以上。全市无公害水产品总数达到 45 个，无公害水产品基地总面积达到 37 万亩，全年水产品检测样品合格率达到 95% 以上。

(三)工业和建筑业

1. 工业主导地位日益显现

2008 年，全市全部工业增加值达到 281.29 亿元，同比增长 16.3%，是三次产业中增长最快的。全市工业化率达到 37.5%，同比提高 0.4 个百分点。全市规模以上工业企业已经达到1 262家，其中有 165 家企业销售收入过 1 亿元，较上年净增 51 家。新型工业化进程加快。坚持以科技进步、结构调整推进发展方式转变，促进工业经济速度质量同步提升，工业化率提高到37.5%。

表2－43　2008年连云港市县区工业总产值

单位：亿元

区县	工业总产值
连云港市	**973.98**
连云区	32.47
赣榆县	124.90
东海县	106.90
灌云县	88.59
灌南县	103.77

2. 工业生产态势总体平稳

全年规模以上工业实现总产值973.56亿元，同比增长37.3%；共拥有资产1 001.59亿元，增长25.6%；实现销售收入954.12亿元，增长38.0%；实现利润81.13亿元，增长47.9%。规模以上工业企业累计实现工业增加值271.04亿元，增长18.1%，高于全省平均水平3.9个百分点，增幅在全省13市中居第4位；全市工业经济效益综合指数为231.5，列全省第6位，高于全省平均水平18.3个百分点。

3. 工业科技含量提升明显

产业发展科技支撑力增强。国家新材料高技术产业基地正式授牌，神鹰碳纤维一期工程投产，中复连众2兆瓦风电叶片下线，国家新医药产业基地成为省重点支持创建的百亿产业基地，18个项目通过国家"十一五"新药创制重大科技专项评审。全市新增省级以上企业技术中心3家，获批国家重点新产品5个、省高新技术产品26个。全年规模以上高新技术工业产值突破200亿元，达到200.80亿元，同比增长40.7%；增幅高于产值增长3.4个百分点；占规模以上工业产值比重达20.6%，同比提高0.9个百分点；实现销售产值184.71亿元，增长35.4%。实现销售收入186.18亿元，增长39.7%；实现利税36.67亿元，增长41.5%。

4. 支柱行业地位举足轻重

全市农副食品加工业、化学原料及化学制品制造业、医药制造业、非金属矿物制品业、电力热力的生产和供应业五大行业共实现产值576.43亿元，同比增长33.7%；实现销售收入559.53亿元，增长35.5%；实现利税89.85亿元，增长49.2%。五大支柱行业工业产值占全市规模以上工业的比重达到59.2%，实现销售收入占59.0%。其中医药制造业完成产值86.69亿元，增长37.9%；实现销售收入74.92亿元，增长32.5%；实现利税23.99亿元，同比增长22.0%。东海硅产业荣列中国百佳产业集群，"太阳雨"成为中国驰名商标。

5. 建筑业保持发展态势

全市施工总承包和专业承包建筑业企业283家，签订合同额270.83亿元，增长11.2%；其中本年新签合同额195.14亿元。全年完成建筑业总产值212.64亿元，增长25.2%；其中省外承揽工程完成产值76. 0亿元，增长18.3%；全市施工总承包和专业承包建筑业企业竣工产值174.69亿元，增长27.1%。

(四)服务业

1. 国内贸易

2008年实现社会消费品零售总额310.44亿元,同比增长24.6%,增速较全省平均增长高出1.3个百分点,在全省居第4位,较上年增长位次前移了7个位次。其中住宿业消费增速最快,实现消费4.79亿元,增长69.5%;餐饮业实现消费额33.0亿元,增长36.2%。

流通业态丰富完善。以时代超市、苏果、大润发等为龙头的大型现代商贸企业发展迅速,全年新建、改造"农家店"366家,累计达到1 398家,乡级"农家店"覆盖面达到100%,行政村覆盖面达到70%以上,基本形成了以城区店为龙头、乡镇店为骨干、村级店为基础的农村流通网络。升级改造12个农贸市场,市农副产品批发中心建成投入使用。全市已注册登记的各类专业市场119个,其中亿元以上市场达22个;亿元以上市场全年成交额127.6亿元,其中消费品零售额46.98亿元,增长10.2%;年成交额超10亿元的4个,成交额75.29亿元,增长15.3%。

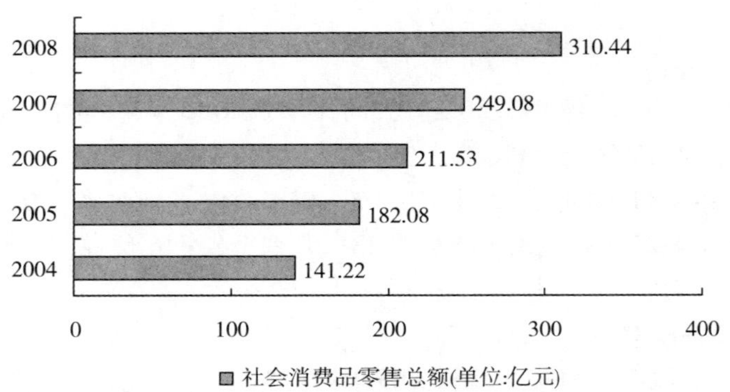

图2-97　2004-2008年连云港市社会消费品零售总额

2. 交通运输和信息通讯业

港口建设步伐全面加速,亿吨大港目标顺利实现。2008年,完成港口公共基础设施及码头、疏港公路和航道、外围交通基础设施、内河码头及港口物流园区等固定资产投资64亿元,港口全年新增吞吐能力1 600万吨。连云港市港口运输列入铁道部路企直通试点,新开"五定"班列2条,建成西宁、侯马、淮安等物流场站,实行集装箱船舶"零待时"制度,完成吞吐量1亿吨、集装箱运量300万标箱,孕育百年的亿吨大港梦想成真,继续保持沿海十强、全球百强港地位。中韩客货班轮航线完成集装箱6万标箱,运送旅客10.2万人次,同比分别增长14.7%和40%;大陆桥过境集装箱运输完成6.4万标箱,增长7.7%。中港印千万吨配煤中心建成投产,新海粮食物流中心一期工程投入使用,金港湾国际物流园建设积极推进。

交通工程建设全面突破,城乡交通呈现新局面。全年共完成交通工程建设投资达45.6亿元,农村公路建设完成投资5.84亿元,建成通车1 385公里,完成农村公路危桥改造45座。全年交通服务业实现增加值4.52亿元,同比增长46.8%。县际以上客运班线公司化经营率达73.3%,城乡客运一体化率达60%,行政村客运班车通达率达99.2%。

民航服务环境逐步提升,生产保持较好增长势头。全年安全保障航班飞行4,702架次,实现了第24个安全年,成为华东地区率先同时通过综合安全审计和航空安保审计的机场之一。机场全年完成运输生产总量23万人次,仍保持了10.3%的增长。新开了深圳、长春、宁波三条航线,较好的完

成了各项目标任务。

邮政通讯建设全面提速,信息化程度提升明显。2008 年,全市邮电通信业务收入突破 20 亿元,达到 21.48 亿元,同比增长 19.2%。其中邮政总收入首次突破 2 亿元,达到 2.05 亿元,增长 18.0%,增幅居全省第二位。电信业务收入 19.44 亿元,增长 19.4%;其中中国移动业务收入突破 10 亿元,达到 10.08 亿元,增长 44.4%。年末全市互联网宽带接入用户数达到 25.97 万户,同比增长 36.0%。

3. 金融和保险业

金融创新取得进展,组建完成市县邮政储蓄银行,东海村镇银行挂牌营业,灌南、东海农村小额贷款公司完成组建,灌云农村资金互助社开始运作,金融服务多元化步伐加快,农业保险范围逐步扩大。投融资体制改革实现新突破,组建新海连集团,完成新苏港公司增资扩股,成功发行连云发展集团 10 亿元企业债券。

信贷形势保持稳定。2008 年末,全市金融机构本外币贷款余额 558.5 亿元,较年初新增 97.3 亿元;各项存款余额 821.3 亿元,较年初增加 178.1 亿元;共达成银企合作项目 475 个、金额 58.8 亿元;小额担保贷款余额 1.12 亿元,继续保持全省第一。

金融服务继续改进。全市新增 POS 机1 378台。全年共办理各级预算收入 273 亿元,库款支拨 249 亿元。完成了 133 家中小企业的资信评级试点工作和 27 家担保机构的信用评级,企业征信系统收录的企业和其他组织数量达到 1.6 万户,个人征信系统建立个人信息档案 39.77 万份。

保险事业蓬勃发展。全市现有保险主体 24 家,其中产险公司 15 家,寿险公司 9 家,保险从业人员已达9 000余人。全年保费收入 21.61 亿元,同比增长 36.9%,创近五年来增幅新高。其中财产险保费收入 6.44 亿元,增长 23.8%;人身险保费收入 15.17 亿元,增长 43.2%。全年共支付保险赔款 8.50 余亿元。

4. 旅游业

旅游事业继续突破,产业呈现转型增效。2008 年,连云港市修编了旅游发展总体规划,建成抗日山 AAAA 级景区,全市名胜风景区达 17 个。温泉度假区被评为中国十大温泉休闲基地。在中央电视台开展城市旅游形象宣传。年内先后举办了首届乡村旅游节、连云港之春、连岛沙雕节、《西游记》旅游文化节等活动。星级宾馆饭店已达到 66 个,其中新评了凯悦花园大酒店、普陀山大酒店等四家三星级宾馆,云台宾馆五星级正式挂牌,实现了连云港市五星级旅游饭店零的突破。全市接待国内外游客突破1 000万人次,达到1 074.16万人,同比增长 16.8%,较全省平均增长高出 4.8 个百分点,接待总量在全省各市中居第 9 位;旅游总收入 116.64 亿元,增长 19. 1%。

5. 房地产业

房地产投资平稳增长,住房构成有所改善。全市房地产开发投资受惯性作用,在上年高平台上基础上平稳增长。全年完成房地产开发投资 112.88 亿元,增长 42.2%。其中商品住宅投资 82.41 亿元,增长 33.7%。全市 90 平方米以下商品住宅完成投资额为 14.26 亿元,增长 1.3 倍,占商品住宅投资的比重由上年的 12.6%上升到 17.3%。房屋施工面积突破历史,宏观调控取得实效。全市商品房施工面积达到1 502万平方米,同比增长 55.2%。其中商品住宅施工面积达到1 190万平方米,增长 46.4%。年内商品房新开工面积达到769.66 万平方米,增长 56.0%。全年商品房销售面积为 297.88 万平方米,增长 9.6%;商品房销售额为 81.33 亿元,增长 17.1%。全市商品房销售均价为 2 716元/平方米,同比提高 6.5%。其中商品住宅销售均价为2 500元/平方米,提高 4.4%。

(五)开放型经济

1. 口岸规模再创新高,地方外贸逆势增长

连云港口岸外贸进出口总值达到 173.9 亿美元,同比增长 48.7%,其中出口实现 89.9 亿美元,

增长44.9%。全年入库税收达到93.08亿元,增长46.8%,其中关税、代征税等增长均创历史最高水平。全市地方外贸共完成进出口总值44.49亿美元,增长36.8%,增速高出全省平均水平24.6个百分点,增速列全省第5位;进出口值在苏北5市稳居第一位。

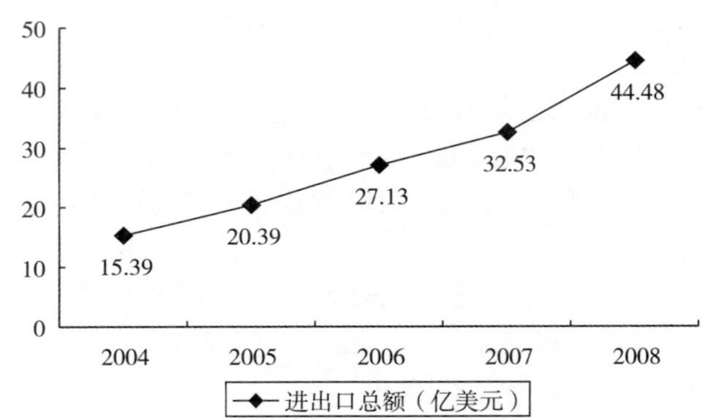

图2-98　2004-2008年连云港市外贸进出口总额

2. 招商引资增长强劲,项目质量明显看好

深化针对性研究,积极拓展与海内外大企业合资合作,成功承办第四届苏北投资贸易洽谈会、全国台企联常务理事会,利用苏台经贸洽谈会等各类招商平台广泛招引外来资源。全年利用外资实际到账9.35亿美元,增长26.8%,增长幅度在全省名列前茅,到账外资总额位居苏北第一位。完成国际服务贸易总额4.7亿美元,增长39%;完成外经营业额2.92亿美元,增长19.5%;境外投资项目6个,中方境外协议投资2 568万美元,增长2.7倍。全市新批外资项目147个,项目平均投资规模1537万美元,同比增长46.4%;新批项目投资总额超过2 000万美元的项目59个,合计投资总额18.4亿美元。

表2-44　2008年连云港市县区实际外商直接投资

单位:亿美元

区县	实际外商直接投资
连云港市	**9.35**
连 云 区	0.42
赣 榆 县	1.41
东 海 县	1.38
灌 云 县	1.50
灌 南 县	1.33

3. 园区规模扩展迅速,产业积聚效应明显

年末,全市开发园区达到14个,其中省级以上9家。14个园区全年完成利用外资8.48亿美元,占全市的比重达92.0%;引进内资97.34亿元,占全市比重为30.0%;实现一般预算收入25亿元,占全市比重38.0%。临港4个产业园区快速发展,投入规模大,集聚效应明显。实际利用外资、固定资产投入等投入指标占全市开发园区的50%左右,业务总收入和财政一般预算收入等产出指标占全市

开发园区的30%以上。项目集中度高,有在建投资1 000万美元以上项目34个,占全市开发园区的60%,投资2 000万元以上项目238个,占全市开发园区的49%。

加快提升园区载体功能,市经济技术开发区被新定为新材料产业国家高技术产业基地、获批省国际服务外包示范区,在国家级开发区排名较上年上升1位;东海开发区硅材料工业园等3个园区被评为省级特色园区;连云港化学工业园通过ISO双体系认证。市临港产业区基础设施配套逐步完善,两翼园区建设全面推进,沿海临港产业园区新开工重点项目占全市60%。

4. 民营企业活力依旧,民营经济发展良好

2008年,新增私营企业5 133家、个体工商户注册数2.7万户、从业人员8.6万人,12家企业入选省首批科技型中小企业,成为吸纳就业、推动发展的重要增长点。全年民营经济完成增加值382.55亿元,同比增长14.8%,较全市GDP增幅高1.7个百分点,占GDP比重为51%,民营经济增加值对全市GDP增长的贡献达56.8%。民营经济实现税收47.43亿元,增长30.9%,占全市全部税收47.6%。

二、连云港市2008年社会发展概况

(一)人口及人民生活

人口总量平稳发展。年末,全市户籍总人口达到488.25万人,其中市区80.88万人,较上年分别增加6.02万人和9.32万人。户籍人口出生率11.73‰,下降1.82个千分点;自然增长率5.20‰,上升5.09个千分点。全市常住总人口445.56万人,较上年减少1.42万人。

居民收入提高显著。全市城镇单位在岗职工平均工资达26 596元,较上年增加5 114元,同比增长23.8%,增幅居全省第一。市区居民人均可支配收入突破15 000元,达到15 255元,增长15.1%,增幅在全省位居第4位。农民人均纯收入达到5 454元,增长13.0%,增幅居苏北第一,是1996年以来增长最快的年份之一。城乡居民消费水平提高明显,市区居民人均消费首次突破万元大关,达到10 598元,同比增长26.8%;全市农村居民人均消费实现3 476元,增长13%。城乡居民恩格尔系数平均达到40.7%。

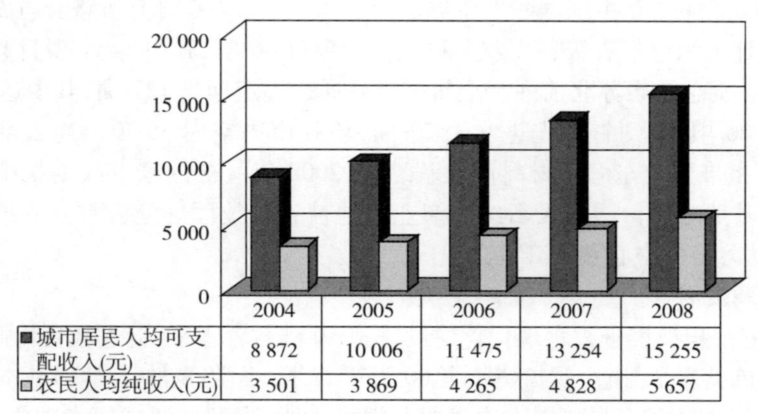

	2004	2005	2006	2007	2008
城市居民人均可支配收入(元)	8 872	10 006	11 475	13 254	15 255
农民人均纯收入(元)	3 501	3 869	4 265	4 828	5 657

图2-99　2004-2008年连云港市城乡居民收入对比一览

(二)就业与社会保障

1. 就业规模进一步扩大

2008 年,全市新增就业人员 5.9 万人,城镇登记失业率 3%。积极扶持创业带就业,全市发放小额担保贷款5 246万元,帮助3 173人就业。加强职业技能培训,完成各类职业技能培训 24.3 万人次,新增农村劳动力转移 8.1 万人。农村外出务工人员累计达 106 万人,占农村劳动力总数的 62%。多渠道增加就业岗位,落实就业优惠政策,健全就业困难群体长效帮扶机制,开发公益性岗位 577 个,帮助下岗失业人员再就业 2.4 万人,就业困难人员就业 5293 人,零就业家庭动态清零。

2. 社会保障体系进一步健全

不断扩大社会保险覆盖面,将城镇企业职工养老保险延伸到城乡各类企业,全市基本养老保险参保人数达 35 万人。企业基本养老、医疗、失业、工伤、生育五大险种平均每个险种参保人数净增超 3 万人,全市城乡企业基本社会保险覆盖率达 94.3%,同比提高 10.2 个百分点。提高企业退休人员养老待遇,四县全部建立新型农村养老保险制度,参保人数达 14.9 万人。做好被征地农民社会保障,做到先保后征,确保失地农民失地不失业,基本生活长期有保障。建立建筑业农民工参加工伤保险制度。完善基本医疗保险政策,提高参保人员医保待遇。

2008 年,相继出台城乡低保金提标、无固定收入重残人员生活救助、城乡困难群众临时生活救助、城镇困难居民医疗救助、农村五保供养工作实施意见等 5 部惠及民生百姓的社会救助政策,政策出台密度创全市民政历史之最。年末共有城乡低保对象 14.1 万人,在苏北率先出台养老床位补贴办法,全市农村五保对象集中供养率达 65.7%。经济适用房竣工 17.2 万平方米,为1 617户低收入家庭提供廉租房保障。流浪未成年人救助保护中心建成使用,城乡社会救助体系逐步健全。实施脱贫攻坚工程,实现 10 万农村贫困人口增收脱贫。

(三)科技与教育

1. 科技事业实现飞跃

全年新上国家和省科技计划项目 125 项,其中新上国家级项目 41 项,新上省级项目 84 项,共获批科技拨款9 753万元,创历史最好水平。全市专利申请量和授权量分别达到1 453件和 342 件,同比分别增长 44.4% 和 6.2%。获中国国际发明展览会金奖 6 项。716 研究所跻身省知识产权战略推进计划单位行列。累计组织申报省级各类农业科技计划项目 86 项,其中 34 个项目共获得省科技拨款1 014万元,项目和经费总数居苏北前列。全年完成并通过鉴定项目 127 项,其中达到国际水平 2 项,达到国内先进水平 60 项,达到省内先进水平 27 项,填补市内空白 38 项。连云港市新材料产业继 2004 年国家科技部批准建立东海硅材料产业基地后,2008 年又被国家发改委批准为全国 7 个国家新材料高技术产业基地之一。国家级新医药产业基地被省科技厅确定为重点支持创建的百亿产业基地;中科院能源动力研究中心获准开工建设。

2. 各类教育协调发展

2008 年,连云港市积极推进教育现代化建设,提升基础教育水平,促进教育均衡协调发展。对所有中小学校舍进行抗震安全排查,改扩建校舍 60 万平方米,小学、初中入学率基本达到 100%,高中段毛入学率 92.1%。创建省三星级以上中等职业学校 4 所,现有普通中等专业学校 5 所,新增省级示范专业 14 个,中等职业学校毕业生就业率 96.6%。地方高等教育加快发展,全市现有全日制大学 3 所,连云港职业技术学院迁入新校址,师专新校区一期工程建成,工贸高职学校主体封顶。落实义务教育免费政策和贫困生资助制度,减免和发放资金 3.5 亿元,惠及学生 117 万人次。新设国家级引进国外智力示范基地,获批省高层次创新创业人才引进计划 7 项,引进本科以上学历人才3 600人。

成人教育快速发展,全年完成农村实用技术培训 45.46 万人次,农村劳动力转移培训 4.65 万人,企业职工培训 16.39 万人。全市高考继续取得佳绩,各类普通高校录取连云港市新生25 881人,高考录取率达 74.3%。

(四)文化、卫生、体育

1. 文化艺术空前活跃

精心编订《连云港文化建设实施纲要》及《西游记文化建设实施纲要》,同时配套编制 108 个文化项目。举办“和谐文化进万家”暨“在海一方”广场文化系列活动 200 多场,组织开展“欢乐社区行、欢乐新农村”电影大放送活动 1.5 万余场。举办“全市首届行业歌曲大赛”和第二届“新农村、新文化、新农民”文艺调演。完成 24 个乡镇文化站达标建设工程,新建 700 多个村级文化室、500 余个“农家书屋”。举办《大潮连云》、“连云港颂”和“飞越梦想”等大型音舞诗画音乐会。现代淮海戏《左邻右舍》获 31 届世界戏剧节剧目创新奖,王咏梅创作的歌曲《最爱的还是你》获中国杯全国原创歌曲大赛一等奖。电视晚会《春约梨园》获第四届电视戏曲“兰花杯”一等奖。《港城 365》荣获全省第六届广播电视“十大优秀栏目”称号。在第三次全国文物普查中新发现 252 处文物,有 26 个项目申报省第二批“非遗”保护名录。

年末,全市各类艺术表演团体 8 个,文化馆站 104 个,博物馆文物藏品16 243件,公共图书馆藏书 145.72 万册,较上年净增 29.45 万册。加快了全市为民办十件实事之一的农村有线电视进村入户步伐,全市有线电视节目套数达到 83 套,有线电视入户达到 82.71 万户,较上年净增 13.18 万户;平均入户率为 60%,同比提高 6.0 个百分点。

2. 卫生事业亮点明显

年末,全市各类卫生机构达 800 个,其中各类医院 164 所;卫生工作人员16 643人,其中卫生技术人员13 369人;全市现有执业医师5 465 人,注册护士4 818 人;卫生机构床位数11 345张,同比增长 14.1%。

加快建设覆盖城乡的基本医疗卫生体系。新建农村社区卫生服务站 165 个,社区卫生服务机构已拥有专业技术人员 800 余人,城市社区卫生服务人口覆盖率 90%,农村卫生服务体系健全率 98%。全市新型农村合作医疗人口参合人口 331 万人,参合率为 99.8%,同比提高 3.3 个百分点;全市参合农民住院费用实际补偿增幅位居全省第 4 位,平均人次住院费用为全省最低。基本建立城市居民“15 分钟健康服务圈”。开展惠民医疗,免费为1 000余名白内障患者实施复明手术。完善公共卫生服务体系,市第一人民医院、中医院晋升三级甲等医院,二院东院区建成启用,海港医院并入市一院东方医院。疾病预防控制水平不断提升,法定报告传染病发病率连续 15 年低于省平均水平。高效处置“问题”奶粉事件,提升食品药品安全监督和公共卫生应急处置能力,药品生产经营环节监督率 100%。

3. 体育事业成绩优异

2008 年是连云港市“全民健身与奥运同行”为主题的群众体育活动蓬勃开展,先后举办了第五届农民体育节、第四届社区体育节、第三届老年人体育节等,承办了全省第六届农运会暨全民健身运动会舞龙、健身秧歌、拔河、太极拳、门球及江苏省钓鱼高手赛等。在省第六届农民运动会上,连云港市农民代表队获得了团体总分第一名,创造了连云港市参加省农运会的最好成绩。全年获得省以上比赛奖牌 107 枚,其中金牌 32 枚。东海县被省命名为体育强县,44 个乡镇被省命名为体育强镇(乡),全市体育强镇(乡)比例已达到 66% 以上,为创建体育强市打下坚实的基础。市体育中心体育馆主体工程完工,乡村两级全民健身设施网络基本形成。成功承办中国乒乓球俱乐部甲 A 联赛等重要赛事,连云港市运动员获得残奥会奖牌数实现历史性突破。

(五)城乡建设

1. 港城发展正在进入国家战略层面

国务院总理办公会研究江苏沿海开发,把连云港作为重中之重强调,国家发改委牵头组织调研组到连云港调研。国务院出台的长三角地区改革开放和经济社会发展指导意见明确要求加快连云港发展,形成新的经济增长点,带动江苏沿海、东陇海沿线发展。正在编制的江苏沿海地区区域发展规划将从国家战略高度,确认连云港在带动区域经济协调发展中的重要地位,为连云港拓展发展空间、增创发展优势提供了历史性机遇。

2. 国际性海滨城市功能不断增强

2008 年,连云港市全面拉开三极互动的特大城市框架,完成城建投入 80 亿元,中心城市建成区面积扩大到 95 平方公里,城市化水平达到 42%。新一轮城市总体规划完成修编,港口总体规划获部省联合批复,城市规划展示馆建成开放。东部城区建设加快推进,实施 27 个重要地块建设改造,海滨新城启动区有序进展,完成海域匡围4 500亩,抛填形成陆域、回填场地6 000亩,东方国际商务中心主体工程完工,北崮山大道、西墅路等骨干道路实现通车,海棠路立交、中云客运站等重点工程加快建设。新海城区、花果山片区等开发有效推进,花果山大道建成通车,科教创业园区初现形象。新建改建城市主次干道 30 条、自来水干线 45 公里,增加管道天然气用户8 000户、集中供热 50 万平方米,完成人防工程 14 万平方米,开工建设大圣湖应急供水安全工程。推进绿色连云港建设,加强林木管护,城市绿化覆盖率达 40.5%。优先发展城市公共交通,新建新浦汽车客运总站,新增和优化一批公交线路。加大环境卫生整治和基础投入,城市污水处理污泥焚烧设施建成使用,生活污水集中处理率达 80%。

3. 重大基础设施建设取得明显成效

投入 53 亿元实施主体港区深水航道、码头、疏港道路等重点工程,15 万吨级航道建成通航,庙三突堤 5 个集装箱泊位、焦炭专业化泊位基本建成,30 万吨级矿石码头具备靠泊条件,南疏港道路二期工程主体建成,东疏港道路快速推进,铁路1 050站场改造竣工验收,港口综合通过能力增加1 600万吨。连临高速、310 国道、242 省道、疏港航道、盐灌船闸等重点交通工程加快推进。实施通榆河北延、大浦河调尾、新沭河治理等大型水利工程,完成新沂河整治。220 千伏台北、金庄输变电工程等一批电网建设项目建成运转,信息网络基础设施进一步完善。

4. 新农村建设取得新进展

突出特色优势,加快推进县乡规划建设。修编四县县城总体规划,实现村镇规划全覆盖。新农村规划居住示范点建设积极推进,村级综合服务中心建成率 100%,赣榆县海头镇成为国家发展改革试点镇。建成农村公路1 385公里,改造危桥 45 座,新建城乡客运一体化候车亭 216 个,行政村客运班车通达率 99.2%。综合整治农村环境,全面启动农村饮用水安全工程,完成 30 万人改水任务,新增农村无害化卫生厕所 3 万个,发展户用沼气 1.5 万户。组织实施了新型小城镇、康居示范村创建活动,完成 85 个村庄整治任务,列入省级整治的 18 个村庄已高标准通过验收,浦南镇太平村等 6 个村被命名为江苏省康居示范村、赣榆县海头镇等 4 个镇被命名为省级新型小城镇。

5. 全面小康进程明显加快

从 25 个重点监测的小康指标看,连云港市有 11 个指标达到小康标准值,达标率提高到 44%。11 个达到小康目标标准的指标分别是:城镇登记失业率、城镇人均住房建筑面积、农村行政村通灰黑公路(或航道)比重、城镇人均拥有道路面积、百户家庭电话拥有量、卫生服务体系健全率、新型农村合作医疗覆盖面、人民群众对社会治安的满意率、城镇社区居委会依法自治达标率、农村村委会依法自治达标率、城市环境质量综合指数等。

（六）环境保护与生态建设

2008 年，全市空气质量总体较好，全年环境空气质量优良天数达 335 天，优良率 91.5%，同比提高 1.1 个百分点。饮用水源保护工作得到加强，全市集中式饮用水源水质达标率达 100%，地表水环境得到改善，声环境质量优于国家标准，全市环境质量综合指数达 84.9 分，同比提高 1.4 分。

加快推进生态市建设，在全市范围内划定 26 个特殊生态功能保护区，占全市总面积 15% 以上。全市投资 5.06 亿元，实施春秋两季绿化，全面完成了八大类 52 项园林绿化建设任务，新增绿地面积 240 公顷。城市绿化覆盖率 40.5%，绿地率 35.73%，人均公园绿地 10.51 平方米。全市累计有 36 个乡镇被命名为市级环境优美乡镇，8 个村被命名为省级生态村，55 个村被命名为市级生态村。四县生态示范区创建工作全部通过国家考核验收，生态县建设规划全部通过省环保厅评审。

节能减排取得显著进展。年内，实施新电公司余热利用等 20 项重点节能改造项目和福东照明电熔炉改造等 10 项重点节电项目，关停 3 条水泥企业立窑生产线，关停小化工企业 25 家，实现了三年目标两年完成。对 4 家年综合能耗3 000吨标煤以上企业技改项目进行了节能评估，对 20 家企业进行了节能监测。东成生化、中大海藻和湛蓝科技等 3 家企业成为江苏省第二批省级循环经济试点企业。全市单位 GDP 能耗下降 5.2%，完成省下达年度目标任务。

三、挑战与目标

在充分肯定成绩的同时，也应认识到，连云港市经济社会发展还面临不少困难和挑战，政府工作中还存在一些矛盾和问题。一是受世界金融危机蔓延波及，港口运输、产业发展、招商引资、对外贸易外部环境趋紧。二是经济运行中一些突出问题和深层次矛盾依然存在，重大项目支撑拉动不够突出，企业抵御市场风险能力还不强，随着工业化步伐加快，节能减排任务更加艰巨。三是关系群众切身利益的就业、住房、医疗、教育等问题有待更好解决，城乡社会保障水平需要继续提高，社会建设和文化发展等方面基础还较薄弱。四是政府自身建设需要进一步加强，社会管理和公共服务能力有待进一步提升。对这些问题，今后将高度重视、认真解决。

根据中央、省经济工作会议和市委十届七次全会部署，2009 年政府工作总的要求是：突出力保强劲增势、提升跨越后劲年度工作主题，以扩内需、促增长、调结构、提质量、重民生为主线，进一步解放思想、抢抓机遇，深化改革、扩大开放，积极应对宏观经济形势变化，统筹推进经济社会各项工作，确保经济快速健康发展，确保重点项目强力推进，确保民生逐步改善，确保社会和谐稳定，创造科学发展、跨越发展新业绩。主要预期目标建议为：地区生产总值增长 13%，财政一般预算收入增长 18%，全社会固定资产投资 800 亿元，居民消费价格涨幅保持相对稳定，节能减排完成省下达任务。

四、连云港市在长三角地区经济发展中的地位

2008 年，在国际经济环境发生重大变化、各种挑战和困难明显增多的情况下，连云港市上下认真贯彻落实科学发展观，积极应对经济运行中出现的各种矛盾和问题，千方百计攻坚克难，经济发展仍稳健、较快、扎实的增长，总体上仍处于高位运行，但经济社会发展中仍存在一些突出问题，全市加快经济发展的压力较大。

连云港市地区生产总值在长三角所占比重在经历三年的连续下滑之后，2008 年首次出现反弹，达到 1.15%，比 2007 年增长 0.06 个百分点。

近 5 年来，连云港市地方财政一般预算收入在长三角所占比重持续增加，到 2008 年达到 0.94%，比 2004 年增加 0.32 个百分点。

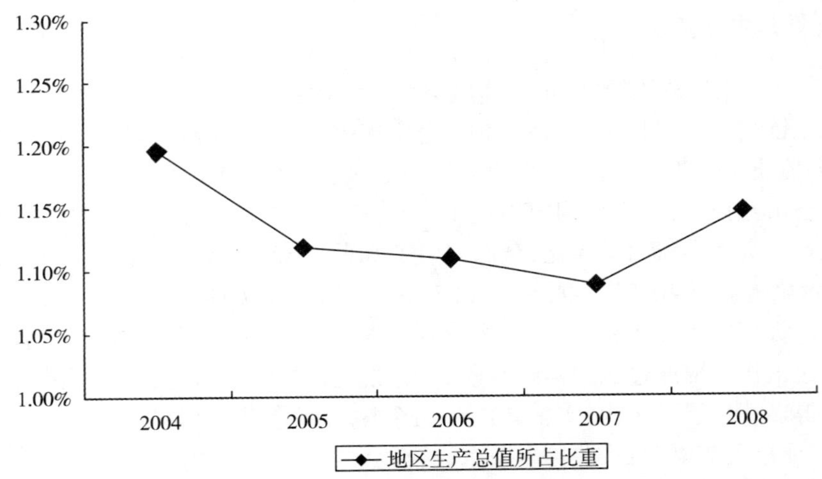

图 2-100　2004-2008 年连云港市地区生产总值在长三角所占比重的变化趋势

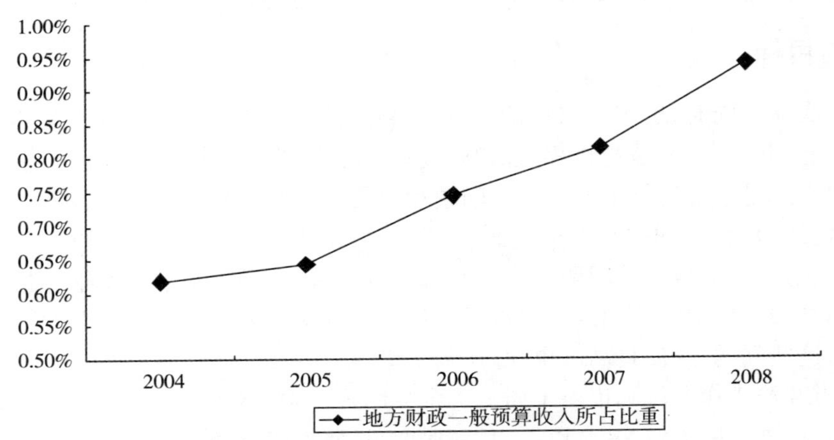

图 2-101　2004-2008 年连云港市地方财政一般预算收入在长三角所占比重的变化趋势

2008 年,连云港市规模工业经济呈现高开低走的态势。上半年全市工业经济呈现平稳增长态势,但三季度后,因宏观经济减速和外部需求减弱影响,工业增速下行压力不断加大,部分行业、中小企业生产经营面临困境,企业生产景气度降至近几年最低位。2008 年,全市规模以上工业生产平稳增长,实现总产值 973.56 亿元,同比增长 37.3%,完成增加值 271.04 亿元,同比增长 18.1%。由于长三角相对发达地区工业发展受经济危机的冲击更为明显,连云港市工业总产值增速处于长三角前列,2008 年规模以上工业总产值在长三角占比继续保持增长态势,达到 1.15%。

受世界金融危机的影响,全市对外贸易总体呈下滑趋势,但在长三角地区占比却有明显增长。2008 年连云港市进出口总额在长三角所占比重为 0.53%,比 2004 年增长 0.1 个百分点。

2008 年,尽管面临严峻的国际宏观经济形势,连云港市利用外资工作仍然取得了较大突破,质量和水平继续提升,注册外资实际到账创出了历史最高水平。外资投资规模进一步扩大,质量明显提高。连云港市利用外资金额在长三角所占比重已连续 5 年保持较高增长,2008 年已达 2.07%,占比是 2004 年的 2.3 倍。

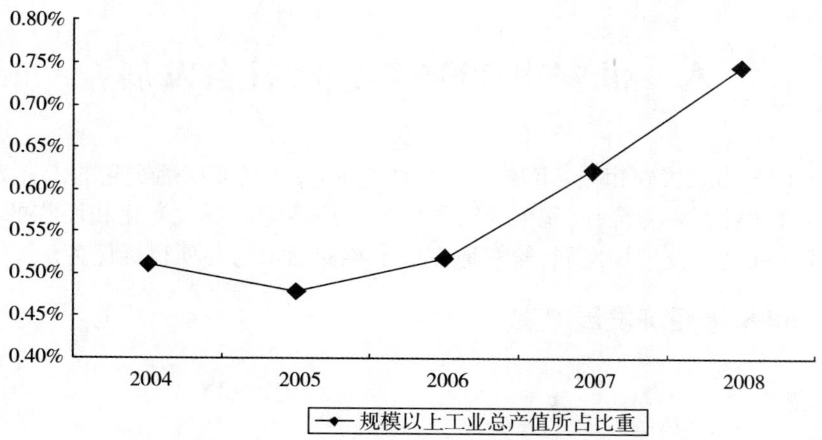

图 2－102　2004－2008 年连云港市规模以上工业总产值在长三角所占比重的变化趋势

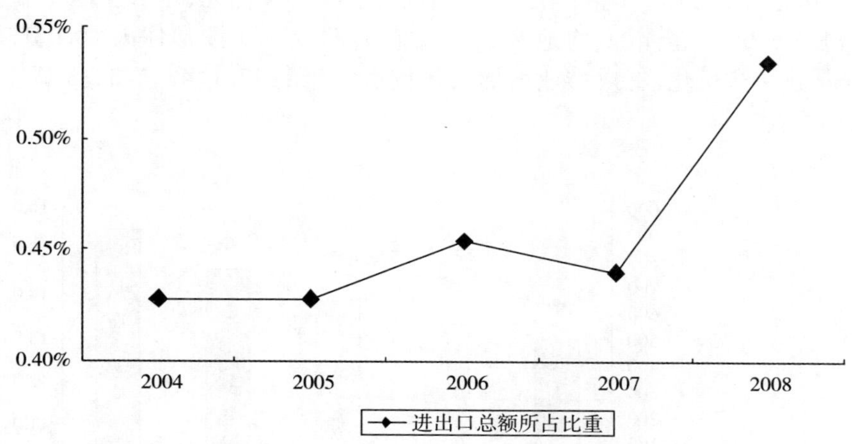

图 2－103　2004－2008 年连云港市进出口总额在长三角所占比重的变化趋势

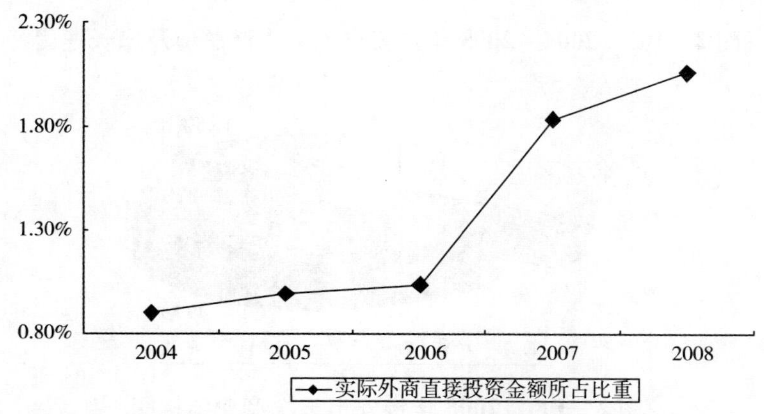

图 2－104　2004－2008 年连云港市实际外商直接投资金额在长三角所占比重的变化趋势

八　淮安市2008年经济社会发展

2008年,淮安市全市人民在市委、市政府的正确领导下,认真贯彻落实党的十七大和十七届三中全会精神,坚持以科学发展观为统领,积极应对国内外经济环境的重大变化和面临的各种困难,经济保持较快增长,各项社会事业加快发展,较好地完成了年初确定的各项目标任务。

一、淮安市2008年经济发展概况

(一)综合经济

1. 经济保持较快增长

2008年,全市实现地区生产总值915.83亿元,按可比价计算,比上年增长13.4%。其中,第一产业增加值142.01亿元,增长5.0%;第二产业增加值453.25亿元,增长15%;第三产业增加值320.57亿元,增长15.6%。全市人均地区生产总值1.89万元(按常住人口计算),比上年增长14.6%。经济结构进一步优化,三次产业增加值比例由上年的17.1∶48.1∶34.8调整为15.5∶49.5∶35.0。

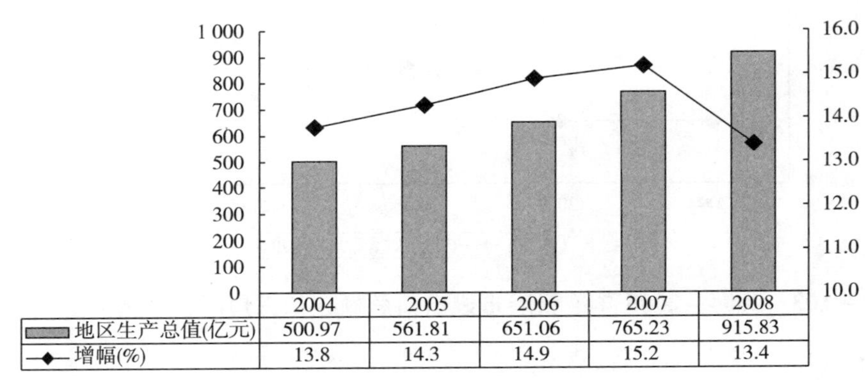

	2004	2005	2006	2007	2008
地区生产总值(亿元)	500.97	561.81	651.06	765.23	915.83
增幅(%)	13.8	14.3	14.9	15.2	13.4

图2-105　2004-2008年淮安市地区生产总值及增长速度

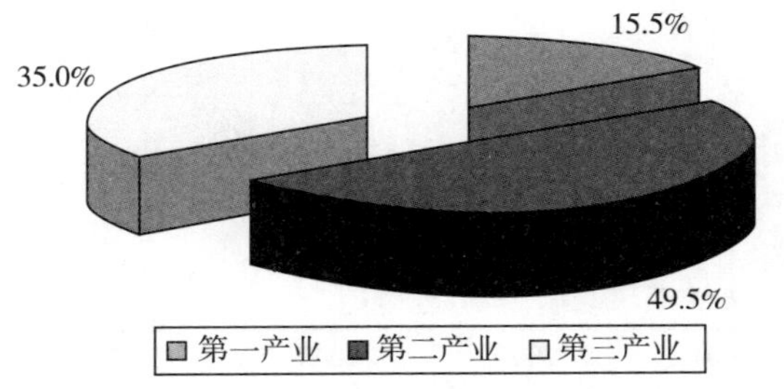

图2-106　2008年淮安市三次产业结构图

2. 财政收入较快增长

全年财政总收入170.51亿元,比上年增长38.2%。其中,上划中央收入75.57亿元,增长

30.2%；一般预算收入71.36亿元，增长38.8%。财政支出结构优化。全年财政总支出136.17亿元，比上年增长39.0%。其中，一般预算支出114.29亿元，增长36.6%；社保基金支出16.67亿元，增长47.4%。在一般预算支出中，一般公共服务支出19.94亿元，增长26.0%；公共安全支出7.98亿元，增长34.5%；教育支出23.12亿元，增长22.1%；社会保障和就业支出12.19亿元，增长28.2%；医疗卫生支出6.16亿元，增长57.9%；城乡社区事务支出11.92亿元，增长42.5%；农林水事务支出13.88亿元，增长78.4%；工商金融等事务支出6.23亿元，增长25.4%。

3. 物价涨幅逐步回落

全年城市居民消费价格比上年上涨4.8%，1～4季度涨幅分别为6.5%、6.5%、4.5%和1.8%。食品类价格上涨11.2%，其中粮食上涨7.9%、猪肉上涨21.5%、油脂上涨24.2%、鲜蛋上涨2.1%、水产品上涨14.0%、鲜菜下降3.1%；烟酒及用品类价格上涨5.2%；衣着类价格上涨0.6%；家庭设备用品及维修服务价格上涨1.3%；医疗保健及个人用品类价格上涨3.7%；交通和通信类价格下降2.4%；娱乐教育文化用品及服务类价格下降1.6%；居住类价格上涨2.7%。

4. 固定资产投资较快增长

全年完成500万元以上项目固定资产投资563.25亿元，比上年增长31.8%。其中，城镇投资379.81亿元，增长29.7%；农村投资45.05亿元，增长39.4%；房地产投资138.40亿元，增长35.5%。按产业分，第一产业投资10.30亿元，增长25.0%；第二产业投资281.70亿元，增长23.8%，其中工业投资270.73亿元，增长19.2%；第三产业投资271.25亿元，增长45.4%。

项目建设进展顺利。实施亿元以上项目200个，其中10亿元以上项目16个，富士康二期、达方电子一期等项目竣工投产，长三角光伏电池等项目开工建设。

基础设施建设有序推进。全市共完成交通基础设施建设投资27.5亿元。建成宁淮高速南互通、宿淮高速西互通和宁宿徐高速盱眙南段，高速公路实现联网畅通。完成淮涟一级公路、328省道楚州－洪泽段等工程，淮安民用机场以及205国道、237省道等开工建设，南水北调截污导流工程全面推进，淮阴发电厂30万千瓦热电联产机组建成投运。

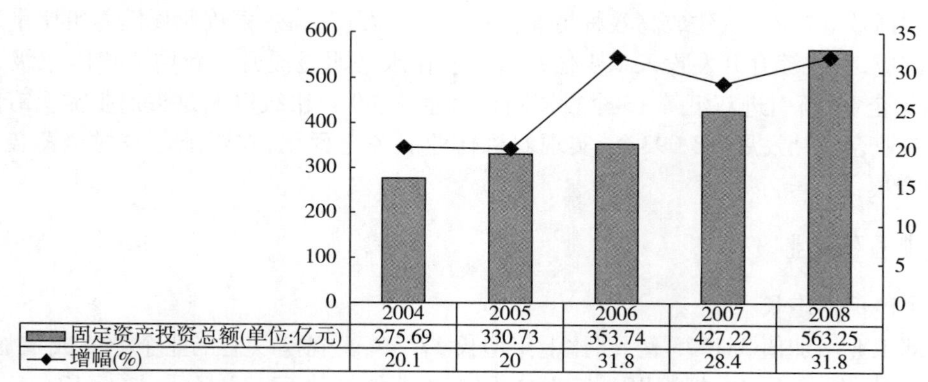

	2004	2005	2006	2007	2008
固定资产投资总额(单位:亿元)	275.69	330.73	353.74	427.22	563.25
增幅(%)	20.1	20	31.8	28.4	31.8

图2－107　2004－2008年淮安市全社会固定资产投资及增长幅度

4. 区县经济

2008年，淮安市县域实现地区生产总值637.84亿元，占全市的69.6%。经济总量最大的是楚州区，最小的是金湖县。全市县域共实现财政收入65.01亿元，占全市的38.1%。同苏北五市的县域经济相比，淮安市县域经济总体规模基本处于中等水平。

表 2－45　2008 年淮安市县区主要经济指标

区县	地区生产总值(亿元)	地方财政一般预算收入(亿元)	城镇固定资产投资(亿元)	出口总额(亿美元)	社会消费品零售总额(亿元)
市辖区					
楚州区	144.86	5.84	52.61	0.76	49.35
淮阴区	131.81	7.70	62.68	0.63	33.54
郊县					
涟水县	110.49	5.07	54.29	0.68	31.81
洪泽县	72.51	4.31	36.97	0.24	30.12
盱眙县	110.43	5.91	79.45	0.41	32.14
金湖县	67.74	4.00	32.42	1.19	28.20

(二)农业

农业生产稳定发展。全年粮食总产量 424.74 万吨,比上年增长 4.6%。其中,夏粮总产量 164.49 万吨,比上年增长 7.1%;秋粮总产量 260.25 万吨,比上年增长 3.0%。棉花总产量 672 吨,比上年下降 60.5%。油料作物总产量 10.49 万吨,比上年下降 5.8%。蔬菜总产量 256.21 万吨,比上年下降 0.4%。全年完成造林面积 5.03 千公顷。生猪出栏 258.38 万头;猪牛羊肉产量 17.21 万吨;家禽出栏5 686.49万只,比上年增长 5.9%;禽蛋总产量 12.93 万吨,下降 16.3%;牛奶总产量 4.48 万吨,增长 21.7%。全年水产品产量 26.03 万吨,比上年增长 2.4%。年末全市农业机械总动力 347.81 万千瓦,比上年增长 9.3%;拖拉机拥有量 21.61 万台,增长 9.7%;联合收割机 1.11 万台,与上年持平;旋耕机 18.72 万台,增长 10.5%;农用运输车7 033辆,下降 14.0%。

着力发展高效规模农业,建成高效种植业面积 173.6 万亩,高效畜牧业规模养殖比重达 50%,淮安大米上市供应,农业综合开发投入 2.4 亿元。产业化水平明显提升。新增 1 户国家级、3 户省级、10 户市级龙头企业,新引进双汇等 13 个投资超亿元企业,80 户市级以上龙头企业实现销售收入 108 亿元。农民专业合作社发展到3 093个,实现农机作业服务全程化、农资配送乡村全覆盖、测土配方施肥县(区)全覆盖。

(三)工业和建筑业

1. 工业生产保持增长

全年全部工业增加值 381.75 亿元,比上年增长 17.3%。规模以上工业企业完成增加值 324.21 亿元,比上年增长 18.3%。在规模以上工业中,国有工业增加值 53.33 亿元,增长 17.0%;集体工业增加值 13.68 亿元,增长 9.9%;股份制工业增加值 178.24 亿元,增长 13.8%;外商港澳台投资工业增加值 47.42 亿元,增长 41.5%。大中型工业企业实现增加值 173.02 亿元,增长 14.9%。全年工业用电 68.47 亿千瓦时,比上年增长 15.9%。

全市规模以上工业企业实现产品销售收入1 233.18亿元,比上年增长 31.2%;实现利税 134.63 亿元,增长 23.0%,其中利润 57.27 亿元,增长 22.1%。企业亏损面 17.2%,比上年上升 9.5 个百分点;亏损企业亏损额 12.37 亿元,增长 673.3%。工业经济效益综合指数 235.01,提高 14.78 个百分点。

表 2-46　2008 年淮安市县区工业总产值

单位:亿元

区县	工业总产值
淮安市	**1254.88**
楚州区	97.33
淮阴区	180.01
涟水县	140.51
洪泽县	109.66
盱眙县	111.00
金湖县	105.11

2. 建筑业稳定发展

全市总承包、专业承包建筑业企业完成建筑业产值 386.49 亿元,比上年增长 22.1%。其中,建筑工程产值 369.35 亿元,增长 22.3%;安装工程产值 15.82 亿元,增长 22.4%。房屋建筑施工面积 4 782.23万平方米,增长 33.5%。房屋建筑竣工面积2 676.95万平方米,增长 36.1%。

(三)服务业

1. 国内贸易

市场销售额增长较快。全年实现社会消费品零售总额 335.9 亿元,比上年增长 24.7%。其中,城市消费品零售额 213.64 亿元,增长 24.7%;县及县以下消费品零售额 122.26 亿元,增长 24.6%。按行业分,批发零售贸易业零售额 286.1 亿元,增长 23.8%;住宿餐饮业零售额 45.66 亿元,增长 30%;其他行业零售额 4.17 亿元,增长 30.7%。全年限额以上批发零售贸易企业实现汽车类零售额 5.7 亿元,比上年增长 152.5%;粮油类、肉禽蛋类零售额分别增长 27.9%、97.8%。全市有成交额超亿元的大型骨干市场 15 家,实现成交额 89.5 亿元。

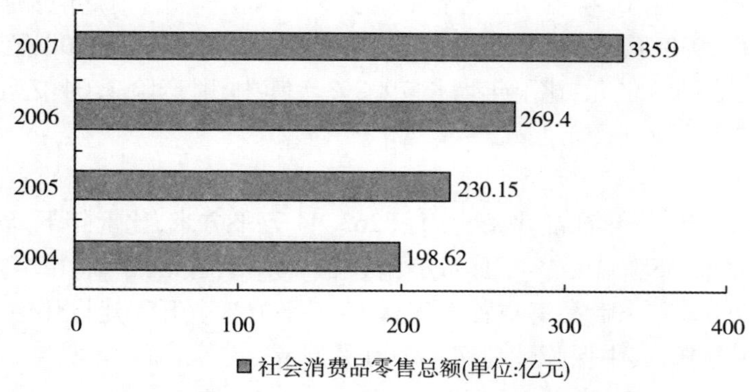

图 2-108　2004-2008 年淮安市社会消费品零售总额

2. 交通、邮电业

(1)交通运输业稳步发展

全市完成公路客运量4 859万人、公路货运量2 981万吨、水路货运量2 279万吨,分别比上年增长 13.5%、12.1%和 9.9%;客运周转量 41.7 亿人公里、货运周转量 74.85 亿吨公里,分别增长 14.8%

和11.6%;港口货物吞吐量3 743万吨,增长3.8%。全市年末公路总里程11 064公里,比上年增加976公里。其中,高速公路里程380公里,增加28公里。全市年末拥有民用汽车11.47万辆,其中私人汽车7.66万辆,分别比上年增长4.9%和3.7%。现代物流业发展加快。淮通物流园、金网物流中心等龙头物流项目相继投入运营,被认定为江苏省重点物流基地。内河集装箱运输发展迅速,开通淮安南港至南京龙潭港、扬州港、上海港、太仓港等港口的内河集装箱运输航线,全年完成集装箱吞吐量突破1万标箱。交通安全隐患排查治理不断加强。全市实施改造渡口36道,撤渡建桥4座,维修改造国省干线公路桥梁5座,改造农村公路危桥90座。洪泽湖搜救中心主体工程完工,水上搜救网络日趋严密,重点水域应急搜救效能明显提高。

(2)邮电通信业稳定增长

全年邮电业务收入18.53亿元,比上年增长6.2%。其中,电信业务收入16.64亿元,增长5.9%;邮政业务收入1.89亿元,增长9.2%。全市年末固定电话(含小灵通)用户133.24万户,比上年下降12.5%;年末移动电话用户133.81万户,比上年增长5.5%;年末互联网注册用户21.93万户,增长29.5%,其中宽带网接入用户21.18万户,增长44.2%。

3. 旅游业

旅游业稳定发展。全年接待国内外旅游者857.4万人次,比上年增长16.5%,其中,国内接待854.74万人次,增长16.6%;入境游客26 422人,下降4.2%。实现国内旅游收入78亿元,比上年增长29.9%;实现旅游外汇收入2 076万美元,下降6.9%。

4. 金融和保险

(1)金融运行总体平稳

全市金融机构年末本外币存款余额701.92亿元,比上年末增加107.69亿元,增长18.1%;本外币贷款余额464.19亿元,比上年末增加54.76亿元,增长13.4%。其中,人民币存款余额694.53亿元,增加104.56亿元,增长17.7%(居民储蓄存款余额400.71亿元,增加82.23亿元,增长25.8%);人民币贷款余额451.74亿元,增加55.42亿元,增长14.0%。全年金融机构现金收入2 183.16亿元,比上年增长3.0%;现金支出2 122.01亿元,增长2.7%。货币回笼61.15亿元,增长12.6%。

(2)保险业稳步发展

全年保险公司保费收入20.44亿元,比上年增长32.1%。其中,财产险保费收入4.15亿元,增长2.0%;寿险收入16.29亿元,增长42.7%;健康险和意外伤害险收入1.08亿元,下降22.5%。全年保险赔款和给付支出6.45亿元,比上年增长79.8%。其中,财产险3.04亿元,增长47.9%;寿险3.41亿元,增长122.7%。

5. 房地产业

商品房销售有所下降。全年商品房销售面积263.94万平方米,比上年下降18.5%,其中住宅销售面积237.00万平方米,下降19.7%;商品房销售额70.45亿元,下降12.4%,其中住宅销售额60.21亿元,下降12.9%。年末商品房空置面积0.35万平方米。开工建设住宅小区206个、1 157万平方米,竣工414万平方米,其中保障性住房121万平方米。

(四)开放型经济

1. 进出口持续增长

全年进出口总额17.81亿美元,比上年增长23.0%,其中,出口11.94亿美元,增长29.7%;进口5.88亿美元,增长11.3%。在有出口实绩的企业中,超1 000万美元的企业17家,超500万美元的企业38家,累计出口8.88亿美元,占全市出口总额的74.41%。

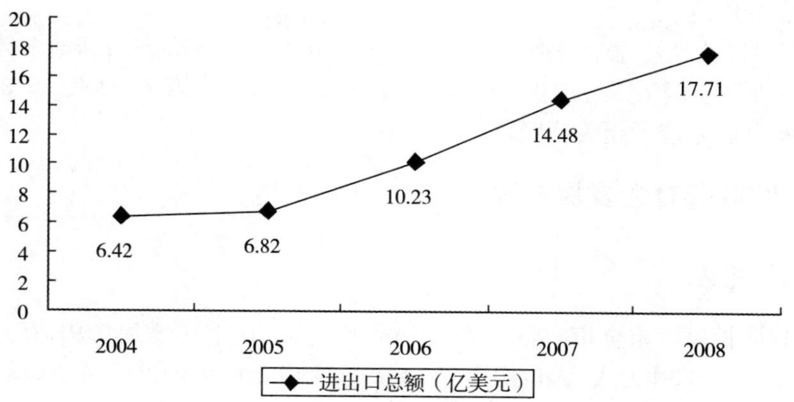

图 2－109　2004－2008 年淮安市外贸进出口总额

2.“走出去”步伐加快

全年对外承包劳务完成营业额 2.1 亿美元，新派境外劳务7 266人，分别比上年增长 17.8% 和 17.2%，年末在外人数16 668人。境外承包工程不断拓展。全年共新承揽 10 个境外承包工程项目。境外投资积极推进。7 家境外投资企业累计投资额 481.5 万美元。其中，江苏中淮建设集团成功收购苏丹境外企业中的外方股份，并进行现金增资，是目前淮安市投资规模最大的项目。

3. 招商引资成效显著

成功举办相聚长三角、苏台（淮安）经贸洽谈会、第三届台商淮安论坛等活动；新签规模以上内资项目 960 个，合同引资额 830 亿元，实际到位资金 465 亿元；新批外资项目 138 个，协议注册外资 11.5 亿美元，实际到账 4.54 亿美元。

表 2－47　2008 年淮安市县区实际外商直接投资

单位：亿美元

区县	实际外商直接投资
淮安市	**3.60**
楚州区	0.20
淮阴区	0.38
涟水县	0.52
洪泽县	0.39
盱眙县	0.50
金湖县	0.41

4. 园区建设加快推进

8 个省级开发区新增基础设施投入 35 亿元，实现业务总收入 945 亿元。市经济开发区功能配套进一步完善，国家级出口加工区封关运作，海关通关点、国家级留学人员创业园建成启用，省级软件园启动建设，盐化工新区基础设施建设步伐加快；淮安工业园区完成管理体制和区划调整；特钢物流园完成一期项目征地拆迁。乡镇工业集中区完成固定资产投入 90 亿元，建成标准厂房 114 万平方米；建成规模村级创业点 81 个。

5. 民营经济发展迅速

2008 年,淮安市民营经济总量增加。新增私营企业 700 户,增长 30%;新增个体工商户5 800户,增长 80%;新增注册资金 22 亿元,增长 59.4%;新增从业人员 2.9 万人,增长 56.8%。80% 以上的个体工商户和私营企业办理了相关证照。

二、淮安市 2008 年社会发展概况

(一)人口、人民生活

人口总量继续增长。年末全市户籍总人口 536.91 万人,比上年增加 2.91 万人,增长 0.5%;全年出生 6.81 万人,死亡 3.30 万人;人口出生率 12.7‰,人口死亡率 6.2‰,人口自然增长率 6.6‰。

居民生活水平稳步提高。全年城镇居民人均可支配收入14 007元,比上年增长 15.2%;人均消费性支出9 058元,增长 10.3%。农民人均纯收入5 657元,比上年增长 12.9%;人均生活消费支出3 760元,增长 15.2%。居民住房条件继续改善,城市居民人均住房面积 33.2 平方米,农村居民人均住房面积 32.7 平方米。

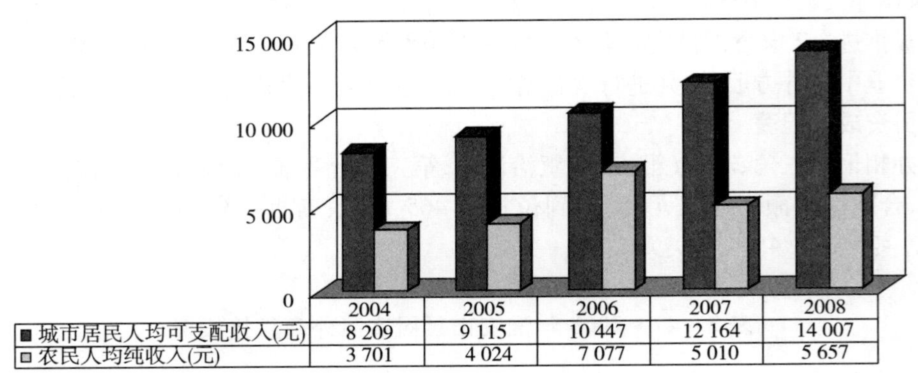

图 2-110 2004-2008 年淮安市城乡居民收入对比一览

(二)就业与社会保障

1. 就业形势基本稳定

2008 年,城镇净增就业 12 万人,下岗失业人员再就业 3.1 万人,“零就业”家庭连续 13 个月保持动态清零,城镇登记失业率降至 2.92%。新转移农村劳动力 10.2 万人,登记失业的被征地农民就业率达 84.5%。

2. 保障体系逐步完善

2008 年全市参加城镇基本养老保险、失业保险、城镇职工基本医疗保险、工伤保险、生育保险人数分别达 45.82 万人、43.11 万人、55.81 万人、29.01 万人、23.78 万人,比上年分别增加 5.14 万人、2.31 万人、7.91 万人、7.03 万人、3.62 万人。全市城镇居民参加医疗保障人数超过 100 万人,其中城镇居民基本医疗保险参保人数 58.58 万人。全市共为 12.06 万名企业离退休人员支付养老金 14.96 亿元。为1 419名困难人员办理助保贷款,新型农村合作医疗筹资标准由 50 元提高到 100 元,覆盖率由 97% 提高到 99% 以上。企业职工补交养老保险办法进一步完善,建筑企业农民工优先参加工伤保险,市直城镇职工大病保险与基本医疗保险协同推进,企业女职工生育实现个人“零”负担。

民生帮扶有效推进。城乡低保和廉租房租金补贴提标扩面全部到位，9 万户、20 万名低保对象和3 169户困难户实现应保尽保。资助家庭经济困难高中生1 120万元，发放中等职业学校学生助学金6 462万元、大学生助学贷款3 000万元。免费培训残疾人1 732名，帮助1 342名农村残疾人脱贫。为3 724人免费提供法律援助。至2008 年底，全市已有 11. 89 万名企业退休人员纳入社区管理，社区管理率达 99. 7%。为 9. 72 万名退休人员进行免费体检，建立健康档案，实行跟踪医疗服务。

（三）科学技术和教育

1. 科技创新加快发展。

成功举办2008 淮安科技洽谈会，全社会研发投入 9. 74 亿元，高新技术产业产值 140. 61 亿元，比上年增长 39. 8%；新通过认定高新技术企业 18 家，高新技术产品 27 个；3 个项目获国家中小企业创新基金项目立项，3 个项目获国家重点新产品项目立项，16 个项目获国家火炬计划项目立项，23 个项目获国家星火计划项目立项，2 个项目获省重大科技成果转化项目立项；新批准设立省高新技术研究重点实验室 1 家，省工程技术研究中心 4 家，省公共服务平台项目 1 家；全年申请专利2 727项。新增国家重点扶持高新技术企业 17 户，新建国家级博士后工作站、省级工程技术研究中心各 3 个，与南京大学共建淮安高新技术研究院，启动省级凹土产业重点实验室建设，开发、引进市级以上新产品833 个。

2. 教育事业取得新进展

全市共有普通本科院校 2 所、高等职业技术学院 4 所，在校生 6. 77 万人；普通中学 211 所，在校生 34. 11 万人；职业高中 18 所，在校生 4. 74 万人；普通中等专业学校 17 所，在校生 3. 84 万人；特殊教育学校 7 所，在校生 0. 21 万人；小学 469 所，在校生 32. 3 万人；幼儿园 266 所，在园幼儿 13. 25 万人。全市学前教育入园率 92. 6%；小学毕业生升学率 97. 2%；初中毕业生升学率 95. 9%。教育优先发展战略深入实施。全面落实义务教育“两免一补”政策，学前教育入园率、义务教育巩固率、初中毕业生升学率分别达 92. 58%、99. 96%、95. 87%，高考主要指标在苏北保持领先。新创三星级以上普通高中 2 所、职业学校 6 所，省市级优质幼儿园 77 所。新增农村寄宿制学校 72 所、寄宿学生 4. 1 万人。高教园区基础设施进一步完善，西安外国语大学淮安学院一期工程竣工。

（四）文化、卫生和体育

1. 文化事业繁荣发展

成功举办了纪念周恩来诞辰 110 周年、大运河文化界、淮扬菜美食节、全国网络媒体淮安行等活动。话剧《跑来跑去》在北京东图剧场首演；京剧《扁担谣》荣获国家大奖。新组建市文化广电新闻出版局，周恩来故居创成国家 4A 级景区。免费开放周恩来纪念馆、周恩来故居、苏皖边区政府旧址纪念馆、淮安市博物馆等 13 家纪念馆（博物馆）和爱国主义教育基地。年末全市共有剧场（影剧院）7 个、公共图书馆 7 个、博物馆 15 个；广播电台 7 座、电视台 7 座、转播发射台 6 座；广播综合人口覆盖率和电视综合人口覆盖率均达 100%。年末有线电视用户 61. 3 万户，比上年增长 19. 3%。

2. 卫生事业稳步发展

全市共有各类卫生机构（不含村卫生室）600 个，其中，疾病预防控制机构 9 个，卫生监督机构 9 个，综合医院 31 个，专科医院 8 个，中医院 7 个，中西医结合医院 1 个，妇幼卫生保健机构 6 个，卫生院 137 个。各类卫生机构拥有病床 1. 16 万张；卫生技术人员（含村医生）2. 36 万人。疾病预防控制机构卫生技术人员 329 人，卫生监督机构卫生技术人员 189 人，妇幼卫生保健机构卫生技术人员 233 人。新型农村合作医疗筹资标准由 50 元提高到 100 元，覆盖面由 97% 提高到 99. 9%。市一院创成“三甲”综合医院，新建市传染病医院投入使用。改造薄弱乡镇卫生院 64 所，建成标准化社区卫生服务站377个,城市社区卫生服务机构普及率达100%。完成手足口病防治和问题奶粉患儿筛查救治任务。以乡镇为单位,适龄儿童“五苗”覆盖率达95%以上。97%的乡镇完成“世代服务”中心改造,全市计划生育率达94%。

3. 体育事业加快发展

邱健、陈业刚分别为淮安夺得首枚奥运金牌和残奥会银牌、铜牌。全民健身蓬勃开展。组织了第13个全民健身月活动,参加人数200多万人次,被国家体育总局授予“优秀组织奖”。建成了22个“乡镇体育健身活动中心”、9个“街道体育健身活动中心”和80个“社区居委会体育健身点”。创建了100个市级城乡体育健身俱乐部。组织参加省青少年比赛,获得金牌56枚。成功举办了市第六届运动会、纪念周恩来同志诞辰110周年中美日国际乒乓球友好交流活动,承办了省级以上比赛11项,荣获优秀赛区称号。

(五)城乡建设

1. 城市化水平不断提升

中心城市建设步伐加快。按照特色城市化要求,开展城市总体规划修编。投入140亿元实施426个项目,完成合肥路、金鹰国际、神旺大酒店等重点工程,开工建设海口路跨京沪高速大桥、万达广场等重点项目,启动生态农业旅游示范区建设。城市管理成效显著。放大和谐城管品牌效应,荣获'2008中国城市管理进步奖。全面推进淮海北路景观提升工程,免费开放楚秀园、勺湖公园以及13个博物馆、纪念馆、爱国主义教育基地。新增绿地229万平方米,创成国家园林城市。年末城市化水平41.4%,比上年提高1.5个百分点。

县城建设力度加大。投入100亿元,建成金湖大桥、盱眙山水大道、洪泽湖运动康复基地、涟水红日大桥等项目,金湖、盱眙通过省级卫生城市验收。建成宁淮高速南互通、宿淮高速西互通和宁宿徐高速盱眙南段,高速公路实现联网畅通。完成淮涟一级公路、328省道楚州至洪泽段等工程,淮安民用机场以及205国道、237省道等开工建设。

2. 新农村建设迈出新步伐

惠农补贴实行统一发放,三麦、水稻保险参保面超过86%,能繁母猪、奶牛保险参保率100%,托市收购小麦10.7亿斤。脱贫攻坚扎实推进。投入2.29亿元,实施各类帮扶项目576个,为经济薄弱村兴建标准厂房10万平方米,帮扶12万人脱贫。农村环境有效改善。疏浚县乡河道1 166公里,整治河塘2 041面,新改建农村公路1 381公里,新建秸秆沼气池3 200处,改造卫生户厕11.5万座,创成省级绿化合格村247个、康居示范村6个。

(六)环境保护和生态建设

1. 环境保护取得新进展

加大节能减排力度。2008年,对13个年耗能1万吨标煤以上企业开展能源审计,列入整治的181户化工生产企业已关闭63户、整改62户、搬迁17户。主城区燃煤锅炉全面拆除,秸秆禁烧成效显著,全市化学需氧量、二氧化硫排放量分别削减2.2%和3.2%。全市环境质量综合指数85.4分。空气质量良好以上天数341天,所占比重达到93.4%;城市水域功能区水质达标率100%,集中式饮用水源地水质达标率100%;城市环境噪声达标区覆盖率75.0%;工业固体废弃物综合利用率保持在99.8%以上,主要危险废物安全处置率保持在100%。

2. 生态市建设全面启动

金湖、洪泽、盱眙、涟水四县和淮阴区、楚州区两区建成国家级生态示范区;建成省级绿色社区1个,市级绿色社区4个;市级绿色学校13所;建成24个市级优美乡镇、22个市级生态村和25个省级农村环境综合整治示范点。全市国家森林公园和自然保护区面积达到1 209平方公里。市区建成区面积100平方公里，城市绿化覆盖率达到39.5%，被授予“国家园林城市”。“国家环保模范城市”顺利通过验收。“四城同创”目标的实现提升了淮安的城市知名度和影响力。

三、挑战与目标

在看到成绩的同时，也要清醒地认识到存在的问题和不足，主要是：少数重大项目进展不快，没有达到预期目标；城市功能配套不够完善，集聚和辐射能力有待增强；利用外资存在差距，县（区）之间发展不平衡；城乡居民持续增收的难度较大，社会保障体系还不够健全；影响社会安定的因素仍然不少，和谐淮安建设还有大量工作要做；少数部门主动服务意识不强，工作效率不高，市场运作水平有待提升。对此，今后将高度重视并采取有效措施加以解决。

2009年国民经济和社会发展的主要预期目标是：地区生产总值增长13%；财政总收入增长18%，其中地方一般预算收入增长20%；全社会固定资产投资增长25%；社会消费品零售总额增长15%；外贸进出口总额增长20%；注册外资实际到账增长25%；城镇居民人均可支配收入、农民人均纯收入分别增长12%和10%；居民消费价格指数与全省持平；城镇登记失业率控制在4%以内；单位生产总值能耗降低4.5%；化学需氧量、二氧化硫排放量分别削减2.2%和3.2%。

四、淮安市在长三角地区经济发展中的地位

2008年淮安市认真贯彻落实科学发展观，积极应对国际金融危机的冲击，全市经济保持了平稳较快增长的局面。

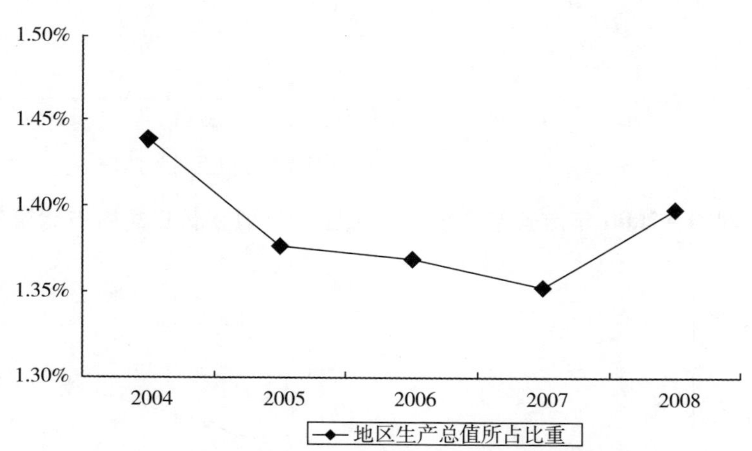

图2－111　2004－2008年淮安市地区生产总值在长三角所占比重的变化趋势

近5年来，淮安市地区生产总值在长三角地区所占比重变化平稳，基本处于1.35%至1.45%之间。从2004至2007年的占比连续三年出现小幅度减少，2008年首次出现反弹，比2007年提高了0.05个百分点。

自2005年来，淮安市地方财政一般预算收入在长三角所占比重处于稳定增加的趋势，连续三年已累计增加0.31个百分点，2008年在长三角地区占比为1.01%。

自2005年来，淮安市规模以上工业总产值在长三角所占比重转入上行通道，连续三年已累计增加0.17个百分点。

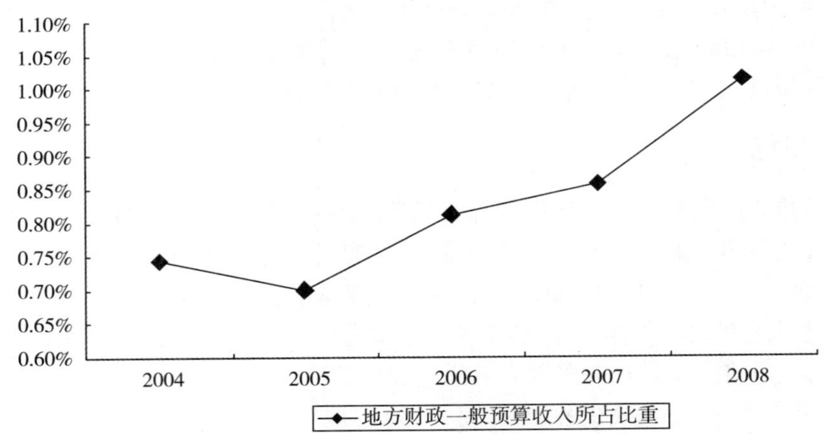

图 2-112　2004-2008 年淮安市地方财政一般预算收入在长三角所占比重的变化趋势

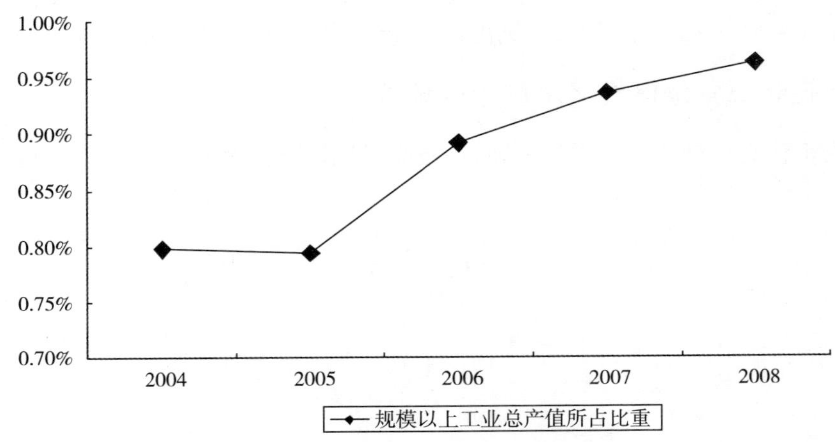

图 2-113　2004-2008 年淮安市规模以上工业总产值在长三角所占比重的变化趋势

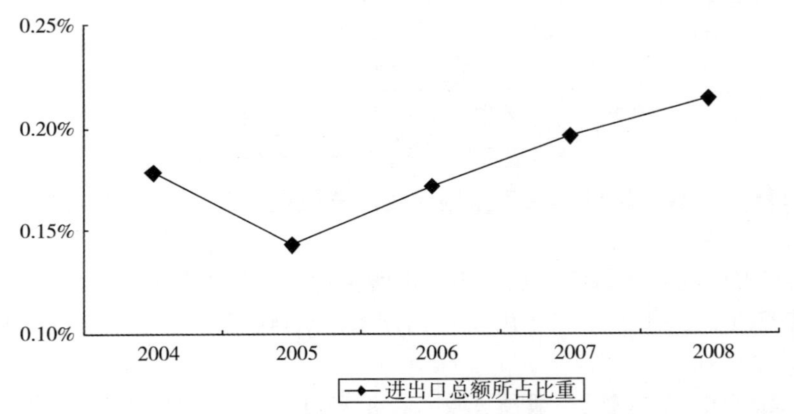

图 2-114　2004-2008 年淮安市进出口总额在长三角所占比重的变化趋势

2008 年淮安市进出口总额在长三角地区占比为 0.21%，自 2005 年来已累计增加 0.07 个百分

点。外商投资企业出口强劲增长是推进淮安市外贸增加的主要动力，私营企业进出口总量超过国有企业。主要出口国家和地区为美国和欧盟，主要进口国为泰国，主要贸易地区为亚洲。

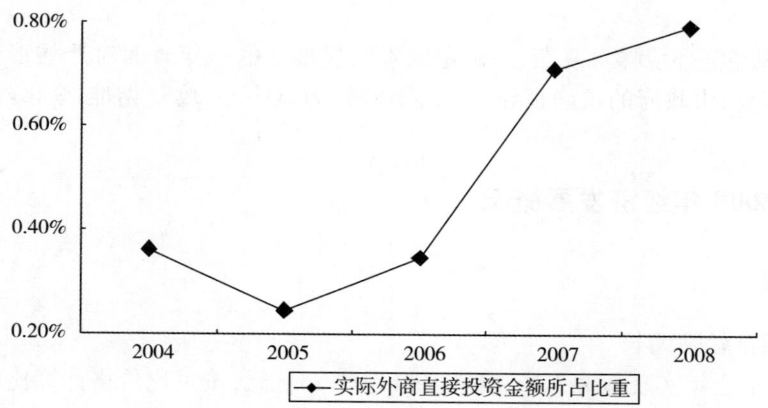

图 2-115　2004-2008 年淮安市实际外商直接投资金额在长三角所占比重的变化趋势

淮安市实际外商直接投资金额在长三角所占比重的变化趋势与地方财政一般预算收入、规模以上工业总产值、进出口总额三项指标基本一致，即 2005 年比 2004 年占比减少，2005 年以后连续三年增加。2008 年淮安市实际外商直接投资金额在长三角所占比重为 0.8%，比 2005 年增加 0.56 个百分点。

九　盐城市2008年经济社会发展

2008年是宏观经济环境异常复杂、不确定因素明显增多的一年。面对严峻形势和各种困难，盐城市全市上下在市委、市政府的正确领导下，众志成城，万众一心，攻坚克难，全市经济社会保持了又好又快的发展势头。

一、盐城市2008年经济发展概况

(一)综合经济

1. 经济总量保持较快增长

2008年，盐城市全年实现地区生产总值突破1 603.26亿元，按可比价格计算比上年增长13.2%；人均地区生产总值达到2.1万元，首次超过3 000美元。财政总收入首次突破200亿元，达216亿元，增长45.7%，实现了两年翻一番；其中地方一般预算收入90.3亿元，增长38%。三次产业协调发展，全市第一产业实现增加值295亿元，增长4.3%；第二产业实现增加值778亿元，增长18.4%；第三产业实现增加值549亿元，增长15.4%。工业化进程明显加快，产业结构不断优化，三次产业比重由2007年的18.9∶47∶34.1调整为18.2∶48∶33.9，二、三产业比重上升了0.7个百分点。

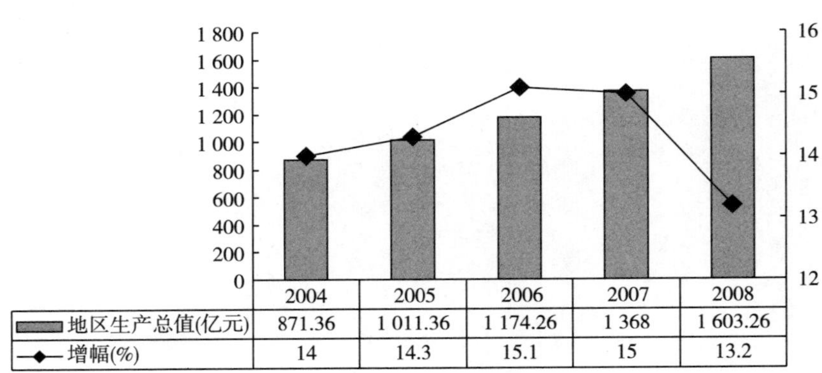

	2004	2005	2006	2007	2008
地区生产总值(亿元)	871.36	1 011.36	1 174.26	1 368	1 603.26
增幅(%)	14	14.3	15.1	15	13.2

图2－116　2004－2008年盐城市地区生产总值及增长速度

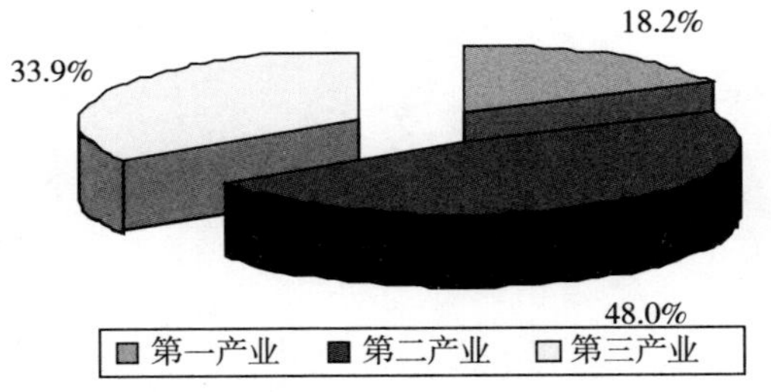

图2－117　2008年盐城市三次产业结构图

2. 财政收入再创新高

在国民经济快速发展的同时，盐城市财政收入再创历史新高，全年实现财政总收入 216.1 亿元，同口径比上年增长 45.7%，比上年同期提高 12 个百分点。财政收入占 GDP 的比重为 13.5%，比上年同期提高 2.7 个百分点。其中地方财政一般预算收入 90.3 亿元，增长 38%，比上年同期提高 4 个百分点；地方财政一般预算收入占 GDP 的比重为 5.6%，比上年同期提高 0.8 个百分点。

3. 市场物价涨幅较大

全年市区居民消费价格总指数（CPI）比上年上涨 4.9%，商品零售价格总指数上涨 5.7%。其中食品类消费价格上涨 13.4%，比上年度涨幅提高了 3.1 个百分点，居住类价格上涨 5%，比上年度涨幅低 1.7 个百分点。其他工业消费品价格有涨有跌，其中烟酒及用品类价格上涨 9.9%，家庭设备用品及维修服务类价格上涨 2.1%，医疗保健和个人用品类价格上涨 1.1%，衣着类价格下降 4.7%，交通和通讯类价格下降 1.3%，娱乐教育文化用品及服务类价格下降 0.7%。

4. 固定资产投资保持增长

盐城市坚持以结构调整为主线，坚定不移地实施项目推进，强化和推进招商引资，狠抓重点项目建设。全年完成固定资产投资首次超千亿，达1 120亿元，比上年增长 35.6%，其中城镇固定资产投资 650 亿元，增长 38.3%；工业投资 610 亿元，增长 40.3%。全市规模以上第一产业完成投资 13.17 亿元，比上年同期增长 61.6%；第二产业完成投资 613.1 亿元，同比增长 38.7%；第三产业完成投资 289.7 亿元，同比增长 21.5%。

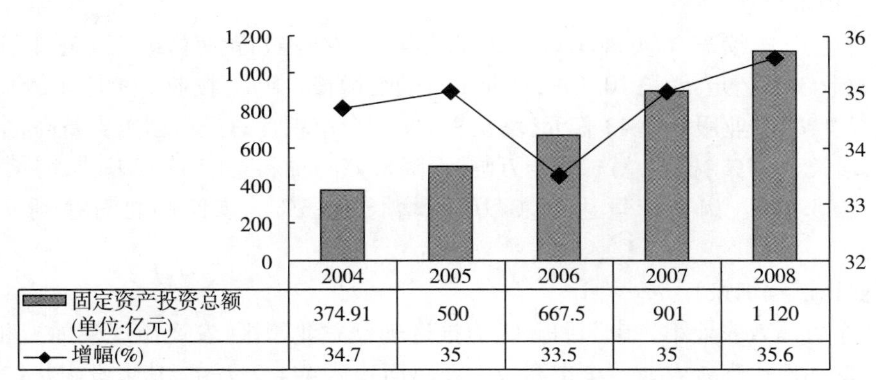

图 2－118　2004－2008 年盐城市全社会固定资产投资及增长幅度

重点工程进展顺利。精心组织实施八大类重点工程和工业“三百工程”。全市八大类重点工程完成投资 370 亿元，占全社会投资比重达 33%。全年规模以上完成高新技术产业投资 75.1 亿元，同比增长 38.8%。新 LED 和光伏、风电设备、电子信息、节能环保等一批科技含量较高的产业项目加快建设，苏北第一艘万吨级远洋货轮在响水建成下水，东台、大丰风电项目实现并网发电。特色产业集群不断发展壮大，建湖县被批准为中国石油装备制造业基地。

5. 市县经济

全国县域经济科学发展交流年会公布第九届全国“百强县”排名，东台、大丰两市继续留在百强县阵营中，并且位次较上年微升，从第八届的并列第 76 名，升至本届的并列第 72 名。

表 2-48　2008 年盐城市县区主要经济指标

区县	地区生产总值(亿元)	地方财政一般预算收入(亿元)	城镇固定资产投资(亿元)	出口总额(亿美元)	社会消费品零售总额(亿元)
市辖区					
盐 都 区	180.23	12.50	74.45	1.52	43.43
郊县					
响 水 县	80.09	4.80	45.75	1.57	20.64
滨 海 县	130.85	6.40	48.35	0.87	37.52
阜 宁 县	139.09	6.69	52.32	0.90	47.10
射 阳 县	173.23	7.67	41.93	0.83	57.84
建 湖 县	168.64	8.94	52.68	1.32	55.53
东 台 市	267.11	13.08	72.21	2.72	86.48
大 丰 市	207.36	10.02	71.72	2.92	57.31

(二)农业

1. 农业生产稳步发展

盐城市农业生产连续五年实现丰收。2008 年实现农林牧渔业总产值 658 亿元,同比增长 9.4%。其中:农业 307 亿元,增长 10.1%;林业 14 亿元,增长 8.4%,牧业 179 亿元,增长 10%,渔业 116 亿元,增长 7.1%,农业服务业 43 亿元,增长 9.7%。全市粮食总产再创历史新高,全年实现粮食总产 603 万吨,增长 10.9%;棉花总产 20.1 万吨,下降 8.7%;油料总产 33.6 万吨,增长 12.9%;蔬菜 814.4 万吨,增长 8.8%。肉类产量达 66.0 万吨,增长 15.3%。水产品总量达到 94.1 万吨,增长 6.9%。

2. 农业产业化进程加快

围绕打造“全省高效农业第一市”目标,大力推进现代农业园区、农产品规模加工和农产品市场体系建设,积极发展现代高效农业。全市高效农业总面积达 444.2 万亩,其中设施栽培 124.5 万亩,分别新增 79.6 万亩、21.3 万亩,增量均居全省第一。阜宁县再次荣获“全国食品工业强县”称号,“射阳大米”获得国家地理标志产品保护,江苏宝龙集团成为盐城市第四家国家级重点农业龙头企业。全市具备认证资格的优质农产品数量明显增加,2008 年底无公害产品发展到 320 个,绿色食品 172 个,有机食品 42 个。随着农业结构调整和农业产业化进程的加快,全市农业产业化龙头加工企业已发展到 910 个,比上年增加 103 个。农业生产条件不断改善,农业机械化水平进一步提高,年末全市拥有农业机械总动力 480 万千瓦,增长 9.4%。大中型拖拉机 1.11 万台,下降 44%;联合收割机 12 961台,增长 31.1%,农用排灌动力机械 86.95 万千瓦,全年机械植保作业面积1 797.45万亩。

(三)工业和建筑业

1. 工业生产稳定增长

全市围绕推进新型工业化,培植支柱产业、骨干企业、产业集群,努力破解发展中的难题,工业经济竞争力不断增强。全年第二产业实现增加值达 778 亿元,比上年增长 18.4%。其中规模以上工业实现增加值 573 亿元,增长 18.1%。面对能源、原材料等生产要素价格持续上涨的不利影响,全市广大企业进一步提升管理水平，通过开源节流、降本增效来增强企业赢利能力，工业经济整体效益水平大幅上升，运行质量显著改善。主营业务收入2 385亿元，增长35.3%；利税总额187亿元，增长34.2%；利润总额88亿元，增长27%，全市工业用电量847 142亿千瓦时，增长10.6%。全市销售过亿元的企业数518户，比上年增加138户。

表2－49　2008年盐城市县区工业总产值

单位：亿元

区县	工业总产值
盐 城 市	**2 515.04**
盐 都 区	342.74
响 水 县	166.80
滨 海 县	167.26
阜 宁 县	214.68
射 阳 县	252.39
建 湖 县	295.35
东 台 市	358.76
大 丰 市	247.99

大力推进工业结构优化升级，做大做强主导产业。全市汽车产业实现主营业务收入同比增长30%，东风悦达起亚汽车有限公司销售整车超过14万辆，增长40%。新兴产业快速发展，LED和光伏、风电设备、电子信息、节能环保等一批科技含量较高的产业项目加快建设，苏北第一艘万吨级远洋货轮在响水建成下水，东台、大丰风电项目实现并网发电。特色产业集群不断发展壮大，建湖县被批准为中国石油装备制造业基地。

2. 建筑业保持稳步发展

全年实现建筑业增加值107.95亿元，比上年增长4.5%，从业人数达34.02万人。承建施工面积5 248万平方米，竣工面积2 387万平方米，全员劳动生产率（产值）每人13.1万元。综合施工能力不断增强，全年新承接高层建筑626幢，其中超高层53幢。

（四）服务业

大力推进服务业项目，亭湖城北现代物流园等3个服务业集聚区被认定为省级服务业集聚区，服务外包、信息服务等新型业态开始起步，建成金鹰国际购物中心、东进路文化休闲美食一条街等一批重点服务业项目，服务业发展水平进一步提升。

1. 消费市场日益繁荣

在城乡居民收入较快增长和消费结构升级以及消费观念变化的双重影响下，全市消费品市场明显趋旺。全年实现社会消费品零售总额542.8亿元，比上年增长25.1%，增幅高于上年7.5个百分点，其中餐饮业增长44.9%，比社会消费品零售额增幅高出19.8百分点，成为拉动消费的主要力量。

2. 交通运输和邮电业

（1）交通运输能力有所增强

2008年，大丰港一类口岸开通了国际国内航线，并成为直航台湾港口，一类口岸建设顺利通过国

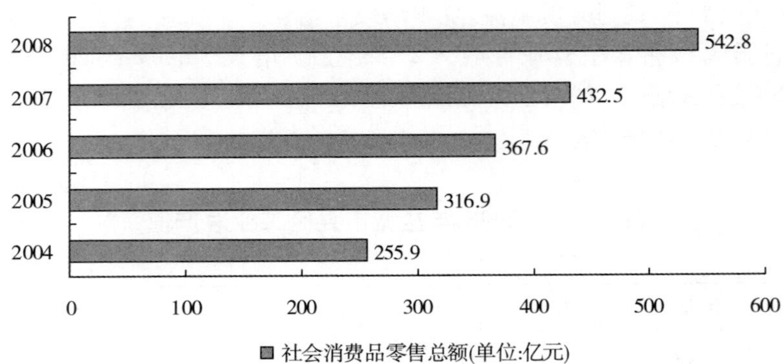

图 2-119 2004-2008 年盐城市社会消费品零售总额

家验收;盐城机场开通大连、桂林、昆明和哈尔滨新航线,到北京实现了大飞机"天天飞"。盐城市成为江苏唯一、全国第十家同时拥有海、空港两个一类开放口岸的地级市。全市公路等级明显提高,公路总里程17 571公里,其中等级公路15 118公里,高速公路达324公里,一级公路达487公里,二级公路达2 224公里。客货运输稳定发展,全社会客运量9 176万人,比上年增长10.1%,旅客周转量77.36亿人公里,增长9.99%;全社会货运量10 786万吨,增长9.73%,货运周转量156.58亿吨公里,增长9.72%。盐城南洋机场飞机航行815架次;航空客运量10.2万人次,增长38.2%;航空货邮运量597.3吨,增长7.4%。

(2)邮电业务平稳发展

年末固定电话用户达248.8万户,比上年下降1.43%,其中市话年末用户128.2万户,下降3.6%;农话年末用户120.6万户,增长1%;电话普及率达每百人30.72部。全市移动电话用户达11.45万户,计算机互联网用户达28.7万户,增长45.3%。

3. 旅游产业稳步发展

全年完成国内游客接待量805万人次,海外游客接待量5.1万人次,分别比上年增长14.7%和持平,实现国内旅游收入67亿元、旅游创汇0.35亿美元,分别增长20.5%和17.5%。加快以沿海湿地和海盐文化为重点的特色旅游业发展,推进丹顶鹤、麋鹿两个国家级自然保护区的基础设施建设和旅游开发,抓紧实施海盐历史文化风貌区后续工程,精心打造旅游产品,提升地区旅游品牌形象。至目前,全市有国家农业旅游示范点5家,国家4A级旅游景区1家,国家3A级旅游景区4家,国家2A级旅游景区11家。

4. 金融和保险

金融形势运行平稳。面对国家宏观调控的新形势,全市金融部门积极开展工作,为支持地方经济建设作出了贡献。金融机构年末本外币存款余额1 311.07亿元,比年初净增228.31亿元。金融机构年末本外币贷款余额729.99亿元,比年初净增121.51亿元。外汇存款余额1.31亿美元,比年初减少0.21亿美元。外汇贷款余额为1.89亿美元,比年初增加0.64亿美元。

保险事业稳步发展。全市保险业务继续保持快速、稳定的发展势头,全年实现保费收入44.59亿元,比上年增长35.53%,其中产险保费收入7.54亿元,增长17.7%;寿险保费收入37.05亿元,增长39.84%,全市共支付保险赔偿金额5.96亿元,为促进社会稳定、支持经济建设发挥了保驾护航作用。

（五）开放型经济

1. 对外贸易增长较快

全市外贸进出口平稳增长，全年累计完成进出口总额 28.3 亿美元，比上年增长 21.2%，其中全年出口总额 21.7 亿美元，增长 53%，增幅列全省第二。盐城市对外贸易有限公司、江苏联化科技有限公司出口分别达 1.41 亿美元和 1.14 亿美元，实现盐城市出口超亿美元企业零的突破。

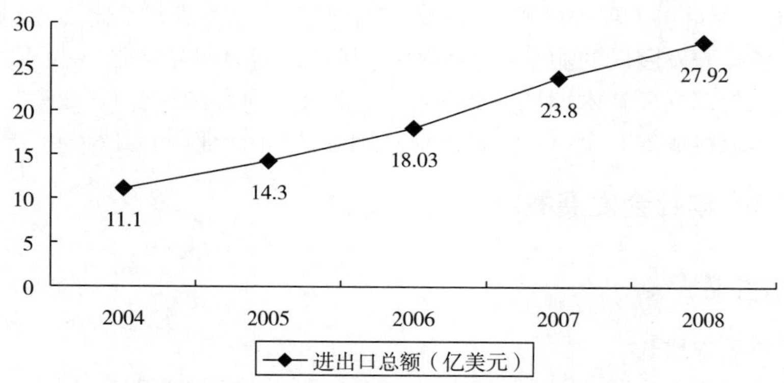

图 2－120　2004－2008 年盐城市外贸进出口总额

2. 利用外资平稳增长

成功举办了 2008 中国盐城经贸洽谈会暨丹顶鹤国际湿地生态旅游节、海外江苏之友相聚盐城等重大活动，招商引资工作取得新的成效。盐城市被评为"浙商最具投资潜力城市"、"最受闽商欢迎中国大陆十佳投资城市"和"新沪商最佳投资城市"，盐城对外来投资的吸引力进一步增强。随着投资环境的日益改善，国外客商纷至沓来。全市连续两年实现注册外资实际到账倍增之后继续保持较快增长，开放型经济的发展水平不断提高。全年盐城市协议利用外资 30.9 亿美元，增长 50.5%；注册外资实际到账达到 9.44 亿美元，比上年增长 16.4%，总量位居苏北第一。

表 2－50　2008 年盐城市县区实际外商直接投资

单位：亿美元

区县	实际外商直接投资
盐 城 市	**9.44**
盐 都 区	1.01
响 水 县	0.37
滨 海 县	0.47
阜 宁 县	0.87
射 阳 县	0.82
建 湖 县	0.67
东 台 市	1.74
大 丰 市	1.84

3. 外经合作势头良好

全市实现对外工程承包劳务合作合同额 7.84 亿美元,比上年增长 25.9%;完成营业额 7.03 亿美元,增长 25.8%;新派人数47 520人,增长 25.1%;年末在外人数达41 601人,增长 32%。

4. 民营经济加快发展

全市新发展私营企业 1.4 万户,新增私营个体经济注册资本 300 亿元,增长 63.9%。

5. 开发区建设日趋完善

大力推进沿海开发,进一步完善规划体系,推进沿海开发环评工作;沿海基础设施建设实现新的突破,“7 路 1 港 2 航”等重点工程进展顺利;沿海 17 个重点产业项目开工建设,能源、造船、石化等产业发展初具规模。各类开发园区的功能不断完善,项目承载能力明显增强。市开发区创建国家级开发区工作扎实推进。盐都高新技术园区初具规模,一批重点项目加快建设。南北共建开发区、与上海共建开发园区工作取得成效。全市重点镇工业集中区、中小企业园新建标准厂房 210 万平方米。

二、盐城市 2008 年社会发展概况

(一)人口、人民生活

1. 人口总量保持平稳增长

年末全市户籍人口 811.7 万人,比上年末增加 1.9 万人,其中城镇人口 363 万人,比上年增加 8.6 万人。全年人口出生率为 10.82%。,死亡率为 6.13%。,人口自然增长率为 4.69%。

2. 人民生活水平不断提高

全年市区城市居民人均可支配收入达15 862元,比上年增长 14.5%;人均消费支出元,增长。全市在岗职工平均工资22 380元,增长 18.7%。农民增收取得成效,人均纯收入达6 867元,增长 12.7%;农民人均生活消费支出4 274元,增长 14.5%。城乡居民储蓄存款余额 867 亿元,比年初增加 165 亿元,人均储蓄首次超万元,达10 700元。恩格尔系数达 41.4% 到,上升 2.9 个百分点。市区居民住房人均建筑面积 30.07 平方米,比上年增加 3.17 平方米;农村居民人均住房面积为 36.88 平方米,增加 1.02 平方米。

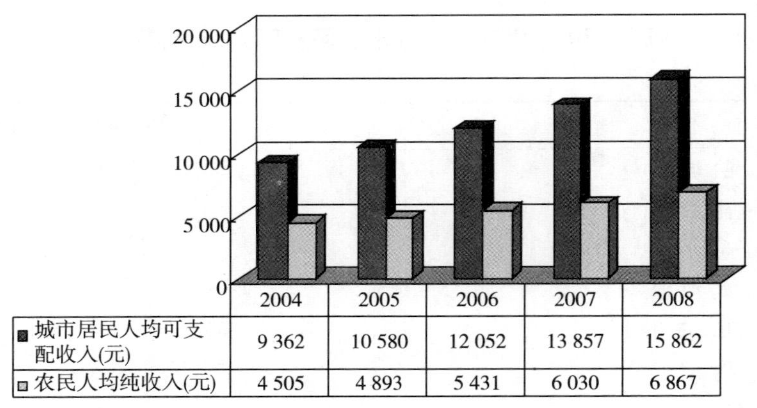

	2004	2005	2006	2007	2008
■ 城市居民人均可支配收入(元)	9 362	10 580	12 052	13 857	15 862
□ 农民人均纯收入(元)	4 505	4 893	5 431	6 030	6 867

图 2-121　2004-2008 年盐城市城乡居民收入对比一览

（二）就业与社会保障

1. 劳动就业工作成绩显著

认真落实扶持就业再就业政策措施，年末全市城镇就业人员数达到113.7万人，比上年末净增就业8.07万人，其中城镇单位从业人员50.34万人，比上年增加0.12万人；城镇私营个体从业人员达64.28万人，增加9.36万人；社区公益岗位及灵活就业人数达8.20万人，增加1.37万人；下岗失业人员实现再就业3.09万人。年末城镇登记失业率为2.6%。

2. 社会保障事业进一步发展

2008年盐城市基金征缴率、养老金社会化发放率均有较大幅度提高，养老保险、医疗保险、失业保险覆盖面分别达到95.8%、97.7%和96.1%。年末全市参加失业保险人数为56.57万人，参加养老保险人数为69.28万人，参加基本医疗保险人数为102.93万人。盐城市在全国率先建立城镇居民基本医疗保险制度，较好地解决了城镇居民因病致贫、因病返贫的问题。2007年7月份，盐城市出台了中小学生医疗保险办法。年末全市居民参保82.99万人。盐城市的做法得到了劳动保障部、财政部和民政部的充分肯定。新农保制度试点工作扩大到9个县（市、区）、131个乡镇，建立了城乡最低生活保障和五保供养标准自然增长机制。

（三）科学技术和教育事业

1. 科技创新成果辉煌

加快科技创新步伐，全市新认定国家和省高新技术企业27家。实现高新技术产业产值396亿元，增长49.1%。全年组织实施省级以上各类科技计划项目179项，争取科技经费超1.675亿元，其中省科技成果转化专项资金项目7项，获省科技经费0.71亿元。新增国家级火炬计划项目18项。新增国家级星火计划项目25项。新增省级高新技术产品54只。全年专利申请数3 948个，授权数1 223个。新增产学研联合体320个，组织评定市科技进步奖120项。全年累计完成高新技术产业投资86.7亿元，比上年增长29%。

2. 教育事业迈上新台阶

全市高中阶段教育进一步普及，初中毕业生升学率达96.74%，比上年提升了2.73个百分点。高考质量稳中有升，全市高考录取率达80.2%，本科上线人数和录取人数均居全省第二。社会教育蓬勃开展。2008年开展农村实用技术培训23万人次，推广农村科技致富项目15个，培训农村致富骨干0.6万人，培训农村劳动力5.1万人。进一步落实教育优先发展战略，全面实行城乡免费义务教育，提高各类学校助学金标准，改善农村办学条件。全市农村义务教育债务基本化解到位。城南新区聚亭路小学、日月路小学、盐渎路小学三所学校建成并招生。

（四）文化、卫生、体育

1. 文化事业蓬勃发展

2008年，全市有5个县级文化馆被评为国家一级馆，市文化馆被评为国家二级馆，有8个乡镇被国家文化部命名为中国民间艺术之乡。文化和广电事业取得新的发展，淮剧《唢呐声声》和《马代表进城》入选第31届世界戏剧节，有线数字电视整体转换步伐加快，博物馆、纪念馆和爱国主义教育基地全部免费开放。加大历史文化遗产的保护力度，修缮新四军重建军部旧址，新四军纪念馆人物馆基本建成。

2. 卫生保健工作有所改善

大力发展医疗卫生事业，市疾控中心大楼、中心血站、急救中心和一批重点医院新病房楼建成使用,城乡疾病预防控制、医疗应急救治、卫生监督体系建设得到加强。年末全市拥有卫生机构1 341个,其中医院111个、卫生院146个、疾病预防控制中心10个、妇幼保健院(所)11个。年末共有卫生技术人员20 142人,其中执业医师、执业助理医师9 008人;拥有病床17 013张,其中医院拥有床位数11 234张。全市计划生育率稳定在96%以上。改进医疗卫生服务,市一院成为三级甲等综合医院,盐城市被评为全国无偿献血工作先进单位;新型农村合作医疗参合率达到98.8%,社区卫生服务中心覆盖率达到90%以上,公共卫生服务体系建设进一步完善,缓解了群众看病难的矛盾。

3. 体育事业蓬勃发展

全年共获省级比赛奖牌78枚,其中金牌22枚,北京残奥会夺得2枚金牌1枚银牌的好成绩;1人达国家运动健将,5人达一级运动员,49人达二级运动员标准;盐城体育运动学校和大丰少体校成功创建成国家级高水平后备人才基地;一批学校被命名为国家和省级传统校和体育俱乐部;新增国家级裁判1人,46人晋升为一级裁判员。体育围绕中心、服务大局能力得到不断强化。成功承办了中澳国家男排超级对抗赛、欧美男篮超级对抗赛、四国篮球对抗赛、第十届全国围棋甲级联赛,中央电视台对中澳国家男排对抗赛进行了全程播出;组织保龄球队代表中国和韩国群体代表团成功开展了国际交流活动;全年共销售体育彩票3.4亿元,销售量继续保持苏中、苏北领先,全省前列位置。全市建成138个乡镇体育健身活动中心,为861个自然村建成小篮球板工程,为9个街道和159个城市社区居委会建成城市社区体育健身设施工程。

(五)城乡建设

1. 城市建设步伐加快

2008年,盐城市继续加大城市和基础设施建设力度,改善了发展环境和条件。加快城市化和城市现代化进程。中心城市建设进入加快推进、全面提升的新阶段,老城区商业中心改造步伐加快,建军路核心商业区功能进一步增强。人民路南延等一批道路改造和建设工程顺利完成,市区交通拥堵的状况得到缓解。城南新区道路等基础设施建设和公共设施建设取得突破性进展,新城区框架基本形成。围绕打造海盐历史文化风貌区,建成中国海盐博物馆,仅用100多天时间,同步建成水街、水城、美食娱乐街等项目,成功举办中国盐城海盐文化节,城市文化和城市形象得到较大提升。

加快推进县(市)城区和重点镇建设,全市城市化率提高到45%。以交通为重点的基础设施建设取得新突破。宁靖盐高速公路盐城北段全线贯通,实现了环城高速公路联网畅通。204国道盐城南段工程顺利实施。327省道滨海段、332省道大丰段、326省道响水段、沿海高速阜宁连接线建成通车,实现了县县连接高速目标。市直天然气项目铺设管网516公里,建成区年末水厂综合生产能力达24万吨/日,全年供水量4 200万吨。

积极实施新一轮农村五件实事,农民生产生活条件进一步改善。组织开展"牵手致富"和"村企结对共建"活动,全市15.9万人实现脱贫目标。不断深化农村改革,农民专业合作、土地股份合作、资金互助合作等各类合作组织建设走在全省的前列,全市已发展农民专业合作经济组织2 045个,组建农村土地股份合作社245家,开展农民资金互助合作试点57家。

2. 全面小康建设取得新成效

从总体上看达标程度明显提高,2008年全市全面小康总体评价得分达到91.25分,比上年增加4.75分。从构成全面小康指标评价体系四个方面看,生活水平实现程度最好,达到92.39%,比上年提高6.76个百分点,是四大类中提高幅度最高的一类;生态环境实现程度达92.20%,比上年提高3.47个百分点;社会发展实现程度达91.43%,比上年提高1.46个百分点;经济发展实现程度达88.90%,比上年提高6.51个百分点。从具体指标看,25项指标中已有13项指标达标,比上年增加2项,即城镇人均住房建筑面积、高中阶段教育毛入学率。其他11项分别是城镇登记失业率、农村行政村通灰黑公路(或航道)比重、城镇人均拥有道路面积、百户家庭电话拥有量、卫生服务体系健全率、城镇劳动保障三大保险各自覆盖面、新型农村合作医疗覆盖面、人民群众对社会治安满意率、城镇社区居委会依法自治达标率、农村村委会依法自治达标率和环境质量综合指数。

(六)环境保护与生态建设

扎实抓好节能减排工作,深入开展化工生产企业专项整治,生态环境得到有效保护,环境质量总体趋好。2008 年全市饮用水源水质持续好转,达标率为 99.6%;全市地表水水质达标率为 79%,比上年提高 1.6 个百分点;市区空气环境质量明显好转,二氧化硫和二氧化氮浓度符合空气质量二级标准;市区道路交通噪声平均等效声级 67.6 分贝,市区区域噪声平均等效声级 53.5 分贝。

大力推进绿色盐城建设,新增植树造林折实面积 53.2 万亩,占当年全省增量的三分之一,市区绿化覆盖率和绿地率分别达到 39% 和 34.2%,顺利通过创建省级园林城市验收,“四城同创”初见成效。大丰市被评为国家首批 13 个可持续发展先进示范区之一。

三、挑战与目标

在肯定成绩的同时,也清醒地看到,盐城市经济社会发展中仍存在一些矛盾和问题:受宏观经济环境变化影响,下半年全市经济增长速度趋缓,下行压力加大;经济结构性矛盾突出,产业低端化问题明显,企业竞争力和抗风险能力尚需加强;资源环境压力加大,节能减排、环境治理任务相当艰巨;社会保障体系仍需进一步完善,改善群众生活还有很多工作要做,城乡居民持续增收的长效机制尚未形成;影响社会和谐稳定和安全生产的因素仍然存在,基层基础工作需要进一步加强;政府行政效能有待提高,经济发展环境需要进一步优化。对这些问题,一定要高度重视,并在今后的工作中采取更加有力的措施,切实加以解决。

2009 年全市经济社会发展主要预期目标为:

1. 保增长目标。全市地区生产总值增长 13%,其中规模以上工业增加值增长 17%;财政总收入和地方一般预算收入增长 16%;注册外资实际到账和出口总额增长 20%。

2. 扩内需目标。全市全社会固定资产投资和规模以上工业投资增长 30%;实施八大类重点工程项目 226 项,年内完成投资 644 亿元;社会消费品零售总额增长 18%。

3. 调结构目标。全市二、三产业增加值占地区生产总值的比重提高 1.5 个百分点;高效农业覆盖率达到 45% 以上;高新技术产业产值增长 25%。全市万元地区生产总值能耗下降 5%,化学需氧量削减 2%,二氧化硫排放量削减 0.6%。全市人口自然增长率控制在 3.5‰以内,城市化率提高 1.5 个百分点。

4. 改善民生目标。全市城镇居民人均可支配收入增长 11%,农民人均纯收入增长 10%;继续为民兴办 26 件实事,解决一批涉及群众切身利益的问题;全市城镇劳动保障三大保险覆盖面稳定在 95% 以上,新型农村合作医疗覆盖面保持在 98% 以上,城镇居民登记失业率控制在 4% 以内;居民消费价格指数控制在 4% 左右。

四、盐城市在长三角地区经济发展中的地位

2008 年,盐城市认真贯彻落实年初确定的经济工作目标,进一步深化各项改革,加快经济结构调整步伐,积极应对国内外宏观经济环境复杂多变和特大自然灾害等不利影响,努力开拓,奋力进取,经济发展呈现出增长快速、衔接稳定、协调均衡、效益向好等特点。

2004 - 2008 年盐城市地区生产总值在长三角所占比重分别为 2.50%、2.48%、2.47%、2.42%、2.45%。在经历了 2004 - 2007 年的逐年减少之后,2008 年盐城地区生产总值占比略有反弹,比 2007

年增加了 0.03 个百分点。

2004－2008 年盐城市地方财政一般预算收入、规模以上工业总产值、进出口总额和实际外商投资金额在长三角所占比重三项指标均呈增加的趋势，其中，地方财政一般预算收入占比从 2004 年的 1.00% 增加到 2008 年的 1.28%，累计增长 0.28 个百分点；规模以上工业总产值占比从 2004 年的 0.31% 增加到 2008 年的 0.34%，累计增长 0.03 个百分点；进出口总额占比从 2004 年的 2.26% 增加到 2008 年的 2.41%，累计增长 0.15 个百分点；实际外商投资金额占比从 2004 年的 0.56% 增加到 2008 年的 2.08%，累计增长 1.52 个百分点。

尤其值得一提的是，在 2008 年金融危机席卷全球、全国进出口增幅大幅回落的情况下，盐城地区对外贸易形势逆流而上，一路攀升，再创历史新高，实现进出口总值 28.3 亿美元，比去年同期增长 21.2%，增幅高于江苏省外贸出口增长 9 个百分点。由于盐城市进出口总额总量偏小，在长三角地区占比增加的幅度并不明显。

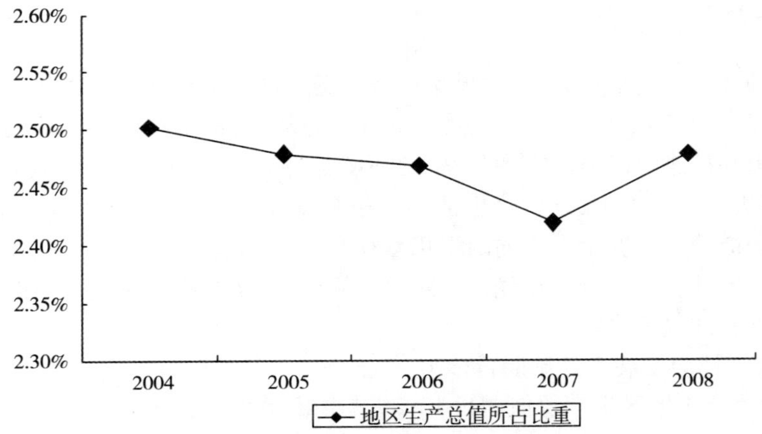

图 2－122　2004－2008 年盐城市地区生产总值在长三角所占比重的变化趋势

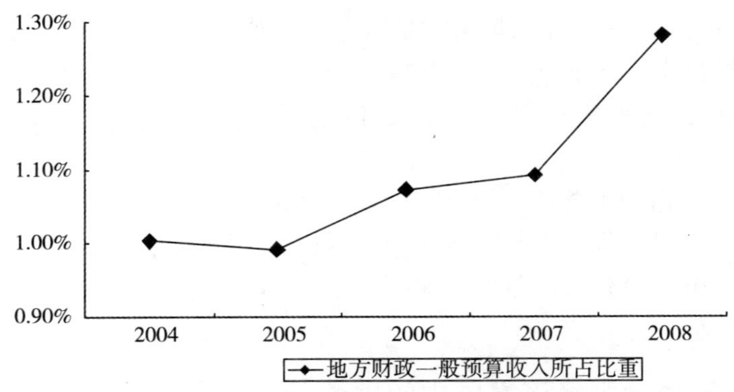

图 2－123　2004－2008 年盐城市地方财政一般预算收入在长三角所占比重的变化趋势

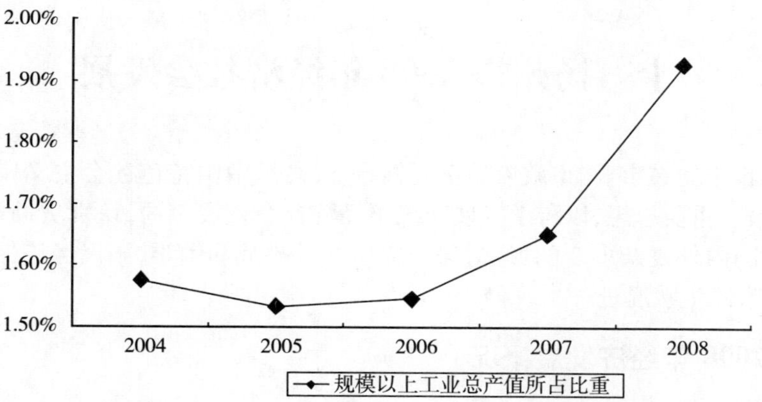

图 2－124　2004－2008 年盐城市规模以上工业总产值在长三角所占比重的变化趋势

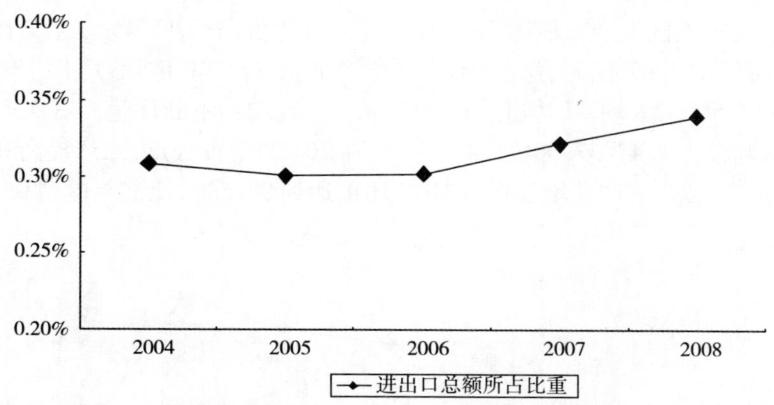

图 2－125　2004－2008 年盐城市进出口总额在长三角所占比重的变化趋势

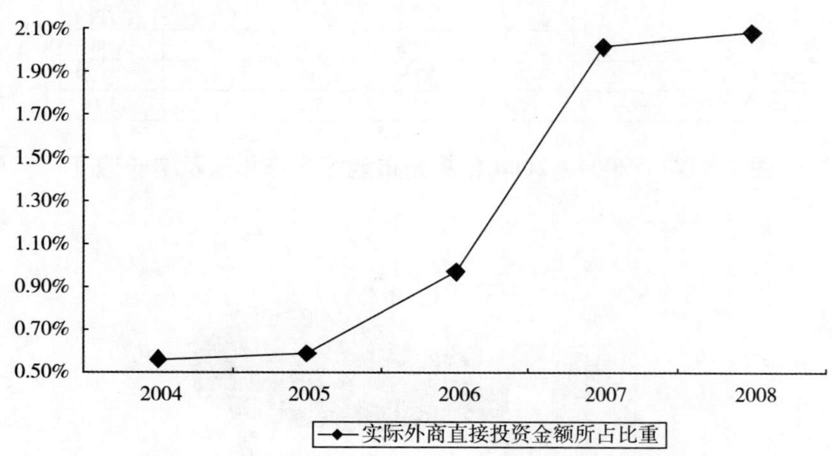

图 2－126　2004－2008 年盐城市实际外商直接投资金额在长三角所占比重的变化趋势

十　扬州市2008年经济社会发展

2008年,扬州市人民在市委、市政府的正确领导下,高举中国特色社会主义伟大旗帜,坚持邓小平理论和“三个代表”重要思想,以科学发展观统领经济社会发展全局,认真贯彻中央一系列宏观调控政策,沉着应对国内外复杂多变的形势,努力克服各种挑战和困难,国民经济保持平稳较快增长,社会事业全面进步,民生状况进一步改善。

一、扬州市2008年经济发展概况

(一)综合经济

1.国民经济平稳较快增长

2008年扬州市实现地区生产总值1 573.29亿元,按可比价增长13.4%,连续七年保持两位数增长。其中,一产增加值117.47亿元,增长5%;二产增加值897.71亿元,增长13.8%;三产增加值558.11亿元,增长14.5%。人均GDP超过5 000美元。产业结构不断优化。三次产业比例由上年的7.69∶57.02∶35.29调整为7.47∶57.06∶35.47,一产下降0.22个百分点,二产提高0.04个百分点,三产提高0.18个百分点。二、三产业增加值占GDP比重达到92.5%,比上年提高0.2个百分点。

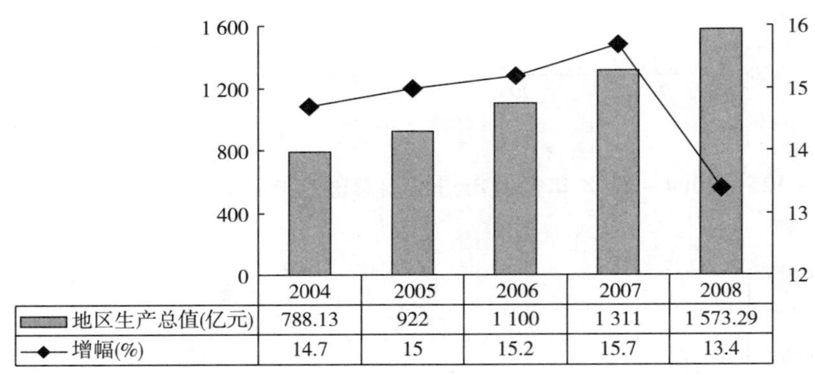

	2004	2005	2006	2007	2008
地区生产总值(亿元)	788.13	922	1 100	1 311	1 573.29
增幅(%)	14.7	15	15.2	15.7	13.4

图2-127　2004-2008年扬州市地区生产总值及增长速度

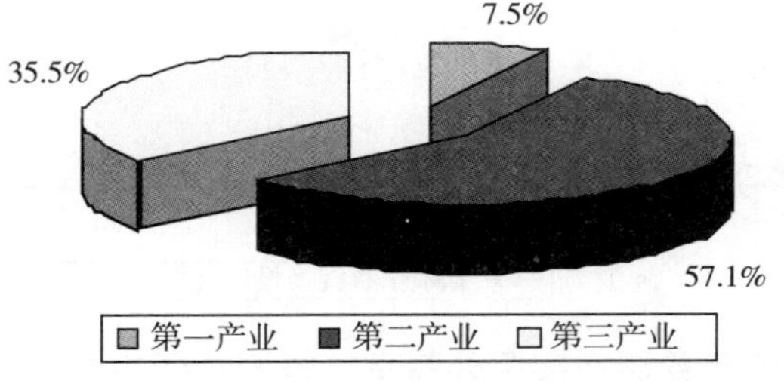

图2-128　2008年扬州市三次产业结构图

2. 财政收入稳定增长

2008 年财政总收入达到266. 20 亿元,增长24. 6%,占 GDP 的比重上升到16. 9%,比上年提高了0. 6 个百分点。一般预算收入 104. 83 亿元,增长 22. 3%。在总收入中,税收收入 156. 03 亿元,增长18. 3%;政府性基金收入 53. 76 亿元,增长 41. 8%;社会保险基金收入完成 27. 64 亿元,增长 26%。增值税(剔除免抵调及出口退税因素)、营业税、企业所得税分别增长 15. 8%、17. 7% 和 31. 8%。财政支出结构继续调整。全市财政总支出 208 亿元,比上年增长 37. 8%。一般预算支出 123. 08 亿元,增长 27. 3%。其中公共服务支出 24. 09 亿元,增长 19. 8%;教育事业支出 23. 48 亿元,增长 16. 3%;社会保障和就业支出 9. 37 亿元,增长 26. 2%。

3. 物价指数涨幅明显回落

全年市区居民消费价格总指数(CPI)为 104. 8%,涨幅比上年提高 0. 8 个百分点,比一季度、上半年、前三季度分别回落 2. 5、2. 9 和 2 个百分点。从构成居民消费价格的八大类指数看,食品类上涨 12. 4%,烟酒及用品类上涨 2. 4%,家庭设备用品及维修服务类上涨 2. 7%,医疗保健和个人用品类上涨 1. 9%,居住类上涨 2. 6%;衣着类下降 1. 8%,交通和通信类下降 0. 8%,娱乐教育文化用品及服务类下降 0. 7%。

4. 固定资产投资平稳增长

投资规模稳步扩大。全年完成全社会固定资产投资 950 亿元,增长 32. 3%。其中,规模以上城镇项目完成投资 896. 3 亿元,比上年增长 30. 9%;农村项目完成投资 282. 5 亿元,比上年增长32. 7%。2008 年全市在建计划总投资 500 万元以上项目(不含房地产开发项目)2101 个,比上年增加 163 个,增长 8. 4%。其中城镇在建项目 872 个,增加 3 个,农村在建项目1 229个,增加 160 个。

投资结构进一步改善。全市第一、二、三产业分别完成投资 7. 6 亿元、634. 6 亿元和 307. 9 亿元,增长 54. 8%、40. 2% 和 18. 7%。其中,工业投资 633. 16 亿元,比上年增长 40. 6%,占全社会投资的比重达 66. 7%。全年完成民间投资 710. 4 亿元,增长 38. 9%,比全社会固定资产投资高 6. 6 个百分点,占全社会固定资产投资比重 74. 8%。

重大基础设施加快建设。扬天公路全线建成通车。京杭运河"三改二"一期工程基本完成。南水北调江都截污导流工程、归江河道水利血防工程顺利建成。沪陕高速公路江都至六合段、江海高速公路、安大公路三垛以北段、新淮江公路,以及邵伯和施桥船闸改造、乌塔沟分洪道、第五水厂一期等工程开工建设。苏中江都机场、淮扬镇铁路等重大项目前期工作取得较大突破。

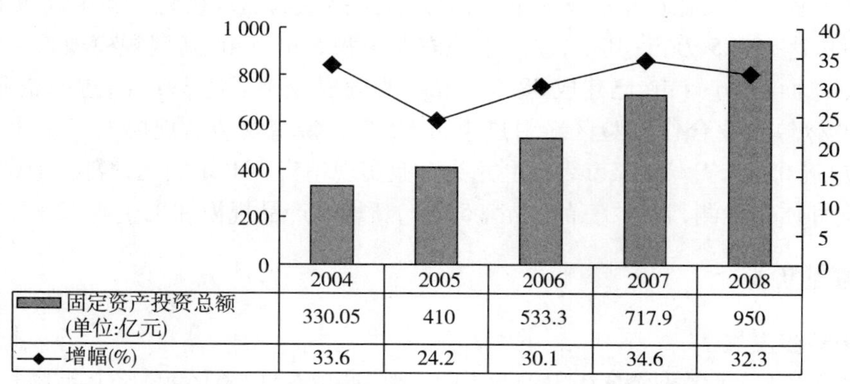

图 2 - 129　2004 - 2008 年扬州市全社会固定资产投资及增长幅度

5. 市县经济

全国县域经济研究专门机构中郡县域经济研究所编制发布的评价报告显示，扬州江都市和仪征市蝉联百强县称号。

表2－51　2008年扬州市县区主要经济指标

区县	地区生产总值(亿元)	地方财政一般预算收入(亿元)	城镇固定资产投资(亿元)	出口总额(亿美元)	社会消费品零售总额(亿元)
市辖区					
邗 江 区	228.01	14.59	102.49	9.86	59.94
维 扬 区	58.82	8.24	55.78	2.96	36.74
郊县					
宝 应 县	167.83	7.98	52.64	2.69	57.04
仪 征 市	200.64	12.52	77.90	3.39	59.22
高 邮 市	182.45	8.43	67.85	2.64	57.39
江 都 市	336.10	15.87	113.92	7.74	96.89

(二)农业

1. 农业生产稳步发展

全市全年实现农业总产值230.7亿元，增长17.2%。其中农业产值98.68亿元，增长15.9%；林业产值6.78亿元，增长16.4%；牧业产值49亿元，增长27.5%；渔业产值66.7亿元，增长17.9%；农林牧渔服务业产值9.74亿元，增长6.8%。粮食产量再创历史新高。全市粮食产量达269.4万吨，比上年增长5%，连续第五年获得丰收。油料7.95万吨，增长4.5%；棉花6 024吨，下降3.2%。畜禽、水产及蔬菜稳定增长。蔬菜136.4万吨，增长8.1%；肉类总产量16.5万吨，增长3.1%；禽蛋产量11.9万吨，增长2.6%；水产品37.38万吨，增长2%。

2. 高效农业迅速发展

2008年，全市坚持以设施农业建设为重点，大力推进高效农业规模化。新增高效农(渔)业面积50.4万亩，总面积达199.5万亩；其中，新增设施农业面积5.1万亩，新建规模项目410个。重点高效农业园区规划总面积56万亩，已建成38.8万亩。高效农业园区达391个，进园企业(大户)4 923个。海峡两岸(扬州)农业合作试验区新引进项目50个。新增农产品规模加工企业22家，累计达335家，带动农户近65万户。70家市级以上龙头企业实现销售161.6亿元，增长21%。积极推进农产品标准化生产和质量检测，新增“三品”品牌53个，新增农产品规模加工企业22家。

(三)工业和建筑业

1. 工业经济稳步发展

2008年，规模以上工业企业达3 023家，实现工业总产值3 517.6亿元，比上年增长35.5%；实现工业增加值906.6亿元，可比价比上年增长17%。规模以上高新技术产业产值865.9亿元，增长36.5%，占规模以上工业比重为24.6%，提高2.3个百分点。机电装备、石油化工、汽车船舶分别实现产值1 214.1亿元、726.9亿元和442.1亿元，同比分别增长36.3%、22.3%和63.9%，三大产业总

产值对全市工业增长的贡献率达到68.2%。全年全社会用电量116.99亿千瓦时，同比增长7.4%。其中，工业用电量100.39亿千瓦时，增长5.9%。

表2-52　2008年扬州市县区工业总产值

单位：亿元

区县	工业总产值
扬州市	**3 517.56**
邗江区	690.11
维扬区	159.18
宝应县	307.32
仪征市	530.43
高邮市	345.10
江都市	864.06

2. 企业经济效益稳步提高，增幅下滑

2008年全市规模以上工业实现主营业务收入3 333.7亿元，同比增长34.9%。实现利税271亿元，增长19.5%，增幅比上半年回落27.1个百分点，比1~9月回落20.3个百分点，比1~11月回落11.9个百分点；利润总额142.0亿元，同比增长15.4%，增幅比上半年回落31.8个百分点，比1~9月回落23.7个百分点，比1~11月回落13.3个百分点。利税、利润增幅回落的主要原因是中国石化仪征化纤股份有限公司和江苏华电扬州发电有限公司今年以来亏损额较大。

3. 高新化水平不断提升

全市工业企业更加重视自主创新、产品研发和品牌建设，工业产业高新化水平进一步提升。2008年全市规模以上高新技术产业完成工业总产值865.9亿元，同比增长36.5%，高出全市平均增幅1.0个百分点，占全市规模以上工业总量的24.6%，比上年提升2.3个百分点。新兴产业成为新的亮点，新能源、新光源、新材料"三新"产业累计完成工业总产值213.7亿元，增长38.4%，高出全市平均增幅2.9个百分点。其中，25家新能源企业累计完成工业总产值51.0亿元，增长65.4%；32家新光源企业累计完成工业总产值68.8亿元，增长38.7%；39家新材料企业累计完成工业总产值93.9亿元，增长27.0%。

4. 主导产业支撑引领作用突出

近年来随着工业化进程的不断推进，一批化工、汽车、船舶等重化工项目的相继建成投产，扬州市工业重型化特征更加明显，重工业主导地位更加突出。2008年重工业完成总产值2 605.8亿元，同比增长38.1%，重工业总量占全市规模以上工业的比重为74.1%，对全市工业增长的贡献率达78.1%，拉动增幅27.7个百分点，重工业增幅高出轻工业9.6个百分点。1~12月份，汽车船舶、机电装备和石油化工等三大主导产业分别完成产值442.1亿元、1 214.1亿元和726.9亿元，同比分别增长63.9%、36.3%和22.3%。三大主导产业经济总量占全市工业的67.7%，对全市工业增长的贡献率达68.2%，拉动增幅24.2个百分点，支撑和引领了工业经济的较快发展。

5. 成长型企业发展势头良好

2008年，50家成长型企业完成工业总产值364.0亿元，同比增长70.8%，高出全市平均增幅35.3个百分点，对全市工业增长的贡献率达16.4%，拉动增幅9.6个百分点。其中环球造船、金陵船舶、马钢钢材、海信容声、恒星钨钼、顺大光伏、国裕船舶等企业产值增幅较大。企业规模不断发展壮大。2008 年底全市主营业务收入过亿元的工业企业已达 567 家,比 2007 年增加 156 家,合计实现主营业务收入2 498.6亿元,占全市规模以上工业主营业务收入的 74.9%。全市实现利税过千万的工业企业已达 382 家,比上年增加 95 家,合计实现利税 225.2 亿元,占全市规模以上工业总利税的 83.1%。新增产值超 10 亿元以上企业 15 家,其中 50 亿元企业 1 家。宝胜集团营业收入超过百亿元。新增中国驰名商标 12 个。

6. 建筑行业稳步发展

2008 年,全市建筑企业完成施工总产值1 012亿元,增长 26%。全年建筑企业施工的房屋建筑面积9 766万平方米,增长 18%;房屋竣工面积4 714万平方米,增长 15%。

(三)服务业

1. 国内贸易

消费品市场活跃繁荣。全市实现社会消费品零售总额 521.3 亿元,比上年增长 24.4%,增幅比上年提高 6.7 个百分点,增幅创近年来新高。从行业来看,批发和零售业实现零售额 440.5 亿元,同比增长 23.9%;住宿和餐饮业实现零售额 75.1 亿元,同比增长 28.7%。

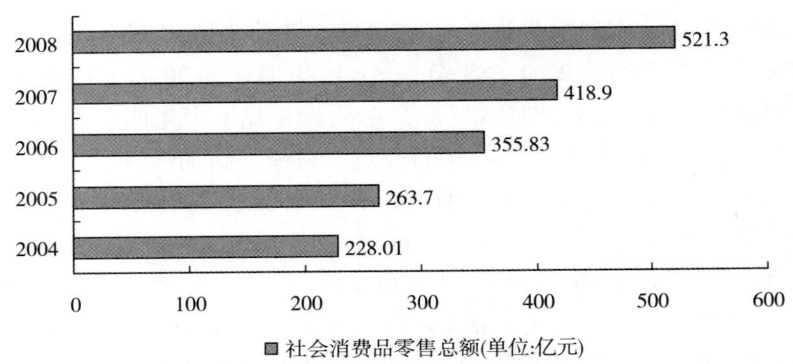

图 2-130 2004-2008 年扬州市社会消费品零售总额

2. 邮电通讯和交通运输业

邮电通讯较快发展。全年邮电通讯业实现业务收入 34.8 亿元,比上年增长 21.3%。年末固定电话用户达 177.18 万户,移动电话用户达 230 万户,国际互联网用户达到 42 万户。

交通运输业稳定发展。2008 年,全市货物运输总量达 1.38 亿吨,增长 10.2%;货物周转量 94.72 亿吨公里,增长 14.5%。客运量 1.04 亿人次,增长 9.8%;旅客周转量 61.27 亿人公里,增长 10.5%。港口货物吞吐量 5787 万吨,增长 9.3%,其中外贸吞吐量 370 万吨,增长 11.8%。完成集装箱吞吐量 27.98 万标箱,较上年增长 5.6%。

3. 金融和保险业

金融运行态势良好,保险业务不断拓展。金融存贷款规模继续扩大。2008 年末全市人民币存款余额为1 551.91亿元,同比增长 23.8%。储蓄存款余额为 899.1 亿元,增长 25%。人民币贷款余额为 889.4 亿元,增长 20.3%。全年保费总收入 43.65 亿元,比上年增长 27.3%。其中寿险收入 35.47 亿元,增长 31.1%;财险收入 8.18 亿元,增长 13.3%。全年保险机构共支付各类赔款 5.99 亿元,比上年增长 39.1%。政策性农业保险全面推开。邗江泰和、高邮汇通农村小额贷款有限公司挂牌营业。

2008 年全市证券公司开设资金账户数达到 19.66 万户，累计证券交易额1 851.46亿元，其中股票交易额1 546.6亿元、基金交易额 35.99 亿元。

4. 旅游业

旅游经济加快发展。全年接待境内外旅游人数1 890.6万人次，增长 21.2%；实现旅游总收入 201.42 亿元，增长 21.8%。其中，国内旅游人数1 844.24万人次，增长 21.1%；国内旅游收入 176.26 亿元，增长 22.4%。接待入境旅游人数 46.36 万人次，增长 23.7%；旅游外汇收入 3.59 亿美元，增长 27.6%。

5. 房地产业

房地产开发稳定发展。2008 年，全市共完成房地产开发投资 137.7 亿元，占全社会固定资产投资 14.5%，同比增长 29.3%；其中住宅投资 108.8 亿元，同比增长 35.6%；办公楼投资 3.1 亿元，同比下降 9.8%；商业营业用房投资 18.4 亿元，同比增长 32.2%。市区房地产开发投资 81.9 亿元，占全市房地产开发总量的 59.5%，同比增长 44.8%。四县(市)的房地产开发也平稳，共完成房地产开发投资 55.7 亿元，占全市房地产开发总量的 40.5%，同比增长 11.6%。施工面积 1149.6 万平方米，增长 20.6%；竣工面积 394.5 万平方米，增长 21.9%；商品房销售面积 303.4 万平方米，下降 29.6%。

(五)开放型经济

1. 对外经济快速增长

全年完成协议注册外资 50.1 亿美元，增长 48.6%；注册外资实际到账额 17.2 亿美元，增长 50.2%。全市完成进出口总额 61.8 亿美元，增长 38.6%；出口 45.67 亿美元，增长 40.5%；高新技术产品出口 9.97 亿美元，增长 53.5%；机电产品出口 22.22 亿美元，增长 40.4%。全年完成外经营业额 1.85 亿美元，增长 23%。

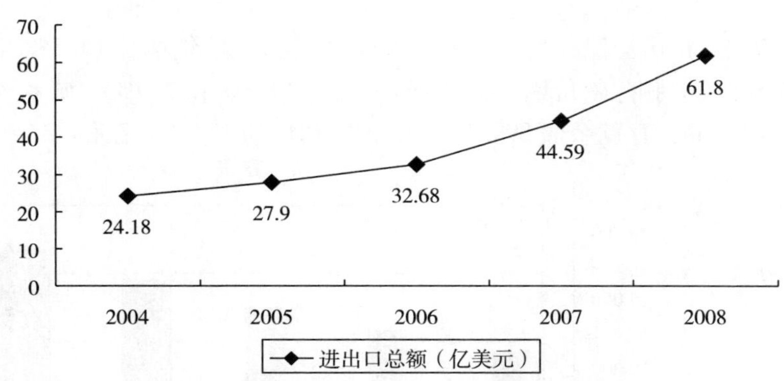

图 2-131　2004-2008 年扬州市外贸进出口总额

2. 民营企业发展壮大

2008 年，民营企业注册资本 385 亿元，增长 51.6%。全市规模以上私营工业完成工业总产值 1 499.1亿元，同比增长 39.7%，高出全市平均增幅 4.2 个百分点，对全市产值增长的贡献率为 46.2%，拉动增幅 16.4 个百分点。全市规模以上私营工业企业中产值过亿元的已有 319 家，合计完成工业总产值 822.6 亿元，同比增长 43.2%，高出全市增幅 7.7 个百分点，对全市产值增长的贡献率

表 2－53　2008 年扬州市县区实际外商直接投资

单位:亿美元

区县	实际外商直接投资
扬州市	15.10
邗江区	2.21
维扬区	1.20
宝应县	0.80
仪征市	3.53
高邮市	1.01
江都市	2.51

为 30.2%，拉动增幅 10.7 个百分点。股份制企业完成工业总产值1 870.7亿元，同比增长 36.1%，对全市产值增长的贡献率为 53.8%，拉动增幅 19.1 个百分点。

3. 开发区建设

2008 年，扬州市园区完成基础设施投入 69 亿元，“八区二园”主营收入占全市工业比重达 76%，同比提高 4.5 个百分点。

二、扬州市 2008 年社会发展概况

（一）人口、人民生活

人口总量平稳增长。2008 年末，扬州市户籍总人口为 459.79 万人，比上年末增加5 487人，增长 0.12%。全市登记出生人口 3.48 万人，出生率 7.58‰；死亡人口 2.94 万人，死亡率 6.39‰。人口自然增长率为 1.19‰。

居民收入持续增加。市区居民人均可支配收入17 398元，比上年增长 15.5%。全市农民人均纯收入7 450元，增长 13.1%。扣除物价因素，实际分别增长 10.3% 和 7.9%。城乡居民储蓄存款继续增加，年末全市城乡居民储蓄存款余额 899.1 亿元，比年初增加 187.64 亿元。

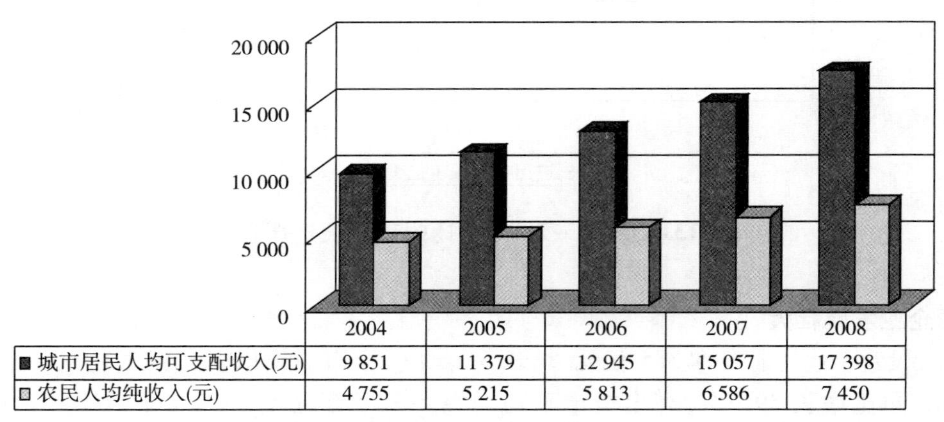

	2004	2005	2006	2007	2008
■ 城市居民人均可支配收入(元)	9 851	11 379	12 945	15 057	17 398
□ 农民人均纯收入(元)	4 755	5 215	5 813	6 586	7 450

图 2－132　2004－2008 年扬州市城乡居民收入对比一览

（二）就业和社会保障

城乡就业同步推进，全市新增就业8万人，年末城镇登记失业率2.9%。就业服务体系渐趋完善。培训就业再就业人员6万人、农村劳动力8.9万人。3万名失业人员实现再就业。新增农村劳动力转移5.7万人。

社会保险覆盖面进一步扩大，全市城镇职工基本养老、基本医疗、失业保险覆盖率分别达96.3%、96.5%和97.1%。农民工参加三大保险人数稳步增加。新型农保参保人数35万人。新型农村合作医疗覆盖率97%。被征地农民基本生活保障和“村改居”工作积极推进。稳步增加职工退休金。逐步提高低保户补助标准，城乡低保对象基本做到应保尽保。农村五保户集中供养率达80%。出台特困人群助保办法，完善临时救助机制。加大保障性住房建设力度，对符合条件的低收入家庭提供住房保障。

（三）科技与教育

1. 科技创新能力明显提升

2008年全市获批省级以上科技项目450项、高新技术产品240个。分别在京沪陕举办“科技创新·产业合作”推介会，签订科技合作项目80个。新增省级以上“一站两中心”13家。首个国家光电产品检测重点实验室落户扬州市，南京大学—扬州光电研究院、化工研究院和扬州中科半导体照明研发中心加快建设，中科院扬州应用技术研究与转化中心投入使用。启动“百千万人才强市双行动计划”，10名高层次人才获得省专项资助。扬州市被列为国家知识产权试点城市。

2. 教育事业加快发展

加强区域教育现代化建设，推进教育均衡发展。全面开展“教育质量效益年”活动，教师素质得到提升。为义务教育阶段学生免除学杂费、免费提供教科书。小学入学率、巩固率继续保持100%，初中入学率保持100%，高中阶段毛入学率稳定在95%以上，本二上线人数再破万人大关，达到11 551人。有序推进职教资源整合，2所职校通过四星级职校实地评估，3所学校通过三星级职校实地评估，4所学校被评为三星级职校，11个中职专业创成省级示范专业。

（四）文化、卫生、体育

1. 文化建设步伐加快

推进文化博览城项目建设，完成佛教文化博物馆等一批文化博览城建设项目。扬州博物馆荣获首批国家一级博物馆称号。开展大运河申报世界文化遗产。新列入国家级非物质文化遗产名录8项。认定并公布104个市级非物质文化遗产和143个市级文保单位。基层文化设施不断完善。开展“百场公益文艺演出”、“周周看扬剧”等活动。艺术创作精品不断涌现，共获得3个国家级大奖、3个省级大奖。扬州评话《王少堂》获第五届中国曲艺“牡丹奖”文学奖。

2. 卫生事业进一步发展

2008年，扬州市城乡社区卫生机构覆盖率分别达91%和85%。苏北人民医院、市第一人民医院和市中医院通过三级甲等医院复审。全市已建成城乡社区卫生服务中心108个、社区卫生服务站1 009个和达二级医疗机构水平的农村医疗中心8个。卫生服务体系健全率为98.7%。全市新型农村合作医疗覆盖率97.9%。扬州市医疗救援队、医疗急救转运车队、卫生防疫应急救援队和卫生监督应急救援队等41人组成的抗震救灾医疗防疫应急队伍参与了抗震救灾工作。全市新建成国家卫生镇1个，省、市级卫生镇5个，省级卫生村18个。新增无害化卫生户厕5万座，创建改厕普及乡镇5个，无害化卫生户厕普及率达40.9%。

3. 体育事业成绩显著

顺利举办第三届鉴真国际马拉松(半程)赛和市第十一届运动会。圆满完成了奥运火炬扬州传递活动。田径、击剑、手球三个项目共有5人代表中国队参加北京奥运会,宝应籍选手叶华获得残奥会轮椅击剑女子个人花剑B级铜牌。"体育健身工程"建设工作顺利启动,举办扬州市第七届全民健身体育节。体育产业加快发展。

(五)城乡建设

1. 城市建设又有新进展

2008年编制了"一体两翼"城市发展空间战略规划和综合交通规划。实施新一轮城市建设和环境提升工程,完成投资116亿元。新改建解放北路、平山堂东路和大水湾步行桥等"七路一桥",翻建街巷48条。城东客运中心投入运营,万花园二期、文化艺术中心等项目开工建设。基本完成"双东"历史街区"一片十点"修复,启动东关街二期工程。成功举办第二届世界运河名城博览会。积极做好瘦西湖及扬州历史城区申遗工作和大运河联合申遗牵头工作。新城西区、瘦西湖新区、广陵新城开发建设取得新成效。出台公交优先发展的财政扶持政策,新辟、调整线路27条,改造站棚96座,新增公交车200辆;整治8个老小区;建设改造7座农贸市场。

2. 新农村建设扎实推进

全市认真执行财政支农资金"三个高于"政策,2008年市县两级财政预算安排农业支出5.96亿元,比上年增长37.2%。争取上级财政资金1.1亿元。以"十大工程"为载体,扎实推进新农村建设。新改建农村公路506公里、桥梁226座;疏浚县乡河道266条、整治村庄河塘2 514个;新建无害化卫生户厕5万座,新建"一池三改"户用沼气池1.1万只;新增造林11.1万亩,森林覆盖率提升了1.1个百分点;新型农村合作医疗覆盖率达98.3%,新建农村社区卫生服务中心20个、卫生服务站507个;新建乡镇文化站23个、村文化室389个;大力推广新型农保制度,被征地农民基本生活保障覆盖率达100%。全年新增合作经济组织767个,总数达1 672个。其中,土地股份合作社新增263个,新入股土地面积26万亩,继续保持全省领先;农民专业合作组织新增197个,新增入社农民7.4万人;社区股份合作社新增307个,新增扩股量化资产6.8亿元。深入开展示范创建活动,新创全面小康村328个、新农村建设示范村27个,新建成村级便民服务中心318个。

3. 全面小康建设取得新成效

2008年全市全面小康社会建设综合实现程度超过98%,比上年提高2个百分点。25个指标中有21个指标达到目标值,比上年增加了3个。分别是:城市居民人均可支配收入、百户家庭电脑拥有量、R&D经费支出占GDP比重。

(六)环境保护与生态环境

2008年扬州城市环境空气质量基本符合国家环境空气质量Ⅱ级标准,全市小康社会环境质量综合指数得分为85.4,比上年增加了2.8,小康标准更高了。市区空气质量优良天数为321天,优良率为87.7%,与上年基本持平。全市日供水万吨以上的城市饮用水源地水质保持优良,达标率为100%。

生态环境保护力度加大。深入推进生态市建设。新增污水管网260公里,新建乡镇污水处理厂(设施)13个,城市生活污水处理率达83.6%。70个乡镇工业集中区完成区域环评,162家企业实施清洁生产。化学需氧量、二氧化硫排放量分别下降3.7%和3.1%。绿化造林11.1万亩,森林覆盖率达15.1%。市区新增绿化面积151万平方米。11个乡镇(街道)通过全国环境优美乡镇考核,创成国家和省级生态村18个。

三、挑战与目标

在肯定成绩的同时，也要清醒地看到，扬州市经济社会发展中还存在一些值得重视的问题。从外部环境来看，全球金融危机的影响还在加深，经济下行的趋势尚未得到根本遏制，这对扬州市经济增长、企业发展、财政增收、就业再就业、群众收入增加等带来了较大困难。从自身情况来看，优势产业集聚度还需进一步提高，企业增效和创新能力亟待加强，统筹城乡发展的任务还较艰巨，城市功能和品质有待继续提升，资源能源需求和节能减排的压力较大，政府机关在服务意识、工作作风、创新能力和廉政建设等方面还要进一步改进。这些问题都需要在今后的工作中，采取更加有效的措施加以解决。

2009 年扬州市经济和社会发展的预期目标为：地区生产总值增长 12%。财政总收入增长 15%，其中一般预算收入增长 15%。全社会固定资产投资增长 25%。社会消费品零售总额增长 16%。城市居民人均可支配收入增长 12% 左右。农民人均纯收入增长 10% 左右。居民消费价格涨幅 4% 左右。城镇登记失业率控制在 4% 以内。约束性指标为：万元地区生产总值综合能耗下降 4% 以上，化学需氧量、二氧化硫排放量分别削减 3.7% 和 3.2%。

四、扬州市在长三角地区经济发展中的地位

2008 年以来，特别是下半年来，席卷全球的金融风暴影响日益加深，宏观经济环境复杂多变，市场、成本、要素等多重矛盾叠加共振，扬州市经济与全国、全省一样，发展受到了较大影响，主要指标出现明显回落。面对如此严峻的挑战，全市人民坚持化压力为动力，变挑战为机遇，主动作为，克难求进，经济总体上保持了稳步发展的良好态势。

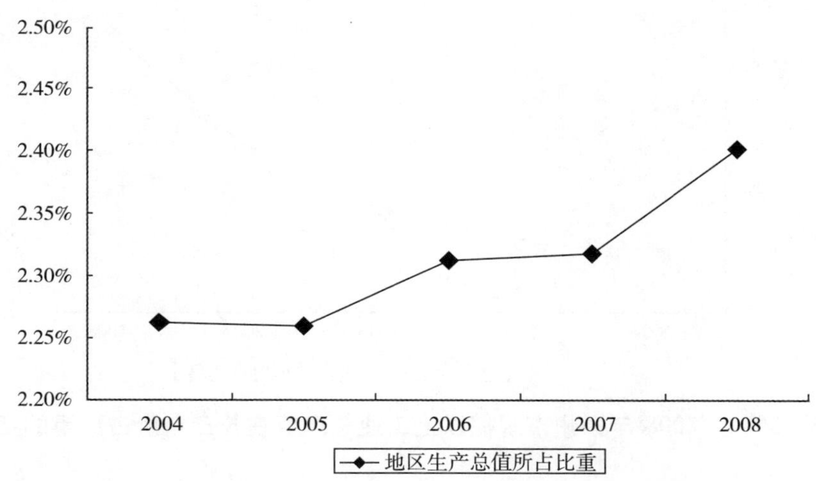

图 2－133　2004－2008 年扬州市地区生产总值在长三角所占比重的变化趋势

2004－2008 年扬州市地区生产总值、地方财政一般预算收入和规模以上工业总产值在长三角所占比重三项指标均呈逐年增加的趋势，其中，地区生产总值占比从 2004 年的 2.26% 增加到 2008 年的 2.40%，累计增长 0.14 个百分点；地方财政一般预算收入占比从 2004 年的 1.27% 增加到 2008 年的 1.49%，累计增长 0.22 个百分点；规模以上工业总产值占比从 2004 年的 2.00% 增加到 2008 年的 2.70%，累计增长 0.7 个百分点。

2004－2008 年扬州市进出口总额在长三角所占比重为 0.67%、0.59%、0.55%、0.60%、0.74%。扬州市进出口总额在长三角所占比重以 2006 年为界线,2006 年之前呈递减趋势,2006 年以后呈递增趋势,但逐年变幅较小。

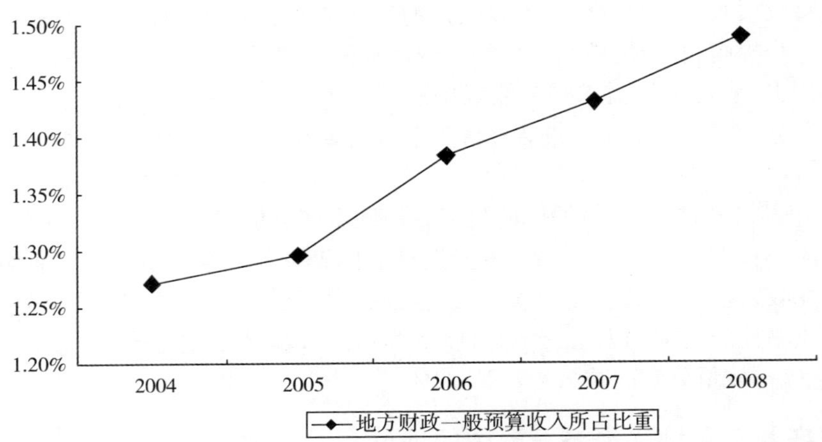

图 2－134　2004－2008 年扬州市地方财政一般预算收入在长三角所占比重的变化趋势

2004－2008 年扬州市实际外商直接投资金额在长三角所占比重为:2.97%、1.90%、2.28%、2.18%、3.33%,五年间占比的增减间隔出现,变化相对较小。

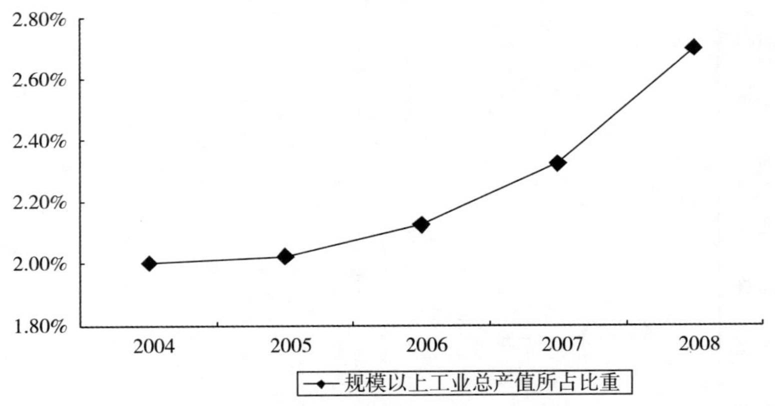

图 2－135　2004－2008 年扬州市规模以上工业总产值在长三角所占比重的变化趋势

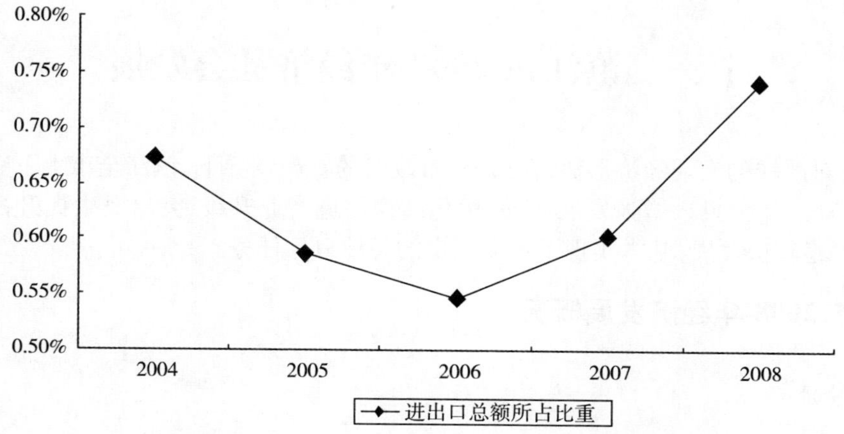

图 2－136　2004－2008 年扬州市进出口总额在长三角所占比重的变化趋势

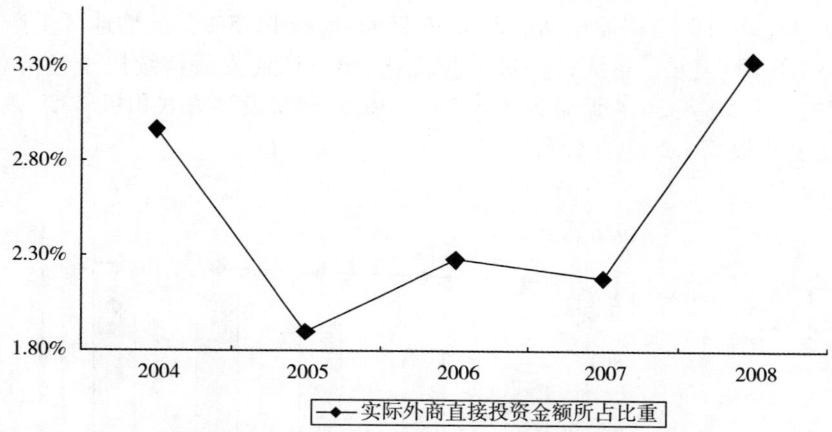

图 2－137　2004－2008 年扬州市实际外商直接投资金额在长三角所占比重的变化趋势

十一　镇江市2008年经济社会发展

2008年,面对严峻的宏观经济形势,在市委、市政府的正确领导下,镇江全市上下克难求进,提升服务改善发展环境、加大投入增强发展后劲、优化结构促进产业升级、突出民生提升社会保障水平,全市经济保持平稳较快发展,基本实现了年度确定的各项目标任务。

一、镇江市2008年经济发展概况

(一)综合经济

1.经济平稳较快运行

2008年,镇江市全年实现地区生产总值1 408.14亿元,按可比价计算:比上年增长12.8%,其中:第一产业增加值51.08亿元,增长5.1%;第二产业增加值843.4亿元,增长12.3%,其中工业增加值774.67亿元,增长13.2%;第三产业增加值513.66亿元,增长14.5%。人均地区生产总值46 473元,按当年汇率折算:为6 794美元。经济结构进一步优化,第三产业发展持续快于经济总体水平,三次产业结构由上年的3.8:59.8:36.4调整为3.6:59.9:36.5;经济发展方式积极转变,内需拉动作用不断增强,消费率比上年提高1.5个百分点。

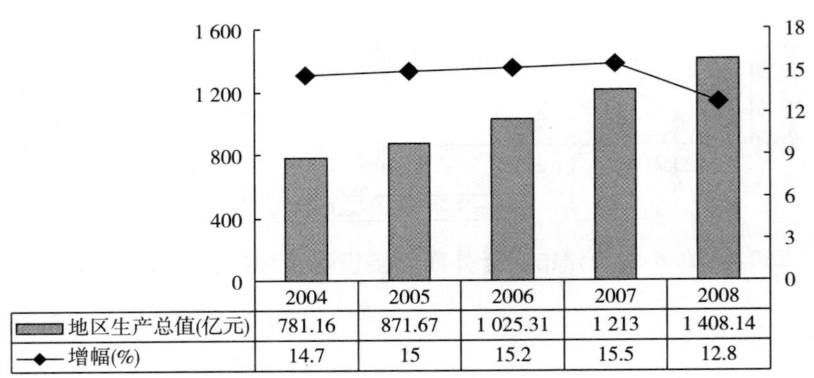

	2004	2005	2006	2007	2008
地区生产总值(亿元)	781.16	871.67	1 025.31	1 213	1 408.14
增幅(%)	14.7	15	15.2	15.5	12.8

图2-138　2004-2008年镇江市地区生产总值及增长速度

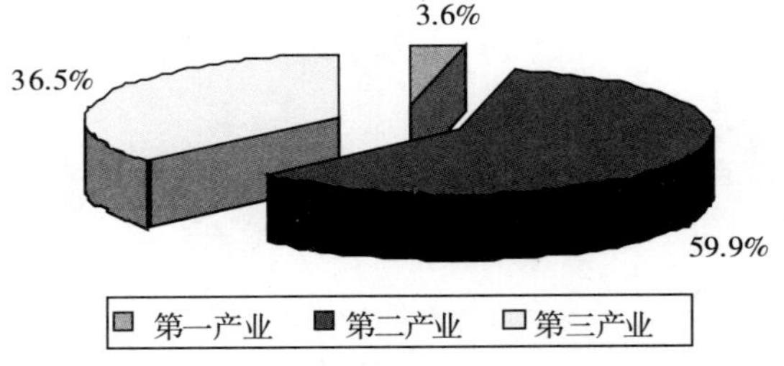

图2-139　2008年镇江市三次产业结构图

2. 财政收入增长趋缓

2008年，全市财政总收入233.2亿元，比上年增长13.7%，其中财政一般预算收入85.66亿元，比上年增长6.7%。在财政一般预算收入中，税收收入70.17亿元，增长11.5%，其中增值税17.88亿元，增长6.8%，营业税17.06亿元，增长7.1%，企业所得税9.62亿元，增长15.2%；非税收入15.49亿元，下降10.6%。财政支出结构继续调整，社会保障和有关民生的财政转移支付明显增加。全年财政总支出169.46亿元，比上年增长22.2%，其中财政一般预算支出95.13亿元，比上年增长17.7%。其中：教育事业支出16.98亿元，增长10.1%；社会保障和就业支出4.97亿元，增长24.6%；农林水事务支出6.58亿元，增长13.8%。

3. 市场物价回落趋稳

2008年，市场物价运行呈现高开、回落、趋稳的发展态势。自6月份以来，我市居民生活消费品价格涨势连续7个月逐月回落。全年居民消费价格总指数105.0，比上年上涨5.0%。在八大类消费品中，呈"五涨三降"态势，其中食品类上涨14.4%；烟酒及用品类上涨3.1%；家庭设备用品及维修服务类上涨2.5%；医疗保健和个人用品类上涨1.2%；居住类上涨1.0%。三降为：衣着类下降1.5%；交通及通讯类下降1.0%；娱乐教育文化用品及服务类下降3.1%。由食品引发的物价结构性上涨矛盾逐步缓解，部分食品价格出现下降。

4. 固定资产投资速度平稳加快

2008年，全市完成固定资产投资718.5亿元，比上年增长22.2%，其中：第一产业投资11.67亿元，增长15%；第二产业投资463.07亿元，增长22.1%，其中工业性投资457.71亿元，增长22%；第三产业投资243.76亿元，增长22.8%。按投资规模分，规模以上固定资产投资614.51亿元，比上年增长27.9%；城镇固定资产投资完成456.22亿元，增长25.4%。按经济类型分，国有经济投资81.72亿元，比上年增长17.2%；民营经济投资383.26亿元，比上年增长26%；外商、港澳台经济投资153.19亿元，增长39.2%。按行业分，化工、交通运输设备、电气机械设备、通用设备、金属制品业、非金属矿物制品业、通讯及其他电子设备分别完成投资66.8亿元、50.68亿元、38.95亿元、26.99亿元、31.97亿元、25.3亿元和15.16亿元。

重大项目有序推进。2008年，全市在建亿元以上投资项目150个，比上年增加9个，其中超5亿元、10亿元项目分别为29个和4个。新开工亿元投资项目38个，其中超5亿元项目8个，比上年增加1个；年度确定的80个重点投资项目完成投资166.4亿元，其中33个结转项目竣工率达70.8%，28个新上项目开工率达75.0%，19个前期项目有3个已开工建设。

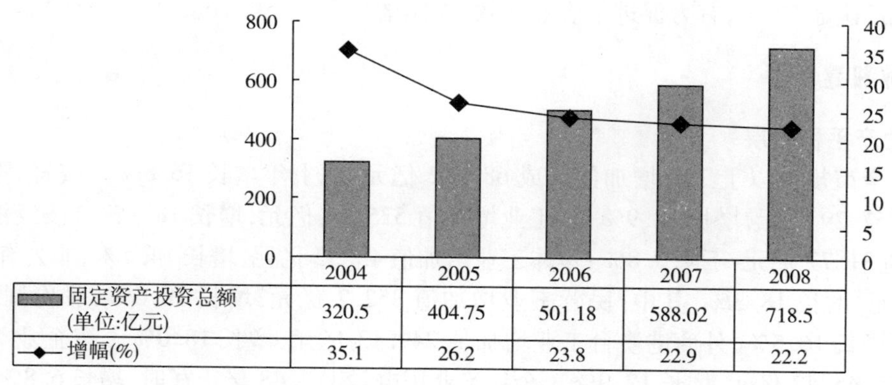

	2004	2005	2006	2007	2008
固定资产投资总额(单位:亿元)	320.5	404.75	501.18	588.02	718.5
增幅(%)	35.1	26.2	23.8	22.9	22.2

图2-140　2004-2008年镇江市全社会固定资产投资及增长幅度

5. 市县经济

在第九届全国县域经济基本竞争力与科学发展评价报告中,句容市再次跻身全国百强县行列,排名第94位。

表2-54　2008年句容市县区主要经济指标

区县	地区生产总值(亿元)	地方财政一般预算收入(亿元)	城镇固定资产投资(亿元)	出口总额(亿美元)	社会消费品零售总额(亿元)
市辖区					
丹徒区	127.27	7.00	55.48	3.30	26.66
郊县					
丹阳市	425.45	20.00	64.69	13.50	110.79
扬中市	172.80	9.54	29.55	2.26	49.34
句容市	180.20	9.50	35.15	2.78	51.24

(二)农林牧渔业

2008年,全市实现农业总产值92.1亿元,比上年增长15.0%。高效农业稳步发展,全市134个高效农业项目完工率达75.0%,新增高效农业面积20.88万亩,新增高效渔业面积2.27万亩,新增农业观光园区137个。粮食生产喜获丰收,全年粮食种植面积175.93千公顷,比上年增长2.6%,粮食总产量112.42万吨,比上年增长11.6%,其中:小麦产量32万吨,水稻产量75.76万吨,分别增长27.0%和6.8%。油菜籽播种面积28.68千公顷,比上年增长4.9%,油菜籽总产量6.27万吨,比上年增长14.6%。养殖业形势明显好转,全市生猪存栏量45.67万头,比上年增长3.0%,出栏量为58.22万头,比上年增长2.0%,生猪生产扭转了连续3年下降的势头;家禽存栏量588万羽,增长2.0%,出栏量1 180万羽,增长1.0%;水产品产量8.25万吨,比上年增长2.1%。全市年末拥有农业机械总动力141.5万千瓦,比上年增长7.1%。全市农用化肥施用量(折纯)9.86万吨,比上年下降2.8%。农村用电量44.69亿千瓦时,比上年增长13.3%。

以高效农业规模化为重点,推动现代农业优化布局、调整结构。优化"三大板块"、"七条走廊"的区域布局,新增高效农业面积20.88万亩,其中设施农业5.44万亩,新增农村"三大合作"组织240家、农业"三品"认证52个,有力促进了农业增效、农民增收。

(三)工业和建筑业

1. 工业生产平稳发展

2008年,全市规模以上工业增加值完成682.92亿元,比上年增长16.8%。按轻、重工业分,轻工业增加值157.29亿元,增长12.9%;重工业增加值525.63亿元,增长18.1%。按经济类型分,国有工业增加值31.77亿元,下降3.8%;集体工业增加值45.52亿元,增长14.5%;非公有制工业增加值605.63亿元,增长18.3%,其中:民营工业增加值352.2亿元,增长19.6%,股份制工业增加值272.17亿元,增长16.5%,外商港澳台工业增加值249.13亿元,增长18.0%。按企业类型分,大中型工业增加值345.42亿元,增长12.9%。全年工业用电量112.48亿千瓦时,增长6.8%。全市列入统计的40种主要工业产品中,增长的有19种,下降的有21种。

表 2－55　2008 年镇江市县区工业总产值

单位:亿元

区县	工业总产值
镇江市	2 780.32
丹徒区	293.47
丹阳市	843.67
扬中市	336.93
句容市	376.97

2. 工业结构调整优化

2008 年,镇江市以打造千亿产业、百亿企业为重点,推动工业集群发展、高端延伸。装备制造、新材料、绿色化工、特种金属和造纸五大产业实现销售超2 000亿元,增长 32%,占全市工业总量的 80%。其中,装备制造业实现销售1 050亿元,率先突破千亿目标。2008 年,全市前 50 强工业企业实现总产值1 286亿元,比上年增长 28.5%,占比重为 46.3%。全市有 8 个行业实现工业产值超 100 亿元,占比重 69.1%,其中化学原料及化学制品制造业、电气机械及器材制造业、金属制品业、造纸及纸制品业、交通运输设备制造业、通用设备制造业实现总产值 492 亿元、319 亿元、280 亿元、198 亿元、190 亿元和 211 亿元,比上年分别增长 30.9%、25.4%、33.9%、17.2%、28.0% 和 38.6%。规模工业高新技术产业实现总产值 843 亿元,比上年增长 29.3%,占比重为 30.3%。

3. 企业效益有所下滑

2008 年,全市规模以上工业企业实现销售收入2 590亿元,比上年增长 27.8%。实现利税总额 210 亿元,比上年增长 20.6%,其中:利润总额 121 亿元,增长 20.6%。规模以上工业企业亏损面为 13.86%,比上年上升 1.32 个百分点;亏损企业亏损总额 7.34 亿元,比上年增长 60.1%。两项资金占用达 436 亿元,比上年增长 13.3%。

(四)服务业

1. 国内贸易

消费市场持续趋旺。2008 年,全市实现社会消费品零售总额 410.21 亿元,比上年增长 23.8%,其中:批发零售贸易业零售额 357.44 亿元,增长 25.7%;餐饮业零售额 50.1 亿元,增长 24.4%;城市市场实现消费品零售额 342.44 亿元,比上年增长 26.0%;农村市场实现消费品零售额 67.77 亿元,比上年增长 13.7%。2008 年末,全市拥有限额以上批发零售贸易、餐饮和住宿企业 484 家,比上年增加 106 家,实现消费品零售额 201 亿元,比上年增长 32.5%,占全市比重 45.0%。在各类消费品中,吃、穿、用商品增长较快,食品、服装、金银珠宝、家用电器、家具实现零售额分别增长 26.3%、29.8%、19.9%、17.6% 和 100.8%。

2. 交通运输、邮电业

交通运输业态势良好。2008 年,全市完成交通基础设施投资 60 亿元。京沪高速铁路、沪宁城际铁路全面开工建设。公路建设全面加速,镇大公路开工建设,宁杭高速公路镇江段、S243 通禄口机场路句容段、团山路、长山路等工程建成通车,沿江高等级公路、健康路西延、延茅公路等工程主体完成。年末全市公路总里程达6 314公里,其中等级以上6 296公里,高速公路 153 公里。全年完成货物、旅客发送量7 263万吨和10 632万人次,比上年分别增长 14.8% 和 15.1%,实现货物、旅客周转量 43.71 亿吨公里和 53.55 亿人公里,比上年分别增长 15.1% 和 18.5%。完成港口货物吞吐量10 055

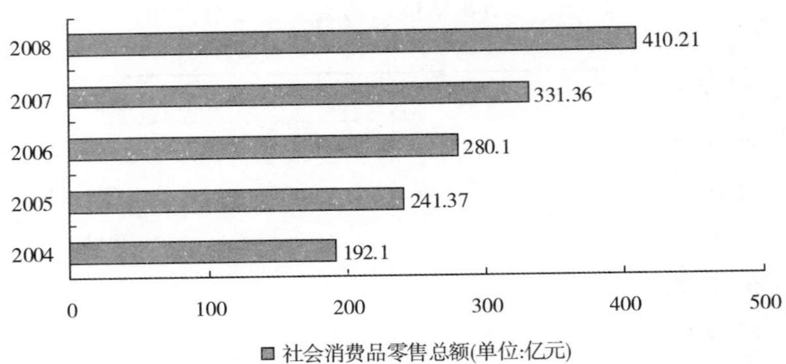

图2－141 2004－2008年镇江市社会消费品零售总额

万吨,增长13.6%。全市民用汽车保有量11.36万辆,比上年增长15.3%。私人汽车保有量7.19万辆,比上年增长20.6%,其中私人轿车保有量4.05万辆,比上年增长35.0%。

邮电通信业稳步发展。2008年,全市完成邮电业务总量29.09亿元,比上年增长6.9%。其中邮政业务总量3.35亿元,电信业务总量25.74亿元,比上年分别增长14.9%和6.0%。完成邮电业务收入20.64亿元,比上年增长2.5%。其中邮政业务收入2.74亿元,电信业务收入17.90亿元,比上年分别增长10.9%和1.4%。年末拥有邮政局(所)135处,邮政报刊图书销售亭(点)149处,邮政线路总长度5 608公里;拥有本地电话用户143.03万户,其中固定电话用户101.67万户,移动市话(小灵通)用户41.36万户。移动电话用户181.63万户。互联网用户30.44万户。

3.金融和保险业

金融信贷前紧后松。2008年,镇江市金融形势在宏观政策调整中保持稳定发展,但由于资本市场仍处于深度调整阶段,储蓄增量仍然较快。截止12月末,金融机构各项存款余额1 262.71亿元(人民币,下同),比年初增加239.12亿元,其中:企业存款余额362.52亿元,比年初增加23.57亿元;居民储蓄存款余额686.71亿元,比年初增加157.63亿元。金融机构各项贷款余额920.98亿元,比年初增加131.96亿元,其中:短期贷款498.66亿元,比年初增加44.32亿元;中长期贷款344.58亿元,比年初增加68.29亿元。

保险业规模不断扩大。2008年,全市拥有保险企业35家,比上年增加9家。保险企业承保额4 745.27亿元,比上年增长11.4%。实现保费收入32.42亿元,比上年增长25.2%,其中:财产险6.99亿元,增长10.3%;人寿险25.43亿元,增长29.6%。保险企业理赔支出9.0亿元,比上年增长40.0%,其中:财产险4.38亿元,增长34.5%;人寿险4.62亿元,增长45.7%。

4.旅游业

2008年,全市接待国内旅游者1 800万人次,比上年增长13.2%;国内旅游收入183亿元,比上年增长18.9%。接待境外旅游者50万人次,比上年增长7.8%。国际旅游外汇收入4亿美元,增长10.2%。

5.房地产业

房地产开发有所回落。2008年,房地产开发投资97.03亿元,比上年增长15.1%,全年完成商品房施工面积911.21万平方米,比上年增长10.8%,其中:住宅766.28万平方米,增长10.7%;商品房竣工面积281.78万平方米,比上年增长13.1%,其中:住宅面积237.4万平方米,增长18.1%;商品房销售面积214.07万平方米,比上年下降28.9%,其中:住宅面积192.17万平方米,下降30.4%。全市空置一年以上商品房面积99.81万平方米,比上年增长48.2%,其中:住宅62.64万平方米,增

长52.6%。

(五)开放型经济

1.对外贸易发展趋紧

2008年,全市完成进出口总额74.62亿美元,比上年增长18.3%,其中:进口总额32.08亿美元,增长22.6%;出口总额42.54亿美元,增长15.4%。从贸易方式看,一般贸易完成出口总额30.18亿美元,增长21.6%,加工贸易完成出口总额12.33亿美元,增长1.3%;从贸易企业看,外资企业完成出口总额23.34亿美元,增长8.4%,私营企业完成出口总额13.16亿美元,增长35.0%;从贸易市场看,亚洲市场完成出口总额18.98亿美元,增长11.3%,欧洲市场完成出口总额10.37亿美元,增长28.0%,北美洲市场完成出口总额7.9亿美元,与上年持平。

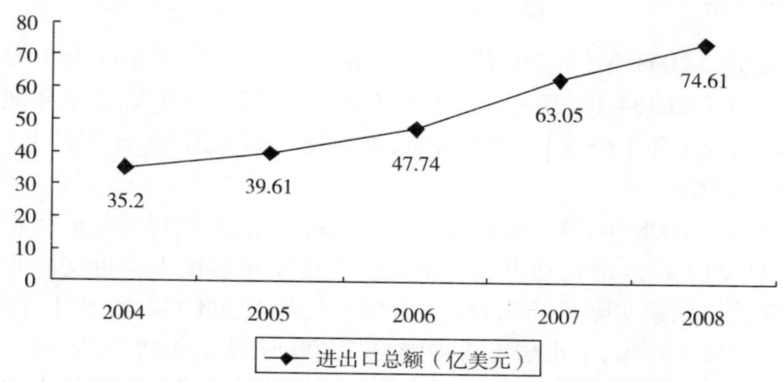

图2-142　2004-2008年镇江市外贸进出口总额

2.实际利用外资平稳增长

2008年,全市新批工商注册外资企业146家,新签千万美元以上项目77个。协议利用外资23.34亿美元,比上年增长1.2%,实际利用外资12.1亿美元,比上年增长13.7%。园区载体作用增强,全市省级以上开发区实际利用外资9.2亿美元,增长45.2%。

表2-56　2008年镇江市县区实际外商直接投资

单位:亿美元

区县	实际外商直接投资
镇江市	**12.02**
丹徒区	1.13
丹阳市	2.01
扬中市	1.35
句容市	2.54

3.对外经济发展有所加快

2008年,全市新签对外承包工程和劳务合作合同金额3.03亿美元,比上年增长20.1%;完成营业额2.56亿美元,比上年增长20.4%;年末在境外人数11 180人,其中当年新派境外劳务人员4 750人,比上年增长6.8%。年末境外企业达49家,其中当年新批12家。

4. 非公制经济发展不断加快

全市民营经济实现增加值767.95亿元,比上年增长13.2%,对经济增长的贡献率57.4%,占全市GDP比重54.5%,比上年提高0.4个百分点;私个经济较快发展。截止2008年末,全市拥有私营企业25 459户,注册资本464.28亿元,从业人员37.62万人,其中本年新增私营企业3 937户,新增注册资本62.89亿元,新增从业人员3.02万人;全市拥有个体工商户86 655户,注册资本35.22亿元,从业人员13.78万人,其中本年新增个体工商户14 816户,新增注册资本10.4亿元,新增从业人员2.3万人。

二、镇江市2008年社会发展概况

(一)人口、人民生活

人口总量基本稳定。2008年,年末户籍总人口268.77万人,比上年减少0.01万人,其中:男性人口134.69万人;女性人口134.08万人。其中市区总人口102.81万人,比上年减少0.01万人。全年人口出生率7.45‰,比上年上升0.03个千分点;人口死亡率8.31‰,比上年上升0.67个千分点;人口自然增长率为-0.86‰。

人民生活继续改善。2008年,镇江市城乡居民收入稳定增加,农民增收形势相对较好,但受企业效益增势放缓的影响,职工收入增长动力仍显不足。全市城镇居民人均可支配收入19 040元,比上年增长13.5%,剔除价格因素实际增长7.8%。农民人均纯收入8 742元,比上年增长14.0%,剔除价格因素实际增长8.3%。年末,全市居民人均储蓄25 800元,比上年增长29.3%。全面小康社会建设得到巩固和提升,全市城市(市区)、农村居民人均生活消费性支出分别增长1.8%和12.5%,人均住房面积分别为33.6和47.8平方米,百户家庭拥有电话、电脑56部和278台,有线电视入户率达66.5%。

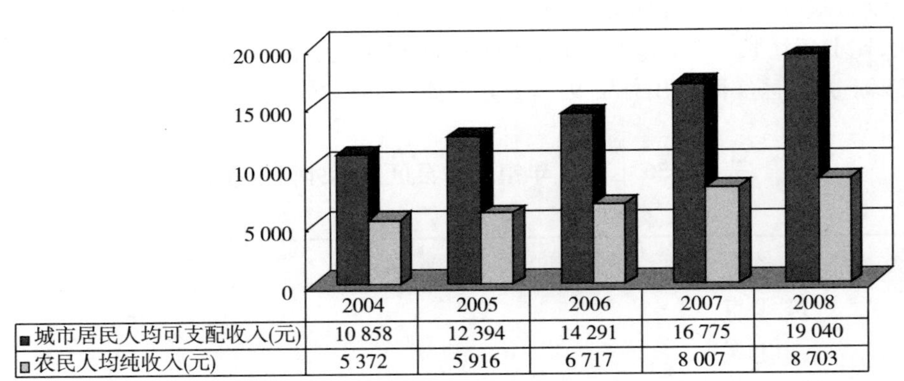

	2004	2005	2006	2007	2008
城市居民人均可支配收入(元)	10 858	12 394	14 291	16 775	19 040
农民人均纯收入(元)	5 372	5 916	6 717	8 007	8 703

图2-143　2004-2008年镇江市城乡居民收入对比一览

(二)就业与社会保障

1. 就业再就业形势稳定

2008年,全市城乡从业人员163.5万人,比上年增加6.5万人。城镇登记失业率为2.54%,全年新增城镇就业5.7万人,新增农村劳动力转移4.29万人,基本实现零就业家庭。

2. 社会保障水平全面提升

2008 年,社会保障财政转移支付力度不断加大,保障面扩量增,保障标准进一步调整提高,城乡统筹发展水平得到新提升。保障覆盖保持较高水平,基本养老保险参保人数 57. 31 万人,比上年增加 5. 36 万人,覆盖面达 96. 9%;基本医疗保险参保人数 69. 9 万人,比上年增加 3. 6 万人,覆盖面达 97. 6%;失业保险参保人数 42. 08 万人,比上年增加 0. 31 万人,覆盖面达 98. 1%。应保尽保同步提高,全市企业退休人员养老金人均月增资 116 元,达1 092元/月;城乡居民最低生活保障人数 4. 26 万人,增长 5. 7%,发放最低生活保障经费4 899万元,增长 49. 8%,城乡居民低保标准分别提高到每人每月 330 元和 220 元,农村五保户集中供养率达 60. 6%。农村居民保障水平快速提升,全市农村养老参保率达 45. 7%。

(三)科学技术和教育

1. 科技与创新

科研水平稳步提高。2008 年,全市拥有各类专业技术人员 13. 05 万人,比上年增长 3. 6%,其中中高级职称人员 4. 41 万人,增长 5. 4%。拥有市级以上工程技术研究中心 47 家,其中省级 20 家。全年新立省级以上星火计划 3 项,其中:国家级 3 项;新立省级以上火炬计划 26 项,其中:国家级 26 项。共组织市级以上各类科研项目1 206项,完成省级以上项目 207 项。获市级以上科技进步奖 74 项,其中省级 16 项。全年研发经费(R&D)支出 22. 8 亿元,比上年增长 25. 1%。

创新能力不断增强。2008 年,全市专利申请量6 600件,比上年增长 26. 9%;专利授权量2 500件,比上年增长 23. 6%。全年共签订各类技术合同1 050项,技术合同金额 4. 48 亿元。企业科技进步明显加快,高新技术企业、产品明显增加,大中型工业企业 R&D 经费支出 18. 97 亿元,增长 25. 5%。全市拥有省级高新技术企业 275 家,其中:当年新批高新技术企业 65 家;拥有高新技术产品 955 个,其中:当年新认定高新技术产品 121 个。高新技术产业实现销售收入 794. 60 亿元、利税总额 66. 49 亿元,比上年分别增长 31. 3% 和 42. 4%。

2. 教育事业均衡发展

2008 年,是镇江市基本实现教育现代化奋力冲刺年,教育现代化水平有了新提升,教育经费投入达 26 亿元。拥有省级实验小学 71 所,省级现代化示范初中 64 所,四星级以上高中 10 所,省级以上重点中等职业学校 10 所。普通高等学校、中学、小学在校学生分别为 8. 35 万人、14. 23 万人和 13. 46 万人;职业学校、中等专业技术学校在校学生分别为 0. 93 万人和 2. 82 万人。全市幼儿入园率达 96. 0%,九年义务教育人口覆盖率达 100%,初中毕业升学率达到 99. 38%,高中阶段教育毛入学率 100. 0%,高等教育毛入学率达 60. 1%,优质教育资源学生覆盖率超过 70. 0%,人均预期受教育年限达 14. 4 年。

(四)文化、卫生和体育

1. 文化建设步伐加快

2008 年,围绕“加快建设文化强市、文化名市”目标,加强文化载体建设,促进文化产业发展。首届“文化嘉年华活动”成功举办,开展了 32 项有影响、有品位的文化活动;推出了以文心剧场、文心影院、文心讲堂为主要内容的“文心公益行动”;举办“岁月回响 30 年——纪念改革开放镇江文化行动”等系列活动,极大地丰富和提升了我市文化活动的内涵、层次。基层文化建设稳步推进,乡镇文化站达标率 93. 0%,村文化室建成率 90. 0%,建成农家书屋 283 个,组织电影下乡3 553场次,共举办 24 场“欢乐家园”广场文化活动。积极打造文化艺术精品力作,音乐剧《水漫金山》被评选为 2007 - 2008 年度“江苏省舞台艺术精品工程初选剧目;开展首届市文化广玉兰奖评选活动,组织了”2008 年镇江市群文新作大赛"、创作"百米国画长卷咏镇江——《新第一江山图》。文化遗产保护取得积极进展,封缸酒酿造技艺、古琴艺术(梅庵琴派)、扬剧、灯彩(秦淮灯彩)4个项目列入国家非物质遗产保护项目。

2. 医疗水平不断提升

2008年,全市卫生基础设施建设投入不断加大,医疗水平进一步巩固提高,市急救中心建成投入使用、市结核病楼完成封顶、市一院内科医技楼和中医院综合病房楼开工建设、市口腔医院改扩建进展顺利,江大附院、市一院通过了省"三级甲等"医院评审,市中医院通过了省三级中医院评审。镇江市成为全国城乡居民医疗保险相衔接试点地区。年末,全市拥有卫生机构926个,卫生技术人员13 868人,医院床位数8 636张,每万人拥有卫生机构床位、医生数分别达到32.4张和21.6人。卫生重大疾病防控和应急体系进一步健全,开展血防"春风5号"行动,血吸虫病防治达到省控标准;艾滋病预防控制超额完成卫生部下达的"十率"指标任务。城乡卫生医疗保障统筹发展,新型农村合作医疗参保人数163.26万人,参合率达99.5%;产妇住院分娩率达99.5%,婴儿死亡率为6.2‰

3. 体育事业健康发展

2008年,全市体育事业以北京奥运会为契机,突出以人为本、服务大众的发展理念,群众性、竞技性体育活动得到全面协调发展。体育基础设施建设取得积极进展,体育中心选址及建筑设计方案基本确定,新建全民健身工程(点)135个,拥有标准体育场馆29所。各项体育活动广泛开展,全年共开展各类体育活动55场次,开展了迎新年万人健身长跑、"与奥运同行"全民健身、全民健身月等大型群众性体育活动。体育办赛水平不断提高,成功举办镇江市第十三届运动会,全国少年男子排球(甲组)锦标赛、U19男子足球联赛、象棋甲级联赛、少年乒乓球锦标赛,江苏省少儿羽毛球比赛、少儿象棋比赛、少儿围棋比赛。竞技体育再获佳绩,全市拥有等级运动员167人,向省输送优秀运动员8名,省级以上体育比赛共获得金牌82枚、银牌61枚、铜牌73枚,陈玲获得北京奥运会女子射箭团体亚军,薛飞获得全国田径锦标赛女子1500米冠军,张国凤获得世界智运会中国象棋女团赛冠军。

(五)城乡建设

2008年,镇江市突出规划龙头地位,促进城乡资源要素集约利用。编制完成全市电力、通讯、绿地、污水处理系统等一批重大基础设施规划和丁卯-三山地区战略发展规划,区域发展空间布局进一步优化。

2008年,南徐新城建设取得积极进展,新行政办公楼桩基工程开工,建成九华山路、九华山支路等11条道路,规划展示馆主体封顶,体育会展中心全面启动。加快旧城改造步伐,整治22处积水区(点),改造街巷道路67条,区域供水管网基本实现乡镇全覆盖。建成西津渡、解放路高架桥停车场。进一步完善城市功能,建成南徐大道西延、健康路西延东段和江洲路一期工程,全面实施西津渡历史文化街区二期保护工程,京口、谏壁污水处理厂土建主体工程完工,开工建设大港第二污水处理厂,市区污水集中处理能力14.7万立方米/日。城市规模继续扩大,市区建成区面积达98.18平方公里。

公共事业全面发展。2008年,市区拥有公共汽车营运车辆828辆,运行线路55条,公交道路路网里程285公里,客运总量9 545万人次。建成公交江大枢纽站,新增环保节能公交车90辆,新辟和优化线路11条,新建公交站点67座。拥有出租车辆1254辆,更新车辆700辆。市区全年天然气供应总量1.35亿立方米,天然气用户达13万户,液化石油气供应总量4.3万吨,燃气普及率达到95.0%。市区自来水综合供水能力62万立方米/日,自来水普及率99.0%。

破解城乡拆迁难题,城建重点工程有序推进。坚持依法、阳光、惠民、和谐拆迁,完成拆迁面积310万平方米,其中市区175万平方米,创历史新高。南徐新城道路骨架初现雏形,规划展示馆顺利封顶。金山广场、西津渡历史文化街区保护更新二期工程建成并对公众开放，金山湖整治、引航道水利枢纽和焦南闸扩建工程进展顺利。

（六）环境保护与生态建设

环境质量保持较高水平，空气优良天数优良率达91.0%，饮用水源地水质达标率为100%，环境质量综合指数达82.5分，新增城市绿地面积206公顷，城市绿化覆盖率42.1%，新增植树造林面积13.33万亩，森林覆盖面达21.2%。园林绿化水平提升。2008年，市区园林绿地面积达6 099公顷。人均公园绿地面积14.5平方米，比上年增加0.39平方米。

继续加大治污力度，环境污染治理投资21.21亿元。强力推进太湖流域治理，水环境整治初见成效。太湖流域内19个乡镇的污水处理厂开工建设，199家工业企业提标改造，对入湖河道实施综合治理、重点污染源实行在线监测，水环境整治工作取得初步进展。建成16个农村居民点生活污水处理设施；完成3家污水处理厂除磷脱氮技术改造、建成畜禽粪便发酵床养殖技术示范点12个；化工集中区压减为3个，扬中、句容和京口、润州不再设立化工集中区；关闭小化工企业25家、电镀企业37家。化学需氧量、二氧化硫排放量分别削减2.2%和4%，单位GDP能耗下降4.82%。工业废水排放达标率92.0%、工业烟尘排放达标率98.9%、二氧化硫排放达标率达95.6%。

生态市建设全力推进。2008年，完成国家生态市建设规划修编，扎实推进生态县（市）和环境优美乡镇创建工作。全市围绕2010实现生态市建设目标，环境基础设施建设全面启动，黄岗取水口延伸工程顺利推进。

各类创建取得成效，成功创成"臭氧层友好城市"，省级绿色社区3个，省级绿色学校11家，市级绿色社区15个，市级生态村26个。

三、挑战与目标

2008年，镇江市国民经济和社会发展中仍然存在一些问题：经济发展速度回落，呈下行运行态势；工业产销增势减缓，中小企业经营困难；投资发展后劲尚需增强，新开工项目不足；财政持续增长乏力，税源经济成长不快；职工工薪收入增长滞缓，少数低收入群体生活仍较困难等。这些问题在今后的工作中将加以解决。

2009年全市经济社会发展的主要预期目标是：地区生产总值增长11%；地方财政一般预算收入增长13%；全社会固定资产投资增长20%；社会消费品零售总额增长18%；实际利用外资增长5%，进出口总额增长5%；城镇居民人均可支配收入增长12%，农民人均纯收入增长12%；城镇登记失业率控制在4%以内；单位GDP能耗下降4.4%，化学需氧量、二氧化硫排放量分别削减2.2%和4%。工作中，我们将力争做到主要经济指标增幅高于全省平均水平、快于全省沿江八市。

四、镇江市在长三角地区经济发展中的地位

面对风云变幻的国际、国内经济形势，镇江市工业经济紧紧围绕"三优三加"的目标任务，以打造"千百亿"工程为抓手，负重前行，积极应对，努力化解经济运行中的各种矛盾和问题，继续实现了经济平稳较快增长的发展态势。

镇江市地区生产总值在长三角所占比重在2004年为2.24%，2005－2008年间均在2.14和2.16之间变动，变幅相对很小。

镇江市地方财政一般预算收入在长三角所占比重自2004至2007年连年较上年增加，从2004年的1.20%增加到2007年的1.34%。但2008年镇江市地方财政一般预算收入占比较2007年明显回落，为1.22%，跟2004年的占比十分接近。

2004 - 2008 年镇江市规模以上工业总产值在长三角所占比重分别为 1.90%、1.86%、1.83%、1.92%、2.13%,在 2005 年和 2006 年连续两年小幅下滑之后,2007 年和 2008 年比前一年有较大的增加,均为 0.09 个百分点。

2004 - 2008 年镇江市进出口总额在长三角所占比重分别为 0.98%、0.83%、0.80%、0.85%、0.90%。在 2005 年和 2006 年均比前一年明显减少,分别下跌了 0.15 和 0.03 个百分点;2007 年和 2008 年比前一年有明显的增加,均为 0.05 个百分点。

2004 - 2008 年镇江市实际外商直接投资金额在长三角所占比重 2.21%、2.15%、2.19%、2.65%、2.65%。2004 - 2006 年,镇江外商直接投资金额的占比变化幅度不大,维持在 2.15% ~ 2.21%之间;但 2007 年比前一年猛增 0.46 个百分点,增幅十分明显,2008 年占比维持不变。

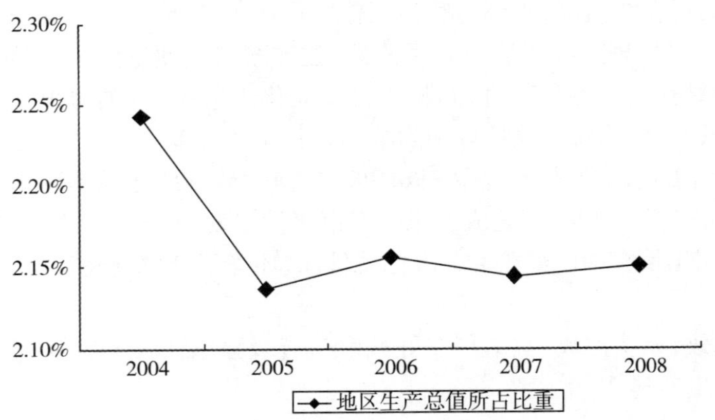

图 2 - 144　2004 - 2008 年镇江市地区生产总值在长三角所占比重的变化趋势

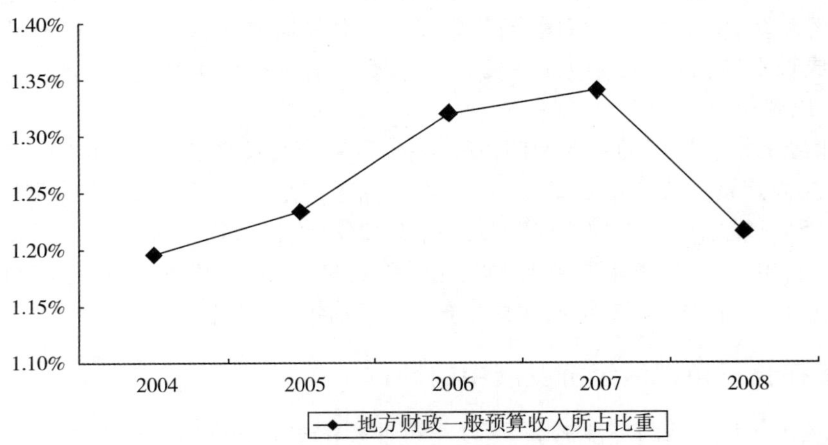

图 2 - 145　2004 - 2008 年镇江市地方财政一般预算收入在长三角所占比重的变化趋势

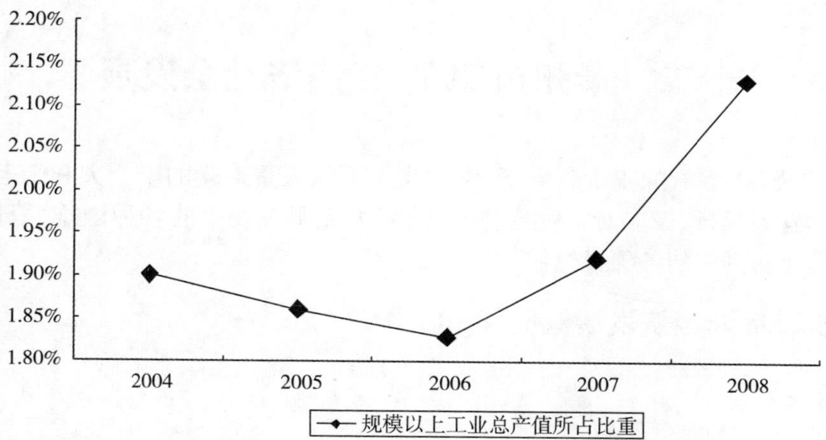

图 2－146　2004－2008 年镇江市规模以上工业总产值在长三角所占比重的变化趋势

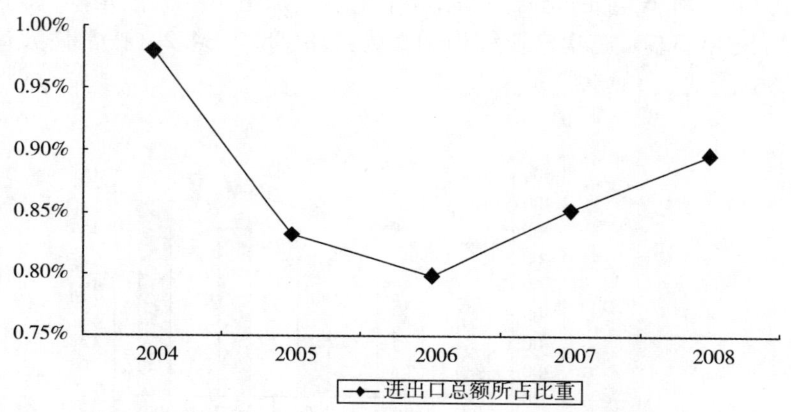

图 2－147　2004－2008 年镇江市进出口总额在长三角所占比重的变化趋势

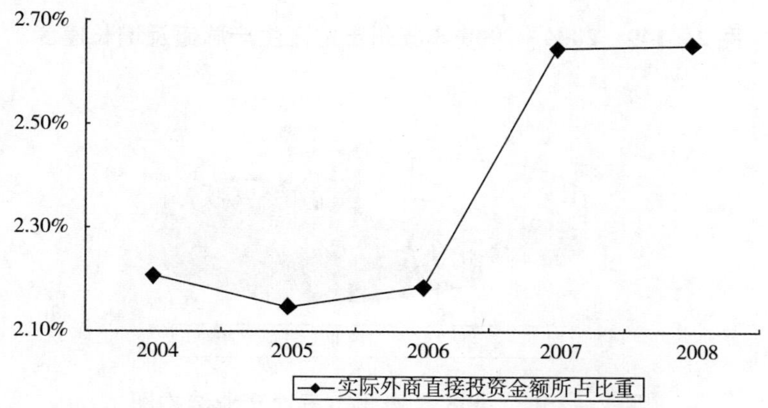

图 2－148　2004－2008 年镇江市实际外商直接投资金额在长三角所占比重的变化趋势

十二　泰州市2008年经济社会发展

2008年,在市委、市政府的正确领导下,泰州市上下深入贯彻党的十七大和十七届三中全会精神,全面落实科学发展观,积极应对宏观形势变化,着力克服发展中的各种困难,抢抓机遇、奋力拼搏,较好地完成了年初制定的各项目标任务。

一、泰州市2008年经济发展概况

(一)综合经济

1. 经济实力得到新提升

2008年,全市地区生产总值1 394.2亿元,比上年增长13.5%。第一产业增加值109亿元,增长4.5%;第二产业增加值808.6亿元,增长14%,其中工业增加值704.7亿元,增长16%;第三产业增加值476.6亿元,增长15.3%。三次产业结构调整为:7.8∶58.0∶34.2。按常住人口计算,全市人均地区生产总值30 256元,增长13.5%。

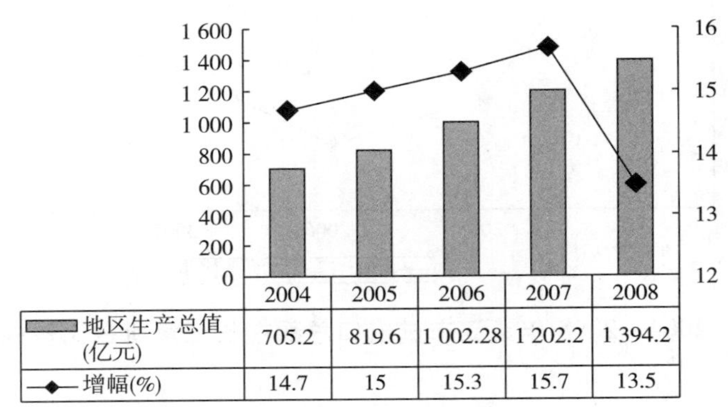

图2-149　2004-2008年泰州市地区生产总值及增长速度

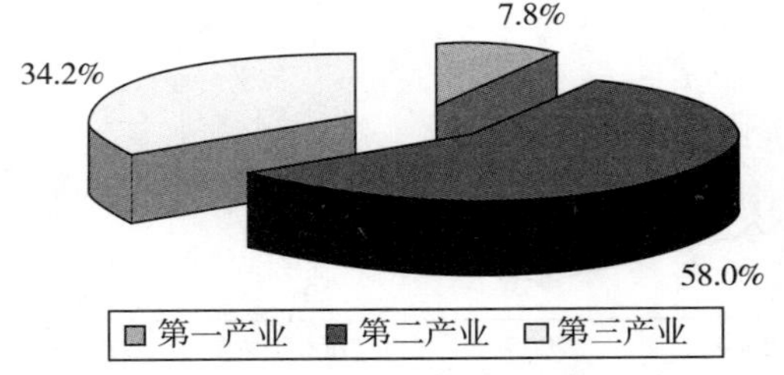

图2-150　2008年泰州市三次产业结构图

2. 地方财力明显增强

全市财政总收入262.31亿元,比上年增长24.1%。地方一般预算收入101.08亿元,增长18.6%,其中增值税、营业税、企业所得税分别增长23.2%、20.6%和35.8%。财政总支出183.36

亿元，增长21.1%。地方一般预算支出120.95亿元，增长18.1%。财政支出结构不断优化，对医疗卫生、环保、社会保障和就业等领域的资金保障力度加大，分别增长46.7%、33.1%和25.6%。

3. 物价涨幅逐步回落

全年全市居民消费价格指数104.8%，涨幅比一季度、上半年、前三季度分别回落1.6个、1.7个和1.2个百分点。八大类商品和服务价格6升2降，食品类、居住类、医疗保健和个人用品类、家庭设备用品及维修服务类、烟酒及用品类、交通及通讯类分别比上年增长10.7%、4.9%、2.6%、1.6%、1.2%和0.6%，衣着类、娱乐教育文化用品及服务类分别下降2%和0.3%。

4. 固定资产投资较快增长

全社会固定资产投资900.52亿元，比上年增长27.9%，其中城镇集体以上固定资产投资437.66亿元，增长25.9%。第一、二、三产业投资16.54亿元、505.96亿元和378.02亿元，分别增长44.6%、24.6%和31.9%。民间投资668.95亿元，占全社会固定资产投资74.3%。

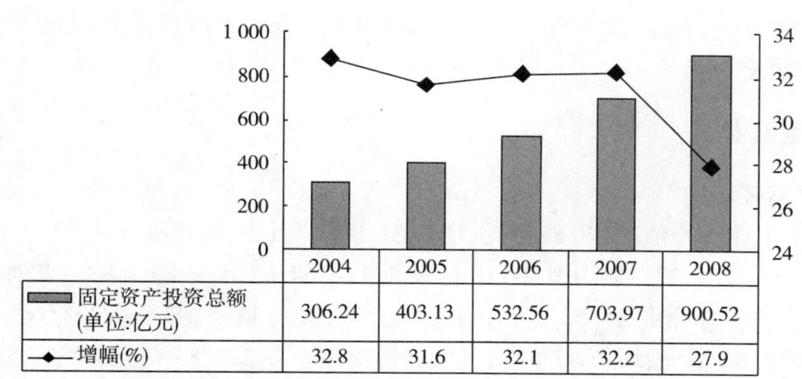

	2004	2005	2006	2007	2008
固定资产投资总额(单位:亿元)	306.24	403.13	532.56	703.97	900.52
增幅(%)	32.8	31.6	32.1	32.2	27.9

图2－151　2004－2008年泰州市全社会固定资产投资及增长幅度

5. 市县经济

2008年，泰州所辖六个郊区县共计实现生产总值达1 252.94亿元，总体上保持着较高的增长速度。近年来，靖江、泰兴、姜堰、兴化四个市县域经济排名在全省位置不断前移，目前已全部位居全省前20名。

（二）农业

1. 农业生产平稳发展

泰州市认真落实各项惠农政策，粮食总产与夏粮单产创历史新高。全年粮食总产量300.62万吨，比上年增长10.5%；兴化再获“全国粮食生产先进县标兵”称号。棉花总产量2.12万吨，增长29.3%；油料总产量11.94万吨，增长18.3%。

表2－57　2008年泰州市县区主要经济指标

区县	地区生产总值(亿元)	地方财政一般预算收入(亿元)	城镇固定资产投资(亿元)	出口总额(亿美元)	社会消费品零售总额(亿元)
市辖区					
海 陵 区	106.27	8.81	59.03	4.24	93.00
高 港 区	78.63	6.20	39.76	4.04	16.46

(续表)

区县	地区生产总值(亿元)	地方财政一般预算收入(亿元)	城镇固定资产投资(亿元)	出口总额(亿美元)	社会消费品零售总额(亿元)
郊县					
兴 化 市	268.61	12.50	37.81	2.08	59.23
靖 江 市	291.11	20.84	84.36	18.63	68.71
泰 兴 市	290.17	15.89	59.48	6.80	83.95
姜 堰 市	218.15	13.24	40.11	5.32	68.19

2. 林牧渔业稳定增长

全市新增造林面积 1.24 万公顷,增长 10.3%。农田林网四旁植树 130.5 万株,全市森林覆盖率 14.1%,比上年提高 1.7 个百分点。主要畜产品中,肉类总产量 21.92 万吨,增长 7.8%;禽蛋总产量 8.8 万吨,增长 4.8%;牛奶总产量 2.86 万吨,增长 5.9%。全市水产养殖面积 6.38 万公顷,水产品产量 29.18 万吨,增长 31%。

(三)工业和建筑业

1. 工业经济"高开稳进"

全市规模以上工业总产值2 949.82亿元,增长 31.3%。其中,轻工业 828.91 亿元,增长 18.4%,重工业2 120.91亿元,增长 37.1%。其中,国有企业 114.64 亿元,下降 1.8%;集体企业 151.73 亿元,增长 12.4%;股份合作企业 33.52 亿元,增长 23.1%;股份制企业1 610.43亿元,增长 31.1%;外商和港澳台企业 818.64 亿元,增长 45.4%;其他经济类型企业 220.83 亿元,增长 25.1%。工业经济的快速增长明显体现了出口强劲的拉动作用,规模以上工业出口交货值 478.74 亿元,增长 41.8%。

表 2-58　2008 年泰州市县区工业总产值

单位:亿元

区县	工业总产值
泰 州 市	**2 949.82**
海 陵 区	215.97
高 港 区	169.21
兴 化 市	388.07
靖 江 市	675.78
泰 兴 市	533.01
姜 堰 市	441.02

2. 工业运行质态平稳

2008 年,全市新增销售过亿元的企业 72 家,其中过 10 亿元的企业 8 家。规模以上工业产品销售率 97.8%,比上年下降 0.3 个百分点;销售收入2 794.88亿元,增长 29.6%;利税总额 287.5 亿元,增长 47.8%;利润总额 152.01 亿元,增长 40.2%。全市亏损企业 265 家,比上年增长 18.8%;亏损企业亏损总额 5.35 亿元,增长 46.4%。工业一般纳税人开票销售跨上2 000亿元台阶,达2 200亿元,增长 22%。工业开票销售及利税、利润的增幅均在全省名列前茅。

3. 四大支柱产业发展势头良好

四大支柱产业产值1 879.96亿元，销售收入1 770.95亿元，利税198.29亿元，比上年分别增长32.7%、29.8%和50.8%。其中，机电产业产值804.57亿元，增长24.3%；化工产业产值492.67亿元，增长25%；医药产业产值226.5亿元，增长25.6%；船舶产业产值356.22亿元，增长83.2%。不锈钢产业、船舶修造产业入选“全国百佳产业集群”，机电（船舶）产业成为全市首个销售突破千亿级产业，全市销售过亿元的企业418家、过10亿元的企业32家，分别比上年增加72家和8家。

4. 高新技术产业发展加快

全市高新技术产业产值852.35亿元，比上年增长24.5%。其中，航空航天制造业0.73亿元，增长46.3%；计算机及办公设备制造业1.22亿元，增长52%；医药制造业212.33亿元，增长26.1%，电子及通讯设备制造业75.62亿元，增长67.3%，专用科学仪器设备制造业36.73亿元，增长26.6%，电气机械及设备制造业290.64亿元，增长14.9%，新材料制造业235.08亿元，增长25.4%。高新技术产业产值占全市规模以上工业产值28.9%。

5. 建筑业稳定发展

全市建筑企业全年共完成建筑业总产值954.07亿元，增长20.2%；竣工产值772.8亿元，增长10.5%；工程结算收入606.44亿元。建筑业劳动生产率18.4万元/人，增长19.9%。建筑企业房屋建筑施工面积11 653万平方米，增长8.7%；房屋建筑竣工面积5 412万平方米，与去年基本持平。江苏一建承建的北方国际传媒中心项目获得“鲁班奖”。

（四）服务业

1. 国内贸易

消费市场繁荣兴旺。全市社会消费品零售总额395.73亿元，比上年增长23.3%。其中，住宿和餐饮业零售额65.25亿元，增长34.3%；批发和零售业零售额328.03亿元，增长21.6%；其他行业零售额2.45亿元，下降9.4%。城乡市场协调发展。城市市场零售额282.07亿元，增长24.4%；农村市场零售额113.66亿元，增长20.4%。

消费结构调整升级。全市限额以上批发零售贸易业中，金银珠宝类、服装鞋帽针织品类、日用品类商品零售分别增长43.9%、25.9%和21.4%。城镇居民消费支出10 985元，增长21.8，其中居住类、交通和通讯类、医疗保健类分别增长54.8%、37.7%和37.3%。农村居民生活消费支出5 075元，增长13.8%，其中居住类、医疗保健类、文化教育娱乐类分别增长49.3%、22.6%和15.6%。

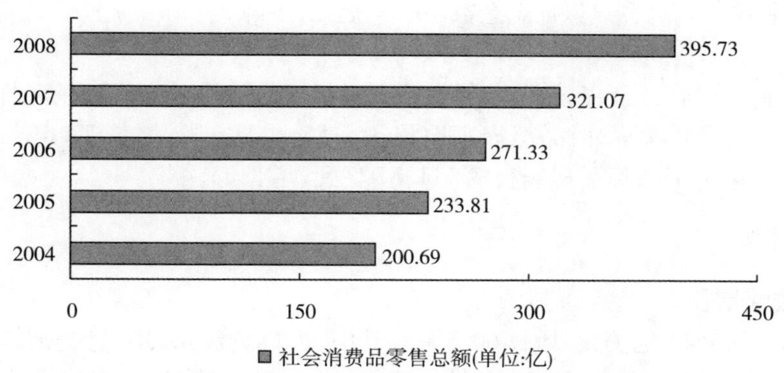

图2－152　2004－2008年泰州市社会消费品零售总额

2. 交通、邮电

(1)交通运输能力进一步提高

全年公路客运量6 775万人,公路客运周转量478 138万人公里,分别增长14%和12.1%。公路货运量2 937万吨,水路货运量6 388万吨,分别增长15.9%和30.1%。公路货运周转量271 197万吨公里,下降9.3%。水路货运周转量1 133 206万吨公里,增长30.1%。全市港口货物吞吐量7 208万吨,增长2.3%,其中外贸吞吐量304万吨,下降23.8%。年末全市民用汽车保有量13.83万辆,增长17.2%;私人汽车保有量8.91万辆,增长24%;私人轿车保有量4.96万辆,增长34.7%。

(2)邮电通讯能力进一步增强

全市邮电业务收入28.97亿元,比上年增长12.2%。其中,邮政业务收入3.43亿元,下降5.4%,电信业务收入25.54亿元,增长15.1%。宽带网用户27.02万户,增长38.8%;固定电话用户170.89万户,下降5.5%;移动电话用户234.24万户,增长16.9%。

3. 旅游业

旅游业发展取得进一步突破。年末全市旅行社87家,导游671人,分别比上年增长17.6%和34.2%。星级饭店25家,拥有房间2 469间,拥有床位4 289张。全年接待国内外游客792.07万人次,旅游总收入79.82亿元,分别增长19.2%和22.2%。其中,接待境外游客6.01万人次,国际旅游收入6 102万美元,分别增长42.6%和38.9%。市区望海楼、桃园、老街等重点旅游项目建成开放,华侨城一期建设进展顺利,凤城河风景区通过国家AAAA级景区验收,泰山公园成为国家AAA级景区,溱湖风景区全年接待游客250万人次。

4. 金融、保险和证券

金融运行总体较为平稳。年末全市金融机构人民币各项存款余额1 402.12亿元,比年初增加275.17亿元。其中,城乡居民储蓄存款824.87亿元,增加185.07亿元;企业存款366.92亿元,增加54.12亿元。年末金融机构人民币各项贷款余额792.89亿元,比年初增加154.96亿元。其中,短期贷款474.44亿元,增加81.17亿元;中长期贷款244.94亿元,增加44.54亿元。全年货币净投放23.95亿元,下降15%。

保险事业发展稳步。年末全市保险公司35家,当年新增13家。保险业务收入40.24亿元,比上年增长35.4%。其中,财产保险收入7.36亿元,下降5.6%;人寿保险收入32.88亿元,增长50%。保险业务支出13.01亿元,增长47%。其中,财产保险支出4.48亿元,增长31%;人寿保险支出8.53亿元,增长57%。

证券市场高位回落。全年累计投资者总数165 594户,比上年增加6.3%。实现证券交易总额1 935.71亿元,下降12.3%。客户保证金余额10.79亿元,下降33.1%。

5. 房地产业

房地产开发稳步发展。全市房地产开发投资111.78亿元,增长21.4%;商品房施工面积1 095.82万平方米,增长48.8%;商品房竣工面积315.55万平方米,增长77.6%;商品房销售面积302.87万平方米,下降3.6%;商品房销售额111.87亿元,增长11.4%。

(五)开放型经济

1. 对外贸易较快增长

全年进出口总额63.42亿美元,增长60.3%。其中,出口总额48.87亿美元,增长65.3%;进口总额14.55亿美元,增长45.6%。出口商品结构不断优化。机电产品、一般贸易出口额分别为28.6亿美元和23.1亿美元,分别增长74.6%和36.7%;占出口总额的比重分别为58.5%和47.3%。外商投资企业出口33.5亿美元,增长107%,占出口总额的比重为68.5%。对欧盟、美国、东盟、拉美的

出口分别为 13 亿美元、5.1 亿美元、5.8 亿美元和 3 亿美元，分别增长 82.2%、41.4%、110% 和 89.1%；从韩国、欧盟和日本进口分别为 3.3 亿美元、2.7 亿美元和 2.2 亿美元，分别增长 17.0%、49% 和 35.3%。

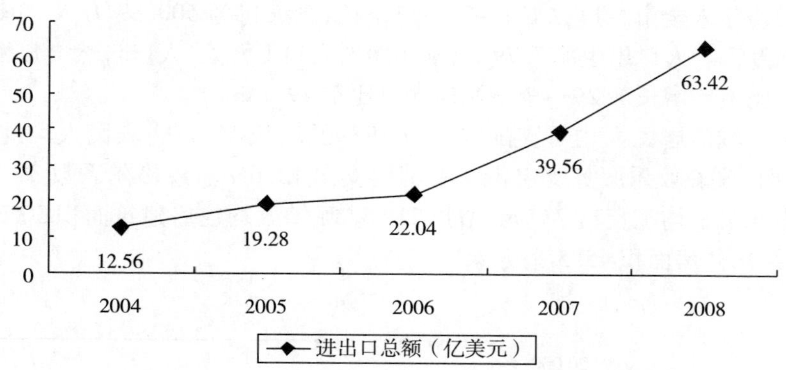

图 2－153　2004－2008 年泰州市外贸进出口总额

2. 外向型经济加快发展

利用外资再上升新台阶，全市新批协议注册外资 19.55 亿美元，比上年增长 13.8%；实际到账注册外资 10.5 亿美元，增长 19.9%。新签劳务承包合同额 3.62 亿美元，增长 37%；完成外经实际营业额 4.14 亿美元，增长 38.4%。

表 2－59　2008 年泰州市县区实际外商直接投资

单位：亿美元

区县	实际外商直接投资
泰州市	**10.50**
海陵区	1.06
高港区	1.11
兴化市	0.62
靖江市	2.77
泰兴市	1.76
姜堰市	1.22

3. 民营经济活力释放

2008 年，泰州市鼓励和推动全民创业，全市私营企业总数突破 3 万家，达 3.23 万家，当年新增 5 677家；民营经济净增注册资本 168.9 亿元，纳税总额突破 100 亿元。

4. 园区建设步伐加快

2008 年，全市 8 个省级开发区注册协议外资、实际利用外资占全市的比重分别达 70% 和 76%。江阴－靖江开发园区建设和发展取得新进展。

二、泰州市2008年社会发展概况

(一)人口、人民生活

人口平稳增长。年末全市总户数171.47万户,户籍总人口为500.89万人。其中,男性254.96万人,女性245.93万人。人口出生率7.79‰,全年净增人口1万人,人口自然增长率2‰。年末常住人口463.59万人,比上年增长1.2%,全市城镇人口比重49.1%。

居民生活改善。城市居民人均可支配收入17 198元,增长15.1%;农民人均纯收入7 338元,增长13.4%。城乡居民文教娱乐服务支出占家庭消费支出13.6%。恩格尔系数39.4%,下降1.1个百分点。城镇在岗职工平均工资25 737元,增长21%。城镇人均住房建筑面积30.3平方米,农村居民人均钢筋、砖木结构住房面积45.5平方米。

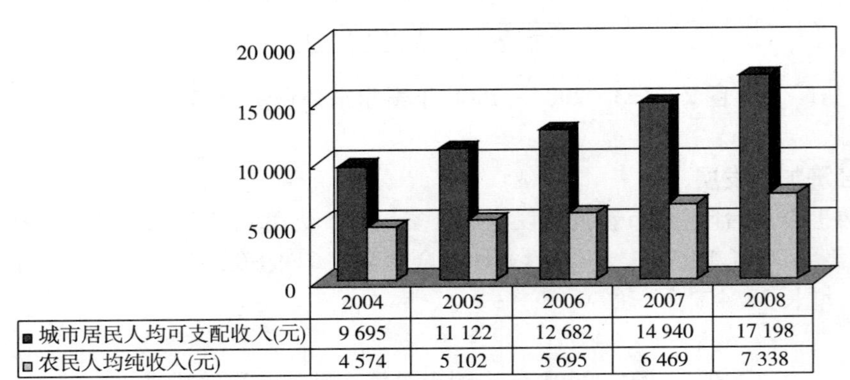

	2004	2005	2006	2007	2008
城市居民人均可支配收入(元)	9 695	11 122	12 682	14 940	17 198
农民人均纯收入(元)	4 574	5 102	5 695	6 469	7 338

图2-154　2004-2008年泰州市城乡居民收入对比一览

(二)就业与社会保障

1. 就业形势基本稳定

2008年,泰州市实行积极的就业政策,继续加强就业再就业工作,抓好全国统筹城乡就业试点工作,出台创业带动就业、支持返乡农民创业、动态消除"双零家庭"工作意见,在全国率先推行高校毕业生"就业服务卡",多形式促进充分就业,积极推进城乡统筹就业,着力解决困难群众就业问题。全年培训农村劳动力6万人次,培训城镇职工3.8万人次,城镇净增就业人员5.3万人,年末全市城镇登记失业率3.2%。

2. 社会保障水平提高

在全省率先出台城乡居民社会基本养老保险办法,继续强化社会保险扩面征缴,五大保险新增参保人数48万人。全市城镇参加失业、基本养老、医疗保险职工人数分别为40万人、58.07万人、90.75万人,分别比上年增长5.6%、10.7%和7.1%,城镇劳动保障三大保险覆盖率97.4%。农村社会养老保险新增参保人数20.7万人,已有2.35万农民领取养老金。农村新型合作医疗参保率达98.7%,政府性补助医保资金2.95亿元,受益农民近100万人。社区试行基础药物"零差价",惠民义诊累计减免医疗费用1 580万元。全市各类福利院拥有床位1.64万张,收养各类人员1.31万人,分别增长12.8%和4.5%。全年扶持农村贫困户8 400户,救助城区特困家庭1 209户。低保标准进一步提高,得到最低生活保障救济人数10.84万人,增长11.1%;累计发放低保金额1.04亿元,增长81.7%。

(三)教育和科学技术

1.教育事业协调发展

区域教育现代化全面推进,义务教育阶段"两免一补"政策全覆盖,义务教育阶段入学率和巩固率分别为100%和99%。全市共有普通小学216所,在校学生23.52万人,下降6.3%;初级中学175所,在校学生17.62万人,下降8.2%;中等职业教育学校26所,在校学生4.54万人,下降13.4%;高级中学52所,在校学生10.85万人,下降1.3%,高中阶段教育毛入学率85.7%;高中阶段教育教学质量稳步提升,高考本科万人进线率继续位居全省前列;普通高校5所,在校学生3.98万人,增长12.3%。

2.科技事业实现新突破

继续实施"科教兴市"战略,建设创新型城市。新获批国家创新基金项目18项,扬子江药业集团被命名为全国首批"创新型企业";新认定企业博士后工作站3家,省级以上工程、技术中心11家,其中国家级技术中心1家,新增国家科技进步奖2项;企业院校行活动成效明显,新增产学研合作项目150项,中科院泰州中心新入驻4家研发分中心;强化知识产权保护工作,新增专利1 200件;组织实施国家火炬、星火计划项目46项,新认定国家级高新技术企业35家、高新技术产品116个,新增省级现代农业科技园区2个。

(四)文化、卫生和体育

1.文化事业繁荣发展

加强文化基础设施建设,市区新建市民文化广场10个,梅纪馆改造、学政院修缮工程建成开放。五巷、涵西古街区保护规划通过省专家组评审。全市年末共有艺术表演团体5家,文化馆7家,公共图书馆6家,博物馆8家。首届梅兰芳艺术节成功举办,传统木船制造技术等4项目入选"国家非物质文化遗产名录"。全市有线电视通村率、电视综合人口覆盖率、广播综合人口覆盖率100%,年末有线电视用户数113.31万户,增长11.9%。

2.卫生事业加快发展

健全公共卫生服务体系,城市社区卫生服务覆盖率达90%以上,新型农村合作医疗覆盖率98.7%。全市新建规范化社区卫生服务中心28个,卫生服务站415个,卫生服务体系健全率91.5%。年末全市医疗卫生机构616家,其中医院、卫生院172家;专业卫生技术人员16 691人,其中医师7 730人,注册护士5 087人;卫生机构医疗床位12 808张。建成省级卫生镇6个、卫生村43个和市级农村示范社区卫生服务中心15个。

3.体育事业蓬勃发展

顺利完成奥运火炬泰州境内传递,成功举办市第三届体育运动会。2008年,泰州健儿在省级以上比赛中共获得奖牌39枚,其中金牌22枚、银牌9枚、铜牌8枚。

(五)城乡建设

城乡面貌发生新变化。中心城市新一轮总体规划纲要编制完成,土地利用总体规划编制工作顺利推进。全年市区城建投资达100亿元。推进市区城市管理和执法工作重心、责任下移,数字化城市管理平台投入运行并通过建设部验收。各辖市加大城市建设投入,城区面貌发生较大变化。靖江加快推进主城区功能提升和滨江新城建设,泰兴新区建设力度进一步加大,兴化城区防洪工程基本完成,姜堰创建国家环保模范城市通过省级验收。顺利实施部分地区行政区划调整工作,促进区域经济社会持续、协调、共同发展。优先发展城市公共交通,市区更新公交车辆70辆,新辟线路5条,新建站台12对,新增里程120公里。

扎实推进新农村建设,全市新建(改造)农村公路1 000公里,改造农村桥梁470座,疏浚农村河道3 700万方土;村庄规划实现全覆盖,新增省级康居示范村6个,全面小康示范村200个。靖江、高港率先通过全省农村河道疏浚考核验收,靖江被表彰为"全国农田水利基本建设先进市"。

继续强化城乡基础设施建设,积极配合苏中机场完成选址,兴泰公路改扩建先导段实现贯通,江海高速公路建设进展顺利,332省道建成通车;市区备用水源投入使用,刘西河、北城河、老通扬运河一期等河道整治疏浚全面完成,口岸船闸改造竣工通航,靖泰界河整治基本完成;500千伏泰三线等一批重点电力设施建成投运,邮政、通信等基础设施建设取得新的进展。预计全社会固定资产投资完成900亿元,增长27.8%。总投资4.5亿元,管线长达60公里,惠及泰兴、姜堰、海陵、高港等四个市(区)的区域供水工程加快推进,已成功向泰兴水厂供上长江水,泰州市三水厂改扩建和向姜堰供清水干管铺设即将竣工。

(六)环境保护与生态建设

环境质量持续改善。全市环境质量综合评价指数87.1分,比上年提高4.5分。环境空气质量持续提高,全市年平均气温15.7~16.5℃,年降水量801~1 088.1毫米,年日照1 721.2~2 024.4小时,全年空气良好以上天数88.2%。

生态建设继续加强。全年环境污染治理项目1 001个,环境污染治理总投资3.59亿元,分别比上年增长7.2%和14.5%。建成烟尘控制区5个,面积147.25平方公里,增长43%。建成环境噪音达标区5个,面积137.77平方公里,增长53.1%。建成省级环境优美乡镇2个,市级环境优美乡镇4个、生态村10个。市区新增绿化面积101.4万平方米。

三、挑战与目标

在充分肯定成绩的同时,要看到泰州市经济社会发展仍然存在一些矛盾和问题,主要是:科学发展的能力水平有待进一步提高,转变发展方式、加快结构调整的任务还很艰巨;受国际金融危机影响,经济下行风险有所增大,部分工业企业运营困难;农村基础设施建设仍相对滞后,农民持续增收难度明显加大;中心城市功能还不够完善,城市品位和形象也有待进一步提升;改善民生面临新的问题,城乡就业形势较为严峻,社会困难群体生活有待改善;政府自身建设中还存在一些薄弱环节,机关作风建设尚需进一步加强,等等。对上述问题,今后将予以高度重视,采取切实有效措施,在今后的工作中努力克服和解决。

综合考虑国内外经济走势以及诸多不确定因素,2009年全市国民经济和社会发展主要调控目标为:地区生产总值可比增长11%;财政收入增长11%,其中地方一般预算收入增长11%;全社会固定资产投资增长20%;社会消费品零售总额增长15%;自营出口额增长10%;实际利用外资12亿美元;城镇居民人均可支配收入增长10%,农民人均纯收入增长9%;居民消费价格涨幅不高于全省平均水平;城镇登记失业率控制在4%以内;万元GDP能耗下降4.4%。

四、泰州市在长三角地区经济发展中的地位

2008年,泰州市上下紧紧围绕全面小康目标,强化经济结构调整,努力转变经济发展发式,注重经济总量的扩张、速度的稳健、结构的优化、质量的提升和效益的提高,全市经济继续保持较快增长。

近年来,泰州市地区生产总值在长三角所占比重变幅不大。除了2005年比2004年有0.01个百分点的降幅外,其余各年均保持小幅增长。2008年泰州市地区生产总值在长三角占比为2.13%,比

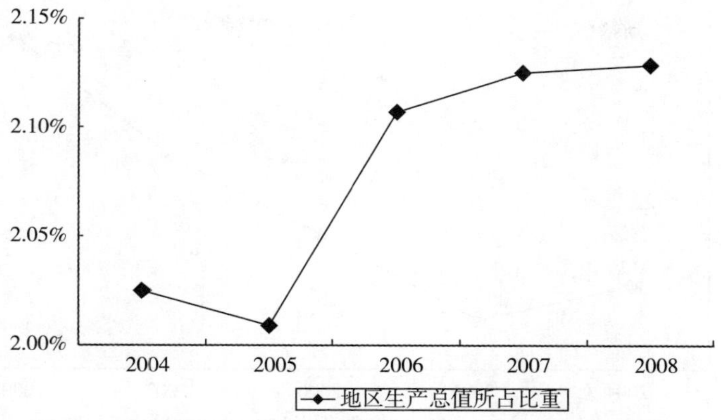

图 2-155　2004-2008 年泰州市地区生产总值在长三角所占比重的变化趋势

2005 年的最低点增长了 0.12 个百分点。

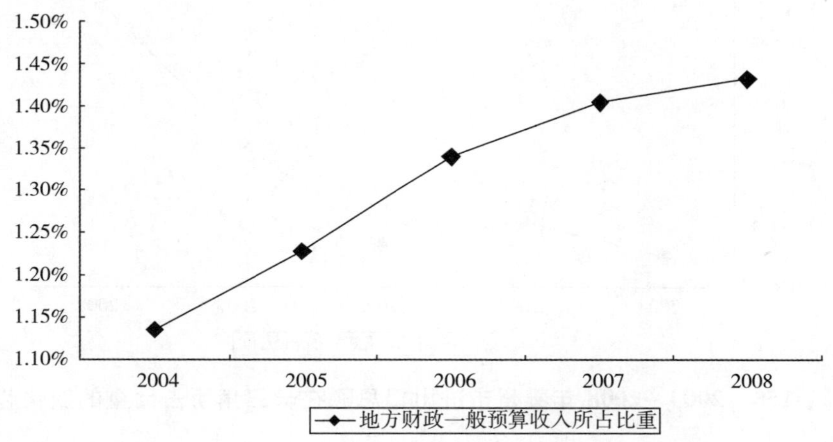

图 2-156　2004-2008 年泰州市地方财政一般预算收入在长三角所占比重的变化趋势

2004-2008 年泰州市地方财政一般预算收入在长三角所占比重均保持了增长的态势，占比从 2004 年的 1.14% 增加到 2008 年的 1.43%，累计增长 0.29 个百分点。

近年来，泰州市规模以上工业总产值在长三角所占比重基本维持小幅增长态势。除了 2005 年比 2004 年有 0.07 个百分点的下降外，2005 年以后已连续三年持续增长。2008 年泰州市规模以上工业总产值在长三角占比为 2.26%，比 2005 年的最低点增长了 0.56 个百分点。

泰州市进出口总额在长三角所占比重在 2006 年以前变化相对较小，2004 至 2006 年在 0.35% 和 0.41% 之间；2007 年和 2008 年泰州市进出口总额占比比前一年有较大幅度的增长，2007 年和 2008 年占比分别为 0.53%、0.76%，相对于前一年分别增长 0.16%、0.23%。

泰州市实际外商直接投资金额在长三角所占比重在 5 年内也有较大幅度的增长，2004 年占比为 1.51%，2008 年占比为 2.32%，涨幅达 0.82 个百分点。

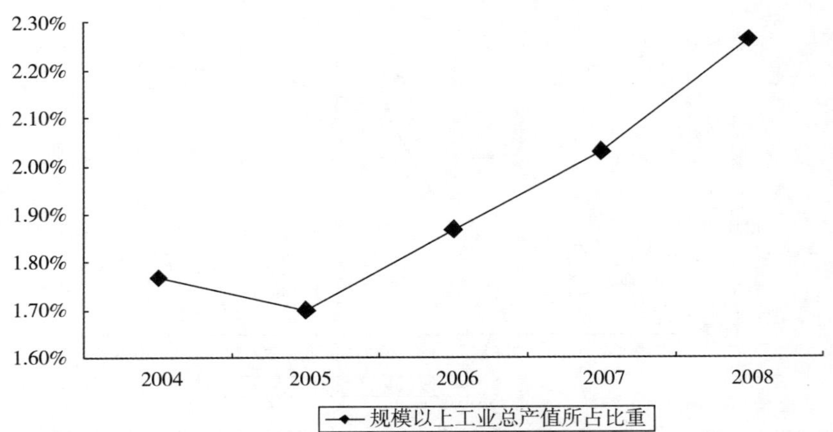

图 2－157　2004－2008 年泰州市规模以上工业总产值在长三角所占比重的变化趋势

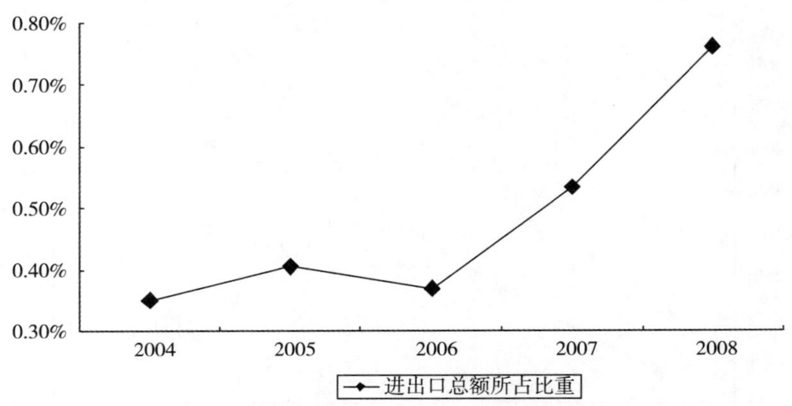

图 2－158　2004－2008 年泰州市进出口总额在长三角所占比重的变化趋势

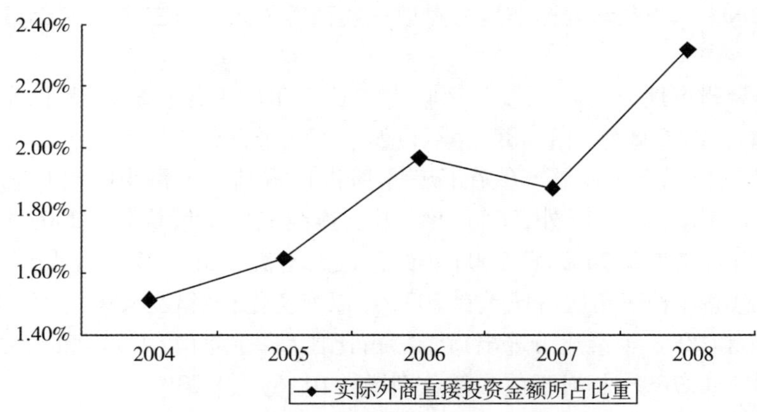

图 2－159　2004－2008 年泰州市实际外商直接投资金额在长三角所占比重的变化趋势

十三　宿迁市2008年经济社会发展

2008年，宿迁市面对多变的宏观环境，牢固树立“我能、我行、我成功”的强势心理，抓住新机遇，迎接新挑战，绽放出后发快进的新活力。

一、宿迁市2008年经济发展概况

（一）综合经济

1. 经济总量继续攀升

2008年宿迁全年实现国内生产总值675.2亿元，按可比价格计算增长14.6%。其中，第一产业实现133.62亿元，增长6.0%；第二产业实现305.34亿元，增长18.4%。其中工业实现250.41亿元，增长18.8%；第三产业实现216.10.82亿元，增长15.7%。人均GDP达2 067美元（按1∶6.9汇率计算），首次突破2 000美元，这是宿迁在2006年突破1 000美元基础上又登上的新台阶。经济结构逐步优化。全年三次产业结构为20.4∶44.6∶33.0，二三产业占GDP比重比上年提升了1.6个百分点。省内增速排名大幅提升。地区生产总值增幅将比全省平均水平高一个百分点左右，在省内排名位次继续保持前五名的好成绩。

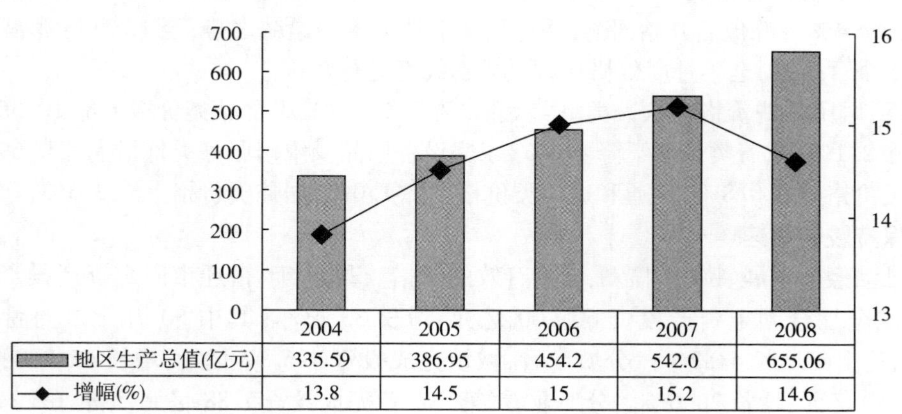

	2004	2005	2006	2007	2008
地区生产总值(亿元)	335.59	386.95	454.2	542.0	655.06
增幅(%)	13.8	14.5	15	15.2	14.6

图2－160　2004－2008年宿迁市地区生产总值及增长速度

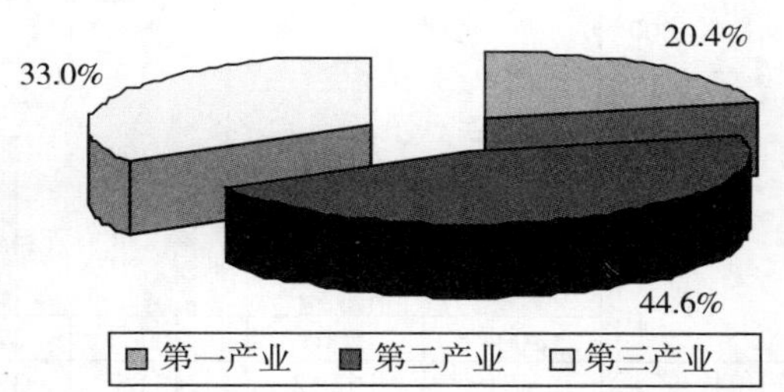

图2－161　2008年宿迁市三次产业结构图

表 2－60 2008 年宿迁市县区主要经济指标

区县	地区生产总值(亿元)	地方财政一般预算收入(亿元)	城镇固定资产投资(亿元)	出口总额(亿美元)	社会消费品零售总额(亿元)
市辖区					
宿 豫 区	95.77	4.58	49.99	1.16	22.17
郊县					
沭 阳 县	181.51	12.52	98.72	0.67	56.94
泗 阳 县	124.73	6.12	63.21	0.57	33.10
泗 洪 县	118.20	6.71	43.93	0.35	31.49

2. 财政税收继续高位增长

全市财税收入在宏观环境多变的情况下，仍保持强劲的增长势头，实现财政总收入 92.14 亿元，增长 50.6%。其中，国税部门收入 27.04 亿元，增长 43.2%；地税部门收入 28.93 亿元，增长 44.2%；财政部门收入 36.17 亿元，增长 62.7%。实现一般预算收入 46.52 亿元，增长 41.3%，增速位居全省第一。其中税收收入达 35.81 亿元，增长 43.3%，占一般预计收入比重 77.0%，比上年提高 1.1 个百分点，财政收入质量不断提高。

3. 市场物价涨幅回落

全年居民消费价格总指数 104.5，比上年回落 0.2 个百分点。从月度价格指数变化趋势看，涨幅在 3 月份达到 7.4% 的峰值后开始回落，并连续 9 个月呈增幅递减之势，至 12 月份涨幅降至 0.2%，累计回落 7.2 个百分点，全年月度价格指数呈抛物线型运行轨迹。

从构成看，居民消费价格的八大类呈“六涨二降”格局。其中食品类价格上涨 10.5%，烟酒及用品类价格上涨 2.1%，衣着类价格下降 1.0%，家庭设备用品及维修服务类价格上涨 0.6%，医疗保健和个人用品类价格上涨 0.8%，交通和通信类价格下降 1.0%，居住类价格上涨 3.3%。

4. 投资保持较快增速

投资是推动经济发展、拉动内需最直接有效的举措。2008 年，宿迁市固定资产投资保持较快增长。全年完成全社会固定资产投资 605.00 亿元，增长 33.6%。其中 50 万元以上固定资产投资 524.47 亿元，比上年增长 41.2%。分城乡看，城镇完成投资 426.97 亿元，增长 45.0%；农村非农户完成投资 97.50 亿元，增长 26.6%。分产业看，第一产业完成投资 5.88 亿元，增长 62.2%；第二产业完成投资 367.40 亿元，增长 61.3%；第三产业完成投资 151.20 亿元，增长 7.9%。

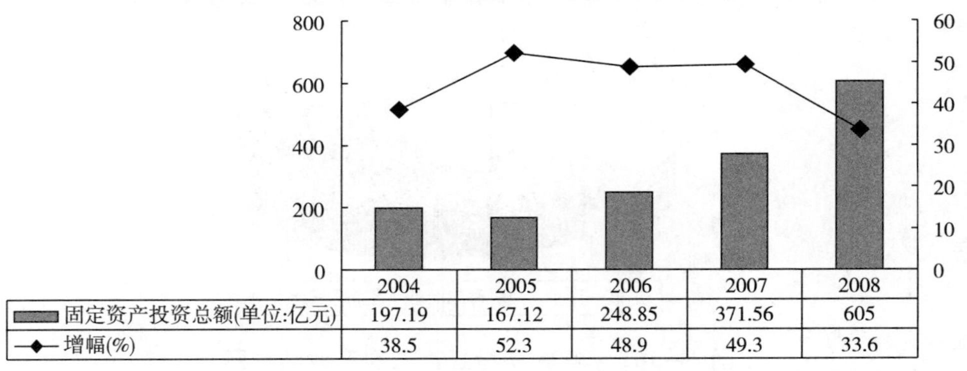

	2004	2005	2006	2007	2008
固定资产投资总额(单位:亿元)	197.19	167.12	248.85	371.56	605
增幅(%)	38.5	52.3	48.9	49.3	33.6

图 2－162 2004－2008 年宿迁市全社会固定资产投资及增长幅度

工业投资增势强劲。全年完成50万元以上工业投资365.63亿元，比上年增长63.2%，比50万元以上全部投资增速高22.0个百分点；占50万元以上投资总量的69.7%，比上年比重提高9.4个百分点。工业投资对全市投资增长的贡献率达86.9%，拉动投资增长38.1个百分点。

大项目推进成效显著。全市上下始终把招商引资作为第一抓手，深入开展"大项目推进年"活动，举全市之力强攻大项目，取得了显著成效。全年开工建设固定资产投资亿元以上工业项目42个，比上年增加8个。竣工投产亿元以上工业项目20个，比上年增加7个。"翔盛粘胶纤维"、"德顺纺织"、"波司登服饰"、"天能新能源"、"阿吉兰实业"、"金鑫轧钢"等总投资10亿元以上的特大型项目相继开工，总投资6亿美元的"可成科技"项目成为建市以来单体最大的外资项目。

（二）农业

农业生产总体较好。2008年，全市以促进农业增效和农民增收为核心，不断落实各项惠农政策，扎实推进新农村建设，农村经济发展取得了明显成效。全年实现农业总产值252.67亿元（现价），增长16.2%。粮食总产创历史最好水平。全市粮食总产352.46万吨，比上年增加22.25万吨，增长6.7%，总产创宿迁历史最好水平，比1999年最高纪录多11.17万吨。

种植面积首次超千万亩。全年宿迁农作物播种面积1 034.36万亩，比上年增加48.68万亩，增长4.9%。其中粮食种植面积851.96万亩，比上年增加33.72万亩，增长4.1%。经济作物面积不同程度增加。油料面积33.41万亩，比上年增加7.55万亩，增长29.2%；蔬菜瓜类面积112.26万亩，比上年增加4.02万亩，增长3.7%；花卉等其它农作物面积33.23万亩，比上年增加2.91万亩，增长9.6%。

畜牧业呈恢复性增长。受2007年下半年畜禽价格不断攀升的影响，全市畜牧业生产有所恢复，年末全市生猪存栏142.39万头，比上年增长10.7%；全年生猪出栏236.25万头，比上年增长12.0%。年末家禽存栏1 949.35万只，比上年增长22.2%；全年家禽出栏4 043.21万只，比上年增长21.9%。畜禽优良品种率和生态水禽比重不断提高，全市家禽优良品种率达76%，比上年提高4.0个百分点。三元猪比例达70%，比上年提高3.0个百分点。

高效农业快速发展。各级政府高度重视发展高效农业，加大考核力度，各县区纷纷出台鼓励政策，有效促进了高效农业发展，涌现出一批国内知名大型农业龙头企业。全市新增高效农业种植面积、高效渔业养殖面积分别达36万亩和11万亩，累计达199.7万亩和42.7万亩，分别占种植业、渔业总面积的30.3%和30.9%。新增畜禽规模养殖场（大户）970个，累计达8 750个，规模养殖比重比上年提高7个百分点。

农业产业化进程明显加快。全市累计完成规模以上农业项目投资41.5亿元。"卫岗奶业"、"江苏雨润"、"广东温氏"、"天津宝迪"、"河北五得利"等一批投资超亿元、甚至超十亿元的农业产业化大项目相继落户。全年新增国家级龙头企业1家、省级龙头企业2家，调整新增市级龙头企业20家。全市市级以上农业龙头企业累计达146家，其中国家级龙头企业2家，省级龙头企业18家。新发展农村合作经济组织946家，总数达1 233家，带动农户33.8万户。无公害农产品、绿色食品、有机食品总数分别达到249个、132个和16个。

农产品价格快速增长。全市小麦价格1.57元/公斤，比上年增长15.0%；水稻价格1.85元/公斤，比上年增长4.9%；玉米价格1.67元/公斤，比上年增长16.0%；大豆价格4.26元/公斤，比上年增长32.0%。生猪价格增长幅度最高，同比增长35.0%，小麦、水稻、玉米、肉禽、鱼类、蟹类价格均增长15%以上，禽蛋和蔬菜价格分别增长8.0%和6.2%。

(三)工业和建筑业

1. 工业生产保持平稳较快增长

2008 年,全市完成工业增加值 241.11 亿元,比上年增长 16.8%。其中规模以上工业企业实现工业增加值 149.72 亿元,增长 23.2%,高出全省水平 9.0 个百分点。主要工业产品产量增长较快。列入全市统计范围的工业产品有 101 个,其中 80.2% 的产品产量增长,增幅在 30% 以上的有 36 个,占 35.6%。

表 2-61　2008 年宿迁市县区工业总产值

单位:亿元

区县	工业总产值
宿 迁 市	**581.82**
宿 豫 区	112.90
沭 阳 县	157.14
泗 阳 县	108.30
泗 洪 县	76.41

2. 工业运行质量继续提升

全市规模以上工业经济效益综合指数 192.7,比上年提高 10.5 个点;实现销售收入 569.22 亿元,比上年增长 32.8%;实现利税 51.37 亿元,比上年增长 32.6%。其中利润 29.70 亿元,增长 32.5%。但从前 11 月经济效益情况看,宿迁工业企业效益下滑,部分行业生产经营形势不容乐观。前 11 个月全市规模以上工业实现利税总额 37.26 亿元,增长 27.9%,增幅比上年同期回落 29.8 个百分点;利润总额 17.78 亿元,增长 18.2%,比上年同期增幅低 89.1 个百分点;亏损企业亏损额 3.37 亿元,比同期高 2.11 亿元,增幅高出同期 121.3 个百分点。

3. 支柱产业贡献突出

宿迁产业聚群方略不断显现成效,木材加工、酿酒食品、纺织服装、金属制造、玻璃建材和化工医药等六大支柱产业迅速聚集膨大,共实现规模以上工业增加值 121.41 亿元,增长 20.2%,占规模以上工业的 81.1%。以洋河酒厂股份有限公司为代表的饮料制造业发展迅速,全年完成增加值 26.23 亿元,比上年增长 32.8%,超过木材加工业成为我市第一大支柱行业,为全市工业增长作出了突出贡献。以浙江天能电池(江苏)有限公司为代表的装备制造业异军突起,全年实现工业增加值 14.28 亿元,比上年增长 52.6%,高于全市平均增速 29.4 个百分点,对全市工业增长的贡献率为 14.9%,拉动工业增长 3.5 个百分点。其中电气机械及器材制造业实现 7.96 亿元,增长 74.9%。

4. 企业规模不断壮大

随着宿迁"招商引资"、"大项目推进"等战略的有效实施,工业企业的规模日益壮大。年末全市规模以上企业总数达到1 678家、增加 352 家,产值超亿元的企业达到 86 家、增加 22 家。洋河酒厂、双沟酒业分别实现销售收入 37.5 亿元、15 亿元,增长 52% 和 30%。全市有大中型企业 43 家,比 2005 年末增加 18 家。"洋河"、"双沟"、"浙江天能"、"娃哈哈"、"长江润发"、"秀强玻璃"等一批体量大、贡献多的企业不断发展壮大,成为宿迁工业经济的领军力量。全市规模以上工业企业平均产值已达4 319万元,比上年提高 524 万元;前 11 个月平均资产2 107万元,比上年提高 212 万元。

5. 建筑业稳步发展

2008 年末全市列统建筑企业 240 家,比上年增长 20%。建筑业企业完成产值 175.32 亿元,比上年增长 13.7%;工程结算收入 259.37 亿元,比上年增长 110.8%;房屋建筑面积1 729.92万平方米,比上年增长 3.6%;房屋竣工面积 956.70 万平方米,比上年增长 4.3%。

(四)服务业

1. 国内贸易

消费品市场持续繁荣,对宿迁经济贡献较大。"国泰百货"、"宿迁一百"、"大润发"等现代化购物场所相继运营,有效刺激了消费者的购买欲望,影响了居民的消费理念和消费方式。宿迁全年实现社会消费品零售总额 197.10,增长 24.0%,比上年增速高 6.1 个百分点,有力促进了全市服务业的发展。

市区拉动消费较强。随着城市化进程不断加快,市区人口不断增加,市区消费占全市消费品零售总额的份额逐步提升,对全市消费市场的拉动力不断增强。全市实现市的零售额 75.29 亿元,增长 24.7%,比全市总水平高 0.7 个百分点,占全市消费品零售总额的 38.2%,带动了全市消费市场的良性发展。

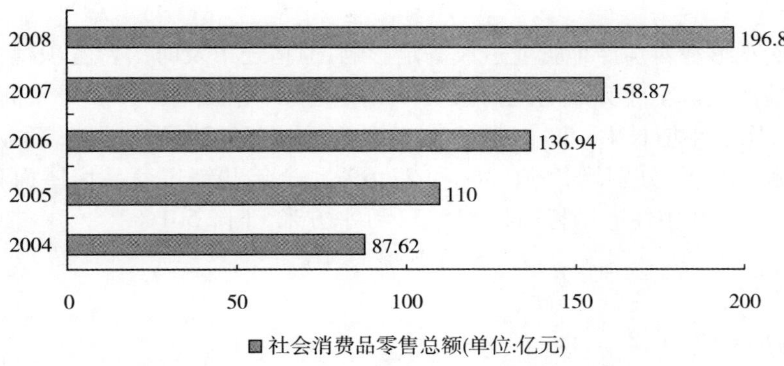

图 2-163　2004-2008 年宿迁市社会消费品零售总额

2. 交通和通讯业

交通运输能力进一步提高。全市交通运输仓储业完成增加值 16.57 亿元,比上年增长 16.0%。客货运输平稳增长。全年旅客运输量4 405万人次,比上年增长 11.0%;旅客周转量 42.4 亿人公里,比上年增长 10.4%。全年货运总量3 577万吨,比上年增长 12.6%。其中公路货运总量3 061万吨,增长 13.3%;水上货运总量 516 万吨,增长 8.4%。全市货运周转量 35.11 亿吨公里,比上年增长 8.9%。其中公路货运周转量 22.67 亿吨公里,同比增长 8.7%;水上货运周转量 12.44 亿吨公里,同比增长 9.4%。港口货物吞吐量1 052万吨,比上年增长 54.3%。

电信和邮政业加快发展。全年完成邮电业务总量 16.15 亿元,比上年增长 16.4%。其中电信业完成 14.08 亿元,增长 15.1%。局用电话交换机总容量 418.29 万门,年末固定电话用户 116.52 万户,比上年下降 6.2%;移动电话用户 138.61 万户,比上年增长 2.7%。全年完成邮政业务总量 2.07 亿元,比上年增长 25.2%;全市征订报刊5 303.50万份,比上年增长 59.4%;全市完成特快专递 50.30 万件,比上年增长 51.6%。

3. 旅游业

全年接待国内游客 370.88 万人次,增长 30.3%,实现国内旅游收入 23.50 亿元,同比增长 30.6%;接待入境游客 2.41 万人次,增长 52.7%,创汇 1879 万美元,增长 58.1%。年接待入境游客增长率、年接待国内游客增长率、旅游创汇增长率、国内旅游收入增长率、旅游总收入增长率和客房出租率六项指标均列全省第一。中国优秀旅游城市、国家园林城市创建工作扎实推进,雪枫公园 4A 级旅游景区创建通过国家级检查,中运河水利风景区成为国家级水利风景区。

4. 金融、保险业

金融运行总体良好。2008 年,宿迁市全力深化金融改革,市区信用联社组建为民丰农村合作银行,中国邮政储蓄银行宿迁市分行及 3 家县支行挂牌营业,沭阳县成立了全省首家村镇银行。4 家小额贷款公司开业运营、3 家获批筹建。全市注册资金亿元以上的担保机构达到 3 家。年末金融机构各项存款余额 447.47 亿元,比年初增加 91.76 亿元,其中居民储蓄存款 271.16 亿元,增加 54.28 亿元。贷款余额 323.09 亿元,比年初增加 70.89 亿元,其中工业贷款余额 61.4 亿元、增长 51.1%。农业政策性保险为农户减少损失1 862万元。

保险事业发展较快。全市共有 20 家保险公司,全年保费收入 12.55 亿元,比上年增长 34.7%。其中,财产险收入 4.16 亿元,寿险收入 8.39 亿元,分别增长 16.2% 和 46.1%。保险赔付 2.42 亿元。其中财险赔付 2.09 亿元;寿险赔付 0.33 亿元,增长 14.2%;寿险到期给付 1.30 亿元,增长 1.1 倍。

5. 房地产业

尽管 2008 年宏观形势对房产地行业造成一定影响,但宿迁市及时出台各项得力举措,着力保障居民安居,稳定房地产业。全年完成房地产投资 87.07 亿元,增长 23.9%。全年商品房屋施工面积 1 225.08万平方米,比上年增长 15.6%。其中住宅施工面积 956.24 万平方米,商业营业用房施工面积 223.06 万平方米,比上年分别增长 11.3% 和 27.6%。全年共销售商品房屋面积 354.55 万平方米,比上年下降 3.7%。其中住宅销售面积 315.32 万平方米,下降 5.1%。

(五)开放型经济

1. 对外贸易增势良好

宿迁外贸企业积极应对国际市场变化,主动调整进出口结构,对外贸易走出了逆势崛起的发展之路,呈现出逐月回升的良好态势。全市预计完成进出口总额 4.79 亿美元,增长 55.6%。其中出口总额 4.08 亿美元,增长 47.6%,比年初增速高 32.6 个百分点。

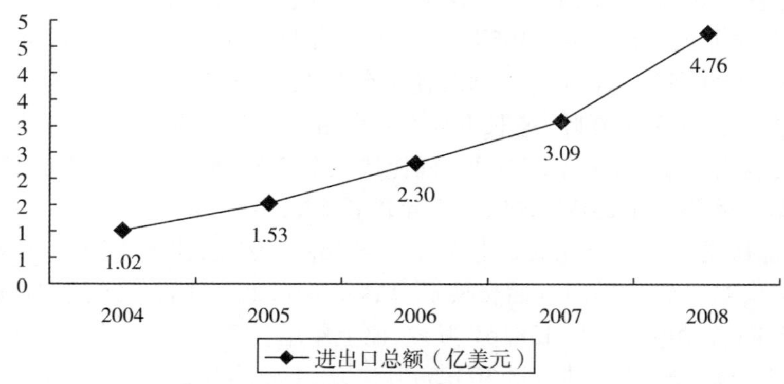

图 2-164　2004-2008 年宿迁市外贸进出口总额

2. 利用外资有所增长

全年新批外商投资企业47个，实际利用外资1.1亿美元，增长8.9%。

表2-62 2008年宿迁市县区实际外商直接投资

单位：亿美元

区县	实际外商直接投资
宿迁市	**0.95**
宿豫区	0.10
沭阳县	0.14
泗阳县	0.22
泗洪县	0.17

3. 开发区总体态势较好

2008年，各开发区勇于面对挑战，咬定全年目标，采取切实措施，加快推进项目签约、开工、建设、投产、达效进程，取得了明显成效。全年全市开发区新开工项目185个，实现业务总收入397.9亿元，增长41.3%；固定资产投资253.5亿元，增长37.2%；投产企业数达1 945个，比上年增加366个；实现工业增加值83.5亿元，增长31.5%，对全市工业经济的贡献率达到48.0%，拉动全市工业增长11.1个百分点。在全市工业利税30强中，开发区企业22家，占73.3%。基础设施建设进一步推进。全年各开发区完成基础设施建设投入27.6亿元，重点加大对自来水、热电厂、污水处理厂、垃圾处理厂等基础配套设施的建设力度，可持续发展和循环发展能力显著提高。宿迁经济开发区食品产业园等5个专业园区获批为省级特色产业园，6个与苏州合作共建的工业园区全部获批为省级南北挂钩共建开发区。

4. 民营经济

民营投资大幅增加。全年完成民营投资（非国有投资）476.36亿元，比上年增长47.8%，比全市投资增速高6.6个百分点，所占比重由上年的86.8%上升到90.8%，对全市投资增长的贡献率达100%以上。

全年新发展私营企业4 259家、个体工商户3.25万户，吸纳就业4万人。

二、宿迁市2008年社会发展概况

（一）人口与人民生活

全市年末总户数148.60万户，户籍人口534.58万人。全年人口出生率13.61‰，死亡率7.73‰，人口自然增长率5.88‰。

城乡居民生活水平进一步提高。全年城市居民人均可支配收入首次突破万元大关，达10 959元，比上年增长15.7%。从收入构成看，四大类收入“三升一降”。工资性收入贡献突出，人均达7 112元，比上年增长23.9%，拉动居民可支配收入增长12.5个百分点，占家庭总收入的63.4%，比上年提高4.4个百分点；经营净收入和财产性收入人均分别为2 176元和170元，比上年分别增长3.0%和1.2%，增幅维持在较低水平；转移性收入人均1 769元，比上年下降3.4%。八大类消费全面提升。全年人均消费支出7 305元，比上年增长25.7%。年末城市居民人均住房建筑面积35.73平方米，7.5%的家庭拥有两套以上住房，住房配套率46.5%。

农民收入平稳增长。全年实现农民人均纯收入5 406元，比上年增长13.0%，比全省增幅高0.9个百分点，连续五年保持两位数增长。其中工资性收入2 798元，增长14.4%；家庭经营收入2 445

元,增长9.3%。农民生活水平稳步提高。全年农民人均生活消费支出3 571元,比上年增长9.8%。其中食品类支出1 630元,增长8.9%。

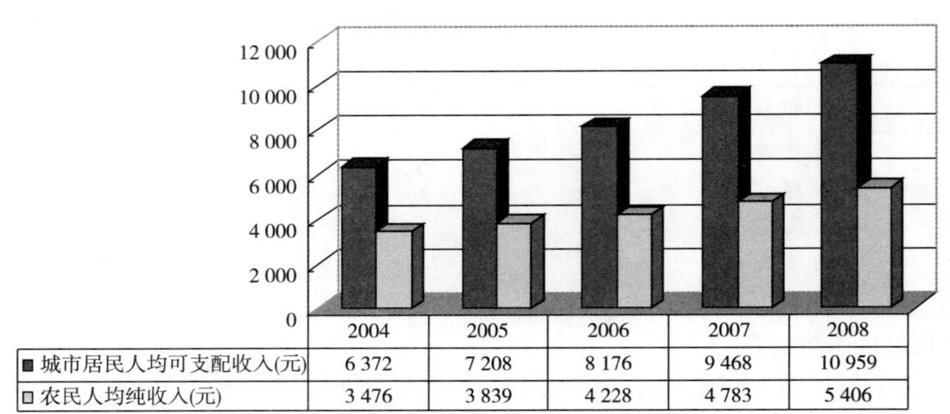

	2004	2005	2006	2007	2008
■城市居民人均可支配收入(元)	6 372	7 208	8 176	9 468	10 959
□农民人均纯收入(元)	3 476	3 839	4 228	4 783	5 406

图2－165　2004－2008年宿迁市城乡居民收入对比一览

(二)就业与社会保障

实施"就业促进"工程,突出以创业促就业。城镇新增就业3.28万人,2.56万名下岗失业人员实现再就业,动态消除零就业家庭,城镇登记失业率3.19%;新转移农村劳动力14.8万人,其中就地转移8.95万人、增长6.5%。

市区推行社会保险"五险合一"经办管理机制,全市养老、失业、医疗、工伤、生育保险扩面合计新增11.8万人,大病医疗救助最高支付限额市本级提高到20万元、县(区)提高到10万元,企业退休人员养老金每人每月增加107元,失业人员最低保险金标准由176元提高到337元。城镇居民基本医疗保险政府补助标准由90元提高到120元,参保总数达到103.6万人,参保率96.3%。新型农村合作医疗参合率提高到98.6%,最高补偿标准提高到每人每年8万元。城乡低保标准分别提高到每人每月200元和110元。农村五保老人集中和分散供养标准分别提高到每人每年2 400元和1 800元,集中供养率达到52%,并对百岁以上老人发放长寿补贴,70周岁以上老人免费乘坐城市公交车。

城乡医疗救助、惠民医疗分别惠及困难群众13.4万和1.2万人次。为2 300名白内障患者进行了免费复明手术,对437名残疾儿童实施抢救性康复训练。全市建成经济适用房36万平方米,市区竣工蓝领公寓23万平方米。筹集廉租住房1 069套,人均建筑面积15平方米以下的城市低保家庭全部纳入廉租住房保障。

(三)科技与教育

1. 科技事业稳步推进

不断加大技术改造和科技创新力度,全年认定国家级高新技术企业6家,获批省级工程技术研究中心3家,20个产品被认定为省级高新技术产品,洋河"蓝色经典"喜获中国驰名商标。

2. 教育事业全面发展

2008年宿迁市义务教育阶段免收学杂费1.85亿元,农村小学、初中学生人均公用经费分别由230元、350元提高到300元和500元。按照不低于国标工资5%的标准提高了教师津补贴。农村中小学债务化解基本完成。新办"春蕾班"32个,6.5万农村留守儿童住进寄宿制学校。初中毕业生升学率 96.9%，连续第四年保持苏北第一。高考本科达线9 413人，比上年净增1 528人。泗阳致远中学成为全省第一家通过四星级验收的民办学校。市技工学校通过国家级重点技工学校验收，宿迁技师学院获批挂牌，9 所职业学校通过省四星级和三星级验收。市骆马湖示范区职教园区在校生超过 2 万人，全市职业学校在校生总数达到 11.9 万人，占全省比例提高到 9.6%，普职比为 4.5∶5.5。

（四）文化、卫生、体育

2008 年，宿迁市建成农村体育健身活动中心 89 个、“农家书屋”133 个，新增通有线电视行政村 388 个，新发展农村有线电视用户 18.6 万户，在苏北率先完成乡镇达标文化站建设任务。首届西楚文化节、第二届中国·骆马湖渔火节、第三届宿迁创业文化节成功举办。

医疗卫生事业再上新台阶。市人民医院升格为三级乙等医院，市中医院建成使用。新建社区卫生服务中心 19 个、社区卫生服务站 290 个、乡镇计生与卫生服务中心 45 家，计划生育率 95.2%。新型农村合作医疗参合率提高到 98.6%，最高补偿标准提高到每人每年 8 万元。

建成农村体育健身活动中心 89 个、成功举办了全国小轮车冠军赛、全国摩托车越野锦标赛暨国际邀请赛，宿迁籍运动员胡道亮、王莎莎在北京残奥会上取得 2 金 1 银的好成绩。

（五）城乡建设

1. 城市承载能力有了明显提升

宿新高速公路开工建设，刘老涧、泗阳两个三线船闸实现通航，骆马湖水上搜救中心主体工程基本完工，省道 245、发展大道延伸段等地方干线公路建设顺利推进。宿迁义乌国际商贸城精品街一期、苏北五金汽配城一期工程基本建成，大润发超市、苏果河东平价店、宿迁一百、国泰百货开业运营。海关、国检综合服务楼建设进展顺利，古黄河滨水核心区的宝龙城市广场开工建设。三个县城也分别建成了沭阳新世界商业广场、泗阳江淮农副产品交易市场、泗洪第一街等重点服务业项目。

中心城市人口增加到 46.2 万人，全市城市化率达到 36%，比上年提高 1.6 个百分点。中心城市饮水安全保障工程建成送水，中运河及骆马湖堤防加固、沭阳第二取水口、泗阳第二水厂等重点水务工程快速实施。新（扩）建污水处理厂 6 家、铺设污水管网 91 公里，马陵河、古黄河截污整治、南水北调截污导流工程按计划推进。泗阳、宿迁经济开发区生物质能发电项目基本完工，500 千伏双泗开关站新上主变工程和 220 千伏卓圩输变电工程竣工投运。中心城市的城市色彩、城市空间形态、“一湖四河”水系沟通以及一些重点地段的规划设计工作基本完成，“数字宿迁”总体框架编制完毕，基础信息平台基本搭建完成。成功举办中国江苏企业家论坛第三届年会、中国·泗阳生态农产品展销会、沭阳中国软件发展高峰论坛、泗洪首届农民创业论坛等重大活动，当选为“中国改革开放 30 年优秀集体”，宿迁的对外影响力和美誉度得到新的提升。

2. 新农村建设取得显著成效

加强农村基础设施建设，综合整治农村环境，改善农民生产生活条件。100 个康居示范村共新建住宅11 256户。农村公路新建成通车里程 536.7 公里。洪泽湖周边灾后应急治理、泗洪西南岗水源、黄墩湖滞洪区安全等农村水利工程建设全面完工，完成 289 条县乡河道疏浚任务。新解决 36.4 万农村居民的饮水安全问题。改造中低产田 25.1 万亩。新建户用沼气池5 600个、物业化沼气管理站 5 个、规模畜禽场沼气治理工程 30 处、秸秆气化项目 2 个，完成改厕 3.5 万户。深入实施脱贫攻坚工程，落实帮扶项目15 549个，投入帮扶资金 1.76 亿元，22.5 万贫困人口实现脱贫、102 个经济薄弱村集体经济收入突破 5 万元。

(六)环境保护和生态建设

坚决落实"环保优先"方针,建立实施了"河湖长"制度,全面推进秸秆禁烧,新栽树木1 100万株,COD、SO_2 排放量分别削减4 771吨和1 013吨,万元 GDP 能耗下降 4%,市区全年空气质量良好天数达 331 天、良好率 90.4%,被联合国环境规划署授予"环保节能新型示范城市"称号。国家园林城市创建工作扎实推进。

三、挑战与目标

在看到成绩的同时,存在的问题和不足也不容回避。对照一次会议所确定的目标任务,虽然 GDP 现价增幅高达 24.5%,按可比价计算在全省排名由上年的第 10 位跃升到第 2 位,但可比价增幅比预期目标差了 0.9 个百分点。由于历史和现实原因,经济运行中一些突出问题和深层次矛盾依然存在,主导产业、重大项目的支撑带动作用还不够明显,外向型经济仍然是短腿;实际可用财力依然不足,财政保障能力亟待增强;城市化水平还需进一步提高,中心城市人气商气有待进一步集聚。同时,少数政府部门的服务意识还不强、办事效率还不高,形式主义、官僚主义和消极腐败现象在个别工作人员身上仍不同程度地存在。对此,今后将予以高度重视,切实采取有效措施,认真加以解决。

2009 年经济社会发展的主要目标是:地区生产总值增长 14% 左右,财政一般预算收入增长 25% 以上,50 万元以上固定资产投资增长 35% 以上,进出口总额、实际到账外资分别增长 25% 和 30%,社会消费品零售总额增长 20%,城镇居民人均可支配收入增长 12.5%、农民人均纯收入增长 11.5%,城镇登记失业率控制在 4% 以内,人口自然增长率控制在 5.5‰以内,万元 GDP 能耗下降 4.6%,COD、SO2 排放总量在 2005 年基础上分别削减 6.8% 和 2.4%。

四、宿迁市在长三角地区经济发展中的地位

宏观经济形势复杂多变,影响经济增长的不确定因素增多,国家的宏观调控政策也随形势变化而进行相应调整。在宏观经济下行趋势日益明显的情况下,宿迁市高度重视经济工作,密切关注经济发展中的新情况、新问题,及时采取有效措施,积极应对挑战与变化,全市经济仍然保持了难得的较快增长势头,走出了逆势崛起的发展之路。

宿迁市地区生产总值在长三角所占比重在 2004 - 2007 年四年间均在 0.95% ~0.96% 之间窄幅震荡,2008 年比 2007 年增加了 0.07 个百分点,达到了 1.03%,增幅较为明显。

宿迁市地方财政一般预算收入在长三角所占比重除了 2005 年比 2004 年有 0.01 个百分点的降幅外,其余各年均保持增长。从 2005 年来,三年累计增长了 0.3 个百分点,2008 年宿迁市地方财政一般预算收入在长三角占比为 0.66%。

2004 - 2008 年宿迁市规模以上工业总产值、进出口总额和实际外商直接投资金额在长三角所占比重三项指标均保持了增长的态势。其中,工业总产值占比从 2004 年的 0.26% 增加到 2008 年的 0.45%,累计增长 0.19 个百分点;进出口总额占比从 2004 年的 0.03% 增加到 2008 年的 0.06%,占比翻了一番;实际外商直接投资金额占比从 2004 年的 0.06% 增加到 2008 年的 0.21%,累计增长 0.15 个百分点。

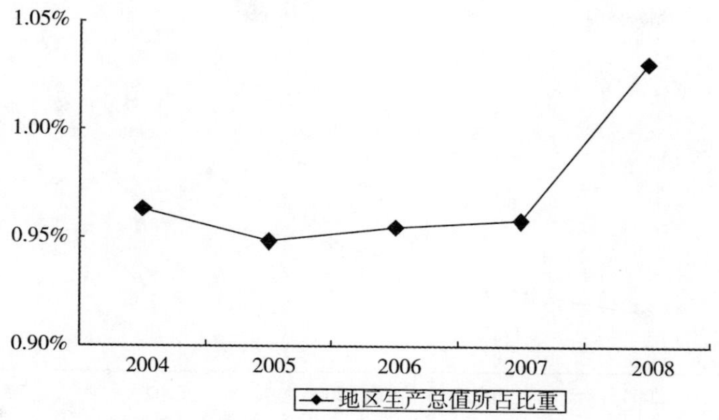

图 2－166　2004－2008 年宿迁市地区生产总值在长三角所占比重的变化趋势

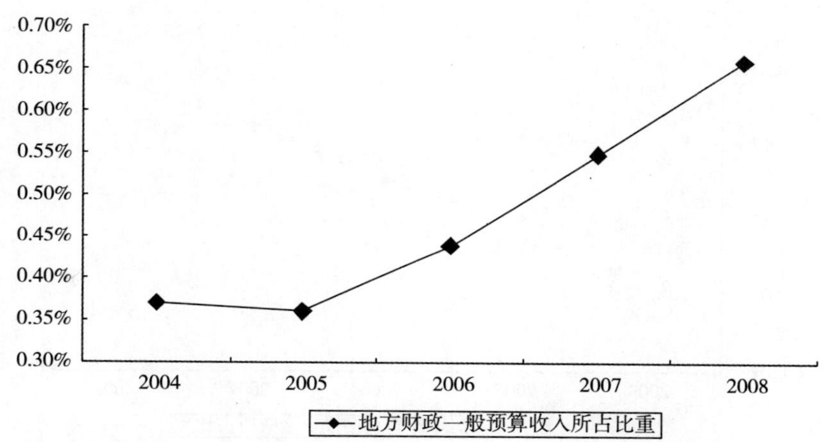

图 2－167　2004－2008 年宿迁市地方财政一般预算收入在长三角所占比重的变化趋势

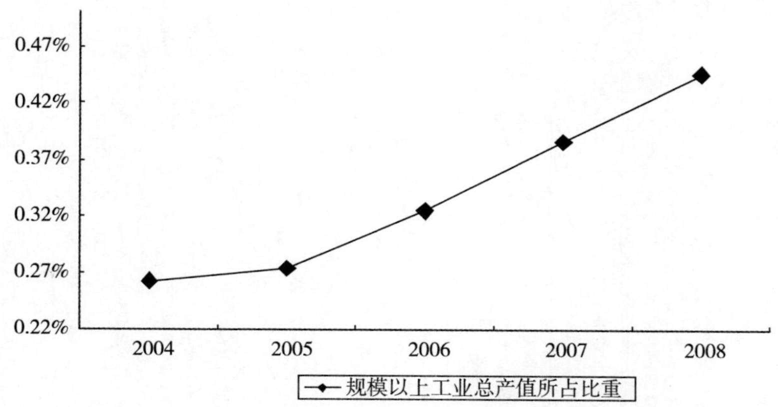

图 2－168　2004－2008 年宿迁市规模以上工业总产值在长三角所占比重的变化趋势

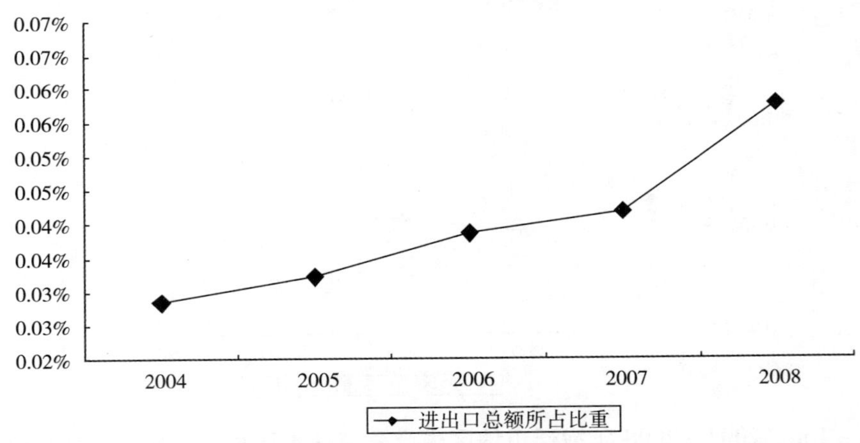

图 2－169　2004－2008 年宿迁市进出口总额在长三角所占比重的变化趋势

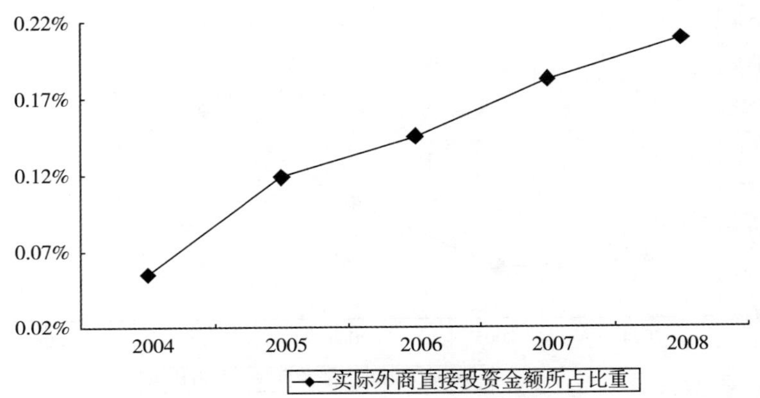

图 2－170　2004－2008 年宿迁市实际外商直接投资金额在长三角所占比重的变化趋势

第三章　浙江省2008年经济社会发展

2008年，浙江省深入贯彻落实科学发展观，认真执行中央宏观调控政策，全面实施“创业富民、创新强省”总战略，积极推进“全面小康六大行动计划”，及时提出“标本兼治、保稳促调”的总体思路，实施一系列政策措施，积极应对经济运行中出现的各种矛盾和问题，克服雨雪冰冻等自然灾害影响，加快推进经济发展方式转变，着力保增长、调结构、促和谐，经济运行总体处于较快增长区间，结构调整和发展方式转变取得积极进展，民生继续改善，社会保持稳定。

一、浙江省2008年经济发展概况

（一）综合经济

1. 经济总量稳步增长

2008年，全省生产总值为21 486.92亿元，比上年增长10.1%。其中第一产业增加值1 095.43亿元，第二产业增加值11 580.33亿元，第三产业增加值8 811.16亿元，分别增长3.9%、9.4%和11.8%。人均GDP为42 214元（按年平均汇率折算为6 078美元），增长8.6%。三次产业增加值结构从上年的5.3∶54∶40.7调整为5.1∶53.9∶41。

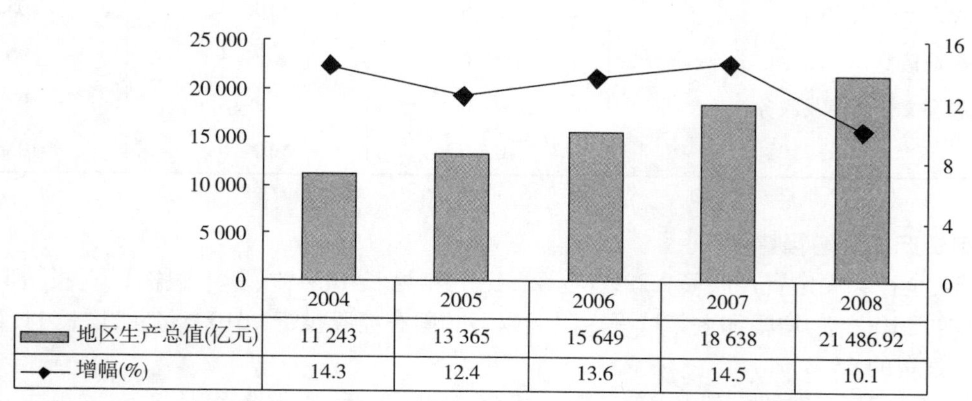

	2004	2005	2006	2007	2008
地区生产总值(亿元)	11 243	13 365	15 649	18 638	21 486.92
增幅(%)	14.3	12.4	13.6	14.5	10.1

图2－171　2004－2008年浙江省地区生产总值及增长速度

2. 财政收入平稳增长

2008年全省财政一般预算总收入3 730.06亿元，比上年增长15.1%，其中地方一般预算收入1 933.39亿元，增长17.2%。全省财政支出为2 208.30亿元，比上年增长22.2%。2008年全省财政增量用于民生支出比例达到72.2%。

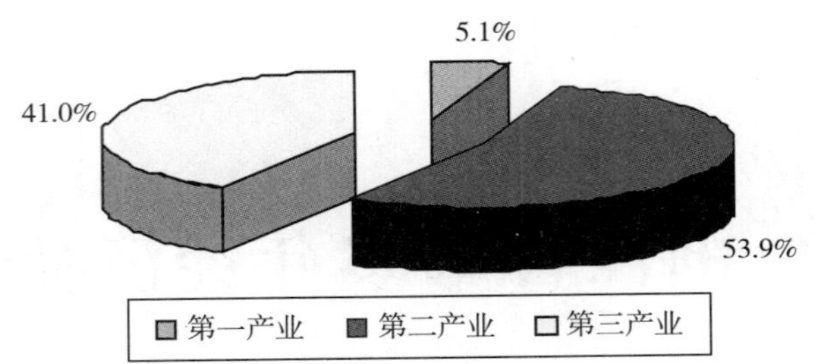

图 2－172　2008 年浙江省三次产业结构图

3. 物价水平有所增长

全省居民消费价格上涨 5. 0%，其中居住类上涨 5. 0%，食品类上涨 13. 9%。商品零售价格上涨 6. 3%，农业生产资料价格上涨 18. 9%，工业品出厂价格上涨 4. 3%，原材料、燃料、动力购进价格上涨 10. 6%，固定资产投资价格上涨 9. 3%。房屋销售价格上涨 7. 4%。

表 2－63　2008 年居民消费价格变动情况(上年 =100)

	全 省	城 市	农 村
居民消费价格总指数	105. 0	104. 8	105. 3
食品	113. 9	114. 2	113. 6
#粮食	105. 4	105. 5	105. 3
烟酒及用品	102. 1	102. 2	102. 1
衣着	97. 9	97. 5	98. 4
家庭设备用品及服务	103. 4	104. 5	102. 5
医疗保健及个人用品	105. 8	106. 8	105. 0
交通和通信	95. 6	94. 4	96. 9
娱乐教育文化用品及服务	99. 0	99. 8	98. 3
居住	105. 0	104. 0	105. 7

4. 固定资产投资增幅持平

2008 年，全社会固定资产投资9 299. 8亿元，比上年增长 10. 4%，其中限额以上投资8 523. 0亿元，比上年增长 10. 6%，增幅和上年持平。限额以上非国有控股投资5 610. 5亿元，增长 11. 2%，占全部限额以上投资的 65. 8%。

在限额以上固定资产投资中，第一产业投资 35. 8 亿元，比上年增长 8. 5%；第二产业投资 3 936. 0亿元，增长 8. 8%。其中工业投资 3 910. 1 亿元，增长 8. 5%；第三产业投资4 551. 2亿元，增长 12. 3%。全年限额以上投资项目25 892个，比上年增长 6. 1%。其中，新开工项目12 227个，比上年下降 0. 7%。

2008 年，浙江省政府积极筹措财政资金保障重大项目建设，重大项目工程完成投资1 410亿元，新增高速公路 422 公里、发电装机容量 370 万千瓦、500 千伏输变电线路 513 公里，杭州湾跨海大桥等一批项目建成，甬台温、温福铁路等项目进展顺利，宁杭、杭甬客运专线和杭州铁路东站扩建等项目开工。

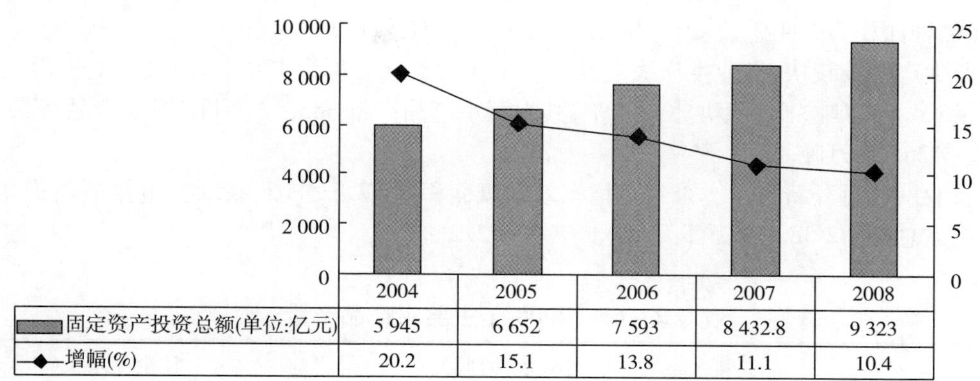

	2004	2005	2006	2007	2008
固定资产投资总额(单位:亿元)	5 945	6 652	7 593	8 432.8	9 323
增幅(%)	20.2	15.1	13.8	11.1	10.4

图 2－173　2004－2008 年浙江省全社会固定资产投资及增长幅度

5. 区域经济协调发展

2008 年,浙江省加大对欠发达地区和海岛地区的支持力度,欠发达和海岛地区发展加快,舟山、丽水、衢州规模以上工业增加值增幅位居全省前列。

表 2－64　2008 年 1－12 月浙江省各地区国民经济主要指标

地区	工业销售产值		工业产品产销率(%)		固定资产投资 社会消费零售总额		固定资产投资	
	1～12 累计	增长%	1～12 月累计	增长%	1～12 月累计	增长%	1～12 月累计	增长%
全省	3 9973.08	13.7	97.25	－0.4	7 441.75	19.8	8 522.99	10.4
杭州	9 165.97	12.3	98.22	－0.01	1 558.38	20.2	1 863.52	17.7
宁波	8 625.47	11.9	97.01	－0.76	1 238.02	19.6	1 610.86	8.4
温州	3 498.49	8.4	96.34	0.32	1 082.95	19.5	655.58	2.3
嘉兴	3 728.84	14.8	97.12	－1.22	599.61	19.6	904.82	11.2
湖州	2 077.66	21.3	97.16	－0.64	382.11	19.7	482.65	14.6
绍兴	5 278.32	12.3	97.75	－0.21	618.89	20.1	815.25	7.1
金华	2 510.06	14.9	97.35	－0.11	675.66	20	535.47	8
(义乌)	462.31	11.9	95.93	－0.87	211.75	20.3	155.94	14
衢州	748.55	36.1	97.37	0.09	215.61	20.2	326.33	14.2
舟山	640.3	36.9	95.51	－0.12	157.83	19.2	333.63	21.5
台州	2 968.48	12.6	96.98	－0.55	709.71	19	654.76	4.9
丽水	730.92	33.4	92.33	－1.34	202.98	20.1	231.71	3.9

(二)农业和农村建设

2008 年,浙江省全年粮食播种面积和单产分别比上年增长 0.1 % 和 4.0%,粮食总产量为 775.55 万吨,增长 4.1%,其中晚稻总产量为601.08万吨,增长 5.6%。

主要经济作物有增有减。其中蔬菜播种面积 618.47 千公顷,比上年下降 6.4%;油料 47.67 千公顷,棉花播种面积20.34千公顷,分别比上年增长9.0%和8.1%。

畜牧业生产增长较快,渔业生产稳定发展。全年肉类总产量为170.1万吨,比上年增长13.5%;水产品产量504.64万吨,比上年增长0.9%,其中海水产品产量385.13万吨,淡水产品产量92.86万吨,远洋渔业26.65万吨。

现代农业发展迈开新步子。全年净增有效灌溉面积8.97千公顷,新增机电排灌面积8.53千公顷。农业机械总动力2 382.76万千瓦,比上年增长2.2%。

表2-65　2008年主要农产品产量

指标	绝对数(万吨)	比上年增长(%)
粮食	775.55	4.1
油料	47.67	9
花生	5.2	1.2
油菜籽	41.74	9.9
棉花	2.82	10.9
糖料	85.45	-1.8
茶叶	16.23	1.3
水果	747.92	8.4
蔬菜	1 757.92	2.3

(三)工业和建筑业

1.工业增加值突破万亿

2008年,浙江省全部工业增加值为10 359.8亿元,比上年增长10.1%,其中规模以上工业增加值8 083亿元,增长10.1%,轻、重工业增加值分别增长9.1%和10.9%。规模以上工业销售产值39 973.1亿元,增长13.7%。国有及国有控股工业企业增加值1 251.2亿元,比上年增长11.8%。

2008年高技术产业总产值3 112.7亿元,比上年增长7.0%,所占比重为7.6%。全省新产品产值为6 804.4亿元,比上年增长21.2%,新产品产值率为16.5%,比上年提高0.9个百分点。汽车产量22.6万辆,增长8.9%,其中轿车产量19.3万辆,增长10.5%。

全年规模以上工业企业实现利润1 513.6亿元,比上年下降11.7%。其中,国有及国有控股企业870.9亿元,比上年下降59.5%;股份制企业363.3亿元,下降30.1%;外商及港澳台投资企业500.7亿元,下降9.0%;私营企业543.8亿元,增长1.3%。工业企业产品销售率97.3%,比上年下降0.4个百分点。

2008年,全省规模以上工业中,以加工组装为重心的装备制造业增加值2 788.8亿元,同比增长11.3%,增幅比规模以上工业高1.2个百分点。装备制造业对工业生产增长的贡献率为38.1%。装备制造业增加值占规模以上工业的比重为34.5%,比上年上升0.4个百分点。装备制造业行业生产增速明显分化,其中,交通运输设备(21.8%)、金属制品(13.3%)和电气机械(11.9%)生产增幅接近或超过12%;仪器仪表(9.3%)、通用设备(8.2%)、通信设备(4.9%)和专用设备(3.2%)四个行业增加值增速较低。

表 2－66　2008 年浙江省各市工业总产值

单位:亿元

地区	工业总产值
杭州市	9 332.17
宁波市	8 537.91
嘉兴市	3 839.43
湖州市	2 138.5
绍兴市	5 400.01
舟山市	671.87
温州市	3 631.52
金华市	2 578.29
衢州市	768.79
台州市	3 060.86
丽水市	791.62

2008 年,规模以上工业新产品产值6 804.4亿元,同比增长 21.2%,增速比工业总产值高 7.0 个百分点;新产品产值率为 16.5%,比上年高 0.9 个百分点,处于 2000 年以来的最高水平。新产品对规模以上工业总产值增长的贡献率达 23.3%,比去年高 0.5 个百分点。

2. 建筑业实现利税稳定增长

全年建筑业增加值1 220.6亿元,比上年增长 3.0%。全年资质以上建筑企业利润总额 210 亿元,比上年增长 15.1%;税金总额 252 亿元,增长 17.4%。2008 年,全省资质以上总承包和专业承包建筑企业完成建筑业总产值8 041亿元,比上年增长 18.4%;实现利税总额 462 亿元,增长 15.9%,生产、效益同步稳定增长但增幅有所回落,分别比去年回落 3.1 和 4.5 个百分点。

2008 年,绍兴、杭州两市建筑业产值超千亿元。绍兴、杭州、金华三市建筑业总产值分别为2 391亿元、1 736亿元、992亿元,成为全省建筑业产值前三甲,三市完成产值占全省的 63.7%。嘉兴、舟山两市则增长较快。两市建筑业总产值分别比上年增长 48.9% 和 34.1%,远高于全省平均增幅。

(四)服务业

1. 国内贸易

2008 年浙江省社会消费品零售总额7 441.7亿元,比上年增长 19.8%,扣除价格因素,实际增长 12.7 %。其中,城市消费品零售额4 960.4亿元,比上年增长 20.2%,县及县以下消费品零售额2 481.3亿元,增长 18.8 %。分行业看,批发零售贸易业零售额6 521.5亿元,增长 19.7%;住宿餐饮业零售额 869.4 亿元,增长 21.2%;其他行业零售额 50.8 亿元,增长 6.5%。

在限额以上批发零售贸易业销售额中,汽车类零售额比上年增长 5.6%,通信器材类下降 9.2%,建筑及装潢材料类下降 25.7%,服装、鞋帽、针纺织品类增长 25%,家具类增长 13.4 %,食品饮料烟酒类增长 19.6%,石油及制品类增长 23.9%,文化办公用品类增长 11.4 %,家用电器和音像器材类增长 6.1%。

2008 年,浙江省商品交易市场积极应对全球经济的变化,强化市场自身建设,加快改造提升步伐,加大创新力度,调整对外贸易结构,减少对美市场的依赖性,努力开辟南美、亚洲等新兴市场,以

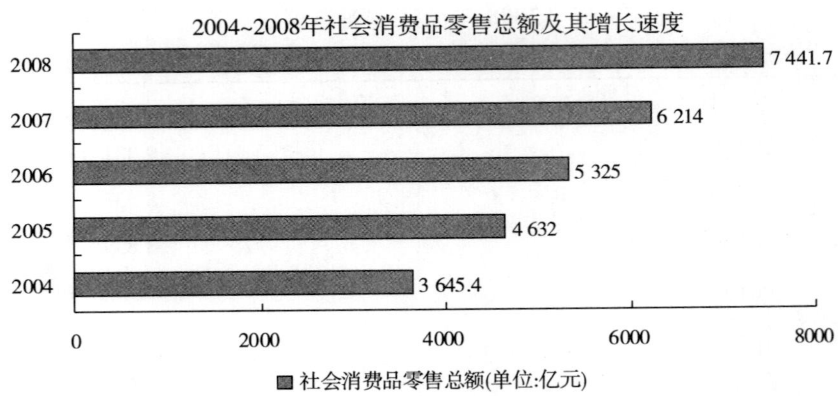

图 2－174　2004－2008 年浙江省社会消费品零售总额

多元出口及扩大内销作为发展重点，同时，在充分发挥市场集散辐射等传统功能基础上，积极进行旅游宣传推介，以商代游、以游促商，借势营销，拓展市场，商品交易市场总体持续呈现平稳发展态势。2008 年，浙江省共有商品交易市场4 087家，全年成交总额9 793亿元。其中成交额超亿元的市场 585 个，比上年增加 11 个；超十亿元的市场 139 个，增加 6 个；超百亿元的市场 15 个，与上年持平。重点市场发展势头不减，龙头带动作用进一步凸显。2008 年，全省 118 家重点市场成交总额5 324亿元，增长 2.5%，占全省商品市场成交额的 54.4%，其中，义乌中国小商品城、绍兴中国轻纺城成交额分别达381.81亿元和352.7亿元，增长 9.6% 和 6.2%，但增幅较上年分别回落 1 个百分点和 4.1 个百分点。新型流通业态发展较快。“千镇连锁超市”、“万村放心店”工程全面完成。全省已建立乡镇连锁超市1 773个，村级连锁便利店14 702个，萧山区、临安市等 16 个县(市、区)实现了行政村连锁便利店全覆盖。

2. 交通运输、邮电

2008 年，全年交通运输、仓储和邮政业增加值 827.7 亿元，比上年增长 8.1%。

全年铁路、公路和水运等运输方式完成货物周转量5 385.08亿吨公里，比上年增长 8.5%；旅客周转量1 071.64亿人公里，增长 4.4%。沿海港口货物吞吐量 6.5 亿吨，增长 12.3%。

表 2－67　2008 年铁、公、水路运输方式完成运输量

	单位	绝对数	比上年增长(%)
货物周转量	亿吨公里	5 385.08	8.5
铁路	亿吨公里	339.74	1.1
公路	亿吨公里	521.71	5.7
水运	亿吨公里	4 523.63	9.5
旅客周转量	亿人公里	1 071.64	4.4
铁路	亿人公里	289.76	12.1
公路	亿人公里	774.28	1.7
水运	亿人公里	7.6	10.0
沿海港口货物吞吐量	亿吨	6.5	12.3

全年邮电业务总量1 546.2亿元，比上年增长16.5%。其中，邮政业务总量48.8亿元，增长15.6%；电信业务总量1 497.4亿元，增长16.5%。

全年固定电话交换机总容量3 232万门。新增移动电话交换机容量1 998万户，总容量为7 901万户。年末固定电话用户达2 297万户，其中城市电话用户1 482万户，农村电话用户815万户；移动电话用户3 977万户，全年新增448万户。国际互联网稳步发展，年末全省互联网用户数为805万户，比上年新增124万户。

3. 旅游业

2008年国内旅游者2.09亿人次，比上年增长5.6%；国内旅游收入2 040亿元，增长12%。接待境外入境旅游者539.67万人次，增长5.6%。其中，外国人366.13万人次，增长6.6%；香港、澳门和台湾同胞167.54万人次，增长3.6%。国际旅游外汇收入30.24亿美元，增长11.7%。全年国内国际旅游总收入2 250亿元，增长11.1%。

4. 金融、证券和保险

2008年末金融机构本外币各项存款余额35 481.20亿元，比上年末增长22.1%，其中人民币存款余额增长22.1%。全部金融机构本外币各项贷款余额29 658.67亿元，比上年末增长18.8%，其中人民币贷款余额增长19.9%。年末城乡居民本外币储蓄存款余额14 804.54亿元，比上年末增长30.0%。

表2－68　2008年全部金融机构本外币存贷款情况

指标	年末数(亿元)	比上年增长%
各项存款余额	35 481.20	22.1
其中：企事业存款	11 490.12	9.7
城乡居民储蓄存款	14 804.54	30.0
其中：人民币	14 501.49	29.9
各项贷款余额	29 658.67	18.8
其中：短期贷款	17 219.69	16.0
中长期贷款	10 742.81	19.5

按照五级分类统计，年末全省主要银行业机构不良贷款余额306.95亿元，比年初增加135.13亿元，不良贷款率为1.31%，比年初上升0.44个百分点。

2008年末，全省全年新增上市公司16家（其中境内上市11家，境外上市5家）。目前，全省共有境内上市公司131家，位居全国第三，累计融资796.92亿元，其中中小板上市公司54家，占全国中小板上市公司总数的19.8%，全国排名第二。境外上市公司39家，累计融资445.64亿元。

全年保险业实现保费收入576.33亿元，比上年增长30.4%。其中，财产险保费收入203.39亿元，比上年增长15.9%；人身险保费收入372.95亿元，增长40%。支付各类赔款及给付212.99亿元。其中，寿险业务给付71.58亿元；健康险和意外伤害险赔款及给付12.67亿元；财产险赔款128.74亿元。

5. 房地产业

全年房地产开发投资1 999.3亿元，比上年增长9.8%，增幅比上年回落5.9个百分点。商品房销售额1 816.4亿元，比上年下降30.9%。

(五)对外经济

1. 对外贸易

全年进出口总额为2 111.5亿美元,比上年增长19.4%,其中进口568.6亿美元,增长17%,出口1 542.9亿美元,增长20.3%。

表2－69 2008年浙江省进出口主要分类情况

	绝对数(亿美元)	比上年增长(%)
进出口总额	2 111.5	19.4
出口额	1 542.9	20.3
#一般贸易	1 218.7	22.7
加工贸易	308.6	13
#机电产品	680.7	22.5
#高新技术产品	106.5	4.7
进口额	568.6	17
#一般贸易	344	17.7
加工贸易	150.3	21.4
#机电产品	150.3	9

2008年浙江省对主要市场的出口均保持较快增长,澳大利亚和中国台湾成为浙江进口增长最快的国家和地区,其中中国台湾取代日本成为浙江省第一大进口来源地。

表2－70 2008年浙江省对主要市场进出口情况

国家或地区	出口额(亿美元)	比上年增长(%)	进口额(亿美元)	比上年增长(%)
欧盟	426.5	25.2	65.6	10.6
东盟	87.4	23.3	50.9	5
美国	265.4	7.7	43.1	9.6
中国香港	52.1	1.8	2.9	－23.8
日本	99.8	13.1	89.4	15.1
韩国	45	11.3	68.6	13.6
中国台湾	17.3	10	90.3	23.2

2. 利用外资

全省新批外商直接投资项目1 858个,比上年减少1 061个,合同外资和实际到位外资分别为178.2和100.7亿美元,分别比上年下降12.6%和2.8%。第三产业利用外资继续保持良好势头,合同外资53.5亿美元,实际外资30.6亿美元,分别比上年下降22.1%和增长2.4%,分别占外资总额的30%和30.3%。

3. 对外合作

全年对外承包工程、对外劳务合作、对外设计咨询完成营业额20.9亿美元,比上年增长0.4%。

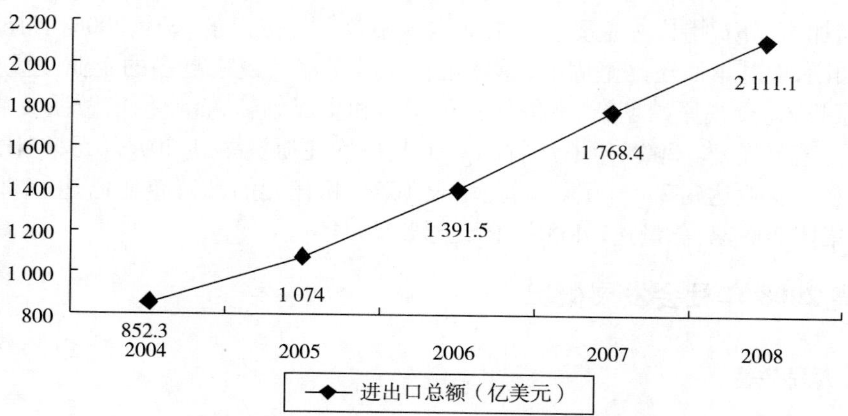

图 2－175　2004－2008 年浙江省外贸进出口总额

批准境外投资项目 427 个，总投资 9.2 亿美元，其中中方投资 8.6 亿美元，总投资和中方投资分别增长 39.1%和 42 %。

表 2－71　2008 年浙江省各市实际使用外资金额

单位：万美元

地区	实际使用外资金额
杭州市	331 154
宁波市	253 789
嘉兴市	135 975
湖州市	80 206
绍兴市	84 031
舟山市	15 855
温州市	26 175
金华市	51 302
衢州市	5 813
台州市	23 890
丽水市	8 102

4. 民营经济

2008 年浙江省的民营企业注销死亡数创近六年来最高，而新登记企业数却为近六年来最低，总量依然保持稳中有升，但下行趋势加快。一些新兴行业方兴未艾，转型升级开端良好，品牌引领经济升级趋势不断增强，群众创业热情持续高涨，个体工商户总量达到 191 万户，创历史新高。浙江省企业总数达 68.1 万家，比上年同期增长 4.5%，增幅回落 1.29 个百分点。其中，私营企业 52 万家，同比增长 7%，增速快于全省企业平均增长水平，但增速出现下滑，增幅回落 2.38 个百分点。全年新登记企业 7.02 万家，同比减少 10%，为近六年来最低。2008 年一季度新设立数比上年同期下降 7%，二季度下降 11%，三季度下降 12%，四季度下滑趋势仍在延续。特别是进入 2008 年 9 月份，浙江省民营企业工业增加值、外贸出口等主要经济指标增幅回落明显。总的来看,2008 年浙江省民营企业生产经营困难加剧,但基本面还是坚固的,总体运行比较平稳。越来越多的企业注重人才、技术、管理等知识型要素投入,重视原始创新、引进技术再创新和集成创新,企业稳步做强做精,联合抱团趋势增强,整体实力节节提升。2008 年浙江省私营企业户均注册资本达 207 万元,同比增长 10%;其中,超千万元的私营企业达到 2.43 万家,同比增长 18%,超亿元的私营企业已达1 000家,同比增长 27%;新增企业集团 306 家,总量达1 465家,同比增长 26.4%。

二、浙江省 2008 年社会发展概况

(一)人口、人民生活

2008 年末全省常住人口5 120万人,比上年增长 1.2%。全年出生人口 51.9 万人,出生率 10.20‰;死亡人口 28.6 万人,死亡率为 5.62‰;全年自然增长人口 23.3 万人,自然增长率为 4.58‰。

2008 年,全省城镇居民人均可支配收入22 727元,农村居民人均纯收入9 258元,扣除价格因素,分别比上年实际增长 5.4% 和 6.2 %,城镇居民人均可支配收入连续八年、农村居民人均纯收入连续 24 年列全国各省区第一位。城镇居民收入的基尼系数(衡量居民内部收入分配差距的指标)为 0.331 0,农村居民的基尼系数为0.361 4。城镇居民人均消费支出15 158元,比上年实际增长 2.7%;农村居民人均生活消费支出7 072元,实际增长 9.8 %。城镇居民家庭恩格尔系数为 36.4 %,农村居民家庭恩格尔系数为 38.0%,分别比上年提高 1.7 和 1.6 个百分点。

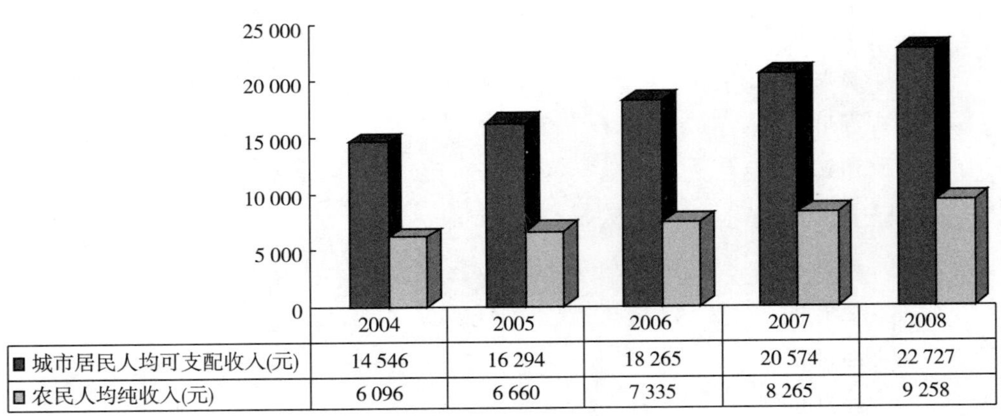

	2004	2005	2006	2007	2008
■ 城市居民人均可支配收入(元)	14 546	16 294	18 265	20 574	22 727
□ 农民人均纯收入(元)	6 096	6 660	7 335	8 265	9 258

图 2 -176　2004 -2008 年浙江省城乡居民收入对比一览

城镇居民人均住房建筑面积 34.33 平方米,农村居民人均居住面积 58.50 平方米,居住条件继续改善。城乡居民家庭耐用消费品拥有量变化明显。

(二)就业和社会保障

1. 就业工作

2008 年全省新增城镇就业人数 74 万人,年末城镇登记失业率为 3.49%,比上年末上升 0.22 个百分点。

2. 社会保障

2008 年,浙江省加大对就业困难人员特别是城镇零就业家庭和农村低保家庭就业的帮扶力度,探索覆盖城乡居民的养老保障制度,提高企业退休人员基本养老金和城乡居民最低生活保障标准,提高重点优抚对象抚恤补助标准和医疗保障水平,加快推进养老服务体系建设。

2008 年,全省参加企业养老保险人数1 293万人,比上年末增加 217 万人,增长 20.2%;企业养老保险基金收入 457 亿元,支出 281 亿元,累计结余 781 亿元,比上年末增加 176 亿元,基金支付能力稳定上升,支付能力达 32 个月。基本医疗保险参保人数1 054万人,比上年末增加 199 万人,增长 23.3%;工伤保险参保人数1 262万人,增加 259 万人,增长 25.8%;生育保险参保人数 687 万人,比上年末增加 182 万人,增长 36.0%;参加失业保险人数 731 万人,比上年末增加 146 万人,增长 25.0 %;城镇居民参加基本医疗保险的有 365 万人,比上年末净增 215 万人;农民工参加基本医疗保险和工伤保险的人数分别为 404 万人和 500 万人。省级财政对城镇居民基本医疗保险补助标准提高 1 倍。

新型农村合作医疗机制不断完善,基金监管力度进一步加大,保障能力逐步增强。全省参合人数3 094万人,参合率为 90%,人均筹资水平 135.9 元,住院补偿率为 31.2%,门诊结报率为 120%。全省 86 个有农业人口的县(市、区)人均筹资均在 100 元以上,并全面建立了住院兼顾门诊补偿制度。

社会救助体系不断健全和完善。据统计, 全省在册低保对象 68.74 万人,其中城镇 9.39 万人,月均补助202.12元/人;农村 59.35 万人,月均补助 112.3 元/人,各县(市、区)全部执行低保新标准,绝大部分地区实现以县为单位,人均救助额不低于低保标准 50%。全年支出保障金近 9.5 亿元。年末全省各种收养性社会福利单位拥有床位 15.5 万张,收养人员 9.66 万人。农村五保集中供养率 95%,城镇"三无"集中供养率 98.99%。所有乡镇(街道)和 2.75 万个社区(村)基本建立了社会救助综合管理服务机构。完善落实低收入居民价格补贴办法,实施残疾人共享小康工程,新增廉租住房受益家庭 1.3 万户,新开工经济适用房 343 万平方米。

(三)教育和科学技术

1. 教育事业

2008 年,浙江省全面免除义务教育阶段学生课本费、作业本费和外来民工子女借读费,初中、小学生均公用经费标准分别提高到 450 元和 300 元,率先实行农村教师任教津贴制度,全面落实困难学生资助和高校学生补助政策,全面开展化解义务教育债务工作,实施新一轮职业教育六项行动计划,积极推动高等学校教育质量提升。

2008 年,全省拥有普通高校 77 所(含筹建)。全年研究生招生13 691人,在学研究生35 812人,毕业生8 944人;普通本专科招生26.57万人,在校生83.22万人,毕业生20.32万人。普通高考录取率 75%,比上年提高 3 个百分点;高等教育毛入学率为 40%,比上年提高 2 个百分点。各类中等职业教育招生 26.35 万人,在校生72.88万人,毕业生24.67万人。普通高中招生 28.19 万人,在校生 84.82 万人,毕业生 29.59 万人。初中招生 62.21 万人,在校生 184.99 万人,毕业生 53.81 万人,初中毕业升高中段的比例为 97.48 %,比上年提高 0.93 个百分点。小学招生 55.78 万人,在校生 332.28 万人,毕业生 62.48 万人;小学毕业生升学比例达 99.99%,初中入学率、巩固率分别为 99.92% 和 99.98%,九年义务教育完成率为 97.8%。特殊教育招生 1 864 人,在校生 1.29 万人。全省拥有幼儿园10 212所,在园幼儿 159.34 万人。

2. 科技与创新

2008 年浙江省制定实施自主创新能力提升行动计划,深入实施知识产权、标准化和品牌战略,加快推进 33 个重大公共创新平台建设,新引进 113 个科技创新载体,组织实施 26 个重大科技专项,发明专利授权量增长47.7%。

2008年全社会科技活动经费投入600亿元,比上年增长16.1%;占全省生产总值的比例为2.79%,比上年提高0.11个百分点。R&D经费占全省生产总值的比例为1.6%,比上年提高0.08个百分点。地方财政科技投入86.8亿元,比上年增长21.3%;地方财政科技拨款占地方财政支出的比重为3.93%。

至年末全省拥有县及县以上独立的研究开发机构150家,省级以上重点实验室(含试验基地)145家、省级高新技术企业研发中心813家,国家认定的企业技术中心37家;拥有省级区域科技创新服务中心107家,国家级示范生产力促进中心9家。全年受理专利申请9万件,授权专利5.3万件,分别比上年增长30.5%和25.9%。全年技术市场合同成交金额58.9亿元。

至年末全省有1 046家产品质量检验机构,其中国家检测中心19个;产品质量、体系认证机构5个,全省有10 197家企业获得强制性产品认证64 488张,有30 934家企业获得了管理体系认证。法定计量技术机构73个,全年强制检定计量器具210.67万台件。全年测绘部门完成各种比例尺地形图7.23万幅。

(四)文化、卫生和体育

1. 文化事业

2008年末全省文化部门共有艺术表演团体72个,群艺(文化)馆、文化站1 557个,公共图书馆94个,博物馆78个。省市级广播电台、电视台各12座,县级广播电视台66家。全省乡镇和行政村的有线电视联网率分别达到99.6%和98%。全省有线电视用户数1 057.1万户,比上年增长2.1%,入户率为68.8%,广播、电视综合覆盖率分别达到98.9%和99.1%。全省制作生产的各类电影22部、电视剧26部863集、动画28部18 413分钟,全省广播电视业经营收入97.44亿元,比上年增长10.8%。全年城市影院共放映电影37.7万场,观众914.9万人次,票房收入2.73亿元,比上年分别增长13.2%、5.1%和29.5%。

全省14家图书出版社,共出版图书8 273种,总印数2.9亿册;全省公开发行的报纸有70种,年发行量29.6亿份,比上年增加0.97亿份,平均每千人每天拥有160.4份报纸;出版期刊218种,年发行量近0.75亿册。全省共有综合档案馆97个,已开放各类档案10 686个全宗,共计263.6万卷17.58万件。

2. 卫生事业

至2008年末全省共有卫生机构1.5万个,其中医院、卫生院2 484个。医院和卫生院床位14.95万张。卫生技术人员24.3万人,其中执业医师和执业助理医师10.2万人,注册护士7.83万人。

2008年底,全省各县(市、区)已建立社区卫生服务中心1 254个,占应建社区卫生服务中心总数的90%,社区卫生服务站(室)6 558个,社区责任医生3万余人。初步建立覆盖全省、多层次、多形式的城乡社区卫生服务体系。

建立健全公共卫生体系,加强重大传染病的防控工作。2008年全省累计报告发生甲、乙类传染病174 573例,报告死亡病例198例。报告总发病率为345.01/10万,比上年下降0.87%,报告死亡率为0.39/10万,比上年下降30.66%,病死率为0.11%,比上年下降30.04%。全省共30个美沙酮维持治疗门诊启动运转率达100%,累计服药人数6 729人,目前日服药人数2 819人。全省共有11个市,76个县(市、区)开展免费抗病毒治疗工作。全省建立了1个确证中心实验室,12家确证实验室、8家筛查中心实验室,438家HIV筛查实验室,形成省、市、县三级艾滋病检测实验室网络。

结合“千村示范、万村整治”工作,积极推进农村改水改厕,农村自来水普及率90.7 %,卫生厕所覆盖率达83.8%,累计创建国家级卫生城市(县城、镇)12个,农村环境卫生条件得到明显改善。

3. 体育事业

2008 年,浙江省运动健儿共取得世界冠军 10 个、亚洲冠军 7 个、全国冠军 82 个。共举办国际性体育竞赛 19 项次、全国性竞赛 52 项次、全省性竞赛 41 项次。全省共有 7 个县(市、区)和 160 个乡镇通过省级体育强县、强镇的检查验收。全年发行体育彩票 40. 24 亿元,比上年增加 4. 04 亿元,位居全国第 2 位。

(五)城乡建设

大力推动新型城市化。2008 年修编省域城镇体系规划,县市域总体规划编制基本完成,协调推进都市经济圈、城市群和中心镇建设。

新农村建设取得积极进展。新一轮的"千村示范万村整治工程"顺利启动,全年投入建设资金 100. 7 亿元,其中各级财政投入占 40. 5%。全省完成环境综合整治村3 395个,污水治理提升村1 040个,超过年度计划数的 11. 8%,受益农户 169 万户,新解决 303 万农村人口饮水安全问题。改建通村公路3 755 公里。"千万农村劳动力培训工程"深入推进,全年培训农民 130 万人,其中转移就业 44. 6 万人,培训转移率超过 70%。现代农业成为农民创业的新亮点,全省农家乐村点累计已发展到 2 728个,经营农户 1. 47 万户,直接从业人员 8. 31 万人,全年共接待游客 5 551 万人,营业收入 36. 8 亿元。启动实施"低收入农户奔小康工程",深入推进下山搬迁,全省共下山搬迁 2. 3 万户、8. 1 万人。全省有 60% 以上的乡镇(街道)建立了专职指导员制度,34 756名第四批农村工作指导员一年来共走访农户 367. 47 万户次,帮助落实项目56 908个资金 13. 78 亿元,调处矛盾纠纷 10. 74 万起,为促进新农村建设发挥了积极作用。全省各级财政对"三农"投入达到 626 亿元,增长 26. 2%。

(六)环境保护和生态建设

全省八大水系、运河和主要湖库 171 个省控监测断面中有 68. 4% 的断面水质满足水环境功能要求,比上年提高 7. 6 个百分点。钱塘江流域市县交接断面水质达标率 55. 2%;全省 26 个省控饮用水源地水质达标率为 72. 9%;全省城市空气综合污染指数为 1. 71,11 个设区市城市环境空气质量达到二级标准的天数均在 82. 2% 以上。全省城市总体声环境质量保持在上一年水平。新增城镇污水日处理能力 78 万吨、生活垃圾日处理能力1 800吨。2008 年城市污水处理率、城市生活垃圾无害化处理率分别为 71. 3% 和 85%,分别比上年提高 3. 2 和 4. 4 个百分点。

节能降耗取得进一步成效,主要污染物排放强度明显下降。关停了一批高耗能、高污染企业或生产线,企业也加大了对节能减排项目的技术改造。规模以上工业单位增加值能耗同比下降 7. 4%,37 个行业大类中,有 35 个行业的单位增加值能耗有不同程度的下降,其中降低率在 10% 以上的行业主要有非金属矿物制品、化纤、纺织等 18 个行业。化学需氧量和二氧化硫排放量分别比上年削减 4. 51% 和 7. 08%,全省超额完成单位地区生产总值能耗降低率的年度目标和国家主要污染物年度减排计划。

大力推动生态文明建设。制定实施资源节约和环境保护行动计划,组织实施节能降耗、节约集约用地和环境保护等工程,启动循环经济试点省建设。扩大重点用能监管范围,淘汰小火电、小水泥等落后产能。通过土地整理和开发利用,全年新增耕地 27 万亩,全年完成造林面积8 520千公顷,森林覆盖率为 57. 41%(按国家口径,不含灌木林)。全省已有 43 个市、县(市、区)获得国家级生态示范区的验收命名,累计创建国家级环境优美乡镇 138 个、省级生态乡镇 579 个、全国绿色学校 49 所,全国绿色社区 27 个,建成省级生态环境教育示范基地 69 个,以及一大批省级绿色学校、绿色社区、绿色医院、绿色饭店、绿色家庭等。全省建有省级以上自然保护区 18 个,其中国家级自然保护区 9 个。建有省级以上森林公园 101 个。

(七)安全生产

扎实开展平安创建活动,坚持并发展“枫桥经验”,健全社会治安综合治理和防控体系,依法打击各类刑事犯罪活动,切实维护国家安全和社会稳定,建设“平安浙江”取得阶段性成效。据调查,2008年浙江省群众安全感达95.65%,被认为是全国最具安全感的省份之一。各类事故总量继续下降,连续第5年实现“零增长”的目标。完善和落实安全生产责任制,加强重点行业和领域的安全专项整治,全年全省共发生各类事故31 640起、死亡6 991人、直接经济损失29 608.6万元,分别比上年下降13.5%、5.1%和6.2%;其中,道路交通共发生事故26 111起、死亡6 063人、直接经济损失9 913.8万元,分别比上年下降14.9%、5.6%和13.3%。火灾事故共发生4 680起、死亡85人,直接经济损失5 655.2万元,分别下降7.0%、17.5%和14.0%。

三、挑战与目标

面对取得的成绩,也应清醒地看到,浙江省经济社会发展面临很多困难和问题。金融危机仍在快速蔓延,对实体经济的影响正在加深,经济社会发展面临全球市场需求萎缩、国际贸易保护主义抬头、经济金融潜在风险增加、社会稳定压力加大等严峻挑战。浙江省长期积累的经济结构性、素质性、体制性矛盾依然存在,自主创新能力和产业竞争力亟待增强,节能减排压力依然较大,农业增效、农民增收的难度增加,保障科学发展的体制机制有待进一步健全。就业压力不断加大,部分低收入群众生活困难,食品药品安全和安全生产问题突出。政府工作还有不少差距,依法行政能力有待提高,一些政府工作人员服务意识不强、作风不实、效率不高,腐败现象在一些地方和领域还比较严重。我们一定高度重视,进一步增强忧患意识、责任意识,采取更扎实、更有效的措施,努力加以解决。

综合考虑经济社会发展趋势和目标导向,2009年浙江省经济社会发展的主要预期目标是:全省生产总值增长9%左右,地方财政收入增长6%左右;研究与试验发展经费支出占生产总值比例1.7%左右;单位生产总值能耗下降4%以上,化学需氧量排放量下降3%以上,二氧化硫排放量下降3%左右;城镇居民人均可支配收入增长7%,农村居民人均纯收入增长7%;居民消费价格总水平涨幅控制在4%以内;新增城镇就业60万人,城镇登记失业率控制在4%以内;人口自然增长率控制在6‰以内。

四、浙江省在长三角地区经济发展中的地位

受宏观政策从紧、国际金融动荡、全球经济减速、要素制约加大等多种因素影响,浙江省经济发展面临多年来少有的困难。面对国际、国内经济环境出现的新情况、新问题,浙江省积极应对,坚持以科学发展观为指导,深入贯彻“创业富民,创新强省”总战略,推进经济转型升级,经济运行总体平稳。生产、效益增速虽有一定幅度回落,但产业结构调整进一步加快,发展方式转变取得了新的进展,应对环境变动的能力有所增强。

按总量来讲,多年来浙江省地区生产总值在长三角地区一直位居第二位。2004－2008年浙江省地区生产总值在长三角所占比重分别为:32.28%、32.76%、32.90%、32.95%、32.81%。除2008年占比略有下降外,其余各年均比前一年有所增长。

浙江省地方财政一般预算收入在长三角所占比重近5年基本处于下行趋势。最大降幅出现在2005年,比上一年下降了2.12个百分点,占到5年降幅的82%。2006年比2005年有0.6个百分点的增长之后,2007年、2008年占比均比前一年略有减少。

2004－2008年浙江省规模以上工业总产值在长三角所占比重分别为33.18%、32.28%、32.69%、32.31%、31.30%,总体上呈现下降趋势,5年累计降幅达1.88个百分点。

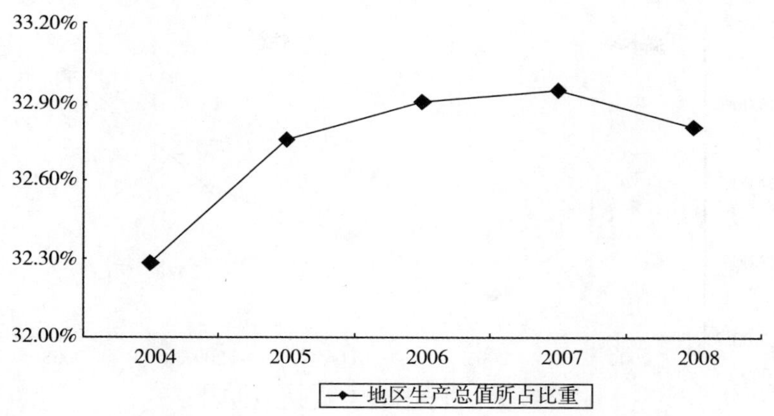

图 2－177　2004－2008 年浙江省地区生产总值在长三角所占比重的变化趋势

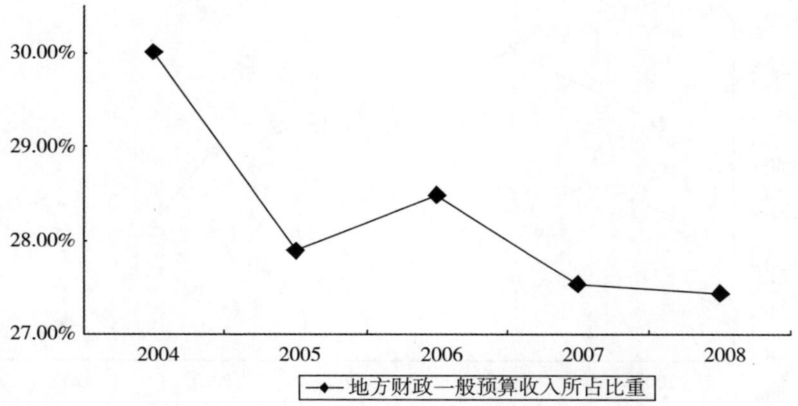

图 2－178　2004－2008 年浙江省地方财政一般预算收入在长三角所占比重的变化趋势

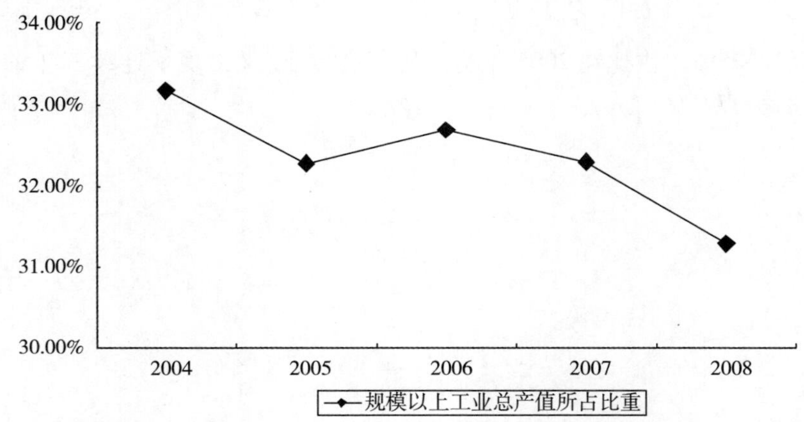

图 2－179　2004－2008 年浙江省规模以上工业总产值在长三角所占比重的变化趋势

浙江省进出口总额在长三角所占比重在2005 年比2004 年有1.16 个百分点的下跌后，最近三年出现了持续增长的态势。三年累计增幅高达2.81 个百分点。

2004－2008 年浙江省实际外商直接投资金额在长三角所占比重分别为 26.35%、27.82%、

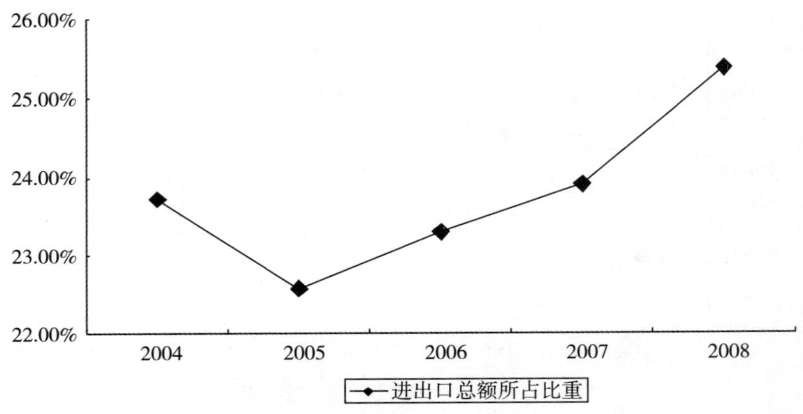

图 2-180　2004-2008 年浙江省进出口总额在长三角所占比重的变化趋势

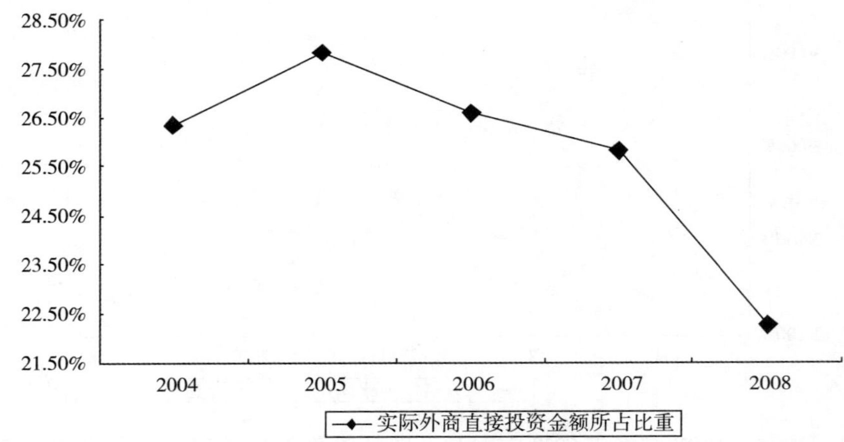

图 2-181　2004-2008 年浙江省实际外商直接投资金额在长三角所占比重的变化趋势

26.59%、25.80%、22.25%。占比在 2005 年达到历年高点后,又出现了连续三年的大幅下跌,累计跌幅高达 5.58 个百分点。

一　杭州市2008年经济社会发展

2008年是极不平凡的一年，杭州先后经历了特大雨雪冰冻灾害和国际金融危机的严峻考验。市政府始终坚持以科学发展观为统领，在市委的正确领导下，克服种种困难，坚持好字优先、干字当头、转型升级、能快则快，以改革创新精神推进服务型政府建设，加快建设与世界名城相媲美的生活品质之城，经济社会发展主要指标在全省保持领先地位。

一、2008年杭州市经济发展概况

（一）综合经济

1. 经济持续保持两位数增长

经济连续十八年保持两位数增长。2008年，全市实现地区生产总值（GDP）4 781.16亿元，按可比价格计算，比上年增长11.0%，连续18年保持两位数增长。其中：第一产业增加值178.64亿元，第二产业增加值2 389.38亿元，第三产业增加值2 213.14亿元，比上年分别增长3.6%、9.0%和13.8%。三次产业结构由上年的4.0∶50.2∶45.8调整为3.7∶50.0∶46.3。全市按常住人口计算的人均GDP为60 414元，按户籍人口计算的人均GDP为70 832元，分别增长9.4%和10.1%，按国家公布的2008年平均汇率计算，人均分别达到8 699美元和10 199美元。

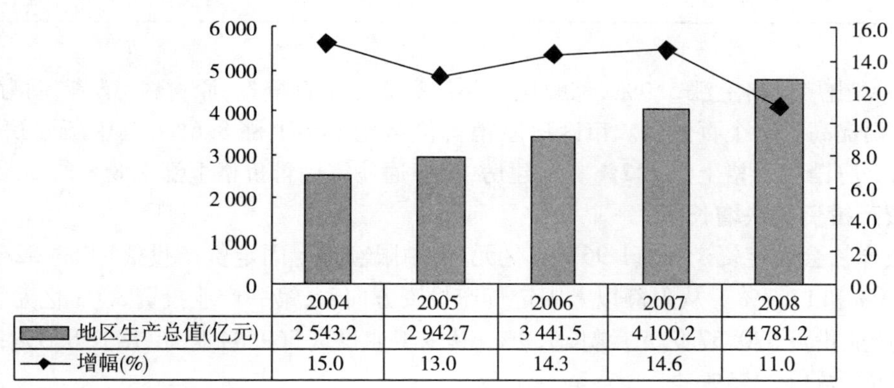

	2004	2005	2006	2007	2008
地区生产总值(亿元)	2 543.2	2 942.7	3 441.5	4 100.2	4 781.2
增幅(%)	15.0	13.0	14.3	14.6	11.0

图2－182　2004－2008年杭州市地区生产总值及增长速度

2. 财政收支平稳运行

全年完成财政总收入910.55亿元，比上年增长15.5%，其中地方财政一般预算收入455.35亿元，比上年增长16.3%。全年地方财政支出419.67亿元，比上年增长25.0%。其中：教育、科学技术支出92.8亿元，增长23.9%；社会保障和就业支出40.31亿元，增长34.6%；医疗卫生支出25.95亿元，增长31.7%；环境保护支出7.46亿元，增长43.7%；城乡社区事务支出68.25亿元，增长26%。

3. 价格指数涨幅由高向低回落

2008年，杭州市区居民消费价格总水平比上年上涨4.9%，低于全国、全省水平。涨幅比上半年回落2.3个百分点。八大类商品和服务项目价格呈“五升三降”格局。

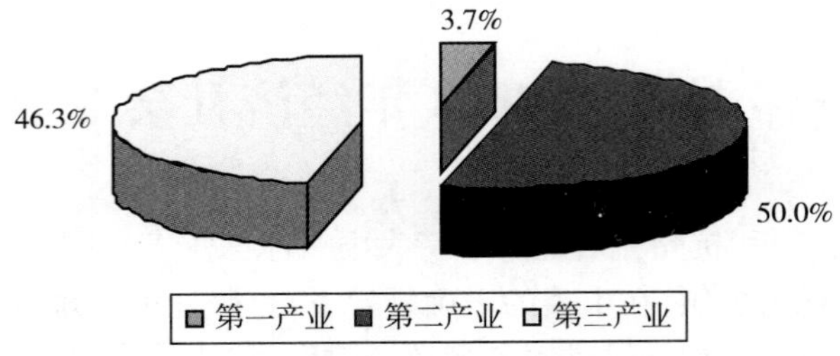

图 2-183　2008 年杭州市三次产业结构图

表 2-72　杭州市区居民消费价格指数

项目	2008 年	2007 年
市区居民消费价格指数(上年=100)	104.9	103.5
1. 食品	114.6	108.0
2. 烟酒及用品	102.5	102.4
3. 衣着	98.6	101.4
4. 家庭设备用品及维修服务	105.0	102.2
5. 医疗保健和个人用品	105.3	103.3
6. 交通和通信	94.7	98.2
7. 娱乐教育文化用品及服务	99.4	100.1
8. 居住	102.4	104.0

全市工业品出厂价格上涨 5.9%,涨幅比上年提高 2.3 个百分点;原材料、燃料、动力购进价格上涨 10.8%,涨幅提高 6.1 个百分点。市区房屋销售价格比上年上涨 8.6%,其中新建房销售价格上涨 10.0%,二手房销售价格上涨 4.2%。新建房中,普通住宅销售价格上涨 7.8%。

4. 固定资产投资较快增长

全年完成全社会固定资产投资1 961.72亿元,其中限额以上固定资产投资1 863.52亿元,分别比上年增长 16.5% 和 17.7%。从限额以上固定资产投资方向看,第一产业投资 3.08 亿元,比上年增长 32.4%;第二产业投资 570.57 亿元,增长 7.9%,其中工业投资 569.34 亿元,增长 8.0%;第三产业投资 1289.86 亿元,增长 22.5%。

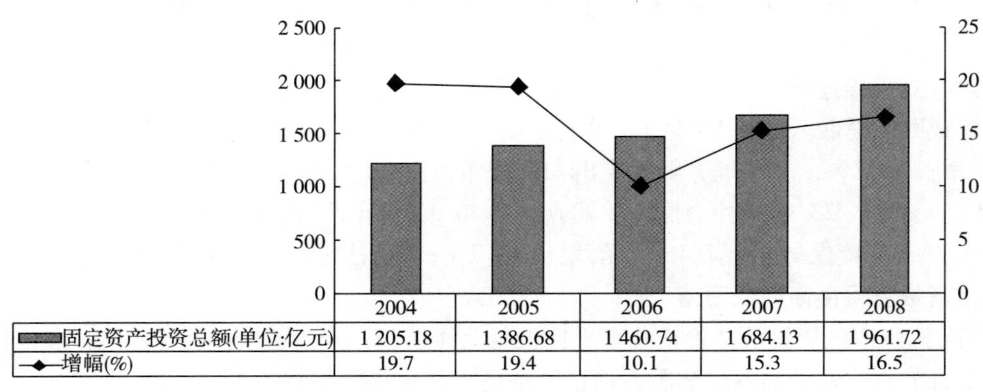

图 2-184　2004-2008 年杭州市全社会固定资产投资及增长幅度

5. 区县经济发展不平衡

2008 年，由于经济基础和资源禀赋差异，杭州市下辖五县市经济发展不平衡。

表 2－73　2008 年杭州市县市主要经济指标

县市	生产总值（亿元）	地方财政收入（亿元）	全社会固定资产投资（亿元）	出口总额（万美元）	社会消费品零售总额（亿元）
杭州市区	3 788.92	397.28	1 544.77	3 072 893	1 337.74
富阳市	342.94	23.58	147.92	64 300	63.55
临安市	229.17	11.66	79.07	60 671	53.72
建德市	162.27	9.69	58.69	89 290	34.66
桐庐县	164.45	8.22	77.95	64 496	44.59
淳安县	93.43	4.92	53.32	9 753	24.12

（二）农业生产稳步发展

全年完成农林牧渔业总产值 273.76 亿元，比上年增长 10.8%。其中农业产值 140.81 亿元，增长 7.7%；林业产值 32.02 亿元，增长 8.7%；牧业产值 63.66 亿元，增长 8.7%；渔业产值 30.93 亿元，增长 38.9%。全年粮食总产量 110.16 万吨，比上年增长 3.0%；水产品 18.47 万吨，增长 2.9%；肉类 29.52 万吨，增长 10.6%；禽蛋 13.25 万吨，增长 33.6%；水果 76.79 万吨，增长 9%。

全年茶叶、花卉苗木、水产品、节粮型畜禽、蔬菜和竹业等“六大优势产业”实现产值 153.91 亿元，比上年增长 13.5%；水果、干果、蚕桑、药材和蜂业等“五大特色产业”实现产值 31.88 亿元，比上年增长 3.4%，合计占农林牧渔业总产值比重为 67.9%，比上年提高 0.6 个百分点。

大力发展都市农业，重视抓好“米袋子”、“菜篮子”工程，推进粮食生产功能区建设，超额完成省下达的粮食总产量任务。开展生猪、蔬菜生产质量安全追溯管理试点，优势特色农业产值占农业总产值的 70%。成功举办第九届亚洲养蜂大会。

（三）工业和建筑业

1. 工业产值超万亿元

2008 年全市工业总产值、销售产值双双突破万亿元大关，分别达到10 968.86亿元和10 802.66亿元，比上年分别增长 12.5% 和 12.3%。其中规模以上工业产值、销售产值分别达到9 332.17亿元和9 165.97亿元，均比上年增长 12.3%。在规模以上工业中：轻工业实现销售产值3 901.37亿元，增长 11.6%，重工业实现销售产值5 264.6亿元，增长 12.6%。全年实现新产品产值1 381.97亿元，增长 16.0%。新产品产值率由上年的 14.33% 提高到 14.81%。

2. 工业效益增速有所下滑

全市规模以上工业企业实现产品销售收入8 836.45亿元，比上年增长 10.5%。实现利税 738.84 亿元，比上年增长 3.2%，其中利润 408.73 亿元，增长 0.3%，同比分别回落 24.4 和 33.3 个百分点。工业产品产销衔接良好，全年规模以上工业企业产销率为 98.22%。

3. 企业活力不断增强

积极培育大企业大集团，73 家企业入选全国民企 500 强，连续 6 年位居全国城市首位；22 家企业集团入围中国最大规模企业集团 500 强，36 家集团进入全国大企业集团竞争力 500 强，分别居全国副省级城市和大中城市首位。10 家企业入围全国软件百强。

表 2-74　2008 年杭州市县区工业总产值

单位:亿元

县市	工业总产值
杭州市区	**7 412.73**
富阳市	895.77
临安市	347.45
建德市	273.85
桐庐县	296.57
淳安县	105.79

4. 建筑业发展平稳

全年实现建筑业增加值249.18亿元,比上年增长 8.8%。全市有总承包和专业承包资格的建筑企业1 106家,完成施工产值1 736.37亿元,比上年增长 22.1%;施工面积15 864.66万平方米,增长 7.5%;竣工面积5 387.81万平方米,增长 9.4%。

(四)服务业加快发展

2008 年,杭州市大力推进"服务业优先发展"战略,通过政策扶持,优化环境,产业集聚等措施,推动全市大旅游产业、文化创意产业、商贸与物流业、金融服务业、信息服务与软件业、中介服务业、房地产业和社区服务业等八大重点产业继续保持平稳较快发展。全年全市第三产业实现增加值同比增长 13.8%,增幅比全市平均水平高 2.8 个百分点,比工业高 4.8 个百分点,服务业对全市经济增长的贡献率达到 57.7%。八大重点产业增加值情况表见表 2-75。

1. 国内贸易

大力培育美食、茶楼、演艺、疗休养、女装等十大特色潜力行业,实施"千镇超市、万村放心店"工程,打造商业特色街区品牌,举办杭州休闲购物节。2008 年全年实现社会消费品零售总额1 558.38亿元,比上年增长 20.2%。其中城市消费品零售额1 481.49亿元,增长 20.2%;县以下农村消费品零售额76.89亿元,增长 21.4%。分行业看,批发零售贸易业零售额1 377.77亿元,增长 19.9%;餐饮业零售额176.42亿元,增长 23.3%;其他行业零售额 4.19 亿元,增长 0.6%。

表 2-75　2008 年杭州市服务业八大重点产业增加值情况表

	2008 年增加值(亿元)	可比价比上年增长(%)	占 GDP 比重(%)
生产总值(GDP)	4 781.16	11.0	100
文化创意产业	579.86	17.6	12.1
大旅游产业	260.96	7.3	5.5
商贸与物流业	529.41	9.1	11.1
金融服务业	390.43	16.6	8.2
信息服务与软件业	204.95	23.6	4.3
中介服务业	60.79	16.1	1.3
房地产业	289.40	-3.4	6.1
社区服务业	6.05	10.1	0.1

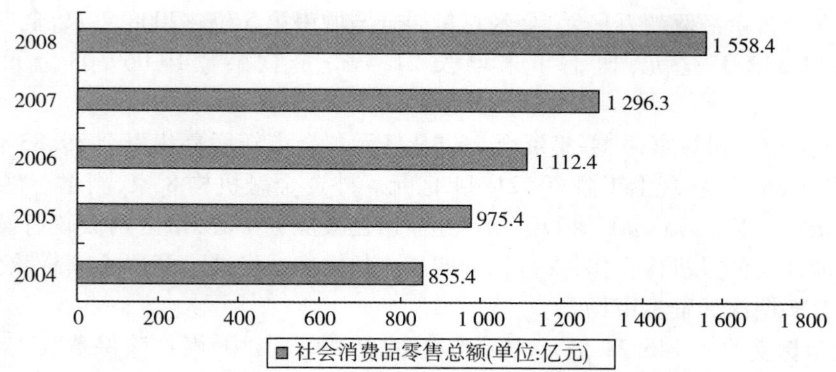

图 2－185　2004－2008 年杭州市社会消费品零售总额

2. 交通运输

全市货物运输总量 2.25 亿吨，与上年基本持平；旅客运输量 2.91 亿人次，比上年增长 3.8%。至年末，萧山国际机场已开通航线 193 条，其中国际航线 30 条，港、澳、台航线 8 条；全年民航旅客进出港达到1 267.32万人次，比上年增长 8.0%。道路建设快速发展。全年新增公路里程 237.26 千米，至年末，全市境内公路总里程达到14 699.53千米，其中高速公路 494.15 千米。全市公路通村率为 99.5%，建制村客运班车通达率由上年的 95% 提高到 97.5%。机动车辆持续增长，年末全市社会机动车拥有量达 139.54 万辆，比上年末分别增长 5.2%。

3. 邮电通讯

全市完成邮政业务总量 10.93 亿元，比上年增长 20.4%；完成邮政业务收入 8.46 亿元，增长 1.2%。邮政特快专递辐射 221 个国家和地区，全年完成国内特快业务 863.1 万件，比上年增长 54.7%；国际特快业务 27.07 万件，比上年增长 2%。完成电信业务收入 115.59 亿元，比上年增长 7.9%。年末本地电话用户为 428.57 万户，移动电话用户为 880.19 万户；计算机宽带用户达到 139.61 万户，比上年增长 15.9%。

4. 旅游业

2008 年，杭州市实施新一轮旅游国际化行动，接待国内游客和入境过夜游客分别增长 12.5%、6.1%，旅游总收入达到 707.22 亿元，增长 12.2%。全年接待入境旅游者 221.33 万人次，比上年增长 6.1%；接待国内游客4 551.67万人次，增长 10.7%。市民出境旅游人数为 28.26 万人次，比上年增长 4.4%。旅游基础设施日趋完善。至年末，全市各类旅行社达 437 家，其中国际旅行社 41 家；星级宾馆达到 247 家，其中五星级酒店 13 家；A 级景区 26 个，其中 5A 景区 1 个，4A 景区 19 个。

2008 年，杭州市 3 家省级以上旅游度假区（杭州之江国家旅游度假区、浙江湘湖旅游度假区、浙江淳安千岛湖旅游度假区，下称“旅游度假区”）加快建设力度，通过加大旅游宣传促销、推动特色旅游项目建设等一系列措施，使旅游度假区保持良好发展势头。旅游度假区全年共接待游客数 774.8 万人次，比上年增长 47.6%，其中海外游客 31.9 万人次，比上年增长 3.3%；实现旅游收入 7.8 亿元，其中门票收入 1.9 亿元，比上年增长 22.9%。其中：湘湖旅游度假区通过举办“中国国际动漫节”、开发极地海洋公园，吸引大量中外游客入区浏览，接待中外游客数达 490.0 万人次，占 3 家旅游度假区的 63.2%，比上年增长 99.3%。旅游度假区全年实现餐饮收入和住宿收入分别为7 187万元和10 668万元，分别比上年增长 89.8% 和 96.6%。旅游度假区的旅游景点、餐饮和住宿等资源实现了整体协调、客源互动的良好态势。

5. 金融、证券和保险

2008 年，杭州市出台长三角南翼金融中心建设规划和政策，完善在杭银行机构担保风险补偿办法,全年本外币存贷款余额双超万亿元,金融总量居全国城市第5位。2008年末,全市金融机构本外币存款余额达11 333.35亿元,比上年末增长21.4%;贷款余额10 069.03亿元,比上年末增长19.0%。

2008年新增上市公司6家,共募集资金26.35亿元。全市新增募集资金39.83亿元。至年末,全市上市公司累计66家,实现上市融资521.44亿元。外资金融机构8家,新增金融机构或办事处17个。期货交易所全年交易总额12 400亿元。建立市创投服务中心,市区两级政府设立5.5亿元的创投引导资金,加强与创投机构合作,支持初创期高成长性企业发展。开展小额贷款公司试点,产权交易所开业,培育多层次的资本市场。

2008年,全市保费收入146.21亿元,比上年增长35.2%;其中,财产险保费收入47.96亿元,增长14.2%,人身险保费收入98.25亿元,增长48.4%。共支付各类保险赔款及给付47.79亿元,增长17.9%,其中财产险29.1亿元,人身险18.69亿元。

6. 房地产业

2008年杭州市推出24条"房地产新政",促进房地产业平稳健康发展。全市完成房地产开发投资596.63亿元,比上年增长15.0%。房屋施工面积4 953.68万平方米,比上年增长3.7%;竣工面积893.24万平方米,下降5.8%。全年商品房销售面积716.38万平方米,下降37.7%,其中住宅销售627.48万平方米,下降39.9%。市区公开摇号销售经济适用房9 771套,建筑面积82.5万平方米。

7. 文化创意产业

2008年,杭州市紧紧围绕"打造全国文化创意产业中心"战略目标,努力化解金融危机不断向实体经济延伸等不利因素的影响,文化创意产业继续保了持快速发展的好势头,并逐步成为杭州市市经济社会发展的支柱产业。全年年全市文化创意产业实现增加值579.86亿元,增长17.6%,高于全市GDP增速6.6个百分点,高于全市服务业增加值增速3.8个百分点;文化创意产业增加值占全市GDP的比重达12.1%,比上年提高0.2个百分点,对GDP增长的贡献率为13.2%。其中,以文化艺术、信息服务、设计服务和咨询策划为主要内容的文化创意产业核心层保持率先发展,2008年实现增加值211.65亿元,增长25.4%,占全部文化创意产业的36.5%,比重比上年提高1.4个百分点。

(五)外向型经济

1. 对外贸易稳定增长

2008年,杭州市积极落实外贸扶持政策,开展外贸企业创"双百"活动,推广电子商务等新型贸易方式,提高高技术含量、高附加值产品的出口比重,外贸出口稳定增长。全年完成外贸进出口总额480.65亿美元,比上年增长10.7%。其中进口总额144.51亿美元,增长7.4%;出口总额336.14亿美元,增长12.2%。按贸易方式分,一般贸易257.15亿美元,比上年增长19.6%;加工贸易77.63亿美元,下降6.8%。外贸结构有所调整。出口总额中,机电产品出口134.81亿美元,占出口总额的40.1%;高新技术产品出口46.72亿美元,占出口总额的13.9%。出口国别和地区中,对欧盟出口92.65亿美元,增长23.0%;对美国出口75.08亿美元,下降7.6%;对日本出口28.05亿美元,增长6.9%。

杭州保税物流中心(B型)获国家批复。把服务外包作为新的增长点,打响"国际金融服务外包交付中心"品牌,离岸服务外包合同执行额2.03亿美元,增长80.45%。杭州获"国际金融服务外包发展最佳城市"奖。推进大通关建设,开展区域分拨直通关模式改革,提高通关效率。

2. 对外合作不断拓展

至2008年末,全市累计设立各类境外投资企业(机构)48个,比上年增长23.1%。其中非贸易企业21个。全年境外协议出资1.33亿美元,其中非贸易性投资0.93亿美元,比上年分别增长

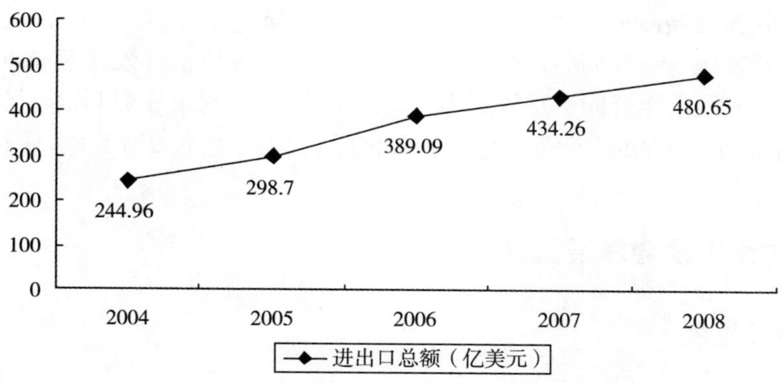

图 2－186　2004－2008 年杭州市外贸进出口总额

109.4%和138.5%。完成对外承包工程和劳务合作营业额3.56亿美元。

3. 招商引资强势推进

2008年杭州市进一步实施招商引资行动计划，成功举办美国、迪拜、新加坡、香港、北京、上海、广州等境内外招商活动，外资内资引进在全省的首位度进一步提高。全市实际到位外资33.12亿美元；新引进世界500强企业项目12个，累计达107个。

全年批准外商直接投资483项，合同利用外资62.28亿美元，比上年增长11.6%；实际到位外资33.12亿美元，增长18.2%。全年总投资在1 000万美元以上大项目282个，投资总额和合同外资分别占全市的94.2%和92.8%。利用外资结构优化，第三产业合同利用外资31.03亿美元，占49.8%；实际利用外资19.54亿美元，占59.0%。至2008年末，共有65家世界500强企业来杭投资107个项目。

全年共引进内资项目4 995个，合同引进内资1 090.7亿元，比上年增长18.8%；实际到位内资473.13亿元，比上年增长21.1%。

表 2－76　2008 年杭州市县市实际使用外资

单位：万美元

县市	实际使用外资金额
杭州市区	**292 699**
富阳市	13 520
临安市	8 717
建德市	626
桐庐县	8 069
淳安县	7 523

4. 民营经济逐步发展

据测算，在全市生产总值中，非公有制经济所占比重已达到68.6%，比上年提高1.2个百分点，其中个体私营经济占全市生产总值的比重由上年的47.8%上升到49.2%。2008年末，全市共有私营企业12.82万户，从业人员123.56万人；个体工商户27.53万户，从业人员50.25万人。

5. 开发区经济领先发展

杭州经济技术开发区、杭州高新技术产业开发区、萧山经济技术开发区和杭州之江国家旅游度假区等4个国家级开发区全年合同引进外资22.52亿美元，实际利用外资11.41亿美元，分别占全市的36.2%和34.2%。全年实现技工贸总收入3 549亿元，比上年增长9.4%；实现利税302.35亿元，比上年增长17.6%。

二、2008年杭州市社会发展概况

(一)人口与人民生活

2008年末全市常住人口达796.6万人，比上年末增加10.4万人。其中户籍人口677.64万人，比上年末增加5.29万人。在户籍人口中，农业人口336.88万人，非农业人口340.76万人。按公安部门统计的全市人口出生率为9.09‰，人口自然增长率为2.77‰。

2008年市区居民人均可支配收入24 104元，比上年增长11.1%，扣除价格因素，实际增长5.9%。按不同收入水平五等分分组，城镇居民家庭人均可支配收入均呈两位数增长。其中20%低收入组居民家庭收入增幅最大，比上年增长18.4%，比平均水平增幅高7.3个百分点。市区居民人均生活消费性支出16 719元，比上年增长12.2%。市区居民人均住房建筑面积达29.83平方米，比上年增长3.6%。

全市农村居民人均纯收入10 692元，比上年增长12.0%，扣除价格因素，实际增长6.8%。人均生活消费性支出8 446元，增长11.6%。农村居民人均居住面积达69.74平方米，比上年增长2.5%。

年末城乡居民储蓄存款余额达3 476.59亿元，比上年末增长31.8%。

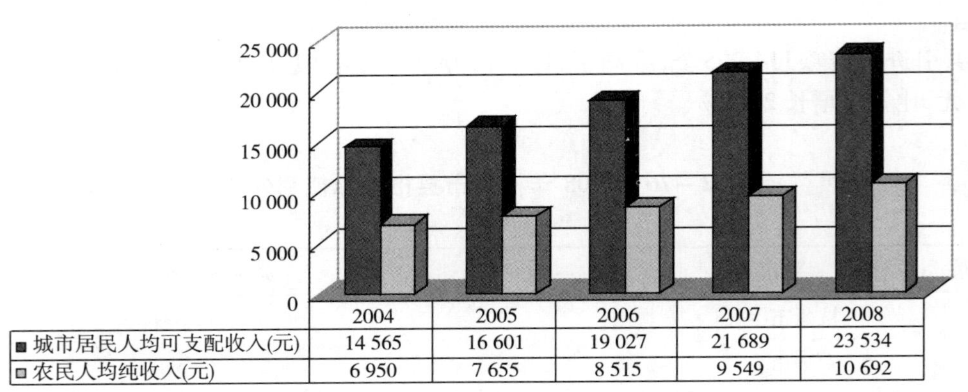

	2004	2005	2006	2007	2008
■城市居民人均可支配收入(元)	14 565	16 601	19 027	21 689	23 534
□农民人均纯收入(元)	6 950	7 655	8 515	9 549	10 692

图2－187　2004－2008年杭州市城乡居民收入对比一览

(二)就业与社会保障

全年城镇新增就业人员20.11万人；城镇失业人员实现再就业12.59万人；全市再就业培训6.22万人。年末城镇登记失业率由上年的3.21%下降为3.02%。

1. 社会保障

至2008年末，全市参加基本养老保险318.11万人，参加失业保险202.41万人，参加基本医疗保险274.59万人，参加工伤保险245.82万人，参加生育保险181.68万人，分别比上年末净增37.62万人、32.32万人、36.85万人、44.18万人和26.04万人。市区最低月工资标准由上年的850元调整为

960 元。市区失业保险金标准由上年的 680 元/月调整为 768 元/月。

2. 社会福利

年末全市拥有各类福利院、敬老院 201 所，床位18 245张，收养人员10 298人。全市城镇享受最低生活保障人数17 853人，农村享受最低生活保障人员70 289人。农村五保户和城镇“三无”人员集中供养率分别为 93. 2% 和 99. 4% 。开展第八次“春风行动”，共募集社会资金 1. 36 亿元，发放救助金 1. 23 亿元。

（三）教育和科技

1. 教育事业

实施城乡免费义务教育，积极发展学前教育、中等职业教育，推进名校集团化办学，扩大优质教育覆盖面。落实义务教育经费保障机制，确保困难家庭子女入学。解决 13. 83 万名进城务工人员子女就学。开展青少年第二课堂和全民终身教育学习周活动。出台支持杭师大创一流大学的政策措施，新办杭师大阿里巴巴商学院、杭州国际服务工程学院。杭州科技职业技术学院新校区建设加快推进。杭州职业技术学院成功创建省级示范性高职院校。全市学前三年幼儿入园率为 97. 1% 。全市小学入学率和初中升学率均达到 100% ，初中毕业生升入各类高中比例由上年的 97. 9% 提高到 98. 7% ，其中优质高中招生比例由上年的 74. 9% 上升到 76. 6% 。普通高等院校 36 所，在校学生 40. 96 万人，比上年增长 4. 3% ，其中在校研究生 2. 97 万人。高等教育毛入学率由上年的 50. 4% 提高到 51. 9% 。全市新增外来务工人员子女学校 7 所，累计达 54 所，共解决 13. 83 万名外来务工人员子女入学。全年义务教育免收杂费、课本费、作业本费 3. 5 亿元。

2. 科学技术

2008 年，杭州市全社会研究开发投入占生产总值比重达 2. 6% 。

杭州市积极推进国家知识产权示范城市创建，专利申请量和授权量居全国城市前列。2008 年全市专利申请量达到18 549件，专利授权量9 831件，分别比上年增长 39. 6% 和 29. 8% 。自主创新能力进一步提高。发布杭州创新指数，聚焦滨江，推进创新型城市建设。年末经认定为国家扶持的高新技术企业 804 家，占全省的 60. 4% ；累计培育认定研发中心 473 家，企业技术中心 393 家，其中国家级 13 家。年内新增 25 个中国驰名商标，累计已达 76 个。加强与浙江大学、中国美院等高校和国家级科研院所的战略合作，共建科技创新载体累计达 80 家。新认定国家和省级科技企业孵化器 4 家，孵化场地总面积突破 100 万平方米，在孵高新技术项目2 086项。6 家企业参与 25 项国际标准制订工作。杭州跻身“中国最具创新力城市 50 强”，创新环境、创新动力、创新绩效评价居全国省会城市首位。

（四）文化、卫生和体育

1. 文化事业持续发展繁荣

文创产业实力得到增强。打造全国文创产业中心，新增 2 个国家级文化产业示范基地，完成杭州市国家级数字出版产业基地申报，文创产业增加值占全市 GDP11% 。

成功举办第十届西湖国际博览会和第四届中国国际动漫节。杭州图书馆新馆、城市规划展览馆、青少年发展中心和良渚文化博物馆新馆建成开放，筹建中国湿地博物馆与刀剪、扇业、伞业 3 个“国字号”博物馆。制定西湖文化景观保护办法，积极推进西湖申遗。出台传承发展杭剧的政策，在全国率先开展民间艺人职称评定工作。成立非物质文化遗产保护中心，18 个项目入选第二批国家级非遗名录，居全国副省级城市和省会城市之首。获国家级和省级文艺、广播电视类奖 73 项（人次）。动画产品达 1. 7 万分钟，居全国第二。《南宋史研究丛书》25 卷出版。“余杭滚灯”参加奥运会开幕前演出,5 个乡镇成为中国民间文化艺术之乡。2008 年全市广播、电视精品获国家级奖项 2 个,省级奖项 51 个;文艺作品创作获国家及省级各类艺术奖 30 个。年末有各类专业艺术表演团体 19 个,公共图书馆 14 个,文化馆 13 个,博物馆、纪念馆 57 个,全国重点文物保护单位 24 处(群)。全市电视、广播综合覆盖率均达到 99.8%。广播电视“村村通”实现全覆盖。全年共出版报纸 17.75 亿份、杂志 0.73 亿册、图书 2.14 亿册。积极创建全国文明城市,获全国未成年人思想道德建设工作先进城市称号。

2. 卫生事业全面发展

启动“健康生活进百万家庭”工程,社区卫生服务综合改革扎实推进,市公共卫生中心竣工,滨江、下沙、市十医院建设进展顺利,妇女、儿童医院完成前期工作。卫生应急工作成效明显。2008 年末,全市拥有各类医疗卫生机构2 610个,其中医院 140 个;拥有床位 3.8 万张。有各类专业卫生技术人员 5.5 万人。农村卫生服务得到改善。农村自来水普及率由上年的 98.5% 提高为 99.5%。参加新型农村合作医疗的人数达 369.18 万人,参保率由上年的 97.2% 提高到 98.2%,乡镇覆盖率达 100%。人均期望寿命为 79.74 岁。

3. 体育事业健康发展

圆满完成奥运火炬在杭传递活动,杭州运动员获奥运会 2 枚银牌和残奥会 3 枚金牌。成功组织举办了 2008 年斯坦科维奇洲际篮球杯比赛、“中豪杯”世界女子职业壁球精英赛、WDS 世界汽车飘移赛等一系列具有国际影响力的体育大赛。群众体育活动深入开展。年末全市拥有健身苑(点)2 153个,新增 762 个,全年配置各类健身器材9 291件。兴办区、县(市)级以上健身活动1 636次,参加人数 78 万人次。全市体育锻炼人口比重达到 48%。

(五)城乡建设

1. 坚持城市有机更新,城市化进程加快

项目推进年取得新进展。科学编制各类城乡规划。加快实施新一轮十大工程,重点建设 247 个项目,全年完成基础设施投资 541.12 亿元,比上年增长 33.4%。推进新城和城市综合体建设,钱江新城核心区精彩亮相。继续实施西湖、西溪、运河综保工程,第七次推出新西湖,西溪三期有限开园,三条运河水上黄金旅游线开通,、南宋皇城遗址保护工程顺利推进,启动西山游步道一期建设。江东大桥建成通车,机场路整治、九沙大道、三堡排涝、九堡大桥、之江大桥、钱江隧道主体工程、运河二通道和铁路杭宁、杭甬线与东站客运枢纽开工建设,地铁一期按预期推进,机场二期、钱塘江引水等工程进展顺利,“两口两线”及扩大范围建设整治圆满完工。完成主城区 40 条河道综合整治。

市域路网建设实现新突破。桐庐 16 省道与 320 国道连接线、20 省道桐庐段与建德段、16 省道於潜至千秋关段建成通车,320、330 国道建德段沿线生态化改造和 320 国道富阳段综合整治与环线外移工程全面开工,杭长高速、申嘉湖杭高速、余杭 104 国道良渚至古墩路连接线、石大路至 09 省道连接线、萧山 03 省道东复线北伸、淳安上江埠大桥等项目开工建设。完成九龙大道建设前期工作。完成 500 公里农村联网公路、28 个农村客运场站和 450 个港湾式停靠站建设,客运班车通村率达 97.5%。石大快速路、石桥立交、留石快速路一期及秋石快速路一期试开通,副城、组团与主城区交通更为便捷。萧山、余杭区与主城区实现公交一体化。

经过全市上下的共同努力,2008 年杭州又获得多项殊荣。连续第 5 年被评为“中国大陆最佳商业城市”第 1 名,被评为中国最具幸福感城市金奖,社会发展总指数位居全国 15 个副省级城市首位,荣登“最值得向世界介绍的中国名城”、“中国十佳和谐发展城市”、“中国十佳宜居城市”榜首,获“建设创新型国家十强市”荣誉称号。上城区成为全国和谐社区制度创新示范区;下城区成为国家级可持续发展实验区;拱墅区成为全国基层低保规范化建设示范区;余杭区被评为“国家级绿色农业示范区”;建德市创建国家卫生城市,并获中国十佳生态城市;临安市被评为国家环保模范城市。

2. 统筹城乡发展,新农村建设深入推进

支农兴农力度加大。市本级财政支农资金达6.86亿元,增长26%。各区、县(市)支农资金平均增幅超过20%。向集体经济年收入不足5万元的村补助1 673万元。杭州农副产品物流中心建成开业。坚持以城带乡,深化“49100”工程,实施“联乡结村”项目2 497个,总投资13.96亿元。安置下山移民1 917户6 593人。开展新农村建设科技示范点建设。培训农民22.6万人,转移就业10.7万人。抓好政策性农业保险试点扩面,建设农村新型合作服务体系。

农村环境明显改善。深入开展“百千”工程和“清洁乡村”活动,杭千、杭徽高速公路沿线整治取得明显成效。创建43个全面小康建设示范村,完成439个重点村整治工作。绿化造林10万余亩,创建国家森林城市取得新成效。完成60座中小型水库和187座临村山塘的除险加固。改善农村饮水条件,受益人口46.76万人。生活垃圾收集率达80%。全面开展运河畜禽禁养。城区累计撤村建居184个。市区农转居拆迁安置房建设开工200万平方米、竣工120万平方米。2008年,西湖综合保护工程第七批“新西湖”八大项目竣工,九溪的溪泉烟树、杨梅岭的民居风情、杭州孔庙的儒学精粹、“西湖30景”的厚重内涵、吴山的传统民俗、西湖亮灯的秀雅璀璨、玉皇山南的南宋遗韵、梅家坞的氤氲茶香再放异彩,南山景中村成为社会主义新农村。

农民收入持续增长。农民土地承包权益得到维护,土地流转累计达65.76万亩。145个村完成股份制改革,村级集体经济可分配收入平均增幅超过12%。外向型农业出口交货值超过46亿元。实施“低收入农户奔小康”工程,农村居民人均纯收入保持两位数增长。

(六)环境保护与生态建设

节能减排取得新成效。深入实施“环境立市”战略,铁腕抓环境保护与节能减排。启动水煤浆技术推广和工业锅炉节能工程,在重点用能行业推广节能技术。加快淘汰落后工艺设备和高污染、高能耗企业,关停柴油发电机组875台、容量60.52万千瓦。实施再生资源回收利用市场整治。开展“百万居民节能行动”,完成50万只高效照明产品推广任务。开展全市污染源普查,启动实施新一轮“811”环境保护三年行动计划,完成“1250”生态工程项目953个。制定《太湖流域水污染防治应急预案》,强化水源保护,确保饮用水安全。开展大气环境污染整治,推进燃煤锅炉脱硫设施改造、高污染车辆限行和禁燃区工作。半山地区环境综合整治顺利推进,关停转迁工业企业63家,新增截污量5 582吨/日,半山公园全新开园。推进崇贤污水处理厂、七格污水处理厂三期和灵桥污水处理厂等重点工程建设。加强飞行监测,对屡次违法超标排放企业依法严处。

2008年全市化学需氧量和二氧化硫排放量较上年分别减少3.7%和3.7%以上;工业废气中二氧化硫排放达标率、工业废水排放达标率分别达到98%和82%;工业用水重复利用率为69%。全市城市污水集中处理率由上年的80.7%提高到83.9%。主要水系监测断面水质三类以上比例为57.1%。市区空气质量达到二级和好于二级的天数为301天。市区扩绿面积609公顷。至年末,市区人均公园绿地面积14.1平方米,市区建成区绿化覆盖率为38.7%。万元生产总值综合能耗下降4.6%;化学需氧量和二氧化硫年排放量分别减少3.7%和3.7%以上。

(七)安全生产

2008年,全市发生各类事故次数、死亡人数和受伤人数分别比上年下降11.4%、2.2%和15.3%,直接经济损失比上年上升19.5%。亿元GDP安全生产事故死亡人数为0.21人,比上年下降16.2%。全市流通领域食品监测合格率为99.2%。

三、挑战与目标

以上成绩是杭州市改革开放三十年的成果,是全市广大干部群众知难而进、团结拼搏的结果。但是,也应清醒地看到,杭州经济社会发展中还有不少突出矛盾和问题。主要是:受国际金融危机影响,市主要经济指标增幅回落,GDP、工业、出口增长没有达到预期目标;市场需求萎缩,企业发展面临前所未有的困难,投资者与消费者信心指数双下降,经济下行压力加大;自主创新体系还不健全,产业转型升级任务繁重;城市国际化程度不高,区域发展不平衡问题明显;土地、能源和环境约束日益突出,节能减排形势严峻;城乡就业压力增大,居民增收难度加大;安全生产形势严峻,食品安全、教育卫生、居民住房、防灾减灾等方面还有不少问题亟待解决;影响科学发展的体制机制瓶颈和深层次问题尚未根本解决,改革攻坚任务还很艰巨;政府职能转变还没有完全到位,依法行政与公共管理服务能力有待提高;一些政府工作人员服务意识不强、工作作风不实、工作效率不高,形式主义、官僚主义还不同程度地存在,腐败现象在有些地方和领域还比较突出。对此,将予以高度重视,并采取更加有效措施加以解决。

2009 年是新世纪以来杭州经济发展最为困难的一年,也是蕴含重大机遇的一年。尽管当前国际金融危机尚未见底,经济发展遇到诸多困难和严峻挑战,但杭州经济发展的基本态势没有改变,中央扩大内需的战略决策为杭州市发展指明了方向。

2009 年全市经济社会发展的预期目标为:地区生产总值增长 10%;服务业增加值增长 12.5%;工业增加值增长 9%;全社会固定资产投资增长 14%;社会消费品零售总额增长 15%;市级外贸出口增长 9% 左右;地方财政收入增长 10% 左右;全社会研究开发投入占生产总值比重达 2.6%;城镇居民可支配收入和农民人均纯收入分别增长 8% 左右;城镇新增就业人数 16 万人,城镇登记失业率控制在 4% 以内;万元生产总值综合能耗下降 4.6%,化学需氧量减排 3% 以上,二氧化硫减排 3%;居民消费价格指数低于上年水平;人口自然增长率控制在 3.6‰。

四、杭州市在长三角地区经济发展中的地位

2008 年国内外经济环境出现了前所未有的变化,一系列困难和不确定因素的集中释放、相互叠加,给杭州市经济的平稳较快发展带来了严峻的挑战。面对错综复杂的形势,杭州市从挑战中积极寻找机遇,强化政策创新,统筹各项工作,着力解决影响经济运行的突出矛盾和问题,经济发展基本面依然良好。经济运行呈现总体平稳、增幅放缓、趋势严峻的发展态势。

2004－2008 年杭州市地区生产总值在长三角所占比重分别为 7.22%、7.21%、7.24%、7.25%、7.30%,总体上呈现微幅上升趋势,5 年间占比累计增加了 0.08 个百分点。

2004－2008 年杭州市地方财政一般预算收入、规模以上工业总产值、进出口总额三项指标在长三角地区的占比呈现较为一致的波动下降趋势,即 2005 年比 2004 年占比略有减少,2006 年出现一定幅度的反弹,2007 年和 2008 年连续两年又出现较大幅度的下跌。其中,2008 年杭州市地方财政一般预算收入在长三角地区的占比为 6.46%,比 2004 年减少了 0.1 个百分点;2008 年杭州市规模以上工业总产值在长三角所占比重为 7.15%,比 2004 年减少 0.61 个百分点;2008 年杭州市进出口总额在长三角所占比重为 5.78%,比 2004 年减少 1.04 个百分点。

2004－2008 年杭州市实际外商直接投资金额在长三角所占比重分别为 5.56%、6.17%、6.75%、6.97%、7.31%,呈现出逐年增长的趋势,5 年累计增幅达 1.75 个百分点。

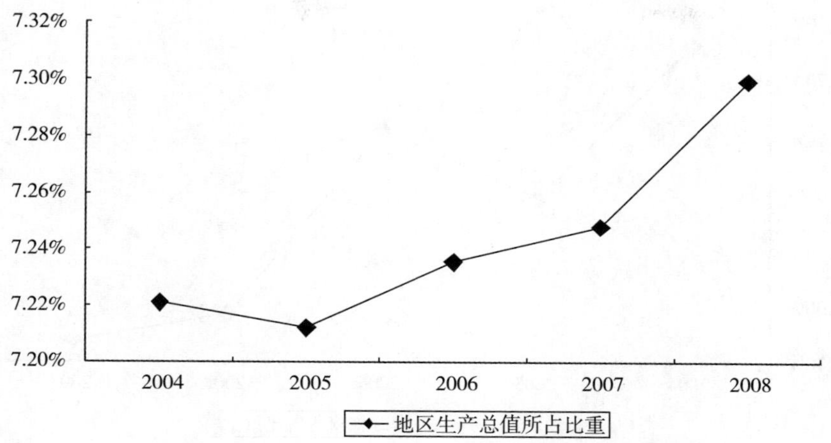

图 2－188　2004－2008 年杭州市地区生产总值在长三角所占比重的变化趋势

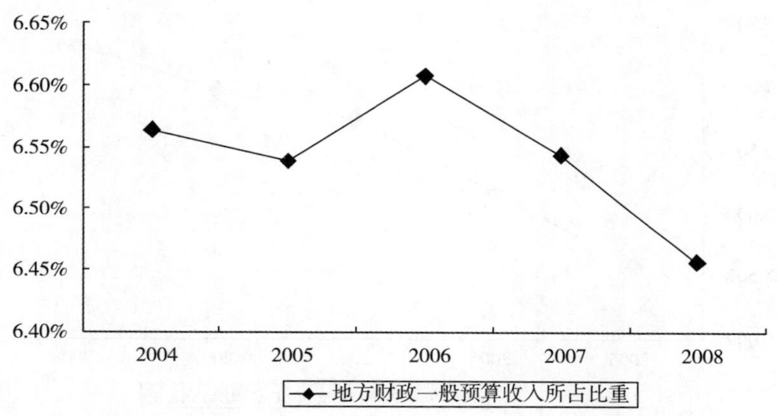

图 2－189　2004－2008 年杭州市地方财政一般预算收入在长三角所占比重的变化趋势

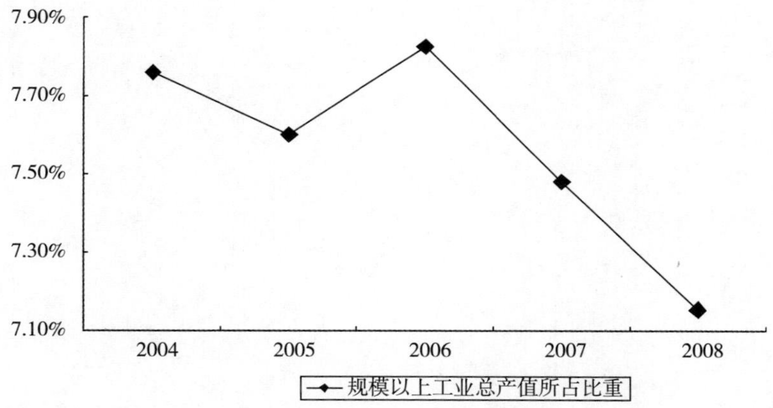

图 2－190　2004－2008 年杭州市规模以上工业总产值在长三角所占比重的变化趋势

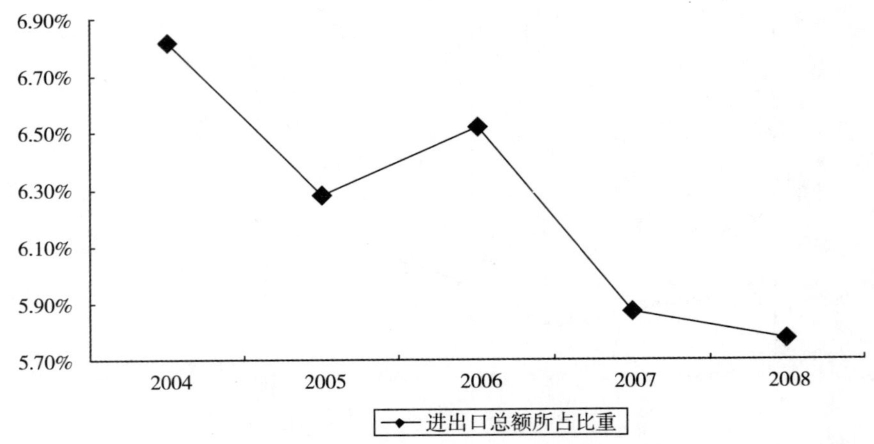

图 2－191　2004－2008 年杭州市进出口总额在长三角所占比重的变化趋势

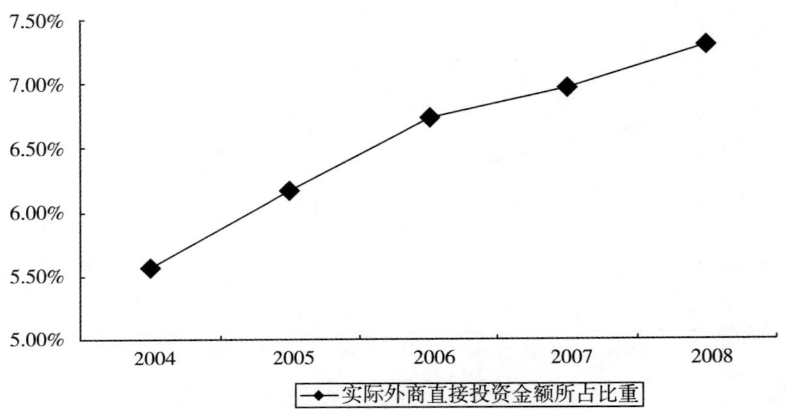

图 2－192　2004－2008 年杭州市实际外商直接投资金额在长三角所占比重的变化趋势

二　宁波市2008年经济社会发展

2008年，宁波市上下面对国际金融危机的严峻挑战，坚持以科学发展观为统领，认真贯彻落实党的十七大和十七届三中全会精神，积极实施省委“创业富民、创新强省”和市委“六大联动、六大提升”战略，齐心协力，共克时艰，全市经济保持平稳较快增长，社会各项事业持续发展，人民生活进一步得到改善。

一、宁波市2008年经济发展概况

(一)综合经济

1.国民经济平稳较快发展

全年全市实现生产总值(GDP)3 964.1亿元，按可比价格计算，比上年增长10.1%。其中第一产业增加值167.4亿元，增长4.1%；第二产业增加值2 196.7亿元，增长10.0%，其中工业增加值1 990.5亿元，增长10.4%；第三产业增加值1 600.0亿元，增长11.0%。第三产业增加值占全市生产总值的比重达40.4%，上升0.1个百分点，三次产业的比重从2007年的4.4∶55.3∶40.3变为2008年的4.2∶55.4∶40.4。人均生产总值为69 997元(按年平均汇率折算为10 079美元)。

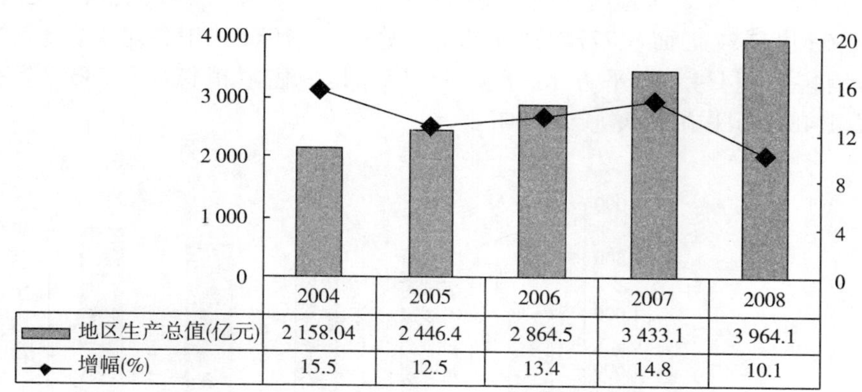

图2-193　2004-2008年宁波市地区生产总值及增长速度

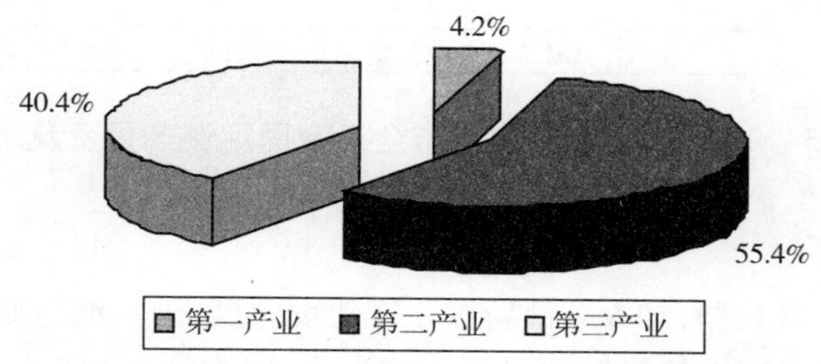

图2-194　2008年宁波市三次产业结构图

2. 财政收支持续增长

全年全市实现财政一般预算收入810.9亿元,比上年增长12.0%。其中中央财政收入420.5亿元,增长6.5%,地方财政收入390.4亿元,增长18.6%。完成地方财政一般预算支出439.4亿元,增长18.4%。其中一般公共服务、教育、医疗卫生、社会保障和就业、环境保护、城乡社区事务等分别支出71.8亿元、67.1亿元、29.1亿元、33.5亿元、6.0亿元和56.3亿元,分别增长13.2%、13.7%、29.2%、32.3%、42.9%和27.6%。

3. 价格水平总体上扬

全年市区居民消费价格比上年上涨5.0%,比上年提高1.1个百分点;农村居民消费价格上涨5.4%,提高1.1个百分点;工业品出厂价格上涨4.5%,提高0.5个百分点;原材料燃料动力购进价格上涨12.3%,提高6.2个百分点;房屋销售价格上涨9.2%,提高0.6个百分点,其中新建住宅销售价格上涨12.7%,提高2.2个百分点,二手住宅销售价格上涨7.3%,回落0.7个百分点。

4. 固定资产投资回升

全年全社会固定资产投资完成1 728.2亿元,比上年增长8.2%。其中限额以上固定资产投资完成1 610.9亿元,增长8.4%。第二产业完成投资755.6亿元,增长3.2%,其中工业投资753.4亿元,增长3.4%,限额以上通用设备、专用设备和通信设备等制造业投资分别增长17.5%、19.2%和49.7%;第三产业完成投资965.8亿元,增长12.1%,快于全社会投资增速3.9个百分点,其中交通邮政仓储、科教卫体文广、环境与公共设施管理等行业投资分别增长28.1%、23.5%和29.4%。限额以上新开工项目平均规模由2007年的4 880.3万元扩大到2008年的5 947.7万元。房地产开发投资完成307.8亿元,下降7.6%。土地购置面积164.9万平方米,下降7.8%;土地开发面积291.5万平方米,增长10.0%;房屋竣工面积777.7万平方米,增长22.7%,其中住宅552.5万平方米,增长38.5%;商品房销售面积434.1万平方米,下降43.4%,其中住宅销售面积343.7万平方米,下降45.6%;空置面积148.2万平方米,增长24.3%。

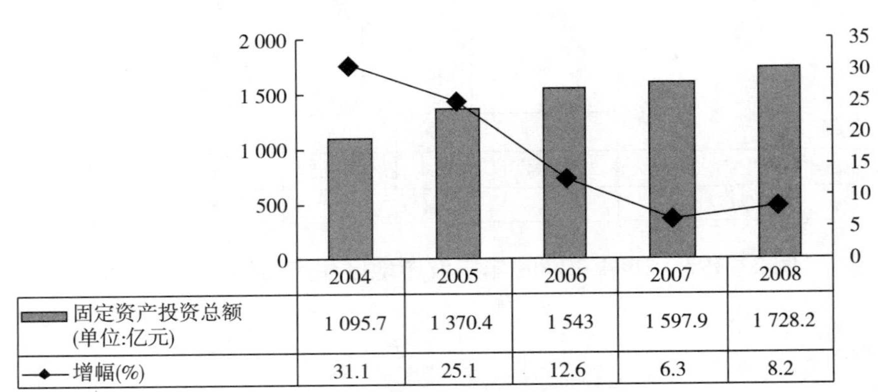

	2004	2005	2006	2007	2008
固定资产投资总额(单位:亿元)	1 095.7	1 370.4	1 543	1 597.9	1 728.2
增幅(%)	31.1	25.1	12.6	6.3	8.2

图2-195　2004-2008年宁波市全社会固定资产投资及增长幅度

5. 加快区域协调发展

积极实施“中提升”会战攻坚,加大东部新城开发建设力度,国际航运服务中心一期等项目建成投用,机场快速干道、绕城高速连接线等项目开工建设,铁路南站客运枢纽等项目前期工作有序开展,江北新城规划启动,镇海新城建设积极推进,鄞州新城区初具规模,宁波国家高新区、东钱湖旅游度假区建设进一步推进。余慈地区统筹发展规划体系基本健全,区域内交通道路等统筹建设步伐加快,杭州湾国际商务健身高端服务区前期工作进展顺利。象山港区域保护开发取得新进展,主要功能区块实质性启动，象山港大桥开工建设，财政转移支付奉化、宁海、象山三县（市）同口径增长47.1%。

表2－77　2008年宁波市县主要经济指标

县市	生产总值（亿元）	地方财政收入（亿元）	全社会固定资产投资（亿元）	出口总额（万美元）	社会消费品零售总额（亿元）
宁波市区	2 251.42	270.19	1 160.34	3 155 864	658.25
余姚市	484.71	33.33	155.08	434 840	159.65
慈溪市	601.44	43.44	196.12	603 469	215.09
奉化市	187.94	12.93	62.64	156 767	60.07
象山县	220.62	14.84	76.01	139 850	78.91
宁海县	217.93	15.66	78.05	141 848	66.06

（二）农业

农业增产增收。2008年全市实现农林牧渔业总产值263.3亿元，按可比价格计算，比上年增长4.0%。其中农业120.3亿元，增长6.7%；林业7.7亿元，增长8.9%；畜牧业49.1亿元，下降3.3%；渔业81.7亿元，增长4.0%；农林牧渔服务业4.5亿元，增长6.0%。肉类总产量增长11.6%，禽蛋和奶类总产量分别下降17.3%和1.5%；生猪存栏数79.1万头，增长6.9%。农作物播种面积33.0万公顷，增长4.9%。其中粮食播种面积14.7万公顷，增长8.9%，粮食产量86.0万吨，增长14.9%，春粮实现面积、单产、总产“三增”，分别净增1.3万亩、7.9公斤、0.4万吨；蔬菜播种面积9.6万公顷，增长2.6%。

现代农业体系建设取得新进展，特色农业、开放型农业和高效生态农业比重稳步提高，粮食生产获得丰收，新增农业产业基地22个、市级农业龙头企业17家、农民专业合作社842家。2008年新增结对企业311家，累计5 273家；新增共建项目1 151个，实际到位资金1.6亿元；首创“村会结对”模式，已有16个协会与行政村结对。新增市级农业龙头企业17家，累计218家，其中产值（销售额）上亿元的达67家，年末市级龙头企业已获中国名牌3件，国家农产品名牌2件，中国驰名商标27件。新增农业产业基地22个、农民专业合作社842家。实施市级技改项目62个，完成技改投入2.7亿元。新启动市级农业科技示范园区3个，累计19个。

（三）工业、建筑业

1. 工业生产保持增长

2008年全市实现全部工业总产值10 937.1亿元，比上年增长13.9%。完成规模以上工业总产值8 891.8亿元，增长12.7%，其中总量居前四位的石油加工、炼焦及核燃料加工业，电气机械及器材制造业，通信设备、计算机及其他电子设备制造业，通用设备制造业等产值增速分别为25.4%、15.3%、12.7%和10.4%。规模以上工业企业完成新产品产值1 251.8亿元，增长12.4%，新产品产值率达14.1%，提高0.3个百分点。

完成规模以上工业销售产值8 625.5亿元，增长11.8%，工业产品产销率为97.0%；完成出口交货值2 599.5亿元，增长9.3%，回落26.0个百分点。规模以上工业企业实现增加值1 698.6亿元，增长14.2%；实现利润和利税总额215.1和478.6亿元，分别下降44.5%和24.8%，回落69.1和47.3个百分点；工业经济效益综合得分为197.9分,下降17.4分;亏损额151.9亿元,增长2.8倍,亏损面为19.3%。

规模以上轻重工业之比由2007年的1:2.04变为2008年的1:2.07。轻工业完成总产值2 895.8亿元,增长11.8%;重工业5 996.0亿元,增长13.2%。部分先进制造业如交通运输设备业、仪器仪表及文化办公用机械业等产值分别增长35.0%和24.2%,快于平均增速22.3和11.5个百分点。部分高耗能行业如化学原料及化学制品制造业、有色金属冶炼及压延加工业等产值增幅分别回落42.0和35.3个百分点。

表2－78　2008年宁波市县区工业总产值

单位:亿元

县市	工业总产值
宁波市区	**5 659.42**
余姚市	818.85
慈溪市	1 037.34
奉化市	322.94
象山县	338.22
宁海县	361.13

2. 建筑业生产平稳

全年全市完成建筑业总产值904.6亿元,比上年增长13.6%。其中国有及国有控股企业完成101.9亿元,占建筑业总产值的比重为11.3%。房屋建筑施工面积13 317.7万平方米,增长30.9%;竣工面积3 975.1万平方米,增长2.8%。按建筑业总产值计算的全员劳动生产率为17.9万元/人,提高11.2%。

(四)服务业

服务业发展步伐加快,举办会展活动276个,旅游总收入增长18.4%,完成服务外包额31.2亿元,软件业产值增长40%。

1. 国内贸易

消费市场持续走旺。全年全市实现社会消费品零售总额1 238.0亿元,比上年增长19.6%,增幅比上年提高2.3个百分点。其中批发业零售额94.1亿元,增长17.1%;零售业零售额1 005.0亿元,增长19.6%;住宿和餐饮业零售额138.6亿元,增长20.9%。在限额以上批发和零售业零售额中,汽车类增长1.7%,金银珠宝类增长38.7%,粮油类增长34.7%,肉禽蛋类增长33.6%,服装类增长23.1%,石油及制品类增长21.6%,文化办公用品类增长20.2%,化妆品类增长14.7%。

2. 港口、交通

港口生产可持续发展。加快港口和集疏运网络体系建设,推进宁波—舟山港口一体化,宁波国际集装箱海铁联运枢纽中心、镇海大宗货物海铁联运物流枢纽港等项目进展顺利,一批码头(泊位)正式对外启用。加强与上海及省内港口的合作,推进内陆无水港建设,港口揽货体系不断健全。积极完善港口集疏运网络,象山三门口跨海大桥、大碶疏港高速等项目建成通车,甬台温铁路宁波段、舟山大陆连岛工程宁波连接线、栎社机场国际货运中心等项目有序推进。2008年,全年全市完成港口货物吞吐量3.6亿吨,比上年增长4.8%,居中国大陆港口第二位,全球第四位。集装箱吞吐量突破1 000万标箱,达1 084.6万标箱,增长16.0%,继续保持中国大陆沿海港口第四位,全球排名进入前十位。净增集装箱航线19条,累计210条,其中远洋干线118条,近洋支线47条,内支线18条,内贸线27条。月均航班近900班,最高达917班。

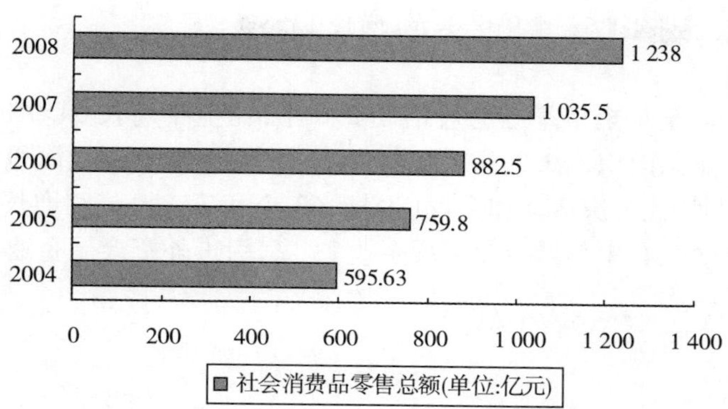

图 2－196　2004－2008 年宁波市社会消费品零售总额

全社会运输量稳步增长。全年全社会客运量完成 3.2 亿人次，旅客周转量 123.6 亿人公里，比上年分别增长 2.3% 和 1.9%。全社会货运量完成 2.5 亿吨，货物周转量1 160.2亿吨，分别增长 8.6% 和 9.6%。其中水运货运量9 993.0万吨，货物周转量1 074.5亿吨公里，分别增长 14.8% 和 9.9%；公路货运量 1.4 亿吨，货物周转量 85.7 亿吨公里，分别增长 5.1% 和 5.5%。铁路货物到发量 1354.8 万吨，增长 1.9%。民航货物吞吐量 6.0 万吨，增长 7.8%。

重大交通基础建设继续推进。全年全市完成公路投资 82.6 亿元，其中高速公路 49.8 亿元；干线公路 28.8 亿元，比上年增长 52.9%，创历史最好水平。杭州湾跨海大桥全线贯通，大碶疏港高速公路顺利通车，绕城高速公路东段、舟山大陆连岛工程宁波连接线、“五路四桥”项目快速推进，新增公路 251 公里，累计达9 572公里，其中高速公路里程 366 公里，“一环六射”主骨架基本形成。农村联网公路建设投资完成 3.6 亿元，竣工项目 271 个，新建改建农村公路累计 368 公里。

3. 金融、证券、保险

金融运行稳健。年末全市金融机构本外币存款余额达6 353.6亿元，比上年增长 19.7%；比年初增加1 072.4亿元，同比多增 463.9 亿元。年末金融机构本外币贷款余额达5 820.8亿元，增长 17.9%；比年初增加 886.2 亿元，同比多增 14.9 亿元。年末票据融资余额 305.3 亿元，增长 122.8%；比年初增加 168.3 亿元，同比多增 233.3 亿元。个人消费贷款余额 795.5 亿元，增长 16.9%；比年初增加 115.2 亿元。金融机构不良贷款余额合计为 86.2 亿元，比年初增加 16.6 亿元；不良贷款率为 1.5%，比年初上升 0.1 个百分点。新增银行金融机构 7 家，其中外资银行 1 家，城市商业银行 4 家，村镇银行 2 家。首家小额贷款公司成立。

证券市场低迷。全年全市证券成交总额10 938.2亿元，下降 36.3%，其中股票和基金成交 8 986.4亿元，权证成交1 891.6亿元，国债及其他证券成交 60.2 亿元，分别下降 38.6%、24.2% 和 22.4%。直接融资 18.2 亿元，累计 238.9 亿元。期货代理交易量2 074.2万手，代理交易额12 352.0 亿元，分别增长 105.7% 和 83.2%。新增境内发行企业 1 家，累计 26 家；境外上市企业 2 家，累计 9 家；新增拟上市公司 14 家，累计 26 家。

保险业务发展较快。全年全市实现保费收入 87.1 亿元，比上年增长 20.6%。其中财产险保费收入 40.3 亿元，增长 17.2%；寿险保费收入 41.1 亿元，增长 25.8%。各类赔款给付 37.9 亿元，增长 44.2%。新增保险公司 8 家，累计 41 家。

4. 旅游业

旅游业增长较快。全年全市实现旅游总收入 450.2 亿元，比上年增长 18.4%。接待国内游客 3 465万人次，增长 12.7%；实现国内旅游收入 415.9 亿元，增长 19.4%。接待入境游客 78.7 万人次,增长 14.2%;入境旅游外汇收入 4.9 亿美元,增长 13.8%。

5. 会展业

会展水平不断提升。全年全市举办会展活动 276 个,比上年增长 34.0%。其中举办展会活动 136 个,增长 32.0%;展览总面积 139.2 万平方米,增长 36.5%;单个展会面积首次突破 1 万平方米,达 1.02 万平方米。举办特色节庆活动和会议(论坛)63 个和 77 个,分别增长 31.0% 和 71.0%。新增有会展业务的企业 95 家,其中新增专业会展企业 21 家,引进外资会展企业 3 家,有会展业务的企业累计 176 家。

(五)开放型经济

1. 对外贸易快速增长

全年全市实现口岸进出口总额1 401.9亿美元,比上年增长 25.5%。新增外贸经营备案登记企业1 900家,累计突破 1 万家,达10 758家。机电产品和高新技术产品出口分别增长 26.5% 和 49.0%,快于出口平均增速 2.3 和 21.6 个百分点;进口产品中机电产品和高新技术产品分别增长 27.7% 和 84.9%,均快于进口平均增速。实现外贸自营进出口总额 678.4 亿美元,增长 20.1%。其中出口 463.3 亿美元,增长 21.1%;进口 215.1 亿美元,增长 17.9%。加工贸易进出口额为 182.7 亿美元,增长 23.0%;一般贸易进出口额 463.7 亿美元,增长 18.9%。

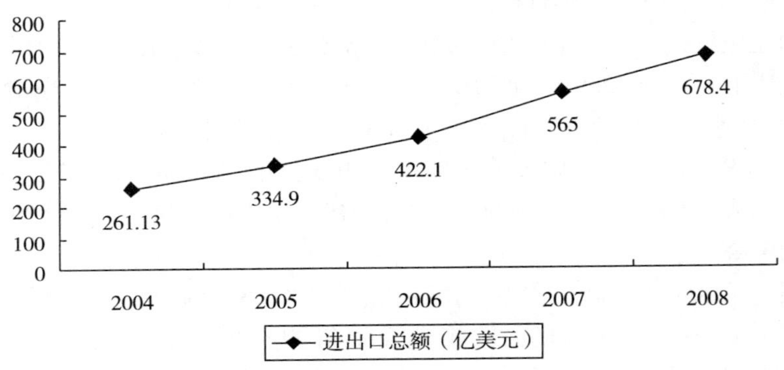

图 2-197　2004-2008 年宁波市外贸进出口总额

2. 利用外资结构优化

全年全市合同利用外资 41.2 亿美元,比上年下降 8.4%,实际利用外资 25.4 亿美元,增长 1.3%,均超额完成年度计划任务。其中第三产业新批项目 227 个,实到外资 5.4 亿美元,增长 23.0%;交通运输仓储业实际利用外资 1.3 亿美元,增长 142.3%。

表 2-79　2008 年宁波市县市实际使用外资

单位:万美元

县市	实际使用外资金额
宁波市区	145 603
余姚市	48 027
慈溪市	40 500
奉化市	2 539
象山县	6 540
宁海县	6 621

3. 对外合作发展较快

全年全市完成对外承包劳务合作营业额15.7亿美元,增长36.7%,其中境外工程承包营业额7.5亿美元,增长26.8%。新批境外投资企业和机构124家,项目总投资额3.3亿美元,其中中方投资3.1亿美元,增长112.2%。

4. 服务外包产业迅速发展

全年全市完成服务外包总额31.2亿元,其中离岸业务1.0亿美元。服务外包企业达314家,从业人员1.4万人。

5. 对内合作扎实推进

深化与长三角城市的合作,对接2010年上海世博会工作实质性启动。推动与国内外重点城市的合作交流,成功举办甬港经济合作论坛、"新加坡·宁波周"和"武汉·宁波周"等活动。全年全市实际引进内资186.5亿元,引进金融、物流、科研等各类机构168个。新增山海协作项目83个,总投资56.6亿元。完成接轨上海参与长三角合作项目61个,总投资42.1亿元。完成投资中西部、东北等地区合作项目30个,总投资32.0亿元。成功举办"2008武汉·宁波周"活动,签订合作项目43个,总投资额21.5亿元。组团参加第十九届"哈洽会",签订合作项目3个,合同投资11.7亿元。加快开发区(园区)转型发展,"三区四基地"建设稳步推进。

6. 民营经济

宁波市民营经济在逆境中求发展,压力下走转型,保障了经济运行质量平稳优化。截至2008年第三季度,宁波市个体工商户为26.77万户、私营企业为10.8万户,同比分别增长3.51%、6.81%;注册资金分别为103.46亿元和1 624.19亿元,同比分别增长8.58%、19.12%。

二、宁波市2008年社会发展概况

(一)人口、居民生活

人口保持低速增长。年末全市户籍人口568.1万人,比上年增长6.3‰,其中市区人口220.1万人。人口自然增长率2.18‰。

城乡居民收入稳步增长。市区居民人均可支配收入25 304元,比上年增长13.4%;农村居民人均纯收入11 450元,增长13.9%。其中市区和农村居民人均工资性收入分别为19 270元和6 816元,分别增长16.6%和16.0%;市区和农村居民人均离退休养老金分别增长3.1%和19.4%。城乡居民收入差距由2007年的2.219:1缩小为2008年的2.210:1。市区居民人均消费性支出16 379元,增长17.7%,恩格尔系数为37.3%;农村居民人均消费性支出9 174元,增长13.8%,恩格尔系数为40.9%,下降0.8个百分点。

(二)就业和社会保障

1. 就业工作成效明显

实施积极的就业政策,完善城乡劳动力就业培训和服务体系,健全就业援助机制,多渠道开发就业岗位,城镇"零就业家庭"动态消除。全年全市新增就业岗位13.3万个,完成年度计划的115.7%,累计开发社区公益性岗位7 158个。用于促进就业的财政支出达3亿元,其中社保补贴用工补助支出1.2亿元,4.6万名大龄失业人员享受补助。共投入培训资金9 482.0万元,组织3.4万失业人员、14.1万农村转移劳动力和外来劳动力开展再就业培训,培训后就业率达67.0%;6.5万城镇失业人员实现再就业,其中就业困难人员2.3万人。年末全市签订劳动合同人数比上年末增长31.6%,规模以上工业企业基本与职工签订劳动合同,合同期限以2-3年期为主。年末城镇登记失

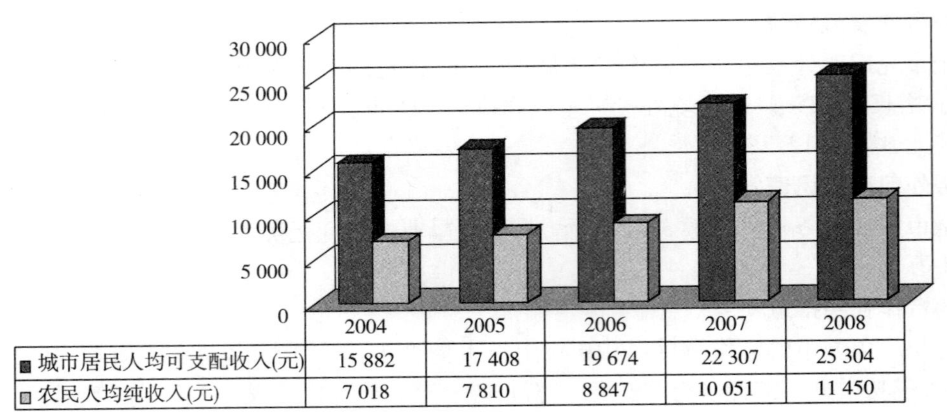

	2004	2005	2006	2007	2008
■ 城市居民人均可支配收入(元)	15 882	17 408	19 674	22 307	25 304
□ 农民人均纯收入(元)	7 018	7 810	8 847	10 051	11 450

图 2－198　2004－2008 年宁波市城乡居民收入对比一览

业率为 3.31%。

2. 社会保障水平提升

实施城镇居民基本医疗保险、外来务工人员社会保险和新型农村养老保险三项新社保制度，基本建立了惠及城乡居民和外来务工人员的社保体系。年末企业基本养老保险、医疗保险、失业保险、工伤保险、生育保险参保人数分别比上年末分别净增 100.5 万人、71.8 万人、65.7 万人、38.7 万人和 71.8 万人。外来务工人员参加五大社会保险人数为 96.6 万人，参保率提高 1.7 倍；被征地人员养老保障参保人数 53.9 万人，重点对象参保率升至 84.5%；新农保实施地区的参保人数 8.5 万人。企业退休人员年末人均养老金为1 520元/月，增加 256 元/月，11.4 万人享受了免费健康体检。失业保险金发放标准增至 672 元/月，增加 77 元/月。企业职工最低工资标准调整为 960 元、850 元两档。年末农村五保对象集中供养6 081人，集中供养率为 95.33%，城镇“三无”对象集中供养率达 100%。各类收养性单位 166 个，床位数 2.2 万张，收养人员 1.4 万人。启动实施“残疾人共享小康工程”，1.9 万人次受惠。廉租住房新增保障家庭3 477户，累计享受家庭8 296户，在保家庭5 561户。开工建设经济适用房 38 万平方米、建成 58 万平方米，完成老小区整治 22 个、受益居民 1.7 万户。

慈善事业快速发展。市县两级慈善机构募集善款 7.7 亿元，增长 1.3 倍；救助支出 4.8 亿元，增长 1.4 倍，救助 26.0 万人次。向灾区捐赠款物 8.3 亿元，派遣特警、消防、卫生等救援人员2 400多人，接受灾区学生就学1 664人、治疗灾区伤病员 104 名，完成12 652套过渡安置房援建任务，全面启动对口支援青川县 4 个乡镇 28 个村的灾后重建工作。

(三)科技、教育

1. 科技创新能力持续增强

积极创建国家知识产权示范城市，实施科技研发投入资助计划，扶持高新技术企业、创新型(试点)企业、专利示范(试点)企业发展。规模以上工业企业科技活动经费支出增长 22.1%。全年全市新增国家级企业技术中心 1 家、省级企业技术中心 18 家、市级重点实验室 4 个、市级企业技术中心 155 家，引进共建技术研发机构 27 家。获得国家级科技进步奖 1 项、省科技进步一等奖 4 项。全年专利申请量16 173件，授权量9 882件，比上年分别增长 26.5% 和 11.7%。其中发明专利授权量 505 件，增长 72.3%。172 家企业率先通过国家高新技术企业认定，累计 477 家。5 个软科学研究项目列入国家软科学研究计划。新增“驰名商标”76 件，累计 233 件；新增浙江名牌 41 件，累计 226 件，累计中国名牌 61 件；新增“知名商标”134 件，累计 733 件。与中科院、浙江大学等大院大所和武汉、西安等中西部城市的科技合作进一步深化。

2. 教育事业取得新成就

全年全市拥有各级各类学校3 501所，在校学生123.8万人，教职工总数9.2万人。在甬高校15所，普通高校在校学生13.3万人，增长5.6%；在甬高校博士点3个，硕士点66个；高等教育毛入学率为48.0%，比上年提高2.0个百分点，普通高校录取率为84.6%；初中毕业生升入高中段的比例达98.7%，提高1.1个百分点；小学学龄儿童入学率和小学毕业升学率均达100%；学前三年幼儿纯入学率达98.5%。深化服务型教育体系建设，高等教育和职业教育发展水平稳步提升，高等教育毛入学率达到48%。创新学前教育办学管理体制，推进中小学校标准化建设，实施城乡免费义务教育和困难家庭子女就学帮扶行动。在义务教育段学生中，外来务工人员子女共有24.2万人，60余万学生享受免杂费、课本费、作业本费政策，涉及金额3.3亿元。500余家企业与高校建立了合作关系，十大应用型人才培养基地和实习实训基地加快建设。完成校舍建筑面积50.0万平方米；中小学标准化学校比例达80.0%。

3. 人才建设继续推进

全年全市新增各类人才8.5万余人，引进外国专家194人次，新增博士后工作站5家，新增进站博士后34人。年末全市人才总量超过69万人，比上年增长14.0%。其中专业技术人员47.1万人，增长12.0%；高级职称人才2.4万人，增长15.0%；博士、博士后1 267人，硕士11 479人，各类专家1 933人(包括柔性引进院士12人，享受国务院政府特殊津贴259人，获国家、省、市突出贡献专家190人，正高职称专家1 758人)。

(四)文化、卫生、体育

1. 文化事业健康发展

宁波博物馆建成投用，宁波书城和各类博物馆加紧建设。长篇报告文学《跨越——杭州湾跨海大桥纪实》荣获第二届“三个一百”原创出版工程奖。宁波海伦乐器制品股份有限公司被命名为我市首家国家级文化产业示范基地。国内最大的原创动画企业在宁波设立分部；天之鹰影视动画项目落户宁波。为农民放映电影24 672场，演出戏剧1 000场；广播电视“村村通”工程提前两年完成；20户以上自然村全部实现有线电视联网；向农村低保户赠送了5 000多台电视机。徐福东渡传说、甬剧、姚剧等10个项目被命名为第二批国家级非物质文化遗产；宁波市首个非物质文化遗产展示中心建成开放。在英国诺丁汉市成功举办了宁波文化周，宁波民间艺术团首次代表国家赴土耳其参加国际艺术节。成功举办第四届中国国际声乐比赛(宁波)。举办首届农民(农村外来务工人员)电影节和“活力宁波”——2008外来务工者和农民文化艺术节；举办高雅艺术演出331场。免费开放公共图书馆，并实现借阅“一卡通”；免费举办“天一讲堂”和“群星课堂”106场次和541场次，受众有3万余人次。大力发展文化事业和文化产业，宁波文化广场建设正式启动，宁波(鄞州)博物馆建成投用。

2. 卫生事业加快发展

启动第二轮城乡社区卫生服务机构标准化建设，完善基本医疗服务和公共卫生保障体系，推行廉价药物制度，十大医疗卫生基础设施项目稳步推进。新型农村合作医疗保障水平逐步提高，学生医疗保险制度全面实施。探索医疗纠纷“宁波解法”。年末全市实有病床2.2万张，拥有专业卫生人员4.4万人，卫生技术人员3.7万人。按户籍人口统计，每千人床位数、卫生技术人员数、执业医师(含助理)数和注册护士数分别为3.9张、6.5人、2.8人和2.0人。共建成社区卫生服务中心143家，社区卫生服务站1 251家，城市社区卫生服务覆盖率达100%，农村达90%。参加新型农村合作医疗的农民348.6万人，参加率达96.3%，人均筹资水平从2007年的130元增加到2008年的175元。

3. 体育事业快速发展

举办了奥运火炬接力传递活动和世界女子拳击锦标赛等22项全国性及以上赛事和活动。运动员参加世界级比赛获4金4银1铜和1个第五名;组队参加了十余项亚洲和全国比赛,共获得16个第一名,17个第二名,9个第三名和16个前六名;组队参加省青少年比赛获金牌143枚,金牌列全省第二,总分第三。新建700余条健身路径,总数达4 000条,建设各类球场200个。体育彩票销售额达7.68亿元。蝉联中国最具幸福感城市。

(五)城乡建设

1. 城市承载服务能力提升

全年全市完成城市基础设施投资110.0亿元,其中中心城区完成79.0亿元,外滩大桥、绕城高速连接线等20多个重大项目开工建设,建成北外环东段、永达路等主次干道10条,民通街、双东路等支路卡口10个,公共停车泊位800多个。改造人行道面积1.9万平方米,柔化改造路面6.6万平方米,增色增香4条主要道路,道路完好率保持在85%以上。完成老小区整治22个,受益居民1.7万户。新增公交枢纽站、首末站12个,公交客运总量为44 754万人次,增长10.8%,刷卡量27 205万人次,增长315.0%。铺设东钱湖水厂至甬江过江管,完成一户一表改造1.8万户,基本建立覆盖城乡的优质生活饮用水系统。实施新江桥、中兴路等污水管网改造,完成柳汀立交桥泵站改造,南区污水处理厂环保验收合格,姚江西岸截污工程通过初步验收,完成截污河道6条,疏浚河道13.6万立方米,污水日处理量达89.0万吨,中心城区生活垃圾无害化日处理能力达2 148.0吨,垃圾无害化处理率达100%。

2. 新农村建设扎实推进

2008年,全市累计2 019个村启动村庄整治建设,占全部行政村的77.3%;建设生活污水生态处理设施村148个;垃圾集中处置村2 557个,覆盖率达96.5%。新增全面小康示范村47个,累计269个;新增环境整治合格村319个,累计1 836个。新增市级农家乐特色村6个,累计18个,新增农家乐休闲旅游示范点16个,累计38个,共接待游客504.5万人次,营业收入4.9亿元,解决农民就业1.1万人。建成农村联网公路250公里,客运班车通村率达99.7%。农村安全饮用水改善及解困34万人。完成清水河道建设245公里,整治农村河沟195公里。1 009个村累计建成连锁农家店1 191个。标准海塘维修加固工程全面完成。新建农村社区服务中心164个。共培训农民16.5万人次,受训后转移就业4.8万人,转移就业率为86.7%。标准海塘维修加固工程全面完成,“农民安全饮用水工程”实现全覆盖。推动公共服务向农村延伸,新建改建农村公路368公里,新建农村生活污水处理项目50个,农村生活垃圾处理网络体系基本建成,广播电视“村村通”工程提前两年完成。推进农村社区建设,新建农村社区服务中心164个。

(六)环境保护和生态建设

1. 环境质量总体偏好

2008年,宁波市总体环境质量在全国113个环境保护重点城市中处于中等偏好水平。在水环境方面,地表水环境质量基本保持稳定,局部有所改善。全市大中型湖库水质多数为Ⅰ－Ⅱ类,宁海内河以Ⅱ类水质为主,水质良好。饮用水源水质保持良好,达标率为97.1%。在海洋环境方面,全市近岸海域5个功能区均为劣四类海水,超标指标主要是无机氮和活性磷酸盐,大部分海域还受到石油类污染。所有海域水质均属营养型,尤以杭州湾南岸海域富营养程度最高。在大气环境方面,2008年宁波市空气质量Ⅰ级优78天,Ⅱ级良248天,Ⅲ级轻度污染40天。在声环境方面,城市声环境质量总体保持较好水平。2008年功能区噪声:市区、慈溪、余姚、奉化居民文教区昼间噪声全部达标,夜

间噪声市区、慈溪超标。在辐射环境方面,2008 年全市 163 家企事业单位共存有各类放射源 876 枚,所有放射源均处于严格监控之下,未对环境造成污染。

2. 生态市建设成效明显

2008 年安排生态市建设专项资金 1.2 亿元,实施污染减排“四控”工作方式,启动排污权交易试点工作。编制 7 个重点环境污染整治区域规划;实施甬江流域环境综合整治;完成 182 家铸钢企业和 104 家规模化畜禽养殖场污染治理。实施“千里清水河道”治理工程 320 公里,治理水土流失面积 40.8 平方公里;生态公益林面积达 263 亩。修复 185 处废弃矿山,治理率达 83.3%;行政村生态墓葬覆盖率达 90%;完成 6 个工业园区的生态化改造。投运北仑岩东污水处理厂二期和慈溪市北部污水处理厂工程;建成大型电厂脱硫设施;构建危险废物处置利用体系;累计安装 298 套污染源在线监测系统。初步测算,全年 COD 和 SO2 排放量比上年分别下降 10.0% 和 15.8%。规模以上工业企业综合能耗(当量)增长 0.9%,万元产值能耗(当量)下降 7.3%。累计获得全国环境优美乡镇 13 个,省级生态乡镇 42 个,市级生态乡镇 83 个,市级生态村 420 个,累计获得国家级绿色单位和家庭 12 个,全国环境友好企业 2 家、省级绿色单位 314 个,省级生态监护站 20 个,省级“保护母亲河号”单位 23 个、省级环境教育基地 7 个。根据生态指数评价,2008 年全市各区域生态环境质量等级为优的有 5 个,分别是宁海县、奉化市、象山县、余姚市和宁波市区,其中宁海县生态环境质量最优。

三、挑战与目标

回顾过去的一年,也应清醒地看到,宁波市经济社会发展还存在许多困难和问题,政府工作也存在许多不足。主要是:年初确定的预期目标未能全面完成,生产总值增幅、集装箱吞吐量增幅和居民消费价格指数没有实现预定指标,分别相差 1.9 个、4 个和 1 个百分点;经济下行压力加大,企业生产经营困难加剧,财政收支平衡难度增加,金融稳定风险增大,自主创新能力还不够强,城乡区域发展还不平衡,环境保护力度仍需加大,影响科学发展的体制机制障碍亟待有效突破;就业压力增加,部分低收入群众生活困难,食品安全和安全生产形势仍较严峻,一些群众关心的热点难点问题需要加快解决;政府职能转变尚未完全到位,依法行政能力有待提高,有的机关工作人员服务意识不强、作风不实、效率不高,铺张浪费等问题依然存在。对此,一定要高度重视,既要客观分析,时刻保持清醒头脑,又要增强信心,采取更扎实、更有效的措施,努力加以解决。

2009 年宁波市经济社会发展的主要预期目标为:地区生产总值增长 9%,财政一般预算收入增长 6%,港口集装箱吞吐量增长 9%,市区居民人均可支配收入和农民人均纯收入分别增长 7%,城镇新增就业岗位 11.5 万个,城镇登记失业率控制在 4% 以内,居民消费价格指数控制在 104% 以内,万元生产总值能耗同口径下降 4%(含宁波钢铁能耗),化学需氧量和二氧化硫排放量分别下降 3% 和 4%。

四、宁波市在长三角地区经济发展中的地位

2008 年,是宁波计划单列全面实施二十周年。在这不平凡的一年里,面对历史罕见的国际金融危机带来的严峻挑战,宁波市全面落实科学发展观,积极实施浙江省委“创业富民、创新强省”和宁波市委“六大联动、六大提升”战略,使国民经济继续保持了平稳较快增长,社会各项事业持续发展,人民生活得到进一步改善。

2008 年世界经济增长减缓,需求萎缩,对以外向型、临港重化工业为主的宁波市经济冲击重大,但在这样复杂、严峻的国内外经济环境和特殊产业结构条件下,宁波市 GDP 总量在 15 个副省级城市和长三角所有城市中均位居第 5,与上年排名不变。2004 - 2008 年宁波市地区生产总值在长三角所占比重分别为 6.20%、6.00%、6.04%、6.07%、6.05%,除在 2005 年比前一年略有下降外,最近 4 年

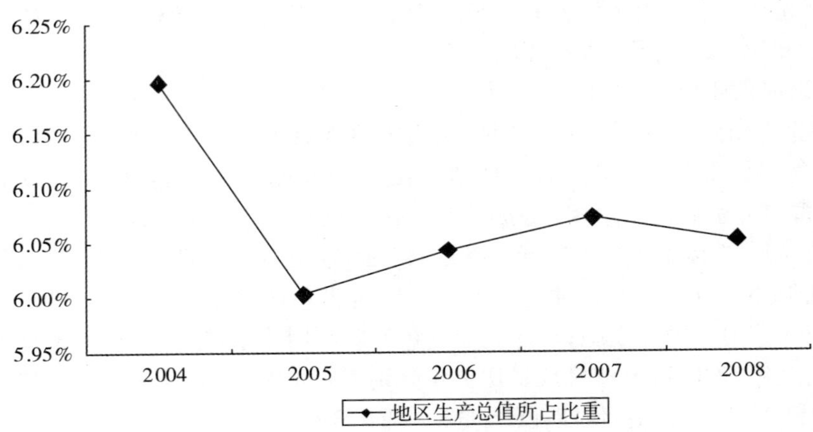

图 2－199　2004－2008 年宁波市地区生产总值在长三角所占比重的变化趋势

的占比保持相对稳定,变化很小。

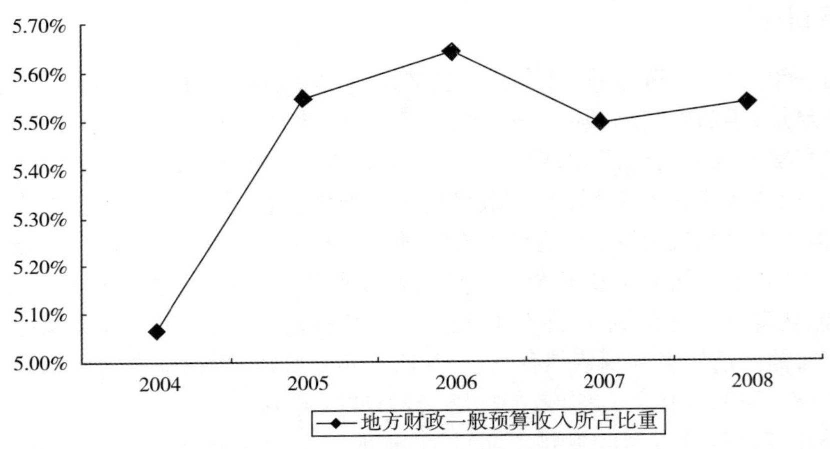

图 2－200　2004－2008 年宁波市地方财政一般预算收入在长三角所占比重的变化趋势

2004－2008 年宁波市地方财政一般预算收入在长三角所占比重分别为:5.06%、5.55%、5.64%、5.49%、5.53%。在 2005 年比前一年有 0.49 个百分点的较大增幅之后,最近 4 年宁波市地方财政一般预算收入在长三角所占比重基本保持稳定。

2004－2008 年宁波市规模以上工业总产值在长三角所占比重分别为 6.76%、6.83%、6.94%、6.98%、6.54%。在保持了连续 4 年的增长之后,2008 年的占比比 2007 年出现了较大幅度的下跌,跌幅达 0.44 个百分点。

2004－2008 年宁波市进出口总额在长三角所占比重分别为 7.27%、7.04%、7.07%、7.64%、8.15%。从 2004 年到 2006 年保持了 3 年的相对稳定之后,宁波市进出口总额在长三角所占比重 2007 年和 2008 年出现了较大幅度的增长,两年累计增幅达 1.08 个百分点。

宁波市实际外商直接投资金额在长三角所占比重在 2004 年和 2005 年保持稳定,维持在 8.3% 的近年的高位附近。2006 年至 2008 年,却出现连续三年大幅度的下降,宁波市实际外商直接投资金额在长三角所占比重 2008 年只有 5.61%,比 2005 年下跌了 2.72 个百分点。

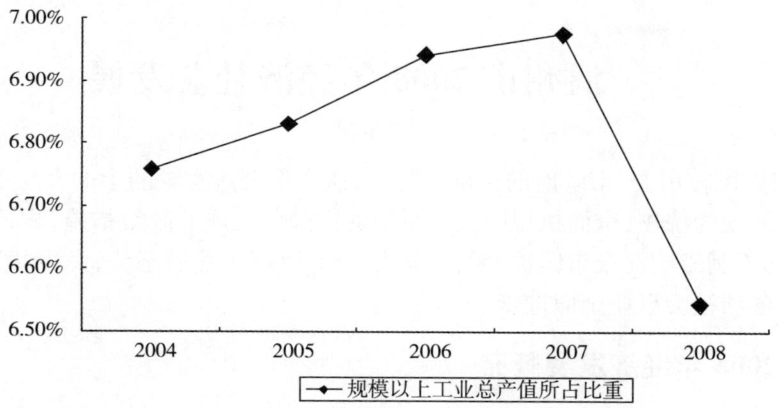

图 2－201　2004－2008 年宁波市规模以上工业总产值在长三角所占比重的变化趋势

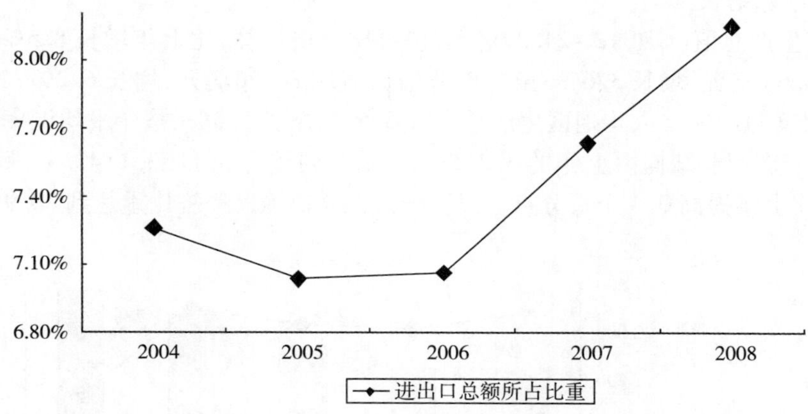

图 2－202　2004－2008 年宁波市进出口总额在长三角所占比重的变化趋势

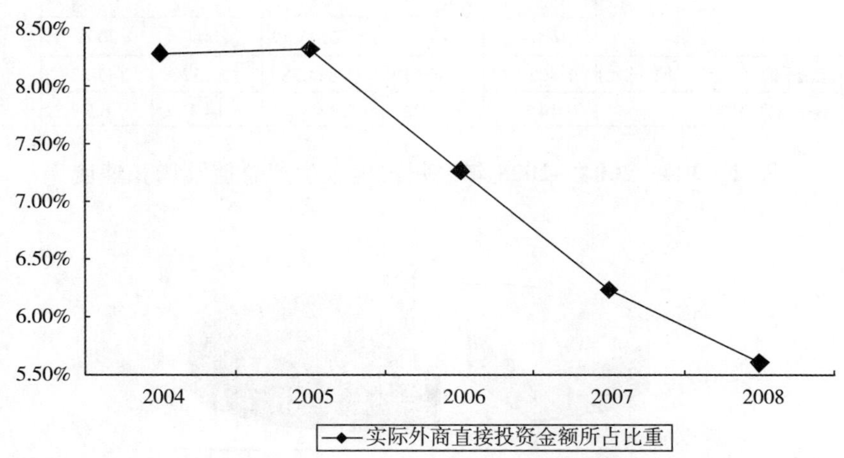

图 2－203　2004－2008 年宁波市实际外商直接投资金额在长三角所占比重的变化趋势

三　温州市2008年经济社会发展

2008年,全市人民在市委、市政府的正确领导下,认真贯彻落实党的十七大与十七届三中全会精神,坚持以科学发展观为统领,全面执行中央一系列促进经济发展的政策措施,积极克服国际金融危机对温州市经济的不利影响。全市国民经济总体处于平稳较快发展态势,民生状况进一步改善,物价水平趋向稳定,各项社会事业全面进步。

一、温州市2008年经济发展概况

(一)综合经济

1. 经济总量平稳增长

2008年全市生产总值(GDP)2 424.29亿元,按可比价格计算,比上年增长8.5%。分产业看,第一产业增加值76.68亿元,增长3.6%;第二产业增加值1 286.76亿元,增长6.2%;第三产业增加值1 060.85亿元,增长11.7%。人均地区生产总值31 555元,增长7.5%,按年平均汇率折算,达到4 544美元。国民经济三次产业结构由上年的3.2∶54.2∶42.6调整为3.1∶53.1∶43.8。财政收入占GDP比重为14.0%,比上年提高0.4个百分点。民营经济占全市国民经济比重达到80.9%。

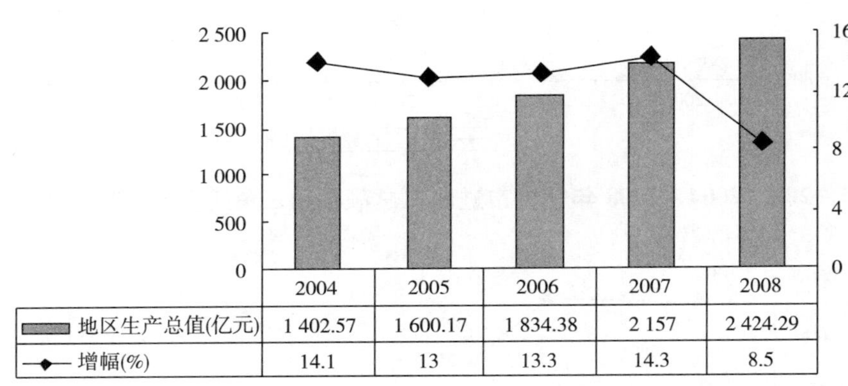

	2004	2005	2006	2007	2008
地区生产总值(亿元)	1 402.57	1 600.17	1 834.38	2 157	2 424.29
增幅(%)	14.1	13	13.3	14.3	8.5

图2－204　2004－2008年温州市地区生产总值及增长速度

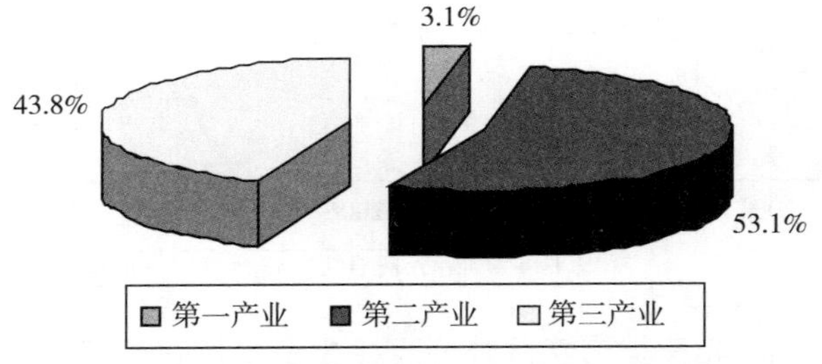

图2－205　2008年温州市三次产业结构图

表 2-80　2008 年温州市县市主要经济指标

县市	生产总值（亿元）	地方财政收入（亿元）	全社会固定资产投资（亿元）	出口总额（万美元）	社会消费品零售总额（亿元）
温州市区	1 014.55	93.07	381.6	756 287	579.37
瑞安市	368.16	23.97	86.43	170 058	130.13
乐清市	404.22	25.07	91.36	141 930	114.53
洞头县	30.41	2.11	17.75	2 896	8.22
永嘉县	176.34	10.8	52.08	46 333	54.65
平阳县	162.03	8.8	43.72	35 246	72.3
苍南县	205.56	11.72	56.81	32 610	98.24
文成县	31.05	2.32	13.42	3 878	13.37
泰顺县	31.59	2.28	15.26	1 113	12.14

2. 财政收入继续增长

全年实现财政一般预算总收入 339.78 亿元，比上年增长 15.9%，其中地方财政一般预算收入 180.15 亿元，增长 14.7%。全年地方财政一般预算支出 209.67 亿元，增长 18.5%。其中，教育事业费支出 57.74 亿元，增长 23.0%；科技支出 4.70 亿元，增长 12.8%；农林水事务支出 17.99 亿元，增长 25.0%；城乡社区事务支出 12.55 亿元，增长 9.3%。

3. 物价水平有所上扬

全年物价水平呈现“前高后低”的态势，回落态势比较明显。全市居民消费价格比上年上涨 4.7%，其中消费品价格上涨 5.8%，服务项目价格上涨 1.5%。八大类商品和服务项目价格呈现“六涨两跌”态势，其中食品类价格涨幅最大，上涨 12.6%，医疗保健及个人用品类价格上涨 6.7%，家庭设备用品及维修服务类价格上涨 4.6%，烟酒及用品类价格上涨 3.6%，居住类价格上涨 3.4%，娱乐教育文化用品及服务类价格上涨 1.0%，衣着类价格下降 6.0%，交通和通信类价格下降 3.0%。商品零售价格上涨 5.5%。原材料、燃料、动力购进价格上涨 12.3%。工业品出厂价格上涨 2.7%。农产品生产价格上涨 6.9%。房屋销售价格上涨 3.5%，其中新建住宅价格上涨 6.7%，二手住宅价格上涨 0.7%；房屋租赁价格上涨 2.6%。

4. 固定资产投资略有增长

2008 年，全社会完成固定资产投资 758.44 亿元，比上年增长 2.9%。按经济类型分，国有单位投资 227.79 亿元，下降 7.5%；非国有单位投资 467.06 亿元，增长 6.8%；农村私人投资 63.59 亿元，增长 17.0%。全年完成工业性投资 278.87 亿元，下降 1.1%。

全市完成限额以上固定资产投资 655.93 亿元，比上年增长 2.4%。分产业看，第一产业投资 1.35 亿元，下降 49.0%；第二产业投资 248.97 亿元，下降 0.6%，其中工业性投资 248.68 亿元，下降 0.4%；第三产业投资 405.61 亿元，增长 4.7%。

围绕扩大有效投入，强化重点建设推进力度，完成重点建设投资 202.5 亿元。状元香港区一期、永强机场航站区扩建、飞云江三桥及接线一期、浙能乐清电厂一期、500 千伏温东变等项目建成投用，新增变电容量 367.8 万千伏安，温福铁路浙江段、甬台温铁路温州段、绕城高速公路北线、楠溪江引供水和洞头陆域引供水一期等工程加快推进。抓住国家扩大内需的有利时机，一批重大项目列入国家和省计划。

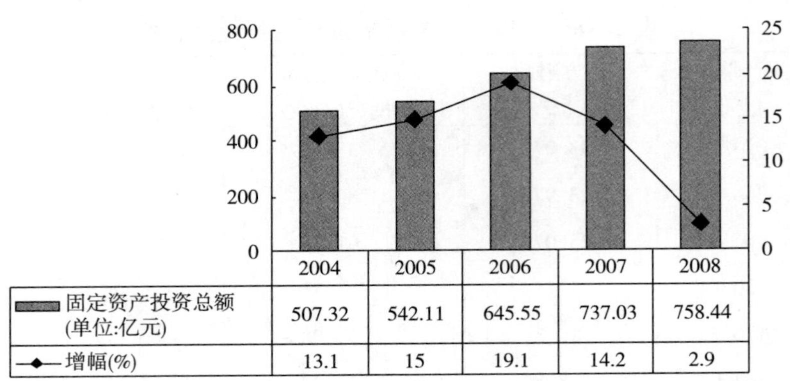

	2004	2005	2006	2007	2008
固定资产投资总额(单位:亿元)	507.32	542.11	645.55	737.03	758.44
增幅(%)	13.1	15	19.1	14.2	2.9

图2-206　2004-2008年温州市全社会固定资产投资及增长幅度

(二)农业

2008年农业遭受年初低温雨雪冰冻灾害的侵袭,仍保持较好的发展态势。全年农林牧渔业总产值130.84亿元,按可比价格计算,比上年增长2.5%。其中,农业产值50.92亿元,增长6.4%;林业产值2.74亿元,增长2.5%;牧业产值28.87亿元,增长6.1%;渔业产值46.36亿元,下降2.4%;农林牧渔服务业产值1.94亿元,下降17.8%。

全年农作物总播种面积244.97千公顷,比上年减少2.26千公顷,下降0.9%,其中粮食播种面积157.71千公顷,下降1.2%。全年粮食总产量为89.42万吨,增长22.3%。在经济作物中,水果、茶叶、油料等作物增产,蔬菜、糖料等作物减产。

全年共投入1 155万元进行人工造林,造林面积960公顷;低产林改造273.33公顷;四旁(零星)植树236.02万株;封山育林6.59万公顷;生产木材10.31万立方米,毛竹338万根。全年肉类总产量12.63万吨,比上年增长15.6%,猪肉、牛肉、禽肉供应有不同程度上升。年末生猪、牛、羊存栏明显上升,家禽存栏下降。全市水产品总产量61.79万吨,比上年减少2.0%,海洋捕捞、海水养殖及淡水产品均呈不同程度下降。

农业产业化经营扎实推进,全市创建农业特色优势产业强乡强镇15个,新增农民专业合作社729家,建成农业产业化基地8万公顷。继续实施"百龙工程",全市新增市级农业龙头企业13家,累计147家;新增省级骨干农业龙头企业6家,累计29家。农业走出去发展成效显著,已在全国粮食主产区建立粮食基地4.13万公顷。

水利工程建设力度明显加大,大力推进"强塘固房"和"515"防洪保安工程。全市水利总投入38.98亿元,比上年增长17.2%。全市旱涝保收田面积74.18千公顷,有效灌溉田面积128.59千公顷,其中机电排灌面积96.03千公顷。全市拥有大型水库1座,中型水库18座,小型水库285座;农(渔)业机械总动力215.9万千瓦,同比增长2.5%。全年农村用电量62.45亿千瓦时,增长8.0%。

(三)工业和建筑业

工业经济在结构调整中实现平稳发展。全年实现工业增加值1 170.35亿元,按可比价计算,比上年增长7.0%;实现工业总产值5 319.35亿元,增长7.4%。

工业行业集聚能力增强,工业企业继续向规模化发展。全市电气机械及器材制造业、皮革毛皮羽毛(绒)及其制品业、通用设备制造业、电力热力的生产和供应业、塑料制品业、纺织服装鞋帽制造业、交通运输设备制造业、化学原料及化学制品制造业、金属制品业、黑色金属冶炼及压延加工业等十大行业产值均超过100亿元，全年实现工业产值2 742.98亿元，增长8.3%，占规模以上工业总产值比重75.5%。全市拥有工业销售产值超亿元的企业629家，实现工业产值1 976.27亿元，增长9.6%，占规模以上工业总产值比重54.4%。其中产值超5亿元企业79家，超10亿元企业33家。全市年销售收入500万元以上工业企业7 484家，实现工业总产值3 631.52亿元，比上年增长8.1%。其中，轻工业产值1 316.85亿元，增长8.2%；重工业产值2 314.67亿元，增长8.0%。全市年销售收入500万元以上工业企业产值占全部工业总产值的比重68.3%，比上年提高0.8个百分点。

表2-81　2008年温州市县区工业总产值

单位:亿元

县市	工业总产值
温州市区	**1 492.23**
瑞安市	552.88
乐清市	845.65
洞头县	28.41
永嘉县	306.44
平阳县	174.19
苍南县	195.88
文成县	23.24
泰顺县	12.59

列入经济效益考核的工业企业，全年经济效益综合指数为201.50分，比上年降低4.64分。经济效益考核企业全年实现主营业务收入3 246.22亿元，比上年增长5.6%；利税总额258.43亿元，下降4.5%，其中利润总额141.06亿元，下降10.8%。经济效益考核企业中，发生亏损企业481家，亏损额14.19亿元，增亏10.89亿元。维护企业生产稳定，化解各种经营风险，实现扭亏增盈是当前的迫切任务。

建筑业实现增加值116.41亿元，比上年下降1.7%。全市拥有三级以上资质的建筑企业566家，实现建筑业总产值457.23亿元，增长15.6%；实现利润总额12.57亿元，增长16.6%；年末拥有资产378.51亿元，其中固定资产原价58.55亿元；全年施工面积5 771.44万平方米，竣工房屋面积1 857.49万平方米。

（四）服务业

1.国内贸易

全年社会消费品零售总额1 082.95亿元，比上年增长19.5%。分地域看，城市零售额705.81亿元，增长19.6%；县及县以下零售额377.14亿元，增长19.2%。分主要行业看，批发零售贸易业零售额946.83亿元，增长19.8%；餐饮业零售额136.03亿元，增长17.2%。

在限额以上批发零售贸易业零售额中，汽车类零售额比上年增长9.1%，金银珠宝类增长36.4%，石油及制品类增长21.2%，文化办公用品类增长9.2%，家用电器类增长18.9%。

年末全市共有各类专业市场445个，比上年减少2个。其中消费品市场354个，生产资料市场89个，服务市场2个。全年专业市场成交额720.32亿元，比上年增长9.2%。其中超亿元市场67

个,年成交额 591.23 亿元;超十亿元市场 18 个,年成交额 421.83 亿元。

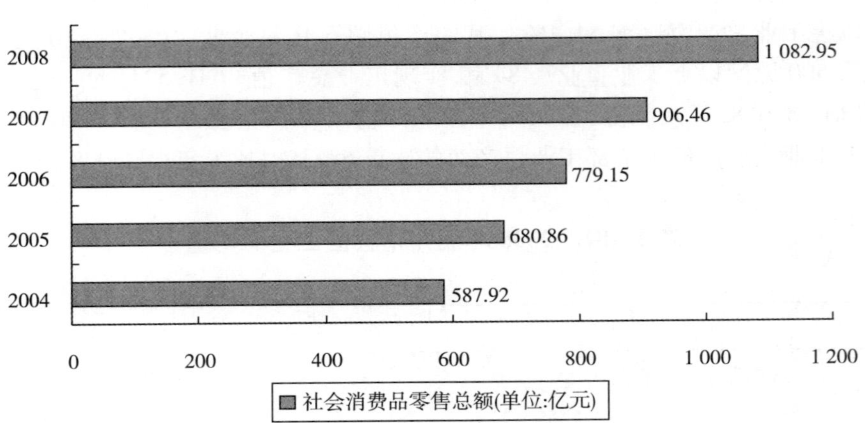

图 2-207　2004-2008 年温州市社会消费品零售总额

2. 交通、邮电

年末公路总里程13 479公里(含村道),其中高速公路 204 公里,一级公路 232 公里,二、三级公路1 607公里。公路绿化率 63.47%。全市通公路建制村5 390个,通村率 98.4%。全年高速公路、港口、物流基地等建设力度加大,交通网络体系日臻完善。

年末机动车拥有量 99.55 万辆,比上年净增加 11.50 万辆,其中载客汽车 41.82 万辆,载货汽车 8.66 万辆,摩托车 48.51 万辆。私人汽车 41.63 万辆,比上年增加 7.90 万辆。全年各种交通工具货物运输量稳定增长,铁路、水路旅客运输量有所减少。

全年邮电业务总量 102.13 亿元,比上年增长 9.8%,其中,通信业务总量 96.01 亿元,增长 9.5%。年末本地电话交换机总容量 466.21 万门,本地电话用户数达到 334.56 万户。年末移动电话用户数 771.48 万户。年末宽带用户数达到 110.40 万户,增长 18.4%。全市邮政业务总量 6.12 亿元,增长 13.8%。全年函件总量13 508.45万件,包裹总量 69.32 万件,汇票 305.77 万张,特快专递 293.91 万件,订销报纸13 954.37万份,订销杂志 635.64 万份,集邮业务 849.97 万枚。

3. 金融、保险

加大金融改革创新力度,积极筹建村镇银行,组建 8 家小额贷款公司;建立拟上市企业梯队,做好 44 家企业辅导培育工作。2008 年末,全市已有上市公司 6 家,其中境内上市公司 4 家,境外上市公司 2 家。

年末金融机构本外币各项存款余额4 262.31亿元,比上年末增长 23.1%,其中人民币存款余额4 121.79亿元,增长 22.1%。金融机构本外币各项贷款余额3 348.80亿元,增长 20.3 %。年末城乡居民人民币储蓄存款余额2 085.02亿元,增长 27.3%。全年金融机构现金收入13 819.71亿元,比上年下降 19.9%;现金支出13 941.23亿元,下降 19.7%;全年货币投放 121.51 亿元,下降 0.1%。

全年保险业实现保费收入 69.32 亿元,比上年增长 33.6%。其中,财产险保费收入 22.96 亿元,增长 16.2%;人身险保费收入 46.36 亿元,增长 43.7%。支付各类赔款及给付 20.53 亿元,增长 24.7%,其中财产险赔款 12.19 亿元,赔付率 53.1%。

4. 旅游业

全年接待国内旅游者 2 544.93 万人次,国内旅游收入 220.34 亿元,比上年增长 16.1%。接待境外入境旅游者 33.38 万人次,比上年增长 15.4%;国际旅游外汇收入 1.84 亿美元,比上年增长

30.9%。全年旅游总收入233.15亿元,比上年增长16.3%。

5. 房地产业

全年完成房地产开发投资219.39亿元,增长14.0%,其中住宅建设投资153.13亿元,增长6.6%。全年房屋施工面积2 390.57万平方米,下降3.0%;竣工面积593.94万平方米,增长11.0%;商品房销售面积173.33万平方米,下降41.7%,其中住宅销售面积141.12万平方米,下降46.3%;商品房销售额152.82亿元,下降32.2%,其中住宅销售额121.13亿元,下降39.6%。推进住房保障体系建设,市区安置房年度建设任务超额完成,新开工建设77万平方米,竣工108万平方米,认购5 109户,交钥匙5 626户;新增廉租住房保障对象1 047户、实物配租207套。

(五)开放型经济

1. 对外贸易

外贸出口企业积极应对国际金融危机冲击,努力适应新的外贸环境。全年外贸进出口总额139.92亿美元,比上年增长14.2%。其中进口总额20.89亿美元,下降0.6%;出口总额119.04亿美元,增长17.3%。外贸依存度为40.1%,其中出口依存度为34.1%,分别比上年回落3.1个和1.7个百分点。与温州市建立进出口贸易关系的国家和地区206个,年末拥有进出口经营权企业6706家。

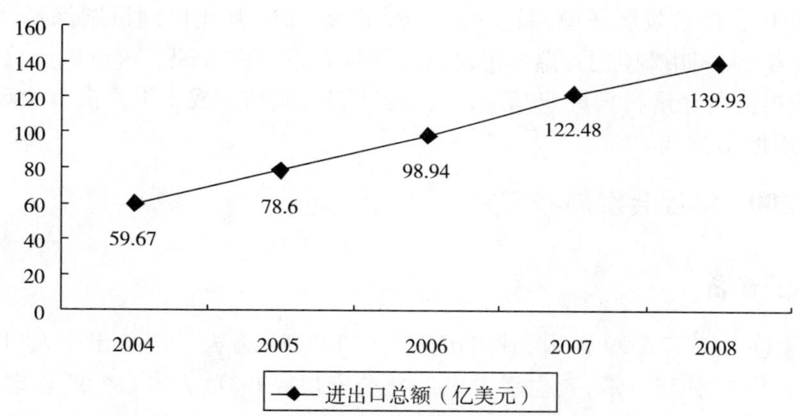

图2-208　2004-2008年温州市外贸进出口总额

2. 利用外资

全球金融动荡,国内宏观政策调整以及新所得税法的出台等,导致温州市利用外资出现较大幅度的下降。全年新签外资项目69项,新签协议项目金额4.60亿美元,实际利用外资2.62亿美元。重视引导在外温州人返乡投资,引进内资56.8亿元。

3. 对外合作

温州市积极实施“走出去”战略,鼓励创办海外商业城,开发境外矿产资源,对外投资实现较快增长。全年新批设立境外机构43家,中方对外投资总额7 386万美元,比上年增长25.2%。一批境外工业园区加快建设。新签对外承包工程劳务合同14份,合同金额676万美元,实际完成营业额1 257万美元。

4. 开发区建设

2008年温州市突出抓好滨江商务区建设,启动“九纵九横”路网建设工程,总部经济园等重点区块开发步伐加快。

表 2-82 2008 年温州市县市实际使用外资

单位:万美元

县市	实际使用外资金额
温州市区	15 028
瑞安市	1 735
乐清市	2 447
洞头县	900
永嘉县	2 850
平阳县	822
苍南县	2 309
文成县	
泰顺县	84

5. 民营经济

为进一步优化民营经济发展环境,激励民营经济创新发展,强化体制机制保障,结合温州经济社会发展实际,2008 年,温州市制定了《温州市民营经济创新发展综合配套改革试点总体方案》。

2008 年,温州市民营经济科技产业基地建设全面铺开,顺利完成 2.4 万亩海涂政策处理,推出第一批1 760亩产业用地招拍挂。

二、温州市 2008 年社会发展概况

(一)人口、人民生活

年末全市户籍总人口 771.99 万人,其中市区人口 143.82 万人。全年出生人口102 762人,死亡人口37 655人,人口出生率 13.4‰,死亡率 4.9‰,按公安口径计算,人口自然增长率 8.5‰。

全年城市居民人均可支配收入26 172元,比上年增长 9.0%;城市居民人均消费性支出20 333元,增长 16.0%,其中食品类支出7 294元,占 35.9%。全年农村居民人均纯收入9 469元,增长 10.2%;农村居民人均生活费支出6 778元,增长 10.9%,其中食品类支出3 223元,占 47.6%。城市居民人均住房建筑面积 30.16 平方米;农村居民人均生活用房面积 42.05 平方米。

城乡居民家庭消费升级加快,高档耐用消费品拥有量持续增加,年末每百户城市居民家用汽车拥有量 29.3 辆,比上年增加 3.4 辆;每百户农村居民家用汽车拥有量 8.6 辆,比上年增加 1.7 辆。

(二)就业与社会保障

全年新增城镇就业岗位 8.60 万个,年末城镇登记失业人数 3.09 万人,城镇登记失业率为 2.5%,比上年末提高 0.1 个百分点。

完善社会保障体系,出台困难群众救助管理办法,实施城镇老年居民养老保障和未成年人医疗保险制度,基本实现二轮土地承包以来被征地农民生活保障全覆盖,实现企业职工工伤保险全覆盖。年末参加基本养老保险职工 129.89 万人,比上年增加 15.64 万人。当年实缴基本养老保险费 44.94 亿元。全市享受基本养老保险的离退休职工 24.82 万人,发放养老金 37.51 亿元。参加工伤保险 176.36 万人,当年实缴工伤保险费14 524万元。参加基本医疗保险 88.82 万人,其中在职职工 69.96

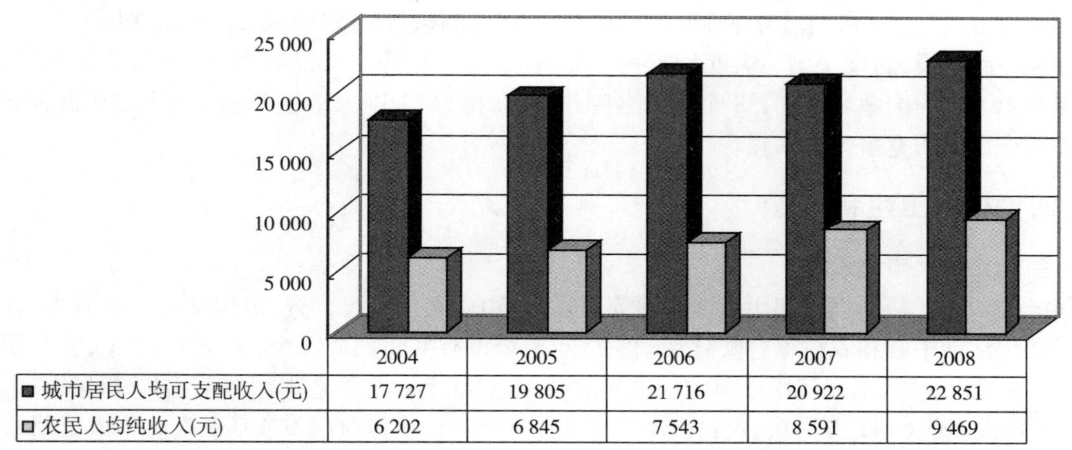

	2004	2005	2006	2007	2008
■城市居民人均可支配收入(元)	17 727	19 805	21 716	20 922	22 851
□农民人均纯收入(元)	6 202	6 845	7 543	8 591	9 469

图 2－209　2004－2008 年温州市城乡居民收入对比一览

万人，离退休职工 18.86 万人。当年实缴基本医疗保险费86 652万元，基本医疗保险待遇支出86 016万元。

城乡居民享受最低生活保障人数 12.49 万人，发放保障资金17 305万元。民政部门接受社会各界捐赠款53 856.4万元，捐赠衣被 186.8 万件，其他物资价值5 805.5万元。全市慈善系统共募款45 130.08万元，支出救助金11 860.11万元。全市资助贫困学生15 860人，资助金额1 597.34万元。全年办理结婚登记87 595对。

(三)教育和科学技术

1. 教育事业

教育优先发展地位进一步确定，教育投入与教育水平逐步提高。制定和完善优先发展教育的政策措施，加大教育投入力度，提高生均公用经费标准，实行农村教师任教津贴制度，改造农村薄弱学校 101 所，进城务工人员子女就学权益得到保障。未成年人思想道德建设得到加强。温州医学院、温州大学、温州职业技术学院等高校科研能力和教学水平进一步提高，温州科技职业学院正式成立。

全年新建中小学校舍 43.8 万平方米，排除危房 5.7 万平方米，改造破旧房 12.4 万平方米。年末各类学校校舍总面积1 390.18万平方米，其中普通高校 208.75 万平方米。年末各类全日制学校在校学生 121.78 万人，占总人口 15.8%。全市拥有普通高等学校 6 所，全年招生22 500人。全国普通高校在温录取新生39 014人，比上年增加1 069人。高等教育毛入学率 40%，比上年提高 3 个百分点。初中毕业生升入高中阶段的比例为 96.07%，比上年提高 0.75 个百分点，其中初中毕业生升入普通高中的比例为 55.6%，比上年提高 2.7 个百分点。

2. 科技事业

大力实施“创新强工”战略，加大自主创新力度，启动实施一批重大科技攻关、技术创新和技术改造项目。全年全社会企业科技活动经费投入 44.80 亿元，比上年增长 17.5%，其中 R&D 经费投入 20.96 亿元，增长 24.1%。地方财政科技支出 4.70 亿元，增长 12.8%；地方财政科技支出占地方财政支出的比重为 2.24%。全年列入国家级“火炬计划”45 项，累计实施 309 项；国家重点新产品计划 21 项，省级新产品试制计划 331 项。列入国家级“星火计划”16 项，省级“星火计划”1 项；列入省重大科技专项 53 项。获国家级科技进步奖 2 项(参加完成)，省级科技进步奖 27 项(含参加完成 10 项)，市科技进步奖 100 项。积极培育高新技术企业，国家“火炬计划”重点高新技术企业累计 47 家；

新增省级以上高新技术企业 107 家,累计 384 家;全年专利授权5 159项,累计35 825项。

加强品牌建设,新增中国驰名商标 85 个,温州市荣获“中国十大品牌之都”称号。至年末,温州市已拥有 165 个中国驰名商标,38 个中国名牌产品,获得 35 个国家级生产基地称号,19 家企业集团跻身中国企业集团竞争力 500 强。

(四)文化、卫生和体育

1. 深化文化大市建设

积极推动文艺精品创作和历史名人研究,做好非物质文化遗产普查,加快文化产业发展,新建一批社区文化活动中心和农村综合文化活动室。年末全市有文化站 273 个,文化馆 11 个,公共图书馆 12 个,博物馆 2 个,艺术表演团体 10 个,电影放映单位 30 个。全年艺术团体演出1 222场次;电影放映56 870场次,观众 141 万人次;农村数字电影放映39 843场次,观众1 071万人次。年末温州市拥有国家级非物质文化遗产名录项目 17 个,省级非物质文化遗产名录项目 43 个,市级非物质文化遗产名录项目 153 个。公共图书馆藏书 284 万册(件),年总流通量 309 万人次。全市广播综合人口覆盖率 97.74%,电视综合人口覆盖率 97.68%,有线电视用户 137 万户。组织举办温州市首届广场文化艺术节,成功策划“辉煌 30 年”世界温州人大会大型文化演出。

2. 公共卫生服务能力不断增强

2008 年,温州市制定了缓解“看病难”医疗卫生设施建设行动计划,新建标准化社区卫生服务中心 30 家、服务站 60 家,推进乡镇卫生院转型过渡,中西医院病房大楼、温医附一院迁建和一批县级医院迁建工程进度加快,市二医住院楼建成投用。城乡卫生医疗服务体系进一步健全,公共卫生服务能力和保障能力不断增强,看病难问题有所缓解。年末,全市有卫生机构1 005家,其中医院 85 家,卫生院 345 家。另外个体开业诊所 762 个。年末有各类卫生技术人员34 321人,其中医生15 558人。全市医疗机构病床19 304张,平均每万人有病床 25.01 张、医生 20.15 人。全年医疗机构诊疗病人3 715万人次。17 家二级以上综合医院建立了感染性疾病科。全市建有村卫生室2 046个,社区服务中心 139 个,服务站 372 个。农村健康工程逐步实施,全市已参合农民 473.55 万人,参合率 93.6%,筹集合作医疗资金 4.6 亿元,130.78 万参合农民完成了健康体检,查出患疾病人数 32.98 万人,疾病发现率 25.22%。全市已建立农民健康档案 533.58 万份。

3. 体育事业不断发展

顺利完成奥运火炬温州传递活动,温州籍体育健儿在北京奥运会上取得 1 金 2 银的好成绩,在全国比赛中获得 18 项全国冠军,实现温州体育的历史性飞跃。全市有公共体育场馆 31 个,业余体校 9 所,已建成公共健身点4 920个。全年共有 18 个乡镇通过省级体育强镇的检查验收,累计 53 个,省级体育强县 2 个。全年发行体育彩票 7.98 亿元,比上年增长 24.3%,总销量居全省第二位。

(五)城乡建设

1. 城市规划建设和管理得到加强

着眼温州大都市区建设,编制实施市县区域总体规划,完善各类详细规划和专项规划。制定出台中心城区“退二进三”政策和市区旧村改造政策。龙湾中心区功能逐步提升,瓯海中心区建设全面推开。大力推进温瑞塘河综合整治,清脏拆违治乱工作成效显著,清理沿河垃圾 90 万吨,拆除涉河违法建筑 113 万平方米,蒲州横河综合整治、蝉河水质改善与生态修复示范等工程基本完成。市区东片污水处理厂投入使用,新增排污主干管 22 公里,市区污水处理率达 60%,生活垃圾无害化处置率达 92%。瓯海大道西段快速路“公跨铁”工程开工建设,市区 7 条主干道建成通车。市区自来水日生产能力 110 万立方米,年供水量25 755.45万吨。

2. 新农村建设扎实推进

加大对“三农”的支持力度，市级安排农业专项资金 2.5 亿元，增长 26.5%。开展新一轮“千村整治、百村示范”工程，完成整治村建设 612 个，新增垃圾集中收集处理村3 500个，新解决 35 万农村人口饮水安全问题。大力推进“强塘固房”和“515”防洪保安工程，28 项重点水利项目完成投资 15.7 亿元，完成农村危旧房现状调查，对4 259户农村住房困难群众实施住房救助。组织实施“共同跨越六大行动”，落实农业开发项目1 089个，下山搬迁6 486户，低收入农户减少 7.4 万户。

（六）环境保护与生态建设

据市环境监测中心站监测，2008 年温州市区环境空气质量达到Ⅰ级标准的有 60 天，达到Ⅱ级标准的有 293 天，大气中的二氧化硫、二氧化氮、可吸入颗粒物年平均值符合国家环境空气质量Ⅱ级标准。全市地表水市控及市控以上站位 54 个，水质在Ⅰ至Ⅲ类的站位 21 个。市区有取水的两个饮用水源地（泽雅水库和赵山渡水库）28 个监测项目监测结果全部达标。市区建成烟尘控制区 365 平方公里，市区建成区噪声达标区 114.8 平方公里，市区建成区噪声达标区覆盖率 70%。

严格落实节能减排目标责任制，加大对落后产能的整治力度，关停 200 多家小制革企业，拆除 200 多台小锅炉，提前完成 29.4 万千瓦小火电关停任务。深化重点行业、重点区域环境污染整治，对 9 个市级环境严管区实行挂牌督办。启动 7 个开发区（工业园区）生态化改造，65 家企业通过省级清洁生产审核验收。

全市规模以上工业单位增加值能耗同比下降 8.2%，降幅比上年回落 0.4 个百分点。33 个行业大类中，有 29 个行业的单位增加值能耗有不同程度的下降，其中降低率在 10% 以上的行业主要有交通运输设备、黑色金属冶炼、造纸等 14 个行业。

全市主要污染物减排指标继续改善。全市工业固体废物产生量为 200.39 万吨，工业固体废物综合利用率 85.0%；全市辐射环境质量继续保持在较低水平。各县城污水处理厂已经全面建成投入使用，设计能力约 63 万吨/日，市区生活垃圾无害化处置率达 92% 以上，农村生活垃圾收集率达到 65% 以上。

全市已建成国家级生态示范区 3 个，省级生态县 1 个，全国环境优美乡镇 11 个，省级生态乡镇 91 个，市级生态乡镇 118 个；自然保护区 4 个，其中国家级 2 个，省级 1 个，县级 1 个；风景名胜区 36 个，其中国家级 3 个 5 处，省级 8 个，市县级 25 个；森林公园 22 个，其中国家级森林公园 5 个，省级森林公园 12 个，市级森林公园 5 个；合格饮用水源保护区 72 个。全市建成 6 所国家级绿色学校，91 所省级绿色学校，251 所市级绿色学校（包括幼儿园）。建成 3 个国家级绿色社区，37 个省级绿色社区，102 个市级绿色社区，5 家省级生态环境示范教育基地，19 家市级生态环境示范教育基地。

（七）平安温州

“平安温州”建设取得阶段性成效。据调查，2008 年温州市群众安全感满意率达到 91.9%。全市共发生各类事故4 163起，死亡 827 人，直接经济损失3 904.4万元，分别比上年下降 13.9%、5.3 % 和增长 7.7%。

三、挑战与目标

在肯定成绩的同时，温州市政府也清醒地看到，经济社会发展中还存在不少矛盾和问题。一是全市经济增速趋缓，一些企业生产经营困难加大，去年全市生产总值、全社会固定资产投资年度预期目标未能完成，继续保持经济平稳较快增长的难度很大。二是经济结构性素质性矛盾更加凸现，中小企业自主创新的动力不足、能力不强，资源要素瓶颈制约加剧，节能减排形势严峻，加快转变发展方式更为紧迫。三是城乡区域发展不平衡,欠发达地区自主发展能力有待提高,部分群众生活还比较困难;社会事业发展滞后,教育、卫生、就业、社保、住房等方面还有不少问题急需解决。四是发展环境亟待改善,建设项目征地拆迁政策处理难度大,环境脏乱差问题尚未得到有效解决,社会管理方面的问题比较突出,防灾减灾能力仍需加强。五是政府工作还有不少缺点和不足,依法行政能力和行政效能有待提高,基层基础工作薄弱,一些政府工作人员责任心和执行力不强,形式主义、官僚主义作风仍不同程度存在,一些地方和领域的消极腐败现象还比较严重。对这些矛盾和问题,必须予以高度重视,采取更加扎实、更加有效的措施,认真加以解决。

综合考虑各种因素,2009 年国民经济和社会发展的主要预期性指标为:全市生产总值增长 9% 左右,地方财政收入增长 6%;研究与试验发展经费支出占生产总值比例达到 1%;全社会固定资产投资增长 10%,社会消费品零售总额增长 12%,外贸出口总额增长 9%;城市居民人均可支配收入增长 7%,农村居民人均纯收入增长 7%;居民消费价格总水平涨幅控制在 4% 以内。主要约束性指标为:单位生产总值综合能耗下降 4% 以上,化学需氧量、二氧化硫排放量均下降 1.5%;城镇登记失业率控制在 4% 以内,人口自然增长率控制在 8‰以内。

四、温州市在长三角地区经济发展中的地位

2008 年,在国内外不利因素共同影响下,温州市经济运行遇到的困难很多,走势与全国、全省基本保持一致。总体上看,全市经济发展速度有所减缓,但仍然保持平稳增长态势。

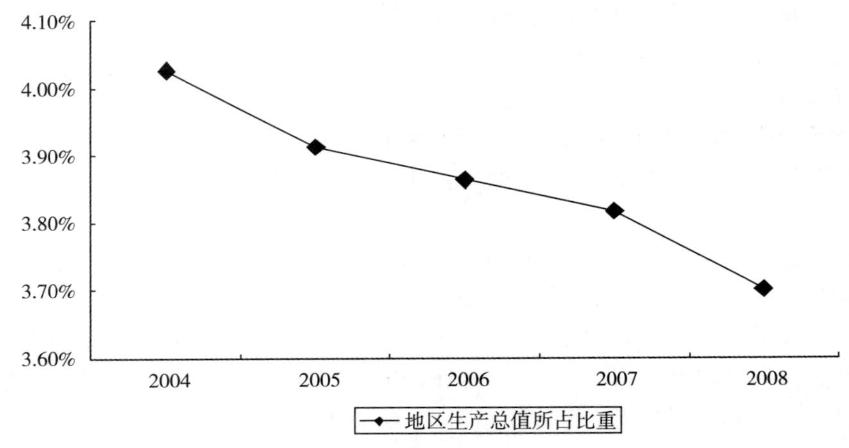

图 2-210 2004-2008 年温州市地区生产总值在长三角所占比重的变化趋势

2004-2008 年温州市地区生产总值在长三角所占比重分别为:4.03%、3.91%、3.86%、3.82%、3.70%,呈现逐年下降的趋势。各年降幅相差不大,近 5 年累计降幅为 0.33 个百分点。

2004-2008 年温州市地方财政一般预算收入在长三角所占比重分别为 2.87%、2.88%、2.83%、2.62%、2.55%,呈现逐年下降的态势,近 5 年累计降幅为 0.32 个百分点。

2004-2008 年温州市规模以上工业总产值在长三角所占比重分别为 3.34%、3.13%、3.06%、2.99%、2.78%,同样呈现出逐年下降的态势,近 5 年累计降幅为 0.56 个百分点。

2004-2008 年温州市进出口总额在长三角所占比重分别为:1.66%、1.65%、1.66%、1.66%、1.68%,逐年的变幅很小,呈现稳中略升的基本态势。

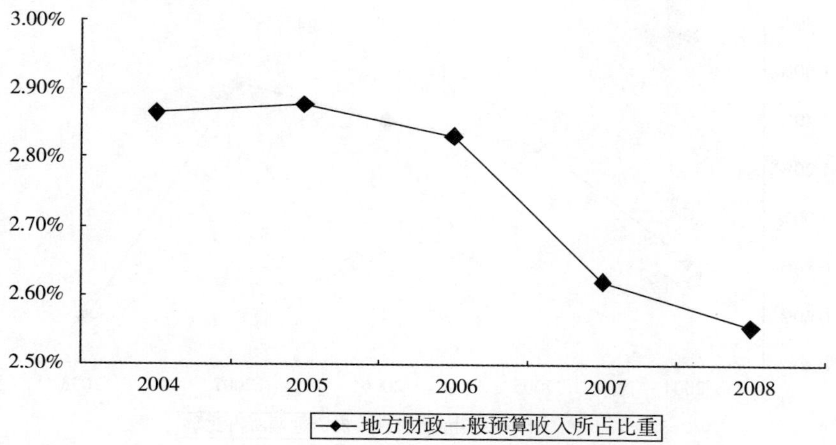

图 2－211　2004－2008 年温州市地方财政一般预算收入在长三角所占比重的变化趋势

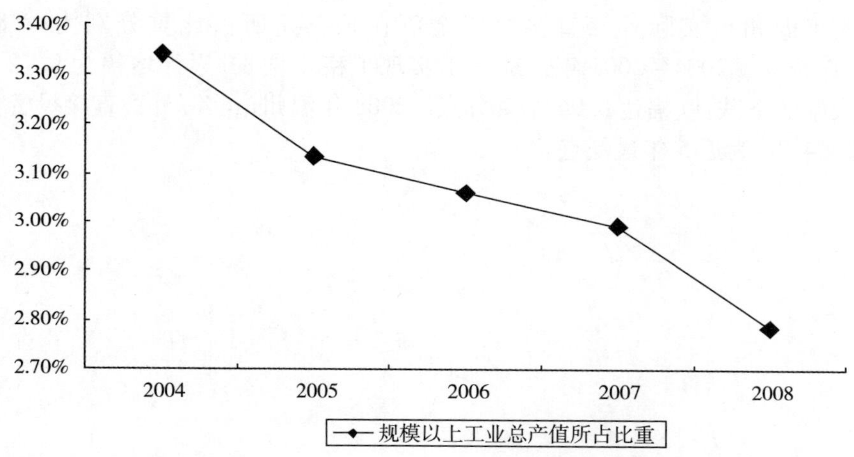

图 2－212　2004－2008 年温州市规模以上工业总产值在长三角所占比重的变化趋势

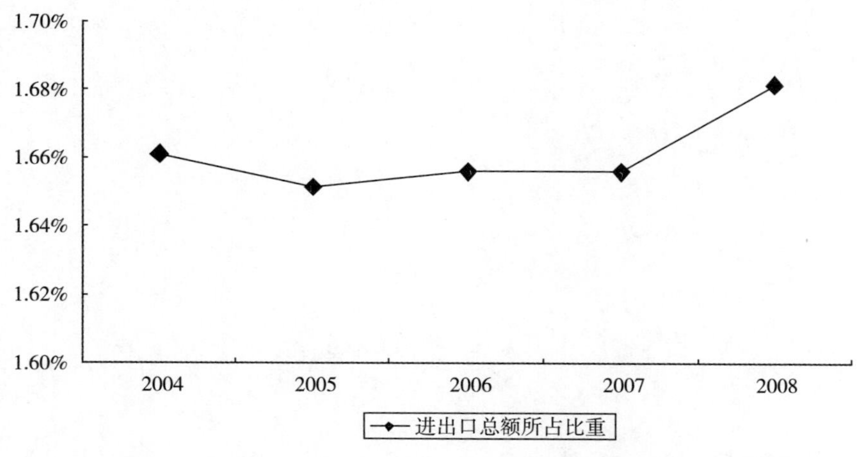

图 2－213　2004－2008 年温州市进出口总额在长三角所占比重的变化趋势

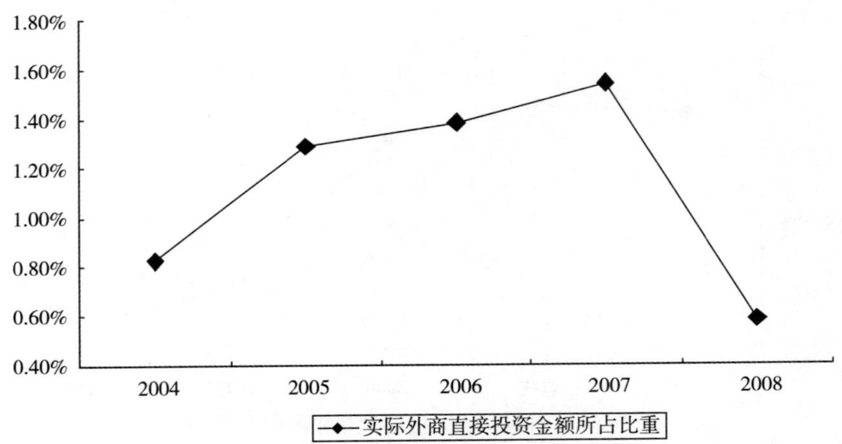

图 2-214　2004-2008 年温州市实际外商直接投资金额在长三角所占比重的变化趋势

2004-2008 年温州市实际外商直接投资金额在长三角所占比重分别为:0.82%、1.29%、1.38%、1.54%、0.58%。2004-2007 年连续三年实现了稳步增长,累计增幅为 0.72 个百分点;但 2008 年出现了大幅的下跌,跌幅达 0.96 个百分点。2008 年温州市实际外商直接投资金额在长三角所占比重低于 2004 年,为近 5 年最低点。

四　嘉兴市2008年经济社会发展

2008年，全市人民在中共嘉兴市委、市政府的正确领导下，深入贯彻科学发展观，攻坚克难，开拓进取，努力克服年初低温雨雪冰冻自然灾害影响和国际金融危机的不利影响，全市经济继续保持较快增长，各项社会事业继续进步，人民生活水平不断提高。

一、嘉兴市2008年经济发展概况

（一）综合经济

1. 经济总量平稳增长

2008年全市生产总值1 815.30亿元，按可比价格计算，增长10.7%，增幅比上年回落3.8个百分点。其中第一产业增加值105.52亿元，增长2.3%；第二产业增加值1 085.29亿元，增长10.5%；第三产业增加值624.49亿元，增长12.5%。三次产业结构由上年的6.3∶59.8∶33.9调整为5.8∶59.8∶34.4。按常住人口计算，人均地区生产总值43 129元，增长8.7%，折合6 210美元。

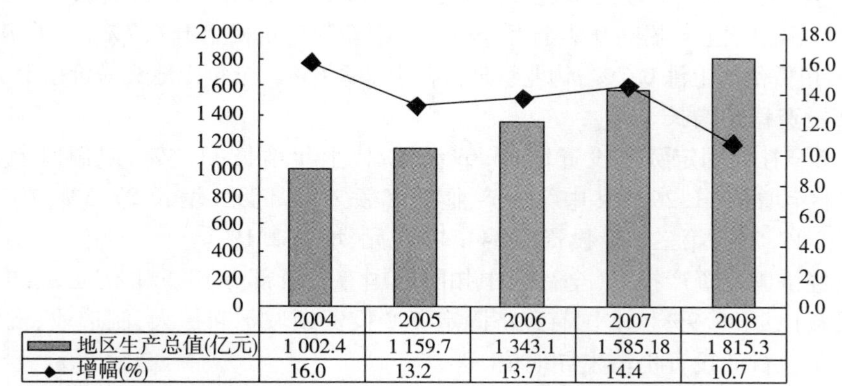

	2004	2005	2006	2007	2008
地区生产总值(亿元)	1 002.4	1 159.7	1 343.1	1 585.18	1 815.3
增幅(%)	16.0	13.2	13.7	14.4	10.7

图2－215　2004－2008年嘉兴市地区生产总值及增长速度

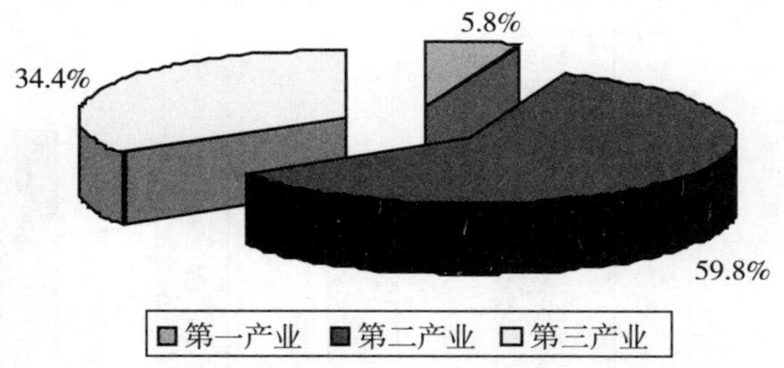

图2－216　2008年嘉兴市三次产业结构图

2. 财政收入继续增长

2008年，全市财政一般预算收入252.13亿元，比上年增长20.4%，其中地方财政收入126.87亿元，增长20.6%，增幅回落8.4个百分点。企业所得税和营业税分别增长3.2%和19.4%。

表 2-83　2008 年嘉兴市县市主要经济指标

单位:万人,‰

县市	生产总值(亿元)	地方财政收入(亿元)	全社会固定资产投资(亿元)	出口总额(万美元)	社会消费品零售总额(亿元)
嘉兴市区	458.51	42.71	306.21	428 083	169.95
平湖市	276.31	18.67	167.5	263 581	67.56
海宁市	348.95	21.39	155.39	267 732	132.52
桐乡市	316.23	20.4	139.81	172 343	118.61
嘉善县	212.94	14	123.84	168 324	65.19
海盐县	202.18	9.69	113.94	110 358	45.77

3. 市场物价总体上扬

市区城市居民消费价格上涨 5.2%。从分类情况看,食品类价格上涨 13.3%;烟酒及用品类价格上涨 2.9%;家庭设备用品及维修服务价格上涨 2.7%;医疗保健和个人用品上涨 2.2%;居住类价格上涨 8.6%。交通和通信下跌 3.8%;衣着类商品价格下跌 2.2%;娱乐教育文化用品及服务下跌 0.4%。

全市工业企业原材料、燃料、动力购进价格上涨 13.3%,工业品出厂价格上涨 3.6%。市区房屋销售价格上涨 5.3%,涨幅比上年提高 0.9 个百分点。其中新建房价格上升 6.7%;二手房销售价格上升 1.9%。全年房屋租赁价格上涨 0.7%;物业管理价格上涨 2.8%。全年土地交易价格上涨 11.0%。

4. 固定资产投资稳定增长

2008 年,全市全社会固定资产投资1 006.69亿元,比上年增长 11.9%,限额以上固定资产投资 904.82 亿元,比上年增长 11.2%,其中第一产业投资额 2.55 亿元,增长 27.6%;第二产业投资额 557.84 亿元,增长 17.7%;第三产业投资额 344.42 亿元,增长 2.1%。

全市非国有经济固定资产投资(全社会中扣除纯国有投资部分)895.1 亿元,增长 29.1%,占全社会固定资产投资比重 88.9%。非国有经济固定资产投资领域不断扩大,制造业、批发零售餐饮业和房地产业等竞争性行业投资仍占主导地位。

全市重点建设在建项目 74 项,计划投资总额 93.41 亿元,建成和部分建成投产项目 11 个,完成投资总额 83.14 亿元。全市限额以上投资项目中,当年施工项目3 218个,增长 3.3%;当年新开工项目1 599个,增长 7.2%;建成投产项目 989 个,增长 16.4%;新增固定资产 430.2 亿元。

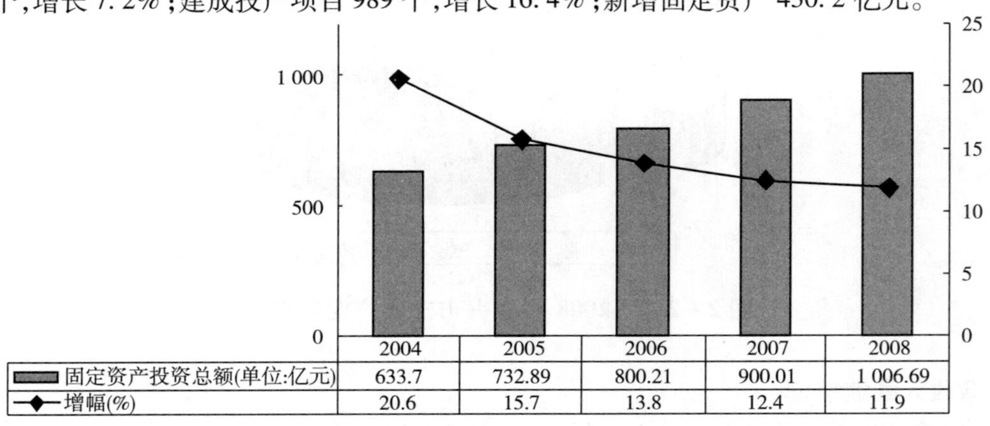

	2004	2005	2006	2007	2008
固定资产投资总额(单位:亿元)	633.7	732.89	800.21	900.01	1 006.69
增幅(%)	20.6	15.7	13.8	12.4	11.9

图 2-217　2004-2008 年 嘉兴市全社会固定资产投资及增长幅度

（二）农业

2008年，全市农林牧渔业总产值180.90亿元，按可比价计算，增长3.1%。

全年粮食总产量133.08万吨，增长4.5%；蔬菜总产量224.31万吨，增长0.7%。全年生猪饲养量751.60万头，比上年增加0.3万头；家禽出栏量3 865.96万只，下降8.0%；肉类总产量37.44万吨，增长1.5%；水产品产量16.56万吨，增长3.5%，水产养殖结构不断优化，“名、特、优”等高附加值品种和产量继续增加。

全年粮食种植面积290.04万亩，比上年增加8.03万亩；油菜籽种植面积54.16万亩，比上年减少3.05万亩。蔬菜等其他经济作物种植面积224.17万亩，比上年减少3.92万亩，其中，蔬菜种植面积118.35万亩，比上年增加0.74万亩；果用瓜种植面积17.98万亩，比上年增加0.25万亩；花卉苗木种植面积10.60万亩，比上年减少0.9万亩。粮经面积比由上年的55.3∶44.7调至56.41∶43.59。

2008年，全市已有种子种苗基地77个，引进新品种549个；全市制定农业标准402项，有285个农产品通过国家级无公害农产品认证。全市已建成各类休闲农业园区88个。农业产业化经营发展势头良好，新增市级以上农业龙头企业21家，新增农民专业合作社91家。全年农产品出口额10.0亿美元。

（三）工业和建筑业

2008年，全市工业增加值979.95亿元，按可比价格计算，增长11.0%，占全市生产总值54.0%。规模以上工业企业数6 728家，比上年增加764家，工业总产值3 839.43亿元，增长16.3%，增速比上年回落9.4个百分点，其中重工业总产值增长22.5%，快于轻工业11.3个百分点；轻重工业总产值比由上年的55.7∶44.3调整为52.9∶47.1。

列入统计的规模以上工业企业全年主营业务收入3 550.34亿元，增长11.9%；利税总额266.55亿元，下降2.0%，其中利润总额146.38亿元，下降9.4%。十一项经济效益指标综合得分235.00分，比上年提高4.1分。其中，产品销售率97.1%，总资产贡献率9.9%，资本保值增值率116.2%，成本费用利润率4.3%，全员劳动生产率由7.85万元/人提高到8.99万元/人，资产负债率由60.2%下降为59.5%，亏损率由6.5%上升为13.3%。

2008年，全社会建筑业增加值105.34亿元，按可比价格计算，增长5.3%。具有建筑业资质的独立核算企业完成房屋施工面积3 984.2万平方米，同比增长31.9%，竣工面积1 905.5万平方米，同比增长36.7%。

表2-84　2008年嘉兴市县区工业总产值

单位：亿元

县市	工业总产值
嘉兴市区	917.65
平湖市	645.66
海宁市	722.02
桐乡市	703.29
嘉善县	480.8
海盐县	370.01

(四)服务业

1. 国内贸易

2008年,全市全社会消费品零售总额599.61亿元,比上年增长19.6%。城镇市场零售额396.99亿元,增长20.0%;农村市场零售额202.62亿元,增长19.0%。批发零售贸易业零售额507.88亿元,增长19.6%,住宿餐饮业零售额72.09亿元,增长23.7%。

年末全市拥有各类商品交易市场343个,商品交易额(不含网上交易额)600.86亿元,增长7.1%,其中成交额超亿元市场51个,超10亿元市场13个。

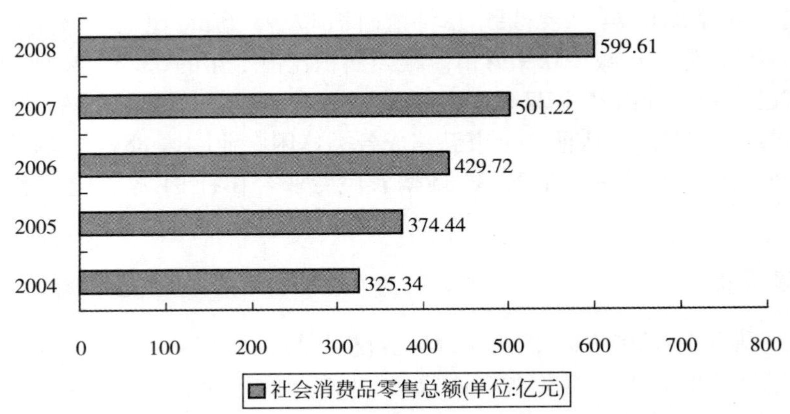

图2-218　2004-2008年 嘉兴市社会消费品零售总额

2. 交通和邮电

2008年,嘉兴市全年各种运输方式(不包括铁路,下同)货物周转量120.46亿吨公里,增长4.4%。其中,公路21.42亿吨公里,增长6.3%;全年旅客周转量56.10亿人公里,增长1.8%。全年嘉兴港货物吞吐总量2 834万吨,增长17.2%,其中,外贸货物吞吐量258.60万吨,下降9.3%。

全年邮电业务总量59.79亿元,增长13.0%。其中,邮政业务总量3.49亿元,增长17.7%;电信业务总量56.30亿元,增长12.7%。年末城乡固定电话用户184.97万户,比上年末下降0.3%,其中住宅电话用户92.6万户,比上年末下降0.6%;年末全市移动电话用户356.50万户,比上年末增长6.8%。互联网络用户54.09万户,比上年末增长13.6%,其中注册用户50.65万户,增长7.4%。

3. 金融证券和保险

年末金融机构人民币存贷款余额分别为2 186.24亿元和1 603.84亿元,同比增长21.7%和18.7%,增幅分别比上年提高8.3和0.6个百分点。城乡居民储蓄存款余额1 155.38亿元,增长27.3%,增幅提高20.6个百分点。全年金融机构现金净投放71.87亿元,比上年末减少34.43亿元。

全市新增上市企业1家,发行股票2只;募集资金28.7亿元,上市企业累计12家,发行股票13只,累计募集资金110.02亿元。年末全市证券账户30.66万户,新增2.61万户。全年证券交易额2 533.52亿元,下降38.3%,其中股票交易额2 303.34亿元,基金交易额39.8亿元,分别下降33.1%和64.3%。全年全市期货交易额2 179.33亿元,增长1.01倍。

全市保险业保费收入47.74亿元,比上年增长33.8%。其中,财产险保费收入14.40亿元,增长12.8%;人寿险保费收入33.33亿元,增长45.4%。全年赔付额10.55亿元,增长58.3%。其中,财产险赔付金额9.99亿元,增长63.6%;人寿险赔付金额(剔除期满给付)0.56亿元,增长0.3%。

4. 旅游业

全市接待海内外游客2 192.96万人次，旅游总收入193.12亿元，分别增长14.7%和19.2%。其中，接待外国、港澳台游客52.96万人次，下降13.6%，旅游外汇收入1.89亿美元，下降0.9%；接待国内游客2 140万人次，增长15.7%，国内旅游收入180亿元，增长21.6%。

5. 房地产业

限额以上房地产开发投资181.23亿元，增长22.7%；房屋施工面积1 979万平方米，增长22.0%；房屋竣工面积412.3万平方米，增长11.3%，销售面积327.7万平方米，下降21.7%。

（五）开放型经济

1. 对外贸易

2008年，全市进出口总值198.33亿美元，增长23.1%，其中出口总值141.04亿美元，增长20.8%；进口总值57.29亿美元，增长29.1%。机电产品、服装类产品等仍占居出口商品主导地位，机电产品出口42.35亿美元，增长33.8%，占全市出口总额的30.0%；服装类产品出口34.15亿美元，增长14.8%，占全市出口总额的24.2%。经济外向度稳步提高，进出口总占GDP的比例75.9%（按当年汇率计算），其中出口占GDP的比例54.0%。

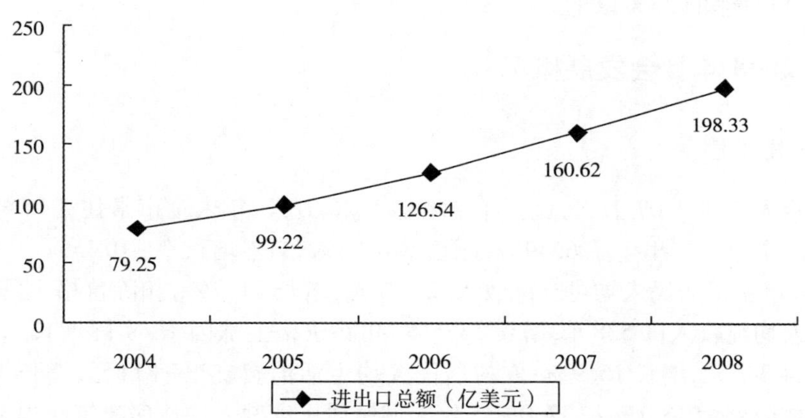

图2－219　2004－2008年嘉兴市外贸进出口总额

2. 利用外资

全市新批外商投资企业242家，比上年减少175家；合同利用外资22.87亿美元，下降33.0%；实际利用外资13.60亿美元，增长13.0%。农业利用外资进展顺利，签订农业外资项目34个，合同利用外资约0.79亿美元，实际利用外资0.65亿美元。

3. 对外合作

对外经济技术合作工作继续稳步推进。全年新办境外企业23家，投资总额达7 264万美元，增长22.0%，全社会外派劳务463人次。

4. 开发区建设

加快推进滨海开发，新区实现规模以上工业产值385.3亿元。深入实施接轨上海首位战略，完善区域合作工作机制，积极参与杭州都市经济圈、浙东经济合作区建设和“山海协作”。全市高新园区入驻企业516家，技工贸总收入151.8亿元，利税总额9.28亿元，引进外资项目49个，合同利用外资1.77亿美元；全市引进内资项目1 063个，实际到位内资121亿元。

表 2－85　2008 年嘉兴市县市实际使用外资

单位:万美元

县市	实际使用外资金额
嘉兴市区	38 726
平湖市	23 532
海宁市	20 068
桐乡市	14 883
嘉善县	32 763
海盐县	6 003

5. 民营经济

近年来,嘉兴市民营经济稳步发展,对财政增收、群众致富、百姓就业作出了重要贡献。2008 年以来,受全球金融危机影响,全市经济发展形势严峻,广大民营企业面对宏观调控带来的变化,积极应对,使民营经济保持了良好的发展势头。2008 年嘉兴民营企业出口总值首超 50 亿美元,同比增长 42. 2% ,占全市出口总额的 35% 以上。

二、嘉兴市 2008 年社会发展概况

(一)人口、人民生活

年末全市户籍人口 338. 07 万人,比上年末增加 1. 26 万人;年末全市常住人口 423. 2 万人,比上年增加 4. 6 万人。全市人口出生率 6. 49‰,死亡率 6. 94‰,自然增长率 －0. 45‰。

2008 年,嘉兴市城镇居民人均可支配收入22 481元,增长 11. 7% ,扣除价格上涨因素,实际增长 6. 2% ;农村居民人均纯收入11 538元,增长 13. 5% ,扣除价格上涨因素,实际增长 7. 9% 。城市居民人均消费性支出14 346元,增长 15. 9% ;农村居民人均生活消费支出7 811元,增长 13. 3% 。城乡居民家庭恩格尔系数分别为 36. 1% 和 37. 0% 。年末城镇居民家庭人均住房建筑面积 33. 95 平方米;农村居民人均生活用房建筑面积 67. 45 平方米,分别比上年增长 4. 2% 和 1. 9% 。

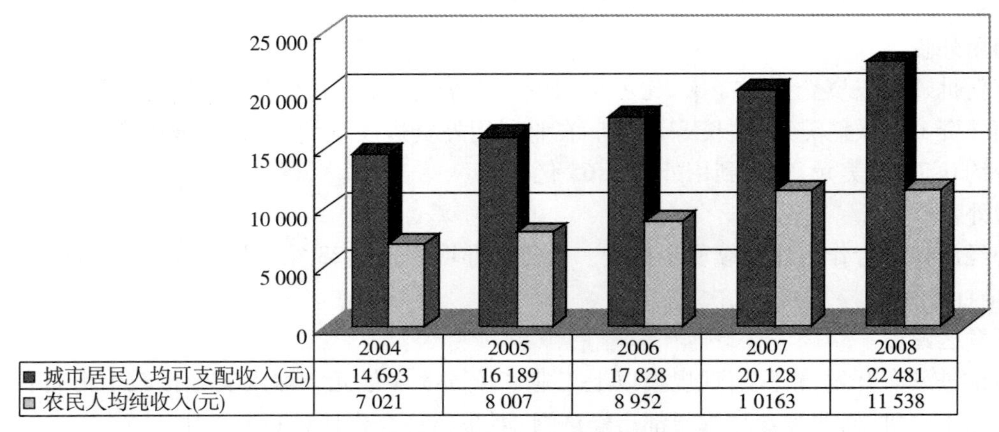

图 2－220　2004－2008 年嘉兴市城乡居民收入对比一览

（二）就业、社会保障

1. 积极开展就业工作

2008 年，嘉兴市积极推进以创业促就业，深入开展充分就业社区和充分就业村创建活动，新增城镇就业 6. 1 万人，帮助 2. 8 万名城镇失业人员实现再就业。年末全市共有职业介绍机构 117 家，全年举办各类劳动力招聘活动 772 次，比上年增加 362 次，举办各类职业技能培训 555 期。全市城镇单位提供就业岗位 47. 2 万个，比上年增加 5. 19 万个。城镇登记失业率由上年的 3. 6% 降为 3. 5%。

2. 社会保障制度继续完善

进一步健全社会保障体系，全市职工基本养老、基本医疗、失业、工伤、生育保险参保人数分别净增 10 万、10. 5 万、6. 5 万、19. 7 万和 6 万人。大力推行城乡居民社会养老保险，全市参保人数 23. 4 万人，18. 8 万名 70 周岁以上老人按月领取基本养老生活补助金。完善城乡居民合作医疗保险制度，大力推行实时结报，人均筹资额提高到 190 元。调整职工最低工资、退休养老金、重点优扶对象抚恤补助和城乡居民最低生活保障标准，城市人均低保收入由上年的1 925元提高到2 195元，农村由1 098元提高到1 290元。全市城乡享受最低生活保障家庭 2. 05 万户，比上年增加 400 户，保障人数 3. 8 万人。全市发放困难群众动态物价补贴1 797万元。进一步加大住房保障力度，全市新建经济适用房 21. 5 万平方米，新增廉租房受益家庭 712 户，对 974 户农村困难家庭实施了住房救助。

社会福利事业进展加快。年末，全市共有收养类福利单位 92 个，拥有床位10 039张，比上年同期增长 25. 8%，收养老人、残疾人、孤儿等各类民政服务对象5 364人，比上年增长 10. 0%。

（三）教育和科学技术

1. 教育事业

2008 年嘉兴市全面实施农村薄弱学校改造工程，广泛开展城乡义务教育学校结对帮扶工作，免费提供义务教育阶段学生教科书和作业本，促进城乡教育均衡发展。扎实推进职业教育示范专业、示范基地建设，市中职园二期主体工程基本建成。同济大学浙江学院一期建成使用，嘉兴学院梁林校区一期、浙江财经学院东方学院迁建工程开工建设，全市普通高校在校生规模达 3. 7 万人。启动市老年大学迁建项目。至年末，全市拥有各类学校（含幼儿园）738 所，在校生 66. 26 万人，其中，高等教育学校 9 所，在校生 6. 30 万余人；普通高中 38 所，在校生 6. 75 万人；初级中学 122 所，在校生 15. 22 万人；小学 233 所，在校学生 23. 63 万人。初中和小学入学率分别达 99. 99% 和 100%。初中毕业生升高中段各类学校比例达 97. 49%，比上年提高 0. 9 个百分点。普通高校招生12 110人，毕业学生6 822人，比上年增长 25. 9%。农村各类文化技术培训 49. 0 万多人次。全市各类民办学校达 52 所，在校学生 4. 3 万人。

2. 科学技术

加大科技投入，全市财政科技支出 5. 2 亿元，增长 26. 1%。清华长三角研究院总部大楼、中科院嘉兴中心一期和市科创中心三期等投入使用，上海交大嘉兴科技园、中关村长三角创新园等项目正式落户，全市新增省级以上高新技术企业研发中心 11 个、企业技术中心 5 个。大力实施知识产权、标准化和品牌战略，新增中国驰名商标 35 个、省区域名牌 1 个，授权专利3 163件，其中发明专利 73 件，被列为国家知识产权试点城市。多形式开展人才招聘活动，举办高层次人才与科技交流洽谈会，全年引进各类人才超过 2 万名。年末全市拥有县级以上国有独立研究开发机构 9 个。全年获得市级以上各类科技成果 104 项，其中，获得省级科技成果奖 14 项，市级科技成果奖 90 项。技术市场发展平稳，全年经认定登记技术交易金额 2. 34 亿元，交易合同数 886 项。

(四)文化、体育和卫生

1. 文化事业

2008年,嘉兴市加快文化基础设施建设,新增公共图书馆镇级分馆15个,市级标准村文化活动中心(室)实现全覆盖,被命名为全国文化信息资源共享工程示范市。正式启动国家历史文化名城申报工作,全面完成非物质文化遗产普查工作,嘉善田歌、海盐滚灯等5个项目被列为国家级非物质文化遗产。新闻出版、广播电视、文学艺术、档案史志等事业加快发展。全年全市获省级以上荣誉的各类文艺作品近200余件,其中作品《风雨兼程》荣获第七届奥地利特伦伯超级国际摄影大赛金奖。市区广场文艺演出187场次、电影下乡放映达1.38万场次,戏曲歌舞下乡演出1 660场次,市、县两级图书流动38.7万册,大剧院引进各类演出近百场次。年末全市共有文化艺术表演团体3个,艺术表演场所6个,群众艺术馆1个,文化馆7个,文化站74个,公共图书馆8个,图书藏书量303万册。各类电影放映单位87家,广播电台6座,电视台6座,全市行政村有线电视联网率达到100%,广播和电视人口覆盖率均达100%。

2. 体育事业

2008年,嘉兴市认真抓好省运会各项筹备工作和场馆建设,圆满完成奥运火炬嘉兴传递活动。以全民健身宣传为契机,积极倡导科学锻炼,广泛开展群众性健身活动。嘉兴市组团参加了全省24项青少年(儿童)常规赛,共获38.5枚金牌,总分1 642.5分,金牌数列全省第六,总分列全省第五。

3. 卫生事业

2008年,嘉兴市完善城乡医疗服务和公共卫生体系,健全社区卫生服务网络,组织开展第二轮合作医疗参保居民健康体检,做好手足口病等重大疫病防控工作。市一院迁建、市二院扩建加快推进,省荣军医院迁建工程开工建设。全市已建成92个社区卫生服务中心和826个社区卫生服务站,社区卫生服务能力继续提高。全市(镇)、村合作医疗覆盖率均达100%,乡镇初保达标率为100%。年末,全市共有医疗卫生机构1 365个,卫生技术人员22 510人,其中医生6 957人,注册护士6 396人,医疗床位12 929张。平均每千人拥有医生2.06名,每千人拥有医院床位3.82张。全年急门诊病人2 095万人次,住院36.08万人次。

(五)城乡建设

1. 中心城市建设步伐加快

全年市区城市建设项目投资额31.90亿元,湘家荡区域联合开发全面启动,湖滨区块和旧居老区改造扎实推进,月河历史街区开放营运,“七一”广场主体工程基本建成,环城河景观亮化改造全面完成。新建5座垃圾中转站,新建改建公厕82座,市区成功创建国家卫生城市。

2. 新农村建设加快推进

实施强镇扩权政策,启动新一轮“百村示范、千村整治”。全市疏浚河道2 100公里,植树造林1 120公顷,建成全面小康农村新社区27个,城乡一体化供水人口覆盖率达70%,电气化、信息化村比例分别达到66.9%和59.6%,实现村村通公交。全市农村自来水受益率98.72%,农村农户改厕率95.34%。全面推进农业面源污染治理,完成存栏生猪100头以上规模养殖场(户)整治任务。

(六)环境保护与生态建设

至年末全市已建成地表水自动监测站19个,环境空气质量自动监测站14个。深化水环境污染源整治,全市日实际污水集中处理量69万吨,饮用水源水质稳定提高,城市交通、娱乐业噪声和餐饮业油烟治理力度加大,大气环境质量进一步改善,全年市区空气质量优良天数比例95%。

强化节能减排机制，大力发展循环经济，积极开展节能评估和合同能源管理，对120家企业开展清洁生产审核，重点用能监管范围扩大到年耗标煤1 000吨以上企业。全市规模以上工业企业能源消费量958.3万吨标准煤，比上年增长0.9%；万元工业增加值能耗下降9.1%。198家年耗能5 000吨标准煤及以上重点能耗企业能源消费量592.8万吨标准煤，下降1.1%，单耗下降9.8%。六大高耗能行业出现较大幅度的下降。启动"811"环境保护新三年行动计划，扎实推进环保基础设施建设，开工建设市固废处置中心，基本建成市联合污水处理二期主体工程，实现建制镇污水处理设施全覆盖。全面实施排污权交易，各县(市、区)均建立排污权交易分中心。加大违法排污行为查处力度，强化对重点区域、重点行业、重点企业的监管，"飞行监测"达标率达93.5%。年末，化学需氧量和二氧化硫排放量三项约束性指标预计全面完成。

三、挑战与目标

面对形势，嘉兴市政府清醒地看到，嘉兴市经济社会发展存在不少困难和问题，主要是：经济下行加快，生产总值增幅比上年回落3.8个百分点，企业生产经营困难加剧，就业压力增加，财政收入增速下滑，城乡居民持续增收难度加大；经济的结构性、素质性矛盾突出，服务业发展滞后，自主创新能力较弱，资源要素和环境容量制约加剧；中心城市能级有待提升，新市镇建设需要加快推进，区域统筹协调、联动发展的机制尚需健全；食品安全和安全生产形势较为严峻，社会建设和管理仍存在薄弱环节，基本公共服务均等化程度有待提高，维护社会稳定压力很大。政府工作还有不少差距，依法行政能力有待提升，一些政府工作人员服务意识不强、工作作风不实、工作效率不高，腐败现象在一些地方和领域还不同程度存在。在今后的工作中，一定要正视这些问题，采取更扎实、更有效的措施，努力加以解决。

2009年全市国民经济和社会发展的主要预期目标为：生产总值增长9%；地方财政收入增长8%；全社会固定资产投资增长10%；社会消费品零售总额增长13%；全社会研究开发支出占生产总值比重1.8%；万元生产总值综合能耗下降4.4%，化学需氧量排放量下降3.5%，二氧化硫排放量下降3.6%；实际利用外资13.8亿美元；进出口总额增长15%；城镇居民人均可支配收入和农村居民人均纯收入均增长7%；居民消费价格总水平控制在上年涨幅以内；城镇登记失业率控制在4.3%以内；人口自然增长率控制在1‰以内。

四、嘉兴市在长三角地区经济发展中的地位

2008年，国内外复杂的经济环境对嘉兴市经济发展的影响日益显现，全市工业生产增速逐步减缓，企业出口有所回落。面对困难与挑战，全市上下坚持以科学发展观为指导，努力克服经济运行中出现的不利因素，主动适应抓机遇，攻坚克难促发展，全市经济总体保持平稳较快发展态势。工业经济运行中呈现出工业结构调整继续加快、企业自主创新能力增强、节能降耗取得成效等积极变化。

2004－2008年嘉兴市地区生产总值在长三角所占比重分别为3.02%、2.84%、2.83%、2.80%、2.77%，呈现出逐年下跌的趋势，但跌幅并不明显。除2005年比2004年下跌0.18个百分点外，其余各年比前一年的跌幅均在0.01～0.03个百分点范围内。

2004－2008年嘉兴市地方财政一般预算收入在长三角所占比重分别为1.83%、1.75%、1.80%、1.75%、1.80%，呈现增减相间的波动趋势。各年占比维持在1.75%～1.85%的区间震荡，每年的变化幅度均较为明显，约为0.05～0.08个百分点。

2004－2008年嘉兴市规模以上工业总产值在长三角所占比重分别为3.09%、3.04%、3.02%、2.99%、2.94%，呈现逐年下跌的趋势，但跌幅较小。5年累计跌幅只有0.15个百分点，逐年的最大跌幅也只有0.05个百分点。

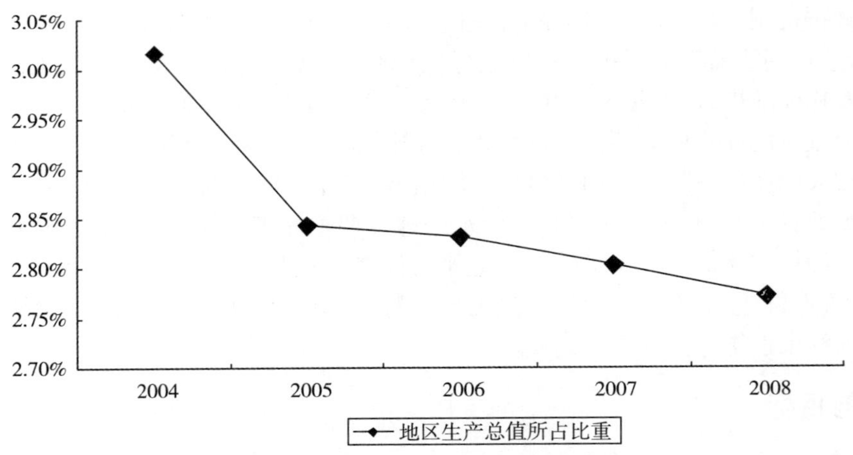

图 2-221　2004-2008 年嘉兴市地区生产总值在长三角所占比重的变化趋势

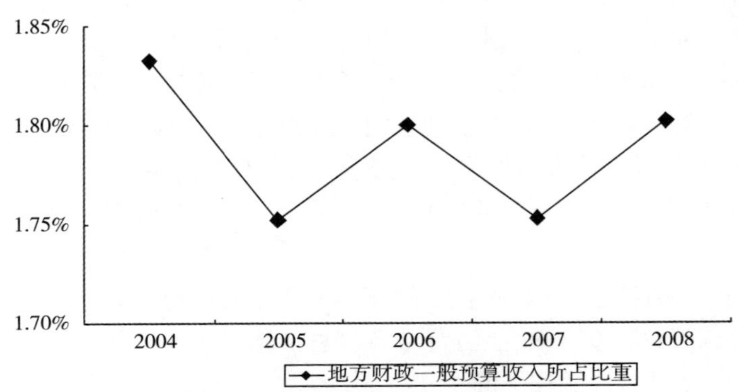

图 2-222　2004-2008 年嘉兴市地方财政一般预算收入在长三角所占比重的变化趋势

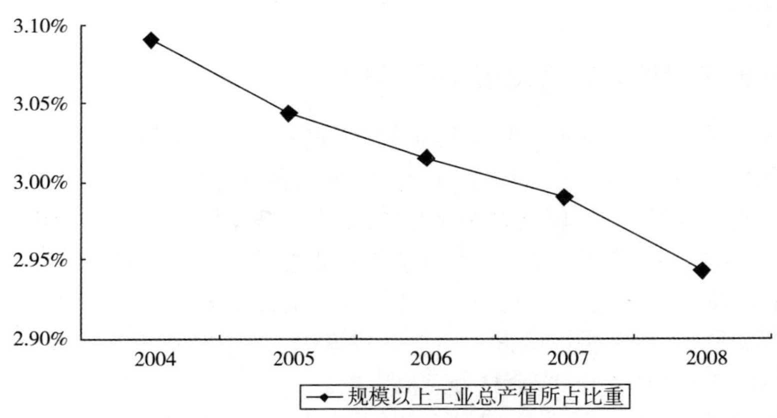

图 2-223　2004-2008 年嘉兴市规模以上工业总产值在长三角所占比重的变化趋势

2004-2008 年嘉兴市进出口总额在长三角所占比重分别为 2.21%、2.08%、2.12%、2.17%、2.38%。在 2005 年比 2004 年下跌 0.13 个百分点后,已实现连续 3 年的增长,3 年累计增幅为 0.3 个百分点。

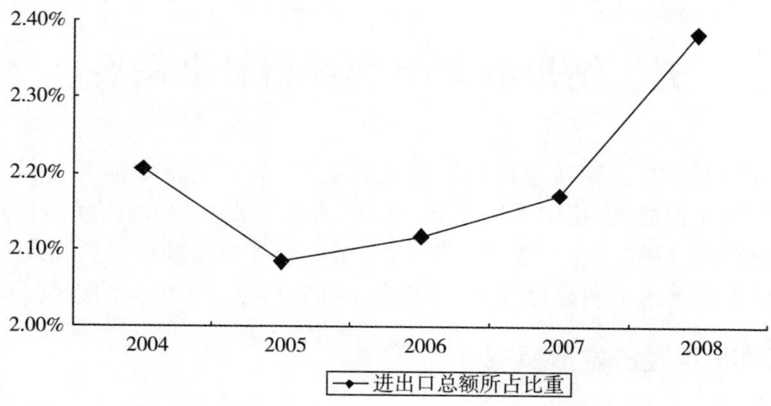

图 2－224　2004－2008 年嘉兴市进出口总额在长三角所占比重的变化趋势

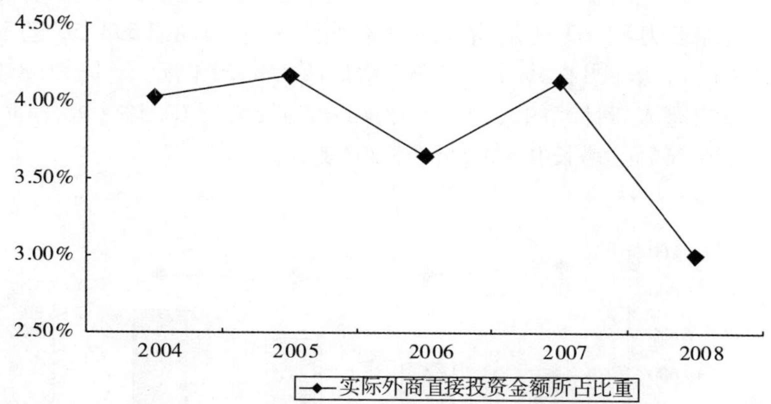

图 2－225　2004－2008 年嘉兴市实际外商直接投资金额在长三角所占比重的变化趋势

2004－2008 年嘉兴市实际外商直接投资金额在长三角所占比重分别为：4. 03%、4. 17%、3. 65%、4. 14%、3. 00%。在前面四年微幅震荡之后，2008 年比 2007 年有较大幅度的降低，降幅达 1. 14 个百分点。

五　湖州市2008年经济社会发展

2008年,湖州市以科学发展观统领经济社会发展全局,深入实施增强"三力"、奋力崛起的发展战略,坚持"好中求快、全面协调、稳中求进、惠民富民"的总体要求,全面落实"标本兼治、保稳促调"的各项措施,积极应对各种挑战,扎实推进各项工作,全市经济平稳较快增长,转型升级步伐加快,社会事业不断发展,民生改善水平明显提高,经济社会正朝着科学发展的方向继续前进。

一、湖州市2008年经济发展概况

(一)综合经济

1. 经济增长平稳较快

2008年湖州市实现地区生产总值(GDP)1 034.89亿元,按可比价格计算,比上年增长10.6%。分产业看,第一产业增加值为82.63亿元,增长4.1%;第二产业增加值593.56亿元,增长10.7%,其中工业增加值534.98亿元,增长11.4%;第三产业增加值358.70亿元,增长11.8%。三次产业比例为8.0∶57.3∶34.7。按户籍人口计算的人均GDP为40 089元,增长10.5%,折合5 772美元;按常住人口计算的人均GDP为36 764元,增长9.4%,折合5 294美元。

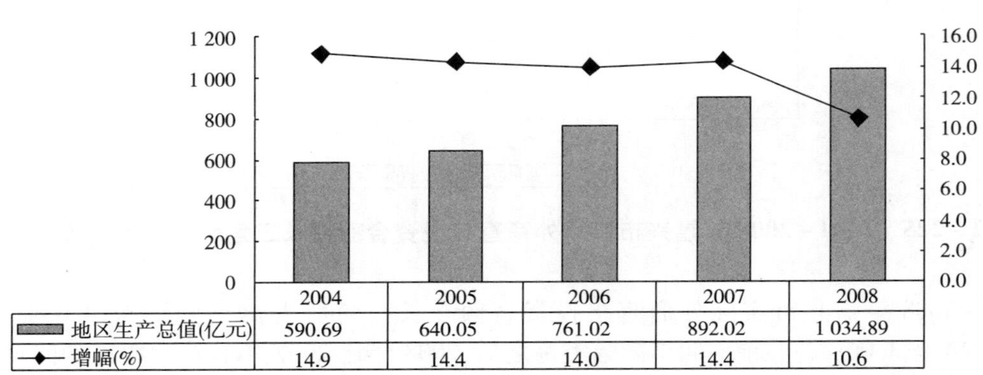

	2004	2005	2006	2007	2008
地区生产总值(亿元)	590.69	640.05	761.02	892.02	1 034.89
增幅(%)	14.9	14.4	14.0	14.4	10.6

图2-226　2004-2008年湖州市地区生产总值及增长速度

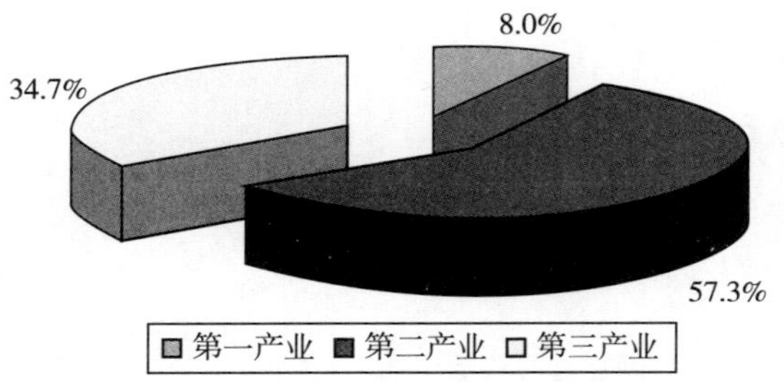

图2-227　2008年湖州市三次产业结构图

2. 财政收入全面增长

全年实现财政总收入133.78亿元，其中地方财政收入71.61亿元，分别比上年增长17.3%和16.1%。财政总收入占GDP的比重为12.9%。主要税种全面增长，全年入库的增值税、营业税、企业所得税、个人所得税分别为54.05亿元、18.56亿元、24.11亿元和10.45亿元，分别增长15.2%、12.3%、25.0%和29.0%。全年财政支出86.42亿元，增长25.6%，其中教育支出18.10亿元，增长18.1%；科技支出2.82亿元，增长20.9%；医疗卫生支出4.92亿元，增长21.0%；社会保障和就业支出4.73亿元，增长16.4%；城乡社区事务支出5.97亿元，增长31.6%；农林水事务支出7.43亿元，增长23.4%。

3. 物价总水平有所上涨

全年居民消费价格总水平涨幅为5.1%。八大类消费品及服务项目价格呈"六涨二跌"态势：食品类价格上涨13.9%，拉动CPI上涨4.2个百分点；医疗保健和个人用品价格上涨5.1%；居住类价格上涨3.3%；家庭设备用品及服务价格上涨2.3%；烟酒及用品价格上涨1.8%；衣着类价格上涨1.2%。交通和通信类、娱乐教育文化用品类价格下跌，分别下降2.0%和0.9%。

4. 固定资产投资增长平稳

全年完成全社会固定资产投资525.24亿元，比上年增长14.6%。按产业划分，第一产业投资4.82亿元，增长5.3%；第二产业投资299.48亿元，增长25.4%，其中工业投资291.03亿元，增长22.8%；第三产业投资220.93亿元，增长2.8%。全年限额以上固定资产投资项目1 683个，完成投资额482.65亿元，增长14.6%，其中基础设施投资103.96亿元，增长7.3%。非国有投资385.99亿元，增长21.6%，占全部限额以上投资的80.0%，比上年提高4.6个百分点。

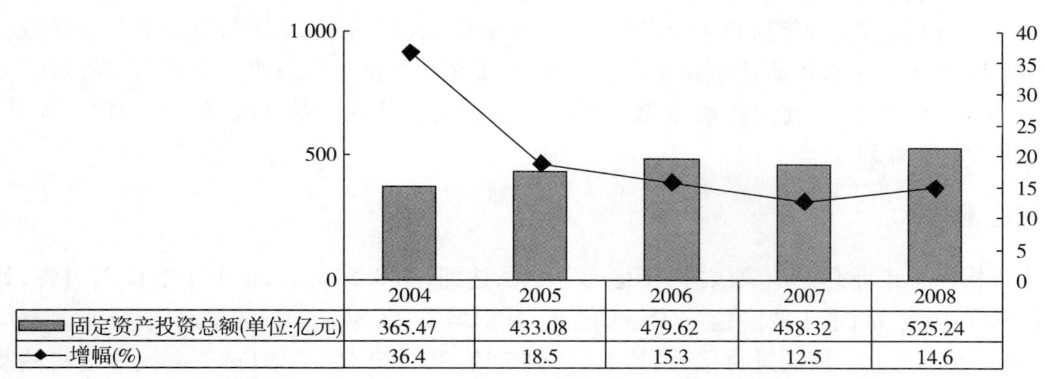

	2004	2005	2006	2007	2008
固定资产投资总额(单位:亿元)	365.47	433.08	479.62	458.32	525.24
增幅(%)	36.4	18.5	15.3	12.5	14.6

图2－228　2004－2008年湖州市全社会固定资产投资及增长幅度

5. 区县经济

湖州市现辖德清、长兴、安吉三县和吴兴、南浔二区。"中国竹乡"安吉是全国第一个全国生态县，获得联合国人居环境范例奖，被列为全国生态文明建设六个试点之一，正在全力建设"中国美丽乡村"；德清和长兴都是省级生态县；全市拥有全国环境优美乡镇20个，在全省地市中连续三年总量第一。

德清县工业结构日趋合理，已形成生物医药、特色机电、新型建材、新型纺织四大主导产业，其产值已占全县工业产值的70%以上。长兴县地理位置得天独厚，经济活跃，社会安定，正以开放的姿态、开拓的精神朝着建设山水园林型的现代化中等工贸城市和提前实现现代化的宏伟目标迈进。安吉经济发展迅速，竹制品、转椅、茶叶、笋制品、农用机动车、建材等产品都有上规模生产，具有轻纺、造纸机械、食品、化工、矿产资源开发等门类齐全，上规模的基础工业，出口产品多种，涌现多种省优、部优产品、一批国优产品。

表 2－86　2008 年湖州市县市主要经济指标

县市	生产总值(亿元)	地方财政收入(亿元)	全社会固定资产投资(亿元)	出口总额(万美元)	社会消费品零售总额(亿元)
湖州市区	479.04	33.56	249.47	193 607	195.94
德清县	190.11	13.47	91.04	117 463	56.32
长兴县	223.79	16.3	127.61	66 810	78.56
安吉县	142.4	8.28	57.12	112 218	51.29

（二）农业

全年实现农林牧渔业总产值 144.44 亿元，比上年增长 12.1%，其中农业产值 56.41 亿元，增长 14.0%；林业产值 17.21 亿元，增长 7.7%；牧业产值 34.36 亿元，增长 6.7%；渔业产值 35.19 亿元，下降 16.4%。

切实加强农业基础地位，超额完成粮食生产任务。全年粮食播种面积 13.84 万公顷，增长 4.2%；经济作物播种面积 9.76 万公顷，下降 2.4%，其中油菜籽面积 3.15 万公顷，下降 6.3%；蔬菜面积 3.61 万公顷，增长 1.4%；花卉苗木面积 1.17 万公顷，增长 10.3%。全年粮食产量 92.68 万吨，增长 5.8%；油菜籽产量 7.09 万吨，下降 5.5%；蚕茧产量 1.74 万吨，下降 15.5%；家禽出栏数 4885.75 万只，下降 3.4%；水产品产量 22.83 万吨，增长 7.4%。

大力发展现代农业，全年新建 4 个省级、21 个市级现代农业示范园，新建 3 个省级竹子现代示范园区，新增 24 个无公害水产品基地和 2 家国家级、6 家省级农业龙头企业。全市年末省级无公害农产品基地达到 196.5 万亩，比上年增加 38 万亩。已拥有无公害农产品 404 只、绿色食品 93 只，比上年分别增加 96 只和 34 只。

（三）工业

全年规模以上工业总产值突破“两千亿元”大关，达到2 138.50亿元，比上年增长 22.1%，其中轻工业产值 923.16 亿元，重工业产值1 215.40亿元，分别增长 20.8%、23.1%。34 个行业大类均实现增长，其中有 6 个行业产值超过百亿元，其中纺织业产值 368.82 亿元，增长 17.4%；电气机械及器材制造业产值 235.41 亿元，增长 26.3%；黑色金属冶炼及压延加工业产值 189.92 亿元，增长 37.7%；木材加工及木竹藤棕草制品业产值 172.10 亿元，增长 31.3%；非金属矿物制品业产值 143.67 亿元，增长 21.8%；电力热力的生产和供应业产值 142.91 亿元，增长 2.2%。

表 2－87　2008 年湖州市县区工业总产值

单位：亿元

县市	工业总产值
湖州市区	1 043.04
德清县	466.36
长兴县	405.88
安吉县	223.22

全年规模以上工业实现主营业务收入2 025.98亿元，比上年增长22.3%；利税147.26亿元，其中利润81.34亿元，分别增长8.7%、3.8%。纺织业、木材加工及木竹藤棕草制品业、非金属矿物制品业、黑色金属冶炼及压延加工业、电气机械及器材制造业等5个行业实现了“主营业务收入超100亿元、利税超10亿元”，其中利税分别达到24.76、13.17、13.13、12.21和15.33亿元，分别增长7.1%、27.8%、26.5%、24.0%、13.8%，利税总额占全部规模以上工业的比重达到53.4%。全市主营业务收入超亿元且利税超千万元的“亿千”工业企业已达218家，当年新增19家，全年主营业务收入1 120.27亿元，增长24.5%，利税92.20亿元，增长18.9%，利税总额占全部规模以上工业的比重达到62.6%。

全年高新技术产业实现主营业务收入507.06亿元、利税38.87亿元、利润24.55亿元，分别增长28.7%、11.4%、5.5%，其中新能源与节能产业利税增长21.1%，生物医药产业增长14.6%，新材料产业增长13.1%，光电一体化产业增长9.7%。十大先进制造业中心实现主营业务收入1 159.80亿元、利税83.79亿元、利润49.30亿元，分别增长21.8%、12.8%、9.3%，其中品牌童装利税增长45.1%，优质水泥增长26.5%，建筑新材增长25.6%，金属管道及不锈钢增长25.5%，绿色竹木制品增长22.1%。

特色产业和大企业支撑工业经济。2008年，湖州市进一步加大工业结构调整力度，工业结构调整实现了“漂亮转身”。传统产业转型升级步伐加快，高新技术产业加速发展，金属材料、机电制造、现代轻工三大特色优势产业产值总量首次超过纺织、建材两大传统产业。218家“亿千”工业企业主营业务收入占规模以上工业比重达到55.3%，明星企业、优质企业实力进一步增强，升华集团销售收入突破70亿元，永兴特钢利税超过5亿元。

建筑业平稳发展。全市拥有资质建筑企业210家，全年共完成建筑业总产值235.86亿元，比上年增长10.3%，其中建筑工程产值191.86亿元，安装工程产值27.57亿元，分别增长6.1%和46.1%；房屋建筑施工面积2 132.07万平方米，增长2.1%；竣工面积87.47万平方米，下降20.0%。全年新增一级资质企业4家、二级资质企业14家。

（四）服务业

1. 国内贸易

全年实现社会消费品零售总额382.11亿元，比上年增长19.7%，其中批发零售业332.95亿元，增长19.4%；住宿餐饮业43.76亿元，增长23.8%。限额以上批发零售贸易企业实现零售额98.16亿元，增长12.6%，其中日用品类零售额3.59亿元，增长42.5%；文化办公用品类零售额1.54亿元，增长31.3%；金银珠宝类零售额3.21亿元，增长29.3%；石油及制品类零售额30.66亿元，增长24.4%；服装、鞋帽、针纺织品类零售额10.98亿元，增长24.0%。限额以上连锁企业实现零售额46.77亿元，增长18.2%。

全市拥有商品交易市场206个，全年市场成交额497.57亿元，比上年增长5.0%。市场成交额超亿元的市场达到38个，比上年增加3个，市场成交额413.74亿元，占总成交额的83.2%，其中市场成交额超十亿元的市场9个，成交额为329.64亿元，占总成交额的66.2%。

2. 交通运输和邮电

交通基础设施建设进展顺利，宁杭铁路湖州段、杭长高速公路二期、318国道李家巷至浙皖界牌段改建、长湖申航道扩建等7项工程开工建设，申嘉湖杭高速公路练杭段顺利推进，104国道长兴段东移一期、10省道长牛线三期煤山至广德段改建、环渚龙溪互通立交、钟新航道改造等12项工程顺利建成。全市年末不含村道的公路通车里程达到3 799公里，其中高速公路235公里、一级公路334公里、二级公路377公里，公路通车里程比上年末增加548公里。

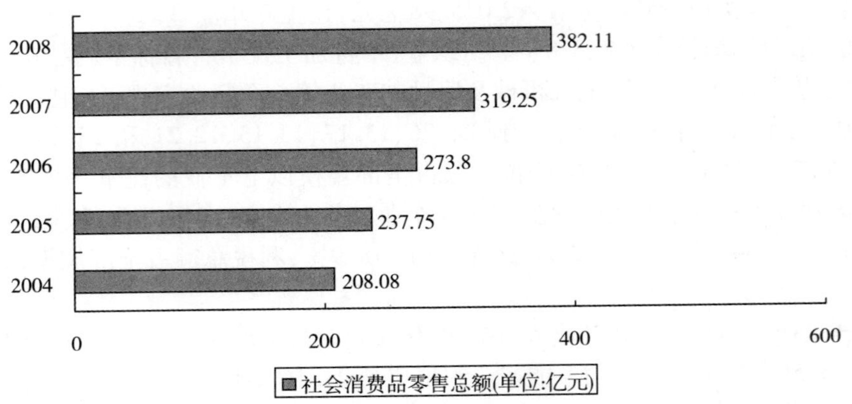

图 2 -229　2004 -2008 年湖州市社会消费品零售总额

全年完成客运量9 260万人,比上年增长 3. 6%;客运周转量 35. 32 亿人公里,增长 1. 4%。完成货运量1 6604万吨,增长 1. 4%,其中公路6792 万吨,增长5. 6%,水路9812 万吨,下降1. 4%;货运周转量 177 亿吨公里,下降 1. 0%,其中公路 31. 21 亿吨公里,增长 5. 5%,水路 145. 79 亿吨公里,下降 2. 3%。全年内河港口货物吞吐量14 323万吨,增长 6. 1%。

全市年末汽车保有量达到 13. 08 万辆,比上年增加 1. 94 万辆,增长 17. 4%。私人汽车保有量 9. 87 万辆,增加 1. 71 万辆,增长 21. 0%。全年小型汽车上牌量 2. 25 万辆,增长 9. 4%。

全年实现邮电业务收入 25. 74 亿元,增长 7. 1%;年末固定电话(含小灵通)用户 117. 97 万户,比上年末增加 0. 22 万户;年末移动电话用户 190. 45 万户,减少 2. 34 万户;全市电话普及率为每百人 119 部,比上年减少 1 部;年末国际互联网用户 29. 21 万户,增加 5. 37 万户,增长 22. 5%,其中宽带用户 28. 44 万户,增加 5. 43 万户,增长 23. 6%。

3. 金融、证券和保险

积极引进异地银行,大力推动银企合作,加快投融资体系建设,所有县区开展小额贷款公司试点工作,全市金融机构存款余额新增贷款 123. 6 亿元。年末金融机构本外币存款余额达到1 013. 73亿元,首次突破1 000亿元,贷款余额 786. 04 亿元,分别比上年增长 24. 9%、16. 6%。年末城乡居民本外币储蓄存款余额为 542. 18 亿元,新增 124. 87 亿元,增长 29. 9%。金融机构年末不良贷款余额为 9. 03 亿元,比年初减少 5. 29 亿元,不良贷款率为 1. 15%,比年初下降了 1. 01 个百分点。

证券营业机构全年业务成交额1 256. 82亿元,比上年下降 37. 1%,其中代理 A 股成交1 068. 09亿元,下降 38. 7%。企业股改上市工作取得新进展,完成境外挂牌企业 1 家,新增上市辅导企业 5 家,1 家上市企业再融资 2. 5 亿元。

保险公司全年保费收入 29. 34 亿元,增长 46. 1%,其中财产险保费收入 8. 71 亿元,增长 17. 5%;人身险保费收入 20. 63 亿元,增长 62. 8%。各类保险赔款支出 9. 17 亿元,增长 1. 11 倍,其中财险赔款 8. 53 亿元,增长 1. 22 倍;寿险赔款6 435万元,增长 27. 0%。

4. 旅游业

全年接待国内外旅游人数1 972. 80万人次,比上年增长 16. 9%,其中国内旅游人数1 948. 43万人次,增长 16. 9%,入境旅游人数 24. 37 万人次,增长 25. 0%;实现旅游总收入 131. 72 亿元,增长 29. 1%,其中国内旅游收入 125. 69 亿元,增长 28. 4%,旅游外汇收入8 688万美元,增长 27. 9%;全市旅游景区门票收入 1. 36 亿元,增长 12. 8%。年末全市拥有星级宾馆 57 家,其中三星级以上宾馆 28 家,比上年增加 5 家。

5. 房地产业

全年完成房地产开发投资103.29亿元,增长8.8%。全年房屋施工面积991.15万平方米,增长3.8%;房屋竣工面积191.61万平方米,增长19.5%;商品房销售面积198.28万平方米,下降30.8%,其中住宅159.65万平方米,下降34.5%;商品房销售额82.41亿元,下降25.5%,其中住宅64.89亿元,下降29.3%。

(五)开放型经济

2008年,湖州市着力强化招商引资和项目推进。坚持内外资并举、"大好高"并重,成立10个产业招商组,狠抓招商引资工作,实到外资8亿美元、市外内资66亿元,三一重工、海信惠而浦家电、天马风电大轴承、蓝孔雀纺织科技等一批项目开工建设,百密逊生物医药、奥特莱斯名牌折扣店、永吉生态木业等一批项目成功签约。扎实推进接轨大上海、融入长三角工作,成功举办接轨上海活动周,与上海世博局签署全面合作框架协议。

1. 对外贸易

2008年,湖州市加强外贸预警机制和应对体系建设,引导企业优化出口结构,7只品牌被评为"浙江出口名牌"。全年外贸进出口总额达到55.88亿美元,比上年增长31.1%,其中出口49.01亿美元、进口6.87亿美元,分别增长33.4%、16.6%。按出口贸易方式分,一般贸易出口42.69亿美元,加工贸易出口6.31亿美元,分别增长35.5%和20.7%,占全部出口的比重分别为87.1%和12.9%。按出口地区分,对美国出口10.32亿美元,增长17.7%;对日本出口2.40亿美元,增长16.2%;对欧洲出口15.70亿美元,增长38.8%。全年进出口贸易额超两千万美元的企业达到56家,比上年增加15家,其中出口超两千万美元企业49家,增加16家。

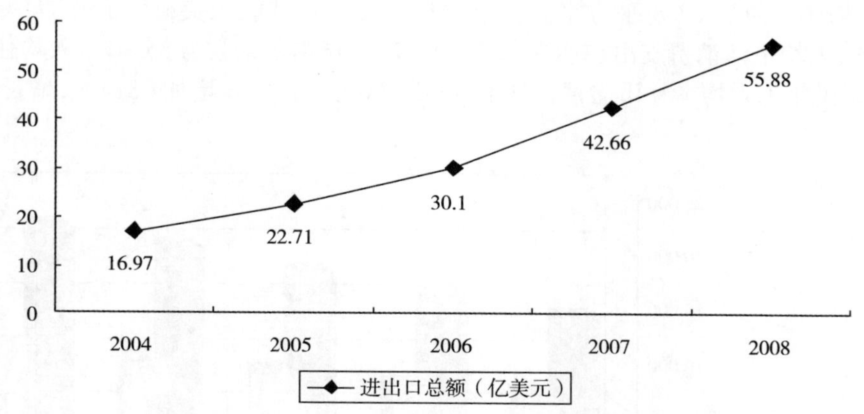

图2-230　2004-2008年湖州市外贸进出口总额

2. 利用外资

全年新批准及增减资利用外资项目421个,其中新批外商投资企业173家,批准增资项目164个。合同外资18.03亿美元,比上年下降9.2%。实到外资8.02亿美元,下降4.9%,其中第一产业1 546万美元,增长67.0%;第二产业6.49亿美元,下降7.8%;第三产业1.37亿美元,下降5.5%。全年批准总投资千万美元以上项目112个,合同外资14.11亿美元,占全部合同外资的78.3%,其中新批总投资千万美元以上企业85家,合同外资11.21亿美元,占全部合同外资的62.2%。

表 2－88　2008 年湖州市县市实际使用外资

单位:万美元

县市	实际使用外资金额
湖州市区	37 870
德清县	15 020
长兴县	17 101
安吉县	10 215

3. 对外合作

全年共输出劳务 548 人次,年末在外人数达到1 534人,年承包劳务营业额为 830 万美元。新批境外企业 14 家,境外直接投资总额1 829万美元,增长 39.0%,其中中方投资额1 829万美元,增长 63.6%。

二、2008 年湖州市社会发展概况

(一)人口与人民生活

全市年末户籍人口 258.50 万人,其中男性 129.67 万人,女性 128.83 万人;非农人口 80.75 万人,比上年增加 1.14 万人。全年出生人口 1.91 万人,人口自然增长率为 0.2%。

全市城镇居民人均可支配收入突破"两万元",达到21 604元,比上年增长 9.9%。全年市区城镇居民人均可支配收入21 822元,增长 8.9%;人均消费支出14 233元,增长 9.4%;恩格尔系数为 36.1%;年末人均住房面积 29.8 平方米。全市农村居民人均纯收入突破"万元"大关,达到10 751元,增长 12.7%;人均生活消费支出7 046元,增长 14.2%;恩格尔系数为 35.0%;人均住宅面积 52.1 平方米。城乡居民年末人均本外币储蓄存款余额达21 002元,比上年增加4 814元,增长 29.7%。

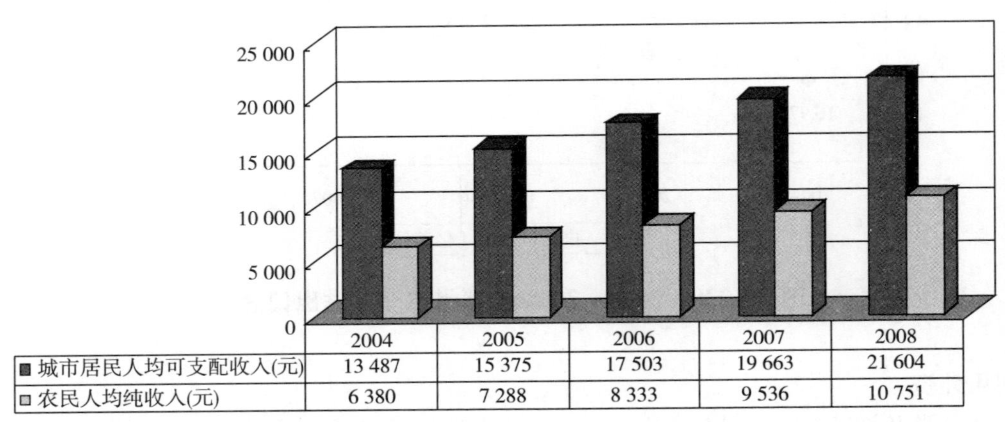

	2004	2005	2006	2007	2008
城市居民人均可支配收入(元)	13 487	15 375	17 503	19 663	21 604
农民人均纯收入(元)	6 380	7 288	8 333	9 536	10 751

图 2－231　2004－2008 年湖州市城乡居民收入对比一览

(二)就业和社会保障

2008 年,湖州市实施创业促就业工程,新登记个体工商户 2.8 万户,增长 13.5%。深化基层劳

动保障平台建设，加强职业技能培训和就业指导服务。全年新增城镇就业 5.73 万人，帮扶下岗失业人员再就业 2.16 万人，其中就业困难人员再就业5 438人。年末城镇登记失业率 3.3%。

全面执行劳动合同制，稳步推进社会保险扩面工作，企业职工基本养老保险、工伤保险参保分别突破50 万人。年末全市参加基本养老保险人数达到60.84 万人，比上年增加6.85 万人；参加基本医疗保险人数为44.59 万人，增加6.96 万人；参加失业保险人数为 31.20 万人，增加 3.99 万人；参加工伤保险人数为 50.76 万人，增加 12.25 万人；参加生育保险人数为 31.18 万人，增加 10.40 万人。年末新型农村合作医疗参保人数 175.76 万人，参保率由上年的 95.7% 提高到 97.1%，全年报销金额 20 363万元，比上年增长 41.0%。

企业退休人员养老金水平得到提高，城镇居民基本医疗保险参保达到 29.1 万人，新型农村合作医疗人均筹资标准提高到124 元。提高城乡居民最低生活保障标准，为困难群众发放物价补贴1 291万元，在全省率先建立低保对象动态管理机制。参加生活保障和生活补助制度的被征地农民 14.53 万人，增加 1.87 万人。创新和完善住房公积金制度，推进住房保障扩面提标，完成困难群众廉租房保障 858 户、危旧房改造1 508户。

年末各类收养性社会福利单位拥有床位7 640张，收养各类人员3 501人。城镇“三无”、农村“五保”集中供养率 97.5%，比上年提高 0.5 个百分点。全市得到政府最低生活保障的家庭23 144户，人数44 710人，其中城镇10 342人、农村34 368人，发放低保保障金额5 576万元，增长 24.7%；市区城镇低保标准由上年的每人每月 268 元提高到 300 元，农村由 161 元提高到 180 元。全年销售社会福利彩票 1.91 亿元，筹集社会福利资金6 343万元。组织全社会力量支援灾区抗震救灾，提前完成 15 万顶救灾帐篷生产供应任务，多批次派出应急力量开展救援行动，捐赠款物 1.57 亿元，妥善救助灾区来湖伤病员和学生，全面完成过渡安置房建设任务。启动三年对口援建工作，首批援建项目开工建设。

（三）教育和科技

1. 教育事业

十五年教育普及水平进一步提高，城乡教育均衡发展取得积极成效。加大义务教育经费保障力度，加快推进农村学校布局调整和标准化建设。免除义务教育段学生教科书费，减免符合条件的外来务工人员子女借读费。切实加强教师队伍建设，积极推进素质教育，高考上线率继续位居全省前茅。湖州师院教学质量工程深入实施，湖州职院成为省示范性高职院校。全市拥有各级各类学校 504 所，全年招收学生 12.92 万人，在校学生 46.64 万人，毕业生 13.21 万人。高等教育毛入学率达到 40.1%，比上年提高 2.6 个百分点；高考（文理科）上线率达到 89.0%，提高 0.8 个百分点，上线率继续保持全省领先；初中毕业升高中段的比例达到 96.5%，比上年提高 2.1 个百分点；初中、小学入学率均达到 100%；十五年教育毛入学率为 97.6%，比上年提高 0.2 个百分点。全市共有专任教师 2.53 万人，其中普通中小学专任教师 1.85 万人；普通中小学每百名学生拥有专任教师数 5.7 人。

2. 科学技术

加大企业科技创新扶持力度，新认定国家重点扶持的高新技术企业 58 家，12 家企业入围全省高新技术企业 100 强，新增省级高新技术企业研发中心 16 家、企业技术中心 5 家，新建了一批博士后科研工作站，生物医药、新材料、新能源等高新技术产业快速发展。加快科技创新平台建设，13 家科研机构入驻南太湖科技创新中心，新增科技企业孵化器面积 5.6 万平方米，与大院名校合作共建科技创新载体 18 家。大力加强人才队伍建设，“南太湖精英计划”引进首批创新团队 11 个，市本级 2.3 万平方米人才公寓建成运营。

启动国家知识产权试点城市创建工作，专利授权量2 318件，增长 30.9%，其中发明专利 57 项，比上年增加9项。签订技术合同658项,技术合同成交金额5 197万元,增长43.9%。年末,全市已拥有省级高新技术企业研究开发中心60家,比上年增加16家;拥有省级以上高新技术企业203家,其中国家级73家。全年获市级以上政府奖的科技成果54项,列入国家级火炬项目45项,重点火炬项目2项。全市已拥有中国驰名商标66件,新增国家驰名商标24件、省名牌产品32只。

(二)文化、体育和卫生

1. 文化事业

进一步完善公共文化服务体系,有效保护历史文化遗产,努力规范文化市场经营秩序,圆满举办第十届国际茶文化研讨会暨湖州首届陆羽茶文化节。2008年,湖州市文化公共服务基础设施建设力度加大,湖州大剧院等重大项目建成并交付使用。全市年末拥有影剧院5个,全年演出1 152场;文化馆、艺术馆4个,全年举办展览30个,组织文艺活动661次;公共图书馆4个,总藏量120.2万册件;乡镇街道文化站71个;档案馆4个;博物馆(纪念馆)11个;文物保护单位242个,其中国家级重点文物保护单位14个,省级重点文物保护单位25个。

2. 体育事业

扎实推进城乡体育设施建设,全面开展“全民健身与奥运同行”主题活动。举办了“奔向2008、我与奥运同行”迎春健身跑活动、“迎奥运,新年登高”、庆祝奥运会圣火抵达北京、“我们的奥运会”——社区百姓全民健身擂台赛、羽毛球邀请赛等大型体育活动;安吉县、长兴县召开了全县运动会,吴兴区举办农民运动会,德清县承办全国木兰拳大赛。全市运动健儿在省以上运动会上获得奖牌115枚,其中金牌37枚、银牌35枚、铜牌43枚。全年体育彩票销售额达2.43亿元,比上年增长17.4%。

3. 卫生事业

切实加强公共卫生管理,扎实推进社区卫生服务机构规范化建设,深入开展爱国卫生运动和健康教育,成功创建全国农村中医工作先进市。年末拥有医疗卫生机构1 262个;等级医院24家,其中三级医院5家;拥有医疗床位9 294张;卫生技术人员13 949人,比上年增加1 246人;每万人拥有医院床位数34张;每万人拥有卫生技术人员54人,其中医生20人。

(五)城乡建设

城市建设推进力度加大。“一港两区”开发建设、6个老居住区改造、“三路一河”综合整治等重点工程全面推进,建成湖州大剧院、湖东大桥、仁皇山路东延等一批重大基础设施,启动实施龙溪港东岸综合开发、衣裳街保护性改造、步行街区建设、长岛公园等一批标志性项目。中心城市建成区面积78.8平方公里,比上年扩大4.4平方公里。坚持阶段性整治与长效性管理相结合,狠抓城市保洁、市容管理和建设环境整治,城市品位得到新提升,中心城市建设展现新的面貌,湖州市跨入全国创建文明城市工作先进行列。全市城市化水平达到54.3%,18个中心镇培育工程启动实施。德清成功创建全国文明县城,长兴荣获全国金融生态县称号,安吉成为全国首批生态文明试点县。

省级社会主义新农村实验示范区建设推进有力、成效显著。全年用于“三农”的财政性资金达28.93亿元,比上年增加5.51亿元;创建新农村实验示范乡镇5个、村28个;完成了36个全面小康示范村创建、215个村庄整治提升和12个小城镇环境综合整治;改造通村联网公路373公里和低承载力桥梁60座,累计开通城乡公交线路390条;完成小型水库除险加固17座、河道清淤1 218公里;新建电气化乡镇10个、村100个。农村卫生厕所普及率为89.0%,比上年提高5.4个百分点。农村改水投资总额9 019万元,符合国家标准的自来水人口受益率为96.1%,比上年提高2.8个百分点。基本完成每个村级组织配备一名大学生的任务,建成农村社区综合服务中心47家。启动实施集体经济薄弱村发展和低收入农户奔小康工程，重点扶持125个集体经济薄弱村，建立低收入农户“一户一策一干部”帮扶机制，帮扶10 150户低收入农户实现脱贫。有21个村实施土地股份合作制改革，61个村进行集体资产股份合作制改革，全市新增农田流转面积11.8万亩。出台农村住房抵押借款暂行办法，积极推进集体林权制度改革。

（六）环境保护和生态建设

节能减排工作扎实推进。全市实施了节能降耗“双百工程”，推进35项减排重点项目，2家垃圾焚烧发电厂投入试运行，完成25个镇级污水处理设施建设。预计全市万元生产总值综合能耗下降4.7%，化学需氧量和二氧化硫排放量削减率分别为4.0%和5.5%。全市地表水水质总体良好，70.3%的监测断面达到Ⅱ、Ⅲ类水质，比上年提高7.6个百分点；68.9%的监测断面水质满足功能要求，提高12.9个百分点；县以上出境断面水质达标率82.4%，市出境断面水质达标率83.3%。市区环境空气质量优良率为90.7%。全市环境质量保持稳定，在公众满意度调查中排名全省第二。

生态建设卓有成效。绿色矿山创建和废弃矿山治理工作取得明显成效，新增省以上重点生态公益林7.1万亩。切实加强太湖水环境综合治理，全力落实防治太湖蓝藻应对应急工作十大措施。全市已拥有20个国家环境优美乡镇、38个省级生态乡镇、33个市级生态乡镇、148个市级生态村，通过清洁生产审核验收企业203家、省级绿色企业29家、省级绿色饭店19家、省级绿色学校57所。

三、挑战与目标

在肯定成绩的同时，应清醒地看到湖州市经济社会发展存在不少矛盾，政府工作还存在不足。特别是企业生产经营困难加剧，投资、消费、出口增长趋缓，招商引资难度加大，经济持续平稳较快发展面临严峻考验；制造业整体水平还不够高，农业综合生产能力还不够强，现代服务业发展相对滞后，科技创新能力依然较弱，加快转变经济发展方式任务十分紧迫；财政增收压力明显加大，居民就业形势趋向严峻，部分低收入群众生活困难，影响社会稳定的矛盾纠纷增多；行政成本有待进一步降低，少数政府工作人员服务意识不强、工作作风不实、行政效率不高，违纪违法案件还时有发生。对此，必须高度重视，认真加以解决。

2009年湖州市经济社会发展的主要目标为：地区生产总值增长10%；财政总收入和地方财政收入均增长8%；全社会固定资产投资增长11%，其中工业性投入增长10%以上；社会消费品零售总额增长13%；外贸进出口总额增长12%，其中出口增长13%；全社会研究与试验发展经费支出占生产总值比例达到1.35%；单位生产总值能耗下降4.5%；化学需氧量排放量下降3.6%，二氧化硫排放量无净增；城镇居民人均可支配收入和农村居民人均纯收入均增长8%；城镇新增就业4.3万人，登记失业率控制在4.2%以内；居民消费价格总水平涨幅不高于省均水平；人口自然增长率控制在2.5%以内。

四、湖州市在长三角地区经济发展中的地位

2008年湖州市经历了年初的严重冰雪灾害、年中的通胀压力及下半年以来日益严峻的宏观经济形势，经济发展遇到了多重困难，但在市委市政府的正确领导下，全市上下以科学发展观为指导，紧紧围绕年初制定的各项目标任务，坚持“好中求快、全面协调、稳中求进、惠民富民”的总体要求，积极应对、攻坚克难，全力保持经济增长、努力推动转型升级，经济发展取得了新的成绩。

2008年湖州市地区生产总值为1 034.89亿元，首次突破“千亿”大关，按可比价计算增长10.6%，增幅比上年回落了3.8个百分点，经济增长步伐明显放缓。从全年走势来看，湖州市经济在年初遭遇严重雨雪冰冻灾害之后低开低走，各个季度GDP增长速度持续走低，但与全国、长三角其

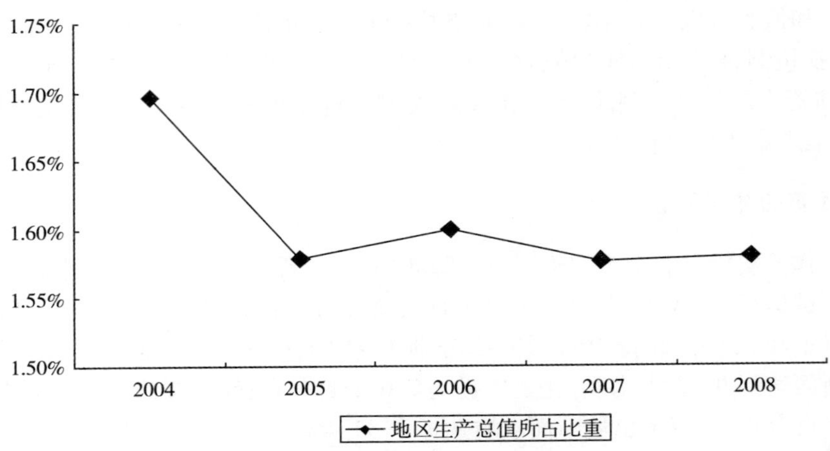

图 2-232　2004-2008 年湖州市地区生产总值在长三角所占比重的变化趋势

他地区相比,湖州市经济运行相对平缓。2004-2008 年湖州市地区生产总值在长三角所占比重分别为 1.70%、1.58%、1.60%、1.58%、1.58%,除 2005 年比 2004 年占比有明显下跌外,最近 4 年一直保持稳定,其中有 3 年占比为 1.58%,1 年为 1.60%。

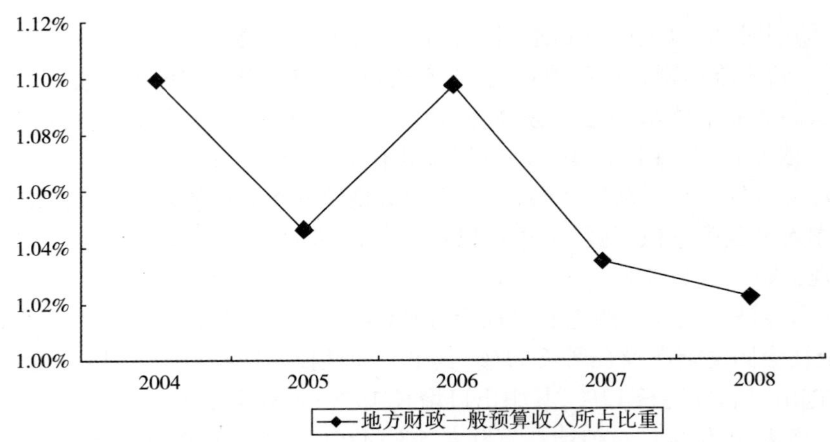

图 2-233　2004-2008 年湖州市地方财政一般预算收入在长三角所占比重的变化趋势

2004-2008 年湖州市地方财政一般预算收入在长三角所占比重为 1.10%、1.05%、1.10%、1.04%、1.02%,呈现稳中有跌的态势,但跌幅不大,最近两年累计跌幅为 0.08 个百分点。

2004-2008 年湖州市规模以上工业总产值和进出口总额在长三角所占比重两个指标均呈现逐年增加的趋势。其中,近 5 年规模以上工业总产值所占比重分别为:1.48%、1.50%、1.55%、1.58%、1.64%,累计增幅 0.16 个百分点;近 5 年进出口总额在长三角所占比重分别为:0.47%、0.48%、0.50%、0.58%、0.67%,累计增幅 0.2 个百分点。

2004-2008 年湖州市实际外商直接投资金额在长三角所占比重分别为 2.41%、2.34%、2.26%、2.10%、1.77%,呈现逐年下降的趋势,累计降幅为 0.64 个百分点。

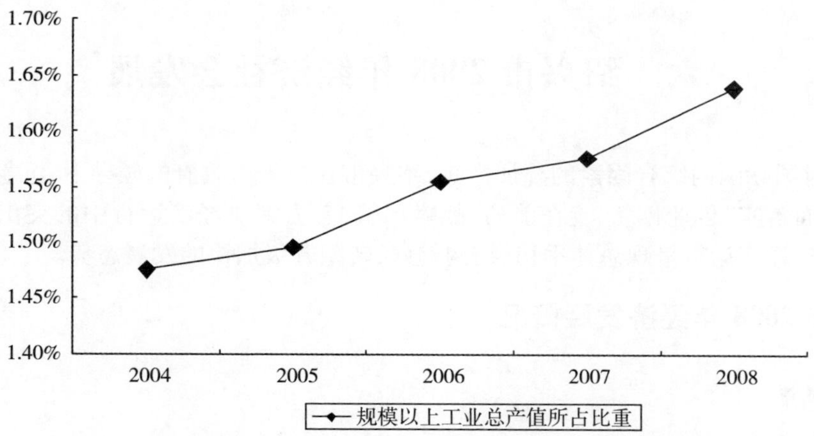

图 2-234 2004-2008 年湖州市规模以上工业总产值在长三角所占比重的变化趋势

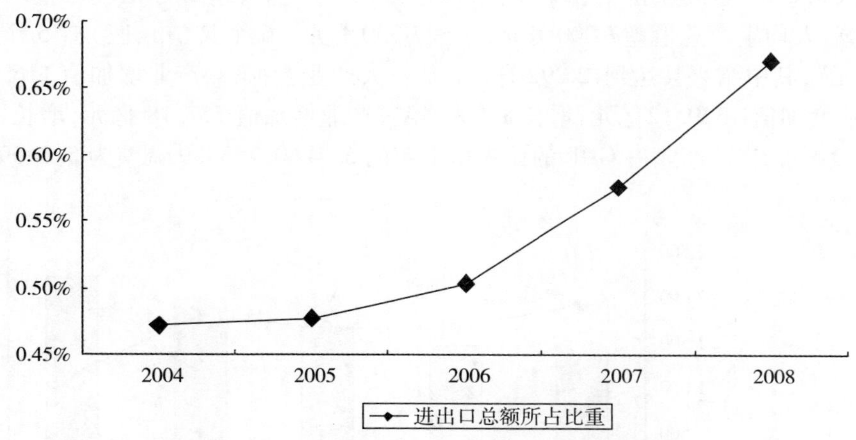

图 2-235 2004-2008 年湖州市进出口总额在长三角所占比重的变化趋势

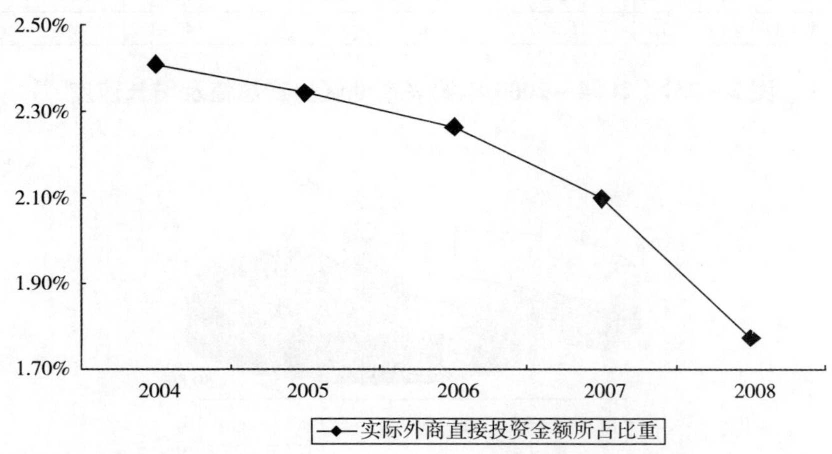

图 2-236 2004-2008 年湖州市实际外商直接投资金额在长三角所占比重的变化趋势

六　绍兴市2008年经济社会发展

2008年面对国际国内综合因素的叠加影响，绍兴市在市委市政府的领导下，沉着应对，认真贯彻科学发展观，全面落实“创业创新、走在前列”战略部署，着力解决经济运行中的突出矛盾和问题，扎实推进各项工作，经济运行呈现总体平稳、结构趋好、转型升级加快的发展态势。

一、绍兴市2008年经济发展概况

(一)综合经济

1. 综合实力持续增强

2008年绍兴市生产总值达到了2 222.95亿元，按可比价计算，比上年增长9.0%，经济总量位居长江三角洲地区第8位，继续保持全省第4位；全市人均生产总值超5万元，达到50 909元，按2008年平均汇率计算，人均生产总值超7 000美元，达到7 330美元。6个县(市、区)有5个已达到“人均GDP>5 600美元”，其中绍兴县达到12 292美元。从三大产业看：第一产业增加值116.65亿元，增长3.0%；第二产业增加值1 329.12亿元，增长8.9%；第三产业增加值777.18亿元，增长10.1%。三产比重明显提高，第一、二、三产业占GDP的比重由上年的5.4∶60.7∶33.9调整为5.2∶59.8∶35.0。

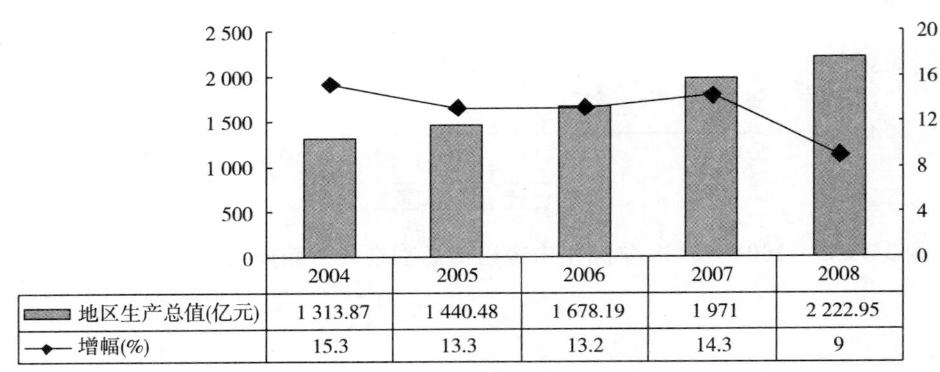

	2004	2005	2006	2007	2008
地区生产总值(亿元)	1 313.87	1 440.48	1 678.19	1 971	2 222.95
增幅(%)	15.3	13.3	13.2	14.3	9

图2－237　2004－2008年绍兴市地区生产总值及增长速度

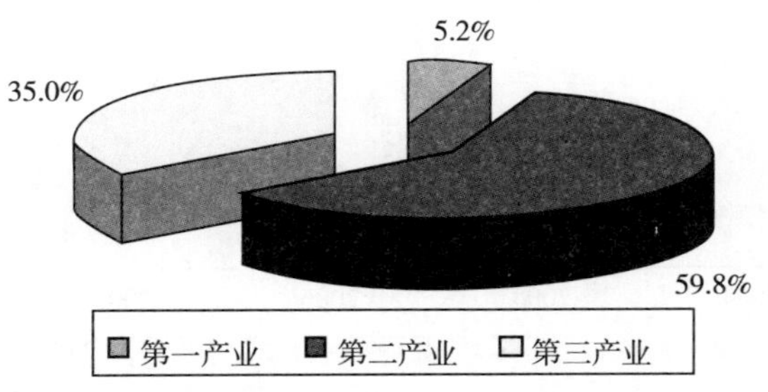

图2－238　2008年绍兴市三次产业结构图

表 2－89 2008 年绍兴市县市主要经济指标

县市	生产总值（亿元）	地方财政收入（亿元）	全社会固定资产投资（亿元）	出口总额（万美元）	社会消费品零售总额（亿元）
绍兴市区	382.46	38.96	184.44	338 512	160.64
诸暨市	495.91	26.52	204.83	353 605	124.16
上虞市	348.33	20.23	145.32	191 258	99.67
嵊州市	217.02	10	79.81	108 133	87.14
绍兴县	608.26	38.52	242.38	642 264	91.04
新昌县	171.43	9.35	58.97	115 730	56.23

2. 财政收入稳步增加

全年实现财政总收入 274.65 亿元，比上年增长 15.8%，其中地方财政收入 143.60 亿元，增长 17.6%。各主要税种税收均保持稳步增长，增值税、营业税分别增长 11.5% 和 9.2%，企业所得税、个人所得税分别增长 18.9% 和 21.1%。

3. 物价涨幅有所回落

全年市区居民消费价格总水平上涨 5.0%，涨幅已连续八个月回落。其中食品类上升 14.7%，医疗保健和个人用品类上升 8.3%，居住类上升 4.2%，家庭设备用品及服务类上升 4.0%，烟酒及用品类上升 2.0%。全市工业品出厂价格上涨 2.8%，原材料、燃料、动力购进价格上涨 10.7%。

4. 固定资产投资平稳增长

2008 年完成全社会固定资产投资 913.34 亿元，同比增长 8.3%，其中，工业性投资 533.51 亿元，同比增长 2.2%。在全部限额以上投资中，基础设施投资 114.68 亿元，增长 4.9%；房地产开发投资 199.65 亿元，增长 11.8%；农村投资 259.02 亿元，增长 13.7%。

重点建设项目全面推进。2008 年全市完成重点项目实际投资 167 亿元，完成年度计划的 101.1%。其中，基础建设项目完成 56.87 亿元，社会事业项目完成 44.71 亿元，工业项目完成 65.41 亿元。嘉绍跨江大桥、绍诸高速公路正式开工，杭甬运河全线贯通，曹娥江大闸下闸蓄水，三湖连通工程河道东西段工程全面完工。

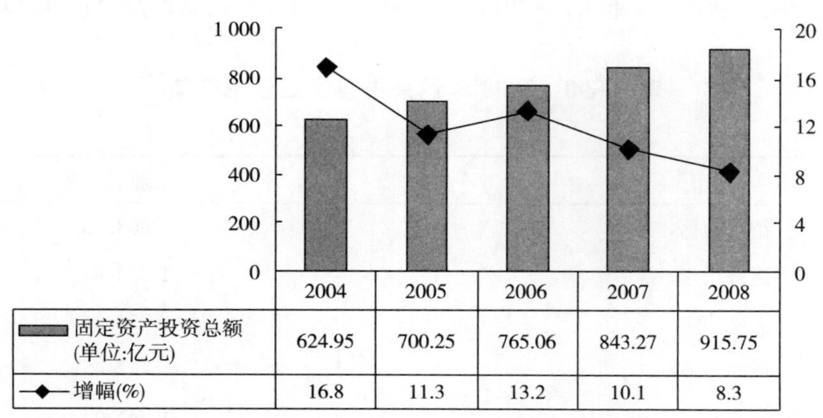

图 2－239 2004－2008 年绍兴市全社会固定资产投资及增长幅度

(二)农业

2008 年,全市实现农林牧渔业总产值 178. 14 亿元,增长 3. 2% ,其中农业总产值 108. 63 亿元,增长 3. 5% ;林业 14. 82 亿元,增长 3. 3% ;牧业 36. 00 亿元,增长 1. 6% ;渔业 17. 45 亿元,增长 3. 7% 。

农业生产稳步增长。全市农作物播种面积 321. 47 千公顷,比上年增长 1. 4% ,其中粮食作物播种面积 177. 27 千公顷,增长 3. 3% 。全年粮食总产量达到 113. 86 万吨,比上年增长 4. 2% 。市本级安排 500 万元专项资金扶持发展茶叶、蔬菜、畜禽、水产、花卉、干鲜果、竹木等七大主要产业,其中,蔬菜、生猪、茶叶、淡水产品、花卉苗木等五大特色主导产业总产值 101. 6 亿元,占当年全市农林牧渔业总产值的 57. 0% 。

积极推进农业产业化。2008 年末全市已发展各类农业龙头企业1 217家,新增 22 家,其中超亿元的 53 家,新增 5 家。主导产业发展迈上新台阶。全市已建立各类特色农业基地 266. 1 万亩,新增 10. 6 万亩, 全市新增"万字号"特色基地 2 个,累计达到 94 个。外拓基地实现新突破。全市新增农业外拓基地 184. 4 万亩,累计达到 916. 7 万亩。全市新发展规范化农民专业合作社 231 家,总数达 729 家;认定无公害农产品基地 334 个,面积达到 103 万亩,其中新认定无公害农产品基地 26 个,认定面积 2. 12 万亩;新认证无公害农产品 70 个,累计达 292 个。

林业、水利建设进展明显。当年完成造林面积 358 公顷,幼林抚育实际面积6 684公顷,累计封山育林面积48 609公顷,森林覆盖率达到 51. 8 % 。全市营造沿海防护林、农田林网和绿色通道 152 公里。绍兴县在海涂建设长 3. 1 公里、宽 100 米的大型防护林;上虞市在海涂建设长 19 公里、宽 40 米的沿海防护林。全市新增省级林业龙头企业 9 家,市级以上专业合作社 8 家、省级林业观光园 4 家。全年水利资金总投入 19. 36 亿元;治理水土流失面积达到 75. 16 千公顷,加高加固堤防 42. 5 公里;到年底已累计建成水库 553 座,总库容 12. 97 亿立方米。

(三)工业和建筑业

1. 工业生产保持平稳增长

全年完成全部工业增加值 1 200. 00 亿元,比上年增长 9. 9% 。全市5 323家规模以上工业企业实现总产值5 400. 01亿元,增长 12. 5% 。其中市区规模以上工业总产值 908. 16 亿元,增长 7. 5% 。产销衔接良好,全市工业销售产值5 278. 32亿元,增长 12. 3% ,产销率 97. 8% 。新产品产值较快增长。全市规模以上工业实现新产品产值1 264. 91亿元,同比增长 19. 3% ,新产品产值率 23. 4% 。

表 2 -90　2008 年绍兴市县区工业总产值

单位:亿元

县市	工业总产值
绍兴市区	908. 16
诸暨市	1 222. 84
上虞市	753. 44
嵊州市	282. 45
绍兴县	1 945. 53
新昌县	287. 59

2. 工业经济效益稳步提高

2008 年末，全市完成主营业务收入超 10 亿元的工业企业 87 家，新增 14 家。其中超 20 亿元的 42 家，新增 4 家，超 50 亿元的 9 家，新增 3 家，超 80 亿元的 4 家，与上年持平。规模以上工业企业实现利税 403.67 亿元，增长 9.8%，其中利润 258.47 亿元，增长 8.4%。全年列入省考核的十一项经济效益指标综合考评得分 255.23 分，同比提高 6.68 分，继续位居全省前列。

3. 建筑业持续发展

2008 年全市完成建筑业总产值 2 391.2 亿元，比上年增长 15.3%，其中年产值超 10 亿元的达 50 家，超 15 亿元的达 39 家，超 30 亿元的达 22 家，超 50 亿元的达 12 家。新兴区域市场不断发展壮大，许多企业都在北京、天津、江苏等大中城市建基地，打品牌，业务增幅都在 20% 左右。2008 年，绍兴市进沪登记业务达 250 亿元，占全省进沪施工企业总量的 56%，进一步稳固绍兴在沪施工龙头地位。2008 年新增 10 家建筑企业晋升一级资质，20 家企业晋升二级资质。全市现有建筑企业 651 家，其中特级企业 17 家，一级企业 79 家，二级企业 188 家。全年工程质量合格率达 100%，创浙江“钱江杯”25 项，上海“白玉兰杯”30 项，鲁班奖 2 项，各项建筑经济指标继续保持全国地级市之首。

（四）服务业

2008 年，绍兴市加大服务业发展的政策扶持力度，制定现代服务业集聚区发展意见，推进工业企业分离发展现代服务业。

1. 国内贸易

消费品市场仍较活跃。全市实现社会消费品零售总额 618.89 亿元，同比增长 20.1%，创近十年最高水平。分城乡看，城镇市场实现零售总额 395.14 亿元，同比增长 21.7%；农村市场零售总额 223.75 亿元，同比增长 17.3%。分行业看，批发零售贸易业零售额 560.05 亿元，增长 20.1%；住宿和餐饮业零售额 58.84 亿元，增长 19.9%。粮油类、饮料类和烟酒类分别增长 41.2%、25.4% 和 16.0%，汽车、石油制品和金银珠宝分别增长为 17.8%、48.1% 和 39.8%。

商品交易市场成交平稳。2008 年末，全市共有商品交易市场 383 个，成交额1 258.45亿元，同比增长 4.5%，其中消费品市场成交额 672.40 亿元，同比增长 2.4%；生产资料市场成交额 584.36 亿元，同比增长 6.8%。年末超亿元市场 34 个，超十亿元市场 11 个，超百亿元市场 2 个。中国轻纺城和钱清轻纺原料市场完成成交额分别为 352.75 亿元和 281.79 亿元，增幅分别增长 6.2% 和 16.1%。

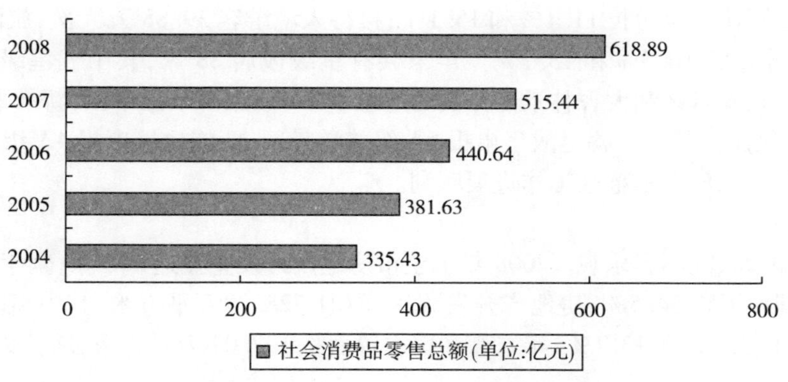

图 2－240　2004－2008 年绍兴市社会消费品零售总额

2. 交通、邮电业

公路建设不断推进。2008 年末全市公路通车里程达8 891公里,其中一级公路 193 公里、二级公路 882 公里、三级公路 346 公里;公路密度达 107.69 公里/百平方公里;高级次高级路面占 97.0%;建设农村联网公路 145.3 公里,全市等级公路通村率达到 99.8%,客运班车通村率达到 98.6%。全年全社会客运量 1.63 亿人,客运周转量 54.93 亿人公里,分别比上年增长 2.9% 和 1.8%;全社会货运量11 273万吨,货运周转量 58.11 亿吨公里,分别比上年增长 4.1% 和 0.2%。

邮电通信业持续发展。全年完成邮电业务收入 45.69 亿元,比上年增长 10.8%。年末城乡固定电话用户(含小灵通)达 240.78 万户,固定电话普及率达 88.06 号线/百人;新增移动电话用户 33.96 万,年末移动电话用户数达 334.02 万,移动电话普及率达 76.42 部/百人。年末互联网用户数 150.10 万户。特快专递业务发展迅速,全年特快专递达 127.99 万件,同比增长 9.4%;农村投递路线13 621公里。

3. 金融、证券和保险业

2008 年,绍兴市出台促进金融创新发展的政策措施,引进浙商、兴业、光大等银行机构,开展村镇银行、小额贷款公司试点,推动银企对接,鼓励企业上市直接融资。

金融运行总体平稳。2008 年末全市金融机构本外币存款余额3 263.10亿元,同比增长 22.5%,其中城乡居民储蓄存款余额1 416.19亿元,增长 29.0%。金融机构本外币贷款余额2 490.86亿元,同比增长 19.1%。证券投资回落,2008 年全市证券资金账户开户 3.2 万户,累计 31.1 万户;当年累计证券总交易额5 457亿元,同比下降 37.2%,实现利润同比下降 55.1%。

上市公司队伍不断壮大。全市共有上市公司 34 家,其中境外上市企业 9 家。全市新增上市公司 5 家,当年融资额 16.3 亿元,累计融资额达到了 131.2 亿元,同比增长 14.2%。三力士、大东南和海亮股份在深圳中小板挂牌上市,华程房产和三鼎股份在法国挂牌上市。

保险业健康发展。2008 年末全市各类保险机构已达 40 家。全市共实现保费总收入 41.18 亿元,同比增长 17.0%,其中,财产险保费收入 15.88 亿元,增长 12.1%;寿险保费收入 25.30 亿元,增长 20.4%。支付各类赔款及给付 16.13 亿元,增长 31.1%,其中各项赔款支出为 10.90 亿元,增长 40.8%;给付 5.23 亿元,增长 14.7%。

4. 旅游业

2008 年,绍兴市制订了加快旅游业发展的政策措施,提升旅游业品质,旅游事业不断发展。全年实现旅游总收入 213.62 亿元,比上年增长 14.5%;全年接待国内游客2 435.05万人次,国内旅游收入 204.14 亿元,分别比上年增长 11.1% 和 15.1%;接待入境游客 39.88 万人次,旅游外汇收入 1.36 亿美元,分别比上年增长 10.5% 和 13.1%。年末共有星级饭店 88 家,其中五星级 5 家,四星级 10 家,三星级 36 家。东湖景区和大香林景区分别通过全省 4A 级旅游景区审核;新昌重阳宫、七盘仙谷景区被评定为 3A 级旅游景区。鲁迅故里申报 5A 级旅游景区、西施故里申报 4A 级旅游景区和会稽山景区创建浙江省生态旅游示范区工作进展顺利。

5. 房地产业

房地产市场经营状况不容乐观。2008 年末全市房地产开发企业达 356 家,全年实现商品房销售额 110.27 亿元,同比下降 54.5%;房地产开发施工面积1 728.09万平方米,其中新开工面积 545.02 万平方米,分别增长 3.7% 和 13.1%;年末商品房空置面积 192.02 万平方米,增长 24.0%。

(五)开放型经济

1. 进出口贸易保持平稳增长

2008 年全市外贸进出口总额 238.27 亿美元,同比增长 23.5%,其中进口总额 63.32 亿美元,增

长 15.5%；自营出口总额 174.95 亿美元，增长 26.6%。全市商品进出口国家和地区达到 206 个，同比增长 9 个。美国、阿联酋、印度出口额位居前三位，贝宁、西班牙、巴西出口增幅居前三位。2008 年全市纺织服装出口 110.48 亿美元，同比增长 22.2%；机电、化工、高新技术产出口较快增长，增幅分别为 35.4%、50.1%、58.8%；进出口企业队伍迅速壮大，2008 年新登记备案企业1 318家，全市累计获进出口经营权企业7 390家。

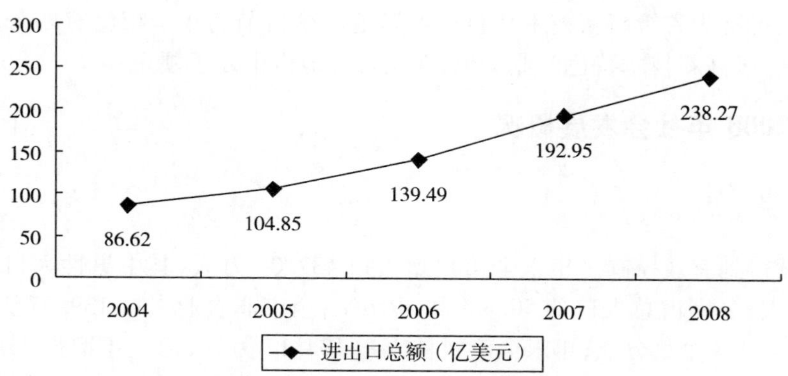

图 2－241　2004－2008 年绍兴市外贸进出口总额

2. 外资结构和质量不断优化

2008 年，全市合同利用外资 16.68 亿美元，实际利用外资为 7.72 亿美元，分别下降 29.5% 和 30.1%。全市新批项目平均规模达到1 390万美元，同比增长 18.8%，新增投资总额1 000万美元以上项目 86 只，合同外资 14.12 亿美元，占全市总量的 84.6%。一批竞争实力强、市场前景好的高新技术企业继续扩大规模，做大做强。

表 2－91　2008 年绍兴市县市实际使用外资

单位：万美元

县市	实际使用外资金额
绍兴市区	14 283
诸暨市	20 510
上虞市	18 807
嵊州市	6 307
绍兴县	23 221
新昌县	903

3. 对外经济技术合作稳步发展

全年新批境外投资企业 107 家，比上年增长 16.3%，中方投资额增长 69.5%。新签承包劳务合同额为 6.05 亿美元，同比增长 44.4%，营业额为 3.95 亿美元，同比增长 17.5%。2008 年全市外派劳务 172 人次，期末在外人数1 115人。

4. 开发区建设

绍兴市省级高新技术产业园区和特色产业基地建设进展顺利。绍兴、上虞、新昌三个省级高新技术产业园区发展情况良好,新签约落户项目49项,新认定省高新企业13家,新认定国家高新企业5家;新列国家火炬项目11项。2008年三个省级高新园区实现技工贸总收入606.48亿元,利税总额57.51亿元,出口创汇19.04亿美元。绍兴高新园区规划合理,功能完善,产业前景广阔,运作顺畅,优势资源集聚,已呈现出"一区二园三大产业"的新格局,绍兴高新园区积极申报国家高新区,申报材料全面完成。高新技术特色产业基地又有新发展,基地建设进展顺利,发展态势良好。基地内新认定省高新企业24家,新认定国家高新企业12家,新列国家火炬项目26项。上虞市照明电器、诸暨市轴承轴瓦被批准为省级高新技术特色产业基地。到目前为止全市已有四个国家火炬计划特色产业基地,六个省级高新技术特色产业基地,在全省各地市中处于领先。

二、绍兴市2008年社会发展概况

(一)人口、人民生活

人口增长继续得到有效控制。年末全市户籍人口437.06万人,其中男性人口220.10万人,女性人口216.96万人,分别占总人口的50.4%和49.6%;全市非农业人口139.97万人,占总人口的32.0%,比上年提高0.8个百分点;年末全市暂住人口134.17万人,比上年增长33.9%。2008年全市人口出生率6.84‰。死亡率6.96‰。人口自然增长率-0.12‰。

城乡居民生活水平稳步提高。2008年全市城镇居民人均可支配收入24 646元,同比增长12.2%;全市农村居民人均纯收入10 950元,同比增长12.5%,收入增幅超过城镇居民。城镇居民人均消费性支出15 534元,同比增长11.7%;农村居民人均生活消费支出7 877元,同比增长10.0%。城乡居民恩格尔系数分别为35.4%和40.1%。城镇居民人均住房使用面积27.45平方米,同比增长6.7%;农村居民人均住房面积65.41平方米,同比增长3.7%。

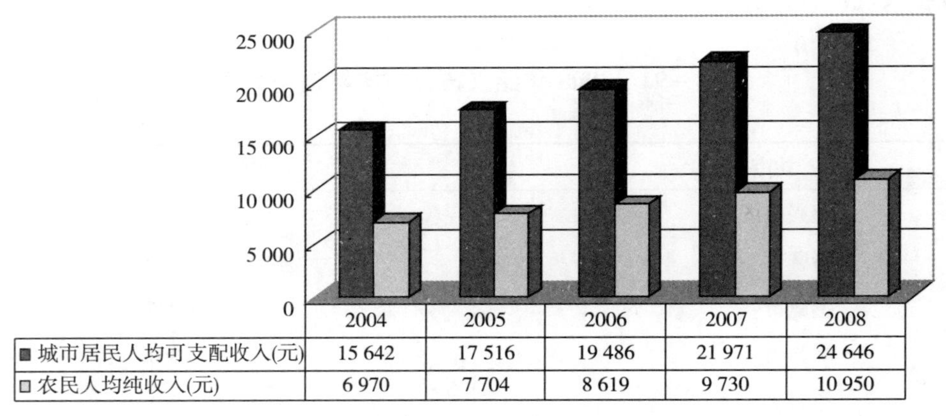

	2004	2005	2006	2007	2008
■城市居民人均可支配收入(元)	15 642	17 516	19 486	21 971	24 646
□农民人均纯收入(元)	6 970	7 704	8 619	9 730	10 950

图2-242　2004-2008年绍兴市城乡居民收入对比一览

(二)就业和社会保障

1. 城镇就业形势持续稳定

2008年,全市城镇新增就业人员7.28万人,完成省政府下达目标任务的124%,其中市区为1.91万人,完成目标任务的141%。全市下岗失业人员实现再就业3.44万人,完成省政府下达目标任务的151%,其中市区为1.16万人,完成目标任务的182%。全市帮助就业困难人员实现再就业为6 952人,完成目标任务的129%,其中市区1 822人,完成目标任务的126%。全市城镇登记失业率3.45%。开展城镇"零就业家庭"、"农村低保户零就业家庭"就业援助行动,基本消除城镇和农村低保户中的零就业家庭。

2. 社会保障体系不断完善

2008年,绍兴市出台城乡居民社会养老保险办法,从制度层面上实现了养老保障全覆盖。调整提高被征地农民养老保障标准。新型农村合作医疗参加人口比例达到94%,人均筹资标准提高到134元。年末全市企业基本养老保险参保人数112.70万人,比上年增加12.55万人;基本医疗保险参保人数93.30万人,比上年增加21.6万人;失业保险参保人数64.78万人,比上年增加11.86万人;企业工伤保险参保人数123.38万人,比上年增加21.57万人;女工生育保险参保人数67.56万人。农村养老保险参保人数(包括被征地农民)达到89.51万人,比上年增加0.83万人。健全农村"五保"和城镇"三无"对象集中供养,集中供养率达到99.9%,继续保持全省领先。

3. 社会福利事业继续发展

建立城乡老年居民生活补贴制度,受惠人口达到16.6万。年末全市共有最低生活保障对象51 438人,其中城镇8 909人,农村42 529人;全年最低生活保障资金支出10 848.4万元,其中城镇3 111.9万元,农村7 736.5万元。年末全市共有收养性社会福利单位165个,床位15 810张,在院人数6 696人。全年优待优抚对象8 985户,优待总金额5 080万元。社会化养老工作不断创新。全市"农村老年福利服务星光计划"全面推开,全市2008年共投入1.8亿元用于742个农村"星光老年之家"的建设。城镇社区服务设施3 756个,全市老年活动中心(室)3 311个,老年协会2 166个。发行福利彩票3.47亿元,比上年增长10.1%;全市222家福利企业安置残疾职工1.09万人。新开工建设经济适用住房26万平方米,改造旧住宅区68万平方米,建设农民工公寓1.2万平方米、人才公寓8.8万平方米。廉租住房保障447户,农村困难群众住房救助900户。市区廉租住房保障对象扩大到低保标准300%范围。

(三)科学技术和教育

1. 科技事业再创新绩

2008年,规模以上工业企业科技活动经费支出62亿元,新产品产值增长19.3%。2008年绍兴市专利申请量为18 647件,授权专利量为11 192件,其中发明专利119件。高新技术产业迅速发展。2008年新认定省级重点高新技术企业50家,占全省的20%,全市累计达到389家;新认定浙江省科技型企业33家,占全省的17.5%,位居全省第二。新认定省级高新技术产品62项,占全省的16%。新培育认定省级高新技术研究开发中心23家,列全省第二位。2008年有57个项目列入国家火炬计划,占全省的15%,33个项目列入国家星火计划,占全省的18%。深入实施品牌战略,10只品牌入选中国行业标志性品牌。绍兴市城市综合创新能力在全国地级市中居第6位,获"中国城市综合创新力"五十强称号,并居"中国最具创新环境城市"第11位,"中国最具创新动力城市"第10位;绍兴市被公安部、科技部授予"全国科技强警示范城市"称号,创建国家可持续发展实验区通过科技部专家论证。

2. 教育事业健康发展

优质教育资源覆盖率全省领先,2008年,全市新增116所学校创建为省义务教育标准化学校,覆盖率达82.5%。省级示范性中小学比例达到22%,国家级重点职业学校增加到12所,占全市职业学校的2/5,省级重点中学、重点职校占全市的60%以上。教育现代化乡镇创建按规划推进,全市教育基本现代化乡镇的覆盖率超过55%。2008年末,全市共有幼儿园769所,在园幼儿13.61万人;小学498所,在校学生30.98万人;普通中学189所,在校学生27.95万人,其中普通高中43所,在校学生9.83万人;中等职业学校31所,在校学生6.75万人;普通高校5所,在校学生5.03万人。教育普及程度持续提高,全市学前三年入园率达98.0%,小学入学率、巩固率保持100%,全市义务教育段学龄人口入学率、巩固率均提高到100%,初中升高中比率为98.3%。2008年高考三个主要指标列全省之首。各科平均分、进入全省文理科前100名人数(占到51人)、文理科各批次上线人数万人比等统计指标均为全省第一。全部免除城乡义务教育阶段学生课本作业本费。小学、初中生均公用经费最低标准分别提高到300元和450元,市区分别提高到580元和780元。对中等职业学校在校生发放每年1 500元的助学金,市区普通高中贫困家庭子女资助面扩大到10%。

(四)文化、卫生和体育

1. 文化事业繁荣发展

2008年,绍兴市成功举办国家级规格的公祭大禹陵、中国绍兴黄酒节、国际纺织品博览会等节会活动;圆满完成世界合唱比赛接旗仪式。加强文化信息资源共享工程建设,绍兴图书馆实行免费开放,并实现了与绍兴县图书馆的网络联网互通,为实行两馆一卡通创造了条件。农村广播电视公共事业建设成效明显。全市基本实现20户以上已通电的自然村村村通有线电视,基本完成“村村通”工程建设任务。加强非物质文化遗产保护,新增国家级非物质文化遗产8项,目前,绍兴市国家级“非遗”项目已有18项。年末全市拥有艺术表演团体6个,公共图书馆6个,总藏量178万册;国家级文保单位16个,文物藏品实际数量8.44万件。已有电视台1座,广播电台1座,广播电视台5座,广播电台全年播出52 452小时,电视台全年播出45 759小时;年末有线电视用户数达127.31万户,数字电视用户达29.39万户,分别比上年增长0.5%和33.8%。组织开展新一轮全国文明城市创建,再次成为创建工作先进城市。

2. 卫生事业稳步发展

年末全市共有医疗卫生机构1 390家,其中医院38家,卫生院、分院及社区卫生服务中心(站)799家;卫生机构床位数14 104张,其中医院10 685张;全市医生8 931人,注册护士6 237人;每万人拥有医院床位32张,每万人拥有医生20人。城乡社区卫生服务机构建设进一步加强,社区卫生服务网络进一步健全,全市规范了100个社区卫生服务中心,新增了111个社区卫生服务站。加强麻疹和手足口病防控,完成“结石患儿”筛查和救治工作。顺利通过“全国农村中医工作先进市”创建预评。深入开展食品安全示范乡镇和农村药品“两网一规范”建设。坚持农村部分计划生育家庭奖励和扶助制度,推行计划生育公益金制度和特别扶助制度。

3. 体育事业蓬勃发展

2008年是“奥运年”,绍兴市积极奏响“全民健身与奥运同行”主旋律,为营造绍兴市民支持奥运、参与奥运、喜迎奥运的浓厚氛围组织了一系列群体活动。北京奥运火炬绍兴传递活动圆满成功,被北京奥运会火炬接力领导小组、第29届奥运会组委会授予荣誉证书,省火炬接力组委会授予绍兴市“北京奥运火炬传递优秀组织奖”荣誉称号。绍兴籍运动员在北京奥运会上再创辉煌。绍兴籍运动员孟关良、徐东香、宋夏群代表中国分别参加了500米双人划艇、2000米轻量级双人赛艇和英凌级帆船的比赛,最终取得一枚金牌、一个第五、一个第八的优异成绩。

(五)城乡建设

1. 加快推动城市设施项目建设

2008年,绍兴市水上体育公园一期工程主体结构完工,绍兴县启动蓝天影视中心建设,诸暨市5只五星酒店项目全面开工,上虞市加快大舜庙、英台故里等旅游项目建设,嵊州市完成清风枢纽主体工程并通过蓄水验收,新昌县完成巧英水库大坝和溢洪道、泄洪洞等主体工程,越城区完成实施6个试点农民住房解困工程，绍兴经济开发区迪荡新城核心区“八路三桥”即将投入使用，袍江新区汽车城新引进7个品牌（品牌汽车4S店总数达到24家），镜湖新区启动迎恩门工程、“风情水街”和镜湖新区外滩商务楼等项目建设。

2. 积极推动城乡统筹发展

修编绍兴市城市总体规划和土地利用总体规划，中心城市规划管理委员会开始运转。加快实施越王城保护整合、迎恩门环境改造、清水工程等古城保护项目。启动越西路延伸、凤林西路延伸等片区连接工程。健全城市管理协调机构，加强背街小巷整治，加大流动摊点、马路市场、违法建筑治理力度。深化中心镇体制改革，落实强镇扩权政策，完成12个省级中心镇规划编制。

3. 新农村建设成效显著

2008年用于“三农”的财政性资金支出55.3亿元，同比增长26.8%。启动新一轮“百村小康示范、千村改造整治”工程，全市财政共投入村庄整治资金6.5亿元。新建绿色林带152公里、清水河道336.7公里、农村联网公路145.3公里，新增安全饮用水受益人口31.5万，创建新农村信息化村334个、电气化村204个。培训农民10万人，转移农民3万人，新增现代家庭工业户6 000多户。全市92.3%的行政村建立了垃圾集中处理机制，农村垃圾集中处理覆盖率达到89.8%，生活污水处理村达到32%。村庄整治率达到66%，行政村班车通达率达到98.6%。新增安全饮用水受益人口31.5万人。目前全市已创建农村放心店3 300家，2 481个具备创建条件的行政村全部建起了放心店。绍兴市城乡统筹协调度达到75.7%。

（六）环境保护和生态建设

1. 生态文明市建设顺利推进

绍兴古城保护和水环境治理等方面受到了联合国人居署官员及专家的一致肯定，2008年10月，绍兴市获得联合国人居环境奖。2008年末，全市累计建成全国环境优美乡镇13个，省级以上生态乡镇57个，国家级绿色学校8所、省级绿色学校96所，省级绿色企业36家，国家级绿色社区3个，省级绿色社区35个，省级绿色饭店30家，省级绿色家庭100户，省级绿色医院7所。扎实推进循环经济850项目建设，被评为全省发展循环经济先进城市。

2. 城市环境质量进一步改善

全年全市环境空气质量良好以上天数占总天数的比例达到86.1%，县级以上集中式饮用水源水质达标率100%。全面启动“811”环境保护新三年行动，加大重点环保基础设施投入，绍兴污水处理厂三期20万吨/日工程建成运行，上虞污水处理厂二期工程12.5万吨/日进水试运行，诸暨污水处理二期和嵊新污水处理厂保持稳定运行。开展“进管达标、处理提标”专项行动，工业企业进管污水达标率63.9%。2008年全市已建成的4座污水处理厂，处理总能力达到135万吨/日，处理能力同比增长31.7%。此外，日处理1200吨生活垃圾和1000吨污泥的绍兴市资源综合利用发电工程项目已投入试运行。城市绿化工作进一步加强，建成区园林绿地面积8431公顷，人均公园绿地面积8.91平方米。

3. 节能降耗成效显著

2008年全市规模以上工业累计消耗各类能源1 014.85万吨标准煤（当量），同比下降6.5%，低于同口径工业产值增速19个百分点，每万元产值能耗0.1879吨标准煤，同比下降16.9%。全市工业用电量204.19亿千瓦时，增长0.3%。

（七）安全生产

安全生产工作进一步重视。2008年全市各类安全事故起数、死亡人数、直接经济损失分别下降

6.5%、6.3%和2.2%。全市破案绝对数同比增加1.10%,命案、五类案件破案率分别达95.15%、100%。查处治安案件起数、人数同比分别增长11.57%、12.27%。全市刑事案件及道路交通事故、火灾事故三个"零增长"圆满实现。

三、挑战与目标

在看到成绩的同时,绍兴市政府也清醒地认识到,当前国际金融危机尚未见底,对实体经济的影响还在加深,外部经济环境中的不稳定、不确定因素明显增多,绍兴市发展中长期积累的结构性、素质性、体制性矛盾进一步凸显,前进道路上还存在很多困难和问题。经济增长下滑幅度比较大,投资增长不快,出口需求不旺,消费总量偏小,发展动力不够充足;结构调整任务艰巨,纺织等传统优势产业改造升级的压力很大,高新技术产业和现代服务业发展仍然迈不出大步;企业生产经营风险加大,经济金融潜在风险仍然较大;中心城市集聚、辐射、带动力不强,片区融合程度不高;农村改革发展的任务很重,农民增收困难增多;就业压力加大,社会保障、医疗卫生、环境保护、食品安全、公共安全等领域影响社会和谐稳定的因素仍然比较多。在政府自身建设方面,政府职能还要进一步转变,服务水平、行政效能有待进一步提高;少数政府部门工作责任落实不够,形式主义、奢侈浪费等现象不同程度存在;少数政府工作人员依法行政观念不强、自我约束不严,极少数人甚至违法犯罪,严重影响政府形象,教训十分深刻。在困难、问题和矛盾面前,必须始终保持清醒头脑,增强忧患意识和责任意识,知难而进、创业创新,切实做好各项工作。

综合考虑经济社会发展趋势和目标导向要求,2009年绍兴市经济社会发展的主要预期目标为:生产总值增长9%以上;财政总收入和地方财政收入分别增长8%;研究与试验发展经费支出占生产总值比例达到1.7%;全社会固定资产投资增长11%;社会消费品零售总额增长12%;外贸出口总额增长10%以上;城镇居民人均可支配收入和农村居民人均纯收入分别增长8%;居民消费价格指数低于上年水平;城镇登记失业率控制在4%以内;人口自然增长率控制在1.75‰以内;单位生产总值能耗下降4%,化学需氧量和二氧化硫排放量分别下降3%。

四、绍兴市在长三角地区经济发展中的地位

2008年绍兴市在不利环境中实现了经济的平稳增长,经济总量位居长江三角洲地区第8位,继续保持全省第4位。

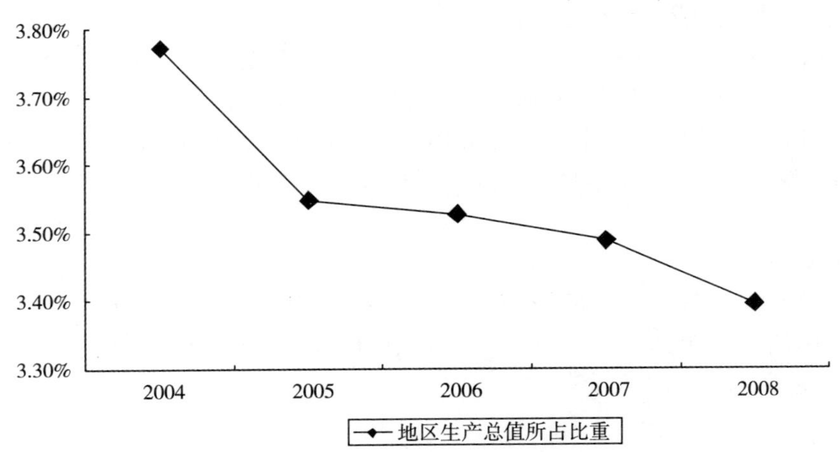

图2-243 2004-2008年绍兴市地区生产总值在长三角所占比重的变化趋势

从长三角地区来看，虽然绍兴市地区生产总值在长三角地区的排位没有发生变化，但占比呈现逐年微幅下降的趋势。2004 - 2008 年绍兴市地区生产总值在长三角所占比重分别为：3. 77%、3. 55%、3. 53%、3. 49%、3. 39%，五年来累计降幅为 0. 38 个百分点。

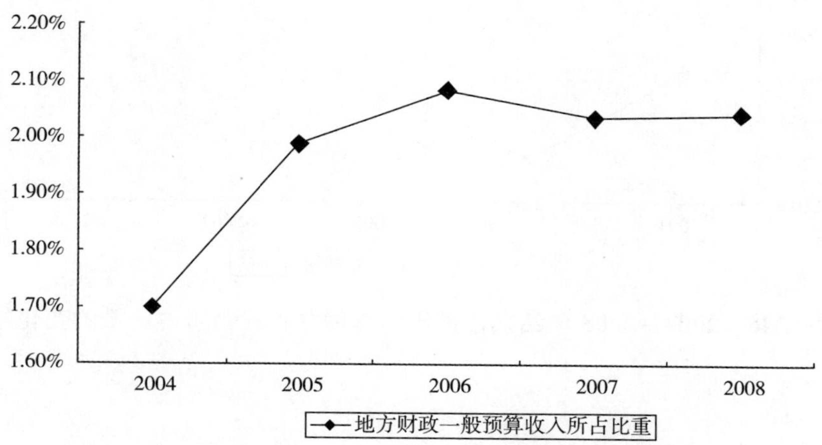

图 2 - 244　2004 - 2008 年绍兴市地方财政一般预算收入在长三角所占比重的变化趋势

2004 - 2008 年绍兴市地方财政一般预算收入在长三角所占比重分别为：1. 70%、1. 99%、2. 09%、2. 04%、2. 04%。2005 年和 2006 年均比前一年有明显的增加，增幅分别为 0. 29 和 0. 1 个百分点，2006 年以后则保持稳定，变幅很小。

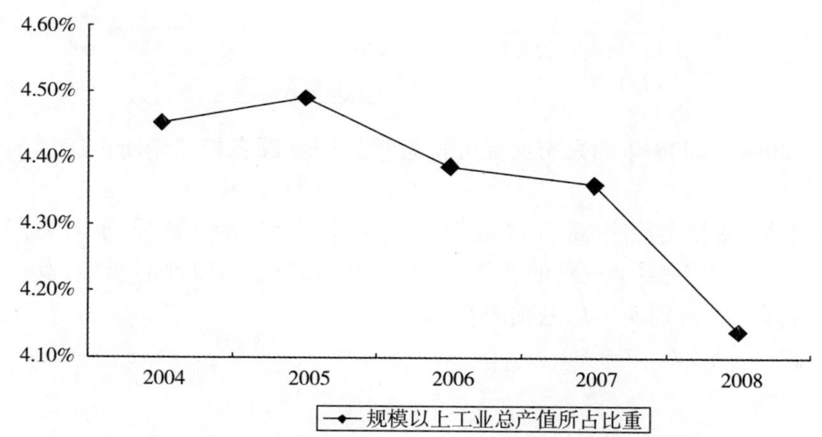

图 2 - 245　2004 - 2008 年绍兴市规模以上工业总产值在长三角所占比重的变化趋势

2004 - 2008 年绍兴市规模以上工业总产值在长三角所占比重分别为：4. 45%、4. 49%、4. 39%、4. 36%、4. 14%，呈现明显的下降态势。2008 年的占比已比近年高点的 2005 年累计下跌了 0. 35 个百分点。

2004 - 2008 年绍兴市进出口总额在长三角所占比重分别为：2. 41%、2. 20%、2. 33%、2. 61%、2. 86%。2005 年比 2004 年微幅下跌，跌幅 0. 21 个百分点；从 2006 年起均比前一年有明显的增加，3 年累计增幅为 0. 66 个百分点。

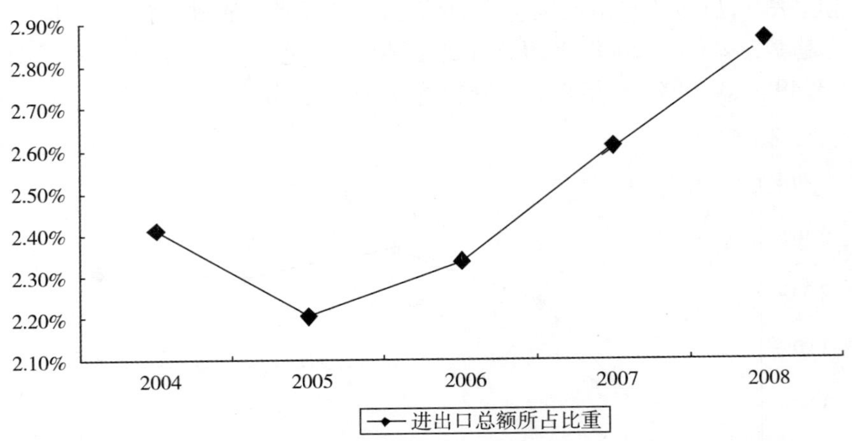

图2－246　2004－2008年绍兴市进出口总额在长三角所占比重的变化趋势

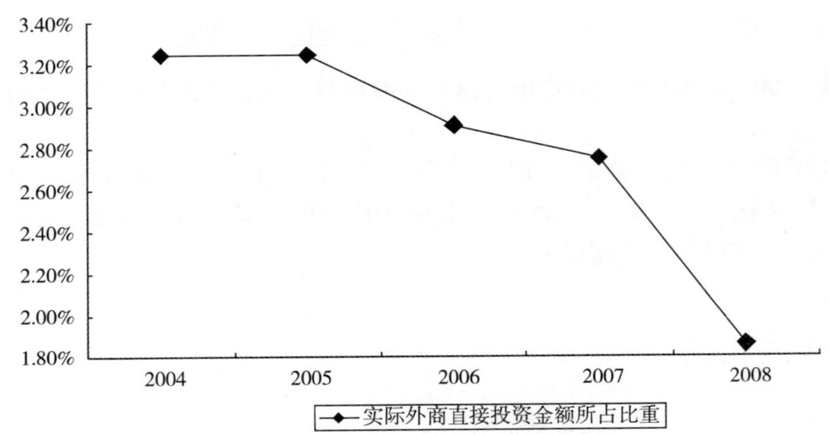

图2－247　2004－2008年绍兴市实际外商直接投资金额在长三角所占比重的变化趋势

2004－2008年绍兴市实际外商直接投资金额在长三角所占比重分别为：3.25%、3.25%、2.91%、2.75%、1.86%，呈现逐年下跌的态势。5年来累计跌幅1.39个百分点，其中2008年比2007年下跌了0.89个百分点，占到5年总跌幅的64%。

七　金华市 2008 年经济社会发展

2008 年，金华市全市上下坚持落实科学发展观，扎实推进“创业富民、创新强市”和“工业强市”战略，齐心协力，积极应对国际金融危机对实体经济的冲击，加快转变经济发展方式，促进经济转型升级，确保了经济基本平稳运行，年初确定的主要预期目标基本实现。

一、金华市 2008 年经济发展概况

（一）综合经济

1. 经济总量平稳增长

2008 年全市实现生产总值（GDP）1 681.85 亿元，按可比价计算，比上年增长 10.6%。其中：第一产业增加值 89.61 亿元，增长 5.2%；第二产业增加值 903.07 亿元，增长 10.0%；第三产业增加值 689.17 亿元，增长 12.1%。在第三产业中，交通运输、仓储和邮政业增长 8.1%，批发和零售业增长 13.6%，住宿和餐饮业增长 6.9%，金融业增长 13.7%，房地产业增长 5.5%，其他服务业增长 13.9%。全市人均生产总值达到36 538元（按 2008 年均汇率折算为5 261美元），增长 10.1%。第一、二、三产业增加值占地区生产总值的比重由上年的 5.3∶54.2∶40.5 变化为 5.3∶53.7∶41.0，第三产业所占比重比上年提高 0.5 个百分点。

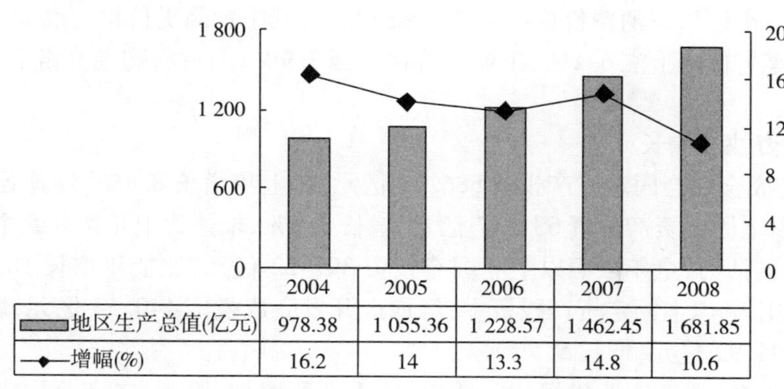

	2004	2005	2006	2007	2008
地区生产总值(亿元)	978.38	1 055.36	1 228.57	1 462.45	1 681.85
增幅(%)	16.2	14	13.3	14.8	10.6

图 2－248　2004－2008 年金华市地区生产总值及增长速度

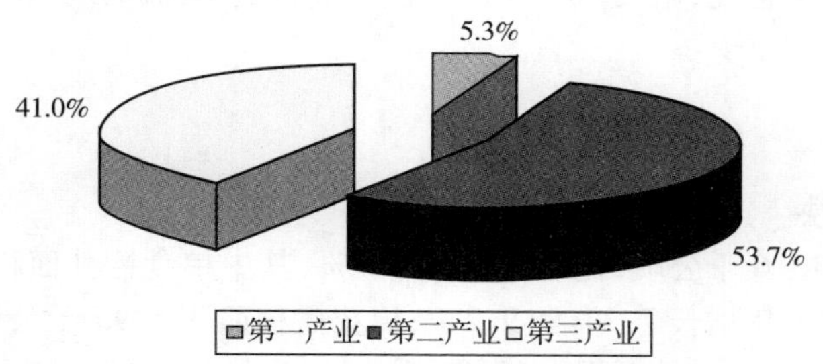

图 2－249　2008 年金华市三次产业结构图

表 2－92　2008 年金华市县市主要经济指标

县市	生产总值(亿元)	地方财政收入(亿元)	全社会固定资产投资(亿元)	出口总额(万美元)	社会消费品零售总额(亿元)
金华市区	322.32	28.22	139.33	148 017	162.94
兰溪市	142.6	8.12	43.03	43 341	52.41
东阳市	237.09	13.57	64.55	101 130	93.46
义乌市	493.33	37.79	170.13	19	211.75
永康市	244.83	15.8	73.93	240 248	68.1
武义县	98.24	6.93	39.57	110 555	34.32
浦江县	105.5	6.74	37.6	50 911	41.24
磐安县	37.93	2.53	18.79	11 973	11.44

2. 财政收入保持增长

全市完成财政一般预算收入 218.94 亿元,增长 16.8%。其中:中央财政收入 99.24 亿元,增长 16.2%;地方财政收入 119.70 亿元,增长 17.4%。全市一般预算支出 137.58 亿元,增长 18.4%。各项重点支出增幅高于全市平均支出增幅,其中文化体育与传媒支出、环境保护支出、医疗卫生支出、社会保障和就业支出、科学技术支出和教育支出分别比上年增长 105.3%、60.9%、33.2%、26.3%、24.9%和 20.2%。

3. 市场物价有所上扬

2008 年,金华市市区居民消费价格比上年上涨 5.2%,其中食品类价格上涨 15.1%,居住类价格上涨 6.5%。商品零售价格上涨 6.1%,工业品价格上涨 3.9%,原材料购进价格上涨 11.2%,房屋销售价格上涨 5.9%。

4. 固定资产投资快速增长

2008 年全市完成全社会固定资产投资 586.93 亿元,比上年增长 8.6%,增速比上年快 2.0 个百分点。其中,限额以上固定资产投资 535.47 亿元,增长 8.0%,增速比上年快 0.5 个百分点。民间投资依然保持着较强的活力,全年限额以上非国有投资 397.22 亿元,比上年增长 10.8%,占限额以上投资的 74.2%。在限额以上固定资产投资中:房地产开发完成投资 140.54 亿元,增长 15.7%;投资项目(单位)投资 394.92 亿元,增长 5.5%。

投资结构有所调整,第三产业投资增长较快,比重有所增加,第一、二产业均略有降低。在限额以上投资中:第一产业完成投资 0.9 亿元,下降 59.9%;第二产业完成投资 268.78 亿元,增长 6.4%,第三产业完成投资 265.78 亿元,增长 10.3%。三次产业投资结构调整为 0.2∶50.2∶49.6。其中工业投资 266.52 亿元,增长 5.9%。

(二)农业

1. 粮食生产增长较快

全市总播种面积 261.16 千公顷,比上年增长 4.7%,其中粮食播种面积为 154.42 千公顷,总产量为 87.66 万吨,分别比上年增长 7.2%和 9.2%;棉花播种面积 5.95 千公顷,产量为 0.97 万吨,分别增长 17.8%和 15.3%;油料播种面积为 23.06 千公顷,产量为 4.05 万吨,分别比上年增长 28.1%和 30.0%;蔬菜播种面积为 39.63 千公顷,产量为 88.1 万吨,分别比上年增长 2.1%和 0.8%;药材播种面积 6.83 千公顷,增长 15.2%;果用瓜种植面积 10.61 千公顷,增长 1.4%,产量为 24.9 万吨,

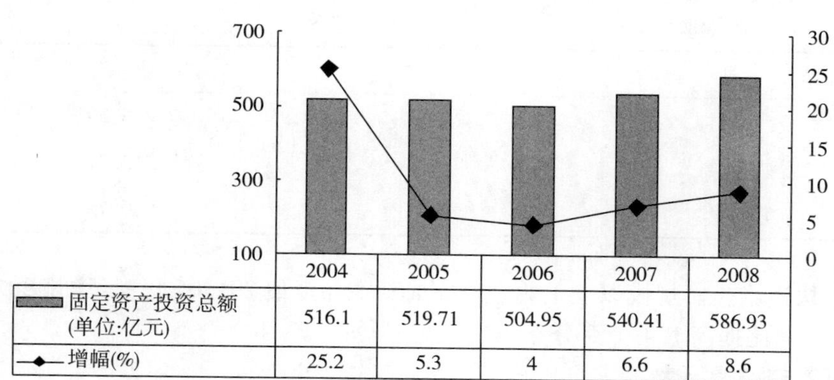

图 2－250　2004－2008 年金华市全社会固定资产投资及增长幅度

下降 0.5%;花卉苗木种植面积 7.81 千公顷,下降 1.8%。经济作物产值占种植业的比重为 72.5%。其他各种农产品产量增多减少。

2. 林牧渔业保持增长

全市完成造林更新面积 1.775 千公顷,其中人工造林 0.108 千公顷、迹地更新造林 1.667 千公顷;幼林抚育作业面积 2.729 千公顷。全年肉类总产量 21.20 万吨,比上年增长 14.8%,其中猪肉 17.14 万吨,增长 21.4%。牛奶产量 8.53 万吨,比上年增长 11.7%。全年生猪出栏 217.82 万头,增长 13.7%;家禽出栏 2693.6 万只,增长 3.8%。全年水产品产量 5.76 万吨,增长 3.0%。

3. 农业科技创新服务体系不断完善

新增省级农业科技企业 16 家、市级 15 家,新培育水生蔬菜省级区域科技创新服务中心 1 家,组建省农业科技研发中心 8 家、市级 10 家。通过 7 项省级、5 项国家级农业标准化推广项目现场评估考核工作,农业标准化示范区面积新增 6.44 万亩,达到 165.16 万亩。农业机械化程度进一步提高。全市农田有效灌溉面积 158.33 千公顷,旱涝保收面积 118.22 千公顷。年末拥有农业机械总动力 233.25 万千瓦,比上年末增长 3.8%。农村用电量 33.77 亿千瓦时,增长 4.9%。

(三)工业和建筑业

1. 工业生产保持增长

2008 年全市完成工业增加值 801.48 亿元,比上年增长 10.5%,工业增加值占 GDP 的比重 47.65%。全市规模以上工业实现总产值 2578.29 亿元,销售产值2 510.06亿元,分别增长 15.0% 和 14.9%。规模以上工业企业完成出口交货值 729.35 亿元,增长 13.2%,占销售产值的比重为 29.1%。

表 2－93　2008 年金华市县区工业总产值

单位:亿元

县市	工业总产值
金华市区	466.76
兰溪市	342.01
东阳市	258.65
义乌市	481.94
永康市	559.28

(续表)

县市	工业总产值
武义县	216.59
浦江县	212.31
磐安县	40.75

新产品生产快速增长。规模以上工业企业完成新产品产值291.06亿元,增长30.5%,新产品产值率达到11.4%,同比提高1.4个百分点。

2. 工业经济效益增幅不大

2008年,列入省考核的十一项规模以上工业经济效益评价考核指标综合得分为200.59分,比上年提高0.31分。全年规模以上工业企业实现利税160.39亿元,其中利润81.95亿元,金属制品、纺织、交通运输设备制造、电气机械及器材制造、医药制造、通信设备、计算机及其他电子设备六大行业实现利润占全市规模以上工业利润总额的67.0%。

3. 建筑业继续增长

全市建筑业总产值达992亿元,比上年度增加117亿元,增长13.4%;完成建筑业地方税收11.54亿元,占全市税收的12.8%。建筑施工面积13924.43万平方米,完成房屋竣工面积5 205.74万平方米。资质以上建筑企业实现利润总额30.81亿元,利税总额70.57亿元。

(四)服务业

1. 国内贸易

2008年全市实现社会消费品零售总额675.66亿元,比上年增长20.0%。城乡消费市场同步增长,其中城市消费品零售额498.39亿元,比上年增长20.3%;农村消费品零售额177.27亿元,增长19.4%。分行业看,批发零售贸易业零售额598.07亿元,增长20.2%;住宿餐饮业零售额69.64亿元,增长21.0%。

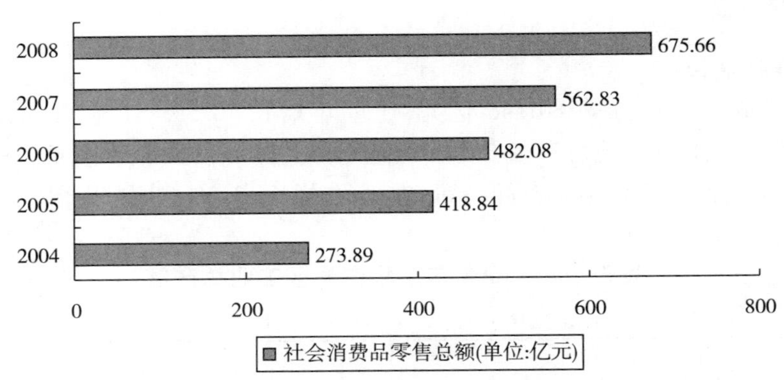

图2-251 2004-2008年金华市社会消费品零售总额

市场需求稳定增长。在限额以上批发零售贸易业零售额中,吃穿用类商品稳定增长。食品、饮料、烟酒类零售额20.04亿元,增长11.6%。其中粮油类受物价影响增长较快,零售额3.26亿元,增长20.2%;服装、鞋帽、针纺织品类零售额15.85亿元,增长27.9%;日用品类、化妆品类、金银珠宝类零售额分别为4.42亿、1.81亿、1.98亿元,分别增长10.2%、12.4%、39.9%;中西药品类、家用电器

和音像器材类零售额分别为 14.02 亿、10.16 亿元，分别增长 17.8%、12.6%。热点商品中能源类消费依然增长，汽车消费略有下降。石油及制品类零售额 56.46 亿元，增长 17.4%；汽车类零售额 47.84 亿元，下降 8.0%。

2008 年全市共有各类市场 408 个，商品交易市场年成交额1 145.02亿元，比上年增长 6.7%。其中年成交额超亿元的市场有 45 个，总成交额1 047.15亿元，比上年增长 6.2%。

2. 交通、邮电

物流业快速发展，完成了金华市物流发展规划编制，“金华－义乌”省级重点物流枢纽发展势头良好，建成金华国际物流园区二期、“中外运”项目一期工程。2008 年全市交通建设共投资 24.6 亿元，其中：高速网络工程投资 11.73 亿元，境内高速公路通车里程达 305.4 公里；国省道及重要县道干线畅通工程完成投资 7.2 亿元；农村公路建设完成投资 1.84 亿元；大中修工程完成投资 2.64 亿元；公路绿化、安保及危桥改造等其他工程完成投资 1.2 亿元；全市境内公路总里程达11 290.736公里。全市拥有机动车 99.86 万辆，比上年增长 7.4%，其中汽车 37.31 万辆，比上年增长 18.8%。年内公路旅客周转量 75.99 亿人公里，货物周转量 82.56 亿吨公里。航空出港客运量 50.53 万人次，货运量7 353吨，分别比上年增长 0.6% 和 1.7%。

全年邮电业务收入 57.41 亿元，比上年增长 10.1%。其中，邮政业务收入 5.38 亿元，增长 29.5%；电信业务收入 52.03 亿元，增长 8.5%。年末城乡固定电话用户 244.15 万户，比上年末下降 4.5%。其中住宅电话 100.04 万户，下降 4.8%；公用电话 27.70 万户，下降 2.8%。主线普及率 53.0 部/百人。年末移动电话用户达 425.08 万户，比上年新增 8 万户。国际互联网络用户达 56.10 万户，比上年新增 10 万户。年末行政村宽带覆盖率达到 99.6%。

3. 旅游业

2008 年，全市共接待海内外游客 2 076.17 万人次，比上年增长 9.3%，实现旅游业总收入 191.23 亿元，增长 8.2%。其中接待国内游客2 027.22万人次，增长 9.2%，实现国内旅游收入 171.05 亿元，增长 9.5%；接待入境游客 48.95 万人次，增长 9.9%，实现旅游外汇收入29 057.22万美元，增长 7.8%。全市共有旅行社 101 家，旅游饭店 96 家，A 级旅游景区 14 家。

4. 金融和保险

2008 年末全市金融机构本外币各项存款余额 2 576.31 亿元，增长 24.0%。其中：企事业单位存款余额 647.88 亿元，增长 20.3%；城乡居民储蓄存款余额1 365.52亿元，比年初增加 323.13 亿元，比上年增长 31.0%。金融机构本外币各项贷款余额 1916.99 亿元，增长 15.6%。其中短期贷款1 363.34亿元，增长 15.4%；中长期贷款余额 507.32 亿元，增长 14.4%。本外币存贷比为 74.41。

全市保险机构全年保费收入 55.2 亿元，比上年增长 25.1%。其中财产险保费收入 20.39 亿元，人身险保费收入 34.8 亿元，分别比上年增长 14.3% 和 32.4%。全年支付各类赔偿及给付 17.47 亿元，比上年增长 4.7%。其中财产险赔款 11.78 亿元，比上年增加 3.47 亿元；人身险赔款及给付 5.69 亿元，比上年减少 2.69 亿元。

5. 房地产业

2008 年全市完成房地产开发投资 140.54 亿元，比上年增长 15.7%。商品房新开工面积 336.74 万平方米，竣工 254.40 万平方米。商品房销售面积 315.41 万平方米，其中住宅销售面积 267.65 万平方米。

（五）开放型经济

1. 对外贸易

2008 年全市完成进出口总额 95.48 亿美元，比上年增长 19.9%。其中出口总额 89.69 亿美元，增长18.9%;进口总额5.79亿美元,增长39.3%。结构调整取得积极成效。全市机电产品出口42.14亿美元,增长21.7%,占出口比重比上年提高1.1个百分点。全年生产企业出口62.99亿美元,增长29.4%,高于全省生产企业出口增幅6.19个百分点。全年出口超千万美元的企业187家,比上年增加31家,共计出口46.69亿美元,增长24.2%,拉动全市出口增幅提高12.1个百分点。

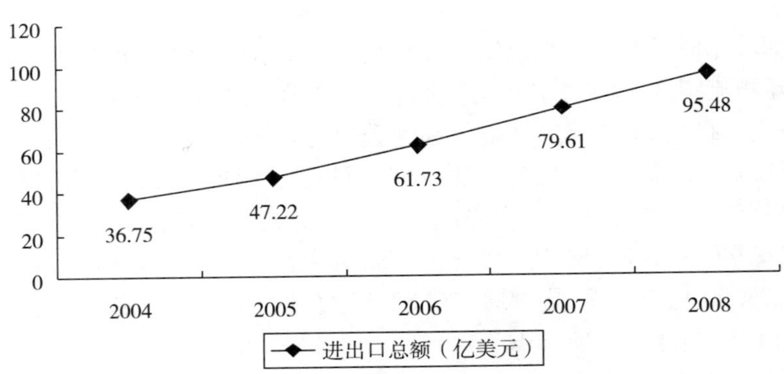

图2-252　2004-2008年金华市外贸进出口总额

2. 利用外资

全年新批外商投资企业95家,投资总额83 458万美元;新增合同外资额52 883万美元,实际利用外资51 302万美元。工业制造业引资仍占主体地位,总投资、合同外资和实到外资分别占总数的82.8%、83.8%和92.0%;新引进一批生产移动通信设备、集成电路、高性能电池、计算机软件等科技含量较高的外商投资项目,总投资达1.4亿美元。第三产业投资不断升温,全年新批三产领域外商投资项目43个,占总数的45.2%,占比提高3个百分点。全年有73家外资企业发生增资,合同外资增资30 865万美元,占总额的58.0%。全市共4家企业经商务部批准转制为外商投资的股份制公司。全年新设外资并购项目4个,世界500强投资项目3个。

表2-94　2008年金华市县市实际使用外资

单位:万美元

县市	实际使用外资金额
金华市区	16 333
兰溪市	5 311
东阳市	4 501
义乌市	13 771
永康市	5 052
武义县	2 510
浦江县	3 006
磐安县	818

3. 对外合作

全年新批境外投资项目26个,实现境外投资总额4 143.7万美元,比上年增长46.3%;其中中方投资额3 295万美元，增长20.8%；完成外经营业额1.26亿美元，增长24.1%。单个项目平均规模扩大到159.37万美元，比上年增长57.8%；全年总投资500万美元以上大项目5个，分别是浙江润源、DOLON TV、飞神车业、步阳集团、华谊兄弟的境外投资项目；目前金华市最大的境外投资项目总投资890.5万美元。到2008年底，全市已累计在53个国家和地区设立境外投资项目202个，总投资11 682.59万美元，其中中方投资9 299.61万美元。

4. 开发区建设

金华高新技术产业园区实现技工贸总收入155.07亿元，比上年增长20.2%，园区国家级科技创新服务中心被评为2008年度三个省级优秀科技企业孵化器之一。

提升开发区（园区）建设水平，新开发面积5平方公里。

5. 民营经济

金华市民营经济呈现“小草经济”的典型特征，企业规模小，但总量大，生命力顽强。改革开放以来，金华市专业市场与特色产业联动发展，具有商品市场发达形成的区域优势、以轻工产品为主的产品优势和以一般贸易为主的经营优势。民营工业（除国有、集体和三资企业外）产值占全市90%左右。全市规模以上制造业产值占全省6%，其中私营经济占全省的11%。金华市民营企业注重三次产业融合发展。一是以工业理念发展现代农业，农业企业化快速推进。“万象花卉”坚持用第三产业的服务理念经营第一产业，订单生产，建设花卉基地，做深做细花卉售后服务。走品牌之路，推广企业文化，“钓钓鱼、拔拔菜、摘摘水果、种种花，好把绿色带回家”的农业观光一日游项目深受市民欢迎。二是生产性服务业快速发展。义博会从全国性展会向国际性展会跨越，区域性物流中心地位进一步巩固。永康五金产业从浪潮经济向总部经济升级，加快推进工业企业分离发展服务业，将运输、仓储配送、售后服务等部门从制造业中分离出来。“鹰鹏物流”已拥有40多辆大型危化运输车辆，从业人员90多人，成为永康市最大的危化运输企业。三是商贸旅游业特色优势进一步增强。实施服务业发展规划和浙中商业购物中心建设，金华市区商贸业转型，浙江易川服饰有限公司发展运动休闲服饰连锁，销售网络覆盖浙江、江西各级县市。福泰隆公司从百货零售企业向连锁超市转型。5173金华基地年交易额突破30亿元，正迅速成长为全球性的虚拟网游电子商务企业。义乌市场在“义乌·中国小商品指数”的基础上，发布小商品行业代码标准和市场信用指数，新设立进口商品馆，篁园市场实施改造提升。东阳横店集团在电子工业园区的基础上，编制《横店影视产业实验区总体规划》，设立影视文化旅游产业发展专项基金，利用荒山建起影视拍摄基地，带动休闲旅游业发展，促进了新农村建设。2008年实现影视营业产值15.5亿元，上缴税收1.4亿元。

二、金华市2008年社会社会发展概况

（一）人口、人民生活

2008年全市出生人口46 620人，出生率10.13‰，人口自然增长率3.19‰。年末总人口461.41万人，其中市区92.38万人；非农业人口105.31万人，其中市区31.48万人。平均每户家庭人口2.55人。

2008年，金华市区城镇居民人均可支配收入21 408元，比上年增长7.8%；市区城镇居民人均消费支出13 713元，比上年增长1.0%。全市农村居民人均纯收入8 264元，增长12.5%；农村居民人均生活消费支出6 154元，增长7.2%。居民住房条件继续改善。年末市区城镇居民人均居住面积34.32平方米，比上年末增加0.52平方米；全市农村居民人均生活用房面积59.82平方米，增加0.92平方米。

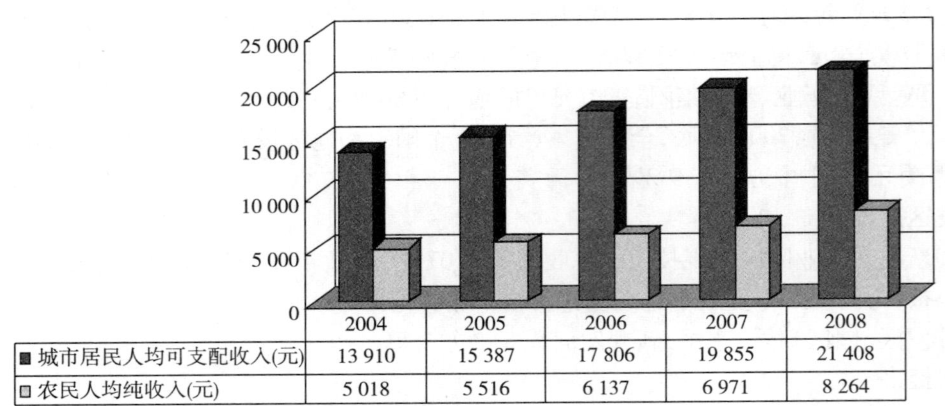

	2004	2005	2006	2007	2008
■ 城市居民人均可支配收入(元)	13 910	15 387	17 806	19 855	21 408
□ 农民人均纯收入(元)	5 018	5 516	6 137	6 971	8 264

图 2－253　2004－2008 年金华市城乡居民收入对比一览

(二)就业和社会保障

年末全市拥有各类职业介绍机构 117 家,全年城镇新增就业人数 61 739 人,年末城镇登记失业率为 2.95%。全年失业人员再就业22 902人,比上年增长 10.2%。金华市政府积极扶持创业就业,自谋职业一次性补助金1 342.21万元,城镇退役义务兵自谋职业率达到 97.2%。

年末全市养老保险总参保人数87.41 万人,比上年净增7.94 万人。医疗保险参保人数67.89 万人,比上年净增 12.7 万人。实施城镇居民基本医疗保险制度,2008 年末全市参保人数达到 39.68 万人。参加失业保险 50.14 万人;工伤保险 100.93 万人;女工生育保险 33.36 万人;被征地农民基本生活保障参保 37.88 万人。

全市拥有各类收养性社会福利单位 110 个,社会福利床位数14 872张,收养各类人员10 544人。全市共有低保对象 6.01 万人,发放最低生活保障金8 527.45万元。全市共筹集医疗救助资金2 802.6万元,实际救助8 419人次,发放救助金2 770.85万元。全年发放救灾款2 113万元,救济灾民13 万人。农村五保对象集中供养率为 97.8%,城镇"三无"对象集中供养率为 97.7%。社区服务功能日趋完善,建立街道服务中心 30 个、社区服务中心(站)222 个、社区服务网点4 622个,建立捐赠接收站(慈善超市)75 个,建立避灾场所 190 个。全市共有享受抚恤优待的对象15 908人,发放抚恤金9 170.7万元,义务兵优待金2 881.5万元,困难补助经费 361.26 万元。

(三)教育和科学技术

1. 教育事业

金华市积极落实教育优先发展战略,2008 年义务教育完成率 102.6%,15 年基础教育普及率98.9%,全面实施义务教育教科书免费制度,并免除符合就学条件的外来民工子女义务教育阶段借读费,启动金华六中迁建和原金华一中蒋堂校园改造工程,浙江横店影视学院建校。至 2008 年末,全市拥有各级各类全日制学校 821 所,在校学生 74.74 万人。初中入学率、巩固率分别达到99.99%、100%。普通高中教育与中等职业教育协调发展,招生比例连续 7 年达到 1:1。初中毕业生升入高中段学校比例 97.95%。高等教育规模不断扩大。高等院校 8 所,在校生 6.98 万人,其中成人高校 2 所,在校生1 234 人,高等教育毛入学率达到 41%。全市拥有幼儿园1 641所,在园幼儿18.61 万人,学前三年幼儿入园率 97.71%。特殊教育学校 7 所,在校学生 869 人,三残儿童入学率达99.5%。十五年教育普及率达到 98.91%。省教育强县 7 个,教育强县人口覆盖率 77.28%,95.86%

的乡镇成为省、市教育强乡镇。

2. 科学技术

深入实施新一轮技术创新工程。大幅增加科技投入,全市规模以上工业企业科技活动经费支出总额增长43.5%,购置技术成果费用增长31.4%。全市新立项实施市级以上各类科技项目834项,其中国家级71项,省级381项,市级382项。获2007年度省科学技术奖10项,2008年度市科学技术奖80项、科技合作奖3项。首次评选金华市科学技术重大贡献奖,有两人获此殊荣。自主创新取得新进展。新认定创新型企业18家,新增高新技术企业97家、工业设计创新试点示范企业24家、专利示范企业36家,新组建市级以上高新技术研发中心和企业技术中心63家。新认定高新技术产品171只,其中省级45只。入选中国城市综合创新能力50强,位居中国最具创新动力城市地级市第13名。

国家级知识产权示范城市创建工作扎实推进。新增省级专利示范企业10家、市级26家,全市新申请专利7 463件、授权5 073件。品牌提升和标准化建设成效显著,新申报中国名牌产品11只,新增中国驰名商标32件,获中国标准创新贡献奖企业1家、省级标准创新企业7家。

产品质量指数继续提高。全年产品质量指数比上年提升了0.59达95.56,产品监督抽查合格率88.68%,特种设备定检率、登记率和操作人员持证上岗率达95%以上,计量器具强制检定62.5万台件。义乌建成国家级日用小商品质量监督检验中心。企业参与制订国家标准57项、行业标准70项、地方标准212项,重点产品可采用国际标准采标率达85%以上。成立全国专业标准化技术委员会分委员会2个,省级标准化技术委员会1个;确认省级标准化良好行为企业18家、通过计量检测体系企业及计量检测能力企业110家,7家企业被批准为浙江省标准创新型企业。全市"十小"行业质量安全整治和规范工作通过省政府的阶段验收评价。

(四)文化、体育和卫生

1. 文化事业

2008年金华市开展了送文化下乡与"种文化"活动,组织了婺剧精品评选。加强历史文化名城保护建设,市区历史建筑及遗存认养保护成效明显,方岩"申遗"和浦江"上山文化"、"中国东阳龙"、磐安玉山古茶场发掘保护工作有序推进。年末全市拥有艺术专业团体6个,群众艺术馆(文化馆)10个,公共图书馆10个,剧院9家。地市级广播电台1座、电视台1座,县级广播电视台7座。广播综合覆盖率和电视综合覆盖率达99.23%和99.54%。全市各县(市、区)全部开通了数字电视,发展数字电视用户达到5.6万多户。

2. 体育事业

全市共培养健将级运动员1人、一级运动员9人、二级运动员125人,一级裁判员18人、二级裁判员43人。在国家级及以上比赛中共取得金牌9枚、银牌6枚。杜剑平在北京残奥会上夺得4金1银1铜,并7次打破世界纪录,创造4项新的世界纪录;蔡力在北京奥运会上打破4×100米自由泳接力亚洲纪录。组队参加了24个省级青少年体育比赛,共取得金牌43枚、银牌74枚、铜牌59枚。

3. 卫生事业

2008年金华市共有卫生机构341个(不含诊所等,下同),其中医院、卫生院(含社区服务中心)252个,妇保院(所、站)10个,专科疾病防治院(所、站)6个;全市实际开放床位数13 766张,其中:医院和卫生院床位(含社区服务中心)13 077张;全市卫生技术人员19 231人,其中执业医师和执业助理医师8 178人,注册护士6 176人;疾病预防控制机构10个,总人数493人;卫生监督检验机构10个,总人数351人。另有诊所、医务室、卫生所、社区卫生服务站1 193个,卫技人员2 170人。参加新型农村合作医疗的人数共达349.04万人,平均参合率为93.31%。全市共有艾滋病初筛实验室47

个,确诊实验室1个。

(五)城乡建设

1. 浙中城市群建设稳步推进

2008年,金华市基本完成浙中城市群规划纲要编制,修编完善金华市城市总体规划,全面组织开展县市域总体规划编制。抓住国家扩大内需的契机,迅速组织申报和实施一批重大基础设施、民生工程和产业提升项目,完成重点建设项目投资96亿元,达年度计划的109%。稳步推进浙中城市群干线公路网建设,诸永、台金高速公路通车,实现"县县通高速"的目标;义永公路永童段、磐安县城与高速公路连接线完工,义浦二线开工建设。农村联网公路建设深入推进。电网改造建设步伐加快,500千伏兰溪输变电工程进入电气安装阶段。完善市区城市功能,新浙中建材市场正式营业,市博物馆开始陈展,市文化中心、农贸市场、上海财经大学浙江学院、金义快速路、虹戴公路等项目进度加快,市文化艺术中心开工。中国婺剧院恢复施工。五百滩拆迁工作全面完成。市区深入开展创建国家卫生城市工作,通过了省级验收并上报国家爱卫会。金华连续第三次获得"中国十佳宜居城市"称号。

2. 新农村建设扎实开展

全市财政对"三农"投入75亿元,增长15%。农业生产形势良好,实现农业总产值141亿元,增长5.4%。粮油生产全面丰收,粮食作物播种面积230.1万亩、总产量88.5万吨。加大农业龙头企业培育力度,新增国家级农业龙头企业2家、省级7家,新认定省级农业科技企业16家。大力推进土地流转和规模经营,抓好集体林权制度改革。全省"千村示范、万村整治"工程现场会在金召开。积极推进连线连片整治,义乌、金东整市(区)整治成效显著,全市累计完成整镇整治乡镇38个。完成整治村732个,累计完成3 195个,占全市行政村总数的66.2%。完成生活污水治理村678个,农村垃圾无害化处理率达65%。完成农村电气化改造村1 012个、信息化示范村80个。稳步推进"村庄绿化行动"、"兴林富民示范"、农村饮水安全、"万里清水河道"等工程,新增农村饮水安全人口58.9万人。永康市被授予全国农田水利基本建设先进单位。深入实施"百万农村劳动力素质培训工程"和"十万农民技工培训行动",培训农村劳动力13.3万人。全面实施"低收入农户奔小康工程",建立"一户一策一干部"帮扶机制,全市有3.1万名党员干部与6.4万户农户开展结对帮扶活动,低收入农户减少21.8%。

(六)环境保护和生态建设

2008年,金华市环境污染整治三年行动顺利启动实施,生态市建设全面推进,主要污染物减排取得良好成效。累计建成烟尘控制区面积349.5平方公里,噪声达标区253.9平方公里。金华市区空气质量优良率达到92.3%,其他市辖各城市环境空气质量都符合国家二级标准。

全市生态公益林建设面积221.87千公顷,累计建成生态公益林100.49千公顷。全市森林覆盖率61.3%。义乌市获得"浙江省森林城市"称号。全市共建成全国环境优美乡镇8个,省级生态乡镇45个,市级生态乡镇82个,市级生态街道1个。全市共有沙金兰等23个规范化合格饮用水源保护区,各饮用水源保护区内水质基本达到国家Ⅱ类水质标准。建成自然保护区4个,其中国家级自然保护区1个;森林公园12个,其中国家级森林公园2个。全市创建省级村庄绿化示范镇1个,省级绿化示范村32个,创建市级绿化示范村67个。

三、挑战与目标

面对成绩,也应清醒地看到当前金华市经济社会发展面临很多困难和和问题:受国际金融危机和国内严峻的宏观形势影响，经济下行的压力加大，地区生产总值等一些指标没有实现预期目标；产业层次低、自主创新能力不强、产品附加值不高等素质性和结构性矛盾没有根本改变，部分企业生产经营困难；"三农"工作仍处在爬坡过坎阶段，面对自然灾害、市场波动等多重风险和压力，农民持续增收困难；浙中城市群建设还处于起步阶段，协调推进机制有待进一步完善；就业压力不断加大，民生和社会事业欠账较多，食品药品安全和安全生产问题还比较突出；一些政府工作人员工作作风不实、工作落实不力、服务意识不强、服务效率不高；一些地方和领域腐败现象仍时有发生。为此，政府必须保持清醒头脑，增强忧患意识，高度重视、不断解决发展中存在的突出矛盾和问题，更加努力地做好政府各项工作，不辜负人大代表、政协委员的信任，不辜负党和人民的期盼！

2009 年国民经济和社会发展的主要预期目标建议为：全市和市区生产总值增长 9. 5%；财政总收入、地方财政收入均增长 7%；全社会固定资产投资增长 8%；社会消费品零售总额增长 12%；外贸出口总额增长 10%；万元生产总值综合能耗下降 4% 以上，化学需氧量排放量下降 3% 以上，二氧化硫排放量下降 3% 左右；农村居民人均纯收入增长 8%，市区城镇居民人均可支配收入增长 7%；全市新增城镇就业 5. 4 万人，城镇登记失业率控制在 4% 以内；人口自然增长率控制在 6‰ 以内。

四、金华市在长三角地区经济发展中的地位

2008 年，面对年初历史罕见的雨雪冰冻灾害、严重的全球金融危机和国内外经济增长下行的不利影响，金华市上下坚持落实科学发展观，扎实推进"创业富民、创新强市"和"工业强市"战略，齐心协力，积极应对国际金融危机对实体经济的冲击，加快转变经济发展方式，促进经济转型升级，确保了经济基本平稳运行，虽然整体发展速度有所回落，但结构得到优化，发展比较协调，民生不断改善。

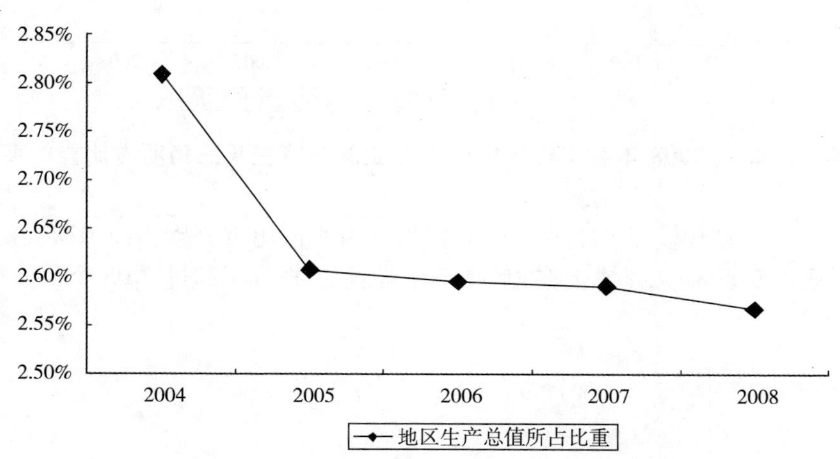

图 2 -254　2004 -2008 年金华市地区生产总值在长三角所占比重的变化趋势

2004 -2008 年金华市地区生产总值在长三角所占比重分别为：2. 81%、2. 61%、2. 60%、2. 59%、2. 57%，呈现稳中略降的基本态势。其中 2005 年比 2004 年下降 0. 2 个百分点，为 5 年来最大降幅；2005 年以后的 4 年变化很小，逐年降幅均不超过 0. 02 个百分点。

2004 -2008 年金华市地方财政一般预算收入在长三角所占比重分别为：1. 70%、1. 78%、1. 78%、1. 70%、1. 70%。各年占比整体变幅不大，明显的分为两类，即 2005 年和 2006 年占比均为 1. 78%，2004 年、2007 年和 2008 年占比均为 1. 70%。

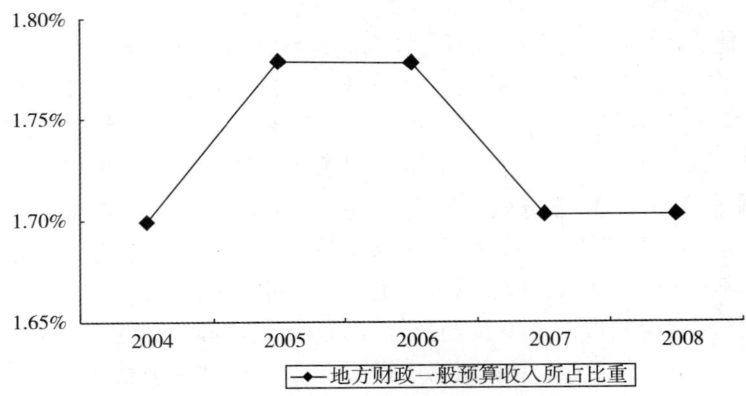

图 2-255　2004-2008 年金华市地方财政一般预算收入在长三角所占比重的变化趋势

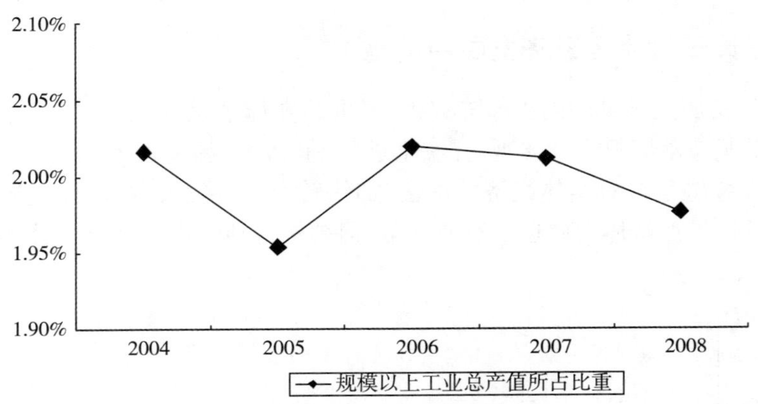

图 2-256　2004-2008 年金华市规模以上工业总产值在长三角所占比重的变化趋势

2004-2008 年金华市规模以上工业总产值在长三角所占比重分别为:2.02%、1.95%、2.02%、2.01%、1.98%,逐年变幅较小,基本上在 2% 上下窄幅震荡,振幅不超过 0.05 个百分点。

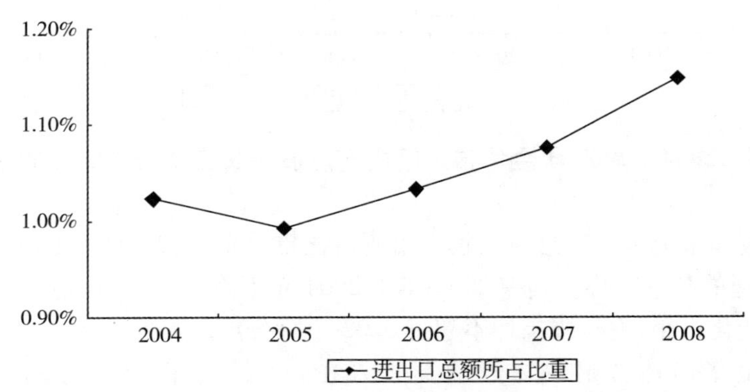

图 2-257　2004-2008 年金华市进出口总额在长三角所占比重的变化趋势

2004-2008 年金华市进出口总额在长三角所占比重分别为:1.02%、0.99%、1.03%、1.08%、

1.15%。在2005年比2004年出现0.03个百分点的微量跌幅后，最近3年呈现逐年微幅增加的趋势，三年累计增幅为0.16个百分点。

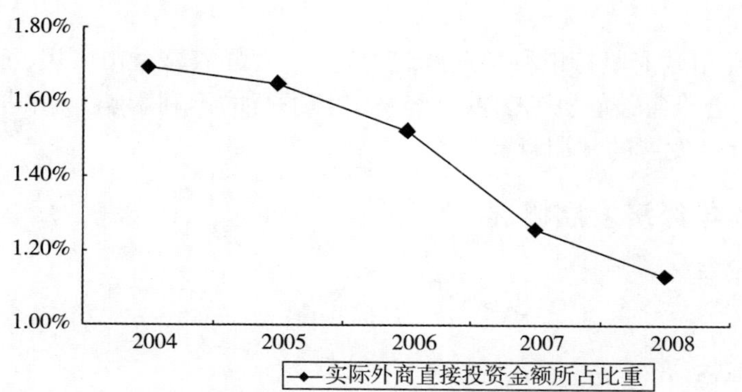

图2－258　2004－2008年金华市实际外商直接投资金额在长三角所占比重的变化趋势

2004－2008年金华市实际外商直接投资金额在长三角所占比重分别为：1.69%、1.65%、1.53%、1.26%、1.13%，呈现逐年微幅下降的趋势，5年累计降幅为0.56个百分点。

八　衢州市2008年经济社会发展

2008年，衢州市委、市政府坚持以科学发展观为统领，紧紧依靠全市人民，面对年初历史罕见的雨雪冰冻灾害、严重的全球金融危机和国内外经济增长下行的不利影响，见事早、行动快，顺利地完成了全年国民经济和社会发展的预期目标。

一、衢州市2008年经济发展概况

(一)综合经济

1.经济总量继续增长

2008年全市生产总值580.05亿元，按可比价格计算，比上年增长13.0%。其中，第一产业增加值61.71亿元，增长8.0%；第二产业增加值317.85亿元，增长15.2%；第三产业增加值200.49亿元，增长11.6%。三次产业增加值结构由上年的11.0∶53.0∶36.0调整为10.6∶54.8∶34.6。全市人均生产总值按户籍人口计算为23 362元(按常住人口计算为26 076元)，合3 360美元，比上年增长12.5%。

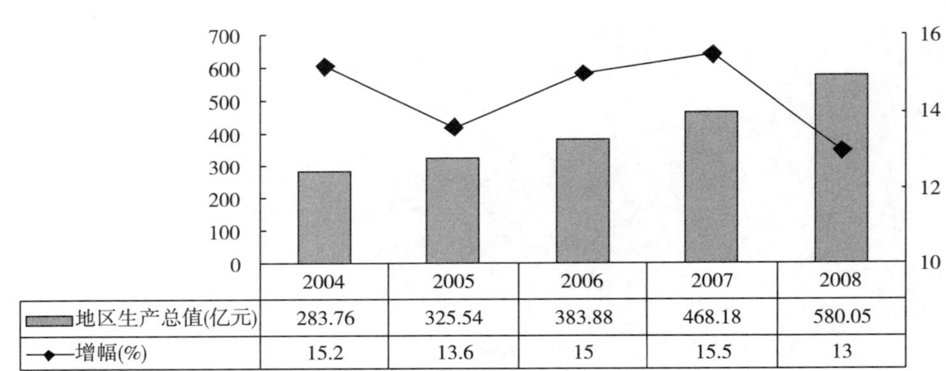

	2004	2005	2006	2007	2008
地区生产总值(亿元)	283.76	325.54	383.88	468.18	580.05
增幅(%)	15.2	13.6	15	15.5	13

图2-259　2004-2008年衢州市地区生产总值及增长速度

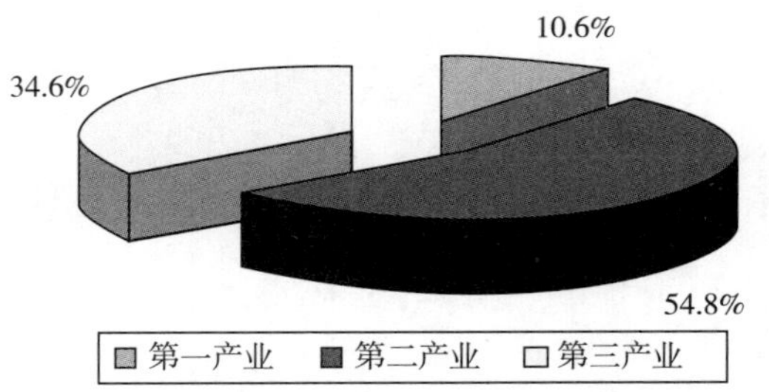

图2-260　2008年衢州市三次产业结构图

表 2－95　2008 年衢州市县市主要经济指标

县市	生产总值（亿元）	地方财政收入（亿元）	全社会固定资产投资（亿元）	出口总额（万美元）	社会消费品零售总额（亿元）
衢州市区	238.94	16.92	144.65	34 563	82.56
江山市	130.67	6.21	73.73	15 795	41.47
常山县	59.67	3.55	49.55	8 900	21.64
开化县	54.78	3	30.55	10 296	23.76
龙游县	90.72	4.7	62.7	20 381	46.2

2. 财政收入持续增长

全年实现财政总收入 57.30 亿元，比上年增长 17.1%，其中地方财政收入 34.39 亿元，增长 17.2%。在地方财政收入中，实现税收收入 30.20 亿元，增长 15.5%，其中主体税种增值税、营业税、企业所得税和个人所得税分别增长 16.3%、1.6%、16.7% 和 25.7%。全年财政支出 67.93 亿元，增长 22.4%。

3. 物价指数有所上涨

市区居民消费价格比上年上涨 5.0%，其中：食品类上涨 13.9%，居住类上涨 4.5%。

表 2－96　2008 年居民消费价格变动情况（上年 =100）

居民消费价格总指数	105
食品	113.9
烟酒及用品	103.7
衣着	97.2
家庭设备用品及维修服务	103.6
医疗保健和个人用品	104.8
交通和通讯	97.2
娱乐教育文化用品及服务	98.2
居住	104.5

工业品出厂价格上涨 8.2%，其中重工业产品出厂价格上涨 10.7%，轻工业产品出厂价格上涨 6.1%。原材料、燃料、动力购进价格上涨 15.1%，其中：黑色金属材料类上涨 34.3%，燃料、动力类上涨 23.7%。市区房屋销售价格上涨 7.7%，其中住宅价格上涨 8.1%。

4. 固定资产投资平稳增长

2008 年，衢州市深入开展“项目推进攻坚年”活动，完善重点项目推进协调机制，切实保障重点项目顺利推进。全市实施“六大百亿”工程 123 项、重点工程 175 项，分别完成投资 299.9 亿元和 115.5 亿元，为年度计划的 113.6% 和 133.4%，黄衢南高速公路衢南段、衢州医疗和固体废物处理中心等一批重点项目顺利建成。在 50 个项目已列入省重点的基础上，抢抓四季度国家实施扩大内需政策的机遇，又有 54 个项目挤入国家和省新增投资计划，争取到资金 2.5 亿元，列全省各市前茅。衢江航运开发、杭长客运专线、九景衢铁路、杭新景高速公路、西气东输管道、龙游核电、衢州机场迁建等重大战略性项目前期工作取得突破性进展。

全年全社会固定资产投资361.17亿元,比上年增长13.9%。其中限额以上固定资产投资326.33亿元,增长14.2%。在限额以上固定资产投资中,第一产业投资6.76亿元,下降30.6%;第二产业投资179.17亿元,增长25.5%;第三产业投资140.40亿元,增长5.4%。

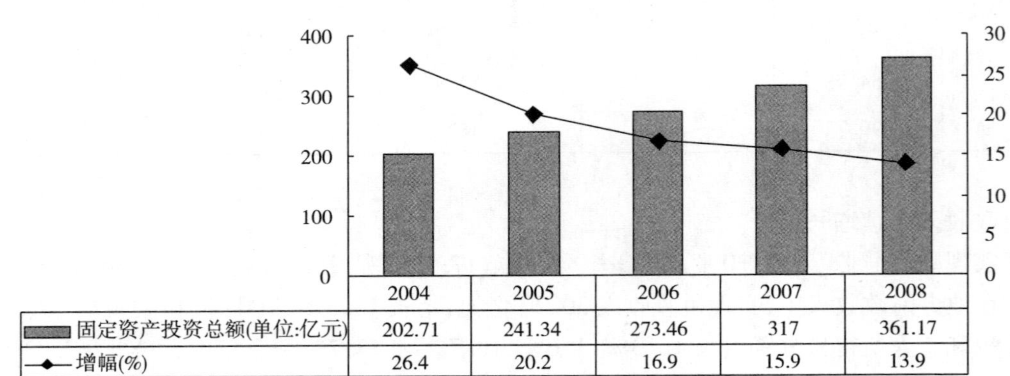

	2004	2005	2006	2007	2008
固定资产投资总额(单位:亿元)	202.71	241.34	273.46	317	361.17
增幅(%)	26.4	20.2	16.9	15.9	13.9

图2-261　2004-2008年衢州市全社会固定资产投资及增长幅度

(二)农业

2008年实现农林牧渔业总产值96.34亿元,比上年增长12.3%。

2008年,衢州市狠抓农业抗灾恢复生产,及时出台政策,加大农田水利设施恢复重建和科技救灾力度,努力把灾害损失降到最低程度。认真落实扶持粮食生产各项政策措施,粮食生产基本稳定,全年粮食总产量72.93万吨,比上年增加0.71万吨,增长1.0%;江山县被评为全国粮食生产先进县。油料产量5.09万吨,增长26.7%,蔬菜产量75.21万吨,增长15.9%,食用菌产量18.92万吨,增长20.2%;果用瓜产量15.04万吨,增长32.2%;水果总产量108.32万吨,增长16.9%,其中柑桔总产量91.17万吨,增长19.5%。

全市全年农作物播种面积307.23万亩,比上年增长8.3%,其中:粮食播种面积183.8万亩,增长1%;油料播种面积47.26万亩,增长28.2%;蔬菜种植面积46.63万亩,增长12.2%;果用瓜种植面积8.08万亩,增长36.3%。全年肉类总产量为22.08万吨,比上年增长12.6%,其中猪肉19.87万吨,增长12.5%。全年生猪出栏388.96万头,增长13.2%;家禽出栏1760.23万只,增长18.2%。全年水产品总产量为4.18万吨,增长6.9%,蜂蜜产量23703吨,下降0.7%,牛奶产量2989吨,下降15.4%。

深入实施农产品品质提升工程,积极推动农业产业化经营。出台激励政策,全力促进柑桔销售。扎实推进"四位一体"新型农业服务体系建设,普遍建立农技推广责任制度,加强示范性农民专业合作社培育,全面推广农业政策性保险,整顿规范农资经营网络,农业社会化服务保障能力进一步增强。全市农业增加值增长8%,新增绿色食品26个、无公害农产品35个,新增国家级农业龙头企业1家、省级6家,农产品加工产值增长15.8%。新增省无公害农产品产地19个,累计建成无公害农产品基地77万亩以上。

(三)工业和建筑业

2008年,衢州市着力培育氟硅、装备制造和区域特色产业"三大千亿板块",氟硅产业集群初具规模，被国家科技部火炬计划中心命名为中国氟硅新材料产业基地，开化硅材料基地被批准为省级高新技术特色产业基地；装备制造业快速发展，高档特种纸产业规模迅速壮大，浙江新型干法水泥熟料基地已经形成。

全年全部工业增加值265.62亿元，按可比价格计算比上年增长17.0%。规模以上工业全年完成产值768.79亿元，增长36%，其中：重工业582.50亿元，增长37.7%；轻工业186.29亿元，增长31.1%。实现工业销售产值748.55亿元，增长36.1%，产销率97.37%，提高0.09个百分点。全年完成工业出口交货值71.27亿元，增长22.7%。全市年末共有规模以上工业企业单位1 077家，其中：主营业务收入亿元以上的企业136家，大中型企业63家。

表2－97　2008年衢州市县区工业总产值

单位：亿元

县市	工业总产值
衢州市区	357.88
江山市	184.85
常山县	61.15
开化县	54.23
龙游县	110.67

在规模以上工业中，化工行业实现产值186.97亿元，比上年增长29.9%；机械行业169.73亿元，增长42%；建材行业55.10亿元，增长12.1%；黑色金属冶压业83.19亿元，增长108.4%；造纸行业38.53亿元，增长33.5%；纺织业27.84亿元，增长38.5%；电力行业47.47亿元，增长12.9%。

全年规模以上工业企业实现利税61.88亿元，增长24.4%，其中利润36.29亿元，增长28.6%。列入省考核的十一项工业经济效益指数综合得分284.19分，比上年提高25.98分。

全年建筑业实现增加值52.23亿元，按可比价格计算比上年增长6.7%。全市建筑业企业226家，超亿元产值的企业43家。具有一级资质企业6家，比上年增加3家。二级资质企业68家，增加12家，三级资质企业78家。全年建筑业实现总产值134亿元，增长25%。

（四）服务业

1. 国内贸易

全年社会消费品零售总额215.61亿元，比上年增长20.2%。分地域看，城市消费品零售额151.19亿元，增长21.0%；县以下消费品零售额64.42亿元，增长18.3%。分行业看，批发和零售业零售额182.86亿元，增长20.7%；住宿和餐饮业零售额28.57亿元，增长19.0%；其他行业零售额4.19亿元，增长7.0%。全市限额以上批发零售业实现零售额39.29亿元，增长16.8%。其中：食品、饮料、烟酒类增长18%，服装鞋帽、针、纺织品类增长33%，日用品类增长53.6%，家用电器和音像制品类增长20.2%，石油及制品类增长25.3%，汽车类下降4.6%。全市共有成交额超亿元的各类市场22个，摊位数8 017个，实现成交额176.65亿元，增长26.6%。超十亿元市场有6家，比上年增加2家。

2. 交通、邮电

全年完成交通运输和邮政业增加值22.72亿元，比上年增长8.0%。

全年各种运输方式完成货物运输量9 839.64万吨，比上年增长4.9%。其中：铁路591.97万吨，下降9.4%；公路9 241万吨，增长6.0%；水运6.67万吨，增长5.9%。全年各种运输方式完成旅客运

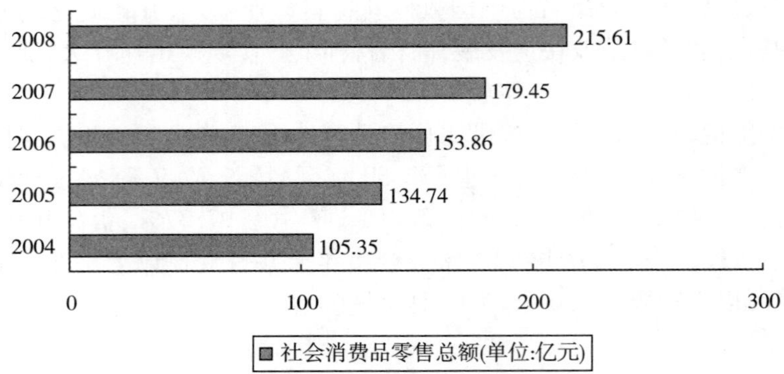

图 2 -262 2004 -2008 年衢州市社会消费品零售总额

输量7 531.66万人,增长2.3%。其中:铁路216.34万人,增长12.0%;公路7 305万人,增长2.0%;水运4.18万人,下降7.9%;民航6.14万人,增长64.2%。年末全市各类公路里程7018公里,其中高速公路244公里,一级公路244公里,二级公路671公里,村道2 968公里。境内铁路里程133.9公里。全市民用汽车拥有量7.11万辆,比上年增长17.1%,其中载客汽车4.65万辆,载货汽车1.61万辆,分别增长25.3%和8.1%;私人汽车5.38万辆,其中私人轿车3.48万辆,分别增长20.1%和64.6%。

全年通信业务收入11.89亿元,比上年增长4.6%。完成国内邮政特快业务45.88万件,增长32.9%;国际邮政特快业务9 744件,增长8.5%。年末城乡固定电话用户72.46万户,年末移动电话用户141.41万户,电话普及率(含移动电话)85.9部/百人,互联网用户15.67万户。

3. 旅游业

全年接待国内旅游者1 059万人次,比上年增长21.7%,国内旅游收入57.03亿元,增长22.5%。全年入境的旅游者人数7.32万人次,增长11.3%。在入境的旅游者中:外国人4.06万人次,增长31.0%;香港、澳门和台湾同胞3.25万人次,下降6.3%。国际旅游外汇收入3 663.68万美元,增长15.4%。全市拥有旅游星级宾馆饭店45家,客房总数3 409间。

4. 金融、证券和保险

年末金融机构本外币存款余额577.65亿元,比上年末增长17.3%,其中人民币存款余额574.53亿元,增长17.4%。年末金融机构本外币贷款余额480.25亿元,增长16.4%,其中人民币贷款余额473.70亿元,增长16.6%。年末城乡居民本外币储蓄存款余额309.45亿元,增长25.5%。

全市五家证券机构证券交易量762.27亿元,比上年下降40.7%;实现佣金收入1.53亿元,下降48.5%;期末保证金余额6.16亿元,下降19.7%;托管市值26.72亿元,下降57%;实现利润1.38亿元,下降65.9%;新开证券账户8 934个,下降66.0%。

年末全市共有保险机构23家,全年保费收入15.39亿元,增长33.1%。其中:寿险保费收入10.64亿元,增长44.4%;财产险保费收入4.75亿元,增长13.3%。支付各类赔款3.57亿元,增长40.4%,其中:寿险业务赔款0.26亿元,增长22.8%;财产险赔款3.31亿元,增长42.0%。

5. 房地产业

全市房地产开发投资45.62亿元,比上年下降0.6%,其中住宅投资35.16亿元,下降1.5%。房地产开发施工面积598.29万平方米,增长4.7%;竣工面积210.66万平方米,增长42.7%;销售面积129.58万平方米,下降29.8%,其中住宅销售103.31万平方米,下降34.7%,商业营业用房12.98万平方米,下降9.5%。商品房实际销售额40.20亿元,下降22.1%,其中住宅30.54亿元,下降25.8%。

(五)开放型经济

1. 对外贸易

全年进出口总额13.25亿美元,比上年增长24.9%。其中:出口8.99亿美元,增长24.6%;进口4.26亿美元,增长25.7%。全市有出口实绩的企业363家,其中当年新启动出口业务企业87家。出口额在100万美元以上的企业144家,增加19家;1 000万美元以上的龙头企业21家,增加6家。

全年对外出口的国家和地区154个。对美国、欧盟、韩国和香港四大主要市场的出口额分别为1.41、1.51、0.76和0.25亿美元,占全部出口额的43.7%,分别增长13.0%、20.9%、35.5%和下降53.8%。全市出口商品共20大类、1167个品种。在主要商品出口中:机电产品出口1.71亿美元,增长9.7%;高新技术产品出口1.16亿美元,增长48.8%;化工医药产品出口3.41亿美元,增长42.6%;服装、纺织品出口1.26亿美元,增长16.9%。

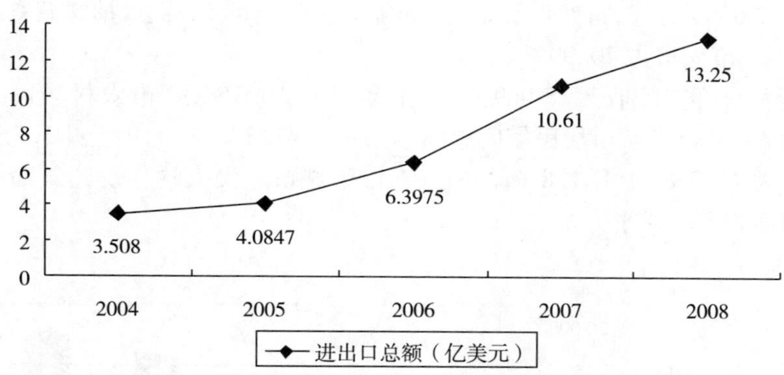

图2-263　2004-2008年衢州市外贸进出口总额

2. 利用外资

全年新批外商投资企业19家,其中外资企业7家,合资企业12家;总投资31 932万美元,比上年增长21.4%;合同利用外资13 497万美元,增长7.0%;实际利用外资5 813万美元,增长43.3%。

3. 开发区建设

加快工业园区整合提升,省级园区新开发面积1.5万亩,重点乡镇工业功能区建设取得新成效,新培育4家省级小企业创业基地。省级开发区新入园项目平均投资强度达180万元/亩、提高10%。全市完成园区建设项目投资113.24亿元,比上年增长15.4%。其中:高新技术、科技类园区投资9.88亿元,下降20.1%;经济开发区投资53.94亿元,增长17.8%;工业园区投资49.42亿元,增长23.6%。

表2-98　2008年衢州市县市实际使用外资

单位:万美元

县市	实际使用外资金额
衢州市区	2 590
江山市	780
常山县	500
开化县	87
龙游县	1 856

招商和项目工作取得新突破。把握特色产业集群培育主导方向,强化产业招商,招商引资在难度明显加大的情况下仍取得较好业绩。全市市外投资项目实际到位资金135亿元、增长13.7%,项目平均投资额4 883万元、提高11.1%。资源与产业合作继续深化,山海协作示范园建设加快推进,全市新签山海协作项目392个,到位资金101.3亿元、增长16.8%;其中与杭州、宁波新签项目137个,到位资金51亿元。加强与中国建材集团等央企合作,在项目、资金、技术等方面达成了一批合作协议。成功举办闽浙赣皖四省九市区域发展论坛,签订了合作框架协议,区域协作迈出新步伐。

二、衢州市2008年社会发展概况

(一)人口、人民生活

全市年末户籍人口248.85万人,其中,男性人口128.90万人,女性人口119.95万人,分别占总人口的51.8%和48.2%。全年出生人口2.47万人,出生率为9.9‰;死亡人口1.61万人,死亡率为6.5‰;全年净增人口0.86万人,自然增长率为3.4‰。根据全市5‰人口抽样调查结果推算,全市常住人口为222.9万,城市人口占40.99%。

市区城市居民人均可支配收入18 069元,比上年增长10.3%;全市农村居民人均纯收入6 843元,比上年增长12.7%。市区城市居民家庭恩格尔系数为41.3%,比上年上升3.5个百分点;农村居民家庭恩格尔系数为41.7%,上升1.8个百分点。市区城市居民人均住房建筑面积37.46平方米,农村居民人均住房面积53.24平方米。

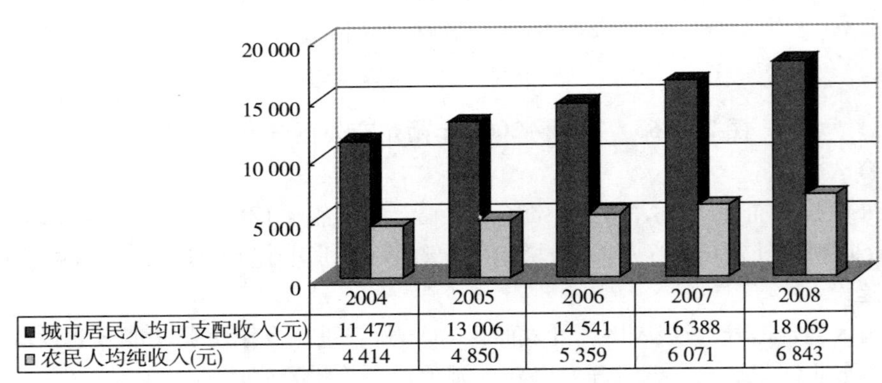

	2004	2005	2006	2007	2008
■城市居民人均可支配收入(元)	11 477	13 006	14 541	16 388	18 069
□农民人均纯收入(元)	4 414	4 850	5 359	6 071	6 843

图2-264　2004-2008年衢州市城乡居民收入对比一览

(二)就业和社会保障

深入实施就业扶贫工程,积极创建充分就业社区,加强市人力资源市场建设,大力发展和谐劳动关系,实现零就业家庭动态消零目标,2008年全市新增就业数人数2.69万人,有1.01万城镇下岗失业人员实现了再就业,年末城镇登记失业率为3.89%,比上年末上升0.05个百分点。

认真做好社会保障工作。继续推进“五费合征”,全市城镇职工社会保险新增各类参保人员19.1万人次。全面实施城镇居民基本医疗保险,参保率达81.6%。被征地人员基本生活保障“三年清欠”目标如期实现,新增被征地人员实现即征即保,保障标准提高。社会救助体系不断完善,城乡低保标准提高,全市共发放低保金6 048.9万元、低保物价补贴1 467.5万元,农村“五保”及城镇“三无”对象集中供养率分别达92.7%和99.4%。加强中低收入群众住房保障,发放住房公积金贷款

6.6亿元;新建廉租房2.1万平方米,新增受益家庭1 174户。全市参加养老保险人数为34.26万人,其中企业参保人数为29.71万人。参加失业保险的人数为15.99万人,参加基本医疗保险的人数为29.42万人。参加工伤、生育保险的职工分别为27.07和14.68万人;年末享受失业保险职工人数为2 520人。

全市有各类收养性社会福利单位91个,拥有床位9 718张,年末在院人数5 485人。农村五保人员集中供养率92.73%,城镇“三无”对象集中供养率99.37%。年末全市城镇居民和农村居民最低生活保障已保人数分别为4 635人和5.02万人。

(三)教育和科学技术

1.教育事业

全面实施免费义务教育,深化农村教育“五项工程”,努力促进基础教育均衡发展,名师资源共享和名校托管工作获中国城市管理进步奖。大力推进教育创强,常山、衢江被命名为省教育强县,开化通过省教育强县验收。全面实施职业教育“双六计划”,加快实训基地建设和示范专业培育,积极推动职教资源整合基础工作。高等教育稳健发展。乡镇中心幼儿园设置全面完成。特殊教育学校实现县级全覆盖。年末全市有普通高校1所,在校生10 211人;中等职业教育学校29所,在校生38 233人。普通高中26所,在校生41 644人。普通初中44所,在校生90 828人。小学221所,在校生14.89万人。特殊教育6所,在校生444人。全市拥有幼儿园1 058所,在园幼儿7.43万人。全市小学入学率、巩固率和升学率均为100%,初中入学率、巩固率均为99.99%,初中毕业升高中段的比例为95.37%,其中升入普通高中的比例为47.64%。15年教育普及率为95.96%,高等教育毛入学率为39.7%。全市有普通高校专任教师504人;普通高中专任教师2 725人,学历合格率97.39%;初中专任教师5 306人,学历合格率99.59%,小学专任教师7 671人,学历合格率99.44%,幼儿园专任教师3 242人,学历合格率90.56%。

2.科学技术

全市现有国家火炬计划重点高新技术企业25家,省级高新技术企业41家,市级高新技术企业55家。全市拥有县及县以上独立研究开发机构11个,企业技术开发机构89个。全年获得省以上科技进步奖10项,市级科技进步奖40项。专利申请受理1135项,专利申请授权574项。

年末拥有产品质量检验机构66家,法定计量技术机构6个,全年强制检定计量器具56 484台(件),其中:贸易结算用计量器具48 828件,安全防护用计量器具6 129件。全年检验特种设备5 661台(件),其中:电梯1 060台,压力容器1 958台。

(四)文化、卫生和体育

1.文化事业

深化“两子(孔子、棋子)”特色文化品牌建设,成功举办国际儒学论坛和“烂柯杯”中国围棋冠军赛。开展第三次全国文物普查,江山婺剧“耍牙”、“变脸”列入国家非物质文化遗产名录,南宗孔氏家庙等7家单位被列入全省首批文化建设示范点。扎实推进公共文化服务体系建设,提前完成新一轮农村有线电视“村村通”工程和有线广播“村村响”工程。启动广电公共服务均等化试点工作,“农家乐大篷车”、“民工俱乐部”等群众性文化活动蓬勃开展。年末全市共有各类艺术表演团体15个,其中专业2个;公共图书馆7个,面积11 193平方米,藏书量99万册;博物馆3个,面积18 350平方米。年末全市有县以上广播电台6座,广播综合人口覆盖率96.20%。全市有电视台7座,电视综合人口覆盖率96.87%。全市年放映电影27 898场,观众人次380.8万人,城市影院票房收入614.76万元。全市日均发行《衢州日报》6.02万份,《衢州晚报》7.10万份。全市共有综合档案馆7个,面积

16 069.1平方米。全市馆藏档案全宗1 030个,共计51.36万卷、53 533件。全年查阅档案、资料9 002人次,24 874卷(件)次。

2. 卫生事业

扎实推进公共卫生“五大体系”建设,新建社区卫生服务中心28家,新建和规范社区卫生服务站322家,深入实施农民健康工程,新型农村合作医疗参合率达92.5%,重点疾病防控得到加强。年末全市共有医院、卫生院152家,病床床位6 707张,其中等级医院29家,等级医院床位4 453张。执业医师及执业助理医师共5 814人,注册护士3 862人。全市共有疾病控制中心6个,卫生技术人员210人。全市农村自来水受益率58.35%,农村卫生厕所普及率79.91%。全市有妇幼保健院(所、站)7所,农村乡(镇)共有卫生院112个。新型农村合作医疗参保人数180.28万人,参保率92.5%。

3. 体育事业

全年举办市、县运动会84次,参加人次7万人。在全国及全省各类体育比赛中,全市共获金牌59枚、银牌58枚、铜牌62枚。当年新增健身路径69条。“全民健身与奥运同行”活动蓬勃开展。

(五)城乡建设

1. 中心城市功能不断完善

加快实施城市路网和旧城改造工程,府东街南段拆迁基本完成,中立交、西立交改造工程建成通车;信安大道、巨化中央大道东延伸段、双港西路改造工程有序推进。西区现代新城形象进一步凸现,衢江新区建设步伐加快。“五城联创”深入推进,创卫工作通过国家暗访和技术评估,城市管理综合执法水平明显提高,园林绿化品位不断提升,府山公园被评为国家重点公园,公交、供水、管道燃气等服务功能逐步完善。

年末全市城区面积799.95平方公里,其中建成区面积94.92平方公里,城区人口64.43万人(常住人口)。城市客运车辆966辆,全年客运量9 611万人次;年末拥有出租车732辆。全市日供水能力121.49万立方米(含企业自备水),全年供水总量15 788.42万立方米。全市用气人口62.87万人,燃气普及率88%(按城区人口计算)。全市现有污水处理厂7座(含企业),日处理能力18.6万立方米,城市污水处理率为61.03%。生活垃圾处理率为99.4%。全年新增园林绿地面积203公顷,建成区绿地率37.38%,人均公园绿地面积10.55平方米(城区范围),城市面貌明显改观。

2. 新农村建设整体推进

全市共投入村庄整治建设资金3.4亿元,启动整线村庄整治14条,新建成32个市级全面小康建设示范村,新增农村沼气池19.2万立方米,解决29.8万农民饮水安全问题,完成农村公路建设558.6公里,农村客运通村率达94%。实施“强塘固房”工程,除险加固山塘水库74座,实施农村住房救助2 378户。深化林权制度改革,规范流转程序,新增林地流转面积近3万亩,集体林权制度改革走在全省前列。积极开展农村住房抵押贷款试点。落实“一户一策一干部”帮扶机制,扎实推进低收入农户奔小康、下山脱贫和农民技能培训工程。全市共落实大中型水库移民后期扶持政策性资金1.3亿元,新完成下山脱贫3 565户1.2万人,其中乌溪江库区异地安置360户1 155人,新培训农村劳动力9.7万人,至市推行劳务培训券制度获首届中国地方教育制度创新奖。

(六)环境保护与生态建设

全市关停淘汰110家(条)小化工、小造纸、小制革、小砖瓦、小水泥等企业,新增化学需氧量削减量1 200吨、二氧化硫2 300吨。新增污水处理能力7.05万吨/天,21家工业企业完成限期治理和新建污水处理设施。全市建设项目环评和“三同时”执行率100%。县市交界断面和市出境水水质达标率100%,全市5个县级以上城市环境空气质量全部达到二级标准,市区全年空气污染指数小于100

的天数356天，县级以上集中式饮用水源地水质达标率100%。全年全市规模以上工业单位增加值能耗同比下降10.6%，万元GDP耗电1470.8千瓦时，降低3.9%。

生态市建设取得新成绩。全面启动环境保护新三年行动计划，常山化工园区整治通过省验收，"六个一批"工程深入推进。加强农业农村面源污染防治，完成"五整治一提高"村810个，省定环境整治村、污水处理村全部通过省级验收。加强重点饮用水源保护，乌溪江饮用水源保护区环境整治全面完成，全市共完成绿色通道工程107公里，边坡复绿工程26 950平方米，废弃矿山生态环境累计治理率85.5%，生态环境质量持续改善。2008年，衢州市获得"国家园林城市"荣誉称号。全市有12个乡镇获得全国环境优美乡镇命名，5个乡镇获得省级生态乡镇称号。创建省级绿色企业3家，省级绿色饭店1家，省级绿色家庭15户，省级绿色学校22所，省级生态环境教育示范基地1个。

三、挑战与目标

面对所取得的成绩，衢州市政府清醒地看到经济社会发展面临着很多困难和问题：主要经济指标持续回落，部分企业生产经营困难，财政减收增支因素增多，保稳促调难度加大；引进和储备大项目不多，发展后劲不足；就业形势十分严峻，农民特别是桔农持续增收难度加大，部分低收入群众生活比较困难；政府职能转变步伐不快，一些政府工作人员服务意识不强、作风不实、效率不高。对此，政府高度重视，将采取有效措施，切实加以解决。

2009年国民经济和社会发展主要预期目标是：生产总值增长11%以上，地方财政收入增长7%，全社会固定资产投资增长13%，社会消费品零售总额增长12%，外贸进出口总额增长12%；城镇居民人均可支配收入和农村居民人均纯收入均增长7%，居民消费价格总水平涨幅控制在4%左右，城镇登记失业率控制在4%以内，人口自然增长率控制在5.08‰以内；万元生产总值综合能耗、化学需氧量和二氧化硫排放总量完成省定目标。

四、衢州市在长三角地区经济发展中的地位

2008年，衢州市经济继续平稳较快发展，运行质量总体较好，但是由于宏观环境的影响，下半年开始下行迹象明显，发展形势较为严峻。

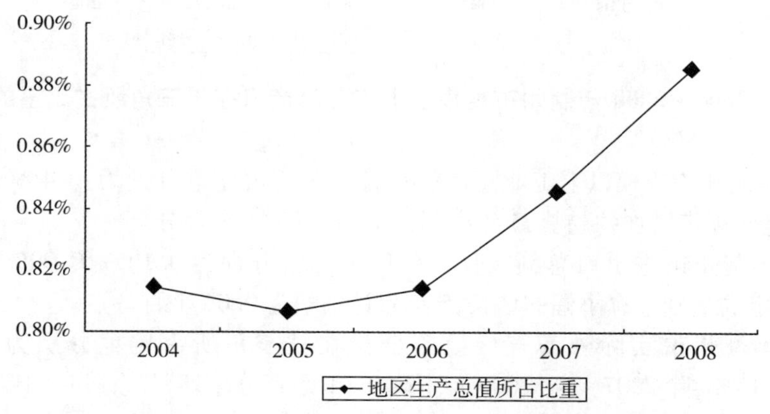

图2-265　2004-2008年衢州市地区生产总值在长三角所占比重的变化趋势

2004-2008年衢州市地区生产总值在长三角所占比重分别为：0.81%、0.81%、0.81%、0.85%、0.89%，在前3年保持相对稳定之后，2007年和2008年出现了一定幅度的增长，均比前一年增长0.4

个百分点。

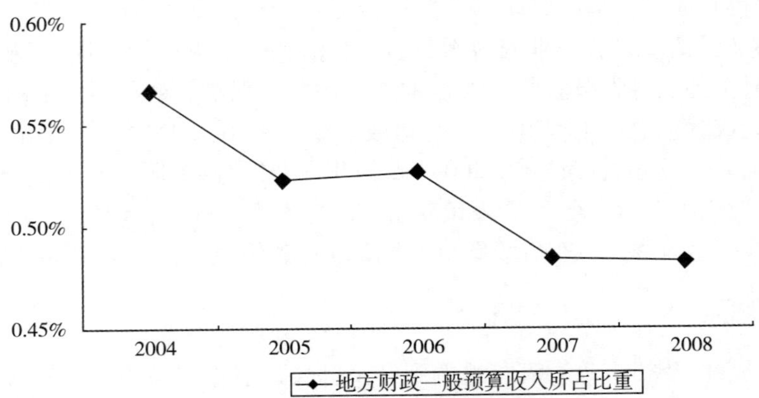

图 2-266　2004-2008 年衢州市地方财政一般预算收入在长三角所占比重的变化趋势

2004-2008 年衢州市地方财政一般预算收入在长三角所占比重分别为:0.57%、0.52%、0.53%、0.48%、0.48%,呈现逐年微幅降低的趋势,5 年累计降幅为 0.09 个百分点。

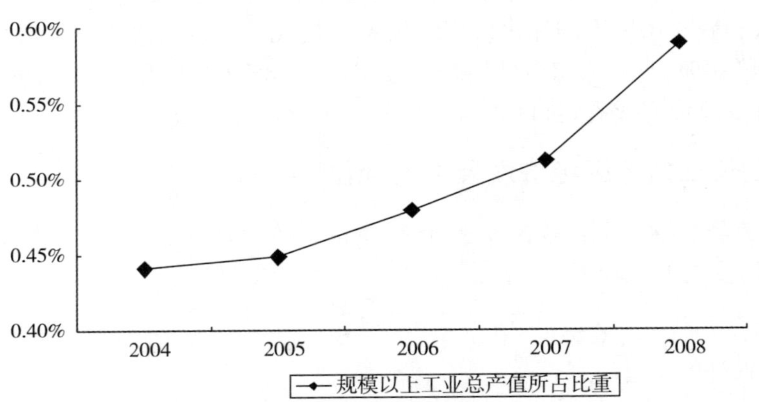

图 2-267　2004-2008 年衢州市规模以上工业总产值在长三角所占比重的变化趋势

2004-2008 年衢州市规模以上工业总产值在长三角所占比重分别为:0.44%、0.45%、0.48%、0.51%、0.59%,呈现逐年增加的趋势,5 年内累计增幅为 0.15 个百分点。

2004-2008 年衢州市进出口总额在长三角所占比重分别为 0.10%、0.09%、0.11%、0.14%、0.16%,在保持稳定的基础上有小幅的增长,5 年累计增幅为 0.06 个百分点。

2004-2008 年衢州市实际外商直接投资金额在长三角所占比重分别为:0.08%、0.11%、0.12%、0.10%、0.13%,除 2007 年比 2006 年下降 0.01 个百分点外,其余各年均保持微幅增长,2008 年比 2004 年的占比增加了 0.05 个百分点。

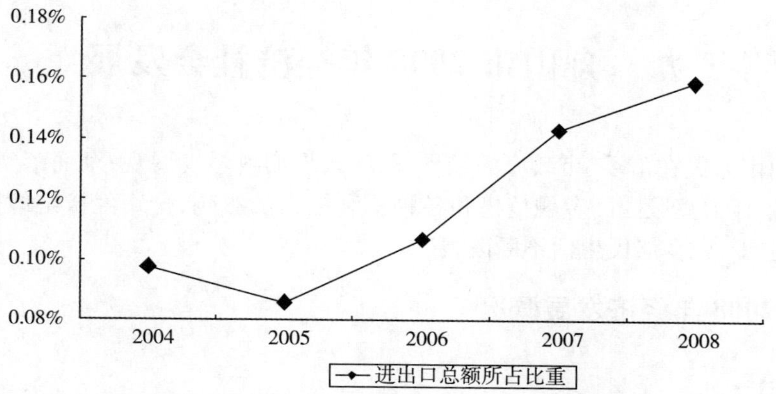

图 2-268　2004-2008 年衢州市进出口总额在长三角所占比重的变化趋势

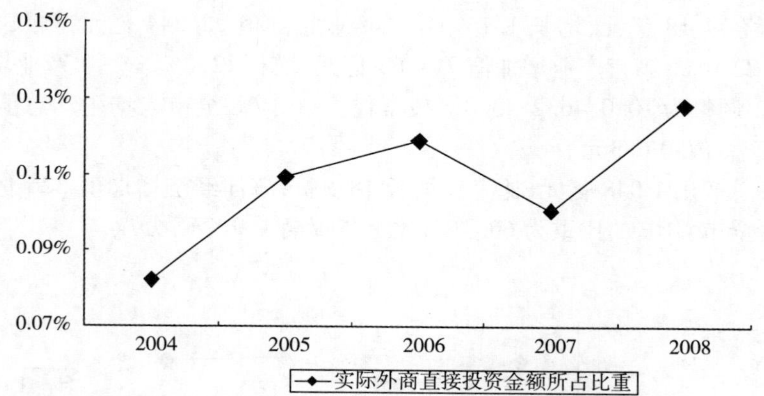

图 2-269　2004-2008 年衢州市实际外商直接投资金额在长三角所占比重的变化趋势

九　舟山市2008年经济社会发展

2008年,舟山市人民在市委、市政府的领导下,深入贯彻科学发展观,全面落实省委"创业富民、创新强省"总战略,努力克服国际金融危机和各种不利因素的影响,全市经济继续保持较快发展,各项社会事业全面进步,城乡居民生活不断改善。

一、舟山市2008年经济发展概况

(一)综合经济

1. 经济总量持续增长

全年全市实现生产总值490.25亿元,比上年增长14.5%,连续10年保持两位数增长。分产业看,第一产业增加值49.18亿元,增长1.1%;第二产业增加值226.44亿元,增长19.5%,其中工业164.19亿元,增长22.4%;第三产业增加值214.63亿元,增长12.8%。三次产业增加值结构由上年的11.0∶43.8∶45.2调整为10.0∶46.2∶43.8。按常住人口计算,全市人均生产总值46 936元;按户籍人口计算,人均生产总值50 683元。

全年海洋经济总产出1 048亿元,比上年增长18.9%;海洋经济增加值326亿元,增长17.5%,海洋经济增加值占全市GDP的比重为66.4%,比上年提高1.9个百分点。

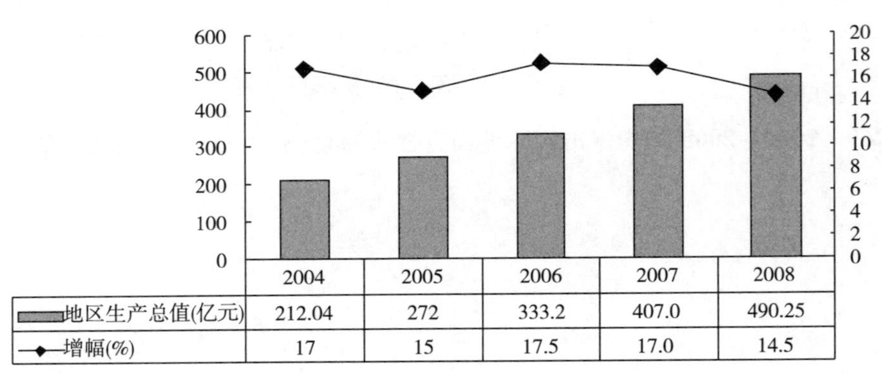

	2004	2005	2006	2007	2008
地区生产总值(亿元)	212.04	272	333.2	407.0	490.25
增幅(%)	17	15	17.5	17.0	14.5

图2-270　2004-2008年舟山市地区生产总值及增长速度

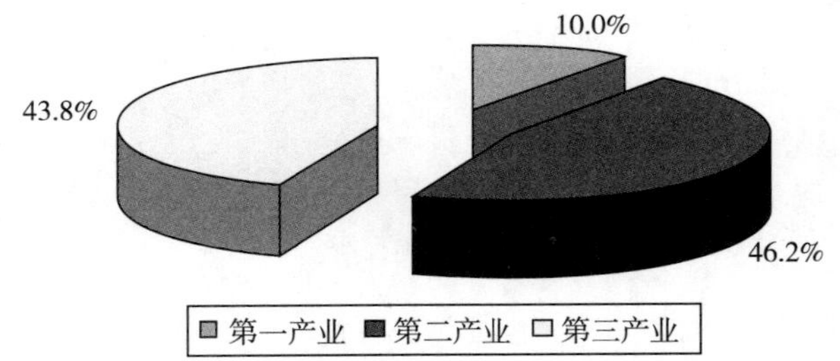

图2-271　2008年舟山市三次产业结构图

2. 财政收入增长较快

全年实现财政总收入 66. 68 亿元,比上年增长 26. 9%。地方财政一般预算收入 43. 15 亿元,增长 23. 1%;其中增值税、营业税和企业所得税分别为 4. 31 亿元、17. 85 亿元和 4. 71 亿元,分别增长 32. 8%、18. 1%和 33. 5%。地方财政一般预算支出 76. 78 亿元,增长 35. 8%;其中用于教育、科学技术、医疗卫生、社会保障与就业、环境保护的支出分别增长 18. 1%、19. 8%、25. 5%、21. 0%和 45. 7%。

3. 物价水平有所上扬

居民消费价格比上年上涨 5. 6%,其中食品类和居住类价格分别上涨 12. 7%和 4. 7%。商品零售价格上涨 6. 7%。工业品出厂价格上涨 3. 4%,其中水产加工品价格上涨 1. 4%。房屋销售价格上涨 14. 3%,其中新建住宅价格上涨 15. 1%,二手住宅价格上涨 14. 5%。房屋租赁价格上涨 6. 5%。

4. 固定资产投资稳定增长

全年全社会固定资产投资 339. 43 亿元,比上年增长 21. 4%,其中限额以上项目投资额 333. 63 亿元,增长 21. 5%。年末全市计划投资 10 亿元以上的在建项目 19 个,比上年末增加 2 个;计划投资 1－10 亿元的在建项目 81 个,比上年末增加 5 个。

在全社会投资中,第一产业投资 1. 12 亿元,下降 39. 0%;第二产业投资 129. 12 亿元,增长 38. 6%,其中工业投资 127. 79 亿元,增长 37. 4%,工业投资占全社会固定资产投资的比重由上年的 33. 3%提高到 37. 7%,其中船舶修造业完成投资 95. 0 亿元,增长 72. 7%;第三产业投资 209. 19 亿元,增长 13. 3%,其中交通运输仓储邮政业投资 143. 27 亿元,增长 17. 7%。在交通运输仓储邮政业投资中,洋山港三期工程、六横煤炭中转码头工程、金塘大浦口集装箱码头工程完成投资额 66. 6 亿元;金塘大桥、西堠门大桥完成投资额 24. 1 亿元;洋山液化天然气项目、岙山石油储备项目、六横 PX 储运项目完成投资额 33. 2 亿元。

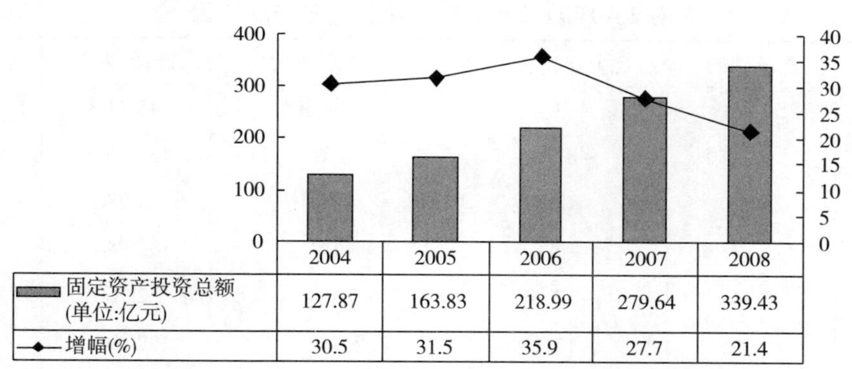

	2004	2005	2006	2007	2008
固定资产投资总额(单位:亿元)	127.87	163.83	218.99	279.64	339.43
增幅(%)	30.5	31.5	35.9	27.7	21.4

图 2－272　2004－2008 年舟山市全社会固定资产投资及增长幅度

5. 区县经济

重点区域活力增强。成立了金塘、六横开发建设管委会,新体制下两岛开发建设势头良好,金塘集装箱物流岛规划建设扎实起步,六横临港产业岛开发建设初具雏形。

(二)农业

全年农林牧渔业总产值 97. 86 亿元,比上年增长 10. 6%。其中,渔业总产值 86. 22 亿元,增长 10. 6%;农业总产值 7. 07 亿元,增长 9. 2%;牧业总产值 4. 22 亿元,增长 9. 6%。

表 2－99　2008 年舟山市县市主要经济指标

县市	生产总值(亿元)	地方财政收入(亿元)	全社会固定资产投资(亿元)	出口总额(万美元)	社会消费品零售总额(亿元)
舟山市区	350. 13	35. 55	194. 91	279 486	123. 63
岱山县	84. 19	4. 25	53. 28	48 116	22. 45
嵊泗县	55. 86	3. 35	91. 24	1 011	11. 75

全年农作物播种面积 25. 10 千公顷，比上年增长 0. 6%，其中粮食作物播种面积 11. 66 千公顷，增长 0. 9%。全年粮食产量 5. 42 万吨，增长 3. 4%。全年有效灌溉面积 12. 54 千公顷，其中节水灌溉面积 7. 83 千公顷。年末有全国无公害农产品 30 个，全国绿色食品 15 个，有省级无公害农产品产地 48 个，面积 7. 0 千公顷。

年末生猪存栏 14. 86 万头，比上年末增长 11. 9%；家禽存栏 102. 75 万只，下降 9. 5%。全年肉类总产量 1. 92 万吨，下降 1. 5%，其中猪肉产量 1. 58 万吨，下降 0. 4%。禽蛋产量7 306吨，下降 9. 5%。全年猪饲养量 35. 75 万头，增长 4. 4%。

全年水产品总产量 125. 52 万吨，比上年增长 1. 4%。地方渔业产量 120. 75 万吨，下降 0. 2%。远洋渔业产量 16. 86 万吨，增长 3. 7%。海水养殖面积7 809公顷，下降 7. 2%，海水养殖产量 11. 38 万吨，下降 1. 8%。年末有全国无公害养殖水产品 31 个，有省级无公害水产品基地 29 个。年末有机动渔船8 851艘，其中生产渔船7 538艘，比上年末减少 167 艘；远洋渔船 222 艘，其中直接捕捞渔船 210 艘。渔船总吨位 82. 88 万吨，比上年末减少 2. 08 万吨，其中生产渔船 70. 32 万吨，增加 0. 15 万吨；渔船总功率 141. 71 万千瓦，减少 0. 21 万千瓦，其中生产渔船 119. 40 万千瓦，减少 0. 43 万千瓦。

表 2－100　2008 年渔农业主要产品产量

农产品	产量(吨)	比上年增长(%)	海水产品	产量(吨)	比上年增长(%)
粮食	54 161	3. 4	大小黄鱼	45 241	－0. 6
#早稻	47	－87. 8	带鱼	132 264	3. 9
晚稻	25 740	－8. 4	鲳鱼	24 280	18. 6
棉花	75	－7. 4	鲐鱼参鱼	132 944	53. 5
油菜籽	2 942	－12. 5	马面鱼	2 760	－13. 8
茶叶	95	－12. 8	虾类	197 997	－10. 6
水果	90 581	－1. 9	蟹类	71 779	－20. 4
蔬菜	170 993	－0. 1	贝类、头足类	282 585	0. 9
肉类	19 246	－1. 5			
牛奶	605	－35. 0			
禽蛋	7 306	－9. 5			

(三)工业、盐业和建筑业

1. 工业经济扩量提质成效明显

全年工业总产值 832. 64 亿元，比上年增长 29. 6%，其中规模以上工业总产值 656. 50 亿元，增长

35.3%，规模以上工业总产值比重为78.8%，比上年提高3.1个百分点。在规模以上工业总产值中，重工业总产值456.31亿元，增长67.9%；轻工业总产值200.20亿元，下降6.1%。重工业总产值占规模以上工业总产值的比重为69.5%，比上年提高14.5个百分点。全市临港工业总产值614.48亿元，增长42.9%，占全部工业比重为73.8%，比上年提高6.9个百分点。年末有工业总产值上亿元企业97家，比上年末增加10家，亿元企业工业总产值占全市工业总产值的比重为65.5%。

表2-101　2008年舟山市县区工业总产值

单位：亿元

县市	工业总产值
舟山市区	565.81
岱山县	99.24
嵊泗县	6.81

2. 主要产业较快发展

船舶修造业继续快速发展，实现产值319.2亿元，增长65.5%；水产加工业持续发展，实现产值151.9亿元；临港化工有序发展，实现产值65.9亿元。

表2-102　2008年主要行业工业总产值

单位：亿元

行业	工业总产值	比上年±%
船舶修造业	319.16	65.5
水产加工业	151.91	-6.3
机械制造业	67.02	1.7
纺织服装业	31.57	2.4
化纤制造业	15.21	-2.0
电子电机业	12.64	-0.8
医药制造业	3.20	1.3
玩具制造业	8.55	-4.9
电力生产供应业	23.96	16.1

3. 工业经济效益有所提高

规模以上工业经济效益考核综合得分284.52分，比上年提高47.14分，首次位居全省第一。规模以上工业实现利税总额35.68亿元，比上年增长4.0%，其中利润总额26.08亿元，增长13.5%。规模以上工业资本保值率138.79%，比上年提高1.4个百分点；新产品产值率26.5%，比上年提高12.5个百分点。

4. 盐业生产优势有所下降

年末盐田生产面积2.3千公顷，比上年末下降4.6%。全年生产原盐13.26万吨，比上年下降26.5%；原盐销售19.32万吨，增长2.3%。

5. 建筑业平稳增长

全年全社会建筑业增加值62.25亿元,比上年增长11.7%。年末全市具有资质等级的总承包和专业承包建筑业企业实现总产值91.74亿元,增长29.9%;实现利税总额4.35亿元,增长31.8%,其中利润总额1.13亿元,增长20.2%。

(三)服务业

1. 国内贸易

全年社会消费品零售总额157.83亿元,比上年增长19.2%。分行业看,批发和零售业零售额134.90亿元,增长18.8%,其中限额以上批发和零售业零售额32.98亿元,增长20.4%;住宿和餐饮业零售额22.66亿元,增长21.8%,其中星级以上住宿业和限额以上餐饮业零售额6.40亿元,增长21.0%。

在限额以上批发和零售业零售额中,粮油类零售额比上年增长36.6%,肉禽蛋类增长29.2%,服装类增长35.0%,汽车类下降36.9%,石油及制品类增长22.0%,日用品类增长62.0%,文化办公用品类增长5.7%,通讯器材类增长11.4%,家用电器和音像器材类增长40.7%。

年末有商品交易市场120个,其中消费品市场114个,生产资料市场6个。全年商品交易市场成交额143.34亿元,比上年增长15.4%,其中水产品类成交额58.20亿元,增长9.5%。年末有亿元以上商品交易市场7个,全年成交额111.71亿元,增长13.6%。其中,浙江船舶交易市场成交额43.99亿元,增长16.2%;舟山船用商品交易市场成交额14.00亿元,增长31.2%。

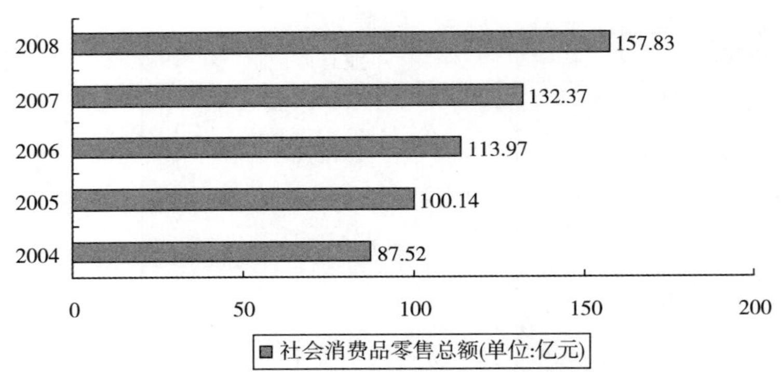

图2-273　2004-2008年舟山市社会消费品零售总额

2. 交通、港口和邮电业

全年交通运输、仓储和邮政业增加值52.89亿元,比上年增长15.7%。全年水、陆货运量10 205万吨,水、陆货运周转量900.25亿吨公里,分别增长9.7%和15.1%;水、陆客运量10 603万人,水、陆旅客周转量20.36亿人公里,分别增长3.6%和3.2%。民航客运量35.6万人次,比上年增长5.2%;民用航空货邮运量321.9吨,下降43.4%。年末全市民用汽车保有量3.72万辆,增长23.7%。

港航产业较快发展,大浦口集装箱码头等一批重大港口项目进展顺利,舟山港域货物吞吐量达到1.59亿吨,增长23.8%;港口集装箱吞吐量8.74万TEU,增长8.4%。年末全市有生产性泊位349个,其中万吨级以上深水泊位27个,比上年末增加8个。

海运业稳步发展,年末全市海上货运船舶运力292.76万载重吨,比上年末增长17.0%。其中万

吨级以上船舶57艘,运力98.2万载重吨。全年海运货运量7 799万吨,货物周转量895.04亿吨公里,分别增长11.6%和15.2%。

全年邮政电信业务收入13.12亿元,比上年增长13.5%。年末全市固定电话(含小灵通)用户58.68万户,增长0.2%;移动电话用户95.89万户,增长2.9%;国际互联网用户17.47万户,增长8.7%。

3. 旅游业

全年接待国内外旅游者1 516.48万人次,比上年增长16.2%。其中,国际旅游者21.20万人次,增长6.4%;国内旅游者1 495.28万人次,增长16.4%。分主要景区看,普陀山景区350.47万人次,增长9.4%;朱家尖景区193.70万人次,增长17.1%;桃花岛景区90.15万人次,增长20.7%。全年旅游总收入101.96亿元,增长19.5%。年末有星级宾馆67家,星级宾馆床位数8 977张,旅行社103家。

4. 金融和保险业

年末全市金融机构本外币存款余额746.65亿元,比上年末增长27.9 %,其中城乡居民储蓄存款301.72亿元,增长33.0%。金融机构本外币贷款余额647.39亿元,增长30.7%。

全年保险公司保费收入15.70亿元,比上年增长33.9%。其中,财产保险费收入5.81亿元,增长18.0%;人身保险费收入9.89亿元,增长45.4%。保险公司赔款支出3.47亿元;给付支出2.16亿元。

5. 房地产业

全年房地产开发投资38.95亿元,比上年下降0.5%。商品房竣工面积97.21万平方米,下降20.6%。商品房销售面积73.96万平方米,下降45.8%。商品房空置面积14.12万平方米,下降7.7%。

(五)开放型经济

1. 对外贸易

全年外贸进出口总额60.53亿美元,比上年增长48.5%。其中,出口32.86亿美元,增长37.7%;进口27.67亿美元,增长63.7%。全年工业制成品出口额19.66亿美元,增长61.6%,其中船舶出口12.94亿美元,增长34.4%,占全市出口总额的比重为39.4%;水产品出口额6.31亿美元,下降1.8%,占出口总额的比重由上年的26.9%下降到19.2%。全年有贸易往来的国家和地区156个。

全年舟山口岸进出口货运量6 103万吨,比上年增长35.0%。其中,进口5 697万吨,增长39.3%;出口406万吨,下降6.0%。全市进出口货运总值267.62亿美元,比上年增长89.4%。其中,进口货运值237.83亿美元,增长94.6%;出口货运值29.79亿美元,增长56.6%。进出境船舶4 908艘次,下降2.8%,其中外籍船舶3 586艘次,增长6.2%。外籍船舶修理750艘次,下降14.5%。年末舟山口岸对外开放陆海域面积1 165平方公里,新增35平方公里。

2. 利用外资

全年新批外商直接投资项目7个,合同外资金额4 701万美元,比上年下降75.6%;实际使用外资金额15 855万美元,增长1.1倍。

3. 对外合作

全年新批设立境外投资企业5家,中方投资额3 154万美元,比上年增长2.2倍。全年对外经济合作营业额13 665万美元,增长92.8%。其中,对外劳务合作营业额758万美元;对外承包工程营业额12 907万美元,其中外籍船舶修理完成营业额11 107万美元。

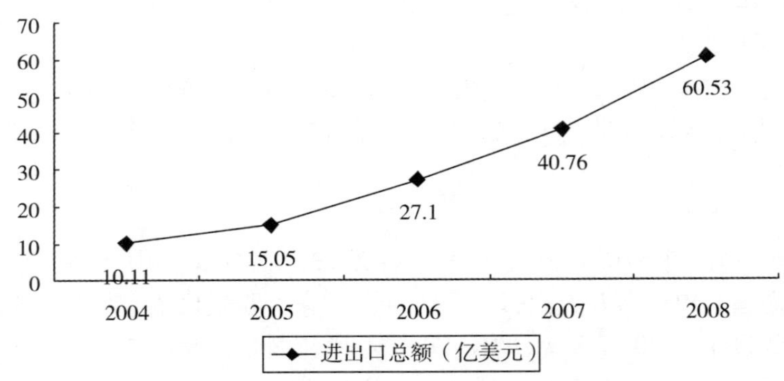

图 2-274　2004-2008 年舟山市外贸进出口总额

表 2-103　2008 年舟山市县市实际使用外资

单位:万美元

县市	实际使用外资金额
舟山市区	14 397
岱山县	402
嵊泗县	1 056

4. 开发区建设

舟山经济开发区是 1992 年 8 月经浙江省人民政府批准设立的省级开发区,经过十多年的开发建设和整合提升,园区范围已由原来的滨港园区拓展到现在的滨港、临港和新港三大功能园区,规划面积也由最初核准的 2.5 平方公里扩展到 49 平方公里,为目前舟山对外开放、利用外资的最大平台,是舟山打造临港产业带、发展工业经济新的重要增长极。截止 2008 年底,舟山经济开发区共有入区企业 197 家。2008 年实现工业总产值 76.21 亿元、工业性投入 13.48 亿元、利税总额 3.07 亿元,同比分别增长 49.9%、81.04% 和 21.4%,保持了强劲的发展态势。

二、舟山市 2008 年社会发展概况

(一)人口与人民生活

年末全市户籍人口 96.77 万人,比上年末增加 736 人,其中非农业人口 35.79 万人。男性人口 48.39 万人,女性 48.37 万人。全年出生人口 6 739 人,死亡人口 7 559 人,人口自然增长率为 -0.85‰。年末全市常住人口 105.4 万人,比上年末增加 1.9 万人,城镇人口比重为 61.91%,比上年末提高 0.45 个百分点。

全年城镇居民人均可支配收入22 257元,比上年增长 12.1%。城镇居民人均消费性支出14 288元,比上年增长 10.1%,其中人均食品消费支出5 317元,比上年增长 14.4%。城镇居民恩格尔系数为 37.2%,比上年提高 1.4 个百分点。全年渔农村居民人均纯收入11 367元,比上年增长 16.9%。其中,渔村居民人均纯收入11 798元,增长 17.4%;农村居民人均纯收入11 185元,增长 16.7%。渔农村居民人均消费支出8 427元,比上年增长 14.1%。渔农村居民恩格尔系数为 39.9%,比上年提高 1.1 个百分点。全年城镇与渔农村居民收入比由上年的 2.04∶1缩小为 1.96∶1。年末城镇居民人均

住房建筑面积31.1平方米，渔农村居民人均住房面积47.2平方米，分别比上年增长4.3%和1.9%。

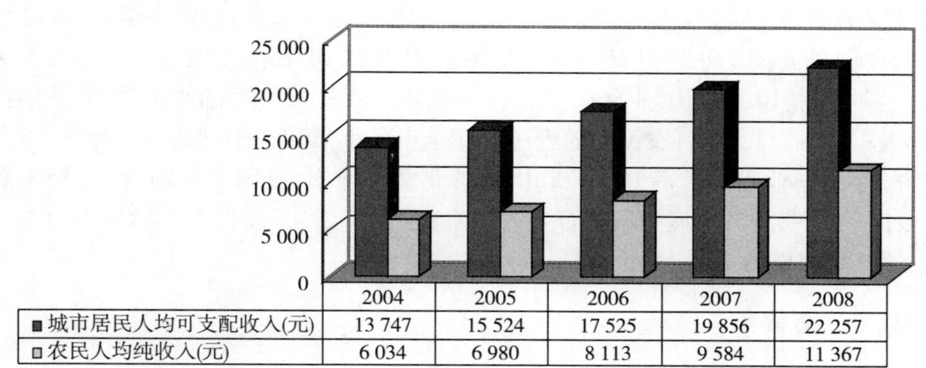

	2004	2005	2006	2007	2008
■城市居民人均可支配收入(元)	13 747	15 524	17 525	19 856	22 257
□农民人均纯收入(元)	6 034	6 980	8 113	9 584	11 367

图2－275　2004－2008年舟山市城乡居民收入对比一览

（二）就业和社会保障

全年新增城镇就业人数7 626人，有4 063名城镇下岗失业人员实现了再就业。年末城镇登记失业率为3.84%。年末渔农村实有劳动力39.38万人，比上年末增加1.18万人。分产业看，从事第一产业的劳动力10.99万人，减少0.58万人；从事第二、三产业的劳动力28.39万人，增加1.76万人，占全部渔农村劳动力的比重为72.1%，比上年提高2.4个百分点。全市“渔农民千万素质培训工程”完成渔农民培训2.7万人。

推行社会保险“五费合征”，年末全市基本养老保险参保人数25.70万人，比上年末增长12.5%；基本医疗保险参保人数25.73万人，增长13.1%；失业保险参保人数14.26万人，增长13.0%；工伤保险参保人数19.59万人，增长29.4%；生育保险参保人数13.01万人，增长23.2%。被征地农民参加养老保险人数9.87万人，增长8.1%。年末新型渔农村合作医疗参加人数52.75万人，参加率94.2%，比上年末提高5.1个百分点。全市新型渔农村合作医疗人均筹资水平为142元，参合率达到94.2%。

年末有敬老院37所，社会福利院7所，总床位2 818张。城镇“三无”对象集中供养率为100%，渔农村“五保”老人集中供养率为98.15%。年末有13 067人得到政府最低生活保障，其中城镇低保对象2 433人，渔农村低保对象10 634人。城镇居民低保标准从250元/人·月提高到280元/人·月；渔农村低保标准从150元/人·月提高到170元/人·月。全年城镇危房改造2幢，101户；渔农村危旧房改造356户，面积1.9万平方米。全年经济适用住房投资3 770万元，竣工面积1.78万平方米。年末有享受廉租住房家庭493户。

（三）科学技术和教育

全年共实施国家、省级各类科技项目192项，其中国家级17项，省级175项。全年获省市级政府奖的科技成果数53项，其中省级奖7项。全年申请专利359件，其中发明专利申请量66件。专利授权量228件，其中发明专利授权量11件。年末全市有中国名牌产品4个，其中水产品名牌1个；省级名牌产品37个，其中水产品名牌24个。年末有舟山造船技术、水产养殖业、船舶修造业、水产品精深加工业、塑机螺杆业和嵊泗贻贝业6家省级区域创新服务中心。

全面免除义务教育阶段学生课本费、作业本费和外来民工子女借读费，全市义务教育阶段学校正常办学经费全额纳入政府财政预算。积极支持高等院校提升教育质量,加强了职教资源整合,重点专业和实训基地建设取得新的进展。年末有普通高等院校 3 所,全年招生7 267人,毕业生6 375人,在校学生22 695人;成人高校 1 所,招生1 190人,在校学生2 912人;普通小学 64 所,招生7 674人,在校学生48 156人;幼儿园 119 所,招生6 952人,在园幼儿22 317人。初中 38 所,招生8 545人,在校生25 405人。普通高中 16 所,招生4 868人,在校学生15 734人;中等职业学校 5 所,招生3 246人,在校学生 9 846人;全市有11 240名农民工随迁子女在全市各小学和初中就读。全市 3 – 5 周岁幼儿入园率为 97.5%,小学毕业生升学率 100%,初中适龄儿童入学率、巩固率分别为 99.85% 和 99.95%。初中升高中段比例为 98.96%,高中段教育毛入学率 96.52%,高等教育毛入学率 48.6%。年内撤并小学 4 所,小学校均规模为 752 人。

(四)文化、卫生和体育

1. 公共文化服务体系日益完善

年末全市有文化艺术表演团体 2 个,艺术表演场所 2 处,群众艺术馆 1 个,文化馆 4 个,文化站 43 个,公共图书馆 4 个,藏书 61 万册。年末有线电视用户数 23.3 万户,广播、电视人口综合覆盖率分别为 98.49% 和 98.45%。有"观音传说"等 4 个项目被列入国家非物质文化遗产保护名录。创建全国文明城市取得阶段性成果。

2. 城乡医疗卫生事业进一步发展

新型渔农村合作医疗市级统筹被列为全国首批、全省唯一试点,城市 15 分钟、渔农村 20 分钟社区卫生服务圈基本形成。年末有医疗卫生机构 397 个,医院、卫生院(社区卫生服务中心)80 个,开放床位3 663张。卫生技术人员5 583人,其中执业(助理)医师 2 296人,注册护士1 887人。有社区卫生服务中心 43 个,社区卫生服务站 156 个,城乡社区卫生服务人口覆盖率 100%。全年累计报告传染病5 618例,报告发病率为 512/10 万。全市免费婚检率为 80.42%。流动人口孕产妇住院分娩率为 96.0%。国家卫生城市取得阶段性成果,顺利通过了"浙江省卫生城市"复查。

3. 体育产业扎实起步

成功举办了全国公路自行车锦标赛等高规格体育赛事,八一男排主场落户我市。全年共举办现代体育项目活动 28 次,活动人数6 480人次,民间传统体育活动 227 次,参加人数 16.01 万人次。年末有全民健身路径 241 条,比上年末增加 52 条。

(五)城乡建设

1. 中心城区建设扎实推进

新城规划建设步伐加快,新城大道一期等一批市政工程顺利完成,商务区一期建设进展顺利,商务酒店、百货超市、体育馆等设施投入运营。县(区)中心城区建设扎实推进,全年全市基础设施投资 171.10 亿元,比上年增长 17.6%。年末实有公共汽车运营车辆 629 辆,实有城市道路面积 577 万平方米,排水管道长度 714 公里。全年液化石油气供气总量 3.25 万吨,煤气供气总量1 085.53万立方米。

2. 新渔农村建设不断深入

深化"暖促工程",全年公共财政用于渔农村资金达 16.31 亿元,增长 39.2%。全面落实各项惠农措施,积极实施"低收入渔农户奔小康"工程,年末有渔农村小康社区 84 个。加大村庄整治力度,完成了 70 个村庄整治和 60 个村庄污水治理年度工作任务,渔农村生产生活环境不断改善。全年完成清水河道整治 158 公里,渔农村道路建设 100 公里,绿化村庄 22.9 万平方米,建设污水处理池 2.9 万平方米,受益渔农户 2.5 万户,新增自来水使用人口 3.1 万人。渔农村卫生厕所普及率为 80.57%。

（六）环境保护和生态建设

全年城市空气质量达到国家二级标准以上的天数为 99.2%。全市县级以上集中式饮用水源地水质达标率 100%。市区建成区区域噪声平均等效声级 51.1dB。年末重点生态公益林建成面积累计为 19.5 万亩。年末有国家级绿色学校 2 所，省级 29 所；国家级绿色社区 1 个，省级 9 个；省级绿色家庭 60 户；省级绿色企业 14 家；省级绿色饭店 12 家。

全年近岸海域 21 个海水水质监测点监测面积20 292平方公里，其中达到国家一、二类海水水质标准的海域面积比例为 31.6%，比上年提高 15.8 个百分点；三类海水水质标准的海域面积比例为 10.5%，与上年持平；四类和劣四类海水比例占 57.9%，下降 15.8 个百分点。近岸海域环境功能区达标率为 27.6%。全年舟山海域共发生赤潮 12 次，累计赤潮面积6 100平方公里。

建成区绿化覆盖率 37.85%，绿地率 34.61%，人均公园绿地面积 14.65 平方米。全市生活垃圾无害化处理率为 82.60%，其中市区生活垃圾无害化处理率 100%。全年市区生活污水集中处理率为 45.34%，2008 年 10 月定海污水处理厂二期工程竣工，市区生活污水集中处理率提高到 74.79%。

（七）公共安全

全年共发生各类生产安全事故 491 起，比上年下降 7.2%，死亡（失踪）120 人，亿元 GDP 生产安全事故死亡人数为 0.24 人。各类生产安全事故直接经济损失1 284万元，下降 12.5%。全年共发生交通事故 337 起，死亡人数 42 人，交通事故损失额 115.63 万元。发生火灾事故 54 起，损失额 124.8 万元。群众安全感满意率为 97.19%。

三、挑战与目标

回顾一年来的工作，舟山市政府清醒地看到经济社会发展中还存在很多问题和困难。国际金融危机持续蔓延，经济不稳定因素增多，部分行业、企业生产经营困难加剧，财政增收节支压力加大，经济面临增速下滑的严峻挑战；现代服务业相对滞后，自主创新能力不强，重大项目储备不足，转型升级面临不少困难；城乡群众就业增收任务繁重，部分低收入群众生活困难，社会保障、住房、环境保护等工作与群众要求还有差距，安全生产及社会稳定面临新的考验；政府工作也存在不少差距和问题，一些政府工作人员服务意识不强、作风不实、效率不高，依法行政能力有待提高，需要进一步加强自身建设。对此，将研究和采取切实措施，克服面临的困难和问题，继续推进经济社会又好又快发展。

综合考虑宏观形势和全市经济社会发展趋势，建议 2009 年全市经济和社会发展的主要预期目标为：地区生产总值增长 11%，力争 12% 以上；地方财政收入增长 10%；研究与试验发展经费支出占生产总值比例 0.93% 左右；单位生产总值能耗下降 4%，化学需氧量和二氧化硫排放量分别下降 3.6% 和 3.5%；城镇居民人均可支配收入和渔农村居民人均纯收入分别增长 9% 和 11%；居民消费价格总水平涨幅控制在 4% 以内；新增城镇就业6 600人，城镇登记失业率控制在 4% 以内；人口自然增长率控制在 1‰以内。

四、舟山市在长三角地区经济发展中的地位

2008 年，受国际金融危机蔓延和世界经济增长明显减速的影响，加之中国经济的深层次矛盾和问题尚未解决，国内经济增长明显放缓。尤其是从 9 月份起，不利因素对舟山市经济发展影响程度逐渐加大，增加了未来经济发展的不确定因素，给舟山市经济稳定较快发展带来了严峻挑战。

舟山市经济总量在浙江省排名靠后，但近年来发展速度却一直保持在浙江省前列。2008 年全市

生产总值增长14.5%,高出全省4.4个百分点,增速连续五年位居浙江省各市首位。

2004－2008年,舟山市地区生产总值、地方财政一般预算收入、规模以上工业总产值、进出口总额和外商直接投资金额共5项指标在长三角地区的所占比重均呈现逐年增长的态势。其中,近5年地区生产总值在长三角地区占比分别为:0.61%、0.69%、0.70%、0.72%、0.75%,累计增长0.14个百分点;近5年地方财政一般预算收入在长三角地区占比分别为:0.47%、0.47%、0.53%、0.58%、0.61%,累计增长0.14个百分点;近5年规模以上工业总产值在长三角地区占比分别为:0.39%、0.40%、0.40%、0.44%、0.52%,累计增长0.13个百分点;近5年进出口总额在长三角地区占比分别为:0.28%、0.25%、0.45%、0.55%、0.73%,除2005年比2004年有0.03个百分点的降幅外,其余各年也保持增长,累计涨幅为0.45个百分点;近5年外商直接投资金额在长三角地区占比分别为:0.09%、0.11%、0.15%、0.19%、0.35%,累计涨幅为0.26个百分点,2008年的占比接近于2004年的4倍。

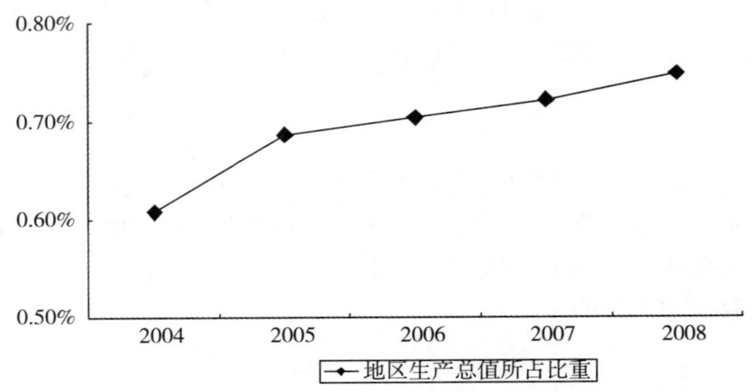

图2－276　2004－2008年舟山市地区生产总值在长三角所占比重的变化趋势

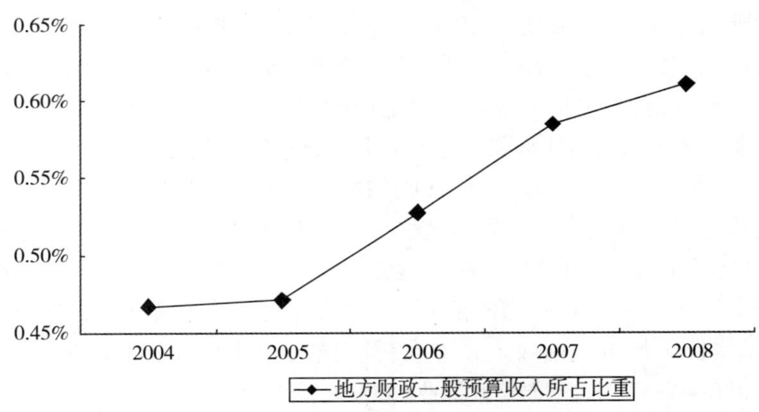

图2－277　2004－2008年舟山市地方财政一般预算收入在长三角所占比重的变化趋势

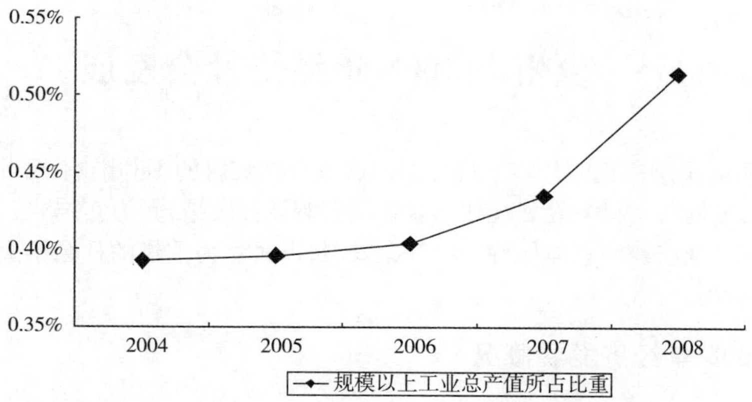

图 2－278 2004－2008 年舟山市规模以上工业总产值在长三角所占比重的变化趋势

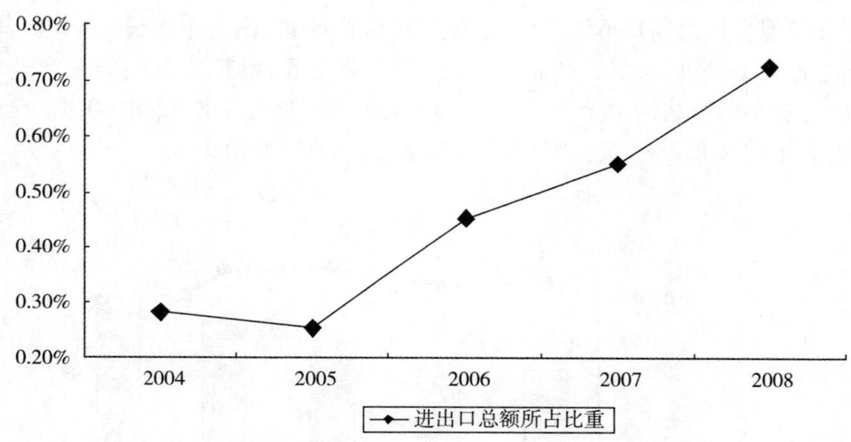

图 2－279 2004－2008 年舟山市进出口总额在长三角所占比重的变化趋势

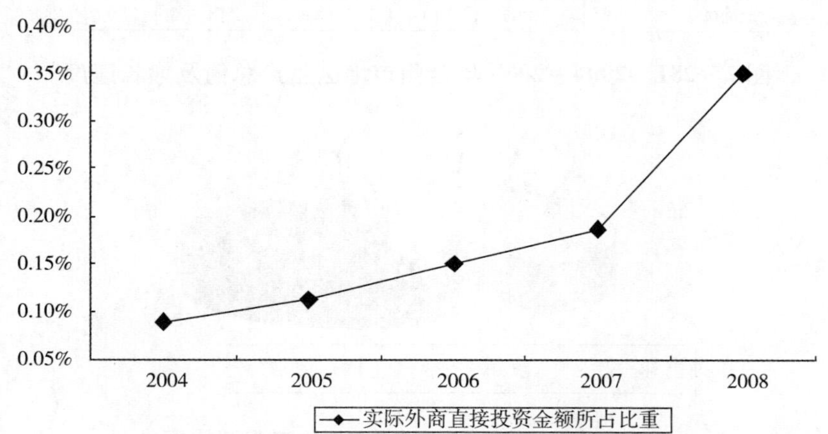

图 2－280 2004－2008 年舟山市实际外商直接投资金额在长三角所占比重的变化趋势

十　台州市2008年经济社会发展

2008年，面对国际金融危机的严峻挑战和国内严重自然灾害的不利影响，台州市人民在市委、市政府的正确领导下，贯彻落实科学发展观和国家各项宏观调控政策，大力实施“三个台州”战略，积极推进新一轮创业创新，全市经济总体保持平稳健康发展，以民生为重点的社会事业加快发展，城乡居民生活水平进一步提高。

一、台州市2008年经济发展概况

（一）综合经济

1. 国民经济保持平稳发展

2008年，全市实现生产总值1 965.27亿元，按可比价格计算，比上年增长9.6%。其中，第一产业增加值133.54亿元，增长2.4%；第二产业增加值1 037.47亿元，增长8.3%；第三产业增加值794.26亿元，增长12.4%；三次产业结构由上年的6.6∶53.9∶39.5调整为6.8∶52.8∶40.4。全市人均生产总值为34 374元，比上年增长8.7%，按年平均汇率折算已达4 949美元。

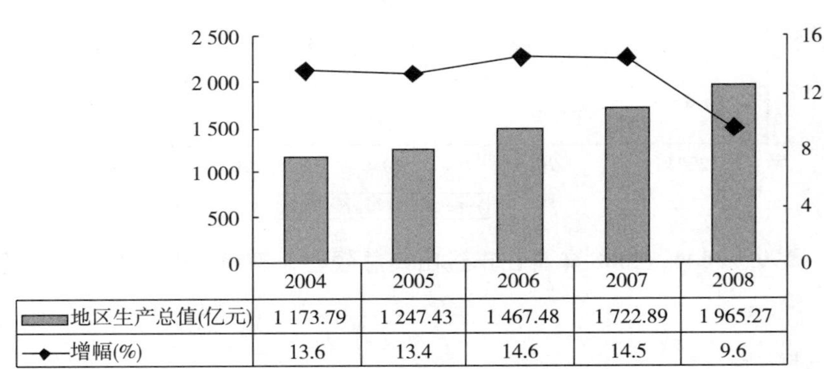

图2－281　2004－2008年台州市地区生产总值及增长速度

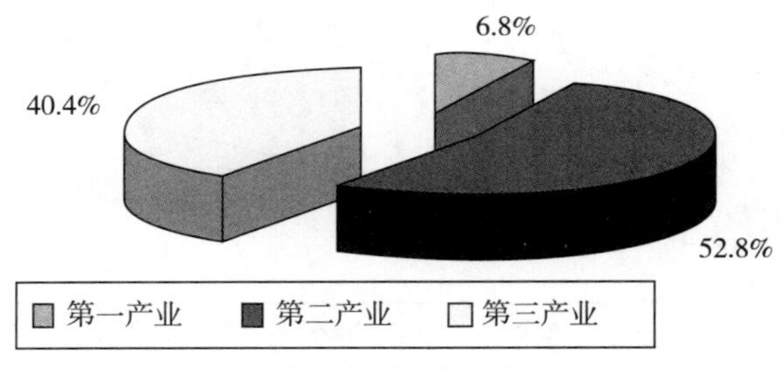

图2－282　2008年台州市三次产业结构图

2. 财政收入增长缓慢

2008年，台州市财政总收入248.02亿元，其中地方财政收入126.05亿元，分别增长13.6%和

15.8%。其中地方财政收入126.05亿元，增长15.8%，增幅回落10.6个百分点。各税种增长缓慢。2008年，全市地方财政收入中，除个人所得税增幅比上年提高1.3个百分点外，增值税、营业税和企业所得税分别比上年增长13.2%、9.8%、3.0%，增幅分别比上年回落7.6个百分点、18.4个百分点和30.9个百分点。

3. 市场物价有所上扬

2008年台州市居民消费价格总水平比上年上涨4.9%。其中消费品价格上涨6.0%，服务项目价格上涨2.0%。食品类价格和居住类价格分别比上年上涨11.9%和5.1%。

4. 固定资产投资呈现回落态势

全年完成全社会固定资产投资759.58亿元，比上年增长4.4%，增幅比上年回落12.3个百分点。全年完成工业性投资434.56亿元，比上年下降5.7%。全部限额以上固定资产投资654.76亿元，比上年增长4.9%。其中第一产业和第三产业分别完成投资2.92亿元和261.37亿元，增长27.3%和21.3%；而第二产业完成投资390.46亿元，下降4.0%。全部限额以上投资中，农村完成投资261.09亿元，比上年增长19.6%；民间投资457.72亿元，增长18.1%。

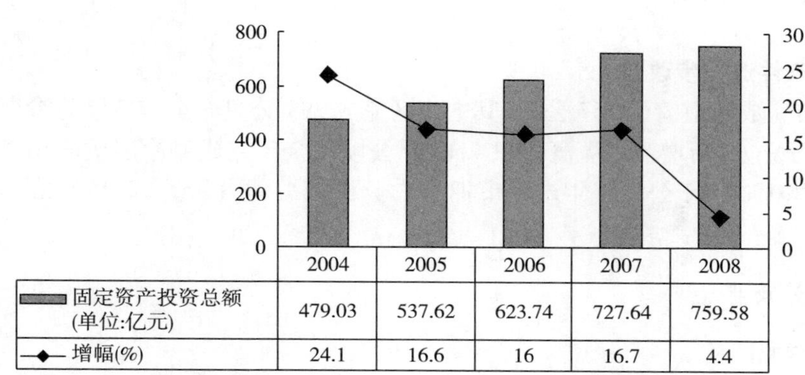

	2004	2005	2006	2007	2008
固定资产投资总额(单位:亿元)	479.03	537.62	623.74	727.64	759.58
增幅(%)	24.1	16.6	16	16.7	4.4

图2－283　2004－2008年台州市全社会固定资产投资及增长幅度

5. 区县经济

2008年，市区实现生产总值714.86亿元，按可比价格计算，比上年增长8.4%。市区人均生产总值达到46 983元，比上年增长7.5%。

（二）农业

1. 农业生产稳步发展

全市实现农林牧渔业总产值230.95亿元，按可比价格计算，比上年增长2.2%。其中，农业产值80.37亿元，增长2.6%；林业产值3.76亿元，下降0.8%；牧业产值24.58亿元，增长6.0%；渔业产值119.86亿元，增长1.4%；农林牧渔服务业产值2.38亿元，增长3.3%。

全年农作物总播种面积283.69千公顷，比上年增长1.3%。全市粮食作物播种面积173.87千公顷，比上年增长2.5%；全年粮食总产量93.47万吨，比上年增长7.8%，每公顷单产为5 376公斤，增长5.2%。全市非粮作物播种面积109.82千公顷，比上年下降0.6%。粮食作物与非粮食作物播种面积的比例为61.3∶38.7。全年蔬菜产量168.12万吨，比上年下降4.3%；油菜籽产量1.32万吨，增长90.3%；水果产量120.58万吨，增长4.2%。畜牧业生产恢复性增长。全年肉类总产量10.58万吨，比上年增长7.5%，其中猪肉产量8.26万吨，增长9.8%。禽蛋产量4.3万吨，增长3.2%。加

表2-104　2008年台州市县市主要经济指标

县市	生产总值(亿元)	地方财政收入(亿元)	全社会固定资产投资(亿元)	出口总额(万美元)	社会消费品零售总额(亿元)
台州市区	714.86	53.77	262.2	469 614	299.41
温岭市	478.55	23.38	169.24	212 539	170.22
临海市	259.69	16.1	115.68	131 933	81.38
玉环县	252.81	15.83	61.87	255 098	60.95
三门县	81.89	6.11	78.32	34 341	28.17
天台县	97.99	6.05	39.84	42 944	39.82
仙居县	79.22	4.8	32.43	29 974	29.75

快椒江、温岭、玉环坎门中心渔港建设,海洋渔业稳步增长。全年水产品产量138.73万吨,比上年增长0.9%。其中海洋捕捞产量100.44万吨,比上年增长1.9%;海水养殖产量34.49万吨,比上年下降1.3%。

2.农业生产条件进一步改善

2008年,全市完成河道清淤567公里,其中市区完成399公里。全市新增防渗渠道286公里,新增蓄水能力146万立方,新增节水灌溉面积4.15千公顷。全年完成滩涂围垦面积2.3千公顷,年末在建滩涂围垦面积19.47千公顷。年末全市拥有农业机械总动力453.02万千瓦,全年农村用电量63.32亿千瓦时。

(三)工业和建筑业

1.工业生产增幅回落

2008年,全市实现工业增加值935.90亿元,按可比价格计算,比上年增长9.1%,增幅比上年回落7.6个百分点。全市年主营业务收入500万元及以上工业企业完成工业总产值3 060.86亿元,比上年增长13.2%。

2.工业经济效益出现下降

2008年,全市规模以上工业企业实现利税总额188.53亿元,比上年下降1.0%,其中利润总额99.34亿元,比上年下降8.9%。工业经济效益综合得分214.5分,比上年下降8.9分。

3.重工业所占比重继续提高

2008年,全市规模以上轻工业实现工业总产值1 118.87亿元,比上年增长12.6%;重工业实现工业总产值1 941.99亿元,比上年增长13.6%;轻重工业比例为36.6:63.4,重工业所占比重比上年提高1.6个百分点。

4.工业规模、装备水平稳步提高

全市各级财政用于先进制造业扶持资金3.83亿元。全市重点监测的“5+1”主导行业实现规模以上工业总产值1 602.72亿元,比上年增长12.8%,其中船舶制造业完成工业总产值177.64亿元,增长59.9%。全市工业总产值超亿元企业有587家,比上年增加67家,完成工业总产值1 920亿元;超10亿元企业31家,比上年增加3家。2008年,全市规模以上工业企业实现新产品产值549.59亿元,比上年增长5.8%,新产品产值率为18.3%。

表 2－105　2008 年台州市县区工业总产值

单位:亿元

县市	工业总产值
台州市区	1 111.5
温岭市	635.53
临海市	462.23
玉环县	524.64
三门县	120.37
天台县	126.64
仙居县	79.95

5. 建筑业增长放缓

全市实现建筑业增加值 101.57 亿元,按可比价格计算,比上年增长 1.5%。

(四)服务业

1. 国内贸易

消费品市场增长较快。2008 年,全市实现社会消费品零售总额 709.71 亿元,比上年增长 19.0%,扣除价格因素,实际增长 12.1%。其中城市消费品零售额 419.77 亿元,增长 19.0%;县城消费品零售额 103.01 亿元,增长 20.4%;县以下消费品零售额 186.93 亿元,增长 18.5%。分行业来看,批发业实现零售额 104.87 亿元,比上年增长 24.8%;零售业实现零售额 507.22 亿元,比上年增长 18.0%;住宿和餐饮业实现零售额 95.59 亿元,比上年增长 19.0%。商贸设施日趋完善,欧尚超市、新时代购物中心开门营业。年末全市拥有各类商品交易市场 537 家,成交额 844.48 亿元,年成交额超亿元的市场有 94 家。

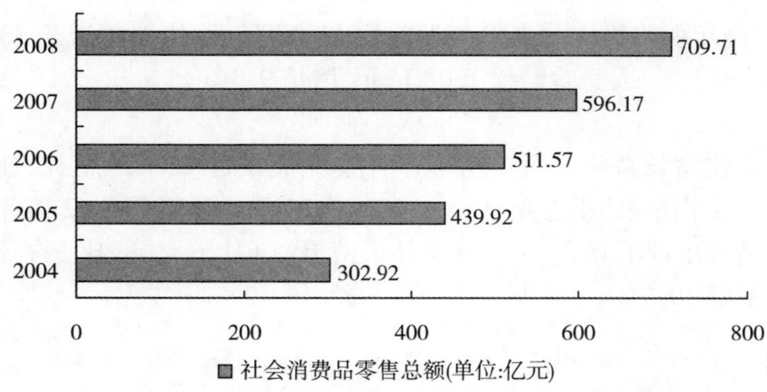

图 2－284　2004－2008 年台州市社会消费品零售总额

2. 交通和邮电业

交通运输业稳定发展。国务院批准大麦屿港区升级为一类口岸,台州港成为大陆对台湾直航的 63 个港口之一。全年完成货物周转量 703.90 亿吨公里,比上年增长 1.1%;旅客周转量为 106.58 亿人公里,比上年增长 6.4%。全年完成港口货物吞吐量3 898万吨,比上年增长 11.2%。其中外贸吞吐量445万吨,增长23.9%,完成集装箱吞吐量6.38万标箱,增长19.0%。民航完成旅客吞吐量40.77万人,比上年增长10.9%,货邮吞吐量3 235吨,增长16.4%。年末全市公路总里程(含村道)10 593公里,其中等级公路10 175公里,占公路总里程的96.1%,高速公路230公里,比上年增加42公里。年末全市民用汽车拥有量达36.80万辆,比上年净增5.21万辆,其中私人汽车29.91万辆,比上年增加4.31万辆。

邮电通信能力不断提高。2008年全市完成邮电业务收入64.61亿元,比上年增长15.1%。年末城乡固定电话用户为211.86万户,固定电话主线普及率为37线/百人。全年新增移动电话用户36.39万户,年末移动电话用户达554.13万户,移动电话普及率97户/百人。年末已有国际互联网用户64.65万户,其中宽带用户55.82万户,比上年增加9.70万户。

3. 旅游业

旅游环境和服务水平不断提升。台州耀达国际酒店成功通过国家旅游局评审,成为台州市首家五星级饭店。全市共有星级饭店67家,客房7 726间,床位13 497张,旅行社113家。成功举办第五届中国台州旅游节等系列活动。全年共接待旅游总人数2 605.23万人次,比上年增长19.3%,其中入境旅游人数10.38万人次,增长11.5%。实现旅游总收入208.59亿元,比上年增长19.0%,其中旅游外汇收入7 047万美元,增长13.7%。

4. 金融和保险业

(1)金融运行稳健

2008年末,全市金融机构本外币存款余额2 371.70亿元,比上年末增长22.4%,当年新增存款434.14亿元,比上年多增162.52亿元。其中城乡居民本外币储蓄存款余额1 210.04亿元,比上年末增长29.5%,当年新增275.89亿元。年末金融机构本外币贷款余额1 926.27亿元,比上年末增长19.2%,当年新增贷款315.01亿元,比上年多增12.26亿元。年末金融机构本外币存贷比为81.2%。全年金融机构现金收入13 010.16亿元,现金支出13 098.75亿元,收支相抵现金净投放88.59亿元。

(2)保险业务快速发展

年末全市有各类保险机构(含分支机构)32家,比上年增加8家。全年保费总收入49.40亿元,比上年增长32.0%。其中财产险保费收入19.94亿元,人身险保费收入29.46亿元,分别比上年增长22.4%和39.4%。全年保险机构共支付各类赔款13.30亿元,比上年增长33.5%。其中财产险赔款12.23亿元,增长36.2%;人身险赔款1.08亿元,增长9.3%。

5. 房地产业

房地产投资保持较快增长势头。全年房地产开发完成投资126.25亿元,比上年增长31.9%。房屋施工面积1 339.71万平方米,比上年增长4.2%,房屋竣工面积290.62万平方米,比上年增长25.3%。房地产市场销售出现下降,全年实现商品房销售额121.6亿元,比上年下降15.3%,销售面积225.92万平方米,下降19.7%。

(五)开放型经济

1. 对外贸易

全年外贸进出口总额138.11亿美元,比上年增长24.5%。其中自营出口总额突破百亿元大关,达117.64亿美元,增长25.6%。全年外贸企业出口17.74亿美元,增长3.7%;三资企业出口26.72亿美元,增长10.6%;生产企业出口73.18亿美元,增长39.8%。在出口总额中,一般贸易出口107.14亿美元,增长24.3%;加工贸易出口10.42亿美元,增长45.8%。主要出口产品中,汽摩及部件、医化产品、家具和船舶出口仍然保持较快增长,分别比上年增长36.3%、32.3%、37.2%和

106.4%。2008 年末台州市有进出口实绩企业 3190 家,比上年末增加 494 家,其中进出口超亿美元企业有 13 家。出口国家和地区已达 207 个。

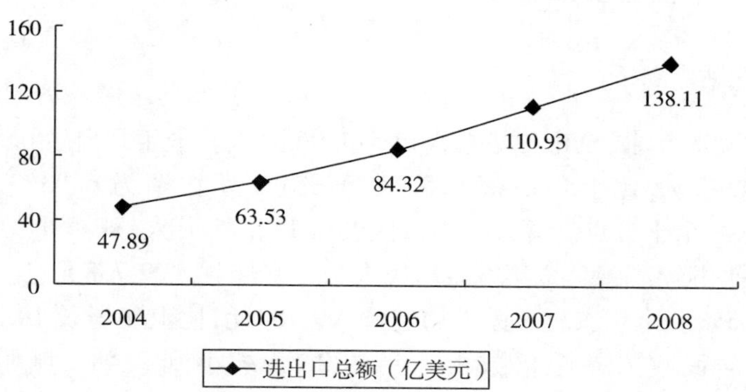

图 2-285 2004-2008 年台州市外贸进出口总额

2. 利用外资

全年新签外资项目 38 个,项目总投资 4.35 亿美元,合同利用外资 2.73 亿美元,比上年下降 66.6%,实际利用外资 2.39 亿美元,比上年下降 23.3%。全年增资项目 41 个,合同利用外资 1.54 亿美元。新批总投资额1 000万美元以上的项目 12 个。

表 2-106 2008 年台州市县市实际使用外资

单位:万美元

县市	实际使用外资金额
台州市区	7 025
温岭市	4 119
临海市	5 460
玉环县	3 936
三门县	1 355
天台县	1 904
仙居县	91

3. 对外合作

境外投资稳步推进。全年新批境外投资项目 39 个,中方投资额6 852万美元。全市累计境外投资项目 315 个,中方累计投资额 2.25 亿美元。积极参与长三角一体化和全省"山海协作"工程。

4. 开发区建设

沿海产业带规划通过评审,石化工业基地总体规划完成编制,16 个经济开发区、工业园区和重点工业区块基础设施投入 47.65 亿元,新开发面积 2.08 万亩,新开工企业 520 家。

5. 民营企业

台州是浙江省民营经济发展最早的地方之一。全市民营企业总数已达 27.6 万家,占企业(单位)总数的 99% 以上,占台州经济总量的 90% 以上,并创造了 80% 以上的就业、70% 以上的财政总收入。2008 年,台州市成功召开第二届台州商人大会,被浙江省批准为民营经济创新发展综合配套改革试点区。

二、台州市 2008 年社会发展概况

(一)人口、人民生活

人口平稳增长。2008 年末,全市户籍总人口 574.06 万人。全年共出生 6.53 万人,死亡 3.45 万人,人口出生率为 11.42%,比上年回落 0.53 个千分点,死亡率为 6.03%,人口自然增长率为 5.39%,比上年回落 0.8 个千分点。总人口中市区人口 152.75 万人。

城乡居民生活水平继续改善。全年城镇居民人均可支配收入22 738元,比上年增长 8.6%,扣除价格因素实际增长 3.5%。全年农村居民人均纯收入9 180元,比上年增长 10.2%,扣除价格因素实际增长 5.1%。城乡居民收入差距倍数由上年的 2.51 缩小到 2.48。城镇居民恩格尔系数为 35.7%,农村居民恩格尔系数为 36.3%。年末城镇居民和农村居民人均住房建筑面积分别为 42.5 平方米和 55.0 平方米,每百户城镇居民家庭和农村居民家庭分别拥有生活用汽车 21 辆和 7 辆。

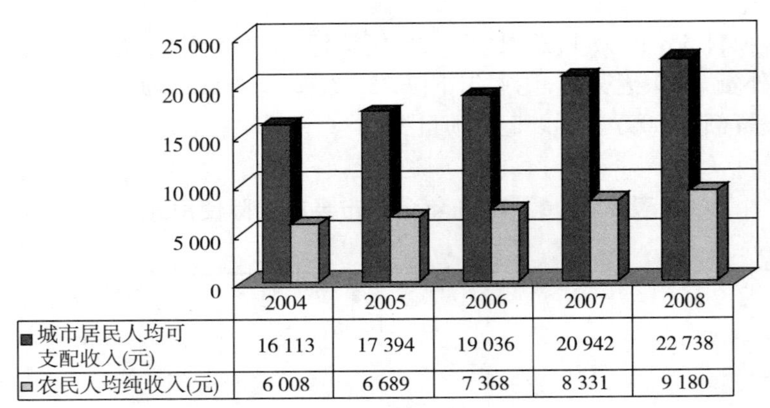

	2004	2005	2006	2007	2008
城市居民人均可支配收入(元)	16 113	17 394	19 036	20 942	22 738
农民人均纯收入(元)	6 008	6 689	7 368	8 331	9 180

图 2-286　2004-2008 年台州市城乡居民收入对比一览

(二)就业、社会保障

1. 就业再就业工作扎实推进

年末全市拥有职业介绍机构 184 个,全年介绍就业成功人数 21.40 万人。全年人事劳动部门共举办各类招聘会 356 场次,其中人才招聘会 298 场次,1.9 万家用人单位进场招聘,提供各类就业岗位 38.03 万个。全年再就业培训9 071人。基本消除城镇零就业家庭,净增就业 5.42 万人。年末城镇登记失业率为 3.75%。

2. 城乡的社会保障体系逐步完善

年末全市有 90.68 万人参加城镇养老保险,其中参保职工 80.6 万人。城镇基本医疗保险、工伤保险、生育保险和失业保险年末参保人数分别达到 58.68 万人、148 万人、24.38 万人和 51.63 万人。市政府为民办实事项目中的“城镇居民医疗保险”工作取得新进展,全市已有 33.52 万人参加城镇居民医疗保险,实行两年一次免费健康体检。年末全市有 15.78 万被征地农民参加农村养老保险,比上年增加 3.13 万人;410.4 万人参加农村新型合作医疗,参合率达 89.0%,人均筹资水平 107 元。

3. 社会福利事业稳步发展

全市共有各类收养类单位201个，床位16 131张，收养各类人员9 425人。城乡居民最低生活保障人数64 992人，其中农村最低生活保障人数60 688人，全年共投入低保资金8 272万元。全市农村五保对象集中供养率达到94.43%，城镇"三无"人员供养率达到99.66%。实施贫困残疾人免费助听助明助行工程，给予贫困持证重度残疾人全额低保补助。落实廉租住房1.31万平方米，新增住房公积金缴存人数2.27万人，完成农村困难群众危旧房改造737户。

（三）科学技术和教育

1. 科技创新能力不断增强

2008年，全市科技投入占生产总值的比例为3.0%，比上年提高0.21个百分点。规模以上工业企业中，高新技术企业完成工业总产值692.73亿元，比上年增长13.3%，占规模以上工业总产值22.6%。顺利通过国家知识产权试点城市验收，浙江高校产学研联盟台州中心、浙大台州研究院光电与信息研究所开始运行，"知识杨浦"（台州）科技合作和转化中心、上海高校台州技术转移中心成功签约。新增国家级重大科技项目56项，吉利集团和海正集团被授予"国家首批创新型企业"称号。目前，全市已拥有国家级技术中心5家，省级研发中心99家，有55家企业被认定为国家重点扶持的高新技术企业。全年申请专利9 043件，比上年增长44.0%；专利授权4 811件，增长4.8%，其中发明168件，增长104.9%。全年共签订各类技术合同228项，技术交易额8.80亿元。。椒江区被评为国家科技进步示范区。

2. 教育事业再上新台阶

进一步加大对教育的投入，全市各级财政教育支出39.06亿元，增长17.4%。实施"中心校"战略和农村教师任教津贴制度，免除城乡义务教育阶段学生课本费、作业本费和符合条件的外来民工子女义务教育借读费，初中、小学生均公用经费分别提高到450元和300元，免除中职学校三大类紧缺专业一、二年级学生学费。年末全市有幼儿园1 278所，在园幼儿22.59万人，普通小学600所，在校生41.18万人，初中在校生20.63万人，高中段在校生（含技工学校）16.51万人，初升高比例达到98.52%。全市特殊教育招生（含普通学校随班就读）284人，在校生2 070人。新增省级及以上中等职业学校实训基地4个。全市全日制普通高校招生9 486人，在校生27 254人，成人高校在校学生21 428人。高等教育毛入学率达到40.5%，比上年提高0.2个百分点。全市共解决13.78万名外来务工人员子女入学问题。

（四）文化、卫生和体育

1. 文化大市建设步伐加快

加强基层文化建设，组织1 502场演出、4.02万场电影、11.45万册图书到农村，完成70个行政村有线电视联网，为5 043户城乡低保家庭减免有线电视初装费。全市各级财政文化支出3.84亿元，增长49.7%。市档案馆建成投入使用，市图书馆、市青少年妇女儿童活动中心基本建成。成功举办元宵大型灯会和第三届农民文化节等活动。全市已建有4个省级文化先进县，61个省东海文化明珠乡镇，4 145家基层文化俱乐部。年末全市有群众艺术馆1个，文化馆9个，公共图书馆10个，自办广播节目10套，自办电视节目10套。年末全市拥有有线电视用户129.58万户，数字电视用户8.36万户。全年广播节目播出时间70 189小时，电视节目播出时间56 456小时。广播人口综合覆盖率和电视人口综合覆盖率分别为99.64%和99.47%。

2. 医疗卫生事业得到加强

完善城乡医疗服务和公共卫生体系，健全社区卫生服务网络，新建社区卫生服务站81家，加强重大疫情和传染病防控,推进农民健康工程。全市医疗卫生支出7.28亿元,增长19.3%。年末全市有各类医疗卫生机构1 389家,床位14 990张,各类卫生技术人员24 528人,其中执业医生和执业助理医生11 103人,注册护士7 689人。年末每千人拥有卫生技术人员4.3人,其中医生1.9人。全市拥有社区卫生服务机构423家。

3. 体育事业取得新成绩

圆满完成"奥运圣火耀台州"活动,成功举办台州市第三届运动会和首届台州市直机关运动会。2008年,全市共夺得全国比赛金牌8枚、银牌3枚、铜牌12枚,省级比赛金牌84枚、银牌67枚、铜牌91枚。体育社团力量不断壮大,全市已拥有体育社团157个。

(五)城乡建设

1. 加强中心城市建设和功能培育

城区路网建设取得突破性进展,中心大道、市府大道西延段全线贯通,中央公园、西商务区动工建设,椒江解放南路、黄岩商业街区、路桥新城等区块形象不断丰满,市区新落成194幢高层建筑,商业中心功能不断增强,市档案馆投入使用,市图书馆、市青少年妇女儿童活动中心主体完工,完成市区19.8公里供水管网改造和27个居民小区"黄水"治理,台州供水二期工程实现通水。"多城同创"深入开展,"数字城管"全面推行,农副产品市场改造、城中村整治不断加快,市区通过省级卫生城市复检,临海市获得国家卫生城市称号。

2. 加快新农村建设

全市各级财政用于"三农"支出40.48亿元,增长17.22%。实施第二轮"百千"工程,完成449个村庄整治,建成46个市级示范村,城乡环卫、供水、公交一体化不断加快,新建农村公路701公里,农村人口饮水安全工程受益26.6万人,农村劳动力培训转移2.98万人,培训农民信箱注册用户29.3万名,新建村级连锁超市560家。实施低收入农户奔小康工程,下山移民8 536人,发放大中型水库移民后期扶助资金9 028万元。"强塘固房"和"百乡和汛"工程全面启动,农村气象预警体系不断完善。农村自来水普及率89.7%,卫生户厕普及率76.8%。

(六)环境保护和生态建设

1. 加大生态建设力度

全市各级财政用于环境保护资金2.07亿元。加强重点区域环境污染整治,台州化学原料药产业园区环境整治通过验收,全面推进水环境整治,完成河道治理451.7公里,2 801家工业企业废水整治达标,以中心镇为重点的城镇污水处理工程加快建设,路桥区被评为全省"811"环境污染整治工作先进集体。绿化造林工作有效开展。全市完成造林更新面积2 075公顷,其中当年造林面积962公顷。全市有林地面积535.78千公顷,森林覆盖率为62.2%。全市有自然保护区(含小区)35个,面积12.14千公顷。

2. 环境保护工作取得明显成效

2008年,全市地表水满足水域功能达标率为56.2%,比上年提高4.5个百分点,城市空气综合污染指数1.56。全市工业废水排放达标率为88.0%,工业固体废物综合利用率为95.6%。目前已建成规范化合格饮用水源保护区43个。城镇生活污水处理率为74.5%,城镇生活垃圾无害化处理率为94.7%。2008年,市区环境空气质量达到二级标准以上的天数有354天,比上年增加6天,占全年总天数的97.0%。2008年,全市万元生产总值综合能耗预计比上年下降4.5%,全年化学需氧量和二氧化硫排放量预计分别比上年下降5.28%和5.94%。省级环保模范城市创建通过验收,台州市被列入全国农村环境保护工作试点。

（七）安全生产

全面落实安全生产责任制，大力开展安全生产隐患整治，安全生产事故起数、死亡人数和直接经济损失分别下降7%、8.2%和19.6%。应急预案管理体系不断完善，海洋渔船安全救助信息系统建设全面启动，海上搜救工作取得成效。

三、挑战与目标

台州市政府清醒地看到，当前台州市经济社会发展存在很多问题。企业生产经营困难加剧、经济下行加快、财政收支平衡压力加大等问题突出，生产总值、固定资产投资和消费价格指数未完成预期目标。自主创新动力不足、能力不强，要素和环境制约仍然突出，影响科学发展的体制机制瓶颈尚未突破。中心城市带动力不强，城市功能还不完善，城市管理水平亟待提高。统筹城乡发展的力度还需加大，部分群众生活比较困难，民生工作需要进一步加强。经济结构性、素质性、体制性矛盾和社会事业发展滞后、社会保障能力较弱等深层次问题交织，加大了经济社会持续稳定发展的难度。从政府自身角度分析，政府职能转变与推动科学发展的要求还不完全适应，依法行政能力有待提高，一些政府工作人员服务意识不强、作风不实、效率不高，形式主义、官僚主义不同程度存在，反腐倡廉工作仍需加强。市委市政府高度重视，始终保持忧患意识和清醒头脑，采取有力措施切实加以解决。

综合考虑经济社会发展趋势，2009年国民经济和社会发展预期目标为：全市生产总值增长9%；全社会固定资产投资增长10%，自营出口增长12%以上，居民消费价格总水平涨幅控制在4%以内；财政总收入和地方财政收入均增长7%，城镇居民人均可支配收入和农村居民人均纯收入分别增长7%和8%；万元生产总值综合能耗下降4%，化学需氧量和二氧化硫排放量分别下降3%和1%；城镇登记失业率控制在4.0%以内，人口自然增长率控制在7‰以内。

四、台州市在长三角地区经济发展中的地位

2008年，在周期性、结构性调整和外部环境不断恶化的三重影响下，台州市宏观经济呈现逐季减速的趋势，特别是进入2008年三季度之后，经济形势急转直下，工业生产大幅减速，固定资产投资增速急剧回落，外向型经济发展困难逐步显现，财政收入形势严峻，经济效益逐步下降，企业家信心和企业景气指数再创历史新低点，城乡居民增收基础薄弱，部分行业出现大面积亏损。

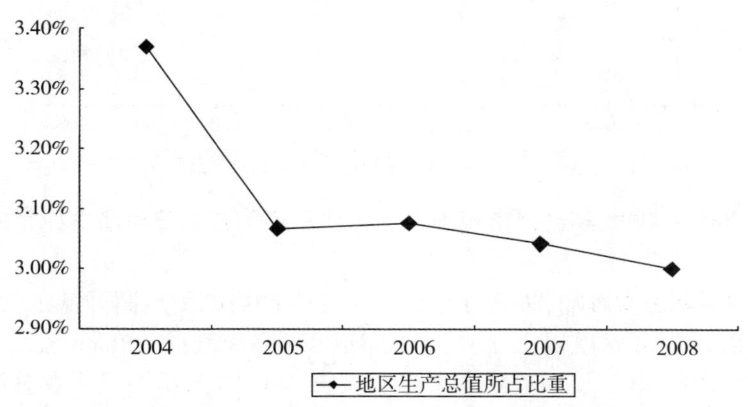

图2-287　2004-2008年台州市地区生产总值在长三角所占比重的变化趋势

2008 年,全市实现生产总值1 965. 27亿元,按可比价计算,比上年增长 9. 6% ,增幅比上年回落 4. 9 个百分点。2004 - 2008 年,台州市地区生产总值在长三角所占比重分别为:3. 37% 、3. 07% 、3. 08% 、3. 04% 、3. 00% ,除 2005 年比 2004 年下跌 0. 3 个百分点,跌幅较明显外,最近 4 年的占比变化很小,呈现稳定中微幅下降的趋势。

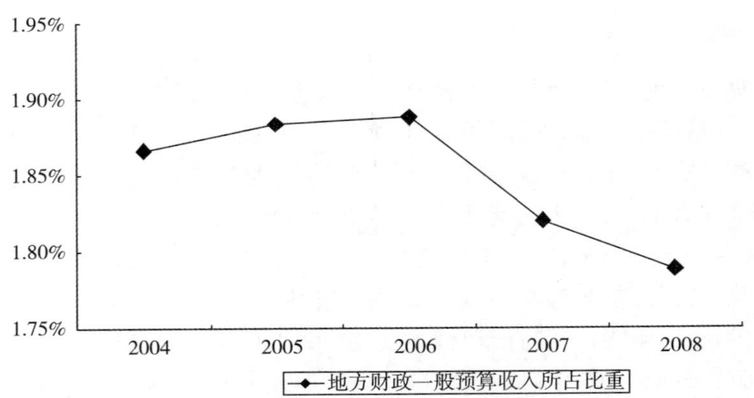

图 2 - 288　2004 - 2008 年台州市地方财政一般预算收入在长三角所占比重的变化趋势

2008 年,全市地方财政收入 126. 05 亿元,增长 15. 8% ,增幅比 2007 年回落 10. 6 个百分点,财政增收形势严峻。2004 - 2008 年台州市地方财政一般预算收入在长三角所占比重分别为:1. 87% 、1. 88% 、1. 89% 、1. 82% 、1. 79% 。2004 - 2006 年呈微幅增长的态势,累计增幅仅 0. 02 个百分点;2006 - 2008 年呈现下降的态势,累计降幅为 0. 1 个百分点。

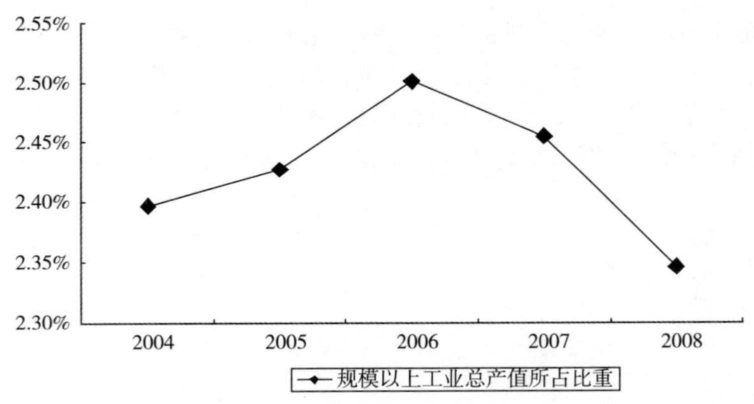

图 2 - 289　2004 - 2008 年台州市规模以上工业总产值在长三角所占比重的变化趋势

受宏观环境各种不利因素影响,2008 年台州市工业生产增幅呈现高开低走的态势,工业经济增长出现较大幅度回落。全市规模以上工业企业完成工业总产值3 060. 86亿元,增幅从一季度的 18. 3% 回落到上半年的 16. 2% ,再回落到全年的 13. 2% , 11 、12 月份当月工业总产值分别比上年下降 1. 5% 和下降 6. 7% ,充分反映了工业生产的严峻形势。从长三角地区来看,2004 - 2008 年台州市规模以上工业总产值在长三角所占比重分别为:2. 40% 、2. 43% 、2. 50% 、2. 45% 、2. 35% 。2004 - 2006 年呈小幅增长的态势,累计增幅为 0. 1 个百分点;2006 - 2008 年呈现下降的态势,累计降幅为

0.15个百分点。

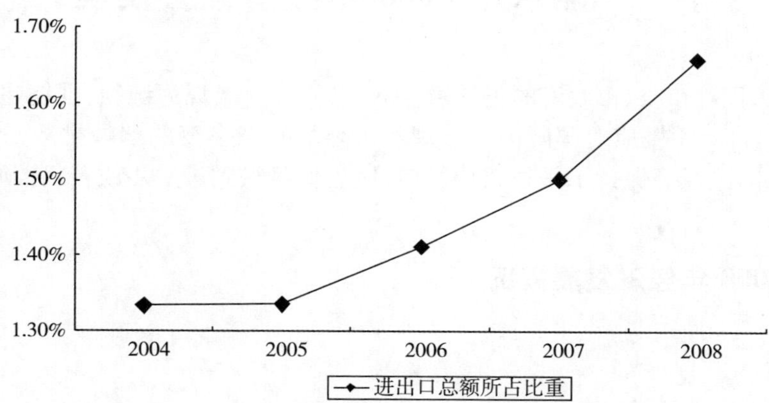

图2-290 2004-2008年台州市进出口总额在长三角所占比重的变化趋势

受国内外宏观环境影响，台州市利用外资和外贸出口在过去几年较快发展的基础上有所回落，外贸出口举步维艰，利用外资难度加大。2008年，台州市外贸自营进出口总额138.11亿美元，比上年增长24.5%，增幅比上年回落7.1个百分点。从长三角地区来看，2004-2008年台州市进出口总额在长三角所占比重呈现稳步增加的趋势，5年的占比分别为：1.33%、1.33%、1.41%、1.50%、1.66%，累计增幅为0.33个百分点。

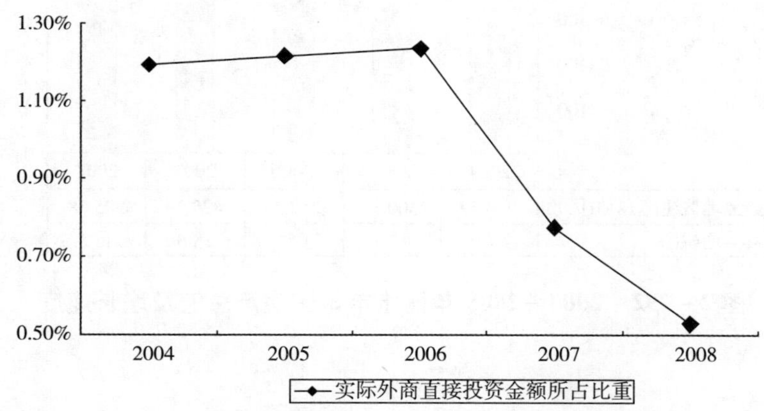

图2-291 2004-2008年台州市实际外商直接投资金额在长三角所占比重的变化趋势

2008年，全市实际利用外资2.39亿美元，比上年下降23.3%；协议利用外资2.73亿美元，比上年下降66.6%，形势不容乐观。

十一　丽水市2008年经济社会发展

2008年，全市人民在市委、市政府的正确领导下，以科学发展观为统领，围绕建设生态文明和全面小康社会的战略目标，积极应对国际国内宏观经济环境复杂多变的严峻挑战，齐心协力，迎难而上，共克时艰，全市国民经济保持了平稳较快发展，民生保障得到进一步改善，各项社会事业取得新的进步。

一、丽水市2008年经济发展概况

（一）综合经济

1. 经济总量继续增长

全年全市生产总值505.68亿元，比上年增长11.8%。其中，第一产业增加值55.26亿元，第二产业增加值245.84亿元，第三产业增加值204.57亿元，分别增长4.7%、15.5%和9.5%。人均生产总值22 053元（按年平均汇率折算为3 175美元），比上年增长11.2%，首次突破3 000美元。三次产业增加值结构从上年的11.6∶46.5∶41.9调整为10.9∶48.6∶40.5。

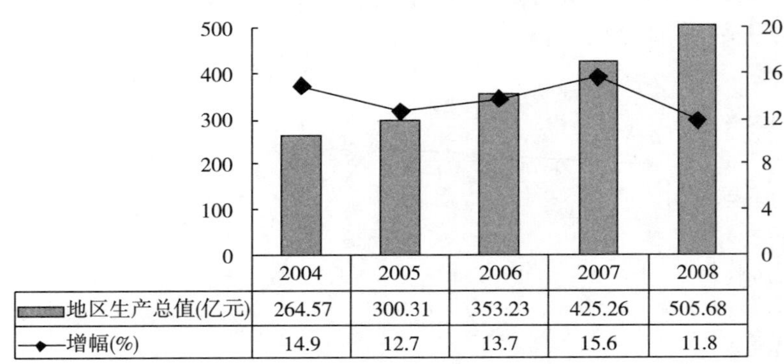

	2004	2005	2006	2007	2008
地区生产总值(亿元)	264.57	300.31	353.23	425.26	505.68
增幅(%)	14.9	12.7	13.7	15.6	11.8

图2－292　2004－2008年丽水市地区生产总值及增长速度

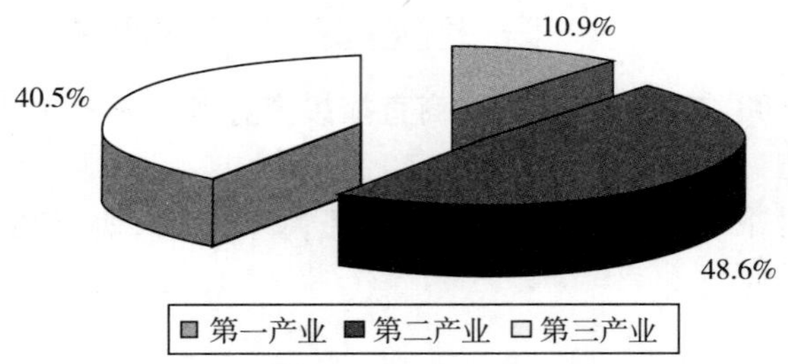

图2－293　2008年丽水市三次产业结构图

2. 财政收入保持增长

全市财政一般预算总收入63.42亿元，比上年增长13.2%，其中地方一般预算收入36.15亿元，增长10.7%。

表2－107　2008年丽水市县市主要经济指标

县市	生产总值（亿元）	地方财政收入（亿元）	全社会固定资产投资（亿元）	出口总额（万美元）	社会消费品零售总额（亿元）
丽水市区	133.58	12.69	68.36	16 002	61.92
龙泉市	47.39	2.48	28.23	10 366	19.33
青田县	88.22	6.9	43.99	17 261	31.74
云和县	26.68	1.84	17.92	3 684	9.66
庆元县	24.14	1.25	13.89	1 690	11.7
缙云县	83.41	4.27	26.59	31 266	27.73
遂昌县	44.82	3.09	17.64	15 422	17.12
松阳县	35.65	2	18.8	7 007	14.05
景宁自治县	21.43	1.62	13.43	418	9.73

3. 物价水平有所提高

2008年，丽水市居民消费价格比上年上涨5.2%，其中食品类价格上涨12.6%，居住类价格上涨4.1%。

4. 固定资产投资增幅回落

全年全社会固定资产投资248.85亿元，比上年增长4.9%，增幅比上年回落1.9个百分点。其中，限额以上固定资产投资231.71亿元，增长3.9%，增幅回落2.5个百分点。非国有投资122.25亿元，增长3.0%，占全社会投资的52.8%。在限额以上固定资产投资中，第一产业投资8.42亿元，比上年增长46.9%；第二产业投资93.71亿元，增长19.3%，其中工业投资91.93亿元，增长17.4%；第三产业投资129.57亿元，下降6.6%。

全年限额以上投资项目1 183个，比上年增加209个。其中，新开工项目464个，增加22个。主动对接省“三个千亿工程”，完成重点项目投资79.5亿元，完成年度投资计划的102%。42个项目列入省重大项目建设行动计划，总投资超过1 100亿元。全面完成滩坑水电站移民大规模动迁安置任务，滩坑水电站下闸蓄水并投入发电，云景高速公路开工建设，金丽温铁路扩能改造项目建议书获国家发改委批复，龙松公路等一批项目顺利推进。龙泉市岩樟溪梯级电站、松阳县梧桐源水库除险加固工程、丽水市城市防洪工程（东排工程）、玉溪引水工程、500KV丽水苏埠输变电工程、500KV丽水输变电220KV送出配套工程、220KV景宁鹤溪输变电工程、220KV滩坑电站送出线路、110KV缙云东山输变电工程、110KV青田油竹输变电工程建成投入使用。龙泉市创新空调出口基地、青田特种设备公司年产300台（套）PTA成套专用螺旋离心机项目均已投入使用。

（二）农业

丽水市充分利用独特生态自然条件，大力发展现代农业，2008年实现农业总产值84.7亿元，增长9.6%。

粮食生产保持稳定，粮食总产量达54.8万吨，比上年略有增长。全年农作物总播种面积192.1千公顷，比上年增长1.6%。其中粮食播种面积为122.2千公顷，比上年增2.3%。果用瓜种植面积

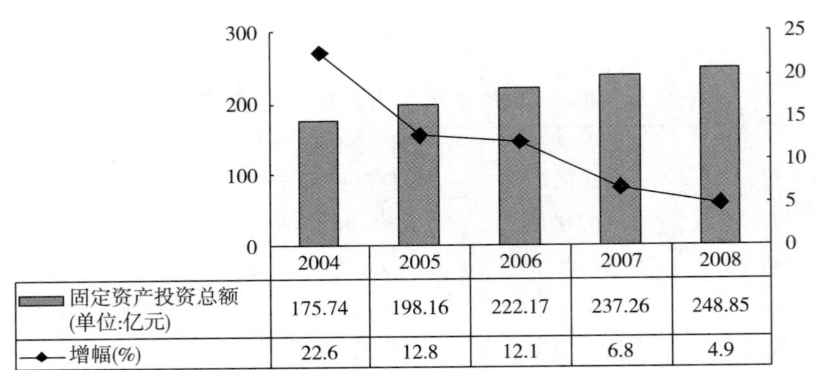

图 2－294　2004－2008 年丽水市全社会固定资产投资及增长幅度

3.03 千公顷,比上年减 6.8%;药材种植面积 3.04 千公顷,增 13.9%。油料种植面积 8.49 千公顷,增 6.8%;蔬菜种植面积 42.01 千公顷,增 1.2%;花卉苗木面积 1.35 千公顷,与上年基本持平。

全年肉类总产量为 8.76 万吨,比上年增长 1.8%,其中猪肉产量 6.03 万吨,下降 1.8%,禽肉产量 2.39 万吨,增长 12.7%。牛奶产量 595 吨,与上年持平。全年生猪出栏 64.04 万头,下降 1.8%;家禽出栏1 543.39万只,增长 13.9%。全市水产品总产量20 792吨,比上年增长 0.8%。

加大农业产业化扶持力度,新建一批食用菌、茶叶、水产养殖标准化基地,启动市区农业生态科技园等一批农产品加工园建设。以农业龙头企业的提升促进产业竞争力的提高,新增年销售收入5 000万元以上农业龙头企业 3 家,新发展农民专业合作社 204 家。积极开拓农产品销售市场,着力建设长三角地区生态“菜篮子”。

(三)工业和建筑业

2008 年,丽水市全部工业增加值 207.71 亿元,比上年增长 19.8%,其中规模以上工业增加值 193.73 亿元,增长 23.3%。规模以上工业销售产值 730.92 亿元,增长 33.9%,出口交货值 84.56 亿元,增长 32.7%。

表 2－108　2008 年丽水市县区工业总产值

单位:亿元

县市	工业总产值
丽水市区	203.11
龙泉市	48.85
青田县	155.58
云和县	31.5
庆元县	19.83
缙云县	176.48
遂昌县	80.22
松阳县	50.62
景宁自治县	10.53

高新技术企业完成产值53.35亿元,增长13.2%,占规模以上工业总产值比重6.7%。新产品产值61.77亿元,比上年增长146.2%,占规模以上工业总产值比重7.8%,比上年提高3.5个百分点。

全年规模以上工业企业实现利润总额27.22亿元,比上年下降1.2%,其中,私营企业15.17亿元,下降4.7%;外商及港澳台投资企业实现利润3.80亿元,增长17.8%。全市规模以上工业企业产品销售率92.33%,比上年下降2.01个百分点。

全年建筑业增加值38.13亿元,比上年下降4.2%。全年资质以上建筑企业完成总产值83.57亿元,增长4.2%,利润总额2.50亿元,下降27.7%。出台加快建筑业发展政策,扶持本地建筑企业做大做强。

(四)服务业

1. 国内贸易

全年社会消费品零售总额202.98亿元,比上年增长20.1%,其中,城市消费品零售额76.34亿元,县及县以下消费品零售额126.64亿元,分别增长21.4%和17.6%。分行业看,批发零售业零售额168.96亿元,增长18.6%;住宿餐饮业零售额27.18亿元,增长32.2%;其他行业零售额6.83亿元,增长12.5%。

年末全市共有商品交易市场115个,比上年减少8个,全年成交额116.67亿元,比上年增长14.0%。其中,成交额超亿元的市场17个,全年成交额86.32亿元,超十亿元的市场4个,全年成交额59.04亿元。

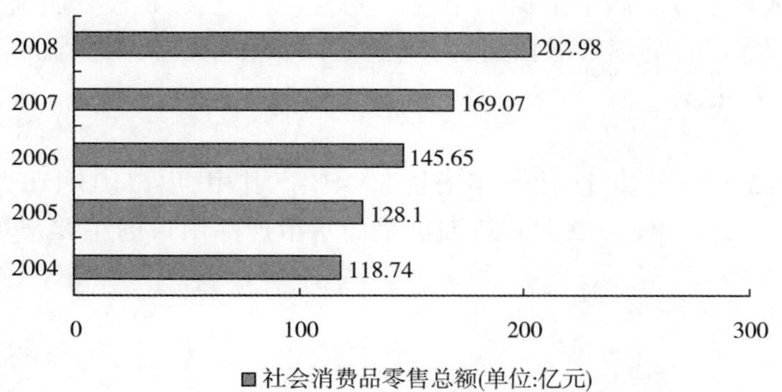

图2-295 2004-2008年丽水市社会消费品零售总额

2. 交通运输、邮电

全年交通运输、仓储和邮政业增加值13.51亿元,比上年增长10.8%。

全年全社会公路货物周转量231 485万吨公里,比上年增长7.2%;公路旅客周转量220 181万人公里,增长2.9%。铁路客运量131万人,货运量151万吨。

全年邮电业务收入154 179万元,比上年增长10.4%。其中,邮政业务收入12 970万元,下降3.0%;电信业务收入141 209万元,增长11.9%。年末固定电话用户(含小灵通)达62.67万户。年末移动电话用户201.69万户。固定电话、移动电话普及率分别为24.6部/百人和79.2部/百人。全年新增互联网用户(含宽带用户)1.49万户,年末总量达17.02万户。

3. 旅游业

2008年,丽水市大力扶持重点旅游项目开发和旅游产业配套建设,旅游项目投入9.55亿元。编制完成滩坑库区旅游总规等一批旅游规划,龙泉山、南尖岩、金矿矿山公园等3家景区成功创建国家4A级旅游景区。以大景区开发带动农家乐旅游和红色旅游发展。接待国内外游客1 204.8万人次,实现旅游总收入69.26亿元,分别增长39.5%和40.8%,提前实现"十一五"规划目标。

4. 金融和保险

2008年,丽水市努力扩大融资渠道,加大信贷扶持力度,完成9家小额贷款公司筹备工作,浦发银行在丽水开设分支机构。至年末金融机构本外币各项存款余额683.20亿元,比上年末增长23.5%。其中人民币存款余额632.36亿元,增长19.8%。全部金融机构本外币各项贷款余额472.55亿元,比上年末增长15.1%,其中人民币贷款余额470.53亿元,增长14.9%。按五级分类4家国有商业银行不良贷款41 952万元,不良贷款率为1.15%。年末城乡居民本外币储蓄存款余额407.64亿元,比上年末增长33.5%。

全年保险业实现保费收入14.71亿元,比上年增长25.4%。其中,财产险保费收入5.31亿元,比上年增长10.9%;人身险保费收入9.39亿元,比上年增长35.4%。支付各类赔款及给付5.58亿元。其中寿险赔款及给付2.10亿元;财产险赔款3.48亿元。

5. 房地产业

丽水市高度关注房地产市场走势,及时出台促进房地产市场持续稳定健康发展的一系列政策措施,成功举办生态房展会,努力促进房地产市场回暖和信心恢复。全年房地产开发投资39.99亿元,比上年下降25.9%。商品房销售额43.61亿元,比上年下降34.8%。

(五)开放型经济

2008年,丽水市成功举办首届中国·丽水国际生态经济博览会,积极开展温台金甬招商推介会和上海生态文化精品展等活动,继续推进山海协作、浙商回归和华侨要素回流工程,共引进内资项目178个,合同利用内资75亿元。

1. 对外贸易

全年进出口总额12 6801万美元,比上年增长50.4%。其中,出口103 116万美元,增长37.8%,进口23 685万美元,增长151.8%。欧洲和亚洲仍是丽水市产品出口的主要市场,对北美洲、拉丁美洲的市场出口实现较快增长。

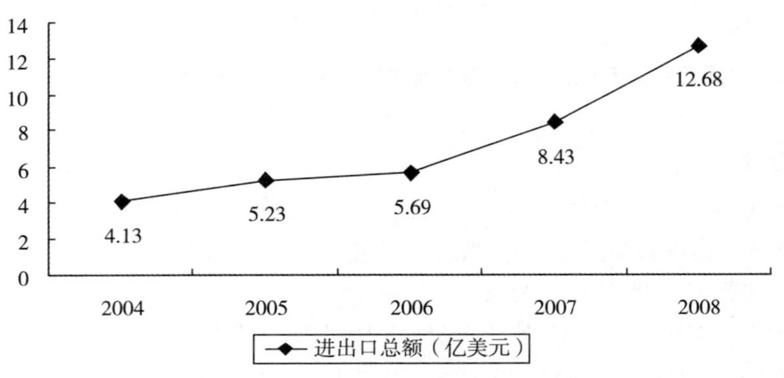

图2-296 2004-2008年丽水市外贸进出口总额

2. 利用外资

全市新批准设立外商直接投资企业10个,比上年减少5个;外商直接总投资23 381万美元,增长

1.5 倍；合同利用外资金额11 989万美元，增长 3.3 倍；实际利用外资金额8 102万美元，增长 2.6 倍。“走出去”战略初见成效，有 8 家企业到境外投资办厂。

表 2－109　2008 年丽水市县市实际使用外资

单位：万美元

县市	实际使用外资金额
丽水市区	956
龙泉市	54
青田县	2 305
云和县	240
庆元县	
缙云县	219
遂昌县	2 189
松阳县	5
景宁自治县	2 134

3. 开发区建设

积极拓展发展空间，丽水经济开发区东扩区块和龙泉市低丘缓坡开发试点工作全面拉开，并在东扩区块内设立景宁民族工业园，全市新增园区（开发区）面积 3 平方公里。

二、丽水市 2008 年社会发展概况

（一）人口、人民生活

年末全市公安户籍人口2 554 256人，比上年增长 0.57%。其中，男性人口1 327 383人，女性人口1 226 873人，分别占总人口的 52.0% 和 48.0%。全年出生人口32 550人，出生率 12.78‰；死亡人口19 562人，死亡率为 7.68‰；全年净增人口12 988人，自然增长率为 5.10‰。

全市城镇居民人均可支配收入17 710元，农村居民人均纯收入5 050元，扣除价格因素，分别比上年实际增长 5.8% 和 9.8%。城镇居民人均消费支出12 396元、农村居民人均生活消费支出4 330元，实际分别增长 4.3% 和 4.8%。城镇居民家庭恩格尔系数为 37.6%，比上年增加 1.7 个百分点，农村居民家庭恩格尔系数为 39.7%，比上年上升 1 个百分点。城镇居民人均住房使用面积 30.9 平方米，比上年末减少 0.9 平方米，农村居民人均居住面积 44.7 平方米，与上年持平。年末每百户城镇居民家用汽车拥有量 9.0 辆，比上年增加 3.7 辆。

（二）就业与社会保障

坚持以创业带动就业，新增城镇就业14 260人，帮助4 830名城镇失业人员实现再就业，有组织劳务输出 3.04 万人。年末城镇登记失业率为 3.9%，比上年末上升 0.1 个百分点。

不断健全社会保障体系。以“五费合征”为抓手，在实现社会保险企业全覆盖的基础上，努力提高职工参保率。市区被征地农民基本生活保障范围从城市规划区扩大到整个莲都区。被征地农民基本生活保障累计参保人数 5.01 万人，筹集资金 6.50 亿元。全市低保对象66 778人，其中城镇

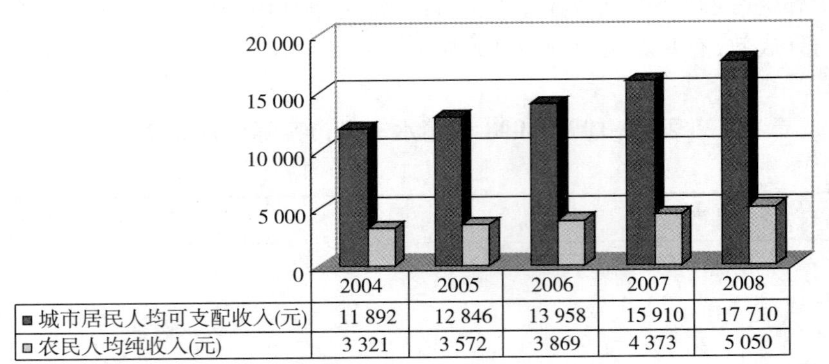

	2004	2005	2006	2007	2008
■城市居民人均可支配收入(元)	11 892	12 846	13 958	15 910	17 710
□农民人均纯收入(元)	3 321	3 572	3 869	4 373	5 050

图 2－297　2004－2008 年丽水市城乡居民收入对比一览

4 757人,农村62 021人,全年共支出低保金6 311万元,比上年增长 63.6%。不断完善新型农村合作医疗制度,全市参合率 91.0%,人均筹资额超过 100 元。全面开展城镇居民医疗保险,参保率 79.2%。提高城乡居民低保标准,全面完成农村低保护面任务,城乡低保对象 6.56 万人。认真实施残疾人共享小康工程。政策性农村住房保险参保率 95.7%,政策性农业保险和政策性林木火灾保险全面推开。

(三)教育和科学技术

1. 努力提高教育发展水平

2008 年,丽水市深入实施职业教育六项行动计划、农村教育振兴行动计划和教师素质提升工程。幼儿教育与高中段教育加快发展,学前三年幼儿入园率达到 92%,初升高比例达到 94.1%。撤并中小学 26 所,改造破旧校舍 12.3 万平方米。新增省级教育强乡镇 20 个,莲都、青田、缙云被命名为省教育强县。丽水学院获得学士学位授予权,丽水职业技术学院被评为省级示范性高职院校。丽水中学、丽水职高迁建等一批教育项目顺利推进。至年末,全市拥有普通高校 3 所。普通高等教育本专科招生12 647人,在校生35 732人,毕业生9 758人。各类中等职业教育招生12 042人,在校生31 542人,毕业生10 922人。普通高中招生12 202人,在校生34 581人,毕业生11 828人。初中招生31 601人,在校生87 513人,毕业生25 055人。普通小学招生26 062人,在校生15 9847人,毕业生31 053人;小学毕业生升学比例达 100%,初中入学率、巩固率分别为 99.81% 和 99.91%。特殊教育招生 59人,在校生 491 人。全市拥有幼儿园 982 所,在园幼儿74 723人。

2. 不断增强科技创新能力

丽水市重视区域创新体系建设,2008 年新增 6 家高新企业研发中心和 2 个省级科技创新服务中心,合成革产业循环经济关键技术研究示范等重大科技攻关项目取得突破。全年通过市级以上验收、评审和鉴定科技项目共 106 项,其中有 7 项达到国内领先水平,9 项达到国内先进水平,2 项达到省内先进水平,获得省级科学技术进步奖 5 项。知识产权保护工作得到加强,共获专利授权 692 项,其中发明专利 12 项。不断拓展科技合作渠道,优化合作模式,全年对外科技合作项目 140 项,合作签约金额7 770万元。全年全社会科技活动经费投入 5.27 亿元,比上年增长 60.3%,占全市生产总值的比例为 1.04%。R&D 经费投入 1.63 亿元,占全市生产总值的比例为 0.32%。地方财政科技投入 1.93 亿元,比上年增长 17.7%。

年末共有省、市级高新技术企业 46 家,省、市级高新产品 142 个。全年国家、省级新产品 12 个,国家、省创新基金项目 5 个。年末全市有 31 家企业获得 222 张 3C 证书。法定计量技术机构 9 个,全年强制检定计量器具12 084台件。

（四）文化、卫生和体育

1. 文化事业

2008年推出丽水市首届乡村文化艺术节，全面完成新一轮广播电视"村村通"工程。高度重视文化遗产保护，完成全市非物质文化遗产普查与验收。启动二轮修志。建成全国第一个免费向公众开放的市级网络图书馆。年末全市共有艺术表演团体5个，群艺（文化）1馆、文化站167个，公共图书馆9个，博物馆8个。市级广播电视台1座，县级广播电视台8座。全市有线广播电视用户39.88万户。广播、电视人口覆盖率分别达到94.04%和97.33%。全年公共电视、广播节目播出时间分别达到53 543小时和49 604小时。全市公开发行的报纸有3种，年发行量达3 068万份，平均每千人每天拥有33份报纸。全市共有综合档案馆11个，已开放各类档案1 003个全宗，共计15.72万卷。

2. 卫生事业

深入实施居民健康工程，基本建成城区社区卫生服务体系。市中心医院综合楼、老年人公寓及残疾人康复中心等一批民生项目进展顺利。年末全市共有卫生机构339个，其中医院、卫生院288个，妇幼保健院（所、站）9个，疾病预防控制中心（防疫站）9个，卫生监督所（中心）10个。卫生技术人员9 120人，其中执业医师和执业助理医师3 984人，注册护士2 875人，床位数6 300张。年末全市九个县（市、区）全部实施新型农村合作医疗制度，参合人员达184.89万人，占全市应参合人口的90.98%。

3. 体育事业

以北京奥运会为契机，成功举办"全民健身与奥运同行"等一系列群众体育活动，扶持建设新农村小康体育村450个。全年我市运动健儿共取得全国冠军2个、全省冠军33个。全市共创建6个省级体育强镇（乡），9个青少年俱乐部，扶持建设450个新农村小康体育村。全年发行体育彩票1.20亿元，去上年增长5.3%。

（五）城乡建设

1. 做靓中心城市

2008年，丽水市大力开展"六城联创"活动，市区顺利通过省级卫生城市复核。积极推进"三大改造"，旧城改造江滨区块征迁基本完成，内河改造一期工程开工建设，江滨景观带生态景观区建成开放，江滨路等一批城市道路基本建成，白云森林公园等一批项目进展顺利。完成城西菜市场改造，开工建设天宁菜市场。务岭根垃圾填埋场、丽华小区农民公寓一期、水阁区块场地平整等工程完成竣工验收。完成绿化、亮化等专项规划编制，城市洁化绿化亮化出现新面貌。开通"数字城管"平台。顺利完成市区客运出租车经营权重新配置和车辆更新。

2. 新农村建设成效明显

着力改善农村生产生活条件。围绕"农民增收六大目标"，深入实施低收入农户奔小康工程，年人均收入2 500元以下农户有22.9%实现脱贫。坚持把转移农民作为促进农民增收的关键，完成农民异地转移2.5万人，农民转移就业5.4万人，帮助解决就业岗位1.7万个。扎实推进新一轮"百村示范、千村整治"工程，完成480个村庄的环境整治，建成农村新社区10个、新农村示范村18个，全市农村行政村垃圾收集率达73%。完成230公里河道整治和15座水库、111座重要病险山塘除险加固任务，解决40万人饮用水不安全问题。农村基础设施不断完善，全市完成农村公路建设2 270公里，等级公路通村率达到89.1%，客运班车通村率达到76.2%；有线电视行政村联网率达到95.3%。完成通村公路路基1 039公里，路面改造1 339公里。大力开展乌溪江库区困难群众脱贫致富二期工程,库区群众生产生活条件进一步改善。加快推进来料加工示范基地建设,超过10万农村妇女实现"家门口"就业。2008年创建了380个整治村、100个污水治理提升村,建成农村新社区10个、示范村18个。

(六)环境保护和生态建设

2008年,丽水市建设项目环评执行率达到100%。全市地表水88个断面的水质监测,有84个断面年均值满足相应水功能要求。市区空气质量符合Ⅱ级标准要求的天数达到360天。城市声环境质量符合国家标准,全年噪声达标区198.8平方公里。各标准适用区平均值均低于相应标准,烟尘控制区298.8平方公里。工业废水排放达标率92.2%。城镇污水集中处理率、城镇生活垃圾无害化处理率和工业固体废物综合利用率分别达到62.9%、97.0%和85.1%。

生态建设成效显著,全年完成造林面积491公顷;迹地更新5 313公顷;当年新增育苗125公顷;中、幼龄林抚育面积32 597公顷,森林覆盖率为80.79%。全市共创建省级生态乡镇26个、省级绿色学校25所,建成省级生态环境教育示范基地2个,云和、庆元分别获得省级生态示范区称号。全市建有各级自然保护区(含自然保护小区)83个,其中国家级自然保护区2个;自然保护区面积45.02千公顷,占土地总面积的2.6%。建有市级以上森林公园11个。全年新增公共绿地面积11万平方米,人均公共绿地面积达12.63平方米。

锲而不舍加强节能减排。全面实施"811"环境保护新三年行动计划,建成生态县2个,通过清洁生产审核企业26家,淘汰高能耗、高污染项目和产品56个。水阁污水处理厂项目完成招投标,缙云新碧工业园区污水处理厂开工建设,市区医疗固废处置中心项目主体工程全面完成。建成5个中心镇污水处理厂,400多个农村生活污水治理设施建设有序推进。全市饮用水质保持在Ⅱ级以上。全市万元生产总值综合能耗下降4%以上,污染减排完成省政府下达的年度任务。据省统计局调查,丽水生态环境质量公众满意度居全省之首,生态环境状况指数继续稳居全省第一。

三、挑战与目标

回顾2008年的工作,丽水市政府也清醒地看到,当前丽水经济社会发展面临很多困难和问题:经济总量偏小,结构不合理,工业实力偏弱,现代服务业相对滞后;企业生产经营困难加剧,经济下行加快,财政平衡难度加大,农民持续增收难度较大;劳动就业、社会保障、教育、医疗卫生、食品安全、安全生产等领域需要解决的问题还不少;房地产行业发展面临困难较多,民间融资潜在问题逐步显现;政府创新意识和服务能力有待进一步增强,行政效率和执行力有待进一步提高。同时,去年政府工作目标中,全市地方财政收入,市区生产总值、全社会固定资产投资、地方财政收入、城镇居民人均可支配收入等指标完成还有差距。这些问题将引起高度重视,认真研究措施,努力克服解决。

2009年全市和市区经济社会发展主要预期目标为:生产总值增长10%以上;财政总收入和地方财政收入均增长7%;全社会固定资产投资确保增长7%,力争10%以上;工业总产值增长20%以上;社会消费品零售总额增长13%;外贸出口增长10%;万元生产总值综合能耗下降5%以上,化学需氧量、二氧化硫排放量分别下降3.2%和3.0%;城镇居民人均可支配收入和农村居民人均纯收入分别增长8%和10%以上;城镇登记失业率控制在4%以内;人口自然增长率控制在7%以内。

四、丽水市在长三角地区经济发展中的地位

2008年,在复杂多变的宏观经济形势下,丽水市经济保持快速增长态势。全市生产总值505.68亿元,比上年增长11.8%,增幅比上年下跌3.8个百分点。

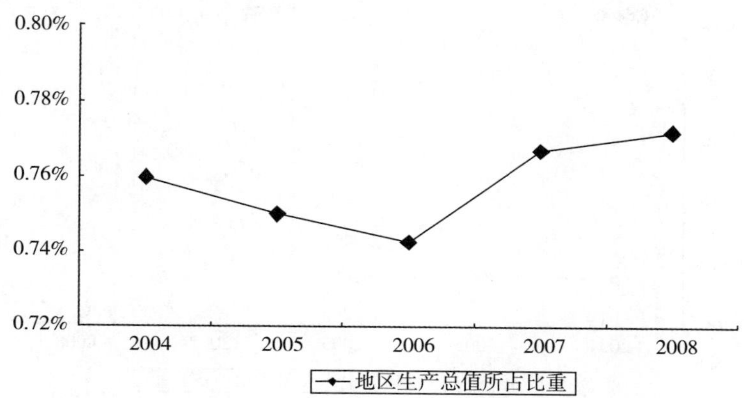

图 2－298　2004－2008 年丽水市地区生产总值在长三角所占比重的变化趋势

2004－2008 年丽水市地区生产总值在长三角所占比重分别为:0.76%、0.75%、0.74%、0.77%、0.77%,保持相对稳定,仅在 0.74%和 0.77%的区间内窄幅变化。2004－2006 年呈微幅下降的态势,累计降幅仅 0.02 个百分点;2006－2008 年呈现微幅增加的态势,累计增幅也仅有 0.03 个百分点。

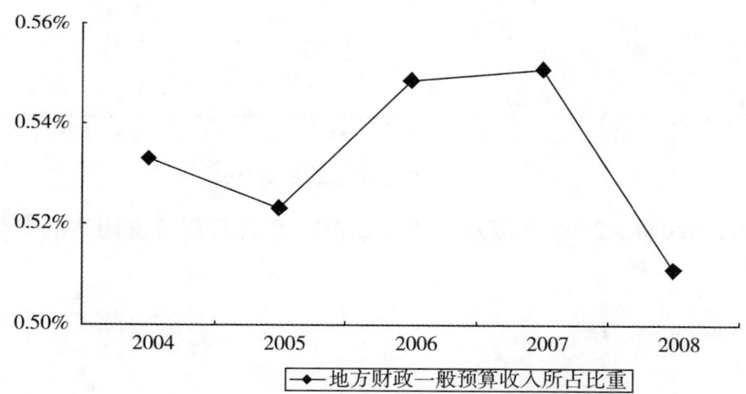

图 2－299　2004－2008 年丽水市地方财政一般预算收入在长三角所占比重的变化趋势

2004－2008 年丽水市地方财政一般预算收入在长三角所占比重分别为:0.53%、0.52%、0.55%、0.55%、0.51%,5 年间占比的变幅不大,维持在 0.51%至 0.55%的区间,但 2008 年比上年下降 0.04 个百分点,降幅相对较为明显。

2008 年,丽水市规模以上工业实现产值 791.62 亿元,比上年增长 36.8%,处于高位平稳运行,增长速度居浙江省 11 个市第 3 位。2004－2008 年丽水市规模以上工业总产值在长三角地区所占比重分别为:0.44%、0.44%、0.47%、0.52%、0.61%,呈现明显的增长态势,5 年累计增幅为 0.17 个百分点。

2004－2008 年丽水市进出口总额在长三角所占比重分别为:0.11%、0.11%、0.10%、0.11%、0.15%,在 0.10%和 0.15%的区间内窄幅变化。2004－2006 年呈微幅下降的态势,累计降幅仅为 0.01 个百分点;2006－2008 年呈现增加的态势,累计增幅为 0.05 个百分点。

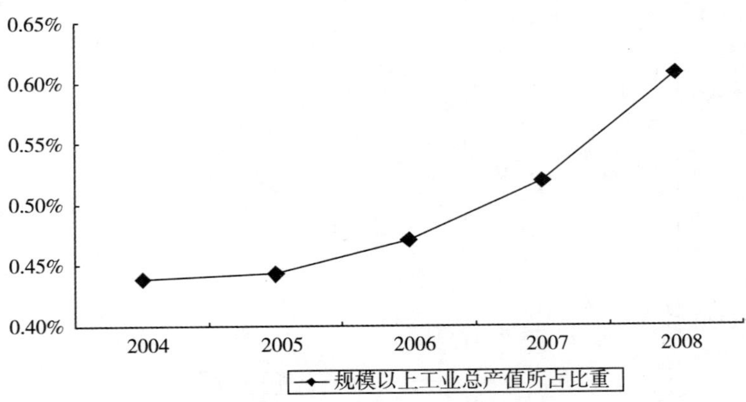

图 2 -300　2004 -2008 年丽水市规模以上工业总产值在长三角所占比重的变化趋势

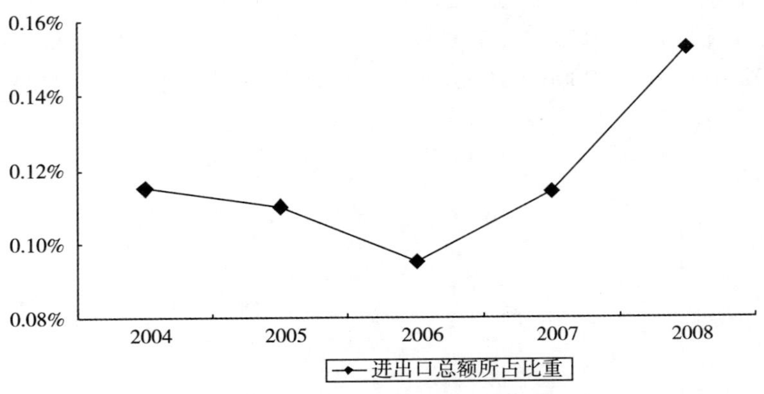

图 2 -301　2004 -2008 年丽水市进出口总额在长三角所占比重的变化趋势

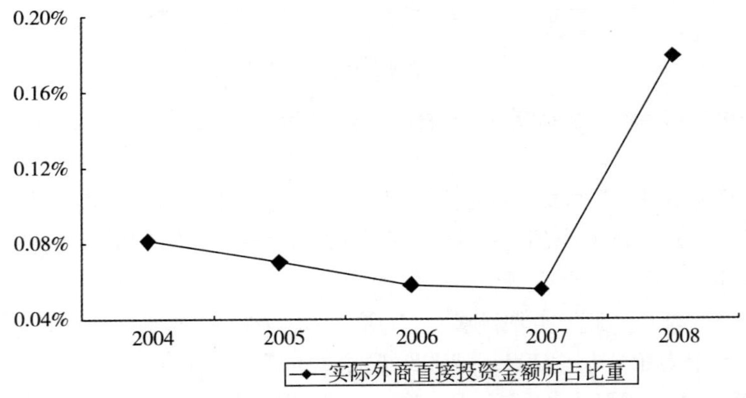

图 2 -302　2004 -2008 年丽水市实际外商直接投资金额在长三角所占比重的变化趋势

2004 -2008 年丽水市实际外商直接投资金额在长三角所占比重分别为:0. 08%、0. 07%、0. 06%、0. 06%、0. 18%。丽水市实际外商直接投资金额在长三角所占比重在 2004 年 -2007 年呈现逐年下跌的态势,2008 年比上年出现了明显增长,相当于 2007 年的 3 倍,比 2004 年增加了 0. 1 个百分点。

第四章　泛长三角地区2008年经济社会发展(皖、赣、闽)

一　安徽省2008年经济社会发展

安徽省简称皖,位于中国东南部,地处长江下游,东连江苏,南邻浙江、江西,西靠湖北、河南,北接山东,居华东地区腹地。安徽省东西宽约450公里,南北长约570公里,土地面积13.96万平方公里,约占全国总面积的1.3%。行政区划17个市,省会合肥市。

2008年,全省人民在省委、省政府的坚强领导下,认真贯彻党的十七大、十七届三中全会和胡锦涛总书记两次视察安徽重要讲话精神,全面落实科学发展观,积极应对各种严峻挑战和困难,团结拼搏,开拓奋进,国民经济保持了平稳较快发展的良好势头,各项社会事业全面进步。

一、安徽省2008年经济发展概况

(一)综合经济

1.经济平稳较快发展

2008年,安徽省政府针对年初物价过快上涨、企业融资困难和生产成本上升等问题,加强经济运行调节,通过协调煤电油运供应、组织银企对接、实施临时价格干预等措施,有效缓解了经济生活中的突出矛盾和问题。同时,充分发挥工业主动力作用,突出抓好县域经济和非公有制经济发展,全省经济逆势上扬。

全年生产总值(GDP)8 874.2亿元,按可比价格计算,比上年增长12.7%。分产业看,第一产业增加值1 418.1亿元,增长6.2%;第二产业增加值4 137.4亿元,增长16.4%;第三产业增加值3 318.7亿元,增长11%。分季度看,一季度增长13.5%,上半年增长14.2%,前三季度增长13.4%。三次产业结构为16∶46.6∶37.4。按常住人口计算,人均生产总值14 485元(折合2 085美元),比上年增加2 440元。全社会劳动生产率22 949元/人,比上年增加3 464元。

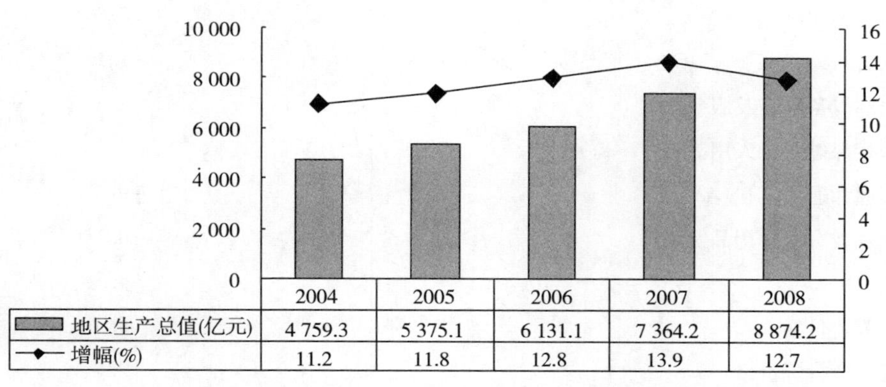

	2004	2005	2006	2007	2008
地区生产总值(亿元)	4 759.3	5 375.1	6 131.1	7 364.2	8 874.2
增幅(%)	11.2	11.8	12.8	13.9	12.7

图2-303　2004-2008年安徽省地区生产总值及增长速度

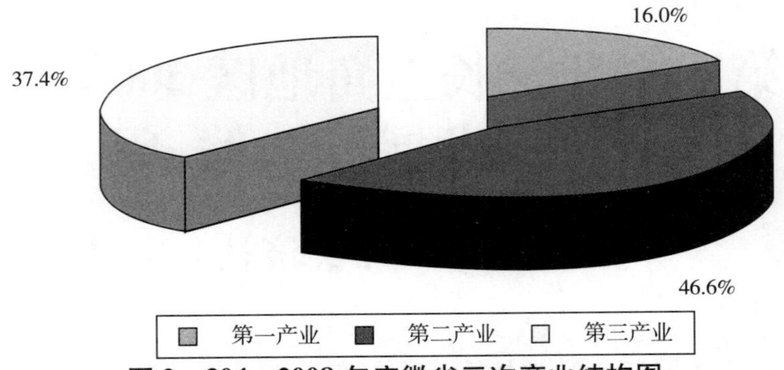

图 2－304　2008 年安徽省三次产业结构图

2. 财政收入平稳增长

2008 年财政收入1 326亿元,比上年增长 28.2%,其中地方财政收入 724.6 亿元,增长 33.3%。在全部财政收入中,增值税增长 24.4%,营业税增长 30.1%,企业所得税增长 34.1%。财政支出 1 622.8亿元,增长 30.5%。其中,教育支出增长 32.7%,医疗卫生支出增长 55.4%,环境保护支出增长 1.2 倍,社会保障与就业支出增长 8.9%。全年十八项民生工程累计投入 176.4 亿元,惠及 5 000多万城乡居民。

3. 物价指数有所上扬

居民消费价格一季度比上年同期上涨 8.7%,上半年上涨 8.5%,前三季度上涨 7.4%,全年上涨 6.2%,涨幅高于上年 0.9 个百分点。全年工业品出厂价格上涨 8.4%,原材料、燃料、动力购进价格上涨 12.4%,农业生产资料价格上涨 23.9%。

表 2－110　2008 年各类价格比上年涨跌幅度

类　　别	涨跌幅度%
居民消费价格	6.2
城市	6.0
农村	6.4
食品	14.3
其中:粮食	5.7
烟酒及用品	3.3
衣着	-1.1
家庭设备用品及服务	2.2
医疗保健及个人用品	2.2
交通和通信	-0.3
娱乐教育文化用品及服务	0.1
居住	4.5
商品零售价格	6.3
固定资产投资价格	9.4
农产品生产价格	14.7

4. 固定资产投资继续增长

全年全社会固定资产投资6 788. 9亿元，比上年增长33. 3%。其中，城镇投资5 991. 5亿元，增长34. 6%；农村投资797. 4亿元，增长24%。技术改造投资1 408. 7亿元，增长30. 6%。从产业看，第一产业投资182. 6亿元，增长66. 4%；第二产业投资2 959. 5亿元，增长30. 3%；第三产业投资3 646. 8亿元，增长34. 4%。从行业看，工业投资增长30%，其中制造业投资增长38. 2%，六大高耗能行业投资增长12. 5%。三产中的铁路运输业投资增长56. 3%，金融业投资增长89. 2%，水利管理业投资增长98. 5%，卫生、社会保障和社会福利业投资增长55%。

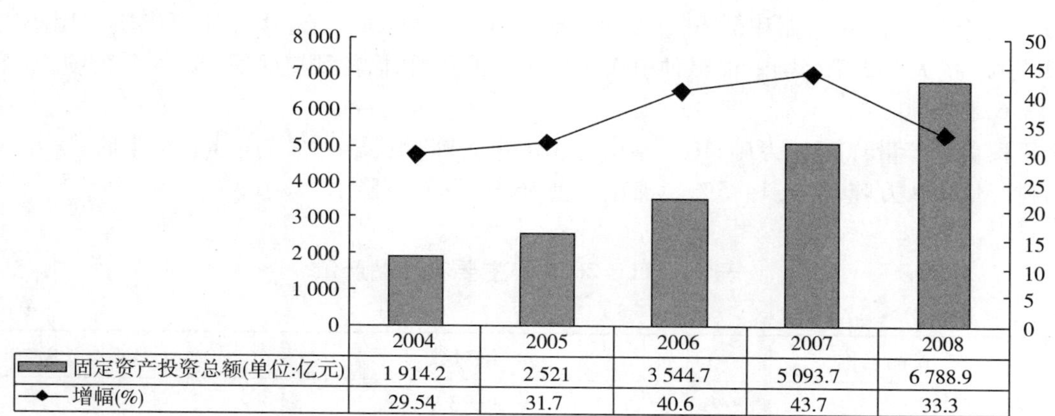

	2004	2005	2006	2007	2008
固定资产投资总额(单位:亿元)	1 914.2	2 521	3 544.7	5 093.7	6 788.9
增幅(%)	29.54	31.7	40.6	43.7	33.3

图2－305　2004－2008年安徽省全社会固定资产投资及增长幅度

全年共安排续建、新开工项目1 220项，总投资规模10 940. 3亿元，当年完成投资2 417. 6亿元，其中省政府直接调度的20个重大项目完成投资763. 7亿元。奇瑞轿车三厂、马钢硅钢生产线、合肥格力年产300万台空调、合肥长虹年产200万部平板电视、顾北等7对矿井、国电蚌埠电厂、华电芜湖电厂等一批项目建成投产，合武、铜九等铁路及沿江、合肥—淮南—阜阳、安庆—景德镇等高速公路建成通车。全年新增煤炭产能1 490万吨、电力装机容量720万千瓦，两淮亿吨级煤电基地正式建成。

5. 区域经济协调发展

近年来，安徽省一直致力于加快培育区域经济增长极，围绕实施中心城市带动、东向发展战略，加快编制城市群规划，统筹协调好区域空间布局、道路交通体系、生态环境、基础设施建设，发展壮大中心城市。目前，沿淮城镇群规划编制全面完成，省会经济圈城镇体系规划编制顺利启动，皖江城市带研究在进一步深化，统筹区域协调发展取得新进展。

2008年，安徽省在统筹协调好省会经济圈、皖江城市带、沿淮城市群发展的基础上，逐步构筑以自主科技创新为核心竞争力的江淮城市群。通过整合创新资源，积极探索建立以合肥为中心、皖江城市带重点城市为主体、适当拓展的国家自主创新试验区有效空间载体——江淮城市群，使之成为建设创新型国家的试验区，将安徽城市群发展上升到国家战略层面。

为了促进皖北的发展，安徽省政府制定了支持皖北和沿淮三市六县的政策措施，连续5年每年安排2. 6亿元，用于工业园区基础设施或重大项目贷款贴息。对县域经济发展实施分类考核，扩大县级经济社会管理权限试点增加到30个县(市)。

（二）农　业

强化农业基础地位，全面落实各项强农惠农政策，加大支持“三农”力度，发放粮食、畜牧、林业、农资、良种和农机等各类补贴109亿元。深入推进小麦高产攻关活动、水稻产业提升行动,启动实施玉米振兴计划,粮食生产连续5年丰收、3年创新高。实施农业产业化提升行动,扎实开展畜牧业升级计划和渔业富民工程,全省畜牧水产业规模养殖比重较上年提高5个百分点,新增国家级农业产业化龙头企业12家、农民专业合作组织1 000个。加强农村基础设施建设,新建改造排灌泵站6.2万千瓦,新增营造林185万亩,连续10年实现耕地占补平衡。深入推进农村综合改革,启动省级城乡一体化综合配套改革试点,扎实推进集体林权制度、基层农技推广体系和兽医管理体制改革,积极探索农村土地承包经营权流转。这些措施促进了农业农村经济持续发展,对稳定全省发展大局起到了重要支撑作用。

2008年全年粮食种植面积6 561.1千公顷,比上年扩大83.3千公顷,其中优质专用小麦面积1 670千公顷,扩大242千公顷。油料种植面积936.7千公顷,棉花种植面积381.4千公顷,蔬菜种植面积718.6千公顷。

全年粮食总产量3 023.3万吨,比上年增加121.9万吨,增长4.2%,连续五年丰收、三年连创新高。油料产量228万吨,增长14.5%。棉花产量36.9万吨,下降1.4%。

表2-111　2008年主要农产品产量

单位:万吨

产品名称	绝对数	比上年增长%
粮食	3 023.3	4.2
油料	228.0	14.5
其中:花生	77.9	26.1
油菜籽	140.9	8.4
棉花	36.9	-1.4
烤烟	2.4	-1.2
蚕茧	3.8	-0.9
茶叶	7.6	7.2
蔬菜	1 923.5	0.5
水果	691.9	-7.7

年末全省生猪存栏1 432.4万头,比上年增长7.4%;全年生猪出栏2 527.4万头,增长7%。肉类总产量343.9万吨,增长6.3%,其中猪牛羊肉产量247.9万吨,增长6.5%。禽蛋产量117.6万吨,增长8.3%。牛奶产量18.1万吨,增长0.2%。水产品产量178.4万吨,增长7.2%。

2008年,全省获得认证的"无公害农产品"213个,年总产量85.99万吨,认定"无公害农产品产地"101个,总面积6.41万公顷。全省有效使用绿色食品标志的有368家企业911个产品(当年新增340个),绿色食品产地总面积110万公顷,产品年产量495万吨,年产值142亿元。

年末全省农业机械总动力4 807.5万千瓦,比上年增长6%。农用拖拉机239.6万台,增长4%;农用运输车67.8万辆,增长3.3%。全年化肥施用量(折纯)307.3万吨,增长0.8%。农村用电量89.9亿千瓦小时,增长9.7%。有效灌溉面积达3 453.3千公顷,新增35.4千公顷;新增节水灌溉面积24.6千公顷。

(三)工业和建筑业

1. 工业总量上新台阶,规模企业突破万户

全年工业增加值3 487.6亿元,比上年增长18.3%。其中规模以上工业实现增加值3 259.7亿元,经济总量首次突破3 000亿大关,总量比去年增加895亿元。增速居中部第一位、全国第三位。轻工业实现增加值911.1亿元,同比增长21.4%,重工业实现增加值2 348.7亿元,同比增长22.3%,达到均衡发展。全省规模以上企业达10 513户,比去年底新增2 434户。

表2-112　2008年规模以上工业增加值

单位:亿元

指　　标	绝对数	比上年增长%
规模以上工业	3 259.7	22.0
其中:轻工业	911.1	21.4
重工业	2 348.6	22.3
其中:国有企业	355.4	13.6
集体企业	46.3	18.5
股份合作企业	19.6	16.9
股份制企业	2 259.4	23.6
外商及港澳台投资企业	476.7	19.7
其中:国有及国有控股企业	1 471.1	16.1
其中:大中型工业企业	2 027.1	12.8

2. 37个行业全面增长,重点行业增长回落

全省37个工业行业均保持全面增长。煤炭开采和洗选业、非金属矿采选业、通用设备制造业、专用设备制造业等12个行业同比增长超过30%。交通运输设备制造业、黑色金属冶炼及压延业、黑色金属矿采选业等重点行业增加值分别增长7.5%、12.4%、22.6%,但比2007年同期回落较大,分别回落23.5个、16.8个、24.1个百分点。石油加工业由去年同期的增长14.6%转为下降0.3%。

3. 部分产品产量下降,产销衔接基本正常

与2007年同期相比,产量下降较大的产品有:彩色电视机下降21.1%、轮胎外胎下降15.1%、布下降15%等。同比增长较快的有:化学农药增长44.8%、原煤增长33.5%、家用电冰箱增长22.9%、家用洗衣机增长22.3%、平板玻璃增长22.2%。工业产品产销率97.7%,同比下降0.4个百分点。

表2-113　2008年主要工业产品产量

产品名称	单位	绝对数	比上年增长%
纱	万吨	42.3	-5.1
布	亿米	4.9	-15.0
化纤	万吨	11.1	-4.6
白酒	亿升	2.9	18.6

(续表)

产品名称	单 位	绝对数	比上年增长%
啤酒	亿升	13.9	-0.5
卷烟	亿支	1 161.8	3.0
彩色电视机	万部	269.2	-21.1
家用洗衣机	万台	695.0	22.3
家用电冰箱	万台	1 130.5	22.9
房间空气调节器	万台	658.4	8.3
能源生产总量	万吨标准煤	8 559.5	34.3
原煤	万吨	11 913.2	33.5
发电量	亿千瓦小时	1 102.5	27.0
柴油	万吨	177.9	-5.5
生铁	万吨	1 637.2	8.1
粗钢	万吨	1 770.2	6.1
成品钢材	万吨	1 906.6	7.7
十种有色金属	万吨	93.7	17.1
水泥	万吨	5 915.2	15.8
平板玻璃	万重量箱	576.4	22.0
硫酸	万吨	329.1	15.1
纯碱	万吨	37.0	3.5
化肥	万吨	238.6	2.1
化学农药	万吨	20.2	44.8
合成洗涤剂	万吨	53.4	10.1
金属切削机床	万台	1.6	-1.8
汽车	万辆	61.6	-6.5
轮胎外胎	万条	1 219.3	-15.1

4. 效益有所回落,支柱行业贡献大

全省规模以上工业经济效益综合指数209,比上年提高18.3个百分点,比当年1-8月份下降3.48%。亏损企业亏损额上升至82.1亿元,同比增长1.1倍。企业主营业务收入10 400.3亿元,增长30.3%;实现利税830.3亿元,增长9.8%,其中利润342.8亿元,下降0.2%。八大支柱产业(汽车工业、装备工业、优质金属材料工业、水泥及非金属优质材料工业、信息电子工业、农副产品加工业、能源和煤化工业、生物技术工业)中,煤炭开采和洗选业、电气机械及器材制造业、通用设备制造业、黑色金属冶炼及压延加工业等13个利润超10亿元的行业累计实现利润290.9亿元,占全部规模以上工业的84.9%。

5. 重要骨干企业经济运行基本情况

从全省重点监测的80户重要骨干企业运行情况看,全年实现工业总产值4 660亿元,同比增长

21.2%，占全省规模以上企业总产值的43.2%。受国际金融危机影响，80户重点企业增速从7月份开始逐月下滑，增速由5月份的27.2%、6月份的26.4%，逐月下滑至7月份的23.9%，10月份的14.2%。11、12两月与去年同期相比则下降5.5%和6.0%。工业总产值从前8个月的平均每月400亿元下降到12月份的347亿元。

表2-114　2008年部分骨干企业经营概况

单位：亿元

企业名称	实现工业总产值	比上年增长	实现销售收入	比上年增长	实现利润	比上年增长
马钢（集团）控股公司	693.9	43.6%	732.6	40.7%	16.3	-12.7
铜陵有色控股公司	410.7	2.4%				
安徽海螺集团有限责任公司	344.5	23.5%	420.2	19.5%	32.5	-32.8%
安徽省电力公司	335.3	14.1%	337.3	13.8%	0.909 3	-6.4
淮南矿业集团有限责任公司	254	88.7%	276.8	101%	9.5	55.1%
淮北矿业集团有限责任公司	207.7	67.9%	177.6	42.9%	6.5	5.9
中石化安庆分公司	203	11.2%	211.3	12.0%	-22.2	-19.4
安徽江汽集团有限公司	201.1	5.8%				
奇瑞汽车有限公司	196.5	-2%				
安徽中烟工业公司	169.2	10.8%				
合肥荣事达集团有限责任公司	111.3	47.6%	98.1	63.2%	2.2	-14.3%

6. 建筑业

全年全社会建筑业增加值649.8亿元，比上年增长6.4%。三级及以上建筑企业实现利税总额108.1亿元，增长17.8%。房屋建筑施工面积16 977.5万平方米，增加2 589.4万平方米；房屋建筑竣工面积7 387.3万平方米，增加173.6万平方米。

（四）服务业

1. 国内贸易

全年社会消费品零售总额2 965.5亿元，比上年增长23.4%。分城乡看，城市消费品零售额1 635亿元，增长23.7%；县及县以下消费品零售额1 330.5亿元，增长23%。分行业看，批发和零售业零售额2 497.6亿元，增长22.9%；住宿和餐饮业零售额433.3亿元，增长26.3%；其他行业零售额34.6亿元，增长19.3%。

在限额以上批发零售业零售额中，食品、饮料、烟酒类比上年增长37.1%，服装、鞋帽、针纺织品类增长19%，日用品类增长36.2%，金银珠宝类增长35.7%，中西药品类增长24.2%，书报杂志类增长17.1%，家用电器和音像器材类增长14.1%，建筑装潢材料类增长36.6%，汽车类增长39.3%，石油及制品类增长33%。

2. 交通和邮电

全年交通运输、仓储和邮政业增加值547.4亿元，比上年增长10.5%。

全年旅客运输量9.54亿人，货物运输量9.23亿吨，分别比上年增长9.5%和12.8%；旅客运输周转量1 100.76亿人公里，货物运输周转量2 176.46亿吨公里，分别增长12.9%和9.4%。港口货物

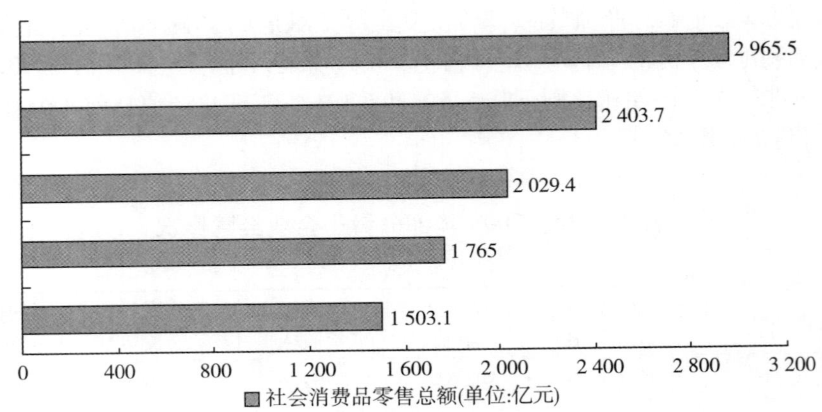

图 2-306　2004-2008 年安徽省社会消费品零售总额

吞吐量 2.73 亿吨,比上年增长 10.4%,其中外贸货物吞吐量 280.1 万吨,增长 12.3%。全省民航机场旅客吞吐量 278.4 万人次,比上年增长 9%,其中合肥机场旅客吞吐量 252.5 万人次,增长 13.2%。

年末全省民用汽车拥有量 134.9 万辆,比上年增长 18.9%,其中私人汽车拥有量 73.5 万辆,增长 28.4%。民用轿车拥有量 48.5 万辆,增长 30.6%,其中私人轿车拥有量 34.2 万辆,增长 40.7%。

全年邮电业务总量 550.1 亿元,比上年增长 23.5%。其中,电信业务总量 519.7 亿元,增长 24%;邮政业务总量 30.4 亿元,增长 14.8%。年末本地固定电话交换机总容量1 613.8万门,比上年减少 223.6 万门。本地固定电话用户1 379.9万户,减少 114.4 万户;移动电话用户1 715.1万户,增加 305.1 万户。每百人拥有电话(含移动)50.6 部,增加 3.1 部。年末基础电信运营企业计算机互联网宽带接入用户 186.8 万户,增加 30.9 万户。

3. 旅游业

安徽许多地区是革命老区,2008 年,省委、省政府举办“红色故土安徽行”大型活动,邀请新浪、搜狐、百度等 36 家知名网络媒体高层管理人员近 70 人实地考察黄山风景区、泾县新四军军部旧址等旅游经典景区。各大网站纷纷推介皖山徽水,多角度、全方位展示安徽旅游发展的成果,在全国乃至世界宣传安徽,宣传安徽旅游,宣传安徽红色旅游,红色旅游得到进一步发展。全年全省红色旅游接待游客 930 万人次,比上年增长 29%;红色旅游综合收入 46 亿元,比上年增长 21%。18 个红色旅游景点创 A 级景区,其中 4A 景区 3 个,3A 景区 6 个,2A 景区 9 个,红色旅游品质品位不断提高。

2008 年接待海外游客 132.1 万人次,比上年增长 24.1%;接待国内游客9 938.2万人次,增长 26.6%。旅游总收入 731.1 亿元,增长 28.3%。其中,旅游外汇收入 4.5 亿美元,增长 32.1%;国内旅游收入 700.2 亿元,增长 28.8%。年末全省共有 A 级旅游景点(区)237 处。

4. 金融、证券和保险业

2008 年,安徽省积极推进地方金融体系建设,组建开业农村银行 15 家,批准筹建小额贷款公司 58 家,其中 9 家挂牌开业。完成徽商银行增资扩股和省辖市布点,奇瑞徽银汽车金融公司获准筹建,国元农业保险公司正式开业,政策性农业保险承保作物面积1 596万亩。从资本市场募集资金 176.5 亿元,发行企业债券 24 亿元、短期融资券 77.5 亿元。

年末全省金融机构各项存款余额(人民币口径,下同)突破万亿元,达到10 303.3亿元,比上年末增加1 897.8亿元,增长 22.6%。其中,企业存款余额3 019.7亿元,增长 19%;城乡居民储蓄存款余额5 647.5亿元,增长 24.2%。金融机构各项贷款余额6 948.7亿元,比上年末增加1 211.1亿元,增长 20%。其中,短期贷款2 960.5亿元,增长 11%;中长期贷款3 623.7亿元,增长 28.3%,中长期贷款中

个人消费贷款778亿元,增长33.8%。

全年在上海、深圳证券交易所发行新股3只(A股),增发1只,非公开增发3只,认股权证行权1只,共筹集资金176.5亿元。到2008年末,全省有上市公司55家,上市公司流通股市价总值781亿元。全年省内证券经营机构证券交易量8 500亿元,期货经营机构代理交易量14 900亿元。

全年保险业保费收入296.5亿元,比上年增长47%。其中,财产险业务保费收入64亿元,增长23.8%;人身险业务保费收入232.5亿元,增长54.9%。赔款和给付87.8亿元,增长61.4%。其中,财产险业务赔款支出41.7亿元,增长58.9%;人身险业务赔款和给付支出46.1亿元,增长63.7%。

5. 房地产业

全年房地产开发投资1 351.6亿元,比上年增长51.6%,其中经济适用房投资28.5亿元,增长1.6倍。商品房销售额807.4亿元,下降1.7%。

(五)开放型经济

2008年,安徽省加大对外开放力度,主动参与泛长三角区域发展分工合作,首次参加长三角三省一市主要负责同志座谈会,成功举办第四届徽商大会和泛长三角区域金融高层论坛,有5家境外世界500强企业落户安徽,首家外资银行东亚银行合肥分行开业,全国首家省级党报集团中外合作企业新安传媒有限公司挂牌成立,出口基地建设、自主品牌培育和企业"走出去"迈出新步伐。外经、外事、外宣、对台、侨务工作全面推进,国际友城关系发展到66对。

1. 对外贸易

全年进出口总额204.4亿美元,比上年增长28.3%。其中,出口113.5亿美元,增长28.8%;进口90.8亿美元,增长27.6%。从出口经营主体看,生产型企业、贸易型企业出口分别增长31.1%和22.4%。从出口商品看,机电产品、高新技术产品出口分别增长27.8%和42%。

表2-115　2008年出口主要分类及地区分布

单位:亿美元

指　　标	绝对数	比上年增长%
出口额	113.5	28.8
其中:机电产品	45.5	27.8
其中:高新技术产品	18.0	42.0
其中:一般贸易	84.2	29.3
加工贸易	25.7	17.7
其中:对亚洲	43.6	28.7
对欧洲	29.3	19.6
对北美洲	16.9	27.7
对非洲	11.3	48.3
对拉丁美洲	10.6	40.4
对大洋洲	1.8	24.9

2. 利用外资

全年新批外商投资企业256家,比上年下降49.4%;合同利用外资20.6亿美元,下降33.2%;实

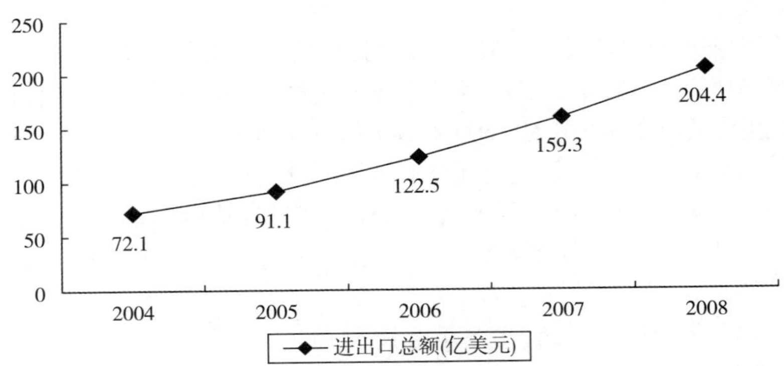

图 2-307　2004-2008 年安徽省外贸进出口总额

际利用外商直接投资 34.9 亿美元,增长 16.4%。到 2008 年底,来皖投资的境外世界 500 强企业增加到 44 家。

3. 对外合作

全年对外经济技术合作新签合同金额 15.2 亿美元,比上年增长 26.3%;完成营业额 12.1 亿美元,增长 68.6%;当年外派劳务人员12 749人,增长 43.9%。全年新批境外企业(机构)37 个,协议对外投资7 761万美元,实际对外投资5 315万美元。

4. 开发区建设

2008 年省政府批准了筹建池州大渡口(石台)经济开发区、六安金安开发区、无为高沟经济开发区、黄山徽州经济开发区、颍东经济开发区、来安汊河经济开发区、马鞍山花山经济开发区等 7 个省级开发区,批准了涡阳经济开发区进行迁址建设。截至 2008 年底,全省共有 114 家省级以上各类开发区,包括通过国家审核的 89 家开发区和省政府批准筹建的 25 家省级开发区,基本上达到了每个县(市、区)都有一家省级开发区或筹建的省级开发区。通过国家审核的 89 家开发区,包括 4 家国家级开发区,85 家省级开发区;3 家高新技术产业开发区(园区),57 家经济(技术)开发区,28 家工业园区(特色产业园区),1 家出口加工区。

开发区经济总量继续扩大。2008 年,全省 89 个省级以上开发区共实现经营(销售)收入6 334亿元,比上年增长 39.7%。实现财政收入 274.7 亿元,增长 28.7%。完成工业总产值4 612.4亿元,比上年增长 44.9%,占全省的 43.5%。完成外贸进出口总额 72.2 亿美元,比上年增长 65.8%,占同期全省外贸进出口的 35.3%。经济运行质量进一步提高。2008 年,全省开发区每平方公里实现经营(销售)收入 4.5 亿元,比上年净增 0.87 亿元,增长 19.3%。对县域经济贡献突出。2008 年,全省县和县级市所办的 49 个开发区累计实现经营收入1 407.2亿元,增长 40.7%。实现财政收入 72.7 亿元,增长 33.6%。一些起步早的县(市)工业园区,随着实力的逐步增强,在县域经济增长中的龙头带动作用十分明显。总体上看,安徽省开发区的发展还存在产业层次不高、经济实力不强、特色不明显等问题。要进一步发展,改善宏观环境、科学规划定位、集约化发展等是关键。

5. 民营经济

2008 年,安徽省相继出台了一批事关民营经济发展的重要法律法规和政策规章,为民营经济的又好又快发展提供了良好的法制与政策环境。在此环境下,民营经济克服金融危机的影响,2008 年全省民营经济实现增加值4 995.8亿元,占全省 GDP 比重达 56.3%。分产业看,第一产业实现民营经济增加值 522.3 亿元,占全省第一产业增加值 36.8%;第二产业实现民营经济增加值2 748亿元,占全省第二产业增加值 66.4%;第三产业实现民营经济增加值1 725.5亿元,占全省第三产业增加值

52%。部分市县民营经济对GDP拉动作用明显，如芜湖市2008年全市民营经济GDP增加值473.34亿元，对全市GDP增长贡献率达到73.8%。

2008全省新登记私营企业3.43万户，私营企业已达17.4万户，分别比2007年同期增长了15.1%和20%；新登记个体工商户26.4万户，个体工商户共有114.25万户，分别比2007年同期增长了33.1%和1.5%。

一些民营经济发达的市涌现出一大批规模大实力强的企业，如芜湖市2008年全市规模以上工业企业达1 148户，增加274户，增长31.3%，而民营经济规模以上工业企业户数占全市总数的94%。在全省民营企业百强排序中，芜湖市有55家企业榜上有名，在全省发展非公经济工作会议上，该市有22户民营企业获优秀企业。

二、安徽省2008年社会发展概况

（一）人口、人民生活

2008年末全省户籍人口6 740.8万人，比上年增加65.1万人；常住人口6 135万人，增加17万人。人口自然增长率6.45‰，上升0.1个千分点。

全年城镇居民人均可支配收入12 990.4元，比上年增长13.2%，扣除价格因素，实际增长6.8%。人均消费性支出9 524元，增长11.6%，其中食品支出增长15.4%，交通通讯支出增长3.3%，衣着支出增长11.5%，娱乐教育文化支出下降0.8%。城镇居民家庭恩格尔系数为41%，比上年上升1.3个百分点。城镇居民人均住房建筑面积29.9平方米，比上年减少0.9平方米。

全年农村居民人均纯收入4 202.5元，比上年增长18.1%，扣除价格因素，实际增长11.7%。人均生活消费支出3 284.1元，增长19.2%，其中食品支出增长21.9%，交通通讯支出增长8.6%，居住支出增长35.7%。农村居民家庭恩格尔系数为44.3%，比上年上升1个百分点。农村居民人均住房面积29.9平方米，比上年增加1平方米。

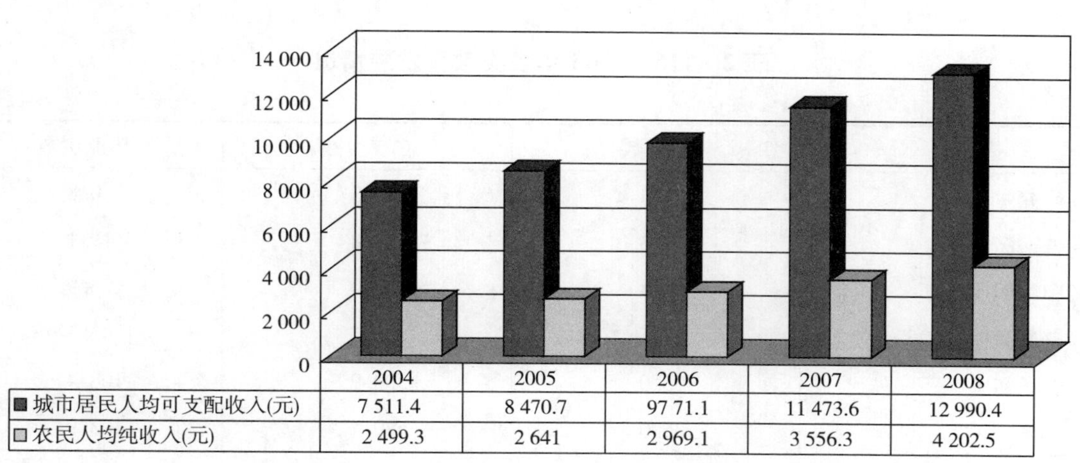

	2004	2005	2006	2007	2008
■城市居民人均可支配收入(元)	7 511.4	8 470.7	97 71.1	11 473.6	12 990.4
□农民人均纯收入(元)	2 499.3	2 641	2 969.1	3 556.3	4 202.5

图2－308　2004－2008年安徽省城乡居民收入对比一览

（二）就业和社会保障

2008年末全省从业人员3 916万人，比上年增加98万人。其中，第一产业1 592.8万人，减少

46.9 万人;第二产业 968.7 万人,增加 63.8 万人;第三产业1 354.5万人,增加 81.1 万人。年末在岗职工 322.2 万人,城乡私营企业从业人员和个体劳动者 444.3 万人。全年城镇新增就业 49.6 万人,下岗失业人员再就业 24.8 万人。年末城镇登记失业率为 3.92%。

完善社会保障体系,加大社会保障资金筹集力度。全省基本养老、基本医疗、失业保险参保人数分别达到 563 万人、1 230万人、373 万人,全年为 28.2 万名失业人员发放了不同期限的失业保险金。全省参加工伤、生育保险人数分别为 292.9 万人和 237.5 万人。2008 年全省各市、县、区均出台了被征地农民就业和社会保障制度,被征地农民养老保险参保人数为 131 万人。建立健全城乡最低生活保障制度,全年保障农村低保对象 186.2 万人,城市低保人数 99.2 万人。城乡居民最低生活保障、医疗救助覆盖人数和救助标准继续提高,城市和县城人均住房面积低于 10 平方米的低保家庭廉租住房实现应保尽保。

2008 年末全省有各类收养性社会福利院床位 9.6 万张,收养各类人员 7.5 万人。城镇建立各种社区服务设施2 853个,其中综合性社区服务中心 289 个。全年销售社会福利彩票 15.7 亿元,筹集社会福利资金 5.2 亿元。

(三)教育和科学技术

1. 教育事业

2008 年,安徽省积极完善义务教育经费保障机制,化解农村义务教育债务,完成 304 万平方米农村中小学 D 级危房改造任务,深入实施高等教育“双百”工程和质量工程,启动高校大学生生源地助学贷款和医保工作,扎实推进职业教育大省建设。

年末全省共有研究生培养单位 18 个,在学研究生34 982 人。普通高校 93 所,在校生 80.8 万人,高等教育毛入学率 21.2%,比上年上升 1.5 个百分点。各类中等职业教育(不含技工学校)在校生 88 万人。普通高中 782 所,在校生 133.7 万人。普通初中3 181所,在校生 309.9 万人,初中阶段适龄人口入学率为 99.02%。小学16 116所,在校生 520.4 万人,小学学龄儿童入学率为 99.84%。各级各类成人学校毕业生 51.8 万人。全面实施免费义务教育,受益学生 830.7 万人。

表 2-116　2008 年各类教育发展情况

单位:万人

指　标	招生数	在校生数	毕业生数
研究生	1.3	3.5	0.8
普通高等教育	27.3	80.8	19.1
中等职业教育	33.4	88.0	26.9
普通高中	43.6	133.7	43.7
普通初中	105.0	309.9	108.4
小学	85.0	520.4	103.9

2. 科学技术

2008 年安徽省政府认真落实胡锦涛总书记要求安徽在自主创新方面有更大作为的指示精神,在深入调研的基础上,启动实施合芜蚌自主创新综合配套改革试验区建设,谋划推进创新型产业升级、企业培育、人才集聚、载体建设、平台建设、环境优化等六大工程,配套出台 26 条扶持政策。从 2008 年起,省财政每年安排 6 亿元专项资金,重点扶持试验区创新体系建设。全省新批准工程技术研究中心17家、省级实验室32家，新认定国家级企业技术中心2家、省级企业技术中心51家。成功举办中国（合肥）？自主创新要素对接会。奇瑞公司节能环保汽车技术平台建设、合肥物质研究院“全超导非圆截面托卡马克核聚变实验装置的研制”项目双双荣获国家科技进步奖一等奖。全年共取得省部级以上科技成果668项，全年受理专利申请10 409件，授权专利4 346件，分别比上年增长71%和27%。共签订各类技术合同5 667项；成交金额32.5亿元，比上年增长22.8%。

全年用于科技活动的经费支出为249.8亿元，比上年增长28%。其中，用于研究与发展经费（R&D）96亿元，增长31.9%，相当于全省生产总值的1.08%。有国家实验室（含筹备）2个，国家重点工程实验室3个，省级（含重点）实验室60个，部属（含院属）实验室27个。全省有国家大科学工程5个。

至年末全省共有各类专业技术人员134.7万人，比上年增长8.6%。科研机构1 100个，其中大中型工业企业办机构420个。从事科技活动人员12万人，其中科学家和工程师8万人。全省共有县以上产品质量检验机构705个。共有产品质量、体系认证机构5个，完成强制性产品认证的企业1 017个；法定计量技术机构79个，强制检定计量器具121万台件；制定、修订地方标准112项。年末全省有中国名牌产品37个、国家免检产品119个、国家地理标志产品18个、安徽名牌产品732个。

（四）文化、卫生和体育

1. 文化事业

2008年，安徽省启动实施文化保护、文化精品、文化展示工程，成功举办首届中国农民歌会，省发行、出版集团双双入选“首届全国文化企业30强”，文化惠民工程建设取得实效，广播影视、新闻出版、文学艺术、哲学社会科学进一步发展，档案、地方志、参事文史工作得到加强，精神文明和民主法制建设迈出新步伐。年末全省共有艺术表演团体89个，文化馆118个，公共图书馆85个，博物馆45个，乡镇文化站1 270个。共有全国重点文物保护单位56处，省级重点文物保护单位454处。国家级非物质文化遗产名录47项，省级名录202项。广播电台17座，中波发射台和转播台22座，广播人口覆盖率为96.82%。电视台17座，有线电视用户371.8万户，电视人口覆盖率为96.92%。全年出版报纸99种，总印数10.7亿份；期刊（杂志）176种，总印数0.6亿册；图书6 402种，总印数3.1亿册；电子、音像出版物461种，出版数量262万盒（张）。共有各级国家档案馆124个，馆藏档案资料1 030万卷（件、册），库馆总建筑面积17万平方米。

2. 卫生事业

2008年，安徽省城镇居民基本医疗保险和新型农村合作医疗实现全覆盖，农村三级医疗卫生服务网络和城市社区卫生服务机构加快发展，重大传染病防治取得明显成效，中医药临床基地获准纳入国家重点建设。年末全省共有卫生机构8 576个。卫生技术人员18.1万人。医院、卫生院床位13.8万张。全年诊疗9 272.9万人次。村卫生室2.1万个，乡村医生和卫生员4.4万人，农村有医疗点的村占总村数的96%。参加新型农村合作医疗的农业人口4 523.9万人，参合率90.12%。对突如其来的手足口病，及时建立了高效运转的组织指挥体系、疫情监测报告制度和分级救治处理机制，不惜一切代价治病救人，广泛开展爱国卫生运动，迅速有效控制了疫情。

3. 体育事业

广泛开展“全民健身与奥运同行”活动，精心组织奥运火炬传递，我省健儿在奥运会、残奥会上获得3金3银1铜的好成绩。全年在国际和国内重大比赛中，我省运动健儿共获得52枚金牌、40枚银牌和54枚铜牌。其中，世界冠军21个、世界亚军12个。在北京奥运会和残奥会上获得3枚金牌、3枚银牌和1枚铜牌。广泛开展“全民健身与奥运同行”活动，精心组织奥运火炬传递，全年共举办千人以上的体育健身活动337次，参加活动人数达910万人次。

(五)城乡建设

近年来,安徽省建设部门适时引导全省城市建设由偿还欠账向增强城市功能和改善城市环境转变,引导城乡建设由量的增长向质的提升转变。进一步明确了突出以城乡规划为龙头,以推进城镇基础设施建设和改善城乡人居环境为重点,加大建设投入,推进全省城乡跨越发展、加快崛起的工作思路,以新思路带动新项目,以大思路带动大项目,实施了一大批城乡建设工程。2008 年安徽省城镇化率达 40.5%,较上年提高 1.8 个百分点。

扎实开展社会主义新农村建设,多渠道增加农民收入。新建改建农村公路 1.3 万公里,新增农村沼气用户 7.2 万户,解决了 300 万农村人口饮水安全问题,整村推进扶贫开发成效明显,新农村建设千村百镇示范工程取得新进展。开展“惠民直达工程”和农房产权登记试点,为民服务全程代理制全面推开。

(六)环境保护和生态建设

加大环境保护力度,加强钢铁、煤炭、建材等重点行业的节能减排工作,实施重点节能工程和淮河、巢湖流域环境整治,污染减排工作取得重大突破。全省化学需氧量、二氧化硫排放总量分别比上年削减 4.01% 和 2.8%,实现连续两年双下降,并首次较大幅度超额完成年度污染减排任务(分别超额 60% 和 180%);全省环境质量保持稳定,局部地区有所改善。循环经济试点工作积极推进。铜陵、淮北市被列为国家循环经济试点城市;马钢集团、皖北煤电、界首再生铅循环经济产业园、淮北市和阜南县试点的循环经济试点工作方案获得国家通过;江汽、奇瑞汽车零部件再制造试点的实施方案也正在根据国家发改委要求进行修改。

至年末全省共有省、市、县级环境监测站 83 个。能监测的 17 个省辖城市中,有 15 个城市空气质量达到二级标准。全省建成污水处理厂 63 座,扩建 3 座,规模 313.5 万吨/日;建成城市生活垃圾处理场 39 个,处理垃圾能力13 158吨/日。

全省地表水整体水质状况由中度污染好转为轻度污染。淮河干流安徽段整体水质状况由轻度污染好转为良好;主要支流整体水质由重度污染好转为中度污染。巢湖湖区水质和主要环湖河流整体水质状况中度污染,较上年无明显变化;东、西半湖营养状态均与上年持平。长江干流安徽段、新安江流域和主要水库整体水质状况保持优。全省城市集中式饮用水源地水质达标率 88.6%,较上年增长 1.2 个百分点。全省城市空气质量整体保持良好,省辖城市酸雨状况整体属轻度污染;城市声环境质量整体保持稳定;辐射环境质量和生态环境质量整体良好。在基本实现第一阶段目标任务的基础上,生态省建设继续向前迈进。

安徽省省域范围整体生态环境综合状况等级为良。全省 17 个市级评价单元生态环境状况等级为优的有黄山、池州、宣城 3 市,其土地面积占全省国土面积 21.67%;生态环境状况等级为良的有安庆、六安、芜湖、铜陵、巢湖、滁州、马鞍山、淮南、合肥、蚌埠、淮北、宿州 12 市,其土地面积占全省国土面积 65.03%;生态环境状况等级为一般的有阜阳、亳州 2 市,其土地面积占全省国土面积 13.30%。与上年相比,安徽省生态环境状况略有好转。

全省已建市级以上各类自然保护区 38 处,保护面积 44.6 万公顷,占国土面积的 3.15%。其中国家级自然保护区 6 处,面积 15.6 万公顷;省级 29 处,面积 28.5 万公顷;市级 3 处,面积 0.04 万公顷。全省已查明野生生物物种11 223种。全省已建地质公园 13 个,地质公园总面积 13.23 万公顷。已建省级以上风景名胜区 38 处,总面积 35.92 万公顷。已建森林公园 52 处,总面积 13.68 万公顷。全省林业用地面积 440.35 万公顷,森林总面积 327.35 万公顷,森林覆盖率 26.04%,当年造林绿化 8.73 万公顷。全省天然湿地面积 69.1 万公顷,湿地面积占国土面积比重 4.97%。

全省城市创模工作稳步推进。2008 年，淮南市田家庵区获省环保模范城区称号。成功举办 2008 年生态文明暨第五届生态省建设论坛。百镇千村万户生态示范工程取得积极进展。截至 2008 年底，全省有 13 个国家级生态示范县(区)，23 个全国环境优美乡镇，116 个省级环境优美乡镇(当年新增 35 个)，1 个国家级生态村，331 个省级生态村(当年新增 116 个)。

(七)社会治安与安全生产

2008 年，妥善处置三鹿奶粉事件，全省信访秩序好转，全省各级公安机关始终坚持"严打"方针，严厉打击各类刑事犯罪活动，大力整治社会治安的突出问题，促进和保证了全省社会治安秩序总体上的稳定，社会治安形势平稳。

全年亿元 GDP 生产安全事故死亡率为 0.41，比上年下降 30.5%；工矿商贸从业人员十万人生产安全事故死亡率为 1.99，下降 10.4%；煤矿百万吨死亡率为 0.44，下降 27.6%；道路交通万车死亡率为 3.98，下降 23.9%。全年共发生道路交通事故 8413 起，发生火灾事故5 881起。

三、挑战与目标

在肯定成绩的同时，也应清醒地看到经济社会发展中的困难和问题。2008 年下半年以来，受国际国内形势急剧变化的影响，安徽省经济增长面临较大的下行压力，特别是部分行业和企业生产下滑、城乡居民持续增收和就业的难度加大、影响社会稳定隐患增多等问题，对经济平稳较快发展构成严重制约。这些困难和问题的出现，是即期外部风险和自身固有矛盾叠加的结果，尤其是安徽省产业层次和经济整体素质不高、发展方式仍较粗放、区域和城乡发展不够协调、农业基础薄弱等问题，在当前形势下更充分地显露出来。政府工作也存在不少差距和不足，主要是职能转变还不到位，公共服务水平不高，市场监管和社会管理能力薄弱，领导科学发展和驾驭复杂局面的能力亟待加强，一些部门思想不够解放、工作作风不实、执行落实不力、办事效率不高，损害群众利益、影响社会稳定的问题还时有发生，形式主义、官僚主义、铺张浪费甚至贪污腐败现象还不同程度地存在。对此，安徽各级政府应高度重视，切实采取措施加以解决，不辜负全省人民的期望和重托。

综合各种因素考虑，2009 年经济社会发展的主要目标是：全省生产总值增长 10% 以上，财政收入增长 12%，全社会固定资产投资增长 20%，社会消费品零售总额增长 15%，城镇居民人均可支配收入增长 8%，农民人均纯收入增长 7%，居民消费价格涨幅控制在 4% 左右，城镇新增就业 45 万人，城镇登记失业率控制在 4.6% 以内，人口自然增长率控制在 7.5‰以内，单位生产总值能耗下降 4%，化学需氧量、二氧化硫排放量均下降 2%。

二 江西省2008年经济社会发展

江西地处中国东南偏中部长江中下游南岸,东邻浙江、福建,南连广东,西靠湖南,北毗湖北、安徽。全省共设南昌、九江、景德镇、萍乡、新余、鹰潭、赣州、宜春、上饶、吉安、抚州等11个设区市,10个县级市,70个县,19个市辖区。南昌市为江西省会。

2008年,是极不寻常、极不平凡的一年。江西全省人民高举中国特色社会主义伟大旗帜,以党的十七大和十七届三中全会精神为指导,深入贯彻落实科学发展观,沉着应对来自各方面的严峻挑战和考验,牢牢把握发展主动权,奋力拼搏,扎实工作,全省经济保持了平稳较快发展的良好态势,各项社会事业取得了新的成就。

一、江西省2008年经济发展概况

(一)综合经济

1.国民经济保持平稳较快发展

全年全省生产总值6 480.3亿元,比上年增长12.6%,连续六年实现12%以上增长。其中,第一产业增加值1 060.4亿元,增长4.8%;第二产业增加值3 414.9亿元,增长16.6%;第三产业增加值2 005.0亿元,增长10.1%。三次产业结构调整为16.4∶52.7∶30.9,二三一结构进一步强化和巩固。非公有制经济快速发展,实现增加值3 434.4亿元,增长15.5%,占GDP的比重达53.0%。

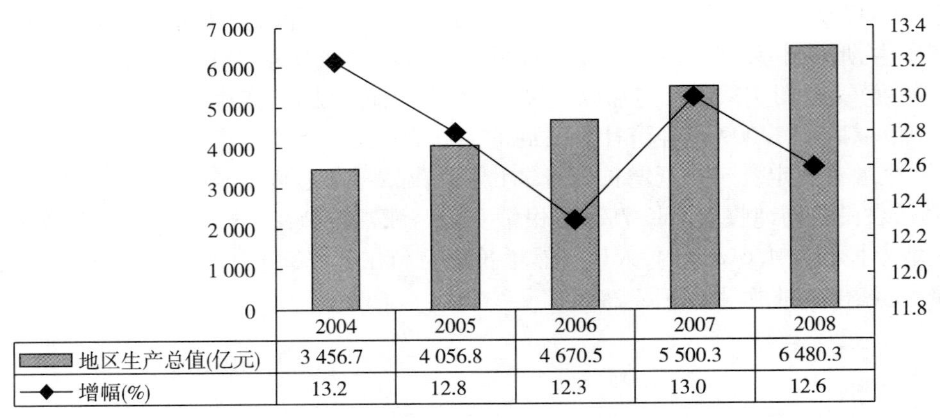

	2004	2005	2006	2007	2008
地区生产总值(亿元)	3 456.7	4 056.8	4 670.5	5 500.3	6 480.3
增幅(%)	13.2	12.8	12.3	13.0	12.6

图2-309 2004-2008年江西省地区生产总值及增长速度

2.财政收入快速增长

全年财政总收入突破800亿元,达816.8亿元,比上年增长22.8%,连续六年实现20%以上增长。其中,地方财政收入488.6亿元,增长25.3%。财政收入结构继续优化,“两个比重”进一步提高。财政总收入占GDP的比重为12.6%,比上年提高0.5个百分点;税收收入686.2亿元,增长23.1%,占财政总收入的比重达84.0%,比上年提高0.2个百分点。县级财力显著增强。所有县(市、区)财政总收入均超亿元,其中,贵溪市、南昌县超过20亿元,丰城市、青山湖区、西湖区、广丰县等10个县(市、区)超10亿元,另有18个县(市、区)超5亿元。财政收入快速增长为进一步加强和

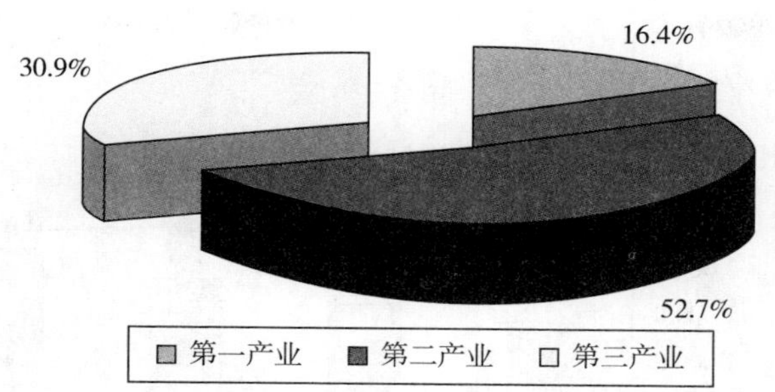

图 2－310　2008 年江西省三次产业结构图

改善宏观调控、大力实施“民生工程”等提供了强大的财力支持。全年地方财政支出1 208.4亿元，增长33.5%，同比加快3.5个百分点。

3. 物价涨幅逐步回落

控制物价上涨取得明显成效，全年居民消费价格上涨6.0%，比一季度、上半年、前三季度分别回落2.2个、2.0个和1.1个百分点。其中，城市上涨5.9%，农村上涨6.3%。价格变动结构性特征明显，食品类上涨13.9%，比上年高2.0个百分点，是价格上涨的主要因素。商品零售价格上涨6.1%。工业品出厂价格上涨6.4%。原材料、燃料、动力购进价格上涨14.2%。固定资产投资价格上涨8.1%。农业生产资料价格上涨19.9%。

4. 固定资产投资快速增长

全年全社会固定资产投资4 738.6亿元，比上年增长43.5%。其中，城镇固定资产投资4 317.9亿元，增长46.1%。在城镇投资中，第一产业投资53.9亿元，增长1.1倍；第二产业投资2 450.1亿元，增长73.0%，其中，工业投资达2 433.9亿元，增长72.9%；第三产业投资1 813.9亿元，增长19.8%。非国有投资增势强劲，完成投资3 026.0亿元，增长58.3%，占城镇固定资产投资的比重由上年的64.7%提高到70.1%。

重大项目建设成效显著。全年亿元及以上施工项目1 143个，比上年增加511个。中兴南昌软件产业园、九江龙达年产30万吨粘胶短纤维、江西升阳1 000兆瓦太阳能电池等一批重大项目开工建设；江西赛维LDK多晶硅片扩建三期、江西晶能光电30亿粒绿光LED芯片、江钨集团1 000吨高比重硬质合金等一批重大项目建成投产。

基础设施建设取得重大进展。鹰潭至瑞金、石城至吉安等5条高速公路相继开工，武吉高速公路全线建成，全年新增高速公路110公里，通车总里程达2 316公里。硬化农村公路1.15万公里，完成农村“渡改桥”72座，累计完成156座。铜九铁路建成通车，全年新增铁路营运里程95公里，总里程达2 549公里。新昌、井冈山电厂“上大压小”工程、天然气省网一期工程等项目开工建设，分宜电厂33万千瓦循环流化床机组、矾山湖风电20台风机、华能瑞金电厂2台35万千瓦机组并网发电，全年新增统调电力装机70万千瓦，总量达1 053.4万千瓦。

（二）农业

农业形势良好。全面落实强农惠农政策，全年发放种粮补贴39.09亿元。大力实施造地增粮富民工程，新增耕地8.68万亩。粮食总产量达到391.6亿斤，增产10.8亿斤，连续五年创历史新高。农作物种植结构有所调整。全年粮食种植面积3 578.1千公顷，比上年增长1.5%；油料种植面积658.8千公顷，增长12.9%；棉花种植面积66.6千公顷，减少2.6%；蔬菜种植面积512.9千公顷，增长2.5%。

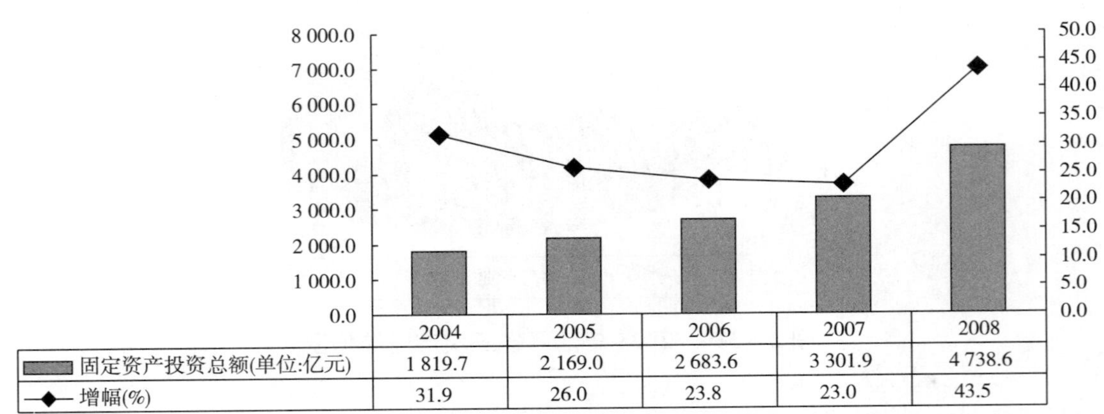

	2004	2005	2006	2007	2008
固定资产投资总额(单位:亿元)	1 819.7	2 169.0	2 683.6	3 301.9	4 738.6
增幅(%)	31.9	26.0	23.8	23.0	43.5

图 2－311　2004－2008 年江西省全社会固定资产投资及增长幅度

林牧渔业稳定发展。全年完成造林面积 267.0 千公顷,比上年增长 69.6%。全年肉类总产量 261.6 万吨,增长 5.8%,其中,猪肉增长 6.6%。生猪出栏2 536.9万头,增长 6.5%。年末生猪存栏 1 530.6万头,增长 7.8%。全年水产品产量 204.6 万吨,增长 4.2%。

农业产业化步伐加快。农业产业化"双十双百双千"工程取得新成效,全年新增省级以上龙头企业 134 家,总数达 407 家,带动农户 460 万户。这 407 家龙头企业实现销售收入1 059亿元,比上年增长 31.6%;实现利润 45 亿元,增长 36.4%。规模以上农产品加工企业1 842家,增长 15.6%,实现销售收入1 077亿元。农民专业合作组织8 022个,增长 9.3%;合作组织成员 234.5 万户,增长 18.7%。

农业基础设施建设进一步加强。进一步改善农田水利基础设施,重点推进了山口岩和伦潭水利枢纽工程、廖坊灌区一期、大中型病险水库除险加固等一批重大水利项目建设。全年农田有效灌溉面积达1 841.2千公顷,新增有效灌溉面积 1.2 千公顷。年末农业机械总动力2 946.4万千瓦,比上年末增长 17.6%,其中,农用排灌动力机械 686.9 万千瓦,增长 15.7%;联合收割机达 2.9 万台,增长 33.1%。实际机耕面积达2 485.9千公顷;机械收获面积2 076.7千公顷,占农作物总播种面积的比重达 39.0%,提高 7.7 个百分点。农用化肥施用量(折纯)133.0 万吨,增长 0.2%。

(三)工业和建筑业

1. 工业生产实现快速增长

全年工业增加值2 766.9亿元,比上年增长 19.8%,占生产总值的比重达 42.7%,提高 1.3 个百分点。其中,规模以上工业增加值2 323.5亿元,增长 21.9%,连续第六年实现 20%以上增长。支柱产业保持较快发展。六大支柱产业(汽车航空及精密制造产业、特色冶金和金属制品产业、中成药和生物医药产业、电子信息和现代家电产业、食品工业、精细化工及新型建材产业)完成工业增加值 1 345.2亿元,增长 20.7%,对规模以上工业增长的贡献率为 54.9%,拉动规模以上工业增长 12.0 个百分点。

主要工业产品产量有升有降。全年规模以上工业原煤产量2 592.4万吨,增长 7.7%;钢材 1 277.2万吨,下降 4.8%;水泥5 271.6万吨,增长 6.9%;服装 8.3 亿件,增长 14.1%;机制纸及纸板 113.7 万吨,增长 8.8%;十种有色金属 89.6 万吨,增长 31.8%。

工业经济效益稳步提升。全年规模以上工业产品销售率 98.6%;实现主营业务收入首次突破 8 000亿元,达到8 281.9亿元,比上年增长 34.0%;实现利润 315.6 亿元,增长 3.1%;实现利税 680.2 亿元,增长 12.8%。在 37 个行业中,有 33 个行业实现了盈利,其中,利润增幅在 20%以上的有 25

个。工业经济效益综合指数221.8，提高16.2个百分点。

新型工业化扎实推进。完成重大产业投资900亿元，58个重大产业项目全面推进。中兴南昌软件产业园、九江龙达年产30万吨粘胶短纤维、江西升阳1 000兆瓦太阳能电池等一批重大项目开工建设；江西赛维LDK多晶硅片三期、江西晶能光电30亿粒蓝绿光LED芯片、江钨集团1 000吨高比重硬质合金、九钢120万吨高线技改、江西格美科技多晶硅一期等一批重大项目建成投产。高新技术成果产业化工程完成投资82亿元，重点扶持的32个重大项目全部开工建设，吉安三江无纺布、百勤异VC钠抗坏血酸等14个项目已形成部分生产能力。高新矿产经济工程完成投资25.5亿元，江西碱业60万吨联碱等项目开工建设。

2. 建筑业较快发展

全年具有建筑业资质等级总承包和专业承包建筑业企业完成建筑业总产值969.8亿元，增长23.4%；按建筑业总产值计算，全员劳动生产率人均14.8万元，增长18.0%。

(四)服务业

1. 商贸流通业加快发展

消费品市场持续活跃。全年社会消费品零售总额2 082.8亿元，比上年增长23.7%，同比加快5.8个百分点，扣除价格因素，实际增长16.6%。分城乡看，城市市场1 114.8亿元，增长24.5%；县及县以下市场967.9亿元，增长22.9%。住宿和餐饮业快速增长，实现零售额227.1亿元，增长25.9%；批发零售贸易业实现零售额1 835.9亿元，增长23.6%。在限额以上批发零售业零售额中，汽车类实现零售额67.1亿元，增长20.2%；家用电器及音像器材类32.2亿元，增长11.3%；金银珠宝类5.8亿元，增长29.7%；化妆品类4.2亿元，增长40.5%；电子出版物及音像制品类2.0亿元，增长38.0%。

各类商品市场快速发展。年成交额在亿元以上的商品交易市场88家，实现成交额903.1亿元，比上年增加76.7亿元。其中，年成交额在10亿元以上的有24家，成交额712.5亿元。以洪城大市场为龙头的洪城商圈交易额突破300亿元，是全国五大集贸市场之一。重点推进了南昌农产品物流中心、江西供储物流中心等一批大型流通企业和交易市场建设。

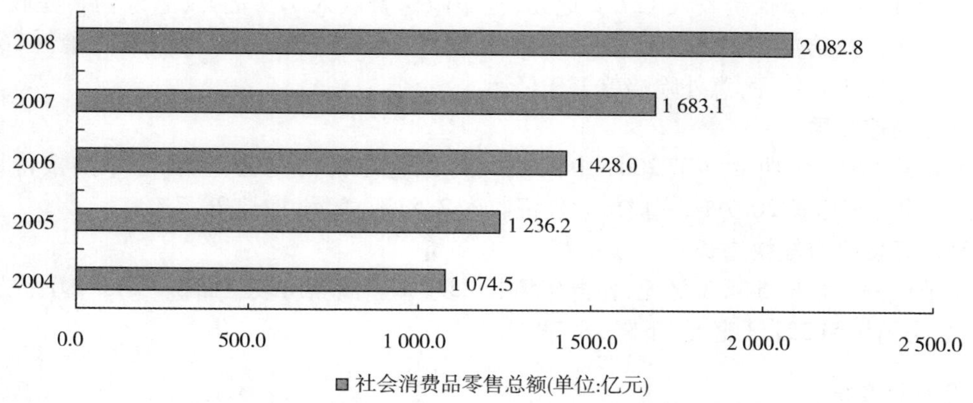

图2－312　2004－2008年江西省社会消费品零售总额

2. 交通、邮电

(1)交通运输业稳步发展

全年各种运输方式完成货物运输周转量1 059.3亿吨公里,比上年增长1.8%;完成旅客运输周转量773.9亿人公里,增长8.0%;机场旅客吞吐量375万人,增长11.3%,其中,昌北机场旅客吞吐量333万人,增长8.6%。

(2)邮电通信能力较快增长

全年完成邮电业务总量494.4亿元,比上年增长20.7%。其中,邮政业务量26.8亿元,增长10.5%;电信业务量467.6亿元,增长21.3%。年末局用电话交换机总容量达到1 229万门,固定电话用户达到846.9万户,其中,城市电话用户495.9万户,乡村电话用户351万户。新增移动电话用户94.9万户,年末达到1 277.3万户。宽带网用户达180.5万户。

3.金融、证券和保险业

2008年,江西省继续加强金融对经济的支持,有效组织了全省政银企合作系列对接活动。全省金融机构本外币贷款余额同口径增长18.6%。强化信贷担保能力建设,省信用担保股份有限公司正式成立并开始运营。2家证券公司、3家期货公司和6家保险公司成功入赣,渣打银行、香港大新银行在赣设立分支机构,标志着江西省金融业对外开放取得实质性进展。设立了九银、赣商2家村镇银行,地方金融业进一步拓展。赣锋锂业等4家企业完成上市前准备工作,全省上市公司直接募集资金110.7亿元。

金融运行平稳。年末金融机构人民币存款余额7 206.6亿元,比年初增加1 306.6亿元。其中,企业存款余额1 845.6亿元,增加303.4亿元;城乡居民储蓄存款余额4 166.2亿元,增加805.4亿元。金融机构贷款余额4 544.8亿元,增加744.5亿元,同比多增177.6亿元。其中,短期贷款余额为1 949.3亿元,增加246.9亿元;中长期贷款为2 314.0亿元,增加387.5亿元,同比多增36.8亿元。全年金融机构现金收入16 488.9亿元,金融机构现金支出16 040.0亿元,收支相抵,净回笼货币449.0亿元,增长13.3%。

证券市场发展步伐加快。新增3家证券公司、3家期货公司、6家保险公司。渣打银行在赣设立分支机构,标志着我省金融业对外开放取得实质性进展。设立了九银、赣商2家村镇银行,地方金融业进一步拓展。全年境内上市公司直接募集资金110.7亿元。年末证券公司营业网点62家,证券交易额9 411.6亿元;期货公司营业网点14家,成交金额4 416.9亿元,比上年增加1 903.5亿元。

保险事业发展步伐加快。全年保险公司保费收入171.4亿元,比上年增长50.2%。其中,产险保费收入33.5亿元,寿险保费收入127.2亿元,健康险保费收入7.0亿元,意外伤害险收入3.7亿元。支付各类赔款及给付57.6亿元,增长43.5%。其中,产险赔款25.9亿元,寿险给付26.9亿元,健康险赔款和给付3.6亿元,意外险赔款1.2亿元。

4.旅游业快速发展

积极发展旅游业,成功举办了2008中国(江西)红色旅游博览会,全省全年共接待境外游客80.2万人次,比上年增长20.7%;完成旅游外汇收入2.52亿美元,增长28.7%。

5.房地产开发投资较快增长。

全年房地产开发投资544.3亿元,比上年增长25.0%。商品房竣工面积1 245.7万平方米,下降23.4%;商品房销售额321.3亿元,下降28.7%。

(五)开放型经济

2008年,江西省改革开放进一步深化,经济社会发展的活力和动力不断增强。积极推进新一轮国有企业改革,首批42户省属国有企业经营管理权下放到市县,84户政策性破产企业进入破产司法程序,其中26户破产终结,推进了江钨集团、煤炭集团等9家省属国有企业集团公司股权多元化改革,设区市国有工业企业改制面达到78.6%。林权制度配套改革不断深化,新增20个林权交易中

心,林权抵押贷款、森林火灾保险等有序推进。“省直管县”财政体制改革不断完善,所有乡镇全部推行“乡财县代管”。投融资体制改革稳步推进,组建了省行政事业资产集团有限公司、省水利投资公司、省属国有企业资产经营(控股)公司。对外开放进一步扩大。成功举办2008江西(香港)招商引资活动周、第六届赣台经贸合作研讨会、第五届景德镇国际陶瓷博览会、第二届赣商大会等一系列重大招商活动。对外开放平台建设取得新进展,南昌保税物流中心获准设立,赣州出口加工区封关运行,共青青年创业基地、吉安(深圳)产业园、赣州香港工业园创立挂牌,新设南昌海关驻上饶办事处,新增南昌－首尔、南昌－澳门国际(地区)航线,开通了九江港对台湾港口的直航。国际友好城市新增8对,总数达到45对。

1. 对外贸易强劲增长

全年外贸进出口总额首次突破100亿美元,达137.49亿美元,比上年增长45.1%。其中,出口76.86亿美元,增长40.8%;进口60.64亿美元,增长50.9%;实现贸易顺差16.22亿美元,增长12.6%。在出口中,外商投资企业出口额37.77亿美元,增长1.1倍;私营企业出口额22.45亿美元,增长29.6%;国有企业出口额16.15亿美元,下降11.3%。

出口商品结构进一步优化。传统大宗商品出口保持稳定,全年机电产品、纺织服装、钢材和鞋类等传统大宗商品出口分别增长28.6%、15.6%、83.4%和46.3%。以多晶硅为主的高新技术产品出口15.11亿美元,增长1.9倍,占出口总值的比重为19.7%,同比提高10.0个百分点。与拉丁美洲、亚洲新兴市场国家和地区贸易量激增,智利、秘鲁、巴西已成为我省第三、第四和第六大进口国,分别增长11.6%、75.3%和1.3倍,东盟、韩国和台湾地区上升为我省第三、第七和第五大出口市场,分别增长53.7%、1.4倍和1.1倍。

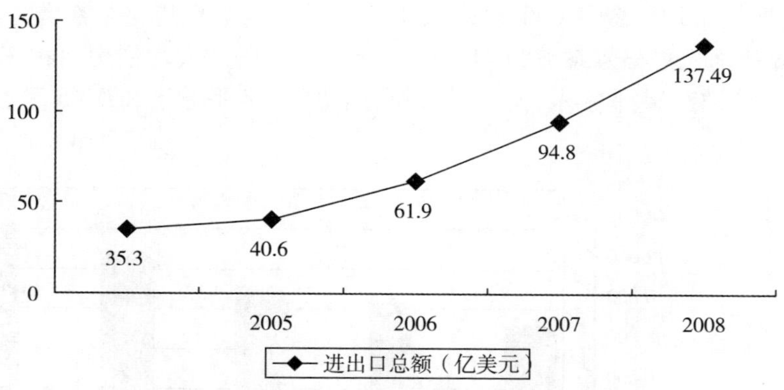

图2－313　2004－2008年江西省外贸进出口总额

2. 利用外资保持较快增长

全年新批外商投资企业689个,其中,新批合同外资1 000万美元以上大项目83个;合同金额49.26亿美元,下降9.6%;实际使用外商直接投资36.04亿美元,增长16.1%。新批外商投资企业平均投资规模达715万美元,提高13.8%。赛维LDK、江西晶科能源有限公司、江西龙鼎实业有限公司等一批外资企业增资活跃。台湾华硕和联集团、渣打银行等世界500强企业相继投资江西,全年新增具有世界500强投资背景的企业6家,总数达36家。实际引进省外单项投资5 000万元以上工业项目资金1 100.9亿元,增长32.9%。

3. “走出去”步伐明显加快

全年对外承包工程、劳务合作和设计咨询合同项目255个,比上年增加28个;合同金额7.65亿美元,增长 50.0%;完成营业额 5.62 亿美元,增长 25.6%。

4. 工业园区发展水平进一步提升

江西省共有 3 个国家级开发区,10 个省级开发区和 72 个市县工业园区。年末入园投产工业企业达7 569家,比上年增长 3.2%;安置从业人数 133.6 万人,增长 12.6%。全年园区完成工业增加值1 631.4亿元,增长 22.3%;主营业务收入、利润、利税分别完成5 454.0亿元、259.6 亿元和 518.2 亿元,分别增长 36.4%、33.6% 和 32.4%。年主营业务收入超 100 亿元的园区达 13 家,比上年增加 3 家,其中,南昌高新技术产业开发区达 453.0 亿元。

5. 民营经济

2008 年,江西省非公有制经济稳步发展,增加值、税收和固定资产投资分别占全省的 53%、55% 和 69.8%。

二、江西省 2008 年社会发展概况

(一)人口、人民生活

1. 人口总量继续增长

根据人口变动情况抽样调查统计,年末总人口为4 400.10万人,比上年末增加 31.69 万人。65 岁及以上老年人口为 370.05 万人,占总人口的比重为 8.41%,比上年提高 0.06 个百分点。全年出生人口 61.03 万人,自然增长率为 7.91‰。

2. 人民生活水平进一步提高

全年农民人均纯收入4 697元,比上年增长 14.6%;城镇居民人均可支配收入12 866元,增长 14.7%。城镇在岗职工平均工资21 000元,增长 14.1%。农村居民恩格尔系数为 49.4%,比上年下降 0.5 个百分点,城镇居民恩格尔系数为 41.7%。年末农村居民人均住房面积 37.56 平方米,城镇居民人均住房建筑面积 37.24 平方米,比上年末分别增加 0.78 平方米和 0.65 平方米。

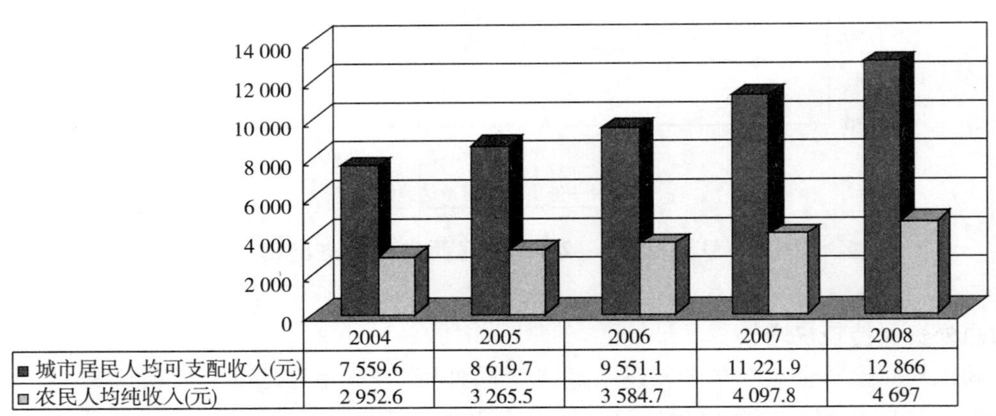

	2004	2005	2006	2007	2008
■ 城市居民人均可支配收入(元)	7 559.6	8 619.7	9 551.1	11 221.9	12 866
□ 农民人均纯收入(元)	2 952.6	3 265.5	3 584.7	4 097.8	4 697

图 2-314　2004-2008 年江西省城乡居民收入对比一览

(二)就业与社会保障

1. 就业形势基本稳定

年末从业人员2 404.5万人,比上年增加 34.9 万人。全年城镇新增就业人员 47.3 万人,城镇净

增就业人员33.5万人。跨省劳务输出达到660万人。年末城镇登记失业率为3.4%。

全年下岗失业人员实现再就业22.6万人,其中,“4050”人员4.4万人。零就业家庭就业安置率达100%。共发支持就业创业放小额担保贷款26.7亿元,增长55.7%,占全国新增数的40%,位居全国第一。直接扶持下岗失业人员自主创业4.8万人,带动就业人数15.1万人。

2. 社会保障逐步完善

年末参加城镇基本养老保险人数为550.3万人,比上年末增加75.3万人。参加城镇职工基本医疗保险的人数为503.2万人,比上年末增加99.7万人;参加城镇居民基本医疗保险的人数为704.0万人。参加新型农村合作医疗的农民达到2 930.2万人,参合率91.3%,统筹基金使用率86.2%。

向城市低保户发放低保金16.8亿元,月人均补差140元,提高55元;向150万农村低保户发放低保金9.9亿元,月人均补差55元,提高30元。向城市居民发放社区公共卫生服务券514.0万元。

大力推进保障性住房建设,制定并落实了一系列促进房地产业规范有序健康发展的政策措施。新开工建设经济适用住房150万平方米,廉租住房133.2万平方米,受益户数分别新增2.14万户和2.66万户,基本实现全省社区市中心城区廉租住房保障对象和所有县城低保家庭保障对象应保尽保;同时为农村低保对象维修改造危旧住房6 500套,完成移民扶贫搬迁5.43万人。

社会福利事业稳步发展。年末共有各类收养性社会福利单位1 973个,提供床位24.0万张,收养人数22.5万人。全年通过销售社会福利彩票筹集社会福利资金8.1亿元,接收社会捐赠款4.7亿元。儿童一类疫苗全部实行免费接种。

(三)教育和科学技术

1. 教育事业稳步发展

在全国率先为城乡598.4万名义务教育阶段学生免除学杂费和免费提供教科书,34.6万名义务教育阶段家庭经济困难寄宿学生得到政府资助。为农村艰苦边远地区中小学教师发放特殊津贴1亿元。完成了1 473所农村中小学危房改造。义务教育生均公用经费小学增加到300元、初中增加到500元,提前一年达到国家标准。安排5.6亿元用于化解农村义务教育债务。高等教育质量进一步提高,职业教育继续加强,社会力量办学规范有序发展。

2008年全年研究生教育在校研究生1.53万人,比上年增长11.8%。普通高校在校生76.4万人。普通高中、初中、小学在校生分别达82.2万人、174.5万人和423.9万人。特殊教育在校生2.0万人。拥有幼儿园6 620所,在园幼儿92.5万人。高等教育毛入学率达到23.2%,比上年提高0.08个百分点;初中毕业生升高中段的比例为93.0%,提高4.7个百分点;初中适龄人口入学率为97.8%,提高0.8个百分点;小学适龄儿童入学率为99.9%,提高0.1个百分点。各类民办学校616所,在校学生48.8万人,其中,民办普通高校13所。人才跨省流动进出比为1.15∶1,继续呈进大于出的好势头。

2. 科技创新能力进一步增强

2008年,江西省2个高科技及产业化项目获国家科技进步二等奖,景德镇国家日用及建筑陶瓷工程技术研究中心通过验收挂牌,启动了国家铜冶炼及加工工程技术中心等科技创新平台建设。加强了科技交流与合作,省部会商取得积极成果。

科技投入保持较快增长,高新技术成果产业化工程扎实推进。全年研究与试验发展(R&D)经费支出64.1亿元,比上年增长31.1%,占生产总值的0.95%,同比提高0.06个百分点。国家级重点实验室1家,省级重点实验室37家;国家工程(技术)研究中心1家,省工程(技术)研究中心57家。全年受理专利申请3 746件,增长5.6%;授权专利2 295件,增长10.9%。全年技术市场合同成交金额

7.7 亿元。高新技术产业增加值 498.0 亿元,占 GDP 的 7.7%。

综合技术服务能力进一步增强。年末共有 36 个实验室通过国家实验室认可。全年共获3 733张管理体系认证证书,其中,获质量管理体系认证证书2 400张;共有 242 家企业获得1 236张 3C 证书;共获 156 张自愿性产品认证证书。法定计量技术机构 98 个,强制检定计量器具 34.6 万台件。开展定期产品质量监督抽查4 200批次;截至 2008 年底,共发放工业产品生产许可证1 375张。年末拥有气象雷达观测站点 5 个,卫星云图接收站点 9 个。全年测绘部门为经济社会发展提供各种基本比例尺地形图17 525张,大地成果7 929点,航摄成果12 355片。

(四)文化、卫生和体育

1. 文化建设步伐加快

公共文化服务体系进一步健全,84 个博物馆、纪念馆全部免费开放,接待国内外观众1 400万人次,比上年增长 80%。农村文化三项活动实现"四个全覆盖",丰富了农村群众的文化生活。红歌会影响进一步扩大。三清山申报世界自然遗产获得成功。

年末共有艺术表演团体 83 个(含个体),文化馆 101 个,公共图书馆 105 个,博物馆 96 个。共有广播电台 12 座,中短波广播发射台 16 座,广播综合人口覆盖率 95.8%;电视台 12 座,有线电视用户 382.5 万户,电视综合人口覆盖率 97.2%。全年共出版各种图书、期刊、报纸3 233种;期刊出版量5 944万册,比上年增加 418 万册;图书16 668万册,增加2 414万册;报纸68 119万份,增加 369 万份。

2. 卫生事业进一步加强

各级医疗卫生机构服务能力进一步提高,全面开展了网上药品集中招标采购,中标药品价格降幅达 36.16%。

年末共有各类医疗卫生机构8 266个(未含诊所、卫生所、医务室、卫生保健院)。其中,医院、卫生院2 035个,妇幼保健院(所、站)111 个,专科疾病防治院(所、站)112 个,疾病预防控制中心(防疫站)137 个,卫生监督检验所 108 个。卫生技术人员 14.0 万人。其中,执业医师和执业助理医师 5.5 万人,注册护士 4.8 万人。医院和卫生院床位 9.3 万张。乡镇卫生院1 528个,床位 2.5 万张,卫生技术人员 3.3 万人。

3. 体育事业取得新成绩

年末共有全民健身中心 5 个,青少年俱乐部 81 个,晨晚炼健身活动点4 200个。全民健身活动广泛开展,健身意识不断加强,全年参加健身活动人数超过2 000万人次。农民体育健身工程1 398个,老区和贫困地区"雪炭工程"设施建设项目 9 个。我省运动员在北京奥运会和残奥会上取得优异成绩,全年在国际和国内的重大比赛中共获得 34 枚金牌、29 枚银牌和 25 枚铜牌。

(五)城乡建设

2008 年,江西省进一步改善发展环境,基础设施建设取得新进展。鹰潭至瑞金、石城至吉安等 5 条高速公路相继开工,武吉高速公路全线建成,全年新增高速公路通车里程 110 公里,总里程达到2 316公里。硬化农村公路 1.15 万公里。完成"渡改桥"72 座,累计完成 156 座。衡茶吉等 3 条铁路和京九、峰福 2 条铁路电气化改造工程开工建设,铜九铁路建成通车,全年新增铁路营运里程 88 公里,总里程达到2 512公里。九江港城西港区集装箱码头一期及其配套设施基本建成。南昌昌北机场和景德镇机场扩建工程继续推进,完成了赣州机场迁建并实现通航。新昌、井冈山电厂"上大压小"工程、天然气省网一期工程等项目开工建设,分宜电厂 33 万千瓦循环流化床机组、矶山湖风电 20 台风机、华能瑞金电厂 2 台 35 万千瓦机组并网发电,新增统调电力装机 70 万千瓦,总量达到1 053.41万千瓦。中华苏维埃共和国历史纪念馆、省接访中心、省档案馆、省方志馆、省人民医院综合病房楼等一批社会事业项目相继建成。

加快推进新型城镇化，工业化与城镇化相互促进的成效进一步显现，中心城市的辐射力和承载力进一步增强。城乡规划的编制和执行力度加大，城乡人居环境质量提高，城镇化率达到41.36%，提高1.56个百分点。

统筹城乡发展步伐加快，社会主义新农村建设扎实推进。全省9 000个自然村（其中1 000个为扶贫村）开展新农村建设试点，农村面貌发生了新变化。省市县三级政府为8 000个试点村共投入资金18.9亿元，引导农民投资投劳、乡村出资、社会捐助、单位帮扶等投入37.4亿元，用于试点村的总资金达56.3亿元。8 000个试点村改建农户自来水33万户，改建农户卫生厕31万户，共拆除空心房2.9万间，新建和整修房屋56万间，修建各类公共活动场所1.27万处，6.2万农户用上了沼气，4.1万农户安装了太阳能热水器，有5 826个试点村形成了一村一品产业发展模式，试点村农民从一村一品产业中获得人均收入2 830元，有2 078个农民专业合作社延伸到试点村，试点村参社农民达到15万人，群众生产生活条件进一步改善。

（六）环境保护与生态建设

1. 环保事业稳步发展

年末共有县级以上环境监测站108个，比上年末增加5个。对环境空气质量进行监测的11个设区市城区环境空气质量全部达到二级（达标）。南昌市城区环境空气质量优良天数比例为94%。城镇地表水集中式饮用水源水质达标率100%。主要河流监测断面水质达标率为78.5%。

节能减排取得重要进展。坚持环保优先、节约优先，大力推进资源节约型、环境友好型社会建设。85个县（市、区）污水处理设施全面开工，在全国率先建立起覆盖全省所有县（市、区）的污水处理网络。垃圾无害化处理工作扎实推进，医疗废物处置中心等项目建成并投入使用。完成了一批火电厂的脱硫改造，全省关停南昌电厂等小火电机组62.5万千瓦，淘汰38家企业和落后生产线，化学需氧量和二氧化硫排放量分别下降4.5%以上和3.4%以上。节能降耗年度目标全面完成，全年万元生产总值综合能耗0.928吨标准煤，比上年下降5.5%；万元规模以上工业增加值能耗1.94吨标准煤，下降14.1%；万元生产总值电耗942.2千瓦时，下降5.1%。列入国家“千家节能企业”的18家企业综合能源消费量比上年下降6.9%。

2. 大力推进绿色生态江西建设

积极启动鄱阳湖生态经济区建设，完成了10大基础课题研究、总体规划上报和18个专项规划的编制工作，自然生态保护工作进一步加强。已建有自然保护区171个，其中，国家级自然保护区8个；自然保护区总面积达11 135平方公里，占全省国土面积的6.7%，比上年提高0.8个百分点。已批准国家级生态示范区8个，已批准全国环境优美乡镇10个。

（七）平安江西和安全生产

2008年，江西省加强了食品和药品安全监测，“三鹿婴幼儿奶粉事件”对江西省的影响得到妥善处置。大力推进社会治安防控体系建设，着力抓好矛盾化解、治安整治和隐患治理。坚持“严打”方针，依法严厉打击黑恶势力犯罪、严重暴力犯罪、严重经济犯罪和多发性侵财犯罪，遏制重大刑事案件发生。全面提升公共安全管理水平，进一步增强公众安全感的目标，推进了和谐平安江西建设。

安全生产形势平稳。全年生产安全事故12 801起，死亡2 173人，比上年减少350人，下降13.9%。其中，道路交通事故5 913起，死亡1 778人，下降8.6%；工矿商贸事故192起，死亡241人，下降38.2%；铁路交通事故110起，死亡86人，下降4.4%；水上交通事故8起，死亡12人，下降42.9%；火灾事故6 025起，死亡23人，下降42.5%。亿元生产总值生产安全事故死亡人数为0.335

人,下降26.8%。

三、挑战与目标

看到成绩的同时,也应清醒认识到,江西省经济社会发展中还面临不少新的矛盾和问题。在国际国内严峻的经济形势下,产业层次不高、经济结构性矛盾更加突出;一些传统产业、中小企业、出口企业生产经营困难,效益下降;财税减收因素大大增加,增收面临巨大压力;就业和再就业形势严峻,特别是农民工和大学毕业生就业困难加大,增加群众收入尤其是农民持续增收的任务更加艰巨;保护生态环境的压力突出;影响社会和谐稳定的矛盾不容忽视;政府依法行政水平和工作效率还有待进一步提高,机关工作作风还存在不少问题。对这些困难和问题,应采取更加有力的措施,积极应对,努力解决。

2009年省江西经济社会发展的主要预期目标是:生产总值增长11%;财政总收入增长15%,地方财政收入增长13.6%;全社会固定资产投资增长30%,力争40%;社会消费品零售总额增长15%;城镇居民人均可支配收入增长8%,农民人均纯收入增长8%;居民消费价格总水平涨幅控制在4%左右;万元生产总值能耗下降4%,化学需氧量排放量下降2%,二氧化硫排放量下降2%;人口自然增长率控制在8‰以内。

三　福建省2008年经济社会发展

福建简称“闽”，地处我国东南沿海，北承长江三角洲，南接珠江三角洲，与台湾隔海相望。全省陆域面积12.14万平方公里，海域面积13.63万平方公里，现辖福州、厦门、漳州、泉州、莆田、三明、南平、龙岩、宁德9个地级市，下设永安、邵武、漳平、福清、福安、石狮、武夷山、晋江、南安、建瓯、长乐、龙海、建阳、福鼎等14个县级市，25个市辖区和45个县(含金门)。

2008年，在省委、省政府的正确领导下，全省上下认真贯彻落实党的十七大、十七届三中全会精神，高举中国特色社会主义伟大旗帜，按照省第八次党代会、省委八届三次、五次全会的部署，以深入学习实践科学发展观活动为动力，积极应对国际金融危机冲击，合力抗击雨雪冰冻灾害，全力支援抗震救灾，全面推进海西两个先行区建设，经济社会发展总体持续、总体提升、总体协调、总体有效。

一、福建省2008年经济发展概况

(一)综合经济

1.保持经济持续增长

2008年，福建省持续推出有力举措，出台扶持中小企业经营发展的36条意见，制定推动工业、外经贸、房地产和金融健康发展的32项政策，实施扩大内需的10个方面具体措施，着力解决经济运行中的突出矛盾和关键问题，保持了经济稳定增长。

全年实现地区生产总值10 823.11亿元，比上年增长13.0%，全省经济增速连续7年保持在两位数以上。其中，第一产业增加值1 157.75亿元，增长4.8%；第二产业增加值5 415.77亿元，增长15.2%；第三产业增加值4 249.59亿元，增长12.1%。人均地区生产总值30 123元，比上年增长12.2%。分季度看，一季度增长13.4%，上半年增长13.8%，前三季度增长13.6%。产业结构继续调整。第一产业比重与上年比略减，第二产业继续保持增势，第三产业稳定发展。三次产业比例由上年的10.8:49.2:40.0调整为10.7:50.0:39.3。

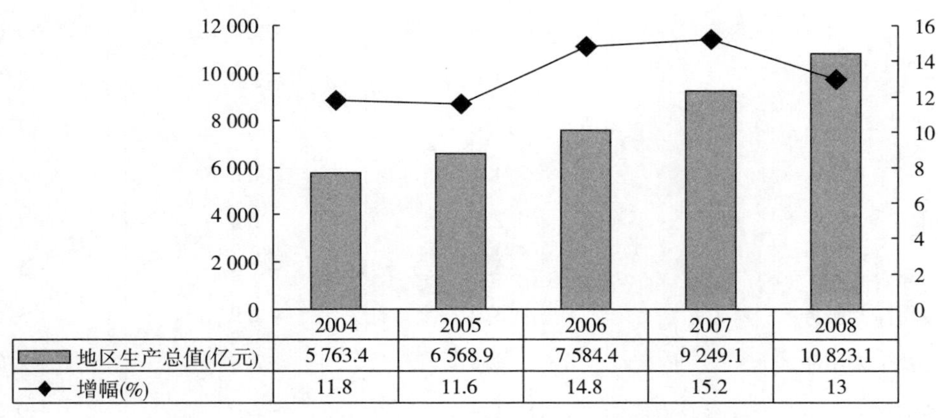

	2004	2005	2006	2007	2008
地区生产总值(亿元)	5 763.4	6 568.9	7 584.4	9 249.1	10 823.1
增幅(%)	11.8	11.6	14.8	15.2	13

图2-315　2004-2008年福建省地区生产总值及增长速度

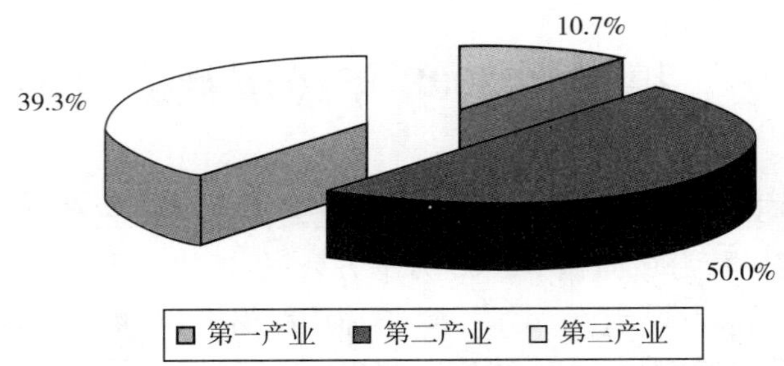

图 2-316 2008 年福建省三次产业结构图

2. 财政收入平稳增长

2008 年财政总收入1 516. 33亿元,比上年增长 18. 2%,其中,地方级财政收入 833. 28 亿元,增长 19. 1%;财政支出1 133. 79亿元,增长 24. 5%。全省国税税收收入(含进口税收)1 022. 7亿元,增长 19. 5%;全省地税系统组织各项收入 771. 19 亿元,增长 19. 7%。

3. 物价水平有所上涨

居民消费价格总水平比上年上涨 4. 6%,其中,服务价格下降 3. 0%。分季度看,一季度上涨 6. 3%,上半年上涨 6. 4%,前三季度上涨 5. 6%。商品零售价格上涨 5. 7%。固定资产投资价格上涨 5. 9%。工业品出厂价格上涨 2. 7%。原材料、燃料、动力购进价格上涨 10. 2%。农产品生产价格上涨 10. 7%。农业生产资料价格上涨 23. 6%。福州、厦门、泉州三市房屋销售价格分别上涨 3. 9%、2. 7%和 2. 6%。

表 2-117 2008 年居民消费价格与上年比变动情况

指标	全省(%)	城市(%)	农村(%)
居民消费价格总水平	4. 6	4. 5	4. 6
食品	13. 3	13. 9	12. 0
其中:粮食	5. 1	5. 9	3. 7
肉禽及其制品	20. 8	22. 6	17. 8
油脂	21. 5	23. 4	19. 0
鲜蛋	3. 0	2. 4	4. 2
鲜菜	12. 0	14. 1	7. 7
鲜果	4. 5	4. 3	3. 8
烟酒及用品	2. 9	3. 4	2. 1
衣着	-5. 2	-5. 4	-5. 0
家庭设备用品及服务	3. 2	2. 9	3. 4
医疗保健及个人用品	2. 8	2. 8	2. 7
交通和通信	-1. 4	-2. 0	-0. 5
娱乐教育文化用品及服务	-7. 1	-8. 6	-4. 2
居住	5. 5	4. 8	6. 9

4. 固定资产投资继续增长

2008 年全省全社会固定资产投资5 286. 82亿元，比上年增长 22. 3%，其中，城镇投资增长 21. 2%，农村投资增长 32. 1%。

表 2 -118　2008 年全社会固定资产投资情况

指　　标	投资额(亿元)	比上年增长(%)
全社会固定资产投资	5 286. 82	22. 3
城镇	4 680. 64	21. 2
其中:国有及国有控股	2 214. 90	26. 7
农村	606. 18	32. 1

在城镇投资中，第一产业投资增长 75. 2%，比上年提高 45. 1 个百分点；第二产业投资增长 30. 9%，回落 7. 7 个百分点，其中，工业投资增长 31. 1%，回落 9. 1 个百分点；第三产业投资增长 15. 5%，回落 24. 9 个百分点。

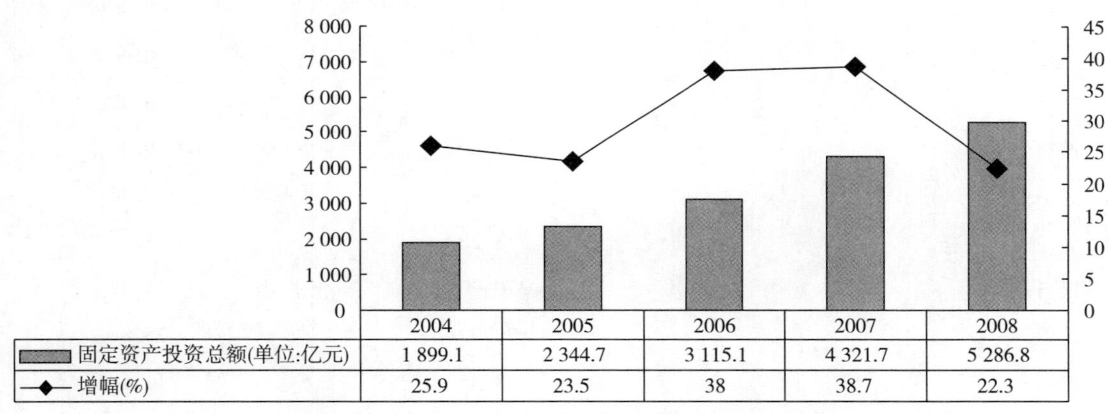

图 2 -317　2004 -2008 年福建省全社会固定资产投资及增长幅度

全年 329 个在建重点项目共投资1 210亿元，占全社会投资的 22. 9%，比上年提高 0. 8 个百分点。120 个重点项目建成投产或部分投产。预备重点项目 171 个，全年新开工 150 个重点项目。莆田燃气电厂首台机组、后石电厂 7 号机组，浦南高速公路、泉三高速公路三明段，江阴港区 4#、5#泊位等项目建成投产。温福铁路铺轨基本完成，液化天然气(LNG)总体项目、福建炼化一体化项目基本建成，戴姆勒客车、南安光伏基地、闽北产业集中区等项目实现阶段性建设目标。福厦、龙厦、向莆、厦深铁路，福厦漳高速公路扩建，福州绕城、永武、武邵高速公路，厦门翔安隧道、平潭海峡大桥，中化重油深加工、福欣特殊钢、南纸林纸一体化等项目加快建设。宁德和福清核电，厦漳跨海大桥，峰福铁路电气化改造及湄洲湾北岸、江阴、可门疏港铁路，福州和厦门综合交通枢纽，宁武、永武高速公路等项目开工建设。

5. 市县经济

持续拓展海西效应，54 个国家部委、中央企业支持海西发展的举措深入实施，海峡西岸城市群协调发展规划编制完成并获住房与城乡建设部批准，20 个中心城市的区域经济联盟正在形成，服务中西部的对外开放综合通道加快构建,与兄弟省份的区域协作进一步加强,海西发展活力和先行优势日益显现。加大对原中央苏区、革命老区、少数民族聚居区、海岛和库区的扶持力度,协调全省经济平衡发展。

(二)农业

2008 年,福建省加大"三农"工作力度,认真落实强农惠农政策,全年农林牧渔业完成总产值1 965.01亿元,比上年增长5.1%,增幅比上年提高0.9 个百分点。

粮食总产量稳定增长。粮食种植面积1 815.41万亩,比上年增加 13.84 万亩,其中稻谷面积1 291.83万亩,减少 11.21 万亩;烟叶种植面积 100.92 万亩,增加 6.47 万亩;油料种植面积 161.04 万亩,增加 8.73 万亩;蔬菜种植面积 965.98 万亩,增加 12.64 万亩。全年粮食产量 652.21 万吨,比上年增加 17.15 万吨,增产 2.7%,其中稻谷 508.81 万吨,增加 7.81 万吨,增产 1.6%。

表 2-119　2008 年主要农产品产量

产品名称	产量(万吨)	比上年增长(%)
粮食	652.21	2.7
春收	28.11	3.4
夏收	140.94	0.6
秋收	483.16	3.3
油料	25.40	9.0
其中：花生	23.95	9.3
油菜籽	1.26	1.6
糖料	70.90	25.8
甘蔗	70.90	25.8
烤烟	13.85	11.6
茶叶	24.73	10.4
水果	632.46	6.4
蔬菜	1 409.15	2.4
食用菌	71.10	10.1

肉蛋奶总产量 217.67 万吨,比上年增长 5.6%。肉类总产量 169.42 万吨,比上年增长 12.5%。其中,猪、牛、羊、禽肉分别增长 12.1%、4.1%、14.3%和 13.2%。奶产量 15.23 万吨,下降 3.9%。水产品产量 554.20 万吨,增长 4.2%。其中,淡水产品产量 67.35 万吨,增长 2.8%;海洋捕捞203.17 万吨,增长 5.8%;海水养殖 283.68 万吨,增长 3.4%。

农业产业化步伐加快,国家级、省级重点龙头企业分别达 35 家和 185 家,产业化经营组织销售收入占农业专业化生产收入的比重超过 50%。农村服务体系进一步健全,农业信息化网络继续完善,农民专业合作社稳步发展,村镇银行试点有序展开,动植物疫情疫病防控有力,农产品质量安全管理水平有效提升。

农村基础设施投入加大,实施土地开发整理复垦 60 万亩,新建户用沼气池 6 万口,修复病险水库268座,农民生产生活条件不断改善。

农业科技应用水平提高。新增有效灌溉面积4.53万亩,新增节水灌溉面积50.49万亩。

(三)工业和建筑业

2008年,福建省着力构建海峡西岸先进制造业基地,工业技改提升工程深入实施,钢铁、水泥、纺织等产业加快转型升级。全省工业增加值达4 755.45亿元,比上年增长15.2%,对经济增长的贡献率达53.9%,工业经济效益综合指数比上年提高6个点。其中规模以上工业增加值4 139.06亿元,增长16.7%。产品销售率97.28%,比上年低0.60个百分点。

在规模以上工业企业中,国有企业、外商及港澳台投资企业和股份制企业分别完成增加值202.27亿元、2 045.64亿元和1 626.36亿元,分别增长2.8%、12.8%和22.8%。

表2-120　2008年规模以上工业增加值主要分类情况

指　　标	绝对数(亿元)	比上年增长(%)
工业增加值	4 139.06	16.7
其中:国有及国有控股企业	589.37	8.9
其中:集体企业	64.49	13.3
股份制企业	1 626.36	22.8
外商及港澳台投资企业	2 045.64	12.8
私营企业	1 013.54	28.6
轻工业	1 963.91	16.1
重工业	2 175.15	17.1

规模以上工业的37个行业大类中有30个增加值增速在两位数以上。其中,通用设备制造业增加值比上年增长25.3%,交通运输设备制造业增长22.0%,煤炭开采和洗选业增长21.2%,农副食品加工业增长19.4%,电气机械及器材制造业增长17.9%,纺织服装、鞋、帽制造业增长17.8%,纺织业增长10.4%,有色金属冶炼及压延加工业增长20.6%,非金属矿物制品业增长15.1%,黑色金属冶炼及压延加工业增长9.5%,电力、热力的生产和供应业增长8.6%,石油加工、炼焦及核燃料加工业增长8.2%,化学原料及化学制品制造业增长5.2%。高技术产业加速发展,实现增加值489.54亿元,比上年增长18.2%。30个重点产业集群产值占规模以上工业产值的比重为42%。

表2-121　2008年规模以上工业企业主要工业产品产量

产品名称	单位	产量	比上年增长(%)
纱	万吨	123.09	7.8
布	亿米	26.82	12.8
化纤	万吨	151.09	11.0
成品糖	万吨	7.60	41.7
卷烟	亿支	750.49	5.7
新闻纸	万吨	27.22	-9.9
彩色电视机	万台	584.53	13.8

(续表)

产品名称	单位	产量	比上年增长(%)
原煤	万吨	2 243.75	13.0
原油	万吨	307.27	-15.7
发电量	亿千瓦时	1 085.84	4.5
粗钢	万吨	633.13	9.4
钢材	万吨	1 106.95	5.6
十种有色金属	万吨	11.07	15.3
其中:铜	万吨	1.58	19.0
铝	万吨	7.55	1.0
水泥	万吨	4 531.37	2.0
硫酸	万吨	47.09	-0.9
纯碱	万吨	18.86	-4.7
烧碱	万吨	29.14	-14.7
化肥(折100%)	万吨	59.12	-5.3
发电设备	万千瓦	63.80	-23.2
汽车	万辆	6.35	-26.8
其中:轿车	万辆	3.04	-24.0
集成电路	亿块	0.74	24.0
程控交换机	线	10 414	0.0
移动电话机	万台	705.09	-35.8
微型电子计算机	万台	646.70	26.0

规模以上工业企业实现利润577.21亿元,比上年下降9.5%。其中,股份制企业实现利润240.77亿元,增长3.9%;外商及港澳台投资企业280.31亿元,下降17.5%;私营企业135.26亿元,增长20.1%;国有及国有控股企业60.49亿元,下降47.6%。

三大主导产业带动作用日益凸显,占规模以上工业增加值比重达35%。规模以上工业中三大主导产业实现增加值1 460.93亿元,增长17.1%。其中,机械装备实现增加值682.18亿元,增长20.4%;电子信息实现增加值378.33亿元,增长16.7%;石油化工实现增加值400.42亿元,增长12.1%。

全社会建筑业实现增加值660.32亿元,比上年增长14.6%。全省资质等级以上的总承包商和专业承包建筑企业完成建筑业总产值1 860.75亿元,增长20.5%;房屋建筑施工面积19 763.48万平方米,增长13.7%;房屋建筑竣工面积6 789.07万平方米,增加18.5%;实现利润45.25亿元,增长20.5%;税金总额66.24亿元,增长20.5%。

(四)服务业

推动服务业拓宽领域、优化结构、提升层次,第三产业增加值增长12.4%。现代物流业加快发展,建成一批现代物流园区,粮食、医药、石化原料等专项物流网络初步形成。软件、动漫、创意等新兴服务业迅速成长,通过认定的软件企业增加115家,一批知名企业进入全国软件百强。

1.国内贸易

全省社会消费品零售总额3 828.04亿元,比上年增长20.1%,扣除价格因素,实际增长13.6%。

分城乡看，城市消费品零售额2 581.13亿元，增长22.8%；县及县以下消费品零售额1 246.91亿元，增长14.9%。分行业看，批发零售业零售额3 275.95亿元，增长19.8%；住宿餐饮业零售额487.24亿元，增长22.3%；其他行业零售额64.85亿元，增长16.1%。

在限额以上批发零售业零售额中，食品饮料烟酒类比上年增长33.0%，服装鞋帽针纺织品类增长30.2%，石油及制品类增长29.0%，家具类增长27.7%，金银珠宝类增长25.1%，汽车类增长23.6%，家用电器和音像器材类增长16.5%，体育、娱乐用品类增长13.1%，通讯器材类下降4.4%。

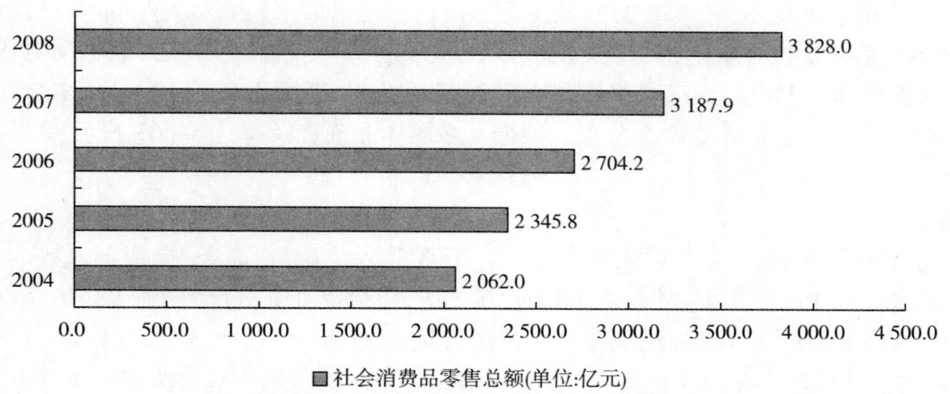

图2－318　2004－2008年福建省社会消费品零售总额

2. 交通、邮电

全省交通运输、仓储和邮政业实现增加值735.44亿元，比上年增长8.9%。公路通车里程88 607公里，比上年增长1.9%。其中，高速公路1 767公里，增长29.4%。

表2－122　2008年各种运输方式完成货物运输量情况

指　　标	单位	绝对数	比上年增长(%)
货运量	万吨	54 993.51	8.7
铁路	万吨	3 681.10	1.5
公路	万吨	36 000.00	3.4
水运	万吨	15 300.00	26.1
民航	万吨	12.41	2.2

表2－123　2008年各种运输方式完成旅客运输量情况

指　　标	单位	绝对数	比上年增长(%)
客运量	万人	54 573.89	－15.1
铁路	万人	2 066.00	8.1
公路	万人	50 000.00	－16.8
水运	万人	1 546.00	17.1
民航	万人	961.89	4.0

年末全省民用汽车保有量达到133.98万辆(包括三轮汽车和低速货车3.44万辆),比上年末增长17.2%。民用轿车保有量66.24万辆,增长26.2%。

港口完成货物吞吐量2.74亿吨,比上年增长14.8%。其中外贸货物吞吐量7 894万吨,增长9.9%。集装箱吞吐量742.52万标箱,增长8.2%。

完成邮电业务总量899.36亿元,比上年增长12.1%。全省邮政业完成主营业务收入36.56亿元,增长18.4%。全省电信业完成主营业务收入316.94亿元,增长9.2%;实现利润总额55.68亿元,增长9.2%;上缴税费总额29亿元,增长3.3%。年末全省电话用户总数达到3 799万户,新增509万户,其中:固定电话用户达到1 431万户,减少51万户;移动电话用户数达到2 368万户,新增560万户。全省固定电话交换机容量(含PHS交换机容量)达到1 973万门,减少9万门;移动电话交换机容量4 629万户,新增908万户。光缆线路长度达到23.7万公里,新增3.5万公里。年末全省电话普及率达106.09部/百人,上升13.6个百分点。数据及多媒体业务普及率达34.63户/百人,上升10.01个百分点。

3. 旅游业

旅游产业不断壮大,旅游服务设施逐步完善。2008年入境旅游、商务、探亲等人数达293.19万人次,比上年增长9.1%。其中,外国人98.64万人次,下降2.1%;台湾同胞98.48万人次,增长22.9%;港澳同胞96.07万人次,增长9.4%。在入境旅游者中,过夜人数274.58万人次,增长6.7%。国际旅游外汇收入23.93亿美元,增长10.3%。全年接待国内旅游人数8 562.19万人次,增长6.5%;国内旅游收入851.62亿元,增长1.6%。旅游总收入1 014.55亿元,增长1.1%。

4. 金融、证券和保险

2008年,金融支持经济发展力度加大,全年本外币贷款余额突破1万亿元,增长17.4%,企业直接融资404亿元,新增境内外上市企业14家。

农村合作金融机构人民币各项贷款余额769.72亿元,比上年末增长17.7%。中资金融机构可比口径人民币个人消费贷款余额1 822.29亿元,增长10.9%。

表2-124　2008年全部金融机构本外币存贷款情况

指　　标	年末数(亿元)	比上年末增长(%)
各项存款余额	12 172.08	17.4
其中:人民币存款	11 804.40	17.6
其中:企业存款	3 494.62	8.4
储蓄存款	5 861.17	24.4
各项贷款余额	9 891.69	17.4
其中:人民币贷款	9 585.92	20.2
其中:短期贷款	3 895.16	11.9
中长期贷款	5 146.37	19.7

证券市场发行A股6只,筹集资金114.78亿元,比上年减少52.38亿元;无发行B股和H股。年末境内上市公司A股数量达到54家,比上年增加5家,市价总值2 436.92亿元,比上年末减少52.4%;上市公司B股数量达到1家,市价总值8.34亿元,比上年末减少61.7%。

内外资保险公司保费收入290.7亿元,比上年增长33.7%,其中寿险保费收入186.1亿元;健康险和意外伤害险保费收入27.3亿元；财产险保费收入77.3亿元。支付各类赔款及给付90.2亿元，其中寿险业务给付33.8亿元；健康险和意外伤害险赔款及给付9.2亿元；财产险赔款47.2亿元。

5. 房地产

房地产开发投资1 114.22亿元，比上年下降1.6%；商品房销售面积1 621.32万平方米，下降33.1%。商品房销售额732.58亿元，下降35.4%。在建（含配建）廉租住房56.36万平方米，年底前竣工21.9万平方米。经济适用住房投资27.46亿元，增长63.7%。

（五）开放型经济

2008年，福建省继续深化改革开放。农村综合改革继续深化，土地承包经营权、集体林权、小型水利设施产权等改革取得实效。国有资产监管体系逐步完善，国有企业整合重组进程加快。财政管理制度改革稳步推进，国库集中支付改革全面推开。行政审批项目清理进展顺利，省级网上审批系统投入使用。及时调整和完善外经贸扶持政策，机电和高新技术产品出口比重继续提高。通关效率明显提高，区域通关向多点联动、相互呼应、快速便捷的方向发展。厦门海沧保税港区获准设立，福州保税物流园区正式封关运作。"9·8"投洽会取得丰硕成果。全面推进闽港闽澳合作，各领域、各层面交流日益具体化、项目化、常态化，与欧盟及葡语系国家合作渠道有效拓宽。维护归侨侨眷合法权益，提前一年完成华侨农场归侨职工住房改善、社会保障工作目标，涵养侨务资源，积极吸引海外侨商来闽投资兴业。

1. 对外贸易

2008年全省实现进出口总额848.32亿美元，比上年增长13.9%。其中，出口569.86亿美元，增长14.1%；进口278.46亿美元，增长13.6%。出口比进口多291.40亿美元，比上年增加37.09亿美元。对主要贸易伙伴进出口有不同程度发展。

表2－125　2008年进出口主要分类情况

指　　标	绝对数（亿美元）	比上年增长（%）
进出口总额	848.32	13.9
出口额	569.86	14.1
其中：一般贸易	316.83	15.5
加工贸易	225.23	13.1
其中：机电产品	268.76	19.6
其中：高新技术产品	129.42	18.0
进口额	278.46	13.6
其中：一般贸易	120.66	14.7
加工贸易	111.76	12.7
其中：机电产品	141.90	11.2
其中：高新技术产品	95.68	6.0

表 2－126　2008 年对主要国家和地区进出口情况

国家和地区	出口额(亿美元)	比上年增长(%)	进口额(亿美元)	比上年增长(%)
香港地区	37. 30	3. 8	1. 09	－20. 9
台湾地区	13. 26	22. 9	59. 30	1. 9
日本	65. 96	6. 0	31. 01	8. 0
韩国	14. 19	7. 1	27. 89	13. 2
东盟	52. 18	26. 4	32. 06	8. 8
欧盟	124. 79	18. 8	29. 24	32. 3
俄罗斯联邦	8. 31	18. 2	2. 36	26. 5
美国	118. 20	8. 8	26. 86	0. 5

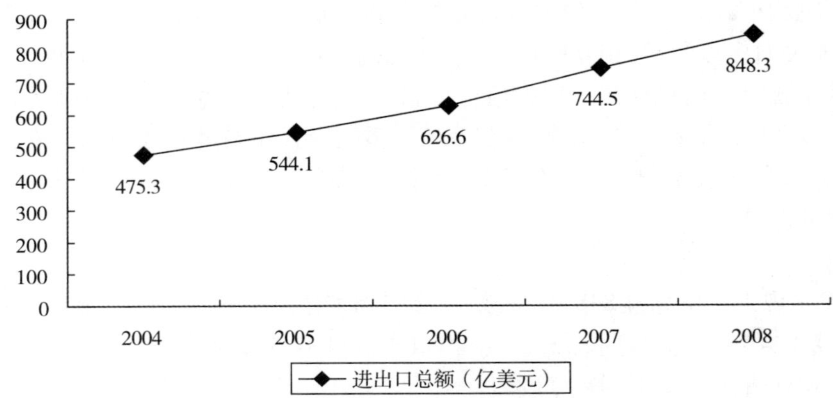

图 2－319　2004－2008 年福建省外贸进出口总额

2. 利用外资

拓展对外开放的广度和深度,利用外资质量不断提高,2008 年批准设立外商直接投资项目 1101 个,比上年下降 36. 1%。按历史可比口径统计,合同外资金额 114. 15 亿美元,下降 7. 5%;实际利用外商直接投资 100. 26 亿美元,增长 23. 3%。按验资口径统计,合同外资金额 71. 52 亿美元,下降 24. 3%;实际利用外商直接投资 56. 72 亿美元,增长 39. 7%。外商投资主要行业是制造业。

3. 对外合作

2008 年,福建省新批境外投资企业 108 家,协议投资总额 2. 99 亿美元,其中中方投资 2. 49 亿美元,分别比上年增长 20. 0%、36. 5% 和 83. 6%。对外承包工程完成营业额 1. 33 亿美元,下降 35. 6%;对外劳务合作完成营业额 2. 67 亿美元,下降 15. 9%。

4. 民营经济

改革开放 30 年来,福建省非公有制经济蓬勃发展,工商联事业不断进步。截至 2008 年底,福建省工商联(总商会)共有各级工商联组织 96 个,建有城镇商会等基层组织 764 个,建有各级同业公会(行业商会)组织 307 个。现有会员 10. 3 万个。在全国 31 个省、市、自治区成立了 365 个异地商会组织。与港、澳、台及国外 100 多个工商社团建立了友好往来关系。福建作为全国最早实行对外开放的省份之一,非公有制经济发生了历史性巨变,已撑起福建省经济的半壁江山,并在中国形成一批极具影响力的闽商投资力量。2008 年,福建省进一步落实扶持民营经济发展政策,创业投资和产权交易更加活跃,行业协会管理水平有效提升。

在全球普遍受到金融危机影响的情况下,2008 年福建省民营企业进出口依然保持了快速增长势头,全年进出口值突破 200 亿美元,同比增长 24. 2% 。

据福建工商局资料,截至 2007 年底,福建省私营企业户数达162 247家,注册资金4 101. 56亿元,从业人员 202. 56 万人。其中,注册资金 1 亿元以上的民营企业有 335 家,同比增长 77. 25% ;1 000万至 1 亿元的有9 778家,同比增长 52. 81% ;500 万至1 000万元的有10 935户,同比增长 42. 53% 。私营企业户均注册资本(金)达 252. 80 万元,同比增长 16. 24% 。

5. 闽台交流合作

紧紧把握两岸关系重大积极变化带来的新机遇,推动闽台区域合作向纵深发展,成功举办了第七届“中国 · 海峡项目成果交易会”。2008 年,按可比口径实际利用台资 22. 7 亿美元,增长 25. 1% ;对台贸易额 75 亿美元,增长 8. 7% 。闽台产业对接持续拓展,农业合作继续走在全国前列,漳平(永福)台湾农民创业园获批设立。金融合作取得重大进展,厦门商业银行成为首家台湾金融机构参股的大陆银行,台湾人寿正式落户厦门。两岸“三通”实现新突破,厦门、福州机场成为两岸直航航点,厦航成为大陆首家在台设立办事处的航空公司,沿海 8 个港口成为首批两岸海上直航口岸,福州、厦门成为两岸直接通邮的封发局。“海峡旅游”势头良好,福建省成为大陆首批赴台旅游省份之一,直接往来航线成为大陆居民赴台旅游通道。通过“两门”、“两马”、“泉金”航线往来人员超过百万人次,增长 35% 。教育、科技、文化及城际合作不断拓展,高校招收台生规模扩大,一批高职院校与台湾院校开展实质性合作办学,我省成为地方媒体赴台驻点唯一试点省份。海西论坛等活动成效明显。

二、福建省 2008 年社会发展概况

(一)人口、人民生活

全省年末总人口3 604万人,全年净增人口 23 万人。全年全省出生人口 44 万人,出生率 12. 2‰;死亡人口 21 万人,死亡率 5. 9‰;自然增长率 6. 3‰。城镇化水平为 49. 9% 。

2008 年农民人均纯收入6 196元,扣除价格因素,实际增长 8. 3% ,增幅比上年提高 1. 0 个百分点;城镇居民人均可支配收入17 961. 45元,扣除价格因素,实际增长 10. 8% ,增幅比上年提高 0. 7 个百分点。农村居民家庭恩格尔系数(即居民家庭食品消费支出占家庭消费总支出的比重)为 46. 4% ,城镇居民家庭恩格尔系数为 40. 6% 。

表 2 -127　2008 年农民人均纯收入主要构成情况

指　　标	收入(元)	比重(%)
人均纯收入	6 196. 07	100. 0
其中:工资性收入	2 421. 46	39. 1
家庭经营纯收入	3 146. 09	50. 8
财产性收入	179. 03	2. 9

表 2 -128　2008 年城镇居民人均可支配收入主要构成情况

指　　标	收入(元)	比重(%)
人均可支配收入	17 961. 45	100. 0
其中:工薪收入	12 668. 82	70. 5
经营净收入	2 185. 13	12. 2
财产性收入	952. 91	5. 3

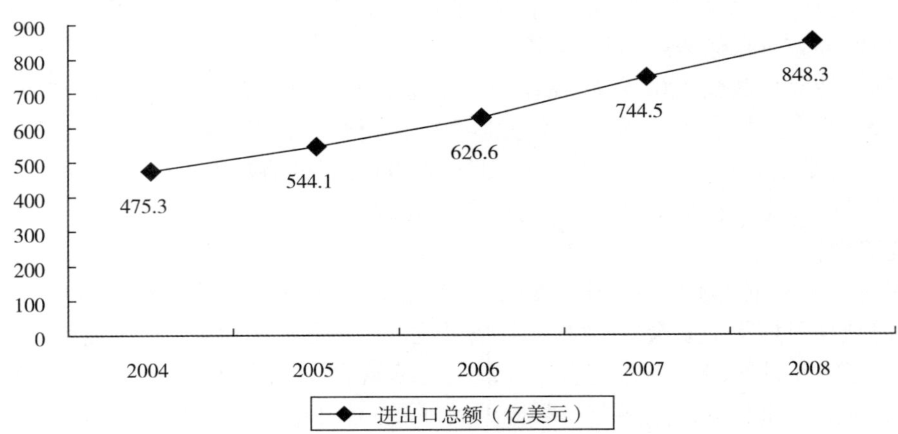

图 2-320　2004-2008 年福建省城乡居民收入对比一览

(二)就业和社会保障

2008 年,福建省认真贯彻就业促进法和劳动合同法,加强就业指导和培训,健全基层劳动保障工作平台和就业援助体系,新增城镇就业 68 万人、农村劳动力转移就业 47 万人,企业劳动合同覆盖率达 98%。

年末全省从业人员2 089.47万人,比上年末增加 74.14 万人。其中城镇从业人员 731.71 万人。城镇新增就业 68 万人。全年有 8.55 万下岗人员实现了再就业。年末城镇登记失业率为 3.86%,比上年末下降 0.03 个百分点。

社会保障覆盖面扩大,城镇居民基本医疗保险、被征地农民就业培训和社会保障制度初步建立,农民工合法权益得到维护。医改前关闭破产的国有、集体企业退休人员参加医疗保险问题妥善解决。积极推进廉租房、经济租赁房和经济适用房建设,1.8 万户城市低收入家庭住房困难得到解决。

年末参加基本养老保险人数 557.06 万人,比上年增加 44.22 万人。其中参保职工 454.48 万人,参保的离退休人员 102.58 万人。全省参加失业保险人数 338.69 万人,增加 20.54 万人。全省参加基本医疗保险人数 435.73 万人,增加 29.61 万人。其中参保职工 334.13 万人,参保退休人员 101.59 万人。年末全省企业参加基本养老保险离退休人员 84.1 万人,全部实现了养老金按时足额发放。

年末全省领取失业保险金人数 4.64 万人,减少 1.07 万人;全省纳入城市最低生活保障的居民 19.25 万人,比上年减少 0.74 万人;纳入农村最低生活保障的居民 77.94 万人,增加 0.36 万人,其中"五保"供养对象 9.82 万人。

年末各类收养性社会福利单位床位45 155张。城镇建立各种社区服务设施4 986个,其中综合性社区服务中心(站)1 081个。全年销售社会福利彩票 12.54 亿元,筹集社会福利资金 4.05 亿元,直接接收社会捐赠款 14.06 亿元。

(三)教育和科学技术

1. 教育事业不断发展

2008 年继续巩固提高义务教育水平,"双高普九(高水平、高质量普及九年义务教育),"达标县(市、区)从 48 个增加到 54 个。普通高中优质教育资源继续扩大,就读于达标高中的学生超过 70%。

高校服务海西六大工程扎实推进，学科专业结构进一步调整，工科类在校生比例提高到34%。加快职业教育“三段式”人才培养和办学模式改革，新组建7个省级行业性职教集团和4个区域性职教集团。特殊教育得到重视。提高农村中小学教师待遇，师资队伍建设继续加强。城市义务教育阶段学生学杂费全部免除，农村义务教育阶段学生教科书免费提供，对农村义务教育阶段寄宿生实行生活费补助并推广免费营养早餐工程，新建农村中小学寄宿生宿舍35万平方米，农村中小学危房改造任务基本完成。

全省研究生教育招生0.88万人，在学研究生2.71万人，毕业生0.69万人。普通高等教育招生18.91万人，在校生56.26万人，毕业生13.04万人。各类中等职业教育招生18.94万人，在校生49.83万人，毕业生13.65万人。成人高等教育招生3.55万人，在校生10.39万人。全省普通高中招生24.25万人，在校生74.88万人，毕业生24.22万人。全省初中招生49.59万人，在校生151.29万人，毕业生49.54万人。普通小学招生39.91万人，在校生247.15万人，毕业生50.60万人。特殊教育在校生3.46万人。幼儿园在园幼儿99.27万人。

2. 科技创新能力继续增强

2008年，福建省科技促进经济社会发展指数居全国第5位，55个县（市、区）通过国家科技进步考核。新增3个国家级创新型企业和6个国家级企业技术中心，2个国家工程实验室获批立项，国家环境光催化工程技术研究中心通过立项评审。一批重大科技专项顺利实施，陶瓷纤维、竹纤维等关键技术取得重要突破。产业技术研发力度加大，环保节能纳米催化材料等5个重大项目列入国家科技支撑计划。应用基础研究取得新进步，一批前沿基础探索项目列入国家973计划，再生稻集成技术体系基本形成，抗虫转基因水稻育种、光学晶体材料等领域科研水平全国领先。“数字福建”建设进展顺利，省超级计算中心等20个项目投入使用。第六届中国·海峡项目成果交易会成功对接4685个项目。

2008年科技活动经费支出215.95亿元，比上年增长25.0%。其中，研究与试验发展（R&D）经费支出99.84亿元，增长21.5%，占全省生产总值的0.92%，比重比上年提高0.03个百分点。全省继续实施16个省级科技重大专项，新启动7个省级科技重大专项，新增8个省级工程技术研究中心、5个省级重点实验室。全省新认定高新技术企业330家，共有867家。共取得省部级以上科技成果205项。知识产权事业加快发展，新增专利申请13 181件，专利授权7 937件，分别比上年增长16.2%和2.3%。全年共登记技术合同5 196项，技术合同成交金额18.97亿元，比上年增长12.5%。新增通过认定软件企业115家，累计574家；新增通过登记的软件产品591个，累计2 827个；全省获计算机信息系统集成资质企业83家。

全省年末共有产品检测实验室577个，其中国家产品质量监督检验中心10个。全省现有独立的产品质量认证机构1个，独立的体系认证机构1个，分支机构22个，累计1 616个企业获得5 283张产品认证证书。新建社会公用计量标准50项，累计建立956项。全省共有法定计量技术机构70个，国家城市能源计量中心1个，全年强制检定工作计量器具99.36万台（件）。标准化水平明显提升，6项国际标准获批立项，国家标准制订数达101项，制订行业标准50项、制修订地方标准81项（其中新制定62项），累计全省共制订国家标准452项、行业标准535项、地方标准933项。

一批产品、服务、区域、科技品牌脱颖而出，中国名牌产品累计100个；新增地理标志产品8个，累计31个。中国名牌产品和地理标志产品数量均居全国第5位。福建名牌产品511个，累计1 316个，增长28.2%。

(四)文化、卫生和体育

1. 文化事业五彩缤纷

公共文化服务体系逐步完善,基层文化活动蓬勃开展。全省年末共有各类艺术表演团体 94 个,剧场、影剧院 72 个,群众艺术馆 10 个,文化馆 82 个,公共图书馆 86 个,博物馆 87 个。文化系统各类艺术表演团体演出 1.4 万场,观众1 114万人次,剧场、影剧院演(映)出 4.89 万场次。年末全省电台 10 座,中短波发射台和转播台 36 座,调频广播发射台和转播台 93 座,广播节目 86 套,广播综合人口覆盖率 97.37%;电视台 10 座,一千瓦以上电视发射台和转播台 25 座,电视节目 37 套,电视人口综合覆盖率 98.34%。全省有线电视用户 511.89 万户,有线广播电视网络干线总长 13.25 万公里。

全年出版图书3 471种,总印数 0.78 亿册;报纸 59 种,总印数 10.38 亿份;期刊 174 种,总印数 0.29 亿册;音像电子出版物复制 0.80 亿盒(张)。

文化产业发展加快,新增 16 个省级以上文化产业示范基地。实施海西文化遗产保护工程,"福建土楼"成功列入世界文化遗产名录。

2. 卫生服务逐步改善

公共卫生服务体系不断健全,重大疾病防控工作全面加强,农村医疗卫生条件逐步改善,社区医生联系家庭责任制试点继续扩大,医疗费用增长得到有效控制。中医药事业发展加快。

年末共有各类卫生机构9 643个,其中医院 370 个,卫生院 862 个。年末全省共有卫生技术人员 11.95 万人,其中医生 5 万人,注册护士 4.1 万人。年末全省共有卫生机构床位 9.5 万张。农村有医疗点的村数占总村数的 94.2%,乡村医生和卫生员 3 万人。

3. 体育事业蓬勃发展

奥运火炬传递活动顺利举办。竞技体育实现突破,在 2008 年北京奥运会上,福建省 18 名运动员、10 名教练员参赛,取得 3 金 2 铜和 1 枚武术金牌的历史最好成绩,金牌总数并列全国第七。在各类世界锦标赛和世界杯大赛中我省 10 人次获得 4 项冠军,打破 1 项世界纪录;在各类亚洲锦标赛和亚洲杯大赛中我省 7 人次获得 2 项冠军。成功举办了第六届全国农民运动会、厦门国际马拉松赛和全省第十二届全民健身节等活动,并在全国农民运动会获得金牌、总分全国第一。全年销售体育彩票 30.43 亿元。泉州海峡体育中心、省老年人体育中心等一批项目建成使用。

(五)城乡建设

加快培育海峡西岸城市群,强化闽西南、闽东北城市联盟。加强中心城市规划建设管理,完善城市基础设施,落实公交优先政策,发展城市快速公交系统和轨道交通,改善人居环境。持续深化项目带动和品牌带动,加强基础设施建设。全年实际新开工、投产重点项目分别比计划增加 50% 和 20%,新增电力装机容量 270 万千瓦、高速公路通车里程 402 公里、港口吞吐能力3 260万吨,福建炼化一体化、液化天然气等重大项目基本建成,宁德和福清核电、厦漳跨海大桥、永安至宁化和宁德至武夷山高速公路等项目开工建设。

新农村建设步伐加快。农业产业化加快推进,185 家省级重点龙头企业销售收入 658.23 亿元,增长 21.0%,带动农户 260.40 万户。集体林权改革配套制度继续完善,林权抵押贷款本年新增 9.75 亿元,累计达 25.75 亿元。新建户用沼气池 6 万口,修复病险水库 268 座,水利"六千"工程(千万农民饮水安全工程、千万亩农田节水工程、千万方山地水利工程、千座水库保安工程、千公里河道清水工程、千万亩水土流失治理工程)和"年万里"农村路网工程全面完成。迎奥运广播电视村村通工程提前实现。邮政进社区、海西书报亭建设、通信信息化助推新农村项目顺利完成。改造提升百所乡镇卫生院、改造完善百个乡镇综合文化站、新建和改扩建百所农村敬老院、农村家园清洁行动、"光明

行动"、造福工程、侨居造福工程、农家书屋工程完成年度任务。新型农村合作医疗参合率和补偿水平进一步提高。建立了计划生育家庭特别扶助制度。农村工作机制创新专项补助继续增加,农村住房、水稻种植、渔工责任、渔船和森林火灾等农业保险试点工作顺利推进。

(六)环境保护和生态建设

23个城市中有22个城市的空气质量达到或优于二级标准。其中厦门、福州、泉州在全国113个环保重点城市中分别位列第25位、第22位和第9位。23个城市中,区域声环境质量较好的城市有11个;全省23个城市道路交通声环境质量较好。

12条主要水系水质达到或优于国家地表水Ⅲ类标准要求的占94.4%。全省近岸海域海水水质达到功能区标准的占48.1%。9个设区城市的33个饮用水源地水质达标率为99.1%。新建16个污水处理厂和13个垃圾处理场,城市污水处理率63%,城市生活垃圾处理率93%。

深入贯彻节能法,强化节能减排目标责任制,完善差别电价、替代发电、区域限批等措施。"上大压小"工作力度加大,淘汰小水泥生产能力670万吨,关停小火电机组102.6万千瓦。装机容量30万千瓦以上的燃煤机组脱硫设施安装覆盖面达93%,排放二氧化硫、化学需氧量的重点污染源全面纳入在线监控。全省投资2.2亿元,完成环境污染限期治理项目474个。全年关停并转迁企业数为509家。一批清洁电源项目建成投产,城市液化天然气及煤改气工程有序推进。建筑节能、绿色照明等十大重点节能工程加快建设,企业清洁生产和循环经济试点示范工作深入开展。全省万元地区生产总值能耗0.843吨标准煤,比上年下降3.7%;化学需氧量(COD)排放量37.82万吨,比上年减排1.30%;二氧化硫(SO_2)排放量42.89万吨,比上年减排3.77%,完成了年度节能减排目标。

扎实推进生态建设。重点区域、海域、流域综合整治取得成效,森林覆盖率居全国首位,生态环境状况指数名列全国前茅。全省港口布局规划获得批准,主要港口总体规划和重点港区控制性详规加快编制,岸线资源保护和开发利用得到加强。全年完成植树造林总面积215.43万亩。全省森林覆盖率62.96%。商品材产量757.46万立方米,增长7.8%。

2008年全省累计有5个国家级生态示范区,3个省级生态村。有自然保护区93个,其中国家自然保护区12个;自然保护区面积50.22万公顷,占全省土地面积的5.0%。

(七)安全生产和平安福建

"平安福建"建设实现阶段性目标,全省90%以上的县(市、区)达到平安标准,人民群众对社会治安满意和基本满意率达94.32%。推进社会治安综合治理,做好重大活动期间的维护稳定工作,集中开展矛盾纠纷排查化解,完善信访工作制度,有效预防和处置各类群体性事件。健全应急预案和应急救助体系,应对突发事件能力不断提高。加强"餐桌污染"治理和食品放心工程建设,深化食品药品安全专项整治,及时开展乳制品质量安全专项清查,妥善处置问题奶粉事件对我省的影响。全面落实安全生产责任制,各类事故总量减少5587起,下降21.9%

2008年,福建省发生各类生产安全事故19 970起,比上年下降21.9%;死亡0.36万人,下降13.5%;受伤1.90万人,下降21.3%;经济损失19 975万元,下降8.9%。发生各类较大事故66起、死亡247人,分别下降22.4%和21.8%。全省亿元地区生产总值生产安全事故死亡人数为0.34人,下降26.1%;道路交通万车死亡人数为5.11人,下降20.4%;工矿商贸就业人员10万人生产安全事故死亡人数为2.10人,下降22.8%;煤矿事故死亡21人,下降38.2%,煤矿百万吨死亡人数为0.98人,下降38.0%。全年共发生道路交通事故15 658起,死亡0.31万人,受伤1.88万人,财产损失4 876.7万元。

三、挑战与目标

在看到成绩的同时,也应清醒认识到发展还面临不少困难和问题,主要是:国际金融危机严重波及实体经济,外部需求显著减少,传统竞争优势逐步减弱,资源环境约束增强,各种不利因素对福建省的叠加影响不可低估。部分经济指标增速趋缓,出口形势严峻,一些行业和中小企业生产经营困难,经济持续增长压力加大。支撑产业发展的大项目比较缺乏,具备核心竞争力的大企业、大集团偏少。农村基础设施建设滞后,农业比较效益下降,非农收入减缓,农民持续增收难度较大。就业结构性矛盾突出,社会保障体系不够健全,教育、医疗等公共服务还不能满足群众需求。安全生产仍有隐患,食品药品安全存在薄弱环节,生态建设的长效机制尚未形成。政府职能有待进一步转变,有的地方和部门研究问题不深、解决办法不多,有些公务员服务意识不强、工作效率不高,形式主义、官僚主义、铺张浪费和消极腐败现象依然存在。应高度重视这些问题,采取更为有力的措施切实加以解决。

2009 年经济社会发展的主要预期目标是:生产总值增长 10% 左右;地方级财政收入增长 11% 左右;全社会固定资产投资增长 15%;外贸出口增长 10%;实际利用外商直接投资按可比口径不低于 80 亿美元;城镇登记失业率控制在 4.5% 以内;社会消费品零售总额增长 15%,居民消费价格总水平涨幅控制在 4% 左右;人口自然增长率控制在 7‰ 以内;城镇居民人均可支配收入实际增长 8%,农民人均纯收入实际增长 5%。单位生产总值能耗降低 3.2%,二氧化硫排放量下降 1.5%,化学需氧量排放减少 0.2%。

第三篇
长三角地区专项经济社会发展

一　长三角经济发展总体情况

长江三角洲，这一地理地质概念，至今日更附丽了深刻的经济含义，而其地理地质特征无疑是这层经济含义的众多积淀层之一：以古今中外历史发展规律律之，优越的地理区位是经济发展的先决条件。因此，从改革开放之初14个沿海开放城市中之连云港、南通、上海、宁波、温州算起，长三角经济区或带的历史也近27年。以此不及一世之时间而至执中国各经济区或带之牛耳，在这块地理地质层上所打开的天时与人和诸因素果真结出硕果。

诚然，地理有沧海桑田之变换，天时有阴晴圆缺之盈缩，而人和更有祸福兴衰之伏依，因此，长三角经济也几乎见证了中国经济改革开放以来的各次周期①。长三角经济的开放程度高，除却其发展过程中自身因素的约束之外，受输入型经济风险的影响较大，故此，该地区经济的波动在外来冲击下便具有较强的先导性与联动性。鉴于始自2007年的这轮世界性经济危机，长三角经济必然有切身体会。但凭借其改革开放尤其是市场经济体制改革以来所形成的市场化优势与长远的经济社会发展战略，长三角经济在这轮经济周期中的表现仍颇值得称道。尽管国内外宏观经济跌宕，但是长三角的多数经济指标仍然领跑全国。诚然，长三角的经济发展内含了诸多政策性优势，无论如何，求获市场与政策之间的相得，这确实是长三角经济未来发展的一项大战略，这是由国内外的宏观环境所决定的。

一、国内外宏观经济背景

自2008年第三季度始中国经济步入下行线，这是由国内外一系列冲击所共同决定的事实。首先是中国经济周期自身的惯性。改革开放以来，中国经济周期的平均时限为6年左右，因此，从2001年中国经济走出低谷而开始反弹，截至2007年，经济过热的苗头已然出现，对此，中央政府出台了诸多宏观调控政策。根据经验，从政策的实施到发生效力，其间会存在相当的时滞——市场机制完善的国家大约为1年左右；因此，中国的这轮宏观调控在2008年上半年已经开始发挥作用，换言之，2008年年中，宏观调控的初衷——“软着陆”中国经济的前景是明朗的。而这轮宏观调控的先动性

①按照经济增长率的“峰－峰”划分法，改革开放以来，中国经济共经历了五次周期：1978－1984年周期、1984－1987年周期、1987－1992年周期、1992－2000年周期、2000－2007年周期，而当下中国经济正处于第6次经济周期之中（刘树成，2004，2007；杨启先，2007）。与此相对应，长三角经济的波动性也无例外，例如以江苏为例，以经济增长率的“谷－谷”法衡量，江苏经济依次经历了1977－1980年周期、1981－1986年周期、1987－1999年周期、1990－2001年周期、2002－今周期（刘兴远，2008），而且如果今年这轮经济周期触底，则江苏经济也将步入下一轮周期。

更增加了这种可能性②。但是由于2008年下半年以来,美国次贷危机演变为全球性金融经济危机,而该危机叠加于中国的宏观调控效应,于是从2008年9月份开始,中国经济形势大有急转直下之趋势。

为应对全球性金融经济危机对中国经济的冲击,中央政府的宏观调控政策又为之一变,由紧缩而为扩张,而且相比于西方发达国家的宏观管理或干预,这次中国的扩张型宏观调控的力度是空前的。中国不仅将此前从紧的货币政策调整为适度宽松,而且更于2008年11月初,在世界金融经济危机日趋严峻而中国经济增长下滑趋势明显的情况下,国务院常务会议出台十项保增长措施。初步匡算,将这些措施付诸实施,到2010年底约投资4万亿元;而且为加快建设进度,决定2008年第四季度先增加安排中央投资1 000亿元,而且将2009年的灾后重建基金提前安排200亿元,以带动地方和社会投资。

对于欧美发达国家而言,尽管美国是此次危机的策源地而欧盟则是这次危机的重灾区,但是其应对危机的措施仍显温和。例如,2008年11月26日欧盟理事会出台了为期两年总计2 000亿欧元的综合性金融危机应对计划,该计划包括刺激需求与保持就业的短期措施,也涵盖投资于诸如研发与创新等战略部门的长期举措。而在2009年2月17日美国第111届国会通过了《美国复兴与再投资法案》,该法案总计支出7 870亿美元,包括减免联邦税收、扩展失业福利及其它社会福利条款,以及增加教育、健康、基础设施和能源领域的国内支出。

对比中国与欧美的经济刺激一揽子计划(参见表3-1),中国所投资金占2008年GDP的13.3%(4万亿/30万亿),美国占比为5.5%(7 870亿/14.3万亿),而欧盟为1.2%,即使欧盟27国中最高者德国与西班牙也仅分别为3.3%与3.7%。因此,中国经济的宏观环境应更为有利。

---

②自改革开放以来,对应五次完整的经济周期,中国经济也第次经历了五次宏观调控。但是这五次调控又可分为两种:前四次为前期模式,而第五次为后期模式。相比于前期模式,后期模式的特征在于其先动性,即调控经济过热的趋势,而不是经济过热成为既成事实之后才做出反应。相对而言,先动型宏观调控的幅度要小于(甚至是很大程度上小于)反应型宏观调控,而且调控对经济的影响也相对平缓。对此,可通过比较各次经济周期中"峰-谷"之间的落差而见一斑(参见下图)。

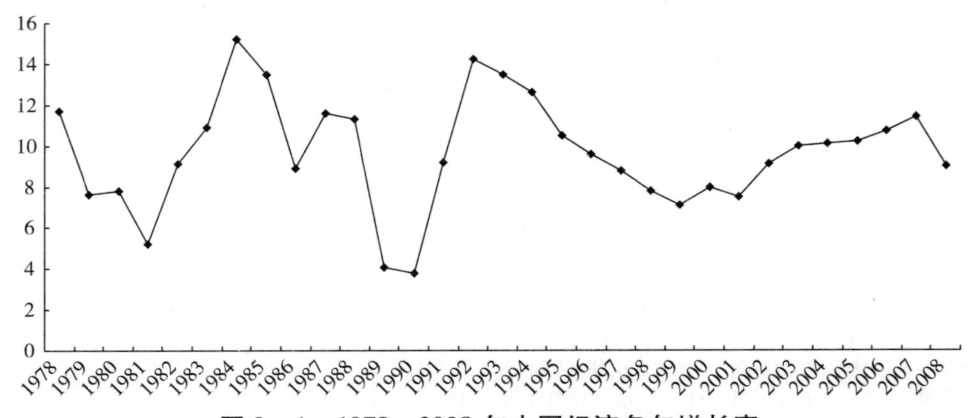

图3-1　1978-2008年中国经济各年增长率

表 3－1　欧洲主要国家危机应对计划与措施

<table>
<tr><th>国家</th><th>日期</th><th>类型</th><th colspan="2">支出数量（GDP 占比）</th><th>措施</th></tr>
<tr><td rowspan="2">德国</td><td>2008 年 11 月</td><td>一期计划</td><td>320 亿欧元（1.3%）</td><td rowspan="2">820 亿欧元
（3.3%）</td><td>基础设施投资</td></tr>
<tr><td>2009 年 1 月</td><td>二期计划</td><td>500 亿欧元（2%）</td><td>公共投资</td></tr>
<tr><td>法国</td><td>2008 年 12 月</td><td>刺激计划</td><td colspan="2">260 亿欧元（1.3%）</td><td>汽车业援助（20 亿）
建筑与住房援助（20 亿）
公共工作（105 亿）
提高公司流动性援助（100 亿）</td></tr>
<tr><td rowspan="3">西班牙</td><td>2008 年 4 月</td><td>选举誓言</td><td>200 亿欧元（1%）</td><td rowspan="3">400 亿欧元
（3.7%）</td><td>至 2012 年将最低工资从 570 欧元提高到 800 欧元
减税
每个财政家庭 400 欧元福利
家庭退税
削减财富税</td></tr>
<tr><td>2008 年 8 月</td><td>一期计划</td><td>200 亿欧元</td><td>中小企业援助
经济适用房建设</td></tr>
<tr><td>2008 年 11 月</td><td>二期计划</td><td>109 亿欧元</td><td>激励雇用失业者
研发支出
汽车业援助</td></tr>
<tr><td rowspan="2">意大利</td><td>2008 年 5 月</td><td colspan="2">选举誓言</td><td rowspan="2">90 亿欧元
（0.6%）</td><td>超时工作税收削减
房产税削减</td></tr>
<tr><td>2008 年 11 月</td><td colspan="2">危机应对计划</td><td>低收入家庭援助（30 亿欧元）
公司退税（23 亿）与家庭退税（7 亿欧元）</td></tr>
<tr><td rowspan="2">荷兰</td><td>2008 年 9 月</td><td>预算法案</td><td>25 亿欧元（0.4%）</td><td rowspan="2">85 亿欧元
（1.4%）</td><td>家庭与企业退税
取消提高增值税率</td></tr>
<tr><td>2008 年 11 月</td><td>刺激计划</td><td>60 亿欧元（1%）</td><td>退税
社会福利
公司流动性援助
公共支出（工作）</td></tr>
<tr><td rowspan="3">英国</td><td>2008 年 9 月</td><td>紧急措施</td><td>10 亿英镑</td><td rowspan="3">310 亿英镑
（2.2%）</td><td>房地产业援助</td></tr>
<tr><td>2008 年 11 月</td><td>刺激计划</td><td>200 亿英镑</td><td>2010 年将增值税率由 17.5% 下调至 15%</td></tr>
<tr><td>2009 年 1 月</td><td>补充措施</td><td>100 亿英镑</td><td>通过建设计划（学校、医院、绿色能源）创造 10 万个工作岗位</td></tr>
</table>

资料来源：Communication from the commission to the European Council, Brussels, 26, 11, 2008

总之，尽管国内外宏观经济的形势对长三角经济尤其是其外向型经济必然具有深刻影响，但是中国大力度而且先动性的宏观调控政策，以及欧美积极的宏观经济管理，对于长三角经济也未尝不是一次机遇。而国家将传统长三角概念外扩,由原初之16城市而涵括为沪苏浙三个行政省市,而且进一步提出将上海建成为先进制造业与现代服务业中心的规划,这些都表明国家对大长三角期许甚钜③,因此,长三角经济也就是有大希望的。

二、经济发展总体状况

在中国经济体中,长三角经济区域具有相对的独立性,但是沪苏浙之间的经济合作与协调程度仍有待提高;对此,从三省市之间各自的经济现状便能得到说明。尽管长三角经济在全国经济中的占比较重,但是就国民经济统计指标而言,沪苏浙之间都还具有相当大的差异性,这些差异性既表现在经济规模上,也表现在经济发展速度上。

1. 经济总量保持持续高速增长,但是波动幅度较大

进入21世纪以来,长三角经济在全国中的地位日益上升,其地区生产总值占全国国内生产总值的比重一直在21%以上,最高占到1/4强,平均为22.7%(参见图3-2)。相对于长三角的土地面积、能源状况以及人口而言,这组数字都是相当可观的。

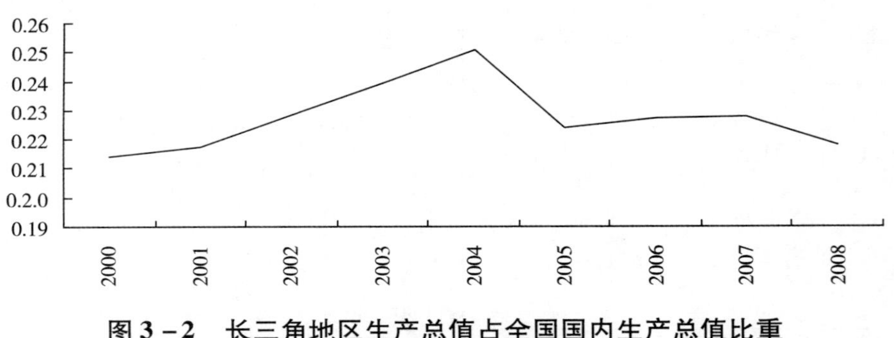

图3-2 长三角地区生产总值占全国国内生产总值比重

截至2008年长三角地区生产总值达到65 497.65亿元,相比于2000年的17 330.47亿元,增长3.42倍(参见表3-2);而就其经济增长速度而言,平均为16%,即差不多4.5年,长三角地区的生产总值就会翻一番。而同一时期,全国经济增长的平均速度为9.3%,即7.8年左右翻一番。因此,在其它条件不变的情况下,相对于全国,长三角地区的发展要快得多。

通常,中国经济的适度增长区间为8~10%④。长三角地区经济增长速度一直高企,直至2008年方才有所回落;这几年中,长三角同全国经济增速之间的平均差距为6.7%,最低为3%,而在极盛时则高出13个百分点(参见图3-3)。

---

③2008年9月7日国务院出台的《关于进一步推进长江三角洲地区改革开放和经济社会发展的指导意见》,以及2009年4月14日出台的《关于推进上海加快发展现代服务业和先进制造业建设国际金融中心和国际航运中心的指导意见》,无疑对于推进长三角地区的经济发展是一个大机会,也是大助推力。

④刘国光和刘树成(1997年)在《论"软着陆"》一文中指出,"所谓'适度增长区间'是指:在一定时期内,由社会的物力、财力、人力即综合国力所能支撑的潜在的经济增长幅度。……从我国当前的国情出发,经济增长率实际运行的适度区间(不是指计划目标)可把握在8~10%之间,……"一般而言,该区间成为中国经济增长的阈值:经济运行一旦低于该区间的下限,中国就会为"保8"而战(例如远之1998年与近之2008年);反之,一旦突破该区间的上限,则"两防"就会成为宏观调控的主调。

表 3-2　2000-2008 年长三角地区生产总值总量及增速

年份	经济总量(亿元)				年增长速度			
	上海	江苏	浙江	长三角	上海	江苏	浙江	长三角
1999	4 188.73	7 697.82	5 443.92	17 330.47				
2000	4 551.20	8 584.70	6 030.00	19 165.90	0.09	0.12	0.11	0.11
2001	4 950.84	9 511.91	6 700.00	21 162.75	0.09	0.11	0.11	0.10
2002	5 408.76	10 631.75	7 670.00	23 710.51	0.09	0.12	0.14	0.12
2003	6 250.81	12 451.80	9 200.00	27 902.61	0.16	0.17	0.20	0.18
2004	7 450.27	15 512.35	11 243.00	34 205.62	0.19	0.25	0.22	0.23
2005	9 143.95	18 272.12	13 365.00	40 781.07	0.23	0.18	0.19	0.19
2006	10 296.97	21 548.36	15 742.51	47 587.84	0.13	0.18	0.18	0.17
2007	12 001.16	25 560.10	18 638.00	56 199.26	0.17	0.19	0.18	0.18
2008	13 698.15	30 312.60	21 486.90	65 497.65	0.14	0.19	0.15	0.17

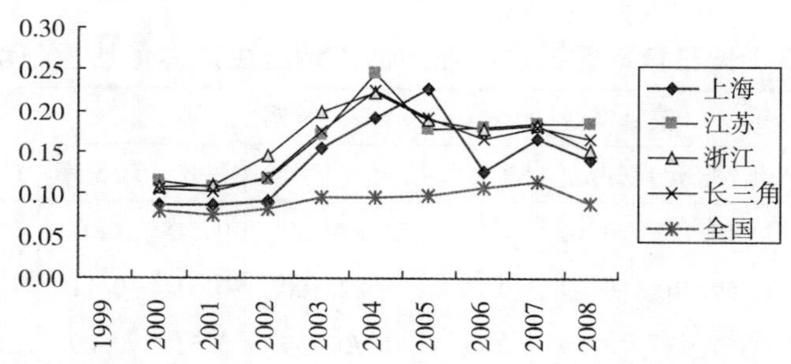

图 3-3　全国、长三角地区及其各省市经济增长速度

事情总是一分为二的。在看到长三角经济强劲发展势头的同时,还必须注意所存在的问题。因为所谓“适度增长区间”是受到强烈的生产要素条件限制的,超出资源约束而一味追求高增长,则经济的底蕴便为大幅波动;而这不幸成为长三角地区经济增长的显著特点之一。

2001-2007 年之间为中国改革开放以来的第 5 次经济周期,该时期经济的一个显著特征是一反前 4 次周期的“大起大落”,基本在适度增长区间平滑波动;但是恰与此全国经济周期相反,长三角地区的经济增长的波动度远大于全国水平。鉴于目前长三角地区生产总值占到全国的 1/5 以上,因此,长三角地区经济较大的波动幅度尤足需要重视。如此规模的经济总量而又如此有限的自然资源,则在一定程度上可以说,长三角经济安,则中国经济安,但这是个问题;而近年来,长三角地区着力发展现代服务业与先进制造业的定位,正是该问题的应对。

2. 产业结构有所优化,但步伐平稳

按照配第-克拉克定律,随着其经济的发展尤其是工业现代化进程的推进,长三角地区的农业产值在地区国内生产总值中所占比重会下降,第二产业的比重先升后降,而第三产业的比重会稳步增长。研究表明,目前,长三角经济已经进入现代化的中后期,因此,配第克拉克定律在长三角应有所表现;而事实也表明,2000-2008 年长三角地区的产业结构确有向该定律趋同之势(参见图 3-4 与表 3-3)。

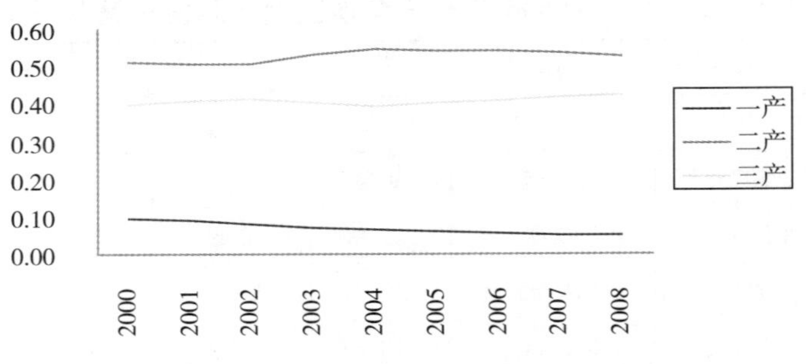

图 3－4　长三角地区三次产业产值占比

2000 年至 2008 年期间,长三角地区的农业占比稳步下降,由起始的 10% 而降至 2008 年的 5%;同期,第二产业产值占比由 2002 年的 50% 开始爬升,至 2008 年转向下行,但是仍然在 50% 以上徘徊;至于第三产业,则一直稳定在 40% 左右,直至 2007 年,其占比开始上行。尽管长三角地区以其产业结构印证了配第－克拉克定律,但是这种迹象仍然微弱。然而,比勘长三角地区三次产业在此期间的增长率,则这种迹象诚为一种趋势(参见表 3－3)。因为虽然长三角地区的农业占比在持续下降,而且工业与服务业的占比变动平稳,但是三者各自的产值增长率却变动较大(参见表 3－3 与图 3－5)。

表 3－3　长三角地区三次产业产值占地区生产总值比重与增长率

年份	总值(亿元)	第一产业			第二产业			第三产业		
		产值(亿元)	占比	增长率	产值(亿元)	占比	增长率	产值(亿元)	占比	增长率
1999	17 330.47	1 718.17	0.10		8 879.53	0.51		6 732.77	0.39	
2000	19 165.90	1 759.70	0.09	0.02	9 825.90	0.51	0.11	7 580.30	0.40	0.13
2001	21 162.75	1 857.93	0.09	0.06	10 702.99	0.51	0.09	8 601.83	0.41	0.13
2002	23 710.51	1 887.36	0.08	0.02	12 040.67	0.51	0.12	9 782.48	0.41	0.14
2003	27 902.61	1 921.78	0.07	0.02	14 743.02	0.53	0.22	11 237.81	0.40	0.15
2004	34 205.62	2 228.09	0.07	0.16	18 603.54	0.54	0.26	13 373.99	0.39	0.19
2005	40 781.07	2 340.78	0.06	0.05	21 965.89	0.54	0.18	16 474.40	0.40	0.23
2006	47 587.84	2 563.81	0.05	0.10	25 693.84	0.54	0.17	19 330.19	0.41	0.17
2007	56 199.26	2 852.92	0.05	0.11	30 053.31	0.53	0.17	23 293.03	0.41	0.21
2008	65 497.65	3 307.20	0.05	0.16	34 480.02	0.53	0.15	27 710.43	0.42	0.19

从 2000 年至 2008 年,长三角地区三次产业的产值增长率变化趋势明确:自 2005 年开始,农业产值增长率阔步前行,甚至于 2008 年反超过二次产业增长率;相比而言,2004 年之后,二次产业产值增长率持续下跌,甚而于 2008 年跌破 15%;至于服务业,则在高位小幅震荡,尤其是 2004 年后便一直在 20% 附近上下。这种震荡在从一个侧面反映配第－克拉克定律的同时,也间接表明长三角地区的产业结构着实存在着问题:农业产值占比大幅降低而其增长率则大幅上升,这是产业结构优化的一个方面;但是二次产业尤其是工业以及服务业产值占比持续徘徊,尤有甚者,二次产业产值增长率开始持续大幅收缩而服务业产值增长率却拉升有限。这些都说明,长三角地区的产业结构中尤其是二次产业存在着较为严重的产业发展惯性。尽管已经明确了长三角未来若干时期内的产业发展定位,

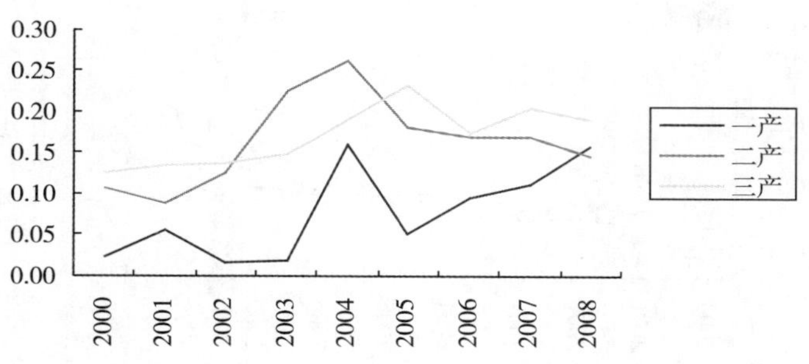

图 3－5　长三角地区三次产业产值增长率

但是要真正实现之，确乎也任重而道远。

3. 国内贸易规模增长迅猛，但增速曾震荡激烈

服务业在经济中的作用与地位上升是经济现代化的重要标志之一，而对服务业的重要衡量指标之一是社会消费品零售总额；另外，更重要的是，社会消费品零售总额也是生活水平的粗略量度之一，尤其是在物价水平稳定的前提下更是如此。据此，2000－2008 年间，长三角地区的社会消费品零售总额基本上保持了同地区国内生产总值的同步快速增长，即在此期间，该项指标增长 3.27 倍（参见表 3－4），而同期全国的社会消费品零售总额的增长幅度为 2.78 倍。因此，相比于全国，长三角地区显示出更高水平的国内贸易。

表 3－4　长三角社会消费品零售总额及其增长率

年份	上海		江苏		浙江		长三角	
	总额（亿元）	增长率	总额（亿元）	增长率	总额（亿元）	增长率	总额（亿元）	增长率
2000	1 722.30		2 604.10		2 298.80		6 625.20	
2001	1 861.30	0.08	2 869.00	0.10	2 555.50	0.11	7 285.98	0.10
2002	2 035.20	0.09	3 215.80	0.12	2 877.50	0.13	8 128.71	0.12
2003	2 220.60	0.09	3 566.50	0.11	3 157.10	0.10	8 944.40	0.10
2004	2 454.60	0.11	4 159.70	0.17	3 645.40	0.15	10 259.97	0.15
2005	2 973.00	0.21	5 699.90	0.37	4 631.70	0.27	13 305.18	0.30
2006	3 360.41	0.13	6 623.18	0.16	5 325.35	0.15	15 309.23	0.15
2007	3 847.80	0.15	7 838.10	0.18	6 214.00	0.17	1 7900.23	0.17
2008	4 537.10	0.18	9 661.40	0.23	7 441.70	0.20	21 640.61	0.21

但是社会消费品零售总额只有在物价水平稳定的情况下才能真正表现出其标量意义。因此，以全国物价水平为参照系，则长三角地区社会消费品零售总额的增长速度的波动幅度明显大于全国水平（参见图 3－6）。

比照全国水准线，长三角地区整体及其三省市之间的社会消费品零售总额增长率表现出一个显著特征，即其波动的同向性：在 2000 年至 2008 年之间，无论是从整体上而言，还是分省市而言，该指标在 2004－2006 年经历了大幅上行波动，而同在此区间，全国的社会消费品零售总额增长率却极为平缓；换言之，2004－2006 年之间长三角的社会消费品零售总额具有其特殊性；但是此前与此后，长

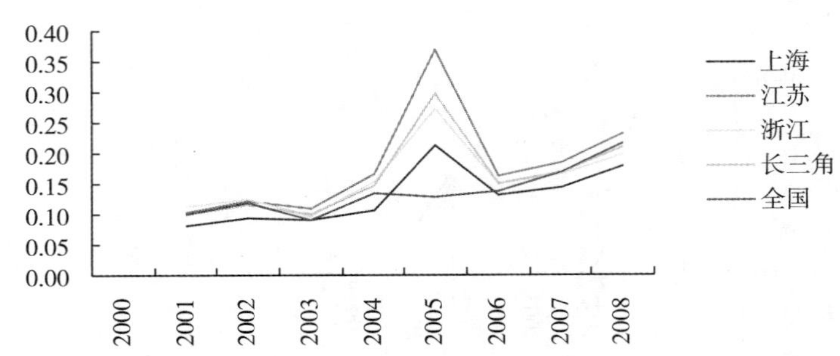

图3-6　全国、长三角地区及其省市社会消费品零售总额增长率

三角地区同全国之间的社会消费品零售总额增速基本逐步趋同。

4. 对外贸易发展迅猛,但增速趋缓势头明显

长三角地区是典型的开放性经济,这是由其特殊的政策与地理条件所决定。因此,中国加入WTO之后,该地区的货物进出口总额在中国货物进出口总额中的比重大幅提升。自2000年至2008年,该比重从27%而持续提高至36%,即一年提高一个百分点,在中国货物进出口总值日益高企的前提下,长三角地区货物进出口总额占比的变化相当地证明了该地区经济的开放程度。从另一个视角看来,在此期间,长三角地区货物进出口总额增长7.22倍,即在10年内几乎翻了三番(参见表3-5);而同期全国货物进出口贸易总值的增长则为5.4倍。

表3-5　长三角地区进出口贸易总值

单位:亿美元

年份	上海	江苏	浙江	长三角
2000	547.10	456.38	278.34	1 281.82
2001	608.93	513.51	327.99	1 450.43
2002	726.40	702.97	419.61	1 848.98
2003	1 123.55	1 136.23	614.22	2 874.01
2004	1 600.19	1 708.57	852.29	4 161.05
2005	1 863.44	2 279.41	1 073.90	5 216.75
2006	2 275.30	2 839.95	1 391.52	6 506.77
2007	2 829.14	3 495.62	1 768.34	8 093.10
2008	3 221.04	3 922.69	2 111.51	9 255.23

但是从货物进出口总值增长率来看,长三角地区同样表现出较大的起落(参见表3-6),尤其是自2005年至2008年,该增长率走低趋势明显,而且无论从长三角总体还是其三省市个体而言,这一趋势几乎是同步的,同样表现出一律性;诚然,在该量度上,长三角的变化趋势同全国倒确表现出少见的同律性,换言之,长三角地区同全国在对外贸易的律动方向上几乎是一致的(参见图3-7),这也从一个侧面反映了长三角地区与全国对外贸易上的趋同,即无论从全国还是长三角地区甚至是长三角的省市而言,其进出口贸易的市场具有很高的同质性;因此,这次世界金融经济危机对全国上下的影响普遍而又同向。

表 3-6　全国、长三角地区及其各省市进出口额增长率

年份	上海	江苏	浙江	长三角	全国
2000					
2001	0.11	0.13	0.18	0.13	0.07
2002	0.19	0.37	0.28	0.27	0.22
2003	0.55	0.62	0.46	0.55	0.37
2004	0.42	0.50	0.39	0.45	0.36
2005	0.16	0.33	0.26	0.25	0.23
2006	0.22	0.25	0.30	0.25	0.24
2007	0.24	0.23	0.27	0.24	0.23
2008	0.14	0.12	0.19	0.14	0.18

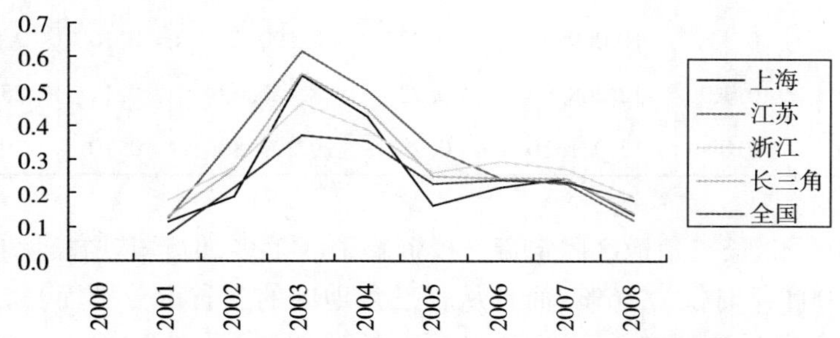

图 3-7　全国、长三角地区及其各省市进出口额增长率变动情况

从进出口增长率趋势线可见，在长三角地区，上海市该指标的变动幅度要略大一些；上海市的这种情况在净出口增长率上的表现就更为突出（参见图 3-8）。尤其是 2006-2008 年，上海的净出口增长率可称得上“大起大落”。换言之，对于这次世界性的经济金融危机，上海的感受尤为深切。这也表明上海的贸易格局可能存在着相当的问题。

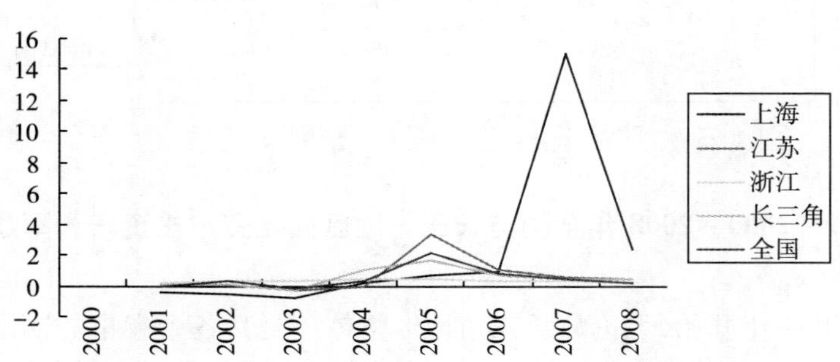

图 3-8　全国、长三角地区及其各省市净出口增长率变动趋势线

5. 固定资产投资有所增加，但是增速不劲

固定资产投资具有二重性，因为它既是总需求的重要组成部分，同时又会形成潜在生产能力。

因此,固定资产投资规模与增速不仅是当期产出的重要衡量指标,而且也是未来产能的重要量度。就前已经提及,长三角地区二次产业产值在徘徊中下行,而且至2008年其产值增长率不仅低于第三产业而且已经低于农业,其背后的原因同固定资产投资有很大关系(参见表3-7)。

表3-7 2000-2008年长三角地区固定资产投资规模与增长率

年份	上海		江苏		浙江		长三角	
	总额(亿元)	增长率	总额(亿元)	增长率	总额(亿元)	增长率	总额(亿元)	增长率
2000	1 869.38		2 569.97		2 349.95		6 789.30	
2001	2 004.64	0.07	2 823.20	0.10	2 834.94	0.21	7 662.95	0.13
2002	2 213.72	0.10	3 450.12	0.22	3 477.47	0.23	9 141.64	0.19
2003	2 499.14	0.13	5 233.00	0.52	4 740.27	0.36	12 473.06	0.36
2004	3 050.26	0.22	6 557.05	0.25	5 781.35	0.22	15 389.13	0.23
2005	3 509.66	0.15	8 165.38	0.25	6 520.07	0.13	18 195.51	0.18
2006	3 900.04	0.11	10 069.22	0.23	7 590.22	0.16	21 559.83	0.18
2007	4 420.37	0.13	12 268.06	0.22	8 420.43	0.11	25 109.22	0.16
2008	4 829.45	0.09	15 061.50	0.23	9 299.80	0.10	29 191.07	0.16

从2000年至2008年,长三角地区固定资产投资翻了两番多,但是其增长率自2003年达至高峰以来则为逐年下挫,2008年时仅为16%;而且从长三角地区的三省市分别而言,也基本沿袭了此趋势,几乎都是在2003年前后达到增长率高潮,然后开始退却(参见图3-9)。对比全国固定资产投资规模与增速,长三角地区的这种情势显得尤为例外:自2000年至2008年,全国固定资产投资增长5.23倍,平均增长率为23%,高出长三角地区3个百分点。

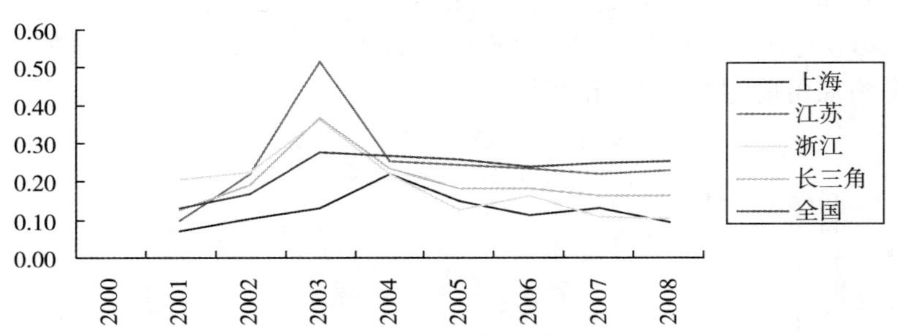

图3-9 2000-2008年全国与长三角地区固定资产投资增长率趋势线

更为清晰者,自2004年开始,无论从长三角地区整体还是其各个省市的固定资产投资增长率而言,尽皆低于全国水平,而上海与浙江在此指标上同全国的差距尤为明显,倒是江苏同全国水平差距较小,而且有进一步缩小的趋势。这表明长三角的固定资产投资有向江苏集中的趋势,这不仅可从增长率上窥见,而且就规模看来,仍属如此,例如2008年江苏固定资产投资多于上海与浙江两省市之和。如果发展合理,固定资产投资在长三角地区内部的集中应为一种积极现象,因为这符合分工的原理。

三、问题与应对举措

倾长三角一市两省之力而于9年之中蝉联中国经济规模之1/5强，这着实是一项大成就。但是最近尤其是自2005年来，长三角在中国经济中的这种强势地位有所弱化，个中的原因，一者是其它经济区——例如东北老工业基地、中西部以及环渤海等的振兴、崛起和开发，后起之秀显领头之雁之瘦；二者，长三角地区自身的条件暂时形成约束要素。据上述分析，问题及其应对措施都已浮出水面。

首先，产业结构问题。长三角地区受到资源稀缺的硬性约束，因此，按照生产力布局规律，随着现代化程度的提高，很多产业丧失了在该地区的比较优势。对此，最为直观的表现是第二产业产值增长率自2005年以来的持续下挫。针对此种情况，围绕现代服务业与先进制造业而进行产业结构的调整成为必然选择。

其次，贸易结构问题。由于其传统产业结构，决定了长三角地区的货物贸易是典型的“两头在外”型，因此，极容易受到国际经济气候变换的影响，即国外需求稍有风吹草动，长三角货物进出口便会萎缩，这在这次金融经济危机中表现尤其明显。而且随着长三角地区对外开放度的提高，这种输入型冲击会更为普遍。针对此情势，发展服务贸易就是规避短板的途径之一。

最后，固定资产投资问题。近年来，长三角地区固定资产投资增速下滑，且有向江苏集中的趋势。这从某种程度上反应了生产力合理布局的要求，当然，为经济增长计，保持适度的固定资产投资增长速度是发展先进制造业的题中之意。

总之，整体上，长三角作为中国的一个经济带，诸多经济指标（尤其是诸多增长率指标）的同向律动表明该地区的相对独立性和协调性日益增强。然而，“合而不同”也是长三角地区经济发展的生动现实，即长三角内部各区块之间的差距仍然明显，对此，仅通过2008年江苏与浙江二省的24个市的一组简单数据截面便清晰可见（参见表3－8与表3－9）。诚然，“合”与“不同”都是市场与政策的合力使然，而谋求两者之间的平衡，仍然是长三角经济需要不懈努力尝试的方向。

表3－8　2008年江浙24市按4大类9小类指标排名

省份	市份	地区生产总值		内外贸易与外资			地方一般财政收支		居民人均收入	
		绝对值	人均	社会消费品零售总额	进出口总额	实际利用外资	收入	支出	城镇人均可支配收入	农村人均纯收入
江苏	南京	5	4	1	5	6	4	4	9	12
	无锡	3	2	4	3	3	5	5	6	5
	徐州	10	20	9	19	16	12	7	20	20
	常州	9	3	8	8	7	6	9	11	9
	苏州	1	1	3	1	1	1	1	5	1
	南通	6	14	6	9	4	8	8	16	15
	连云港	20	23	20	18	13	20	18	22	22
	淮安	19	22	18	21	18	19	17	23	21
	盐城	14	21	12	20	12	16	11	21	18
	扬州	15	13	13	15	8	14	15	18	16
	镇江	16	7	16	13	10	17	20	15	13
	泰州	17	17	17	14	11	15	16	19	17
	宿迁	21	24	21	24	22	21	19	24	23
浙江	杭州	2	5	2	4	2	2	3	4	8
	宁波	4	6	5	2	5	3	2	2	3
	温州	7	16	7	10	19	7	6	1	10
	嘉兴	12	10	15	7	9	10	14	13	2
	湖州	18	11	19	17	14	18	21	10	7
	绍兴	8	8	14	6	15	9	12	8	6
	金华	13	15	11	12	17	13	13	12	14
	衢州	22	18	22	22	24	24	24	17	19
	舟山	24	9	24	16	21	22	23	7	4
	台州	11	12	10	11	20	11	10	3	11
	丽水	23	19	23	23	23	23	22	14	24

表 3－9　2008 年江浙 24 市按 4 大类 9 小类指标统计截面

省份	年份	地区生产总值⑤		内外贸易与外资⑥			地方一般财政收支⑦		居民人均收入⑧	
		绝对值	人均	社会消费品零售总额	进出口总额	实际利用外资	收入	支出	城镇人均可支配收入	农村人均纯收入
江苏	南京	3 775	60 807	1 651.82	405.92	22.61	386.56	404.67	23 123	8 951
	无锡	4 419.5	95 460	1 391.48	559.3	31.67	365.43	338.98	23 605	11 280
	徐州	2 007.36	21 267	680.23	34.53	5.83	125.85	199.05	16 955	6 240
	常州	2 202.23	61 504	758.16	176.17	20.4	185.19	186.68	21 592	10 171
	苏州	6 701.29	106 863	1 551.45	2 285.25	81.33	668.91	622.37	23 867	11 785
	南通	2 510.13	32 815	915.1	166.82	29.37	159.59	196.22	18 903	7 811
	连云港	750.1	15 458	310.44	44.48	9.35	66.21	106.43	15 255	5 454
	淮安	915.83	17 104	335.9	17.71	3.6	71.36	114.29	14 007	5 657
	盐城	1 603.26	19 775	542.78	27.92	9.44	90.3	153.65	15 862	6 867
	扬州	1 573.29	34 238	521.3	61.8	15.1	104.83	126.46	17 398	7 450
	镇江	1 408.14	52 390	410.21	74.61	12.02	85.66	96.57	19 044	8 703
	泰州	1 394.2	27 840	395.73	63.42	10.5	101.08	125.44	17 198	7 338
	宿迁	655.06	12 289	196.8	4.76	0.95	46.52	98.62	10 959	5 406
浙江	杭州	4 781.16	60 414	1 558.4	480.66	33.12	455.35	419.67	24 104	10 692
	宁波	3 964.05	56 771	1 035.5	678.4	25.17	390.39	439.41	25 304	11 450
	温州	2 424.29	30 496	906.5	139.92	2.62	180.15	209.67	26 172	9 469
	嘉兴	1 815.3	43 129	501.2	198.33	13.6	126.87	135.92	21 177	11 538
	湖州	1 034.89	36 829	319.2	55.88	8.02	71.61	86.42	21 822	10 751
	绍兴	2 222.95	48 236	515.4	238.27	7.72	143.6	144.09	23 509	10 950
	金华	1 681.85	32 813	562.8	95.48	5.12	119.7	137.58	21 408	8 263
	衢州	580.05	26 076	179.5	13.25	0.58	34.39	67.93	18 069	6 843
	舟山	490.25	46 936	132.4	60.53	1.59	43.15	76.78	23 575	11 367
	台州	1 965.27	34 244	596.2	138.11	2.39	126.05	153.81	24 181	9 180
	丽水	505.68	22 053	169.1	12.68	0.81	36.15	85.77	19 878	5 050

⑤地区生产总值绝对值单位为亿元，而人均地区生产总值单位为元。

⑥社会消费品零售总额的单位为亿元，而进出口总额与实际利用外资的单位为亿美元。

⑦地方一般财政收支的单位都为亿元。

⑧城镇居民人均可支配收入与农村居民人均纯收入都为元

二　泛长三角经济社会发展情况

(一)泛长三角的提出和界定

近年来,区域经济社会的一体化发展,已成为我国国民经济和社会发展的一项重大战略,它有利于解决由于区域发展不平衡而导致的地方矛盾突出、城乡冲突等社会问题。例如,珠三角从原来的广东省内的区域经济一体化到大珠三角,再演变为“9+2”的“泛珠三角”态势;再如,京津冀经济协作区,目前已发展成为环渤海湾区域的合作;还有,北部湾区域合作已走到泛北部湾区域合作。在国内几大区域的泛化发展的大背景下,长三角泛化发展就成了必然选择。经过多年的区域合作和共同发展,长三角地区的经济发展取得了全国瞩目的成绩,为了顺应区域经济发展的基本趋势,并进一步发挥长三角地区的辐射和带动作用,泛长三角的概念近年以来经常会出现在人们的视野中。2008年8月6日,国务院常务会议审议并原则通过了《进一步推进长江三角洲地区改革开放和经济社会发展的指导意见》,明确提出长三角要加快推进“区域一体化”进程,强化服务和辐射功能,充分发挥对周边地区、长江流域及其他地区的带动作用。这表明泛长三角将正式步入政府推动的区域合作发展轨道。

然而,对于“泛长三角”概念的界定,一直存在不同的方法,除了原先长三角区域的苏、浙、沪两省一市之外,其他包含哪几个地区呢?这要从建立泛长三角的目的和意义来分析。建立泛长三角的重要性在于加强区域经济和社会发展的竞争力,增强社会、资源和环境的可持续发展。因此,泛长三角必须满足以下几个条件:一是地域上接近;二是密集分布;三是区域内一般存在一个或多个中心城市,并且城市之间的经济交流密切。因此,泛长三角区域必须具备区域性、集聚性、中心性和联系性。因此,在这里,我们将泛长三角区域定义为:上海市、江苏省、浙江省、安徽省、江西省和福建省五省一市。

(二)泛长三角区域的经济发展情况

1. 经济总量发展情况

一个地区的GDP及其增长率是衡量其经济发展实力和发展速度的综合性指标。过去几年以来,国际金融危机没有爆发以前,世界经济上行预期明显,然而,自2008年下半年开始,美国次贷危机转化为国际性的金融危机,这对中国经济造成了重大的冲击。泛长三角地区的主要省市所受到的负面影响也较大。但是,由于多年经济发展的良好基础以及经济发展对危机反应的滞后性等原因,该地区仍然成为中国经济增长的主要动力。总的来看,泛长三角地区GDP总和占全国的30.4%,近全国的三分之一。从经济增长速度来看,泛长三角区域的各省市都明显快于全国平均水平(9%)。如果从各省市的经济增长来看,后纳入泛长三角区域的省份经济后发优势比较明显,安徽、江西和福建三省的经济增长速度都在12%以上,但由于经济发展的基础条件等因素影响,其经济总量,尤其是从占全国比重的数据来看还偏低,三省GDP比重占全国的8%左右;相对来说,上海、江苏、浙江三地的经济总量较大,在全国经济发展中具有更重要的地位。但是,随着国内经济发展的结构调整和泛长三角区域合作的不断深入,可以预见,安徽、江西和福建三省将在未来中国经济增长中占有越来越高的比重和地位。

表 3－10　2008 年泛长三角地区经济发展总量与增长

单位:亿元;%

地区	GDP	同比增长	GDP 占全国比重
上海市	13 698.2	9.7	4.6
江苏省	30 313	12.5	10.0
浙江省	21 486.9	10.1	7.1
安徽省	8 874.2	12.7	3.0
江西省	6 480.3	12.6	2.2
福建省	10 823.1	13.0	3.6

数据来源:相关各省市及全国 2009 年统计年鉴

2. 三次产业发展和结构

三次产业,尤其是第二产业是中国大多数地区的经济发展的重要基础。第二产业不仅生产消费资料,而且生产生产资料,它是国民经济的主体。而第三产业则是经济增长的增长点。随着经济的发展,第三产业在国民经济中的作用越来越重要,它的发展不仅带动了经济的迅速发展,而且给人们的生活带来切实的福利。但是,由于长三角各个地区的经济发展规模有很大的差距,因此,单纯比较各地的分产业的生产总值没有实际意义,而三次产业结构,即各产业产值占 GDP 比重则能更加真实地反映一个地区的经济发展水平和产业结构层次。其中,如果第二产业的比重越大,表示工业化程度越高。如果第三产业的比重越高,表示该地区的产业结构层次越高,可持续发展能力也相对较高。上海在泛长三角地区中产业结构层次最高,因为,上海的第三产业发展在全国处于前列,第三产业比重从 2006 年起已经超过了 50%,而且,2007 年和 2008 年又逐步提高,到 2008 年已经达到了 53.7%。相对来说,其他地区仍处于以第二产业主,工业化进程不断推进的发展阶段,其中以安徽为例,其第二产业比重逐年迅速提高,同时,引起了第一和第三产业的比重下降。泛长三角地区的产业结构的差异,一方面表明了区域内不同省市的经济发展层次和差距,另一方面也暗含了区域内根据产业优势分工和合作的条件。

表 3－11　2006－2008 年泛长三角地区的三次产业结构情况

地区	2006	2007	2008
上海市	0.9:48.5:50.6	0.8:46.5:52.6	0.8:45.5:53.7
江苏省	7.1:56.6:36.3	7.1:55.6:37.4	6.9:55.0:38.1
浙江省	5.9:54.1:40.1	5.3:54.0:40.7	5.1:53.9:41.0
安徽省	16.7:43.1:40.2	16.3:44.7:39.8	16.0:46.6:37.4
江西省	16.8:49.7:33.5	16.5:51.7:31.9	16.4:52.7:31.0
福建省	11.8:49.2:39.1	10.8:49.2:40.0	10.7:50.0:39.3
全国	11.7:48.9:39.4	11.3:48.6:40.1	11.3:48.6:40.1

数据来源:相关各省市及全国 2007－2009 年统计年鉴

3. 固定资产投资

从固定资产投资来看,根据各个地区经济发展阶段的不同,其投资的数量和方向都具有很大的不同。2008 年,上海全年完成全社会固定资产投资总额4 829.46亿元,比上年增长 8.3%。其中,城市基础设施投资1 733.18亿元,增长 18.2%。从产业投向来看,上海市的固定资产投资主要投向于第三产业,第三产业投资3 400.24亿元,增长 11.4%,所占比重为 70.4%。从其他地区的固定资产投资来看,浙江省注重对第三产业投资,2008 年浙江全社会固定资产投资9 299.8亿元,比上年增长 10.4%,其中第三产业投资4 551.2亿元,增长 12.3%。而安徽和福建两省则比较注重对第一产业的投资,两省对第一产业投资增长速度在 45~70%之间。江苏和江西的固定资产投资主要投入城镇固定资产投资,其中,2008 年江苏固定资产投资较快增长。全年完成全社会固定资产投资15 061.5亿元,比上年增长 22.7%。总得来说,由于经济发达地区的固定资产投资的基础条件较好,而且在以前也已经具有一定的固定资产积累,如上海和浙江等省市,所以,固定资产投资规模扩张速度下降,而重点在于优化固定资产投资结构,其他地区相对来说,目前还比较注重固定资产投资总量的扩张,发展速度也比较快,如江西省 2008 年全社会固定资产投资4 738.6亿元,比上年增长 43.5%。

4. 社会消费

由于国内贸易受到国际金融危机影响较小,区域经济发展的不断繁荣,泛长三角地区各省市的社会消费普遍比较旺盛,泛长三角五省一市的社会消费品零售总额的同比增长都在 20% 左右。其中,江苏省 2008 年全社会消费品零售总额9 661.4亿元,比上年增长 23.3%。因此,无论社会消费规模还是增长速度,都比较快,但是,从消费的城乡结构来看,江苏省的城乡消费比例严重失调,乡村消费仅仅为城市消费的三分之一,并且乡村消费的增长速度落后于城市消费。其他各省份,如浙江省和福建省也存在相同的问题,二省的乡村消费规模仅为城市消费规模的二分之一。其中浙江全年社会消费品零售总额7 441.7亿元,比上年增长 19.8%。

表 3-12　2008 年泛长三角地区各省市社会消费及增长情况

单位:亿元;%

地区	社会消费品零售总额		城市消费		乡村消费	
	金额	同比增长	金额	同比增长	金额	同比增长
上海市	4 537.1	17.9	—	—	—	—
江苏省	9 661.4	23.3	7 117.3	23.8	2 544.1	21.9
浙江省	7 441.7	19.8	4 960.4	20.2	2 481.3	18.8
安徽省	2 965.5	23.4	1 635	23.7	1 330.5	23
江西省	2 082.8	23.7	1 114.8	24.5	967.9	22.9
福建省	3 828.0	20.1	2 581.1	22.8	1 246.9	14.9

数据来源:相关各省市及全国 2009 年统计年鉴

其中,城市消费品零售额4 960.4亿元,比上年增长 20.2% ,县及县以下消费品零售额2 481.3亿元,增长 18.8 %;福建全省社会消费品零售总额3 828.04亿元,比上年增长 20.1%,扣除价格因素,实际增长 13.6%。分城乡看,城市消费品零售额2 581.13亿元,增长 22.8%;县及县以下消费品零售额1 246.91亿元,增长 14.9%。因此,总的来看,虽然我国经济增长一直保持相对较快的发展速度,但是,由于政府初次和二次分配比例逐步向企业和政府部门倾斜,而向居民的分配中又向城市部门倾斜,这造成了泛长三角区域普遍存在农村居民收入增长缓慢,市场消费乏力的问题。

5. 外贸和外资

由于国际金融危机爆发并不断向我国传导,因为危机对我国经济的负面影响主要是通过投资和贸易渠道来传递的，各省市对外经贸的发展都在不同程度上受到了国际金融危机的负面影响。江苏省作为中国的对外贸易大省，其对外贸易规模在泛长三角地区是最大的，2008 年进出口总额3 922.7亿美元，比上年增长 12.2%。其中出口2 380.4亿美元，增长 16.9%；进口1 542.3亿美元，增长5.7%。这与江苏省历史数据比较，对外贸易的增长速度有较大的回落。江苏省对外贸易以加工贸易为主，经营主体又以外商投资企业为主，因为加工贸易以机电产品等资本或技术密集型产品为主，两头在外，在中国的产业链相对较短，受国际市场需求萎缩的影响更加直接和明显。

表 3－13　2008 年泛长三角地区各省市对外贸易和外商直接投资

单位：亿美元；%

地区	进出口总额		出口		进口		外商直接投资	
	金额	增长	金额	增长	金额	增长	金额	增长
上海市	3 221.4	13.8	1 693.5	17.7	1 527.9	9.9	100.8	27.3
江苏省	3 922.7	12.2	2 380.4	16.9	1542.3	5.7	251.2	14.7
浙江省	2 111.5	19.4	1 542.9	20.3	568.6	17	100.7	－2.8
安徽省	204.4	28.3	113.5	28.8	90.8	27.6	34.9	16.4
江西省	137.5	45.1	76.9	40.8	60.6	50.9	36.0	16.1
福建省	848.3	13.9	569.8	14.1	278.4	13.6	100.3	23.3

数据来源：相关各省市及全国 2009 年统计年鉴

另一方面，危机发生以来国际资本流动形势趋紧。由于危机的资产负债表效应，一些跨国公司不得不从中国撤资，或缩减企业规模。这些因素都导致了江苏对外贸易规模增速的回落。上海和福建也是这种情况。与江苏和福建相比而言，浙江对外贸易资源和资本的“内向”性较强，相应的对外贸易受到的危机影响较轻，2008 年浙江省进出口总额为2 111.5亿美元，比上年增长 19.4%，其中进口 568.6 亿美元，增长 17%，出口1 542.9亿美元，增长 20.3%。其他省份，由于外贸发展的后发优势，在不利的国际经济环境下，对外贸易发展却逆势而上，取得了显著的发展，如江西全年外贸进出口总额首次突破 100 亿美元，达 137.49 亿美元，比上年增长 45.1%。其中，出口 76.86 亿美元，增长40.8%；进口 60.64 亿美元，增长 50.9%。

从泛长三角地区各省市的实际外商直接投资来看，危机导致国际资本流动性紧缺，导致了外国直接投资增速有所放缓。但是，由于中国经济在危机中所受打击相对较小，因此，其经济发展仍能保持相对较快的增长，所以，国际资本仍将中国，尤其是较发达的省份，作为投资的目标之一。如上海市 2008 年外商直接投资实际到位金额首次突破百亿美元，达到 100.84 亿美元，增长 27.3%。但是，由于各地方政府的发展目标和外资外贸政策的不同，也有的省份外商直接投资发展缓慢，如浙江省2008 年外商直接投资出现了 2.8% 的负增长。

综上所述，泛长三角地区作为中国的主要经济合作发展区域之一，在中国经济发展中具有重要的地位和作用。泛长三角地区的经济总量占全国经济总量的近三分之一。从经济增长速度来看，泛长三角区域的各省市都明显快于全国平均水平。从三次产业结构变动来看，泛长三角地区，除了上海已经步入第三产业主导的高层次产业发展阶段以外，其他省份仍然处于推进工业化进程的，以第二产业为主导的发展阶段。从固定资产投资来看，根据各个地区经济发展阶段的不同，其投资的数量和方向都具有很大的不同。其中，经济较为发达，固定资产基础较好的省市，如上海和浙江，将投资的重点由固定资产投资规模的扩张转为投资结构优化阶段，而其他省份还在致力于促进固定资产投资扩张,其固定资产投资的增长速度较快。由于国内贸易受到国际金融危机影响较小,区域经济发展的不断繁荣,泛长三角地区各省市的社会消费普遍比较旺盛,五省一市的社会消费品零售总额的同比增长都在20%左右。但是由于国家分配政策等原因,城乡消费的规模和增长速度还普遍存在很大差距,具有明显的二元结构特征。从外资和外贸发展方面来看,国际金融危机爆发并不断向我国传导,并通过投资和贸易渠道来传递,各省市对外经贸的发展都在不同程度上受到了国际金融危机的负面影响。对于外贸发展规模较大,对外贸易中资本和资源"外向型"依赖程度较高的省市所受的危机冲击严重,如江苏省、福建省和上海市,它们的对外贸易规模和增长速度与历史同期相比有较大幅度的回落。而资本和资源"内向型"较强的省份,以及具有后发优势的省份,如浙江省和江西省,对外贸易发展情况相对较好。

(三)泛长三角区域合作的问题

区域经济的关键词是产业,而"泛长三角"合作与发展,重在推动区域产业结构调整。"泛长三角"重点加强地区产业发展的协调工作,促进产业整合。在科学制定产业发展规划时,不仅要看到自己适合发展某些产业,还应看到其他地区是否更适合发展这些产业;在产业政策方面,"泛长三角"的各级政府,应根据国家的产业政策,在维护区域整体利益的基础上,制定指导性的建设规划,避免与区域内其他省份的政策冲突。坚持规划先行,并使这种规划既要有思想观念和体制政策方面的融入设想,又要有产业关联、通关申报、口岸验收乃至技术接口等具体的工作机制和措施。

因此,制定泛长三角区域合作规划之前,必须要解决几个区域合作发展中长期存在的难点:其一,合作机制。泛长三角的区域合作要根据跨越省份不同的发展水平,采取不同的合作机制,这是泛长三角区域能否顺利进行合作的前提和保证;其二,合作途径。以一个和多个中心城市为主体来推动泛长三角区域之间的合作进程,是决定"泛长三角"区域合作成效的关键;其三,制度协作。各省市为本地区的发展,制定适应区域性发展的地缘性、基础性政策。

三 长三角产业布局

(一)长三角产业布局总体概况

长江三角洲地区是推动全国经济高速增长的重要贡献区,长三角产业空间布局直接关系到区域经济、社会发展及生态环境的可持续发展能力。2008 年,长三角两省一市 GDP 达65 497.68亿元,占同期我国经济总量的 21.78%。其中,第一产业产值为3 307.23亿元,占全国的比重为 9.73%,第二产业产值为34 480.06亿元,占全国的比重为 23.59%,第三产业产值为27 710.39亿元,占全国的比重为 23.00%。从三次产业结构来看,2008 年长三角三次产业结构为 5.05:52.64:42.31。

表 3-14 长三角三次产业发展情况

单位:亿元,%

	第一产业		第二产业		第三产业	
	绝对额	占全国的比重	绝对额	占全国的比重	绝对额	占全国的比重
上海	111.80	0.33	6 235.92	4.27	7 350.43	6.10
江苏	2 100.00	6.18	16 663.81	11.40	11 548.8	9.59
浙江	1 095.43	3.22	11 580.33	7.92	8 811.16	7.31
长三角	3 307.23	9.73	34 480.06	23.59	27 710.39	23.00

工业在长三角地区具有重要的战略地位,2008 年长三角地区工业增加值达到31 213.74亿元,占我国工业增加值的比重为 24.18%。分工业行业来看,上海市工业总产值前十大工业行业分别是:通信设备、计算机及其他电子设备制造业(占工业总产值的比重为 20.97%),交通运输设备制造业(占工业总产值的比重为 10.24%),通用设备制造业(占工业总产值的比重为 8.82%),化学原料及化学制品制造业(占工业总产值的比重为 7.41%),电气机械及器材制造业(占工业总产值的比重为 6.93%),黑色金属冶炼及压延加工业(占工业总产值的比重为 6.52%),电力、热力的生产和供应业(占工业总产值的比重为 4.80%),石油加工、炼焦及核燃料加工业(占工业总产值的比重为 4.79%),金属制品业(占工业总产值的比重为 3.88%)和专用设备制造业(占工业总产值的比重为 3.40%)。与 2007 年相比,前十大工业行业位次发生了一定变化。其中,电气机械及器材制造业由 2007 年的第 6 位上升到 2008 年的第 5 位;电力、热力的生产和供应业由 2007 年的第 9 位上升到 2008 年的第 7 位;石油加工、炼焦及核燃料加工业和金属制品业位次相应后移,分别由 2007 年的第 7 和第 8 位下降到第 8 和第 9 位。前十大工业行业总产值合计占工业总产值的比重为 77.76%。

江苏省工业总产值前十大工业行业分别是:通信设备、计算机及其他电子设备制造业(占工业总产值的比重为 15.01%),化学原料及化学制品制造业(占工业总产值的比重为 10.03%),黑色金属冶炼及压延加工业(占工业总产值的比重为 9.74%),电气机械及器材制造业(占工业总产值的比重为 8.10%),纺织业(占工业总产值的比重为 7.41%),通用设备制造业(占工业总产值的比重为 6.43%),交通运输设备制造业(占工业总产值的比重为 5.30%),金属制品业(占工业总产值的比重为 4.01%),电力、热力的生产和供应业(占工业总产值的比重为 3.69%)和有色金属冶炼及压延加工业(占工业总产值的比重为 3.15%)。与 2007 年相比,电气机械及器材制造业由 2007 年的第 5 位上升到2008年的第4位,纺织业则由第4位下降到第5位;金属制品业由2007年的第9位上升到2008年的第8位,电力、热力的生产和供应业相应由第8位下降到第9位。前十大工业行业总产值合计占工业总产值的比重为72.86%。

浙江省工业总产值前十大工业行业分别是:纺织业(占工业总产值的比重为10.98%),电气机械及器材制造业(占工业总产值的比重为8.98%),通用设备制造业(占工业总产值的比重为7.28%),化学原料及化学制品制造业(占工业总产值的比重为6.48%),交通运输设备制造业(占工业总产值的比重为6.43%),电力、热力的生产和供应业(占工业总产值的比重为6.27%),金属制品业(占工业总产值的比重为4.33%),通信设备、计算机及其他电子设备制造业(占工业总产值的比重为4.18%),黑色金属冶炼及压延加工业(占工业总产值的比重为4.03%)和化学纤维制造业(占工业总产值的比重为3.79%)。与2007年相比,黑色金属冶炼及压延加工业和化学纤维制造业首次进入工业总产值前十大行业,分别位列第9和第10位;化学原料及化学制品制造业由2007年的第6位上升到2008年的第4位,电力、热力的生产和供应业相应的从2007年的第4位降到第6位;金属制品业由2007年的第8位上升到2008年的第7位,通信设备、计算机及其他电子设备制造业相应的从2007年的第7位降到第8位。

表3-15 沪苏浙前十大工业行业占工业总产值的比重(2008)

排名	上海市		江苏省		浙江省	
	行业	占工业总产值比重	行业	占工业总产值比重	行业	占工业总产值比重
1	通信设备、计算机及其他电子设备制造业	20.97%	通信设备、计算机及其他电子设备制造业	15.01%	纺织业	10.98%
2	交通运输设备制造业	10.24%	化学原料及化学制品制造业	10.03%	电气机械及器材制造业	8.98%
3	通用设备制造业	8.82%	黑色金属冶炼及压延加工业	9.74%	通用设备制造业	7.28%
4	化学原料及化学制品制造业	7.41%	电气机械及器材制造业	8.10%	化学原料及化学制品制造业	6.48%
5	电气机械及器材制造业	6.93%	纺织业	7.41%	交通运输设备制造业	6.43%
6	黑色金属冶炼及压延加工业	6.52%	通用设备制造业	6.43%	电力、热力的生产和供应业	6.27%
7	电力、热力的生产和供应业	4.80%	交通运输设备制造业	5.30%	金属制品业	4.33%
8	石油加工、炼焦及核燃料加工业	4.79%	金属制品业	4.01%	通信设备、计算机及其他电子设备制造业	4.18%
9	金属制品业	3.88%	电力、热力的生产和供应业	3.69%	黑色金属冶炼及压延加工业	4.03%
10	专用设备制造业	3.40%	有色金属冶炼及压延加工业	3.15%	化学纤维制造业	3.79%

(二)上海市产业布局基本情况

2008年,上海"三环"(内环、外环以及内外环之间)产业布局进一步完善和发展;电子信息产品

制造业、汽车制造业、石油化工及精细化工制造业、精品钢材制造业、成套设备制造业和生物医药制造业等六个重点发展的工业行业主要经济指标较2007年有了较大提高；国家级、市级工业园区稳步发展，7个国家级开发区和25个市级工业园区为全市工业的发展作出了重要贡献。

1.“三环”产业布局

(1)内环线以内

以都市型先进制造业园区(楼宇)为基本载体，发展以产品设计开发、技术服务、经营管理和高增值、低消耗、少污染生产为主体的都市型先进制造业，形成新的产业业态，如服装设计制造业、信息加工制造业、软件业、钟表设计装配业、钻石设计加工贸易业、工艺美术旅游品开发制造业、绿色包装产品设计与现代精美印刷业、玩具设计制造业，以及其他具有上述特征的新兴行业等。

(2)内外环线之间

重点发展都市型先进制造业和高科技产业，以及与支柱先进制造业相配套的产品。鼓励向高科技产业和都市型先进制造业“转型”发展。

(3)外环线以外

新增大型先进制造业项目向市级以上开发区集中，并按各先进制造业区产业功能定位导向布局，同时鼓励围绕“一城九镇”建设进行产业配套。

2. 六个重点发展工业行业

2008年，全市电子信息产品制造业、汽车制造业、石油化工及精细化工制造业、精品钢材制造业、成套设备制造业、生物医药制造业等六个重点发展工业行业完成工业总产值15 998.83亿元，比2007年增长10.31%，占全市规模以上工业总产值的比重达到62.4%。

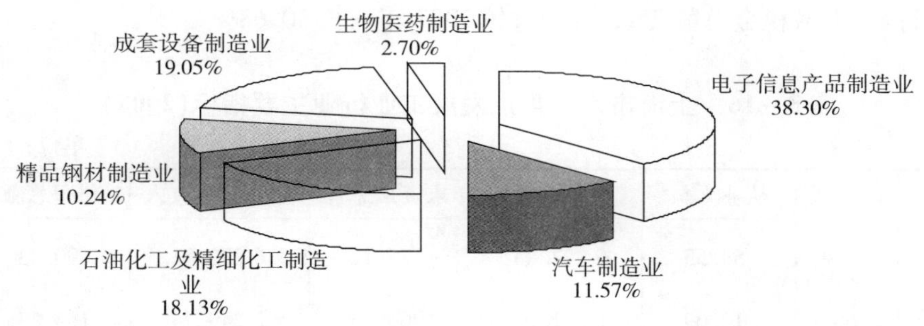

图3－10　上海市六个重点发展工业行业占工业总产值的比重

(1)电子信息产品制造业

2008年，上海拥有电子信息产品制造企业1 954家，比2007年增加400家，从业人员数54.55万人，比2007年增长－0.73%；完成工业总产值6 127.85亿元，比2007年增长6.68%，完成主营业务收入6 282.82亿元，比2007年增长6.43%；创造利润90.43亿元，较2007年下降37.00%，上缴税金总额26.01亿元，较2007年下降15.74%。

(2)汽车制造业

2008年，上海汽车制造业拥有汽车制造企业687家，比2007年增加218家，从业人员数17.69万人，比2007年增长22.59%；完成工业总产值1 851.27亿元，比2007年增长2.42%，完成主营业务收入2 249.74亿元，比2007年增长6.40%；创造利润157.53亿元，较2007年下降15.13%，上缴税金总额103.96亿元，较2007年下降20.32%。据中国汽车工业协会统计数据，2008年，上汽集团汽车销量为1 720 650辆，比2007年增长10.72%，高出全国平均增长水平3个百分点。集团投资企业上汽通用五菱和上海大众分别列2008年乘用车销量第一名和轿车销量第二名。

(3)石油化工及精细化工制造业

2008年,上海拥有石油化工及精细化工制造企业1 083家,比2007年增加163家,从业人员数13.34万人,比2007年增长6.81%;完成工业总产值2 899.84亿元,比2007年增长15.46%;完成主营业务收入2 952.70亿元,比2007年增长15.87%;利润亏损65.47亿元,上缴税金总额74.62亿元,较2007年下降19.83%。

(4)精品钢材制造业

2008年,上海拥有精品钢材制造企业151家,比2007年减少11家,从业人员数4.28万人,比2007年下降5.93 %;完成工业总产值1 638.97亿元,比2007年增长1.81%;完成主营业务收入1 902.86亿元,比2007年增长6.41%;创造利润61.61亿元,较2007年下降60.72%,上缴税金总额73.95亿元,较2007年下降17.11%。

(5)成套设备制造业

2008年,上海拥有成套设备制造企业2 294家,比2007年增加582家;从业人员数36.90万人,比2007年增长17.03%;完成工业总产值3 048.30亿元,比2007年增长24.89%;完成主营业务收入2 952.83亿元,比2007年增长21.66%;创造利润229.10亿元,较2007年增长12.41%;上缴税金总额40.87亿元,较2007年下降30.35%。

(6)生物医药制造业

2008年,上海拥有生物医药制造企业489家,比2007年增加79家,从业人员数8.69万人,比2007年下降1.59%;完成工业总产值432.60亿元,比2007年增长11.22%;完成主营业务收入436.69亿元,比2007年增长9.51%;创造利润47.99亿元,较2007年增长39.95%,是六个行业中利润增长最快的行业;上缴税金总额25.30亿元,较2007年增长30.68%。

表3-16 上海市六个重点发展工业行业主要指标(2008)

单位:个,万人,万元,%

行 业	单位数	从业人员	工业总产值	年末资产总计	主营业务收入	利润总额	税金总额
电子信息产品制造业	1 954	54.55	6 127.85	3 376.72	6 282.82	90.43	26.01
汽车制造业	687	17.69	1 851.27	1 960.05	2 249.74	157.53	103.96
石油化工及精细化工制造业	1 083	13.34	2 899.84	2 052.83	2 952.70	-65.47	74.62
精品钢材制造业	151	4.28	1 638.97	1 929.34	1 902.86	61.61	73.95
成套设备制造业	2 294	36.90	3 048.30	3 611.90	2 952.83	229.10	40.87
生物医药制造业	489	8.69	432.60	529.29	436.69	47.99	25.30
总计	6 658	135.45	15 998.83	13 460.14	16 777.64	521.19	344.72
六个重点发展工业行业占全市比重	35.4	45.8	63.7	59.2	64.4	53.9	39.8

(三)江苏省产业布局基本情况

21世纪以来,我省区域发展逐渐形成鲜明框架,省委省政府提出了“沿江、沿沪宁线、沿东陇海线、沿海”发展的“四沿战略”,成为全省生产力总体布局的主骨架。

1. 沿沪宁线产业带

2008 年,沿沪宁线产业带包括南京市区、镇江市区、句容、丹阳、常州市区、无锡市区、苏州市区、昆山等地,拥有户籍人口1 646. 32万人,土地面积 1. 67 万平方公里,占全省的比重分别为 22. 28% 和 16. 22%,全年实现的地区生产总值11 658. 84亿元,占全省的比重为 38. 46%,社会消费品零售总额 4 278. 07亿元,占全省的比重为 44. 28%,规模以上工业总产值27 345. 09 亿元,占全省的比重为 42. 40%,地方财政收入1 205. 99亿元,占全省的比重为 44. 15%。外向型经济在沿沪宁产业带具有举足轻重的地位,2008 年累计完成进出口总额2 729. 25亿美元,占全省的比重为 69. 58%。其中,出口总额1 637. 18亿美元,占全省的比重为 68. 78%。

2. 沿江产业带

2008 年,沿江产业带拥有户籍人口2 515. 41万人,土地面积 2. 47 万平方公里,占全省的比重分别为 34. 04% 和 24. 03%。当年完成的地区生产总值为15 201. 89 亿元,社会消费品零售总额 4 718. 12亿元,进出口总额1 446. 25亿美元,占全省的比重分别为 50. 15%、48. 83% 和 36. 87%;地方财政一般预算收入为1 231. 14亿元,占全省的比重为 45. 07%。工业在沿江产业带占有重要地位,2008 年沿江产业带工业总产值占全省的比重为 50. 14%。

3. 沿东陇海线产业带

沿东陇海线产业带包括徐州、连云港两个市区和铜山、邳州、新沂、东海四个县(市)。2008 年,沿东陇海地区拥有户籍人口 769. 19 万,土地面积 0. 99 万平方公里;实现地区生产总值2 070. 35亿元,社会消费品零售总额 710. 78 亿元,进出口总额 74. 57 亿美元,占全省的比重分别为 6. 83%、7. 36% 和 1. 90%。随着工业化进程的推进,工业对国民经济的贡献不断提高,2008 年沿东陇海地区实现工业增加值 952. 78 亿元,比 2007 年增长 18. 43%,高于同期 GDP 增速 1. 99 个百分点,占 GDP 的比重从 2007 年的 45. 3% 提高到 46. 02%。

4. 沿海产业带

江苏沿海地区包括南通、盐城、连云港三个市的市区和所辖的 14 个县(市),土地面积 2. 84 万平方公里,2008 年年末总人口1 733. 08万人,占全省的比重分别为 27. 68% 和 23. 46%。2008 年,沿海产业带完成地区生产总值4 296. 63亿元,以当年价计算,比 2007 年增长 18. 07%,占全省的比重为 14. 17%,社会消费品零售总额1 541. 96亿元,占全省的比重为 15. 96%,规模以上工业企业完成工业总产值7 536. 34亿元,占全省的比重为 11. 68%。工业对经济增长的贡献不断提高,2008 年沿海地区实现工业增加值1 926. 01亿元,同比增长 19. 96%,占 GDP 的比重为 44. 83%,较 2007 年提高了 0. 73 个百分点。

表 3-17　江苏省"四沿"产业带主要经济指标(2008)

单位:万人,万平方公里,亿元,亿美元,%

	全省总计	沿沪宁线产业带		沿江产业带		沿东陇海线产业带		沿海产业带	
		绝对额	比重	绝对额	比重	绝对额	比重	绝对额	比重
年末总人口	7 388. 63	1 646. 32	22. 28	2 515. 41	34. 04	769. 19	10. 41	1 733. 08	23. 46
土地面积	10. 26	1. 67	16. 22	2. 47	24. 03	0. 99	9. 65	2. 84	27. 68
地区生产总值	30 312. 61	11 658. 84	38. 46	15 201. 89	50. 15	2 070. 35	6. 83	4 296. 63	14. 17
社会消费品零售总额	9 661. 40	4 278. 07	44. 28	4 718. 12	48. 83	710. 78	7. 36	1 541. 96	15. 96
规模以上工业总产值	64 497. 10	27 345. 09	42. 40	32 339. 32	50. 14	3 132. 70	4. 86	7 536. 34	11. 68

(续表)

	全省总计	沿沪宁线产业带		沿江产业带		沿东陇海线产业带		沿海产业带	
		绝对额	比重	绝对额	比重	绝对额	比重	绝对额	比重
进出口总额	3 922.68	2 729.25	69.58	1 446.25	36.87	74.57	1.90	223.85	5.71
#出口	2 380.36	1 637.18	68.78	890.34	37.40	41.98	1.76	151.05	6.35
地方财政一般预算收入	2 731.41	1 205.99	44.15	1 231.14	45.07	148.26	5.43	284.05	10.40

注:沿沪宁产业带和沿江产业带,沿东陇海产业带和沿海产业带所覆盖的区域有重叠。

(四)浙江省产业布局基本情况

通过近年来的发展,在浙江省的区域生产力布局中,逐步形成了“四圈三带”的产业发展格局。即杭州、宁波、温台、浙中城市四大都市圈,以及环杭州湾、温台沿海、金衢丽高速公路沿线三大产业带。

1. 四大都市圈

(1)杭州都市圈

杭州都市圈涵盖杭州、嘉兴、湖州、绍兴四市全境的区域,土地总面积34 585平方公里,2008 年末总人口1 711.27万人,占全省的比重分别为 33.22% 和 36.50%。2008 年,杭州都市圈实现地区生产总值9 854.3亿元,占全省的比重为 45.86%,比 2007 年提高 0.34 个百分点;社会消费品零售总额3 158.99亿元,增长 20.01%,增速比 2007 年提高 3.36 个百分点,占全省的比重为 42.45%;全社会固定资产投资额4 409.4亿元,同比增长 13.47%,占全省的比重为 47.30%;完成财政总收入1 572亿元,比 2007 年增长 16.62%,占全省的比重为 42.14%。其中,地方财政收入 798 亿元,同比增长17.18%,占全省的比重为 41.27%。

(2)宁波都市圈

宁波都市圈包含宁波全境的行政区域,土地面积9 817平方公里,占全省的比重为 9.43%。2008年,宁波全市完成地区生产总值3 964.05 亿元,占全省的比重为 18.45%;社会消费品零售总额1 238.02亿元,比上年增长 19.56%,占全省的比重为 16.64%;出口总额 463.26 亿美元,比 2007 年增长 21.10%,占全省的比重为 30.03%;完成财政总收入 811 亿元,同比增长 12.02%,占全省的比重为 21.74%。其中,地方财政收入 390 亿元,同比增长 18.54%,占全省的比重为 20.17%。

(3)温台都市圈

温台都市圈包括温州和台州两个地级市,土地面积21 195平方公里,占全省的比重为 20.36%。2008 年,温台都市圈拥有户籍人口为1 346.05 万人,同比增长 0.91%;全年实现地区生产总值4 389.56亿元,占全省的比重为 20.43%;完成社会消费品零售总额1 792.66 亿元,同比增长19.30%,占全省的比重为 24.09%;全社会固定资产投资额为1 518.02亿元,同比增长 3.64%,占全省的比重为 16.28%;完成财政总收入 588 亿元,增长 15.07%,占全省的比重为 15.76%。其中,地方财政收入 306 亿元,增长 15.04%,占全省的比重为 15.83%。

(4)浙中城市群

“浙中城市群”由金华市本级、义乌、兰溪、永康、东阳四个县级市和武义、浦江、磐安三个县组成,土地面积10 941平方公里,占全省的比重为 10.51%。2008 年,浙中城市群拥有户籍人口 461.4 万人,占全省的比重为 9.84%;全年实现地区生产总值1 681.84亿元,占全省的比重为 7.83%;社会消费品零售总额 675.66 亿元,比 2007 年增长 20.05%,占全省的比重为 9.08%,全社会固定资产投资

额为586.93亿元,同比增长8.50%,占全省的比重为6.30%;全年完成财政总收入218.95亿元,同比增长17.09%,占全省的比重为5.87%。其中,地方财政收入119.7亿元,同比增长17.35%,占全省的比重为6.19%。

表3－18　浙江省四大都市圈主要经济指标占全省的比重(2008)

单位:万人,平方公里,亿元,亿美元,%

	杭州都市圈		宁波都市圈		温台都市圈		浙中城市群	
	绝对额	比重	绝对额	比重	绝对额	比重	绝对额	比重
年末总人口	1 711.27	36.50	568.09	12.12	1 346.05	28.71	461.4	9.84
土地面积	34 585	33.22	9 817	9.43	21 195	20.36	10 941	10.51
地区生产总值	9 854.3	45.86	3 964.05	18.45	4 389.56	20.43	1 681.84	7.83
社会消费品零售总额	3 158.99	42.45	1 238.02	16.64	1 792.66	24.09	675.66	9.08
全社会固定资产投资	4 409.4	47.30	1 728.24	18.54	1 518.02	16.28	586.93	6.30
出口总额	701.14	45.45	463.26	30.03	236.68	15.34	—	—
财政总收入	1 572	42.14	811	21.74	588	15.76	218.95	5.87
地方财政收入	798	41.27	390	20.17	306	15.83	119.7	6.19

2. 三大产业带

(1)环杭州湾产业带

环杭州湾产业带包括杭州、宁波、绍兴、嘉兴、湖州、舟山六市,土地面积45 841平方公里。2008年,环杭州湾产业带拥有户籍人口2 376.13万人,占全省的比重为50.69%;2008年,环杭州湾产业带六市合计完成地区生产总值14 308.6亿元,占全省的比重为66.59%。这一地区经济发展水平较高,2008年环杭州湾产业带人均GDP为60 218元,是全省平均水平的1.42倍。该产业带区位条件优越、经济资源富集、综合实力较强,是浙江现代化进程最快的区域。

环杭州湾产业带产业发展的重点是电子信息、现代医药、石化、纺织、服装五大标志性产业集群,以及交通运输设备、先进装备制造、新型金属材料及制品、造纸业及纸制品、家用电器及设备和食品加工制造六大成长性产业集群。

(2)温台沿海产业带

温台沿海产业带包括温州、台州2个地级市,土地面积21 195平方公里。2008年年末总人口为1 346.05万人,全年实现地区生产总值4 389.56亿元。这一产业带市场化水平较高,民营经济活跃,块状经济发达,民间资金充裕,是著名的"温台模式"发源地。温台沿海产业带汇集了一系列在全国具有较强竞争优势的特色产业集群。主要包括:汽车摩托车及零配件、医药化工、模具塑料、服装机械、水泵阀门、工艺美术、家用电器、绿色农产品和水产品加工、鞋帽服装、日用品加工等。

(3)金衢丽产业带

金衢丽产业带包括金华、衢州、丽水3个地级市,土地面积37 080平方公里,占全省的比重为36.42%。2008年,该产业带拥有户籍人口965.69万人,占全省的比重为20.60%。全年实现地区生产总值2 767.58亿元,占全省的比重为12.88%;完成社会消费品零售总额1 094.25亿元,同比增长20.07%,占全省的比重为14.70%;全社会固定资产投资额达到1 196.95亿元,占全省的比重为12.84%;全年完成财政总收入339亿元,同比增长16.10%,占全省的比重为9.09%。其中,地方财政收入190亿元,占全省的比重为9.83%。

金衢丽产业带产业发展的重点是:①金华市:重点打造汽车制造、日用小商品、五金机械、现代医药、食品加工、电子产业、建材产业七大产业集群。②衢州市:重点发展氟化工、新型干法水泥、矿山机械、高档纸制品、输变电设备、轻工制品等六大特色制造业基地。③丽水市:重点培育日用化工、特种材料、五金机电、羽绒制鞋、现代中医药等五大特色制造业基地。

表3-19 浙江省三大产业带主要经济指标占全省的比重(2008)

单位:万人,平方公里,亿元,亿美元,%

	环杭州湾产业带		温台沿海产业带		金衢丽产业带	
	绝对额	比重	绝对额	比重	绝对额	比重
年末总人口	2 376.13	50.69	1 346.05	28.71	965.69	20.60
土地面积	45 841	44.03	21 195	20.36	37 080	36.42
地区生产总值	14 308.6	66.59	4 389.56	20.43	2 767.58	12.88
社会消费品零售总额	4 554.84	61.21	1 792.66	24.09	1 094.25	14.70
全社会固定资产投资	6 477.06	69.47	1 518.02	16.28	1 196.95	12.84
出口总额	1 197.27	77.61	236.68	15.34	108.99	7.07
财政总收入	2 449	65.66	588	15.76	339	9.09
地方财政收入	1 231	63.67	306	15.83	190	9.83

四　长三角产业结构

受国际金融危机影响,2008 年长江三角洲地区经济发展速度明显回落,但在回落的同时,产业结构得到了进一步调整优化,三次产业结构调整为3.3∶53.5∶43.2。服务业增加值占 GDP 比重比上年提高了1.0 个百分点。

(一)长三角产业结构概述

2008 年,长三角地区 16 城市实现地区生产总值53 956亿元。从三次产业情况看,第一产业实现增加值1 755 亿元,比上年增加 164 亿元,第二产业实现增加值28 869 亿元,比上年增加3 500 亿元,第三产业实现增加值23 331亿元,比上年增加3 618亿元。三次产业结构由上年的 3.4∶54.4∶42.2 调整为3.3∶53.5∶43.2。其中第一产业比重下降了0.1 个百分点,第二产业比重下降了 0.9 个百分点,第三产业比重上升了1.0 个百分点。

从与全国对比情况来看,全年国内生产总值300 670 亿元,比上年增长9.0%。分产业看,第一产业增加值34 000 亿元,增长 5.5% ;第二产业增加值146 183 亿元,增长 9.3%;第三产业增加值120 487 亿元,增长9.5%。全国三次产业结构比例为 11.3∶48.6∶40.1。长三角地区第一产业比重低于全国8.0 个百分点,第二产业比重高于全国4.9 个百分点,第三产业比重高于全国3.1 个百分点。

从与江苏比较看,2008 年江苏省三次产业结构从上年的6.7∶55.9∶37.4 调整为6.9∶55.0∶38.1。长三角地区第一产业比重低于江苏3.6 个百分点,第二产业比重低于江苏 1.5 个百分点,第三产业比重高于江苏5.1 个百分点。

从与浙江比较看,2008 年浙江省三次产业结构从上年的5.5∶54.1∶40.4 调整为5.1∶53.9∶41.0。长三角地区第一产业比重低于浙江 1.8 个百分点,第二产业比重低于浙江 0.4 个百分点,第三产业比重高于浙江2.2 个百分点。

(二)三大板块产业结构的分析

2007 年,上海全年实现生产总值13 698.15 亿元,按可比价格计算,比上年增长9.7%。其中,第一产业增加值 111.8 亿元,增长0.7%;第二产业增加值6 235.92 亿元,增长 8.2%;第三产业增加值7 350.43 亿元,增长11.3%。全市三次产业比例关系调整为0.8∶45.5∶53.7,第三产业比重比上年提高1.8 个百分点,提升幅度为2001 年以来最高,产业结构呈现"三、二、一"格局。

江苏沿江 8 个城市实现地区生产总值23 983.78亿元,三次产业比例关系由上年的 3.5∶58.3∶38.2 调整为3.4∶57.4∶39.2;浙江环杭州湾7 个城市实现地区生产总值16 273.87 亿元,三次产业比例关系由上年的5.4∶54.6∶40.0 调整为5.1∶54.4∶40.5。长三角地区的两翼都呈现"二、三、一"的格局。

2008 年,浙江省全年生产总值为21 486.92亿元,以可比价格计算,比上年增长 14.4%,其中,第一产业增加值为1 095.43亿元,比上年增长 11.1%;第二产业增加值为11 580.33亿元,比上年增长14.1%;第三产业增加值为8 811.16亿元,比上年增长 15.23%。全省的三次产业比例为 5.1∶53.9∶41,第三产业比重比上一年只增加了0.3 个百分点。产业结构仍然处在"二、三、一"的格局。

(三)16 个城市产业结构的分析

2008 年,长三角地区 16 个城市中除上海、南京外,其他 14 个城市的三次产业结构都呈现"二、

三、一"分布。第三产业成为上海经济发展的"主角",近年来南京作为江苏省会,大力发展服务业,三次产业结构逐步优化,服务业比重明显提升,达到50% ,成为长三角第二个服务业比重达到50% 的城市,三次产业关系为2.5∶47.5∶50.0。从第一产业比重来看,长三角地区16 个城市中只有舟山市为两位数,即10%,已经有一半的城市第一产业比重低于5% ,应该说这些城市都处于工业化加速发展时期,16 个城市中第一产业比重最低的是上海,只有0.8% 。

从第二产业比重来看,2008 年16 个城市中除上海、南京和舟山外,13 个城市第二产业增加值比重达到或超过50%,11 个城市超过55%,1 个城市超过了60%。

如苏州达到62.0%,表明各市对工业经济的依赖程度均较高。16 个城市中9 个城市第二产业比重比上年有所下降。从第三产业比重来看,16 个城市中除了舟山外,其他15 个城市第三产业增速均快于第二产业。上海产业结构优势明显,第三产业比重超过50% ,达到53.7% ,南京第三产业比重为50.0%,列长三角第2 位,杭州为46.3% 列第3 位,此外舟山(43.8%)、无锡(41.0%)、台州(40.4%)、宁波(40.4%)成为另外4 个比重超过40%的城市。16 城市中最低的是泰州,为34.2%。从各地第三产业的发展趋势看,浙江除宁波、湖州、舟山以外的4 个城市第三产业占GDP 的比重也有不同程度的提高。而江苏8 个城市除南通、镇江外,第三产业比重均比上年有所增加。从增加幅度看,上海、苏州均比上年增加了1.8 个百分点,并列16 城市之首。总的来说,2008 年长江三角洲地区产业结构在调整中优化,在发展中提高。

(四)长三角地区产业结构的特征

1.长三角各城市产业结构发展模式不同

长三角地区虽然处于同一个经济地缘板块,但由于两省一市发展的观念差异,以及在全国的地位和责任不同,所以反映在产业发展上出现了发展模式的差异。

江苏模式:江苏省历来坚持"实业为本"发展观念,改革开放初期的80 年代到90 年代中期,苏南各城市走的是一条"实业为本+ 集体经济"的发展模式,这种模式有利于夯实工业基础,有利于积累集体资金,为后期的工业化奠定了坚实的基础;90 年代后期到21 世纪初,苏南各城市转向了"实业为本+ 集体经济+国外投资"的发展模式,苏南各城市成功地运用集体积累,与外资紧密嫁接,有力地推动了经济的发展和城市化的步伐。如苏南经济最发达的苏州市,制造业资本额中外资比重已占达55% 左右,制造业产值中外资企业占比重更是60% 以上。

浙江模式:浙江省积淀的是"以商为先"的主流观念,从80 年代开始,浙江各城市就着力打造各类市场,诸如蜚声中外的义乌小商品市场、绍兴轻纺市场、海宁皮革市场、慈溪化维市场等,还有一批区域性的苗木市场、珍珠市场、花边市场、羊毛衫市场等等,这些市场创造了无限的商机,培养了大批商家,积累了雄厚的私人资本,有力地推动了浙江经济的迅速发展。90 年代末,浙江民营经济已具有强大的实力,在政府的引导下,浙江民营资本开始与外资嫁接,浙江省引进外资的步子大大加快,全面推动着浙江经济的发展。可以认为,浙江的发展模式是一种"以商为先+民营资本+外资嫁接"的模式,在中国经济发展中是极具代表性的。

上海模式:上海历来是国有经济的主阵地,80 年代为了保证沿海经济特区的开发开放,上海充当了我国改革开放的后卫,90 年代浦东新区的开发开放使上海从改革开放的后卫走到了前沿。浦东新区的开发开放是以陆家嘴、金桥、外高桥和张江四大国有开发公司为主体引进内外资金、进行滚动开发的。这一时期还有大批国有企业与外资嫁接,发展合资企业。到2005 年末,在上海工业总资本和工业总产值中,外资企业的比重已分别高达53% 和62% 左右。在近几年的发展中,外资企业进入现代服务业的资金也越来越多,占上海引进外资的比重日益扩大。因此,上海的发展模式可以说是"政府搭台+ 国有经济主导+ 外资嫁接"的发展模式。形成这种产业布局的主要原因:首先是受

交通格局的影响;其次是受次中心城市的影响;再次是受上海发展格局的影响。

2. 长三角地区支柱产业已形成了较高的集中度

长三角地区产值规模在前 10 位的十大行业分别是:电子及信息设备制造业、纺织业、化学原料和化学制品业、黑色金属和压延加工业,电器机械及器材制造业、普通机械制造业、交通运输设备制造业、金属制品业、石油加工及炼焦业、服装和其他纤维制品业。相关分析表明这十大行业中排在前五位的城市,上海、苏州、无锡、杭州和宁波的产值集中都超过了 65%。其中集中度最高的是石油加工及炼焦业,集中度达 93.9%,主要集中在上海(39.7%)、宁波(31.2%)和南京(18.1%)三大城市;居第二的是电子及通信设备制造业,集中度达 92.6%,主要集中在上海(35.6%)、苏州(34.0%)两个城市;居第三位的是黑色金属冶炼及奢延加工业,集中度为 85.1%,主要集中在上海(28.4%)、无锡(23.5%)和苏州(17.9%)三个城市。

3. 核心技术与关键技术的外在化倾向仍然较为严重

由于跨国公司只是将长三角作为其国际化生产空间布局的一个结点,目的是充分利用当地的资源优势或低劳动力成本优势,从而降低其生产成本,跨国公司的核心或关键技术并未能向本地渗透,所以,生产技术的溢出效应并不十分明显。关键零部件,重要原材料的跨国采购更使得本地区研发能力的提高或发展受到制约,进而导致本地区的创新能力相对较弱。而技术中心或研发部门的企业总部附近的原则,使长三角地区目前只能是跨国公司国际化生产空间布局的一个车间或加工地,离成为制造业中心或"世界工厂"的目标相差甚远。

(五)长三角产业结构变化前景预测

金融危机加速了产业"洗牌",长三角面临路径选择:是继续走附加值不高、边际发展空间小的传统制造业,还是主攻附加值和产业能级高、发展空间大的高端、现代制造业? 这一问题,长三角地区的政府和企业一直都在思索,但金融危机的"倒逼"使这一抉择变得坚定而迫切。

长三角产业结构已经开始向新型化、轻型化和高端化发展。产业结构的新型化主要体现在"自主创新"技术和产品越来越多,"新兴产业"发展主要表现为起步迅速。在苏浙地区,江苏、浙江的政府、企业紧抓住"自主创新"这一"牛鼻子"。比如来自江苏的数据显示,2008 年江苏省企业研发投入预计达 797.24 亿元,同比增长 16.2%。企业中从事科技的人员数从去年的 25.87 万提高到 29.34 万。企业创新产出大幅提升,企业申请专利位居全国第一,同比增长 80.4%。

产业结构的轻型化是指长三角的现代服务业迸发出勃勃生机,"点亮"了区域经济的基本面。据统计,近几年来,江苏省软件与信息服务外包企业数量增长迅速,2002 年至 2007 年,企业数量年复合增值率达 15.6%。企业业务延伸范围广江苏软件与信息服务外包企业的业务已经延伸至全球范围。41.9%的企业在国内建立了分支机构,其中,11.8%的企业已在国内其他城市建立了 5 个以上的分支机构或分公司。27.7%的企业在国外设立了分支机构或办事处,主要分布在日本、美国、法国、加拿大、英国、澳大利亚等地。这些公司已经具备了相应的人才储备、交付能力和商务沟通渠道,有能力承载较大规模的软件与信息服务外包业务。企业业务主要以 ITO 为主,BPO 业务发展迅速江苏软件产业基础好、发展快,产业规模位居全国第三,依托软件产业的基础开展 ITO 业务是多数软件企业的选择之一。目前,江苏从事 ITO 业务的企业占 87.1%,从事 BPO 业务的企业占 24.7%,既从事 ITO 业务又从事 BPO 业务的企业占 11.8%。

浙江的数字也同样令人瞩目:2008 年,全省限额国有和国有控股企业投资第三产业1 519.7亿元,增长 17.6%,如扣除开发投资,则增幅高达 20%。在第三产业投资中,增幅超过 50%的是金融业、信息传输计算机服务和软件业增幅在 30%以上。目前浙江的现代服务业在四个方面发展比较迅猛,一是金融服务,二是商贸流通服务,三是现代物流,四是信息服务。此外,还促进工业企业分离发展服务业,为“浙江制造”做好配套性生产服务。

产业结构的高端化体现在新能源和高端制造业的发展方面。目前,浙江省已出台了新能源实施意见,到2012年,全省将有100万平方米的屋顶安装太阳能发电设备,100条道路装上太阳能灯,太阳能热水器集热面积超过100万平方米。

上海也已确立了先进制造业的突破方向。在5月底出台的《关于加快推进上海市高新技术产业化的实施意见》中,上海列出了新能源、民航制造、先进装备、生物医药、电子信息制造、新能源汽车、海洋工程装备、新材料、软件和信息服务等九大产业,提出:在2012年使这九大产业的产值由目前的6 500亿元提高到1.1万亿元。

除现实的经济效益之外,上海还希望通过推进高新技术产业化,带动传统制造业淘汰落后、抢占高端,带动先进制造业走工业化和信息化“两化融合”之路,并带动现代服务业等新兴产业成长。

为此,上海结合世博会环境整治,今年全年要淘汰600项落后产能,为此将减少200亿元以上的生产总值。

五　长三角第一产业

一、长三角第一产业总体特征

2008 年,长三角两省一市国内生产总值合计为65 497.67亿元。其中,第一产业增加值3 307.23亿元,同比增长 13.88%,第一产业增加值占长三角地区生产总值比重为 5.05%。其中,江苏第一产业增加值一直在两省一市中位居第一位,2008 年达到2 100亿元,其次是浙江,为1 095.43亿元,再次是上海,为 111.8 亿元;按照第一产业在地区总产值中的构成比重排列,江苏以 6.93% 排在第一,浙江以 5.1% 排在第二,上海第一产业比重最低,只占 0.82%。

从表 3－20 可以看出,近 3 年来,长三角两省一市每年第一产业增加值不断提高,从 2006 年的2 563.91亿元增加到 2008 年的3 307.23亿元,增长速度亦呈现逐年加速的态势。同时,第一产业产值在各地区生产总值中的比重在逐年降低,2006－2008 年,江苏省第一产业产值占地区生产总值中的比重下降了 0.21 个百分点,浙江省和上海市分别下降了 0.78 个、0.08 个百分点。这说明在经济发展过程中,随着工业化进程的推进,第一产业在国民经济中所占比重将不断降低,其产值比重的逐年下降正是这一不可逆的趋势的表现。

表 3－20　长三角“二省一市”第一产业基本情况

单位:亿元、%

地区	指标	2006	2007	2008
上海	地区生产总值	10 366.37	12 188.85	13 698.15
	第一产业总产值	93.80	101.84	111.80
	一产占地区总产值比重%	0.90	0.84	0.82
	同比增%	3.92	8.57	9.78
江苏	地区生产总值	21 645.08	25 741.15	30 312.61
	第一产业总产值	1 545.01	1 816.24	2 100.00
	一产占地区总产值比重	7.14	7.06	6.93
	同比增	5.72	17.56	15.62
浙江	地区生产总值	15 742.51	18 780.44	21 486.92
	第一产业总产值	925.10	986.02	1 095.43
	一产占地区总产值比重	5.88	5.25	5.10
	同比增	3.61	6.59	11.10
长三角	地区生产总值	47 753.96	56 710.44	65 497.68
	第一产业总产值	2 563.91	2 904.10	3 307.23
	一产占地区总产值比重	5.37	5.12	5.05
	同比增	4.88	13.27	13.88

(一)两省一市第一产业的具体情况

1. 上海市

1）基本情况

2008 年上海第一产业(同农、林、牧、副、渔业)从业人员 47.52 万户,比上年减少 4.26 万户。2008 年,上海耕地面积为 20.5 万公顷,近年基本持平。平均每个农村人口占有耕地 550 平方米,比上年下降 30 平方米;平均每个农村从业人员占有耕地 884 平方米,比上年下降 58 平方米。2008 年,上海市固定资产投资分布仍保持"三、二、一"产业结构特征,但增幅从高到低的排序由上年的"二、三、一"变为"三、二、一"。其中,第一产业投资 8.4 亿元,比上年略有增长。全年完成农业总产值 280.7 亿元,其中种植业产值 135.52 亿元,比上年增长 6.93%;畜牧业产值 68.4 亿元,比上年增长 17.93%;渔业产值 57.11 亿元,比上年增长 5.39%;林业产值为 9.12 亿元,比上年下降了 9.25%。全年农作物总播种面积为 38.84 万公顷,其中,粮食种植面积达到 17.45 万公顷,经济作物播种面积为 2.81 万公顷;粮食产量达到 115.67 万吨。全年水产品产量 32.34 万吨,比上年下降 12.64%;蔬菜产量 409.99 万吨,比上年持平;生猪出栏数 258.22 万头,增长 25.91%;牛奶产量 23.29 万吨,增长 5,67%;家禽出栏量4 458万羽,与上年基本持平。农产品出口持续增长,出口总额达到 19.7 亿元,比上年增长 12.44%。

2）粮食生产

2008 年,上海市实现夏粮秋粮双丰收,全年粮食生产实现预期目标,全年粮食种植面积为 17.45 万公顷,同比增长 2.9%。稻谷单产每公顷8 223公斤(548.2 公斤/亩),仅次于 2001 年历史最高年份,成为该市第二个水稻高产年。全年粮食种植面积为 17.45 万公顷(261.8 万亩),比 2007 年增加 0.49 万公顷,同比增长 2.9%。总产量为 115.67 万吨,比 2007 年的 109.2 万吨增加 6.47 万吨,同比增长 5.9%。超额实现上海市粮食生产预期目标(即粮食种植面积和产量分别超 200 万亩和 100 万吨)。2008 年上海市粮食再创高产的一个主要原因是政策利好。2008 年上海市财政共安排农业直补类资金 4.25 亿元,比上年增长 80%。另外,市财政安排5 000万元支农贷款担保资金,用于支持银行向农民专业合作社发放贷款。

2008 年,上海不仅粮食生产丰收,而且蔬菜生产供应也保持稳定,全年"郊菜"上市量超过 357 万吨,占全市蔬菜上市总量的 59%;生猪、奶牛生产出现恢复性增长。

3）林业

2008 年,上海市林业总产值为 9.12 亿元,比上年减少 0.93 亿元。在大面积林地建设丰富了自然景观、有效改善了郊区风貌同时,林业发展也为农民增收作出了巨大贡献,形成了具有上海特色的南汇水蜜桃、松江的水晶梨、崇明三岛的柑桔和桑椹、嘉定的葡萄、奉贤的黄桃等特色品牌。2008 年,果林平均年亩产值超过5 000元,高的亩产值达 3 万元,是一般粮食作物产值的数倍,而且高于大多数经济作物年产值;果品年产值超过千万元的乡镇有 17 个,其中南汇区大团镇林果产值超亿元。

4）畜牧业

上海畜牧业辉煌于上世纪八十年代,"十五"期间,上海市畜牧业生产总量明显下降,随着城市化进程加快,产业更新换代,畜牧业占农业产值比例下降,2000 年,畜牧业占农业产值比例在 40%,2000 年以后,由于一系列因素,城市畜牧业发展受限,2006 年,畜牧业占农业总产值 19%。此后,上海市畜牧业进入恢复性增长阶段,出台了一系列有利于畜牧业发展的政策,2008 年畜牧业占农业比值回升到 24.37%,总产值达到 68.4 亿元。

2008 年,上海市出台了一系列扶持生猪、奶牛生产发展的政策,使全市畜牧业生产出现恢复性增长的态势。上海市生猪出栏 258.22 万头,比 2007 年增加 25.9%。年末,生猪总存栏 162.52 万头,比2007年增加32.21%。奶牛年末头数5.98万头，比上年增加2.75%；羊年末头数为23.92万头，比上年增加118.25%；兔年末圈存量21.62万头，比上年减少21.04%；全年产出猪肉16.93万吨，比上年增加1.78万吨；牛羊肉0.55万吨，比上年增加0.29万吨；全年产出牛奶23.29万吨，比上年增加1.25万吨，增加了5.67%。家禽出栏4 458万羽，与上年基本持平；鲜蛋总产量6.2万吨，比上年增加0.66万吨，增加了11.91%。

6）渔业

2008年，上海市首次举办了全国优质特色水产品上海市场推介会和两岸水产业发展促进研讨会，并借助发展渔业会展经济，积极扩大上海水产业的知名度，开拓国内市场。6月，举办的“2008上海国际渔业博览会”，新品涌现、档次不断提升，同期活动丰富多彩，近20个国家和地区的5 000多名专业观众观摩，达成相当数量的合作意向。9月，“2008上海购物节暨国际水产精品展”在东方国际水产中心市场成功举办，成为上海购物节亮点，吸引近6万名各层次消费者购物，交易总额1 500多万元。10月，上海水产展团参展第六届中国国际农产品交易会，以“上海都市现代渔业”为主题，集中展示上海水产企业50多个特色产品，现场销售金额近5万元，意向合同金额180万元，上海水产展团展示效果突出，获得5个荣誉奖项，扩大了上海水产企业和产品在国内市场的知名度。

2008年，上海市水产品总产量为36.9万吨，其中远洋捕捞产量16.7万吨，同比增加9.15%；近海捕捞产量2.43万吨，同比下降8.99%；长江捕捞产量424吨，同比下降37.1%；内陆捕捞产量4 166吨，同比下降10%；海水产品17.72万吨，同比下降1.56%；淡水产品14.62万吨，同比下降23.13%。全市渔业总产值57.11亿元，同比增加5.39%。渔民人均收入达12 700元，同比增加13%。

7）农业科技

2008年，上海市根据农业部《关于开展2008年农业科技下乡活动的通知》的要求，开展了农业科技下乡活动，围绕社会主义新农村建设、冬季农业生产和抗灾减灾、农业科技入户等工作，组织科研、教学、推广等单位组成科技服务小分队直接进村入户，开展技术指导和咨询、举行专题讲座和技术培训等活动。仅1月份，全市10个区县以及市农技中心、市动物疾控中心、市农机推广站、市水产技术推广站等单位都相继开展了科技下乡服务活动。232名科技人员为2 000多农民举行了现场技术咨询活动，展示宣传版面155块，发放技术资料1.7万份；组织粮油、蔬菜、畜牧、果树、农机、水产等各类科技服务小分队84支，426名科技人员参加，入户农户1 493户，赠送农资20多万元；举办专题培训讲座60次，培训3 300多人次。

8）农业园区

2008年，上海的现代农业园区建设成效显著。突出种子种苗、设施农业、农产品加工与精深加工、温室工程与建造、主物技术及旅游休闲观光等六大农业产业，通过龙头企业集聚、科技功能辐射、产业链延伸，在科技农业、服务农业等方面成为领头羊。如在种子种苗产业方面，扩展了为全国农业服务的空间；在设施农业产业方面，有现代农业温室的精品农业，为宾馆、机场生产高档农产品；在温室工程与建造产业方面，处于领先地位。在引进、消化、吸改的基础上，形成具有自主特色的现代温室，已经在全国推广，完成从规划、温室建造到种植与管理交钥匙工程，并成功地出口多个国家；在农产品加工与精深加工方面，园区内部的企业在不同纬度建立了很多基地，每年产值达上亿元，出口创汇成绩卓著；在旅游休闲观光、科普教育方面也达到了国内的领先水平；园区还通过“两头在内，中间在外”的模式，在园区外建立基地，分布在全国各地，带动当地农民科技兴农。

9）农业机械

2008年，上海农机总动力44.51万千瓦，大、中型拖拉机4 796台，小型拖拉机6 457台，联合收割机1 914台。机耕面积达37.37万公顷，占耕种面积的91.15%；机种面积达4.54万公顷，占粮食播种面积的26.3%;机收面积为15.71万公顷,占粮食收获面积的90.7%。

10)农田水利

近年来,上海市在保障农业生产、防汛除涝、水系整治、水环境改善等方面作出了积极的努力。2008年,上海市农田水利工程投资达到623 627万元,其中海塘、农田水利和基本建设分别投资14 774万元、217 776万元、175 652万元。在总投资金额中,有70 429万元为乡镇自筹,占11.29%,比上年增长23.9%;109 854万元为企事业和区县自筹,占17.62%,同比下降22.2%。

2. 江苏省

1)基本情况

2008年,江苏省农业继续稳定发展,农业产业化经营加快推进,农民专业合作组织迅速发展,农业增效、农民增收继续保持良好发展势头。2008年,江苏省有乡村劳动力2 657.3万人,农林牧渔业劳动力896.37万人,比上年减少3.63%。农林牧渔业总产值为3 590.64亿元,比上年增长17.16%。年末实有耕地面积4 718.66千公顷。全年粮食总产量达3 175.49万吨,比上年增加43.25万吨,增长1.38%。其中夏粮总产量1 094.5万吨,比上年增长2.22%;秋粮总产量2 080.99万吨,增长0.94%。种植业结构发生变化,全年农作物总播种面积为7 510.27千公顷,其中,粮食大豆面积总计为5 267.1千公顷,比上年增加51.11千公顷;棉花种植面积为300.47千公顷,比上年减少26.46千公顷;油料种植面积为567.43千公顷,比上年增加26.65千公顷。蔬菜面积1 093.37千公顷,比上年增加50.99千公顷。全年造林面积91.27千公顷,比上年增长8.67千公顷。多数畜产品产量有所回升,肉类总产量327.55万吨,比上年增加21.95万吨,其中猪牛羊肉产量204.9万吨,禽肉产量112.83万吨;禽蛋总产量172.1万吨,增长3.61%;牛奶总产量61.05万吨,增长1.34%。全年水产品总产量425万吨,增长3.91%,其中淡水产品299.75万吨,海水产品125.25万吨,分别增长3.7%和4.44%。

分地区看,按照从高到低的顺序排列,盐城市第一产业增加值继续为全省最高,为275.26亿元,徐州市次之,为210.02亿元,镇江市最低,为51.08亿元,其他地区,南通市199.18亿元,淮安市142.01亿元,宿迁市133.62亿元,连云港市122.78亿元,扬州市117.47亿元,泰州市109亿元,苏州市108.86亿元,南京市93亿元,常州市68.32亿元,无锡市63亿元。

2)粮食生产

2008年江苏省粮食生产再获丰收,这是连续5年来的大丰收,总产量为317.5亿公斤,创10年来历史新高。全年全省粮食作物总播种面积为5 267.1千公顷,比上年增加51.51千公顷,增长1%。粮食总产量比上年增长43.25万吨,增长1.38%。全年夏粮播种面积为2 321.52千公顷,总产量为1 094.5万吨,比上年增产23.79万吨,增长2.22%,单位面积产量为4 715千克/公顷;秋粮播种面积为2 945.58千公顷,总产量为2 081万吨,比上年增产19.46万吨,增长0.94%,单位面积产量为7 065千克/公顷。

从各市来看,2008年粮食产量为:南京市114.43万吨,无锡市79.94万吨,徐州市389.34万吨,常州市113.35万吨,苏州市113.22万吨,南通市319.12万吨,连云港市320.12万吨,淮安市424.74万吨,盐城市603.03万吨,扬州市269.42万吨,镇江市112.42万吨,泰州市300.62万吨,宿迁市352.46万吨。

3)林业

2008年,江苏省全年造林面积达到91.27千公顷,比2007年增加8.67千公顷,增加了10.5%。其中用材林11.84千公顷,经济林8.97千公顷,防护林69.81千公顷,其他林0.65千公顷。主要林产品有油茶籽、竹笋干、板栗、白果等,产量分别为12吨、223吨、16 332吨、22 793吨。迹地更新面积为2.44千公顷。育苗面积79.32千公顷,幼林抚育作业面积301.28千公顷,成林抚育实际面积512.36千公顷,木材采伐量78.99万立方米,竹材采伐量423万根,四旁植树13 237万株。

4）畜牧业

2008 年，江苏省以加快发展规模养殖和生态健康养殖为突破口，调整优化畜牧业产业结构，转变畜牧业发展方式，2008 年，国家和省财政加大对畜牧业的扶持力度，通过政策、项目等方式，共投入畜牧业近 10 亿元，创历史新高。到 2008 年底，全省生猪、肉禽、蛋禽、奶牛规模养殖比重分别达到 52%、76%、75%、81%，比 2007 年分别提高 7%、7%、9%、6%。创建畜牧生态健康养殖示范基地 236 家。

2008 年，全省肉类总产量 325.7 万吨，同比增长 6.6%；禽蛋产量 172.1 万吨，同比增长 3.6%；奶类产量 63 万吨，同比增长 4.6%。畜牧业增加值 375.85 亿元，同比增长 7.8%，增加值居农林牧渔各行业之首。

5）水产业

2008 年，江苏省全年水产品总产量为 425 万吨，比上年增长 3.91%。海水产品产量为 125.25 万吨，比上年增长 4.44%，其中，按生产性质分，天然生产为 57.81 万吨，人工养殖为 67.44 万吨；按类别分，鱼类 40.06 万吨，甲壳类 16.45 万吨，贝类 60.35 万吨，藻类 2.63 万吨，鱼类、贝类分别比 2007 年增加了 9.13%、6.93%，而甲壳类、藻类则略有下降。淡水产品产量为 299.75 万吨，比上年增长 3.69%，其中，按生产性质分，天然生产 32.19 万吨，人工养殖为 267.56 万吨；按类别分，鱼类 218.08 万吨，甲壳类 69.15 万吨，贝类 9.21 万吨，比 2007 年分别增加了 2.97%、5.69%、17.18%。

6）农业科技

江苏省近年来不断加大财政科技投入力度，全面实施农业科技入户工程，取得显著效果。从 2005 年试点之初，争取省级专项资金 500 万元。2006 年、2007 年分别达到1 300万元、3 000万元，2008 年达到5 000万元，并带动了水稻重大技术推广等其它 2 亿多元的科技项目资金捆绑使用，还带动了地方财政对农技推广的投入。2005 年全省选择了 16 个县进行试点，每县选择 10 个左右乡镇。2006 年则扩大到全省 71 个县（市、区），2008 年实现全省乡镇全覆盖；实施产业也从当初的每县 1 业拓展到 2008 年的每县 3 ~4 个优势产业，从单一的粮食作物逐步拓展到园艺、畜牧等高效农业产业，共选聘技术指导员6 500名，培育科技示范户 13 万户，辐射带动农户 260 万户。

2007 年，江苏省科技示范户平均接受入户指导 6 ~9 次，最多的达到 15 次；每个技术指导员组织 20 人以上参加的技术培训 1 ~2 次，促进了农业增效农民增收。2007 年全省水稻示范户平均亩增产 8%，亩增效 10.5%；棉花示范户亩增产 12%，亩增效 16%；畜禽示范户平均综合增效 26%；园艺示范户平均亩增产 8%，亩增效 15%。2008 年全省小麦示范户平均亩增产 10%左右，亩增效 15%左右；油菜示范户平均亩增产 16%左右，亩增效 20%左右。

7）农业机械

2008 年，江苏省农机总动力3 630.86万千瓦，农用小型及手扶拖拉机 120.44 万台，农用排灌动力机械 601.83 万千瓦，联合收割机85 327台。机耕面积达5 294.51千公顷，机播面积2 922.6千公顷；机械植保面积5 047.39千公顷，机收面积为4 493.96千公顷。

8）农田水利

江苏滨江临海，地处江淮沂沭泗流域下游，素有“洪水走廊”之称。近年来，江苏省紧紧围绕“两个率先”战略目标，从保障粮食安全、促进“三农”问题有效解决的实际出发，统筹规划，突出重点，坚持不懈大搞农田水利建设，不断提高水利工程抗灾减灾能力。一是加快农田基础设施建设，提高粮食综合生产能力。按照用 3 年时间完成小型水库除险加固任务、用 5 年左右时间基本完成农村小型泵站更新改造、到 2015 年基本完成全省大型灌区续建配套和节水改造的目标要求，加大小水库除险加固力度，加快农村小型泵站更新改造和大型灌区改造建设，全面启动区域骨干河道治理工程，提高农业综合生产能力。二是推进农村河道疏浚，改善农村生产生活条件。按照到 2010 年实现农村河道基本疏浚一遍的要求,继续深入开展农村河道疏浚整治。到2009年年底,全省计划完成规划任务的80%,确保有一半的县(市)提前一年完成农村河道疏浚整治规划任务,打造水清岸绿的农村水环境。三是实施农村饮水安全工程,提高农民生活质量。江苏省计划提前到2010年全面解决1 200万农村居民饮水安全问题。2009年完成60%以上的建设计划,苏南5市全面解决农村饮水安全问题。2008年,江苏省财政安排农村河道整治资金5.05亿元,其中用于县乡河道疏浚2.8亿元,村庄河塘整治2.25亿元。当年,全省疏浚县乡河道3 039条,完成坊2.3亿立方米;整治村庄河塘4.8万个,完成坊2亿立方米。全省农田水利有效灌溉面积3 817.1千公顷,其中机电排灌面积3 438.45千公顷,占有效灌溉面积的90.1%。

3. 浙江省

1) 基本情况

2008年,浙江省第一产业总产值为1 780.01亿元,比上年增长11.45%,其中农业产值813.1亿元,林业产值106.95亿元,牧业产值418.86亿元,渔业产值407.82亿元,分别比上年增长10.49%、12.02%、13.94%、10.25%。全年农作物总播种面积2 482.43千公顷,比上年下降6.08%。其中粮食播种面积1 271.63千公顷,比上年下降10.97%;棉花播种面积20.34千公顷,比上年增加8.13%;果用瓜果种植面积114.02千公顷,增长2.68%;蔬菜播种面积618.47千公顷,下降6.38%;油料播种面积190.78千公顷,增长26.06%;药材种植面积29.94千公顷,增长10.85%;花卉苗木面积104.37千公顷,增加2.17%。全年粮食总产量为775.55万吨,比上年下降3.26%。全省水产品总产量504.13万吨,比上年增加0.8%。其中海水养殖产量84.05万吨,比上年下降3.53%;淡水养殖产量83.99万吨,比上年增加1.76%;远洋渔业产量26.15万吨。全年农作物有效灌溉面积1 435.85千公顷,机电排灌面积1 045.75千公顷。农业机械总动力2 331.38万千瓦,耕作机械动力175.12万千瓦。

从各市的情况来看,杭州市第一产业增加值为178.64亿元,宁波市167.36亿元,嘉兴市105.52亿元,湖州市82.63亿元,绍兴市116.65亿元,舟山市49.18亿元,温州市76.68亿元,金华市89.61亿元,衢州市61.72亿元,台州市133.54亿元,丽水市55.26亿元。

2) 粮食生产

2008年,浙江省全年农作物播种面积为2 482.43千公顷,比上年下降6.08%。粮食作物播种面积1 271.63千公顷,比上年下降10.97%,其中春粮109.24千公顷,秋粮1 058.06千公顷。谷物1 050.1千公顷(稻谷937.5千公顷,小麦5 434千公顷,大麦23.64千公顷,玉米25.92千公顷,其他谷物8.7千公顷),比上年下降6%。豆类129.85千公顷,比上年下降31%。油料播种面积190.78千公顷,比上年增加26.06%,棉花播种面积20.34千公顷,麻类、糖类、烟叶、药材类分别为0.24千公顷、13.94千公顷、1.34千公顷、29.94千公顷。蔬菜、果用瓜、花卉苗木的播种面积分别为618.47千公顷、114.02千公顷、104.37千公顷。其他作物为117.36千公顷。2008年,粮食总产量为775.55万吨,比上年下降3.26%,其中春粮38.47万吨,比上年下降21.23%,秋粮677.72万吨,比上年下降1.08%。每公顷粮食作物产量6 099公斤,比2007年的每公顷5 613公斤增加486公斤。

从各市来看,杭州市粮食总产量为110.16万吨,比上年增长3.02%,宁波市88.42万吨,增长18.26%,嘉兴市133.09万吨,增长4.47%,湖州市92.68万吨,增长6.64%,绍兴市113.86万吨,增长5.28%,舟山市5.42万吨,增长12.68%,温州市89.42万吨,增长25.68%,金华市87.66万吨,增长8.24%,衢州市72.93万吨,增长0.98%,台州市93.47万吨,增长11.04%,丽水市62.28万吨,增长14.02%。杭州市2008年农作物播种面积403.59千公顷,宁波市330.07千公顷,嘉兴市342.81千公顷,湖州市235.99千公顷,绍兴市321.47千公顷,舟山市25.1千公顷,温州市244.97千公顷,金华市261.16千公顷,衢州市204.82千公顷,台州市283.69千公顷,丽水市192.09千公顷。

3）林业

2008年，林业紧紧围绕党的十七大精神和浙江省委"创业富民、创新强省"总战略，深入实施"林业七大行动"，出台多项惠林强林的政策措施，全省林业经济继续保持协调健康发展，但因受年初雨雪冰冻灾害和年末全球金融危机的影响，林业经济增幅回落。2008年全省林业产业总产值为1 457.14亿元，同比增长6.1%，增幅回落6.7个百分点，其中：第一产业产值412.76亿元，增长5.6%，第二产业产值743.03亿元，增长4.6%，第三产业产值301.35亿元，增长11%。全省木制品；林业旅游与休闲服务；水果及干果的种植与采集；竹、藤、粽、苇制品产值分别为161.58亿元、135.81亿元、117.59亿元、91.44亿元，分别增长7.4%、20.4%、6.1%、6.4%，增幅分别回落30、23.5、8.5、13.1个百分点。自2005年始，全省普通胶合板产量连年下滑，由2004年的262.77万立方米下降到2008年的132.42万立方米，平均减产18.7%；但细木工板、竹胶板产量大幅增产，分别由2004年的80.27万立方米、37.31万立方米增产到2008年的174.79万立方米、52.98万立方米，平均增产21.5%、9.2%。竹、木地板产量略增。2008年全省竹、木地板产量从2007年的6 332.5万平方米，增加到2008年的6 639.2万平方米，增加306.7万平方米，增长4.8%。经济林产品产量有增有减。2008年全省竹笋干、板栗、山核桃、白果、香榧产量分别为12.44、6.67、1.82、0.185、0.206万吨，分别较上年增长-21.5%、2%、13.4%、1.7%、30.2%。

4）畜牧业

2008年，浙江省先后制定出台了规模奶牛养殖场和乳品加工企业贷款贴息、奶牛良种补贴、能繁母猪补贴等畜牧业扶持政策，省财政全年共安排落实生猪和奶业生产专项扶持资金12 504万元。组织实施了生猪和奶牛良种推广补贴项目，对53万头母猪进行了人工授精；大力推进能繁母猪保险，全省参保能繁母猪92.36万头，约占全省能繁母猪的66%。同时，浙江省还积极突破畜牧业用地、养殖污染等产业发展制约瓶颈，加快畜牧业生产方式转变。2008年，全省各级立项建设的畜牧生态养殖小区达到528个，其中，省级畜牧养殖小区157个。重点扶持组建了各类畜牧业专业合作社944家，入社农户5.06万户。

2008年，浙江生猪年末存栏头数（含未断奶小猪）为1 161.85万头，牛年末存栏头数为20.66万头，羊年末存栏只数为111.35万只，兔年末存栏只数为427.63万只，家禽年末存栏只数为11 849.5万只，养蜂年末箱数为95.55万箱。2008年全年，肥猪出栏头数为1 888.98万头，牛出栏头数为6.92万只，羊出栏只数为107.07万只，兔出栏只数为517.37万只，家禽出栏只数为27 340万只。

5）渔业

2008年，浙江渔业生产稳定发展，全年水产品总产量504.13万吨，比上年增长0.8%。海水产品产量385.13万吨，其中，按生产性质分，海洋捕捞301.08万吨，海水养殖84.05万吨；按类别分，鱼类213.66万吨，虾蟹类83.7万吨，贝类69.02万吨，藻类3.49万吨，头足类13.38万吨，其他海水产品1.88万吨。淡水产品产量92.86万吨，按生产性质分，天然生产8.87万吨，淡水养殖83.99万吨；按类别分，鱼类60.84万吨，虾蟹类14.98万吨，贝类3.95万吨，其他类13.09万吨。海水养殖面积96.14千公顷，淡水养殖面积212.02千公顷。

从各市来看，杭州市水产品总产量为18.21万吨，宁波市93.87万吨，嘉兴市16.56万吨，湖州市22.76万吨，绍兴市9.06万吨，舟山市125.52万吨，温州市61.79万吨，金华市5.76万吨，衢州市4.18万吨，台州市138.73万吨，丽水市2.08万吨。

6）农业机械

2008年，浙江省进一步加大对农业机械化的财政投入力度。当年中央财政在浙江安排1.09亿元用于购机补贴，省级财政安排5 000多万元用于购机补贴、作业环节补贴和省"农机化促进工程"项目。

2008 年浙江省农业机械总动力为2 331. 38万千瓦,与上年基本持平,耕作机械动力为 175. 12 万千瓦,比上年增长 0. 45% ,大中型拖拉机 5842 台,比上年减少 3. 21% ,农业小型拖拉机为 16. 62 万台,比上年减少 2. 4% ,联合收割机15 165台,比上年增长 2. 21% ,机动收割机 228 台,比上年减少 121 台,机动脱粒机 131. 25 万台,比上年减少 9. 7% 。当年机耕地面积1 010. 35千公顷,当年机械收割面积为 869. 05 千公顷。植保机械动力为 30. 65 万千瓦,比上年增长 13. 56% ,排灌机械动力为 281. 12 万千瓦,比上年增长 0. 24% ,农副产品加工机械动力为 136. 66 万千瓦,比上年降低 3. 8% ,运输机械动力为 542. 9 万千瓦,比上年降低 2. 74% ,渔业机械动力为 436. 7 万千瓦,比上年降低 0. 45% ,其他农业机械动力为 462. 8 万千瓦。

从各市来看,杭州市农业机械总动力为 308. 1 万千瓦,宁波市 306. 21 万千瓦,嘉兴市 152. 29 万千瓦,湖州市 150. 17 万千瓦,绍兴市 216. 78 万千瓦,舟山市 168. 24 万千瓦,温州市 203. 26 万千瓦,金华市 233. 01 万千瓦,衢州市 152. 13 万千瓦,台州市 341. 45 万千瓦,丽水市 96. 27 万千瓦。

六　长三角现代农业

一、长三角现代农业概况

1. 上海市现代农业概况

2008 年，上海市继续加快现代农业建设步伐，在农业基础设施、农业组织、农业科技、以及农业标准化等方面都取得了明显的成效。

表 3－21　2008 年上海市现代农业发展详情一览

新建农业基础设施（万亩）		农民专业合作社（家、人、万户）			农业标准化（个）	
设施粮田	设施菜田	个数	入社社员	带动农户数	无公害农产品	绿色食品
8	4	1253	63 893	18.79	380	37
农业园区（平方公里、个、亿元）			旅游农业（个、万人）		外向型农业（亿美元）	
建设面积	落户项目	园区农业总产值	景点个数	接待游客数	农业利用外资	农产品出口额
206	710	26.9	60	850	1.48	12.46

农业基础设施建设方面 2008 年，上海市新建成设施粮田 8 万亩，累计建成 110 万亩；新建成设施菜田 4 万亩，累计建成 19 万亩；新建成标准化畜禽养殖场 34 家，标准化水产养殖场 14 家；新建成为农综合服务站 190 个，累计建成 332 个。上海西郊国际农产品交易中心、松江浦南“三农”工作综合试点区建设和崇明地区现代农业生产基地建设稳步推进。

农业组织化发展方面：2008 年，上海市政府出台了《上海市人民政府关于本市扶持农民专业合作社发展若干政策的意见》，明确了加大财政扶持力度、落实税收优惠、加强金融支持、给予用电和用地优惠、吸引优秀人才、搭建服务平台等六个方面的扶持政策。2008 年末，全市具有一定规模的农业产业化龙头企业达到 448 家（其中国家级龙头企业 15 家，市级龙头企业 37 家），比上年增加 14 家，带动农户 49.97 万户，实现销售额 313.63 亿元；农民专业合作社达到1 253家，比上年增加 78%，入社社员63 893人，带动农户 18.79 万户，实现农产品销售额 35.77 亿元。

农业科技化方面：2008 年，上海市共验收、结题科技兴农课题 95 个，获得了 41 项自主知识产权，其中新品种保护权 12 项。上海市农科院主持的“香菇育种新技术的建立与新品种的选育”项目荣获 2008 年度国家科学技术进步二等奖。共组织 513 名科技人员进村入户，培育科技示范场 507 个，科技示范户2 755户，辐射农户 3 万多户，重点推广 86 个主导品种、53 项主推技术，重点示范区内主导品种和主推技术入户率基本达到 100%。2008 年科技示范户（场）农业综合生产水平比前三年平均水平提高 5－10%。

农业标准化方面：2008 年底，上海市有效期内的各类认证农产品总数达到 571 个，其中无公害农产品 380 个、绿色食品 37 个、有机食品 154 个。顺利完成了奥运农产品安全保障，供奥农产品定点生产基地严格实行定责任人、定监管人、定投入品来源、定生产措施、定管理规范，供奥农产品 100% 进行了检测，农产品质量 100% 合格。按照市委、市政府统一部署，编制了农业系统“迎世博 600 天行动计划”，对建设主要农产品生产基地及其质量安全可追溯制度作了具体安排。

现代农业园区建设方面：自 1999 年起，上海市开始规划推进现代农业园区建设。到 2008 底，12

个市级现代农业园区建设面积206平方公里,落户项目710个;拥有39个农产品注册商标,其中获得中国名牌农产品1个,上海市名牌农产品8个,上海市著名商标11个;获得各类认证农产品数量79个,其中获得有机农产品认证9个,绿色农产品认证12个,上海市安全卫生优质农产品认证21个,无公害农产品认证37个。先后与国内30多个科研、推广院校建立了多种形式的合作关系,从事农业科技项目的研发和科研成果孵化,已有80多项科技成果在现代农业园区推广应用。2008年,12个市级现代农业园区实现农业总产值26.9亿元。

农业旅游:2008年,上海郊县以节兴旅,多渠道发展农家乐和生态休闲度假为主的农业旅游,创意无限,成效喜人。上海桃花节人气更旺,奉贤菜花节成功举办,孙桥快乐丰收节、崇明柑橘节、青浦茭白节、奉贤新火品尝节等新节庆层出不穷,极大丰富了市民生活。一批新型农村文化创意景点不断涌现,都市菜园、中国农民画村、卫斯嘉闻道园、西来农庄等新景点受到市民青睐。据统计,上海市已建成具有一定接待规模的农业旅游景点60个,接待游客850多万人次,涉农旅游总收入超12亿元,直接间接解决当地农民就业2.5万人左右。

外向型农业开拓方面:2008年,上海市新批农业项目17个,农业利用外资1.48亿美元。投资领域涉及农副产品加工、林木组培、花卉园艺等。在农产品出口方面,2008年上海口岸农产品出口12.46亿美元,其中自产农产品出口6.03亿美元。农产品出口包括蔬菜、花卉、水果、水产品、米制品、肉制品、食用菌、观赏鱼等。出口地区依次为日本、韩国、东南亚、美国、欧洲、澳大利亚等。

就各区而言,浦东区现代农业集中布局在临空生态农业产业带、孙桥现代农业园区和川沙设施化农业生产示范区,新区已建成设施化粮田和菜田2万亩,农田设施化率达到50%;新区农业科技成果转化率达到65%,位于全市前列;主要农产品水稻、蔬菜良种覆盖率98%,奶牛、生猪良种率100%;2008年共注册农民专业合作社83家,出资额4 845万元,出资人538人,其中本地农民出资人503人,带动农户6 087人,经营规模5万亩。奉贤现代农业园区坚持"一核四园"的产业布局,注重农业基础设施投入和完善,农业园区按工业园区"七通一平"标准构筑基础设施,基本形成道路网络框架和部分管网铺设,完成造林7000多亩。该区注重基层农业科技创新体系建设,共组建各类涉农研究所23家,其中龙头企业型研究所6家,田头研究所17家。

2. 江苏省现代农业概况

江苏省委、省政府高度重视现代农业发展,全省现代农业呈加速发展态势。2008年,江苏省新增高效农业面积(亩均效益2 000元以上)256万亩,累计达到2 115万亩,占耕地的比重由上年的26%提高到30%。全省设施种植养殖业(不包括水产养殖)面积已达489.3万亩。比上年新增108.4万亩,增长28.5%。总面积中种植业设施面积444.1万亩,占90.8%,畜牧业设施面积45.2万亩,占9.2%。涌现出东台、铜山、海门、新沂、沭阳、东海、淮阴、启东等一批设施农业面积超15万亩的规模大县(市、区)。

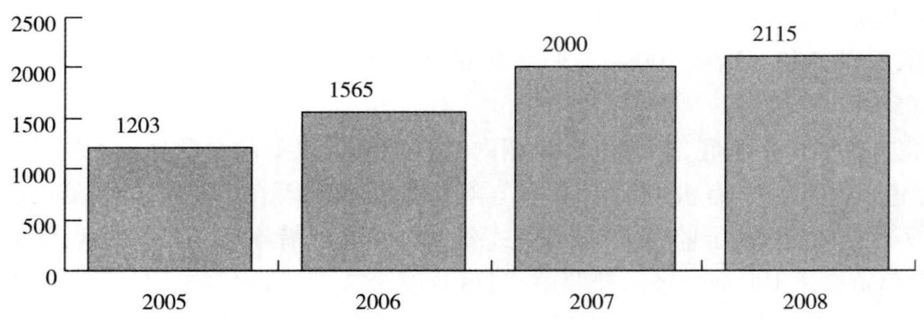

图3-11　2005-2008江苏省高效农业面积发展图　　单位:万亩

2008年江苏农业利用外资发展势头良好。全省各地以科学发展观为指导，积极扩大农业对外开放，坚持“引进来”和“走出去”并举，以农洽会为平台，积极推进农业招商引资，在全球金融危机的压力下，农业利用外资新批、增资项目同比减少，但项目质量、规模有所提高，协议、实际利用外资与去年基本持平，仍保持较高规模。1－12月全省新批外商投资农业项目(含种养业、农副产品加工业、观光农业等)290个，同比减少25.64%；增资项目89个，同比减少21.93%；协议外资27.58亿美元，同比基本持平；实际利用外资13.32亿美元，同比增加1.54%。农业协议利用外资和实际到资情况好于制造业和服务业。行业相对集中在蔬菜、园艺作物的种植上，区域相对集中在苏中和苏北的南通、盐城、连云港等市。

南京市坚持因地制宜，根据各地自身资源特点和产业基础，引导郊县合理布局农业产业，发展特色农业，全市农业基本形成了一区(县)一产业、南中北相对集中的区域化布局。如江宁的奶业和西甜瓜、浦口的苗木和农庄经济、六合的特色蔬菜、溧水的黑莓和蓝莓、高淳的螃蟹和食用菌等，都形成了一定的规模和特色。与此同时，农业产业化龙头企业工作成效明显。2008年，南京市共培育国家、省、市和郊县四级农业龙头企业151家，其中，国家级重点龙头企业6家，省级重点24家。南京市还依托农林业丰富资源，创造性地把旅游休闲农业作为主导产业来开发，全市共培育了104个农业旅游景区和景点，建成国家级农业旅游示范点9个，累计接待游客1 600多万人次，实现旅游收入近60亿元。南京市进一步健全和完善了农业标准化体系，制定了雨花茶、优质珍珠米、奶牛饲养技术规程等市级农业地方标准114项，建设各级农业标准化示范区41个，其中国家级标准化示范区8个，省级9个。通过认定的“三品”生产面积达到206.5万亩，占全市可食用农产品生产面积75%以上。通过认证的无公害农产品248个，绿色食品155个，有机食品86个。

苏州市坚持把现代农业作为苏州市全面协调可持续发展的重要支撑，按照整体规划、重点突破的思路，2008年新启动10多个万亩现代农业示范区建设，累计建成现代农业示范区89.3万亩。新增高效农业面积23万亩，设施农业面积达39.2万亩。积极引导农民加快土地流转，农业适度规模经营比重达到40%。农业标准化建设步伐加快，无公害农产品、绿色食品、有机食品总数达到1 295个。新增市级以上农业龙头企业10家，累计达到100家，销售增长20%。全国工农业旅游示范点达到41家，其中全国农业旅游示范点30家，全国工业旅游示范点11家，休闲观光农业累计接待游客近1 900多万人次，累计创收近28个亿。

徐州市2008年抢抓振兴徐州老工业基地的历史机遇，以农业十大主导产业提档升级、高效富民为主攻主向，加快建设现代农业，形成了高效规模农业发展新优势。乳品乳业、杨树板材、生态肉鸭跃居全国单项产业规模首位。全市高效农业面积发展到434.7万亩，占耕地面积的45%。形成了南部30万亩连片设施蔬菜、西北部40万亩设施瓜菜、东部沿陇海线30万亩设施瓜菜三大基地，全市各种类型的常年占地栽培设施发展到140万亩，设施农业总量居江苏全省之首，占35%。

3.浙江省现代农业概况

2008年，浙江省农业产业结构不断优化，代表着现代农业产业发展水平的十大农业主导产业优势凸现，其产值已占全省农业总产值的79%，到2009年，种植业主导产业中的设施花卉、蔬菜、葡萄等亩产值分别达到1.5万元、8 800元、8 000元以上。该省还把休闲观光农业发展作为农业新的增长点，2008年一年仅此一项产值达到66亿元，人均创造产值10万元，2009年上半年，全省又推出休闲观光农业精品线路和优秀线路20条，各地新增休闲观光农业示范园221个，吸引游客284.5万人。机械化是现代农业的重要标志，2008年浙江省农机服务业吸纳劳动力191.28万人，实现农机总收入140.57亿元，比上年增加14.68亿元，增长2.6%。其中农机化作业收入122.25亿元，农机维修收入3.25亿元，同比上年均增长8%。农机服务业为农民人均增收424.9元。

宁波市发展现代农业的基础不断强化。一是区域化产业发展格局基本形成。2008年在《宁波市农业产业布局规划》的框架下,宁波市特色优势农业产业基地规模经营进一步推进,形成了创汇蔬菜、滩涂养殖、林特花卉、草食畜禽等四个区域经济带以及十大主导产业。全市在建农业产业基地建设项目63个。全市土地流转面积124.6万亩,占全市农户承包耕地面积的50.6%;规模经营面积138万亩,占耕地总面积的53.5%。十大主导产业产值占到农业总产值的80%以上。二是市场化经营机制初步建立。逐步形成了龙头企业带动、农民专业合作社,集生产、加工、销售于一体的市场导向的经营机制,初步解决了千家万户生产与千变万化市场的对接。2008年全市年加工销售产值100万元以上的农业龙头企业有1 376家,联结带动农户123.98万户,其中年加工销售、经营产值亿元以上的农业龙头企业65家。817家农民专业合作社带动农户32万户,年销售额近2亿元。三是农业发展的保障水平不断提高。全市已在基本农田上建成了近205万亩标准农田,农业机械总动力达到224.6万千瓦,设施栽培面积达到25万亩,实施喷滴灌15万亩。农业保险基本覆盖主导农产品,参保数达到4.57万户,全年保险金额达5.52亿元。四是农业科技服务组织不断完善。基层农业技术推广体系逐步形成市、县、乡(镇)三级推广体系,初步构建了公益性队伍+社会化服务组织+经营主体科技平台相互补充的农技服务网络,2008年全市农业科技贡献率达到55%,农作物、畜禽品种良种覆盖率在95%以上,拥有无公害农产品、绿色和有机食品576个,无公害产地达到594个、面积156万亩。

绍兴市以农业标准化建设为抓手推进现代农业发展。该市立足茶叶、蔬菜、花卉等农业主导产业,积极制订各级农业规范标准,截至2008年底,共制订各级农业标准规范390个,涉及各大农业产业主要农产品,内容涵盖了种苗、生产技术规程、产品质量要求和包装、标识等。绍兴市还通过“公司+基地+农户+标准”、“协会+农户+标准”等多种经营模式,建立各级标准化示范区,把相应的标准推广介绍给农户。目前,全市已建立农业标准化示范区172个,示范推广面积126.36万亩,农业标准化生产覆盖率达到70%以上。通过实施标准,农产品生产、加工的品牌知名度和市场竞争力不断提升。全市共认证无公害农产品基地370个,认定面积103万亩。认证无公害农产品276个,绿色食品64个,有机食品27个。

二、长三角现代农业的主要措施

1. 上海市

加强农民职业技术培训。2008年,上海市继续实施专业农民“百千万”培训项目,培训创业农民214人,农业职业技能培训7 000余人、农业实用技术培训10 690人,短期引导性培训8万多人次,项目受益农户达10万户。

重视科技服务农业的工作,以此促进农业现代化建设。通过大力推进科技兴农,上海市科技服务对农业生产的支撑力和带动力进一步增强,取得了一大批重大成果,并在推广应用中取得了显著的社会、经济和生态效益。农业发展由主要依靠扩大外延转向主要依靠科技和提高劳动者素质的轨道。目前上海市农业科技进步贡献率已经提高到60%,居全国领先地位。一是围绕“四大工程”(即种子工程、绿色工程、生物技术工程和菜篮子工程),自1990年以来,上海设施农业和装备农业取得了一定成效;同时,大力发展农产品贮运、保鲜和精深加工技术以及农副产品的精深加工与综合利用技术。在农业高新技术产业化方面已结出示范功能的硕果。二是围绕高效生态农业发展,大力推广“优质、高产、高效”的集约化农业生产技术,扩大种养结合、生态养殖、休闲农业、废弃物综合利用等生态农业模式的推广和应用,不断提高土地生产率、资源产出率。三是围绕保障农产品安全和提升竞争力,加强农产品生产质量标准体系和标准化生产技术推广,培育壮大无公害农产品、绿色食品和有机食品产业。已认定无公害农产品产地和各类安全优质农产品均达到400个以上,规模化畜禽场、蔬菜园艺场和部分大户广泛建立了生产档案,开发了畜牧生产管理系统、蔬菜生产管理系统和农产品认证监控系统等项目,实现生产过程可追溯,管理手段网络化。

2. 江苏省

加大农业科技等财政投入力度,促进农业由依靠土地和劳动力要素投入向依靠农业科技和投资转变。在科技上,江苏省加强农业科技创新体系、农业技术推广体系和农民教育培训体系建设,大力推广应用农业新品种、新技术、新模式,大力推进农科教、产学研结合。近年来,江苏的农业投资力度也是前所未有的,呈现逐年较大幅度增长趋势,财政资金投入的增加,带动了社会资本向现代农业产业体体系汇聚。

积极发展设施农业,促进农业生产由主要依赖传统的自然生产向发展可控的设施生产转变。江苏每年要发展80万亩到100万亩设施农业,并将此目标任务分解到了每个县(市)。截至2008年底,江苏高效农业面积已达2 179万亩,占耕地面积30.7%,亩均5 000元以上的设施农业面积超过500万亩,占高效农业面积的25%。

促进农业经营由分散的家庭经营向专业的适度规模经营转变。一是积极组建各类农民专业合作组织。省财政设立了农民专业合作组织专项资金,农民参与合作组织的积极性高涨,农户参与合作经济组织人数全国第一。同时,组建农机互助组织或者农机协会,对粮食生产等采取统一服务的形式,提高粮食产量和效益。二是努力促进农地集中。

加强"三大载体"建设,促进农业一产、二产、三产协调发展。一是加快现代农业园区建设。二是农产品加工集中区建设,江苏省围绕优势特色产业,加大农业招商力度,由扶持单个龙头企业向发展有特色的农产品加工集中区转变。三是农产品市场体系建设。

3. 浙江省

近年来,浙江省坚持以市场为导向,大力发展龙头企业和专业合作组织,健全社会化服务体系,完善农产品市场网络,培育支柱产业和优质名牌农产品,加快区域特色农业建设,推进农业结构调整。

着力培育各类农民专业合作组织。在明确法律地位和优惠政策的基础上,浙江省制定了具体的扶持政策,着重做到培育一批、改造一批、提升一批、组建一批。到2008年底,全省共有各类农民专业合作社9 254家。从产业覆盖看,浙江省农民专业合作社已涉及农业各个产业,其中农业占68.9%,林业占10.7%,渔业占10.3%,农机、植保、土肥等服务业占4.2%,其他占5.9%,农业中又以畜牧、水果、蔬菜等产业居多。从合作区域看,许多合作社的生产基地已扩展到周边市县乃至省外、国外。从合作模式看,已从简单的生产合作逐步向生产、流通、加工等产业化方向发展,全省68.8%的合作社实行了加工销售一体化服务,6.6%的合作社创办了加工实体,37.1%的合作社开展了成员内部资金互助活动。已涉及农业各个产业,其中农业占68.9%,林业占10.7%,渔业占10.3%,农机、植保、土肥等服务业占4.2%,其他占5.9%,农业中又以畜牧、水果、蔬菜等产业居多。从合作区域看,许多合作社的生产基地已扩展到周边市县乃至省外、国外。从合作模式看,已从简单的生产合作逐步向生产、流通、加工等产业化方向发展,全省68.8%的合作社实行了加工销售一体化服务,6.6%的合作社创办了加工实体,37.1%的合作社开展了成员内部资金互助活动。农民专业合作社的发展,有力地推进了农村经营制度创新,促进了现代农业发展和新农村建设。

着力搞活农产品流通体系。一是抓市场培育,重点扶持区域性大型农副产品批发市场,加强市场的冷冻、冷藏、仓储、运输和信息网络等基础设施建设,扩大吞吐能力,完善信息收集和发布制度,增强市场的集散带动能力。二是抓市场开拓,省政府每年在杭州举办农博会,在上海举办名特优新农产品展销暨贸易洽谈会,并积极鼓励农业龙头企业参加各种农产品展销会、博览会,不断拓展国内外市场。三是抓连锁配送,组织开展产销对接活动,鼓励国内外大型连锁超市来浙江建立农产品配送中心,组建浙江省农华优质农产品配送中心,设立浙江优质农产品(上海)展销中心和配送一条街,

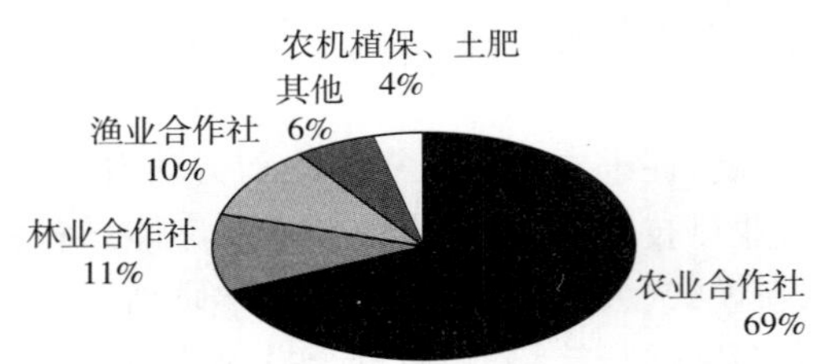

图3－12　2008年浙江省农民专业合作社产业构成图

进一步扩大浙江农产品的辐射范围。四是抓道路运输,实施农产品运输“绿色通道”政策,对装运本省鲜活农产品、挂本省牌照的车辆,免费通行包含高速公路在内的收费公路,并写入《浙江省道路运输管理条例》。自2005年以来,已发放鲜活农产品运输“绿色通道”通行证150多万张,减少运输成本1亿元左右。五是抓购销队伍,积极培育农民购销队伍和民间流通组织,鼓励农民以自产自销、代购代销、联购联销、联购分销等形式参与农产品流通。

着力加快土地流转。加快土地流转,是完善农村生产关系的必然要求,是发展现代农业的必然要求。近年来,浙江省通过政策引导、创新机制、加大力度,农村土地承包经营权流转工作取得了显著成效,初步形成了租赁制、股份制、信托制、代耕制等流转模式。2008年,全省土地流转面积达545.9万亩。

全面推进科技创新。一是根据高效生态农业的要求,加快研发与之相适应的适用技术和技术模式,技术研发重点从大宗农产品,转向特色农产品生产技术,从产中拓展到产前和产后领域。加强科技协作攻关,力求在种子种苗、农产品精深加工保鲜、标准化、质量安全、资源综合利用和生态开发技术等方面取得突破。二是适应农业区域化布局的要求,深化改革基层农技推广体系和运行机制,探索建立以县农技推广机构为依托的区域性农技推广机构,构建富有活力服务高效的农技推广服务平台。三是满足市场主体多元化的要求,积极培育民营科研机构和科技服务组织,鼓励各类农业经营主体、科研机构和农技人员等参与农技推广,建立“农业科研机构＋农业龙头企业＋农业基地”的科技创新推广模式,使各方面的积极性得到充分调动。

三、长三角现代农业发展中的问题

长三角地区现代农业发展领先于其他地区,但由于我国农业发展的长期滞后,发展现代农业还面临一些问题。

1. 缺少科技和人才支撑。

现代农业的发展从生产加工到销售都需要强大的科技支撑,特别是一些在国际上领先的农技知识。同时,也需要具有一定社会活动能力、精通农业科技知识和经营管理能力的人才队伍。而目前,农民合作组织中的经纪人和专业大户,大都是农村土生土长的乡土人才,缺少中介技能和专业技术的系统培训,市场风险意识不足,缺乏经营管理的才能和经验。

2. 特色产业实力不强,品牌意识淡薄。

长三角两省一市中真正具有地方特色,并已具备市场优势的主导产业实力还不强,产品还不多。现在能够稳定发展,称得上主导产业的还是一些传统产业,许多自然资源丰富,市场前景广阔的新兴产业,如特种经济作物种植、特殊畜禽和水产品养殖等,还没有发展成新型主导产业。在选择主导产业和主导产品时,竞相仿效、产业雷同现象较突出。

3. 规范的市场运营机制尚未建立。

农村市场发育不全,总体上滞后于农业产业化发展的步伐,具体表现在:市场建设滞后,只有零

星分散的初级市场；规模集中、功能齐全、辐射力强的专业、综合市场占有率比较低；只有现货市场，没有或少有期货市场；市场载体脆弱，设备简陋落后，设施不全，市场管理、市场服务缺位，有市无场。

4. 现代农业发展资金不足。

由于农村经济发展落后，基础条件差，投机能力弱，政府目前对农村投资偏弱，农村信贷比例较小；同时"三资"投入虽然增长迅速但分布不均，都集中到条件好、效益高的产业，而一般基础条件好的地区对环境负荷大的养殖业有一定的限制，从而限制了"三资"的投入能力。所以，政府应加大农业投资，特别是一些需要重点扶持的产业和基础建设，并积极开拓多样化的融资渠道。

四、对策建议

发展现代农业是一项系统工程，涉及方方面面，针对长三角地区现存的问题，应着力抓好以下几项工作：

1. 提高农业科技研发能力和推广力度，为发展现代农业提供技术支撑。在大幅度增加农业科技投入的前提下，建立和完善农业科技创新体系，加强国家基地、区域性农业科研中心建设。可以设立和不断增加现代农业科研专项，支持重大农业科技项目。同时，继续增加农业科技成果转化和推广投入，建立乡村级农民技术员队伍，树立科技示范农户，组织培训农民，引导农业科技新成果进村入户。

2. 必须统筹安排、合理规划产业方向，并加快建设现代农业产业体系，组织农产品国际质量认证，逐步与国际接轨。

3. 需要按市场经济运作规律来建立农业产业化的运作体系和方式，并加大监管力度，由内至外综合整治。

4. 加大农业投入，整合财政资源，为发展现代农业提供资金支持。长三角地区要坚决执行中央1号文件提出的三个"继续高于"和一个"主要用于"的投入政策，特别要重视增加发展现代农业的投入，加强农业基础设施建设。各级地方政府还应充分利用近几年财政收入增长幅度快、社会资金剩余较多的有利条件，开辟增加农业投入的新渠道，鼓励社会力量和农民积极参与现代农业建设。对于资金使用分散问题，应科学合理地加以解决。向农业投资时，各涉农部门应加强沟通和协调，根据统一部署安排资金；资金到达基层后，应组织专门机构进行整合，集中投放到现代农业建设特别是农业基础设施建设上。

七　长三角第二产业

(一)长三角第二产业基本情况

1.2008 年长三角第二产业总体情况

长三角第二产业对经济发展的带动作用很大,是全国工业化水平最高的区域,成为本地区经济增长带动的主要动力。2008 年长三角第二产业总产值为34 480.06亿元,比上年增长 14.42%,是 2000 年的 3.63 倍。

2.2004 年 –2008 年长三角第二产业的增长情况

2004 年以来,长三角地区两省一市的第二产业产值不断增长,按照可比价值计算,2004 年长三角第二产业的产值比上年增长 24.84%,以后各年第二产业的产值绝对数在不断增长但涨幅比例不断下降,2008 年长三角第二产业的增长速度回落到 14.42%。

表 3 –22　2004 到 2009 年长三角第二产业增长情况

单位:亿元,%

指标	2004	2005	2006	2007	2008
二产产值	18 549.33	21 974.10	25 788.78	30 133.36	34 480.06
二产产值增长	24.84%	18.46%	17.36%	16.85%	14.42%

3.2004 年 –2008 年长三角第二产业占比情况

从占比情况来看,2004 年长三角地区生产总值为34 096.43亿元,其中第二产业的总值为 18 549.33亿元,第二产业占总产值的比重为 54.4%,2004 年到 2007 年长三角地区第二产业比值占地区总产值的比重一直保持在 53%,54%左右,长三角产业结构“三,二,一”的最佳比例结构还没有达到,第二产业比重偏大。但从 2008 年的情况来看,二产占比已经有所下降。

表 3 –23　2004 年 –2008 年长三角第二产业占比情况

单位:亿元

指标	2004	2005	2006	2007	2008
地区生产总值	34 096.43	40 897.69	47 753.96	56 710.44	65 497.68
第二产业总产值	18 549.33	21 974.1	25 788.78	30 133.36	34 480.06
占比	54.4%	53.7%	54.0%	53.1%	52.6%

数据来源:《江苏统计年鉴》、《上海统计年鉴》、《浙江统计年鉴》(历年)

4.2004 年 –2008 年两省一市第二产业情况

从两省一市的情况来看,在第二产业的增长方面,江苏地区的第二产业增长领先于上海和浙江两地。主要因为江苏省历年来都是长三角制造业大省,制造业在江苏省的主导地位比较稳固,历史也非常悠久。

表 3-24　长三角两省一市第二产业总体概况

单位:亿元,%

地点	指标	2004	2005	2006	2007	2008
上海	地区生产总值	7 450.27	9 154.18	19 366.37	12 188.85	13 698.15
	第二产业总产值	3 788.22	4 452.92	5 028.37	5 678.51	6 235.92
	二产产值占 GDP 比重	50.85	48.64	48.51	46.59	45.52
	二产产值增长	14.9	11.5	12.3	11.5	9.8
江苏	地区生产总值	15 403.16	18 305.66	21 645.08	25 741.15	30 312.61
	第二产业总产值	8 716.11	10 355.04	12 250.84	14 306.4	16 663.81
	二产产值占 GDP 比重	56.59	56.57	56.6	55.58	54.97
	二产产值增长	17.1	16	16	15.5	16.5
浙江	地区生产总值	11 243	13 437.85	15 742.51	18 780.44	21 486.92
	第二产业总产值	6 045	7 166.15	8 509.57	10 148.45	11 580.33
	二产产值占 GDP 比重	53.77	53.33	54.05	54.04	53.89
	二产产值增长	16.4	12.7	14.3	15.5	14.41

数据来源:《江苏统计年鉴》、《上海统计年鉴》、《浙江统计年鉴》(历年)

5. 2008 年长三角第二产业的特点

2008 年,长三角二省一市第二产业实现增加值34 480.06亿元,增幅为 14.42%,比上年回落 2.43 个百分点。第二产业占地区生产比重为 54.4%,与上年相比增加了 1.26 个 百分点。数据表明,2008 年长三角地区第二产业继续保持平稳快速增长势头。

分区域来看,江苏和浙江第二产业产值增长较快,江苏第二产业产值占地区生产比重最高,相比而言,上海地区的第二产业产值比重较小。

(二)上海市的情况

1. 2004-2008 年总体情况

上海工业以发展先进制造业为重点,产业基地和重大项目建设取得了很大发展,第二产值稳步提高,高新技术产业、能源产业、高端产业发展迅速,成为产业进步亮点。从 2004 年到 2008 年,第二产业产值从3 788.22亿元增加到6 235.92亿元,2008 年第二产业产值是 2004 年的 1.65 倍。

表 3-25　2004 年-2008 年上海第二产业总产值

指标	2004	2005	2006	2007	2008
二产产值	3 788.22	4 452.92	5 028.37	5 678.51	6 235.92

数据来源:《上海统计年鉴》(历年)

2. 2004 年-2008 年增长情况

从增长速度来看,上海市 2001 年以来第二产业增速均在 10% 以上,尤其是 2004 年,增速达到 14.9%,但之后开始出现回落的现象,尤其在 2008 年,增幅只有 9.8%,这个水平只相当于上海市

2001 年前的标准。

表 3－26　2004－2008 上海市第二产业增长情况

指标	2004	2005	2006	2007	2008
二产产值	14.9	11.5	12.3	11.5	9.8

数据来源:《上海统计年鉴》(历年)

3.2004－2008 年占比情况

从占比情况来看,2004 年上海市生产总值为7 450.27亿元,第二产业生产总值为3 788.22亿元,占比 50.85%,以后各年第二产业产值占总产值的比重呈不断下降趋势,2005 年为 48.64,2007 年下降为 46.59%,到 2008 年下降为 45.52%,反映了上海市产业结构的优化。

表 3－27　2004－2008 年上海市第二产业占比情况

单位:亿元

指标	2004	2005	2006	2007	2008
二产产值占比	50.85	48.64	48.51	46.59	45.52

数据来源:《上海统计年鉴》(历年)

4.2007 年上海市第二产业发展的主要特点(统计公报)

工业生产保持平稳增长。全年实现工业增加值5 784.99亿元,比上年增长 8.4%。其中,规模以上工业增加值5 649.6亿元,增长 8.3%。在规模以上工业增加值中,轻工业增加值1 539.7亿元,增长 7.7%;重工业增加值4 109.9亿元,增长 8.5%。全年工业总产值25 638.97亿元,比上年增长 8.1%。其中,规模以上工业总产值24 404.97亿元,增长 8%。

全年电子信息产品制造业、汽车制造业、石油化工及精细化工制造业、精品钢材制造业、成套设备制造业、生物医药制造业等六个重点发展工业行业完成工业总产值15 664.26亿元,比上年增长 7.9%,占全市规模以上工业总产值的比重达到 64.2%。

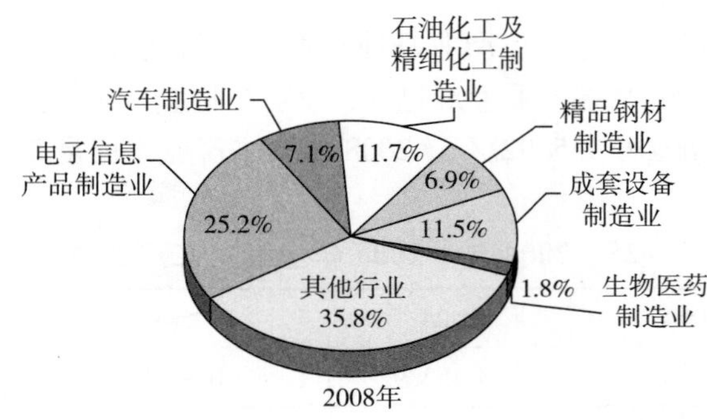

图 3－13　六个重点发展工业行业占工业总产值的比重

高技术产业快速增长。全年高技术产业完成工业总产值6 041.98亿元,比上年增长 11.6%,增幅高出全市规模以上工业总产值 3.6 个百分点,所占比重为 24.8%。

工业产销率保持较高水平。全年规模以上工业企业产品销售率达到98.7%。

表3-28　2008年上海主要工业产品产量

产品名称	单位	产量	比上年增长(%)
微型电子计算机	万部	5 767.97	31.8
程控交换机	万线	456.00	2.2
成品钢材	万吨	2 074.95	-2.8
汽车	万辆	80.65	-1.8
# 轿车	万辆	80.00	-1.4
家用电冰箱	万台	123.21	12.2
电力电缆	万公里	11.69	0.3
民用钢质船舶	万总吨	416.35	38.1
发电量	亿千瓦小时	773.54	4.8
起重设备	万吨	130.84	3.7
乙烯	万吨	182.03	-2.8
化学原料药	万吨	1.74	21.7

数据来源:2008年上海市国民经济和社会发展统计公报

工业企业经济效益下降。全年规模以上工业企业实现主营业务收入25 359.69亿元,比上年增长8.3%;实现利润总额949.77亿元,下降28.9%;实现税金总额802.92亿元,下降2.4%。其中,国有及国有控股工业企业实现利润326.34亿元,下降51.5%;实现税金524.85亿元,下降4.8%,占全市工业税金总额的比重为65.4%。全市工业企业亏损面为25.9%。全年工业企业经济效益综合指数为223.11,比上年下降4个点。

建筑业平稳发展。全年实现建筑业增加值450.93亿元,比上年增长5.7%。全年建筑业总产值3 071.76亿元,比上年增长21.7%;房屋建筑施工面积16 838.03万平方米,增长5%;竣工面积5 121.17万平方米,下降15.9%。建筑企业按总产值计算的全员劳动生产率达到人均28.23万元,比上年提高23.4%。

(三)江苏省的情况

1.2004-2008年总体情况

江苏省一直是制造业大省,制造业在国民经济中一直占有很高比重,江苏省的重化工业、电子产品制造、钢铁产业、机械制造业在全国一直占有举足轻重的作用。2008年江苏省制造业尽管在金融危机背景下,受到对外贸易缩减的影响,但还是最大限度的取得了制造业的进步。

表3-29　2004-2008年江苏省第二产业产值情况

单位:亿元

指标	2004	2005	2006	2007	2008
二产产值	8 716.11	10 355.04	12 250.84	14 306.4	16 663.81

2.2004 年 -2008 年增长情况

表 3 -30　2004 -2008 江苏省第二产业增长情况

指标	2004	2005	2006	2007	2008
二产产值增长	17.1	16	16	15.5	16.5

数据来源:《江苏统计年鉴》(历年)

从增长速度来看,江苏省历年来第二产业增速较快,尤其是 2004 年,增速达到 17.1%,但之后几年回落到 16% 左右,但从二省一市的情况来看,江苏省的二产增速一直维持在最高水平,这体现了江苏省制造大省、工业大省特征。

3.江苏省第二产业 2004 -2008 年占比情况

从占比情况来看,2004 年江苏省生产总值为15 403.16亿元,第二产业生产总值为8 716.11亿元,占比 56.56%,2005 年为 56.57%,2007 年下降为 55.58%,下降了 1 个百分点,到 2008 年下降为 54.97%,体现了江苏省以第二产业为支柱的特征。

表 3 -31　2004 -2008 年江苏省第二产业占比情况

单位:%

	2004	2005	2006	2007	2008
二产产值占 GDP 比重	56.59	56.57	56.6	55.58	54.97

数据来源:《江苏统计年鉴》(历年)

4.2008 年江苏省第二产业发展的主要特点

工业生产保持增长。规模以上工业企业完成增加值14 759.0 亿元,比上年增长 14.2%。在规模以上工业中,轻、重工业增加值4 245.7亿元、10 513.3 亿元,分别增长 10.9% 和 15.6%。国有工业增加值 878.0 亿元,增长 9.2%;集体工业增加值 488.5 亿元,增长 8.2%;股份制工业增加值6 521.9亿元,增长 14.1%;外商港澳台投资工业增加值5 926.7亿元,增长 15.7%。规模以上工业中,国有控股工业增加值1 959.1亿元,增长 7.9%;私营工业增加值4 374.1亿元,增长 16.8%。规模以上工业企业实现产品销售收入62 941.8亿元,比上年增长 19.6%;实现利税5 088.6亿元,增长 10.5%,其中利润2 953.0亿元,增长 3.8%。企业亏损面 13.4%,比上年上升 2.5 个百分点;亏损企业亏损额 414.8 亿元,增长 116.9%。工业经济效益综合指数为 213.1,提高 6.7 个百分点。

先进制造业发展水平继续提升。全省通讯设备、计算机及其他电子设备制造业产值9 679.4亿元,比上年增长 21.7%,占规模以上工业产值的比重达 15.0%;通用设备制造业产值4 145.4亿元,增长 26.8%;交通运输设备制造业产值3 416.7亿元,增长 37.2%;电气机械及器材制造业产值5 225.9亿元,增长 24.4%;专用设备制造业产值1 808.7亿元,增长 26.3%;医药制造业产值 829.0 亿元,增长 28.8%。产品结构继续优化,实现工业新产品产值4 496.5亿元,比上年增长 12.1%;在列入统计的 75 种主要工业产品中,保持增长的有 47 种,下降的有 28 种。

表 3－32　2008 年江苏省主要工业产品产量情况

产品名称	单位	产量	比上年增长(%)
纱	万吨	378.9	-0.6
布	亿米	74.6	8.4
化纤	万吨	790.7	1.1
卷烟	亿支	894.5	-0.3
彩色电视机	万部	826.2	23.3
家用电冰箱	万台	602.9	22.6
房间空调器	万台	702.2	0.1
原煤	万吨	2 428.1	-2.1
原油	万吨	184.0	-6.0
发电量	亿度	2 776.9	2.9
钢	万吨	4 864.0	0.03
钢材	万吨	7 364.1	0.2
十种有色金属	万吨	41.0	1.2
水泥	万吨	12 683.2	4.3
硫酸	万吨	366.7	-7.4
纯碱	万吨	300.0	3.6
乙烯	万吨	134.8	-7.4
化肥(折 100%)	万吨	255.8	-4.8
汽车	万辆	33.0	24.6
#轿车	万辆	18.7	48.9
发电设备	万千瓦	660.4	34.4
集成电路	万块	1 451 533.0	11.7
程控交换机	万线	13.6	39.3
微型电子计算机	万部	6 038.2	2.6
移动通讯设备	信道	714 606.0	25.7
光通信设备	万部	3.0	6.0

数据来源:2008 年江苏省国民经济和社会发展统计公报

建筑业稳定发展。全省建筑企业实现利税总额 553.5 亿元,比上年增长 23.0%。全年共完成建筑业总产值8 308.5亿元,增长 18.5%;竣工产值6 053.8亿元,增长 10.6%,竣工率达 72.9%;建筑业劳动生产率为 16.8 万元/人,增长 4.8%。建筑业企业房屋建筑施工面积92 882.9万平方米,增长 16.3%;房屋建筑竣工面积37 329.0万平方米,增长 6.7%,其中住宅竣工面积23 931.8万平方米,增长 18.1%。

(四)浙江省的情况

1. 2004 – 2008 年总体情况

浙江省的制造业也非常有特色,以民营企业为基础发展小商品和轻工业的浙江省,第二产业非常发达。表 12 是从 2004 年到 2008 年浙江省第二产业发展的总量情况。

表 3 – 33　2004 – 2008 年浙江省第二产业产值情况

单位:亿元

	2004	2005	2006	2007	2008
第二产业总产值	6 045	7 166. 15	8 509. 57	10 148. 45	11 580. 33

2. 2004 年 – 2008 年增长情况

表 3 – 34　2004 – 2008 浙江省第二产业增长情况

单位:%

	2004	2005	2006	2007	2008
二产产值增长	16. 4	12. 7	14. 3	15. 5	14. 41

数据来源:《浙江统计年鉴》(历年)

从增长速度来看,浙江省 2004 年第二产业增速达到 16. 4% ,是五年来最高值,2005 年下降到 12. 7% ,2006 年开始回升,2008 年达到 14. 41% ,后三年的增速保持平稳。

3. 浙江省第二产业 2004 – 2008 年占比情况

从占比情况来看,2004 年江苏省生产总值为15 403. 16亿元,第二产业生产总值为6 045亿元,占比 53. 77% ,2005 年为 53. 33% ,2006 年和 2007 年略有上升,到 2008 年有回落到 53. 89% 。

表 3 – 35　2004 – 2008 年浙江省第二产业占比情况

单位:%

	2004	2005	2006	2007	2008
二产产值占 GDP 比重	53. 77	53. 33	54. 05	54. 04	53. 89

数据来源:《浙江统计年鉴》(历年)

4. 2008 年浙江省第二产业发展的主要特点(统计公报)

2008 年,全部工业增加值为10 359. 8亿元,比上年增长 10. 1% ,其中规模以上工业增加值8 083亿元,增长 10. 1% ,轻、重工业增加值分别增长 9. 1% 和 10. 9% 。规模以上工业销售产值39 973. 1亿元,增长 13. 7% 。国有及国有控股工业企业增加值1 251. 2亿元,比上年增长 11. 8% 。规模以上工业企业完成出口交货值9 859. 5亿元,增长 7. 9% 。出口交货值占销售产值的比重为 24. 7% ,比上年下降 1. 3 个百分点。

表 3－36　2008 年规模以上工业增加值

	绝对数(亿元)	比上年增长(%)
工业增加值	8 083	10.1
#国有及国有控股企业	1 251.2	11.8
集体企业	57.2	5.5
股份制企业	2 173.0	8.3
外商及港澳台投资企业	2 144.5	7.3
私营企业	3 004.2	13.0
#轻工业	3 587.1	9.1
重工业	4 495.9	10.9

高新技术产业总产值3 112.7亿元，比上年增长 7.0%，所占比重为 7.6%。全省新产品产值为 6 804.4亿元，比上年增长 21.2%，新产品产值率为 16.5%，比上年提高 0.9 个百分点。汽车产量 22.6 万辆，增长 8.9%，其中轿车产量 19.3 万辆，增长 10.5%。

表 3－37　2008 年主要工业产品产量

	单位	绝对数	比上年增长(%)
纱	万吨	166.6	5.7
布	亿米	124.5	2.9
化纤	万吨	1 057.7	10.4
卷烟	亿支	761.0	3.8
房间空调器	万台	451.7	－1.4
发电量	亿千瓦小时	2 065.7	3.0
钢材	万吨	1 766.4	9.0
水泥	万吨	10 210.9	－2.1
化肥(折 100%)	万吨	24.7	－2.9
汽车	万辆	22.6	8.9
#轿车	万辆	19.3	10.5
集成电路	亿块	17.2	－53.0
光通信设备	台	48 501	12.1
移动电话机	万台	2 170.4	－45.0
微型电子计算机	万台	105.6	－18.2

全年规模以上工业企业实现利润1 513.6亿元，比上年下降 11.7%。其中，国有及国有控股企业

87.1亿元,比上年下降59.5%;股份制企业363.3亿元,下降30.1%;外商及港澳台投资企业500.7亿元,下降9.0%;私营企业543.8亿元,增长1.3%。工业企业产品销售率97.3%,比上年下降0.4个百分点。

全年建筑业增加值1 220.6亿元,比上年增长3.0%。全年资质以上建筑企业利润总额210亿元,比上年增长15.1%;税金总额252亿元,增长17.4%。

(五)长三角第二产业发展政策分析

1. 江苏省

指导思想:全面贯彻落实党的十七大和全省经济工作会议精神,以科学发展观为指导,围绕"发展转变、思路转向、产业转型、重点转移、方法转换"的要求,以产业优化升级为核心,以结构调整为着力点,认真研究我省产业发展新思路、新举措,创新工作方式,加大工作力度,通过结构优化推动经济发展方式的转变,通过产业升级促进经济发展与资源环境的协调,通过集约发展提升经济增长的质量,推进我省工商业经济又好又快发展。

(1)认真贯彻落实国家产业政策,充分发挥产业政策的导向作用

①加强产业政策和产业发展比较研究,增强产业政策与其它政策的协调配合。一是密切跟踪、准确把握国家产业政策变化情况,深刻领会产业政策精神内涵,根据国家发展改革委修改后的《产业结构调整指导目录》,结合我省实际,及时修订发布《江苏省工业结构调整指导目录》;二是进一步加强与银行、财税、国土等相关部门的沟通协作,努力建立产业政策与信贷政策、财税政策、国土政策、价格政策、环境政策等相关政策的协调配合机制,发挥系统功能,促进产业转型升级;三是加强对发达国家及地区产业发展比较研究,在充分调研、深入分析的基础上,研究提出我省产业转型升级的思路和建议;四是根据我省产业发展情况,通过不定期召开产业政策工作座谈会、组织省内外考察调研等活动,深化对有关产业政策的理解,学习推广兄弟省市推进产业结构升级的经验和做法,更好地推进全省产业结构调整工作;五是积极争取国家和省级财政对淘汰落后产能的财政补贴。

②组织编制产业结构调整纲要,引导产业转型升级。认真编制《江苏省工商业结构调整纲要(2008)》,围绕十七大提出的新要求和新举措,围绕加快推进我省新型工业化,大力发展现代服务业、高新技术产业、高端制造业和知识产业。优化我省产业结构,提高产业技术含量,突出高端制造业和高新技术产业对我省工业经济的支撑作用,形成节约能源、资源和保护生态环境的产业结构、发展方式和消费模式。

③建立信息发布平台,强化信息引导。及时收集、整理国家有关产业政策、行业结构调整意见和市场准入标准,编印《产业政策文件汇编》。密切关注和综合分析产业发展情况,进一步加强对重点和热点行业发展动态信息的收集、汇总和分析,预测行业发展走势,强化政策导向,推动产业健康协调发展。定期编印《产业政策工作简报》、《汽车行业发展简报》和《化工专项整治工作周报》。

(2)加强淘汰落后工作,促进产业结构优化升级

①严格行业准入门槛,加强淘汰落后工作。严格焦化、电石、铁合金等热点行业规模、技术、质量、能耗、安全、环保等准入标准。认真开展行业准入,加强对公告内企业的监督检查力度,重点做好焦化、电石、铁合金等行业的生产准入管理工作。按照国家要求落实热点行业落后生产能力的淘汰计划,推进相关热点行业加快淘汰落后装备与技术,提高技术装备水平和环境保护水平,围绕产业、企业、工艺、装备四个层面,进一步加大淘汰落后工作力度。

②深入开展化工生产企业专项整治工作,促进化工行业健康发展。按照省政府的统一部署,加

强对各地化工专项整治工作进展情况的跟踪、督查，切实打好依法依规关闭落后化工生产能力的攻坚战。2008 年，全省将再关闭 711 家小化工生产企业；加快化工集中区的清理确认工作，引导化工生产企业入园进区；研究制订加大化工生产企业整治力度的政策措施，建立关闭化工生产企业环保减排定期公告制度，将化工专项整治工作与节能减排工作结合起来，扩大、巩固化工整治专项成果，将全省化工生产企业专项整治工作引向深入。

(3)加大服务力度，促进汽车产业进一步发展

①打造产业基地，提高汽车零部件产业发展集聚度。按照空间集聚化、企业集群化、产业集约化的原则，进一步推进我省汽车零部件产业基地建设工作。强化服务，提高产业基地发展水平。积极争取相关政策扶持，努力建成一批产业突出、特色明显、竞争力和带动力强的发展基地。

②严格汽车生产准入管理，促进汽车产业做强做大。一是认真贯彻国家出台的一系列规章制度，如《新能源汽车生产准入管理规则》、《车辆识别代码现场审核实施办法》等，进一步加强车辆生产企业的管理；二是做好汽车再制造试点企业争取工作，力争获得更多国家支持；三是继续跟踪重大项目建设，做好协调服务。重点做好丹东黄海常州基地、英田汽车轻卡工厂、徐工集团重卡项目及江苏宗申摩托车新项目等项目的服务工作；四是继续做好汽车生产企业的准入专项工作，加强与国家发展改革委工作联系，做好生产企业的准入、更名、迁址和新增厂点的申报、审核、生产条件考核与公告申报工作。

组织召开汽车和零部件供应商展会，提升展会层次。认真组织召开“2008 年南京国际汽车展”，坚持商业化运作，创新展会形式，突出展会的区域性、系列性、知识性和公众参与性，进一步提升展会层次。认真组织召开“中国(苏州)汽车零部件供应商大会”，加大组织协调力度，提高活动成效、扩大社会影响。招展工作坚持组团化参展，推动零部件基地、整车企业、高新技术企业以及国际采购商参展。

2. 上海市

2008 年，上海市根据国务院的要求《国务院关于推进上海加快发展现代服务业和先进制造业建设国际金融中心和国际航运中心的意见》，提出了上海“两个中心”建设的总体目标：到 2020 年，基本建成与我国经济实力以及人民币国际地位相适应的国际金融中心；基本建成航运资源高度集聚、航运服务功能健全、航运市场环境优良、现代物流服务高效、具有全球航运资源配置能力的国际航运中心。《意见》还围绕实现上述总体目标，提出了建设上海国际金融中心和国际航运中心，以及加快推进先进制造业和技术先进型服务企业发展等方面的主要任务和具体政策措施。

推进上海国际金融中心建设，要在进一步加强金融市场体系建设基础上，充分发挥上海金融市场体系比较完备的良好基础，完善金融服务设施和布局，在金融市场、金融机构、金融产品、金融业务等方面推进改革创新的先行先试，率先扩大金融业对外开放，不断拓展上海金融市场的广度和深度，不断提升金融服务水平，不断提高金融监管水平，完善金融发展环境。

推进上海国际航运中心建设，要在优化现代航运集疏运体系基础上，充分发挥上海靠近国际主航线的区位优势，整合长三角港口资源，形成分工合作、优势互补、竞争有序的港口格局，推进内河航道、铁路、空港设施建设，增强综合运输能力。要探索建立国际航运发展综合试验区，更好地发挥洋山港的中转枢纽功能。要大力发展各类航运服务机构，加快发展航运金融服务，实施有利于现代航运发展的配套政策，完善现代航运服务体系，提高我国航运业的国际竞争力。

加快推进上海产业结构升级，必须以加快发展现代服务业和先进制造业为重点。要以现有优势产业为基础，以调整、优化和提高为方向，以研发、创新和增值为重点，不断提高先进制造业的核心竞争力和产业附加值。要实施必要的税收支持政策，大力促进技术先进型服务企业的发展，形成现代

服务业与先进制造业相互支撑、相互带动的产业发展格局。

3. 浙江省

浙江省根据国家发布的《产业结构调整指导目录(2005 年本)》(国家发改委 40 号令)及其 2007 年本征求意见稿精神,在省政府办公厅《关于印发浙江省先进制造业基地建设重点领域关键技术及产品导向目录》(浙政办发[2004]113 号)等相关产业目录基础上,结合我省制造业发展实际,修编形成了《浙江省制造业产业发展导向目录(2008 年本)(以下简称《目录》)。

《目录》由鼓励、限制和禁止淘汰三大类目录组成。

鼓励类目录主要是指对我省经济社会发展有重要促进作用,有利于我省产业结构战略性调整和先进制造业发展,有利于节约资源、保护环境、安全生产和清洁生产,有利于增强我省经济社会综合实力和国际竞争力,需要采取政策措施予以鼓励和支持的关键技术、装备及产品。对鼓励类投资项目,按照国家和省有关投资管理规定进行审批、核准或备案,各金融机构按照信贷原则优先提供信贷支持;有关优惠政策可按国家和省相关规定执行。

限制类目录主要是指工艺技术落后,不符合国家行业准入条件、资源环境承载条件以及人民提高生活品质的诉求,不利于产业结构优化升级,需要督促加快改造和禁止新建的生产能力、工艺技术、装备及产品。凡列入限制类的,禁止投资建设新建项目。投资管理部门不予审批、核准或备案,各金融机构不提供信贷支持,土地管理、城市规划和建设、环境保护、质检、消防、海关、工商等部门不得办理有关手续。凡违反规定进行投融资建设的,要追究有关单位和人员的责任。对限制类现有生产能力,允许企业在一定期限内采取措施改造升级,各金融机构按信贷原则继续给予必要的信贷支持。

禁止淘汰类目录主要是指不符合有关法律、法规规定和国家节能减排需要,严重浪费资源、污染环境、不具备安全生产条件,以及在生产过程中会排放大量有毒有害物质,需要淘汰的落后工艺技术、装备及产品。对禁止淘汰类项目,禁止投资。各金融机构应停止各种形式的授信支持,并采取措施收回或保全已发放的贷款;各地区、各部门和有关企业要采取有力措施,按规定期限淘汰。在淘汰期限内省市有关部门要综合运用法律、经济、技术和行政等手段,实施差别电价、差别水价等办法提高资源能源供给价格。对明令淘汰的生产工艺技术、装备和产品,一律不得进口、转移、生产、销售、使用和采用。对不按期淘汰生产工艺技术、装备和产品的企业,各级政府及省有关部门要依据国家、省有关法律法规责令其停产或予以关闭。

4. 基本评价和总结

从 2008 年长三角二省一市推出的各项第二产业发展措施来看,各地基本将降低能耗,提升产业结构、推动高新技术产业、环保节能产业技术列入近年来的发展规划,进一步推进产业结构和增长方式的转变,二省一市的第二产业呈现增长稳定,结构优化,能耗下降的可喜局面。

(六)长三角地区第二产业未来发展走势

近年来,一场新能源革命正在长三角地区悄然兴起。江苏、浙江、上海两省一市积极发展风能、太阳能、生物质能等新能源,并建立了许多新能源产业基地,一大批与发展新能源配套的政策、法规也相继出台。

(1)风能“充电”长三角

①长三角风能资源丰富。据专家介绍,上海地处东南沿海,是我国除内蒙古之外最适合于风力发电的地区之一。在长江口、崇明岛滩地、沿海地带等都有较好的风力资源,尤其以崇明东滩的风力资源为最优。据测算,如果将上海全部滩地的一半面积用来开发风电,那么上海就有 150 万千瓦的

风电资源。目前上海正在积极开发利用风能这一清洁能源。预计到2015年,风电在上海电力总量中的比例将达到3%左右。浙江舟山、宁波、台州和温州等沿海地区风能资源也相当丰富。目前已勘明的风电可装机容量超过164万千瓦。江苏省的东台、如东、大丰三市所辖的浅海辐射沙洲具有独特的风力发电资源优势,大部分沿海岸线和滩涂均可成为建设风电场的极地。特别是沿海辐射沙洲,具有优良的风能资源,70米高平均风速达到每秒7.2米,潮间滩涂140万亩,70米高平均风速每秒8米,再向东延伸,近海还有大片辐射状浅水沙滩200万亩,70米高风速每秒8.4米。其中位于东台市、大丰市东端附近的东沙更是全球难得的建设大型海上风电场的理想场区。

②风电场建设已具规模。a.上海风电场建设。2007年,发电总功率为7 000千瓦的一座风力发电场落户临港新城,成为上海第一个国产风电场。这个风电场被称为"实验风场",其中包括4台功率为1 250千瓦和1台功率为2 000千瓦的发电"风车",预计该"实验风场"每年将发电约1 400万千瓦时电,可供约1万户家庭使用。2007年,我国首个海上风电场——上海东海大桥畔海上风力发电场正式立项,建成投用后,每年向上海地区提供约2.5亿度绿色能源。按上海家庭年均用电量为1 200度估算,足够20多万户上海市民用上一年。另据上海市发改委和市电力公司共同编制的《上海市风力发电"十一五"规划和2020年远景目标》,在"十一五"期间,上海的风力发电能力将在现有基础上扩大近12.7倍。b.江苏风电场建设。2005年,总投资16亿元,年上网电量为4.24亿千瓦时的江苏盐城东台风力发电场项目得到国家发改委正式批复,获准项目招标。该项目全部建成运行之后,年销售收入可达2.2亿元。此前,作为国家特许权项目之一的江苏如东风力发电场工程也已开工建设,其规划总装机容量达到85万千瓦,总投资20.4亿元。建成后,年上网电量将超过81亿千瓦时,成为亚洲最大的风力发电场。c.浙江风电场建设。2005年初,浙江绿能投资有限公司与舟山市岱山县签订了海上风电场建设项目投资协议书,计划投资20亿元,建设总装机容量达20万千瓦的海上风电场。截至2007年底,浙江省已建成包括临海括苍山、苍南鹤顶山等风电场,装机容量4.74万千瓦,占可装机容量的2.9%,年发电量4 870万千瓦时。最近,浙江省内最大风力发电场——浙江温岭东海塘风力发电场一期工程建设完成并投入使用。据了解,该发电场每台风机功率为2兆瓦,是目前国内单机容量最大的发电机。东海塘风力发电一期工程总投资4.2亿元,安装20台风力发电机,年发电量可供应4万多户一般家庭用电。从浙江省嵊泗县有关部门获悉,占地100亩、由30台机组组成的风力发电场,2009年10月将在该县破土动工,一个有着丰富能源储量和巨大市场前景的绿色新能源将在嵊泗形成产业化。

③政策扶持风力发电。a.上海专门制定了绿色电力价格机制。绿色电力价格是指绿色电力上网电价高出常规平均上网电价的差价部分,绿色电力价格按价格管理权限,由物价主管部门批准。上海电网公司将绿色电力按份出售,并针对不同类型的用户设置最小份额。购买最小份额以上的用户授予绿色电力用户称号,绿色电力用户按照原来的电费支付渠道支付绿色电力费用,其电费账单将增加绿色电力项。电网公司将用户支付的绿色电力费用100%转移到绿色电力的生产者,用以覆盖绿色电力的高发电成本。b.风力发电项目实行特许权经营。江苏盐城东台的风力发电项目将实行特许权经营,在一定年限内,该发电场上网价格可以比传统电价高一些。

④风力发电不向民企设限。在电力短缺的情况下,由于火电面临煤炭紧缺和环保限制,使得民营企业迅速反应,转向风电投资,长三角并不对民营设限,江苏如东风力发电场项目就是由北京华睿投资集团联能投资有限公司来建设运营的。而浙江风力发电市场上,也出现由浙江风力发电发展公司、台州民企星星集团和乐清市民营企业华仪集团投资建设的风力发电工程。

(2)长三角积极把太阳光变成绿色能源

由于不用燃烧任何燃料,也不会排放二氧化碳等温室气体,太阳能被喻为最清洁的可再生资源。

我国长三角地区日照时间较长,是太阳能资源较丰富的地区,近年来特别注重太阳能的利用和开发。

①长三角实行太阳能屋顶计划。a. 上海实行十万个太阳能屋顶计划。2006 年,上海市绿色电力机制提出了上海发展十万个太阳能屋顶计划。其内容包括:第一,十年计划十万个太阳能屋顶。上海计划利用十年的时间,将现有 2 亿平方米平屋顶的 1.5%,约 300 万平方米,即十万个屋顶用作太阳能发电,相当于新建一个 30 万千瓦的电站,而且是峰值发电。在1 000瓦/平方米标准日照条件下安装太阳能屋顶,可发电 130 ~ 180 千瓦时/平方米。按上海地区标准日照时间1 100 ~ 1 300小时/年计算,每年最低发电量可达 143 千瓦时/平方米。30 平方米的太阳能屋顶,相当于一台 3 千瓦的小型发电机,发电约3 300千瓦时/年,而一个家庭的月用电才 100 多千瓦时,可供三个家庭的年用电量。第二,十万个太阳能屋顶两期建设。第一期,从 2006 - 2010 年,完成 1 万个太阳能屋顶,每个屋顶 3 千瓦,总装机 3 万千瓦,年发电量 0.33 亿千瓦时。初期每个太阳能屋顶按 15 万元计算,需投资 15 亿元。第二期,从 2010 - 2015 年,完成 9 万个屋顶,每个屋顶 3 千瓦,总装机 27 万千瓦,年发电量 2.97 亿千瓦时。考虑到科技进步与形成产业规模等成本下降因素,平均按每个屋顶 9 万元计算需投资 81 亿元。一、二期合计十万个太阳能屋顶,总投资近百亿元。第三,十万个太阳能屋顶投资百亿。b. 江苏实行万个光伏屋顶计划。按照江苏省可再生能源的发展规划,到 2010 年,江苏将完成万个光伏屋顶计划,光伏并网发电能力达到 5 万千瓦,到 2020 年,光伏并网发电能力将达到 40 万千瓦。另外,在太阳能发电的使用上,除了电网企业全额收购,江苏还将借鉴国外的做法,鼓励企业收购、居民认购等,让太阳的恩泽更多地惠及百姓生活。c. 浙江杭州推广 10 万平米太阳能屋顶。杭州将适时启动太阳能“阳光屋顶”计划,在新住宅小区和公共建筑屋顶上安装太阳能薄膜,利用太阳能发电。初步计划 5 年内推广 10 万平方米阳光屋顶,一期完成3 000平方米的铺设推广。2009 年 1 月 2 日,浙江省电力公司太阳能屋顶光伏并网电站正式启动并入 10 千伏配电网,进入试运行阶段,填补了浙江省内太阳能发电并入配电网的空白。

②长三角建筑利用太阳能穿上节能“外衣”。房地产贯彻节能住宅的思想其中一条最重要的就是采用节约能源,除了通过对建筑应用有效的手段节能外,节能的重要渠道是开发利用太阳能。一是利用现在的太阳热水器的分体技术,设计以太阳能真空管为组件的屋顶和外挂墙壁,进行热水供应;二是把太阳能光伏电池板设计为窗户和墙体建材,提供电力和照明;三是生产以太阳能集热保温板为主的供暖系统。2005 年,上海率先在创建“国家康居示范工程”地区、“四高(高起点规划、高水平设计、高质量施工、高标准管理)优秀小区”和“上海市新型墙体材料与节能住宅示范工程”等项目中试点推进建筑节能。从 7 月 15 日起,《上海市建筑节能管理办法》正式实施,政府强制性推行所有新建住宅及公共建筑,全部按照节能 50% 的标准设计、建造。预计仅此一项可节电近 2 亿千瓦时。另外,据了解,规划用地面积达 5.28 平方公里的世博会园区将在新能源领域大面积应用太阳能。其中,主题馆、中国馆、和谐塔等主要场馆设施,以及部分国家的自建馆,都将安装太阳能设施,进而与上海主电网并网发送,为城市大规模开发利用太阳能摸索经验。

江苏省推广节能住宅的决心同样强大,在全国率先规定:建设单位如明示或暗示设计、施工单位违反节能强制标准,降低工程质量,最高将被处以 50 万元的罚款。从 2005 年起,江苏城市新建住宅必须全部达到节能 50% 的标准,大城市应开展节能 65% 的试点,设区市应对已有的建筑进行节能改造。否则在工程审批、审查时不予“过关”。江苏省新建住宅还将优先采用集中式太阳能技术,建设部门对此检查,不达标的予以曝光。凡建筑节能开展不力的地区,不得参评“人居环境奖”和“园林城市”。2009 年 1 月,全球最大单体光伏太阳能建筑“尚德光伏研究中心”8 日在无锡新区建成并网发电,对推广绿色能源、缓解地方峰电压力起到很好的调解作用。总面积 1.8 万平方米的全球最大光电幕墙成为这一生态建筑的标志。

浙江,节能住宅也开始显山露水。杭州 2005 年就有近2 000套节能住宅上市。温州市计划实施的30万平方米的节能建筑示范工程也在2005年动工。

③太阳能光伏企业发展迅速。长三角地区正在成为国内光伏产业最集中和最发达的地区。长三角的新能源企业,在2007年评出的中国太阳能光伏设备十大制造企业中,长三角占7家。仅仅一个江苏省,近年来就涌现出了一大批太阳能光伏企业,2007年前,江苏已有无锡尚德、林洋新能源、苏州阿特斯、常州天合4家光伏企业在美国上市,其中无锡尚德早已跻身世界光伏行业前十强,占了全国太阳能电池总产能的60%;2007年,国内知名的低压电器企业江苏大全等企业也纷纷高调进入光伏电池产业……,2008年8月,国内光伏产业首家省级园区——江苏(镇江)太阳能光伏产业园正式揭牌。紧靠镇江的扬州,目标建成为国家级半导体照明和太阳能光伏产业化基地和全国重要的高纯度硅材料生产基地的工作也一直在紧锣密鼓的建设之中,他们甚至将光伏产业的广告宣传牌树到了镇江的家门口(沪宁高速镇江与南京的交界处)。而近年来,南通、盐城也在瞄准光伏产业,甚至包括建市不久的宿迁市(沭阳)都在搞太阳能光伏产业。浙江同样不甘落后。目前,浙江嘉善的昱辉光能已经成为全球第三大硅片生产商;总投资约40亿元多晶硅的项目落户浙江衢州市高新园区;浙江协成硅业有限公司40亿元人民币投资400兆瓦太阳能光伏电池和3 300吨/年的多晶硅生产建设项目。作为地方政府,浙江对太阳能光伏产业的热情不亚于其他地区。2008年8月6日,海宁市政府也出台《关于加快培育发展太阳能光伏产业的实施意见》,力争到2012年全市实现太阳能光伏产业生产总值200亿元以上。2008年8月7日,在衢州市委五届八次全会上,开化县委副书记、县长金明表示:举全县之力打造百亿硅产业。2008年8月19日,嘉善县副县长马佩莲和姚庄镇委书记顾林法在"浙江嘉善姚庄光伏产业园投资说明会暨昱辉光能供应商年会"上宣布,将在姚庄镇打造年产值500亿元的光伏产业园。

(3)长三角生物质能开发成效显著

生物质能是蕴藏在生物质中的能量,是绿色植物通过叶绿素将太阳能转化为化学能而贮存在生物质内部的能量。生物质能是可再生能源,通常包括以下几个方面:一是木材及森林工业废弃物;二是农业废弃物;三是水生植物;四是油料植物;五是城市和工业有机废弃物;六是动物粪便。长三角地区农业发达,有比较丰富的农业废弃物,可作为生物质能的原料。近年来长三角生物质能利用效果好。

①垃圾合理利用,变废为宝。a.浙江省垃圾高温焚烧生产电力。杭州余杭环保能源有限公司是浙江最早涉足垃圾焚烧发电的企业。这家1998年8月投产的企业,日处理生活垃圾150吨,每天可生产电量43万多度。垃圾焚烧既可减少垃圾存量,又能将其转化为电能,一举两得。来自浙江省的统计显示,目前全省已投产的8家垃圾焚烧供热发电企业,分布在杭州、宁波、温州、绍兴、金华、嘉兴等市,设计日处理生活垃圾总能力为4 010吨,发电装机总容量达19.53万千瓦,可生产电力468万千瓦时和大量热能。据不完全统计,这批企业累计已"消化"垃圾120万吨,生产电力3.7亿千瓦时。此外,这个省尚有金华市热电厂等4家垃圾焚烧发电厂正在抓紧建设或筹建,设计日处理垃圾总能力2 100吨,发电装机容量5.4万千瓦。大量有害的城市生活垃圾,在浙江正悄然变为一种资源,垃圾焚烧发电正迅速发展成为一项环保产业。浙江省的垃圾焚烧发电产业将在全国继续保持领先水平。业内权威人士认为,浙江省垃圾焚烧发电已达到了垃圾处理"无害化、减量化、资源化、安全化"的要求。其中,杭州等市区的居民生活垃圾发电,甚至已经实现了工业废渣零排放。而据了解,浙江省垃圾焚烧供热发电的尾气排放已远低于欧盟标准。b.上海研制出新技术,把生活垃圾变身人造煤。人造煤把城市的两大类生活废弃物——污泥和垃圾"一网打尽",有望打造一条完备的能源循环链,避免了垃圾焚烧或填埋带来的环境污染。c.江苏黄埔新技术实现城市建筑垃圾再生利用。为了提高建筑垃圾的回收利用率,变废为宝,江苏在全球金融危机的大背景下,仍斥巨资投入高新技术研发,

引进国际先进的移动式混凝土破碎、筛分技术,对拆除下来的废旧混凝土现场破碎加工成商品混凝土骨料、建筑砌块集料、道路填铺料、三合土集料等不同用途的再生集料。这一处理方案可使加工后的建筑垃圾成为商品,既大大提高了废旧混凝土的利用效率,又减少了多次运输造成的环境污染和费用支出,还减少了废混凝土堆放的土地占用,同时也节约了大量新建筑骨料的需求。d. 用垃圾废气发电。江苏南通一家企业生产的设备,能将垃圾等当作发电原料。其中的原理就是将城市生活垃圾通过深埋转化为沼气或将秸秆压缩成燃料发电,因为采用的是内燃式发电机,与常见的进口汽轮式发电比,成本低6至7成,而热效率却高5%以上。不仅如此,油田、煤矿、焦化厂等排空的废气也被他们当成了宝贵资源。通常3 000大卡瓦斯气、炼油厂尾气、高炉煤气等废气就可以转化为1度电。

②秸秆多样化利用。a. 秸秆发电。我国第一个生物质发电示范项目——江苏如东25兆瓦秸秆发电厂工程进展顺利,项目采用了国际先进的高温高压焚烧发电技术,总投资近3亿元,建成后年发电量1.8亿度,年消耗秸秆16万吨。同时,江苏兴化、句容的两个大型秸秆发电项目都已上报江苏省发改委,等待审批。作为上海另一个"生态门户",位于长江口的崇明岛已将"生态岛"作为自己的不懈追求。农田收割后多余的秸秆被气化用于发电,目前崇明生物质能综合利用示范规模已达2兆瓦。浙江建德市最近还实施"秸秆热解干馏生物发电"项目。该项目的实施,必将使该公司的生产发展上一个新水平。秸秆热解干馏生物发电项目投资1 500余万元,已列为市政府2009年重点建设项目之一。b."秸秆煤"比肩优质煤。在江苏泰兴市黄桥镇,当地的玉米秆、麦秆等秸秆都被用来制造"秸秆煤"。据统计,热值和优质煤炭相似,在燃炉、锅炉、发电炉等领域完全可以作为煤的替代品,而硫的含量只有0.08%,而且全部是有机硫,无污染。这一技术还给当地农民增加了收入,1吨秸秆可卖150元至200元。这种秸秆煤技术是先将秸秆粉碎、干燥,在一定温度和湿度下挤压成各种高密度固体燃料,形状有棒、块、球等。据分析,到2010年,我国农村秸秆年产量将达7.26亿吨,全部转化为"秸秆煤",可相当于5亿吨标煤。另外,长三角秸秆气的应用也比较普遍,用秸秆气比烧煤球节约40%,比烧液化气节约60%。

③生物柴油制造技术先进。作为石油的替代能源,长三角一直致力于生物柴油的炼制。a. 地沟油变成生物柴油。一向被人嗤之以鼻的泔水油、地沟油,经过专门处理就神奇地变成了生物柴油,而且原料转化率超过95%。常州卡特石油制品制造公司、无锡华宏生物燃料公司等企业的新技术着实激发了人们的浓厚兴趣。b. 上海三瑞化学公司在生物柴油研制方面还实现了"以木本油料作物为原料,采用固体碱催化合成技术,做到生物柴油炼制过程无污染"的新突破。

(4)新能源产业聚集长三角

①长三角的新能源产业平台和产业链建设已具雏形。a. 长三角构建统一的能源平台。这一能源平台将着眼于打破投资、流通壁垒,建立统一的区域能源交易市场;推动跨省区能源企业合作,促进能源中介机构、节能服务公司的发展;并探索建立国际化能源供应体系和国际能源合作机制。根据稳定、经济、清洁等原则,沪苏浙将加强省区间双边电力互供合作,通过省网互联,实现电力错峰、水火互济、跨流域调节、互为备用等资源优化配置,保障能源供应安全。b. 产业链建设。江苏省全力打造风电"绿能"产业链。2008年,江苏省发改委发布了《江苏省风力发电装备发展规划纲要》,拉开了打造一条完整的风电"绿能"产业链的攻坚仗。为打造完整产业链,江苏省采取了一系列举措:一是在产业链的地区布局上,今后一个时期,以常州、无锡、南通、盐城等地区为重点,发展年产100台以上的兆瓦级风电整机;二是以扬州为重点,发展大批量小型家用风电整机;三是以南京、无锡、盐城、连云港、徐州、泰州等地区为重点,发展叶片、塔筒、法兰、特种电缆等配套产品与关键部件。四是在产品结构上将以兆瓦级成套机组为重点,加快1.5兆瓦级以上陆上风电机组的批量生产步伐,加大2.0兆瓦级以上陆上风电机组研发步伐,加强兆瓦级海上风电机组技术的引进、合作和自主开发,

形成技术储备。五是计划建立一座试验性风力发电场，专门用于新型风电机组现场性能测试。另外，江苏无锡惠山区集中了24家风能设备生产企业，分别从事着风能发电底座、塔杆、轴承座、法兰、风叶等多种风能设备零部件，电机设备配套率可达70%以上。浙江海宁袁花镇一个镇，就聚集了太阳能热水器生产企业429家，形成了集整机、制管、配件生产及销售网络于一体的相对完整的产业链，年产值近20亿元，占全国市场的十分之一。

②长三角近年来打造的新能源产业基地主要有以下几个：

a. 国家火炬计划昆山可再生能源产业基地获批。昆山可再生能源产业基地顺利通过国家科技部火炬中心评审答辩，于2009年1月15日正式获批，成为国家级昆山可再生能源产业基地。位于高新区的昆山可再生能源产业示范基地建于2006年，是高新区在加快产业转型升级、培育新兴产业方面实施的新举措。经过两年多的努力，该基地已成功引进可再生能源企业23家，其中投资总额超5 000万美元企业3家，超2 000万美元企业8家，并形成了太阳能和风能两大主导可再生能源产业。

b. 江苏徐州：打造华东新能源产业基地。承担着江苏省委“振兴老工业基地”热切期许的徐州，将通过大力发展光伏产业、实现能源结构转变，寻找新的发展契机。2006年，江苏中能公司投资多晶硅生产项目落户徐州，一条1 500吨的生产线同时开建；而今，这条1 500吨的多晶硅生产线已经正式投入生产。与此同时，产量为6 000吨的三期工程正在向有关国家部门报批之中，有望在2010年建成。多晶硅，正是最主要的光伏材料，制作太阳能电池的主要原料。根据专家预测，至2010年，全球太阳能电池用多晶硅产量的需求，将在30 000吨左右。而届时，徐州便将拥有年产万吨多晶硅的生产能力。徐州的目标，是要打造出一个全国最大的多晶硅生产基地，进一步建立起国际一流的光伏产业基地。通过多晶硅生产基地的建立，进一步构造起上游材料产业和下游太阳能光伏产业的两条产业链，是徐州向新能源基地转型的两大重要举措。徐州人的最终目标，不仅要打造出一个华东地区的新能源基地，更要做出“中国人用得起的太阳能”。

c. 江苏如东建设“长三角”风电设备产业园。“长三角”地区唯一的风电设备科技特色产业园已在江苏如东县开工建设，据了解，如东风电设备产业园初步确定占地1 018亩。园区建设将遵循国产化、可持续发展、技术领先、环保优先等原则。以国内外先进技术引进消化、吸收创新为手段，在新能源设备制造领域保持技术领先优势，最终形成以风电设备制造产业为核心的风电制造、电力自动化、电子电力产业及与之配套的新能源设备产业基地。为全国乃至世界风电设备提供配套产品。计划到2010年，园区力争实现GDP110亿元，2025年园区GDP可达到620亿元。

d. 浙江嘉兴秀洲打造长三角新能源特色产业基地。秀洲区将重点发展新能源产业，秀洲区正涌动着新能源产业投资热潮，生辉照明电器项目已投产，总投资4亿元的北京哈博太阳能光伏电池项目也正式敲定，排名国内同行前五名的浙江福莱特玻璃镜业股份有限公司已经落户。在秀洲工业园区，上马了太阳能超白玻璃镀膜项目，该区已做好新的产业规划：3至5年内，新能源产业将成为该区第一大产业；2010年，新能源产值突破300亿元；到2015年，培育出超百亿元新能源企业2至3家，新能源产业产值将突破800亿元。预计到2013年，实现销售120亿元。2015年，新能源产值突破800亿元。”按照正在酝酿的新能源发展长远规划，秀洲区将建立一个层次清晰、功能明确、联动发展的“一区四组团”网络式产业布局，引导产业集群和创新集群，培育多元新能源产业链，打造长三角地区有特色的新能源产业基地。

e. 上海南汇工业园区打造太阳能光伏产业基地。南汇发展光伏产业具有几大优势：发展空间和土地资源优势、交通优势、高标准的基础设施优势和充裕的人力资源优势。南汇工业园区地处南汇区中心，南依洋山国际深水港，北靠浦东国际航空港，地理位置得天独厚。同时南汇工业园区将对入驻企业提供产业扶持政策、优惠的土地批租价格、工业标准厂房配套、银行融资与贷款贴息等一系列优惠政策。随着近几年光伏业的迅猛发展，南汇工业园区围绕太阳能光伏产业的集聚，重点引进了一批骨干企业,形成了一定规模的产业链。上海曙海太阳能有限公司、卡姆丹克太阳能科技有限公司、上海普罗新能源有限公司已先后入驻南汇工业园区。

f. 上海电气投资 1.43 亿建风电基地。2008 年 12 月 18 日,上海电气风电设备有限公司风电制造基地在临港新城重装备产业区开工。该风电设备制造基地面积 4 万平方米,项目总投资 1.43 亿元,计划于明年第四季度完工,形成年产 600 台 2 兆瓦风机的生产能力,这将是全国功率大、技术先进的国产风电设备。

八 长三角服务业

现代服务业的发达程度是衡量区域综合竞争力的重要标志。面对国际服务业向我国转移步伐加快的新机遇,面对全国现代服务业加速发展的新态势,长三角地区应科学地制定发展现代服务业的战略目标,这是提高长三角地区综合竞争力的必然选择,是增强长三角地区可持续发展能力的关键举措,也是争创长三角地区发展新优势的紧迫要求。

2008 年长江三角洲地区经济发展速度快,实现地区生产总值65 185.07亿元。从三次产业情况看,第一产业实现增加值3 277.23亿元,第二产业实现增加值34 090.25亿元,第三产业实现增加值27 817.59亿元,比上年增加4 145.6亿元,增长 17.5%。三次产业结构调整为 5:52.2:42.8。

与全国的对比情况看,2008 年国内生产总值300 670亿元,比 2007 年增长 9.0%。分产业看,第一产业增加值34 000亿元,增长 5.5%;第二产业增加值146 183亿元,增长 9.3%;第三产业增加值120 487亿元,增长 9.5%。第一产业增加值占国内生产总值的比重为 11.3%,比 2007 年上升 0.2 个百分点;第二产业增加值比重为 48.6%,上升 0.1 个百分点;第三产业增加值比重为 40.1%,下降 0.3 个百分点。

与上海比较看,国民经济保持平稳较快发展。2008 年实现上海市生产总值(GDP)13 698.15亿元,按可比价格计算,比 2007 年增长 9.7%。其中,第一产业增加值 111.8 亿元,增长 0.7%;第二产业增加值6 235.92亿元,增长 8.2%;第三产业增加值7 350.43亿元,增长 11.3%。第三产业增加值占上海市生产总值的比重为 53.7%,比上年提高 1.1 个百分点。

与江苏比较看,经济保持平稳较快增长。初步核算,江苏省地区生产总值突破30 000亿元,比 2007 年增长 12.5% 左右。其中,第一、第二、第三产业增加值分别增长 4.0%、12.9% 和 12.7%。人均地区生产总值近 4 万元,按当年汇率折算超过5 700美元。经济结构进一步优化。三次产业增加值比例调整为 6.9:55.0:38.1。先进制造业水平提升,2008 年实现高新技术产业产值18 402亿元,占规模以上工业的 28.0%,同比提高 1 个百分点。服务业特别是现代服务业加快发展,服务业实现增加值11 656亿元,比 2007 年增长 12.6%,占地区生产总值的比重为 38.5%,比 2007 年提高 0.8 个百分点。非公有制经济进一步发展,实现增加值在地区生产总值中的份额达 63.2%,其中私营个体经济比重为 37.1%,分别提高 0.4 个和 1.1 个百分点。城市化和城市现代化水平稳步提高,2008 年末城市化水平达 54.3%,比 2007 年提高 1.1 个百分点。产业集约化发展加快,沿沪宁线、沿江、沿东陇海线和沿海产业带发展态势良好,2008 年营业收入超百亿元企业超过 90 家。区域发展更趋协调,苏北主要经济指标增幅继续高于全省平均水平,苏中形成江海联动、跨江发展新格局,苏南产业转型升级步伐加快。

与浙江比较看,初步核算,2008 年,浙江省国民生产总值为21 486.92亿元,比 2007 年增长 10.1%。其中第一产业增加值1 095.43亿元,第二产业增加值11 580.33亿元,第三产业增加值8 811.16亿元,分别增长 3.9%、9.4% 和 11.8%。人均 GDP 为42 214元(按年平均汇率折算为6 078美元),增长 8.6%。三次产业增加值结构从上年的 5.3:54:40.7 调整为 5.1:53.9:41。

一、长三角两省一市服务业发展特点

(一)上海服务业发展特点

近年来上海服务业总体呈现出了持续健康、快速发展的态势,服务业的地位和作用日益提升,对于城市经济的发展贡献度不断增强,对外开放程度日益提高,空间布局也逐步趋向优化,以服务经济为主的产业结构正逐步形成。

表3-38 长三角服务业发展情况(2000-2008年)

地区	指标	2000	2001	2002	2003	2004	2005	2006	2007	2008
上海	地区生产总值	4 771.2	5 210.1	5 741.0	6 694.2	8 072.8	9 154.2	10 366.4	12 188.8	13 698.15
	服务业增加值	2 486.9	2 728.9	3 038.9	3 404.2	4 097.3	4 620.9	5 244.2	6 408.5	7 350.43
	服务业比重	52.1	52.4	52.9	50.8	50.7	50.5	50.6	52.6	53.7
	服务业增长率	15.0	8.7	10.0	8.0	12.9	10.5	11.5	15.2	11.3
江苏	地区生产总值	8 553.7	9 456.8	10 606.8	12 442.9	15 300.6	18 305.7	21 645.1	25 741.2	30 000
	服务业增加值	3 069.5	3 454.9	3 891.9	4 493.3	5 198.0	6 489.1	7 849.2	9 618.5	11 656
	服务业比重	35.9	36.5	36.7	36.1	34.6	35.4	36.3	37.4	38.1
	服务业增长率	11.2	11.1	11.2	11.9	13.7	14.8	15.5	15.9	12.6
浙江	地区生产总值	6 141.0	6 898.3	8 003.7	9 705.0	11 648.7	13 437.8	15 742.5	18 780.4	21 486.92
	服务业增加值	2 236.1	2 665.7	3 227.9	3 890.8	4 584.2	5 378.9	6 307.8	7 645.9	8 811.16
	服务业比重	36.4	38.6	40.3	40.1	39.3	40.0	40.1	40.7	41
	服务业增长率	11.9	11.5	13.5	13.8	13.9	14.9	15.1	15.1	11.8
长三角	地区生产总值	19 465.9	21 565.3	24 351.6	28 842.1	34 725.1	40 897.7	47 753.9	56 710.4	65 185.07
	服务业增加值	5 305.6	6 120.6	7 119.9	8 384.1	9 782.3	11 868.0	14 157.1	23 672.9	27 817.59
	服务业比重	27.3	28.4	29.2	29.1	28.2	29.0	29.6	41.7	53.7
	服务业增长率	12.4	10.4	11.5	11.2	13.5	13.5	15.4	/	17.5
全国	地区生产总值	99 214.6	10 9655.2	120 332.7	135 822.8	159 878.3	183 084.8	209 407.0	246 619	300 670
	服务业增加值	33 137.7	37 392.4	41 274.1	45 364.8	51 001.3	73 783.2	82 703.0	96 328	120 487
	服务业比重	33.4	34.1	34.3	33.4	31.9	40.3	39.5	39.1	40.1
	服务业增长率	8.1	8.4	8.7	8.3	8.3	9.6	10.3	11.4	9.5

——服务业的规模不断扩大。2008年,上海市实现服务业增加值7 350.4亿元,是2000年24 869亿元的近3倍,保持了较快的增长速度,服务业增加值比2007年增长11.3%。随着国家宏观经济政策的落实,2009年一季度,服务业增速进一步提高到13.1%。2008年服务业占上海市GDP比重达到53.7%,比2007年提高了1.1个百分点,以服务经济为主的产业结构得到进一步体现。

——国际金融中心建设取得新成就。2008年,金融业实现增加值1 442.6亿元,比2007年增长15%,占服务业比重的19.6%。金融机构加快集聚,2007年新增各类金融机构82家,使上海市各类金融机构达到689家。

——国际航运中心建设取得新进展。2008年,全市货物运输总量8.2亿吨,同比增长4.7%;上海港货物吞吐量达到5.8亿吨,比2007年增长3.6%,连续四年保持世界第一;集装箱吞吐量2 800万国际标准箱,比2007年增长7.1%,仅次于新加坡居世界第二位。

此外,扩大消费成效明显,市场消费呈现繁荣态势;信息服务、文化、旅游业等加快发展;除此之外,我国加入WTO以后,上海服务业对外开放度不断加深,现代服务业载体加快建设。总的来看,近年来上海服务业发展实现较大的飞跃。

（二）江苏服务业发展特点

——服务业投资快速增加。中央和江苏省出台的一系列拉动内需政策已初见成效。2008 年，江苏完成服务业城镇固定资产投资6 606.23亿元，比 2007 年增加1 118.72亿元，增长 20.4%；服务业投资占城镇投资总额的比重达 43.9%。从行业看，投资增长最快的为金融业、农林牧渔服务业、居民服务和其他服务业、信息传输计算机和软件业。

——消费市场增速回升。2008 年，江苏实现社会消费品零售总额9 661.40亿元，同比增长 23.3%；批发和零售业实现总收入8 360.18亿元，增长 21.6%。住宿和餐饮业实现总收入1 212.28亿元，增长 35.7%。

——金融市场运行趋好。在国家适度宽松的货币政策背景下，江苏加强商业银行的信贷投放节奏，信贷投放增长趋快，金融运行总体保持健康较快的发展态势。2008 年末，江苏金融机构人民币存款余额（本外币）38 063.38亿元，同比增长 21.5%；金融机构人民币贷款余额（本外币）27 081.06亿元，同比增长 16.4%。在贷款总量增长的情况下，江苏金融机构现金收入稳步增长，2008 年保险业完成保费总收入 775.45 亿元，同比增长 34.4%。

——软件业发展势头强劲。2008 年江苏软件业实现总收入1 262亿元，增长 51.5%；完成软件出口 24 亿美元，增长 50%；软件外包 3.6 亿美元，增长 1 倍。继续推进“中国软件名城”、“中国服务外包基地城市”等载体建设，建成了 3 ~ 5 个省级软件和信息服务产业园，加快建设苏南国际服务外包产业带。

——物流业保持平稳增长。2008 年，江苏物流业实现总收入2 455亿元，增长 17.3%。交通运输、仓储和邮政业完成城镇固定资产投资 643.33 亿元，增长 11.2%。完成铁路货运量5 118万吨，下降 1.1%；公路货运量110 302万吨，增长 13.2%；水运货运量42 799万吨，增长 13.1%。全省沿海主要港口货物吞吐量116 305万吨，增长 59.7%。

——旅游业继续稳定增长。2008 年，江苏省实现旅游总收入3 202.48亿元，同比增长 15.53%。其中，国内旅游收入2 933.21万元，增长 16.9%；接等旅游者人数 2.61 亿人次，增长 12.5%。旅游外汇收入 38.80 亿美元，增长 11.8%；接待境外旅游者人数 544.30 万人次，增长 6.2%。

（三）浙江服务业发展特点

1. 服务业增长保持稳定增长

2008 年，浙江服务业发展呈现稳定增长态势，服务业增加值8 811.16亿元，增长 11.8%。从服务业主要行业增加值增长情况看，金融业增长速度最快。增长较快的有住宿和餐饮业增长，增长 21.2%，批发和零售业增长 19.7%，旅游业，交通运输、仓储和邮政业分别增长 12%、8.1%。

2. 金融服务业发展势头良好

金融业保持较快增长。随着回收流动性、发挥利率杠杆、完善人民币汇率形成机制和加强对商业银行的窗口指导等金融宏观调控措施的出台，调控效应初步显现，银行体系流动性过剩问题有所缓解、资金价格水平持续上升、金融结构趋向优化、市场主体预期发生积极变化，金融业保持较快增长。截至 2008 年末，全省金融机构本外币存款余额35 481.20亿元，余额同比增长 22.1%；金融机构本外币各项贷款余额29 658.67亿元，余额同比增长 18.8%，增幅同比大致持平。2008 年年保险业实现保费收入 576.33 亿元，比 2007 年年增长 30.4%。其中，财产险保费收入 203.39 亿元，比 2007 年年增长 15.9%；人身险保费收入 372.95 亿元，增长40%。支付各类赔款及给付 212.99 亿元。其中，寿险业务给付 71.58 亿元；健康险和意外伤害险赔款及给付 12.67 亿元；财产险赔款 128.74 亿元。

3. 主要传统服务行业运行平稳

——交通运输、仓储和邮政业运行良好。截至2008年末,全年交通运输、仓储和邮政业增加值827.7亿元,比2007年增长8.1%。全年铁路、公路和水运等运输方式完成货物周转量5 385.08亿吨公里,比2007年增长8.5%;旅客周转量1 071.64亿人公里,增长4.4%。沿海港口货物吞吐量6.5亿吨,增长12.3%。2008年邮电业务总量1 546.2亿元,比2007年增长16.5%。其中,邮政业务总量48.8亿元,增长15.6%;电信业务总量1 497.4亿元,增长16.5%。

——批发和零售业、住宿和餐饮业保持稳定增长。截至2008年末,批发零售贸易业零售额6 521.5亿元,增长19.7%;住宿餐饮业零售额869.4亿元,增长21.2%。

——房地产投资、销售形势一般。2008年房地产开发投资1 999.3亿元,比2007年增长9.8%,增幅比2007年回落5.9个百分点。商品房销售额1 816.4亿元,比2007年下降30.9%。

——旅游业增势依然较旺。2008年国内旅游者2.09亿人次,比2007年增长5.6%;国内旅游收入2 040亿元,增长12%。接待境外入境旅游者539.67万人次,增长5.6%。其中,外国人366.13万人次,增长6.6%;香港、澳门和台湾同胞167.54万人次,增长3.6%。国际旅游外汇收入30.24亿美元,增长11.7%。2008年国内国际旅游总收入2 250亿元,增长11.1%。

二、长三角主要16个城市的服务业发展情况比较

表3-39　2008年长三角主要城市的服务业发展指标分析

城市	服务业增加值(亿元)	服务业增速(%)	服务业增加值占GDP比重(%)	二产增加值占GDP比重(%)	人均服务产品占有量(元/人)	金融机构存款余额(亿元)	金融机构贷款余额(亿元)
上海	7 350.43	11.3	53.7	45.5	536.1	35 589.07	24 166.12
南京	1 887.00	15.3	50	47.5	302.2	8 392.89	7 171.69
无锡	1 809.93	13.8	41.0	57.6	389.9	5 319.87	3 723.10
苏州	2 436.89	15.0	36.4	62.0	386.9	8 340.78	6 301.79
常州	836.40	13.7	38	58.9	233.2	2 819.46	1 851.68
南通	880.02	15	35.1	57.0	115.2	2 966.11	1 728.24
扬州	558.11	14.5	35.47	57.06	121.4	1 551.90	889.41
镇江	513.66	14.5	36.5	59.9	191.1	1 262.68	920.96
泰州	476.60	15.3	34.2	58	95.15	1 401.81	792.87
杭州	2 213.14	13.8	46.3	50	326.6	11 333.35	10 069.03
宁波	1 600.0	11.0	40.4	55.4	281.6	6 353.6	5 820.8
嘉兴	624.29	12.5	34.4	59.8	184.7	2 186.24	1 603.84
湖州	358.70	11.8	34.7	57.3	138.8	1 013.73	786.04
绍兴	777.18	10.1	33.9	60.7	177.8	3 263.10	2 490.86
舟山	214.63	12.8	43.8	46.2	221.8	746.65	647.39
台州	794.26	12.4	40.4	52.8	138.4	2371.70	1926.27

从各城市国内生产总值的规模以及第三产业的规模看，16个城市可以分为三个方阵。第一方阵为上海，地区生产总值突破万亿元大关的只有上海，而且只有上海第三产业增加值在5 000亿元以上，其第三产业比重超过50%。第二方阵为生产总值超过2 000亿元的苏州、杭州、无锡、宁波、南京，其第三产业增加值均在1 000亿元以上。但是从结构上来看，南京和杭州第三产业比重高于长三角的平均水平，苏州、无锡、宁波低于长三角平均水平，特别是苏州第二产业比重特别高，第三产业比重只有32.7%。第三方阵为地区生产总值超过1 000亿元的常州、镇江、南通、扬州、泰州、嘉兴、绍兴、台州，第三产业增加值在500亿元以上的有常州、南通、绍兴、台州，增加值在300亿元、500亿元的有镇江、扬州、泰州、嘉兴，第三产业比重在32%～40%之间。第四方阵为地区生产总值1 000亿元以内的湖州和舟山，第三产业增加值最低，在300亿元以下；舟山第三产业比重为45.9%，但是第一产业比重为12.5%，是16个城市中最高的。

表3－40　长三角16个城市的服务业发展水平比较分析

分层次	城市	特征
第一层次	上海	服务业增加值达到6 000亿元以上，服务业比重超过50%，居全国前列水平
第二层次	苏州、无锡、南京、杭州、宁波	服务业增加值达到1000亿元以上，除苏州外，其他城市服务业比重超过40%
第三层次	常州、镇江、扬州、南通、泰州、嘉兴、湖州、绍兴、舟山、台州	服务业增加值在300～600亿元之间，服务业比重也较低

三、长三角地区服务业发展中存在的问题和对策

（一）长三角地区服务业发展中存在的问题

1.上海

——产业发展的不均衡。受行政性垄断、行业与地区开放度的限制，以及体制与机制的制约，现代服务业行业发展不平衡，层次水平有待提高，内部结构不尽合理。在上海现代服务业中金融保险业、物流业和信息服务业的发展步伐加快，其产业增加值不断提升，成为上海现代服务业发展的支柱产业。其他行业，如电子商务、会展业、教育和专业服务业等虽然也得到了提升，但与金融、物流、信息服务业的快速发展相比，其他服务业发展层次偏低、服务空间有限，尤其是体现国际大都市特色的信息咨询、医疗服务、法律服务、设计等知识服务业发展有待提高。产业之间，二、三产业间的关联效应、主导产业的扩散效应、城市信息化对工业化的带动效应远未凸现，二三产业互动、融合发展的态势尚未形成，中心城区虽然三产集聚，但传统三产比例过高，高层次、辐射强的现代服务业比重不高。

——区域内发展不平衡。中心城区与郊区的现代服务业发展不平衡，单纯从对服务业的贡献率来看，中心城区服务业的增加值已达到全市服务业增加值的75%。而郊区的服务业增加值却仅占到全市服务业增加值的25%。现阶段，上海的城市发展正在不断地向郊区延伸，郊区的9个新城的建设规划已经定型，60个新市镇的建设也取得了不同程度的进展，伴随上海城市化及产业结构的不断提升，郊区现代服务业的建设与发展将成为提升上海现代服务业发展水平和服务新农村建设重要支撑点。

——现代服务业企业构成不合理。企业是产业发展的主要支撑，上海现代服务业要能够又好又快地发展，必须有一批实力强大、技术领先、市场适应性强的标志性服务企业。但从上海目前的状况

来看,不少现代服务业企业规模小、能级低、功能单一、市场适应性差的现象还普遍存在。另外,受传统体制的影响,在电信服务、医疗卫生和教育等领域仍然存在严重的部门垄断,国有企业处于垄断地位,外资和中小企业难以进入,这将阻碍该领域的市场化程度的提高,不利于上海现代服务业整体效率的提高,制约了上海现代服务业的健康发展和整体竞争力的提升。

——现代服务业功能集聚能力不足。跨入人均 GDP 5 000美元后的国际大都市,其生产性服务业快速增长,分工和专业服务水平不断提高,从而形成了功能布局集群化的特征。尤其是 20 世纪 90 年代以来,世界上的主要城市都出现了金融业和某些生产服务业向中央商务区集中的趋势。然而,从上海与世界部分城市相比,上海外国银行家数与纽约、伦敦、香港、新加坡相比还有很大差距;500 家最大跨国公司总部没有一家设在上海。

另外,上海虽然是我国金融机构最集中的城市,但全国性商业银行总部仅有交通银行一家;69 家经营性外资金融机构中仅有 24 家被确定为中国境内业务的主报告行。由于功能集聚能力的不足,上海为企业国际化经营所提供的综合服务水平至今难以有质的提高,而这反过来又影响了功能主体在上海的集聚。

——现代服务业发展的软硬件环境制约了现代服务业的发展。相对于国内其他城市,上海已经具备了较为完善的软硬件环境,这为上海发展各种现代服务产业,推动制造业经济向服务业经济转变提供了必要条件。但是在外部软环境方面依然存在不足,主要体现在政府的公共服务职能不到位。现代服务业是区域协调发展的产物,是空间资源的共享。然而现代服务产业发展的承载体——资源掌握在不同的经济人手中,政府在整合资源的过程中缺乏调控依据和手段,这也成为上海现代服务业发展的难点。

在硬件环境方面,郊区的基本设施的建设,将是制约现代服务业发展的软肋。此外,诸如知识准备、环境问题等都将成为现代服务业发展的制约因素。

——长三角区域内,作为区域核心城市的上海与二级城市(如苏州、杭州)的现代服务业分工不合理。随着中国经济的不断发展,调整产业结构、致力于服务经济发展已成为全国各主要城市和一些发达地区的共识。特别在长三角地区,各地产业的发展客观上要求上海现代服务业的发展能够满足长三角经济发展的需要。虽然上海现代服务业的发展对周边城市产生了一定的辐射作用,但上海作为区域核心城市所应该具有的作用并没有充分发挥出来。长三角制造业的发展和制造业企业活动的外置,引发了对上海金融、物流、航运、咨询、会展等现代服务业的需求,但是上海的现代服务业的辐射半径并没有得到应有的延伸,总体服务能级还比较低,产业雷同和恶性竞争延缓了城市服务竞争力的提升。

2. 江苏

——服务业面临传统体制环境的约束,部分行业"制度性垄断"效应显著,导致创新不足,效率与服务质量水平低。例如,在电信、铁路、民航、教育、卫生公共事业等行业,市场准入门槛高,存在着部门或行业垄断,非国有企业难以介入,投资比例较低,从而使这些服务领域供给能力的扩张受到制约。在金融、新闻出版、广播电视等众多领域也保持着十分严格的市场准入限制,而且过于强调其作为国家调节经济和社会活动工具的职能。对科学研究、文化体育、医疗卫生、后勤服务、市政服务等部门,则过于注重其社会公益和单位福利的一面,长期以来处于政企不分、政事不分、盈利性机构与非盈利性机构不分的状态。

——江苏服务业国际化水平有待提升。20 世纪九十年代以来,尽管江苏服务业的开放力度不断加大,但总体而言,相当多的服务行业并没有对外资实行积极有效的开放。一方面市场化和产业化水平较低,使得服务业难以像制造业那样吸引到更多的外资。同时,制造业中加工贸易的规模过大,服务业发展的"挤出"效应明显,也抑制了服务业对外资的需求;另一方面服务业中的外资主要集中在房地产业和传统的商业服务业，许多现代服务业领域，如现代物流、金融服务等生产型服务业利用外资则严重不足，尤其是高科技服务业，引进外资就更为欠缺。由于不能很好地引进外资及外国先进技术和管理经验，服务业的供给、服务质量和服务手段也就难以像制造业一样迅速发展和提升。

——服务业面临自身发展环境不足的约束。目前，江苏服务业中实现收入最多、占比较大的项目主要是旅游、运输、转口贸易、经营租赁等劳动密集型或资金密集型的低附加值项目，传统服务业，如交通通信业、商贸餐饮业仍然占服务业增量的一半以上。金融、保险、计算机信息服务、技术咨询、专有权利、广告宣传、电影音像等技术密集型、高附加值服务产业，发展速度则相对缓慢。

高素质劳动力有效供给不足。由于未形成合理的人才培养和引进机制，江苏人才结构与市场需求结构存在巨大矛盾，一方面一些人才供大于求，而另一方面市场对人才的需求却得不到满足，特别是从事国际贸易、咨询、信息、国际旅游、会计、广告、技术服务等方面的高级专业人才非常缺乏。在国际服务业向知识技术密集型加速发展的大趋势下，江苏服务业高素质劳动力的有效供给却存在严重约束。

——服务业发展的内部结构不平衡、不合理。一是服务业的内部行业结构不平衡、不合理。突出表现在传统服务业偏多，现代服务业偏少；生产型服务业分工不细，生活型服务业不健全，服务业为生产服务、为生活服务的功能均远不到位，影响了生产的进一步发展提升和生活的进一步改善提高；二是服务业的地区分布结构不平衡、不合理。突出表现在苏南服务业发展稍快，苏中苏北服务业发展滞后。服务业发展明显呈现出从南到北阶梯分布的特点，且南北阶差也越来越大，反映出各地区服务业发展规模和水平与经济发展总体水平具有一定的相关性。地区发展差距拉大，不利于提升江苏服务业的整体水平。

3. 浙江

——产业需求存在断层。目前，浙江在国内国际市场中具有比较优势的产业主要是个体私营经济较为集中、规模经济不显著的劳动密集型产业，随着相对比较优势向中西部地区的转移，这些产业已经出现了转移和萎缩现象；同时由于产业结构调整和升级有一个过程，资本密集型和技术密集型产业发展成为新的支柱产业也需假以时日，一定程度上制约了经济发展对服务业特别是现代服务业的需求。浙江服务业的发展不仅滞后于国内外需求结构的变化和经济发展的阶段性变化，而且也滞后于上海、江苏、山东、广东等其他沿海发达省、市。

——中心城市竞争力有待提升。改革开放以来，浙江实施“强县战略”，经济发展的主战场在农村，中心城市的发展相对较为缓慢，城市化进程总体上滞后于工业化进程。进入工业化后期以后，区域经济的竞争日益表现为城市之间的竞争，而浙江生产要素分布依然主要滞留在农村及集镇地区，在区域经济竞争中具有比较优势的产业也主要以农村和小城镇为生产基地，很难在以中心城市为核心的资金、人才、信息等高级要素的竞争中占据有利位置。

——教育和科技发展水平滞后。浙江经济规模居全国第4位，但据浙江科技统计数据显示，浙江科技综合实力居全国第7位，高新技术产业化水平居全国第12位，每万人拥有科技人员数居全国第15位，每万人中在校大学生数仅处于全国中等水平。教育和科技发展水平相对滞后于经济发展水平，也制约了产业结构的加速转型。

——体制优势面临考验。浙江先行发育的市场经济是一种与工业化初期相适应的初级市场经济，其主要特点是以传统中小企业为微观基础，市场组织化程度低，传统商品市场和交易方式较为发达，生产要素市场发育不完善，政府经济调控作用较弱。到了工业化中期和后期，这种初级市场经济已经不能适应现代经济部门发展的需要，尤其是对政府调控能力和对科技、知识、信息的依赖性强的现代服务业发展的需要。

（二）长三角地区服务业发展的对策

1. 上海

——优化现代服务业发展的政策环境。在全球服务型经济发展,国家致力于推动现代服务业发展的背景下,上海市政府已经制定《上海加速发展现代服务业的实施纲要》,表明了发展现代服务业的决心,突出了现代服务业的战略地位,当务之急是要真正落实纲要提出的目标和各项政策措施,使得现代服务业迅速成为上海的主导产业和支柱产业。在实施纲要的引导下,上海市要在税收、价格、法律等政策方面,为现代服务业发展营造一个良好的外部软环境。

——明确发展定位,加强区域规划。为了适应上海现代服务业的发展,加快建成“四个中心”和“世界城市”,应该对上海现代服务业有正确的功能定位,加快制定上海现代服务业发展规划。目前所公布《上海加速发展现代服务业的实施纲要》只是一个覆盖上海全局的规划战略,作为各区县的具体规划还有待于加强与协调。诸如目前按照“一区一强”总体要求推进的现代服务业集聚区的建设,首要的问题就是要明确各集聚区的功能地位,每个现代服务业集聚区都要有一个主体功能,形成现代服务业的产业集群,以实现集聚区的错位竞争。

——深入推进“市场化、产业化、社会化”改革。大力发展现代服务业,最根本的就是推进“三化”改革。一是市场化,推进部分现代服务行业的资源配置由政府为主向市场为主转变。放松对现代服务业的管制,加快垄断行业的管理体制改革,放宽准入领域,降低准入标准,消除市场壁垒,使外资和民营主体更多的参与现代服务业的发展。二是产业化,培养一批具有国际竞争力、有信用、有知名品牌的现代服务业企业。明确产业定位,选好重点发展行业,利用产业政策的导向功能,合理配置有限的城市资源。三是社会化,引导工业企业将其核心竞争力以外的附属服务剥离成社会化的专业服务。积极推进后勤服务、配套服务由内部自我服务为主向社会服务为主转变。

——大力吸引外资投资现代服务业,加快国际化建设。上海应充分利用中国入世过渡期上海先试先行的契机,大力吸引外商投资现代服务业,进一步引导和优化外资在上海现代服务业的内部投向,提升上海的国际化形象。伴随国际制造业向中国的新一轮转移,特别是长三角地区,国际的现代服务业也必将大规模进入,这为上海现代服务业的发展提供了良好的机遇。在此基础上,上海的现代服务业应变“自我服务型”为“区域服务型”,提高其国际化的程度。

借助世博会举办的契机,吸引外资参与世博园区及其与之相关的服务性行业的建设。当前尤为重要的是要紧紧抓住实施 CEPA 这一重大机遇,积极引进香港先进的服务产业、服务机构,加强沪港经济合作,切实提高上海现代服务业的水平和竞争力。

——重视现代服务业行业组织的发展。行业组织的建设不仅能加强企业之间的沟通,凝聚行业整体的优势和力量,而且有可能促成行业的自律规范。目前在上海除了历史传统比较长的服务业之外,新兴的服务行业中缺乏其自身的行业组织,因此,在推动上海现代服务业发展过程中,应重视新兴服务业的行业组织建设,政府的有关部门也应积极的给予支持和引导,以便于更好的推动现代服务企业的健康发展。

——加强知识储备和人才培养。发展现代服务业的关键不仅仅依赖于先进的装备和技术,更重要的是依靠高智力的人才。国际服务业在向上海转移的过程中,考虑的最重要的因素就是服务业人才的配套体系建设。特别是近年来,上海着力发展信息、研究开发、医疗卫生、文化传媒等具有人力资源优势的知识型服务业,因此,上海对各类人才的需求不断加大。但上海无论是在人才总量还是在人才的结构上,都与纽约、伦敦、香港等国际化大都市有差距,与北京、广州等国内大城市相比也具有很大的优势。所以上海应高度重视人才的培养和引进,多渠道、多形式的吸引国内外现代服务业方面的优秀人才。

——突出优势产业,促进现代服务业集群发展。结合中心城区综合服务功能的转换,按照"突出重点、分类推进"的原则,上海应区分区域现代服务业发展重点和行业重点,着力加强那些增长潜力巨大、经济效益高的优势服务行业,集中突破,从而带动上海整体现代服务业更好更快的发展。现代服务业集聚区作为上海现代服务业发展的主要平台,其功能的提升和完善,不仅可以为区内的现代服务企业提供良好软硬件的环境,吸引大量的专业人才,还可以是使区内企业实现资源互补、利益共享。

因而,在新一轮的现代服务业集聚区开发和建设中,要注重整体规划,强调系统设计,要进行不同集聚区的功能定位和效益论证,要注重标志性企业的导入和配套功能的完善,使现代服务业集聚区成为加快发展现代服务业和提高现代服务业水平的重要手段和战略举措,成为提升城市综合服务功能的载体和改善城市形象的新亮点。

——加强与周边城市协作,错位发展现代服务业。产业同构现象是制约上海乃至长三角地区现代服务业发展的重要因素。理论研究表明:国际大都市由于日益增多的国际商业金融和高级生产者服务业活动而成为公司总部和国际贸易中心和高水平的生产者服务业主要集聚在核心城市附近,而将区域市场留给了周围的二级城市;由于城市功能定位的不同、区域核心城市与二级城市在现代服务业的发展上应该是有区别的,两类城市在产业定位、服务对象、发展重点及产业组织水平上可以实现十分清晰的错位发展。考虑到上海的成长目标是成为全国的经济、金融和贸易中心,成为远东地区的国际金融和贸易中心,它服务的重要层次在于大的跨国投资者以及国内大型上市企业,而不是主要针对区域市场,更不是各个城市的内部市场。二级城市现代服务业的发展,关键在于自身的功能定位,即能否在核心城市快速崛起的背景下,找到自身发展现代服务业的空间,与核心城市实现错位发展,既有效利用靠近中心城市的便利条件,又尽量不受或少受大都市阴影效应的影响。为了与核心城市现代服务业的发展相配套,二级城市可争取成为现代服务业发展的区域中心。要真正实现现代服务业的错位发展,关键是要实现区域内的协调与合作。在周边城市积极融入上海经济圈的同时,建立区域内的协调机制,加强与周边城市在人才、技术等方面的交流,吸引现代服务业发展的人才向上海集聚,在现代服务业内部着重发展具有比较优势的重点行业,将不具备比较优势和不符合上海城市功能定位的现代服务行业逐渐向周边城市转移,以提升上海现代服务业的服务功能,形成与周边城市的错位发展模式。

2. 江苏

——根据服务业对经济增长的贡献度,寻求重点行业、重点地区的突破。鉴于第三产业门类广、层次多、内容庞杂,既有基础设施,又有流通部门和各种服务行业,既有传统产业,又有现代产业,因此区域服务业发展应该注意选取有助于发挥本地资源优势的服务行业,以尽快形成江苏本地特色。

立足省情,真正找到江苏服务业的优势和薄弱环节,不可盲目与上海、浙江等地类比。根据江苏的区位优势和自然优势,江苏服务业的行业发展政策重点应当是:一是以工业化为龙头,加快带动服务业提速,把发展生产性服务业作为推动制造业升级的重要举措,实现制造业与服务业互补联动,大力发展物流、仓储、金融、保险、法律、会计、信息、咨询、培训、研究开发、工程设计、广告等产业,尤其要大力发展港口物流业。对江苏新型工业化道路和两个率先的实现意义重大;二是稳步发展和加速改造分配性服务业中的批发零售贸易、交通运输、邮电通信。比如,依托发达的交通优势和区位优势(苏州、南京、徐州三个都市圈),加快发展现代物流业;三是积极发展社会服务业。科学研究、城市公用和教育事业等在内的基业对于经济发展具有基础性作用;四是继续鼓励发展服务业中旅游业、餐饮业、社区服务业等劳动密集型行业,以缓解就业压力。

——改组改造传统服务业,提升现代服务业。针对不同行业特点,实行分类指导,提高服务业发展的质量和水平。对于质量和水平发展高的行业,发展规模化、规范化、品牌化;对就业容量大、与群众生活关系密切的商贸、餐饮等传统服务业,在充分竞争的基础上,运用先进适用技术和现代经营方式加以改造和提升;对知识密集、在市场发挥中介作用的会计、律师、咨询等新兴服务业,加以规范,实现有序发展;对涉及国计民生和国家经济安全的金融、保险、电信等服务业,逐步放宽市场准入,并实行有效监管;对提高国民素质、增强国家发展潜力的教育、文化、卫生等服务领域,加大扶持力度,完善发展机制;对已经形成一定发展水平的服务业,必须规模化、规范化、品牌化,实现服务业的可持续发展。

——注意保持区域服务业的协调发展。由于不同地区条件差异,经济发展不平衡,服务业发展要结合资源禀赋优势,各有侧重。苏南地区第二产业发展水平最高,要充分考虑发展金融、保险、教育与综合技术服务业、各种信息咨询服务等行业的配套发展,不断提高服务业发展的水平与质量,积极参与国际服务业分工的大格局,努力拓展国际服务贸易,使服务贸易与国际接轨,使服务业中的新兴服务业发展水平更上一个台阶。同时,要充分利用该地区城市的聚集与辐射效应,实现城市服务业向农村地区的辐射,有效带动农村服务业的发展。

苏中地区由于工业发展水平较低,因此服务业的发展除了保持最终消费型服务业的稳定发展之外,还要大力促进中间型及生产型服务业的发展,包括交通运输业、邮电通讯业、商贸餐饮业等行业,在促进服务业自身发展的同时有力促进第二产业的发展。中部地区服务业发展也应该适当向农村倾斜。

苏北地区整体发展水平落后,因此服务业的发展要重点发展保障居民生产生活性服务行业,有效地保证人们生产生活的顺利进行。此外,可以积极发展特色服务业。比如,苏北旅游资源丰富,但没有得到有效的开发,可以通过不断的拓展新景点、新路线,积极倡导旅游新概念,积极发展旅游服务业。

依靠这种发展思路,选择重点行业、重点地区突破,以点成线,以线成面,最终形成区域服务业发展的良性循环机制,促进区域服务业快速发展。

——在稳步推进、努力加快城市化建设的进程中,提升服务业发展水平。服务业的发展与城市化进程是相辅相成、相伴而生的。大城市是服务业发展的龙头,小城镇建设是服务业发展的龙身。现代经济理论和发达国家实践表明:现代服务业的发展,必须建立在社会生产精细分工和周密协作的基础上。当前,城市服务业发展在我国服务业中占有举足轻重的地位。加快江苏城市化进程,全面提升城市服务业的发展水平,对于促进我国服务业的发展具有重大意义。

把推进城市化与发展服务业紧密结合起来,充分利用制造业的优势,发展专业化的生产服务业,依靠创新拓展服务业发展的领域和业态,开辟新兴服务业的发展空间,对不同地区、不同环境约束条件下的城市确定不同的环境容量,制定不同的发展政策,如鼓励发展、一般限制或严格控制等,避免一刀切的简单化处理办法。在城市化过程中,应充分认识到江苏城市宏观布局是非均衡的。应当正视这种差异,防止错位追求,企图把所有城市都建成“苏州”或“无锡”。并力求在宏观战略上换位思考,把南北差异当成特色,使不同城市的发展根据其自然条件和经济结构特点,形成各具特色、不同风格、大中小城市相结合的城市布局,使城市规模结构更加协调,进一步推动具有江苏特色的城市化健康发展。

——建立健全法律法规体系,使服务业的发展制度化、规范化。一是加快制定行业性法规,如商法、金融服务法规、电信服务法规、交通运输法规、知识产权法规等,注重参照国际条约和国外立法经验,加强对GATT、GATS有关条款原则的研究,尽快建立健全既符合经济发展目标又不违背国际法律准则的不同层次、内容齐备的法律法规;二是理顺各种法律法规与服务行业内部之间的关系,使得服务贸易领域的法律法规健全,相互协调,共同形成结构清晰、层次分明、相互衔接、疏而不漏的有机整体;三是尽快建立服务贸易的科学管理体系,制定统一协调的服务贸易进出口政策并明确归口管理

部门。认真制定和实施“服务贸易发展总体规划”，有计划、有步骤地组织、管理、协调好服务业和服务贸易发展；四是尽快消除服务业发展的体制性障碍，给予服务业与制造业同等的优惠政策，在项目建设、企业运营、信息等关键领域，政策甚至更应向现代服务业领域倾斜，并尽快建立和完善服务业与服务贸易的统计制度和监测、预测以及信息发布制度。

3. 浙江

——加强产业关联，构建服务业与制造业的互动发展机制。推进企业内置服务市场化、社会化，引导和推动企业通过管理创新和业务流程再造，逐步将发展重点集中于技术研发、市场拓展和品牌运作，将一些非核心的服务环节剥离为社会化的专业服务。大力发展产业内部的专业化分工体系，变单纯的制造业集聚为集成制造与服务功能的产业链集聚。规范服务业竞争秩序，降低服务外包的合作风险。鼓励规模大、信誉高、服务质量好的企业，实施跨地区、跨行业的兼并重组，促进生产性服务业的集中化、大型化、组织化。建立信息共享平台，健全中介体系，推动相关企业间合作，实现社会化服务与制造环节的“无缝式对接”。

——加大政策扶持力度，强化专业化服务企业的分工优势，鼓励制造企业服务外部化。对重点行业实施税收优惠。研发、设计、创意等技术服务企业可认定为高新技术企业，享受相应的高新技术企业优惠政策。新办的从事物流技术和咨询服务、物流信息服务企业在技术改造中使用国产设备时，享受所得税减免优惠。经批准的中小企业信用担保、再担保机构从事担保业务的收入，享受营业税减免优惠。设立生产性服务业发展引导资金，主要用于对影响大、带动作用强、具有示范效应的服务业重点项目的贴息或补助，重点扶持生产性服务业集聚区、现代物流、金融业、商务服务业、信息服务业等领域的重点项目建设。

——围绕产业集群构建区域生产性服务体系，推进服务业的集聚式发展。产业集群是目前浙江经济生态的主要形式。要引导制造业向城市周边集中布局，依托制造业集聚扩大生产性服务业的有效需求，形成支撑产业发展的规模经济和范围经济效应。按照集聚发展、强化辐射的要求，科学合理地划分生产性服务业不同的功能区域，以功能区、集聚区建设为载体，实现专业化服务和社会化、市场化运作。通过规划布局、政策引导和必要的财政支持等形式，支持生产性服务业实现区域性集聚。尽快消除针对服务业的政策性歧视，对生产性服务业在用水、用电和用地上实行与制造业同等政策，对生产性服务业集聚区给予与工业开发区相同的政策扶持。

——加快推进服务业标准化。建立健全服务业标准体系，扩大服务标准覆盖范围。严格贯彻执行已有的国家标准和行业标准。对新兴服务行业，鼓励龙头企业、地方和行业协会先行制订省级地方服务标准。对暂不能实行标准化的服务行业，支持推行服务承诺、服务公约、服务规范等制度。

九 长三角财政

2008 年,长三角地区一般预算收入为7 047.14亿元,同比增长 17.65%,比 2007 年同期增长速度降低约 14 个百分点。其中,江苏一般预算收入在长三角中占比最高,约 38.76%,其次为上海 33.81%。2008 年,长三角地区一般预算支出为8 073.75亿元,同比增长 23.03%,比 2007 年同期增长速度降低 0.51 个百分点。其中,江苏一般预算支出在长三角中占比最高,约 40.22%,其次为上海 32.42%。如图所示:2000 年至 2008 年,长三角地区一般预算收入与支出呈稳定增长的趋势。上海、江苏和浙江一般预算收入与支出也呈稳定增长的趋势。

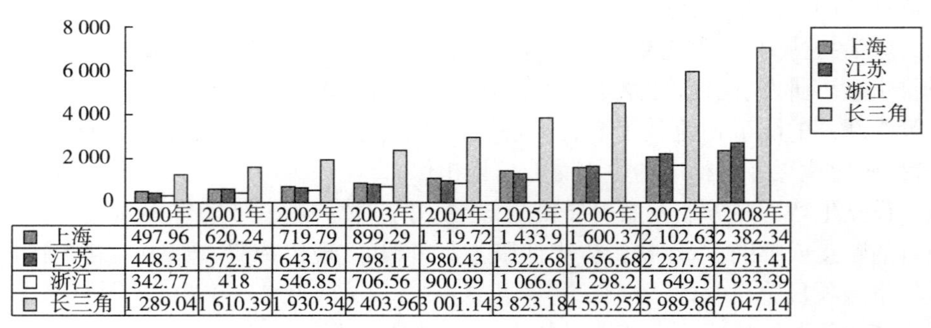

	2000年	2001年	2002年	2003年	2004年	2005年	2006年	2007年	2008年
上海	497.96	620.24	719.79	899.29	1 119.72	1 433.9	1 600.37	2 102.63	2 382.34
江苏	448.31	572.15	643.70	798.11	980.43	1 322.68	1 656.68	2 237.73	2 731.41
浙江	342.77	418	546.85	706.56	900.99	1 066.6	1 298.2	1 649.5	1 933.39
长三角	1 289.04	1 610.39	1 930.34	2 403.96	3 001.14	3 823.18	4 555.252	5 989.86	7 047.14

图 3-14 长三角地方一般预算收入趋势图(单位:亿元)

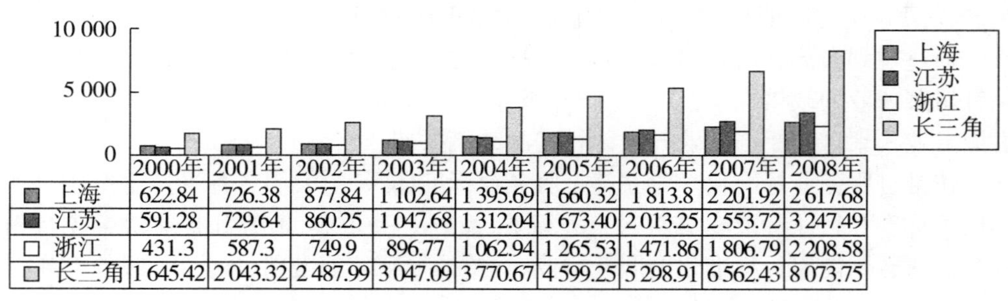

	2000年	2001年	2002年	2003年	2004年	2005年	2006年	2007年	2008年
上海	622.84	726.38	877.84	1 102.64	1 395.69	1 660.32	1 813.8	2 201.92	2 617.68
江苏	591.28	729.64	860.25	1 047.68	1 312.04	1 673.40	2 013.25	2 553.72	3 247.49
浙江	431.3	587.3	749.9	896.77	1 062.94	1 265.53	1 471.86	1 806.79	2 208.58
长三角	1 645.42	2 043.32	2 487.99	3 047.09	3 770.67	4 599.25	5 298.91	6 562.43	8 073.75

图 3-15 长三角地方一般预算支出趋势图(单位:亿元)

(一) 上海财政

2008 年,上海进一步完善财税体制,积极发挥财税政策杠杆作用;不断优化财政支出结构,稳步提高民生项目占财政支出的比重,确保落实年初预算报告提出的"四个大力支持";继续推进预算管理各项改革,努力打造"阳光财政",切实加强预算管理和监督,全市预算收支执行情况良好。

1. 上海地方一般预算收入收支执行情况

2008 年,上海市地方财政收入2 382.3亿元,同比增长 13.3%,完成预算 100.7%,加上中央与市的结算收入等 255.7 亿元,以及全市调入预算稳定调节基金 8.6 亿元,上海市可以安排使用的财政收入总计为2 646.6亿元。地方财政支出2 617.7亿元,同比增长 18.9%,完成调整预算 101.4%,加

上结转下年支出10.3亿元、部分区县安排预算稳定调节基金17.5亿元,地方财政支出总计2 645.5亿元。全市财政收支执行结余1.1亿元。

2008年,上海市本级财政收入1 220.6亿元,同比增长12.7%,完成预算100%,加上中央与本市的结算收入等239亿元,加上调入市级预算稳定调节基金8亿元,减去市级返还给区县财税体制改革收入基数及其他结算补助473.1亿元,市本级财政收入总计994.5亿元。市本级财政支出984.2亿元,同比增长27.8%,完成调整预算102.5%,加上结转下年支出10.3亿元,市本级财政支出总计994.5亿元。市本级财政收支执行基本平衡。

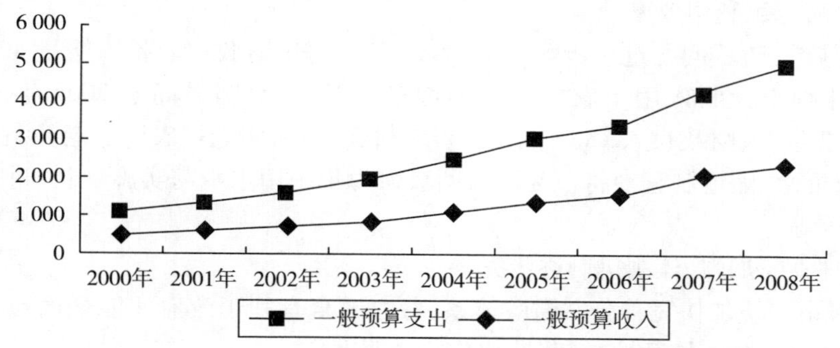

图3-16 上海地方一般预算收支趋势图(单位:亿元)

2. 上海财政预算执行与工作特点

(1)财政收入任务完成,实现既定预算目标

全年收入预算执行呈现三大特点:一是财政收入总体保持较快增长。上半年依托经济平稳运行和企业效益提升,有效抵御通胀压力,财政收入保持了25.7%的高增长。下半年针对国际金融危机持续蔓延和经济增长放缓影响,及时出台一系列推进经济发展方式转变和产业结构调整政策,上海市经济结构保持了好的态势,财政收入完成了预算目标。全年收入增幅呈现前高后低的走势,比2007年回落18.1个百分点。二是二、三产业协调发展的格局进一步巩固。来自二产和三产的财政收入分别增长10.8%和14.2%,为近年来增幅最为接近的一年。二产中成套设备、电子信息制造业加大研发投入,发挥创新优势,收入增幅保持在25%以上,实现二产收入增量的四成,显示经过多年努力,本市先进制造业竞争力进一步增强;三产中银行业、交通运输业以"四个中心"建设为契机,发挥集聚效应,收入分别增长78.1%和42.8%,批发零售业、商务服务业在消费升级和完善综合服务功能中,分别增长32%和16.2%,四大行业带动本市经济增长进一步转向消费和服务经济。三是重点行业增幅明显回落。受国际经济金融形势恶化影响,下半年起,钢铁、汽车、房地产等支柱产业市场需求由旺转弱,证券业持续低迷,四大行业收入增幅分别下降27%、4.7%、23.2%和61.6%,进而影响下半年的收入增长,预计减收还将延伸到2009年。

(2)财政支出聚焦重点,突出"四个大力支持"

2008年,上海市财政预算执行切实按照年初市人代会确定的财力配置重点,新增财力集中用于改善民生。

首先,大力支持社会保障体系进一步完善。包括及时帮助零就业家庭解决就业困难,并将"万人就业岗位补贴"标准每人每月提高100元;安排财政资金1亿元,充实大学生科技创业基金。健全城乡最低生活保障制度。落实财政资金10.9亿元。四是保障群众住房改善需求。多层次保障居民自住需求,加大旧区改造力度,落实中低收入家庭个人购房贷款财政贴息,放宽廉租住房困难家庭收入线认定标准,全市财政安排廉租住房补贴资金21.3亿元。

其次,大力支持社会事业进一步发展。包括安排财政资金13.2亿元,提高义务教育生均公用经费基本标准;安排财政补贴资金5.5亿元,落实普通本科高校、高等和中等职业学校家庭经济困难学生资助政策。落实国家科技支撑计划课题经费3.8亿元和国家科技项目地方配套资金2.1亿元,加大自主创新推进力度等等。

第三,大力支持城市发展和节能减排进一步推进。一是加快重大基础设施建设。市级财政安排公共基础设施建设支出230亿元,同比增长21%. 二是大力推进节能减排。全市安排节能减排专项资金10.7亿元,通过以奖代补方式对节能技术改造项目提供政府支持,鼓励和引导企业加大节能技术改造的投入,提高能源利用效率。

第四,大力支持"三农"问题进一步解决。2008年,上海市财政支农投入增量89.3亿元,明显高于2007年;政府土地出让收入用于农村建设的增量2.1亿元,明显高于2007年。包括财政投入27.1亿元支持农业生产;财政投入18.1亿元改善农村面貌;落实老年农民养老补贴9.5亿元提高农民保障;整合支农资金,因地制宜地将市与区县两级财力集中用于亟需实施项目,进一步提高财政支农资金使用效率等等。

(3)财政管理不断加强,体制机制逐步完善

2008年,上海市围绕加快完善公共财政体系,着力健全有利于政府职能全面履行的财政保障制度,提高财税运作的公共性、均衡性、规范性和公开透明度。

首先是完善财税体制。围绕推进基本公共服务均等化的要求,重点在转移支付和区县以下财政体制上实现突破。按照"加快形成统一规范的转移支付制度"要求,全面改革市对区县转移支付制度。一般性转移支付比重由去年的59%提高到76%,转移支付结构更趋合理。其次是强化多层次监督。围绕建设服务政府、责任政府、法治政府,以提高行政效能为切入点完善财政自身监督职能,以加强公开透明为突破口自觉接受社会各界对财政的监督。

2008年,上海财政运行不断规范,预算完成情况总体较好。但财政运行和预算执行中还存在一些亟待解决的问题:一是财政增收面对巨大压力。国际经济环境重大变化的不利影响、自身经济发展转型的严峻挑战,使上海市今后一段时期的财政收入增收形势不容乐观。二是支出管理仍需进一步科学化、规范化。较大的财政收支压力,对进一步调整和优化支出结构,改进和完善预算管理带来巨大的需求和动力,需要持续提高财政资金使用的规范性、安全性、有效性和透明度,努力缓解收支紧张的突出矛盾。三是基本公共服务均衡供给仍需不断加强。随着新的转移支付办法框架基本确立,上海市不同区域间基本公共服务的供给水平和均等化程度将得到有力推进,但具体操作办法仍需要在实践中不断跟踪改进,区域间基本公共财政保障的范围和标准需要尽力而为、量力而行,逐步加以完善。

(二)江苏财政

2008年面对严峻的经济形势,江苏省财政部门坚决落实省委省政府的重大决策部署,深入贯彻落实科学发展观,积极创新财政体制机制,充分发挥财政职能作用,大力优化财政支出结构,突出支持加快转变经济发展方式,全力保障"三农"和以改善民生为重点的社会事业建设,财政改革与发展取得了新的进展。

1.江苏地方财政一般预算收支执行情况

总体来说,江苏财政收入增速放缓,主要税种同步下滑。2008年以来,江苏省财政收入增速基本上呈逐月回落态势,全省财政一般预算收入完成2 731.4亿元,同比增长22.1%,比2007年下降13个百分点。2008年上半年财政收入增长较快,是在国民经济保持较高增长速度、价格水平持续上涨

的基础上实现的，同时也受到一些特殊因素的影响。一是2007年企业利润大幅增长，2008年上半年汇算清缴企业所得税入库较多。据江苏省国税部门统计，2008年上半年共入库上年汇算清缴收入约126.9亿元，占国税全部入库额的30.6%，同比增收51.7亿元，增长约68.8%，其中各大证券公司由于2007年盈利大幅增长，2008年上半年共入库汇缴收入18.7亿元，同比增长近8倍，部分去年在股票市场减持变现的企业汇缴收入也较多。进入三季度，上半年特殊增收因素不复存在，同时受经济增速回落加快、房地产市场持续低迷，以及企业所得税"两法合并"、个人所得税税率下调等因素综合影响，各主要税种收入增速均出现不同程度下滑，其中增值税、营业税、企业所得税、个人所得税和契税全年增速比上年同期分别下降8.9个、17.2个、17个、19.3个和38.8个百分点。财政支出增长较快。教育、就业、社会保障、环境保护等重点民生领域得到有效保障。2008年，全省一般预算支出3 247.49亿元，同比增长27.17%。

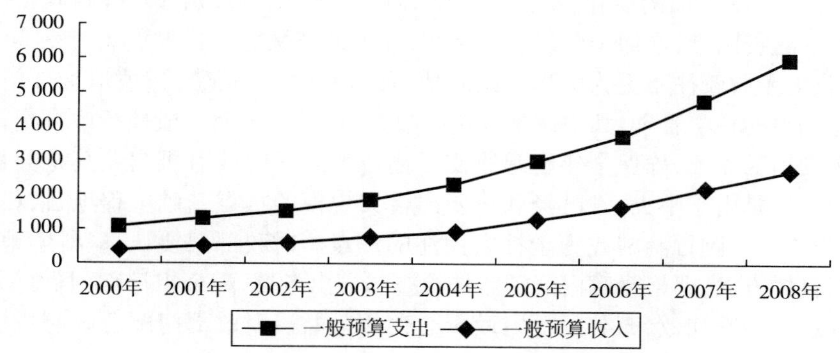

图3－17　江苏地方一般预算收支趋势图（单位：亿元）

2. 江苏财政预算执行与工作特点

（1）支持和引导经济平稳较快增长发挥了积极作用

一是增加安排省级扩大内需支出。根据省委省政府决策，省财政通过动用去年省级超收财力、调整支出结构、提前预支今年预算安排等渠道，以最快速度筹足100亿元资金，重点用于保障性安居工程、农村民生工程、重大基础设施、支持企业扩大生产经营、教育文化社会事业、提高优抚对象及老党员生活补助标准、加快推进苏北地区开发建设、支援绵竹地震灾区加快恢复重建等八个方面。二是推进区域经济协调发展。兑现区域发展激励政策59亿元，支持苏北各县重点开发区发展和沿江开发。研究制定了加快苏北发展、振兴徐州老工业基地、支持连云港核电产业、常州科教城国家新能源研发检测平台、南京汽车产业发展的政策措施。三是引导金融机构加大投入。在去年初国家信贷政策紧缩的情况下，出台政策引导银行业金融机构增加对中小企业、科技项目、现代服务业的信贷投放。省财政出资12亿元用于中小企业信用担保体系建设，努力缓解中小企业融资难的矛盾。

（2）各项强农惠农政策措施得到有效落实

2008年，江苏省级以上财政对"三农"投入达到377亿元，增长60%，公共财政覆盖农村的范围不断扩大。一是支持高效农业扩面增量。扶持437个高效农业基地、340多个"四有"农民合作经济组织、62个农业综合开发产业化经营项目。二是农民所得实惠较大幅度增加。各项补贴政策提标扩面，涉农补贴超过54亿元，其中水稻直补和农资增支综合补贴42.75亿元，比上年增长89.5%，1300多万农户受益。实施"一村一名大学生"计划。安排脱贫攻坚工程启动资金7.54亿元。在苏北375个经济薄弱村实施财政扶贫"整村推进"，全面完成1 011个经济薄弱村的"千村万户帮扶工程"。安排扶贫小额贷款规模7亿元,带动贫困农户11万户。

(3)保障民生工作和社会事业得到加强

2008年,江苏坚持以人为本,普惠于民,完善和落实改善民生的各项政策。一是支持加快发展社会事业。全面实行城乡免费义务教育和教科书免费制度,全面完成农村义务教育债务化解工作,全面推进省属高校化解债务工作。2008年江苏省财政共向家庭经济困难学生395万人次发放扶困助学经费17.1亿元。二是支持就业和社会保障工作。扩大城镇职工医疗保险覆盖范围,在全国率先全面推开城镇居民基本医疗保险工作,省财政对经济薄弱地区补助达到2.45亿元,比上年增加1.45亿元,提高新型农村合作医疗筹资标准。三是支持改善困难群众基本生活。提高失业保险金下限,提高城乡低保标准,提高农村五保户集中供养和分散供养标准。建立了按季启动价格上涨动态补贴机制,对城乡低保对象实施适度普惠性节日慰问补助。

2008年,江苏财政运行和预算执行中还存在一些值得关注的问题:一是在经济增速减缓的情况下,必须密切关注经济基本面的变化,尽快出台地方相关配套措施,充分发挥财政资金的杠杆作用,为缓解当前企业的融资困难,增加企业的盈利空间,推动经济又好又快发展。二是2009年财政减收增支因素增多,收支矛盾较往年更为突出。财政要节约使用财政资金,谨慎追加部门和单位的支出预算。继续强化支出的科学管理,大力调整优化财政支出结构,压缩一般性行政支出,集中财力保证重点支出和民生支出的需要,确保全年财政收支平衡。严防各级政府机构尤其是县乡政府、高等学校新债务的出现。三是由于中央、省已经和将要出台大规模的重点基础工程项目,相应财政资金支出规模激增,防止资金的跑冒滴漏成为全社会关注的焦点。财政部门要认真、科学地研究制定专项资金预算执行的具体方案,严格财政内部的监督检查和支出考核,配合审计部门做好外部审计监督,加强对财政资金运行跟踪问效,充分发挥财政资金使用效益。财政部门配合政府投资管理部门,推行有效的项目投资管理制度,如代建制等。

(三)浙江财政

2008年,浙江省坚决执行国家宏观调控政策,扎实推进“创业富民、创新强省”总战略,认真实施“全面小康六大行动计划”,积极创新理财思路,完善财政体制,推动经济发展方式转变,强化收入征管,优化支出结构,深化财税管理改革,财政收入超额完成2008年初省人代会确定的任务,同时通过不断调整和优化支出结构,有力保障了各项重点支出的需要,促进了全省经济建设、事业发展和社会稳定。

1.浙江地方一般预算收入收支执行情况

2008年浙江省地方财政收入汇总预算为1 850.00亿元,执行数为1 933.39亿元,完成预算的104.5%,比上年增长17.2%,按可比口径计算比上年增长15.3%。2008年浙江省财政支出汇总预算为2 000.00亿元,执行数为2 208.58亿元,完成预算的110.4%,比上年增长22.2%,按可比口径计算比上年增长15.1%。

2008年浙江省级地方财政收入预算为195.00亿元,执行数为205.98亿元,完成预算的105.6%,比上年增长17.8%,按可比口径计算比上年增长10.6%。2008年省级财政支出预算为226.80亿元,执行数为251.25亿元,完成预算的110.8%,比上年增长21.3%,按可比口径计算比上年增长9.9%。

2.浙江财政预算执行与工作特点

(1)完善财政体制,推动经济转型升级。按照科学发展观的要求,完善省对市县财政体制,建立健全有利于科学发展的财税体制机制,进一步发挥财政体制的导向、杠杆作用,促进产业结构优化、经济转型升级和发展方式转变。按照大稳定、小调整的要求,将“两保两挂”、“两保一挂”财政政策

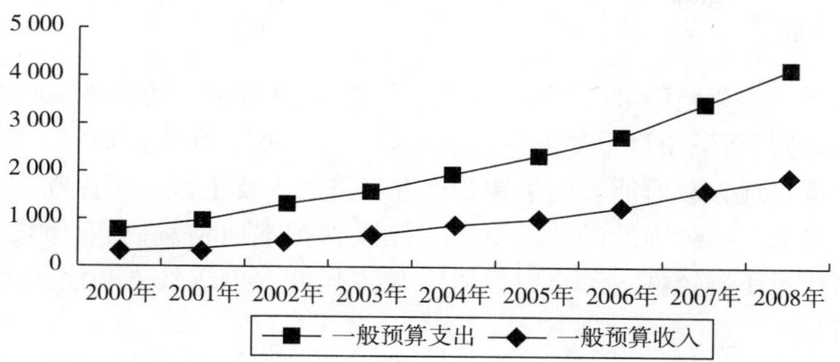

图 3-18　浙江地方一般预算收支趋势图(单位:亿元)

统一调整为“分类分档激励奖补机制”;实行市县营业税增收上交返还奖励政策和省级金融保险业营业税增收奖励政策,适当提高电力生产企业所在地增值税分成比例,提高市县发展服务业特别是金融等现代服务业的积极性;完善财政转移支付制度,加大一般转移支付力度,逐年增加因素法转移支付和生态环保财力转移支付的力度,增强经济薄弱及相对薄弱市县基本公共服务能力,积极推进基本公共服务均等化。

(2)着力改善民生,促进社会和谐稳定。2008 年浙江省财政增量用于民生支出比例达到 72.2%。一是支持抗灾救助。支持冰冻雨雪灾害应对及各项灾后重建工作。二是支持教育事业发展。深化义务教育经费保障机制改革,小学、初中公用经费标准已提高到每生每年 300 元、450 元,全部免除城乡义务教育阶段学生课本费、作业本费,免除符合条件的民工子女义务教育借读费。三是支持创业富民。完善支持自主创业、自谋职业政策,加强农村劳动力素质培训,支持零就业家庭、大中专毕业生和农村剩余劳动力创业就业。四是支持文化大省建设。加大公益文化投入,支持农村公共文化服务体系和文化重点项目建设。五是支持生态环境保护和节能减排。完善财政激励约束机制,全面实施省对主要水系源头 45 个市、县(市)的生态环保财力转移支付制度。加大生态环保投入,运用“以奖代补”等政策措施,支持全省重要流域、区域和欠发达地区生态环境保护及污染整治、农村环境治理及生态保护,推进污染减排工作。

(3)深化财政改革,完善公共财政体系。推进“收入一个笼子、预算一个盘子、支出一个口子”改革,严格执行“收支两条线”政策,加强预算内外资金统筹力度,完善综合预算管理模式,并在部分省级行政单位进行试点。完善事业单位财政供给制度,省级监督管理类事业单位实行“零基法”编制预算,加大事业单位“花钱买服务”改革力度。深化国库集中支付改革,确保省级改革规范运行,全省 11 个设区市均已实施。建立政府优先强制采购节能环保和自主创新产品制度,推进节约型社会和创新型省份建设;加快政府采购信息化建设,完善政府采购目录和采购限额标准,扩大政府采购范围和规模,预计全年政府采购金额 430 亿元,节约资金 60 亿元。深化农村综合改革,切实推进乡镇政府职能转变,36 个县(市、区)开展乡镇委托授权行政执法试点;加大对村级组织运转扶持力度,增强村集体经济活力。完善“金财工程”一体化软件并全面推广,软件开发由应用层转向管理层。

2008 年浙江省财政运行总体情况较好,但预算执行和财政工作中还存在一些不容忽视的问题,主要是:由于经济增长乏力、企业经济效益下滑等原因,财政收支矛盾比较突出;公共财政体系不够完善,公共财政职能发挥还不够充分;有些专项资金尚需有效整合,财税管理的质量有待进一步提高等等。这些问题需要通过深化财税改革、创新工作机制、严格财税管理等措施逐步加以改进和解决。

(四)长三角财政展望

目前,长江三角洲一体化已经取得了不错的成绩,但是阻碍长三角经济一体化持续发展的行政壁垒设置、产业结构雷同、建设项目重复等深层次障碍至今仍然存在。同时,由于地方政府对税率没有决定权,但财政政策是地方政府能够用于调节地方经济的主要手段。所以在税政高度统一的情况下,地方政府不得不采取一系列隐性的政策竞争手段来保护本地利益,从而使长三角地区经济过度竞争,市场环境变得更具不确定性。追求财政收入最大化就要追求地方利润最大化,这形成阻碍长三角一体化发展的根本。

因此,实现长三角真正一体化必须打破地方财政的行政界限,只有实现财政制度创新,才能实现区域公共产品共享与均等化。可以仿效欧盟的做法,建立长三角区域共同财政预算。区域共同预算需要设置收入来源和共同支出目标。同时应明确区域共同财政支出仅限于区域经济一体化事权范围。对区域公共产品的财政资助上,按照混合公共产品的特点,主要由项目牵头方和主要受益方承担,并确定区域资助额的一个最高比率。同时,建议建立长三角地方政府横向财政转移支付机制,既能在一定程度上减轻对中央政府的压力,又能使长三角地区的转移支付与利益平衡之间形成明确的授受关系,缓解地区利益矛盾。财政转移支付目标应该主要用于加强人力资源建设和改善基础设施,以增强落后地方发展后劲。

十　长三角金融业

（一）长三角金融业发展态势概述

金融是现代经济的核心，直接关系到经济社会发展全局。2008 年是推进长三角地区金融协调发展支持区域经济一体化框架建立并正式运作的第一年，也是我国经济社会发展不平凡的一年。2008 年下半年，国际金融与经济环境不断恶化，全球主要经济体经济增长乏力，长三角地区作为我国外向型经济最发达、与全球经济和金融市场联系最紧密的地区之一，金融与经济发展遇到了相应的压力和困难。

1. 银行业

2008 年，长三角金融业发展势头稳定，货币信贷运行平稳。上海、浙江和江苏两省一市金融机构各项存款总额为108 087. 88亿元，比去年增加18 291. 88亿元，增长 20. 37%，存款总额占全国比重为 22. 59%，基本与 2007 年占比持平；贷款发放量增长平稳，两省一市金融机构各项贷款总额为 79 985. 49亿元，比 2007 年增加11 243. 49亿元，增长 16. 36%，贷款总额占全国比重为 24. 99%，略高于 2007 年占比。

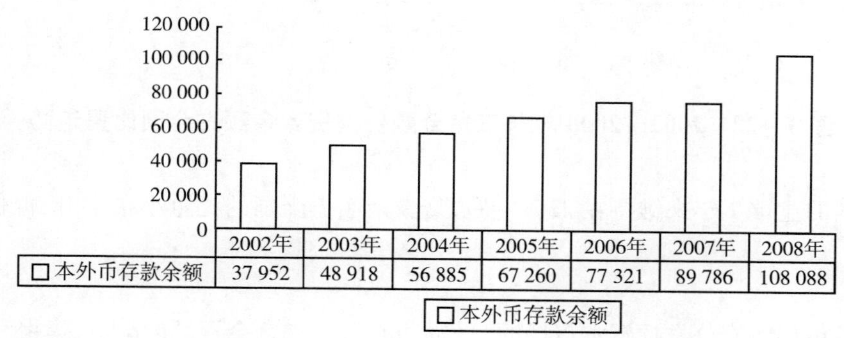

图 3－19　2002－2008 年长三角金融机构存款余额走势（单位：亿元）

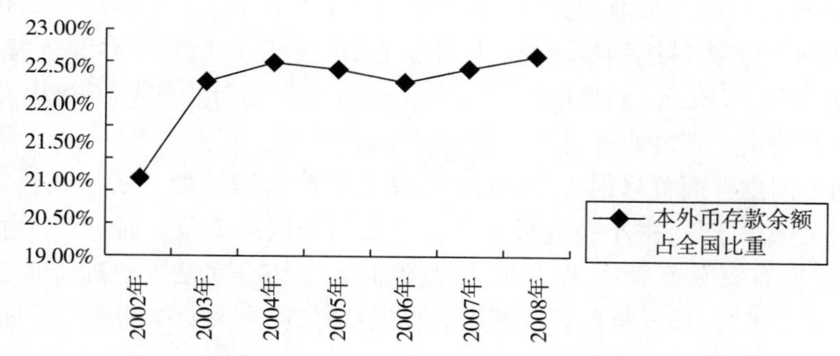

图 3－20　2002－2008 年长三角金融机构存款余额占全国比重走势

如上图所示，2002 年至 2008 年，长三角金融机构存贷款余额每年逐步攀升，上升幅度基本稳定，

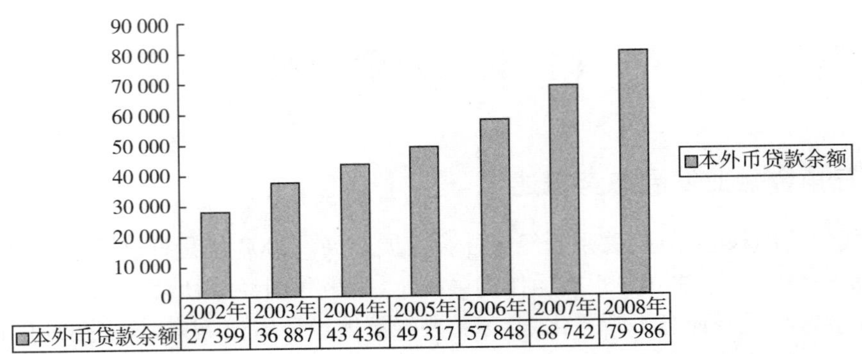

图 3－21　2002－2008 年长三角金融机构贷款余额走势(单位:亿元)

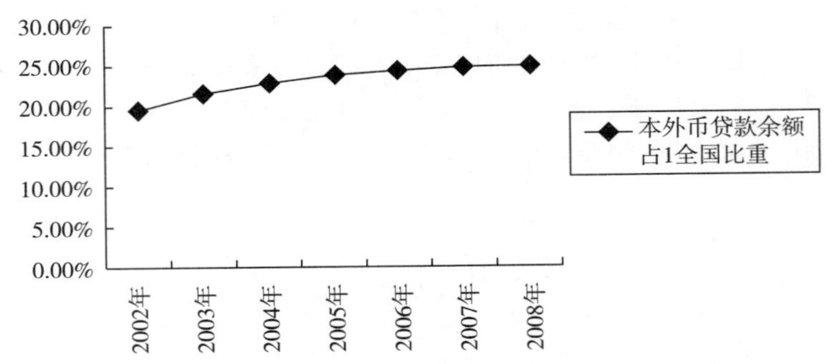

图 3－22　2002－2008 年长三角金融机构贷款余额占全国比重走势

存款余额占全国的比重 7 年来维持在 22% 左右,贷款余额占全国的比重小幅上升,但仍控制在 25% 以内。

2. 证券业

发达的证券市场能充分发挥资本市场的“融资功能”,实现资金资源的动员、集聚和再分配,使各种经济资源实现动态优化配置。2008 年末,上海市共有证券公司 15 家,其中有 10 家实现盈利,共实现营业收入 283 亿元,净利润 117 亿元。上海 30 家基金公司管理资产净值达6 205亿元,同比下降 36%,但管理资产规模占全国基金业的 32%,较上年提高 2 个百分点。江苏尽管 2008 年资本市场波动幅度巨大,但证券机构实力继续稳步增长。国联证券、东吴证券、南京证券和东海证券增资扩股工作完成后,净资本增加至 41 亿元,同比增长 27. 6%。证券公司创新业务发展较快,华泰证券、东海证券和南京证券相继开展资产管理业务,推出创新资产管理产品。其中华泰证券的“华泰资金鼎”伞形集合资产管理计划是国内券商首只创新型伞型结构集合资产管理计划。浙江截至 2008 年末境内上市公司家数继续居全国第 3 位,中小企业板上市公司数居全国第 2 位。通过深入推进公司治理、信息披露、防范大股东占有等专项活动,以及加强日常监管,上市公司法人治理持续完善,信息披露管理制度不断规范。总体来看,长三角地区证券市场表现良好,在金融业中的地位不断提升。

3. 保险业

2008 年,长三角地区保险业平稳发展。两省一市 2008 年保费收入总额1 931. 79亿元,比上年增长 28. 64%,占全国比重为 19. 74%。上海,江苏和浙江保费收入均有所上涨,其中,江苏省保险机构实现保费收入 775. 4 亿元,依然为长三角之首,占据长三角保费收入 40% 的份额。上海市和浙江省

分别实现保费收入 600. 06 亿元、576. 33 亿元。从增幅来看，江苏省增长较快，同比增长 34. 36% 。

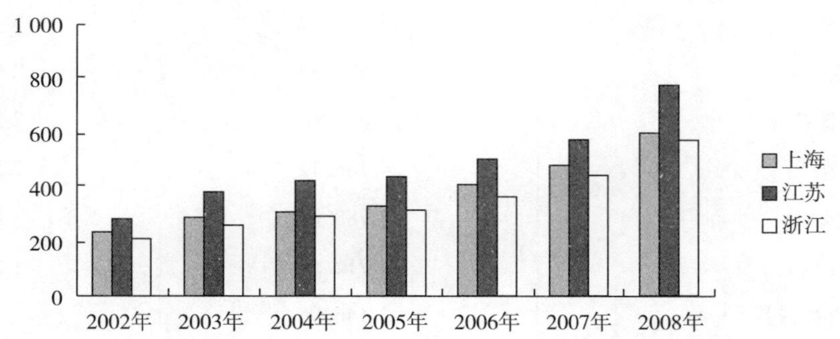

图 3 －23　2002 年至 2008 年长三角保险机构保费收入趋势图(单位:亿元)

长三角地区金融资源总量充沛。区域经济的发展，金融业的迅速扩张，促进了这一地区的经济金融的联动和融合。

(二) 长三角两省一市金融业发展分述

1. 上海市金融业发展情况

2008 年，上海市经济总体保持平稳发展，但随着国际金融危机的影响逐步加剧，经济下行压力明显加大。货币信贷运行总体平稳，各项存款大幅增加，各项贷款增长适度。票据市场交易量稳步增长，市场利率大幅走低。外汇收支增速放缓，结售汇顺差下降。银行业信贷资产质量继续改善，税前利润增幅回落。证券公司经营业绩明显下滑，外资保险公司市场份额大幅下降。债券市场发展势头良好，金融市场进一步完善。金融生态环境继续改善，区域金融协调发展取得新突破。

国际金融中心建设加快推进。2008 年实现金融业增加值1 442. 6亿元，比上年增长 15% 。

金融机构加快集聚。2008 年新增各类金融机构 82 家。其中，银行业机构 12 家，保险业机构 30 家。至年末，全市有各类金融机构 689 家。其中，银行业机构 124 家，保险业机构 291 家，证券业机构 94 家。在沪经营性外资金融机构达到 165 家。其中，年内新增 14 家。在沪经营的外资银行及财务公司(不含外资银行同城支行)93 家。其中，获准经营人民币业务的 57 家。外资银行及财务公司资产总计7 606. 98亿元。其中，人民币资产总计3 970. 6亿元。

存贷款规模继续扩大。至 2008 年年末，全市中外资金融机构本外币各项存款余额35 589. 07亿元，贷款余额24 166. 12亿元。2008 年金融机构现金收入27 410. 94亿元，现金支出28 263. 65亿元，收支相抵现金净投放 852. 71 亿元。

金融市场功能不断增强。2008 年通过资本市场筹资3 294. 91亿元，比 2007 年下降 53. 5% 。其中，发行新股筹资 733. 54 亿元，下降 83. 3% ；再次发行(增发、配股和配售)筹资1 504. 62亿元，下降 38% ；发行可转换债券 61 亿元，增长 16% 。至 2008 年年末，证券市场上市证券数1 184只。其中，股票 908 只，比 2007 年增加 4 只。2008 年上海证券交易所各类有价证券成交金额 27. 18 万亿元，比 2007 年下降 28. 5% 。其中，股票成交金额 18. 04 万亿元，下降 40. 9% 。期货市场成交金额 28. 87 万亿元，比 2007 年增长 24. 8% 。银行间同业拆借与债券市场成交金额 110. 79 万亿元，比 2007 年增长 55. 4% 。上海黄金交易所成交金额8 995. 48亿元，比 2007 年增长 1. 7 倍。上海钻石交易所成交金额 13. 07 亿美元，比 2007 年增长 30. 5% 。

表 3－41　中外资金融机构本外币存贷款

指标	绝对值(亿元)	比年初增减额(亿元)
各项存款余额	35 589.07	5 255.66
#企业存款	17 899.74	2 066.98
居民储蓄存款	12 083.66	2 744.46
各项贷款余额	24 166.12	2 562.79
#短期贷款	8 788.06	897.62
中长期贷款	13 712.53	1 514.82
#中资个人消费贷款	3 146.95	77.28
#个人住房贷款	2 915.49	57.23
汽车消费贷款	50.71	24.44

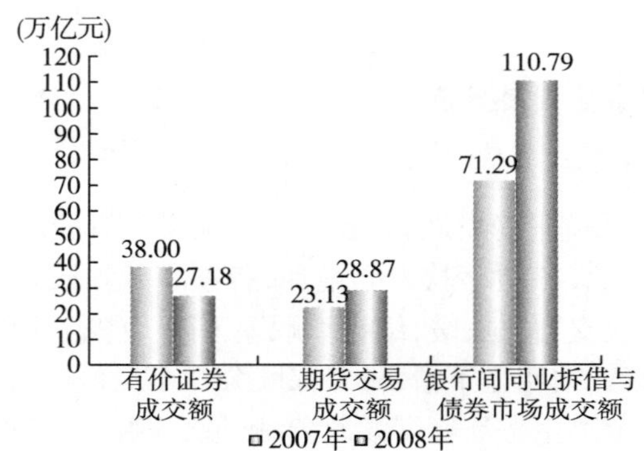

图 3－24　证券、期货、银行间同业拆借与债券市场成交额

保险业平稳发展。2008 年保费收入 600.06 亿元，比 2007 年增长 24.3%。其中，财产险保费收入 131.79 亿元，增长 10.3%；人身险保费收入 468.27 亿元，增长 28.9%。在 2008 年保费收入中，中资保险公司保费收入 500.35 亿元，比 2007 年增长 38.6%；外资保险公司保费收入 99.71 亿元，下降 18.1%。2008 年支付各类保险赔款及给付 184.09 亿元，比 2007 年增长 31.7%。其中，财产险 79.52 亿元，增长 50%；人身险 104.57 亿元，增长 20.5%。

金融生态环境继续改善，区域金融协调发展取得新突破。2008 年，人民银行上海总部积极开展商业承兑汇票评级创新，推动非银行信息采集、中小企业信用体系建设和农村信用体系建设。围绕金融市场发展和上海国际金融中心建设，在区域金融协调发展等方面取得实质突破。成功举办首届长三角金融论坛，完善长三角金融协调发展联席会议制度，建立外汇管理、货币信贷、金融统计、征信与反洗钱等跨区协作机制。成功依托小额支付系统开通华东三省一市银行汇票业务，推动支票影像交换业务发展，推广银行承兑汇票和商业承兑汇票转贴现合同文本。积极推动长三角信用体系一体化进程，金融机构跨区经营，积极引导票据市场、短期融资券市场和贷款交易市场建设，稳步推进私募基金、小额信贷和企业并购融资发展。探索开展人民币用于国际贸易结算试点研究。

2009 年，上海的经济金融发展均面临较大压力，国际金融危机影响出口增长；金融业经营利润增速将进一步下滑。同时，上海市经济发展也有相当多的有利因素，主要是服务业的占比相对较高，受

外围不利形势的影响程度要比出口生产型企业小。此外,国家扩大内需政策的实施、世博会筹备工作的开展,有利于保持投资的适度增长。因此上海要抓住机会认真贯彻落实适度宽松货币政策,保持货币信贷的适度合理增长。二是加强与产业政策的协调配合,优化信贷结构。三是积极推进金融创新,多渠道筹集建设发展资金。四是继续推进金融对外开放,支持上海国际金融中心建设。

2. 江苏省金融业发展情况

2008 年,江苏省金融业总体平稳运行。银行业金融机构综合实力明显增强,银行体系流动性充裕,资产质量效益稳步提升;证券业发展的基础进一步夯实,证券市场账户历史遗留问题得到积极稳妥解决;保险市场秩序不断规范,以银保业务为切入点,加快完善消费者利益保护工作机制。同时,地区经济良好的增长潜力和金融业对外开放程度的不断提升,吸引省外机构和外资机构纷纷加快布局江苏,江苏金融业聚集度进一步提高。

金融运行总体较为平稳。2008 年年末全省金融机构人民币存款余额比年初增加6 567. 5亿元,同比多增1 976. 6亿元;其中,居民储蓄存款增加3 706. 3亿元,同比多增2 872. 8亿元;企业存款增加1 368. 4亿元,同比少增1 200. 2亿元。2008 年年末金融机构人民币贷款余额比年初增加4 311. 2亿元,同比多增 704. 1 亿元;其中短期贷款增加1 422. 8亿元,同比少增 340. 3 亿元。

表 3 – 42　2008 年江苏金融机构人民币存贷款情况

指标	绝对数(亿元)	比年初增加(亿元)	比上年末增长(%)
年末各项存款余额	37 017. 5	6 567. 5	21. 6
#企业存款	12 895. 3	1 368. 4	11. 9
居民储蓄存款	16 721. 2	3 706. 3	28. 5
年末各项贷款余额	26 160. 7	4 311. 2	19. 5
#短期贷款	12 245. 5	1 422. 8	12. 9
#工业贷款	4 144. 0	304. 2	7. 7
商业贷款	1 164. 2	21. 0	1. 8
农业贷款	1 009. 7	179. 4	21. 2
私营企业及个体贷款	360. 1	40. 8	12. 8
中长期贷款	11 628. 9	2 036. 2	21. 1
#消费贷款	3 173. 8	383. 5	13. 7
#个人住房贷款	2 712. 2	337. 0	14. 2

数据来源:中国人民银行南京分行

银行业金融机构改革扎实推进。与江苏经济发展相适应,银行业机构设立进一步加快。2008 年新设 5 家股份制商业银行分行、4 家经济紧密区支行和 20 家股份制商业银行县域支行,江苏长江城市信用社成功改制为城市商业银行。区域金融融合加快推进,长三角地区银行机构互设分行步伐加快。江苏银行、南京银行分别在上海成立分行;浙商银行、宁波银行、浙江稠州商业银行、徽商银行分别在南京设立分行,宁波银行苏州分行获准筹建。

农村新型金融组织发展迅猛。2008 年,全省共成立村镇银行 3 家,小额贷款公司 23 家,注册资产总额共计 23 亿元。非银行金融机构稳步发展。2008 年新增国联集团、红豆集团两家财务公司。苏州信托引进了苏格兰皇家银行和联想控股作为战略投资者。江苏金融租赁有限公司与南京银行签定了股权认购及战略合作协议。金融业对外开放程度不断提升。2008年,新韩银行、大新银行在江苏设立分行。至2008年底,江苏辖内共有13家外资银行分行,10家外资银行支行。

证券市场高位回落。2008年年末全省境内上市公司由上年末的110家增加到117家,在上海、深圳证券交易所筹集资金97.2亿元,其中通过发行股票筹集资金85.5亿元,分别比2007年下降92亿元和28.5亿元。全年证券经营机构股票交易量37 331.9亿元,比2007年下降51.4%;期货经营机构代理交易量54 109.5亿元,比2007年增长51.5%。境内上市公司总股本563.6亿股,比2007年末增长21%;市价总值3 419.8亿元,比2007年末下降55.9%。2008年年末共有证券营业部210家,期货经纪公司营业部53家,证券投资咨询机构3家。

保险事业发展稳步。机构实力不断增强,业务结构调整取得显著成效,风险防范能力不断提升。2008年保费收入775.4亿元,比2007年增长34.5%。其中,财产险收入181.1亿元,寿险收入528.2亿元,分别增长15.3%、40.6%,健康险和意外伤害险收入66.1亿元,增长50.5%。赔付额267.0亿元,比2007年增长42.4%。其中财产险赔付121.0亿元,增长40.9%;寿险赔付129.5亿元,增长45.3%;健康险和意外伤害险赔付16.5亿元,增长32.4%。

金融生态建设稳步推进,征信环境不断改善。金融生态建设向基层推进。江苏省金融生态县创建活动广泛开展,出台了《创建考核评比办法(试行)》,完成了首批金融生态试点县的考核评定,对8个金融生态达标县和6家金融生态县创建工作先进单位进行了表彰,同时迅速启动第二批金融生态试点县创建工作,通过考核评级和加强指导,金融生态建设活动在基层取得实效,县域金融生态环境不断改善。征信环境不断改善,中小企业、"三农"信用体系建设取得成效。通过建立信用评级管理制度,公布信用担保机构信用评级结果等手段,有力推动了担保机构的诚信建设。中小企业信用档案采集、更新及农户信用评价试点工作稳步推进,有效发挥了征信系统对"三农"和中小企业贷款发放的促进功能。

展望2009年,国内外需求的下滑对江苏消费和出口增长形成较大压力,但政府扩大内需、加大公共投资力度的措施对投资增长将产生有力的支撑作用。从金融运行情况看,随着国家保增长的各项宏观调控政策逐渐发挥效应,江苏省金融运行将继续保持平稳健康的总体态势,存贷款总量将保持较快增长。受利润考核压力和大型项目储备的影响,贷款的季节分布可能重现2007年以前"前高后低"的格局。

3. 浙江省金融业发展情况

2008年,浙江省金融机构积极贯彻宏观调控政策,主动适应形势变化,金融经济继续呈良性互动发展势头。

2008年,浙江省银行类机构资产规模快速增长,资产总额同比增长24%;盈利水平稳步提高,实现利润增长18.6%;资产质量保持较高水平,年末不良贷款率为1.58%。其中,地方法人金融机构实现较快发展。城市商业银行业务拓展较快,资产规模和从业人员较上年分别增长35%和31%;农村新型金融组织发展取得突破。2008年,全省注册开业33家小额贷款公司,新组建农村合作银行10家,设立村镇银行5家。外资银行稳步发展,全年新成立外资机构2家。

2008年年末金融机构本外币各项存款余额35 481.20亿元,比2007年年末增长22.1%,其中人民币存款余额增长22.1%。全部金融机构本外币各项贷款余额29 658.67亿元,比2007年年末增长18.8%,其中人民币贷款余额增长19.9%。年末城乡居民本外币储蓄存款余额14 804.54亿元,比2007年年末增长30.0%。

表 3-43　2008 年全部金融机构本外币存贷款情况

指标	年末数(亿元)	比上年增长%
各项存款余额	35 481.20	22.1
其中:企事业存款	11 490.12	9.7
城乡居民储蓄存款	14 804.54	30.0
其中:人民币	14 501.49	29.9
各项贷款余额	29 658.67	18.8
其中:短期贷款	17 219.69	16.0
中长期贷款	10 742.81	19.5

按照五级分类统计,2008 年年末全省主要银行业机构不良贷款余额 306.95 亿元,比年初增加 135.13 亿元,不良贷款率为 1.31%,比年初上升 0.44 个百分点。

证券业经营保持领先。2008 年,浙江省证券市场交易规模同比下降 23.7%,但在全国占比依然较高;期货经营机构代理交易金额同比增长 70.3%,交易规模继续领先;证券营业部平均盈利水平居全国第 1 位。同时,证券公司合规建设初见成效,经纪业务不断规范。业务发展有新突破,3 家法人证券公司获期货中间介绍业务资格。期货公司基础建设初见成效,开户实名制、电子账单自动登录系统试点、交易动态监控等各项基础性制度建立和完善。2008 年末,全省全年新增上市公司 16 家(其中境内上市 11 家,境外上市 5 家)。目前,全省共有境内上市公司 131 家,位居全国第三,累计融资 796.92 亿元,其中中小板上市公司 54 家,占全国中小板上市公司总数的 19.8%,全国排名第二。境外上市公司 39 家,累计融资 445.64 亿元。

保险业保持稳步发展。2008 年,浙江省新增 9 家省级保险分支机构,由地方国有资本发起的浙商财产保险公司获准筹建。保险公司资产规模稳步增长,同比增长 15.6%。保险中介机构较快发展,全省保险公司通过保险中介渠道实现保费收入占总保费收入的 79.4%,占比同比提高 8.8 个百分点。保险总分机构、中介机构、行业社团共同繁荣发展的市场体系进一步完善。2008 年保险业实现保费收入 576.33 亿元,比 2007 年增长 30.4%。其中,财产险保费收入 203.39 亿元,比 2007 年增长 15.9%;人身险保费收入 372.95 亿元,增长 40%。支付各类赔款及给付 212.99 亿元。其中,寿险业务给付 71.58 亿元;健康险和意外伤害险赔款及给付 12.67 亿元;财产险赔款 128.74 亿元。政策性农业保险试点深化,"一扩一增"工作深入开展;继续完善政策性农房保险制度,制定理赔仲裁办法,建立快速理赔机制;加快完善农村保险保障体系,巩固参与新农合管理的第三方模式,深入推进计划生育保险,探索开展外出务工人员保险,初步形成多层次、广覆盖的新型农村保险体系。

征信建设取得突破,金融生态持续优化。2008 年,在中国人民银行杭州中心支行推动下,浙江省征信系统不断完善,信用环境不断改善,全省金融生态持续优化。一是征信系统建设成效显著。2008 年,浙江省征信系统覆盖面继续扩大,目前已为3 436万自然人和 86 万户企业建立信用档案,已开通查询用户 3.75 万个。系统数据质量不断提高,全省金融机构的企业、个人系统报文通过率已达 95%。同时,非银行信息采集共享有所突破,全省 151 万个公积金账户、412 万个社保账户、14 万条电信欠费信息、6 000条企业环保处罚信息等均已纳入征信系统。二是征信服务效果明显。目前,征信系统已成为金融机构风险管理的重要工具,系统日均查询量达 6.1 万次。征信系统还为司法等机构、企业和个人提供服务,规范市场经济行为,改善地区金融生态环境。

2009 年,将是新世纪以来浙江经济发展最为困难的一年,也是蕴含重大机遇的一年。一方面,经济发展不确定性依然较多。从金融走势看,复杂严峻形势增加了金融运行的不确定性。总体上,在流动性总体充足、居民收入稳定增长趋势下,存款有望平稳增长,但储蓄资金向资本市场分流的可能性依然存在。同时,由于市场信心有待恢复,信贷有效需求仍显不足,全年信贷运行将呈前高后低趋势。

(三)长三角金融业展望

虽然2008年长三角金融与经济发展遇到了很大的压力和困难。但是上海市、江苏省、浙江省在共同协作下,根据国务院《关于进一步推进长江三角洲地区改革开放和经济社会发展的指导意见》的要求,全面贯彻落实科学发展观,积极推进长三角地区金融协调发展支持经济一体化,取得了很大的进展和成果。一是进一步完善了长三角金融基础设施。2008年12月1日,小额支付系统正式开通了华东三省一市银行汇票业务,授信支票业务试点工作也在浦东发展银行上海分行启动,支票影像交换业务在长三角区域得到健康发展,长三角区域金融稳定协调机制正在加快建立。二是积极推动了金融市场融合与创新。目前转贴现统一合同文本在长三角得到推广使用,长三角票据市场的标准化建设进展顺利,长三角金融市场正在不断融合。三是鼓励金融机构发展与合作。2008年长三角城市商业银行共同签署了《长三角城市商业银行战略合作协议》,上海、宁波、无锡三地稳步推进股权投资基金试点,长三角农村小额信贷机构试点工作进展顺利。四是进一步加强了外汇管理合作。经国家外汇管理局同意,2008年8月20日在上海浦东新区启动了本外币兑换特许业务试点,企业异地付汇集中备案试点在嘉兴试点成功的基础上正在向长三角区域推广,长三角外汇管理合作不断加强。五是促进了长三角资金跨区流动。为积极推动长三角地区并购融资发展,联合发布了《长三角地区经济金融运行报告》和《长三角信贷投向指引》,召开了一系列形式多样的企业融资推进会,研究提出了促进长三角信贷资金跨区域流动和发展异地金融服务的具体措施和政策建议。六是大力改善金融发展环境。通过建立"信用长三角"工作机制,积极研究落实共建"信用长三角"合作备忘录达成的各项协议,长三角金融发展环境得到显著改善。

2008年出台的国务院《关于进一步推进长江三角洲地区改革开放和经济社会发展的指导意见》明确了未来一段时期长三角地区经济发展与产业结构优化调整的具体方向。以此为基础,长三角地区应充分结合在本轮金融危机冲击下暴露出来的不足,有针对性地进行改革:要在继续促进国有及国有控股企业发展的同时,加大对中小民营企业的支持,促进中小民营企业成长壮大,增加其抗风险能力和竞争力,其中,科技型、创业型中小企业更应该得到优先扶植发展;要加速发展具有相对竞争优势的金融、航运、物流和信息技术等现代服务业,以及石化、钢铁、汽车、船舶和先进装备等先进制造业;要加快外向型经济的升级,尤其是要促进产业链中附加值和技术含量相对较高企业的发展,提升长三角在全球产业分工与布局中的地位,培育一大批真正具有世界竞争力、充满活力的企业;要在经济与产业发展规划方面加强区域协作,鼓励通过并购、重组等方式对产业进行整合,淘汰落后产能,减少不必要的重复建设,在长三角区域内部形成分工合理、体现地区优势的产业格局。

与此同时,长三角地区应通过进一步加大区域协作,全面落实国办"金融30条",尤其是要充分发挥金融在促进长三角地区经济结构与产业结构优化调整中的作用。

一是有效发挥政府引导市场金融资源流向的作用。如通过加强金融政策、财政政策和产业政策之间的配合,利用政府税收、财政支出、增信等手段,有效引导市场金融资源流向长三角地区需要鼓励发展的中小企业和优势产业等。二是鼓励创新,加大传统主流金融渠道对经济的支持作用。如支持符合经济与产业结构调整优化方向的企业通过银行信贷和资本市场融资,通过发放并购贷款等方式,发挥企业并购重组在地区经济与产业结构优化中的作用,在长三角地区率先推出房地产投资信托产品,深入探讨其他金融创新产品等。三是进一步加强对社会和民间资金的引导,促进长三角地区经济和产业结构的优化。如促进股权投资基金、产业投资基金和创业投资基金的发展；规范各种合法的民间金融形式，弥补传统金融市场的不足等。四是为地区经济与产业结构调整提供良好的金融基础设施与发展环境。进一步完善长三角地区内部信息交流机制，为金融机构跨地区开展各类金融服务提供条件；加强支付清算、征信、反洗钱、外汇管理等领域的区域合作，推进区域性金融稳定机制的建设。

十一　长三角土地利用与开发

(一)长三角地区基本情况

长江三角洲地区包括上海市、江苏省和浙江省,其总面积为210 740km²,占全国国土面积的2.19%。其中陆地面积186 802.8平方公里、水面面积23 937.2平方公里。耕地总面积740.7万公顷,其中上海20.5万公顷、江苏472万公顷、浙江248.2万公顷。

表3-44　长三角地区土地资源情况

	长三角	上海	江苏	浙江
总面积(平方公里)	210 740	6 340	102 600	101 800
陆地面积(平方公里)	186 802.8	6 218	85 300	95 284.8
水面面积(平方公里)	23 937.2	122	17 300	6 515.2
耕地面积(万公顷)	740.7	20.5	472	248.2

长三角地区生态系统类型复杂,地表覆盖多样。主要土地利用类型共有6大类14小类,分别是耕地(包括水田和旱地)、林地(包括有林地、灌木林地、疏林地、其它林地)、草地(包括高覆盖度草地、中覆盖度草地和低覆盖度草地)、水域(包括河流、湖泊、水库、坑塘、海涂和滩地)、建设用地(包括城镇用地、农村居民点用地和公交建设用地)和未利用地(包括裸土地和裸岩石用地)等。

(二)上海市的基本情况

1.上海市用地结构

目前,上海市共有土地总面积为6 340平方公里,按所有制类型划分为国有土地和集体土地。具体的用地类型有商业、工业、仓储、市政绿化、住宅、交通、特种用地、水域、农业、其他等十大类。在各类用地中,占地面积最大的是水域和农业用地,为4 628平方公里,占上海总面积的72%。除了这两类用地,占地面积最大的为住宅用地。

1)中央商务区

上海的中央商务区是指浦西的外滩与河南路、人民路、天潼路、长治路、公平路与复兴路之间和浦东的小陆家嘴地区,区域范围约为5平方公里,是决定上海能否建成"三个中心"的关键所在。当前面临的紧迫任务是对外滩一带土地使用功能进行置换,对浦东小陆家嘴地区加快开发,对水、电、气、通讯等基础设施加强建设,从而,改善投资环境,以吸引国内外金融机构、贸易机构和大公司、大财团到此落户。

2)中心商业区

中心商业区是指北抵天目路、老北站附近,西到乌鲁木齐路、万航渡路,南到复兴路、陆家浜路,东到浦东的陆家嘴地区,面积约30平方公里,是上海中心城区人口最密集的地区,也是商业、贸易、金融等第三产业十分繁荣的地区。南京路、淮海路、金陵路、四川北路及豫园等市级商业街(中心)都分布在这一区域内。今后将主要用以发展商业、贸易、金融、保险、通讯、信息等第三产业,使之成为以第三产业和居住为主的城市功能区。目前,最紧迫的任务就是对分布于该区的工业企业进行分片调整，逐步撤离，到2010年前后，努力使该区域实现非工业化。

3）内环线以内三产为主的综合功能区

内环线以内三产为主的综合功能区，包括内环线以内、中心商业区以外的环形区域，面积约100平方公里。本环区是中心城区工业布局最集中的地区，据统计，有工业企业3 000多家，实现工业总产值和利润占中心城区总数的60%以上，工业用地占城市总用地的比例高达30%以上，是市区平均水平的1.7倍左右。工业布局类型，主要是相对集中的工业街坊和众多分散的工业点。从今后发展需求看，本区域应以批发贸易、部分无污染的城市型工业和居住区为主体。

4）内环线以外、外环线以内，以二、三产业为主的综合功能区

包括浦东新区、闵行区的一部分和宝山区的大部分，面积约为620平方公里。主要分布有城市边缘的9个工业区、若干大型住宅区及各类批发市场、储运中心等。本区今后应重点加强交通道路、商业网点以及文、教、卫等作为一个中等城市所应具备的服务设施建设，从而，形成若干个功能比较齐全的综合分区，做到就地生产，就地生活、增强综合分区的凝聚力，减少对市中心的向心压力。

5）外环线以外，以一、二产业为主的综合功能区

在本圈层内，除金山、宝山、安亭几个大工业基地外，在地域上，主要包括“改县建区”前的郊区县及嘉定大部分。在这个地域范围，主要有两个问题值得特别重视：一是乡镇工业应适当集中；二是适应特大城市发展，建立若干现代化农副产品生产基地。

2. 土地开发利用情况

1）供应总量减少

2008年，上海市共推出土地551幅，总计1 820.9公顷，环比2007年减少三成。其中土地挂牌出让公告共发布63个，推出国有土地453幅；协议出让地块96幅、转让地块2幅。

从新推土地的性质来看，工业地块依然是供应主力，占到了总量的76%；商业、商办地块占到7%；而纯住宅地块仅推出169公顷，不到总量的10%，即便加上含住宅用地的商住办地块，总量也仅311公顷，与年初时政府制定的“年内实现住宅供地800～1 000公顷”的目标还非常的遥远，实际仅完成不到四成。

从地块分布情况来看，全市共有16个区县有新增土地出让。其中南汇、金山、嘉定等郊区是供应主力区域，这些地区新推土地也以工业用地为主。而为数不多的住宅用地主要分布在宝山、南汇、青浦、普陀、杨浦和浦东，长宁和闸北这两个市中心区域也有少量住宅用地推出。

虽然2008年土地市场倍受冷落，不过还是有几幅相对特别的地块被业内热切关注了一把。如2008年第一幅转让的住宅用地——浦东东沟楔形绿地南块居住区地块，该地块因是森兰·外高桥项目的一部分而倍受关注；宝山区顾村镇陈富路居住地块、嘉定江桥镇黄家花园路商住办地块则是因为可建面积均超过了40万方，未来可算得上大盘项目；长风生态商务区4C南地块在经历了志成退地风波后，变得更加敏感。不过，尽管这些地块能有幸被媒体大肆宣传了一翻，可在成交关头似乎就平静多了。最终，由于市场的不景气，这几幅地块均以底价成交。

2）住宅地块首次出现流标

2008年，上海共成交土地2 072公顷，其中有315公顷的成交量来自于2007年推出的土地，如果剔除这部分量，则2008年推出的土地实际成交率在96%，另外有2%流标，2%尚未结束交易。

从流标土地性质看，供应量最大的工业地块流标率也最大，共流标78幅地块。而一年前不管是何地段都会遭到疯抢的住宅地块，2008年却是破天荒地出现了7次流标，而且流标土地中不乏被热炒过或地段优秀的地块。其中长风7C北地块和宝山区杨行镇蕰川路地块成为了2008年来首次遭遇住宅用地流标的地块。

从成交土地性质看，工业用地占到了总量的一半；商业、商办和商住办共占到了20%；纯住宅用

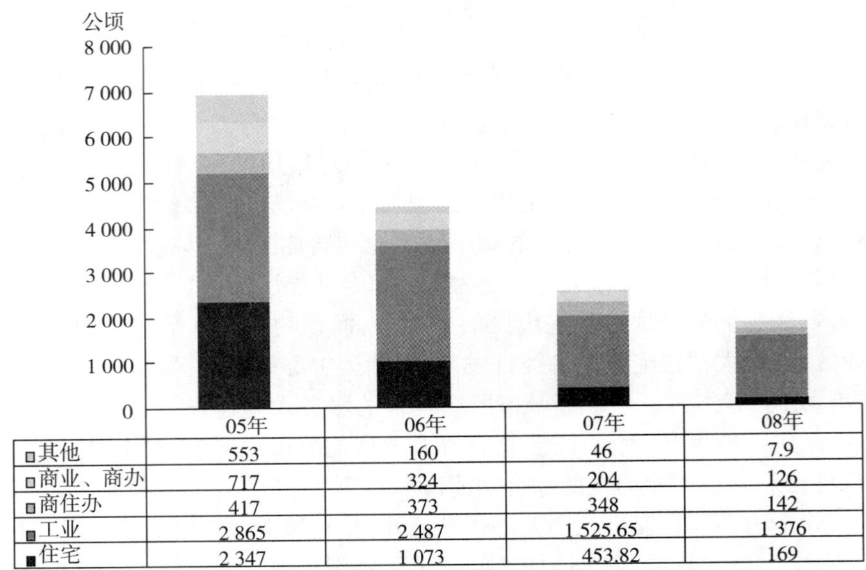

	05年	06年	07年	08年
其他	553	160	46	7.9
商业、商办	717	324	204	126
商住办	417	373	348	142
工业	2 865	2 487	1 525.65	1 376
住宅	2 347	1 073	453.82	169

图 3－25　各类性质地块年度供应情况

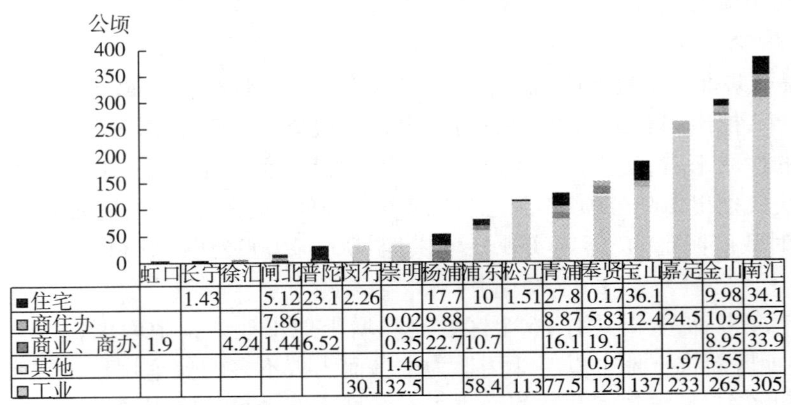

	虹口	长宁	徐汇	闸北	普陀	闵行	崇明	杨浦	浦东	松江	青浦	奉贤	宝山	嘉定	金山	南汇
住宅		1.43		5.12	23.1	2.26		17.7	10	1.51	27.8	0.17	36.1		9.98	34.1
商住办				7.86			0.02	9.88			8.87	5.83	12.4	24.5	10.9	6.37
商业、商办	1.9		4.24	1.44	6.52		0.35	22.7	10.7		16.1	19.1			8.95	33.9
其他							1.46					0.97		1.97	3.55	
工业						30.1	32.5		58.4	113	77.5	123	137	233	265	305

图 3－26　2008 年新推土地分布情况

地仅占两成,这和住宅本身推地量少及市场不景气导致的流标有关。

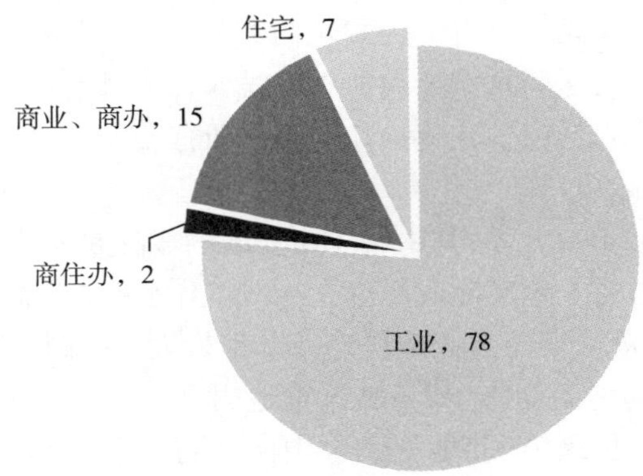

图 3－27　2008 年土地流标幅数

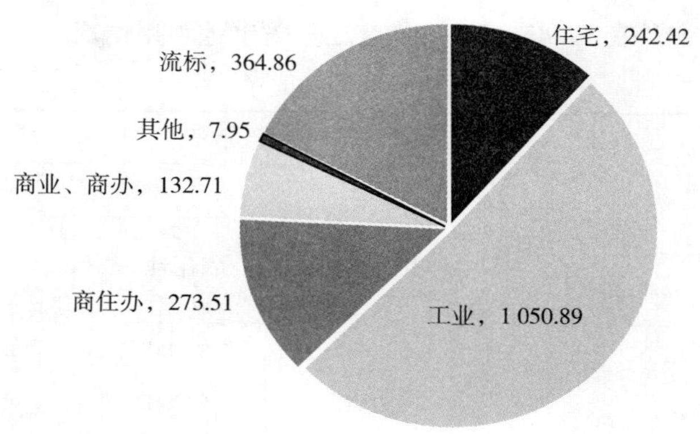

图 3－28　2008 年土地成交情况

（三）江苏省的基本情况

1. 土地利用开发概况

2008 年，江苏新增建设用地总量 24.675 万亩，其中新增建设占用农用地 17.25 万亩，新增建设占用耕地 14.805 万亩。新增建设占用耕地中，省级及以下独立选址重点项目建设占用耕地 4.2 万亩。土地整理复垦开发补充耕地计划为 25.05 万亩，其中土地整理复垦补充耕地计划为 11.4 万亩，土地开发补充耕地计划 13.65 万亩。

按照计划分配原则，对省级及以下独立选址建设项目占用新增建设用地规模包括农用地、耕地转用计划不予分配；在省预留少量城镇村建设机动计划外，其余城镇村新增建设用地计划 13.675 万亩，其中农用地转用计划 9.35 万亩、耕地转用计划 7.905 万亩根据测算并经综合平衡后分配到各市。同时，根据城镇村建设计划的分配方案，结合各地可补充耕地的土地复垦整理开发后备资源和各地土地复垦整理开发申报项目库等情况，对土地开发整理复垦补充耕地计划予以分解下达。

2. 2008 年度的主要成绩

1）建立国土资源管护长效机制

落实国土资源管理的共同责任。严格执行《江苏省市级政府耕地保护责任目标考核办法》，全面落实地方政府主要负责人对本行政区域内的耕地保有量和基本农田保护面积、土地利用总体规划和年度计划执行情况负总责的规定，各级政府逐级签订责任书，并实行年度责任考核；坚持部门协同配合，加强共同监管。联合法院、检察院、公安和监察部门，共同开展执法监察工作。联合发改委、经贸委、教育、财政、劳动保障、建设、交通、水利、农林、外经贸等部门，共同加强监督管理；通过建立健全信息员制度、土地管理示范村、矿山监理等形式，调动全社会保护国土资源的积极性，加强对耕地、矿产管护工作的资金投入，更多地运用经济手段鼓励和调动人民群众保护耕地、保护矿产。

落实基本农田保护制度。以土地开发整理项目为载体，加快推进示范区建设，全年在全省基本农田保护示范区实施 10 个以上省以上投资土地开发整理项目，整理基本农田 12 万亩、投入资金 1 亿元以上。对基本农田保护区及土地开发整理项目，设立统一标识，进一步提升全社会保护基本农田的意识。完成全省农用地产能核算任务，逐步实现农用地管理从数量管理向数质并重管理的转变；大力实施新的“百万亩土地开发整理工程”。支持社会主义新农村建设，组织实施“百万亩土地开发整理工程”，再建成一批田成方、林成网、沟渠路相配套的高标准农田。

扎实推进第二次全省土地调查工作。开展土地调查数据库建设工作，统一全省数据平台，初步建成省级成果管理系统。启动土地利用动态遥感监测，开展城镇地籍调查数据季报制度试点。

表 3－45　2008 年度江苏省土地利用情况

单位:亩

地区		新增建设用地分配			土地开发整理复垦增加耕地
		新增建设用地总量	农用地转用	耕地转用	
城镇村新增建设用地和补充耕地	南京市	12 350	9 300	7 300	12 060
	无锡市	12 000	9 200	7 650	20 590
	徐州市	9 000	6 150	5 100	21 790
	常州市	9 300	6800	5 600	11 070
	苏州市	18 000	13 600	11 500	
	其中:工业园区	－2 000	－1 800	－1 550	4 930
	南通市	11 600	6 750	5 900	11 830
	连云港市	7 300	4 800	4 150	29 620
	淮安市	8 300	5 300	4 500	13 240
	盐城市	11 500	6 300	5 550	72 300
	扬州市	9 900	6 700	5 950	19 540
	镇江市	10 000	6 700	5 500	6 480
	泰州市	9 900	6 700	6 000	16 850
	宿迁市	7 600	5 200	4 350	10 200
	小　计	136 750	93 500	79 050	250 500
省级及以下独立选址		70 000	49 000	42 000	——
城镇村省留机动		40 000	30 000	27 000	——
全省合计		246 750	172 500	148 050	250 500

2）积极参与土地调控

严格控制新增建设用地规模。围绕“两个防止”的要求,继续坚持“依法依规、从严从紧、有保有压、节约集约”的原则,严把土地供应闸门。严格执行国家下达的用地指令性计划的规模,强化建设项目用地预审,提前介入项目管理,从源头上引导和控制项目用地。从严审查和监管新开工项目用地,有效遏止重复投资和低水平重复建设;注重和运用经济手段参与宏观调控,加强对土地出让金收支管理、新增建设用地有偿使用费管理的专项检查,全面落实耕地占用税税额标准提高 4 倍的规定;严格农村集体建设用地管理,坚决遏制并依法纠正乱占农用地进行非农业建设。

落实“有保有压”方针,推动产业结构升级。按照调高、调优、调轻的要求,改进土地利用计划管理,科学安排计划分配。根据“质量优先、规模优先、急用优先、集约优先”的原则,对外资 1 亿美元左右或民资 8 亿人民币以上规模,符合产业政策及环保要求的重大项目,采用计划点供的办法予以保障。在计划安排上,控制工业用地比重,保证民生用地比例;优先保证交通、水利、能源等重要基础设施项目,支持高新技术产业项目,鼓励现代服务业项目用地;重点保障省以上和南北挂钩共建的苏北

开发区用地。

加强土地市场的监管和调控。加强对房地产市场用地形势的分析，调控优化房地产市场的土地供应结构。完善土地市场动态分析和地价动态监测制度，及时向社会公开供地计划、结果及实际开发利用情况等信息。加强对土地二级市场交易管理，特别对擅自改变用途、提高容积率的用地行为进行规范，防止国有和集体土地资产的流失。

3）节约集约用地

节约集约用地，是缓解保护资源与保障发展压力的有效途径，也是江苏国土资源工作的一个品牌和亮点。

充分发挥规划审查和市场配置作用。一方面，做好科学合理的规划。完善和推进土地利用“三集中”政策，即工业向开发区集中、人口向城镇集中、住宅向社区集中，优化用地结构和布局。充分发挥土地利用总体规划在土地利用上的调节作用，从严控制城市用地规模，统筹协调交通、能源、水利等基础设施和基础产业建设规划，避免因重复建设浪费土地资源。另一方面，更好地发挥市场在资源配置方面的基础作用，加大对市场机制配置土地资源的推进力度，深入推进土地有偿使用制度改革，强化用地合同管理，严格落实工业和经营性用地招标拍卖挂牌出让制度。

大力盘活各类存量土地。建立节约资源的激励和约束机制，健全用地退出机制，按时完成国家下达的闲置土地清理处置任务。鼓励优先开发利用空闲、废弃、闲置和低效利用的土地，出台农村集体建设用地使用权流转办法，推进农村集体建设用地的合理利用。开展城镇建设用地增加与农村建设用地减少相挂钩工作，改革挂钩实施模式，由“先借后还”向“先还后用”模式的转变。

积极开辟土地利用的新空间。贯彻《物权法》要求，重视和充分利用地面、地上和地下空间。加大土地开发整理力度，积极引导使用未利用地。大力推行建设多层标准厂房。对现有工业用地，在符合规划、不改变用途的前提下，提高土地利用率和增加容积率的，不再增收土地价款；对新增工业用地，进一步提高工业用地控制指标，厂房建筑面积高于容积率控制指标的部分，不再增收土地价款。

加强节约用地的监管、评价和考核。探索建立节约集约用地的考核制度，开展土地集约利用潜力评价，健全省以上开发区、区域土地集约利用年度考核评价制度，将考核结果与年度用地计划分配挂钩。完善建设用地全程跟踪管理系统，进一步落实用地审批、开工检查、竣工验收的全程管理。全面推广“建设用地批准书”现场公示制度，建立多部门联动的复核验收制度。加强建设用地的投资强度、容积率和定额标准管理，严格按规定审查各类项目用地，坚决核减超指标用地。

（四）浙江省的基本情况

1. 土地利用开发概况

根据2008年土地变更调查结果，截至2008年12月31日，浙江省各类土地总面积15 809.6万亩，其中农用地13 007.3万亩，占82.3%；建设用地1 573.9万亩，占9.9%；未利用地1 228.4万亩，占7.8%。

农用地面积中，耕地2 881.3万亩，占全省农用地面积的22.2%，另有可调整土地243.9万亩，耕地和可调整土地合计为3 125.2万亩，继续保持耕地总量的动态平衡；园地992.2万亩，占7.6%；林地8 443.2万亩，占64.9%；牧草地0.7万亩；其他农用地面积为689.9万亩，占5.3%。

建设用地面积中，居民点及独立工矿用地1 225.6万亩，占全省建设用地面积的77.9%；交通运输用地面积为141.8万亩，占9.0%；水利设施用地206.5万亩，占13.1%。

未利用地面积中，未利用土地410.0万亩，占全省未利用地面积的33.4%；其他土地818.4万亩，占66.6%。

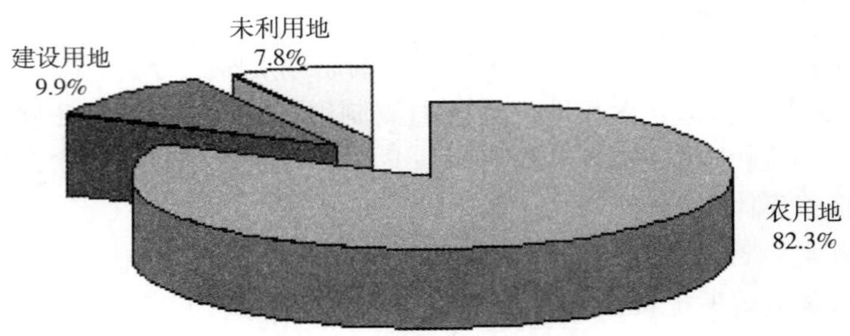

图 3－29　浙江省 2008 年度土地利用结构

2. 2008 年度的主要成绩

1）严格规范做好耕地保护工作

一是严格落实耕地保护责任制。顺利通过国土资源部、农业部、国家统计局联合对年度省级政府耕地保护责任目标履行情况抽查,浙江省补充耕地工作列居全国第二。组织完成年度全省市级政府耕地保护责任目标考核,台州、湖州等地推行基本农田保护责任落村到户举措,有效提高全市基本农田保护水平。二是全面完成全省标准农田上图入库工作。全省标准农田上图入库面积1 590. 05万亩,其中任务面积1 513. 71万亩,储备面积 76. 34 万亩,确保了全省 300 亿斤粮食生产能力。三是全力推进土地开发整理复垦,加强耕地占补平衡管理。通过土地开发整理复垦新增耕地2 685万亩,连续第 13 年实现全省耕地占补平衡。积极筹集造地改田资金,为耕地占补平衡提供资金保障。切实落实城市建设用地增加与农村建设用地减少相挂钩制度。嘉兴、丽水等地积极探索农村建设用地复垦和农村宅基地整理新举措。四是切实加强土地执法监察,严肃查处土地违法案件。全面开展部第八次和省第三次卫星遥感土地执法检查。进一步完善执法监察动态巡查工作责任制和考核制度。绍兴市、台州市、余杭区、宁海县、瑞安市被省国土资源厅推荐为全国土地执法监察动态巡查工作先进单位。深入推进土地执法百日行动。杭州市、上虞市、慈溪市、温岭市、镇海区等五个单位被国土资源部评为全国土地执法百日行动成效显著单位。积极探索和建立土地执法监管长效机制。

2）扎实有效实施节约集约用地工作

一是扎实推进“365”节约集约用地行动计划。起草下发《“365”节约集约用地行动计划》,建立“365”节约集约用地联席会议制度和工作动态完成情况季度报告制度。开展“365”节约集约用地行动计划,圆满完成年度目标任务。绍兴县、鄞州区、义乌市等地对节约集约用地进行积极探索,并取得明显成效。

二是加大闲置土地清理处置力度,盘活存量建设用地。抓好建设用地的挖潜调整、优化配置,探索与完善存量建设用地的退出机制和追加投入机制。加快建设用地供应速度,切实有效利用和消化城市分批次农用地转而未供土地。全省利用批而未供土地面积为 14. 29 万亩,盘活存量建设用地3. 90 万亩。丽水、嘉兴和湖州等地,超额完成消化利用转而未供土地工作任务。三是继续深化土地使用制度改革。探索建立工业用地节约集约利用长效机制。开展基础设施建设用地有偿使用试点。全省工业用地招拍挂出让面积 9. 43 万亩, 同比增加 13. 38% ,工业用地平均出让地价同比上升51. 71% 。全省基础设施建设用地有偿使用面积1 203. 8 亩。土地出让金 2. 62 亿元。

3）全面加强矿产资源管理工作

一是全面完成整顿和规范矿产资源开发秩序工作。在全省集中开展“三查” 工作,及时发现查处无证勘查开采 157 起、超层越界开采 242 起、非法转让采矿权 3 起。加强了对 6 个重点矿区专项整治的督查,将 5 起典型件案件通过媒体进行了曝光。圆满完成了整顿和规范矿产资源开发秩序工作及“回头看”行动的各项任务。通过了国务院九部委的督查和检查验收，浙江整顿和规范矿产资源开发秩序工作走在全国前列。

二是进一步推进矿产资源开发整合工作。加大对重点矿种和重点矿区的整合力度。全省所确定的主要矿种以及15个省重点矿区和49个市县重点矿区的整合工作全面到位。全省各市已全部完成既定的整合任务并通过省政府组织的考核验收。全省矿山总数大幅度减少，整合后矿区减少采矿权189个。占整合前原采矿权数的51%。三是全面完成新一轮矿产资源规划编制。进一步规范做好矿业权管理工作。新一轮《浙江省矿产资源总体规划》经省政府审议通过后已上报国土资源部审批。全省市县级矿产资源规划已经全部批准实施，杭州、绍兴、丽水等市获得优秀规划奖。四是积极完善探矿权有偿出让程序，全面实行探矿权分类管理。依法严格审批探矿权和转让探矿权。完成勘查许可证全国统一配号工作。进一步规范采矿权出让所得的分配管理。在全国率先全部开通采矿权统一配号系统。对宁波、舟山海域海砂开采工作进行规范管理。加强对地热资源的勘查与开发，实现了杭嘉湖平原地热资源勘查突破。五是深入推进矿山自然生态环境保护与治理工作。扎实推进“百矿示范、千矿整治”工程，组织开展矿山自然生态环境保护与治理工作督查。全省废弃矿山治理率累计完成75%以上。全面推进绿色矿山创建工作。全省累计建成省级绿色矿山20个。六是推进矿山储量动态监管。对所有矿山、矿种实行动态监管。

加强对矿业权评估、储量评审工作的监管，共完成矿业权评估报告235份和储量评审报告430份。加大矿产资源补偿费征管力度。探索补偿费征收与消耗储量挂钩新方法，不断提高征管工作水平。依法做好地质资料的汇交、保护与利用工作，地质资料服务社会的能力进一步提高。

4）全面加强地质灾害防治、地质勘查和测绘工作

一是加强地质灾害防治工作。完成全省48个重点县（市、区）5.96万平方公里小流域泥石流地质灾害调查与评价工作，提出了分类处置的意见和防灾预案。组织对欠发达地区突发性地质灾害避让搬迁补助项目的申报与审查认定工作。全年共审查认定需搬迁避让的重点地质灾害点96个。由于各级政府高度重视地质灾害防治工作，2008年全年因地质灾害死亡人数同比下降92%。二是加强地质勘查工作。在萤石、铀矿和地热资源的勘查上取得新的突破。地勘经济继续保持平稳较快增长，实现总收入43.85亿元，同比增长10.8%。三是加强测绘管理工作。加强测绘法制建设，认真履行测绘工作统一监管职能。基础测绘与“数字浙江”建设进展顺利。测绘成果应用日益广泛，测绘保障服务能力进一步提高。

十二 长三角开发区建设

一、长三角开发区情况

1. 开发区的总体情况

开发区是我国对外开放的产物,在长三角两省一市对外开放和经济发展中占有重要的地位。近年来,长三角的外向型经济呈现出爆发式增长的态势,从实际利用外资情况看,仅2003年,长三角地区16城市(含台州)利用外资达到258亿美元,占全国的48.2%,也就是有将近一半的外资流向了长三角地区,而长三角各地区建成的各类开发区,成为招商引资的重要途径之一。初步统计,经过20多年的发展,长三角两省一市已建成国家级经济技术开发区共14个,国家级保税区3个,国家级高新技术产业开发区7个。除此之外,长三角还拥有4个国家级旅游度假区,各地还拥有众多不同类型的省市级开发区,其中,上海建成宝山工业园区等市级工业开发区25个,江苏则有省级开发区116个,浙江有省级开发区57个。

表3-46 长三角两省一市国家级开发区一览

	国家级经济技术开发区	国家级保税区	国家级高新技术产业开发区
上海	漕河泾新兴技术开发区 闵行经济技术开发区 虹桥经济技术开发区 金桥出口加工区	外高桥保税区	张江高科技园区
江苏	南通经济技术开发区 连云港经济技术开发区 昆山经济技术开发区 苏州工业园区 南京经济技术开发区	张家港保税区	南京高新技术产业开发区 常州高新技术产业开发区 苏州高新技术产业开发区 无锡高新技术产业开发区
浙江	杭州经济技术开发区 萧山经济技术开发区 宁波经济技术开发区 宁波大榭开发区 温州经济技术开发区	宁波保税区	杭州高新技术产业开发区 宁波高新技术产业开发区
长三角开发区小记	14	3	7

2. 国家级经济技术开发区情况

2008年,与中西部地区相比,长三角地区国家级经济技术开发区受经济危机的影响较大,绝大多数开发区经济发展速度都有所滑落,虹桥经济技术开发区和上海金桥出口加工区甚至出现了负增长。2008年长三角国家级经济技术开发区共实现地区生产总值4 535.89亿元,占全国54个国家级

开发区总量的29.62%，同比下降了1.72个百分点，其中苏州工业园区实现地区生产总值最多，达到1 001.52亿元，南通经济技术开发区地区生产总值增长最快，为38.89%。

表3－47　长三角国家级经济技术开发区地区生产总值情况

单位：亿元

开发区名称	2008年	2007年	同比
漕河泾新兴经济技术开发区区	473.99	416.44	13.82%
闵行经济技术开发区	166.39	147.84	12.54%
虹桥经济技术开发区	91.94	99.39	－7.50%
上海金桥出口加工区	367.02	419.46	－12.50%
南通经济技术开发区	225.82	162.58	38.89%
连云港经济技术开发区	126.33	101.34	24.65%
昆山经济技术开发区	843.46	670.62	25.77%
苏州工业园区	1 001.52	836.01	19.80%
南京经济技术开发区	206.18	201.49	2.32%
杭州经济技术开发区	291.73	252.95	15.33%
萧山经济技术开发区	138.80	130.67	6.22%
宁波经济技术开发区	353.12	317.84	11.10%
宁波大榭开发区	117.03	103.02	13.60%
温州经济技术开发区	132.56	118.75	11.62%

二、上海市开发区情况[①]

1. 开发区的总体情况

2005－2008年，上海市开发区发展势头迅猛，企业数量逐年增多，规模不断扩大，经济总量不断提升，出口速度加快，税金显著增长。

表3－48　2005－2008年上海市开发区总体情况

	2005年	2006年		2007年		2008年	
		数值	增幅（%）	数值	增幅（%）	数值	增幅（%）
单位数（个）	2 588	3 701	43.01	4 651	25.67	5 821	25.16
从业人员（万人）	67.75	94.16	38.98	122.6	30.20	126.76	3.39
工业总产值（亿元）	6 051.98	8 620.49	42.44	11 392.93	32.16	12 626.56	10.83
出口交货值（亿元）	3 243.57	4 009.35	23.61	5 326.97	32.86	5 812.54	9.12
利润总额（亿元）	276.04	414.38	50.12	612.27	47.76	523.79	－14.45
税金总额（亿元）	131.41	222.58	69.38	281.11	26.30	292.09	3.91

①本专题所指上海开发区为市级以上工业开发区

2. 国家级开发区情况

2008 年上海市国家级开发区共有1 026个单位,比 2007 年增加 148 个,增幅为 16.86%;从业人员为40.86 万人,比 2007 年减少了 1.01 万人,降幅为 2.41%;工业总产值和出口交货值分别为6 335.32亿元和4 005.15亿元,增幅分别为5.42%和5.91%;利润总额和税金总额均较 2007 年有所下降,只有 245.70 亿元和 120.10 亿元,降幅分别为 16.70%和 8.66%。

表 3－49　2005－2008 年上海市国家级开发区总体情况

	2005 年	2006 年	2007 年	2008 年
单位数(个)	866	842	878	1 026
从业人员(万人)	27.81	33.83	41.87	40.86
工业总产值(亿元)	3 128.43	4 698.43	6 009.43	6 335.32
出口交货值(亿元)	1 576.81	2 870.61	3 781.75	4 005.15
利润总额(亿元)	191.04	235.80	294.96	245.70
税金总额(亿元)	90.19	107.92	131.49	120.10

3. 市级开发区情况

2008 年,上海市级开发区共有4 795个单位,比 2007 年增加1 022个,增幅为 27.09%;从业人员为 85.90 万人,比 2007 年增加 5.17 万人,增幅为 6.40%;工业总产值和出口交货值分别为6 291.24 亿元和1 807.39亿元,增幅分别为 16.86%和 16.97%;利润总额较 2007 年有所下降,只有 278.09 亿元,降幅分别为 12.36%;税金总额为 171.99 亿元,增幅为 14.95%。

表 3－50　2005－2008 年上海市市级开发区总体情况

	2005 年	2006 年	2007 年	2008 年
单位数(个)	1 722	2 859	3 773	4 795
从业人员(万人)	39.94	60.33	80.73	85.90
工业总产值(亿元)	2 923.55	3 922.06	5 383.50	6 291.24
出口交货值(亿元)	1 666.76	1 138.74	1 545.22	1 807.39
利润总额(亿元)	85.00	178.58	317.31	278.09
税金总额(亿元)	41.22	114.66	149.62	171.99

4. 2008 年发展的主要特点

2008 年,上海市共有 7 个国家级工业园区和 25 个市级工业园区,其余为区级配套工业区。

表3－51　上海工业园区主要经济指标(2008年)

单位:亿元

名称	工业总产值	比上年增长(%)	出口交货值	比上年增长(%)	利润总额	比上年增长(%)
总计	12 626.56	10.83	5 812.54	9.12	523.79	－14.45
国家级开发区	**6 335.32**	**5.42**	**4 005.15**	**5.91**	**245.70**	**－16.70**
外高桥保税区	558.05	14.28	346.95	43.50	30.21	－22.00
金桥出口加工区	1 602.21	－2.93	419.53	7.51	89.65	－24.45
张江高科技园区	419.71	5.10	215.79	5.41	45.74	－12.73
漕河泾新兴技术开发区	731.58	147.77	537.86	323.25	16.55	－10.88
漕河泾出口加工区	437.91	－31.77	411.31	－35.94	0.44	－85.67
闵行经济技术开发区	507.00	25.07	86.38	11.16	42.01	7.99
松江出口加工区	2 078.87	－2.34	1 987.34	－5.28	21.10	－14.26
市级开发区	**6 291.24**	**16.86**	**1 807.39**	**16.97**	**278.09**	**－12.36**
宝山工业园区	176.17	19.61	45.88	15.74	15.19	93.01
月杨工业园区	158.23	23.61	11.18	－48.67	6.03	－20.76
富盛经济开发区	0.34	－22.73	0.11	－42.11	－0.02	－300.00
浦东空港工业园区	113.19	28.77	27.52	79.52	9.03	8.14
嘉定区工业园区	763.18	9.28	308.90	12.36	28.55	－8.84
嘉定区汽车产业园区	850.24	7.91	76.35	8.75	45.67	－22.08
莘庄工业区	658.13	29.31	213.21	6.66	29.67	1.23
青浦工业园区	496.06	28.60	162.20	32.58	18.01	－21.18
西郊经济开发区	202.15	28.02	54.26	－5.35	2.99	－61.86
松江工业园区	836.56	8.30	283.44	14.05	33.15	－24.86
松江经济开发区	106.68	－0.98	30.70	－4.54	4.67	－28.59
奉贤经济开发区	234.39	54.14	125.60	36.34	10.81	34.96
金山工业园区	134.75	47.11	21.09	55.99	2.38	41.67
枫泾工业园区	128.96	27.14	12.93	－5.07	3.72	54.36
市北工业园区	28.04	－5.14	6.84	－15.97	0.43	－72.26
崇明工业园区	9.42	－15.82	1.01	－76.78	0.66	53.49
星火工业园区	112.36	6.36	13.33	22.86	4.12	3 333.33
紫竹高新技术产业园区	10.84	428.78	7.13	635.05	1.20	242.86
浦东康桥工业园区	588.61	19.15	315.91	24.66	39.21	22.23
化学工业园区	451.65	3.19	33.83	6.02	6.06	－80.25
新杨工业园区	17.06	－0.93	0.83	29.69	1.91	4.37
浦东合庆工业园区	89.43	37.63	17.77	89.45	4.11	－27.51
南汇工业园区	66.64	41.61	23.48	39.76	5.67	21.15
奉贤工业园区	19.68	6.03	6.35	—	0.68	25.93
未来岛物流科技园区	35.04	53.08	7.53	31.64	4.14	45.26

图表说明：

1. 国家级工业区：外高桥保税区、金桥出口加工区、张江高科技园区、漕河泾新兴技术开发区、漕河泾出口加工区、闵行经济技术开发区和松江出口加工区。

2. 市级开发区：宝山工业园区、月杨工业园区、富盛经济开发区、浦东空港工业园区、嘉定区工业园区、嘉定区汽车产业园区、莘庄工业区、青浦工业园区、西郊经济开发区、松江工业园区、松江经济开发区、奉贤经济开发区、金山工业园区、枫泾工业园区、市北工业园区、崇明工业园区、星火工业园区、紫竹高新技术产业园区、浦东康桥工业园区、化学工业园区、新杨工业园区、浦东合庆工业园区、南汇工业园区、奉贤工业园区和未来岛物流科技园区。

结合表3－51，可以看出，上海市开发区呈现以下一些特点：

(1)工业增长速度回落

2008年末，全市工业开发区共有5 821户企业，从业人员人数126.76万人。全年完成工业总产值12 626.56亿元，比上年增长10.83%，增幅低于全市工业0.12个百分点；占全市工业总产值的49.25%，比重同比降低0.05个百分点。其中，国家级开发区完成工业总产值6 335.32亿元，增长5.42%，增速同比回落22.58个百分点；市级开发区完成工业总产值6 291.24亿元，增长16.86%，增速同比回落20.4个百分点。

(2)出口增长速度放缓

上海开发区作为对外开放程度比较高的区域，受到国际金融危机冲击较大。2008年上海开发区工业出口速度减缓，出口外向度下降，全年完成出口交货值5 812.54亿元，比上年增长9.12%，增速同比回落23.74个百分点。其中，松江出口加工区出口居各开发区之首，完成出口交货值1 987.34亿元，但较07年下降了5.28%；紫竹高新技术产业园区增长最快，出口交货值7.13亿元，增长6.35倍；漕河泾新兴技术开发区的出口交货值增长速度也较快，达到3.23倍。

(3)利润止涨回跌

2008年，工业开发区实现利润总额523.79亿元，比上年下降14.45%。其中，国家级开发区利润总额245.70亿元，下降16.70%；市级工业区利润总额278.09亿元，下降12.36%。32个工业开发区中，只有15个区的利润总额比上年增加。其中，金桥出口加工区利润总额最多，为89.65亿元，但同比下降24.45%；星火工业园区增长幅度最大，达3 333.33%。

三、江苏省开发区情况②

1. 开发区的总体情况

江苏开发区经历了上个世纪80年代的创业探索阶段、90年代的迅速发展阶段、近年来在发展中提高的阶段，已成为全省经济的重要增长极、实施五大战略的重要载体，在发展开放型经济和新兴产业方面发挥了吸纳集聚和辐射作用，在体制创新和技术创新方面发挥了先行示范和带动作用。2003－2008年，江苏省开发区业务总收入不断增加，从12 130.85亿元上升到56 760.39亿元，增长了3.68倍；进出口总额逐年上升，至2008年达到28 976 810万美元，比2003年增加了22 104 470万美元，增长了3.22倍；其中出口总额增长更快，增长了3.93倍。

2. 开发区的增长情况

2004－2008年，江苏省业务总收入增长最快的年份是2006年，为45.44%，最慢的是2007年，为29.62%；进出口总额和出口额的增幅都呈逐年递减趋势，分别从2004年的62.63%和62.20%下降到2008年的14.42%和17.44%。

②本专题所指江苏省开发区为省级以上开发区

表 3－52　2003－2008 年江苏省开发区总体情况

	2003 年	2004 年	2005 年	2006 年	2007 年	2008 年
业务总收入(亿元)	12 130.85	17 382.28	23 188.49	33 724.51	43 713.61	56 760.39
进出口总额(万美元)	6 872 340	11 176 589	16 074 092	21 021 353	25 325 878	28 976 810
# 出口额(万美元)	3 382 008	5 485 624	8 300 796	11 403 417	14 184 339	16 657 481

表 3－53　2004－2008 年江苏省开发区增长情况

单位:%

	2004 年	2005 年	2006 年	2007 年	2008 年
业务总收入	43.29	33.40	45.44	29.62	29.85
进出口总额	62.63	43.82	30.78	20.48	14.42
#出口额	62.20	51.32	37.38	24.39	17.44

3.2008 年发展的主要特点

2008 年,面对美国次贷危机、人民币升值、原材料价格上涨、劳动力成本上升等不利因素影响,江苏省开发区在省委、省政府的领导下,以科学发展观统领经济和社会发展全局,坚持集约开发,在挑战中抢抓机遇,在创新中谋求发展,确保了经济平稳发展,为全省经济社会发展做出了重大的贡献。

(1)经济总量保持高位运行

据统计,2008 年,全省共有 129 个开发区,其中国家级开发区 13 个,省级开发区 116 个。全省省级以上开发区实现业务总收入56 760.39亿元,同比增长 29.85%,增速与 2007 年相差无几;实现 GDP 约占全省的 1/3;开发区形成的工业增加值超过全省一半。

(2)地方一般预算收入保持高速增长

2008 年 1～11 月,江苏省完成一般预算收入 845.9 亿元,同比增长 24.0%,其中国家级开发区完成 322.3 亿元,同比增长 25%,占江苏省开发区的 38.1%。

(3)外资集聚度进一步提高

全年实际到帐注册外资额 193.3 亿美元,占全省总量的 77.0%,同比提高近 5 个百分点。全省 90% 的外商投资高新技术企业集聚在开发区,90% 以上的世界 500 强企业落户开发区。

(4)进出口低于全省平均水平

2008 年,全省开发区完成进出口总额2 774.2亿美元,比上年增长 9.54%,占全省总量的 70.7%,增速同比下降 10.94 个百分点,低于江苏省 2.64 个百分点;其中出口额1 575.6亿美元,比上年增长 11.08%,占全省出口总量的 66.2%,增速同比下降 13.31 个百分点,低于江苏省 5.76 个百分点。

四、浙江省开发区情况③

1. 开发区基本建设情况

2008 年,浙江省全年引进入园企业8 400家,其中工业企业3 119家,外资及港澳台企业 663 家,高新技术企业 171 家,投产企业4 659家;合同利用外资 94.9 亿美元,实际到位外资 54.3 亿美元,分别

③本专题所指浙江省开发区为省级以上开发区

占全省的53.25%和53.91%;基础建设投入470.7亿元,拆迁安置补偿款92.7亿元,入园企业投资额1 922.9亿元。

从单个开发区来看,外商投资前三位的开发区是宁波经济技术开发区、杭州高新技术开发区和杭州经济技术开发区,投资额分别为60 859万美元、52 093万美元和25 957万美元。

表3-54 开发区(园区)基本建设情况

	2008年	累计
引进项目		
入园企业	8 400	61 082
#工业企业	3 119	35 274
外资及港澳台	663	44 137
高新技术企业	171	9 127
投产企业	4 659	2 323
引进外资		
合同利用外资	94.9	757.2
实际到位外资	54.3	373.7
投资		
基础建设投入	470.7	3 008.2
拆迁安置补偿款	92.7	687.9
入园企业投资额	1 922.9	15 573.0

2.开发区经济效益情况

2008年浙江省开发区实现工业总产值17 674.9亿元,同比增长17.10%,占全省的比重为43.29%;工业增加值3 528.8亿元,同比增长16.34%;出口交货值4 349.5亿元,同比增长4.09%;实现利税总额1 236.3亿元,利润总额691.4亿元,同比分别下降2.20%和9.95%,占全省的比重为41.19%和42.31%。

表3-55 开发区(园区)主要经济指标

指标	2007	2008
工业总产值(亿元)	15 094.2	17 674.9
工业增加值(亿元)	3 033.3	3 528.8
出口交货值(亿元)	4 178.5	4 349.5
利税总额(亿元)	1 264.1	1 236.3
#利润总额	767.8	691.4

五、长三角开发区的未来发展

1. 面临的挑战

(1)土地约束与开发建设的矛盾突出

国土资源部核准的开发区面积,长三角地区的大多数开发区已基本用尽,目前又无法及时补充所需的适量土地资源,相当一批进区项目受到不同程度的影响,开发区集约发展和结构调整的任务十分紧迫。《国务院关于加强土地调控有关问题的通知》进一步规范和严格了土地管理,依赖土地等要素驱动的增长方式难以为继。

(2)部分开发区基础设施投融资难度加大

开发区一般是按照开发土地、举债经营、滚动发展的运行模式进行开发建设的。开发区基础设施建设资金主要依靠银行贷款,政府财政投入很少,又缺乏市场化融资方式和渠道,资金紧张状况短期难以解决。同时,作为开发区发展时形成的高负债也遇到考验。

(3)开发区特殊优惠政策渐趋淡化

随着开发区域的迅速扩大,同时中国市场与世贸规则的逐渐接轨,开发区依靠特殊优惠政策的优势逐渐消退。各地开发区纷纷各自为政,竞相出台自己的土地政策,低价出让土地,减免税费,返还税收,营造小特区的环境,其负面作用是明显的。与此同时,许多发展中国家特别是我国周边地区的发展中国家加快改善基础设施条件,采取十分优惠的税收政策,国际资本分流速度加快,导致国际间、地区间引资竞争更趋激烈。

(4)科学规划滞后产业布局不合理

长三角地区开发区虽然起步早,但规划布局并不合理,开发区的建设规划、用地规划调整滞后。许多开发区在建设初期,为了尽快启动建设产生经济效益,没有把握好规划定位与项目引进的关系,以致项目进区门槛低,类别分散零乱,没有形成产业特色和产业链,不利于产业集聚、企业集群、人才集中。

(5)产业雷同,层次不高

开发区之间产业雷同现象较为严重。许多开发区引进的外资项目大都处于产业链的末端,核心技术和关键部件大量依靠进口,生产过程主要集中在劳动密集型的一般加工组装环节,缺乏自主知识产权的技术和品牌。高新技术产业本土化率低,不少企业自主创新动力不足,引进国外先进技术设备的溢出效应不强。风险投资机制尚未形成,导致支持科技创新创业的资本短缺。

(6)体制管理出现"复归"现象

随着开发区实际管辖范围的扩大,开发区所承担的社会管理事务日益繁重,管理机构膨胀,管理人员增多,有的地方把开发区作为安置干部的机构。开发区"小政府、大社会"、"精简、高效"的体制优势趋向"复归"。开发区对项目立项、申报、审批等方面的行政能力弱化,原先享有的许多职权随着审批制度改革被逐渐收回,开发区在规划、登记等诸多方面都必须"层层通、关关过",致使开发区"一站式服务"难以实现,行政效率降低。

2. 对策建议分析

(1)坚持集约发展,不断增强开发区的资源利用力

当前,土地紧张、资金紧缺、能源不足等问题,在一定程度上困扰和制约着长三角地区开发区的建设发展。这种状况短期内难以明显改观,从长远看,从严审批、从紧用地的政策将会长期执行。开发区的发展已经到了战略转型的关键时期,必须由外延扩张向内涵提升转型,由量的扩张向质的提高转型,努力提高土地集约利用水平,在集约利用资源上求发展。

一是强化资本投入,更强化资源有效利用。从目前和今后来说,资源的约束更强。开发区没有

了资源依托,就没有资本的承载能力,再大的项目,再好的企业也无法落户。所以开发区今后的发展,不仅要突出引进资本,继续强化集聚吸纳各类同类生产要素,而且要突出资源的有效利用,把资源放到与资本同等重要的位置。

二是强调投入强度,更强调产出强度。根据产业和科技的发展,进一步改进开发区的评价体系,继续强调投入,提高单位面积的投入强度。同时,随着服务业的开放和高新技术产业的发展,资本投入强度已不是评价项目质量高低的主要指标,而智力、品牌、技术等无形资产是投入的重要指标,特别要更加突出发展效果的评价。

(2)提高招商水平,不断增强开发区的产业集聚

提高招商引资水平是长三角地区开发区工作的重中之重,加快招商引资向招商选资转变。

一是突出主导产业招商。主导产业的竞争力是开发区核心竞争力的重要体现。围绕培育产业集群,突出主导产业的招商引资。明确产业定位,确定主导产业和核心产品,重点引进主导产业的龙头企业,围绕主导产品的上下游延伸,大力开展产业链招商,由产品优势扩展到产业竞争优势。

二是加强服务业招商。发展服务业是对制造业发展的有力支撑,有利于增强开发区的整体集聚力。当前,国际产业转移的重心已转向服务业,特别是服务外包产业,因此,服务业招商是今后开发区招商引资的重点。大力引进与工业企业相配套的生产性服务业,引进和培育金融、保险、会计、设计、咨询、会展、现代物流、中介机构等产业,把更多的人流、物流、资金流及信息流引进来,使二、三产业协调发展,互动并进。

三是加快科技招商。为支持科技创新实现产业升级,要重点引进技术密集、资金密集型高科技企业,特别是研发中心、设计中心等科技型企业,着力提高长三角地区开发区的科技水平和竞争实力。

四是注重招才引智。前一轮开放,主要在资本国际化上做了大量工作,但在人才国际化上花的精力不多。在新一轮开放中,要大力引进国际科技人才和管理人才,以人才国际化带动经济全球化。各区必须在这些方面有所突破,取得实质性效果。

(3)加快科技创新,不断增强开发区的发展竞争力

开发区的定位应该是两个基地,既是生产制造基地,又是科技创新基地。没有科技创新,开发区是不可持续发展的。

一是大力支持科技创业。科技创业是科技创新的主力军,无锡高新技术开发区引进"海归"施正荣博士,成功创业"尚德"太阳能,在国内外引起强烈反响,掀起"尚德"效应。无锡市制定"530"工程,五年内引进30个"海归",全力支持"海归"科技创业,这个示范效应值得效仿。为此要加快高新技术产业创业中心、留学生创业园等孵化器建设,加大科技风险基金的投入。充分发挥政府资金投入的引导效应,鼓励企业从事技术创新活动。积极鼓励社会力量发展信息咨询、成果转让、专利代理等科技中介机构,为科技创新创业提供配套服务。注重在引进中消化、吸收和创新,加快形成一批拥有自主知识产权的产业。

二是大力培养科技人才。科技人才是科技创新的灵魂,特别是高端人才,包括科技领军人才和科技企业家人才,必须高度重视、积极引进、加快培养。既要为高端人才营造良好的生活环境,更要为高端人才创造必要的发展环境。苏州工业园为高端人才继续学习、更新知识、交流信息服务,专门建立国际研究生园,国内外十多所大学争办研究生院,创造了优良的人才发展环境。

(4)营造环境新优势,不断增强开发区的吸引力

开发区初创时期赋予特殊的扶持政策,促进了开发区的发展。但任何优惠政策都是有时效性的,弱化和趋同是必然的规律。特别是中国加入WTO、实行国民待遇的今天,仅靠政策的优势招商引资是不能长久的。所以,今后开发区的发展主要不是靠优惠政策吸引投资者,而主要靠环境吸引

投资者，形成与国际接轨的投资环境。在继续加强投资硬环境的建设的同时，把开发区软环境建设放在更加突出的位置。

一是营造良好的产业配套环境。现在投资者十分重视产业配套环境，要把产业配套率作为开发区环境建设的重要指标。许多开发区已具有很好的产业基础。在强化区内企业配套的同时，要积极寻求与区外企业的配套。昆山出口加工区生产一台笔记本电脑，在70公里范围内953个零部件全部配套。许多整机企业都是因为昆山的IT产业基础好、配套能力强才进行投资的。

二是营造优质的服务环境。人性化服务是职责，高效率是品牌。要不断创造新的服务优势。进一步强化服务业的发展，建设标准统一、结构合理、功能完善、安全可靠的公共信息服务平台，加快"大通关"和现代物流服务体系建设，尽快形成服务集聚区和产业CBD，为进区企业提供集成服务。

三是营造完善的法制环境。认真贯彻执行《行政许可法》，规范行政行为，依法行政。按照营造高水平的人文生态环境。加快培训适应经济国际化发展的人才队伍，优化高端人才的市场环境和发展环境。采取积极有效措施，改善生态质量，加强环境保护，争取更多的开发区通过ISO1400国际环保标准认证，建设生态园区。

(5)坚持制度创新，不断增强开发区的体制新动力

开发区的发展历程就是不断创新的历程。长三角地区的开发区要继续保持开拓创新的优良传统，根据国际经济形势的发展和国际产业转移的变化，根据自身发展的需要，大胆试、大胆闯，探索开发区建设的新路子。

一是体制创新。开发区是以吸引外资和发展高新技术产业为主的特殊经济区域，不是一般的行为区域，要始终坚持小政府、大社会的体制，坚决防止体制"复归"。同时，积极探索新的制度，是开发区不仅要始终走在开放的前列，而且要始终走在改革的前列。

二是功能创新。开发区功能创新是开发区持续发展的动力源泉。进一步创办好各类特色园区，形成整体优势和竞争合力，共享出口加工区、保税区的政策优势，共享产业优势和区位优势，放大出口加工区的政策效应，优势互补，相互促进，共同发展。

十三　长三角利用外资

一、长三角利用外资总体情况

据海关统计,2008 年长三角实际利用外资总额达 476.4 亿美元,比上年(下同)增长 7.9%,占全国实际利用外资总额比重 51.6 %。其中,江苏仍然是长三角地区的引资主力,占半壁江山。增长方面,上海实际利用外资增速超过全国水平,增长 27.3%,占全国出口比重 10.9 %。江苏省外资增长率低于全国平均水平近 10 个百分点,浙江省利用外资出现了倒退,为 -13.2%。

表 3 -56　2008 年长三角外资情况

单位:亿美元

	当年实际利用外资额	±%
上海市	100.8	27.3
江苏省	251.2	14.7
浙江省	124.4	-13.2
长三角	476.4	7.9
全国	924	23.6

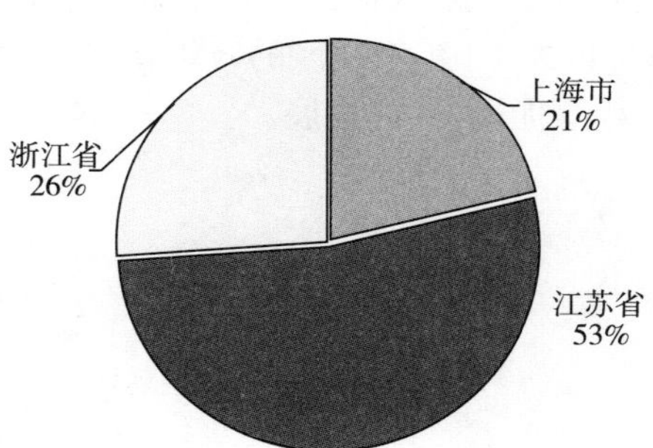

图 3 -30　长三角两省一市利用外资比例

表 3 -57　2008 年长三角十六个城市利用外资汇总表

单位:亿美元

城　市	合同外资		实到外资	
	累计	±%	累计	±%
上海市	171.12	15.1	100.84	27.3
南京市			22.61	15.0
无锡市			31.67	14.2
常州市			20.40	11.2

（续表）
单位：亿美元、亿元

城　市	合同外资		实到外资	
	累计	±%	累计	±%
苏州市			81.33	13.5
南通市			29.37	-5.8
扬州市			15.10	72.5
镇江市			12.02	13.0
泰州市			10.50	19.9
杭州市	62.26	11.6	33.12	18.2
宁波市	44.73	1.1	25.17	5.8
嘉兴市	22.87	-33.8	13.60	-18.3
湖州市	17.68	-11	8.02	-4.9
绍兴市	16.68	-29.5	7.72	-30.1
舟山市	0.47	-75.6	1.59	110.9
台州市	2.73	-66.6	2.39	-23.2

城　市	外商直接投资实际到位金额		金融机构本外币存款余额	
	累计	±%	当月末	±%
上海市	15.33	1.1	37 024.52	17.6
南京市	3.68	-17.6	9 516.23	29.5
无锡市	6.24	6.6	6 516.90	41.1
常州市	3.36	-21.7	3 304.60	39.4
苏州市	20.05	-2.5	9 876.47	27.5
南通市	1.76	-79.5	3 643.11	35.1
扬州市	2.03	-4.1	1 804.82	33.6
镇江市	0.64	-27.6	1 549.89	37.5
泰州市	1.12	-31.6	1 681.27	34.2
杭州市	5.69	29.2	11 996.82	25.0
宁波市	3.96	15.0	6 825.11	23.9
嘉兴市	2.07	13.2	2 473.33	28.4
湖州市	0.57	-67.1	1 149.44	32.0
绍兴市	0.93	-34.3	3 853.48	35.4
舟山市	0.32	8.2	787.06	24.6
台州市	0.12	-30.7	2 623.26	26.7

二、两省一市利用外资进展与特点

1. 上海市

上海市利用外资增长态势良好。全年批准外商直接投资合同项目3 748项,比上年下降10.9%;吸收外资合同金额171.12亿美元,增长15.1%;实际到位金额首次突破百亿美元,达到100.84亿美元,增长27.3%。第三产业利用外资加快增长。全年第三产业吸收外商直接投资实际到位金额68.35亿美元,比上年增长28.6%,占全市实际利用外资的比重达到67.8%。全年外商投资企业增资107.59亿美元,比上年增长17.8%,占全市外商直接投资合同金额的比重达到62.9%。全年批准总投资在1 000万美元以上的外商直接投资项目225项;合同金额135.86亿美元,增长23.4%。至年末,在上海投资的国家和地区已达138个。总部经济不断扩大。年内新增跨国公司地区总部40家、投资性公司13家、外资研发中心30家。至年末,在上海落户的跨国公司地区总部达到224家,投资性公司178家,外资研发中心274家。

表3-58 上海主要年份直接吸收外资情况

指 标	2000	2007	2008
签订合同项目(个)	1 814	4 206	3 748
# 合资经营	441	511	360
合作经营	226	24	23
独资经营	1 146	3 668	3 364
签订合同金额(亿美元)	63.90	148.69	171.12
# 合资经营	13.86	21.69	24.11
合作经营	5.86	4.31	3.25
独资经营	44.14	117.84	142.89
实际吸收外资金额(亿美元)	31.60	79.20	100.84
# 合资经营	12.94	17.12	19.66
合作经营	2.99	1.56	2.23
独资经营	15.67	60.43	78.83

表3-59 上海外商直接投资合同项目和金额

类 别	签订合同项目(个)		签订合同金额(亿美元)		实际吸收外资金额(亿美元)	
	2008	至2008年底累计	2008	至2008年底累计	2008	至2008年底累计
总 计	3 748	52 501	171.12	1 465.16	100.84	847.67
#1 000万美元以上项目	225	4 236	135.86	1 077.89		
# 工业	60	2 155	34.84	299.35		
按产业分						
第一产业	1	259	0.13	4.05	0.13	1.68

（续表）

类　别	签订合同项目（个）		签订合同金额(亿美元)		实际吸收外资金额（亿美元)	
	2008	至2008年底累计	2008	至2008年底累计	2008	至2008年底累计
第二产业	466	24 922	45.48	748.44	32.36	394.83
#工业	448	24 066	42.21	729.91	32.02	389.61
第三产业	3 281	27 320	125.51	712.67	68.35	451.16
按主要国别(地区)分						
#中国香港	1 267	15 277	136.74	465.34	31.00	225.28
中国台湾	292	5 879	2.05	50.18	1.26	35.46
日本	387	7 231	11.97	154.02	9.32	113.25
韩国	227	1 585	3.21	18.34	0.99	9.98
新加坡	192	2 732	5.62	73.98	4.75	36.23
德国	126	1 178	8.09	62.94	1.89	39.13
英国	74	832	1.50	24.70	1.23	18.77
法国	48	506	1.81	18.99	1.33	9.44
意大利	81	534	0.72	6.08	1.02	2.89
美国	322	6 080	7.91	121.54	4.14	80.20
加拿大	60	909	0.90	8.75	0.45	3.79
澳大利亚	53	989	0.30	10.96	0.25	5.29

2. 江苏省

江苏省招商引资力度加大，外商投资结构不断改善。全年新批外商投资企业4 236家，新批协议外资507.3亿美元；实际外商直接投资251.2亿美元，增长14.7%。新批及净增资3 000万美元以上的大项目459个，9 000万美元以上大项目168个。实际利用外资仍然以制造业为主，比重占到65%~70%。全年服务业新批外商直接投资项目1 174个，协议注册外资118.3亿美元，实际到帐外资61.8亿美元，增长16.3%。

开发区建设取得新进展。全省开发区完成进出口总额2 774.2亿美元，其中出口总额1 575.6亿美元，分别占全省总量的70.7%和66.2%；实际到帐注册外资额193.3亿美元，占全省总量的77.0%。

表3－60　江苏利用外资情况

单位:亿美元

指　标	2000	2005	2007	2008
合同外商直接投资项目(个)	2 645	7 126	5 842	4 236
合同外商直接投资	106.11	464.39	527.07	507.26
实际外商直接投资	64.23	131.83	218.92	251.20

(续表)

指　标	2000	2005	2007	2008
外商投资企业基本情况				
年底登记户数(户)	18 192	33 321	38 998	38 594
投资总额	774. 80	2 657. 28	3 820. 30	4 159. 30
注册资本	419. 64	1 321. 32	2 016. 19	2 203. 10

表 3－61　实际外商直接投资金额

单位:万美元

指　标	2003	2005	2007	2008
合　计	1 580 214	1 318 339	2 189 206	2 512 001
合资经营企业	334 151	248 652	342 890	435 198
合作经营企业	38 229	19 130	23 355	20 293
独资经营企业	1 206 690	1 041 074	1 819 913	2 048 174
外商投资股份制企业	1 144	9 483	3 048	8 336

表 3－62　按行业分外商直接投资

行　业	项目(个)	合同外资(万美元)	实际投资(万美元)
总　计	4 236	5 072 643	2 512 001
农、林、牧、渔业	164	145 430	48 260
制造业	2 777	3 559 595	1 762 936
纺织业	102	72 080	62 737
纺织服装、鞋、帽制造业	240	173 474	65 298
金属制品业	147	171 290	72 011
通用设备制造业	421	502 968	126 768
专用设备制造业	306	381 200	127 164
交通运输设备制造业	191	240 486	131 275
电气机械及器材制造业	330	556 433	235 085
信息传输、计算机服务和软件业	143	86 314	22 531
批发和零售业	434	160 548	96 770
租赁和商务服务业	228	158 975	42 436

各市利用外资情况:

南京市全市新批注册合同外资额 44. 60 亿美元,比上年增长 20. 5%;实际使用外资 23. 72 亿美元,增长 15. 1%。全市 12 个省级以上开发区新批注册合同外资 24. 71 亿美元,下降 13. 9%;实际使用外资 14. 89 亿美元,增长 1. 7%。

无锡市外商投资企业的出口 256. 62 亿美元,比上年增长 19. 7%,占全市出口额的 71. 7%。外贸公司出口17.77亿美元,比上年增长14.4%,占全市出口额的5%。民营企业出口势头迅猛,全年共完成出口74.95亿美元,比上年增长31.7%,占全市比重的20.9%。利用外资结构持续优化。全年新批外资项目282个,新增工商登记协议注册外资51.35亿美元,到位注册外资31.67亿美元,比上年增长14.2%。全市完成协议注册资本超3 000万美元重大外资项目32个,比上年增加4个。至2008年底全球财富500强企业中有74家在无锡市投资兴办了143家外资企业。

徐州市对外开放水平不断提升。全年新批外商投资项目122个,年末三资企业1208家,新增378家;协议注册外资16.77亿美元,增长27.0%;实际到账注册外资5.83亿美元,增长31.6%。

常州市利用外资增势平稳。全市各级着力优化投资环境,积极组织招商活动,全年新签外资项目245个,协议注册外资34.1亿美元,平均每个单体项目协议注册外资1 392万美元,比上年增加295万美元。全市新签总投资1 000万美元及以上的项目达97个,协议注册外资23.9亿美元,占全市协议注册外资的比重达70%,比上年提高3个百分点,其中总投资3 000万美元及以上的项目18个,协议注册外资占比由上年的24.4%提高到30.9%。外资企业增资扩股稳步上升,全年先后有175家外资企业以追加投资或股权转让形式增加投资,增资扩股项目达到190个,协议注册外资13.6亿美元,占全市协议注册外资总额的40%,比上年高出6个百分点。全年实际到帐注册外资20.4亿美元,比上年增长11.2%。

苏州市利用外资保持平稳,择商选资力度加大,引资结构调整优化。全市新增注册外资163.4亿美元,比上年下降11%;实际利用外资81.3亿美元,比上年增长13.5%,其中服务业实际利用外资19.8亿美元,增长107.6%,占全市实际利用外资的比重达到24.3%,比上年提高11个百分点。利用外资项目规模扩大。新批准外商投资项目(不含增资)平均注册外资超过790万美元,比上年增长13%。新批准(不含增资)超千万美元以上的项目590个,注册外资109亿美元,占全市注册外资的比重为68%,其中4个项目超亿美元(不含增资)。1 300多家外商投资企业先后增资,增资项目注册外资63亿美元,增长5%。世界500强企业中有128家落户苏州。年末全市服务外包企业达到970家,全年离岸接包合同金额5.2亿美元。

南通市全年新签外资协议项目416个,比上年下降44.1%,其中总投资1 000万美元以上的项目190个;新批协议注册外资额55.55亿美元,下降28.2%;实际到帐注册外资29.37亿美元,下降5.8%。

连云港市招商引资增长强劲,项目质量明显看好。全年利用外资实际到账9.35亿美元,增长26.8%,增长幅度在全省名列前茅。全市新批外资项目147个,项目平均投资规模1 537万美元,同比增长46.4%;新批项目投资总额超过2 000万美元的项目59个,合计投资总额18.4亿美元。

淮安市招商引资力度加大。全市新批外资项目142个;协议注册外资11.45亿美元,比上年增长65.8%;注册外资实际到帐4.54亿美元,增长37.1%;全市外资企业缴纳涉外税收17.5亿元,增长51.3%。

盐城市利用外资平稳增长。随着投资环境的日益改善,国外客商纷至沓来。全市连续二年实现注册外资实际到账倍增之后继续保持较快增长,开放型经济的发展水平不断提高。全年盐城市协议利用外资30.9亿美元,增长50.5%;注册外资实际到账达到9.44亿美元,比上年增长16.4%,总量位居苏北第一。

扬州市利用外资快速增长,对外贸易持续扩大。全年完成协议注册外资50.1亿美元,增长48.6%;注册外资实际到账额17.2亿美元,增长50.2%。全市完成进出口总额61.8亿美元,增长38.6%;出口45.67亿美元,增长40.5%;高新技术产品出口9.97亿美元,增长53.5%;机电产品出口22.22亿美元,增长40.4%。全年完成外经营业额1.85亿美元,增长23%。

镇江市实际利用外资平稳增长。2008年,全市新批工商注册外资企业146家,新签千万美元以上项目 77 个。协议利用外资 23.34 亿美元,比上年增长 1.2%,实际利用外资 12.1 亿美元,比上年增长 13.7%。园区载体作用增强,全市省级以上开发区实际利用外资 9.2 亿美元,增长 45.2%。

泰州市外向型经济加快发展。利用外资再上升新台阶,全市新批协议注册外资 19.55 亿美元,比上年增长 13.8%;实际到帐注册外资 10.5 亿美元,增长 19.9%。

3. 浙江省

浙江省新批外商直接投资项目 1858 个,比上年减少 1061 个,合同外资和实际到位外资分别为 178.2 和 100.7 亿美元,分别比上年下降 12.6% 和 2.8%。第三产业利用外资继续保持良好势头,合同外资 53.5 亿美元,实际外资 30.6 亿美元,分别比上年下降 22.1% 和增长 2.4%,分别占外资总额的 30 % 和 30.3%。

表 3-63　实际利用外资金额

单位:万美元

年份	合计	对外借款	外商直接投资	其他投资
2000	248 919	87 022	161 266	631
2001	451 934	223 301	221 162	7 471
2002	469 547	148 515	316 002	5 030
2003	757 824	207 160	544 936	5 728
2004	974 631	298 657	668 128	7 846
2005	1 393 826	582 049	772 271	39 506
2006	1 450 582	486 127	888 935	75 520
2007	1 432 049	119 126	1 036 576	276 347
2008	1 243 605	192 632	1 007 294	43 679

表 3-64　按国别(地区)分的外商直接投资

国别	2008 年末实有企业		项目(个)		合同外资金额(万美元)		实际利用外资(万美元)	
	个数	外方注册资本(万美元)	2007	2008	2007	2008	2007	2008
总计	28 533	6 860 396	2 919	1 858	2 040 043	1 781 995	1 036 576	1 007 294
#中国香港	11 523	1 049 726	1 329	793	1 169 754	1 135 279	425 967	479 564
中国台湾	2 542	208 867	229	133	68 244	84 800	26 068	17 757
日本	1 905	375 955	102	85	19 651	46 704	24 771	28 523
新加坡	625	172 592	60	43	44 364	42 709	20 372	31 302
韩国	826	133 817	114	87	11 860	40 454	17 786	14 063
英国	684	147 571	51	48	31 249	23 674	12 839	8 865
法国	336	84 071	31	16	16 314	11 014	10 812	8 066
德国	451	67 660	45	38	11 138	11 128	9 096	9 078

（续表）

国别	2008 年末实有企业		项目（个）		合同外资金额（万美元）		实际利用外资（万美元）	
	个数	外方注册资本（万美元）	2007	2008	2007	2008	2007	2008
意大利	520	99 907	64	51	22 980	12 880	12 504	9 624
美国	2 981	450 428	235	159	69 792	91 581	47 418	41 189
加拿大	421	49 601	61	24	24 671	11 525	8 642	7 138
澳大利亚	523	67 152	57	44	27 851	20 828	8 452	7 267
维尔京群岛	1 372	841 510	165	61	266 851	68 357	251 039	172 322

注：年末实有企业指在工商行政管理部门登记注册的企业。

表 3－65　按行业分的外商直接投资

指标	项目（个）		合同外资（万美元）		实际利用外资（万美元）	
	2007	2008	2007	2008	2007	2008
总计	2 919	1 858	2 040 043	1 781 995	1 036 576	1 007 294
第一产业	30	30	17 255	23 918	8 939	4 549
第二产业	2 131	1 163	1 336 723	1 223 510	729 207	697 245
#制造业	2 104	1 141	1 320 433	1 188 810	717 238	682 897
纺织业	193	90	106 367	94 682	70 391	57 993
化学原料及化学制品制造业	54	38	70 937	75 791	30 614	51 029
通用设备制造业	227	138	136 413	133 665	51 633	53 834
专用设备制造业	162	93	111 727	84 777	52 166	35 996
通信设备、计算机及其他电子设备制造业	144	101	134 514	143 833	73 520	64 308
#电力、燃气及水的生产和供应业	16	17	11 051	26 740	6 723	12 183
第三产业	758	665	686 065	534 567	298 430	305 500
信息传输、计算机服务和软件业	51	72	39 706	91 058	7 350	58 918
房地产业	67	26	266 060	132 525	150 612	115 248
租赁和商务服务业	153	94	214 522	62 841	59 669	61 967

各市利用外资情况：

杭州市全年批准外商直接投资 483 项，合同利用外资 62.28 亿美元，比上年增长 11.6%；实际到位外资 33.12 亿美元，增长 18.2%。全年总投资在 1 000 万美元以上大项目 282 个，投资总额和合同外资分别占全市的 94.2% 和 92.8%。利用外资结构优化，第三产业合同利用外资 31.03 亿美元，占 49.8%；实际利用外资 19.54 亿美元，占 59.0%。至 2008 年末，共有 65 家世界 500 强企业来杭投资 107 个项目。

宁波市利用外资结构优化。全年全市合同利用外资 41.2 亿美元，比上年下降 8.4%，实际利用外资 25.4 亿美元，增长 1.3%，均超额完成年度计划任务。其中第三产业新批项目 227 个，实到外资

5.4 亿美元,增长 23.0%;交通运输仓储业实际利用外资 1.3 亿美元,增长 142.3%。

嘉兴市全市新批外商投资企业 242 家,比上年减少 175 家;合同利用外资 22.87 亿美元,下降 33.0%;实际利用外资 13.60 亿美元,增长 13.0%。对外经济技术合作工作继续稳步推进。全年新办境外企业 23 家,投资总额达 7264 万美元,增长 22.0%,全社会外派劳务 463 人次。全市引进内资项目1 063个,实际到位内资 121 亿元。

湖州市全年新批准及增减资利用外资项目 421 个,其中新批外商投资企业 173 家,批准增资项目 164 个。合同外资 18.03 亿美元,比上年下降 9.2%。实到外资 8.02 亿美元,下降 4.9%,其中第一产业1 546万美元,增长 67.0%;第二产业 6.49 亿美元,下降 7.8%;第三产业 1.37 亿美元,下降 5.5%。全年批准总投资千万美元以上项目 112 个,合同外资 14.11 亿美元,占全部合同外资的 78.3%,其中新批总投资千万美元以上企业 85 家,合同外资 11.21 亿美元,占全部合同外资的 62.2%。

绍兴市外资结构和质量不断优化。2008 年,全市合同利用外资 16.68 亿美元,实际利用外资为 7.72 亿美元,分别下降 29.5% 和 30.1%。全市新批项目平均规模达到1 390万美元,同比增长 18.8%,新增投资总额1 000万美元以上项目 86 只,合同外资 14.12 亿美元,占全市总量的 84.6%。一批竞争实力强、市场前景好的高新技术企业继续扩大规模,做大做强。

金华市全年新批外商投资企业 95 家,投资总额83 458万美元;新增合同外资额52 883万美元,实际利用外资51 302万美元。工业制造业引资仍占主体地位,总投资、合同外资和实到外资分别占总数的 82.8%、83.8% 和 92.0%;新引进一批生产移动通信设备、集成电路、高性能电池、计算机软件等科技含量较高的外商投资项目,总投资达 1.4 亿美元。第三产业投资不断升温,全年新批三产领域外商投资项目 43 个,占总数的 45.2%,占比提高 3 个百分点。全年有 73 家外资企业发生增资,合同外资增资30 865万美元,占总额的 58.0%。全市共 4 家企业经商务部批准转制为外商投资的股份制公司。全年新设外资并购项目 4 个,世界 500 强投资项目 3 个。金华市全年新批境外投资项目 26 个,实现境外投资总额4 143.7万美元,比上年增长 46.3%;其中中方投资额3 295万美元,增长 20.8%;完成外经营业额 1.26 亿美元,增长 24.1%。单个项目平均规模扩大到 159.37 万美元,比上年增长 57.8%;全年总投资 500 万美元以上大项目 5 个,分别是浙江润源、DOLON TV、飞神车业、步阳集团、华谊兄弟的境外投资项目;目前金华市最大的境外投资项目总投资 890.5 万美元。到 2008 年底,全市已累计在 53 个国家和地区设立境外投资项目 202 个,总投资11 682.59万美元,其中中方投资9 299.61万美元。

衢州市全年新批外商投资企业 19 家,其中外资企业 7 家,合资企业 12 家;总投资31 932万美元,比上年增长 21.4%;合同利用外资13 497 万美元,增长 7.0%;实际利用外资5 813 万美元,增长 43.3%。

舟山市全年新批外商直接投资项目 7 个,合同外资金额4 701万美元,比上年下降 75.6%;实际使用外资金额15 855万美元,增长 1.1 倍。全年新批设立境外投资企业 5 家,中方投资额3 154万美元,增长 2.2 倍。全年对外经济合作营业额13 665万美元,增长 92.8%。其中,对外劳务合作营业额 758 万美元;对外承包工程营业额12 907万美元,其中外籍船舶修理完成营业额11 107万美元。

台州市全年新签外资项目 38 个,项目总投资 4.35 亿美元,合同利用外资 2.73 亿美元,比上年下降 66.6%,实际利用外资 2.39 亿美元,比上年下降 23.3%。全年增资项目 41 个,合同利用外资 1.54 亿美元。新批总投资额1 000万美元以上的项目 12 个。境外投资稳步推进。全年新批境外投资项目 39 个,中方投资额6 852万美元。全市累计境外投资项目 315 个,中方累计投资额 2.25 亿美元丽水市全年进出口总额 8.43 亿美元,比上年增长 48.2%。其中,出口 7.49 亿美元,增长 36.8%,进口9 407万美元,增长 336.9%

三、展望

改革开放以来,受低廉的人力成本和不断完善的投资环境所吸引,在长三角地区许多的制造业领域,都能看到外资的身影。不可否认,外资为长三角乃至中国制造业的发展壮大作出了不小的贡献。

而如今,时过境迁,由于受到经济危机等多重因素的影响,当下长三角的许多制造业领域,无论是重化工还是新能源,大都正经历着“产能过剩”的煎熬。而经济对制造业的过于倚重,也产生一些问题,如环境的破坏、能源的大量消耗、产业升级困难,等等。因此,外资仍大量进入制造业,难免加重人们的忧虑。

固然,外资对于区域经济的重要性不容置疑,积极利用外资是长期坚持的政策。但当前,长三角利用外资已经进入一个新阶段,对外资的需求开始从数量为主转向质量为主,改变“国外资本进入的产业层次不高、投资结构不合理”的状况刻不容缓。因此,从经济长远健康发展的角度来看,有必要厘清在利用外资过程中的价值取向。

一方面,制造业仍是当前经济的重要支柱,也是企业在国际竞争中的一大优势,因此要创新吸收外资方式,完善外商投资的政策法规,利用外资加快推进制造业等传统产业的升级改造,提高企业的核心竞争力。

另一方面,要积极引导外商投资新的领域。特别是亟待加快发展的高新技术、高附加值产业以及现代服务业等领域。高新技术行业具有投资大、周期长、技术更新快等特点。积极利用外资投向新的领域,不仅有助于培养本地企业的自主创新能力,也有利于培育新的经济增长点。

可以预见,在将来相当长的一段时期内,改革开放将会依然伴随着对外商投资的鼓励一路前行。而实现利用外资与区域经济又好又快发展的和谐统一,将是未来长三角吸收外商投资的基本出发点及指导原则。

十四　长三角对外贸易

一、长三角对外贸易总体情况

2008 年长三角对外贸易进出口总值达12 099.4亿美元,比上年(下同)增长 15.5%,占全国外贸比重 32%。其中,出口6 960.6亿美元,增长 15%,占全国出口比重 33%。贸易顺差1 821.8亿美元。进出口总值增长率与出口增长率均低于全国水平,由于该地区对外开放程度相对较高,长三角外贸受国际金融风暴影响较全国更甚。

表 3－66　2008 年长三角外贸情况

单位:亿美元

	进出口总额		出口额	
	累计	±%	累计	±%
上海市	6 065.6	16.3	3 936.5	19.9
江苏省	3 922.7	12.2	2 380.4	16.9
浙江省	2 111.1	19.4	1 543.7	20.3
长三角	12 099.4	15.5	6 960.6	15
全国	25 616.3	17.8	14 285	17.2

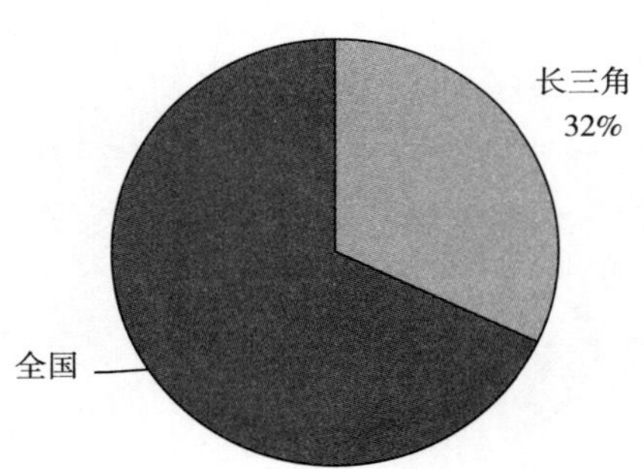

图 3－31　长三角占全国外贸比重

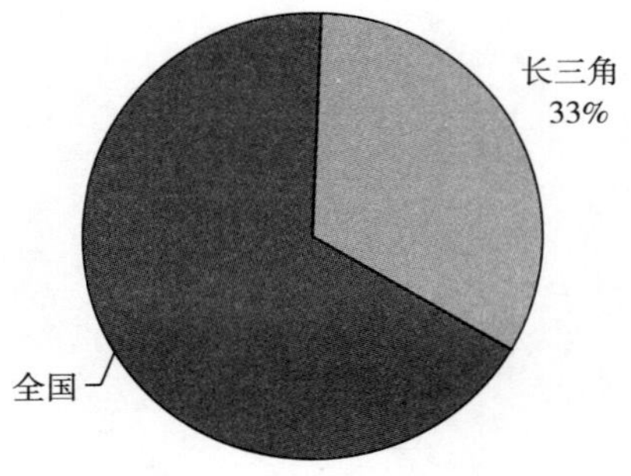

图 3－32　长三角占全国出口比重

二、两省一市外贸进展与特点

1. 上海市

上海口岸服务辐射功能不断增强。全年关区进出口商品总额6 065.57亿美元，比上年增长16.3%。其中，进口总额2 129.07亿美元，增长10.3%；出口总额3 936.5亿美元，增长19.9%。

外贸出口保持较快增长。全年外贸进出口总额3 221.38亿美元，比上年增长13.8%。其中，进口总额1 527.88亿美元，增长9.9%；出口总额1 693.5亿美元，增长17.7%。私营企业出口增速保持领先。全年私营企业完成出口207.86亿美元，比上年增长27.7%；外商及港澳台投资企业出口1 137.35亿美元，增长16.3%；国有企业出口335.71亿美元，增长17.4%；集体企业出口12.53亿美元，增长1.1%。

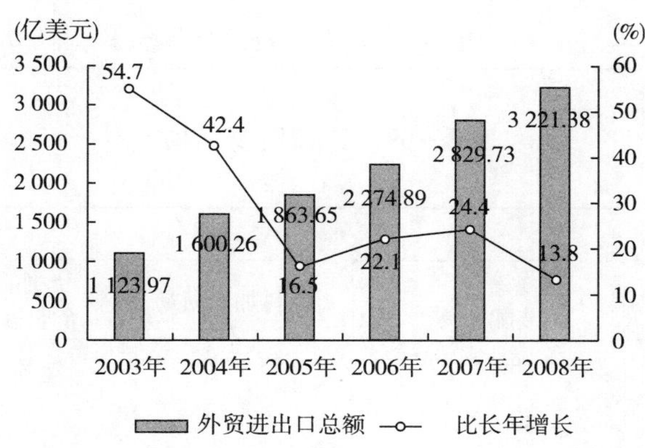

图3－33　外贸进出口总额与增长

外贸出口商品结构进一步优化。高新技术产品和机电产品出口快速增长。全年高新技术产品出口713.08亿美元，比上年增长19.8%，占全市外贸出口总额的比重达到42.1%；机电产品出口1 185.15亿美元，增长20.3%，所占比重达到70%。一般贸易出口642.16亿美元，比上年增长19.1%；加工贸易出口917.99亿美元，增长15.2%。出口市场多元化战略成效显现。

表3－67　出口贸易结构

单位：亿美元

年份	关区出口总　额	其　中				
		#一般贸易	#来料加工装配贸易	#进料加工贸易	#对外承包工程货物	#出料加工贸易
2004	1 612.68	824.92	126.99	623.27	3.18	0.14
2005	2 124.30	1 057.68	195.83	813.26	6.37	0.16
2006	2 665.65	1 319.56	212.77	1 058.07	9.45	0.14
2007	3 284.80	1 659.44	228.77	1 273.71	20.55	0.17
2008	3 936.50	2 050.49	240.91	1 467.78	53.92	0.23

表 3－68　出口市场结构

类　别	绝对值(亿美元)	比上年增长(%)
外贸出口商品总额	1 693. 50	17. 7
# 亚洲	668. 67	15. 5
# 日 本	200. 39	17. 5
中国香港	125. 72	0. 5
欧洲	467. 67	24. 7
北美洲	402. 70	8. 0
# 美 国	372. 10	7. 5
拉丁美洲	74. 56	47. 5
大洋洲	46. 27	21. 5

表 3－69　进口贸易结构

单位:亿美元

年份	关区进口	其　中				
	总　额	# 一般贸易	# 来料加工装配贸易	# 进料加工贸易	# 外商投资企业进口设备	# 租赁贸易
2004	1 213. 07	472. 16	89. 47	338. 57	99. 72	4. 7
2005	1 382. 48	502. 49	133. 69	409. 30	74. 76	7. 85
2006	1 621. 89	574. 40	122. 52	497. 41	73. 72	23. 74
2007	1 924. 29	719. 30	154. 88	528. 03	75. 22	24. 46
2008	2 129. 07	848. 23	174. 86	525. 68	76. 91	22. 21

表 3－70　进口市场结构

单位:亿美元

国别（地区）	2005	2006	2007	2008
总　计	1 382. 48	1 621. 89	1 924. 29	2 129. 07
亚　洲	873. 45	1 020. 51	1 164. 38	1 245. 79
# 中国香港	17. 41	14. 23	19. 89	16. 86
中国台湾	155. 56	181. 37	189. 15	190. 76
日　本	267. 91	311. 91	361. 20	419. 06
韩　国	163. 95	176. 27	209. 77	221. 56
新加坡	44. 30	39. 77	38. 95	41. 07
马来西亚	43. 88	52. 00	54. 19	55. 43
泰　国	36. 53	41. 99	50. 08	57. 63
菲律宾	36. 08	53. 29	82. 06	61. 98

（续表）

国别（地区）	2005	2006	2007	2008
非　洲	13.76	16.30	18.31	29.74
欧　洲	264.89	320.15	406.63	490.51
# 德　国	103.93	125.93	164.44	190.94
法　国	28.81	40.31	45.31	53.40
意大利	23.91	29.56	34.05	41.45
美　洲	202.70	234.63	298.01	323.00
# 美　国	139.52	170.62	193.90	218.06
智　利	18.42	16.70	41.02	42.09
大洋洲及太平洋岛屿	27.50	30.13	36.75	39.81
# 澳大利亚	23.79	25.15	31.95	34.16

2. 江苏省

全省进出口继续增长。全年进出口总额3 922.7亿美元，比上年增长12.2%。其中出口2 380.4亿美元，增长16.9%；进口1 542.3亿美元，增长5.7%。

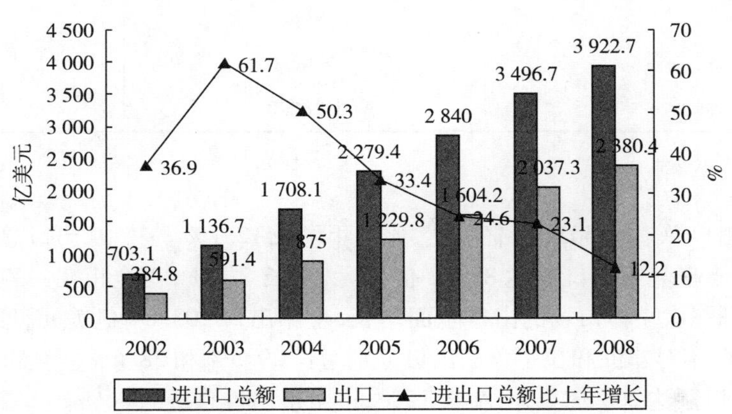

图3－34　外贸进出口总额与增长

出口商品结构进一步优化，高技术含量产品出口增加。机电产品、高新技术产品出口额为1 613.5亿美元和1 040.5亿美元，分别占出口总额的67.8%和43.7%。其中计算机与通信技术出口686.8亿美元，增长6.4%，占高新技术产品出口额的66.0%。农产品出口额19.8亿美元，增长20.8%。外商投资企业出口1 749.6亿美元，增长12.5%，占出口总额的73.5%。私营企业出口较快增长，出口额为350.6亿美元，增长38.0%。对欧盟、美国、日本、香港特别行政区出口保持平稳增长，出口额分别为615.7亿美元、493.7亿美元、212.1亿美元和171.5亿美元，增长15.1%、10.5%、7.2%和1.8%；对东盟、韩国、台湾省等新兴市场出口加快，出口额分别为206.0亿美元、142.5亿美元和65.9亿美元，增长22.8%、35.3%和9.1%；对俄罗斯、拉丁美洲、非洲出口额27.7亿美元、109.6亿美元和50.1亿美元，分别增长46.5%、44.7%和35.3%。

表3-71 进出口贸易主要分类情况

指标	绝对数(亿美元)	比上年增长(%)
出口总额	2 380.4	16.9
# 一般贸易	920.1	30.6
加工贸易	1 419.7	8.7
# 工业制成品	2 348.0	16.7
初级产品	32.4	26.2
# 机电产品	1 613.5	14.1
# 高新技术产品	1 040.5	25.2
# 外商投资企业	1 749.6	12.5
国有企业	207.9	17.0
进口总额	1 542.3	5.7
# 一般贸易	431.4	19.7
加工贸易	840.3	-0.7
# 工业制成品	1 343.0	2.6
初级产品	199.3	33.5
# 机电产品	988.8	0.8
# 高新技术产品	706.0	23.4
# 外商投资企业	1 286.0	3.3

各市外贸情况:

南京市全市进出口总值达405.92亿美元,比上年增长12.1%。其中,出口总值235.97亿美元,增长14.2%。三资企业全年出口额达88.22亿美元,增长2.3%,占全市出口额的比重为37.4%。对亚洲、欧洲、北美洲三大主体市场的出口全面增长,全年出口203.84亿美元,增长12.2%,占全市出口额的86.4%。全年对非洲和拉丁美洲出口分别增长29.5%和38.6%。全市出口额超千万美元的企业有260家,出口额达205亿美元,增长15%,占全市出口总量的86%。

无锡市对外贸易保持平稳增长。全年实现外贸进出口总额560.28亿美元,比上年增长9.6%。其中,进口总额202.43亿美元,比上年下降7.3%;出口总额357.85亿美元,比上年增长22.0%。有进出口实绩的企业累计已达5 683家,其中内资企业3 102家。生产企业、外商投资企业出口快速增长。全市生产企业出口83.46亿美元,比上年增长31.9%,占全市出口额的23.3%。

徐州市对外贸易加快发展。全年进出口总额34.54亿美元,增长38.4%,增速比上年提高3.7个百分点。其中,出口22.45亿美元,增长35.5%;进口12.09亿美元,增长44.1%。出口商品结构不断优化,机电产品、高新技术产品出口额分别为13.41亿美元、2.18亿美元,占出口总额的59.7%和9.7%。

常州市对外贸易逆势增长。全市外贸进出口企业积极化解各种不利因素影响,努力拓展对外开放的广度和深度,对外贸易呈现总量规模扩大、增长速度攀高、发展质态提升的良好运行态势。全市完成进出口总额176.3亿美元,比上年增长33.3%,增幅比上年提高6.6个百分点,其中出口132.4亿美元,增长34.5%,进口43.9亿美元,增长29.7%。出口商品结构调整步伐进一步加快,全年机电

产品完成出口72.2亿美元，光学、医疗等仪器出口2.3亿美元，分别比上年增长46.8%、37.8%，增幅比全市出口平均水平分别高出12.3个和3.3个百分点；纺织服装产品出口额为25.4亿美元，比上年增长13.1%，在全市出口额中所占比重由上年的22.8%下降至19.2%。全年高新技术产品完成出口19.9亿美元，比上年增长119%，在全市出口总额中所占份额达15%，比上年提高5.8个百分点。新兴外贸市场得到大力拓展，"常州制造"足迹遍布全球6大洲201个国家和地区，全年对非洲、俄罗斯、巴西的出口增幅分别达41.6%、46.9%和93.8%，高出全市出口增幅7.1个、12.4个和59.3个百分点；对欧盟市场出口额达到35.3亿美元，比上年增长75%，占全市出口总额的26.6%，跃居各大市场之首。

苏州市面对全球经济增长放缓、外部需求萎缩等不利影响，加快推进开放型经济转型升级。对外贸易保持平稳增长，出口结构进一步优化，全市实现进出口总额2 285亿美元，比上年增长8%，其中出口总额1 317亿美元，比上年增长10.7%。在出口总额中，外商投资企业出口额1 146亿美元，私营企业出口额90亿美元，分别比上年增长7.7%和32.1%；一般贸易出口285亿美元，比上年增长30.4%；加工贸易出口1 000亿美元，比上年增长5.2%；机电产品出口1 066亿美元，比上年增长10%，占出口总额的比重为81%；高新技术产品出口795亿美元，比上年增长5.5%，占出口总额的比重为60.4%。

传统出口市场份额保持稳定，新兴市场开拓取得进展。对欧盟、美国、日本三大市场的出口额占出口总额的比重达60.1%，其中对欧盟出口额352亿美元，增长3.5%；对美国出口额325亿美元，增长9.4%；对日本出口额108亿美元，增长3.4%。东盟、拉美、非洲等新兴市场出口发展迅速，出口增幅超过30%。

南通市全年实现进出口总值166.88亿美元，比上年增长30.6%。其中，出口总值117.52亿美元，增长30.3%；进口总值49.36亿美元，增长31.5%。在全市进出口总额中，外商投资企业为117.71亿美元，增长29.2%。其中，出口77.59亿美元，增长26.5%；进口40.12亿美元，增长34.9%。

连云港市口岸规模再创新高，地方外贸逆势增长。连云港口岸外贸进出口总值达到173.9亿美元，同比增长48.7%，其中出口实现89.9亿美元，增长44.9%。全年入库税收达到93.08亿元，增长46.8%，其中关税、代征税等增长均创历史最高水平。全市地方外贸共完成进出口总值44.49亿美元，增长36.8%，增速高出全省平均水平24.6个百分点，增速列全省第5位；进出口值在苏北5市稳居第一位。

淮安市进出口持续增长。全年进出口总额17.81亿美元，比上年增长23.0%，其中，出口11.94亿美元，增长29.7%；进口5.88亿美元，增长11.3%。在有出口实绩的企业中，超1 000万美元的企业17家，超500万美元的企业38家，累计出口8.88亿美元，占全市出口总额的74.41%。

盐城市对外贸易增长较快。全市外贸进出口平稳增长，全年累计完成进出口总额28.3亿美元，比上年增长21.2%，其中出口21.06亿美元，增长48.4%。盐城市对外贸易有限公司、江苏联化科技有限公司出口分别达1.41亿美元和1.14亿美元，实现盐城市出口超亿美元企业零的突破。

扬州市对外贸易持续扩大。全市完成进出口总额61.8亿美元，增长38.6%；出口45.67亿美元，增长40.5%；高新技术产品出口9.97亿美元，增长53.5%；机电产品出口22.22亿美元，增长40.4%。全年完成外经营业额1.85亿美元，增长23%。

镇江市对外贸易发展趋紧。2008年，全市完成进出口总额74.62亿美元，比上年增长18.3%，其中：进口总额32.08亿美元，增长22.6%；出口总额42.54亿美元，增长15.4%。从贸易方式看，一般贸易完成出口总额30.18亿美元，增长21.6%，加工贸易完成出口总额12.33亿美元，增长1.3%；从贸易企业看，外资企业完成出口总额23.34亿美元，增长8.4%，私营企业完成出口总额13.16亿美元,增长35.0%;从贸易市场看,亚洲市场完成出口总额18.98亿美元,增长11.3%,欧洲市场完成出口总额10.37亿美元,增长28.0%,北美洲市场完成出口总额7.9亿美元,与上年持平。

泰州市对外贸易较快增长。全年进出口总额63.42亿美元,增长60.3%。其中,出口总额48.87亿美元,增长65.3%;进口总额14.55亿美元,增长45.6%。出口商品结构不断优化。机电产品、一般贸易出口额分别为28.6亿美元和23.1亿美元,分别增长74.6%和36.7%;占出口总额的比重分别为58.5%和47.3%。外商投资企业出口33.5亿美元,增长107%,占出口总额的比重为68.5%。对欧盟、美国、东盟、拉美的出口分别为13亿美元、5.1亿美元、5.8亿美元和3亿美元,分别增长82.2%、41.4%、110%和89.1%;从韩国、欧盟和日本进口分别为3.3亿美元、2.7亿美元和2.2亿美元,分别增长17.0%、49%和35.3%。

3. 浙江省

2008年全年进出口总额为2 111.1亿美元,比上年增长19.4%,其中进口568.4亿美元,增长17%,出口1 543.7亿美元,增长20.3%。一般贸易比重继续回升,占出口和进口份额分别达到79%和60.5%。工业制成品是出口主体,达到出口总值的96.4%。私营企业、三资企业和国营企业的出口份额分别为43.7%、35.2%和13%。

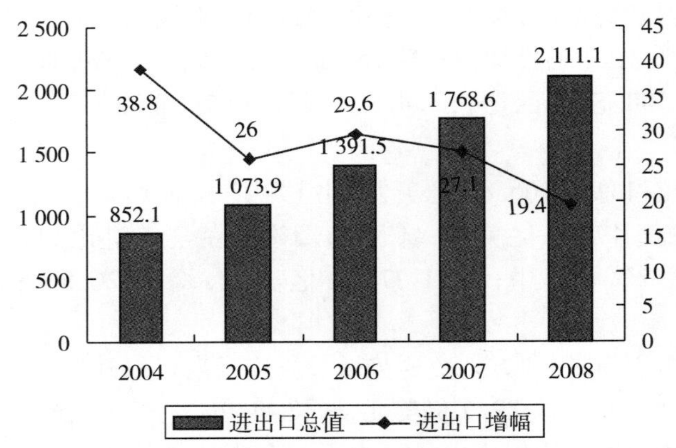

图3－35　浙江进出口总额及其增长速度

表3－72　2008年进出口主要分类情况

单位:亿美元,%

进出口总值	进出口增幅	出口	出口增幅	#一般贸易	一般贸易占出口份额	进口	进口增幅	#一般贸易	一般贸易占进口份额
2 111.1	19.4	1 542.7	20.3	1 218.5	79.0	568.4	17.0	344.0	60.5

表3－73　出口分类表

单位:亿美元

项目	
出口总值	1 542.67
#机电产品	680.48
总值中:	

（续表）

项目	
国有企业	199.31
三资企业	542.65
集体企业	123.82
私营企业	673.82
其他企业	3.07
总值中：	
工业制成品	1 486.81
初级产品	55.86

对主要市场的出口均保持较快增长，日本和台湾仍然是2008年浙江进口贸易额最多的国家和地区。

表3－74　2008年对主要市场进出口情况

单位：亿美元

国别	出口	进口
总值	1 542.67	568.43
#亚太经济合作组织	706.22	412.0
亚洲	496.79	363.76
#中国香港	52.05	2.92
日本	0.01	89.43
中国台湾	17.31	90.29
韩国	44.97	68.62
东南亚联盟	87.36	50.85
非洲	88.32	17.20
欧洲	508.21	78.52
#欧洲联盟	426.48	65.63
#英国	50.02	5.58
德国	89.35	24.30
意大利	52.14	7.58
#俄罗斯	42.66	6.58
拉丁美洲	11.78	32.94
北美洲	295.42	55.51
#美国	265.42	43.07
加拿大	29.99	12.43
大洋洲	36.14	20.47
#澳大利亚	29.51	16.39

各市2008年外贸完成情况:

杭州市全年完成外贸进出口总额480.65亿美元,比上年增长10.7%。其中进口总额144.51亿美元,增长7.4%;出口总额336.14亿美元,增长12.2%。按贸易方式分,一般贸易257.15亿美元,比上年增长19.6%;加工贸易77.63亿美元,下降6.8%。外贸结构有所调整。出口总额中,机电产品出口134.81亿美元,占出口总额的40.1%;高新技术产品出口46.72亿美元,占出口总额的13.9%。出口国别和地区中,对欧盟出口92.65亿美元,增长23.0%;对美国出口75.08亿美元,下降7.6%;对日本出口28.05亿美元,增长6.9%。

宁波市对外贸易快速增长。全年全市实现口岸进出口总额1 401.9亿美元,比上年增长25.5%。新增外贸经营备案登记企业1 900家,累计突破1万家,达10 758家。机电产品和高新技术产品出口分别增长26.5%和49.0%,快于出口平均增速2.3和21.6个百分点;进口产品中机电产品和高新技术产品分别增长27.7%和84.9%,均快于进口平均增速。实现外贸自营进出口总额678.4亿美元,增长20.1%。其中出口463.3亿美元,增长21.1%;进口215.1亿美元,增长17.9%。加工贸易进出口额为182.7亿美元,增长23.0%;一般贸易进出口额463.7亿美元,增长18.9%。温州市全年外贸进出口总额122.48亿美元,比上年增长23.8%。其中进口总额21.00亿美元,增长15.8%;出口总额101.48亿美元,增长25.6%。外贸依存度为43.2 %,其中出口依存度为35.8%,分别比上年提高0.3个和0.7个百分点。

嘉兴市全市进出口总值198.33亿美元,增长23.1%,其中出口总值141.04亿美元,增长20.8%;进口总值57.29亿美元,增长29.1%。机电产品、服装类产品等仍占居出口商品主导地位,机电产品出口42.35亿美元,增长33.8%,占全市出口总额的30.0%;服装类产品出口34.15亿美元,增长14.8%,占全市出口总额的24.2%。经济外向度稳步提高,进出口总占GDP的比例75.9%,其中出口占GDP的比例54.0%。

湖州市全年外贸进出口总额达到55.88亿美元,比上年增长31.1%,其中出口49.01亿美元、进口6.87亿美元,分别增长33.4%、16.6%。按出口贸易方式分,一般贸易出口42.69亿美元,加工贸易出口6.31亿美元,分别增长35.5%和20.7%,占全部出口的比重分别为87.1%和12.9%。按出口企业性质分,私营企业出口23.90亿美元,外商投资企业出口18.03亿美元,分别增长34.0%、31.4%,占全部出口的比重分别为48.8%和36.8%。按出口产品分,高新技术产品出口2.51亿美元,增长94.9%;化工产品出口6.34亿美元,增长66.1%;机械设备出口6.13亿美元,增长52.9%;机电产品出口12.48亿美元,增长38.6%;纺织原料及纺织制品出口15.61亿美元,增长22.8%;农副产品出口6.07亿美元,增长12.6%。按出口地区分,对美国出口10.32亿美元,增长17.7%;对日本出口2.40亿美元,增长16.2%;对欧洲出口15.70亿美元,增长38.8%。全年进出口贸易额超两千万美元的企业达到56家,比上年增加15家,其中出口超两千万美元企业49家,增加16家。

绍兴市全市外贸进出口总额238.27亿美元,同比增长23.5%,其中进口总额63.32亿美元,增长15.5%;自营出口总额174.95亿美元,增长26.6%。全市商品进出口国家和地区达到206个,同比增长9个。美国、阿联酋、印度出口额位居前三位,贝宁、西班牙、巴西出口增幅居前三位。2008年全市纺织服装出口110.48亿美元,同比增长22.2%;机电、化工、高新技术产出口较快增长,增幅分别为35.4%、50.1%、58.8%;进出口企业队伍迅速壮大,2008年新登记备案企业1318家,全市累计获进出口经营权企业7 390家。

金华市2008年全市完成进出口总额95.48亿美元,比上年增长19.9%。其中出口总额89.69亿美元,增长18.9%;进口总额5.79亿美元,增长39.3%。结构调整取得积极成效。全市机电产品出口42.14亿美元,增长21.7%,占出口比重比上年提高1.1个百分点。全年生产企业出口62.99亿美元,增长29.4%,高于全省生产企业出口增幅6.19个百分点。全年出口超千万美元的企业187

家,比上年增加31家,共计出口46.69亿美元,增长24.2%,拉动全市出口增幅提高12.1个百分点。

衢州市全年进出口总额13.25亿美元,比上年增长24.9%。其中:出口8.99亿美元,增长24.6%;进口4.26亿美元,增长25.7%。全市有出口实绩的企业363家,其中当年新启动出口业务企业87家。出口额在100万美元以上的企业144家,增加19家;1 000万美元以上的龙头企业21家,增加6家。全年对外出口的国家和地区154个。对美国、欧盟、韩国和香港四大主要市场的出口额分别为1.41、1.51、0.76和0.25亿美元,占全部出口额的43.7%,分别增长13.0%、20.9%、35.5%和下降53.8%。全市出口商品共20大类、1167个品种。在主要商品出口中:机电产品出口1.71亿美元,增长9.7%;高新技术产品出口1.16亿美元,增长48.8%;化工医药产品出口3.41亿美元,增长42.6%;服装、纺织品出口1.26亿美元,增长16.9%。

舟山市全年外贸进出口总额60.53亿美元,比上年增长48.5%。其中,出口32.86亿美元,增长37.7%;进口27.67亿美元,增长63.7%。全年工业制成品出口额19.66亿美元,增长61.6%,其中船舶出口12.94亿美元,增长34.4%,占全市出口总额的比重为39.4%;水产品出口额6.31亿美元,下降1.8%,占出口总额的比重由上年的26.9%下降到19.2%。全年有贸易往来的国家和地区156个。全年舟山口岸进出口货运量6 103万吨,比上年增长35.0%。其中,进口5 697万吨,增长39.3%;出口406万吨,下降6.0%。全市进出口货运总值267.62亿美元,比上年增长89.4%。其中,进口货运值237.83亿美元,增长94.6%;出口货运值29.79亿美元,增长56.6%。进出境船舶4 908艘次,下降2.8%,其中外籍船舶3 586艘次,增长6.2%。外籍船舶修理750艘次,下降14.5%。年末舟山口岸对外开放陆海域面积1 165平方公里,新增35平方公里。

台州市对外贸易在逆境中较快增长。全年外贸进出口总额138.11亿美元,比上年增长24.5%。其中自营出口总额突破百亿元大关,达117.64亿美元,增长25.6%。全年外贸企业出口17.74亿美元,增长3.7%;三资企业出口26.72亿美元,增长10.6%;生产企业出口73.18亿美元,增长39.8%。在出口总额中,一般贸易出口107.14亿美元,增长24.3%;加工贸易出口10.42亿美元,增长45.8%。主要出口产品中,汽摩及部件、医化产品、家具和船舶出口仍然保持较快增长,分别比上年增长36.3%、32.3%、37.2%和106.4%。2008年末台州市有进出口实绩企业3 190家,比上年末增加494家,其中进出口超亿美元企业有13家。出口国家和地区已达207个。

三、展望

受国际金融风暴冲击,长三角的对外贸易增长幅度明显下滑,在国际经济环境景气度下滑的今后几年,长三角引以为豪的外贸模式面临着挑战。

尽管上海外贸形势严峻,但在2008年上海经济增速不如意之时,这个国际大都市的发展对外贸的依存度比以往任何时候都强。在出口上,上海历经多年调整的出口导向也呈现出明显优势。上海与欧盟、美国两大主要市场的出口增幅远远高于全国平均水平。分析出口结构,不难看出,上海以服务业为导向,跨国公司与大公司比较聚集,出口附加值相对高。同时,近两年来,上海汽车零部件、生物医药、电子液晶板等高新产业发展增速明显,使得上海的产业结构也将有利于抵御未来的外贸压力。与此同时,上海在产业结构调整后,加快淘汰"两高一资"(高污染、高能耗和资源性)企业,也在外贸上呈现良性反应。

当前,外贸大省的新问题集中在出口退税率降低、人民币对美元升值、美欧等进口国经济出现衰退三大方面。进入2008年后,中国的外贸形势更加严峻。在长三角内部,作为出口大省的浙江,这一问题尤显严峻。从出口结构看,浙江在外贸这一块受损将更加明显,更为严重。尽管在持续高增长的出口拉动下,浙江的经济增长连年高于全国,以外贸为主导的国际商贸城义乌,这些年更成为世界贸易中的一大明星。浙江主要是中小企业,中小企业中最主要的是外贸企业,外贸企业中最主要的是单一外贸企业。不过,伴随外贸环境的不断恶化,曾经给浙江带来无限辉煌的这一经济结构,如今正给浙江带来难题。受美欧定单减少影响的生产经营困难的企业较多,特别是中小企业"量大面广"。许多外向型中小企业出现亏损甚至倒闭,发展难以为继,有悲观者甚至认为浙江模式有可能走向终结。浙江模式有外贸依存度高,同质化竞争的产业集群多,低成本、低附加值的产业结构,资源供给的瓶颈制约突出,处于产业链分工的下游等特点,在'五座大山'压顶的大环境下,浙江企业的优势成了'硬伤',面临的竞争形势更加严峻。

这表明传统加工贸易为主的出口导向型经济模式已经走到尽头,以"高、精、尖、软"为特征的现代化经济发展模式是今后各地转型的必由之路。只有通过提升科技含量、锻造国际品牌、跃入高科技行业等转型,外向型经济才会有真正的竞争力。因此,江苏与浙江也应当加快产业布局,转变外贸增长方式,浙江虽然在第一阶段的调整中占据优势。但是核心的产业结构必须升级。

尽管时势艰难,一些地区、企业通过产业、产品结构调整,实现经济转型,出口逆势增长,在一片萧瑟中呈现枝青叶翠。比如,光伏产品已成为江苏高新技术产品出口快速增长的重要动力,无锡是江苏光伏产业的龙头,被评为"国家新能源科技兴贸创新基地",光伏产品出口占全省出口的1/3以上。

近年来,长三角出口结构越来越多元化,出口企业的成本消化能力、议价能力也得到较大提高,长三角出口业的基础已经十分雄厚,可以有效抵御单个市场经济下滑风险。因此,尽管2008年的出口形势将更加复杂多变,但是多年的高增长的积累,长三角地区不少外贸企业已经具备了"病痛修复能力"。经过此轮优胜劣汰,中国出口将会更加健康、积极、稳定地发展。

今后外贸出口的新趋势是:"两高一资"产品受限,大企业出口增长快。即出口呈现"两升两降":一是大企业出口快速增长而中小企业出口明显下降;二是服装、鞋、玩具等劳动力密集型产品和政策调控的资源类产品出口迅速下滑,而机电产品、高新技术产品出口仍然保持高速增长。

这表明,过去依赖廉价的资源能源、以牺牲环境为代价维持的高速出口是难以为继的。2007年7月开始的出口退税调整,将553项"两高一资"(高能耗、高污染、资源性)商品的出口退税取消,2 268项容易引起贸易摩擦的商品出口退税率降低,这符合我国产业结构调整的方向。目前全国出口增速下降主要体现在传统大宗商品出口增长放缓,而机电产品出口仍保持快速增长,以其为代表的先进制造业正是中国经济社会可持续发展的前途命脉所在。

在当前"滞胀+金融危机"的世界经济环境中,那些调整较快、内在提升较好的企业,就能存活下来并收获更大的市场。长三角腹地广阔,出口产业基础较好,应该借此契机主动调整,打造全新的"中国制造"品牌,包括产品品牌、技术品牌和服务品牌。长三角外贸会因此跃上新的台阶。

十五　长三角外向型经济

一、长三角对外经济总体情况

长三角地区全年对外承包工程及对外劳务合作完成营业额 122.96 亿美元，比上年增长 10.75%，占到全国总量的 19%。对外投资方面，长三角地区中方对外投资额为 22 亿美元。

表 3－75　长三角外经情况

单位：亿美元

	对外承包工程与劳务合作完成营业额	增长率%	对外投资额	增长率%
上海市	55.96	11.4	70.8	12.6
江苏省	46.1	10.7	6.3	35.6
浙江省	20.9	0.4	8.6	42
长三角	122.96	10.75	85.7	16

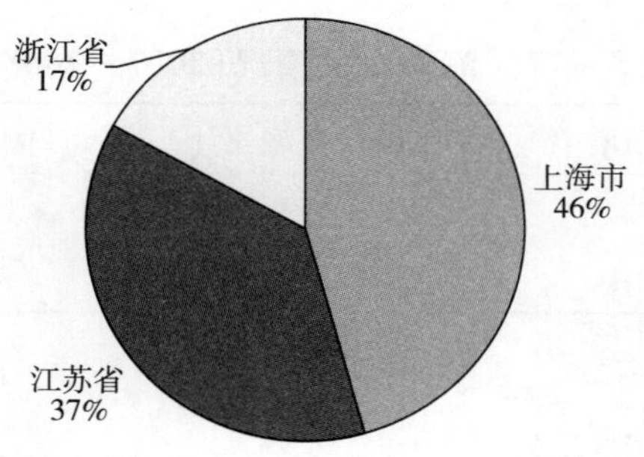

图 3－36　长三角两省一市对外承包工程与劳务合作分布

二、两省一市情况

1. 上海市

上海“走出去”战略加快实施。全年新批对外投资项目 104 项，投资总额 7.08 亿美元。签订对外承包工程和劳务合作合同5 815项；合同金额 111.4 亿美元，比上年增长 51.6%；实际完成营业额 55.96 亿美元，增长 11.4%；派出劳务人员 1.62 万人次，下降 13%。至年末，上海对外承包工程和劳务合作涉及的国家和地区已达 177 个。

世博会筹办工作进展显著。至年末，已有 229 个国家和国际组织正式确认参展，其中 176 个国家和国际组织已签署参展合同。世博中心、中国馆、主题馆实现结构封顶，道路、通信、绿化等项目建设正在加快推进。

“走出去”步伐加快，境外投资较快增长。全年新签对外承包工程和劳务合作合同额 49.5 亿美元，增长 9.3%；完成营业额 46.1 亿美元，增长 10.7%；期末在外人数 10.2 万人，下降 12.8%。全年新批境外投资项目 232 个，下降 7.9%，中方协议投资 6.3 亿美元，增长 35.6%。

表 3－76　上海主要年份对外经济合作情况

指　标	2000	2007	2008
签订合同项目（个）	1 076	6 185	5 815
# 对外承包工程	143	821	478
对外劳务合作	836	5 315	5 230
签订合同金额（万美元）	98 050	734 747	1 113 987
# 对外承包工程	76 058	669 931	1 045 972
对外劳务合作	20 837	50 778	58 990
实际营业额（万美元）	83 790	502 441	559 560
# 对外承包工程	61 906	449 076	490 707
对外劳务合作	21 049	51 689	66 324
年末在外人员（人）	30 052	30 231	27 459
# 对外承包工程	1 327	6 374	7 270
对外劳务合作	28 710	23 834	20 165

表 3－77　海外企业情况(2007－2008)

指　标	2007 年新增	至 2007 年底累计	2008 年新增	至 2008 年底累计
企业数（个）	78	1 059	104	1 163
投资额（万美元）	64 937	301 812	70 810	372 622

2. 江苏省

江苏省“走出去”步伐加快，境外投资较快增长。全年新签对外承包工程和劳务合作合同额 49.5 亿美元，增长 9.3%；完成营业额 46.1 亿美元，增长 10.7%；期末在外人数 10.2 万人，下降 12.8%。全年新批境外投资项目 232 个，下降 7.9%，中方协议投资 6.3 亿美元，增长 35.6%。

表 3－78　江苏对外经济情况

指　标	2000	2005	2007	2008
对外经济合作				
合同金额	9.80	33.10	45.25	48.88
#对外承包工程	5.85	29.01	40.06	43.20
对外劳务合作	3.94	4.05	5.19	5.61
完成营业额	8.01	31.97	41.60	45.99
#对外承包工程	4.97	25.11	34.50	38.84
对外劳务合作	3.03	6.81	7.10	7.13
境外投资情况				

（续表）

指　标	2000	2005	2007	2008
新批项目数（个）	34	160	252	232
#贸易型项目	8	82	125	96
非贸易型项目	26	78	127	136
中方协议金额（万美元）	1 783	20 504	46 784	63 459
#贸易型项目	209	4 214	7 940	8 573

南京市新签对外承包劳务合作合同金额达 10.37 亿美元，比上年增长 36.4%；实际完成对外承包劳务营业额 10.26 亿美元，增长 37.8%。期末在外劳务人数达6 053人，下降 25.5%。

无锡市对外经济合作稳步推进。全年新签外经合同金额 2.82 亿美元，比上年下降 15.0%；实际完成营业额 1.87 亿美元，比上年下降 23.9%；期末在外劳务人数1 546人，比上年下降 12.1%。年末全市外经获权企业数达 15 家，其中对外劳务合作企业 7 家。全年完成境外投资项目 67 个，中方投资额达 1.46 亿美元。

徐州市对外开放水平不断提升。新签对外承包工程劳务合同额 5.91 亿美元，增长 22.0%，完成营业额 5.75 亿美元，增长 23.0%。期末在外人员 1.82 万人。

常州市外经合作领域扩展。全年新签外经合同额 5.2 亿美元，比上年增长 1%；完成外经营业额 3.7 亿美元，比上年增长 14%。全年新派劳务人数1 863人，比上年增长 59%；期末在外劳务人数为3 087人，比上年末下降 21.5%。一些外经企业的研发实力得到国外客商的认同，成套设备的输出明显增加，常州轨道车辆研发中心新签成套设备输出项目 10 个，合同额达 1.7 亿美元。企业“走出去”步伐有所加快，境外投资逐步进入以市场为导向、以效益为目的的良性发展时期，全年新核准 20 家境外投资企业，中方协议投资额达到3 625万美元，相当于上年的 2.5 倍；单个项目平均投资规模达 180 万美元，相当于上年的 3.3 倍，其中投资额超 100 万美元的项目 12 个，超 500 万美元的项目 2 个，均比上年有较大幅度的增加。

苏州市“走出去”领域不断扩展，初步形成了境外资源开发、境外高科技风险投资、境外传统产业投资三足鼎立新格局。对外经济技术合作稳步发展。当年新批境外投资项目 63 个，中方境外投资额 2.1 亿美元，增长 58.4%；全年新签对外劳务承包合同额 3.89 亿美元，完成营业额 3.73 亿美元，分别比上年增长 12.7% 和 21.3%。埃塞俄比亚“东方工业园”建设稳步推进，以苏州创投集团为代表的一批国有、民营创业投资公司积极拓展境外风险投资，涉及金额超过2 800万美元。

南通市全年新签对外承包劳务合同额 9.57 亿美元，比上年增长 19.0%；对外承包劳务完成营业额 10.55 亿美元，增长 24.3%；新派劳务人员 1.44 万人次，下降 6.5%；年末在外劳务人员 3.75 万人，下降 0.2%。

连云港市完成外经营业额 2.92 亿美元，增长 19.5%；境外投资项目 6 个，中方境外协议投资2 568万美元，增长 2.7 倍。全市新批外资项目 147 个，项目平均投资规模1 537万美元，同比增长 46.4%；新批项目投资总额超过2 000万美元的项目 59 个，合计投资总额 18.4 亿美元。

淮安市“走出去”步伐加快。全年对外承包劳务完成营业额 2.1 亿美元，新派境外劳务7 266人，分别比上年增长 17.8% 和 17.2%，年末在外人数16 668人。境外承包工程不断拓展。全年共新承揽 10 个境外承包工程项目。境外投资积极推进。7 家境外投资企业累计投资额 481.5 万美元。其中，江苏中淮建设集团成功收购苏丹境外企业中的外方股份，并进行现金增资，是目前淮安市投资规模最大的项目。

盐城市外经合作势头良好。全市实现对外工程承包劳务合作合同额7.84亿美元,比上年增长25.9%;完成营业额7.03亿美元,增长25.8%;新派人数47 520人,增长25.1%;年末在外人数达41 601人,增长32%。

扬州市全年完成外经营业额1.85亿美元,增长23%。

镇江市对外经济发展有所加快。2008年,全市新签对外承包工程和劳务合作合同金额3.03亿美元,比上年增长20.1%;完成营业额2.56亿美元,比上年增长20.4%;年末在境外人数11 180人,其中当年新派境外劳务人员4 750人,比上年增长6.8%。年末境外企业达49家,其中当年新批12家。

泰州市外向型经济加快发展。新签劳务承包合同额3.62亿美元,增长37%;完成外经实际营业额4.14亿美元,增长38.4%。

3. 浙江省

全年对外承包工程、对外劳务合作、对外设计咨询完成营业额20.9亿美元,比上年增长0.4 %。批准境外投资项目427个,总投资9.2亿美元,其中中方投资8.6亿美元,总投资和中方投资分别增长39.1%和42 %。

表3-79　对外经济合作情况

项目	2002	2005	2006	2007	2008
新签对外承包工程和劳务合作合同额(万美元)	127 900	173 433	181 163	174 753	336 265
对外承包工程和劳务合作营业额(万美元)	105 483	176 000	203 847	208 451	209 313
对外承包工程和劳务合作在年底在外人数(人)	28 325	27 728	26 978	24 462	25 054
境外投资企业数(个)	226	435	425	420	427
境外企业中方投资额(万美元)	5 132	16 776	30 044	60 606	86 088

各市情况:

杭州市对外合作。至2008年末,全市累计设立各类境外投资企业(机构)48个,比上年增长23.1%。其中非贸易企业21个。全年境外协议出资1.33亿美元,其中非贸易性投资0.93亿美元,比上年分别增长109.4%和138.5%。完成对外承包工程和劳务合作营业额3.56亿美元。

宁波市对外经济技术合作发展较快。全年全市完成对外承包劳务合作营业额15.7亿美元,增长36.7%,其中境外工程承包营业额7.5亿美元,增长26.8%。新批境外投资企业和机构124家,项目总投资额3.3亿美元,其中中方投资3.1亿美元,增长112.2%。

嘉兴市对外经济技术合作工作继续稳步推进。全年新办境外企业23家,投资总额达7 264万美元,增长22.0%,全社会外派劳务463人次。全市引进内资项目1 063个,实际到位内资121亿元。

湖州市全年共输出劳务548人次,年末在外人数达到1 534人,年承包劳务营业额为830万美元。新批境外企业14家,境外直接投资总额1 829万美元,增长39.0%,其中中方投资额1 829万美元,增长63.6%。

绍兴市对外经济技术合作稳步发展。全年新批境外投资企业107家,比上年增长16.3%。新签承包劳务合同额为6.05亿美元,同比增长44.4%,营业额为3.95亿美元,同比增长17.5%。2008年全市外派劳务172人次,期末在外人数1 115人。

金华市全年新批境外投资项目26个,实现境外投资总额4 143.7万美元,比上年增长46.3%;其中中方投资额3 295万美元,增长20.8%;完成外经营业额1.26亿美元,增长24.1%。单个项目平均

规模扩大到 159. 37 万美元，比上年增长 57. 8%。到 2008 年底，全市已累计在 53 个国家和地区设立境外投资项目 202 个，总投资11 682. 59万美元，其中中方投资9 299. 61万美元。衢州市全年进出口总额 13. 25 亿美元，比上年增长 24. 9%。其中：出口 8. 99 亿美元，增长 24. 6%；进口 4. 26 亿美元，增长 25. 7%。

舟山市全年对外经济合作营业额13 665万美元，增长 92. 8%。其中，对外劳务合作营业额 758 万美元；对外承包工程营业额12 907万美元，其中外籍船舶修理完成营业额11 107万美元。

台州市全市累计境外投资项目 315 个，中方累计投资额 2. 25 亿美元。

三、展望

改革开放前二十年，长三角一直是世界上最大的资本输入地之一。但近年来，随着中国经济对外开放步伐不断加快，尤其是实施“走出去”战略以来，长三角企业对外投资规模迅速扩大，后劲十足。

受联合国贸发组织委托，商务部发布的《2009 年世界投资报告》显示，中国对外直接投资有大幅度的增长，作为全球重要投资来源地的地位在不断增强，对外投资与吸引外资的比例已升为 1:2。数据显示，2008 年中国的对外投资增长了 111%，达到 559 亿美元，在全世界排名第 12 位，在所有发展中和转型经济体中排名第 2 位。国际金融危机导致的汇率波动和国外资产价格下跌等为中国公司创造了并购机会，中国和印度两个最大的新兴经济体的强劲表现，促成了对亚洲乃至整个世界外国直接投资流动格局的重新调整：两国已占南亚、东亚、东南亚区域外资流入量的一半，占全球外资流量的十分之一。专家估计，“十一五”期间，中国对外投资总量将达到 660 亿美元；到 2020 年，当年对外投资量将在 2006 年的基础上翻一番，达到 300 亿美元。长三角地区企业必将在国际投资舞台发挥更大作用。

十六 长三角固定资产投资

(一)长三角地区基本情况

2008 年长三角全社会固定资产投资总额29 212.90亿元,比 2007 年增长 16.17%,增幅略有回落。其中,上海全社会固定资产投资总额4 829.45亿元,占长三角投资总额的 16.53%;江苏投资总额15 060.45亿元,占 51.55%;浙江投资总额9 323亿元,占 31.91%。

表 3-80 2000-2008 年长三角全社会固定资产投资

单位:亿元、%

年份	2000	2001	2002	2003	2004	2005	2006	2007	2008
上海	1 869.67	1 994.74	2 187.06	2 452.11	3 084.66	3 542.55	3 925.09	4 458.61	4 829.45
江苏	2 995.43	3 302.96	3 849.24	5 335.80	6 827.59	8 739.71	10 071.42	12 268.07	15 060.45
浙江	2 267.22	2 776.69	3 596.31	4 993.57	6 059.78	6 696.25	7 593.66	8 420.43	9 323.00
长三角合计	7 132.32	8 074.39	9 632.61	12 781.48	15 972.03	18 978.51	21 590.17	25 147.11	29 212.90
长三角增速		13.21	19.30	32.69	24.96	18.82	13.76	16.47	16.17

数据来源:历年《上海统计年鉴》、《江苏统计年鉴》和《浙江统计年鉴》。

(二)上海市的基本情况

1. 上海市全社会固定资产投资总体情况

2008 年,上海市全社会固定资产投资总额4 829.45亿元,比 2007 年增长 8.32%;全社会固定资产投资保持“三、二、一”的产业结构特征,2008 年第三产业投资比重为 70.41%,投资总额3 400.23亿元,比 2007 年增长 11.39%。

表 3-81 2000-2008 年上海市全社会固定资产投资总体情况

单位:亿元、%

	2000	2001	2002	2003	2004	2005	2006	2007	2008
合计	1 869.67	1 994.73	2 187.06	2 452.11	3 084.66	3 542.55	3 925.09	4 458.61	4 829.45
增速		6.69	9.64	12.12	25.80	14.84	10.80	13.59	8.32
按三次产业分									
第一产业	7.87	6.51	5.09	4.18	5.28	5.58	14.29	8.37	8.40
第二产业	615.94	683.61	726.19	806.94	1 010.25	1 082.10	1 212.71	1 397.57	1 420.82
第三产业	1 245.86	1 304.61	1 455.78	1 640.99	2 069.13	2 454.87	2 698.09	3 052.67	3 400.23
三次产业构成									
第一产业	0.42	0.33	0.23	0.17	0.17	0.16	0.36	0.19	0.17
第二产业	32.94	34.27	33.20	32.91	32.75	30.55	30.90	31.35	29.42
第三产业	66.64	65.40	66.56	66.92	67.08	69.30	68.74	68.47	70.41

数据来源:历年《上海统计年鉴》。

2. 上海市固定资产投资的经济类型

2008 年,上海市全社会固定资产投资中的国有经济投资2 295.74亿元,占比 47.54%;非国有经济投资2 533.71亿元,占比 52.46%。非国有经济中,股份制经济、私营经济和外商经济投资比重靠前,分别占全社会固定资产投资总额的 21.26%、12.67% 和 11.20%。

表 3－82　2000－2008 年上海市全社会固定资产投资(按经济类型分)

单位:亿元

	2000	2001	2002	2003	2004	2005	2006	2007	2008
国有经济	829.98	760.58	742.72	811.85	955.12	1 240.27	1 460.09	1 779.43	2 295.74
非国有经济	1 039.69	1 234.16	1 444.34	1 640.26	2 129.54	2 302.28	2 465.00	2 679.18	2 533.71
集体经济	156.34	136.81	101.33	116.63	146.58	131.07	159.31	121.51	104.86
私营经济	83.29	118.00	308.63	362.84	360.53	565.24	626.93	644.71	612.13
联营经济	41.20	17.01	16.91	20.04	30.35	21.53	21.36	15.67	31.86
股份制经济	421.53	580.75	631.70	647.27	667.52	916.27	910.31	1 169.49	1 026.67
外商经济	222.86	275.56	252.12	325.15	647.47	504.16	547.48	522.15	541.06
港澳台经济	96.19	86.69	117.84	143.05	203.92	136.15	178.37	189.21	207.08
其他经济	18.28	19.34	15.81	25.28	73.17	27.86	21.24	16.45	10.05

数据来源:历年《上海统计年鉴》。

3. 上海市固定资产投资的资金来源

2008 年,上海市全社会固定资产投资资金来源合计5 609.92亿元。其中,占比最大的是自筹资金,为 49.46%;其次是国内贷款,为 26.19%;利用外资比重处于下降趋势,占比 4.72%。

表 3－83　2000－2008 年上海市全社会固定资产投资(按资金来源分)

单位:亿元

	2000	2001	2002	2003	2004	2005	2006	2007	2008
资金来源合计	1 820.61	2 199.10	2 420.14	2 844.41	3 610.82	4 247.59	4 952.02	5 517.44	5 609.92
国家预算内资金	48.30	57.81	29.26	35.51	38.50	46.42	74.33	98.03	83.68
国内贷款	379.21	482.19	563.64	674.32	907.37	955.29	1 162.17	1 296.92	1 469.43
债券	4.85	1.85	10.03			2.00		18.79	26.02
利用外资	161.83	202.63	215.12	210.53	234.05	235.61	271.20	262.41	264.67
自筹资金	905.46	1 013.17	1 042.01	1 203.45	1 484.00	1 976.72	2 265.02	2 364.93	2 774.73
其他资金	320.96	441.45	560.08	720.60	946.90	1 031.55	1 179.30	1 476.36	991.39

数据来源:历年《上海统计年鉴》。

4. 上海市房地产投资

2008 年上海市全社会房地产投资1 366.87亿元,比 2007 年增长 4.54%;其中住宅投资 843.63 亿元,比 2007 增长 0.73%。全社会房屋施工面积14 083.52万平方米、房屋竣工面积3 828.79万平方米、商品房销售面积2 296.12万平方米。

表 3-84 2000-2008 年上海市房地产开发主要指标

单位:亿元、万平方米

	2000	2001	2002	2003	2004	2005	2006	2007	2008
全社会房地产投资	566.17	630.73	748.89	901.24	1 175.46	1 246.86	1 275.59	1 307.53	1 366.87
其中:住宅	425.24	466.71	584.51	694.30	922.61	936.36	854.15	837.53	843.63
全社会房屋施工面积	8 636.31	8 588.49	9 425.42	11 023.24	12 291.81	14 477.85	14 596.49	14 979.37	14 083.52
其中:住宅	4 804.12	5 236.93	5 994.70	6 974.27	7 873.44	8 267.24	8 085.28	7 789.91	7 060.19
全社会房屋竣工面积	3 266.52	3 215.12	3 102.54	3 582.34	4 932.57	4 873.82	4 901.46	5 068.46	3 828.79
其中:住宅	1 724.02	1 743.90	1 880.50	2 280.79	3 270.43	2 819.35	2 746.80	2 843.62	1 899.40
商品房销售面积	1 557.87	1 796.64	1 971.47	2 376.40	3 488.75	3 158.87	3 025.40	3 694.96	2 296.12
其中:住宅	1 445.87	1 681.48	1 846.38	2 224.47	3 233.74	2 845.70	2 615.49	3 279.17	1 965.86

数据来源:历年《上海统计年鉴》。

5. 上海市 2008 年固定资产投资的主要特点

(1)从产业投向看,第三产业仍是重中之重。第一产业投资 8.4 亿元,比上年增长 0.4%,占全社会固定资产投资总额的比重为 0.17%;第二产业投资1 420.82亿元,增长 1.7%,所占比重为 29.42%;第三产业投资3 400.23亿元,增长 11.4%,所占比重为 70.41%。

(2)从投资主体看,国有经济比重有较大幅度的上升。国有经济投资2 295.74亿元,比上年增长 29%,占全社会固定资产投资总额的比重为 47.54%;集体经济投资 104.86 亿元,下降 13.7%,所占比重为 2.2%;股份制经济投资1 026.67亿元,下降 12.2%,所占比重为 21.3%;外商及港澳台投资 748.14 亿元,增长 5.2%,所占比重为 15.5%。

(3)从三大投资领域来看,呈现"一升两稳"的趋势。一是城市基础设施投资保持了较快增长。全年投资1 733.18亿元,比 2007 年增长 18.2%,增幅高出全社会固定资产投资 9.9 个百分点,占全社会固定资产投资总额的比重为 35.9%。其中,交通运输邮电通信投资 947.5 亿元,市政建设投资 543.34 亿元,公用事业投资 112.81 亿元。二是工业投资略有增加,全年投资1 418.02亿元,增长 1.7%。三是房地产开发投资保持平稳,全年投资1 366.87亿元,增长 4.5%。

(三)江苏省的基本情况

1. 江苏省全社会固定资产投资总体情况

2008 年,江苏省全社会固定资产投资总额15 060.45亿元,比 2007 年增长 22.76%。全社会固定资产投资依然保持"二、三、一"的产业结构特征。其中,第二产业投资占比 55.39%,投资总额 8 342.42亿元;第三产业投资占比 43.86%,投资总额6 606.23亿元;第一产业投资占比 0.74%,投资总额 111.8 亿元。

表 3 - 85　2000 - 2008 年江苏省固定资产投资总体情况

单位:亿元、%

	2000	2001	2002	2003	2004	2005	2006	2007	2008
投资总额	2 995. 43	3 302. 96	3 849. 24	5 335. 80	6 827. 59	8 739. 71	10 071. 42	12 268. 1	15 060. 45
增速		10. 27	16. 54	38. 62	27. 96	28. 01	15. 24	21. 81	22. 76
按三次产业分									
第一产业	116. 20	136. 60	162. 71	67. 62	27. 69	45. 42	65. 44	81. 64	111. 8
第二产业	1 358. 56	1 429. 52	1 786. 31	2 841. 76	3 645. 32	4 872. 12	5 423. 21	6 698. 92	8 342. 42
第三产业	1 520. 67	1 736. 84	1 900. 22	2 426. 42	3 154. 58	3 822. 17	4 582. 77	5 487. 51	6 606. 23
三次产业构成									
投资总额	100. 00	100. 00	100. 00	100. 00	100. 00	100. 00	100. 00	100. 00	100. 00
第一产业	3. 88	4. 14	4. 23	1. 27	0. 41	0. 52	0. 65	0. 67	0. 74
第二产业	45. 35	43. 28	46. 41	53. 26	53. 39	55. 75	53. 85	54. 60	55. 39
第三产业	50. 77	52. 58	49. 37	45. 47	46. 20	43. 73	45. 50	44. 73	43. 86

数据来源:历年《江苏统计年鉴》。

2. 江苏省固定资产投资的经济类型

2008 年,江苏省全社会固定资产投资中的国有经济投资总额为2 494. 77亿元,占 16. 57%;非国有经济投资总额为12 565. 68亿元,占 83. 43%。其中,私营个体经济投资比重最大,2008 年投资总额为5 268. 79亿元,占 34. 98%。非国有经济中的农村经济投资增长较快,投资总额从 2007 年的1 916. 72亿元增加到2008 年的2 327. 65亿元,增长 21. 44%。

表 3 - 86　2000 - 2008 年江苏省全社会固定资产投资(按经济类型分)

单位:亿元

	2000	2001	2002	2003	2004	2005	2006	2007	2008
投资总额	2 995. 43	3 302. 96	3 849. 24	5 335. 80	6 827. 59	8 739. 71	10 071. 42	12 268. 07	15 060. 45
国有经济	1 200. 01	1 285. 71	1 422. 06	1 998. 19	2 006. 20	2 077. 97	2 144. 93	2 092. 57	2 494. 77
集体经济	455. 86	400. 36	297. 56	456. 98	418. 43	445. 16	441. 57	453. 28	539. 99
其中:农村			182. 60	242. 80	238. 60	271. 06	199. 06	218. 83	223. 07
私营个体经济	326. 08	528. 38	769. 90	932. 11	1 599. 91	2 623. 60	3 049. 30	4 125. 86	5 268. 79
其中:农村			514. 70	565. 10	887. 61	1 405. 13	1 330. 71	1 697. 89	2 104. 58
联营经济	14. 12	9. 33	5. 18	12. 11	7. 71	7. 39	9. 45	23. 98	22. 97
股份制经济	94. 19	129. 76	169. 86	263. 74	404. 47	395. 59	405. 52	394. 48	542. 61
有限责任公司	93. 54	167. 52	293. 20	658. 92	1 013. 71	1 457. 32	1 905. 11	2 415. 35	2 839. 34
港澳台投资经济	125. 59	127. 83	207. 99	392. 49	473. 02	589. 17	589. 62	803. 74	1 083. 62
外商投资经济	237. 63	250. 34	360. 78	580. 38	757. 54	979. 46	1 167. 21	1 497. 38	1 754. 81
其他经济	448. 41	403. 73	322. 71	40. 88	146. 60	164. 05	358. 71	461. 43	513. 55

数据来源:历年《江苏统计年鉴》。

3. 江苏省固定资产投资的资金来源

2008 年,江苏省全社会固定资产投资资金来源合计16 201. 68亿元,比 2007 年增长 16. 79%。资金来源主要依靠自筹,2008 年自筹资金总额为10 624.51亿元,占 65.58%。

表 3-87 2000-2008 年江苏省全社会固定资产投资(按资金来源分)

单位:亿元

	2000	2001	2002	2003	2004	2005	2006	2007	2008
投资总额	2 995.43	3 302.96	3 849.24	5 400.72	7 085.70	9 201.07	10 777.62	13 872.37	16 201.68
国家预算内资金	73.42	69.97	54.48	92.61	81.30	67.60	66.59	135.20	153.86
国内贷款	489.04	524.51	735.30	1 141.99	1 233.07	1 264.49	1 445.16	1 561.06	1 818.06
利用外资	281.17	326.22	421.21	579.51	641.66	836.19	874.82	1 255.85	1 394.98
自筹资金	1 827.79	1 977.97	2 237.73	2 999.19	4 201.29	5 826.89	6 800.90	8 522.18	10 624.51
其他资金来源	324.01	404.29	400.52	587.42	928.38	1 205.90	1 590.15	2 398.08	2 210.27

数据来源:历年《江苏统计年鉴》。

4. 江苏省固定资产投资的行业分布

从江苏省城镇固定资产投资的行业分布来看,制造业和房地产业仍是投资的重中之重。2008 年,制造业城镇固定资产投资4 915.35亿元,占 43.23%;房地产业投资3 318.28亿元,占 29.19%。

表 3-88 2003-2008 年江苏省城镇固定资产投资(按行业分)

单位:亿元、%

	2003		2004		2005	
	投资额	构成	投资额	构成	投资额	构成
总计	4 016.14	100.00	5 008.18	100.00	6 230.54	100.00
农、林、牧、渔业	12.55	0.31	7.86	0.16	12.66	0.20
采矿业	27.38	0.68	25.57	0.51	30.87	0.50
制造业	1 250.07	31.13	1 477.43	29.50	2 172.45	34.87
电力、燃气及水的生产和供应业	390.20	9.72	601.28	12.01	572.34	9.19
建筑业	13.86	0.35	26.40	0.53	36.27	0.58
交通运输、仓储和邮政业	405.64	10.10	520.96	10.40	535.30	8.59
信息传输、计算机服务和软件业	89.34	2.22	65.39	1.31	80.65	1.29
批发和零售业	53.08	1.32	81.77	1.63	111.84	1.80
住宿和餐饮业	18.01	0.45	29.11	0.58	49.46	0.79
金融业	1.86	0.05	1.08	0.02	1.45	0.02
房地产业	859.91	21.41	1 318.73	26.33	1 639.36	26.31
租赁和商务服务业	15.28	0.38	39.38	0.79	54.16	0.87
科学研究、技术服务和地质勘查业	27.03	0.67	16.86	0.34	16.01	0.26
水利、环境和公共设施管理业	560.40	13.95	506.93	10.12	575.23	9.23

（续表）

	2003		2004		2005	
	投资额	构成	投资额	构成	投资额	构成
居民服务和其他服务业	6.89	0.17	10.50	0.21	9.66	0.16
教育	137.88	3.43	151.10	3.02	132.52	2.13
卫生、社会保障和社会福利业	18.96	0.47	18.82	0.38	40.39	0.65
文化、体育和娱乐业	33.04	0.82	39.58	0.79	61.04	0.98
公共管理和社会组织	94.76	2.36	69.43	1.39	98.87	1.59
	2006		2007		2008	
	投资额	构成	投资额	构成	投资额	构成
总计	7 481.74	100.00	9 161.4	100.00	11 369.61	100.00
农、林、牧、渔业	14.69	0.20	19.61	0.21	25.60	0.23
采矿业	32.06	0.43	22.2	0.24	51.09	0.45
制造业	2 913.93	38.95	3 882.8	42.38	4 915.35	43.23
电力、燃气及水的生产和供应业	455.18	6.08	350.06	3.82	441.32	3.88
建筑业	43.26	0.58	58.17	0.63	64.39	0.57
交通运输、仓储和邮政业	564.65	7.55	578.49	6.31	643.33	5.66
信息传输、计算机服务和软件业	83.74	1.12	52.74	0.58	61.36	0.54
批发和零售业	190.50	2.55	214.13	2.34	267.16	2.35
住宿和餐饮业	78.96	1.06	109.17	1.19	151.83	1.34
金融业	1.39	0.02	1.58	0.02	3.11	0.03
房地产业	2 031.24	27.15	2 689.49	29.36	3 318.28	29.19
租赁和商务服务业	56.10	0.75	99.54	1.09	146.75	1.29
科学研究、技术服务和地质勘查业	20.65	0.28	39.38	0.43	59.06	0.52
水利、环境和公共设施管理业	657.16	8.78	681.92	7.44	788.01	6.93
居民服务和其他服务业	11.16	0.15	19.03	0.21	31.99	0.28
教育	138.81	1.86	134.56	1.47	162.36	1.43
卫生、社会保障和社会福利业	56.13	0.75	52.88	0.58	67.18	0.59
文化、体育和娱乐业	49.98	0.67	70.02	0.76	80.31	0.71
公共管理和社会组织	82.15	1.10	85.6	0.93	91.13	0.80

数据来源：历年《江苏统计年鉴》。

5. 江苏省房地产投资

2008 年，江苏省房地产开发投资3 064.46亿元，比 2007 年增长 21.80%；其中，住宅开发投资2 296.62亿元，增长 22.77%；房屋建筑施工面积55 946.99万平方米，房屋建筑竣工面积21 915.31万平方米，商品房销售面积5 412.26万平方米。

表 3-89　2000-2008 年江苏省房地产开发主要指标

单位:亿元、万平方米

	2000	2001	2002	2003	2004	2005	2006	2007	2008
房地产开发投资	358.72	414.36	544.13	809.96	1 269.78	1 545.15	1 906.71	2 515.91	3 064.46
其中:住宅	260.79	303.74	395.09	596.69	960.94	1 133.06	1 425.98	1 870.72	2 296.62
房屋施工面积	17 417.62	18 452.91	19 001.41	23 120.45	28 437.07	35 712.52	39 169.41	49 900.08	55 946.99
其中:住宅	11 273.48	10 479.14	10 149.08	11 916.70	13 715.15	16 594.76	18 140.97	22 606.97	25 570.39
房屋竣工面积	13 471.88	13 979.98	13 543.70	11 949.16	14 070.46	17 838.93	17 045.22	20 529.71	21 915.31
其中:住宅	9 323.98	8 319.48	7 171.97	6 487.83	6 278.92	7 860.33	7 121.32	8 279.54	8 179.14
商品房销售面积	1 740.93	1 904.16	2 321.85	2 721.57	3 178.91	5 135.55	6 101.15	7 598.35	5 412.26
其中:住宅	1 555.97	1 714.62	2 074.47	2 364.32	2 759.41	4 523.14	5 317.20	6 772.58	4 730.26

数据来源:历年《江苏统计年鉴》。

6. 江苏省各市固定资产投资情况

2008 年江苏省各市全社会固定资产投资均保持了 2 位数的增长,但区域不平衡现象依然很显著。投资额最多的前三位城市均在苏南,分别是:苏州(2 611.16亿元)、南京(2 154.17亿元)和无锡(1 877.02亿元);但苏中苏北投资增速较快,位列增速前三位的是:宿迁(33.55%)、连云港(33.02%)和扬州(32.33%)。

表 3-90　2000-2008 年江苏省各市全社会固定资产投资

单位:亿元

地区	2000	2001	2002	2003	2004	2005	2006	2007	2008
南京市	412.20	464.91	602.95	954.04	1 201.88	1 402.72	1 613.55	1 867.96	2 154.17
无锡市	350.10	405.01	537.80	893.32	1 114.13	1 335.09	1 474.94	1 674.22	1 877.02
徐州市	252.19	287.85	323.12	383.03	445.27	601.31	752.99	960.70	1 250.66
常州市	163.43	190.69	250.00	446.60	588.60	769.80	951.60	1 203.90	1 448.20
苏州市	516.43	564.85	810.00	1 408.93	1 554.80	1 870.00	2 106.99	2 366.36	2 611.16
南通市	239.50	258.09	309.89	448.42	605.17	815.26	1048.90	1 265.80	1 505.41
连云港市	127.83	151.83	180.54	212.28	246.30	323.60	423.89	584.62	777.68
淮安市	129.62	152.35	180.21	229.60	275.69	330.73	450.20	427.22*	563.25*
盐城市	145.88	158.82	195.40	280.30	374.91	500.00	667.50	901.00	1 120.00
扬州市	128.25	144.09	180.22	247.00	330.05	410.00	533.30	717.90	950.00
镇江市	140.95	150.87	185.60	237.10	320.50	404.75	501.18	588.02	718.50
泰州市	138.74	155.96	177.26	230.65	306.24	403.13	532.56	703.97	900.52
宿迁市	84.21	95.24	113.20	142.06	197.19	269.00	346.00	453.00	605.00

* 为规模以上固定资产投资。

资料来源:各地统计信息网。

7. 江苏省固定资产投资的主要特点

(1)工业投资领先增长，比重提升。2008 年，全省城镇投资中工业投资完成5 439.57亿元，比 2007 年增长 27.9%，占城镇投资的比重由上年的 46.4% 提高到 47.8%。其中：先进制造业发展步伐加快，装备制造业投资继续保持较高增速。2008 年城镇工业投资中交通运输设备、通用设备、电气机械、仪器仪表行业分别完成投资 438.83 亿元、469.77 亿元、384.84 亿元和 126.92 亿元，同比分别增长 46.9%、47.3%、51.6% 和 85.5%，大大高于工业投资的平均增幅。

(2)苏中和苏北地区投资继续加快增长，苏南地区投资平稳发展。2008 年，苏南地区城镇投资完成6 452.27亿元，比上年增长 18.6%，低于全省平均水平 5.5 个百分点；苏中、苏北地区投资分别完成1 825.17亿元和3 093.41亿元，增长 28.5% 和 34.5%，增幅分别高于全省平均水平 4.4 个、10.4 个百分点。苏中、苏北两地区投资占全省城镇投资的比重由 2007 年的 40.6% 提高到 43.3%，对城镇投资增长贡献率已达 54.3%，比上年增加了 3.6 个百分点。

(3)国有经济投资增长加快，民间投资比重进一步提高。2008 年，在各级政府加大对公共基础设施建设投入的带动下，全省国有经济投资增长加快，全年国有及国有经济控股投资2 965.35亿元，比 2007 年增长 19.5%，改变了 2005 - 2007 年连续三年负增长的局面。与此同时，民间投资继续保持较快的增长，所占比重进一步提升。2008 年，全省民间投资9 256.86亿元，增长 23.3%，占全社会投资的比重由上年的 61.2% 上升到 61.5%。其中作为民间投资第一主体的私营个体投资完成5 273.39亿元，增长 28.3%，占全社会投资的比重(35%)比 2007 年提高 1.5 个百分点。

(4)重大项目建设进展顺利，基础设施项目建设得到加强。2008 年江苏新增高速公路通车里程 167 公里，总里程达到3 725公里。京沪高速铁路江苏段、沪宁城际铁路、南京南站、淮安民用机场、泰州长江大桥、南京长江四桥开工建设，无锡硕放机场、徐州观音机场、盐城南洋机场对外开放，连云港 25 万吨级矿石码头建设进程加快，苏通大桥、沪苏浙高速公路江苏段等相继建成通车，南水北调东线一期、沂沭泗河洪水东调南下二期、通榆河北延工程进展顺利。年末发电装机容量达5 442.0万千瓦，新增 349.1 万千瓦。无锡海力士三期、淮安富士康二期、泰州医药城一期等一批重大产业项目顺利实施。全省新增万吨级以上泊位 28 个。2008 年在扩大内需政策的推动下，作为经济发展重要载体的重大项目建设进展顺利，强化了经济社会的薄弱环节，对优化投资结构，起着重要的支撑作用。

(四)浙江省的基本情况

1. 浙江省全社会固定资产投资总体情况

2008 年，浙江省全社会固定资产投资总额9 323.00亿元，比 2007 年增长 10.72%，增幅略有回落。全省限额以上固定资产投资8 550.71亿元，增长 10.98%；从投资的产业结构来看，依然保持“三、二、一”的特征，其中第三产业投资4 575.68亿元，占 53.51%；第二产业投资3 938.96亿元，占 46.07%；第一产业投资 36.07 亿元，占 0.42%。

表 3 - 91　2000 - 2008 年浙江省固定资产投资(按产业分)

单位：亿元、%

	2000	2001	2002	2003	2004	2005	2006	2007	2008
全社会固定资产总投资	2 267.22	2 776.69	3 596.31	4 993.57	6 059.78	6 696.25	7 593.66	8 420.43	9 323.00
增速		22.47	29.52	38.85	21.35	10.50	13.40	10.89	10.72
限额以上固定资产投资				4 180.38	5 384.38	6 138.39	6 964.28	7 704.90	8 550.71

(续表)

	2000	2001	2002	2003	2004	2005	2006	2007	2008
限额以上固定资产投资三次产业划分									
第一产业				14.11	16.94	20.11	21.85	33.02	36.07
第二产业				1 813.38	2 431.23	2 853.74	3 230.81	3 618.59	3 938.96
第三产业				2 352.88	2 936.21	3 264.54	3 711.61	4 053.29	4 575.68
限额以上固定资产投资三次产业构成									
总计				100.00	100.00	100.00	100.00	100.00	100.00
第一产业				0.34	0.31	0.33	0.31	0.43	0.42
第二产业				43.38	45.15	46.49	46.39	46.96	46.07
第三产业				56.28	54.53	53.18	53.29	52.61	53.51

数据来源:历年《浙江统计年鉴》。

2. 浙江省固定资产投资的经济类型

2008 年,浙江省限额以上固定资产投资8 550.71亿元,其中内资7 375.65亿元,占比 86.26%;港澳台商投资 574.82 亿元,占比 6.72%;外商投资 583.57 亿元,占比 6.82%;个体经营 16.67 亿元,占比 0.19%。从国有及非国有情况来看,非国有投资达5 651.96亿元,占 66.10%,其中民间投资4 660.49亿元,占 54.50%。

表 3-92 2003-2008 年浙江省限额以上固定资产投资(按经济类型分)

单位:亿元

	2003	2004	2005	2006	2007	2008
投资额	4 180.38	5 384.38	6 138.39	6 964.28	7 704.90	8 550.71
内资	3 772.06	4 747.43	5 344.05	6 004.00	6 636.37	7 375.65
国有	1 291.15	1 406.44	1 632.36	1 791.66	1 820.69	1 981.56
集体	105.38	97.01	102.42	136.80	135.01	156.72
股份合作	72.80	57.25	46.45	43.36	31.13	26.55
国有联营	1.62	6.02	18.75	29.28	37.52	23.38
集体联营	3.51	0.84	2.00	0.69	0.62	0.82
国有与集体联营	1.57	2.24	3.84	2.99	2.78	3.91
其他联营	4.38	2.24	1.08	2.35	1.95	0.51
国有独资公司	89.14	99.53	108.13	156.34	164.87	195.45
其他有限责任公司	1 364.61	1 696.43	1 910.28	2 024.24	2 216.09	2 525.53
股份有限公司	277.01	265.44	262.28	250.75	279.46	358.19
私营	530.46	1 069.23	1 169.83	1 477.46	1 837.33	1 960.50
其他	30.40	44.76	86.64	88.08	108.92	142.54
港澳台商投资	180.13	259.80	342.19	394.74	504.00	574.82
外商投资	226.48	373.22	444.96	550.99	555.35	583.57
个体经营	1.71	3.92	7.19	14.56	9.17	16.67
按国有及非国有情况分						
国有及国有控股企业投资	1 786.23	1 956.56	2 270.30	2 535.50	2 659.81	2 898.75
非国有投资	2 394.15	3 427.82	3 868.09	4 428.78	5 045.09	5 651.96
民间投资	2 037.56	2 859.05	3 168.17	3 694.49	4 138.38	4 660.49

数据来源:历年《浙江统计年鉴》。

3. 浙江省固定资产投资的资金来源

2008 年浙江省限额以上固定资产投资资金来源9 666. 96亿元，比 2007 年增长 6. 29%；其中，自筹资金5 464. 16亿元，为最主要的资金来源，占当年资金来源总额的 56. 52%。

表 3 -93　2000 -2008 年浙江省固定资产投资(按资金来源分)

单位:亿元

	2000	2001	2002	2003	2004	2005	2006	2007	2008
本年资金来源合计	1 489. 98	2 075. 69	2 620. 95	4 610. 55	6 130. 66	6 633. 90	7 820. 44	9 094. 79	9 666. 96
国家预算内资金	64. 18	79. 82	69. 60	79. 21	79. 81			180. 72	328. 74
国内贷款	393. 80	572. 27	725. 77	1 247. 68	1 451. 34	1 434. 00	1 555. 16	1 686. 95	1 806. 43
债券				2. 57	6. 82			2. 67	0. 74
利用外资	88. 75	72. 18	91. 88	164. 54	221. 81	331. 50	386. 21	315. 93	299. 56
自筹资金	668. 05	861. 57	1 092. 57	2 235. 59	2 957. 91	3 476. 76	4 196. 43	4 879. 60	5 464. 16
其他资金	275. 19	489. 86	641. 14	880. 95	1 412. 98	1 262. 24	1 550. 82	2 028. 92	1 767. 32

注:2000 -2002 年为除集体和私营个体以外的经济单位投资,2003 -2008 年为限额以上固定资产投资。
资料来源:历年《浙江统计年鉴》。

4. 浙江省固定资产投资的产业分布

从浙江省限额以上固定资产投资的行业分布来看，制造业和房地产业仍是投资重点。2008 年浙江省限额以上固定资产投资中，制造业投资3 402. 71亿元，占 39. 79%；房地产业投资2 228. 50亿元，占 26. 06%。此外，投资较多的是水利、环境和公共设施管理业，交通运输、仓储和邮政业，电力、燃气及水的生产和供应业等生产性服务业，投资额分别为 816. 69 亿元、740. 80 亿元和 501. 74 亿元，占比分别为 9. 55%、8. 66% 和 5. 87%。

表 3 -94　2003 -2008 年浙江省限额以上固定资产投资(按行业分)

单位:亿元、%

	2003		2004		2005	
	投资额	构成	投资额	构成	投资额	构成
总计	4 180. 38	100. 00	5 384. 38	100. 00	6 138. 39	100. 00
农林牧渔业	14. 11	0. 34	16. 94	0. 31	20. 11	0. 33
采矿业	6. 06	0. 14	10. 55	0. 20	7. 61	0. 12
制造业	1 537. 15	36. 77	1 980. 00	36. 77	2 283. 98	37. 21
电力、燃气及水的生产和供应业	239. 25	5. 72	429. 63	7. 98	544. 79	8. 88
建筑业	30. 93	0. 74	11. 05	0. 21	17. 35	0. 28
交通运输、仓储和邮政业	302. 76	7. 24	490. 28	9. 11	670. 60	10. 92
信息传输、计算机服务和软件业	88. 00	2. 11	105. 43	1. 96	96. 69	1. 58
批发和零售业	29. 77	0. 71	43. 53	0. 81	50. 78	0. 83
住宿和餐饮业	18. 92	0. 45	30. 79	0. 57	41. 77	0. 68
金融业	4. 44	0. 11	6. 89	0. 13	4. 65	0. 08

（续表）

	2003		2004		2005	
	投资额	构成	投资额	构成	投资额	构成
房地产业	1 015.22	24.29	1 413.00	26.24	1 536.36	25.03
租赁和商务服务业	45.62	1.09	35.83	0.67	59.53	0.97
科学研究、技术服务和地质勘查业	11.11	0.27	7.60	0.14	10.01	0.16
水利、环境和公共设施管理业	558.85	13.37	521.36	9.68	518.81	8.45
居民服务和其他服务业	12.56	0.30	19.60	0.36	32.53	0.53
教育	114.66	2.74	122.98	2.28	102.21	1.67
卫生、社会保障和社会福利业	28.61	0.68	32.75	0.61	35.31	0.58
文化、体育和娱乐业	33.55	0.80	34.94	0.65	28.20	0.46
公共管理和社会组织	88.80	2.12	71.22	1.32	77.09	1.26
	2006		2007		2008	
	投资额	构成	投资额	构成	投资额	构成
总计	6 964.28	100.00	7 704.90	100.00	8 550.71	100.00
农林牧渔业	21.85	0.31	33.02	0.43	36.07	0.42
采矿业	8.88	0.13	10.12	0.13	9.17	0.11
制造业	2 668.22	38.31	3 025.92	39.27	3 402.71	39.79
电力、燃气及水的生产和供应业	533.97	7.67	568.29	7.38	501.74	5.87
建筑业	19.74	0.28	14.26	0.19	25.34	0.30
交通运输、仓储和邮政业	810.90	11.64	721.95	9.37	740.80	8.66
信息传输、计算机服务和软件业	102.85	1.48	125.35	1.63	134.58	1.57
批发和零售业	86.95	1.25	140.58	1.82	150.68	1.76
住宿和餐饮业	59.34	0.85	98.41	1.28	80.62	0.94
金融业	8.82	0.13	9.44	0.12	19.18	0.22
房地产业	1 693.11	24.31	1 978.37	25.68	2 228.50	26.06
租赁和商务服务业	55.10	0.79	82.89	1.08	92.99	1.09
科学研究、技术服务和地质勘查业	12.26	0.18	12.04	0.16	24.07	0.28
水利、环境和公共设施管理业	608.49	8.74	643.73	8.35	816.69	9.55
居民服务和其他服务业	3.30	0.05	4.97	0.06	3.58	0.04
教育	95.82	1.38	93.29	1.21	101.54	1.19
卫生、社会保障和社会福利业	56.19	0.81	49.27	0.64	55.95	0.65
文化、体育和娱乐业	36.01	0.52	34.74	0.45	43.95	0.51
公共管理和社会组织	82.49	1.18	58.26	0.76	82.54	0.97

数据来源：历年《浙江统计年鉴》。

5. 浙江省房地产投资

2008 年，浙江省房地产开发增幅回落，全省房地开发投资2 023. 12亿元，比 2007 年增长 11. 06%；其中，住宅开发投资1 883. 63亿元，增长 11. 78%；全社会房屋施工面积50 976. 89万平方米，增长 8. 98%；房屋竣工面积18 233. 63万平方米，增长 11. 36%；商品房销售面积2 992. 20万平方米，减少 34. 12%。

表 3－95　2000－2008 年浙江省房地产开发主要指标

单位：亿元、万平方米

	2000	2001	2002	2003	2004	2005	2006	2007	2008
房地产开发投资	362. 18	544. 91	728. 80	980. 05	1 353. 07	1 456. 49	1 574. 28	1 821. 67	2 023. 12
其中：住宅	255. 30	380. 89	547. 02	715. 84	997. 28	1 089. 51	1 143. 79	1 685. 07	1 883. 63
全社会房屋施工面积	15 341. 33	17 817. 67	22 287. 56	31 213. 37	34 458. 66	36 678. 31	40 963. 31	46 774. 80	50 976. 89
其中：住宅	8 914. 28	9 516. 92	11 061. 61	13 584. 14	16 474. 85	17 378. 98	18 263. 70	19 719. 69	20 850. 82
全社会房屋竣工面积	9 738. 02	9 583. 27	12 365. 31	16 019. 71	16 541. 40	14 987. 52	14 924. 94	16 373. 21	18 233. 63
其中：住宅	6 428. 21	5 450. 94	5 991. 46	6 793. 84	6 625. 78	7 286. 72	7 197. 72	7 760. 96	8 490. 18
商品房销售面积	1 502. 23	1 801. 45	2 219. 30	2 781. 84	3 051. 38	3 305. 84	3 544. 96	4 541. 97	2 992. 20
其中：住宅		1 544. 04	1 873. 97	2 356. 78	2 565. 31	2 824. 65	3 039. 54	3 924. 92	2 480. 74

数据来源：历年《浙江统计年鉴》。

6. 浙江省各市固定资产投资情况

2008 年，浙江省 11 个省辖市中全社会固定资产投资最多的前三位是：杭州（1 961. 72亿元）、宁波（1 728. 24亿元）和嘉兴（1 006. 69亿元）；增速最快的前三位是舟山（21. 38%）、杭州（16. 48%）和湖州（14. 60%）。

表 3－96　2000－2008 年浙江省各市全社会固定资产投资

单位：亿元

地区	2000	2001	2002	2003	2004	2005	2006	2007	2008
杭州市	514. 00	628. 00	769. 76	1 006. 74	1 231. 24	1 386. 68	1 460. 74	1 684. 13	1 961. 72
宁波市	360. 26	470. 30	601. 27	837. 59	1 103. 81	1 336. 30	1 502. 77	1 597. 54	1 728. 24
嘉兴市	263. 74	305. 70	379. 25	525. 57	635. 35	703. 46	800. 21	900. 01	1 006. 69
湖州市	109. 34	135. 00	200. 29	267. 97	365. 47	416. 05	479. 75	458. 34	525. 24
绍兴市	247. 17	284. 50	367. 48	535. 03	629. 10	676. 13	765. 75	843. 37	915. 75
舟山市	42. 18	55. 72	64. 54	98. 01	127. 87	161. 12	218. 99	279. 64	339. 43
温州市	265. 25	320. 20	387. 75	448. 60	507. 32	542. 11	645. 55	737. 03	758. 44
金华市	165. 05	217. 10	295. 10	412. 19	517. 80	507. 47	506. 95	540. 95	586. 93
衢州市	55. 44	82. 80	110. 00	160. 42	200. 06	233. 84	273. 41	317. 00	361. 17
台州市	179. 73	222. 11	274. 09	386. 10	479. 03	537. 62	623. 74	727. 64	759. 58
丽水市	49. 21	72. 79	101. 67	143. 36	175. 74	198. 16	222. 17	237. 26	248. 85

数据来源：历年《浙江统计年鉴》。

7. 浙江省固定资产投资的主要特点

2008 年,浙江省全社会固定资产投资完成9 323.00亿元,同比增长 10.72%,增幅分别比 2006 年和2007 年回落 2.68 个和 0.17 个百分点。其中,限额以上投资完成8 550.71 亿元,同比增长 10.98%。

(1)投资结构继续改善。一、二、三次产业限额以上固定资产投资占比分别为 0.42%、46.07%和 53.51%。全年第一产业投资 36.07 亿元,比上年增长 9.24%。第二产业投资3 938.96亿元,增长 8.85%,其中工业投资3 913.62亿元,增长 8.58%,占限额以上投资的 45.77%。第三产业投资4 575.68亿元,增长 12.89%,其中金融业,科学研究、技术服务和地质勘查业投资均增长 1 倍,公共管理和社会组织、文化体育娱乐业投资分别增长 41.67%和 26.52%。全年房地产开发投资2 023.12亿元,同比增长 11.06%,增幅回落 4.65 个百分点。房屋施工面积增幅回落 5.21 个百分点,商品房销售面积同比减少 34.12%。

(2)重点建设目标任务全面完成。以“三个千亿”工程为龙头的浙江省重点建设项目进展顺利。三个“千亿工程”是浙江省十一届人大一次会议提出的“全面小康六大行动计划”之一,计划在 2008 年至 2012 年五年间完成总投资6 460亿元。该计划围绕构建基础设施网络体系、基本公共服务体系、现代产业体系,组织实施千亿基础网络、千亿惠民安康、千亿产业提升三个“千亿工程”,发挥重大建设项目对经济社会又好又快发展的带动作用,为浙江全面建设小康社会,提供坚实的基础。2008 年是行动计划实施的第一年,计划投资1 408亿元,占五年计划总投资的 21.8%,实际全年完成投资1 410亿元,圆满完成了年初确定的目标任务。

(3)区域投资发展仍不平衡。全省 11 个省辖市全社会固定资产投资均保持一定的增长,增长最快的是舟山市,增幅达到 21.38%;杭州、湖州、衢州和嘉兴也都保持了 2 位数增长;而其余省辖市增长较为缓慢,增幅仅为 1 位数,增幅最低的是温州市,为 2.90%。增幅最低的市与最高的市相差 18.48 个百分点,差距较大。

十七　长三角基础设施建设

(一)长三角基础设施建设的基本情况

1.2004－2008年总体发展情况

加强长江三角洲重大基础设施建设,构建网络化、开放式的基础设施体系,是营造一体化发展的基础条件,这有利于增强区域整体吸引力,更好地吸引人才和资源;有利于优势互补,实现资源共享,提高投资的总体效率;有利于抓住世界制造业转移的机遇,促进长江三角洲地区成为世界制造业转移的承接基地;有利于构筑现代工业走廊,提高核心竞争力和综合实力。随着各地区城市化进程的不断发展,长三角地区两省一市的基础设施建设取得了较快发展,城市道路建设和供电、供水、供气能力大幅度提高,服务水平不断上升,同时,长三角地区很多城市正在积极建设生态园林城市,城市生态基础设施建设也取得了快速发展。

表3－97　2004－2008年长三角地区基础设施建设情况

指标	2004	2005	2006	2007	2008
自来水供水量(亿吨)	90.85	93.86	105.96	102.15	95.35
液化石油气供气量(万吨)	272.39	262.35	255.85	244.4	235.44
年末实有道路面积(万平方米)	74 931	83 546	87 153	92 708	105 482
城市排水管道长度(公里)	48 948	54 108	59 862	64 234	74 271
公共车辆总数(辆)	52 380	56 163	56 459	59 530	50 709
园林绿地面积(公顷)	247 228	272 915	241 253	275 882	299 337

数据来源:上海、江苏、浙江2005－2009年统计年鉴。

2.2004－2008年长三角基础设施增长情况

近年来,长三角地区基础设施建设不断出现新发展,2008年,自来水、液化石油气供应量和公交车辆总数等指标的增长速度为负值,这与基础设施建设的不断完善有关,如由于地铁等公共交通方式的不断发展,公共车辆总数不断减少。此外,道路面积、排水管长度等基础设施建设不断加强,相应的各项指标比上年均有较大提高,园林绿地面积也不断增长。

表3－98　2004－2008年长三角地区基础设施建设情况

单位:%

指标	2004	2005	2006	2007	2008
自来水供水量	3.7	3.3	12.9	－3.6	－6.7
液化石油气供气量	－8.3	－3.7	－2.5	－4.5	－3.7
年末实有道路面积	15.1	11.5	4.3	6.4	13.8
城市排水管道长度	17.8	10.5	10.6	7.3	15.6
公共车辆总数	5.4	7.2	0.5	5.4	－14.8
园林绿地面积	15.9	10.4	－11.6	14.4	8.5

数据来源:上海、江苏、浙江2005－2009年统计年鉴。

(二)上海基础设施建设主要进展

2008年,上海市基础设施建设的主要进展体现为枢纽型、功能性、网络化重大城市基础设施体系加快建设。2008年上海市完成城市基础设施建设投资1 733.18亿元,比上年增长18.2%,占全社会固定资产投资总额的比重为35.9%。其中,交通运输邮电通信投资947.5亿元,市政建设投资543.34亿元,公用事业投资112.81亿元。洋山深水港区三期二阶段工程、浦东国际机场第二航站楼、A11沪宁高速公路拓宽改建等重大城市基础设施项目基本建成并投入运营。轨道交通基本网络建设加快推进,7号线、8号线二期、9号线二期、11号线北段一期实现结构贯通。全市高速公路网通车里程达到637.4公里。

表3-99 2008年上海城市基础设施建设投资与增长情况

指标	绝对值(亿元)	比上年增长(%)
城市基础设施建设投资	1 733.18	18.2
电力建设	129.53	-20.7
交通运输	838.91	-0.2
邮电通信	108.59	6.9
公用事业	112.81	85.2
市政建设	543.34	81.0

数据来源:2008年上海市国民经济和社会发展统计公报。

公用事业服务水平不断提升。全市自来水日供水能力达到1 069万立方米。全年全市用电量1 138.22亿千瓦小时,比上年增长6.1%。至年末,全市家庭人工煤气用户185.6万户;家庭液化气用户291.6万户;家庭天然气用户达到307.9万户。

表3-100 2008年上海公用事业发展与增长情况

指标	单 位	绝对值	比上年增长(%)
自来水日供水能力	万立方米	1 069.00	-1.0
自来水售水总量	亿立方米	24.28	1.6
#生活用水	亿立方米	17.98	5.0
工业用水	亿立方米	6.30	-7.0
用电量	亿千瓦小时	1 138.22	6.1
#城市居民生活用电	亿千瓦小时	135.83	11.7
煤气销售总量	亿立方米	17.70	-4.3
液化气销售总量	万吨	48.60	-4.0
天然气销售总量	亿立方米	28.40	6.8

数据来源:2008年上海市国民经济和社会发展统计公报。

2008年,上海市城市生态环境明显改善。全年新建绿地1 190公顷。其中,公共绿地568公顷。

至2008年末，城市绿化覆盖率达到38%，人均公共绿地面积达到12.51平方米。林业建设稳步推进。全年造林1 915公顷。其中，防护林328公顷。森林覆盖率达到11.6%。

(三) 江苏省基础设施建设主要进展

2008年，全省交通基础设施建设完成投资769.54亿元，同比增长62.3%。全省公路、水路交通运输服务业增加值达到850亿元，比上年增长13.3%，已连续4年高于GDP的增幅。新改建国省干线公路707公里；新增铁路营业里程62公里，运营总里程达到1 678公里；新增万吨级以上码头泊位28个，新增港口通过能力8 300万吨；新建成船闸2座，改善内河干线航道173公里。全年新改建农村公路8 850公里，改造桥梁2 409座，全省86%的行政村通上了客运班车，农村交通出行条件进一步改善。改善农村生产生活环境惠及民生。饮水安全工程新建集中供水工程101处，在建13处，铺设供水管道8 072公里，解决了84万人饮水不安全问题。

2008年，江苏新增高速公路通车里程167公里，总里程达到3 725公里。京沪高速铁路江苏段、沪宁城际铁路、南京南站、淮安民用机场、泰州长江大桥、南京长江四桥开工建设，无锡硕放机场、徐州观音机场、盐城南洋机场对外开放，连云港25万吨级矿石码头建设进程加快，苏通大桥、沪苏浙高速公路江苏段等相继建成通车，南水北调东线一期、沂沭泗洪水东调南下二期、通榆河北延工程进展顺利。2008年末发电装机容量达5 442.0万千瓦，新增349.1万千瓦。无锡海力士三期、淮安富士康二期、泰州医药城一期等一批重大产业项目顺利实施。全省新增万吨级以上泊位28个。2008年，在扩大内需政策的推动下，作为经济发展重要载体的重大项目建设进展顺利，强化了经济社会的薄弱环节，对优化投资结构，起着重要的支撑作用。

(四) 浙江省基础设施建设主要进展

浙江省的基础设施建设中，交通基础设施建设仍然是主要内容之一。从2008年起。交通基础设施计划建设的有40个重大建设项目，包括嘉绍高速公路、沿海高速公路、钱塘江中上游航道开发等，其中高速公路项目24个，水运工程16个。40个项目中的25个项目被列入浙江省“三个千亿”工程。

2008年是浙江省建设港航强省的开局之年。以宁波——舟山港为龙头，整合全省资源，增强集疏运能力，形成“一个龙头”(宁波－舟山港)、“两个区域”(嘉兴港、温台港)、“三条主线”(浙北航道、钱塘江中上游航道、杭甬运河)的水运网络，更好地发挥全省港航资源的整体功能是加快港航强省建设的基本思路。2008年，浙江省加快港航基础设施建设，水运基本建设投资首次突破百亿元大关(内河18亿元，沿海86.9亿元)，创历史新高，同比增长23.5%，共建成万吨级以上泊位13个，新增吞吐能力4 707万吨。在宁波－舟山港建成了我国第一条30万吨级人工航道——虾峙门口外航道。这使宁波－舟山港完全适应了世界船舶大型化的发展要求，国际综合竞争力极大提升。北仑四期集装箱码头和舟山煤炭中转码头投入运行、港口集疏运网络更趋完善等，都为宁波－舟山港的可持续发展奠定了坚实基础。同时，还新建成了温州港七里港区二期工程件杂泊位等13个万吨级以上泊位，从而使浙江省沿海万吨级以上泊位总数达到128个。此外，温州港灵昆多用途码头、状元岙液体化工码头、嘉兴港独山液体化工码头泊位、乐清湾进港航道整治一期工程等项目的前期工作进展顺利；在内河，浙北高等级航道网不断完善，湖嘉申线湖州段三级航道精品示范工程通过交通运输部验收，东宗线航道嘉兴段二期工程进展顺利，湖嘉申线嘉兴段一期、长湖申线四改三开工建设，京杭运河四改三项目、钱塘江中上游航运复兴工程等项目的前期工作也都取得了很大进展。宁波——舟山港2008年货物吞吐量突破5亿吨，集装箱吞吐量突破1 000万标箱，跨入了全球十大集装箱港口之列。

浙江水利基础设施建设继续加快。新增投资计划总体进展顺利,这批新增项目主要是新增34个农村饮用水安全项目的建设,这将解决583个村49万人的饮水安全;15座大中型水库的除险加固;4个大型灌区干支渠节水改造;加固钱塘江干堤11.94公里;加固浙东标准海塘建设16公里;续建一座骨干水库和水土流失治理8个项目等。

2008年,浙江生态省建设成效显著,全年完成造林面积8 520千公顷,森林覆盖率为57.41%(按国家口径,不含灌木林)。浙江省已有43个市、县(市、区)获得国家级生态示范区的验收,累计创建国家级环境优美乡镇138个、省级生态乡镇579个、全国绿色学校49所,全国绿色社区27个,建成省级生态环境教育示范基地69个,以及一大批省级绿色学校、绿色社区、绿色医院、绿色饭店、绿色家庭等。浙江省建有省级以上自然保护区18个,其中国家级自然保护区9个,并建有省级以上森林公园101个。

(五)长三角地区基础设施一体化建设对策

1. 完善综合交通运输体系

铁路要以客运专线和城际轨道交通建设为重点,加快区域对外通道、区域内省际通道、城际快速通道以及跨长江通道、重要枢纽客运设施等建设,优化路网结构,提高路网质量。公路要以加强关键工程和断头路段建设为重点,加快国家高速公路网建设,加强区域对外通道、区域内省际通道、重要的城际快速通道、跨海湾和跨长江通道及重要疏港高速公路建设。抓紧编制实施沿海港口发展总体规划,加强港口群协调发展。提高长江"黄金水道"、京杭运河等高等级航道通航标准,完善集装箱运输系统、外贸大宗散货海进江中转运输系统、江海物资转运系统和客运系统。积极推进空域管理和使用方式改革,科学利用空域资源,加强航空枢纽与配套支线机场建设。

2. 构建区域能源安全体系

进一步优化能源结构,鼓励发展可再生能源和清洁能源。加快石油、天然气基础设施建设,共同推进石油和液化天然气码头建设,完善油气输送管道网络,加强油气战略储备,加快建设区域石油流通枢纽和交易中心,研究建立区域天然气交易中心。改善煤炭运输条件,研究规划建设大型储煤基地。优化电力基础设施建设与布局,重点在沿海、沿江地带布置电源点,加快西电东送、北电南送和皖电东送输变电线路等的规划和建设,建设过江电缆通道。加快核电的规划和建设,进一步做好江苏沿海等地区的风电项目规划建设。

3. 改善水利基础设施。

按照水资源和水环境承载能力,统筹协调区域水利基础设施建设,构筑防洪减灾体系、水资源合理配置和高效利用体系、饮用水安全保障体系以及水生态环境保护体系。加快实施太湖流域第二轮治理、长江口综合整治、淮河治理和沿海防浪堤及防护林等重点工程建设,加强城市防洪排涝能力建设,继续实施病险水库除险加固,加强蓄滞洪区建设和管理,加强低洼易涝地区和山洪灾害易发区综合治理。加快水源工程等水资源调蓄和配置工程建设,继续加强重点地区、重点城市河湖治理和水生态修复工程建设。加快水文、水资源和水环境实时监控系统建设。加强水资源统一管理,完善流域综合管理体制。

十八　长三角上市公司

一、长三角地区上市公司总体情况

截至2008年12月31日，长三角两省一市共有451家公司[①]在沪、深证券交易所挂牌上市，其中2008年新上市企业15家。年末长三角上市公司总资产规模达到47 690.1亿元，净资产规模达到9 075.56亿元，总市值16 435.21亿元。2008年全年，长三角上市公司共实现营业总收入13 948.93亿元，营业利润率15.55%，净利润793.46亿元，净资产收益率5.69%。

根据中国证监会行业分类方法，长三角两省一市的上市公司分布于机械、设备、仪表和石油、化学、塑胶、塑料等23个行业，其中机械、设备、仪表，石油、化学、塑胶、塑料和信息技术这三个行业的上市公司数量较多，合计有171家公司，占总数的45%。

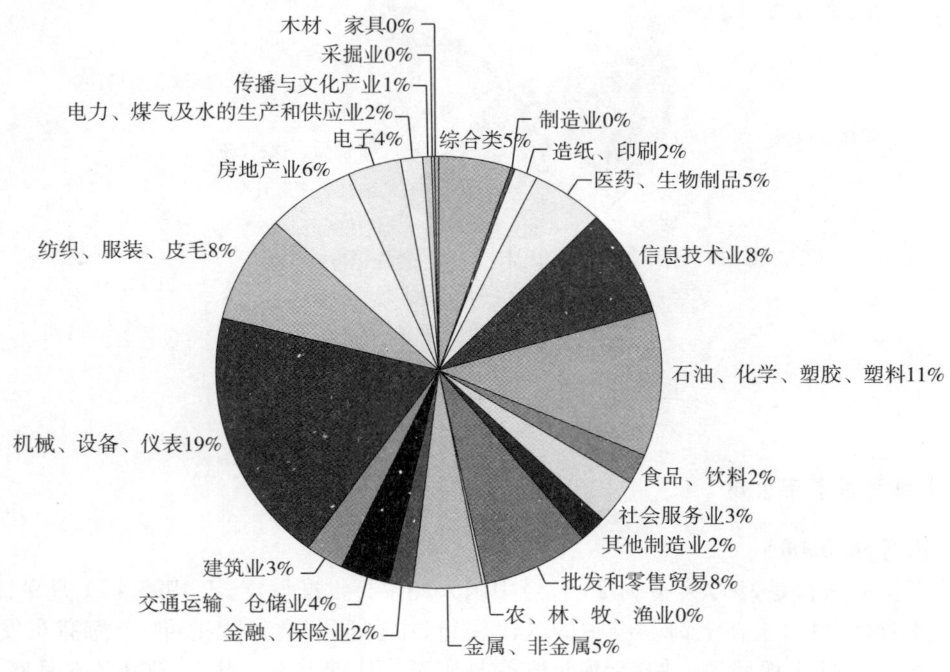

图3－37　长三角上市公司行业分布

数据来源：南京证券**WIND**资讯

二、上海上市公司的基本情况

（一）上海上市公司总体情况

截至2008年12月31日，上海共有196家公司在沪、深证券交易所挂牌上市，其中2008年新上市企业3家。年末上海上市公司总资产规模达到38 399.95亿元，净资产规模达到5 714.48亿元，平

①指注册地址在上海、江苏、浙江两省一市的上市公司。

均市盈率62.91倍,平均市净率2.49倍,平均总市值73.85亿元。2008年全年,上海上市公司共实现营业总收入7 624.58.17亿元,营业利润率24.35%,净利润486.85亿元,净资产收益率8.52%。

(二)上海上市公司行业分布情况

根据中国证监会行业分类方法,上海上市公司分布于机械、设备、仪表和石油、化学、塑胶、塑料等22个行业,其中机械、设备、仪表,石油、化学、塑胶、塑料,房地产和批发、零售业这四个行业的上市公司数量较多,合计有88家公司,占总数的45%。

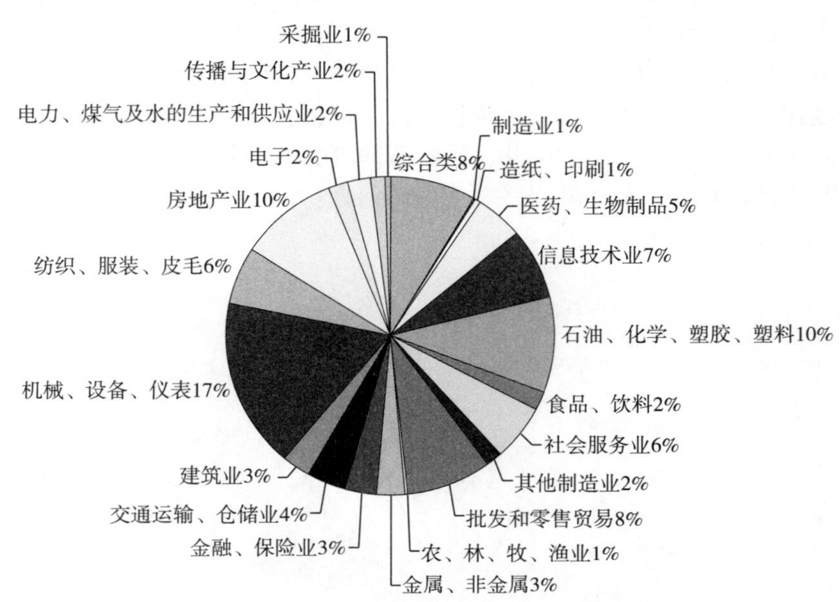

图3-38 上海上市公司行业分布

数据来源:南京证券**WIND**资讯

(三)上海知名上市公司

1.浦发银行(600000)

上海浦东发展银行是1992年8月28日经中国人民银行批准设立、于1993年1月9日正式开业的股份制商业银行,总行设在上海。经中国人民银行、中国证监会正式批准,上海浦东发展银行于1999年获准公开发行A股股票,并在上海证券交易所正式挂牌上市。截至2009年6月底,注册资本金达79.3亿元,良好的业绩和诚信经营的声誉使浦发银行业已成为中国证券市场中一家备受关注和尊敬的上市公司。

2008年底,全行总资产规模已达13 094.25亿元人民币、各项存款余额9 472.94亿元人民币,本外币贷款余额6 975.65亿元人民币,实现税后利润125.16亿元人民币,并在上海、杭州、宁波、南京、北京、温州、苏州、重庆、广州、深圳、昆明、芜湖、天津、郑州、大连、济南、成都、西安、沈阳、武汉、青岛、太原、长沙、哈尔滨、南昌、南宁、乌鲁木齐、长春、呼和浩特、合肥、兰州、石家庄等地设立了开设了32家分行,机构网点总数增至491家,并在香港设立了代表处。

2008年,面对严峻复杂的外部环境,公司积极贯彻落实国家宏观经济调控政策,严格执行各项金融监管制度,积极应对经济形势周期变化,全面推进董事会确定的今年工作目标和任务,在公司全体员工共同努力下,各项经营管理工作取得了较好的成绩,市场份额、影响力进一步提高。

2. 置信电气(600517)

上海置信电气股份有限公司是一家致力于高科技产品的开发、高新技术成果转化、应用和产业化运作的民营上市公司,置信电气由上海置信(集团)有限公司投资控股,并由上海电力实业总公司、东方国际(集团)有限公司等大型国有企业集团多元投资组成,公司于2003年10月在上海证券交易所上市。2008年,置信电气实际销售近20亿元,利润超过2亿元,在上海的全资公司上交税收近2亿元。

公司是国内唯一专业化从事非晶合金变压器及相关产品的开发、生产及销售的龙头企业,是目前国内建厂最早、生产规模最大、技术水平最先进、产品规格系列最丰富和产业链最完整的非晶合金变压器生产企业,其非晶合金变压器技术、性能和产量均处于全球领先水平。2008年公司紧紧抓住市场机遇,采取种种措施,打开市场销售瓶颈,不断推进公司非晶合金变压器在全国电网的新建和改造项目中使用,公司的非晶合金变压器继续保持80%以上的市场占有率。

2008年,公司管理层积极拓展市场,使公司生产、经营保持良好的发展势头。公司实现营业收入1 595 724 838. 81元,比去年同期增长了26. 82%;营业利润、归属于母公司所有者净利润、扣除非经常性损益后的净利润分别为284 485 904. 68元、211 466 263. 62元和210 599 214. 88元人民币,分别比上年同期增长了27. 11%、19. 26%和42. 54%。

三、江苏上市公司的基本情况

(一) 江苏上市公司总体情况

截至2008年12月31日,江苏共有122家公司在沪、深证券交易所挂牌上市,其中2008年新上市企业9家。年末江苏上市公司总资产规模超过4 700亿元,净资产规模达到1 724. 47亿元,平均市盈率37. 78倍,平均市净率2. 57倍,平均总市值28. 77亿元。2008年全年,江苏上市公司共实现营业总收入3 503. 17亿元,营业利润率3. 45%,净利润114. 40亿元,净资产收益率6. 63%。

(二) 江苏上市公司行业分布情况

根据中国证监会行业分类方法,江苏上市公司分布于机械、设备、仪表和石油、化学、塑胶、塑料等17个行业,其中机械、设备、仪表,石油、化学、塑胶、塑料,信息技术和纺织、服装、皮毛这四个行业的上市公司数量较多,合计有66家公司,占总数的一半以上。

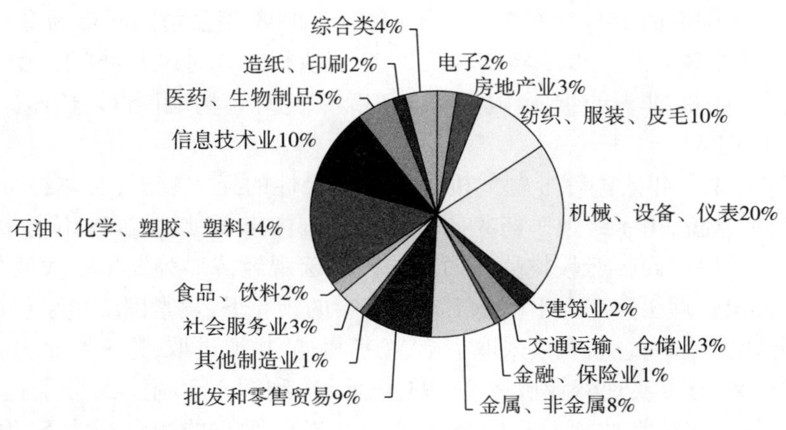

图3-39　江苏上市公司行业分布

数据来源:南京证券WIND资讯

(三) 江苏上市公司区域分布情况

根据上市公司的办公地址划分,江苏的上市公司中约76%分布于苏南地区,位于苏中和苏北地区的分别仅有15%和7%,另有2%的公司将办公地址设在省外。

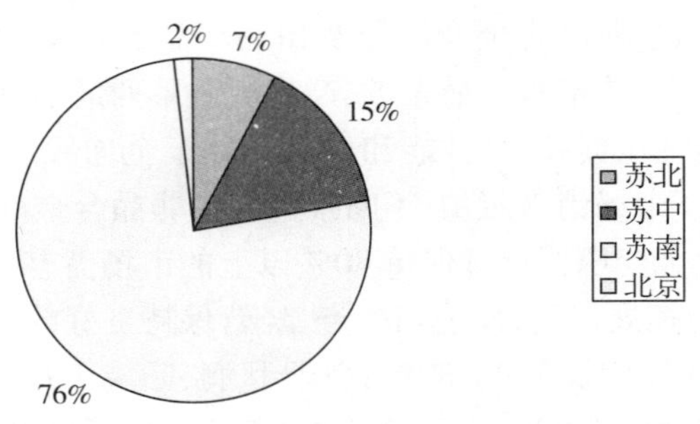

图3-40 江苏上市公司区域分布

数据来源:南京证券 **WIND** 资讯

(四) 江苏知名上市公司

1. 中材国际(600970)

2008 年,公司以 EPC 和 EP 为主要业务模式,在市场开发和项目运作等方面进一步推进了公司国际化进程。面对全球金融危机及其对实体经济的影响,公司进一步优化内部管理,积极采取措施平抑不利因素影响,确保了项目的顺利实施和盈利能力的提升。

2008 年,公司经营业绩继续保持快速增长,营业收入、净利润都均再创历史新高。公司实现营业收入 140. 92 亿元,同比增长 13. 92%,实现营业利润 7. 76 亿元,同比增长 37. 96%;实现利润总额 6. 44 亿元,同比增长 7. 64%;实现归属于上市公司股东净利润 3. 12 亿元,同比增长 22. 57%。

2008 年公司新签水泥工程合同额 326 亿元(已扣除在 2008 年 12 月 12 日公告的尼日利亚 Dangote 项目推迟部分合同金额和在 2009 年 1 月 15 日公告的叙利亚 ABCC 项目取消一条线的合同金额),同比增长 36. 4%,其中签订海外合同 248 亿元,占全年新签订合同额的 76%;签订国内合同 78 亿元,占全年新签订合同额的 24%。根据相关机构统计,2008 年公司国际市场份额为 34%(不包括中国市场),已上升至全球第一。2008 年结转至 2009 年执行的合同约为 464 亿元。至 2008 年底,公司已进入欧洲、美洲、亚洲、非洲的 46 个国家和地区市场,全球市场地位得以快速提升。

2. 恒瑞医药(600276)

2008 年是不平凡的一年。国际金融危机引发了世界性的经济衰退,实体经济也遭受不同程度的影响。就医药行业来说,由于跨国医药集团加速抢滩国内市场,以及国内市场常年来积累的过度竞争等多种因素,其发展也面临严峻挑战。面对国内外宏观经济形势发生重大变化、行业发展面临重大挑战的情况,公司管理层和广大干部职工在董事会的领导下,紧紧围绕董事会制定的目标任务,以科技创新和国际化为战略重点,积极采取措施,抢抓机遇、拼搏进取,进一步细分市场,取得了较好的经营业绩。2008 年,公司实现营业收入 23. 93 亿元、净利润 4. 36 亿元,分别比去年同期增长了 20. 80%、3. 62%。扣除非经常性损益后归属于公司普通股股东的净利润为 5. 70 亿元,同比增加了 100. 06%。

四、浙江上市公司的基本情况

（一）浙江上市公司总体情况

截至2008年12月31日，浙江共有134家公司在沪、深证券交易所挂牌上市，其中2008年新上市企业3家。年末浙江上市公司总资产规模达到4 573.76亿元，净资产规模达到1 636.61亿元，平均市盈率43.4倍，平均市净率2.67倍，平均总市值23.69亿元。2008年全年，江苏上市公司共实现营业总收入2 821.18亿元，营业利润率6.8%，净利润192.22亿元，净资产收益率11.75%。

（二）浙江上市公司行业分布情况

根据中国证监会行业分类方法，浙江上市公司分布于机械、设备、仪表和石油、化学、塑胶、塑料等19个行业，其中机械、设备、仪表，石油、化学、塑胶、塑料，信息技术和纺织、服装、皮毛这四个行业的上市公司数量较多，合计有63家公司，占总数的47%。

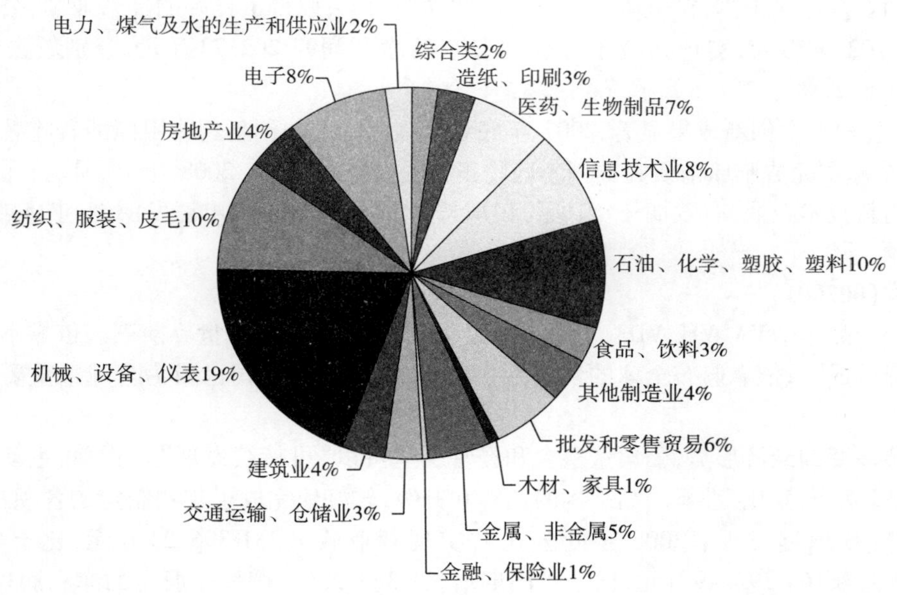

图3－41　浙江上市公司行业分布

数据来源：南京证券 **WIND** 资讯

（三）浙江上市公司区域分布情况

根据上市公司的办公地址划分，浙江的上市公司中约77%分布于环杭州湾地区，位于浙东南和浙西北地区的分别仅有12%和6%，另有5%的公司将办公地址设在省外。

（四）浙江知名上市公司

1. 浙江医药（600216）

2008年，公司经营层在董事会领导下，紧紧围绕年初制定的经营计划，以科学发展观统领全局，坚持改革创新，坚持技术进步，大力推进质量标准化、管理国际化、科研原创化和资本市场化四化建

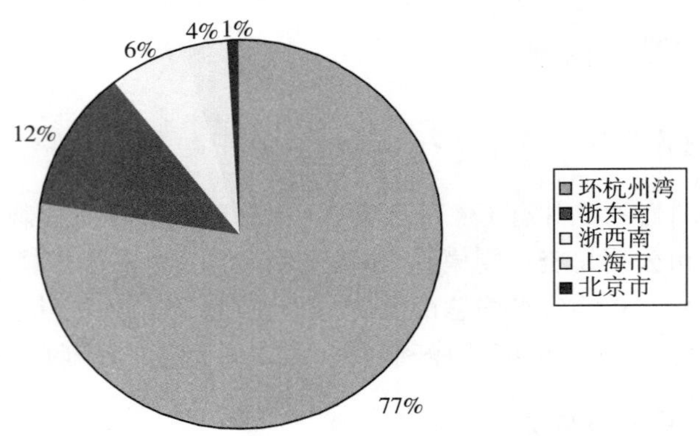

图 3－42　浙江上市公司区域分布

数据来源:南京证券 **WIND** 资讯

设,牢牢把握脂溶性维生素产品价格大幅上涨的有利时机,整合优化资源,精心组织生产和经营,强化内部管理和安全环保工作,在全体干部员工的共同努力下,取得了良好的经营业绩,公司全年完成营业收入376 102.93万元,实现归属于母公司股东的净利润97 262.73万元,分别较去年同期增长70.27%和1 618.27%。

2008 年,公司自主创新成果显著,2007 年底获得临床批准的创新药物甲磺酸普喹替尼Ⅰ期临床进展顺利,2 个基本完成临床前研究的创新药物正在提交临床申请;2008 年 10 月,公司被认定为浙江省第一批高新技术企业,有效期三年,所得税减按 15% 征收。全年申请发明专利 25 项,已授权的有效专利 8 项。

2. 新和成(002001)

公司主导产品 VE、VA、VH、VD3、类胡萝卜素,市场占有率都位于世界前列。依靠不断的技术进步提高质量降低成本,依靠遍布全球的营销网络和良好的服务,公司已成为全球最重要的维生素生产企业之一。

面对复杂多变的经济形势,公司董事会和经营层坚持以“可持续发展”为指南,主动适应市场需求和宏观经济环境的变化,进行产品结构的调整和升级,较好地完成了年初制定的各项经营计划,保证了企业的持续稳健发展。2008 年度公司共实现营业收入331 396.23万元,比上年同期增长89.60%;利润总额164 392.49万元,比上年同期增长1 373.22%;归属于股东的净利润137 451.14万元,比上年同期增长1 683.43%。

五、长三角地区上市公司发展政策

(一) 上海

2008 年 6 月,上海已上报证监会申请发行新股的拟上市公司有 16 家,其中,11 家拟在中小板上市,5 家拟在主板上市。

上海市金融办在推进上海企业改制上市工作中,一是积极参与拟上市企业的培育工作。与上海市经委、科委和上海证监局联合出台《关于实施上海中小企业培育改制上市工程的意见》,成立培育改制上市工程领导小组和办公室。多次召开上海市拟上市企业座谈会,了解和协调企业上市过程中的难点问题,辅导拟上市企业做好各项上市准备工作。据悉,目前列入培育工程的企业已经超过 300 家。通过摸底、筛选,基本形成了“培育一批、改制一批、辅导一批、审核一批”的上市批次推进格局。

二是认真做好拟上市企业的办文工作。及时审查上海市拟上市公司的申报文件，了解企业情况，提出审核意见，并代表市政府草拟致证监会的同意函。据了解，今年已经完成对12家拟上市公司的审核出文工作。上海市金融办还会同市国资委、法制办提出拟上市公司在集体或国有企业改制时，产权界定和改制合法性确认事宜的工作程序，并报市政府批准。

三是持续跟踪做好后续服务工作。对上海市已经提出上市申请的企业持续跟踪，及时了解上市进程情况，进行协调和指导，帮助部分企业与证监会进行有效沟通。

（二）江苏

为加强对金融业的统筹和服务，2005年，江苏省政府成立金融工作办公室（简称省金融办）。省金融办的职能是研究拟定全省金融发展中长期规划和工作计划，促进金融机构合理布局，协调金融资源的优化配置；研究分析经济金融形势，提出改善金融环境，加强服务，促进金融业发展的意见和政策建议。承办省政府交办的全省股份公司设立和改造的审核、审批工作；承办省政府交办的拟上市企业的培育、初审及推荐工作，指导和推动上市公司资产重组和再融资；协助证券监管机构做好证券期货机构和上市公司规范发展工作。江苏企业上市工作办公室工作职能和人员整建制划入省金融办，撤销江苏企业上市工作办公室。

省金融办资本市场处负责分析资本市场形势，研究提出全省发展资本市场的政策意见；根据《公司法》规定，承办省政府交办的股份公司的设立、变更、分立、合并等审批事项，办理未上市股份公司股权变更等事项的备案管理；承办省政府交办的拟上市企业的培育、初审及推荐工作，推进企业上市；协助证券监管机构开展上市公司规范发展工作；协调有关部门办理企业债券的审核、发行工作；联系、指导资本市场的相关协会，指导、协调各市上市工作办公室（或相应机构）的工作。

（三）浙江

浙江省为切实抓好全省金融重点工作，落实各项政策措施，对金融重点工作实行部门分工负责，努力拓展上市等直接融资途径，大力推动符合条件的优质企业上市融资。

1. 积极培育上市后备资源，加大多层次、多渠道上市融资力度。鼓励省属国有企业上市融资，继续开拓境外资本市场，推动民营企业赴境外上市融资。积极推进上市公司可持续发展，充分发挥上市公司作用。鼓励优质上市公司通过多种方式扩大再融资规模，提高对外投资控股能力。鼓励优质企业买壳或收购控股上市公司，对已丧失融资功能的上市公司进行整合重组，提高上市公司质量。加强对上市公司运行风险的防范和化解，做强做优上市公司。

2. 鼓励符合条件的企业进行债券融资。以债券发行管理体制改革为契机，努力扩大企业债发行规模。推动重点基础设施、技术改造项目等发行企业债。鼓励上市公司发行公司债。积极探索中小企业集合发行债券。鼓励符合条件的企业发行短期融资券。积极探索资产证券化试点。鼓励金融机构积极创造条件申请发行次级债等资本性债务工具和金融债。

3. 积极发展证券期货信托等金融组织。积极支持财通、浙商证券增资扩股，推动期货公司的金融期货准备工作，支持筹建财通、浙商证券投资基金。积极争取信托业务牌照，支持信托公司规范开展创新型信托业务。积极支持和引导业绩优良、管理规范、符合国家产业政策的大型集团公司成立财务公司。鼓励我省企业投资入股省内外的非银行金融机构。优先为省内非银行金融法人机构提供业务及发展机会。

4. 大力发展基金投资类组织。争取设立产业投资基金，主要对涉及全省的重大基础设施建设和产业转型升级项目进行引导性、战略性投资。吸引国内外知名基金类、投资类公司落户我省。设立省级创业投资引导基金，鼓励民营资本为主体的创业（风险）投资基金、成长型企业股权投资基金的发展。

5. 健全地方产权交易市场。引导全省各地产权交易机构通过联合、合作、兼并、托管等方式进行整合,逐步形成以省产权交易所为中心,各地交易所联动的全省产权交易统一市场。积极探索非上市股份公司股权转让和进入场外市场的途径,争取在我省开展股权流转试点。支持高新技术开发区内股份公司进入股份转让报价系统进行融资和股份转让。争取建设规范化的区域性柜台交易市场。

六、长三角地区上市公司发展态势

进一步提高上市公司质量是加快证券市场发展的基础。长三角是拥有上市公司最多的区域,其规模的壮大、效益的提升,对推动长三角地区经济水平的提升,乃至全国经济的发展具有重要的参考价值。

(一)长三角上市公司的特点

1. 数量居全国第一,地位非常重要。

从数量上看,长三角上市公司占全国上市公司总量的约30%,居各经济区域数量之首。由此可见,上海上市公司在全国的地位非常重要,特别是由于上海上市公司主要集中在沪市,它们的表现直接影响着沪市的表现。

2. 平均规模较大、行业集中度较高

从平均规模看,上海上市公司的平均总股本是全国平均水平的137. 2%,平均总资产和平均净资产分别是全国平均水平的154. 2%和132. 2%,远远高出全国上市公司的平均水平。规模是经营的基础,上海上市公司财务状况与其规模呈正相关关系。

在行业分布上,长三角上市公司虽然涉及20多个行业,但约45%的上市公司集中在三大行业,即机械、设备、仪表公司85家,占18. 85%;石油、化学、塑胶、塑料业公司49家,占10. 86%;信息技术业公司37家,占8. 2%。行业分布特征至少说明四个方面的问题,其一,资本这个稀缺资源主要在这三个行业配置,并且一直是这样一个结构,全国也是如此。其二,制造业、信息技术业行业发展状况直接影响全体上市公司的发展。其三,从动态看,资本配置的结构在近十年中,变化并不大。提高上市公司质量不仅要从个别公司抓起,而且需要关注上市公司的行业结构和产业结构,他们反映资本的配置结构和宏观政策的结果,需要宏观指导。其四,这三个行业上市公司的业绩状况不仅影响整体上市公司的业绩水平,而且反映资本的配置效率,也是对有关政府机构政策效果的一个检验。

3. 效益好于全国,资产重组取得成效

从业绩水平看,长三角上市公司的加权平均净资产收益率从2000年以来,一直高于全国平均水平。反映了长三角上市公司这几年的快速发展。业绩水平的提高,一个重要的原因是受益于公司购并和资产重组。从1997年开始,为了改善长三角上市公司的质量,两省一市政府对一批业绩不良的上市公司进行了大规模的重组。通过并壳、不良资产剥离、定向增发、吸收合并、置入优质资产等措施,上市公司质量大大提高。到2000年,长三角上市公司的业绩第一次好于全国平均水平,并且,这种竞争优势一直保持到今天。

(二)提高长三角上市公司质量的若干建议

提高长三角上市公司质量是一个系统工程,要在多方面进行深入研究,在发展、改革和稳定方面多管齐下,统筹兼顾,逐步推进。

1. 加快产业结构调整,突出发展重点

产业结构调整是我国“十一五”时期经济发展的重要内容之一,长三角上市公司未来发展也必须

以产业结构调整为重点。没有一个合理的产业结构，资本市场资源配置的作用不可能充分发挥，上市公司进一步支持和推动长三角国民经济发展的作用也将逐渐减弱。加快产业结构调整可以集中在以下三个方面：第一，调整存量，按照产业结构调整的方向，大力支持金融、信息、公共服务业和基础产业等行业上市公司的发展，进一步提高其地位。第二，重视增量，大力推动优质的，符合产业结构调整要求的外资、民营企业上市。第三，对于早期上市的中小型上市公司，通过兼并重组，推动其向适应长三角城市特点的都市型产业转化。

2. 加快国资体制改革，落实股东责任

"十六"大指出，国有资产体制改革是我国今后一段时期内经济体制改革的一项重要内容，要将管人、管事和管资产三项任务有机地结合起来。在推动上市公司发展方面，国有资产体制改革应促进以下问题的解决：第一，要进一步使国有股东终极代表人的身份具体化，通过经济和市场的方式加强与上市公司的联系，把思路的转变落实在行动上，减少行政化，为完善公司治理提供条件。第二，国有大股东要在法律界定的职责范围内行使其管人、管事和管资产的权力，明确其责任和约束，把大股东的权力置于《公司法》的监督之中。第三，要落实上市公司股东大会的选人、用人责任，不能把国有大股东的选人、用人等同于股东大会的选人、用人。

3. 加快并购重组，实现产业升级

对上市公司整体而言，并购重组的目的是为了实现产业结构的升级、公司盈利能力的提升和公司价值的最大化。为了实现这个目的，推动并购重组的原则应该是：第一，以政府指导和市场化运作为手段，以加强中小型上市公司并购重组为重点，以存量资产和国有股权的出售为内容，以新股东的引入为主导，以重组后公司盈利能力的提高为目的，制定并购重组规划，推动并购重组的深入开展。第二，衡量公司并购重组是否成功，不仅要看公司重组后不良资产的剥离和新资金注入情况，更要看重组后，公司的盈利模式是否发生重大改变，是否符合长三角整体产业结构调整和发展的目标，只有这样才能真正取得并购重组的绩效。第三，把并购重组工作与长三角本地产权市场的发展相结合，将母公司的改造与控股公司的再建、资产结构的调整与疏导结合起来，重组后剥离出来的不良资产，通过产权市场，进一步配置和流通，防范和化解风险。

4. 完善公司治理，提高股东价值

长三角上市公司发展中存在的问题是与多种原因相关的，公司治理不完善是其中的重要原因之一。因此，促进上市公司发展必须与完善公司治理紧密结合。首先，要因地制宜，探索建立合理的股东结构。合理的股东结构是完善公司治理的基础。但是，国际上并没有一种最优的股东结构。大股东持有股权比例到底多少合适，不能一概而论。不能笼统地反对"一股独大"，没有控股股东而出现的内部人控制现象，对中小股东利益造成的损害同样严重。股东结构的合理与否要通过公司发展和股东价值提升来检验。只要公司在逐步发展，股东价值在不断提高，公司的股权结构就是合适的。其次，要进一步完善对公司管理层的激励和约束机制。净资产收益率 = 销售利润率 × 总资产周转率/(1 - 资产负债率)。统计分析表明，上市公司销售利润率并不低，资产负债率比其他类型企业的负债水平反而要高，问题根源出在总资产周转率上。上市公司总资产周转率水平显著地低于其他类型企业的相应指标，说明上市公司管理层营运资产的能力不足，管理水平没有跟上。可能有两种原因，一是部分公司管理人员的素质不高，需要进行调整，淘汰不合格人员，吸引高素质人才；二是部分公司管理人员营运资产的责任不强，积极性不高。

十九 长三角农副食品加工业

(一)长三角农副食品加工业发展总体概况

农副食品加工业的发展,对于提高人民生活水平和生活质量,提高农产品的加工转化率和附加值,加快农业产业化进程,实现工业与农业的有机结合具有重要意义。2008 年,受国际金融危机和国内经济增速下滑的影响,虽然长三角农副食品加工业产值和营业收入仍然保持了较快的增长,但是其盈利能力却出现了较大程度的下滑。2008 年,长江三角洲地区拥有规模以上农副食品加工企业2 520家,比 2007 年增加 217 家,增长 9.42%;全年实现工业总产值2 413.09亿元,较 2007 年增长 26.44%;完成主营业务收入2 390.77亿元,比 2007 年增长 25.00%;截至 2008 年底,长三角规模以上农副食品加工业资产总额为1 191.80亿元,比 2007 年增长 18.35%;行业盈利能力有所下滑,全年创造利润 88.51 亿元、利税 135.58 亿元,较 2007 年分别增长 19.51% 和 27.58%,增速比 2007 年水平分别下降 48.92 个和 30.02 个百分点。

表 3-101 长三角农副食品加工业发展情况(2008)

单位:个,亿元,%

	企业单位数		工业总产值		利润总额		利税总额		主营业务收入		资产总计	
	绝对额	增加数	绝对额	增速	绝对额	增速	绝对额	增速	绝对额	增速	绝对额	增速
上海	206	36	291.59	39.89	8.68	-33.74	14.03	-15.33	311.13	37.53	161.62	10.77
江苏	1 292	71	1 484.15	28.16	64.59	48.11	97.30	52.75	1 467.05	25.78	573.02	23.86
浙江	1 022	110	637.35	17.57	15.24	-12.16	24.25	-6.73	612.59	17.81	457.16	14.72
长三角	2 520	217	2 413.09	26.44	88.51	19.51	135.58	27.58	2 390.77	25.00	1 191.80	18.35

1. 主要产品产量

受国内外各种因素的影响,长三角主要农副食品产量在 2008 年出现了不同程度的下滑。以统计在列的食用植物油为例,2008 年长三角食用植物油产量为 305.91 万吨,比 2007 年下降 19.27%。此外,配混合饲料的生产也受到了一定影响。分省市看,2008 年,上海市生产食用植物油 96.88 万吨,比 2007 年增长 13.66%;江苏省精制食用植物油的生产量为 209.03 万吨,比 2007 年下降 17.81%,销售量为 198.50 万吨,下降 23.65%,配混合饲料的产、销量分别为 383.55 万吨和 378.91 万吨,分别比 2007 年增长 11.23% 和 8.98%。浙江食用植物油的产量为 60.24 万吨,比 2007 年增长 53.01%,配混合饲料的产量为 252.83 万吨,比 2007 年下降 6.42%。

表 3-102 长三角食用植物油产量(2000-2008)

单位:万吨

	上海	江苏	浙江	长三角
2000	11.55	—	62.54	—
2001	10.32	—	—	—

（续表）

	上海	江苏	浙江	长三角
2002	9.65	—	—	—
2003	8.64	—	23.26	—
2004	3.51	—	41.89	—
2005	45.11	194.62	11.92	251.65
2006	72.86	254.68	31.73	359.27
2007	85.24	254.32	39.37	378.93
2008	96.88	209.03	60.24	305.91

2. 资产运营情况

从资产运营情况来看，2008 年长三角农副食品加工业资产总额为1 191.80亿元，比 2007 年增长 18.35%，负债总额为 756.55 亿元，比 2007 年增长 18.65%。农副食品加工业资产的增长要慢于负债的增长，带来资产负债率的上升，2008 年长三角农副食品加工业资产负债率为 63.48%，较 2007 年微升了 0.17 个百分点。分省市来看，江苏农副食品加工业资产运营情况最好，2008 年江苏农副食品加工业资产负债率为 62.23%，较 2007 年下降 2.2 个百分点；上海农副食品加工业资产运营情况较好，2008 年资产负债率为 56.39%，较 2007 年上升 0.51 个百分点；2008 年浙江农副食品加工业资产负债率为 67.55%，较 2007 年上升了 2.8 个百分点。

3. 重点企业发展情况

（1）江苏雨润食品产业集团有限公司

雨润集团是一家集食品、物流、百货、旅游和房地产等产业于一体的中国 500 强企业，创建于 1993 年。集团总部位于江苏省南京市，下属子（分）公司一百多家，遍布全国二十多个省、直辖市和自治区。2008 年，集团员工总数达 5 万人，实现销售总额 370 亿元，生猪屠宰产能超过1 800万头，稳居全国第一，“雨润牌”低温肉制品连续十年销量位列国内第一。目前，在中国企业 500 强中排名 165 位、中国民营企业 500 强第 8 位、中国肉食品加工业第 1 位。

食品是集团的主业，拥有“雨润”、“旺润”、“福润”和“大众肉联”四大品牌，上千种产品。其中，“雨润”为中国驰名商标；“大众肉联”为中华百年老字号；“雨润牌低温肉制品”、“旺润牌高温火腿肠”、“雨润牌鲜冻分割猪肉”为中国名牌产品。

（2）冠生园（集团）有限公司

冠生园创建于 1915 年，是一家有着近百年历史的中华民族名牌老字号企业，也是中国食品工业二十大杰出企业之一。冠生园（集团）有限公司是由光明食品集团与国际跨国公司中信资本共同投资的中外合资企业，分别占股 55% 和 45%。公司总部位于上海市中心新闸路，生产基地主要集中于上海星火开发区和青浦工业园区内。

冠生园（集团）有限公司拥有“冠生园”和“大白兔”两个中国驰名商标，主要生产和经营大白兔糖果、冠生园蜂制品、保健品、面制品、华佗十全酒、佛手调味品等五大类上千个品种的产品。

（3）上海良友海狮油脂实业有限公司

上海良友海狮油脂实业有限公司是由上海良友（集团）有限公司和上海市油脂公司共同投资的一家专门从事食用植物油生产、销售、储运、内外贸为一体的大中型国有企业，注册资金一亿余元人民币。公司主要生产经营各种精炼食用油，拥有年加工能力达 18 万吨的油脂精炼设备、15 万吨的小包装灌装设备、8 万吨的散装油脂储存罐、3 千吨的小包装油脂成品仓库、1 座专用内江码头、1 个检测仪器齐全的中心实验室。公司旗下共有“海狮”、“友益”、“乐惠”、“玉兰”及“金海狮”等五个食用油品牌,拥有9大类(大豆油、菜油、调和油、玉米油、葵花籽油、橄榄油、山茶籽油、红花籽油、芝麻油等)、40多个品种的包装油脂产品。“海狮”食用油商标是上海市著名商标。“海狮”系列食用油是“上海名牌产品”与“国家免检产品”。目前,海狮公司的各种品牌食用油已进入7 500多家销售网点,在上海的市场覆盖率达90%以上,在上海的食用油市场占有率位居第一位。

(二)上海市农副食品加工业基本情况

1. 行业经济总量

2008年,上海市拥有规模以上农副食品加工企业206家,实现工业总产值291.59亿元,实现工业销售产值286.22亿元,与2000年相比,分别增长37.33%、278.64%和245.89%,年均增长率分别为4.05%、18.11%和16.78%;截至2008年底,农副食品加工业资产总额为161.62亿元,比2000年增长105.26%,年均增长9.41%;2008年上海农副食品加工业全部从业人员年平均人数达到3.09万人,比2000年增长9.57%,年均增长1.15%。

表3-103 上海农副食品加工业发展情况(2000-2008)

单位:个,亿元,万人

	企业单位数	工业总产值	工业销售产值	利润总额	税金总额	资产总计	从业人员
2000	150	77.01	82.75	0.81	1.42	78.74	2.82
2001	166	86.02	90.40	-0.87	1.27	82.57	2.71
2002	146	90.77	97.26	-0.35	1.22	79.31	2.59
2003	149	113.39	116.22	2.79	1.75	76.70	2.11
2004	164	133.27	131.25	0.13	1.29	78.49	2.22
2005	179	150.34	150.10	3.03	2.56	104.17	2.15
2006	171	152.54	152.30	6.42	3.15	110.55	2.17
2007	170	208.44	207.36	13.10	3.47	145.91	2.62
2008	206	291.59	286.22	8.68	5.35	161.62	3.09

2. 行业经济效益

2000年以来,上海农副食品加工行业盈利能力总体稳步增长。2008年,全行业实现利润总额8.68亿元,税金总额5.35亿元,分别是2000年的10.72倍和3.77倍,年均增速分别高达34.51%和18.03%。与2007年相比,分别增长54.18%和10.77%。

(三)江苏省农副食品加工业基本情况

江苏省农副食品加工业在长三角地区处于支柱地位。2000年以来,江苏省农副食品加工业一直保持快速增长的发展态势,行业的经济总量不断增大,盈利能力不断增强,企业的经济效益得到不断提高。

1. 行业经济总量

2008年,江苏全省拥有规模以上农副食品加工企业1292家,比上年增加71家;年末资产总额573.02亿元,与2000年相比,增长152.98%,年均增速达到12.30%,与2007年相比,增长23.86%;

全年共实现工业总产值1484.15亿元，工业销售产值1 468.08亿元，分别是2000年的4.08倍和4.06倍，年平均增速为19.20%和19.15%。与2007年相比，工业总产值和工业增加值分别增长28.16%和29.75%。

表3－104　江苏省农副食品加工业主要经济指标(2000－2008)

单位：个，亿元，万人

	企业单位数	工业总产值	工业销售产值	资产总计	利润总额	利税总额	从业人员
2000	899	364.18	361.33	226.51	5.68	13.25	13.41
2001	851	400.36	389.49	218.69	6.26	12.78	12.09
2002	901	461.60	443.31	248.54	7.78	14.41	11.48
2003	901	492.17	475.67	284.52	10.60	17.58	10.42
2004	913	610.36	588.47	320.72	9.58	16.72	—
2005	983	706.40	693.50	327.20	12.91	22.06	10.61
2006	1 108	851.06	841.42	378.27	22.94	36.05	11.14
2007	1 221	1 158.03	1 131.50	462.64	43.61	63.70	11.91
2008	1 292	1 484.15	1 468.08	573.02	64.59	97.30	12.99

2. 行业经济效益

表3－105　江苏省农副食品加工业主要经济效益指标(2004－2008)

单位：%，次/年

	2004	2005	2006	2007	2008
企业亏损面	12.49	11.90	9.84	7.62	8.05
产值利税率	2.74	3.12	4.24	5.50	6.56
销售利税率	2.85	3.21	4.21	5.46	6.63
资金利税率	6.66	7.46	10.80	15.87	—
成本费用利润率	1.66	1.92	2.76	3.92	4.62
资产负债率	67.56	65.96	64.68	64.43	62.23
流动资产周转次数	3.47	3.62	3.92	4.32	4.24
产品销售率	96.41	98.17	98.87	97.71	98.92

(1)行业盈利能力稳步提高。2008年，全省农副食品加工行业创造利润总额和利税总额分别为64.59亿元和97.30亿元，分别比2007年增长48.11%和52.75%；与2000年相比，分别增长了1 037.15%和634.34%，年均增速为35.51%和28.30%，远远高于行业总产值和销售产值的增长速度。行业的利润增长快于行业总产值和销售产值的增长速度，表明江苏农副食品加工业的盈利能力是不断增强的。

(2)企业利税增长较快。企业运营不断向好，带来了企业创利能力的提高。2004－2008年，江苏农副食品加工业产值利税率、销售利税率和成本费用利润率等指标呈逐年上升的发展态势，分别从2004年的2.74%、2.85%和1.66%上升到2008年的6.56%、6.63%和4.62%,年均分别上升0.76个、0.76个和0.59个百分点。

(3)资产运营不断改善。2004-2008年,企业的资产负债率呈现出逐年下降的发展态势,行业平均资产负债率从2004年的67.56%下降到2008年的62.23%,年均下降1.07个百分点。

(4)产品销售率稳步回升。2008年,江苏农副食品加工业产品销售率扭转了2007年的下滑态势,达到98.92%,较2007年提高了1.21个百分点。

(5)行业亏损面有所提高。2007年以前,江苏农副食品加工业的企业亏损率呈逐年下降趋势,企业亏损面从2004年的12.49%下降到2007年的7.62%。但是受全球金融危机的影响,2008年企业亏损面有所提高,达到8.05%,较2007年提高了0.43个百分点。

(6)企业流动资产周转有所放缓。2007年以前,企业流动资产周转次数呈逐年加快态势。但2008年江苏农副食品加工业流动资产周转次数有所下降,为4.24次/年,较2007年下降了0.08次/年。

(四)浙江省农副食品加工业基本情况

2008年以来,浙江省农副食品加工业经济总量继续保持快速增长,但盈利能力却出现了一定下滑,行业经济效益因此受到了一定影响。

表3-106 浙江省农副食品加工业主要经济指标(2000-2008)

单位:个,亿元

	企业单位数	工业总产值	工业增加值	主营业务收入	利润总额	利税总额	资产总计
2000	495	177.45	23.3	187.83	2.77	6.41	140.35
2001	519	190.27	26.93	182.59	2.68	6.65	141.27
2002	602	212.33	33.46	201.28	4.67	9.18	155.33
2003	642	260.21	40.48	248.07	6.3	11.5	191
2004	832	355.95	51.79	343.0	6.37	12.83	240.18
2005	776	404.58	60.78	386.31	8.7	15.34	267.74
2006	864	454.42	72.32	433.65	14.61	24.48	319.67
2007	912	542.09	89.95	520.00	17.35	26.00	398.50
2008	1 022	637.35	—	612.59	15.24	24.25	457.16

注:"主营业务收入"一栏中,2000-2003年为产品销售收入数据,2004-2008年为主营业务收入数据。

1. 行业经济总量

2008年,浙江全省拥有规模以上农副食品加工企业数量为1 022家,比2007年增加110家;完成工业总产值637.35亿元,主营业务收入达到612.59亿元,分别是2000年的3.59倍和3.26倍,年均增速分别为17.33%和15.92%,与2007年相比,分别增长17.57%和17.81%;截至2008年底,全行业拥有资产总额457.16亿元,比2000年增长225.73%,年均增长15.91%,与2007年相比,增长14.72%。

2. 行业经济效益

(1)产品销售率稳步回升。2008年,浙江省农副食品加工业扭转了2004年以来产品销售率逐年下滑的态势。2008年,全行业产品销售率为96.09%,较2007年提高了0.41个百分点。

(2)企业盈利有所下降。2008年浙江省规模以上农副食品加工业创造利润总额为15.24亿元,利税总额为24.25亿元。与2007年相比,分别下降了12.16%和6.73%。2008年,在1 022家农副食品加工企业中,有149家企业出现了亏损,亏损面为14.58%。

(3)行业利税率下降明显。2008年,全省规模以上农副食品加工业"每百元资金实现利税"、"每百元固定资产原值实现利税"、"每百元销售收入实现利税"分别为6.3元、15.7元和3.96元,比2007年分别减少了1.7元、3.38元和1.04元。

(4)企业流动资金周转有所放缓。2008年,浙江农副食品加工业流动资金周转次数延续了2005年以来的逐年下滑态势,全年流动资金周转次数为2.21次/年,较2007年下降了0.03次。

表3-107 浙江省农副食品加工业主要经济效益指标(2004-2008)

单位:元,%,次/年

	2004	2005	2006	2007	2008
每百元资金实现利税	6.38	6.7	9.25	8.00	6.30
每百元固定资产原值实现利税	14.18	13.85	19.78	19.08	15.70
每百元主营业务收入实现利税	3.74	3.97	5.64	5.00	3.96
产品销售率	97.44	96.81	95.98	95.68	96.09
流动资金周转次数	2.5	2.56	2.44	2.24	2.21

3.不同所有制企业经营情况

分所有制来看,在农副食品加工企业中,个体、私营企业在浙江农副食品加工业占据支柱地位。从企业单位数来看,2008年,浙江拥有规模以上农副食品加工企业1 022家,其中,国有企业15家,集体工业企业5家,外商投资和港澳台投资企业124家。其余878家均为民营企业,占全部规模以上工业企业单位数的比重高达85.91%。从企业创造的工业总产值和利润总额看,2008年,浙江省国有及国有控股企业、集体企业、外商投资和港澳台投资企业合计实现工业总产值205.52亿元,合计实现主营业务收入197.57亿元,合计创造利润0.33亿元,占全部规模以上农副食品加工业的比重分别为32.25%、32.25%和2.17%。也就是说,在农副食品加工业中,浙江民营企业完成了占全行业67.75%的工业总产值、主营业务收入,并创造出了占全行业比重达97.83%的利润。

国有、集体企业在农副食品加工行业中所占比重较小,主要经济指标在2008年出现了较大程度的下滑。2008年,浙江国有及国有控股企业完成工业总产值10.44亿元,实现主营业务收入11.39亿元,分别比2007年下降64.28%和59.00%。创造利润0.11亿元,比2007年下降80.70%,完成利税0.22亿元,比2007年增长29.41%;由于国有农副食品加工企业利润下降,导致"每百元资金实现利税"、"每百元固定资产原值实现利税"、"每百元主营业务收入实现利税"等经济效益指标均比2007年有不同程度下滑。

2008年,集体农副食品加工企业完成工业总产值1.10亿元,实现主营业务收入1.13亿元,分别比上年下降28.10%和22.07%。全年创造利润0.15亿元,利税0.20亿元,分别比2007年增长114.29%和81.82%。值得注意的是,集体农副食品加工企业的"每百元资金实现利税"、"每百元固定资产原值实现利税"、"每百元主营业务收入实现利税"等指标分别高达33.59元、110.28元和17.57元,较2007年分别提高了12.01元、61.97元和10.14元,也远高于同期国有企业和外商投资和港澳台投资企业水平。

2008 年,外商投资和港澳台投资企业完成工业总产值 193.98 亿元、主营业务收入 185.05 亿元,分别增长 17.15% 和 15.48%,远高于国有、集体企业经济总量。但是盈利能力却出现了大幅下滑,2008 年全年创造利润 0.07 亿元,利税 1.82 亿元,分别较 2007 年下跌了 98.54% 和 75.17%,由此带来企业经济效益指标的下滑。"每百元资金实现利税"、"每百元固定资产原值实现利税"、"每百元主营业务收入实现利税"等指标分别为 1.53 元、3.56 元和 0.98 元,较 2007 年下降了 5.93 元、13.04 元和 3.59 元。

表 3-108 浙江省农副食品加工业不同所有制企业主要经济指标(2008)

单位:个,亿元,元,%,次/年

	国有及国有控股企业	集体企业	外商投资和港澳台投资企业
企业单位数	15	5	124
其中:亏损企业数	7	—	31
工业总产值	10.44	1.10	193.98
资产总计	41.90	0.69	131.79
主营业务收入	11.39	1.13	185.05
利润总额	0.11	0.15	0.07
利税总额	0.22	0.20	1.82
每百元资金实现利税	0.73	33.59	1.53
每百元固定资产原值实现利税	2.20	110.28	3.56
每百元主营业务收入实现利税	1.93	17.57	0.98
产品销售率	98.45	97.79	95.42
流动资金周转次数	0.46	2.57	2.16

二十　长三角交通运输业

交通运输是国民经济的基础和人民生活的必需，经过多年的快速发展，我国交通运输已经彻底摆脱了与经济社会发展不相适应的滞后局面，进入了全面构建现代化综合交通运输体系的发展新阶段。

(一)长三角地区基本情况

1. 综合交通运输网络逐步完善

在构建现代化综合交通运输体系思想指导下，长三角地区各种交通运输方式加快发展。2008年，长三角地区公路总里程达26.04万公里，其中高速公路总里程达7 434公里，分别占全国比例的6.97%和12.33%。内河航道总里程9 667公里，占全国的29.67%；长三角港口吞吐量为23.95万吨，占全国的40.8%。

2. 综合交通运输能力稳步提升

2008年，长三角地区共完成客运周转量3 706.71亿人公里，占全国的15.86%，其中公路完成2 269.15亿人公里、铁路完成662.04亿人公里、水运完成14.73亿人公里、民航完成760.79亿人公里，分别占全国的比例为17.96%、8.51%、19.69%、26.39%；完成货运周转量26 123.58亿吨公里，占全国的24.76%，其中铁路完成715.24亿吨公里、公路完成1 498.31亿吨公里、水运完成23 414.73亿吨公里，分别占全国的比例为2.85%、11.53%和35.9%。

表3－109　长三角地区运输能力

	长三角	全国	长三角占比(%)
客运周转量(亿人公里)	3 706.71	23 372	15.86
铁路	662.04	7 778.6	8.51
公路	2 269.15	12 636	17.96
水运	14.73	74.8	19.69
民航	760.79	2 882.8	26.39
货运周转量(亿吨公里)	26 123.58	105 512.9	24.76
铁路	715.24	25 111.8	2.85
公路	1 498.31	12 998.5	11.53
水运	23 414.73	65 218.2	35.90
港口吞吐量(万吨)	23.95	58.7	40.80

3. 综合交通运输结构趋于优化

从各种运输方式的特性及国外交通运输发展经验来看，现代公路由于突出的优越性——机动、灵活、迅速、方便、直达，将是客运的主导交通方式；而在货运方面，由于水路交通运载能力大、投资少、能耗低、单位运输成本低等优越性，将成为货物运输的主要方式。

在综合交通运输网络逐步完善的同时，交通运输结构趋于优化。2008年，长三角地区共完成客运周转量3 706.71亿人公里,其中公路完成2 269.15亿人公里,占61.22%,铁路完成662.04亿人公里,占17.86%;完成货运周转量26 123.58亿吨公里,其中水运完成23 414.73亿吨公里,占89.63%。

表3-110　长三角交通运输结构

	长三角	江苏	上海	浙江
客运周转量(亿人公里)	3 706.71	1 766	869.07	1 071.64
铁路	662.04(17.86%)	319.1	53.18	289.76
公路	2 269.15(61.22%)	1 400.8	94.07	774.28
水运	14.73(0.40%)	0.4	6.73	7.6
民航	760.79(20.52%)	45.7	715.09	—
货运周转量(亿吨公里)	26 123.58	4 707.5	16 031	5 385.08
铁路	715.24(2.74%)	346.5	29	339.74
公路	1 498.31(5.74%)	723.6	253	521.71
水运	23 414.73(89.63%)	3 179.1	15 712	4 523.63
港口吞吐量(万吨)	239 475	116 305	58 170	65 000

(二)上海市基本情况

2008年,上海交通运输业稳步发展,海、陆、空全面发展,内外交通齐头并进,建设、运营、管理不断创新。以特大型海港、空港为枢纽的对外运输体系、以轨道交通为主骨架的城市公共交通体系、以停车系统为重点的静态交通体系、以特大型综合交通枢纽为节点的立体交通体系进一步优化完善。为上海社会经济发展发挥了支撑和保障作用,同时也为长三角的繁荣和长江流域的发展做出了重要贡献。

1.客货运输保持稳定增长

2008年,上海市各种运输方式完成货物运输总量81 449万吨,比上年增长3.6%,旅客发送总量10 834.22万人次,比上年增长4.5%。

公路依然是客货运输的主要承担者。2008年,公路运输运力结构优化,集约化、专业化程度继续稳步提高,仅占企业总数4.3%和运力总量54.8%的专业运输企业承担63%的社会运量。上海陆上交易中心成为国内一流的货物功能性市场平台。货运车结构加快向特种货、专用化、专业化发展,形成了集装箱、冷藏、危运、商品车发送、搬场运输、货运出租、零担货运、汽车租赁等多功能、多方式经营的货运体系,公路国际集装箱运输覆盖面南达广东、深圳,西南达广西北海,西北达甘肃兰州,东北达哈尔滨。危险货物运输车辆和公路客运车辆全部安装了GPS;公路高速客运的快速发展让旅客出行更加舒适、安全、快捷。2008年,上海公路货运量完成4.03亿吨,承担全市货物运输总量的47.8%;旅客发送量2 934万人次,承担全市对外旅客发送量的26.9%。其中,高中等级客车占89.9%。

表 3－111 2008 年上海市客货运输量

指标	单位	绝对值	比上年增长(%)
货物运输量	万吨	81 449.00	3.6
铁路	万吨	985.00	－13.8
水运	万吨	42 729.00	2.9
公路	万吨	37 430.00	5.0
民用航空	万吨	305.00	5.0
旅客发送量	万人次	10 834.22	4.5
铁路	万人次	5 338.95	11.3
水运	万人次	88.90	－6.1
公路	万人次	2 841.00	－1.1
民用航空	万人次	2 565.37	－1.7

2. 国际航运中心建设取得新进展

2008 年，上海继续推进国际航运中心建设，洋山深水港区已具规模，罗泾港区散货码头自动化程度国内领先，集装箱码头实现了作业流程管控信息化、数字化和自动化，集装箱电子标签试验走在世界前列。目前，上海港已吸引国内外 65 家船公司加盟国际班轮航班营运，平均每月开出的国际国内航班密度达2 258班，其中国际航班1 098班；已与世界上 200 多个国家和地区的 500 多个港口实现了贸易通航。截止 2008 年底，上海共有国际海上运输及其辅助业经营企业1 091家，注册登记的经营国际海上运输及其辅助业的外商驻沪代表机构总数达到 295 家；中远集装箱运输公司和中海集装箱运输公司已居世界班轮公司的第六位和第七位。上海航交所已基本确立了中国航运政策研究中心和国际航运信息发布中心的地位，同时成为国家级的二手船买卖平台。

2008 年，上海完成航运货物周转量15 866.76亿吨公里，比上年下降 1.4%。上海港货物吞吐量达到 5.82 亿吨，增长 3.6%，连续第四年保持全球第一。全年港口集装箱吞吐量达到2 800.6万国际标准箱，增长 7.1%，继续名列全球第二位。其中，洋山深水港区完成 822.7 万国际标准箱。洋山深水港国际标准集装箱水水中转比例达到 49.8%。上海浦东、虹桥两大国际机场全年共起降航班 45.1 万架次，比上年增长 2.3%；进出港旅客达到5 103.85万人次，下降 1%。其中，国内航线进出港旅客3 456.35万人次，增长 0.8%；国际及地区航线进出港旅客1 647.5万人次，下降 4.5%。

3. 公交优先战略加快实施

上海城市公共交通继续深化实施以“体制、机制、票制”为突破口的全面改革，坚持以人为本，着力推进公共交通全面、协调、可持续发展，落实优先发展城市公共交通战略，不断推出优惠政策措施，改善市民出行条件，得到社会欢迎。

从 20 世纪 90 年代初地铁 1 号线部分路段试运行发展至今，上海轨道交通进入了高速建设发展期，并配套了无障碍等人性化设施，不断挖潜增效，攻克“一票换乘”技术难题，基本形成了轨道交通网络，创造了当今世界轨道交通发展的奇迹。截止目前，轨道交通初步成网运行，开通 9 条线路，运营总长达 279 公里（含磁悬浮线），在世界各大城市中位列第七；新辟和调整公交线路 244 条，至 2008 年末，全市公交线路达到1 058条，公交运营车辆16 573辆，出租汽车48 059辆。全年市内公共交通客运量 49.04 亿人次，比上年增长 8.6%。其中，轨道交通客运量 11.28 亿人次，增长 38.6%；公共汽电车客运量 26.63 亿人次，增长 0.4%。地面公交、轨道交通、出租汽车的日均客运量分别为 728、308、

305 万人次,承运比例分别为54.3%、23%、22.7%;公交换乘优惠范围进一步扩大至2008 年末,日均受惠人次达到153 万。

(三)江苏省基本情况

1. 交通运输行业生产情况

2008 年,江苏省完成客运总量208 237.1万人次,旅客周转量1 766.0亿人公里,同比分别增长11.2%、10.6%;货运量166 321.9万吨,货物周转量4 707.5亿吨公里,同比分别增长13.0%、6.4%。完成港口货物吞吐量11.5 亿吨,增长9.0%,其中外贸货物吞吐量1.6 亿吨,增长2.5%。港口货物吞吐量中,集装箱吞吐量达850 万标箱,增长36.1 %。在交通运输各行业中,公路、水路的客货业务量继续增长,铁路、民航的货运量、货物周转量下降,港口生产稳定增长。

1)铁路客货运输。2008 年全省铁路客运量、旅客周转量分别为8 846.2万人、319.1 亿人公里,同比分别增长15.5%、3.0%。铁路货运量、货物周转量分别为5 118.2万吨、346.5 亿吨公里,同比分别下降1.1%、17.3%。

2)公路客货运输。2008 年全省公路客运量、旅客周转量分别为19.9 亿人、1 400.8亿人公里,同比分别上升11.1%、12.9%。公路货运量、货物周转量分别为11.0 亿吨、723.6 亿吨公里,同比分别上升13.2%、13.3%。

3)水路客货运输。2008 年全省水路客运量、旅客周转量分别为32.0 万人、3 700.0万人公里,同比分别上升18.5%、12.3%。水路货运量、货物周转量分别为42 799万吨、3 179.1亿吨公里,同比分别上升13.1%、8.5%。

4)港口运输。2008 年全省沿海主要港口货物吞吐量、外贸货物吞吐量分别为10 322.3万吨、5 580.2万吨,同比分别上升16.4%、12.7%。内河主要港口货物吞吐量、外贸货物吞吐量分别为77 675.1万吨、10 512.5万吨,同比分别上升9.2%、下降0.4%。

5)民航运输。2008 年全省民航客运量、旅客周转量分别为350.9 万人、45.7 亿人公里,同比分别上升0.3%、2.1%。货邮运输量、货邮周转量分别为4.7 万吨、6 678.4万吨公里,同比分别下降11.8%、9.8%。

6)管道运输。2008 年全省管道货运量、货物周转量分别为8 098万吨、457.7 亿吨公里,同比分别上升21.5%、4.9%。

表3-112 江苏省各种运输方式完成运输量

运输方式	货物周转量		货运量		旅客周转量		客运量	
	绝对数(亿吨公里)	比上年增长(%)	绝对数(万吨)	比上年增长(%)	绝对数(亿人公里)	比上年增长(%)	绝对数(万人)	比上年增长(%)
总计	4 707.5	6.4	166 321.9	13.0	1 766.0	10.6	208 237.1	11.2
铁路	346.5	-17.3	5 118.2	-1.1	319.1	3.0	8 846.2	15.5
公路	723.6	13.3	110 302.0	13.2	1 400.8	12.9	199 008.0	11.0
水路	3 179.1	8.5	42 799.0	13.1	0.4	12.1	32.0	18.5
民航	0.7	-9.5	4.7	-12.0	45.7	2.1	350.9	0.6
管道	457.6	4.9	8 098.0	21.5	—	—	—	—

2. 交通运输行业运行的特点

总体而言，由于金融危机的影响，交通运输行业整体呈下滑态势，但由于各行业自身特质和基础条件不一样，所受影响各有不同，表现出不同特点。

1）客运受经济危机影响小于货运

2008 年铁路、公路、水路、民航的客运量和旅客周转量都是正增长，客运量增幅分别是 15.2%、11.1%、18.5%、0.3%；旅客周转量增幅分别是 3.0%、12.9%、12.3%、2.1%。货运行业所受影响较大，铁路、公路、水运、民航、管道五大货运行业中以铁路、民航所受影响最大，其货运量和货物周转量都出现负增长，货运量分别下降 1.1%、11.8%；货物周转量分别下降 17.3%、9.8%。

2）公路客运主导地位进一步增强

2008 年公路运输完成旅客周转量1 400.8亿人公里，占全省的比重由上年的 77.8% 提高到 79.3%；铁路、民航、水运旅客周转量占全省总量的比重分别是 18.1%、2.6%、0.02%。

由于高速公路路网的不断完善、过江通道的合理分布及农村公路的加速改造，江苏公路客运已成省内客运的最主要形式。苏通长江公路大桥的建成通车，大大缩短了盐城、南通到苏南及上海的距离。全省高速公路里程达到3 725公里，密度居全国各省区之首，首轮规划的"四纵四横四联"高速公路网络主骨架已全面建成。新改建农村公路8 850公里，进一步改善了农村生产生活条件，方便了群众便捷出行。

3）水路货运比重下降，仍占主导地位

全年水路运输完成货物周转量3 179.1亿吨公里，水路运输货物周转量占全省总量的比重，由上年的 71.5% 降到 67.5%，公路、铁路、管道、民航货物周转量占全省总量的比重分别是 15.4%、7.4%、9.7%、0.014%。

4）沿海港口增速未减，内河港口增速减缓

2008 年全省沿海主要港口货物吞吐量10 322.3万吨，增长 16.4%，基本与上年 16.6% 持平，其中连云港港完成货物吞吐量10 060.1万吨，占全省沿海港口货物吞吐量 97.5%。沿海主要港口外贸吞吐量5 580.2万吨（其中连云港港完成5 508.4万吨），增幅为 12.7%，比上年高 6.5 个百分点。内河港口货物吞吐量77 675.1万吨，增速减缓为 9.2%，远低于上年的 25.7%。内河主要港口外贸吞吐量10 512.5万吨，增幅为 -0.4%，远低于上年的 19.7%。

（四）浙江省基本情况

1. 交通运输行业发展概况

2008 年，浙江省完成公路水运基础设施建设投资 515.8 亿元，超出计划 13.7%。交通基础设施建设实现五项突破：一是全省公路总里程突破 10 万公里，公路网密度突破 100 公里/百平方公里；二是高速公路总里程突破3 000公里；三是交通工程技术取得重大突破，杭州湾跨海大桥建成通车，舟山连岛工程西堠门大桥、金塘大桥全线贯通，被誉为我国由桥梁大国向桥梁强国迈进的重要标志。四是宁波 - 舟山港完成货物吞吐量突破 5 亿吨，集装箱吞吐量突破1 000万标箱，迈入世界级大港前列，沿海主要港口货物吞吐量达到 6.38 亿吨，集装箱吞吐量达到1 147万标箱；五是公路货运量突破 10 亿吨，水路货运量突破 5 亿吨。

2. 交通运输行业取得的成绩

1）大港口建设全力推进，港航强省掀起高潮。省十二次党代会作出建设港航强省的战略决策以来，通过大力宣传和发动，各地对港航的认识不断深化，掀起了建设高潮。2008 年港航投资创下历史新高，达到 104.9 亿元，比上年大幅增长 23.5%。

表 3－113　2008 年浙江省铁、公、水路运输方式完成运输量

	单位	绝对数	比上年增长(%)
货物周转量	亿吨公里	5 385.08	8.5
铁路	亿吨公里	339.74	1.1
公路	亿吨公里	521.71	5.7
水运	亿吨公里	4 523.63	9.5
旅客周转量	亿人公里	1 071.64	4.4
铁路	亿人公里	289.76	12.1
公路	亿人公里	774.28	1.7
水运	亿人公里	7.6	10.0
沿海港口货物吞吐量	亿吨	6.5	12.3

一是宁波－舟山港发展势头强劲。总体规划通过部省联合审查，集疏运规划编制完成，规划工作迈出重大一步；舟山六横煤炭中转码头、北仑四期集装箱码头、老塘山五期粮食码头等建成，凉潭矿石码头、岙山 30 万吨级原油码头加快建设，五大货种运输体系建设成绩喜人；货物和集装箱吞吐量大幅增长，品牌效应更加凸显；虾峙门口外 30 万吨航道投入使用，杭甬运河基本建成，集疏运体系日趋完善。同时，全省港口联盟建设取得阶段性成果，在省港口协会中设立集装箱发展与运输专业委员会，港口间合作加强，拓展了宁波－舟山港的腹地和集装箱内支线运输网络。

二是港航重大项目扎实推进。建成嘉兴粮食中转码头、温州七里港区二期工程件杂泊位、状元岙港区集装箱码头、台州大麦屿港区多用途泊位等 13 个万吨级以上泊位。湖嘉申线湖州段航道通过交通运输部示范工程验收并受到好评；东宗线航道嘉兴段二期、长湖申线四改三工程等顺利建设。

三是水上康庄工程启动实施。出台水上康庄工程总体实施方案，完成渡埠改造项目 21 个和陆岛码头建设项目 10 个，更新渡船 41 艘。滩坑电站库区码头复建工程中的 51 座码头完工。

四是航运业发展得到有力扶持。开展航运业发展调研，支持航运企业改造提升，水运运力总量达到1 286万载重吨，运力结构继续优化，沿海特种船舶和万吨级船舶运力比重将近 1/2。针对经济下滑对航运业造成的冲击，通过组织召开银企洽谈会、搭建揽货平台等方式，帮助航运企业共渡难关。

2）大路网建设合力推进，通行保障能力提升。以接轨长三角和周边省、建设综合交通网为重点，打造“五型公路”为载体，加快高速公路、干线公路、农村公路三大路网建设。

一是高速路网外联内接日趋完善。杭州湾跨海大桥及接线、杭浦高速公路、黄衢南高速公路衢南段、台金高速公路西段、诸永高速公路北段等项目建成通车，新增里程 422 公里，增加出省通道 2 个，高速路网进一步完善。其余在建 15 项 625 公里高速公路总体进展也较为顺利。

二是农村公路建管养运体制取得突破。按照“三年内基本完成通村公路建设，形成农村联网公路建设势头”的新目标，加快农村公路建设，全年建成通村公路3 755公里，联网公路3 006公里，等级公路通村率达到98%，通村公路硬化率达到97%。省政府出台了《浙江省农村公路管理养护体制改革方案》、《浙江省农村公路养护与管理办法》，5 个市、36 个县（市、区）也相应出台了农村公路养护管理办法，大部分县（市、区）落实了养护资金筹措渠道和养护管理机构，初步建立了新型农村公路养护管理体制。农村公路养护投入不断加大，2008 年省级养路费安排农村公路养护工程资金 8 亿元，并争取省财政一般预算中安排8 125万元。积极探索农村路政管理新机制，科学配备路政人员、执法

设施，建立路政协管网络。大力扶持农村客运发展，提升交通公共服务均等化程度，新开通班车行政村480余个，通村率提高到90%；公交化改造农村客运班线90余条，城乡公交一体化率达到42.5%；绍兴、嘉兴、台州、舟山等市的城乡客运管理体制已经统一，并积极尝试回购重组民营公交线路；提高农村客运站补助标准，建成乡镇客运站31个，完工主体结构37个，增设港湾式停靠站4 283个。

三是干线公路路况持续改善。全年新改建国省道31项计604公里，列入省政府考核的7个重点项目均顺利完成，大中修完成沥青路面修复605公里、破板修复70万平方米，全省公路高级、次高级路面铺装率达到91.7%。

3）大物流建设积极推进，运输服务再上台阶。一年中，各地都相继成立大物流建设领导小组和办公室，积极推进交通大物流建设，迈出了坚实的步伐，整体工作格局基本形成。

一是强化规划政策引导。编制《浙江省交通综合物流基地布局规划》，出台大物流建设实施意见，制定补助资金管理办法等配套政策，积极构建大物流建设的规划政策体系。同时，广泛进行宣传推动，凝聚交通建设大物流的共识。

二是大力推进物流基地建设。选定12家省级重点扶持物流基地，建立物流基地联席会议制度并成立秘书处，负责政策协调和项目指导，各市也相应开展了重点扶持物流基地评定工作。同时，试点农村货运站场建设，推出市、县两级典型经验。

三是积极培育物流龙头企业。选定33家省级物流重点联系企业，开展龙头企业培育、重点联系企业扶持项目评选。

四是加快物流公共信息系统建设。成立了系统建设领导小组、指挥部和管理中心，编制公共信息系统技术规划，完成1个中心、3个普通运输软件建设并全面推广。

此外，积极发展汽车维修和驾培业，建立长三角汽车快修一体化网络，探索建立汽车维修配件质量追溯系统，引导驾培市场资源整合，规范驾培从业行为。

二十一　长三角纺织服装业

(一)长三角纺织服装业发展总体概况

长三角纺织服装、鞋、帽制造业是长三角地区的传统产业,具有很强的产业基础和市场开拓能力。2008 年以来,受美国金融危机引发的全球经济下滑的影响,我国服装鞋帽产品出口急剧下降;而在国内市场方面,服装鞋帽产品销售额在维持了 1 ~9 月份的快速增长后,从 10 月份开始国内需求出现了较大程度下滑,这些情况同样给长三角地区纺织服装行业带来了严峻挑战。

2008 年,长三角地区拥有规模以上纺织服装、鞋、帽制造企业 7173 家,比 2007 年增加 529 家。全行业完成工业总产值3 826. 97亿元,实现主营业务收入3 724. 68亿元,分别比 2007 年增长 10. 53% 和 10. 12% ,实现利润总额 176. 29 亿元,利税总额 302. 05 亿元,分别比 2007 年增长 6. 21% 和 10. 86% ,增速比 2007 年水平下降 7. 85 个、9. 1 个百分点。截至 2008 年底,长三角纺织服装业资产总额为2 513. 47亿元,较 2007 年增长 13. 15% ,增速较 2007 年水平下滑 4. 05 个百分点。

表 3 –114　长三角纺织服装、鞋、帽制造业发展情况(2008)

单位:个,亿元,%

	企业单位数		工业总产值		利润总额		利税总额		主营业务收入		资产总计	
	绝对额	增加数	绝对额	增速	绝对额	增速	绝对额	增速	绝对额	增速	绝对额	增速
上海	1 228	189	471. 64	8. 60	19. 83	- 11. 04	36. 25	2. 31	472. 55	11. 41	357. 35	19. 76
江苏	2 717	68	1 909. 62	11. 61	85. 09	11. 19	140. 97	10. 82	1 854. 79	10. 97	1 009. 79	10. 33
浙江	3 228	272	1 445. 71	9. 77	71. 37	6. 27	124. 83	13. 67	1 397. 34	8. 60	1 146. 33	13. 76
长三角	7 173	529	3 826. 97	10. 53	176. 29	6. 21	302. 05	10. 86	3 724. 68	10. 12	2 513. 47	13. 15

1. 资产运营情况

从资产运营情况来看,2008 年长三角纺织服装业资产总额为2 513. 47亿元,比 2007 年增长 13. 15% ,负债总额为1 444. 12亿元,同比增长 14. 25% 。纺织服装业负债增长快于资产增速,导致 2008 年资产负债率较 2007 年上升了 0. 56 个百分点,达 57. 46% 。分省市来看,上海纺织服装业资产运营情况最好,2008 年上海纺织服装业资产负债率为 56. 37% ,较 2007 年下降了 0. 31 个百分点;江苏和浙江资产运营质量均有所下降,2008 年苏浙两省纺织服装业资产负债率分别为 55. 05% 和 59. 91% ,较 2007 年分别上升了 0. 69 个和 0. 63 个百分点。

2. 服装鞋帽类上市公司经营分析

据统计,在上海、深圳证券交易所 A 股上市的所有公司中,长三角拥有服装鞋帽类上市公司共计 13 家。分别是:雅戈尔集团股份有限公司、上海美特斯邦威服饰股份有限公司、宁波杉杉股份有限公司、浙江伟星实业发展股份有限公司、江苏红豆实业股份有限公司、凯诺科技股份有限公司、上海华源企业发展股份有限公司、浙江报喜鸟服饰股份有限公司、黑牡丹(集团)股份有限公司、江苏金飞达服装股份有限公司、上海开开实业股份有限公司、江苏三友集团股份有限公司、宁波宜科科技实业股份有限公司。

(1)经济总量分析

从主营业务收入的增长情况来看,13 家服装鞋帽类上市公司在 2008 年全年实现主营业务收入

264.03 亿元，较 2007 年增长 21.75%。在 13 家服装鞋帽类上市公司中，报喜鸟、雅戈尔、美邦股份、伟星股份、金飞达、杉杉股份、开开实业、浔兴股份等 8 家公司主营业务收入较 2007 年出现正增长。其中，报喜鸟、雅戈尔、美邦股份主营业务收入增幅最大，分别为 100.22%、53.26%、41.73%。而宜科科技、江苏三友、凯诺科技、红豆股份、黑牡丹、华源发展等公司主营业务收入出现负增长。其中，上海华源企业发展股份有限公司主营业务收入降幅最大，为 -48.99%。

表 3-115　长三角 13 家服装鞋帽类上市公司总量经济指标

单位：万元，%

	2007	2008	增速
主营业务收入	2 168 555.64	2 640 321.12	21.75
利润总额	529 583.63	332 771.65	-37.16
净利润	360 907.09	206 436.18	-42.80
资产总额	5 458 402.91	5 877 738.75	7.68
负债总额	2 872 022.91	3 517 820.84	22.49

数据来源：根据沪深 A 股 13 家长三角服装鞋帽类上市公司 2008 年年度报告相关数据汇总计算。

（2）盈利能力分析

13 家上市公司全年实现利润总额 33.28 亿元，较 2007 年下降 37.16%；实现净利润 20.64 亿元，较 2007 年下降 42.80%。分企业来看，开开实业、美邦服饰、报喜鸟和伟星股份等 4 家公司利润实现正增长，同比增幅分别为 152.73%、94.48%、64.32% 和 17.91%。华源发展、黑牡丹、红豆股份等 9 家公司利润总额出现负增长。其中，华源发展和黑牡丹等公司利润总额降幅较大，分别为 -889.21%、-95.91%。

从净利润的增长情况来看，开开实业、美邦服饰、报喜鸟、伟星股份和宜科科技等 5 家公司净利润同比实现正增长，同比增幅分别为 543.88%、61.41%、48.20%、35.18% 和 4.44%。华源发展、中国服装等 8 家公司净利润较 2007 年出现不同程度的下滑。其中，华源发展 2008 年净利润亏损额为 7.54 亿元。

从销售毛利率的变化情况来看，2008 年，销售毛利率较高的纺织服装类上市公司主要有：报喜鸟（48.69%）、美邦服饰（45.59%）、雅戈尔（35.86%）、伟星股份（33.61%）。从销售毛利率的变化情况来看，2007-2008 年的两年间，报喜鸟、美邦服饰、雅戈尔、杉杉股份和江苏三友等 5 家公司销售毛利率有一定程度的上升，其中，美邦服饰销售毛利率上升最快，其销售毛利率较 2007 年上升了 6.75 个百分点。而其余 8 家公司销售毛利率均出现了不同程度的下降，下降幅度较大的公司主要有华源发展、金飞达和红豆股份，其销售毛利率较 2007 年分别下降了 8.16 个、4.32 个和 4.00 个百分点。

（3）经营与发展能力分析

①存货周转率

在 13 家服装鞋帽类上市公司中，江苏三友的存货周转率最高，为 12.27%；而红豆股份和雅戈尔的存货周转率相对较低，分别为 0.63% 和 0.67%。

②应收账款周转率

在 13 家服装鞋帽类上市公司中，黑牡丹、雅戈尔、美邦服饰的应收账款周转率较高，分别为 25.07%、17.22%、15.20%；红豆股份应收账款周转率相对较低，为 3.74%。

③总资产周转率

13 家上市公司中,金飞达和美邦服饰等公司的总资产周转率较高,2008 年上述 2 家公司总资产周转率分别达到 1.65% 和 1.39%;红豆股份、雅戈尔、凯诺科技和宜科科技等公司总资产周转率相对较低,分别为 0.31%、0.32%、0.43% 和 0.49%。

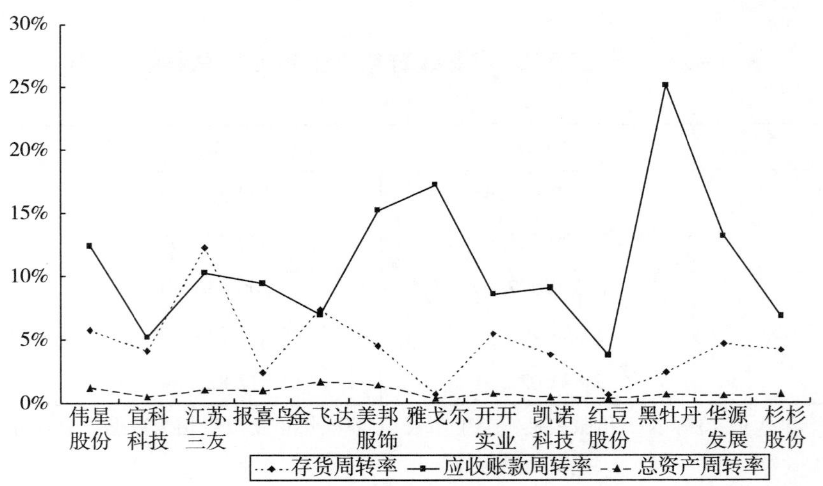

图 3-43　长三角 13 家服装鞋帽类上市公司周转率

(4)资产负债分析

从资产运营情况来看,与 2007 年相比,在 13 家服装鞋帽类上市公司中,有 7 家公司负债增速快于总资产增速,表明其资产负债率呈现出上升态势。其中,华源发展、黑牡丹、雅戈尔和报喜鸟 4 家公司资产负债率上升较快,分别较 2007 年上升了 51.08 个、28.37 个、15.57 个和 15.12 个百分点,达到 144.87%、45.28%、68.68% 和 45.99%。其余 6 家上市公司资产负债率有所下降,其中,伟星股份和美邦服饰 2 家上市公司资产负债率下降的点数均超过 20 个百分点以上,分别为 20.65 个和 20.30 个百分点。

从横向比较来看,2008 年资产负债率相对较低的上市公司有:宜科科技(12.27%)、金飞达(18.04%)、凯诺科技(18.63%)、江苏三友(19.13%)等,资产负债率相对较高的公司有:华源发展(144.87%)、开开实业(80.90%)等。

表 3-116　长三角 13 家服装鞋帽类上市公司分项经济指标(2008)

单位:万元,%

股票代码	股票简称	主营业务收入	利润总额	净利润	资产负债率	销售毛利率
002003	伟星股份	147 764.33	20 840.09	15 642.85	27.42	33.61
002036	宜科科技	29 060.89	2 651.43	1 731.54	12.27	18.15
002044	江苏三友	41 298.18	1 941.84	1 307.66	19.13	11.60
002154	报喜鸟	93 794.18	16 589.58	12 290.5	45.99	48.69
002239	金飞达	83 705.65	6 586.86	5 032.94	18.04	15.32
002269	美邦服饰	447 367.99	84 117.15	58 751.61	43.46	45.59

（续表）

股票代码	股票简称	主营业务收入	利润总额	净利润	资产负债率	销售毛利率
600177	雅戈尔	1 078 031.08	237 520.67	158 318.47	68.68	35.86
600272	开开实业	71 129.22	5 812.68	5 625.69	80.90	23.84
600398	凯诺科技	102 337.33	11 743.03	8 755.9	18.63	26.76
600400	红豆股份	111 748.52	6 000.34	4 425.01	63.30	19.99
600510	黑牡丹	85 864.25	377.72	367.24	45.28	11.71
600757	华源发展	99 078.17	-77 773.58	-75 416.55	144.87	-2.78
600884	杉杉股份	249 141.33	16 363.84	9 603.32	46.08	19.87

数据来源：上市公司2008年年度报告。

（二）上海市纺织服装业基本情况

1. 行业经济总量

2008年，上海市拥有规模以上纺织服装、鞋、帽制造企业1 228家，比2007年增加189家。全行业实现工业总产值471.64亿元，实现工业销售产值469.87亿元，与2000年相比，分别增长132.72%和98.42%，年均增长率分别为11.14%和8.94%；与2007年相比，分别增长8.60%和10.14%。截至2008年底，全市纺织服装、鞋、帽制造业资产总额为357.35亿元，比2000年增长115.57%，年均增长10.08%，比2007年增长19.76%，全部从业人员年平均人数达到22.25万人，比2007年增加0.24万人，增长2.61%。

表3-117　上海纺织服装、鞋、帽制造业发展情况（2000-2008）

单位：个，亿元，万人

	企业单位数	工业总产值	#新产品产值	工业销售产值	利润总额	税金总额	资产总计	从业人员
2000	681	202.66	7.77	236.81	10.81	5.01	165.77	15.38
2001	871	236.63	3.10	250.00	11.55	5.52	204.91	18.33
2002	886	251.45	4.20	277.41	12.55	6.05	182.96	18.44
2003	944	279.31	1.64	299.14	14.15	7.31	207.33	20.54
2004	1 043	310.14	1.89	305.36	12.94	6.13	233.11	22.22
2005	1 083	354.86	14.47	347.12	15.01	8.74	248.26	23.64
2006	1 036	405.72	15.80	388.37	19.78	10.00	269.23	22.01
2007	1 039	434.31	12.82	426.62	22.29	13.14	298.38	22.25
2008	1 228	471.64	—	469.87	19.83	16.42	357.35	22.83

2. 行业经济效益

2008年，上海纺织服装、鞋、帽制造业创造的利润总额为19.83亿元，税金总额为16.42亿元，同

比分别增长 -11.04% 和 24.96%;与 2000 年相比,全行业利润总额和税金总额分别增长了 83.44% 和 227.74%,年均增长率分别达到 7.88% 和 16.00%。

(三)江苏省纺织服装业基本情况

1. 行业经济总量

2008 年,江苏全省拥有规模以上纺织服装、鞋、帽制造企业2 717家,比 2007 年增加 68 家;全年累计实现工业总产值1 909.62亿元,工业销售产值1 869.05亿元,分别比 2007 年增长 11.61% 和 11.50%。与 2000 年相比,则分别增长了 354.99% 和 362.59%,年平均增长 20.85% 和 21.10%。年末资产总额1 009.79 亿元,同比增长 10.33%,与 2000 年相比,增长 305.36%,年均增速达到 21.10%。

表 3-118　江苏省纺织服装、鞋、帽制造业主要经济指标(2000-2008)

单位:个,亿元,万人

	企业单位数	工业总产值	#新产品产值	工业销售产值	资产总计	利润总额	利税总额	从业人员
2000	979	419.71	11.92	404.04	249.11	16.58	31.44	29.34
2001	1 221	513.55	14.61	498.25	308.04	23.49	40.65	35.94
2002	1 418	564.9	10.88	552.68	324.68	24.14	42.59	40.48
2003	1 549	617.33	13.95	601.76	355.31	26.58	43.35	42.17
2004	1 765	720.19	17.32	705.27	448.11	31.01	50.43	48.19
2005	1 983	1 050.88	54.77	1 031.16	635.09	49.18	74.98	56.63
2006	2 293	1 419.04	66.49	1 396.58	794.23	68.67	106.21	64.14
2007	2 649	1 710.97	117.73	1 676.28	915.21	76.53	127.21	70.93
2008	2 717	1 909.62	143.54	1 869.05	1 009.79	85.09	140.97	71.22

2. 行业经济效益

表 3-119　江苏省纺织服装、鞋、帽制造业主要经济效益指标(2004-2008)

单位:%,次/年

	2004	2005	2006	2007	2008
企业亏损面	17.55	15.48	11.86	12.80	15.57
产值利税率	7.00	7.14	7.48	7.43	7.38
销售利税率	7.32	7.32	7.63	7.61	7.60
资金利税率	12.08	14.24	16.32	16.36	—
成本费用利润率	4.71	5.05	5.19	4.83	4.85
资产负债率	59.40	57.66	56.21	54.36	55.05
流动资产周转次数	2.67	2.80	3.03	3.04	3.11
产品销售率	97.93	98.12	98.42	97.97	97.88

(1)企业流动资产周转加快。2004－2008 年,全省纺织服装、鞋、帽制造企业流动资产周转次数呈逐年加快态势。2008 年江苏纺织服装、鞋、帽制造业流动资产周转次数达到 3.11 次/年,较 2007 年增加 0.07 次/年。

(2)企业利税率基本稳定。2008 年,全省纺织服装、鞋、帽制造企业的产值利税率和销售利税率分别为 7.38% 和 7.60%,与 2007 年基本持平。

(3)行业盈利能力微幅下降。2008 年,全省纺织服装、鞋、帽制造行业创造利润总额 85.09 亿元,同比增长 11.19%,增速较 2007 年水平下降 0.26 个百分点。

(4)企业的亏损面有所上升。2008 年,江苏纺织服装、鞋、帽制造业的企业亏损率达到 15.57%,这是继 2007 年全省纺织服装业企业亏损面上升后的又一次恶化。

(5)产品销售率继续下降。2008 年,江苏纺织服装、鞋、帽制造业产品销售率为 97.88%,较 2007 年下降了 0.09 个个百分点。这也是 2007 年以来,江苏纺织服装、鞋、帽制造业产品销售率的连续第 2 年下降。

(四)浙江省纺织服装业基本情况

1. 行业经济总量

2008 年,浙江拥有规模以上纺织服装、鞋、帽制造企业数量3 228家,比 2007 年增加 272 家;完成工业总产值1 445.71亿元,主营业务收入达到1 397.34亿元,同比增长 9.77% 和 8.60%。与 2000 年相比,分别增长 262.57%、270.56%,年均增长 17.47%、17.79%;截至 2008 年底,全行业资产总额达到1 146.33亿元,同比增长 13.76%,与 2000 年相比,增长 284.88%,年均增长 18.35%。

表 3－120　浙江省纺织服装、鞋、帽制造业主要经济指标(2000－2008)

单位:个,亿元

	企业单位数	工业总产值	工业增加值	主营业务收入	利润总额	利税总额	资产总计
2000	1 058	398.74	94.10	377.09	25.16	39.34	297.84
2001	1 466	505.3	120.38	482.86	33.31	50.82	369.53
2002	1 876	595.75	—	569.01	34.89	54.77	459.57
2003	2 048	733.83	179.89	714.69	41.89	67.23	587.00
2004	2 270	706.38	177.53	688.04	35.46	57.91	574.31
2005	2 288	955.72	233.12	928.75	51.35	81.67	715.32
2006	2 585	1 106.46	283.24	1 075.95	57.08	91.14	831.76
2007	2 956	1 317.04	352.19	1 286.74	67.16	109.82	1 007.7
2008	3 228	1 445.71	—	1 397.34	71.37	124.83	1 146.33

注:“主营业务收入”一栏中,2000－2003 年为产品销售收入数据,2004－2008 年为主营业务收入数据。

2. 行业经济效益

(1)企业盈利能力稳步提高。2008 年,浙江省规模以上纺织服装、鞋、帽制造业创造利润总额为 71.37 亿元,利税总额为 124.83 亿元,同比分别增长 6.27% 和 13.67%。

(2)行业利税率总体向好。2008 年,全省规模以上纺织服装、鞋、帽制造业“每百元资金实现利税”、“每百元固定资产原值实现利税”、“每百元销售收入实现利税”分别为 13.17 元、31.34 元和

8.93 元。与 2007 年相比,“每百元资金实现利税”、“每百元销售收入实现利税”分别上升了 0.04 元和 0.40 元,但是“每百元固定资产原值实现利税”下降了 0.54 元。

(4)产品销售率有所下降。2008 年,浙江省纺织服装、鞋、帽制造业产品销售率为 96.93%,较 2007 年降低了 1.44 个百分点。

(5)企业流动资金周转继续放缓。2008 年,浙江纺织服装、鞋、帽制造业流动资金周转次数为 2.09 次/年,较 2007 年下跌了 0.09 次/年。这已经是 2006 年以来流动资金周转次数连续第三年呈下降的态势。

表 3-121　浙江省纺织服装、鞋、帽制造业主要经济效益指标(2004-2008)

单位:元,%,次/年,元/人

	2004	2005	2006	2007	2008
每百元资金实现利税	12.5	13.62	13.1	13.13	13.17
每百元固定资产原值实现利税	29.26	31.33	31.63	31.88	31.34
每百元销售收入实现利税	8.42	8.79	8.47	8.53	8.93
产品销售率	97.7	97.68	97.73	98.37	96.93
流动资金周转次数	2.14	2.25	2.20	2.18	2.09

二十二　长三角化学工业

（一）长三角化学工业总体概况

化学工业又称化学加工工业，它是利用化学反应改变物质结构、成分、形态等生产化学产品的部门。泛指生产过程中化学方法占主要地位的过程工业，主要包括基本化学工业和石油、塑料、合成纤维、橡胶、药剂、染料工业等，是国民经济中的重要组成部分。按照国民经济行业分类，化学工业分属于石油加工炼焦及核燃料加工业、化学原料及化学制品制造业、医药制造业、化学纤维制造业、橡胶制品业和塑料制品业。发展化学工业，对于改进工业生产工艺，发展农业生产，扩大工业原料，巩固国防，发展尖端科学技术，改善人民生活以及开展综合利用都有很大作用。

2008 年，长三角化学工业合计拥有规模以上企业17 871家，较 2007 年增加1 862家；全行业完成工业总产值3 370. 2亿元，同比增长 16. 13%，完成主营业务收入22 930. 51亿元，同比增长 15. 20%；受全球金融危机的影响，化学工业盈利能力有所下滑，全年实现利润 685. 62 亿元，利税1 401. 57亿元，同比分别下降 36. 10% 和 19. 59%。截至 2008 年底，长三角化学工业资产总计为16 552. 76亿元，同比增长 12. 54%。

表 3 – 122　长三角化学工业发展情况（2008）

单位：个，亿元

行业	企业单位数	工业总产值	利润总额	利税总额	主营业务收入	资产总计
石油加工、炼焦及核燃料加工业	271	3 370. 2	– 193. 2	– 90. 25	3 401. 46	1 180. 85
化学原料及化学制品制造业	7 234	10 977. 18	459. 76	787. 75	10 933. 45	8 218. 64
医药制造业	1 268	1 722. 35	183. 5	293. 88	1 668. 83	1 659. 73
化学纤维制造业	1 227	2 790. 4	67. 65	112. 51	2 724. 59	2 011. 68
橡胶制品业	1 448	1 121. 95	36. 5	73. 81	1 128. 35	1 011. 9
塑料制品业	6 423	3 146. 26	131. 41	223. 87	3 073. 83	2 469. 96
合计	17 871	23 128. 34	685. 62	1 401. 57	22 930. 51	16 552. 76

1. 主要产品产量

长三角化学工业门类齐全、化工产品种类丰富。从主要化学产品产量增长情况看，受国际金融危机和国内经济增速下滑的影响，2008 年，长三角地区多数化工产品生产量较 2007 年均出现了不同程度的下滑。其中：（1）上海市化纤、硫酸、化学农药、轮胎外胎等产品较 2007 年出现大幅下跌，产量分别为 43 万吨、26. 06 万吨、2. 1 万吨、866. 65 万条，同比降幅分别为 16. 47%、14. 45%、28. 81% 和 7. 07%；但是，汽油、柴油、烧碱等产品产量较 2007 年出现了较大幅度的增长，同比增幅分别为 16. 00%、23. 95% 和 9. 69%。（2）江苏省煤油、燃料油、硫酸、乙烯、合成洗涤剂和轮胎外胎等产品产量下滑明显，2008 年产量分别为 104. 81 万吨、238. 09 万吨、366. 73 万吨、134. 78 万吨、19. 46 万吨、10 515. 13万条，同比降幅为 25. 68%、17. 68%、21. 89%、17. 89%、13. 01% 和 14. 50%。但是烧碱、化学农药原药、化学原料药等产品产量呈现较快增长，当年产量分别为 249. 06 万吨、53. 89 万吨和

8.58 万吨,同比增长 11.70%、10.95% 和 17.86%。(3)浙江省煤油、燃料油、合成氨、农用化肥、农药、合成洗涤剂、化学原料药和轮胎外胎等产品产量较 2007 年出现较大程度下滑,2008 年产量分别为 129.41 万吨、173.94 万吨、61.73 万吨、47.69 万吨、216 548.98吨、291 832.10吨、191 723.19吨和 4 661.12万条,同比降幅分别为 15.85%、16.60%、23.27%、12.30%、15.21%、37.02%、28.88% 和 15.84%。但是浙江省汽油、柴油、纯碱、中成药、化学纤维、合成纤维和塑料制品等产品产量增长较快,当年产量分别为 288.75 万吨、862.33 万吨、19.26 万吨、18 324.38吨、1 119.81万吨、1 077.18万吨、1 014.65 万吨,较 2007 年分别增长 11.17%、13.65%、32.37%、17.71%、14.63%、12.64% 和 32.44%。

表 3-123　长三角化学工业主要产品产量

单位:万吨,万条,%

地区	产品	产量		比上年增长
		2007	2008	
上海	化学纤维	51.48	43.00	-16.47
	汽油	211.10	244.88	16.00
	柴油	603.47	747.98	23.95
	硫酸	30.46	26.06	-14.45
	烧碱	63.90	70.09	9.69
	化学农药	2.95	2.10	-28.81
	乙烯	187.24	182.03	-2.78
	合成橡胶	26.52	25.09	-5.39
	合成洗涤剂	22.95	23.40	1.96
	轮胎外胎	932.54	866.65	-7.07
江苏	化学纤维	803.35	790.67	-1.58
	天然原油	198.91	184.01	-7.49
	汽油	223.65	232.16	3.81
	煤油	141.03	104.81	-25.68
	燃料油	289.21	238.09	-17.68
	硫酸	469.49	366.73	-21.89
	浓硝酸	22.63	23.33	3.09
	烧碱	222.98	249.06	11.70
	纯碱	289.41	299.95	3.64
	农用化学肥料	259.93	255.83	-1.58
	化学农药原药	48.57	53.89	10.95
	乙烯	164.14	134.78	-17.89
	染料	20.77	22.08	6.31
	合成洗涤剂	22.37	19.46	-13.01
	化学原料药	7.28	8.58	17.86
	轮胎外胎	12 299.05	10 515.13	-14.50

（续表）

地区	产品	产量		比上年增长
		2007	2008	
浙江	汽油	259.74	288.75	11.17
	煤油	153.78	129.41	-15.85
	柴油	758.73	862.33	13.65
	燃料油	208.57	173.94	-16.60
	硫酸	109.54	108.76	-0.71
	烧碱	111.12	103.68	-6.70
	纯碱	14.55	19.26	32.37
	合成氨	80.45	61.73	-23.27
	农用化肥	54.38	47.69	-12.30
	农药	255 386.00	216 548.98	-15.21
	纯苯	219 920.00	238 223.00	8.32
	肥皂	32.62	29.38	-9.93
	合成洗涤剂	463 353.00	291 832.10	-37.02
	化学原料药	269 572.00	191 723.19	-28.88
	中成药	15 568.00	18 324.38	17.71
	化学纤维	976.93	1 119.81	14.63
	合成纤维	956.28	1 077.18	12.64
	轮胎外胎	5 538.22	4 661.12	-15.84
	塑料制品	766.12	1 014.65	32.44

2. 资产运营情况

从资产运营情况来看，2008 年长三角化学工业年末资产总额为16 552.76亿元，负债总额为9 393.71亿元，全行业资产负债率为56.75%。分工业行业来看，石油加工炼焦及核燃料加工业、化学纤维制造业、橡胶制品业、塑料制品业等行业资产负债率相对较高，其资产负债率分别为63.73%、63.07%、58.14%和57.90%；化学原料及化学制品制造业、医药制造业两个行业资产负债率相对较低，分别为55.62%和47.17%。

3. 分行业主要经济指标增长情况

（1）石油加工、炼焦及核燃料加工业

2008 年，长三角石油加工、炼焦及核燃料加工业拥有规模以上工业企业 271 家，较 2007 年增加 22 家；全年完成工业总产值3 370.2亿元，主营业务收入3 401.46亿元，较 2007 年分别增长 22.06% 和21.17%；由于国际油价高企造成石油加工业整体出现较大亏损，亏损额高达 193.2 亿元，同比降幅高达 312.79% 和 138.77%。截至 2008 年底，全行业拥有资产总额为1 180.85亿元，同比增长3.67%。

（2）化学原料及化学制品制造业

2008 年，长三角化学原料及化学制品制造业拥有规模以上工业企业7 234家，较 2007 年增加 626 家；全年完成工业总产值10 977.18亿元，主营业务收入10 933.45亿元，较 2007 年分别增长 22.76% 和20.98%；全年创造利润459.76 亿元、完成利税 787.75 亿元，同比分别下降17.88%和6.64%。截至2008年底,全行业拥有资产总额为8218.64亿元,同比增长17.30%。

(3)医药制造业

2008年,长三角医药制造业拥有规模以上工业企业1 268家,较2007年增加96家;全年完成工业总产值1 722.35亿元,主营业务收入1 668.83亿元,较2007年分别增长15.52%和13.87%;全年创造利润183.5亿元、完成利税293.88亿元,同比增幅分别为33.66%和30.95%。截至2008年底,全行业拥有资产总额为1 659.73亿元,同比增长10.21%。

(4)化学纤维制造业

2008年,长三角化学纤维制造业拥有规模以上工业企业1 227家,较2007年增加181家;全年完成工业总产值2 790.4亿元,主营业务收入2 724.59亿元,较2007年分别下降4.94%和4.63%;全年创造利润67.65亿元、完成利税112.51亿元,同比分别下降40.88%和31.75%。截至2008年底,全行业拥有资产总额为2 011.68亿元,同比增长0.65%。

(5)橡胶制品业

2008年,长三角橡胶制品业拥有规模以上工业企业1 448家,较2007年增加210家;全年完成工业总产值1 121.95亿元,主营业务收入1 128.35亿元,较2007年分别增长16.38%和15.48%;全年创造利润36.5亿元、完成利税73.81亿元,同比分别下降21.24%和6.24%。截至2008年底,全行业拥有资产总额为1 011.9亿元,同比增长19.50%。

(6)塑料制品业

2008年,长三角塑料制品业拥有规模以上工业企业6 423家,较2007年增加727家;全年完成工业总产值3 146.26亿元,主营业务收入3 073.83亿元,较2007年分别增长11.44%和11.33%;全年创造利润131.41亿元、完成利税223.87亿元,同比分别增长5.75%和12.80%。截至2008年底,全行业拥有资产总额为2 469.96亿元,同比增长11.66%。

(二)上海市化学工业基本情况

(1)企业数量增长较快。2008年,上海市拥有规模以上化学工业企业3 090家,较2007年增加492家。其中,石油加工、炼焦及核燃料加工企业58家,较2007年增加7家,化学原料及化学制品制造企业1 236家,较2007年增加167家,医药制造企业252家,较2007年增加29家,化学纤维制造企业62家,较2007年增加11家,橡胶制品企业290家,较2007年增加57家,塑料制品企业1 192家,较2007年增加221家。

(2)工业产值继续保持快速增长。2008年,上海规模以上化学工业实现工业总产值4 106.11亿元,同比增长13.80%。其中,石油加工、炼焦及核燃料加工业增速最快,全年完成工业增加值1 203.44亿元,同比增速达23.59%。化学纤维制造业工业总产值出现负增长,全年实现工业总产值45.03亿元,较2007年下降58.67%。

(3)主营业务收入增长较快。2008年,上海规模以上化学工业完成主营业务收入4 184.79亿元,同比增长13.94%。石油加工、炼焦及核燃料加工业仍然保持最快增速,全年完成主营业务收入1 225.14亿元,同比增长22.81%。

(4)行业资产实现保值增值。截至2008年末,上海化学工业拥有资产总额为3 369.01亿元,较2007年增长5.55%,在资产保值的基础上,实现了小幅增值。

(5)行业盈利能力大幅下挫。2008年,全市化学工业实现利润2.92亿元,利税131.18亿元,分别较2007年下降了98.31%和57.24%。这主要是由于石油加工、炼焦及核燃料加工业由于受国际油价高企影响出现了巨额亏损。2008年上海石油加工业亏损总额为132.26亿元,利润降幅高达1 129.26%。

表 3－124 上海市化学工业主要经济指标(2008)

单位:个,亿元

行业	企业单位数	工业总产值	利润总额	利税总额	主营业务收入	资产总计
石油加工、炼焦及核燃料加工业	58	1 203.44	－132.26	－107.75	1225.14	505.75
化学原料及化学制品制造业	1 236	1 862.19	80.4	138.67	1 895.63	1 752.87
医药制造业	252	277.88	31.16	51.94	280.33	366.88
化学纤维制造业	62	45.03	1.44	3.76	45.25	47.53
橡胶制品业	290	171.25	4.05	9.76	193.94	189.25
塑料制品业	1 192	546.32	18.13	34.8	544.5	506.73
合计	3 090	4 106.11	2.92	131.18	4 184.79	3 369.01

(三)江苏省化学工业基本情况

1.主要经济指标增长情况

(1)经济总量稳步增长。2008 年,江苏规模以上化学工业实现工业总产值1 1214.34亿元,主营业务收入1 1091.72亿元,同比分别增长 18.87% 和 17.58%。其中,化学原料及化学制品制造业、医药制造业和橡胶制品业产值增长迅速,当年工业总产值分别为6 470.17亿元、828.98 亿元和 552.52 亿元,较 2007 年分别增长 25.04%、29.00% 和 24.43%。

(2)资产规模不断扩大。截至 2008 年底,江苏化学工业资产总额为7 197.31亿元,较 2007 年增长 13.79%。其中,医药制造业和橡胶制造业资产规模增长最快,年末资产总额分别为 626.80 亿元和 473.27 亿元,同比增速分别为 20.85% 和 23.34%。

(3)行业盈利水平下降。2008 年,江苏全省化学工业实现利润 411.77 亿元,利税 774.29 亿元,分别较 2007 年下降了 24.71% 和 10.38%。利润总额降幅较大主要缘于石油加工、炼焦及核燃料加工业出现的大额亏损。2008 年全省石油加工、炼焦及核燃料加工业亏损总额为 24.04 亿元,而 2007 年该行业却盈利 49.66 亿元。

表 3－125 江苏省化学工业主要经济指标(2008)

单位:个,亿元

行业	企业单位数	工业总产值	利润总额	利税总额	主营业务收入	资产总计
石油加工、炼焦及核燃料加工业	151	1 062.35	－24.04	15.02	1 074.92	341.16
化学原料及化学制品制造业	3 813	6 470.17	242.93	435.26	6 408.74	4 179.93
医药制造业	513	828.98	85.78	140.61	812.41	626.80
化学纤维制造业	699	1 199.03	41.31	64.17	1 183.79	823.52
橡胶制品业	494	552.52	19.24	38.28	535.38	473.27
塑料制品业	1 761	1 101.29	46.55	80.95	1 076.48	752.63
合计	7 431	11 214.34	411.77	774.29	11 091.72	7 197.31

2.主要经济效益指标增长情况

(1)石油加工、炼焦及核燃料加工业:除流动资产周转次数这两项指标较 2007 年有所好转外,江苏石油加工业主要经济效益指标在2008年均出现了不同程度的下滑。其中,企业亏损面达19.21%,较2007年提高了6.71个百分点;产值利税率和销售利税率仅为1.41%和1.40%,较2007年分别下降了9.12个和9.02个百分点;资产负债率也较2007年提高了2.45个百分点。

(2)化学原料及化学制品制造业:企业亏损面有所提高,2008年企业亏损面为10.75%,较2007年提高了1.69个百分点。行业的产值利税率、销售利税率和成本费用利润率也较2007年分别下降2.7个、2.54个和2.75百分点,但企业资产负债率有所改善,2008年比2007年下降了0.93个百分点,企业流动资产周转有所加快,2008年比2007年提高了0.05次/年。

(3)医药制造业:行业主要经济指标好于2007年,主要体现为企业亏损面较2007年下降了2.21个百分点,产值利税率、销售利税率和成本费用利润率分别提高了0.79个、1.02个和1.3个百分点,资产负债率较2007年下降了2.2个百分点。

(4)化学纤维制造业:主要经济指标出现全面下滑,首先是企业亏损面的扩大,2008年企业亏损率较2007年提高了4.34个百分点,行业产值利税率、销售利税率和成本费用利润率非别下降了0.32个、0.38个和0.27个百分点,产品销售率下降了0.28个百分点。

(5)橡胶制品业:除资产负债率、流动资产周转次数两项指标好于2007年外,其余经济效益指标均比2007年有一定下滑。2008年,江苏橡胶制品业企业亏损面较2007年提高了0.67个百分点,产值利税率、销售利税率和成本费用利润率分别下降了1.63个、1.55个和1.94个百分点,产品销售率下降了0.7个百分点。

(6)塑料制品业:主要经济指标好于2007年,特别是行业产值利税率、销售利税率上升明显,分别较2007年上升了0.6个和0.63个百分点,产品销售率较2007年上升了1.71个百分点。

表3-126 江苏省化学工业主要经济效益指标(2008)

单位:%,次/年

行业	企业亏损面	产值利税率	销售利税率	资产负债率	流动资产周转次数	成本费用利润率	产品销售率
石油加工、炼焦及核燃料加工业	19.21	1.41	1.40	67.80	6.59	-2.19	98.94
化学原料及化学制品制造业	10.75	6.73	6.79	54.23	3.10	3.95	98.24
医药制造业	12.67	16.96	17.31	41.90	2.33	11.97	95.45
化学纤维制造业	20.89	5.35	5.42	61.74	3.16	3.62	98.17
橡胶制品业	12.55	6.93	7.15	53.41	2.66	3.76	96.97
塑料制品业	14.59	7.35	7.52	54.91	2.67	4.54	99.94
全部工业总计	13.38	7.89	8.08	59.26	2.74	4.96	98.20

(四)浙江省化学工业基本情况

1.主要经济指标增长情况

(1)经济总量保持较快增长。2008年,浙江全省拥有规模以上化工企业6 530家,较2007年增加820家。规模以上化学工业实现工业总产值6 874.65亿元,主营业务收入6 798.97亿元,同比分别增长13.58%和12.58%。

(2)资产规模不断扩大。截至2008年底,浙江化学工业资产总额为5 191.90亿元,较2007年增长 15.30%。增速较快的是化学原料及化学制品制造业和橡胶制品业，同比增速分别为 24.81% 和 21.64%。

（3）行业盈利能力有所下降。2008 年，浙江全省化学工业实现利润 353.54 亿元，利税 572.22 亿元，较 2007 年分别下降了 23.37% 和 13.30%。主要原因在于石油加工、炼焦及核燃料加工业利润亏损 36.90 亿元所致。

表 3－127　浙江省化学工业主要经济指标（2008）

单位：个，亿元

行业	企业单位数	工业总产值	利润总额	利税总额	主营业务收入	资产总计
石油加工、炼焦及核燃料加工业	62	1 104.41	－36.90	2.48	1 101.40	333.94
化学原料及化学制品制造业	2 185	2 644.82	136.43	213.82	2 629.08	2 285.84
医药制造业	503	615.49	66.56	101.33	576.09	666.05
化学纤维制造业	466	1 546.34	24.9	44.58	1 495.55	1 140.63
橡胶制品业	664	398.18	13.21	25.77	399.03	349.38
塑料制品业	3 470	1 498.65	66.73	108.12	1 452.85	1 210.60
合计	7 350	7 807.89	270.93	496.1	7654	5 986.44

2. 主要经济效益指标增长情况

（1）石油加工、炼焦及核燃料加工业：2008 年，受国际油价高企的影响，石油加工业盈利能力下降明显，每百元资金实现利税、每百元固定资产原值实现利税和每百元主营业务收入实现利税分别仅为 1.06 元、1.26 元、0.23 元，较 2007 年分别下降了 11.03 元、21.60 元和 8.30 元。但产品销售率同比上升了 1.63 个百分点，流动资金周转次数较上年提高了 5.75 次/年。

（2）化学原料及化学制品制造业：主要经济效益指标出现了一定程度下降。2008 年，全行业每百元资金实现利税、每百元固定资产原值实现利税和每百元主营业务收入实现利税分别比 2007 年下降了 28.17 元、20.47 元和 0.79 元。

（3）医药制造业：主要经济效益指标在 2007 年基础上有明显提高。每百元资金实现利税、每百元固定资产原值实现利税和每百元主营业务收入实现利税分别比 2007 年提高了 3.4 元、8.2 元和 2.85 元。产品销售率和流动资金周转次数变化不大。

（4）化学纤维制造业：除产品销售率外，主要经济效益指标均出现不同程度下滑。其中，每百元资金实现利税、每百元固定资产原值实现利税和每百元主营业务收入实现利税分别比 2007 年下降了 5.39 元、8.07 元和 2.73 元。流动资金周转次数较 2007 年下降了 0.46 次/年。

（5）橡胶制品业：和化学纤维制造业一样，除产品销售率较 2007 年上升了 0.91 个百分点外，浙江橡胶制造业主要经济效益指标也出现了较大程度下滑。每百元资金实现利税、每百元固定资产原值实现利税和每百元主营业务收入实现利税分别比 2007 年下降了 2.57 元、8.46 元和 1.12 元，流动资金周转次数下降了 0.34 次/年。

（6）塑料制品业：主要经济效益指标出现下滑，每百元资金实现利税、每百元固定资产原值实现利税和每百元主营业务收入实现利税分别比 2007 年下降了 0.82 元、2.01 元和 0.09 元，流动资金周转次数下降了 0.15 次/年。但产品销售率较 2007 年提高了 0.26 个百分点。

表3－128 浙江省化学工业主要经济效益指标(2008)

单位:元,%,次/年

行业	每百元资金实现利税	每百元固定资产原值实现利税	每百元主营业务收入实现利税	产品销售率	流动资金周转次数
石油加工、炼焦及核燃料加工业	1.06	1.26	0.23	99.23	7.97
化学原料及化学制品制造业	11.22	20.95	8.13	96.78	2.24
医药制造业	18.65	38.11	17.59	94.12	1.57
化学纤维制造业	4.48	7.61	2.98	97.45	2.52
橡胶制品业	8.85	15.78	6.46	99.51	2.21
塑料制品业	10.52	23.22	7.44	97.60	2.05
全部工业总计	10.16	19.39	7.57	97.27	2.08

二十三　长三角装备制造业①

（一）长三角地区基本情况

装备制造业是为国民经济各部门简单再生产和扩大再生产提供技术装备的各制造工业的总称，它的发展水平反映出一个国家或地区在科学技术、工艺设计、材料、加工制造等方面的综合配套能力。包括七大类，即：金属制品业，通用设备制造业，专用设备制造业，交通运输设备制造业，电气机械及器材制造业，通信设备、计算机及其他电子设备制造业，仪器仪表及文化、办公用机械制造业。

1. 规模以上企业情况

长三角装备制造业近年来持续增长，2008 年共有51 121家规模以上装备制造业企业，比 2007 年增加8 038家；拥有总资产42 488.73亿元，增长 16.92%；实现工业总产值56 185.30亿元，增长 22.35%；主营业务收入55 131.03亿元，增长 7.80%；主营业务成本49 365.73亿元，增长 18.24%；利润总额2 858.22亿元，增长 12.73%；利税总额4 200.76亿元，增长 16.80%。

表 3－129　2005－2008 年长三角地区装备制造业规模以上企业指标

		单位数（个）	工业总产值（亿元）	资产总计（亿元）	主营业务收入（亿元）	主营业务成本（亿元）	利润总额（亿元）	利税总额（亿元）
上海	2005	6 625	8 325.05	7 405.80	8 629.55	8 260.97	416.24	607.79
	2006	6 549	10 048.49	8 434.41	10 396.39	9 887.83	551.78	787.87
	2007	7 106	12 554.41	10 197.42	13 017.71	12 355.71	701.56	990.88
	2008	9 376	13 974.49	11 326.33	14 444.46	13 971.46	641.39	918.90
江苏	2005	12 022	13 180.63	9 696.30	12 944.55	11 490.60	552.19	824.09
	2006	13 540	16 877.12	11 878.80	16 636.56	14 767.49	785.05	1 116.40
	2007	15 797	22 231.43	15 673.45	21 801.84	19 081.33	1 153.45	1 596.37
	2008	17 829	28 014.97	18 745.18	27 074.99	23 689.03	1 481.41	2 165.83
浙江	2005	14 947	7 352.63	6 443.95	7 135.60	6 093.85	385.04	609.51
	2006	17 180	9 745.52	8 068.34	9 419.49	8 116.41	507.02	772.37
	2007	20 180	11 136.98	10 470.04	11 979.98	10 315.07	680.49	1 009.40
	2008	23 916	14 195.84	12 417.22	13 611.58	11 705.24	735.42	1 116.03
长三角	2005	33 594	28 858.31	23 546.05	28 709.70	25 845.42	1 353.47	2 041.39
	2006	37 269	36 671.13	28 381.55	36 452.44	32 771.73	1 843.85	2 676.64
	2007	43 083	45 922.82	36 340.91	46 799.53	41 752.11	2 535.50	3 596.65
	2008	51 121	56 185.30	42 488.73	55 131.03	49 365.73	2 858.22	4 200.76

2. 大中型企业情况

2008 年，长三角地区共有4 762家大中型装备制造业企业，比 2007 年增加 110 家；拥有总资产

①资料来源：历年《上海统计年鉴》、《江苏统计年鉴》、《浙江统计年鉴》。

27 047.56亿元,增长 8.31%;实现主营业务收入35 326.11亿元,增长 10.06%;主营业务成本31 884.65亿元,增长 10.73%;利润总额1 838.71 亿元,增长 4.26%;利税总额2 550.31 亿元,增长8.13%。

表 3－130　2007－2008 年长三角地区装备制造业大中型企业指标

		单位数(个)	资产总计(亿元)	主营业务收入(亿元)	主营业务成本(亿元)	利润总额(亿元)	利税总额(亿元)
上海	2007	883	7 646.29	10 101.97	9 600.43	516.65	722.37
	2008	920	7 977.34	10 657.94	10 345.74	443.67	620.77
江苏	2007	2 031	11 300.58	15 040.66	13 207.75	812.91	1 034.22
	2008	1 996	12 230.66	17 121.54	15 055.73	933.29	1 286.66
浙江	2007	1 738	6 025.12	6 955.59	5 987.24	434.08	602.02
	2008	1 846	6 839.56	7 546.63	6 483.18	461.75	642.88
长三角	2007	4 652	24 971.99	32 098.22	28 795.42	1 763.64	2 358.61
	2008	4 762	27 047.56	35 326.11	31 884.65	1 838.71	2 550.31

3. 三地占比情况

从江、浙、沪在长三角的占比来看,不论是规模以上企业,还是大中型企业,江苏的装备制造业综合实力都是最强的。

表 3－131　2008 年长三角地区三地装备制造业工业企业指标占比

		单位数	工业总产值	资产总计	主营业务收入	主营业务成本	利润总额	利税总额
规模以上企业(%)	上海	18.34	24.87	26.66	26.20	28.30	22.44	21.87
	江苏	34.88	49.86	44.12	49.11	47.99	51.83	51.56
	浙江	46.78	25.27	29.22	24.69	23.71	25.73	26.57
	长三角	100.00	100.00	100.00	100.00	100.00	100.00	100.00
大中型企业(%)	上海	19.32		29.49	30.17	32.45	24.13	24.34
	江苏	41.92		45.22	48.47	47.22	50.76	50.45
	浙江	38.77		25.29	21.36	20.33	25.11	25.21
	长三角	100.00		100.00	100.00	100.00	100.00	100.00

(二)上海市基本情况

1. 规模以上企业情况

2008 年,上海市规模以上装备制造业企业进一步发展壮大,但盈利情况有所下滑。全市共有9 376家规模以上装备制造业企业,比 2007 年增长 31.94%;吸纳从业人员 159.46 万人,增长6.01%;拥有总资产11 326.33亿元,增长 11.07%;实现工业总产值13 974.49亿元,增长 11.31%;主营业务收入14 444.46亿元,增长 10.96%;利润总额 641.39 亿元,下降 8.58%;税金总额 277.51 亿

元，下降4.08%；成本费用总额13 971.46亿元，增长13.08%。

表3－132　2005－2008年上海市装备制造业规模以上企业主要指标

		单位数（个）	从业人员（万人）	工业总产值（亿元）	资产总计（亿元）	主营业务收入（亿元）	利润总额（亿元）	税金总额（亿元）	成本费用总额（亿元）
金属制品业	2005	1 296	16.11	591.42	494.17	598.28	37.02	13.19	567.15
	2006	1 271	16.63	670.43	570.80	680.89	41.18	15.53	644.95
	2007	1 350	17.33	831.70	658.72	845.77	46.37	18.43	807.88
	2008	1 795	19.97	973.60	750.18	970.26	45.15	22.98	933.71
通用设备制造业	2005	1 612	24.10	1 229.93	1 278.06	1 218.76	95.22	32.74	1132.55
	2006	1 605	25.43	1 530.60	1 503.31	1 484.16	118.35	39.23	1 373.13
	2007	1 759	26.89	1 890.42	1 941.63	1 876.88	148.03	55.69	1 731.77
	2008	2 310	29.95	2 216.53	2 404.80	2 175.18	149.00	58.98	2 039.61
专用设备制造业	2005	857	11.17	395.06	473.06	397.29	24.88	13.02	379.56
	2006	838	11.73	457.57	535.09	462.57	30.93	16.46	437.25
	2007	915	13.19	600.57	664.96	593.74	42.32	17.01	556.67
	2008	1 269	15.77	853.68	931.61	856.99	57.70	20.76	816.08
交通运输设备制造业	2005	701	19.02	1 393.01	1 671.29	1 568.49	110.63	80.53	1 461.67
	2006	716	20.18	1 894.69	2 157.88	2 124.68	165.45	111.43	1 948.56
	2007	797	22.51	2 358.92	2 688.07	2 667.83	238.17	137.47	2 448.29
	2008	1 080	25.75	2 571.72	2 972.59	2 936.08	214.69	112.54	2 760.80
电气机械及器材制造业	2005	1 187	20.79	1 001.54	854.06	1 013.12	73.58	24.59	947.11
	2006	1 148	21.98	1 275.76	988.74	1 291.74	94.14	26.67	1 207.74
	2007	1 247	25.63	1 573.37	1 161.86	1 575.35	103.76	32.18	1 480.67
	2008	1 663	25.17	1 740.58	1 285.95	1 726.51	95.34	35.11	1 645.04
通信设备、计算机及其他电子设备制造业	2005	659	29.60	3 434.21	2 422.06	3 539.06	54.36	19.71	3 496.59
	2006	656	31.65	3 919.32	2 435.87	4 043.42	70.06	18.83	3 996.10
	2007	700	38.34	4 976.89	2 803.49	5 133.06	90.82	19.35	5 034.82
	2008	830	36.45	5 266.68	2 685.35	5 421.55	44.93	18.68	5 447.32
仪器仪表及文化、办公用机械制造业	2005	313	5.35	279.88	213.10	294.55	20.55	7.77	276.34
	2006	315	5.46	300.12	242.72	308.93	31.67	7.94	280.10
	2007	338	6.53	322.54	278.69	325.08	32.09	9.19	295.61
	2008	429	6.40	351.70	295.85	357.89	34.58	8.46	328.90
装备制造业（合计）	2005	6 625	126.1392	8 325.05	7 405.8	8 629.55	416.24	191.55	8 260.97
	2006	6 549	133.06	10 048.49	8 434.41	10 396.39	551.78	236.09	9 887.83
	2007	7 106	150.42	12 554.41	10 197.42	13 017.71	701.56	289.32	12 355.71
	2008	9 376	159.46	13 974.49	11 326.33	14 444.46	641.39	277.51	13 971.46

2. 大中型企业情况

2008 年,上海市共有大中型装备制造业企业 920 家,比 2007 年增长 4.19%;吸纳从业人员 89.08 万人,下降 1.98%;拥有总资产7 977.34亿元,增长 4.33%;实现工业总产值10 175.15亿元,增长 5.64%;主营业务收入10 657.94亿元,增长 5.50%;利润总额 443.67 亿元,下降 14.13%;税金总额 177.1 亿元,下降 13.91%;成本费用总额10 345.74亿元,增长 7.76%。

表 3-133　2005-2008 年上海市装备制造业大中型企业主要指标

		单位数(个)	从业人员(万人)	工业总产值(亿元)	资产总计(亿元)	主营业务收入(亿元)	利润总额(亿元)	税金总额(亿元)	成本费用总额(亿元)
金属制品业	2005	70	5.02	214.59	179.67	218.46	15.85	2.95	204.75
	2006	89	5.68	261.17	221.41	273.12	20.83	4.70	254.81
	2007	97	6.56	350.20	283.61	346.71	22.82	5.41	328.12
	2008	105	7.37	423.06	316.72	419.73	23.09	8.02	400.72
通用设备制造业	2005	107	9.95	714.25	798.15	701.30	60.39	15.20	644.73
	2006	125	11.48	929.32	950.21	878.39	70.95	20.30	810.89
	2007	139	11.52	1 132.30	1 283.57	1 128.37	89.98	31.58	1 037.47
	2008	141	12.10	1 327.53	1 575.78	1 298.62	94.42	31.29	1 207.42
专用设备制造业	2005	65	4.01	158.86	214.77	161.15	9.10	5.23	156.13
	2006	82	4.91	194.02	265.65	195.95	12.57	7.19	186.57
	2007	96	5.74	273.46	333.06	270.43	20.00	7.96	253.80
	2008	103	6.41	404.56	454.35	413.66	29.85	8.66	389.20
交通运输设备制造业	2005	90	11.62	1 121.30	1 401.37	1 303.09	97.37	70.69	1 205.95
	2006	113	13.24	1 599.56	1 867.42	1 832.85	150.24	102.49	1 669.41
	2007	139	14.92	1 981.55	2 346.28	2 302.12	220.92	126.63	2 096.69
	2008	161	16.33	2 091.07	2 543.61	2 449.65	186.03	98.68	2 299.15
电气机械及器材制造业	2005	115	10.18	546.54	452.84	556.29	44.38	11.15	516.59
	2006	143	12.42	773.74	597.35	792.47	63.03	14.51	737.10
	2007	160	15.45	1 005.92	700.05	1 006.58	65.10	16.74	943.46
	2008	159	13.06	979.36	656.35	978.56	52.48	16.10	935.35
通信设备、计算机及其他电子设备制造业	2005	157	22.40	2 991.80	1 978.09	3 100.37	36.13	13.12	3071.34
	2006	189	25.80	3 546.82	2 129.57	3 661.96	56.73	12.75	3 621.93
	2007	206	32.68	4 686.73	2 529.31	4 838.75	79.47	11.98	4 749.14
	2008	208	30.28	4 740.05	2 264.44	4 880.93	37.68	10.28	4 913.28
仪器仪表及文化、办公用机械制造业	2005	31	2.53	163.75	97.67	172.62	7.06	3.38	166.23
	2006	40	2.96	192.37	145.09	198.82	18.02	4.41	182.67
	2007	46	4.01	202.04	170.41	209.01	18.36	5.42	191.75
	2008	43	3.53	209.52	166.09	216.79	20.12	4.07	200.62
装备制造业(合计)	2005	635	65.71	5 911.09	5 122.56	6 213.28	270.28	121.72	5 965.72
	2006	781	76.49	7 497	6 176.7	7 833.56	392.37	166.35	7 463.38
	2007	883	90.88	9 632.2	7 646.29	10 101.97	516.65	205.72	9 600.43
	2008	920	89.08	10 175.15	7 977.34	10 657.94	443.67	177.1	10 345.74

3. 主要产品产量

2008 年，上海市装备制造业主要产品中，发电设备2 831. 10万千瓦，内燃机8 295. 67万千瓦，均比 2007 年略有下降；金属切削机床16 430台，比 2007 年增长 13. 78%，其中，数控机床4 785台，增长 211. 32%；程控交换机 465. 14 万线，增长 3. 93%；微型电子计算机5 767. 97万部，增长 28. 78%；移动通信基站设备 343. 58 万信道，增长 11. 75%；集成电路830 487万块，下降 6. 81%；汽车 80. 65 万辆，下降 1. 79%。

表 3－134　2005－2008 年上海市装备制造业主要产品产量

	发电设备（万千瓦）	内燃机（万千瓦）	金属切削机床（台）	#数控机床	程控交换机（万线）	微型电子计算机（万部）	移动通信基站设备（万信道）	集成电路（万块）	汽车（万辆）
2005	2 138. 05	4 915. 40	13 158	1 059	796. 59	2 176. 17	115. 03	677 003	48. 45
2006	2 944. 71	7 399. 57	13 372	1 147	553. 53	2 670. 09	174. 16	640 483	65. 28
2007	2 845. 59	8 357. 01	14 440	1 537	447. 54	4 478. 78	307. 46	891 138	82. 12
2008	2 831. 10	8 295. 67	16 430	4 785	465. 14	5 767. 97	343. 58	830 487	80. 65

（三）江苏省基本情况

1. 规模以上企业情况

江苏省规模以上装备制造业企业不断发展壮大。2008 年，全省共有17 829家规模以上装备制造业企业，比 2007 年增长 12. 86%；吸纳从业人员 422. 39 万人，增长 14. 04%；拥有总资产18 745. 18亿元，增长 19. 60%；实现工业总产值28 014. 97亿元，增长 26. 02%；主营业务收入27 074. 99亿元，增长 24. 19%；主营业务成本23 689. 03亿元，增长 24. 15%；利润总额1 481. 41亿元，增长 28. 43%；利税总额2 165. 83亿元，增长 35. 67%。

表 3－135　2005－2008 年江苏省装备制造业规模以上企业主要指标

		单位数（个）	工业总产值（亿元）	资产总计（亿元）	主营业务收入（亿元）	主营业务成本（亿元）	利润总额（亿元）	利税总额（亿元）	全部从业人员年平均人数（万人）
金属制品业	2005	1 907	1 149. 56	795. 18	1 119. 97	983. 33	53. 86	86. 89	29. 87
	2006	2 157	1 524. 63	1 027. 40	1 482. 64	1 298. 98	81. 56	123. 53	34. 23
	2007	2 494	2 001. 06	1 290. 07	1 950. 78	1 714. 65	93. 60	148. 37	36. 90
	2008	2 900	2 584. 97	1 555. 36	2 496. 00	2 189. 88	117. 98	203. 85	41. 69
通用设备制造业	2005	3 341	1 935. 06	1 486. 13	1 894. 30	1 621. 87	99. 99	164. 04	56. 13
	2006	3 793	2 484. 31	1 777. 72	2 446. 58	2 096. 05	140. 94	220. 31	59. 75
	2007	4 506	3 314. 66	2 318. 28	3 265. 11	2 764. 14	211. 18	317. 15	67. 96
	2008	5 035	4 145. 35	2 848. 08	4 018. 47	3 437. 62	253. 24	393. 61	73. 50

(续表)

		单位数(个)	工业总产值(亿元)	资产总计(亿元)	主营业务收入(亿元)	主营业务成本(亿元)	利润总额(亿元)	利税总额(亿元)	全部从业人员年平均人数(万人)
专用设备制造业	2005	1 598	861.29	740.64	834.61	699.25	46.98	73.63	25.58
	2006	1 809	1 123.44	919.15	1 092.66	919.03	70.20	104.62	28.69
	2007	2 049	1 425.76	1 164.41	1 392.00	1 151.53	110.94	157.36	33.03
	2008	2 267	1 808.67	1 451.22	1 750.77	1 462.75	118.96	178.66	35.80
交通运输设备制造业	2005	1 359	1 404.51	1 377.46	1 357.87	1 187.38	37.59	81.61	32.21
	2006	1 495	1 762.76	1 691.07	1 707.38	1 478.92	73.33	125.76	35.57
	2007	1 722	2 453.98	2 395.16	2 390.12	2 027.82	139.96	211.73	40.01
	2008	1 933	3 416.67	3 396.26	3 299.81	2 842.55	209.89	311.87	47.05
电气机械及器材制造业	2005	2 072	2 093.11	1 588.24	2 026.23	1 729.75	103.59	157.19	42.60
	2006	2 316	2 947.53	2 069.57	2 890.28	2 508.32	141.39	209.09	47.56
	2007	2 685	4 023.08	2 660.88	3 904.11	3 334.19	210.79	307.05	56.02
	2008	3 042	5 225.93	3 176.73	5 031.47	4 302.46	276.37	420.24	66.24
通信设备、计算机及其他电子设备制造业	2005	1 350	5 278.99	3 411.97	5 250.52	4 869.19	184.11	226.55	81.36
	2006	1 499	6 390.43	3 999.25	6 374.92	5 900.22	242.46	287.93	99.74
	2007	1 814	8 196.35	5 351.05	8 104.51	7 404.64	336.85	388.99	123.92
	2008	2 062	9 679.44	5 681.37	9 364.69	8 485.92	436.62	564.13	142.31
仪器仪表及文化、办公用机械制造业	2005	395	458.11	296.68	461.05	399.83	26.06	34.17	9.00
	2006	471	644.02	394.65	642.10	565.97	35.18	45.15	11.02
	2007	527	816.54	493.61	795.21	684.37	50.13	65.71	12.53
	2008	590	1 153.94	636.16	1 113.78	967.85	68.35	93.47	15.80
装备制造业(合计)	2005	12 022	13 180.63	9 696.30	12 944.55	11 490.60	552.19	824.09	276.75
	2006	13 540	16 877.12	11 878.80	16 636.56	14 767.49	785.05	1 116.40	316.56
	2007	15 797	22 231.43	15 673.45	21 801.84	19 081.33	1 153.45	1 596.37	370.38
	2008	17 829	28 014.97	18 745.18	27 074.99	23 689.03	1 481.41	2 165.83	422.39

总体来看,2008 年江苏省规模以上装备制造业企业的经济效益比 2007 年有所下滑,尤其是企业亏损面,除了仪器仪表及文化、办公用机械制造业比 2007 年减少了 1.65 个百分点外,其他六个行业比 2007 年都有所扩大,其中通信设备、计算机及其他电子设备制造业亏损面最大,为 23.38%,比 2007 年增加了 3.98 个百分点。

表 3－136 2005－2008 年江苏省装备制造业规模以上企业经济效益指标

		企业亏损面（%）	产值利税率（%）	销售利税率（%）	资金利税率（%）	资产负债率（%）	流动资产周转次数（次/年）	成本费用率（%）	全员劳动生产率（元/人）	产品销售率（%）
金属制品业	2005	12.48	7.56	7.76	12.92	62.14	2.38	5.05	96 528	97.88
	2006	10.29	8.10	8.33	14.13	60.98	2.42	5.84	11 4787	97.73
	2007	9.14	7.41	7.61	13.60	62.14	2.50	5.08	137 112	98.06
	2008	10.72	7.89	8.17		58.67	2.54	5.01		98.19
通用设备制造业	2005	9.22	8.48	8.66	12.89	62.07	2.09	5.56	86 367	97.97
	2006	7.67	8.87	9.00	14.54	61.26	2.28	6.10	106 719	98.20
	2007	6.59	9.57	9.71	16.52	60.01	2.39	6.95	119 913	98.13
	2008	8.98	9.50	9.80		58.02	2.38	6.72		97.82
专用设备制造业	2005	12.58	8.55	8.82	11.67	61.77	1.86	5.96	89 735	96.98
	2006	9.23	9.31	9.57	13.41	58.07	1.97	6.85	103 132	97.35
	2007	9.22	11.04	11.30	16.08	56.60	2.00	8.64	117 252	97.94
	2008	12.57	9.88	10.20		56.27	1.98	7.30		96.82
交通运输设备制造业	2005	16.11	5.81	6.01	7.03	64.65	1.75	2.84	98 165	98.08
	2006	13.31	7.13	7.37	9.23	65.64	1.83	4.47	120 420	97.89
	2007	11.85	8.63	8.86	11.44	67.71	1.82	6.29	150 726	98.12
	2008	13.81	9.13	9.45		69.19	1.63	6.81		98.63
电气机械及器材制造业	2005	13.95	7.51	7.76	11.90	58.77	2.05	5.37	125 641	97.29
	2006	11.01	7.09	7.23	12.38	60.15	2.27	5.12	155 342	97.63
	2007	10.17	7.63	7.86	13.90	59.65	2.31	5.75	171 977	97.76
	2008	12.69	8.04	8.35		56.84	2.39	5.85		97.88
通信设备、计算机及其他电子设备制造业	2005	21.48	4.29	4.31	7.80	66.38	2.73	3.62	146 831	98.30
	2006	18.08	4.51	4.52	8.27	62.97	2.81	3.93	139 631	98.66
	2007	19.40	4.75	4.80	8.39	62.59	2.80	4.36	135 321	98.27
	2008	23.38	5.83	6.02		56.94	2.90	4.90		97.86
仪器仪表及文化、办公用机械制造业	2005	14.18	7.46	7.41	13.44	57.97	2.47	5.99	119 795	99.79
	2006	12.95	7.01	7.03	13.25	56.68	2.60	5.77	141 612	98.86
	2007	12.33	8.05	8.26	15.41	53.08	2.51	6.77	152 302	99.40
	2008	10.68	8.10	8.39		51.53	2.64	6.55		97.87

2. 大中型企业情况

2008 年，江苏省共有1 996家大中型装备制造业企业，比 2007 年减少 35 家；吸纳从业人员 238.12 万人，增长 4.66%；拥有总资产12 230.66亿元，增长 8.23%；实现主营业务收入17 121.54亿元，增长13.84%；主营业务成本15 055.73亿元，增长13.99%；利润总额933.29亿元，增长14.81%；利税总额1 286.66亿元，增长24.41%。

表3－137　2007－2008年江苏省装备制造业大中型企业主要指标

		单位数（个）	资产总计（亿元）	主营业务收入（亿元）	主营业务成本（亿元）	利润总额（亿元）	利税总额（亿元）	全部从业人员年平均人数（万人）
金属制品业	2007	182	706.79	911.88	785.23	54.24	77.88	14.69
	2008	175	745.79	1 087.74	939.41	60.95	99.27	14.95
通用设备制造业	2007	339	1 248.96	1 525.60	1 263.83	115.35	156.03	27.73
	2008	317	1345.22	1633.26	1367.16	122.70	171.40	25.07
专用设备制造业	2007	190	577.16	612.30	492.84	64.80	83.40	13.73
	2008	178	624.33	652.98	541.43	46.41	66.75	12.48
交通运输设备制造业	2007	244	1 862.45	1 621.90	1 359.37	108.06	151.11	23.53
	2008	243	2 525.41	2 173.46	1 853.06	160.61	223.49	26.12
电气机械及器材制造业	2007	343	1 754.51	2 375.31	1 989.12	140.94	193.12	32.30
	2008	349	1 925.20	2 767.42	2 320.85	156.51	232.00	35.37
通信设备、计算机及其他电子设备制造业	2007	649	4 824.95	7 421.29	6 817.23	295.77	331.64	107.77
	2008	641	4 668.15	8 086.11	7 397.58	346.62	442.44	114.43
仪器仪表及文化、办公用机械制造业	2007	84	325.76	572.38	500.12	33.75	41.03	7.76
	2008	93	396.56	720.57	636.24	39.49	51.31	9.70
装备制造业（合计）	2007	2031	11 300.58	15 040.66	13 207.75	812.91	1 034.22	227.52
	2008	1 996	12 230.66	17 121.54	15 055.73	933.29	1 286.66	238.12

3. 主要产品产量

2008年，江苏省装备制造业主要产品中，内燃机8 154.20万千瓦，比2007年下降12.15%；金属切削机床8.51万台，增长14.84%，其中，数控机床1.26万台，下降22.70%；大中型拖拉机5.26万台，增长7.79%；汽车33.03万辆，增长22.61%；程控交换机13.55万线，增长36.18%，其中，数字程控交换机13.47万线，增长43.76%；微型电子计算机6 038.19万台，增长18.43%，其中，笔记本计算机4 479.35万台，增长14.20%；集成电路145.15亿块，增长13.05%，其中，大规模集成电路56.77亿块，增长15.22%。

表3－138　2005－2008年江苏省装备制造业主要产品产量

	内燃机（万千瓦）	金属切削机床（万台）	#数控机床	大中型拖拉机（万台）	汽车（万辆）	程控交换机（万线）	#数字程控交换机	微型电子计算机（万台）	#笔记本计算机	集成电路（亿块）	#大规模集成电路
2005	7 276.21	6.04	1.09	4.34	30.57	95.85	72.86	2 996.13	2 037.42	82.02	31.72
2006	7 739.63	7.07	1.40	4.06	27.48	11.94	9.50	4 374.64	2 762.16	118.27	42.13

（续表）

	内燃机（万千瓦）	金属切削机床（万台）	#数控机床	大中型拖拉机（万台）	汽车（万辆）	程控交换机（万线）	#数字程控交换机	微型电子计算机（万台）	#笔记本计算机	集成电路（亿块）	#大规模集成电路
2007	9 281.89	7.41	1.63	4.88	26.94	9.95	9.37	5 098.41	3 922.38	128.39	49.27
2008	8 154.20	8.51	1.26	5.26	33.03	13.55	13.47	6 038.19	4 479.35	145.15	56.77

注：表中数据的统计范围是规模以上工业企业。

（四）浙江省基本情况

1. 规模以上企业情况

浙江省规模以上装备制造业企业也在不断发展壮大。2008 年，全省共有23 916家规模以上装备制造业企业，比 2007 年增长 18.51%，但亏损2 993家，比 2007 年扩大了一倍；拥有总资产12 417.22亿元，增长 18.60%；实现工业总产值14 195.84亿元，增长 27.47%；主营业务收入13 611.58亿元，增长 13.62%；主营业务成本11 705.24亿元，增长 13.48%；利润总额 735.42 亿元，增长 8.07%；利税总额1 116.03亿元，增长 10.56%。

表 3－139　2005－2008 年浙江省装备制造业规模以上企业主要指标

		单位数（个）	#亏损单位数	工业总产值（亿元）	资产总计（亿元）	主营业务收入（亿元）	主营业务成本（亿元）	利润总额（亿元）	利税总额（亿元）
金属制品业	2005	2 338	182	839.38	653.82	805.96	701.19	41.60	65.03
	2006	2 712	231	1 099.05	841.80	1 053.67	923.24	48.40	78.09
	2007	3 219	242	145.70	1 145.39	1 403.40	1 238.54	57.02	94.49
	2008	3 709	499	1 768.23	1 409.23	1 700.19	1 493.44	74.52	123.03
通用设备制造业	2005	4 328	274	1 628.37	1 436.28	1 581.77	1 326.55	111.70	169.78
	2006	4 832	261	2 000.70	1 750.46	1 953.18	1 641.78	134.84	203.16
	2007	5 708	308	2 584.46	2 239.84	2 516.23	2 124.34	166.81	248.44
	2008	6 754	702	2 974.16	2 589.66	2 884.96	2 457.77	163.67	257.22
专用设备制造业	2005	1 303	121	504.69	494.02	485.72	401.09	37.55	57.11
	2006	1 550	129	664.52	645.12	639.20	526.48	48.01	71.70
	2007	1 844	139	875.07	853.53	832.20	686.32	62.49	91.72
	2008	2 268	340	941.98	984.79	895.53	741.06	56.51	85.75
交通运输设备制造业	2005	2 083	153	1 238.20	1 142.63	1 171.55	1 004.55	57.88	98.92
	2006	2 383	184	1 659.37	1 433.19	1 548.32	1 340.43	77.75	124.08
	2007	2 694	213	2 145.07	2 003.16	2 017.27	1 755.27	132.05	187.64
	2008	3 196	391	2 624.49	2 611.52	2 447.15	2 132.69	131.09	191.51

(续表)

		单位数（个）	#亏损单位数	工业总产值（亿元）	资产总计（亿元）	主营业务收入（亿元）	主营业务成本（亿元）	利润总额（亿元）	利税总额（亿元）
电气机械及器材制造业	2005	3 132	251	1 794. 87	1 484. 93	1 726. 25	1 476. 10	93. 59	145. 47
	2006	3 633	317	2 333. 31	1 878. 98	2 241. 63	1 929. 52	118. 73	179. 48
	2007	4 265	332	3 074. 70	2 436. 65	2 943. 63	2 538. 65	151. 04	231. 83
	2008	5 302	658	3 668. 19	2 967. 47	3 536. 23	3 039. 13	189. 98	288. 83
通信设备、计算机及其他电子设备制造业	2005	1 039	154	1 044. 37	958. 30	1 074. 71	948. 28	24. 95	44. 50
	2006	1 228	165	1 583. 60	1 163. 10	1 594. 17	1 431. 94	56. 93	80. 59
	2007	1 487	177	1 814. 58	1 335. 75	1 791. 93	1 577. 76	81. 85	110. 84
	2008	1 584	283	1 705. 58	1 322. 45	1 658. 90	1 442. 33	88. 49	119. 64
仪器仪表及文化、办公用机械制造业	2005	724	47	302. 75	273. 97	289. 64	236. 09	17. 77	28. 70
	2006	842	60	404. 97	355. 69	389. 32	323. 02	22. 36	35. 27
	2007	963	72	497. 40	455. 72	475. 32	394. 19	29. 23	44. 44
	2008	1 103	120	513. 21	532. 10	488. 62	398. 82	31. 16	50. 05
装备制造业（合计）	2005	14 947	1 182	7 352. 63	6 443. 95	7 135. 60	6 093. 85	385. 04	609. 51
	2006	17 180	1 347	9 745. 52	8 068. 34	9 419. 49	8 116. 41	507. 02	772. 37
	2007	20 180	1 483	11 136. 98	10 470. 04	11 979. 98	10 315. 07	680. 49	1 009. 40
	2008	23 916	2 993	14 195. 84	12 417. 22	13 611. 58	11 705. 24	735. 42	1 116. 03

总体来看，2008 年浙江省规模以上装备制造业企业的经济效益比 2007 年有所下滑。其中，通用设备制造业、专用设备制造业、交通运输设备制造业的各项经济效益指标均比 2007 年有所下降。

表 3－140　2005－2008 年浙江省装备制造业规模以上企业经济效益指标

		每百元资金实现利税（元）	每百元固定资产原值实现利税（元）	每百元主营业务收入实现利税（元）	产品销售率（%）	流动资金周转次数（次）	劳动生产率（元/人）
金属制品业	2005	12. 18	32. 25	8. 07	96. 97	2. 09	54 147
	2006	11. 22	30. 84	7. 41	96. 92	2. 06	60 303
	2007	10. 07	29. 40	6. 73	97. 12	1. 99	71 797
	2008	10. 47	29. 92	7. 24	96. 81	1. 94	
通用设备制造业	2005	14. 15	34. 43	10. 73	97. 36	1. 83	63 378
	2006	14. 02	33. 92	10. 40	97. 45	1. 88	71 578
	2007	13. 66	34. 02	9. 87	97. 07	1. 90	81 294
	2008	11. 94	30. 40	8. 92	96. 77	1. 83	

（续表）

		每百元资金实现利税（元）	每百元固定资产原值实现利税（元）	每百元主营业务收入实现利税（元）	产品销售率（%）	流动资金周转次数（次）	劳动生产率（元/人）
专用设备制造业	2005	14.10	34.70	11.76	96.40	1.69	72 293
	2006	13.30	32.98	11.22	97.53	1.68	81 727
	2007	13.30	33.33	11.02	96.69	1.67	93 375
	2008	10.34	26.37	9.58	96.18	1.48	
交通运输设备制造业	2005	11.19	27.37	8.44	96.48	1.86	68 112
	2006	11.19	27.18	8.01	96.23	1.98	79 074
	2007	12.46	32.47	9.30	96.90	1.85	99 718
	2008	9.28	25.61	7.83	96.65	1.61	
电气机械及器材制造业	2005	12.16	35.22	8.43	97.46	1.90	69 852
	2006	11.90	35.34	8.01	96.93	1.95	76 594
	2007	11.87	36.46	7.88	97.10	1.96	89 210
	2008	12.06	37.49	8.17	97.11	1.89	
通信设备、计算机及其他电子设备制造业	2005	5.59	14.99	4.14	100.21	1.81	71 888
	2006	8.34	21.90	5.06	99.30	2.22	76 141
	2007	9.99	25.20	6.19	98.54	2.21	88 689
	2008	10.27	24.16	7.21	97.93	1.96	
仪器仪表及文化、办公用机械制造业	2005	12.52	34.74	9.91	97.20	1.74	62 457
	2006	12.03	33.17	9.06	96.40	1.81	65 991
	2007	12.32	33.63	9.35	96.18	1.79	75 796
	2008	11.62	32.23	10.24	95.35	1.53	

2. 大中型企业情况

2008 年，浙江省共有1 846家大中型装备制造业企业，比 2007 年增长 6.21%，亏损 160 家，增长 48.15%；拥有总资产6 839.56亿元，增长 13.52%；实现工业总产值7 834.50亿元，增长 9.11%；主营业务收入7 546.63亿元，增长 8.50%；主营业务成本6 483.18亿元，增长 8.28%；利润总额 461.75 亿元，增长 6.37%；利税总额 642.88 亿元，增长 6.79%。

总体来看，2008 年浙江省大中型装备制造业企业的经济效益比 2007 年有所下滑。其中，通用设备制造业、专用设备制造业的各项经济效益指标均比 2007 年有所下降。

3. 主要产品产量

2008 年，浙江省装备制造业主要产品均有所增长。内燃机3 397.12万千瓦，比 2007 年增长 252.26%；数控机床29 404台，增长 3.01%；大中型拖拉机20 352台，增长 15.18%；汽车245 350辆，增长 18.06%；发电设备 622.73 万千瓦，增长 48.55%；交流电动机2 761.89万千瓦，增长 48.22%；变压器6 692.9万千伏安，增长 10.88%。

表 3 - 141　2005 - 2008 年浙江省装备制造业大中型企业主要指标

		单位数（个）	#亏损单位数	工业总产值（亿元）	资产总计（亿元）	主营业务收入（亿元）	主营业务成本（亿元）	利润总额（亿元）	利税总额（亿元）
金属制品业	2005	123	7	335.69	283.93	323.41	276.96	19.20	27.07
	2006	156	10	461.01	380.50	438.27	380.56	22.00	33.14
	2007	187	12	613.50	525.13	593.79	520.45	25.79	39.63
	2008	202	9	765.74	641.20	732.06	636.28	39.88	59.49
通用设备制造业	2005	319	14	768.92	743.22	752.60	620.38	61.11	85.75
	2006	349	13	969.06	899.59	958.78	795.19	75.55	105.48
	2007	396	13	1 238.73	1 157.83	1 219.50	1 013.19	97.03	132.21
	2008	418	26	1 295.25	1 192.80	1 268.90	1 067.71	86.54	124.04
专用设备制造业	2005	94	6	250.77	242.49	241.22	201.34	19.86	28.73
	2006	113	7	332.66	308.18	323.86	267.63	26.74	37.41
	2007	134	15	433.14	404.77	409.47	337.26	33.96	47.15
	2008	124	15	412.24	425.70	392.26	324.21	30.08	40.05
交通运输设备制造业	2005	189	14	777.45	735.68	745.17	642.60	35.45	58.95
	2006	234	11	1 064.86	923.30	998.54	871.97	50.13	76.78
	2007	271	14	1 424.78	1 313.48	1 364.05	1 197.49	100.65	133.96
	2008	290	27	1 753.67	1 767.52	1 651.23	1 449.91	97.83	129.13
电气机械及器材制造业	2005	329	20	989.35	841.72	957.26	808.90	55.19	82.98
	2006	390	29	1 286.00	1 057.17	1 242.60	1 056.59	72.78	105.85
	2007	450	27	1 756.38	1 396.33	1 679.11	1 431.85	97.44	144.93
	2008	527	51	2 009.15	1 614.36	1 949.36	1 659.96	118.19	172.55
通信设备、计算机及其他电子设备制造业	2005	142	23	709.22	699.35	747.12	653.67	13.94	26.68
	2006	177	23	975.37	847.62	998.72	878.17	44.44	59.03
	2007	193	21	1 420.42	968.90	1 410.88	1 256.94	60.54	77.29
	2008	188	26	1 316.56	898.27	1 285.77	1 128.39	70.99	89.31
仪器仪表及文化、办公用机械制造业	2005	71	4	175.55	155.16	167.88	135.15	11.02	17.29
	2006	98	4	238.82	209.04	228.56	189.82	12.96	19.75
	2007	107	6	293.44	258.68	278.79	230.06	18.67	26.85
	2008	97	6	281.89	299.71	267.05	216.72	18.24	28.31
装备制造业（合计）	2005	1 267	88	4 006.95	3 701.55	3 934.66	3 339.00	215.77	327.45
	2006	1 517	97	5 327.78	4 625.40	5 189.33	4 439.93	304.60	437.44
	2007	1 738	108	7 180.39	6 025.12	6 955.59	5 987.24	434.08	602.02
	2008	1 846	160	7 834.50	6 839.56	7 546.63	6 483.18	461.75	642.88

表 3－142　2005－2008 年浙江省装备制造业大中型企业经济效益指标

		每百元资金实现利税（元）	每百元固定资产原值实现利税（元）	每百元主营业务收入实现利税（元）	产品销售率（%）	流动资金周转次数（次）	劳动生产率（元/人）
金属制品业	2005	11.86	34.02	8.37	97.56	1.90	74 134
	2006	10.76	31.00	7.56	96.68	1.89	77 029
	2007	9.37	29.42	6.67	97.09	1.82	87 946
	2008	11.34	35.21	8.13	96.98	1.81	
通用设备制造业	2005	13.91	34.80	11.39	97.84	1.65	86 135
	2006	14.30	35.24	11.00	98.19	1.77	96 015
	2007	14.51	36.73	10.84	97.47	1.79	106 128
	2008	12.85	32.74	9.78	97.10	1.77	
专用设备制造业	2005	14.78	38.57	11.91	96.48	1.68	101 873
	2006	14.56	39.36	11.55	98.93	1.70	115 960
	2007	14.48	39.06	11.51	97.33	1.69	130 855
	2008	11.14	29.92	10.21	96.43	1.45	
交通运输设备制造业	2005	10.66	25.04	7.91	97.20	1.89	88 732
	2006	11.01	25.76	7.69	96.69	2.05	104 632
	2007	13.91	35.27	9.82	97.52	1.97	131 792
	2008	9.37	26.18	7.82	97.86	1.62	
电气机械及器材制造业	2005	12.44	35.76	8.67	97.77	1.89	82 477
	2006	12.79	37.45	8.52	97.04	1.97	86 612
	2007	13.19	40.42	8.63	97.37	1.99	100 808
	2008	13.35	40.98	8.85	97.28	1.93	
通信设备、计算机及其他电子设备制造业	2005	4.58	12.47	3.57	101.31	1.71	87 370
	2006	8.49	21.99	5.91	99.76	1.92	86 512
	2007	9.63	24.24	5.48	98.94	2.37	100 657
	2008	10.94	25.33	6.95	98.21	2.14	
仪器仪表及文化、办公用机械制造业	2005	13.27	37.80	10.30	97.86	1.77	92 170
	2006	11.58	33.47	8.64	96.51	1.80	87 773
	2007	13.15	38.06	9.63	96.25	1.82	99 606
	2008	11.76	33.01	10.60	94.81	1.50	

表3－143　2005－2008年浙江省装备制造业主要产品产量

	内燃机（万千瓦）	数控机床（台）	大中型拖拉机（台）	汽车（辆）	发电设备（万千瓦）	交流电动机（万千瓦）	变压器（万千伏安）
2005	931. 59	10 615	15 855	149 645	251. 10	1 092. 27	3 940. 13
2006	921. 77	18 735	21 346	178 175	275. 48	1 485. 54	5 156. 87
2007	964. 37	28 545	17 670	207 817	419. 20	1 863. 41	6 036. 35
2008	3 397. 12	29 404	20 352	245 350	622. 73	2 761. 89	6 692. 90

注:表中数据的统计范围是规模以上工业企业。

二十四　长三角钢铁产业

(一)长三角钢铁产业整体情况综述

钢铁行业是以从事黑色金属矿物采选和黑色金属冶炼加工等工业生产活动为主的工业行业,包括金属铁、铬、锰等的矿物采选业、炼铁业、炼钢业、钢加工业、铁合金冶炼业、钢丝及其制品业等细分行业,是国家重要的原材料工业之一。此外,由于钢铁生产还涉及非金属矿物采选和制品等其他一些工业门类,如焦化、耐火材料、炭素制品等,因此通常将这些工业门类也纳入钢铁工业范围中。

钢铁行业是最重要的基础工业,是其他工业发展的物质基础。有了钢铁,就使得中国国民经济的技术改造成为可能。同时,钢铁工业的发展也有赖于煤炭工业、采掘工业、冶金工业、动力、运输等工业部门的发展。由于钢铁工业与其他工业的关系十分密切,因此许多国家都把发展钢铁工业放在十分重要的地位,并把这种发展与国民经济各部门的发展互相协调起来,保持正常的比例关系。

经过改革开放三十年的发展,长三角的钢铁行业在全中国占有举足轻重的分量,2008 年长三角规模以上钢铁企业9 158个,比 2007 年增加了 622 个,是 2004 年的 1.74 倍。工业总产值比上一年提高了 14.1%,新产品产值略有降低,2008 年为 678 亿元,比 2007 年减少了 6.6%,是 2004 年的 1.97 倍。工业销售产值 2008 年为12 564.83亿元,比 2007 年提高了1 708.98亿元,出口交货值为1 114.58亿元,比 2007 年提高了 236.96 元。

长三角规模以上钢铁企业的总资产连年增长,2008 年为11 618.05亿元,2004 - 2008 年钢铁产业总资产年均增长率为 22%,可见长三角地区钢铁行业的规模大,增长迅速。主营业务收入 2008 年为16 884.58亿元,但增长速度稍有减缓的趋势,从利润情况来看 2005 年到 2006 年的增长速度最快,2006 年到 2007 年的增速开始下降,到了 2008 年利润开始下滑,2008 年的利润为 580.65 亿元,比2007 年减少了 164 亿元,2008 年的利税总额有所下降。

表 3 - 144　长三角规模以上钢铁企业主要经济指标(一)

单位:亿元

长三角钢铁	企业单位数(个)	工业总产值	新产品产值	工业销售产值	出口交货值
2004	5 247	5 978.38	342.48	4 898.20	346.30
2005	6 105	7 752.10	442.40	6 627.10	544.57
2006	7 797	11 476.13	593.96	8 535.66	762.90
2007	8 536	14 599.04	726.27	10 837.85	877.62
2008	9 158	17 005.15	678	12 546.83	1 114.58

数据来源:《江苏统计年鉴》、《上海统计年鉴》、《浙江统计年鉴》(历年)

表 3 - 145　长三角规模以上钢铁企业主要经济指标(二)

单位:亿元

长三角钢铁	总资产	流动资产年平均余额	主营业务收入	利润	利税
2004	5 227.96	2 226.57	5 973.71	434.89	668.71

(续表)

长三角钢铁	总资产	流动资产年平均余额	主营业务收入	利润	利税
2005	6 745.38	2 941.36	7 842.94	478.09	753.34
2006	9 048.26	4 241.36	11 603.65	611.37	983.43
2007	10 644.33	5 291.70	14 658.72	744.65	1 238.33
2008	11 618.05	5 419.62	16 884.58	580.65	1 181.49

数据来源:《江苏统计年鉴》、《上海统计年鉴》、《浙江统计年鉴》(历年)

(二)江苏省钢铁业

1. 江苏省钢铁行业整体情况

江苏省规模以上钢铁行业的主要指标显示,2008 年江苏省钢铁企业4 422个,新增钢铁企业 249 个,是 2004 年的 1.68 倍。工业总产值为10 171亿元,比 2007 年增加1 647.83亿元,是 2004 年的 2.96 倍。新产品产值为678 亿元,是2004 年的2.73 倍,工业销售产值为10 031亿元,比2007 年增加 1 035.42亿元,出口交货值为 806 亿元,是 2004 年的 4.63 倍。

江苏省钢铁企业的总资产 2008 年为6 010亿元,比上一年增加了 883.55 亿元,流动资产年平均余额 2008 年为3 023.14亿元,比 2007 年增加了 266.82 亿元,是 2004 年的 2.53 倍,主营业务收入 2008 年为9 908.29亿元,是 2004 年的 2.92 倍,比 2007 年增加了1 447.87亿元。2008 年江苏省钢铁行业的利润比 2007 年下降了约 22 亿元。

表 3-146　江苏省规模以钢铁企业主要指标(一)

单位:亿元

江苏省钢铁业	企业单位数(个)	工业总产值	新产品产值	工业销售产值	出口交货值
2004	2 638	3 430.34	248.58	3 359.13	174.04
2005	3 310	4 788.08	287.09	4 698.59	308.36
2006	3 655	6 345.80	399.15	6 299.67	451.04
2007	4 173	8 523.17	544.73	8 395.58	552.04
2008	4 422	10 171.00	678.00	10 031.00	806.00

数据来源:《江苏统计年鉴》(历年)

表 3-147　江苏省规模以钢铁企业主要指标(二)

单位:亿元

江苏省钢铁业	总资产	流动资产年平均余额	主营业务收入	利润	利税
2004	2 542.29	1 194.24	3 397.4	170.25	284.23
2005	3 406.7	1 640.43	4 731.64	200.33	336.93
2006	4 172.33	2 015.53	6 318.51	282.55	469.84
2007	5 127.25	2 756.32	8 460.42	423.5	688.08
2008	6 010.8	3 023.14	9 908.29	399.78	773.67

数据来源:《江苏统计年鉴》(历年)

2. 江苏省钢铁行业前景

江苏省钢铁工业能耗占全社会总能耗的18.4%，是耗能、耗水、排污的大户，而且消耗总量和比重都呈上升趋势。江苏省钢铁业部分产品和技术虽然在中国处于领先地位，然而由于历史原因，钢铁工业布局不尽合理，有的位于大中城市，有的地处人口密集地区，还有的交通不便，原材料和产品主要依靠陆路运输，既对人居环境造成很大影响，也不利于企业的长远发展。

从产品结构和层次看，低端产品和一般产品比重偏大，高技术含量和高附加值产品还不能满足市场需求。据悉，江苏省钢铁行业板带比仅为25%，低于全国平均水平16.8个百分点，中厚板、薄板、无缝管、焊接管、冷弯型材、涂层板等高附加值产品仅占钢材总量的四分之一，家电、汽车、船舶用板产量较低，市场急需、附加值高的大型型钢、特厚板材还不能生产。而淘汰落后产能，则可以进一步优化钢铁工业布局，为高附加值产品腾出市场容量，促进钢铁行业改善品种、提高质量、增加效益。

钢铁工业是资金技术密集，规模经济显著的产业，只有提升技术装备水平、提高产业集中度，才能增强国际竞争力。目前江苏省中小钢铁企业比重较大，沙钢、南钢、梅钢、兴澄、中天等全省排名前五位的企业，生铁、粗钢和钢材生产能力集中度仅为68.2%、70.3%和43.2%。小焦炉、小高炉、小转炉、小电炉和落后轧机仍占相当大比例，把这些落后产能淘汰掉，可以促进企业调整改造，提升技术装备水平。

为推进钢铁工业落后产能的淘汰工作，江苏省政府已决定以中央财政转移支付资金和差别电价收入为主，通过新增财力少量配套，建立专项资金，主要用于钢铁行业淘汰落后产能。同时将支持和鼓励有条件的企业加快购并重组。根据《江苏省"十一五"钢铁工业结构调整和发展专项规划》和《江苏省钢铁工业淘汰落后生产能力实施方案》，到2010年，通过联合重组，江苏省将形成1个2 000万吨级、1个1 000万吨级、具有较强国际竞争力的特大型钢铁企业集团，1至2个300万吨级、具有中国领先水平的特钢企业；江苏省内排名前五位的钢铁企业钢产量占该省产量的比重达到80%以上。

（二）上海市钢铁业

1. 上海市钢铁行业整体情况

上海规模以上钢铁行业的主要指标显示，2008年上海钢铁企业1 151个，新增钢铁企业123个，是2004年的1.33倍。工业总产值为2 530.74亿元，比2007年增加53亿元，是2004年的1.65倍。工业销售产值为2 515.83亿元，比2007年增加73.56亿元，出口交货值为308.58亿元，比2007年略有下降，是2004年的1.79倍。

上海市钢铁企业的总资产2008年为2 252.66亿元，比上一年减少了530.27亿元，是2005年以来最低的一年。流动资产年平均余额2008年为1 205.1亿元，比2007年增加了117.83亿元，是2004年的2.03倍，主营业务收入2008年为2 812.57亿元，是2004年的1.79倍，比2007年增加了112亿元。

表3－148　上海市规模以钢铁企业主要指标（一）

单位：亿元

上海市钢铁业	企业单位数	工业总产值	新产品产值	工业销售产值	出口交货值
2004	865	1 536.32	93.9	1 539.07	172.26
2005	1 051	1 952.31	155.32	1 928.51	236.21
2006	1 039	2 253.75	194.82	2 236	311.87
2007	1 028	2 477.74	181.54	2 442.27	325.58
2008	1 151	2 530.74	—	2 515.83	308.58

数据来源：《上海统计年鉴》（历年）

表 3－149　上海市规模以钢铁企业主要指标(二)

单位:亿元

	总资产	流动资产年平均余额	主营业务收入	利润	利税
2004	1 700.67	594.81	1 575.09	189.47	259.46
2005	2 353.68	863.41	2 110.08	202.59	291.39
2006	2 620.84	1 057.3	2 461.59	217.19	303.32
2007	2 782.93	1 087.27	2 700.21	190.92	311.94
2008	2 252.66	1 205.1	2 812.57	83.72	181.54

数据来源:《上海统计年鉴》(历年)

2. 上海钢铁产业未来发展趋势

钢铁行业内有句名言:“世界钢铁看中国,中国钢铁在上海,上海钢铁在宝山。”中国是世界上最大的钢铁生产和消费国,而上海曾是全国最重要的钢材集散地,而作为中国钢铁的龙头企业——“宝钢价格”曾经一度是华东、乃至中国钢材价格的市场“风向标”。

数量庞大、规格不同的钢材产品从全国各地的主要钢厂发出来,依靠火车、汽车和船运(内河和沿海)等方式驳运到上海的仓库和码头,又通过各种方式和渠道的交易,除留作本地建设消费使用之外,其余被剪切加工之后(也有部分不加工的)又再次通过火车、汽车和船运方式分流到江苏、浙江、福建、安徽、山东、江西等华东周边地区,甚至辐射到更远的区域。不过随着近几年全国各地钢材市场的兴建、交易形式的改变和各地钢材贸易流通业的发展,上海地区钢材交易所占的比重有所下降。

“宝钢价格”曾经被业内称为市场价格的“风向标”,尤其在华东地区,宝钢价格上调,市场价格也即同步上调,宝钢价格下调,市场价格也会相应回落。由于近几年宝钢产品结构的战略调整和民营钢铁力量的发展,宝钢价格的影响力有所分散。不过至今“宝钢价格”依然是受国际和行业内外高度关注的最重要的价格指标之一。

据不完全统计,在上海的钢铁产业或钢铁服务业相关从业人员在全国列居首位。自建国 60 年以来的前 30 年里,钢铁作为各行各业基础建设、设备制造和众多产品不可或缺的原材料,被纳入计划经济严控的生产资料。在这段时间里,钢材都是由各地物资部门统一调配,民间买卖钢材是违法的。一直到 1979 年,上海生产资料市场成立以后,仍有一段长达十多年的、被称为“双轨制”的岁月,钢材仍在很大的程度上被列为计划经济严格控制的工业原材料,民间只允许经营边角余料、废旧钢铁的买卖。

上个世纪九十年代初,随着改革开放进程向纵深发展,计划经济才逐步过渡到市场经济。也就是从这个时候开始,上海的钢铁贸易流通行业开始得到迅速发展,钢材贸易企业如雨后春笋般诞生,贸易企业的发展又催生了规模、形态不一的钢材交易市场。与此同时,又逐步衍生出物流配送、融资担保、电子商务、信息资讯、管理咨询、教育培训、会展旅游等等许多产业相关的钢铁服务企业。

上海钢铁贸易业在经济建设中发挥了很大的作用,做出较大贡献。目前上海有 300 多座钢材仓库,100 多家钢材加工中心,60 余家钢材交易市场,其中最大的一家,驻场的钢铁企业达到1 200多家,最小的一般也有 100 ~200 家。据国家统计局统计,2007 年上海的钢材流入量约占全国钢材销售总量的 10%,为3 028万吨。业内人士估算,上海 2007 年以来的钢材年贸易总量已愈 1 亿吨,可带来工贸总收入4 000亿元,为地方带来近 40 亿元的税收,提供 20 余万个就业岗位。此外,钢材贸易还为物流、金融行业带来巨大商机。上海的钢铁贸易业每年可为各类金融机构提供2 000亿元以上的融资,所需的物流能折合超过 400 亿吨公里。

经过20多年的发展,如今上海钢铁贸易行业已经形成明显特征:一是产地性,主要围绕钢铁生产企业,如宝山区域,围绕宝钢形成上海北郊的钢铁服务产业圈;二是消费地性,主要围绕制造工业带,如上海的松江、金山、闵行、嘉定的沿海工业带,浙江的甬、台、温地区的工业带,江苏的苏、锡、常工业带;三是交通枢纽性,上海是南北交通枢纽,港口、铁路、公路环网发达。因此,上海的钢铁贸易具有复合型特征,已经形成产业集群,发展潜力巨大。

针对目前上海地区钢铁贸易行业的现状和存在的问题,钢贸企业要取得生存和发展,必须转型,向流通服务型企业发展。对于用户,钢铁贸易商要从性能、规格、交货期、付款方式及提供其他增值服务等方面满足用户要求。对于钢厂,贸易商及时找反馈市场供需信息,引导钢厂根据市场需求生产,并制定适时的营销策略。对于金融机构,贸易商需要与其建立稳定合作关系,以降低资金成本,保持稳定的资金流。对于仓储物流,贸易商要与其紧密合作,保障货物的安全,确保货物及时送达。

从远期来看,钢铁贸易商的发展目标,要嵌入供应链,在整个供应链中形成影响力。报告指出,贸易商需要通过多种手段,为客户提供成本最低的解决方案。例如通过精加工、深加工、个性化加工、技术解决方案、统筹物流配送,把服务延伸到供应链的末端,节约用户生产成本,使用户逐步向零库存过渡。

(三)浙江省钢铁产业

1. 浙江省钢铁产业发展情况

浙江省规模以上钢铁行业的主要指标显示,2008年浙江省钢铁企业3 585个,新增钢铁企业250个,是2004年的2.06倍。工业总产值为4 303.41亿元,比2007年增加752.28亿元,是2004年的4.25倍。从企业数、工业总产值额指标来看,2005年是增长速度最快的一年,相应指标都增加了一倍左右。

浙江省钢铁企业的总资产2008年为3 354.59亿元,比上一年减少了620.44亿元。流动资产年平均余额2008年为1 191.38亿元,比2007年减少了256.73亿元,是2004年的2.73倍,主营业务收入2008年为4 163.72亿元,是2004年的4.16倍,比2007年增加了665.63亿元。但2008年的利润和利税指标有所下降。

表3－150　浙江省规模以钢铁企业主要指标

单位:亿元

浙江省钢铁业	企业单位数(个)	工业总产值	总资产	流动资产年平均余额	主营业务收入	利润	利税
2004	1 744	1 011.72	985.00	437.52	1 001.22	75.17	125.02
2005	2 889	2 097.76	1 858.61	925.80	2 042.31	62.82	135.31
2006	3 103	2 876.58	2 255.09	1 168.53	2 823.55	111.63	210.27
2007	3 335	3 598.13	2 734.15	1 448.11	3 498.09	130.23	238.31
2008	3 585	4 303.41	3 354.59	1 191.38	4 163.72	97.15	226.28

数据来源:《浙江统计年鉴》(历年)

2. 浙江省钢铁产业前景分析

2007和2008年的数据显示,浙江钢铁业已经走到了产业转型升级的瓶颈阶段。中国钢铁业经历了短暂的高成本、高钢价“时代”,2008年进入了“冬天”。国务院常务会议部署了一系列促进钢铁市场健康发展的政策措施。在钢铁市场持续低迷,观望气氛浓重的大背景下,钢铁相关新政策的出台对提振市场信心起到关键作用。

在金融风暴带来的风险和危机面前,浙江省钢铁企业需要重新审视原来的管理模式,从危机事件中吸取教训,练好"内功"。一方面,要增加战略资产和提高核心竞争力,进行资源整合,另一方面也要发现不利因素,寻找有利因素,抓住机会转危为机,还要在危机管理中提升预测、应变、反省和方案执行这四大能力。

世界金融危机的大背景下,钢铁产业链上各相关企业应抱团取暖,共同渡过难关,加速组建企业联盟,稳定供需关系。供需企业要从长期合作,互利双赢目标出发,同时坚持供需双方自主协商的基本方式和以质论价的原则。小型经销商可以采取"游击"战略,经营的产品有"短、平、快"的特点,抢抓机遇,速战速决。大、中型企业不管是生产型还是贸易型,都不宜搞"单打一":只生产或经营一种产品。

二十五　长三角新能源产业

新能源是国民经济的战略性、先导性产业，对拉动经济增长、调整产业结构、转变发展方式具有十分重要的作用。世界发达国家和地区把发展新能源作为顺应科技潮流、应对金融危机的重要举措。我国把开发利用新能源、推进新能源产业化作为实施能源战略、促进经济社会可持续发展的重要抓手，加快发展核电、风电、新能源汽车、太阳能等新兴产业，积极迎接新能源产业革命。

(一)长三角地区基本情况

近年来，长三角新能源产业发展迅速，如在中国太阳能光伏设备十大制造企业中，长三角就占7家，如无锡尚德，中电电气(南京)、江苏阿特斯等等；而在德勤中国高科技、高成长50强榜单上，常州天合光能有限公司更是以较快的成长速度独占鳌头。

新能源产业的高成长性吸引各路资本瞄准长三角地区的新能源产业。如台湾第一大太阳能电池制造商茂迪已经落户昆山；美国纽交所上市企业赛维LDK与苏州吴中签订了总投资达10亿美元的新能源项目；在台资、外资汹涌而入的同时，长三角的民营资本也积极行动，温州电气龙头企业正泰集团投资2 000多万美元，在杭州注册成立了浙江正泰太阳能科技有限公司，其首批太阳能光伏电池业已正式投产，2010年前产能将扩大到300兆瓦，实现产值120亿元。

为了培育新能源产业集群，长三角两省一市相继出台了一系列配套政策和法规，其中江苏省更是坚定了打造“世界太阳能光伏第一省”的决心。目前江苏的光伏产业已经占到了全国的70%。浙江则倡导变废为宝，通过生物质能发电来缓解电荒。现有8家企业有此技术，已累计“消化”垃圾120万吨，生产电力3.7亿千瓦时。

当前长三角的新能源产业链已具雏形。比如，无锡惠山区集中了24家风能设备生产企业，分别从事着风能发电底座、塔杆、轴承座、法兰、风叶等多种风能设备零部件，电机设备配套率可达70%以上。浙江海宁袁花镇一个镇，就聚集了太阳能热水器生产企业429家，形成了集整机、制管、配件生产及销售网络于一体的相对完整的产业链，年产值近20亿元，占全国市场的十分之一。

(二)上海市的基本情况

1. 上海新能源产业发展概况

上海地处东南沿海，是我国除内蒙古之外最适合于风力发电的地区之一。上海50米高度的年平均风速是每秒6.7至7.1米，年有效风力累计时间在7 300小时以上，风电资源丰富，而且海上的风能较陆地更为充足，发展空间极大。事实上，上海周边大量的滩涂和浅海区域都可用于建设大型的风力发电场。由于风车在上海还属新鲜事物，崇明和南汇的这两个风电场还有望成为旅游景点。风力发电十分环保，有资料显示，风力发电一度，就可相应减少960克二氧化碳的排放量。目前，位于奉贤区的风电场已经建成使用，每年可输出的风电已达748万千瓦时，包括位于崇明、南汇的风电场，这3个风电场的风电年输出量达5 368万千瓦时。

2. 上海推动新能源发展的主要思路

加快推进新能源高新技术产业化是上海贯彻落实科学发展观、实现经济社会可持续发展以及推进“四个率先”、建设“四个中心”和现代化国际大都市的重要内容，是落实国家战略、转变经济发展方式以及主动衔接国家重点产业调整振兴规划、促进产业结构优化升级的重要举措。

上海推进新能源高新技术产业化的思路为：按照“集聚产业，纵横并重；依托基地，政策扶持；面向市场,鼓励竞争”的总体要求,聚焦重点领域、重点企业和重点区域,加强招商引资、项目建设和基础研发,加快形成新能源产业集群,促进产业链上下游的纵向配套和横向发展,鼓励适应市场需求的新能源技术和产品的应用推广。力争到2012年,新能源产业重点领域总产值达到1 100亿元,占全市工业总产值的比重从目前的不到1%提高到3%,其中核电、风电和IGCC500亿元,新能源汽车300亿元,太阳能300亿元;新能源汽车产业初具规模,技术水平国内领先;核电加快提高成套能力,市场占有率达到国内第一;风电和IGCC关键设备设计、制造和系统集成能力国内领先;太阳能产业在薄膜太阳能电池、核心装备研发制造等方面达到国内领先、国际先进水平。

1) 核电、风电和IGCC

发展思路:核电突破关键瓶颈,实现成套能力,扩大市场份额,保持国内领先;风电坚持市场导向,推进产业自主创新,实现大型海上风机产业化;IGCC以示范工程为载体,实现装备突破,在国内率先形成设计、制造和成套能力。

发展重点:核电重点发展核岛主设备、常规岛主设备、关键辅助设备、核电站数字化仪控系统等,攻克大型铸锻件、主泵等关键瓶颈,形成核岛、常规岛及控制系统的设备成套能力;消化吸收AP1000第三代核电技术与争取二代改进型核电市场份额并重,堆内构件和控制棒驱动机构形成年产8~10套能力,百万千瓦级反应堆压力容器、蒸汽发生器形成年产4~6套能力。到2012年,核电装备产值达到150亿元,国内市场占有率争取达到40%,初步构筑起以核电成套设备制造为主体,兼有核电设计、服务和出口的产业集群,形成设备成套和系统设计能力,在扩大国内市场的基础上争取进入国际市场,保持全国领先。充分发挥上海电气、上海发电设备成套设计研究院、上海阿波罗机械制造公司等单位的作用,同时加快吸引国内外先进企业到上海发展。

风电重点发展大型海上风机、陆上风机和关键零部件等,培育2兆瓦以上大型风机齿轮箱、叶片、发电机、变频器/主控、主轴承/偏航轴承/变桨轴承、液压系统等关键部件配套产业链,大型风机关键零部件国产化率达到65%。到2012年,风电产业产值达到300亿元,实现2兆瓦以上风机系列化(产能2 000台)、3兆瓦以上海上风机产业化(产能80台)。充分发挥上海电气、上海振华港机、上海玻璃钢研究所、万德风力等单位的作用,同时加快吸引国内外先进企业到上海发展。

IGCC重点发展IGCC燃气轮机、气化炉、电站系统集成等,建设IGCC示范工程,加快开发低热值燃气轮机燃烧室、大型电站系统集成等技术,在国内率先形成IGCC燃气轮机和气化炉制造、电站系统集成能力。到2012年,IGCC国产化率达到80%以上。充分发挥上海电气、上海发电设备成套院、华东理工大学、上海交大等单位的作用,同时加快吸引国内外先进企业到上海发展。

产业布局:核电建设以浦东(临港)、闵行等为主的产业基地,浦东(临港)基地主要开展核岛和常规岛主设备的研发和总装;闵行基地主要开展核级锻件的研制;同时建设宝钢核材料供应基地。风电以浦东(临港)等为主,建设大型风电机组关键设备产业化研发制造基地。IGCC以闵行等为主,建设燃气轮机、气化炉等关键设备产业化制造基地。

2) 新能源汽车

发展思路:以油电混合动力汽车和高性能纯电动汽车为主攻方向,以电池、电机、电控等关键零部件为突破口,同步支持燃料电池汽车降低成本、提高性能,加快抢占技术制高点和市场增长点,加快形成国内领先、具有国际竞争能力的自主产业体系和产业集群。

发展重点:整车重点发展油电混合动力汽车和高性能纯电动汽车,主攻采用一体式启动发电机(ISG)/皮带式启动发电机(BSG)中混技术路线、充电式(Plug-in)强混技术路线的油电混合动力汽车,以及运用磷酸铁锂等动力电池驱动的纯电动汽车等。到2012年,混合动力汽车弱混、中混、强混全系列实现产业化,充电式(Plug-in)混合动力轿车、纯电动轿车批量上市;纯电动商用车形成公交客车、中型客车、环卫车、工程车等产品细分序列;新能源汽车产业初具规模,整车产值达到200亿元左右。充分发挥上海汽车、上海华普等整车企业作用，同时加快吸引国内外先进企业到上海发展。

关键零部件：电池重点发展磷酸铁锂等动力电池，形成电池关键材料、电芯、单体及模块、组堆及管理系统（BMS）等集成能力。电机重点发展大功率车用永磁电机及其控制系统，形成驱动电机关键材料、电机设计及控制系统、驱动电机成套化系列化等的产业化能力，以及电驱变速箱（EDU）、双离合器自动变速箱（DCT）相应的配套能力。电控重点发展动力系统控制、电子控制模块（ECU）、电力电子、电动转向、电动空调等，加快形成自主研发的全方位配套能力。到2012年，形成电池、电机、电控的自主化产业配套体系，具备十万套级配套能力，新能源汽车零部件产值达到100亿元。充分发挥上汽集团、上海雷博、上海电驱动公司、上燃动力等企业的作用，同时加快吸引国内外先进企业到上海发展。

产业布局：以嘉定为主建设新能源汽车及关键零部件产业基地，形成研发、制造、检测、试验、示范运行和服务等综合性功能；以浦东新区（金桥、临港）、金山等为主，加快建设新能源乘用车产业基地；加快建设闵行、松江、浦东新区等新能源商用车产业基地。

3）太阳能

发展思路：通过重点发展薄膜太阳能电池、支持发展高效晶体硅太阳能电池、突破发展薄膜太阳能电池核心装备，提升技术水平和产业能级；优化产业布局，促进产业集群发展；力争太阳能电池核心工艺技术水平和装备制造能力国内领先，成为全国太阳能产业的重要基地。同时，跟踪培育纳米晶、染料敏化、有机电池等下一代太阳能电池技术，关注支持新型光热发电系统的开发。

发展重点：薄膜太阳能电池重点发展非晶硅薄膜电池、高效叠层硅薄膜电池，推动非晶硅薄膜电池生产工艺技术攻关，加快开发多结硅薄膜太阳能电池等技术，支持"卷对卷"柔性硅基薄膜太阳能电池和化合物薄膜太阳能电池中试开发和生产线建设。到2012年，薄膜太阳能电池产能达到500兆瓦，硅基薄膜电池量产光电转换效率提高到10%，铜铟镓硒（CIGS）和碲化镉（CdTe）薄膜电池量产光电转换效率提高到13%，组件成本降低到每瓦1美元以下。

高效晶体硅太阳能电池重点发展高效晶体硅太阳能电池技术和产品，不断开发、引进和应用新技术，提高晶体硅太阳能电池的光电转换效率，扩大生产规模和市场占有率。到2012年，高效晶体硅太阳能电池产能达到1 000兆瓦，高效晶体硅电池量产光电转换效率提高到18%（多晶）和20%（单晶），厚度为150微米左右。

薄膜太阳能电池核心装备重点发展硅基薄膜太阳能电池和化合物薄膜太阳能电池核心装备，研发制造等离子体辅助化学气相沉积（PECVD）等硅基薄膜太阳能电池以及铜铟镓硒（CIGS）、碲化镉（CdTe）等化合物薄膜太阳能电池核心装备，不断提高工艺和装备技术水平。到2012年，薄膜太阳能电池核心装备技术指标达到同期国际先进水平，制造成本明显低于同期国际水平，具备较强的市场竞争力。

产业布局：重点建设以闵行为核心的太阳能产业基地，支持闵行浦江高科技园等以生产薄膜太阳能电池为主，兼顾发展高效晶体硅电池，建设成为太阳能产业研发制造集聚地；支持浦东张江高科技园区等建设薄膜太阳能电池核心装备研发制造基地；支持松江、奉贤等建设一批太阳能特色园区。

（三）江苏省的基本情况

1. 江苏新能源产业发展概况

进入新世纪以来，江苏省新能源产业快速发展，规模不断壮大，技术创新水平大幅提升。2008年，实现产值近900亿元，光伏产业规模居全国首位。太阳能电池产量达1 580兆瓦，多晶硅产量迅速增加，部分企业的电池转换效率位居世界前列。已有290多家相互配套的关联企业，形成了从高纯多晶硅、硅片、电池、组件、集成系统设备到光伏应用产品较为完整的产业链。涌现了一批具有自主知识产权和自主品牌的重点骨干企业,8家光伏企业成功上市,近20家企业年产值超10亿元。风电整机制造能力达100万千瓦,风电装备成套机组制造企业数量居全国首位,风力发电机和高速齿轮箱、回转支承等关键零部件国内市场占有率达50%。风力发电1.5兆瓦机组形成批量生产,2兆瓦机组试制成功,3兆瓦机组研制进展顺利。生物质直燃锅炉、百万千瓦压水堆核电站核关键阀门等一批高新技术和产品填补国内空白,达到国际先进水平。

江苏省区位优势明显,产业基础较好,科教资源丰富,与全球经济技术合作密切,发展新能源产业的综合配套条件较为优越。但是,江苏省新能源产业仍然存在一些问题和制约瓶颈。一是国内市场刚刚启动,国内需求对新能源产业的拉动作用有待提高。二是企业创新能力不足,产品成本偏高,影响新能源并网发电的推广应用。三是部分国产化设备质量、性能及技术水平与国外同类产品尚有差距,许多关键设备依赖进口。四是装备产业技术门槛较高,专业技术人才缺乏,制约产业发展。

2. 江苏推动新能源发展的主要政策

1)落实产业政策。

落实国家扶持新能源产业发展的各项政策,对各类投资主体研制开发新能源产业项目实行鼓励政策,加快项目的核准、备案。将技术先进、优势明显、带动和支撑作用强的重大项目,纳入全省重点项目规划和年度实施计划,优先给予土地、信贷等支持。

优化产业结构,严格控制应用传统工艺的高纯多晶硅生产项目。鼓励发展高效低成本太阳能电池,限制单晶拉制和多晶硅铸锭等低水平重复建设。加强用地保障,各地在省下达的指标中优先安排重点项目用地。对省级重点项目,地方安排用地指标确有困难的,省有关部门给予适当支持。根据环保法律法规,加强新能源产业固定资产投资项目环境影响评价工作,为符合产业政策的环境友好型项目开辟“绿色通道”。对资源环境影响大的项目,严格落实各项环保措施。积极推行清洁生产,实施以削减污染物排放为主要内容的环保提标改造,确保增产不增污。

2)加大财税扶持力度。

推动设立省光伏发电专项资金,主要对光伏并网发电电价、光伏发电示范推广工程给予补贴,引导和鼓励江苏省光伏企业投标竞争国家光伏发电示范项目,积极拓展国际国内市场。

加大现有省级专项资金对新能源产业自主创新和科技成果转化的扶持力度。支持符合条件的新能源企业申报国家科技重大专项、高技术产业化专项、重点行业结构调整专项和装备制造业发展专项,积极争取国债资金和中央预算内补助资金的支持,对国家重大产业化专项、科技重大专项给予地方配套。

加大国家和省已出台税费减免优惠政策的落实力度,加快将符合条件的新能源企业认定为高新技术企业,引导企业用好国家鼓励进口设备的减免税政策。

3)拓宽融资渠道。

优先支持符合产业调整和振兴方向的企业在境内外上市,发行债券、短期融资券、中期票据以及上市公司再融资。建立政府与金融机构沟通协调机制,搭建银企对接合作平台,主动向金融机构推荐江苏省重点发展的新能源产业项目,促进金融机构加大信贷支持力度。发展风险投资,鼓励设立创业投资、风险投资机构,开展对新能源企业的投资。鼓励产业投资基金参与对江苏省新能源产业重点发展领域的股权投资。

4)强化人才支撑。

发挥江苏省教育资源优势,在普通高校和职业技术院校设置新能源专业,开设新能源应用课程,扩大招生规模,多层次培养新能源专业人才。依托现有高校,整合相关资源,筹建新能源学院(二级)。支持企业、科研院所和社会力量开展各种新能源技术培训。积极吸引有技术、资本及管理才能的海外留学人员来江苏省投资创业。加强人才队伍建设，将新能源产业确定的四大重点领域所需高端人才列入省引进高层次海外人才计划。

5）加快企业兼并重组。

加快新能源企业的战略性调整与重组，推动企业跨地区、跨所有制兼并与联合，发展一批有核心竞争力、主导产品优势突出的大型企业集团。鼓励新能源企业与上下游企业、研发机构之间组成战略联盟，实施优势互补，增强产业整体竞争力。对重组企业可采用资本金注入、融资信贷、资产划转等方式，推进联合重组。对重组方试行重组并购贷款，对骨干龙头企业跨地区重组和产业转移项目给予资金和优惠政策支持。

6）提升国际化水平。

抓住当前国际新能源产业加速发展和布局调整的有利时机，以提升产业层次和国际竞争力为目标，承接国际产业转移，引进一批技术含量高、产业规模大和带动支撑作用强的重大项目。加强与省内高技术企业的融合互动，积极发展上下游配套产业，努力形成新的产业链和经济增长点。加大与国外专业研发机构和专业生产企业的合作力度，鼓励国外制造厂商和研发机构来江苏省投资办厂和建立研发中心。支持有实力的企业到境外投资，合理利用境外资源，以购并、合资合作和租赁等方式开拓境外市场。

（四）浙江省的基本情况

1. 浙江新能源产业发展概况

从新能源、清洁能源发展看，浙江省增长迅速。如风能利用，到2008年底，全省已建成投产风力发电总装机容量14.8万KW，比上年增长2.1倍。风力发电量12 768万千瓦时，比上年增长1.6倍。风能的开发利用步伐明显加快。

太阳能光热利用从民用向工业等领域拓展。至2008年底，全省累计推广太阳能热水器约800万m^2，比上年末增长1.1倍。光伏产业已初步形成从工业硅生产到系统开发较完整的产业链。

在核能方面，至2008年底，浙江域内核电总装机容量307万千瓦，与上年持平，占全省电力总装机容量的5.8%。全年核电生产电量238亿千瓦时，占全省总发电量11.2%，比重比上年上升0.3个百分点。

在垃圾焚烧发电方面，至2008年底，全省已有城镇垃圾及生物质焚烧发电企业21家，日焚烧处理城镇垃圾总能力12 440吨，比上年增长47.5%。已建成投产垃圾焚烧发电机组装机容量28.7万千瓦，比上年增长34.7%，年发电量约13.3亿千瓦时，比上年下降14.2%。目前，全省垃圾焚烧年供热能力约597万吉焦，实际供热344万吉焦，比上年增长98.8%，城镇垃圾及生物质焚烧处理利用能力明显提高。

在农村生物质能方面，2008年，全省农村地区生产、生活用能中，秸秆消费折合标准煤81.6万吨。薪柴消费折合标准煤95.5万吨。推广太阳能热水器折合标准煤43.3万吨，沼气用户13.8万户，大中型沼气工程4 438处，总容积68.5万立方米，年产沼气12 543万立方米，折合标准煤9万吨。

在全省畜禽规模化养殖中，养殖排泄物资源量约1 655万吨，年可产沼气23.3亿立方米，相当于可替代常规能源166万吨标准煤。全省农村清洁能源利用率已达65%。

2. 浙江推动新能源发展的战略思路

1）全面推广"6+1"新能源

启动"6+1"新能源推广应用计划。包括：实施100万屋顶发电计划，建设约50MW光伏发电装机；实施100万m^2太阳能热水器利用计划，加大力度在工业领域和公共建筑上推广应用光热技术；实施100MW风电场计划，加速建设陆上及近海风力发电场；实施100万m^2建筑地源（水源）热泵空

表 3-151　近年来浙江新能源利用情况(1)

	风能		核能	
	总装机容量(万 KW)	发电量(万 KW 时)	总装机容量(万 KW)	发电量(亿 KW 时)
2005	3.45	5 460	306.6	226
2006	3.72	4 793	307	222
2007	4.74	4 870	307	226
2008	14.7	12 768	307	238

表 3-152　近年来浙江新能源利用情况(2)

	垃圾焚烧发电		太阳能
	总装机容量(万 KW)	发电量(亿 KW 时)	太阳能热水器(万 M2)
2005	15.1	11	200
2006	18.9	12.6	280
2007	21.3	15.5	378
2008	28.7	13.3	800

调计划;实施 100 条道路太阳能照明计划,在全省范围内建设 100 条太阳能照明示范道路;实施 100 万农户沼气(技术)利用计划,在农村形成 120 万 m^3 沼气池量,年产沼气 1 亿 m^3,惠及农户 100 万户;+1,开展综合性新能源应用示范基地建设等。

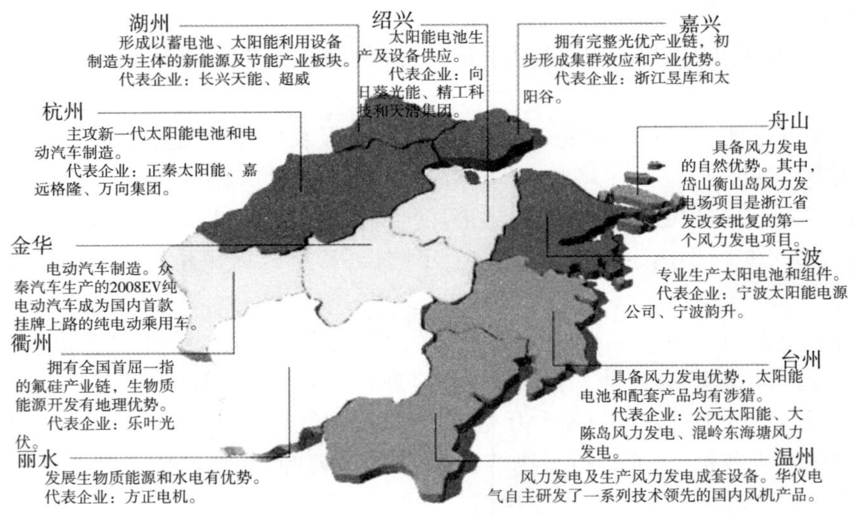

图 3-44　浙江新能源产业布局

2)新能源产品优先列入政府采购目录

如万向纯电动车公司生产的电动公交车、市政用车、电力工程用车已经走上了杭州的大街小巷。

温州市已开展了节能环保产品调查并列入政府采购目录，该市今后财政资金建设的道路照明、高速公路信号灯、交通指示灯、公共场所的液晶显示屏，铁路信号系统、政府大楼供热供电系统都将优先采购新能源产品。

3）鼓励各种社会资本进入新能源领域

如浙江通过多元化的投融资渠道，吸收民营企业参与，共同设立“浙江中节能环保股权投资基金”，用于发展新能源产业。运用担保、上市、风投等多种方式，支持企业投资光伏产业高端领域，特别是薄膜电池等新型光伏产品的研发及规模化生产。

二十六　长三角 IT 业

一、长三角 IT 业

2008 年,长三角地区信息化合作取得很大进展,合作意识得到增强,合作理念逐步树立。区域信息化和信息产业管理部门间的沟通与协调机制初步建立,实现了由对话型合作向项目型合作的转变。企业间交往频繁,行业协会和民间团体间的联谊活动逐渐增加。长三角地区在信息技术研究、信息资源共享、信息系统互联互通等方面迈出了实质性的合作步伐。多方关注、共同参与、不断创新的区域合作局面初步形成。

长三角地区信息化整体水平通过“十一五”期间的持续推进已经处于国内领先地位,但与发达国家城市地区相比,仍然存在较大差距,区域内在信息基础网络设施、信息技术应用、信息产业发展等领域的数字鸿沟依然存在,区域信息化合作的深度和广度都还有较大的拓展空间。未来长三角区域社会经济率先协调发展在客观上需要开展区域信息化的合作,社会经济领域的合作对区域信息化合作的互馈效应也将进一步增强。长三角区域内三省可以把握国际信息化发展方向,遵循国家信息化发展战略,抓住 2010 年上海世博会等战略机遇,以全球化的视野,从区域整体发展要求出发,进一步完善区域信息化合作机制,克服行政区划形成的合作阻碍,在战略和政策层面营造一个资源共享、技术携手、优势互补、互惠共赢的区域信息化协同发展环境,推动企业有效参与全球经济竞争,抢占全球信息化制高点。据统计,2008 年长三角电子信息产业(IT 业)共实现业务收入27 724亿元。

二、上海 IT 业情况分析

(一)总体情况分析

上海信息产业 2008 年实现产值7 939. 85亿元,其中信息服务业完成产值1 812亿元,信息服务经营收入为1 634. 91亿元,较 2007 年1 294. 44亿元增加 40%,其中计算机软件服务及软件业主要收入为 889. 11 亿元,较 2007 年增加 35. 7%;信息服务业从业人员 24. 7 万人,其中计算机软件服务及软件业从业人员为 17. 6 万人。信息产品制造业完成产值6 127. 85亿元;主营业务收入6 282. 82亿元;工业销售产值6 006. 38亿元,较 2007 年增加 6%;利润总额 90. 43 亿元,较 2007 年下降 37%;税金总额 26. 01 亿元,较 2007 年下降 15. 7 %。

表 3 - 153　上海信息产品制造业主要指标(2008 年)

指标	工业总产值	工业销售产值	年末资产总计	主营业务收入	利润总额	税金总额
总计	6 127. 85	6 006. 38	3 376. 72	6 282. 82	90. 43	26. 01
通信设备制造	650. 90	641. 80	473. 71	647. 19	19. 10	3. 44
雷达及配套产品制造	0. 27	0. 23	0. 58	0. 35	0. 02	0. 05
广播电视设备制造	13. 27	12. 98	8. 94	13. 01	0. 47	0. 40
电子计算机制造	3 244. 54	3 170. 63	855. 22	3 420. 12	19. 65	- 5. 36
家用视听设备制造	268. 89	274. 67	106. 29	272. 53	- 1. 50	0. 17
电子测量仪器制造	121. 23	119. 68	104. 01	122. 77	14. 73	3. 05

（续表）

指标	工业总产值	工业销售产值	年末资产总计	主营业务收入	利润总额	税金总额
电子专用设备制造	191.37	183.06	177.89	185.79	12.39	5.13
电子元件制造	512.80	512.49	476.64	518.58	26.46	7.60
电子器件制造	631.27	602.58	813.28	606.30	-18.15	2.75
#集成电路制造	569.30	551.17	614.68	552.98	-2.82	1.21
电子机电产品制造	474.79	470.57	330.89	478.37	16.12	8.24
电子专用材料制造	18.51	17.70	29.27	17.79	1.13	0.54

表3-154 上海市规模以上通信设备、计算机及其他电子设备制造业主要指标(一)

年度	单位数（个）	从业人数（万人）	工业总产值（亿元）	年末资产总计（亿元）	固定资产净值年平均余额(亿元)	流动资产年平均余额（亿元）	年末负债总计（亿元）	年末所有者权益（亿元）
2005	659	29.60	3 434.21	2 422.06	706.32	1 377.99	1 554.90	867.15
2006	656	31.65	3 919.32	2 435.87	757.41	1 422.41	1 512.50	923.37
2007	700	38.34	4 976.89	2 803.49	812.64	1 661.46	1 815.68	987.81
2008	830	36.45	5 266.68	2 685.35	754.47	1 653.98	1 699.49	985.86

*注：通信设备、计算机及其他电子设备制造业下属的六个子行业，即通信设备制造业、雷达及广播设备制造业、电子计算机制造业、电子元器件制造业、家用视听设备制造业和其他电子设备制造业。各个子行业所涵盖的经济活动如下：通信设备制造业包括通信传输设备制造、通信交换设备制造、通信终端设备制造、其他通信设备制造；雷达及广播设备制造业包括雷达及配套设备制造、广播电视接收设备及器材制造、应用电视设备及其他广播设备制造；电子计算机制造业包括电子计算机整机制造、计算机网络设备制造、电子计算机外部设备制造；电子元器件制造业包括电子器件制造、电子元件制造、印刷电路板制造。家用视听设备制造业包括家用影视设备制造、家用音响设备制造；其他电子设备制造业包括电子(气)物理设备及其他未列明的电子设备的制造。而信息产品制造业一般是包括通信设备、计算机及其他电子设备制造业下属的六个子行业。

表3-155 上海市规模以上通信设备、计算机及其他电子设备制造业主要指标(二)

单位：亿元

年度	主营业务收入	利润总额	税金总额	成本费用总额	工业销售产值	#出口交货值	新产品产值
2005	3 539.06	54.36	19.71	3 496.59	3 375.51	2 600.59	838.75
2006	4 043.42	70.06	18.83	3 996.10	3 884.73	3 036.63	973.77
2007	5 133.06	90.82	19.35	5 034.82	4 896.58	4 003.19	630.96
2008	5 421.55	44.93	18.68	5 447.52	5 158.73	4 229.97	/

表3-156 上海市国有工业通信设备、计算机及其他电子设备制造业主要指标(一)

年度	单位数（个）	从业人员（万人）	工业总产值（亿元）	年末资产总计（亿元）	固定资产净值年平均余额(亿元)	流动资产年平均余额(亿元)
2005	12	0.14	2.31	6.83	1.36	1.59
2006	13	0.15	7.87	6.28	1.48	3.89
2007	11	0.22	8.35	8.17	1.31	4.67
2008	12	0.43	18.24	45.33	5.82	15.78

表3-157 上海市国有工业通信设备、计算机及其他电子设备制造业主要指标(二)

单位:亿元

年度	年末负债合计	年末所有者权益	主营业务收入	利润总额	税金总额	成本费用总额
2005	3.34	3.50	2.91	0.14	0.06	3.27
2006	4.72	1.57	8.43	-0.34	0.07	9.00
2007	4.24	3.94	8.34	0.39	0.14	8.26
2008	36.91	8.43	15.66	-4.56	0.16	18.23

(二)上海信息产业发展的主要问题

1.政府需求推动具有初始动力作用,但不能作为上海信息产业发展的长远动力

上海信息产业发展基本上依靠两个方面的动力,一是引进技术,二是政府需求拉动。上海对于信息化建设投入了大量的资金,这给上海本地的信息企业创造了很好的发展条件,不少企业就是在为政府信息化和社会信息化服务过程中发展起来的,这同上海在进行城市面貌“三年大变样”过程中培养出了一批城市建设企业是同样的道理。但这也已经衍生出新的问题,因为这类企业几乎都是从规模较小的时候就在政府的支持下,其所经受的市场洗礼似乎不够,有些企业在为政府服务获得成功以后有了等、靠、要的思想,没有投入足够的力量将自己在为上海信息化服务过程中提供的产品和服务推向更为广阔的市场。此外,上海信息化过程也已经培养出了一批优秀的企业,但这些企业因为有政府订单的稳定来源,创新与竞争动力不足,本来已经初步成熟的一些技术不能及时变为产品,占领市场,丧失了机会。

2.信息产品制造业群体已经形成,但上下游产业明显偏弱,信息产业体系不完整

上海信息产业希望形成一个完整的产业体系,但上海离这个目标还有不小的距离。因为从上海信息产业的构成看,信息制造业占有绝对主导地位,而且随着今后若干大项目的建设,这一特点将更为突出。所以,上海信息产业如果说已经形成完整体系的话,只是指信息制造业已经形成体系,而其他信息产业的发展显得相对落后。

3.依靠体制内企业和引进外资发展信息产业的道路需要进一步拓宽

上海信息产业发展中技术更新走的基本上是两条路子,一是引进,二是大型企业集团开发,它们也是目前世界上较为通行的信息产业发展方式,但也绝不仅仅只有这两种路子,上海目前还未发展出的第三条依靠中小企业和民间创新发展信息产业的道路,而这却又是世界许多地方形成具有强大竞争力的信息产业必然走过的道路。引进技术是顺应全球化过程中跨国公司全球一体化生产体系布局调整的必然结果,引进的项目大多属于跨国公司生产体系中成本密集型的环节,即这种生产对于成本十分敏感,而技术则由母公司开发。这种项目向产业链后拓展的空间较大(如台湾的板卡),前向空间几乎不存在。而企业集团的开发虽然可以投入巨资,搞大项目攻关,但企业集团由于体制问题仍然需要理顺,研究开发中的一系列激励措施还需要重新制定,而且企业内部组织架构仍然是偏于陈旧,所以要真正形成很有竞争力的产品仍然需要一定的周期。因此,信息产业中最具有活力的实际上是小型企业和民间创新,而大型企业集团主要是依靠收购民间创新的成果加以发挥、培养,只有这样操作才会形成一种良性发展的机制。所以,上海发展信息产业目前最需要的是拓宽民间创新的道路,提高全社会的创新活力。

4.社会创新氛围不够,没有形成一种创业的环境与气氛

比较全国和世界上一些信息产业发展较快的地区,可以发现,上海的基础条件很好,特别是上海拥有强大的传统产业基础,生产制造能力强大,产业工人的素质较高,金融、服务体系较为完备。但需要看到的是,信息产业的发展并不同于传统产业,制造业水平高低并不是决定一个国家、一个地区信息产业发展前途的决定因素。在全球经济一体化的今天,制造业只是信息产业生产环节中成本环节的一环,并不是信息产业真正的盈利与发展点所在,发展点只有研究与开发。

对于上海这样一个拥有大量人才资源并对全国人才具有很强吸引力的地区,如果只以信息产品制造业作为发展方向,就意味着没有充分利用上海的优势,或者没有认识到上海的优势。上海信息产业创新能力并不强,主要是社会创新氛围相对较差,这虽然受到体制、文化背景等影响,但最主要的还是上海比较注重大项目的发展,而对民间创新,对于中小企业的发展没有投入同等的关注。可以说,这是影响上海创新环境的主要因素。不能有效培养出社会创新能力,城市的综合竞争力也就会大打折扣。

(三)政策措施

1. 引进与开发并重

上海的信息产业与信息化建设中引进与开发应该并重。引进技术可以缩短上海与发达国家信息化的差距,但如果离开了自主开发与创新,信息化就不成为上海的信息化。而且随着全球化进程的加快,国家对于信息主权将更为重视,所以,应该将信息技术的开发作为一项长期的关系到国家与民族发展的战略来看待。为此,上海必须在信息化过程中加大自主技术开发的力度,强化自主知识产权产品的研制与应用,牢牢把握信息化的主动权。

进行技术开发,开发的主体应该更为丰富多彩。大型企业集团的研究开发与中小企业的研究开发并不能完全替代,二者都有各自的领域和长处,大型企业集团主要从事大型、系列项目的开发,而中小企业既可以为大企业集团进行某些专项的研究开发,也可以自主进行开发,从而形成一个完整的丰富的社会开发创新系统。这种系统将会大大降低研究与开发的成本,提高效率。美国硅谷、台湾新竹都拥有这样的系统,而上海却还没有形成。不久前上海颁布的对于软件产业和集成电路产业的政策规定十分有利于这两个产业的发展,未来类似的政策还应该扩展到信息服务业等其他领域。

2. 政府与社会都应该是信息化的推动力量

对于以信息产业为代表的新经济来说,政府的管理处于什么样的位置,政府应该如何发挥作用,都还是在研究中的课题。但无论怎样,政府对于新经济的干预程度应该比对传统经济的干预程度为低,这是一个发展的趋势,是由新经济的特点与本质所决定的。在上海信息化过程中,政府的作用是十分突出的,对于信息化建设初期,社会对信息化熟悉不够的情况下,政府的超前推动有助于信息化的迅速扩散。但政府是否能够一直作为信息化的推动者而社会永远处于被动地位,这是值得探讨的。实际上,在信息化逐步趋于成熟的情况下,政府应该将信息化的推动主体地位让位给社会,政府主要起的还是服务与规范制度的作用。

社会要成为信息化的推动力量,还需要对现有的运行体制作出一些大胆的改革与尝试,如北京组建的通讯网络公司就是由政府和企业共同出资组建的具有竞争性质的基础设施建设企业,它突破了基础设施建设垄断的局面,将市场竞争引入到城市信息化建设之中。上海在城市建设中类似的成功经验是很多的,它们完全可以推广到信息化建设之中,让企业、个人共同推进信息化建设。

3. 完善信息产业结构

上海信息产业是以信息产品制造业为主体的格局,对于城市信息化与信息产业的进一步发展都显得过于单一,产业结构应该更多地向前后延伸,拓展出上海信息产业发展更大的空间。对集成电路产品的二次开发是台湾信息产业成功的基础,上海集成电路产业迅速扩大以后,二次开发也是赋予上海的又一次机会。上海二次开发更占先的是传统产业的基础庞大,可以为二次开发提供广阔的市场,信息产业与传统产业相结合的结合点也很可能就在于此。同时,信息产业还需要极大地推动软件业和信息服务业的发展,软件业的外部环境目前还较不利,但软件业同信息服务业相结合,面向企业界进行全方位的开发与服务,则已经成为现代信息服务业的基本概念,国内联想、方正等做的大量工作就是这些方面。因此,这两个产业实际上是可以同步发展的。

4. 调整创新资源布局,集中创新力量

上海信息产业、高科技产业创新能力不足,其中一个原因就是上海的高校和研究机构布局过于分散,无法形成人才的聚集,而人才聚集是思想交流、创新发生的重要条件。在近几年上海高校并校、调整结构过程中,上海高等教育资源的布局不仅没有集中,而且更趋分散,甚至到了远郊,这虽然从教育资源调整上说是成功的,但对于创新却是不利的。北京、深圳创新能力强,其中重要一点就是人才资源相对集中(北京中关村,深圳整个城区面积就不大),而上海的主要高校分布在东北、西南两个角,研究所分布也十分分散,张江高科技园区又在浦东离市中心几十公里的地方,这种情况实际是给人才的相互交流增加了障碍。今后上海在进行教育与人才资源调整过程中,更应该将目光放在如何有利于创新方面,否则等于将上海人才高地分散化、平面化。

三、江苏 IT 业情况分析

(一)总体情况分析

进入新世纪以来,江苏电子信息产业持续快速发展,规模不断扩大,国际化程度不断提高。2008年,实现销售收入14 355亿元,占全省工业的 20.8%,占全国比重近 1/4,其中软件产业销售收入1 262亿元。产品出口7 504亿元,占行业的 52.3%。外资企业实现销售收入占全行业的 78.1%。部分产品形成明显优势,江苏生产的 12 项电子信息产品产量列世界第一,集成电路产业产值占全国的 43.1%,电力管理软件占全国的 50%。集群发展特色鲜明,沿沪宁线电子信息产业带初步形成,产业规模占全省电子信息产业的 80% 以上,形成了软件、集成电路、平板显示、计算机及网络设备、现代通信、新型元器件等产业集群。但是,受国际金融危机影响,2008 年下半年以来,江苏电子信息产品出口增速下滑,销售收入增速下降,利用外资明显减少,电子信息产业面临严峻挑战。

表 3-158　江苏省规模以上通信设备、计算机及其他电子设备制造业主要经济指标(一)

单位:亿元

年度	企业单位数(个)	增加值	资产总计	流动资产	应收帐款	存货	产成品	流动资产年平均余额	固定资产原价	固定资产年平均余额	无形资产	负债合计	所有者权益	#实收资本
2005	1 350	1 194.69	3 411.97	2 156.54	1 075.65	477.35	140.73	1 922.94	1 447.58	979.76	51.72	2 264.98	1 146.99	819.50
2006	1 499	1 392.62	3 999.25	2 489.11	1 225.52	590.35	156.08	2 267.52	1 866.72	1 212.14	58.01	2 518.33	1 480.92	1 001.95
2007	1 814	1 676.96	5 351.05	3 201.89	1 542.46	746.27	191.73	2 890.49	2 687.17	1 743.62	67.45	3 349.37	2 001.33	1 410.87
2008	2 062	/	5 681.37	/	1 434.84	/	226.24	3 225.89	/	/	/	3 234.88	/	/

表 3－159　江苏省规模以上通信设备、计算机及其他电子设备制造业主要经济指标(二)

单位:亿元

年度	主营业务收入	主营业务成本	主营业务税金及附加	营业利润	利润总额	利税总额	应交增值税	全部从业人员年平均人数(万人)
2005	5 250.52	4 869.19	2.44	174.39	184.11	226.55	39.99	81.36
2006	6 374.92	5 900.22	2.41	230.99	242.46	287.93	43.07	99.74
2007	8 104.51	7 404.64	3.24	401.86	336.85	388.99	48.90	123.92
2008	9 364.69	8 485.92	4.75	/	436.62	564.13	122.75	142.31

表 3－160　江苏省规模以上通信设备、计算机及其他电子设备制造业主要经济效益指标

单位:%

年度	企业亏损面	产值利税率	销售利税率	资金利税率	资产负债率	流动资产周转次数(次/年)	成本费用利润率	全员劳动生产率(元/人)	产品销售率
2005	21.48	4.29	4.31	7.80	66.38	2.73	3.62	146 831	98.30
2006	18.08	4.51	4.52	8.27	62.97	2.81	3.93	139 631	98.66
2007	19.40	4.75	4.80	8.39	62.59	2.80	4.36	135 321	98.27
2008	23.38	5.83	6.02	/	56.94	2.90	4.90	/	97.86

表 3－161　江苏省国有控股通信设备、计算机及其他电子设备制造业主要经济指标(一)

单位:亿元

年度	企业单位数(个)	增加值	资产总计	应收帐款	存货	流动资产年平均余额	固定资产原价	固定资产年平均余额	负债合计
2005	46	63.67	357.25	81.01	41.76	243.05	79.69	39.46	279.07
2006	42	35.12	228.61	25.34	29.32	151.42	65.16	34.39	167.16
2007	33	31.43	229.73	25.21	25.85	151.28	49.22	26.66	165.84
2008	34	/	255.10	34.68	/	155.96	/	/	164.12

表 3－162　江苏省国有控股通信设备、计算机及其他电子设备制造业主要经济指标(二)

单位:亿元

年度	主营业务收入	主营业务成本	主营业务税金及附加	利润总额	利税总额	应交增值税	全部从业人员年平均人数(万人)
2005	336.72	310.19	0.36	11.73	21.83	9.74	3.84
2006	124.21	102.30	0.38	6.38	9.29	2.52	3.29
2007	140.60	115.68	0.34	5.71	8.23	2.18	2.44
2008	184.35	153.85	0.50	10.14	13.17	2.54	3.07

表3－163　江苏省国有控股通信设备、计算机及其他电子设备制造业主要经济效益指标

单位:%

年度	企业亏损面	产值利税率	销售利税率	资金利税率	资产负债率	流动资产周转次数（次/年）	成本费用利润率	全员劳动生产率（元/人）	产品销售率
2005	32.61	6.46	6.48	7.73	78.12	1.39	3.48	165 659	98.81
2006	23.81	8.00	7.48	5.00	73.12	0.82	5.17	106 759	102.64
2007	15.15	6.62	5.85	4.62	72.19	0.93	4.21	128 766	102.89
2008	14.71	7.41	7.14	/	64.34	1.18	5.67	/	101.06

(二)目前产业发展遇到的问题

一是产业结构不够合理。在国际产业分工中处于价值链低端,产品附加值低。软硬件比例不协调,基础软件和软件技术服务比重偏小,软件外包企业国际市场竞争力不强。二是自主研发能力较弱。集成电路、基础软件和大尺寸液晶面板等核心技术受制于人,拥有自主品牌、具有较强竞争力的大企业较少,自有品牌产品市场占有率较低。三是吸引和发挥人才作用的有效激励机制尚未真正形成,缺少高层次的信息技术人才。支持产业发展的政策措施还不完善。以国内需求支撑产业增长的机制还不健全。

(三)产业发展方向

围绕提升产业核心竞争力,重点培育和壮大软件、集成电路、新型显示器件、现代通信及信息技术应用五大产业,到2011年形成产业规模14 000亿元。

1. 软件产业

实施软件产业“双倍增”计划,加快规模化发展步伐,形成一批骨干企业和知名品牌。到2011年,形成产业规模2 800亿元。

支持具有自主知识产权的基础软件、嵌入式软件、应用软件及中间件产业化,确保在电力、电信、智能交通、信息安全、办公软件等领域继续保持优势。加快建设江苏虚拟软件园和软件产业服务中心,加快完善软件产业基地国际通信基础设施,加快建设南京“中国软件名城”、苏州嵌入式软件产业基地、无锡集成电路设计产业化基地、常州动漫游戏产业化基地,加快建设沿沪宁线软件产业密集带,促进园区建设与城市发展优势互补。

大力推进软件和信息服务外包,积极开拓软件外包市场,增强“江苏软件外包联盟”服务功能,提升“江苏外包”品牌知名度。组织省内重点软件外包企业在国外重点发包地设立工作机构。建设5个产业特色鲜明、目标市场明确的软件外包示范园,整合软件外包企业资源,推进南京、无锡、苏州中国服务外包示范城市发展。

围绕机械、纺织、船舶、电力、医疗、金融、教育等行业嵌入式软件需求,引导软件和信息服务企业组建软件应用联盟。在全省钢铁、汽车等行业开展信息技术改造传统产业试点。发展数字设计业,提升动漫与网络游戏等创意产业发展水平。

推进电子政务、电子商务软件及服务发展,加快发展为社会信息化服务的数据库业,建设统一的政府外网,加强省公共信用信息系统建设。

2. 集成电路产业

充分发挥江苏集成电路产业链较为完整的优势,以国家实施“核心电子器件、高端通用芯片与基础软件产品”等科技重大专项为契机，提高芯片产品的设计开发水平和自主创新能力，推进集成电路制造和封装业规模化发展，加快发展以材料和装备为主线的配套产业。集中力量，重点突破，形成特色，全力打造国家微电子产业基地，使江苏集成电路产业在规模、水平、发展速度和竞争力等方面形成新优势。到2011年，形成产业规模1 000亿元。

依托骨干企业，推进重点项目建设，提高芯片制造工艺水平，实现8－12英寸芯片生产线的规模化生产，形成65－45纳米工艺技术的加工能力。继续引导和支持掌握核心技术和先进制造能力的跨国芯片制造企业加大在江苏的投资，增设生产基地和研发中心。完善集成电路设计的支撑服务体系，引导芯片设计企业与整机制造企业加强战略合作，推进国家级微电子产业基地建设，加快建设江苏集成电路公共技术平台。发展多芯片集成技术、倒装焊技术、圆片级封装等技术研发和产业化。跟踪研究数字信号处理（DSP）、高清晰数字电视（HDTV）的高端芯片测试方法和技术。

3. 新型显示产业

充分发挥江苏已有产业和技术优势，加快形成以自主品牌平板电视为龙头、可控面板为突破口、相对完善的平板显示产业体系，将江苏建成国际先进、国内最大的平板显示产业研发基地、生产基地和产品扩散基地。到2011年，形成产业规模4 500亿元。

重点突破面板生产关键技术，提高关键配套材料的供给能力。支持骨干企业建设6－8代薄膜液晶显示（TFT－LCD）和等离子显示（PDP）面板生产线，扶持平板显示技术用彩色滤光片、玻璃基板、偏光片、发光二极管（LED）背光源、部分生产设备以及材料开发和产业化，推动家电企业与显示企业合作。推进中小尺寸有机发光显示（OLED）产品的生产及应用。

4. 现代通信和网络

以国家建设第三代移动通信和下一代广播电视网（NGB）为契机，发挥江苏创新优势，加快开发适应新一代移动通信网络和广播电视网的新业务、新技术，带动系统和终端产品的升级换代。到2011年，形成产业规模1 200亿元以上。

通过下一代互联网建设和宽带通信网络升级，大力推动相关应用技术，推进交互式网络电视（IPTV）、手机电视等服务模式创新，支持企业开发基于先进网络技术的系统设备、应用终端，加快光纤接入网络建设，带动相关产业链的快速发展。推进以下一代互联网协议（IPv6）、交互式多媒体（IMS）为核心的多媒体业务网技术、高性能多业务承载网技术以及端到端网络保障技术等领域的研发和产业化。加快长期演进（LTE）、第四代移动通信（4G）等后续技术的研发和产业化。吸引大型通信企业的研发机构落户江苏。

推进城市宽带无线上网工程，重点城市、重点软件园区率先实现无线宽带全覆盖，拓展一批无线应用示范项目。加强农村信息基础设施建设，提高信息技术服务“三农”水平。支持具有自主知识产权和低成本优势的笔记本电脑产业化，并纳入“家电下乡”支持产品范围，积极研究支持“计算机进校园”的政策措施。

5. 信息技术应用

突破核心产业关键技术，加快信息基础设施建设，大力推动业务创新和服务模式创新，积极采用信息技术改造传统产业，强化信息技术在经济社会领域的应用。到2011年，信息技术应用产业及其带动的相关产业形成4 500亿元产业规模。

加快视听产业数字化转型，推进信息产品高端化。加快模拟电视向数字电视过渡，推动下一代广播电视网络（NGB）建设，丰富数字内容，加大高清节目播出量。推动基于国内标准的蓝光高清影碟机、（超）高清电视及其机顶盒、一体化高清电视等产品发展，推动卫星接收设备升级换代。积极发展中国移动多媒体广播（CMMB）业务。

培育新业务模式，促进信息服务业创新发展。依托信息网络，加快发展网络增值服务、电子金融、现代物流、连锁经营、咨询中介等新型服务业,促进数据处理、呼叫中心、研发设计外包、人力资源、客户支持等现代服务外包产业发展。

深化信息技术在传统产业中的应用,着力提升信息化水平。以研发设计、生产制造、市场流通、企业管理等关键环节为突破口,推进信息技术与传统工业相结合,提高工业自动化、智能化、网络化水平。加快行业解决方案的开发和推广,大力扶持电子标签(RFID)、汽车电子、机床电子、医疗电子、工业控制等产品的开发和标准研究。

(四)政策措施

1. 完善产业政策

积极贯彻落实国家相关产业政策,根据国家电子信息产业调整和振兴规划的实施进度要求,研究制定进一步鼓励软件、集成电路、新型显示器件和数字电视等产业发展的政策措施。支持依托重大投资项目采购国产电子信息产品。提供用地保障,落实重点项目建设用地,引导产业向园区、基地集中。落实环保要求,组织实施一批循环经济试点和节能减排重大科技项目,加快培育一批示范园区和企业,提高环评审批效率。深化环境资源价格改革,开展排污权有偿分配和交易试点。

2. 加大财税支持力度

支持一批重大产业项目的实施,推进自主创新和产业升级,对国家支持的关键领域和重点项目给予资金支持。以贷款贴息、研发和产业化补助、政府采购、资本金注入等多种方式引导社会资金投向电子信息产业领域,建立多元化的投入体系。用足用好现行各项税收优惠政策。加快出口退税进度,确保退税资金及时足额到位。

3. 拓宽融资渠道

鼓励金融机构为产业发展提供更多融资服务,合理增加对总部设在江苏的外资、港澳台资企业的信贷支持。推进银企合作,积极向金融机构推介重点融资项目。支持金融创新,探索开展出口退税、保单、仓单以及知识产权等质押贷款,规范发展股权质押贷款。对苏南向苏中苏北转移的重点产业项目,优先给予信贷支持。支持有条件的企业利用企业债、公司债、短期融资券和中期票据等债务融资工具,增加直接融资规模。探索开展中小企业集合债券、集合短期融资券试点。促进股权投资基金行业规范健康发展。积极发展风险创业投资。

4. 鼓励兼并重组

促进要素向优势企业集中、向行业龙头企业集聚,鼓励优势企业整合国内资源,拓展产业链,将一批拥有自主知识产权和知名品牌、主业突出、行业领先的大企业集团建设成为百亿元级行业龙头企业。支持企业“走出去”兼并或参股拥有先进技术、知名品牌、核心专利、人才团队和营销渠道的海外企业,提高管理水平,增强国际竞争力。鼓励金融机构对电子信息企业重组给予支持。

5. 提升国际化水平

采取综合措施为企业拓展国际市场创造条件,支持企业“走出去”设立研发、生产基地,建立境外营销网络。在扩大引进外资规模的同时,进一步提高利用外资水平。积极推进电子口岸系统(EDI)建设,降低商务成本。鼓励境内研发机构和企业与跨国公司加强合作,促进外商投资技术外溢。落实扶持服务外包产业发展的政策措施,推动软件外包企业加快发展。

四、浙江 IT 业情况分析

(一)总体情况

2008 年浙江省全社会电子信息产业共实现主营业务收入5 263亿元,同比增长 15.1%;其中软件产业实现业务收入 422.2 亿元，同比增长 19.2%；完成工业增加值1 116亿元，同比增长 24.7%；实现利税总额 412 亿元，同比增长 24.8%，其中实现利润总额 290 亿元，同比增长 25%；完成出口交货值1 868亿元，同比增长 15.4%。全行业主要经济指标增长都保持在两位数以上。

2008 年，浙江信息产业结构调整取得明显进展。发展并初步形成了软件与集成电路、光电子、微电子、通信与网络、基础材料和新型配套元器件等七大主导产业集群。软件产业、集成电路设计业、通信产品制造业、电子元器件制造、光电子产业等在全国具有较强的竞争优势，平板显示产业异军突起，有 50 多种产品市场占有率进入全国同行前列。互联网业务、动漫游戏、数字电视、电子商务等新经济业态发展迅猛。阿里巴巴、网盛科技的成功上市，在海内外产生广泛影响。

表 3－164 浙江省通信设备、计算机及其他电子设备制造业主要经济指标(一)

单位:亿元

年度	企业单位数(个)	亏损企业	工业总产值	工业增加值	资产总计	流动资产合计	流动资产平均余额	固定资产合计	固定资产原价	固定资产年平均余额
2005	1 039	154	1 044.37	176.08	958.3	631.24	594.61	234.31	296.79	200.93
2006	1 228	165	1 583.60	228.12	1 163.1	764.86	717.91	292.18	368.05	248.47
2007	1 487	177	1 814.58	309.99	1 335.75	871.35	811.87	326.35	439.82	297.07
2008	1 584	283	1 705.58	/	1 322.45	829.77	847.07	360.26	495.15	317.83

表 3－165 浙江省通信设备、计算机及其他电子设备制造业主要经济指标(二)

单位:亿元

年度	年末负债合计	流动负债	长期负债	年末所有者权益合计	实收资本	主营业务收入	主营业务成本	主营业务税金及附加	利润总额	利税总额	本年应交增值税
2005	581.97	542.79	38.68	376.33	211.2	1 074.71	948.28	2.31	24.95	44.5	17.23
2006	696.77	652.32	43.71	466.33	263.29	1 594.17	1 431.94	2.26	56.93	80.59	21.4
2007	770.5	710.46	56.28	565.25	318.24	1 791.93	1 577.76	3.03	81.85	110.84	25.95
2008	723.50	658.84	58.03	598.96	347.89	1 658.90	1 442.33	3.52	88.49	119.64	27.64

表 3－166 浙江省通信设备、计算机及其他电子设备制造业主要经济效益指标

单位:万人,‰

年度	每百元资金实现利税(元)	每百元固定资产原值实现利税(元)	每百元销售收入实现利税(元)	产品销售率(%)	流动资金周转次数(次)	劳动生产率(元/人)
2005	12.82	31.2	8.08	97.48	2.32	38 293
2006	8.34	21.9	5.06	99.30	2.22	76 141
2007	9.99	25.2	6.19	98.54	2.21	88 689
2008	10.27	24.16	7.21	97.93	1.96	/

表 3-167　浙江省国有及国有控股通信设备、计算机及其他电子设备制造业主要指标(一)

年度	企业单位数(个)	亏损企业	工业总产值	工业增加值	资产总计	流动资产合计	流动资产平均余额	固定资产合计	固定资产原价	固定资产年平均余额
2005	29	9	132.71	19.84	169.84	108.26	106.33	26.77	41.52	22.79
2006	23	7	39.03	8.53	118.45	62.89	64.04	17.19	28.88	15.68
2007	24	5	42.52	13.52	132.42	73.86	72.13	16.33	30.4	16.28
2008	26	4	47.87	/	116.24	69.62	68.70	13.73	28.92	11.62

表 3-168　浙江省国有及国有控股通信设备、计算机及其他电子设备制造业主要指标(二)

年度	年末负债合计	流动负债	长期负债	年末所有者权益合计	实收资本	主营业务收入	主营业务成本	主营业务税金及附加	利润总额	利税总额	本年应交增值税
2005	95.03	84.16	10.87	74.81	28.89	129.78	120.63	0.26	-2	-0.86	0.89
2006	54.06	49.48	4.33	64.38	23.29	47.38	37.85	0.3	4.81	6.3	1.19
2007	57.36	50.18	6.88	75.07	26.39	45	32.88	0.42	6.91	8.99	1.66
2008	46.68	41.10	5.43	69.55	39.63	52.88	36.32	0.57	9.97	12.53	1.99

表 3-169　浙江省国有及国有控股通信设备、计算机及其他电子设备制造业主要经济效益指标

年度	每百元资金实现利税(元)	每百元固定资产原值实现利税(元)	每百元销售收入实现利税(元)	产品销售率(%)	流动资金周转次数(次)	劳动生产率(元/人)
2005	-0.66	-2.06	-0.66	99.15	1.22	127 198
2006	7.9	21.8	13.29	98.17	0.74	80 516
2007	10.17	29.58	19.98	96.97	0.62	96 421
2008	15.60	43.33	23.70	95.98	0.77	/

(二)产业发展遇到的问题

从浙江信息产业发展和信息化建设的现实基础看,经过发展,浙江已经具备了加快信息产业发展的基础条件。但是,近年来,浙江信息产业已经进入平衡发展运行期;与沿海发达省市相比,无论是总体规模、科技创新能力,还是开放水平,浙江都存在一定差距。地区发展不平衡、软件产业布局不合理的问题比较明显;支撑“数字浙江”建设的装备技术能力有待提高,具有龙头带动作用的大企业大集团还比较少,产业结构转型升级任务还十分艰巨,特别是要看到浙江有些产业的竞争优势有弱化趋势。

(三)主要发展方向

浙江开始实施信息技术“倍增”行动计划,就是要充分发挥信息技术渗透性强、融合性好、倍增性高等特性,大力推进信息化与工业化融合,加快传统产业的信息化改造升级,推动先进制造业和现代服务业的创新发展,促进经济结构调整和增长方式转变。具体工作任务为推进七大“倍增”主题应用:一是围绕节能减排,推进信息技术在高能耗、高物耗、高污染行业的应用。二是围绕装备制造业现代化,推进纺织机械、数控机床、基础装备的信息化改造。三是围绕传统产品的提升增值,大力发展嵌入软件和智能系统。四是围绕块状经济创新能力的提升，推进区域工业经济信息技术公共支撑服务体系建设。五是围绕网络经济发展，推进网络技术与传统服务业融合。六是围绕传统市场和企业竞争能力的提高，加快电子商务发展。七是围绕信息资源开发利用，大力发展信息服务业和文化创意产业。

实施统筹城乡发展信息化行动计划：按照社会信息化与经济信息化并重并举的原则，统筹城乡、区域、领域信息化，努力减少信息化发展在不同地区、领域和社会群体间的差距，切实提高公共服务和社会管理的信息化水平，促进信息化与信息安全协调发展，普遍提升国民技能，使全体公民更好地分享信息化成果。具体工作任务为抓好六项社会信息化发展重点：一是围绕农业增效、农民增收、农村发展，加快农业和农村信息化建设。二是围绕提升城市管理水平和为民服务能力，推进城市和社区信息化。三是围绕构建法制政府和服务型政府，深化电子政务建设与应用。四是围绕构建和谐社会的总体要求，推进社会事业信息化。五是围绕核心战略资源作用的发挥，加强信息资源开发利用与共享。六是围绕打造"平安浙江"，做好网络与信息安全保障工作。

推进六个方面发展重点。一是优先发展面向公共服务、节能降耗环保与工业自动化控制的支撑技术、平台软件和嵌入式软件。二是重点发展第三代移动通信、新一代网络和计算机技术。三是大力发展软件与信息服务业，扩大软件外包业务；加快发展集成电路设计技术和新型元器件、数字音视频等技术和产品。四是着力深化信息产业基地（园区）建设，调整优化产业布局，进一步提高产业发展集聚度。五是切实抓好信息安全保障工作，促进信息化和信息安全工作协调发展。六是加强无线电频谱资源科学化、规范化管理，维护空中电波秩序。

（四）政策措施

1.增强自主创新能力，壮大核心产业，实现信息技术产业发展新跨越

切实增强企业自主创新能力。加快建立以企业为主体，产学研用相结合的信息技术创新体系，加强企业技术中心和工程中心建设，重点建设面向产业集群、块状经济、中小型企业技术创新的公共服务平台。建立信息产业创新服务体系、人才培养体系和国内外产业链合作平台。鼓励软件企业提高产业化、工程化和自主知识产权产品的比重。推动知识产权、标准化战略的实施，鼓励有实力的企业牵头或参与行业标准制定。

不断壮大核心主导产业规模。立足浙江信息产业发展现实基础和信息化建设客观需求，加快发展软件、信息服务、微电子产业、新型电子元器件等核心关键产业，抢占产业发展制高点，不断延伸和完善产业链。紧紧抓住信息化、国际软件和信息服务外包发展的重要机遇，加快浙江软件和信息服务业、电子商务、移动通信产业、动漫游戏等新兴优势产业的发展。通过实施大公司大集团发展战略，努力培育一批大而强的龙头企业和专而精的"小巨人"企业。

大力推进产业集聚发展。围绕长三角一体化发展战略，承接国际 IT 产业转移，建设环杭州湾具有国际竞争力的信息产业基地的目标，加快推进"两带十园多块产业功能区建设进度，着力建设一批产业规模大、研发能力强、核心产业优势明显、骨干企业相对集中、区域内产业配套协作能力强的信息产业基地和园区，提高区域产业配套协作能力。加快软件与集成电路、光电子、微电子、通信与网络、基础材料和新型配套元器件等七大主导产业集群发展。

2.发挥信息技术倍增作用，促进经济转型升级，提升企业综合竞争力

加快推进经济信息化。大力推进能源、机械、原材料等传统产业的信息化改造与应用；加快建设面向中小企业的信息技术公共服务体系，大力推进企业信息化；着力推动信息技术和网络技术在商贸、金融、旅游、文化、房地产等优势服务业和科教、中介、社区等新兴服务业的普及应用；加快发展现代金融业务，培育第三方电子商务及相关增值服务，鼓励专业市场利用信息技术创新交易模式；积极

推动电子商务在国际贸易与经济合作、政府采购等领域的应用。

加大七大制造业信息化改造力度。加快推进“信息技术改造传统产业工程”,以电力、石化、冶金、建材、纺织、印染、装备制造等七个行业为重点,大力推进信息技术与传统产业技术相结合的集成创新和应用融合。加快关键和重大装备的信息化改造,突破共性技术和关键产品,大力推进智能传感器和检测技术、数控技术、工业控制技术、人工智能和优化技术、网络协同和集成技术等信息技术的开发和普及应用。

加强节能减排信息技术的运用。大力推进节能减排电子信息技术在高耗能、高污染企业生产环节中的应用,促进“绿色制造”,发展循环经济。运用信息化手段,充分挖掘各种信息资源,加强对能源、冶金、化工、纺织印染等传统高耗能、高污染行业的技术改造和监督管理,改进监测、预警和控制方法,改革工艺流程管理,大幅度降低能耗、水耗、材耗和污染物排放水平。

3. 深入实施统筹城乡发展信息化行动计划,加快农村信息化,促进农村改革发展

高起点建设农村信息化综合服务平台。以农村信息化综合服务平台建设为重点,加快基层村务管理信息系统和农村经济合作社经营管理、农产品电子商务等软件的集约化开发和村级门户网站集群的建设。在深化试点应用的基础上,不断完善平台应用功能,切实满足农村信息化需要,充分发挥平台在推进村务管理、信息发布、政务公开、培训教育、产品销售等方面的作用。

二十七　长三角房地产业

（一）长三角地区房地产业发展情况综述

2008年，受国际金融危机和国内经济增速下滑的影响，全国房地产市场观望形势明显，市场交易低迷，多数城市房价出现回落。2008年上半年，在国家调控政策主导下，房地产市场逐渐由2007年的过热转向理性回归，各项指标高位调整，过度需求泡沫得到有效的抑制；但从第三季度开始，房地产市场显现出加速下滑的趋势。在国家"保增长"政策的引导以及各方面努力下，第四季度房地产市场进一步恶化的趋势得到遏制，整体市场基本保持了理性回归并稳定发展的态势。

2008年，长三角完成房地产开发投资额6 454.45亿元，较2007年增长14.34%，增速较2007年下降4.34个百分点；受房地产开发投资增速下滑的影响，2008年长三角商品房施工面积同比增长10.49%，增速较2007年下滑0.87个百分点；长三角商品房竣工面积为13 637.80万平方米，同比下降1.33%。

表3－170　长三角房地产业发展情况（2000－2008）

单位：亿元，万平方米，%

	房地产开发投资		商品房施工面积		商品房竣工面积		商品房销售面积	
	绝对额	增速	绝对额	增速	绝对额	增速	绝对额	增速
2000	1 287.07	15.19	14 404.22	9.27	5 463.72	4.22	4 801.03	15.58
2001	1 590.00	23.54	17 216.44	19.52	6 187.15	13.24	5 502.25	14.61
2002	2 021.82	27.16	21 163.00	22.92	7 341.97	18.66	6 512.62	18.36
2003	2 691.25	33.11	27 997.01	32.29	8 826.94	20.23	7 879.81	20.99
2004	3 798.31	41.14	35 827.82	27.97	10 913.08	23.63	9 719.04	23.34
2005	4 248.50	11.85	41 733.39	16.48	12 726.66	16.62	11 600.26	19.36
2006	4 756.58	11.96	47 017.08	12.66	13 085.25	2.82	12 671.51	9.23
2007	5 645.11	18.68	52 358.42	11.36	13 821.00	5.62	15 835.28	24.97
2008	6 454.45	14.34	57 852.14	10.49	13 637.80	－1.33	10 700.58	－32.43

从商品房销售情况来看，2008年长三角商品房销售面积10 700.58万平方米，同比下降32.43%。从被纳入国家统计范畴的9个长三角城市的房价增长情况看，2008年1—4月份，除杭州、宁波两市外，上海、南京、无锡、扬州、徐州、温州、金华等其余7个城市房屋销售价格每月涨幅总体上均低于全国平均水平。从5月份开始，上海房价同比增速也开始超过全国平均水平，从7月份开始，金华房价同比增速开始超过全国平均水平。2008年12月份，全国房价首次出现下跌，较2007年12月份同比下降0.4%，长三角9个城市中，上海、南京、杭州、徐州四市房价分别下降1.7%、3.6%、0.1%、1.6%，而宁波、无锡、扬州、温州虽然未出现下跌，但涨幅仅分别为0.8%、0.6%、1.2%、1.6%。金华房价仍然保持较快增长，同比涨幅为5.1%。

表3-171　2008年长三角主要城市房屋销售价格指数

	1月份	2月份	3月份	4月份	5月份	6月份	7月份	8月份	9月份	10月份	11月份	12月份
上海	109.9	109.8	109.7	109.7	109.5	108.7	107.5	105.8	102.6	100.4	99.2	98.3
南京	107.7	107.3	105.8	106.1	104.9	103.9	103.1	102.2	100.0	98.5	97.1	96.4
杭州	114.0	113.7	113.3	113.3	113.2	111.6	109.4	107.1	104.3	102.3	100.8	99.9
宁波	115.6	114.5	113.7	112.9	112.2	111.0	109.9	108.2	106.7	103.3	101.0	100.8
无锡	109.1	108.8	108.6	108.3	107.5	106.7	105.6	104.6	103.0	102.0	100.9	100.6
扬州	106.9	106.6	106.3	106.2	106.2	105.8	105.2	104.5	104.0	103.3	102.6	101.2
徐州	108.1	107.2	106.6	105.2	104.0	103.3	102.5	102.1	101.2	100.3	100.3	98.4
温州	107.6	107.3	105.6	104.8	103.6	103.4	102.6	101.6	101.8	101.5	101.1	101.6
金华	103.0	103.3	104.8	105.8	107.0	107.5	107.4	107.0	107.0	106.3	105.9	105.1
全国	111.3	110.9	110.7	110.1	109.2	108.2	107.0	105.3	103.5	101.6	100.2	99.6

从房地产开发企业融资渠道来看,房地产开发企业融资渠道过于单一,自筹资金比重过小,是近年来长三角地区绝大多数房地产开发企业的真实写照。2007年前,“其他资金”占房地产开发资金的比重均高达50%以上,再加上国内贷款部分,二者占房地产开发资金的比重高达70%以上。2008年以来,这一现象有所改善,表现为“自筹资金”的比重出现上升,而“其他资金”的比重有所下降。表3显示,2008年,长三角地区“自筹资金”部分占房地产开发资金的比重为28.81%,较2007年提高了5.88个百分点,“其他资金”占房地产开发资金的比重为45.91%,较2007年下降了9.0个百分点。

表3-172　长三角房地产开发企业资金来源(2000-2008)

单位:亿元,%

	本年资金来源小计	国内贷款		利用外资		自筹资金		其他资金	
	绝对额	绝对额	比重	绝对额	比重	绝对额	比重	绝对额	比重
2000	1 581.97	394.82	24.96	35.56	2.25	396.96	25.09	753.77	47.65
2001	1 244.30	309.39	24.86	8.17	0.66	275.42	22.13	651.29	52.34
2002	2 594.00	662.82	25.55	43.17	1.66	600.33	23.14	1 287.56	49.64
2003	3 639.34	933.44	25.65	46.18	1.27	825.91	22.69	1 833.71	50.39
2004	5 034.45	1 045.75	20.77	50.86	1.01	1 224.61	24.32	2 713.20	53.89
2005	5 968.86	1 309.62	21.94	80.22	1.34	1 576.56	26.41	3 002.47	50.30
2006	7 200.30	1 615.08	22.43	126.47	1.76	1 791.19	24.88	3 667.56	50.94
2007	9 639.81	1 940.58	20.13	195.34	2.03	2 210.66	22.93	5 293.23	54.91
2008	9 275.49	2 143.39	23.11	202.09	2.18	2 671.81	28.81	4 258.22	45.91

（二）长三角地区两省一市房地产业发展基本情况

1. 上海市

（1）房地产开发投资继续保持低速增长。2008 年，上海房地产开发投资延续了 2005 年以来的低速增长态势，全年完成房地产开发投资额1 366.87亿元，同比增长 4.54%，增速较 2007 年提高 2.04 个百分点。

（2）商品房施工面积继续下降。2008 年上海商品房施工面积较 2007 年有所下降，全年完成施工面积10 390.67万平方米，较 2007 年下降 3.49%，同比降幅较 2007 年扩大 1.92 个百分点。

（3）商品房竣工面积、销售面积大幅下降。受房地产市场低迷的影响，2008 年上海市商品房竣工面积与销售面积均呈现大幅下跌态势。全年完成商品房竣工面积2 475.04万平方米，同比下降 26.78%，完成商品房销售面积2 296.12万平方米，同比下降 37.86%。

（4）商品房销售价格持逐月下降。2008 年 1—12 月，上海市房屋销售价格指数呈逐月下降的态势。2008 年 1 月，全市房屋销售价格同比增长 9.9%，此后房价涨幅逐月下降。2008 年 11 月，上海商品房销售价格首次出现负增长，为 -0.8%，至 12 月份，全市商品房销售价格同比降幅进一步扩大到 -1.7%。根据相关部门统计，2008 年全市商品房平均价格为8 255元/平方米，较 2007 年下降 1.3%。

（5）居民购房仍然面临较大压力。“房价收入比”是衡量居民住房消费能力的一个重要指标。按世界银行提出的标准，房价收入比在 3 倍至 6 倍之间比较适当。按照人均住宅 30 平方米的小康标准计算，2008 年上海城镇居民房价收入比为 9.28，也就是说，平均而言，上海城镇居民以全部可支配收入购房需要花费 9 年多的时间。2008 年房价收入比虽然较 2007 年水平（10.62 倍）下降了 12.62%，但是仍然大大高于国际标准。由此可见，虽然 2008 年上海房价出现了一定程度的回落，但由于房价基数较大，居民购房压力依然比较严峻。

表 3－173　上海市房地产业发展情况（2000－2008）

单位：亿元，万平方米，%

	房地产开发投资		商品房施工面积		商品房竣工面积		商品房销售面积	
	绝对额	增速	绝对额	增速	绝对额	增速	绝对额	增速
2000	566.17	9.97	5 523.23	8.66	1 643.62	11.92	1 557.87	17.25
2001	630.73	11.40	5 986.18	8.38	1 791.36	8.99	1 796.64	15.33
2002	748.89	18.73	6 856.96	14.55	1 984.68	10.79	1 971.47	9.73
2003	901.24	20.34	8 267.51	20.57	2 491.86	25.55	2 376.40	20.54
2004	1 175.46	30.43	9 481.61	14.69	3 443.02	38.17	3 488.75	46.81
2005	1 246.86	6.07	10 462.39	10.34	3 095.74	-10.09	3 158.87	-9.46
2006	1 275.59	2.30	10 938.75	4.55	3 274.27	5.77	3 025.40	-4.23
2007	1 307.53	2.50	10 766.72	-1.57	3 380.12	3.23	3 694.96	22.13
2008	1 366.87	4.54	10 390.67	-3.49	2 475.04	-26.78	2 296.12	-37.86

2. 江苏省

（1）房地产开发投资仍然保持快速增长。从 2001 年开始，江苏商品房开发投资长期保持两位数以上的快速增长态势。其中，2004 年房地产开发投资额同比增长 56.77%，为 2000 年以来的最高增幅。2008 年，全省房地产开发投资额达3 064.46亿元，同比增长 21.8%，这一增速虽然较 2007 年水平下降 10.15 个百分点，但是与同期 GDP 增长速度相比，21.8% 的房地产开发投资增速仍然高于经济增速 9.5 个百分点。

(2)商品房施工面积快速增长。商品房开发投资的快速增长带来了施工面积的强劲增长势头。2008 年，江苏全省完成商品房施工面积28 188.14万平方米，同比增长 21.39%，与 2007 年增速基本持平。

(3)商品房竣工面积保持平稳增长。2008 年，全省商品房竣工面积继续保持稳定较快增长态势，全年完成竣工面积6 704.50万平方米，同比增长 5.74%，较 2007 年增速下降 1.12 个百分点。

(4)商品房销售大幅萎缩。全球金融危机给房地产市场带来了较大冲击，房地产市场观望心理浓厚，商品房销售陷入低迷。2008 年，江苏全省实现商品房销售面积5 412.26万平方米，同比下降 28.77%，而 2007 年商品房销售面积同比增速高达 24.54%，二者增速相差 53.31 个百分点。

(5)住宅供应结构仍不合理。长期以来，商品房开发的结构性矛盾是困扰我国房地产业发展的突出问题，这在住宅供求结构中尤其突出。2008 年，全省完成商品房销售5 412.26万平方米，其中住宅销售面积4 730.26万平方米。在住宅销售结构中，90 平方米以下住宅销售面积1 026.07万平方米，140 平方米以上住宅销售面积 845.29 万平方米，经济适用房面积 322.44 万平方米，占全部住宅销售面积的比重分别为 21.69%、17.87%、6.82%。由此可以推算，90—140 平方米住宅占全部住宅销售面积的比重为 53.62%，这表明中等户型房是购房消费的主要户型。但是，对开发商而言，为了牟取高额利润，他们往往倾向于开发附加值高的大户型、高档住房，而对附加值相对较低的中低档商品房显得动力不足，由此造成了房地产市场供应结构与实际需求结构的脱节。

表 3－174　江苏省房地产业发展情况(2000－2008)

单位:亿元，万平方米，%

	房地产开发投资		商品房施工面积		商品房竣工面积		商品房销售面积	
	绝对额	增速	绝对额	增速	绝对额	增速	绝对额	增速
2000	358.72	8.52	4 268.45	2.05	2 143.22	－1.00	1 740.93	16.01
2001	414.36	15.51	4 858.47	13.82	2 341.90	9.27	1 904.16	9.38
2002	544.13	31.32	6 115.77	25.88	2 696.69	15.15	2 321.85	21.94
2003	809.96	48.85	8 924.74	45.93	3 120.23	15.71	2 721.57	17.22
2004	1 269.78	56.77	12 316.18	38.00	3 906.33	25.19	3 178.91	16.80
2005	1 545.15	21.69	15 619.26	26.82	5 500.12	40.80	5 135.55	61.55
2006	1 906.71	23.40	19 108.246 8	22.34	5 933.51	7.88	6 101.15	18.80
2007	2 515.91	31.95	23 221.55	21.53	6 340.75	6.86	7 598.35	24.54
2008	3 064.46	21.80	28 188.14	21.39	6 704.50	5.74	5 412.26	－28.77

3. 浙江省

(1)房地产开发投资保持平稳快速增长。2008 年，房地产开发投资继续延续上一年的快速增长态势，全年房地产开发投资额为2 023.12亿元，比 2007 年增长 11.06%，增速虽比 2007 年下跌 4.65 个百分点，但仍然保持了两位数的快速增长态势。其中，住宅类开发投资1 426.55亿元，比上年增长

9.04%,办公楼开发投资137.46亿元,比上年增长25.46%,商业营业用房开发投资208.74亿元,比上年增长0.39%,其他类开发投资250.37亿元,比上年增长27.80%。在住宅开发投资中,别墅、高档公寓投资额为144.49亿元,同比增长24.16%,经济适用房投资额为49.15亿元,同比下降17.34%。

(2)商品房施工面积增速放缓。2008年,浙江全省商品房施工面积为19 273.33万平方米,同比仅增长4.92%,这一增速较2007年下降3.33个百分点,延续了2004年以来商品房施工面积增速逐年递减的发展态势。

(3)商品房竣工面积有所回升。2008年,全省完成商品房竣工面积4 458.26万平方米,较2007年增加358.13万平方米,增长8.73%,这一增速较2007年水平提高2.99个百分点。这主要由于商品房从施工到竣工存在一个建设周期。归功于以往年度商品房施工面积的较快增长,从而使2008年在开发投资和施工面积较2007年增速有所下滑的情况下,仍然保证了竣工面积增速快于2007年水平。

(4)商品房销售面积大幅下跌。和长三角其他省市一样,浙江商品房销售在2008年也陷入低迷,全年完成商品房销售面积2 992.20万平方米,较2007年减少1 549.77万平方米,降幅为34.12%。

(5)私营企业成为房地产开发的主导。2008年,在房地产开发投资中,内资企业完成房地产开发投资额1 859.91亿元,占全部房地产开发投资额的比重为91.93%,比2007年提高0.85个百分点,港澳台商开发投资额为75.75亿元,占全部房地产开发投资额的比重为3.74%,比2007年下降0.51个百分点,外商投资87.46亿元,占全部房地产开发投资额的比重为4.32%,比2007年下降0.34个百分点。在内资企业中,国有企业、集体企业、股份合作企业、国有联营、集体联营、国有与集体联营、国有独资等公有制企业开发投资额合计为117.50亿元,占内资企业开发投资额的比重为6.32%,占全部房地产开发投资额的比重为5.81%。依此推算,以私营企业为主体的私有制企业开发投资额占内资企业开发投资额的比重为93.68%,占全部房地产开发投资额的比重为94.19%,分别较2007年上升了0.85个和0.73个百分点,逐步强化了房地产开发的主体地位。

表3-175 浙江省房地产业发展情况(2000-2008)

单位:亿元,万平方米,%

	房地产开发投资		商品房施工面积		商品房竣工面积		商品房销售面积	
	绝对额	增速	绝对额	增速	绝对额	增速	绝对额	增速
2000	362.18	33.16	4 612.54	17.77	1 676.88	4.24	1 502.23	13.42
2001	544.91	50.45	6 371.79	38.14	2 053.89	22.48	1 801.45	19.92
2002	728.8	33.75	8 190.27	28.54	2 660.60	29.54	2 219.30	23.20
2003	980.05	34.47	10 804.76	31.92	3 214.85	20.83	2 781.84	25.35
2004	1 353.07	38.06	14 030.03	29.85	3 563.73	10.85	3 051.38	9.69
2005	1 456.49	7.64	15 651.74	11.56	4 130.80	15.91	3 305.84	8.34
2006	1 574.28	8.09	16 970.08	8.42	3 877.47	-6.13	3 544.96	7.23
2007	1 821.67	15.71	18 370.15	8.25	4 100.13	5.74	4 541.97	28.12
2008	2 023.12	11.06	19 273.33	4.92	4 458.26	8.73	2 992.20	-34.12

二十八　长三角通讯服务业

随着信息化程度的快速提高,通讯服务业为各地区的经济社会发展提供了便捷高效的平台,因此,通讯服务业是经济发展的重要行业,也对各地经济总体发展的作出了重大贡献。长三角地区人口密度大,经济增长比较快,对地区信息化程度的要求也相对较高,相应的,通讯服务业的发展空间也很大。

(一)上海市通讯服务业

经过近几年的发展,上海信息服务业形成了较完整的产业体系,产业门类比较齐全,信息服务业企业数和从业人员不断增加,产业整体发展态势良好,对国民经济贡献逐年增加。

1. 邮政电信服务业稳定发展

上海市2008年邮电业务实现了较为稳定的增长,2008年完成邮政电信业务总量833.82亿元,比上年增长17.6%。其中,邮政业务总量57.7亿元,增长21.5%;电信业务总量776.12亿元,增长17.3%。2008年末,全市固定电话用户1 015.4万户。其中,住宅电话660万户。移动电话用户1 880.9万户,比上年末增加104.4万户。与2007年比较,邮政电信业务量增长速度相对回落。由于上海的邮政电信服务业发展的基础较好,发展速度较快,所以目前,在一些传统的通讯服务行业已经出现了一定程度的饱和,如2007年末上海固定电话用户量为1 046.1万户,而2008年与上年相比减少了30.7万户,由于现代通讯服务业和先进信息产业的快速发展,通讯服务业的类型和服务手段日趋多样化,因此,居民在通讯服务方面拥有更大的选择空间。

2. 通信信息服务业继续保持较快增长

上海对于城市信息化建设比较重视,并致力于提高城市的通信信息服务水平,因此,上海信息产业发展较快,见表1。2008年实现信息产业增加值1 670.52亿元,比上年增长14.2%。其中,信息产品制造业增加值944.61亿元,增长11.2%;信息产品销售业增加值35.27亿元,增长21%;信息服务业增加值690.64亿元,增长18.4%。全市用于信息化建设的固定资产投资278.69亿元,占全社会固定资产投资总额的比重为5.8%。信息基础设施服务能级进一步提升。至2008年末,集约化信息管线累计敷设4 007.14沟公里,比上年末增加876.14沟公里;互联网用户达到1 160万人,增加80万人;宽带接入用户418.6万户,增加54.6万户;IPTV用户达到74.6万户,增加52.6万户;有线电视用户达到527.2万户,增加28万户,其中有线数字电视用户70.9万户。

信息技术应用水平继续提升。全年"中国上海"门户网站主页访问量达1 725.23万人次,实现网上办事事项1 677项。全年政府部门主动公开信息4.99万条,可依申请公开信息目录1.49万条,受理政府信息公开申请7 270件,同意公开和部分公开率达到68.5%。全年完成电子商务交易额2 758.17亿元,比上年增长13.7%。口岸税费电子支付系统入网企业累计3 500家,全年实现电子支付金额1 004亿元,比上年增长14.1%。社会公共服务领域信息化建设不断深化,信息化发展环境不断完善。至2008年末,数字证书累计发放138.65万张。全市累计有417万人次参加计算机应用能力考试,其中195万人次取得合格证书。社会信用体系持续完善。至2008年末,个人信用联合征信系统覆盖1 047万人的信用信息,比上年末增加118万人;个人信用产品提供量达到1 008万份,增加100万份。

表 3－176　2008 年上海市通信业务发展情况

指标名称	计量单位	合计
电信业务总量	亿元	776.1
电信业务收入	亿元	405.2
固定电话用户	万户	1 015.4
其中:无线市话用户	万户	155.4
移动电话用户	万户	1 880.9
固定电话本地网内通话量	亿次	290.2
固定电话长途通话时长	亿分钟	30.2
移动电话通话时长	亿分钟	783.2
其中:长途通话时长	亿分钟	35.4
移动短信业务量	亿条	306.4
IP 电话通话时长	亿分钟	128.6

数据来源:上海市通信管理局

3. 通信信息服务业企业和产业发展不断健全

目前,上海市有各类信息服务业企业3 000多家,信息服务业从业人员超过30 万人。涌现了上海热线、东方网等全国著名门户网站,盛大、九城等游戏运营公司,携程、易趣、前程无忧、中昊化工、东方钢铁在线等著名的行业性电子商务公司,掌上灵通等专业内容提供商,宝信、新华控制等一大批全国著名的软件开发企业,以及汇丰数据、花旗银行数据中心等跨国公司的信息服务中心。其中,盛大、携程、易趣、掌上灵通、四方信息、九城已经在纳斯达克成功上市,宝信、华东电脑等在国内主板上市,交大慧谷、华博、交大铭泰等香港上市。在产业形态上,电信服务业随着电信市场整体的扩张而稳健发展。宽带互联网应用发展迅速,电子商务日益广泛,众多网络服务模式带来了巨大的市场。广电的传媒业转向数字电视及其内容提供领域,基于数字技术的新媒体正逐步成为市场主力。通过利用各种虚拟和实体的网络,实现资源和能力的整合和共享,上海信息服务业已成为企业参与国际竞争、实现全球化管理和运营的不可或缺的手段。

(二)江苏省通讯服务业

1. 邮政和电信业都持续较快增长

2008 年,江苏省全年邮电业务总量1 537.3亿元,比上年增长 20.1%。其中邮政业务总量 83.5 亿元。邮电业务收入 669.3 亿元,比上年增长 9.1 %。其中邮政业务收入 62.7 亿元,电信业务收入 606.6 亿元,增长 9.2 % 和 9.1%。2008 年末,局用交换机总容量5 508.2万门,固定电话用户2 968.3 万户,减少 255.8 万户,其中:城市电话用户1 974.5万户,乡村电话用户 993.8 万户。住宅电话用户 2 158.3万户,减少 218.1 万户。年末移动电话用户3 957.0万户,净增 643.8 万户。全省电话普及率达 90.8 部/百人,比上年增加 5.1 部/百人。互联网用户 771.6 万户,新增 99.7 万户。2008 年,江苏省电信业务总量1 453.9亿元,分别增长 16.7% 和 20.0%。经过近几年的发展,江苏电信行业已经形成了电信、移动、联通、网通、铁通、等多家基础运营企业为主、500 多家电信增值服务企业共同参与的竞争格局。电信基础设施进一步完善,已经初步建成技术水平较为先进的通信基础设施,通信网络规模不断扩大,到 2008 年底,全省长途光缆线路总长度 3.1 万公里,新增 0.2 万公里。

2. 电信企业发展实力不断壮大

2008 年底,江苏省新增省内增值业务经营单位约 200 家,省内增值电信业务经营单位达到超过 700 家;新增持跨地区增值电信业务经营许可证的备案单位超过 200 家,江苏省跨地区备案单位超过 800 家。少数较早进入的增值电信业务经营单位不断发展壮大,形成了中国制造网、马可尼通信、欣网视讯、南京宁网、江阴欧维网络等一批具备一定规模实力和国内影响力的增值电信业务经营单位。从业务构成看,信息服务业务在经营主体数量和业务收入等方面都占绝对优势,其中信息服务业务收入占 90% 以上,呼叫中心、因特网接入服务等业务也有较快发展。从投资主体看,民营控股和参股企业所占比重达到 95.5%,并且比重呈不断扩大趋势。

(三)浙江省通讯服务业

2008 年,浙江邮电通信能力稳步提高。随着浙江省通信技术装备水平的进一步提高,浙江省通信服务能力持续增强。

浙江省大力加强营业网、投递网、信息网、实物网和营销体系等支撑能力的建设,努力改善和提高邮政通信行业的整体服务水平,这为邮政业务的持续快速发展打下了坚实的基础。邮电业务总量在连续多年高增长的基础上,在 2008 年,实现了较快的增长。浙江 2008 年邮电业务总量1 546.2亿元,比上年增长 16.5%。其中,邮政业务总量 48.8 亿元,增长 15.6%;电信业务总量1 497.4亿元,增长 16.5%。

浙江省的电信业经过不断的整合和规范管理,电信市场总体发展有序,服务质量不断提高。2008 年,浙江省全年固定电话交换机总容量为3 232万门。新增移动电话交换机容量1 998万户,总容量为7 901万户。2008 年末,固定电话用户达2 297万户,其中城市电话用户1 482万户,农村电话用户 815 万户;移动电话用户3 977万户,全年新增 448 万户。国际互联网稳步发展,2008 年末浙江省互联网用户数为 805 万户,比上年新增 124 万户。

(四)长三角地区电信一体化的发展与对策

自 2008 年 9 月国务院将长三角一体化发展战略上升到国家层面以来,长三角融合发展的步伐再次加快。当前,在各行各业推动长三角社会经济一体化发展的大背景下,如何利用信息通信的资源优势加速推动区域经济快速发展,不仅对长三角地区信息通信一体化融合有重要意义,也将对在全国范围内促进信息化和工业化深度融合产生重要影响。

作为迅速崛起的世界第 6 大城市群,长三角地区固定电话用户数、移动电话用户数、互联网用户数分别占全国的 17%、18%、19%,其电话普及率远远高于全国平均水平。随着长三角一体化进程加快,区域内人员流动增加(城际日流动人数超过 220 万),继而带动了跨地区通信需求大幅增长,要求实现通信一体化的呼声也越来越高。

正是应对这一呼声,近年来长三角地区的信息通信服务企业在一体化方面逐步开始了有益尝试:

中国电信的上海、浙江、江苏公司,目前已经就实现信息资源共享、积极探索新业务、新技术发展进行了研讨,并在中小企业信息化建设、加快宽带、视频导航等新业务发展方面达成了共识。中国电信还在长三角正式启动了"无线宽带"省际漫游业务。也就是说,江苏、浙江、上海的中国电信无线宽带用户只要在原有的宽带账号后增加相应后缀,就可在三地的"无线宽带"覆盖区域内享受互联网接入服务。而一场消除城市界限的"114"革命则意味着日后在长三角任何一个城市,不用拨区号,就可以直接查询两省一市各地的电话号码。

中国移动方面推出了长三角异地一卡双号服务。一张 SIM 卡上同时开通上海移动号码和外地

（如江苏或浙江）移动号码。用户可通过一定设置，在不关机、不换机的条件下进行软切换。中国联通则在2006年率先推出了“长三角商旅卡”，打破行政区划的概念，实现区域内统一的通话费率，此举被业内人士看作是长三角通信一体化的“试水项目”。除此以外，在客户维护方面，中国联通在长三角地区还实现了高端客户的异地缴费、充值、查询和补卡。

近两年来，长三角的电信业近年来发展迅猛，其用户规模、服务水平都走在全国前列。长三角地区的通信运营公司在一体化方面进行了有益的尝试，并实施了诸多实质性举措，包括无线宽带省际漫游、长三角异地一卡双号服务、长三角商旅卡等等。但与长三角经济一体化的需求相比，仍有一定差距。因此，还需进一步促进长三角通信一体化的形成。具体来说，长三角通信业一体化的实现可以重点把握以下几个方面①：

1. 基础设施一体化

目前，长三角区域内各地的信息化发展程度参差不齐。总的来说，上海处于领跑位置，众多中小城市正积极升级改造其通信设施。该地区各个城市在加大通信基础设施投入的形势下，地区间的通信建设仍存在一定的条块分割现象，这与网络经济的统一性、开放性、交互性和规模性等特性是相违背的。而在长三角不同的城市、不同的行政机构之间的信息化网络建设中，类似的问题同样存在，这不仅造成了社会资源的浪费，而且将极大地影响这一地区信息一体化与经济一体化的进程。随着电信业重组成3家实力相当的运营商，通信管理机构可以积极推动各电信运营商之间的良性合作互动，共享基础设施，减少不必要的重复建设，在长三角这样土地资源、设备资源都很宝贵的地区，最大程度地节约社会开销，为建立节约型社会和提高资源利用水平都提供了很好的示范作用。为帮助相关企业整合通信服务资源，长三角通信管理部门还可以争取相关政策支持，探索电信运营企业之间、电信运营企业与相关企业（设备制造企业、终端销售企业等）的合作模式，鼓励利用产业链整合和企业合作，最大程度地实现资源共享。

2. 市场一体化

长三角是一个市场发育较为成熟的地区，区域内各类有形的和无形的市场很多，当务之急是要打破行政区界进行梳理和整合，以形成统一、开放、有序的市场机制。在一些相关行业已经出现了示例：长三角邮政部门将建立区域快递服务一体化发展联席会议制度，争取区域内有关部门的支持，制定统一的扶持政策，以协调解决快递车辆进城、企业融资、设施用地、航空运能、快件通关、税费减免、工商登记、人才培育等问题。我们认为在长三角通信一体化的过程中，应该逐步弱化政府的角色，加强市场机制的作用；目前长三角一体化还是以政府的推动力为主，这一点不应当否定，但在推动当中，还需要把社会的一些力量、企业的力量、民间力量都纳入到一体化中。在这个过程当中，通信市场应该有统一的规划、管理、指挥，这样不仅有利于提高市场决策的科学性，还能充分挖掘长三角地区独特的市场需求，为更好地服务该地区提供保障。

3. 生态环境保护一体化

长期以来，长三角的经济得到了迅速发展，环境保护却没有得到充分的重视，出现了水质污染、空气质量下降等环境问题。现在该地区的各个城市都把环境保护作为经济发展的重要参考指标，不过生态保护是个庞大的系统工程，仅仅局限于一个较小的行政区域内是不可行的，需要该地区各城市联合探索跨行政区域的生态维护方法。通信业在适应长三角一体化发展的同时，必须大力倡导“环境友好、节能减排、减少辐射”的绿色通信。为此，江、浙、沪三地政府间可以成立相应的协调机构、建立通信环保标准工作组，加强对通信环保的实施和执行；三大运营商也应主动根据长三角地区资源紧张、增值业务众多等特点推出有利于节能、健康的业务与活动，并将环保作为企业社会责任的

①夏林，聚焦长三角通信一体化之路，中国信息产业网：http://www.com.cn/20080623/ca566503.thm（2009年7月16日）

一种体现;电信设备制造企业则需要加大研发力度,推出各种低辐射、节能的环保产品,满足保护环境的终端产品。在保护通信环境方面,研究者一直都遗忘了通信活动中重要的一方——消费者,他们认为消费者只是通信设备的使用者、通信服务的收益者,通信环境的保护与消费者联系不上。其实在很大程度上,通信环境的保护是需要消费者积极配合的,例如选择环保健康的网络、规范处理淘汰通信设备、杜绝传播不良信息等。

4. 技术发展一体化

在技术的研究与应用方面,长三角地区可以尝试编制统一的通信发展规划。我国以往的通信发展规划都是严格按行政区域来制订和实施的,在国家发改委刚颁布的《新编长三角发展规划》中,国务院也已有了明确的指导性意见:“各城市政府理应及时呼应,联手编制统一的区域性尤其是城市圈的信息发展规划,以在未来的发展中做到资源共享。”目前,该区域内各单位采用不同技术、设定不同的接口等行为,都提高了信息共享的门槛,影响了长三角地区一体化的质量。具体表现有:电子政务建设方面,一些政府和部门往往“各自为政”,采用不同的技术标准,业务内容单调而且重复。企业信息化建设方面,则不同程度地表现为“信息孤岛”现象,各个城市的企业之间信息封闭,引起区域内部生产资源利用率不足、区域竞争力不高的局面。所以只是各城市的学者讨论先进技术,是无法推动区域信息一体化的,可以成立一个“长三角通信技术一体化委员会”,仿效欧盟的管理方式,由区域内的各个城市轮流来当委员会的主席,同时赋予这个委员会一定的技术指导权,尝试指导该区域构建统一的信息平台,统一接入标准,实施通信人才互认制度,并协同推进一体化应急机制的建设。

二十九　长三角电力生产

（一）长三角地区基本情况

2008 年，长三角地区发电5 972.67亿千瓦时，比 2007 年增长 5.83%。其中，上海发电 773.54 亿千瓦时，占 12.95%；江苏发电2 887.26亿千瓦时，占 48.34%；浙江发电2 311.87亿千瓦时，占 38.71%。长三角地区用电6 579.41亿千瓦时，比 2007 年增长 5.88%。其中，上海用电1 138.22亿千瓦时，占 17.30%；江苏用电3 118.32亿千瓦时，占 47.40%；浙江用电2 322.87亿千瓦时，占 35.31%①。

表 3－177　2000－2008 年长三角地区电力生产与消费总体情况

	发电量（亿千瓦时）				用电量（亿千瓦时）			
	上海	江苏	浙江	长三角合计	上海	江苏	浙江	长三角合计
2000	553.09	970.34	696.59	2 220.02	559.42	971.34	742.89	2 273.65
2001	572.86	1 040.12	790.35	2 403.33	592.99	1 078.44	855.29	1 933.73
2002	608.92	1 167.48	887.82	2 664.22	645.71	1 245.14	1 015.84	2 260.98
2003	684.99	1 336.76	1 090.86	3 112.61	745.97	1 505.12	1 240.35	3 491.44
2004	766.15	1 619.07	1 258.81	3 644.03	821.44	1 820.09	1 419.53	4 061.06
2005	728.74	2 098.69	1 456.42	4 283.85	921.97	2 193.45	1 642.32	4 757.74
2006	710.96	2 525.49	1 765.93	5 002.38	990.15	2 569.75	1 909.23	5 469.13
2007	737.80	2 825.33	2 080.41	5 643.54	1 072.38	2 952.02	2 189.37	6 213.77
2008	773.54	2 887.26	2 311.87	5 972.67	1 138.22	3 118.32	2 322.87	6 579.41

2008 年，长三角地区电力（含热力）生产和供应业共有规模以上企业 593 个，比 2007 年增加 40 个；拥有总资产8 547.9亿元，比 2007 年增长 18.04%；实现工业总产值6 147.14亿元，增长 19.50%；主营业务收入6 142.18亿元，增长 19.97%；但效益有所下滑，实现利税总额 371.96 亿元，下降 40.79%；利润总额 43.09 亿元，下降 86%。

表 3－178　2000－2008 年长三角地区电力（含热力）行业规模以上企业发展情况

单位：亿元

	企业单位数（个）	工业总产值	资产总计	主营业务收入	利润总额	利税总额
2000	350	825.17	3 013.1	1 138.65	74.1	165.64
2001	360	900.83	3 161.4	1 417.27	91.55	205.43
2002	378	1 014.30	3 370.6	1 750.21	111.61	236.75
2003	411	1 188.22	3 849.8	2 180.54	126.52	279.82

①资料来源：历年《上海统计年鉴》、《江苏统计年鉴》、《浙江统计年鉴》。

(续表)

	企业单位数(个)	工业总产值	资产总计	主营业务收入	利润总额	利税总额
2004	495	2 605.21	5 176.2	3 015.07	135.99	315.28
2005	533	3 748.6	5 582.6	3 676.16	191.79	427.96
2006	563	4 450.61	6 459.9	4 445.26	264.02	556.55
2007	553	5 143.85	7 241.2	5 119.62	307.78	628.23
2008	593	6 147.14	8 547.9	6 142.18	43.09	371.96

(二)上海市基本情况

1. 电力生产与消费总体情况

2008 年,上海市共发电 773.54 亿千瓦时,比 2007 年增长 4.84%。全市用电量1 138.22亿千瓦时,增长 6.14%。其中,工业用电 727.13 亿千瓦时,占用电总量的 63.88%;农业用电 5.08 亿千瓦时,占 0.45%;城市居民生活用电 146.55 千瓦时,占 12.88%。总体来看,工业用电和城市居民生活用电都趋于增长,但工业用电增幅低于全市用电量增幅,而城市居民生活用电则大幅增长;农业用电趋于减少。

表 3-179　2000-2008 年上海市电力生产与消费总体情况

	发电量(亿千瓦时)	用电量(亿千瓦时)			
		总计	工业用电	农业用电	城市居民生活用电
2000	553.09	559.42	393.13	8.92	53.20
2001	572.86	592.99	413.33	6.11	166.36*
2002	608.92	645.71	447.46	6.46	61.85
2003	684.99	745.97	507.00	6.75	82.87
2004	766.15	821.44	555.08	6.48	90.64
2005	728.74	921.97	617.59	5.76	109.20
2006	710.96	990.15	656.10	5.34	122.37
2007	737.80	1 072.38	705.90	5.27	131.12
2008	773.54	1 138.22	727.13	5.08	146.55

注:* 为其他用电。

2. 电力建设情况

2008 年,上海市电力(含热力)生产与供应业建设改造投资施工项目 505 个,比 2007 年减少 147 个;全部建成投产项目 424 个,减少 103 个;建设改造投资额 132.12 亿元,下降 19.75%;项目建成投产率 84.0%,比往年有大幅提高。

表 3－180　2000－2008 年上海市电力建设情况

	施工项目(个)	全部建成投产项目(个)	建成投产率(%)	建设改造投资额(亿元)
2000	489	401	82.0	64.86
2001	458	379	82.8	72.57
2002	613	502	81.9	62.07
2003	555	501	90.3	45.49
2004	700	185	26.4	89.81
2005	654	552	84.4	125.20
2006	661	571	15.8	116.46
2007	652	527	23.7	164.63
2008	505	424	84.0	132.12

注:2004－2008 年数据为电力、热力的生产和供应业。

3. 电力生产企业情况

2008 年,上海市电力(含热力)生产和供应业共有规模以上企业 33 个,比 2007 年增加 3 个;从业人员 2.08 万人,比 2007 年略有下降;总资产1 838.02亿元,增长 26.43%;实现工业总产值1 205.93亿元,增长 66.49%;主营业务收入1 199.67亿元,增长 66.93%;全年上交税金总额 58.59 亿元,增长 13.94%;由于成本费用大幅上升,为1 198.51亿元,增长 78.68%,导致效益大幅下滑,实现利润 10.22 亿元,下降 81.29%。

表 3－181　2000－2008 年上海市电力(含热力)生产规模以上企业发展情况

单位:亿元

	2000	2001	2002	2003	2004	2005	2006	2007	2008
企业单位数(个)	15	19	20	21	23	27	28	30	33
从业人员(万人)	3.53	3.02	3.01	2.8	2.85	2.28	2.12	2.09	2.08
工业总产值	192.14	193.88	217.59	240.8	276.73	572.96	638.84	724.32	1 205.93
资产总计	621.83	874.17	884.64	906.6	1 097.11	1 173.08	1 325.3	1 453.8	1 838.02
主营业务收入	222.27	324.87	365.96	424.03	498.65	584.27	643.61	718.67	1 199.67
利润总额	19.79	34.88	32.91	30.32	31.17	41.81	49.19	54.61	10.22
税金总额	23.74	28.58	30.94	34.2	39.43	39.21	48.22	51.42	58.59
利税总额	43.53	63.46	63.85	64.52	70.6	81.02	97.41	106.03	68.81

(三)江苏省基本情况

1. 电力生产与消费总体情况

2008 年全省共发电2 887.26亿千瓦时,比 2007 年增长 2.19%。全省用电量3 118.32亿千瓦时,增长 5.63%。其中,工业用电2 502.7亿千瓦时,占用电总量的 80.26%;农业用电 23.34 亿千瓦时,占 0.75%;城乡居民生活用电 295.74 千瓦时,占 9.48%。

表 3-182 2000-2008 年江苏省电力生产与消费总体情况

	发电量(亿千瓦时)	用电量(亿千瓦时)			
		总计	工业用电	农业用电	城乡居民生活用电
2000	970.34	971.34	709.76	59.12	125.62
2001	1 040.12	1 078.44	804.19	57.48	132.14
2002	1 167.48	1 245.14	967.53	47.78	129.92
2003	1 336.76	1 505.12	1 185.06	48.94	149.49
2004	1 619.07	1 820.09	1 451.8	38.34	171.02
2005	2 098.69	2 193.45	1 771.28	29.12	200.72
2006	2 536.56	2 569.75	2 088.68	24.92	234.29
2007	2 825.33	2 952.02	2 415.45	24.47	255.35
2008	2 887.26	3 118.32	2 502.70	23.34	295.74

2. 电力建设情况

2008 年,江苏省城镇电力(含热力)生产与供应业施工项目 360 个,比 2007 年增加 120 个;其中新开工项目 221 个,增加 54 个;全部建成投产项目 210 个,增加 56 个;投资额 316.66 亿元,增长 23.41%;项目建成投产率 58.3%,下降 5.9 个百分点。

表 3-183 2005-2008 年江苏省电力(含热力)建设情况

	施工项目(个)	其中新开工项目(个)	全部建成投产项目(个)	项目建成投产率(%)	投资额(亿元)
2005	297	164	152	51.2	510.41
2006	244	124	150	61.5	455.18
2007	240	167	154	64.2	256.60
2008	360	221	210	58.3	316.66

注:表中数据为城镇的电力、热力生产和供应业。

3. 电力生产企业情况

2008 年,江苏省电力(含热力)生产和供应业共有规模以上企业 210 个,比 2007 年增加 18 个;总资产3 626.99亿元,增长 16.74%;从业人员大幅下降至 0.98 万人,减少 89.5%;实现工业总产值 2 379.84亿元,增长 12.70%;主营业务收入2 390.55亿元,增长 13.58%;利税总额 131.18 亿元,下降 50.25%;亏损 8.08 万元,效益大幅下降,比 2007 年减少 106.66%。

2008 年,江苏省电力(含热力)生产和供应业规模以上工业企业流动资产周转次数 2.06 次/年,比 2007 年下降 48.88%;产品销售率 99.85%,高出 0.32 个百分点;产值利税率 16.12%,高出 3.63 个百分点;销售利税率 16.48%,高出 3.95 个百分点。

表 3-184 2000-2008 年江苏省电力(含热力)生产规模以上企业发展情况

单位:亿元

	企业单位数(个)	工业总产值	资产总计	主营业务收入	利润总额	利税总额	全部从业人员(万人)
2000	111	365.27	1 371.56	496.66	35.15	72.19	10.22
2001	113	402.32	1 209.09	584.88	37.88	82.99	9.69
2002	114	444.72	1 297.81	701.82	41.07	91.00	9.25
2003	127	519.81	1 667.16	907.83	51.92	107.34	9.25
2004	137	988.59	1 984.24	1 183.76	45.25	112.20	11.26
2005	175	1 529.28	2 254.92	1 451.31	67.11	160.47	9.78
2006	187	1 806.14	2 585.39	1 800.83	101.19	230.59	9.73
2007	192	2 111.74	3 106.93	2 104.72	121.30	263.69	9.33
2008	210	2 379.84	3 626.99	2 390.55	-8.08	131.18	0.98

表 3-185 2000-2008 年江苏省电力(含热力)生产规模以上企业经济效益情况

	2000	2001	2002	2003	2004	2005	2006	2007	2008
工业增加值率(%)	51.15	47.59	52.2	46.26					
总资产贡献率(%)	6.07	8.88	8.45	7.59					
资产负债率(%)	53.04	48.88	51.48	58.87	62.37	61.97	63.14	67.18	59.5
流动资产周转次数(次/年)	1.14	1.82	2.03	2.13	2.14	2.98	3.83	4.03	2.06
成本费用利润率(%)	7.74	6.92	6.22	6.22	3.97	4.84	5.96	6.14	14.25
全员劳动生产率(元/人·年)	182 746	197 689	251 028	260 008	877 845	387 766	536 118	622 236	
产品销售率(%)	98.88	98.89	99.6	99.55	99.75	99.85	99.79	99.53	99.85
产值利税率(%)	16.05	20.63	20.46	20.65	11.35	10.49	12.77	12.49	16.12
销售利税率(%)	9.23	14.19	12.97	11.82	9.48	11.06	12.80	12.53	16.48
资金利税率(%)					6.70	8.43	10.43	9.94	

4. 发电厂情况

2008 年,江苏省发电总装机容量5 441.97万千瓦,比 2007 年下降 2.8%,发电量2 887.26亿千瓦时,增长 2.19%。其中,6 000千瓦及以上电厂总装机容量5 412.13万千瓦,下降 2.77%,占全省装机容量的 99.45%;发电量2 878.37亿千瓦时,增长 2.29%,占全省发电总量的 99.69%。6 000千瓦以下电厂总装机容量 29.84 万千瓦,下降 7.7%,占全省装机容量的 0.55%;发电量 8.88 亿千瓦时,下降 22.45%,占全省发电总量的 0.31%。

表 3－186　江苏省主要发电厂发电情况

厂名	2007		2008		装机容量增长率(%)	发电量增长率(%)
	装机容量(万千瓦)	发电量(亿千瓦时)	装机容量(万千瓦)	发电量(亿千瓦时)		
全省总计	5 598.65	2 825.33	5 441.97	2 887.26	－2.80	2.19
#统调发电厂	4 965.50	2 476.61	4 790.28	2 594.22	－3.53	4.75
非统调发电厂	633.15	348.72	651.70	293.03	2.93	－15.97
6000 千瓦及以上电厂	5 566.32	2 813.88	5 412.13	2 878.37	－2.77	2.29
电网公司保留电厂	130.00	31.54	100.00		－23.08	－100.00
徐州发电有限公司	130.00	31.54				
宜兴抽水蓄能电站			100.00			
中国国电集团公司	670.50	285.23	688.10	370.80	2.62	30.00
#国电谏壁发电厂	160.00	74.37	120.00	67.17	－25.00	－9.68
天生港发电厂	121.00	50.28	66.00	54.08	－45.45	7.56
国电江阴苏龙发电有限公司	121.50	74.14	121.50	72.62	0.00	－2.05
国电常州发电有限公司	126.00	73.96	126.00	71.82	0.00	－2.89
国电宿迁热电有限公司	27.00	5.23	27.00	2.79	0.00	－46.65
江苏龙源风力发电有限公司	15.00	1.77	15.00	3.50	0.00	97.74
国电泰州发电有限公司	100.00	5.48	200.00	97.65	100.00	1681.93
中国华能集团公司	650.40	344.39	643.80	326.17	－1.01	－5.29
#华能太仓发电厂	176	85.39	190	103.89	7.95	21.67
华能淮阴发电厂	140.4	83.45	154	74.58	9.69	－10.63
华能南通发电厂	180	108.17	140.4	83.29	－22.00	－23.00
华能南京发电厂	64	36.58	64	34.69	0.00	－5.17
华能金陵燃机	78	23.22	78	22.04	0.00	－5.08
中国电力投资集团公司	181.2	85.51	190.43	133.99	5.09	56.70
#中电投常熟发电公司	123	66.55	126	66.39	2.44	－0.24
江苏上电贾汪发电有限公司	54	13.11	54	8.87	0.00	－32.34
中国大唐集团公司	151	76.72	126	64.48	－16.56	－15.95
大唐徐塘发电有限公司	126	64.13	126	59.66	0.00	－6.97
大唐下关发电厂	25	12.59		4.81		－61.80
中国华电集团公司	373	167.90	307	145.46	－17.69	－13.37
华电扬州发电厂	110	60.59	88	50.58	－20.00	－16.52
上海华电电力发展有限公司	63	39.72	63	36.51	0.00	－8.08
上海华电电力发展有限公司燃机	78	24.76	78	22.00	0.00	－11.15

（续表）

厂名	2007		2008		装机容量增长率（%）	发电量增长率（%）
	装机容量（万千瓦）	发电量（亿千瓦时）	装机容量（万千瓦）	发电量（亿千瓦时）		
华电戚墅堰发电厂	44	18.29		13.36		-26.95
华电戚墅堰燃机	78	24.54	78	23.00	0.00	-6.28
辅业集团公司	307	166.34	265.75	166.54	-13.44	0.12
扬州第二发电厂	252	143.83	252	143.72	0.00	-0.08
射阳港发电厂	55	22.51	13.75	22.82	-75.00	1.38
江苏省国信集团公司	166.5	75.90	140.5	81.11	-15.62	6.86
#新海发电厂	115	50.80	66	44.15	-42.61	-13.09
盐城发电有限公司	40.5	20.83	40.5	23.25	0.00	11.62
淮阴电厂			30	13.45		
华润集团公司	682.5	370.66	686.5	362.06	0.59	-2.32
#华润电力（常熟）有限公司	195	113.22	195	110.78	0.00	-2.16
江苏镇江发电有限公司	181.5	92.84	181.5	89.04	0.00	-4.09
徐州华润电力有限公司	124	64.58	128	65.45	3.23	1.35
南京华润热电有限公司	93	41.96	93	43.53	0.00	3.74
徐州华鑫发电有限公司	66	36.62	66	37.39	0.00	2.10
宜兴华润热电有限公司			12	8.40		
南京化学工业园热电有限公司			11	7.47		
南京热电厂		5.69				
其他公司投资电厂	1 108.65	579.76	1 162.8	676.22	4.88	16.64
#利港发电厂	144	87.48	144	70.66	0.00	-19.23
江阴利港发电股份公司（利港二厂）	126	65.85	126	109.04	0.00	65.59
太仓港环保发电有限公司	157	86.90	157	89.31	0.00	2.77
国华苏州太仓发电厂	126	70.58	126	78.15	0.00	10.73
张家港沙洲电力有限公司	126	72.29	126	69.77	0.00	-3.49
张家港华兴电力有限公司	78	24.87	78	22.05	0.00	-11.34
江苏苏源谏壁发电有限公司	66	40.72	66	38.94	0.00	-4.37
苏州工业园区蓝天燃机热电有限公司	36	16.57	36	17.74	0.00	7.06
张家港发电厂	27.5	11.42	27.5	10.77	0.00	-5.69
盐城电厂8号机组	12.5	2.56	12.5	0.80	0.00	-68.75
连云港田湾核电	200	100.18	200	140.75	0.00	40.50

(续表)

厂名	2007		2008		装机容量增长率(%)	发电量增长率(%)
	装机容量(万千瓦)	发电量(亿千瓦时)	装机容量(万千瓦)	发电量(亿千瓦时)		
徐州发电有限公司			40	25.44		
地方电厂	662.95	339.52	590.58	268.84	-10.92	-20.82
自备电厂	482.62	290.42	510.68	282.70	5.81	-2.66
6000千瓦以下电厂	32.33	11.45	29.84	8.88	-7.70	-22.45

(四)浙江省基本情况

1. 电力生产与消费总体情况

2008年,浙江省共发电2 311.87亿千瓦时,比2007年增长11.13%;全省用电量2 322.87亿千瓦时,增长6.10%。

表3-187 2000-2008年浙江省电力生产与消费总体情况

单位:亿千瓦时,%

	发电量	比上年增长	用电量	比上年增长
2000	696.59		742.89	
2001	790.35	13.46	855.29	15.13
2002	887.82	12.33	1 015.84	18.77
2003	1 090.86	22.87	1 240.35	22.10
2004	1 258.81	15.40	1 419.53	14.45
2005	1 456.42	15.70	1 642.32	15.69
2006	1 765.93	21.25	1 909.23	16.25
2007	2 080.41	17.81	2 189.37	14.67
2008	2 311.87	11.13	2 322.87	6.10

2. 电力建设情况

2008年,浙江省限额以上电力(含热力)生产与供应业施工项目782个,比2007年增加157个;投产项目444个,增加134个;项目建成投产率56.8%,提高7.2个百分点;投资额3 766 192万元,比2007年下降17.29%;新增固定资产1 579 422万元,下降47.42%;固定资产交付使用率41.9%,下降24.1个百分点。

表 3 – 188　2000 – 2008 年浙江省电力(含热力)建设情况

	投资额（万元）	新增固定资产（万元）	固定资产交付使用率(%)	施工项目个数（个）	投产项目个数（个）	项目建成率（%）
2000	1 658 388	1 074 059	64. 8			
2001	1 384 673	1 864 275	134. 6			
2002	1 266 527	2 051 139	161. 9			
2003	2 088 275	653 695	31. 3	616	316	51. 3
2004	3 566 018	2 338 674	65. 6	714	344	48. 2
2005	4 610 730	2 766 088	60. 0	586	280	47. 8
2006	4 344 870	2 959 686	68. 1	570	278	48. 8
2007	4 553 617	3 003 929	66. 0	625	310	49. 6
2008	3 766 192	1 579 422	41. 9	782	444	56. 8

注:表中数据为限额以上电力、热力的生产和供应业。

3. 电力生产企业情况

2008 年,浙江省电力(含热力)生产与供应业共有规模以上企业 350 个,比 2007 年增加 19 个;资产总计3 082. 85亿元,增加 15. 01%;实现总产值2 561. 37亿元,增加 10. 99%;主营业务收入2 551. 96亿元,增加 11. 14%;但效益有所下滑,实现利税总额 171. 97 亿元,下降 33. 55%;实现利润 40. 95 亿元,下降 68. 95%。

表 3 – 189　2000 – 2008 年浙江省电力(含热力)生产规模以上企业发展情况

单位:亿元

	2000	2001	2002	2003	2004	2005	2006	2007	2008
企业单位数(个)	224	228	244	263	335	331	348	331	350
工业总产值	267. 76	304. 63	351. 99	427. 61	1 339. 89	1 646. 36	2 005. 63	2 307. 79	2 561. 37
工业增加值	149. 46	172. 55	203. 93	260. 75	355. 99	437. 94	519. 53	575. 71	
资产总计	1 019. 72	1 078. 09	1 188. 11	1 276. 00	2 094. 84	2 154. 60	2 549. 20	2 680. 51	3 082. 85
主营业务收入	419. 72	507. 52	682. 43	848. 68	1 332. 66	1 640. 58	2 000. 82	2 296. 23	2 551. 96
利润总额	19. 16	18. 79	37. 63	44. 28	59. 57	82. 87	113. 64	131. 87	40. 95
利税总额	49. 92	58. 98	81. 90	107. 96	132. 48	186. 47	228. 55	258. 81	171. 97

2008 年,浙江省电力(含热力)生产和供应业经济效益有所下滑,规模以上工业企业流动资产周转次数 4. 69 次/年,比 2007 年下降 3. 89%;产品销售率 99. 81%,与上年基本持平;销售利税率 6. 74%,减少 4. 52 个百分点;固定资产原值利税率 5. 32%,减少 4. 04 个百分点;资金利税率 6. 67%,下降 4. 48 个百分点。

表 3－190　2000－2008 年浙江省电力(含热力)生产规模以上企业经济效益情况

	2000	2001	2002	2003	2004	2005	2006	2007	2008
资金利税率(%)	5.73	6.34	8.32	9.94	7.61	10.18	10.29	11.15	6.67
固定资产原值利税率(%)	5.99	6.29	7.73	8.86	6.88	8.66	8.51	9.36	5.32
销售利税率(%)	11.89	11.62	12.00	12.72	9.94	11.37	11.42	11.26	6.74
产品销售率(%)		101.51	99.79	99.41	99.83	99.86	100.24	99.77	99.81
流动资产周转次数(次/年)	1.47	1.87	2.39	2.67	2.91	3.88	4.47	4.88	4.69
全员劳动生产率(元/人·年)	203 565	229 774	272 620	345 610	398 121	508 104	580 740	635 981	

三十　长三角汽车产业

一、长三角汽车产业基本情况

汽车产业是国民经济的重要支柱产业，是一个技术密集、高度竞争、必须不断自主创新的产业。作为中国经济最发达地区之一，长三角已成为中国国内最大的汽车产业集群，集聚了全国最多的汽车整车、零部件和研发等服务企业。

（一）长三角的总体情况

从总量上看，2004－2008年长三角汽车产量始终保持稳定的增长态势，即使在受到金融危机影响的2008年，产量仍未减少，达到138.22万辆，比去年增加8.38万辆，创出5年来汽车产量的最高峰。

表3－191　2004－2008年长三角汽车产量

单位：万辆

	2004年	2005年	2006年	2007年	2008年
汽车	90.1	93.98	110.58	129.84	138.22

从增长情况看，2008年长三角汽车产量比2007年增长6.45%，增长率较07年（17.42%）有超过10%的大幅下降，但增速仍高于全国平均水平1.31个百分点。

表3－192　2004－2008年长三角汽车产量增长率

单位：%

	2004年	2005年	2006年	2007年	2008年
长三角	1.16	4.31	17.66	17.42	6.45
全　国	14.56	12.06	27.59	22.12	5.14

（二）长三角的占比情况

2008年长三角汽车产量占全国的14.79%，比2007年略有上升，提高了个0.18个百分点。

表3－193　2004－2008年长三角汽车产量占全国比重

	2004年	2005年	2006年	2007年	2008年
长三角产量（万辆）	90.1	93.98	110.58	129.84	138.22
全国产量（万辆）	509.11	570.49	727.89	888.89	934.55
比重（%）	17.70	16.47	15.19	14.61	14.79

(三)两省一市情况

2004－2008 年期间上海市汽车产量始终占据了长三角汽车总产量的半壁江山以上,最高比重为 2007 年的 63.25%,最低为 2005 年的 51.55%,2008 年上海汽车产量在长三角中的比重 58.35%,较 2007 年下降了 4.9 个百分点;江苏省汽车产量在长三角中的比重位居第二,多年来发展平稳,除 2005 年比重提升到 32.53%,其余年份均在 25% 左右上下波动,2008 年比重为 23.90%,较 2007 年提高了 3.15 个百分点;浙江省汽车产量在长三角中比重最小,但发展较快,除 07 年有小幅下降外,其余都处于上升状态,5 年中比重从 10.83% 上升到 17.75%,增加了 6.92 个百分点。

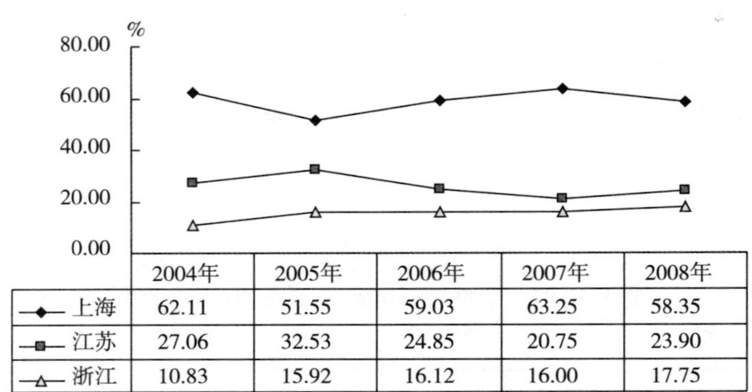

	2004年	2005年	2006年	2007年	2008年
上海	62.11	51.55	59.03	63.25	58.35
江苏	27.06	32.53	24.85	20.75	23.90
浙江	10.83	15.92	16.12	16.00	17.75

图 3－45　2004－2008 年两省一市各自汽车产量占长三角的比例

(四)2008 年发展的主要特点

1. 汽车产量稳步增长,内部差异呈缩小之势

2008 年长三角共生产汽车 138.22 万辆,创历史新高。从增长速度来看,受金融危机影响,长三角汽车产量增长率有大幅下降,只有 6.45%,比去年降低了 10.97 个百分点,但依然超过了全国的平均增长速度。另一方面,长三角两省一市在汽车生产量方面的差距呈缩小之势,上海的比重有大幅的较少,汽车产量占长三角的比例为 58.35%,同比降低了 4.9 个百分点,而江苏和浙江的比重均有所上升,达到 23.90% 和 17.75%,同比提高了 3.15 和 1.75 个百分点。

2. 汽车产品结构优化

2008 年长三角地区不仅汽车产销量保持较快增长,企业效益大幅提高,而且汽车产品结构也逐渐优化。乘用车仍是拉动需求的主要动力,轿车市场再度活跃,并且进一步向节能型转变,小排量、油耗少的轿车增长,以吉利为代表的自主品牌竞争力增强。

3. 新产品推出节奏加快,价格竞争激烈

为了在激烈的市场竞争中求得更好的发展,一方面长三角地区各汽车企业加快新产品上市频率,如上海推出了 6 款新车型,吉利推出了 3 款新车型:金鹰、熊猫和中国龙;另一方面价格竞争也日益激烈,汽车市场整体价格走低。

4. 汽车零部件产业带正加速形成

上海汽车产业占上海工业产值 10% 以上,巨大的市场使得众多零部件配套企业争相投奔。紧邻上海的苏、浙两省凭借实力和地缘优势,得以在上海汽车零部件配套中抢占先机。据了解,目前上海整车诸多零部件企业中,有 90% 来自近邻江苏、浙江。在上海桑塔纳轿车共同体名录中,176 家成员单位中大多数是苏浙企业。随着长三角地区尤其是上海汽车生产能力的大幅度提高,以上海为中心、江浙为两翼的汽车零部件产业带正在加速形成。

二、上海市汽车产业基本情况

(一)上海市的总体情况

1. 汽车生产与销售

2008 年,受金融危机影响,上海汽车产销量为 80. 65 万辆和 80. 16 万辆,分别比 2007 年降低了 1. 79% 和 2. 15% 。其中轿车产销量为 80. 00 万辆和 80. 09 万辆,分别比 2007 年降低了 1. 42% 和 1. 17% 。上海本地汽车产销达到 82. 1 万辆,约占全国 10% ;其中自主品牌轿车 7 万辆,约占全国 13% 。汽车销售额达 1368. 36 亿元,同比增长了 8. 63% ,占社会消费品零售总额比重为 30. 16% ,比 2007 年降低了 2. 58 个百分点。

与此同时,2008 年上海市共有私人轿车 59. 69 万辆,比去年新增 9. 54 万辆,同比增长 19. 02% ,增幅下降了 3. 45 个百分点。

表 3 -194　2004 -2008 年上海市汽车产销量

单位:万辆

		2004 年	2005 年	2006 年	2007 年	2008 年
产量	汽车	55. 96	48. 45	65. 28	82. 12	80. 65
	#轿车	54. 99	48. 09	64. 47	81. 15	80. 00
销量	汽车	55. 48	48. 19	65. 08	81. 92	80. 16
	#轿车	54. 71	47. 78	64. 22	81. 04	80. 09

表 3 -195　2004 -2008 年上海市汽车销售额情况

单位:%

	2004 年	2005 年	2006 年	2007 年	2008 年
汽车销售额	1 163. 58	1 179. 98	1 192. 89	1 259. 69	1 368. 36
社会消费品零售总额	2 656. 91	2 972. 97	3 360. 41	3 847. 79	4 537. 14
比重	43. 79	39. 69	35. 50	32. 74	30. 16

2. 行业经济总量及效益

汽车产业是上海市的六大重点发展工业行业之一,也是上海着力发展的优势产业。2008 年上海共有汽车制造业单位 687 个,同比增长 46. 48% ;从业人员 17. 69 万人,同比增长 22. 59% ;完成工业生产总值1 851. 27亿元,同比增长 2. 42% ,占全市规模以上工业总产值的比重达 7. 37% ,同比减少 0. 75 个百分点;实现销售产值1 856. 31亿元,同比增长 4. 55% ;年末资产总计1 960. 05亿元,同比增长 7. 89% ;主营业务收入2 249. 74亿元,同比增长 6. 40% ;实现利润总额 157. 53 亿元,同比减少 15. 13% ;实现利税总额 103. 96 亿元,同比减少 20. 32% 。

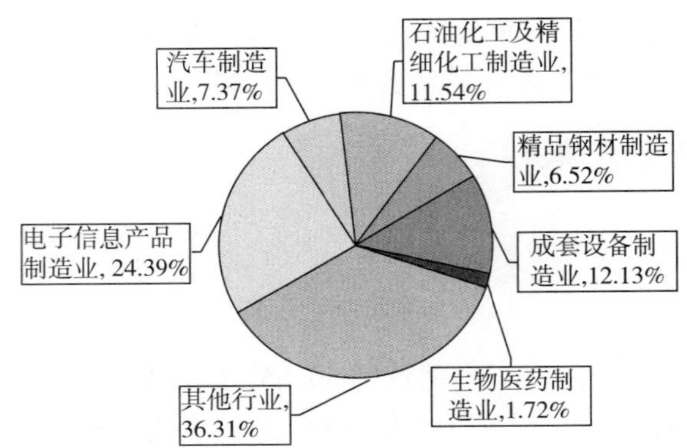

图3-46　2008年上海市六大重点发展工业行业占规模以上工业总产值的比例

表3-196　2004-2008年上海市汽车行业主要指标

	2004年	2005年	2006年	2007年	2008年
单位数(个)	346	379	407	469	687
从业人员(万人)	10.85	11.08	11.73	14.43	17.69
工业总产值(亿元)	1 249.80	1 026.48	1 462.34	1 807.52	1 851.27
工业销售产值(亿元)	1 243.56	1 010.88	1 446.35	1 775.57	1 856.31
年末资产总计(亿元)	1 135.68	1 130.67	1 512.73	1 816.64	1 960.05
主营业务收入(亿元)	1 322.29	1 169.29	1 666.42	2 114.45	2 249.74
利润总额(亿元)	200.24	98.09	133.11	185.61	157.53
税金总额(亿元)	80.07	73.79	106.76	130.47	103.96

(二)汽车生产企业(集团)情况

上海汽车工业(集团)总公司(简称“上汽集团”)是中国三大汽车集团之一,主要从事乘用车、商用车和汽车零部件的生产、销售、开发、投资及相关的汽车服务贸易和金融业务。集团持有上海汽车集团股份有限公司(简称“上海汽车”)78.94%的股份;同时持有独立供应汽车零部件业务上市公司——华域汽车系统股份有限公司(简称“华域汽车”)60.10%的股份。上汽集团在汽车整车及相关零部件制造和研发、汽车服务等领域,与德国、美国、日本、瑞典、意大利等11个国家和地区著名国际汽车集团合资建立了60家企业。

2008年,上汽集团整车销售超过182.6万辆,其中乘用车销售111.8万辆,商用车销售70.8万辆,在国内汽车集团排名中继续保持第一位。集团投资企业上汽通用五菱和上海大众分别列乘用车销量第一名和轿车销量第二名。上汽集团、上海大众、上海通用等生产的汽车在国内市场占有率超过18%。

(三)汽车产业发展的主要特点

1.产业体系日趋完善,研发实力不断增强

上海已基本建成了完整的轿车零部件生产体系和开发体系,整体技术开发能力在国内处于领先水平,有的接近国际先进水平。“十五”期间上海组建了汽车产品自主研发工程研究院,开始启动了

汽车产品自主研发基地建设，建成了国家(上海)汽车检测中心，建立了产、学、研联合的研发体系，仅上汽集团已拥有2家国家级企业技术开发中心和15家上海市企业技术中心，并与国内著名院校建立了17个产、学、研汽车工程中心，初步完成了从汽车关键件到整车研究开发的汽车研发整体布局，为进一步开展自主品牌汽车产品建设奠定了坚实基础。目前上海汽车产品品种由原来四个系列几种车型增加到现在的十几个系列数十种车型，汽车零部件工业在确保本地整车配套的同时，开始走向全国配套和跻身全球供货体系。

2. 积极推进在国内外的资源整合和并购重组

对江苏仪征、柳州五菱、青岛五菱、烟台东岳、沈阳北盛等汽车企业实施了跨地区并购重组；加快"走出去"步伐，先后参股通用大宇和控股韩国双龙，并获得英国罗孚发动机技术平台及其知识产权，进一步提高了上海汽车产业的国际化程度，逐步完善了汽车产业布局体系。

3. 多元资本，共融发展

上海汽车产业在依托上汽集团国有资本的同时，积极引进外资、内资和民营资本。目前除了通用中国、通用亚太、福特中国等地区总部、AVL上海研发中心等一批国外研发机构相继落户，华普、万丰、比亚迪等企业都将生产基地、研发基地和国际贸易功能布点到上海。特别是民营企业上海华普汽车有限公司近年来的快速发展，以"自主品牌、自主研发、自主制造、自主认证"为特征的发展，在研究开发过程中"联合国际专业工程技术公司、联合国内著名高校和科研机构、联合核心供应商"的"三个联合"战略，更使上海呈现多元资本融合，共同促进汽车制造业发展的局面。

三、江苏省汽车产业基本情况

(一)江苏省的总体情况

1. 汽车生产、销售和库存

2008年，江苏省年初库存汽车1.55万辆，本年生产33.03万辆，本年销售33.47万辆，年末库存1.11万辆，同比分别增长40.91%、22.61%、26.59%、-30.19%。

表3-197　2004-2008年江苏省规模以上工业企业汽车生产、销售、库存

单位：万辆

	2004年	2005年	2006年	2007年	2008年
年初库存	—	1.63	1.60	1.10	1.55
本年生产	24.38	30.57	27.48	26.94	33.03
本年销售	—	30.54	28.00	26.44	33.47
年末库存	—	1.67	1.08	1.59	1.11

2. 载货汽车生产、销售和库存

2008年，江苏省年初库存载货汽车0.30万辆，本年生产5.45万辆，本年销售5.45万辆，年末库存0.31万辆，同比分别增长36.36%、-19.62%、-19.50%、40.91%。

3. 轿车生产、销售和库存

2008年，江苏省年初库存轿车0.82万辆，本年生产18.66万辆，本年销售19.01万辆，年末库存0.47万辆，同比分别增长了141.18%、48.92%、57.76%、-42.68%。

表3-198　2004-2008年江苏省规模以上工业企业载货汽车生产、销售、库存

单位:万辆

	2004年	2005年	2006年	2007年	2008年
年初库存	—	0.13	0.21	0.22	0.30
本年生产	5.61	7.00	6.86	6.78	5.45
本年销售	—	6.90	6.85	6.77	5.45
年末库存	—	0.22	0.22	0.22	0.31

表3-199　2004-2008年江苏省规模以上工业企业轿车生产、销售、库存

单位:万辆

	2004年	2005年	2006年	2007年	2008年
年初库存	—	0.39	0.37	0.34	0.82
本年生产	—	14.94	14.60	12.53	18.66
本年销售	—	14.96	14.63	12.05	19.01
年末库存	—	0.37	0.34	0.82	0.47

(二)江苏省的区域情况

江苏省有南汽集团、春兰汽车、扬州亚星,还有盐城的东风悦达起亚,已经在这一地域形成了密集的汽车工业园区。加上长安福特将在南京建成的第二工厂,将福特及其联盟企业马自达吸引过来,与南京菲亚特形成在江苏的两个核心主体企业,不久的将来这一带也有望形成产业集群。

(三)2008年发展的主要特点

1.汽车产销量大幅上涨

在金融危机肆虐全球的背景下,江苏汽车产销量非但没受影响,反而一反前两年产销不旺的态势,在2008年逆市上扬,汽车产销量分别达到33.03万辆和33.47万辆,同比分别增长22.61%和26.59%,成为长三角两省一市中增长最快的地区。江苏汽车产销量的上涨主要依靠轿车拉动,而载货汽车的产销量则出现了五年来较大的一次下降。

2.开创汽车产业的“第三种模式”

南汽集团通过收购英国MG罗孚汽车公司和动力总成公司资产,拥有了企业跨越式发展所需的核心资源,其中包括:国际品牌、高端的产品技术平台、先进的制造工艺及设备和国际营销采购资源。在此基础上,南汽整合集团存量资源,启动了南汽名爵项目,开始高起点、低成本、快速度地实施自主创新和国际化战略,开创了一种有别于自主研发和合资的第三种汽车工业发展模式,即以我为主、不再受制于人的国际化品牌的全新发展模式。

3.加大汽车产业整合力度

江苏省省长梁保华在“新南汽”揭牌仪式后接受记者采访,明确表示江苏汽车工业发展的当务之急,是大力推进产业资源和企业资产的重组整合,而南汽资产重组是江苏汽车产业重组的开端和起点。包括南汽在内,其他不少汽车企业集团也都有“大动作”,如:亚星—奔驰酝酿重新崛起,打算用5年的时间使亚奔重回中国客车制造业第一集团;苏州金龙500辆海格客车走向卡塔尔,合同金额达

3 亿元人民币；南汽跃进轻卡散件将出口俄罗斯，在 5 年内出口 4 万多套轻卡 SKD/CKD 散件，合同金额 2 亿美元。

四、浙江省汽车产业基本情况

（一）浙江省的总体情况

虽然浙江汽车工业基础并不很强，汽车产量与上海和江苏相比有一定的差距，但 2004－2008 年期间浙江省汽车产量发展形势良好，产量节节攀升，于 2008 年达到 24.54 万辆，比去年增加 3.76 万辆，同比增长 18.09%，其中载货汽车产量为 3.28 万辆，比去年增加 1.32 万辆，同比增长 67.35%。

表 3－200　2004－2008 年浙江省汽车产量

单位：万辆

	2004 年	2005 年	2006 年	2007 年	2008 年
汽车	9.76	14.96	17.82	20.78	24.54
#载货汽车	0.98	0.69	1.46	1.96	3.28

（二）浙江省的区域情况

与上海相隔一湾的浙江省，民营汽车企业十分发达。这里有年产销能力已经达到 30 万辆的吉利汽车集团，还有众泰汽车等一批民营汽车企业。此外，浙江省还有以万向集团、华翔集团为代表的一批实力雄厚的汽车零部件公司，和一大批中小零部件企业，很多零部件产品已经形成一定的出口规模，浙江已成为全国汽车类部件主要生产基地和出口基地。

（三）2008 年发展的主要特点

1. 汽车业向整车制造升级

数据显示，目前全省列入国家车辆公告目录的整车生产企业已达 20 余家，产品涵盖轿车、客车、重型车和特种改装车等。在整车产品不断发展的同时，零部件产业的总量规模也在快速增长，据不完全统计，全省现有汽车零部件生产企业7 000余家，其中规模以上企业近1 000家。

包括台州的吉利、吉奥，金华的康迪等，省内整车的生产技术正在突飞猛进；永康的铁牛集团，也正在和意大利菲亚特合作，已经具备豪华整车的生产能力。甚至一些企业意识到技术瓶颈的问题，也已经在提前布局市场的转型，如温州云顶车业，原来生产缺乏技术含量的汽摩配件，前年就开始为转型做准备，现在已经拿下联合国的医疗车辆的生产订单。

2. 民营汽车及零部件生产企业优势渐显

与上海、江苏不同的是，浙江省汽车及零部件生产企业以民营经济为主，他们以灵活的经营机制和一定的成本优势，努力开拓国内外市场，不断提高市场占有率，已成为浙江汽车工业快速发展的活力之源。

另一方面，根据新出台的《浙江省汽车及零部件产业规划》，浙江要进一步支持优势企业，实施赶超战略，即通过大力培育主业突出、核心竞争力强的大企业（集团）和自主创新能力与市场占有率领先同行的“小巨人”企业，使之成为引领行业发展的“龙头”，进一步实施品牌战略，培育一批在国内外市场具有较大影响力的知名品牌。这就使进入重点扶持行列的民营企业如吉利汽车、金华青年集团旗下的尼奥普兰车辆有限公司、万丰奥特控股集团等在市场竞争中的优势逐渐凸现出来。

3. 产业集群化发展趋势进一步加快

加快汽车及零部件产业集聚，重点培育杭州、宁波、温州、台州、金华、绍兴、嘉兴七个核心区域，构筑沪杭甬、甬台温、杭金高速公路沿线的汽车及零部件产业集聚带也是《浙江省汽车及零部件产业规划》的重要内容。在规划指导下，产业集群化发展趋势进一步明显，在萧山、北仑、慈溪、余姚、象山、瑞安、玉环、路桥、黄岩、金华、永康等地，汽车及零部件生产的区域块状经济逐渐成形，并成为当地经济发展的主要产业，各区域在产品专业化分工与协作方面也各具特色。

4. 企业自主创新意识进一步增强

在国家大力提倡自主创新的大环境下，浙江汽车企业自主创新意识进一步增强，骨干企业的品牌知名度和美誉度不断提高。如万向集团在电动汽车极其关键零部件的研究、开发方面已取得了一些突破性进展。而吉利控股集团在自主知识产权培育、创新体系建设和国产品牌经营发展等方面，也走出了一条独特的发展路子。

五、发展政策分析

(一)上海市的发展政策

作为“十一五”的开局之年，上海在汽车产业发展方面，继续实施以乘用车为主导产品、轿车为重点产品的发展战略，发展品牌轿车系列产品，加快开发实用型家用轿车，有选择地发展客车和货车。引进、消化世界汽车工业的先进技术和管理，重点增强设计和部分关键零部件自主开发能力。加快零部件生产体系的整合，推动零部件生产的通用化、规模化，扩大国内外零部件的市场采购和合作生产，鼓励扩大零部件及汽车出口。

同时，加快培育汽车展示、贸易等综合性汽车服务业，加快上海国际汽车城建设。为谋划上海汽车产业新的发展目标，上海国际汽车城建设领导小组召开会议，审议并原则通过《上海国际汽车城“十一五”发展规划纲要》。会议强调：建设上海国际汽车城是市委、市政府提出的一项长期的战略任务。上海国际汽车城建设要按照胡锦涛总书记对上海提出的“四个率先”的要求，认真贯彻两个“优先发展”的方针，继续坚定不移、坚韧不拔地推进，形成以自主品牌汽车为突破口，推进新能源汽车开发和生产，发展以汽车电子为核心的关键零部件产业，促进上海汽车服务贸易、汽车体育和汽车文化等相关产业的发展。

(二)江苏省的发展政策

江苏省认真贯彻落实汽车产业发展政策和近年国家发展改革委有关车辆管理的相关规定，加强产业发展咨询服务，扎实推进产业结构调整，狠抓汽车行业管理，严格专用车项目的审批和行业准入。

具体而言，江苏省围绕提升合资合作层次、推进重大项目建设、做大龙头骨干企业，全力做好重大汽车项目的跟踪和协调服务。协调解决南汽名爵MG、东风悦达起亚第二工厂、南京长安福特马自达等重大汽车(轿车)项目实施过程中的有关问题。特别是为支持南汽发展，在采取特殊和优惠政策以及项目申报等方面，及时加强与国家发展改革委及省有关部门的沟通与协调，为企业发展创造良好环境。

(三)浙江省的发展政策

浙江省围绕发展重点，加强政策支持，主要表现为通过财政资金补助、企业技术开发费按实列支等政策手段，引导企业坚持自主开发、引进消化吸收、合资合作及产学研结合，积极推进在汽车发动机电子控制系统、传动与行驶控制系统、电动汽车产业化等领域的技术创新，尽快缩小与国外的差距。

浙江省经贸委透露，为配合《浙江省汽车及零部件产业规划》的实施，该省将建立由省政府分管负责人挂帅、省有关部门参加的"浙江省汽车工业发展联席会议制度"，以统筹协调汽车产业发展中的重大问题。

与此同时，考虑到缺地的现状，该省还将出台专项政策保障造车建设用地的供给，在符合土地利用总体规划的前提下，优先满足汽车产业的发展需要，而龙头企业经批准还可在规划建设的园区内兴办园区。

（四）基本评价与分析

1. 上海

近年来，上海汽车产业像一台高速运转的"引擎"，在技术进步、市场扩张和资本运作等方面一直走在产业发展的前列。在上海优化产业结构，着力构建新型产业体系的过程中，上海汽车产业通过科技进步和创新，展现了新的景象。

而上海国际汽车城的兴建，则成为上海市政府谋求汽车产业转型的一个重大决策。按照上海国际汽车城"十一五"发展规划纲要，"十五"起步的上海国际汽车城将于2007年全面完成重要基础设施和骨干功能项目，实现基本建成。到2010年，则将基本实现以汽车研发为重点的产业综合功能开发，成为具有国际水平的综合性汽车产业基地。从汽车城目前的发展态势看，汽车城正在被世界所认同，同时也成为了投资的热点。在汽车城的品牌与辐射效应的带动下，产业集聚效加快体现，汽车城将成为上海新的"城市名片"。

2. 江苏

江苏在汽车工业方面有一定的基础，在客车制造和汽车零部件制造上优势尤显突出。目前江苏省已经形成了在国内有较强竞争力的"一线、二点"汽车工业格局：一线是指沿长江（两岸）一线分布的江苏客车制造业；二点是指以南汽、盐城东风悦达起亚为中心的轿车制造业。而作为汽车产业重要支柱的汽车配件业也颇具实力，生产企业达千家左右，并涌现出像松林汽车零部件有限公司这样的高新技术企业。

2005年长安福特整车和发动机一起落户南京，2006年南汽在收购英国MG罗孚公司及动力总成公司的全部资产之后开发南汽名爵项目，再次对江苏的汽车产业发展起到了很好的推动作用。

但另一方面，江苏在乘用车发展方面的情况并不容乐观，2006年在长三角两省一市中上海浙江都有企业入围乘用车销售量全国十强，唯独江苏没有，这不难看出江苏仍缺少在全国有竞争力的品牌汽车。

3. 浙江

根据《浙江省汽车及零部件产业规划》，5年后浙江省汽车及零部件产业销售收入要达到2 400亿元，占全省工业销售收入的10%，成为经济发展的支柱产业；汽车产量达到100万辆左右，其中经济型轿车90万辆左右、中高档客车1万辆左右，分别占全国同类产品的15%，特种车、专用车有较大的发展。汽车销售收入达到800亿元，与汽车零部件产业合并占到全省工业销售收入的10%。由此不难看出浙江省对汽车产业的发展寄予了很高的期望。但从第一年的实施情况来看，虽然汽车生产销售方面的各项指标有一定的增长，但离2005年达到的增长率峰值还有相当的差距。由于浙江汽车工业的基础并不强大，虽然机遇重重，但要在5年内磨成一剑，浙江的压力显然不轻。

而浙江汽车汽车产业能否实现其宏大目标的关键不仅在于充分利用已有的优势和基础，更重要的是解决以下问题:企业规模偏小,生产集中度不高;产品开发能力弱,制约了新产品的发展;零部件产品档次不高,主机配套能力差等问题。

六、长三角的未来发展

(一)未来趋势分析

十一五期间,我国经济仍将保持较高的发展速度,这无疑为长三角汽车工业的发展提供了良好的外部发展环境。长三角汽车产业结构将在市场调节和政府有关政策的双重作用下进一步向合理方向发展,企业之间的兼并、重组及战略合作仍会不断上演,国内企业同国外企业之间的合资与合作也会进一步发展。自主品牌企业也将在产品研发、市场开拓、管理、营销等诸多方面有更大的进展。在2006年国家实施汽车产品出口基地战略并进一步规范出口秩序等因素的影响下,长三角汽车产品的出口工作将有较快的发展。

另一方面,随着跨国巨头和民营企业进一步加大对汽车生产的投资,长三角汽车产能有扩大趋势,并直接导致竞争的白热化,加之消费需求更趋多元化,将有更多的新产品推向市场。众多生产企业为了在有限的现实市场空间中占有更大的市场分额,不仅将继续在产品价格上做文章,而且会在管理、降低成本、产品开发、营销等方面加强创新,在加强售后服务、提升产品质量等多个方面提升顾客的满意度。

综合分析,十一五期间长三角仍将呈现以轿车带动汽车产业快速发展的趋势,商用汽车产销将实现平稳增长,乘用车产销量将继续保持较高的增长速度,但增速可能有所减缓,尤其是适合家庭用的经济型轿车及交叉型乘用车的发展将保持较快的增速。长三角作为中国经济最为发达的地区之一,将成为汽车消费的重点地区,汽车市场需求量继续增大。自主品牌轿车在低档领域取得突破,并逐步向中高档领域迈进,但让自主品牌产品进入国内主流品牌行列并具有一定的国际竞争力还有待时日。

(二)存在问题分析

近年来,长三角汽车产业在取得快速发展的同时,也还存在一些较明显的问题:

1. 自主研发能力薄弱

中国汽车工业的迅速发展,得益于与国际汽车公司的合资与合作。长三角亦是如此,合资、合作加速了长三角汽车产业的发展,也导致了其汽车产业的持续发展在某种程度上受制于国际汽车集团。由于长期以来比较重视引进产品,而在引进技术的消化吸收和核心技术的研发上投入不足,缺乏产品研发的实践,尚未形成产品研发的整体力量。目前,长三角汽车产业除了在载货汽车和客车方面具有几个自主品牌和一定的研发能力外,在标志汽车专业水平的轿车方面研发能力很弱,在关键零部件方面几乎是空白。

2. 自主品牌竞争力较弱

由于缺乏核心技术,长三角汽车自主品牌的竞争实力与国际汽车巨头还有一定的差距。不仅轿车产品技术水平与国外存在较大的差距,商用车产品技术水平同样存在着不小的差距。特别是在耐久性、可靠性、舒适性和环保方面还存在着很大的差距。

虽然以吉利为代表的自主品牌近年发展迅猛,但总体来看长三角汽车自主品牌企业规模有限,产品集中于低端市场,与合资品牌产品相比技术、性能、质量差距很大,缺乏整体品牌规划,品牌差距巨大,溢价能力低下,价值差距明显,利润微薄差距悬殊等问题依然困扰着自主品牌汽车企业的发展。

3. 产业集中度有待提高

几年来,虽然国家一直提出要提升产业集中度,但实际上,由于中国市场的复杂性和多元性,中国汽车企业的数量依然是全世界最多的,诸多中小型汽车企业虽然利润微薄,但在中国汽车市场特定的发展大潮和地方政府支持下,还是小农经济式地生存着。

从国际汽车产业发展现状看,年产 100 万辆以下的汽车公司已经不能单独存在,200 万辆规模的公司也面临重组的局面。而位于长三角的上汽集团作为当今中国最大的汽车企业生产规模仅有 125.36 万辆,单个车型则更少,离国际标准还有很大的差距。这说明,虽经多年的产业结构调整,长三角汽车产业组织结构与国际相比仍显落后,汽车行业分散型、低规模、低水平的现象并未消除。

4. 专业化协作程度低

在全球经济一体化的背景下,汽车零部件的通用率(通约化)与专业化程度越来越高,国际汽车集团的零部件自制率只有 30% 左右,而中国汽车企业的自制率还高达 70% ~80% 左右。长三角地区这一问题也很突出,汽车企业无论规模大小还是合资与否,都各自拥有大量的汽车零部件配套企业,如上汽集团拥有 43 家零部件企业,“大(小)而全”不仅导致汽车的生产成本居高不下,而且也制约了汽车零部件本身的发展。汽车零部件技术基础还是比较弱,零部件生产较分散,缺少核心技术和大企业。

5. 汽车产业后市场严重滞后于产业发展

主要表现在营销方式、服务、贸易理念以及汽车金融、消费信贷、二手车的流通、配件流通、报废回收拆解等方面,长三角地区跟美国、加拿大等发达国家相比,差距非常大。

6. 能源、交通、环保和汽车工业快速发展的矛盾比较突出

长三角作为中国人口最为密集的地区之一,汽车数量的快速增长,加剧了城市特别是大城市闹市区的拥挤;我国原油资源缺乏,进口依存度不断提高,使人们对汽车能源供应的可持续性提出质疑;汽车有害气体在城市排放中的分担比重随汽车数量增长而上升,环境污染压力增大,这些因素都将制约汽车工业的快速发展。

(三)对策建议分析

加快长三角汽车产业的发展,核心是要调整发展战略,提高自主创新的能力,推动产业结构调整和优化升级,加快与国际汽车产业接轨。

1. 提高自主研发和技术创新的能力,发展自主品牌。

重点就是要形成和提高产品的研发和科技创新能力,大力培育和发展自主品牌。然而,自主研发并非意味着和 20 年引进合资、融入全球化实践相对立,合资企业也可以创建自主品牌,上汽荣威和南汽名爵的出现就是对这一创新方式的有益尝试。可见,发展自主品牌必须站在一个高的起点上,充分利用这些年积累的经验,利用全球资源,从中低端的产品开始,不断扩大长三角汽车产品的市场比重,逐步向高端产品发展,打造具有国际竞争力的自主品牌。通过原始创新、集成创新和引进消化、吸收再创新等多种创新方式,走一条适合长三角地区的自主创新道路。

2. 面向两个市场,实施走出去的发展战略。

随着我国汽车产业竞争力的提高,比较优势的不断显现,我国汽车产品已开始大规模走向国际市场,长三角汽车工业要抓住机遇,加快拓展国际市场。整车出口要以商用车为主,向商用车和乘用车并重的方向转变;零部件出口要以售后市场为主,向售后市场和 OEM 并重转变;从低附加值的产品为主,向低、中、高并重的方向转变;出口方式要以单一的出口产品向产品、技术、资本出口并重的方向转变。

3. 提高产业集中度,形成规模经济。

改变汽车工业部门的条块分割体制,对全国汽车生产进行统一管理,统一法规,杜绝重复建设和投资浪费。在对外开放市场之前先完成对内开放,减少企业之间竞争障碍。在此基础上,长三角两省一市有关政府主管部门通过政策的支持鼓励,让企业在统一市场竞争中去自发进行市场的扩张,并通过并购方式对现有的汽车产业进行战略重组。在整车市场上应针对不同的市场结构采取横向并购的方式,以上汽、南汽、吉利为龙头进行并购重组,淘汰一批劣势企业,提高整个行业的规模效益和竞争实力,提高产业集中度。

4. 建立强大的汽车零部件支撑体系。

汽车零部件产业的发展重点是要努力成为国际汽车零部件采购中心。目前,国际上正面临着新一轮的汽车零部件产业的转移,长三角要抓住机遇,加强汽车零部件企业招商引资的力度,利用本地区汽车零部件产业已有的基础,发挥比较优势,积极主动地与国际汽车零部件巨头合资合作和技术联合,提升长三角汽车零部件企业的整体实力,加快形成一批有实力的零部件骨干企业和名牌产品,加快零部件产业基地建设。努力提高企业的研发能力,实现规模经营,系列化配套,主动参与和进入到跨国汽车集团零部件采购体系,两个市场共同发展。特别是要紧密配合整车企业品牌建设战略,通过共同合作,提高汽车零部件产业竞争力。同时,把握好汽车产业提升期的发展机遇,积极实施"零部件出口战略",扩大长三角汽车零部件出口份额。

5. 延伸汽车产业链,加强汽车后市场的培育与发展。

随着国内汽车产业逐渐成熟,整车销售的利润空间逐渐下滑,而汽车后市场正商机涌动。根据汽车发达国家的经验,汽车后市场的利润可占整个汽车产业利润总和的60% ~70%左右,汽车售后服务是整车制造市场容量的1.5倍。我国汽车后市场必将成为汽车产业一个新的增长亮点。长三角地区既是汽车生产的重点地区,同时也是汽车消费的重点地区,汽车保有量在全国居于前列,汽车后市场发展前景巨大。长三角汽车产业应从"生产带动型"向"市场带动型"转变,在积极扩大整车生产能力的同时,做好汽车后市场的培育和发展。进一步扩大招商引资,吸收国外先进的后市场开拓理念和先进的技术、经验,大力发展售后服务、维修保养、二手车经营、加油、洗车及美容、物流、金融服务、保险、租赁、信息咨询、汽车文化等汽车后市场,延长汽车产业链,有效拓展汽车产业发展空间,提升汽车产业的规模和水平。

6. 加强节能环保型汽车和新能源汽车的开发。

发展节能环保型汽车和新能源汽车是长三角地区能源战略的需要,也是我国汽车工业乃至整个社会可持续发展的需要。鉴于发达国家的汽车产业已发展到成熟阶段,具有了很强的发展惯性,而长三角恰好可以利用在技术上的后发优势积极投入到电动汽车和新能源汽车等节能环保汽车的开发和研制,政府主管部门和有关机构也要进一步出台相关的政策、法规和标准进行有效管理和引导,从而克服与汽车工业相伴而生的能源供给和环境污染等问题。

三十一 长三角大众传媒产业

一、长三角大众传媒产业基本情况

(一)长三角地区的总体情况

1. 报刊出版情况

2008 年长三角共出版报刊313 种,比2007 年减少1 种;总印数75. 05 亿册,比07 年增加0. 88 亿册,同比增长1. 19%;总印张数327. 53 亿印张,比2007 年增加2. 65 亿印张,同比增长 0. 82%。

表 3 -201 2004 -2008 年长三角报刊出版情况

	2004 年	2005 年	2006 年	2007 年	2008 年
种类(种)	306	315	314	314	313
总印数(亿册)	69. 78	72. 35	72. 65	74. 17	75. 05
总印张数(亿印张)	293. 82	270. 92	313. 58	324. 88	327. 53

2. 期刊出版情况

2008 年长三角共出版期刊1 281种,与2007 年持平;总印数3. 61 亿册,比2007 年增加0. 1 亿册,同比增长2. 85%;总印张数15. 75 亿印张,比2007 年减少30. 65 亿印张,同比下降66. 06%。

表 3 -202 2004 -2008 年长三角期刊出版情况

	2004 年	2005 年	2006 年	2007 年	2008 年
种类(种)	1 264	1 268	1 273	1 281	1 281
总印数(亿册)	3. 80	3. 67	3. 54	3. 51	3. 61
总印张数(亿印张)	15. 64	15. 49	15. 47	46. 40	15. 75

3. 图书出版情况

2008 年长三角共出版图书36 253种,比2007 年增加1 716种,同比增长4. 97%;总印数10. 66 亿册,比2007 年增加0. 78 亿册,同比增长7. 89%;总印张数77. 81 亿印张,比2007 年增加6 亿印张,同比增长8. 36%。

表 3 -203 2004 -2008 年长三角图书出版情况

	2004 年	2005 年	2006 年	2007 年	2008 年
种类(种)	30 097	32 001	34 121	34 537	36 253
总印数(亿册)	9. 54	9. 59	9. 97	9. 88	10. 66
总印张数(亿印张)	66. 73	67. 87	71. 51	71. 81	77. 81

(二)长三角地区的占比情况

2004－2008 年长三角报刊种类和总印量在全国的比重较大,均超过 16%,2008 年长三角报刊种类、总印数、总印张数分别占全国的 16.11%、16.94%和 16.97%;期刊比重相对报纸和图书而言略低,2008 年长三角期刊种类、总印数、总印张数分别占全国的 13.42%、11.63%和 9.97%;图书种类、总印数、总印张分别占全国的 13.15%、15.37%和 13.88%,同比均有小幅下滑。

表 3－204　2004－2008 年长三角报刊、期刊、图书占全国比重

单位:%

		2004 年	2005 年	2006 年	2007 年	2008 年
报刊	种类	15.92	16.31	16.20	16.20	16.11
	总印数	17.34	17.54	17.11	16.93	16.94
	总印张数	19.27	16.80	18.90	19.10	16.97
期刊	种类	13.32	13.39	13.45	13.53	13.42
	总印数	13.43	13.30	12.42	11.55	11.63
	总印张数	14.15	12.36	11.30	29.39	9.97
图书	种类	14.45	14.38	14.58	13.91	13.15
	总印数	14.88	14.83	15.56	15.70	15.37
	总印张数	14.33	13.76	13.97	14.76	13.88

(三)2008 年发展的主要特点

长三角地区在国内的强势经济地位与发展活力,为当地传媒产业的发展提供了肥沃土壤和发展的动力,2008 年整个地区传媒产业稳步发展,报纸、期刊、图书在种类和印量上都有一定的提高,发展水平在全国处于较高的层次。

从长三角内部来看,两省一市有着各自的不同,主要表现为上海在期刊、图书种类和期刊总印量方面占优势,江苏在报刊种类、图书总印量方面占优势,浙江在报刊总印量、总印张方面占优势。

此外,长三角媒介集群在文化产业的整合方面也已经进行了一定的探索,取得了一定的成绩,积累了一定的经验,为媒介集群提供了良好的范例。

同时我们也看到由于传统行政体制的束缚,长三角传媒业条块分割现象严重,传媒之间缺少融合贯通,生产要素无法合理配置,有效流动。这导致各个地区媒体集团之间、各个传媒之间,不仅在结构上,而且在内容上同质化现象严重。

二、上海市大众传媒产业基本情况

(一)上海市的总体情况

1. 电视台情况

2008 年上海市电视台共有节目 25 套,其中市级电视台 16 套,区县级电视台 9 套;公共节目播出时间171 730小时,其中市级电视台120 856小时,区县级电视台50 874小时,同比分别增长－0.32%、

－1.64%和2.98%；全年制作节目时间53 358小时，其中市级电视台48 135小时，区县级电视台5 223小时，同比分别增长－12.92%、－14.17%和0.52%。

表3－205　2004－2008年上海市电视台情况

	2004年	2005年	2006年	2007年	2008年
节目套数（套）	25	25	25	25	25
公共节目播出时间（小时）	135 522	149 705	159 550	172 278	171 730
全年制作节目时间（小时）	44 766	47 115	66 275	61 275	53 358

2. 广播电台情况

2008年上海市广播电台共有节目21套，其中市级广播电台11套，区县级广播电台10套；公共节目播出时间131 854小时，其中市级广播电台76 807小时，区县级广播电台55 047小时，同比分别增长1.03%、0.00%和2.50%；全年制作节目时间86 466小时，其中市级广播电台72 808小时，区县级广播电台13 658小时，同比分别增长－0.31%、－2.18%和11.03%。

表3－206　2004－2008年上海市广播电台情况

	2004年	2005年	2006年	2007年	2008年
节目套数（套）	20	21	21	21	21
公共节目播出时间（小时）	120 082	126 493	129 740	130 511	131 854
全年制作节目时间（小时）	85 125	83 665	90 582	86 733	86 466

3. 有线电视情况

2008年，上海有线电视总用户数为527.2万户，比2007年增加了27.9万户，同比增长了5.59%；有线电视入户率为104.76%，增加了4.82个百分点；有线广播电视传输网络干线总长33 696公里，同比增长了11.57%。

表3－207　2004－2008年上海市有线电视基本情况

	2004年	2005年	2006年	2007年	2008年
有线电视总用户数（万户）	394.69	435.13	477.20	499.30	527.2
有线电视入户率（%）	81.2	88.7	96.1	99.94	104.76
有线广播电视传输网络干线总长（公里）	20 484	21 174	28 551	30 201	33 696

4. 报刊出版情况

2008年上海市共出版报刊100种，比2007年减少了1种，其中综合报12种，比2007年减少了6种，专业报88种，比2007年增加了5种，这表明上海的报纸市场仍在不断细分，以满足不同偏好的消费群体；报刊期数为11 034期，比2007年增加了140期，增幅为1.29%；每期平均印数787万份，同比减少了28万份，降幅为3.44%；总印数为17.24亿册，同比增加了0.2亿册，增幅为1.17%；总印张数为88.29亿印张，同比增加了1.54亿印张，增幅为1.78%。

表 3－208　2004－2008 年上海市报刊出版情况

		2004 年	2005 年	2006 年	2007 年	2008 年
种类(种)	总计	103	102	101	101	100
	综合报	—	19	19	18	12
	专业报	—	83	82	83	88
期数(期)		10 927	11 092	10 982	10 894	11 034
每期平均印数(万份)		939	903	850	815	787
总印数(亿册)		19.71	19.06	17.89	17.04	17.24
总印张数(亿印张)		83.66	89.94	87.33	86.75	88.29

注:2004 年的报纸的专业分类有所调整。

5. 期刊出版情况

2008 年上海市共出版期刊623 种,比 2007 年减少了 1 种;出版期数为5 910期,同比增加了 370 期,增幅为 6.68%;每期平均印数1 105万份,同比减少了 12 万份,降幅为 1.07%;总印数为 1.90 亿册,同比增加了 0.07 亿册,增幅为 3.83%;总印张数为 9.27 亿印张,同比增加了 0.52 亿印张,增幅为 5.94%。

表 3－209　2004－2008 年上海市期刊出版情况

	2004 年	2005 年	2006 年	2007 年	2008 年
种类(种)	612	612	616	624	623
出版期数(期)	5 464	5 671	5 756	5 540	5 910
每期平均印数(万册、份)	1 184	1 130	1 125	1 117	1 105
总印数(亿册)	1.93	1.90	1.83	1.83	1.90
总印张数(亿印张)	8.94	8.96	8.76	8.75	9.27

6. 图书出版情况

2008 年上海市共出版图书17 780种,比 2007 年增加了 822 种,增幅为 4.85%;总印数为 2.64 亿册,同比增加了 0.24 亿册,增幅为 10%;总印张数为 24.97 亿印张,同比增加了 0.92 亿印张,增幅为 3.83%。

表 3－210　2004－2008 年上海市图书出版情况

	2004 年	2005 年	2006 年	2007 年	2008 年
种类(种)	16 449	16 504	17 283	16 958	17 780
总印数(亿册)	2.67	2.59	2.54	2.40	2.64
总印张数(亿印张)	23.54	23.65	24.86	24.05	24.97

(二)上海市的占比情况

2004－2008 年上海市报刊种类和总印量在长三角的比重并不大，平均在 1/3 以下，2008 年上海报刊种类、总印数、总印张数分别占长三角的 31.95%、22.97% 和 26.96%；期刊和图书发展相当繁荣，出版种类在长三角的比重分别接近和超过一半，显示出绝对主力地位，2008 年上海期刊种类、总印数、总印张数分别占长三角的 48.63%、52.63% 和 58.86%，图书种类、总印数、总印张分别占长三角的 49.04%、24.77% 和 32.09%。

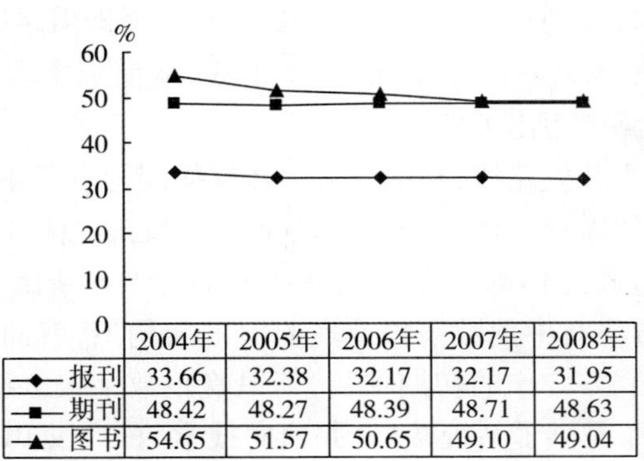

图 3－47　2004－2008 年上海市报刊、期刊、图书出版种类占长三角的比重

表 3－211　2004－2008 年上海市报刊、期刊、图书出版占长三角比重

单位:%

		2004 年	2005 年	2006 年	2007 年	2008 年
报刊	总印数	28.25	26.34	24.62	22.97	22.97
	总印张数	28.47	33.20	27.85	26.70	26.96
期刊	总印数	50.79	51.77	51.69	52.17	52.63
	总印张数	57.16	57.84	56.63	18.86	58.86
图书	总印数	27.99	27.01	25.48	24.28	24.77
	总印张数	35.28	34.85	34.76	33.49	32.09

(三)2008 年发展的主要特点

1. 综合性传媒集团建设初见成效

上海文广集团通过广泛联合，打造跨地区、跨行业的综合性传媒集团，培育国际品牌的发展模式。上海文广明确提出实现两个转变的战略方针，一是由为播出而制作转变为为市场而制作；二是从地方播出机构转变为面向全国乃至全球华语世界的内容提供商和发行商。为此，上海文广在盘活内容和版权资源存量的同时，和《北京青年报》、广州日报报业集团等强势媒体广泛联合，投资创办《第一财经日报》,《第一财经报道》、《第一财经网》，进入平面媒体和宽频网络电视、手机电视、数字多媒体电视等新媒体领域，初步形成跨地区、跨行业的综合性传媒文化产业集团的雏形。

2. 实行“非报业利润贡献率”的多元化经营战略

为了改变报业经营严重依赖广告收入的情况,文汇新民联合报业集团提出“非报业贡献率”的多元化经营战略,把集团发展目标定位于建设一个大型文化传媒集团,以传媒业经营为主,大力发展文化娱乐产业,打造音舞、会展、动漫和影视四大文化版块,在票务网络、剧场经营、艺术教育、创意产业园区开发、艺术品拍卖、文化体育礼品设计开发等六条业务主线上形成一条完整的文化产业链。经过近几年的发展改造,目前文新集团非报业利润贡献率已经接近30%,是国内非报业贡献率较高的集团之一。

3. 数字报业取得新进展

在国内开创并推进数字报业的热浪中,继去年12月文汇报推出多媒体版后,2007年4月19日,新民晚报数字报纸在新民网(www. xmnext. com)正式上线,从而标志着文汇新民联合报业集团的两大主报都已在数字报业的道路上迈出了新的一步。

以新民晚报为代表的自主开发路线,和国内大多数媒体同行有所不同。数字报纸的开发首先要考虑报业对未来全媒体传播的需求。新民晚报的数字报业和新媒体战略推进将建立在整合新民报系资源的基础上,价值链重组和运作都放在新民网这个平台上。新民晚报和方正集团于2007年4月签署了战略合作协议,双方将在中国数字报业实验室的架构下,就面向全媒体竞争需求的报业解决方案展开全面合作。作为双方合作的初期项目,新民晚报数字报纸已经为后端基于手机、手持阅读器和3G门户的全媒体传播提供了系统接口,并面向搜索门户、以BLOG、BBS为代表的“自媒体”进行了全面优化,新闻生产的后端问题,如传播效率和传播质量得到了很大的提高,但用户界面的友好程度等还存在很多问题。

三、江苏省大众传媒产业基本情况

(一)江苏省的总体情况

1. 电视台情况

2008年,江苏省共有电视台14座;电视发射及转播台116座;发射机功率为492千瓦,增加了5千瓦,增幅为1.03%;电视人口覆盖率为99.9%;有线电视用户1 569万户,数字电视用户556万户;有线电视入户率65.8%;节目制作时间为156 853小时,同比增长0.01%。

表3-212　2004-2008年江苏省电视台情况

	2004年	2005年	2006年	2007年	2008年
电视台(座)	14	14	14	14	14
电视发射及转播台(座)	147	111	112	116	116
发射机功率(千瓦)	463	463	475	487	492
电视人口覆盖率(%)	99.5	99.5	99.9	99.9	99.9
有线电视用户数(万户)	—	1 076	—	1 451	1 569
数字电视用户数(万户)	—	14	—	323	556
有线电视入户率(%)	—	46.1	—	62.4	65.8
节目制作时间(小时)	156 774	212 222	216 089	156 840	156 853

2. 广播电台情况

2008 年,江苏省共有广播电台 14 座,中短波发射台及转播台 21 座;中短波发射机功率为 755 千瓦;广播人口覆盖率为 99. 9% ;节目制作时间为578 674小时,同比增长 9. 43 % 。

表 3 –213　2004 –2008 年江苏省广播电台情况

	2004 年	2005 年	2006 年	2007 年	2008 年
广播电台(座)	14	14	14	14	14
中短波发射台及转播台(座)	21	21	21	21	21
中短波发射机功率(千瓦)	490	542	565	755	755
广播人口覆盖率(%)	99. 7	99. 7	99. 9	99. 9	99. 9
节目制作时间(小时)	544 258	491 458	500 707	528 823	578 674

3. 报刊出版情况

2008 年江苏省共有报纸 143 种,与去年持平;总印数为279 400万册,同比减少 900 万册,降幅为0. 32% ;总印张数为1 194 731万印张,同比增加105 171万印张,增幅为 9. 65% 。

表 3 –214　2004 –2008 年江苏省报纸出版情况

	2004 年	2005 年	2006 年	2007 年	2008 年
种数(种)	133	143	143	143	143
总印数(万册、万份)	245 073	267 956	267 261	280 300	279 400
总印张(万印张)	1 000 290	527 900	1 018 267	1 089 560	1 194 731

4. 期刊出版情况

2008 年江苏省共出版期刊 439 种,与去年持平;总印数为9 652万册,同比增加 956 万册,增幅为10. 99% ;总印张数为34 782万印张,同比减少308 919万印张,降幅为 89. 88% 。

表 3 –215　2004 –2008 年江苏省期刊出版情况

	2004 年	2005 年	2006 年	2007 年	2008 年
种数(种)	435	438	439	439	439
总印数(万册、万份)	9 754	8 743	9 069	8 696	9 652
总印张(万印张)	40 922	33 327	36 663	343 701	34 782

5. 图书出版情况

2008 年江苏省共出版图书11 191种,同比增加 598 种,增幅为 5. 65% ;总印数为50 640. 56万册,同比增加1 451. 56万册,增幅为 2. 95% ;总印张数为346 561. 10万印张,同比增加32 299. 1万印张,增幅为 10. 28% 。

表 3-216　2004-2008 年江苏省图书出版情况

	2004 年	2005 年	2006 年	2007 年	2008 年
种数(种)	7 314	8 679	9 550	10 593	1 1191
总印数(万册)	41 806	42 559	47 277	49 189	50 640. 56
总印张(万印张)	280 247	280 130	303 581	314 262	346 561. 10

(二)江苏省的占比情况

2004-2008 年江苏省报刊种类在长三角中比重最大,平均超过 40%,总印数所占比重也较大,均大于 35%,2008 年江苏省报刊种类、总印数、总印张数分别占长三角的 45. 69%、37. 23% 和 36. 48%;期刊种类在长三角的比重较大,平均超过 34%,总印数所占比重却相对偏小,2008 年江苏省期刊种类、总印数、总印张数分别占长三角的 34. 27%、26. 87% 和 22. 10%;图书种类在长三角比重也偏小,但总印数却较高,并呈现出不断上升的趋势,2008 年江苏省图书种类、总印数、总印张数分别占长三角的 30. 87%、47. 47% 和 44. 54%。

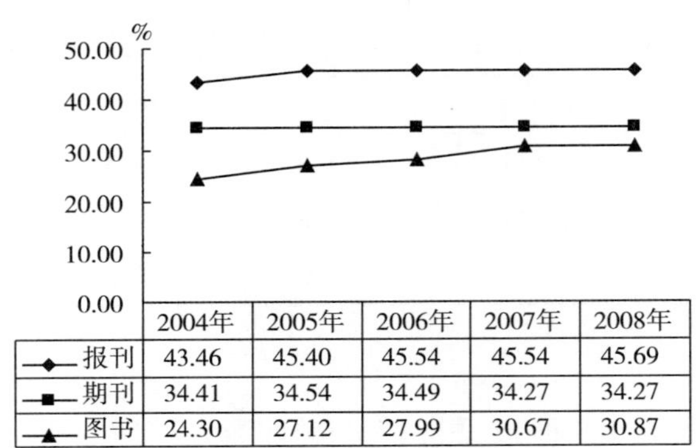

	2004年	2005年	2006年	2007年	2008年
报刊	43.46	45.40	45.54	45.54	45.69
期刊	34.41	34.54	34.49	34.27	34.27
图书	24.30	27.12	27.99	30.67	30.87

图 3-48　2004-2008 年江苏省报刊、期刊、图书出版种类占长三角的比重

表 3-217　2004-2008 年江苏省报刊、期刊、图书出版占长三角比重

单位:%

		2004 年	2005 年	2006 年	2007 年	2008 年
报刊	总印数	35. 12	37. 04	36. 79	37. 79	37. 23
	总印张数	34. 04	19. 49	32. 47	33. 54	36. 48
期刊	总印数	25. 79	23. 71	25. 71	24. 79	26. 87
	总印张数	26. 15	21. 50	23. 72	74. 07	22. 10
图书	总印数	43. 82	44. 38	47. 44	49. 76	47. 47
	总印张数	42. 00	41. 27	42. 46	43. 76	44. 54

（三）2008 年发展的主要特点

1. 积极发展新业务

中国文联大众文艺出版社和新华日报报业集团图书编辑出版中心在南京联合举办《率先之路》和《快乐在路上》两本新书的首发式。据了解，在新华报业发展史上，正式出版书籍还是第一次。两本新书的顺利出版，标志着双方在深化文化体制改革方面的合作迈出了关键的第一步，也标志着新华日报报业集团在推进内涵式发展、拓展传媒产业结构上迈出了开拓性的一步。

另一方面，江苏省各地区广播电视部门也进一步推动新业务的发展：在与地铁、出租、公交行业合作推出移动电视业务方面作出了有益的尝试；发展网络广播、网络电视，加强网上节目和品牌建设，积极占领网络宣传新阵地；积极开展付费电视、视频点播、数据传输等增值业务，努力抢占市场。

2. 强力推进有线电视进村入户进程

根据全国新一轮村村通会议和江苏省农村新五件实事工程的要求，同时，结合自身实际，江苏省提出了在苏南实现“户户通”、苏中实现“组组通”、苏北实现“村村通”的奋斗目标，并取得了可喜的成绩。

3. 大力发展有线数字电视

按照“政府领导、广电实施、社会参与、群众认可、整体转换、市场运作”的总体要求，召开会议，统一思想；协调物价部门，推动价格听证等措施，努力推进全省有线电视数字化进程。经过努力，江苏省有线数字电视用户总数在 2006 年已突破 100 万户，为推动“数字江苏”建设作出了积极贡献。

四、浙江省大众传媒产业基本情况

（一）浙江省的总体情况

1. 电视台情况

2008 年，浙江省共有省市级电视台 12 座；电视节目套数 114 套；电视发射台及转播台 110 座，同比减少了 7 座；播出时间为679 332小时，同比增长了 3.07%；电视人口覆盖率为 99.13%，同比增加 0.06 个百分点；有线电视入户率 66.93%，同比增加 0.24 个百分点。

表 3－218　2004－2008 年浙江省电视节目制作情况

	2004 年	2005 年	2006 年	2007 年	2008 年
省市级电视台（座）	12	12	12	12	12
电视节目套数（套）	108	111	111	114	114
电视发射台及转播台（座）	624	526	128	117	110
播出时间（小时）	531 526	593 373	608 806	659 073	679 332
电视人口覆盖率（%）	98.69	98.84	98.95	99.07	99.13
有线电视入户率（%）	56.37	58.97	63.72	66.69	66.93

2. 广播电台情况

2008 年，浙江省共有省市级广播电台 12 座；广播节目套数 106 套；中短波广播发射台和转播台 36 座；县级广播电视台 66 个；广播人口综合覆盖率为 98.92%，同比增加 0.19 个百分点；全年公共广播节目播出时间687 024小时，同比增长 2.15%。

表 3－219　2004－2008 年浙江省广播节目制作情况

	2004 年	2005 年	2006 年	2007 年	2008 年
省市级广播电台(座)	12	12	12	12	12
广播节目套数(套)	103	104	104	106	106
中短波广播发射台和转播台(座)	36	36	36	36	36
县级广播电视台(个)	66	66	66	66	66
广播人口综合覆盖率(%)	98.18	98.37	98.56	98.73	98.92
全年公共广播节目播出时间(小时)	622 907	637 577	657 249	672 587	687 024

3. 报纸出版情况

2008 年浙江省共出版报纸 70 种,其中综合报 47 种,专业报 23 种;总印量为298 677万册,同比增加了7 629万册,增幅为 2.62%;总印张为11 977 337千印张,同比减少了939 723千印张,降幅为7.28%。

表 3－220　2004－2008 年浙江省报纸出版情况

		2004 年	2005 年	2006 年	2007 年	2008 年
种数(种)	总计	70	70	70	70	70
	综合报	46	45	45	47	47
	专业报	24	25	25	23	23
总印量(万册、万份)		255 639	264 913	280 261	291 048	298 677
总印张(千印张)		11 013 153	12 819 128	12 441 926	12 917 060	11 977 337

4. 杂志出版情况

2008 年浙江省共出版杂志 219 种,同比增加 1 种;总印量为7 407万册,同比减少 675 万册,降幅为 8.35%;总印张为299 882千印张,同比减少28 053千印张,降幅为 8.55%。

表 3－221　2004－2008 年浙江省杂志出版情况

	2004 年	2005 年	2006 年	2007 年	2008 年
种数(种)	217	218	218	218	219
总印量(万册、万份)	8 925	9 016	8 009	8 082	7 407
总印张(千印张)	260 982	319 879	304 191	327 935	299 882

5. 图书出版情况

2008 年浙江省共出版本版图书7 282种,同比增加 296 种,增幅为 4.24%;总印量为29 564万册,同比增加3 908万册,增幅为 15.23%;总印张为1 818 335千印张,同比增加185 223千印张,增幅为 11.34%。

表 3－222　2004－2008 年浙江省图书出版情况

	2004 年	2005 年	2006 年	2007 年	2008 年
本版图书种数(种)	6 334	6 818	7 288	6 986	7 282
总印量(万册、万份)	26 919	27 443	27 026	25 656	29 564
总印张(千印张)	1 516 174	1 620 919	1 628 931	1 633 112	1 818 335

(二)浙江省的占比情况

2004－2008 年浙江省报刊、期刊、图书各自占长三角的比重都较低,其中报刊种类和总印数的比重相对较高,每年均超过 20%,总印数的比重也呈现出不断上升的趋势,2008 年浙江省报刊种类、总印数、总印张数分别占长三角的 22.36%、39.80% 和 36.57%;期刊种类在长三角的比重是三种出版物中最低的,总印数基本在 23% 左右上下波动,2008 年浙江省期刊种类、总印数、总印张数分别占长三角的 17.10%、20.50% 和 19.05%;图书种类在长三角中的比重也较低,总印数比重在 2006 年有了一次根本突破,达到 27.08%,2008 年浙江省图书种类、总印数、总印张数分别占长三角的 20.09%、27.77% 和 23.36%。

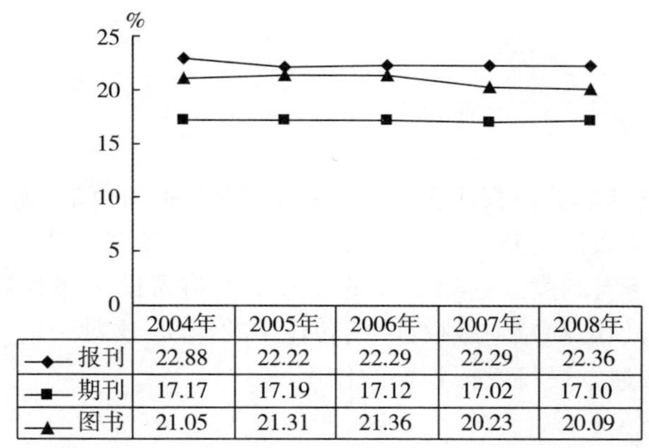

	2004年	2005年	2006年	2007年	2008年
报刊	22.88	22.22	22.29	22.29	22.36
期刊	17.17	17.19	17.12	17.02	17.10
图书	21.05	21.31	21.36	20.23	20.09

图 3－49　2004－2008 年浙江省报刊、期刊、图书出版占长三角比重

表 3－223　2004－2008 年浙江省报刊、期刊、图书出版占长三角比重

单位:%

		2004 年	2005 年	2006 年	2007 年	2008 年
报刊	总印数	36.63	36.61	38.58	39.24	39.80
	总印张数	37.48	47.32	39.68	39.76	36.57
期刊	总印数	23.42	24.52	22.60	23.04	20.50
	总印张数	16.69	20.66	19.65	7.07	19.05
图书	总印数	9.36	9.40	27.08	25.96	27.77
	总印张数	39.11	47.13	22.78	22.74	23.36

(三)2008 年发展的主要特点

一直以来,浙江报业都在改革的道路上一路前行,成为中国报业发展中的佼佼者。2008 年面对金融危机的影响,浙江报业在内容的设计、受众定位、经营格局的多元发展等方面继续探索,其发展呈现出两大主要特点。

1. 推进多元化经营

在抓好广告经营的同时,各报社还结合自身特点采取多种措施延伸产业链条,做精、做大多元产业,使多元经营实现大幅增长。如利用报社诸多方面有形或无形的优势,进军房地产行业。目前开展房地产业务的有浙江日报报业集团、金华日报社、绍兴日报社、温州日报报业集团等,不少报社如金华日报社取得了比较明显的经济效益。房地产、商务产业公司、商业银行参股都实现了分红。

2. 加快报业数字化进程

在如何加快报业数字化进程、打造全媒体方面,各家报社都迈出了坚实的步伐。比如,宁波日报报业集团投资3 000万元与北京一家公司联合开发了数字网络平台;温州日报报业集团推出手机报,并与中国移动、中国联通合作开发移动终端产品;嘉兴日报社大力实施“5 + 1”品牌工程,加大 3 个网站的建设力度,积极筹备数字出版业务;衢州日报社新闻网与户外传媒连接,建设发布终端;舟山日报社第一步是解决报网互动,第二步是打造全媒体;台州日报社已对网站进行全面改造,并与电信部门签订战略合作协议,拟对网络进行二次开发。

五、发展政策分析

(一)上海市的发展政策

为了实施《中华人民共和国著作权法实施条例》第二十五条的规定,规范著作权专有许可使用合同、转让合同的备案,上海市版权局制定了《上海市著作权合同备案办法》。这标志着上海市将率先在全国建立起著作权合同备案制度。这项制度的有效落实将帮助著作权被许可人和受让人证明其使用或者受让权利的善意,预防和减少版权许可、转让中的纠纷,这对于进一步促进上海市版权贸易和版权相关产业的健康、快速发展将发挥积极的作用。

(二)江苏省的发展政策

江苏省新闻出版局在下发《关于加强对报刊刊载广告管理的意见》基础上,又会同省委宣传部等部门联合印发了《关于规范新闻媒体广告宣传的管理规定》,进一步明确了规范广告发布、新闻媒体发布虚假违法广告责任追究的具体措施。

该规定指出,新闻媒体广告宣传应当真实、合法,符合社会主义精神文明建设的要求;规定要求新闻媒体要切实加强行业自律,依法规范广告发布行为;规定强调,各职能部门守土有则,要齐抓共管,切实加强对新闻媒体广告宣传的引导、监督和管理;规定还强调,建立新闻媒体单位领导责任追究制。

(三)浙江省的发展政策

浙江省委宣传部、省政府纠风办、省新闻出版局等部门先后召开专题会议研究规范报刊发行秩序工作,提出规范工作的总体思路和措施,开展“加强党报党刊发行机制建设”调研。在此基础上,制定下发了《关于采取切实有效措施,进一步规范报刊发行秩序的通知》。同时,浙江省报协还组织全省报社共同签署《浙江报纸广告行业自律公约》,成立了“浙江省报纸价格联盟”和“浙江省报纸自办

发行联盟”，加强对报刊行业的自律工作。

（四）基本评价与分析

回顾政府有关管理部门颁发的管理政策，我们可以发现，长三角传媒管理正在趋于规范化，这些政策的颁布都透露出“规范，再规范”的意味，具体而言政府相关主管部门在加强对违法广告、非法出版物等的查处，通过行业自律、出台相关政策及成立相关组织来规范传媒业的一些不规范行为，为长三角传媒产业营造良好的氛围。

简而言之，长三角的传媒产业对体制与政策改革的诉求是：让市场在国家宏观调控下，对传媒资源配置起基础性作用；在微观上，传媒能够通过规范的市场运作，实现自身所消耗的各种资源的价值补偿和价值增值。

六、长三角的未来发展

（一）未来趋势分析

在分众化与碎片化时代，媒体将面临更加严峻的局势，传统的经营与运作模式开始受到挑战，媒体本身开始出现相对过剩，而内容开始出现稀缺，具有竞争力的内容资源，以及能够适应新的传播渠道的内容形态，将成为未来一段时间内左右长三角传媒产业竞争格局的关键力量，“内容为王”的大旗会继续高高飘扬。

另一方面，媒介融合势在必然，而融合的方向很大程度上与新技术、新媒体相关。众所周知，国际上的大型传媒企业，如时代华纳、新闻集团、贝塔斯曼等都经历了一个由小到大，从单一企业向集团化发展，从某一传媒行业向跨媒体运营发展，从区域性的传媒集团向国际化的跨国公司发展的过程。因此，随着经济全球化和信息技术的迅速发展，长三角传媒业通过自身重组和外部扩张的多种形式，寻求更强大的资本支持，走向专业化、集团化、多媒体化、打造统一品牌是一种趋势；新的报业集团不断涌现，市场竞争更趋激烈，“适者生存、优胜劣汰、大鱼吃小鱼”将促使报业集团向寡头竞争的新秩序发展；广电行业开始实施资源整合，制播分离、有线无线合并和台网分离是广电改革的主要方向，电视产业化将更趋深入，目前受地方政策保护和政策性限制的跨地区收购地方电视台的障碍预计也将逐渐消除。

最后，在市场竞争机制和国家、地方产业政策的引导下，在品牌架构统领下，利用多种传播手段，以细分了的市场需求为核心进行资源重组、结构重组，从经营产品转向经营产品线或产品群（如频道、产品线、报纸）等，将成为长三角传媒集团的共同选择。今后主导中国传媒信息市场格局的不再是一个个单立的报社、广播电台、电视台，而是品牌化的传媒集团，主导传媒信息市场格局的主要媒介正由传统媒介向传媒集团转移。长三角传媒产业蕴藏了很大的发展潜力，将成为首批形成以广电传媒为主、以报业为主和以网络传媒为主的多模式的跨媒体产业化集团的地区之一。

（二）存在问题分析

1. 规模“多”而“散”，市场集中度低

尽管近年来长三角地区建立了一批规模较大的传媒集团，但与国外大型传媒企业相比，“个头”仍然偏小，区域产业链群集中度非常低，没有形成在市场占有绝对主导地位的产业或传媒机构。由于传统文化体制条块分割的束缚，传媒集团基本上都是在行政方式推动下，按照同行业、同区域范围组建的。长三角的传媒产业集团也是如此，基本上还停留在以省为单位的“原生态”，没有形成跨地区的好的传媒产业集团，市场集中度低，资源配置没有形成规模，条块分割，竞争也停留在浅层次、低

水平上。如果不出台一系列打破条块分割的政策,则集团化建设可能导致新一轮的产业组织结构同构化、低级化,全国统一大流通市场下的产业链经济难以实现。

2. 资源有效整合的“不作为”,使产业组织程度处于低下状态

我国的传媒产业依托的不是市场及其规律的发展,而是行政命令这只“有形的手”“拉郎配”,在积累和扩张过程中,没有形成真正意义上的一体化,也没有形成促进产业生态成长的优质土壤。长三角的传媒产业,大多(或根本上)是属于计划经济的产物,“发展”、“壮大”多是“政策施惠”的结果,因此,资源有效整合“不作为”,使遵循产业规律的有机发展往往是市场的“体外循环”:产业宏观目标和具体战略的市场特征不突出;没有形成有价值的产业文化底蕴;也没有形成产业资源共享的科学机制。

3. 管理“行政化”现象严重,转制革新任重道远

虽然长三角的传媒产业在体制转型方面算是走在前列,但由于产业的市场化程度低,加上长期的计划经济体制的影响和高度的“政府控制惯性”,使传媒产业总体市场管理水平较低,很多传媒转制并不彻底,或者只学到了公司化治理的皮毛而未能领会其精髓。这就导致一些地区传媒产业企业化之后,管理者的政策性宏观调控能力缺失,不知从哪里下手。另一个极端则是,“像以往(计划经济体制状态下)一样”,有利益的人、财、物“眉毛胡子”一把抓,导致二级传媒机构等的生产经营决策权“彷徨”,市场反应能力弱化,传媒产业的转制革新依然任重而道远。

4. 同质化竞争严重,缺乏创意制约传媒持续发展

目前长三角传媒市场基本上还处在早期竞争阶段,同质化竞争严重。一方面传媒竞争日趋激烈,而在内容服务和营销手段上又越来越“大同小异”。报纸没有特色,电视频道面目模糊,克隆成风,媒体普遍缺乏好的产品和服务。传媒产品雷同的背后其实是文化需求创意的不足,文化市场中的多元文化消费需求没有得到全面的关注,产品定位及功能单一。创意为首的传媒产业中创意的价值未得到应有的重视。

5. 赢利模式单一,传媒整合产业价值链能力弱

我国传媒市场仍是半垄断性的,业外资本难以进入,专业化分工不够,传媒产业价值链尚未完全形成。长三角地区也是如此,传媒严重依赖广告,经营模式单一。国泰君安的一份报告指出,绝大多数报纸的收入结构比较单一,广告收入占主营收入比重超过70%,发行收入占比例小,缺乏市场应变能力,经营前景堪忧。由于传媒整合产业价值链能力不高,资源整合能力不强,传媒竞争不是真正内容和服务质量的竞争,而是对有限的广告费进行你死我活的争夺,尽管投入不少,传媒业依然市场总量不大、经营绩效不高、发展后劲不足。

6. 决策型人才匮乏,传媒人才培养方式有待完善

传媒是需要创造力的行业,离不开创造性人才,特别是决策型人才。长三角是我国人才集聚的重要之地,但符合传媒业发展需求的高端人才却相对匮乏。所谓高端人才,是指那种复合型专业化人才,不同于一般岗位上的专业人才。随着传媒从生产型向经营型转变,市场化取向的传媒业对经营者的素质要求也越来越高,决策型人才匮乏问题便显得愈发突出。

另一方面,长三角媒介人才市场远未充分开发,传媒人才的培养方式还不完善,这些都导致对人才的培养远远不能适应市场的需求。以经营管理人才为例,仅仅靠学校教育是不够的,还需要传媒“实战”中的锻炼和熏陶。如何在实践中发掘和培养能够适应国际化传媒经营的人才队伍,是传媒业发展中亟待解决的重要问题。

（三）对策建议分析

1. 推进结构优化

优化传媒业产业结构，以提高传媒集约化程度为重点，以促进兼并与联合为突破口，通过结构性调整，在长三角建立若干个辐射全国乃至国际市场的传媒基地及物流中心，培育一批大型传媒集团；优化产品结构，以内容丰富多彩、服务对象多层次、品种多样化为目标，根据市场需求，实现传媒产品市场最大化，要注意培育新的增长点，盘活存量，为传媒产业生态发展增添后劲；优化价格，建立完善的市场价格体系，通过市场对传媒资源及传媒生产要素进行定价，促进传媒产品定价向市场放开；优化资产结构，盘活壮大存量资产，以资本为纽带，通过联合、兼并、股份合作制等形式，使资本向优势传媒机构集中，形成规模经济、集约经营；优化传媒人才结构，提高传媒队伍的整体素质，培养造就一批高素质的传媒工作者队伍，使他们成为传媒产业生态发展中最活跃的决定性因素。

2. 走"内涵式"发展和"外延式"扩张相结合的和谐发展道路

"内涵式"发展要重质量，用系统工程的方法来抓产品质量，多管齐下，综合治理，使传媒产品健康向上的思想内容得以有效传播。建立科学的质量管理体系，保障"内涵式"发展，在不断提高传媒产品质量的同时，实施精品战略，提升传媒产业生态品位。"外延式"扩张主要应通过产业集团化手段来协调、引导和推动，按照自愿互利、鼓励竞争的原则和优化组合、多元化经营等手段，探索传媒产业经营前景，实现传媒资源的有效利用，最大限度地发掘传媒资源潜值，实现传媒业的可持续发展。

在内涵增长与外向联合的双向发展中，用市场的、资本的和传媒产业自身的发展手段，整合传媒资源，于集约组合中不断提升传媒集团集约化程度和规模化程度。

3. 把握资源整合这个产业生态和谐发展的关键

资源整合要抓住几个"要核"。一是主导力量要从"有形的手"转向"无形的手"，要有效规避传媒产业发展依靠行政手段的固定思维和依赖思想。传媒机构要承担起现代企业的职责，着力于集聚分散的资源，为重塑市场竞争主体奠定良好基础；二是组织形态要从"独家"转向"多元"，要改变通过行政政策配置传媒产业资源的方式，积极推进股份化改造等多元的产业结构组织形式，促进僵化体制下禁锢的生产要素能量大量释放；三是实现从传统业态向现代业态的转型。在改变产业资源等组合之后，实施规范的企业化运作，强调资源的协同共享与集团利用，把资源不断集中到具有竞争优势的项目上，强劲产业发展后劲。

4. 改革体制机制，营造传媒产业和谐生态活力

对长三角传媒产业来讲，成功实现企业转制，从事业单位向企业单位专制，由单一的国有体制转为股份制，进一步深化产权制度改革，是解放和发展新闻生产力，激活传媒的有效途径。

下决心破除传媒机构改革进程遇到的旧的思维方式和思想观念的阻力和障碍，真正做到解放思想，打破"利益集团"的"小九九"，全面深化传媒单位的企业化和事业化分类转制工作，及时配套相关的人、财、物以及税收等调控政策，从根本上激发传媒产业的内动活力。建立健全传媒产业生态发展的保障机制，通过现代企业制度保障、宏观管理保障、法律法规保障、国家产业政策保障等，促进产业规范有序地发展。

5. 打造新的产品和服务，实现从"价值链"到"价值网"的转变

如今的媒体面临着受众碎片化的趋势，而媒体也将日益走向细分化。媒体机构将再也无法单单用一种旗舰节目或出版物来获得大批受众。相反，要获得大批受众，则需要通过一个遍布一系列平台的传媒工具组合，每种工具都针对不同的群体，来实现市场的战略布局和最终的价值实现。因此，要不断打造新的产品和服务，以实现产品组合上的多样性和科学性。

此外，要通过整合资源打通传媒的产业链，实现纵向或横向整合。一方面，我们可以实现纵向整合,通过纵向整合,传媒集团将原材料供应、销售渠道、资本运营等价值行为整合成一条完整的产业链,降低集团内部的交易成本,产业链上的多种盈利模式也降低了行业经营风险。另一方面,也可以尝试横向整合。这方面长三角媒体已在普遍行动,例如一些基于连锁店面的广告平台的建设,甚至参与一些媒体的经营等行为时有发生。对长三角传媒来讲,以媒体平台为基础,渗入产业领域,真正实现产业协作,力争降低广告收入所占比例,将使一批专业媒体真正焕发青春,实现内容、渠道、实业的共赢。如此不仅可以改变目前收入来源单一,商业模式原始、初级的问题,还可以占据制高点从而获得竞争优势。

6. 探索传媒科技现代化和经营管理科学化路子

现代信息技术的迅猛发展为传媒产业培育了新的经济增长点,也为加快传媒业的技术改造提供了便利条件。要以科技信息为着力点,建立传媒产业数据库,开发传媒电子信息产品。通过对编、印、发环节进行现代科技改造,利用高新技术从整体上提高产业现代化水平,推动产业结构优化,提高传媒生产率。依据传媒规律和市场法则对传媒产业发展进行科学管理,促进经营管理人员具有预见和把握未来的能力,促进传媒机构的凝聚力、激励力和创造活力,促进传媒机构在同行业中具有良好信誉和良好的合作能力。

7. 扩大合作领域,拓展区域传媒产业和谐发展新格局

按照合作发展、共创未来的原则,推进长三角区域传媒产业合作。打破传媒领域自成体系、条块分割的格局,破除区域传媒业发展瓶颈。充分发挥区域特色,探索跨媒体、跨区域和上下游一体化经营,实现多方共赢,创立长三角区域传媒品牌。打造一批“桥头堡”,为总体发展创造更广阔的空间。通过政策引导,联动发展,积极推动产业项目合作,用市场之手加大传媒业的关联度。扩大传媒合作领域,创新合作方式,在共同开发传媒资源、丰富内容生产、促进传媒要素流动、规范市场秩序、拓展市场营销等方面取得进展,积极促进长三角各省市之间传媒优势互补、共赢局面的形成。

三十二　长三角文化创意产业

2008 年，面对国际金融危机，在诸多传统行业受到严重影响的时候，文化创意产业在长三角地区却呈现出旺盛的生命力，有逆势走强的突出表现。

（一）文化产业总体发展势头良好

1. 上海

2008 年上海文化创意产业仍然呈现平稳、快速发展态势。文化产业从业人员 56.98 万人，全年总产值达到3 413.55亿元，比 2007 年增长 18.3%，占全市生产总值的比重由 2005 年的 6% 提升到 7.66%。创意产业增加值达1 048亿元，年均增幅 20% 以上，对上海经济增长的贡献率达到 6.5%。作为文化产业的支柱之一，2008 年上海文化服务业实现增加值 478.03 亿元，比上年增长 10.1%，占全市文化产业的 61.3%。文化相关产业实现增加值 302.08 亿元，比上年增长 12.5%，占全市文化产业的 38.7%。文化产品和服务实际国际贸易顺差 57.19 亿美元（进出口总额 156.01 亿美元，其中进口 49.41 亿美元，出口 106.60 亿美元）。顺差幅度比较大的产业门类是：书报刊出版、音像电子出版、广告会展等。上海已经在新闻出版、广播影视、文化艺术、数字娱乐等领域涌现了一批具有较强的“走出去”能力的文化企业，其中 16 家企业和 10 个项目在 2007 – 2008 年度获得商务部、文化部等四部委命名的“全国文化出口重点企业”和“国家文化出口重点项目”称号。

上海文化创意产业目前主要以网络游戏、动漫、设计、影视后期制作为主，2008 年网络游戏出版收入 86 亿元，增长 35%。2008 年，上海在网络视听服务、网络阅读服务、网络财经服务、网络电子商务、网络游戏服务、网络休闲娱乐服务、网络远程教育服务、有线电视“三网合一”等领域保持了领先地位。

2. 江苏

2008 年，江苏人均 GDP 超过5 700美元，文化日益成为社会消费热点，2008 年居民文教娱乐服务支出占家庭消费支出比重达到 14.3%，文化产业增加值达到 800 亿元，已连续三年保持近 30% 的增幅，高于同期 GDP 及服务业的增长速度，占 GDP 的比重提高到 2.6%。江苏现有规模以上文化企业 26 588家，基本形成动漫影视、出版发行、广播电视、文化旅游、休闲娱乐、工艺美术、文艺演出等优势文化产业门类。同时，动漫游戏、网络文化、手机报、手机电视、移动电视、互动电视、网络电台等新兴产业正在蓬勃兴起。2008 年 9 月，江苏省演艺集团有限公司、江苏爱涛艺术精品有限公司、扬州工艺美术集团有限公司入选第三批国家文化产业示范基地。

2008 年全省旅游总收入3 265亿元，增长 15.5%；实现旅游增加值1 450亿元，增长 16%。城市电影票房达到 2.62 亿元，观众首次突破千万人次；部分非物质文化遗产项目的产业化运作日趋成熟，如泰州溱潼会船文化旅游、句容秦淮花灯和无锡惠山泥人产业化开发、南京云锦品牌推广等。

文化产业龙头企业培育初见成效。截至 2008 年底，江苏省属六大龙头文化集团总资产合计已达 265 亿元，净资产 183 亿元，实现利润 14.9 亿元。其中，凤凰集团 2008 年已实现资产和销售额双超百亿元目标；广电集团连续五年以约 30% 的幅度增长，综合实力进入全国省级台前三；广电网络集团运行仅一年，已覆盖有线电视用户 709 万，其中数字电视用户 569 万、双向互动电视用户 27.1 万，成为全国规模最大、有线电视用户最多的网络公司。

3. 浙江

2008 年，浙江全省广播影视业经营收入（含社会影视业）达到 97.44 亿元，实现了经营收入突破

90亿元的跨越,基本达到了增幅10.76%,比全省生产总值的增幅高0.76个百分点。目前,浙江省已形成以杭州、宁波、温州等中心城市为主的文化创意产业集聚地。尤其是杭州,文化创意产业呈现出百花齐放态势,形成了西湖数字娱乐产业园、西湖创意谷、之江文化创意园等十大文化创意产业园。

(二)新兴文化业态崭露头角

1. 上海

2008年,上海利用部市合作机制,筹建了国家数字出版基地,在数字技术带动传统出版数字化转型,以及电子书、电子报、手机报等基于数字出版的新兴媒体发展方面有较为明显的进展。另外,全国最大数字化有线电视城域网已经启动,数字付费电视、宽频网络电视、IPTV业务,以及面向移动群体和户外人群的新兴媒体发展进展度比较顺利。

2008年,上海市增长最快的产业门类是网络文化服务(增长26.5%)和广播电视电影服务(增长26.4%)。近年来,全市传统文化产业与高新科技密切结合,转型升级进一步加速,不同行业间依托技术进步带来的互动合作机会日益增多,文化产业在关键技术支撑下加快了跨行业、跨媒体发展。2008年,网络书店、数字出版、手机电视、移动电视、楼宇电视、IPTV、网络游戏、网络社区、文化电子商务、电子艺术等新兴文化产业取得跨越式发展。目前,上海的出版印刷、广播影视数字化进程正在加快,传统文化服务行业的科技含量明显提升,数字出版、数字印刷、数字影视、文化产品数字物流等正在形成新的产业优势。对文化服务各行业数据进行比较可以看出,体现科技与文化融合发展,运用数字网络技术满足社会文化信息需求,并在服务形态上不断创新的网络文化服务,增长较快;体现上海都市生产、生活服务经济特点的广告和会展文化服务,增长也较快。

目前,上海已经为数字媒体产业建立了多层次的公共服务体系,涵盖了动作捕捉、影视后期制作、项目孵化、动画渲染、公共研发服务环境等多个方面。其中,作为政府投入的公益性项目,上海多媒体公共服务平台已建成目前国内最大的数字媒体机房,运行3年来已经支持了超过2 000个数字媒体创意项目。政府通过以极低的价格为中小企业提供计算资源,相当于为产业累计投入了4千万元的资金,全市超过1/3的企业从中获益。

2. 江苏

2009年7月,江苏省委、省政府召开了全省文化建设工作会议,强调重点发展文化创意、影视制作、出版发行、印刷复制、广告、演艺、娱乐、文化会展、数字内容和动漫等9大门类。其中,特别提到了着力提高新兴文化业态在文化产业中的比重。2007年江苏省文化产业引导资金申报的项目中,新兴文化业态项目比重为14.6%,总投资额11.62亿元;而2009年申报的文化产业引导资金项目中,新兴文化业态项目的比重为24.6%,总投资额43.63亿元。经过近几年发展,特别在政策引导和资金扶持下,新兴文化业态发展势头良好,逐渐成为江苏文化产业发展的生力军。

新兴文化业态项目中,南京手机报2007年被中国数字报业实验室评为中国数字报业创新项目,经过近三年的发展,收费用户达到了30万户,体验用户超过了150万户,2008年订费收入达到180万元,预计2009年订费收入将突破300万元。2005年10月,无锡广电集团与清华大学、华视传媒、无锡九龙公交等联合投资,成立无锡广通数字移动电视有限公司,在江苏省内率先推出数字移动电视。截至2008年底,累计安装接收终端4 000余屏,已实现全市公交全覆盖,并进入机场、客运站、商场、超市、户外大屏、商业楼宇、银行、医院、影剧院、娱乐场所等固定网点及场所,逐步形成"城市电视"的覆盖效果,目前年营业收入突破1 000万元。

为促进动漫产业发展,2006年江苏省政府办公厅下发了《关于加快动漫产业发展的意见》,明确了江苏动漫产业发展的指导思想和总体目标,制定了支持动漫原创和核心技术开发、扶持动漫基地建设的具体政策。省政府办公厅《关于文化产业引导资金使用管理办法》也明确规定对动漫原创作品生产、动漫基地及动漫公共技术服务平台、动漫影视频道建设等进行资金扶持。目前，江苏省已建成常州、无锡、苏州、南京4家国家级动画产业基地，影视动漫企业近300家。有40多所院校开设了动画相关专业，在校学生9 000多人。2008年江苏省获准发行的原创电视动画片49部22 192分钟，位居全国第二，增幅全国第一；11部动漫片被国家广电总局评为优秀动画片，位居全国第一；无锡、南京、常州名列全国2008年原创动画产量排名十大城市。

3. 浙江

2008年浙江省国产电视动画片产量继续高速增长，动画产量共28部18 411分钟，比前年增长80%以上，排名由全国第五升至第三。在国家广电总局向全国电视播出机构推荐播出的50部优秀国产动画片中，浙江共有6部入选，与湖南省并列全国第二。2008年，杭州动漫游戏企业共135家，全年实现营业收入5.14亿元。动画片产量2.03万分钟，跃居全国第二位。2009年一季度，杭州市动漫游戏产业实现总产值约1.3亿元，同比增幅约30%。2009年前四个月仅授权经营“中南卡通”收入就达2 000多万元，其中海外授权收入88.6万美元，利润700多万元人民币，旗下的动画片《魔幻仙踪》已于日前在美国主流频道播出。目前浙江已初步形成动画教学、研发、制作、运营和衍生产品开发的动画产业链。

在高新科技与创意产业融合方面，目前浙江正在形成图书发行连锁、报刊发行连锁、音像连锁、网吧连锁和电影院线等五大现代文化流通业。从事电子商务、网络娱乐等网络文化产业也在发展壮大，2007年网络媒体和网络视听营业收入约1.5亿元。同时，浙江还初步建立了由数字节目、传输、服务等内容构成的有线数字电视新体系。

（三）文化产业投融资渠道不断扩展

1. 上海

近年来，上海针对文化产业发展中出现的投融资难题，大胆创新，积极推动文化企业上市融资、设立专项基金为文化企业质押担保、创设风险投资基金扶持文化企业发展，引导和鼓励商业银行、融资担保机构创新服务模式和信贷产品，加大对文化企业的信贷支持。2008年筹备、组建文化产权交易所和版权交易中心，疏通文化创意、文化项目、文化产权交易通道，在文化产业与金融服务融合发展方面进行了一系列探索，对于推动上海文化产业长期快速发展具有重要和深远的意义。2009年9月，上海市与国家开发银行《推进上海市文化产业发展合作备忘录》在沪签约，今后5年，国家开发银行对上海市文化产业支持的融资规模可达300亿元。

2. 江苏

近年来，江苏省委、省政府相继出台了一系列政策，设立了文化产业引导资金，“十一五”期间每年安排引导资金1亿元用于引导全省文化产业发展。引导资金采取贷款贴息、项目补贴两种方式，引导社会资本进入文化产业领域，提升文化自主创新能力和市场竞争力。2008年，动漫片《哈皮父子》等82个文化产业项目共获得共计1.4亿元的资金补助。2009年进一步加大投入，在2009年5月启动的江苏省文化产业引导资金项目申报中，文化艺术服务、广播影视、出版发行和版权服务、动漫和网络文化等文化产业项目共获得总额达2亿元的资金扶持。

2009年6月，江苏省委、省政府又决定设立省级文化产业发展基金，初始规模20亿元，计划对重大文化项目、重点文化企业发展给予扶持。该基金采用股权投资和项目投资方式，重点投资江苏省演艺娱乐、动漫游戏、影视制作和发行放映、出版发行、文化会展、网络信息传媒等传统和现代文化领域，并在良好运作的基础上逐步扩展文化投资领域。在省级财政大力引领之下，江苏各地区和部门也纷纷启动相应的配套措施。如2009年苏州工业园区将投8 000万元资金，致力于包括获得引导资金的苏州软件园动漫技术服务平台、苏州动漫创意人才培养平台在内的十大公共技术服务平台的建设;苏州市外经贸局为鼓励青春版《牡丹亭》的海内外推广演出,将给予文化产业出口服务产品配套奖励100万元。

3. 浙江

2008年11月,浙江省第一支国有文化产业投资基金正式投入运作。基金计划总规模为2.5亿元人民币,其中首期注册资本到位1.2亿元。由浙江日报报业集团牵头组建的全省首个国有文化产业投资基金——东方星空文化基金,2009年5月7日在杭州正式启动,首期注册资本为2.5亿元人民币。自2008年起,杭州市大文化产业专项资金更名为市文化创意产业专项资金,资金规模提高到每年1.52亿元,并根据实际需要逐年递增。2008年12月3日召开的杭州市文化创意产业投融资洽谈会上,有关部门先后出台了《关于鼓励为文化创意企业提供融资服务的若干意见(试行)》、《关于鼓励为文化创意企业提供融资担保的实施办法(试行)》等政策文件,鼓励和支持在杭金融机构、创业投资机构更多地为文创企业提供融资服务。

(四)文化创意产业园区发展迅速

1. 上海

近年,上海开发改造和利用了100余处老上海工业建筑,对老厂房、老仓库进行了改建,形成了一批独具特色的创意工作园区,如泰康路视觉创意设计基地、昌平路新型广告动漫影视图片生产基地、杨浦区滨江创意产业园、莫干山路春明都市工业园区、福佑路旅游纪念品设计中心、共和新路上海工业设计园、"八号桥"时尚设计产业谷和天山路上海时尚产业园等。目前,上海创意产业集聚区有81家,已累计吸引了近70亿元社会资本参与建设。集聚区总建筑面积250万平方米、有30多个国家和地区4 000多家企业入驻,创造就业岗位逾8万个,已经涌现了环同济设计创意产业集聚区、空间188、张江文化科技创意产业基地等税收过亿的园区。园区总产值近200亿元,人均产出率达到60万元/人。到2010年底,上海创意产业集聚区总数将达到100个;到2012年底,集聚区总产出规模将达500亿元,并形成两三个总产出过百亿、10个总产出超10亿的大型集聚区,成为国际知名创意企业和机构、人才的集聚之地。

不过,金融危机也对创意产业园区产生了一定的影响。根据上海社科院发布的上海社科创意产业园区租赁价格指数报告显示:2009年第一季度上海社科创意产业园区租赁价格指数为1 069.77点,比基期2005年增加了69.77点,增幅为6.97%,但比2008年减少了9.96点,降幅为0.01%,首次出现了下调的态势。

2. 江苏

截至2008年底,江苏已经有国家级文化产业示范基地7家,江苏省文化产业示范基地18家,省级文化产业园区5家。目前,全省有60多家文化(创意)产业园区建成或在建。南京市正在建设和已经开园的文化创意产业园已达42个,如南京创意东8区是一个集建筑装饰设计、广告、策划咨询、动漫科技、美术创意设计、工艺品包装设计制作、音乐制作等于一体的文化产业孵化区。目前有100多家文化创意企业入驻。南京数码动漫创业园是国家级动漫产业基地。目前动漫企业入住率100%。园区建有比较完善的公共技术服务平台,建成了设计、合成、体验、渲染、正版动漫开发软件共享体系及培训平台。该园区已经建设成为南京中小动漫企业的专业孵化区。苏州市培育形成了以苏州动画产业基地、苏绣文化产业群、胥口书画产业基地和沙家浜影视产业园、苏州香山工坊等5个文化产业园区为代表的文化产业门类。苏州国家动画产业基地占地1万平方米,总建筑面积达5.8万平方米。该园区聚集了30多家颇具实力的动漫游戏企业,呈现出良好的发展势头。无锡市建成了以江苏文化创意产业园为龙头的10多个文化产业园区。江苏文化创意产业园到"十一五"末将

建成集创作、设计、生产、发行、播映、融资以及相关衍生产品开发为一体的产业发展环境，形成一个产、学、研融合的职业人才培养体系。常州国家动画产业基地已有110家境内外企业入驻，目前建成了公共技术服务、人才培养、衍生产品研发、产品和产权交易等六大平台，为产业的发展提供了有力的支撑。

3. 浙江

2006年至2008年，浙江省创意园区数量呈跨越式增长。杭州市于2007年成立了中国面积最大、配套最完整的创意产业经济区——浙江省文化创意产业实验区，位于杭州高新区内的“国家动画产业基地”已聚集了40家动画企业，拥有中南卡通、盛大边锋等为代表的国内动画原创及制作、网络游戏自主研发、动漫游戏衍生产品开发的龙头企业，已成为“国家数字娱乐产业示范基地”。东阳横店影视城则成为“中国影视产业的航空母舰”。目前重点打造的以美院南山校区为依托的西湖创意谷，以美院象山校区为中心的之江文化创意园，以已有的LOFT49、A8艺术公社等为依托的运河天地文化创意园，位于高新区的白马湖生态创意城等已经初具规模。再如2008年7月，宁波市的首家市级创意产业园“新芝8号”开园，这是一个集创意、设计、文化为一体的创意产业园区。截至2008年6月，浙江省共有创意园区18个，集中分布在杭州、宁波等城市。园区发展模式呈现出多元化，旅游景点配套、特色楼宇打造等形式的创意园区纷纷出现，打破了只能由工业遗存改造为创意园区的传统观念。

（五）民营文化企业蓬勃发展

1. 上海

一是上海国有文化资本通过转企改制、吸引了包括民营资本在内的多元社会资本参股合作，如在出版社和院团转企改制中、在广播电视制播分离改革过程中，大力支持民营资本参与。二是在国家鼓励、允许的文化产业领域，大力支持民营资本进入，如在娱乐、演艺、游戏、动漫、影视多媒体制作、印刷、互联网站、互联网上网服务场所等行业中，民营企业占大多数。2008年，上海民营广播影视制作机构获得了较大的发展，全市民营影视制作机构占比约80.1%，民营文化娱乐机构、场所占总数的87%，民营文化经纪公司占总数的91%，民营网络文化视听服务公司占总数的47.4%，民营上网服务场所占总数的97%，民营表演团体占总数的60%，民营文化艺术品经营机构占总数的93%，民营印刷企业占总数的50%。民营文化企业的迅速成长为上海文化产业注入了新的动力。

2. 江苏

通过政策和资金扶持，江苏民营资本进入文化产业领域的热情高涨。2007年文化产业引导资金项目中接近25%为民企项目，投资额27亿元，获得扶持的项目占总立项数的12%。2009年，民企项目占47.9%，投资额超过110亿元。南京演出市场2亿元左右的投资总额中，民营资本占70%。目前，全省非公有制经济创造的文化产业增加值已占全省的一半以上，从业人员占2/3以上，成为江苏文化产业的一支生力军。

3. 浙江

浙江全省目前已有民营文化企业4万余家，投资总规模逾230亿元，涉及影视、印刷、经营娱乐、艺术品经营、旅游、广告、会展等10多个行业，总收入达300亿元以上，从业人员50余万人，从业人员50余万人，并形成一批有较大影响的民营文化龙头企业。

（六）通过会展和论坛等方式推动创意产业发展

1. 上海

作为国内首家依托政府力量，参与推进创意产业发展的上海创意产业中心，经过连续4年的不懈努力,其创办的“上海国际创意产业活动周”已成为国内最具影响力的年度创意盛事之一。荷兰、丹麦、韩国、美国、澳大利亚、加拿大等国驻沪领馆都积极参与,组织本国在活动周中设置了主题展馆。据不完全统计,4 届活动周的总参观人次超过 60 万人次。2008 年活动周参观总人数超过 20 万,国外观众达到 25%。2009 年的“上海国际创意产业活动周”将围绕上海世博会主题,探讨“创意”与“城市可持续发展”。

2. 江苏

2008 年 9 月,北京、上海等全国各地 30 多个城市,近 600 家参展企业和单位参加了第三届中国南京文化产业交易会。展会开展了文化产业重大项目投融资洽谈会暨签约仪式、城市文化特色展、文化产业园区与投融资项目展、动漫、电子竞技及衍生文化用品交易展、第二届创意产业与中国传统文化融合高峰论坛、中国城市文化产业高层论坛等近 100 项活动。现场人流量超过 18 万人次,现场交易金额突破 1 亿元,比上届展会翻了一番,意向交易额达 8 亿元,比上届展会增加 45%。2009 年 3 月在扬州举行的全国工艺品、旅游纪念品交易会上,现场销售近3 000万元,订单 1. 2 亿元。

3. 浙江

义乌文化产品交易博览会、中国国际动漫节已成为有较大影响的文化品牌。2008 年的义乌文博会共有来自 21 个省区市及 28 个国家和地区的 723 家企业参展,经贸展览洽谈成交额 18. 6 亿元,比上届增长 6. 3%,其中外贸成交额 11. 38 亿元,占总成交额的 61. 2%。2008 年的第四届中国国际动漫节,共吸引 30 多个国家和地区的专家、学者、企业家等 50 多万人参与。此次动漫节共签约 34 个项目,总金额近 41 亿元。“2008 中国 · 温州创意产业博览会暨动漫嘉年华”则紧紧围绕“创新创意创造”的主题,把温州创意产业和动漫引向深入。

为了推动更多的文化产品和文化企业走向世界市场,浙江还不断拓展对外文化交流渠道,组织西泠印社等浙江学术研究团体和越剧等艺术表演团体进入国际市场,在国外举办中国浙江文化周、浙江文物展、浙江书画展等有影响的文化节庆和会展活动,扩大浙江文化的国际影响力。

三十三　长三角旅游业

(一)长三角地区基本情况

1. 国际旅游情况

2008 年,长三角地区共接待入境游客1 724. 34万人次,比 2007 年增长 2. 07%。其中,接待入境游客最多的是上海市 640. 37 万人次,其次是江苏省 544. 30 万人次,浙江省 539. 67 万人次。共接待外国游客1 269. 64万人次,比 2007 年增长 1. 60%。

表 3 –224　2000 –2008 年长三角地区接待入境旅游人数

单位:万人次

	2000	2001	2002	2003	2004	2005	2006	2007	2008
上海	181. 40	204. 26	272. 53	319. 87	491. 92	571. 35	605. 67	665. 59	640. 37
江苏	160. 94	183. 71	222. 63	223. 16	306. 57	378. 30	445. 19	512. 55	544. 30
浙江	112. 59	146. 95	204. 18	181. 70	276. 67	348. 01	426. 83	511. 18	539. 67
长三角合计	454. 93	534. 92	699. 33	724. 73	1 075. 16	1 297. 66	1 477. 69	1 689. 32	1 724. 34
其中:外国人									
上海	139. 14	146. 97	210. 66	211. 57	339. 11	452. 27	485. 40	536. 76	507. 40
江苏	98. 15	108. 56	138. 97	143. 45	214. 24	262. 15	314. 89	369. 20	396. 11
浙江	64. 38	81. 87	121. 46	106. 83	177. 64	232. 92	281. 37	343. 64	366. 13
长三角合计	301. 67	337. 40	471. 09	461. 85	730. 99	947. 34	1 081. 66	1 249. 60	1 269. 64

资料来源:历年《上海统计年鉴》、《江苏统计年鉴》和《浙江统计年鉴》。

2008 年,长三角地区旅游创汇 119. 31 亿美元,比 2007 年增长 9. 32%。其中,上海市旅游创汇 50. 27 亿美元,比 2007 年增长 6. 12%,位居全国第二;江苏省旅游创汇 38. 80 亿美元,增长 11. 85%,位居全国第四;浙江省旅游创汇 30. 24 亿美元,增长 11. 66%,位居全国第五。

表 3 –225　2000 –2008 年长三角地区国际旅游外汇收入

单位:百万美元

	2000	2001	2002	2003	2004	2005	2006	2007	2008
上海	1 613	1 808	2 275	2 053	3 089	3 608	3 961	4 737	5 027
江苏	724	822	1 050	1 132	1 763	2 260	2 787	3 469	3 880
浙江	514	707	928	872	1 300	1 716	2 133	2708	3 024
长三角合计	2 851	3 337	4 253	4 057	6 153	7 584	8 880	10 914	11 931
江浙沪旅游外汇收入在全国排名									
上海	第三	第三	第二	第二	第三	第三	第三	第二	第二
江苏	第五	第五	第四	第四	第四	第四	第四	第四	第四
浙江	第六	第六	第六	第六	第五	第五	第五	第五	第五

资料来源:历年《上海统计年鉴》、《江苏统计年鉴》和《浙江统计年鉴》。

2. 国内旅游情况

2008 年,长三角地区共接待国内游客58 006万人次,比 2007 年增长 10.47%。其中,接待国内游客最多的是江苏省26 100万人次,其次是浙江省20 900万人次,上海市11 006万人次,分别增长12.50%、9.42%和 7.80%。

表 3-226 2000-2008 年长三角地区接待国内旅游人数

单位:万人次

	2000	2001	2002	2003	2004	2005	2006	2007	2008
上海	7 848	8 255	8 761	7 603	8 505	9 012	9 684	10 210	11 006
江苏	7 192	8 075	10 038	11 424	14 662	17 234	19 936	23 200	26 100
浙江	5 870	6 895	8 020	8 429	10 600	12 758	16 149	19 100	20 900
长三角合计	20 910	23 225	26 819	27 456	33 767	39 004	45 769	52 510	58 006

资料来源:历年《上海统计年鉴》、《江苏统计年鉴》和《浙江统计年鉴》。

2008 年,长三角地区国内旅游收入6 585.59亿元,比 2007 年增长 10.88%。其中,上海市国内旅游收入1 612.38亿元,增长 0.08%;江苏省国内旅游收入2 933.21亿元,增长 16.94%;浙江省国内旅游收入2 040亿元,增长 12.09%。

表 3-227 2000-2008 年长三角地区国内旅游收入

单位:亿元

	2000	2001	2002	2003	2004	2005	2006	2007	2008
上海	979.43	1 009.59	993.50	1 113.84	1 216.22	1 308.54	1 419.67	1 611.14	1 612.38
江苏	587.52	675.83	830.16	975.00	1 289.82	1 625.62	2 012.15	2 508.30	2 933.21
浙江	430.00	529.00	633.80	695.30	902.50	1 239.70	1 519.60	1 820.00	2 040.00
长三角合计	1 996.95	2 214.42	2 457.46	2 784.14	3 408.54	4 173.86	4 951.42	5 939.44	6 585.59

资料来源:历年《上海统计年鉴》、《江苏统计年鉴》和《浙江统计年鉴》。

(二)上海市的基本情况

1. 国际旅游情况

2008 年,上海接待入境游客 640.37 万人次,其中外国人 507.40 万人次,入境游客平均逗留时间3.72 天/人,旅游创汇 50.27 亿美元。从外国游客的国别来看,日本一直是上海市的第一大客源国,2008 年接待日本游客 121.55 万人次,占外国人总数的 23.96%;第二大客源国是美国,2008 年接待美国游客 62.98 万人次,占 12.41%。2008 年来上海旅游的港澳同胞、台湾同胞人数分别为 52.38 万人次和 80.59 万人次。

表 3－228　2000－2008 年上海市国际旅游业发展情况

	2000	2001	2002	2003	2004	2005	2006	2007	2008
国际旅游入境人数(万人次)	181.40	204.26	272.53	319.87	491.92	571.35	605.67	665.59	640.37
外国人	139.14	146.97	210.66	211.57	339.11	452.27	485.40	536.76	507.40
日本	53.76	56.11	82.26	79.51	120.67	119.76	136.93	142.68	121.55
新加坡	5.29	5.37	7.86	7.46	12.74	13.69	15.23	17.01	18.43
德国	7.11	7.34	10.23	9.90	16.42	20.33	21.79	25.45	24.73
法国	5.39	5.54	7.19	4.81	8.98	13.44	15.68	18.83	17.98
英国	1.69	2.05	1.77	0.86	9.52	13.89	16.69	19.25	19.09
意大利	1.88	1.83	2.47	2.35	4.81	7.65	8.52	9.90	8.84
加拿大	2.25	2.44	3.94	3.86	6.08	8.06	10.13	12.12	11.59
美国	13.78	14.59	21.82	20.99	35.46	44.51	54.60	63.59	62.98
澳大利亚	3.23	3.25	4.37	4.45	7.75	10.99	13.08	15.17	14.57
港澳同胞	17.62	20.62	23.03	35.03	48.95	48.59	47.74	51.25	52.38
台湾同胞	19.88	31.99	33.56	52.28	71.75	70.49	72.53	77.58	80.59
华侨	4.76	4.68	5.28	20.99	32.11				
平均每天来沪旅游人数(人次/天)	4 970	5 596	7 466	8 764	13 477	15 654	16 594	18 235	17 544
来沪旅游者平均逗留天数(天/人)	3.92	3.87	3.61	3.61	3.50	3.50	3.60	3.69	3.72
国际旅游(外汇)收入(亿美元)	16.13	18.08	22.75	20.53	30.89	36.08	39.61	47.37	50.27

注:①自 2003 年起,国际旅游入境人数包括由上海入境的(剔除在上海空港中转的游客)外国人、华侨、港澳台旅客以及经外省市入境后来沪的外国人、华侨、港澳台游客两部分;②自 2005 年起,华侨旅游人数归并外国旅游人数,不再单列。

资料来源:历年《上海统计年鉴》。

2. 国内旅游情况

2008 年,上海市共接待国内游客11 006万人次,比 2007 年增长 5.43%。人均消费支出1 465元,比2007 年减少 7.16%,但构成进一步优化,长途交通费占 10.65%、住宿费 14.06%、餐饮费 14.47%、购物费41.57%、门票费6.76%、娱乐费2.87%、市内交通费5.53%、邮电通信费2.12%,而在 2000 年,这些比例分别为:20.83%、15.54%、15.38%、30.93%、3.29%、2.40%、5.85%和1.04%。

表 3－229　2000－2008 年上海市国内旅游发展情况

	2000	2001	2002	2003	2004	2005	2006	2007	2008
国内旅游者来沪人数(万人次)	7 848	8 255	8 761	7 603	8 505	9 012	9 684	10 210	11 006
外省市来沪旅游人数(万人次)	6 433	6 470	6 797	5 630	6 346	6 805	7 327	7 766	7 842
本市市民在本地旅游人数(万人次)	1 415	1 785	1 964	1 973	2 159	2 207	2 357	2 444	3 164
国内旅游者人均消费支出(元)	1 248	1 223	1 134	1 465	1 430	1 452	1 466	1 578	1 465

(续表)

	2000	2001	2002	2003	2004	2005	2006	2007	2008
长途交通费	260	247	194	170	194	176	174	165	156
住宿费	194	193	165	233	220	219	211	234	206
餐饮费	192	205	175	249	232	220	217	210	212
购物费	386	356	357	521	420	553	536	650	609
门票费	41	49	40	44	119	96	112	109	99
娱乐费	30	46	48	52	33	30	47	46	42
市内交通费	73	79	70	79	87	88	94	87	81
邮电通信费	13	10	20	19	27	37	35	35	31

资料来源:历年《上海统计年鉴》。

3. 旅行社接待经营情况

2008 年,上海市旅行社共接待境内外旅游者853. 95 万人次,比2007 年下降5. 61%;接待境外旅游者90. 21 万人次,下降19. 09%;接待国内游客763. 75 万人次,下降3. 72%;组织出境游73. 83 万人次,增长7. 14%。实现营业收入234. 52 亿元,比2007 年增长2. 48%;实现利润总额1. 70 亿元,下降10. 99%。

表3 -230　2001 -2008 年上海市旅行社接待经营情况

	2001	2002	2003	2004	2005	2006	2007	2008
接待境内外来沪旅游者(万人次)	400. 14	537. 76	431. 84	633. 47	750. 89	880. 24	904. 73	853. 95
境外旅游者	97. 42	128. 37	51. 48	78. 40	95. 01	107. 34	111. 50	90. 21
外国人	86. 88	117. 80	47. 17	74. 92	90. 01	101. 67	108. 51	88. 26
中国香港	6. 36	6. 29	2. 75	1. 83	1. 48	2. 28	1. 29	1. 10
中国澳门	0. 08	0. 02	0. 01	0. 01	0. 01	0. 03	0. 01	0. 01
中国台湾	4. 10	4. 26	1. 55	1. 64	3. 51	3. 36	1. 69	0. 84
境内旅游者	302. 72	409. 39	380. 36	555. 07	655. 88	772. 90	793. 23	763. 75
出境旅游者(万人次)	14. 82	18. 91	28. 77	49. 86	51. 71	58. 54	68. 91	73. 83
经营和财务状况								
营业收入(亿元)	58. 47	74. 22	68. 54	108. 22	132. 43	169. 49	228. 84	234. 52
利润总额(亿元)	0. 86	1. 13	-0. 28	1. 81	1. 61	1. 71	1. 91	1. 70

资料来源:历年《上海统计年鉴》。

4. 住宿业接待经营情况

2008 年,上海市共有旅游星级饭店310 个,客房6. 13 万间,床位9. 82 万张,客房平均出租率为55. 4%,营业收入154. 59 亿元。各项指标较2007 年有所下降。

表 3-231　2002-2008 年上海市旅游星级饭店基本情况

	全部					其中：五星级饭店				
	饭店数（个）	客房数（万间）	床位数（万张）	客房平均出租率（%）	营业收入（亿元）	饭店数（个）	客房数（万间）	床位数（万张）	客房平均出租率（%）	营业收入（亿元）
2002	319	5.38	9.58	71.8	97.95	20	0.9	1.42	77.3	36.66
2003	338	5.56	9.77	61.1	96.91	20	0.9	1.31	61.9	35.99
2004	359	6.05	10.32	69	139.69	24	1.05	1.5	76	60.1
2005	351	6.18	10.35	65.6	152.54	25	1.15	1.63	72.3	70.06
2006	317	5.89	9.71	63.89	154.11	26	1.2	1.66	72.59	75.39
2007	320	6.14	9.9	61.5	159.70	32	1.43	1.9	68.2	82.19
2008	310	6.13	9.82	55.4	154.59	37	1.62	2.27	59.9	79.59

资料来源：历年《上海统计年鉴》。

5. 2008 年上海旅游发展特点

上海市旅游业发展水平不断提升，2008 年全年实现旅游产业增加值 958.5 亿元，比 2007 年增长 7.1%。旅游配套设施服务水平和接待能力进一步提升。全市已有星级宾馆 310 家。其中，五星级宾馆 37 家。旅行社 901 家。其中，国际旅行社 55 家，国内旅行社 846 家。A 级旅游景点 24 家。其中，5 A 级景点 2 家，4 A 级景点 21 家。红色旅游基地 26 个。其中，全国红色旅游基地 4 个。工业旅游示范点 15 个，农业旅游示范点 16 个。但部分旅游指标有所下滑。一是入境旅游人数有所下降。2008 年上海共接待入境旅游者 640.37 万人次，同比下降 3.79%。其中，外国人 507.4 万人次，同比下降 5.47%；港澳同胞 52.38 万人次，同比增加 2.2%；台湾同胞 80.59 万人次，同比增加 3.88%。作为第一和第二大客源国，日本和美国的游客数，分别比 2007 年下降 14.81% 和 0.96%。二是旅行社接待人数减少。国际旅行社外联人数 63.27 万人次，比 2007 年减少 4.26%；接待人数 89.55 万人次，减少 19.46%。旅行社国内旅游组团人数 932.25 万人次，比 2007 年减少 3.37%；接待人数 761.37 万人次，减少 3.99%。三是住宿业企业经济效益出现滑坡。各大宾馆（饭店）为吸引客人住宿而纷纷降低房价，行业内竞争激烈。全市旅游星级饭店平均房价 658.37 元/间天，比 2007 年下降 1.45%；营业收入 154.59 亿元，下降 3.2%；客房平均出租率为 55.4%，下降 6.1 个百分点。

（三）江苏省的基本情况

1. 国际旅游情况

2008 年，江苏省接待入境游客 544.3 万人次，比 2007 年增长 6.19%；其中接待外国人 396.11 万人次，增长 7.29%。旅游创汇 38.8 亿美元，增长 11.85%。

表 3-232　2000-2008 年江苏省国际旅游业发展情况

	2000	2001	2002	2003	2004	2005	2006	2007	2008
接待人数（万人次）	160.94	183.71	222.63	223.16	306.57	378.30	445.19	512.55	544.30
其中：外国人	98.15	108.56	138.97	143.45	214.24	262.15	314.89	369.20	396.11
香港同胞	24.90	29.32	28.66	29.24	35.39	41.35	47.41	48.91	49.75
澳门同胞	2.17	2.06	2.79	3.01	3.09	3.65	4.30	5.02	5.47
台湾同胞	35.73	43.77	52.21	47.47	53.85	71.16	78.59	89.42	92.97
旅游外汇收入（亿美元）	7.24	8.22	10.50	11.32	17.63	22.60	27.87	34.69	38.80

资料来源：历年《江苏统计年鉴》。

从外国游客的洲际市场来看,亚洲市场仍是江苏的传统主要市场,2008 年江苏共接待亚洲外国游客 212.36 万人次,占 53.61%,这一比重比 2007 年下降 1.18 个百分点。与此同时,其他州市场所占比重均略有上升。从外国游客的国别来看,日本、韩国、美国仍是江苏的三大主要客源国,2008 年江苏接待日本游客 98.93 万人次,韩国游客 48.42 万人次,美国游客 51.19 万人次,分别占外国游客市场的 24.98%、12.22% 和 12.92%,三者合计共占 50.12%。

表 3-233　2000-2008 年江苏省接待外国游客数

	2000	2001	2002	2003	2004	2005	2006	2007	2008
外国人(人次)	981 486	1 085 610	1 389 672	1 434 509	2 142 380	2 621 472	3 148 877	3 691 993	3 961 095
亚洲	630 705	691 422	929 053	972 461	1 349 628	1 597 371	1 828 925	2 022 770	2 123 574
日本	299 176	320 162	388 668	436 403	586 520	635 260	828 797	884 314	989 335
菲律宾	4 436	5 780	10 465	11 069	15 236	21 791	17 235	18 124	24 064
新加坡	58 513	58 110	96 332	80 182	110 887	133 521	155 240	182 554	201 321
泰国	19 623	25 927	35 796	33 900	49 153	63 427	62 695	58 265	462 16
印度尼西亚	14 548	17 012	20 033	28 722	35 809	36 298	33 868	—	37 925
马来西亚	115 748	130 114	167 402	125 424	201 257	232 236	223 920	238 179	197 997
韩国	96 849	112 345	179 364	218 181	281 968	353 345	404 588	464 886	484 170
其他	21 812	21 972	30 993	38 580	68 798	121 493	102 582	176 448	142 546
美洲	131 620	150 365	196 797	195 908	312 069	388 015	495 158	599 822	673 974
美国	108 455	121 708	165 618	153 486	241 737	303 362	391 297	468 966	511 889
加拿大	17 388	24 007	25 088	35 107	57 279	65 294	80 198	99 941	111 716
其他	5 777	4 650	6 091	7 315	13 053	19 359	23 663	30 915	50 369
欧洲	168 221	188 879	205 884	208 163	374 998	496 143	657 814	846 534	890 486
英国	28 567	31 602	37 865	40 750	65 580	77 726	125 216	167 197	172 862
法国	32 960	37 086	41 251	28 758	59 879	77 917	106 479	136 320	139 084
德国	30 394	40 735	45 947	59 151	97 738	119 195	167 115	194 049	218 528
意大利	19 239	17 871	22 689	19 482	35 012	51 965	56 988	74 255	75 716
瑞士	4 842	4 145	4 304	5 375	9 902	14 938	17 540	16 986	21 201
瑞典	5 652	7 137	5 724	8 333	16 209	21 332	25 995	29 572	27 687
俄罗斯	7 024	7 960	6 595	8 608	18 606	21 867	33 508	55 824	74 025
西班牙	7 162	6 410	7 790	4 561	13 859	29 474	28 919	34 991	28 992
其他	32 381	35 933	33 719	21 810	58 213	81 729	96 054	137 340	132 391
大洋洲	24 537	32 540	41 399	42 407	79 362	100 238	118 294	151 933	174 775
澳大利亚	20 522	22 753	36 228	34 568	62 179	73 928	92 665	119 882	131 449
其他	4 015	9 787	5 171	7 839	17 183	26 310	25 629	32 051	43 326
非洲及其他	26 403	22 404	16 539	15 570	26 323	39 705	48 686	70 934	98 286

资料来源:历年《江苏统计年鉴》。

2. 国内旅游情况

2008 年,江苏省接待国内游客 2.61 亿人次,比 2007 年增长 12.51%;实现国内旅游收入 2 933.21亿元,增长 16.94%。

表 3－234　2000－2008 年江苏省国内旅游业发展情况

	2000	2001	2002	2003	2004	2005	2006	2007	2008
接待人数(亿人次)	0.72	0.81	1.00	1.14	1.47	1.72	1.99	2.32	2.61
增速(%)		12.28	24.31	13.80	28.34	17.55	15.68	16.37	12.51
国内旅游收入(亿元)	587.52	675.83	830.16	975.00	1 289.82	1 625.62	2 012.15	2 508.30	2 933.21
增速(%)		15.03	22.84	17.45	32.29	26.03	23.78	24.66	16.94

资料来源:历年《江苏统计年鉴》。

3. 各市旅游业发展情况

(1)各市国际旅游发展情况

2008 年,苏州和南京接待入境游客数超过百万大关,分别达到 168.23 万和 119.18 万人次。接待入境游客数增幅最高的三个市是:宿迁(52.74%)、泰州(42.58%)和南通(25.07%)。有 7 个市旅游创汇超亿元,其中最高的是苏州(9.95 亿美元),其次是南京(8.72 亿美元)。旅游创汇增幅最高的三个市是:宿迁(58.17%)、泰州(38.87%)和扬州(27.62%)。

表 3－235　2000－2008 年江苏省各市国际旅游情况

	2000	2001	2002	2003	2004	2005	2006	2007	2008
接待人数(人次)									
南京市	419 006	469 808	561 319	515 081	719 653	876 279	1 009 166	1 160 863	1 191 813
无锡市	283 739	345 562	422 812	393 591	504 434	616 786	713 052	694 728	611 325
徐州市	17 825	20 878	25 149	36 390	50 557	73 010	100 488	120 849	132 128
常州市	33 067	47 406	81 025	110 653	143 158	181 966	218 593	257 698	294 181
苏州市	566 672	635 025	737 740	708 343	972 631	1 185 892	1 379 723	1 612 363	1 682 267
南通市	58 257	60 963	77 872	84 253	109 966	151 305	180 616	223 907	280 037
连云港市	11 518	10 941	11 820	22 769	40 298	53 758	68 891	82 204	90 922
淮安市	6 307	6 916	9 988	16 307	18 300	21 634	24 918	27 592	26 422
盐城市	10 903	10 297	11 991	31 646	34 001	40 710	45 807	48 483	50 704
扬州市	85 477	100 825	121 274	129 145	188 044	238 649	300 711	374 789	463 557
镇江市	104 906	114 586	149 603	157 173	254 288	306 482	363 806	464 112	535 508
泰州市	9 082	10 904	12 279	21 408	25 423	29 249	34 847	42 142	60 087
宿迁市	2 680	2 979	3 390	4 873	4 963	7 303	11 303	15 759	24 071

(续表)

	2000	2001	2002	2003	2004	2005	2006	2007	2008
旅游外汇收入(万美元)									
南京市						57 557	67 711	80 764	87 174
无锡市						26 323	31 659	36 249	33 518
徐州市						5 658	7 853	10 446	12 296
常州市						14 364	18 123	22 723	27 599
苏州市						63 905	74 795	88 916	99 547
南通市						13 531	17 496	24 728	28 368
连云港市						4 601	6 096	7 789	7 959
淮安市						1 322	1 812	2 230	2 076
盐城市						2 125	2 693	2 970	3 490
扬州市						15 177	20 819	28 163	35 942
镇江市						17 988	25 108	36 340	42 070
泰州市						2 899	3 661	4 394	6 102
宿迁市						524	837	1 188	1 879

资料来源:历年《江苏统计年鉴》。

(2)各市国内旅游发展情况

2008 年,江苏省 13 个市中,接待国内游客人数最多的三个市是苏州、南京和无锡,分别为 5 286.88万、4 970.16万和3 682.44万人次;接待国内游客数增幅最高的三个市是:宿迁(31.71%)、扬州(21.14%)和镇江(19.77%)。国内旅游收入最高的三个市依然是苏州、南京和无锡,分别为 665.38 亿、620.58 亿和 496.84 亿元;国内旅游收入增幅最高的三个市是宿迁(30.63%)、淮安(29.11%)和南通(28.17%)。

表 3-236　2000-2008 年江苏省各市国内旅游情况

	2000	2001	2002	2003	2004	2005	2006	2007	2008
接待人数(万人次)									
南京市	1 272.70	1 630.15	2 076.2	2 223.92	2 806.32	3 189.66	3 700.01	4 488.88	4 970.16
无锡市	1 127.77	1 167.42	1 501.27	1 765.16	2 201.56	2 637.50	3 032.89	3 350.76	3 682.44
徐州市	360.09	412.11	509.55	583.58	801.45	993.59	1 148.50	1 344.15	1 538.29
常州市	428.33	504.14	680.21	817.10	1 040.66	1 282.78	1 502.00	1 746.95	2 037.05
苏州市	1 496.05	1 671.92	2 010.1	2 350.17	3 157.21	3 656.87	4 135.34	4 792.39	5 286.88
南通市	319.88	359.38	450.33	514.97	628.76	743.08	882.87	1 072.13	1 275.31
连云港市	308.49	342.54	381.85	501.58	609.42	700.28	802.51	910.67	1 065.07
淮安市	280.89	281.44	345.48	406.10	490.32	549.85	635.15	733.29	854.74
盐城市	328.80	331.03	378.87	415.09	465.13	529.91	610.86	702.80	805.77

（续表）

	2000	2001	2002	2003	2004	2005	2006	2007	2008
扬州市	436.66	484.72	633.33	685.33	903.51	1 113.05	1 316.10	1 522.42	1 844.24
镇江市	442.75	485.68	610.05	670.23	970.89	1 166.97	1 380.60	1 589.88	1 904.23
泰州市	286.02	291.29	331.31	349.87	420.88	488.28	567.10	660.54	786.06
宿迁市	103.10	113.08	129.61	140.72	165.69	182.44	221.86	283.74	370.88
国内旅游收入（亿元）									
南京市	101.08	143.13	183.96	209.88	271.27	328.20	405.48	526.03	620.58
无锡市	101.75	101.72	138.65	167.33	212.46	280.07	351.49	418.04	496.84
徐州市	23.87	29.55	37.11	42.68	59.58	76.81	96.87	123.98	151.99
常州市	36.10	44.17	56.19	70.13	92.16	114.42	140.01	182.06	214.91
苏州市	125.22	152.11	175.33	211.87	295.69	380.28	465.46	570.34	665.38
南通市	28.24	30	35.18	40.24	48.98	65.13	79.96	101.91	130.62
连云港市	24.21	26.25	29.63	41.23	49.60	61.06	75.79	91.97	111.07
淮安市	12.48	12.9	17.91	21.34	28.21	34.55	44.15	60.04	77.52
盐城市	29.46	24.06	27.64	30.44	33.64	38.04	46.47	56.01	67.49
扬州市	37.26	40.69	48.06	50.99	67.82	92.36	115.10	144.00	176.26
镇江市	41.93	43.05	47.48	54.02	85.95	103.48	127.61	153.91	185.07
泰州市	20.46	21.84	25.96	27.40	35.07	41.01	50.47	61.98	75.55
宿迁市	5.46	6.36	7.06	7.45	9.39	10.21	13.27	17.99	23.50

资料来源：历年《江苏统计年鉴》。

4.2008 年江苏旅游发展特点

（1）政府主导发展旅游业的力度进一步增强。在学习实践科学发展观的大背景下，旅游业受到社会各界空前关注，政府主导力度进一步加大。一是各级政府、主管部门高度重视。江苏省旅游局形成了“以思路创新，引领科学发展；以管理创新，推动产业升级；以营销创新，提升市场竞争力；以服务创新，优化旅游发展环境”的发展新思路。南京明确提出了将旅游业建设成为南京战略性支柱产业的目标定位。苏州首次把旅游发展主要经济指标和新增旅游产品年度目标纳入政府考核。扬州积极推进《旅游名城建设行动计划》。徐州把旅游业作为振兴老工业基地的重要战略举措，列入城市发展战略之一。镇江和泰州确定了振兴旅游业发展的三年行动纲要，并以此指导旅游工作。淮安把“开发大旅游”纳入了全市“五大建设”战略。二是政府对旅游业的投入不断加大。据不完全统计，全省各级政府累计投入 60 多亿元，用于旅游资源开发、旅游市场营销和旅游公益性事业建设。三是扶持旅游企业的政策相继出台。“江苏省入境旅游贡献奖励”申报复核与兑现工作顺利进行，全省 61 家旅行社共获得奖励1 200万元。南京、苏州、无锡、南通等地政府配套资金相继到位，南通还结合本地实际出台了《旅行社组织外地游客来通游奖励试行办法》。旅游事业发展费在全省范围内停止征收，旅行社质量保证金的暂退工作正在有序进行。南京以提升核心竞争力为目标实施旅游百企发展计划，常州与税务部门共同出台《旅游行业有关税收业务问题的处理意见》，真正让旅游企业得到了实惠。

（2）大力推进项目建设，旅游综合供给能力和水平进一步提高。一是不断完善旅游规划体系。

江苏省旅游局与上海、浙江旅游部门合作的《长三角区域旅游发展规划战略研究报告》基本完成并上报国家旅游局。《江苏省古运河旅游发展规划》、《苏锡常地区休闲度假旅游发展规划》、《省特色旅游村镇规划》的编制工作按计划推进。各地的旅游规划编制工作也如火如荼地开展。全省初步形成了旅游战略规划、区域规划、专项规划和项目总规、控规、详规为主的旅游规划体系。二是加快旅游项目建设。全省在建、竣工旅游项目 800 多个,完成旅游总投资 370 多亿元,增长 20% 以上。年度重点旅游景区项目建设进展顺利。无锡灵山景区三期、徐州淮海战役纪念馆扩建工程、苏州李公堤、扬州万花园、泰州老街等项目建成开放。三是深度发展乡村旅游。继续开展全国工农业旅游示范点的创建工作,全省 28 家单位通过省级验收。南京、苏州、常州和连云港等市结合自身实际,举办了乡村旅游节庆,编制了乡村旅游指南。四是继续加强旅游公共设施建设。初步完成《江苏省旅游公共服务体系建设三年计划》的编制工作,建设一批旅游咨询中心、游客中心、引导标识和旅游厕所项目。启动江苏12301旅游服务热线工程,开通江苏旅游英语和西班牙语网站,旅游公共服务水平进一步提升。

(3)创新营销手段,旅游宣传促销力度进一步加大。一是旅游营销水平普遍提高。以《欧美客源市场旅游营销战略与行动计划》编制完成为契机,通过全面开展主题培训、聘请莫里森为欧美旅游市场代言人、编制港澳台旅游市场营销战略与行动计划等方式,江苏省旅游市场营销的实效进一步提升。二是对台旅游市场有效拓展。以南京与台湾开通直航为契机,成功组织大陆居民赴台湾旅游首发团。全年组织大陆公民5 794人赴台旅游,占全国的 1/10。同时,精心策划"江苏任我行"旅游精品等活动,加快台湾旅游市场的拓展,全年接待台湾游客突破 90 万人次。三是客源市场得到巩固和发展。实施适度"走出去"、积极"请进来"的策略,举办了以"相约江苏"为主题的 2008 中韩旅游交流活动、北京奥运旅游专项推介会等系列活动,组团参加了中国国内旅游交易会、上海国际旅游交易会等重要旅展,赴日本、韩国等传统客源市场和新加坡、马来西亚等潜力市场进行了强力促销。四是媒体宣传继续强化。奥运前在香港地铁、北京公交和火车站等场所大量投放江苏整体旅游形象广告;与文化部、中国旅游出版社合作,在我国驻美、英、加、日等 37 个国家的 49 个驻外使领馆签证处放置宣传资料;利用《新华日报》、《扬子晚报》、《大公报》、《中国旅游报》等专版推介江苏旅游。五是区域合作更显活力。通过举办 2008 沪苏浙旅游市场论坛、以"相约世博会、畅游沪苏浙"为主题联合参加境内外旅游展,沪苏浙三地共推旅游的力度进一步加大。苏州、无锡、常州、南通等地紧紧围绕"世博"进行产品开发与宣传。宁镇扬、江苏旅游新干线、江苏旅游新三角等旅游合作体进一步扩大联合推广的范围。徐州继续与西安、咸阳联合推出"中国 3X 兵马俑之旅"、丝绸之旅等产品。六是旅游节庆活动效应更具影响。江苏省共举办各类旅游节庆活动 100 多场,形成了苏州国际旅游节、南京国际梅花节和长江旅游节、无锡徐霞客国际旅游节、扬州烟花三月国际旅游节、常州龙城旅游节和镇江金山文化旅游节等众多知名节庆品牌。

(四)浙江省的基本情况

1. 国际旅游情况

2008 年,浙江省接待入境游客 539.67 万人次,比 2007 年增长 5.57%;其中,接待外国人 366.13 万人次,增长 6.55%;接待港澳同胞 82.06 万人次,增长 4.41%;台湾同胞 91.48 万人次,增长 2.85%。旅游创汇 30.24 亿美元,增长 11.66%。

从外国游客的国别来看,韩国和日本仍位居浙江入境游的客源国前两位。2008 年浙江共接待韩国游客 66.17 万人次,占全省外国游客总数的 18.07%,为第一大客源国;接待日本游客 66.15 万人次,占 18.07%,为第二大客源国;二者合计共占 36.14%。马来西亚、美国和新加坡的游客数也都位居前列,分别为 17.71 万人次、27.28 万人次和 13.58 万人次,分别占 4.84%、7.45%和 3.71%。

表 3－237　2000－2008 年浙江省国际旅游业发展情况

	2000	2001	2002	2003	2004	2005	2006	2007	2008
入境旅游人数合计（人次）	1 125 898	1 469 502	2 041 761	1 816 986	2 766 680	3 480 089	4 268 328	5 111 789	5 396 682
外国人	643 840	818 686	1 214 635	1 068 318	1 776 392	2 329 202	2 813 700	3 436 358	3 661 293
港澳同胞	210 890	251 159	302 949	321 491	456 517	510 490	695 118	785 905	820 554
台湾同胞	271 168	399 657	524 177	427 177	533 771	640 397	759 510	889 526	914 835
创汇收入（万美元）	51 397	70 693	92 763	87 249	130 047	171 623	213 300	270 821	302 408

资料来源:历年《浙江统计年鉴》。

表 3－238　2000－2008 年浙江省接待外国游客人数

	2000	2001	2002	2003	2004	2005	2006	2007	2008
外国人（人次）	643 840	818 686	1 214 635	1 068 318	1 776 392	2 329 202	2 813 700	3 436 358	3 661 293
日本	162 908	202 571	262 991	223 193	348 246	422 076	529 579	655 671	661 465
韩国	89 332	121 727	216 004	202 786	297 199	454 544	508 447	614 454	661 668
马来西亚	40 010	48 652	99 033	81 371	151 475	177 855	163 041	175 444	177 103
美国	65 672	72 989	90 745	75 062	129 821	176 730	214 944	271 406	272 776
新加坡	32 421	37 693	69 848	57 257	99 754	108 603	112 612	129 356	135 770
泰国	20 445	26 851	48 875	32 983	67 780	78 977	89 080	100 585	103 423
德国	23 742	27 618	30 067	27 608	55 083	71 959	84 217	100 991	111 433
意大利	15 338	21 780	25 830	26 982	44 095	62 354	74 959	97 688	96 407
法国	18 094	22 104	28 507	22 383	41 136	55 926	66 371	86 619	94 438
印度尼西亚	14 798	18 042	22 339	24 009	37 798	42 598	48 610	58 673	62 860
澳大利亚	13 076	16 734	19 628	20 190	34 590	45 936	61 168	75 528	77 793
英国	14 153	16 346	20 867	19 927	30 685	43 622	57 902	68 323	81 024
印度	8 194	11 474	13 569	16 738	30 656	35 691	45 222	60 830	61 419
菲律宾	11 813	15 673	19 817	14 345	28 946	29 125	30 491	38 019	42 903
加拿大	14 990	20 639	22 908	19 716	28 742	40 741	56 790	71 301	78 835
西班牙	10 463	13 709	15 377	11 801	21 970	42 064	55 409	68 525	69 117
荷兰	7 748	9 924	11 618	11 371	20 498	25 742	31 915	44 003	49 240
俄罗斯	7 872	11 289	9 776	9 686	18 712	28 136	40 300	50 790	61 761
瑞典	4 129	5 963	5 862	5 785	8 761	10 907	15 032	21 018	25 380
瑞士	2 821	4 171	3 750	4 378	6 975	8 989	11 483	18 544	22 486
新西兰	3 464	5 232	3 612	4 289	6 074	8 081	12 675	15 359	19 165

资料来源:历年《浙江统计年鉴》。

2. 国内旅游情况

2008 年,浙江接待国内游客 2.09 亿人次,比 2007 年增长 9.42%;实现国内旅游收入2 040亿元,增长 12.09%。

表 3-239 2000-2008 年浙江省国内旅游业发展情况

	2000	2001	2002	2003	2004	2005	2006	2007	2008
国内旅游人数(万人次)	5 870	6 895	8 020	8 429	10 600	12 758	16 149	19 100	20 900
增速(%)		17.46	16.32	5.10	25.76	20.36	26.58	18.27	9.42
国内旅游收入(亿元)	430	529	634	695	903	1 240	1 520	1 820	2 040
增速(%)		23.02	19.81	9.70	29.80	37.36	22.58	19.77	12.09

资料来源:历年《浙江统计年鉴》。

3. 各市旅游发展情况

(1)各市国际旅游发展情况

2008 年,杭州接待入境游客数超过百万大关达到 221.33 万人次,遥遥领先其他各市。接待入境游客数增幅较高的两个市是丽水(25.22%)和湖州(25.01%)。除湖州、衢州和台州外,其他市旅游创汇均超亿元,其中最高的是杭州,达 12.96 亿美元。旅游创汇增幅最高的三个市是:湖州(27.90%)、丽水(27.50%)和杭州(15.85%)。

表 3-240 2000-2008 年浙江省各市国际旅游情况

	2000	2001	2002	2003	2004	2005	2006	2007	2008
接待人数(人次)									
杭州市	707 148	819 438	1 056 266	861 163	1 234 100	1 513 585	1 820 400	2 260 802	2 213 319
宁波市	123 629	160 900	205 402	221 500	322 000	438 300	542 700	689 231	756 776
嘉兴市	29 487	96 156	224 301	189 300	340 144	442 458	527 400	612 532	539 600
湖州市	12 500	20 052	41 380	47 575	70 528	102 132	139 100	194 909	243 656
绍兴市	48 038	59 582	100 716	86 766	153 446	201 933	280 300	360 915	398 811
舟山市	61 180	71 954	84 558	55 071	116 481	140 028	166 500	199 295	211 965
温州市	59 942	94 000	124 215	109 119	172 264	213 254	253 400	289 033	318 230
金华市	49 034	90 208	121 527	150 116	234 559	283 905	355 700	445 415	489 478
衢州市	4 369	6 361	12 817	16 186	19 050	27 430	41 500	65 725	73 152
台州市	22 712	32 995	43 939	47 837	62 910	75 321	88 900	93 113	103 820
丽水市	7 908	17 324	21 782	23 617	30 591	40 741	51 000	75 621	94 692
旅游外汇收入(万美元)									
杭州市	29 244	37 300	47 700	42 244	59 700	75 773	90 890	111 878	129 610
宁波市	5 588	7 125	8 835	9 976	15 300	24 800	33 698	43 070	46 874
嘉兴市	2 160	4 424	7 222	5 890	10 187	13 848	16 078	19 080	18 917
湖州市	626	949	1 413	1 415	1 990	3 688	5 095	6 793	8 688
绍兴市	2 108	2 360	3 569	3 458	5 356	6 679	8 889	12 063	13 644
舟山市	2 970	3 374	3 948	2 551	5 974	7 352	9 052	10 443	11 212

（续表）

	2000	2001	2002	2003	2004	2005	2006	2007	2008
温州市	3 457	4 075	4 973	4 770	7 096	9 097	10 926	14 082	16 109
金华市	2 600	5 250	6 827	7 685	12 281	15 320	19 165	26 966	29 057
衢州市	226	309	450	642	1 048	1 320	2 010	3 174	3 664
台州市	902	1 417	3 720	3 855	3 923	5 304	6 448	6 200	7 046
丽水市	1 510	3 242	4 175	4 494	6 203	8 201	10 797	16 391	20 899

资料来源：历年《浙江统计年鉴》。

（2）各市国内旅游发展情况

2008 年，浙江省 11 个市中，接待国内游客人数最多的三个市分别是杭州、宁波和台州，分别为 4 551.7万、3 465.0万和2 594.9万人次；接待国内游客数增幅最高的三个市是：丽水（39.62%）、衢州（21.70%）和台州（19.38%）。国内旅游收入最高的三个市分别是杭州、宁波和温州，分别为 617.2 亿、417.4 亿和 222.0 亿元；国内旅游收入增幅最高的三个市是丽水（50.68%）、湖州（29.72%）和衢州（22.32%）。

表 3－241　2000－2008 年浙江省各市国内旅游情况

	2000	2001	2002	2003	2004	2005	2006	2007	2008
接待人数（万人次）									
杭州市	2 305.0	2 510.1	2 652.4	2 776.0	3 016.0	3 265.9	3 693.0	4 111.9	4 551.7
宁波市	1 220.0	1 380.0	1 600.0	1 720.0	2 010.0	2 352.0	2 685.0	3 074.0	3 465.0
温州市	594.8	704.7	798.1	769.3	1 051.9	1 401.1	1 843.0	2 191.8	2 546.5
嘉兴市	415.0	707.0	859.0	905.0	1 116.8	1 362.5	1 595.0	1 850.2	2 140.0
湖州市	350.0	530.0	787.6	704.4	850.9	1 078.4	1 288.0	1 667.5	1 948.6
绍兴市	728.7	840.8	1 006.7	1 027.8	1 211.1	1 502.8	1 808.0	2 192.4	2 435.1
金华市	556.0	620.0	742.5	853.2	1 198.9	1 383.9	1 611.0	1 855.9	2 027.2
衢州市	142.0	186.5	283.0	323.0	420.0	530.0	650.0	870.2	1 059.0
舟山市	459.7	550.2	623.5	639.6	825.4	987.7	1 136.0	1 285.1	1 495.3
台州市	507.7	639.7	921.1	1 063.9	1 237.6	1 607.5	1 804.0	2 173.7	2 594.9
丽水市	132.7	161.4	215.3	242.6	317.7	485.8	643.0	855.9	1 195.0
国内旅游收入（亿元）									
杭州市	190.0	218.9	254.8	290.0	361.2	465.1	476.2	548.6	617.2
宁波市	120.0	124.8	144.3	155.8	192.5	238.4	289.6	348.2	417.4
温州市	47.5	61.0	70.7	66.6	91.1	121.3	159.6	189.8	222.0
嘉兴市	24.4	44.5	55.7	60.0	78.2	97.9	122.1	148.0	180.0
湖州市	22.1	32.6	44.9	40.2	48.5	62.6	74.8	96.9	125.7

(续表)

	2000	2001	2002	2003	2004	2005	2006	2007	2008
绍兴市	54.7	63.3	75.5	77.1	90.8	110.6	140.1	177.4	204.1
金华市	37.5	42.3	51.0	59.9	84.2	103.2	127.7	156.3	171.1
衢州市	7.4	9.6	14.7	16.5	21.8	27.7	34.4	46.6	57.0
舟山市	15.9	21.4	21.3	33.5	46.2	55.3	64.5	77.4	94.2
台州市	37.9	47.5	71.9	83.5	97.2	134.8	145.1	170.6	203.7
丽水市	4.9	6.4	8.9	10.2	13.5	21.5	26.6	36.9	55.6

资料来源:历年《浙江省旅游概览》。

4. 2008 年浙江旅游发展特点

(1)主要经济指标稳中有升。全年接待入境旅游者 539.67 万人次,增长 5.57%;实现旅游外汇收入 30.24 亿美元,增长 11.66%;接待国内旅游者 2.09 亿人次,增长 9.42%;实现国内旅游收入 2 040亿元,增长 12.09%;实现旅游总收入2 250亿元,增长 11.1%。旅游经济大省地位得到进一步巩固,旅游综合实力有了新的提高。

(2)入境游市场结构有所变化。从洲际市场来看,各洲入浙游客均有所增长,新兴市场增长速度明显快于传统市场。在接待的外国旅游者中,亚洲游客 211.71 万人次,同比增长 5.5%;欧洲游客 76.6 万人次,同比增长 7%;美洲游客 44.38 万人次,同比增长 6.3%;大洋洲游客 13.93 万人次,同比增长 8.2%;非洲及其他游客 19.5 万人次,同比增长 16.6%。非洲及其他市场增幅要高出亚洲市场 11.1 个百分点。从前十大客源国市场来看,除意大利市场略有下降外,其他都实现了一定幅度增长。这十大客源国是:韩国、日本、美国、马来西亚、新加坡、德国、泰国、意大利、法国、英国。日本、韩国一直都是浙江的最大客源国,2008 年韩国超过日本,成为第一大客源国。

(3)国内游市场客源结构出现变化,长线游市场增幅明显加快。一是短线市场仍是主要国内客源市场,但占比略有下降。江、浙、沪三地客源是浙江省国内旅游三大主要客源市场,2008 年到浙的国内旅游者达14 024万人次,比 2007 年增长 6.57%;占整个国内市场的 67.10%,比 2007 年下降 1.8 个百分点。二是广东、北京、山东等长线客源市场游客增速加快。2008 年三地来浙的国内旅游者分别为 920 万、878 万和 815 万人次,比 2007 年增长 14.71%、12.13% 和 12.26%;三地占国内市场的 12.50%,比 2007 年提高 0.4 个百分点。三是从旅游方式上来看,新假日制度的实施(压缩五一黄金周,增加清明、端午、中秋传统节日),很大程度上促进了乡村旅游的发展。以“农家乐”为代表的休闲生态游、乡村风情游不断升温,家庭游、自驾游、休闲游、民俗游等旅游形式广受青睐,一定程度上促进了旅游方式由观光型逐步向休闲度假型的转变。

(4)各项重点工作稳步推进。紧抓改革开发 30 周年、北京奥运、开放赴台旅游和节假日调整等历史机遇,以深化完善重大旅游规划、引导推进重大旅游项目、组织实施重大旅游活动为抓手,以点带面,推动旅游工作全面发展。全省 35 个单体投资超亿元的重点旅游项目累计完成投资 420 亿元,杭州萧山、宁波鄞州等 8 个县(市、区)被省政府命名为浙江省首批旅游经济强县(市、区)。

三十四　长三角海洋经济

一、长三角海洋经济的发展情况

2008 年持续的国际金融危机影响着我国的经济。海洋经济作为国民经济新的增长点，也不可避免地受到了冲击。国家连续出台扶持经济建设的诸多政策措施，拉动国内经济建设。此次危机对中国的发展是一次挑战，但更是一次难得的历史机遇。

据海洋经济统计公报，2008 年全国海洋生产总值29 662亿元，同比增长 11%，占国内生产总值的 9.87%，比 2007 年提高了 0.13 个百分点。海洋经济三次产业结构 5:47:48。虽然我国海洋经济增长高于同期国民经济的增长水平，但是从总体上看，海洋经济结构不合理、增长方式粗放、体制机制不完善等问题仍然没有得到有效解决。海洋产业同构、趋同现象严重。

在这次危机中，一些传统的外向型海洋产业受到金融危机的影响最大，但一些新兴的海洋产业却呈现出逆势上扬的表现，如我国海洋生物医药业快速增长，2008 年实现增加值 58 亿元，比 2007 年增长 28.3%，其他一些技术含量高的产业如海水综合利用、海洋电力业、海洋化工业等增长也十分迅速。因此，未来的海洋经济重点应放在大力发展海洋高新技术产业和新兴海洋产业方面。重点支持技术含量高、产业化前景广阔的海洋油气业、海洋生物医药、海洋能、海水淡化和直接利用以及深海采矿业的发展，重点建设海洋科技园区和高新技术产业示范基地，并选择在海洋科技实力较强、对高新技术具有一定消化吸收能力的青岛、上海、天津、大连等沿海城市首先创建，加快海洋高新技术的研发转化速度，推进海洋新兴产业发展。

全国海洋经济仍保持了高于同期国民经济的增长水平。据统计，2008 年全国海洋生产总值29 662亿元，比 2007 年增长 11.0%，占国内生产总值的 9.87%，比 2007 年提高了 0.13 个百分点，占沿海地区生产总值的 15.8%。其中，海洋产业增加值17 351亿元，海洋相关产业增加值12 311亿元。海洋第一产业增加值1 608亿元，海洋第二产业增加值14 026亿元，海洋第三产业增加值14 028亿元。海洋经济三次产业结构 5:47:48。2008 年全国涉海就业人员3 218万人，其中新增就业 67 万人。

2008 年，长江三角洲经济区海洋生产总值9 584亿元，占全国海洋生产总值的比重为 32.3%，比 2007 年减少 1.4 个百分点。位居前列的主要海洋产业为滨海旅游业、海洋交通运输业、海洋船舶工业和海洋渔业。

表 3 - 242　我国 2005 - 2008 年主要海洋产业发展情况

产业/时间	2005	2006	2007	2008
海洋生物医药业	17	26	40	58
海洋交通运输业	1 145	1 060	3 414	3 858
滨海旅游业	2 031	2 400	3 242	3 438
海洋船舶工业	176	252	448	762
海洋盐业	52	44	50	59
海洋油气业	467	683	769	874
海洋化工业	79	140	209	542

(续表)

产业/时间	2005	2006	2007	2008
海洋工程建筑业	103	135	342	411
海洋渔业	2 011	1 902	1 904	2 216
海洋矿业	8	8	5	9

表 3-243　2008 年全国区域海洋经济发展情况一览表

地区	海洋生产总值（亿元）	占全国海洋生产总值的比重(%)	位居前列的主要海洋产业
长江三角洲经济区	9 584	32.3	滨海旅游业、海洋交通运输业、海洋船舶工业和海洋渔业
环渤海经济区	10 706	36.1	海洋交通运输业、海洋渔业和滨海旅游业
珠江三角洲经济区	5 825	19.6	滨海旅游业、海洋交通运输业、海洋油气业和海洋渔业

表 3-244　2008 年长三角海洋经济发展情况一览表

省份	海域面积（万平方公里）	大陆海岸线和海岛岸线（公里）	海岛（个）	滩涂面积（万亩）	海洋生产总值（亿元）	渔业经济总产出（亿元）	水产品总产量（万吨）
上海	0.8	763	16	126	4 793	57.11	17.72
江苏	3.75	954	16	1 034	2 114	665.75	425
浙江	26	6 500	3 061	400	2 677	1 293.5	504.64

(一)上海海洋经济的发展情况

上海位于我国大陆海岸线中部,北接江苏,南临浙江,处于长江入海口和东海交汇处,区位优势明显。全市海域面积超过8 000平方公里;江海岸线总长 763 公里,其中大陆岸线 186 公里,岛屿岸线 577 公里;岛屿 16 个,其中崇明岛是我国的第三大岛;拥有港口航道、湿地滩涂、渔业、滨海旅游、风能潮汐能等海洋资源,为发展海洋经济提供了良好的基础条件。

"十五"期间,上海海洋经济增长速度超过全市经济增长平均水平。已形成海洋交通运输业、海洋船舶工业、海洋油气、海洋生物医药业、滨海旅游业、海洋渔业、滩涂围垦等共同发展的海洋产业格局。上海港货物吞吐量达 4.43 亿吨,位居世界第一。集装箱吞吐量达1 808万标准箱,连续三年保持全球第三大集装箱港地位。已开工建设了上海船舶工业基地,建成了外高桥造船基地一期工程,上海年造船量超过 400 万吨,占全国造船总量三分之一。东海平湖油气田进行扩建,年供气能力达 6 亿立方米,"十五"期间累计生产原油 201 万吨,向市区提供天然气 24.3 亿立方米。海洋生物医药业发展势头加快,研制生产了一批具有国际国内先进水平的生物保健品和药物。

(二)江苏海洋经济的发展情况

江苏是我国海洋大省之一,拥有海岸线 954 公里,管辖海域面积约 3.75 万平方公里。海洋资源丰富,海岸类型多样,海洋资源综合指数位居全国第四,是全国海洋资源富集区域之一。江苏沿海一

个很大特色是淤涨型滩涂，面积达到1 031万亩，占全国滩涂面积的四分之一。

近几年来，江苏先后启动实施了“海上苏东”和“沿海产业带”建设，把沿海开发列为江苏沿江、沿沪宁线、沿东陇海线“四沿”发展战略，加大投入、全面扶持、强力推进。长期制约江苏沿海经济发展的基础设施问题得到了根本改观。随着苏通大桥的建成通车，沿海大通道全线贯通，高速公路通车里程超过800公里。连云港港、南通港已成为全国重要港口。新长铁路、宁启铁路开通运营，填补了江苏沿海中南部没有铁路的空白。南通、盐城、连云港沿海三市都有机场，初具规模。电力、通信、水利等配套条件迅速提升。海洋产业蓬勃兴起，初步形成了4大基地，即港口基地、新能源基地、造船基地、现代农业基地。连云港港30万吨矿石码头正在兴建，30万吨航道在做前期工作。洋口港、大丰港加快建港步伐，2008年10月28日如东洋口港正式通航，告别了江苏连云港以南沿海没有深水大港的历史。连云港田湾核电站2台百万千瓦机组正常运营，第二期2台百万千瓦机组已经报批。江苏沿海风电开发容量2 000万千瓦以上，已建成和在建的120万千瓦。沿海、沿江建成87家重点造船企业，产能达到750万载重吨，手持定单占全国35%，最大可建30万吨超大油轮，装载5 000辆汽车滚装船，装载1万标箱集装箱船。2008年江苏省海洋经济生产总值达2 114亿元，比2007年增长12.26%，成为江苏可持续发展的重要增长极。

(三)浙江海洋经济的发展情况

浙江省海洋资源十分丰富，拥有海域面积约26万平方公里，相当于陆域面积的2.56倍；大陆海岸线和海岛岸线长达6 500公里，占全国海岸线总长的20.3%；大于500平方米的海岛有3 061个，占全国岛屿总数的40%；港口、渔业、旅游、油气、滩涂五大主要资源得天独厚，组合优势显著，为加快海洋经济发展提供了优越的区位条件、丰富的资源保障和良好的产业基础。

浙江海洋经济总量初具规模，产业结构逐步优化。经过浙江省沿海各地的共同努力，海洋经济持续、稳定、快速发展。按照国家新的统计口径，2008年，浙江省海洋生产总值达到2 677亿元，比2007年增长14.2%，占浙江省GDP的12.47%，列全国第5位；渔业经济总产出1 293.5亿元，年度增长3.2%，其中一产(捕养)产值461.9亿元，增长2.5%；水产品总产量504.64万吨，年度增长0.85%；渔民人均纯收入11 029元，年度增长13.4%。

二、长三角海洋经济的发展的机遇和挑战

影响长三角海洋经济发展的主要因素：第一，缺乏全局性的宏观调控和统筹协调。区域间海洋产业同构、临港产业布局类似。沿海各地除海洋渔业、滨海旅游业和海洋交通运输业等海洋支柱产业外，造船、钢铁、原材料加工、重化工、电力工业等其他产业雷同。第二，近岸海域资源环境压力巨大。目前绝大部分的海洋产业活动和开发利用活动发生在近岸海域，经济社会发展与资源环境承载力矛盾突出。第三，海洋科技创新能力不强，缺乏核心竞争力。一是涉海企业自主研发能力较弱，产品竞争力不强；二是主要海洋产业多以资源开发型和劳动密集型为主，产品科技含量和附加值低；三是海洋高技术产业在海洋经济中的比重较低。

值得引起高度重视的问题：一是近岸海域的性变，不科学的围填海行为，引起湿地、滩涂、海湾等由海变陆的变化；二是近岸海水的质变，海洋污染严重，海水水质变劣，生态环境严重恶化，海洋生物资源遭破坏；三是资源的量变，海洋生物资源锐减，大批海洋物种灭绝。

(一)上海

——海洋产业结构有待优化提升

尽管上海已初步建立了比较完整的海洋产业体系，奠定了发展海洋经济的良好基础，但全市海

洋产业总体上仍偏重于传统的海上运输业以及由此带动的相关服务型产业,新兴的海洋高科技产业和海洋装备制造业尚未形成规模,海洋产业结构亟待优化升级。海洋第二产业仍然是总量小、比重低,明显处于弱势。在海洋电力、海洋工程、海洋生物药业等新兴海洋产业方面上海与沿海省市相比也有一定差距,海洋资源利用率较低,增值型、高层次的新兴海洋产业还有待培育发展。

——海陆互动机制有待进一步完善

近年来,上海海洋经济增长迅速,但陆海产业之间的互动机制尚不成熟。这既制约着海洋产业的进一步发展,也未能有效促进陆域经济的增长。在空间关系上,海洋运输业的发展有赖于沿岸港口、陆域仓储和集疏运体系的配套发展,上海的陆域集疏运体系则未能跟上港口的发展速度;在技术上,上海拥有全国生命科学研究方面的突出优势,却并未给予海洋生物医药产业的发展提供强大的技术支撑;在投资上,上海的金融业、风险投资市场均未完全进入海洋经济领域,为海洋产业的发展服务甚少;在生产联系上,上海先进的信息化、网络化技术在海洋产业与陆地产业之间的联系方面还未能得以有效利用,海洋咨询及信息服务业仍处于零星发展状态等。

——河口岛屿资源开发利用程度严重不足

崇明三岛陆域面积1 411 km,约占上海陆域面积的22%,扼居长江入海口并与黄浦江和钱塘江连通,通江达海、腹地深广的区位条件极为优越,港域空间、淡水、生物以及环境资源优越。但由于自然、历史等多种因素的影响,社会经济发展水平极为缓慢,不仅与世界上较发达的岛屿相距甚远,与上海其他郊县及国内沿海岛屿相比差距也十分明显。2006年崇明县(包括长兴和横沙)地区生产总值为10 813亿元,不到上海市的1/9,不及金山(25 415亿元)和奉贤(26 818亿元)的1/2;经济密度GDP/陆域面积为765万元/km^2,只及上海市平均值的4. 17%,上海市区平均值的0. 19%和上海郊县平均值的11. 18%,呈现出十分鲜明的“发达的城市、落后的岸线、贫穷的岛屿”的不平衡发展格局。

——海洋生态环境保护与可持续发展形势依然严峻

据上海市海洋环境质量公报显示,上海2006年监测的19个陆域排污口中,有18个排污口超标排放污水,占监测总数的94. 17%;监测排污口污水年排放总量为213亿t,其中污染物排放总量为219万t,有的排污口还检出多种持久性有机污染物;受排污口污水排放的影响,排污口邻近海域底栖生物密度和生物量分布均偏低,分别是全海域平均值的8%和38%。可见海洋生态环境的污染仍然严重,需要高度重视,保护和治理海洋生态环境的任务依然艰巨。

——海洋科技自主创新能力不强,科技资源亟需开发与整合

上海拥有国家海洋局极地研究中心、东海海洋工程勘察设计研究院和东海预报中心、中国科学院上海生命科学研究院、中国水产科学研究院东海水产研究所等一大批国家重点实验室和研究机构,国家级海洋科技资源仅次于青岛等少数城市。由于体制和机制原因,上海的海洋科技力量较分散,众多的海洋研究机构分属不同部门,缺少整合,未能形成合力,海洋科技与海洋经济的结合度不高,科技成果产业转化率较低,因而海洋科研成果并不突出。

(二)江苏

——海洋管理体制与海洋经济发展不相称

江苏省海洋管理体制存在条块分割明显,部门缺少沟通,规划整体性不强,资金使用分散,江苏在促进海洋经济发展方面没有形成合力。另外,由于行政体制和经济体制不融合,如行政区经济的刚性约束,使海洋经济成为各据一方的“诸侯经济”。如早就明确的连盐通海洋经济开发区,由于目标、任务、政策措施不到位,几年来的一揽子式开发,结果跨越不快,“洼地”依然。

——海洋环境脆弱,资源可利用潜力不大

由于江苏海域的地理区位决定了江苏海洋环境的脆弱性,主要表现在岸滩开阔,掩护条件差,海

底地形复杂，滩涂、浅海面积大，易受海洋灾害影响。此外，随着海洋的开发，来自工农业及生活等方面的陆源排污，使得近海的污染日益严重。据全国海洋污染调查，江苏海洋环境有所恶化，水质环境最差，生物环境次之，底质环境开始受到污染。

——海洋产业结构不合理，经济规模偏小

“海上苏东”战略提出虽对江苏海洋经济的长远发展十分有利，但近期发展却不尽人意。江苏海洋经济仍以传统海洋产业为主，整体层次不高，配套能力差，产业结构不合理，传统产业偏高，二、三产业比重偏小。目前，随着海洋经济发展，江苏海洋产业具有一定规模，但大企业、大公司少，像海洋渔业，滨海旅游等基本上是靠个体或几人合股，资金有限，无力购置大型设备，小规模的生产组织抗拒投资风险和自然灾害能力不足，不敢上品种，上规模。

——科技力量薄弱，基础设施落后

由于江苏沿海地区经济落后，交通不便，优秀人才很难引进和长期扎根，另外，本地人才流失现象加剧，使沿海的人才市场陷入雪上加霜的境地，沿海三市大、中专院校中，几乎没有一所真正意义上的从事海洋研究的海洋学院。除连云港有一些科研机构外，大多数市县科技机构很小，每年投入经费完成的科研项目成果更少，远远不能适应江苏海洋经济发展的需要。沿海地区经济发展相对滞后，部分县（市）还列于重点扶贫对象的范围，从而资金投入少。在交通方面公路建设虽较以前有很大发展，但是高等级公路所占比重偏小，路网通达程度不高。铁路和航空刚处于起步阶段。

（三）浙江

——主要海洋产业发展粗放

呈现资源消耗型、增长粗放型、产业同质化和竞争无序化等四大特征。海洋产业过度依赖于资源和环境，综合开发利用水平较低，海洋科技支撑薄弱科技含量不高，海洋生产性服务业落后，产业链不长，区域统筹和资源整合力度不足，重复建设和低端竞争趋势日益加剧。

——资源环境承载力下降

一是海洋资源快速占用和不合理利用现象严重。浙江省3.09万平方公里的内海海域，已用2万多平方公里，且年用海面积仍以20%以上的速度在增加，深水岸线等稀缺资源快速减少（浙江省深水岸线已使用和近期规划使用总量80%以上）海洋资源综合利用效率不高，浪费现象比较突出，资源有限性和开发低效性问题日益突出。二是近海海域环境污染不断加剧。中度和严重污染面积占近岸海域的77%，居全国第二，局部海域甚至出现了海洋荒漠化现象。三是海洋灾害频发，危害损失严重。超强台风、风暴潮等海洋灾害发生概率明显增加，近几年每年都有超强台风在浙江登陆，造成数十亿元的损失。海域赤潮爆发时间越来越早、频次越来越高、区域越来越广（浙江省每年发现赤潮30次以上，总面积每年达5 000～10 000平方公里）。四是生态环境的脆弱性和不可逆性等问题日益突出。

——海洋资源管理不到位

一是管理力量薄弱。面对海域使用、海底电缆管道、海洋倾废、养殖用海管理、海洋环境保护等不断增加的新任务，日常工作长期处于应急应付状态，致使大量的违法违规用海行为得不到及时纠正。二是管理手段落后。对用海项目评估缺少技术支撑，无法开展科学量化的控制性管理。海域使用动态监视监管体系缺失，无法为动态监管提供技术保障；海洋环境监测网点稀疏，预警预报与监测监控能力不强；海监执法装备不足，严重影响执法效率等等。三是体制机制不顺。海洋管理缺规范、缺标准、缺协调机制。导致日常工作中范围不清、职责不明、交叉扯皮现象屡有发生，相关部门在海岸线附近出现管理重叠或真空区。

——三渔问题日益突出

随着海洋开发、城市化进程的加快、沿海渔业水域被不断占用,许多滩涂浅海的生态环境受到了不同程度的破坏和污染,渔业空间受到大幅挤压,船多鱼少矛盾日益突出。内海资源中,50% ~60%的渔业水域已被规划作为港口、锚地、航道和海底管道。浙江省仅2005、2006两年海水养殖面积就锐减14万亩,渔业水域征占用和污染的补赔偿机制未建立,渔民就业、养老等社会保障机制不健全,渔民因老、病、失水(生产水域被征占)致贫问题日益突出。

三、长三角海洋经济的发展的对策

(一)上海

——转变思想,突出创新

首先,在政治制度、经济制度方面应大胆创新,积极探讨海洋经济持续发展的新模式。在落实崇明三岛海岛政策的基础上,争取将浦东综合配套改革试点的国家政策向崇明延伸,赋予海岸地区和岛屿更多开发开放的自主权和先行先试的机会;在港口发展模式上,以洋山保税港区为试点,逐步转变为自由贸易港区。其次,在资金投入上,规定一定比例的海洋产业收入返还于海洋科技的研发;政府牵头设立"上海市海洋高新技术发展基金",与银行和大企业共同资助海洋高新技术研究及其成果的转化;通过重大项目公开竞投标等方式积极吸引境外大公司参与海洋开发。第三,整合科技资源,借助上海水产大学和上海海事大学迁入南汇临港新城的机遇,实行南汇大学校区、科技园区、公共社区的"三区联动"创新模式,建立国际化、现代化、综合化的海洋高等教育模式,建立一个全国性的海洋科技教育培训基地,作为海洋人才储备中心,提高海洋自主创新能力,以保证海洋经济的持续发展。第四,建立服务、激励机制,推行海洋综合管理方式,提高海洋开发整体统筹能力,进一步理顺全市各涉海部门的管理范围、权限,明确职责,解决职能交叉问题。

首先,以第二产业为突破口,实现海洋三次产业的协调发展。要把改善和优化海洋产业结构作为重点,优先发展与上海产业优势、科技优势密切关联的海洋产业,形成以现代海洋交通运输业和海洋服务业为核心,海洋船舶工业和海洋装备制造业为支撑,滨海旅游业、海洋油气业、海洋渔业、海洋生物技术产业为重点的发展格局,培育海洋经济新的增长点。同时,针对三次产业比重明显失衡、海洋第二产业太过弱小的现状,上海在未来相当长的时间内都应以海洋船舶和装备制造业为主的海洋第二产业为突破口,予以优先开发、重点发展的相关支持。要依靠科技进步,加快建设上海海洋制造业新高地,使上海成为国际上具有重要影响的船舶及海洋工程技术装备研发制造中心,为海洋第三产业的大发展奠定强大的科技和工业基础。

第二,以高新科技为抓手,提升传统海洋产业竞争力。目前,上海海洋产业结构仍然以海洋渔业、海洋船舶制造、海洋交通运输等传统产业为主。传统海洋产业的发展必须通过改制、改组激发活力,大力依靠高科技对传统产业进行改造则是其主要途径。这就要求我们积极运用新技术和新成果,充分发挥海洋高新技术对海洋传统产业的强渗透能力,加快传统产业的升级换代和推陈出新,提升传统产业的竞争力,促进传统海洋产业向高技术化方向发展。同时,传统海洋产业也是高新技术转化成生产力的主要载体之一,其产品还拥有较大的市场潜力,技术的运用具有较大的增长空间,与现有产业整合、融合,近期即可发挥较高效益。因此,要正确处理高新产业和传统产业的关系,以高新技术支撑传统产业的发展,以传统产业实现高新技术商业化和产业化。

第三,以市场需求为导向,大力扶持新兴海洋产业。海洋油气、海洋药物技术、海洋工程、海洋电子信息等新兴海洋产业,是未来海洋产业发展的重点,也是上海提升国际竞争力的迫切需要。新兴海洋产业的发展应以国内外市场为导向,充分发挥市场对资源的配置作用,努力提高产品的档次和质量。同时,政府应在资金投入、税收优惠、科技协作、产业政策导向等方面提供有力支持,着力建设

一批海洋产业区和新兴海洋产业项目,促进海洋产业集中度和竞争力的全面提升,增强海洋产业的可持续发展能力,形成特色鲜明、辐射面广、竞争力强的新兴海洋产业聚集区和产业集群。

——区域联动,发展海岛

区域分工合作、联动发展,是保证上海海洋经济持续发展的重要机制。从地理环境上看,江浙沪海域位居我国沿海的中段,并且是我国沿海地区经济最发达的区域。长江口和杭州湾在此处形成的"Σ"字型的水陆地理特点,在我国沿海独一无二,经济价值极大。溯长江西进,可深入江浙两省,将一般意义的"长三角"升级为"海洋长三角"。就上海而言,如何通过高层面合作,取江浙之长,补己之短,错位协调发展,互促共赢,对促进海洋经济持续发展意义重大。

首先,优化港口资源,建设合理港群分工体系共同发展。长江三角洲地区港口众多,形成了以洋山港为主体的上海港群、以北仑港为主体的宁波–舟山–嘉兴港群和以南京港为主体的江苏内河港群等三大组合港群。各港群之间应打破行政壁垒,建立协调机制,实现功能互补,形成有分有合、合作竞争的港群组合体系,提高长三角港口的整体国际竞争力。其中,应把上海港作为国际航运中心和东北亚国际集装箱枢纽港来建设;北仑港作为副中心,应充分发挥其建港岸线长、航道条件好、港域空间大的突出优势,加快专业码头建设;南京港应以承担长江中上游货物运输为主;其他长江内河港口则根据各自特色形成比较优势,作为上海国际航运中心的内支线港和喂给港。

第二,实施跨区域可持续发展战略,促进海陆一体化,推进海洋生态环境保护。江浙沪可共同协商建立"长三角海洋经济发展联席会议领导小组",负责长三角海洋经济发展中有关重大问题的组织协调;制定统一的海陆发展规划和政策,打破主管部门分离、各自为政现象,建立综合的海陆管理体系,促进海陆产业一体化发展,催生联动效应,加强港口建设,完善港口集疏运系统,增强港口对内陆腹地的辐射作用;长三角在发展海洋产业的过程中,应在规范市场和促进竞争的基础上进行错位协调,形成海洋支柱产业配套发展、一般产业互补发展、新兴产业共建发展的良好格局;建立促进长三角海洋生态环境保护的联动机制,积极贯彻执行"长三角海洋生态环境保护与建设合作"的协议,多渠道筹集环保资金,制定鼓励发展海洋生态环境保护产业的相关政策,加强各城市政府间的组织协调与合作。

第三,以可持续发展理念为指导,联合发展海岛生态经济。一般而言,河口岛屿因其外通大洋、内联腹地的优越区位,多是商旅辐辏、经济繁荣繁华之地,如美国的曼哈顿岛和我国的香港岛。江浙沪所辖范围内海岛甚多,可以统一开发政策,联合开发。其中,尤以发展上海的崇明三岛最为紧迫。崇明囿于自然、交通、人为等原因,经济发展长期滞缓。未来的崇明应发挥长三角的整体优势,从长三角的整体去考虑其定位:崇明岛应综合开发、全面发展,使其成为长三角的"海上花园";长兴岛为长三角的"海洋装备岛";横沙岛则为长三角的"后备水源岛"。

(二)江苏

——充分利用海洋资源,加强产业调整

据考察,荷兰与江苏沿海滩涂地理相似,荷兰根据自身的滩涂特色,坚持发展集约化的高效企业,加工农业和港口工业群,成为农业出口仅次于美、法两国的农业大国。江苏应借鉴外国经验,针对江苏省内海洋自然条件的优势及沿海地区社会发展状况,顺应自然和市场经济的规律对海洋产业进行调整,突出产业开发重点,可优先发展海洋渔业,滩涂农业,海洋制造业和滨海旅游业。如近年开发的保健水产食品,美容水产食品等医药生物领域产品,是有一定的保健功能。适应了市场需要。在开发的同时应注意可持续发展原则,真正使海洋产业的发展走上一条上规模,高效益,可持续的路子。

——加强基础设施建设,创造良好的外部环境主要通过加快公路、铁路、港口、通讯网络等基础交通、通讯设施的建设,促进沿海地区和外界商流、物流、信息流、人才流、资金流的相互沟通,缩短与苏南、沿江地区的空间距离。同时注意沿路电力供应,淡水供应以及路边第三产业服务设施等基础建设项目,以直接为海洋产业第一线的生产经营活动服务。基础设施投资资金主要来源于以下几个方面:一是国家投资;二是国债资金投资;三是外资投入,四是自身投资,即民间资本。

——进行资源整合,加快发展沿海经济

运用增长极理论,选择适当区域,大力开发沿海高标准开发区,配置一些关联效应比较强的产业,实施龙头带动战略,通过人流、物流的综合集聚效应对附近区域的辐射作用,形成新的生产力,使之在区域经济发展仍较低的情况下,将资金投入和开发重点少数关键项目上,从而优化增长极的投资环境。在海洋经济内部,应通过政策措施的引导,促进各种集团、联合体、股份制企业的发展,扶持和培育规模化、集约化、程度高的大公司、大企业。江苏赣榆海洋经济开发区和吕四海洋开发区就是一个很好的尝试。前者利用地区优势积极吸引海内外投资者,以合作、股份、合资、独资等多种经营方式,投资海水养殖、育苗、海洋化工、水产品加工等领域。其中与外商合资的中大海藻工业公司产销量居全国前列。从而促进当地经济的发展。

——坚持科教兴海,推动海洋产业优化升级

在当今这个科技飞速发展时代,要加大"海上苏东"战略的实施力度,实现江苏陆海经济齐飞,无疑离不开科学技术的支持。近年来,江苏海洋经济发展,主要得益于把科教兴海放在一个重要地位。如射阳县的"苏东自然农园"就是发展高科技农业,走可持续发展道路的体现。要实现科教兴海,一要增强技术装备;二要促进技术攻关,提高业务生产水平;三要加快人才培养,培养高水平的专业人才,保证海洋开发对劳动者素质的要求。江苏沿海地区现有的产业构成已不能适应发展的需求,必须以高新技术为依托,改造和提高传统产业,发展新兴产业和高新技术产业,加快海洋石油产业,海中提取工业,海洋药品和保健品工业,海洋船舶工业的发展。

——海洋经济发展与城市化要同步推进

多年来,导致江苏海洋经济洼地现象的出现,很大程度上是城市体系发育滞缓有关。进入 21 世纪初,苏锡常已步入"城市圈"发展新阶段,而沿海地区受城乡二元经济的困扰,仍停留在原地徘徊,城市的集聚流动功能不强;沿海城市"小马拉大车"现象严重,形成海洋经济发展动力不足,在东部沿海缺乏大城市和较大城市。在江苏长达约1 000公里的海岸带上,平均 300 公里才摊到一个中等城市。所以城市化地位如不突出,龙头带动力度如不加大,要使海洋经济成为苏东产业核心是不可能的。同时,在新世纪,区域经济竞争力主要来自城市经济竞争力,无论是我国沿海大陆架北端的大连还是南端的珠海,他们的实践告诉我们,发展海洋经济必须与城市化同步推进。

尽快在东部沿海推进城市化,构筑大中小结合的城市群,以强化内在联系与核心龙头的整体功能,达到集聚流动的增倍效应。另外,注意选择开发基础好,或依托已有港口,基地建设沿海小城镇,设立若干具有活跃的经济活动、优越的生活环境、良好的文化氛围的临海中心城镇,集聚沿海地带人气,实现人口聚集,以吸引外地人才和资金,促进经济、社会的发展。

(三)浙江

——在推动海洋经济又好又快发展上有新的突破。按照"科学围垦、积极开发、依法依规、实事求是、节约集约、保护生态"的原则,加大围垦工作;各级海洋行政主管部门积极配合,依法细化程序,认真贯彻执行,确保各项措施落到实处;培育海洋生物资源深加工、海洋可再生能源开发等海洋新兴产业,从而提升海洋经济发展质量。

——在科学海管基础工作上有新的突破。首先夯实管海的技术支撑,准备启动海湾水动力数模研究工作，通过建立"负责岛屿——强潮海湾"的水动力数值模型，界定禁围区、可围区、敏感区等，为科学围填海提供决策依据。同时加强围填海平面规划设计审查，完善重点入海口、重点港湾和生态脆弱区环境监测体系；其次，完善管海的制度支撑，开展重点领域污染物排放总量控制和海洋生态损害补偿制度研究，有序推进海域使用权"招拍挂"出让制度。

——要转变经济发展方式上有新的突破。重点抓好资源保护、节能降耗和产业拓展三方面的工作。严格控制捕捞强度，强化渔业捕捞许可管理；继续加大增殖放流和种质保护工作力度，实现渔业资源保护和修复同步推进；抓紧开展渔船节能改造、温室太阳能供热、水产养殖清洁生产等研究、试点和推广工作；把培育"渔家乐"和远洋渔业作为产业拓展的重点，继续加大对远洋渔业的政策扶持和行业管理力度，强化服务和引导，加强国内外远洋渔业基地建设，争取在 2 ~ 3 年内建成一个金枪鱼围网国内基地，延长产业链。

——在渔业经营体制和主导产业培育上有新的突破。以标准鱼塘建设为抓手，突破传统水产养殖业的经营体制困扰，统筹解决农户分散承包与规模化、标准化之间的矛盾。同时，大力培训新型渔业合作社，进一步发挥各类协会的作用，通过体制机制创新，推进现代渔业建设。此外，尽快把在遗传育种技术上取得的最新成果向主导品种延伸，形成以现代育种技术为核心，国家、省、市、县四级良种繁殖体系，同时改变现有供给主导型的良种推广办法，逐步建立需求主导型的良种推广机制。

——在改善民生上有新的突破。以渔船渔民上岸定居、渔民就业和社会保障等为重点，深入调研分析，积极沟通反映，为各级党委政府做好参谋，在产业开发、培训就业、基础设施建设、社会救助等帮扶行动中，按照"一村一计"、"一户一策"的要求，细化和落实相关措施，试点突破，以点推面。同时，抓紧开展渔业水域征（占）用补偿制度的研究，参照对被征地农民的有关安置政策，从制度上解决好"失水"渔民的社会保障问题。

——在管理和服务上有新的突破。政府职能转变的重要途径就在于创新管理和服务，从手段、机制和内涵等各个方面同步探索，协调推进。首先，加快海域动态监测、海洋灾难视频会商、渔船管理、水生动物防疫监控等管理设施和服务平台的建设。其次，探索建立与现代化管理手段相匹配的运行机制，不断创新和完善各类预警机制、协调机制、应急响应机制等，推动管理模式从条块分割、单向封闭型向统筹合作、互动开放型转变。第三，在管理和服务内涵上不断创新突破，海域、海洋环境、渔业安全和渔船、初级水产品质量等四大管理要始终坚持"防范重于善后"的原则，抓住源头和过程两大重点，实现依法用海、达标排放、依法捕捞、规范养殖的目标。

三十五　长三角城市化与城市现代化

城市化是由农业为主的传统乡村社会向以工业和服务业为主的现代城市社会逐渐转变的历史过程。城市化水平,或城市化率,是衡量城市化发展程度的数量指标,一般用一定地域内城市人口占总人口比例来表示。城市现代化是城市素质的综合反映,体现在城市发展水平的方方面面,包括经济结构现代化水平、基础设施现代化水平、人的现代化水平。由于长三角地区是我国经济最为发达的地区,一些测量城市化和城市现代化的指标已提前数年实现,比如城市初中生入学率,这里长三角地区已连续多年基本实现100%的入学率,不再予以考察。我们把人口城市化、人均国内生产总值、城市第三产业占国内生产总值比重、城市人均道路铺装长度、城市用自来水普及率、城市人均住房面积、万人拥有医生数、人均公共绿地面积作为考量长三角城市化水平的要素。

(一)长三角城市化指标

1. 人口城市化

据了解,世界平均的城市化水平约为47%,发达国家和地区约为75%,发展中国家在38%左右,最不发达国家大约为22%。中国的城市化水平在这十年中以年均一个百分点的速度提高,引起世界瞩目,尤其是长三角地区,是我国城市化程度最高、城镇分布最密集、经济发展水平最高的地区。

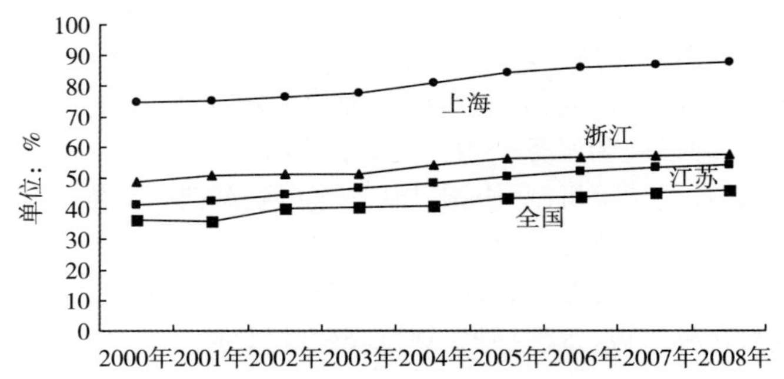

图3-50　2000年以来长三角两省一市及全国城市化水平变化情况

上海城市化水平都位于前列。从户籍人口变化情况来看,2000年,上海农业人口比重就下降到25.38%,2008年则下降到12.54%,非农业口的比重则由74.62%上升至87.46%。

江苏省的城市化水平也高于全国平均水平。2000年以来,江苏城市化水平大幅度提高。2008年,江苏常住人口中城镇人口达4 168.48万人,城市化率为54.30%。与2007年相比,城镇人口增加112.25万人,城镇人口比重上升1.1个百分点。江苏的城镇人口增长绝对规模于2000年首次超过乡村人口,2004年又再次超过总人口。全省总人口的增长表现为城镇人口的增长,乡村人口已由增长转变为下降。

二、三产业的发展和从业人员的增长,提高了浙江省人口城市化的水平,浙江省非农业人口在总人口中所占比重由2000年的22.11%提高到2008年的29.77%;农业人口比重则从77.89%下降到70.23%。在城市化水平方面,2000年,浙江城市化水平为48.7%,2008年上升至57.6%。

表 3-245　2000-2008 年上海市户籍人口变化情况

单位：万人，%

年份	总人口	农业人口		非农业人口	
		人口数	比重	人口数	比重
2000 年	1 321.63	335.47	25.38	986.16	74.62
2001 年	1 327.14	328.07	24.72	999.07	75.28
2002 年	1 334.23	315.42	23.64	1 018.81	76.36
2003 年	1 341.77	300.38	22.39	1 041.39	77.61
2004 年	1 352.39	254.79	18.84	1 097.60	81.16
2005 年	1 360.26	211.32	15.54	1 148.94	84.46
2006 年	1 368.08	194.78	14.24	1 173.30	85.76
2007 年	1 378.86	181.92	13.19	1 196.94	86.81
2008 年	1 391.04	174.48	12.54	1 216.56	87.46

表 3-246　2000-2008 年江苏省城镇化水平

单位：万人，%

年份	总人口数	城镇人口	农村人口	城市化水平
2000 年	7 327.24	3 040.81	4 286.43	41.50
2001 年	7 354.92	3 133.20	4 221.72	42.60
2002 年	7 380.97	3 299.29	4 081.68	44.70
2003 年	7 405.82	3 463.70	3 942.12	46.77
2004 年	7 432.50	3 580.98	3 851.52	48.18
2005 年	7 474.50	3 774.62	3 699.88	50.50
2006 年	7 549.50	3 918.19	3 631.31	51.90
2007 年	7 624.50	4 056.23	3 568.27	53.20
2008 年	7 676.50	4 168.48	3 508.02	54.30

表 3-247　2000-2008 年浙江农业人口与非农业人口构成

单位：万人，%

年份	总人口数	农业人口		非农业人口	
		人口数	比重	人口数	比重
2000 年	4 501.22	3 506.20	77.89	995.02	22.11
2001 年	4 519.84	3 473.63	76.85	1 046.21	23.15
2002 年	4 535.98	3 438.76	75.81	1 097.22	24.19
2003 年	4 551.58	3 394.08	74.57	1 157.50	25.43
2004 年	4 577.22	3 353.16	73.26	1 224.06	26.74
2005 年	4 602.11	3 335.30	72.47	1 266.81	27.53
2006 年	4 629.43	3 317.26	71.66	1 312.17	28.34
2007 年	4 659.34	3 308.21	71.00	1 351.13	29.00
2008 年	4 687.85	3 292.37	70.23	1 395.48	29.77

表 3－248　主要年份浙江城乡人口构成

单位:%

年份	农村人口	城镇人口(城市化水平)
2000 年	53.3	48.7
2001 年	49.1	50.9
2002 年	48.6	51.4
2003 年	48.7	51.3
2004 年	46.0	54.0
2005 年	44.0	56.0
2006 年	43.5	56.5
2007 年	42.8	57.2
2008 年	42.4	57.6

2.(人均)地区生产总值与第三产业生产总值

长三角地区经济发展的综合实力一直位于全国前列。2008 年,我国国民生产总值为300 670亿元,第三产业为120 487亿元。长三角地区生产总值合计为65 497.68亿元,第三产业为24 410.39亿元,均占到全国的五分之一强。

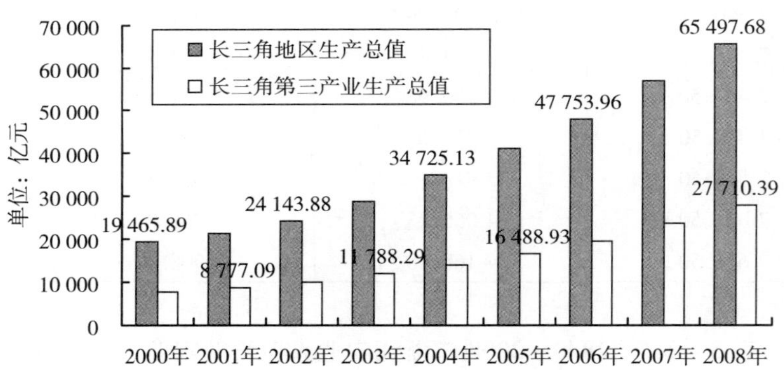

图 3－51　2000 年以来长三角地区生产总值和第三产业生产总值

2000 年以来,上海地区生产总值每年已超过1 000亿元的速度增长,2008 年地区生产总值达到13 698.15亿元,人均地区生产总值也相应从30 047元攀升至73 124元。上海的第三产业所占的比重占地区生产总值一直在 50% 以上。

从总体看,2000 年以来,江苏地区生产总值都是上海地区的 2 倍左右,2008 年为30 312.61亿元,但人均地区生产总值则相反,2008 年为39 622元,才及上海一半多。尤其是第三产业,虽然比重逐渐上升,但远未达到上海的水平,仍有很大提升空间。

浙江地区生产总值不及江苏,2008 年,江苏的地区生产总值比浙江几乎高出10 000亿元,但就人均地区生产总值而言,浙江则好于江苏,2008 年浙江为42 214元,多出江苏仅2 600元。此外,浙江第三产业发展也好于江苏,2008 年已占到地区生产总值的 41.07% 。

表 3－249　上海(人均)地区生产总值与第三产业生产总值比重

年份	地区生产总值(亿元)	人均地区生产总值(元)	第三产业所占比重(%)
2000 年	4 771. 17	30 047	52. 12
2001 年	5 210. 12	32 333	52. 38
2002 年	5 741. 03	35 445	52. 93
2003 年	6 694. 23	40 130	50. 85
2004 年	8 072. 83	46 755	50. 75
2005 年	9 164. 1	52 060	50. 42
2006 年	10 366. 37	57 695	50. 59
2007 年	12 188. 85	66 367	52. 58
2008 年	13 698. 15	73 124	53. 66

表 3－250　江苏(人均)地区生产总值与第三产业生产总值比重

年份	地区生产总值(亿元)	人均地区生产总值(元)	第三产业所占比重(%)
2000 年	8 553. 69	11 765	35. 88
2001 年	9 456. 84	12 882	36. 53
2002 年	10 606. 85	14 396	36. 69
2003 年	12 442. 87	16 830	36. 11
2004 年	15 003. 60	20 223	34. 65
2005 年	18 305. 66	24 560	35. 45
2006 年	21 645. 08	28 814	36. 26
2007 年	25 741. 15	33 928	37. 37
2008 年	30 312. 61	39 622	38. 10

表 3－251　浙江(人均)地区生产总值与第三产业生产总值比重

年份	地区生产总值(亿元)	人均地区生产总值(元)	第三产业所占比重(%)
2000 年	6 141. 03	13 416	36. 41
2001 年	6 748. 15	14 655	38. 43
2002 年	7 796. 00	16 838	40. 02
2003 年	9 705. 02	20 444	40. 09
2004 年	11 648. 70	24 352	39. 35
2005 年	13 437. 85	27 703	40. 03
2006 年	15 742. 51	31 874	40. 07
2007 年	18 780. 44	37 411	40. 71
2008 年	21 486. 92	42 214	41. 01

3. 道路铺设长度(面积)

长三角地区有着丰富的交通运输网络。城市道路的建设既为长三角各地之间的互动带来了便利,推进了长三角一体化的进程,也为人员的流动创造了良好的条件,加快了城市化的步伐。

2000年以来,上海每年铺设的道路长度都在不断增加,九年共铺设10万多公里,成为为上海经济社会发展的动脉。

表3-252　2000年以来上海每年铺设道路长度

单位:公里

年份	2000年	2001年	2002年	2003年	2004年	2005年	2006年	2007年	2008年
道路长度	6 641	9 225	9 562	10 451	11 825	12 227	14 619	15 458	15 844

近年来,江苏和浙江道路建设也有很大发展。2007年,江苏平均每万人拥有铺路面积19.3万平方米,浙江也于2008年达到15.2万平方米。

表3-253　江苏、浙江城市平均每万人拥有铺路面积

单位:万平方米

年份	2000年	2001年	2002年	2003年	2004年	2005年	2006年	2007年	2008年
江苏	8.3	10.6	11.7	13.5	14.7	16.3	18.7	19.3	—
浙江	—	—	10.86	12.75	14.04	16.03	17.11	14.60	15.2

4. 人均住房面积

就住房面积而言,无疑人口密度最高的上海市城市人均住房面积最小,2008年才达到人均16.9平米,浙江城市人均住房面积为34.33平方米,为三地最高,江苏为32.4平方米。这里我们可以和农村人均住房面积进行比较,上海农村人均住房面积最高,2008年为62.30平方米,若是三口之间,这几乎达到200平米,江苏相对较低,为44.1平方米。

目前来看,长三角主要城市房价都居高不下,为进一步提升城市化水平,长三角各主要城市需要在住房保障方面做好工作,以便容纳更多的城市人。

表3-254　2001年以来长三角两省一市人均住房面积

单位:平方米

年份		2001年	2002年	2003年	2004年	2005年	2006年	2007年	2008年
上海	城市	12.50	13.10	13.80	14.80	15.50	16.00	16.50	16.90
	农村	54.70	57.08	59.03	59.84	56.56	59.99	61.22	62.30
江苏	城市	26.37	26.47	26.86	27.24	28.76	29.68	30.90	32.40
	农村	34.21	35.10	35.87	36.49	38.59	40.80	42.90	44.10
浙江	城市	20.30	21.12	21.60	23.94	26.10	26.44	34.72	34.33
	农村	47.82	49.53	50.73	51.29	54.98	55.57	57.06	58.50

5. 人均公共绿地面积

由于人口密度高,人均公共绿地面积普遍不会太高。但上海 2008 年的城市人均公共绿地面积却远远高于浙江,前者为 12.51 平方米,后者只有 9.6 平方米。2008 年,江苏人均公共绿地面积为 13.1 平方米。城市公共绿地面积是一个城市现代化的重要标志,对外来投资、高层次人才吸引有着重要的影响,因此,在未来城市现代化水平的提升上,应注重这方面的工作。

表 3－255　2001 年以来长三角两省一市城市人均公共绿地面积

单位:平方米

年份	2001 年	2002 年	2003 年	2004 年	2005 年	2006 年	2007 年	2008 年
上海	—	—	—	—	11.01	11.50	12.01	12.51
江苏	6.60	7.10	7.90	8.90	10.30	11.60	12.60	13.10
浙江	—	6.51	7.49	8.42	9.31	9.79	8.79	9.60

6. 自来水普及率

2000 年,上海自来水普及率已达到 99.98%,日供水能力1 042万立方米,高居全国各大城市之首。2008 年,江苏和浙江城市居民的自来水用水普及率也都基本接近 100%,分别为 99.9% 和 99.7%。

表 3－256　2001 年以来江苏和浙江城市居民自来水用水普及率

单位:%

年份	2001 年	2002 年	2003 年	2004 年	2005 年	2006 年	2007 年	2008 年
江苏	91.0	89.0	91.9	94.0	96.3	99.2	99.5	99.9
浙江	—	96.64	98.24	98.86	99.1	99.4	99.58	99.7

7. 万人拥有医院、卫生院床位数和万人医生数

随着人口城市化进程的加快,上海每万人拥有的床位数和医生数都在呈下降趋势,2001 年上海万人床位数为 47 张,2008 年下降到 41 张,万人医生数也从 30 人下降到 27 人。江苏万人床位数由 23 张上升到 29 张,医生人数基本没有太大变动。浙江万人床位数和万人医生数都有所增加。

表 3－257　2001 年以来三地每万人拥有医院、卫生院口床位数与医生数

单位:张,人

年份		2001 年	2002 年	2003 年	2004 年	2005 年	2006 年	2007 年	2008 年
上海	万人床位数	47	50	47	49	50	51	41	41
	万人医生数	30	27	26	25	25	25	26	27
江苏	万人床位数	23	24	24	25	26	27	28	29
	万人医生数	16	14	15	15	15	16	16	16
浙江	万人床位数	27	25	27	28	29	30	31	31
	万人医生数	17	16	17	17	18	19	20	20

从上述7个指标来看,长三角各地城市化和城市现代化水平都达到较高的水平。其中上海的城市化和现代化水平最高。江苏和浙江在多数指标上表现突出,但在有些指标上仍需进一步提升。

(二)三地城市化和城市现代化的举措

1. 上海城市现代化近期建设目标及推进措施

上海新一轮总体规划指出,到2020年上海要初步建成国际经济、金融、贸易、航运中心之一。上海要以2010年在上海举办世博会为动力,加快上海的国际化和现代化进程,推动城市能级不断提升。到2010年举办世博会时,上海要构筑国际经济、金融、贸易、航运中心之一的框架。

(1)构筑国际大都市空间体系,加快城乡一体化发展

为顺应经济全球化,在更大范围、更广领域和更高层次上参与国际经济技术合作和竞争,上海要积极探索同长江三角洲地区和长江流域联动发展,立足于长江三角洲交通、环境、城镇的一体化发展,加快城乡一体化步伐。在推进现代化与国际化的进程中,上海城市建设的重点应从中心城区转向郊区。加快郊区发展,进一步推动产业、人口、土地的三个集中。

(2)构筑新型产业体系,增强产业国际竞争力

基本建立与国际大都市功能相适应的新型产业体系。国民经济继续保持持续快速健康发展,经济运行质量和效益明显提高,综合经济实力显著增强,国内生产总值年均增长率继续高于全国2-3个百分点。坚持"三、二、一"产业发展方针,在参与经济全球化中增强产业国际竞争力。基本建立与知识经济发展相适应的城市创新体系,不断增强科技创新能力。进一步优化产业布局。

(3)构筑社会事业体系,提高人民生活质量

基本建立以促进人的全面发展为中心的社会事业体系。以建设一流的教育、医疗、体育和国际文化交流中心为重点,以社区建设为基础,提高市民的思想道德素质、科学文化素质和健康素质;更加丰富城市的精神文化生活。加快构筑人才高地,把经济社会发展转到依靠科技进步和提高劳动者素质上来。进一步健全社会保障体系,社会就业比较充分,困难群众基本生活得到保障,社会秩序保持稳定,全市人民始终保持昂扬向上的精神风貌。创造以提高居住环境质量为核心,适应不同消费层次,更舒适宜人的居住环境。

(4)构筑良好生态体系,促进城市可持续发展

以全面提高城市生态环境质量,建设国家园林城市为目标,构筑以中心城区大型公共绿地和郊区城市森林为骨架,符合现代化国际大都市生态要求的城市绿化系统;进一步深化环境治理、提高固体废物和利用的水平,启动郊区农业生态环境保护和建设,把上海建成人与自然和谐的现代化生态城市。

(5)构筑都市特色景观体系,提升城市整体形象

抓住举办"一届最成功、最精彩、最难忘的世博会"的世纪机遇,不断深化"城市,让生活更美好"的主题,以黄浦江、苏州河改造和世博会建设为重点,完善富有历史底蕴的老城区和创造充满活力的新城区,营造上海历史魅力与现代活力兼容并蓄的世界城市新形象,为上海未来创造更大的发展空间。

(6)构筑现代化基础设施体系,增强城市集聚辐射功能

以枢纽型、功能性、网络化基础设施建设为重点,基本建立以"三港两网"为骨架的现代化基础设施体系,为增强城市的集聚、辐射功能提供坚实支撑。加大以水资源综合开发利用和能源结构优化为主体的市政公用设施建设。提高城市防灾、抗灾、救灾的能力。

2. 江苏积极推进三大都市圈建设

(1)南京都市圈建设

南京都市圈规划范围包括：南京市、镇江市、扬州市、马鞍山市、滁州市、芜湖市的全部行政区域，淮安市的盱眙县、金湖县和巢湖市的市区、和县、含山县。近期总人口2 600万人，城市化水平达到52%左右（省内58%），城市人均住房建筑面积18平方米（省内20平方米），人均公共绿地8平方米（省内12平方米）；远期总人口3 200万人，城市化水平达到66%左右（省内74%）。

该都市圈近期发展目标：强化科教和创新功能，建设成为我国科学研究、高等教育和高新技术产业的先进区域。大力发展外向型经济，积极参与全球竞争。加快建设地区性的金融中心和物流中心。以开发区为重点，发展现代制造业，建设高水平的沿江工业带。大力发展旅游、信息、房地产等现代服务业。城镇之间建设以生态农业为主的绿色生态空间。

（2）苏锡常都市圈建设

2004年底，全区GDP总量6 900亿元，总人口1 395万人，城市化水平达64.1%。人均地区生产总值达47 494元，居全国水平前列。目前，苏锡常都市圈的区域供水规划有序实施。

苏锡常地区历经近五年多时间开展的地下水禁采工作取得显著成效，长期以来影响该地区经济社会发展重要制约因素的地下水过度开采行为得到有效制止，苏锡常地下水位全面回升。2000年8月，江苏省人大颁布实施了《关于苏锡常地区禁采地下水的决定》，苏锡常地区2003年底实现地下水超采区禁止开采，2005年底将全面实现禁采。截至2004年底，苏南地区累计完成封井4 560眼，占应封井总数的95%；地下水年开采量从2000年的2.88亿立方米，压缩到2004年的0.4亿立方米，地下水漏斗面积从1996年的5 500平方公里，下降到2004年的2 445平方公里。随着地下水水位的逐步回升，地质灾害得到了初步控制。同时，推动了区域供水、节水改水、水资源优化配置等其他工作。

苏锡常在"十一五"期间均有可能建设地铁。苏州、无锡、常州三市申请的长三角区域规划重大项目中，均明确提出"十一五"（2006年至2010年）期间将建设地铁交通。

该都市圈近期发展目标：依托上海，服务上海，相对独立，互惠互利。继续壮大外向型经济，率先实现现代化，带动苏北地区共同发展。建设沪宁交通走廊高新技术产业带、沿长江基础工业带和环太湖旅游风光带。加强绿色开敞空间的建设与保护，加大村镇居民点整理力度，保护生态环境和农业产业化发展空间。

（3）徐州都市圈建设

《徐州都市圈规划》明确提出，徐州都市圈的设定范围包括江苏省的徐州市、宿迁市及其所辖县（市）；安徽省的宿州市、淮北市及其所辖县（市）；山东省枣庄市及其所辖县（市）、济宁市的微山县；河南省商丘市的永城市；规划范围包括徐州都市圈和连云港市及其所辖县。

徐州都市圈发展的总体目标是，工业化、城市化超过全国平均水平，科教文体卫和社会保障体系比较完善，人口、资源和环境相互协调，区域可持续发展能力显著增强，人民群众安居乐业、生活殷实，全面实现富裕小康。

徐州都市圈显现新气色，为加快核心城市建设，增强中心城市辐射带动能力，正争取开建徐菏铁路和徐州至济宁、宿州、淮北等周边城市的高速公路，实现圈域城际间供电、供水、通信、环保等重大基础设施共建共享，探讨1小时都市圈快速通达区域交通规划和对接事宜，强化徐州核心城市的交通枢纽地位。

该都市圈近期发展目标：增强徐州的综合实力，强化交通、流通中心功能，形成有利于生产要素快速集聚的发展环境。努力调整经济结构，推进农业产业化，建设郊区型农业，提高制造业的现代化水平，大力发展旅游、商贸、信息等服务业。形成都市圈内的绿色开敞空间，保护好农业发展空间。

3. 浙江现代化建设：战略布局"四位一体"

2006年，浙江省委提出"八八战略"，即发挥体制机制优势，发展混合所有制经济，发挥块状特色产业优势，建设先进制造业基地；发挥城乡协调发展优势，推进城乡一体化；发挥生态优势，打造"绿色浙江”;发挥区位优势,提高对内对外开放水平;发挥山海资源优势,加快海洋经济和欠发达地区发展;发挥环境优势,积极推进重点工程建设、法治建设、信用建设、机关效能建设;发挥人文优势,积极推进科技兴省、人才强省,加快建设文化大省。

“八八战略”内涵极为丰富,总揽浙江经济、政治、文化、党的建设和社会生活各个方面,抓住了事关浙江当前和长远发展的“牛鼻子”,是大战略和总纲领,具有基础性、指导性和广泛性。它的突破点在于,发展不仅要关注 GDP 指标,而且要关注社会发展指标、人文指标、资源指标和环境指标;不仅要增加促进经济增长的投入,而且要增加促进社会发展的投入,增加保护资源和环境的投入。

(三) 长三角未来城市化的趋势及其应对措施

1. 城市群建设

所谓城市群只是指同一区域内多个城市所形成的空间形态,其实各个城市群都有其不同的个性和特点。纵观长三角城市群有两大基本特点:其一是区域内人口密集、城镇密集、城市密集。实践证明,集约效应有利于经济的快速增长,但同时也会导致空间制约、资源制约和生态环境的制约,并最终成为未来发展的瓶颈约束。其二是区域内省、市行政区划分割明显。就目前的 16 个城市而言,被江、浙、沪两省一市的行政区界一分为三,这在其它城市群是不多见的,由此而形成的行政壁垒和地方保护主义已经严重影响了区域内各城市间正常的交流和合作以及共同市场的形成和发育。这两大基本特点非但决定了长三角一体化必然会阻力重重,举步维艰,倘若我们沿着西方传统的城市化模式继续走下去,空间的集聚以及人口和要素的集聚将不再主要表现为农村向城市的转移,而是城市与城市间的争夺,这就是为什么长三角城市群必须也只能走新型城市化道路的内在动因。

对于长三角地区而言,新型城市化并非是一句空洞的口号或抽象的概念,而是有着特定的指向和深刻的内涵的。所谓网络城市,也不仅仅局限于城市本身的网络状的空间形态,更重要的是指城市群内部的城市与城市之间的一种新型的网络关系。所谓之科学发展观,构建和谐社会,很大程度上就是讲的人与人的关系、人与自然的关系、城市与农村的关系、区域与区域的关系,而在长三角城市群,尤其是讲到推进长三角一体化,构建一种新型的、和谐的网络状城市关系就必然地提上了重要的议事日程。

这一问题其实早就引起了人们的关注,那就是各级各类城市圈的建设。如果说城市群重在空间形态,那么城市圈则重在内在关系。城市和城市群其实都是具有生命活力的有机体,城市的集聚辐射功能就是其生命活力所在,这在信息社会和网络时代的今天就显得格外重要。在长三角地区,各个城市都在讲与大上海接轨,其实,通过城市圈的建设,通过科学的、和谐的网络状城市关系的形成,让各城市的集聚辐射功能得到充分而完美的发挥,是接轨的唯一行之有效的现实途径。其中,上海大都市圈是毫无疑问的,此外还有南京城市圈、杭州城市圈,以及有专家学者呼吁已久的环太湖城市圈等等,这些其实应该就是新型城市化的一个重要内容。“但时至今日,城市圈的建设看来也是步履艰难,这恐怕与长三角区域一体化的进程是互为因果的,而这恰恰也告诉我们,突破行政区划的束缚,加快城市圈的建设,正是推进长三角区域一体化的关键所在,也是探索长三角地区新型城市化的主攻方向。”①

2. 泛城市化

“泛城市化”可以理解为在一个区域内,广泛的、普遍的城市化状态,但又不完全等同于严格意义上的城市。②

---

①曹福龙,长三角地区新型城市化的实践与探索,《中国城市经济》2009 年第 2 期。

②卓勇良,积极应对长三角泛城市化趋势,《浙江经济》2007 年第 11 期。

人口稠密形成了一种空间均质化效应。在长三角地区多数区域的任一点上，都能便利地获取生产要素和销售产品与劳务。同时由于企业生产以区际和国际贸易为主，再加上物流效率的提高，短途运输在企业销售收入中的比重越来越低，这就在长三角地区等效形成了一种“距离消失”或“距离倾向于零”的效应，进一步均质化了各地投资环境。

正是在这样一些空间背景下，长三角多数地方形成了“就地闹革命”的发展形式。农民的迁移成本高于迁移收益，加上原先计划经济对于生产要素的束缚，农民就地发展非农产业，就地提高生活水平和生活质量，而不是像中西部那样通过移民来增加自身的福利。且由于浙江率先发展、经济发展水平大大高于中国其他省份所形成的人口集聚，进一步强化了本地人利用本地资源，在本地发展经济的所谓“三本”格局。而这种较高的经济发展水平，又不断促进大量人口“填入”长三角地区，于是进一步加快了泛城市化进程。

3. 应对措施

（1）编制统一的发展规划。以往的发展规划都是按行政区划制订和实施的。目前国家发改委正在编制长三角发展规划，国务院也已有了指导性意见，各城市政府理应及时呼应，联手编制统一的区域性尤其是城市圈的发展规划，以在未来的发展中做到空间共享、资源共享。

（2）调整空间视角。目前，研究编制长三角规划大多以点线视角为主，即以点联线，以线为带，来观察和规划长三角空间结构，虽然有一定的合理性，但由此也带来了空间结构的分割、不能完整反映长三角全貌的问题，可以说是一种低级格式化的空间视角。笔者觉得应以点面为视角来取代传统的点线视角，全覆盖地研究和规划长三角空间结构。把长三角区分为核心区块、腹地区块和挑战区块，以及提出长三角具有多个发展核的概念，以此为切入点来研究长三角空间结构，或许可以作为一个参考。

（3）制定统一的产业导向政策。在新型工业化、城市化条件下，区域分工也必然突破传统的模式，向着垂直分工与水平分工相结合的更先进合理的网络状分工演进。与此同时，作为区域内各城市政府也仍有必要共同制订统一的产业导向政策，以统筹兼顾局部与全局、眼前与长远的关系。

（4）突出物流体系作用。长三角已形成了以上海为中心和以宁波为中心的双重物流体系，两者由于经济地理等因素影响，形成了边界清晰、局部竞争，各具优势、互补发展，以及体系强化与融合并存的三个特点，十分有利于长三角未来发展。这就将以两大板块间的充分竞争为基础，优化长三角的生产和贸易体系，优化长三角的城市关系，形成更为合理的空间结构。

三十六　长三角农村发展

一、长三角地区农村发展概况

(一)农业生产总值

1. 长三角地区

长三角地区具有相对较高的工业化水平，工业成为经济发展的主导力量。近年来，长三角各大城市在激发民间创业活力和发展动力，推动农村工业快速发展，拓展农民增收渠道的同时，注重加快发展现代农业，切实提高农业综合生产能力。2008 年，长三角地区农林牧渔业生产总值达到 5 651. 35亿元，比 2006 年增长 29. 08%，年均增长 13. 61%。其中农业总产值比 2006 年增加 474. 55 亿元，年均增长 10. 17%；林业总产值比 2006 年增加 30. 26 亿元，年均增长 9. 58%；牧业总产值比 2006 年增加 533. 94 亿元，年均增长 27. 04%，增速相对较快；渔业总产值比 2006 年增加 184. 51 亿元，年均增长 9. 32%。

从农林牧渔总产值构成看，除畜牧业比重有了较大幅度提高外，其他各业比重均有不同程度下降。长三角地区农业总产值占农林牧渔总产值的比重由 2006 年的 50. 73% 下降到 2008 年的 47. 7%，下降了 3. 03%，下降幅度较大；林业、渔业、农业服务业比重分别下降 0. 24%、1. 6%、0. 14%；与此相反，畜牧业比重不断提高，由 2006 年的 19. 87% 上升到 2008 年的 24. 84%，提高了近 5 个百分点。

长三角地区农林牧渔业总产值在全国所占比重进一步下降，与 2006 年相比，下降了 0. 98%；农业总产值在全国的比重由 2006 年的 10. 32% 下降到 2008 年的 9. 61%，减少了 0. 71 个百分点；林业总产值比重由 2006 年的 9. 36% 下降到 2008 年的 8. 41%，减少了 0. 95 个百分点；牧业总产值比重由 2006 年的 7. 2% 下降到 2008 年的 6. 82%，下降了 0. 38 个百分点；渔业比重由 2006 年的 23. 83% 下降到 2008 年的 21. 73%，下降了 2. 1 个百分点。

表 3－258　2006－2008 年长三角地区农林牧渔业生产总值

单位：亿元，%

	总产值合计	农业	林业	牧业	渔业	农林牧渔服务业
2006 产值	4 378. 22	2 220. 9	150. 73	869. 78	946. 17	190. 65
占全国比重	10. 73	10. 32	9. 36	7. 20	23. 83	—
占当年农林牧渔总产值比重	—	0. 51	0. 03	0. 20	0. 22	0. 04
2007 产值	4 917. 85	2 405. 19	164. 4	1 129. 98	1 003. 09	215. 21
占全国比重	10. 06	9. 75	8. 83	7. 01	22. 50	—
占当年农林牧渔总产值比重	—	0. 49	0. 03	0. 23	0. 20	0. 04
2008 产值	5 651. 35	2 695. 45	180. 99	1 403. 72	1 130. 68	238. 17
占全国比重	9. 74	9. 61	8. 41	6. 82	21. 73	—
占当年农林牧渔总产值比重	—	0. 48	0. 03	0. 25	0. 20	0. 04

数据来源：两省一市相关年份统计年鉴，下同。

2. 上海市

2008 年,上海市农林牧渔业总产值在长三角地区的比重为 4. 97%,在三地区中最低;增长速度最慢,2006 - 2008 年期间年均增长 8. 83%,远低于江浙两省。

与 2006 年相比,2008 年农林牧渔业总产值在长三角所占比重进一步下降。其中,农、林、牧、渔业总产值比重均有不同程度下降,分别下降 0. 38%、1. 88%、0. 45%、0. 79%;农林牧渔服务业比重则上升了 0. 79%。

从上海市农业各产业内部构成看,农、林、渔业比重有所下降,牧业、农林牧渔服务业比重上升。2006 - 2008 年,农、林、渔业总产值比重分别下降了 2. 35%、1. 15% 和 2. 97%,牧业比重上升速度较快,提高了近 5 个百分点。

3. 江苏省

2006 - 2008 年,江苏省农林牧渔业总产值由2 718. 61亿元增加到3 590. 64亿元,增长了 32. 08%,年均递增 14. 92%。其中,畜牧业总产值增长较快,2006 - 2008 年,畜牧业总产值增加了 371. 98 亿元,增长 68. 32%,年均增长 29. 74%。相比较而言,农业、渔业和农林牧渔服务业总产值增长较慢,农业总产值由 2006 年的1 416. 91亿元增加到 2008 年的1 746. 83亿元,增长了 23. 28%,年均增长 11. 03%;渔业总产值由 2006 年的 543. 39 亿元增加到 2008 年的 665. 75 亿元,增长了 22. 52%,年均增长 10. 69%;农林牧渔服务业从 2006 年到 2008 年年均增长速度为 11. 02%,2008 年总产值达到 196. 69 亿元。林业总产值增长率最低,2006 到 2008 年增长了 19. 65%,年均增长 9. 38%。

从农林牧渔业总产值在长三角的比重看,林业、农林牧渔服务业比重有所下降,农业、畜牧业、渔业比重均有所上升。2006 - 2008 年,农林牧渔业比重由 62. 09% 上升到 63. 54%,提高了 1. 44 个百分点。农业总产值比重提高了 1. 01%,牧业、渔业总产值比重分别上升了 2. 69%、1. 45%;与之相比,林业总产值比重略有下降,下降了 0. 13%;农林牧渔服务业总产值比重由 2006 年的 83. 7% 下降到 2008 年的 82. 58%。

4. 浙江省

2006 - 2008 年,浙江省农、林、牧、渔、农业服务业总产值分别增长了 18. 87%、24. 3%、50. 12%、17. 35%、27. 85%,年均增长速度分别为 9. 03%、11. 49%、22. 52%、8. 33%、13. 07%。畜牧业增长较快,2008 年总产值达到 418. 86 亿元,比 2006 年增加了 139. 85 亿元,年均增长 22. 52%。

从农林牧渔总产值构成看,农业、林业、渔业比重有所下降,畜牧业、农林牧渔服务业比重有所上升,畜牧业上升较快。与 2006 年相比,2008 年农业、林业、渔业比重分别下降了 2. 4%、0. 04%、1. 52%,畜牧业、农业服务业比重分别提高了 3. 92% 和 0. 04%。

(二)乡镇企业发展

上世纪 80 年代开始,"长三角"地区农村工业异军突起,乡镇企业迅速发展,逐步成为"长三角"地区经济发展的主要力量。

1. 江苏省

江苏苏南地区是长三角典型的乡镇企业发达地区,而且其乡镇企业的发展在江苏省各地区中占有绝对优势地位。因此,江苏省乡镇企业的发展情况很大程度上是苏南地区乃至整个长三角地区乡镇企业发展状况的反映。2007 年,受国际金融危机影响,江苏省乡镇企业数目、效益大幅下降,2008 年各项指标逐步回升。2008 年,企业个数为563 470个,比 2007 年增加了28 345个,增长 5. 3%;从业人员1 372. 73人,同比增长 4. 57%。总产值56 472. 72亿元,同比增 25. 49%;企业增加值12 567. 67亿元,同比增加 23. 36%;营业收入55 657. 51亿元,同比增 24%;利润总额2 575. 32亿元,同比增 17. 89%;上交税金1 667. 03亿元,同比增 24. 49%。由此可见,虽然 2008 年全球爆发金融危机,江苏省乡镇企业的经济效益还是有了很大提高。

2. 浙江省

浙江省现有各类工业中小企业86.9万家,占全省工业企业总数的99%,就业职工1 412.3万人,占到95.4%,总产值和税金分别占到全部工业企业的88.5%和89.5%。量大面广的中小企业对稳定和促进社会经济发展起着重要作用。2008年,浙江省在融资服务、微小企业培育以及公共服务等方面都取得了较好的进展。全省310家中小企业信用担保机构累计担保总额1 455亿元,担保机构、担保规模和风险控制水平均处于全国前列。建立的中小企业创业融资平台,已为358家小企业融资5.6亿元。2008年,浙江省还立足于"五年万家规模企业"的目标,扎实推进微小企业创业培育工程,年培育4 000个微小企业上规模,安排400亿元信贷资金支持微小企业的创业发展。注重加强为中小企业提供公共服务,建立在线培训平台,在杭州、衢州等地开通了服务热线,用信息化手段拓宽为中小企业服务的渠道。

(三)农村劳动力转移

长三角作为我国经济最活跃的地区,农村劳动力转移有其独特的特点。

1. 长三角地区

2008年,上海市农村居民家庭新增非农就业人数为22.78万人,同比增加了7.94万人,增幅达53.5%,就业形势较好。而江苏省2008年新转移农村劳动力36.9万人,比2007年增长2.2%。在浙江,2008年农村非农劳动力的比例上升到71.08%。

2. 上海市

近年来,上海的迁入人口远远大于迁出人口,并且其机械增长率呈上升的趋势,2008年,上海市迁入人口17.28万人,比2006多4.42万人,迁入率为12.48‰,为历史最高,比2006年高出3.05个千分点;迁出人口为4.29万人,比2006年多0.79万人,迁出率为3.1‰,比2006高出0.53个千分点。人口机械增长率为9.38‰。这与上海市放宽了外地人口入沪的法规制度是密不可分的。

表3-259 2006-2008年上海市户籍人口迁移情况

单位:万人、‰

年份	迁入		迁出		机械增长	
	人口(万人)	迁入率(‰)	人口(万人)	迁出率(‰)	人口(万人)	增长率(‰)
2006	12.86	9.43	3.50	2.57	9.36	6.86
2007	14.69	10.70	3.95	2.88	10.74	7.82
2008	17.28	12.48	4.29	3.10	12.99	9.38

从上海市新增城镇就业劳动力来源看,2008年,城市新增劳动力就业人数为63.66万人,其中有22.78万人来源于农村劳动力,占比为35.78%,比2006年的占比3.54%高出了近30个百分点。

2008年,上海市农、林、牧、渔业从业人员为49.38万人,比2006年的55.33万人减少5.95万人,减少10.75%。

表 3－260　上海市城镇新增劳动力就业按主要来源分

单位：万人

年份	总　计	城镇劳动力	农村劳动力	大学、中专、技校毕业生	其他
2006	49.74	39.14	1.76	4.09	4.75
2007	70.75	37.60	14.84	10.38	7.93
2008	63.66	22.55	22.78	9.94	8.39

3. 江苏省

2008 年，江苏省各地认真贯彻落实省委、省政府 500 万农民转移工程，按照统筹城乡就业的思路，坚持外输内转并举、数量质量并重，农村劳动力转移在较高平台上又取得了新的进展。2008 年全省新增转移农村劳动力为 36.9 万人，比上年增长 2.2%。到 2008 年底，全省累计转移农村劳动力 1 697.8万人（包括地域转移和产业转移），占全省农村劳动力总量的 63.8%，与 2008 年初相比，比重提高了 1.4 个百分点。

从农村劳动力的就业结构来看，2008 年，江苏省共有乡村劳动力2 657.3万人，比上年减少 4.58 万人。其中，农业劳动力 744.58 万人，占 28.02%；农村工业劳动力 721.68 万人，占 27.16%；农村建筑业劳动力 350.47 万人，占 13.19%。与 2006 年相比，农业劳动力呈现明显下降趋势，两年下降了 3.2 个百分点，而农村工业、建筑业从业劳动力均有不同程度上升，分别上升了 2.76 个和 0.67 个百分点。

表 3－261　江苏省 2006－2008 农村劳动力就业构成

单位：万人、%

年份	乡村劳动力	农 业	所占比重	工 业	所占比重	建筑业	所占比重
2006	2 656.8	829.36	31.22	648.3	24.40	332.73	12.52
2007	2 661.88	782.38	29.39	698.86	26.25	343.45	12.90
2008	2 657.3	744.58	28.02	721.68	27.16	350.47	13.19

从江苏省各市情况看，各地加快农村劳动力转移步伐，农林牧渔业从业人员占农村劳动力比重不断下降。2008 年，南京市农林牧渔业从业人员为 31.77 万人，无锡市 24.99 万人，徐州市 160.74 万人，常州市 29.03 万人，苏州市 31.31 万人，南通市 87.45 万人，连云港市 89.43 万人，淮安市 93.89 万人，盐城市 121.09 万人，扬州市 41.84 万人，镇江市 29.13 万人，泰州市 54.29 万人，宿迁市 101.41 万人。与 2006 相比，农林牧渔从业人员占乡村劳动力总数比例下降幅度最大的是南通市，从 2006 年的 31% 下降到 2008 年的 26%，绝对量减少了 17.96 万人。下降幅度最少的是常州市，下降了 1%，绝对量仅减少 1.27 万人。

4. 浙江省

浙江发达的中小企业为农村劳动力的转移提供了广阔空间，农村劳动力转移成效显著。2008 年，浙江省农村劳动力为2 304.33万人，比上年减少了 13.88 万人，减少 0.6%。

农林牧渔业劳动力进一步以较大幅度下降。2006－2008 年，共减少 66.57 万人，减少了 9.08%，年均递减 4.65%，占农村劳动力比重由 2006 年的 31.81% 下降到 2008 年的 28.92%，下降了近 3 个百分点。农村工业劳动力数量不断增加，农村工业劳动力数目共增加 53.69 万人，占农村劳动力比重不断提高,由 2006 年的 34.56% 增加到 36.88%。农村建筑业劳动力增加了 11.46 万人,增长 7.62%,占农村劳动力比重由 2006 年的 6.53% 上升到 2008 年的 7.02%。交通运输、仓储业和邮电及信息传输、计算机业农村劳动力增加了 2.7 万人,增长了 2.83%,占农村劳动力比重由 2006 年的 4.14% 增加到 2008 年的 4.26%。批发、零售贸易业、餐饮业农村劳动力增加了 19.43 万人,增长 0.84%,占农村劳动力比重由 2006 年的 9.89% 上升到 2008 年的 10.73%。

表 3-262　浙江省 2006-2008 农村劳动力就业构成

单位:万人

	2006	2007	2008
农村劳动力合计	2 303.70	2 318.21	2 304.33
农业	732.92	688.04	666.35
工业	796.18	844.90	849.87
建筑业	150.35	158.49	161.81
交通运输、仓储业和邮电通讯业	95.48	97.96	98.18
批发、零售贸易业、餐饮业	227.90	240.84	247.33

浙江省各个地级市农村劳动力大量转向非农产业。2006-2008 年,农林牧渔业劳动力减少最多的是台州市,由 2006 年的 100.53 万人减少到 2008 年的 83 万人,减少了 17.44%。其次是湖州市,减少了 14.66%,其他各市的情况是:杭州市减少了 7.04%,宁波市减少 7.23%,绍兴市减少 6%,舟山市减少 13.05%,温州市减少 9.89%,金华市减少 4.92%,衢州市减少 4.67%,丽水市减少 6.94%。

表 3-263　2006-2008 年浙江省各市农林牧渔业从业人员比重

单位:%

	2006	2007	2008	比 2006 年增减
杭州市	83.99	79.96	78.08	-7.04%
宁波市	69.14	65.44	64.14	-7.23%
嘉兴市	40.77	38.72	36.23	-11.14%
湖州市	37.65	34.53	32.13	-14.66%
绍兴市	55.97	52.66	52.61	-6.00%
舟山市	12.64	11.57	10.99	-13.05%
温州市	111.28	103.81	100.27	-9.89%
金华市	94.59	90.46	89.94	-4.92%
衢州市	60.19	58.64	57.38	-4.67%
台州市	100.53	87.83	83	-17.44%
丽水市	66.17	64.42	61.58	-6.94%

（四）农民收入水平

2008年，国内外环境复杂多变，世界经济增速下滑，各类产品价格剧烈震荡，中小企业经营遭遇诸多困难，这些给长三角地区农民增收造成了一定的不利影响。在此背景下，长三角"二省一市"积极应对经济运行中出现的各种矛盾和问题，继续加大对"三农"的投入和扶持力度，使各地区经济总体上保持了平稳增长态势，也促进了农村居民收入稳定增长。

1. 上海市

长三角地区中，上海市农村居民纯收入最高，2008年达到11 385元，比2006年增加2 172元，年均增长11.16%。其中，财产性和转移性收入增速较快，从2006年的1 555元增加到2008年的2 492元，年均增长26.59%。家庭经营纯收入逐年降低，由2006年的766元下降到2008年的711元，减少了55元，年均递减3.66%。其中，第一产业收入占家庭经营收入的比重从2007年的82.23%下降到69.06%。

非经营收入仍是农民收入的主要构成因素，2008年，工资性收入达到8 182元，比2007年增加了9.12%，占农村居民纯收入的71.9%，比2007年略有下降；财产性和转移性收入2 492元，同比增加26.5%，占农村居民纯收入的21.9%，比2007年上升了2.6个百分点。

2. 江苏省

2008年，江苏省不断加大"三农"工作力度，狠抓各项支农、扶农、富农政策落实，进一步拓宽了农民增收渠道，2008年全省农民人均纯收入7 357元，比上年增加796元，增长12.1%，连续五年保持两位数增长。苏南地区农民人均纯收入首次突破万元大关，达10 459元；苏中、苏北地区农民人均纯收入分别为7 580元和6 041元。南、中、北地区的农民纯收入分别比上年增长12.5%、13.2%和12.8%。

工资性收入成为农民增收的主要来源。2008年，江苏省农村居民人均工资性收入为3 896元，比上年增加419元，增长12.1%，农民人均工资性收入占全部纯收入的比重为53.0%，工资性收入的增加额占纯收入增加额的52.6%。其中，在本地企业中得到的收入人均2 155元，增加261元，增长13.8%；农民外出从业得到的收入人均1 259元，增加114元，增长10.0%，占工资性收入的32.3%；来自乡村干部和教师等非企业组织得到的收入人均481元，增加44元，增长10.2%。全省农民的工资性收入以本地企业收入为主，占工资性收入的55.3%。

家庭经营收入是农民增收的稳定基础。2008年，江苏省农民家庭经营纯收入为2 812元，比上年增加260元，增长10.2%。农村居民家庭经营收入占纯收入的比重为38.2%，家庭经营收入的增长额占纯收入增长额的比重为32.7%，并拉动纯收入增长4.0%。

财产性和转移性收入是农民增收的有力支撑。2008年，江苏省农民人均财产性和转移性收入为649元，比上年增加117元，增长21.9%，这两项收入占农民纯收入的比重为8.8%，较上年提高0.7个百分点，直接拉动农民人均纯收入增长1.8个百分点。

3. 浙江省

2008年浙江农村居民人均纯收入9 258元，比2007年增加993元，增长12.0%，扣除物价上涨因素，实际收入增长6.2%。

工资性收入是推动收入增长的主要力量。2008年浙江农村居民工资性收入人均4 713元，比上年增加620元，增长15.1%，占全部纯收入的比重为50.9%，比上年提高1.4个百分点。工资性收入增加额占全部收入增加额的62.4%，工资性收入直接拉动纯收入增长7.5个百分点。从工资性收入的分项来看，在本地企业中得到的收入人均3 769元，增长15.2%，外出从业得到的收入人均600元，增长16.4%，在非企业组织得到的收入人均344元，增长12.3%，均保持了较快的增长。

家庭经营第一产业是农村居民稳定增收的基础。2008 年浙江农村居民来自家庭经营的农林牧渔业第一产业收入人均1 650元,比上年增加 99 元,增长 6.4%,增幅比上年回落 6.2 个百分点,占农村居民纯收入的 17.8%,比重比上年下降 1 个百分点。分结构看,农业收入同比减少 2.7%,牧业和渔业收入有所增长,分别增长了 28.5% 和 26.7%,林业收入基本持平。

家庭经营二、三产业收入是农村居民收入的重要组成部分。2008 年浙江农村居民来自家庭经营的二、三产业收入人均2 003元,比上年增加 132 元,增长 7.1%,增幅回落 6.1 个百分点,占农村居民纯收入的 21.6%,比重比上年下降 1 个百分点。分行业看,家庭工业收入人均 526 元,增长 6.0%;建筑业收入人均 322 元,增长 10.2%;交通运输邮电业人均 322 元,增长 5.7%;批零贸易餐饮业人均 460 元,增长 7.5%;社会服务业收入人均 120 元,增长 9.5%。

非经营性收入增长较快,收入来源多样化。2008 年浙江农村居民获得的非经营性收入人均 892 元,增加 141 元,增长 18.8%,占纯收入增加额的 14.3%,比上年提高 4.5 个百分点。非经营收入的快速增长,一方面反映出农村多种经济成分活跃,农民增收的渠道越来越多。2008 年农村居民土地被征用得到的补偿收入人均达到 143 元,增长 29.4%;出售房屋、农业机械得到的租金收入人均 123 元,增长 10.6%;利息收入人均 38 元,增长 38.7%。另一方面也反映出国家、企业或他人对农村居民转移支付的增加。2008 年农村居民得到的离退休金、养老金收入人均 120 元,增长 52.1%;亲友支付的赡养费人均 50 元,增长 17.8%;得到的各种政策性补贴,如粮食直补、良种补贴等虽然分摊到人均的金额并不大,但增幅较大,而且对受益的农业经营户个体来说,补贴对提高生产积极性具有一定的促进作用。

(五)农村消费水平

随着长三角农民收入水平的提高,农村消费水平和结构也在不断地变化着。

1. 上海市

2008 年,上海农村居民家庭人均生活消费支出9 115元,比上年增长 3.1%。八大类消费呈现“三升五降”格局,其中,食品、家庭设备用品及服务、医疗保健消费均有所增长,衣着、居住、交通通信、文教娱乐用品及服务、其他商品和服务消费均有不同程度下降。其中,人均食品消费支出3 732元,比上年增长 14.5%,增幅同比提高 6.7 个百分点;人均衣着消费支出 467 元,比上年下降 1.9%;人均居住消费支出1 806元,比上年下降 13.9%;用于购买家庭设备用品及服务消费支出 504 元,比上年增长 11.5%;用于交通和通信消费支出 880 元,比上年下降 0.5%;人均文化教育娱乐用品及服务消费支出 850 元,比上年下降 0.8%;人均医疗保健消费支出 697 元,比上年增长 22.1%;人均其他商品和服务消费支出 179 元,比上年下降 28.1%,下降幅度较大。

从农村消费结构的变化看,2008 年农村居民消费支出占比明显增加,比 2006 年增加了 3.1% 个百分点,比 2007 年增加了 4.1 个百分点,而衣着、居住、家庭用品、文教娱乐等占比均有不同程度下降。

农民拥有耐用品数量进一步增加,农民生活方式逐步市民化。2008 年,上海市每百户农户拥有彩电、电冰箱、洗衣机、空调机、抽油烟机、微波炉、吸尘器、热水器、移动电话和家用电脑数量分别比 2006 年增加了 19 台、7 台、4 台、30 台、6 台、10 台、2 台、7 台、8 部和 9 台,分别增长了 11.38%、7.45%、4.49%、30.3%、9.23%、14.08%、8.33%、8.43%、5.4% 和 23.68%。

表 3－264　上海市 2006－2008 年农村居民人均生活消费支出及构成

单位：元、%

年　份	生活消费支出	食品	衣着	居住	家庭设备用品及服务	交通和通信	文教娱乐用品及服务	医疗保健	其他商品和服务
2006	8 006	3 024	418	1 658	481	780	920	549	176
占比%	100	37.8	5.2	20.7	6.0	9.7	11.5	6.9	2.2
2007	8 845	3 259	476	2 097	452	884	857	571	249
占比%	100	36.8	5.4	23.7	5.1	10.0	9.7	6.5	2.8
2008	9 115	3 732	467	1 806	504	880	850	697	179
占比%	100	40.9	5.1	19.8	5.5	9.7	9.3	7.7	2.0

表 3－265　2006－2008 上海市每百户农户耐用品拥有情况

单位：台、部、%

商品名称	2006	2007	2008	增量	增幅
彩色电视机（台）	167	179	186	19	11.38
电冰箱（台）	94	96	101	7	7.45
洗衣机（台）	89	91	93	4	4.49
影碟机（台）	31	28	25	－6	－19.36
家用空调器（台）	99	120	129	30	30.3
抽油烟机（台）	65	69	71	6	9.23
微波炉（台）	71	76	81	10	14.08
吸尘器（台）	24	26	26	2	8.33
热水淋浴器（台）	83	89	90	7	8.43
移动电话（部）	148	147	156	8	5.4
家用电脑（台）	38	43	47	9	23.68

2. 江苏省

2008 年，江苏省农民生活消费水平总体呈增长态势，各分项支出均有不同程度的增长。农民生活消费支出人均5 328元，同比增加 536 元，增长 11.2%。其中，人均食品消费支出2 203元，比上年增加 208 元，增长 10.4%，占消费总支出的 41.3%，为生活消费支出的主体；人均居住支出 860 元，比上年增加 107 元，增长 14.2%，增速最快；人均文教娱乐支出 713 元，比上年增加 70 元，增长 10.9%；人均衣着支出 276 元，比上年增加 25 元，增长 10%；家庭设备、用品支出 250 元，增加 21 元，增长 9.2%；医疗保健支 291 元，增加 27 元，增长 10.2%；其他商品和服务消费支出 121 元，增加 7 元，增长 6.1%。

表3-266 江苏省2008年农民生活消费情况表

单位:元、%

	数量(元)	同比增加额(元)	增长率(%)
生活消费支出	5 328	536	11.2
一、食品	2 203	208	10.4
二、衣着	276	25	10.0
三、居住	860	107	14.2
四、家庭设备、用品	250	21	9.2
五、交通通讯	614	70	12.9
六、文化教育娱乐	713	70	10.9
七、医疗保健	291	27	10.2
八、其他	121	7	6.1

生活质量不断提高,物质精神生活日益丰富。2008年江苏省农民食物消费中,人均谷物消费328元,增长3.1%,谷物占食品消费的比重,由2007年的15.9%下降到14.9%;购买富含营养的肉禽蛋奶及其制品、水产品及其制品人均646元,增长21.9%,所占比重比上年增加2.7个百分点;蔬菜消费支出161元,增长3.9%;烟酒类消费支出274元,增长7.5%;在外就餐消费额继续保持增长,在外饮食支出为412元,增加29元,增长7.6%。

随着农村居民消费水平的提高,各种耐用消费品纷纷进入农村居民家庭。在江苏农民拥有的生活耐用品中,彩电、洗衣机、摩托车等已基本普及。然而,稍高档一点的耐用品,与城镇相比,差距还比较大。全省农村每百户拥有空调量为35.1台、电脑6.6台、家用汽车1.7辆、摄像机0.7架,增长相对缓慢,分别比2007年增加3.9台、1.1台、0.2辆和0.1架,仅为城镇居民百户拥有量的22.6%、9.7%、16.3%和10.1%。

3. 浙江省

农民人均生活消费支出不断提高。2006-2008年,农民人均生活消费支出增加了1 310元,年均增长10.77%。其中,食品、衣着、居住等基本消费增加1 005元,增长28.3%;家庭设备、用品及服务消费增加80元,增长29.2%;交通通讯、文化娱乐用品及服务、医疗保健等享受型消费增加209元,增长11.53%。

表3-267 浙江省2006-2008年农民人均生活消费支出及其构成

单位:元、%

	2006	2007	2008	年均增长率%
生活消费支出	5 762	6 442	7 072	10.79
食品	2 141	2 347	2 690	12.09
衣着	362	399	441	10.37
居住	1 048	1 262	1 425	16.61
家庭设备、用品及服务	274	338	354	13.66
交通和通讯	635	761	777	10.62
文教娱乐用品及服务	723	736	733	0.69
医疗保健	455	465	512	6.08

食品、衣着、居住等基本消费支出占生活消费支出的比重近年来有所增加,由2006年的61.63%增加到2008年的64.42%,增加2.79个百分点;交通、通讯、文教娱乐用品及服务、医疗保健等享受型消费比重由2006年的31.46%下降到2008年的28.59%,下降了2.87个百分点。

平均每百户农户耐用品拥有量不断增加。2008年,每百户农户拥有洗衣机、电冰箱、空调机、抽油烟机、移动电话、彩色电视机数量分别为62.6台、80.2台、61.3台、46台、159.7部、149.6台,分别比2006年增长了13.4%、18.29%、43.9%、21.05%、18.56%和9.28%,摩托车、电话机分别为56.9辆、92.2部,分别比2006下降了9.25%、2.95%。

(六)农村公共服务

1. 上海市

截至2008年底,上海市"农保"参保人数达到77万人,领取养老金人数31万人,人均月养老金水平251元,比2007年增加79元。65周岁以上老年农民养老金补贴标准提高到每人每月100元,60周岁以上不满65周岁老年农民养老金补贴标准设定为80元。2008年,参加合作医疗的人数为177.4万,农村五保户、低保户、残疾人达到"应保尽保"。合作医疗总筹资9.53亿元,人均筹资500元,财政扶持与个人缴费之比达2:1。农民享受合作医疗服务人次1 397.3万,住院人均补偿2 568.2元。与此同时,上海市还从农村实际出发,村级"三室一站一店"生产生活服务设施集中布局。累计建成标准化村卫生室1 334家、综合文化活动室1 237家、为农综合服务站340家,新建农家书屋1 000个,新建和改建便民农家店300家。

2. 江苏省

2008年,江苏省城乡免费义务教育全面实行,各类学校生均财政拨款标准得到提高,农村留守少年儿童食宿条件改善工程和农村合格幼儿园建设工程启动实施。基本完成农村义务教育债务化解任务,城乡公共卫生、医疗服务和药品供应保障体系进一步完善,社区卫生服务中心覆盖率达98%。人口和计划生育利益导向机制和优质服务体系建设取得新进展。

3. 浙江省

近年来,浙江省按照社会主义新农村建设和实施"农民健康工程"的要求,加快农村环境卫生综合整治步伐,全省各地在实施进程中,以加强农村基础设施建设为基础,结合卫生城镇创建活动,进一步提高改水改厕率,切实改善农村基础卫生条件。2008年浙江省农村饮用自来水人口占农村人口的90.7%,比上年提高1.0个百分点;农村卫生厕所普及率达到83.8%,比上年提高3.2个百分点,浙江省农村卫生基础设施和环境卫生得到进一步改善,农民防病能力得到进一步提高。

三十七　长三角社会保障

一、长三角社会保障的总体情况

(一)长三角社会保障总体情况

1. 社会保险

表3－268　长三角社会保险参保人数情况

单位:万人

地区	养老保险	失业保险	医疗保险	工伤保险	生育保险
上海	495.26	511.83	466.97	556.57	609.89
江苏	1 641.36	1 052.24	1 604.25	1 055.71	907.23
浙江	1 386.91	731.1	1 053.92	1 261.84	689.98
长三角合计	3 523.53	2 295.17	3 125.14	2 874.12	2 207.1
全国	21 890	12 400	31 698	13 810	9 181
长三角占比	16.10%	18.51%	9.86%	20.81%	24.04%

2008年全国就业人员77 480万人,其中城镇就业人员30 210万人。2008年江苏省城乡从业人员4 648.89万人,上海市城乡从业人员1 053.24万人,浙江省城乡从业人员3 486.53万人;整个长三角地区城乡从业人员约为9 188.66万人,占全国的比例约为11.86%。根据上表,可以看到,长三角的社会保险各个项目的参保人数占全国社会保险各项目参保人数的比重除了医疗保险之外都超过了11.86%,特别是在生育保险、工伤保险、失业保险这三项上面,长三角地区的参保人数占全国参保人数的比重要远远超过11.86%,另外长三角地区养老保险参保人数占全国总参保人数的比重也远超11.86%,这说明长三角地区在经济发展的同时切实保护劳动者的基本权益,让全体人民共享改革开放的成果。

2. 社会福利

表3－269　长三角社会福利现状

地区	最低生活保障人数(万人)	收养性社会福利单位(个)	床位数(万张)	收养人数(万人)
上海	45.77	592	8.36	5.56
江苏	168	2 035	21.25	16.41
浙江	70.08	1 591	15.49	9.87
长三角合计	283.85	4 218	45.1	31.84
全国	6 625		235	189
长三角占比	4.28%		19.19%	16.85%

2008 年全国人口总数 132 802 万人，上海市总人口数1 371. 04万人，江苏省人口总数7 676. 5万人，浙江省人口总数4 687. 85万人，长三角地区总人口数为13 735. 39万人，长三角地区人口占全国人口总数的 10. 34%。根据上表，可以看到长三角地区最低生活保障人数占到全国最低生活保障人数的4. 28%，远远低于其人口总数占全国人口总数的比重，这与长三角地区的经济社会发展水平相一致。同时长三角地区收养性社会福利单位的床位数和收养人数所占全国比重，则远高于长三角人口总数占全国人口总数的比重 10. 34%，从数据上可以看出随着区域经济水平的提高，全社会对弱势群体的关爱更加突出，更加突出“以人为本”的施政理念。

（二）长三角社会保障增长情况

1. 社会保险

表 3 – 270　长三角地区社会保险参保人数增长情况

单位：万人

项目	2002	2003	2004	2005	2006	2007	2008
养老保险	1 864. 82	2 037. 94	2 183. 2	2 369. 35	2 589. 56	3 144. 98	3 523. 53
失业保险	1 561. 65	1 599. 58	1 713. 86	1 749. 24	1 881. 89	2 044. 77	2 295. 17
医疗保险	1 380. 37	1 563. 36	1 999. 2	2 216. 43	2 458. 49	2 747. 59	3 125. 14
工伤保险		915. 9	1 425. 96	1 656. 98	1 955. 6	2 474. 63	2 874. 12
生育保险		1 180. 1	1 298. 11	1 455. 11	1 649. 31	1 891. 03	2 207. 1

从上表可以看到，长三角地区的各项社会保险参保人数在 2002 年到 2008 年之间都在不断增长，而且增长的幅度越来越大，这说明长三角地区社会保障覆盖面在不断扩大。值得注意的是工伤保险和医疗保险两项增长速度很快，增长了一倍以上，特别是工伤保险，另外生育保险的参保人数也增长了将近一倍，这说明长三角的社会保障建设在扩面的同时，也不断提高保障的水平。

2. 社会福利

表 3 – 271　长三角地区社会福利增长状况

项目	2002	2003	2004	2005	2006	2007	2008
最低生活保障人数（万人）	225. 08	236. 55	232. 26	238. 64	258. 67	265. 93	283. 85
收养性社会福利单位（个）	4 959	4 722	4 290	4 116	4 120	4 236	4 218
床位数（万张）	13. 05	21. 47	24. 04	27. 92	33. 18	40. 61	45. 1
收养人数（万人）	10. 47	16. 63	18. 79	20. 69	23. 67	30. 16	31. 84

从 2002 年到 2008 年之间最低生活保障人数有所增长，但是增长幅度有限，对照与同时期长三角地区人口自然增速，实际上长三角最低生活保障人数处于平稳状态，这说明长三角经济社会全面发展，全体人民共享改革发展成果成效显著，同时也说明长三角地区更加注重保护弱势群体的生存和发展权，更加注重社会的和谐、进步。收养行社会福利单位数量在下降，说明更加注重规模效应；床位数、收养人数都在不断增长，说明了长三角地区通过发展社会福利事业来拉动消费和就业。

(三)长三角社会保障比较情况

1. 社会保险

表 3-272 长三角地区两省一市社会保险参保人数占比情况

单位:万人

地区	养老保险	失业保险	医疗保险	工伤保险	生育保险
长三角合计	3 523.53	2 295.17	3 125.14	2 874.12	2 207.1
上海	495.26	511.83	466.97	556.57	609.89
上海占比	14.06%	22.30%	14.94%	19.36%	27.63%
江苏	1 641.36	1 052.24	1 604.25	1 055.71	907.23
江苏占比	46.58%	45.85%	51.33%	36.73%	41.10%
浙江	1 386.91	731.1	1 053.92	1 261.84	689.98
浙江占比	39.36%	31.85%	33.72%	43.90%	31.26%

长三角地区总人口数为 13 735.39 万人,上海市总人口数1 371.04万人,占 9.98%,江苏省人口总数7 676.5万人,占 55.89%,浙江省人口总数4 687.85万人,占 34.12%。通过对比长三角地区两省一市社会保险人数占长三角地区参保总人数的比重,可以看到上海市社会保险覆盖工作要明显好于江苏省和浙江省,就社会保险的两项最重要的项目养老保险和医疗保险而言,江苏省的覆盖面要大于浙江省。

2. 社会福利

表 3-273 长三角两省一市社会福利占比情况

地区	最低生活保障人数(万人)	收养性社会福利单位(个)	床位数(万张)	收养人数(万人)
长三角合计	283.85	4218	45.1	31.84
上海	45.77	592	8.36	5.56
上海占比	16.12%	14.04%	18.54%	17.46%
江苏	168	2035	21.25	16.41
江苏占比	59.19%	48.24%	47.12%	51.54%
浙江	70.08	1591	15.49	9.87
浙江占比	24.69%	37.72%	34.34%	30.99%

通过对比上表数据,可以看到上海市享受最低生活保障人数所占比重明显高于其总人口占长三角人口比重,浙江省享受最低生活保障人数低于其总人口占长三角人口比重,但这并不代表浙江省的贫困人口所占比重就一定低于上海市和江苏省,特别是上海最低生活保障人数比重远远超过了总人口所占比重,这说明上海的社会保障工作的超前性和细致性。收养性社会福利单位及其床位数、收养人数的两省一市所占比重的比较可以看出,上海的收养性社会福利机构的发展水平最高,浙江其次,江苏的发展水平要低,当然江苏由于人口基数大,内部区域发展不平衡,在社会福利事业发展

上仍需要加大投入力度。

二、上海市的社会保障

(一)上海市社会保障总体情况

1. 社会保险

2008年上海市共有819.68万人(包括离退休人员)参加城镇基本养老保险;有511.83万人参加失业保险,2008年领取失业保险金的人数25.39万。小城镇社会保险、外来从业人员综合保险和城镇高龄无保障老人养老保障政策覆盖面继续扩大。至2008年末,小城镇社会保险参保人数达到148.02万人。其中,被征用土地农民参保人数92.95万人。外来从业人员综合保险参保人数达到383.8万人。5.71万人纳入城镇高龄无保障养老政策。农村社会养老保险制度和老年农民政府托底养老补贴政策进一步完善,年内纳入养老保障体系的农民新增15.9万人。提高城乡最低生活保障、最低工资、公益性岗位从业人员收入标准,对城乡"低保"对象发放临时补贴,低收入群众生活得到进一步改善。城镇低保标准从350元/月提高到400元/月;农村低保标准从2800元/年提高到3200元/年;职工最低工资标准从840元/月提高到960元/月;小时最低工资标准从7.5元提高到8元;老年农民托底养老补贴从85元/月提高到100元/月。廉租住房保障对象准入标准放宽,住房保障覆盖面进一步扩大。2008年内新增廉租房受益家庭1.4万户,累计达到4.4万户。

医保改革进一步深化。至2008年末,上海市共有24.1万家城镇企业、机关事业单位,共773.98万人(包括离退休人员)参加城镇职工基本医疗保险,有16.67万个体工商户、自由职业人员参加从事自由职业人员和个体经济组织业主及其从业人员基本医疗保险。全面实施城镇居民基本医疗保险制度。至2008年末,居民医保登记参保人数达203万人。完善大学生基本医疗保障制度和医保综合减负政策。2008年有58.87万本市普通高等院校学生纳入基本医疗保障覆盖人群范围;医保综合减负45 725人,减负总金额21 933万元。

2. 社会福利

社会救助体系建设进一步推进。2008年各级政府支出城镇居民最低生活保障金10.4亿元,农村居民最低生活保障金1.3亿元,粮油帮困资金0.54亿元,支出医疗救助金1.77亿元。残疾人救助力度不断加大。2008年内新办福利企业82家,新安置1 385名残疾人就业。2008年内新建盲道72.49公里,铺筑坡道1 209处,完成628处公共场所无障碍设施改造,基本实现了中心城区公共建筑改建的全覆盖。养老服务加快发展。2008年末,上海市共有养老机构582家,床位8.06万张。其中,年内新增养老机构22家,新增养老床位10 030张。在上海市养老机构中,由社会投资开办的295家,床位4.21万张。2008年内新建100家示范性老年人日间服务机构,为17.7万名老年人提供居家养老服务,对其中10.3万名生活困难且需照料服务的老人给予政府服务补贴。

(二)上海市社会保障增长情况

1. 社会保险

表3－274

指标	2002	2003	2004	2005	2006	2007	2008
城镇基本养老保险							
城镇职工	433.57	437.94	435.20	436.52	460.75	467.45	478.59

(续表)

指标	2002	2003	2004	2005	2006	2007	2008
个体工商户和自由职业人员	19.28	23.12	20.20	18.26	16.97	16.38	16.67
领取养老金的离退休人员	246.92	254.57	264.87	279.72	294.69	309.99	324.42
城镇基本医疗保险							
城镇职工	430.05	435.95	433.06	434.51	436.63	440.45	450.30
个体工商户和自由职业人员	18.92	23.11	20.20	18.26	16.97	16.38	16.67
享受医保的离退休人员	245.86	253.98	264.16	279.11	294.04	309.30	323.69
城镇职工失业保险	436.01	441.14	488.32	466.06	476.41	491.54	511.83
城镇职工生育保险	452.85	461.06	505.56	539.27	555.09	591.96	609.89
城镇职工工伤保险	124.00	125.00	488.32	523.71	538.96	550.75	556.57
农村社会养老保险	430.05	435.95	146.70	101.34	83.71	74.16	76.89
小城镇社会保险			58.74	110.16	139.80	138.61	148.02
来沪从业人员综合保险			209.40	247.70	279.00	333.60	383.80
高龄无保障老人保险			183.14		6.28	6.13	5.71
少儿住院基金			433.06	181.09	180.13	181.29	185.61

通过上表,可以看到上海市各项社会保险项目的覆盖人群一直处于稳步增长阶段,值得注意的是随着上海城市化进程的不断深化,越来越多的农民被纳入到城镇基本养老保险和小城镇社会保险当中。另外,针对外来从业人员的"来沪从业人员综合保险"的参保人数增长幅度较大,这体现了社会保险的全覆盖原则。

2. 社会福利

表 3-275　优抚、救济对象享受国家定期抚恤补助、救济情况(2001-2008)

单位:万人

年份	合计	伤残抚恤	烈军属抚恤	复退军人	享受国家定期救济人数
2001	39.46	0.75	0.11	0.63	37.97
2002	51.47	0.74	0.11	0.59	50.03
2003	56.50	0.73	0.11	0.59	55.07
2004	50.87	0.72	0.12	0.57	49.46
2005	49.23	0.71	0.36	0.52	47.64
2006	49.58	0.71	0.73	0.47	47.67
2007	47.48	0.71	0.74	0.46	45.77
2008	47.61	0.71	0.68	0.45	45.77

从上表我们可以看到,从2001年到2008年上海市优抚、救济对象的总数在不断下降,这说明在总体上人民生活水平不断提高,特别是社会底层和弱势群体的生活保障层度不断提升,其自我保障

层度不断提高。从 2004 年起各类优抚、救济人数以及最低生活保障人数有较大的下降，从 2005－2008 年数值基本上保持在稳定状态，这说明上海市社会弱势群体维持在一定的基本量上。

上海市社会福利院、儿童福利院、社会福利医院和收养性老年福利机构在 2001 年到 2008 年之间也发生了较大的变化。其中社会福利院、儿童福利院和社会福利医院的变动量较小，这说明这几年来社会发展稳定，经济繁荣，纯粹依靠政府收养照顾的人数不断减少。但随着上海老龄化趋势加速，收养性老年福利机构的增长速度较快，机构数量从 2001 年的 398 个增长到 2008 年的 556 个，增加了将近一倍，这说明上海市随着老龄化程度的加重，社会化养老已经得到了政府和社会的重视。

表 3－276　上海市福利机构情况（2001－2008）

年份	社会福利院			儿童福利院			社会福利医院			收养性老年福利机构			
	单位（个）	床位数（张）	收养人数（人）	单位（个）	床位数（张）	收养人数（人）	单位（个）	床位数（张）	收养人数（人）	机构（个）	床位数（张）	收养人数（人）	其中 #老人
2001	26	5 570	4 410	2	1 221	1 221	3	1 894	1 894	378	23 627	17 363	16 923
2002	27	5 590	4 760	3	1 491	1 429	3	1 917	1 901	417	33 413	20 900	20 309
2003	26	5 818	4 779	2	1 087	1 512	3	1 680	1 881	422	36 791	23 451	22 682
2004	26	5 876	4 848	6	1 300	1 893	3	1 780	1 829	414	33 891	26 993	25 902
2005	23	5 999	4 809	6	2 016	1 986	3	1 811	1 811	450	43 131	31 301	30 181
2006	25	6 583	5 024	6	1 252	2 142	3	1 860	1 796	479	52 427	35 946	34 447
2007	24	6 499	5 068	6	1 252	2 341	3	1 852	1 806	536	64 115	42 665	40 731
2008	26	6 884	5 215	6	2 490	2 454	3	1 851	1 809	556	72 365	46 107	44 226

三、江苏省的社会保障

（一）江苏省社会保障总体情况

1. 社会保险

（1）城镇基本社会保险

2008 年江苏省企业职工基本养老保险参保人数1 641.36万人，比上 2007 年增加 147.31 万人，连续四年实现净增参保人数超百万。其中参保职工1 290.9万人，参保离退休人员 350.46 万人，分别比上 2007 年增加 123.47 万人和 23.84 万人。江苏省企业离退休人员养老金做到了按时足额发放。2007 年江苏省纳入社区管理的退休人员 325.09 万人，比上 2008 年增加 26.77 万人，社区管理率达 93.83%。

2008 年江苏省企业职工基本养老保险基金总收入 749.30 亿元，比 2007 年增长 25.2%，其中基金征缴收入 675.67 亿元，比 2007 年增长 25.33%。江苏省财政对 38 个困难市县给予养老保险重点补助 20.38 亿元。2008 年基金总支出 524.33 亿元，比 2007 年增长 25.03%，其中基本养老金支出和丧葬抚恤补助支出合计 492.58 亿元，比 2007 年增长 25.08%。2008 年江苏省基本医疗保险参保人数1 604.25万人，比 2007 年增加 168.46 万人，连续七年实现净增参保人数超百万。其中参保职工1 213.9万人，参保退休人员 390.35 万人，分别比 2007 年增加 143.56 万人和 24.9 万人。2008 年江苏省基本医疗保险基金总收入 264.07 亿元，比 2007 年增长 29.7%，其中基金征缴收入 235.97 亿元，比 2007 年增长 19.6%。2008 年基金总支出 178.56 亿元，比 2007 年增长 33.4%，其中基本医疗保险待遇支出 177.02 亿元，比 2007 年增长 33.6%。

2008 年江苏省失业保险参保人数1 052.24万人,比 2007 年增加 83.76 万人。2008 年江苏省领取失业保险金人数 21.51 万人,比 2007 年增加 0.46 万人。2008 年江苏省失业保险基金总收入 62.88 亿元,比 2007 年增长 29%;其中基金征缴收入 57.17 亿元,比 2007 年增长 29%。2008 年基金总支出 31 亿元,比 2007 年增长 56%。

2008 年江苏省工伤保险参保人数1 056.62万人,比 2007 年增加 135.64 万人,连续四年实现净增参保人数超百万。2008 年江苏省工伤保险基金总收入 16.12 亿元,比 2007 年增长 33%,其中基金征缴收入 15.07 亿元,比 2007 年增长 26.6%。2008 年基金总支出 9.85 亿元,比 2007 年增长 39.7%。

2008 年江苏省生育保险参保人数 907.23 万人,比 2007 年增加 113.12 万人,其中女职工 399.89 万人。2008 年江苏省生育保险基金总收入 14.98 亿元,比 2007 年增长 33.9%,其中基金征缴收入 14.37 亿元,比 2007 年增长 31.2%。2008 年基金总支出 8.17 亿元,比 2007 年增长 17.9%。

(2)其他社会保险

2008 年江苏省机关事业单位养老保险参保人数 110.29 万人,其中参保职工 82.17 万人,参保离退休人员 28.12 万人。2008 年江苏省机关事业单位养老保险基金总收入 58.92 亿元,比 2007 年增长 4.03%,其中基金征缴收入 55.36 亿元,比 2007 年增长 4.22%。2008 年基金总支出 56.99 亿元,比 2007 年增长 4.24%。

2008 年江苏省城镇非职工居民基本养老保险参保人数1 233.34万人,其中学生儿童 401.06 万人,参保率稳定在 90% 以上。

2008 年江苏省农村社会养老保险累计参保人数 957.95 万人,2008 年领取养老金人数达 176.45 万人。2008 年农村社会养老保险基金总收入 57.92 亿元,比 2007 年增长 85.88%;总支出 27.59 亿元,比 2007 年增长 20.17%。新型农村社会养老保险制度试点工作取得进展,江苏省已有 11 个省辖市和 80 个县(市、区)出台了新农保办法,参保农民达 361.64 万人。

2008 年被征地农民参加农村社会养老保险 15.03 万人,参加企业职工基本养老保险 104.63 万人,享受被征地农民基本生活保障 194.23 万人。

2. 社会福利

一是完善城乡低保标准增长机制。城乡低保标准随当地居民生活水平提高和物价上涨幅度相应提高。城市以省辖市为单位,农村以县(市)为单位,分别按照当地 2007 年度城市居民人均可支配收入和农民人均纯收入 20% ~25% 的比例,综合确定当年最低生活保障标准。原则上城乡低保标准增长幅度不低于当地城乡居民人均收入的增长幅度。二是全面启动城乡低保标准“1 美元计划”,并实施目标管理。贯彻落实江苏省委十一届三次全会的决定,力争用 3 ~5 年时间实现城乡低保对象每人每天生活水平不低于 1 美元的国际公认标准。2008 年江苏省城乡低保标准调整采取自然增长法和倒推法相结合,苏南、苏中、苏北城市低保标准要分别达到每人每月 330 元、270 元、200 元以上,农村低保标准要分别达到每人每月 210 元、140 元、110 元以上。三是密切关注基本生活消费品价格波动对低保家庭生活的影响,按季度启动价格上涨动态补贴机制。四是推进实施城乡一体化的节日慰问补助制度。

表 3 -277 收养类单位基本情况(2008 年)

项目	院 数(个)	工作人员(人)	床 位(张)	2008 年末收养人员(人)
总计	2 035	20 770	212 509	164 135
#工商登记	5	323	442	399

（续表）

项目	院 数(个)	工作人员(人)	床 位(张)	2008年末收养人员(人)
编制部门登记	213	5 666	35 407	30 087
民政部门登记	1 466	12 791	151 079	116 020
登记	351	1 990	25 581	17 629
#优抚类收养性单位	20	798	1 508	1 310
荣誉军人康复医院	1	118	140	32
复员军人疗养院	4	245	250	217
复退军人精神病院	1	308	578	664
光荣院	14	127	540	397
福利类收养性单位	2 015	19 972	211 001	162 825
社会福利院	61	1 863	12 106	8 708
儿童福利院	9	565	1 776	1 715
社会福利医院	11	1 586	3 908	3 698
城镇收养性老年福利机构	574	7 042	54 556	35 075
农村五保供养服务机构	1 353	8 781	138 165	113 170
其它收养性福利机构	7	135	490	459

（二）江苏省社会保障增长情况

1. 社会保险

表3－278　社会保险参保人数基本情况(2002－2008年)

项目	2002	2003	2004	2005	2006	2007	2008
养老保险	710.91	775.7	839.81	952.31	1 059.25	1 494.05	1 641.36
失业保险	735.62	761.6	797.1	838.5	901.1	968.48	1 052.24
医疗保险	508	594	976.7	1 124.1	1 274.3	1 435.79	1 604.25
工伤保险		503.2	577.2	680.2	812.7	920.98	1 055.71
生育保险		504	552.7	630.9	711.5	794.11	907.23

江苏省2002年到2008年之间社会保险各个保险项目的参保人数都有很大幅度的增长，特别是医疗保险的参保人数增长很快，基本上实现了与养老保险参保人数的持平，这反映了人们对这两项基本社会保险项目的刚性需求。养老保险参保人数实现稳步增长，工伤保险、生育保险从无到有，实现了较大的增幅。特别是从2007年到2008年之间的增长速度较快，说明江苏在保障民生上进展较快。

2. 社会福利

表 3-279　江苏社会福利事业增长状况

项目	2002	2003	2004	2005	2006	2007	208
最低生活保障人数(万人)	134.61	126.24	120	129.5	148.1	155	168
收养性社会福利单位(个)	2 509	2 475	2 226	1 998	1 953	2 046	2 035
床位数(万张)	8.81	9.55	9.88	10.70	14.08	15.7	21.25
收养人数(万人)	7.57	8.01	8.08	8.46	10.32	11.7	16.41

2001 年至 2008 年,江苏领取最低生活保障的人数出现了一个倒 U 型曲线,这可能与不断降低纳入最低生活保障的条件有关,也说明了弱势群体人数的稳定性和固定性。

四、浙江省的社会保障

(一)浙江省社会保障总体情况

1. 社会保险

(1)城镇基本社会保险

2008 年,浙江省参加企业养老保险人数1 293万人,比 2007 年末增加 217 万人,增长 20.2%;企业养老保险基金收入 457 亿元,支出 281 亿元,累计结余 781 亿元,比 2007 年末增加 176 亿元,基金支付能力稳定上升,支付能力达 32 个月。基本医疗保险参保人数1 054万人,比 2007 年末增加 199 万人,增长 23.3 %;工伤保险参保人数1 262万人,增加 259 万人,增长 25.8%;生育保险参保人数 687 万人,比 2007 年末增加 182 万人,增长 36.0%;参加失业保险人数 731 万人,比 2007 年末增加 146 万人,增长 25.0 %;。城镇居民参加基本医疗保险的有 365 万人,比 2007 年末净增 215 万人;农民工参加基本医疗保险和工伤保险的人数分别为 404 万人和 500 万人。

(2)其他社会保险

新型农村合作医疗机制不断完善,基金监管力度进一步加大,保障能力逐步增强。目前,浙江省参合人数3 094万人,参合率为 90%,人均筹资水平 135.9 元,住院补偿率为 31.2%,门诊结报率为 120%。浙江省 86 个有农业人口的县(市、区)人均筹资均在 100 元以上,并全面建立了住院兼顾门诊补偿制度。

2. 社会福利

浙江省在册低保对象 68.74 万人,其中城镇 9.39 万人,月均补助 202.12 元/人;农村 59.35 万人,月均补助 112.3 元/人,各县(市、区)全部执行低保新标准,绝大部分地区实现以县为单位,人均救助额不低于低保标准 50%。2008 年支出保障金近 9.5 亿元。2008 年末浙江省各种收养性社会福利单位拥有床位 15.5 万张,收养人员 9.66 万人。农村五保集中供养率 95%,城镇"三无"集中供养率 98.99%。所有乡镇(街道)和 2.75 万个社区(村)基本建立了社会救助综合管理服务机构。

(二)浙江省社会保障增长情况

1. 社会保险

表 3－280　社会保险参保人员基本情况（2002－2008 年）

单位:万人

项目	2002	2003	2004	2005	2006	2007	2008
养老保险	701.06	801.18	887.99	962.26	1 052.59	1 167.1	1 386.91
失业保险	390.02	396.84	428.44	444.68	504.38	584.75	731.1
医疗保险	423.40	510.30	569.24	639.56	730.59	854.97	1 053.92
工伤保险	226	287.70	360.44	453.07	603.94	1 002.9	1 261.84
生育保险	193.69	215.04	239.85	284.94	382.72	504.96	689.98

通过上表,可以看到浙江省各项社会保险的参保人数都有了很大的增幅,特别是工伤保险、生育保险和医疗保险的增幅较大,养老保险的增长幅度也较大,相对而言失业保险的增长幅度较小。从取得的成效来看,工伤保险和养老保险的覆盖人数最多,基本上达到了平衡的状态,但是其他社会保险之间参保人数较为不平衡,特别是医疗保险和养老保险参保人数之间的差距较大,说明医疗保险作为最基本的社会保险项目覆盖面没有达到养老保险的覆盖面,扩面工作仍然有待于加强。

2. 社会福利

表 3－281　社会福利事业单位基本情况（2002－2008 年）

项目	2002	2003	2004	2005	2006	2007	2008
收养性社会福利单位（个）	1 937	1 794	1 615	1 636	1 654	1 641	1 591
床位数（万张）	7.00	7.38	9.88	11.92	12.89	14.78	15.49
收养人数（万人）	4.98	5.46	7.15	8.24	8.86	10.53	9.87
福利企业单位（个）	3 644	3 615	3 345	3 151	3 240	2 926	2 771
福利企业单位全部职工人数（万人）	22.22	24.36	23.69	21.74	23.95	25.9	26.67
#残疾人数	9.62	10.69	10.46	9.81	9.62	10.04	10.34
殡葬事业单位	187	185	190	195	204	208	220

从上表可以看到从 2002 年到 2008 年浙江省社会福利机构资源不断整合,收养性社会福利单位机构数量不断下降的同时,实现了床位数和收养人数增长一倍,说明浙江省的社会福利事业发展的质量和水平都在稳步提升当中。

表 3－282　最低生活保障和救济情况（2002－2008）

项目	2002	2003	2004	2005	2006	2007	2008
最低生活保障人数（万人）	40.61	55.24	62.8	61.5	62.9	65.16	70.08
#城镇	5.63	8.07	8.85	8.9	8.93	9.02	9.28
#农村	34.99	47.17	53.96	52.6	53.97	56.14	60.8
保障资金总额（亿元）	1.77	3.24	4.69	5.62	6.52	7.69	10.68
#城镇	0.62	1.08	1.35	1.61	1.6	1.97	2.73

(续表)

项目	2002	2003	2004	2005	2006	2007	2008
#农村	1.16	2.16	3.34	4.01	4.92	5.72	7.95
医疗救助支出(亿元)					2.3	3.26	4.19
自然灾害救济支出(亿元)	1.03	1.08	2.04	2.65	4.82	1.97	1.55

从上表可以看到,从2002年到2008年浙江省享受最低生活保障人数处于稳步增长过程当中,7年时间里增长了将近2倍数量;同时在增长数量的绝对量上,越来越多的农村居民被纳入到最低生活保障的保障范围之内。另外,保障资金总额同期增长了五倍以上,城镇和农村的保障资金额度都有较大幅度的提升,保障力度不断加强,最低生活保障生活水平日益提高。

五、发展政策分析

(一)2008年上海市的发展政策

坚持保基本、广覆盖、分层次、可持续,完善社会保障体系。不断提高城镇退休人员基本养老金。扩大城镇职工基本社会保险参保人群,促进保障资金可持续发展。完善城镇居民基本医疗保险制度相关政策。完善小城镇社会保险制度,适当提高养老保险和医疗保险待遇。贯彻国家有关社会保险政策,调整完善来沪从业人员综合保险制度。完善生育保险和工伤保险制度。稳步发展企业年金,鼓励发展商业保险。进一步完善城乡低保政策,加强对低收入家庭的补贴和救助。加大医疗救助力度,开展对救助对象在就医期间进行救助的试点。继续推进社区综合帮扶工作。有序解决历史遗留的特殊群体的基本保障问题。推动老龄事业发展,把社区居家养老服务对象扩大到21万人,新增养老床位1万张,探索建立老年护理保险制度,完善老年人照料服务和优待措施,营造敬老、爱老、助老的社会氛围。贯彻落实《中共中央国务院关于促进残疾人事业发展的意见》,加强为残疾人服务,改善残疾人生活,促进残疾人的社会参与和全面发展。大力发展慈善事业,积极培育各类慈善组织,加快经常性社会捐助接收点建设。坚持和完善按劳分配为主体、多种分配方式并存的分配制度。继续推进住房保障体系建设。抓好廉租住房配租工作,对符合条件的困难家庭做到应保尽保。加大廉租房源筹措力度,逐步提高实物配租比例。建设经济适用住房,是特大型城市完善住房保障体系的重要措施之一。坚持政府主导,完善市场运作,继续开工建设一批经济适用住房,逐步解决中低收入家庭的居住困难。开展经济适用住房轮候供应试点,在实践中完善经济适用住房管理试行办法。实施旧区改造既是关系民生的工程,也是事关发展的重要任务。坚持创新机制,继续完善政策,采取多种办法,尽最大努力推进旧区改造。

(二)2008年江苏省的发展政策

进一步完善城乡社会保障体系。加大对社会保障的投入,稳定和扩大企业职工基本养老保险、城镇职工基本医疗保险和城镇居民基本医疗保险覆盖面,启动做实养老保险个人账户试点,抓紧制定养老保险省级统筹方案,继续提高企业退休人员基本养老金,切实做好社会保险关系省内跨地区转移接续工作。完善失业保险制度,及时做好关闭破产企业新失业人员、离退休人员的生活保障工作。重视被征地农民基本生活保障,切实做到即征即保,逐步提高收入水平。推进农民工参加工伤保险和医疗保险,扩大农民工养老保险覆盖面。完善城乡低保标准增长机制,落实农村“五保”供养政策。健全社会救助体系,大力发展社会福利、老龄、慈善和残疾人事业。

着力办好改善民生的实事。一是重点帮扶困难群众就业。实现下岗失业人员再就业25万人,确保城镇零就业家庭动态为零。二是加快保障性住房建设。新增廉租住房1.2万套,新开工经济适用住房5万套,完成危旧房改造550万平方米以上,发展公共租赁住房。三是进一步提高城乡最低生活保障标准。确保所有符合条件的贫困人口全部进入最低生活保障,苏中、苏北农村低保标准提高到每人每月170元和130元以上。四是提高养老保障和服务水平。全面开展新型农村社会养老保险制度建设,推进多种形式的养老服务。建成省老年公寓,80%的县(市、区)建有一所示范性养老机构,扶持一批社会养老机构,建成2 000个社区居家养老服务中心,新增农村敬老院床位1万张。五是进一步健全残疾人服务体系。全面建成县级残疾人康复中心,新建50所示范性残疾人托养机构。向特殊困难残疾人发放保险补贴,向生活不能自理的残疾人发放护理补贴。为残疾人购买2 000个公益岗位。

(三)2008年浙江省的发展政策

完善养老保障制度,稳步推进城镇职工基本养老保险省级统筹,探索新型农村社会养老保障制度。完善医疗、工伤等保险制度,加强城镇职工和城镇居民基本医疗保险、新型农村合作医疗之间的政策衔接,启动实施大学生医疗保障制度。完善社会救助体系,健全低保、医疗和农村五保、城镇“三无”人员等救助制度,完善困难群众物价补贴机制,加强临时救助制度建设,扩大社会救助覆盖面。加快发展老龄事业、社会福利事业和慈善事业,健全养老服务体系,以残疾人共享小康工程为抓手,加快残疾人事业发展,切实保障妇女、未成年人和残疾人合法权益。完善住房保障体系,健全经济适用房和廉租房制度,提高廉租住房实物配租比例,多渠道解决城市低收入家庭和其他群体的住房困难,加快农村危旧房改造。加强城乡法律援助体系建设。

三十八　长三角居民收入与消费

(一)长三角居民收入与消费基本情况

1. 长三角居民收入与消费整体情况

近年来,长三角地区居民收入水平和消费水平稳步提高。长三角地区城镇居民可支配收入2008年为22 693.8元,比2007年增长了2 502.2元,城镇居民消费支出为15 511.2元,比上一年增加了1 497.5元。2008年长三角地区农村居民人均纯收入为9 333.3元,比2007年增加了984元,农村居民生活消费支出为7 171.7元,比上年增加了478.7元。职工年平均工资2008年为35 105元,比上年增长了4 126元。

表3－283　长三角居民收入与消费整体情况

单位:元

指标	2004	2005	2006	2007	2008
城镇居民人均可支配收入(元)	13 903.7	15 752.7	17 672.3	20 191.7	22 693.8
城镇居民生活消费支出(元)	10 199.7	11 549.7	12 580.0	14 013.7	15 511.2
农村居民人均纯收入(元)	6 062.3	6 759.3	7 453.7	8 349.3	9 333.3
农村居民生活消费支出(元)	4 674.3	5 349.0	5 967.7	6 693.0	7 171.7
职工年平均工资(元)	21 900.3	24 450.7	26 972.7	30 978.3	35 105.0

数据来源:《江苏统计年鉴》、《上海统计年鉴》、《浙江统计年鉴》(历年)

2. 2004年到2008年长三角收入与消费增长情况

表3－284　长三角居民收入与消费增长情况

单位:%

收入与支出	2005	2006	2007	2008
城镇居民人均可支配收入	13.3	12.2	14.3	12.4
城镇居民生活消费支出	13.2	8.9	11.4	10.7
农村居民人均纯收入	11.5	10.3	12.0	11.8
农村居民生活消费支出	14.4	11.6	12.2	7.2
职工年平均工资	11.6	10.3	14.9	13.3

数据来源:《江苏统计年鉴》、《上海统计年鉴》、《浙江统计年鉴》(历年)

2004年到2008年,长三角地区居民收入增长速度较高,城镇居民收入水平年均增长速度在10%以上,2007年城镇居民人均可支配收入增加了14.3%,但2008年回落到12.4%。农村居民纯收入也保持在10%以上的增长速度,2007年农村居民收入增长12%,2008年下降了0.2个百分点。

从消费方面看,城镇居民生活消费支出2005年比2004年增长了13.2个百分点,2006年最低,只增加了8.9个百分点，2008年上升了10.7个百分点。农村居民消费2005年增长了14.4个百分点，是2004年到2008年以来增长速度最高的一年，但2008年农村居民消费增长速度不高，只有7.2%。职工年平均工资一直在稳步上升，2007年和2008年分别增长了14.9%和13.3%。

（二）上海市

1. 上海市居民收入消费整体情况

从上海市居民的收支情况来看，城乡居民收入保持平稳较快增长。2008年城市居民家庭人均年可支配收入26 675元，比上年增加了3 052元，农村居民纯收入为11 385元，比上年提高了1 163元。城镇居民消费支出2008年为19 398元，比上年增加2 163元。职工工资水平2008年为39 502元，比上年增长4 795元，人均储蓄存款额达63 987元，比上年增加了13 793元。

表3－285　2004年－2008年上海市居民收支情况

收入与支出	2004	2005	2006	2007	2008
城镇居民人均可支配收入（元）	16 683	18 645	20 668	23 623	26 675
城镇居民生活消费支出（元）	12 631	13 773	14 762	17 235	19 398
农村居民人均纯收入（元）	7 337	8 342	9 213	10 222	11 385
农村居民生活消费支出（元）	6 329	7 265	8 006	8 845	9 115
职工年平均工资（元）	24 398	26 823	29 569	34 707	39 502
人均储蓄存款余额（元）	39 956	47 416	52 231	50 194	63 987

数据来源：《上海统计年鉴》（历年）

表3－286　上海市2005－2008年上海市居民收入增长情况

单位：%

收入与支出	2005	2006	2007	2008
城镇居民人均可支配收入	11.76	10.85	14.30	12.92
城镇居民生活消费支出	9.04	7.18	16.75	12.55
农村居民人均纯收入	13.70	10.44	10.95	11.38
农村居民生活消费支出	14.79	10.20	10.48	3.05
职工年平均工资	9.94	10.24	17.38	13.82
人均储蓄存款余额	18.67	10.15	－3.90	27.48

数据来源：《上海统计年鉴》（历年）

全年城市居民人均消费支出19 398元，比上年增长12.4%。其中，服务性消费支出6 287元，增长12.4%。农村居民人均生活消费支出9 115元，比上年增长3.1%。其中，服务性消费支出3 002元，增长6.9%。

城乡家庭耐用消费品拥有量继续增加。据抽样调查，至年末，平均每百户城市居民家庭耐用消费品拥有量：家用轿车11辆，家用空调191台，移动电话219部，家用电脑109台。平均每百户农村居民家庭耐用消费品拥有量：彩电186台，洗衣机93台，热水淋浴器90台，移动电话156部，家用空调129台，家用电脑47台。

居民储蓄继续增加。至年末,全市居民储蓄存款余额12 083.66亿元,当年新增2 744.46亿元。其中,定期储蓄存款余额8 555.64亿元,新增2 369.78亿元;活期储蓄存款余额3 528.02亿元,新增374.68 亿元。

2. 上海市居民消费品价格变化情况

全年居民消费价格总水平比上年上涨5.8%。八大类价格同比涨幅呈现"六涨二跌"格局。其中,食品类价格上涨15.3%,影响总水平上升5个百分点;家庭设备用品及维修服务类价格上涨8.3%;医疗保健和个人用品类价格上涨3.1%;居住类价格上涨2.5%。

表3-287　居民消费价格指数

指　标	指 数(上年=100)
居民消费价格指数	105.8
食　品	115.3
烟酒及用品	101.7
衣　着	101.6
家庭设备用品及维修服务	108.3
医疗保健和个人用品	103.1
交通和通信	97.5
娱乐教育文化用品及服务	98.2
居　住	102.5

数据来源:2008 年上海市国名经济和社会发展统计公报

(三)江苏省

1. 江苏省居民收入消费总体情况

从江苏省居民的收支情况来看,城乡居民收入保持平稳较快增长。2008 年城市居民家庭人均年可支配收入18 680元,比上年增加了2 302元,农村居民纯收入为7 357元,比上年提高了796 元。城镇居民消费支出2008 年为11 978元,比上年增加1 263元。职工工资水平2008 年为31 667元,比上年增长4 293元,人均储蓄存款额达21 782元,比上年增加了4 712元。但与上海市相比,江苏省居民的人均储蓄额远远低于上海。

表3-288　2004 年-2008 年江苏省居民收支情况

收入与支出	2004	2005	2006	2007	2008
城镇居民人均可支配收入(元)	10 482	12 319	14 084	16 378	18 680
城镇居民生活消费支出(元)	7 332	8 622	9 629	10 715	11 978
农村居民人均纯收入(元)	4 754	5 276	5 813	6 561	7 357
农村居民生活消费支出(元)	3 035	3 567	4 135	4 792	5 328
职工年平均工资(元)	18 202	20 957	23 782	27 374	31 667
人均储蓄存款余额(元)	11 925	14 156	16 138	17 070	21 782

表 3-289　江苏省 2005-2008 年江苏省居民收入和消费增长情况

单位:%

收入与支出	2005	2006	2007	2008
城镇居民人均可支配收入	17. 53	14. 33	16. 29	14. 05
城镇居民生活消费支出	17. 59	11. 68	11. 28	11. 78
农村居民人均纯收入	10. 98	10. 18	12. 87	12. 13
农村居民生活消费支出	17. 53	15. 92	15. 89	11. 19
职工年平均工资	15. 14	13. 48	15. 10	15. 68
人均储蓄存款余额	18. 71	14. 00	5. 78	27. 60

数据来源:《江苏统计年鉴》(历年)

根据对5 100户城镇住户的抽样调查,2008 年全年城镇居民人均可支配收入18 680元,考虑物价因素,实际增长 8. 5%;人均消费性支出11 978 元,增长 11. 8%,其中食品支出占人均消费性支出的比重为 37. 9%。根据对3 400户农村住户的抽样调查,全年农村居民人均纯收入7 357元,比上年增长 12. 1%,考虑物价因素,实际增长 6. 2%;人均生活消费支出5 328元,增长 11. 2%,其中食品支出占人均生活消费支出的比重为 41. 3%。

2. 江苏省城乡居民消费价格变化

2008 年物价涨幅逐步回落。控制物价上涨取得明显成效,全年全省居民消费价格上涨 5. 4%,涨幅比上年提高 1. 1 个百分点,比一季度、上半年、前三季度分别回落 1. 8 个、1. 8 个和 1 个百分点。食品价格上涨 13. 0%,其中猪肉上涨 22. 7%、油脂上涨 25. 1%、鲜蛋上涨 3. 1%、禽上涨 7. 9%、鲜菜上涨 7. 1%。商品零售价格上涨 4. 9%。原材料、燃料、动力购进价格上涨 15. 0%,其中燃料动力类上涨 23. 3%、黑色金属材料类上涨 26. 9%、有色金属和电线类下降 3. 7%、化工原料类上涨 4. 0%、建筑材料及非金属类上涨 9. 2%。工业品出厂价格上涨 4. 6%。农业生产资料价格上涨 17. 3%。

表 3-290　居民消费价格比上年上涨情况(%)

指　标	全省	城市	农村
居民消费价格	5. 4	5. 2	5. 6
食品	13. 0	13. 5	12. 0
#粮食	6. 1	8. 5	4. 2
烟酒及用品	2. 9	3. 2	2. 3
衣着	0. 5	1. 3	-1. 6
家庭设备用品及服务	4. 1	5. 1	1. 8
医疗保健及个人用品	2. 5	2. 7	2. 1
交通和通信	-1. 4	-2. 3	0. 6
娱乐教育文化用品及服务	-1. 0	-1. 3	-0. 4
居住	4. 2	3. 0	7. 1

数据来源:2008 年江苏省国民经济和社会发展统计公报

(四)浙江省

1. 浙江省居民收入消费总体情况

从浙江省居民的收支情况来看,城乡居民收入保持平稳较快增长。2008 年城市居民家庭人均年可支配收入22 727元,比上年增加了2 153元,农村居民纯收入为9 258元,比上年提高了 993 元。城镇居民消费支出 2008 年为15 158元,比上年增加1 067元。职工工资水平 2008 年为34 146元,比上年增长3 292元,人均储蓄存款额达21 782元,比上年增加了4 712元。浙江省的居民收入和消费与江苏省相比呈现了收入支配项目个数高于江苏,但增加值低于江苏的特征。

表 3 -291　2004 年 -2008 年浙江省居民收支情况

收入与支出	2004	2005	2006	2007	2008
城镇居民人均可支配收入(元)	14 546	16 294	18 265	20 574	22 727
城镇居民生活消费支出(元)	10 636	12 254	13 349	14 091	15 158
农村居民人均纯收入(元)	6 096	6 660	7 335	8 265	9 258
农村居民生活消费支出(元)	4 659	5 215	5 762	6 442	7 072
职工年平均工资(元)	23 101	25 572	27 567	30 854	34 146

数据来源:《浙江统计年鉴》(历年)

表 3 -292　浙江省 2005 -2008 年江苏省居民收入和消费增长情况

单位:%

收入与支出	2005	2006	2007	2008
城镇居民人均可支配收入(元)	12.02	12.10	12.64	10.46
城镇居民生活消费支出(元)	15.21	8.94	5.56	7.57
农村居民人均纯收入(元)	9.25	10.14	12.68	12.01
农村居民生活消费支出(元)	11.93	10.49	11.80	9.78
职工年平均工资(元)	10.70	7.80	11.92	10.67

数据来源:《浙江统计年鉴》(历年)

2008 年浙江省城镇居民人均可支配收入连续八年、农村居民人均纯收入连续 24 年列全国各省区第一位。城镇居民收入的基尼系数(衡量居民内部收入分配差距的指标)为0. 331 0,农村居民的基尼系数为0. 361 4。城镇居民人均消费支出15 158元,比上年实际增长 2. 7%;农村居民人均生活消费支出7 072元,实际增长 9. 8%。城镇居民家庭恩格尔系数(居民家庭食品消费支出占生活消费总支出的比重)为 36. 4%,农村居民家庭恩格尔系数为 38. 0%,分别比上年提高 1. 7 和 1. 6 个百分点。

城镇居民人均住房建筑面积 34. 33 平方米,农村居民人均居住面积 58. 50 平方米,居住条件继续改善。城乡居民家庭耐用消费品拥有量变化明显。

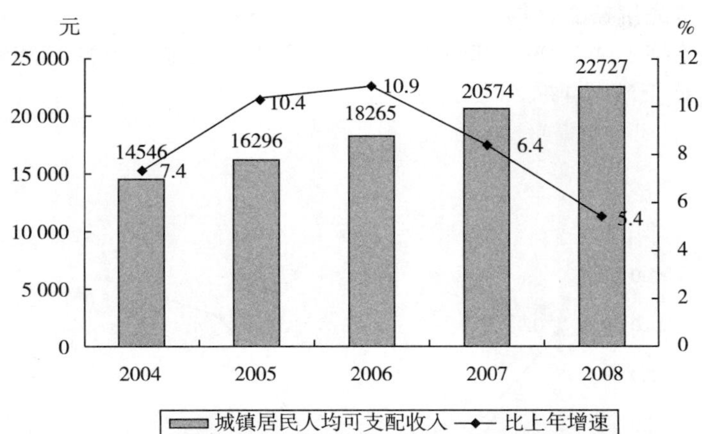

图 3－52　2004－2008 年城镇人均可支配收入及其增长度速

数据来源:2008 年浙江省国民经济和社会发展统计公报

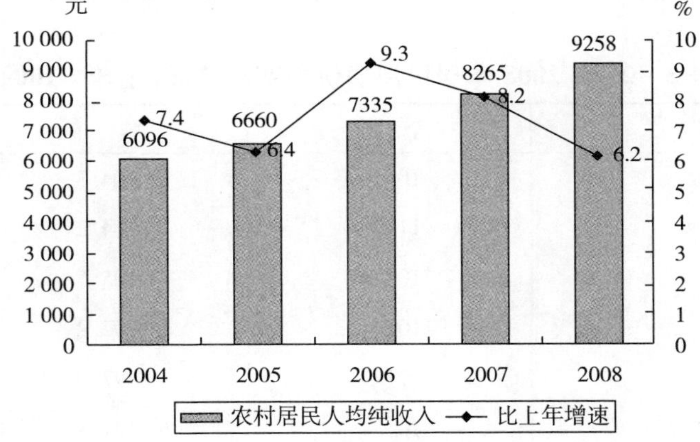

图 3－53　2004－2008 年农村居民人均现金收入及其增长速度

资料来源:2008 年浙江省国民经济和社会发展统计公报

表 3－293　2008 年浙江省城乡居民每百户主要耐用消费品消费量

	单位	城镇居民	比上年增长(%)	农村居民	比上年增长(%)
洗衣机	台	91. 23	－1. 8	62. 55	4. 7
电冰箱	台	97. 87	－2. 2	80. 17	6. 9
空调器	台	170. 73	6. 0	61. 30	13. 5
摩托车	辆	25. 85	－14. 9	56. 87	－1. 7
家用汽车	辆	19. 65	41. 8	4. 74	19. 9
彩色电视机	台	176. 18	－3. 7	149. 64	3. 8
固定电话	部	90. 07	－5. 7	92. 23	－1. 0
移动电话	部	188. 95	－0. 9	159. 74	6. 3
家用电脑	台	79. 45	7. 7	23. 38	20. 6

数据来源:2008 年浙江省国民经济和社会发展统计公报

2. 浙江省居民消费品价格变化情况

浙江省居民消费价格上涨5.0%,其中居住类上涨5.0%,食品类上涨13.9%。商品零售价格上涨6.3%,房屋销售价格上涨7.4%。

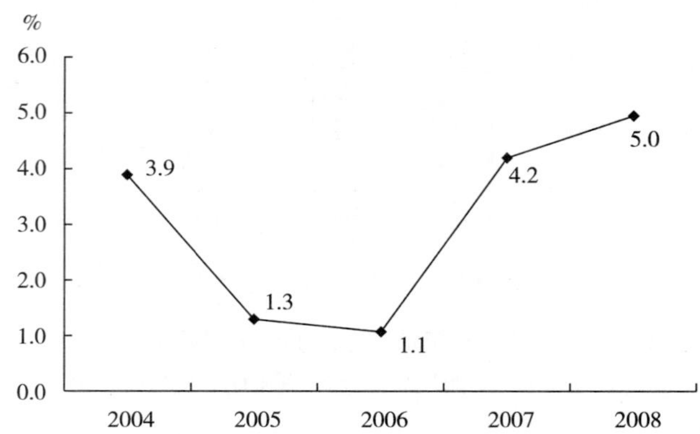

图3-54　2004-2008年居民消费价格涨跌幅度

表3-294　2008年居民消费价格变动情况(上年=100)

	全　省	城　市	农　村
居民消费价格总指数	105.0	104.8	105.3
食品	113.9	114.2	113.6
#粮食	105.4	105.5	105.3
烟酒及用品	102.1	102.2	102.1
衣着	97.9	97.5	98.4
家庭设备用品及服务	103.4	104.5	102.5
医疗保健及个人用品	105.8	106.8	105.0
交通和通信	95.6	94.4	96.9
娱乐教育文化用品及服务	99.0	99.8	98.3
居住	105.0	104.0	105.7

资料来源:2008年浙江省国民经济和社会发展统计公报

(五)2008影响长三角居民消费价格的主要影响因素分析

2008年长三角城市居民消费价格指数一直在高位运行,长三角各市食品类价格涨幅从高到低依次为上海15.3%、南京15.1%、苏州14.9%、绍兴14.7%、杭州14.6%、镇江14.4%、湖州13.9%、宁波13.8%、无锡13.5%、嘉兴13.3%、舟山12.7%、南通12.6%、扬州12.4%、泰州10.7%、台州10.1%。

1. 医疗保健和个人用品价格类对CPI的助涨作用明显。

根据资料显示,2008年,长三角16城市医疗保健和个人用品类平均价格指数104.4,比上年上涨4.4%,在八大类消费品及服务项目中涨幅高居第2位。城市之间的上涨幅度存在较大差异,上涨幅度最大的台州市达10.1%,上涨幅度最小的镇江市为1.2%。常州市涨幅为2.0%,在长三角16城市中居第13位。其他各市医疗保健和个人用品类价格涨幅从高到低依次为宁波8.7%、绍兴8.3%、舟山7.4%、苏州5.6%、杭州5.3%、湖州5.1%、上海3.1%、南京3.1%、无锡2.7%、泰州2.6%、嘉兴2.2%、扬州1.9%、南通1.6%。

2. 居住类价格上涨是物价总水平上涨的重要因素。

居住类价格主要包括住房装修材料、房租等与居住有关的物价(不包括房价)。从整体上来,2008年长三角16城市居住类平均价格指数比上年上涨3.6%,但季度间呈现稳中趋降的走势,前三个季度平均涨幅均在5%以上,四季度涨幅明显回落,平均价格指数比一季度末下降1.7个百分点。与一季度相比,长三角16城市居住类价格涨幅均有不同程度回落,其中回落幅度最大的泰州市达3.1个百分点,回落幅度最小的嘉兴市为0.3个百分点。常州市由于租房、建房及装修材料等价格涨幅较大,居住类价格涨幅达6.5%,在长三角十六城市中列居第2位,比一季度回落1.3个百分点。

3. 交通通信类价格持续低走促使CPI进一步回落。

2008年,长三角16城市交通和通信类物价指数持续上年低位运行格局,除泰州市略有上升外,其他城市均比上年明显回落,降幅列八大类商品及服务价格之首,16城市平均降幅达到3.0%,与上年相比降幅扩大了1.4个百分点。宁波、绍兴两市降幅最大,达6.6%,常州、扬州两市降幅较小,比上年下降0.8%。16城市交通和通信类物价指数从高到低依次为泰州100.6%、常州99.2%、扬州99.2%、镇江99.0%、无锡98.2%、湖州98.0%、上海97.5%、南通97.3%、台州96.9%、苏州96.5%、南京96.2%、嘉兴96.2%、舟山95.7%、杭州94.7%、绍兴93.4%、宁波93.4%。

4. 宏观政策调控作用显现。

2008年,长三角16城市认真贯彻中央各项发展生产、保障市场供应的政策措施,并逐步收到效果,部分重要食品的价格明显回落。以猪肉价格为例,随着政府扶持生猪生产、支持生猪标准化规模养殖的政策和措施逐渐发挥效应,生猪生产得到较快恢复,出栏量明显增加,猪肉市场供应充足,猪肉价格趋降。鲜菜价格同样走出明显的回落行情,年初由于冰雪灾害推高了市场菜价,随着天气变暖及运输通畅,蔬菜市场供应充足,价格逐步回落。猪肉和鲜菜价格的走低对于抑制价格总水平上涨起到了关键的作用。此外,中央和各地方政府对水、电、燃气等公共产品价格实行严格管制,央行多次下调房屋贷款利率、住房公积金贷款利率,也对居住价格的回落起到了积极作用。

5. 国际因素缓解物价上涨压力。

受美元贬值影响,2007年下半年以来,国际市场能源、原材料及粮食价格一路狂升,屡创新高。但2008年下半年以来受金融危机的影响,世界经济整体疲软,原油、粮食、铁矿石、煤炭等国际大宗商品价格普遍持续走低,特别是原油价格从每桶147.27美元的历史高点暴跌至近期的40美元以下,下跌100美元左右。国际市场石油及大宗商品价格的回落,对上游产品价格涨幅回落继而缓解下游产品涨价压力产生了重要作用。

6. 翘尾因素减弱对物价影响较大。

从构成价格总水平上涨的两大因素来看,2008年新涨价因素影响对CPI上涨的拉动作用并不明显,主要是2007年下半年价格上涨的滞后影响拉动所至。进入下半年以后,随着上年翘尾影响的逐渐减弱,直接带动了居民消费价格指数持续走低。

三十九　长三角文化发展

(一)基层文化与基础设施建设

截至2008年底,上海已经建成标准化的社区文化活动中心135个,村级综合文化活动室600家,农村文化信息共享服务点1 237个,居委会文化活动室近4 000个,构筑了“15分钟都市公共文化圈”。群众业余文化团体上万,每年举行群众文化活动万余场,参加演出人数30万,观众达千万人次。2009年上海继续着力完善基层公共文化设施网络,推进600个共享工程农村基层服务点建设,年底基本实现全覆盖。同时协同推进社区文化活动中心建设,2009年内完成新建30个,并协同建设800个农家书屋。

近几年来,上海启用了东方艺术中心等标志性的文化设施,而且花大力气建设社区文化设施,形成了显示城市文化高点的标志性剧院与遍布全市各区县、社区、街道的文化中心交相辉映的局面。同时,上海大剧院、上海音乐厅、东方艺术中心等一批外观优美、水准一流的“地标”建筑,努力创造各种形式为广大普通市民提供服务。上海大剧院、音乐厅、东艺三家2007年首次实现了公益演出常年、定点、错时举行,10多万市民在周末可以以低廉票价欣赏到高品质的演出。同时还进行了“大剧院艺术课堂”、“东方艺术中心系列讲座”,以及公益性演出、低价甚至免费艺术讲座和开放参观日等一系列形式多样的探索。

江苏省自2006年实施公益性农家书屋工程以来,至2008年已建成农家书屋5 627个,总量位居全国前列。2009年年底前全省预计将建成8 474个农家书屋。

浙江省把公共文化服务建设的重点放在农村。在浙江,占人口总数70%以上的农民消费的文化产品、文化服务还不到总量的30%,城乡文化发展不均衡。为了缩小这一差距,从2007年起,浙江省每年安排不少于1亿元的专项资金补助农村基层文化建设。2006年至2008年,全省组织大规模送文化下乡活动,共送演出下乡4.5万余场,送电影50万余场,送书籍500万余册。2008年又启动“彩虹行动”,首批向31个县(市、区)的农村低保户家庭捐赠了5万台彩电,并免除有线电视费。目前,浙江的县级文化馆、村文化活动室覆盖率分别达到96.7%和70%。全省利用远程教育系统建设文化信息资源共享工程基层服务点34 000个,初步建成了覆盖全省的公共文化信息服务网络。

(二)公共图书馆

2008年,上海市有公共图书馆29个,从业人员2 169人。图书总藏量6 394.12万册(件),本年新购藏量178.49万册(件)。公共图书馆建筑面积27.48万平方米,阅览座位16 282个。图书借阅总人次为509.06万人次。计算机5 219台,电子阅览室终端数1 455个。为读者举办各种活动4 539场,其中市级851场,区级3 640场,县级48场,参加人次共149.47万人次,其中市级60.06万人次,区级88.44万人次,县级0.97万人次。

截至2009年,经过八年的努力,上海市中心图书馆建成了全市“一卡通”的总分馆数108家,形成了全球城市图书馆最大的单一集群系统。与此同时,上海都市主题图书馆的布局雏形也已完成,已建成的有黄浦区文庙“儒家经典展示馆”和黄浦区图书馆的“俄罗斯文化室”,上海生命科学院的“生命科学主题图书馆”,复旦大学上海视觉艺术学院的“视觉艺术主题图书馆”等等。今后,上海将着力把上海市中心图书馆总分馆建设和主题图书馆建设编织成一张大网,形成“处处可以借书还书,时时可以听讲看展,人人可以选择各种媒介学习”的社会大学堂。

2008 年江苏有公共图书馆 106 个，比 2007 年增加 1 个；从业人员2 717人，比 2007 年增加 190 人。图书馆总藏量3 775. 8万册，其中省级公共图书馆 867. 1 万册，县区级公共图书馆1 663. 6万册。为读者服务举办各种活动4 729次，举办各种活动参加人数达 294. 7 万人次，总支出37 013万元。

浙江有公共图书馆 94 个。2009 年 5 月，浙江网络图书馆开通，为读者提供了“一站式”资源检索和文献服务。浙江图书馆、杭州图书馆等浙江省内公共图书馆的持证读者，通过点击“浙江网络图书馆”，足不出户便能搜索全省公共图书馆馆藏资源目录和 1. 7 亿条中外文文献信息，260 万种图书书目信息，180 万种图书原文传递、6 亿页全文内容检索，1 万多种电子期刊、2 000余万篇论文原文传递或全文下载，2 万多部视频和众多地方特色数据库。整合了全省公共图书馆资源的网络平台，目前在国内尚属首例。浙江为搭建这一网络平台，仅省财政就累计投入了1 000多万元，开通后，每年大约还要投入 400 多万元。

（三）博物馆、纪念馆

2008 年，上海市博物馆、纪念馆总计 110 个，馆内藏品实际数量共 282. 75 万件，其中一至三级藏品 19. 65 万件；举办展览活动 238 个，参观人次1 117万人次。综合性博物馆纪念馆 15 个，馆内藏品实际数量 2. 49 万件，其中一至三级藏品 1. 42 万件；举办展览活动 72 个，参观人次 193 万人次。历史类博物馆纪念馆 16 个，馆内藏品实际数量 9. 50 万件，其中一至三级藏品 2. 35 万件；举办展览活动 20 个，参观人次 272 万人次。艺术类博物馆纪念馆 6 个，馆内藏品实际数量 100. 86 万件，其中一至三级藏品 13. 30 万件；举办展览活动 4 个，参观人次 151 万人次。科学类博物馆纪念馆 3 个，馆内藏品实际数量 27. 07 万件，其中一至三级藏品 0. 39 万件；举办展览活动 10 个，参观人次 333 万人次。人物类博物馆纪念馆 18 个，馆内藏品实际数量 11. 91 万件，其中一至三级藏品 2. 19 万件；举办展览活动 57 个，参观人次 70 万人次。行业类博物馆纪念馆 40 个，馆内藏品实际数量 124. 88 万件，举办展览活动 57 个，参观人次 91 万人次。高校类博物馆纪念馆 12 个，馆内藏品实际数量 6. 04 万件，举办展览活动 18 个，参观人次 7 万人次。

自 2008 年 3 月 10 日起，中共“一大”会址纪念馆、上海博物馆、上海鲁迅纪念馆、陈云故居暨青浦革命历史纪念馆等 4 个全国爱国主义教育示范基地向社会免费开放。2008 年 5 月，在国家文物局公示的首批 79 家国家一级博物馆名单中，上海市共有 3 家市属博物馆入围，分别是上海博物馆、上海鲁迅纪念馆、中共一大会址纪念馆。

2008 年江苏省有博物馆 165 个，比 2007 年增加 57 个；从业人员3 470人，比 2007 年增加1 110人。南京博物院、侵华日军南京大屠杀遇难同胞纪念馆、南通博物苑、苏州博物馆、扬州博物馆入选国家一级博物馆。从 2004 年起，继侵华日军南京大屠杀遇难同胞纪念馆在全国率先对公众免费开放后，陆续有 66 家省级爱国主义教育基地实行免费开放。2008 年，全省 174 家各级宣传文化文物部门归口管理的公共博物馆、纪念馆（文物建筑和遗址类博物馆除外），全国爱国主义教育示范基地，省级爱国主义教育基地实行免费开放，数量和范围全国领先。雨花台烈士陵园、周恩来纪念馆、沙家浜革命历史纪念馆、茅山新四军纪念馆、淮海战役烈士纪念塔（馆）等一大批公共文化设施，除按市场化运作举办的特别（临时）展览外，均对社会公众免费开放。截至 2008 年底，江苏省的博物馆、纪念馆等参观人数达到5 100万人次，是免费开放前的 4 倍。江苏省美术馆从 2008 年春节开始，对公众实行全部免费开放，同时提高服务质量，2008 年的参观人数达 20 万人次，是往年的两倍。

浙江现有博物馆 78 个。2008 年 3 月，浙江省率先在全国实行博物馆、纪念馆、展览馆等爱国主义教育基地和其他文化场馆对未成年人免费开放。目前，全省共有各级爱国主义教育基地1 300余家，95% 以上的省级以上爱国主义教育基地实行免费开放；市级以下爱国主义教育基地绝大多数实行了免费开放。

(四)文物保护维修

2008年,上海市有文物保护机构111个,与2007年持平。文物保护机构从业人员数2 380人,比2007年增加40人。文物保护维修项目39个,其中国家级2个,市级20个。维修面积2万平方米,项目总预算2 959万元,专项补助601万元,当年保护维修支出2 319万元。截至2008年底,上海市新发现1 245处不可移动文物。新发现文物包括被誉为"中国工业锅炉的摇篮"、曾诞生中国第一台水管式锅炉的上海四方锅炉厂、福新第三面粉厂旧址、上海丰田纺织厂铁工部旧址等。2009年上海市将在开展第二批市级保护名录申报评审和第三批国家级名录推荐工作的基础上,建立上海市非物质文化遗产专题网站,启动国家级保护项目专题资料片拍摄工作和《上海市国家级非物质文化遗产名录》丛书编辑出版工作。

江苏2008年共有文物机构总数250个,比2007年增加58个;从业人员4 188人,比2007年增加1 112人。其中文物保护管理机构64个,比2007年增加1个;从业人员348人,比2007年增加7人;文物科研及其他文物机构12个,与2007年持平;从业人员100个,比2007年增加16个。

浙江对文化遗产保护经费逐年增加,2006年至2008年,全省财政投入文物保护经费分别为2.9亿元、6.3亿元和7.7亿元。现有全国重点文保单位132处,居全国第5位。全省有杭州、绍兴、宁波、临海、衢州、金华6座国家级历史文化名城,中国历史文化名镇、名村19个。建立了覆盖全省的省市县三级非物质文化遗产名录体系。截至2008年10月底,浙江省已完成了宁波、舟山和台州市部分地区沿海水下文物普查工作的陆地调查部分,发现水下文化遗存疑点105处,其中宁波市25处、舟山市65处、台州市15处。

(五)群众艺术馆和文化馆(站)

2008年,上海市有群众文化活动机构245个,比2007年减少2个;群众艺术馆和文化馆(站)组织活动共43 343次,举办展览2 306个,举办训练班22 542次,结业86万人次。

江苏有群众文化服务机构共1 411个,比2007年减少18个;从业人员5 732人,比2007年减少24人。其中群众艺术馆文化馆117个,比2007年增加1个;从业人员1 986人,比2007年增加15人;文化站1 294个,比2007年减少19个;从业人员3 746人,比2007年减少40人。群众艺术馆文化馆举办展览838个,组织文艺活动5 177次,举办训练班4 724次,结业21.8万人次。馆办文艺团体438个,馆办老年大学58个,由群众艺术馆文化馆指导的农村集镇文化中心1 082个,文化户4 959户,群众业余文艺团队3 343个,总支出20 257万元。文化站举办展览5 635个,组织文艺活动20 172次,举办训练班12 192次,结业86.1万人次,总支出28 274万元。

浙江有群艺(文化)馆、文化站1 557个。浙江省政府规定,从2009年10月1日起,文化馆向公众提供展览、群众文艺演出、书刊阅览服务的,应当免费。除此之外的群众文化艺术服务,可以适当收取成本费,但对老年人、残疾人、未成年人免费或者优惠。

(六)广播电视

2008年,上海市有线电视总用户数为527.2万户,比2007年增加27.9万户;有线电视入户率为104.76%,比2007年增加4.82%;有线广播电视传输网络干线总长33 696公里,比2007年增加3 495公里。电视台节目共25套,其中市级电视台16套,区县级9套;公共节目播出时间171 730小时,其中自办节目81 385小时,市级电视台分别为120 856小时和66 598小时,区县级电视台分别为50 874小时和14 787小时;全年制作节目时间共53 358小时,市级48 135小时,区县级5 223小时。广播电台节目共21套,其中市级广播电台11套,区县级广播电台10套;公共节目播出时间共131 854小时,其中自办节目99 750小时，市级广播电台分别为76 807小时和68 950小时，区县级广播电台分别为55 047小时和30 800小时；全年制作节目时间共86 466小时，市级72 808小时，区县级13 658小时。

江苏现有广播电台14座，电视台14座，广播、电视人口覆盖率均达到99.9%，有线电视入户率达62.4%，有线电视用户数达1 451万户，数字电视用户数达323万户。广播节目制作时间528 823小时，电视节目制作时间156 840小时。

浙江现有省市级广播电台、电视台各12座，县级广播电视台66家。全省乡镇和行政村的有线电视联网率分别达到99.6%和98%。2008年全省有线电视用户数1 057.1万户，比上年增长2.1%，入户率为68.8%，广播、电视综合覆盖率分别达到98.9%和99.1%。全省广播电视业经营收入97.44亿元，比上年增长10.8%。

（七）文化产业

2008年上海文化及相关产业进出口总额达145.99亿美元，进口49.91亿美元，出口98.08亿美元，呈贸易顺差，其中，文化服务业进口5.33亿美元，出口5.24亿美元，呈贸易平稳。

2008年，江苏文化产值增加值800亿元，比上年增长36.2%，占GDP比重由2004年的1.72%提升至2.6%，连续三年保持近30%的增速。在江苏省文化产业引导资金申报的项目中，各类新兴文化业态项目的比重从2007年的14.6%上升到2009年的24.6%，总投资额从11.62亿元上升到43.63亿元。

2008年浙江省文化产业增加值达687.6亿元，比2004年增长82.1%。据对浙江省111家重点文化服务业企业调查，2009年1~5月份这些企业实现营业收入18.0亿元，比上年同期增长11.2%，增幅比上年同期提高6.6个百分点；上交税金0.9亿元，增长11.7%；从业人员平均人数0.8万人，同比增长4.7%。其中95家广播、电视、电影和音像企业营业收入17.3亿元，增长10.6%；16家文化艺术企业收入0.7亿元，同比增长28.9%。

1. 演出业

2008年，上海市有艺术表演团体共107个，从业人员总数3 821人，国内演出18 361场，观众727万人次。其中市级剧团29个，从业人员2 980人，国内演出8 081场，观众370万人次；区级剧团75个，从业人员789人，国内演出10 130场，观众297万人次；县级剧团3个，从业人员52人，国内演出150场，观众60万人次。艺术表演机构139个，从业人员2 404人，座席106 798个，演（映）出场次29 318场，其中艺术演出场次9 448场；观众838.4万人次，其中艺术演出观众567.9万人次。市级艺术表演场所21个，从业人员1 410人，座席32 097个，演（映）出场次4 791场，观众345万人次。区级艺术表演场所112个，从业人员965人，座席68 111个，演（映）出场次23 798场，观众470.8万人次。县级艺术表演场所6个，从业人员29人，座席6 590个，演（映）出场次729场，观众22.6万人次。

江苏省2008年艺术机构总数22 930个，比2007年减少279个；从业人员总数100 064人，比2007年减少77人；其中艺术创作机构65个，比2007年减少2个；从业人员393人，比2007年减少4人；艺术表演团体119个，比2007年减少8个；从业人员5 579人，比2007年增加355人；艺术表演场馆90个，比2007年增加7个；从业人员2 600人，比2007年增加610人。

浙江现省有艺术表演剧团377个，从业人员10 841人。艺术表演场馆168个（其中附属剧场116个），从业人员3 640人。演出经济机构35个，从业人数481人，占文化市场从业人数的0.5%。演出经济机构资产总计23 937.7万元。

2. 出版业

2008年，上海市有图书出版机构39个，与2007年持平。图书出版从业人员3 883人，比2007年减少116人；书刊印刷机构5 123个，比2007年增加173个，从业人员13.97万人，比2007年增加

1.56 万人;图书发行机构8 945个,比 2007 年增加1 106个,从业人员 2.50 万人,比 2007 年减少 0.11 万人。出版图书17 780种,比 2007 年增加 822 种。总印数 2.64 亿册,比 2007 年增加 0.24 亿册;总印张数为 24.97 亿印张,比 2007 年增加 0.92 亿印张。出版期刊 623 种,比 2007 年减少 1 种。每期平均印数1 105万册(份),比 2007 年减少 12 万册(份)。总印数 1.90 亿册,比 2007 年增加 0.07 亿册。总印张数为 9.27 亿印张,比 2007 年增加 0.52 亿印张。出版报纸 100 种,比 2007 年减少 1 种。每期平均印数为 787 万份,比 2007 年减少 28 亿册。总印数为 17.24 亿册,比 2007 年增加 0.2 亿册。总印张数为 88.29 亿印张,比 2007 年增加 1.54 亿印张。

2008 年江苏图书出版11 191种,共 5.06 亿册,同比增长 2.8%;杂志 439 种,出版9 652万册,同比增长 11.0%;报纸 143 种,出版 27.94 亿份,同比下降 0.3%。

浙江省现有 14 家图书出版社,共出版图书8 273种,总印数 2.9 亿册;全省公开发行的报纸有 70 种,年发行量 29.6 亿份,比上年增加 0.97 亿份,平均每千人每天拥有 160.4 份报纸;出版期刊 218 种,年发行量近 0.75 亿册。

3. 影视业

2008 年,上海市有影剧院 172 个,比 2007 年减少 3 个。摄制故事片 17 部,比 2007 年增加 8 部;美术片 8 本,比 2007 年增加 8 本;译制影片 248 本,比 2007 年增加 37 本。放映电影 35 万场,比 2007 年增加 2 万场;观众1 456万人次,比 2007 年增加 71 万人次。

2008 年江苏有剧场、影剧院 75 个,比 2007 年增加 4 个;从业人员1 671人,比 2007 年增加 155 人。

浙江 2008 年制作生产的各类电影有 22 部、电视剧 26 部 863 集,全年城市影院共放映电影 37.7 万场,观众 914.9 万人次,票房收入 2.73 亿元,比上年分别增长 13.2%、5.1% 和 29.5%。全省有社会影视制作机构 360 多家,注册资金 15 亿元,列全国第 2 位。拥有横店影视城、江南水乡古镇群、舟山桃花岛等 23 个影视拍摄基地,2003 年底成立全国第一个国家级的横店影视产业实验区,共有 179 家影视机构入驻,先后完成拍摄了电影 36 部、电视剧 268 部、专题片 20 多部。

4. 娱乐业

2008 年,上海市共有文化娱乐机构3 918个,从业人员58 116人,主营业务收入1 364 601万元,主营业务利润401 556万元,房屋建筑面积 175.4 万平方米;歌舞娱乐场所1 115个,从业人员16 174人,主营业务收入119 499万元,主营业务利润35 249万元,房屋建筑面积 60.2 万平方米;游戏电子游艺经营场所 506 个,从业人员5 312人,主营业务收入16 585万元,主营业务利润7 041万元,房屋建筑面积 19.1 万平方米;其他娱乐场所 835 个,从业人员17 790人,主营业务收入148 275万元,主营业务利润66 630万元,房屋建筑面积 37 万平方米;网吧1 462个,从业人员10 853人,主营业务收入174 624万元,主营业务利润5 729万元,房屋建筑面积 48.5 万平方米;经营性互联网文化单位从业人员7 987人,主营业务收入905 618万元,主营业务利润286 907万元,房屋建筑面积 10.6 万平方米。

浙江有文化娱乐场所4 197个,其中歌舞厅1 078个,卡拉 OK 厅2 017个,电子游戏、游艺机经营场所 755 个,综合娱乐场所 267 个,其他 80 个。娱乐场所从业人员58 931人,占文化市场从业人员总数的 58.8%。娱乐场所资产总计655 192.3万元。

四十　长三角教育发展

（一）长三角地区教育发展总体情况

2008 年末长三角两省一市共有普通中等学校、小学和特殊教育学校合计17 095所，比 2007 年减少 934 所。其中普通中等学校6 567所，比 2007 年减少 181 所；小学10 322所，比 2007 年减少 761 所。

2008 年上述三类学校总数比 2000 年减少23 391所，减幅 57.78%。2008 年普通中等学校数比 2007 年减少 181 所，同比减少 2.68%，比 2000 年减少1 728所，减幅为 20.83%。2008 年小学数比 2007 年减少 761 所，同比减少 6.87%，比 2000 年减少21 650所，减幅为 67.72%。2008 年特殊教育学校比 2007 年增加 8 所，同比增加 4.04%，但比 2000 年减少了 13 所，减幅为 5.94%。2008 年专任教师总数比 2007 年增加 0.68 万人，同比增加 0.66%，比 2000 年增加 8.10 万人，增幅为 8.52%。2008 年普通中等学校专任教师数比 2007 年增加 0.54 万人，同比增加 0.97%，比 2000 年增加 11.05 万人，增幅为 24.44%。2008 年小学专任教师数比上年增加 0.11 万人，同比增加 0.24%，比 2000 年减少 3.02 万人，减幅为 6.12%。2008 年特殊教育学校专任教师数比 2007 年增加 0.03 万人，同比增加 5.88%，比 2000 年增加 0.07 万人，增幅为 14.89%。2008 年在校学生总数比 2007 年减少 49.79 万人，同比减少 2.86%，比 2000 年减少 256.72 万人，减幅为 13.19%。2008 年普通中等学校在校学生数比 2007 年减少 31.20 万人，同比减少 3.40%，比 2000 年则增加了 96.63 万人，增幅为 12.25%。2008 年小学在校学生数比 2007 年减少 18.56 万人，同比减少 2.27%，比 2000 年减少 351.76 万人，减幅为 30.56%。2008 年特殊教育学校在校学生数比 2007 年减少 0.03 万人，同比减少 0.62%，比 2000 年减少 1.29 万人，减幅为 21.15%。

表 3－295　长三角教育发展历年概况

单位：所，万人

指标	2000 年	2002 年	2003 年	2004 年	2005 年	2006 年	2007 年	2008 年
学校数	40 486	31 198	23 798	21 431	20 220	19 166	18 029	17 095
普通中等学校	8 295	7 864	7 365	7 160	7 020	6 902	6 748	6 567
小学	31 972	23 123	16 231	14 071	13 001	12 066	11 083	10 322
特殊教育	219	211	202	200	199	198	198	206
专任教师数	95.05	98.53	97.78	99.33	100.49	105.07	102.47	103.15
普通中等学校	45.21	50.06	50.69	52.61	53.90	55.01	55.72	56.26
小学	49.37	48.02	46.63	46.25	46.12	46.18	46.24	46.35
特殊教育	0.47	0.45	0.46	0.47	0.47	0.50	0.51	0.54
在校学生数	1 946.32	1 950.30	1 924.67	1 895.47	1 839.66	1 793.01	1 739.69	1 689.90
普通中等学校	789.05	898.49	934.85	964.22	953.35	939.74	916.88	885.68
小学	1 151.17	1 046.22	984.51	926.26	881.43	848.55	817.97	799.41
特殊教育	6.10	5.59	5.31	4.99	4.88	4.72	4.84	4.81

注：本表数据综合上海市、江苏省、浙江省统计年鉴。

(二)上海市的教育发展基本情况

1. 上海市教育发展总体情况

2008 年上海市共有各类学校(全日制学校,含高等学校)1 678所,在校学生数 190.15 万人,分别比 2007 年增加 2.32%、1.26%;教职工数达 21.15 万人,比 2007 年增加了 0.57%。各类普通中等学校呈现出继续减少的势头,职业中学更是在 2007 年基础上又减少了 4 所,降幅连续第二年超过 10%。在普通中等学校继续减少的同时,普通小学数量却悄然回升,2008 年上海市普通小学共有 672 所,比 2007 年增加了 57 所,增幅达到了 9.27%。此外,普通高等学校与特殊教育学校也分别增加了 1 所。各类普通中等学校的教职工数量继续下降,但值得注意的是,中等专业学校、职业中学和技工学校等的专任教师数量与 2007 年持平,这意味着这些学校的专任教师在教职工中所占比例得到了扩大。

表 3-296　2008 年上海市教育发展概况

单位:所,万人,%

指标	2000 年	2007 年	2008 年	变动率
学校数	2 225	1 640	1 678	2.32
普通高等学校	37	60	61	1.67
普通中等学校	1 133	937	916	-2.24
中等专业学校	84	76	73	-3.95
职业中学	60	32	28	-12.50
技工学校	115	30	28	-6.67
普通中学	861	786	774	-1.53
工读学校	13	13	13	0.00
普通小学	1 021	615	672	9.27
特殊教育学校	34	28	29	3.57
教职工数	22.73	21.03	21.15	0.57
普通高等学校	6.01	7.18	7.31	1.81
普通中等学校	10.43	8.85	8.58	-3.05
中等专业学校	1.27	1.00	0.97	-3.00
职业中学	0.66	0.48	0.45	-6.25
技工学校	0.77	0.20	0.21	5.00
普通中学	7.66	7.11	6.89	-3.09
工读学校	0.07	0.06	0.06	0.00
普通小学	6.13	4.84	5.10	5.37
特殊教育学校	0.16	0.16	0.16	0.00
专任教师	12.83	13.59	13.02	-4.19
普通高等学校	2.05	3.55	3.69	3.94
普通中等学校	6.26	6.08	5.98	-1.64
中等专业学校	0.53	0.51	0.51	0.00
职业中学	0.39	0.29	0.29	0.00
技工学校	0.30	0.11	0.11	0.00
普通中学	5.01	5.13	5.03	-1.95
高中	1.42	1.79	1.72	-3.91

（续表）

指标	2000年	2007年	2008年	变动率
初中	3.59	3.34	3.31	-0.90
工读学校	0.03	0.04	0.04	0.00
普通小学	4.43	3.85	4.10	6.49
特殊教育学校	0.09	0.11	0.11	0.00
毕业生数	55.67	49.97	48.88	-2.18
普通高等学校	4.09	11.85	12.21	3.04
普通中等学校	32.76	27.48	26.15	-4.84
中等专业学校	3.86	3.86	3.71	-3.89
职业中学	3.99	1.52	1.66	9.21
技工学校	1.86	0.79	0.57	-27.85
普通中学	22.92	21.23	20.09	-5.37
高中	7.18	10.24	9.51	-7.13
初中	15.74	10.99	10.58	-3.73
工读学校	0.13	0.08	0.12	50.00
普通小学	18.73	10.55	10.44	-1.04
特殊教育学校	0.09	0.09	0.08	-11.11
招生数	52.23	47.59	48.93	2.82
普通高等学校	8.13	14.46	14.58	0.83
普通中等学校	33.71	22.06	21.88	-0.82
中等专业学校	3.00	3.23	3.24	0.31
职业中学	2.44	1.53	1.39	-9.15
技工学校	1.68	0.46	0.49	6.52
普通中学	26.46	16.72	16.63	-0.54
高中	7.84	6.15	5.86	-4.72
初中	18.62	10.57	10.77	1.89
工读学校	0.13	0.12	0.13	8.33
普通小学	10.28	11.00	12.39	12.64
特殊教育学校	0.11	0.07	0.08	14.29
在校学生	207.61	187.79	190.15	1.26
普通高等学校	22.68	48.49	50.29	3.71
普通中等学校	105.53	85.47	80.29	-6.06
中等专业学校	11.89	12.81	12.08	-5.70
职业中学	8.48	5.20	4.80	-7.69
技工学校	5.37	1.56	1.32	-15.38
普通中学	79.54	65.60	61.77	-5.84
高中	23.94	22.90	19.26	-15.90
初中	55.60	42.70	42.51	-0.44
工读学校	0.25	0.30	0.32	6.67
普通小学	78.86	53.33	59.06	10.74
特殊教育学校	0.54	0.50	0.51	2.00

注:① 本表数据由上海市教育委员会提供。② 普通中学学校数中,完全中学 142 所, 高级中学 141 所,初级中学 349 所,一贯制学校 142 所。

2. 上海市教育发展的历史情况

2000年以来,上海市各类学校总数持续减少,2000年至2007年,包括普通高等学校在内的各类学校总数从2 225所下降到了1 640所,减幅26.29%,其中只有普通高等学校保持着增长态势。但这一趋势在2008年出现逆转,2008年各类学校总数回升到1 678所,比2007年增加了2.32%。从细化数据中,我们发现,这一逆转主要是由于普通小学的数量出现了回升,2008年普通小学由2007年的615所上升到672所,这一数字已接近2003年的水平,超过了2004年的统计数据。而各类普通中等学校则继续减少,其中中等专业学校减少3所,减幅3.95%,职业中学减少4所,减幅12.50%,技工学校减少2所,减幅6.67%,普通中学减少了12所,减幅1.53%。

2008年,各类学校教职工数也比2007年有所增加,但主要增长集中在普通高等学校和普通小学方面,普通中等学校的教职工数量继续减少。但值得注意的是,在普通中等学校方面,中等专业学校、职业中学和技工学校的专任教师数与2007年保持一致,而其教职工总数则比2007年有所减少,这意味着这些学校的专任教师在教职工中所占比例得到了增长。在普通中等学校的学生数量继续减少的情况下,各类学校在校学生总数却由于普通高等学校和普通小学学生数的增加而小幅回升,达到190.15万人,尽管这一数字比2000年减少了8.41%,但这仍是上海市自2000年以来第一次在该数据方面实现正增长。

表3-297 上海市教育发展主要年份历史情况

单位:所,万人,%

指标	2000年	2002年	2003年	2004年	2005年	2006年	2007年	2008年
学校数	**2 225**	**1 903**	**1 839**	**1 726**	**1 694**	**1 672**	**1 640**	**1 678**
普通高等学校	37	50	57	59	60	60	60	61
普通中等学校	1 133	1 070	1 065	990	966	958	937	916
中等专业学校	84	82	83	82	81	81	76	73
职业中学	60	48	55	42	37	37	32	28
技工学校	115	83	83	44	41	33	30	28
普通中学	861	857	844	822	807	794	786	774
工读学校	13	/	/	/	/	13	13	13
普通小学	1 021	751	686	648	640	626	615	672
特殊教育学校	34	32	31	29	28	28	28	29
教职工数	**22.73**	/	**21.58**	**21.64**	**21.59**	**21.35**	**21.03**	**21.15**
普通高等学校	6.01	/	6.31	6.83	7.09	7.17	7.18	7.31
普通中等学校	10.43	/	9.77	9.58	9.40	9.16	8.85	8.58
中等专业学校	1.27	/	1.19	1.12	1.09	1.06	1.00	0.97
职业中学	0.66	/	0.59	0.56	0.51	0.50	0.48	0.45
技工学校	0.77	/	0.39	0.36	0.34	0.21	0.20	0.21
普通中学	7.66	/	7.60	7.54	7.46	7.33	7.11	6.89

（续表）

指标	2000 年	2002 年	2003 年	2004 年	2005 年	2006 年	2007 年	2008 年
工读学校	0.07	/	/	/	/	0.06	0.06	0.06
普通小学	6.13	/	5.34	5.07	4.94	4.86	4.84	5.10
特殊教育学校	0.16	/	0.16	0.16	0.16	0.16	0.16	0.16
专任教师	**12.83**	**12.57**	**12.30**	**12.85**	**13.10**	**13.36**	**13.59**	**13.02**
普通高等学校	2.05	2.29	2.44	2.87	3.18	3.39	3.55	3.69
普通中等学校	6.26	6.12	6.12	6.13	6.08	6.12	6.08	5.98
中等专业学校	0.53	0.50	0.53	0.53	0.53	0.52	0.51	0.51
职业中学	0.39	0.35	0.36	0.34	0.31	0.30	0.29	0.29
技工学校	0.30	0.20	0.15	0.13	0.12	0.12	0.11	0.11
普通中学	5.01	5.07	5.08	5.13	5.12	5.14	5.13	5.03
高中	1.42	1.58	1.71	1.77	1.81	1.80	1.79	1.72
初中	3.59	3.49	3.37	3.36	3.31	3.34	3.34	3.31
工读学校	0.03	/	/	/	/	0.04	0.04	0.04
普通小学	4.43	4.06	3.88	3.75	3.74	3.75	3.85	4.10
特殊教育学校	0.09	0.10	0.10	0.10	0.10	0.10	0.11	0.11
在校学生	**207.61**	**204.54**	**203.94**	**202.79**	**197.58**	**193.04**	**187.79**	**190.15**
普通高等学校	22.68	33.16	37.85	41.57	44.26	46.63	48.49	50.29
普通中等学校	105.53	103.59	100.71	106.94	99.30	92.54	85.47	80.29
中等专业学校	11.89	12.66	13.69	14.05	13.67	13.70	12.81	12.08
职业中学	8.48	7.56	7.04	6.43	5.76	5.33	5.20	4.80
技工学校	5.37	4.40	4.51	3.68	2.85	2.05	1.56	1.32
普通中学	79.54	78.97	75.47	82.78	77.02	71.17	65.60	61.77
高中	23.94	27.22	29.67	31.07	30.82	27.17	22.90	19.26
初中	55.60	51.75	45.80	51.71	46.20	44.00	42.70	42.51
工读学校	0.25	/	/	/	/	0.29	0.30	0.32
普通小学	78.86	67.24	64.83	53.74	53.50	53.37	53.33	59.06
特殊教育学校	0.54	0.55	0.55	0.54	0.52	0.50	0.50	0.51

数据来源：综合上海市历年统计年鉴。

3. 上海市各区域教育发展基本情况

2008 年上海市各区、县共有普通中学 774 所，招生166 338人，毕业生200 920人，在校学生617 724人，教职员工68 886人，其中专任教师50 321人。浦东新区的普通中学在各项指标上均居全市之首。

表 3－298　上海市各区、县普通中学基本情况(2008 年)

单位:所,人

地区	学校	毕业生数	招生数	在校学生	教职员工	#专任教师
总　计	774	200 920	166 338	617 724	68 886	50 321
浦东新区	109	32 236	28 156	100 207	9 624	7 569
黄浦区	24	8 140	5 409	21 375	2 725	1 734
卢湾区	15	3 384	2 087	8 379	1 222	848
徐汇区	42	13 209	10 778	38 596	4 343	3 148
长宁区	28	8 172	5 952	22 588	2 685	1 861
静安区	15	5 089	3 672	13 964	1 712	1 142
普陀区	50	12 448	8 413	31 391	4 152	2 655
闸北区	42	10 341	7 445	29 261	3 524	2 441
虹口区	42	10 646	7 855	29 369	3 082	2 257
杨浦区	57	14 178	10 356	39 196	4 663	3 280
闵行区	59	12 131	11 980	41 750	5 323	3 857
宝山区	53	10 822	10 785	38 858	3 905	3 098
嘉定区	31	6 896	6 512	24 195	2 714	2 105
金山区	30	8 228	6 905	26 395	2 862	2 096
松江区	32	8 579	7 841	30 927	3 377	2 338
青浦区	27	6 417	6 846	24 413	2 435	1 908
南汇区	42	12 157	9 999	38 403	3 970	3 282
奉贤区	37	7 465	7 907	28 775	2 969	2 172
崇明县	36	10 165	7 026	28 426	3 509	2 459
农场	3	217	414	1 256	90	71

注:本表数据由上海市教育委员会提供。

2008 年上海市各区、县共有普通小学 672 所,招生123 949 人,毕业生104 362 人,在校学生590 561人,教职员工51 010人,其中专任教师40 964人。浦东新区的普通小学在各项指标上均居全市之首。

4. 2008 年上海市教育发展的主要特点

2008 年与 2007 年相比,各类普通中等学校继续呈现学校数量、学生人数、师资力量等各项指标的减少,但由于普通高等学校的持续发展,特别是普通小学相关指标在 2008 年出现的回升现象,各项主要教育指标呈现出了“两头增长、中间减少”的现象,即普通高等学校与普通小学逐步增长,普通中等学校继续萎缩。普通小学的数量与规模回升趋势明显,已恢复到了 2004 年的水平,普通小学数量与学校数量总数自 2000 年以来首次实现正增长。

表 3－299　上海市各区、县普通小学基本情况（2008 年）

单位：所，人

地　区	学　校	毕业生数	招生数	在校学生	教职员工	#专任教师
总　计	672	104 362	123 949	590 561	51 010	40 964
浦东新区	111	18 196	23 833	108 473	8 078	6 981
黄浦区	21	2 456	2 169	11 820	1 551	1 080
卢湾区	14	1 252	1 259	6 525	946	660
徐汇区	42	6 774	5 873	31 267	2 572	2 167
长宁区	26	3 818	3 602	18 572	1 904	1 529
静安区	12	1 817	1 686	8 998	1 147	702
普陀区	28	5 789	5 335	27 348	2 337	1 638
闸北区	36	4 356	4 067	21 067	2 174	1 613
虹口区	35	4 135	4 225	20 687	2 111	1 688
杨浦区	46	6 094	5 360	28 807	2 869	2 312
闵行区	47	7 500	11 703	51 322	4 287	3 408
宝山区	61	7 597	9 675	46 785	3 812	3 276
嘉定区	30	4 357	6 472	28 993	2 250	1 833
金山区	26	4 152	4 952	22 180	2 133	1 535
松江区	18	5 114	8 527	38 370	2 654	2 218
青浦区	30	4 574	6 292	27 998	2 426	1 843
南汇区	27	6 410	7 255	34 817	2 863	2 543
奉贤区	25	5 768	7 947	37 025	2 530	2 157
崇明县	35	3 801	3 383	17 917	2 196	1 658
农场	2	402	334	1 590	170	123

注：本表数据由上海市教育委员会提供。

5. 上海市著名学校

1）华东师范大学第二附属中学

华东师范大学第二附属中学创建于 1958 年秋，是华东师范大学的教育实验和实习基地。1963 年成为上海市重点中学，1978 年成为国家教育部直属重点中学，是经教育部批准有高中理科实验班办学资格的全国四所中学之一。学校是上海市文明单位、全国中小学现代教育技术实验学校、上海市科技特色学校和联合国教科文组织“亚洲教育革新为发展服务计划联系中心”（APEID）成员单位。

自建校以来，学校一贯重视贯彻党和国家的教育方针，坚持教育教学改革，形成了“勤奋、求实、开拓、进取”的校风和“严谨、扎实、灵活、创造”的教风，有效地促进了学生在德、智、体诸方面生动活泼地发展。自 1991 年至 2007 年，有 20 多位学生在国际中学生奥林匹克学科竞赛中荣获了 19 枚金牌、4 枚银牌和 2 枚铜牌，有 7 位学生分别在第 51 届、52 届、53 届英特尔国际中学生科学与工程大赛中获 8 个奖项，近年来有多名学生入选国家队，为祖国争得了荣誉，被誉为“金牌学校”。学校重视国际交流,1986 年起先后有美国、日本、澳大利亚、韩国等国留学生来校学习,成为上海市最早招收外国留学生的中学之一,1999 年经上海市教委批准成立国际部。学校先后与美国、日本、英国、澳大利亚、法国、德国、新加坡等国十余所中学建立了友好关系,有一百多位教师和数百名学生先后赴国外考察、进修或短期留学。

2000 年,华东师范大学与浦东新区签定协议,共建华东师大二附中。新校座落在浦东新区张江高科技园区,总投资人民币 2. 25 亿元,占地 150 亩,建筑面积53 000平方米,教学设施达到一流水平,于 2002 年 9 月 1 日启用。

2)上海外国语大学附属外国语学校

上海外国语大学附属外国语学校(简称"上外附中"),在毛泽东、周恩来、邓小平、陈毅等老一辈无产阶级革命家直接关心下,于 1963 年创办,是全国主要大城市第一批建立的七所外国语学校之一。学校直属国家教育部,是全国十五所具有保送外语类大学、院系资格的学校之一。学校目前还是全国外国语学校工作研究会会长单位和全国外国语学校工作研究理事会理事长单位。

上外附中校园占地三十三亩,建筑总面积22 508平方米,目前开设英、法、德、日、俄、西六个语种,是全国开设语种最多的外国语学校。上外附中的办学宗旨是"服务祖国发展、服务人类进步",弘扬"自强、至诚、志远"学校校训,坚持以"学生发展为本、成人与成材并举"的教育理念和"文化立校、以德治校"的办学理念,把"外语特长、文理并举、复合性、高层次、高素质的国际型预备英才"作为培养目标,全面实施素质教育。自建校以来,学校培养了近万名优秀学生,他们遍布世界各地,很多人已经成为祖国社会主义现代化建设的骨干。学校每年都有一批学生进入哈佛、耶鲁、麻省、剑桥、东京、早稻田等国际知名、一流大学深造;每年进入全国重点大学的升学率为 92% 以上。

学校建立了以其为主的全国外国语学校外语教学研究协作组,通过年会方式进行科研成果交流。学校还进行多种形式办学,开办"国际部";学校根据上海在改革开放中急需大量外语后备人才的形势,对少年儿童进行业余外语教学,学员总人数达学校学生五倍以上。学校利用自己的外语优势,为国家、为社会的外语教育发挥了"示范"、"辐射"、"参与"等积极作用,为我国通过改革开放日益走向世界作出了应有的贡献。

(三)江苏省教育发展基本情况

1. 江苏省教育发展总体情况

2008 年江苏省共有各类学校(除普通高等学校之外)22 826所,在校学生数17 338 440人,教职工数842 014人,其中专任教师数量为696 283人。各类学校中,普通中学2 946所、小学5 233所,分别比 2007 年又减少了 90 所和 435 所;特殊教育学校 113 所,比 2007 年增加了 6 所;中等专业增加了 3 所,而职业高中则又减少了 45 所。职业技术培训机构发展迅猛,达到9 243所,比 2007 年增长了 52. 07%。普通中等专业学校的教职工与专任教师数都有所增长,分别比 2007 年增加了 12. 81%、14. 78%,特殊教育学校的教职工与专任教师则分别比 2007 年增加了 5. 34%、6. 25%。普通中学的教职工比 2007 年减少了 0. 55%,小学教职工比 2007 年则减少了 1. 23%。

表 3 -300 江苏省各级各类教育事业(2008 年)

单位:所,人

指 标	学校数	毕业生数	招生数	在校学生数	教职工数	#专任教师
普通高等教育	120	406 914	446 145	1 677 350	154 001	96 267
研究生		25 990	35 011	104 718		

（续表）

指　标	学校数	毕业生数	招生数	在校学生数	教职工数	#专任教师
本专科学生		380 924	411 134	1 572 632		
普通中等专业学校	156	166 834	254 942	741 462	27 454	20 364
普通中学	2 946	1 523 432	1 348 762	4 281 496	340 480	286 564
高中	737	499 083	865 825	1 498 712		98 918
初中	2 209	1 024 349	482 937	2 782 784		187 646
职业高中	173	122 642	103 952	332 859	22 698	18 205
技工学校	142	81 317	121 436	329 638	16 855	11 573
小学	5 233	859 130	642 287	4 080 728	282 805	254 717
特殊教育学校	113	5 173	4 785	30 135	3 730	2 890
幼儿园	4 241	585 352	729 711	1 776 424	96 061	65 748
工读学校	2	161	138	294	85	60
成人高等教育	13	110 949	131 472	365 543	2 915	1 652
#广播电视大学	2	954	2 239	4 803	485	204
职工高等学校	6	2 328	2 348	6 714	643	397
教育学院	2	5 023	4 084	13 787	877	420
成人中等专业学校	85	16 083	27 863	60 945	5 394	5 327
成人中学	270	15 818		23 576	1 931	1 321
职业技术培训机构	9 243	6 282 958		5 284 213	41 004	27 504
成人初等学校	206	5 918		8 436	602	358
网络教育	3	8 510	13 126	22 691		

注：本表转自江苏省统计年鉴 2009。

2. 江苏省教育发展历史变化情况

2000 年以来，江苏省的普通中等学校、小学和特殊教育学校数量保持减少的趋势。与 2000 年相比，这三类学校合计数减少 63.91%，其中普通中等学校减少了 26.13%，特殊教育学校也减少了 8.13%，而小学数量的减幅则高达 72.62%。与此相反，三类学校专任教师总数则总体呈逐步增加的态势，尽管 58.28 万人的总数低于 2007 年的该项指标，但仍然比 2000 年增加了 7.55%，其中小学专任教师减少了 11.87%，而普通中等学校的专任教师数量则增加了 29.98%。在招生数方面，普通中等学校 2008 年的招生数自 2005 年以来继续减少，但与 2000 年相比，2008 年仍然增长了 8.12%，小学招生数比 2007 年小幅减少，但超过了 2005 年的该项指标，与 2000 年相比则减少了 32.76%，特殊教育学校的招生数则比 2000 年增加了 23.08%。

3. 江苏省辖市教育发展基本情况

2008 年江苏省 13 个省辖市普通中等专业学校、普通中学、小学等三类学校共有在校学生总数 1 239.80万人，其中普通中学 428.15 万人，小学 408.07 万人。在校学生总数、普通中学和小学在校生数最多的市为徐州市，分别占全省总数的 18.11%、15.66%和 13.16%。南京市的专任教师数量达到了 9.32 万人，超越徐州市成为全省第一，占全省总数的 13.33%。

表 3-301 江苏省普通中等学校、小学、特殊教育学校主要年份历史变化情况

单位:所,万人,%

指标	2000 年	2005 年	2007 年	2008 年	与 2000 年相比变化
学校数	**23 455**	**9 900**	**9 182**	**8 465**	**-63.91**
普通中等学校	4 222	3 530	3 407	3 119	-26.13
小学	19 110	6 261	5 668	5 233	-72.62
特殊教育	123	109	107	113	-8.13
专任教师	**54.19**	**57.54**	**58.40**	**58.28**	**7.55**
普通中等学校	25.02	31.13	32.30	32.52	29.98
小学	28.90	26.16	25.83	25.47	-11.87
特殊教育	0.27	0.25	0.27	0.29	7.41
招生数	**253.86**	**259.52**	**247.79**	**235.48**	**-7.24**
普通中等学校	157.94	197.19	182.19	170.77	8.12
小学	95.53	61.93	65.19	64.23	-32.76
特殊教育	0.39	0.40	0.41	0.48	23.08
在校学生	**1 156.11**	**1 081.57**	**997.08**	**946.67**	**-18.12**
普通中等学校	433.97	592.97	564.86	535.59	23.42
小学	718.55	485.53	429.18	408.07	-43.21
特殊教育	3.59	3.07	3.04	3.01	-16.16
毕业生数	**232.88**	**286.94**	**279.72**	**267.71**	**14.96**
普通中等学校	117.74	180.99	185.66	181.28	53.97
小学	114.78	105.52	93.60	85.91	-25.15
特殊教育	0.36	0.43	0.46	0.52	44.44

注:本表数据转自江苏省统计年鉴 2009。

表 3-302 江苏省省辖市教育情况(2008 年)

单位:万人

市　县	在校学生总数	#普通中学	#小学	专任教师总数
合　计	1 239.80	428.15	408.07	69.91
南京市	142.21	27.27	28.56	9.32
无锡市	80.37	24.86	30.88	5.02
徐州市	224.49	67.05	53.72	8.86
常州市	63.08	20.60	22.42	3.44
苏州市	96.19	30.09	36.38	6.17
南通市	93.03	39.67	34.36	5.49
连云港市	79.35	35.65	33.46	4.66
淮安市	83.33	34.11	32.30	4.75
盐城市	112.98	39.09	36.77	6.97
扬州市	65.18	24.69	23.42	3.87
镇江市	41.34	14.23	13.46	2.53
泰州市	61.49	28.47	23.52	4.12
宿迁市	96.76	42.37	38.82	4.71

注:本表数据转自江苏省统计年鉴 2009。

4. 2008 年江苏省教育发展的主要特点

2008 年江苏省普通中等学校、小学等主要教育机构延续了 2000 年以来的减少趋势，其中小学数量减幅明显，2008 年与 2000 年相比，小学数量减少了 72.62%。在专任教师、招生数、在校生数和毕业生数等其他重要指标上，依然保持了“中增小减”的态势，即普通中等学校的各项指标总体保持小幅上升的趋势，而小学的各项指标则持续走低。值得一提的是，2008 年江苏省各类职业技术培训机构出现大幅增加，达到了9 243所，比 2007 年增加了3 165所，同比增加了 52.07%，这一现象对于职业培训与继续教育体系的完善有怎样的影响，值得我们保持关注。

5. 江苏省著名学校

1）南京市金陵中学

南京市金陵中学创建于 1888 年，原为美国基督教创办的汇文书院，后更名金陵大学附属中学，简称金陵中学。1951 年改名南京十中，1988 年恢复原名金陵中学。现为江苏省重点中学、模范学校、国家级示范高中。百余年来，学校培养了 4 万多名毕业生，陶行知、吕彦直、吴仲华、厉以宁等著名校友和他们创造的不朽的业绩为金陵中学的历史增添了无限的光彩。因此，金陵中学又被誉为“英才摇篮”。

学校占地 5 万平方米，环境优美，师资优良，设施齐全，设备先进。现有初、高中 58 个班，学生3 128多人，教职工 236 人，其中特级教师 7 名，学科带头人 12 名，优秀青年教师 34 名，高级教师 94 名。许多著名高校教师和高级科研机构的院士在校担任兼职教师。金陵中学是一座面向国际的名校。目前，金陵中学与美国、英国、俄罗斯、日本、澳大利亚等 10 多个国家的知名中学建立了友好关系，并经常组织师生间的互访和交流活动。

党的十一届三中全会以来，学校遵循邓小平“三个面向”指示和党的教育方针，继承和发扬优良办学传统，逐步深入教育改革。1996 年开始，先后实施了《以学分制为制约和激励机制的高中全面素质教育改革方案》，举办了高、初中实验班，增设研究性学习课程。学生在提高全面素质发展个性特长方面成绩显著。学生荣获国际中学生数学和信息学奥赛金牌 3 枚、银牌 2 枚，女篮和女排曾获得全国中学生比赛冠军和季军。学校重视教育教学科研工作，在学校教科研室的领导下，九五期间，学校开展了“高中素质教育中的考核评价及学分制研究”等十多项国际、国家、和省市级课题研究活动；十五期间，又开展了“完善学分制，构建多元化的高中课程体系的研究”等五项国家和省级科研课题，积累了丰富的教育教学科研经验。

2）江苏省扬州中学

江苏省扬州中学始于 1902 年创立的仪董学堂，是一所有百年办学历史的名校。学校连续三年被江苏省人民政府命名为省级文明单位，是江苏省首批通过国家示范高中省级评估的学校、江苏省重点中学、江苏省模范学校、江苏省“四星级”普通高中。

扬州中学素以办学立意高峻、校风优良、名师荟萃、人才辈出著称于世。校友中有江泽民同志，原中共中央政治局委员、著名理论家胡乔木，著名作家、学者朱自清，有“两弹一星”元勋黄纬禄等 40 多位院士，更有大批专家、学者、各级干部及各行各业高素质的劳动者。在百年办学过程中，扬州中学始终坚持“突出树人宗旨，努力服务社会”的办学理念和“人格健全、学术健全、自治自动、体育兼重”的办学思想，形成了“正直向上，热于求知”的优良校风，“进德修业，教书育人”的教风和“慎思明辨，格物致知”的学风。

学校坚持以人为本，广揽人才，礼聘名师，形成了一支结构合理、学养深厚、教导有方、安于久任的教师队伍。全校现有享受国务院特殊津贴的 1 人，特级教师、省市中青年专家、省“333”工程培养对象、省市学科带头人等 30 多名。学校办学特色是追求“科学与人文相融合”，并力求在学校管理、教育、教学等方面全面体现这一特色。课程设置体现能力本位和文理并重的思想，注重建设高品位的校园文化,保证学生自主发展的空间。近几年高考高分考生人数、重点大学达线率和本科达线率均居全省前列,各类全国、省学科竞赛成绩骄人。扬州中学校园面积12万多平方米,校舍建筑面积6万多平方米。校园布局合理,环境幽雅,设施齐全,为学生的读书成长和活动实践提供了一流的条件。

(四) 浙江省教育发展基本情况

1. 浙江省教育发展总体情况

2008年浙江省共有普通中学2 377所,小学4 417所,幼儿园10 212所,均比2007年有所减少。普通中学、小学、特殊教育学校和幼儿园的专任教师数量则都比2007年有所增加,分别达到177 593人、167 847人、1 413人和79 741人。普通中学在校生2 698 003人,比2007年略有增加;小学在校生3 322 785人,比2007年则略有减少。

表3-303 浙江省各级各类教育事业基本情况(2008年)

单位:所,人

	学校数	毕业生数	招生数	在校生数	教职工数	专任教师数
一、基础教育	17 071	1 983 088	2 038 642	7 627 236	515 815	426 628
1. 普通中学	2 377	834 012	903 983	2 698 003	203 645	177 593
高中	594	295 892	281 878	848 152		60 005
其中:民办	187	62 915	62 477	181 947		11 073
初中	1 783	538 120	622 105	1 849 851		117 588
其中 :民办	175	49 372	75 339	202 561		11 148
2. 小学	4 417	624 785	557 757	3 322 785	182 810	167 847
其中 :民办	212	41 774	58 727	309 115	15 703	11 851
3. 幼儿园	10 212	522 636	574 954	1 593 374	127 635	79 741
其中 :民办	8 227	319 086	354 879	1 014 213	83 074	50 761
4. 特殊教育学校	64	1 603	1 864	12 924	1 680	1 413
5. 工读学校	1	52	84	150	45	34
二、中等职业教育	463	232 387	246 492	690 626	39 535	30594
1. 职业高中	346	171 810	179 596	502 588	28 600	23 398
2. 普通中等专业学校	46	36 633	31 275	90 966	4 619	3 485
3. 技工学校	71	23 944	35 621	97 072	6 316	3 711
三、普通高等教育	77	212 147	279 387	868 036	75 986	47 795
1. 研究生		8 944	13 691	35 812		
博士生		1 401	1 864	7 449		
硕士生		7 543	11 827	28 363		
2. 普通本专科(含筹)	77	203 203	265 696	832 224	75 986	47 795
普通本科	30	89 838	129 863	466 909	53 270	32 925
其中:民办本科	3	36 002	55 082	200 634	13 966	10 558
其中:独立学院	22	30 104	43 473	165 065	10 270	7 922
高职(高专)	47	113 365	135 833	365 315	22 716	14 870

（续表）

	学校数	毕业生数	招生数	在校生数	教职工数	专任教师数
（1）普通专科	4	19 586	16 166	49 596	2 345	1 480
其中：民办		3 406	1 993	7 748		
其中：独立学院		1 778	875	4 117		
（2）高职	43	88 584	119 667	315 719	20 371	13 390
其中：民办	9	16 083	25 690	65 849	3 280	2 421
（3）广播电大举办普专班		5 195				
四、成人教育	7 301	4 893 752	139 479	4 792 181	31 866	18 894
1. 成人高等学历教育	11	102 610	104 841	307 886	2 185	1 384
2. 远程教育本专科		11 392	17 611	42 859		
3. 成人中等专业教育	66	14 356	17 027	38 096	2 139	1 336
4. 成人中学	335	154 279		112 236	2 215	1 636
5. 成人技术培训学校	6 788	4 604 895		4 284 163	25 081	14 413
6. 成人初等学校	101	6 220		6 941	246	125

注：本表数据由浙江省教育厅提供。

2. 浙江省教育发展历史变化情况

2000 年以来，浙江省小学的数量持续减少，从 2000 年的11 841所减少到了 2008 年的4 417所，减幅达到 62. 70%。小学招生数则延续了 2003 年以来的回升趋势，比 2007 年增加了 0. 93 万人，同比增长 1. 70%，与 2003 年相比则增长了 6. 35%，但于 2000 年相比仍然减少了 9. 42%。与此同时，小学教师队伍建设却稳步增长，2008 年小学专任教师的数量比 2000 年增加了 0. 74 万人，增幅为 4. 61%。普通中学数量从 2000 年的2 940所减少到 2008 年的2 377所，减幅 19. 15%，专任教师数量却从 2000 年的 13. 93 万人增加到 2008 年的 17. 76 万人，增幅为 27. 49%，招生数继续小幅回落。特殊教育学校有所增加，专任教师数比 2000 年增加 4. 61%，招生数则减少了 20. 83%。

表 3 – 304　浙江省普通中学、小学、特殊教育学校历史变化情况

单位：所，万人，%

	指　标	2000	2001	2002	2003	2004	2005	2006	2007	2008	变动率
学校数	普通中学	2 940	2 900	2 781	2 695	2 609	2 524	2 459	2 404	2 377	– 19. 15
	小学	11 841	10 018	8 962	7 712	6 747	6 101	5 471	4 813	4 417	– 62. 70
	特殊教育	62	64	64	63	62	62	63	63	64	3. 23
专任教师数	普通中学	13. 93	14. 73	15. 33	15. 83	16. 29	16. 69	17. 01	17. 34	17. 76	27. 49
	小学	16. 04	15. 99	16. 01	15. 91	16. 01	16. 22	16. 38	16. 56	16. 78	4. 61
	特殊教育	0. 11	0. 11	0. 11	0. 11	0. 12	0. 12	0. 13	0. 13	0. 14	27. 27
招生数	普通中学	92. 51	89. 34	92. 10	90. 99	84. 72	86. 45	91. 93	90. 14	90. 40	– 2. 28
	小学	61. 58	58. 45	57. 78	52. 45	51. 42	48. 96	52. 99	54. 85	55. 78	– 9. 42
	特殊教育	0. 24	0. 26	0. 22	0. 19	0. 17	0. 15	0. 15	0. 16	0. 19	– 20. 83

注：本表数据综合浙江省历年统计年鉴。

3. 浙江省各省辖市教育发展情况

2008 年浙江省共有中等职业学校在校生631 650人,其中 54.30% 在浙东北地区,杭州市在校生数接近 10 万,占全省总数的 15.81%。普通中学在校生2 698 003人,其中 51.93% 在浙东北地区,48.07% 在浙西南地区,温州市在校生数481 693人,占全省总数的 17.85%。小学在校生3 322 785人,其中浙东北地区占50.75%,浙西南地区占49.25%,温州市在校生人数超过57 万,占全省总数的 17.31%。

表 3－305　浙江省各市中等职业学校、普通中学、小学在校学生数(2008 年)

单位:人

城　市	中等职业学校	普通中学	小　学
浙东北	342 970	1 401 049	1 686 392
杭　州	99 877	364 758	452 143
宁　波	81 753	343 449	467 988
嘉　兴	47 674	219 687	236 252
湖　州	36 323	152 523	172 028
绍　兴	67 497	279 493	309 825
舟　山	9 846	41 139	48 156
浙西南	288 680	1 296 954	1 636 393
温　州	83 785	481 693	575 253
金　华	68 624	267 549	340 595
衢　州	38 233	132 472	148 897
台　州	66 496	293 146	411 801
丽　水	31 542	122 094	159 847
合　计	631 650	2 698 003	3 322 785

注:本表数据由浙江省教育厅提供。

4. 2008 年浙江教育发展的主要特点

2008 年浙江省各类教育普通中等教育与特殊教育变化较小,小学数量则继续减少,与 2007 年相比减少了 8.23%,但与此同时,小学的专任教师数量则继续增加,比 2007 年增长了 1.33%,招生数也继续回升,比 2007 年增长了 1.70%。在各类教育机构占比方面,小学占比继续下降,下降了 1.70 个百分点,普通中学则从 2007 年的 33.02% 上升到 34.66%。

5. 浙江省著名学校

1）浙江省杭州第二中学

浙江省杭州第二中学,为历史文化名城杭州建立最早的班级授课制学校。其前身为私立蕙兰中学和国立浙江大学附属中学。1951 年 8 月,两校在"蕙兰"原址合并,改称现名。1953 年,列为杭州市重点中学;1963 年,成为浙江省教育厅直属实验中学;1978 年,被定为浙江省重点中学;1980 年,经省政府批准,列入首批办好的浙江省 18 所重点中学之一。1995 年,经省教委考核评估,被认定为浙江省一级重点中学。自创建以来,学校以培养高素质的优秀毕业生为己任,百余年间,学校累计培养初、高中毕业生4万余名。近年来，每年向北大、清华、复旦等名校保送优秀毕业生达30名左右；考入全国各重点大学深造的优秀毕业生比率居省内前茅。自1989年以来，学生在省级、全国级学科知识竞赛中获奖达3 000人次以上，以较大优势连年位居杭州市各校之首，领先省内。

杭州第二中学积极推进以"促成学生自主发展"为宗旨的教育改革，构建了"面向全体学生、坚持全面发展、承认个体差异、充分发挥学生能动性"的"自主发展教育"体系，形成了自己的办学特色。学校有正教授高级教师2名(全市共9名)，有全国先进教育工作者、全国教育系统劳模、全国优秀教师以及杭州市"十佳杰出青年"各1名。省教坛新秀13名，市教坛新秀31名；有杭州市一、二层次跨世纪学科带头人17名；他们分布在各学科，发挥了骨干作用。乘着改革开放的东风，学校加快了对外交流的步伐。除继续保持与英国利兹市、德国石荷州一些名校的友好往来外，学校和澳大利亚的莫奈中学缔结为姊妹学校，和美国、加拿大、日本、澳大利亚、新加坡以及香港、台湾地区近二十所中学、教育机构建立了友好关系。学校注重学习国外先进的办学理念，在博大精深的中华文化中融入西方先进的文化，取人之长，补己之短。2002年杭州二中国际部的创办，依托美国学校管理模式，打造了浙江省第一个国际教育平台。

2001年开始，杭州第二中学跨江发展，已成为拥有四个校区的现代学校。杭州二中教育集团由以杭州二中——公办寄宿制一级重点中学为龙头学校，国有民办省二级重点中学——杭州二中分校、纯民办的完全中学——余杭杭州二中树兰实验学校、国有民办九年一贯制的江南实验学校和中外合作的二中国际部组成。

2）浙江省镇海中学

浙江省镇海中学，位于宁波市美丽的海滨城区，创建于1911年，办学历史悠久，成果丰厚，为浙江省首批十八所重点中学之一。学校素以严谨治学蜚声省内外，以"励志、进取、勤奋、健美"为校训，为国家培养了一大批杰出人才，中科院院士李志坚、贺贤土、沈自尹，著名美籍华裔作家於梨华等人士皆毕业于此。

1911年，镇海县中学堂正式创建，后称县立初级中学，1956年与私立辛成中学合并，建成完全中学，名为浙江省镇海中学。1960年，由于办学成绩卓著，学校出席了全国文教战线群英大会，被授予"全国先进单位"的称号。翌年郭沫若同志亲笔为学校题名。1978年成为浙江省十三所重点中学之一，1981年被列为浙江省首批十八所重点中学，1991年以来，陆续成为浙江省第一所通过评估的合格重点中学(1991年)，第一所实施高中会考全科免试学校(1994年)和第一所通过评估的一级重点中学(1995年)。近十年，先后荣获"全国青少年科技活动先进单位"、"全国中小学计算机教育先进单位"、"全国绿化先进单位"、"全国部门造林400佳单位"、"全国模范职工之家"、"全国五四红旗团委创建单位"、"全国现代教育技术实验学校"、"全国中小学德育工作先进集体"、"全国精神文明建设工作先进单位"、"省文明单位"、"省先进单位"、"全国文明单位"、"全国绿化模范单位"和"全国依法治校示范校"等20多个全国、省级荣誉。

目前，镇海中学在科学的办学理念指导下，拓宽思路，务实创新，正向着建立高效率的管理机制、造就高水平的师资队伍、营造高品味的校园文化、建设高标准的教育设施、培养高素质的年轻一代的目标迈进，力争首批进入全国示范性高中行列。

(五)长三角地区教育发展政策分析

1. 上海

2008年，上海市九年义务教育入学率保持在99.9%以上，高中阶段教育新生入学率达98%。上海市的发展战略是，通过逐步建成学习型终身教育体系，构建一个面向现代化、面向世界、面向未来的现代国民教育体系。为实现这一目标，2008年上海市教育部门在这几个方面重点着力：一是努力改善办学条件，着力推进素质教育，加快幼儿园和郊区学校建设步伐，推进基础教育的均衡化发展；二是坚持以服务为宗旨、以就业为导向，推进职业教育发展，特别是大力推进中等职业学校的教师队伍建设；三是积极构建终身教育体系，通过建设教育现代信息平台、开展社区教育实验、进行农村信息化培训等手段，促进学习型社会建设；四是大力加强教师队伍建设，继续落实普通教育“十一五”师资队伍建设规划。

上海市还在启动全市中长期教育改革和发展规划纲要、推行高考招生“平行志愿”、开展教育政策研究、教育立法与执法等相关工作方面进行了有益的尝试，有力的回应了日益加快的现代化、民主化进程对教育事业发展提出的挑战。

2. 江苏

江苏省教育部门重点关注教育公平的实现问题，并将之提高到民生首要任务的高度加以认识。教育改革发展存在一些深层次矛盾和问题，全省国民教育资源特别是优质资源总量仍显不足，不能满足人民群众对现代化教育的强烈需求；有的地方教育优先发展的战略地位尚未很好落实，教育体制改革、机制创新与市场经济发展要求还有差距；城乡之间、区域之间教育发展不平衡，特别是苏北地区农村学校办学条件仍较薄弱；教育公共投入不能适应教育事业发展需要，教育经费保障机制有待巩固完善，对家庭经济困难学生的资助力度需要进一步加大；实施素质教育的体制机制性障碍有待突破，现有人才培养模式还不能很好地适应培养创新型人才的需要。

为此，江苏省将着力点继续放在转变发展模式、调整教育结构、优化学校布局的方面，普通中学、小学等主要类型教育机构的数量进一步精简，布局更为合理，加快普及高中阶段教育，大力发展职业教育，坚持教育的公益性，加大财政对教育的投入，扶持贫困地区的教育，健全学生的资助体系制度，保障经济困难家庭、进城务工人员子女平等接受义务教育，重点提高农村教师的素质，大力发展远程教育和继续教育，建设全民学习、终身学习的学习型社会。重点解决的是两个问题：一是提高生均预算内财政拨款标准；二是化解好农村义务教育和全省高校新校区建设的债务。

3. 浙江

浙江省积极推进教育科学和谐发展。2008 年，浙江省农村教师队伍建设有了新的加强，落实农村教师任教津贴政策，研究调整农村中小学教师编制标准，初步确定农村中小学按县镇标准核编。义务教育均衡发展取得新的成就，职业教育发展进一步深入，学前教育、特殊教育和民工子女教育得到进一步重视，从春季入学开始，免除了 47 万名在公办学校就读的符合条件的外来民工子女借读费。素质教育继续推进，开展普通高中新课程巡查，督促学校开齐开足课程，在全省建立督学责任区制度，加强对学生作息时间、课外作业等的督查和规范。开展“教材瘦身”工作，“减品种”、“减内容”、“减价格”，继续开展中小学生课外文体活动示范区建设，开展以学校为单位的学生体质监测与公布试点。教育改革和开放进一步深化，制定公布和实施新课改高考方案，巩固扩大高考平行志愿改革成果，平行志愿实行范围扩大到了艺术、体育类招生。完善中考制度，深化课程改革，基本落实了“选课”、“走班”等新课程要求。在全国率先探索实施中职课程改革，制定了《全面推进中等职业教育课程改革指导意见》，明确中职教育课程改革的基本模式是“公共课程 + 核心课程 + 教学项目”，基本工作思路是多元推动、分步推进、自主选择，基本步骤是先用 2 年时间完成 10 ~ 15 个主干专业课程改革，再用 3 年时间完成 15 个左右专业课程改革。

4. 基本评价与分析

长三角地区是全国经济比较发达的地区，因此其对优秀人才的需求同样更为迫切。同时，在经济高速发展的带动之下，长三角地区的社会进步更加明显，由社会发展带来的社会意识发展，则对教育的功能、结构与内容提出了更高的要求。总的说来，长三角两省一市都把建设完备的终身教育、社会教育体系，促进学习型社会的建设，作为重要的战略目标，并且都在各自的发展中取得了初步的

成果。

然而,地区间的发展不平衡依然存在,这主要表现在两个方面:一是长三角的两省一市间存在地区发展不平衡,比如,到 2008 年,上海市已经基本完成了普通教育,尤其是义务教育阶段的学校结构的调整,已从单纯的结构调整、精简机构,转向合理发展、稳步提高教学水平,2008 年的小学数量根据社会发展需要,出现了回升,而在这一方面,江苏和浙江两省依然处在继续深化改革、调整学校布局的阶段,在现阶段依然需要继续努力缩减学校数量,优化学校布局;二是长三角两省一市内部各地区之间的发展存在不平衡,比如上海市市区与郊区教育资源分布不均衡,需要加强郊区的教育资源投入,而江苏省的苏北地区与浙江省的西部山区,经济社会发展相对滞后,这也影响到了相应的教育资源的分布状况。通过各方面的协调,促进教育发展的地区平衡,在相当一段时间里,仍应是长三角地区的相关部门的工作重点。

同时,社会经济的发展,尤其是工业发展的迅猛势头,对于专业人才、职业教育的要求更加增加。在经历了教育结构的多年调整之后,长三角地区更加明显的出现了对职业教育的强烈需求,各类中等专业学校和职业培训机构大幅增加。长三角各地的政府部门也注意到了这一现实需要,在政策上予以了倾斜。社会意识与过去相比,也更加开放,对职业教育的认识更为全面,并将之置于对高等教育的发展模式和社会终身教育体系的完善背景下加以思考。应该说,这些对于我们优化社会教育结构,完善社会教育体系,促进学习型社会建设来说,都是很好的发展契机。长三角地区应该抓住机遇,在全国率先实现教育结构的重大调整,使之在经济发展和社会发展方面,实现更加重要的支撑作用。

(六) 长三角地区教育未来发展态势

1. 未来趋势

教育水平的高低是社会发展程度的一个重要标尺,而教育资源的投入与教育结构的完善程度,则直接决定了教育水平,其与社会意识的发展水平形成互动关系,直接影响着一个社会的发展潜力。长三角地区的现代化发展对教育发展提出了新的要求,也带来了新的教育理念的影响,但受社会结构传统性和社会现实资源有限性的制约,完成教育事业的现代化转变还需要在很多方面持续不断的努力,也面临着各种挑战与困难。

2. 存在问题

近年来,长三角地区的教育事业在各地政府尤其是教育部门的统筹推动下,取得了很大成就,各地对于教育的认识,尤其是在教育公平、教育地区平衡、素质教育的重要性、教师队伍的培育、职业教育与终身教育的完善等方面,都有了更加深入的理解,也取得了很多成绩,为今后的发展奠定了基础。但长三角地区的教育事业面临的现实困难与挑战依然很多,尤其在以下方面,特别突出:

1) 由于社会发展不平衡带来的“教育不公感”有所增加

经济与社会的快速发展,不可避免会带来经济发展水平的地区间不平衡加大和一定程度的社会阶层分化。这种不平衡与阶层分化,带来了对教育资源需求的不平衡和对教育公平认识的不平衡。在这样的背景下,社会意识对“教育不公”的感觉更为明显,但也存在内容上的不对称性。尽管教育部门正通过各种方式,从完善教育结构和布局的角度进行协调,然而在相当一段时间里,这种“教育不公感”可能不减反增。这是多种社会发展因素的现实作用之结果,不可能从教育事业自身得到根本解决。

2) 基础教育依附高等教育背后隐藏的基础教育功能异化

近年来,社会舆论对于“素质教育”与“应试教育”的争论日趋激烈。从理论上来说,素质教育更加注重学生的素质培养,优于仅仅以考试为手段和目标的“应试教育”的发展模式;但“素质教育”的支持者始终面临的另一个问题在于,对于考试这种检测手段,究竟是否可以提出一种有效的替代性方案,而从目前来看,这还是无解的。实际上,这里的争论并没有触及问题的根本,这两种所谓“模式之争”的现象背后其实隐藏着问题的实质,即基础教育依附高等教育的教育体系结构。所谓“应试教育”之弊,无非是这种结构导致基础教育功能异化的现象之一而已。换言之,如果不真正从教育的功能和目标的角度,重新构建合理的教育体系,不能改变高等教育在整体教育体系结构中的地位与作用,则无论“素质教育”还是“应试教育”,都不可能根本上缓解高考的社会性压力,也不能彻底改变基础教育功能不完善的现状。

3）职业教育的不够发达无法应对现实的社会化生产的要求

教育的一个重要功能在于培养人才,在现代化的社会下,特别是在生产高度社会化的背景下,能不能培养出足够的满足社会化生产之需要的人才,是这个社会教育体系是否合理与有效的重要判断标准。不过,对于教育体系现代化的认识,也是随着社会的变化发展发生着改变。长三角地区作为我国经济和社会发展最快的地区,教育发展程度也一直居于前列,已逐步完成从中等教育水平的普及向高等教育的普及的转变。但也应当看到,在经济全球化的背景下,在加强我国企业的竞争力,尤其是增加制造业等实体工业的发展潜力,以及实现产业结构调整、大力发展第三产业的现实需要下,社会对于教育的要求正在从单纯追求学历层次提高向要求实际能力和专业培养的方面转变。经济与社会的发展,正在要求教育体系更加多元化、多层次,为社会成员提供更大的自由选择空间。从这个角度来看,现有的职业教育虽然经过了多年的发展,尤其最近几年也得到了很大的重视,有了比较大的发展,但是仍然不能满足日益增长的多元化社会需求的实际需要。为了适应社会生产的需要,为了更好的满足社会成员的受教育诉求,需要以发展职业教育为突破口,构建更为全面的职业教育、继续教育和终身教育体系。

4）教师队伍的人才培养与保护问题

发展教育要强调以人为本,这一方面体现在教育要以人为对象、为目的,要以提高受教育者素质,促进受教育者全面发展,使之能够通过接受教育完善自我,从而找准个人的社会定位,更好实现其个人的社会价值,并为社会作出应有贡献,另一方面也体现在要更加注重对从事教育事业者的了解、关心和尊重上。尊师重道是中华民族的传统美德,但在一个日益市场化和现代化的社会里,在一个社会发展还不够平衡,社会资源尤其是财富分配还不尽平等的阶段,从事教育事业的人,特别是从事基础教育的人,往往承担着来自社会与个人需求两方面的压力。简单将教育商品化、产业化的解决方案固然有失偏颇,但也应当充分考虑到教师个人的合理利益诉求。同时,为了更好的实现教育体系的功能,维系和传承教育的传统,又促进教育发展顺应社会与时代的要求,就必须在教师队伍的稳定性与流动性之间找到一种良好的平衡。在现阶段,如何建立起有效的培养机制,为教育事业提供源源不断的人才,并且又能够最大限度留住培养出的人才,减少不必要的人才流失,依然是摆在长三角地区各级政府和教育主管部门、各类教育机构面前的重要课题。

3. 对策建议

为了满足经济社会发展对教育的日益增长的需要,长三角地区应当坚持科学发展观,加强规划,推进改革。在以下四个方面,应当保持持续的关注:

第一,进一步落实和完善人才培养与引进机制,加强对人才的保障力度,吸引更多优秀人才投身各级教育事业,特别是基础教育。只有源源不断有优秀人才加入,教育体制的发展与革新才能够得到预期。在现阶段,主要是要做好教育资源分配的平衡,要将社会资源与资金的利用向社会经济不发达及教育发展不发达地区倾斜。要切实保障欠发达地区的各类正式与非正式编制教师的待遇,要落实国家提高教师待遇的政策,全面实现《义务教育法》等法律法规中规定的,使更多教职工享受到与公务员同等待遇的目标。除了保障教师的正常待遇之外,对于那些长期坚持在教育工作第一线、坚持在欠发达地区或特殊教育领域，有突出或重大贡献的杰出教师，应该建立更为长期、正式和有效的激励机制，从而鼓励更多人才投身人民教育事业。

第二，更为深入研究和解决教育公平的问题。教育是民生的首要问题，必须坚持教育优先发展，必须坚持教育的公益性，必须坚持教育的优先投入。但也要认识到，从根本上而言，教育公平是社会公平的一个方面，无论是实际存在的教育不公平现象，还是社会意识与社会舆论对教育不公感的体验，都必须在社会公平的宏观体系下考察与分析才能抓住问题的焦点和突破点。应当逐步理顺实现教育公平与实现社会公平之间的关系，在社会公平保障体系的大框架下建构教育公平的实现机制，在此基础上，适当和合理发挥教育的社会功能，达到促进社会公平，减少现实社会矛盾与发展不均衡现象的目的。为达到这一目标，就要努力摆脱单纯从教育体系内部"改革"解决教育问题的狭隘专业主义思路，要站在社会的层面上、站在把教育体制改革与政府职能转变与机构改革结合思考的高度，来看待实现教育的社会性属性问题，最终在社会公平的框架下实现教育公平。

第三，继续进行教育结构调整，完善社会教育的体系。要继续花大力气推进职业教育、专科教育、继续教育和终身教育的发展，建立更加完备的、系统化和现代化的社会教育体系。继续实验建设并逐步推广社会信息交流平台，发展远程教育。顺应现实需要，发展规模化与可持续发展的职业教育，优化与促进中等专业学校、职业高中和技工学校的教育发展，并将其更有机的融合到普通教育体系，加强各级各类学校之间不同程度的互动与联系。

第四，加强舆论宣传，改进宣传方式，与社会舆论形成良性互动，集思广益，改革体制，发展教育。针对社会舆论热切关注和讨论的教育热点问题，要加强研究与分析，既要虚心接受良好建议，也要注意辨别不良导向。要加强学习研究，对教育问题有更加深刻的认识，以更为积极的心态面对舆论，注意建立正确的舆论导向，从而能够引导舆论减少不现实与无效的空谈，而得到更多有效与有益的批评意见，为社会意识对教育的改革与完善相关问题提供更多真正有价值的意见建议和创新思维提供交流的渠道与媒介。

四十一　长三角高等教育

一、长三角的高等教育

(一)长三角高等教育基本情况

表 3－306　长三角高等教育概况

地区	学校数(所)	教职工数(万人)	专任教师(万人)	毕业生数(万人)	招生数(万人)	在校生人数(万人)	平均每万人口在校大学生(人)	平均每个教师负担大学生数(人)
上海	61	7.31	3.68	12.21	14.58	50.29	366	14
江苏	120	15.40	9.63	40.69	44.61	167.74	204.9	17.4
浙江	77	7.60	4.78	21.21	27.94	86.80	169.54	18.16
长三角合计	258	30.31	18.09	74.11	87.13	304.83		
16.85 全国				546.5	652.3	2 149.3		
长三角占比				13.56%	13.36%	14.18%		

通过上表,可以看到整个长三角地区的高等教育资源总和大约占到了全国高等教育资源的 14% 左右。长三角地区高等教育的平均水平要高于全国,长三角地区高等教育资源占到了全国高等教育资源相当大的比重,长三角地区的高等教育发展水平走在了全国的前列。

(二)长三角高等教育增长情况

表 3－307　长三角高等教育增长状况

年份	学校数(所)	教职工数(万人)	专任教师(万人)	毕业生数(万人)	招生数(万人)	在校生人数(万人)
2001	154	19.14	7.7	15.57	39.13	102.5
2002	204		9.32	20.77	48.46	142.49
2003	226	21.26	10.41	28.70	55.04	172.28
2004	238	23.99	12.35	38.91	64.02	198.33
2005	242	25.02	13.75	46.62	70.87	225.37
2006	247	27.36	15.44	53.03	73.66	249.24
2007	258	29.15	16.97	61.2	81.54	273.52
2008	258	30.31	18.09	74.11	87.13	304.83

通过上表,可以看到长三角地区高等教育在 2001 年到 2008 年之间得到了迅速发展,学校数量上升

了60%以上,专任教师人数增长了一倍以上,高出高等学校教职工数量的增长速度,专任教师占教职工数量的比重不断上升,长三角高等教育的办学质量不断提升。从2001年到2008年长三角地区高等学校招生人数增长了一倍以上,毕业生人数增长了三倍以上,连续性招生累计的在校生人数增长了将近二倍,高等教育培育的人力资源大为提升,为整个长三角地区经济、社会发展提供了强劲的动力。

(三)长三角高等教育比较情况

表3－308　长三角地区内高等教育发展状况比较

地区	学校数(所)	教职工数(万人)	专任教师(万人)	毕业生数(万人)	招生数(万人)	在校生人数(万人)	平均每万人口在校大学生(人)	平均每个教师负担大学生数(人)
长三角合计	258	30.31	18.09	74.11	87.13	304.83		16.85
上海	61	7.31	3.68	12.21	14.58	50.29	366	14
上海占比	23.64%	24.12%	20.34%	16.48%	16.73%	16.50%		
江苏	120	15.40	9.63	40.69	44.61	167.74	204.9	17.4
江苏占比	46.51%	50.80%	53.23%	54.90%	51.20%	55.03%		
浙江	77	7.60	4.78	21.21	27.94	86.80	169.54	18.16
浙江占比	29.84%	25.07%	26.42%	28.62%	32.07%	28.47%		

通过上表,可以看到长三角地区高等教育资源的地区分布和发展差异。通过对数据的比较,可以发现长三角地区高等教育资源分布呈现以下状况:江苏省基本上占到了整个长三角高等教育资源的将近50%,上海市的占比在20%出头,而浙江省的占比接近30%,总体来说浙江省的高等教育规模与其人口和经济发展水平相比要低一些,这很大程度上也是两地高等教育发展的历史所造成的。对比高校数量、专任教师数以及招生数和在校学生数可以发现上海市的高等教育在投入上占比更高,上海高校的师生比要明显低于江苏和浙江两省,也就是说上海市高等教育的发展可能更加注重教育质量。从整个长三角地区人均高等教育资源量来看,上海市最高,平均每万人口在校大学生为366人;其次为江苏省,平均每万人口在校大学生为204.9人;最后为浙江,平均每万人口在校大学生为169.54人。

二、上海市的高等教育

(一)上海市高等教育基本情况

1. 普通高等学校基本情况

表3－309　2008年上海市高等教育概况

类别	学校(所)	毕业生数(人)	招生数(人)	在校学生人数(人)	教职员工(人)	其中	
						专任教师	正、副高级
总 计	61	122 069	145 774	502 899	73 068	36 854	16 374
综合大学	3	17 063	16 134	66 419	19 251	8 172	4 536
理工院校	23	49 097	60 954	205 730	27 469	13 644	5 724

(续表)

类别	学校（所）	毕业生数（人）	招生数（人）	在校学生人数(人)	教职员工(人)	其中	
						专任教师	正、副高级
农林院校	2	4 390	4 829	16 321	1 510	1 052	471
医药院校	2	1 027	2 596	8 938	1 601	888	251
师范院校	2	8 342	9 988	37 694	7 209	3 513	1 880
语文院校	3	4 366	5 686	18 376	1 983	1 206	403
财经院校	17	27 412	34 309	109 873	8 460	5 342	2 018
政法院校	3	4 161	6 075	20 058	2 513	1 406	531
体育院校	2	962	1 141	4 090	1 255	604	247
艺术院校	4	2 766	4 062	12 592	1 817	1 027	313

① 学生数中未包括在读研究生人数，在分类院校学生数中未包括成人高等学校中的普通本专科学生。
② 本表数据由上海市教育委员会提供。

从上表我们可以看到上海市建立了完备的高等教育体系，上海市共有普通高等学校 61 所，共涵盖了理工、农林、医药、师范、财经、政法等各个专业门类，在校生规模达到了502 899人，平均每万人口在校大学生数量达到 366 人，远远高出全国水平和长三角的其他地区。上海市普通高等学校共有教职员工73 068人，其中专职教师36 854人，教师所占比例首次超过了 50%，这说明上海高校当中专职教师所占比例达到了一个新水平。另外 2008 年上海市普通高等学校的师生比为 1: 13. 64，和往年相比并没有发生太大的变动，这说明上海市高等教育在师资建设方面仍亟需得到提升。在高校专职教师当中，具有副高以上高级职称的教师占到了专职教师总数的 44. 43%，这说明上海市高校教师的专业水平较高。

2. 研究生教育基本情况

2008 年，上海市共有 4 483 人获得博士学位，20 734人获得硕士学位。普通高等学校共毕业研究生24 431人，研究所(院)毕业研究生1 322人。普通高等学校共招收研究生30 195人，研究所(院)招收研究生1 947人。普通高等学校再读研究生89 778人，研究所(院)在读研究生 5 720 人。

(二)上海市高等教育增长情况

1. 普通高等学校增长情况

表 3－310　上海市普通高等教育增长状况(2001－2008)

年份	学校数（所）	教职工数（万人）	专任教师（万人）	毕业生数（万人）	招生数（万人）	在校生人数（万人）	平均每万人口在校大学生(人)	平均每个教师负担大学生数(人)
2001	45	6. 17	2. 17	4. 28	9. 86	28. 00	211	13
2002	50		2. 29	5. 52	10. 92	33. 16	249	14
2003	57	6. 31	2. 44	7. 12	12. 03	37. 85	282	16
2004	59	6. 83	2. 87	8. 86	13. 06	41. 57	307	15

（续表）

年份	学校数（所）	教职工数（万人）	专任教师（万人）	毕业生数（万人）	招生数（万人）	在校生人数（万人）	平均每万人口在校大学生（人）	平均每个教师负担大学生数（人）
2005	60	7.09	3.18	10.34	13.18	44.26	325	14
2006	60	7.17	3.39	11.05	14.04	46.63	341	14
2007	60	7.18	3.55	11.85	14.46	48.49	352	14
2008	61	7.30	3.68	12.20	14.57	50.29	366	14

从下表可以看出进入21世纪以来，上海的普通高等教育得到了长足的发展，主要表现在：高等院校数量不断增长，特别是从2001年到2004年是上海高等教育快速增长的四年；高校的教职工数量和专任教师数不断增长，其中增长较快的是专任教师人数，在8年的时间里增长了将近1倍，使得教师学生比由2003年最高峰时的1:16下降为1:13.64，这也说明上海的高等教育在快速发展的同时非常注重质量的提升；随着高等教育的蓬勃发展，高等院校的招生人数、毕业生人数和在校生规模也不断增长，在8年的时间里毕业生人数增长了将近2倍，招生人数增长了将近1倍，在校生规模是2001年的将近1倍。但值得注意的是高等教育的发展在经历了21世纪最初几年的快速增长后，现在已经进入一个相对缓慢增长的时期。

2. 研究生教育增长情况

表3-311　上海市研究生教育增长状况（2001-2007）

年份	获博士学位人数	获硕士学位人数	研究生					
			毕业生数		招生数		在读人数	
			普通高等学校	研究所（院）	普通高等学校	研究所（院）	普通高等学校	研究所（院）
2001	1 487	5 330	6 380	437	14 751	1 075	36 528	2 515
2002	1 655	6 067	7 481	445	17 848	1 363	45 713	3 183
2003	1 994	7 683	9 501	578	20 767	1 757	55 092	3 998
2004	2 678	10 580	12 788	681	23 545	1 789	64 747	4 690
2005	3 119	13 245	15 857	884	25 845	1 847	73 557	5 171
2006	3 772	15 957	18 833	1 098	28 250	1 849	81 487	5 419
2007	4 355	19 250	22 691	1 235	28 748	1 862	86 177	5 586
2008	4 483	20 734	24 431	1 322	30 195	1 947	89 778	5 720

注：2001年前的获博士学位和获硕士学位的人数为当年毕业生人数。

从上表我们可以看到进入21世纪以来，上海市的研究生教育规模不断扩大，无论是招生人数还是在读人数和毕业生人数都保持较快的增长速度，特别是2003年以来，招生和毕业生人数都保持30%以上的增长速度。这说明上海高等教育中的研究生教育发展速度要快于普通专、本科教育的发展，研究生教育的迅猛发展为上海的经济社会发展提供了大量的高素质人才，为提高上海城市的整体竞争力做出了有力贡献。但我们从数据中也可以发现从2006年开始上海的研究生教育开始进入一个拐点，由于受到就业压力的影响，2007年比2006年的招生数和在读人数的增加要明显低于往年，但由于本科生就业压力等因素，2008年的招生人数又有比较大的增加。

三、江苏省的高等教育

(一)江苏省高等教育基本情况

1. 普通高等学校基本情况

2008 年,江苏省共有普通高校 120 所,普通高等教育招生 41.11 万人,在校生 157.26 万人,毕业生 38.09 万人,平均每百万人口中大学生数量 204.9 人。高等教育毛入学率达 38%。2008 年,江苏省普通高校教职工总数 15.4 万人,其中专任教师 9.63 万人,平均每个教师负担学生人数 17.4 人。

2. 研究生教育

2008 年,江苏省研究生教育招生35 011人,其中高等学校34 624人、研究所(院)387 人;在学研究生96 546人,其中高等学校104 718人、研究所(院)1 263人;毕业生23 989人,其中高等学校25 990人,研究所(院)362 人。

(二)江苏省高等教育增长情况

1. 普通高等学校增长情况

表 3 -312 江苏省普通高等教育增长状况(2002 -2008)

指标	2002	2003	2004	2005	2006	2007	2008
普通高等学校数(所)	94	105	111	115	119	121	120
普通高等学校教职工人数(万人)	9.38	10.08	11.08	12.04	13.22	14.6	15.4
普通高等学校专任教师(万人)	4.43	4.98	5.90	6.73	7.84	8.86	9.63
本专科生招生人数(万人)	22.29	25.66	31.40	36.15	35.91	42.11	41.11
本专科生在校生人数(万人)	70.02	85.97	99.48	115.98	130.62	147.23	157.26
本专科生毕业生人数(万人)	10.41	13.71	19.74	22.97	25.73	30.96	38.09
平均百万人口大学生数(人)	94.9	116.1	133.8	155.2	173.0	193.1	204.9
平均每个教师负担学生数(人)	15.8	18.3	18.0	18.4	17.8	17.7	17.4

通过上表反映的数据,从 2002 年到 2008 年江苏的高等教育事业发展迅速,高等教育的规模和质量都有了极大的提高和改善。在办学规模上,江苏高等学校的数量由 78 所增长到 120 所,增长了 42 所,其规模和发展速度位居全国前列。普通高校教职员工数量增长速度迅速,其中专任教师的增长速度要高于教职工人数的增长速度,专任教师占教职工人数的比重不断提高,说明江苏高等教育在注重规模增长的同时也十分注重提高质量。但是值得注意的是,由于招生规模连年增长,江苏高等学校的师生比一直维持在较高水平上,2002 年的师生比为 1:15.8,2008 年的师生比为 1:17.4,这说明江苏高等教育下一阶段的工作重点应该是不断提高高校教师的数量和质量,确保高等教育的质量。招生规模不断扩大,实现了跨越式发展,7 年时间内实现了招生规模翻一翻,值得注意的是从 2008 年开始江苏高校招生人数开始下降,在校生数量和毕业生数量也有了很大的增长,特别是毕业生人数增长了近 4 倍,为江苏的经济、社会发展提供了丰富的人力资源。江苏高等教育的发展极大提高了江苏全体国民的综合素质,江苏平均每百万人口拥有大学生数量由 2002 年的 94.9 人,增长到 2008 年的 204.9 人,增长了一倍。

2. 研究生教育增长情况

表 3－313　江苏省研究生教育增长状况（2002－2008）

单位：人

指标	2002	2003	2004	2005	2006	2007	2008
高等学校							
招生数	16 404	21 705	26 416	28 306	31 393	33 157	34 624
在读人数	40 520	52 875	66 916	76 783	87 900	95 286	103 455
女性	13 775	19 409		31 608	36 655	40 825	45 385
毕业生数	6 101	8 918	11 561	14 699	19 036	23 665	25 628
研究所（院）							
招生数	211	318	356	379	400	406	387
在读人数	570	758	934	1 101	1 209	1 260	1 263
女性	142	187		309	356	375	393
毕业生数	93	117	171	184	277	324	362

研究生教育是高等教育当中的高级阶段，反映了高等教育的质量和层次，2002 年以来江苏的研究生教育规模也得到了迅猛发展。在招生规模上稳步增长，由 2002 年的16 615人上升到了 2008 年的35 011人，增长了一倍以上；由于连续扩招产生的累计效应，在校生人数得到了较快的增长，从 2002 年到 2008 年增长了两倍多，特别值得注意的是女性研究生在研究生数量当中所占到的比重不断上升，已经由 2002 年的 1/3 上升到了 2008 年的将近 1/2，这充分说明女性接受高层次高等教育的数量越来越多；同期的研究生毕业生人数增长迅速，从 2002 年至 2008 年增长 3 倍多，为江苏的经济社会发展提供了持续可靠的智力支持。

四、浙江省的高等教育

（一）浙江省高等学校基本情况

2008 年，浙江省拥有普通高校 77 所。2008 年研究生招生13 691人，在学研究生35 812人，毕业研究生8 944人；普通本专科招生265 696人，在校生832 224人，毕业生203 203人，平均每万人口中有大学生 169. 54 人。拥有教职员工共75 986人，其中专任教师47 795人，平均每个专任教师负担学生 18. 16 人。普通高考录取率 75%，比 2007 年提高 3 个百分点；高等教育毛入学率达到 40%，比 2007 年提高 2 个百分点。

（二）浙江省高等教育增长情况

从上表可以看出进入 21 世纪以来，浙江省的普通高等教育和研究生教育都得到了长足的发展，主要表现在：高等院校数量不断增长；高校的教职工数量和专任教师数不断增长，值得肯定的是教职工当中专任教师的增长速度较快，在 8 年的时间里增长超过 1 倍。但同时平均每个教师负担学生人数从 2001 年的 13. 2 人增长到 2008 年 18. 16 人，这说明浙江省高等教育在规模不断扩大的情况下，

表3-314 浙江省高等教育增长状况(2001-2008)

年份	学校数(所)	招生数(人)		在校学生数(人)		毕业生数(人)		教职员工数(人)		平均每个教师负担学生数(人)
		本专科	研究生	本专科	研究生	本专科	研究生	总数	专任教师	
2001	38	120 195	5 577	293 078	13 237	37 230	1 882	44 347	22 168	13.20
2002	60	152 470	6 111	393 145	16 297	48 431	2 645	48 481	25 993	15.12
2003	64	173 519	6 838	484 635	19 269	78 685	3 514	48 691	29 945	16.21
2004	68	195 617	8 029	572 759	22 062	103 123	4 858	60 833	35 766	16.00
2005	67	215 362	9 577	651 307	25 637	133 051	5 558	58 924	38 402	17.60
2006	68	237 157	10 996	719 869	27 125	162 531	8 731	69 730	42 143	17.1
2007	77	249 749	12 326	777 982	31 409	183 863	7 387	73 704	45 622	17.74
2008	77	265 696	13 691	832 224	35 812	203 203	8 944	75 986	47 795	18.16

下一阶段工作的重点在于提高高校的教学质量和水平;随着高等教育的蓬勃发展,高等院校的招生人数、在校生规模和毕业生人数也不断增长,在8年的时间里本专科与研究生毕业生人数增长4倍以上,招生人数增长了将近1倍,在校生规模增长了1倍以上。应该来说,8年的时间里浙江省的高等教育实现了大发展和大飞跃。

五、发展政策分析

(一)2008年上海市的发展政策

启动上海高等教育内涵建设五大工程。目标是建设若干所世界知名高水平大学和一批国内领先特色院校,并在全市高校范围内形成“校校获支持,校校有发展,校校有特色”的发展局面。内涵建设五大工程包括:1.综合建设工程——涵盖高水平大学攀登计划、行业高校提升计划、民办院校促进计划。围绕国家“985工程”、“211工程”、“985”创新平台、国家级示范性高职等专项计划的实施,重点推进若干所世界知名高水平大学和一批国内领先特色院校建设,重点实施行业主管部门与市教委共建计划,推进上海民办高校有特色高水平发展。2.人才培养工程——全面贯彻实施教育部研究生教育创新计划、高等学校本科教学质量与教学改革工程。重点加强人才培养模式改革、课程体系建设、优化学科专业结构、建立健全教学评价体系,增强高校培养创新人才的能力,构建和完善各类创新型人才培养体系。3.知识创新工程——构建国家、省市、学校三级重点学科体系。坚持“扶需、扶特、扶强”和“有所为、有所不为”的原则,打造一批国内一流、国际知名的学科。提升高校的知识创新能力、增强服务区域社会经济文化发展的支撑力。4.师资队伍建设工程——集聚和造就一批高水平学科带头人和创新团队。通过建立和完善特聘教授制度,从国内外吸引一批优秀中青年学科带头人。完善教师职务聘任制度,进一步加强高校与产业部门合作,构建“双师型”教师队伍。5.国际交流与合作工程——通过教师交流、学生互换、课程交流、合作办学和孔子学院等多种形式,提升高校国际交流能力和办学水平。探索开展在学科前沿高水平国际合作,提升上海高校的学科学术水平和国际影响力。

(二)2008年江苏省的发展政策

2008年,江苏省着力加强高校重点学科建设,在24所高校认定建设“江苏省一级学科重点学科”80 个，在 15 所具有学士学位授予权的本科院校滚动建设和增补“省重点建设学科”44 个。实施江苏省研究生科学研究创新计划 300 项、开设江苏省博士研究生学术论坛 5 个、资助建设“江苏省研究生创新与学术交流中心”10 个，评选江苏省优秀博士学位论文 99 篇、优秀硕士学位论文 199 篇，遴选资助江苏省研究生教育教学改革研究与实践课题项目 80 项。江苏省高校有 8 篇博士学位论文获全国百篇优秀博士学位论文，列全国第二。出台了企业研究生工作站管理办法，对研究生培养模式改革进行了探索。组织实施高等学校教学改革质量工程成效显著，启动建设了首批省级人才培养模式创新基地 51 个；新增国家教学团队 24 个，启动建设省优秀教学团队 45 个；新增国家特色专业 54 个，省品牌特色专业建设点 60 个、特色专业建设点 137 个；新增国家精品课程 64 门，省精品课程 300 门；新增省大学生创新训练计划项目1 018项；新增国家实验教学示范中心 7 个，国家高职实训基地 7 个，省高职实训基地 12 个；新增国家示范性高职院校 2 所（总数达 7 所，全国第一），省示范性高职院校 7 所，建设省示范性高职园区 1 个。启动建设江苏高校数字图书馆三期工程 27 个子项目，全面启用江苏高校优质教学资源服务共享网络平台，促进了优质教学资源的开放共享。有 6 所本科院校接受了教育部本科教学评估，均获得较高评价，至此，江苏省应接受评估的 40 所高校全部按要求接受了教育部评估，获优率全国第一，江苏省高等教育在质量和内涵发展上又迈上了一个新台阶。

（三）2008 年浙江省的发展政策

切实提高高等教育办学质量。全面贯彻和落实浙江省政府 4 月份召开的浙江省高等教育工作会议精神，推动高等教育工作重心加快向以内涵发展为主转移。启动实施《“十一五”期间全面提升高等教育办学质量和水平行动计划》，制定高等学校教学质量监控指标体系，实施教师教学工作业绩考核，完善教学管理基本要求，推进高教园区资源共享，全面加强重点学科、专业和精品课程建设，完成了“重中之重”学科的中期绩效考核评估工作，并提出了增列的建议。还围绕经济建设与社会发展的重大需求，积极推进高校服务地方经济和社会发展。在温岭尝试建立了首家高校产学研联盟工作站，推动高校把教育科研服务网络建在地方、落在基层。启动实施浙江省职业教育课程改革计划，推广以“基础课程 + 核心课程 + 项目教学”为主要特征的教学改革和工学结合教学实训模式，以及毕业生“双证制”，还在全国率先开展了高等职业成人教育的“双元制”改革试点。在高校开展省级教学改革项目申报工作，支持高校在教学内容、课程体系、实践环节等方面进行人才培养模式综合性改革。深化高考招生改革，首次实行平行志愿填报办法，比较好地解决了长期存在的考生填报志愿风险性大、高分考生落榜率高和重点大学招生“大小年”等社会反映强烈的问题。稳步推进高校招生考试改革，遴选 2 所国家级示范性高职院校进行自主招生试点。在大量调查研究和征求意见的基础上，按照分类测试、分批选拔、综合评价、全面考核、择优录取的思路制订高考改革方案。多形式扩大教育国际交流与合作。有 50 所高校与国外高校签订了学分互认协议。设立了留学生教育工作奖励基金。7 所大学在 7 个国家建立了孔子学院。

四十二 长三角人力资源

人力资源是指一个国家或地区范围内人口总体所具有的劳动能力的总和。长江三角洲在人力资源方面享有得天独厚的优势。该地区历史文化底蕴深厚,社会经济基础较好,不但人口密集,而且人口素质相对较高,高科技人才资源丰富。长江三角洲地区拥有1 000余所科研机构,150 余所高等院校和300 多所中等专业学校,教学科研基础雄厚,科技人才密度高,高级人才比重大。此外,还拥有大批熟练的高素质技术工人。这些都对吸收、引进国外先进技术、改造传统产业、发展新兴产业十分有利。人力资源是地区经济发展的源泉。随着知识经济的到来,人力资源将成为"21 世纪第一资源"。

(一) 长三角地区人力资源概况

随着长三角地区经济的快速发展、产业结构的优化升级,以及长三角地区各政府部门不断加强人才工作,长三角地区人力资源在人才数量、结构、文化程度等方面都取得了显著的成绩。

1. 人口总量

在经济发展过程中,人口增长速度对人民生活水平的提高有着重要的影响。2000 年以来,长三角地区经济快速持续发展,人口数量保持着低速稳定增长。

无论在国内还是国外,上海市人口密度都是最高的,而且近年来还在不断攀高。2008 年人口密度高达2 978人/平方公里。2008 年人口达1 391. 04万人,但人口的增加多为外来人口,因为自 1995 年以来,上海户籍人口自然增长率一直为负,2008 年人口自然增长率为 -0. 75‰。

表 3 -315 2000 -2008 年上海市人口变动情况

年 份	总户数(万户)	总人口(万人)	平均每户人数(人/户)	人口密度(人/平方公里)
2000 年	475. 73	1 321. 63	2. 8	2 084
2001 年	478. 92	1 327. 14	2. 8	2 093
2002 年	481. 77	1 334. 23	2. 8	2 104
2003 年	486. 06	1 341. 77	2. 8	2 116
2004 年	490. 58	1 352. 39	2. 8	2 133
2005 年	496. 69	1 360. 26	2. 7	2 145
2006 年	499. 54	1 368. 08	2. 7	2 158
2007 年	503. 29	1 378. 86	2. 7	2 175
2008 年	506. 64	1 391. 04	2. 7	2 978

在长三角的二省一市中,浙江省人口密度最小,但近年来,人口增长相对较快,人口密度也不断上升。2008 年总户数达到1 595. 70万户,总人口达到4 687. 85万人,人口出生率为 10. 20,死亡率为 5. 62,自然增长率为 4. 58。

表 3 -316　2000 -2008 年浙江省人口变动情况

年　份	总户数(万户)	总人口(万人)	平均每户人数(人/户)	人口密度(人/平方公里)
2000 年	1 440. 40	4 501. 22	3. 12	442. 16
2001 年	1 447. 67	4 519. 84	3. 12	443. 99
2002 年	1 466. 19	4 535. 98	3. 09	445. 58
2003 年	1 485. 72	4 551. 58	3. 06	447. 11
2004 年	1 509. 29	4 577. 22	3. 03	449. 63
2005 年	1 534. 16	4 602. 11	3. 00	452. 07
2006 年	1 556. 53	4 629. 43	2. 97	455. 00
2007 年	1 578. 85	4 659. 34	2. 95	457. 94
2008 年	1 595. 70	4 687. 85	2. 94	460. 50

表 3 -317　2000 -2008 年江苏省人口变动情况

年　份	总户数(万户)	总人口(万人)	年平均人口(万人)	人口密度(人/平方公里)
2000 年	2 220. 38	7 327. 24	7 270. 19	714
2001 年	2 312. 87	7 354. 92	7 341. 08	717
2002 年	2 343. 17	7 380. 97	7 367. 95	719
2003 年	2 328. 87	7 405. 82	7 393. 4	722
2004 年	2 359. 52	7 432. 5	7 419. 16	724
2005 年	2 426. 67	7 474. 5	7 453. 5	729
2006 年	2 451. 14	7 549. 5	7 512	736
2007 年	2 475. 49	7 624. 5	7 587	743
2008 年	2 476. 29	7 676. 5	7 650. 50	748

2008 年,江苏省总人口达7 676. 50万人,较 2007 年增长 52 万人。根据人口变动和劳动力抽样调查推算,全省出生人口 105. 7 万人,出生率 11. 25‰;死亡人口 57. 9 万人,死亡率 6. 16‰;自然增长率 5. 09‰。男女比例较为均衡,连续四年实现男女比例持平。

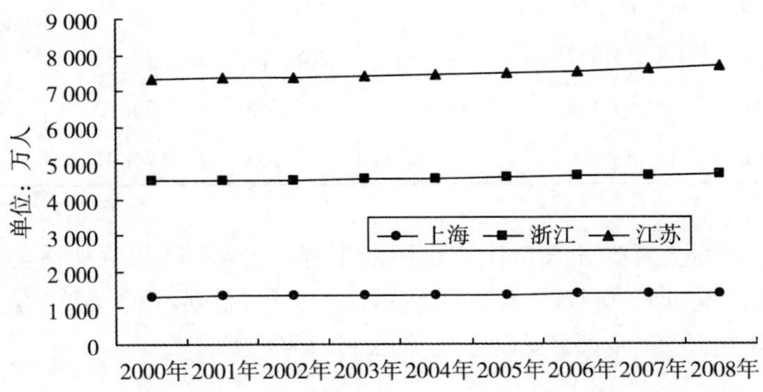

图 3 -55　2000 年以来长三角两省一市人口数量变动情况

2. 人口年龄构成

人口年龄结构的变化决定了劳动力市场的供给,从而直接影响经济社会的健康发展。长三角人口年龄结构不断调整优化,主要是社会经济发展和人口生育政策共同作用的结果。随着人口老龄化程度的加深,长三角地区从业人员的年龄结构也日趋老化,从业人员的年龄分布上,青年比重降低,而中老年比重上升,从业人员的平均年龄和年龄中位数的提高。

表 3-318　2004-2008 年上海市人口年龄分布

单位:万人,%

年份	合计	0~17 岁		18~59 岁		60 岁及以上	
		人数	比重	人数	比重	人数	比重
2004 年	1 352.40	169.97	12.57	921.65	68.15	260.78	19.28
2005 年	1 360.26	161.07	11.84	932.82	68.58	266.37	19.58
2006 年	1 368.08	154.07	11.26	938.40	68.59	275.62	20.15
2007 年	1 378.86	149.95	10.87	942.68	68.37	286.83	20.80
2008 年	1 391.84	147.15	10.57	943.32	67.81	300.57	21.60

从上表可以看出,上海市老龄人口比重最大,2008 年,60 岁及以上人口已逾总人口的五分之一,2008 年就比 2007 年增加了 13.74 万人,在各年龄段人口中增长最快。与之相比,17 岁以下的少年儿童比重不断下降,占总人口比重由 2007 年的 10.87% 下降至 2008 年的 10.57%。适龄劳动人口总量有所增加,但占总人口比重不断下降。

表 3-319　2002-2008 年江苏省人口年龄分布

单位:人,%

年　份	总人口数	0~14 岁		15~64 岁		65 岁及以上	
		人口数	比重	人口数	比重	人口数	比重
2002 年	39 828	7 486	18.80	28 404	71.32	3 938	9.89
2003 年	39 315	6 691	17.02	28 164	71.64	4 460	11.34
2004 年	39 796	6 497	16.33	29 031	72.95	4 268	10.72
2005 年	572 735	88 980	15.54	421 515	73.60	62 240	10.87
2006 年	381 104	55 932	14.68	283 399	74.36	41 773	10.96
2007 年	379 777	54 323	14.30	282 255	74.32	43 199	11.38
2008 年	393 687	53 456	13.58	294 903	74.91	45 328	11.51

从上表可以看出,江苏全省少儿人口比重也不断下降,老年人口和劳动适龄人口比重逐年上升。根据 2008 年人口变动情况抽样调查样本数据显示,2008 年,江苏 15~64 岁人口占总人口比重为 74.91%,0~14 岁人口占 13.58%,65 岁以上人口占 11.57%。

表 3－320　2003－2008 年浙江省人口年龄分布

单位：万人，%

年份	总人口数	0～17 岁		18～59 岁		60 岁及以上	
		人口数	比重	人口数	比重	人口数	比重
2003 年	4 551.58	938.77	20.63	2 993.91	65.77	618.91	13.60
2004 年	4 577.22	925.38	20.22	3 019.93	65.98	631.912	13.81
2005 年	4 602.11	891.00	19.37	3 061.04	66.52	649.67	14.12
2006 年	4 629.43	868.86	18.77	3 086.08	66.66	674.50	14.57
2007 年	4 659.34	848.54	18.21	3 108.75	66.72	702.05	15.07
2008 年	4 687.84	831.24	17.73	3 123.84	66.64	732.76	15.63

同上海、江苏相比，浙江省少儿比重虽也呈下降趋势，但所占比重较高，2008 年 0～17 岁人口占 17.73%。老年人口增加了 30 多万，在总人口中的比重提高到 15.63%。

3. 从业人口数量与构成

长三角第三产业从业人员比重明显增加，长三角地区从业人员比重出现第一产业逐步下降、第三产业逐步上升的态势。

表 3－321　2000－2008 年江苏省三次产业从业人员构成

单位：万人，%

年份	从业人数	第一产业		第二产业		第三产业	
		人数	比重	人数	比重	人数	比重
2000 年	4 418.14	1 890.96	42.8	1 335.16	30.2	1 192.02	27.0
2001 年	4 434.28	1 813.62	40.9	1 356.89	30.6	1 263.77	28.5
2002 年	4 458.02	1 734.17	38.9	1 381.99	31.0	1 341.86	30.1
2003 年	4 468.67	1 608.72	36.0	1 452.32	32.5	1 407.63	31.5
2004 年	4 482.52	1 506.13	33.6	1 533.02	34.2	1 443.37	32.2
2005 年	4 510.12	1 420.69	31.5	1 546.97	34.3	1 542.46	34.2
2006 年	4 564.76	1 346.60	29.5	1 593.10	34.9	1 625.06	35.6
2007 年	4 618.14	1 274.61	27.6	1 630.20	35.3	1 713.33	37.1
2008 年	4 648.89	1 222.66	26.3	1 655.00	35.6	1 771.23	38.1

2000 年以来，江苏省产业结构不断优化，二、三产业比重不断提高，并由此带动了就业结构的变化。从劳动力就业结构看，就业结构呈现出劳动力由第一产业绝对流出，第二产业发生调整和向第三产业转移这一特点。2000－2008 年，从业人员总数由4 418.14万人增加到4 648.89万人，增加了 200 多万人，同期，第一产业从业人员所占比重从 42.8% 下降到 26.3%，第二产业从业人员比重从 30.2% 上升到 35.6%，第三产业从业人员所占比例则有 27.0% 上升至 38.1%。这表明，随着经济的增长，劳动力向非农产业聚集速度加快，就业结构趋于优化。

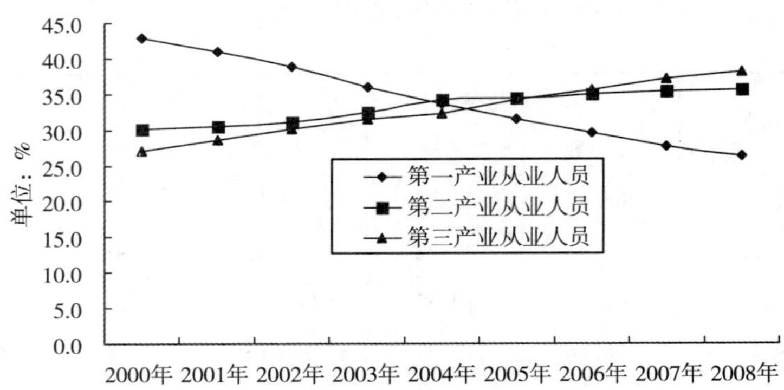

图 3-56　2000 年以来江苏三次产业从业人员构成情况

与江苏相比,2008 年浙江省第一产业从业人员比重更低,为 19.22%,低于江苏 7.08 个百分点。大量劳动力从农业转移到非农产业,第二、三产从业人员占从人总人口数的比重分别为 47.61 和 33.17。

表 3-322　2000-2008 年浙江省三次产业从业人员构成

单位:万人,%

年份	从业人员	第一产业		第二产业		第三产业	
		人数	比重	人数	比重	人数	比重
2000 年	2 726.09	969.97	35.58	966.30	34.45	789.82	28.97
2001 年	2 796.65	935.24	33.44	1 009.55	36.10	851.86	30.46
2002 年	2 858.56	885.29	30.97	1 070.13	37.44	903.14	31.59
2003 年	2 918.74	826.03	28.30	1 201.30	41.20	891.41	30.50
2004 年	2 991.95	779.65	26.06	1 304.94	41.61	907.36	30.33
2005 年	3 100.76	759.53	24.50	1 397.69	45.07	943.54	30.43
2006 年	3 172.38	717.81	22.63	1 452.29	45.78	1 002.28	31.59
2007 年	3 405.01	683.32	20.07	1 592.84	46.78	1 128.85	33.15
2008 年	3 486.86	670.16	19.22	1 660.04	47.61	1 156.3	33.17

2008 年,上海从业人员增加到1 053.24万,只有 49.38 万人从事第一产业,只占 4.69%,第三产业从业人数最多,占比重为 55.04%,上海产业结构已形成“三二一”格局。

4. 人口教育

优先发展教育,促进教育公平,提供更多优质教育资源,使得长三角地区人口文化素质不断提高。具体表现在高学历从业人员比重的增加和低学历从业人员比重的下降。这与近十年来全国大学规模与研究生教育规模的扩大有关,大量的大学生与研究生毕业后自然提升了人力资源和人才资源的整体素质与学历。长三角地区在校大学生人数从 2000 年的 89.11 万上升到了 2008 年的 290.77 万。江苏在校生最多,为 157.26 万,这与江苏高校众多、高教资源丰富有很大关系。

表 3－323　2000－2008 年上海三次产业从业人员构成

单位:万人,%

年份	从业人员	第一产业		第二产业		第三产业	
		人数	比重	人数	比重	人数	比重
2000 年	828.35	89.23	10.77	367.04	44.31	372.08	44.92
2001 年	752.26	87.18	11.59	309.91	41.20	355.17	47.21
2002 年	792.04	84.24	10.64	320.93	40.52	386.87	48.84
2003 年	813.05	73.72	9.07	317.12	39.00	422.21	51.93
2004 年	836.87	67.29	10.77	315.97	44.31	453.61	44.92
2005 年	863.32	61.02	7.07	322.33	37.34	479.97	55.60
2006 年	885.51	55.33	6.25	327.63	37.00	502.55	56.75
2007 年	909.08	53.71	5.91	342.75	44.31	512.62	44.92
2008 年	1 053.24	49.38	4.69	424.16	40.27	579.7	55.04

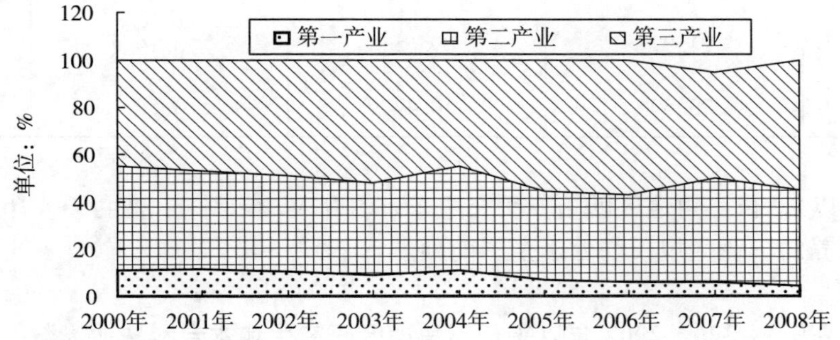

图 3－57　2000 年以来上海三次产业从业人员构成变化态势

表 3－324　长三角地区历年在校本专科生情况

单位:万人

年份	合计	江苏	浙江	上海
2000 年	89.11	45.19	21.24	22.68
2001 年	—	—	29.31	28.00
2002 年	—	—	39.31	33.16
2003 年	—	—	48.46	37.85
2004 年	—	—	57.28	41.57
2005 年	225.37	115.98	65.13	44.26
2006 年	249.24	130.62	71.99	46.63
2007 年	273.51	147.23	77.79	48.49
2008 年	290.77	157.26	83.22	50.29

长三角地区在校研究生人数增长也很快,到2008年已经达到21.97万人,其中江苏和上海分别达到了10.47万人和9.55万人,而且增长速度较快,浙江在校研究生规模相对较少,仅为3.58万人。

表3-325　长三角地区历年在校研究生变化

单位:万人

年份	合计	江苏	浙江	上海
2000年	6.34	2.29	0.99	3.06
2001年	—	—	1.32	3.90
2002年	—	—	1.63	4.89
2003年	—	—	1.93	5.91
2004年	—	—	2.21	6.94
2005年	18.22	7.79	2.56	7.87
2006年	20.31	8.91	2.71	8.69
2007年	21.97	9.65	3.14	9.18
2008年	23.60	10.47	3.58	9.55

仅就2002年以来,长三角地区就培养研究生27.05万人,本专科毕业生330.16万人。在国内来看,江苏和上海培养的毕业生规模都处于全国前列。

表3-326　2002年以来长三角地区研究生和本专科毕业人数

单位:万人

年份	研究生			本专科		
	江苏	上海	浙江	江苏	上海	浙江
2002年	0.62	0.79	0.26	10.41	10.92	4.84
2003年	0.9	1.01	0.35	13.71	12.03	7.87
2004年	1.17	1.35	0.49	19.74	8.86	10.31
2005年	1.49	1.67	0.56	22.97	10.34	13.31
2006年	1.93	1.99	0.87	25.73	11.05	16.25
2007年	2.4	2.39	0.74	30.96	11.85	18.39
2008年	2.6	2.58	0.89	38.09	12.21	20.32
合　计	11.11	11.78	4.16	161.61	77.26	91.29

5. 专业技术人才

表 3－327　主要年份江苏各级各类专业技术人才情况

单位:万人

年份	总计	工程技术类	农业技术类	科学研究类	卫生技术类	教学类
2000 年	194.24	44.84	4.61	1.81	23.04	66.15
2001 年	186.05	40.11	4.18	1.75	23.19	66.95
2002 年	175.79	35.79	3.74	1.56	22.96	67.56
2003 年	163.20	29.19	3.74	1.82	22.07	68.01
2004 年	147.23	22.16	3.25	1.77	20.86	69.25
2005 年	148.67	20.96	3.18	1.83	23.45	69.33
2006 年	142.20	20.54	3.11	1.69	21.35	69.27
2007 年	142.18	20.03	2.92	1.64	21.86	69.00
2008 年	142.26	19.72	3.06	1.68	22.04	69.89

注:本表数据含辖区内的全民所有制单位和集体所有制单位。

表 3－328　主要年份上海科技活动人员(含人文社科)

单位:万人

年　份	2003 年	2004 年	2005 年	2006 年	2007 年	2008 年
科技活动人员	17.59	18.25	19.67	20.07	22.79	23.08

表 3－329　2008 年浙江企事业单位专业技术人员构成

单位:万人

	总数	按职务分类			按专业分类				
		高级	中级	初级	工程	农业	科学	卫生	教学
事业	75.40	82.54	31.61	31.48	5.76	1.80	0.62	16.33	42.70
企业	9.99	0.54	2.78	5.15	4.54	0.07	0.01	0.29	0.08

注:职务分类不含“未聘任专业技术职务”和专业分类中的“其他专业技术人员”。

(二) 长三角人才一体化进程

长三角人才开发一体化是该地区经济和社会发展到一定阶段的需要。长三角地区各省市不但地域相接,经济相联,文化相通,制度环境和市场经济规则高度相关,而且近几年来城市化进程加速,物流、信息流、资金流水涨船高,制造、加工、物流、金融等产业的发展面临着重大机遇。在长三角各地方经济和社会加快发展的形势下,各地对人才的需求和竞争越来越激烈。突出表现在以上海为中心,以南京、杭州为代表的江浙为两翼,对高新技术、教育、旅游、新兴产业和高级技工等方面的人才供不应求。在人才的流动频率和流动速度加快后,如何避免依靠地域壁垒或行政壁垒、避免重回消极被动“保护”本地人才的老路等问题,实现人才竞争的多赢,成为各地的共识。在这些共识的引领下,对区域内的人才流动、人才培养、资质互认、户籍制度、就业政策、社会保障等方面进行协调,形成一体化的政策框架。

2003 年 4 月 18 日和 19 日,上海市人事局、浙江省人事厅、江苏省人事厅和两省所属的 19 个城市的政府人事部门负责人共聚上海,举行了首次“长江三角洲人才开发一体化论坛”。参会的各地有关领导,深入探讨了长三角人才开发一体化面临的机遇和挑战,长三角人才开发一体化的基础和条件,明确了长三角人才开发一体化展开的领域、目标、原则以及未来的具体行动,初步确定了长三角人才开发一体化的主要框架。各方面代表在这次论坛上达成的一个重要共识是:长江三角洲区域经济一体化的关键是人才开发一体化。在此思想的指导下,江浙沪三地 19 个城市在上海签署并共同发表了《长江三角洲人才开发一体化共同宣言》。至今,三省市先后共同签署了《关于建立高层次人才智力共享机制的协议》等 10 个制度层面的合作协议。

2004 年 6 月 21 日,长三角三省市及所属的 19 个市的人事部门负责人,在南京共同确认并开始实施联席会议制度。实行轮值主席制,明确工作制度、工作机构、工作人员和工作计划。联席会议制度分两种层次:一是政府人事部门行政领导正式会议;二是针对某一领域、某一项目或某一特定问题的各种非正式会议。正式会议每年举行一次,实行轮值制度。非正式会议根据需要不定期举行。联席会议的工作内容是,对具有人才人事领域的重大项目合作、重大政策出台、重大活动开展,进行研讨和决策。保证了各方面能够定期协商、落实和解决彼此共同关心的迫切问题。这次联席会议上,签署了 3 个促进人才流动的协议,这 3 份协议为人才流动架起了一座更宽的桥梁。

2004 年 11 月,三地联合举办了“长三角地区网上人才交流大会”。大会采用“共设平台、共同宣传、联合举办”的形式,在短短 1 个月会期内,三地共组织了 3000 多家用人单位上网招聘,提供岗位 5 万个,刷新了全国网络招聘的纪录。大会吸引来自全国各地的各类人才上网参加交流,会期内三地网站总访问量突破 800 万,奠定了长三角地区共建网上人才大市场的基本格局。

2005 年,三省市继续举办了长三角网上人才交流大会,组织3 000多家用人单位,推出 3. 8 万个岗位,招聘各类人才 5. 5 万人。2005 年 5 月下旬,三地人事职能部门召开了长三角地区公务员培训教育工作会议,商定建立长三角培训教育师资库和培训教育案例资料库;建立长三角对口培训合作机制、培训基地共享机制、公务员培训信息共享机制以及培训教育工作定期或不定期协商会商机制。同样是在 2005 年,三省市启动了高层次人才名录的编写工作,以两院院士名录为首个分目录,旨在加强两省一市与三地两院院士的联系,为三地间政策咨询、重大项目合作、科技攻关、产业升级转化等方面提供服务。

此外,为了进一步促进资源共享,三地还在政策协调、制度衔接和服务贯通等方面进行了一系列探索。2005 年,三省市组织完成了《长三角人才资源现状调查》的课题研究,摸清了长三角人才资源的现状,确定了长三角人才开发 2005 - 2006 年度以非公人才开发为重点的 10 项工作任务;联合开展人事争议仲裁、引进国外智力、专业技术资格互认、紧缺人才培训等六个方面的合作交流,其中上海市紧缺人才办开发的现代物流、汽车营销、会展策划等 37 个类别 157 个培训考试项目,已陆续在长三角地区推广,参加考试的人员已达 1. 1 万人次。

2006 年,江浙沪三省市除了完成 2005 - 2006 年度的 10 项重点工作任务之外,还召开了了江浙沪经济合作与发展座谈会、人力资源专题组、长三角城市经济协调会、长江沿岸中心城市经济协调会、长江流域人才开发研究等会议。

此外,在国家人事部的指导下,长三角人才开发一体化工作积极参与振兴东北、西部大开发等国家区域发展战略。2005 年 3 月,与东三省签署了人才开发合作协议;2006 年 10 月,又与西北五省签订了合作交流框架协议。通过区域间的人才合作,初步形成了长三角人才开发的服务品牌。

由江苏省人事厅牵头组织的2007年度长三角人才开发一体化工作会议在江苏常熟召开。会议指出:当前和今后一个时期,长三角地区将紧紧围绕"率先建成创新型区域,共同推进创新体系一体化"的目标,创新人才开发体系一体化。2008年度二省一市推出10项举措,其中包括:进一步完善长三角人才开发合作机制,健全区域整体人才资源开发制度评估和反馈体系,推进区域人才开发一体化的制度建设,建立区域人才市场共同的市场规则和统一的服务平台以及建立长三角地区人才信息库,并在合作内容、合作领域和合作方式等方面逐步建立和完善贯通区域和跨区域的人才开发合作机制,真正实现人才的"无障碍流动"。

长江三角洲人才开发一体化的优势,有利于人才价值的最大化,避免人才浪费或埋没;在宏观方面,也有利于企业降低劳动力成本,规范企业用人和人才流动制度,提升企业管理水平。互融共通、协同发展的人才开发一体化正在为长三角地区的经济"快车"提供强劲人才智力动力。

(四)继续加快长三角人才一体化建设的对策建议

1. 进一步强化各地政府尤其是组织人事部门之间的对话、交流和考察机制。长三角各地之间的交流对话方式,可以定期举行,也可以不定期举行,可以"请进来",也可以"走出去",可以是综合性的,也可以是单项的,要立足问题,取得实效。要进一步建立和完善三地省级和市级领导出面、组织部门牵头、相关城市人事部门直接参加的政府合作组织形式——长三角人才合作联盟或人才联席会议,发挥人才合作有关重大事项和重大问题的跨界协调和联动职能,研究、起草并推行长三角人才开发一体化规划,确定中长期尤其是近期实施计划,制定共同遵守的协调规章、磋商机制和有关人才共享的重大制度和操作手段等,形成政府之间的跨界协调和联动机制。

2. 加大人才服务研究,办好人才服务的各类论坛。逐步建立和形成以专家学者、用人单位、社会知名人士等组成的非政府合作组织形式——长三角人才服务和合作论坛,主要就人才服务和合作的国内外动态和区域内人才一体化建设的有关问题开展调研,定期或不定期地召开区域人才论坛和研讨会,就区域人才合作和人才共享的重大理论和实践问题展开研讨,为长三角人才共享机制的形成摇旗呐喊,创造良好的人才共享的社会氛围,同时也为解决人才共享机制运作过程中的一些实际问题提供理论支撑和政策建议。

3. 建立健全由各地参与的跨界性的人才中介服务组织形式——长三角人才中介行业协会,可以以上海现有的、市场运作效果较好的"上海市人才中介行业协会"为基础,整合和联络长三角其他地区的类似组织,制定统一的章程和标准,规范服务程序,加强行业自律,推动区域内人才中介行业的规范化、制度化、诚信化和透明度,为长三角人力资源共享机制的运作创造良好的市场环境。

4. 着力构建长三角区域内人才使用、人才流动和人才合作的市场配置和调控机制。随着市场经济的进一步发展,包括人才资源在内的各种生产要素的市场化配置将占据主导地位,因此,市场化配置和调控人才使用、人才流动、人才合作将在长三角地区越来越重要。我们认为,构建长三角人才共享机制的最终目标是,要在长三角区域内形成一个统一的、人才自由流动、用人单位自由选择的人才市场。但目前离这一目标还相去甚远。因此,要发挥人才市场化配置的基础作用,构建区域人才使用、人才流动和人才合作的市场配置和调控机制,需要在深究这些深层次原因的基础上寻求良策。

5. 努力完善人才信息资源共建、人才网络互联、人才信息共享的信息化引领机制。要在长三角各地相互协商的基础上,加大信息化合作的力度,不断拓展信息资源的总量,努力构建多元化、综合性、专业型的区域人才信息资源库,在共建的基础上更好地满足区域市场对人才信息的多元化需要。

6. 建立统一人才评估体系。目前,上海、南京、苏州、杭州、宁波、湖州六城市在物流、中高级口译、国际贸易单证、汽车营销等考试项目方面已实现了项目、大纲、教材、培训、考试、发证的统一,三省市人事部门已经开始研究资格证书真伪甄别办法,保障专业技术人员的合法权益。在长三角人才开发一体化的进程中,随着人才的大量涌入,有必要探索建立统一的“人才信用评估体系”,为人才建立信用档案,使长三角地区的用人单位通过“信用档案”真实了解引进人才的实际水平,更好地做出选择。而人才也可以将评估体系评断的“信用等级”作为申报、申请相关激励、优惠政策的依据之一。

四十三　长三角科技进步与创新

(一)长三角地区基本情况

2008年,长三角地区R&D支出总额为1 546.9亿元,占全国比重为33.85%,其中上海362.2亿元,占7.93%;江苏584.6亿元,占12.79%;浙江600亿元,占13.13%。专利申请受理量为27.1万件,占全国比重为32.73%,其中上海5.3万件,占6.4%;江苏12.8万件,占15.46%;浙江9万件,占10.87%。专利申请授权量为12.2万件,占全国的29.61%,其中上海2.4万件,占5.83%;江苏4.5万件,占10.92%;浙江5.3万件,占12.86%。

表3－330　长三角科技活动情况

		长三角	上海	江苏	浙江
R&D支出	数量(亿元)	1 546.9	362.3	584.6	600
	占全国比(%)	33.85	7.93	12.79	13.13
专利申请受理量	数量(万件)	27.1	5.3	12.8	9
	占全国比(%)	32.73	6.40	15.46	10.87
专利申请授权量	数量(万件)	12.2	2.4	4.5	5.3
	占全国比(%)	29.61	5.83	10.92	12.86

(二)上海市的基本情况

1.上海市科技进步发展概况

1)科技队伍迅速壮大

2008年,上海市科技活动机构数为1 314个,科技活动人员达23.08万人,分别是2000年的1.07倍和1.14倍;2000年,科技活动经费筹集总额及科技活动经费支出总额分别为247.17亿元、221.38亿元,2008年迅速增长为602.56亿元及595.39亿元,年增长率分别为10.41%和11.62%。

表3－331　上海市科技活动情况

年份	科技活动机构数(个)	科技活动人员(万人)	科技活动经费筹集总额(亿元)	科技活动经费支出总额(亿元)
2000	1 232	20.17	247.14	221.38
2001	945	17.57	259.94	237.13
2002	1 127	17.89	278.32	272.93
2003	907	17.59	305.57	304.48
2004	1 050	18.25	362.5	364.94
2005	1 114	19.67	453.94	419.34
2006	1 162	20.07	485.13	436.44
2007	1 108	22.79	561.27	528.72
2008	1 314	23.08	602.56	595.39

2）科技投入逐年加大

在科技投入方面,2008 年,上海市 R&D 支出为362.3 亿元,是2000 年的4.72 倍,占 GDP 的比重由 2000 年的 1.61% 提升至 2008 年的 2.64%;地方财政科技经费支出为 115.66 亿元,是 2000 年的 11.47 倍,占地方财政支出的比重由 2000 年的 1.6% 提升至 2008 年的 4.42%。

表 3-332　上海市科技投入情况

年份	R&D 支出(亿元)	R&D 支出占GDP 比重(%)	地方财政科技经费支出(亿元)	科技经费支出占地方财政支出比重(%)
2000	76.73	1.61	10.08	1.6
2001	88.08	1.69	12.39	1.7
2002	102.36	1.78	15.25	1.7
2003	128.92	1.93	19.84	1.8
2004	170.28	2.11	39.32	2.8
2005	213.77	2.33	79.34	4.8
2006	258.84	2.5	94.89	5.2
2007	307.5	2.52	105.77	4.85
2008	362.3	2.64	115.66	4.42

3）科技成果日益显著

随着科技队伍的壮大、科技投入的增加,上海市的科技成果日益显著。2000 年,上海市科技成果登记数为1 102项,科技成果获奖数为 287 项,其中国家科技进步奖 21 项、上海科技进步奖 266 项,专利申请受理量11 337件、授权量4 050件;2008 年,科技成果登记数增长为1 866项,取得科技成果获奖数为 357 项,其中国家科技进步成果奖 57 件、上海科技进步奖 300 件,专利申请受理量52 835件,授权量为24 468件,科技进步成果日益显著。

表 3-333　上海市科技进步成果

	2000	2005	2007	2008
科技成果登记数(项)	1 102	1 701	2 396	1 866
科技成果获奖数(项)	287	362	373	357
国家科技成果奖	21	44	54	57
上海科技进步奖	266	318	319	300
专利申请受理量(件)	11 337	32 741	47 205	52 835
专利申请授权量(件)	4 050	12 603	24 481	24 468

2. 上海市科技进步的主要经验

1）聚焦重点任务,强化重大项目实施

积极承接国家重大专项,深化部市合作和院市合作,组织优势创新力量,积极承接并抓紧实施"大飞机"、"核高基"等国家重大专项任务,努力实现重大关键技术和共性技术突破,积极承接国家

科技支撑计划、863、973等项目,在服务国家战略任务中提升实力。

推进实施市级重大专项。启动实施下一代广电网络、有机发光平板显示等市级重大专项。通过集聚资源和产学研联合攻关,推进若干战略产品和关键技术研发,为促进装备制造业升级和引领现代服务业发展提供技术支撑。加快发展生物与医药产业,研究制定生物医药产业专项政策,做强重点企业,做大拳头产品,着力增强本地产业核心竞争力。推进崇明生态岛、临港新城等科技示范工程建设,深化节能减排科技支撑工作,大力推进农业科技创新。围绕市民健康、城市管理、生态治理和环境保护等领域,启动实施一批民生科技项目。

全力推进世博科技专项行动计划。继续实施世博科技示范工程,加快推进新能源汽车的示范运营、太阳能技术一体化应用等重点项目,开展反恐、食品安全、大规模疫病等公共安全和公共卫生领域的科技攻关。积极推进中国馆、沪上生态家等科技成果展示,为自主创新成果提供应用和展示平台。大力开展世博科技宣传,启动实施世博科普行动。

强化研发基地建设。加快推进船舶和海洋工程国家实验室的筹建和新药研究国家实验室的申报,筹划中国深海科技研究南方(上海)基地。继续支持中科院浦东科技园、蛋白质科学研究南方设施项目等建设。加强重点实验室和工程技术研究中心建设,完善考核评估机制,改进支持政策,加大对企业研发机构建设的支持力度。

2）营造创新创业氛围,强化企业创新主体建设

推进张江高新区"二次创业"。探索优化高新区管理体制,创新运作机制,提高管理效率。落实高新区发展规划,加大园区公共服务体系建设力度,推动创新要素集聚。促进科技与金融的结合,推进科技保险试点,引导和支持开展知识产权质押。进一步加强创新苗圃、创业孵化器、加速器等创业基地建设,优化创业服务。

完善并落实科技创新创业政策。在梳理评估现有政策的基础上,研究制定鼓励和扶持科技创业的政策,完善并落实成果转化、政府采购自主创新产品等,进一步完善创新创业政策体系。加强政策宣传和辅导,建立政策动态评估和修订机制。

提升中小企业技术创新能力。动员广大科技人员深入企业、服务企业,鼓励大学、科研院所向企业开放实验室、中试基地等设施。鼓励孵化器和企业开设大学生实习岗位,积极促进大学生就业。继续实施科技小巨人工程。实施"企业加速创新计划",提高企业技术创新效率。探索实施"事后补贴"扶持方式,支持企业技术创新活动和成果转化。

培育和发展创新集群。重点聚焦数字电视和生物医药研发外包、微创医疗器械等创新热点,完善产业链,推动创新集群的培育和壮大。加快建立技术创新联盟,完善产业配套基础设施。鼓励和支持集群内企业之间、产学研之间的互动交流,促进人才流动、信息交汇和资源共享。

完善研发公共服务平台。进一步完善服务网络,加大向区县推广力度。完善服务模式和流程,加快客户关系管理系统的构建,提升分析诊断能力和个性化服务能力。进一步落实《共享规定》,研究制定《研发平台建设与运行管理办法》。加强共性技术研发和公益性服务。积极推进转制院所深化改革,加快上海科学院的功能定位,增强其在共性技术研发和公益性服务方面的作用。

3）坚持开放创新,强化创新要素互动

促进区县创新发展。建立并实施与区县及重点企业定点联系制度,跟踪服务企业技术创新需求。加快落实联动协议和工作计划,积极推进区县"科技创新服务中心"建设。全面落实浦东综合配套改革相关任务,加快推进杨浦科技创新型示范城区建设。

服务中央在沪单位发展。鼓励并支持中央在沪研究院所、高校和企业承接重大项目,建设高水平研究基地和人才高地。搭建合作交流平台,促进中央在沪单位与地方机构的合作交流,支持其与企业开展"创新结对"活动,实现其创新成果在沪转化和产业化。

强化国内合作交流。进一步完善长三角创新体系的建设,积极推动国家自主创新综合试验示范区工作,继续推进长三角大型仪器、科技文献和技术交易等平台建设。认真做好对口支援地区及都江堰灾后重建的科技支撑工作。加强与西部、东北和环渤海等地区的科技合作,支持成果转移和人才、信息等交流。

深化国际创新合作。鼓励和支持参与欧盟框架计划等国际大科学计划,提升合作水平。积极支持本地企业"走出去",引进技术和人才、并购研发机构。鼓励和支持外资研发机构在沪发展。

推进创新文化建设。深化国家科普能力建设试点工作,着力提升市民科学素养。加强和改进科技宣传,加强科研诚信建设,搭建政府、学术界、产业界等各方之间的交流平台,着力营造良好的舆论氛围。

(三)江苏省的基本情况

1. 江苏科技发展概况

2008 年,江苏省从事科技活动人员 46.5 万人,其中研究与发展(R&D)人员 17.4 万人,科技活动人员与研发人员均居全国第二位。全省拥有中国科学院和中国工程院院士 89 人,列北京、上海之后,居全国第三位。全省科技活动经费首次突破1 000亿元,跃居全国第一,其中研发投入 540 亿元,较上年增长 25.6%,占地区生产总值比重提高到 1.8%。全省科技进步贡献率达 50.6%。组织国家级科技进步示范县(市)参加国家科技部组织的中期评估,全省 9 个国家级科技进步示范县(市),全部被确定为优秀。18 个城市、园区为国家知识产权示范地区,居全国第一。国家级高新区、特色产业基地、高新技术创业服务中心、软件园以及国家重点高新技术企业数量均居全国第一。获国家科技成果奖项连续二年居全国省份第一,全省专利申请量跃居全国第一。

在科技投入方面,调整和完善省科技计划体系,形成 8 个资金计划、3 个大的工作计划,资金计划服务于工作计划。全年组织实施省各类科技计划项目1 912项,省拨款 18 亿元。组织省科技成果转化专项资金项目 109 个,引导带动新增投入 96.39 亿元。全年企业研发投入 440 亿元,约占全社会的 81%。全省财政科技拨款 91.52 亿元,居全国第四位,比上年增长 33.16%,占全省财政支出的比重 2.8%。全省获国家科技计划立项支持2 000多项,经费近 20 亿元,比上年翻了一番,居全国前列。

2008 年,全省专利申请量128 002件,增长 43.9%,首次超过广东,跃居全国第一,实现历史性突破,其中发明专利22 601件,授权专利44 595件,增长 40.4%。围绕企业创新能力培养,制定江苏省知识产权战略纲要,全省被列为国家示范创建和试点的城市 14 个,国家试点园区 4 个。企业成为专利申请主体,全省企业共申请专利59 718项,增长 54.3%,占专利总数的 46.7%。企业专利授权量 2.39 万件,增长 63.43%。首次设立技术标准专项,重点支持 60 家骨干企业制定具有自主知识产权的技术标准。全省有 47 项成果获国家科技奖,其中自然科学奖 2 项、发明奖 6 项、科技进步奖 39 项;180 项成果获省科技进步奖。全年共签订各类技术合同14 089项,技术合同成交额 94.02 亿元,比上年增长 19.89%。

2. 高新技术产业发展情况

2008 年,江苏实现高新技术产业产值18 402.2亿元,比上年增长 25.3%。制定颁布《江苏省高科技产业发展(841 攀登计划)技术纲要》。高技术新兴产业快速发展,新型光电显示产业产值2 613亿元,新能源产业产值 889 亿元,新医药产业产值 821.8 亿元,新型环保装备产业产值 414 亿元;集成电路产业实现销售收入 680 亿元;半导体照明产业实现销售收入超过 120 亿元;轨道交通产业实现销售收入达 220 亿元。全省高新技术企业达4 452家,其中当年按国家新标准认定1 368家。新认定 85 家创新型试点企业,有 4 家试点企业被正式命名为国家创新型企业。新增民营科技企业1 500家,总数达20 000家,全省民营科技企业数量和经济规模居全国第二,对高新技术产业产值的贡献份额超过35%。当年认定省级高新技术产品2 521项，国家重点新产品247项，自主创新产品77项。全省国家和省级高新技术产业开发区实现技工贸总收入18 000亿元，比上年增长22.4%。全省共建16个高技术特色产业基地，新争取5个国家级高新技术特色产业基地，全省已建国家级高新技术特色产业基地59个。

3. 产学研发展情况

2008年，全省建立各类产学研合作工作机构280多个，建立各类产学研合作载体1 800多个，累计投资额380多亿元。与中科院合作正在实施的院省合作项目有950项，比上年同比增长16.6%，实现年销售收入208.6亿元；与清华大学合作的项目达266项，全国最多；驻苏部属院所与江苏企业联合承担各类国家计划项目971项；全省企业已与省内外3 000多家高校院所建立稳定合作关系，常年在江苏企业从事产学研合作的科技人员达5万多名，其中具有中高级职称的科技人员达2万名。全省已启动建设生物医药、风力发电、船舶制造、光伏太阳能等十大产业技术创新联盟和纳米技术、平板显示两大产学研合作联盟，新批建设苏州高新区光电子、苏州工业园区融合通信、无锡高新区微纳制造、常州高新区创意产业等重大产学研合作支撑平台。成功举办"中国·江苏首届国际产学研合作论坛暨跨国技术转移大会"，有全球31个国家和地区、230多家海外机构的500名左右海外科学家、技术专家、国际技术转移机构代表等参加大会，签订60多项合作项目。全省已同世界上70多个国家和地区建立了官方和民间的国际科技合作与交流联系，有数千名外国科技人员工作在江苏的企业、高校和科研院所，实施国家和省国际产学研合作项目100项以上。

在国际科技合作领域，大力推动技术转移、成果转化的工作视野和范围由国内逐步转向国际。建立省跨国技术转移中心，与10多家国内外技术转移机构建立了合作联盟关系。全省新获批5个国家级国际科技合作基地，总数达9家，居全国第一。继续拓展对俄科技合作，与以色列合作取得突破，双方正式签署政府间协议。外资研发机构较快发展，新认定92家，总数已达188家。

4. 科技创新概况

2008年，全省已有各类科学研究与技术开发机构4 050个，其中政府部门属独立研究与开发机构147个，企业办科研机构3 396个。在先进制造、新材料、生物医药和现代农业等重点领域，新建7家省高技术研究重点实验室，全省已建重点实验室60家。新认定省级科技创业园47家、新争取认定国家级高新技术创业服务中心4个，新增孵化场地面积100万平方米。目前全省拥有各类孵化器147家，孵化面积超过600万平方米，在孵企业9 439家，在孵企业总收入1 063亿、就业人数20.8万人，累计毕业企业2 761家。其中，国家级高新技术创业中心22家，国家级软件园5家，国家级大学科技园7家，国家级高新技术创业服务中心和国家级软件园数量居全国第一。

在科技人才方面，配合组织部门深入实施高层次创新创业人才引进计划，引进177名国内外高层次创新创业人才。对列入省资助的人才项目，各级科技计划积极给予支持。组织实施科技创新创业双千人才工程，引进院士37名、外籍科学家86名、海外留学人员262名，支持55名科技型企业家和93名企业博士，在全社会引起强烈反响。在高层次人才引进的基础上，注重创新团队的引进和培育，加快形成江苏创新集群优势。自2007年以来，我省共引进海内外高层次创新创业人才团队544个，团队所含人员总数为2 335人。其中，创业的团队占78%，海外人才领衔的团队占49%，集中在南京及苏南的团队占76%。开展首届江苏科技创业周活动。对高校院所科技人员创新创业典型首次进行全省表彰。

围绕全省现代农业发展、农业特色产业技术需求，组织实施省级农业科技支撑计划项目106项，培育农业新品种42个，开发关键技术47项。启动建设24个现代农业科技园区，认定首批农业科技型企业81家。开展社会主义新农村建设科技示范，重点在生活污水处理、人居生活改善等方面加强技术示范。深入开展"送科技下乡，促农民增收"活动，组织农业科技成果对接与帮扶。全年共实施

2 300个科技短平快项目,带动近500万农民增收,组织实施苏北科技专项150项。通过重大项目和重点企业研究机构布点建设,支持徐州老工业基地振兴。集成培育发展苏北特色支柱产业40个,着力推进国家和省科技富民强县专项行动,16个富民强县试点县特色产业共实现产值309.6亿元,利税41.5亿元。深入开展科技帮扶,面向苏北1 011个经济薄弱村,选派1 055名科技特派员,带动农民依靠科技脱贫致富。

围绕群众最为关心的安全、健康、环保、富民等四大民生领域,安排省级科技计划项目222项,启动实施了10大民生科技示范工程、10大地方社会发展科技示范工程、10大民生事业领域的科技公共服务平台。积极推动科学治太,深入实施《太湖水污染治理科技工作实施方案》。成功开发并交付使用102艘蓝藻打捞船,在治理太湖蓝藻中发挥重要作用。深入实施节能减排科技支撑行动,组织实施节能减排科技项目61项,确定30家节能减排创新示范企业。围绕水污染防治争取国家重大科技计划经费投入1.08亿元。全省13个省辖市全部列入国家科技强警示范市,居全国第一。列入国家可持续发展先进示范区2个,新建5个省级可持续发展实验区。

(四)浙江省的基本情况

1.科技进步发展现状

2008年,浙江继续加大科技投入力度,全年全社会科技活动经费投入600亿元,比上年增长16.1%;占全省生产总值的比例为2.79%,比上年提高0.11个百分点。R&D经费占全省生产总值的比例为1.6%,比上年提高0.08个百分点。地方财政科技投入86.8亿元,比上年增长21.3%;地方财政科技拨款占地方财政支出的比重为3.93%。

2008年末,全省拥有县及县以上独立的研究开发机构150家,省级以上重点实验室(含试验基地)145家、省级高新技术企业研发中心813家,国家认定的企业技术中心37家;拥有省级区域科技创新服务中心107家,国家级示范生产力促进中心9家。全年受理专利申请9万件,授权专利5.3万件,分别比上年增长30.5%和25.9%。全年技术市场合同成交金额58.9亿元。

虽然浙江省的自主创新能力与水平取得了巨大进步,但在科技基础设施和条件建设方面还存在一些不容忽视的问题:一是自主创新的基础设施条件,尤其是高技术领域的研究设施和条件比较薄弱,缺少有实力的研发机构;二是公共科技设施建设的科学布局、高效运行和管理机制急需加强,开放共享的机制有待进一步解决,创新服务设施和机构偏少,服务能力不强;三是创新人才,特别是高层次创新领军人物短缺;四是基础和应用基础研究能力相对薄弱,产业共性技术有效供给能力不强,企业技术创新能力亟待进一步加强。浙江省要加强源头创新、集群创新和科技创新服务体系等建设,着力提升全省自主创新基础能力的实力。

2.浙江科技进步主要经验

1)加强科技宣传,推进制度建设,着力营造有利于自主创新的良好环境。加强科技统计监测和责任制考核,推动市县科技进步。进一步完善市县党政领导科技进步与人才工作目标责任制考核。健全科技统计监测、评价和通报制度;建立健全支持企业自主创新的投融资体系。设立创业风险投资引导基金,大力发展创业风险投资。鼓励担保机构加大对企业自主创新活动的支持,鼓励保险机构开发高新科技研发保险险种,鼓励有条件的科技型企业争取在国内外上市。

2)加快培养和引进创新人才,着力集聚优质创新资源。全面实施“百千万科技创新人才工程”。制定并实施《科技创新团队和领军人才队伍建设办法》、《高层次科技创新人才引进办法》。继续推进钱江人才计划、新苗人才计划和高技能人才技术创新计划,支持留学生、大学生和高技能人才创新创业。完善浙江省科技人才信息服务平台。加大科技成果奖励力度,完善奖励办法。建立科学的人才考核评价机制,进一步推行和完善技术要素参与股权和收益分配的政策;加强基础研究和原始创新。加强学术交流和国际合作，增强基础科学发展预见研究。鼓励和支持科研人员积极争取承担国家重大、重点项目，支持“小人物”、“非共识”项目，鼓励科研人员自由探索。加大中青年科研人才培养力度；进一步引进国内外大院名校大企业共建创新载体；加强国内外科技合作。积极参与长三角区域创新体系建设，进一步加强与中科院、清华大学等大院名校的全面合作。支持军转民与军民两用技术的联合开发、成果转化与产业化。鼓励企业组织实施引进消化吸收再创新和国内科技成果转化的重大重点项目。

3）加快建设各类创新平台和创新载体，着力改善科技创新基础条件。加快“六个一批”创新载体建设，研究出台《关于加快提高科研院所自主创新能力的若干意见》，加强科技企业孵化器建设，增强配套服务能力；构筑公共科技基础条件、行业和区域三类重大科技创新平台，研究制订《重大创新平台评估指标体系》，加强对重大创新平台的考评与管理；大力发展技术市场。建设和繁荣中国浙江网上技术市场，建设“科技信箱”。大力发展和规范技术评估等各类科技中介机构，加强科技成果和技术交易的登记、管理。

4）加快实施高新技术产业“翻两番”和传统产业改造提升计划，着力推进经济结构战略性调整。加快实施先进制造业科技创新工程。组织实施纳米技术攻关及示范应用等重大科技专项。以装备制造业为重点，大力推进制造业信息化，加速信息化和工业化的融合；加快建设高新技术产业园区和特色产业基地。提升高新技术园区和特色产业基地的公共技术服务功能，将其建设成为节能降耗减排增效的示范园区，加快发展高新技术企业和科技型中小企业。

5）加快农业与农村科技进步，着力推进社会主义新农村建设。实施现代农业科技创新工程，组织实施农业生物技术等重大农业科技专项；加快实施现代农村建设科技推广工程。实施科技特派员基层创业专项行动，推进科技富民强县促进行动。全面实施农业科技成果转化及产业化科技促进行动，积极开展欠发达县（市、区）结对帮扶科技促进行动。加快涉农高校、区域科技创新服务中心等的发展，建设一批农业科技创新平台，积极培养引进农业领域学术带头人和中高级人才，建立和完善新型农业农村科技服务体系。

6）加快实施知识产权战略，着力提升产业和企业国际竞争力。强化知识产权的目标导向。积极实施《浙江省应掌握自主知识产权的关键技术和重要产品目录》，对符合《目录》的项目优先给予扶持；认真贯彻《科技管理中加强知识产权工作的若干意见》，把取得自主知识产权作为科技计划立项、项目验收和成果奖励的必要指标，纳入科技管理全过程。加强知识产权宣传和培训，营造以获取知识产权为目标的创新环境；推动市县、企业建立健全知识产权制度；建设专利公共服务平台，加强专利信息和咨询服务；加大知识产权保护力度。组织开展专利保护专项执法行动。完善省市两级专利执法管理制度，形成区域知识产权保护网络。

四十四　长三角信息化

信息化不仅是一个技术、工程概念,还是一个经济、社会概念。从技术层面看,信息化是以互联网、多媒体等信息技术的出现为标志的;从经济层面看,信息化是指信息技术及其产业在国民经济中的作用不断加强;从社会层面看,信息化引发的是社会观念,社会结构乃至社会制度的变化,推动的是社会前进。因而,长三角信息化就是信息化的各种要素与长三角经济、社会、文化全方位碰触、互动与融合的过程。

一、长三角信息化的总体状况

作为中国经济最发达、开放度最高、最具发展潜力的地区,长三角的信息化建设起步早,成果多,是中国信息化发展的领军地区。目前长三角信息基础设施框架基本建成,信息产业飞速发展壮大、信息技术应用日趋深入。2008 年,上海市提出以 2010 年上海"世博会"为战略机遇,以全球化的视野,从区域整体要求出发,大力发展信息化;江苏省提出"崛起、创新、渗透、跨越" 的信息化发展主题,并将信息化作为落实科学发展观、建设和谐社会以及富民强省和"两个率先"的重要路径;浙江提出进一步推进"数字浙江"的建设,重点运行信息技术"倍增"工程和城乡统筹信息化两大行动计划。通过统筹规划与科学引导,长三角信息化正在逐步从经济领域向社会生活领域不断渗透与扩展,以市场需求为导向,以便民利民为宗旨的社会、文化信息服务体系正在完善,基本形成政府信息化、企业信息化、家庭信息化三者良性互动的发展格局。近年来,上海、江苏、浙江信息产业、信息技术上的合作也更加密切,各种合作意向与合作项目纷沓而来,加快了长三角信息一体化的步伐,在各种外力的推动下,长三角信息化正在迈入一个更加协调、更加高效的发展轨道。

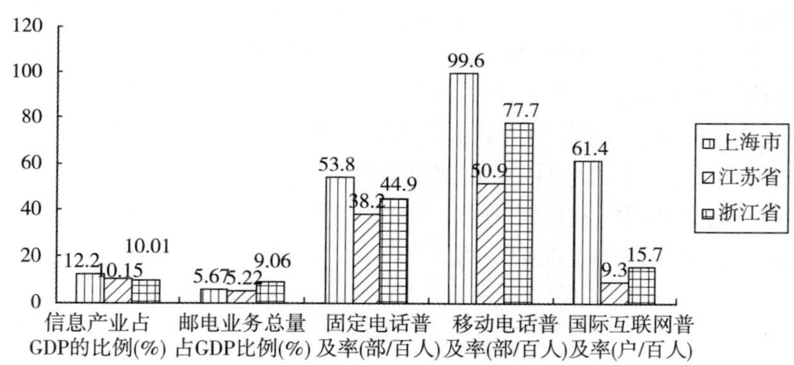

图 3－58　2008 年长三角信息化的成果比较

资料来源:根据《上海市统计年鉴 2009》、《江苏省统计年鉴 2009》、《浙江省统计年鉴 2009》计算整理

1. 上海的信息化

2008 年上海的信息基础设施服务能级进一步提升,至年末,集约化信息管线累计敷设4 007. 14 沟公里,比上年末增加 876. 14 沟公里;互联网用户达到1 160万人,增加 80 万人;宽带接入用户 418. 6 万户,增加 54. 6 万户;IPTV 用户达到 74. 6 万户,增加 52. 6 万户;有线电视用户达到 527. 2 万户,增加 28 万户,其中有线数字电视用户 70. 9 万户。

表 3－334　上海市信息化发展状况

年份	2005 年	2006 年	2007 年	2008 年
电信业务总量(亿元)	375.77	511.41	668.00	776.1
年末固定电话用户(万户)	997	1 112	1 022	1 015.4
移动电话用户(万户)	1 444.2	1 609.5	1 776.5	1 880.9
全年长途通话时长(亿分钟)	110.0	151.4	189.8	194.2
移动电话通话时长(亿分钟)	290.1	453.4	661.6	783.2
国际互联网用户(万人)	803	957	1 080	1160
互联网用户普及率(%)	45.2	52.7	58.1	61.4
家庭宽带接入用户(万户)	222.7	301.7	327.6	376.7
家庭宽带接入用户普及率(%)	33.8	44.9	47.6	53.9
信息通信管线长度(沟公里)	1 621	2 451	3 131	4 007
本地信息交互流量(万亿字节)	1 300	2 113	2 188	2 429

数据来源:2009 年上海市统计年鉴

在国际金融危机的影响下,上海信息产业仍然保持较快的发展势头,2008 年实现信息产业增加值1 670.52亿元,全市用于信息化建设的固定资产投资 278.69 亿元,占全社会固定资产投资总额的比重为 5.8%。

表 3－335　上海市信息产业发展状况

年份	2005 年	2006 年	2007 年	2008 年
信息产业增加值(亿元)	1 097.91	1 337.89	1 651.34	1 670.52
信息产品制造业增加值(亿元)	653.75	813.43	1 038	944.61
信息产品销售业增加值(亿元)	21.66	24.91	29.39	35.27
信息服务业增加值(亿元)	422.5	499.55	583.95	690.64
信息产业占生产总值的比重(%)	12.2	12.9	13.8	12.2

数据来源:2008 年上海市国民经济和社会发展统计公报

2008 年,信息技术的渗透面更加宽广,涉及城市地理信息、社会保障、电子商务、电子政务等众多领域。目前,已基本建成城市地理信息的空间信息网格运行服务平台(SIG),累计图层约达 100 项,地理信息延伸产品还提供生活服务、交通出行等社会服务信息以及政府办事机构信息,到 2008 年末提供各类信息达 8.4 万条。到 2008 年末,上海累计发放社会保障卡1 425.57万张,比上年末增加 313.35 万张,社会保障卡应用功能拓展至基层党建、兵役管理、人大代表选举、与银行卡绑定支付、社区卫生服务等领域。上海政务网应用支撑平台不断完善,至 2008 年末,政务外网市级骨干网接入点累计 520 个,有 50 个业务应用主管部门的应用系统在网上运行。全年"中国上海"门户网站主页访问量达1 725.23万人次,实现网上办事事项1 677项。政府部门主动公开信息 4.99 万条,受理政府信息公开申请 7270 件,同意公开和部分公开率达到 68.5%。全年完成电子商务交易额2 758.17亿元,比上年增长13.7%。口岸税费电子支付系统入网企业累计3 500家,全年实现电子支付金额1 004亿元,比上年增长14.1%。

表3-336 上海社会公共服务领域信息化指标

年份	2007年	2008年
"市民信箱"累计注册用户(万人)	332.93	361.20
"付费通"业务平台交易量(万笔)	2 907.00	3 801.50
"付费通"业务平台交易额(亿元)	24.69	35.48
社保卡累计发放量(万张)	1 112.23	1 425.57
交通卡累计销售量(万张)	3 240.64	4 161.49
"市民信箱"累计注册用户(万人)	332.93	361.20
交通卡销售额(亿元)	11.66	13.41
银行卡累计发卡量(万张)	6 781.64	7 915.22
银行卡交易额(亿元)	5 996.81	6 918.92
个人信用信息入库量(万条)	929	1 047
个人信用报告累计出具数量(万份)	780	862
企业信用信息入库量(万家)	98	98
电子商务交易额(亿元)	2 426	2 758
累计发放数字证书(万张)	106.5	138.7

数据来源:2009年上海市统计年鉴

2. 江苏的信息化

2008年江苏省全年邮电业务总量1 537.3亿元,比上年增长20.1%,其中邮政业务总量83.5亿元,电信业务总量1 453.9亿元,分别增长16.7%和20.0%。邮电业务收入669.3亿元,比上年增长9.1%,其中邮政业务收入62.7亿元,电信业务收入606.6亿元,增长9.2%和9.1%。年末局用交换机总容量5 508.2万门。年末固定电话用户2 968.3万户,减少255.8万户,其中,城市电话用户1 974.5万户,乡村电话用户993.8万户。住宅电话用户2 158.3万户,减少218.1万户。年末移动电话用户3 957.0万户,净增643.8万户。全省电话普及率达90.8部/百人,比上年增加5.1部/百人。长途光缆线路总长度3.1万公里,新增0.2万公里。年末互联网用户771.6万户,新增99.7万户。共有广播电台14座,中短波广播发射台和转播台21座,电视台14座,广播综合人口覆盖率和电视综合人口覆盖率分别达99.86%和99.88%。有线电视用户1 510.5万户,比上年增长10.5%。2008年全省城镇居民家庭每百户家用电脑拥有量已达68.2台,比上年增长15.6%,其中接入互联网的计算机达到53.2台,增长23.2%。全年人均上网费54.0元,增长38.9%。网上购物和享受各种服务也成为新的时尚,人均通过互联网购买商品或服务支出达13.7元,成倍数增长,网上交易正被越来越多的居民所接受。

表 3-337　江苏省近年信息化状况

年份	2000 年	2005 年	2006 年	2007 年	2008 年
函件(亿件)	5.74	4.21	3.94	7.40	8.82
国际互联网用户(万户)	183.31	449.46	577.95	671.90	771.65
固定电话普及率(部/百人)	15.53	40.93	42.71	42.31	38.2
移动电话用户(万户)	619.50	2 550.00	2 873.40	3 313.20	3 957.00
邮电业务总量(亿元)	323.45	728.08	997.26	1 280.1	1 584.13

数据来源:2009 年江苏省统计年鉴

江苏省的信息产业专业门类齐全,产业规模较大,国际化程度较高,是名副其实的主导产业,但是由于受金融危机的影响,外贸环境恶化,2008 年电子制造业生产、出口增长呈现"前高后低"走势。2008 下半年,电子制造业下行压力加大,规模以上工业增加值增速从 7 月份的 16.5% 开始逐月回落,11、12 月份转为下降 0.2% 和 2.4%。但是,总量规模仍然可观,2008 年江苏通讯设备、计算机及其它电子设备制造业产值9 679.4亿元,比上年增长 21.7%,占规模以上工业产值的比重达 15.0%。特别值得骄傲的是:2009 年 6 月南京被正式认定为"首批国家级信息化和工业化融合试验区"。

表 3-338　2008 年江苏省各城市信息化情况

城市	电子产品制造业工业增加值(亿元)	软件业销售收入(亿元)	邮电业务收入(亿元)	本地电话用户(万户)	年末移动电话用户(万户)	国际互联网用户(万户)	城市居民人均交通和通讯支出(元)
南京	229.50	484.37	84.57	292.97	612.73	107.25	1 767
无锡	520.28	265.04	47.47	157.56	352.87	59.28	1 792
徐州	42.63	4.14	14.88	87.67	138.84	32.40	1 155
常州	182.80	55.20	38.97	139.07	271.19	46.03	1 970
苏州	1 552.70	350.53	61.59	186.85	432.49	66.59	1 715
南通	160.80	3.41	14.82	53.86	104.84	16.19	1 055
连云港	10.05	0.57	9.40	46.24	68.88	13.05	1 176
淮安	23.34	0.21	11.29	74.95	83.08	14.66	999
盐城	11.82	0.19	6.23	53.40	97.47	9.29	842
扬州	99.00	1.45	13.27	65.86	105.51	20.06	1 046
镇江	40.00	30.17	9.79	65.14	83.63	17.73	880
泰州	81.80	3.04	6.70	32.86	57.43	10.62	1 321
宿迁	4.29	2.72	2.92	46.39	50.51	6.05	808

数据来源:2009 年江苏省统计年鉴

3. 浙江的信息化

2008 年,浙江省加快建设"数字浙江",实施"信息强省"战略,加快产业结构调整步伐,进一步促进电子信息产品制造业与信息服务业的协调发展,逐步形成以核心产业(软件、集成电路)为支撑,优势产业(通信、计算机及网络产品、新型电子元器件)为支柱,新兴产业(应用电子及信息服务业)为新增长点的三业相互促进的产业架构,同时,以“两带十园多块”布局建设为重点,建设环杭州湾的信息产业基地。2008 年,浙江加快推进信息技术在经济社会各领域的推广与应用,重点推进制造业信息化、数字新农村和电子政务建设,取得良好的效果。

表 3-339 浙江省近年信息化发展状况

年份	2005 年	2006 年	2007 年	2008 年
邮电业务总量(亿元)	830.4	1 027.9	1 327.1	1 945.8
通信设备、计算机及电子设备制造业工业总产值(亿元)	1 044.37	1 583.60	1 814.58	1 705.58
信息传输、计算机服务和软件业生产总值(亿元)	273.92	316.19	376.17	463.37
长途光缆线路长度(公里)	24 801	25 562	25 790	24 145
市话年末户数(户)	14 215 278	15 665 856	16 014 157	14 823 869
移动电话普及率(部/百人)	54.8	60.5	69.7	77.7
固定电话普及率(部/百人)	45.6	48	47.5	44.9
互联网用户(万户)	683	574	681	805
宽带用户(万户)	338	453	562	692
人均邮政、电信费用支出(元/人)	869.0	970	1 107	1 185
每百人长话量(分钟/百人)	43 784	48 217	31 519	62 243
电视人口覆盖率(%)	98.84	98.95	99.07	99.13
有线电视入户率(%)	56.97	63.72	66.69	66.93

数据来源:2009 年浙江省统计年鉴

浙江计划到 2010 年,建成先进适用的信息基础设施、全国重要的信息产业基地,同时推动信息资源的开发、利用和共享。表现为:80%以上企业开展电子商务,电子商务交易额相当于生产总值的 25%;政府行政许可项目网上服务比例超过 80%;全省固定电话主线普及率达到 54 线/百人,移动电话普及率达到 85 户/百人,互联网用户普及率达到 17%;全省城区有线数字电视整体转换,农村广播电视“村村通”水平进一步提高,广播、电视的综合人口覆盖率达到 99%等。

二、长三角信息化的最新进展

2008 年 5 月,两座世界级的桥梁——杭州湾跨海大桥和苏通大桥飞架苏浙沪,世代因水而“曲”的长江三角洲北、南两翼由此而“平”,长三角成为一个更加“平坦”的地域空间。在长三角交通一体化、经济一体化的大潮中,信息通信一体化也被提上议事日程。长三角三地都希望通过信息一体化建设,使得长三角的资源流动畅通,资源配置优化。2008 年,长三角信息化的合作本着“互连互通、互惠互利”的原则,继续深化与拓展,合作成熟度明显提高,有力地推动了长三角信息一体化的进程。

1. 合作互动取得初步成效

在两省一市信息化和信息产业主管部门的共同努力下,2008 年长三角信息化合作取得了良好的成绩,主要表现在:一、信息资源共享基础性工作进一步深化。上海互联网络交换中心与嘉兴市信息产业局签署备忘录,共同实施两地互联网“同城化”互联工程。上海与宁波互联网络交换中心的合作

备忘录已经草拟完成，长三角城市互联网交换中心互联互通工作逐步展开。二、信息资源共享的推广应用进一步加强。改进了安全电子邮件模块，升级部署应用客户端软件，支持 Windows 操作系统内置邮件客户端；完成交叉认证跟证书签发模块升级；完成证书目录发布数据库 LDAP 模块的改进等工作，长三角地区 CA 交叉认证工作取得新进展。讨论通过《区域对讲业务频率规划和管理办法》、《长三角接壤地区重点业务频率协调办法和标准》等管理规定，提出区域对讲业务可供在长三角漫游使用的专向对讲频率。三、信息化互动环境的培育进一步加强。行业协会间的区域交流与合作继续加强，城市间信息化人才培训方面的合作逐步开展，继续促进信息化会展合作，积极组织当地企业参加上海“信博会”、杭州“电博会”和南京“软博会”、苏州“电博会”。四、信息化合作的领域进一步拓宽。完成《城市信息化发展水平评价指数研究报告》，并发布了研究成果。签订了《关于联合开展长三角城市信息化发展水平指数评测研究等发展与规划相关工作的合作协议》，围绕信息化发展和规划领域的重点工作，开展相关研究。启动长三角信息化政策法规联动机制课题研究，开展信息技术标准合作，交流信息技术标准化领域的工作进展和标准化合作的具体事宜。

2. 未来合作任务基本确定

在既有成绩的基础上，长三角地区结合未来社会经济发展的要求，确定了 2009 年长三角信息化合作的主要任务。一、继续推进区域互联网络交换中心的互联互通。逐步扩大其他城市间的互联网络交换试点，提高长三角地区网络的互访速度和交换能力，实现对等互联。二、实施区域无线电协同监管。研究制定 2010 年上海世博会期间频率协调保障方案，联合开展世博会期间周边地区在频率台站方面的使用调查，对区域频率需求量进行预测分析，保护频率边界场强监测互调计算，为世博会期间的频率使用提供保障。三、深化行业协会、会展品牌、信息化立法、信息技术标准及信息化人才培训等方面的交流与合作。推进长三角半导体（集成电路）、软件与信息服务等行业协会的合作交流，举办第三届长三角软件人才创业创新论坛暨 IT 产业人才交流会。总结三方在上海“世博会”、“信博会”，杭州“电博会”和南京“软博会”、苏州“电博会”上的合作经验，联手打造长三角信息化和信息产业会展品牌。四、围绕经济社会发展和民生需求，开展若干区域信息化合作软课题研究。开展信息化立法等相关专题研究，探讨信息技术标准的区域合作机制。开展“长三角城际通卡互联互通可行性研究”，包括对卡的类型、功能、兼容性等的现状调研、长三角城际通卡互连互通可行性分析及技术标准等研究。联合开展“十二五”期间长三角地区信息化合作规划的研究，为长三角地区的信息化下一步的合作指明方向。

在增加合作强度的同时，长三角信息化合作的广度也在增加，在 2009 年长三角信息合作联席会议常务理事上，一致表决同意江西省信息中心要求加入长三角信息合作联席会议常务理事单位的申请，这意味着长三角的信息化合作将在更加广阔的空间中推进。

三、长三角信息化的发展重点

1. 产业的信息化改造

结合长三角传统产业集群与区域经济优势，利用信息技术提升传统产业的竞争力。加快信息技术在电力、印染、石化、化工、医药、制革、造纸、冶金、建材、建设等重点行业高耗能、高污染企业废水净化、废气治理、余热余压利用等环节的应用，以达到节能减排，节约资源的目的。以骨干企业为龙头，以装备制造业现代化为重点，推进研发和设计协同化、生产设备数字化、生产过程智能化和企业管理信息化。重点推进嵌入式软件技术在家电、玩具、缝纫设备、医疗器械、低压电器、变频设备、仪器仪表、电机、泵业等传统优势产品及通讯设备、工业控制、视频监控等电子信息产品中的融合应用。大力发展嵌入软件和智能系统，分主题、分步骤实施传统产品嵌入式软件改造计划。推进高水平的嵌入式技术开发、测试平台、IP 构件库和产业链战略合作联盟的建设，面向区域内集群企业提供全方位的嵌入式技术支撑和服务。

2. 塑造信息网络平台

面向长三角的块状经济,加快行业性技术创新和信息服务公共平台建设,为中小企业提供产品创新、人才招聘、商务、宣传等方面的技术支撑。推进信息技术与生产性服务业和商贸流通、旅游休闲、社区服务等消费性服务业的融合。发展基于信息网络的现代金融业务,构建完善的现代化支付清算体系,逐步建立新型金融服务体系和信用服务体系,加强金融风险监管体系建设;发展基于信息技术的电子商务和现代物流体系,构建全区域性的物流信息网络;培育数字内容产业,拓宽电信增值服务,推广数字电视,发展互联网新兴业务。

3. 加快电子商务发展

加强面向行业、面向区域、面向中小企业的第三方电子商务平台建设,提供交易服务、业务外包和信息技术外包服务。鼓励中小企业运用电子商务服务平台,开展在线销售、采购等生产经营活动。充分发挥骨干企业在采购、销售等方面的带动作用,以产业链为基础,以供应链管理为重点,整合上下游关联企业相关资源,促进企业间的业务协同。推进面向消费者的电子商务应用,推动大型百货商场、购物中心、连锁经营企业等建设网上商场。鼓励专业市场加强信息化建设,加快建立市场电子商务服务平台,推动和规范网上交易市场的建立与发展,创新传统市场交易模式。推进国际贸易电子商务平台建设,提供单证处理、贸易申报、贸易结算、跨境电子单证交换等各类电子化网络服务。抓好政府采购电子商务应用,推进医药采购电子商务平台建设。促进移动电子商务发展。加强网络信任体系建设,推广数字认证证书和企业、个人信用信息在电子商务领域中的应用。

4. 加强农村信息化建设

将信息化建设与社会主义新农村建设有机结合,全面推进长三角农村信息化进程。继续完善"农村中小学现代远程教育"、"农村文化信息资源共享"、"新农合信息化"、"新农村现代流通服务网络"、"村村通电话"、"村村能上网"、广播电视"村村通"、有线广播"村村响"等重点工程。开发和整合各涉农信息资源,建设长三角地区农村信息化综合信息服务平台,推进涉农信息应用系统的接入。选择灵活多样、喜闻乐见的方式进行信息技术宣传与培训,提高农民利用信息资源的自觉性,通过农村信息化建设切实缩小城乡的数字鸿沟。

5. 大力发展信息服务业

以机制创新、技术创新为动力,推进长三角信息服务业和文化创意产业发展。大力推进广播电视网扩大覆盖面和数字化升级改造。引导软件与信息服务业产业结构的升级与优化,重点发展嵌入式软件、软件出口与服务外包、行业应用软件、网络传输服务、数字内容与网络增值服务;加大政府资源投入,培养和引进双管齐下,加快构建软件人才培训体系和人才引进机制,鼓励高等院校、科研院所与软件企业合作办学,建立人才培养战略合作联盟;鼓励软件与信息服务企业在海内外上市,吸引各类风险投资机构来长三角投资;组织针对性强的专业招商活动,吸引跨国公司来长三角地区设立研发中心或分支机构。

6. 继续完善城市信息化

在长三角逐步建设涵盖空间项目、规划图档、基本建设设施等内容的城市基础资源信息库及地理信息资源(包括路网 GIS 和地下管线 GIS 等),构建城市管理、应急响应和公共服务信息平台。推进城市规划、社会治安、公共卫生、智能交通、环境监控等信息系统建设,提高城市综合管理能力。推进智能楼宇住宅和家庭信息化,利用信息技术推动建筑节能。积极构建社区便民服务信息平台,形成提供法律、气象、医疗、旅游、家政、娱乐等服务的社区综合服务网。推动各级政府电子政务、网上办事和社会公共服务进入社区。完善社保、医疗、计划生育、就业指导和生活救助服务体系。

四十五 长三角非物质文化遗产保护

为了守护人类精神家园、维护世界文化的多样性，联合国教科文组织于2003年通过了《保护非物质文化遗产公约》，建议各国加强立法，建立保护非物质文化遗产的法律机制。2004年12月，我国正式加入该公约。2005年，国务院办公厅出台了《关于加强我国非物质文化遗产保护工作的意见》，要求各级政府进一步加强我国非物质文化遗产保护工作。长三角两省一市在非物质文化遗产保护方面一直走在全国前列，如浙江省率先建立了省、市、县三级非物质文化遗产名录体系，江苏省在全国率先启动非物质文化遗产保护地方立法等。近两年来，长三角非物质文化遗产保护工作又取得突破性进展，已初步构建起非遗资源保护、传承展示、合理利用、宣传推广、保护制度等五大体系。长三角还将保护与传承非物质文化遗产与发展区域旅游业、文化产业结合起来，在动态保护非物质文化遗产的同时，也增强了长三角的吸引力。

（一）长三角非物质文化遗产保护基本情况

1. 上海

由于地域小、开埠时间短等原因，上海本土保存下来的非物质文化遗产项目并不多，但是进入二十世纪后，上海逐渐成为中外经济文化的交融之地，兼容并蓄、相互融合的东西相当多，有些发源地不是上海的项目，却在上海发展得非常快。如入选第一批国家级非物质文化遗产名录的越剧，发源于浙江嵊县，但颇负盛名的越剧四姐妹却成名于上海。

在“非遗”保护中，上海采取了各项强化措施。早在2003年，就成立了优秀艺术整理抢救小组，目前已录制完成109出优秀传统艺术经典剧目和折子戏作品。上海于2005年7月在浦东新区开展非物质文化遗产普查试点，自此全面推进非物质文化遗产资源普查工作。至2008年，普查工作共收集文字记录稿12 142篇，相关音像资料517份，初步认定并登记了3 000多位在世的传承人。以此为基础，上海建立了国家、市和区县三级名录体系。目前，上海有包括锣鼓书、码头号子、琵琶艺术、淮剧、中医正骨疗法等在内的国家级名录项目33个，市级名录项目83个，区县级名录项目206个。

近年来上海把保护非物质文化遗产与保护物质文化遗产紧密结合起来，如上海的博物馆和纪念馆利用其考古、文博、历史、民俗等专业人才和科研优势，收藏和保护的技术优势，面向现代社会的社会教育优势，在“5·18”国际博物馆日、中国文化遗产日和历史文化名城命名日等精心策划了一系列活动，借助物质文化遗产的载体达到展示非物质文化遗产的目的。此外，上海还建立起了一批“非遗”专题博物馆和行业博物馆，“非遗”项目的传习所和培训基地。

2. 江苏

2004年，以江苏省民族民间文化保护工程工作会议在南京召开作为标志，江苏全面启动了非物质文化遗产保护工作。在全省各地初步调查的基础上，经过逐级申报、专家评选、行政部门审核，确定了13个非物质文化遗产项目进行抢救性保护试点，并形成了每个省辖市有一个试点项目的布局。试点项目在开展普查、宣传、研究、保护和传承方面作了大胆的实践和探索，取得了许多成功的经验，这些经验被及时地总结和推广，为全省全面开展非物质文化遗产保护提供了有益的借鉴。

2005年1月，江苏在全国率先启动了非物质文化遗产保护地方立法。《江苏省非物质文化遗产保护条例》于2006年11月1日起施行。《条例》以保护传承人为重点，规定代表性传承人和代表性传承单位将享有包括向政府申请资助等一系列权利；对年事已高、掌握特殊传统技艺、传承列入濒危名单的非物质文化遗产的，政府将提供资金帮助其改善工作和生活条件等，使非物质文化遗产能得到很好的“活态”保护。

为了构筑永久的保护载体,江苏省建立了许多非物质文化遗产的保护场所。如苏州的昆曲博物馆、无锡的泥人博物馆、扬州的雕版印刷博物馆、南通的风筝博物馆等。此外,江苏还鼓励有成就、有影响的民间艺术家建立私人博物馆和研究所,如镇江市的月新竹编艺术研究所等。苏州还建造了占地面积380亩,集香山帮古建博物馆、蒯鲁广场、手工生产作坊区、生产区、园林古建研发基地、滨江园艺区等于一体的“香山工坊”。

2008年6月,国务院公布第二批国家级非物质文化遗产名录和第一批国家级非物质文化遗产扩展项目名录,江苏省共有高邮民歌、无锡道教音乐、南京白局、苏州玉雕、丹阳和金坛的封缸酒传统酿造技艺、扬州富春茶点制作技艺等27项入选第二批国家级非遗,金坛董永传说、扬州杖头木偶、苏州雷允上六神丸制作技艺和姜堰溱潼会船等17项入选第一批扩展名录,共计44项,总数超过了第一批入选的37项。

3. 浙江

自2002年被文化部、财政部确定为全国实施非物质文化遗产保护工程综合试点省以来,浙江多项文化遗产保护工作走在全国前列。目前,浙江全省有全国重点文物保护单位132处,居全国第5位。在国务院公布的第一、二批国家级非物质文化遗产名录中,浙江共有129个项目入选,两批数量均居全国各省区第一。从2009年开始,国家文物局建立了文化遗产日活动主场城市申办机制,由于浙江在文化遗产保护上成绩卓著,杭州被确定为首届主场城市。

浙江省非遗普查工作覆盖面达到全省所有乡镇、街道及行政村的100%。截至2008年,共上报非遗普查线索271.9万条,实地调查非遗项目15.63万项,其中新发现项目5.3万余项;召开各类座谈会18 894次,走访民间艺人13.37万人次;收集相关实物资料2.3万余件,调查文字记录1 032.1万字,录音记录4 525.7小时,汇编普查资料3 260余册。经过全面、深入的大普查,基本摸清了浙江省非物质文化遗产资源的种类、数量、分布状况、生存环境、保护传承现状等。

2002年至2005年,浙江省政府每年安排500万元专项资金用于非物质文化遗产发掘保护和发展,各地政府大都落实了相应的经费。“十一五”期间,浙江省非物质文化遗产保护专项资金又有较大幅度提高,2006年起每年投入1 500万元用于发掘和保护非物质文化遗产,保障保护工程重点项目的实施。省财政的专项补助经费向欠发达地区和遗产资源丰富的地区倾斜。同时,鼓励和支持社会资金参与非物质文化遗产保护。

(二)非物质文化遗产传承与动态保护

1. 上海

传承与弘扬非物质文化遗产的关键在于人才。过去非物质文化遗产在民间的传承方式,主要是由师傅对徒弟进行口传心授,基本上没有文字的记录。而上海很早就开始探索利用现代教育体系,进一步加强非物质文化遗产传承人才的培养。如在传统手工技艺保护方面,上海工艺美术学校于1960年4月正式创建,这也是全市唯一一所专门培养工艺美术设计人才的中等专业学校。结合工艺美术的产地特点,美校首届开设了玉雕、牙雕、漆雕、木雕、织绣五个专业,之后又相继开设黄杨木雕、红木雕、工艺绘画、玩具专业。在传统工艺美术中受到关注的特种工艺品种通过这些专业的设置被继承下来,有别于单纯师傅带徒弟的新的人才培养模式也开始在教学中得到尝试,即美术教师主持学校的艺术教育,有经验的艺人主导学校的手工艺技术训练,文化共同课教师配合进行学生的素质培养。40多年来,学校共培养了5 000余名毕业生,成为上海工艺美术行业的生力军,不少人成为专业领域的领军人物。又如名列国家级非物质文化遗产传统医药类的石氏伤科疗法,由于较早进入了中医高等院校,通过现代教育手段进行科研和教学,成为国内中医学界令人瞩目的医学流派,其项目保护前景相当看好。

近年来,上海还在发展文化产业的过程中,自觉将保护和弘扬非物质文化遗产贯穿始终。面对工业向市郊转移以后中心城区留下的近2 000万平方米老厂房、老仓库和老建筑,上海采取了物质文化遗产和非物质文化遗产保护并举的方法。目前,全市创意产业集聚区的三分之二以上是通过保护性开发老厂房、老仓库和老建筑等存量资源建立起来的。在老字号建设方面,上海以新的理念对老字号的无形资产进行产业运作,大大促进了老字号类非物质文化遗产的保护。如恒源祥原是1927年创立的一个小商店,专门销售人造丝和手编毛线。之所以能从1987年以后逐步发展成为一个大型企业集团,关键就是恒源祥利用老字号的无形资产优势撬动了庞大的社会有形资产,使恒源祥这一品牌价值达到6个亿,实现年销售额30亿。

2. 江苏

江苏把加强对年事已高、掌握特殊传统技艺传承人的抢救性保护列为保护工作的重点之一,积极探索有效的传承机制。江苏省文化厅制定了《江苏省非物质文化遗产代表性传承人命名与资助办法》,在全国率先开展代表性传承人命名工作,有计划地对代表性传承人提供资助,鼓励和支持其开展带徒授艺活动。2007年2月,江苏省文化厅对第一批31名国家级非物质文化遗产代表性传承人进行了命名,省文化厅、省财政厅领导给代表性传承人颁发证书,授予荣誉牌,并举行了隆重的拜师带徒仪式。省文化厅下拨了代表性传承人扶持补助资金。此外,苏州、无锡均成立了大师工作室。无锡市文化局正在积极实施《"惠山泥人"传承扶持办法》。各地还通过建立传习所等,开展非物质文化遗产传承。

江苏还对部分非物质文化遗产进行了生产性保护。在生产性保护中,江苏把传承非物质文化遗产作为首要任务,优先扶持在市场竞争中处于弱势地位的传统技艺。如根据国际通识和国内学科建设,江苏重新确定了工艺美术的产品分类,将传统工艺美术细分为特种工艺、民间工艺、文物修复、标本制作等,根据其各自的特点,制定相应的扶持政策,加强针对性保护,维护文化遗产的多样性和差异性,促进"弱势"遗产的有效传承。从2004年起,省财政每年安排400到500万元的专项保护资金,扶持在市场中生存困难的非物质文化遗产保护,从而有效地保护、抢救了一批濒危项目。如通过资助等措施,南京云锦成功地走出了困境,企业发展到11家,从业者达1 800人,年产值达4 000多万元。

3. 浙江

2008年,浙江省推出了对非物质文化遗产代表性传承人保护系列举措。年初,浙江省文化厅开展"服务传承人月"活动,实施服务传承人"八个一"活动项目:进行一次走访慰问、发放一笔政府补贴、召开一次座谈会、安排一次体检、举办一次展示活动、组织一次专项采访报道、建立一批传承基地、研究出台一项相关政策;2008年年中,浙江省文化厅下发通知,建立服务传承人"三必报":代表性传承人传承活动受阻碍事件必报,代表性传承人大病逝世必报,代表性传承人有重要艺术成果必报;"五必访":代表性传承人家庭困难必访,大病逝世必访,收徒传艺必访,有重要艺术活动必访,有突发事件必访。年终,浙江省文化厅又下发《关于进一步明确非物质文化遗产代表性传承人应当履行的义务和享有权利的通知》。

2009年2月,为鼓励和支持非物质文化遗产代表性传承人履行传承义务,带徒传艺、培训讲习、整理出版有关资料、展演展示,浙江省政府专门设立了传承人政府专项补助资金,65周岁以上的省级代表性传承人每年享受政府3 000元至4 000元的传承工作津贴。

为动态保护非物质文化遗产,2008年2月,浙江省在全国率先命名了7个文化生态保护区。在这些文化生态保护区里,把保护传统文化生态与保护大众的生活质量结合起来,使众多非物质文化遗产得到活态传承。2009年,浙江将从非遗项目的生产性保护调研入手,重点研究如何加强对经济属性较强的非遗项目的保护问题,尝试分类保护实践。

2009年9月,首届中国(浙江)非物质文化遗产博览会暨第六届中国中华老字号精品博览会在浙江世贸国际展览中心举行。作为浙江省人民政府举办的"首届浙江文化艺术节"的重要内容,向建国六十周年献礼。博览会主题为"非遗美化生活,老店贴近百姓",充分展示了浙江省在非物质文化遗产和中华老字号方面所取得的突出成就。博览会参展项目近600个,参展省市达10多个,大部分都是国际级、省级非遗项目,汇集了全国非遗的精粹。博览会期间,还举办了国家级非物质文化遗产代表性传承人、中华老字号企业落户浙江"东方文化园"恳谈会,为部分非物质文化遗产项目逐步产业化搭建产业园区平台。

(三)非物质文化遗产展示与宣传推广

1. 上海

2008年6月全国第三个"文化遗产日",上海市围绕83项国家级和上海市级非物质文化遗产,开展了为期一周的系列活动。"薪火相传——上海市国家级非物质文化遗产项目代表性传承人颁证仪式暨2008年'文化遗产日'专场晚会"拉开了文化遗产周系列活动序幕,晚会上,传承人及他们的再传弟子登台,表演了古琴、昆曲、京剧、越剧、沪剧、南汇锣鼓书、青浦田山歌、上海港码头号子等文化遗产项目,还对海派旗袍、顾绣、嘉定竹刻、乌泥泾手工棉纺织技艺等静态项目进行了现场介绍和展示。徐汇区举办"走进老房子——30处历史文物建筑免费开放"活动;长宁区举行"百姓戏台,梨园飘香——文化遗产专场演出及民俗图画展",为14处优秀历史建筑挂牌并对外开放;静安区举办"第一批区级非物质文化遗产项目成果展";闵行区新建的七宝皮影馆也于当日开馆。同时,还举办了"棉纺织技术革新家——黄道婆"、"土山湾的文化历史"、"传统节日"的衍变、"上海文化老字号记忆"和"石库门的昨天、今天和明天"等讲座。

2. 江苏

在全国第三个文化遗产日,江苏在镇江举办了为期半个月的中国"人类非物质文化遗产代表作"展演活动。此次展演活动包括昆曲、古琴、新疆木卡姆、蒙古族长调等我国四大著名的世界非物质文化遗产代表作。此外,"生活的艺术——江苏省非物质文化遗产摄影展"同时在镇江博物馆展出,展出的近200幅作品,形象地反映了江苏非物质文化遗产的神韵和保护工作的成果。

2009年8月,为向澳门民众展示江苏省非物质文化遗产的风采,澳门特区政府文化局与江苏省文化厅合作,于澳门卢家大屋分期展演多项江苏省传统民间工艺。

在非物质文化遗产宣传方面,江苏新意迭出。第一个"文化遗产日"期间,全省推出了一批非物质文化遗产展览,举办了广场文艺演出活动和万人签名活动,拍摄了《守护精神家园》电视专题片。在第二届江苏省文物节期间,以非物质文化遗产为主要内容的江苏绝技展引起极大轰动,观众达16万人次。全省各地也纷纷采用各种新颖的形式对非物质文化遗产进行宣传,如镇江举办了"白蛇传民间工艺美术展"和"端午话'白蛇'民间传承活动"。扬州连续举办了两届"中国扬州剪纸艺术节"。南通市还在市行政中心广场举办了2006年中国南通放飞风筝邀请赛暨申创万人齐放风筝吉尼斯记录活动。许多地方还开设了网站,出版了专刊,开展了非物质文化遗产进社区、进校园等活动。这些展示和宣传活动进一步唤起了全社会非物质文化遗产保护的意识,使得非物质文化遗产保护深入人心。

3. 浙江

每年文化遗产日,浙江省各地都举办内容丰富、形式多样的非遗展演展示活动,增强全社会对非遗的保护意识。2008年,围绕第三个"文化遗产日""文化遗产人人保护,保护成果人人共享"主题,举办浙江省第三届非物质文化遗产节暨杭州市"风雅颂"民间艺术展示周系列活动。2008北京奥运会期间，余杭滚灯参加了奥运会开幕式前奏的演出；青田渔灯等6项非遗节目，参加"祝福奥运——天安门广场文化体育展示活动"；同时组织山乡、水乡、海乡等3台19个优秀"非遗"节目和浙江省18个优秀传统手工技艺项目参加相关展览展示等活动。2009年6月，浙江"非遗"项目亮相成都国际"非遗"节。浙江展厅面积共300多平方米，选调了浙江省瑞安木活字印刷技术、泰顺木拱桥营造技艺、龙泉青瓷烧制技艺等15个国家级"非遗"项目参展。永康市的传统舞蹈项目《九狮图》参加非遗节闭幕式演出。2009年7月，浙江曲艺传承保护论坛在杭州举行，全省七个市区的国家级非物质文化遗产项目逐一展演。同时，浙江各地积极建立非物质文化遗产展示馆，如嘉兴市除建立市级非物质文化遗产馆外，所辖的平湖、秀洲、桐乡、嘉善、海盐都建立了不同类型的非遗展示馆。

近年来，浙江省的文化遗产已经成为对外交流的品牌。2008年4月，长兴百叶龙表演团应我国驻法国大使馆邀请，赴法国巴黎参加配合奥运火炬境外传递活动，圆满完成了起点埃菲尔铁塔迎接火炬演出与终点夏洛蒂体育场庆典演出任务。9月上旬，举行"中日非物质文化遗产保护·鄞州论坛"国际学术研讨会，来自中日两国的50多名非物质文化遗产专家、学者和非遗代表性传承人，围绕"非物质文化遗产保护和合理利用"主题，对中日两国非物质文化遗产整体性、原生性保护经验和有效利用方式进行学术与保护个案相结合的深入交流。10月，"中韩非物质文化遗产保护论坛"在金华举行；11月，杭州举行"世界手工艺大会暨世界手工艺发展国际论坛"，集36个国家、178名国际代表、450名国内代表的国内外业界高层专业人士；同月，来华参加第三期东盟10+3(中日韩)文化人力资源开发合作研讨班的各国文化官员一行20多人，专程来浙江进行非物质文化遗产保护实地考察。

浙江省文化厅、省财政厅还将列入第一批"国遗"的44个项目，编纂出版"浙江省非物质文化遗产代表作丛书"。2008年8月，包括民间文学"白蛇传传说"、传统戏剧"永嘉昆曲"等在内的"浙江省非物质文化遗产代表作丛书"第一批16册出版。

四十六　长三角医疗卫生

一、长三角的医疗卫生

(一)长三角医疗卫生事业总体情况

表 3-340　长三角医疗卫生事业概况

地 区	卫生机构数	其中 # 医院	卫生技术人员 (万人)	其中 #医生	卫生机构 床位数 (万张)	其中 #医院	每万人口 医生数 (人)	每万人口 医院床位数 (张)
上海	2 809	301	12.77	5.12	9.78	7.78	27	41
江苏	13 451	1 093	29.15	11.97	23.51	16.38	15.6	28.8
浙江	15 291	635	24.29	10.19	16.12	12.98	19.9	
长三角合计	31 551	2 029	66.21	27.28	49.41	37.14		
全国	300 000	60 000*	492	205		369		
长三角占比	10.52%	3.38%	13.46%	13.31%		10.06%		

* 该数据为全国卫生机构数中医院和卫生院的数值。

2008 年长三角地区卫生机构共计31 551个，较之 2007 年有较大幅度下降；其中医院2 029所；卫生技术人员 66.21 万人，其中医生 27.28 万人；卫生机构床位数 49.41 万张，其中医院病床数 37.14 万张。总体来看，长三角地区的卫生资源日益整合优化，特别是医院日益规模化和集中化，医生数量不断上升。对比“每万人口医生数”和“每万人口医院床位数”，我们可以看到上海市的医疗卫生发展水平一直位于长三角首列，浙江省在这两项指标上的状况要高于江苏省，江苏省的数值相对较低。

(二)长三角医疗卫生增长情况

表 3-341　长三角医疗机构和人员增长情况

年份	卫生机构数 (个)	其中 # 医院	卫生技术人员 (万人)	其中 # 医生	卫生机构床位数 (万张)	其中 # 医院
2002	23 076	1 393	43.83	17.69	29.4	20.46
2003	23 910	1 400	45.16	18.33	30.66	21.03
2004	26 384	1 514	47.16	18.91	32.41	22.54
2005	27 879	1 569	49.33	19.68	33.87	24.08
2006	31 373	1 667	53.05	20.91	36.02	25.94
2007	37 645	2 011	63.91	26.8	47.14	35.03
2008	31 551	2 029	66.21	27.28	49.41	37.14

通过上表,可以看到长三角两省一市2002年到2008年医院、卫生技术人员、医生以及病床位数的增长状况。通过对比数据,可以看到长三角地区医院的增长速度要慢于卫生机构数的增长速度,考虑到2000年后的数据将卫生院和医院分离进行统计,可以看到近几年来长三角地区更加注重医院的质量建设而非单纯的数量提升,长三角地区的医疗卫生资源更加优化和集中,更加方便群众看病。通过对比数据,可以看到长三角地区医生数量的增长速度要慢于卫生技术人员的增长速度,说明医生数量仍然不足。

(三)长三角医疗卫生比较情况

表3-342　长三角医疗机构与人员占比情况

地区	卫生机构数(个)	其中#医院	卫生技术人员(万人)	其中#医生	卫生机构床位数(万张)	其中#医院	每万人口医生数(人)	每万人口医院床位数(张)
长三角合计	31 551	2 029	66.21	27.28	49.41	37.14		
上海	2 809	301	12.77	5.12	9.78	7.78	27	41
上海占比	8.90%	14.83%	19.29%	18.77%	19.79%	20.95%		
江苏	13451	1093	29.15	11.97	23.51	16.38	15.6	28.8
江苏占比	42.63%	53.87%	44.03%	43.88%	47.58%	44.10%		
浙江	15 291	635	24.29	10.19	16.12	12.98	19.9	
浙江占比	48.46%	31.30%	36.69%	37.35%	32.62%	34.95%		

通过上表所反映的数据,可以看到在长三角地区上海市的医疗卫生资源分布更加集中和集约,上海市卫生机构数只占到长三角卫生机构数的8.90%,但却占到了长三角医院数量的14.83%,这说明上海的卫生资源质量更高;通过卫生技术人员和医生的占比数据分析可以看到,两项数据基本持平,这说明三地在卫生人力资源的配置上具有较大的相似性,另外同期上海"每万人口医生数"和"每万人口医院床位数"要远远高于江苏和浙江。

二、上海市的医疗卫生

(一)上海市医疗卫生事业总体情况

1.医疗卫生机构

2008年,上海全市共有卫生机构2 809个,其中医院301所,疾病预防控制中心22个,卫生监督所20个,医学科学研究机构9个,其他卫生机构25个,医疗机构合计2 723个,在医疗机构当中医院301个、社区卫生服务中心428个,在医疗机构当中占数目最多的是"诊所、卫生所、医务室",共计1 574个。上海市医疗机构合计共有病床97 780张,在医疗机构当中医院有病床77 839张。2008年,上海市每万人口医院床位数为41张。

2.医疗卫生人员

2008年,上海全市共有卫生工作人员162 508人,其中卫生技术人员127 687人,卫生技术人员当中医生51 165人,护师、护士48 823人。各类医疗机构共有卫生工作人员162 508人。各类医院共有卫生工作人员110 046人,其中卫生技术人员87 036人,卫生技术人员当中医生30 644人,护师、护士

38 071人。2008 年上海市每万人口医生数为 27 人。

3. 医疗卫生使用

表 3－343　上海市卫生机构诊疗情况

机构类别	诊疗人次（万人次）	其中 # 门、急诊	入院人数（万人）	每百诊次的入院人数（人）
总计	15 238. 39	15 035. 14	209. 71	1. 4
卫生部门	13 840. 73	13 649. 38	182. 99	1. 3
医院	7 666. 37	7 625. 88	157. 98	2. 1
综合医院	5 672. 54	5 641. 14	127. 09	2. 2
中(西)医医院	1 120. 54	1 118. 69	14. 03	1. 3
传染病医院	32. 34	32. 34	1. 27	3. 9
精神病医院	96. 75	96. 48	1. 15	1. 2
结核病医院	54. 69	54. 69	2. 92	5. 3
肿瘤医院	61. 40	61. 40	2. 00	3. 3
儿童医院	335. 96	328. 99	4. 86	1. 4
其他专科医院	270. 59	270. 59	4. 04	1. 5
护理院	21. 56	21. 56	0. 62	2. 9
社区卫生服务中心	5 724. 56	5 593. 85	14. 25	0. 2
妇幼保健院	307. 12	289. 59	10. 64	3. 5
其他医疗机构	142. 68	140. 06	0. 12	0. 1
工业及其他部门	1 397. 66	1 385. 76	26. 72	1. 9

2008 年,上海市全市诊疗人次达到15 238. 39万,其中门、急诊15 035. 14万人次,入院人数209. 71万人次,每百诊次的入院人数为 1. 4 人。通过上表我们可以看到综合性医院和社区卫生服务中心承担了最主要的诊疗任务,综合性医院承担了大部分的住院治疗任务。通过对比,我们可以看到社区卫生服务中心的门、急诊人次已经非常接近综合医院的门、急诊人次,这说明上海市近年来随着社区卫生服务事业的不断发展,卫生资源不断“下沉”,有层次的医疗卫生资源分配格局和就医格局正在逐步形成当中。

(二)上海市医疗卫生事业增长情况

表 3－344　上海市卫生机构与人员增长情况

年份	卫生机构数（个）	其中 # 医院	卫生技术人员(万人)	其中 # 医生	卫生机构床位数(万张)	其中 # 医院	每万人口医生数(人)	每万人口医院床位数(张)
2001	3 813	432	10. 51	4. 85	7. 88	7. 63	30	47
2002	2 422	436	10. 16	4. 38	8. 15	8. 13	27	50

（续表）

年份	卫生机构数（个）	其中 # 医院	卫生技术人员（万人）	其中 # 医生	卫生机构床位数（万张）	其中 # 医院	每万人口医生数（人）	每万人口医院床位数（张）
2003	2 319	452	10. 22	4. 41	8. 44	8. 11	26	47
2004	2 577	489	10. 17	4. 38	8. 64	8. 50	25	49
2005	2 527	487	10. 35	4. 40	9. 08	8. 93	25	50
2006	2 519	505	10. 90	4. 55	9. 44	9. 28	25	51
2007	2 646	288	12. 24	4. 88	9. 59	7. 54	26	41
2008	2 809	301	12. 77	5. 12	9. 78	7. 78	27	41

从上表中，我们可以看到进入到21世纪以来，上海市的卫生机构总数在不断下降，医疗卫生资源实现优势互补、区域集中、合理布局的新局面。特别是从2006年到2007年之间，上海市医院总数下降了40%，这与医院统计范围按照新的《2007国家卫生统计调查制度》统计，不再包括社区卫生服务中心、妇幼保健院和专科防治院有关。总体而言，上海市医疗机构通过职能的改革和重组，其定位更加明确，更加有利于发挥医疗卫生资源的效用，有利于满足人民群众日益增长的医疗卫生需求。卫生技术人员人数稳步增长，从2006年到2007年的增长幅度较前几年较大，使得前几年一直存在的每万人口医生数下降和停滞的趋势出现了改变，“每万人口医生数”开始出现了增长。卫生技术人员不断增长的同时，卫生机构中病床数量也在不断增长，由于统计口径的变化，因此医院的病床位数出现了下降的趋势，相应的“每万人口医院床位数”较之以前也出现了一定的下降，但这并不代表上海的卫生硬件水平的下降，而仅仅是机构改革带来的统计口径的变化所致。

三、江苏省的医疗卫生

（一）江苏省医疗卫生事业总体情况

1. 医疗卫生机构

2008年末共有各类卫生机构17 163个，其中医院、卫生院2 537个，卫生防疫和防治机构215个，妇幼卫生保健机构107个。各类卫生机构拥有病床224 122张，其中医院、卫生院病床208 971张。

2. 医疗卫生人员

2008年末共有卫生技术人员294 691人，其中执业医师、执业助理医师122 767人，注册护士97 126人，卫生防疫和防治机构卫生技术人员7 823人，妇幼卫生机构卫生技术人员4 687人。乡镇卫生院1 558个，床位55 126张，卫生技术人员65 505人，乡村医生和卫生员70 555人。江苏省城市社区卫生机构覆盖率达到98%，农村三级卫生服务网络基本形成。新型农村合作医疗人口覆盖率达到95%，培训乡村卫生人员19 755人。

3. 医疗卫生使用

表3－345　医疗机构门诊情况

指标	诊疗人次（万人次）	门诊	急诊
合计	25 660	23 276	1 623
医院	12 828	11 448	1 052

(续表)

指标	诊疗人次(万人次)	门诊	急诊
#综合医院	8 847	7 817	819
中医医院	2 164	1 951	135
中西医结合医院	199	169	23
专科医院	1 605	1 498	75
疗养院	9	9	
社区卫生服务中心	2 116	1 877	129
卫生院	7 161	6 581	403
#乡镇卫生院	7 036	6 470	392
门诊部	352	344	6
妇幼保健院(所、站)	478	410	17
专科疾病防治院(所、站)	92	80	1

通过上表,可以看到2008年江苏省卫生机构诊疗人次共计25 660万,其中门诊23 276万人次,急诊1 623万人次,在所有的诊疗人次当中,有12 828万人次是在医院进行的,其中又有8 847次是在综合医院中进行的,也就是说有将近30%以上的诊疗人次是在综合医院进行的,这说明江苏的医疗卫生资源过度集中,群众看病往大医院拥挤的现象仍然十分严重,这限制了其他卫生资源利用的效率。

表3-346　医疗机构住院服务、病床使用情况

指标	病床使用率(%)			入院人数(万人)			每百门急诊的入院人数(人)
	合计	非营利	营利	合计	非营利	营利	
合 计	78.5	79.9	53.8	620.2	595.4	24.6	2.70
医院	89.6	92.5	54.0	438.6	414.1	24.5	3.30
#综合医院	90.2	92.6	55.4	322.1	306.9	15.2	3.70
中医医院	93.0	93.4	68.6	58.7	58.0	0.8	2.80
专科医院	86.0	91.9	46.3	51.7	45.0	6.7	3.30
疗养院	42.4	42.4		8.2	8.2		94.80
社区卫生服务中心	49.8	49.8		13.9	13.8		0.70
卫生院	51.8	51.8	47.0	150.9	150.6	0.1	2.20
#乡镇卫生院	51.9	51.9	47.0	150.0	149.5	0.1	2.20
门诊部	11.8	13.7					
妇幼保健院(所、站)	88.7	88.7		8.0	8.0		1.90
专科疾病防治院(所、站)	59.4	60.8	1.2	0.4	0.4		0.50

2008年江苏省医疗机构病床使用率为78.5%,较之2007年有所提高,其中公立医疗机构病床使用率特别是公立医院明显高于民营医疗机构病床使用率,2008年江苏省入院人数共计620.2万

人，较之2007年也有一定幅度的增加；每百个门诊病人中入院人数为2.7个，较2007年有所上升。

（二）江苏省医疗卫生增长情况

表3－347　江苏省医疗机构、人员增长情况

年份	卫生机构数（个）	其中 # 医院	卫生技术人员（万人）	其中 # 医生	卫生机构床位数（万张）	其中 # 医院	每万人口医生数（人）	每万人口医院床位数（张）
2001	13 208	662	25.36	11.46	17.32	10.14	16.2	22.9
2002	12 368	891	24.00	10.22	17.45	11.38	14.3	23.8
2003	12 733	920	24.37	10.40	17.99	11.54	14.5	24.0
2004	14 447	995	25.01	10.60	18.90	12.31	14.7	24.6
2005	15 324	1 014	25.71	10.87	19.75	13.18	15.0	25.6
2006	17 143	1 061	27.54	11.46	21.16	14.27	15.7	26.8
2007	19 129	1 087	28.62	11.88	21.99	15.15	16.1	27.8
2008	13 451	1 093	29.15	11.97	23.51	16.38	15.6	28.8

通过上表数据可以看到从2007年到2008年江苏卫生机构数量下降了三分之一，这可能与统计口径的调整有关；因为我们可以看到同时医院的数量仍然处于增长之中。但是值得注意的是同期卫生技术人员数量的增长缓慢，增长幅度不到15%，医生数量增长更慢，基本上没有太大变动，这也导致江苏省在6年间“每万人口医生数”一直停滞不前，2008年甚至出现了较大幅度的下降。从2001年到2008年江苏卫生机构床位数的增长基本上由医院床位数的增长带动，使得江苏省“每万人口医院床位数”增长幅度较大。

四、浙江省的医疗卫生

（一）浙江省医疗卫生事业总体情况

1. 医疗卫生机构

2008年，浙江省共有卫生机构数15 291个，其中医院635所，卫生院1 849个，社区服务中心（站）5 191个，诊所医务室卫生所6 357个，疾病中心防疫站100个，卫生监督所98个，医学科学研究机构9个，其他卫生机构243个。浙江省医疗卫生机构共有床位161 203张，其中医院床位129 844张，卫生院床位19 784张。

2. 医疗卫生人员

2008年，浙江省共有卫生人员288 344人，其中卫生技术人员242 912人，卫生技术人员中执业医师83 387人，执业助理医师18 510人，注册护士78 284人，药剂人员和检查人员分别为17 212人和13 887人。其他技术人员11 927人，管理人员和工勤人员33 505人。2008年浙江省平均每千人口拥有医生数1.99人。

3. 医疗卫生使用

表 3-348　医院诊疗次数和入院人数(2007 年)

类别	机构数(个)	诊疗人次数(万人次)	其中#门、急诊	入院人数(万人)	每百门急诊次入院人数(人)
医院合计	635	13 012.5	12 908.5	359.1	2.78
综合医院	355	9 337.0	9 264.2	278.0	2.99
中医医院	101	2 409.4	2 387.6	46.0	1.93
中西医结合医院	12	218.6	218.6	3.7	1.71
专科医院	164	1 047.5	1 038.2	31.3	3.06
传染病院	4	37.4	37.1	2.1	5.60
精神病院	32	183.2	177.7	4.1	2.40
肿瘤医院	3	18.8	18.8	3.3	17.70
眼科医院	10	53.9	53.9	1.4	2.70
妇幼保健院	55	829.4	809.3	22.3	2.80
社区卫生服务中心	169	2 669.8	2 059.5	2.9	0.10
卫生院	1 846	7 072.2	6 751.5	32.4	0.50
门诊部	632	486.1	485.8	0.9	0.20

2008 年,浙江省医院诊疗人次达到13 012.5万人次,和 2007 年相比有所增长;其中门、急诊12 908.5万人次,入院人数 359.1 万人,每百门急诊次入院人数 2.78 人。通过上表我们可以看到综合性医院和卫生院承担了最主要的诊疗任务,综合性医院承担了大部分的住院治疗任务。同时,可以看出,社区卫生服务中心达到 169 个,较之 2007 年增长了将近一倍,说明浙江省社区卫生服务建设进展较快,但是从门、急诊就诊人次来看,社区卫生服务中心的诊疗量明显比较低,但是相比较于卫生院,单位诊疗人数已经很高,说明浙江省社区卫生服务中心的诊疗服务水平在不断提升过程中。

(二)医疗卫生事业增长情况

表 3-349　浙江省医疗机构、人员增长情况

年份	卫生机构数(个)	其中		卫生技术人员(万人)	其中#医生	床位数(万张)	其中# 医院	每千人口医生数(人)
		# 医院	#社区服务中心(站)					
2002	10 708	502	872	19.83	7.47	11.95	9.08	1.65
2003	11 177	480	1 274	20.79	7.93	12.67	9.49	1.74
2004	11 937	519	1 880	22.15	8.31	13.51	10.23	1.81
2005	12 555	555	2 345	23.62	8.81	14.12	10.90	1.91
2006	14 230	606	3 484	25.51	9.45	14.86	11.67	2.04
2007	15 870	636	5 113	23.05	10.04	15.56	12.34	2.15
2008	15 291	635	5 191	24.29	10.19	16.12	12.98	1.99

从上表中，可以看出从2002年至2008年，浙江省的卫生机构总数总体来看在增长，但2008年较之2007年出现较大下滑，医疗卫生资源布局合理，优势互补，并形成了多层次、多形式的医疗卫生服务机构，同时卫生机构中医院的数量稳步增长，社区服务中心增长较快，从2002年至2008年增长了近6倍，能够满足浙江省居民多层次的医疗卫生服务需求。卫生技术人员也在不断增长，其中医生人数也在稳步增长，卫生机构的床位数量也在逐年增长。说明浙江省卫生事业的硬件设施投入和人才建设方面都取得了一定的发展，进一步增强了医疗卫生服务的可及性。

五、发展政策分析

(一)2008年上海市的发展政策

推动医疗卫生改革发展。加强公共卫生体系建设，提高公共卫生服务能力和突发公共卫生事件应急处置能力。开展爱国卫生运动，继续推进健康城市建设，提高市民健康意识。在全社会提倡控制吸烟。深化社区卫生服务综合改革，规范收支两条线管理，全面实施社区基本药品零差率政策，保障社区公共卫生服务经费，提高社区卫生服务中心水平。优化三级医院布局，以医疗卫生信息化为切入点，推进医疗资源纵向整合，充分发挥三级医院在本市医疗服务体系中的引领和带动作用。进一步理顺医疗价格体系。完善医疗机构准入管理政策，引导社会力量办医规范有序发展。大力发展中医药事业，制定促进中医药事业发展政策。加快妇幼卫生事业发展，推进上海市第一妇婴保健院迁建等项目建设。在郊区新城和人口导入区建设若干三级医院，提升部分区县中心医院的能级。完成郊区农村48个社区卫生服务中心和426个村卫生室的标准化改造，进一步完善郊区农村医疗卫生服务网络。

(二)2008年江苏省的发展政策

推进医药卫生事业改革发展。积极稳妥推进医药卫生体制改革，逐步提高新型农村合作医疗保障水平，加强城乡基层卫生服务体系建设，推进基本公共卫生服务均等化，建立基本药物制度，启动公立医院改革试点。提高人均公共卫生服务经费标准，扩大免费公共卫生服务范围。加大对困难人群医疗救助力度。深入推进基层医疗卫生机构综合改革，加大政府投入，完善补偿机制，逐步实行药品零差率销售，通过服务收费和政府补助，使基层医疗卫生机构的运行成本得到补偿。强化医疗服务和药品监管，保证群众基本用药和用药安全。扶持中医药事业，促进中西医共同发展。加强医德医风建设，构建和谐医患关系。做好人口和计划生育工作，稳定低生育水平，提高出生人口质量，推进城乡统筹的优质服务体系全覆盖。加强基层卫生机构能力建设。扶持经济薄弱地区300个乡镇卫生院、80个社区卫生服务中心基础设施建设，为经济薄弱地区的3 000个村卫生室配置必需的设备，为农村基层定向免费培养适用医疗卫生人才。

(三)2008年浙江省的发展政策

大完善城乡医疗服务和公共卫生体系，健全社区卫生服务网络，加强重大疫情和重大传染病防控，深入实施农民健康工程，省级财政对新型农村合作医疗补助标准提高1倍，农民健康体检补助标准进一步提高。推进中医药事业加快发展。加强人口和计划生育工作，启动实施免费婚前医学检查、免费孕前优生检测，开展计划生育家庭特别扶助。健全基层医疗卫生服务体系，加强县级和城乡社区卫生服务机构能力建设，深入实施农民健康工程，开展乡镇卫生院体制改革试点。加快发展中医药事业。加强重大传染病、职业病防控，增强突发公共卫生事件处置能力。浙江省级财政继续提高对新型农村合作医疗的补助标准，所有市县新农合人均筹资达到140元以上；完善重点优抚对象基本医疗保障、政府医疗补助、医疗救助和医疗优惠“四位一体” 的医疗保障制度。

四十七 长三角社会安全

一、上海市的社会安全

(一)上海市社会安全总体情况

1. 社会治安

2008 年上海市继续实施纠纷人民调解机制,2008 年民间纠纷调解案例共计 15.92 万件,较 2007 年增长了 3 万件以上,其中邻里纠纷位居首位,为 4.69 万件,其次为婚姻家庭纠纷,为 2.35 万件,再次为各类房屋宅基地纠纷,为 0.96 万件,赔偿类的纠纷最少,为 1.4 万件。

2008 年公安机关查处治安案件共计523 601起,较之上年有所下降;其中主要治安案件为:殴打他人63 982起;扰乱工作、公共秩序34 319起;赌博24 705起;骗取、抢夺、敲诈勒索财务20 540起。

2008 年公安机关立案的刑事案件共计134 116起,较之上年出现下降趋势,其中以"盗窃"案件最多,有92 778起;其次为诈骗,有14 704起。杀人案件共发生 233 起。

通过以上数据,我们可以看到,上海市整体社会治安形势良好,恶性刑事案件发生率持续走低,与 2007 年相比社会治安水平基本上持平。

2. 公共安全

2008 年共发生道路交通、工矿商贸、火灾、铁路交通、农业机械生产安全事故6 991起,比 2007 年下降 22.8%;造成死亡1 532人,下降 5.1%。其中,工矿商贸生产安全事故 711 起,下降 14.1%;造成死亡 376 人,下降 1.8%。道路交通事故2 745起,比 2007 年下降 30.5%;造成1 100人死亡,下降 6.1%;2 554人受伤,下降 32.3%;直接财产损失1 469万元,下降 24.4%。火灾事故3 511起,比 2007 年下降 17.1%;造成 50 人死亡,与 2007 年持平;57 人受伤,增长 26.7%;直接财产损失 1.45 亿元,增长 4.5 倍。铁路交通事故 6 起,比 2007 年下降 60%;造成 5 人死亡,下降 44.4%。农业机械事故 18 起,比 2007 年下降 21.7%;造成 1 人死亡,下降 50%。2008 年亿元 GDP 生产安全事故死亡率为 0.114,比 2007 年下降 19.7%。

(二)上海市社会安全变动情况

1. 社会治安

表 3-350 2002-2008 年民间纠纷调解分类情况

类 别	2002	2003	2004	2005	2006	2007	2008
总 计	65 081	68 026	74 526	81 495	90 940	128 900	159 200
婚姻家庭	18 867	19 593	19 129	20 074	22 211	22 400	23 500
邻里	26 083	27 541	28 393	33 244	34 975	40 600	46 900
赔偿	2 703	2 640	3 343	4 451	5 594	9 300	14 000
房屋宅基地	11 327	10 581	10 979	11 341	11 568	11 100	9 600

通过上表,我们可以看到从 2002 年到 2008 年上海全市民间纠纷调解量急剧上升,总量上升了

一倍以上，特别是2007年和2008年上升幅度较大。这说明经济增长与人民群众之间内部社会矛盾之间存在着一个"倒U"型曲线，目前虽然上海的经济、社会处于较高的发展阶段，但仍然处于倒U型曲线的上升阶段，各种社会矛盾还比较突出，需要建立健全社会调解机制和社区工作机制还化解这些矛盾。从民间纠纷的类别来看，邻里纠纷和家庭纠纷仍然是上海市民发生纠纷的主要类别，这些纠纷的起因往往比较复杂，主要集中在家庭和居住的社区当中，因此从今后相当长时期来看，加强社区建设与管理应该成为我国城市社会管理的主要模式和载体，特别是要深化社区群众调解机制。

表3－351　2003－2008年公安机关查处治安案件情况

类别	2003	2004	2005	2006	2007	2008
总计	146 022	138 606	322 393	572 280	567 277	523 601
扰乱工作、公共秩序	11 357	12 127	20 825	30 731	27 019	34 319
结伙斗殴、寻衅滋事	1 812	1 877	3 049	6 098	5 237	6 759
阻碍国家工作人员执行职务	3 108	1 869	929	1 400	1 138	869
殴打他人	680	737	24 551	86 768	81 828	63 982
骗取、抢夺、敲诈勒索财物	15 742	13 179	6 963	21 954	21 651	20 540
故意损坏公私财物	15 449	20 420	2 201	2 519	1 868	
伪造倒卖票券、证件	1 558	1 499	368	604	706	549
卖淫、嫖娼	634	752	8 771	9 929	6 592	7 208
赌博	292	291	46 709	51 861	30 211	24 705

通过上表，我们可以看到2003年以来上海市治安案件发生率不断上升，考虑到2005年以后的统计口径发生了变化，就2005到2006年的情况来看，治安查处案件上升了近1倍。但从2007年开始上海市查处治安案件数量开始下降，2008年持续下降，这说明上海市的社会治安状况在经历案发高峰之后开始下降。从查处治安案件的类型来看，打架斗殴一直是最主要的社会治安案件，除此之外最主要的治安案件就是"赌博"，不过可以看到赌博案件数量在2007年以后持续下降。另外比较多的治安案件集中在"骗取、抢夺、敲诈勒索财物"与"扰乱工作、公共秩序"两类案件上。这说明社会治安的重点干预领域应该集中在这两个方面，加强街头警力和治安协管以降低此类治安案件的发案率。

表3－352　2003－2008年公安机关立案的刑事案件情况

类别	2003	2004	2005	2006	2007	2008
总计	104 452	127 143	127 757	139 060	137 391	134 116
杀人	269	229	246	229	214	233
伤害	1 589	1 844	2 041	2 166	2 232	2 332
抢劫	1 948	2 182	2 539	2 698	2 591	2 680
强奸	332	285	376	391	398	419
诈骗	7 906	8 941	9 999	11 975	13 626	14 704
盗窃	80 642	99 842	96 305	101 817	97 077	92 778
其他	11 766	13 820	16 251	19 784	21 253	20 970

通过上表,可以看到从2003年到2008年上海市刑事案件数量呈现出一个“倒U”型曲线状,其中2006年达到了峰值,随后开始下降,但总体上来看案件数量变动起伏不是很大。从刑事案件的具体类别来看,“杀人”这样的恶性刑事案件的发生率一直比较低,总量上也比较稳定,这说明上海市的整体社会治安状况较好。近年来刑事案件上升的最快的几项类别主要集中在于“抢劫”、“诈骗”和“盗窃”这样以侵害财物为目的的刑事案件的发生率不断上升,这说明社会治安工作的重点应该加强对此类案件的排查和清理。

2. 公共安全

表3-353 上海市交通安全状况表

年份	交通事故				火灾			
	次数(万次)	死亡人数(人)	受伤人数(万人)	损失折款(万元)	次数(万次)	死亡人数(人)	受伤人数(人)	损失折款(万元)
2001	4.21	1 503	1.57	23 883	0.32	31	65	966
2002	4.71	1 400	1.57	30 052	0.60	39	58	1 313
2003	5.42	1 406	1.12	39 721	0.58	47	85	1 724
2004	2.71	1 543	1.13	19 149	0.51	30	47	1 681
2005	0.92	1 393	0.88	7 961	0.43	54	84	1 731
2006	0.66	1 231	0.67	3 292	0.45	45	54	2 292
2007	0.40	1 171	0.38	1 943	0.42	50	45	2 650
2008	0.27	1 100	0.26	1 469	0.35	50	57	14 523

注:2000年开始,火灾统计口径为受理数,2004年新交通法实施后,交通事故认定标准有所变化。

通过上表,可以发现从2001年到2008年,上海市的交通安全状况呈现明显好转的趋势,交通事故的发生次数、死亡人数、受伤人数和损失折款都明显下降,特别是从2006年到2008年交通事故相关的各项指标都有较大幅度的下降,这使得广大市民的出行安全有了保障,公共安全保障程度明显提高。从2001年到2008年,上海市的火灾发生状况呈现波动状态,无论是火灾发生的次数、死亡人数、受伤人数都有较大的反复,但总的来看,因火灾导致的经济损失额度在逐年上升当中,这说明火灾仍然是威胁上海市民公共安全的一个重要因素,加强消防工作仍然是公共安全工作的重点和难点。

二、江苏省的社会安全

(一)江苏省社会安全总体情况

1. 社会治安

2008年全年调解民事纠纷共计261 635起,较之2007年有一定程度的下降。但江苏的民事纠纷主要集中在家庭和邻里之间的生活矛盾以及由于经营活动引起的债务纠纷上,这些纠纷类型影响范围主要集中在当事人范围内,对整个社会治安的威胁性不大。

2008年江苏省公安机关共计受理治安案件945 135件,查处治安案件938 604件,两项数据较之2007年都有较大幅度的下降,其中最为主要的几项案件类别分别是:“盗窃”399 393起,“殴打他人”259 191起,“赌博”30 336起,“骗取、抢夺、敲诈勒索”22 477起。说明江苏的治安案件主要集中在以侵害他人财产为目的的盗窃、诈骗等犯罪案件上,同时由于发生冲突产生的殴打事件也是重要的治安案件的案发源。

2008 年江苏省公安机关立案刑事案件共计415 561起，较之 2007 年有所下降，其中案件数量最多的为“盗窃”，共计338 470起，占到了立案刑事案件总数的 81.45%；其次为“诈骗”，共计18 973起；共立案“杀人”案件 661 起。总体上来看，江苏的社会治安形式良好，“平安江苏”建设卓有成效，恶性刑事案件案发率较低，刑事案件主要集中在侵财类案件上。

2. 公共安全

2008 年江苏省共发生交通事故15 432起，死亡人数5 252人，受伤人数15 378人，损失折款5 013万元。

2008 年江苏省共发生火灾事故6 842起，死亡人数 67 人，受伤人数 36 人，损失折款5 248万元，平均每起事故损失 0.77 万元。

2008 年发生各类事故22 921起，死亡5 916人，同比事故起数下降 16.0%，死亡人数下降 11.0%。亿元 GDP 生产安全事故死亡人数为 0.20 人，下降 23.1%。

（二）江苏省社会安全变动情况

1. 社会治安

表 3－354　2002－2008 年公安机关查处治安案件情况

案件类别	2002	2003	2004	2005	2006	2007	2008
合计	203 017	261 535	263 227	1 115 439	1 024 048	1 001 438	938 604
扰乱公共场所秩序	2 378	3 052	2 580	9 543	5 979	6 448	4 566
寻衅滋事	5 480	4 170	3 980	12 611	14 627	15 371	11 500
非法携带枪支、弹药、管制刀具	2 973	2 866	2 055	4 881	5 787	5 236	4 089
违反危险物品管理规定	2 077	2 003	2 064	3 874	2 361	1 231	953
欧打他人	415	183	188	313	262 093	268 560	259 191
盗窃	2 170	1 863	1 302	3 073	388 080	408 027	399 393
骗取、抢夺、敲诈勒索	30 569	29 799	32 495	186 395	26 341	23 807	22 477
伪造、变造、倒卖有价票证、凭证	31 004	30 457	41 610	273 755	328	357	323
利用迷信活动危害社会	3 304	2 855	2 707	19 850	1 034	211	153
卖淫、嫖娼	189	97	152	472	16 214	14 734	11 699
赌博	4 171	3 866	4 312	30 310	38 717	32 608	30 336
其他	194	172	166	272	262 487	224 848	193 924

通过上表，可以看到 2002 年到 2008 年江苏省公安机关查处治安案件数量不断上升，其中以侵害他人身体为目的的“殴打他人”和以侵害他人财产为目的的“盗窃”类案件数量上升速度最块，构成了公安机关查处治安案件的主要部分。

表 3-355　2001-2008 年公安机关立案的刑事案件情况

案件类别	2001	2002	2003	2004	2005	2006	2007	2008
合计	262 313	250 980	243 890	246 432	424 166	418 231	417 476	415 561
杀人	947	994	872	918	766	735	713	661
伤害	4 804	4 542	4 928	4 772	4 802	4 747	4 916	5 117
抢劫	5 443	5 766	4 713	4 954	5 279	5 173	4 727	4 499
强奸	2 434	2 589	2 340	1 912	1 893	1 859	1 913	1 709
拐卖人口	85	41	42	27	42	18	26	51
盗窃	190 723	186 966	182 126	185 458	329 056	333 057	338 801	338 470
诈骗	10 397	11 330	10 181	10 576	16 636	16 763	17 008	18 973
持有使用伪造货币	192	24	166	102	112	94	73	59
其他	7		38 522	37 713	65 580	55 785	49 299	46 022

从上表可以看到,从 2005 年开始江苏立案的刑事案件数量不断下降,同时,“杀人”、“伤害”和“抢劫”、“强奸”、“拐卖人口”等对社会安全造成严重威胁的恶性刑事案件发生率逐年下降,说明江苏省治安状况在总体上不断好转。但同时“盗窃”和“诈骗”这两项以侵财为目的的刑事案件的案发率呈快速上升的趋势,这说明江苏省治安工作仍需要进一步强化,公共安全的细节部分将是下一步治安工作的重点。

2. 公共安全

表 3-356　江苏省交通安全状况表

年份	交通事故				火灾			
	次数(起)	死亡人数(人)	受伤人数(人)	损失折款(万元)	次数(起)	死亡人数(人)	受伤人数(人)	损失折款(万元)
2001	53 633	7 184	30 421	24 714. 8	13 008	162	284	3 799
2002	50 001	6 947	26 171	23 653. 4	14 706	160	256	4 666. 9
2003	40 383	6 640	21 555	24 302	14 599	192	247	5 587
2004	27 446	6 241	20 536	16 087. 3	17 104	187	172	7 177
2005	27 690	7 603	25 530	12 668	19 249	166	115	4 562. 3
2006	23 854	6 891	23 461	9 179. 3	18 060	91	60	3 973. 7
2007	18 149	5 884	18 616	6 310	8 475	98	44	4 747
2008	15 432	5 252	15 378	5 013	6 842	67	36	5 248

从上表可以看到,2001 年到 2008 年江苏省交通安全状况持续好转,交通事故发生次数下降了三分之二以上,交通事故死亡人数和受伤人数都有了明显下降,因交通事故造成的经济损失也下降了将近 80%。与此同时,火灾次数明显下降,伤亡人数也在下降,但是火灾造成的经济损失仍处于高位运行状态,这说明防范火灾是今后江苏省公共安全工作的一项重点。

三、浙江省的社会安全

（一）浙江省社会安全总体情况

2008 年浙江省群众安全感达 95.65%，被认为是全国最具安全感的省份之一。各类事故总量继续下降，连续第 5 年实现“零增长”的目标。2008 年浙江省共发生各类事故31 640起、死亡6 991人、直接经济损失29 608.6万元，分别比 2007 年下降 13.5%、5.1%和 6.2%；其中，道路交通共发生事故26 111起、死亡6 063人、直接经济损失9 913.8万元，分别比 2007 年下降 14.9%、5.6%和 13.3%。火灾事故共发生4 680起、死亡 85 人，直接经济损失5 655.2万元，分别下降 7.0%、17.5%和 14.0%。

（二）浙江省社会安全变动情况

表 3－357　调整民间纠纷分类（2002－2008 年）

分类	2002	2003	2004	2005	2006	2007	2008
合计	169 533	161 419	74 655	190 274	198 738	238 795	295 042
婚姻	25 708	23 820	9 558	28 232	28 986	31 767	32 962
邻里	31 928	27 793	13 376	41 829	42 165	51 827	64 030
合同				8 132	10 229	9 956	11 631
损害赔偿	20 345	20 983	11 389	28 246	33 032	39 192	69 230
劳动				18 796	21 579	26 017	29 201
村务管理				3 040	3 032	3 360	4 659
土地承包				7 553	7 486	9 034	9 634
征地拆迁				8 174	8 125	10 350	10 556
计划生育				1 068	853	1 177	1 321
施工扰民				2 668	2 274	2 518	3 010
房屋、宅基地	16 671	14 821	7 327	13 676	13 042	14 586	15 877
其他	74 881	74 002	33 005	28 860	27 935	39 011	42 931

通过上表数据，可以看到 2002 年到 2008 年浙江省民间纠纷发生率不断提高，特别是 2007 年和 2008 年这两年上升幅度较大，除了传统的“婚姻”和“邻里”类纠纷之外，“损害赔偿”产生的纠纷上升速度很快，这说明社会公众的法律和维权意识不断提升。

四、平安建设活动

（一）江苏平安建设成效

1. 人民群众的安全感受继续保持全国前列

（1）2008 年群众安全感指数达到 98%以上

据调查，2008 年，在目前的社会治安环境下，群众感觉“很安全”、“安全”、“基本安全”的比重合计达到98.03%,比2007年提高0.46个百分点,继续保持全国前列。从就业状况看,无业或失业人员由于经济状况不太好,收入不稳定,造成心理不安全等因素的影响,他们的安全感要低于在业人员和离退休人员,需要引起重视。

表3-358　不同就业状况群众对目前社会治安环境下的安全感的评价

单位:%

	很安全、安全或基本安全	不太安全或不安全
在业人员	98.21	1.79
离退休人员	97.23	2.77
无业人员(失业)	95.18	4.82

(2)八成群众认可所在地社会治安状况进一步好转

2008年社会治安状况与2007年相比,被访者中认为"有明显好转"和"有好转"的比例合计达到80.78%,比2007年上升3.12个百分点,而认为"比以前差"和"比以前差很多"的合计仅占0.85%。表明全省社会治安形势逐年趋向好转。

分类别看,人群聚集较多的重点地区或场所治安秩序也呈好转趋向。被访问者认为"学校周围"治安秩序好的占68.16%,比2007年上升1.47个百分点;认为"大企业(工厂、油田、矿山等)周边"治安秩序好的占53.98%,上升16.25个百分点;认为"公共场所(商场、影剧院等)"治安秩序好的占51.02%,上升7.78个百分点;认为"铁路、车站、码头"治安秩序好的占48.47%,上升15.96个百分点。

表3-359　群众对四类场所治安秩序的评价

单位:%

地区	好			差		
	2008年	2007年	2006年	2008年	2007年	2006年
学校周围	68.16	66.69	64.53	0.73	1.93	1.65
铁路车站码头	48.47	32.51	30.28	3.59	4.67	5.18
大企业周边	53.98	37.73	34.85	2.07	1.03	1.78
公共场所	51.02	43.24	37.93	2.63	2.84	3.56

(3)绝大多数群众对所在地的社会治安状况感到满意

随着社会治安的日趋好转,目前江苏的社会治安状况也得到广大群众的肯定。据调查,有79.77%的被调查群众认为所在地的社会治安状况"很好"、或"较好"。只有1.03%群众认为"较差"或"很差"。从就业状况来看,由于无业或失业人员的经济状况以及居住地治安环境不理想,他们对所在地的社会治安状况的评价要比在业人员和离退休人员差些。

表3-360　不同就业状况群众对所在地社会治安状况的评价

单位:%

	很好或较好	一般	较差或很差
在业人员	80.17	19.22	0.61
离退休人员	80.7	18.42	0.88
无业人员(失业)	67.52	30.87	1.61

2. 影响群众安全感的主要因素不容忽视

绝大多数被调查群众对所在地当前社会治安状况给予了肯定,安全感受较好,但调查中也发现社会治安还存在不容忽视的因素和群众反映强烈的问题,这些问题都不同程度地影响着群众的安全感。

(1)交通事故、刑事犯罪、公共秩序混乱仍然是影响群众安全感的主要因素

在最影响群众安全感的四类治安问题中,被访者选择的比例从高到低依次为:交通事故(36.55%)、刑事犯罪(32.40%)、公共秩序混乱(26.43%)、火灾(4.61%)。交通事故依然占据最影响群众安全感的社会治安问题的首位。与2007年相比,影响群众安全感的因素出现了一些新的变化,交通事故下降8.46个百分点,而刑事犯罪上升7.54个百分点。交通事故、刑事犯罪问题需要引起有关部门的高度重视。

表3－361　影响群众安全感的主要因素

单位:%

年份	交通事故	刑事犯罪	公共秩序混乱	火灾
2008	36.55	32.40	26.43	4.61
2007	45.01	24.86	26.39	3.74
2006	41.7	27.53	26.42	4.35

(2)赌博、外来人员违法犯罪和盗窃犯罪现象对群众安全感产生较大影响

各种违法犯罪现象的存在,不同程度地影响着广大人民群众的安全感,群众对此深恶痛绝。被调查者评价所在区、县违法犯罪现象时,认为"赌博现象"、"外来人员违法犯罪现象" 和"入室盗窃犯罪现象"很严重和比较严重合计所占比重位居前三位。同2007年相比,"赌博现象"上升到第一位,"外来人员违法犯罪现象"退居第二位。

部分群众对某些违法犯罪现象较为严重的评价,在某种程度上反映了治安状况的不足,尤其是群众认为有一些违法犯罪现象有所上升,如流氓黑恶势力违法犯罪、吸毒贩毒等,表明治安工作还需针对重点问题进一步加大治理力度。

(3)群众对某些社会热点问题的高度关注在更深层次上影响着安全感的提升

在被调查群众最关注的13类社会问题中,"社会风气问题"、"医疗问题"、"社会治安问题"居前三位,分别占17.1%、12.85%、12.51%。由于受金融危机及国内有毒奶粉事件的影响,群众对"就业失业问题"、"食品卫生问题"的关注度有所上升,分别占10.89%和8.45%。与2007年相比,对"就业失业问题"的关注度上升1.41个百分点,位次由第五位上升至第四位;对"食品卫生问题"的关注度尤为显著,上升4.85个百分点,位次由第十位上升至第五位,可见,群众对"安全"的关注,正在从社会治安问题向其它民生问题延伸,群众对"安全"的理解,正在从"但求平安无事"的层面,上升到"免于匮、免于恐惧的自由"的层面。随着经济社会的快速转型和利益格局的不断调整,一些深层次的矛盾和问题不断显现,我们必须增强忧患意识,努力化解矛盾,把促进社会和谐稳定作为全面建设小康社会的重要任务,切实做到"为之于未有,治之于未乱,防患于未然"。

3. 矛盾纠纷解决的途径和治安问题的处理更加有效

(1)社区(村)协调组织是解决群众矛盾纠纷的主要途径

据调查,当被调查者或家人遇到矛盾纠纷时,有85.16%的群众首先寻找"社区(村)矛盾纠纷排查调处工作中心"解决,找"政法机关"、"政府有关部门"、"当事人工作单位"以及"其它"途径解决

的占比都不大,依次为:8.03%、4.36%、1.75%和0.71%。说明社区(村)协调组织在群众心目中占有重要地位,在解决群众的矛盾纠纷时发挥着重要作用。

(2)近八成受访者认为小区出现治安问题得到了有效整治

“您住地所在小区出现治安突出问题,反映后能否得到及时有效整治?”问题的调查结果显示,被访者中认为“能及时得到有效整治”的占77.94%,“虽得到整治但反复性强”的占9.25%,“不能得到整治”的占4.01%,“无人处理”的占0.56%,“不了解”的占8.24%。

另外,当问到“您周边或住地所在小区群众出现矛盾纠纷能否及时得到排查调处”时,82.23%的被调查者认为“能及时得到处理”,8.27%的认为“虽反映给调处组织和人员但得不到有效调处”,0.89%的认为“无人处理”,8.61%的则回答“不了解”。

(3)群众遭受不法侵害的破案率有了新提高

群众在报案后,公安机关采取相应措施或行动的占87.14%,其中已破案的占9.13%,同比2007年上升2.92个百分点。值得注意的是,群众遭受不法侵害后,55.4%的人选择了报案,44.6%的人选择了“未报案”。近半数的群众在受到不法侵害时不报案,一方面说明群众的法制意识还较淡漠,因而变相地放纵了违法犯罪分子。另一方面可能是受侵害较轻或是基于破案预期不大而放弃了报案。

表3-362　群众报案后公安机关采取的措施或行动

单位:%

采取的措施或行动	2008比重	2007比重
受理登记并立案	62.66	62.73
已破案	9.13	6.21
已调查了解或查处	15.35	15.53
未采取任何措施或行动	8.71	10.56
其他	4.15	4.97

4.影响群众安全感的主要矛盾和问题急需解决

(1)政法机关打击违法犯罪的力度和效率需要提高

资料显示,2008年有70.62%的群众认为政法机关打击违法犯罪“有力”,但还有29.38%的群众认为打击“不太有力”和“不力”。另外,当前政法队伍中存在的最突出问题是“效率不高”,提及率为29.62%,远高于其它选项。政法队伍效率不高已给群众留下了深刻印象,也给群众在政法机关办理事务造成了一定的困难,应引起重视。同时,公正执法、热情服务也是广大群众的普遍期望。

(2)群众对平安创建活动的参与率急需提升

从“您或您的家人是否具体参与了平安小区、平安村(社区)及其他形式的平安创建活动”情况看,问答“是”的比例为69.13%的,回答“无”的比例为16.74%,回答“不了解”的比例为14.12%。说明被访群众对江苏平安创建活动的知晓和参与程度低于预期,需要进一步加大宣传力度,积极营造人人参与平安创建活动的氛围。

(3)加强巡逻、加强外来人口管理和加强青少年教育等最急需解决

政法机关应根据群众呼声,采取相应的措施,切实增强群众安全感。调查显示,目前增加群众安全感最急需解决的三个主要问题是加强巡逻(23.62%)、加强外来人口管理(16.20%)和加强青少年教育(13.35%)。

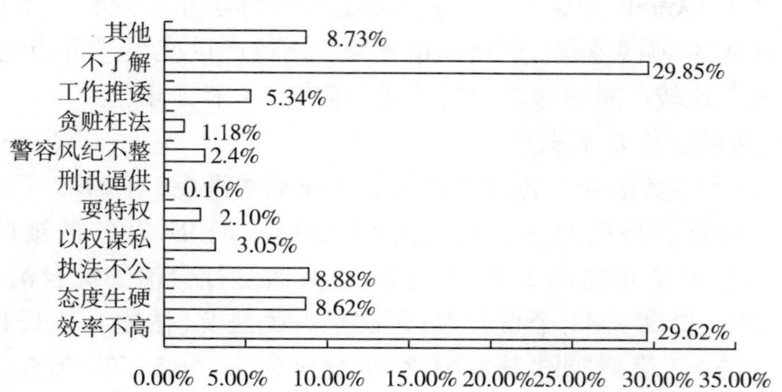

图3－59　影响群众安全感的主要因素

(二)浙江平安建设成效

1. 人民群众对当前社会安全感的总体评价

(1)"平安浙江"建设已深入人心

"平安浙江"建设5年来,除了显性的指数变化,更令人欣喜的变化是,人们参与平安建设的意识普遍增强,追求和谐的理念更加深入人心。调查结果显示,有77.23%的被调查者知道所在地正在开展"平安村"、"平安社区"、"平安乡镇(街道)"、"平安县(市区)"等平安创建活动,并有54%的被调查者及家人具体参与了平安小区、平安村(社区)及其他形式的平安创建活动。

(2)总体安全感高达95.65%

调查结果显示,2008年,在当前的社会环境下,被调查者感觉"很安全"、"安全"和"基本安全"的比重分别为24.74%、46.77%和24.15%,三项合计占被调查者总数的95.65%,说明全省有95.65%的群众认为在当前的社会环境下具有安全感。与2007年相比,群众安全感下降了0.32个百分点,主要原因是感觉"安全"和"基本安全"的人数分别下降2.23和0.53个百分点,而感觉"很安全"的人数上升2.45个百分点。

(3)社会治安状况呈平稳上升态势

在对"您认为您所在地的社会治安状况如何?"问题的调查中,被调查者选择"很好"的占30.32%,比2007年上升3.82个百分点;选择"较好"的占45.95%,下降0.85个百分点;选择"一般"的占21.97%,下降2.63个百分点;选择"较差"的占1.41%,下降0.19个百分点;选择"很差"的占0.35%,下降0.15个百分点。与2007年相比,认为"很好或较好"的占76.27%,提高2.97个百分点;认为"较差或很差"的占1.76%,下降0.34个百分点。在"学校周围"、"铁路、车站、码头"、"大企业(工厂、油田、矿山等)周边"、"公共场所(商场、影剧院等)"等公共场所的治安秩序也比2007年有了明显好转,分别有66.22%、41.70%、40.28%和45.44%的被调查者认为上述场所的治安秩序是"好"的,分别上升2.12、3.40、3.58和3.14个百分点。被调查人员或其家庭成员近一年来遭受过不法侵害的比例从2007年的9.3%下降到2008年的8.4%,"刑事犯罪"现象明显好转。

(4)影响社会治安的违法犯罪现象得到抑制

与2007年相比,"入室盗窃犯罪现象"等10种常见的违法犯罪现象均有不同程度的下降。认为"外来人员违反犯罪现象"比较严重或很严重的比重下降2.80个百分点,认为"赌博现象"比较严重或很严重的比重下降2.25个百分点,认为"入室盗窃犯罪现象" 比较严重或很严重的比重下降1.53个百分点,认为"制黄贩黄、卖淫嫖娼现象" 比较严重或很严重的比重下降1.34个百分点,认为"制假贩假现象" 比较严重或很严重的比重下降1.32个百分点,认为"未成年人违法犯罪现象" 比较严重或很严重的比重下降 1. 17 个百分点,认为“流氓黑恶势力违法犯罪现象” 比较严重或很严重的比重下降 1. 14 个百分点,认为“强买强卖、欺行霸市现象” 比较严重或很严重的比重下降 0. 28 个百分点,认为“吸毒贩毒现象” 比较严重或很严重的比重下降 0. 14 个百分点。

(5)群众对政法机关的工作基本满意

调查结果表明,目前大多数群众对各政法机关的工作基本满意,对 2008 年政法队伍的工作给予了充分肯定。其中群众满意度最高的是公安机关(派出所),有 91. 29% 的被调查者对其工作表示“满意”或“基本满意”,比 2007 年提高 2. 19 个百分点;其次是社会治安综合治理办公室,“满意”或“基本满意”率为 84. 71% ,提高 4. 41 个百分点;再次是人民法院(法庭)、人民检察院和司法行政机关(司法所、法律服务中心),“满意”或“基本满意”率分别为 83. 56% 、79. 76% 和 80. 03% ,分别提高 4. 36、5. 16 和 4. 33 个百分点。政法机关在打击侵害群众人身和财产犯罪方面成果显著,被调查者反映近一年来遭受过不法侵害的比例比 2007 年下降 0. 9 个百分点。

2. 群众最关注的社会热点问题和反映存在的突出矛盾

(1)各市“平安浙江”建设安全感满意率与知晓率差距较大

从浙江省分市的群众安全感受情况看,群众安全感最高为衢州市,被调查者圈填“很安全”、“安全”和“基本安全”的占被调查者总数的 98. 42% ,其次为嘉兴市(97. 71%),再次为舟山市(97. 19%),温州市最低(91. 88%),最高与最低相差 6. 54 个百分点。从是否知道所在地开展“平安村”、“平安社区”、“平安乡镇(街道)”、“平安县(市区)”等平安创建活动情况看,群众知晓率最高为台州市(87. 48%),其次为舟山市(85. 53%),再次为金华市(85. 49%),温州市最低(75. 20%),最高与最低相差 12. 28 个百分点。

(2)“交通事故”、“刑事犯罪”、“公共秩序混乱”、“火灾”仍然是影响群众安全感的主要因素

调查数据显示,认为“交通事故”是当前影响群众安全感最主要问题的占 47. 74% ;其次是“刑事犯罪”,占 22. 23% ;“公共秩序混乱”、“火灾”分别占 20. 77% 、9. 26% 。与 2007 年比较,“刑事犯罪”的比重上升 2. 33 个百分点,说明目前浙江省的刑事犯罪案件仍然居高不下,严重危害着人民群众的生命财产安全。在“您认为政法机关对违法犯罪活动的打击力度如何?”的进一步调查中,有 27. 14% 的群众认为目前政法机关对违法犯罪活动打击不太有力或不力,说明群众普遍希望继续加大打击和惩处的力度,深入开展“严打”整治斗争。与“公共秩序混乱”比重基本保持不变相比,“交通事故”和“火灾”比重有所下降,分别下降 1. 96 和 0. 44 个百分点,但其恶性影响和巨大危害决不容轻视。

(3)公共场所及群众住所周围的治安状况不容乐观

铁路、车站、码头、商场、影剧院等场所作为一个城市和地方的窗口,它直接反映了这个城市和地方的文明程度和形象,一直是政法机关整治的重点。调查结果显示群众对公共场所治安秩序认为“好”的,除“学校周围”外,均未超过 50% ,说明浙江省公共场所的治安秩序仍然欠佳,离人民群众心目中“满意”的期望还有很大距离。住所周围有治安岗亭(警务站)或门卫室、有治安巡逻队等基本的治安保障措施是防范违法犯罪的重要保障。但调查结果显示,仅有 48. 16% 被调查者的居住地有治安岗亭(警务站)或门卫室,72. 1% 的被调查者居住地有专职或业余的治安巡逻队,而有近三成的被调查群众住所周边没有采取基本治安保障措施。

(4)社会治安环境还有待进一步改善

在对“您认为今年您所在地的社会治安状况与 2007 年相比怎么样”问题的调查中,选择“有明显好转或有好转”的占 71. 29% ,比 2007 年下降 2. 11 个百分点;选择“比以前差或比以前差很多”的占 2. 98% ,上升 0. 78 个百分点。说明浙江省社会治安状况与人民群众期待的还有一定差距,存在进一步改善的空间。在当前增强群众安全感最急需解决的问题中,位居前四位的是“加强外来人口管

理”、“加强巡逻”、“加强青少年教育”和“公正执法”工作，分别占被调查者的25.5%、24.19%、13.38%和9.5%。

(5)“效率不高”、“执法不公”、“态度生硬”仍是政法队伍工作的三大突出问题

调查表明，“效率不高”、“执法不公”、“态度生硬”仍是2008年政法队伍工作的三大突出问题。24.49%的被调查者认为，在当前的社会环境下政法队伍存在的最突出问题是“效率不高”，6.31%的被调查者认为是“执法不公”，6.13%的被调查者认为“态度生硬”，三者共占被调查者的36.93%，比2007年下降0.77个百分点。但是由于选择“不了解”的被调查者的增加，三者实际占对政法队伍工作作出评价的被调查者的67.7%，比2007年上升1.2个百分点。

(三)上海平安建设成就

调查显示，市民对上海市公共安全、社会治安秩序评价较高。认为安全的市民比重达到91.2%(选择“很安全”、“安全”和”基本安全”的人数比重)，比2007年的91%略有上升。

1. 市民对所在地社会治安状况总体评价较好

对所在地社会治安状况的评价，有60%的市民认为所在地社会治安状况好，34.8%认为一般，4.4%认为较差，仅0.8%认为很差。有60.7%的市民认为2008年比2007年的社会治安状况有好转，34.6%认为和2007年一样，4.7%认为比2007年差。治安状况的趋好得益于各相关部门对社会治安的治理力度加大。有45.9%的市民认为政法机关对违法犯罪活动的打击力度有力，仅有6.7%的市民认为打击无力。有80.5%的市民住地有治安岗亭(警务站)或门卫室，90.6%的市民住地有治安巡逻队。学校周边、铁路车站码头、大企业周边及其它公共场所等均保持了较好的治安秩序。

2. 刑事犯罪仍然是影响安全感最重要因素

在最影响安全感的四项治安问题中，有38.2%的调查对象选择刑事犯罪，35.2%选择公共秩序混乱，19.8%选择交通事故，6.8%选择火灾(见图2)。刑事犯罪历来是影响安全感的最重要因素。这次的调查反映市民对刑事犯罪的关注度有所回升。调查显示，2008年，遭受不法侵害比重也一反近几年下降趋势，由2007年的7.6%上升到9%，须引起重视。

3. 市民对社会治安、食品卫生关注程度显著提高

关于社会风气、就业失业等十三项社会问题，调查显示，市民对社会治安和食品卫生问题关注程度比2007年显著提高，分别提高4个和5个百分点。社会治安方面上海2008年发生的“杨佳袭警案”等重大事件引起市民高度关注；食品卫生方面则因三聚氰胺问题奶粉引发全国性食品安全信任危机。社会风气和就业失业仍排在市民最关注社会问题的前两位。工资待遇问题关注程度下降了1.9个百分点，《劳动合同法》2008年1月1日开始实施，有力保障了劳动者的利益，使市民对这一历来热点问题的关注程度有所回落。同样，医疗问题关注程度也显著下降3.4个百分点。

4. 市民对政法系统各部门了解程度加深，满意程度提高

从对上海市政法系统各部门的评价来看，市民对公安机关满意程度(包含选择满意和基本满意)最高，达到86.1%；其次是社会治安综合治理办公室，达到73.3%；对司法行政机关满意程度为66.8%；对人民法院满意程度为65.2%；对人民检察院满意程度为64%。随着信息透明、市民素质提高，市民对政法系统各部门工作情况的了解程度有所提高，选择不了解的比重比2007年普遍下降，但选择“满意”的市民比重普遍下降，选择“基本满意”比重则显著上升(见表2)。政法系统各部门不能只满足于基本满意水平的提高，调查中，市民认为政法队伍中效率不高问题比较严重，还存在执法不公、态度生硬、工作推诿等突出问题。

5. 市民普遍首选社区基层组织解决矛盾纠纷及治安问题

当遇到矛盾纠纷时，有77.7%的市民首选社区(村)调处组织解决，8.1%选择政府有关部门解

决,7.5%选择政法机关解决,5.1%选择当事人工作单位解决,1.6%选择其它方式。有66.6%的市民认为矛盾纠纷能及时得到解决,12.5%认为虽反映给调处组织但是得不到有效调处,2%认为无人处理,18.9%选择不了解。

面对小区突出治安问题,有74.5%的市民首选社区(村)综治工作站(或中心)解决,11.4%选择政法机关解决,10.8%选择政府有关部分解决,1.3%选择当事人单位解决。有59.5%的市民认为小区突出治安问题能及时得到有效整治,17.5%认为虽得到及时整治但仍有反复,6%认为不能得到整治,1.5%认为无人处理,15.5%选择不了解。

把矛盾消化在基层不仅可以使问题得到及时有效处理,也能让相关政法部门、政府部门腾出精力处理其他重要公共事务。社区基层组织在化解矛盾纠纷、处理治安问题时已经承担起重要作用,绝大部分市民面对相关问题时也首选社区组织解决,但同时调查也显示,有相当比例矛盾和治安问题还不能得到及时有效处理。

6. 加强外来人口管理依然是市民认为最急需解决的问题

调查中,加强外来人口管理历来被市民认为是增强安全感最急需解决的问题。加强外来人口管理不仅位居最急需解决问题首位,且市民关注度远远高于其他十项问题,达到40.2%。目前上海常住人口中,外来人口已经超过1/4。外来人口为上海城市建设做出巨大贡献,同时外来人口违法犯罪现象也是所调查的违法犯罪现象中最严重的。其它排名靠前的市民认为最急需解决问题还包括加强巡逻,关注度达到21.3%;增加街面警力,关注度为8.3%。市民选出的前三项最急需解决问题都是关于预防方面,增强群众安全感,关键还在于加强综合治理、重在预防。

四十八　长三角生态建设与环境保护

（一）生态自然状况

1. 水系

长三角区域内河湖交错，水系众多，水资源丰富。上海地区河湖众多，水网密布，境内水域面积697平方公里，相当于全市总面积的11%；上海河网大多属黄浦江水系，主要有黄浦江及其支流苏州河、川扬河、淀浦河等；黄浦江源自太湖，全长113公里，流经市区，江道宽度300～770米，平均360米，终年不冻，是上海的水上交通要道。江苏水资源十分丰富，境内降雨年径流深在150～400毫米之间；江苏地处江淮沂沭泗五大河流下游，长江横穿本省南部，江水系本省最可靠的水资源；境内有太湖、洪泽湖、高宝湖、骆马湖、微山湖等大中型湖泊，以及大运河、淮沭河、串场河、盐河、通榆运河、灌溉总渠和通扬运河等各支河。浙江属于亚热带季风气候，气温适中，四季分明，光照充足，雨量充沛。全省多年平均水资源总量为937亿立方米，按单位面积计算居全国第4位。

上海海岸线长度约是210公里，管辖的海域面积是3 500平方公里。江苏海岸线954千米，海域面积约3.75万平方千米。浙江海域面积26万平方公里，海岸线总长6 486.24公里，居全国首位。

2. 土地

上海全市土地面积为6 340.5平方公里，南北长约120公里，东西宽约100公里，上海境内辖有崇明、长兴、横沙3个岛屿，其中崇明岛面积1 041.21平方公里，是我国的第三大岛。江苏全省耕地面积7 353万亩，占全国的3.97%，人均占有耕地0.99亩。沿海滩涂890多万亩，是重要的土地后备资源。浙江地形以丘陵山地为主，占全省总面积70.4%，平原面积23.2%，土壤以黄壤和红壤为主，占全省面积70%以上，多分布在丘陵山地，平原和河谷多为水稻土，沿海有盐土和脱盐土分布。

3. 气候

长江三角洲位于北纬30°附近，地处我国东部沿海地区的中部，长江的入海口，而且位于亚热带季风气候区，夏季高温多雨，雨热同期。上海属北亚热带季风性气候，四季分明，日照充分，雨量充沛；上海气候温和湿润，春秋较短，冬夏较长。江苏省各地平均气温介于13℃～16℃，江南15℃～16℃，江淮流域14℃～15℃，淮北及沿海13℃～14℃，由东北向西南逐渐增高。浙江气候总的特点是季风显著，四季分明，年气温适中，光照较多，雨量丰沛，空气湿润，雨热季节变化同步，气候资源配制多样，气象灾害繁多。浙江年平均气温15～18℃，极端最高气温33～43℃，极端最低气温－2.2～－17.4℃；全省年平均雨量在980～2 000毫米，年平均日照时数1 710～2 100小时。

4. 生物

上海境内天然植被残剩不多，绝大部分是人工栽培作物和林木；动物资源主要是畜禽品种，野生动物种类已十分稀少；水产资源丰富，共有鱼类177属226种，其中淡水鱼171种，海水鱼55种。江苏全省野生动物资源为数较少，植物资源非常丰富，约有850多种，尚有可利用和开发前途的野生植物资源600多种；水生动物资源极为丰富；东部沿海渔场面积达10万平方公里；内陆水面有2 600多万亩，养殖面积1 200万亩；有淡水鱼类140余种，是全国河蟹、鳗鱼苗的主要产地。浙江森林覆盖率达59.4%，植被资源在3 000种以上，属国家重点保护的野生植物有45种；树种资源丰富，素有"东南植物宝库"之称；野生动物种类繁多，有兽类80多种，鸟类300～400种，其国家一级保护动物22种，二级保护动物103种，省级保护动物44种。

(二) 污染排放与处理

1. 水环境

近年来,长三角废水排放量总体上都在呈不断上升趋势。2002 年长三角废水排放总量为 52.18 亿吨,到 2008 年上升到 95.94 吨。尤其是生活废水,不断增加,从 2003 年的 24.47 亿吨上升至 2008 年的 39.95 亿吨,工业废水排放量从 2005 年以来有所下降,2005 年最高时为 53.98 亿吨,2008 年 50.4 亿吨。

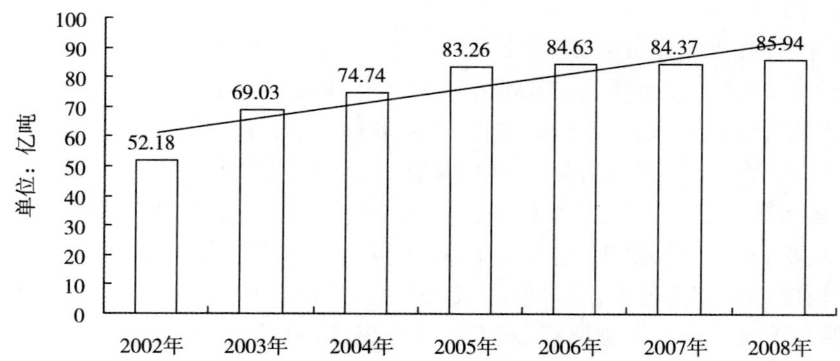

图 3-60　2002 年以来长三角废水排放总量变化情况

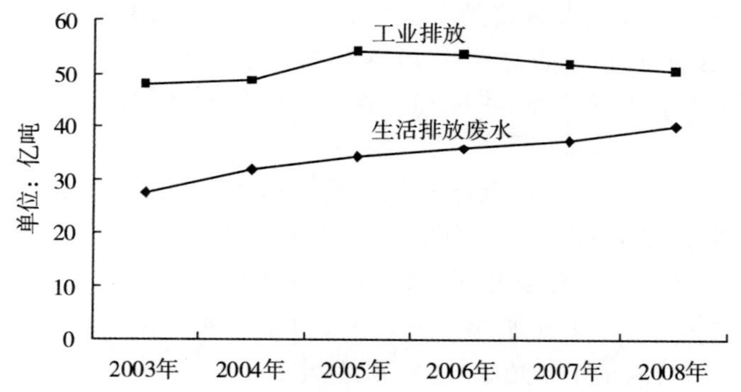

图 3-61　主要年份长三角工业废水和生活废水排放变化情况

上海废水排放总量从 2002 年的 19.21 亿吨上升至 2008 年的 22.60 亿吨,不断呈上升趋势,主要是生活废水不断上升,上海的工业废水排放下降趋势明显。江苏全省废水排放量 50.90 亿吨,其中工业废水排放量为 25.93 亿吨,占 50.94%;生活废水排放量为 24.97 亿吨,占 49.06%。浙江生活废水和工业废水都在不断增加,总量也在不断呈上升趋势,从 2002 年的 25.91 亿吨上升至 2008 年的 35.04 亿吨。

就工业废水排放达标情况看,长三角的达标率都比较高。江苏最高,历年都在 97% 以上,浙江相对较低,2008 年为 90.93%。上海 2008 年废水排放达标率为 93.88%。

表 3－363　主要年份长三角废水排放与达标情况

单位:亿吨,%

		2002 年	2003 年	2004 年	2005 年	2006 年	2007 年	2008 年
上　海								
年　份		2002 年	2003 年	2004 年	2005 年	2006 年	2007 年	2008 年
排放	总量	19.21	18.22	19.34	19.97	22.37	22.66	22.60
	生活及其它	12.72	12.11	13.70	14.86	17.54	17.90	18.19
	工业	6.49	6.11	5.64	5.11	4.83	4.76	4.41
工业废水排放达标率		94.76	94.93	96.28	97.06	97.52	97.69	93.88
江　苏								
排放	总量	26.27	42.00	46.61	51.94	51.56	50.56	50.90
	生活及其它	—	17.25	20.26	22.31	22.84	23.68	24.97
	工业	—	24.75	26.35	29.63	28.72	26.88	25.93
工业废水排放达标率		—	97.70	97.23	97.50	97.67	97.36	97.92
浙　江								
排放	总　量	25.91	27.03	28.13	31.32	33.07	33.81	35.04
	生活及其它	9.11	10.22	11.61	12.08	13.11	13.69	14.98
	工　业	16.80	16.81	16.53	19.24	19.96	20.12	20.06
工业废水排放达标率		96.37	97.20	95.95	96.67	86.37	86.08	90.93

2. 大气环境

近年来,上海工业废气排放量逐年上升,2002 年为7 440亿标立方米,2008 年上升至10 463亿标立方米。生活废气排放量相对较小,从 2002 年 462 亿标立方米升至 2008 年的 643 亿标立方米。

表 3－364　主要年份两省一市工业废气排放总量

单位:亿标立方米

年　份	2002 年	2003 年	2004 年	2005 年	2006 年	2007 年	2008 年
上　海	7 440	7 799	8 834	8 482	9 428	9 591	10 436
江　苏	14 286	14 633	17 818	20 197	24 881	2 359	26 726
浙　江	8 532	10 432	11 749	13 025	14 702	17 467	17 620

注:江苏 2007 年数据可能有误,但根据 2008 年和 2009 年统计年鉴,均为此数据。

表 3－365　主要年份上海生活废气排放情况

年　份	2002 年	2003 年	2004 年	2005 年	2006 年	2007 年	2008 年
总 量(亿标立方米)	462	592	632	621	617	640	643
烟尘(万吨)	5.14	6.57	7.02	6.57	6.56	6.56	6.57
废气二氧化硫(万吨)	12.17	13.47	12.36	13.76	13.37	13.34	14.81

在废气去除工作上,2002 年上海二氧化硫去除量为 5.58 万吨,2008 年跃升至 24.03 万吨,2008 年上海烟尘和工业粉尘去除量分别为 524.42 万吨和 103.36 万吨。

表 3－366　主要年份上海各类废气去除量

单位:万吨

年　份	2002 年	2003 年	2004 年	2005 年	2006 年	2007 年	2008 年
二氧化硫	5.58	4.86	5.53	7.49	9.45	9.03	24.03
烟尘	366.44	402.89	655.27	574.24	520.54	450.86	524.42
工业粉尘	301.92	348.02	208.07	150.53	146.80	145.85	103.36

2008 年,江苏全省工业废气排放总量26 726.05亿标立方米。二氧化硫排放总量 113.03 万吨,其中工业二氧化硫排放量 107.37 万吨,占 94.99%;生活二氧化硫排放量 5.66 万吨,占 5.01%。烟尘排放总量 33.46 万吨,其中工业烟尘排放量 30.62 万吨,占 91.51%;生活烟尘排放量 2.84 万吨,占 8.49%。工业粉尘排放量 20.47 万吨。

在废气去除方面,2008 年,江苏二氧化硫排放量去除 177.22 万吨、烟尘去除2 117.31万吨、工业粉尘去除 295.34 万吨,均超额完成年度减排任务。

表 3－367　主要年份江苏各类废气排放量和去除量

单位:万吨

年　份	2002 年	2003 年	2004 年	2005 年	2006 年	2007 年	2008 年
排放量							
二氧化硫	111.97	124.07	123.99	137.34	130.38	121.80	113.03
烟尘	38.48	38.78	41.51	45.25	42.97	36.91	33.46
工业粉尘	22.60	43.00	35.27	35.45	30.20	27.11	20.47
去除量							
二氧化硫	27.40	33.22	47.93	73.29	103.68	149.23	177.22
烟尘	1 185.75	1 253.83	1 227.54	2 329.19	1 830.23	1 830.23	2 117.31
工业粉尘	221.40	344.90	387.85	388.73	354.36	299.59	295.34

浙江近年来的工业废气排放增量也比较明显,2008 年上升至17 620亿标立方米,是 2002 年的 2 倍多。2008 年,浙江二氧化硫、烟尘、粉尘排放量分别为 71.5 亿吨、16.7 亿吨和 17.1 亿吨。

表 3－368　主要年份浙江各类废气排放量

单位:万吨

年　份	2002 年	2003 年	2004 年	2005 年	2006 年	2007 年	2008 年
二氧化硫	59	71	78.9	83.1	82.9	77.5	71.5
烟　尘	19	18	20.8	19.9	19.5	17.2	16.7
粉　尘	33	28	33.3	23.1	22	20.3	17.1

3. 工业固体废物

2000 年,上海工业固体废弃物产生量为1 354. 74万吨,综合利用率达到 93. 26%。2008 年,产生量达到2 347. 35万吨,综合利用量为2 242. 43万吨,处置量为 90. 24 万吨,综合利用率为 95. 53%,工业固体废物防治取得显著成效。

表 3 - 369　主要年份上海工业固体废弃物防治

单位:万吨,%

指　标	2000 年	2005 年	2006 年	2007 年	2008 年
产生量	1 354. 74	1 963. 62	2 063. 19	2 165. 40	2 347. 35
综合利用量	1 515. 90	1 891. 62	1 953. 11	2 040. 08	2 242. 43
综合利用率	93. 26	96. 31	94. 66	94. 21	95. 53
处置量	90. 96	64. 66	103. 22	106. 39	90. 24

2008 年,江苏全省工业固体废物产生量为7 843. 48万吨,综合利用量7 743. 42万吨(其中包括利用往年贮存量),综合利用率达 98. 72%,处置量 130. 91 万吨,贮存量 140. 47 万吨,排放量约 100. 50 吨。

表 3 - 370　主要年份江苏工业固体废弃物防治

单位:万吨,%

项　目	2000 年	2004 年	2005 年	2006 年	2007 年	2008 年
产生量	3 038. 19	4 672. 53	5 757. 37	7 195. 04	7 354. 22	7 843. 48
综合利用率	85. 5	92. 3	94. 9	94. 1	96. 1	98. 7
综合利用量	2 598. 40	4 596. 36	5 986. 51	6 966. 17	7 259. 30	7 743. 42
排放量	4. 50	0. 06	0. 01	0. 03	0. 26	0. 01

浙江在固体废弃物的防治上也表现不俗,2008 年,浙江固体废物产生量为3 785. 11万吨,比 2007 年增长 4. 75%。工业固体废物排放量 1. 67 万吨,工业固体废物综合利用率达到 92. 19%。

表 3 - 371　主要年份浙江工业固体废物生产、排放与处理情况

单位:万吨

年份	2002 年	2003 年	2004 年	2005 年	2006 年	2007 年	2008 年
生产量	1 778	1 976	2 318	2 514	3 096	3 613	3 786
排放量	5	4	4. 43	5. 64	5. 18	1. 44	1. 67
综合利用量	1 506	1 722	2 037	2 336	2 855	3 334	3 495
贮存总量	132	34	15. 5	24. 6	90. 1	101. 1	222. 4

4. 声环境

近年来,上海环境噪声趋于严重,2008 年,区域环境噪声昼间时段的平均等效声级为 57. 0 分贝,较2007年升高0.2分贝;夜间时段的平均等效声级为49.9分贝,较2007年上升0.5分贝。同样,交通环境噪声平均等效声级白天和晚上都有所加重。

表3-372 主要年份声环境

单位:分贝

	2000年	2005年	2006年	2007年	2008年
区域环境噪声平均等效声级					
昼间时段	56.6	57.3	56.6	56.8	57.0
夜间时段	49.2	49.8	49.7	49.4	49.9
交通环境噪声平均等效声级					
昼间时段	70.5	72.0	72.0	71.9	71.4
夜间时段	64.1	65.8	64.9	65.9	66.4

江苏13个省辖城市区域环境噪声平均等效声级介于52.1~55.4分贝之间。南通和泰州两市平均等效声级超过55分贝,属轻度污染;其他城市声环境质量较好。江苏全省道路交通噪声状况较好,平均等效声级在61.8~69.0分贝之间。超过70分贝的路段占监测道路总长的14.6%。

浙江总体声环境质量处于较好至轻度污染水平,趋于环境噪声平均值为56.4分贝,较2007年上升0.1分贝;城市道路交通噪声为68.9分贝,较2007年下降0.1分贝。在影响城市声环境的各类噪声源中,生活噪声源占51.5%,交通噪声源占26.6%,工业噪声源占6.0%,建筑施工噪声源占2.3%,其他噪声源占13.6。生活噪声源和交通噪声源仍是主要噪声源。

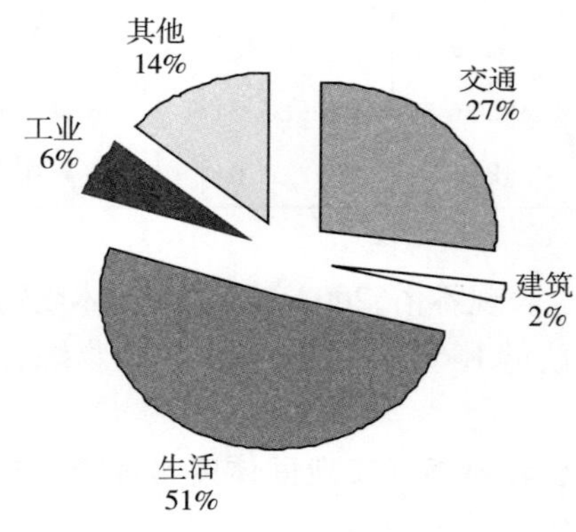

图3-62 2008年浙江噪声源构成情况

5.辐射环境

从2005年起,着手开展了辐射安全管理机制体制和法规体系的调研,现已初步完成了《上海市放射性污染防治的若干规定》,从操作层面进一步理顺监管体系、完善监管制度。另一方面,加强能力建设,配备了常规实验室分析仪器以及野外应急监测处置设备,设置了辐射环境自动监测点、陆地辐射监测点、水体辐射监测点和土壤辐射监测点以及电磁辐射环境监测点。

江苏全省辐射环境质量保持稳定,水、土壤中的天然放射性核素238U、232Th、226Ra、40K及γ辐射空气吸收剂量率与天然本底水平保持一致,电磁辐射环境质量良好。田湾核电站运行正常,气载流出物和液态流出物排放量均低于国家批准的限值。核电站外围辐射环境监测表明，核电站周围陆地 γ 辐射空气吸收剂量率、陆地环境介质中放射性水平、海洋环境介质中放射性水平均保持在天然本底涨落范围内。

2007 年，浙江全省辐射环境质量总体良好。杭州市环境空气和沉降物总 α、总 β 和 γ 核素放射性比活度与往年相比，保持正常水平，无上升趋势。11 个设区市城市环境环境 γ 辐射空气吸收剂量率均处于正常环境水平。主要水系各放射性核素活度浓度水平与历年检测结果相比未发生变化。秦山核电基地各核电厂安全、正常运行。全省电磁辐射设施增长较快，但环境电磁辐射水平总体情况较好，对公众的照射水平仍然安全。11 个设区市18 000余座移动通信基站天线周围环境敏感点的电磁辐射水平低于规定的导出限值。

6. 生物环境

2008 年，江苏河流和湖泊的水生生物多样性监测表明：主要河流底栖动物多样性评价等级为物种丰富的断面占 9.7%、较丰富的断面占 21.0%、一般的断面占 41.9%、贫乏或极贫乏的断面占 24.2%；与 2006、2007 年相比，底栖动物多样性状况继续好转，表明河流水环境质量状况有所改善。主要湖泊底栖动物多样性状况好于河流，物种丰富的测点占 14%、较丰富的测点占 44%、一般的测点占 32%、贫乏的测点占 10%，未发现极贫乏测点。浮游植物监测表明：太湖、洪泽湖、滆湖等重点湖泊藻类优势种均属蓝藻门，优势度也较高。城市空气中微生物污染情况良好，细菌和霉菌含量总体均处于清洁和较清洁水平。

7. 海洋环境

上海市积极参与国家环保部组织编制的《长江口及毗邻海域碧海行动计划》，并通过实施排海污染物控制、海洋保护区建设、船舶污染控制和海洋倾废控制等措施，努力削减进入海洋的污染负荷，减少对海洋生态环境造成的影响。

江苏全省 24 个近岸海域海水水质测点，有 14 个达到或优于海水水质标准二类标准；12 个主要近岸海域功能区，有 9 个达标，达标率 75.0%；入海河口的 31 个监测断面，有 13 个达到或优于地表水环境质量Ⅲ类标准，处于Ⅳ类、Ⅴ类、劣Ⅴ类的断面分别占 29.0%、12.9% 和 16.1%；近岸海域海洋沉积物环境质量良好，66.7% 的测点符合海洋沉积物质量一类标准。

浙江 2008 年近岸海域水质受无机氮、活性磷酸盐超标的影响，海域水体总体处于轻度氧化状态，尤以浙北海域为重。所监测的 50 个国控站位 4.75 万平方千米近岸海域中，24.70% 为劣四类海水，19.10% 为四类还水，20.33% 为三类海水，22.48% 为二类海水，13.49% 为一类海水，较 2007 年有所好转。浙江近岸海洋生物生存环境质量差，生物完整性、丰富度已受到明显影响。海域浮游植物、浮游动物多样性指数尚可。2008 年，浙江近岸海域共发生大小赤潮 27 次，累计发生面积超过 1 万平方千米，其中单次发生面积最大约为2 600平方千米。

（三）环境保护和建设

长三角的资源和环境为区域发展发挥了基础作用和支撑作用，但随着工业化、城市化的快速发展，长三角生态环境面临着严峻的考验，资源迅速消耗和环境加剧污染。近年来，长三角各地都加大了对生态环境保护和建设的力度。

从环境保护投资方面看，2000 年以来，上海环境保护资金投入力度不断加大，2000 年为 141.91 亿元，到 2008 年上升至 422.37 亿元。

2008 年江苏有包括科研所、监测所、监理所各类环保机构 705 家，人员达9 872人。同期浙江环保机构有 534 家，人员数6 075人。

表 3-373　2000 年以来上海环境保护投资情况

单位:亿元

年份	2000 年	2001 年	2002 年	2003 年	2004 年	2005 年	2006 年	2007 年	2008 年
投入	141.91	152.93	162.39	191.53	225.37	281.18	310.85	366.12	422.37

表 3-374　2008 年江苏和浙江环保系统建设情况

单位:家,人

	江苏	浙江
机构数	705	534
人员数	9 872	6 075

江苏在环境保护投资方面的力度也在逐年加大。2008 年,江苏施工污染治理项目数为 830 个,废水、废气、固体废物和噪声治理项目分别为 559 个、191 个、17 个和 21 个。2008 年年度污染治理完成投资达 39.71 亿元。

表 3-375　主要年份江苏省工业污染治理项目及投资情况

单位:个,亿元

项　目		1995 年	2000 年	2005 年	2007 年	2008 年
本年施工污染治理项目数		919	2412	782	788	830
其中	废水治理项目	357	966	425	455	559
	废气治理项目	359	1216	257	234	191
	固体废物治理项目	38	68	27	25	17
	噪声治理项目	127	98	27	18	21
	其他	38	64	46	56	42
污染治理项目本年完成投资		5.42	13.11	38.95	53.70	39.71
其中	废水治理项目	3.34	6.53	8.16	15.22	19.81
	废气治理项目	1.34	5.49	28.46	34.62	16.58
	固体废物治理项目	0.46	0.79	0.20	1.22	1.31
	噪声治理项目	0.19	0.14	0.22	0.06	0.18
	其他	0.09	0.16	1.91	2.58	1.83

1. 上海市主要举措

(1) 环保综合协调机制

上海市政府成立了环境保护和环境建设协调推进委员会,由市长任主任,副市长任副主任。委员会办公室设在上海市环保局,具体负责沟通协调、检查督促、跟踪评估和信息反馈;同时,成立了由市政府各有关职能部门分别牵头的专项工作组,建立了"责任明确、协调一致、有序高效、合力推进"的综合协调机制,有效推进本市环境保护工作的开展。根据各阶段工作重点的不同,专项工作组在数量和内容上有所不同。

按照当地政府对所辖区域环境质量负责的原则，全市19个区县政府均设立了环境保护机构，各乡镇政府也均设置环保工作人员，建立了较为完善的环境保护工作网络。

(2) 环境法制与监管体系

目前，上海已经形成了比较完善的环境法律法规体系。在国家环保法律、行政法规和部门规章的框架下，上海进一步制定了3部地方性法规、19项政府规章以及大量规范性文件。从覆盖领域来看，已经包括了大气环境、水环境、海洋环境、固体废物、噪声、土壤、核与辐射、生物多样性保护等各个方面。

同时，进一步加强执法和监管，从强化污染预防，提高准入标准，加强政策引导和监督执法等方面入手，不断加强对污染源的监管，形成了以环境监测为基础、环境监察为手段、环境监管为平台的"三监联动"机制。同时，建立了环保应急管理体系，加强环境应急能力建设。此外，上海市人大设立了城市建设环境保护委员会，市政协设立了人口资源环境委员会，强化对政府环保工作的检查和监督。市人大和市政协定期听取政府环境保护工作的汇报，提出了很多有关环境保护的议案和提案，对深入推进环境保护工作起到了重要作用。

(3) 环境监测网络

上海市的环境监测体系，主要由上海市环境监测中心和19个区县级环境监测站组成，形成了一个二级环境监测网络，覆盖了全部行政地域范围。环境监测的领域包括地表水、废水、环境空气、废气、汽车尾气、噪声、土壤和生物等。水环境质量监测方面，全市设置了148个市控断面/监测点，涵盖黄浦江、苏州河、淀山湖、长江口、集中式饮用水源地、太湖流域省界断面以及全市主要河道。环境空气质量监测方面，全市建成了45个自动监测子站和23个手工监测子站，覆盖全市19个区县。重点污染源监测方面，截至2008年底，全市已建成了203套重点大气污染源在线监测系统、187套重点水环境污染源在线监测系统。环境应急监测方面，配备了应急监测车和现场应急监测设备。

(4) 信息公开与公众参与

建立了环境信息公开制度，每年向公众发布《上海市环境状况公报》，每日发布空气质量日报；建立了"上海环境"(中英文)和"上海环境热线"网站，全面介绍上海环保工作的重大战略、政策、措施和成效，并公布政府信息公开目录，公众也可申请需要信息公开的内容；进一步加强与公众沟通，开通了24小时环境热线服务，畅通公众监督、举报渠道，吸收公众对城市环境保护工作的建议，并及时了解公众对环境保护的要求。上海市非常注重鼓励全社会共同履行责任，参与环境保护工作。企业积极履行环保责任，在追求经济效益的同时，加强环境保护。例如，宝山钢铁股份有限公司等企业每年编制可持续发展报告，部分企业在社会责任报告中发布了有关环境信息及其所采取的环保措施。广大公众的环保意识也得到了提高，并从身边小事做起，为环境保护贡献力量。例如，很多市民积极响应"少开一天车"、"减少一次性物品使用"、"空调限温"等环保行动，并主动监督和举报违法排污、生态破坏等行为。

(5) 调整产业结构和功能布局

按照建设"四个中心"的总体目标和"两个长期坚持"(即长期坚持三、二、一的产业发展方针，长期坚持第二产业和第三产业共同推进经济发展)的发展方针，上海市努力依靠科技进步和发展循环经济，持续推进产业结构调整，尤其是对资源消耗多、污染排放大的行业实施"关、停、并、转"，使产业发展不断从粗放型向集约型转变，从主要依靠资源消耗向依靠技术进步转变。2008年上海市第三产业比重达到了53.7%。

(6) 大力发展循环经济

2000年，循环经济发展正式纳入《上海市国民经济和社会发展"十五"计划》，并开始试点推进。2005年，编制了《上海市循环经济白皮书》，2006年制定了《上海市循环经济试点工作实施方案》。

此外,还先后制定了《产业能效指南》、《产业用地指南》和支持发展循环经济的财政政策等。同时,积极开展各类循环经济试点。2005 年起,上海化学工业园区、莘庄工业区等相继开展循环经济工业园区建设试点。2006 年,浦东新区开展区县级层面的循环经济工作试点,新锦华废品交投网络中心开展电子废弃物回收试点,食品和化妆品行业则开展包装减量化试点,在星级宾馆推行一次性用品减量。

2. 江苏省主要举措

(1) 主要污染物减排

2008 年,江苏省委、省政府出台了《关于加快转变经济发展方式的决定》和《关于进一步加强节能减排的若干政策措施》等 7 个学习实践科学发展观活动的政策文件,通过层层明确职责、健全组织机构、加强监督考核、落实奖励办法等措施,为全面推进污染减排提供了政策保障和组织保障。全省城镇新建污水处理厂 99 个,新增处理能力 181 万立方米/日;增加管网长度4 340公里,新增化学需氧量削减能力 12.1 万吨/年。全省新增燃煤机组脱硫设施 659 万千瓦,总投资超过 15 亿元。2008 年,全省燃煤机组4 983.6万千瓦中已有4 721万千瓦机组建成脱硫设施,脱硫率为 94.7%。关闭小火电机组 553 万千瓦;关停和淘汰落后钢铁生产能力 696.2 万吨。关停并转化工生产企业1 613家,其中太湖流域关停1 207家;关闭淘汰"小化工"生产企业4 326家,比省定责任目标超额完成 52.2%。否决1 112个产业项目,总投资超过 100 亿元。

(2) 环境政策创新

启动《江苏省固体废物污染环境防治条例》、《江苏省排放水污染物许可证管理办法》等地方性法规、规章的立法工作。配合省人大常委会组织开展《环境影响评价法》、《大气污染防治法》执法监督检查。制定太湖流域氨氮总磷排污收费标准、城市建筑施工扬尘收费标准、环境资源区域补偿制度和主要水污染物排放指标有偿分配及交易制度试点工作有序推进,环境价格体系建设逐步健全。印发《环境信息圆桌对话会议制度工作指南(试行)》。15 000余家企业纳入银行征信系统和公共信用信息平台。开展环境污染责任保险试点工作。省环保厅、财政厅、物价局联合印发了《江苏省太湖流域主要水污染物排放指标有偿使用收费管理办法(试行)》和《江苏省太湖流域主要水污染物排污权有偿使用和交易试点方案细则》。从 2008 年开始,根据"谁污染谁付费、谁破坏谁补偿"的原则,省政府决定在太湖流域部分河流开展环境资源区域补偿工作。

为扎实推进太湖水污染防治工作,确保实现《太湖流域水环境综合治理总体方案》提出的目标,根据太湖流域河网密布,水系复杂,入湖河流普遍跨不同行政区域的实际情况,省政府决定对 15 条入湖河流实行"双河长制",分别由省政府领导、省太湖水污染防治委员会部分成员单位负责同志担任省级层面的"河长",地方层面的"河长"由河流流经的各市、县(市、区)人民政府主要负责同志担任,统筹协调、深入推进入湖河流的综合整治。

(3) 小康环保考核

积极开展"全面达小康"行动,促进环境质量的改善。2008 年,全省小康社会环境质量综合指数为 83.6 分,空气质量良好天数百分率、水域功能区水质达标率、集中式饮用水源地水质达标率、城市环境噪声达标区覆盖率 4 个考核指标,均比 2007 年有所提高。苏中地区环境质量综合指数继续保持领先,13 个省辖市、67 个纳入考核的县(市、区)小康环保达标率分别为 92.0%、88.0%。

(4) 重点流域水污染防治

编制完成《江苏省太湖流域水环境综合治理实施方案》,规划项目总数1 600个,总投资1 083亿元。完善防控太湖蓝藻暴发应急预案,强化蓝藻监测预警,重点加强对太湖湖体、饮用水源地、调水通道、主要出入湖河流水质以及蓝藻监控。省政府安排 20 亿元专项资金用于太湖治理,带动全社会投资 120 亿元。太湖流域累计完成"十一五"化学需氧量减排任务的 85.1%,主要入湖河流总磷、氨氮污染物入湖总量分别同比下降 9.0% 和 10.0%。太湖水质总体好于上年,湖体富营养化状态、国家考核断面水质、主要入湖河流水质、蓝藻水华聚集程度均有所改善。

列入《淮河流域水污染防治“十一五”规划》的 146 项治污工程,已完成 46 项、调试 12 项、在建 68 项、前期 16 项、未动工 5 项。列入《淮河流域治污工程完善和重点断面水质达标方案》中的 56 项治污工程,已完成 17 项、调试 2 项、在建 32 项、前期 5 项。截止 2008 年底,淮河流域已建成污水处理厂 67 座,累计铺设主干管网2 600多公里,日处理能力达 220 万吨,其中 2008 年新建 12 座污水处理厂,新增城镇污水日处理能力 27 万吨。

(5) 自然生态保护与建设

组织编制了《江苏省重要生态功能保护区区域规划》,划分 12 类重要生态功能保护区 569 个,约占国土面积 22% 左右。开发了江苏省重要生态功能保护区管理信息系统并投入使用。截止 2008 年底,全省共建有各类自然保护区 31 个,其中国家级 3 个、省级 10 个、地市级 10 个、县级 8 个,总面积 56.69 万公顷,占国土面积的 5.5%。完成了全省生物物种资源第一阶段调查,摸清了全省栽培植物与家畜家禽种质资源以及观赏植物、药用植物、水生生物物种资源现状,发现了一批生物新种、江苏新记录以及部分遗存地方特色品种资源,建立了数据库和信息管理平台;启动了全省生物物种资源第二阶段(野生动植物、外来入侵生物调查)调查;开展了以县域为单元的全省生物多样性评价工作;组织了“5·22 生物多样性日”系列宣传工作。

3. 浙江省主要举措

(1) 生态省建设

浙江全力协调抓好生态经济工作。积极发展循环经济,组织编制《浙江省循环经济试点实施方案》,印发《浙江省发展循环经济“991 行动计划”重点项目 2008 年实施计划》,落实省级重点循环经济项目 138 个,加快推进全国循环经济试点单位建设。全面推行清洁生产,出台了《浙江清洁生产审核机构管理暂行办法》,700 多家企业完成清洁生产审核。大力发展绿色农业,全省无公害农产品、绿色食品、有机食品基地累计达 910 万亩,约占全省耕地面积的 38%。积极培育生态旅游产业,编制《浙江生态旅游发展规划》,加强旅游景区环境质量管理,积极发展生态村镇旅游,全省绿色饭店总数突破 300 家。

不断完善生态保护财政激励机制。实施《浙江省生态环保财力转移支付试行办法》,对 8 大水系地区 45 个源头市、县(市)实施生态转移支付,实现了主要水系源头地区省级生态补偿的全覆盖。出台了绿色信贷政策,建立了银行信贷与节能减排联席会议制度和企业环境违法信息交流通报制度。

进一步调整优化目标责任考核体系。2008 年生态省建设目标任务书突出了节能减排、经济转型升级、人居环境改善、农村环境保护和公众参与等指标的分值权重,在共性排序指标中增加了公众生态环境满意度考核指标。

深入开展生态示范创建工作。截至 2008 年底,全省累计建成 1 个国家生态县、43 个国家级生态示范区、6 个国家环保模范城市、138 个国家环境优美乡镇。

(2)“811”环境保护

2008 年,浙江省政府召开全省节能降耗与环境保护会议,部署开展了“811”环境保护三年行动(2008 - 2010 年)。及时编制完成了 11 个省级督办的重点环境问题污染整治规划,继续实行省级有关厅局分区包干蹲点督查制度。强化重点区域污染整治和监督管理,排查确定了 75 个市级督办的重点环境问题,各项整治工作正在按计划推进。以事实重点流域水污染防治规划为先导,以实行跨界河流交界断面水质考核制度为抓手,全面推进流域水污染防治。根据国家《太湖流域水环境综合治理总体方案》,编制印发了浙江省实施方案。

巩固和深化制革、电镀、电力等 10 大重点污染行业的整治效果,积极开展上市企业环保核查、飞行监测和企业环境行为信用等级评价等工作。至2008年年底,全省累计安装重点污染源在线监控装置1 755家,水功能区水质监测断面达到492个。以环保模范城市创建活动为载体,加快推进城市环境综合整治。杭州市在全省率先对在用机动车辆实行环保标志管理。

(四)区域协调治污

长三角地区水系发达,跨区域河流众多,区域各省生态状况、经济发展结构和水平具有一定的差异,因此,开展长三角地区流域协调治污机制的研究,是长三角地区开展环保合作具有现实意义的重要事项,目前已经受到长三角各城市关注。近年来,沪、苏、浙三省市加大了环境整治力度,但各种跨界污染事故仍然层出不穷。造成环境质量恶化、跨界污染事故频发的原因除经济社会快速发展带来了排污量的急剧增加、某些企业受利益驱动违法超标排污等因素外,条块分割的现有管理体制也是其重要原因。

环境的区域性特征比起经济可能还要来得明显、直观。因为长三角的河流是相通的,空气是流动的,生态是互相影响的。上游的水污染了,下游必定遭殃;一地的生态环境受到破坏,周边地区终归也要受影响。有识之士指出,由于边界水质目标没有真正纳入行政首长的目标责任制,现行的环境行政管理体制只要求本地政府对本地环境负责,这很容易形成"只扫门前雪"的现象。区域之间从本地区利益出发,以邻为壑,各搞一套,生产力布局、产业结构没有与区域环境相协调现象的普遍存在已是不争的事实。因此,可以说正是"各自为政"的管理体制造成了某些跨界污染久拖不决、甚至愈演愈烈的被动局面。

合作是地区经济发展的必然趋势,是资源优化配置和发挥竞争优势的必然要求。经济发展带来的环境压力是长三角所有城市所面临的共同问题,共同的环境治理需要成为环境合作的驱动力。因此,长三角二省一市合力治污完全有可能,且已势在必行。

1. 加强环保立法协调。长三角地区为了开展统一环境监管,需要从制度上实现环境保护地方立法的协调和统一,使长三角地区经济发展上能够获得可持续性发展。但显然,经济发展与行政壁垒之间的矛盾已经成为长三角地区经济社会一体化发展的障碍。目前长三角地区环境保护地方立法现状存在重复性立法现象、立法形式不协调、法规内容存在冲突等诸项问题。协调长三角地区环境保护地方立法的路径应为:建立长三角地区立法协调机制;整合长三角地区环境保护地方法规;推动地方环境保护执法合作与协调。

2. 加强对话与合作。建立长期有效的区域环境合作对话机制,协调各地之间的环保战略。相邻省市要加强区域经济合作,根据本区域资源、环境特点确定经济发展战略,实现优势互补,促进经济结构和产业布局的调整,并在水污染防治项目、资金和技术方面展开全方位合作,实现污染联防、联合治污、信息共享、重大环境事件通报机制。继续深化和完善"污染联防机制"、"固体污染物越界转移管理机制"和"船舶污染联防机制",使之早日取得应有成效。特别是对于可能出现的边界污染问题,应按"污染联防"等机制,将污染事故消灭在萌芽状态。根据三省市达成的共识,完善区域环境监测网络,建立环境质量信息共享和交流机制,在深化空气环境质量信息交流的基础上,开展长三角空气质量预测、预报合作项目,为三省市的污染防治综合决策提供依据。此外,要继续开展畜禽养殖污染控制技术、循环经济和清洁生产技术、固废综合利用技术、排污许可证与污染物总量控制管理等方面的交流与合作。

3. 提升联合治理的深度。环境治理需要建立合纵联盟,循序渐进,逐步推进在现在的环境保护合作基础上逐步扩大范围、层层深入是长三角区域环境合作的基本路径。早在2002年,浙江的嘉兴与江苏的苏州就建立了边界水污染防治制度和水环境信息通报机制,虽然对于长三角而言,开展区域环境合作不乏基础,但是如何在很多问题上有一盘棋的考虑,还需要个行政区域联合起来。应充分发挥两行政区域内环保部门现有资源，有计划地开展对跨行政区流域水体功能的研究，为跨行政区流域水环境的国家专门行政机构统一规划流域水资源、治理流域水污染提供思路和依据。

4. 建立事故应急机制。要建立污染事故预警机制，制定应急预案，强化环境应急手段。省际污染事故发生后，当地基层环保部门应立即将情况报告省级环保部门和国家环保总局，同时通报相关省市，以便各方尽快采取应急对策。国家环保总局已成立了“环境应急与事故调查中心”，要争取国家局加强对区域间污染纠纷的监督检查，督促责任方采取有效措施，尽快消除污染影响。

第四篇
重要文献

一 上海市政府相关文件

上海市产业结构调整专项扶持暂行办法

第一条(目的和依据)

为促进本市调整产业结构,优化资源配置和产业布局,推进节能降耗,根据国务院发布的《促进产业结构调整暂行规定》(国发[2005]40号),结合实际,特制订本办法。

第二条(扶持方式)

2010年12月31日前,对列入本市淘汰劣势企业、劣势产品和落后工艺名单的项目,由市、区(县)两级政府给予适当补助。其中,对列入市重点调整名单、区(县)重点调整名单的项目,由市政府给予适当补助。对列入区(县)调整名单的项目,由所在区(县)政府给予适当补助。

第三条(资金来源)

由市、区(县)两级财政安排一定的资金,专项用于对产业结构调整的补助。其中,市补助资金在市节能减排专项资金中统筹安排。凡获得市补助资金补助的项目,由项目所属的控股集团公司或所在区(县)政府按不低于1∶1的比例安排配套资金。对配套资金确有困难的控股集团公司,由市国资委在国资收益预算专项中给予补助。

第四条(补助标准和使用范围)

(一)补助标准

市补助资金原则上以调整项目的能耗统计表为核算依据,根据项目调整后直接产生的节能量计算,每下降1吨标煤最高可补助300元;同时,综合考虑减少污染排放总量等其它因素。对单个企业的补助额原则上最高不超过1 500万元。

对列入区(县)调整名单的项目,以区(县)为单位,参照上述补助标准实行限额补助。

(二)补助资金使用范围

1. 企业职工分流;

2. 被调整企业生产整合;

3. 经市产业结构调整协调推进联席会议(以下简称"市联席会议")或市联席会议办公室(设在市经委)批准的其它用途。

第五条(申报和审批程序)

(一)市和区(县)重点调整项目

市联席会议办公室负责市和区(县)重点产业结构调整项目市补助资金的申报受理、评估管理、审核批复、监督稽查等。

1. 提出申请。

由企业提出申请并制订调整方案,明确调整的目标、任务、时间节点和主要措施,经上级控股集团公司或其所在区(县)政府审核、汇总后,报市联席会议办公室。

2. 专题审核。

市联席会议办公室对上报材料,组织专题审核。如需进一步修改、完善,由市联席会议办公室提出具体意见,上报单位按此意见修改后再报审。

3. 编制计划。

市联席会议办公室根据初审通过的市和区(县)重点调整方案,提出年度市补助资金使用计划。该资金使用计划报市联席会议审核同意,并按照规定程序报批后,纳入财政年度预算,由市联席会议办公室负责执行。

4. 拨付资金。

市联席会议办公室根据调整项目实施进度和配套资金落实情况,核定补助金额;市财政局按照财政国库管理制度有关规定,及时拨付补助资金。资金拨付方式为:调整项目启动并经市联席会议批准,先预拨核定金额的70%;确认项目调整完成并经市联席会议批准,再拨付核定金额的30%。

(二)其余调整项目

对其余的非重点调整项目,在补助资金使用管理上,由区(县)政府参照市和区(县)重点调整项目的申报、审批程序实施,并向市联席会议办公室备案。

第六条(监督和管理)

凡获得市补助资金的控股集团公司、区(县)要加强监管,推进重点调整项目的实施。如发现重大问题,要及时向市联席会议办公室报告。

市联席会议办公室负责对市重点调整项目的实施、补助资金的使用进行跟踪和动态管理。市财政局、市审计局等负责对市补助资金的使用进行监督,组织抽查审计。

补助资金必须专款专用,单独核算,严禁截留、挪用。凡使用补助资金的项目,不得擅自调整、改变内容。对弄虚作假、截留、挪用等违反国家法律法规或财经纪律的行为,除按照国家规定对项目单位和有关负责人给予相应处罚外,还将限期收回已拨付的补助资金。

上海市城市网格化管理实施暂行办法

第一条　为进一步加强城市管理，整合管理资源，更好地提供公共服务，根据有关法律、法规，结合本市实际，制订本办法。

第二条　城市网格化管理，是指依托统一的城市管理数字化平台，将管理辖区按一定的标准划分成单元网格，通过加强对单元网格中部件和事件的巡查，建立监督和处置相分离的主动发现、及时处置城市管理问题的一种方式。

第三条　本办法适用于本市中心城区和郊区城市化地区。

列入城市网格化管理的部件和事件种类、处置标准及流程，由市建设交通委会同相关管理部门共同制定。

第四条　上海市数字化城市管理联席会议负责本市城市网格化管理重大问题的议事和决策，定期听取本市城市网格化管理情况的报告。

市建设交通委负责本市城市网格化管理的综合协调和监督指导。上海市数字化城市管理中心（以下简称市数字化管理中心）具体承担协调推进工作。

区县政府负责所辖区域城市网格化管理，应分别设立承担公共事务管理职能的受理监督中心和指挥处置中心，具体实施辖区内城市网格化管理。

房地资源、交通、市政、绿化、市容环卫、城管执法、规划、消防、公安、环保、水务、港口、通信、工商、信息、邮政、安监等专业管理部门，负责各自职责范围内城市网格化管理中发现问题的处置及监管工作。

燃气、自来水、排水、电力、电信、邮政、网络、有线电视、物业公司等承担公共服务的单位，按照职责规定和服务标准、规范，承担相应处置工作。

第五条　本市城市网格化管理工作以条块联动、资源整合、重心下移、监督制衡为原则。

第六条　创造条件，积极推进城市管理各专业网格化管理项目与城市网格化管理的资源共享、管理衔接，提高城市管理的质量和水平。

第七条　市数字化管理中心主要职责为：

（一）负责本市城市网格化管理信息系统的统一规划和管理，以及市级城市网格化管理信息平台建设；

（二）负责制定本市城市网格化管理系统技术标准、运行规则；

（三）对本市城市网格化管理系统运行情况进行评估并提出建议；

（四）负责本市城市网格化管理信息数据库建设和管理；

（五）负责指导本市城市网格化管理队伍相关培训；

（六）加强与市信息委、相关城市管理信息系统的联系和沟通。

第八条　区县城市网格化管理受理监督中心（以下简称区监督中心）主要职责为：

（一）组织对单元网格进行巡查，发现问题及时立案；

(二)受理12319城建热线等相关服务热线转送的市民举报;

(三)负责将立案件传送区县网格化管理指挥处置中心;

(四)负责对处置问题的核查和结案;

(五)负责网格监督员队伍管理、培训和考核;

(六)负责区县城市网格化管理系统管理和维护。

第九条 网格监督员是受区监督中心派遣的行使公共事务管理职能工作人员,由区监督中心统一管辖和指挥,主要职责为:

(一)按时对工作责任网格进行巡查;

(二)对巡查中发现问题收集证据并上报信息;

(三)对处置结果进行核查反馈。

任何单位和个人不得阻挠网格监督员开展巡查和收集证据工作。

第十条 区县城市网格化管理指挥处置中心(以下简称区指挥中心)主要职责为:

(一)负责案件派遣和协调;

(二)对处置工作进行监督、考评;

(三)定期召开与相关专业管理部门和专业单位信息沟通、工作协调会议。

第十一条 专业管理部门和专业单位负责相关的处置和管理工作,应落实对口机构和人员,主要职责为:

(一)对单元网格内的相关问题进行处置;

(二)将处置结果及时反馈区指挥中心。

第十二条 区监督中心对网格监督员在巡查中发现的问题,以及12319城建热线等相关服务热线转送的市民举报问题,应当及时核实后立案,并转送区指挥中心。

第十三条 区指挥中心要根据案件内容,及时派遣相关专业管理部门和专业单位,并督促完成处置任务。

对情况复杂、涉及多个部门和单位的问题,区指挥中心可以指定责任部门或单位,并做好后续协调工作。

第十四条 专业管理部门和专业单位接到指挥中心派遣案件后,应在规定时间内完成处置任务,并将处置结果反馈区指挥中心。不能在规定时间内完成处置任务的,应及时告知区指挥中心,并说明原因。

第十五条 区指挥中心接到处置结果反馈后,应及时传至区监督中心,经网格监督员核查确认后,实施结案。

第十六条 遇到特殊情况,应先处置后协调。

发生跨区事件时,相关区应及时上报,市建设交通委应及时协调,必要时可指定由一个区处置。

发生紧急问题时,市建设交通委可根据情况,直接指挥相关专业管理部门或专业单位进行处置。

第十七条 区指挥中心对辖区内专业管理部门和专业单位的处置工作进行监督评估,并纳入区县政府年度目标考核体系。

对市级专业管理部门和专业单位处置情况评价,报市建设交通委。

市建设交通委负责对本市城市网格化管理进行定期评估,并将评估报告报市政府,同时抄送各区县、相关专业管理部门和专业单位。

第十八条 市和区县城市网格化管理机构因工作疏漏和失职,造成问题发现不及时、协调派遣不力,以及系统运行不正常等情况,并影响城市网格化管理工作正常开展的,由上级主管部门或监察机关依法查处,对有失职、渎职行为的部门直接负责人和直接责任人,依法予以行政处分。

网格监督员未按管理规定对责任区域进行巡查,导致重大问题未及时发现的,区监督中心应给予相应处理。

第十九条 专业管理部门接到转送案件不及时处置造成后果的,由其上级主管部门或监察部门查处,对有失职、渎职行为的部门直接负责人和直接责任人,依法予以行政处分。

专业单位接到转送案件不及时处置造成后果的,依照相关法律法规处罚。

第二十条 对阻挠网格监督员进行巡查和收集证据工作,以及恐吓、威胁、伤害网格监督员的人员,公安部门应及时依法作出处理,直至追究当事人刑事责任。

第二十一条 城市网格化管理工作所需经费纳入市、区县两级政府年度财政预算,处置单位相关经费按照现有经费渠道支出。

第二十二条 本办法有关用语的含义:

(一)单元网格,是指按规定的标准,对管理区域进行划分,所形成的边界清晰、大小相当的管理地块,是网格化管理的地理基本单位,若干单元网格构成工作责任网格。一般单元网格面积一万平方米左右。

(二)部件,是指单元网格中市政公用、道路交通、市容环境、园林绿化、消防环保和房屋土地等与城市运行和管理相关的设施、设备。

(三)事件,是指单元网格中正在发生的影响城市运行和管理秩序、环境的,需要管理部门或专业单位实施管理和处置的行为。

上海市鼓励跨国公司设立地区总部的规定

第一条(目的和依据)

为了进一步扩大对外开放,鼓励跨国公司在本市设立地区总部,促进经济发展,根据有关法律、法规,结合本市的实际情况,制定本规定。

第二条(定义)

本规定所称的跨国公司地区总部,是指在境外注册的母公司在本市设立的以投资或者授权形式,对在一个国家以上的区域内的企业履行管理和服务职能的唯一总机构。

跨国公司可以以独资的投资性公司、管理性公司等具有独立法人资格的企业组织形式,设立地区总部。

投资性公司,是指跨国公司按照商务部发布的《关于外商投资举办投资性公司的规定》设立的从事直接投资的公司。

管理性公司,是指跨国公司为整合管理、研发、资金管理、销售、物流及支持服务等营运职能而设立的公司。

第三条(适用范围)

在本市范围内设立的跨国公司地区总部(以下简称“地区总部”),适用本规定。

第四条(管理部门)

市外资委负责地区总部的认定工作,协调有关部门对地区总部的管理服务工作。

工商、财税、外事、公安、劳动保障、人事、出入境管理、外汇管理、海关、出入境检验检疫等部门在各自职责范围内,做好对地区总部的管理服务工作。

第五条(认定条件)

已经设立的外商投资性公司,可以直接申请认定为地区总部。

管理性公司申请认定地区总部,应当符合下列条件:

(一)母公司的资产总额不低于4亿美元。

(二)母公司已在中国境内投资累计缴付的注册资本总额不低于1 000万美元,且母公司授权管理的中国境内外企业不少于3个;或者母公司授权管理的中国境内外企业不少于6个。

(三)管理性公司的注册资本不低于200万美元。

第六条(申请材料)

申请认定地区总部,应当向市外资委提交下列材料:

(一)公司法定代表人签署的申请书;

(二)母公司法定代表人签署的地区总部基本职能的授权文件;

(三)公司的批准证书、营业执照及验资报告(均为复印件);

(四)母公司在中国境内所投资企业的批准证书及营业执照(均为复印件);

(五)母公司法定代表人签署的对拟任地区总部法定代表人的授权文件和拟任地区总部法定代

表人的简历及相应的身份证明文件(身份证明为复印件);

(六)法律、法规和规章要求提供的其他材料。

前款规定未列明提供复印件的,应当提供文件的正本。

第七条(审查)

市外资委应当在收到申请书等材料之日起10个工作日内完成审查,并作出认定或者不予认定的决定。予以认定的,应当颁发认定证书。

第八条(经营、管理和服务活动)

地区总部按照国家和本市有关规定,可以从事下列经营、管理和服务活动:

(一)投资经营决策;

(二)资金运作和财务管理;

(三)研究开发和技术支持;

(四)国内分销及进出口;

(五)货物分拨等物流运作;

(六)承接本公司集团内部的共享服务及境外公司的服务外包;

(七)员工培训与管理。

地区总部因经营需要在本市设立分支机构,政府有关部门应当提供审批和登记便利。

第九条(资助和奖励)

新注册的投资性公司和管理性公司经认定为地区总部的,按照有关规定可以获得开办和租房的资助。

地区总部具有经营管理、资金管理、研发、销售、物流及支持服务等综合性的营运职能,且对经济发展有突出贡献,取得良好效益的,按照有关规定可以获得奖励。

地区总部的法定代表人等高级管理人员按照有关规定,可以获得地方政府的奖励。

资助和奖励的具体实施办法,由有关部门另行制定。

第十条(资金管理)

地区总部可以建立统一的内部资金管理体制,对自有资金实行统一管理。涉及外汇资金运作的,应当按照有关外汇管理规定执行。符合条件的地区总部按照有关规定可以参与跨国公司外汇资金集中管理、境外放款等试点业务。

投资性公司按照《企业集团财务公司管理办法》,可以设立财务公司,为其在中国境内的投资企业提供集中财务管理服务。

第十一条(简化出入境手续)

对因商务需要赴香港、澳门、台湾地区或者国外的地区总部的中国籍人员,提供出境便利。

地区总部需要多次临时入境的外籍人员,可以申请办理1至5年多次入境有效、每次停留不超过1年的访问签证;有关临时来本市的外籍人员,应当在中国驻外使领馆申请入境签证,时间紧迫的,可以按照国家有关规定向公安部门申请口岸签证入境。

对需要在本市长期居留的地区总部外籍人员,可以申请办理3至5年有效的外国人居留许可。

地区总部的法定代表人等高级管理人员可以按照《外国人在中国永久居留审批管理办法》,被优先推荐申办《外国人永久居留证》。

第十二条(简化就业许可手续)

地区总部需要在本市就业的外籍人员,可以向市劳动保障部门申请一并办理外国人《就业许可证》和《就业证》。

第十三条(人才引进)

地区总部及其设立的研发中心引进国内优秀人才的,可以优先办理本市户籍。

第十四条(提供通关便利)

对符合条件的地区总部及其设立的研发中心,海关和出入境检验检疫部门为其进出口货物提供通关便利。

地区总部设立保税物流中心和分拨中心,进行物流整合的,海关、外汇、出入境检验检疫等部门对其采取便利化的监管措施。

第十五条(参照适用)

香港、澳门、台湾地区的投资者在本市设立地区总部的,参照本规定执行。

关于改进和加强本市财政科技经费管理若干意见

为进一步规范财政科技经费的管理,提高财政科技经费的使用效益,根据《国务院办公厅转发财政部科技部〈关于改进和加强中央财政科技经费管理的若干意见〉的通知》(国办发[2006]56号)和《上海市人民政府关于实施〈上海中长期科学和技术发展规划纲要(2006－2020年)〉若干配套政策的通知》(沪府发[2006]12号)精神,现就改进和加强本市财政科技经费管理提出以下若干意见:

一、完善科技资源配置的决策机制和统筹协调

(一)完善本市重大科技事项的决策机制。根据本市实际情况,由市科委、市财政局会同市发展改革委对全市重大科技事项进行统筹,其中涉及国民经济、社会发展和国家安全的重大科技事项,要在科学论证的基础上,上报市政府决策。

(二)建立科技信息共享机制。本市各行政(预算)主管部门对以财政经费资助的科技项目,要通过上海市研发公共服务平台,实现科技项目信息的资源共享,避免财政科技经费使用的重复、分散和浪费。

(三)加强与中央有关部门的联系和对区县的指导协调。各主管部门要加强与中央有关部门在科技资源配置和科技经费管理方面的联系,开展部市合作,发挥地方资源优势,积极承担国家重大科技项目任务。加强对区县政府在科技资源配置和科技经费管理上的指导与协调,加强市、区县联动,推动有关重大科技项目的实施。

二、加大财政科技投入力度,优化财政科技投入结构

(四)稳步提高市和区县两级政府科技投入占财政支出的比例。到"十一五"期末,市级财政科技专项投入总量占当年财政支出的比例不低于7%,区县级财政科技专项投入总量占当年财政支出的平均比例达到5%。

(五)确保财政科技投入主要用于支持市场机制不能有效配置资源的基础研究、前沿技术研究、社会公益研究、重大共性关键技术研究开发以及创新环境建设等公共科技活动。同时,合理配置原始创新、集成创新和引进消化吸收再创新的资源。

(六)优化财政科技经费投入结构。要明确各类经费的功能定位,实行分类管理,避免重复交叉。根据科研活动规律、科技工作特点和财政预算管理要求,政府公共财政科技投入主要分为以下六类:

1. 市科技计划经费。主要用于对实现国家战略、保障国家安全,促进本市经济社会发展和科技发展具有重要作用的科学技术研究与开发。

2. 科研机构运行经费。主要用于从事基础研究、社会公益研究、科研管理和科研服务等机构的运行保障,并结合科研机构管理体制和运行机制改革,明确保障范围,逐步提高保障水平。

3. 公益性行业科研经费。主要用于支持公益性科研任务较重的行业部门,组织开展本行业应急性、培育性、基础性科研工作。

4. 科研条件建设经费。主要用于支持科研基础设施建设、维修和科研仪器设备购置、研发公共服务平台建设等。

5. 重大科技专项配套经费。主要用于为国家在本市实施的重大科技专项提供配套支持。

6. 区域科技创新环境经费。主要用于引导企业集群创新的各类科技计划,以及区域科技创新环境建设。

三、创新财政经费支持方式,推动产学研结合

(七)建立健全产学研多种形式结合的新机制。政府有关科技计划项目要更多地反映重大科技需求,在具有明确市场应用前景的领域,由企业、高等院校、科研院所共同参与实施。要促进科研院所与高等院校围绕企业技术创新需求服务,推动企业提高自主创新能力。

(八)聚焦财政支持的重点。财政对企业自主创新的支持要符合 WTO 的规则和公共财政的原则,重点支持共性技术和关键性技术的研发。要综合运用无偿资助、贷款贴息、风险投资等多种投入方式,加大对企业、高等院校、科研院所开展产学研合作的支持力度。

四、提高科研项目立项及预算核定的科学性、规范性和合理性

(九)根据预算管理的要求,逐步建立科研项目的项目库管理机制。今后,政府资金原则上只对纳入项目库的项目予以支持。根据不同科研项目的特点,建立健全专家咨询、政府决策的立项机制,以及科研项目预算的编制与评审制度,积极引入第三方评估,健全科研项目库管理及预算评审评估制度。

(十)完善专家参与科研项目管理及预算管理的机制。建立相应的评审专家库,完善评审专家的遴选、回避、信用和问责制度。

(十一)提高科研项目管理的透明度。在符合国家保密规定的前提下,逐步实行科研项目网上申报、网上评审和公告、公示制度。

(十二)建立上海市科研项目数据库。在符合国家保密规定的前提下,将财政资助的科研项目信息纳入上海市科研项目数据库,提供给社会共享,避免或减少科研项目的重复申报、重复立项等现象。

五、强化科研项目经费使用的监督管理

(十三)建立和完善各类科技计划经费管理制度。严格执行国家对科研项目经费开支范围与开支标准的规定,重点规范人员经费、会议费、差旅费、国际合作与交流费、协作研究费等支出的管理。

(十四)加强科研项目经费支出的管理。科研项目经费支出要严格按照批准的预算执行,严禁违反规定自行调整预算和挤占挪用科研项目经费,严禁各项支出超出规定的开支范围和开支标准,严禁层层转拨科研项目经费和违反规定将科研任务外包。探索建立科研项目经费报账制度。对科研项目经费逐步实施国库直接拨付。

(十五)强化科研项目经费的内部管理。各科研项目承担单位要按照国家有关财务制度的规定,健全科研项目经费内部管理制度。科研项目承担单位要明确科研、财务等部门及项目负责人在科研项目经费使用与管理中的职责与权限。科研项目经费必须纳入单位财务统一管理,实行单独核算,专款专用。科研项目结余经费应严格按照国家和本市有关财务制度和财政部门有关结余资金管理的规定执行。

(十六)加强科研项目经费的监督检查。建立包括审计、财政、科技等部门和社会中介机构在内的财政科技经费监督体系,建立对科研项目的财务审计与财务验收制度。

（十七）建立健全科研诚信体系。对违反法律和财经纪律的单位和个人，要给予追回财政拨款等处罚，取消其以后若干年度申请科研项目的资格，并向社会公告。同时，建议有关部门给予单位和个人纪律处分；构成犯罪的，依法移送司法机关追究刑事责任。

（十八）逐步建立科研项目经费的绩效评价制度。对不同类型的科研项目，要明确相应的绩效目标，并对其执行过程与执行结果进行分类绩效评价。分类绩效评价的结果，要成为单位和个人今后申请立项的重要依据。

关于进一步加强农业和粮食生产的政策意见

进一步加强农业和粮食生产,是保证市场供给、抑制通货膨胀、实现经济社会发展目标的迫切要求,是应对国际农产品市场变化、保障国家粮食安全的重要举措,是推进社会主义新农村建设和现代农业建设的关键所在。为深入贯彻国务院关于进一步加大对农业和粮食生产政策支持力度的精神,现就进一步加强本市农业和粮食生产提出如下政策意见:

一、加大农资综合直补力度

在兑付中央财政下达的农资综合直补资金基础上,充分考虑化肥、柴油等农资价格变动因素,增加市级财政农资综合直补资金5 618万元。其中,对种植水稻的农户按种植面积每亩再增加补贴 20 元,对群众渔船按每千瓦功率补贴 60 元,对种植 10 亩以上蔬菜的农户按种植面积每亩补贴 60 元。

二、增加水稻、麦子良种补贴

市级财政在已有基础上,再增加水稻、麦子补贴资金1 859万元。从 2008 年开始,按照科学精量播种要求,统一免费向农户发放水稻、麦子良种,发挥良种增产潜力。

三、提高粮食最低收购价

在中央提高粮食最低收购价的基础上,确保 2008 年本市粮食最低收购价不低于上年实际收购价格水平。加强收购服务,充实粮食储备。

四、加大农业基础设施投入力度

在已安排资金的基础上,2008 年再增加市级财政4 200万元农业基础设施建设资金。在已建成 100 万亩设施粮田的基础上,2010 年底前再投资建设 20 万亩设施粮田。建设 1.5 万亩良种繁育基地,完善良种繁育和供应体系,实施良种工程,提高粮食综合生产能力。开展生态养殖基地建设,改善养殖基地的基础设施条件。到 2010 年底,在本市建成 400 家标准化畜禽场和 12 万亩标准化水产基地。加强节水排灌和排涝泵站等小型农田水利设施建设。

五、强化重大动物疫病防控体系

加强重大动物疫病防控体系建设。加快市动物疾病预防控制中心项目建设进度,尽早投入使用。完善乡镇畜牧兽医站的动物疫病防疫设施建设,提高基层动物疫病防控能力。区县财政要增加基层动物防疫工作经费补助。

六、实施鲜活农产品运输专用车辆免通行费政策

对在本市范围内运输鲜活农产品的“菜篮子”工程专用车辆,免收高速公路通行费至 2008 年底

(“菜篮子”工程专用车原来享受的优惠政策长期不变)。从2008年起,对“菜篮子”工程专用车辆减半收取贷款道路建设车辆通行费和养路费。新增120辆“菜篮子”工程专用车。切实加强“菜篮子”工程专用车管理,做到专车专用。

七、加大金融对农业支持力度

进一步完善对农业产业化龙头企业和农民专业合作社贷款贴息制度,引导农村金融机构按照农业生产的季节性特点,增加支农信贷投放。进一步完善市、区县两级农民专业合作社贷款担保机制,鼓励区县建立健全农业贷款担保机构。2008年市级财政安排5 000万元贷款担保资金,用于扶持区县开展农业贷款担保。进一步拓宽农业保险险种范围,提高农业保险投保补贴标准。

八、加强农资市场调控

千方百计组织化肥、农药、柴油等农用物资货源,增加库存储备,确保农业生产用肥、用油等的需要。进一步加强化肥、农药、柴油等农用物资的市场价格和产品质量监管,防止农资价格过快上涨,确保农民用上放心农资。

九、实行最严格的耕地保护制度

落实耕地保护责任制,严把考核关。千方百计挖掘内部潜力,制定落实相关复耕政策,鼓励农民对闲置土地修复和开发利用。加强科学施肥工作的指导,加大测土配方施肥的力度,优化肥料使用结构,提高化肥利用效率。支持农民秸秆还田、种植绿肥、增施有机肥料。建立耕地质量动态监测和预警系统,构建耕地质量建设长效机制。

十、加强农产品市场管理和调控

发挥大市场、大流通的作用,保持地产农副产品基本保有量,确保主副食品市场供应不脱销、不断档,确保价格基本稳定。加强农产品质量安全监管和产销对接,继续推行农业龙头企业和农民专业合作社生产的优质农副产品的直供、直销,标准化菜场要为其进场销售给予优先和方便。市级救灾预备资金要保证农业救灾需要。

各区县政府和市各有关部门要尽快制定实施方案和具体办法,抓紧落实各项政策措施,把实惠不折不扣地给予农民,促进本市农业和粮食生产的不断发展。

关于开展小额贷款公司试点工作的实施办法

为贯彻落实市委、市政府有关指示精神,进一步加强对本市“三农”和小企业的金融服务,根据中国银监会、中国人民银行《关于小额贷款公司试点的指导意见》(下称《指导意见》)(银监发[2008]23号),结合实际,制定本实施办法。

一、试点要求与工作步骤

小额贷款公司试点工作以科学发展观为指导,积极试点、有序推进,建章立制、严格准入,明确职责、规范运行,监管有力、防范风险,切实为本市“三农”和小企业提供金融服务。

按照市政府的统一部署,在本市部分符合条件的区(县)开展小额贷款公司试点工作,每区(县)1~2家,成熟一家,推出一家。在总结试点经验的基础上,根据运行效果、市场需求等实际情况,适时扩大试点范围。

二、准入资格与运营要求

(一)准入资格

小额贷款公司是由自然人、企业法人与其他社会组织投资设立,不吸收公众存款,经营小额贷款业务的有限责任公司或股份有限公司。小额贷款公司主要发起人为企业法人,注册地且住所在试点区(县),管理规范、信用良好、实力雄厚,净资产不低于5 000万元、资产负债率不高于70%、连续三年赢利且利润总额在1 500万元以上(在崇明县,小额贷款公司主要发起人的要求可适当降低)。其他股东原则上为所在试点区(县)的投资人。

小额贷款公司的注册资本来源必须真实合法,全部为实收货币资本,一次足额缴纳,不得以借贷资金和他人委托资金入股。试点期间,有限责任公司初始注册资本不得低于2 000万元(崇明县1 000万元),股份有限公司初始注册资本不得低于5 000万元(崇明县2 000万元)。对于规范经营、运行良好且需要补充资本的小额贷款公司,一年后允许增资扩股。

小额贷款公司应具有合理的股权结构。主要发起人一般不超过两个,单个主要发起人及其关联方合计持股不得超过20%,两个主要发起人及其关联方合计持股各不得超过15%,其他单个股东及其关联方合计持股不得超过10%,单个股东持股不得低于1%。主要发起人股权3年内不得转让、质押,其他股东一年内不得转让、质押。

申请成为小额贷款公司的高管人员,应具备与其履行职责相适应的金融知识和从业经验。

(二)运营要求

1. 资金来源

小额贷款公司资金来源为股东缴纳的资本金、捐赠资金,以及来自不超过两个银行业金融机构的融入资金,融入资金余额不超过资本净额的50%。

2. 资金运用

小额贷款公司业务范围为发放贷款及相关的咨询活动，必须在所在区(县)经营。小额贷款公司发放贷款应坚持“小额、分散”原则，鼓励小额贷款公司面向所在区(县)的“三农”与小企业提供信贷服务，着力扩大客户数量和服务覆盖面。同一借款人的贷款余额不得超过小额贷款公司资本净额的5%，50%以上的借款人贷款余额不超过50万元。小额贷款公司不得向股东及其关联方发放贷款。

小额贷款公司按照市场化原则经营，贷款利率上限放开，但不得超过司法部门规定的上限，下限为中国人民银行公布的同期同档次基准利率的0.9倍，具体浮动幅度按照市场原则自主确定。

3. 风险内控

小额贷款公司应建立发起人承诺制度，公司股东应与小额贷款公司签订承诺书，承诺自觉遵守公司章程，参与管理并承担风险。

小额贷款公司应按照《公司法》要求健全公司治理结构，明确股东、董事、监事和经理之间的权责关系，制定稳健有效的议事规则、决策程序和内审制度，提高公司治理的有效性。

小额贷款公司应建立健全贷款管理制度，明确贷前调查、贷中审查和贷后检查，严把信贷闸门。小额贷款公司应根据自身情况建立起审慎规范的资产分类制度，完善贷款损失准备计提制度，确保资产损失准备充足率始终保持在100%以上，全面覆盖风险。

小额贷款公司应加强内部控制，建立健全企业财务会计制度，真实全面反映企业业务和财务活动。同时，建立信息披露制度，定时向公司股东、主管部门、向其提供融资的银行业金融机构、有关捐赠机构披露财务、经营、融资等信息，必要时向社会公开披露。向小额贷款公司提供融资的银行业金融机构应将融资信息及时报送小额贷款公司所在区(县)政府，并跟踪监督小额贷款公司融资的使用情况。

三、工作机制与批准程序

(一)工作机制

成立上海市小额贷款公司试点工作推进小组(下称“推进小组”)，由市政府分管领导担任负责人，推进小组成员单位包括市金融办、人民银行上海分行、上海银监局、市工商局、市农委、市经委、市财政局、市公安局、市政府法制办。

推进小组的主要职能，一是统筹小额贷款公司试点工作；二是审定小额贷款公司试点区(县)；三是协调解决小额贷款公司试点过程中的有关问题；四是指导区(县)政府及相关部门做好小额贷款公司监督管理和风险处置工作。

市金融办为本市小额贷款公司试点工作的主管部门，除承担推进小组日常工作外，其主要职能为，一是负责受理区(县)试点申请；二是负责复审小额贷款公司试点申请等事项；三是负责对小额贷款公司年度分类评价；四是督促区(县)政府及相关部门做好对小额贷款公司的日常监督管理和风险处置工作。

开展试点的区(县)政府的主要职能，一是负责筛选本区(县)的试点对象，预审小额贷款公司设立申请；二是对小额贷款公司进行日常监管，对其服务“三农”和小企业情况进行测评；三是承担小额贷款公司试点风险防范与处置责任。

(二)批准程序

1. 区(县)试点申请及批准

有试点意向的区(县)政府向市金融办递交试点申请书。试点申请书至少包括以下内容：

(1)背景情况介绍。包括区(县)经济金融及“三农”和小企业情况；设立小额贷款公司的必要性和可行性。

(2)试点工作方案。内容包括试点组织领导，应明确负责小额贷款公司试点申报初审、日常监管、服务测评、风险处置的具体部门;符合相关条件及有申报意向的小额贷款公司主要发起人的基本情况;其他发起人及股东的基本情况;试点步骤与工作安排;其他需要说明的问题。

(3)风险处置承诺。落实属地管理责任,对小额贷款公司经营情况进行日常监管,定期检查,负责处置小额贷款公司违规、违法经营产生的不稳定因素,承诺承担风险防范与处置责任。

市金融办审核区(县)试点申请书后,报推进小组审定。经推进小组审定试点的区(县)政府,应对本地区符合相关条件及有申报意向的小额贷款公司主要发起人进行筛选,并报推进小组。

2. 小额贷款公司试点申请及批准

经试点区(县)政府筛选的小额贷款公司主要发起人应向所在区(县)政府递交小额贷款公司设立申请材料,包括:

(1)设立小额贷款公司申请书。内容包括小额贷款公司的组织形式、拟定名称、拟注册资本、拟注册地、业务范围等。

(2)公司设立方案。内容包括小额贷款公司的设立步骤和时间安排;注册资本、股东名册及其出资额、出资比例;公司章程草案及管理制度,包括业务管理制度、财务管理制度、风险监控制度、信息披露制度;拟任高管人员简历、身份证复印件。

(3)股东基本情况。主要发起人按规定提供详细情况及有关资料。企业法人投资人必须提交营业执照复印件、经审计的财务报表,并满足无犯罪记录、无不良信用记录的条件;自然人投资人须提交身份证复印件、个人简历、入股资金来源证明,并满足有完全民事行为能力、无犯罪记录和不良信用记录的条件;其他社会组织须提交相关资格证明材料。

(4)责任承诺书。股东承诺自愿出资入股小额贷款公司,资金来源真实合法;上报申请材料真实、准确、完整;自觉遵守国家、本办法和本市相关规定,遵守公司章程。

(5)法律意见书。律师事务所出具法律意见书,内容包括小额贷款公司出资人及关联情况,公司设立情况,以及是否有重大违法、违规行为。

(6)营业场所所有权或使用权的证明文件。

(7)公安、消防部门出具的营业场所安全、消防设施合格证明。

(8)工商行政管理部门出具的《企业名称预先核准通知书》。

(9)依法设立的验资机构出具的验资报告。

(10)政府要求的其他材料。

上述部分材料可在预审后提供。

区(县)政府在收到小额贷款公司主要发起人递交的申请材料的15个工作日内,完成预审。

试点区(县)政府将通过预审的小额贷款公司设立申请材料和预审意见上报推进小组。推进小组征求有关成员意见后,由市金融办在15个工作日内,做出同意与否的决定。

3. 工商登记

小额贷款公司申请人凭市金融办批准批文,依法向工商行政管理部门办理登记手续并领取营业执照。此外,还应在5个工作日内向当地公安机关、上海银监局和人行上海分行报送相关资料。

4. 变更等事项

小额贷款公司变更、终止等事项,参照小额贷款公司设立的规定执行。

四、监督管理与风险处置

(一)监督管理

推进小组指导区(县)政府做好小额贷款公司日常监督管理工作。推进小组各成员单位按照各自职责做好工作。市金融办负责督促区(县)政府开展小额贷款公司日常监督管理。

各试点区(县)政府按照职能搞好日常监督管理。区(县)政府应明确具体职能部门,对小额贷款公司的风险管理、内部控制、资产质量、资产损失准备充足率、关联交易以及是否符合本办法要求、公司章程等方面实施持续、动态监管,牵头进行现场检查;定期接收小额贷款公司财务、经营、融资等信息,并及时向推进小组报告;每季度向推进小组报告小额贷款公司经营等基本情况;每年度对小额贷款公司的经营业绩、内部控制、合规经营等方面进行综合评价,评价结果提交推进小组。

(二)风险处置

小额贷款公司应接受社会监督,不得进行任何形式的非法集资。

小额贷款公司在经营过程中若出现下列情形之一,由所在地的区(县)政府责令改正;情节特别严重的,由相关部门依法进行处罚;构成犯罪的,依法追究刑事责任。

1. 未经批准设立小额贷款公司的;
2. 未经批准变更的;
3. 资金来源、运用违反相关规定的;
4. 拒绝或阻碍主管部门检查监督的;
5. 不按照本办法规定上报有关情况的;
6. 政府规定的其他情况。

区(县)政府承担小额贷款公司试点的风险防范与处置责任。

五、扶持措施

试点区(县)政府和市政府有关部门可对小额贷款公司制定相应扶持措施。

市金融办会同上海银监局、人民银行上海分行等组织开展试点区(县)和小额贷款公司的政策宣传和试点培训。

对合规经营、信用良好的小额贷款公司,由推进小组优先向银行业监管部门推荐,按照有关规定改造为村镇银行。

关于实施国家知识产权战略纲要若干意见的通知

为了更好地贯彻《国务院关于印发国家知识产权战略纲要的通知》(国发[2008]18号),结合实施《上海知识产权战略纲要(2004年-2010年)》,现提出如下实施意见:

一、完善地方知识产权法规、政策

知识产权制度是开发和利用知识资源的基本制度。要深入贯彻落实科学发展观,就必须不断完善知识产权制度,为自主创新、转变经济发展方式、提升城市核心竞争力、建设创新型城市提供重要的支撑作用。

(一)进一步完善地方知识产权法规体系。加快地方有关知识产权立法进程,提高立法质量。及时修订《上海市专利保护条例》、《上海市科学技术进步条例》等地方法规,适时将有关著名商标保护、著作权保护、职务发明条例等涉及知识产权领域的地方立法列入上海的立法计划,加强知识产权立法的衔接配套,增强法规、规章的可操作性。

(二)不断强化知识产权政策导向。政府主管部门要根据重点领域、重点产业、重大专项等发展的要求,进一步完善知识产权相关政策,并制定切实可行的实施计划。要以能够合法产业化为基本前提,以获得自主知识产权为追求目标,以形成技术标准为努力方向,促进自主创新成果的知识产权化、商品化、产业化。要充分利用知识产权市场价值和竞争优势,将其转化为市场竞争力,促进经济社会又好又快发展。

(三)完善知识产权领域相关政策与措施。制定并实施有效的激励政策,推动育种创新成果转化为植物新品种权、地理标志。研究加强传统医药知识产权保护、运用和管理的办法。鼓励企业传承、创新、发展、保护传统工艺、传统技艺。加强地方特色的民间文艺保护,促进民间文艺发展。完善遗传资源保护、开发和利用制度,防止遗传资源流失和无序利用。进一步完善鼓励集成电路布图设计专有权的有效利用,促进集成电路产业发展的政策。

二、促进知识产权创造和运用

知识产权制度通过合理确定人们对知识及其他信息的权利,调整人们在创造、运用知识和信息过程中产生的利益关系,奠定激励创造的基础,达到有效运用的目的。要激发市场主体和全社会的创新活力,将丰富的智力成果转化为现实生产力,支撑经济社会又好又快发展。

(四)鼓励发明创造,切实保障发明创造人的合法权益。要进一步激励发明创造,切实提升企业的市场竞争力。企事业单位要依法维护发明人或设计人的合法权益,切实落实"一奖两酬"和其他有关规定,推进实施《上海市职务发明创造权利归属和职务奖酬实施办法》。要注重申请专利质量,防止非正常申请专利。适时修订专利资助办法,资助政策向获取发明专利、专利技术产业化和根据市场竞争需要在境外获得知识产权等方面倾斜。完善国家和政府资助开发完成的科研成果或知识产权归属与利益分配机制。鼓励并积极支持企业、行业组织参与国家、国际标准的制定。

(五)支持企业实施商标战略,着力推进商标发展。进一步营造良好的培育发展和保护商标专有权的法制环境,提升著名商标认定和保护工作的水平,加大对著名商标的保护力度。重点培育和扶植一批支柱产业、高新技术产业、新兴行业等领域的商标,大力培植农产品商标。政府安排专门经费,支持实施传统驰(著)名商标的发展和复兴计划。推动商标作为无形资产作价入股政策的试点推广。鼓励、支持各种经济形式的企业培育、使用、发展自主驰(著)名商标,切实提高商标运作能力。

(六)大力发展版权产业,促进版权交易市场化。扶持新闻出版、广播影视、文学艺术、文化娱乐、广告设计、工艺美术、环境艺术设计、计算机软件、信息网络等版权相关产业发展。建立版权产业统计制度,开展版权产业研究。建立版权交易中心和版权公共信息服务平台,完善版权评估、质押、作品登记和著作权合同备案等制度。拓宽版权利用方式,降低交易成本,为版权交易的通畅、便利和版权资源共享提供公共服务。充分发挥版权集体管理组织、行业协会、代理机构等中介组织在版权市场化中的作用。

(七)将知识产权指标纳入科技计划实施评价体系和国有企事业单位绩效考核指标体系。要将提高知识产权创造和运用能力作为本市企业技术中心、高新技术企业、高新技术成果转化项目等认定、评审和复审的重要条件之一。要把知识产权的获取、运用和无形资产的保值增值作为企事业单位负责人业绩考核的重要内容;纳入管理人员、专业技术人员职称评定、职称晋升的评价指标体系。

(八)引导和支持创新要素向企业集聚。促进高等院校、科研院所和研发中心的创新活动围绕市场需求、创新成果向企业转移,缩短产业化周期,推动企业知识产权运用和产业化。继续推进企业运用知识产权制度能力的培育、试点和示范工作。要为中小型企业自主创新提供有针对性、便捷有效的公共服务。国家知识产权局、国家版权局等在浦东张江高科技园区知识产权试点经验要向漕河泾新兴技术开发区、金桥现代科技园、上海大学科技园区、中国纺织国际科技产业城、嘉定民营科技密集区等园区扩散。要积极鼓励和引导企业制定并实施开发新产品战略、商标战略、企业专利战略或知识产权战略。

三、加强知识产权保护

依法合理保护知识产权,有利于营造更好的激励创新环境,有利于规范市场秩序和建立诚信体系。保护知识产权是建设创新型城市自身发展的需要,也是扩大对外开放,改善投资环境,建设现代化国际大都市的需要。

(九)加大知识产权司法和行政保护力度。进一步建设知识产权专业化审判机构,继续探索本市由专门知识产权审判法庭统一受理知识产权民事、刑事、行政案件的审判模式,研究降低维权成本、提高侵权代价的办法。加大司法惩处力度,切实提高审判和执行效率。进一步加强诉讼释明、指导与司法调解,拓展多元化的纠纷解决机制。建立协助知识产权案件审理的技术专家库,为司法审判和行政处理等提供意见。充分发挥知识产权行政执法与刑事司法衔接的作用,着力解决行政执法与刑事司法衔接中的估价、鉴定、证据规范、司法审计等问题。建立保护知识产权行政执法与刑事司法专题联席会议,研究解决在保护知识产权以及办理知识产权案件中出现的新情况、新问题。

(十)完善知识产权纠纷多途径解决机制。充分发挥上海知识产权援助中心、版权纠纷调解中心等机构的作用,为本市企业知识产权维权,为企业应对海外知识产权纠纷处理提供更为直接、更为有效的服务。适时建立上海知识产权仲裁院,发挥仲裁处理知识产权纠纷的作用。鼓励建立以企业为主的行业、产业知识产权保护协会、联盟等组织机构。支持并指导各行业协会开展知识产权保护工作。

(十一)加强重大专项知识产权保护工作。建立由本市承担或参与的国家重大科技专项和本市重大项目的知识产权工作机制,在地方配套资金中,列支5%以上用于知识产权管理。以创新成果知识产权化为重点,开展全程跟踪服务。适时出台上海重大经济活动知识产权特别审议试行办法,防止在企业合资、企业购并、技术引进等活动中知识产权被滥用,防范无形资产流失。研究制定本市重点领域、重大产业、重大项目知识产权目录,以集聚资源支持开发和掌握一批具有自主知识产权的核心技术。

(十二)加强现代服务业知识产权保护。大力发展现代服务业是上海转变经济发展方式的关键。创意产业、版权产业、服务外包产业等领域的发展,离不开知识产权保护。政府为与知识产权相关的现代服务业提供咨询、培训、交易、登记备案等公共服务,鼓励服务型企业建立知识产权保护联盟等自律组织。研究制定有利于知识产权服务业发展的相关融资、税收优惠等政策,并适时制定和出台创意产业、服务外包产业的知识产权保护办法。

(十三)加强世博会和展会知识产权保护。根据《世界博览会标志保护条例》和《2010 年上海世博会知识产权保护纲要》,制定更有操作性的具体政策与措施,切实加强世博会标志专有权的保护,加强对参展方的展品和作品知识产权的保护。探索会展期间知识产权保护机构模式,不断完善会展知识产权保护办法。提高现场处理知识产权纠纷的能力。建立国际性会展、大型会展主办方和承办方展前知识产权保护机制。

(十四)加强知识产权海关保护。加大海关执法力度,运用先进技术和风险管理手段,进一步提高主动查获侵权货物的能力。积极发挥对外贸易监测职能,探索建立进出口货物知识产权预警机制。加强国内外交流,充分发挥海关在知识产权边境保护中的作用及国际知识产权保护事务中的影响力。

四、加强知识产权行政管理

进一步解放思想,开拓创新,深化知识产权行政管理体制机制改革,加强知识产权管理队伍建设,树立法治意识、责任意识、服务意识、创新意识,提高知识产权管理的能力和水平。

(十五)进一步发挥市知识产权联席会议的作用。市知识产权联席会议是领导、组织、协调实施知识产权战略的机构,市知识产权联席会议各成员单位要按照各自职责和分工,继续有力、有序、有效地制定和实施知识产权战略年度推进计划。借鉴国外推进知识产权战略的经验,建立由知识产权专家、学者、企业家、法官、中介服务机构等代表组成的上海知识产权战略专家顾问团,为实施知识产权战略提供决策咨询。

(十六)完善知识产权行政管理体制机制。区县政府要在现有知识产权行政管理体制基础上,加强知识产权管理队伍的力量,落实区县知识产权局的人员编制,保障实施知识产权战略纲要推进计划的工作经费。浦东新区要发挥综合配套改革试点的优势,研究创新知识产权行政管理体制机制、整合知识产权执法力量等方面的先行先试办法,积极探索形成“权责一致、分工合理、决策科学、执行顺畅、监督有力”的知识产权行政管理和执法体制,为本市知识产权制度创新、管理创新提供经验。

(十七)加快建设知识产权信息公共服务平台。有关政府部门要统筹规划、加强协作、整合资源、形成合力,逐步建立专利、商标、版权等知识产权信息服务为主要功能,既相对独立又能体现资源共享的知识产权信息公共服务平台。要加快专利信息工程建设,为中小型企业的自主创新提供重要的支撑。政府要鼓励并支持各行业建设符合自身需要的知识产权信息库和数据库,促进资源整合、系统集成和信息共享。

(十八)建立知识产权应对、援助和预警机制。要逐步提高知识产权密集型商品出口比例,促进贸易增长方式的根本转变和贸易结构的优化升级。帮助、指导企业提升在国际贸易、对外投资、跨国经营活动中运用知识产权制度的能力和水平。重视对外贸易和跨国投资中的知识产权问题,开展国外知识产权法律研究,为外向型经济发展提供知识产权法律援助。建立知识产权应对机制、援助机

制和预警机制，并设立重大涉外知识产权纠纷海外援助基金。

五、发展知识产权中介服务

知识产权中介服务是知识产权事业发展不可或缺的一部分。政府培育知识产权中介服务市场的发展，以适应社会主义市场经济发展的需要。加快健全社会化、网络化的知识产权中介服务体系，促进自主创新成果转化为现实生产力。

（十九）充分发挥知识产权交易市场作用。要进一步加强上海知识产权园建设，充分发挥知识产权交易服务功能，扶持版权、医药、信息、能源等专业化的知识产权交易中心，培育一批与知识产权交易相关的评估咨询、交易经纪、投融资、公证、法律服务等中介机构。制定知识产权交易补贴、税收减免、无形资产质押融资等相关政策，促进知识产权服务业的健康发展。鼓励知识产权通过交易机构进行转移和转化，推动信息对称、交易活跃、秩序良好的知识产权交易市场的发展。

（二十）充分发挥行业协会等组织的重要作用。培育和扶持与知识产权创造、运用、保护和管理相关的行业协会，支持行业协会开展知识产权工作，促进知识产权信息沟通，组织共同维权。加强政府对行业协会知识产权工作的监督指导。

（二十一）完善知识产权中介服务管理。要完善知识产权中介服务管理，加强行业自律，建立包括诚信信息管理、信用评价和失信惩戒等内容的诚信管理制度。研究制定规范本市知识产权中介服务机构管理办法。培育和发展市场化的知识产权信息服务，建立知识产权服务业信息平台，以满足不同领域的知识产权工作需求。鼓励企业参与增值性知识产权信息的开发利用，倡导中小型企业开展知识产权合约托管服务或知识产权外包服务。

六、建设知识产权人才队伍

加强知识产权工作，关键在人才。要高度重视知识产权人才队伍建设，发挥上海知识产权教育优势，建设国家级人才培养基地，把人才培养作为事关知识产权事业长远发展的基础性、全局性工作，常抓不懈。

（二十二）统一规划、大力实施知识产权教育和人才培训。建立部门协调机制，调动知识产权教育、培训、研究机构的资源，有计划、分期、分批地开展对各级、各类人员的知识产权培训。整合资源，优势互补，建立立足本市、服务长三角、面向全国的知识产权教育培训基地。结合中小学创建知识产权试点、示范学校活动，逐步推进中小学知识产权普及教育计划。继续推进本市专利管理工程师计划。加快培养一批企业急需的知识产权经营管理人才。重点培养一批熟悉知识产权、懂外语的专业型、专家型知识产权法官，以及一批具有较强专业水平、较好职业道德的知识产权代理人。

（二十三）构建知识产权人才高地。充分发挥本市知识产权教育和研究优势，着力建设一支高水平的知识产权师资队伍。继续推进中外合作，加快培养知识产权高端人才。支持有条件的高等院校设立知识产权硕士、博士学位授予点，推广知识产权本科生、硕士生连读培养模式，鼓励高校探索法学、管理学、经济学等学科下设置知识产权二级学科。引导公派留学生、鼓励自费留学生选修知识产权专业，支持从海外引进或聘任知识产权高层次人才，建立知识产权人才信息库。

七、推进知识产权文化建设

知识产权文化是人们在知识产权及相关活动中产生的影响知识产权事务的精神现象的总和，包括对知识产权的认识、态度、价值观以及知识产权行为方式。推进知识产权文化建设，是建设创新型城市不可缺少的重要组成部分。

（二十四）制订和实施知识产权文化建设行动计划。建立政府有关部门和新闻媒体共同参与的知识产权文化建设协调机制,制定并实施知识产权文化建设行动计划。在精神文明创建活动标准中,增加保护知识产权的要求;在科普宣传活动中,融入知识产权文化建设的内容。充分发挥高校知识产权志愿者队伍的作用,加强知识产权宣传普及教育,在全社会弘扬以创新为荣,剽窃为耻,以诚实守信为荣,盗版假冒为耻的道德观念。

八、扩大知识产权国内外交流合作

上海是我国改革开放的前沿,外资企业、研发机构、外国领馆、境外新闻媒体集聚。上海要为周边地区和我国的知识产权对外合作交流做出新的贡献。

(二十五)加强海内外知识产权的交流合作,促进共同发展。要充分发挥本市外事工作的整体优势,为我国的知识产权对外合作交流创造条件。充分利用部市合作机制,提升上海知识产权国际论坛的国际影响力。积极参与国家层面对外交流的合作项目和相关活动,加强对外宣传中国、上海知识产权工作成果。进一步加强直辖市、长三角地区和对口支援地区知识产权合作与交流。

上海市市长质量奖管理办法(试行)

第一章 总 则

第一条 为全面落实科学发展观,促进先进制造业和现代服务业快速健康发展,引导和激励各行各业的组织加强质量管理,改进和提高全市产品与服务质量水平,追求和实现卓越的经营绩效,培育一批具有国际竞争力的品牌和组织,加快建设上海“四个中心”,实现“四个率先”和全面提升城市国际竞争力,根据《中华人民共和国产品质量法》、国务院发布的《质量振兴纲要》和《关于加强产品质量和食品安全工作的通知》等,制订本办法。

第二条 本办法所称上海市市长质量奖(以下简称“市长质量奖”)是市政府设立的最高质量荣誉奖。市长质量奖设“组织”和“个人”两类奖项。

第三条 市长质量奖的评定坚持科学、公开、公正、公平的原则,推进各类组织实施卓越绩效管理,鼓励各方面人士为本市质量工作做出杰出贡献,提升组织核心竞争力和城市国际竞争力,促进上海国民经济持续、协调和健康发展。

第四条 市长质量奖每年度根据全市质量工作情况进行评定。在组织或个人自愿申请的基础上,经相关部门或组织推荐,严格按照标准和程序进行评定。

获市长质量奖的组织和个人原则上每年各不超过两个。

第五条 市长质量奖的评定不向组织或个人收取任何费用,奖励和工作经费列入当年度市财政预算。

第二章 评定对象

第六条 市长质量奖主要授予实施质量管理并取得卓越经营绩效的各类组织和为质量振兴事业做出突出贡献的个人。

本办法所称的组织,是指本市企业、社会团体和其他组织;本办法所称的个人,是指本市从事质量工作的自然人,包括组织的员工及从事质量教学、科研、管理等人员。

第三章 组织与领导

第七条 在市政府的领导下,由市质量技监局负责市长质量奖的评审组织工作,其主要职责为:负责制定市长质量奖评审工作原则;制订《上海市市长质量奖评价标准》、《上海市市长质量奖评定程序细则》和《上海市市长质量奖评审人员管理实施细则》等;培训、评聘市长质量奖评审人员;委派评审观察员;组织相关部门审定并提出获奖组织、个人推荐名单。

第八条 市长质量奖评审人员应具备以下资格条件:

(一)能认真贯彻执行党的方针、政策,熟悉国家有关质量、经济工作的法律、法规和规章;

(二)具有5年以上的质量管理、专业技术工作经历,有丰富的质量管理实践经验;

(三)接受过质量管理相关知识的系统培训,掌握质量管理新知识和方法,掌握经营管理的有关知识;

(四)掌握《上海市市长质量奖评价标准》的评审方法和技巧,具有敏锐的观察力和准确、快速的反应能力,具有全面的综合分析、独立判断和沟通能力;

(五)具有良好的职业道德,能认真履行评审人员职责,严格遵守评审纪律,公正严明。

第九条 由市质量技监局组织开展市长质量奖评审人员培训。经考核,对符合第八条规定条件的评审人员,颁发证书。

第十条 本市各行业主管部门、行业协会和市、区(县)质量技术监督局负责本行业、本地区创市长质量奖组织或个人的培育、推荐,以及获市长质量奖组织或个人的宣传工作。

第四章 申报条件

第十一条 组织申报市长质量奖,必须同时具备下列条件:

(一)在本市注册登记并正常运行5年以上;

(二)建立了有效运行的质量管理体系或其他相关行业的管理体系,形成了自我完善的质量改进机制;

(三)具有卓越的经营绩效,近3年来主要经济、技术指标和质量水平处于国内或同行业领先地位;

(四)具有良好的诚信记录和社会声誉;

(五)近3年内无重大的质量、安全、设备、伤亡、火灾、爆炸、环境污染、公共卫生等事故,无因组织责任导致的重大用户(顾客)投诉,没有发生违反法律法规的行为。

第十二条 个人申报市长质量奖,必须同时具备下列条件:

(一)从事质量工作10年以上;

(二)质量意识和创新能力强,社会知名度高;

(三)具有卓有成效的质量管理理论研究成果或丰富的实践经验,为提高质量做出了突出贡献;

(四)恪守职业道德和社会道德;

(五)个人所属的组织近3年内无重大的质量、安全、设备、伤亡、火灾、爆炸、环境污染、公共卫生等事故。

第五章 评价标准

第十三条 市长质量奖评价标准,采用《上海市市长质量奖评价标准》。

第十四条 市长质量奖评价标准根据质量管理理论与实践的发展,可适时进行修订。

第六章 评定办法

第十五条 市长质量奖的评定办法主要包括:

(一)申报。凡符合市长质量奖申报条件的组织和个人,根据自愿的原则,填写《上海市市长质量奖申报表》,按照《上海市市长质量奖评价标准》和填报要求,对本组织或个人的质量工作业绩进行自我评价和说明。

《上海市市长质量奖申报表》及必要的证实性材料,经市有关主管部门、区(县)质量技术监督局或行业主管部门之一签署推荐意见后,报送市质量技监局。

(二)资格审查。市质量技监局对申报组织或个人的基本条件、推荐意见和申报材料进行审查。对通过资格审查的,正式受理其申报。

（三）资料评审。市质量技监局组织评审人员对资格审查合格的组织或个人进行资料评审，并根据资料评审结果，确定进行现场评审的组织或个人名单。

对未进入现场评审的组织或个人，由市质量技监局反馈评审结果。

（四）现场评审。市质量技监局按照确定的现场评审名单成立评审组进行现场评审，并由评审组提出现场评审报告。

（五）综合评价。市质量技监局对评审情况进行综合评价后，提出获奖组织、个人候选名单。

（六）审定公示。市质量技监局组织相关部门、专家组成市长质量奖审定组，听取评审工作报告，审定获奖组织、个人候选名单并通过新闻媒体等向社会公示。市质量技监局综合公示意见，提出获奖组织、个人推荐名单，上报市政府批准。

（七）批准公告。经市政府批准的获奖组织、个人名单，通过新闻媒体等向社会公告。

第七章 表彰及奖励

第十六条 市政府对获市长质量奖的组织和个人进行表彰和奖励，对每个获奖组织和个人颁发奖牌、证书和奖金。

第八章 管理和监督

第十七条 获奖组织和个人应履行向社会公开和推广先进经验和方法的义务。市质量技监局应会同市有关主管部门、各行业协会，通过新闻媒体等，宣传、推广获奖组织和个人的先进经验、成果和方法。

第十八条 获奖组织和个人在宣传活动中提及市长质量奖荣誉的，必须注明获奖年度。

第十九条 组织或个人所提供的申报材料应当真实，严禁弄虚作假。对采取不正当方法获取市长质量奖荣誉的，由市质量技监局报请市政府批准后，取消其荣誉资格，收回奖牌、证书和奖金，并予以通报批评，3 年内不再受理其申请。

第二十条 参与市长质量奖审定工作的有关机构和人员应保守申报组织和个人的商业和技术秘密，严格遵守市长质量奖的管理办法、评定程序细则和评审人员管理细则，做到公正廉洁。对违反规定的机构和人员，将取消其评审资格，并依法追究责任。

促进房地产市场健康发展的意见

房地产业是国民经济的支柱产业,也是经济发展的先导产业。最近一个时期,各地各有关部门认真贯彻国家和省关于扩大内需、促进经济平稳较快增长的决策部署,制定落实促进房地产业发展的政策措施,取得了积极成效。但必须清醒地看到,目前江苏省房地产业特别是房地产市场仍面临不少困难和问题。为进一步促进房地产市场健康发展,根据国务院办公厅《关于促进房地产市场健康发展的若干意见》(国办发[2008]131号)精神,结合江苏省实际,现提出如下意见。

一、加大廉租住房建设力度。

坚持对低收入住房困难群众实行住房保障制度的原则,加大政策支持力度,加快保障性住房建设。加快廉租住房筹集进度,提高从住房市场投资收购廉租住房的比例,鼓励有条件的地区提前完成三年目标任务。各地要认真落实廉租住房保障资金,金融机构要加大对廉租住房投资收购和开发建设的支持力度,对各级住房保障管理部门投资收购廉租住房贷款给予利率优惠。省财政继续安排廉租住房专项补助资金,用于支持经济薄弱地区廉租住房建设,对任务完成好的地区给予适当奖励。

二、加快推进经济适用住房建设。

继续认真落实经济适用住房建设用地优先供应政策和税费减免政策,允许建设单位以在建项目作抵押向商业银行申请开发贷款,各商业银行对该项贷款优先予以保障,利率在基准利率基础上可下浮10%。各地可根据实际适当调整提高购买经济适用住房城市低收入家庭人均收入标准。对不符合廉租住房和经济适用住房供应条件,又无力购买普通商品住房的家庭,各地要从实际出发,采取发展租赁住房等多种方式,因地制宜解决其住房问题。

三、全面实施城市危旧房(棚户区)改造。

把改造危旧房(棚户区)作为改善困难群众居住条件的重要举措,进一步采取措施加以推进。到2010年底,基本完成城市重点片区危旧房(棚户区)拆迁改造任务,使城市危旧房居民的住房质量、小区环境、配套设施明显改善。认真落实城市危旧房(棚户区)改造优惠政策,对城市危旧房(棚户区)改造免收各项行政事业性收费和政府性基金,优先安排危旧房改造中的低收入住房困难家庭购买经济适用住房或租住廉租住房。城市危旧房改造片区的居民购买住房,优先办理住房公积金贷款。

四、鼓励支持普通商品住房消费。

对城市新增人口、新就业人群、拆迁安置户的自住购房需求及其他人群的改善性住房需求,积极给予鼓励支持。调整契税适用税率及标准,契税税率由4%调整为3%,其中个人购买普通商品住房的契税税率暂统一下调到1%。对已贷款购买一套住房但人均面积低于当地平均水平,再申请购买第二套普通自住房的居民，比照执行首次贷款购买普通自住房的优惠政策。进一步放宽住房公积金贷款条件，缴存住房公积金的职工购买自住住房，暂不受面积、价格及贷款次数等限制；购买二手房申请住房公积金贷款的，可享受新房贷款政策。

五、认真落实住房转让相关优惠政策。

进一步减轻购房者的经济负担，活跃商品房和二手房交易市场。对住房转让环节营业税暂定一年实行减免政策。将现行个人购买普通住房超过5年(含5年)转让免征营业税，改为超过2年(含2年)转让免征营业税；将个人购买普通住房不足2年转让的，由按其转让收入全额征收营业税，改为按其转让收入减去购买住房原价的差额征收营业税。将现行个人购买非普通住房超过5年(含5年)转让按其转让收入减去购买住房原价的差额征收营业税，改为超过2年(含2年)转让按其转让收入减去购买住房原价的差额征收营业税；个人购买非普通住房不足2年转让的，仍按其转让收入全额征收营业税。对个人销售或购买住房暂免征收印花税，对个人销售住房暂免征收土地增值税。

六、合理调整商品住房供应结构。

根据住房实际需求和住房建设规划，科学确定年度住房建设规模、各类住房建设比例及项目布局。积极调整住房供应结构，通过信贷、税收、土地政策和行政措施等，积极引导支持开发企业建设中小户型、中低价位普通商品住房，增加其市场供应数量。科学合理地确定土地供应总量、结构、布局和时序，保证房地产开发用地供应的持续和稳定。进一步完善普通商品住房价格管理，暂停执行核价要求，普通商品住房认定标准主要以容积率和套型面积为依据。

七、调整完善拆迁补偿安置政策。

坚持住房市场化基本方向，进一步健全市场化拆迁评估体系，全面建立以市场交易价格为参照系的拆迁评估制度。在充分尊重被拆迁群众安置方式选择权的基础上，通过阶段性增加货币化补偿安置奖励等政策，引导被拆迁群众选择货币化补偿安置。商品住房市场供应比较充足、安置房尚未开工建设以及超期过渡被拆迁户较多的城市，可通过市场招标采购普通商品住房，用于安置被拆迁家庭。

八、支持房地产开发企业的合理融资需求。

保持合理的房地产开发投资规模，推动房地产市场持续发展。积极争取开展房地产信托投资基金试点，拓宽房地产企业融资渠道。加大对中低价位、中小套型普通商品住房建设特别是在建项目的信贷支持，对有实力有信誉的房地产开发企业兼并重组提供融资和相关金融服务。对资金困难的在建项目，在保障资金安全前提下，可采取特殊信贷政策和措施，保障项目按期建成。

九、切实改善对房地产开发企业的服务。

有针对性地制定政策措施，协调解决房地产开发企业遇到的困难，为房地产开发企业发展创造良好环境。引导房地产开发企业积极应对市场变化，主动采取措施，以合理的价格促进商品住房销售。对资金确有困难的开发企业，各类建设规费上交时间可适当延期。指导帮助企业根据市场变化调整项目规划设计。加大对各类涉房企业经营和服务收费的清理力度，规范垄断企业服务收费行为，降低房地产企业经营成本。

十、进一步加强对房地产市场的监测和管理。

加大信息沟通和协调配合力度,完善房地产市场监测分析和动态报告制度,加强市场研判,准确把握市场走势,及时发现市场运行中的新情况新问题,提高调控措施的预见性、针对性和有效性。密切关注市场变化,认真组织开展房地产市场风险排查,研究制定风险防范预案,切实做好风险防范和处置工作。进一步加强对商品房预销售、预售款使用、项目建设和交付等房地产开发经营环节的监管,预防和减少因市场变化带来的矛盾和纠纷。坚持正确的舆论导向,大力宣传中央出台的各项政策措施及其成效,着力稳定市场信心,同时要加强市场经济条件下风险意识的宣传和教育工作。

各市、县人民政府要认真落实稳定房地产市场的职责,根据国家部署和本意见精神,结合实际制定具体政策措施,促进房地产市场健康发展。

促进国际服务外包产业加快发展的若干政策措施

为加快发展国际服务外包产业，不断扩大现代服务业规模，努力促进江苏服务业又好又快发展，特制定如下政策：

一、支持国际服务外包企业做大做强

1. 对经有权部门认定的国际服务外包企业所得税税负高于15%的部分，由省、市、县人民政府给予奖励。

2. 支持成长型国际服务外包企业加快发展，对当年向境外客户提供国际服务外包业务收入在100－1 000万美元之间、增幅超过30%且排名全省前20位的企业，由省、市、县人民政府给予总额为50－100万元的分档奖励。

3. 加大对省国际服务外包重点骨干企业的扶持力度，对当年向境外客户提供国际服务外包业务收入超过1 000万美元的，由省、市、县人民政府给予总额为100－200万元的分档奖励。

4. 鼓励发展基地型、龙头型国际服务外包企业，对新设立或并购重组的从事国际服务外包业务的跨国公司地区总部和国内大企业集团总部，由省、市、县人民政府根据其当年贡献的财力给予奖励。

5. 由省有权部门认定为高新技术企业、软件企业的国际服务外包企业，享受高新技术企业和软件企业有关优惠政策。

6. 对承接中国境内跨国公司和国内百强企业服务外包业务的企业，经有权部门核实后可享受国际服务外包企业有关优惠政策。

二、扶持国际服务外包公共平台建设

7. 支持省级国际服务外包基地城市和示范区公共服务平台、公共技术平台、公共培训平台和公益性基础设施等建设，凡经认定的省级国际服务外包基地城市和示范区分别一次性给予500万元和200万元的奖励。

8. 对于国家级国际服务外包基地城市和示范区，根据国家有关部门给予的资金支持，省级财政按照1∶1的比例安排地方配套扶持资金（国家补助标准低于省级奖励标准的，按省级标准执行），支持其公共服务平台、公共技术平台、公共培训平台和公益性基础设施等建设。

9. 对国家级和省级国际服务外包基地城市和示范区建设公共平台和公益性基础设施发生的贷款利息，由省财政补助50%。

三、鼓励国际服务外包企业积极开拓市场

10. 以省政府名义在境内外开展的国际服务外包商务会展活动，其公共费用由省财政承担。

11. 对国际服务外包企业发生的国际通信专线费用三年内由省财政给予30%的补贴，每年补贴

金额不超过30万元。

12. 鼓励服务外包企业申请相关的国际资质认证,对其认证维护费由省财政给予一次性补助15万元。

四、支持国际服务外包企业加强知识产权保护和创新能力建设

13. 积极支持国际服务外包企业加强知识产权保护和自主创新,在全省科技项目年度安排中重点加以扶持。

14. 鼓励国际服务外包企业在境外设立科研机构、研发中心和接单中心,对在境外投资设立的单个项目投资额10万美元以上的,由省财政按实际投资额的5%给予补助,单个项目补助不超过100万元。

15. 鼓励国际服务外包企业培育自主知识产权。对国际服务外包企业申请发明专利(含中国、国外)所需申请费、实审费给予全额补贴,其中省财政承担50%,其余由市、县财政承担。

五、加大国际服务外包人才培养力度

16. 对经有权部门认定的国际服务外包人才培训基地开展的国际服务外包人才培训,按培训合格人数和就业情况由省财政给予每人不超过5 000元标准的补贴。

17. 对国际服务外包企业境外客户主要接单人和信息技术外包的技术领军人员,个人所得税扣除标准低于外籍人员而承担的税收支出,由当地政府给予补助。

18. 对国际服务外包企业选送知识产权工程师参加省级部门培训所需费用,由省财政给予适当补贴。鼓励国际服务外包企业选送高端人才赴境外实训。

六、营造国际服务外包发展良好环境

19. 鼓励国际服务外包企业通过资产重组、收购、兼并和境内外上市加速扩张,培育一批大型国际化服务外包企业。扩大省级信用担保资金规模,为国际服务外包企业提供各种形式的贷款担保;推动各类贷款担保机构向国际服务外包企业倾斜。

20. 经省劳动保障部门批准,参照国家在苏州工业园区的试点办法,国际服务外包企业部分岗位可实行不定时工作制或综合计算工时工作制。

21. 加大对国际服务外包企业用地支持力度,各地在安排土地利用年度计划时对国际服务外包项目用地要予以优先安排。

22. 加大国际服务外包服务中心和行业协会的建设。对设立国际服务外包企业服务中心并具备实际服务功能的,由省财政一次性给予50万元资助;对成立的省国际服务外包企业协会,由省财政一次性补助30万元开办费。

23. 建立省对市县人民政府的考核激励机制,建立和完善国际服务外包统计制度。省将对各市县国际服务外包发展情况进行考核,每年对国际服务外包发展较快的市县进行奖励表彰。

关于加快创业投资发展的若干意见

为加快构建具有江苏特色的创业投资体系，努力增强江苏省自主创新能力，进一步促进经济结构调整和产业升级，提高全省经济综合竞争能力，根据《国家中长期科学和技术发展规划纲要(2006-2020年)》(国发[2006]6号)、《创业投资企业管理暂行办法》(国家发展改革委令第39号)和省委、省政府《关于加快推进金融业改革发展的意见》(苏发[2007]3号)等规章和文件精神，现就加快江苏省创业投资发展提出以下意见：

一、充分认识加快创业投资发展的重要意义

(一)创业投资是指向具有高成长潜力的未上市创业企业，特别是中小创新型企业进行权益性投资，并为之提供创业管理服务，以期所投资企业发育成熟或相对成熟后主要通过权益转让获得资本增值收益的一种投资行为。

(二)加快发展创业投资，是提高自主创新能力的一项关键措施，是扩大直接融资规模的有效途径，也是推进中小企业发展的助推器。作为新兴产业，创业投资属于一种高端服务业，是加快转变经济发展方式的重要引擎，是缓解企业创业难、融资难、发展难的重要手段，是对现有金融体系的补充和完善。加快创业投资发展是保持江苏省在全国率先发展、创新发展的客观需要。

二、明确加快发展创业投资的指导思想和目标任务

(三)指导思想：以科学发展观为统领，以推进创新创业、建设创新型省份为目标，优化创业投资发展环境，建立健全创业投资体系，引导社会资本参与创业投资，鼓励壮大创业投资资本规模，切实发挥创业投资在加快转变经济发展方式中的推动作用。

(四)基本原则：一是政府引导，市场运作。发挥政府的政策扶持和资金引导作用，创新创业投资管理模式，完善创业投资运行机制。二是整合资源，协同推进。加强各部门、各地区交流合作，实现资源共享，共同推进创业投资体系建设。三是依法监管，规范发展。建立符合创业投资特点的监管制度，做好创业投资企业备案管理工作。

(五)主要目标：通过政府、企业及社会的共同努力，争取把江苏建设成为创业投资规模最大、活力最强、环境最好的省份之一，形成“政府创业资本为引导，社会创业资本为主体，境外创业资本为补充”的多元化格局。到“十一五”末，全省创业投资机构达到200家左右，其中各县、国家级开发区及有条件的省级开发园区至少有1家以上创业投资机构；创业投资注册资本规模争取达到300亿元；促进1 000家中小创新型企业成长壮大。

三、努力扩大创业投资规模

(六)拓宽创业投资资本来源渠道。鼓励境内外各类企业、社会团体及自然人在江苏省设立创业投资企业，鼓励境内外创业投资企业来江苏省设立分支机构；大力吸引境内外股权投资基金、创业投

资基金、社保基金、证券公司、保险公司、信托投资公司等投资机构在江苏省依法开展创业投资业务;支持具有一定规模的创业投资企业开展融资创新,通过发行企业债券等方式增强投融资能力,努力形成多元化的创业投资资本来源渠道。

(七)规范设立创业投资企业。创业投资机构可以采取有限责任公司、股份有限公司、合伙制以及法律规定的其他企业组织形式设立。境内资金在江苏省申请设立创业投资企业和创业投资管理公司,依法到工商行政管理部门注册登记。外商投资设立创业投资机构,按照《外商投资创业投资企业管理规定》(商务部等五部局令2003年第2号)办理注册登记。

(八)大力发展创业投资管理机构。鼓励和支持创业投资管理机构建立健全内部激励机制和风险约束机制,加快创业投资管理的专业化步伐,提高创业投资管理机构及管理团队水平。在江苏培育出一批具有较强管理能力、资金募集能力和较好业绩的创业投资专业管理机构,做强做优江苏创业投资管理机构品牌。

(九)加快培育优质创业投资项目源。充分利用江苏省高等院校、科研机构众多的有利条件,鼓励组建科研生产联合体,开展项目合作,为创业投资提供丰富的项目源。围绕高新技术产业开发园区、科技创业园区、特色产业园区、服务业集聚区等,培育壮大一批创新型创业企业。对创业投资企业参股投资的高成长中小科技型企业承担的科技项目,省各有关部门应优先列入江苏省各类计划项目予以支持。鼓励各类创业投资机构对发展前景好、吸纳就业多以及运用新技术、新业态的中小服务企业进行资本投入。

四、加大对创业投资的政策扶持

(十)设立政策性创业投资引导基金。根据国务院办公厅转发发展改革委等部门《关于创业投资引导基金规范设立与运作指导意见》的通知(国办发[2008]116号)精神,设立省级政策性创业投资引导基金,地市级以上人民政府有关部门可以根据创业投资发展的需要和财力状况设立引导基金。通过参股、提供融资担保、跟进投资或其他方式支持创业投资企业的设立和发展,发挥政府资金的杠杆放大效应,大力吸引一流创业管理团队,带动更多的社会资本投向政府鼓励项目和符合国家产业政策的领域。省级政策性创业投资引导基金管理办法由财政部门和负责推进创业投资发展的有关部门共同研究提出。

(十一)加大创业投资税收扶持力度。符合财政部、国家税务总局《关于促进创业投资企业发展有关税收政策的通知》(财税[2007]31号)规定的创业投资企业,采取股权投资方式投资于未上市中小高新技术企业2年以上(含2年),可以按照其对中小高新技术企业投资额的70%,抵扣该创业投资企业的应纳税所得额。当年不足抵扣的,可在以后纳税年度结转抵扣。在江苏省注册符合国家颁布的《高新技术企业认定管理办法》规定条件的创业投资机构,可认定为高新技术企业,按相关规定享受高新技术企业的税收优惠。对以有限合伙形式设立的创业投资企业和创业投资管理企业的经营所得和其他所得,由合伙人分别缴纳所得税,并给予税收优惠政策扶持。具体办法另行制定。

(十二)建立创业投资风险补偿机制。各级政府可设立创业投资风险补偿资金,对创业投资企业投资于种子期、初创期的项目,在发生全额损失或所投企业破产清算时,经认定可按创业投资企业投资额的一定比例给予补偿。省财政对实收资本达到5 000万元以上、实际投资于科技型创业项目的创业投资企业,按实际投资额的3%给予风险补助,补助额最高不超过300万元。允许经备案的创业投资企业按不高于实际投资额1%的比例提取风险补偿金,提高创投企业的抗风险能力。外省创业投资机构在江苏省进行的创业投资业务,可比照享受此政策。

(十三)建立创业投资管理团队激励机制。鼓励创业投资机构允许资本、技术、管理等生产要素参与收益分配,鼓励不同类型的创业投资机构采取期股、期权、奖励等多种收益分配方式。创业投资机构的高级管理人才可比照享受省对高层次创新创业人才的有关激励政策和各市县对高级金融人才的优惠政策。培养和引进创业投资高级人才纳入江苏省六大人才高峰行动计划，并享受有关优惠政策。

五、完善创业投资管理和服务体系

（十四）加强对创业投资工作的组织领导。建立省创业投资工作部门联席会议制度，由省发展改革委牵头，省财政、税务、科技、工商、金融办、国资委等相关部门参加，研究协调创业投资工作中的重大问题。省各有关部门和单位要结合自身职能，密切配合，加快制定完善江苏省促进创业投资发展的配套政策。

（十五）为创业投资发展创造良好环境。各级政府要加强服务，认真培育创业投资项目，积极开展创业投资项目推介活动。省市重大招商引资活动、项目对接活动应邀请创业投资企业参加，积极协助解决创业投资企业所投项目在推进上市、并购重组和企业发展中遇到的困难。要加大创业投资宣传力度，努力营造有利于创业投资发展的良好环境。

（十六）做好创业投资企业备案管理工作。创业投资企业在工商行政管理部门注册登记后，实收资本达到3 000万元人民币，或者首期实收资本达到1 000万元人民币，且公司全体投资者承诺在注册后的5 年内补足不低于3 000万元人民币实收资本的，可按相关规定申请备案。经过备案并符合条件的创业投资企业可享受国家和江苏省相关扶持政策，同时接受备案管理部门的监督。省发展改革委负责江苏省创业投资企业的备案管理、年度检查和监管工作。

（十七）完善创业投资的退出机制。创业投资企业可以通过股权上市转让、股权协议转让、管理层回购等多种途径，实现投资退出。鼓励金融机构、上市公司、股权投资基金或其他投资公司依法参与对创业企业的购并活动。加快建设统一的区域性产权交易市场，促进非上市公司股权转让交易，畅通省际之间要素流动，为企业并购重组、股权交易、创业投资退出等提供更广阔的通道。

（十八）加强创业投资行业协作。充分发挥省创业投资协会作用，加强行业协作，逐步形成创业投资的行业自律机制，促进江苏省创业投资行业健康发展。具备条件的市县应设立创业投资协会。

（十九）健全中介服务体系。建立创业投资综合性服务平台，实现创业投资企业和创业企业的信息互动，缓解创业投资企业找项目难，中小企业融资难的问题。鼓励中介服务机构从事创业投资相关业务，支持中介服务机构为创业投资提供技术信息、市场预测、项目评估等服务，逐步建立创业投资所需的社会化服务体系。

（二十）加强创业投资人才队伍建设。加强创业投资人员与国外富有经验的创业投资专家的合作与交流，加大创业投资人才的培养、引进和使用力度。对熟悉资本运作、拥有行业背景、精通现代管理投身于江苏省创业投资行业的人才给予适当奖励和税收优惠。通过在江苏省有条件的高等院校开设创业投资专业课程以及与国外知名院校合作办学等多种形式，加强人才队伍的培养。

二　江苏省政府相关文件

江苏省关于解决城市低收入家庭住房困难的实施意见

住房问题是重要的民生问题。建立健全城市住房保障制度,着力解决城市低收入家庭住房困难,是政府履行公共服务职能的一项重要任务,对于全面建设小康社会、维护社会和谐稳定具有重要意义。近年来,江苏省各级各有关部门认真贯彻落实国家房地产市场调控政策,不断加强和改善住房保障工作,城市居民住房条件得到较大改善。但城市住房保障体系不健全,政策制度不完善,实施机制还没有真正建立,部分城市低收入家庭和一些特殊困难群体的住房问题没有得到很好地解决。根据《国务院关于解决城市低收入家庭住房困难的若干意见》(国发[2007]24 号)要求,结合江苏省实际,现就加快解决江苏省城市低收入家庭和其他困难群体住房困难问题提出以下意见。

一、明确指导思想、目标任务和基本原则

(一)指导思想。以党的十七大精神为指导,深入贯彻科学发展观,按照"全面达小康、建设新江苏"和省委十一届三次全会的要求,把解决城市(包括县城)低收入家庭和其他困难群体的住房困难作为改善民生的重要工作,作为住房制度改革的重要内容,作为政府公共服务的重要职责,以满足城市低收入家庭和其他困难群体基本居住需求为目标,健全廉租住房制度,改进和规范经济适用住房制度,规范和发展住房租赁市场,大力推进危旧房改造和旧住宅区综合整治,加快建立健全以廉租住房制度为重点、多渠道解决城市低收入家庭和其他困难群体住房困难的政策体系。

(二)目标任务。2008 年底,对人均建筑面积 15 平方米及以下、申请廉租住房租赁补贴的城市低保家庭实现应保尽保,并将廉租住房保障对象扩大到城市低收入家庭;2009 年底,城市低保无房家庭实现廉租住房实物配租;2010 年底,城市人均建筑面积 10 平方米以下的低保家庭全部实行廉租住房实物配租。2008 年至 2010 年,三年建设廉租住房 3. 6 万套,经济适用住房 15 万套以上,基本完成重点片区危旧房改造和旧住宅区综合整治任务,使低保家庭住得上廉租住房,低收入家庭住得起经济适用住房,新就业人员租得起住房,基本实现党的十七大提出的"住有所居"目标要求。

(三)基本原则。解决城市低收入家庭和其他困难群体住房困难,要坚持立足国情省情,满足基本住房需要;坚持统筹规划,分步实施解决;坚持政府主导,社会积极参与;坚持统一政策,因地制宜确定具体实施办法;坚持分级负责,严格检查考核、抓好落实。

二、建立健全城市廉租住房制度

(四)合理确定低收入家庭收入标准。城市廉租住房制度是解决城市低收入家庭住房困难的主要途径,也是建立住房保障制度的重点。城市低收入家庭收入标准,由城市人民政府按照当地人均可支配收入的一定比例,结合经济发展水平和住房价格水平确定,使绝大多数依靠自身无法解决住

房问题的城市困难家庭能够得到政府扶助。各地确定低收入家庭收入标准,原则上要覆盖20%以上的城市家庭。

(五)科学制定住房困难标准和保障面积标准。要按照国家要求,结合城市人均居住状况和财政承受能力,逐步提高住房困难标准和保障面积标准。苏南和苏中地区城市低收入家庭住房困难标准为人均建筑面积不低于15平方米;苏北城市2008年低保住房困难标准为人均建筑面积不低于15平方米,其他低收入家庭人均建筑面积不低于12平方米,2010年人均建筑面积不低于15平方米。城市人民政府制定的廉租住房保障面积标准,要能够满足基本居住需要和有效保障的要求,与实物配租标准、市场住房供应情况相协调,使享受廉租住房租赁补贴的低收入住房困难家庭能够租到与廉租住房保障面积标准相一致的住房。各市、县(市)人民政府制定的住房保障对象收入标准、住房困难标准和廉租住房保障面积标准实行动态管理,每年向社会公布一次。

(六)不断完善廉租住房保障方式。城市廉租住房保障实行货币补贴和实物配租等方式,主要通过发放租赁补贴,增强低收入家庭在市场上承租住房的能力。低收入住房困难家庭每平方米租赁补贴标准,由市、县(市)人民政府根据当地经济发展水平、市场平均租金、保障对象的经济承受能力等综合确定。其中,对符合条件的城市低保家庭,按当地廉租住房保障面积标准和市场平均租金给予补贴;对租住公有住房的城市低收入家庭,可以参照廉租住房保障面积标准,继续采用租金核减的方式予以保障。各级住房保障主管部门要积极为低收入住房困难家庭提供可租赁的房源信息,使其租到合适住房。

(七)多渠道增加廉租住房房源。要通过政府新建、收购、改建、置换以及社会捐赠等多种途径,增加廉租住房供应,逐步提高实物配租的数量。新建、收购廉租住房,要考虑低收入家庭分布,方便低收入家庭成员工作生活。要加大廉租住房配建力度,在经济适用住房以及普通商品住房小区中配建廉租住房,套型建筑面积控制在50平方米之内,配建比例和套数由各地根据住房保障工作规划和实际需要确定。配套廉租住房的具体要求,由住房保障主管部门提出,在用地规划和土地出让条件中予以明确,建成后由政府收回或回购,产权归政府所有。实物配租廉租住房实行轮候制度,优先考虑城市低保无房家庭和孤、老、病、残等特殊困难家庭以及其他急需救助的住房困难家庭。

(八)落实廉租住房保障资金来源。要根据解决城市低收入家庭住房困难规划和年度计划,落实廉租住房保障资金。各级财政要将廉租住房保障资金纳入年度预算,逐年增加安排。住房公积金增值收益在提取贷款风险准备金和管理费用后,全部用于廉租住房建设。各省辖市每年要对市、县住房公积金增值收益用于廉租住房建设的资金分别核算,属各县(市)的资金应及时结算并核拨给县(市)。土地出让净收益用于廉租住房保障资金的比例不得低于10%,各地可根据情况适当提高比例,并可按照出让宗地进行核算提取。不能保证及时计提的市、县,可比照从土地出让金中计提农业土地开发资金的办法执行。廉租住房保障资金实行专项管理、分帐核算、专款专用,只能用于廉租住房保障开支,不得用于其他开支。各市县财政部门每年要向社会公布廉租住房保障资金的筹集、安排、使用和管理情况,接受公众监督。对部分财政困难地区,省财政安排专项补助资金给予支持。

三、改进和规范经济适用住房制度

(九)规范经济适用住房供应对象。经济适用住房供应对象为城市低收入住房困难家庭,并与廉租住房保障对象相衔接。经济适用住房供应对象的家庭收入标准和住房困难标准,由城市人民政府确定,实行动态管理,每年向社会公布一次。申购经济适用住房实行申请、审核、公示和轮候制度,低收入住房困难家庭要求购买经济适用住房的,由该家庭提出申请,住房保障主管部门按规定程序进行审查,对符合标准的纳入供应对象范围。经济适用住房供应对象中未享受过房改政策的老职工(1998年11月30日以前参加工作),可以优先购买经济适用住房。已享受过福利分房或购买过经济适用住房的家庭,不得再申购经济适用住房。

(十)合理确定经济适用住房建设标准。经济适用住房套型建筑面积标准根据经济发展水平和群众生活水平合理确定,建筑面积控制在60平方米左右。按照“经济、实用、美观”的要求,设计建设经济适用住房,加强建设管理,确保工程质量。经济适用住房可以由住房保障实施机构组织建设,也可以采用市场化的方式委托开发企业建设。要严格控制经济适用住房开发建设成本,对不符合成本构成项目和支出的不得纳入建设成本。经济适用住房价格实行政府指导价管理,按保本微利原则确定。各地经济适用住房年度建设规模和套数,由市、县(市)人民政府根据城市低收入住房困难家庭实际购买需求确定。房价较高、低收入家庭住房矛盾突出的城市,要增加经济适用住房供应。

(十一)严格经济适用住房上市交易管理。经济适用住房属于政策性住房,购房人拥有有限产权。已购经济适用住房取得《房屋所有权证》和《国有土地使用证》(以下简称“两证”)未满5年的不得转让,确需转让的,由住房保障主管部门按原价格并考虑折旧和物价水平等因素进行回购。取得“两证”满5年的经济适用住房,购房人可以转让,但应按照届时同地段普通商品住房与经济适用住房差价的一定比例向政府交纳土地收益等价款,具体交纳比例由城市人民政府确定,政府可优先回购;购房人向政府交纳土地收益等价款后,可以取得完全产权。上述规定应在经济适用住房购房合同中予以明确。政府回购的经济适用住房,可以继续向符合条件的低收入住房困难家庭出售,也可以纳入城市廉租住房进行管理。

(十二)加强单位集资合作建房管理。单位集资合作建房只能由距离城区较远的独立工矿企业、农(林)场和住房困难户较多的企业,在符合城市规划前提下,经城市人民政府批准,并利用自用土地组织实施。单位集资合作建房纳入当地经济适用住房供应计划,其建设标准、供应对象、产权关系等均按照经济适用住房的有关规定执行。在优先满足本单位住房困难职工购买基础上,多余房源由城市人民政府统一向符合经济适用住房购买条件的家庭出售,或以成本价收购后用作廉租住房。各级党政机关一律不得搞单位集资合作建房。任何单位不得新征用或新购买土地搞集资合作建房。单位集资合作建房不得向非经济适用住房供应对象出售。

四、着力改善其他困难群体的居住条件

(十三)加快城市危旧房(棚户区)改造。对集中成片的危旧房(棚户区),城市人民政府要制定改造计划,积极实施改造。危旧房(棚户区)改造要符合以下要求:困难住户的住房得到妥善解决;住房质量、小区环境、配套设施明显改善;困难家庭的住房负担控制在合理水平。

(十四)继续实施旧住宅区出新综合整治工程。按照政府组织、居民参与的原则,积极进行旧住宅区房屋维修养护、配套设施完善、环境整治和建筑节能改造,全面整治出新。对街道社区积极性较高、整治范围内违章建筑拆除较好、长效管理机制落实到位的旧小区,要优先安排开展整治出新工程建设。

(十五)多渠道改善农民工居住条件。用工单位要向农民工提供符合基本卫生和安全条件的居住场所。在农民工集中的开发区和工业园区,以及在进行城中村改造时,要考虑农民工的居住需要,按照集约、节约用地的要求,在符合城市规划和土地利用总体规划的前提下,集中建设向农民工出租的集体宿舍,但不得按商品住房出售。有条件的地方,可以比照经济适用住房建设的相关优惠政策,实行政府引导、市场运作,建设符合农民工特点、生活设施配套的公寓性住房,以成本加合理利润的原则,确定指导性租金标准向农民工出租。

(十六)积极解决新就业人员住房问题。认真落实就业人员住房补贴和住房公积金政策,新就业人员住房补贴按月随工资一起发放,允许新就业人员提取住房公积金支付个人住房租金。各级房产管理部门应积极为新就业人员提供住房租赁服务。按照政府主导、社会参与的原则,采取配建和集

中建设相结合的方式，建设一定数量的租赁型经济适用住房，以合理的租赁价格提供给具备条件的新就业人员租住。强化用人单位责任，用人单位应帮助新就业人员解决住房困难。

（十七）加大限价商品住房建设力度。各地应根据当地经济发展状况和居民住房条件，通过限定销售价格、限定套型面积、限定建设标准、限定供应对象、限定转让交易时间、竞出让地价的方式，建设一定数量的中低价位限价商品住房。限价商品住房按照普通商品住房进行建设，套型面积标准严格控制在 90 平方米以下，供应对象为城镇无房或人均住房面积较小的中等、中低收入家庭，一定时间内不得上市转让。

五、制定落实住房保障配套政策

（十八）落实建设用地和经济政策。廉租住房、经济适用住房建设用地实行行政划拨方式供应。要优先安排廉租住房、经济适用住房、限价商品住房和 90 平方米以下中低价位中小套型普通商品住房建设用地，其中廉租住房、经济适用住房建设用地要单独列出。每年 1 月 15 日前，市、县国土资源管理部门应将上年度土地供应计划的实施情况和当年度土地供应计划报省国土资源管理部门备案。依法报国务院和省政府批准的城市新增建设用地中涉及的住宅用地，必须单独列出，其中廉租住房、经济适用住房、限价商品住房和 90 平方米以下中小套型普通商品住房用地不得低于申报住宅用地总量的 70%，不符合要求的不予批准。对廉租住房和经济适用住房建设、危旧房改造、旧住宅区整治，一律免收城市基础设施配套费等各种行政事业性收费和政府性基金。对政府或经批准的房地产开发企业销售经济适用住房暂免征收营业税。鼓励社会各界向政府捐赠廉租住房，社会各界通过公益性社会团体或者县级以上人民政府及其部门捐赠廉租住房房源的，执行公益性捐赠税收扣除的有关政策。

（十九）规范发展城市住房租赁市场。要制定实施扶持政策，鼓励房地产开发企业等民间机构开发建设租赁性住房，扩大住房租赁市场。加强对房屋租赁市场规范管理，认真解决影响住房租赁市场发展的问题，鼓励城镇居民出租经营现有闲置住房。引导城市居民树立科学合理的住房消费观念，提倡适度、分层次、有差别的住房消费，鼓励和引导城市低收入住房困难家庭租房居住。

（二十）完善和落实相关配套政策。省有关部门要按照职责分工，尽快制定落实各项配套政策。省建设厅会同省发展改革委、财政厅、国土资源厅、民政厅、物价局等有关部门，抓紧完善江苏省廉租住房保障办法、经济适用住房管理办法，制定限价商品住房管理办法、危旧房改造管理办法以及改善农民工居住条件的指导意见。省民政厅会同省建设厅、财政厅等有关部门，抓紧制定江苏省低收入家庭资格认定办法。省国土资源厅会同省建设厅、发展改革委等有关部门，抓紧制定廉租住房和经济适用住房建设用地管理办法。人民银行南京分行会同省建设厅、财政厅等有关部门，抓紧研究提出对廉租住房和经济适用住房建设的金融支持意见。

六、切实加强对住房保障工作的组织领导

（二十一）制定住房保障发展规划和年度计划。各市、县人民政府要认真组织开展低收入家庭住房状况调查，建立低收入住房困难家庭住房档案，制订解决城市低收入家庭住房困难的工作目标、发展规划和年度计划，纳入当地经济社会发展规划和住房建设规划，并向社会公布。住房保障发展规划要明确今后每年廉租住房和经济适用住房的建设数量、建设用地、解决户数和需要的资金数额。住房保障发展规划是省政府考核市、县（市）人民政府住房保障工作的重要内容和依据。各市、县（市）“十一五”期间的住房保障发展规划、年度实施计划报省建设厅备案。

（二十二）强化住房保障工作动态管理。要规范廉租住房保障和经济适用住房供应管理，建立健全申请、审核、公示和轮候办法。引入社会诚信机制，建立个人诚信申报、要约审核、街道（社区）评

议、媒体公示制度,实行收入、资产、居住面积三重审查,完善轮候制度,健全退出机制。要严肃纪律,坚决查处弄虚作假等违纪违规行为,确保各项政策公开、公平、公正实施。

(二十三)建立健全住房保障工作机制。各市、县人民政府要把解决城市低收入家庭住房困难摆上重要议事日程,进一步明确住房保障管理机构,落实住房保障工作具体实施机构,配备必要工作人员,负责廉租住房和经济适用住房等住房保障制度的具体实施工作,并保证必要的工作经费。

(二十四)实行目标责任制管理。认真落实"省级负总责,市县抓落实"工作要求。从2008年起,省政府对市县人民政府解决城市低收入家庭住房困难工作实行目标管理。根据省政府确定的年度廉租住房、经济适用住房建设任务,由省建设厅会同省发展改革委、财政厅、国土资源厅、民政厅等部门分解下达各地。省建设厅会同省有关部门,对各市县目标任务完成情况进行监督检查。对工作不落实、措施不到位的,要通报批评、限期整改,并追究有关领导责任。对在解决城市低收入家庭住房困难工作中以权谋私、玩忽职守的,要依法依规追究有关责任人的行政和法律责任。各市、县人民政府每年在向人民代表大会所作的《政府工作报告》中,要报告解决城市低收入家庭住房困难年度计划完成情况,接受人大代表监督。

(二十五)继续抓好房地产市场各项调控政策措施的落实。各级各有关部门要深入贯彻落实国务院、省政府关于房地产市场各项调控政策措施,促进房地产市场健康发展。要加大住房供应结构调整力度,认真落实《国务院办公厅转发建设部等部门关于调整住房供应结构稳定住房价格意见的通知》(国办发[2006]37号),重点发展中低价位、中小套型普通商品住房,增加住房有效供应。城市新审批、新开工的住房建设,套型建筑面积90平方米以下所占比重,必须达到年度开发建设总面积的70%以上。要加大住房需求调节力度,引导合理住房消费,建立符合国情、省情的住房建设和消费模式。加强房地产市场监管,坚决整治房地产开发、交易、中介服务、物业管理及房屋拆迁中的违法违规行为,维护人民群众合法权益。强化房地产价格监管,抑制房地产价格过快上涨,保持合理的价格水平,引导房地产市场健康发展。

(二十六)加强住房保障工作的领导。为加强对解决城市低收入家庭住房困难工作的领导,省政府决定成立省城市住房与房地产工作领导小组,负责研究提出解决城市低收入家庭住房困难的有关政策,完善城市住房制度和政策体系,调控房地产市场以及促进房地产业发展,协调解决工作实施中的重大问题。领导小组办公室设在省建设厅,负责日常工作。各地也要建立健全相应机构,加强对城市住房工作的领导,建立健全组织协调机制,确保各项政策措施落到实处。

关于进一步加大农业和粮食生产政策扶持力度的通知

根据国务院新出台的扶持农业和粮食生产十项政策,结合江苏实际,省政府决定,在年初已确定的各项支农政策基础上,进一步加大农业和粮食生产政策扶持力度,调动广大农民群众生产积极性。现就有关事项通知如下。

一、提高农资综合补贴标准。

农资综合补贴由2007年的每亩粮食种植面积30元提高到62元。

二、扩大水稻、小麦良种补贴。

水稻良种补贴实行全覆盖,补贴标准由每亩8元增加到15元。小麦良种补贴规模扩大到1 700万亩,仍按每亩10元进行补贴。油菜、棉花良种补贴办法不变。

三、推进粮食高产技术普及化。

积极开展粮食高产增效创建活动,大力推广"统一供种、统一育秧、统一机插(机播)、统一病虫防治、统一肥水管理"专业化服务,建设35个粮食高产创建万亩示范区和300个千亩展示片。对示范区、展示片专业化服务每亩分别补贴40元、20元。

四、全面实行粮食最低收购价政策。

认真贯彻落实国家粮食最低收购价政策,提高小麦、稻谷最低收购价。白小麦最低收购价每斤0.77元,红小麦和混合小麦每斤0.72元。粳稻最低收购价每斤0.82元。

五、加大农业基础设施投入力度。

加强农田水利等基础设施建设,增强农业抵御自然风险能力。增加小型农田水利建设经费1.3亿元,用于节水灌溉、渠系改造等。增加大型灌区改造经费7 000万元,用于改善灌排条件。省财政安排2 000万元,用于国家商品粮基地和油菜基地建设配套。

六、增加基层动物防疫工作经费补助。

省财政在年初安排2 000万元基础上,再增加2 000万元(含中央追加的1 000万元),用于基层动物防疫人员经费补助。各市县财政要相应增加基层动物防疫工作经费补助,调动基层防疫人员积极性,确保动物防疫工作正常开展。

七、实施后备母牛补贴政策。

根据国家要求,全面实施后备母牛补贴政策,每头补贴500元。对苏南、苏中、苏北地区分别补助20%、40%、60%。

八、落实鲜活农产品“绿色通道”政策。

对在“一纵二横”高速公路(京福高速公路徐州东绕城段、连徐高速公路、沪宁高速公路江苏段)上运输鲜活农产品的车辆,继续免收通行费(无需凭“绿色通道”通行证)。认真贯彻省内农产品“绿色通道”政策,对农民运输鲜活农产品或省级以上农业龙头企业运输自产农产品及其加工品的车辆,凭“绿色通道”通行证免收普通公路通行费。

九、推进耕地质量建设。

省财政安排4 800万元,用于测土配方施肥,全省测土配方施肥面积扩大到5 200万亩。省财政安排4 500万元,用于有机肥推广补贴。省财政安排1 200万元,用于绿肥种植补贴。各市、县也要相应增加耕地质量建设投入。

十、加强农资市场调控。

认真落实化肥生产优惠电价政策,增加化肥生产。千方百计组织化肥、农药、柴油等农用物资货源,增加库存储备,保证农业生产需要。加强农业生产资料价格监管,严格控制化肥出厂价,防止农资价格过快上涨。全面开展“农资打假”专项行动,严厉打击制假售假等坑农害农行为,确保农民用上放心化肥、农药、种子。

十一、强化农产品产销衔接。

加强农产品市场监测和价格管理,保证主要农产品市场供应和价格基本稳定。全面落实粮食、食用油、猪肉储备任务,完善吞吐调节机制,增强市场调控能力。积极组织农民专业合作组织、农业龙头企业、大型农产品批发市场与重点生产基地进行对接,帮助生产基地销售产品,保障主要农产品供给不断档不脱销,价格不大起不大落。

十二、加大金融支农力度。

对农村信用社等金融机构支农贷款规模控制实行特别安排,落实存款差别准备金利率,增加农业贷款规模。积极发放农户小额贷款,支持农户调整农业结构,发展增收项目。扩大农业政策性保险范围,提高农业保险投保补贴标准,年内力争使60%以上的农户纳入农业保险范围。

加大对农业和粮食生产的政策扶持力度,是党中央、国务院作出的重大决策。各地各部门要尽快落实各项政策措施,加大政策宣传力度,充分发挥政策的引导、激励作用。要强化督促检查,保证各项政策不折不扣落到实处,真正让广大农民得益受惠,促进农业和粮食生产稳定发展,确保实现“保供、增收、稳价”目标,为全省经济社会发展奠定坚实基础。

二〇〇八年四月二十五日

关于进一步提升开发区发展水平的意见

开发区是江苏省开放型经济和高科技产业发展的重要载体，是推动经济社会又好又快发展的重要增长极。“十一五”时期是“全面达小康、建设新江苏”的关键阶段，继续做好开发区工作，具有更加重要而深远的意义。为认真贯彻省委十一届三次全会和全省开发区工作会议精神，进一步提升开发区建设发展水平，现提出如下意见：

一、明确开发区发展的总体要求

（一）指导思想。坚持以邓小平理论和“三个代表”重要思想为指导，深入贯彻十七大精神，全面落实科学发展观，按照构建社会主义和谐社会战略思想，紧紧抓住国际资本转移和产业结构调整中的新机遇，以创业创新创优为主线，以深化改革、扩大开放为动力，以提高发展质量和效益为重点，推进开发区又好又快发展，努力把开发区建设成为全省先进产业的集聚区、科技创新的先导区、体制创新的示范区和现代化的新城区。

（二）奋斗目标。通过持续不断的努力，大力促进开发区在产业发展水平上取得新提升，在自主创新能力上取得新突破，在集约开发水平上取得新进展，在环境建设水平上取得新飞跃，力争到“十一五”期末，开发区经济总量与“十五”期末相比实现翻番，财政收入占全省比重由“十五”期末的25%上升到35%，利用外资占全省比重由“十五”期末的70%上升到75%，进出口总额占全省比重由“十五”期末的70%上升到75%，高新技术产业产值年均增长18%以上，服务业增加值年均增长18%以上，万元工业增加值综合能耗低于全省平均水平。

（三）基本原则。

1. 突出创新，科学发展。把推进开发区自主创新和体制机制创新作为落实科学发展观、实现又好又快发展的重要途径和突出抓手，坚持好中求快、优中求进，着力推进结构调整和发展方式转变，大力发展高新技术产业和现代服务业，实现速度和质量、结构、效益的统一。

2. 引领开放，率先发展。更好发挥开发区在对外开放和区域发展中的引领带动作用，以开放促开发，以开发促开放，继续保持开发区在所在区域中的率先态势，进一步确立江苏开发区在全国开发区中的优势地位，培育实力较强的开发区参与世界同类区域竞争的能力。

3. 以人为本，和谐发展。把实现好、维护好、发展好人民群众根本利益摆在开发区建设发展的重要位置，推进开发区产业和谐、生态和谐、社会和谐，使开发区在壮大公共财力、扩大就业、改善民生、环境保护等方面发挥更大的作用，让广大人民群众真正从开发区发展中获得更多的实惠。

4. 分类指导，统筹兼顾。统筹不同区域、不同类型和不同发展层次开发区的发展，根据开发区具体发展阶段、发展特色、和发展需要，采取具体政策措施，加强引导和协调。以项目建设为重点，推进开发区互动发展，形成以强带弱、资源共享、联动发展的新格局。

二、发挥科学规划的先导作用

(四)科学编制开发区规划。学习借鉴发达国家和先进地区的先进规划理念,综合考虑地区经济发展现状、资源和能源条件、产业基础和特色,以主导产业、发展空间、功能区块、基础设施、配套设施及生态保护为主要内容,科学编制和修订开发区规划。把开发区规划纳入国民经济和社会发展规划、土地利用总体规划、城市总体规划和环境保护规划,形成总体规划、专项规划、详细规划相统一的规划体系。

(五)逐步调整和扩大相关开发区规划范围。认真贯彻国家关于开发区建设的各项政策,加大协调沟通力度,根据发展实际需要,促成原规划范围已经完成开发建设的开发区,在城市总体规划和土地利用总体规划的指导下,依法采取置换用地、扩区等方式调整和扩大开发区的规划范围。按照新的发展定位和发展要求,做好新批省级开发区规划制定和修编等各项工作。

(六)加强开发区规划管理。严格落实规划管理措施,维护规划的权威性和严肃性。开发区的规划制定和调整按照有关程序报批。经批准的开发区规划向社会公布,接受社会监督。加大对规划执法力度,严格按照批准的开发区建设发展总体规划组织实施建设,坚决杜绝规划执行的随意性,保障规划实施的准确性和有效性。

三、大力提升开发区产业发展层次

(七)积极促进产业集聚。紧紧抓住国际资本转移和产业结构调整的机遇,引导企业和项目向开发区集中,以引进龙头企业、“旗舰”项目为重点,着眼于延伸主导产业链,推动产业集聚和企业集群,形成一批区域特色产业园区。坚持以各类开发区为依托,加快构筑“四沿”产业集聚带。沿沪宁线的开发区致力于建成高新技术产业集聚地、先进制造业研发基地和现代服务业高地,成为江苏省新型工业化的先导区域。沿江的开发区重点发展先进装备制造业、基础原材料产业和港口物流业。沿东陇海线的开发区加快建成新兴的制造业密集带和苏北振兴的先导拉动区。沿海的开发区依托海洋和港口资源大力发展海洋经济和临港产业,逐步建成新兴基础产业基地和新型能源基地。

(八)大力发展先进制造业。坚持以新型工业化为导向,加快推进产业升级。加快建设先进制造业基地,集中力量发展电子信息、装备制造、化学工业、生物医药、新材料、新能源、软件等优势产业,努力形成高新技术产业群。积极跟踪世界制造业发展的新趋势,培育新兴产业发展,促进产业升级换代。广泛运用高新技术和先进适用技术改造提升传统产业,进一步巩固传统产业的比较优势。

(九)加快推进现代服务业。把积极推进服务业发展作为开发区产业结构调整的重要着力点,力争用五年左右时间实现开发区服务业总量翻一番,建成10个高水平的现代服务业聚集区。坚持制造业和服务业互动并进,把发展生产性服务业放在优先位置,突出发展金融、物流、科技研发、商务服务、信息咨询等服务业。积极引进国际外包企业,鼓励有条件的开发区和企业大力承接软件外包、业务流程外包,支持有条件的开发区申报国家服务外包示范区,建设15~20个省级国际服务外包示范区。

四、强化开发区自主创新能力建设

(十)集聚整合创新资源。积极推进开发区从产业服务平台向创新发展平台延伸,大力吸纳和引进有利于科技创新的资金、人才、科技成果、科研机构、先进设备和高科技项目等各类创新资源。着力推动苏南等地发展较好的开发区抓住跨国公司科技研发全球化、外资企业研发本土化的重大机遇,引进跨国公司研发机构,并通过配套协作、合作研发、购买专利等方式,积极促进国际国内创新资源集聚整合。不断创新机制,鼓励政府机构、高等院校、科研院所、生产企业等在开发区内开展合作,促进产、学、研更加紧密结合。

（十一）加快建设创新载体。按照业务特色化、服务标准化、管理信息化、机制市场化的要求，支持开发区依托现有基础和优势产业，建设重大科技基础设施，设立研发中心、设计中心、创业中心、孵化中心、重点实验室等各类科技创新载体。提高科技企业孵化器运行质量，扩大孵化器规模。经国家和省认定的科技企业孵化器，享受相关税收优惠政策。省科技基础设施建设专项资金对国家级、省级开发区的孵化器等科技创新载体建设在同等条件下优先立项支持。

（十二）重点抓好引进消化吸收再创新工作。坚持引进与消化吸收再创新相结合、重在消化吸收再创新，把抓好消化吸收再创新工作作为开发区提高自主创新能力的核心内容和关键措施。采取具体措施鼓励企业重点抓好主导技术、关键技术、基础技术和成套技术设备的引进，加强对引进的技术、装备的技术方案、工艺流程、质量控制、检测方法、安全环保等方面的消化吸收，在此基础上进行改进、集成和提升的再创新，形成新技术、新工艺、新产品。构建富有效率的引进消化吸收再创新体系和模式，鼓励和引导企业与跨国公司建立技术战略联盟关系，参与跨国公司主导的技术研发活动，或通过合作研发设计、联合承包工程、配套协作制造等方式积极承接技术外溢，在消化吸收基础上实现再创新。加强对消化吸收再创新的政策引导，省科技专项经费、科技成果转化资金等财政科技经费对开发区符合条件的消化吸收再创新项目，在同等条件下优先立项支持。

（十三）加大创新投入力度。按照投资多元化、运作市场化、管理规范化的原则，鼓励支持建立各类创业创新风险基金。各级政府充分发挥在创新投入中的导向作用，充分运用财税等政策杠杆，引导和鼓励科技投入。经批准在企业建立的国家和省级企业技术中心、工程中心和工程技术研究中心，享受相关优惠政策。

五、不断创新开发区体制机制

（十四）进一步完善开发区管理体制。按照“精简、效能、统一”和“小政府、大社会”、“小机构、大服务”的原则，设置开发区管委会及其内设机构。开发区管委会为所在市、县（市、区）政府派出机构，原则上不得与所在行政区合并管理或取消管委会建制。省级开发区管委会按不低于副处级设置，开发区管委会机构编制纳入当地机构编制管理部门统一管理。制定《江苏省开发区管理办法》，进一步明确开发区管委会管理职能和管理权限。优化开发区管理运行机制，理顺区内与区外、条条与块块、管理与服务的关系。鼓励开发区开展管理模式的探索与创新。

（十五）创新开发区开发机制。坚持政企分开，建立健全以开发总公司为投资开发主体的开发机制。鼓励引导外资、民资和各类社会资本投资开发区基础设施。鼓励具备条件的开发公司运用发行企业债券、上市等现代金融工具筹集开发资金。各级政府继续落实好对开发区建设发展的投入。认真贯彻落实《省委、省政府关于加快苏北振兴的意见》（苏发[2005]10号），对苏北各县（市），以2004年为基期年，到2007年，新增地方财政收入省集中部分予以全额返还，返还资金由各地建立经济发展专项资金，主要用于开发区基础设施建设。鼓励开发区成立担保公司，对已成立的担保公司，省里可按有关规定从中小企业信用担保资金中给予支持，帮助开发区中小企业解决融资难问题。

六、促进开发区功能拓展和整合

（十六）强化开发区功能开发。把不断拓展和完善功能作为开发区转型升级的重要内容，积极推进开发区从形态开发向功能开发转变。强化不同开发区产业特色功能，努力形成各有侧重、特色明显、多元并举、相互配套的开发区发展格局。进一步完善开发区各项配套功能，大力提升开发区要素资源吸附能力、产业支撑能力和对周边辐射带动能力。正确处理开发区与母城的关系，积极发展金融、保险、会计、审计、律师、信息咨询等现代服务业，逐步增强开发区社区功能，促成开发区向开放型、多功能、现代化的新城区发展。

(十七)建好用好各类特殊监管区。着眼于完善政策、理顺机制,建好用好现有出口加工区、保税物流园(中心)、"区港联动"试点区、综合保税区及其他各类特殊监管区,发挥其在开发区建设和区域开放中的独特作用。认真落实国家关于出口加工区叠加保税物流功能的工作要求,大力支持昆山等出口加工区开展试点工作,加快苏州工业园区综合保税区建设步伐。跟踪国内保税港区等特殊经济区域建设动态,尽早启动江苏省类似区域建设的研究和规划工作,支持有条件的开发区率先探索自由贸易区建设工作。

(十八)推动各类特色产业园区发展。按照明确功能定位、强化发展特色、发挥比较优势的思路,进一步推动开发区内先进制造业、高新技术产业和现代服务业等各类特色产业园区建设发展。加强各类特色产业园区的资源互通、优势互补、功能整合,不断提升开发区的发展水平。

七、努力推进开发区可持续发展

(十九)提高集约开发水平。积极推动重大工业项目向开发区集中、优质资源向优势产业集聚。年度土地利用计划优先安排国家级、省级开发区,对于超亿美元以上的重大项目用地计划予以专项安排。调整和优化开发区用地结构,落实节约集约利用土地的措施,提高开发区的投资强度和产出效益,国家级、省级开发区的项目投资强度应高于省政府规定的所在地标准。引导中小企业向多层标准厂房集中。工业用地经过生产性改造、提高容积率、增加建筑面积的,相应减免城市基础设施配套费。鼓励开发区和区内企业盘活土地存量。

(二十)加大环境保护力度。坚决落实环保优先方针,认真做好开发区环保规划,加大对环保基础设施建设的投入,确保环境保护与产业发展、开发区建设同步推进。严格执行国家环保产业政策,认真做好事前环保审批、项目环保审核、区域环境影响评价工作。建立健全退出机制,加快淘汰污染企业和高能耗企业。制定、完善各级、各类开发区的环保和生态标准,积极推行 ISO14000 环境系列标准认证工作,加快生态园区建设。

(二十一)大力发展循环经济。积极引进能源消耗少、污染排放小、循环利用资源的项目。引导传统制造业企业生态化改造,运用清洁生产的新技术和新工艺,建设循环型企业。加强企业之间、产业之间的循环链建设,建立资源再利用和再循环的循环经济机制。充分利用省级发展循环经济专项资金,着力培育一批循环经济示范园区和示范企业。加快建设节能型园区,鼓励企业通过采用先进节能技术、工艺、设备、材料和先进管理方式、采用高效节能产品、使用清洁能源等方式,降低资源消耗量,增大资源开发、利用深度。

八、积极引导挂钩合作与联动开发

(二十二)加快促进产业转移。顺应产业梯度转移规律,大力促进苏南产业向苏中、苏北转移,积极探索和建立政府引导、市场驱动、以开发区为载体、以企业为主体的产业转移模式。坚持产业转移与改造提升产业层次、优化生产力布局、淘汰落后生产能力同步实施。苏南开发区要在产业转移中提升产业层次,拓宽发展空间,营造竞争新优势。苏北开发区要紧紧抓住国际产业资本转移和苏南产业结构调整的机遇,加大体制机制创新力度,优化发展环境,提高承载产业转移能力。

(二十三)积极开展南北挂钩共建工作。认真落实《关于支持南北挂钩共建苏北开发区政策措施的通知》(苏政发[2006]119 号)精神,坚持政府推动、市场导向、优势互补、利益共享原则,积极推进南北挂钩共建苏北开发区。进一步加强对苏北开发区发展的政策支持力度,《省政府关于促进苏北地区加快发展的若干政策意见》(苏政发[2004]13 号)中规定的省每年给予苏北各县(市)重点开发区基础设施建设 500 万元补助的政策延长至 2007 年。

（二十四）推进开发区跨江联动开发。进一步发挥沿江开发区在沿江开发中的主力军作用，积极引导两岸开发区建立更加紧密的联系，广泛开展战略合作，实现优势互补、联动开发。继续支持江阴—靖江工业园区发展，完善管理体制机制，积极探索沿江联动开发的新思路、新模式。大力提升苏中开发区的发展水平，《省政府关于促进沿江开发的若干意见》（苏政发[2003]93 号）对苏中三个省辖市沿江重点开发区每区每年奖励额度不超过 2000 万元、苏中沿江 8 个县（市）重点开发区每区每年奖励额度不超过 500 万元的优惠政策延长一年，执行至 2007 年。《省财政厅关于促进苏中"政策洼地"地区加快发展若干政策意见》（苏财预[2005]32 号）中给予部分苏中重点开发区基础设施建设资金 500 万元补助政策延长一年，执行至 2007 年。

九、进一步增强开发区环境竞争力

（二十五）切实提高行政服务效能。实行"一站式"服务、窗口办结制、收费一表制等制度，简化项目审批手续，提高行政效率，降低商务成本。进一步转变政府职能，培育社会中介服务机构，构建社会化服务体系。大力推广电子政务，建立健全开发区网络服务和信息管理平台。优化开发区通关条件，提高通关效率。

（二十六）积极构筑智力平台。分层次、按类别、有重点地引进国外综合性、专业性、应用型人才。建立健全智力要素的引进、使用和评估机制，探索适应开发区发展需要的人才教育方式和培训管理模式。

（二十七）大力促进和谐发展。坚持统筹发展、兼顾利益、重在建设的方针，统筹城乡发展，协调推进经济、文化、社会建设和生态建设，推动开发区与周边地区联动互动，辐射带动周边地区发展。切实保障被征地农民利益，维护开发区企业职工合法权益。

十、切实加强组织领导

（二十八）建立领导责任机制。各级政府要高度重视本区域的开发区建设发展，各级政府主要负责同志要积极关心支持、主动抓好开发区工作。政府各职能部门、开发区管委会及其主要负责同志要切实履行职能和职责，具体做好开发区建设发展的规划、指导、协调、实施工作，认真研究解决开发区建设中的情况和问题。要以开发区工作为重要内容，强化对各级领导的业绩考核，层层落实责任制度。

（二十九）健全综合协调机制。各地各部门要增强全局意识、责任意识和服务意识，进一步转变职能、改进作风，进一步加大对开发区工作的整体协调力度，大力支持和促进开发区建设发展。省政府成立由分管领导为组长，各有关部门分管负责同志参加的"开发区重大工作和重大项目综合协调小组"，切实帮助解决规划、用地、融资、项目审批、基础设施建设等方面的困难和问题，市、县（市、区）政府也必须建立相应机制。

（三十）完善科学发展评价体系。认真实施《江苏省国家级、省级经济开发区建设发展评价办法》，从经济实力、产业结构、人才状况、科技能力、开放水平、集约程度、环境保护、社会贡献和管理效能等方面综合评价开发区的发展。不断健全与完善发展评价体系，树立正确的工作导向。坚持用科学发展的实绩考核、任用开发区干部，激励广大干部群众，引领开发区的各项工作。

关于开展农村小额贷款组织试点工作的意见(试行)

为认真贯彻《中共中央国务院关于积极发展现代农业扎实推进社会主义新农村建设的若干意见》(中发[2007]1号)和省委、省政府《关于加快推进金融业改革发展的意见》(苏发[2007]5号)精神,进一步完善农村金融服务体系,促进社会主义新农村建设,省政府决定在全省开展农村小额贷款组织试点工作。现提出如下意见:

一、充分认识开展农村小额贷款组织试点的重要意义

长期以来,金融部门根据中央和省委、省政府的战略部署和要求,不断深化金融改革,努力加强和改善对"三农"的金融服务,积极增加对社会主义新农村建设的信贷投入,取得了显著成绩。但总体上看,目前农村金融体系和金融服务尚不能适应发展现代农业、建设社会主义新农村的要求,存在农村金融机构少、竞争不够充分、农村资金外流和对"三农"信贷投入不足等问题。小额信贷是现阶段农民和农村的主要金融需求之一。在农村发展小额贷款组织,面向"三农"提供小额信贷服务,对弥补农村金融功能缺陷,引导民间借贷规范发展,更好地为社会主义新农村建设提供资金支持有着十分重要的意义。各地各有关部门要高度重视农村小额贷款组织试点工作,明确目标任务,落实政策措施,确保试点工作顺利推进、取得实效。

二、开展农村小额贷款组织试点的基本原则

(一)服务"三农"。农村小额贷款组织的营业场所设在乡镇以下(含乡镇),服务对象为农业、农村和农户,其资金投向主要是为"三农"服务的相关资金需求。

(二)风险可控。开展农村小额贷款组织试点工作的前提是风险可控。要充分认识和评估可能存在的风险,建立健全风险防范机制,使风险处于可以控制的范围内,确保农村小额贷款组织试点工作和业务活动安全稳健。

(三)市场运作。开展农村小额贷款组织试点工作要按市场规律办事,不搞行政干预。通过公开招标的方式确定股东,尊重股东意愿。要把农村小额贷款组织的业务经营建立在商业可持续的基础之上,使其能够持续、稳定、健康发展。

(四)政府引导。农村小额贷款组织试点工作政策性强,涉及面广,关系到农村经济金融发展和社会稳定,各级人民政府要认真承担起对试点工作的领导、组织、协调和服务职责。凡是确定试点的地区,市、县(市、区)人民政府要明确负责对农村小额贷款组织进行日常管理的部门和人员。省金融办负责对全省农村小额贷款组织试点工作的指导、协调、管理和服务。

(五)积极稳妥。各地要结合实际情况,积极稳妥地开展农村小额贷款组织的试点工作,试点期间各省辖市设立的农村小额贷款组织不超过2个。

三、农村小额贷款组织的性质、设立条件和业务规定

（一）农村小额贷款组织的性质。农村小额贷款组织是按照《中华人民共和国公司法》组建，实行自主经营、自负盈亏、自担风险的企业法人，属于有限责任公司；是“只贷不存”的非金融机构，即只能依靠其资本金发放贷款，而不能吸收公众存款。

（二）农村小额贷款组织的设立条件。

1. 鄙股东：股东一般为3－5个自然人（党政群机关、金融机构及国家事业单位在职人员除外）或企业法人，股东数最多不超过10个。股东必须遵纪守法、诚实守信、无各种违法违规和严重失信等不良记录。股东用于入股的所有资金必须是自有合法资金。

2. 鄙资本金：农村小额贷款组织的最低注册资本金，苏南地区为5 000万元人民币，苏中地区为3 000万元人民币，苏北地区为2 000万元人民币。注册资本金为实缴资本，以货币形式出资。

3. 鄙营业场所：农村小额贷款组织应拥有固定的营业场所，符合公安等部门的安全标准，且营业场所设在乡镇以下（含乡镇）。

4. 鄙从业人员：农村小额贷款组织的主要业务工作人员应不少于5人，遵纪守法、诚实守信、无违法违规和严重失信等不良记录。其中，主要负责人年龄在65岁以下、具备中专以上学历、从事金融业务工作4年以上或经济工作8年以上（其中金融工作经历2年以上），信贷负责人应从事金融业务工作3年以上或从事农经工作5年以上，财务人员应持有《会计证》并从事会计财务工作3年以上，其他人员应从事相关经济工作3年以上。主要业务工作人员均应参加省金融办组织的专业培训，对培训合格者颁发上岗证书，实行持证上岗。

5. 鄙组织章程：农村小额贷款组织要依照《中华人民共和国公司法》和本意见的规定，制订组织章程，按章程开展业务经营活动。

（三）农村小额贷款组织的业务规定。

1. 鄙经营范围：农村小额贷款组织的业务范围仅限于发放贷款，不得吸收或变相吸收公众存款，不得跨所在县域经营，不得向金融机构借款，试点期间不得从事委托贷款业务。

2. 鄙贷款投向：农村小额贷款组织的贷款用于支持“三农”的比例不得低于80%；要严格控制大额放贷，单户贷款的最高余额不超过资本金的10%，单户小额贷款（标准分别为：苏南50万元以下、苏中30万元以下、苏北20万元以下）的余额之和占全部贷款总量的比重不低于70%。

3. 鄙贷款利率：在符合国家有关法律法规的前提下，利率由借贷双方自主约定。

4. 鄙资金收付：农村小额贷款组织应在当地农村信用社开立账户，委托办理现金收付和转账业务，并在业务发生后做好相应的账务处理。农村小额贷款组织不得从事结算业务。

5. 鄙会计制度：参照《金融企业会计制度》和《农村信用社财务管理实施办法》中的有关规定执行。

6. 鄙风险识别：比照商业银行贷款五级分类办法划分贷款形态，识别贷款风险。

7. 鄙盈亏核算：根据贷款五级分类结果足额计提贷款风险拨备，并据以核算成本和盈亏。

（四）试点期间，农村小额贷款组织的税率参照农村信用社改革试点期间的税收政策执行，各地政府还可根据当地实际情况，对农村小额贷款组织给予一定的政策扶持。

四、农村小额贷款组织的监督管理

（一）组织领导：省政府成立农村小额贷款组织试点工作领导小组，领导小组办公室设在省金融办，负责具体工作。各试点市、县（市、区）人民政府也要成立相应的领导小组，并确定一个政府部门承担领导小组办公室职责。

(二)监督管理:按照"谁试点、谁负责"的原则,各试点市、县(市、区)人民政府对当地农村小额贷款组织承担监督管理和风险防控职责,要结合当地实际制订相应的管理规定,做好小额贷款组织的日常监管,包括公司变更、风险监测、业务检查等工作。各地工商行政管理部门依照相关法律法规和本意见,负责对农村小额贷款组织的登记注册,并协助地方政府加强对农村小额贷款组织的监督管理。各地财政部门依照《会计法》和《农村信用社财务管理实施办法》等法律法规对农村小额贷款组织进行财务监管,指导监督其建立健全内部财务管理制度和财务风险控制体系,接受社会中介机构审计和资产评估。对农村小额贷款组织吸收或变相吸收公众存款等违反金融法规的行为,各地银监部门负责依法查处。

(三)风险监控:各试点市、县(市、区)人民政府要把风险防控作为开展农村小额贷款组织试点工作的重中之重,与省政府签订风险控制责任书,对农村小额贷款组织经营情况密切监测,定期检查,发现问题,应督促其及时整改。对问题严重、整改不力的农村小额贷款组织,要停止试点,并提交工商部门给予相应处罚。对涉嫌非法吸收公众存款或变相吸收公众存款的农村小额贷款组织,提交银监部门依法查处。涉嫌犯罪的,移交司法机关追究刑事责任。

各地人民银行分支机构从维护地方金融稳定出发,积极协助地方政府加强风险监测,加强对农村小额贷款组织的业务指导。

(四)市场退出:农村小额贷款组织有下列行为之一的,除由有关部门依法查处外,省农村小额贷款组织试点工作领导小组可以对其停止试点,提交工商部门给予停业整顿、吊销执照等处罚:

1. 鄙在经营范围和贷款投向上违反本意见的规定。
2. 鄙非法吸收或变相吸收公众存款。
3. 鄙违反国家有关规定高息放贷,牟取暴利。
4. 鄙经省、市试点工作领导小组认定,严重违反有关法律法规和本意见的其他行为。

五、农村小额贷款组织试点的工作程序

(一)制定试点方案。各市政府结合本地实际,本着自愿原则决定是否开展农村小额贷款组织的试点。凡决定开展农村小额贷款组织试点的,要制定试点方案,报省农村小额贷款组织试点工作领导小组审核。批准试点后,与省政府签订风险控制责任书。

(二)组织公开招标。各市的试点方案经省试点工作领导小组审核同意后,当地试点工作领导小组可组织对股东进行招标。评标时应综合考虑股东的财务状况、出资数额、营业地点和业务人员素质等因素。

(三)提出筹备申请。股东确定后,由股东组织农村小额贷款组织筹备组,向当地试点工作领导小组提出筹备申请,经市试点工作领导小组审核同意后,报省试点工作领导小组审批。

(四)开展筹建工作。筹备申请经省试点工作领导小组审核同意后,筹备组可正式开展筹建工作。筹备期为6个月。

(五)提出开业申请。筹建工作结束后,筹备组向当地试点工作领导小组提出开业申请,经市试点工作领导小组验收合格并报省试点工作领导小组审核批准后,由所在县(市、区)工商行政管理部门批准开业,颁发营业执照。

各地可结合当地实际,按照本意见的原则进一步细化要求,确保农村小额贷款组织试点工作安全、规范、有序地开展。

江苏省环境资源区域补偿办法(试行)

第一条 为推行环境资源区域补偿制度,落实地方各级人民政府对本行政区域环境质量负责的职责,加强跨行政区域河流交界断面(以下简称断面)水质保护,根据《中华人民共和国环境保护法》、《中华人民共和国水污染防治法》等法律法规规定,结合本省实际,制定本办法。

第二条 本办法先在本省行政区域内太湖流域部分入湖河流断面试行。试点结束后,在太湖流域及其他流域推行。

监测考核断面由省环境保护行政主管部门会同省水行政主管部门、各设区的市人民政府设置。

第三条 各设区的市人民政府应当根据省人民政府下达的污染物排放总量控制计划,采取有效措施削减污染物排放总量,确保断面水质达到规定的控制目标。

第四条 省环境保护行政主管部门负责组织断面水质监测,并实施统一监督管理。省水行政主管部门负责组织断面水量及流向监测。

第五条 断面水质、水量及流向一般采取自动监测的方法,经省环境保护行政主管部门核准的水质自动监测数据月平均值作为该断面当月水质指标值。同一断面的水量及流向自动监测数据经水行政主管部门核准后作为当月水量指标值。

未设自动监测站的断面,水质指标由省、市环境监测机构联合人工监测的方法,每周监测 1 次。水量指标由省、市水文水资源勘测机构联合人工监测方法,根据河道水文特征,确定监测频次,计算当月水量流向指标值。

所有有效监测数据的月平均值作为该断面当月水质、水量、流向指标值;对监测数据有异议的,分别由省环境监测和水文水资源勘测机构裁定。

第六条 省水行政主管部门负责于每月 5 日前将上月各断面水量、流向指标值进行汇总复核并向省环境保护行政主管部门通报。

第七条 不符合监测质量控制要求的数据无效。

第八条 凡断面当月水质指标值超过控制目标的,上游地区设区的市应当给予下游地区设区的市相应的环境资源区域补偿资金(以下简称补偿资金);直接排入太湖湖体的河流,断面当月水质指标值超过控制目标的,所在地设区的市应当将补偿资金交省级财政。

各级地方人民政府应当将补偿资金纳入环境保护引导资金或污染防治资金进行管理,专项用于水污染治理和生态修复,不得挪作他用。

第九条 省环境保护行政主管部门应当在每月 10 日前,将核定的上月各断面应纳补偿资金通报省财政行政主管部门和各有关设区的市人民政府。

省财政行政主管部门应当督促有关设区的市人民政府在收到补偿资金通报后 10 个工作日内按规定缴纳补偿资金。

第十条 按照水污染防治的要求和治理成本,环境资源区域补偿因子及标准暂定为:化学需氧量每吨 1.5 万元;氨氮每吨 10 万元;总磷每吨 10 万元。

单因子补偿资金 =(断面水质指标值 - 断面水质目标值)×月断面水量 × 补偿标准

补偿资金为各单因子补偿资金之和。

第十一条 各设区的市人民政府及有关部门不按期报告、通报,或者拒报、谎报水质、水量监测结果的,按照规定追究有关人员的行政责任。

第十二条 本办法由省环境保护行政主管部门负责解释。

第十三条 本办法自 2008 年 1 月 1 日起施行。

关于进一步支持苏北地区加快发展的政策意见

为深入贯彻落实科学发展观，解放思想，抢抓机遇，开拓创新，加快苏北地区全面小康进程，特制定如下意见：

一、支持转变经济发展方式

以2007年为基期年，对地方营业税增量部分，省级分成的20%不再集中，全额留给地方。对地方新引进银行、保险机构缴纳的营业税，由省给予50%的返还奖励。对利用新能源发电企业缴纳的增值税地方部分增量，省不再集中，全额留给地方。对苏北新办火力发电厂缴纳的增值税地方部分，全部上交省级后按区域发展要求实行重点返还政策，推动火力发电合理布局。省财政每年安排2 000万元苏北科技富民强县专项引导资金，主要用于与国家科技富民强县工程配套，支持苏北实施示范性强、效益高的科技富民项目。

二、支持重点开发区平台建设

2008－2012年，对符合产业政策、环境保护要求，当年实际到帐外资或出口额、业务总收入、入库税收收入等指标达到全省平均增幅的省级以上重点开发区（每市县限一个），每年给予1 000万元/市、500万元/县（县级市、县成建制改成的区）平台提升专项奖励。在符合产业政策、实现达标排放和污染总量控制的前提下，促进苏南产业加快向苏北转移。进一步巩固现有南北共建园区建设成果，逐步增加南北共建园区的数量，对符合条件的苏北省级以上开发区，报经省政府批准后，可设立南北挂钩共建园区，并享受有关的扶持政策（省辖市在享受南北挂钩共建区中园基础设施建设贴息奖励政策期间，不同时享受平台提升专项奖励政策）。对“十一五”期间南北挂钩共建区中园内新增增值税、所得税省市县留成部分，全部由省市县财政补贴给区中园，用于区中园滚动发展。

三、支持新能源产业加快发展

将苏北作为全省风电、生物质能发电等清洁能源发展重点地区。对风力发电特许权招标项目高于省燃煤标杆电价部分给予全额补贴。在国家下次电价调整时，对非特许权招标风力发电、垃圾发电、沼气发电、秸秆发电等可再生能源发电项目上网电价超过国家补贴的部分，在省购电价格内给予安排。

四、实施土地利用优惠政策

对苏北地区引进的重大产业项目，适当放宽条件、降低门槛，优先安排省“点供”用地指标。对于南北共建园区的用地指标给予优先供应。支持苏北五市开展城市建设用地增加与农村建设用地减少相挂钩试点，在安排挂钩控制规模时向苏北倾斜，推进挂钩试点由“先建后拆”向“先拆后建”转变。

五、降低出口退税负担比例

从2008年起,对出口退税新增地方负担部分,市县负担比例由6%降为3.75%,省财政负担由1.5%提高到3.75%,切实减轻市县财政出口退税负担,促进苏北外贸经济加快发展。

六、继续实施电费综合补贴

对苏北省级以上开发区内符合国家产业政策、节约能源和环境保护规划要求的工业企业生产用电,年内落实电费综合补贴优惠政策。不符合国家产业政策、污染排放不达标的企业以及高耗能、高污染行业,不得享受电费综合补贴。

七、大力加强人才队伍建设

在人才引进、人力资源开发、人才继续教育、智力和项目引进等方面进一步向苏北倾斜。省高层次创新创业人才引进计划在同等条件下优先支持苏北地区,力争"十一五"期间,引进高层次"双创"人才150名。探索和建立高校、科研单位与苏北地区开展产学研合作的长效机制。企业博士后工作站、工程技术中心建设等向苏北倾斜。将2007年已执行到期的每年安排1 000万元财政补助资金政策延长到2012年,支持苏北地区引进急需人才。对苏南派驻苏北共建开发区工作满2年以上人员,享受派出地区省定扶贫工作待遇。

八、进一步帮助改善民生

省财政支持苏北发展民生事业的补助资金逐年增加。重点帮助苏北地区建立和完善以县为主的义务教育经费保障机制,进一步落实补助义务教育阶段家庭经济困难寄宿生生活费、全面免除义务教育学杂费和教科书费等政策;完善新型农村合作医疗、城镇居民基本医疗保险、城乡居民最低生活保障等制度;逐步提高城乡基本公共卫生服务专项补助资金标准,确保群众免费享受基本公共卫生服务。继续加大对困难市县养老保险基金的补助力度。从2008年起,省对苏北贫困农户劳动力培训补助标准提高到每人500元,积极促进农村贫困劳动力转移就业。促进苏北劳动力就地就近转移就业,对苏南转移到苏北的纺织服装等劳动密集型企业,吸收当地员工超过1 000人的,在员工培训经费上给予补贴,所需资金由省市县财政共同负担,省补资金从劳动力转移培训专项资金中安排。

九、增强基层财政保障能力

提高县乡基本公共支出最低保障水平,合理制订县乡基本支出保障标准,对标准收支缺口地区由省补助80%,并列入补助基数。从2008年起,地方个人所得税、城市维护建设税以及除罚没收入外的预算内非税收入增量,省不再集中,全额留给地方。继续对经济薄弱地区实行省集中收入全返政策,对省脱贫攻坚重点县新增收入省集中部分实行全额返还奖励,对其他有关市县,若当年增值税增幅达到全省市县平均增幅,其新增收入省集中部分按全额返还奖励,未达到平均增幅的市县按80%返还。增加村级组织经费投入,从2008年起,村级组织经费保障标准由每年8万元提高到10万元,并作为最低保障标准,其中农村五保户集中供养和分散供养的最低保障标准分别提高到每人每年2 400元和1 800元,省增加对苏北各县的转移支付补助。

十、实行全面小康推进奖励

根据省统计局监测结果,当年小康进程综合测算指标值比上年每提高1分,对省脱贫攻坚重点县奖励200万元,对其他县(市)奖励100万元,达到小康指标时,再一次性奖励1 000万元。将脱贫攻坚工程进展情况纳入所在县（市、区）全面小康建设综合考核内容，严格检查考核。对苏北脱贫攻坚任务较重的县（市、区）进行奖补，对提前完成脱贫任务的县（市、区）给予奖励，鼓励加快脱贫攻坚进程，力争到2012年，苏北地区基本消除绝对贫困现象。

江苏省农民工权益保护办法

第一章 总 则

第一条 为了加强对农民工的公共服务,保护农民工的合法权益,促进经济发展与社会和谐,根据《中华人民共和国劳动法》、《中华人民共和国劳动合同法》等有关法律、法规的规定,结合本省实际,制定本办法。

第二条 本办法所称农民工,是指进城务工和在乡镇企业就业的户籍在农村的劳动者。

第三条 地方各级人民政府应当坚持公平对待、强化服务、完善管理、合理引导的原则,建立保障农民工合法权益的政策体系和执法监督机制,建立惠及农民工的城乡公共服务体系和制度,将农民工及其随带配偶、子女的就业、教育、医疗等纳入当地公共服务和管理范围。

第四条 劳动和社会保障、建设、公安、教育、卫生、财政、安全生产监督管理、人口和计划生育、司法行政等部门,按照各自职责共同做好农民工的服务、管理和权益维护工作。

农民工认为其合法权益受到侵害的,有权向前款所列部门投诉,相关部门应当及时处理,不得拖延、推诿。不属于本部门职责范围的,应当告知农民工具体受理部门。

工会、共青团、妇联等组织在其职责范围内依法维护农民工的合法权益。

第五条 任何单位和个人不得侵犯农民工的人身自由、人格尊严和劳动权益,不得制定和组织实施任何针对农民工的歧视性规定、措施以及不合理限制。

第二章 就业服务

第六条 地方各级人民政府应当组织开展农村劳动力转移就业技能、安全技能培训和引导性培训,并在财政支出中安排专项经费重点用于扶持农村劳动力就业技能和安全技能培训工作,制定和落实以培训促就业的激励、奖励和补贴措施。

第七条 劳动和社会保障行政部门(以下简称劳动保障行政部门)和有关行政主管部门应当加强劳务输出工作机构和信息网络的建设,为农民工提供及时准确的信息服务;做好劳务输出的组织协调工作,提高劳务输出的组织化程度。

第八条 公共就业服务机构应当为农民工免费提供就业信息、政策咨询、职业指导和职业介绍服务。

其他各类职业介绍机构为农民工提供免费职业介绍的,按照国家和省有关规定享受补贴。

第九条 安全生产监督管理、卫生等有关行政主管部门依法做好农民工生产安全和疾病防治工作。卫生部门应当将农民工随带子女免疫工作纳入当地免疫规划。

人口和计划生育部门应当为农民工免费提供基本项目的计划生育技术服务。

第十条 地方各级人民政府及其教育行政部门应当依法保障农民工子女接受义务教育的权利。

农民工就业所在地政府及其教育行政部门应当按照“流入地政府负责,公办学校吸纳为主”的原则，采取多种形式，安排农民工适龄子女接受义务教育。

农民工子女在农民工就业所在地全日制公办中小学入学学习的，在入学条件、收费标准和教育教学管理等方面应当与当地学生同等对待，不得违反国家和本省规定收取其他费用。

农民工子女返回原籍就学的，其户籍所在地人民政府及其教育行政部门应当安排当地公办学校予以接收，学校不得收取国家规定以外的费用。

第十一条 劳动争议仲裁机构对农民工申诉的劳动争议案件，应当加快审理、及时裁决，涉及劳动报酬、保险待遇的应当优先审理。

法律援助机构应当及时为符合条件的农民工提供法律援助，保障其合法权益。

第三章 工资、保险权益保护

第十二条 用人单位工资分配应当遵循按劳分配的原则，实行同工同酬；工资支付应当遵循诚实信用的原则，按时以货币形式足额支付。

除实行小时、日、周工资制的用人单位外，其他用人单位应当每月向农民工支付当月工资。用人单位不得克扣或者无故拖欠农民工工资。工资应当支付给农民工本人，并同时提供工资清单。

用人单位支付农民工的工资不得低于当地最低工资标准。

第十三条 建立农民工工资保证金制度和工资支付重点监控制度。

农民工工资保证金制度由省劳动保障行政部门会同财政、建设等有关部门具体规定并组织实施。

在建设领域和农民工集中的用人单位推行《劳动计酬手册》制度，对其工资支付情况实施重点监控。

建设单位应当按照合同约定及时拨付工程款项。建设资金不落实的，有关部门不予核发施工许可证，不予批准开工报告。

第十四条 用人单位和与其形成劳动关系的农民工应当依法参加当地企业职工各项社会保险，并按规定缴纳社会保险费。

劳务派遣组织向用工单位派遣农民工的，由劳务派遣组织和农民工按照劳务派遣组织所在地社会保险的有关规定参加社会保险，缴纳社会保险费。

第十五条 劳动保障行政部门社会保险经办机构应当按照国家和省有关规定，及时为农民工办理社会保险关系保留及转移接续手续，不得以各种名义拒接农民工社会保险关系。对确实无法转移、接续社会保险关系的非本省户籍农民工，可以将其个人帐户储存额一次性支付给本人，同时终止社会保险关系。

第十六条 用人单位应当及时为本单位所有农民工办理工伤保险参保手续，按时足额缴纳工伤保险费。

建设工程施工企业、矿山企业以及从事道路和水上运输、海洋捕捞和养殖、高处悬挂作业、危险化学品生产、烟花爆竹和民用爆破器材生产的用人单位，在参加工伤保险的基础上，可以为施工现场从事危险作业的农民工办理意外伤害保险。

安全生产监督管理、建设等部门应当将用人单位参加工伤保险和农民工经安全生产教育、培训合格作为发放《安全生产许可证》的必备条件。对未参加工伤保险、参加保险后又中断缴纳或者少缴纳保险费的用人单位，不予核发《安全生产许可证》。

第十七条 用人单位应当为所招用的农民工办理城镇职工基本医疗保险。参加统账结合基本医疗保险的，医疗保险费由用人单位和个人按规定分别缴纳；参加大病医疗保险或者住院医疗保险的，医疗保险费主要由用人单位缴纳。

第十八条 农民工因工作原因受到伤害或者患职业病的,用人单位应当采取措施使受伤的农民工得到及时救治,并按照规定向劳动保障行政部门申请工伤认定。

用人单位未参加工伤保险,农民工发生工伤的,由用人单位按照《工伤保险条例》规定的工伤保险待遇项目和标准支付费用。符合享受有关定期工伤保险待遇的农民工,以及因工死亡农民工的供养亲属,可以自愿一次性领取定期保险待遇,并与用人单位终止劳动关系和工伤保险关系。

第十九条 用人单位和农民工按照规定缴纳失业保险费的,农民工失业后,依法享受失业保险待遇。

第四章 其他权益保护

第二十条 用人单位应当遵守法律、法规和本办法的规定,建立和完善相关规章制度,保障农民工享有各项合法权益。

第二十一条 用人单位依法享有自主使用农民工的权利,任何单位不得干预。

用人单位使用农民工,不得违反规定向农民工收取或者变相收取保证金、抵押金及其他不合理费用,不得扣押农民工个人证件。

用人单位应当如实采集、登记与其形成劳动关系的农民工姓名、公民身份号码、住址等基本信息,不得雇用无身份证人员和来历不明人员。

第二十二条 用人单位应当依法与农民工订立书面劳动合同。劳动合同的订立应当遵循平等自愿、协商一致的原则。

劳务派遣组织向用工单位派遣农民工的,由劳务派遣组织与农民工订立书面劳动合同,建立职工名册制度,并履行向劳动保障行政部门书面报告劳动合同订立、解除和终止情况的义务。

用人单位与职工订立集体合同的,农民工享有集体合同规定的权利并履行集体合同规定的义务。

第二十三条 用人单位应当按照国家标准和行业要求,为农民工提供必要的安全生产设施和劳动保护条件,提供符合国家职业卫生标准和卫生要求的工作和生活环境,完善相关保障措施。

用人单位应当按照职业病防治要求,采用有效的职业病防护设施,为农民工提供职业病防护用品和职业健康监护,落实工作场所职业病危害因素的日常监测。

第二十四条 用人单位应当制定农民工岗位培训计划并组织实施,按照规定提取职工教育培训费,专款专用。对不履行培训义务的用人单位,按照国家规定强制提取职工教育培训费,用于政府及行业组织必需的岗位培训。

煤矿、非煤矿山、危险化学品、烟花爆竹、建筑施工等生产经营单位应当对农民工进行强制性安全培训。从事特种作业的农民工,经过专门的安全作业培训,取得国家规定的特种作业资格证书后,方可上岗作业。

严禁任何单位以培训为名向农民工非法收取费用。对未进行职业技能培训的农民工,用人单位不得以农民工不能胜任工作为由解除劳动合同。

第二十五条 用人单位一般不得延长农民工工作时间,确因生产经营需要延长农民工工作时间或者在休息日、休假日安排农民工工作的,应当按照法定程序进行,并依法支付加班工资或者安排补休。

第五章 监督与保障

第二十六条 地方各级人民政府及其相关部门应当认真履行职责,加强监督检查,及时查处各种侵害农民工合法权益的违法行为。

劳动保障、公安、工商行政管理、人事、教育等部门应当加强配合,加大人力资源市场清理整顿工作力度，重点打击职业介绍领域的各种违法犯罪活动，依法取缔各种非法职业中介机构。

第二十七条 劳动保障行政部门应当依法加强劳动保障监察，发现用人单位侵犯农民工合法权益的，应当在用人单位守法诚信档案中记载，情节严重的向社会公布。

第二十八条 有关行政主管部门在对流动人口进行管理时，应当制定有利于农民工就业的服务措施，不得歧视农民工。

农民工就业所在地人民政府和有关行政主管部门需要了解农民工身份、子女教育、婚育状况等方面信息的，农民工户籍所在地人民政府和有关行政主管部门应当及时提供。

第二十九条 农民工户籍所在地人民政府、有关行政主管部门和村民委员会，应当依法维护农村土地承包关系，不得非法收回和强行流转农民工承包的集体土地。支持和鼓励农民工自愿和依法有偿转让承包集体土地的使用权。

农民工户籍所在地人民政府、有关行政主管部门和村民委员会，应当加强农村留守儿童的教育管理，对有不良行为的儿童，应当加强监护帮教，保障留守儿童健康成长。

农民工户籍所在地的村民委员会，在组织换届选举或者决定涉及农民工权益的重大事务时，应当及时通知农民工，并通过适当方式保障其行使民主权利。

第三十条 工会依法对用人单位执行国家劳动、安全、卫生等法律、法规的情况进行监督，对发现的问题，有权要求用人单位改正，并可以向劳动保障、安全生产监督管理、卫生等有关部门提出查处建议，有关部门应当予以核查处理。

第六章 法律责任

第三十一条 用人单位违反本办法规定，侵犯农民工权益，法律、法规已设定行政处罚的，按照法律、法规的规定执行。

第三十二条 农民工就业所在地全日制公办中小学校拒不接收农民工子女入学的，由教育行政部门责令改正；逾期仍不改正的，对学校负责人和直接责任人员给予处分。

学校违反有关规定向农民工子女收取费用的，由监察、价格、教育等部门责令限期改正；逾期仍不改正的，对学校负责人和直接责任人给予处分。

第三十三条 用人单位未按规定对农民工进行安全培训的，由安全生产监督管理部门或者有关主管部门责令改正；逾期仍不改正的，予以通报批评。

第三十四条 用人单位有下列行为之一的，由劳动保障行政部门责令改正；逾期仍不改正的，责令用人单位按照应付金额百分之五十以上百分之一百以下的标准，向农民工加付赔偿金：

（一）克扣或者无故拖欠工资报酬的；

（二）安排加班不支付加班费的；

（三）支付的工资低于当地最低工资标准的；

（四）解除、终止劳动合同未依法给予经济补偿的。

第三十五条 用人单位违反工资保证金制度的，由劳动保障行政部门责令改正。

第三十六条 行政机关及其工作人员违反本办法，有下列行为之一的，由本级人民政府或者上级行政主管部门、监察机关给予行政处分：

（一）干预用人单位自主依法使用农民工的；

（二）向农民工或者使用农民工的单位非法收取费用的；

（三）不履行职责致使农民工合法权益受到损害的；

（四）侵害农民工人身和财产权利的；

（五）以计划生育管理和服务为由强迫农民工返乡的。

三 浙江省政府相关文件

关于进一步加快发展现代物流业的若干意见

现代物流发展水平是衡量一个国家和地区综合竞争力的重要标志。在经济全球化、信息化加快推进的背景下,发展现代物流业已成为浙江省推进工业化、城市化和国际化,提升综合实力和国际竞争力的重要举措,对于优化资源配置、推进经济结构调整、改善发展环境、提高经济发展质量等都具有重要意义。为加快发展现代物流业,根据《浙江省现代物流发展纲要》,结合浙江省实际,提出如下意见。

一、加快发展现代物流业的指导思想和主要目标

1. 指导思想。围绕贯彻落实科学发展观和实施"创业富民、创新强省"总战略,抓住经济全球化和长三角一体化发展机遇,以需求为导向,企业为主体,降低物流成本和提高物流效率为核心,统筹规划,整合资源,进一步完善现代物流市场体系、设施网络体系和信息体系,构建具有国际竞争力的港口物流服务系统、环境负荷低的绿色物流服务系统、适应社会多样化需求的快捷物流服务系统。

2. 主要目标。到2012年,形成若干集聚辐射功能较强的港口物流枢纽、航空物流枢纽和综合交通物流枢纽,规划建设一批钢材、有色金属、化工原料、建筑材料、汽车、医药、粮食和农副产品等专业物流基地,培育发展一批规模较大、信息化水平较高、整合资源能力较强的现代物流企业,物流成本明显降低,现代物流业成为服务业的重要产业,长三角重要的现代物流和国际货运枢纽建设取得明显进展。

二、改善现代物流业发展环境

3. 加强市场准入和后续管理。依法规范运输企业前置审批,把好市场准入关。加强对运输企业经营资质、经营行为的后续管理。改革货运代理行政性管理体制,加强后续监督和服务。推进物流企业规范化建设,鼓励物流企业做大做强。

4. 加快推进物流标准化和信息化。以发展第三方物流为重点,开展物流服务标准化试点,推动试点单位逐步建立适应发展要求的物流标准体系。加强物流标准制定和推广应用,使物流技术、装备、信息、管理、服务和安全等环节都有标准可依,提高物流业标准化管理水平,为发展先进制造业提供有力支撑。以建设"数字浙江"为契机,加快浙江物流公共信息系统和标准化物流软件建设,完善浙江物流网、浙江电子口岸、交通物流公共信息系统、中国联运物流网等平台,构建全省性、区域性、行业性的物流公共信息平台。支持企业运用现代化信息技术、物流管理理念和方法,开发应用企业内部的网络信息系统,实现企业内部、企业之间信息资源的传输、交互与共享;支持企业采用自动化、智能化的物流设施设备,全面提升物流信息化水平。

5. 继续整顿规范收费管理。交通、物价等部门要尽快调整物流车辆、船舶等规费征收办法和收

费标准。继续完善浙江省集装箱车、专用车、厢式车、甩挂车的公路规费和通行费优惠政策,鼓励节能减排型车辆发展。对所有车辆总吨位在2 000吨以上,平均吨位在8吨以上的企业,其营运货车的养路费和货运附加费实行全年9个月包缴。对浙江省内河自有运力达5万吨以上的航运企业运管费减半征收。规范收费公路的通行费征收,抓紧研究制定计重收费方案。进一步降低浙江省车辆通行收费标准,继续清理整顿普通公路收费站点。加强对报废车辆企业的监督检查,规范回收价格行为,杜绝报废车辆的不规范处理。不得向仓储服务企业收取运管费。5年内暂停出台新的面向物流企业的行政事业性收费。

6. 加快生产要素价格改革和物流市场培育。在符合土地利用总体规划的前提下,各地要对省重点物流建设项目用地给予重点支持。物流业用水、用气价格实现与一般工业同价。2008年底前实现物流业用电价格与一般工业用电价格基本并轨。扩大物流需求,改善物流供给,加快物流市场培育。引导和支持工商企业剥离低效的运输仓储功能和业务,发展专业化、社会化物流服务企业。在工业转型升级中鼓励制造业与物流业联动发展,采取多种措施支持现代物流业集聚区建设。

7. 积极培养和引进现代物流人才。鼓励和支持省内高等院校开展物流专业多层次学历教育,培养现代物流管理人才和专业技术人才;采取多种形式,积极开展物流业从业人员在职培训;鼓励引进国内外优秀物流专业人才,对引进的物流中高级技术人员与高级管理人员,给予省引进人才政策规定的相关待遇。

三、优化物流业发展布局

8. 加强规划引导。细化《浙江省现代物流发展纲要》,研究编制相关物流专项规划,加强与全省土地利用总体规划、城乡规划(县市域总体规划)和交通发展规划的衔接,整合资源,优化物流业发展布局。加强港口物流、航空物流、公路港物流、保税物流以及城乡物流配送等规划之间的衔接,优化以宁波—舟山港为龙头、嘉兴和温台港口群为两翼的港口物流布局结构,加快空港经济发展规划研究,积极推进杭州、宁波空港国际物流中心建设。加强全省物流网络布局规划,实现港口货运集疏运网络、干线公路集疏运网络和城市及农村配送网络的有效衔接,充分发挥铁路、公路、水运、民航等多式联运的作用。

9. 加快建设现代物流中心。围绕杭州、宁波、温州和金华—义乌四个物流枢纽,依托产业集聚区和大型专业批发市场等,通过新建、改建、扩建、整合等方式,培育发展一批现代物流企业聚集的区域性、国际性物流中心。加快港航强省建设,推动沿海港口建设和发展。加强浙江省港口联盟,继续推进宁波—舟山港口一体化,加快梅山保税港区保税物流功能的开发建设。发展内陆集装箱还提箱堆场业务发展和集装箱双重优化运输模式,推动港口与内陆国际物流中心联动,一般性进出口物流园区和保税物流园区联动。加快粮食、医药、农副产品、钢材和有色金属、化工原料、建筑材料等专业物流中心建设。

10. 统筹城乡物流业协调发展。研究制定浙江省城市物流配送管理办法,并在杭州市先行试点。推进城乡物流配送体系建设,结合实施"千镇连锁超市、万村放心店"工程,配套建设村、镇配送网络体系,发挥农村班车小件快运和农村客货运一体场站作用,保障城乡物流配送的安全、环保、节约和通畅。

四、提高物流业对外开放水平

11. 加强与港澳台等地区的物流合作。进一步贯彻实施CEPA,加强与港澳台地区及日本静冈、福田在物流领域的交流与合作,共同培养物流专业人才。引导省内各类资本尤其是民资与港澳台资本相结合,充分利用港澳台市场和资源开拓国内外物流业市场。承接国际转移,引导外资投向现代物流业基础设施和前沿领域。积极吸引发达国家和地区的物流企业落户浙江,学习借鉴发达国家和地区物流业发展的先进理念和管理模式,推进浙江省物流业加快发展。

12. 推进长三角地区物流合作。加强长三角区域间物流合作,优化资源配置,实现资源共享、要素集聚、信息互通、共同发展。大力发展水水联运、水陆联运、公铁联运、空陆联运等多式联运方式,构建高效、便捷的长三角综合交通运输网络;加强人才培养、引进、使用等环节的合作;加强长三角地区物流安全管理联动,大力营造物流行业诚信经营环境。

13. 加快"大通关"建设。加快浙江省电子口岸等平台建设,推进杭州空港、宁波海港、义乌小商品市场等国际物流中心的试点。口岸管理等部门应加大区域一体化改革力度,降低行政管辖划分对物流自由流动的影响。协同推进海港口岸对内陆的辐射和延伸作用,促进无水港发展。继续深化杭州地区国际物流平台的方案研究,加快杭州海关嘉兴港区监管模式的改革。

五、加大财税扶持力度

14. 进一步加大财政扶持力度。每年从省服务业发展引导资金中安排一部分用于重点物流项目建设、物流人才培训、物流标准化推进、物流新技术、新工艺、新材料的应用推广;从省级交通规费中安排一定数量的资金用于鼓励发展节能减排车辆、船舶,以及大吨位和特种(专用)车辆、船舶,并支持物流基地建设和信息化建设。各市、县(市、区)应安排相应的财政专项资金扶持现代物流业发展。对企业采用物流信息管理系统、自动分拣系统等先进物流技术和设备的,列入省政府科技项目经费和技术改造项目计划。对在物流领域推广使用国际通用标准、不易损坏且可循环利用托盘的企业和开展物流标准化设备改造的试点企业,给予重点支持。

15. 提供税收优惠。根据国家物流企业税收试点工作办法,在纳入试点名单的物流企业中落实试点物流企业税收政策。落实国家有关企业购置用于环境保护、节能节水、安全生产等专用设备投资抵免的企业所得税政策。对占地面积较大的现代物流企业,如按规定纳税确有困难的,报经地税部门批准,可减免城镇土地使用税。对在浙江省设立总部的大型物流企业确有困难的,可按管理权限报经批准,给予减免水利建设专项资金。新引进的国际知名物流公司地区总部和省外物流公司总部,报经地税部门批准,可给予三年免征房产税、城镇土地使用税和水利建设专项资金。

16. 进一步拓宽融资渠道。鼓励金融机构对信用等级资质较高的物流企业给予重点支持。推动政策性担保公司为中小物流企业提供短期资金贷款担保,鼓励民营担保公司为物流企业提供信贷担保。支持物流企业利用境内外资本市场融资或募集资金。鼓励民间资本参与物流项目建设。

六、加强组织领导

17. 加强综合协调。各市、县(市、区)政府要切实加强对物流业发展的组织领导和统筹协调,及时研究解决发展中的困难和问题。进一步理顺物流业相关管理部门之间的职责关系,建立和完善统分结合的工作机制,加强对现代物流业发展的组织协调、统筹规划和政策指导。

18. 建立物流统计制度。加强物流统计,继续开展社会物流企业联网直报工作,扩大社会物流企业统计调查范围,建立和完善浙江省物流统计直报制度,加强物流统计信息的预测和分析。

19. 强化物流行业自律。支持物流行业协会发展,充分发挥其制定行业管理规范、推广技术标准、交流行业发展信息、沟通和联系行业内企业等作用,进一步促进行业自律,营造良好的物流行业秩序。

关于促进全省外贸稳定健康发展的意见

为认真贯彻落实科学发展观，深入实施“创业富民、创新强省”总战略，加快优化浙江省外贸结构，确保稳定健康发展，经省政府同意，特提出如下意见。

一、充分认识外贸稳定健康发展的重要意义。

当前，随着国际经济形势变化，浙江省外贸出口面临的国内外市场不确定因素增加，外贸企业受人民币升值、原材料和劳动力成本上涨、资金成本提高以及出口退税率调整等因素影响，生产成本大幅提高，传统产业利润明显下降，国际竞争力减弱。剔除人民币汇率变化和出口提价因素，浙江省外贸出口实际增长水平回落较大。保持外贸稳定健康发展，是实现全省经济社会又好又快发展的重要条件。各地、各部门要切实增强紧迫感、危机感和使命感，加快优化外贸结构，努力实现全省外贸的持续健康发展。

二、加大财政对外经贸发展的扶持力度。

从 2008 年 1 月 1 日起，省级财政安排一定资金，支持各地对外贸易发展，调整外经贸结构，确保全省外贸出口稳定增长。

三、加快出口商品结构调整。

积极推动外贸企业实施“科技兴贸”战略，重点支持高新技术和机电产品研发项目。努力提升出口农产品质量和档次，鼓励农产品出口企业建立质量可追溯体系和开展境外宣传推广。

四、加强出口品牌建设。

加强出口品牌培育和宣传工作，支持外贸企业争创国家级和省级出口品牌。鼓励外贸企业设立境外自主品牌专营店、研发或售后服务机构，重点支持企业以并购等方式获取国际知名品牌。

五、鼓励企业开拓国际市场。

深入实施“走出去”战略，鼓励企业开展各类国际标准认证和境外商标注册，支持企业参加境外展（博）览会和境内重点区域性国际展（博）览会，推动企业开展境外经贸合作园区建设、境外设立营销网点或生产加工企业、境外工程承包、资源开发和劳务合作，着力打造自主国际会展平台。

六、支持欠发达地区开放型经济发展。

认真贯彻落实省委、省政府《关于推进欠发达地区加快发展的若干意见》（浙委[2005]22 号），加大支持欠发达地区调整外经贸结构、转变发展方式的力度，推动区域经济协调发展。

七、防范出口收汇风险。

积极推动企业为开拓新兴市场、巩固欧美等传统市场和实施“走出去”战略投保出口信用保险，降低其经营及投资风险。

八、健全“两反一保”工作机制。

加强对企业、行业组织应对反倾销、反补贴、保障措施和贸易壁垒等工作的服务和指导。加强公平贸易培训工作，加快完善对外贸易预警体系。

九、大力发展国际服务贸易。

支持服务外包业务发展，推动服务外包企业和培训机构开展业务人才培训；支持服务外包企业购置新设备和进行国际通行的资质认证。支持文化艺术、出版影视等企业参加境外国际展(博)览会，鼓励自主知识产权的文化艺术、影视动漫产品出口。

十、加快出口退税进度。

在全省范围内开展申报出口退税免予提供纸质收汇核销单试点。加快退税单证审核审批进度。进一步整合征退税衔接工作内容和流程，简化有关手续，加快审核进度。

十一、加大金融支持力度。

各类商业银行要加大对外贸出口企业的支持力度，加大外汇贷款投放力度，继续开展出口退税账户托管贷款等金融产品业务。积极拓展外贸企业贸易融资渠道，扩大出口押汇、出口保付代理业务、出口商业发票融资。

十二、调整外汇管理手续。

简化进口货到付汇项下付汇手续，提高进口付汇效率。开展异地付汇集中备案改革，简化企业付汇手续。积极采用科技手段全面推进出口收汇核销无纸化进程。开展大型外贸企业集团公司内部外汇资金统一运用试点，提高资金利用效率。

十三、打造通关优质环境。

着力在完善电子口岸，加强大通关协作，创新监管模式，推进通关整体流程改革上下功夫，努力推进口岸通关提速增效。进一步深化、推广“5+2”天和24小时预约通关工作制、绿色通道、“提前申报、落地验放”、“多点报检报关，口岸放行”以及电子申报系统等监管模式。

十四、切实加强对外贸工作的领导。

各地、各部门要充分认识当前外贸工作面临的严峻形势，切实加强对外贸工作的领导和政策协调，抓好各项政策的落实。各涉外部门要加强协调，进一步增强服务意识，提高服务质量，积极研究制定出台相关措施。各级政府要认真研究本地区外贸发展情况，按照“保稳定，调结构”的要求，制定配套政策措施，确保全省外贸稳定健康发展。

关于开展小额贷款公司试点工作的实施意见

为进一步落实全省金融工作会议精神，增加小企业和“三农”贷款的供给，根据中国银监会、中国人民银行《关于小额贷款公司试点的指导意见》（银监发［2008］23 号）要求，经省政府同意，现就浙江省开展小额贷款公司试点工作，提出如下实施意见：

一、指导思想和基本原则

（一）指导思想。以省委“创业富民、创新强省”总战略为指导，积极稳妥开展小额贷款公司试点工作，进一步改善农村地区金融服务，有效配置金融资源，规范和引导民间融资，推进社会主义新农村建设，为改善民生、促进就业、构建和谐社会提供多层次的金融要素支持。

（二）基本原则。根据法律法规和有关政策，按照试点先行、有序推进的原则，在各县域进行试点，并在取得经验基础上逐步扩大小额贷款公司的范围；按照严格监管、规范运作的原则，从严控制准入标准，制定明确的操作程序，确保参照金融企业制度规范运作；按照明确职责、防范风险原则，各级政府、监管部门和试点企业要明确分工，各司其职，做好风险管理、防范和处置工作；按照“小额、分散”的贷款原则，确保试点企业严格经营范围，坚持小额贷款的经营取向，切实为小企业和“三农”服务。

二、明确职责，加强试点工作的组织领导

（一）在省政府领导下，积极稳妥地开展试点工作。省金融办是全省小额贷款公司试点工作的省级牵头协调部门，会同省工商局、浙江银监局和人行杭州中心支行建立联席会议，其主要职能：一是共同制订试点工作实施意见及相关的管理办法；二是对市、县（市、区）试点申报方案进行审核；三是沟通信息，指导县（市、区）政府及相关部门做好监督管理和风险处置工作。

（二）各市政府及市级有关部门负责本地小额贷款公司的政策宣传和协调指导工作，统筹安排小额贷款公司的布局，转报县级政府有关试点方案，监测分析防范本地小额贷款公司的风险。

（三）明确县级政府的权责。试点县（市、区）政府组织开展小额贷款公司的试点工作，确定试点对象，审定小额贷款公司组建方案，做好小额贷款公司申报材料初审工作，承担小额贷款公司监督管理和风险处置责任，并组织工商、公安、银监、人行等职能部门跟踪监管资金流向，严厉打击非法集资、非法吸收公众存款、高利贷等金融违法活动。各地小额贷款公司的日常监管职能由县级工商部门承担。

三、试点工作部署

按照省政府的统一部署，各县（市、区）政府要认真选择试点对象，有条件、分步骤地推进试点工作。对试点的小额贷款公司，要制定明确的金融风险防范措施，落实相应的处置责任，银监、人行、工商部门要稳妥配合各级政府积极有序地推进试点工作，防止一哄而上、擅自设立小额贷款公司。

开展小额贷款公司试点的具体方案是:原则上在每个县(市、区)设立1家小额贷款公司;列入省级综合配套改革试点的杭州市、温州市、嘉兴市、台州市可增加5家试点名额,义乌市可增加1家试点名额。在一个市内,若有县(市、区)没有提出试点申请的,其试点名额可在同一市域范围内调剂。

试点工作时间安排:

第一阶段(2008年7月):制定并出台《浙江省小额贷款公司暂行管理办法》;召开全省会议,进行试点工作部署。

第二阶段(2008年7月至8月):试点县(市、区)政府负责小额贷款公司的筹建组织工作,确定参加组建小额贷款公司的股东对象,试点申报材料由试点县(市、区)政府上报。

第三阶段(2008年9月至10月):小额贷款公司经审核、依法注册登记后,正式开展小额贷款业务。

第四阶段(2009年1月以后):在总结试点经验的基础上,进一步完善小额贷款公司的各项制度,根据实际情况和县级政府的要求,在风险可控的前提下,逐步加大在全省的推广力度。

四、制定严格的准入制度,确保试点公司规范运作

(一)明确小额贷款公司的准入门槛。小额贷款公司主发起人要从管理规范、信用优良、实力雄厚的当地民营骨干企业中选择,要求净资产不低于5 000万元(欠发达县域不低于2 000万元)、资产负债率不高于70%、连续三年赢利且利润总额在1 500万元(欠发达县域600万元)以上。在县级政府的组织指导下,由主发起人为主协商选择其他股东,其他股东应在诚信记录、经营管理上符合相应的资格,主发起人持股不超过20%,其他单个股东和关联股东持股不超过10%。根据浙江实际情况,提高小额贷款公司注册资本,设立为有限责任公司的,不得低于5 000万元(欠发达县域不低于2 000万元);设立为股份有限公司的,不得低于8 000万元(欠发达县域不低于3 000万元)。试点期间,注册资本的上限为2亿元(欠发达县域为1亿元)。对于切实服务小企业和"三农"、规范经营的小额贷款公司,1年后允许增资扩股。要优化股权结构,合理设置大、中、小股东的持股比例,既要防止小额贷款公司被少数大股东控制,又要防止股权过于分散,造成无主要股东负责或内部人控制;鼓励引入熟悉金融业务、管理运行规范的企业入股。

(二)选择合适的高管人员,确保小额贷款公司的稳健经营。小额贷款公司要完善法人治理结构,强化内控机制,建立健全贷款管理制度,明确贷款流程和操作规范。对第一批试点公司的高管人员任职资格适当从严,要求熟悉金融业务、有金融从业经历并具备较强的金融合规经营意识,确保第一批试点成功。

(三)科学设置各项监管指标,严格各项规章制度。小额贷款公司不得进行任何形式的内外部集资和吸收公众存款,从银行业金融机构获得融入资金的余额,不得超过资本净额的50%。坚持按照"小额、分散"的原则发放贷款,小额贷款公司的70%资金应发放给贷款余额不超过50万元的小额借款人,其余30%资金的单户贷款余额不得超过资本金的5%。小额贷款公司不得向其股东发放贷款。

五、实行严格监管措施,严防小额贷款公司风险

省级有关部门要指导和督促各级政府加强对小额贷款公司的监管,建立小额贷款公司动态监测系统,及时识别、预警和防范风险,指导市、县(市、区)政府处置和防范风险。

市、县(市、区)政府要建立风险防范机制,督促有关部门建立管理制度,落实监管责任。工商部门做好准入把关、加强日常巡查和信用监管,强化年度检查,确保合规经营;银监部门对非法或变相非法吸收公众存款及非法集资的行为,要及时认定;人行分支机构要加强对小额贷款公司资金流向

的动态监测，强化对贷款利率的监督检查，及时认定和查处高利贷违法行为。

小额贷款公司在经营过程中，若有非法集资、变相吸收公众存款等严重违法违规行为，由县级政府负责组织有关职能部门及时查处，吊销营业执照，追究公司主要负责人的法律责任，并报省有关部门取消其小额贷款试点资格。

六、小额贷款公司的扶持政策

（一）加强对小额贷款公司的政策扶持。各级政府要加强对小额贷款公司的政策扶持，研究适合本地的具体扶持政策，明确小额贷款公司纳入全省小企业贷款和“三农”贷款风险补偿范围。

（二）引导小额贷款公司规范发展。省金融办会同工商、银监和人行部门，每年对小额贷款公司进行分类评价。对依法合规经营、没有不良信用记录的小额贷款公司，向银监部门推荐按有关规定改制为村镇银行。各地在试点期间擅自设立的小额贷款公司不得推荐改制为村镇银行。

开展小额贷款公司试点工作，政策性强、涉及面广，各级政府要切实做好试点工作的组织实施，确保试点工作顺利进行。

关于实施残疾人共享小康工程的意见

根据《中共中央国务院关于促进残疾人事业发展的意见》(中发[2008]7号)和《中共浙江省委关于全面改善民生促进社会和谐的决定》(浙委[2008]38号)精神,为切实改善残疾人生活条件和发展环境,加快建立残疾人事业发展的长效机制,使广大残疾人更好更全面地共享改革和发展的成果,经研究,决定实施残疾人共享小康工程。现就实施这一工程提出如下意见:

一、总体要求和工作目标

(一)实施残疾人共享小康工程的总体要求。认真贯彻落实科学发展观,按照"平等、参与、共享"的要求,把残疾人事业发展摆到更加重要的位置,着力完善政策体系,着力健全长效机制,着力提高面向残疾人的基本公共服务能力,着力解决广大残疾人最关心、最直接、最现实的利益问题,加快构建满足残疾人基本需求、保障残疾人基本生活、维护残疾人基本权益、有效促进残疾人发展的社会保障体系,积极促进残疾人就业和创业,努力缩小残疾人生活水平与社会平均水平的差距,使广大残疾人在积极参与小康社会建设的同时,共享全面小康社会建设的成果。

(二)实施残疾人共享小康工程的工作目标。以保障残疾人基本生活和基本康复为重点,实施残疾人基本生活保障工程、残疾人康复工程和重度残疾人托(安)养工程,努力使广大残疾人残有所助、学有所教、劳有所得、病有所医、老有所养、住有所居,共享小康生活。到2012年,残疾人基本生活得到切实保障,有适应指征贫困残疾人的助明、助听、助行等康复需求得到基本满足,力争符合条件的重度残疾人基本纳入集中托养、日间照料或居家安养。

二、基本内容和实施要求

(一)实施残疾人基本生活保障工程。加大对重度残疾人的生活保障力度。从2008年起,对低保家庭中的持证重度残疾人,单独施行最低生活保障,全额享受最低生活保障金。对家庭人均年收入在低保标准100~150%(不含100%)的持证重度残疾人参照所在地的低保标准,全额发放低保补助金。这项工作,由民政部门会同残联共同组织实施,保障金由民政部门统一发放。

(二)实施残疾人康复工程。对家庭人均年收入在低保标准150%以内、有适应指征并有康复需求的残疾人,由政府出资,实施助明、助听、助行康复行动。即为符合条件的白内障患者实施复明手术,为符合条件的低视力残疾人验配助视器;为符合条件的听障残疾人验配助听器;为符合条件的下肢缺失残疾人安装假肢。

(三)实施重度残疾人托(安)养工程。为减轻重度残疾人家庭负担,对生活不能自理、残疾等级为一级的残疾人逐步实施集中托养、日间照料和居家安养。鼓励居家安养或实行日间照料,其他确需集中托养的重度残疾人按规定纳入集中托养。集中托养的对象一般为日常饮食起居需要专人护理的重度残疾人,在自愿的前提下,由福利院、敬老院或专门的残疾人托养机构以及其他社会福利机构实行托养;日间照料的对象一般为夜间其家庭可以照料而日间需要他人照料的重度残疾人,由工

疗站或其他社会福利机构照料其日间基本生活。对其他符合托(安)养条件的残疾人,如因特殊原因或受条件所限无法实行集中托养或日间照料的,纳入居家安养,给予一定的资金补助。照料护理残疾人居家安养的岗位,可作为社区公益性就业岗位管理,具体补贴标准由各县(市、区)确定。

实施重度残疾人托(安)养工程,要充分依托现有的福利院、敬老院、工疗站等福利机构。有条件的地方,可以新建专门的残疾人托养照料机构。各地要制定政策措施,积极鼓励社会力量参与兴办多种形式的残疾人托养照料机构,并切实加强规范管理。

三、经费标准和资金保障

各级政府要落实残疾人共享小康工程所需的保障资金和工作经费,并纳入当地财政预算。根据不同地区的财政状况和工作绩效,省财政给予必要的资金补助。具体经费标准以满足残疾人基本生活、基本康复和托(安)养基本需要为原则确定:

(一)为符合条件的重度残疾人单独施行最低生活保障而增加的低保资金支出,省财政按现行低保资金补助办法相应增加对县(市、区)的补助。

(二)为符合条件的白内障患者实施复明手术所需费用,按农村五保和城镇“三无”老人白内障免费复明手术的标准确定,其中省财政每例补助2 000元。

(三)为符合条件的低视力残疾人验配助视器,按每人 500 元标准确定;为符合条件的听障残疾人验配助听器,按每台2 000元标准确定;为符合条件的下肢缺失残疾人安装假肢,按平均每条10 000元标准确定。其中省财政对经济欠发达地区(包括海岛县)、一般地区和经济强县(市、区)分别补助60%、40%和20%。

(四)对纳入集中托养的重度残疾人,要保障其基本生活和基本康复、医疗、护理等需求,保障标准总体上不低于当地农村五保和城镇“三无”对象的集中供养保障水平,并根据残疾人的特殊需要,增加必要的护理保障。纳入日间照料的,应提供用餐和基本生活照料服务。纳入居家安养的,给予其家庭不低于日间照料所需经费的补助费。

集中托养、日间照料的费用标准和居家安养的护理补助费标准,由省残联会同有关部门公布指导线,并明确相应的服务标准。具体标准由各市、县(市、区)政府根据当地实际情况确定。

重度残疾人纳入集中托养所需的费用,对人均年收入在低保标准 150% 以内的家庭,由财政全额承担(残疾人本人的低保金计入其内);其他家庭的,由其家庭负担 50%,财政补助 50%。纳入日间照料所需的费用,对人均年收入在低保标准 150% 以内的家庭,由财政全额承担;其他家庭的,由其家庭负担 50%,财政补助 50%。纳入居家安养的,对人均年收入在低保标准 150% 以内的家庭,给予全额护理补助费;其他家庭的,给予 50% 的护理补助费。其中省财政对经济欠发达地区(包括海岛县)、一般地区和经济强县(市、区)分别补助 60%、40% 和 20%。

符合条件的重度残疾人纳入集中托养、日间照料和居家安养后,原有的其他保障待遇继续享受。有条件的地区,可从实际出发,加大保障力度,扩大残疾人基本生活保障、康复和托(安)养实施的范围,提高补助的标准。

四、组织实施和评估考核

实施残疾人共享小康工程,是全面改善民生、建设惠及全省人民小康社会的重要内容,是今后一个时期浙江省残疾人工作的重点任务。这项工作事关广大残疾人切身利益,涉及面广,政策性强,必须加强领导,精心组织实施。

(一)切实加强组织领导。各级政府和有关部门要把残疾人共享小康工程纳入国民经济和社会发展中长期规划及其年度计划,纳入“基本公共服务均等化行动计划”,纳入政府为民办实事的重要内容,切实加强组织领导,整合各方面的资源,动员各方面的力量,确保这项工作顺利开展。各级残疾人工作委员会要切实加强日常工作的组织协调。各级残联、财政、民政、劳动保障、卫生、农办、统计等部门要各负其责,密切配合,共同推进这一工程的实施。各级新闻宣传部门和各类新闻媒体要广泛宣传实施残疾人共享小康工程的重大意义,在全社会积极营造扶残助残的浓厚氛围。

(二)精心制定实施方案。实施残疾人共享小康工程,涉及残疾人残疾类别、残疾等级和收入状况等诸多因素。各地各有关部门要深入开展调查研究,充分运用残疾人二次抽样调查的成果,切实掌握贫困残疾人和重度残疾人的基本情况。在此基础上,精心制定本地残疾人共享小康工程的实施方案,并逐年制定年度工作计划。

(三)确保政策实施公开公正公平。各地各有关部门要认真对照残疾人共享小康工程的各项标准和条件,严格规范审核审批程序,切实加强动态管理。对申请相应救助保障的残疾人,应在一定范围内进行公示。对因家庭收入提高或通过康复使残疾等级发生变化的保障对象,应及时退出相应的救助保障或调整救助保障标准。

(四)强化绩效评估和资金管理。要进一步加强基础管理工作,特别是要充分运用信息化手段,建立残疾人共享小康工程的基础数据库,实现信息共享和动态管理。要切实加强资金使用管理,确保专款专用,努力提高资金使用绩效。要建立有效的评估考核机制,及时掌握各地各有关部门的工作进展情况,促进各项政策和措施的全面落实。

(五)积极开展创建活动。各地要积极开展"扶残助残爱心城市"创建活动,以此带动和促进残疾人共享小康工程的有效实施。在创建活动中,要按照城乡统筹、全面共享的要求,着力完善残疾人康复医疗、教育培训、就业创业、扶贫脱贫、文化体育、社会保障、平等参与、权益保障等各项政策措施,切实加强残疾人福利机构和设施建设,全面提升残疾人事业发展的整体水平。力争到2012年,全省60%的市、县(市、区)达到"扶残助残爱心城市"创建标准。

省残联要会同省财政、民政、劳动保障、卫生等有关部门抓紧制定具体实施办法。

关于推动企业积极履行社会责任的若干意见

为认真贯彻落实党的十七大和省第十二次党代会精神，促进浙江省经济社会又好又快发展与和谐社会建设，现就推动企业积极履行社会责任提出如下意见：

一、推动企业积极履行社会责任的重要意义和总体要求

（一）重要意义。企业是市场体系和社会系统的重要构成单位。企业在自身发展的同时，自觉履行经济、法律、道德、慈善等社会责任，已逐步成为企业树立现代经营理念和社会进步的重要标志。推动企业积极履行社会责任，是顺应世界经济社会发展潮流，塑造企业良好形象，提高企业国际竞争力的有效途径；是全面落实科学发展观，完善企业外部约束机制，促进发展方式转变的重要手段；是统筹经济社会发展，推进社会主义和谐社会建设的重要内容；是实施“创业富民、创新强省”总战略，全面建设惠及全省人民小康社会的必然要求。当前，浙江省正处于工业化、信息化、城镇化、市场化、国际化深入发展的重要时期，要实现经济社会的全面协调可持续发展，必须进一步增强企业的社会责任。

（二）总体要求。以邓小平理论和“三个代表”重要思想为指导，深入贯彻落实科学发展观，积极实施“创业富民、创新强省”总战略，充分发挥企业履行社会责任的主体作用，探索建立促进企业履行社会责任的体制机制。更新观念，加强引导，突出重点，逐步推进，增强广大企业的社会责任意识和履行社会责任的自觉性，不断推进企业社会责任建设，促进企业与社会共同发展，努力实现经济繁荣和社会全面进步。

（三）基本原则。

政府引导、企业主体。转变政府职能，提高政府依法行政能力，引导企业积极履行对员工、消费者、客户、社会、政府等利益相关者的社会责任，同时防止以履行社会责任为名增加企业不合理负担。充分发挥企业经营者和员工的积极性和主动性，将履行社会责任作为企业价值实现的重要内容。

分类指导、循序渐进。根据企业所处行业和规模，分类指导，提出相应的要求和推进意见；推动和督促企业履行法律义务等基本社会责任，鼓励和引导企业积极履行其他方面的社会责任。

突出重点、示范带动。根据本地和企业的实际，明确相应的工作重点；宣传先进典型，通过示范带动和舆论引导，不断推进企业社会责任建设。

社会参与、协同推进。充分发挥各类中介组织，特别是行业协会的作用，鼓励和引导社会各界积极参与，努力形成全社会共同推进企业社会责任建设的合力。

二、推动企业积极履行社会责任的重点内容

（四）引导企业更加注重守法诚信经营。广泛宣传国家法律法规和政策，使企业经营者和员工更多地了解和掌握政策法规，做到遵纪守法，照章纳税，保障利益相关者的合法权益。深入开展“信用浙江”建设，建立健全信用体系，加强信用监管，实施失信惩戒，开展诚信宣传。引导企业加强内部信

用管理,遵守商业道德,公平交易,诚信经营。

(五)引导企业更加注重保障员工权益。引导和督促企业严格规范和执行劳动合同、工资工时、作息休假等规定,依法参加社会保险;建立健全企业民主管理制度,有效保障职工民主决策、民主管理、民主监督的权利;加强员工技能培训,帮助员工成长和进步;强化安全生产,改善工作环境,加强劳动保护,做好职业病防治工作,确保生产安全和职工职业健康,构建和谐企业。

(六)引导企业更加注重为消费者提供优质的产品和服务。支持企业根据市场需求加大技术创新、技术改造力度,提高工艺和装备水平,不断开发高质量、高附加值的适销对路新产品;积极采用国际标准或国外先进标准,完善质量安全保证体系,确保产品质量和安全。严禁生产销售假冒伪劣产品。引导企业重视市场营销网络建设,为消费者提供良好的售前售后服务。

(七)引导企业更加注重节约资源和保护环境。引导和督促企业在开展生产经营和实施建设项目时,充分评估能源资源和环境承载能力。支持企业节约和合理利用资源,积极开展节能、节材、节水、节地等活动,大力发展废水、废气、固体废弃物以及余热、余压的综合处理和循环利用。督促企业依法做好污染减排工作,自觉做到达标排放。鼓励企业实施清洁生产。

(八)引导企业更加注重社会公益和慈善事业。鼓励企业创造更多就业岗位,吸纳下岗失业、农村失地以及残障等人员就业;开展与欠发达地区、偏远落后乡村的帮扶活动;力所能及地帮助公益设施建设、参与社区公益活动、给予慈善捐助。支持企业建立各种形式的慈善冠名基金,扶贫济困,回馈社会。

三、推动企业积极履行社会责任的主要措施

(九)加强对推动企业积极履行社会责任工作的组织领导。各级政府要将推进企业积极履行社会责任工作列入议事日程,切实加强领导,深入调查研究,结合本地实际,明确目标任务,研究解决推进企业社会责任建设中的重大问题。为推进这项工作的开展,省成立由省经贸委为召集单位、省有关部门参加的省企业社会责任建设联席会议制度。各有关部门要根据企业社会责任建设工作的要求,加强协调,密切配合,合力推动企业社会责任建设工作。

(十)研究开展企业社会责任建设试点。在高新技术产业、装备制造业、传统优势产业、现代服务业等行业,选择一批不同规模的企业作为省开展企业社会责任建设试点单位。省经贸委会同省有关部门研究制定试点方案。各地也可选择一批企业开展试点。要总结试点经验,不断规范完善,逐步加以推广。

(十一)加强企业履行社会责任的激励和约束。依据国家法律法规和政策,参照国际惯例,结合浙江省实际,做好涉及企业履行社会责任有关规章和规范性文件制修订的相关工作,营造有利于企业履行社会责任的制度环境。支持和引导社会资源向积极履行社会责任的企业倾斜。金融单位要对积极履行社会责任的企业予以优先支持,财政等部门在安排有关项目财政补助资金时给予重点支持,其他有关部门也要将企业履行社会责任状况作为依法审批办理相关业务的重要依据。积极推荐在履行社会责任方面作出突出贡献的优秀企业经营者参加劳模等社会荣誉的评选。严肃查处损害员工、消费者、社会公共利益以及扰乱市场经济秩序的违法行为,加大对缺乏信用、污染环境、破坏生态、浪费资源、危害安全等行为的惩处力度。

(十二)充分发挥行业协会等组织的作用。发挥行业协会、商会等组织在推进企业履行社会责任方面的作用,行业协会、商会要加强对企业的服务和引导,采取制定行业内会员企业的社会责任公约、发布倡议书等形式,加强行业自律。积极开展企业文化建设,引导企业经营管理者和员工提高对企业履行社会责任重要意义的认识,树立“履行社会责任光荣,推卸社会责任可耻”的价值观,自觉履行好应尽的社会责任。

（十三）营造有利于企业社会责任建设的氛围。各地、各有关部门要加强对企业履行社会责任的舆论引导，充分发挥报纸、广播、电视、网络等媒体的作用，宣传企业履行社会责任的重要意义和先进典型，刊登、播放相关公益广告。鼓励企业、社区、社会团体开展企业社会责任宣传教育，增强公众的参与意识，形成有利于企业社会责任建设的氛围。

关于金融业深化改革加快发展的若干意见

为贯彻落实党的十七大精神和国家有关金融工作的方针政策,围绕省委、省政府提出的"创业富民、创新强省"总战略,现就进一步加快浙江省金融业改革与发展,提出如下意见:

一、加快浙江省金融业改革发展的重要意义

(一)进一步认识金融业在经济发展中的支撑作用。金融是现代经济的核心,在经济社会发展中发挥着保障资金需求、优化资源配置、调节经济运行、分散经济社会风险等功能,对浙江省经济社会又好又快发展具有重要的支撑和推动作用。当前,浙江省正处于工业化中后期阶段,金融业将步入快速发展时期,传统制造业转型升级、存量资产整合重组、新兴产业投融资、城乡人民创业发展和消费模式转变等,都对加快浙江省金融业发展提出了更新更高的要求,加快金融业发展对浙江省具有重要的战略意义。

(二)进一步提升金融业发展的战略地位。从浙江省经济社会发展的现实需要出发,把加快发展金融业作为浙江省实施"创业富民、创新强省"总战略的重要组成部分,作为浙江省提高全社会资源要素配置效率、转变经济发展方式、推动全民创业发展、增加城乡居民财产性收入的重要支撑平台,摆在优先发展的战略位置。通过不断深化改革,转变发展观念,鼓励金融创新,逐步实现金融业从规模和总量的扩张向服务功能提升和结构优化转变,从单纯资金要素保障功能向综合的金融服务转变,使金融业成为现代服务业的重要产业。

二、今后五年金融业发展的总体要求和主要目标

(三)加快金融业发展的总体要求。以邓小平理论和"三个代表"重要思想为指导,贯彻落实党的十七大精神和科学发展观,按照实施"创业富民、创新强省"总战略要求,围绕"保障、创新、防范"三大重点,着力健全金融组织与服务体系,着力提升金融机构的核心竞争力和抗风险能力,着力优化金融生态环境,着力维护金融稳定安全,增强金融业对经济的支撑力和渗透力,提高金融要素集聚水平,打造浙江金融业的特色优势,努力把浙江省建设成金融改革的先行区、金融发展的繁荣区、金融生态的优质区、金融运行的安全区。

(四)今后五年金融业发展的主要目标。到2012年末,全省金融业增加值占GDP和第三产业的比重有较大提高;存贷款年均增量和信贷资产质量继续保持全国领先水平;直接融资比重有较大提高,新增上市公司家数翻一番,继续位居各省市前列,债券融资规模以及占直接融资的比重明显提高;保险深度和保险密度达到全国平均水平以上,保险业的经济补偿、社会管理和资金融通三大功能显著提高;金融要素集聚能力显著提升,杭州、宁波区域金融中心建设初见成效,并成为上海国际金融中心的有机组成部分;地方金融机构实力显著增强,多种所有制和多种经营形式、结构合理、功能完善、高效安全的具有浙江特色的地方金融体系初步形成。

(五)确保资金要素供给。积极贯彻国家宏观调控政策,多措并举,确保浙江省经济又好又快发

展的资金需求。积极争取各大银行总行在信贷规模、结构和投放节奏等方面加大对浙江省的支持力度;重点培育地方金融机构对当地经济的投入力度;强化省重点建设项目与资金联动机制;加快优质企业在多层次资本市场的融资步伐;积极拓宽保险资金在浙江省运用的领域;全力支持和配合银行、证券、保险等金融机构在浙江省进行金融创新试点。

三、加快银行业金融机构改革发展步伐

(六)充分发挥在浙银行分支机构的作用。支持各大中型商业银行分支机构深化金融改革和创新,推进新体制、新机制的有效运行,积极为其提供产业规划布局等方面的信息,促进银企合作,保持信贷适度增长,为浙江省初创型、成长型中小企业和"三农"发展提供更好的金融服务。引导国有商业银行分支机构改善和加强县域金融服务,增强服务手段和功能;鼓励全国性大中型银行在系统内争取政策,加大对浙江省符合国家产业政策的企业信贷投放力度。鼓励股份制商业银行分支机构稳步向县域延伸服务,在欠发达地区和金融竞争不充分的区域设立分支机构。积极吸引优秀外资银行来浙开设分支机构。

(七)做优做强地方法人商业银行。引导和督促地方法人商业银行完善公司治理,提高内控与风险管理能力。支持浙商银行、杭州市商业银行和宁波银行做大做强,实现跨省域发展,借助资本市场,壮大资本实力,转变发展模式,提高核心竞争力。鼓励具备条件的城市商业银行在省内跨区域或向县域延伸发展,提高本省的金融服务覆盖面。支持以民营为特色的商业银行做专做精,发挥机制优势,立足服务本地经济、服务中小企业、服务"三农"。支持其他城市商业银行做优做新,通过引进战略投资,优化股权结构或者联合重组、整合资源,实现规模发展。

(八)继续深化农村合作金融机构改革发展。坚持服务"三农"方向,以县级行社为主体做大做强,以改革促发展。坚持因地制宜,分类指导原则,对城市化程度较高、农贷比重较低、资产规模较大、经营实力较强、管理服务较规范的农村合作金融机构试行股份制改造;一般的县级行社通过优化股本结构,完善股份合作制,健全法人治理,加强内部管理,提高综合竞争力和服务"三农"的能力;少数基础较薄弱的县级行社通过地方政府扶持、强弱联合、加快组织形式改革和加强内部管理,不断增强经营活力和服务"三农"的能力。在继续保持县级法人地位不变的前提下,积极探索省农信联社发展模式,进一步提高管理水平,拓宽服务领域,强化差别化管理,充分调动县级行社的积极性和创造性。及时总结推广村镇银行试点工作经验,跟踪国家政策取向,稳妥推进各类新型农村金融组织的发展,积极构建浙江省社会主义新农村建设的金融服务体系。

四、努力拓展上市等直接融资途径

(九)大力推动符合条件的优质企业上市融资。抓住国家大力发展资本市场的良机,各级政府要把企业上市工作作为提升骨干企业素质,带动区域经济发展的重要载体,积极培育上市后备资源。优先推动高新技术产业、装备制造业、金融、现代物流、文化、教育、旅游以及海洋经济领域的企业上市融资,促进浙江省经济结构调整和产业升级。鼓励省属国有企业上市融资。借鉴省内外已有成功经验,充分发挥上市公司资本运作平台作用,推动国有经济战略重组。继续开拓境外资本市场,推动民营企业赴境外上市融资。推动和支持优质H股上市公司发行A股,支持企业借助境外资本市场,通过收购、兼并等方式,实施"走出去"发展战略。鼓励优质上市公司通过多种方式扩大再融资规模,提高对外投资控股能力。鼓励优质企业买壳或收购控股上市公司。支持各地对已丧失融资功能的上市公司进行整合重组,提高上市公司质量,使上市公司成为浙江省经济持续快速发展的重要支撑。

(十)鼓励符合条件的企业进行债券融资。以债券发行管理体制改革为契机,努力扩大企业债发行规模。推动重点基础设施、技术改造项目等发行企业债。鼓励上市公司发行公司债。积极探索中

小企业集合发行债券。鼓励符合条件的企业发行短期融资券。积极探索资产证券化试点。鼓励金融机构积极创造条件申请发行次级债等资本性债务工具和金融债。

(十一)积极发展证券期货信托等金融组织。积极支持财通证券、浙商证券增资扩股,立足服务地方经济,走专业化、特色化发展道路,争取上市融资,形成资本补充机制。顺应期货业发展趋势,推动期货公司的金融期货准备工作,优化股东结构,增强资本实力,进一步发挥期货公司利用农产品期货服务"三农"的作用,促进浙江期货市场与现货市场的融合和发展。积极争取信托业务牌照,发挥信托机构的功能优势,支持信托公司规范开展创新型信托业务。积极支持金融租赁公司进一步加快发展,通过金融租赁业务支持省内企业发展,特别是支持中小企业的技术改造和创新。积极支持和引导业绩优良、管理规范、符合国家产业政策的大型集团公司成立财务公司。鼓励浙江省企业投资入股省内外的非银行金融机构。优先为省内非银行金融法人机构提供业务及发展机会,尽快将其培育成实力较强、治理完善、内控健全、资质齐备的地方金融机构,增强其服务浙江省经济社会发展的能力。

(十二)大力发展基金投资类组织。推动浙江省地方金融机构为主发起设立或投资控股证券投资基金管理公司。争取设立产业投资基金,主要对涉及全省的重大基础设施建设和产业转型升级项目进行引导性、战略性投资。吸引国内外知名基金类、投资类公司落户浙江省。设立省级创业投资引导基金,鼓励民营资本为主体的创业(风险)投资基金、成长型企业股权投资基金的发展,使各类基金组织成为浙江省充裕的民间资金转化为产业资本的重要载体。对创业投资企业采取股权投资方式投资于未上市中小高新技术企业2年以上的,可按其投资额的70%在股权持有满2年的当年抵扣该创业投资企业的应纳税所得额;当年不足抵扣的,可在以后纳税年度结转抵扣。

(十三)健全地方产权交易市场。充分发挥产权交易市场在促进产业资本有序流动、多渠道吸引民间资本、有效配置社会资源方面的作用,引导全省各地产权交易机构通过联合、合作、兼并、托管等方式进行整合,逐步形成以省产权交易所为中心,各地交易所联动的全省产权交易统一市场。积极探索非上市股份公司股权转让和进入场外市场的途径,争取在浙江省开展股权流转试点。支持高新技术开发区内股份公司进入股份转让报价系统进行融资和股份转让。争取建设规范化的区域性柜台交易市场,使之成为浙江省地方资本市场,尤其是中小型企业投融资市场的重要平台。

五、充分发挥保险功能

(十四)积极培育保险机构。支持浙商保险、信泰人寿加快发展,不断完善公司治理水平,加快实现上市融资,提高为经济社会提供风险管理服务的能力和水平。引导各类优质资本投资设立总部在浙江省的保险公司。鼓励责任险、养老险、健康险和汽车险等中外特色保险公司来浙江省设立分支机构。通过重组和并购等市场化方式,培育一批品牌信誉好、专业技术强、管理水平高的龙头保险专业公司。

(十五)积极发展服务地方社会经济的特色保险业务。积极发展区域性特色保险产品,是浙江省保险业创新的主导方向。鼓励开发符合中小企业发展需要的保险产品,积极发展"三农"保险,探索政府补贴与商业运作相结合的具有浙江特色的保险发展模式;着力拓展责任保险,重点在公众场所、食品安全、旅游行业、高危行业以及环境保护等方面取得突破。加快养老健康保险,重点开发补充型保险产品,参与和推动社会养老和医疗保障体制改革。积极支持保险公司在浙江进行保险资金运用扩权的试点,引导保险资金以设立产业基金、投资入股等方式支持浙江省重点基础设施项目和重大产业项目,参与浙江省地方金融机构改革。

六、有效防范化解金融风险

（十六）发挥各类金融机构防范金融风险的主体作用。支持各金融机构多渠道充实资本金，完善法人治理结构，提高内控管理水平，有效防范各类经营风险。进一步加强全省银行、证券、保险行业协会的建设，引导金融机构加强行业自律、合规经营。加强对地方金融机构资产与财务的动态监测，积极探索建立风险防范和处置机制。积极争取存款保险试点。

（十七）完善风险预警机制和应急处理机制。正确认识金融监管和金融发展的辩证关系，建立健全监管协调机制，重点关注系统性、交叉性风险。加强政府部门与中央驻浙金融监管机构的联系，建立重大事项通报及金融风险预警通报制度，实现金融产业发展信息共享。进一步完善金融突发事件应急预案，落实风险处置责任。

（十八）规范引导民间融资行为。切实改善投资环境，增强政策的透明度，明确民间融资和非法金融业务的界限，满足民间资金投资多元化需求，鼓励并引导民间资金有序进入符合国家产业政策的行业，为发展地方经济作贡献。加强对民间融资的监督和管理，及时分析和监测民间融资情况，防止不法分子以民间融资名义开展非法金融活动，促进民间融资健康发展。

七、优化金融生态环境

（十九）加强组织领导。完善各级政府金融工作组织体系，明确承担金融工作的相关机构。加强省金融办与中央驻浙金融监管机构的沟通与合作，建立信息及工作动态互通、合作、交流机制。各级政府要切实帮助解决金融机构发展中面临的困难和问题，采取有效政策措施，提供相应的便利和高效率的服务。

（二十）加大政策扶持力度。设立浙江省金融业发展专项资金，专项用于对“三农”、小企业提供金融服务的支持等。条件成熟时，探索组建金融控股平台，推动地方金融业的改革发展，提升浙江金融业整体竞争力。

（二十一）加强社会信用体系建设。切实落实国务院关于社会信用体系建设的指导意见，按照建设“信用浙江”要求，以信贷征信体系建设为切入点，加快建立金融业统一征信平台，大力推进和完善行业信用建设，促进信用信息共享，扩大信息入库面和使用范围。进一步完善企业和个人信用评价制度，强化失信惩戒机制。遵循国际通行的基本金融监管规则，逐步对金融机构实行强制信息披露制度，强化市场制约机制。适应金融改革发展需要，规范发展会计、审计、法律、资产评估、资信评级、投资理财等中介机构。

（二十二）维护金融市场良好的竞争秩序。加大金融业宣传力度，普及金融知识，加强投资者教育，培育信用文化，采取多种措施改善区域金融发展环境。依法打击金融犯罪活动，大力打击逃废金融债务行为、骗保骗赔行为，加强金融债权司法保护。依法取缔非法集资、地下钱庄、地下保单、非法外汇、非法发行股票及证券交易等非法金融机构和非法金融活动。坚决打击金融欺诈、高利贷等非法活动。加强典当、担保、寄售（寄卖）、非融资租赁信用评级等相关行业的发展规划。注重行业发展环境创造，强化行业运行动态监管，落实相关职能部门的监管责任，推动行业整合和规范发展。健全担保体系，完善风险补偿与分散功能，增强担保行业抗风险能力。维护好市场竞争秩序，构筑健康、规范、有序的金融发展环境。

（二十三）加强对外交流合作与创新。积极支持和引导地方金融机构开展对外交流与合作，引进先进的经营理念、管理技术和创新经验。鼓励金融机构在服务品种、风险控制、降低营运成本、提高服务效率等方面进行创新，尤其是金融支持中小企业、服务“三农”的业务创新。

（二十四）建设金融机构集聚区。以长三角金融一体化为契机，以杭州、宁波为核心区块，推进区域金融中心建设,吸引境内外银行、证券、保险等金融机构及其后援服务机构集聚,尤其是国内外知名的,实力雄厚的基金类、投资类专业机构,把杭州培育成为长三角地区一个重要的资产管理中心,增强金融的集聚和辐射功能。省内金融较发达的其他市,可以加强规划,建设有特色的专业化金融街区。对省内新设立或新引进的金融机构总部,经省有关部门确认,报经地税部门批准,可给予三年内免征房产税、城镇土地使用税和水利建设专项资金的照顾。

(二十五)强化人才支撑。强化人力资源是金融业第一资源的理念,吸引各类高素质金融人才聚集浙江。对急需的金融机构中高级管理人员,各级政府要在工作和生活条件,包括配偶、子女的就业、入学等方面提供政策支持。对金融机构为引进急需高级管理人才而支付的一次性住房补贴、安家费等费用,可据实在计算企业所得税前扣除。要加快建设中高级金融管理人才的培训平台,加强与省内外高校和专业培训机构合作,强化金融教育培训,采取多种形式提高金融管理干部、金融机构经营者和从业人员的素质。

关于建立健全覆盖城乡居民的养老保障制度的意见

养老保障是社会保障的重要组成部分，事关人民群众幸福安康。为贯彻落实党的十七大和省第十二次党代会、省十一届人大一次会议精神，根据《中共浙江省委关于全面改善民生促进社会和谐的决定》，现就建立健全覆盖城乡居民的养老保障制度提出如下意见。

一、明确养老保障制度建设的总体要求

（一）养老保障制度建设的指导思想。高举中国特色社会主义伟大旗帜，以邓小平理论和“三个代表”重要思想为指导，深入贯彻落实科学发展观，围绕全面建设惠及全省人民的小康社会，着眼于率先建立覆盖城乡居民的社会保障体系，按照“广覆盖、保基本、多层次、可持续”的方针，推进企业、机关、事业单位基本养老保险制度改革，探索城乡居民养老保障制度，不断扩大保障覆盖面，逐步提高保障水平，确保全体人民老有所养，努力促进社会和谐。

（二）养老保障制度建设的基本原则。一是坚持覆盖城乡、惠及全民，逐步实现人人享有基本养老保障，让全省人民共享改革发展的成果；二是坚持区别情况、分层推进，针对城乡发展的现实差距和不同群体的需求差异，分别建立相适宜的职工和居民养老保障制度；三是坚持合理筹资、量力而行，遵循个人、单位缴费与政府投入相结合，使保障水平与经济发展水平及各方面的承受能力相适应；四是坚持分级负责、属地管理，探索符合省情的养老保险省级统筹制度，因地制宜创新政策措施，确保制度持续健康运行。

二、加快完善企业职工基本养老保险制度

（三）进一步扩大企业职工基本养老保险覆盖面。按照《劳动合同法》、《浙江省职工基本养老保险条例》等规定，大力推进职工基本养老保险扩面工作。全省企业、民办非企业单位、个体经济组织和与其形成劳动关系的职工，国家机关、事业单位、社会团体和与其形成劳动关系的未纳入编制管理的职工应当依法参加职工基本养老保险。无雇工的城镇个体工商户、非全日制从业人员可以自主参加职工基本养老保险。当前，要以私营企业、个体经济组织和与其形成劳动关系的人员参保为重点，努力扩大基本养老保险覆盖面。通过推行按企业工资总额缴费的社会保险“五费合征”办法，依法强化扩面征缴力度，确保单位用工与参保缴费相对应。

（四）逐步缩小不同地区缴费比例差距。在夯实基本养老保险缴费基数、确保制度可持续运行的前提下，经过周密测算和综合平衡，费率偏高的统筹地区报经省劳动保障、财政部门批准后，可适当降低单位缴费比例。正常费率偏低的统筹地区也可适当提高单位缴费比例。完善“低门槛准入、低标准享受”的养老保险政策，并适时推进与正常制度并轨。

（五）逐步做实基本养老保险个人账户。做实个人账户要实行“老”、“中”、“新”分开。以 2007 年 1 月 1 日为基准时间，此前已退休的人员，退休前已有账户不做实；已经参保但未退休的人员，此

前没有做实的个人账户不再做实,之后缴费逐步做实;此后参保的人员,个人账户从参保缴费开始逐步做实。做实个人账户的起步比例为3%,今后逐步提高。做实个人账户的具体管理办法另行制定。

(六)制定适合农民工特点的养老保险办法。本统筹地区户籍农民工继续按现行规定参加职工基本养老保险。对劳动关系不够稳定的非本统筹地区户籍农民工,要研究制定有利于提高参保积极性和养老保险关系转续的办法。具体办法另行制定。

(七)解决城镇集体企业部分未参保职工的基本养老保障问题。对破产、关闭的原城镇集体企业未参保在册职工,要做好养老保障的政策衔接工作。其中,对大集体企业职工,以当地实行固定职工个人缴纳基本养老保险费的初始年份为基点,此前工作且按国家和省规定可以计算连续工龄的时间,视同缴费年限;基点年份至企业破产、歇业年份的基本养老保险费需要补缴,补缴标准和资金来源由各地根据实际确定。对已达法定退休年龄的人员,缴费年限(含视同缴费年限)符合按月领取基本养老金年限的,按现行办法计发基本养老金。对仍处于劳动年龄段的未参保人员,在给予视同缴费、补缴等政策衔接的同时,实行再就业援助,在未就业前鼓励其以个体劳动者的身份继续参保,到达法定退休年龄后按制度规定计发基本养老金。对破产、关闭的其他城镇集体企业已达法定退休年龄的未参保城镇职工,各地要采取有效措施,保障其基本生活。

三、推进事业单位养老保险制度改革

(八)实行社会统筹与个人账户相结合的基本养老保险制度。在事业单位分类改革的同时,除参照公务员法管理的事业单位外,其他事业单位纳入事业单位养老保险制度改革范围。基本养老保险费由单位和个人共同负担,单位缴纳基本养老保险费的比例,一般不超过单位工资总额的20%。个人缴纳基本养老保险费的比例为本人缴费工资的8%,由单位代扣,个人缴费全部计入基本养老保险个人账户。

(九)改革基本养老金计发办法。以实施事业单位基本养老保险制度改革为界,改革前已退休的人员,继续按照国家和省规定的原待遇标准发放基本养老金,参加国家和省统一的基本养老金调整;改革后参加工作的人员,退休后按职工基本养老保险制度规定享受养老保险待遇;改革前参加工作、改革后退休的人员,按照合理衔接、平稳过渡的原则,在发给基础养老金和个人账户养老金的基础上,再发给过渡性养老金。具体办法另行制定。

事业单位基本养老保险基金单独建账,与企业职工基本养老保险基金分别管理使用。具备条件时,可与企业职工基本养老保险基金统一管理使用。

(十)建立职业年金制度。为建立多层次的养老保险体系,提高事业单位工作人员退休后的生活水平,事业单位在参加基本养老保险的基础上,应建立工作人员职业年金制度。具体办法由省劳动保障厅会同省人事厅、省财政厅制定。

四、探索建立城乡居民养老保障制度

(十一)多途径探索城乡居民养老保障实现形式。城乡居民最低生活保障、城镇"三无"和农村"五保"对象集中供养、精减职工生活困难补助、农村计划生育奖励扶助等是具有养老保障功能的有效制度,要在实践中不断完善。各地也可以对未享受基本养老保障待遇的高龄老年人,按月给予一定的生活补助。

(十二)完善被征地农民基本生活保障制度。推进征地制度改革,在现行区片综合价的基础上,应将被征地农民的有关社会保障费用纳入征地补偿范围。提高基本生活保障资金的政府出资比例,对劳动年龄段以上的被征地农民,其基本生活保障水平原则上要高于当地城镇居民最低生活保障标准。

（十三）稳步推进农村社会养老保险制度建设。有条件的地方可开展试点，探索建立以农民缴费为主、政府补贴为辅、村集体经济组织给予补助，有一定社会统筹性质的养老保险制度。试点工作坚持低水平起步，充分尊重农民群众意愿，合理确定筹资水平和保障标准，在不断积累经验的基础上积极稳妥地推行。

（十四）探索解决城镇老年居民养老保险问题。各地可从实际出发，建立城镇老年居民养老保险制度。凡劳动年龄段以上、未享受基本养老保险待遇的城镇居民都可自愿参加。城镇老年居民养老保险以个人缴费为主，政府给予适当补助。有条件的地方可探索建立城乡一体的居民养老保险制度。

五、加强养老保障制度建设的组织领导

（十五）切实把养老保障制度建设摆在重要位置。各级政府要全面承担属地管理职责，把建立覆盖城乡居民的养老保障制度纳入国民经济和社会发展中长期规划和年度计划，制定明确的工作目标、任务和措施。劳动保障、人事、民政、财政、地税、国土资源等部门要各司其职，注重协调，形成合力。各地应根据养老保险制度改革的实际需要，适当充实社会保险机构工作人员和经费，健全以街道（社区）、乡镇为主的社会保障工作网络平台。社会保险经办机构要进一步加强能力建设，完善管理制度，规范业务流程，不断提高工作效率和服务质量。加强社会保险信息网络建设，建立统一、高效的社会保险信息管理平台，实现部门间相关信息互联互通和信息数据共享，提高养老保障管理服务水平。

（十六）进一步规范养老保障政策。在全省范围内逐步统一基本养老保险缴费基数、缴费比例和待遇计发标准，继续完善基本养老保险基金省级调剂机制。在明确省、市、县各级政府责任的前提下，探索建立省级基金预算制度。加强企业、事业单位等基本养老保险和城镇居民养老保险、农村居民养老保障等制度之间的衔接，根据城乡居民劳动就业和户籍等关系的变化，及时做好调整参保工作，其调整后缴费年限的计算以及缴费标准和保障待遇的衔接政策，由统筹地区根据实际制定。

（十七）确保养老保险基金安全运行。健全用人单位、个人缴费和政府投入相结合的多元筹资机制，强化各项养老保险基金征缴，积极拓展其他筹资渠道。依法加强养老保障基金监督管理，建立多层次风险保障体系。养老保障资金都要纳入财政专户，严格实行收支两条线，专款专用，严禁截留、挤占和挪用。建立健全行政监督、专门监督、社会监督、内部控制相结合的监督体系，对征缴、发放、管理和运营各环节实行全过程监控，确保基金保值增值和健康运行。

关于金融服务“三农”发展的意见

为了深入贯彻党的十七大精神，落实省委“创业富民、创新强省”总战略，深入实施统筹城乡发展方略，缓解农村金融服务供给不足的矛盾，支持农民和农村经济组织发展生产、自主创新，促进农业增产、农民增收、农村发展。现就金融服务“三农”发展的有关工作，提出如下意见：

一、进一步增强金融服务“三农”发展重要性的认识

（一）充分认识金融服务“三农”发展的重要意义。党的十七大明确指出，解决好农业、农村、农民问题，事关全面建设小康社会大局，必须始终作为全党工作的重中之重。加强金融对“三农”发展的服务，是贯彻党的十七大关于新农村建设精神的重要抓手，是各级地方政府、金融管理部门和金融机构的工作重点，是构建社会主义和谐社会的重要组成部分。加强金融对“三农”发展的支持，有利于推动农民创业创新；有利于加快现代农业和农村二三产业发展；有利于促进城乡经济社会协调发展；有利于加强和改善公共财政对“三农”的支持；有利于金融机构拓展新的发展空间和增强可持续发展能力。

（二）金融服务“三农”发展的总体要求。培育竞争适度、开放有序、多元化、多层次的农村金融市场体系，形成金融对“三农”服务供给的稳定增长机制，构建“覆盖全面、功能完善、分工合理、服务高效、监管有力”的农村金融服务体系。各级政府、部门要制定金融服务“三农”发展的实施细则；各涉农金融机构要积极支持“三农”发展，建立健全金融服务“三农”发展的工作机制和组织保障，把支持“三农”的工作列入年度评价体系，其他各金融机构也要发挥各自经营优势，积极支持“三农”发展，在全省形成金融业共同服务“三农”发展的合力。

二、积极拓展金融服务“三农”发展的方式和途径

（三）实施农户小额信用贷款制度。进一步推广信用户、信用村、信用乡镇建设，逐步完善信用联络员制度，不断加深对农户日常经营管理、信用情况的了解。由信贷员和村信贷公议授信小组对农户进行信用评定，再根据农户经济状况和信用程度确定贷款期限和额度，小额信用贷款额可由各地灵活掌握。贷款发放采取“一次核定、随用随贷、余额控制、周转使用”的管理办法。建立扶贫小额信贷制度，帮助低收入农户发展生产、自主创业、增加收入。

（四）大力推广农户、个体工商户、微小企业联保贷款。由居住在本区范围内没有直系亲属关系的微小企业、个体工商户、农户等有借款需求的借款人自愿组成联保小组，银行按“多户联保、按需贷款、到期还款、强化管理、控制风险、共同发展”的原则，对联保小组成员提供贷款。

（五）稳妥推行“四包一挂钩”农户贷款。实行信贷人员在辖区范围内农户存贷款的“四包一挂钩”制度，信贷人员全面负责，包农贷资金组织、包农贷发放、包农贷管理、包农贷本息按期收回；贷款中产生的风险和损失由经办的信贷人员承担相应的赔偿责任，重大自然灾害等非人为自然因素造成的损失例外。信贷人员办理业务要严格执行规范化操作制度，建立健全台账和信贷档案管理制度。

(六)加大对财政支农项目的信贷支持力度。对享有财政资金补助奖励的支农项目,由支农金融机构根据条件和项目需要配以农业专项贷款。鼓励金融机构依据当地或项目开发的投资规模、偿还能力、信用程度、自有资金比例确定配套信贷资金。农口部门和财政部门在安排涉农资金补助奖励时,可将相关项目推荐给支农金融机构。

(七)积极稳妥开展村镇银行等新型农村金融机构试点。按照可持续发展和市场需求原则,积极、稳健地开展村镇银行等新型农村金融机构试点,引进银行资本、产业资本和民间资本等各类资本,到农村地区发起设立村镇银行、贷款公司等新型农村金融机构,弥补当地农村金融服务不足。

(八)依靠资本市场壮大农业产业化经营。积极引导创业投资企业投向农业龙头企业,切实提高农业龙头企业的自主创新能力;支持农业龙头企业规范改制,鼓励创新型农业龙头企业上市融资,通过资本市场筹集发展所需资金。农业类上市公司要充分利用资金、品牌、技术、管理等优势,带动农村经济发展。鼓励省内上市公司通过并购、资产重组等方式进入农业领域,积极培育新的经济增长点。引导农业大户和农业龙头企业认识和利用期货市场的价格发现、套期保值等功能,规避市场价格风险,实现农产品期货更好地服务于"三农"的功能和作用。

(九)进一步扩大农业农村保险。政策性农业保险试点扩大到所有农业县(市、区)范围,扩大农产品试点品种,完善林木保险条款;调整水稻和生猪的保险费率;提高政府财政保费补助比例等措施,提高农业抗风险能力。继续巩固和深化政策性农村住房保险成果,提高农户参保比例。鼓励和支持保险机构积极开展其他涉农保险业务,进一步发挥政策性农业保险和商业保险在金融服务"三农"中的重要作用。

(十)切实改善农村地区支付结算环境。扩大现代化支付系统在农村地区的覆盖面,畅通农村地区支付清算渠道。着力改善农村地区银行卡受理市场环境,推进银行卡在农村地区的应用。推进银行汇票、银行本票、支票等非现金支付工具在农村地区的应用,改变农村地区支付工具相对单一的局面。创新并推广应用网上银行等新型支付工具,弥补农村地区支付结算服务网点的不足。

三、努力解决金融服务"三农"发展的抵押担保问题

(十一)鼓励发展支农信贷担保组织。按照"政府支持、部门协助、市场运作"的模式,采用农业龙头企业、行业协会、专业合作社为主体,由政府职能部门牵头,各级财政部门根据当地财力安排一定的补贴资金用于农业担保机构扩大资本实力和增强抗风险能力,鼓励金融机构与农业担保机构开展多种形式的合作,合理确定贷款放大倍数。

(十二)积极探索农房抵押贷款试点。根据农民住房特点和银行抵押贷款的条件,在城乡结合部的农村地区进行试点。农户经所在村委会确定后,在当地指定的相关部门登记,向农村合作金融机构提出贷款申请,农村合作金融机构等根据有关规定,自主确定贷款。各地要在试点的基础上总结经验,完善办法,逐步推广。

(十三)探索农村集体非农建设用地流转与抵押办法。根据国务院《关于严格执行有关农村集体建设用地法律和政策的通知》(国办发[2007]71号),符合土地利用总体规划并依法取得的农民集体所有建设用地使用权,可以进行流转。选择部分县(市),探索开展农民集体所有建设用地使用权或经依法流转取得的农民集体所有建设用地使用权抵押贷款试点工作。

(十四)积极推进林权抵押贷款工作。积极稳妥开展以森林资源资产抵押为核心的金融服务创新,完善贷款管理办法和操作规程,通过发放农民林业专业合作社贷款、农户联保贷款和小额贷款,提高林农直接贷款比例。对森林资源资产抵押贷款以及用于森林生产、森林资源保护、竹木经营加工、森林休闲等林业产业贷款给予一定的利率优惠。

四、进一步形成金融服务"三农"发展的合力

(十五)充分发挥农村合作金融机构服务"三农"发展的主力军作用。全省农村合作金融机构系统要充分利用"点多面广"的优势,坚持"小额、流动、分散"的方针,大力发展农户、个体工商户、农村合作经济组织和农村小企业贷款。积极拓展农户小额信用贷款和联保贷款等新型贷款方式,加大对"三农"的信贷支持力度。省农信联社要将各县市行社支持"三农"的贷款规模和增量纳入考核体系,确保对"三农"信贷投入的稳定增长。

(十六)政策性银行和邮政储蓄机构要拓宽信贷支农功能。鼓励政策性银行积极发挥浙江省农村金融的资金导向作用。鼓励国家开发银行运用开发性金融产品,支持农村基础设施、担保体系建设、农业产业化、农业资源开发等领域的发展。鼓励农业发展银行在继续做好粮棉油收购资金供应和管理的同时,加大对农村基础设施建设、农业综合开发、农业产业化、农村扶贫、农业科技转化项目等方面的支持力度。鼓励邮政储蓄发挥网点渠道优势,扩大小额贷款试点范围,推动小额贷款扩面增量工作,鼓励邮政储蓄机构与涉农金融机构探索办理资金批发业务的途径,全方位引导邮政储蓄资金更多地返还农村。

(十七)各类商业银行要加大对"三农"的支持力度。鼓励各商业银行加大对"三农"的信贷支持力度。鼓励农业银行充分发挥好连接城乡的传统优势,推进贷款审批权限适度下放的信贷管理创新,提高"三农"新增贷款在绩效考核中的权重。完善服务组织架构和优化网点布局,开发贴近"三农"的金融产品,在资源分配上向县域和"三农"倾斜,加大对农村城镇化、农业龙头企业、扶贫龙头企业、农村商贸物流体系建设、农村中小企业、农民创业等各领域的信贷支持力度。鼓励其他商业银行、城市商业银行到欠发达地区设立机构网点,向县域和农村延伸服务网络。各类商业银行要扩大对农村基层机构的信贷授权,改进和完善绩效考核办法。

(十八)发挥社会资金的支农能力。各级农口部门及下属相关单位要积极创造条件,逐步扩大在支农金融机构开设账户、存放支农扶农资金。鼓励部分政府部门、乡镇将资金存入稳健经营的服务"三农"的金融机构,支持支农金融机构扩大资金来源,增强信贷支农能力。

(十九)建立农业贷款风险补偿制度。省级财政预算每年安排一定的农业贷款风险补偿资金。市、县可根据当地财力安排一定的财政资金对农业贷款进行风险补偿,按照"专款专用、结余留成、滚动使用、超支不补"的原则,专门用于各类金融机构、农信担保机构服务"三农"贷款和担保的风险补偿。

(二十)完善农村信用体系建设。继续开展农村中小企业信用档案征集,着手组织农户信用档案征集和农户信用评价试点,以推进信用户、信用村、信用乡镇创建工作为载体,共同构建乡镇政府、村委会、农村信用社、农户四位一体的农村信用服务体系。对信用农户实行贷款优先、简化手续、额度放宽、利率优惠;对有意逃废金融债务的企业和个人实行通报、停贷等联手制裁措施直至追究其法律责任。

(二十一)因地制宜制定促进金融服务"三农"的引导政策。各级政府及有关部门要结合县域经济实际,根据浙江省农业产业布局的差异性和新农村建设需要,可以制定相关的引导扶持政策,扶持涉农担保机构,对长期诚信经营的农业大户适当贴息。省金融办、省财政厅、金融管理部门和涉农部门要做好协调和指导工作。

(二十二)加强金融服务"三农"发展的组织领导。金融服务"三农"发展,涉及面广、政策性强。各级政府要加强对金融服务"三农"发展的组织领导和政策协调,省金融办会同省农办、省发改委、省财政厅、金融管理机构和相关涉农部门制定具体操作办法,界定服务"三农"的重点范围,及时做好全省金融服务"三农"发展的组织协调和业务创新指导工作,及时跟踪指导意见的落实情况。

关于进一步加快发展服务业的实施意见

当前浙江省正处于全面建设小康社会和工业化、城市化、信息化、市场化、国际化加速发展时期，经济发展阶段和居民收入水平决定今后一个时期将是服务业发展的重要战略机遇期。加快发展服务业尤其是现代服务业，是浙江省产业结构转型升级的重要推动力量，是经济发展方式转变的必由之路，也是扩大就业、改善民生的内在要求。各地区、各部门要进一步提高认识，把发展服务业放在更加突出的战略位置。为认真贯彻落实《国务院关于加快发展服务业的若干意见》(国发[2007]7号)和《国务院办公厅关于加快发展服务业若干政策措施的实施意见》(国办发[2008]11号)精神，围绕实施"创业富民、创新强省"总战略，现就进一步优化浙江省服务业发展环境，引导和促进服务业加快发展提出如下实施意见。

一、大力改善服务业创业环境

1. 进一步放宽服务领域市场准入。凡是法律法规没有禁止进入的服务业领域，各类资本均可进入；凡是向外资开放的服务领域，都向内资开放；凡是对本地区开放的服务领域，全部向外地企业开放。工商行政管理部门对一般性服务业企业降低注册资本最低限额，除法律、行政法规和依法设立的行政许可另有规定的外，一律降低到3万元人民币；对创新性、示范性强的服务企业，在营业场所、投资人资格、业务范围等方面还应适当放宽条件。除有特殊规定外，服务企业设立连锁经营门店可持总部的连锁经营相关文件和登记材料，直接到门店所在地工商行政管理部门办理登记手续。教育、文化、广播电视、新闻出版、社会保障、医疗卫生、体育、建设等部门对本领域能够实行市场化经营的服务，也要研究提出放宽市场准入、清理进入壁垒等方面的具体措施。

2. 改善服务企业融资环境。引导和鼓励各类金融机构开发和推广适应服务业发展需要的个性化金融产品，推进应收账款融资业务顺利开展，探索逐步扩大收费权、股权质押贷款范围。将服务业贷款比例纳入金融机构年度评价依据，引导金融机构逐步增加服务业贷款规模，加大对符合条件的重点服务企业的授信额度。对鼓励发展领域的中小服务企业贷款风险补偿，在省小企业贷款风险补偿标准的基础上再提高0.3个百分点，提高部分在省和地方服务业发展引导资金中安排。积极支持符合条件的服务业企业通过发行股票债券等多渠道筹措资金。在确定年度上市重点培育企业时，增加服务业企业数量。优先批准符合条件的服务企业集团设立财务公司等非银行金融机构。鼓励产业投资基金、私募股权基金(投资公司)、创业投资机构以及合格的信用担保机构积极面向中小服务企业开展业务。

3. 加强服务业用地保障。各地在编制主体功能区规划、土地利用总体规划、市县域总体规划和城市总体规划时，应明确保障服务业发展用地的措施；各市、县(市、区)在制定年度用地计划时，要根据本地服务业发展需要，逐步提高服务业用地比例；省安排地方年度土地利用计划时，要把各地服务业发展水平作为用地指标分配的依据之一。编制年度服务业重大项目计划，对列入计划的项目所需新增建设用地指标由相关市、县(市、区)优先安排，其中特别重大的项目，省里酌情给予支持。

积极支持以划拨方式取得土地的单位利用工业厂房、仓储用房、传统商业街等存量房产、土地资源兴办信息服务、研发设计、创意产业等现代服务业,土地用途和使用权人可暂不变更。鼓励中心城市市区企业"退二进三",对符合规划、整体搬迁的,各地政府可给予原企业一定的补助。

4. 对鼓励发展的服务行业实行税费减免优惠。切实抓好现行国家税收优惠政策的落实。企业从事国家规定的符合条件的环境保护、节能节水项目所得,居民企业技术转让所得,符合规定的科技企业孵化器所得,政府鼓励的新办文化企业所得,对于国家规划布局内的重点软件生产企业所得,可按有关规定享受所得税优惠政策。经认定的新办软件生产企业和集成电路设计企业,按规定享受增值税和所得税优惠政策。

对试点物流企业和从事货运、拆迁、保险、知识产权、广告、会展等代理企业取得的代理业务收入,实行差额征收营业税。对创意产业及其集聚区、新办高新技术服务企业和连锁超市、省重点物流企业和农产品流通企业,按规定纳税确有困难的,经地税部门批准,酌情减征房产税、城镇土地使用税和水利建设专项资金。物流、连锁超市等企业在省内设立跨区域分支机构并符合相关条件的,企业所得税可由总部统一缴纳。

5. 调整服务业用水、用电、用气价格及收费政策。服务业用水(除桑拿、洗浴、洗车等高耗水行业外)、用气价格实现与一般工业同价;改革销售电价分类结构,2008 年底前基本实现商业用电与一般工业用电价格并轨。各有关部门要抓紧对服务企业行政性收费进行清理,根据不同情况实施缓交、暂停、免收、取消等措施,监察、财政、物价等部门对各部门行政性收费清理情况进行督促检查,切实抓好落实。

6. 加大服务业领域财政资金投入力度。积极鼓励地方发展服务业尤其是现代服务业,优化财政收入结构,对市县营业税比上年增收上交部分予以返还奖励。对省级金融保险业营业税按收入来源市县进行划分,对其当年收入比上年增收部分给予市县 20% 的奖励;对当年引进全国性金融保险机构总部(或跨国公司区域性总部)的,给予引进地财政一次性奖励。

继续加大财政资金对服务业各重点行业和领域的支持。省级部门对本部门使用的服务业专项资金,要根据《浙江省服务业发展规划(2008 - 2012 年)》和年度服务业工作要点确定的发展重点,集中配置,优化使用结构。财政等部门要对各专项资金的使用进行绩效考核,向省服务业工作部门联席会议报告。为了加大服务业发展的统筹协调力度,增加省服务业发展引导资金规模,2009 年安排 5 000万元。引导资金主要用于中小服务企业贷款风险补偿、服务业国债项目配套和服务业重大项目贴息补助等方面。各市、县(市、区)政府也要根据需要安排服务业发展引导资金,引导社会资金加大对服务业的投入。

7. 切实做好服务业人才培养和引进工作。多渠道、多层次培养服务业人才。争取用五年时间培养1 000名左右既了解省情特点、又熟悉国际规则的现代服务业国际化高端人才;有计划地在高等院校和中职学校增设服务业紧缺专业,扩大招生规模;加强服务业人才的继续教育,充分利用各类教育培训机构开展服务业技能型人才再培训、再教育;鼓励高校、企业合作开办人才实训基地,政府有关部门可给予适当资金补助;支持国(境)外从事现代服务业培训的职业资格认证组织来浙创办、合办培训认证机构,开展相关活动。

改善用人留人环境,加大服务业高端人才引进力度。抓紧制定并组织实施《浙江省现代服务业高端人才引进计划》,加快引进文化创意、工业设计、现代物流、金融商务、营销管理和软件与信息服务等高级专业人才。加大吸引在国外著名服务业机构从业的留学人才和外籍人才来浙领办、创办服务企业的政策扶持力度,积极为企业赴国内外引进服务业高端人才搭建平台、做好服务,必要时给予适当资金补助。对个人获得省政府、国务院部委及以上单位科学技术奖取得的奖励,免征个人所得税;对于报经省政府、国务院部委或国务院认可后发放的对优秀博士后、归国留学人员、浙江省特级专家等高层次人才和优秀人才的奖励,免征个人所得税。引进国家级科研机构、国家重点高校、海外知名大学、世界500强企业的高级技术职称或博士学位等高层次服务业人才,所支付的一次性住房补贴、安家费、科研启动经费等费用,可据实在计算企业所得税前扣除。对做出突出贡献的服务业人才,根据其实际贡献程度给予资助和补贴。鼓励以智力资本入股或参与分红。各级政府要在服务业高端人才密集的区域建立人才工作服务站,帮助解决各种困难和问题。对引进的服务业高级专业人才在住房等方面给予照顾。及时制定政策,解决外籍人才及子女的社会保险、医疗保险和就学问题。

二、积极引导服务业创新发展

8. 鼓励工业企业发展生产性服务业。加快推进工业企业转型升级,由加工制造环节向研发设计和品牌营销两端拓展延伸,大力发展面向生产的服务业,促进先进制造业与生产性服务业有机融合、互动发展。一是积极发展科技服务业。鼓励生产制造企业将技术中心、重大产业技术平台组建成为专业化的具有科技研发、技术推广、工业设计和节能环保功能的服务型企业,形成为企业技术创新提供社会化有偿服务的体系。二是积极发展现代物流业。鼓励生产制造企业利用现有的仓储能力和库房、运输车辆以及原材料等资产,投资组建独立的物流配送公司,对企业生产物料和产品实行统一配送,发展成为具有自身经营特色的第三方物流公司。三是积极发展国际贸易。鼓励有条件的生产制造企业成立独立核算的进出口贸易公司,在做好生产企业所需的原材料、设备进口和生产产品出口的基础上,充分利用生产企业的品牌优势,发展第三方贸易,使贸易公司快速发展成为综合型、国际化的服务企业。四是积极发展文化创意产业。鼓励工业企业盘活闲置的厂房、设施等现有资源,吸引国内外有实力的文化创意企业落户,重点培育研发设计、建筑设计、咨询策划、文化传媒和时尚消费等文化创意产业。五是支持鼓励生产制造企业将售后服务、后勤物业、餐饮和教育培训等内部服务功能剥离,整合组建专门的服务企业。

按照先行试点、逐步推广的原则,开展制造企业二、三产分离试点,在积累经验的基础上,进一步研究制定具有可操作性的鼓励制造企业二、三产分离的政策措施。分离后的税负如高于原税额,高出部分由各地财政对该企业予以扶持补助,鼓励分离后的服务企业为社会服务,其自用的生产经营房产应缴纳的房产税、占地面积较大的服务企业应缴纳的城镇土地使用税等,如纳税有困难的,经税务部门批准,设立初期的三年内给予减征;其所购的固定资产因技术进步等原因,可以加速折旧。有关部门要对工业企业组建生产性服务业企业给予支持,在市场准入、登记注册、资质认证等方面简化审批手续、降低相关费用、提高办事效率。

9. 鼓励服务领域技术创新、业态创新和商业模式创新。对研发、设计、创意等技术、知识含量较高的服务企业,可按规定认定为高新技术企业,享受相应的高新技术企业优惠政策。鼓励和支持产学研联盟研究开发服务业共性和关键技术,对提升电子商务、现代物流、文化传媒、数字教育、协同医疗和社会保障等服务业领域原始创新能力和集成创新能力的重大项目,予以优先立项。

引导推进总部经济、创意经济、网络经济、会展经济、商务经济和生态旅游、文化旅游、工业旅游、商务旅游等服务业新业态发展,鼓励发展连锁经营、特许经营、电子商务、物流配送、专卖店、专业店等现代流通组织形式。鼓励企业积极开展商业模式创新,鼓励风险资本投资采用新商业模式的服务企业。对于开展业态创新和商业模式创新的服务企业,应在土地保障、资金融通和税费减免等方面予以支持,各级财政资金也要给予重点扶持。

10. 引导和支持现代服务业集聚区建设。因势利导推进现代服务业集聚区建设,重点发展科技创业园、文化创意产业园、物流园区、服务外包基地、生产性服务集聚区、新型专业市场和特色街区等。编制全省现代服务业集聚区总体布局规划,选择确定一批已有一定基础、符合区域定位且发展前景看好的现代服务业集聚区,作为省规划布局内集聚区加以重点培育。

对省规划布局内集聚区中的建设项目,同等条件下优先纳入省服务业重大项目计划,给予优先安排用地计划和投资贴息补助;对省规划布局内集聚区的公共服务平台建设,给予一定资金补助。对省规划布局内集聚区中鼓励发展的服务企业,若纳税确有困难的,经地方税务部门批准,可享受房产税、城镇土地使用税和水利建设专项资金等税费减免优惠。

11. 继续深化服务领域的改革。促进服务企业改革重组。鼓励服务业规模化、网络化、品牌化经营,尽快形成一批拥有自主知识产权和知名品牌、具有较强竞争力的服务业龙头企业。积极推动省属国有服务企业股份制改革和战略性重组,鼓励省属服务企业和其他服务企业通过股权并购与置换、相互参股等方式进行重组,鼓励非公有制企业参与国有服务企业的改革、改组、改造。推进生产经营性事业单位转企改制。支持社会法人、民间资本参与城市公用事业和文化科技改革。进一步推进政府机关、事业单位后勤服务社会化改革。努力争取国家服务业综合改革试点和杭州空港物流"区港联动"试点,积极开展各类省级服务业创新发展试点。

12. 稳步推进服务领域开放合作。鼓励引进国内外著名服务企业总部、地区总部、采购中心、研发中心,各级政府对引进企业自建、购买或租赁办公用房上给予支持;对新引进的企业集团总部,经地税部门批准,可给予三年内免征房产税、城镇土地使用税和水利建设专项资金。大力发展国际服务贸易,特别是国际服务外包产业,支持杭州等城市建设国家服务外包基地,支持外包企业通过联合、兼并、股权置换等方式做大做强。积极推进宁波梅山保税港区等特殊功能区的服务业开放创新探索实践。

积极开展浙港、浙澳服务业合作,支持浙江企业参与两岸服务领域经贸合作。深化长三角服务业区域合作,重点围绕上海国际金融中心和国际航运中心建设,各有关部门和市县要加强相应合作路径和举措的深化与落实工作。

13. 加强服务业品牌和标准化建设。加快服务业品牌建设。根据省委、省政府《关于推进"品牌大省"建设的若干意见》要求,研究制定推进浙江省服务业品牌建设的实施意见,建立促进服务业品牌建设的工作机制,完善服务业品牌的认定办法。积极创建服务企业品牌,对具有"中国名牌产品"、"中国驰名商标"、"中华老字号"和"浙江名牌产品"、"浙江著名商标"、"浙江知名商号"的服务企业,应予鼓励支持。

积极推进服务领域标准化。抓紧制定并实施《浙江省服务业标准化发展规划》,继续在现代物流、旅游、交通运输和社区服务等领域开展服务业标准化试点示范工作,积极争取开展国家级服务业标准化试点,对试点地区和企业给予资金支持。抓紧制定省级地方行业标准,对暂不具备制定标准的服务行业,积极开展服务承诺、服务规范和服务公约等行业自律制度建设。加强对服务企业的标准化培训,鼓励企业采用国际先进标准。

三、切实加强对服务业发展的组织领导

14. 加强服务业发展的组织领导和综合协调。建立省服务业工作部门联席会议制度,加强对全省服务业发展的组织领导、统筹规划、政策制定和问题协调。联席会议办公室设在省发改委。各地也要建立相应的服务业工作组织协调机构。

15. 建立统分结合的服务业工作机制。建立和完善统分结合的服务业工作机制。要制定服务业发展规划和年度工作要点,编制服务业重大项目计划,确定目标,明确任务,落实责任,加强工作统筹和协调;各有关部门是推进服务业各行业、各领域发展的责任主体,要各司其职,各负其责,并加强相互之间的协作和配合。要逐步建立向同级党委、人大和上级政府报告服务业工作和发展情况的制度。要充分发挥行业协会的作用,支持开展战略研究、商务咨询、信息交流、标准制定和人才培训等方面工作,完善行业自律机制。

16. 强化服务业统计和考核评价。建立政府统计和行业管理部门分工负责的服务业统计工作机制,完善服务业统计调查方法和指标体系,健全服务业信息发布制度,做好服务业发展形势的监测与分析工作。统计所需工作经费由同级政府保障。

建立服务业工作考核评价制度。从2009年度开始,组织开展对联席会议成员单位服务业工作的绩效考核,主要检查年度重点工作完成情况,以及各自职责范围内相关工作绩效。考核结果经联席会议审议决定,纳入省政府直属单位工作目标考核体系。对各市、县(市、区)的服务业工作考核,主要对其服务业发展状况作出综合评价,并公布各地服务业发展主要指标。先从11个设区市开始,条件成熟后扩大到县(市、区)。

省级有关部门要根据本意见要求,按照职责分工,对已经明确的政策抓好落实,对需要制定专项政策措施和实施细则的要抓紧研究制定,成熟一项,出台一项。各地、各部门要加大对本意见的宣传力度,在全省范围内努力营造加快发展服务业的舆论氛围和政策环境,加强服务业管理队伍建设,全力开创浙江省服务业工作的新局面,力争使浙江省服务业实现突破性发展。

关于进一步加强企业上市工作的意见

为抓住我国资本市场快速发展的机遇,推动更多的优质企业上市融资,更好地落实“创业富民、创新强省”总战略,实现浙江省经济又好又快发展,现就进一步加强浙江省企业上市工作提出如下意见:

一、进一步提高认识,明确上市工作目标

近几年来,浙江省越来越多的优质企业进入资本市场上市融资,有效地拓宽了企业融资的渠道,促进了支柱产业的发展。进一步推进企业上市工作,有利于扩大资金来源,突破企业发展中资金瓶颈约束;有利于促进产业和企业结构的调整优化,加快全省经济转型升级;有利于促进创新要素驱动,更好地为实施“两创”总战略服务。因此,各级政府及有关部门要充分认识利用资本市场,推进企业上市融资的重要性,不断增强紧迫感和责任感,增强服务意识,不断优化政策环境,提高服务水平,采取有力措施推进企业上市融资的各项工作。

今后一个时期,浙江省企业上市工作的目标是:到 2012 年末,努力推动 300 家企业进入改制上市工作;新增 150 家上市公司,实现上市公司数量在 2007 年基础上翻一番;大幅度提高企业上市融资能力,上市首发融资和上市公司再融资金额在 2007 年基础上增加 50%,历年累计融资额超过 1 500亿元。通过五年努力,上市公司数量继续位居全国前列,上市公司运行质量不断提升,进一步打造具有浙江特色的“浙江板块”,培育一批具有自主创新能力和国际竞争力的优势上市公司,实现“证券大省”向“证券强省”转变。

二、加大上市后备企业培育力度,拓宽企业上市融资渠道

(一)加大上市后备企业培育力度。培育上市后备企业是推进企业上市的关键性基础工作,各级政府及其有关部门要按照积极引导、科学规划、分类指导、精心培育的原则,选择一批质地优良、成长性好、具备上市条件的企业作为培育对象,加强跟踪指导和服务。省有关部门要通过企业上市工作联席会议的形式,在各地上市后备企业和省属企业中选择一批企业作为省级重点培育对象,予以重点指导和培育。发展改革、环保、财政、税务、国资、工商等有关部门要提前介入省级重点培育企业的上市工作,涉及审批核准事项的,在符合国家相关法律、法规、政策的前提下,给予重点支持。省有关部门要加强和证券监管部门以及证券中介机构的联系,强化合作培育机制。

(二)加大政策引导与扶持力度。各级政府及有关部门要及时研究企业上市过程中遇到的困难和问题,对企业历史沿革中涉及国有、集体企业改制以及历年来因享受国家和地方有关优惠政策而形成的扶持资金等问题,要根据有关政策和实际情况,予以积极妥善解决;减轻企业改制上市成本,对经工商部门变更登记为股份有限公司的,国土资源、房地产等相关部门应当办理产权人名称等变更登记手续,免收行政过户费用;同等条件下优先安排重点上市培育企业技术改造、技术开发与创新等专项资金;规范上市公司环保核查制度,降低上市公司因环境污染带来的投资风险。

（三）加大多层次、多渠道上市融资力度。充分利用主板、中小板市场，优先推动高新技术产业、金融、现代商贸物流、文化、教育、旅游以及海洋经济领域的企业上市融资；抓住创业板市场机遇，及时选择一批科技含量高、成长性好、商业模式新，具有自主创新能力的企业尽快进入改制上市程序；继续开拓境外资本市场，推动民营企业赴境外上市融资，实施“走出去”战略。积极引导和支持国有企业通过资本市场做大做强。鼓励浙江省优质企业买壳上市，支持浙江省企业异地买壳上市后将注册地迁至浙江。各级政府及有关部门要做好协调和服务，引导企业根据自身实际及发展战略，选择相应的上市融资渠道。

三、积极推进上市公司可持续发展，充分发挥上市公司作用

（四）提高上市公司质量。各级政府及有关部门要督促上市公司完善法人治理结构，规范股东大会、董事会、监事会的运作，完善独立董事制度，加强内控制度建设和高级管理人员的诚信教育。严格规范和约束控股股东行为，防止控股股东和实际控制人侵害上市公司或社会中小股东利益。建立和规范激励机制，强化上市公司高级管理人员、公司股东之间的共同利益基础，提高上市公司经营业绩。引导符合条件的上市公司建立和完善股权激励机制。积极稳妥地推进国有控股上市公司股权激励工作。大力推动上市公司开展投资者关系管理，提高上市公司透明度，努力打造诚信“浙江板块”。

（五）支持上市公司做强做优。充分发挥上市公司的融资平台作用，鼓励上市公司通过增发、配股、公司债等形式实施再融资。支持上市公司在本省投资兴业，省、市规划的重点发展项目和特许经营项目，同等条件下优先选择有投资意向的上市公司作为投资方。充分利用现有上市公司资源，根据浙江省经济发展总体战略，通过“腾笼换鸟”方式，实现上市公司质量提升和主业转型。支持上市公司通过吸收合并、定向增发、整体上市等方式进行资产优化重组，促进优质资源向上市公司集中，培育一批具有国际竞争力优势企业。对上市公司因重组做强而产生的过高成本，当地政府可根据实际情况参照改制上市政策予以适当减免或补助。

（六）充分发挥上市公司作用。上市公司是区域经济发展的中坚力量。要充分发挥上市公司对经济发展的支撑作用、示范作用和带动作用，拉大产业链，强化浙江省支柱产业优势。引导上市公司将募集资金用于改造提升传统产业和发展高新技术产业，增强自主创新能力，实现浙江省产业的全面转型升级。鼓励上市公司利用资本纽带，做大做强地方金融业、科技服务业、旅游业、商贸物流业，带动发展其它现代服务业。引导上市公司积极履行社会责任，在带动当地经济发展的同时，关注自然资源、生态环境、劳动者权益和社会慈善等，争做社会的示范和表率。

（七）加强对上市公司运行风险的防范和化解。各级政府要支持证券监管部门切实加强对上市公司的监管，承担起防范与化解本地上市公司风险的责任，加强上市公司控股权转让过程中的风险防范，建立健全上市公司风险防范和化解预警机制，切实提高上市公司质量，维护上市公司的经营秩序、财产安全和社会稳定。

四、加强证券中介机构建设，提高中介服务水平

（八）大力培育和发展省内证券中介机构。支持浙江省地方证券公司通过增资扩股、收购兼并等方式充实资本、增强实力。支持省内证券公司、会计师事务所、律师事务所、评估公司在省内企业上市过程中发挥主导性作用。建立和完善专业人才引进、培训机制，不断提高浙江省证券中介机构人员素质与能力。积极吸引省外中介机构来浙开展业务。本着“市场开放、公平竞争、健康有序”的要求，吸引省外优秀证券中介机构来浙江省开展业务，并为其创造条件，提供方便。

（九）不断完善对在浙江省开展上市融资业务的证券中介机构的评价和监督工作。建立中介机

构执业与诚信档案,及时通报和表彰优秀中介机构。选择一批资质好、执业质量高的证券中介机构,向浙江省上市重点培育企业宣传和推荐,为上市后备企业聘请中介机构提供咨询和便利。探索中介机构上市工作的责任追究机制,提高中介机构的诚信意识和社会公信力。对中介机构的不良行为,要及时通报,对严重失信、违法违规的中介机构,有关部门要加大监督力度,依法依规予以查处。

五、进一步加强组织领导,营造企业上市工作的良好环境

(十)加强组织领导。各级地方政府要将推动企业上市融资列入地方经济工作的重要议事日程,加强上市工作机构和队伍建设,完善机构职能,落实工作责任。省政府上市工作主管部门要加强对全省企业上市工作的统筹指导,协调处理企业改制上市及上市公司资产重组工作中的重大问题。为了进一步提高上市工作效率,增强部门间协同配合,省政府设立由金融、证监、财政、税务、发展改革、经贸、国资、国土资源、工商、环保、劳动保障等部门参加的企业上市工作联席会议制度,具体负责全省上市重点培育企业的确定以及上市过程中重大事项的协调。联席会议的日常工作由省金融办承担。

(十一)开辟绿色通道,提供高效服务。对进入上市程序的省级重点培育企业,省有关部门要结合各自职能,开辟“绿色通道”,在上市申报过程中予以优先办理,提供高效率的服务。工商部门在企业改制登记时,要着眼于加快企业上市,最大限度地帮助企业做好改制与上市的政策衔接工作;发展改革、环保、经贸等部门对企业上市融资项目立项、环评给予重点支持,时间上予以优先保障;国土资源、国资、劳动保障、经贸、财政、税务等部门要在各自职责范围内支持企业上市,合力营造企业上市的良好氛围。

关于加快工业转型升级的实施意见

为认真贯彻落实《中共浙江省委关于深入学习实践科学发展观加快转变经济发展方式推进经济转型升级的决定》(浙委[2008]88号),加快浙江省工业转型升级,提高工业综合实力、国际竞争力和可持续发展能力,特制订如下实施意见:

一、加快工业转型升级的总体要求和主要目标

(一)重要意义。改革开放以来,浙江省实现了从工业小省向工业大省的历史性跨越。工业成为浙江省具有竞争优势的产业领域、人民群众创业创新的主要阵地、区域经济发展的主要动力。但也必须清醒认识,由于国内外经济形势发生深刻变化,市场竞争更趋激烈,浙江省工业正面临着严峻的挑战,长期积累的结构性、素质性矛盾进一步凸现,一些新情况、新问题又亟待解决,原来以低端产业、低附加值产品、低层次技术、低价格竞争为主的发展路子难以为继。加快工业转型升级已刻不容缓,这是有效化解浙江省工业发展过程中各种困难和挑战的有效手段,是实现工业节约发展、清洁发展、安全发展、可持续发展的治本之策,也是推动浙江省经济发展方式转变的关键之举。必须看到,经济形势越严峻,工业发展越困难,同时也蕴藏着转型升级的先机,应当化挑战为机遇,化被动为主动,化压力为动力,把工业转型升级这项紧迫、艰巨而又长期的任务,放在经济全球化的大视野中,放在经济发展方式转变的大格局中,放在工业化和信息化融合、制造业和服务业互动的大背景下,深刻认识,科学规划,扎实推进。

(二)总体要求。以邓小平理论和"三个代表"重要思想为指导,全面贯彻落实科学发展观,深入实施"创业富民、创新强省"总战略,认真推进"全面小康六大行动计划",坚持走新型工业化道路,大力推动工业化和信息化融合,以创业创新为动力,科技进步为支撑,结构调整为主线,节能减排为导向,发展培育主导产业,改造提升传统产业,限制淘汰落后产能,加快工业结构优化升级和发展方式转变,把浙江省建设成为长三角地区全球重要的先进制造业基地,为全省转变经济发展方式、推进经济转型升级作出积极贡献。

(三)主要目标。确保工业平稳较快发展,工业发展方式转变取得明显成效,产业结构调整取得重大进展,为构建具有浙江特色的现代工业体系打下坚实基础,力争工业转型升级走在全国前列,加快实现工业发展动力从资源消耗为主向创新驱动为主转变,产业结构从低附加值的一般加工业为主向高附加值的先进制造业和高新技术产业为主转变,企业经营方式从粗放经营为主向集约经营为主转变,产业组织形态从传统块状经济为主向现代产业集群为主转变。到2012年,科技进步贡献率达55%,规模以上企业研发经费支出占销售收入比例达1.5%左右,新产品产值率达18%以上,高新技术产业、装备制造业增加值占工业增加值比重分别达到26%和32%,大中型企业综合经济指标达到上世纪九十年代末国际先进水平,资源利用和节能减排等指标继续保持国内先进水平,现代产业集群产值占工业总产值比重明显提高。

(四)基本原则。

——坚持"标本兼治、保稳促调"的方针,既努力化解当前面临的困难和问题,更着力解决长期积累的结构性、素质性矛盾,实现又好又快发展。

——坚持深化体制机制改革,继续扩大工业领域对内对外开放,不断增强工业转型升级的动力和活力。

——坚持把自主创新作为工业转型升级的中心环节,加大高新技术和先进适用技术的研发和应用推广力度,推动产业结构调整和发展方式转变。

——坚持发挥企业的主体作用,通过市场调节、政府引导、行业自律,形成倒逼机制,促进企业主动走转型升级之路。

——坚持增量投入和存量调整并举,既重视增量投入,又重视存量提升,用高水平的增量来激活和带动存量优化调整,增强工业发展后劲。

——坚持发挥政府在工业转型升级中的促进作用,加强规划引导、公共服务和政策扶持,着力营造有利于转型升级的发展环境。

二、加快工业结构优化升级

(五)大力发展装备制造业。认真贯彻落实省委、省政府《关于加快发展装备制造业的若干意见》(浙委[2007]76号),围绕替代进口、扩大出口、增强竞争力,抓住国内外市场机遇,提高核电、水电、火电、风电、太阳能发电等电站设备以及轨道交通设备、大型石化装备等重要领域装备的制造水平,积极发展先进纺织、轻工、医药、化工、农业等专业机械以及数控精密机床、节能环保装备。大力发展节能环保型轿车、中高档客车、专用车、特种车等整车及相关产业,做大做强发动机、自动变速箱、制动器总成及系统、离合器、传动系统等关键零部件。

(六)加快发展高新技术产业。按照重点突破、跨越发展、掌握核心技术的原则,加快实施一批高新技术产业项目,培育一批高新技术企业,发展一批高新技术产业群。力争到2012年,形成通信与网络设备、生物与新医药、电子元器件、仪器仪表、新能源、新材料、软件服务等7个重点优势产业,高新技术企业数量增长1倍以上。高水平规划建设国家级高新技术产业开发区和产业基地以及一批省级高新技术产业园和高新技术特色产业基地。

(七)积极发展先进临港工业。依托浙江省沿海岸线优势,有选择地发展先进临港工业,着力在石化、船舶、钢铁三个产业领域实施一批技术含量高、产业带动强、经济效益好、节能环保的重大项目,培育一批临港工业大型企业和产业基地。力争到2012年,全省先进临港工业增加值占工业比重达10%以上。初步形成与下游化工产业协调发展的临港石化产业体系;建成国内重要并在国际上具有一定影响的船舶制造、修理和配件生产基地;建成布局合理、装备先进、产业链相对完整的钢铁生产基地。

(八)加强传统产业技术改造。围绕传统优势产业的转型升级,继续实施"958"行业龙头企业技术赶超计划、万亿技改促升级计划和企业技术改造"双千工程",引导和扶持企业加大技术改造力度,加快实施一批投资规模和产业关联度大、技术水平高、市场前景好的重点技术改造项目,实现主要行业的技术装备达到国内领先水平。鼓励企业利用现有厂房、土地或通过淘汰落后生产能力腾出空间开展技术改造。加强技术改造与技术引进、技术创新的结合,引导企业加大引进技术的消化吸收再创新力度,实现省级重点技术改造项目引进技术投入与消化吸收再创新投入的比例达到国内先进水平。

(九)提高工业信息化水平。加强信息技术在工业领域的推广应用,促进企业生产经营各环节中信息技术的渗透融合,发挥信息化对工业发展的倍增作用。着力推进产品研发、设计的信息化,促进工业产品的更新换代,提高附加值和竞争力。推进生产装备与过程的信息化和自动化,提高工艺水

平和生产效率。推进企业管理的信息化，促进企业资源优化和管理水平提升。推进产品流通信息化，扩大企业电子商务应用，实施中小企业电子商务推进工程，支持中小企业利用浙江省重点培育的电子商务公共平台开展内外贸业务。

（十）推动传统块状经济向现代产业集群提升。加大龙头企业培育力度，进一步促进其在块状经济中发挥产品辐射、技术示范、信息扩散和营销网络等方面的核心带动作用。鼓励企业积极向产业链的上下游扩展，支持企业依托原有产业优势发展相关产业，引导企业围绕主导产品开展专业化分工协作，促进块状经济产业链的纵向延伸和横向拓展，提升块状经济的产业分工地位和整体竞争力。完善块状经济生产性服务体系，加快公共服务平台建设，为企业转型升级提供技术支持、检验检测、金融保险、信息咨询、资质认证、物流仓储、人才培训等服务。促进产业和企业向开发区、工业园区和乡镇工业功能区集聚，使各类园区成为产业集群的核心区域。选择一批块状经济比较发达的县（市、区）作为全省培育现代产业集群示范点。

（十一）限制和淘汰落后生产能力。对不符合有关法律法规规定，严重浪费资源、污染环境、不具备安全生产条件的工艺技术、装备及产品等落后生产能力，采取限制和淘汰措施。对可以改造升级的，要求企业在一定期限内通过改造达到有关规定的要求；对难以改造升级的坚决予以限期淘汰，对不按期淘汰落后生产能力的企业，依据有关法律法规责令其停产或予以关闭。

三、促进工业发展方式转变

（十二）加强技术创新。充分利用省内外科技和人才资源，加快建设以企业为主体、市场为导向、产学研结合的区域创新体系。着力提高企业自主创新能力，推动创新资源向企业集聚，依托大企业建设一批国家级和省级企业技术中心、工程研究中心及重点实验室。鼓励企业与高等院校、科研院所联合建设实验室、研发中心、技术联盟等创新组织。积极引进大院名校来浙江省建设创新载体，充分发挥社会各方力量建设科技基础条件平台、行业创新平台、区域创新平台。引导和支持各类创新主体加强原始创新、集成创新和引进消化吸收再创新，着力开发专利技术，提高发明专利的数量和比重，加强对现有专利技术的利用和产业化，重视对过期专利技术资源的再利用、再开发。进一步创新浙江网上技术市场功能，发挥其在信息发布、产学研对接、成果转让中的积极作用，促进科技成果产业化。发挥政府的牵头协调作用，密切产学研合作，每年组织实施一批共性技术、关键技术、前沿技术的联合攻关专项。加大对专利侵权违法行为的打击力度。

（十三）加强产品创新。引导企业以市场需求为导向，加快研究开发并投产一批有自主知识产权、有自有知名品牌、有较高附加值、有市场竞争力的新产品，尤其是高新技术新产品和重大装备国产化首台（套）产品，促进浙江省产品由产业链低端向产业链高端提升、由价值链低位向价值链高位提升。重视传统产品的二次创新，引导企业以技术创新为支撑，提高研发设计水平，在技术、工艺、款式、性能、品种、品牌、包装等方面开展差别化竞争，提高非价格竞争力。

（十四）加强品牌创新。深入推进品牌战略，支持企业创建全国乃至国际知名品牌，鼓励有条件的企业依托品牌优势，采取收购、兼并、控股、联合以及委托加工等方式，整合众多无牌加工企业的生产能力。依托块状经济，鼓励行业协会、龙头企业牵头或由中小企业合作，共同打造专业商标品牌基地，推广应用地理标志证明商标、集体商标，开展地理标志产品保护，努力培育知名区域品牌。鼓励有条件的企业购买国外品牌。深入推进质量振兴战略，引导和督促企业加强质量管理，提高产品质量，夯实创建名牌的质量基础。深入推进标准化战略，鼓励并支持企业参与国内外标准制（修）订工作，争取为主承担更多的行业标准、国家标准和国际标准的制（修）订；督促企业严格执行强制性标准，引导企业制定并执行严于推荐性标准的产品标准，积极采用国际标准和国外先进标准。力争到2012年，规模以上工业企业重点产品采用国际标准和国外先进标准的比重提高到95%以上。加强质量、标准、认证等公共平台建设,为企业提高产品质量、争创名牌提供强有力的技术保障。

(十五)加强管理创新。发挥企业家在企业管理创新中的核心作用,引导企业家树立现代管理理念,带领企业构建以创新为核心的企业文化。引导企业建立符合现代企业制度要求、适应本企业实际和发展需要的企业组织形式和法人治理结构。引导企业全面提高战略规划、生产组织、技术开发、财务管理、市场营销、售后服务等基础性管理水平,夯实管理创新基础。引导有制造优势的企业努力向研发设计和品牌营销两端延伸,加快从单纯生产型向“生产 + 服务”型转变。鼓励支持具有研发、设计和品牌、营销网络优势的企业,从制造主导型向服务主导型转变,带动加工制造企业共同发展。针对不同行业特点和企业规模,开展百家企业现代企业制度建设示范活动,培育一批管理创新示范企业,总结行之有效的管理模式和经验,及时向全省企业推广。

(十六)加强开放创新。进一步加大招商选资力度,重点引进跨国公司、中央企业和兄弟省市大型知名企业,引进高新技术产业、高端制造环节和研究开发基地项目,引进先进技术、先进管理和高层次人才。鼓励浙江省企业在与跨国公司开展技术、加工配套合作的基础上,提高产业分工地位,向全球产业链高端提升。进一步推动企业“走出去”,到境外建立生产基地,设立研发机构,拓展营销网络,开展境外加工贸易和资源开发。深化国际科技合作,加强科技人员和成果交流,积极引进国外创新资源。支持企业抓住长三角地区一体化以及西部大开发、东北等老工业基地振兴和中部崛起的良好机遇,加强经济技术合作交流。优化工业品出口结构,扩大高技术、高附加值和自主知识产权产品出口,提高产品的国际竞争力。

(十七)加强人力资源开发创新。结合学习实践科学发展观活动,用两年时间,在全省所有企业中分别由省、市、县(市、区)分级分批开展企业家增强创业创新和现代经营管理能力轮训,提高企业家队伍素质。坚持培养和引进相结合,积极利用国际国内智力资源,加快构建一批以工业创新领军人才为核心的创新团队和一支以高层次企业经营管理人才、中高级专业技术人才为骨干的工业高层次专业人才队伍。深入实施高技能人才培训工程,积极推动校企合作,大力发展职业教育;依托中高职院校、技工学校、大型企业,加快建设一批省级高技能人才实训基地;督促企业加大员工培训的投入,广泛开展各种形式的岗位练兵和职业技能竞赛,抓紧培养一支以中高级技工为骨干的高技能人才队伍。

(十八)加强企业组织结构创新。着力培育一批主业突出、核心竞争力强的大公司大集团,一批专精特新的行业龙头企业,一批拥有自主知识产权和自主品牌的创新型企业,使其成为引领浙江省工业转型升级的重点骨干企业。鼓励重点骨干企业在国内外开展多种形式的购并或跨区域联合重组,加快做大做强,支持有条件的重点骨干企业向跨国公司发展。推动中小企业向专业化生产、精益化管理、自主化创新、集约化经营、信息化带动、品牌化运作等方向发展,着力抓好千家成长型中小企业、千家科技型中小企业和千家初创型小企业的培育工作,示范带动面上中小企业转型升级。支持中小企业通过行业协会、企业联盟、协作配套等方式开展合作。

(十九)加强节能减排方式创新。深化工业循环经济试点活动,减量、循环、高效利用资源,创建循环型产业集群、工业园区和企业。培育一批清洁生产示范企业,在发电、热力、电镀、医药、化工、造纸、印染、皮革等行业和工业园区内高资源消耗、高污染企业全面推行清洁生产模式,促进企业污染排放从原料投放、生产过程到末端控制的全过程治理。围绕十大重点节能工程,加快重点耗能行业节能技术改造,每年实施一批重大技术推广和示范项目。大力开展节电、节地、节水、节油、节材等资源节约和综合利用活动,深入实施工业污染防治工程。严格禁止投资建设不符合产业政策的高耗能、高污染项目,严格执行高耗能、高污染工艺、设备及生产能力等限期淘汰制度。建立健全节能减排目标责任评价、考核和奖惩制度。对各地和重点耗能企业实行分级分类考核,对超额完成节能考核目标的市,省政府按超额部分的节能量给予一定金额的奖励;对节能考核结果为未完成的市,省政府按未完成的节能量处以相应金额的处罚，省有关部门暂停对该地区新建高耗能项目的核准和审批；对列入省政府考核范围，考核结果为未完成等级的企业，禁止其新上高耗能项目，不得享受次年度政府各项优惠政策的申报资格。

（二十）加强生产性服务业发展创新。鼓励大公司大集团的研究开发、仓储物流、市场营销、后勤保障等非制造环节，在满足本企业生产经营所需的同时，为其他企业提供服务；支持有条件的企业，分离非制造环节单独组建独立法人企业。深化生产和服务企业的专业化分工，支持工业企业将生产辅助服务、售后服务、生活服务等外包给社会专业化服务企业。积极发展主要面向中小企业的科技咨询、管理咨询、商务服务、检测认证、设备租赁、会展服务、品牌策划、人才培训等生产性服务企业。支持金融机构服务创新，形成以信贷支持为主，现金管理、财务规划、咨询顾问、风险管理综合配套的金融服务体系。以各类软件与信息服务业园、科技创业园、动漫和创意产业园、现代物流园和中央商务区为重点，在中心城市大力发展一批生产性服务业集聚区。

四、加快工业转型升级的政策措施

（二十一）做好工业转型升级的统筹规划。按照发展培育一批、改造提升一批、限制淘汰一批的产业结构优化升级要求，排出一批重点行业，逐个制订转型升级的实施方案，明确目标定位、总体布局、发展导向以及相应的配套措施。加强各重点行业转型升级实施方案与国民经济和社会发展规划、土地利用总体规划、城乡规划、主体功能区规划及三大产业带规划等其他规划的衔接。做好各类园区发展规划的研究、修编和实施工作。抓好重大基础设施的规划建设工作，充分考虑工业转型升级和发展的需要，前瞻性规划并建设一批能源、交通、物流、污水处理等重大基础设施。

（二十二）推进重大工业投资项目实施。大力推进千亿产业提升工程，每年编制重大工业项目年度计划，按照综合管理和对口管理相结合的原则，推动企业抓紧实施一批对全省经济发展方式转变和产业结构优化升级有积极促进作用的重大工业项目。建立省政府重大工业项目推进协调机制，不定期组织召开专题协调会，及时研究解决产业规划、空间布局、招商引资、项目前期及建设中的突出问题。项目所在地政府要建立重大工业项目建设责任制，实行政府领导分工负责制，组建相应工作班子，加快项目实施进度。

（二十三）加大对工业转型升级的财政扶持力度。统筹安排省级部门现有工业类、科技类财政性资金，加大整合力度，建立统一的工业转型升级专项资金，在原有资金整合基础上，2009 年再增加 2 亿元，重点用于企业技术改造贴息，以推动企业产品创新、技术创新、管理创新、节约能源资源、减少污染排放和引进培育人才等；省级财政科技投入的增长幅度明显高于经常性财政收入的增长幅度。对欠发达和海岛地区工业转型升级重点项目予以支持。各地要加大对工业转型升级的财政扶持力度。

（二十四）加大对工业转型升级的金融支持力度。优先支持符合转型升级方向的企业在境内外上市，发行债券、短期融资券、中期票据以及上市公司再融资。建立政府与金融机构的沟通协调机制，搭建银企对接合作平台，主动向金融机构推荐符合浙江省工业转型升级要求的工业项目，促进金融机构加大信贷支持力度。支持金融创新，探索开展出口退税、保单、仓单以及知识产权等质押贷款，规范发展股权质押贷款。省财政每年安排一定的中小企业信用担保和风险补偿专项资金，用于引导和支持中小企业信用担保机构和区域性再担保机构发展。省政府设立创业投资引导资金，用于支持在浙江省境内从事创业投资的企业以及初创期科技型中小企业。鼓励民间设立创业投资、风险投资机构，开展对高技术创业型企业的投资。鼓励设立产业投资基金，参与对浙江省鼓励发展产业领域的股权投资。

（二十五）认真落实工业转型升级的税费减免优惠政策。

企业自主创新和技术进步方面:认真宣传贯彻并落实企业研究开发费用加计扣除政策。企业为自主创新活动而引进专利技术,其用于研发活动的专利技术摊销费用可纳入研究开发费用范围。企业的固定资产由于技术进步原因,确需加速折旧的,可以缩短折旧年限或者采取加速折旧的方法。从2009年1月1日起,企业(增值税一般纳税人)可抵扣其购进机器设备所含的增值税。引导企业充分用足用好国家鼓励进口设备的减免税政策。

高新技术产业发展方面:对经认定的高新技术企业,减按15%的税率征收企业所得税。创业投资企业采取股权投资方式投资于未上市的中小高新技术企业2年以上的,可以按照其投资额的70%在股权持有满2年的当年抵扣该创业投资企业的应纳税所得额;当年不足抵扣的,可以在以后纳税年度结转抵扣。对新开办的高新技术企业,自设立之日起3年内,报经地税部门批准,可免征水利建设专项资金。

中小企业发展方面:对从事国家非限制和禁止行业,符合条件的小型微利企业,减按20%的税率征收企业所得税。从2009年1月1日起,增值税小规模纳税人的征收率统一下调到3%。对向规模以下小企业特别是初创型小企业出租标准厂房的出租方,按规定纳税确有困难的,可按税收管理权限报税务机关审批后给予减免房产税的照顾。对为中小企业提供公共服务,非营利性的科研、咨询、检测等机构,允许其注册为民办非企业法人单位。

节能减排和安全生产方面:认真落实国家关于企业购置并实际使用环境保护、节能节水、安全生产设备投资额抵扣应纳所得税额,企业从事环境保护、节能节水项目所得免征、减征企业所得税,以及企业资源综合利用收入减计收入总额等方面的所得税优惠政策,对符合条件的资源综合利用企业以及购置并实际使用环境保护、节能节水和安全生产专用设备的企业,经批准可减征或免征水利建设专项资金。

工业用地节约集约利用方面:鼓励企业"零增地"技改,对企业利用老厂房翻建多层厂房和利用厂内空地建造三层以上厂房,其需缴纳的土地出让金和城镇基础设施建设配套费的地方留成部分,经批准可予减征或免交;建成使用后次月起3年内,按规定纳税确有困难的,可按税收管理权限报经税务机关批准,给予减免房产税照顾。

(二十六)加强工业转型升级的用地保障。支持各地在保护生态的前提下,合理开发利用低丘缓坡和滩涂资源,拓展工业发展的用地空间,努力减少耕地占用,提高产出率。按照工业转型升级的要求,在数量和结构上确保工业用地的科学合理供应,对重点工业项目,各地要在省切块下达的指标中优先安排;对事关全省经济结构调整和产业优化升级全局的省重大工业项目,地方安排用地指标确有困难的,省给予适当支持。各地在新一轮土地利用总体规划修编中,应科学合理规划好各类用地,对开发区、工业园区、乡镇工业功能区内现有土地进行整合,优化配置土地资源,以充分提高土地的节约集约利用水平。

(二十七)营造有利于创业创新的人才环境。省政府每年表彰一批创新型企业和创业创新优秀企业家。对企业引进国内外技术研发前沿的创新团队领军人才,在省级重大科技项目、重大工程项目和重点技术创新项目安排上,给予优先支持。支持各地通过商业保险等途径,为在企业从事技术开发的高层次人才建立补充养老、医疗保险。各地要通过增加财政投入、优化城市教育费附加使用和表彰奖励等,鼓励支持企业培养高技能人才。鼓励事业单位人员自主创业或到企业工作,支持高校毕业生自主创业。各地要进一步加大投入,抓紧建设一批人才公寓。

(二十八)改进政府对企业的服务。加强煤电油运的综合协调,切实保障煤电油的正常供应和重要物资的正常运输,为企业生产经营创造良好条件。加强工业经济运行状况的监测分析,完善产业指导信息发布制度,加大涉企政策宣传力度,引导企业生产经营以及各地工业转型升级。继续转变政府职能,深化行政审批制度改革,依法减少审批事项,简化审批程序,下放审批权限,探索推行行政审批全程代理制度。进一步规范涉企收费和行政执法行为,切实减轻企业负担。推动行业协会规范发展,进一步发挥其在贯彻国家法律法规和政府决策部署、促进行业转型升级、加强行业协调和自律、维护企业合法权益、提供优质便利服务等方面的积极作用。

(二十九)加强对困难行业和企业的指导与帮助。结合学习实践科学发展观活动,全面深化企业服务年活动,组织机关干部下基层、下企业,帮助企业解决生产经营中遇到的实际困难,指导企业转型升级。对困难行业中暂时亏损的企业,可根据法律法规给予一定期限的税款缓缴,对其需缴纳的行政事业性收费各地可酌情给予适当减免。对暂时亏损,但有订单、还款有保证的出口生产企业,金融机构要运用封闭贷款加以支持。各地要加强对企业资金链的监控,建立应急互助基金,视情为因资金周转困难诱发资金链断裂的重点企业提供应急资金,帮助企业解决临时周转和短期保障。积极推动企业兼并重组,对符合规定条件的重组,可暂不确认有关资产的转让所得或损失;认真落实国家出台的财税、金融、贸易、产业、收费等支持企业兼并重组的政策措施。对长期亏损、扭亏无望的企业,各地要帮助企业平稳有序退出。

(三十)加强对各行业转型升级的指导和支持。加强与国家发改委、科技部、工业和信息化部、中国科学院、中国工程院等国家有关部门的协作,建立健全部省指导联系和会商制度,积极争取国家有关部门加大对浙江省的政策支持力度。根据工业转型升级的需要,组织一批国家级行业协会、中国科学院和中国工程院院士、科研机构、高校以及国外高层次创新人才(包括留学归国人才)组成指导和支撑力量,参与推动浙江省工业各行业的转型升级。开展科技帮扶促调活动,组织科技人员为企业提供技术培训、专利申报、新产品开发等指导和服务。

(三十一)设立省科技发展战略研究机构和建设省工业科研创新基地。设立省科技发展战略研究机构,加强对国内外科技发展趋势和动态的前瞻性、战略性研究,为全省工业转型升级和产业技术进步提供宏观指导。加快省工业科研创新基地建设,引进国内外高水平工业科研机构,创新管理体制和运行机制,集聚优质科技资源,激活各类创新要素,加强产学研合作,支持科研院所到块状经济集聚区设立创新平台,增强工业自主创新能力,加快科技成果产业化,推动行业转型和产品升级。

(三十二)形成合力推动工业转型升级的工作机制。各地要切实加强对本地区工业转型升级工作的组织领导。省级有关部门要各司其职,各负其责,加强协调,密切配合,形成推动工业转型升级的合力。省政府将工业转型升级目标任务分解到各市及省级有关部门。从2009年起,省政府每年对各市工业转型升级进展情况进行评估,对各市政府和省级有关部门推进工业转型升级的重点工作任务及其成效适时开展督查,评估结果和督查情况及时向全省通报。为加强对全省工业转型升级工作的组织协调,将省先进制造业基地建设工作协调小组更名为省工业转型升级领导小组。各地也要建立健全相应的组织协调机制。

各地和省级有关部门要认真做好本实施意见的贯彻落实工作。各市、县(市、区)政府要结合本地实际,明确工业转型升级的总体要求和目标任务,制订具体实施办法和政策措施;省级有关部门要结合自身职责,制订相应的具体实施办法和配套措施。

第五篇
经济社会发展重要指标

表 5－1　长三角地区国民经济和社会发展总量与速度指标(2008 年)

指　标	长三角	上海市	江苏省	浙江省
人口与就业				
人口(万人)				
年末人口	14 252.81	1 888.46	7 676.5	4 687.85
就业(万人)				
就业人数	9 188.66	1 053.24	4 648.89	3 486.53
宏观经济				
国民核算(亿元)				
地区生产总值	65 497.68	13 698.15	30 312.61	21 486.92
第一产业	3 307.23	111.8	2 100	1 095.43
第二产业	34 480.06	6 235.92	16 663.81	11 580.33
第三产业	27 710.39	7 350.43	11 548.8	8 811.16
固定资产投资(亿元)				
全社会固定资产投资总额	29 212.9	4 829.45	15 060.45	9 323
财政(亿元)				
财政收入	18 372.69	7 532.91	7 109.72	3 730.06
地方财政支出	8 073.75	2 617.68	3 247.49	2 208.58
物价(上年＝100)				
居民消费价格指数		105.8	105.4	105
国内商业				
社会消费品零售总额(亿元)	21 640.29	4 537.14	9 661.4	7 441.75
对外经济贸易和旅游				
进出口总额(亿美元)	9 255.15	3 221.38	3 922.68	2 111.09
出口	5 616.53	1 693.5	2 380.36	1 542.67
教育、科技、文化				
教育				
高等学校本专科在校学生(万人)	294.35	50.29	157.26	86.8
普通中学在校学生(万人)	759.72	61.77	428.15	269.8
小学在校学生(万人)	799.43	59.06	408.07	332.3
文化				
图书出版量(亿册)	10.66	2.64	5.06	2.96
杂志出版量(万册)	36 059	19 000	9 652	7 407
报纸出版量(亿份)	75.05	17.24	27.94	29.87
家庭、生活、环境				
家庭				
生活				
城镇居民人均可支配收入(元)	22 694	26 675	18 680	22 727
农村居民人均纯收入(元)	9 333.33	11 385	7 357	9 258

表 5－2　长三角地区国民经济和社会发展结构指标(2008 年)

指　标	上海市	江苏省	浙江省
人口与就业			
人　口			
城乡结构			
城镇	12.5	54.3	57.6
乡村	87.5	45.7	42.4
性别结构			
男	50.0	50.0	51.0
女	50.0	50.0	49.0
就　业			
产业结构			
第一产业	4.9	26.3	19.2
第二产业	40.3	35.6	47.6
第三产业	54.8	38.1	33.2
宏观经济			
国民核算			
地区生产总值产业结构			
第一产业	0.8	6.9	5.1
第二产业	45.5	55.0	53.9
第三产业	53.7	38.1	41.0
产业经济			
工　业			
工业产值按轻重分			
轻工业	22.7	27.0	41.5
重工业	77.3	73.0	58.5
运输业			
货运量结构			
铁路	1.2	3.1	2.1

（续表）

指　标	上海市	江苏省	浙江省
公路	47.8	66.3	65.4
水运	50.7	25.7	32.5
对外经济贸易和国际旅游			
海外旅游人数结构			
外国人	79.2	72.8	67.8
港澳台同胞	20.8	27.2	32.2
教育、科技、文化			
教　育			
在校学生结构			
大学生	29.4	14.3	11.5
中学生	36.1	48.6	44.7
小学生	34.5	37.1	43.8
专任教师结构			
大学	34.8	14.2	11.3
中学	40.9	48.1	49.1
小学	24.3	37.7	39.6
生活、环境			
生　活			
城镇居民消费结构			
食品	36.6	37.9	36.4
衣着	7.9	9.7	10.2
居住	8.5	8.7	8.8
其他	47	43.7	44.6
农村居民消费结构			
食品	40.9	41.3	38.0
衣着	5.1	5.2	6.2
居住	19.8	16.1	20.2
其他	34.2	37.4	35.6

表5－3　长三角地区主要年份地区生产总值按当年价格计算

单位:亿元

年　份	长三角	上海市	江苏省	浙江省
1978	645.77	272.81	249.24	123.72
1979	742.73	286.43	298.55	157.75
1980	811.61	311.89	319.8	179.92
1981	879.64	324.76	350.02	204.86
1982	961.25	337.07	390.17	234.01
1983	1 046.55	351.81	437.65	257.09
1984	1 232.95	390.85	518.85	323.25
1985	1 547.73	466.75	651.82	429.16
1986	1 738.24	490.83	744.94	502.47
1987	2 074.78	545.46	922.33	606.99
1988	2 627.4	648.3	1 208.85	770.25
1989	2 867.83	696.54	1 321.85	849.44
1990	3 102.85	781.66	1 416.5	904.69
1991	3 584.48	893.77	1 601.38	1 089.33
1992	4 626.04	1 114.32	2 136.02	1 375.7
1993	6 443.3	1 519.23	2 998.16	1 925.91
1994	8 737.53	1 990.86	4 057.39	2 689.28
1995	11 212.23	2 499.43	5 155.25	3 557.55
1996	13 150.29	2 957.55	6 004.21	4 188.53
1997	14 805.24	3 438.79	6 680.34	4 686.11
1998	16 053.66	3 801.09	7 199.95	5 052.62
1999	17 330.47	4 188.73	7 697.82	5 443.92
2000	19 465.89	4 771.17	8 553.69	6 141.03
2001	21 565.3	5 210.12	9 456.84	6 898.34
2002	24 351.55	5 741.03	10 606.85	8 003.67
2003	28 842.12	6 694.23	12 442.87	9 705.02
2004	34 725.13	8 072.83	15 003.6	11 648.7
2005	40 897.69	9 154.18	18 305.66	13 437.85
2006	47 753.96	10 366.37	21 645.08	15 742.51
2007	56 710.44	12 188.85	25 741.15	18 780.44
2008	65 497.68	13 698.15	30 312.61	21 486.92

表 5－4　长三角地区主要年份第一产业生产总值

单位:亿元(按当年价格计算)

年　份	长三角	上海市	江苏省	浙江省
1978	126.8	11	68.71	47.09
1979	182.99	11.39	104.04	67.56
1980	168.95	10.1	94.24	64.61
1981	189.03	10.58	109.39	69.06
1982	233.34	13.31	135.15	84.88
1983	246.82	13.52	150.41	82.89
1984	300.66	17.26	179	104.4
1985	339.07	19.53	195.66	123.88
1986	380.24	19.69	224.26	136.29
1987	427.87	21.6	246.86	159.41
1988	542.22	27.36	319.18	195.68
1989	564.76	29.63	324.18	210.95
1990	644.45	34.24	355.17	255.04
1991	624.42	34.06	345.14	245.22
1992	690.65	34.16	393.82	262.67
1993	844.38	37.82	490.59	315.97
1994	1 170.24	47.61	683.98	438.65
1995	1 476.02	59.82	866.24	549.96
1996	1 652.84	68.72	989.18	594.94
1997	1 726.73	72.03	1 035.8	618.9
1998	1 730.3	73.84	1 047.16	609.3
1999	1 718.17	74.49	1 037.37	606.31
2000	1 756	76.68	1 048.34	630.98
2001	1 832.26	78	1 094.48	659.78
2002	1 875.32	79.68	1 110.44	685.2
2003	1 961.32	81.02	1 162.45	717.85
2004	2 265.13	83.45	1 367.58	814.1
2005	2 434.65	80.34	1 461.48	892.83
2006	2 563.91	93.8	1 545.01	925.1
2007	2 904.1	101.84	1 816.24	986.02
2008	3 307.23	111.8	2 100.00	1 095.43

表 5－5　长三角地区主要年份第二产业生产总值

单位:亿元(按当年价格计算)

年　份	长三角	上海	江苏	浙江
1978	395. 66	211. 05	131. 09	53. 52
1979	426. 42	221. 21	141. 14	64. 07
1980	487. 58	236. 1	167. 41	84. 07
1981	516. 43	244. 34	178. 01	94. 08
1982	533. 28	249. 32	185. 52	98. 44
1983	579. 25	255. 32	210. 81	113. 12
1984	667. 24	275. 37	250. 39	141. 48
1985	864. 1	325. 63	339. 56	198. 91
1986	943. 23	336. 02	376. 32	230. 89
1987	1 129. 54	354. 38	493. 69	281. 47
1988	1 374. 26	433. 05	586. 82	354. 39
1989	1 509. 49	466. 18	657. 06	386. 25
1990	1 606. 37	505. 6	692. 59	408. 18
1991	1 838. 67	550. 64	793. 92	494. 11
1992	2 450. 08	677. 39	1 119. 26	653. 43
1993	3 484. 39	902. 38	1 598. 05	983. 96
1994	4 733. 34	1 148. 45	2 186. 77	1 398. 12
1995	5 989. 19	1 419. 41	2 715. 26	1 854. 52
1996	6 903. 01	1 596. 72	3 074. 12	2 232. 17
1997	7 740. 45	1 774. 02	3 411. 86	2 554. 57
1998	8 278. 94	1 871. 89	3 640. 1	2 766. 95
1999	8 879. 53	1 984. 64	3 920. 15	2 974. 74
2000	9 917. 45	2 207. 63	4 435. 89	3 273. 93
2001	10 883. 52	2 403. 18	4 907. 46	3 572. 88
2002	12 317. 42	2 622. 45	5 604. 49	4 090. 48
2003	15 092. 51	3 209. 02	6 787. 11	5 096. 38
2004	18 580. 49	3 892. 12	8 437. 99	6 250. 38
2005	21 974. 11	4 452. 92	10 355. 04	7 166. 15
2006	25 788. 78	5 028. 37	12 250. 84	8 509. 57
2007	30 133. 36	5 678. 51	14 306. 40	10 148. 45
2008	34 480. 06	6 235. 92	16 663. 81	11 580. 33

表 5－6　长三角地区主要年份第三产业生产总值

单位:亿元(按当年价格计算)

年　份	长三角	上海	江苏	浙江
1978	123.31	50.76	49.44	23.11
1979	133.32	53.83	53.37	26.12
1980	155.08	65.69	58.15	31.24
1981	173.58	69.84	62.62	41.12
1982	194.63	74.44	69.5	50.69
1983	220.48	82.97	76.43	61.08
1984	265.05	98.22	89.46	77.37
1985	344.56	121.59	116.6	106.37
1986	414.77	135.12	144.36	135.29
1987	507.37	159.48	181.78	166.11
1988	710.92	187.89	302.85	220.18
1989	793.58	200.73	340.61	252.24
1990	882.03	241.82	368.74	271.47
1991	1 121.39	309.07	462.32	350
1992	1 485.31	402.77	622.94	459.6
1993	2 114.54	579.03	909.52	625.99
1994	2 833.96	794.8	1 186.64	852.52
1995	2 726.82	1020.2	1 573.75	1 153.07
1996	3 302.34	1292.11	1 940.91	1 361.43
1997	3 745.32	1592.74	2 232.68	1 512.64
1998	4 189.07	1855.36	2 512.69	1 676.38
1999	4 603.17	2129.6	2 740.3	1 862.87
2000	5 305.58	2486.86	3 069.46	2 236.12
2001	6 120.58	2728.94	3 454.9	2 665.68
2002	7 119.91	3038.9	3 891.92	3 227.99
2003	8 384.1	3404.19	4 493.31	3 890.79
2004	9 782.25	4097.26	5 198.03	4 584.22
2005	11 868.01	4620.92	6 489.14	5 378.87
2006	14 157.07	5244.2	7 849.23	6 307.84
2007	23 672.98	6 408.5	9 618.51	7 645.97
2008	27 710.39	7 350.43	11 548.8	8 811.16

表 5-7 长三角地区主要年份工业生产总值

单位:亿元(按当年价格计算)

年 份	长三角	上海	江苏	浙江
1978	371.54	207.47	117.1	46.97
1979	398.46	216.62	126.25	55.59
1980	455.8	230.87	151.22	73.71
1981	482.31	237.12	161.11	84.08
1982	496.05	240.75	168.09	87.21
1983	540.33	246.26	191.52	102.55
1984	619.68	263.19	228.58	127.91
1985	797.69	311.12	307.89	178.68
1986	863.29	318.89	337.77	206.63
1987	1 029.46	336.54	443.23	249.69
1988	1 241.81	399.53	526.92	315.36
1989	1 379.33	432.92	599.91	346.5
1990	1 467.7	469.83	634.13	363.74
1991	1 678.98	514.79	725.83	438.36
1992	2 236.35	636.68	1 017.94	581.73
1993	3 174.94	846.71	1 451.97	876.26
1994	4 319.96	1 074.37	2 002.22	1 243.37
1995	5 421.34	1 308.2	2 467.63	1 645.51
1996	6 191.49	1 452.79	2 754.8	1 983.9
1997	6 900.59	1 598.91	3 016.44	2 285.24
1998	7 312.85	1 670.19	3 157.69	2 484.97
1999	7 855.65	1 787.98	3 387.99	2 679.68
2000	8 793.18	1 998.96	3 848.52	2 945.7
2001	9 619.57	2 166.74	4 270.9	3 181.93
2002	10 888.95	2 368.02	4 880.09	3 640.84
2003	13 408.86	2 941.24	6 004.65	4 462.97
2004	16 598.97	3 593.25	7 514.39	5 491.33
2005	19 813.56	4 129.52	9 334.7	6 349.34
2006	23 370.92	4 670.11	11 110.24	7 590.57
2007	27 410.57	5 298.08	13 016.84	9 095.65
2008	31 213.74	5 784.99	15 068.98	10 359.77

表5－8　长三角地区主要年份建筑业生产总值

单位:亿元(按当年价格计算)

年　份	长三角	上海	江苏	浙江
1978	24.12	3.58	13.99	6.55
1979	27.96	4.59	14.89	8.48
1980	31.78	5.23	16.19	10.36
1981	34.72	7.22	16.9	10.6
1982	37.23	8.57	17.43	11.23
1983	38.92	9.06	19.29	10.57
1984	47.56	12.18	21.81	13.57
1985	66.41	14.51	31.67	20.23
1986	79.94	17.13	38.55	24.26
1987	110.08	27.84	50.46	31.78
1988	132.45	33.52	59.9	39.03
1989	130.16	33.26	57.15	39.75
1990	138.67	35.77	58.46	44.44
1991	159.69	35.85	68.09	55.75
1992	213.73	40.71	101.32	71.7
1993	309.45	55.67	146.08	107.7
1994	413.38	74.08	184.55	154.75
1995	567.85	111.21	247.63	209.01
1996	711.52	143.93	319.32	248.27
1997	839.86	175.11	395.42	269.33
1998	966.08	201.7	482.41	281.97
1999	1 023.88	196.66	532.16	295.06
2000	1 124.27	208.67	587.37	328.23
2001	1 263.94	236.44	636.56	390.94
2002	1 428.47	254.43	724.4	449.64
2003	1 683.66	267.78	782.46	633.42
2004	1 981.52	298.87	923.6	759.05
2005	2 160.55	323.4	1 020.34	816.81
2006	2 417.85	358.25	1 140.6	919.0
2007	2 722.79	380.43	1 289.56	1 052.8
2008	3 266.32	450.93	1 594.83	1 220.56

表5－9　长三角地区主要年份地区生产总值中第一产业比重

单位:%(按当年价格计算)

	长三角	上海市	江苏省	浙江省
1978	19.6	4	27.6	38.1
1979	24.6	4	34.8	42.8
1980	20.8	3.2	29.5	35.9
1981	21.5	3.3	31.3	33.7
1982	24.3	3.9	34.6	36.3
1983	23.6	3.8	34.4	32.2
1984	24.4	4.4	34.5	32.3
1985	21.9	4.2	30	28.9
1986	21.9	4	30.1	27.1
1987	20.6	4	26.8	26.3
1988	20.6	4.2	26.4	25.4
1989	19.7	4.3	24.5	24.8
1990	20.8	4.4	25.1	24.9
1991	17.4	3.8	21.5	22.5
1992	14.9	3.1	18.4	19.1
1993	13.1	2.5	16.4	16.4
1994	13.4	2.4	16.9	16.3
1995	13.2	2.4	16.8	15.5
1996	12.6	2.3	16.5	14.2
1997	11.7	2.1	15.5	13.2
1998	10.8	1.9	14.5	12.1
1999	9.9	1.8	13.5	11.1
2000	9.0	1.6	12.2	10.3
2001	8.5	1.5	11.6	9.6
2002	7.7	1.4	10.5	8.6
2003	6.8	1.2	9.3	7.4
2004	6.5	1	9.1	7
2005	6.0	0.9	8	6.6
2006	5.4	0.9	7.1	5.9
2007	5.1	0.8	7.0	5.3
2008	5.0	0.8	6.9	5.1

表 5－10　长三角地区主要年份地区生产总值中第二产业比重

单位：%（按当年价格计算）

	长三角	上海市	江苏省	浙江省
1978	61.3	77.4	52.6	43.3
1979	57.4	77.2	47.3	40.6
1980	60.1	75.7	52.3	46.7
1981	58.7	75.2	50.8	46.2
1982	55.5	74	47.6	42.1
1983	55.3	72.6	48.2	44
1984	54.1	70.5	48.3	43.8
1985	55.8	69.8	52.1	46.3
1986	54.3	68.5	50.5	46
1987	54.4	66.8	53.5	46.4
1988	52.3	66.8	48.5	46
1989	52.6	66.9	49.7	45.5
1990	51.8	64.7	48.9	45.1
1991	51.3	61.6	49.6	45.4
1992	53	60.8	52.4	47.5
1993	54.1	59.4	53.3	51.1
1994	54.2	57.7	53.9	52
1995	53.4	56.8	52.7	52.1
1996	52.5	54	51.2	53.3
1997	52.3	51.6	51.1	54.5
1998	51.6	49.3	50.6	54.8
1999	51.2	47.4	50.9	54.6
2000	50.9	46.3	51.9	53.3
2001	50.5	46.1	51.9	51.8
2002	50.6	45.7	52.8	51.1
2003	52.3	47.9	54.6	52.5
2004	53.5	48.2	56.3	53.6
2005	53.7	48.6	56.6	53.4
2006	53.9	48.5	56.6	54.0
2007	53.1	46.6	55.6	54.0
2008	52.6	45.5	55.0	53.9

表 5－11　长三角地区主要年份地区生产总值中第三产业比重

单位:%(按当年价格计算)

	长三角	上海市	江苏省	浙江省
1978	19.1	18.6	19.8	18.7
1979	17.9	18.8	17.9	16.6
1980	19.1	21.1	18.2	17.4
1981	19.7	21.5	17.9	20.1
1982	20.2	22.1	17.8	21.7
1983	21.1	23.6	17.4	23.8
1984	21.5	25.1	17.2	23.9
1985	22.3	26	17.9	24.8
1986	23.9	27.5	19.4	26.9
1987	24.5	29.2	19.7	27.4
1988	27.1	29	25.1	28.6
1989	27.7	28.8	25.8	29.7
1990	28.4	30.9	26	30
1991	31.3	34.6	28.9	32.1
1992	32.1	36.1	29.2	33.4
1993	32.8	38.1	30.3	32.5
1994	32.4	39.9	29.2	31.7
1995	33.4	40.8	30.5	32.4
1996	34.9	43.7	32.3	32.5
1997	36.1	46.3	33.4	32.3
1998	37.7	48.8	34.9	33.2
1999	38.8	50.8	35.6	34.2
2000	40.0	52.1	35.9	36.4
2001	41.0	52.4	36.5	38.6
2002	41.7	52.9	36.7	40.3
2003	40.9	50.9	36.1	40.1
2004	40.0	50.8	34.6	39.4
2005	40.3	50.5	35.4	40
2006	40.7	50.6	36.3	40.1
2007	41.7	52.6	37.4	40.7
2008	42.3	53.7	38.1	41

表 5-12　长三角地区主要年份地区生产总值构成中工业比重

单位:%(按当年价格计算)

	长三角	上海市	江苏省	浙江省
1978	57.5	76.1	47	38
1979	53.6	75.6	42.3	35.2
1980	56.2	74	47.3	41
1981	54.8	73	46	41
1982	51.6	71.4	43.1	37.3
1983	51.6	70	43.8	39.9
1984	50.3	67.3	44.1	39.6
1985	51.5	66.7	47.2	41.6
1986	49.7	65	45.3	41.1
1987	49.6	61.7	48.1	41.1
1988	47.3	61.6	43.6	40.9
1989	48.1	62.1	45.4	40.8
1990	47.3	60.1	44.8	40.2
1991	46.8	57.6	45.3	40.2
1992	48.3	57.1	47.7	42.3
1993	49.3	55.7	48.4	45.5
1994	49.4	54	49.3	46.2
1995	48.4	52.3	47.9	46.3
1996	47.1	49.1	45.9	47.4
1997	46.6	46.5	45.2	48.8
1998	45.6	44	43.9	49.2
1999	45.3	42.7	44	49.2
2000	45.2	41.9	45	48
2001	44.6	41.6	45.2	46.1
2002	44.7	41.3	46	45.5
2003	46.5	43.9	48.3	46
2004	47.8	44.5	50.1	47.1
2005	48.4	45.1	51	47.2
2006	48.9	45.0	51.3	48.2
2007	48.3	43.5	50.6	48.4
2008	47.7	42.2	49.7	48.2

表 5－13　长三角地区主要年份地区生产总值中建筑业比重

单位:%(按当年价格计算)

	长三角	上海市	江苏省	浙江省
1978	3.7	1.3	5.6	5.3
1979	3.8	1.6	5	5.4
1980	3.9	1.7	5.1	5.8
1981	3.9	2.2	4.8	5.2
1982	3.9	2.6	4.5	4.8
1983	3.7	2.6	4.4	4.1
1984	3.9	3.2	4.2	4.2
1985	4.3	3.1	4.9	4.7
1986	4.6	3.5	5.2	4.8
1987	5.3	5.1	5.5	5.2
1988	5.0	5.2	5	5.1
1989	4.5	4.8	4.3	4.7
1990	4.5	4.6	4.1	4.9
1991	4.5	4	4.3	5.1
1992	4.6	3.7	4.7	5.2
1993	4.8	3.7	4.9	5.6
1994	4.7	3.7	4.5	5.8
1995	5.1	4.5	4.8	5.9
1996	5.4	4.9	5.3	5.9
1997	5.7	5.1	5.9	5.7
1998	6.0	5.3	6.7	5.6
1999	5.9	4.7	6.9	5.4
2000	5.8	4.4	6.9	5.3
2001	5.9	4.5	6.7	5.7
2002	5.9	4.4	6.8	5.6
2003	5.8	4	6.3	6.5
2004	5.7	3.7	6.2	6.5
2005	5.3	3.5	5.6	6.1
2006	5.1	3.5	5.3	5.8
2007	3.8	3.1	5.3	5.6
2008	5.0	3.3	5.3	5.7

表 5-14 长三角地区生产总值项目结构(增加值)(2008 年)

单位:亿元

项 目	长三角	上海市	江苏省	浙江省
地区生产总值	65 497.68	13 698.15	30 312.61	21 486.92
第一产业	3 307.23	111.80	2 100	1 095.43
第二产业	34 480.06	6 235.92	16 663.81	11 580.33
工业	31 213.74	5 784.99	15 068.98	10 359.77
建筑业	3 266.32	450.93	1 594.83	1 220.56
第三产业	27 710.39	7 350.43	11 548.8	8 811.16
交通运输、仓储和邮政业		769.64	1 218.81	
信息传输、计算机服务和软件业		591.42		
批发和零售业		1 266.37	3 026.27	
住宿和餐饮业		246.89	545.04	
金融业		1 442.6	1 483.23	
房地产业		747.00	1 220.98	
租赁和商务服务业		628.75		
科学研究、技术服务和地质勘查业		322.61		
水利、环境和公共设施管理业		61.44		
居民服务和其他服务业		169.23		
教育		421.00		
卫生、社会保障和社会福利业		222.26		
文化、体育和娱乐业		110.19		
公共管理和社会组织		351.03		

表 5－15　长三角地区总人口基本情况

单位:万人

年份	长三角	上海市	江苏省	浙江省
1975	10 327.31	1 076.72	5 636.12	3 614.47
1976	10 444.88	1 081.3	5 700.76	3 662.82
1977	10 558.85	1 086.47	5 765.28	3 707.1
1978	10 683.57	1 098.28	5 834.33	3 750.96
1979	10 817.02	1 132.14	5 892.55	3 792.33
1980	10 911.29	1 146.52	5 938.19	3 826.58
1981	11 044.59	1 162.84	6 010.24	3 871.51
1982	11 193.77	1 180.51	6 088.94	3 924.32
1983	11 292.1	1 194.01	6 134.99	3 963.1
1984	11 369.3	1 204.78	6 171.43	3 993.09
1985	11 459.73	1 216.69	6 213.48	4 029.56
1986	11 572.3	1 232.33	6 269.9	4 070.07
1987	11 718.7	1 249.51	6 348	4 121.19
1988	11 870.54	1 262.42	6 438.27	4 169.85
1989	12 021.18	1 276.45	6 535.85	4 208.88
1990	12 285.16	1 283.35	6 766.9	4 234.91
1991	12 392.27	1 287.2	6 843.7	4 261.37
1992	12 486.48	1 289.37	6 911.2	4 285.91
1993	12 575.31	1 294.74	6 967.27	4 313.3
1994	12 660.55	1 298.81	7 020.54	4 341.2
1995	12 737.02	1 301.37	7 066.02	4 369.63
1996	12 814.68	1 304.43	7 110.16	4 400.09
1997	12 875.6	1 305.46	7 147.86	4 422.28
1998	12 935.9	1 306.58	7 182.46	4 446.86
1999	12 993.71	1 313.12	7 213.13	4 467.46
2000	13 150.09	1 321.63	7 327.24	4 501.22
2001	13 201.9	1 327.14	7 354.92	4 519.84
2002	13 251.18	1 334.23	7 380.97	4 535.98
2003	13 299.17	1 341.77	7 405.82	4 551.58
2004	13 362.11	1 352.39	7 432.5	4 577.22
2005	13 436.87	1 360.26	7 474.5	4 602.11
2006	13 547.01	1 368.08	7 549.50	4 629.43
2007	13 662.7	1 378.86	7 624.50	4 659.34
2008	14 252.81	1 888.46	7 676.50	4 687.85

表5－16　长三角地区城镇人口基本情况

单位:万人

年份	长三角	上海市		江苏省		浙江省	
	人口数	人口数	占比	人口数	占比	人口数	占比
1978	1 875	645.23	58.7	800.77	13.7	429	11.4
1980	2 084.39	702.43	61.3	901.78	15.2	480.18	12.5
1985	2 510.57	776.37	63.8	1 099.99	17.7	634.21	15.7
1990	3 020.18	864.46	67.4	1 458.94	21.6	696.78	16.5
1991	3 163.62	869.88	67.6	1 587.74	23.2	706	16.6
1992	3 245.05	875.55	67.9	1 643.72	23.8	725.78	16.9
1993	3 317.1	893.46	69	1 673.58	24	750.06	17.4
1994	3 419.51	910.49	70.1	1 733.01	24.7	776.01	17.9
1995	3 653.28	921.7	70.8	1 929.09	27.3	802.49	18.4
1996	3 704.56	932.14	71.5	1 942.5	27.3	829.92	18.9
1997	3 941.76	943.03	72.2	2 133.64	29.9	865.09	19.6
1998	4 123.2	953.65	73	2 262.47	31.5	907.08	20.4
1999	4 437.39	969.63	73.8	2 520.09	34.9	947.67	21.2
2000	5 021.99	986.16	74.6	3 040.81	41.5	995.02	22.1
2001	5 178.48	999.07	75.3	3 133.2	42.6	1 046.21	23.1
2002	5 415.32	1 018.81	76.4	3 299.29	44.7	1 097.22	24.2
2003	5 662.59	1 041.39	77.6	3 463.7	46.8	1 157.5	25.4
2004	5 902.64	1 097.6	81.2	3 580.98	48.2	1 224.06	26.7
2005	6 190.37	1 148.94	84.5	3 774.62	50.5	1 266.81	27.5
2006	6 403.66	1 173.30	85.8	3 918.19	51.9	1 312.17	28.3
2007	6 604.3	1 196.94	86.8	4 056.23	53.2	1 351.13	29.0
2008	6 780.52	1 216.56	87.5	4 168.48	54.3	1 395.48	29.8

表 5－17　长三角地区劳动就业基本情况(2008 年)

单位:万人

指　标	长三角	上海市	江苏省	浙江省
从业人员合计(万人)	9 188.66	1 053.24	4 648.89	3 486.53
第一产业	1 942.2	49.38	1 222.66	670.16
第二产业	3 739.2	424.16	1 655.00	1 660.04
第三产业	3 507.23	579.70	1 771.23	1 156.3
年末城镇登记失业人数(万人)	98.77	26.60	41.09	31.08
年末城镇登记失业率(%)		4.2	3.3	3.49

表 5－18　长三角地区从业人员基本情况

单位:万人

	长三角	上海市	江苏省	浙江省
2000	7 889.47	745.24	4 418.14	2 726.09
2004	8 311.34	836.87	4 482.52	2 991.95
2005	8 474.2	863.32	4 510.12	3 100.76
2006	8 622.65	885.51	4 564.76	3 172.38
2007	8 932.23	909.08	4 618.14	3 405.01
2008	9 188.66	1 053.24	4 648.89	3 486.53

表 5－19　长三角地区年末尚有失业人员

单位:万人

	长三角	上海市	江苏省	浙江省
1980	35.04	14.75	20.29	10.23
1985	8.35	1.2	7.15	3.45
1990	30.22	7.7	22.52	11.24
1995	34.49	14.36	20.13	17.72
1996	36.88	14.54	22.34	16.22
1997	38.7	14.9	23.8	18.75
1998	40.22	15.96	24.26	19.96
1999	44.04	17.47	26.57	21.17
2000	50.44	20.08	30.36	21.82
2001	61.86	25.72	36.14	23.99
2002	98.68	28.78	42.17	27.73
2003	100.22	30.11	41.84	28.27
2004	100.47	27.43	42.9	30.14
2005	98.1	27.5	41.63	28.97
2006	97.32	27.82	40.40	29.1
2007	94.64	26.78	39.26	28.6
2008	98.77	26.60	41.09	31.08

表 5－20　长三角地区人民生活水平情况（2008 年）

指　标	上海市	江苏省	浙江省
就业			
城镇居民家庭每户就业人口（人）	1.63	1.42	1.39
每一城镇就业者负担人数（人）	1.82	2.00	1.96
城镇登记失业率（%）	4.2	3.25	3.49
收入与支出			
城镇居民人均可支配收入（元）	26 675	18 680	22 727
城镇居民生活消费支出（元）	19 398	11 978	15 158
农村居民人均纯收入（元）	11 385	7 357	9 258
农村居民生活消费支出（元）	9 115	5 328	7 072
职工年平均工资（元）	39 502	31 667	34 146
人均储蓄存款余额（元）	63 987	21 782	28 322
生活质量			
居民家庭恩格尔系数（%）			
城镇居民	36.6	37.9	36.4
人均住房面积（平方米）			
农村人均住房面积	62.3	44.05	58.5
城市公用事业			
用水普及率（%）	99.99	99.9	99.7
人均公共绿地面积（平方米）	12.51	13.13	9.6
文化、教育和卫生			
文化			
城镇每百户拥有彩色电视机（台）	180	162.88	176.18
农村每百户拥有电视机（台）	186	143.5	149.64
每百户家用电脑拥有量（台）			
城市	109	68.17	79.45
居民家庭文教娱乐支出比重（%）			
城市	14.8	15.03	14.49
教育			
每万人口在校学生数（人）			
大学生数	266	204.9	169.54
中学生数	327	697.7	661.84
小学生数	313	531.6	648.98
平均每一教师负担学生（人）			
大学	14	17.4	18.16
中学	13	16.5	16.28
小学	14	16	19.8
卫生			
每万人拥有医生数（人）	27	15.6	19.9
居民家庭医疗保健支出比重（%）			
城市	3.9	6.64	6.16

表 5－21　长三角地区农村居民家庭人均纯收入基本情况

单位:元

年份	上海市	江苏省	浙江省
1990	1 665	884	1 099
1991	2 003	921	1 211
1992	2 226	1 061	1 359
1993	2 727	1 267	1 746
1994	3 437	1 832	2 225
1995	4 246	2 457	2 966
1996	4 846	3 029	3 463
1997	5 277	3 270	3 684
1998	5 407	3 377	3 815
1999	5 481	3 495	3 948
2000	5 565	3 595	4 254
2001	5 850	3 785	4 582
2002	6 212	3 996	4 940
2003	6 658	4 239	5 431
2004	7 337	4 754	6 096
2005	8 342	5 276	6 660
2006	9 213	5 813	7 335
2007	10 222	6 561	8 265
2008	11 385	7 357	9 258

表 5－22　长三角地区城镇居民家庭人均可支配收入基本情况

单位:元

年份	上海市	江苏省	浙江省
1990	2 183	1 464	1 932
1991	2 486	1 623	2 143
1992	3 009	2 138	2 619
1993	4 277	2 774	3 626
1994	5 868	3 779	5 066
1995	7 172	4 634	6 221
1996	8 159	5 186	6 956
1997	8 439	5 765	7 359
1998	8 773	6 018	7 837
1999	10 932	6 538	8 428
2000	11 718	6 800	9 279
2001	12 883	7 375	10 465
2002	13 250	8 178	11 716
2003	14 867	9 263	13 180
2004	16 683	10 482	14 546
2005	18 645	12 319	16 294
2006	20 668	14 084	18 265
2007	23 623	16 378	20 574
2008	26 675	18 680	22 727

表5－23　长三角地区城镇居民家庭恩格尔系数

单位：%

年份	上海市	江苏省	浙江省
1981	56.8	55.9	55.6
1982	58.8	58.2	57.3
1983	58.6	58.6	59.5
1984	56.5	56.3	51.3
1985	52.1	52.5	51.3
1986	52.7	51.2	50.8
1987	54.5	52	51.8
1988	52.6	50.8	51
1989	55.8	53.9	54.7
1990	56.5	55.5	55.1
1991	56.9	55.7	55
1992	55.9	53.9	51.6
1993	53.1	49.4	49.4
1994	53.5	50.1	47.4
1995	53.4	51.9	47
1996	50.7	51	46.9
1997	51.7	47.7	43.9
1998	50.6	45.1	42.5
1999	45.2	44.1	40.3
2000	44.5	41.1	39.2
2001	43.4	39.7	36.3
2002	39.4	40.4	37.9
2003	37.2	38.3	36.6
2004	36.4	40	36.2
2005	35.9	37.2	33.8
2006	35.6	36	32.9
2007	35.5	36.7	34.7
2008	36.6	37.9	36.4

表 5－24　长三角地区城镇居民家庭基本情况(2008 年)

指　标	上海市	江苏省	浙江省
基本情况			
调查户数(户)	1 000	5 100	4 450
平均每户家庭人口(人)	2.97	2.84	2.72
平均每户就业人口(人)	1.63	1.42	1.39
平均每一就业人口负担人数(人)	1.82	2.00	1.96
平均每户就业面(%)	54.88	50.00	51.1
人均家庭总收入	34 243	20 175.57	24 981
人均可支配收入(元)	26 675	18 679.52	22 727
人均家庭总支出	35 303	16 133.29	20 642
人均消费性支出	19 398	11 977.55	15 158
#食品	7 109	4 544.64	5 523
衣着	1 521	1 166.91	1 546
家庭设备用品及服务	1 182	813.45	713
医疗保健	755	794.63	933
交通通讯	3 373	1 357.96	2 393
娱乐教育文化服务	2 875	1 799.75	2 196
居住	1 646	1 042.1	1 334
借贷支出	7 780	6 147.55	9 306

表 5－25　长三角地区农村居民家庭基本情况(2008 年)

指　标	上海市	江苏省	浙江省
调查户数(户)	600	3 400	4 700
调查户人口(人)			
平均每户常住人口	3.15	3.69	3.51
平均每户整、半劳动力	2.15	2.67	2.58
平均每人全年收入(元)			
总收入	12 662	9 092.8	11 748
纯收入	11 385	7 356.5	9 258
按人均纯收入水平分组的户数占调查总户数的比重(%)			
2000 元以下		4.0	4.0
2000－3000 元		6.8	4.9
3000－4000 元		10.5	6.6
4000－5000 元		11.9	7.6
5000 元以上		66.8	76.9
总支出	10 840	7 484.3	10 246
#家庭经营性费用支出		1 417.3	2 059
购置生产性固定资产支出		106.4	149
生活消费支出	9 115	5 328.4	7 072

表 5－26　长三角地区房地产投资主要指标(2008 年)

指　标	长三角	上海市	江苏省	浙江省
房屋建筑面积(万平方米)				
施工面积	61 544.99	14 083.52	28 188.14	19 273.33
#住宅	42 717.08	7 060.19	21 968.45	13 688.44
竣工面积	14 991.55	3 828.79	6 704.5	4 458.26
#住宅	10 650.04	1 899.4	5 489.81	3 260.83
商品房销售情况				
房屋销售面积(万平方米)	10 700.58	2 296.12	5 412.26	2 992.2
商品房销售额(亿元)		1 895.45		

表 5－27　长三角地区商品零售价格指数

(1978＝100)

年份	上海市	江苏省	浙江省
1985	130.4	123.2	100
1986	139.1	131.9	106
1987	151.4	144.2	116
1988	183.6	176.4	141.7
1989	214.3	206	166.9
1990	224.6	210.7	169.6
1991	245.9	220.9	174.7
1992	269.8	232.1	186.2
1993	317	269	217.3
1994	372.4	332.5	264.5
1995	420.9	380.1	300.2
1996	441.9	405.9	317.6
1997	436.6	403.1	318.6
1998	415.2	395.8	313.5
1999	404	383.5	306.3
2000	389.5	378.1	303.2
2001	384	373.9	297.4
2002	379	368	293.5
2003	375.4	367.3	292.3
2004	378.8	375.4	300.2
2005	376.7	376.5	302.9
2006	377.4	379.5	305.3
2007	386.5	390.5	430.5
2008	407.1	409.6	457.6

表5－28 长三角地区居民消费价格指数

(1978＝100)

年份	上海市	江苏省	浙江省
1985	128.2	123.7	100
1986	136.3	132.5	106.2
1987	147.3	144.7	115.5
1988	176.9	176.3	140.4
1989	205.1	206.5	165.9
1990	218	213.1	169.4
1991	240.9	223.5	175.4
1992	265	238.3	188.5
1993	318.5	281.7	225.8
1994	394.6	347	281.8
1995	468.4	401.8	328.6
1996	511.5	439.2	354.6
1997	525.8	446.7	364.5
1998	525.8	444	363.4
1999	533.7	438.2	359.1
2000	547	438.7	362.6
2001	547	442.2	361.9
2002	549.8	438.6	358.6
2003	550.3	443	365.4
2004	562.2	461.2	379.7
2005	567.6	470.9	384.6
2006	574.5	478.4	388.8
2007	592.6	499	405.1
2008	626.8	525.9	659.1

表 5－29　长三角地区主要年份农业总产值

单位:当年价格亿元

年份	长三角	上海市	江苏省	浙江省
1978	149.48	13.49	85.17	50.82
1979	198.83	15.10	114.26	69.47
1980	181.61	11.40	105.98	64.23
1981	201.02	11.91	119.9	69.21
1982	244.1	13.80	145.69	84.61
1983	256.62	12.59	160.38	83.65
1984	312.49	16.41	193.28	102.80
1985	328.68	15.63	201.85	111.20
1986	374.87	16.83	235.07	122.97
1987	416.68	17.69	257.90	141.09
1988	495.47	22.47	310.20	162.80
1989	531.81	25.53	325.02	181.26
1990	591.03	29.09	362.46	199.48
1991	602.14	30.51	354.42	217.21
1992	670.59	32.80	411.33	226.46
1993	833.92	40.52	518.55	274.85
1994	1 211.1	60.19	777.94	372.97
1995	1 545.76	77.71	986.15	481.90
1996	1 667.32	87.64	1 062.39	517.29
1997	1 686.67	85.20	1 085.26	516.21
1998	1 708.96	89.10	1 096.88	522.98
1999	1 701.99	87.86	1 095.13	519.00
2000	1 707.14	89.81	1 096.02	521.31
2001	1 726.78	95.53	1 142.66	488.59
2002	1 774.12	97.21	1 165.49	511.42
2003	1 608.86	98.17	981.25	529.44
2004	1 944.32	109.32	1 242.41	592.59
2005	2 057.12	111.25	1 291.06	654.81
2006	2 220.9	119.99	1 416.91	684.00
2007	2 405.19	126.74	1 542.53	735.92
2008	2 695.45	135.52	1 746.83	813.10

表5－30 长三角地区主要年份林业总产值

单位:当年价格亿元

年份	长三角	上海市	江苏省	浙江省
1978	3.53	0.06	1.48	1.99
1979	4.82	0.04	2.03	2.75
1980	5.61	0.06	1.94	3.61
1981	6	0.21	2	3.79
1982	6.61	0.23	1.96	4.42
1983	8.27	0.2	3.3	4.77
1984	11.21	0.21	4.33	6.67
1985	13.71	0.21	4.63	8.87
1986	14.65	0.24	5.15	9.26
1987	17.97	0.34	6.02	11.61
1988	22.14	0.45	7.29	14.4
1989	21.01	0.39	7.02	13.6
1990	24.31	0.37	7.94	16
1991	25.36	0.39	7.55	17.42
1992	31.37	0.43	9.93	21.01
1993	44.82	0.41	14.61	29.8
1994	60.79	0.49	18.38	41.92
1995	71.89	0.45	21.42	50.02
1996	78.92	0.67	23.48	54.77
1997	82.29	0.47	22.56	59.26
1998	84.46	0.84	24.16	59.46
1999	89.42	0.98	26.13	62.31
2000	86.06	1.41	30.17	54.48
2001	94.48	3.52	30.76	60.2
2002	95.69	7.75	27.1	60.84
2003	110.21	13.05	31.49	65.67
2004	131.66	13.14	40.16	78.36
2005	139.89	11.11	45.27	83.51
2006	150.72	10.43	54.25	86.04
2007	164.4	10.05	58.88	95.47
2008	180.99	9.12	64.92	106.95

表 5－31　长三角地区主要年份渔业总产值

单位：当年价格亿元

年份	长三角	上海市	江苏省	浙江省
1978	6.78	0.86	2.44	3.48
1979	8.16	0.9	3.19	4.07
1980	10.29	0.97	3.88	5.44
1981	11.95	1.23	4.61	6.11
1982	12.35	1.56	4.66	6.13
1983	14.66	1.29	6.52	6.85
1984	21.45	1.4	9.04	11.01
1985	34.49	2.82	15.53	16.14
1986	45.78	3.45	22.61	19.72
1987	59.08	4.79	28.38	25.91
1988	80.81	7.43	39.97	33.41
1989	83.92	7.88	42.08	33.96
1990	98.29	8.04	49.35	40.9
1991	111.44	8.97	50.66	51.81
1992	137.33	9.18	63.92	64.23
1993	211.08	12.31	105.4	93.37
1994	306.26	17.52	148.21	140.53
1995	421.18	22.83	203.54	194.81
1996	471.45	27.18	239.35	204.92
1997	547.73	30.37	277.98	239.38
1998	577.56	29.54	292.65	255.37
1999	600.84	31.71	302.22	266.91
2000	648.29	37.92	313.01	297.36
2001	683.14	40.13	334.17	308.84
2002	715.52	45.13	345.88	324.51
2003	757.88	49.21	371.56	337.11
2004	861.36	49.9	449.47	361.99
2005	944.31	51.64	511.86	380.81
2006	954.99	55.25	552.21	347.53
2007	1 003.09	54.19	579.00	369.90
2008	1 130.68	57.11	665.75	407.82

表 5－32　长三角地区主要年份畜牧业总产值

单位:当年价格亿元

年份	长三角	上海市	江苏省	浙江省
1978	29.87	3.67	16.78	9.42
1979	45.54	4.22	25.77	15.55
1980	52.31	6.27	26.65	19.39
1981	49.94	6.38	27.11	16.45
1982	66.49	7.81	35.8	22.88
1983	67.87	7.8	36.66	23.41
1984	82.24	8.06	47.17	27.01
1985	116.63	12.25	66.54	37.84
1986	122.67	12.75	69.83	40.09
1987	152	15.48	87.95	48.57
1988	233	22.18	140.49	70.33
1989	250.22	26.41	148.13	75.68
1990	266.21	30.25	160.78	75.18
1991	278.46	33.38	168.3	76.78
1992	311.06	37.19	188.64	85.23
1993	371.87	42.95	236.81	92.11
1994	587.52	62.04	390.7	134.78
1995	699.18	81.48	475.67	142.03
1996	609.88	85.46	368.54	155.88
1997	708.97	88.37	430.57	190.03
1998	688.63	87.27	435.51	165.85
1999	657.3	86.35	413.95	157
2000	701.82	87.35	430.53	183.94
2001	732.88	88.43	448.51	195.94
2002	715.45	83.48	426.88	205.09
2003	773.01	81.13	458.87	233.01
2004	713.1	70.77	563.44	78.89
2005	939.43	54.34	599.14	285.95
2006	869.78	46.29	544.48	279.01
2007	1 129.98	58.00	704.38	367.60
2008	1 403.72	68.40	916.46	418.86

表 5－33　长三角地区粮食产量

单位：万吨

年份	长三角	上海市	江苏省	浙江省
1980	4 040.3	186.85	2 417.95	1 435.5
1990	5 094.61	244.36	3 264.15	1 586.1
2000	4 497.63	174	3 106.63	1 217
2004	3 785.52	106.29	2 829.06	850.17
2005	3 770.37	105.36	2 834.59	830.42
2006	3 992.26	111.3	3 041.44	839.52
2007	4 043.11	109.2	3 132.24	801.67
2008	4 066.71	115.67	3 175.49	775.55

表 5－34　长三角地区棉花产量

单位：万吨

年份	长三角	上海市	江苏省	浙江省
1980	57.72	7.62	41.81	8.29
1990	54.06	1.22	46.42	6.42
2000	34.49	0.12	31.45	2.92
2004	52.74	0.18	50.28	2.28
2005	34.61	0.18	32.27	2.16
2006	40.69	0.2	38.14	2.35
2007	37.54	0.25	34.75	2.54
2008	35.74	0.32	32.6	2.82

表 5－35　长三角地区油料产量

单位：万吨

年份	长三角	上海市	江苏省	浙江省
1980	77.1	9.6	38.64	28.86
1990	178.94	18.2	112.39	48.35
2000	299.9	16.37	225.65	57.88
2004	294.54	7.39	238.38	48.77
2005	273.07	6.94	215.99	50.14
2006	269.72	5.31	218.18	46.23
2007	192.44	3.62	145.08	43.74
2008	195.16	3.6	150.29	41.27

表 5－36　长三角地区农业现代化情况

指　标	长三角	上海市	江苏省	浙江省
农业机械化情况				
机耕面积（千公顷）	6 342.23	37.37	5 294.51	1 010.35
机械收获面积（千公顷）	5 378.72	15.71	4 493.96	869.05
农村电气化情况				
农村用电量（亿千瓦小时）	2 087.6	178.05	1 234.14	675.41
农用物资使用情况				
化肥施用量（折纯量）（万吨）	448.06	14.32	340.76	92.98
农用塑料薄膜使用量（万吨）	15.88	2.13	8.54	5.21
农药使用量（万吨）	16.77	0.81	9.38	6.58

表5-37　长三角地区国有控股工业企业单位数(2008年)

单位:个

项　目	长三角	上海市	江苏省	浙江省
总　计	1 870	364	770	736
按轻重工业分				
轻工业	640	133	261	246
重工业	1 230	231	509	490
制造业				
农副食品加工业	54	7	32	15
食品制造业	35	7	14	14
饮料制造业	24	1	9	14
烟草加工业	9	1	6	2
纺织业	67	3	38	26
纺织服装、鞋、帽制造业	39	8	21	10
皮革、毛皮、羽毛(绒)及其制品业	6	4	0	2
木材加工及木、竹、藤、棕、草制造业	5	2	0	3
造纸及纸制品业	7	2	3	2
印刷业和记录媒介的复制	68	24	23	21
文教体育用品制造业	11	7	1	3
化学原料及化学制品制造业	151	32	72	47
医药制造业	52	14	24	14
化学纤维制造业	12	1	7	4
橡胶制品业	12	5	2	5
塑料制品业	30	10	13	7
非金属矿物制品业	107	15	38	54
黑色金属冶炼及压延加工业	26	6	13	7
有色金属冶炼及压延加工业	17	2	11	4
金属制品业	48	13	21	14
通用设备制造业	166	48	70	48
专用设备制造业	70	27	26	17
交通运输设备制造业	145	46	74	25
电气机械及器材制造业	81	19	34	28
通信设备、计算机及其他电子设备制造业	72	12	34	26
仪器仪表及文化、办公用机械制造业	37	11	19	7
工艺品及其他制造业	16	6	5	5
电力、燃气及水的生产和供应业				
电力、热力的生产和供应业	247	12	62	173
燃气生产和供应	18	1	6	11
水的生产和供应业	182	14	56	112

表 5-38 长三角地区国有控股工业企业主营业务收入(2008 年)

单位:亿元

项 目	长三角	上海市	江苏省	浙江省
总 计	15 021.33	1 933.38	7 730.74	5 357.21
按轻重工业分				
轻工业	1 837.09	487.13	753.84	596.12
重工业	11 737.99	1446.25	6 976.90	4 761.09
按行业分				
农副食品加工业	64.18	26.58	26.21	11.39
食品制造业	32.6	6.58	17.70	8.32
饮料制造业	73.96	0.27	49.11	24.58
烟草加工业	806.47	320.61	271.47	214.39
纺织业	153.76	10.28	108.98	34.50
纺织服装、鞋、帽制造业	23.39	2.16	15.98	5.25
皮革、毛皮、羽毛(绒)及其制品业	4.15	1.26	0.00	2.89
木材加工及木、竹、藤、棕、草制造业	13.75	0.23	0.00	13.52
造纸及纸制品业	22.21	1.31	7.87	13.03
印刷业和记录媒介的复制	59.31	31.93	11.92	15.46
文教体育用品制造业	4.21	2.36	0.77	1.08
化学原料及化学制品制造业	1 815.68	85.43	1 494.33	235.92
医药制造业	144.86	21.1	56.25	67.51
化学纤维制造业	114.2	0.39	60.56	53.25
橡胶制品业	145.46	1.61	3.19	140.66
塑料制品业	21.97	5.58	10.41	5.98
非金属矿物制品业	243.35	15.74	96.59	131.02
黑色金属冶炼及压延加工业	755.31	44.72	329.84	380.75
有色金属冶炼及压延加工业	108.51	3.17	99.76	5.58
金属制品业	240.58	28.03	183.87	28.68
通用设备制造业	698.9	83.96	493.82	121.12
专用设备制造业	128.98	29.98	68.55	30.45
交通运输设备制造业	1 031.82	157.14	734.73	139.95
电气机械及器材制造业	317.36	31.88	247.08	38.4
通信设备、计算机及其他电子设备制造业	252.89	15.66	184.35	52.88
仪器仪表及文化、办公用机械制造业	41.44	8.38	29.94	3.12
工艺品及其他制造业	7.45	2.84	3.04	1.57
电力、燃气及水的生产和供应业				
电力、热力的生产和供应业	5 301.52	976.12	1 976.38	2 349.02
燃气生产和供应	88.99	0.49	29.82	58.68
水的生产和供应业	128.95	16.46	41.79	70.70

表 5－39　长三角地区国有控股工业企业利润总额(2008 年)

单位:亿元

项　目	长三角	上海市	江苏省	浙江省
总　计	431.77	156.37	186.07	89.33
按轻重工业分				
轻工业	276.74	122.89	90.55	63.30
重工业	155.04	33.48	95.52	26.04
按行业分				
农副食品加工业	0.9	0.22	0.57	0.11
食品制造业	1.8	0.58	0.98	0.24
饮料制造业	12.5	－0.01	11.22	1.29
烟草加工业	221.86	120.92	58.71	42.23
纺织业	0.11	0.10	－1.79	1.80
纺织服装、鞋、帽制造业	1.44	0.09	0.79	0.56
皮革、毛皮、羽毛(绒)及其制品业	0.42	－0.11	0.00	0.53
木材加工及木、竹、藤、棕、草制造业	0.17	0.02	0.00	0.15
造纸及纸制品业	1.48	－0.20	1.38	0.30
印刷业和记录媒介的复制	6.75	4.33	0.78	1.64
文教体育用品制造业	－0.02	－0.21	0.10	0.09
化学原料及化学制品制造业	2.49	8.69	－21.60	15.40
医药制造业	22.04	1.84	4.65	15.55
化学纤维制造业	2.23	－0.33	8.67	－6.11
橡胶制品业	3.7	－0.05	0.15	3.60
塑料制品业	0.13	－0.07	0.32	－0.12
非金属矿物制品业	13.95	0.55	8.14	5.26
黑色金属冶炼及压延加工业	－16.7	－2.36	4.27	－18.61
有色金属冶炼及压延加工业	1.3	0.01	1.13	0.16
金属制品业	13.05	1.17	10.57	1.31
通用设备制造业	45.94	3.42	30.58	11.94
专用设备制造业	1.27	－0.18	0.83	0.62
交通运输设备制造业	40.93	2.84	36.09	2.00
电气机械及器材制造业	15.63	－0.91	12.04	4.50
通信设备、计算机及其他电子设备制造业	15.55	－4.56	10.14	9.97
仪器仪表及文化、办公用机械制造业	2.55	0.59	1.89	0.07
工艺品及其他制造业	0.23	0.08	0.11	0.04
电力、燃气及水的生产和供应业				
电力、热力的生产和供应业	31.04	20.24	－19.9	30.7
燃气生产和供应	3.57		2.42	1.15
水的生产和供应业	－0.23	－0.8	1.01	－0.44

表5－40　长三角地区国有控股工业企业利税总额(2008年)

单位:亿元

项　目	长三角	上海市	江苏省	浙江省
总　计	1 396.99	259.7	688.83	448.46
按轻重工业分				
轻工业	704.06	203.59	282.68	217.79
重工业	692.94	56.11	406.15	230.68
按行业分				
农副食品加工业	1.03	0.03	0.78	0.22
食品制造业	2.64	0.20	1.84	0.60
饮料制造业	22.77		18.11	4.66
烟草加工业	598.91	196.11	226.62	176.18
纺织业	5.73	0.56	1.75	3.42
纺织服装、鞋、帽制造业	2.8	0.21	1.29	1.30
皮革、毛皮、羽毛(绒)及其制品业	0.91	0.01	0.00	0.90
木材加工及木、竹、藤、棕、草制造业	0.24	0.03	0	0.21
造纸及纸制品业	3.38	0.19	2.04	1.15
印刷业和记录媒介的复制	5.78	2.17	1.45	2.16
文教体育用品制造业	0.4	0.11	0.15	0.14
化学原料及化学制品制造业	43.64	2.01	16.31	25.32
医药制造业	31.01	1.96	8.34	20.71
化学纤维制造业	6.36	0.02	12.17	－5.83
橡胶制品业	7.74	0.13	0.30	7.31
塑料制品业	1.02	0.19	0.78	0.05
非金属矿物制品业	25.91	0.77	12.9	12.24
黑色金属冶炼及压延加工业	11.86	0.27	18.61	－7.02
有色金属冶炼及压延加工业	3.21	0.11	2.77	0.33
金属制品业	25.04	1.18	21.68	2.18
通用设备制造业	64.49	2.49	46.49	15.51
专用设备制造业	4.08	0.71	2.20	1.17
交通运输设备制造业	63.51	3.39	54.46	5.66
电气机械及器材制造业	23.47	0.50	17.43	5.54
通信设备、计算机及其他电子设备制造业	25.86	0.16	13.17	12.53
仪器仪表及文化、办公用机械制造业	3.75	0.62	3.00	0.13
工艺品及其他制造业	0.46	0.08	0.21	0.17
电力、燃气及水的生产和供应业				
电力、热力的生产和供应业	290.16	44.53	93.71	151.92
燃气生产和供应	6.14	0.02	3.22	2.90
水的生产和供应业	7.27	0.92	3.59	2.76

表 5－41　长三角地区建筑业总产值

单位:亿元

年份	长三角	上海市	江苏省	浙江省
1990	301.83	75.62	147.23	78.98
1991	353.34	84.3	176.21	92.83
1992	517.48	117.68	265.8	134
1993	903.53	193	449.99	260.54
1994	1 519.07	309.68	738.6	470.79
1995	2 099.76	391.42	998.11	710.23
1996	2 345.51	450.41	1 049.42	845.68
1997	2 549.82	564.37	1 102.12	883.33
1998	2 760.06	593.11	1 224.42	942.53
1999	3 039.8	573.06	1 338.46	1 128.28
2000	3 561.58	631.64	1 546.17	1 383.77
2001	4 358.19	730.33	1 859.41	1 768.45
2002	5 304.78	822.27	2 199.52	2 282.99
2003	7 118.02	1 195.8	2 794.94	3 127.28
2004	9 292.36	1 724.4	3 656.66	3 911.3
2005	11 001.5	1 889.25	4 368.95	4 743.3
2006	13 411.23	2 285.38	5 424.85	5 701
2007	16 571.55	2 524.18	7 010.57	7 036.8
2008	19 648.82	3 071.76	8 308.46	8 268.6

表 5－42　长三角地区交通运输基本情况(2008 年)

指　标	长三角	上海市	江苏省	浙江省
运输线路长度(公里)				
铁路营业里程	3 256	307	1 643	1 306
公路通车里程	260 426	15 844	140 930	103 652
#高速公路	7 435	637	3 725	3 073
内河航道里程	36 471	2 138	24 638	9 695
客运量总计(万人)	414 026	10 927	208 237	194 862
铁路	20 633	5 339	8 846	6 448
公路	385 706	2 934	199 008	183 764
水运	3 615	89	32	3 494
民用航空	4 072	2 565	351	1 156
旅客周转量(亿人公里)	3 706.4	869.07	1 766	1 071.33
货物运输量总计(万吨)	409 439	84 347	166 322	158 770
铁路	9 501	985	5 118	3 398
公路	254 388	40 328	110 302	103 758
水运	137 142	42 729	42 799	51 614
货物周转量(亿吨公里)	25 621.96	16 031	4 707.5	4 883.46
民用车辆拥有量(万辆)	2 540.23	261.5	1 349.11	929.62
#民用汽车拥有量	859.72	132.12	373.09	354.51
#载客汽车	682.89	110.73	291.75	280.41
载货汽车	138.11	21.39	49.82	66.9
#私人汽车	595.44	72.04	263.27	260.13
港口货物吞吐量(万吨)	243 511	58 170	116 305	69 036

表 5－43　长三角地区客运量基本情况(2008 年)

单位:万人

年　份	长三角	上海市	江苏省	浙江省
1980	64 825	2 369	34 002	28 454
1985	110 145	3 434	53 935	52 776
1990	112 521	3 835	48 339	60 347
1995	199 207	5 265	84 803	109 139
1996	211 790	5 822	91 870	114 098
1997	214 882	6 057	93 684	115 141
1998	221 501	6 139	97 033	118 329
1999	226 225	6 406	101 000	118 819
2000	238 270	6 893	107 244	124 133
2001	249 918	6 324	110 713	132 881
2002	259 210	7 326	115 889	135 995
2003	271 373	7 212	123 462	140 699
2004	287 738	8 968	128 516	150 254
2005	315 360	9 487	145 204	160 669
2006	346 256	10 205	161 425	174 626
2007	387 270	10 371	187 241	189 658
2008	414 026	10 927	208 237	194 862

表 5－44　长三角客运量基本情况(铁路)

单位:万人

年　份	长三角	上海市	江苏省	浙江省
1980	7 477	1 692	3 364	2 421
1985	10 364	2 320	4 819	3 225
1990	10 282	2 476	4 788	3 018
1995	11 680	2 929	5 185	3 566
1996	10 377	2 804	4 502	3 071
1997	10 202	2 779	4 433	2 990
1998	10 380	2 760	4 451	3 169
1999	11 480	2 906	4 824	3 750
2000	11 780	2 980	4 891	3 909
2001	12 453	3 231	5 029	4 193
2002	13 326	3 518	5 297	4 511
2003	12 833	3 391	5 104	4 338
2004	15 268	4 076	5 997	5 195
2005	16 245	4 313	6 658	5 274
2006	17 338	4 458	7 292	5 588
2007	18 384	4 795	7 658	5 931
2008	20 633	5 339	8 846	6 448

表 5－45　长三角地区公路客运量基本情况

单位:万人

年　份	长三角	上海市	江苏省	浙江省
1980	45 989	200	26 463	19 326
1985	85 536	410	45 751	39 375
1990	93 538	605	41 850	51 083
1995	181 574	1 257	78 947	101 370
1996	196 092	1 974	86 801	107 317
1997	199 757	2 277	88 826	108 654
1998	206 068	2006	92 215	111 847
1999	209 513	2 178	95 564	111 771
2000	221 191	2 482	101 713	116 996
2001	232 621	1 508	105 105	126 008
2002	241 165	2 046	110 139	128 980
2003	254 066	2 052	118 046	133 968
2004	266 860	2 465	122 218	142 177
2005	292 977	2 468	138 287	152 222
2006	322 050	2 784	153 825	165 441
2007	361 579	2 872	179 206	179 501
2008	385 706	2 934	199 008	183 764

表 5－46　长三角地区水运客运量基本情况

单位:万人

年　份	长三角	上海市	江苏省	浙江省
1980	11 323	446	4 175	6 702
1985	14 150	622	3 365	10 163
1990	8 470	555	1 701	6 214
1995	5 103	512	623	3 968
1996	4 367	422	499	3 446
1997	3 900	328	341	3 231
1998	3 985	678	273	3 034
1999	4 119	581	504	3 034
2000	3 991	539	514	2 938
2001	3 344	543	430	2 371
2002	2 932	526	284	2 122
2003	2 658	528	147	1983
2004	3 023	621	91	2 311
2005	3 173	626	37	2 510
2006	3 473	654	27	2 792
2007	3 286	95	27	3 164
2008	3 615	89	32	3 494

表 5－47　长三角地区民用航空客运量基本情况

单位:万人

年　份	长三角	上海市	江苏省	浙江省
1995	850	567	48	235
1996	954	622	68	264
1997	1 023	673	84	266
1998	1 068	695	94	279
1999	1 113	741	108	264
2000	1 308	892	126	290
2001	1 500	1 042	149	309
2002	1 788	1 236	170	382
2003	1 816	1 241	165	410
2004	2 587	1 806	210	571
2005	2 965	2 080	222	663
2006	3 394	2 309	280	805
2007	4 021	2 609	350	1 062
2008	4 072	2 565	351	1 156

表 5－48　长三角地区货运量基本情况

单位:万吨

年　份	长三角	上海市	江苏省	浙江省
1980	46 141	20 037	16 527	9 577
1985	93 470	24 243	46 842	22 385
1990	109 650	26 777	49 399	33 474
1995	171 688	27 571	81 830	62 287
1996	194 362	45 821	84 666	63 875
1997	189 184	45 938	82 290	60 956
1998	187 028	46 230	80 429	60 369
1999	193 931	48 398	81 529	64 004
2000	217 526	52 206	90 436	74 884
2001	219 386	54 049	87 505	77 832
2002	237 996	58 901	88 588	90 507
2003	260 535	63 861	93 511	103 163
2004	283 149	65 758	100 093	117 298
2005	310 389	71 304	112 909	126 176
2006	340 393	75 184	125 114	140 095
2007	375 230	78 108	143 804	153 318
2008	409 439	84 347	166 322	158 770

表 5－49 长三角地区铁路货运量基本情况

单位:万吨

年　份	长三角	上海市	江苏省	浙江省
1980	9 427	4 484	3 420	1 523
1985	10 877	5 059	4 037	1 781
1990	7 183	1 257	4 235	1 691
1995	7 433	1 376	4 143	1 914
1996	7 609	1 320	4 361	1 928
1997	7 104	1 252	4 131	1 721
1998	6 671	1 152	3 793	1 726
1999	6 648	997	3 941	1 710
2000	7 087	1 055	4 077	1 955
2001	7 500	1 080	4 239	2 181
2002	7 949	1 131	4 407	2 411
2003	8 328	1 208	4 462	2 658
2004	8 836	1 284	4 665	2 887
2005	9 328	1 278	5 090	2 960
2006	9 623	1 223	5 169	3 231
2007	9 767	1 143	5 177	3 447
2008	9 501	985	5 118	3 398

表 5－50 长三角地区公路货运量基本情况

单位:万吨

年　份	长三角	上海市	江苏省	浙江省
1980	14 723	7 284	4 427	3 012
1985	41 868	9 216	23 255	9 397
1990	59 497	8 714	27 904	22 879
1995	100 903	6 273	49 578	45 052
1996	122 994	25 023	50 571	47 400
1997	123 656	25 991	52 441	45 224
1998	126 018	26 352	54 328	45 338
1999	127 728	27 171	54 803	45 754
2000	142 433	28 369	59 056	55 008
2001	143 633	28 869	59 058	55 706
2002	153 590	29 759	60 299	63 532
2003	165 906	30 678	64 321	70 907
2004	179 152	31 554	69 058	78 540
2005	190 433	32 684	76 301	81 448
2006	207 460	33 799	84 319	89 342
2007	231 850	35 634	97 474	98 742
2008	254 388	40 328	110 302	103 758

表 5－51　长三角地区水运货运量基本情况

单位：万吨

年　份	长三角	上海市	江苏省	浙江省
1980	19 791	8 267	6 482	5 042
1985	39 289	9 965	18 117	11 207
1990	37 676	12 864	15 908	8 904
1995	57 327	14 845	27 161	15 321
1996	57 910	14 544	28 819	14 547
1997	52 919	14 082	24 826	14 011
1998	49 197	14 529	21 363	13 305
1999	54 377	16 241	21 596	16 540
2000	62 265	18 442	25 902	17 921
2001	62 024	19 496	22 583	19 945
2002	70 149	23 174	22 411	24 564
2003	79 539	26 621	23 320	29 598
2004	90 831	30 148	24 812	35 871
2005	105 602	34 557	29 277	41 768
2006	117 726	37 342	32 862	47 522
2007	130 028	41 041	37 858	51 129
2008	137 142	42 729	42 799	51 614

表 5－52　长三角地区民用车辆拥有辆（2008 年）

单位：万辆

指　标	长三角	上海市	江苏省	浙江省
合　计	2 540. 23	261. 5	1 349. 11	929. 62
汽车	859. 72	132. 12	373. 09	354. 51
载客汽车	682. 89	110. 73	291. 75	280. 41
#轿车	481. 74	82. 96	201. 36	197. 42
载货汽车	138. 11	21. 39	49. 82	66. 9
摩托车	1 561. 22	127. 37	896. 45	537. 4
拖拉机	112. 8	1. 13	76. 32	35. 35

表 5－53　长三角地区私人车辆拥有辆

单位：万辆

指　标	长三角	上海市	江苏省	浙江省
民用汽车	595. 44	72. 04	263. 27	260. 13
载客汽车	509. 56	71. 99	219. 74	217. 83
轿车	379. 57	59. 69	160. 16	159. 72
载货汽车	59. 83	0. 5	19. 07	40. 26
摩托车	1 550. 47	123. 82	892. 64	534. 01

表 5－54　长三角地区邮电业务基本情况(2008 年)

指　标	长三角	上海市	江苏省	浙江省
邮电业务总量(亿元)	3 187.59	57.7	1 584.13	1 545.76
函件(亿件)	28.41	12.03	8.82	7.56
特快专递(万件)	12 223.76	3 387	6 479.76	2 357
报刊期发数(万份)	260 274.3	127 600	1 378.25	131 296
年末市内电话(万户)	5 466.09	1 015.4	2 968.3	1 482.39
年末移动电话用户(万户)	9 814.9	1 880.9	3 957	3 977
国际互联网用户(万户)	2 736.65	1 160	771.65	805
邮路及农村投递路线总长度(万公里)	105.26	28.8	39.4	37.06
邮电通信工具拥有量				
长途光缆线路长度(公里)	59 755	4 333	31 277	24 145

表 5－55　长三角地区社会消费品零售总额

单位:亿元

年　份	长三角	上海	江苏	浙江
1978	185.75	54.1	84.79	46.86
1979	226.41	68.28	99.16	58.97
1980	277.86	80.43	122.56	74.87
1981	309.51	88.73	134.79	85.99
1982	333.58	89.8	150.01	93.77
1983	374.04	100.68	169.12	104.24
1984	454.59	123.72	205.05	125.82
1985	608.23	173.39	262.57	172.27
1986	704.91	196.84	304.58	203.49
1987	828.57	225.25	360.74	242.58
1988	1 093.54	295.83	471.83	325.88
1989	1 186.95	331.38	509.56	346.01
1990	1 203.04	333.86	515.43	353.75
1991	1 364.18	382.06	578.12	404
1992	1 663.21	464.82	704.52	493.87
1993	2 415.8	675.92	967.77	772.11
1994	3 327.55	834.76	1 359.61	1 133.18
1995	4 265.54	1 050.96	1 741.92	1 472.66
1996	5 115.11	1 258	2 080.44	1 776.67
1997	5 687.95	1 435.38	2 300.61	1 951.96
1998	6 113.89	1 539.27	2 453.84	2 120.78
1999	6 677.75	1 722.33	2 649.56	2 305.86
2000	7 327.33	1 865.28	2 908.46	2 553.59
2001	8 089.31	2 016.37	3 233.35	2 839.59

（续表）

年　份	长三角	上海	江苏	浙江
2002	9 026.61	2 203.89	3 656.57	3 166.15
2003	10 110.21	2 404.45	4 194.5	3 511.26
2004	11 604.59	2 656.91	4 892.18	4 055.5
2005	13 304.55	2 972.97	5 699.89	4 631.69
2006	15 308.94	3 360.41	6 623.18	5 325.35
2007	17 899.91	3 847.79	7 838.08	6 214.04
2008	21 640.29	4 537.14	9 661.4	7 441.75

表 5－56　长三角地区批发和零售总额

单位：亿元

年　份	长三角	上海市	江苏省	浙江省
1978	170.3	47.55	79.18	43.57
1979	205.69	59.02	91.61	55.06
1980	254.25	70.28	114.35	69.62
1981	282.67	77.53	125.16	79.98
1982	302.96	77.31	138.87	86.78
1983	338.14	84.93	156.28	96.93
1984	408.44	103.27	188.8	116.37
1985	548.16	150.03	240.69	157.44
1990	1 059.84	265.67	472.72	321.45
1991	1 196.85	300.26	529.94	366.65
1992	1 449.28	362.03	644.61	442.64
1993	2 170.61	559.56	888.24	722.81
1994	2 936.29	684.81	1 238.3	1 013.18
1995	3 797.03	864.01	1 573.01	1 360.01
1996	4 545.19	1 032.78	1 901.47	1 610.94
1997	5 016.52	1 173.94	2 082.71	1 759.87
1998	5 403.57	1 298.4	2 208.24	1 896.93
1999	5 800.1	1 391.08	2 367.59	2 041.43
2000	6 311.33	1 493.13	2 583.19	2 235.01
2001	6 943.06	1 619.13	2 845.89	2 478.04
2002	7 672.1	1 756.77	3 179.23	2 736.1
2003	8 532.79	1 920.2	3 613.67	2 998.92
2004	9 800.65	2 108.59	4 166.92	3 525.14
2005	11 377.47	2 340.57	5 016.09	4 020.81
2006	13 170.16	2 695.62	5 815.78	4 658.76
2007	15 371.73	3 058.25	6 875.66	5 437.82
2008	18 487	3 605.32	8 360.18	6 521.5

表5－57　长三角地区餐饮业总额

单位:亿元

年　份	长三角	上海市	江苏省	浙江省
1978	7.47	2.39	3.24	1.84
1979	9	2.82	3.9	2.28
1980	10.99	3.41	4.72	2.86
1981	12.06	3.68	5.17	3.21
1982	12.7	3.76	5.49	3.45
1983	14.27	4.26	6.14	3.87
1984	17.49	4.9	7.61	4.98
1985	24.59	7.58	10.45	6.56
1990	57.15	17.08	24.17	15.9
1991	67.84	20.91	27.86	19.07
1992	84.6	25.92	33.64	25.04
1993	120.3	35.47	44.74	40.09
1994	169.42	42.74	71.44	55.24
1995	233.74	52.61	95.21	85.92
1996	329.16	78.5	135.64	115.02
1997	391.29	93.49	167.92	129.88
1998	398.43	56.58	192.52	149.33
1999	530.82	114.93	227.58	188.31
2000	641.38	134.12	269.59	237.67
2001	753.56	148.88	326.71	277.97
2002	944.85	193.68	410.83	340.34
2003	1 135.91	225.83	510.94	399.14
2004	1 385.68	279.44	653.46	452.78
2005	1 466.6	350.32	583.09	533.19
2006	1 740.84	452.16	678.83	609.85
2007	2 084.4	556.48	810.56	717.36
2008	2 621.95	669.54	1 083.01	869.4

表 5－58　长三角地区限额以上批发和零售业法人企业数(2008 年)

单位:个

项　目	长三角	上海市	江苏省	浙江省
总　计		5 005		9 320
#国有及国有控股		288		723
批发业		3 661		6 768
#国有及国有控股		167		445
按登记注册类型分				
内资企业		2 877		6 712
国有企业		167		222
集体企业		64		65
股份制企业		62		194
私营企业		2 043		4 581
港、澳、台商投资企业		202		16
外商投资企业		582		40
按行业分				
农畜产品批发		22		80
食品、饮料及烟草制品批发		227		425
纺织、服装及日用品批发		456		1 446
文化、体育用品及器材批发		101		182
医药及医疗器材批发		131		189
矿产品、建材及化工产品批发		1 426		3 064
机械设备、五金交电及电子产品批发		1 013		1 075
贸易经纪与代理		140		1
其他批发		145		306
零售业		1 344		2 552
#国有及国有控股		121		278
按登记注册类型分				
内资企业		1 218		2 482
国有企业		121		82
集体企业		54		62
股份制企业		69		91
私营企业		557		1 423
港、澳、台商投资企业		64		25
外商投资企业		62		45
按行业分				
综合零售		238		356
食品、饮料及烟草制品专门零售		93		73
纺织、服装及日用品专门零售		131		92
文化、体育用品及器材专门零售		101		146
医药及医疗器材专门零售		85		165
汽车、摩托车、燃料及零配件专门零售		444		1 215
家用电器及电子产品专门零售		106		348
五金、家具及室内装修材料专门零售		75		53
无店铺及其他零售		71		104

表 5－59　长三角地区限额以上批发和零售业产业活动单位(2008 年)

单位:个

项　目	长三角	上海市	江苏省	浙江省
总　计		17 262		
#国有及国有控股		1 622		
批发业		5 261		
#国有及国有控股		247		
按登记注册类型分				
内资企业		4 122		
国有企业		247		
集体企业		167		
股份制企业		121		
私营企业		2 743		
港、澳、台商投资企业		327		
外商投资企业		812		
按行业分				
农畜产品批发		30		
食品、饮料及烟草制品批发		386		
纺织、服装及日用品批发		626		
文化、体育用品及器材批发		147		
医药及医疗器材批发		172		
矿产品、建材及化工产品批发		2 071		
机械设备、五金交电及电子产品批发		1 382		
贸易经纪与代理		183		
其他批发		264		
零售业		12001		
#国有及国有控股		1 375		
按登记注册类型分				
内资企业		10 929		
国有企业		1 375		
集体企业		239		
股份制企业		1 616		
私营企业		1 535		
港、澳、台商投资企业		333		
外商投资企业		739		
按行业分				
综合零售		6 061		
食品、饮料及烟草制品专门零售		1 409		
纺织、服装及日用品专门零售		692		
文化、体育用品及器材专门零售		481		
医药及医疗器材专门零售		1 364		
汽车、摩托车、燃料及零配件专门零售		1 065		
家用电器及电子产品专门零售		419		
五金、家具及室内装修材料专门零售		230		
无店铺及其他零售		280		

表 5－60　长三角地区限额以上批发和零售业从业人员(2008 年)

单位:人

项　目	长三角	上海市	江苏省	浙江省
总　计		499 022		430 850
#国有及国有控股		28 556		65 171
批发业		214 306		214 302
#国有及国有控股		14 829		41 683
按登记注册类型分				
内资企业		127 014		210 964
国有企业		14 829		21 282
集体企业		2 837		1 964
股份制企业		4 617		17 323
私营企业		61 128		99 571
港、澳、台商投资企业		23 324		1 488
外商投资企业		63 968		1 850
按行业分				
农畜产品批发		619		3 243
食品、饮料及烟草制品批发		27 569		33 802
纺织、服装及日用品批发		42 285		49 732
文化、体育用品及器材批发		9 528		6 609
医药及医疗器材批发		18 714		15 052
矿产品、建材及化工产品批发		36 860		60 723
机械设备、五金交电及电子产品批发		62 730		39 102
贸易经纪与代理		6 361		34
其他批发		9 640		6 005
零售业		284 716		216 548
#国有及国有控股		13 727		23 488
按登记注册类型分				
内资企业		223 920		197 118
国有企业		13 727		5 453
集体企业		3 476		3 156
股份制企业		54 020		20 579
私营企业		54 315		79 936
港、澳、台商投资企业		16 212		6 245
外商投资企业		44 584		13 185
按行业分				
综合零售		156 613		94 391

(续表)

项　目	长三角	上海市	江苏省	浙江省
食品、饮料及烟草制品专门零售		10 212		6 647
纺织、服装及日用品专门零售		22 704		9 826
文化、体育用品及器材专门零售		9 860		8 591
医药及医疗器材专门零售		12 244		17 828
汽车、摩托车、燃料及零配件专门零售		30 091		51 743
家用电器及电子产品专门零售		30 622		22 484
五金、家具及室内装修材料专门零售		7 265		1 800
无店铺及其他零售		5 105		3 238

表 5－61　长三角地区对外经济主要指标(2008 年)

单位:亿美元

指　标	长三角	上海市	江苏省	浙江省
进出口总额	9 255. 15	3 221. 38	3 922. 68	2 111. 09
进口总额	3 638. 62	1 527. 88	1 542. 32	568. 42
初级产品			199. 31	146. 31
工业制成品			1 343. 01	422. 11
出口总额	5 616. 53	1 693. 5	2 380. 36	1 542. 67
初级产品			32. 37	55. 86
工业制成品			2 347. 99	1 486. 81
合同外商直接投资项目(个)	9 842	3 748	4 236	1 858
合同外商直接投资	856. 58	171. 12	507. 26	178. 2
实际外商直接投资	452. 77	100. 84	251. 2	100. 73
接待海外旅游者(万人次)	1 724. 34	640. 37	544. 3	539. 67
外国人	1 269. 64	507. 4	396. 11	366. 13
港澳同胞	189. 66	52. 38	55. 22	82. 06
台湾同胞	265. 04	80. 59	92. 97	91. 48
旅游外汇收入(万美元)	1 193 128	502 700	388 020	302 408

表 5－62　长三角地区合同外商直接投资项目(2008 年)

单位:个

指　标	长三角	上海市	江苏省	浙江省
合　计	9 842	3 748	4 236	1 858
合资经营企业	1 647	360	787	500
合作经营企业	78	23	41	14
独资经营企业	8 110	3 364	3 406	1 340

表 5－63　长三角地区合同外商直接投资金额(2008 年)

单位:万美元

指　标	长三角	上海市	江苏省	浙江省
合　计	8 565 838	1 711 200	5 072 643	1 781 995
合资经营企业	1 123 457	241 100	608 941	273 416
合作经营企业	123 766	32 500	75 091	16 175
独资经营企业	7 273 913	1 428 900	4 372 834	1 472 179

表 5－64　长三角地区实际外商直接投资金额(2008 年)

单位:万美元

指　标	长三角	上海市	江苏省	浙江省
合　计	4 527 695	1 008 400	2 512001	1 007 294
合资经营企业	885 565	196 600	435 198	253 767
合作经营企业	51 736	22 300	20 293	9 143
独资经营企业	3 575 396	788 300	2 048 174	738 922

表 5－65　长三角地区接待海外旅游者人数和收入(2008 年)

项　目	长三角	上海市	江苏省	浙江省
接待人数(人次)	17 243 404	6 403 700	5 443 022	5 396 682
外国人	12 696 388	5 074 000	3 961 095	3 661 293
日本	2 866 300	1 215 500	989 335	661 465
新加坡	521 391	184 300	201 321	135 770
美国	1 414 465	629 800	511 889	272 776
加拿大	306 451	115 900	111 716	78 835
英国	444 786	190 900	172 862	81 024
法国	413 322	179 800	139 084	94 438
德国	577 261	247 300	218 528	111 433
意大利	260 523	88 400	75 716	96 407
澳大利亚	354 942	145 700	131 449	77 793
港澳同胞	1 896 546	523 800	552 192	820 554
台湾同胞	2 650 470	805 900	929 735	914 835
旅游外汇收入(万美元)	1 193 128	502 700	388 020	302 408

表 5－66　长三角地区国内旅游者人数

单位:万人次

年　份	长三角	上海市	江苏省	浙江省
2003	27 455. 82	7 603	11 423. 82	8 429
2004	33 766. 8	8 505	14 661. 8	10 600
2005	39 004. 26	9 012. 00	17 234. 26	12 758
2006	45 768. 89	9 684. 00	19 935. 79	16 149. 1
2007	52 508. 6	10 210	23 198. 60	19 100
2008	58 027. 62	11 006	26 121. 62	20 900

表 5－67　长三角地区历年财政总收入

单位:亿元

年　份	长三角	上海市	江苏省	浙江省
1978	279. 21	190. 67	61. 09	27. 45
1979	277. 9	192. 75	59. 28	25. 87
1980	292. 43	198. 85	62. 45	31. 13
1981	301. 9	204. 52	63. 04	34. 34
1982	303. 94	200. 69	66. 61	36. 64
1983	319. 76	204. 34	73. 63	41. 79
1984	338. 74	215. 79	76. 28	46. 67
1985	411. 11	263. 86	89	58. 25
1986	425. 06	257. 72	98. 73	68. 61
1987	424. 89	241. 36	107. 17	76. 36
1988	465. 2	261. 69	117. 96	85. 55
1989	521. 85	297. 25	126. 39	98. 21
1990	522. 15	284. 36	136. 2	101. 59
1991	576. 89	324. 66	143. 29	108. 94
1992	610. 8	340. 13	152. 31	118. 36
1993	827. 47	439. 53	221. 3	166. 64
1994	1 118. 71	615. 91	293. 41	209. 39
1995	1 301. 04	702. 46	350. 08	248. 5
1996	1 593. 5	873. 76	427. 99	291. 75
1997	1 924. 4	1 070. 95	512. 93	340. 52
1998	2 127. 7	1 146	579. 9	401. 8
1999	2 548. 21	1 390. 58	680. 23	477. 4
2000	3 276. 12	1 752. 7	865	658. 42
2001	3 978. 37	1 995. 62	1 064. 99	917. 76
2002	4 852. 51	2 202. 25	1 483. 68	1 166. 58
2003	6 266. 68	2 828. 87	1 968. 92	1 468. 89
2004	7 346. 71	3 325. 14	2 216. 41	1 805. 16
2005	9 336	4 095. 81	3 124. 83	2 115. 36
2006	11 302. 46	4 798. 93	3 935. 87	2 567. 66
2007	16 141. 44	7 310. 26	5 591. 29	3 239. 89
2008	18 372. 69	7 532. 91	7 109. 72	3 730. 06

表 5－68　长三角地区保险业务主要指标(2008 年)

单位:亿元

指　标	长三角	上海市	江苏省	浙江省
保费收入	1 951.86	600.06	775.45	576.35
财产险	516.29	131.79	181.11	203.39
#机动车辆保险			133.26	156.56
人身意外伤害险			18.31	14.74
健康险			47.79	29.09
寿险			528.19	329.13
各项赔款和给付	664.1	184.09	267.02	212.99
财产险	329.45	79.52	121.19	128.74
#机动车辆保险			88.93	96.1
人身意外伤害险			5.37	3.75
健康险			11.12	8.92
寿险			129.54	71.58

表 5－69　长三角地区科研机构数(2008 年)

单位:个

指　标	长三角	上海市	江苏省	浙江省
科技机构数(个)				
#科研单位	657	252	307	98
大中型工业企业	4 300	381	1 817	2 102
高等院校	800	245	386	169

表 5－70　长三角地区三种专利申请受理量(2008 年)

单位:件

项　目	长三角	上海市	江苏省	浙江省
申请受理量合计	270 802	52 835	128 002	89 965
#发　明	52 493	17 829	22 601	12 063
实用新型	62 874	14 327	23 379	25 168
外观设计	155 438	20 679	82 022	52 737

表 5－71　长三角地区三种专利授权量(2008 年)

单位:件

项　目	长三角	上海市	江苏省	浙江省
授权量合计	122 018	24 468	44 595	52 955
#发　明	11 035	4 258	3 508	3 269
实用新型	48 004	11 973	16 029	20 002
外观设计	62 979	8 237	25 058	29 684

表 5－72　长三角地区教育事业基本情况(2008 年)

指　标	长三角	上海市	江苏省	浙江省
学校数(所)				
普通高等学校	258	61	120	77
普通中学	6 412	916	3 119	2 377
小学	10 305	672	5 233	4 400
特殊教育	206	29	113	64
专任教师(万人)				
普通高等学校	18. 1	3. 69	9. 63	4. 78
普通中学	55. 31	5. 03	32. 52	17. 76
小学	46. 35	4. 1	25. 47	16. 78
特殊教育	0. 54	0. 11	0. 29	0. 14
招生数(万人)				
普通高等教育	85. 76	14. 58	44. 61	26. 57
研究生	7. 89	3. 02	3. 5	1. 37
本专科生	82. 26	14. 58	41. 11	26. 57
普通中学	277. 8	16. 63	170. 77	90. 4
小学	132. 4	12. 39	64. 23	55. 78
特殊教育	0. 75	0. 08	0. 48	0. 19
在校学生(万人)				
普通高等教育	301. 25	50. 29	167. 74	83. 22
研究生	23. 03	8. 98	10. 47	3. 58
本专科生	290. 77	50. 29	157. 26	83. 22
普通中学	867. 16	61. 77	535. 59	269. 8
小学	799. 41	59. 06	408. 07	332. 28
特殊教育	4. 81	0. 51	3. 01	1. 29
毕业生数(万人)				
普通高等教育	73. 22	12. 21	40. 69	20. 32
研究生	5. 93	2. 44	2. 6	0. 89
本专科生	70. 62	12. 21	38. 09	20. 32
普通中学	290. 83	26. 15	181. 28	83. 4
小学	158. 83	10. 44	85. 91	62. 48
特殊教育	0. 76	0. 08	0. 52	0. 16

表 5－73　长三角地区文化艺术和文物事业机构情况(2008 年)

单位:个

项　目	长三角	上海市	江苏省	浙江省
总　计	44 379	19 267	22 930	2 182
艺术业	666	252	274	140
#艺术表演团体	297	107	119	71
图书馆业	229	29	106	94
群众文化服务业	3 249	245	1 411	1 593
群众艺术馆、文化馆	245	29	117	99
文化站	3 004	216	1 294	1 494
艺术教育业	24	1	17	6
文艺科研	17	2	8	7
文物业	560	111	250	199
博物馆	356	110	165	81

表 5－74　长三角地区卫生事业机构数(2008 年)

单位:个

项　目	长三角	上海市	江苏省	浙江省
总　计	31 551	2 809	13 451	15 291
医院	2 029	301	1 093	635
综合医院	1 254	184	715	355
中医院	203	17	85	101
中西结合医院	26	4	10	12
专科医院	518	84	270	164
疗养院	36	3	18	15
社区卫生服务中心	7 448	428	1 829	5 191
卫生院			1 448	1 849
门诊部	1 464	358	474	632
专科疾病防治院(所、站)	95	19	49	27
疾病预防控制中心(防疫站)	292	22	170	100
卫生监督所	227	20	109	98
医学科学研究机构	27	9	9	9

第六篇 大事记

2008年1月

1月1日　浙江省第十届戏剧节闭幕。

由浙江省新闻工作者协会与浙江日报报业集团、浙江广播电视集团、浙江在线新闻网站联合举办的“2007年浙江十大新闻”评选活动揭晓。

1月2日　中国机械科学研究院——杭汽轮集团联合研究院成立。

1月3日　杭州发现全球唯一的深水壳相动物化石群。

1月4日　江苏省13个省辖市及张家港、江阴、常熟三个县级市荣获“全国双拥模范城(县)”称号。

1月5日　上海市养老床数达7万张。

浙江新农村建设带头人“金牛奖”颁奖。

浙江省14个市县荣获“全国双拥模范城(县)”。

2007浙江经济年度人物揭晓。

1月6日　浙江省第四届中青年书法篆刻展在丽水举行。

1月7日　上海举行“中国海宁·全球皮革产业发展论坛”启动仪式,“中国海宁·长三角国际合作基地”也同时正式揭牌。

江苏省获国家商务部、财政部核定拨付2007年度服务外包业务发展资金2 776.5万元,居全国前列。

浙江省举办2008“钱江春潮”迎新合唱晚会。

由中国美术家协会、浙江省美术家协会、中国美术学院、西泠印社举办的“纪念陆抑非百年诞辰中国画展”在中国美术学院美术馆开展。

1月8日　上海世纪出版集团以五个大奖、六个提名奖的优异成绩雄踞全国各出版集团之首。

2007年度国家科学技术奖励大会在上海市隆重举行。

2007年江苏省共撤并布局不尽合理和规模偏小的乡镇48个。

我国文化领域的第一个自主论坛品牌——太湖文化论坛在江苏省苏州市太湖国家旅游度假区奠基。

2007年江苏省国税总收入达到2 984.9亿元。

中国红十字会八届四次理事会在杭召开。

中国邮储银行浙江省分行开业。

1月9日　我国首个贵金属期货品种——黄金期货在上海期货交易所上市交易。

江苏省900多万农民工2007年个人月平均收入(包括工资、奖金和实物)为1 205元,高出全国平均收入水平。

“江苏再生资源产业高层论坛”在江苏省南京市举行。

浙江省共有29项成果(其中浙江省为主完成的15项)在2007年度国家科学技术奖励大会上获国家科学技术奖,获奖数为近十年来最多。

1月10日　“中国移动全球通”第六届上海IT青年十大新锐出炉。

上海—加拿大贸易论坛成立。

首届浙江农民信箱网上农博会在杭州开幕。

国内首家电力行业博物馆在嘉兴开馆。

1月11日　上海农民人均年可支配收入首超万元。

“首届上海—东北资源对接高峰论坛”在沪举行。

浙江日报与浙江在线新闻网站联合举办的2007"创业富民、创新强省"新闻人物评选揭晓。

1月12日 纪念《新华日报》创刊70周年暨在南京出版59周年庆典在江苏省南京市隆重举行。

2007年江苏省营业收入超百亿元的省属企业达9家。

沪苏浙高速公路江苏段正式建成通车。

浙江省15位"经营管理大师"获得第十三届"浙江省经营管理大师"荣誉称号。

2007年度十位风云浙商揭晓。

1月14日 浙江省人民代表大会常务委员会颁布关于修改《浙江省公路路政管理条例》的决定。

1月15日 上海市召开重点工程实事立功竞赛表彰大会。

2008年江苏省农信社的支农投入进一步加大,全年农业贷款净增130亿元,年末贷款余额可望突破1 000亿元。

1月16日 上海市财税工作会议召开,公布2007年本市地方财政收入2 102.6亿元,同比增长31.4%。

上海作协第六届幼儿文学奖评奖揭晓。

浙商公益联盟在杭成立。

浙江省十一届人大一次会议开幕。

1月17日 《中国区域创新能力报告2006—2007》发布,上海以57.09的综合分值连续三年蝉联全国首位。

上海卫生系统设立的最高荣誉奖"上海市医学荣誉奖"第五届评选活动正式拉开序幕。

京杭运河江苏省常州市区段南移改线工程全面竣工通航。

江阴和金坛被命名为"公众心目中的中国和谐名城"称号。

浙江省成立出境木质包装行业协会。

1月18日 上海市科学技术奖励大会召开。

上海市港口局发布最新信息:2007年上海港集装箱吞吐量超过香港跃居全球第二;全港货物吞吐量连续三年保持全球第一。

上海交通大学纳米生物医学研究中心正式成立。

江苏省吴江市18项重点生态实事工程2007年全部建设完工,并通过国家环保总局技术考核。

张家港建成国内首个"清洁能源使用区"。

浙江省政府同意并正式颁布浙江省"重大与高发疾病防治技术专项"等26个重大科技专项实施方案。

浙江电视台国际频道通过美国艾科斯塔卫星平台上的中国电视长城(美国)平台正式开始对美国播出。

1月19日 华东师大教育发展基金会成立。

浙江省德清与杭州开通城际公交线。

1月20日 2008上海市建筑学会年会召开,12件本土设计师的原创作品获得上海市建筑学会建筑创作奖。

由浙江大学、复旦大学、南京大学和团省委等共同举办的"首届长三角青商论坛"在南京市开幕。

2008年度浙江省"红十字博爱送万家"活动启动。

1月21日 上海世博会港澳参展协商会议在沪举行。

中国城市经济教育培训中心落户上海。
2007年江苏省信息产业实现销售收入超万亿的历史性突破，达到1.2万亿元。
由浙江省国际美术交流协会、美术家协会、浙江日报社、美术报社等主办的《诗意江南·周瑞文作品集》首发暨作品赏析会在杭州唐云艺术馆举行。
《三十年三十人——浙江国画展》开幕。
温州市泰顺发现巨大古木化石，距今一亿五千万年。
绍兴乔波冰雪世界室内滑雪滑冰馆在绍兴县柯岩启动新建。
《浙江模式——政治经济学视角的观察与思考》由人民出版社出版。

1月22日　2007年江苏省港口共完成货物吞吐量10.5亿吨，首次突破10亿吨大关，位居全国第一。
位于宁波海曙区的张苍水纪念馆正式对外开放
浙江省首个区域数字图书馆在宁波大学园区开始建设。

1月23日　杭州越剧院编排的贺岁轻喜剧《新狮吼记》将昆曲搬上越剧舞台，在杭州大剧院举行了首轮演出。

1月24日　上海市第十三届人民代表大会第一次会议开幕。
《上海大辞典》由上海世纪出版股份有限公司辞书出版社出版。
江苏省9个省辖市、39个县(市、区)被评为全国科技进步考核先进县、市。

1月26日　"2008蓝天下的至爱——大型慈善文艺晚会"在上海市隆重举行。
上海市出台2008年增加城镇企事业单位退休人员基本养老金办法。
浙江省委宣传部、省新闻出版局转发浙江省报业协会《关于深入贯彻创业富民创新强省总战略，推动报业自主创新科学发展的意见》，并公布了浙江省报业首批自主创新项目和主创人。浙江日报报业集团"一媒体一公司　两分开一本账"等25个项目获奖。

1月27日　《上海产业景观解读手册》正式发布。
浙江省在京举行经济社会发展情况汇报会。

1月28日　"浙江骄傲—2007年度最具影响力人物"揭晓。
宁波社会消费品零售总额破千亿元。

1月29日　2007年杭州海关全年征收关税和进口环节增值税达到258亿元，比上年增长了28%。
上海市老年产业服务中心经上海市民政局批准成立。
来自浙西林区的5 000多名龙泉人在杭成立了龙泉商会。

1月31日　中国2010年上海世博会吉祥物纪念章正式发布。
由中科院南京紫金山天文台发现、国际编号为4913的小行星正式命名为"王选星"。
国务院信息化工作办公室日前发布《2007年中国政府网站绩效评估报告》，浙江省政府门户网站在31个省、自治区、直辖市中名列第三，仅次于北京、上海，继2006年之后再度名列省区第一。
浙江市瑞安市平阳坑镇东源村木活字印刷技术列入了文化部公示的我国第二批国家级非物质文化遗产名录推荐项目名单。
经中国银监会批准，恒生银行(中国)有限公司正式设立宁波分行并对外营业。
杭州首建爱心教育体验基地。

2008年2月

2月1日　上海市公安局举行2007年度记功表彰授奖仪式。

上海世博局举行“上海世博会赞助企业评选揭晓暨答谢会”。

2008 上海外经贸情况通报会举行。

杭州成功申办“2009 PATA 旅交会”(亚太旅游协会)。

2 月 2 日 中共上海市委统战部与台盟上海市委共同召开对台工作座谈会,就当前形势下充分发挥台盟优势进一步做好台湾人民工作进行座谈。

作为世传《三字经》作者王应麟的故乡,浙江鄞州与光明日报社联合发起向海内外民众征集《三字经》版本和修订意见。

2 月 3 日 “2007 年上海十大法治新闻”揭晓。

江苏省苏州市吴中区东山镇陆巷村和吴中区西山镇明月湾村入选中国历史文化名村。

2 月 5 日 杭州古城墙陈列馆免费开放。

2 月 6 日 上海电信向贵州抗灾一线运去 990 套通信设备专用蓄电池。

浙铁集团首趟运煤专列从温州直通兰溪。

2 月 12 日 上海市信息委发布快报显示:2007 年上海市电子商务交易额达2 407亿元。

2 月 13 日 上海市检察院作出廉政“十项承诺”。

上海市统计局透露,2007 年上海人均 GDP 达到65 347元,按年平均汇率7. 604 0计算,折合美元为8 594美元。

2007 年江苏省苏州市外贸进出口总额达到2 118亿美元,比上年同期增长 21. 5%,进出口总值占全国 9. 7%。

2 月 14 日 上海 15 个发明项目获第十届中国专利奖。

上海生命科学研究院 2 项科研成果入选由科技部、中国科协组织评选的 2007 年度“中国基础研究十大新闻”。

2 月 15 日 第二批上海市中小学骨干教师德育实训基地挂牌。

浙江省医生发现一新型耐药基因,已被世界权威基因库收录并命名,对研发抑制细菌耐药性的新药意义重大。

浙江省商品交易市场成交额突破9 000亿元。

宁波北仑区在国内建起 38 个劳务协作基地。区劳动就业管理部门与安徽宿州市埇桥区职业技术学校、泗县劳动保障部门分别达成劳务协作意向,并正式签订了劳务输出协议。

2 月 16 日 全国内河航标第一塔在江苏省长江与苏北运河十字路口上亮相。

浙江省全面部署村级组织换届工作。

南京至杭州铁路(宁杭铁路)项目已经国家发展改革委批准立项。

2 月 17 日 上海市教育行政部门投入 3. 2 亿元为义务教育阶段学生书本费“埋单”。

2 月 18 日 上海市十三届人大常委会举行第一次主任会议,讨论了《上海市人大常委会 2008 年度工作要点(草案)》。

江苏省南京市汤山被中国矿业联合会授予“全国温泉开发利用示范区”称号。

2 月 19 日 长 105 米、宽 16. 95 米、重达2 300吨的“中国第一梁”钢—混凝土组合梁成功架设在上海长江大桥上。

2 月 20 日 浙江省节能降耗和环境保护工作会议在杭召开,各市签订“811”环境保护新三年行动和节能降耗工作目标责任书。

文化部公布了第二批国家级非物质文化遗产项目代表性传承人名单,浙江省 28 人上榜。

2 月 21 日 浙江省统计局公布了本省人口变动抽样调查结果:全省的常住人口为5 056万人,年末全省常住人口为5 060万人,比 2006 年末常住人口增加了 80 万人,增长 1. 61%。

2 月 22 日 南京大学环境学院陈泽智教授开发的“垃圾填埋气收集、净化处理与资源化利用成套技术”项目荣获第三届中国技术市场协会金桥奖优秀项目奖，年经济效益 1.7 亿元。

2 月 23 日 上海外滩交通改造全面展开。

三峡电力输沪大动脉贯通。

第十五届“上海十大杰出青年”评选活动正式启动。

浙江省评出“十大慈善之星”。

2 月 24 日 中国首批、江苏省首个境外经贸合作区——江苏太湖国际经济合作区—西哈努克港经济特区在柬埔寨奠基。

浙江省《浙江通史》、《中国印刷史》、《黄宾虹全集》在首届中国出版政府奖中获图书大奖，浙江少年儿童出版社获先进出版单位奖，还有部分图书、音像制品获提名奖。

2 月 25 日 上海市法院提出“十不”承诺，并接受监督。

全球 500 强企业国华能源投资有限公司与江苏省东台市政府签约，计划总投资 900 亿元建特大型风电场工程。

江苏省外企纳税额首次突破1 000亿元，达到 1057 亿元，同比增长 34.8%。

上海至南京、上海至杭州的城际轨道交通可行性研究报告获国家发改委正式批复。

浙江德清出土六朝时期“德清窑”典型器物。

2 月 26 日 第五届“上海市医学荣誉奖”揭晓。

2 月 27 日 世界旅游与和谐论坛在江苏省南京市开幕。

浙江 110 部古籍入选国家珍贵古籍保护名录。

2 月 28 日 上海启动新一轮海外人才引智工程。

国务院批准设立浙江省宁波梅山保税港区。规划面积 7.7 平方公里，功能定位为国际中转、采购、配送、转口贸易、保税加工和保税物流。

国家公安部边防局通令为在勇斗歹徒中英勇牺牲的浙江省公安边防总队海警第二支队盖北边防派出所二级士官詹忠义烈士追记一等功。

2 月 29 日 上海获批国家高技术产业基地。

主营石油化工和电力行业 IT 服务外包业务的宁波东蓝数码有限公司成功登陆全球第二大交易所英国伦敦交易所，成为浙江省第二家在伦敦交易所 AIM 市场上市的企业。

2008 年 3 月

3 月 1 日 上海市土地交易市场正式开业。

第 18 届中国华东进出口商品交易会在上海开幕。

2008 上海世界现代陶瓷艺术展开幕。

浙江省妇女健康援助基地成立。

3 月 2 日 上海奥林匹克文化系列讲座在上海图书馆开讲。

3 月 3 日 上海交通大学 - 通用汽车研究院正式成立。

江苏省最大一批扶贫小额贷款总额 1.56 亿元投放宿迁。

3 月 4 日 侵华日军南京大屠杀遇难同胞纪念馆获赠 12 枚抗战期间的纪念章。

3 月 5 日 第十八届华东进出口商品交易会江苏交易团共成交 6.89 亿美元。

江苏省苏通大桥成为我国首个获 IBC 国际桥梁大会“乔治·理查德森大奖”的工程项目。

3 月 6 日 上海市总工会举行纪念“三八”国际妇女节 98 周年大会暨第二届上海市五一巾帼奖颁奖

典礼。

3月7日　世界500强企业,欧洲著名化工企业阿克苏诺贝尔公司在浙江省宁波市投资的阿克苏诺贝尔化学品(宁波)有限公司正式动工建设。

3月11日　上海市绿化委员会(扩大)会议召开,计划到今年年底,新建各类绿地1 000公顷,其中公共绿地500公顷。

浙江省嘉兴、宁波两市联手打造"港口联盟",嘉兴——宁波两港合作暨集装箱开航仪式在嘉兴港乍浦港区举行。

3月12日　浙江省全面启动"残疾人共享小康工程"。

3月13日　"2007年度上海知识产权十大新闻"有奖评选活动正式启动。

江苏省人民政府与中国石油化工集团公司在京签署了合作发展协议。

3月17日　上海市人口和计划生育工作会议透露,2007年上海市常住人口密度达每平方公里2 931人。

3月18日　解放日报报业集团第十四届文化讲坛暨全球博物馆高峰论坛在上海举行。

2008上海国际信息化博览会开幕。

3月20日　江苏省各市、县全面建立政府大灾风险基金。

3月21日　江苏省扬州市建成全国最大玉石市场。

3月23日　江苏省南京市高等教育毛入学率达到55.3%,是率先进入高等教育普及化阶段的城市。

江苏省泰兴市建设国家级"古银杏群落"。

浙大成立"青年马克思主义者培养学院"。

3月24日　江苏省苏南三十家企业联手投资中西部。

首部《温州蓝皮书》发布上市。

3月25日　"上海世博号"列车图片展和"寻找东京都内的上海"活动在东京举行。

2008上海国际服装论坛开幕。

江苏省连云港海州湾海湾生态与自然遗迹获准建立国家级海洋特别保护区。

3月26日　江苏省沿江高速公路常州至太仓段工程获"詹天佑奖"。

江苏省南通市诞生国内首批家纺设计师。

杭州发现完好的南宋御街遗址。

3月27日　浙江省图书馆、宁波天一阁博物馆入选首批"全国古籍重点保护单位"。

3月29日　南京大学出版社出版的《中国思想家评传丛书》荣获我国出版界最高奖——首届中国出版政府奖(图书奖)。

3月31日　江苏省南京市试点建立医患纠纷专业调解机构。

由浙江省社科联和钱江晚报联合主办的"浙江人文大讲堂"开讲。

2008年4月

4月1日　上海市科技艺术教育中心揭牌。

江苏省开通首条欧洲直达客运航线。

浙江省首个遗体捐献纪念陵园开放。

4月2日　两岸清明包机上海至台北航线启动。

中国审计博物馆在江苏省南通市建成开馆。

吴昌硕篆刻铭文名砚从日本回归故里,捐赠给了西泠印社。

4 月 3 日 上海市第七届邓小平理论研究和宣传优秀成果奖、第九届哲学社会科学优秀成果奖评奖活动正式启动。

上海开建用地面积为49 660平方米的江南造船博物馆。

全国第一艘一万标箱集装箱运输船在江苏省南通市建成。

“2007 感动温州十大人物”颁奖。

由浙江省教育厅和台州市政府共建的浙江高校产学研联盟台州中心成立。

4 月 4 日 南京抗日航空纪念馆在江苏省南京市奠基。

4 月 6 日 第三届中国湿地生态旅游节暨2008 中国姜堰·溱潼会船节在江苏省溱湖国家湿地公园开幕。

浙江义乌行业协会首设创新中心。

4 月 7 日 江苏大丰建成全国最大的耐海水蔬菜生产基地。

浙江省组织系统开展“组工干部形象大讨论”活动。

4 月 8 日 上海少儿读物促进会宣告成立。

浙江省科技奖励大会在杭举行，表彰了 2007 年度省科学技术奖获得者以及市县党政领导科技进步目标责任制考核优秀单位，为第三批“浙江省科技强县(市、区)”授牌。

杭州困难职工帮扶中心获“全国模范”殊荣。

4 月 9 日 水利部应对气候变化研究中心在江苏省南京市成立。

国家知识产权局日前正式批准江苏省南京市为“国家知识产权示范城市创建市”。

江苏代表团在“中国东西部合作与投资贸易洽谈会”上共落实合作项目 285 个，协议总金额达 289. 76 亿元。

4 月 10 日 中国电信学院在沪揭牌。

2008 中国(无锡)吴文化节在江苏省无锡市吴文化广场举行。

4 月 11 日 “江苏发展高层论坛”第 24 次会议在江苏省南京大学举行。

浙江省富阳市作为全国唯一的全过程、全方位综合试点区，全面启动全国第二次经济普查试点工作。

信息产业、生物产业两大国家高技术产业基地落户杭州。

浙江省杭州、宁波获最佳节庆城市称号。

4 月 12 日 上海市统计局公布最新统计分析报告称，2007 年来沪农民工总量已超过 400 万人。

杭州启动首届十大创新成就评选活动。

4 月 13 日 从 2008 年起，江苏省高层次人才引进计划专项资金由 1 亿元增加到 2 亿元。

4 月 14 日 2010 年上海世博会的重要亮点“网上世博会”项目正式启动

江苏省无锡市强力封堵入太湖河道排污口。

2008 年一季度江苏省城镇居民人均收入增长 14. 6%。

江苏省淮安市建成国家大型优质商品粮生产基地。

杭州、台州商会和杭州市商业银行举行授信签约仪式。

4 月 15 日 “新时期文学 30 年学术研讨会”在沪召开。

浙江省与中国工程院签订科技合作协议。

4 月 16 日 上海水资源保护基金会成立。

上海市举行“2007 上海钢材贸易 50 强”颁奖典礼。

4 月 17 日 具有广阔商用前景的移动数字报纸由上海市解放日报报业集团在国内率先推出。

上海市文明委全会审议通过《2008 年上海市精神文明创建工作指导意见》

浙江省建立第6批省级爱国主义教育基地。
浙江省2009年起实行新课改高考方案。

4月18日 上海国际商会、上海世界贸易中心协会第二届会员大会召开,大会同时选举产生了由184名理事组成的第二届理事会。
2007年度上海市社会主义精神文明十佳好人好事揭晓。
以“情系新农村、关爱暖民心”为主题的上海市人口计生系统“三下乡”活动举行。
江苏省投资20多亿解决农村安全供水。
江苏省城镇贫困居民2008年都能进医保,普通居民参保每人每年补助不低于80元。

4月19日 国际投资银行摩根士丹利首次中国业务发展战略研讨会在江苏省南京市举行。
第三届西施文化节暨第六届中国(国际)珍珠节开幕。

4月20日 芬兰凯米拉化学品集团亚洲技术研发中心落户上海。
“推进长江三角洲地区金融协调发展工作第一次联席会议”在江苏省南京市召开。

4月21日 上海市第十三次妇女代表大会隆重开幕。
全国首家外包管理学院——中新外包管理学院落户无锡。

4月22日 第31届太平洋地区标准大会(PASC)在沪召开。
由中国安全防范产品行业协会和上海市科学技术协会联合举办的“上海世博与城市监控”安全论坛在沪召开。
浙江省新华书店集团有限公司和华数数字电视有限公司被中宣部、文化部、广电总局和新闻出版总署四部委联合授予“文化体制改革优秀企业”荣誉称号。

4月23日 2008年首季江苏省与韩国双边贸易额超百亿美元。

4月24日 中国青年创业行动上海站活动举行。
上海市举行“市级机关廉政文化教育基地”挂牌仪式。
江苏农家书屋总量居全国第一。
江苏省张家港市成为全球首个国际卫生港口。

4月25日 “南京路上好八连”命名45周年”暨“学好八连、学王庆平”活动推进大会在上海警备区举行。
第五届上海教育博览会开幕。
江苏省新推五大举措惠及城乡居民,零就业家庭大学毕业生必要时政府出资购买公益性岗位予以保底安置。
全国侨联为新农村建设服务现场推进会在浙江省召开。

4月26日 长三角中学语文教育论坛在沪举行。

4月27日 由上海市总工会举办的“五一劳动奖状(章)”评选揭晓。
江苏省推出十项扶农稳粮新措施,包括提高农资补贴标准、扩大水稻、小麦良种补贴等。
2008中国·南京重大项目投资洽谈会总投资额近140亿元。

4月28日 2010年世博会上海馆主题策划方案有奖征集活动正式启动。
2008上海之春国际音乐节揭幕。
我国首座3 000米深水半潜式钻井平台在上海外高桥造船厂正式开工兴建。
南京“重洽会”期间,总投资为32亿元的一批现代服务业项目、高新技术产业项目落户江苏省南京市浦口区。
中国义乌文化产品交易博览会开幕。

4月29日 国家土地督察上海局在沪揭牌。

第四届中国国际动漫节在杭州休博园开幕。

2008 年 5 月

5 月 1 日 第二届国际动漫节杭州峰会举行。

5 月 2 日 杭州湾跨海大桥全线通车。

5 月 3 日 温家宝总理给浙江大学学生写来亲笔回信。

5 月 4 日 上海卢浦大桥获第 94 届国际桥梁与结构工程协会(IABCE)2008 年杰出结构大奖。

5 月 5 日 2008 上海国际田径黄金大奖赛设立的“黄金大奖赛奖学金”正式启动。

5 月 6 日 经教育部批准,上海水产大学更名为上海海洋大学,新校名正式揭牌。

江苏省 174 家公共博物馆、纪念馆和爱国主义教育基地免费开放,数量和范围全国领先。

5 月 7 日 全国政协专题调研组来浙江调研统筹城乡发展。

5 月 8 日 上海国际珠宝展开幕。

由上海市企业联合会、上海市企业家协会主办的“2007 上海企业 100 强暨第一届上海市中小企业管理现代化创新成果奖”发布会举办。

江苏省 2 亿重金全球招引高层次人才,每年引进 150 名,每人将获百万元以上资助。

浙江省启动世界红十字日博爱周纪念活动。

5 月 9 日 以“世界格局中的中国金融”为主题的首届“陆家嘴论坛”在上海举行。

5 月 10 日 2008 年第十五届上海国际茶文化节开幕。

江苏省镇江市 90 岁以上老人可享受“尊老金”待遇。

5 月 11 日 中国商用飞机有限责任公司成立大会在上海举行。

5 月 12 日 我国第一个世贸组织(WTO)争端解决机制研究中心在沪成立。

河海大学国家自然科学基金重点项目“长江流域调水等工程对河口环境的影响及对策”通过验收。

5 月 13 日 第六届国际儒商大会在江苏省扬州市闭幕。

国际服务外包论坛在杭举行。

谢晋电影博览馆落户浙江上虞。

5 月 14 日 上海市直升机基地奠基仪式举行。

江苏省全力支援四川灾区抗震救灾,省委、省政府发出慰问电并向灾区捐款。

日本友人来江苏省南京市捐赠珍贵历史照片,“侵华日军太平门屠杀照”首次面世。

浙江省在全国率先实现所有乡镇通有线电视。

5 月 15 日 首届女性论坛亚洲大会在沪开幕。

联合国粮农组织政府间茶叶工作组第 18 届会议在杭召开。

5 月 18 日 上海市第七届残疾人运动会开幕。

国内首座综合性干细胞库——江苏省北科生物科技有限公司江苏省干细胞库在江苏省泰州市开建。

5 月 19 日 “银行间市场融资创新产品及重点项目展洽会”在江苏省南京市召开,20 家银行与 24 家重点企业共签署了 385 亿元融资合作协议。

5 月 20 日 江苏省各界向四川灾区捐赠超 10 亿元。

第十五届全球金融年会在杭州举行。

中国山区生态经济与新农村建设高峰论坛在浙江临安举行。

5月21日 江苏省内参保人员距法定退休年龄5年以上,且能在南京连续缴纳养老保险费满5年以上的,可以将养老保险关系转到南京。

5月24日 2008江苏省博士研究生学术论坛举行。

5月25日 由复旦大学主办的“经济全球化与亚洲的选择:上海论坛2008”开幕。

2008国际摄影周暨上海第九届国际摄影艺术展览评选揭晓。

北京奥运火炬接力江苏境内传递活动在苏州正式启动。

5月26日 亚太地区城市信息化论坛第7届年会在上海开幕。

5月28日 上海期货交易所主办的第五届上海衍生品市场论坛在沪举行。

长三角区域创新体系联席会议2008年工作会议在江苏省南京市召开。

5月29日 我国历史最悠久的影音展——中国国际高级Hi-Fi演示会上海开幕。

江苏省连云港市入选国家新材料产业基地。

世界500强企业法国阿海珐输配电集团在江苏省江都投资输配电高压母线管项目。

国际茶文化研讨会在浙江长兴举行。

杭州师范大学喜庆百年华诞。

5月30日 上海市妇联和市卫生局联合发起“四川上海一家亲——上海母亲关爱行动”。

国际儿童医院院长高峰论坛在上海举行。

5月31日 由上海市侨办主办的“华侨华人与汽车城发展”主题研讨会举行。

2008年6月

6月1日 2008年上海市“知荣辱、讲文明、迎世博、建诚信”系列活动启动仪式暨2007年上海市年度诚信企业评选颁奖大会举行。

《江苏省港口条例》正式施行。

6月2日 江苏省无锡市政府与上海世博局签署了全面合作框架协议。

杭州市与浙江大学合作共建和谐杭州示范区。

6月3日 第七届上海市社会科学普及活动周拉开帷幕。

农发行江苏省分行在江苏省新增支农贷款140亿元。

6月4日 江苏省苏州市旅游协会与台湾台北县观光协会签署民间观光与交流协议。

《浙江省城市市容和环境卫生管理条例(草案)》征求市民意见。

6月5日 上海市举行“迎奥运、讲文明、树新风”——党报传递活动。

浙江宁波成为国内最大液晶模组生产基地。

6月6日 上海轨道交通网上服务平台正式开通。

6月7日 “2008奥林匹克美术大会数码艺术大展”在上海启动。

6月9日 由国家广播电影电视总局和上海市人民政府主办的第十四届上海电视节正式开幕。

6月10日 江苏省苏州创业投资集团与神州数码集团签署5亿投资额的合作意向书。

6月11日 香港快运航空公司首架航班载着117名旅客抵达上海浦东国际机场。

中国浦东干部学院昆山分院在江苏省昆山市委党校成立。

6月12日 上海交通大学安泰经济与管理学院迎来院庆90周年。

江苏省常州市荣膺国家模范交通管理城市。

江苏省通州民营企业江苏蛟龙重工集团与德国斯迪芬那船公司签下10艘3200标准箱集装箱船建造订单,总造价达50亿元。

世界遗产保护杭州论坛开幕。

6月13日　由中国红十字会、复旦大学附属中山医院等共同承办的“第三届中国移植病人运动会”在沪开幕。

6月14日　华东师范大学思勉人文高等研究院揭牌。

纪念中国福利会成立70周年大会在上海举行。

江苏省44个项目入选第二批国家级非物质文化遗产名录和第一批国家级非物质文化遗产扩展项目名录。

6月15日　国内第一次人类表演学的大型学术研讨会在上海召开。

江苏抗震救灾医疗防疫救援队被授予全国“卫生系统抗震救灾英雄集体”称号。

6月16日　浙江省民间文保人首获国家年度贡献奖。

6月17日　第十八届中国新闻奖评奖开幕式在复旦大学举行。

江苏省扬州市区行政区划调整。

张太雷同志诞辰110周年纪念研讨会在江苏省常州市举行。

浙江省首家合伙制创投基金成立。

6月18日　上海发现4000年前建筑群，首次发掘5座人骨墓葬，出土新石器时代和周汉宋元时期大量文物。

中德（江苏省－巴符州）知识产权保护研讨会在江苏省南京举行。

6月19日　上海市第十三届人民代表大会常务委员会第四次会议通过《关于本市促进和保障世博会筹备和举办工作的决定》。

浙江舟山开建全国最大海水淡化基地。

6月20日　上海首批获准成立的私营经济城——上海蓝天经济城举行成立党委揭牌仪式。

6月21日　2008浙商论坛暨浙商（创业与投资）博览会在浙江义乌开幕。

6月22日　全国人大常委会环境影响评价法执法检查组向上海反馈在沪执法检查意见。

第11届上海国际电影节圆满落幕，“金爵奖”八大奖项一一揭晓。

6月23日　上海市对口支援都江堰市灾后重建首批项目正式启动。

“永不放弃——上海公安抗震救灾纪实展”开幕。

6月24日　由上海市人大常委会和市法制宣传教育联席会、市律师协会主办的2008年《市民与法——人大代表说法系列》讲座启动仪式举行。

6月25日　上海两院士获“光华工程奖”。

浙江大学与香港理工联合举办品质管理论坛。

6月26日　上海市第四届优秀网站评选活动启动。

6月27日　纪念上海市广播电视学会成立20周年大型座谈会在沪召开。

第六届中国并购年会在上海召开。

上海现代教育服务业发展国际论坛举行。

中国首个建筑遗产评估体系在江苏省苏州成功运行。

中国文联和浙江省政府联合在杭州、上海、北京、南京和深圳等地推出“陆俨少先生诞辰100周年系列活动”。

6月28日　上海市举行第七届马克思主义研究论坛暨中国特色社会主义理论体系研讨会。

“海峡两岸水产业发展促进研讨会”在沪开幕。

全国最大的环氧丙烷一体化生产装置一期工程在江苏省南京化工园竣工投产。

全国政协在浙江省开展“大运河保护与申遗”跟踪调研暨“西湖申遗”调研。

6月29日　上海市共有137项课题获得2008年度国家社会科学基金立项资助。
江苏无锡共有213个项目列入国家太湖治理方案,总投资达到326亿元。

6月30日　江苏省苏通大桥胜利建成通车。

2008年7月

7月1日　上海市低收入农户非农就业获补贴。
上海浦东新政策打造人才高地,探索居住证与户籍接轨,"综合改革"新三年行动正式拉开序幕。
上海地面数字节目播出,6套标清1套高清电视节目免费收看。
从"5·12"汶川特大地震发生截止到今天12时,江苏省红十字会50天时间累计收到社会各界捐款捐物13亿多元。
铁道部、江苏省和上海市在南京仙林联合召开沪宁城际铁路开工动员大会,工程投资估算总额394.5亿元。
浙江省中国和平统一促进会成立大会暨第一届理事会在杭州举行。

7月2日　沪宁城际铁路动工建设,投资估算394.5亿元。
华顿经济研究院、上海经济杂志社、复旦大学企业研究所等单位共同举办"上海经济发展战略研讨会"。
"2008上海国际摄影周暨上海第九届国际摄影艺术展览"在上海松江美术馆开幕,照片《生命的敬礼》捧得金奖。
杭州市首批大学生实训基地在杭州娃哈哈集团有限公司等74家知名企业正式挂牌。

7月3日　上海社会科学院经济研究所典当研究中心成立。
江苏省苏州市2008年计划投资50.8亿元推进电网建设,已完成投资12亿元,建成投运各种工程21项。
大型公益救助活动"2008浙江福彩百万助学"正式启动。
浙江省内第一个胰岛素泵门诊在浙江大学医学院附属邵逸夫医院开设。

7月4日　上海试点探索普通高校和科研院所的研究生教育资源整合,以此进一步完善产学研联合培养人才机制。
沪、滇签21个科技合作大单,合同总金额达2.39亿元。
上海破获建国以来最大假发票案,涉及可开金额和票面金额近500亿元。
南京云锦和周岗红木雕刻参与中国非物质文化遗产展示活动。
南京至台北松山机场航班首航。

7月5日　上海浦东新区科技发展基金正式推出"孵化器资助资金",进一步完善和引导新区孵化器建立投资功能,促进对科技小企业的孵化和培育。
上海至台北航班开通,台北与上海进入一日生活圈。
温家宝在江苏、上海就经济运行情况进行调研,指示江苏必须搞好统筹区域协调发展和统筹城乡发展;上海的发展要在长三角乃至全国具有龙头和示范作用,以国际金融中心和国际航运中心建设为重点,大力发展服务业。

7月6日　商务部和上海市人民政府《关于共同推进上海市服务贸易发展的合作协议》签字仪式在上海举行。
上海市政府办公厅印发《本市迎世博加强市容环境建设和管理600天行动计划纲要》。

南通接轨上海人才环境说明会和南通名优企业高层次人才上海招聘会举行。

上海市人口福利基金会举办“提高人口道德素质峰会”,邀请学者专家共同探讨提高人口尤其是独生子女道德素质问题。

7月7日 上海市统计局公布数据,6份上海市居民消费价格总水平(CPI)比去年同月上涨7.1%,涨幅比上月回落0.8个百分点。

7月8日 2008年上海市学生运动会开幕式在新落成的上海大学生体育中心体育馆隆重举行。

中国科学院上海浦东科技园首个项目——上海药物所“新药创制技术保障条件建设项目”奠基。

2008年度上海市青年科技启明星计划名单公布,共有154人入选。

“上汽”和“跃进”合作总资产31亿元的东华汽车实业有限公司在南京开业,两家分别占75%、25%的股权。

7月9日 上海首个“社区卫生服务集团”在宝山区组建。

上海市32个部门和行业向社会作公开承诺。

由国务院研究室、中国区域经济学会参与评比的“全国县域经济基本竞争力百强县(市)”名单最新出炉,苏、浙、沪所辖县在2007年占50席的基础上,2008年又新增江苏姜堰和浙江嵊州2席。52个席位中,上海1席,江苏25席,浙江26席。

江苏省政府在南京召开全省科学技术奖励大会,表彰奖励获得2007年度国家自然科学奖、技术发明奖、科技进步奖和2007年度省科学技术进步奖的获奖人员。

7月10日 上海明确市容市貌通用标准,城市容貌的通用标准:整洁、有序、美观、安全;城市容貌的基本风格:简约、实用、自然、协调。

上海市人口计生委、市社会学学会联合举办的“大城市人口集聚与社会发展、社会管理”研讨会,推动上海向人力资本强市转变。

由江浙沪三地联合举办的“大师风范——陆俨少画展”在江苏省美术馆开幕。

浙江理工大学马克思主义学院正式成立。

温州市委、市政府开展以“政企联动、攻坚克难”为主题的企业服务年活动,帮助企业解决面临的主要困难和突出问题。

7月11日 上海交通大学与宝钢集团有限公司签署新一轮战略合作协议,双方的合作范围由原来交通大学与宝钢股份有限公司合作拓展为与宝钢集团合作,将进一步推动科研合作和人才资源共享。

上海海事局颁布《特定航线船舶安全管理实施办法》,今后符合规定的内河集装箱船舶将可以直航洋山深水港。

2008年中国航海日主会场庆祝活动在600余年前郑和下西洋起锚地江苏太仓举行。

7月12日 由上海国家会计学院主办的“SNAI经济论坛暨第五届SNAI-ASU企业家高层论坛”举行,主题为“产业结构优化——金融市场的机遇和挑战”。

由上海市经委、普陀区政府主办的“2008上海总部经济论坛”举行。

来自清华大学、北京大学等8所著名高校的163名研究生根据自己的专业特长,“认领”浙江省86家企事业单位的111个科技创新项目。

7月13日 第二届上海市民诗歌创作比赛启动,主题为纪念改革开放30周年和“迎奥运,办世博”。

上海国际航运中心建设的综合型研究机构——上海国际航运研究中心成立。

浙江省首份环保地图——宁波“绿地图”经宁波市测绘院审查后发布。

浙江省规划5年内全省各级财政投资2 000多亿元,启动全国首个基本公共服务均等化行动计划。

7月14日　上海市罗泾港区二期工程通过交通部组织的国家验收,这个世界上最大最先进的散杂货码头群将取代黄浦江上65座小码头的运输功能。

浙江省作协、湖州市委宣传部主办"80后女作家群作品研讨会"。

7月15日　上海市政府常务会议通过中国上海门户网站公布《上海市住房建设规划(2008-2012年)(征求意见稿)》。

由上海、江苏和浙江三地科技部门协商编制的《长三角科技合作三年行动计划(2008-2010)》日前正式公布。根据计划,到2010年区域R&D(研发)投入占GDP比例达到2%以上,这意味着三年后长三角地区将迈过"创新驱动门槛"。

上海市教委、市语委发布通知,鼓励本市各中小学推广《少儿口语交际》课程。

江苏省统计局发布的最新数据显示,上半年江苏实现进出口额1 922.97亿美元。

全国总工会授予浙江建设投资集团抗震救灾重建家园"工人先锋号"称号。

7月16日　为期3天的中国国际服装跨国采购交易会在上海世贸商城拉开帷幕,长三角服装出口举步维艰。

上海成为外企"神经中枢",集聚六百二十六家"总部经济",为我国境内外企最多城市。

2008上海国际儿童戏剧节举办,为期一个月的戏剧节给孩子们呈现出七彩流离的美丽梦幻色彩。

全国第一家也是目前唯一的国家数字出版基地,"张江国家数字出版基地"正式挂牌成立。

2008年上海口岸同创共建文明口岸活动领导小组会议举行,审议并通过了《上海口岸迎世博600天行动计划》。

江苏省社科院在南京举办2008年第一次江苏经济形势分析会,研究如何做好下半年的经济工作。

7月17日　长三角联合评测城市信息化水平,上海信息化发展总指数居八大城市之首。

由上海市版权局和上海联合产权交易所合作组建的"上海版权产权交易中心"正式揭牌。

上海将推行党代表任期制,在中共上海九届市委四次全会上,党代表首次应邀列席会议。

杭州市推出"杭州创新指数",首次以量化的指标记录杭州市创新环境的改善、创新能力。

浙江省在阿里巴巴(中国)有限公司等30家单位新设立博士后科研工作站。

被称为浙江"第一立交"的杭州石桥立交试开通。

浙江省第一高楼温州世贸中心工程主体结构顺利封顶,该大厦建成后总高度将达到333.33米,共计72层。

7月18日　社会政策国际论坛在沪举行。

进沪国际资本75%投向服务业,2008年上半年新批此类外资项目1 527个,吸收合同外资同比增53.9%。

7月19日　据初步统计,今年上半年江苏省省财政上半年三农投入80多亿元。

由江苏省发改委、江苏省社科院等单位联合主办的江苏沿江开发如皋五年成果汇报会暨高层论坛在南京举行。

7月20日　京沪高速铁路上海虹桥站及相关工程全面开工建设。

2008年海峡两岸社区教育学术研讨会在沪举行,百余名专家学者就如何开展社区教育进行交流研讨。

江苏省盐城市2008年上半年财政总收入接近2006年全年，首破百亿元。

7月21日 无锡在太湖边建起一段"生态驳岸"，打开水陆间的生物流交换通道，这种新技术将试验一年后视效果推广。

7月22日 1－6月份的统计数字显示，上海6大重点工业行业完成总产值6 433.14亿元，同比增长16.6%；规模以上工业出口交货值完成3 100.15亿元，同比增长20.5%。

今年上半年上海外贸出口804.98亿美元，同比增长25.12%，其增幅不仅比去年同期高出4.2个百分点，而且比同期全国出口增幅高3.2个百分点。

第五届长江口民营经济论坛将在上海市宝山区召开。

由江苏省委政法委举办的抗震救灾暨政法英模事迹报告会在江苏省南京市举行。

江苏省外经贸厅、江苏省贸促会在南京市举办"江苏——东盟贸易投资研讨会"，到账外资155.56亿美元。

江苏省南京城建集团就亚行1亿美元水环境治理贷款，委托中信银行债务管理举行运行报告说明会。

7月23日 上海市劳动关系协调联席会议第十次会议召开，就贯彻《中华人民共和国劳动合同法》、《上海市集体合同条例》等新颁劳动保障法律法规展开部署，重点推进劳动关系和谐企业与工业园区创建。

由上海世博局编纂的首部世博会专用词典《上海世博会用语词典（中英法）》在上海首发。

上海市政府新闻办授予本市11家单位"上海市对外文化交流基地"称号并进行了授牌仪式。

7月24日 上海市政府例行新闻发布会，2008年上半年：本市经济保持了平稳健康发展的运行态势，实现生产总值6 530.73亿元，按可比价格计算，比去年同期增长10.3%。其中，第一产业增加值33.8亿元，下降1.6%；第二产业增加值3 072.07亿元，增长11.5%；第三产业增加值3 424.86亿元，增长9.3%。上海CPI同比上涨7.1%，接近全国（7.9%）平均水平。上海农村居民家庭人均可支配收入7 098元，比去年同期增长10.6%，增幅同比提高1个百分点；农村居民家庭人均生活消费现金支出4 531元，比去年同期增加386元，增长9.3%。

7月25日 上海人口管理将逐步推进"以房管人"。

浙江省将开展"浙江农业创业创新典范"创建活动，从基层评选出浙江农业创业创新"十佳典范"。

7月26日 来自沪苏浙皖赣等地社科院研究领域的专家在沪聚焦"泛长三角合作与发展"，构建泛长三角经济区域呼声高涨。

全国首部小额贷款公司登记管理办法——《浙江省小额贷款公司试点登记管理暂行办法》正式由浙江省工商局发布。

7月27日 江苏省教育厅下发《关于全面推行行政执法责任制的实施意见》，将在江苏省教育厅各处室、直属事业单位中推动建立权责明确、行为规范、监督有效、保障有力的行政执法体制。

长三角区域大通关协作第二次联席会议在江苏省南京市举行，苏浙沪三省市一致同意深化大通关协作内容，完善长三角大通关协作机制。

7月28日 江苏省淮安"十一五"重大技改工程之一——投资42亿元的江苏沙钢集团淮钢特钢有

限公司油井管和直缝焊管项目开工建设。

7 月 29 日　江苏省南京金陵图书馆的公益性少儿英文图书馆将于今天正式对外开放,这是江苏省首家以少年儿童为对象的全英文图书馆。

“承接长三角地区产业转移”的江苏省徐州投资推介会分别在江苏省苏州市和浙江省绍兴市举行。两场推介会共签约项目 36 个,投资总额 174.7 亿元,协议引资 113.4 亿元。

7 月 30 日　全国非物质文化遗产保护工作会议信息,上海 33 项“非遗”列入国家名录。

第十五届“上海十大杰出青年”评选揭晓。

上海市政府专题新闻发布会:2007 年本市文化产业全年总产出达到2 718.95亿元,比上年增长 15.7%。实现增加值 683.25 亿元,按可比价格计算比上年增长 14.2%;占全市生产总值的比重保持在 5.61%;对本市经济增长的贡献率为 5.6%,拉动全市生产总值增长 0.8 个百分点。

江苏省扬州大洋造船有限公司与中国进出口银行南京分行等签署 35 亿美元保函银团协议。

2008 年 8 月

8 月 1 日　上海市委宣传部、市农委、市新闻出版局、市文广局、市财政局等单位在上海图书馆共同召开推进本市“农家书屋”建设工作会议,年内建设1 000个“农家书屋”。

江苏省和上海市人民政府在江苏省启东联合举行崇启大桥奠基仪式。

2008 年中央财政下达江苏农田水利建设资金 1.1 亿元。

杭州市创业投资服务中心正式成立,为中小企业投融资提供“一站式服务”。

8 月 2 日　由中国辩证唯物主义研究会、中国社会主义社会辩证法研究会等十家单位联合举办的“马克思主义哲学与中国改革开放三十周年”研讨会在上海举行,百位专家聚议真理标准大讨论。

8 月 3 日　在上海 140 万亩城市森林中,经济果林面积达到近 40 万亩,每年为上海市民提供各类优质水果 40 万吨,占本市水果消费量的三分之一。

江苏省邳州是全国 4 大大蒜主产区之一,每年可创造近 25 亿元的产值。

江苏省如皋熔盛重工与巴西淡水河谷在上海香格里拉大酒店签约,一次性签订 12 艘 40 万吨超大型矿砂运输船建造合同,总造价达 16 亿美元。

首届中国大学生“明日网商”挑战赛在杭州举行颁奖典礼,10 名来自全国不同高校的大学生最终荣获“明日网商”称号。

8 月 5 日　国内首个环境能源交易平台——上海环境能源交易所正式成立,首批 55 个项目同时挂牌上市。

上海市政府召开“三农”工作暨农村综合改革座谈会,2008 年上半年,上海农村居民人均可支配收入已达7 098元,比 2007 年同期增长 10.6%。

8 月 6 日　温家宝主持国务院常务会原则通过指导意见,要求继续推进重大改革试验率先建立完善社会主义市场经济体制,推进长三角改革开放发展。

由 34 位优秀上海律师组成的奥运律师志愿团在上海市律师协会成立,

被国内考古界和佛教界高度关注的南京大报恩寺地宫铁函正式开启,北宋长干寺地宫内出土的七宝阿育王塔现身,南京可望成为佛教文化圣地。

8 月 7 日　奥运会足球赛上海赛区的首场比赛在上海体育场举行。

上海独脚戏,正式入围第二批国家级非物质文化遗产。

在"承接长三角地区产业转移"江苏省徐州(苏州)投资推介会上,投资11亿美元的硅棒硅片生产项目签约落户于江苏省徐州经济开发区。

8月8日　上海成功研制生产电视手机,奥运特供3G手机将赠观赛政要、各代表团以及志愿者。

国务院常务会议审议并原则通过了《进一步推进长江三角洲地区改革开放和经济社会发展的指导意见》,长三角发展有了战略目标。

第29届北京奥运会的开幕式仪式前的文艺表演时段,浦东陆家嘴社区的海派秧歌——"上海紫竹调"代表上海出演。

江苏省泰州供电公司职工许杏桃发明的"电网节能稳压优化运行集中控制系统",2008年上半年为国家节省电费支出达4亿多元。

8月10日　由上海市委宣传部、市社联、市文联主办的"东方讲坛·经典艺术系列讲座"推出"但愿情长久——上昆30年昆曲名家系列讲座"。

太湖水环境治理及蓝藻应对协调会在江苏省无锡召开,苏浙沪三地有关领导签署了《关于太湖水环境治理和蓝藻应对合作协议框架》。

8月11日　沪郊首现种养结合型家庭农场,"一座猪场"+"一片粮田"。

2008年,长三角16市GDP均有所回落,有4个城市的增长速度保持在14%以上,其中舟山以14.9%的增幅列首位。增幅第2到第4的城市被苏中三市即泰州、扬州、南通所包揽,它们的GDP增幅分别为14.7%、14.6%和14.4%,在江苏省13个省辖市中,三市GDP增幅分列第1、第2和第4位。

8月12日　上海市教委透露,该市将为全市大中小学学生建立体质健康档案。

8月13日　上海努力破解中小企业融资难,银行创新融资产品政府提供政策支持,2008年上半年小企业贷款同比增21.36%,增速高于全部贷款增速。

上海市统计局公布数据显示,2008年上半年上海市六行业共完成总产值7 846.56亿元,比2007年同期增长15.7%,增幅同比回落3.9个百分点。完成主营业务收入8 192.7亿元,同比增长17.6%;实现利润总额453.21亿元,下降0.7%;上缴税金总额190.33亿元,下降8.2%。

江苏省常州市增投2.3亿元推进"卫生惠民",切实化解群众看病就医难。

8月14日　中国质量协会、全国用户委员会日前对北京、天津、上海、沈阳、青岛、秦皇岛六个奥运举办城市的出租车服务进行乘客满意度调查,上海出租车乘客满意度指数为85.5,列六城市榜首。

上海召开股权投资企业座谈会,介绍刚刚发布的《关于本市股权投资企业工商登记等事项的通知》有关内容,鼓励股权投资企业在沪发展。

以"海外华文教育——世界趋势、时代要求、共同责任"为主题的首届上海华文教育研讨会在国际会议中心举行。

财政部、环境保护部及江苏省人民政府在江苏省无锡市正式启动太湖流域排污权有偿使用和交易试点。

浙江省海域使用动态监管中心在浙江省海洋与渔业局内揭牌。

8月15日　在2008年北京奥运会女子200米蝶泳决赛中,上海选手刘子歌以2分04秒18的成绩勇夺冠军,并且打破世界纪录,为中国体育代表团摘得奥运会游泳项目首枚金牌。

上海市曲艺界在第五届中国曲艺牡丹奖评选中荣获4个奖项。

上海市黄浦区召开迎世博600天行动计划动员大会。

8 月 17 日 上海个人信用联合征信系统入库人数突破1 000万人,基本覆盖全市具有信贷消费能力的常住人口,成为上海社会诚信体系建设的标志性节点。

上海浦东新区今天在北京国际新闻中心向媒体公布:经过 18 年努力,浦东外向型、多功能、现代化新城区的框架已初步建成;2008 年浦东生产总值预计超过3 000亿元。

"上海第一高楼"上海中心大厦项目环境影响报告书正式上网公示,该大厦的主楼共有 127 层,总高为 632 米,结构高度为 565.6 米。

浙江省政府发布《重大项目建设行动计划(2008 - 2012)》,沪杭磁悬浮 2010 年开始建设,沪杭客运专线 2009 年开建。

8 月 18 日 上海银监局公布 2008 年上半年上海银行业金融机构盈利情况,上海银行业上半年共实现账面利润 476.25 亿元,同比增加 154.52 亿元,增长 48.03%,增速同比回落 24.8 个百分点;资产利润率为 2.02%,比 2007 年同期提高 0.39 个百分点,盈利水平创历史最高水平。

在 2008 年北京奥运会男子 110 米栏预赛第一轮中,刘翔因伤退出比赛,提前告别北京奥运会。

《联合国参加世博会谅解备忘录》和《联合国参展合同》签约仪式正式举行,联合国展馆也在上海市世博园区内开工建设。

上海市政协十一届十四次主席会议召开,审议了《关于进一步加强城市新一代中来沪未成年人权益保护的若干建议(草案)》。

8 月 19 日 以"我爱读书,我爱生活"为主题的 2008 上海书展圆满落下帷幕,满意度:98%。

上海社会科学院文学所主办召开"上海文学 30 年学术座谈会"。

江苏省节能减排专项资金 2008 年超 30 亿元。

江苏省苏州市轨道交通 1 号线规划总投资达 126 亿元工程项目获银团 62 亿贷款。

8 月 20 日 2008 年残奥会上海共有 30 名运动员入选国家队,将参加包括田径、脑瘫足球、坐式排球等八个项目的比赛。

文化部艺术司、上海市文广局等举办的"纪念改革开放 30 周年 · 上海越剧现代戏展演周"揭幕。

8 月 21 日 第十八届全国人大新闻奖评选结果揭晓,上海市有 10 件作品获奖。

上海市人民代表大会常务委员会关于批准《上海市 2007 年市本级财政决算》的决议。

上海市第十三届人大常委会第五次会议听取"关于本市 2008 年上半年国民经济和社会发展计划执行情况的报告",GDP 同比增 10.3%;城乡家庭人均可支配收入分别增 13.3% 和 10.6%。

浙江省政府代表团,抵达四川,考察浙江省在青川县的对口支援工作情况。

8 月 22 日 沪台经贸合作发展论坛举行。

由江苏省南京农业大学主持完成的"无公害蔬菜生产关键技术创新与集成及其应用"成果,累计新增效益 70.4 亿元。

8 月 23 日 上海市统计局发布 2008 年上半年本市金融运行情况,股市走弱直接影响了金融业增加值的增长速度,上半年同比回落 21.4 百分点。

浙江省政府近日出台"全面小康六大行动计划"之一的"自主创新能力提升行动计划"。

8 月 25 日 在 2008 年北京奥运会拳击比赛男子轻蝇量级(48 公斤级)决赛中,贵州省和上海市联合培养的运动员邹市明勇夺冠军,为中国体育代表团在本届奥运会上获得第 50 枚金牌。

8 月 27 日 由上海文化发展基金会主办的"三民文化与公共文化政策——上海文化论坛"举行,京

宁沪及多国专家研讨三民文化。

8月28日 上海市总工会启动“上海职工迎世博600天行动计划”。

上海轨交运营部门在9号线试点推出“流动图书馆”，乘客可以在该线任何车站免费取阅一本书，出站时将书还至闸机旁指定的回收箱中即可。

浙江省外经贸厅与日本见本市委员会在大阪首次联合举办“2008浙江出口商品(大阪)交易会”。

8月29日 上海铁路局2008年初制定的18项铁路建设工程已有半数以上破土动工，项目数量、投资规模、建设标准均创历史之最，长三角铁路建设“雁阵起飞”。

江苏省教育厅、江苏省财政厅下达了2008学年普通高校国家奖学金、国家励志奖学金和国家助学金指标，总经费为6.38亿元。

浙江省华侨华人研究会在杭州召开第二次会员大会，选举产生新一届理事会。

8月30日 坐落在陆家嘴的“第一高楼”——101层高的上海环球金融中心月底即将开门营业，金融资源加速集聚陆家嘴。

2008年9月

9月1日 国家级主题类遗址博物馆“中国乡镇企业博物馆”在中国第一家乡镇企业无锡市锡山区春雷造船厂旧址上开工建设。

《淮安市中长期铁路规划》通过专家评审，6条铁路线将交会淮安。

镇江市委、市政府出台《关于进一步促进全民创业的若干意见》。

宁杭高速公路二期工程正式建成通车。以此为标志，江苏省首轮规划建设的“四纵四横四联”高速公路网所有路段全部提前完成。

9月2日 杭州市暂停征收涉及公安、农业、工商、国土、民政、教育等28个部门的152项行政事业性收费。

2008年北京残奥会火炬在上海传递，体现“超越、融合、共享”主题。

上海将全面推行独生子女保险计划，父母可自愿用每年60元的奖励费购买保险。

为把南京港打造成长江国际航运物流中心，总投资23.83亿元的南京港龙潭港区四期工程开工建设。

9月3日 上海艺博会、上海双年展和上海民间艺术博览会2008年首次统一在沪举办。

上海市总工会发布《上海职工劳动就业状况分析及趋势研究》，公布2002年至2007年本市职工就业状况的调查结果。劳动力流动趋向非公企业、“自愿流动”比例上升、就业方式灵活等成为5年间本市职工就业的主要特征。近七成人员“非公就业”，35岁以下失业比例扩大。

9月4日 上海市养老服务工作推进会举行，上海本市已完成新增养老床位约5 000张，完成新建示范型老年人日间服务机构40家，为15.7万名老人提供社区居家养老服务，已设立社区老年人助餐服务点135个。

9月5日 “长江第一隧”上海长江隧道双线贯通，内径13.70米为世界之最，上部设为车道下部将行轨交。

上海举行迎世博600天社会动员，新闻宣传、各区县等单位签责任书，《行动纲要》发布。

9月6日 第五次“构建21世纪金融体系”中美金融研讨会在沪召开，上海将努力为国内外金融机构在上海发展创造更好的环境。

9月7日　上海社会科学院建院五十周年庆祝大会举行。

上海旅游行业发布了迎世博600天行动计划,到2010年世博会召开时,上海要建成世界著名旅游城市,同时成为亚太地区著名的购物美食之都、休闲消费之都、节庆会展之都和文化时尚之都。

“民进中央—上海社科院合作中心”揭幕仪式在上海社科院举行。

9月8日　帮助中小企业的渡过难关正成为长三角各地政府服务的热点,但对于那些无法“救活”的企业,“产业退出”这一新理念下的政府帮扶企业之道,在长三角也已开始探索试行。

江苏省无锡市发展和改革委员会和上海市社会服务局签署合作交流备忘录,同时无锡的13个行业协(商)会和上海的18个行业协(商)会正式“牵手”,签下“两统一,双互认”合作协议。

2008版世博主题系列“上海游览护照”出炉了。

第三届世界中国学论坛在上海展览中心开幕,主题“和衷共济:中国与世界的共存之道”。

长江下游南京至浏河口河段数字航道示范工程通过了交通运输部专家组的验收,我国第一段真正意义上的“数字航道”正式亮相。

以“快城快客”为主题的2008第七届上海双年展在上海美术馆开幕。

中国电子商务协会正式授予杭州市“中国电子商务之都”称号。

国内首支由150位渔民志愿者组成的浙江省苍南县海上搜救志愿者总队在舥艚镇成立。

9月9日　2008(第十二届)上海艺术博览会在上海世贸商城开幕,主题是“画廊,为收藏者领航!”。

9月10日　上海南京路步行街定格:新古典主义,色调以灰白、灰红、灰黑色、淡棕、米黄、浅褐、白色等暖色系为主。

上海市举行欢迎上海奥运健儿凯旋表彰大会。在北京奥运会上获得奖牌的上海运动员刘子歌、吴敏霞、王励勤、火亮、邹市明等14人与沪上媒体见面,并分享了他们的奥运历程。

第六届中国2010年上海世博会国际论坛在西班牙萨拉戈萨大学举行。

以“弘扬民族人文,展示民间艺术,演绎民俗风情”为主要内容,以富有中秋文化特征的“花好月圆”为主题的“2008年上海民族民俗民间文化博览会”在上海东亚展览馆开幕。

上海市对口支援都江堰市灾后重建第二批项目签约仪式在上海举行,包括建设和修复学校、医院、村(社区)活动中心、乡镇污水处理设施、为农服务设施等在内的五大类共58个项目正式签约启动。

“促进长江三角洲联动发展第二次会议”在江苏南通召开,沪苏浙三地工商部门联合签署了《公平交易执法协作协议》、《商标监管合作协议》、《合同监管合作协议》等三项协议。

9月11日　江苏省宿迁市农发行已累计投放收购贷款7.7亿元,支持企业收购夏粮9.1亿斤,保证了农民售粮款的及时兑付。

9月12日　上海市长宁区委、区政府批准通过园区产业、功能、形态一体化规划,以“总部经济、虹桥门户”为发展定位。

中房上海指数报告显示,上海新建住宅和办公楼房价开始小幅下挫,上海房地产市场调整已成定局。

在福建省厦门举行的第十二届中国国际投资贸易洽谈会落幕,江苏代表团在此次“投洽会”上共签约项目32个,总投资金额达6.456亿美元。

9月13日　上海市普陀区《2008－2015年普陀区文化发展规划》公布,到2015年以前建成10大文化发展核心功能区域。

9月14日 “2008 上海购物节”正式开幕。

9月15日 “无锡阖闾城遗址专家论证会”在江苏省无锡市召开，初步认定无锡阖闾城遗址为春秋时期吴王阖闾的都城。

9月16日 《国务院关于进一步推进长江三角洲地区改革开放和经济社会发展的指导意见》在中国政府网上正式公布。

据江苏省南京市发改委信息，南京被列为规划中的全国一级物流枢纽城市之一。

9月17日 我国首条横贯东西的高速铁路大动脉“沪汉蓉高速铁路”（武）汉宜（昌）段在武汉东西湖区汉江北岸蔡家湾大桥工地宣布开工。

汇集了长三角地区 10 多个城市近 200 家中华老字号企业的“2008 长三角地区中华老字号博览会”在上海展览中心开幕。

“长三角”工人文化宫联席年会在沪举行，共谋工人文化宫发展大计。

9月18日 上海外滩金融集聚带开发启动，与陆家嘴金融城隔江呼应，浦江两岸一城一带竞朝晖。

上海残奥运动员发扬顽强拼搏的精神，取得了 14 金 10 银 4 铜的优异成绩，并打破 4 项世界纪录。

9月19日 总投资 29 亿元的上海汽车自主品牌临港基地正式落成，将与仪征基地、南京基地一起成为上汽自主品牌国内三大生产基地，标志着上汽自主品牌平台化生产布局初步完成。

上海市人口计生委、市委党校联合举办人口发展形势与任务报告会，预测到 2020 年全市户籍人口中 60 岁及以上老年人口的比例将超过 34%。

“2008 上海竹文化艺术节”在上海古猗园开幕。

江苏省南京市各级教育部门共投入近 1 亿元，继续对全市义务教育阶段 47 万名小学和初中学生免收杂费（含信息技术费）和课本费。

“2008 南京市长国际企业家论坛”在江苏省南京市举行。

金庸书院在浙江省海宁盐官奠基。

第六届中国杭州国际教育创新大会开幕，该大会将举办“幼儿园集体教学有效性专题研讨会”。

9月20日 2008 年上海国际田径黄金大奖赛结束，共决出 16 枚金牌。

中欧陆家嘴国际金融研究院在浦东举行第一届理事会第一次会议，提升上海金融中心软环境。

9月21日 作为上海旅游节经典项目之一的花车巡游首次走出上海，驶入长三角。

9月22日 “上海朱家角·宜居城市规划建设实践研究报告成果”发布会召开，根据建设部专家的评审，朱家角已符合“宜居城市”的各项考核标准，成为华东地区第一个获评的宜居城市。

由致公党苏、浙、沪、皖省（市）委联合主办的“致公党长三角区域论坛·2008”在江苏省扬州市举行。

浙江省环保局副局长和浙江工商大学副校长职位，在浙江卫视和浙江在线同时进行面试实况电视和网络直播。

9月23日 上海交大中国都市圈发展与管理研究中心发布《2007 中国都市圈评价报告》，预测 2018 年左右长三角都市圈有望在经济总量上成为世界第一大都市圈。

作为 2008 上海购物节的重要活动之一，由市经委主办的 2008 上海零售商大会举行。

由中国互联网协会主办的“2008 中国互联网大会”在南京国际博览中心开幕。

由江苏省发展改革委员会、江苏省经济体制改革研究会主办的“江苏改革论坛”在江苏省南京市举行。

首届长三角地区政法综治工作协作发展论坛在南京举行。

9月24日 上海首办“回望·非遗”系列演出,系统整理中华音乐戏曲文化瑰宝。

上海知识产权工作会议透露,上海市将适时建立上海知识产权仲裁院,发挥仲裁处理知识产权纠纷的作用。

由上海市侨联、上海华侨摄影协会等单位主办的第二届国际“郎静山摄影艺术奖”在沪举行颁奖典礼,100幅摄影作品获得了“郎静山摄影艺术奖”金像奖。

第四届中国(南京)国际软件产品博览会、首届中国国际服务外包合作大会、2008中国南京金秋经贸洽谈会在新落成的南京国际博览中心隆重开幕。

9月25日 上海市普陀区召开新闻发布会,将把苏州河普陀段分为三个核心区、打造成一条文化长廊。

中国科学院、上海市人民政府进一步深化院市合作协议签字仪式在上海举行。

由江苏省政府主办的江苏——台湾经贸洽谈会在江苏省淮安市开幕。

2008年中国·扬州世界运河名城博览会在江苏省扬州市古运河东关古渡开幕。

9月26日 “2008老龄事业发展国际研讨会”在上海国际会议中心开幕,上海启动“老年友好型城市”研究。

《福布斯》杂志中文版共同举办的“2008福布斯·静安南京路论坛”开幕,来自东京银座商街协会、美国第五大道协会、法国香榭丽舍大道管委会、英国牛津街和静安南京路的代表齐聚一堂,共议国际化商业街区发展新趋势。

由江苏省委宣传部、江苏省邓小平理论研究会、江苏省委研究会和江苏省社会科学院联合主办的“纪念改革30周年——实践科学发展观、协调发展张家港”研讨会在南京举行。

由4家企业投入共计50亿元资本决定入驻江苏省溧水航空产业园。

9月28日 中共上海九届市委五次全会举行,审议并通过市政府机构改革方案和市委工作党委体制调整方案。

上海交通大学航空航天学院成立,除培养研究型硕士、博士人才外,还开设研究生教育层次的“特班”,专门培养民用飞行设计人才。

中共江苏省委、江苏省人民政府在南京江苏省会议中心举行为江苏残奥健儿祝捷庆功大会。

中国衢州国际儒学论坛开幕。

9月29日 第七届中国盆景展览会在南京玄武湖开幕,该展览是等级高、影响最广的全国性大型盆景展。

2008年10月

10月1日 原国务院副总理李岚清篆刻艺术展开幕式暨无锡博物院开馆仪式在新落成的江苏省无锡市博物院举行。

10月4日 上海电机学院举行55周年校庆庆典。

10月5日 江苏省江阴市华西村举行纪念改革开放30周年暨首届国际旅游节开幕式。

10月6日 上海市最新《苏州河普陀段总体规划方案》和《2008－2015年普陀区文化发展规划》编制

完成。

江苏省连云港市在上海举行投资说明会，提出打造成为上海产业转移承载地、资本扩张新高地、大宗产品供应地、旅游休闲首选地的“四地”目标。

上海“收藏文化周”今起拉开序幕。

江苏省财政厅决定从 2008 年省财政再投 1 亿元用于农村敬老院计划，新增床位 1.15 万张。

10 月 7 日　一座能做到二氧化碳“零排放”的节能楼在宁波诺丁汉大学启用。

《中国近现代文化名人墨迹展》在上海延安饭店 2 楼展厅开幕。

2008 年上海国际艺术节除历年来的中国工艺美术大师精品博览会、中国（上海）国际乐器展览会和上海双年展外，还有“走进世博会”展览系列和上海国际艺术节十年成果回顾展，涉及绘画、摄影、雕塑、乐器、书籍、建筑模型等。

首届中国校园戏剧节在沪开幕。

我国首家以大型客机和支线飞机客户服务为主的现代航空高科技企业——中国商飞上海飞机客户服务有限公司正式挂牌成立。

国家汽车及零部件出口基地培训中心落户浙江省台州职业技术学院。

10 月 8 日　“共享世博发展机遇”——2008 沪港澳青年经济发展论坛举行。

江苏省南京市因成功治理并开发流经市区的秦淮河荣获本年度联合国人居奖特别荣誉奖。

上海市贯彻落实《建立健全惩治和预防腐败体系 2008—2012 年工作规划》的实施办法法发布。

上海市戏剧学院舞蹈学院有三部作品进入第六届中国舞蹈“荷花奖”校园舞蹈大赛暨全国首届青年舞蹈节决赛，其中《柴可夫斯基狂想曲》以 9.98 分获得艺术院校组作品金奖，《花儿》获表演银奖，《空间》获作品铜奖。

“上海 2008 华人收藏家大会”在上海国际会议中心举行。

10 月 9 日　上海市知识产权局为首批市知识产权试点园区授牌，它们分别是漕河泾新兴技术开发区、浦东新区金桥功能区、莘庄工业园区、虹桥临空经济园区。

上海市古籍保护中心揭牌仪式昨天下午在上海图书馆多功能厅举行。

中国轻工进出口商会授予浙江省武义县“中国旅游休闲用品出口基地”称号。

11 家企业在江苏省无锡市锡山区投资农业达 3 亿元。

10 月 10 日　上海与柬埔寨金边市结为友好城市。

江苏省常州市恐龙园文化创意公司举办漫、会展、旅游等项目投资达 16 亿元。

10 月 11 日　百万户级“诚信库”建成，苏浙沪企业共享，可提供 16 项信用基础信息在线查询。

上海市通过实施 600 天行动计划，将实现公共服务领域和中心城社区无障碍设施服务的全覆盖，基本实现郊区农村无障碍环境的全渗透，基本建成无障碍环境的需求、设施和服务网络框架体系。

2008 年沪苏浙检察机关工作座谈会在沪召开，三地检察机关代表共同签署座谈会纪要，为推进长三角一体化进程提供有力的司法保障。

由江苏、浙江、上海 700 多家物流、工商企业和相关机构，在江苏省无锡市成立长三角地区现代物流合作联盟。

10 月 12 日　“绿色超级稻”在沪育新株，大量节水节肥、基本不施农药、虫害相应减轻，上海农科专家对“旱优三号”免耕直播试作获高产，有望加快大范围推广。

上海市政府与中石化在京签署战略合作框架协议,中石化在沪建炼化一体化项目。
中国服务外包研讨会在上海举行。
长三角青少年科技创新月活动在杨浦区同济大学一附中开幕,数千名中小学科技爱好者和老师进行了交流。
长三角一体化与县域经济发展论坛暨2008长兴接轨上海活动月启动仪式在上海国际会议中心举行。
上海海洋大学新校区落成典礼暨新学年开学仪式在临港新校区举行。
杭州湾跨海大桥正式对货车开放。

10月13日 由上海市慈善基金会主办,市社会科学院社会学所、复旦大学社会发展与公共政策学院承办的《市民与慈善》大型社会调查正式启动。
由上海师范大学中国现当代文学博士点和教育部世界文学与比较文学重点学科等联合举办的“灵性文学”学术研讨会在上海师范大学举行。
浙江省长兴县在上海主办“长三角一体化与县域经济发展论坛”,拉开了2008长兴接轨上海活动月序幕。

10月14日 由中央纪委、文化部、监察部联合举办的全国廉政文化大型绘画书法展在上海巡展。
IBM中国研究院进驻上海张江。
江苏省建立一批省级哲学科学研究基地,组织高水平研究,为理论创新、实践创新提供咨询服务。

10月15日 上海市举行机构改革工作会议全面动员,新一轮机构改革正式启动。
主题为“区域信用——合作与发展”的“信用长三角”第二届高层研讨会在杭州举行。
经过严格考评、上海市经委确认,上海又诞生了7条“商业特色街”。迄今为止共命名了27条“商业特色街”。
由上海江南长兴造船有限责任公司为中国长航南京油运股份有限公司建造的29.7万吨超级原油轮(VLCC)“长江之珠”号完工交付。

10月16日 最新统计显示,今年以来上海港船舶事故率仅为万分之0.4,船舶碰撞率仅有万分之0.19,安全系数已跻身世界先进之列。
上海市《关于本市深入开展全民节能行动的通知》发布,实施全民节能大行动。
上海和南非夸纳省签合作交流备忘录。
中国农民合作经济组织发展国际研讨会在杭州召开。
2008上海创意产业国际论坛举行。
第31届国际戏剧节在江苏省南京拉开帷幕。

10月17日 国家发改委新闻发布会信息,长三角发展目标是形成世界级城市群。
主题为“山水浙江,魅力嘉兴”的2008浙江山水旅游节在嘉兴市七一广场开幕。

10月18日 第十届中国上海国际艺术节开幕。
上海铁路局深入学习实践科学发展观活动动员大会信息,2010年上海世博会召开前,长三角地区将建成以一个网络、五大通道为标志的高等级铁路网与其它交通方式共同构成现代化综合交通体系。
第十届中国上海国际艺术节在上海大剧院隆重拉开帷幕。
上海海事大学举行新校落成典礼。
浙江省政府表彰弗莱德亨姆·格德克等26名外国专家,并授予“西湖友谊奖”奖章和证书。

第十届中国杭州西湖国际博览会在钱江新城杭州大剧院开幕。

浙江省瑞安市被中国寓言文学研究会授予“中国寓言大市”称号。

总投资为110.3亿元的8个项目和总投资22.95亿元的6个项目，分别在刚刚成立5周年的江苏省江宁滨江开发区签约、开工。

10月19日 浙江省林业科学研究院在杭州市举行50周年庆典。

以“网络让生活更精彩”为主题的浙江省宁波市首届网络文化节在中山广场开幕。

10月20日 复旦大学新能源研究院在复旦江湾新校区揭牌成立，将重点开展高效储能材料、太阳能材料、化石能源新技术、生物质能、节能技术等五方面的研究。

江苏、浙江、上海三地政府领导在“信用长三角”第二届高层研讨会上共同签署了《长三角地区信用服务机构备案互认协议书》。

上海启动建设物流资源交易中心，助推长三角物流一体化，拓展口岸物流服务。

江苏省向四川省绵竹灾区近12万户农民重建永久性住房补贴资金3.57亿元。

10月21日 中共中央办公厅、国务院办公厅正式批复上海市机构改革方案，市政府将设置四十四个工作部门，另设六个部门管理机构。

改革开放30周年“健康上海”十大成就评选活动启动。

上海企业家联合会、上海企业家协会和《上海企业》、《新沪商》杂志等机构联合发布2008年上海企业100强名单，其中宝钢蝉联榜首，上汽、百联紧随其后。

由上海美协和上海美院等联合主办的回顾与展望2008年上海连环画学术研讨会在上海大学美院举行，上海连环画回顾展同时举行。

“中国(杭州)—新加坡中国商务环境实训项目”在杭州东部软件园正式启动。

2008年中国义乌国际小商品博览会在浙江省义乌梅湖国际会展中心开幕。

10月22日 第二批上海示范社区商业单位公布。

上海交通大学台湾研究中心揭牌成立，这是本市高校中首家专职开展涉台研究的学术机构。

10月23日 由长三角两省一市发改委、上海市浦东新区人民政府、上海世博会事务协调局、上海现代服务业联合会等共同主办的“世博会与长三角现代服务业合作与联动发展论坛”在上海国际会议中心举行。

长三角区域旅游合作论坛在上海召开。

首届长三角地区政法综合治理工作协作发展论坛在江苏省南京举行。

主题为《和谐诸暨·山上诸暨·文化诸暨》的“油画·中国香榧绘画作品展”在浙江展览馆正式亮相。

10月24日 上海金融学院金融伦理研究所揭牌成立。

上海市社会科学联合会召开“纪念改革开放30周年”理论研讨会。

由上海市迎世博600天行动社会动员指挥部、市文明办、上海世博局共同组织编写的《上海迎世博市民读本》首发。

江苏省财政厅下拨2.63亿元补助全省112家中小企业担保机构。

第三届中国民营经济科学发展论坛在杭州举行。

10月25日 上海市人口计生委新闻发布会通报2008年上海市人口出生预报及有关调查分析结果，上海常住人口生育小高峰持续，2008年预计出生17.5万人，明年预计出生17万人左右。

2008年中国(国际)休闲发展论坛在浙江省富阳举行。

2008 年中国(温州)轻工博览会开幕。

10 月 26 日 2008 年中国柯桥国际纺织品博览会(秋季)在浙江省绍兴柯桥世贸中心隆重开幕。

浙江省湖州师范学院举行“高等教育举办 50 周年暨办学 92 周年”纪念活动。

浙江林学院五十周年华诞。

“2008 年中国杭州 CBD 国际高峰论坛”在杭州举行。

10 月 27 日 上海东京全球论坛在沪举行,主题为“国际都市竞争的时代—力求经济与环境的和谐发展”。

浙江省安吉县举行中国美丽乡村节暨首届投资贸易洽谈会。

10 月 28 日 上海市政府常务会议明确上海廉租房再降“门槛”,力争 2008 年新增 2 万户受益。

由华东师范大学、中国环境科学研究院、EMECS(海湾环境管理学会)中心主办的第八届 EMECS 国际大会在上海召开,借鉴世界经验保护上海水环境。

上海共派出 10 支运动队、133 名运动员参加第六届全国农民运动会。

英国《金融时报》公布全球 EMBA 课程 2008 年百强排行榜,上海市有四所商学院 EMBA 项目入选前 50 强。

由上海外高桥造船公司为新加坡海洋油船有限公司建造的绿色环保型 31. 8 万载重吨 VLCC“华山”号提前 5 个月命名交船。

由中国音协、上海文广集团、市文联和上海大剧院艺术中心联合主办的“百年交响 · 世纪交响——中国交响乐世纪回顾暨第一届中国交响音乐季上海展演周”昨晚拉开大幕。

以“绿色 · 环保”为核心的第二届上海国际钢雕艺术节在上海市宝山国际节能环保园开幕。

在江苏省新沂市举行的第六届金秋经贸洽谈会共落实项目 46 个,协议投资总额为 117. 52 亿元、3. 6 亿元港币和 800 万美元,包含 25 家世界 500 强及国内 100 强企业客商。

第六届江苏省如皋沿江经济洽谈会开幕,达成内资项目 273 个,总投资 133. 43 亿元,外资项目 45 个,总投资 22. 77 亿美元。

首届长三角地区文化人才论坛在江苏省南通开幕。

10 月 29 日 以“汇聚融合,引领潮流——时尚,让生活更精彩”为宗旨的 2008 年上海时装周揭开帷幕。

第四届中国商务旅行论坛在沪开幕。

中国 · 丽水首届国际生态经济博览会在浙江省丽水开幕。

10 月 30 日 2008 年上海时装周活动正式开幕。

上海高校中首个独立承担思想政治理论课教学科研工作的马克思主义学院在上海师大成立。

“浙江省国际商会法律专业委员会”在杭州正式成立。

10 月 31 日 上海市拥军优属基金会、复旦大学上海视觉艺术学院等本市首批 27 家社会组织分别与专业年金运作机构签署《年金受托管理合同》、《年金账户管理合同》,上海民间组织员工的退休福利待遇在新型补充养老保险方面取得实质性进展。

2008年11月

11月1日 2008年中国国际丝绸博览会暨中国国际女装展览会在杭州和平国际会展中心开幕。

11月2日 上海市市长国际企业家咨询会议第20次会议召开，国际企业家智囊团成员们为上海发展坦陈己见。

以改革开放30年回顾为主题，2008年上海国际金融中心建设论坛举行。

上海浦东新区新推出的这一"社企联动"模式在潍坊街道率先试点。

在2008中国南京文化产业交易会签约仪式上，总投资达25亿元的12个项目集体签约。

茅盾故乡浙江省乌镇举行第七届茅盾文学奖的颁奖盛典。

11月3日 上海市农委信息，2008年上半年上海农民的可支配收入为7 098元，预计全年增幅将达到10%，保障性收入年增两成。

第五届中国产业国际竞争力论坛在沪开幕。

作为中外物流企业交流与沟通平台的上海浦东现代物流行业协会成立。

11月4日 以"海派文化的自觉、自信与文化世博"为主题的第七届海派文化学术研讨会日前在宝钢集团宝山宾馆举行。

由上海交大主办，交大安泰经济与管理学院承办的"2008年全球商学院院长论坛"在沪举行，主题为"商学院的社会责任"。

11月5日 2008中国国际工业博览会在上海隆重开幕。

经上海市政府同意，上海放宽廉租住房申请标准，人均月收入低于800元，家庭不拥有机动车辆、出租房屋和9万元以上金融资产等价值较大的财产和临时的较大财产收入者，可申请廉租住房。

世界城市论坛信息，江苏省南京市2008年投入规划的资金超过1亿元。

11月6日 2008年上海知识产权国际论坛开幕。

上海交大与贵州省委宣传部签署文化产业领域战略合作协议，双方将开展教育培训和学术活动。

2008年中国食品博览会在浙江宁波国际会展中心开幕。

11月7日 中国2010年上海世博会组织者与城市最佳实践区上海案例"沪上·生态家"组织者签署《参展合同》和《合作备忘录》。

江苏未来影视文化创意产业园推介会在南京举行，该项目预计投资约30亿元。

2008年中国绍兴黄酒节在绍兴大剧院开幕。

11月8日 农工党上海市委联合上海市卫生局、浦东新区政府举办"世博会与公共卫生安全"论坛。

2008年中国国际工业博览会评奖活动揭晓，上海重型机器厂有限公司等单位研制的165MN自由锻造油压机、上海振华港口机械(集团)股份有限公司研制的7500吨全回转浮吊等4项展品荣获金奖。

江苏省大丰市举办"中国湿地保护论坛"。

11月9日 总投资22亿元的江苏顺大电子材料公司多晶硅项目在江苏省扬州经济开发区正式投产。

由山东客商投资1.2亿元的东亚高农科技蔬菜生产基地落户于江苏省宿迁市宿城区。

第二届世界温州人大会在温州市人民大会堂开幕。

11月10日 浙江省湖州市"接轨上海活动周"在沪开幕。

上海首批小额贷款公司已经获准设立并将于近日陆续开业。

11 月 11 日　以"改革开放前沿报道为己任"的《浦东时报》创刊发行。

有着宜居城市"绿色奥斯卡"之称的"2008 年第 12 届全球国际花园城市总决赛"评选揭晓,上海青浦朱家角荣获"国际花园城市"称号,摘得全球人居环境最高奖项的桂冠,成为中国第一个获此殊荣的小城镇。

11 月 12 日　国家统计局上海调查总队调查结果显示,2008 年前三季度上海市郊区经济发展增速放缓,5 年来首次低于 18%,也略低于上半年增速。

松下电器与江苏省无锡新区签署协议,松下将对位于无锡新区的两家公司增加投资 1. 43 亿美元。

一年一度的中国浙江网上技术市场活动周在杭开幕,同时举行的还有国防科技系统与民营企业对接交流大会。

11 月 13 日　上海高校空间布局结构调整已基本完成,对接国家和上海发展战略"排兵布阵",地方高校基本完成 2008 - 2020 年发展定位规划,学科专业彰显特色错位竞争。

国务院发展研究中心企业研究所与湖州市吴兴区在沪举办"创新发展——转型升级"城市发展高端论坛。

中国 2010 年上海世博会第三次参展方会议在沪开幕。

"改革开放三十年与上海民营经济"论坛在上海市委统战部举行。

上海市浦东新区人民法院专项审理金融案件的金融审判庭成立。

上海国际航运中心洋山深水港区三期工程一阶段在上海通过国家竣工验收。

由上海市社联、市委党校和市马克思主义研究会共同举办的"改革开放与马克思主义研究"研讨会在上海市委党校举行。

第七届台商投资与长江三角洲经济社会发展研讨会在沪开幕。

江苏省盱眙县内 8 家金融机构与"民企联姻",协议融资 1. 3 亿元,用于缓解重点民企资金压力。

11 月 14 日　江苏省南京市公积金 2008 年每户最高可贷六十万。

11 月 15 日　上海市南京路商家推行"标准化",为商贸、餐饮、住宿三类企业定制一套服务规范。

上海东华大学、上海科学技术开发交流中心等单位牵头构建"长三角纺织产业协同创新联盟",以吸引纺织行业产、学、研机构加盟,提高长三角纺织业的整体竞争能力。

苏浙沪文化厅局长联席会议在上海国际会议中心举行,通过《苏浙沪文化交流与合作行动计划》,签署《2009 年苏浙沪文化交流与合作项目意向书》。

江苏省南京市排定 48 个大项目,总投资2 286亿,其中城建总盘子 400 亿,新增经适房 200 万平方米。

浙江省长兴县一举夺得 2008"国际花园城市"总决赛国际花园城市最高级别组(D 组)第一名。

"2008 浙江 - 日本文化周"拉开帷幕。

11 月 16 日　国务院关于扩大内需 10 项新举措后,江苏省随后出台 10 个方面措施,并启动规模达3000亿元的政府主导性项目;浙江也于同一天宣布将提前完成原预期 5 年完成的"三个千亿"项目,利用3000亿来拉动需求。

第二届全球规划师联盟大会在镇江落幕。来自世界 22 个国家 83 名规划师就贫困和不平等、城市化、气候变化及其危害三大主题进行了深入讨论。

北京海关与上海海关之间开通"通关快线",上海企业可在上海海关办理通关手续后直

接从北京口岸提货；反之，北京企业可向北京海关申报通关后直接从上海口岸验放货物。

总投资800万美元的国际顶级私人俱乐部“MINT上海”正式落户黄浦。

主题为“生态衢州、绿色食品、网上市场、合作共赢”的中国·衢州首届华东农博会拉开帷幕。

11月17日　由上海市妇联和上海社科院联合主办的主题为“妇女与发展”的第二届沪台民间交流论坛开幕。

总投资近60亿元人民币的上海陆家嘴塘东总部基地正式破土动工。

11月18日　第二届上海专利技术展示交易周在上海科学会堂开幕。

“中国移动全球通”第七届“上海IT青年十大新锐”评出。

华东政法大学科学研究院成立，将吸纳和集聚一批优秀人才，提升法学研究水平，同时培育一批学科交叉的新研究方向。

11月19日　上海市环保局信息，上海将投资246亿元整治水环境，苏州河已达到景观水标准，2011年全市城镇生活污水处理率逾九成。

第三届中国木雕竹编工艺美术博览会在浙江省东阳隆重开幕。

长三角女性创业论坛在江苏省邳州举办。

11月20日　“新城市、新产业、新生活”上海临港新城五年成果展示开展仪式在滴水湖畔举行，仪式后还举行了临港新城开发建设五周年座谈会。

“2008上海商标展”在南京路步行街世纪广场开幕。截至2007年底，上海累计有效注册商标达到12.2万件，其中著名商标489件、中国驰名商标61件。

在墨西哥召开的发展中国家科学院（TWAS）院士大会上，上海三人当选发展中国家科学院院士。

受国家上调出口退税率、实施金融支持等鼓励性宏观调控政策刺激，2008年10月上海关区外贸出口增速开始扭转今年逐月下滑态势。当月出口341.9亿美元，同比增长20.8%，比上年同期提高4.5个百分点。

11月21日　总投资123亿元的52个项目在宝山区集中开工。

江苏省各市100家企业在省政府主办的“百企千亿”银企对接暨签约仪式上获得总额高达1 044.6亿元的信贷支持。

11月22日　全球采购（上海）论坛暨第三届中美采购与供应链管理年会在沪开幕，会上公布了我国首个采购发展报告《中国采购发展报告》。

11月23日　当今世界跨径最大的双塔双索面双层公路斜拉桥——上海闵浦大桥正进入主桥边跨桥面施工阶段。

11月24日　上海世纪出版股份有限公司属下上海译文出版社建社30周年。

由上海市民防办、市规划和国土资源管理局和市地下空间联席会议办公室联合举办的城市地下空间规划论坛在沪举行。

上海重点开发21处地下空间，包括世博会地区、虹桥综合交通枢纽、徐家汇、江湾五角场和北外滩地区。

上海市杨浦区三年内投入4.5亿元推进11项教育实事项目。

上海——云南对口帮扶协作领导小组第十次会议联席会议在沪召开，两省市教育、卫生、科技、旅游等15个对口合作工作小组签署了2009年度对口合作备忘录。

2008亚洲包装大会在杭州召开。

11 月 25 日　由上海市科协主办,上海科技报承办的"第二届上海保护知识产权十大新闻事件·人物"评选揭晓。

"中国姿态·生态长风——首届中国雕塑大展上海展"在上海长风生态商务区 2 号滨河绿地启幕。

江苏省政府宣布新增 20 亿财政资金支持企业发展。

11 月 26 日　"上海政法 30 年"展览会在上海公安博物馆开展。

上海正采取"建立本市企业用工动态分析机制"等六项措施维护就业稳定,今年失业率有望控制在 4.3%。

上海市迎世博工作新一轮推进启动,一个市区联动、上下配合的窗口服务行业迎世博工作机制已经有效运转起来,19 个区县正加紧推进迎世博的新一轮工作。

从"纪念改革开放三十年"上海妇女理论研讨会上传出的信息,上海在业女性群体正显现出年轻化、知识化、白领化、移民化的特点。

"共话改革之路,同绘发展前景"——上海电影人纪念改革开放 30 周年大型座谈会在文艺会堂举行。

11 月 27 日　全国首个青少年校外教育联盟——长三角青少年社会教育联盟在上海成立。

上海化工品交易市场在上海化学工业区物流园区正式落成。

"上海南汇·临港新城 2008 投资环境说明会"举行。

江苏省泰州医药城获得由 17 家中外银行组成的银团提供的 20 亿元贷款。

2008 浙江农业博览会在杭州开幕。

11 月 28 日　上海本市公务卡制度改革正式启动。

"应对金融危机,服务中小企业"为主题的 2008 年上海中小企业融资峰会举行。

第六届江苏名特优农产品交易会在上海国际农展中心开幕。

第二届海峡两岸妈祖文化学术研讨会在上海松江方塔园内的天妃宫广场开幕。来自两岸的 60 余名专家学者等参加开幕式。

《浙江改革开放 30 年口述历史》一书首发式在杭州举行。

浙江省文化厅主办的余任天诞辰 100 周年纪念会暨余任天百年诞辰艺术特展在杭州举行。

11 月 29 日　上海市总工会公布《劳动合同法》实施以来情况调查报告,本市用人单位与劳动者签订劳动合同的主动性提升,劳动合同签订率普遍提高,劳动合同短期化现象得到有效遏制。

入驻上海浦东的金融机构总数达 500 多家。陆家嘴金融贸易区已成为国内金融机构最密集、金融要素最完备的地区之一。

以"海洋高新技术与产业发展战略"为主题的 2008 上海海洋论坛在南汇举行,来自国内外的 100 多名海洋专家学者共同探讨了上海海洋经济发展的新方向。

由上海市社会经济文化交流协会、上海市美术家协会等主办的"迎世博'人文江南'长三角油画作品邀请展"在上海科学会堂国际会议厅开幕。

以"舞动青春·欢乐校园"为主题的 2008 年上海市学生舞蹈节在虹口区文体中心闭幕。

2008 首届中国国际新媒体节颁奖仪式 29 日在北京举行,上海东方明珠移动电视凭借其从渠道、内容到销售自成一体的产业链模式化运营特色,荣获"中国新媒体年度十大品牌"以及"中国五大最具投放价值新媒体"两项殊荣。

《江海学刊》创刊五十周年座谈会暨 2008 全国综合类人文社科期刊主编论坛在江苏省

南京市举行。

江苏省政府与中国农业银行在南京举行全面深化战略合作备忘录签字仪式，在未来四年内农业银行将向江苏省提供不少于2000亿元的信用额度。

11月30日 上海市金山区举行制造业集中开工仪式，28个项目正式开工建设，另外20个项目也将陆续启动。

由福布斯中文版和杭州市政府联合举办的“商业模式创新”论坛在杭州举行。

上海警用飞机首次执行任务。

2008“东丽杯”上海冬季马拉松比赛在南京东路鸣枪起跑，来自德国、英国、肯尼亚等51个国家和地区的2万余名选手参加了全程马拉松、半程马拉松及4.5公里健身跑。

2008年12月

12月1日 “日立杯”第十四届中国名校大学生辩论邀请赛在上海教育电视台开赛。

2008中国国际生态建设市长高峰论坛在上海开幕。

12月2日 “沪港生产性服务业合作发展论坛”召开，上海重点发展8领域生产性服务业，到2010年增加值占服务业比重有望增至六成，接近发达国家水平。

上海市政府新闻发布会信息，上海已向国家上报了16个既体现国家战略，并对上海产业结构升级具有明显带动作用的产业项目积极争取国家支持。

改革开放30周年“健康上海”十大成果（事件）初评入选的20个项目开始接受市民投票评选。

“改革开放进程中的中国金融变迁”研讨会在复旦大学举行。

12月3日 江苏省苏州工业园区成为国内首家国家知识产权试点园区。

12月4日 上海近郊10个区县的农村数字电影放映实现全面覆盖。

上海台北常态化直飞包机开始出票，每天一班，航线截弯取直，单程1小时40分钟。

上海人民滑稽剧团喜迎“三十而立”。独脚戏已被评选为国家级非物质文化遗产，剧团被任命为独脚戏保护和传承单位。

上海市科委最新出台计划，重点聚焦“下一代网络”、“新能源汽车”、“太阳能光伏发电”、“半导体照明”和“射频识别（RFID）技术”五大产业领域，通过这些重大产业化项目的技术攻关和成果转化，培育新的经济增长点。

上海市第十五批跨国公司地区总部颁证暨中心城区外资重大项目集中签约仪式在市政府举行。

2008江苏宿迁（香港）经贸合作恳谈会在香港国际会展中心举行，签约累计投资总额达3亿美元。

12月5日 上海国际航运中心洋山深水港区北港区主体工程已经全面建成。

复旦大学社会科学高等研究院揭牌成立。

苏州高新区召开2008年度科技创新创业表彰会，入围的33个科技领军人才项目，获得总额2.3亿元的各项扶持资金。

12月7日 “中国之窗上海阅览中心·上海虹桥国际图书馆”开馆暨2008年长宁区涉外信息服务主题活动在上海长宁区图书馆举行。

第二届中国杭州竹笋节在杭州市余杭区百丈镇开幕。中国绿色食品协会授予余杭区“中国绿色农业示范区”称号。

12 月 8 日　由上海市欧美同学会主办的第三届长三角海归创新创业圆桌会议在沪举行。
江苏银行上海分行在陆家嘴金融区宣布开业,该行第一家上海网点也在震旦国际大厦正式对外营业。

12 月 9 日　全球四大物流供应商之一的美国联合包裹运输公司(简称 UPS)在浦东机场正式启用耗资 1.25 亿美元建设的国际转运中心,标志着国际航空货运枢纽地位在上海率先确立。
上海青浦新城实践、生态和人文可持续建设项目被评为第七届国际改善居住环境十佳范例奖之一。

12 月 10 日　为期两天的第六届中国政府创新论坛暨民间组织与社会管理学术研讨会在上海开幕。
国内首家纺织专利交易展示中心在江苏吴江盛泽镇揭牌。
江苏省淮安市举行“百企百亿”银企对接活动。

12 月 11 日　2008 年以来江苏省共向家庭经济困难学生发放扶困助学经费 17.1 亿元,共有 395 万学生受益。
江苏省连云港开发区与中国民用飞机开发公司就总投资 30 亿元的连云港航空科技产业园项目正式签约。

12 月 12 日　产业转移促进中心(商务部上海基地)在上海市漕河泾开发区揭牌并启动运行。
浙江省委宣传部等联合主办的“第四届文明办网示范单位”评选活动结束。中国柯桥网、玉环新闻网、中国青田网、金华热线、安吉新闻网、温州大学超越网、宁波公安网、中国博客网、博库书城、浙江共青团等 10 家网站榜上有名。

12 月 13 日　由上海市文明办、市妇联举行的“邻里互助一家亲、文明和谐迎世博”上海市家庭志愿者行动正式启动。
由江苏省社会科学院、江苏省人口学会等联合主办的“改革开放 30 年江苏人口与发展高层论坛暨长三角人口发展研讨会”在南京召开。
由中国城市经济学会、江苏省城市发展研究院等八家单位联合主办的首届长三角城市发展论坛暨第八届江苏城市发展论坛在江苏省苏州举行。

12 月 14 日　江苏省财政厅信息,2008 年底前江苏省已增加安排 5 亿元,用于支持重点骨干企业自主创新和产业升级。
江苏省南通市投资 30 亿开建 221 省道海安段、启东段、225 省道如东段 3 条干线公路。

12 月 15 日　2008 年浦东新区志愿者表彰大会暨迎世博志愿动员大会举行。

12 月 16 日　由上海陆家嘴集团与百联集团共同投资约 60 亿元的“世纪大都会”2－3 地块项目正式开工。

12 月 17 日　迎世博 600 天文明指数今发布。
上海纺织协会正式挂牌成立。
真实记录浙江特色发展道路的大型图片展《潮涌钱江——浙江省纪念改革开放 30 周年图片展》与广大观众见面。

12 月 18 日　中国职工技术协会五届三次会长会议在上海召开。
2008 年全国象棋大师冠军赛在浙江北仑收盘,上海棋手郑轶莹夺得女子冠军。
首届上海总部经济园区展览会在上海国际展览中心启幕。
在由江苏省委宣传部、江苏省教育厅、江苏省新闻出版局等联合主办的第五届江苏读书节上,全省新华书店实现销售 1.53 亿元。

12 月 19 日　“2008 中国城市服务经济指数”正式发布,上海排名从上一年第二位下滑至第三,落于深圳之后。

上海市首条迎世博600天先行先试示范街云南路美食街正式开街。

12月20日 “城市，让生活更美好”——全球十大世博城市卫星双向传送之“上海至香港”卫星双向传送特别节目首播。

2008年地方基础研究工作研讨会透露，上海对基础科学研究的全年财政投入约4.6亿元，较去年增加9000万元，同比增长约24%。

全国首次“城管案例”评选在上海举行。

上海吴淞口国际邮轮港正式启动建设，规划建设的邮轮港口码头长1500米，宽30~40米，码头前沿水深9~13米，码头建成后可以同时停大型邮轮3艘。

江苏省社会科学院在南京举办2008年第二次江苏经济形势分析会。

“连横纪念馆——台湾文化展”在杭州玛瑙寺揭幕。

12月21日 首届全国大学生会展创意设计大赛昨天在上海工程技术大学举行。

中国产销规模最大的啤酒企业——华润雪花啤酒公司投资6.5亿元，在宝山工业园区开工建设上海生产基地。

12月22日 “与时代同行·纪念改革开放三十周年长三角美术作品联展”在上海展览中心举行，展出了江苏、浙江、上海长三角地区选送的270多件作品，为进一步探索研究长三角地区美术发展具有深远的历史意义。

《上海浦东新区农村社会养老保险试行办法》正式出台，保金统筹由镇提升到区，区镇补贴列入本级预算，为城乡养老保险模式衔接奠基础。

2010版《上海百科全书》编纂工作正式启动。

12月24日 由27家金融单位组成的“上海市赴英、美招聘中高端紧缺金融人才工作团”满载而归，15类共计170余个金融业岗位吸引了伦敦、芝加哥、纽约三地2 176名应聘人员，已经初步达成意向840人。

12月25日 上海市举行2008年装备制造业与高新技术产业自主创新品牌表彰大会，“振华港机”等94项品牌获奖。

上海市松江区政府召开新闻发布会公布老城区改造规划。

上海市卫生系统举行纪念改革开放30周年座谈会，公布了“健康上海”十大成果评选结果。“上海市民三大健康指标居世界发达国家和地区的平均水平”、“挑战‘肝癌’，勇闯生命的禁区”、“市民健康有了守门人——上海投入巨资推进社区卫生服务建设”、“情洒灾区——上海卫生系统全力以赴投入抗震救灾”等10个项目入选。

12月26日 上海市首家村镇银行——上海崇明长江村镇银行股份有限公司已获银监部门批准筹建，将于明年上旬正式开业。

上海跨国采购中心基地、中环商务交通枢纽、赢华国际商务广场和中科研发大厦四个项目在普陀区长风生态商务区开工，总投资56.5亿元，建成后将使上海在2020年成为与东京、香港、新加坡并驾齐驱的亚洲会展中心之一。

上海市松江浦江源农业休闲园、香草花卉种植加工基地等7个现代农业项目在泖港镇联合签约，投入资金超过2.2亿元。

“2008中国最具幸福感城市”评选在昆明揭晓，杭州市连续5年位居榜首，并获得金奖。

12月27日 首部研究中国时尚产业发展的报告——《中国时尚产业蓝皮书》在沪发布。

上海全市1736个行政村全部接通有线电视信号，本市农村有线电视村村通工程建设圆满完成。

国内首座大跨度悬索桥——杭州江东大桥通车，该桥采用的三跨空间缆自锚式悬索为国内首创。

"2008 台湾·浙江文化节"启幕。

12 月 28 日　南京长江四桥主桥在长江南岸的栖霞区石埠桥宣布正式开工。

12 月 29 日　中国科学院、上海市人民政府院市合作委员会工作会议在上海召开,提出了下一阶段院市合作的工作目标和重点。

上海外商投资环境白皮书发布,2008 年上海实到外资首次突破 100 亿美元大关,吸收合同外资有望超过 170 亿美元,再创历史新高。

由上海市总工会、市文广局、市文联、市作协等联合主办的"五一文化奖"揭晓,100 篇入围,汇编了《上海市五一文化奖优秀作品选》。

12 月 30 日　中国科学院上海浦东科技园暨新技术基地建设开工仪式举行。

为上海承办 2011 年第 14 届国际泳联世界锦标赛而兴建的上海东方体育中心工程正式开工。

共青团上海市委和上海市社科院共同组建的上海青年理论研发(社科院)基地成立。

12 月 31 日　上海市政府新闻发布会信息:2008 年本市重大工程建设任务全面完成,投资超过1300 亿元;京沪高速铁路、沪杭高速公路拓宽、浦钢搬迁罗泾工程第二步实施项目等 27 个项目开工建设;沪宁高速公路拓宽、洋山深水港区三期工程、白龙港污水处理厂升级改造及扩容工程等 13 个项目基本建成并投入运行。

上海市人力资源和社会保障部门制订推出了稳定本市就业大局的六方面对策,特别是出台了三项临时性"特别计划"。

据国家统计局上海调查总队的秋粮实割实测调查显示,上海市稻谷单产每公顷8223公斤,比去年增加 340 公斤,仅次于历史最高年份 2001 年,总产 115.67 万吨,超额实现本市粮食生产预期目标。

上海最大保障性住房基地——浦东新区三林保障性住房基地开工。

图书在版编目(CIP)数据

长三角年鉴. 2009/长三角联合研究中心主编;孙克强执行主编.—南京:河海大学出版社,2009.12

ISBN 978-7-5630-2674-6

Ⅰ.长… Ⅱ.①长… ②孙… Ⅲ.长江三角洲—2009—年鉴 Ⅳ.Z525

中国版本图书馆 CIP 数据核字(2009)第 217837 号

长三角年鉴(2009)

主　　编/长三角联合研究中心
执行主编/孙克强

出 版 者/河海大学出版社
地　　址/南京市西康路 1 号
邮政编码/210098
电　　话/(025)83737852
电子信箱/hhup@hhu.edu.cn
责任编辑/朱婵玲　毛积孝
特约校对/李元松　范　蓉
责任印刷/张陆海

总 经 销/河海大学出版社发行部
经　　销/江苏省新华发行集团有限公司
读者服务/邮购部(025)83722833
排　　版/江苏省地质测绘院
印　　刷/江苏省地质测绘院

开　　本/880 毫米×1230 毫米　1/16 开
印　　张/68
插图印张/1.75
字　　数/2108 千字
版　　次/2009 年 12 月第 1 版
印　　次/2009 年 12 月第 1 次印刷

书　　号/ISBN 978-7-5630-2674-6/Z·58
定　　价/400.00 元